Johann Conrad Friederich, geboren am 5. Dezember 1789 in der Fahrgasse zu Frankfurt am Main, ist am 1. Mai 1858 in Le Havre gestorben. »Vierzig Jahre aus dem Leben eines Toten« – Memoiren des »deutschen Casanovas« Johann Conrad Friederich – sind ein europäisches Buch. Frankfurt, Marseille und Genua, Neapel, Madrid und Saragossa, Rom, Wien und Paris, Korfu, Kolberg und Berlin bilden die Kulissen, vor denen das Schaustück eines Lebens abrollt, das den Ernst der Feldschlachten durch die Heiterkeit der Schlachten im Boudoir zu überspielen sucht. Der Autor, der vor Goethe und vor Napoleon stand, der Schinderhannes und Fra Diavolo sterben sah, der mit Bettina Brentano spielte und in den Armen der Schwester Napoleons lag, stellt sich selbst als einen zuversichtlichen Weltbürger dar, dessen Glaube an eine neue Epoche – den kriegerischen Zeitläufen zum Trotz – sich auf den Sieg der Kraft alles Menschlichen gründet.
Die zwischen Wahrheit und Dichtung schwebenden Erinnerungen des napoleonischen und später preußischen Offiziers, großen Frauenhelden, Schauspielers, Mozartverehrers und bürgerlich-kritischen Journalisten, der sich selbst den Namen Fröhlich zulegte, gehören zu den besten Werken der deutschen Memoirenliteratur, auch und gerade weil der phantasiereichen Ausschmückung und dem Romanhaften ein so breiter Platz eingeräumt wird. Das umfangreiche, spannende Werk läßt europäische Politik und Kultur, Leben und Schicksale der ersten Jahrzehnte des 19. Jahrhunderts vergnüglich lebendig werden.

insel taschenbuch 1292
»Der deutsche Casanova«

»Der deutsche Casanova«

Johann Conrad Friederich
Vierzig Jahre aus dem Leben eines Toten

Herausgegeben
von Friedemann Berger
Mit einem Vorwort von
Eckart Kleßmann

Zweiter Band

Insel Verlag

insel taschenbuch 1292
Erste Auflage 1991

Lizenzausgabe mit freundlicher Genehmigung
des Kiepenheuer Verlags Leipzig und Weimar
Umschlag nach Entwürfen von Willy Fleckhaus
Druck: Nomos Verlagsgesellschaft, Baden-Baden
Printed in Germany

1 2 3 4 5 6 – 96 95 94 93 92 91

Vierzig Jahre aus dem Leben eines Toten

1806-1810

I

Zweiter Aufenthalt zu Neapel – Ende der Frankfurter freireichsstädtischen Herrlichkeit – Ich werde von der Terzana befallen – Das Einstürzen der Häuser in Neapel – Das Kastell Carmine – Das Wunderkruzifix in der Karmeliterkirche – Madame Gasqui – Ein Vexiermarsch nach Capua – Großes Avancement im Regiment – Das Konservatorium zu Neapel – Abenteuerliche Seefahrt nach dem Posilipo – Virgils Grab – Die Vicaria und ihre Höllenkerker – Marietta und Teresina – Neapolitanisches Volksleben unter freiem Himmel – Hasardspiele und Liebhabertheater – Die hübsche Apothekersfrau – Das Aqua Toffana – Herkulanum und Pompeji – Torre del Greco – Der See Agnano – Die Hundsgrotte – Die Solfatara – Puzzuoli – Der Averner See – Die Sibyllen-Grotte

Den Tag nach unserer Ankunft suchte ich Vetter Moritz auf, der mehrere Briefe von meinen Eltern und Verwandten an mich hatte, die schon längere Zeit angekommen waren; er hatte sie mir aber nicht nachschicken können, da man nie genau wußte, in welcher Gegend Kalabriens wir uns befanden. In einem derselben schrieb mir mein Vater aus Frankfurt:

„Mit unserer republikanischen und freireichstädtischen Herrlichkeit hat es ein trauriges Ende genommen; Napoleon hat ein Großherzogtum Frankfurt geschaffen, von dem unsere Stadt die Hauptstadt wurde, und Karl von Dalberg ist unter der Benennung Fürst Primas unser Großherzog. Das schlimmste bei der Sache ist, daß alle bedeutenden Ämter und Stellen jetzt von Ausländern besetzt werden und man die Frankfurter, namentlich auch die Senatoren, ihre Familien und Verwandten, fast unberücksichtigt hintenansetzt usw."

Was mein guter Vater als das schlimmste bezeichnete, war eigentlich das beste an der Sache und gereichte Frankfurt zum Vorteil; denn bisher hatte man, wie später wieder, alle Stellen durchaus nur nach Gunst und Protektion an Söhne und Verwandte der einflußreichsten Familien vergeben, ohne nur im geringsten darnach zu fragen, ob das Subjekt einige Fähigkeiten zur Verrichtung der ihm

obliegenden Funktionen besitze; so konnte zum Beispiel ein Talent, ein Genie wie Klinger, nicht eine Torschreiberstelle erhalten, sondern wurde schnöde an allen Senatorstüren mit Impentinenzen und Grobheiten abgewiesen. Er hatte freilich nicht einmal die Protektion einer Senators- oder Bürgermeisterköchin oder -base (diese sind oft die besten). Daß er den wohlfürsichtigen hochgelahrten usw. Herren in seinem „Faust" und später als kaiserlich russischer Generalleutnant ein wenig arg mitgespielt, kann ihm niemand verargen. Die Wohlregierenden und Konsorten wurden da oft nach mehrstündigem Antichambrieren abgewiesen und wieder beschieden und mußten vor dem in der demütigsten Stellung supplizieren, bei dem sie es unter ihrer Würde (?) gefunden hatten, ihn auch nur anzuhören! – Hier herrschte von jeher und herrscht noch die vortreffliche Ämterverteilung, die Schiller so meisterhaft in seinem „Fiesko" schildert: „Wölfe verwalten die Justiz, Füchse die Finanzen, Esel die Polizeigerichte usw. In Summa werden die wichtigsten Ämter durch Dummköpfe, Ignoranten oder Schurken bekleidet, wenn diese nur Ratsverwandte sind."
Außer den Briefen empfing ich auch etwas Geld von meinen guten Eltern, das mir jetzt sehr zustatten kam, denn ich war so wie meine Kameraden fast ganz abgerissen aus Kalabrien zurückgekommen, und das Gouvernement schuldete uns obendrein schon vier Monate Gage. Indessen hatte ich in den nächsten 24 Stunden alles überstandene Ungemach und Elend rein vergessen; in den ersten Tagen konnte von Diensttun noch keine Sprache sein, das Bataillon wurde durch 300 vom Depot angekommene Rekruten verstärkt, die nun einexerziert werden mußten.
Die noch immer in Giesù nuovo wohnenden Damen besuchte ich in den ersten Tagen nach meiner Zurückkunft. Die liebenswürdige Madame Gasqui klagte über Langeweile und Migräne; ich tröstete sie, ihr versprechend, beides zu vertreiben; aber auch mich befiel kurz darauf eine Unpäßlichkeit, so daß ich mehrere Tage das

Bett hüten mußte; die Krankheit löste sich endlich in eine Terzana (dreitägiges Fieber) auf. Ich hatte sie sehr lange und sie kehrte immer wieder, hinderte mich aber, außer die wenigen Stunden, die der Anfall dauerte, an nichts; dies waren die Folgen des allerdings sehr anstrengenden Feldzugs in Kalabrien. Nach vielen vergeblichen Versuchen, mich von dem Fieber zu befreien, und nachdem ich sowohl die mir vom Regimentsarzt als die von dem berühmten Arzt meines Vetters Moritz verschriebenen Drogen vergeblich verschluckt hatte, gab mir endlich der Kommandant der Fortezza del Carmine ein Mittel an, durch welches ich wenigstens nach jedem Anfall auf vier bis sechs Wochen von dieser Plage befreit wurde. Ich mußte nämlich gleich nachdem der Paroxysmus vorüber war, eine halbe Unze zu Pulver gestoßene Chinarinde in gutem Wein nehmen; ich setzte mich dann zu Pferd und ritt ein paar Stunden so starken Trab, daß ich recht gerüttelt wurde; das Fieber verließ mich dann auf längere Zeit, stellte sich aber immer nach einem oder auch nach zwei Monaten wieder ein, und zwar während fünf Jahren; aß ich viel Früchte, besonders Angurien, Wassermelonen und Feigen, so kam der ungebetene Gast auch wohl noch früher wieder. Gute China war damals überaus schwer zu bekommen und sehr teuer, wie alle überseeischen Produkte, da wegen des Krieges mit England aller Handel stockte; doch machte mir Moritz mehrere Pfund der besten zum Geschenk nebst Zypernwein, in dem ich sie nehmen sollte. Ein Glück war es, daß ich einen so vortrefflichen Magen hatte, der diese schwere Kost zu verdauen imstande war; später nahm ich sogar eine Unze auf einmal, eine wahre Pferdekur; die böse Terzana, die ihre Residenz ganz in meinem Körper aufgeschlagen zu haben schien, blieb dann noch etwas länger, wohl an drei Monate weg, kehrte aber doch immer wieder; erst in Deutschland, wo ihr wahrscheinlich das Klima zu rauh war, verließ sie mich ganz. Ich führte nun beständig Chinapulver bei mir.

Dem Vetter Moritz hatte ich meine Abenteuer und Mißgeschicke in diesem Feldzug mit allen Umständen erzählen müssen, und er hatte die Güte, dafür zu sorgen, daß mir die bei der Schlacht von Maida verlorene Bagage wieder vollständig ersetzt und ich namentlich mit Wäsche versehen wurde; etwa vier Wochen, nachdem ich ihm den Verlust meiner Bücher und meines Don Juan wehmütig geklagt hatte, brachte mir eines Morgens ein Bedienter ein Paket im Namen des jungen Stock, in welchem sich ein anderer Klavierauszug dieser Oper nebst Schillers Trauerspielen und Cramers Raugraf befanden, welche dieser in schönen Ausgaben aus Deutschland für mich kommen zu lassen die Aufmerksamkeit gehabt hatte.

Im Kastell Carmine bewohnte ich ein Zimmer, dessen Terrasse die Aussicht auf das Meer und auf einen kleinen Platz vor demselben hatte. Hier brachte ich manche Morgenstunde mit dem Lesen der italienischen Dichter zu; besonders war es Ariosts Rasender Roland, der mich, nebst Tassos Befreitem Jerusalem und Dantes Göttlicher Komödie, am meisten ansprach. Den famosen 28. Gesang des Orlando furioso lernte ich ganz auswendig. Auch die Gitarre nahm ich wieder zur Hand und studierte neapolitanische Lieder und Weisen, unter denen die sizilianische Romanze „Un giorno Giove in collera" eine sehr witzige Kanzonette war, die damals ganz Neapel exaltierte.

Eines Tages, als ich gerade in die Lektüre des Orlando vertieft war, hörte ich plötzlich ein entsetzliches Ajuto, ajuto! (zu Hilfe, zu Hilfe!) von Frauenstimmen aus einem der meiner Terrasse gegenüberliegenden Häuser erschallen, und gleich darauf sah ich mehrere Damen händeringend an den Balkonen jenes Hauses erscheinen, die „Ajuto per l'amor di dio!" schrien. Ich begriff nicht, was den Frauen sei, und glaubte zuerst, es befänden sich Mörder in dem Hause, eilte deshalb die Terrasse hinab, stürzte zum Fort hinaus und fand schon eine Menge Menschen, aber in einiger Entfernung vor dem Hause ver-

sammelt, in das sich niemand wagen wollte. Auf mein Befragen, was da vorgegangen sei, erfuhr ich, daß das Haus dem Einsturz nahe wäre und in dessen Innern schon mehrere Wände und ein Teil der Treppe wirklich eingestürzt seien. Die Einwohner desselben standen jetzt alle an den Balkonen des zweiten und dritten Stockwerkes, um Hilfe rufend. Ich ließ eilig mehrere Leitern, die sich im Fort befanden, durch unsere Soldaten herbeiholen, mit deren Hilfe die geängstigten Bewohner sämtlich in die Straße hinabstiegen und gerettet wurden. Die Leute atmeten erst wieder auf, als sie auf ebener Erde waren, und konnten mir nicht genug danken, denn ihr Leben hing an einer Nadelspitze. Ich hörte nun, daß in Neapel das Einstürzen der Häuser gar nichts Seltenes sei und weit öfter vorkomme als Feuersbrünste an andern Orten. Die Ursache davon ist, daß die ganz aus Steinen erbauten und sehr hohen Häuser durch die häufigen Erdbeben so sehr erschüttert werden, daß sie sämtlich große Risse und Sprünge haben und mehr oder weniger baufällig sind. Das Zusammenstürzen eines solchen Hauses ist oft so schnell geschehen, daß an Rettung gar nicht zu denken ist; in wenig Sekunden liegt es als ein Steinhaufen da, unter dem alles, was sich im Augenblick darin befand, begraben ist. Ein paar Tage nach diesem Vorfall stürzte auf dem Markt mitten in der Nacht ein solches Haus ein, wobei 23 Menschen das Leben verloren.
Ich bot den armen Leuten fürs erste ein Asyl in unserm Fort an; sie suchten und fanden indessen noch denselben Tag Unterkunft in einem andern Teil der Stadt.
Die Fortezza del Carmine ist nicht so alt wie die andern Kastelle Neapels und war anfänglich nur ein großer, dicker Turm der alten Stadtmauer, der unter den Vizekönigen, die einen Teil des Karmeliterklosters dazunahmen, nach und nach zu einem festen Schloß erweitert wurde. Erst im Jahre 1648 aber ward es zu einer völligen Festung umgeschaffen, um den Stadtteil, in dem es liegt und der am meisten zu Unruhen aufgelegt ist, im Zaum

zu halten. Die große Kirche des an das Kastell stoßenden Karmeliterklosters ist in vieler Hinsicht merkwürdig. Es war des unglücklichen Konradins Mutter, Elisabeth, die Kirche und Kloster gründete oder doch sehr vergrößerte. Hinter dem Hochaltar ist das Grab ihres Sohnes, und auch Masaniello ist in dieser Kirche begraben. Sie enthielt früher außerordentlich schöne Freskogemälde von Siciliano, einem noch sehr jungen Maler, dessen Lehrer, ein gewisser Belisario, so eifersüchtig auf seinen Schüler war, daß er denselben, wie man behauptet, durch Acquetta vergiftete. Bei einer ungeschickten Reparatur der Kirche gingen diese Malereien zu Grunde.

Das größte Wunder aber, welches diese Kirche enthält, ist ein Kruzifix in Lebensgröße, das jedes Jahr zum Weihnachtsfest auf einer Galerie der Kirche ausgestellt wird und sehr lange, natürliche Menschenhaare hat, die ihm vom Haupt herabfallen. Ganz Neapel wallfahrtet um diese Zeit zu diesem Christusbild, zu dem man auf der einen Seite eine ziemlich hohe Treppe hinauf- und auf der andern wieder hinabsteigt; oben angekommen, verrichten die Frommen ihr Gebet und werfen ein Opfer an Geld in ein daneben stehendes silbernes großes Bekken, bei dem ein paar Pfaffen Wache halten, dafür erhalten sie ein kleines Büschelchen Haare, die man von dem langen und dicken, bis an die Waden herabrollenden Haupthaar des Christuskopfes abschneidet, und die vor Unglück, Krankheit und namentlich gegen den bösen Feind schützen sollen. Drei Tage währt diese Wallfahrt, die mit Sonnenaufgang beginnt, nach Mitternacht erst aufhört und dem Kloster eine reiche Revenue abwirft. Am Abend des dritten Tages ist der Christuskopf so ziemlich kahl geschoren, obgleich jedem Gläubigen nur ein paar ganz kurz abgeschnittene Haare werden, die aber jedenfalls dieselbe Wirkung haben, als gäbe man ihnen alle. Das Kruzifix wird nach dem dritten Tag noch in Prozession herumgetragen und dann wieder auf ein ganzes Jahr eingesperrt; aber, o Wunder, während dieses

Jahres wächst ihm das abgeschnittene Haar wieder völlig so lang als es war, und bei der nächsten Ausstellung erhält abermals die ganze Stadt für ein weiteres Jahr schützende Reliquien von demselben; nach einem Jahr aber haben die Haare die schützenden Eigenschaften verloren, so wie die Police einer Feuerversicherung, die immer erneuert werden muß!
Ich hatte, während ich im Kastell del Carmine wohnte, Bekanntschaft mit einigen dieser Mönche gemacht, denen ich dann und wann etwas auf der Orgel, meistens Opernmelodien, wie „In diesen heiligen Hallen", die Priesterchöre aus der Zauberflöte usw. vorspielte, worüber die feisten Herren entzückt waren und meinten, dies sei doch eine herrliche Kirchenmusik. Als ich ihnen aber hierauf erklärte, es seien von Martin Luther komponierte Choräle, da machten sie das Kreuz und wollten nichts mehr davon hören; endlich gestand ich ihnen, daß ich sie zum besten gehabt, es sei Opernmusik von Mozart, ein Name, der ihnen so fremd tönte als wohlfürsichtig und wohlregierend, sie fragten nun, ob dies auch gewiß und der Mozart auch ein guter katholischer Christ gewesen und nachdem ich ihnen solches beteuert, war wieder alles gut und sie verlangten mehr zu hören.
Meine meisten Mußestunden brachte ich jetzt in Giesù nuovo zu, wo noch immer unsere verheirateten Offiziere und mehrere andere wohnten. Herr von Gasqui war meistens kränklich, und seine junge, lebenslustige Frau ennuyierte sich mitten in der Hauptstadt des neapolitanischen Paradieses. Ich musizierte jetzt recht fleißig mit ihr, diese tödliche Langeweile zu verscheuchen, öfters blieben wir so auf kurze Zeit allein und wechselten dann Küsse, um einige Veränderung in unsere Unterhaltung zu bringen. Ist man einmal so weit mit einer hübschen Frau gekommen, so ist das übrige eine Kleinigkeit, man nähert sich mit Riesenschritten dem Ziel, und es fehlt dann nur noch die Gelegenheit, um dasselbe zu erreichen. Eine solche herbeizuführen, war nun mein Bestreben. Wir hätten gutes Spiel

gehabt, da der gute Gasqui uns durch seine öftere Entfernung in Dienstangelegenheiten (der Zufall wollte es freilich immer, daß ich mich meistens zu diesen Stunden einfand, an denen ich ihn im Dienst beschäftigt wußte) uns oft selbst überließ, indem er mir noch obendrein beim Weggehen empfahl, seine liebe Frau, die sich hier langweile, bestens zu unterhalten, wenn wir in Giesù nuovo nicht so häufig durch die Besuche anderer Offiziersdamen und ihrer Männer gestört worden wären. Besonders war es Madame Grenet, die es verstand, sich immer zu der Zeit einzufinden, wo sie mich anwesend wußte. Eines Vormittags jedoch war diese mit noch einigen andern Damen und deren Männern von unserm Großmajor Omeara zu einem Frühstück in der Villa Reale eingeladen, dem die gleichfalls gebetene Madame Gasqui unter dem Vorwand von Unpäßlichkeit entsagt, ihr Mann aber die Einladung akzeptiert hatte. – Wir hofften nun endlich ein paar Stunden ganz ungestört unter vier Augen zubringen zu können, aber diese Hoffnung wurde vereitelt, denn kaum hatten wir begonnen, uns im zweiten Zimmer, dem Schlafgemach der liebenswürdigen Luise, die unzweideutigsten Beweise unserer gegenseitigen Zuneigung zu geben, als wir die Türe des ersten Zimmers öffnen hörten. Madame Gasqui sprang, ein großes Tuch überwerfend, aber in einem sehr erhitzten Zustand, schnell hinaus, die Türe hinter sich abschließend, und ließ mich als Arrestanten im hinteren Gemach. – Ich erkannte bald die Stimme des Kapitäns Linange, wie man ihn im Regiment nannte, ein Graf Leiningen, den Fürst Y. erst vor wenig Monaten als Hauptmann angestellt und zum Regiment nachgeschickt hatte. Es war ein Mann von ungefähr fünfzig Jahren, der früher, ich weiß nicht mehr in welchen deutschen Diensten gestanden und nun unserm zweiten Bataillon zugeteilt war, das bis jetzt Neapel noch nicht verlassen hatte. – Gleich nach seiner Ankunft schloß er mit Herrn Gasqui eine dicke Freundschaft und machte nebenher seiner jungen Frau den Hof. – Auch er war zu dem Frühstück in der Villa

Reale eingeladen, hatte sich aber losgemacht, Madame Gasqui allein in Giesù nuovo vermutend, war er hierhergeeilt. Ich mußte nun in meinem Versteck alle Süßigkeiten anhören, die der halbhundertjährige Liebhaber meiner Schönen vorleierte, welche ihn verlegen anhörte, da sie wußte, daß ich kein Wort von dieser Unterhaltung verlieren würde. Es kam zu einer förmlichen Liebeserklärung und sogar zu einem Kniefall, aber meine Luise spielte nicht nur die Unerbittliche und Grausame, sondern schien im Ernste böse und aufgebracht zu sein, und drohte mit ihrem Mann; ob sie ebenso gehandelt haben würde, wenn ich nicht im Schlafzimmer gewesen wäre, oder dann vielleicht den Linange derb ausgelacht hätte, muß ich dahingestellt sein lassen: denn wer vermag Weiberherzen und deren oft so bizarren Geschmack zu ergründen? – Aber jetzt mußte ihr alles daran gelegen sein, den Herrn Grafen baldmöglichst zu entfernen; wie leicht konnte nicht ihr Mann, Madame Grenet oder sonst jemand noch dazukommen, und dann steckte ich in einem Cul de sac, aus dem kein anderer Ausweg war als durch das vordere Zimmer. Es war nicht so leicht, den Herrn von Linange loszuwerden, und Luise konnte dies endlich nur dadurch bewirken, daß sie ihm, wenn er gehorsam sei, in weiter Ferne einen Hoffnungsschimmer blicken ließ. Nachdem sie ihm noch eine Romanze vorgesungen, denn er bestand darauf, wenigstens ihre Engelsstimme hören zu wollen – sie war boshaft genug, ihm ein Spottlied auf einen alten Geck vorzutragen – entfernte er sich mit einem ehrerbietigen Handkuß, und ich wurde endlich aus meinem Gefängnis erlöst; aber auch ich mußte ebenfalls fort, wenn wir nicht zum zweitenmal überrascht werden sollten; Linange war über eine Stunde geblieben, und es war hohe Zeit, daß ich ging. Ich verließ die Dame mit einer heißen Umarmung, und wir nahmen uns vor, jetzt auf passendere Gelegenheit zu unseren Zusammenkünften zu sinnen. –

Zwei Tage darauf lud ich Herrn und Madame Gasqui zu

einem kleinen Souper in die Villa Reale ein*, und da sich Linange gerade bei ihnen befand, so konnte ich nicht umhin, auch diesen zu invitieren, der die Einladung mit Dank annahm. – Bei diesem Souper ließ ich zum Dessert die köstlichsten Weine, Zyprier und Christuszähren auftragen und munterte die beiden alten Herren auf, wacker zuzusprechen, wozu es des Nötigens eben nicht bedurfte. Als man recht im Train und allegro allegrissimo war, machte ich den Vorschlag, das Theater zu besuchen. – Gasqui aber meinte, es gefiele ihm weit besser hier, wenn aber seine Frau Lust habe, so könne sie dies Vergnügen mit mir genießen, er wolle noch eine Weile mit seinem guten Freund Linange recht behaglich der Ruhe pflegen und sich dann direkt nach Giesù nuovo begeben, wohin ich ihm seine Frau nach beendigtem Schauspiel bringen solle. Dies war Wasser auf meine Mühle, Linange machte zwar ein griesgrämiges Gesicht dazu, konnte aber seinem Kameraden nicht gut abschlagen, ihm Gesellschaft zu leisten, und mußte nolens volens bleiben, auch mochte wohl der gute Wein, dem er eben nicht feind war, ein übriges zu seinem Entschluß beigetragen haben; genug, er blieb zu meiner großen Freude, und wir machten uns davon. Wir waren so eilig, daß ich sogar vergaß, die Zeche zu bezahlen und die beiden alten Krieger gewissermaßen im Pfand zurückließ. Vor der Villa angekommen, bemerkte mir Madame Gasqui, daß sie ihre Lorgnette nicht bei sich, und da sie kein sehr gutes Gesicht habe, sie das Vergnügen des Theaters ohne diese nur halb genießen würde. –

„Ei, dann wollen wir vorher schnell nach Giesù nuovo, sie zu holen."

„Wo denken Sie hin, es ist über eine halbe Stunde Wegs."

„Die wir in einem Calesso in zehn Minuten zurücklegen."

Ich nahm nun das erste vor der Villa haltende Fuhrwerk,

* Am Eingang der Villa Reale befinden sich mehrere Restaurationen, Kaffeehäuser usw., wo man trefflich serviert wird und Speisen und Getränke von bester Qualität findet.

versprach dessen Führer noch ein Trinkgeld, wenn er uns recht rasch befördern würde, und in acht Minuten stiegen wir vor Giesù nuovo aus, wo ich dem braven Wagenlenker das doppelte der Taxe einhändigte, der uns vergnügt mit einem Felicissima notte dankte.

Madame Gasqui eilte in ihr Schlafzimmer, das sie aber hinter sich zuriegelte, mich im vordern Zimmer stehen lassend, angeblich ihre Lorgnette zu holen. Des Harrens müde, bat ich sie, mich einzulassen, aber siehe da, der Eintritt wurde mir gegen alles Erwarten verweigert. Erst nach einigem Hin- und Herkapitulieren an der verschlossenen Türe, wobei ich hatte versprechen müssen, mich recht fein und artig zu benehmen, wurde sie mir geöffnet; was dieses kleine Zwischenspiel zu bedeuten hatte, war mir kein Rätsel, auch stürzte ich, sobald die Türe offen war, der liebenswürdigen Dame in die Arme, erstickte ihren Mund mit Küssen, trug sie auf das schwellende Bett und – eine halbe Stunde darauf half ich der verschämten Frau die Lorgnette suchen, fuhr mit ihr nach dem kleinen Theater San Carlino, wo wir in einer geschlossenen Loge ein Chiaro scuro, denn das Haus war schlecht beleuchtet, das tolle Zeug, das man aufführte, unter Lachen und Schäkern mit ansahen. – Nach Mitternacht verließen wir das Theater, ich brachte meine Dame wieder in einem Calesso nach Giesù nuovo zurück, wo uns Gasquis Bursche empfing und mitteilte, daß sein Herr noch nicht zurück sei und er ihn schon seit zwei Stunden, da er ihn um 10 Uhr bestellt habe, erwarte.

„Alle Wetter", rief ich aus, ich habe ja die Zeche in der Restauration nicht bezahlt, am Ende hatten die Herren nicht so viel Geld bei sich und sind dort im Versatz geblieben!"

Madame Gasqui lachte und lispelte: „Wohl möglich, wenigstens mein Mann hat keine zehn Lire bei sich."

„Und Linanges Kasse ist auch nicht zum besten bestellt", versetzte ich, „er verspielt alles. Da muß ich gleich wieder in die Villa Reale zurück."

Ich wollte mich nun der Madame Gasqui empfehlen, aber diese sagte: „Wollen Sie mich denn nicht mitnehmen? – Ich glaube, es ist besser, wenn wir zusammen hinfahren, ein allenfallsiges kleines Donnerwetter abzuwenden. Sie wissen ja, wie mir der unausstehliche Linange zusetzt, er könnte leicht meinem Mann allerlei Dinge in den Kopf setzen."

Ich gab ihr recht und dem Burschen ein gutes Trinkgeld, ihm verbietend, seinem Herrn zu sagen, daß wir zuerst hier waren bevor wir nach der Villa zurückkehrten. Von unserer ersten Zusammenkunft wußte er nichts, denn man hatte ihn weislich weggeschickt. Als wir in der Villa Reale ankamen, trafen wir die Herren noch beim Zechen und mit glühenden Gesichtern. Gasqui empfing uns freundlich und wohlwollend, Linange aber mit einem mürrischen Gesicht, und sagte mir mit zornigem Blick: „Wenn man die Leute einladet, so sorgt man auch für die Zahlung, wir sitzen vier Stunden hier wie angenagelt und können nicht vom Fleck, da wir nicht darauf vorbereitet waren, die Zeche bezahlen zu müssen."

Ich entschuldigte mich tausendmal, indem ich sagte, daß es meine Absicht gewesen, wieder hierherzukommen; Gasqui fiel mir auch mit einem „C'est bon, c'est bon" (schon gut) ins Wort, Linange aber brummte in den Bart; Madame Gasqui fing vom Theater zu erzählen an und konnte ihrem Mann nicht genug versichern, wie viel Vergnügen ihr die Späße des Arlechino und Pulcinello gemacht hätten.

„Das glaub' der Teufel," murmelte Linange auf deutsch, „ich wollt' dich bespaßen, wenn ich dein Mann wäre."

„Und wie artig war nicht Kolombine," fiel ich ein, tuend als hätte ich Linanges Worte nicht gehört, der noch ein Himmelsakrament brummte.

Ich rief nun schnell dem Aufwärter, befahl einen Ananaspunsch, und dies erheiterte selbst des Herrn Grafen Gesicht wieder, die Unterhaltung wurde fröhlicher, Pulcinello und Arlechino mußten das ihrige redlich beitragen, und erst um zwei Uhr nach Mitternacht dachten wir an das Heimkehren. – Beim Abschied sagte Linange, mit dem Finger drohend, zu mir: „Sie sind mir ein loser Vogel, nehmen Sie sich aber vor der Leimrute in Obacht!"

„Das tue ich auch, Herr Graf."

Ich hatte der Madame Gasqui versprochen, sie nun, wenn es der Dienst erlaube, jeden Tag zu besuchen, um mit ihr zu musizieren, auch wollten wir noch gemeinschaftlich Gitarre-Unterricht bei einem neapolitanischen Lehrer nehmen, über dies alles war ihr guter Mann nicht nur zufrieden, sondern er war sogar seelenvergnügt darüber. Ich brachte jetzt die meiste Zeit, die ich ermüßigen konnte, in Giesù nuovo zu, führte Madame Gasqui oft allein, bisweilen aber in Begleitung ihres Mannes in das eine oder andere Theater, und nach demselben in restaurierende Cafés, wo wir uns besondere Kabinette geben ließen, in denen wir dann, wenn wir allein waren, dem frivolen Gott Kupido und seiner Frau Mutter Weihrauch streuten.

Eines Abends, als ich wieder von so einer Partie um 1 Uhr nach Mitternacht im Kastell del Carmine ankam, fand es sich, daß meine Kompagnie mit noch drei andern schon seit drei Stunden nach Kapua abmarschiert war. Ich hatte zwar dem Sergeanten von der Wache hinterlassen, daß ich immer in Giesù nuovo zu finden sei, aber dort wußte man nicht, wo ich mit Madame Gasqui hingeraten war. Ich trieb schnell einen Fiaker auf, mit dem ich so rasch wie möglich den abmarschierten Truppen nachfuhr, deren Arrieregarde ich in Averso einholte und mit der ich in Kapua ankam. Dennoch ging es nicht ohne Verweis ab, ich war aber nicht der einzige Offizier, dem es so gegangen war, noch ein halbes Dutzend waren in demselben Fall und kamen meist erst nach mir an. – Müde und erschöpft warf ich mich ganz angekleidet auf das Bett in dem mir angewiesenen Quartier und einem erquickenden aber festen Schlafe in die Arme, aus dem ich erst gegen Abend wieder erwachte. Ich sah eine Zeitlang durch das Fenster die Straße hinab, wobei es mir auffiel, daß ich nicht einen von unseren Soldaten erblickte, die doch sonst in allen Straßen herumschwärmten, sobald sie in einem Orte eingerückt waren. Es ward mir jetzt nicht wohl bei der Sache, ich verließ mein Quartier und hörte bald, daß die Truppen seit ein paar Stunden schon wieder abmarschiert seien, und zwar nach Neapel zurück. – „Ei, da soll ja eine Bombe dreinschlagen," sagte ich zu einem Sergeant-Major, der, sowie noch mehrere Offiziere, die ich auf dem Marktplatz traf, auch den Abmarsch verschlafen hatte, keiner von uns hatte die Rappelle schlagen hören. Wir rotteten uns zusammen und bildeten noch eine Extra-Arrieregarde, die, zum Teil beritten, beinahe in gleicher Zeit oder doch nur wenige Minuten nach dem Truppenkorps in Neapel eintraf. – Es war ein Marsch für die Affen, wie man zu sagen pflegte, den wir gemacht hatten, denn auf ein leeres Gerücht hin, daß die Galeerensklaven und Gefangenen in Gaëta revoltiert hätten, waren wir zum Marsch dahin beordert worden; aber bald nach unserm Abgang waren Berichte angekommen, welche dartaten, daß an der ganzen Sache nichts und sie aus der Luft gegriffen war. Glücklicherweise war unser abermaliges Zurückbleiben weder bemerkt noch gemeldet worden, da so viele nachkamen und wir den größten Teil des Weges in der Nacht zurücklegten. Ich war froh, daß alles so gut ablief, denn ich fürchtete Arrest zu erhalten. Damit mir aber künftig nichts Ähnliches mehr passieren möge, befahl ich meinem Burschen, der mit verschlafen hatte, sich künftig, nachdem er mich bedient, immer in der Kaserne oder dem Ort aufzuhalten, wo das Gros das Bataillons einquartiert sei.

Ich lebte nun meinen lustigen Train in Neapel fort und erteilte der Madame Gasqui auch Unterricht im Italienischen, das ich jetzt schon gut sprach und durch das Lehren noch besser lernte; ich hatte in allen Dingen eine gelehrige Schülerin an der hübschen Frau, mit der ich fast jeden Abend ein anderes Theater, bald San Carlo, Fiorentino, Fondo, Nuovo usw. besuchte. Trotzdem, daß Madame Grenet und Linange intrigierten, ließ sich ihr Mann doch nicht irremachen. Er ließ uns alle Freiheit, bisweilen begleitete er uns ins Theater, verließ uns aber immer spätestens zur Hälfte der Vorstellung, denn es lag ihm gewaltig viel daran, vor elf Uhr in seinem Bett zu ruhen. – Nach den ausgestandenen schweren Strapazen führte ich ein Leben in dolce giubilo, aß bisweilen, doch selten, bei Moritz, den ich fast nur besuchte, wenn totale Ebbe in meinem Beutel eingetreten war, was bei meiner Lebensart nicht selten war.

Nachdem unsere Rekruten einexerziert waren, wurde der Dienst wieder beschwerlicher, namentlich durch die Wachen, die jetzt häufiger an mich kamen.

Wir mochten ungefähr vier Wochen aus Kalabrien zurück sein, als ein großes Avancement im Regiment stattfand, bei dem alle Offiziere, die wir verloren hatten, ersetzt wurden; viele Sergeanten, die tauglichsten Subjekte, wurden zu Unterleutnants befördert, und ich wurde bei dieser Gelegenheit Oberleutnant; ein gutes Avancement bei kaum anderthalb Jahren Dienst und für mein Alter. – Wenn dies so fortgeht, dachte ich, dann kannst du bald den Marschallsstab erhalten. – Zu gleicher Zeit verkaufte mir der junge Stock ein sehr schönes Reitpferd um einen Spottpreis, den sein Onkel bestimmt hatte und für meine Rechnung bezahlte, mir dabei bemerkend, daß, da sich in meinem Fort keine Ställe befänden, er ihm einstweilen einen Platz in den seinigen nebst der Kost geben wolle, die er mir gehörig in Anrechnung bringen würde; dazu konnte ich ihn jedoch nachher nie bewegen.

Jetzt gefiel es mir unendlich besser in Neapel als das erstemal; kein Wunder, denn ich amüsierte mich königlich und suchte mich nebenbei auch noch möglichst in der Musik, namentlich im Gesang zu vervollkommnen, in welchem ich bei einem berühmten Kastraten, Matuccio,

Unterricht nahm, um mir die italienische Schule völlig anzueignen. Einen Zechino mußte ich diesem Musiko, die man hier die Kastraten nennt, für jede Stunde bezahlen.

Neapel ist der eigentliche Sitz der italienischen Musik-Schule, sein Konservatorium ist weltberühmt, und die besten und ersten Meister Italiens gingen aus demselben hervor. Ein spanischer Priester, namens Giovanni Toppia, ein leidenschaftlicher Musikliebhaber und Verehrer der Harmonie, war der Gründer desselben. Um sein Vorhaben, ein musikalisches Kloster, wie er es nannte, zu gründen, ausführen zu können, durchwanderte er zehn Jahre lang fast ganz Europa, Beiträge zu demselben sammelnd. Gegen die Mitte des sechzehnten Jahrhunderts kehrte er endlich, nachdem er Gefahren und Mühseligkeiten aller Art bestanden, 1533 mit Gold und Schätzen beladen nach Neapel zurück und baute daselbst einen Palazzo, um die sich der Musik widmenden jungen Leute und Kinder sowie die Kastrierten in demselben aufzunehmen. Das Gebäude wurde der Santissima Maria di Loretto geweiht und war bald nicht mehr groß genug, um alle sich meldenden Jünger der Tonkunst aufnehmen zu können, so daß man ein zweites Institut der Art gründete, das Sant-Onofrio di Capuana genannt wurde, und endlich ein drittes, della pietà dei Turchini; in diesem letzteren führte man den seltsamen Gebrauch ein, die Schüler in türkische Kostüme zu kleiden. Später wurden jedoch diese verschiedenen Institute in eines verschmolzen, welches das noch bestehende Konservatorium bildet, und aus dem die Pergolesi, Piccini, Sacchini, Paesiello, Cimarosa, Guglielmo, Zingarelli, Mercadante, Bellini usw. hervorgingen. Aus diesem Konservatorium werden auch die Virtuosen zur Exekution der in Italien so herrlichen Kirchenmusik genommen, namentlich die Kastraten, obgleich die Kastration gesetzlich durch die Kirche selbst verboten ist und auch kein Kastrierter ein Priesteramt versehen kann; dennoch sind die beim Chor in der heiligen Kapelle zu Loretto angestellten Geistlichen Kastraten, aber um das Gesetz zu umgehen, müssen sie, die ihnen abgenommenen zeugungsfähigen Teile, das heißt die Hoden, wohl einbalsamiert in einer gut verwahrten Büchse beständig mit sich herumtragen!! das heißt man dem Gesetze genügen! – O Pfaffen, welche Teufeleien gäbe es, die ihr nicht ersonnen hättet?! – Nichts Herrlicheres kann man sich denken als den Kirchengesang, den hundert dieser Zöglinge in der Kirche dieses Konservatoriums ohne alle Instrumentalbegleitung an hohen Feiertagen aufführen, besonders schön ist das Miserere am Karfreitag.

Statt des Theaters besuchte ich auch bisweilen mit Madame Gasqui den Abendgottesdienst. Hier wird bei Kerzenbeleuchtung eine treffliche Musik vorgetragen, bei der man oft die entzückendsten Sopran- oder Altstimmen, die herrlichsten Solis singen hört; aber wenn man nach dem Ort schaut, von dem diese fast überirdischen Klänge kommen und sich nach einem Engelbild umsieht, so ist es nicht selten ein schon ältliches, verzerrtes, affenähnliches Gesicht, das unter einer häßlichen Perücke bebrillt hervorsieht, welches diese Töne aus abscheulich grimmassierendem Mund von sich gibt – ein 40- bis 50jähriger Kastrat! – Man ist auf einmal von allen seinen Himmeln herabgeworfen ...

Auf Veranlassung einiger Damen in Giesù nuovo, besonders der Madame Grenet und einer Frau von Gemmingen, die Gattin eines Kapitäns dieses Namens, der beim zweiten Bataillon des Regiments stand, veranstaltete ich eines Nachmittags eine Spazierfahrt auf der See, von der Villa Reale nach dem Posilippo, die uns allen bei einem Haar das Leben gekostet hätte. Als wir in die Nähe des wunderbaren Berges kamen, den ein etwas stark begeisterter Dichter ein von dem Himmel auf die Erde gefallenes Stück nennt, wollte Madame Grenet, welcher schon längst meine Vertraulichkeit mit Madame Gasqui (sie war, wie sich von selbst versteht, auch von der Par-

tie) ein Dorn im Auge war, aus Malice durchaus an einem Ort des Berges landen, wo, wie wir alle sahen und die uns führenden Schiffer auch versicherten, das Landen schlechterdings unmöglich schien, aber die Dame bestand nun einmal mit einer solchen obstinaten Beharrlichkeit auf ihrem Willen, daß ihr nachgegeben werden mußte, geschah es auch nur, um sie von der Unmöglichkeit ihrer Absicht zu überzeugen. Sie hatte einen Lâche darauf gesetzt, wer ihr nicht folgen würde, und so fuhren wir denn an dem von ihr bezeichneten Ort an, während man kaum ein paar hundert Schritte weiter mit aller Bequemlichkeit hätte aussteigen können.
An dem Felsenufer angekommen und gelandet, versuchten wir es, uns an wildem Gesträuch festhaltend, den Berg hinaufzuklimmen, während die Barke wieder vom Ufer abstieß, um uns weiter oben zu erwarten, wie es Madame Grenet angab. Diese wollte uns jetzt den Weg zeigen und kletterte kühn empor, bald war es ihr aber, so wie uns allen, unmöglich weiterzukommen, unsere Führerin hing plötzlich an einem wandsteilen Felsen, sich mit beiden Händen an den Ästen der Gesträuche festhaltend, nachdem ihre Füße keinen Boden mehr unter sich fanden und sie so, gleich einer zweiten Andromeda, über der Brandung der sich brechenden Meereswellen schwebte; das sie zu verschlingen drohende Ungeheuer aber war die See selbst, deren Beute wir um ein Haar alle geworden wären. Ich rief ihr indessen noch lachend zu: „Nur vorwärts, Madame, zeigen Sie uns doch den Weg, wir folgen“; aber sie zappelte mit beiden Beinen und konnte weder vor- noch rückwärts, sondern schrie aus vollem Halse nach der sich immer mehr entfernenden Barke, deren Führer die Tauben machten. Aber auch mir und den andern verging bald das Lachen, denn wir befanden uns in einer wenig besseren Lage und hingen sämtlich an der Felswand, uns am Gesträuch festhaltend, doch konnten sich unsere Füße noch an Ästen oder dem Felsen anstemmen, was unserer Führerin ganz unmöglich war, die

mir endlich mit wehmütiger Stimme und tränenden Augen zurief: „Kommt das Schiff nicht gleich wieder, so lasse ich mich ins Meer fallen, denn meine Arme halten es nicht länger aus.“ Da die Sache für uns alle höchst bedenklich zu werden anfing, so rief ich nun den Schiffern mit starker Stimme, umzukehren, und als sie, wahrscheinlich aus Malice, noch zögerten, wiederholte ich mein Gebot, mit Drohungen begleitet; dies wirkte, und sie ruderten, jedoch ohne sich zu übereilen, mit lächelnden Faungesichtern heran. Es war die höchste Zeit, denn Madame Grenet war wirklich im Begriff, sich hinabstürzen zu lassen, und niemand war imstande, ihr zu Hilfe zu kommen. Kaum war die Barke angelangt, so ließ sie sich in dieselbe hinabfallen, in der sie die Fischer auffingen, aber ihre Hände und Arme waren geschunden und von dem Gesträuch, an dem sie herabrutschte, zerkratzt. Den andern Damen half ich bestmöglichst hinab, aber alle hatten Todesangst ausgestanden, und die Lust, den Posilippo zu besuchen, war ihnen vergangen; nur mit großer Mühe überredete ich sie, daß nach der ausgestandenen Gefahr eine Zerstreuung um so nötiger sei. Madame Grenet sträubte sich dagegen, ihre wunden blutigen Hände und übel zugerichteten Kleider vorschützend, die anderen aber warfen ihr malitiöserweise vor, daß sie ganz allein durch ihren Eigensinn den Unfall verursacht habe und jetzt auch dafür büßen müsse, sie stellten ihr auch das Umkehren für ihre Person völlig frei, sobald man an einer geeigneten Stelle ausgestiegen sei. Mit verbissenem Ärger und Tränen des Zornes vergießend mußte sie sich diesem Bescheid fügen. Wir fuhren nun weiter, landeten an einem bequemen Ort und besuchten den merkwürdigen Berg mit seinen herrlichen Villen, Gärten, Grotten und Felsenterrassen. Der beinahe tausend Schritte lange unterirdische Gang, der durch denselben führt, wird an seinen beiden Enden spärlich durch zwei Öffnungen von oben erhellt. Dieser Gang wurde vermutlich gebrochen, um den Weg von Neapel nach Puzzuoli abzukürzen und das Besteigen des Berges zu umgehen. Wer diese Riesenarbeit unternehmen ließ, ist unbekannt; manche schreiben sie den Griechen zu, andere dem Lukullus oder dem Kaiser Claudius. Seneca und Strabo erwähnen schon dieser großen Grotte, die Alfons I. so erweitern ließ, daß jetzt sogar Wagen dieselbe passieren können. Über dem Eingang dieses unterirdischen Weges, an der Seite von Neapel, steht Virgils Grab, ein altes Monument, in welchem Nischen zum Aufstellen von Urnen angebracht sind. Eine Grabschrift, von der man behauptet, daß sie der Dichter selbst gemacht habe, ist auf weißem Marmor in einen Felsen eingehauen, sie heißt:

> Mantua me genuit, Calabri rapuere, tenet nunc
> Parthenope, cecini pascua, rura, duces.

Das gemeine Volk zu Neapel hält diesen Virgil für einen Heiligen, andere sagen, es sei ein großer Zauberer gewesen, der diesen unterirdischen Gang in den Berg gezaubert habe. Auf der Höhe desselben befindet sich die Kirche Santa Maria del Parto, die der Dichter Sannazar stiftete, dem Friedrich II., König von Neapel, hier ein schönes Haus schenkte. Nach dem Tode des Poeten errichteten ihm die Serviten daselbst ein prächtiges Grabmal, über welchem der Parnaß, Pegasus und eine Fama, die über die Büste Sannazars eine Krone hält, abgebildet sind.
Ich machte den Damen nun den Vorschlag, noch Puzzuoli zu besuchen, wofür sie aber dankten, vorgebend, daß sie für heute genug hätten, denn die ausgestandene Angst hatte alle marode gemacht; auch wollten sie sich nicht mehr einschiffen. Wir begaben uns zu Fuß nach der Villa Reale zurück, wo wir in der Trattaria einkehrten und uns durch eine gute Kollation restaurierten, welche die Gemüter nach und nach wieder heiterer und zuletzt so mutwillig stimmte, daß die arme Madame Grenet, die ihre zerrissenen Kleider mit Nadeln zusammengesteckt hatte, wegen ihres Eigensinns und der bewiesenen Bravour so viel zu leiden hatte, daß sie mich in der Tat

dauerte und ich nicht umhinkonnte, als man ihr gar zu arg mitspielte, ihre Partie zu nehmen.

Wir fuhren endlich wohlbehalten nach Giesù nuovo zurück, wo ich mich für diesen Abend empfahl und San Carlo allein besuchte.

Den kommenden Tag hatte ich zum erstenmal die Wache in der Vicaria, dem ehemaligen Kastell Capuano, das jetzt in einen Justizpalast umgewandelt war, in welchem die Tribunale und verschiedene Gerichte ihren Sitz aufgeschlagen hatten, auch die Zahlenlotterie wurde daselbst gezogen. Sie enthielt zugleich die furchtbarsten und scheußlichsten Kerker, in denen vielleicht über tausend Unglückliche, Verbrecher und wohl manche Unschuldige schmachteten. Diesen Wachtposten, der mir sehr unangenehm schien, da man die ganze Nacht hindurch unaufhörlich das Klirren der Eisenstäbe an den Gittern, welche die Aufseher anschlagen, um zu sehen, ob keine durchfeilt sind, und das Ächzen und Stöhnen der Gefangenen hört, hatte ich längere Zeit zu meiden gewußt, mit andern Kameraden tauschend, was sich aber diesmal nicht hatte tun lassen. Die Vicaria ist eins der schrecklichsten Gefängnisse, die ich in meinem Leben gesehen, und der Palast bietet ein schaudererregendes Bild des menschlichen Elendes und aller Verworfenheit dar, er war der Schlupfwinkel der niedrigsten und teuflischsten Intrigen und Kabalen einer feilen Justiz und ihrer infamen Schleichwege. Schon das Äußere dieses Gebäudes, das auf einem kleinen, freien Platze steht, ist abschreckend genug. Diese ehemalige Residenz der Könige von Neapel, von Wilhelm I. bis Ferdinand I., war von Mauern und von mit faulem Wasser angefüllten Gräben umgeben, rings herum waren an den schwarzgrauen Mauern eiserne Käfige angebracht, in denen man die Köpfe hingerichteter Verbrecher aufbewahrte, die halb oder ganz entfleischt noch von Raben und andern Raubvögeln heimgesucht wurden, die daran hackten. Scharf geladene Kanonen mit brennenden Lunten daneben bewachten den Eingang zu dieser Hölle, auf welche Dantes berühmte Inschrift sehr gut gepaßt hätte; denn nur wenigen der Gefangenen, die zu jener Zeit diesen Schauerort betraten, blieb noch der Schimmer einer Hoffnung, ihn wieder lebendig zu verlassen.

In den oberen Stöcken desselben befanden sich die Archive und Gerichtssäle, von denen einer, der sogenannte Audienzsaal, so groß ist, daß er an zweitausend Menschen fassen kann. Im Erdgeschoß saßen die weniger gefährlichen und nicht so schwer angeschuldigten Gefangenen, aber tief unter der Erde wurden diejenigen, denen man schwere Verbrechen, Rebellion und Verschwörung gegen die Regierung zur Last legte, oder die mächtige Feinde hatten, in feuchten Kerkern und Höhlen aufbewahrt, in welche nie ein Sonnenstrahl drang; in den untersten derselben, deren Boden ganz schlammartig war, hatten die Unglücklichen Schlangen, Kröten, Skorpione und Unken, die ihr Lager auf längst verfaultem Stroh mit ihnen teilten, zur Gesellschaft, und kein frischer Luftzug erneuerte je die verpestete, faule Atmosphäre dieser Behälter.

Sobald die Sonne hinunter war, gingen die Gefängnisaufseher von Gitter zu Gitter, mit Stangen an den Stäben klopfend, um sie zu prüfen; dies Manöver erneuerte sich jede halbe Stunde und währte, bis der Tag wieder zu grauen begann. Eine wahrhaft höllische Nachtmusik. Oft übersteigt die Zahl der hier Eingekerkerten vier- bis fünftausend, und mancher schmachtete, von der ganzen Welt vergessen, schon über ein halbes Jahrhundert hier; andere saßen unter der früheren Regierung zwanzig und dreißig Jahre, ohne daß ihre Sache nur zum Spruch kam, und litten, in verfaulte Lumpen gehüllt, vom Ungeziefer bei lebendigem Leib aufgefressen, mit Geschwüren und Beulen bedeckt, tausendfachen Tod, bis sie der wirkliche endlich erlöste. Gott, wie ist man doch mit der Menschheit schon umgegangen! – Die Bastille in Paris war noch ein Lusthaus gegen diese Vicaria, wo sich auch noch die

scheußlichsten Folterkammern mit all ihren Marterwerkzeugen befanden.
Da sich bei jedem Tumult und Aufruhr das Volk immer zuerst der Vicaria zu bemächtigen sucht, so zählte die Wache daselbst über achtzig Mann und wurde jeden Abend noch durch eine zum Patrouillieren bestimmte Abteilung von über hundert Mann verstärkt. An den Hauptgerichtstagen finden sich hier ganze Heere von Richtern, Anwälten, Prokuratoren, Advokaten, Rechtsverdrehern und Rabulisten ein, ich sah Leiterwagen voll Akten in die Höfe fahren und zählte Hunderte an einem Morgen ankommende, mit Litiganten besetzte Kutschen. Alle Richter, Advokaten usw. waren in lange Mäntel und Perücken gehüllt und ließen ihre Akten in großen Körben die Treppen hinauftragen. An solchen Tagen, oder wenn die Zahlenlotterie gezogen wurde, war das Gedränge so groß, daß die Hälfte der Wache immer unter dem Gewehr stehen mußte. Nimmer hätte ich mir träumen lassen, daß ich an diesem Ort der Greuel noch so manche selige Stunde wonnetrunken zubringen würde.
Bei meiner ersten Wache daselbst vernahm ich ein paar Stunden nach Sonnenuntergang plötzlich aus einem Fenster der mittleren Gebäude, welche meiner Wachstube gegenüber lagen, den Klang einer Mandoline und Gitarre, und bald darauf hörte ich zwei schöne klangreiche Sopranstimmen neapolitanische und sizilianische Volkslieder mit Begleitung dieser Instrumente singen. Ich horchte auf und war recht verdrießlich, als die liebliche Musik, die gewiß auch manchem der Gefangenen auf einige Augenblicke seine Qualen erleichterte, durch das mißtönende Klirren der Eisenstäbe unterbrochen wurde. Indessen fuhr der Gesang fort, und um ihn besser zu hören, ging ich den Hof hinab, wo ich hinter einem Balkon die Schatten zweier niedlicher Frauengestalten sah, welche diese sonoren Töne erschallen ließen. Auf meine Erkundigung, wer die Damen seien, welche diesen traurigen Ort durch ihre Musik so erheiterten, erfuhr ich, daß die eine die Tochter,

die andere aber die Nichte des Oberverwalters oder Kastellans der Vicaria, und beide ein paar junge, muntere, recht artige Mädchen seien. Begierig, deren Bekanntschaft zu machen, ließ ich meine Gitarre durch meinen Burschen holen und stimmte, nachdem sie aufgehört, einige italienische Kavatinen, namentlich das schelmische „Una povera ragazza" an. Die Mädchen horchten, wie ich wohl merkte, hoch auf und waren mäuschenstill, auch sangen sie diesen Abend nichts mehr, sondern spielten später, nachdem auch ich wieder still geworden, noch eine Tarantella und verschwanden. Ich aber spazierte noch lange beim Mondschein in dem Hof auf und nieder und ging endlich nach Mitternacht auf mein Wachtzimmer, wo ich mich auf das lederne Ruhebett warf und phantasierend mir die Gesichter und Figuren der beiden Sängerinnen ausmalte, mit Ungeduld den Tag erwartend, der, wie ich hoffte, mich die Mädchen von Angesicht zu Angesicht würde sehen lassen. Endlich brach die ersehnte Dämmerung heran; als der Tag kaum erschienen war, sah ich durch mein Fenster die jenseitige Haustüre öffnen, aus der zwei niedliche Gestalten in schwarzer, neapolitanischer Nationaltracht, mit Gebetbüchern in der Hand, traten, die über den Hof und durch das Tor zur Frühmesse in die nächste Kirche eilten. Dies sind ohne Zweifel meine scharmanten Sängerinnen, dachte ich und hatte recht. Es ärgerte mich nun, nicht im Hofe gewesen zu sein, als sie durch denselben schritten; um sie aber bei der Rückkehr nicht zu verfehlen, die unmöglich lange auf sich warten lassen konnte, spazierte ich unter dem Tor auf und nieder, sie erwartend. Es dauerte auch kaum eine halbe Stunde, so kamen sie zurück; ich grüßte sehr freundlich, als sie an mir vorübergingen, und hatte das Vergnügen, meinen Gruß recht artig, wenn auch etwas verschämt und mit niedergeschlagenen Augen, erwidert zu sehen; eine war allerliebst und die andere wenigstens sehr leidlich. Noch denselben Morgen machte ich die Bekanntschaft des Herrn Papas und Oheims, den ich unter dem Vor-

wand, ihn um etwas in Dienstangelegenheiten fragen zu wollen, zu mir herunter bitten ließ. Der Kastellan war so gefällig, sich einzufinden, und nachdem ich mich über mancherlei, die Sicherheit der Gefängnisse usw. betreffend, bei ihm erkundigt, bot ich ihm ein kleines Frühstück an, das er anzunehmen und sich schmecken zu lassen die Güte hatte. Er gab mir manche nicht uninteressante Notizen über die Vicaria und ihre Gefangenen und erzählte mir, daß er bereits seit 26 Jahren den Verwaltersdienst hier versehe, ein geborener Palermitaner und Witwer sei, zwei Söhne, die sich in Sizilien bei Verwandten aufhielten, und eine Tochter habe, die mit seiner Nichte, auch eine Palermitanerin, bei ihm wohne. Noch teilte er mir einige gräßliche Geschichten mit, die unter der vorigen Regierung in der Vicaria vorgefallen und so empörend waren, daß sie mir das Blut in Wallung brachten.
Während dieser Unterhaltung schielte ich öfters nach den gegenüberliegenden Fenstern, aber von den Mädchen ließ sich keine blicken, doch glaubte ich zu bemerken, daß sich ein Vorhang manchmal ein wenig lüfte, woraus ich, und zwar ganz richtig, wie ich später von ihnen selbst erfuhr, schloß, daß sich meine Schönen hinter demselben befänden. – Nach drei Viertelstunden verließ mich der Alte recht vergnügt, um seinen Amtsgeschäften nachzugehen, und sagte beim Abschied, er hoffe mich recht bald wieder in der Vicaria zu sehen, von der er mir dann noch gar manches Merkwürdige mitteilen wolle. Ich spazierte eine Zeitlang im Hof auf und nieder, aber meine grausamen Schönen ließen sich nicht mehr blicken, und schon hörte ich die Trommel der ankommenden Wache, ein Klang, der mir sonst immer erwünscht war, mich aber diesmal ärgerte. Als jedoch die Schildwache aux armes rief und die neue Wache im Paradeschritt anmarschierte, da zeigten sich auch die beiden Signoras wieder am Balkon, das Schauspiel der Ablösung mit anzusehen, was mich so sehr zerstreute, daß ich statt rechts, links in die Flanken zum Abmarsch kommandierte, doch lachend den

Fehler reparierte und im Abmarsch die Damen mit dem Degen salutierte, was beide über und über erröten machte. – Ich nahm mir nun vor, von jetzt an, sooft unser Regiment diesen Posten zu besetzen hatte, mit dem Offizier, der diese Wache bezog, zu tauschen, und ging dies nicht an, die hier wachhabenden Offiziere fleißig zu besuchen.

Den kommenden Morgen fand ich mich in aller Frühe vor der Vicaria ein, aufzupassen, wann die beiden Mädchen wieder in die Messe gehen würden, um ihnen daselbst das Weihwasser zu präsentieren. Zur nämlichen Stunde wie den Tag vorher traten sie aus dem Tor und gingen nach der Kirche San Pietro ad Arano, in welcher der heilige Petrus die nicht minder heilige Kandida getauft haben soll. Ich eilte ihnen zuvor, da ich mich schon den Tag vorher bei dem Herrn Papa erkundigt hatte, in welcher Kirche sie die Messe hörten, placierte mich an den Weihkessel, ihnen das Weihwasser auf meinen Fingerspitzen reichend, das sie auch dankend und wieder errötend von mir annahmen und sich nun für überzeugt hielten, daß ich ein gut katholischer Christ sein müsse. – Ich nahm ein paar Schritte von den Mädchen entfernt Platz, so daß ich imstande war, sie während der Dauer der Messe mit aller Bequemlichkeit zu beobachten, und bemerkte, daß bald die eine, bald die andere verstohlen nach mir herüberschielte. – Nach gehörig vollbrachter Andacht leistete ich beim Herausgehen den beiden Mädchen denselben Dienst wie beim Eintritt und wurde nicht minder dankbar belohnt, hütete mich aber wohl, sie heimzugeleiten, da eine Neapolitanerin, im Nationalkostüm mit einer französischen Uniform gesehen, sich allen möglichen Unannehmlichkeiten aussetzte; den nächsten Tag aber war ich so klug, mich in Zivilkleidern in die Messe zu begeben, unterhielt mich nach beendigtem Gottesdienst recht angenehm mit ihnen, sie jetzt heimbegleitend, und teilte ihnen mit, daß ich in zwei Tagen wieder die Wache an der Vicaria beziehen und so das Vergnügen haben würde, sie daselbst zu sehen und hoffentlich auch singen zu hören. Etwas verlegen fragte mich die Nichte, wie es denn komme, daß ich so schnell wieder an diese Wache käme, worauf ich ihr gestand, daß ich mit einem Kameraden getauscht habe. – Statt den geraden Weg nach der Vicaria zu gehen, schlugen wir einen ziemlich krummen Umweg nach der Porta Capuana zu ein, und ich begleitete dann die Mädchen bis an das Ende der Straße Carbonara, wo ich mich ihnen in der Hoffnung eines baldigen Wiedersehens bestens empfahl. – Ich hatte von ihnen herausgebracht, daß die hübscheste, die sich Teresina nannte, die Nichte, und die andere, die anmutigste, Marietta, die Tochter des Kastellans war. Den nächsten Morgen verhinderte mich der Dienst, die Messe zu besuchen, und den folgenden hielt ich es nicht der Mühe wert, da ich ein paar Stunden später die Wache an der Vicaria beziehen sollte. Als ich mit derselben anmarschiert kam, fand ich die beiden Mädchen schon auf ihrem Balkon sitzend und grüßte sie wieder mit dem Degen, ohne diesmal einen Fehler im Kommando zu machen. Nachdem sämtliche Posten abgelöst und die alte Wache abmarschiert war, kam der alte Kastellan recht freundlich auf mich zu und sagte mir, daß er sich freue, mich wiederzusehen, da ich der einzige Offizier sei, der von den Franzosen diese Wache beziehe, mit dem man doch ein Wort sprechen könne, indem die andern keine Silbe Italienisch verstünden; er wurde so gesprächig, daß er mir fast lästig war. Ich leitete die Unterhaltung auf den Gesang und die schönen Stimmen, die ich bei meiner letzten Wache hier gehört.

„Corpo di bacco“, fiel er ein, „das waren meine Mädchen, nicht wahr, Signor Uffiziale, meine Ragazza singt schön, es hat mich aber auch Geld gekostet, denn ich ließ sie bei einer der ersten Choristinnen des Fiorentino lernen.“

Als ich ihm sagte, daß auch ich musikalisch sei und singe, rief er aus: „Ei, das ist ja scharmant, da können Sie mit meinen Mädchen musizieren“, und bald hatte ich ihn soweit, daß er mich bei den artigen Kindern einführte, die unter der Aufsicht einer ehrbaren Tante standen, welche die Haushaltung besorgte. Ich brachte nun fast den ganzen Nachmittag bei diesen Mädchen zu, meine Wache immer im Auge habend, und spielte und sang bis nach Mitternacht mit ihnen. Marietta, die Tochter, war eine maronenfarbige Brünette mit schalkhaften Feueraugen, munter und fast wild, Teresina, die Nichte, hatte ganz schwarzes Haar, einen feinen, sehr niedlichen Wuchs und eine äußerst liebliche Gesichtsbildung und war auch weit sanfter. Beide sprachen mich fast gleich an, und ich wußte anfänglich nicht, welcher ich den Vorzug geben sollte, bald entschied ich mich jedoch für die Nichte, ohne deshalb der Tochter gerade abhold zu sein. Noch denselben Abend brachte ich es bei beiden zum Händedruck und Handkuß, ohne merken zu lassen, welche mir am besten gefiel; als wir uns endlich um Mitternacht trennten, küßte ich beide auf die Stirn und der ehrbaren Tante die Hand, der Papa war fast immer in seinen Berufsgeschäften abwesend und freute sich, wenn er dann und wann auf einige Augenblicke eintrat, uns so vergnügt und einig zu sehen. – Noch längere Zeit, nachdem ich mich entfernt hatte, sah ich Licht in dem Zimmer der Mädchen und ihre Schatten an den Fenstern vorübergleiten. Den anderen Morgen sprach ich sie nochmals an dem Tor und bat um die Erlaubnis, sie im Nachmittag besuchen zu dürfen, die mir auch auf das verbindlichste erteilt ward. Ich versprach neue Musik mitzubringen und fuhr mit meinem Don Juan unter dem Arm in die Vicaria, wo wieder „La ci darem la mano" seine Schuldigkeit tun mußte, das ich den beiden Mädchen um die Wette einstudierte. Jetzt war der Weg gebahnt, ich brachte nun meine meisten Nachmittage und Abendstunden in der furchtbaren Vicaria zu, Giesù nuovo fast ganz vernachlässigend, und entschuldigte mich bei Madame Gasqui unter allerlei Vorwänden bestens, daß ich sie nicht mehr so häufig auf Promenaden und in die Theater führen könne. – Beide Mädchen hatten noch nicht das fünfzehnte Jahr erreicht und waren wirklich zum

Ersticken naiv, aber dahin konnte ich es so bald nicht bringen, daß ich sie mit mir in die Theater oder sonstwohin hätte nehmen können, dies wollte der Vater und Oheim, nicht einmal in Begleitung der Tante, zugeben, so großes Vertrauen er auch sonst in mich zu setzen vorgab, dagegen aber durften sie ganz allein allen Kirchenfesten beiwohnen, so spät es auch schon in der Nacht sein mochte. – Diese Abendandachten waren in Neapel äußerst anziehend und durch die trefflichste Musik verherrlicht, schade nur, daß diese schönen Töne aus den Kehlen der häßlichen und widerlichen Kastraten kamen.

Schon zehn Tage lang besuchte ich die Vicaria und hatte es immer noch nicht weiter als zu wechselseitig abwechselnden Küssen gebracht, denn ich hatte die Mädchen noch nicht dahin bringen können, die Kirche zu verlassen und irgendwo andershin einen Abstecher mit mir zu machen, ob sie gleich schon mancherlei artige Geschenke von mir erhalten hatten; auch wußte ich sie nicht zu trennen, da jede von ihnen überzeugt schien, meine Aufmerksamkeit gelte ihr allein. – Des Nachmittags war mir indessen doch gestattet, sie in Zivilkleidern auf der Promenade und durch die Straßen begleiten zu dürfen, wobei ich dann Gelegenheit hatte, das neapolitanische Volksleben genauer kennenzulernen, da die Mädchen meine Ciceronis machten, mir alle gewünschte Aufklärung gaben, und mir alle Laster, Tugenden, Sitten und Gebräuche dieses Volkes erklärten. Wir besuchten vorzugsweise die Kirchen und Klöster, in welchen gerade religiöse Feste gefeiert wurden, wobei die Böller immer eine große Rolle spielten und so stark geladen waren, daß ihr Abfeuern einen Knall wie der einer zwölfpfündigen Kanone hervorbrachte. Anfänglich glaubten auch wir in den Kasernen jedesmal Kanonendonner zu hören, wenn in einer der näheren Kirchen ein Fest gefeiert wurde, wo oft fünfzig und mehr Böller vor derselben aufgepflanzt waren und Schlag auf Schlag gelöst wurden. Am höllischsten war der Lärm, wenn eine Nonne ihr Gelübde ablegte und eingekleidet wurde.

Am häufigsten besuchten wir Toledo, wo ich meine Signoras mit Eis regalierte und sie dann in die Villa Reale, an den Hafen, auf den Molo usw. führte. Von dem Leben und Treiben in Neapel auf offener Straße kann sich niemand einen deutlichen Begriff machen, der es nicht selbst mit angesehen, es geht über alle Vorstellung; da wird fast alles unter freiem Himmel verrichtet, was sonst nur hinter den Mauern verborgen geschieht. Man kocht, siedet, bratet, ißt, trinkt, schläft, schreibt, liest, barbiert und frisiert, verrichtet seine Notdurft und zeugt sogar Kinder – wenigstens bei Nacht, alles unter der Himmelsdecke und dem gestirnten Firmament. Dies tun wenigstens fünfzigtausend Menschen, und unter den Hallen oder Portalen der Kirchen und Paläste oder auf den Stufen und Bänken derselben wird manches Wochenbett gehalten, weshalb man auch die hier zur Welt gekommenen Kinder, sowie überhaupt diese beständig auf Bänken herumfahrenden Leute oft scherzweise Banchieri (Bankiers) nennt. Diese Bankiers lausen, flohen und reinigen sich von Kot und Ungeziefer, ohne sich im mindesten zu genieren, vor dem vorübergehenden Publikum, das, an solche Szenen längst gewöhnt, nicht den geringsten Anstand an denselben nimmt. An allen Ecken der größeren Straßen sind offene Garküchen, das heißt ein halbes Dutzend beständig kochender und schmorender Kessel und Pfannen, und der Koch ladet mit einer Stentorstimme die Vorübergehenden ein, sich bei ihm zu sättigen. Für drei bis vier Grani (einen Groschen oder drei Kreuzer) kann man sich hier vollkommen satt essen und noch ein Glas Wein dazu trinken; für einen Gran erhält man nach Belieben einen hochgehäuften Teller mit Öl abgeschmalzenen Reis, Makkaroni, Fagioli, Maronen oder Polenta, für einen zweiten, in Öl gebackenen Fisch oder anderes Backwerk, für einen dritten ein Glas Wein und für einen vierten ein großes Stück Brot; will man Fleisch essen, so gibt man noch zwei Gran mehr und erhält wohl gar ein Stück Geflügel dafür. – Einige Schritte weiter läßt man sich für einen halben Gran ein Stück Melone, Orangen oder Feigen geben und hat so ein köstliches Dessert und ein vollständiges Mahl gehalten. – Wer nur ein wenig arbeiten will, verdient sich mit leichter Mühe dreißig bis vierzig Grani am Hafen, also soviel, als er auf fünf bis sechs Tage zum Leben bedarf, und doch ist das Volk zu faul, sich dies Wenige zu verschaffen, es sättigt sich lieber mit Klostersuppen, weggeworfenen Melonenschalen usw., und nicht selten erhält man von einem Lazzarone, dem man irgendeine Arbeit anbietet, die stolze Antwort: „Glaubt der Herr, ich sei ein Facchino (Lastträger)?" – Nachdem sich das Volk bei einer solchen Straßenküche gesättigt hat, geht es zur nächsten besten Straßenmadonna, vor der ein Lämpchen brennt, verrichtet seine Andacht, und zwei Schritte weiter seine Notdurft.

Man rechnet, daß ungefähr der fünfte oder sechste Teil der Einwohner Neapels ohne Wohnung und Obdach ist; die ganze Garderobe dieser Leute besteht aus einem zerlumpten Hemd und ebensolchen Beinkleidern. – Kommt ihnen der Appetit, so gehen sie an das Meer und fischen sich ein halbes Hundert Muscheln mit den Händen, die sie in Dolce far niente verzehren und dann mit dem letzten Bissen im Mund einschlafen; so geht es ein und alle Tage fort, die Gott werden läßt. Haben sie einige Grani irgendwo erwischt, so spielen sie Alla mora um einen Pokaletto Wein. Dies ist ein Hände- oder vielmehr Fingerspiel, wobei die zwei Spieler die rechte Hand zumachen, dann den Arm rasch hinauswerfen und eine beliebige Zahl Finger ausstrecken, dabei eine Zahl von zwei bis zehn ausrufen; wer die Zahl der von beiden Seiten ausgestreckten Finger trifft, hat einen Point, und der die ersten zwölf Points hat, gewinnt den ganzen Satz, um den gespielt wird. Meine beiden Begleiterinnen lehrten mich dieses Spiel, in dem ich bald soviel Fertigkeit erlangte, daß ich meinen liebenswürdigen Lehrerinnen gar

manchen Point abgewann, wobei der Gewinst immer ein Kuß war, den ich dann aber doppelt und dreifach nahm. –
Wer sich in Neapel glücklich fühlen will, muß sich ganz dem Vergnügen des süßen Nichtstuns überlassen, denn dies ist eine Huldigung, die man dem dortigen Klima zu bringen hat; das heißt, daß man sein Glück in dem fast immer heiteren Himmel, der majestätischen See und den balsamischen Lüften, die uns sanftsäuselnd umwehen, finden, aber alle ernsteren Gedanken und Gefühle möglichst zu entfernen suchen muß.
In keiner Stadt der Welt, selbst in dem geräuschvollen Paris, macht das Volk einen solchen fortwährenden Lärm wie zu Neapel, beginnt mit den ersten Sonnenstrahlen, endigt erst um Mitternacht und wird kaum einige Stunden des Tages in der heißesten Jahreszeit unterbrochen. Nirgends wird in den Straßen und auf den Plätzen so viel geplaudert, gesungen, gebrummt, gestikuliert und geschrien, und zwar mit kreischend gellenden Stimmen, welche das nicht daran gewöhnte Ohr empfindlich schmerzen, wie hier. In anderen Städten ist das Volk an der Arbeit, in den Werkstätten, man sieht es nur zur Stunde, wo es diese verläßt, und an Sonn- und Feiertagen sich an öffentlichen Orten verbreiten, aber zu Neapel ist es jeden Tag, zu jeder Stunde überall und allenthalben, die Stadt scheint nur ihm zu gehören, die Küchen unterm Himmelsdach, die Eiswasser- und Limonadenverkäufer, die Obst- und Melonenhändler, die Maronen- und Kastanienbrenner, die Gassen-Pulcinellis und -Arlechinis, die offenen Schreiberbuden, wo es sich Briefe an seine Liebchen und Eingaben an Richter, Minister und den König fabrizieren läßt, die Straßen- und Kapuzinerprediger, sogar die Wechselbuden für Kupfermünzen sind beständig von ihm umringt, und in allen Teilen der Stadt wiederholt sich dasselbe Schauspiel. In Toledo wie auf der Chiaja, auf der Piazza Reale wie auf dem Markt, in der Strada Carbonara wie in allen Winkelgäßchen, dasselbe Leben und Treiben. Hier ist das Volk vollkommen frei, denn es ist

von der Sklaverei der Arbeit, der härtesten von allen Sklavereien, wenn man von Tagesanbruch bis in die Nacht hinein arbeiten muß, um notdürftig ein erbärmliches Leben zu fristen, befreit. – Was nützen dem Fabrikarbeiter in England, den Vereinigten Staaten, Frankreich usw. alle seine politischen Rechte, da er der elendeste Sklave der Tyrannin Arbeit ist? – das neapolitanische Volk, das soviel wie gar keine politischen Rechte hat, kennt nicht einmal dem Namen nach diese schrecklichste aller Tyranneien, die Hunger und Kälte den sogenannten freien Arbeiter zu ertragen zwingt. – Das Volk von Neapel findet seine Freiheit darin, ganz nach seinem Willen und Gefallen im süßen Nichtstun zu leben oder doch nur dann zu arbeiten, wenn es ihm gerade gelegen ist. Der Lazzarone befindet sich sein ganzes Leben lang in dem Fall, nichts zu verlieren und alles zu gewinnen, und schert sich den Henker um Konstitutionen und Gesetze. Für hinlänglichen Vorrat der nötigsten Lebensmittel und deren Billigkeit muß die Regierung, will sie bestehen, Sorge tragen. Der geringste Mangel würde sogleich einen nicht zu bezwingenden Aufstand der Masse erregen. Ist aber Reis und Polenta genug vorhanden und fließt das Blut des heiligen Januarius zur rechten Zeit, dann kann sie vor dem Volk ruhig sein, was sie auch sonst beginnen mag. Der Respekt vor den Pfaffen, obgleich die Geistlichkeit einen großen und weit größeren Einfluß als die zu Rom hat, geht doch nur bis zu einem gewissen Grad bei den niederen Klassen, die sich häufig erlauben, eines dickbäuchigen Predigermönchs zu spotten. Dagegen sind in den Familien die Beichtväter allmächtige Diktatoren, und ihre Aussprüche werden Orakeln gleich verehrt, auch der Papst steht hier in weit größerem Ansehen als in Rom, wo man ihn täglich sieht. In den Augen des Neapolitaners ist er ein Gott. Der Pfaffen aller Farben und Kutten zählte man damals wenigstens ein Viertelhunderttausend in der Hauptstadt; Advokaten, Richter und sonstige Handlanger der heiligen Justiz ebensoviel, dazu über vierzigtausend Lazzaroni, während die Garnison kaum einige zwanzigtausend Mann stark war und der größte Teil des Heeres in Kalabrien und den anderen Provinzen stand.

In den Kirchen und selbst während den Messen ist der sonst so bigotte Neapolitaner sehr gleichgültig und unterhält sich ohne Scheu von ganz weltlichen Dingen, auch Liebeshändel werden daselbst abgemacht, nur wenn die Klingel das Vorzeigen des Allerheiligsten verkündet, fällt er, Gebete murmelnd, nieder, bekreuzigt sich mechanisch, und jetzt tritt für einen Augenblick, wie im Theater bei einem beliebten Tonstück, allgemeine Ruhe und Stille ein. Befindet er sich aber in Bedrängnis, Kummer und Not, dann rennt er in die Kirche oder auch zur nächsten Straßenmadonna, heulend, winselnd, betend, schreiend, sich die Brust zerschlagend, und bittet die Jungfrau oder seinen Schutzheiligen dringend um schleunige Abhilfe seiner Not. Wird er aber nicht schnell erhört, dann wird er böse, hört zu lamentieren auf und fängt zornig zu schimpfen und zu lästern an, droht dem unerbittlichen Heiligen, sich einen anderen Schutzpatron zu wählen usw. Dabei ist das Volk so fanatisch, daß es ohne weiteres einen vermeintlichen Ketzer durch einen geschickten Messerwurf, worin es Meister ist, in die Hölle spedieren will. Im Werfen dieser scharfen Messer oder kleinen Dolche, die sie unter dem Hemdärmel zunächst der Hand verbergen, haben die Neapolitaner eine solche Fertigkeit erlangt, daß sie auf zehn Schritte das Herz fast nie fehlen und der Getroffene augenblicklich niederfällt.

Durch die rasche Militärjustiz, welche die Franzosen gleich nach ihrem Einrücken in Neapel einführten, wurde diesem Unfug schnell gesteuert, der, wenn er auch nicht ganz aufhörte, sich doch so verminderte, daß bald nicht mehr der hundertste Teil der Mordtaten wie früher vorfiel.

Buchstäblich wahr ist, was schon viele Reisende berichteten, daß hier auf dem Molo oder in einer Straße ein Kapuziner oder anderer Pfaffe, ein Kruzifix in der Hand, auf einem Block oder Stuhl stehend, unter den tollsten

Gestikulationen eine Predigt hält, während fünf bis zehn Schritte davon Pulcinello seine Faxen macht und sich beide um die Wette bemühen, die meisten Zuschauer an sich zu locken. Ich habe selbst auf dem Molo gesehen, daß bei einer komisch-unanständigen Szene (er zeigte den blanken Hintern und ließ einen lärmenden Wind echappieren) alle Zuhörer von dem predigenden Kapuziner zum Pulcinello liefen; als diese Szene vorüber war, begaben sich die Frommen wieder zum Kapuziner. Bekannt ist das „Venite qui ecco il vero pulcinello" (Kommt hierher, hier ist der wahre Pulcinello), das ein erboster Mönch, auf sein Kruzifix deutend, dem Volk zurief, das ihn verließ, um Pulcinellos Späße anzuhören, und se non è vero è benissimo tróvatò, soll aber verissimo sein. – Ein Seitenstück dazu haben wir ja auf einem Jahrmarkt in einem schwäbischen Städtchen erlebt, wo eine Bauersfrau nach dem Preis eines kleinen Kruzifixes fragte, und als ein Gulden dafür gefordert wurde, ausrief: „Waas, än Gulde, der Dreck!"

Eines Nachmittags, als ich mit meinen beiden Mädchen aus der Vicaria in einer Carriccuola, oder Caricello, über einen Largo fuhr, auf dem eine ganze Reihe mit gebratenen Maronen angefüllte Kasserollen auf hohen Trepiedi (eine Art Dreifuß von Eisen, wie man sie früher in heidnischen Tempeln hatte) über Kohlen standen, stieß unglücklicherweise die Achse des rechten Vorderrades an eine solche Kohlenpfanne, warf sie um, schleifte sie nicht nur ein paar Schritte weiter, sondern warf auch noch zehn andere in einer Reihe daneben aufgestellte nieder, worauf die Eigentümer ein so furchtbares Geheul und Geschrei erhoben, daß meine beiden Begleiterinnen beinahe ohnmächtig wurden. Ich konnte die Pferde nicht rasch genug anhalten, und das Unglück wollte, daß auch noch eines auf dem Lavapflaster stürzte. Wir wurden sogleich von einem tobenden und schreienden Haufen umringt, ich mußte so schnell als möglich um eine Handvoll kleiner Silbermünzen in meine Tasche greifen und den Leuten bedeuten, daß ich allen verursachten Schaden gerne ersetzen wolle, wodurch ich das Volk besänftigte, das nun sogar bemüht war, dem umgestürzten Pferd wieder auf die Beine zu helfen. Ich hatte, um den Schaden zu ersetzen, den die Leute eigentlich nicht gehabt, denn sie lasen die Maronen wieder alle auf, und an dem Eisenwerk war nichts zerbrochen, sowie für die Buona mano, die mir Hilfe geleistet, meine Taschen so geleert, daß kein Pfennig mehr zurückgeblieben war. Ich fuhr daher mit meinen beiden Donzellen, die sich noch immer nicht von ihrer Todesangst erholt hatten, nach der Vicaria zurück, wo wir dem Papa unser gehabtes Abenteuer mitteilten, der sich darüber halbtot lachen wollte und äußerst fröhlicher Dinge war, da er bei der heute gezogenen Zahlenlotterie eine Ambe gewonnen; er bot mir seine Börse an, da ich kein Geld mehr bei mir hatte, und erlaubte mir sogar, diesen Abend seine Mädchen ausnahmsweise ins Theater führen zu dürfen, worüber diese alle ausgestandenen Leiden vergaßen. In San Carlo wurde nicht gespielt. Wir besuchten Fiorentino, wo eine Opera buffa gegeben wurde und ich in einer geschlossenen Loge ein delikates Souper servieren ließ. Nach dem Theater gingen wir noch in der fast die ganze Nacht durch sehr belebten Toledostraße, Eis nehmend, spazieren.

Endlich war ich, und zwar mit Marietta, so weit gekommen, daß sie mir versprach, ein Mittel ausfindig zu machen, sie einmal ganz ohne Zeugen sprechen zu können, und zwar in der Vicaria selbst, in der kleinen Kapelle, in welcher gewöhnlich die zum Tode Verurteilten die letzten Stunden vor ihrer Hinrichtung zubringen. Schon den kommenden Tag sprach ich sie daselbst, jedoch ohne mehr als einen Händedruck zu erlangen, da die Türe des Gotteshäuschen immer offenstand und alle Augenblicke Leute vorübergingen. Es gelang mir, sie zu überreden, mich auf meiner nächsten Wache an der Vicaria gegen Morgen zu besuchen; auch riet ich ihr, Teresina zu ihrer Vertrauten zu machen, weil sie sich nicht wohl ohne deren

Wissen entfernen konnte, da beide in einer Stube schliefen. Erst zwei Tage später konnte ich es veranstalten, daß ich diese Wache wieder bezog, nach der ich mich noch nie so sehr wie diesmal gesehnt hatte. Teresina war bereits in das Geheimnis eingeweiht, wie sie mich selbst hatte merken lassen, als ich den Nachmittag vorher bei meinen liebenswürdigen Schülerinnen zubrachte, und daher das Weitere ganz offen mit beiden verabredete. Als endlich der ersehnte Tag und die noch ersehntere Nacht herankam, gab ich eine halbe Stunde nach Mitternacht, als eben wieder eine Visitation der Gefängnisse vorüber war und ich alles ruhig fand, den beiden Mädchen das verabredete Zeichen zum Herabsteigen mit einem weißen Tuch. Ein paar Augenblicke darauf kamen sie auch, in dunkle Tücher gehüllt, und ich führte sie ganz unbemerkt auf meine Wachstube, die in einer Art Entresol lag und ein eigenes Treppchen hatte. Vorsichtig hatte ich die ohnehin düster brennende Lampe in einen Winkel hinter einen Tisch gestellt, und so ein herrliches Chiaroscuro hervorgebracht. Die erst vierzehn Jahre zählende Marietta zog ich neben mich auf mein ledernes Ruhebett, während Teresina gedankenvoll in den Hof hinabsah, um zu beobachten, was daselbst vorging oder vorgehen konnte. Die bald in meinen Armen ruhende Marietta sträubte sich indessen ganz gewaltig und ließ mich ihre Gunst nur bis zu einem gewissen Grad genießen, was mir indessen dennoch weit mehr Vergnügen gewährte als die baldige gänzliche Ergebung verheirateter und routinierter Frauen, denn Marietta war völlig Anfängerin, die liebe Unschuld selbst, und seitdem war „la mia passione predominante, sempre la giovinprincipiante" (meine herrschende Leidenschaft immer die junge Anfängerin).

Mehrere Stunden hatten wir bereits vertändelt, und schon verkündete ein lichter Schein die herannahende Dämmerung, als die noch immer am Fenster sitzende und von Zeit zu Zeit seufzende Teresina uns ernstlich ermahnte, daß es hohe Zeit sei, sich zu trennen. Ich fand, daß sie vollkommen recht hatte, ging in den Hof hinab, um allenthalben zu rekognoszieren, ob sich die Mädchen ohne Gefahr und unbemerkt wieder hinüberschleichen könnten. Ich begleitete sie alsdann bis an ihre Haustüre, wo ich beiden einen feurigen Abschiedskuß gab, meine letzte Runde machte, worauf der Tambour die Diane schlug und ich mich zur Ruhe auf mein Feldbett warf, das soeben noch der stumme Zeuge meines Glückes gewesen; allerlei phantasierend, schlief ich so gut, als hätte ich eben einen forcierten Marsch zurückgelegt.

Gegen zehn Uhr brachte mir der Bursche der Madame Gasqui ein Billett, in welchem mich die Dame dringend einlud, sie doch gleich nach abgelöster Wache zu besuchen, da sie mir etwas von großer Wichtigkeit mitzuteilen habe. – Was mag sie wollen? dachte ich bei mir selbst; denn was es mit so einer Damenwichtigkeit auf sich hat, war mir längst bekannt. Unterdessen frühstückte Papa Kastellan mit mir auf der Wache, und als ich mit der Mannschaft abmarschierte, salutierte ich den beiden verschämt hinter der Fenstergardine hervorsehenden Mädchengesichtern. Kaum hatte ich die Mannschaft dem Unteroffizier zum Heimführen übergeben und den Degen in die Scheide gesteckt, so war ich auch schon auf dem Weg nach Giesù nuovo, wohin mich die Neugierde trieb, wo ich aber für meinen pünktlichen Gehorsam mit Vorwürfen, daß ich mich gar nicht mehr sehen lasse, von Luise empfangen ward. Sie sagte, dies habe ihr Madame Grenet alles vorausbemerkt, sie habe es aber nimmermehr glauben wollen; nun sehe sie wohl ein, daß jene recht gehabt und deren Warnung gut gemeint gewesen sei. Ich entschuldigte mich mit dem so anstrengenden Dienst, der mir Tag und Nacht keine Ruhe mehr lasse, und bat sie, daß, wenn sie meinen Worten nicht glauben wolle, sie sich beim Adjutantmajor erkundigen könne, ob ich nicht dreimal in einer Woche die Wache an der Vicaria, die beschwerlichste und unruhigste in ganz Neapel, gehabt, und wenn dies nicht wahr, so wolle ich in meinem ganzen Leben keinen Kuß mehr von ihr erhalten. Um sie noch besser von der Wahrheit meiner Aussage zu überzeugen, küßte ich die schmollende Dame auf der Stelle ein halbes dutzendmal. Sie glaubte mir nun und endigte sogar damit, mich wegen meiner gehabten schweren Strapazen herzlich zu bedauern, fügte dann hinzu, dies sei nicht der Grund gewesen, warum sie mich eigentlich zu sich gebeten, sondern sie habe es nun so weit gebracht, daß ein französisches Liebhabertheater in Giesù nuovo gebildet werden solle, zu dem sich schon mehrere Damen und Offiziere als aktive Teilhaber gemeldet hätten; ich möchte jetzt nur die weiteren Schritte tun und die Leitung des Ganzen übernehmen. Mit Vergnügen vernahm ich diese Mitteilung und willigte freudig in das an mich gestellte Begehren, da ich schon lange eine gleiche Absicht gehabt, aber andere Dinge und auch der Dienst mich verhindert hatten, an die Ausführung derselben zu denken. Noch sagte mir Madame Gasqui, daß ihr Mann im Sinn habe, nächstens mit einigen guten Freunden den Vesuv zu besteigen, ich möge doch auch mit von der Partie sein. Auch dies war längst mein Wunsch und mir willkommen, nur aus den angeführten Gründen hatte ich bis jetzt diesen und noch andere Ausflüge in die Umgegend von Neapel, wie nach Herkulanum und Pompeji usw., zu meinem Leidwesen unterlassen müssen.

Ich verließ nun die jetzt nicht mehr schmollende Dame mit dem Versprechen, mich baldmöglichst wieder einzufinden, und beschäftigte mich, soweit es die Umstände erlaubten, mit der Ausführung der projektierten Partie, wozu ich mir bei Vetter Moritz Rat holte, ohne jedoch meine Wachen an der Vicaria und die damit verknüpften Vergnügungen aufzugeben. Indessen fing ich bald an, mehr Gefallen an der Nichte als an der Tochter des Kastellans zu finden. Für meine Absichten auf Teresina war aber Marietta ein schwer zu überwindendes Hindernis, da ich niemals die eine ohne die andere sah.

In einer Nacht, als die beiden Mädchen kaum einige Minuten auf meiner Wachtstube waren, gab es plötzlich Lärm im Hof der Vicaria. Man schrie, daß mehrere Gefangene entsprungen seien, die Wache trat unter das Gewehr, alles wurde lebendig und die lieben Kinder wollten verzweifeln, da sie fürchteten, man möchte auch ihre Abwesenheit entdecken und sie gar bei mir finden. Über das letztere beruhigte ich sie und schloß, indem ich hinabeilte, die Türe hinter mir ab. Vor der Wache traf ich schon den Oberaufseher der Gefängnisse und den Kastellan, die mir meldeten, daß zwei Gefangene eines Kellergefängnisses fehlten, dessen auf das Pflaster des Hofs gehende Gitter durchsägt seien, aber die Kerls müßten sich noch im Palazzo befinden, da sie weder durch das geschlossene Tor, noch über Dächer, Mauern und Gräben hätten entwischen können. Ich tröstete die geängstigten Leute, indem ich ihnen sagte, daß, da die Gefangenen nicht aus dem Schloß sein könnten, wir sie wohl auffinden würden, und ersuchte sie, mit vier Mann Wache, die ich ihnen gab, alle Winkel zu durchsuchen und bei den entferntesten anzufangen, ich wollte einstweilen hier alle in den Hof gehenden Türen mit Schildwachen besetzen lassen. Sie befolgten meinen Rat, und ich ließ unterdessen die Mädchen in den Hof entschlüpfen, die aber unglücklicherweise von ein paar Soldaten, welche die Entflohenen in ihnen zu wittern glaubten, angehalten wurden, ehe sie noch ihre ebenfalls besetzte Türe erreicht hatten; ich kam jedoch dazu und befreite sie von der momentanen Haft, brachte sie an ihre Türe, wo die Tante herausstürzte, um die Mädchen, deren Abwesenheit sie schon entdeckt, zu suchen. Ehe aber weder die Tante noch die Nichten zu Wort kommen konnten, sagte ich zu der ersten: „Hier, Signora, Ihre Kinder, welche in der Angst über den entstandenen Lärm die Unvorsichtigkeit begingen, Ihre Wohnung zu verlassen. Ich bringe sie Ihnen unversehrt zurück, sie können unter allen Umständen nicht besser aufgehoben sein als bei Ihnen." „Mille grazie signor Uffiziale", erwiderte die Tante und sagte zu den Mädchen: „Aber wie geht es zu, daß ihr euch noch gar nicht schlafen gelegt hattet, es ist doch längst Mitternacht vorüber."

„Oh cara zia (liebe Tante)", versetzte Marietta schnell, „wir saßen noch am offenen Fenster, der Musik lauschend, die der Signor Tenente (Leutnant) machte."

„Sonderbar, ich habe doch gar nichts gehört."

„Vermutlich schliefen Sie gut, Signora, auch spielte und sang ich nur pianissimo."

„Ja, das ist etwas anderes, mit zunehmendem Alter werden auch alle Sinne schwächer. Ich lag zwar schon längst im Bett, war aber noch nicht eingeschlummert, als der Lärm anging."

„Hier sind sie, ich habe sie", rief nun plötzlich eine Donnerstimme, es war die eines der wachthabenden Sergeanten, der die beiden Entwischten in der Kapelle hinter einem Beichtstuhl gefunden hatte. Sie waren in geistlichem Gewande, welches sie daselbst aus einem Schrank, den sie aufgebrochen, genommen und mit dessen Hilfe sie ganz in der Frühe unangehalten zum Tore hinausgehen zu können hofften.

Eine Stunde nach diesem unangenehmen Intermezzo war alles wieder in der besten Ordnung, die Gefangenen in einem tieferen Kerker angeschmiedet. Der Kastellan kam zu mir, sich zu bedanken, daß ich seine naseweisen Dinger, welche die Dummheit begangen, des Lärms wegen aus der väterlichen Wohnung zu laufen, so heil zurückgebracht habe.

Kurz nach dieser Begebenheit, als ich wieder einen Nachmittag bei den Kindern zubrachte, gab ich Teresinen verstohlen einen Kuß, was ich schon öfter praktiziert hatte; aber diesmal wollte es mein Unstern, daß es Marietta bemerkte. Diese wurde von dem Augenblick an so zänkisch und mürrisch, eigensinnig und bissig, daß es gar nicht mehr mit ihr auszuhalten war und ich sie bald nichts weniger als liebenswürdig fand.

Eines anderen Tages brachte ich den Mädchen zwei sehr schön fassonierte Körbchen von Schokolade, wie ich mich überhaupt nie ohne etwas Naschwerk bei ihnen einstellte; diese Schokoladearbeiten wurden schon damals in Neapel in der höchsten Vollkommenheit fabriziert. In jedes Körbchen hatte ich etwas Bonbons gelegt, aber in das der Teresina noch obendrein einen kleinen goldenen Ring, eine Allianz, wie ich Marietten schon längst eine verehrt hatte, die neben den anderen Bonbons in Papier gewickelt war. Die beiden Mädchen untersuchten ihre Geschenke; die schon längst argwöhnische Marietta auch die ihrer Kusine und fühlte unglücklicherweise sogleich das Papier, in welchem die Allianz eingewickelt war, ohne daß ich es hindern konnte, denn Teresina hatte die Zeichen, die ich ihr machte, nicht bemerkt oder nicht verstanden. Sie nahm es weg, öffnete es, fand den Ring und las auf dem Papierchen die Worte: alla piu amabile (der Liebenswürdigsten), die ich mit Bleifeder daraufgeschrieben hatte. Nun geriet das Mädchen in einen solchen Zorn, daß sie die beiden Körbchen mit ihrem Inhalt zur Erde warf, mit ihren kleinen Füßen zerstampfte und zertrümmerte und den Ring mit den Zähnen zerbiß. Vergeblich gab ich mir alle Mühe, sie zu besänftigen, indem ich sie versicherte, daß das Ganze auf einem Irrtum beruhe und ich die Körbchen verwechselt habe. Sie hörte gar nicht darauf, fuhr so zu wüten und zu toben fort, daß ihr zuletzt der Schaum vor dem Munde stand und sie nach mir und ihrer Kusine biß, die heftigsten Krämpfe bekam und sich in denselben auf dem Boden wälzte, so daß mir bange wurde, sie möchte in dem Anfall bleiben. Ganz erschöpft fiel sie endlich in eine starke Ohnmacht und blieb beinahe eine halbe Stunde bewußtlos; wir brachten sie in diesem Zustand auf ihr Bett. – Nun aber fing auch Teresina an, heftig zu weinen, machte mir Vorwürfe, daß ich den Frieden und die Eintracht zwischen ihnen beiden gestört habe. Ich hätte mich an die eine oder die andere allein halten und nicht beiden zugleich die Cour machen sollen usw. Ich hatte jetzt alle Mühe, dieses sonst so sanfte Mädchen zu besänftigen und zu trösten, die mir noch mitteilte, daß sie schon seit einiger Zeit meinetwegen viel von ihrer Kusine zu leiden habe, die sie gleich einem Schatten verfolge, ihr das Leben verbittere, ja wohl imstande wäre, ihr Arges anzutun. Ich kenne diese Sizilianerinnen und Neapolitanerinnen noch nicht, sie seien zu allem fähig, wenn sie sich hintergangen und betrogen und wegen einer anderen zurückgesetzt fänden. Sie werde nun wohl Neapel verlassen müssen oder gar fortgeschickt werden.

Endlich schlug Marietta die Augen auf, war aber so matt und erschöpft, daß sie kaum leise zu sprechen vermochte. Ich gab mir nochmals alle Mühe, sie zu beruhigen, konnte es aber nicht dahin bringen, sie ganz zu besänftigen und ein wohlwollendes Wort von ihr zu hören. Nachdem sie sich wieder ziemlich erholt hatte, entfernte ich mich, ihr zum Abschied sagend, daß es unter solchen Umständen wohl das Beste sei, uns künftig zu meiden. Diese Worte ärgerten sie so, daß sie beinahe einen zweiten Anfall bekommen hätte. Um dies zu vermeiden, eilte ich schnell zur Tür hinaus. Von jetzt an mied ich die Wachen an der Vicaria ebensosehr, als ich sie früher gesucht hatte. Einige Zeit darauf erfuhr ich, daß ihr Vater beschlossen habe, einen Advokaten, der sich in das Mädchen verliebt, mit ihrer Hand zu beglücken, und daß dieser sie auch bald darauf als sein eheliches Gesponns heimführte. Ich vermied nun zwar diese Wachen nicht mehr, drängte mich aber auch nicht dazu, obgleich ich wußte, daß jetzt Teresina allein in dem Hause ihres Oheims mit der Tante hauste.

Unterdessen hatte ich Madame Gasqui wieder viel öfter besucht und mir viel Mühe gegeben, das beabsichtigte Liebhabertheater zustande zu bringen; es war endlich soweit gediehen, daß wir es mit Beaumarchais' Figaro, in dem ich die Rolle des Figaro und Madame Gasqui die Gräfin spielte, eröffnen konnten. Die Einrichtung der Bühne und des Raumes für die Zuschauer war allerliebst. Es wurde uns sogar die Ehre zuteil, daß König Joseph unsere Vorstellungen einigemal zu besuchen würdigte. Ich bin überzeugt, die ehrwürdigen Väter Jesu hätten ebenfalls ihre Freude daran gehabt, wenn sie diesem Schauspiel in ihrem alten Betsaal hätten beiwohnen können; im Grunde hatte das Lokal seine ehemalige Bestimmung wiedererhalten, man spielte nur Komödie in anderer Manier.

Nach diesen Vorstellungen wurde gewöhnlich noch soupiert, bisweilen auch getanzt, und öfters aber Hazard gespielt, hauptsächlich Faro. Caguenec war jetzt Kapitän bei der ersten Kompagnie und ein Erzspieler. Eines Abends kam er noch spät nach Mitternacht auf meine Stube und zeigte mir einen grünen Beutel, ganz von Gold strotzend. Denselben auf meiner Bettdecke leerend, so daß einige Goldstücke hinabrollten, rief er aus: „Das habe ich mir heute abend im Tondo (so hieß ein berüchtigtes Spielhaus) geholt; nicht wahr, das heiße ich gespielt. Gehen Sie hin und machen Sie mir's nach!"

Ich ließ mich in der Tat verleiten, den kommenden Abend mit dem Kapitän das Spielhaus zu besuchen. Dieser verlor wieder alles und noch mehr, als er den vorigen Tag gewonnen hatte. Hier traf ich auch den Grafen Linange und noch viele Offiziere vom Regiment, die alle wie die Ratten spielten; unser Offizierskorps war bald in Neapel dafür bekannt, das Spiel leidenschaftlich zu lieben. Den ersten Abend gewann und verlor ich nichts und kam mit heiler Haut davon; ich besuchte aber das Tondo nun öfter, mit abwechselndem Glück spielend, wagte jedoch nie zu große Summen auf einmal. Eines Abends hatte ich schon ein paar tausend Dukati gewonnen, war aber unklug genug, nicht damit fortzugehen, sondern sie auch wieder zu verspielen. Glücklicherweise hielt mich bald wieder eine neue Intrige von dem Fortbesuchen dieser Spielhölle ab, ebenso unser Liebhabertheater, dessen Abendproben mich viel in Anspruch nahmen und bei denen ich manche heitere Stunde mit Madame Gasqui und den andern mitwirkenden Damen zubrachte. Zu dieser Zeit komponierte ich auch den Pas de Charge, der später so manchmal die französischen Truppen in Feuer geführt.

Durch unsern Bataillonschirurgen hatte ich zufällig die Bekanntschaft einer hübschen jungen Apothekersfrau, einer geborenen Römerin, gemacht. Der Doktor nahm seine Medikamente für die Kunden, die er sich in der Stadt erworben – meistens sogenannte geheime Kranke –, bei ihrem Eheherrn und hatte dadurch Zutritt ins Haus erlangt. Diese Apotheke lag in der Nähe unseres Forts, und ihr Besitzer war ein gastfreundlicher Mann, der die Musik liebte. Eines Tages hatte ihm der Doktor gesagt, daß sich beim Regiment ein junger Offizier befände, der sehr musikalisch sei, Klavier und Gitarre spiele, gut singe und sogar komponiere, den er, wenn es dem Signor Speziale angenehm sei, einmal mitbringen wolle. Der Apotheker hatte ihm erwidert, er würde ihm dankbar dafür sein. Doktor Kullmann, so hieß der Bataillonschirurgus, lud mich daher ein, ihn doch einmal zu seinem guten neapolitanischen Freunde zu begleiten. Im Vertrauen teilte er mir dann mit, daß dieser eine schöne Frau habe, der er den Hof mache; aber obgleich er manchmal eine ganze Stunde, während der Mann in der Apotheke beschäftigt, mit ihr allein gewesen, doch nicht viel weiter gekommen sei, da er mit der verteufelten Sprache nicht fort könne und er oft die größte Mühe habe, sich dem Manne mit seinem Rackerlatein verständlich zu machen. Er meinte daher, ich könne ihm wohl behilflich sein, wenn ich den Dolmetscher (also den Kuppler) machen wolle. Ich lehnte es längere Zeit unter allerlei Vorwand ab, den Herrn Doktor zu begleiten; aber er hörte nicht auf, mich so lange darum anzusprechen, er erzählte mir so viel von der Liebenswürdigkeit der Signora, die auch ganz vortrefflich singe, daß mich die Neugierde bewog, endlich nachzugeben und den Wunsch des Äskulap zu erfüllen.

Wir wurden von dem Signor Speziale recht artig aufgenommen und von ihm sogleich in sein Wohnzimmer geführt, wo seine Frau mit kleinen Handarbeiten beschäftigt war. Ich fand, daß die Signora hübsch genug war, um ihr Artigkeiten zu sagen, und daß der Doktor gar keinen so üblen Geschmack hatte, und daß es wohl der Mühe wert sei, ihm und dem Mann zugleich eine Nase zu drehen; letzterer bat mich, da er von seinem Amico gehört, daß ich ein so großer Virtuos sei, ihm und seiner Frau doch das Vergnügen zu machen, sie etwas von mir hören zu lassen. Ich entschuldigte mich, indem ich erwiderte, man habe ihm viel zuviel von mir gesagt, so daß er zu große Erwartungen hege, denen ich niemals entsprechen würde und es also nicht wagen könne, ihm etwas vorzutragen. Er ließ aber nicht ab, mich zu bestürmen, sowie der Doktor ebenfalls in mich drang, und da die Signora ihre Bitte mit denen der beiden Herren vereinigte, so konnte ich nicht umhin, sie zu erfüllen, um so mehr, als mir der Apotheker versprochen hatte, ich solle dann auch die Stimme seiner Cara Moglie hören. Ich sang nun einige italienische Lieder, darunter auch die Romanze des Pagen aus Mozarts Figaro, mit Gitarrebegleitung. Die Leute hatten kein Klavier, da die Dame dies Instrument nicht spielte. Nun kam die Reihe an diese, welche dennoch nach einigem Zieren ebenfalls ihre Kunst zum besten gab, aber bei einer allerdings schönen und klangreichen Stimme doch nur ganz Naturkind im Gesang war, ja, wie ich bald erfuhr, nur nach dem Gehör sang und nicht einmal die Noten kannte, wie dies so häufig in Italien, selbst bei Sängerinnen vom Fach und bei dem Theater angestellt, der Fall war, denen ihre Partien mit der Violine eingegeigt werden mußten. Ich versprach der Signora Golia, bei meinem nächsten Besuch einige recht hübsche neue Kanzonette mitbringen zu wollen und ihr diese einzustudieren, worüber sie und ihr Mann ganz vergnügt waren, der Doktor aber ziemlich scheel sah. So hatte er es nicht gemeint, und er sah bald ein, daß er einen Eselsstreich gemacht und den Bock zum Gärtner gesetzt habe, als er mich in das Haus einführte, da ich bei meinem ersten Besuch schon weiter gekommen war als der Pflastermann – ein ehrlicher, recht bedächtiger Schwabe, die jeden Schritt und Tritt hundertmal erwägen und überlegen, ehe sie ihn zu tun wagen – seit Monaten. Aber der Bock war nun einmal geschossen und ließ sich nicht wieder rückgängig machen. Der Signor Golia wurde häufig in die Apotheke abgerufen, und ich benutzte seine kurze Abwesenheit, der Signora Fleuretten mit Occhiaten begleitet zu sagen, die mein ehrlicher Kullmann nicht einmal verstand und sich dabei in die Lippen biß. Endlich empfahlen wir uns, wobei ich der Dame die Hand küßte, etwas, das mein Äskulap noch nicht einmal gewagt hatte und mir jetzt zum erstenmal nachmachte; ich versprach baldiges Wiederkommen. Als wir das Haus verlassen hatten, machte mir der Doktor Vorwürfe, daß, statt sein Interesse zu wahren, ich mir alle Mühe gegeben, ihn aus dem Sattel zu heben.

„Freund, das ist unmöglich, Sie sitzen ja noch gar nicht darin."

„Spotten Sie nur, aber das ist kein Freundschaftsstückchen, einem Freunde den Bissen vor dem Maul wegschnappen zu wollen."

„Aber wer will denn das? Sei'n Sie doch kein Kind, alles, was ich tat, geschah nur einzig und allein in Ihrem Interesse. Wenn Sie nur verstanden hätten, was ich der Signora gesagt, so würden Sie nicht so reden und sich dankbarer gegen mich bezeigen. Ich sprach nur zu Ihrem Lobe und zu Ihren Gunsten."

„Den Teufel auch, ich müßte ja blind sein, wenn ich Ihr Augenspiel nicht bemerkt hätte."

„Das war ja auch in Ihrem Interesse; hörten Sie denn nicht, wie sehr ich ihre Geschicklichkeit hervorhob?"

„Mag sein. Ich verstand kein Wort davon, es kam mir aber so vor, als wollten Sie sich bei der Signora Golia beliebt machen."

„Mein Gott, das muß ich ja, wenn ich für Sie wirken soll."

„Nehmen Sie sich in acht, wenn Sie mich hintergehen und Sie einmal krank werden, dann ..."

„Dann werden Sie mir doch kein Gift verschreiben?"

„Das nicht, aber ich lasse Sie im Stich."
„Oh, darüber tröste ich mich, denn ich weiß, wie ich es mit Euch Herren Medizinern zu halten habe:

Der Geist der Medizin ist leicht zu fassen;
Ihr durchstudiert die groß' und kleine Welt,
Um es am Ende gehn zu lassen
Wie's Gott gefällt."

„Ach, das ist albernes Zeug."
„Ei, ei, Herr Doktor, Sie blamieren sich. – Doch allen Scherz beiseite, ich werde mein Möglichstes tun, den Doktor bei der Apothekerin beliebt zu machen." –
Wir trennten uns nun und jeder ging seinen Weg, der meinige führte mich nach Giesù nuovo zur Probe eines neu einzustudierenden Vaudevilles, das ich mit Madame Gasqui zusammengeflickt, „les français a Naplè" betitelt hatte und das den Beifall unsers Publikums und selbst Sr. Majestät erhielt, obgleich es manchen Seitenhieb auf dessen Gouvernement gab, den Joseph jedoch nicht zu verstehen schien oder nicht verstehen wollte. Übrigens fing es an, wenigstens etwas leidlicher in der Verwaltung zu gehen, namentlich seit Röderer das Finanzwesen und ein neues Abgabensystem organisiert hatte, aber verhindern konnte er die fortdauernde unnütze Prodigalität nicht.
Schon den folgenden Tag besuchte ich meinen braven Apotheker wieder und musizierte mit seiner Frau, die bald das Steckenpferd, Don Juans Duettino, womit ich alle meine Intrigen con amore einleitete, mit mir singen konnte, worüber sich Herr Golia königlich freute. – Ich dachte: nun sage mir noch einer, die neapolitanischen Ehemänner seien Teufel der Eifersucht! Aber es war noch nicht aller Tage Abend; mein guter Doktor war doch bald überzeugt, daß ich ihn zum besten gehabt und setzte nun dem Mann Flöhe ins Ohr, so daß dieser mich immer kälter empfing und auch ein paarmal unter dem Vorwand, seine Frau sei ausgegangen und er sehr beschäftigt, ganz kurz abwies. Das erstemal blieb ich je-

doch noch eine geraume Zeit in der Apotheke, die Zurückkunft der Signora abwartend. Bei dieser Gelegenheit brachte ich die Sprache auf die italienischen Gifte und namentlich auf das berüchtigte Acqua Toffana, ein Thema, das den Signor Golia ansprach und worüber er, trotzdem daß er mich bereits nicht mehr mit den wohlwollendsten Augen ansah, so gefällig war, mir manche Aufklärung zu geben. Ich erzählte ihm nun, welche abenteuerlichen Vorstellungen man sich in Deutschland von demselben mache, daß man glaube, es werde aus dem Schaum rasend gewordener Menschen fabriziert, die man, um sie zum höchsten Grad der Wut zu bringen, unter den Fußsohlen kitzle; daß man vermittelst dieses Giftes genau Tag, Stunde und Minute, in welcher der seit Monaten schon Vergiftete seinen Geist aufgeben müsse, bestimmen könne usw. Der Apotheker lächelte über diese Mitteilung und erklärte mir, daß die Haupt-Ingredienzen der Acquetta, wie man hier dieses Gift nennt, Arseniksäure, mit etwas Laudanum, bitterer Mandelessenz und einigen andern Liquiden vermischt, um die Bestandteile desselben besser zu verbergen, wären; daß man allerdings nach der Quantität der beigebrachten Dosis den Tod des Vergifteten früher oder später herbeiführen, aber nie genau den Tag, viel weniger die Stunde angeben könne, in welcher dieser erfolgen müsse, da dies von gar mancherlei Umständen abhinge, wie von der Konstitution, der Nahrung und sogar der Beschäftigung des Vergifteten. Ich erkundigte mich später noch bei andern Personen nach diesem berühmten Gift. Mehrere leugneten dessen Bestehen gänzlich, andere sagten, die Kunst, es zu bereiten, sei längst verloren gegangen. Moritz versicherte mir, es sei durchaus nichts weiter als künstlich präpariertes Arsenik. Dies Resultat gab auch später eine unter Murat auf meine Veranlassung angestellte polizeiliche Untersuchung, und die über dasselbe verbreiteten Märchen sind nichts weiter als Erfindungen abenteuerlicher Reisebeschreibungen und Romanschreiber. Das Ganze ist demnach nichts als eine etwas künstlichere Arsenikvergiftung, wie sie auch in andern Ländern, in Deutschland und Frankreich leider schon tausendmal vorgekommen ist, bei der man dem erlesenen Opfer das Gift wiederholt in kleinen Dosen beibrachte, bis es demselben unterlag. Soviel ist historisch ziemlich erwiesen, daß eine Sizilianerin, eine gewisse Toffania, dasselbe zuerst zubereitete und ihm den Namen gegeben und daß damit unter der Regierung Alexanders VII. sehr viele Personen in Rom, Neapel und Palermo vergiftet wurden. Später wendete man es auch in Paris und andern großen Städten an; es waren besonders Frauen, die sich mit dieser Giftmischerei abgaben, und da sie dieselbe zu einer Zeit getrieben, wo die Chemie noch bei weitem nicht auf dem Höhepunkt stand, zu dem sie später gekommen, so war es leicht, die Fabrikation desselben in ein mysteriöses Dunkel zu hüllen; man schrieb den Fabrikantinnen selbst infernalische Künste zu. Die Zufälle, die es hervorbrachte, waren ganz dieselben wie bei einer allmählichen Arsenikvergiftung: große Ermattung, heftiger Durst, Ekel gegen alle Nahrungsmittel, Abzehrung, Überdruß des Lebens usw. Aus älteren Akten über Vergiftungprozesse, die sich in den Archiven der Vicaria befanden, ging soviel hervor, daß man mit dem Eingeben dieses Giftes erst mit einem einzigen Tropfen begann, den man in einen Kelch Wasser, Wein oder Limonade mischte; ein oder mehrere Tage darauf einen zweiten Tropfen eingab, dann die Dosis verdoppelte usw. Aber sechs bis acht Tropfen, auf einmal genommen, waren schon hinlänglich, den stärksten Mann zu töten. Es war dabei ganz geschmack- und farblos, und aus einem bei diesen Akten noch vorhandenen Rezept geht hervor, daß namentlich die Essenz bitterer Mandeln eine große Rolle dabei spielte. Indessen scheint doch das eigentliche Rezept verloren gegangen zu sein.

Nicht minder fabelhaft ist, was man in so manchen Büchern über den Tarantel- und Skorpionenstich faselt. Den letzteren erhielt ich wohl mehr als ein dutzendmal, und beide sind wenig mehr gefährlich und schmerzlich als ein gewöhnlicher Wespenstich, wenn man gleich die gehörigen Mittel anwendet, den Skorpionenstich nämlich unterbindet, um das Anschwellen des gestochenen Gliedes zu verhindern, und mit ein wenig Schwefel brennt – ein einfaches Mittel, dessen sich hierzuland jeder Bauer bedient.

Als ich am andern Tag wieder kam, wurde ich noch kälter von dem Signor Speziale empfangen, der mir diesmal fast gar kein Gehör gab, welches Thema ich auch immer aufs Tapet bringen mochte. Aber es war zu spät. Der gute Mann, der anfänglich mit Entzücken zuhörte, wenn ich seiner Frau Singunterricht ohne Noten erteilte, hatte erst Lunte gerochen, als das Feuer schon lichterloh brannte. Längst wußte ich, daß Signora Golia alle Morgen die Messe bei den Karmelitern besuchte; hier sprach ich sie nun, ohne daß es ihr Mann oder der Doktor ahnten; dagegen besuchte ich die Apotheke nur noch sehr selten auf einen Augenblick im Vorübergehen. Gewiß waren beide erfreut, mich so schnell losgeworden zu sein, während ich so weit schneller zum Ziel gelangte. Die Signora mochte den Merluzzo (Stockfisch) von einem Doktor, der kein gescheites Wort mit ihr reden konnte, nicht leiden, war über ihren Marito (Eheherrn) erbost, daß er mich so auswies, und gab mir Rendezvous bei einer Amica, die sich Signora Rapisarda nannte, in der Strada Pignofecca, deren Adresse sie mir auf einem mit Bleifeder beschriebenen Papierchen mitteilte. Ich suchte das angegebene Haus zur bestimmten Stunde auf und fand in einem Gemach des dritten Stockes beide mich erwartenden Freundinnen, graziös auf einem Sofa sitzend. Als sie mich erblickten, standen beide auf, und Guilietta, dies war der Taufnahme der Apothekerin, sprang auf mich zu und ließ mir kaum Zeit, der Dame des Hauses meine schuldige Höflichkeit zu bezeigen. Sie stellte mir diese endlich als die Frau eines Beamten vor, welcher dem Hof Ferdinand IV. nach Sizilien gefolgt sei, und der seine Gattin, die sich nicht von Neapel, wo sie alle ihre Freunde und Bekannten habe, trennen wollte, verlassen hätte. Die Amica war so aufmerksam, uns mit Rosolio und Pane di Spagna (eine Art Biskuit) aufzuwarten und sich dann zu entfernen. – Nun wurde die Türe verschlossen, und wir schwelgten ein paar Stunden im Hochgenuß, nach denen sich die Amica wieder einfand, die zwar äußerst angenehm, aber doch schon etwas verblüht war, und die ich nicht reizend genug fand, um ihr zu Gefallen eine Untreue gegen meine neue Freundin zu begehen. Dies geschah nur zuweilen beim Tête-à-tête mit der Madame Gasqui, die dann immer so liebenswürdig war, daß schwerlich der heilige Antonius selbst der Versuchung widerstanden haben würde.

Um diese Zeit veranstalteten die Damen in Giesù nuovo auch eine Exkursion nach Herkulanum und Pompeji und luden mich ein, mit von der Partie zu sein, was ich um so weniger abschlug, als es, wie bemerkt, schon früher meine Absicht war, die Überbleibsel einer längst untergegangenen Gegend, sowie Puzzuoli, den Averner See, die Solfatra, die Hundsgrotte, den Vesuv usw. zu besuchen.

Madame Gasqui war es, die jetzt immer solche Ausflüge veranstaltete und mit mir beriet, wen man daran teilnehmen lassen müsse. Ich sprach ihr jetzt zum erstenmal von den zwei neapolitanischen Damen, die ich zufälligerweise kennengelernt, und deren Bekanntschaft zu machen auch sie gewiß freuen würde. Ich schlug vor, auch diese einzuladen, ohne zu wissen, ob sie einwilligen könnten. Luise, halb neugierig, halb mißtrauisch, gestattete, daß ich sie mitnehme, und ich brachte es wirklich dahin, daß Guilietta nebst ihrer Freundin sich dazu verstanden, mit von der Exkursion der französischen Signoris zu sein, indem die Freundin die Signora Golia in Gegenwart ihres Gatten zu einer Villagiatura in Gesellschaft ihrer Verwandten einlud, wogegen der gute Mann nichts einwendete. Ich hatte jedoch große Ursache, es zu bereuen, die beiden Damen zu dieser Partie engagiert zu haben, da es

dabei zu allerhand Unannehmlichkeiten kam, welche das Benehmen der Madame Gasqui hervorrief.
Wir waren zwölf bis fünfzehn Personen, unter denen sich mehrere Offiziere vom Regiment, namentlich auch die Kapitäne Gasqui, Caguenec und Linange befanden, welch letztere der Madame Gasqui recht eifrig den Hof machten, wovon ich aber keine Notiz nahm und es nicht zu bemerken schien.
Wir ritten sämtlich auf Eseln, Maultieren und Pferden über die Brücke Maddalena nach Portici und Resina, wo wir uns nur kurze Zeit aufhielten und dann nach Herkulanum begaben. Von dieser verschütteten Stadt war nur erst wenig ausgegraben, und selbst von diesem wenigen wieder das meiste zugeworfen worden, weil man nicht gut weiter graben konnte, ohne Portici selbst in Gefahr zu bringen, das, wie Resina, über der untergegangenen Stadt erbaut ist.
Die ersten Spuren von Herkulanum entdeckte man vor etwa 140 Jahren, als die Einwohner von Resina einen über 60 Fuß tiefen Brunnen graben wollten und statt Wasser Ruinen und Antiken fanden, die mit Inschriften versehen waren, welche die vor beinahe 2000 Jahren untergegangene Stadt hier vermuten ließen. Aber erst dreißig Jahre später, 1720, ließ der Herzog von Lothringen, Elboeuf, weitere Nachgrabungen veranstalten, bei denen es jedoch eigentlich nur auf Marmor abgesehen war. Statt dessen fand man aber einige sehr schöne antike Bildsäulen, eine Kleopatra und einen Herkules, welche der Vizekönig dem Prinzen Eugen zum Geschenk nach Wien sandte. Der Herzog ließ nun weiter graben, bald fand man sieben griechische Bildsäulen, Vestalinnen ähnlich, und stieß dabei auf die Oberschwelle einer Haustüre mit einer Inschrift. Kurz darauf entdeckte man einen antiken Tempel mit vierundzwanzig Säulen von Alabaster und ebenso viele Statuen von griechischem Marmor. Als nun die Regierung von diesen gefundenen Schätzen hörte, verbot sie, das Monopol derselben für sich in Anspruch

nehmend, alle weiteren Nachgrabungen und erklärte, diese unterirdischen Gebäude, und was ihnen annex, gehörten zu den Krondomainen. Die nächsten Folgen waren, daß infolgedessen achtzehn Jahre lang alle weiteren Nachgrabungen unterblieben, bis Karl III., nachdem er den Thron von Neapel bestiegen hatte, das Schloß zu Portici zu bauen beschloß und zu diesem Zweck dem Herzog von Elboeuf seine Villa abgekauft hatte. Der König ließ nun außerordentlich tiefe Fundamente graben, bei welcher Gelegenheit man mit völliger Gewißheit die untergegangene Stadt sowie sogar das Bett des Flusses entdeckte, welcher dieselbe durchströmt hatte. Man kam auf kerzengerade Straßen, die auf beiden Seiten Plattengänge (Trottoir) für die Fußgänger hatten und schon mit Lava gepflastert waren. Die Höfe der Gebäude waren teils mit Marmorplatten, teils mit Mosaikböden belegt, andere mit einer Art sehr dicker und breiter Ziegelsteine. An den Mauern waren noch häufig Freskomalereien, dic Fensteröffnungen hatten sogar noch Läden von Holz; nur an wenigen Häusern fand man ein sehr dickes Glas. Die merkwürdigsten Gebäude, die man entdeckte, waren ein Theater und das Forum. Ersteres hatte eine ovale Form, war ganz mit Asche und Lava angefüllt und größtenteils aus Backsteinen erbaut. Die inneren Galerien waren gewölbt und durch Pilaster getragen, die Mauern mit Marmorplatten von verschiedenen Farben belegt. Das Ganze aber konnte man nicht übersehen, da man nur unter Fakkelschein die einzelnen Teile desselben besuchen konnte. Das Forum, wahrscheinlich ein Tribunal der heiligen Justiz, ist ein sehr weitläufiges Gebäude, das einen großen, rechtwinkeligen Hof mit von vierzig Säulen getragenen Vorhallen umgibt, in dessen Mitte die Bildsäule Vespasians stand.

Von Fackelschein und einigen Wachskerzen erleuchtet, stiegen wir die Stufen, welche in das Theater von Herkulanum führen, hinab, wobei ich der Signora Golia, der ich überhaupt zum großen Verdruß der Madame

Gasqui viele Aufmerksamkeit erwies, die Hand reichte und ihr in italienischer Sprache die Geschichte des Untergangs von Herkulanum erzählte, das, wie die Sage will, ein Herkules der Phönizier schon sechzig Jahre vor Trojas Gründung erbaut haben soll. Diese Stadt hatte eine überaus reizende Lage und war zu Ciceros Zeit eine der reichsten, luxuriösesten und schwelgerischsten Städte Italiens, die mit Kapua und Parthenope an Pracht wetteifern konnte und wo die reichsten Römer den größten Teil des Jahres auf ihren Villen in der Umgegend oder in ihren Palästen in der Stadt zubrachten.
Beinahe eine Stunde verweilten wir in diesen unterirdischen Räumen, und waren endlich froh, das Tageslicht wieder zu erblicken; es war schaurig, zwischen diesen öden Mauern einer längst verschwundenen Stadt beim Fackelschein umherzuwandeln.
Wir machten uns über *Torre del Greco* und *Torre del Annunziata* nach *Pompeji* auf den Weg. In Torre del Greco, eine Stadt, die an 12 000 Einwohner zählt, nahmen wir ein frohes Mahl ein, das uns so munter machte, daß einige aus der Gesellschaft in frevelhaftem Übermut den alten Feuerspeier frech herausforderten, jetzt seine Spukereien zu wiederholen, damit wir doch auch einmal Augenzeugen von dem Untergang einer Stadt seien, was sich aber die Damen ernstlich verbaten. Torre del Greco war im 17. Jahrhundert und erst wieder vor sieben Jahren gewaltig von furchtbaren Lavaströmen heimgesucht und größtenteils vernichtet worden. Dennoch lebten und fischten die Einwohner (Fischerei und namentlich Korallenfischerei ist mit ihr Haupterwerb) so unbesorgt in den Tag hinein, als sei nie dergleichen vorgefallen oder zu befürchten, obgleich man noch überall die Spuren der letzten Verwüstung erblickte, und ganz neue Häuser zwischen den Ruinen der alten und den großen schwarzen Lavamassen, die hier erkalteten, hervorragten. Von hier geht der Weg fortwährend an herrlichen Villen und Gärten vorüber, bis nach Torre del Annunziata, so daß man sich

immer in einer bewohnten Straße wähnt. Die Einwohner dieses Städtchens, das über 7000 Seelen zählen mag, sind größtenteils – wenigstens die ärmern – den Bürgern von Torre del Greco, die sie zu der Korallenfischerei verwenden, leibeigen, und zwar auf folgende Weise. Diese mühsame und beschwerliche Fischerei, die noch obendrein so schlecht belohnt wird, daß der Ertrag dieser Arbeit kaum hinreicht, den Hunger zu stillen, findet an den afrikanischen Küsten statt, wobei die armen Fischer Entbehrungen jeder Art und allen möglichen Gefahren ausgesetzt sind, und zwar für Rechnung der reichen Bürger von del Greco, kehren sie nun nach einer sechsmonatigen Abwesenheit glücklich heim, so ist der ganze Ertrag ihres Verdienstes kaum 25–30 Ducati (50–60 rheinische Gulden), ein Blutgeld, das ihnen die Unternehmer dieser Fischerei in der Regel schon längst vorgeschossen haben unter der Bedingung, es durch das Korallenfischen wieder abzuverdienen, wo nicht, sie in das Gefägnis oder gar auf die Galeere wandern müssen. So wissen diese schmutzigen Wucherer die armen Menschen, nicht selten Familienväter, durch elende Geldvorschüsse fortwährend von sich abhängig und leibeigen zu machen. So geht es von einem Jahr in das andere, und es ist dies eine der schmählichsten Seelenverkäufereien, die man sich denken kann, da die armen Teufel auch häufig noch in die Gefangenschaft der Barbaresken, so in lebenslängliche Sklaverei gerieten, und nie imstande waren, sich loskaufen zu können, da ihre hartherzigen Schinder dies nicht taten. Aber kindliche und brüderliche Liebe tat manchmal ein übriges, indem sich der Sohn für den Vater, der Bruder für den Bruder in das Joch der afrikanischen Barbaresken spannte, um die Ketten der Unglücklichen zu lösen und sie selbst zu tragen, während die Korallenhändler im Überfluß schwelgten, den ihnen diese Fischerei brachte.

Von Torre del Annunziata hatten wir noch eine sehr kurze Strecke bis zu den Ausgrabungen von *Pompeji.* Hier war es anders als zu Herkulanum; frei konnten wir bei dem Tageslicht in den ausgegrabenen Straßen der wiedererstandenen Stadt umherwandeln und die Häuser und Wohnungen der vor 1800 Jahren hier lebendig begrabenen Bürger, den Isistempel, zwei Theater, die Grabstätten usw. besuchen. An Bildsäulen, Münzen, Gerätschaften aller Art hatte man schon große Schätze aufgefunden sowie eine bedeutende Zahl von Menschengerippen, denn hier hatten die Einwohner nicht wie die zu Herkulanum der anströmenden glühenden Lava entrinnen können, da sie noch vorher die in Massen herabfallende Glutasche erstickt hatte. Die Straße, welche man für die Hauptstraße hält, ist ziemlich eng, hat aber Trottoirs auf beiden Seiten. Noch sieht man Räderspuren auf dem Lavapflaster. Die Privathäuser sehen einander sehr ähnlich, alle sind mit einem Hof und einem Wasserbehälter versehen, der bei den größern meistens von einer Säulenhalle umgeben ist. Die Gemächer haben den Ausgang auf diesen Hof und stehen unter sich nicht in Verbindung; viele derselben erhalten ihr Licht durch eine Öffnung über der Türe oder auch durch die Tür selbst. Die meisten Wände sind mit Malereien verziert, welche hauptsächlich deshalb interessant sind, weil sie uns die Kostüme der damaligen Zeit sehr getreu darstellen. An jedem Hause ist der Name des Eigentümers mit roten Buchstaben angezeigt.

Die Wiederauffindung dieser Stadt verdankt man einigen Weinbauern, die in der Mitte des 18. Jahrhunderts nur wenige Schuhe unter der Erde die ersten Spuren entdeckten. 1755 ließ Karl III. weitere Nachgrabungen veranstalten, die seitdem bald mit mehr, bald mit weniger Eifer fortgesetzt wurden; gar manches förderte man unter Murat zutage.

Den Ursprung dieser Stadt schrieb man ebenfalls einem Herkules zu; sie lag am Fluß *Sarno*, zwischen Herkulanum und Sorrent, unweit des Golfs von Neapel, hatte einen großen Hafen, der eine Flotte bequem aufnehmen konnte, und war die blühendste und volkreichste Stadt Kampaniens, die auch viel Handel trieb. Sylla führte eine Kolonie hierher. Als sie unterging, soll ein großer Teil ihrer Bewohner gerade einer Vorstellung im Theater beigewohnt haben.

Wir brachten hier ein paar Stunden zu, konnten aber in so kurzer Zeit nicht alles mit der gehörigen Aufmerksamkeit untersuchen. Die Tage waren schon kurz, und die Damen, zum Teil verstimmt, eilten nach Hause zu kommen. Der Grund dieser Verstimmung war, daß Madame Gasqui, der ich die Signora Golia als eine sehr bedeutende und gar nicht gefährliche Dame geschildert hatte, gerade das Gegenteil zu finden glaubte und als eine scharfblickende Beobachterin bald heraus hatte, daß ich in einem intimen Verhältnis mit ihr stehen müsse, worin ihr Madame Grenet und Madame Alphons, die beide mit von der Partie waren, nicht nur recht gaben, sondern sich jetzt auch gegen uns vereinigten und verschworen und schnell ein gefährliches Triumvirat gebildet hatten, welches die beiden Italienerinnen während unserer Wanderungen in Herkulanum und Pompeji mit beißenden Anmerkungen und feindlichen Anspielungen verfolgte. Ein Glück war es, daß sich die Damen wegen Unkenntnis der gegenseitigen Sprachen durchaus nicht verständigen konnten. Wer weiß, was es sonst noch abgesetzt haben würde; dennoch hatte ich meine liebe Not, zu verhindern, daß man nicht manchmal von der einen oder der andern Seite losplatzte, denn auch meine Römerin war nicht blind, merkte bald, wo die Französinnen hinauswollten, und bewies durch ihr energisches Benehmen, daß sie sich nicht ungestraft würde hudeln lassen. In Portici hatten wir ein Souper bestellt, das zum Schluß die verstimmten Gemüter glücklicherweise wieder in eine etwas bessere Laune versetzte, mit Ausnahme Giugliettens, die den italienischen Charakter nicht verleugnen konnte und zornglühend Rache brütete. Da bei unserer Ankunft in Portici das Abendessen noch nicht bereit war, so besuchten wir während der Zeit noch das am Ufer des Meeres von Karl III. erbaute Schloß, in welchem eine große Menge von den in Herkulanum und Pompeji gefundenen Gegenständen aufbewahrt wurden. Viele, und zwar die kostbarsten, hatte indessen der Hof bei seiner Flucht mit nach Palermo genommen. Die Signora Golia und ihre Freundin waren uns nicht dahin gefolgt, sondern maulend und racheglühend in der Osteria zu Portici zurückgeblieben. Herzlich froh war ich, als wir wieder über der Maddalenenbrücke und in Neapel zurück waren, wo man sich sehr frostig trennte, ich aber die beiden Signoras in das Haus der Amica brachte, wo sie sich dann nach Herzenslust über die maledette donne francese (die verfluchten französischen Weiber) ausließen und sich verschworen, nie mehr in einer solchen Gesellschaft eine Exkursion zu machen.

Als ich den andern Tag nach Giesù nuovo kam, mußte ich auch das Donnerwetter von der andern Seite hören, und Madame Gasqui warf mir vor, wie ich solche mauvaise Italiennes in ihre Gesellschaft habe bringen können, was sie sich in Zukunft ein für allemal verbitte. Dies war aber ganz unnötig; denn auch ich hatte an diesem Versuch ein für allemal genug. Indessen schlossen wir zum 20. oder 30. Male wieder Friede.

Ein paar Tage darauf machten wir einen Ausflug nach Puzzuoli, den aber nur Herr und Madame Gasqui, Frau von Gemmingen und ich unternahmen.

Wenn man durch die Grotte des Posilippo gekommen ist, so führt rechts ein Weg nach dem See Agnano, dessen Wasser fortwährend zu sieden scheint, seltsamerweise auf der Oberfläche süß, im Grunde aber gesalzen ist, und der drei Miglien im Umfang hat. Man glaubt, daß auch hier in der Vorzeit der Krater eines Vulkans gewesen sei. In der Nähe dieses Sees befindet sich in einem sehr sandigen Boden die sogenannte Hundsgrotte, der ein so giftiger Dunst entsteigt, daß, wenn man einen Hund oder ein anderes Tier über dieselbe hält, es zuerst Konvulsionen bekommt und nach wenig Minuten tot ist, wenn man es nicht schnell wegnimmt; den Namen hat diese

Grotte davon, weil man gewöhnlich das Experiment mit Hunden macht. Eine kleine Miglie davon, möglich vom Agnano, ist die *Solfatara* (das Schwefeltal), ein von gelblichen vulkanischen Felsen umgebenes Tal, das an 1500 Fuß breit ist und beständig einen braunen, dicken, mit Flammen begleiteten Schwefeldampf ausstößt. Nur ein einziger Eingang führt zu demselben und die es umgebenden Felsen hauchen gleichfalls Dampf und Flammen aus. Die Alten behaupteten, hier habe der Kampf des Herkules mit den Giganten stattgefunden, und als Jupiter seine Donnerkeile auf diese herabgeschleudert, habe er die Felsen gespalten, wodurch die Solfatara entstanden. In demselben ist auch der *Lago di Zolfo* (Schwefelsee), der noch nicht völlig erloschene Krater eines alten Vulkans. Von diesem Höllenpfuhl hinweg eilten wir, die Damen auf schön geputzten Maultieren, den Berg hinab nach Puzzuoli, das ungefähr drei kleine Stunden von Neapel entfernt ist. Es war dies einst zur Römerzeit eine große und prächtige Stadt, zählt aber jetzt kaum mehr über 7000 Einwohner. Sie liegt dicht am Meer, noch im Golf von Neapel, und hat viele römische Altertümer aufzuweisen. Sie soll schon über 5000 Jahre vor Christi Geburt erbaut worden sein, man hatte ihr den Beinamen *Pusilla Roma* (Klein Rom) gegeben, so prächtig war sie, und die Phönizier und Tyrer sollen Niederlagen hier gehabt haben.

Alarich verwüstete Puzzuoli im Jahre 410, und 45 Jahre darauf, als sich die Stadt kaum zu erholen begann, verheerte sie Gänserich schon wieder. Ein Jahrhundert später machte sie Totila der Erde gleich, hierauf hausten mehrere Jahrzehnte nur noch Eulen und Raubvögel in ihren Ruinen. Nach und nach siedelten sich wieder Menschen an dem unglücklichen Orte an, und die neu entstehende Stadt wurde von Neapel aus bevölkert. Im achten Jahrhundert wurde sie von dem Herzog Benevent abermals mit Feuer und Schwert verheert, im zehnten verwüsteten sie die Sarazenen und im fünfzehnten und sechzehnten wurde sie durch furchtbare Ausbrüche der Solfatara und durch schreckliche Erdbeben zerstört. Man muß gestehen, daß nicht so leicht ein Ort so entsetzliche Schicksale gehabt hat, und sich wundern, wie sich immer wieder Menschen daselbst anbauen und aufhalten mochten. Die Römer hatten hier sehr schöne Besitzungen, besonders merkwürdig sind die noch vorhandenen Überreste eines prächtigen Serapistempels von afrikanischem Marmor, dessen Badesaal für die Opferer mit weißem Marmor gepflastert, noch ziemlich gut erhalten ist. Auf einem Platze dieser Stadt sahen wir auch ein Basrelief, welches vierzehn asiatische, durch Erdbeben zerstörte Städte, die Tiberius wieder hatte aufbauen lassen, darstellte. Wahrscheinlich stand die Bildsäule dieses Kaisers auf demselben. Noch sind Ruinen eines Amphitheaters vorhanden, dessen Arena in einen Garten umgewandelt war; auch sieht man die Trümmer der Brücke, die der boshafte Narr Caligula hatte bauen lassen, um den Molo der Stadt bis Bajae zu verlängern, über welche er dann, mit dem Brustharnisch Alexanders des Großen bekleidet, ritt, und den andern Tag in einem Triumphwagen über die Brücke fahrend, viele Menschen mutwillig in das Meer hinabstürzen ließ, wo sie den Tod in den Wellen fanden.

Von hier aus besuchten wir den im Altertum so berühmten Avernersee, wo man den Göttern der Unterwelt opferte, und den man schon als einen Teil von Plutos Höllenreich betrachtete. Ehedem waren seine Ufer von dichter und düsterer Waldung bewachsen, die ihn mit ewiger Finsternis umgab. Kein Vogel konnte über sein giftiges Wasser fliegen, ohne dieses Wagnis mit dem Leben zu büßen, weshalb man ihn auch den Vogellosen nannte. Augustus ließ diese Waldungen fällen, und so verlor der See seine Furchtbarkeit. Lange hielt man ihn für grundlos, bis man endlich seine Tiefe, die mehrere hundert Fuß beträgt, erforschte. An seinen Ufern sieht man noch die Ruinen eines alten Neptuntempels, der der berüchtigten Sibyllengrotte gegenüber lag, die mit der zu Cumä in Verbindung stand, welches eine kleine Stunde von diesem See entfernt, und von der ebenfalls noch Überreste vorhanden sind, die wir aber nicht aufsuchten, da sich die Sonne bereits zum Untergang neigte. Der Eingang zur Sibyllengrotte war mit dichtem Gesträuch bewachsen und durch einen kleinen Teich, der ein schwarzes Wasser hat, geschützt; also noch fast so, wie es schon Virgil beschreibt. Aber jetzt ist der Averno mit Fischen belebt, und die Vögel flattern ungestraft an seinem Ufer und darüber hin.

Glücklich und vergnügt von diesem Ausflug heimkehrend, beschlossen wir, den nächsten Tag, wenn es das Wetter erlaube, den Vesuv zu besteigen; aber anders hatte es das Schicksal oder vielmehr das Gouvernement beschlossen, und ich sollte abermals Neapel verlassen, ohne zu meinem großen Leidwesen nähere Bekanntschaft mit dem alten Feuerspeier gemacht zu haben, denn das Bataillon erhielt Order, nach dem Kirchenstaat, und zwar nach Civita-Vechia abzumarschieren. Ich tröstete mich indessen damit, Rom wiederzusehen, von dem ich kaum erst einen Schatten im Vorübergehen erblickt hatte.

II

Abmarsch nach Civita Vecchia – Die Pontinischen Sümpfe – Civita Vecchia – Palo – Ich werde Platzkommandant zu Albano – Meine Ausflüge nach Rom – Bankier Torlonia – Prinzessin Cesarini – Angelika Kaufmann – Rom – Die Peterskirche – Der Vatikan – Das Pantheon – Das Kolosseum – Das Kapitol – Die Engelsburg – Monte-Cavallo – Der Lateran und die heilige Treppe – Santa Maria Maggiore – Die Paulskirche – Roms Paläste, Plätze, Villen, Fontänen, Theater – Römische Sitten – Die Weihnachten – Prozessionen – Eine Audienz bei Pius VII. – Die schönen Römerinnen und die deutsche Männertreue – Eine Nonne auf einem Ball – Ein Rendezvous in der Kirche San Sebastian vor den Mauern

Mich meinen Schönen bestens und auf hoffentlich baldiges Wiedersehen empfehlend – Madame Gasqui, deren Mann beim zweiten Bataillon stand, blieb zurück und bedauerte hauptsächlich, daß unser Liebhabertheater durch diese grausame Order zerrissen wurde, denn außer mir waren noch mehrere Mitglieder desselben beim ersten Bataillon –, verließ ich Neapel mit leichtem Herzen und ziemlich schwerem Beutel (Moritz hatte die Sorge, mich auf Kosten meiner Eltern mit dem nötigen Nervus rerum gerendarum vor dem Abmarsch zu versehen, übernommen) und mit dem festen Vorsatz, daß das erste, wenn ich je wieder nach Neapel zurückkommen sollte, was sehr wahrscheinlich war, da wir immer noch zu dem dort stehenden französischen Armeekorps gehörten, sein solle, den Vesuv zu besteigen.

Wir marschierten auf demselben Weg Etappe für Etappe zurück, auf dem wir von Rom nach Neapel gekommen waren, nämlich über Kapua, Sessa, Molla, Terracina, durch die Pontinischen Sümpfe über Velettri und Albano. Diesmal hielten wir aber, da der Marsch keine Eile hatte, Rasttage zu Fondi und Velettri. Unterwegs machten wir öfters Jagd auf wilde Enten, Schnepfen, Wasserhühner und anderes wildes Geflügel, das in der Gegend von Terracina und den Pontinischen Sümpfen in so ungeheurer Menge vorhanden ist, daß man eine fette wilde Ente oft mit zwei Bajocchi (kaum einen Groschen) bezahlt, so daß sich unsere Soldaten von Terracina bis Albano dieses Wild, das sie an ihren Ladestöcken brieten, trefflich schmecken ließen.

Die Straße, welche durch die Pontinischen Sümpfe führt, war so übel nicht, und von der als verpestet verschrienen Luft hatten wir weder im Hin- noch im Hermarsch etwas Nachteiliges empfunden; anders mag es freilich sein, wenn man sich längere Zeit hier aufhalten muß, wie das von Pius VI. hier erbaute, schon längst wieder ausgestorbene Kapuzinerkloster beweist, in dem wir eine Nacht zubrachten. Das völlige Austrocknen dieser Sümpfe scheint fast unmöglich zu sein, da Cäsar, Trajan, Antonin und andere mit allen Mitteln versehene mächtige Männer es vergeblich versuchten. Pius VI., der sich in den neueren Zeiten unsägliche Mühe gab, diesen Zweck zu erreichen und keine Kosten deshalb scheute, hat es ebenfalls nicht dahin bringen können; manche bereits ausgetrockneten Teile waren schon wieder durch Überschwemmungen in Sümpfe verwandelt. Nur den Büffelochsen scheint diese böse Luft vortrefflich zu bekommen, wie sich denn überhaupt das gehörnte, hochgeöhrte Vieh in Sümpfen und Morästen immer am wohlsten befindet. Auf zahlreiche Herden der wohlgemästetsten Büffel stößt man häufig. Die Appische Straße, welche unter dem obengenannten Papst wieder aufgefunden wurde, führt ganz gerade nach Terracina und ist mit sechs Quadratfuß langen Steinen belegt. Die Sümpfe sind an 50 Miglien lang und sechs bis zwölf breit, zum Teil angebaut, und werden zu Weiden für ganze Herden von Pferden benützt. An der Straße, welche durch dieselben führt, sind zu beiden Seiten Kanäle angebracht, durch welche die Gewässer der Sümpfe abfließen; sie sind so groß, daß Schiffe auf ihnen fahren können. Diese Gegend ist auf der einen Seite durch vulkanische Gebirge begrenzt, während man auf der andern die Aussicht auf das Meer hat. Die Menschen, denen man hier begegnet, haben ein bleiches, krankes, gespensterähnliches Aussehen, ihr ganzes, nicht sehr langes Leben ist fast nur *ein* Fieber. Wild und Fische sind ihre Nahrung, an der sie nie Mangel haben.

In Rom hatten wir diesmal keinen Ruhetag und mußten sogar die Stadt umgehen, was beinahe für eine Etappe hätte gelten können. Diesmal suchte ich aber mein Quartier auf, da ich zu Pferde und also nicht so marode war. Es wurde mir auf dem Korso bei – den Jesuiten angewiesen! – aber die Zeit war so kurz zugemessen, daß ich diesmal außer dem Korso und der Piazza Popolo, die ich schon kannte, fast nichts von Rom zu sehen bekam. Von hier marschierten wir nach *Pallo* oder *Palo* ab, ein altes Kastell in einer sehr ungesunden und ganz öden Gegend am Gestade des Meeres, in dessen Nähe aber viele und große altrömische Ruinen liegen. Hier übernachteten wir, und der folgende Tag brachte uns bei sehr ungünstigem Wetter nach unserm neuen Bestimmungsort *Civita-Vecchia.* Der Weg von Rom bis dahin ist einer der traurigsten und einförmigsten der ganzen Campagna di Roma, die sich von *Viterbo* bis Terracina erstreckt; man sieht fast nichts als Ruinen, Trümmer, Grabmäler, Überreste von Wasserleitungen mit Efeu oder Dornen bewachsen, welche fortwährend an die Vergänglichkeit irdischer Herrlichkeiten erinnern. Nur selten begegnete man einer menschlichen, in Lumpen gehüllten Schattengestalt, von welcher man meinen sollte, daß sie der Unterwelt entwischt wäre, und deren matte, eingefallene Augen, deren geisterbleiches Angesicht und schwankend, schlotternder Gang, eine mühsam wandelnde Leiche zu verraten scheint. Die ganze Gegend um Palo ist mit nichts, nicht einmal mit einer Wüste zu vergleichen; sie scheint eher eine durch Erdbeben und Pest verheerte und ausgestorbene Landstrecke, in welcher die verschont gebliebenen lebenden und toten Überreste den traurigsten Anblick von der Welt gewähren.

Civita-Vecchia selbst, das im Sommer ein sehr ungesunder Aufenthalt sein soll, ist befestigt, hat einen Hafen und ein Zeughaus, mehrere Klöster, war aber ein sehr öder und langweiliger Ort, der etwa sechstausend Einwohner zählen mochte. Nur daß es der Aufenthalt der päpstlichen Galeerensklaven, ein Toulon im kleinen ist, dessen Bagnis mit den in jeder Hinsicht höchst unglücklichen Sträflingen angefüllt sind, bringt einiges Leben in den Ort, aber welches!? – Das, welches das Kettengerassel der Elenden verursacht. Der Kaiser Trajan war es, der aus einem hier gelegenen ärmlichen Dörfchen eine Stadt machte und den Hafen, dessen Bassin für ein Meisterwerk gilt, und der der sicherste im ganzen Kirchenstaat ist, graben ließ. Später wurde die Stadt von Totila und Narses verwüstet. Papst Urban VII. umgab sie mit Festungswerken, die jedoch nicht von großer Bedeutung sind, Benedikt XIV. aber machte sie zu einem Freihafen. Seit dieser Zeit erlangte ihr Handel einige Wichtigkeit, lag aber damals wegen den Kriegsumständen gänzlich darnieder. Auch ein Theater hat Civita-Vecchia, in welchem herumziehende Truppen bisweilen Vorstellungen geben.

Als ich die Kaserne besichtigte, in der unser Bataillon einquartiert wurde, und die erst vor wenigen Tagen ein Bataillon Dalmatiner verlassen hatte, war ich in ein paar Sekunden mit Millionen Flöhen bedeckt, so daß meine Beinkleider auf einmal in Couleur de puces verwandelt waren. So sehr ich auch schon in Italien und dem südlichen Frankreich an dieses Ungeziefer gewöhnt worden, so war es mir doch nie in solcher Masse vorgekommen, und nur durch eine Überschwemmung mit siedendem Wasser konnte man es in den Sälen etwas vermindern. Vom Vertilgen war keine Rede. In den baumwollenen Bettdecken der Soldaten hatten sich diese quälenden Springer hauptsächlich eingenistet, und kein Klopfen noch Waschen konnte sie aus ihren bequemen Nestern vertreiben. Tagelang waren die Leute auf der Flohjagd und knackten, und doch sahen diese weißen Decken immer wie Kümmel und Salz aus.

Kaum waren wir ein paar Tage in Civita-Vecchia, als ich mit vierzig Mann nach Palo beordert wurde, das daselbst sich befindende Detachement der Dalmatiner abzulösen. Dieser Posten war so ungesund, daß man selbst im Winter die Leute alle zehn Tage, im Sommer aber alle vierundzwanzig Stunden ablösen mußte, und dessenungeachtet kam die Mehrzahl der Soldaten fieberkrank zurück und wanderte ins Lazarett. Drei Tage Aufenthalt daselbst in der heißen Jahreszeit brachte unfehlbar den Tod. Der Posten mußte jedoch fortwährend stark besetzt werden, und eine Batterie mit sechs Feuerschlünden war beständig mit Mitraille geladen, weil die Engländer und Korsaren hier öfters zu landen versucht und ganze Herden Büffel weggenommen hatten.

Einige Tage, nachdem ich in dieser ungesunden Einöde verweilt hatte, kamen mehrere Kompagnien der Dalmatiner auf ihrem Marsch nach Rom hier durch und übernachteten daselbst. Dieses Regiment bestand aus solchen, die in französischem Dienste waren, rote Uniform, Hüte à la Henri IV trugen und wie die Raben stahlen. Es war meine Schuldigkeit, die Offiziere nach meinen Kräften bei ihrer Anwesenheit zu bewirten, aber wo etwas hernehmen? Brot, Wein, etwas Fleisch und Zugemüse brachten sie selbst mit; von Wein hatte ich zwar auch einigen Vorrat, aber was ihnen sonst vorsetzen? – Als ich mich mit meinem Burschen deshalb beratschlagte, gab mir dieser zur Antwort: „Lassen Sie mich nur machen, Herr Leutnant, ich will schon für eine gute Schüssel sorgen", und in der Tat trug er bei dem Mittagessen eine große Schüssel von ihm selbst gar nicht übel zubereitetes Ragout auf, das uns allen vortrefflich schmeckte. Als ich ihn nachher vornahm und examinierte, was er uns denn eigentlich vorgesetzt habe, gestand er mir, es sei ein aus Eulen, Dohlen und Fröschen, die er in dem alten Gemäuer des Kastells gefangen, bestehendes Ragout gewesen. Ich lachte und dachte: „Nun, wenn es uns nur wohl bekommt"; und das tat es. – Was bilden wir uns im

gewöhnlichen Leben nicht alles ein, nicht essen zu können, was wir, in Not gekommen, oft noch vertrefflich finden.
Kaum war ich von meinem Eulennest abgelöst, als ich mit der Voltigeurkompagnie, die ihren Kapitän verloren und auch keinen Oberleutnant hatte, nach *Albano* beordert wurde, um daselbst den Posten als Platzkommandant zu versehen. Unser Bataillonschef Duret selbst wurde mit dem Stab und ein paar Kompagnien als Kommandant nach *Corneto,* die übrigen Kompagnien nach *Porto d'Anzo, Piperno* und *Velettri* beordert, deren Chefs in diesen Orten alle Platzkommandanten wurden, so daß das ganze Bataillon rings um Rom zerstreut lag. Den dritten Tag traf ich, abermals durch Rom marschierend, am Ort meiner Bestimmung ein, der nur drei kleine Stunden davon entfernt lag.
Auf dem Rathaus zu Albano, wo ich mich bei dem Sindico wegen meiner Order auswies, war über der Eingangstüre des Saales der Kampf der Horazier und Curiatier in Fresko gemalt. Zu meiner Wohnung wies er mir einen ganzen, einem Kardinal zugehörigen Palazzo an, der eine Reihe von ziemlich schlecht möblierten Zimmern und Sälen hatte. Fast in jedem Gemach desselben aber hingen die in Kupfer gestochenen Bilder sämtlicher Päpste, die auf dem Heiligen Stuhl gesessen. Eine alte Frau, eine Art von Hausverwalterin seiner Eminenz, war die einzige Mitbewohnerin dieses geräumigen Gebäudes. Es waren wenigstens einige zwanzig Zimmer, die sie mir zur Disposition stellte, und in mehreren derselben befanden sich große Himmelbetten, die ebenso breit wie lang waren, so daß ich jede Nacht nach Belieben mit meinem Schlafzimmer hätte wechseln können; fast ebenso geräumig war der Unterleutnant logiert, auch der Sergeantmajor sowie alle Sergeanten hatten verhältnismäßig große Quartiere; die Korporale mit ihren Eskadern wurden in verschiedenen Gebäuden einquartiert. Die Stadt mußte mir täglich drei römische Scudi (über sieben Gulden) Tafelgelder geben; außerdem erhielt ich dreifache Rationen an Lebens-

mitteln und hatte sonst noch allerlei kleine Vorteile, welche mir diese Kommandantur einbrachte. Es ging ja alles auf Kosten Seiner Heiligkeit, dessen Gebiet Napoleon militärisch besetzen zu lassen für gut befunden hatte; nur Rom selbst war immer noch mit französischer Garnison verschont. Die Leute wurden sehr gut verpflegt, und ich sah strenge darauf, daß die ihnen verabreichten Lebensmittel von guter Qualität waren, wodurch ich sie mir sehr geneigt machte; auch ließen sie den Papst und unseren Herrgott einen guten Mann sein und hochleben. Ich machte fast jeden Tag einen Spazierritt nach Rom, das ich mir nun vornahm, genauer kennenzulernen.

Albano ist ein Städtchen, das etwa dreitausend Einwohner zählt und am Abhang des alten Sabinergebirges liegt; man hat von hier eine herrliche Aussicht über die Campagna von Rom hin bis zum Meer. Da dieses Städtchen wegen seiner hohen Lage eine sehr gesunde und reine Luft hat, so wohnen daselbst im Sommer viele wohlhabende Familien aus Rom, die dort zum Teil sehr schöne Besitzungen haben; der hier wachsende Wein ist ein liebliches Getränk und sehr beliebt in Rom, schon Horaz und Juvenal fanden ihn vortrefflich.

Das alte Alba longa lag drei Miglien von der heutigen Stadt entfernt, am Albanersee, jetzt Lago di Castello genannt. Mehrmals besuchte ich diesen See, den man für den Krater eines ausgebrannten Vulkans hält; der Weg dahin ist romantisch, und der See selbst liegt in einem hohen Felsenkessel. Von der Terrasse des Franziskanerklosters, welches zwischen Albano und dem Kastell Gandolfo, da wo Alba longa stand, liegt, und wo man noch ein Grab des Tullus Hostilius zeigt, hat man einen äußerst malerisch schönen Ausblick auf das melancholisch scheinende Wasser des schauerlich geheimnisvollen Sees, an dessen düsteren Ufern ungeheuer große, uralte Steineichen stehen. In seiner Nähe liegen auch die stillen mysteriösen Haine, welche der keuschen Göttin der Jagd geweiht waren, und noch ist ein sich in gutem Zustand befindlicher Abzugskanal vorhanden (Emisario di Lago di Castello), den die alten Römer während der Belagerung von Veji auf Befehl eines Orakels gruben, um das Austreten des Sees zu verhindern. Feierliche tiefe Stille herrscht an den schattigen Ufern dieser seltsamen Wasser, deren Gestade mit immergrünen Eichen bewachsen sind; an diesem zweitausendjährigen Kanal erheben sich steile, mit wildem, dunkelgrünem Gesträuch dicht verwachsene Felsen, in welchen man noch die vor Jahrtausenden den Dryaden und Hamadryaden geweihten Grotten, von ebenso alten Steineichen umgeben, findet. Da wo die Fluten des Sees in die unterirdischen Gewölbe gleiten, sind prächtig grüne hochgewölbte Hallen, von deren erhabenem Anblick ergriffen, man sich wirklich in eine alte Götter- oder Zauberwelt versetzt glaubt. Hierher begab ich mich anfänglich fast jeden Abend, wenn es das Wetter erlaubte, und phantasierte in einer anderen Welt. Bisweilen traf ich auch hier die liebenswürdige Familie des dänischen Gesandten, die sich in Albano aufhielt, und dessen hübsche Töchter auf Eseln hierherkamen. Östlich von dem See liegt der durch viele Ausgrabungen sehr ausgehölte Mons albano (Albaner Berg), jetzt Monte cavo genannt. Auf diesem findet man noch einige Rudera von einem Jupitertempel; hier hielten auch die römischen Feldherrn dem Senat zum Trotz ihre Triumphe, wenn sie ihnen dieser in Rom verweigerte. Von diesem zweitausendfünfhundert Fuß hohen Monte Cavo hat man eine herrliche Aussicht über die ganze Campagna di Roma, die Pontinischen Sümpfe und das Mittelländische Meer. Bei heiterem Wetter erblickt man in blauer Ferne sogar die Küsten der Insel Sardinien; das in der Nähe des Dorfs Marino sich befindende Lager Hannibals (Campo d'Annibale) und die sogenannten Ruinen der Burg von Alba longa besuchte ich einige Male. Öfters machte ich auch einen Spaziergang zu dem ganz nahe liegenden Monument, das man für das Mausoleum der Horazier und Curiacier ausgibt, wofür wenigstens der Umstand spricht, daß es fünf mehr oder minder beschädigte Pyramiden oder Kegel hat, welche wohl die fünf gefallenen Krieger andeuten könnten. In den ersten Tagen meiner Kommandantur, die ich eigentlich dem Wohlwollen Durets zu verdanken hatte, besuchte ich Rom nur wenig und immer nur auf ein paar Stunden, denn ich wagte es nicht, mich auf längere Zeit zu entfernen, obgleich dieser Posten von keiner großen Wichtigkeit war und hauptsächlich darin bestand, den durchkommenden Militärs die Marschrouten zu visieren, ihnen Quartiere anweisen zu lassen und dergleichen. Nachdem ich aber ein paar Wochen hier war, nahm ich es nicht so genau, sondern brachte längere Zeit, oft ganze Tage, in Rom zu, dem Sergeantmajor meine Funktionen während meiner Abwesenheit überlassend.

Zu dieser Zeit erhielt ich Briefe von zu Hause, die mir das Ableben eines alten Großoheims anzeigten, sowie daß mich derselbe mit einem Legat von einigen tausend Gulden besonders bedacht habe, die man zu meiner Verfügung halte. So viel ich bedürfe, könne ich bei dem Bankier Torlonia in Rom, an den ich außerdem noch einen Empfehlungsbrief erhielt, erheben. Auch Moritz, dem ich von Albano aus schrieb, sandte mir eine Empfehlung an denselben. Dies waren traurig-gute Nachrichten, denn das Ableben des guten alten Oheims, bei dem ich als Kind gar manche vergnügte Stunde gehabt – er hatte mich in besondere Affektion genommen – tat mir leid. Auf der anderen Seite kam mir das Geld und die Empfehlungen bei meinen Exkursionen nach Rom trefflich zustatten. Torlonia lud mich zu seinen Conversazioni ein, die wohl die glänzendsten in ganz Rom waren, und bei denen ich die angesehendsten Familien dieser Stadt, wie Cerevetri, Doria, Chigi, Odeschalchi usw. persönlich kennenlernte. Die Schicksal dieses Bankiers, der sich vom Lohnbedienten oder armen Cicerone, was er zuerst war, bis zum reichsten Mann im ganzen Kirchenstaat und zum Herzog von Bracciano hinaufgeschwungen, ist merkwürdig. Er hatte sich ein geringes Kapital erspart, das er dem

Kardinal Braschi in Verwahrung gab, oder vielmehr lieh. Als dieser unter dem Namen Pius VI. Papst wurde, beauftragte er Torlonia mit seinen Geldgeschäften; dieser errichtete jetzt ein Bankierhaus und wurde bald darauf der Staatsbankier des Heiligen Vaters, wobei er sich ein unermeßliches Vermögen erwarb. – So ziemlich ein Pendant zum alten Rothschild. – Pius VII. machte ihn später zum Herzog von Bracciano. Der Mann mochte damals einige fünfzig Jahre zählen und hatte ein sehr gravitätisches Aussehen. Ein schwarzer Samtrock mit großen vergoldeten Knöpfen, eine goldgestickte Weste, ein Paar kurze Samtbeinkleider von einer bläulichen Farbe, blaßgelbe seidene Strümpfe, Schuhe mit Steinschnallen und eine schneeweiß gepuderte Perücke war sein alltäglicher Anzug. In seinen Abendgesellschaften glänzten Roms erste Schönheiten, und er selbst hatte zwei hübsche Töchter, unter allen aber strahlte wie eine Sonne unter Sternen die junge Principessa Cesarini so gewaltig schimmernd hervor, daß aller Augen auf sie gerichtet waren, sobald sie eintrat, und auch die meinigen bis zum Verbrennen geblendet wurden. Diese Schönheit, die erst kurz an den Fürsten Cesarini verheiratet war, hatte ebenfalls ein originelles Schicksal gehabt. Ihr Vater hieß Conti. Sie war von niederer Herkunft und armen Eltern, die so herabgekommen waren, daß sie ein Blumenmädchen machen mußte, welches seine hübsch gewundenen Sträußchen am Nachmittag auf dem Korso zum Verkauf ausbot. Ihre Schönheit zog weit mehr als ihre Blumen, die man teuer bezahlte, die Käufer an, und so machte auch der reiche Fürst Cesarini ihre Bekanntschaft, den sie, klug genug, so hinzuhalten und in ihre Netze zu ziehen wußte, daß er ihre höchste Gunst nur durch das Band der heiligen Ehe und den Schritt ins Brautgemach erlangen konnte. Sie war noch nicht fünfzehn Jahre alt, als er sie heiratete. Hinsichtlich ihrer Schönheit war sie die Recamier Roms.

Den ersten Abend, oder vielmehr die erste Nacht, denn

erst spät in derselben begannen die Soireen, die ich bei Torlonia zubrachte, verhielt ich mich sehr still und ruhig und machte nur den Beobachter, um mit dem hier herrschenden Ton bekannt zu werden. Spiel und Musik waren auch hier die Haupthebel der Unterhaltung der Gesellschaft, wie zu jener Zeit in ganz Italien. Diese beiden so verschiedenen Dinge, das eine ein der Hölle entwischter Dämon, das andere eine entzückende Himmelstochter, müssen die Langeweile der Sterblichen unter Qualen und Lust töten. Dem Spiel habe ich manche, wenn auch nicht gerade bittere, denn das einmal verspielte Geld focht mich wenig mehr an, doch unangenehme Stunde zu verdanken gehabt, während mir die herrliche Tonkunst die seligsten und glücklichsten Momente meines Lebens schuf. Ohne sie würde ich gewiß nicht den hundertsten Teil des genossenen Vergnügens gehabt haben, und noch jetzt macht sie mir manchen frohen Augenblick; namentlich waren es des unsterblichen Meisters der Töne, des großen Mozarts Schöpfungen, die mich immer begeisterten.

Don Juan war in Rom noch ebenso unbekannt wie in Genua und dem übrigen Italien; auch von der Zauberflöte, der Entführung, selbst dem Titus wußte man nichts, nur vom Figaro und Cosi fan tutti kannte man einzelne Stücke. Mir war es vorbehalten, den durch Mozarts Musik so liebenswürdig gewordenen Wüstling Don Juan in dem liebeglühenden Italien einzuführen.

Am ersten Abend verhielt ich mich, wie gesagt, sehr passiv in Torlonias Soiree und verlor mit allem Anstand ein Dutzend Zechinen; wenn ich nicht in Uniform gewesen wäre, würde ich nur schwerlich bemerkt worden sein, obgleich mich Torlonia mehreren Gästen als einen ihm gut empfohlenen Tedesco vorstellte. Als ich mir aber nach einigen Tagen wieder fünfundzwanzig Louisdors geben ließ und mich der Bankier abermals zu einer Soiree einlud, fragte ich ihn, ob es wohl erlaubt sei, einige Musica tedesca mitzubringen und vorzutragen, was er

mir mit einem „Vi saremo molto grato“ (wir werden Ihnen sehr verbunden dafür sein) beantwortete.
Ich kam diesmal mit meinem Don Juan unter dem Arm, und trug, von der Dame des Hauses aufgefordert, das brillante Prestissimo „Fin ch'an del vino calda la testa“ mit italienischem Feuer vor, und zwar so rasch, daß mir der mich akkompagnierende Maestro kaum folgen konnte; es wurde mit einem allgemeinen Bravissimo und Da capo belohnt; ebenso erging es mir mit Figaros „Non piu andrai“ und dem Ständchen aus dem zweiten Akt Don Juans, das ich später sang. „Cosa stupenda, questa musica!“ rief selbst der Bankier aus, der auch noch Ohr für einen anderen Klang als den der Piaster und Zechinen hatte. Besser als durch diese Musik hätte ich mich in Rom nicht empfehlen können, und wenn ich als Obergeneral durch eine siegreiche Schlacht ein ganzes Reich erobert haben würde. Es gab nun bald in der ganzen Stadt keine Soiree von Bedeutung mehr, zu welcher der Leutnant, Platzkommandant von Albano, nicht durch einen Expressen eingeladen worden wäre. Es ging wie in Genua. Ich studierte Duetten und andere Ensemblestücke mit römischen Damen, die herrliche Stimmen hatten, ein und sang mit Donna Annen, Elviren und Zerlinen, deren Anblick allein schon in Ekstase versetzte. Auch Leporellos Aria buffa „Signorina, il Catalogo è questo“ sang ich mit großem Erfolg, wenn auch etwas höher transponiert; die Introduktion und die beiden Finale wurden bald von den musikalischen Individuen der Gesellschaften einstudiert und vorgetragen. Don Giovanni machte Furore, und ich, sein leibhaftiger Repräsentant, wenigstens Aufsehen, verliebte mich, so wie ich mich zu verlieben imstande war, in die wunderholde Principessa Cesarini, obgleich diese keine oder doch nur unbedeutende musikalische Talente hatte, aber desto mehr für die praktische Liebe geschaffen war. Übersättigung hatte, wie dies so oft der Fall ist, das eheliche Glück der jungen Fürstin bald gestört; die Ehe ist und muß notwendig

das Grab der Liebe sein, da eine so fortwährend nahe Berührung, in der sich die Gatten unter allen Verhältnissen finden und sehen, alle Illusion schnell schwinden macht. So ging es auch hier. Nach wenigen Monaten wurde der Fürst gleichgültig, und die junge Frau sah sich nach anderen Zerstreuungen um, als mich gerade mein Glücksstern nach Rom führte und ich die schöne Signora kennenlernte, deren Rang hier, wo es so viele Bettelprinzen gibt, daß man, wie in Deutschland, mit Baronen die Schweine mästen könnte, kein Hindernis war, mich ihr zu nähern, ob sie schon auch hinsichtlich des Vermögens sich in sehr glänzenden Umständen befand.

Ich hatte unter anderen auch die Bekanntschaft eines jungen venetianischen Edelmannes gemacht, der sich damals in Rom aufhielt und sich Dandolo nannte. Durch diesen erfuhr ich, daß der Fürst Cesarini eine eben nicht mehr sehr junge und gerade nicht schöne Mätresse unterhalte, die in der Nähe des Spanischen Platzes wohne, deren Gunst er sich nicht einmal allein zu erfreuen habe, die aber eine äußerst verschmitzte und auch witzige Dirne sei und namentlich mit einem gewissen Abbate intrigiere.

Jeden Abend ritt ich nun auf den Korso, wo sich alle Notabilitäten und Schönheiten Roms in ausgesuchter Toilette, in glänzenden Equipagen auf- und niederfahrend, präsentieren und auf dem Piazza Popolo stillhalten, um miteinander zu konversieren. Viele dieser Damen hatte ich schon in den Soireen kennengelernt, grüßte sie, an ihnen vorüberkurbettierend, und hörte öfters zischeln: „Ecco l'Uffiziale francese chi canta cosi bene" (dies ist der französische Offizier, der so gut singt). Auch die berühmte Angelika Kaufmann sah ich hier einigemal und ließ mich bei ihr einführen; obgleich schon hoch in den Sechzigern und kränklich, war sie doch noch sehr liebenswürdig. Da ich aber von ihrer Kunst, der Malerei, sehr wenig oder nichts verstand, und dies, wie natürlich, das Steckenpferd ihrer Unterhaltung war, so wiederholte ich meine Besuche nicht oft. Die geniale Dame starb drei Vierteljahre darauf und wurde mit großem Pomp begraben; ihr Sarg wurde von den berühmtesten Professoren und Künstlern, die sich damals zu Rom aufhielten, abwechselnd getragen; unter ihnen war auch Canova. Zwei ihrer besten Gemälde wurden vor ihrer Leiche hergetragen. Ihre Meisterschöpfungen sind unstreitig: Leonhard da Vinci, der in den Armen Franz I. stirbt; Hermanns Rückkehr nach dem Sieg über Varus, und des Pallas Totenfeier, durch den Aeneas veranstaltet. Das eheliche Schicksal dieser ausgezeichneten Künstlerin ist sonderbar genug, um hier erwähnt zu werden. Während ihres Aufenthaltes zu London, wo sie ein Mitglied der Königlichen Kunstakademie war, verliebte sich ein Engländer in sie, dem sie aber kein Gehör schenkte; dieser brütete nun einen seltsamen und abscheulichen Racheplan. Er suchte nämlich einen ganz gemeinen, aber körperlich sehr wohlgestalteten Menschen auf, den er gehörig instruierte, mit Geldmitteln versah, und der, so ausgestattet, unter dem Aushängeschild eines Grafen die Bekanntschaft Angelikas machen und dann um ihre Hand anhalten mußte. Dieser listige Plan glückte vollkommen, und das arme Mädchen war bald die Gattin des rohen Gesellen; als sie sich aber über dessen Gemeinheiten und Roheiten bitter beklagte, deckte der Urheber dieser Rache selbst den ihr gespielten Betrug auf. Eine baldige Scheidung erfolgte darauf, unter der Bedingung, daß sie ihrem getrennten Gatten eine ansehnliche Pension aussetze, welche dieser aber nicht lange genoß, da er glücklicherweise bald starb. Später heiratete sie in Rom wieder, einen Maler namens Zucchi, den sie ebenfalls überlebte. Im Jahre 1808 wurde ihre Büste im dortigen Pantheon aufgestellt.

Da ich mich jetzt so häufig in Rom, und zwar weit mehr als in Albano, aufhielt, so hatte ich mir in der ersteren Stadt ein kleines Logis gemietet, das mir zum Absteigequartier diente, und in welchem ich, wenn ich es für gut fand, meine Uniform mit einem schlichten bürgerlichen

Kleid vertauschen konnte, was besonders bei meinen nächtlichen Streifereien in der alten Weltstadt ratsam war, wo ich oft auf gut Glück in den damals noch fast gar nicht erleuchteten Straßen herumschwärmte und die Kaffeehäuser, in denen die Damen Eis zu sich nahmen, besuchte. Gegen die Straßenbeleuchtung Roms hatten sich die hohen Geistlichen, namentlich auch die Eminenzen, von jeher energisch erklärt, damit man deren nächtliche Schliche und Gänge nicht beobachten oder die hübschen Nipotinnen, die sie abends an ihrer Seite in den Karossen sitzen hatten, nicht sehen sollte. Aber unbewaffnet ging ich nicht aus, da keine Woche verging, in der man nicht von ausgeteilten Dolch- oder Messerstichen hörte, und der Unsinn, daß die Mörder in jeder Kirche, an jedem Madonnenbild, ja in ganzen Quartieren, wie an dem Spanischen Platz und in dem Revier der Inquisition, eine Freistätte fanden, wo sie nicht verhaftet werden konnten, bestand noch in seiner ganzen Kraft. Die Angehörigen oder Freunde der Mörder wußten hier die Verbrecher gewöhnlich so lange zu versorgen, bis sie sie ohne alle Gefahr in Sicherheit bringen konnten.

In der Regel ritt ich erst gegen Morgen nach Albano zurück, wo ich dann wenige Stunden ruhte, den Rapport erhielt, dem Sergeant-Major Verhaltungsbefehle erteilte, die vorgefallenen Disziplinarsachen ordnete, frühstückte und schon gegen Mittag wieder in Rom war. Jedoch gebrauchte ich die Vorsicht, meine Adresse zu hinterlassen, damit man mich von etwa außerordentlichen Vorfällen sogleich durch einen Expressen benachrichtigen konnte. Täglich besuchte ich jetzt die merkwürdigsten Ruinen, Tempel, Kirchen und Paläste der sogenannten ewigen Stadt, die immer wenigstens sechs Stunden im Umfang hat, von der aber vier Fünftel in Ruinen liegen oder aus Gärten, Weinbergen, Villen, einsam liegenden Klöstern und Kirchen bestehen. Der gelbe, schlammige Tiber teilt Rom in zwei sehr ungleiche Teile, die durch fünf Brücken miteinander verbunden sind, wenn man die Ponte rotte, die noch nicht wieder hergestellt war, und die Ponte molle vor der Stadt dazu rechnet. Rom ist ringsum mit alten Mauern und Türmen umgeben, hat über zwanzig Tore und etwa 150 000 Einwohner; in seiner Blütezeit unter den Kaisern soll es vier Millionen gehabt haben! – Noch zählte man weit über dreihundert Kirchen und Klöster, und in den letzteren an neuntausend Mönche und über dreitausend Nonnen, also zwölftausend geistliche Seelen, ohne die weltlichgeistlichen, Kardinäle, Erzbischöfe, Bischöfe (auch in Partibus) und das Heer anderer Prälaten und Priester und was dazu gehört, zu rechnen.

Jeden Abend schrieb ich in mein Tagebuch, was ich den Tag über von Monumenten aufgesucht und gesehen, und erwähne hier nur in Kürze die interessantesten. – Die schon bei unserem ersten Durchmarsch genannte Peterskirche und ihren herrlichen Platz besuchte ich öfters.

Herrlich und unbeschreiblich schön ist die Aussicht von der hohen Kuppel, da, wo das Kreuz steht, über das unermeßliche neue und alte Rom, über dessen Campagna bis gegen das Meer und die blauen Berge hin; aber man hat auch nicht wenig zu steigen, um ihrer teilhaftig zu werden. Die Kuppel ist doppelt, und zwischen ihren beiden Wänden sind die Treppen angebracht, die zur Laterne führen; von der inneren Galerie sieht man in die Kirche hinab, wo die in derselben herumwandelnden Menschen dem Auge wie Maulwürfe erscheinen. Auf der Laterne ist die vergoldete Kugel, in welcher ein Dutzend Personen Platz zum Sitzen und wenigstens noch einmal soviel Raum zum Stehen haben; von unten, vom Petersplatz aus gesehen, erscheint dieselbe von der Größe einer zwölfpfündigen Kanonenkugel. Am Abend des 29. Juni jeden Jahres, also am Feste des Petrus und Paulus, wird die Kuppel auf ein gegebenes Zeichen in wenig Minuten durch zehntausend Lampen und Feuertöpfe wie durch ein Wunder erleuchtet und scheint sich entzündet zu haben. Dies Wunder bewirken ein paar hundert mit Lebensgefahr darauf herumkletternde Menschen, ein Schauspiel, das nicht seinesgleichen hat, man glaubt einen flammenden Berg zu sehen. Der Mann, der das Zeichen zum Anzünden gibt, sitzt auf der schwindelnden Höhe des auf der Kugel angebrachten Kreuzes; der geringste Fehltritt würde ihm das Leben kosten; auch beichtet er jedesmal, bevor er sich auf diese Höhe begibt. In früheren Zeiten nahm man einen zum Tode verurteilten Räuber oder Mörder zu diesem gefährlichen Experiment, den man dann, wenn es gelang, begnadigte.

Gleich bei der Peterskirche befindet sich der Vatikan, von dem so oft wiederholt wurde, daß er zwölf- oder gar zweiundzwanzigtausend Zimmer und Säle enthalte, daß man diese Fabel fast allgemein glaubt. Wahr mag es wohl sein, daß es der größte und geräumigste Palast in Europa ist, vielleicht auch der älteste, denn Karl der Große hat ihn schon bewohnt; aber alle seine Gemächer, Säle, Zimmer und Kammern können wenig mehr als zweitausend zählen, und dieses ist schon außerordentlich.

Das Pantheon, jetzt die Kirche St. Maria der Märtyrer, ist fast das einzige Gebäude, welches noch vollkommen erhalten aus der alten Römerzeit vorhanden ist und allen Stürmen der Zeiten und der Barbaren getrotzt hat. Man nennt es gewöhnlich nur die Rotonda; es ist eines der merkwürdigsten Monumente der Vorzeit. Agrippa ließ es nach der Schlacht bei Actium aufführen und weihte es allen Göttern, deren kostbare Bildsäulen er in demselben aufstellte. Die der Venus war unter anderen mit einer Perle geschmückt, die weit über eine halbe Million kostete. Sechzehn vortreffliche Granitsäulen zieren seinen Portikus, und das innere Gewölbe wird von achtundvierzig Marmorsäulen getragen. Das Licht fällt durch eine große, an der Kuppel angebrachte Öffnung in diesen, in eine christliche Kirche verwandelten, dabei seiner größten Zierden beraubten Tempel; aber ohne diese Verwandlung würde er schwerlich mehr oder doch nur in Ruinen vorhanden sein. Raffael liegt hier begraben.

Ein anderes Riesendenkmal der altrömischen Zeit ist das

Kolosseum, das noch im Jahre 1530 gut erhalten in seiner ganzen majestätischen Größe dastand.

Von der früheren weltbeherrschenden und weltberühmten Burg des Kapitols ist jetzt wenig mehr vorhanden als der Berg, auf dem sie stand, und selbst dieser ist zu einem sehr unbedeutenden Hügel herabgesunken, auf dem das neue Kapitol und eine christliche Kirche erbaut sind. Dieses neue Kapitol hat, voneinander getrennt, drei symmetrisch aufgeführte Hauptgebäude. Auf dem mittelsten derselben befinden sich in einem Glockentürmchen (campanile) die Totenglocke des Papstes, die nur bei dem Ableben eines so heiligen Vaters geläutet wird.

Die Engelsburg (Castel St. Angelo), die ehemals ein Mausoleum war, welches Kaiser Hadrian nach dem Muster des Grabmals des Augustus hatte erbauen lassen, damit seine eigene Asche und die seiner Nachfolger darin aufbewahrt werde, ward zuerst von den Goten zu einer Feste umgeschaffen, von der sie, um sich gegen die Angriffe der Feinde zu verteidigen, die herrlichen Bildsäulen und andere Kunstwerke, mit denen sie reich geschmückt war, auf deren Köpfe schleuderten. Über siebenhundert Statuen, unter denen viele von Erz, und Reiterstatuen, Streitwagen mit vier Rossen usw. hatten dieses Prachtmausoleum geziert, das ein kolossaler vergoldeter Sonnenwagen, den vier goldene Pferde zogen, krönte. Das ganze Gebäude war mit Säulen übersäet und mit parischem Marmor bedeckt; man konnte bis zu dessen Spitze auf einer im Innern angebrachten breiten Wendeltreppe bequem hinauffahren und -reiten. Noch wird im Vatikan der ungeheuere Pinienapfel aufbewahrt, der auf der Spitze des Ganzen angebracht war und die Asche Hadrians enthalten haben soll.

Die jetzige päpstliche Residenz ist der schöne Palast auf dem quirinalischen Hügel, Monte Cavallo, auf dem man die reinste und gesündeste Luft in Rom einatmet. Platz und Palast haben ihren Namen von den antiken Marmorrossen, die nebst ihren Bändigern vor dem letzteren ste-

hen. Man behauptet, daß beide Gruppen Alexander den Großen, den Bucephalus bändigend, vorstellen, und die eine den Praxiteles, die andere den Phidias zum Schöpfer habe. So sagt wenigstens eine Inschrift, welche die Schönheit der Arbeit für sich hat, denn die Pferde sind meisterhaft und ohne Widerspruch von altgriechischer Arbeit; aber nur eines ist zu bemerken, nämlich, daß die beiden genannten Meister noch vor Alexander lebten. Nach einigen war es Nero, nach anderen Konstantin, der die Gruppen aus Alexandrien in Ägypten hierher bringen ließ, um seine Bäder damit zu schmücken. Zwischen diesen Pferden steht ein Obelisk von rotem Granit, den man unter dem Hospital des heiligen Rochus 1693 ausgrub.
Zu Monte Cavallo befinden sich auch die päpstlichen Leibställe, die wohl an zweihundert Pferde aufnehmen können und eine sehr elegante Einrichtung haben; im übrigen war aber dieser Palast zu jener Zeit (unter Pius VII.) sehr einfach, ja ganz gewöhnlich möbliert.
Unter den unzähligen Kirchen, welche die Hauptstadt der christlichen Welt enthält, erwähne ich nur einige der merkwürdigsten und beginne mit der des heiligen Johann vom Lateran, die man für die älteste der ganzen Christenheit hielt, welche auch durch päpstliche und kaiserliche Verordnung zum Haupt und zur Mutter aller christlichen Kirchen der Welt dekretiert wurde und also sogar noch der Peterskirche den Rang abläuft.
Noch ein merkwürdigeres Gebäude, das ebenfalls zu dem Lateran gehört, ist dasjenige, in welchem die heilige Treppe ist, die sich in dem Palast des Pilatus zu Jerusalem befand und die folglich Christus hinauf- und hinuntergestiegen sein muß. Sie hat achtundzwanzig Marmorstufen und ist so heilig, daß man sie, trotzdem, daß sie schon längst mit einer Bekleidung von Holz überzogen ist, um sie zu schonen, doch nur auf den Knien besteigen darf; aber das Holz wird ebenso heilig gehalten wie das Original und hat dieselbe Wirkung wie dieses, das heißt, es bewirkt päpstlichen Ablaß und Indulgenzen.

Die Kirche Santa Maria Maggiore gehörte ebenfalls zu den vier Basilikas (patriarchalische Hauptkirchen) von Rom. Die vierte ist die des St. Paulus, gleichfalls eine der schönsten und ältesten der vielen hundert Kirchen Roms. Die bei ihr fungierenden Geistlichen wollen durchaus, daß sie Konstantin gegründet habe, andere aber sagen, daß sie Karl dem Großen ihre Entstehung verdanke. Ihr ungeheueres Haupttor von Erz wurde im Jahre 1070 zu Konstantinopel verfertigt.

Von den übrigen vielen Kirchen ist noch bemerkenswert die della Santa Croce in Jerusalem, welche eine Menge heilige Erde und ein großes Stück von dem Kreuz Christi enthält, das die Mutter Konstantins mit noch vielen anderen Reliquien nach Rom brachte. Auch die Peterskirche hat ein großes Stück von diesem Kreuz. Nur allein die Stücke desselben, die ich in Rom und einigen anderen Orten Italiens sah, sind hinreichend zu einem Dutzend der größten Kreuze.

Die Kirche St. Stephan Rotonda war ehemals ein dem Waldgott Faun geweihter Tempel, sie hat eine doppelte Säulenreihe. Simplicius I., der Name ist von Bedeutung, weihte sie dem heiligen Stephan, der außer dieser wohl noch ein halbes Dutzend Tempel im modernen Rom hat. Aus einem alten Bacchustempel ist eine Kirche der heiligen Konstanza geworden, und noch sieht man an der Kuppel derselben heidnische Genien, welche dicke Weintrauben in den Händen haben; die frommen Christen glauben aber, daß es Engel sind, und wer möchte ihnen den Wahn benehmen?

Die beiden symmetrisch und fast ganz gleich gebauten Kirchen Del Carmine und St. Franziskus, welche auf dem Volksplatz am Eingange des weltberühmten Korso, der in gerader Richtung auf den Venetianischen Platz führt, liegen und gewissermaßen dessen Portal bilden, verdienen auch gesehen zu werden, sowie die Kirche der Florentiner, welche die Stadt Florenz zum Andenken an eine schreckliche Pest, der im Jahre 1488 eine Sonnenfinsternis

am Tage Johannes des Täufers und ein gewaltiges Erdbeben voranging, zu Ehren dieses Heiligen hier erbauen ließ. Sie ist eine der prächtigsten, welche fremde Frömmigkeit in Rom herstellte.
Doch jetzt genug von Roms Kirchen, die fast alle einen Besuch verdienen, denn es ist auch nicht eine einzige, die nicht wenigstens eine Kuriosität oder doch eine auffallende Dummheit aufzuweisen hätte.
Nach und nach besuchte ich auch Roms berühmteste Paläste, wie die Palazzi Corsini, Colonna, Albani, Barberini, Chigi, Doria, Borghese, Farnese, Spada usw. und die Villen Borghese, Pamfili, Doria, Medici, Farnese, Corsini usw., mit deren Eigentümern ich zum Teil schon in den Abendgesellschaften bekannt geworden war, und die sämtlich wegen ihrer Prachtgemächer, Gemäldesammlungen, Bildhauerarbeiten usw. gesehen zu werden verdienen. Indessen interessierten mich zu jener Zeit all diese toten Seltenheiten und Dinge, die am Ende doch auch, wie alles andere, dem Nichts anheimfallen, weit weniger als die schönen lebendigen Römerinnen, denen zu Gefallen ich weit mehr als den Heiligen und Bildern die Kirchen besuchte, und die man hier zu jeder Stunde des Tages, von jedem Alter und Stande, betend und intrigierend findet. Ich habe keine andere Stadt kennengelernt, in welcher ich verhältnismäßig so viele edle und ausgezeichnete Frauengestalten gesehen hätte wie zu Rom. Eine jugendliche Häßlichkeit gehört hier wirklich zu einer Seltenheit. Dabei wissen sich die Römerinnen so vorteilhaft zu kleiden, ihre Gewänder in so malerische Falten zu legen, daß sie junonische Haltung und Majestät zu haben scheinen. Busen und Hals, Nacken und Brust sind bei allen Klassen der hiesigen Frauen gleich schön, und alle ihre Bewegungen verraten einen gewissen Anstand, der erst imponiert und dann bezaubert. Ihr Gang ist würdevoll, in ihren Gesichtszügen findet man in der Regel viel Ausdruck; meistens haben sie auch ein sehr angenehmes Organ, sprechen ein äußerst wohlklingendes Italienisch, haben schöne Stim-

men und sind im Umgange und in der Unterhaltung von bezaubernder Liebenswürdigkeit und Unbefangenheit. Ohne große wissenschaftliche Bildung zu besitzen, sind sie dennoch sehr geistreich, feinwitzig und verstehen das wenige, was sie wissen, gehörig anzubringen. Ein Vergleich mit unseren deutschen kleinstädtischen Schönheiten, namentlich in den kleinen Residenzen und Handelsstädten, ist hier weder in psychischer noch geistiger Beziehung zu machen; freilich ist auch eine Römerin der mittleren Klassen nicht imstande, eine gute Suppe zu kochen.
Unter den größeren Plätzen Roms ist nach dem Petersplatz die Piazza Navona der größte und schönste, er nimmt einen Teil des alten Marsfeldes der Republik und die Stelle des Zirkus des Alexander Severus ein; im Sommer setzt man ihn bisweilen unter Wasser, wo dann statt der Naumachien die modernen Römer mit Kutschen in demselben herumfahren, ein eigenes Vergnügen. Die Piazza Colonna mit der Antoninsäule liegt am Korso; auf dem Spanischen Platz führte eine prächtige, breite Treppe zu der Kirche della Trinita de Monti, welche die schönste Lage auf dem alten Mons Pincius hat; der Venetianische Platz liegt an der entgegengesetzten Seite der Piazza Popolo, am anderen Ende des Korsos, und hat von dem ehemals venetianischen Palast, der hier liegt, seinen Namen. Man nennt ihn auch den St.-Markus-Platz. Das Campo vaccino (Kuhfeld), das alte Forum magnum des römischen Volkes, wo die herrlichsten Prachtbauten der damaligen Weltstadt waren, wie die Tempel Jupiters des Donnerers, Saturns, der Konkordia, der Faustina usw., wo von der berühmtesten aller Rednerbühnen das Volk durch die größten Talente jahrhundertelang aufgefordert wurde, über sein und das Schicksal der Welt zu entscheiden, ist noch jetzt von imposanten Ruinen umgeben, von denen die schönsten die des Friedenstempels sind. Statt der altrömischen Redner läßt sich jetzt das Brüllen des zum Schlachten gemästeten Hornviehs hier vernehmen.
Unter den vielen schönen Brunnen Roms erwähne ich nur

die prächtige Fontana Trevi, ein wahres Wasserschloß, welches das beste Wasser, Aqua virgine (Jungfrauenwasser), in der Stadt liefert. In der Mitte derselben thront der Ozean, sein Schloß verlassend, auf einem Muschelwagen, von Tritonen umgeben und von Meerpferden gezogen; Überfluß und Gesundheit stehen ihm zur Seite; die ganze Gruppe ist von Marmor. Agrippa ließ zuerst dieses Wasser, dessen Quelle ein junges Mädchen einem Soldaten entdeckte, acht Miglien weit nach Rom leiten. Die Barbaren zerstörten die Wasserleitung, Nikolaus I. stellte sie wieder her, aber Klemens XII. ließ den Prachtbrunnen durch den Baumeister Salvi so hinstellen, wie er noch jetzt vorhanden ist; vorher strömte das Wasser nur aus drei Öffnungen eines ganz unverzierten Felsens. Es fließt so reichhaltig, daß es ein einem kleinen Teich ähnliches Becken beständig füllt.

Von den Triumphbogen nenne ich nur die des Titus, des Septimus Severus und des Konstantin. Um nicht genötigt zu sein, unter dem ersten derselben, dem des Titus, der sich auf beiden Seiten an Baulichkeiten anlehnt, durchgehen zu müssen, boten die Juden einst dem Papst eine große Summe Geld für die Erlaubnis, einen Durchgang neben demselben brechen zu dürfen; es wurde ihnen abgeschlagen und sie machten lieber einen großen Umweg, statt durch den Bogen des Zerstörers ihrer Hauptstadt und ihres Landes zu gehen. – Außer der schon erwähnten Antoninsäule ist auch noch die Trajans vollkommen erhalten, auf welcher die Taten dieses Kaisers, seine Schlachten zu Wasser und zu Land, Triumphe, Opfer, Kriegsmaschinen usw. abgebildet sind.

Die Villen um Rom sind meistens sehr prächtig und mit viel Geschmack angelegt, Pinien, Palmen, die schönsten Granatbäume, die üppigsten Gewächse des Südens hauchen hier fast zu jeder Jahreszeit die lieblichsten und wohlriechendsten Düfte aus. Alle aber werden in Annehmlichkeit und Schönheit von der herrlichen Villa Borghese übertroffen, die ein wahres Paradies ist und beinahe eine deutsche Meile im Umfang hat; ihr zunächst kommt die Villa Pamfili Doria. Auch der Palast Borghese ist mit der schönste Roms.

Von den Theatern war, als ich nach Rom kam, zuerst nur eines, das des Apollo geöffnet, bei dem die ausgezeichnete Festa als Primadonna figurierte; aber gleich nach Neujahr wurde Tordinone zuerst mit einer Opera buffa eröffnet, bald darauf auch Argentina und Aliberti, das größte von allen, mit sechs Galerien, von denen eine jede sechsunddreißig geräumige Logen hat, und das della Valle. Während des Karnevals sind alle täglich bis zum Erstikken angefüllt; ebenso mehrere Marionettentheater, mit deren Darstellungen man es hier, so wie in Neapel, zu einer staunenswürdigen Vollkommenheit gebracht hat; Maschinerie, Gelenkigkeit der Puppen, Dekorationen, alles harmoniert und ist vollendet schön. So sah ich unter anderm ein Ballett La fierra di Sinigaglia aufführen, wo das Gewühl der Messe auf das täuschendste nachgeahmt war. Mitten unter das Volk sprang ein wütender Stier, der sich von der Fleischerbank losgerissen, die natürlichsten und possierlichsten Sprünge machte, alles über den Haufen rannte, wobei sich das Volk ebenso natürlich in die Häuser flüchtete. Hierauf erschien ein marktschreierischer Zahnarzt, der seinen Sitz auf einer hohen Tribüne nahm und den Leuten vermittelst einer Beißzange die Zähne mit schuhlangen Wurzeln zur großen Freude des Publikums auszog; auch sehr kunstreiche Tänze führten diese vier- bis fünf Schuh hohen Marionetten graziös aus. Gewöhnlich sind die Sujets zu diesen Marionettenstükken Tausendundeiner Nacht, während der Weihnachtszeit aber der Bibel und dem Neuen Testament entlehnt; namentlich wird dann die Geburt Christi dargestellt, wobei immer der arme Teufel eine klägliche Rolle spielen muß. Was mich anfänglich am meisten in den Theatern Roms wunderte, war, daß man Geistliche und Mönche in großer Menge in den ersten Reihen unter den Zuschauern sitzen sieht, die sich an all dem Hokuspokus recht zu ergötzen

scheinen, ohne daß dies im geringsten auffiele; in den ersten Logenreihen erblickt man Eminenzen in Gesellschaft hübscher Mühmchen und Nipotessen; auch ist es dunkel in den Theatern, da fast nur die Bühnen erleuchtet werden.
Die Musik ist bei den Römern eine wahre Leidenschaft, welche sie nicht selten in solche Ekstase versetzt, daß es dem Fremden dabei angst und bange wird. In den meisten, nur einigermaßen angesehenen Häusern versammeln sich die Dilettanten regelmäßig an gewissen Tagen, um die beliebtesten Tonstücke einzuüben, und sie tragen sie wirklich mit viel Ausdruck und großer Fertigkeit vor, wenn auch bisweilen die Präzision etwas zu wünschen übrig läßt, da das Ad libitum eine große Herrschaft ausübt, aber gerade hierin liegt der Zauber der italienischen Musik. Diese und die Leutseligkeit, sowie überhaupt das ganze Wesen der gebildeten Klasse der Römer machen den Aufenthalt für den Fremden sehr angenehm, wenn ihn auch neben großen Reichtümern die bitterste, oft in quälende Bettelei ausgeartete Armut mancher sich zur vornehmen Welt zählenden Individuen nicht selten sehr unangenehm berührt. Aber man ist zuvorkommend, artig und freundlich gegen die Signori Forestieri, läßt sie sich in aller Freiheit auf das ungenierteste bewegen, und wenn sie sich nur ein wenig in die römischen Sitten zu finden wissen, so verleben sie vergnügte Augenblicke und sind willkommene Gäste. Der Deutsche muß aber seinen breiten Pedantismus, seine barocke Umstandskrämerei vor allem daheim lassen, will er nicht der Gegenstand beißender Ironie und Persiflage sein. Am allerunbehaglichsten müssen sich hier gewöhnliche Kaufmannsseelen und Prozentenkrämer fühlen, da, wenige Bankiers ausgenommen, der Handelsstand im allgemeinen eine sehr untergeordnete und nichtssagende Rolle spielt.
Ein schlimmes Volk sind die Transteveraner, die Bewohner jenseits der Tiber, meistens Tagelöhner, Arbeiter und Gärtner; sie behandeln sogar die diesseitigen Römer mit

einer Art komischen Geringschätzung, indem sie behaupten, die alleinigen wahren Nachkommen des alten Heldenvolkes, die echten Söhne der *ersten* Bewohner Roms zu sein, und ihr Aussehen straft diese letztere Behauptung nicht Lügen. Große Mäßigkeit im Essen und Trinken ist eine der Haupttugenden der heutigen Römer, und sie sind weit entfernt, die rasenden Schwelgereien ihrer mächtigen Vorfahren nachzuahmen. Die Tedeschi stehen in dieser Hinsicht wegen der Vielesserei und dem Trinken im schlimmen Ruf bei ihnen, von einem Gourmand sagen sie: „Mangia comme un tedesco." Freilich steht aber auch ihre Arbeit im Verhältnis damit, und das Dolce far niente ist auch hier sehr beliebt; man kann kaum begreifen, wie bei einer solchen Indolenz alle diese unermeßlichen Gebäude, Kirchen, Paläste usw. entstanden sind und vollendet wurden.

Unter dem wohlhabenden Adel, der zwar nicht sehr zahlreich ist, herrscht viel Luxus in Gemälden, Equipagen, Livreen usw. Auch sind Etiquette und Rangsucht unter der hohen Noblesse selbst groß; dagegen wird es mit Fremden nicht so genau genommen, doch ist man noch himmelweit entfernt, in die Fußstapfen des Wiener Adels und seiner fast bestialischen Lächerlichkeiten zu treten, wozu es freilich auch eines solchen hochadeligen Hirnkastens bedarf, wie man sie zu Wien dutzend- und schockweis findet; die wissenschaftlich gebildete Bürgerklasse hat auch hier die angenehmsten Zirkel.

Unterhaltend und für den Fremden vergnügend ist in Rom die Weihnachts- oder sogenannte heilige Zeit, während der alle Kirchen ganz besonders ausgeschmückt sind, und die Geburt Christi in einer jeden derselben mit allerlei Varianten dargestellt wird: der Stall, die Krippe, die Ochsen, Kühe, Esel, Engel und Hirten fehlen aber nie. Phantastisch sind oft die Engel gebildet; manchmal ist auch die Gruppe mit dichtem, malerisch zusammengestelltem Gesträuch umgeben und reich mit Blumen dekoriert usw. Meistens sind die Figuren in Lebensgröße, bis auf die Engel, von denen ich dies nicht behaupten kann, da ich noch keine lebendigen, wenigstens keine geflügelten, gesehen habe. Um diese Zeit kommen täglich durch alle zwanzig Tore Roms unzählige Dudelsackpfeifer in die Stadt, welche bei allen Madonnenbildern, an den Mauern und Straßenecken, in den Buden und Kaffeehäusern den ganzen Tag blasen, wofür sie von den Patronen einige Bajocchi erhalten. Am heiligen Abend und in der Christnacht ist es in den Kirchen am feierlichsten. In Maria maggiore ist unter andern eine silberne Wiege ausgestellt, die von der päpstlichen Schweizergarde, in alter Knappentracht mit Hellebarden bewaffnet, bewacht wird. Hierher drängen sich die meisten Schaulustigen, und ich habe dort römische Mädchen und Frauen gesehen, wahrhaft irdische Engel, die sich durch den Anblick der hölzernen himmlischen nicht abhalten ließen, auch in dieser heiligen Nacht durch allerlei Zeichen und Augenspiel, sowie durch die in ganz Italien so beliebte Fingersprache mit ihren Liebhabern sich zu verständigen. Die Italienerinnen besitzen eine unglaubliche Gewandtheit und Geschicklichkeit, sich in der Zeichensprache auszudrücken, und geben damit alles kund, was nur der beredteste Mund zu sprechen vermag. Auch ich habe mir große Mühe gegeben, diese Sprache zu lernen, aber es doch nicht weiter als bis zu den Anfangsgründen und zum Radebrechen in derselben bringen können; so etwas muß von Kindheit an geübt und gehandhabt werden.

Prozessionen habe ich in Rom gesehen, die von Sonnenaufgang bis in die sinkende Nacht währten, und in mancher Hinsicht der Schaulust die Triumphzüge der alten Römer wohl ersetzen. Sie sind endlos und führen oft mehrere hundert heilige Fahnen und Standarten mit sich, sowie ganze tragbare Kapellen mit Altären und allem was dazugehört, an denen mehrere Priester fortwährend Messe lesen oder beten und von den Chorknaben bedient werden. Das Ganze ruht auf kreuzweis gelegten Balken und wird von vierzig bis fünfzig starken Männern getragen. Bei der Annäherung der Prozession stürzt alles wie niedergedonnert auf die Knie. Dasselbe tun die Römer, wenn der Heilige Vater an ihnen vorüberfährt, was man schon von weitem durch den Ruf: „Ah il santo papa“ erfährt, der dann rechts und links mit so großer Profusion den Segen erteilt, daß ich nicht begreife, wie ihm der Arm nicht erlahmt, aber die heilige Handlung wird ihm wohl denselben stärken, die Empfangenden bekreuzigen sich dann ehrfurchtsvoll und erheben sich, wenn er vorüber ist, wieder aus dem Staub oder Kot.

Zur Zeit Pius' VII., der damals auf dem Heiligen Stuhl saß, hatte jedermann, Frauen ausgenommen, täglich Zutritt zu dem Heiligen Vater, auch ohne Audienz zu begehren. Man mußte sich zu diesem Ende gegen vier Uhr nachmittags in den Palast auf Monte Cavallo, wo er residierte, begeben. Hier wurde man, nachdem man sein Begehren einem Kameriere mitgeteilt, in einen mit rotem Sammet ausgeschlagenen, sonst sehr einfachen Saal geführt, durch den der Papst kam, um vor dem Palast in den Wagen zu steigen, da er regelmäßig jeden Tag um diese Zeit seine Spazierfahrten machte. Vorauseilende Diener kündigten sein Kommen an, und auf das Zeichen einer Glocke knieten die Anwesenden nieder und erwarteten den Heiligen Vater in dieser Stellung. Sah nun der Papst, daß sich Fremde in dem Saal befanden, so trat er an sie heran und fragte freundlich nach ihrem Begehren, willfahrte, wenn es tunlich war, oder gab wenigstens Trost und Segen im entgegengesetzten Fall. Als ich dies in Erfahrung gebracht, beschloß ich, mich auch zu einer solchen Audienz einzufinden, bei der es der Zufall wollte, daß ich gerade der alleinige Wartende war. Ich hatte mir vorgenommen, mich so zu placieren, daß, bevor der Papst an mich käme, er erst zu den andern gehen müsse, um mich nach diesen richten zu können. Nun ging er aber, da ich allein war, gerade auf mich zu, fragte nach meinem Begehren, worauf ich um seinen Segen und einen Rosenkranz zum Andenken an diese Stunde und an Seine Hei-

ligkeit bat, indem ich mich ihm als den Platzkommandanten von Albano vorstellte. Pius VII. willfahrte meinem Begehren, indem er mir zugleich seine Untertanen in Albano empfahl, ließ mir eine Coronna (Rosenkranz) von Lapislazuli mit Goldperlen und einem goldenen Kreuz, ich weiß nicht mehr aus welcher heiligen Kasetta, die er benannte, reichen, gab mir seinen Segen und entfernte sich. Ich küßte indessen dem Papst nicht den Pantoffel, sondern nur den Siegelring an seiner Hand, die er so gütig war mir zum Kusse darzureichen. Das erhaltene Geschenk aber schwatzte mir bei meiner nächsten Anwesenheit zu Neapel die Geliebte meines Vetters Moritz ab.
Die Frauen, welche keinen Zutritt zum Heiligen Vater hatten, brachten demselben auf eine eigene Art ihre Wünsche oder Gesuche vor. Sie stellten sich nämlich auf die Ecksteine des Tores, durch welches der Papst seinen Palast verließ und warfen ihm die Bittschriften und Briefe, die ihre Anliegen enthielten, mit großem Geschrei in den Wagen, so daß sie ihm nicht selten Nase und Gesicht auf eine gewiß nicht angenehme Weise berühren mußten; ich fand es höchst unanständig, dem Heiligen Vater solche Wische an den Kopf zu werfen, was er jedoch ganz geduldig ertrug.
In Rom, wie fast in ganz Italien, gehen die Frauen und Mädchen der höheren Klassen nie ohne Begleitung aus, was aber nicht verhindert, daß sie alle möglichen Intrigen, wozu die Italienerinnen noch weit mehr Hang als die Spanierinnen haben, anspinnen, die sie mit einer seltenen Beharrlichkeit durchzuführen wissen. Alle Kirchen dienen den Verliebten zu Rendezvous, und in dem unbewohnten Teil von Rom, zwischen Ruinen und Gräbern, unter Zypressen, Pinien und Granaten, begegnet man oft den schönen Römerinnen in der vertraulichsten Konversation mit ihren Anbetern und Freunden; sie haben sich aus der nächsten einsamen Klosterkirche, die sie zuerst besuchten, dahin verirrt. Während dem Karneval, wo sie eine fast grenzenlose Freiheit haben und sich nehmen, gehen sie

maskiert und paarweise von einer Cavalchina zur andern, von einem Theater in das andere, von Saal zu Saal und durch alle Straßen der Stadt, meistens immer zwei vertraute Freundinnen zusammen, mit und ohne männliche Begleitung. – Wie es da zugeht, läßt sich besser denken als beschreiben, und so ist es in ganz Italien, in kleinen und großen Städten um diese Zeit. Die Männer können und wollen dem Unfug nicht einmal steuern und gehen ihrerseits auch auf Abenteuer aus; kommen dann die Fasten, so tut man gehörig Buße, erhält Absolution, und alles ist wieder gut. Von der so berüchtigten italienischen Eifersucht der Ehemänner habe ich während meines Aufenthaltes in Italien, einige wenige Fälle ausgenommen, nicht viel erfahren, und unter hundert Messerstichen, die sehr freigiebig ausgeteilt werden, sind drei Vierteile immer die Folgen persönlicher Beleidigungen anderer Art, als der der Untreue, hauptsächlich der Spielrache, denn rachsüchtig ist der Italiener und besonders der Neapolitaner im höchsten Grad. Anders aber ist es mit den Frauen, diese sind weit mehr zur Eifersucht geneigt, vergessen und verzeihen eine Vernachlässigung und Untreue fast nie und rächen sich nicht selten durch Messer- und Dolchstiche mit eigner Hand. Ich habe davon arge Proben gesehen, und es wundert mich noch heute, daß ich Italien wieder mit so heiler Haut verlassen konnte, was ich wohl der mir angeborenen moralischen Gewandtheit zu verdanken haben mochte. Was die zünftigen Banditen anbelangt, so gehören diese jetzt nur noch einer Sagenzeit an; während den fünf Jahren, die ich in mehreren Zwischenräumen in Italien zubrachte, in denen ich in so manche fatale und kitzliche Lage kam, fast in jeder Stadt von Bedeutung längere Zeit verweilte und mich überall in mehr oder minder gefährliche Intrigen einließ, habe ich keine solchen kennengelernt. Außer einigen Anfällen in Genua und Rom, wie sie aber auch in anderen Ländern Europas bisweilen vorkommen, bin ich nie attackiert worden. Wie muß man nicht über die Reisebeschreibungen solcher Individuen lächeln, die vier oder sechs Wochen einen Teil Italiens im Flug durcheilten, dasselbe nur aus den Wagen- oder Osterienfenstern so halb im Traum sahen, und dann heimgekommen, ein langes und breites über die Sitten und Gebräuche, das Leben und Treiben eines Volkes schmieren, das sie nie Gelegenheit hatten näher kennenzulernen, es im Innern seiner Häuslichkeit zu beobachten, ja nicht einmal sein öffentliches Leben nur oberflächlich sahen und nur von den Flöhen, Wanzen und anderm Ungeziefer zu erzählen wissen. Hierzu kommt noch, daß sich die meisten Reisenden, absonderlich die Deutschen, in diesem Land, und zwar durch eigene Schuld, sehr unbehaglich fühlen, denn sie wollen sich durchaus in nichts schicken und finden, was ihnen fremd ist, bedauern ewig die warmen Öfen, das Bier oder den Wein der Heimat zu entbehren, und jammern, nicht alles, was sie dort umgab, bis auf den staubigsten Plunder, auch hier um sich haben zu können, und daß Türen und Fenster nicht so schließen und passen wollen, wie bei ihnen zu Haus! Wer nicht imstande ist, sich solche Bagatellen aus dem Sinn zu schlagen, der tut viel besser daran, hinter seinem Ofen sitzen zu bleiben. Der gute Tedesco muß sich deshalb gar viel in Italien gefallen lassen, der bocksteife Engländer wiegt seinen Komfort mit Gold auf, und nur der Franzose weiß sich sogleich in jede Lage zu finden. Zur Zeit der französischen Okkupation kam das Militär und namentlich die Offiziere in alle mögliche Berührung mit den Bürgern und ihren Familien, und waren sie auch von den Männern gehaßt, so wurden sie um so mehr von den Frauen gern gesehen, die denn am Ende doch immer das Regiment zu führen wissen, so daß mir ein Graf Mocenigo 1814 in Korfu nach dem Sturz Napoleons sagte: „Nun, die halbe Welt bleibt dennoch immer den Franzosen, nämlich die der Frauenherzen“. – Wie wenig sich aber deren Nachfolger in Italien, die Österreicher, einer solchen Gunst zu erfreuen haben, geht daraus hervor, daß ich mehrere schöne junge Frauen aus den ersten Familien

Italiens und namentlich eine liebenswürdige Florentinerin, kennenlernte, die mir einen Dolch zeigend sagte: „Ha, wenn ich mit diesem alle eure Austriachi in die andere Welt spendieren könnte, würde ich mich noch mit Wollust hängen lassen.“ Sie sind mehr verachtet und verspottet als gehaßt in Italien. Hierher gehörten die galanten Preußen, mit denen sich die Italienerinnen gewiß bald verständigen würden. Das oft so rohe und brutale Benehmen der Kommandierenden und Angestellten trägt nicht wenig zu diesem Abscheu bei.

Ein angenehmes Vergnügen gewähren die nächtlichen Wanderungen in den Straßen Roms. Überall hört man den Klang der Gitarren, Mandolinen und Mandolen, welche harmonische Gesänge begleiten, und Serenaden und Aubaden mit großer Virtuosität und sehr gefällig vorgetragen. Die Signora, der es gilt, lauscht dann verstohlen hinter ihrem Balkon, flüstert auch bisweilen mit ihrem Anbeter durch die Jalousien. Zu einer vollständigen Notturna oder Serenade, die mit dem gehörigen Anstand distinguierten Personen gebracht wird, gehören hier: eine oder zwei Violinen, meistens sordiniert, zwei Mandolinen, eine Mandola, zwei Gitarren, eine Flöte, zwei Corni und eine Harfe, nebst sechs Singstimmen, unter denen wenigstens ein Musico (Kastrat) sein muß. Eine solche meisterhaft vorgetragene Serenade, in einer römischen Sommernacht, in einem Halbkreis von Flambeaus, unter den Stufen eines jener herrlichen Paläste gebracht, hat allerdings etwas Magisches und versetzt die Zuhörer in unbekannte Regionen und Welten. Sind es aber nicht Dilettanten, die ein solches Ständchen bringen, so ist es eine ziemlich teure Geschichte, die leicht an 100 Scudi kommen kann, will man nicht zu alltägliche Talente dabei verwenden.

Ich lebte nun in der Tat in Albano und Rom ein wahres Schlaraffenleben. An Geld fehlte es mir für den Augenblick nicht, das Legat und die Kommandantur, so unbedeutend sie an und für sich war, versorgte mich reichlich, und der immer vertraulicher werdende Umgang mit der schönen Prinzessin Cesarini, die in ihrem ganzen Tun und Sein und durch ihren glänzenden, lebhaften Verstand so unwiderstehlich hinreißend und anziehend war, daß sie mich, wie alles, was sie umgab, bezauberte, machte mir meinen Aufenthalt in Rom wirklich zu einem Paradies. Schon längst hatte sie bemerkt, daß ich ihr alle mögliche Aufmerksamkeit schenke, ich bot alle erdenkliche Galanterie auf, mich ihr angenehm zu machen, und brachte es auch endlich dahin, mich ihres besonderen Wohlwollens zu erfreuen. Wahrlich keine Kleinigkeit, da ich die halbe Männerwelt Roms, und unter dieser hohe Prälaten, nicht die am wenigsten Gefährlichen, zu Nebenbuhlern bei dieser berühmten Schönheit hatte. Geistlichkeit und Weltlichkeit betete diesen Stern erster Größe in dem Reich der Schönheit an, und nur der Musik, meinem dramatischen Talent, vielleicht auch dem Umstand, daß ich mein Roß auf dem Korso und dem Volksplatz gut zu tummeln verstand und prächtige Lanzaden und Kapriolen machen ließ, verdankte ich den Sieg über meine großen und gefährlichen Nebenbuhler, und daß die Schöne ihre strahlenden Augen auf mich zu werfen geruhte. Noch ein anderer Umstand, wie sie mir nachher selbst gestand, hatte dazu beigetragen, mich in ihre Gunst zu setzen. Eines Abends kam in einer brillanten Konversation bei Colonna die Sprache auf die Deutschen, von denen man unter mehreren guten Eigenschaften, die sie haben sollten, besonders auch die deutsche Treue (germana fede) in der Liebe hervorhob, und die Frauen versicherten in allem Ernste, ein untreuer deutscher Ehemann sei ein ebenso seltenes Phänomen als ein treuer italienischer, und einen Deutschen zu verführen, der verheiratet sei oder eine Geliebte habe, dazu gehöre mehr als irdische Schönheit, ja die Allmacht einer Göttin. Wie mußte ich nicht innerlich ob dieser seltsamen Behauptungen lachen, welche wenigstens die Frauen für ganz zuverlässig ausgaben, was für Einwendungen die Männer auch machen mochten. Es grenzt wirklich an das Komisch-Romantische, welche Vorstellungen die Römerinnen und überhaupt die Italienerinnen von der deutschen Treue in diesem Punkte haben. Sie halten es eher für möglich, einen Strom rückwärts fließen, als einer Gattin den deutschen Mann abspenstig machen zu können. Ich ließ sie natürlich bei diesem Glauben, und während ich ihnen vollkommen beipflichtete und diese Fede germana als unerschütterlich bestätigte, versicherte ich sie, daß, wenn ich jemals das Glück hätte, eine Geliebte zu besitzen, ich mir sogar ein Gewissen daraus machen würde, eine andere Dame nur anzusehen. Dabei faßte ich die Cesarini, die keine zwei Schritte von mir stand, scharf ins Auge. Man verglich nun die französische Flatterhaftigkeit und den Leichtsinn mit dieser deutschen Beständigkeit, bedauerte nur, daß die Signori tedeschi nicht mit derselben auch die französische Liebenswürdigkeit verbänden und weniger Phlegma hätten.

„Alles läßt sich nicht vereinigen", sagte ich lachend.

„Und dann gibt es ja auch Ausnahmen", versetzte die Principessa Cesarini, mich ansehend, und ich verbeugte mich tief. Dieser Köhlerglaube der Italienerinnen an die Germana fede rührt hauptsächlich von der deutschen Bequemlichkeit und dem Phlegma her, da es den Deutschen in der Regel viel zu viel Mühe macht, sich um die Gunst einer Dame zu bewerben, wenn sie dies aus ihrem Alltagsleben im mindesten stört und einige Aufopferung und Selbstverleugnung kostet. Eine etwas galante Aufmerksamkeit stört sie in ihrer behaglichen Gewohnheitsruhe, sie wollen, daß ihnen die gebratenen Tauben ins Maul fliegen sollen, und nehmen, wenn dies nicht geschieht, lieber mit trockenem Brot vorlieb, als sich eine feinere Schüssel selbst zuzurichten. Was das Essen anbetrifft, war ich hierin auch ganz Deutscher, nicht so im Punkt der Frauen, und ich gab mir alle erdenkliche Mühe, den hübschen Italienerinnen ihren festen Glauben an die Riesentreue der deutschen Männer durch die Tat zu benehmen.

Dieser Unterhaltung machte endlich ein junger Abbate aus einer vornehmen Familie ein Ende, indem er der Gesellschaft einen höchst sonderbaren Vorfall, der sich ganz kürzlich in Rom zugetragen, mitteilte, der das Interesse derselben ganz in Anspruch nahm. Es hatte nämlich vor wenig Tagen eine Nonne inkognito einen Ball besucht und das Wagestück auf folgende Weise ausgeführt. Einer ihrer Verwandten, ein Vetter, besuchte sie öfters in dem Sprechzimmer ihres Klosters, natürlich durch das Gitter von ihr getrennt mit ihr sprechend. Hier erzählte er ihr nun viel von weltlichen Dingen und hatte ihr namentlich schon mehrmals eine so reizende Schilderung von Bällen gemacht, daß das arme, kaum 17jährige Mädchen einüber das anderemal ausrief: „Ach, könnte ich nur in meinem Leben ein einzigesmal einem solchen Vergnügen beiwohnen!" und ihren Vetter bestürmte, ihr doch dasselbe zu verschaffen. Als ihr aber der junge Mensch die Unmöglichkeit, dieses Begehren zu erfüllen, vorstellte, indem sie ja das Kloster nie verlassen dürfe, erwiderte sie: „Ach, wenn sonst kein Hindernis ist, da weiß ich schon Rat. In einer Ecke an der Mauer des Klostergartens ist unter dichtem Gesträuch ein großes Loch, das durch einen ziemlich langen, unterirdischen Gang zwischen altem Gemäuer auf einen öden Platz heraus ins Freie führt." Sie beschrieb ihm die Gegend, wo dieser Ausgang ungefähr sein könne, und bat ihn, sich selbst davon zu überzeugen, indem sie noch denselben Abend dorthin kommen und ihn dort suchen wolle. Die beiden jungen Leute trafen sich wirklich an der von der Nonne bezeichneten Stelle, wo diese ihn anrief, um ihm ihre Anwesenheit zu erkennen zu geben, da er sonst schwerlich die Stelle gefunden haben würde. Sie wußte ihren Vetter nach mehreren Einwendungen, die dieser gemacht, die sie jedoch alle zu beseitigen verstand, zu überreden, daß er ihr versprach, sie nächstens auf einen Ball und in das Theater zu führen.

Beide kamen nun überein, daß ihr der Vetter weibliche weltliche Kleidung verschaffen müsse, welche die Kusine, nachdem sie das Kloster verlassen, in seiner Wohnung anlegen sollte, sobald wieder ein hübscher Ball gehalten würde. Diese Gelegenheit bot sich schnell, und es wurde alles so ausgeführt wie es die jungen Leute verabredet hatten. Vier Stunden nach Sonnenuntergang schloß die Nonne ihre Zelle leise ab, schlich in den Garten durch das Souterrain zu dem harrenden Vetter, der ihr ein großes, weißes Tuch umwarf und sie sodann am Arm in seine Wohnung führte, wo sie sich mit seiner Hilfe umkleidete und maskierte, denn es war ein Maskenball; ob sonst noch etwas dabei vorfiel, erzählte der Abbate nicht. – Nach der Verwandlung der Nonne in ein Weltkind fuhren beide auf den Ball, wo sich die Kusine außerordentlich gefiel und amüsierte. Nach Mitternacht brachte sie der Vetter wieder in seine Wohnung, wo er für eine gute Cena gesorgt hatte, und dann kehrten beide, noch ehe der Tag graute, nach den Ruinen zurück. Bis hierher war die Christusbraut seelenvergnügt gewesen, und das weltliche Leben hatte ihr außerordentlich gefallen, aber nun wollte der Unstern der jungen Leute, daß beide den zwischen Mauern und Gebüsch verborgenen Eingang nicht wieder aufzufinden vermochten, welche Mühe sie sich auch gaben, was wohl daher kam, daß die beiden ersten Male, als sie den Vetter hierher beschied, die Nonne ihm von innen schon zugerufen hatte, es auch jedesmal schon finster oder doch in der Dämmerung war, wenn er kam, und er sich die Stelle selbst nicht genau gemerkt hatte. Jetzt aber verriet keine rettende Stimme den Eingang, vergeblich blieben alle Anstrengungen, und schon nahte die erste Morgendämmerung. Die Verzweiflung schien sich beider bemächtigen zu wollen, da fuhr der junge Mann plötzlich auf und rief aus: „Es ist nur *ein* Mittel zur Rettung übrig, und dies müssen wir versuchen." „Welches?" fragte nun ängstlich die junge Nonne. „Frage nicht lange, komm laß uns fort zu meinem Oheim, dem Kardinal, und diesem unser Vergehen eingestehen, er wird uns retten." – Der junge Mensch hatte nämlich glücklicherweise einen Onkel, der Kardinal war. Die Nonne zitterte, aber hier half kein Sträuben, es blieb nichts anderes übrig; der junge

Mann führte seine Base wieder in seine Wohnung und eilte dann in die Seiner Eminenz, die noch in tiefem Schlaf lag, aber der Neffe ließ sie durch einen Kameriere wekken, dem er sagte, er habe etwas von der allerhöchsten Wichtigkeit seinem Oheim mitzuteilen. Vorgelassen, teilte er demselben die saubere Geschichte mit. Der Kardinal, ein vernünftiger Mann, der wohl auch seine Sprünge gemacht haben mochte, sah ein, daß hier keine Zeit mit unnötigen Vorwürfen zu verlieren, sondern schnelle Hilfe das dringendste sei, kleidete sich rasch an, ließ anspannen, fuhr mit dem jungen Manne an dessen Behausung, nahm die Nonne in seinen Wagen und dann schnell mit ihr in das Kloster, wo er zuerst allein ausstieg, der Pförtnerin hastig klingelte und dieser, die noch schlaftrunken war, befahl, augenblicklich die Äbtissin zu wecken, der er etwas Wichtiges mitzuteilen habe. Die Pförtnerin, sich vor einem Kardinal, vor dem sich selbst alle Klosterpforten öffnen mußten, tief verneigend, wollte, bevor sie dessen Befehl vollzog und die Äbtissin weckte, die Klosterpforte wieder verschließen, was indessen die Eminenz verhinderte, und als die Pförtnerin weg war, ließ er die halbtote Nichte aus dem Wagen in das Kloster schlüpfen und befahl ihr, sich eiligst in ihre Zelle und in ihr Bett zu verfügen. Dies ließ sich das arme Kind nicht zweimal sagen, sondern rannte den Gängen entlang, ohne bemerkt zu werden, zu ihrer Zelle. Einige Minuten darauf meldete die Pförtnerin, daß ihre Frau Äbtissin bereit sei, Monsignore zu empfangen. Dieser befahl sogleich, alle Zellen zu inspizieren, um sich zu überzeugen, ob sich deren Bewohnerinnen auch alle in denselben befänden. Als die Inspektion vorüber war, meldete sie ihm, daß keines ihrer Schafe fehle.

„Schon gut“, erwiderte der Kardinal, „aber ich empfehle Euch, ehrwürdige Frau, das sich in Eurem Garten befindliche, in einen unterirdischen Gang führende Loch noch heute zumauern zu lassen, da sich Diebe und anderes gefährliche Gesindel gar leicht durch dasselbe in Euren

Schafstall schleichen und dessen Lämmer stehlen könnten." Hierauf verließ er die nicht wenig erstaunte Signora Abadessa, die aber den Befehl Seiner Eminenz pünktlich vollziehen ließ.

Die Gesellschaft war durch diese Erzählung, der jedermann mit der gespanntesten Aufmerksamkeit zugehört hatte, sehr aufgeregt worden, und man bat den jungen Abbate, doch die Namen der Hauptpersonen dieses Intermezzos mitzuteilen, was zu tun sich dieser aber standhaft weigerte, da er niemand kompromittieren wolle. Mehrere Personen vermuteten, daß der Herr Abbate und der Herr Vetter ein und dieselbe Person gewesen seien, denn auch er hatte einen Kardinal zum Oheim und mehrere Kusinen in verschiedenen Klöstern, aber dies konnte noch kein gültiger Beweis sein, da viele junge Leute in Rom in demselben Fall waren. Eine Dame meinte, jener unterirdische Gang, durch welchen die Nonne aus dem Kloster gekommen, gehöre sicher zu den Katakomben, was andere bestritten, da es sehr unwahrscheinlich sei, daß sich diese bis in einen Klostergarten verlören, was man indessen nicht wissen kann, da bis jetzt noch niemand deren ganzen Umfang mit all ihren Winkelgängen, ein wahres Labyrinth, ergründen konnte. Ich bemerkte, daß ich diese merkwürdigen Souterrains noch nicht besucht hätte, aber mir vornehme, dies mit nächstem zu tun; man warnte mich, vorsichtig dabei zu sein, da schon mehrere Personen darin spurlos verschwanden und also umgekommen sein müßten.

Es wurden nun andere Gegenstände auf das Tapet gebracht, und ein Teil der Gesellschaft setzte sich zum Spiel nieder. Da auch die Principessa Cesarini an dem Spieltisch pointierte, so plazierte ich mich ganz in ihre Nähe, besetzte dieselben Karten wie sie und gewann so in kurzem einige fünfzig Zechinen; sie hatte es gleich anfangs bemerkt und sagte lächelnd zu mir: „Sehen Sie, so geht es, wenn Sie mir folgen, ich bin ein guter Führer", und fuhr hierauf sotto voce fort: „Wollen Sie die Katakomben besuchen, so finden Sie sich morgen vormittag zu San Sebastian fuori le mure ein, wo Sie einen Führer zu dieser gefährlichen Partie finden werden, der Ihnen vielleicht nicht ganz unangenehm ist.“ – Wie mich diese Worte elektrisierten, vermag ich nicht zu sagen, mein Blut begann zu sieden, und für das Spiel hatte ich weder Augen noch Ohren mehr, ich war dadurch in den dritten Himmel versetzt worden und stand dennoch wie auf glühenden Kohlen. Obgleich Schüchternheit eben nicht mein Fehler war, so hatte ich bis jetzt doch noch nicht einen leisen Händedruck gewagt, nur meine Augen und Artigkeiten mit Worten konnten meine Wünsche verraten haben, und nun sah ich mich mit einemmal und ganz unerwartet an dem Ziel derselben. Gerne hätte ich gefragt: „A che ora, illustrissima?“ aber es war nicht passend, und ich fand nur noch Gelegenheit, en passant ein „Certo non mancherò“ (ich werde sicher nicht fehlen) ihr zuzuflüstern. Ich mußte hier mit der größten Behutsamkeit zu Werke gehen, denn der Lauscher und Aufpasser waren zu viele, wenn es der Herzogin Cesarini galt, die Hunderte von Anbetern hatte, besonders seitdem man wußte, daß sie nicht mehr in sehr großer Einigkeit mit ihrem Gatten lebte. Nach Mitternacht ritt ich nach Albano zurück, um mit dem frühen Morgen schon wieder in Rom sein zu können, wo ich, nachdem ich in dem großen Kaffeehaus auf dem Korso mit Schokolade und Pane tedesco gefrühstückt, nach der mir bezeichneten Kirche San Sebastian in fuori le mura fuhr.

III

Die Katakomben – San Sebastian fuori le mura – Das Abenteuer in den Katakomben – Die Karnevalsfreuden – Noch ein Mordanfall – Die junge Witwe – Antiquar Vasi und seine Tochter – Canova – Beendigung des Karnevals – Das Lazarett zu Rom – Katholischwerden der Soldaten – Eine Pferdekur – Die Entführung einer Nonne – Tivoli – Frascati – Die heilige Woche – Das Miserere – Die Kuppelbeleuchtung und Girandola – Der Kardinal-Bischof und der Impresario – Ich werde zum dritten Bataillon versetzt – Eine Heiligsprechung – Herzbrechender Abschied und Abreise von Rom

Eine ziemliche Strecke vor den Mauern Roms, etwas rechts von der Via Appia, liegt die Kirche des heiligen Sebastians fuori le mura, bei der man zu dem größten Grab der Erde, den Katakomben Roms hinabsteigt, denn nur das Meer mag eine größere Menge von Leichen bergen; ein finsteres Labyrinth, dessen endlose Irrgänge noch kein Sterblicher genau ermessen konnte, die wenigstens sechs Miglien im Umfang haben müssen, sich nach allen Seiten hin unter Rom verlieren und mit noch anderen unterirdischen Gewölben und kleinen Katakomben in Verbindung stehen. Bald kommt man durch schmale, enge Gänge, in denen keine zwei Personen nebeneinander Raum haben, bald befindet man sich in schauerlichen, mit Schädeln und Knochen angefüllten Gewölben, in denen nicht selten unabsehbare Abgründe, Löcher und Gruben vorhanden sind, weshalb man ohne Fackeln oder Laternen und Führer nicht wagen darf, diese Souterrains zu betreten. Viele Tausende der ersten Christen fanden hier ihr Grab, und die Knochen von nicht weniger als einhundertsiebzigtausend Märtyrern sollen hier liegen, ohne die der gewöhnlichen Toten zu rechnen. Viele hundert Wagen voll Gebeinen hat man schon aus dieser ergiebigen Knochenmine geschöpft und sie, als Reliquien an gläubige Schafsköpfe verkauft, in Gold verwandelt; lange waren diese Katakomben ein reiches Goldbergwerk für den heiligen Stuhl, der nicht unterließ, diesen Knochen, unter denen gar mancher Eselsknochen, alle möglichen schützenden und helfenden Qualitäten zuzuschreiben. Auch die Körper des Paulus und Petrus sollen hier gelegen und gefunden worden sein; wahrscheinlich hat man sie unter den Millionen durch ihren besonderen heiligen Geruch erkannt. Wer dieses Labyrinth zuerst grub und anlegte, ist unbekannt und wird es immer bleiben. Der Versicherung der Pfaffen, daß es die ersten Christen getan, wird kein Mensch, der mit einiger Vernunft begabt, Glauben schenken. Wie hätten diese armen, verfolgten Elenden es wagen können, hier, so nahe bei der Stadt, solche ungeheuere, ans Wunderbare grenzende Arbeiten von diesem Umfang zu vollbringen, welche eine lange Zeit und die außerordentlichsten Anstrengungen erforderten, ohne entdeckt zu werden? – Dies wäre schon allein ein Wunder gewesen. Wahrscheinlich sind es uralte Steinbrüche, in welche sich die von den römischen Kaisern verfolgten Christen flüchteten und hier ihre Andacht und ihren Gottesdienst im Verborgenen verrichteten, wodurch dann nach und nach dieser Knochendienst entstanden ist, den keine andere Religion aufzuweisen hat. Man stößt in denselben oft auf steinerne Särge und Sarkophage mit Inschriften, welche beweisen, daß hier christliche Begräbnisse stattgefunden haben.

Es war kaum acht Uhr morgens, als ich mich schon unter der Türe der San-Sebastianskirche harrend befand und mit unbeschreiblicher Sehnsucht meine Blicke dem Wege nach Rom zuwandte, von wo mir die höchste Glückseligkeit kommen sollte. Mit so großer Ungeduld und so heißem Verlangen hatte ich noch nicht auf die Erscheinung einer geliebten Dame gewartet als diesen Morgen, der mich unnennbar glücklich machen sollte. Wäre mir in diesem Augenblick die heilige Jungfrau in ihrer ganzen Glorie selbst erschienen, so hätte dies schwerlich eine so entzückende Wirkung auf mich gemacht als das Kommen der heißersehnten Prinzessin Cesarini; auch zitterte ich, daß es unterbleiben möchte.

Einstweilen unterhielt mich der geistliche Kustode von

San Sebastian, der meine Unruhe wohl gemerkt haben mag, und dem ich mitgeteilt, daß ich eine Dame aus meiner Bekanntschaft erwarte, von den Vorzügen und Kuriositäten seiner Kirche, für die ich wenig Ohr hatte, aber ihm doch ein aufmerksames zu leihen schien. Er erzählte mir, Kaiser Konstantin der Große (?) habe diese Kirche auf dem berühmten Gottesacker des heiligen Kallistus erbaut und sie, da ihr eine fromme römische Dame, die heilige Lucina, den Leichnam des heiligen Sebastian geschenkt, diesem geweiht und unter seinen Schutz gestellt. Er zerrte mich fast mit Gewalt in eine Kapelle, wo er mir einen Stein zeigte, auf dem er mich Fußtapfen sehen ließ, die Christus in denselben getreten haben soll, zu der Zeit, als er dem heiligen Petrus, der sich aus Rom hierher geflüchtet, erschienen. Dann fuhr er mit unglaublicher, mich fast zur Verzweiflung bringender Geschwätzigkeit fort zu erzählen, daß die Kirche eigentlich die allerheiligste im ganzen Kirchenstaat und folglich in der ganzen Welt sei, da nicht nur 170 000 Märtyrer und vierzig Päpste unter ihr begraben lägen, sondern sogar Petrus und Paulus selbst; dann fügte er mit ganz leiser Stimme und geheimnisvoller Miene hinzu: „Die Leichen in der Peterskirche sind nicht die echten, sondern wir haben sie noch hier, aber können sie nur nicht recht unter den anderen ausfindig machen. Wir haben auch ebensoviel Indulgenzen zu vergeben, wie St. Paul und St. Peter selbst; man kann bei uns leicht den dritten Teil der Vergebung aller seiner Sünden erlangen. Bloß dadurch, daß man hier vor dem Altar des heiligen Sebastian einige große Messen lesen läßt, kann man schon eine Seele aus dem Fegfeuer befreien; wer aber an dem hohen Festtag des Heiligen nach gehöriger Beichte und Absolution, und nachdem er der Kirche seine Opfer gebracht, an jenem Kruzifix, das dort hinter dem Stein steht, und auf dem der heilige Laurentius gebraten wurde, dreimal seinen Rosenkranz abbetet, erlangt die unfehlbare Vergebung aller seiner Sünden." – Noch zeigte mir der

Pfaffe den Marmorblock, auf dem der heilige Stephan saß, als er enthauptet wurde, und Gott weiß, was sonst noch für heiligen Plunder, für den ich jetzt gerade weniger Sinn denn je hatte und meinem geistlichen Ciceroni jeden Augenblick entschlüpfte, um an der Türe zu sehen, ob sich meine Heilige noch nicht nahe.

Nach beinahe zwei Stunden Harrens sah ich endlich einen unansehnlichen altmodischen Fiaker ziemlich langsam von Rom aus antraben, so daß ich zweifelte, daß dieser den mir so teuren Schatz enthalten könne. Bald hielt er vor der Kirchentüre still und zwei verschleierte Frauengestalten, von denen die eine einen göttlichen Wuchs verriet, entstiegen dem alten Rumpelkasten und traten in die Kirche. Sie ist's, flüsterte mir mein Genius zu, und sie war es. Schnell eilte ich, als mir kein Zweifel übrig war, an den Weihkessel, reichte ihr, mich tief verneigend, das Wasser, das sie, den Schleier zurückwerfend, mir auf das freundlichste abnahm, indem sie mir ein ben venuto mit einem vielsagenden Blick zuflüsterte. Sie kniete nun mit ihrer Begleiterin nieder, und nachdem sie ein kurzes Gebet verrichtet hatte, stand sie auf, drehte sich – ich hatte dicht hinter ihr Platz genommen – zu mir um und sprach: „Nun kommen Sie, wir wollen in die Katakomben hinabsteigen." – Ich winkte dem Kustoden, der schon, von mir unterrichtet, eine Fackel brachte und auch mir eine angezündete Kerze reichte. Wir folgten unserem Führer und stiegen durch die sich in der Nähe der San-Sebastian-Kapelle befindliche Türe in das unermeßliche Totenreich hinab. Auf der Treppe angekommen, reichte ich der schönen Fürstin die Hand, deren Berührung mich durch Mark und Bein elektrisierte; ihre Begleiterin, eine gefällige Freundin und vertraute Gesellschafterin, mußte auf ihr Geheiß mit einem Laternchen vor uns und dicht hinter unserem Führer gehen. Unten in dem ersten Gang angekommen, drückte ich die in der meinigen ruhende Hand beinahe zitternd an mein schon hochpochendes Herz und dann auf den Mund einen Feuerkuß, streifte aber

dabei mit der Kerze an die Mauern, so daß ihr Licht schnell erlosch.
Unser Führer eilte indessen unaufhaltsam voran und bald wurden die Gänge so eng, daß wir, ohne uns fest aneinander zu schmiegen, nicht mehr nebeneinander gehen konnten, und nun schlang ich meinen Arm um die schönste und schlankeste aller Taillen Roms, die ich mit jedem Schritt vorwärts fester und inniger an mich drückte, so daß bald ein glühendes Feuer alle meine Adern durchzuckte, meine Pulse beben machte, und als ich endlich den Führer mit der ihm folgenden Schönen, denn häßlich war der Prinzessin Begleiterin nicht, in ziemlicher Entfernung von uns sah, da wagte ich einen langen Kuß auf den niedlichsten Rosenmund, den ich noch gesehen, die reizende Nymphengestalt fester und fester an mich drükkend; ich fühlte den Kuß mit brennenden Lippen erwidert und ein klopfendes Herz an meinem Busen pochen. Mehrere Sekunden blieben wir in dieser Stellung, und würden Minuten und Viertelstunden so verweilt haben, wenn nicht der Kustode, immer von Märtyrern und Heiligen faselnd, endlich stillgestanden und sich nach uns umgesehen hätte, um uns auf die Inschrift eines Steins aufmerksam zu machen. Als er sah, daß ich kein Licht mehr hatte, rief er mir zu: „Was ist Ihnen begegnet. Ihre Kerze brennt ja nicht mehr?“
„Hat nichts zu sagen, Signor, ein Windzug hat sie gelöscht, nur immer vorwärts.“
Nun hielt er wieder an, um uns einen Haufen Knochen zu zeigen; lauter heilige Märtyrerknochen, von denen etwas wegzunehmen bei Strafe des Kirchenbannes verboten war. Niemand von uns spürte einige Lust, sich diesem auszusetzen, und wir ließen die Knochen unberührt. Es ging weiter die Kreuz und die Quere in diesem Knochenlabyrinth, in dem ich endlich so weit mit meiner schönen Principessa zurückblieb, daß wir zuletzt Fackel- und Laternenschein, die sich in den krummen Seitengängen verloren, aus dem Gesicht bekamen, und Aphroditen

huldigend, den Hauch der Liebe in vollen Zügen atmend, uns so ganz vergaßen, daß es uns nicht im entferntesten in den Sinn kam, daß wir hier Gefahr liefen, wenn wir unseren Führer verlieren möchten, das Tageslicht nicht mehr zu schauen. Nach einigen Minuten ließ jedoch der gute Mann seine Stimme mehrmals kreischend erschallen, aber wir waren in diesem Augenblick ganz außerstande, ihm zu antworten, da der Mund des einen dem des andern ein absolutes Stillschweigen auferlegte und mit Glutküssen bedeckte. Endlich fanden wir die Sprache wieder, aber die Stimme des Kustoden war jetzt verstummt und nach gepflogener Götterlust war es uns doch nicht so ganz einerlei, uns ohne Führer und Licht in diesen stockfinsteren unterirdischen Irrgängen zu befinden.

„Das wäre die Lust zu teuer gebüßt", meinte Gertrude – der Taufname der Prinzessin – halb scherzend, halb ernst, „wenn wir zur Strafe hier verhungern sollten."

„Dahin soll es nicht kommen, mia dolcissima", erwiderte ich und schrie nun aus vollem Halse mit einer Donnerstimme: „Signor Kustode! Signor Kustode!"

Aber alles blieb still und stumm.

Ich wiederholte mein Rufen, keine andere Antwort als der Widerhall meiner Stimme.

„Das beginnt bedenklich zu werden", meinte die Cesarini.

„Bewahre der Himmel", versetzte ich; „wie, wenn es dem Herrn Kustode eingefallen wäre, sich einstweilen so auf seine Faust mit Ihrer hübschen Begleiterin zu verlustieren?"

Die Cesarini lachte und sagte: „Wo denken Sie hin, der Kustode der heiligen Märtyrer ist schon ziemlich betagt und Bianchetta auch nicht mehr in der ersten Jugendblüte."

„Das will nichts sagen, im Gegenteil ein Grund mehr für beide, sich gegenseitig zu trösten."

„Allen Scherz beiseite, mir fängt an, bange zu werden."

Die Wahrheit zu gestehen, fing es auch mir an, nicht ganz wohl bei der Sache zu werden, da mein mehrmals wiederholtes starkes Rufen noch immer ohne Erfolg blieb, und von allen Todesarten mir das Verhungern oder Lebendigbegrabenwerden die schrecklichste schien. Doch tröstete ich mich, in diesem Fall wenigstens in den Armen der Liebe eines Engels und mit demselben zu sterben.

Unsere Lage wurde aber immer bedenklicher, denn wir konnten nur mit der äußersten Vorsicht einen Schritt vor-, rück- oder seitwärts wagen, aus Furcht, in eine der Gruben oder Abgründe zu fallen. Wir schmiegten uns nun inniger aneinander und hielten uns so fest umschlungen, daß wir nur noch ein Leib und eine Seele schienen. Die Furcht schwand abermals in einem seligen Vergessen, aus dem aber das Erwachen um so ängstlicher war, da immer noch kein Kustode und kein hoffnungsvoller Lichtstrahl erscheinen wollte. Jetzt verdoppelte ich mein Rufen und Schreien, wir schritten endlich aufs Geratewohl vor- oder rückwärts, jedoch mit aller Behutsamkeit mit den Händen längs den Wänden streifend, denn ich hatte weder Stock noch Degen, da ich, um Aufsehen zu vermeiden, in Zivilkleidern gekommen war. Es mochten etwa drei Viertelstunden sein, abwechselnd Augenblicke der höchsten Wonne und der höchsten Pein, und nachdem ich mich matt und heiser geschrien und meine schöne Gefährtin schon einen Strom von Tränen aus ihren holden Augensternen, die mir aber jetzt nicht leuchteten, vergossen hatte, als wir plötzlich einen Lichtstrahl in weiter Ferne gewahrten, der aber auch ebenso schnell wieder verschwand, so daß ich nicht einmal Zeit zum Rufen gehabt. Jetzt schrie ich aus allen Kräften, und wir hatten das Vergnügen, den Strahl zum zweitenmal zu erblicken; endlich wurden wir gehört, und immer schreiend näherten wir uns dem Licht, aber erkannten bald, daß dasselbe nicht unserem Kustoden und seiner Begleiterin angehörte, sondern einer anderen Gesellschaft von Fremden, die ebenfalls die Katakomben mit einem Führer besuchten.

„Mein Gott, wenn es nur keine Personen sind, die mich kennen", rief die Principessa aus.

„Und wenn auch, immer noch besser dem Teufel selbst hier zu begegnen, als so elend umzukommen."
Als wir uns der Gesellschaft näherten, erkannte ich die Familie des dänischen Gesandten, der in Albano wohnte, wandte mich an den Führer, um meine, wie ich sagte, durch den Wind ausgelöschte Kerze anzuzünden, und erzählte den dänischen Fräuleins, daß mich und die fremde Dame – die Prinzessin hatte ihren dichten Schleier herabgezogen und hielt sich möglichst im Düstern, um nicht erkannt zu werden – ein unglücklicher Zufall von unserer Gesellschaft getrennt habe. Ich bat um die Erlaubnis, uns anschließen zu dürfen, was freundlich gewährt wurde. Nachdem wir der Gesellschaft stumm durch einige Gänge gefolgt waren, kam plötzlich unser Kustode aus einem Seitengange mit Bianchetta zum Vorschein, und wir verließen dankend die Dänen, erfreut, nicht genötigt zu sein, uns vielleicht noch lange in ihrem Gefolge hier herumtreiben zu müssen.
Als wir allein waren, sagte der Führer, daß sie uns schon seit einer Stunde mit der größten Angst und Sorgfalt, ebenfalls beständig schreiend und rufend, gesucht hätten, und Bianchetta bereits der Verzweiflung nahe gewesen sei. Froh, uns wieder gefunden zu haben, schlugen wir jetzt den kürzesten Weg nach der Oberwelt ein und waren alle entzückt, als wir das Tageslicht erblickten. Die beiden Damen verrichteten abermals ihr Gebet vor einer Madonna, deren Schutz sie sich inbrünstig empfahlen, und eilten sodann nach dem sie erwartenden Wagen.
„Und wann und wo werden wir uns wiedersehen?" fragte ich meine Schöne an den Wagen geleitend. – „Finden Sie sich um ein Uhr nach Sonnenuntergang in der Kirche della Trinità de Monte ein." – Sie fuhr mit dem Fiaker nach der Wohnung ihrer Freundin Bianchetta, von wo sie sich durch ihre Equipage, die sie auch dahingebracht hatte, damit man ihr nicht auf die Spur kommen konnte, wieder abholen ließ.
Daß ich auch das zweite Rendezvous nicht verfehlte

und mich schon eine halbe Stunde früher in Trinita de Monte einfand, kann man sich denken. Um es bequemer zu haben, nahm ich mein Pranzo (Mittagessen) bei einem Restaurateur auf dem spanischen Platz gegen Abend ein, wartete nach diesem, auf einer Ottomane behaglich ruhend, im Vasi lesend, ohne zu wissen, was ich las, Zeit und Stunde ab und verfügte mich dann in die mir angegebene Kirche, wo mir meine Ungeduld die Zeit so lang werden ließ, daß ich abermals an dem Kommen meiner Dame verzweifelte. Doch sie fehlte auch diesmal nicht, kam aber allein, unterließ nicht, ihre kurze Andacht zu verrichten, worauf sie mir ein Zeichen gab, ihr zu folgen. Wir bestiegen einen auf dem nahen spanischen Platz haltenden Fiaker und fuhren nach der Kirche San Nicolo a Cesarini, die sich ganz nahe bei dem Palazzo Cesarini befand. Unterwegs gaben wir uns die unverkennbarsten Zeichen unserer gegenseitigen Zuneigung, und sie teilte mir mit, daß sie mich in ihren Gemächern empfangen wolle. Wir stiegen in der Nähe der Kapelle Cesarini ab, traten, jedoch nicht zusammen, in dieselbe ein, und sie verließ mich bald darauf, sich durch eine kleine Türe entfernend, nachdem sie mir schon im Wagen gesagt hatte, daß ich einer Donzella folgen solle, die mir in der Kapelle das Zeichen dazu mit einem blauen Tuch geben würde. Es dauerte nicht lange, so trat ein solches Mädchen durch die kleine Türe ein, kniete ein paar Augenblicke betend nieder, erhob sich dann, das bewußte Tuch in die Höhe und vor das Gesicht haltend, und ich folgte dem leitenden Genius durch den Ausgang, den er gekommen war. Aus der Kapelle traten wir unbemerkt in den Palazzo, gingen eine ziemlich finstere Treppe hinan, durch eine Reihe von Stanzen, ebenfalls nicht erleuchtet; endlich öffnete Priscilla, so hieß die Zofe, die Türe eines durch eine Alabasterlampe nur düster erhellten Zimmers, wo sie mich eine kleine Weile zu warten bat, da ihre Herrin, die noch Besuch habe, dessen sie sich jedoch bald zu entledigen wissen werde, in wenigen Minuten erscheinen würde. Hierauf ließ sie mich allein. Trotz der Sehnsucht, mit der ich diese Erscheinung erwartete, kam mir doch in meiner Einsamkeit der Gedanke, wie leicht es möglich sei, daß ich hier vom Herzog oder durch von ihm angestellte Leute überfallen werden und, vollkommen unbewaffnet, mich nicht einmal verteidigen könne. Ich nahm mir vor, mich den anderen Tag mit einem Stockdegen zu versehen und bei solchen Gelegenheiten auch immer ein paar geladene Terzerole in der Tasche zu tragen, was in Italien bei dergleichen Intrigen unumgänglich notwendig ist, um sich, wenn man überfallen wird, gehörig verteidigen zu können. Wenn es auch längst keine zünftigen Banditen, wie sie uns in so vielen Romanen und in Zschokkes Abällino geschildert werden, mehr gab, so ist doch nicht zu leugnen, daß man in Rom für Geld, ohne viel zu suchen, leicht ein paar Kerle dingen kann, die einen Menschen mit dem größten Anstand, noch größerer Gewandtheit und dem besten Humor von der Welt durch ein paar gut treffende Messerstiche in die andere Welt spedieren. Würde man aber in Rom, Venedig, Genua usw. nach jenen handwerkszünftigen Romanbanditen fragen, so würde man sich ebenso lächerlich machen, als wenn man sich in Köln, Koblenz oder Mainz nach den Raubrittern erkundigte und sich deshalb ein Geleit ausbitten wollte, welche von ihren Burgen den reisenden Kaufleuten auflauern, um sie zu überfallen und zu plündern. Beide gehören vergangenen Zeiten an. An Straßenräuberbanden fehlte es indessen, namentlich im südlichen Teil des Kirchenstaates und im Königreich Neapel, nicht, doch wußten wir auch diesen bald das Räuberhandwerk zu legen.

Den Banditengedanken Raum gebend, an die Heißersehnte denkend, ging ich unruhig in dem düsteren Gemach auf und nieder, bei dem geringsten Geräusch die Ohren spitzend. Jetzt knarrte und öffnete sich leise eine Tapetentüre, und Madonna trat in einem blendend weißen faltenreichen Gewand herein; ich wähnte Ariosts

Alcine zu erblicken, so reizend nahm sich diese Erscheinung in dem Chiaro scuro aus. Sie schloß die Türe hinter sich und lag in meinen Armen, ich umschlang sie glühend und sank mit ihr auf die schwellenden Kissen einer seidenen Ottomane. Ich glaube, wenn Rom in diesem Augenblick durch ein Erdbeben untergegangen wäre, wir hätten in unserem Dahintaumeln nichts davon wahrgenommen, sondern stöhnten nur in abgebrochenen Silben: „carissima, dolcissima, angelina." Rom blieb aber stehen, wenn schon die Ottomane gewaltig erschüttert wurde, bis wir endlich nach drei Viertelstunden wieder eine zusammenhängende Sprache fanden.

Bei Sinnen und etwas abgekühlter, fragte ich Gertrude, ob sie sich auch hier vollkommen sicher glaube, da ich unbewaffnet, und ob kein Überfall vom Herzog zu fürchten sei. „Oh, der Herzog", fiel sie mir lächelnd ein, „der fragt nichts mehr nach mir, ich bin ihm gleichgültig und gleichgültiger wie die schlechteste Statue seines Palastes, gräme mich aber deshalb nicht im mindesten, wie ich es anfänglich getan. Wir gehen jetzt jedes seiner Wege, ohne daß sich eines um das andere kümmert; es sei fortan nicht mehr die Sprache von ihm, caro Fernando." Sie fiel mir um den Hals, und ich küßte und tröstete sie abermals. „Doch", fing sie später wieder an, „wenn wir auch nichts von meinem Manne zu fürchten haben, so mußt du dennoch auf deiner Hut sein, anima mia, denn du hast Nebenbuhler, die wir weit mehr zu fürchten haben; dies ist der Grund, warum ich unser intimes Verhältnis möglichst geheim zu halten suche, sonst läge mir wenig daran, daß es die ganze Stadt wüßte; ich wäre im Gegenteil noch stolz darauf. Aber da ist der Kardinal L . . ., wenn auch ein starker Vierziger, der Marchese T . . ., der Conte G . . . und noch ein paar Dutzend anderer Kavaliere und Prälaten, die mich mit ihrer widerlichen Liebe und ihren Nachstellungen verfolgen, und die ich alle bisher zum besten gehabt oder mit Spott und Verachtung zurückgewiesen habe. Aber ich kenne diese Menschen ganz;

ahnen sie in dir den von mir begünstigten Geliebten, so sind mehrere unter ihnen, deren Rachsucht keine Grenzen kennt, und ich muß dann jede Minute für dein Leben fürchten. Ohne diese Furcht würde ich dich bitten, mich von jetzt an nicht mehr zu verlassen und mich allenthalben und an jeden öffentlichen Ort zu begleiten, denn ich möchte dich gerne gleich meinem Schatten um mich sehen, ohne mich im mindesten nach dem Gerede der Leute zu kehren, was ohnehin hier, wo jeder in dieser Hinsicht, Geistlicher wie Weltlicher, ganz nach Lust und Gefallen lebt, nichts sagen will. Als französischer Offizier betrachtet man dich mit doppelt mißgünstigen Augen; deshalb, wenn du mich liebst, wenn dir dein und mein Leben wert ist, gehe nur mit der größten Vorsicht zu Werke und nimm dich in acht, in der Gesellschaft nie mehr als die gewöhnlichen Höflichkeitsbezeigungen, die man gegen jede Dame beobachtet, auch mir zu erweisen." Ich versprach, was Gertrude begehrte, und erhielt dagegen die Versicherung von ihr, daß sie es wohl zu veranstalten wissen werde, daß selten ein Tag verginge, an dem wir uns nicht insgeheim sehen und sprechen würden. So geschah es auch, denn außerdem, daß sie mich häufig in der Abendzeit in ihren Gemächern empfing, machten wir auch nächtliche Promenaden in dem ödesten Teil der Stadt, wo die alte Römerwelt gehaust, zwischen den Trümmern, Gräben und Gärten derselben. Mehr als einmal betrachteten wir erstaunt im Mondschein das Kolosseum, die Ruinen des Friedenstempels und auch den Petersplatz, die sich dann unendlich größer und imposanter ausnehmen.

Die eingetretene Karnevalszeit begünstigte unser häufiges Zusammensein außerordentlich, und bald in türkischen, bald in spanischen und anderen Kostümen fuhren wir des Nachmittags über den Korso und durch die anderen Straßen Roms in Mietwagen oder gingen auch bisweilen zu Fuß, restaurierten uns in Kaffeehäusern und kehrten nicht selten erst gegen Morgen heim, wobei Bianchetta und Priscilla, die zwei Vertrauten unseres Einverständnisses, alle Hindernisse aus dem Weg räumen halfen, was übrigens in der Karnevalszeit nicht schwer war, da sich dann die römischen Damen der unbeschränktesten Freiheit zu erfreuen haben. Die Donzelletta kleidete ihre Gebieterin oft in meinem Absteigequartier in persische oder indische Gewänder, während sie den Palazzo im Kolombinenkostüme verlassen hatte und ich einen Tartarenfürsten vorstellte.

Ich hatte unterdessen auch die Bekanntschaft eines wegen einer unbedeutenden galanten Krankheit sich im Lazarett zu Rom – ein wahrer Palast in der Nähe des Petersplatzes, in dem die kranken Offiziere fürstlich bedient wurden und wohnten – befindlichen Dragonerleutnants, namens Bonnier, in einem Kaffeehause gemacht und denselben mehrmals wiedergesehen. Wir schlossen bald engere Freundschaft, und er erwies mir bei meinen Intrigen zu Rom mehr als einmal wesentliche Dienste durch Wachehalten, Patrouillieren usw., wenn ich mich an gefährlichen Orten befand, was ich ihm durch einen außerordentlichen Dienst, den ich ihm leistete, wieder vergalt, wie wir bald sehen werden.

Indessen wird nichts so fein gesponnen, es kommt an die Sonne, sagt ein deutsches Sprichwort, und dies sollte sich auch hier bewähren; denn trotz aller List, Vorsicht und Verschlagenheit kam ein junger Abbate, Anverwandter des Hauses Cesarini, unserm Verhältnis auf die Spur, ohne es geahnt zu haben. Hier war es nicht die Rache verschmähter Liebe oder eines zurückgewiesenen Liebhabers, die ihn antrieb, die geheimen Gänge seiner Cugina zu erforschen, ihr nachzustellen und Fallen zu legen, sondern ein gekränkter Familien- und Adelsstolz, den er, sowie die ganze Verwandtschaft des Cesarini besaß, die ihre Abstammung nicht weiter als bis zum Cäsar selbst zurückzuführen suchte, von dem aber auch kein männliches Glied ein Äderchen hatte und die es dem Fürsten Francesco, dem Gatten Gertrudens, nicht vergeben konnte, das alte, wenn auch faule Haus der Cesarini mit unedlen Bürgerblut vermischt und verunreinigt zu haben, wie sie sich auszudrücken beliebten. Dies war wohl mit ein Grund, daß sich die junge Frau in dieser Familie so unglücklich fühlte und ihr Gatte, von seinen Verwandten fortwährend angeregt, sie sobald vernachlässigt hatte. Der Abbate schöpfte zuerst Verdacht, weil seine schöne Cugina während dieses Karnevals nicht wie in den vorhergehenden Jahren jeden Nachmittag den Korso in prächtiger Equipage und brillantem Kostüme auf- und niederfuhr, um dort die Huldigungen der großen und eleganten Welt zu empfangen und alle Blicke auf sich zu ziehen, sondern sich kaum einigemal daselbst auf kurze Zeit hatte sehen lassen, was nicht allein ihm, sondern allgemein auffiel, da man sie als eine der ersten lebenden Zierden Roms ungern vermißte; wenigstens die Männerwelt. Im allgemeinen schrieb man es jedoch dem Mißverständnis mit ihrem Gatten, das bekannt war, zu. Eines Abends, als wir maskiert in einem Wagen den Korso verlassen hatten, um uns in meine Wohnung zu begeben, daselbst die Kostüme zu vertauschen und spanische Trachten anzulegen, in denen wir ein Festino besuchen wollten, hatte ich bemerkt, daß uns eine Maske in dem Anzug eines peruanischen Sonnenpriesters in einiger Entfernung gefolgt war und, uns nachsehend, stille stand, als wir in das Haus traten, in dem ich mein Absteigequartier hatte. Ich teilte es der Cesarini mit, die mir ein gleichgültiges „Non sarà niente“ (es wird nichts sein) erwiderte. Ich hatte meinen Spanier schon angezogen, aber die Herzogin konnte mit ihrem Kostüm nicht fertig werden und beschloß nun, sich als Kolombine, was ihr so allerliebst stand, zu kleiden und einen Rosa-Domino über diesen Anzug zu werfen. Als der wiederbestellte Fiaker kam und wir in denselben steigen wollten, bemerkte ich in geringer Entfernung wieder den Sonnenpriester, sowie daß, als wir abfuhren, sich zwei als türkische Sklaven verkleidete Masken hinten auf den Wagen schwangen.

Ich rief dem Kutscher zu, die beiden Kerle herabzupeitschen, wozu er aber nicht den Mut hatte, sondern sie nur ziemlich höflich ersuchte, herabsteigen zu wollen, wovon sie aber keine Notiz nahmen, sondern ruhig hinten sitzen blieben. Einen Straßenskandal wollte und mußte ich vermeiden und befahl dem Kutscher, nach einem kurzen Umweg wieder an meiner Wohnung vorzufahren. Die Cesarini sagte mir, sie vermute, daß diese Nachstellungen von dem jungen Sforza seien, dessen Gestalt auch der Priester gehabt. Angekommen, sprang ich aus dem Wagen und rief meinem Burschen Louis, der, mutig und gewandt, weder Gefahr noch Händel fürchtete, von denen ich ihn eher zurückzuhalten als dazu anzufeuern hatte. Diesem befahl ich, sich hinten aufzusetzen. Die beiden Türkensklaven waren, während ich aus dem Wagen sprang, gleichfalls hinten abgesprungen und standen wieder observierend in einiger Entfernung, Leutnant Bonnier hatte sich auch in meiner Wohnung eingefunden, um daselbst, wie gewohnt, eine Zeitlang zu verweilen, und da sagte ich ihm mit einigen Worten, daß uns ein paar verdächtige Masken verfolgten. Als ich nun wieder abfahren wollte, trieben die Kerle die Frechheit so weit, sich abermals neben Louis hintenaufsetzen zu wollen. Dieser aber stieß den ersten mit einem so kräftigen Fußtritt zurück, daß er hinterrücks niederfiel, und dem zweiten drohte er mit seinem derben Knotenstock, so daß dieser sich nicht mehr zu nahen wagte. Wir fuhren jetzt auf mein Geheiß in möglichster Schnelle auf die Piazza Colonna, wo wir ausstiegen, in einer Masken-Bottega weite graue Cambridgemäntel überwarfen, weiße Larven vormachten, schwarze Federhüte aufsetzten und so mehrere Festinis und Theater besuchten. Nach Mitternacht brachte ich meine teure Amica in ihren Palazzo zurück, wo sie die getreue Zofe an der kleinen Pforte empfing und von wo ich mich zu Fuß in meine Wohnung begeben wollte. Ich mochte ungefähr noch einige dreißig Schritte von derselben entfernt sein, als ich von zwei verlarvten Kerlen angefallen wurde,

in deren Händen blanke Dolche schimmerten. Etwas dergleichen vermutend, hatte ich, noch ehe sie mir auf den Leib konnten, schon den Degen gezogen und ein gespanntes Terzerol in der linken Hand. Die Kerle, hiedurch stutzig gemacht, schienen sich einen Augenblick zu besinnen, versuchten indessen doch mit ihren ziemlich langen Dolchen auf mich einzudringen; ich versetzte aber einem derselben einen Hieb auf die rechte Hand, daß er das Messer schnell und mit einem Schrei zur Erde fallen ließ, der zweite wagte es nun nicht, auf mich loszugehen, sondern gab Fersengeld. Ich sah noch einen dritten, der sich bis jetzt verborgen, eine passive Rolle gespielt hatte und nun ebenfalls Reißaus nehmen wollte, dem ich aber nacheilte und einen tüchtigen Hieb auf den Kopf versetzte, so daß er mit einem lauten Ajuto, ajuto! davonzuspringen versuchte, aber meinem Louis und Bonnier, die den Lärm hörend, beide bewaffnet gerannt kamen, in die Hände fiel. Ich wollte den Kerl auf die nächste Wache bringen, er fiel mir aber zu Füßen, bat flehentlich um Gnade, ein Illustrissima, Eccellenza, Monsignore nach dem andern stammelnd und mit einem Fatemi grazia voglío tutto confessare endigend.
Unter der Bedingung, daß er mir die volle und ganze Wahrheit haarklein gestehe, versprach ich, ihn nach seinem Geständnis laufen zu lassen, bemerkte aber, daß, wenn er von mir auf der geringsten Lüge ertappt würde, ich ihn ohne weiteres nach Albano transportieren ließe, um ihn dort vor ein Kriegsgericht zu stellen und erschießen zu lassen, denn ich sei der Kommandant von Albano. Dies wirkte. Der dumme Teufel glaubte in allem Ernst, daß dies in meiner Gewalt stünde und rief aus: „Ah in che malanno mi sono precipitato.“ Wir nahmen ihn nun zwischen uns, führten ihn in meine Wohnung, um daselbst ein förmliches Verhör mit ihm vorzunehmen. Hier gestand er, daß er mit noch ein paar andern seines Gelichters wirklich vom jungen Sforza gedungen worden, mir für 150 Zechinen das Lebenslicht auszublasen, er sei aber ein

Galantuomo, der kein Mestiero von solchem Handwerk mache und sich nur deshalb habe verleiten lassen, weil man ihm gesagt, ich sei ein französischer Vagabund, ein Glücksritter und Ketzer, den in die andere Welt zu spedieren ein Verdienst um die Jungfrau sei. Er sähe aber wohl ein, daß man ihn hintergangen habe, denn er würde es nimmer gewagt haben, seine Hand an einen Signor Uffiziale und gar an die geheiligte Person des Kommandanten von Albano zu legen. Der arme Teufel, der ziemlich viel Blut aus der Kopfwunde, die ich ihm beigebracht, verlor, wurde zuletzt ganz matt und schwach. Ich ließ ihm etwas Wein geben, und Louis verband ihn, nachdem er die Haare an dieser Stelle abgeschnitten und die Wunde gehörig ausgewaschen hatte. Noch immer hatte er Angst, daß ich ihn nach Albano bringen und dort erschießen lassen werde. Ich suchte ihn zu beruhigen, stärkte ihn mit noch einigen Gläsern Albanerwein und kündigte ihm dann an, daß es ihm freistünde, hinzugehen, wohin er wolle. Diese Großmut hatte er nicht erwartet, und es kostete Mühe, ihn davon zu überzeugen. Er war dadurch so gerührt, daß er sich mir abermals zu Füßen warf und sich ganz zu meiner Disposition stellte, indem er sagte, der junge Sforza sei ein gran birbone, der ihn betrogen, und daß er mir fortan von allem Nachricht geben wolle, was derselbe noch gegen mich im Schilde führen möge, so daß ich, gehörig präveniert, immer meine Maßregeln nehmen könne. Der Kerl hielt wirklich Wort und warnte mich, sich fortwährend in Sforzas Vertrauen erhaltend, vor allen Fallstricken, die der Ceserini und mir von dieser Seite gelegt werden sollten, so daß wir sie durch unsere Gegenminen immer nichtig zu machen wußten, was jenem unerklärbar war und er unbegreiflich fand. Sforza war einer der gefährlichsten Feinde der Cesarini und glaubte sich als naher Verwandter des Herzogs Franzesco zurückgesetzt. Auch hatte ihn Gertrude immer in gehöriger Entfernung zu halten gewußt, und da er durch seine Spione endlich Wind von dem Verhältnis, in dem wir miteinander stehen müßten, erhalten hatte, so warf er nun seine ganze Wut auf mich. Ich fand aber für gut, dies alles zu ignorieren und nur immer mehr auf meiner Hut zu sein, was jetzt nicht mehr schwer war, da sein Hauptagent in meinem und Gertrudens Sold stand und wir denselben reichlich beschenkten. Nur einmal ließ ich mich verleiten, dem Sforza bei einer Abendgesellschaft im Palast des Fürsten Odeschalchi im Vorübergehen die Worte „Die Zeit ist nicht mehr fern, wo alle Banditen und Meuchelmörder den Galgen zieren werden“ mit großem Nachdruck zuzuflüstern. Monsignore schien etwas verlegen, zwang sich zu lächeln, aber seine Lippen bebten, versagten ihm den Dienst, und das Lächeln artete in ein konvulsivisches Verzerren des ganzen Gesichts aus.

Unbekümmert über diese Nachstellungen fuhren wir nach wie vor fort, uns den Vergnügungen zu überlassen; die Cesarini selbst versicherte mich, daß ich dem Menschen nun unbedingt alles Zutrauen schenken könne. Dies läge im Charakter eines braven Römers, besonders wenn man, so wie wir, von Zeit zu Zeit seinen guten Willen durch kleine Regali anfeuere. Ja er trieb seine Ehrlichkeit so weit, daß sich sein zartes Gewissen Skrupel machte, solche Geschenke anzunehmen, da er uns eigentlich noch keine reellen Dienste geleistet habe.

Es waren nun schon beinahe zwei Monate vergangen, daß ich mit der Cesarini auf dem vertrautesten Fuß lebte und ihr ganz treu geblieben war, aber ewig konnte es nicht dauern, dies war wider meine Natur und lag nun einmal nicht in meinem Charakter. Im Theater Aliberti machte ich eines Abends die Bekanntschaft einer noch ganz jungen, kaum 17jährigen Witwe, namens Vernetti, die ihren Mann erst vor wenig Monaten, und zwar schon vier Wochen nach der Hochzeit, verloren hatte. Ich befand mich diesen Abend zufällig allein im Theater. Gertrude, an Migräne leidend, hütete Bett und Zimmer. Die blutjunge Frau hatte noch eine ältere Schwester und beide einen alten Herrn, ihren Oheim, bei sich. Das Ungefähr führte mich in eine Loge mit den Damen, die ich beide noch für Mädchen hielt, und erstaunt war, als ich erfuhr, in der jüngsten schon eine Witwe zu finden. Eine Unterhaltung war bald angeknüpft, das Theater selbst lieferte den Stoff dazu. Ich erlaubte mir, den Damen einige Erfrischungen anzubieten, die mit Dank akzeptiert wurden, und so war die Bekanntschaft schnell gemacht; nicht nur erhielt ich die Erlaubnis, die Signora in Begleitung des Oheims nach Hause zu geleiten, sondern auch die, ihr am andern Tage meine gehorsamste Aufwartung machen zu dürfen. Ich wurde auf das freundlichste empfangen. Die ältere unverheiratete Schwester, auch ein recht hübsches Mädchen, wohnte seit dem Tode ihres Schwagers mit der jungen Witwe zusammen; beide sangen artig, spielten, wie alle Römerinnen, Gitarre und Mandoline, wir musizierten, scherzten, es dauerte nicht lange, so küßten wir auch, und bald brachte ich fast alle meine Vormittage hier zu, während ich die Nachmittage und den Abend noch immer meistens der Cesarini widmete. Diese Abwechslung war mir sehr wohltuend; denn das ewige Einerlei, und wenn es auch toujours perdrix ist, tötet, sobald der Reiz der Neuheit vorüber ist, und macht jeder ewigen Liebe ein baldiges Ende.

Meine neue Bekanntschaft, die Signora Vernetti, war wieder von der allerliebsten Naivität und in der Blütezeit einer eben aufbrechenden Rose. Sie hatte sehr regelmäßige, schöne Züge und dennoch viel Ausdruck im Gesicht; Hals und Nacken waren ganz zum Küssen geschaffen. Schon in den ersten Tagen entdeckte sie mir, daß sie sich schon beinahe seit drei Monaten in der Hoffnung befände und sich ihre Taille zu runden beginne, weshalb wir uns ohne alle Gefahr für sie ganz den innigsten Vergnügungen der Liebe hingeben könnten. Das gute Kind hatte mir ohne Zweifel diese Entdeckung gemacht, um mich zu ermutigen; denn ich hatte mich bis jetzt noch immer ziemlich zurückhaltend bei ihr benommen, was ihr, da sie die geheimen Freuden der Liebe schon kannte, aber nur so kurze Zeit genossen hatte und deshalb um so lüsterner darnach war, gerade nicht sehr gefiel, weshalb sie mir auch das naive Geständnis gemacht haben mochte. Ich war aber nicht der Mann, der sich von einer hübschen jungen Frau so etwas zweimal sagen ließ, sondern vertrat noch in derselben Stunde die Stelle des verstorbenen Ehemannes. Nach einem Duett, das wir zusammen sangen, verirrten wir uns zu einem Tête-à-tête in das Camerino, während die Schwester Patience im Wohnzimmer spielte, und wir wiederholten solche Verirrungen so oft, daß diese zuletzt alle Patience verlor und uns einmal zürnend überraschte, weil wir sie doch gar zu lange ganz allein ließen. Ich küßte nun auch diese, um ihren gerechten Unwillen zu besänftigen, und – weil sie eben küssenswert war. Endlich aber machte ich noch eine dritte weibliche Bekanntschaft zu Rom, und zwar meine Passion predominante, una giovani princîpiante, das fünfzehnjährige scharmante Töchterchen des Buchhändlers und Antiquars Vasi, das ich in dessen Bottega, manches Buch, römische Ansichten, Karten und Pläne kaufend, kennenlernte, und während ich mit dem Papa mich in gelehrte Disputationen einließ, führte ich mit dem Töchterchen einen verstohlenen Augenstreit, lanzierte Occhiaten und wechselte Blicke. Ich ließ den Alten manche lateinische und altitalienische Scharteke in seinem antiquarischen Magazin suchen und holen, nahm die Augenblicke seiner Abwesenheit wahr, dem schönen Mädchen meine unnennbare Liebe zu gestehen, und wußte mich bald so sehr in des caro Papas Gunst, dem ich seine Bücher zu resonnabeln Preisen bezahlte, zu setzen, daß er mir gestattete, mit der holden Enrichetta manches Stündchen Musik zu machen, wobei denn auch noch manche andere Saite als die der Gitarre gegriffen wurde, wenn wir uns unter vier Augen in dem hintern Zimmer befanden und neue Käufer den Antiquarius in seinem Laden zu unserer großen Freude oft sehr lange beschäftigten. So hatte ich nun der Schönen drei, unter denen mir oft die Wahl wehe tat, und ich nicht wußte, zu welcher ich zuerst meine Schritte wenden sollte; doch teilte ich bald meine Zeit nach der bekannten Romanze ein:

Am Morgen küßt' ich die Blondine,
Die Braune war am Mittag mein,
Die Schwarze mit der holden Miene
Die mußte mein am Abend sein usw.

Indessen machte ich damals auch eine Bekanntschaft, die nicht minder von Interesse als die meiner Schönen, ja wohl noch von höherem und bleibenderem war, nämlich die des berühmten Canova; Vasi war es, der mich bei diesem Fürsten der modernen Bildhauerkunst einführte, in dessen Werkstätte wir einen kolossalen, ganz nackten Napoleon, aus kararischem Marmor gehauen, sahen, an den der berühmte Meister nur noch die letzte Meißelfeile zu legen hatte. Diese Statue, die mit nächstem nach Paris abgehen sollte, sprach mich nicht sehr an, dagegen entzückte mich die vollendete Bildsäule einer Nymphe von weißem Marmor, die einen Wuchs und Formen hatte, welche trotzdem daß sie von Stein waren, dennoch das Blut der Lebendigen in Wallung und Glut zu versetzen vermochten. Ich habe keine Statue mehr gesehen, die einen so lebhaften Eindruck wie diese Nymphe, eine Auloniade, auf mich gemacht hätte, und glaube schwerlich, daß sich in der Wirklichkeit eine solche Gestalt auffinden läßt. Auch eine Bildsäule Ferdinand IV., des verjagten Königs von Neapel, stand in Canovas Atelier, die letzte Feile erwartend, die sie aber vorerst nicht erhielt. Wir sahen noch mehrere andere Schöpfungen des hochberühmten Meisters, die zum Teil erst halb vollendet waren, und mit der liebenswürdigsten Gefälligkeit zeigte er uns seine Säle, uns alle nur zu wünschenden Erklärungen gebend. Noch führte mich Vasi in die Werkstätte eines andern berühmten Bildhauers, namens Massimiliano; auch dieser hatte einen kolossalen Napoleon, aber im kaiserlichen Ornat, mit Szepter und Krone, beinahe fertig, der mir

minder mißfiel als der nackte, obgleich Arbeit und Kunst jenem bei weitem nicht gleichkamen. Was Canova besonders auszeichnete, war, daß er die Natur mit den idealischen antiken Schönheiten so zu verschmelzen wußte, daß alle seine Schöpfungen eine Lieblichkeit atmeten, wie keine andern mehr, und dabei war er selbst von der liebenswürdigsten Bescheidenheit; er schien fast beschämt, so viel Verdienst, Talent und Genie zu haben.
Der Karneval ging nun zu Ende, ich hatte ihn – gottlob! – ordentlich mitgetobt, werde mich aber hüten, eine Beschreibung desselben zu geben, da ihn mein berühmter, wenn auch etwas steifer Landsmann so meisterhaft als lebendig geschildert hat, und er außerdem dieses Jahr (1807) bei weitem nicht so glänzend und lebhaft ausfiel, als dies gewöhnlich der Fall ist, woran die Okkupation des Kirchenstaates durch die Franzosen schuld war. Ein seltsamer Gebrauch ist es, daß man die Hinrichtungen der armen Sünder, die das Leben verwirkt haben, bis zu diesem Volksfest aufschiebt. Sie müssen es gewissermaßen einweihen, wozu sie ein paar Stunden vor dem Beginn des Karnevals an den auf der Piazza Popolo, also dem Haupttummelplatz der Fastnachtsbelustigungen, eigens dazu errichteten Galgen gehängt werden, wobei die Henker schon maskiert, und zwar meist als Hanswurste und Arlechinis, neben einem Priester in seinem kirchlichen Ornat, der den Delinquenten zum Tod bereitet, erscheinen! – Kaum sind diese Hinrichtungen, bei welchen Sbirren, Gendarmen und Militär strenge Ordnung und Zucht halten, vorüber, so werden die schwarzbehängten Gerüste niedergerissen, und die Maskentollheiten beginnen in ihrer ganzen Ausgelassenheit. – Noch ein anderer sonderbarer Gebrauch wird um diese Zeit jedes Jahr erneuert: die armen Juden nämlich müssen eine Deputation an die Herren Konservatoren auf dem Kapitol entsenden, um von diesen die Erlaubnis zu erbitten, ihr Quartier, der Ghetto genannt, wieder auf ein weiteres Jahr bewohnen zu dürfen, wobei sie sich für den bisher und im verflosse-

nen Jahr erhaltenen Schutz, römische Luft schöpfen und römisches Wasser trinken zu dürfen, gehorsamst, mit Überreichung eines prächtigen Blumenstraußes, bedanken müssen. Ein Kanonenschuß, von der Engelsburg abgefeuert, gibt das Zeichen zur Eröffnung der Karnevals, und die Glocken des Kapitols läuten ihn ein. Der Statthalter, von Reiterei und Infanterie umgeben, und der einzige Senator, jedoch mit allerlei Gefolge und reich vergoldeten Kutschen, fahren nun zuerst den Korso hinab, und ihnen folgt dann der ganze Maskenschwarm in Wagen, zu Pferde und zu Fuß usw. Das Werfen mit dem Konfetti und das endliche Ausblasen der Moccoli (kleine Lichtstummel) kam mir ziemlich kindisch vor. Nur wenn ein mit Mehlstaub gefülltes Ei, auf den Rücken oder den Kopf eines geistlichen Herrn geschleudert, zerplatzte und den Schwarzrock plötzlich weiß färbte, konnte ich mich des Lächelns nicht erwehren. Dagegen interessierte es mich, zu sehen, auf welche Weise den Damen die Bigliettis, selbst bis zu den höheren Stockwerken, an den Fenstern zugesteckt werden, wogegen kein eifersüchtiger Ehemann oder Cicisboe etwas einwenden darf, denn dies gehört mit zur Maskenfreiheit. Der Anbeter steckt das Briefchen, das er der Schönen spedieren will, an die Spitze einer ungeheuren Schere, keiner gewöhnlichen Frauen- oder Arbeitsschere, sondern einer solchen ähnlich, auf welche die Kinder die Nürnberger Holzsoldaten stekken und manöverieren lassen, und die ausgestreckt dann bis zu den Fenstern der zweiten und dritten Stockwerke reichen.

Die letzte Nacht hatte ich einem Festino in dem großen Theater Aliberti beigewohnt und veranstaltet, daß sowohl die Cesarini, die Vernetti mit ihrer Schwester und Vasis sich auf diesem Larvenball einstellten und sich alle drei gewaltig intrigiert fanden, um zu erfahren, wer die andern Masken seien, mit denen ich oft angelegentlich konversierte und die Monfarina tanzte.

Die nun beginnenden Fasten, die ich mir recht langweilig

vorgestellt hatte, vergingen mir indessen außerordentlich angenehm, wozu verschiedene Umstände beitrugen. Durch das so wenig geordnete, fast schlaflose Leben und öftere Verkältungen, namentlich bei dem Zurückreiten nach Albano in der Morgendämmerung, wo ich in der letzten Zeit kaum ein paar Stunden ruhte und dann schon wieder nach Rom trabte, hatte ich denn doch meine Gesundheit etwas zerrüttet, und mein erpichtester Feind, die Terzana, stellte sich nicht nur mit großer Kraft wieder ein, sondern ich fühlte auch sonst eine große Mattigkeit und Schwäche in allen Gliedern. Dabei waren die Fieberanfälle so heftig, daß sie mich zusammenrüttelten wie altes Eisen, und keine China, so groß ich auch die Portionen im stärksten Wein nehmen mochte, wollte diesmal helfen; ebensowenig die Mittel, die mir ein römischer Äskulap verschrieb. Bonnier meinte, wenn ich genesen wollte, müßte ich ins Lazarett nach Rom, wo ich dann alle mögliche Pflege und Ruhe haben und bald wieder hergestellt sein würde. Dies meinten auch die Ärzte, und ich schrieb deshalb an Duret, der mir ebenfalls dazu riet und mir schrieb, daß er vorerst die Kommandantur von Albano nicht besetzen lassen wolle, sondern der Unterleutnant der Kompagnie diesen Dienst provisorisch versehen sollte, was leicht anging, denn zur Not hätte auch ein Vizekorporal dieses Amt verwaltet, bei dem die Hauptsache die Tafelgelder und sonstige Emolumente ausmachten, die ich ohnehin schon seit längerer Zeit mit meinem Kameraden teilte. Ich begab mich daher ins Lazarett, wo man mir ein schönes und geräumiges Gemach neben Bonniers Zimmer einräumte. Das in Rom gemietete Logis behielt ich dennoch bei, denn Damenbesuch konnte ich hier, so prächtig es auch war, doch nicht empfangen. Die Offiziere wurden daselbst wirklich fürstlich bedient, und nicht minder gut waren die Unteroffiziere und Soldaten verpflegt, versteht sich, alles auf Kosten des Heiligen Stuhles, so daß die letzteren ihre Rekonvaleszenz gerne, so lange es sich nur immer tun ließ, hinausschoben. Außerdem aber hatten viel Soldaten von unserem Regiment noch einen ganz besonderen Beweggrund, dieses Lazarett heimzusuchen, und Mittel ausfindig gemacht, sich hier eine kleine Summe Geld ohne große Mühe zu erwerben. Viele derselben waren nämlich Protestanten, welches die Franziskaner und andere Mönche, die die Kranken häufig besuchten, bald in Erfahrung gebracht hatten, und es sich nun angelegen sein ließen, diese Ketzer zu bekehren und ihre Seelen der ewigen Verdammnis zu entziehen, was ihnen vermittelst einiger römischer Piaster, einigen Geschenken an Schuhen, Hemden und anderen Dingen, die ebenfalls im Ghetto wieder zu Geld gemacht wurden, gewöhnlich gelang. Aber nicht nur Ketzer benützten diese Bekehrungssucht der Pfaffen, sondern auch andere, schon seit ihrer Geburt der katholischen Kirche angehörende Christen, gaben sich für gottlose Lutheraner aus, und wurden den Piastern zulieb, zum zweitenmal katholisch; hier waren die Soldaten schlauer und listiger als die Mönche. Da diese Sache im Regiment bald genug bekannt wurde, so benutzten viele die geringste Unpäßlichkeit, um ins französische Lazarett nach Rom gebracht zu werden, welches für die um diese Stadt herumliegenden Truppen bestimmt war, um dort katholisch oder noch einmal katholisch zu werden.

Mit meinem Unwohlsein wollte es sich indessen, trotz allen angewandten Mitteln, auch hier nicht bessern; die Anfälle des Wechselfiebers wurden immer stärker und stellten sich immer früher ein, ein böses Omen. Ich verlor bald alle Geduld, denn diese Krankheit fing an, mich in allen meinen Unternehmungen und Abenteuern zu stören, und ich beschloß jetzt, mich durch einen Desperationscoup selbst zu kurieren. Als der Anfall sich wieder einstellte, verließ ich das Spital, rannte an die nicht sehr entfernte Tiber, kleidete mich aus und stürzte mich bei der noch sehr rauhen Witterung in das eiskalte Wasser des Flußes, wo mich ein heftiger Schauer ergriff, nach dem aber das Fieber augenblicklich aufhörte, ich verließ das Bad, eine große Schwäche empfindend, kleidete mich eiligst an, setzte mich auf mein Pferd, das ich mir hierher hatte bringen lassen, und trabte nun beinahe zwei Stunden ohne Aufhören, so daß ich in einen starken Schweiß geriet, mit dem ich mich dann zu Bette legte; und siehe, das Fieber blieb den dritten Tag nach dieser Pferdekur richtig aus. Als ich dem Oberarzt dieses Experiment mitteilte, schüttelte er gewaltig den Kopf und sagte: Sie müssen in der Tat toll sein, um so etwas zu unternehmen. Unter hundert, die Ihnen dieses nachmachen wollten, würden es neunundneunzig mit dem Leben büßen. – Indessen blieb das Fieber wirklich beinahe vier Monate ganz weg und stellte sich erst dann ein, nachdem ich wieder andere Exzesse begangen hatte. Ich blieb aber noch eine Zeitlang im Lazarett und machte jeden Morgen in Bonniers Gesellschaft weite Spaziergänge in dem öden, verwilderten und romantisch gelegenen Teil der Stadt, wo man nur Weingärten, Ruinen, Palmen, Lorbeerhecken, hier und da ein Kloster oder eine Kirche antrifft.

Eines Morgens nahmen wir unsere Richtung nach dem Lateran, bewunderten die Raritäten dieser Kirche, in der sich, wie zu Loretto, Beichtstühle für die Sünder aus allen Nationen befinden, in denen der Deutsche, der Pole, der Franzose, der Spanier usw. seine Sünden in seiner Muttersprache bekennen und auch in dieser zu seinem großen Trost absolviert werden kann. – Von hier begaben wir uns zu der ganz nahen Scala Santa, die mein Freund noch nicht gesehen hatte. Obgleich wir beide gute Christen waren, so schien uns doch die Ersteigung der heiligen Treppe auf den Knien etwas zu umständlich und langweilig. Auch würden wir der vielen Gebete wegen, die man auf jeder Stufe herzusagen hat, in große Verlegenheit gekommen sein, da weder der eine noch der andere ein Paternoster oder Ave-Maria wußte, und außerdem würden unsere schönen, mit Silber besetzten Uniformsbeinkleider dabei sehr Not gelitten haben. Wir faßten demnach ein Herz und stiegen festen und sicheren

Trittes, auf die uns für Ketzer haltenden Leute nicht achtend, die rechts angebrachten profanen Treppen hinauf. Vor dem heiligsten aller Altäre angekommen, knieten wir jedoch nieder und staunten das von Engel gepfuschte Bild an, richteten aber auch mitunter einen weltlichen Blick auf die herumknienden Sünder und besonders auf die Sünderinnen. –

Wir waren noch nicht lange in dieser Position, als eine Prozession andächtiger Klosterfrauen, von ihrer Äbtissin angeführt, an der untersten Stufe der Scala Santa erschien, und sich bereitete, dieselbe kniend zu erklimmen. – Vier und vier beknieten nebeneinander eine Stufe, ihre Schleier hatten sie, da sie viel küssen mußten*, natürlich zurückgeworfen, und ihre Gesichter ganz enthüllt. Daß wir nun nicht mehr auf das heilige Bild, sondern auf die ankommenden lebendigen schauten, unter denen sich manch reizendes Madonnenköpfchen befand, brauche ich nicht erst zu versichern, und wir hatten alle Zeit, die frommen Schwestern, die so langsam, Stufe für Stufe betend zu uns heranknieten, gehörig zu mustern. Gleich müssen uns die guten Kinder nicht bemerkt haben, wenigstens die Frau Äbtissin nicht, denn sie hatte schon ein Drittel der Stufen überkniet, als sie mit Schrecken zwei französische Uniformen, mit Epauletten und Mordgewehren, und dabei einen schwarzen Schnurrbart gewahrte. Aber was sollte die gute Frau machen? – An ein Umkehren war nicht mehr zu denken, eine Retirade auf den Knien unmöglich, ohne zu riskieren, die Hälse zu brechen, und stehenden Fußes wieder hinabzugehen, hätte Bann und vielleicht ewige Verdammnis bewirkt. Die fromme Herde, die schon etwas durch unsere bunten Uniformen in ihrer Andacht gestört worden war, mußte samt der Hirtin nolens volens vorwärts, wobei manches Schäfchen einen neugierigen aber verstohlenen Blick auf uns Sünder warf, der nicht verlorenging.

* Auf jeder Stufe küssen die frommen Gläubigen den Schmutz, den die vor ihnen Hinaufknienden gemacht, wieder weg.

Je näher die Nonnen dem heiligen Altar und folglich auch uns kamen, desto häufiger schielten sie nach uns. Wahrscheinlich war es das erste französische Militär, welches die guten Kinder zu Gesicht bekamen, und der Glanz unserer Uniformen muß den des heiligen Bildes noch übertroffen haben, da sogar die älteren Schwestern ihren Rosenkranz ziemlich verwirrt abzubeten schienen. Meinem Freund und mir fiel bald eine junge, kaum sechzehnjährige Nonne von ausgezeichneter Schönheit auf, die in der vierten Reihe auf der linken Seite kniete, ein wahres Engelsgesichtchen, dessen überaus feine Züge, blendend weißer Teint und seelenvoller Blick ihr das Ansehen einer halb Verklärten gaben, wozu ein etwas schwermütiger Zug, der sie noch um so interessanter machte, und das sie sehr gut kleidende Nonnengewand das seinige beitrug. Je näher sie herankam, je mehr ruhten unsere Blicke auf ihr, die sie zuletzt unbeweglich fixierten. Auch sie schien bald bemerkt zu haben, daß sie ausschließlich der Gegenstand war, der unsere Augen fesselte; bei der Erknieung einer jeden Stufe sah sie uns zuerst nur flüchtig und dann immer etwas länger an. Als sie endlich die letzte erreicht hatte, warf sie uns noch einen vielsagenden und bedeutungsvollen Blick, der von einem halbunterdrückten Seufzer begleitet war, zu. Der Saum ihres Gewandes hatte das Kleid meines Freundes berührt, dem diese Berührung einen elektrischen Schlag gegeben zu haben schien. Ein sehr merkliches Zittern durchbebte in diesem Augenblick seinen Körper, welches von der schönen Büßenden gleichfalls bemerkt worden sein muß; ihr Gesicht färbte sich in demselben Augenblick glühend rot, sie neigte sich hierauf zur Erde und schien in tiefster Andacht vor dem Altar zu beten. Als endlich alle Nonnen oben angekommen und auch die letzte ihr Gebet verrichtet hatte, standen sie sämtlich auf ein von der Äbtissin gegebenes Zeichen auf und gingen auf der entgegengesetzten Seite, wo wir standen, die profane Treppe hinab. Noch einen flüchtigen Blick warf das holde Kind im Vorübergehen auf uns und verschwand. – Auch wir gingen bald darauf die andere Treppe hinab und folgten der frommen Herde in einiger Entfernung. – Mein Freund gestand mir sogleich, daß dieses überirdische Wesen, wie er sich ausdrückte, einen unauslöschlichen Eindruck auf ihn gemacht, und da er auf keine Weise Hoffnung habe, zu ihrem Besitz zu gelangen, ja sie je wieder sehen zu können, so mache ihn dies zum unglücklichsten Menschen von der Welt.

Der Zug nahm nun seine Richtung nach San Balbino zu; wir folgten ihm gewissermaßen mechanisch und bemerkten deutlich, wie manche der Nonnen sich öfters umsahen. Hinter San Balbino kam die Prozession durch lauter einsame, von Mauern, Gärten und Ruinen begrenzte Straßen. Endlich gelangte sie an ein von hohen Mauern umgebenes und mit fest verwahrten Gitterfenstern versehenes Gebäude, das wir, seiner Bauart und den Türmen nach zu urteilen, sogleich als ein Frauenkloster erkannten. An der eisernen Pforte angekommen, zog die Äbtissin eine Klingel, worauf sich sogleich die schwere Türe knarrend öffnete. Sämtliche Schwestern folgten ihrer Gebieterin, nicht ohne daß einige von ihnen noch einen sehnsuchtsvollen Blick rückwärts in die freie Natur getan hatten, die sich ihnen nun wieder auf eine halbe Ewigkeit verschloß. Wir beobachteten dies alles ungesehen, hinter einem Gesträuch verborgen.

Endlich war auch die letzte Nonne über die verhängnisvolle Schwelle getreten. Die Pforte drehte sich abermals zentnerschwer in ihren Angeln, fiel prasselnd zu, und wir hörten deutlich, wie das schwerfällige Schloß dreimal herumgedreht und drei Riegel vorgeschoben wurden. Mein Gefährte stieß, als die Türe zugefallen war, einen tiefen Seufzer aus, stützte sich auf meine Schultern, und wir blieben einige Minuten bewegungslos in dieser Attitüde.

Endlich richtete er sich wieder tief Atem holend auf und

sagte: „Nun ist sie auf immer für mich und die Welt verloren! –“ Ich sprach ihm Mut zu und stellte ihm vor, daß Rom ja so viele außerordentliche Schönheiten besitze, die man täglich sehen, sprechen und bewundern könne, es demnach töricht sei, sich in eine lebendig begrabene Klosterschwester zu verlieben. Doch ich predigte tauben Ohren und muß aufrichtig gestehen, daß das Engelsgesicht auch auf mich einen gewaltigen Eindruck gemacht hatte, der, wenn ich nicht die Bekanntschaft der Prinzessin Cesarini gemacht, der ich mit ganzer Seele zugetan war, auch mich leicht zu Torheiten hätte verleiten können. Langsamen Schrittes und Arm in Arm entfernten wir uns beide, nachdem wir durch einen vorübergehenden Gärtnerjungen erfahren hatten, daß das Kloster, welches die seltene Perle auf Lebenszeit in Verwahrung genommen hatte, der heiligen Ursula angehörte. Alle drei Schritte wurde ein Halt von einigen Minuten gemacht, dabei die grauen, düstern Mauern anstarrend, welches solange dauerte, bis auch die höchsten Zinnen und Spitzen der Türme unseren Blicken entschwunden waren. Da schon längst die Essenszeit vorüber war, gingen wir zu einem Restaurateur, wo ich mir's trefflich schmecken ließ, denn die Promenade hatte mir großen Appetit gemacht. Mein verliebter Kamerad brachte aber kaum einen Bissen über den Mund und saß, den Kopf auf die Hände gestützt, gedankenvoll und stumm da. Der arme Teufel erregte wirklich mein Mitleid, so sehr es sonst meine Gewohnheit ist, mich über solche schmachtende Seladons lustig zu machen. – Ich wandte alles mögliche an, ihn aufzuheitern, ließ San Giorgio und Champagner bringen, doch alles vergeblich; ich mußte allein trinken. Von da besuchten wir mehrere Kaffeehäuser, in denen wir manche schöne Römerin trafen, die in Gesellschaft eines Violettstrumpfes oder eines Abbate ihren Sorbett zu sich nahm, aber auch diese machten nicht den mindesten Eindruck auf meinen Freund. Wir verließen die Kaffeehäuser, und ich schlug einen Spazierritt auf den Korso vor, da die Stunde herangekommen war, wo sich die ganze schöne Welt Roms daselbst zeigt. Mein gemütskranker Freund nahm es an, und wir ritten, Kapriolen und Lançaden neben den zahlreichen Wagen machend, daselbst auf und nieder. Bald erschien auch meine schöne Cesarini in einem Halbwagen mit ihrer Tante; sie sah schöner wie je aus, und ich hatte Nonnenkloster und die ganze Begebenheit rein vergessen, schloß mich dem Wagen an, und vertiefte mich so in ihr Anschauen und ein angeknüpftes Gespräch, daß ich die Abwesenheit meines Kameraden erst dann bemerkte, als wir auf der Piazza Popolo haltmachten, um der Konversation besser pflegen zu können, wie es daselbst gebräuchlich ist. Nach Verlauf einer Stunde sah ich Bonnier in gestrecktem Galopp, sein Roß mit Schweiß bedeckt und ihn sehr erhitzt, von der Piazza Venezia hersprengen, und hätte, wenn er mir's auch nicht gestanden, doch erraten, wo er herkam. Er hatte unterdessen eine Runde zu Pferd um das Ursulinerkloster gemacht und die hohen Mauern und eisernen Gitter angeseufzt. Ich empfahl mich nun, nachdem ich versprochen, mich im Apollotheater einzufinden, wozu ich denn auch meinen so schwer verwundeten Freund beredete. Um ein Uhr nach Mitternacht war das Schauspiel beendigt; der Mond stand hoch und hell am Horizont. Bonnier erklärte mir, daß er unmöglich schon zu Bette gehen könne und gar keinen Schlaf verspüre, sondern noch eine Promenade au clair de la lune machen wolle, wozu er mich dringend einlud. –

Ohne eine besondere Divinationsgabe zu besitzen, war es leicht zu erraten, wo diese Promenade hingehen sollte; lächelnd und kopfschüttelnd hing ich mich an seinen Arm, und ehe eine halbe Stunde verging, waren wir unter den bewußten Mauern. Das hohe Kloster mit seinen Kuppeln und Türmen nahm sich im Mondschein recht schauerlich aus, und dreimal machten wir die Runde um dasselbe. Jetzt schlug die Turmuhr, es war die zweite Stunde nach Mitternacht, und nur mit Mühe brachte ich

meinen ächzenden und stöhnenden Freund dahin, sich endlich mit mir zur Ruhe zu begeben.
Von den Strapazen des Tages ermüdet, fiel ich bald in einen festen Schlaf, der mir trefflich bekam; doch kaum graute der Morgen, so wurde ich auch schon durch ein ziemlich fühlbares Rütteln aus dem besten Schlummer geweckt, und meine kaum halb geöffneten Augen erblickten wieder den verliebten Narren Bonnier, der mir mit möglichster Beredsamkeit die Schönheiten des anbrechenden Tages vordemonstrierte und mich mit aller Gewalt zu einem romantischen Morgenspaziergang bereden wollte. Ich schlug es ihm aber schlaftrunken ab, legte mich unwillig auf das andere Ohr und schlief, auf die verliebten Narren scheltend, wieder ein.
Es war beinahe Mittag, als Bonnier von seinem Spaziergang zurückkehrte und mich noch im Bette antraf. Er rief aus: „Wie ist es möglich, so die schönste Zeit seines Lebens zu verschlafen, ich habe schon das ganze alte Rom durchwandert." Ich sprang nun aus dem Bette und erwiderte: „Ebensoviel wert als diese Zeit wachend in fruchtlosen Träumereien hinzubringen." Dies brachte den guten Bonnier ein wenig in Wallung, und er äußerte mir, daß seine Liebe ebensowenig frucht- als hoffnungslos sei. Klostermauern seien noch lange keine Festungsmauern; er habe die des Ursulinerklosters heute morgen hinlänglich rekognosziert und gefunden, daß man sie mit Feuerhaken und Strickleitern bequem übersteigen könne. Es wäre nicht das erstemal, daß eine Nonne entführt worden sei; ein guter Soldat müsse sich durch nichts abschrecken lassen, und je größer die Schwierigkeiten, desto mehr Ehre sie zu überwinden. Ich gab dies alles gerne zu, endigte aber damit, ihm zu bemerken, er wisse ja noch gar nicht einmal, ob seine Geliebte ebensolche Gesinnungen hege, ja ob sie nur etwas für ihn fühle, das man Liebe nennen könne; sogar ihr Name sei ihm unbekannt. – „Das könnte wohl der Fall sein, wenn ich so lange wie du geschlafen hätte", gab er mir zur Antwort; „es ist eine

Tochter aus der Familie Narelli zu Pesaro, die erst seit vier Monaten eingekleidet, und was die Liebe anbetrifft, so habe ich auf der Scala Santa hinlänglich gesehen, woran ich mich zu halten habe". Voll Verwunderung fragte ich ihn, wie er ihren Namen erfahren hätte. – „Durch den Klostergärtner, den ich diesen Morgen über eine Stunde sprach", versetzte er, „und nachdem ich ihm eine deutliche Beschreibung meiner Geliebten gemacht, ohne ihn jedoch die Ursache ahnen zu lassen, warum ich nach ihr forsche, versicherte er mich, daß es keine andere als die Narelli sein könne. Ich erkundigte mich noch nach manchem von den übrigen Schwestern, um Verdacht zu vermeiden, und er nannte mir noch viele Namen, die ich bereits wieder vergessen habe. Auch über die inneren Verhältnisse des Klosters gab er mir Aufschluß, und da ich ihn fragte, ob ich den Klostergarten nicht einmal sehen dürfe, antwortete er mir, daß dies ohne eine besondere Erlaubnis der Frau Äbtissin nicht angehe, die er jedoch darum fragen und mir morgen schon Bescheid geben wolle. In jedem Fall aber könne dies nur zu einer Stunde geschehen, in welcher die Nonnen in ihren Zellen seien. – Du siehst also, Freund, daß ich schon um einige Schritte dem Ziele näher gerückt bin und daß ich es mit deiner Hilfe wohl noch erreichen kann." „Das muß ich gestehen, du hast schon Riesenschritte gemacht", erwiderte ich lächelnd, „und wenn es so fortgeht, so bist du übermorgen in der Zelle der Geliebten. Nur sehe ich nicht recht ein, was dir das Besehen des Klostergartens nützt und was ich bei der Sache viel tun kann."

„Wie magst du nur so fragen! Wenn ich den Garten kennenlerne, so orientiere ich mich im Innern, ersehe mir die Stelle, wo meine Angebetete am leichtesten zu entführen ist, und dies ist schon viel, sehr viel. Du kannst vermittelst deiner intimen Bekanntschaft mit der Cesarini von außerordentlichem Nutzen sein. Damenbesuche dürfen die Nonnen zu jeder Zeit annehmen; die Cesarini hat, wie du weißt, in mehreren Frauenklöstern Verwandte, sie ist mit den Gebräuchen in denselben bekannt, durch sie könnte man leicht die Narelli erforschen und dann ein Einverständnis mit ihr anknüpfen."

„Du siehst, Lieber", fuhr Bonnier fort, „daß ich alles wohlüberlegt habe, und du mußt mir dein Wort geben, heute noch mit der Cesarini über diese Angelegenheit zu sprechen, oder ich sehe dich nicht mehr als meinen Kameraden an. Hoffentlich hast du noch nicht vergessen, wie oft ich schon Schildwache bei deinen verliebten Abenteuern gestanden, wie manche Runde und Patrouille ich bei solchen Gelegenheiten für dich gemacht habe. Ich bin auch ferner bereit, dir zu dienen, wo ich nur immer kann."

„Schon gut", unterbrach ich den immer ungestümer werdenden Bonnier, „hier meine Hand darauf, heute abend spreche ich noch die Cesarini, und du sollst morgen früh das Resultat wissen." „Warum morgen früh? Ich erwarte dich heute nacht wachend, und sowie du zurückkommst, und wenn es erst gegen Morgen wäre, mußt du mir Bericht von dem Erfolg abstatten." Ich versprach alles, kleidete mich an, machte meine gewöhnlichen Touren auf dem Korso, ins Theater usw., erfuhr aber zu meinem größten Leidwesen von der Cesarini, daß es ihr heute unmöglich sein würde, mich zu sprechen, da ihr Mann und ihre Schwägerin den ganzen Abend mit ihr zuzubringen sich vorgenommen hätten; wir müßten daher das Rendezvous auf den anderen Tag verschieben. Bonnier war gleich wieder nach St. Ursula gegangen, wo er durch Hecken, Gesträuche, Ruinen und Gärten patrouillierte, das finstere Gebäude, welches seine ganze Seligkeit einschloß, von allen Seiten anstöhnte und erspähte, wo er wohl die Laufgräben am besten eröffnen könnte. Erst eine Stunde nach Mitternacht kam er zurück und traf mich zu seiner Verwunderung schon wieder schlafend im Bette an.

Er weckte mich sogleich auf und fragte mich nach dem Resultat meiner Unterredung mit der Cesarini. Als ich ihm sagte, daß ich sie gar nicht habe sprechen können, stampfte er mit dem Fuß so gewaltig auf den Boden, daß alle Fenster klirrten, und nur mit der größten Mühe gelang es mir, ihn zu besänftigen, ihm die Ursache mitzuteilen und ihm verständlich zu machen, daß ich den kommenden Abend unfehlbar die Sache abmachen würde und keine Verhinderung denkbar wäre, was ihn endlich etwas beruhigte. Er warf sich nun angekleidet auf sein Bett, welches er jedoch mit den ersten Morgenstrahlen schon wieder verließ, um nach dem bewußten Ort zu eilen. Ich sah ihn den ganzen Tag nicht wieder. Am Abend hatte ich endlich die ersehnte Zusammenkunft mit der Cesarini, der ich die ganze Sache mitteilte und mir ihren Rat erbat. Sie erschrak nicht wenig über den tollkühnen Plan meines Freundes, und ihr Rat war, diesen zu bereden, denselben als unausführbar aufzugeben, da uns beiden die Geschichte höchst verderblich werden und uns in die größte Gefahr bringen könne. Dagegen wandte ich den unerschütterlichen Vorsatz Bonniers, dessen heiße, grenzenlose Liebe ein und brachte es endlich so weit, daß sie mir versprach, in einigen Tagen das Kloster unter irgendeinem Vorwande zu besuchen, um die nötigen Erkundigungen wegen der Narelli einzuziehen und mir den Erfolg alsdann mitzuteilen. Weiter würde sie sich aber auch in nichts einlassen, denn sie habe keine Lust, der heiligen Inquisition in die Hände zu fallen und ihre Seligkeit auf das Spiel zu setzen; die Sünde, eine Braut Christi zu verführen, sei die größte von allen, die der Papst selbst nicht einmal vergeben könne.

Mit diesen schlimmen Aussichten mußte ich sie verlassen; ich teilte sie Bonnier bei meiner Nachhausekunft mit, der um so untröstlicher wurde, da ihm auch die Hoffnung, das Innere des Gartens zu sehen, gänzlich fehlgeschlagen war. Die Äbtissin wollte zwar anfänglich die Erlaubnis dazu geben, als sie aber hörte, daß der Fremde ein Franzose und gar ein Offizier sei, verbot sie dem Gärtner bei Strafe des Wegjagens und des Bannes ihr je wieder einen ähnlichen Antrag zu machen. Dieser war weder durch Versprechungen noch durch Geschenke zu irgend etwas zu bewegen, und die Unternehmung jetzt viel schwieriger, da man gewiß schon aufmerksam geworden war. Eine Ewigkeit schienen Bonnier die wenigen Tage, in denen die Cesarini das Kloster besuchen sollte. Er strich während dieser Zeit, wie gewöhnlich, von Sonnenaufgang bis Mitternacht um dasselbe herum, in Bürgertracht verkleidet, mit abgeschorenem Schnurrbart und einer Perücke auf dem Kopf, was ich ihm geraten hatte, um sich unkenntlich zu machen. Endlich kam der Tag heran, an dem ich Antwort von der Cesarini haben sollte; ich selbst konnte kaum die Stunde erwarten. Sie war wirklich da gewesen und hatte zur Ausrede genommen, eine alte Bekannte ihrer verstorbenen Großmutter, die in diesem Kloster war, wegen einigen Familienangelegenheiten zu besuchen. Der guten alten Schwester wußte sie auch trefflich einen blauen Dunst vorzumachen, sie wurde sehr gesprächig, erzählte viel und mancherlei; endlich brachte sie die Cesarini auch auf die jungen Schwestern und auf die Narelli, an der sie besonderen Anteil zu nehmen affektierte, und sie vermochte Beatrice (so hieß die Alte), sie ins Sprechzimmer zu bringen und der Narelli vorzustellen. Dort knüpfte sie mit dem jungen Mädchen ein ziemlich vertrauliches Gespräch an, ließ sich von ihr die Zeremonien ihrer Einkleidung erzählen, welche diese mit mancher unterdrückten Träne vortrug. Endlich kam sie auch auf ihr Klosterleben zu sprechen und auf die vor einigen Tagen stattgehabte Prozession nach der Santa Scala. Mit Willen ließ sich die Cesarini auch die kleinsten dabei vorgefallenen Umstände berichten, und die Nonne sagte ihr, daß sie zum erstenmal in ihrem Leben bei dieser Gelegenheit Franzosen gesehen, die ihr außerordentlich gefallen hätten (dies begleitete sie mit einem tiefen Seufzer), besonders der eine schien ein sehr guter Mensch gewesen zu sein und habe sie unaufhörlich angesehen, auch sie habe nicht umhin gekonnt, manchmal nach ihm zu blicken und sei dadurch in ihrem Gebete etwas gestört worden. Indessen hoffe sie, daß ihr die Madonna diese Sünde vergeben werde, sie sei so schon unglücklich genug. Sie sprach noch ferner und viel von uns, und zwar so, daß die Cesarini deutlich merkte, daß auch sie von derselben Leidenschaft wie Freund Bonnier gequält wurde, nur schien es der Cesarini, daß nicht dieser, sondern ich der Gegenstand sei, der ihr Herz erfüllte; doch konnte sie darüber keine vollkommene Gewißheit erlangen, sie versprach, sie wieder zu besuchen und entfernte sich, ihr ein herzliches Lebewohl wünschend; die Alte begleitete sie bis an die Treppe, die Äbtissin war nicht sichtbar. Ich erzählte meinem Freunde alles Wort für Wort wieder, bis auf den letzten Umstand, den ich ihm zu verschweigen für nötig erachtete. Er schwamm in Entzücken und glaubte sich schon im Besitz der Geliebten. Unter Plänen und Projekten brachte er abermals die Nacht zu.

Noch einmal gelang es meiner Überredungskunst, die Cesarini ins Kloster zu bugsieren, um die Denkungsart der Narelli und ihre Meinung über eine Klosterentführung so beiläufig und nur von weitem zu erforschen. Sie sprach dieselbe abermals und glaubte bemerkt zu haben, daß das Mädchen, wiewohl mit einiger Mühe dazu zu bewegen sei, beteuerte mir aber zu gleicher Zeit, daß sie nun ein für allemal nichts mehr mit dieser Sache zu schaffen haben wollte und daß, wenn ich nur noch einen Funken Liebe für sie fühle, ich sie mit allen ferneren Auf- und Anträgen der Art verschonen möchte. Auch würde sie auf den Fall, daß die Sache zur Ausführung käme, darin verwickelt werden, wenn sie noch ferner Besuche im Kloster machte, welches natürlich einen dringenden Verdacht auf sie werfen müsse. Die Wichtigkeit dieses Grundes sah ich nur allzugut ein und hätte um keinen Preis der Welt der mir so teuern Cesarini die geringste Unannehmlichkeit verursachen mögen. Doch schlug sie folgenden Ausweg vor, der mir auch der einzige und beste schien: Eine junge Französin, die sich bei einer ihrer Freundinnen seit einiger Zeit aufhalte und der italienischen Sprache vollkommen mächtig sei, müsse man in das Geheimnis ziehen, auf ihre Verschwiegenheit dürfe man bauen. Diese habe man erprobt, und in Religionssachen sei sie eben auch nicht sehr skrupulös, ich solle selbst mit ihr reden, und dann wolle sie durch Aufträge an Beatrice ihr den Eingang ins Kloster verschaffen, käme dann die Entführung zustande, so könnte sie sich zugleich mit entführen lassen, und alle Schuld fiele alsdann auf sie. – Ich bewunderte meiner Freundin Scharfsinn, sowie ich über ihre sonderbare Gewissensängstlichkeit staunte, da sie sich ganz unschuldig glaubte, wenn sie nur nicht selbst Hand ans Werk legte, dabei aber die trefflichsten Ratschläge zur Vollbringung desselben erteilte. Noch erfuhr ich von ihr, daß auch nahen Anverwandten männlichen Geschlechts der Eingang in das durch ein Gitter getrennte Sprechzimmer gestattet sei, um ihre Schwestern, Töchter oder Kusinen zu sprechen, jedoch nur im Beisein und unter der Aufsicht älterer, eigens dazu bestimmter Nonnen. Wenn wir uns also für Anverwandte der Narelli aus Pesaro ausgäben, uns gehörig verkleideten und unkenntlich machten, so könnten wir wohl selbst einigemal mit ihr reden, natürlich müsse sie aber erst auf alles durch die Französin vorbereitet sein und einwilligen. – Diese unerwartete Entdeckung überraschte mich sehr, und machte mir viele Freude; nun erst fing ich an, an die Möglichkeit einer Entführung zu glauben, die ich bis jetzt immer bezweifelt hatte. – Als ich Bonnier dies alles mitteilte, war er ganz außer sich, nannte mich ein über das andere Mal seinen besten Freund, für den er jeden Augenblick das Leben lassen wolle, packte mich beim Kopf und küßte mich, so daß ich Mühe hatte, mich seiner gewaltigen Zärtlichkeit zu entziehen. Demoiselle Lenier, so hieß die Französin, wurde nun durch die Cesarini zur Vertrauten gemacht, und sie gab sich nicht nur sehr gerne zu allem her, sondern das Abenteuer schien ihr sogar viel Vergnügen zu gewähren, und was die Sünde sowie

die Verdammnis jenseits anbelangte, so wollte sie die Verantwortung und die Schuld herzlich gern auf sich nehmen – sie war eine Pariserin! –
Sowohl ich als Bonnier hatten nun öfters Unterredungen mit der Lenier, wo wir uns gegenseitig unsere Meinungen und Gedanken mitteilten. Endlich kam der Tag, wo sie zum erstenmal ins Kloster fuhr, um sich ihrer fingierten und wirklichen Aufträge zu entledigen. – Es ging alles glücklich vonstatten, sie sprach nicht nur Beatrice, sondern auch die Narelli, und zwar lange und viel, und ließ sie merken, daß sie jene Offiziere kenne und öfters spräche, und daß der eine von ihnen, wie es schiene, in eine junge Nonne dieses Klosters sterblich verliebt sein müsse. Dies brachte sie scherzend und lachend hervor, indem sie ihn einen Narren schalt, der sich ohne die mindeste Hoffnung, den geliebten Gegenstand je wieder zu sehen, so unsinnig verlieben könne. – Die junge Nonne wurde dabei blutrot, welches die Lenier bemerkte, und sie sogleich, ebenfalls scherzend, damit aufzog, indem sie ihr geradezu sagte, es schiene, als sei auch sie nicht gleichgültig bei dieser Erzählung; sie sprach ihr nun Mut und Trost ein und wußte sich schon bei diesem ersten Besuch ganz in ihr Vertrauen einzuschleichen, so daß jene sie sehr dringend bat, doch ja bald wiederzukommen und sie oft zu besuchen, was die Lenier denn auch recht gerne versprach.
Beim zweiten Besuche, den die Lenier zu St. Ursula machte, rückte diese näher mit der Sprache heraus und sagte zu Angelika (dies war Narellis Klostername), daß, wenn es ihr Vergnügen mache, die beiden Offiziere noch einmal zu sehen, so könne schon Rat dazu werden, sie müsse sich aber um's Himmels willen nichts merken lassen und äußerst verschwiegen sein. Angelika schien anfänglich über den Vorschlag zu erschrecken, konnte jedoch zu gleicher Zeit ihre Freude darüber kaum verbergen und fragte nun, wie dies wohl möglich sei. – Die Lenier gab ihr allen erforderlichen Aufschluß und sagte, sie würden sich als

ein paar nahe Anverwandte aus Pesaro bei ihr anmelden lassen und so verkleidet im Sprechzimmer erscheinen, dann müsse sie aber auch die Unbefangene so gut als möglich spielen und die neuen Vettern wie alte Bekannte mit Herzlichkeit empfangen. Angelika meinte, das sei eine schwere Aufgabe, aber die Lenier sprach ihr Mut ein und gab ihr die gehörigen Instruktionen, so daß sie nach manchen Unterredungen mit jener einwilligte, uns zu sehen, und auf alles gefaßt zu sein versprach. – Um die Sache noch leichter zu machen, waren wir übereingekommen, daß wir uns als junge angehende Geistliche aufführen lassen wollten, welche auf einige Zeit nach Rom gekommen seien, um sich Protektoren wegen baldiger Beförderung zu verschaffen und angesehene Bekanntschaften aus der höheren Geistlichkeit zu machen. – Endlich war der verhängnisvolle Tag herangekommen, an dem wir die heiligen Mauern betreten sollten. Schon den Tag vorher hatten wir uns als Angelikas Vettern bei der Frau Äbtissin anmelden lassen, und die elfte Stunde vormittags war zu unserem Empfang bestimmt. In aller Frühe eilten wir zur Lenier, wo wir unsere neuen Uniformen vorfanden, welche diese nach einem ungefähren Maß für uns hatte anfertigen lassen, indem sie dem Schneider sagte, sie seien zum Geschenk für ein paar junge Geistliche in Civita Vecchia bestimmt. Wir kostümierten uns mit Hilfe der Lenier, sahen einander an und lachten. Mein Kamerad hatte seinen Bart abrasiert, was bei mir noch nicht nötig war, und wir fanden uns in den geistlichen Kleidern ganz bequem. Als wir angekleidet waren, erschien auch die Cesarini, sie lachte zwar, äußerte aber zugleich, sie wolle nichts davon wissen, wir seien die größten Sünder, die es je gegeben. Endlich rollte der Wagen vor, der wohl verschlossen war; wir stiegen ein und man wünschte uns eine glückliche Reise. Unterwegs stellten wir allerlei Betrachtungen an, unter andern auch, was man wohl mit uns anfangen werde, wenn man uns erwischte und für das erkennen würde, was wir wirklich seien. Bonnier meinte, dann würden wir ohne weiteres der heiligen Inquisition überliefert und verbrannt werden. Ich aber glaubte, wir würden als Franzosen wohl glimpflicher davonkommen, besonders da wir einem Kaiser angehörten, der Geniestreiche liebte und deren selbst täglich ausführe; genug, ich war von der muntersten Laune der Welt, denn das Abenteuer fing an, mir das größte Vergnügen zu machen. Doch hatten wir uns auf alle Fälle jeder mit ein paar scharf geladenen Terzerolen versehen. – Unter diesen und ähnlichen Gesprächen gelangten wir an die Pforten der Wohnung der heiligen Jungfrauen. Der Wagen hielt an, wir stiegen recht ehrenfest heraus und klingelten. Die Türe drehte sich knarrend in ihren Angeln. – Husch waren wir drin, und die Falle hinter uns fiel zu. – Daß mir in diesem Augenblick ganz sonderbar zumute war, will ich nicht leugnen, auch mein bis über die Ohren verliebter Freund schien etwas betreten. Dies gab uns aber gerade ein gewisses frommes und schüchternes Ansehen, was uns in diesem Augenblick sehr gut zustatten kam, und die Schwester Pförtnerin führte uns durch lange düstere Gänge, graue Hallen und enge Stiegen hinauf in das Sprechzimmer, wo sie uns warten ließ, indem sie sagte, sie gehe, uns der Frau Äbtissin zu melden. Diese war, nach ihren Äußerungen, von der Absicht unsers Besuchs schon unterrichtet und wußte, daß wir der Narelli Anverwandte seien.

Wir waren jetzt allein und hatten Zeit, das Sprechzimmer zu besehen, uns vorzubereiten und unsere Betrachtungen anzustellen. Daß die Äbtissin selbst kommen würde, wie es schien, war uns eben nicht sehr angenehm; wir fürchteten, da man sie uns als eine sehr schlaue Frau geschildert hatte, durch ihre Fragen in Verlegenheit zu kommen. Jetzt hörten wir Tritte, eine Türe jenseits des Gitters wurde geöffnet und vier verschleierte Nonnen traten ein, von denen sich jedoch die eine, die Pförtnerin, sogleich wieder entfernte; die übrigen drei traten nahe ans Gitter, wir erkannten bald Angelika und zwei ältere

Schwestern; die Äbtissin war zu unserer großen Freude nicht dabei. Ich redete erstere sogleich mit „carissima cugina“ an, schüttelte eine Tasche voll Empfehlungen von ihren Eltern und Geschwistern zu Pesaro aus, so daß niemand zu Wort kommen konnte und mein verlegener Freund sowohl wie Angelika Zeit gewannen, sich zu sammeln. Anfangs konnte das schöne, fromme Kind nichts anderes als si und no stammeln, bald aber wurde ihr die Zunge etwas geläufiger und sie fing an, sich nach ihren Anverwandten zu Pesaro zu erkundigen, was ich so gut als möglich beantwortete; endlich hatte Bonnier auch ein Herz gefaßt und knüpfte eine Konversation an, ich nahm die Gelegenheit wahr und unterhielt mich recht eifrig mit den beiden andern Damen von himmlischen und irdischen Dingen und wußte sie so gut zu amüsieren, daß sie weder von den Worten noch von den Blicken etwas gewahr wurden, welche man auf der andern Seite wechselte; mir aber war es nicht entgangen, daß das Briefchen, welches Bonnier schon seit 14 Tagen dreißig Mal umgeschrieben, glücklich durch das enge Gitter in Angelikas niedliche Händchen passiert und von dieser schnell unter dem Busenschleier verborgen ward. Über eine gute Stunde waren wir bereits da, als ich meinem Freund durch Zeichen und Worte zu erkennen gab, daß es nun Zeit sei, sich zu entfernen. Wir empfahlen uns den frommen Schwestern bestens, welche uns ihren reichlichen Segen mit auf den Weg gaben und unsern gottesfürchtigen Vorsatz, recht fromme Geistliche zu werden, über die Maßen lobten, uns auch baten, den Besuch recht bald zu wiederholen, was wir gerne versprachen. – Noch einen Blick auf Angelika und wir waren zum Sprechzimmer hinaus, wo uns die Pförtnerin empfing und bis vor die äußeren Klosterpforten geleitete.

Freund Bonnier schwamm abermals in Entzücken und beteuerte wiederholt, er müsse Angelika besitzen und wenn er – ein zweiter Nero – das Kloster und ganz Rom in Brand stecken solle. – So arg wird es hoffentlich nicht werden, fiel ich ein, und bat ihn mir zu sagen, wie weit er mit ihr gekommen sei. Hierauf erzählte er mir, was ich schon wußte, nämlich daß er das Billett glücklich angebracht, aber mündlich nur mehr im allgemeinen gesprochen und es nicht gewagt habe, ihr eine förmliche Liebeserklärung zu machen, aus Furcht, die andern hätten etwas merken können. Morgen aber müsse die Lenier ins Kloster, um die Wirkung zu erfahren, welche unser Besuch und der Brief gemacht habe, und demnach die weiteren Vorkehrungen so bald als möglich zu treffen. Bei unserer Zurückkunft trafen wir die Damen an, welche uns mit der gespanntesten Neugierde erwartet hatten, um das Resultat unsers Besuchs zu erfahren, das wir bis jetzt selbst noch nicht wußten. Es wurde nun einstimmig beschlossen, daß Mademoiselle Lenier den kommenden Morgen dahin fahren sollte, um sich davon zu unterrichten. Wir wechselten unsere Kleider und ritten gegen Abend auf den Korso. Um allen möglichen Verdacht zu vermeiden, waren wir übereingekommen, daß weder Bonnier noch ich uns wieder in Uniform in der Nähe des Klosters dürften blicken lassen. Den Tag darauf erwarteten wir die Lenier mit eben der Ungeduld, als sie uns gestern erwartet hatte; es war beinahe Mittag, als sie zurückkam und Bericht über ihre Ambassade erstattete.

Alles stand zum besten, man hatte nicht den geringsten Verdacht auf uns geworfen, die alten Schwestern waren von mir und die junge Nonne von Bonnier entzückt. Letztere hatte lange und viel mit der Lenier gesprochen und sich so gut wie zu allem bereit erklärt. Diese versicherte uns, daß, wenn wir noch einige Besuche machten, die Sache mit Angelika gewiß in Richtigkeit sein würde, auch habe sie ihr zugeredet, doch einige Zeilen an ihren Freund zu schreiben und ihm solche bei der nächsten Zusammenkunft zu übergeben, was sie ihr nach einigem Sträuben endlich versprochen. – Genug, es ging bis jetzt alles nach Wunsch; wir wiederholten unsern Besuch in der geistlichen Tracht, sooft es möglich war, ohne Argwohn zu erregen, und ein vollkommenes Einverständnis sowie ein regelmäßiger Briefwechsel zwischen Angelika und Bonnier war bald hergestellt und ebensoschnell waren beide Liebenden einig. Angelika willigte in alles, und jetzt war nur noch die Schwierigkeit, die Entführung aus dem Kloster zu bewerkstelligen, was freilich keine kleine Aufgabe war. Doch welche löst nicht Liebe und List? – Daß das Entkommen aus dem Kloster über die Gartenmauer vollbracht werden müsse, darüber waren alle einverstanden, sowie daß dies nur kurz vor oder nach Mitternacht geschehen könne, was wegen der ungeheuren Höhe dieser Mauern auf jeden Fall eine halsbrechende Arbeit sei, deren Gefahr die Finsternis der Nacht noch vergrößere. Indessen war dies unsere Sorge und mein Plan schon gemacht; die größere Schwierigkeit bestand darin, wie Angelika durch drei Türen, welche zum Garten führten und die jeden Abend wohlverschlossen und verriegelt wurden, gelangen könne. – Aber auch dafür erdachte die erfinderische Liebe bald Hilfe. Angelika mußte die Größe und Form aller dieser Schlüssellöcher in Wachs abdrücken, und wir ließen fünf Hauptschlüssel verfertigen, mit denen sie die Türen öffnen und so den Weg in den Garten finden sollte. Um das Übersteigen der Mauern möglich zu machen, ließ ich in Civita Vecchia, wohin ich selbst ritt, Strickleitern verfertigen und kaufte Seile, denn außerdem, daß man schwerlich solche hohe Leitern gefunden hätte, wie sie hiebei erforderlich waren, würde deren An- und Herbeischaffung auch weit mehr Umstände und Verdacht verursacht haben.

Diese Strickleitern mußten nun auf eine solide Art auf der äußeren und inneren Seite befestigt werden. Zu dem Ende hatte ich einen Franzosen von der zu Civita Vecchia liegenden Marine mitgenommen, welcher ein Schlosser von Profession war (einem Italiener wäre hier nicht zu trauen gewesen) und der zu diesem Zwecke 120 sehr lange und starke eiserne Haken geschmiedet hatte, die er bei Nachtzeit zuerst von außen an der Mauer befestigen mußte, und zwar so, daß jedesmal in einem Zwischenraum von dritthalb Schuhen drei dieser Haken nebeneinander eingeschlagen wurden. Glücklicherweise waren die Mauern fast überall mit Efeu und andern Gesträuchen bewachsen, und man konnte die Eisen fast alle so anbringen, daß man, wenigstens bis zu einer beträchtlichen Höhe, nichts davon wahrnehmen konnte. Natürlich mußte sich der Mann mit Hilfe der Seile und seiner eingesetzten Haken hinaufarbeiten, welches, je höher er kam, desto schwieriger wurde, und was umgekehrt auf gleiche Art jenseits der Mauer zu bewerkstelligen war, als er oben angekommen. Zehn Nächte dauerte diese gefährliche Operation, wobei jedesmal eine Stunde vor Mitternacht angefangen und eine Stunde vor Sonnenaufgang geendet wurde, während dieser ganzen Zeit standen Bonnier und ich in der Nähe Schildwache und unsere Bedienten auf Vorposten, um uns von dem geringsten Geräusch zu benachrichtigen; das Kloster lag aber so einsam und abseits, daß wir auch keine lebende Seele außer uns gewahrten. Als endlich alles soweit in Ordnung war, kamen wir überein, daß wir acht Tage vor der zur Entführung bestimmten Zeit unsere Abschiedsvisite im Kloster machen sowie auch das Lazarett verlassen und uns als Fremde in einem Privathause die letzte Zeit verborgen halten müßten, damit man nicht sogleich Verdacht gegen uns haben könnte, da wir angeblich schon einige Zeit vorher abgereist waren. – Dies alles war in Ordnung, nur die Lenier besuchte noch fast täglich das Kloster, um Angelika in ihrem Vorsatz zu bestärken und ihr Mut einzusprechen, da sie, je näher der entscheidende Zeitpunkt heranrückte, desto ängstlicher wurde. Endlich war die verhängnisvolle Nacht da, Angelika hatte noch am Morgen ihrer Freundin versprochen, alles zu versuchen. Um elf Uhr hielt ein Wagen mit vier Postpferden, in dem die Lenier saß, in der Nähe des Klosters, um alle drei nach Civita Vecchia zu bringen, von wo sie sogleich mit einer segelfertigen Felukke nach Genua abgehen sollten, wohin sich Bonnier Urlaub zu verschaffen gewußt. Angelika hatte versprochen, mit dem Schlag Mitternacht in den Garten zu kommen; alle Schlüssel waren ihr eingehändigt worden. Bonnier und der Marinesoldat überstiegen die Mauern, ich blieb diesseits, um auf alles achtzuhaben, und die Bedienten standen wieder auf ihren Lauerposten. Schon lange hatte die Klosterglocke Mitternacht geläutet. Eine, zwei, drei Stunden vergingen, und Angelika erschien nicht, der Tag fing zu grauen an, und sie erschien noch immer nicht, und es war nun die höchste Zeit, an die Retirade zu denken. – Schon fing es an, sich im Kloster zu regen. Endlich gelang es mir, meinen der Verzweiflung nahen Freund zum Zurücksteigen zu bewegen, nachdem ich, um ihn zu holen, selbst hinübergeklettert war, was mir nur durch die Vorstellung gelang, daß dies das einzige Mittel sei, nicht alles zu verderben. Ich versprach ihm, ich würde noch heute die Ursache von Angelikas Ausbleiben erforschen. – Der Wagen wurde heimgeschickt, und wir begaben uns in einem mißmutigen, sehr traurigen Zustande in unsere Wohnung.

Daselbst angelangt, war mein erstes Geschäft, mit der Lenier Rücksprache zu nehmen, wie man den Grund von Angelikas Nichterscheinen erfahren könne. Die Sachlage war nun viel mißlicher geworden. Gerne wäre ich mit Bonnier ins Kloster geeilt, aber da wir schon Abschied genommen hatten, war es nicht mehr möglich; zum Glück war dies nicht der Fall mit der Lenier; aber diese fürchtete, die ganze Intrige sei entdeckt, man habe vermutlich Angelika auf der Tat ergriffen, und sie getraute sich nicht in das Kloster zu gehen. Bonnier geriet bei dieser Vermutung außer sich, und ich hatte alle Mühe, ihn von tollen Streichen abzuhalten. Wir kamen endlich überein, da auf die Cesarini gar kein Verdacht habe fallen können, diese zu bitten, sogleich einen Besuch in dem Kloster zu machen; aber auch sie war auf keine Weise dazu zu bewegen. Indessen war sie, wie gewöhnlich, mit vortrefflichem Rat bei der Hand und schlug vor, ihr Kammermädchen mit einem Auftrag an Beatrice abzuschicken, wodurch man alsbald erfahren würde, ob etwas Außerordentliches unter den Nonnen vorgefallen sei. Das Mädchen solle sich nur ganz unbefangen nach der Narelli erkundigen, was um so eher tunlich, da wir verabredet hatten, daß sie sich zwei Tage vor der beabsichtigten Flucht krank machen und das Bett hüten solle. Die Gesandte wurde abgeschickt, und wir blieben sämtlich eine lange Stunde in der äußersten Spannung und Erwartung. Endlich kam der Wagen zurück, wir eilten ihr entgegen, und sie konnte uns nicht schnell genug berichten, daß nichts Besonderes vorgefallen sei, aber daß die Narelli noch als krank im Bett läge und nach Beatricens Versicherung wirklich sehr übel aussähe. Nun war uns allen ein schwerer Stein vom Herzen. Ich schrieb Angelikas Ausbleiben keinem andern Umstande als ihrer großen Ängstlichkeit zu und hatte recht; denn als die Lenier von einem Besuch, den sie ihr auf unsere Bitten hatte machen müssen, zurückkehrte, erzählte sie, daß das arme Mädchen jetzt in der Tat unwohl sei und Fieber gehabt habe; sie sei zur bestimmten Stunde durch die langen öden Klostergänge an die Pforten, welche nach dem Garten führten, geschlichen, wobei sie schon unterwegs die tödlichste Angst befallen habe, und als sie endlich bei der ersten angekommen, sei es ihr unmöglich gewesen, das Schlüsselloch zu finden, und noch weniger hätte sie Kräfte gehabt, den Riegel zurückzuschieben. Nur mit der größten Anstrengung habe sie sich wieder bis in ihre Zelle schleppen können und sei fast ohnmächtig auf ihr Bett niedergefallen, wonach sie den übrigen Teil der Nacht in einem beständigen Fieberschauer zugebracht. Sie sehe wohl ein, daß es ihr unmöglich wäre, das Vorhaben auszuführen, sie würde einen zweiten Versuch wahrscheinlich mit ihrem Leben bezahlen müssen. Nun war abermals guter Rat teuer; Bonnier wollte verzweifeln. Verliebte verlieren gewöhnlich bei Widerwärtigkeiten alle Besinnung, machen dann einen dummen Streich nach dem andern, wenn sie auch sonst Verstand und Scharfsinn besitzen.

Er wollte auf der Stelle zum Papst, sich Seiner Heiligkeit

zu Füßen werfen, alles eingestehen und um Angelikas Entbindung vom Klostergelübde anhalten; nur mit vieler Mühe konnten wir ihm den unsinnigen Vorsatz ausreden, indem wir ihm vorstellten, das wäre der gerade Weg, sie ohne Rettung zu verlieren und ihr vielleicht gar zum Einmauern zu verhelfen. Die unerschöpfliche Cesarini fand wieder einen Ausweg und meinte, man würde es der Lenier schwerlich abschlagen, einige Tage bei ihrer kranken Freundin zuzubringen und wohl auch einige Nächte an ihrem Bette zu wachen, ihr von neuem zuzureden und mit ihr vereint an der wieder zu bestimmenden Nacht das Kloster zu verlassen. Die Aufgabe wäre wirklich für ein so junges, unerfahrenes Mädchen zu schwer gewesen, aber mit Hilfe der mutigen und schlauen Freundin würde sie solche gewiß lösen; denn es sei ein ganz anderes, wenn man bei solchen Unternehmen zu zweien sei und sich einander Mut und Trost einsprechen könne. Auch diesen Vorschlag fanden wir sehr zweckmäßig und überredeten leicht der Lenier kleine Bedenklichkeiten. Sie eilte den kommenden Morgen wieder nach St. Ursula, teilte den neuen Plan Angelika mit, die in der Tat schon wieder auf dem Wege der Besserung war und herzlich gerne einwilligte, in Gemeinschaft zu fliehen. Nun mußte sie sich noch kränker stellen und gewaltige Sehnsucht nach ihrer Freundin äußern. Es gelang auch, von der Äbtissin die Erlaubnis zu dem Aufenthalte der Lenier im Kloster sowie zu den Nachtwachen zu erlangen, und täglich stattete sie uns Bericht über den guten Fortgang der Sache ab. Endlich wurde zum zweitenmal die Stunde der Flucht bestimmt, alle Anordnungen wie das erstemal getroffen, und um 4 Uhr (11 nach unserer Uhr) stand wieder alles auf seinen Posten; wir warteten wieder und warteten abermals vergeblich, der Tag graute schon, als wir notgedrungen die zweite Retirade antraten.

Noch waren wir über das abermalige Ausbleiben in der größten Bestürzung und erschöpften uns in Mutmaßungen, als die Lenier zu uns ins Zimmer trat und das Rätsel

löste. Beide Mädchen hatten um elf Uhr die Zelle verlassen und waren bis an die innere Türe gekommen, die sie zu öffnen versuchten, konnten aber den rechten Schlüssel nicht gleich herausfinden, und während sie probierten und drehten, glaubten sie ein Geräusch zu hören, beide liefen davon und in die Zelle zurück, wo sie außer Atem ankamen und sich ganz erschöpft auf das Bett warfen. Selbst die Lenier hatte eine gewaltige Herzensangst gehabt; auch hätten mehrere Nonnen heute morgen von einem Geräusche, das sie in der Nacht gehört, gesprochen. – Ich machte ihr Vorwürfe und stellte ihr vor, daß man so lange zaudern würde, bis alles entdeckt wäre, denn mit jedem mißglückten Versuch werde die Gefahr größer. Dies sah sie wohl ein und versicherte, sie würde die kommende Nacht gewiß entschlossener sein, sie habe nochmals mit Angelika darüber gesprochen, beide sich wechselseitig über ihre Furcht Vorwürfe gemacht, und würden, es koste auch, was es wolle, die Sache durchsetzen, sie müsse bald wieder zurück und habe die Schlüssel mitgebracht, damit wir die letzte Tür von außen aufschließen möchten und sie alsdann nur noch den Riegel wegzuschieben hätten. Sie würden sich ferner in große, weiße Betttücher hüllen, damit, im Falle die anderen Nonnen etwas merkten, man sie für Gespenster halte und es nicht wage, sich ihnen zu nähern. – Dürfte man die große Klosterpforte, welche auf die Straße führt, öffnen, so hätte man freilich weit weniger Umstände, meinte die Lenier, doch dies sei zu gefährlich, weil die Pförtnerin und noch ein Wächter in der Nähe schliefen. Sie fuhr abermals ab, mit der kräftigsten Versicherung und dem heiligsten Versprechen, daß diese Nacht oder nie die Geschichte beendigt und sie die Türen öffnen würde. Wir alle, und besonders ich, der ich anfing, der Sache herzlich müde zu werden, wünschten ihr den besten Erfolg mit auf den Weg.
Es wurde Nacht, und wir begaben uns zum drittenmal auf unsere Posten, überstiegen die Mauern, probierten die Schlüssel und sperrten endlich das Schloß der äußeren

Türe glücklich auf, doch der innere Riegel verhinderte das Öffnen derselben; wir lauschten, hörten aber nicht das mindeste Geräusch. Schon verzweifelten wir an dem Kommen der Mädchen, als wir ganz leise Schlösser aufgehen und Riegel zurückschieben hörten; Bonnier bebte vor Verlangen und Entzücken, man kam näher, wir hörten Tritte und endlich den Riegel der letzten Türe gehen, sie öffnete sich und – beide Geister fielen uns halb ohnmächtig in die Arme. Wir verloren indessen keine Zeit, sondern trugen sie in den Garten an den Ort, wo die Strickleitern angebracht waren. Es war wahrhaftig keine kleine Arbeit, die beiden Damen, eine nach der anderen, mehr tot als lebendig über die himmelhohen Mauern zu bringen. Die junge Pariserin, welche zuerst den seltsamen Weg antrat, kletterte noch so ziemlich, aber Angelika mußten wir einen Strick um den Leib befestigen, und Bonnier und ich mußten nachhelfen, so daß wir nur jeder einen Arm für uns übrig hatten. Doch wurde auch diese saure Arbeit, ob mit Gottes oder des Bösen Hilfe, will ich hier nicht entscheiden, vollbracht, und wir standen in Zeit von einer halben Stunde sämtlich jenseits des Gartens auf festem Boden, warfen uns in den Wagen und jagten mit verhängtem Zügel über die Engelsbrücke und durch das nach Civita Vecchia führende Tor voran, die beiden Bedienten zu Pferde hintendrein und der Marinesoldat auf dem Bock.

Als wir Rom eine Miglia weit im Rücken hatten, ließ ich halten, nahm zärtlichen Abschied von Freund Bonnier, seiner Geliebten und der Lenier, wünschte allen eine glückliche Reise, warf mich auf mein Pferd und sprengte mit meinem Bedienten ventre à terre durch Rom zurück, nach Albano, wo ich mich schon seit acht Tagen als présent sous les armes gemeldet und fast jeden Morgen ein Stündchen zugebracht hatte. Bei Tagesanbruch kam ich selbst an, und schon gegen zehn Uhr wußte man auch hier, daß die vergangene Nacht eine Nonne aus dem Ursulinerkloster entflohen sei. Die Sache machte in der

Hauptstadt der christlichen Welt ein ungeheures Aufsehen; der Heilige Vater schickte erst den Kardinal-Staatssekretär nach dem Kloster, den Tatbestand zu untersuchen, und fuhr dann selbst dahin. Alle Sbirren und Karabinieri wurden in Bewegung gesetzt, St. Ursula förmlich geschlossen, Haussuchungen veranstaltet, besonders in der Lenier-Wohnung und bei ihren Hausleuten; kurz, kein Mittel blieb unversucht, die Täter herauszukriegen und die Entwichenen wieder zu erwischen; doch alles vergeblich, es kam nichts heraus, und Angelika und Bonnier waren bereits auf der hohen See in Sicherheit. Man mußte sich damit begnügen, einen geistlichen Bannfluch auf die Entflohenen und alle dabei beteiligten Verbrecher zu schleudern. Alle möglichen Vorkehrungen wurden nun in sämtlichen Frauenklöstern getroffen, damit dergleichen sobald nicht wieder passieren könne. (Wenn das Brot gestohlen, schließt man den Schrein zu.) Die armen zurückgebliebenen Nonnen mußten am meisten dadurch leiden, und die Frau Äbtissin entging nur mit Mühe schwerer Strafe und der Absetzung. Alle Schlosser, Maurer und Seiler Roms wurden scharf inquiriert, ob sie nicht Haken, Seile usw. geliefert. Die Cesarini stand Todesangst aus, doch ritt ich nach wie vor täglich zu ihr nach Rom. Von Bonnier erhielt ich bald Briefe aus Genua, worin er mir seine glückliche Ankunft daselbst meldete. –

Ich verließ nun völlig hergestellt ebenfalls das Lazarett und übernahm mein Kommando in Albano wieder. Noch hatte ich Tivoli und Frascati nicht gesehen und besuchte das erstere in Gesellschaft der Vernetti, Frascati aber in der des Vasi und seiner Tochter. In *Tivoli,* dem alten *Tibur*, das ungefähr drei Meilen von Rom entfernt ist, brachte ich zwei ganze Tage mit meiner schönen Witwe und ihrer Schwester zu, die Altertümer und Kuriositäten dieses Ortes aufsuchend.

Noch ehe man nach Tivoli kommt, stößt man auf einen kleinen, aber tiefen See, dessen Wasser die seltsame Eigenschaft hat, die Pflanzen zu versteinern, die von diesem schwefeligen Elemente durchdrungen und an der Luft getrocknet diese Härte erhalten. Ein zweiter See, in geringer Entfernung von diesem, hat kleine, schwimmende Inseln, die mit Schilf und Gesträuch bedeckt sind und durch eine zähe Pecherde zusammengehalten werden. Das Sonderbare des übelriechenden, weißlichen Wassers dieses Sees ist, daß es hie und da siedet, ohne nur warm zu sein.

Heutigentags haben, wie zur Zeit des Augustus, reiche Leute, Kardinäle und Prälaten, schöne Landsitze hier und in der Umgegend; die Stadt an und für sich ist jedoch unbedeutend, ihre Hauptkirche steht auf den Ruinen des Herkulestempels. Von ihren Antiquitäten ist hauptsächlich der Tempel der Sibylla von Tibur zu bemerken, der noch achtzehn treffliche korinthische Säulen hat. Ihm gegenüber liegt der berühmte Wasserfall, den der Teverone, der Anio der Alten, bildet, welcher von dem nahen Gebirge herabströmt, und da seine Ufer von uralten, ungeheuren Ulmen beschattet, deren dunkles Grün sich malerisch in seinen Fluten spiegelt, sich plötzlich zwischen Felsen so eingeengt befindet, daß er den Durchgang mit Gewalt zu erzwingen scheint, sich dann von einer bedeutenden Höhe wildschäumend und brausend hinabstürzt und in den Grotten Neptuns verliert, die von ungeheuren Felsmassen über einem furchtbaren Abgrund gebildet sind. Ein wahrhaft grauenerregendes und einziges Schauspiel, das die Signora Vernetti, an meinem Arm bebend, anstaunte. Das furchtbare Getöse, welches das stürzende Wasser verursacht, dessen Echo ringsherum widerhallt, gleicht dem Lärm, den die auf Ambosse niederfallende Schmiedeschläge erzeugen. Noch sind viele kleinere Wasserfälle, Kaskatellen, vorhanden, welche man oberhalb des großen nach mehreren Landhäusern abgeleitet hat. In der Ebene unten aber fließen alle diese Gewässer wieder zusammen, und ihr Strom ergießt sich nach vielen Krümmungen in den Tiber.

Wir brachten die Nacht in einer elenden Lokanda und

schlecht genug bedient zu, aber wer denkt an Entbehrungen, im Arm der Liebe ruhend? – Den andern Tag besuchten wir die Umgebungen Tivolis, die interessanter sind als die Stadt selbst, sahen die Ruinen der Villen des Mäcen und Horaz und die prächtige Villa Estensa, welche der Kardinal Este 1542 erbaute, die auch viele Kaskatellen, Springbrunnen, Grotten usw. aufweist, und von der man eine noch herrlichere Aussicht hat als die berühmte auf dem Felsen bei Avignon. In diesem Feengarten war es, wo sich Ariost zu seinem Rasenden Roland begeisterte, und nur wenn man denselben gesehen, begreift man, woher der Dichter eine solche Phantasie schöpfte. In einer dieser Grotten brachten wir eine Nachmittagsstunde bei einem vorüberziehenden Unwetter auf frischem Moos zu, die Dido und Äneas bei ähnlicher Gelegenheit nicht süßer gehabt haben können, und wandelten dann zwischen den Ruinen der unermeßlichen Villa Hadrians umher, die am Fuße des Berges liegt. Hier war es, wo Horaz und Mäcen die Liebe, den Wein, die Grazien, die Götter und Helden so anmutig hinreißend besangen. Beide waren von dieser schönen Gegend entzückt, und ersterer sagt von diesem bezaubernden Aufenthalt: „Tibur argeo positum colono." – In der siebenten Ode des ersten Buches spricht er noch: „Ich bin von Tiburs Hainen und von seinen mit Obstbäumen bedeckten Wiesen, von tausend künstlich verteilten Bächen durchschnitten, entzückt; ich höre so gerne das Rauschen und Brausen der Gewässer der Albula, die sich von der Höhe der Berge herabwälzen, und des reißenden Anio, der sich von den Felsen stürzt. Weder Lacedämon noch Larissa können mir bieten, was sich mit diesem reizenden Aufenthalt vergleichen ließe."

An diesem jetzt verlassenen Zauberort, der nur durch eine unbedeutende Umzäunung von den umliegenden öden Feldern, in denen man kaum die Spuren eines menschlichen Daseins entdeckt, getrennt ist, sind ansehnliche Trümmer von Palästen, Tempeln, einer großen Naumachie, kleine Gehölze, herrliche Baumgruppen und alte, mit Moos und Efeu bekränzte Wasserleitungen, Säulen und Mauern. Unter letztern erkennt man noch die Wohnung der kaiserlichen Leibwache, zwei Theater im Halbkreis; in dem einen derselben unterscheidet man noch deutlich die Foyers der Schauspieler, die Treppen zur Bühne, die Hallen des Proszeniums und das Orchester, und von dem ungeheuren Palast Hadrians stehen noch Säulengänge, Wölbungen, eine Galerie, und sogar ziemlich gut erhaltene Freskomalereien sind noch vorhanden.

Am Abend des zweiten Tages kehrten wir nach Rom zurück, wo wir erst in dunkler Nacht ankamen. Einige Tage darauf machte ich den Ausflug nach *Frascati* mit Vasis. Wenn man durch das Haupttor in die 6000 Einwohner zählende Stadt tritt, kommt man gleich auf einen schönen Platz, auf dem sich die große Kathedrale, auch eine Peterskirche, befindet; hier war das Tuskulum der Alten an der etwas rechts liegenden Anhöhe, wohin sich schon Tarquinius zurückgezogen hatte. Am Abhange, an dem Frascati erbaut ist, stehen die schönsten Villen, unter denen die Villa Aldobrandini wegen ihrer herrlichen Lage oberhalb der Stadt besonders erwähnt zu werden verdient, die man auch nur das Belvedere nennt. Sie wurde unter Klemens VIII. von dem Kardinal Aldobrandini, seinem Neffen, angelegt. Die Terrasse, auf der der prächtige Palast steht, ist durch die Schönheit des Marmors, der sie ziert, und die Malerei des Ritters Arpin merkwürdig. Nahe bei der Kapuzinerkirche hatte Cicero sein Landhaus auf einer Höhe, und noch nennt man dessen Überreste, welche Fußböden mit Mosaik haben, die Grotten Ciceros; auch eine Villa Borghese befindet sich hier. In Frascati lebte damals noch der mehr als 80 Jahre alte Herzog von York, Sohn Jakob III., der letzte Sprößling aus dem Hause Stuart, der schon 60 Jahre lang die Würde eines Kardinals bekleidete und von dem König von England eine Pension von 20 000 Skudi bezog; er starb jedoch in demselben Jahre. – Gegen Abend kehrten wir nach Rom zurück und begegneten nahe vor der Stadt einem vierspännigen Wagen, den ich sogleich für die Equipage der Cesarini erkannte. Ich verbarg mich schnell in den Hintergrund des unsrigen, ein Schnupftuch vorhaltend, und glaubte nicht gesehen worden zu sein. Aber ich hatte mich geirrt. Als ich den andern Tag die Principessa Cesarini sah, meinte sie, ich mache mich seit einiger Zeit immer seltener; ich entschuldigte mich mit Dienstangelegenheiten in Albano. – „So, aber doch haben Sie Zeit, Landpartien mit Vasis zu machen; Oh, la germane fede fängt an, mir verdächtig zu werden!"

„Aber der Umgang mit dem kenntnisvollen Antiquar ist sehr nützlich und belehrend für mich."

„Wahrscheinlich auch der mit seiner hübschen Donzeletta." „Ein Kind, Principessa."

„Mit vierzehn Jahren ist man in Rom kein Kind mehr." Gertrude schmollte, wir versöhnten uns aber bald wieder.

Unterdessen war die Karwoche herangekommen, und mit ihr die großen Kirchenfeierlichkeiten Roms. Ich war hauptsächlich darauf gespannt, das weltberühmte Miserere in der Sixtinischen Kapelle zu hören und erhielt durch Torlonias Verwendung Zutritt in die für die Fremden bestimmte Abteilung der Kapelle, wo ich alles bequem hören und sehen konnte. Nachdem alle Kardinäle mit ihren geistlichen Dienern versammelt waren und Platz genommen hatten und Seine Heiligkeit in einem veilchenblauen Talar sich auf einem Thron, zur Rechten des Traueraltars, auf dem nur zwei Kerzen matt brannten, während auf der linken Seite desselben sich elf angezündete und eine gelöschte – welche den Verräter bezeichnete – befanden, niedergelassen hatte, begannen die Choräle. Sooft eine Pause eine Abteilung dieses Gesanges bezeichnete, wurde ein Licht gelöscht, bis auch das letzte verschwunden war und nun eine augenblickliche tiefe Stille und halbe Finsternis eintrat, die aber durch den Ruf einer Sopranstimme: Miserere, Miserere! unterbrochen wurde, worauf sogleich der ganze Chor aus unsichtbaren Höhen einfiel und einen wirklich herrlichen, hochergreifenden Gesang der harmonischsten Melodien anstimmte. Diese himmlische Musik in dem feierlichen Halbdunkel hat in der Tat etwas Überirdisches. Man wird von unnennbaren Gefühlen ergriffen, denen die Sprache keinen Namen zu geben weiß, und glaubt sich in eine andere Welt, in ein Jenseits versetzt. Nach Beendigung dieser Feierlichkeit trat Pius VII. an den Altar und teilte den Segen aus; hierauf begab er sich mit dem ganzen Zug der Kardinäle in die Paulinische Kapelle, wo das Grab Christus', von einem Meer angezündeter Kerzen umwogt, die ganze Kapelle bis zur Wölbung im Feuer zu stehen schien, und das Grab selbst mit einer Feuerglorie umgeben war. Jetzt kniete der Papst mit seinem hohen Gefolge von Kirchenfürsten still betend nieder, und als diese feierliche Andacht vorüber war, standen alle auf und folgten dem Heiligen Vater in derselben Ordnung in die Peterskirche, wo sie wieder an dem an diesem einzigen Tag nicht erleuchteten Grab des heiligen Petrus niederknieten und abermals beteten. Die ungeheure Kirche selbst ist an diesem Abend nur spärlich und matt erleuchtet, und die sich in derselben bewegenden und im grauen, unabsehbar scheinenden Dunkel verlierenden Gruppen gleichen Schatten einer andern Welt.

Die Fastenzeit und die heilige Woche ist endlich vorüber, und am Ostermontag wird der große Petersplatz ganz mit Laub, Myrten, Lorbeeren und Blumen bedeckt, das Volk wogt in unzähliger Menge aus allen Teilen Italiens, und Pilgrime kommen aus ganz Europa herbei, um auf diesem Platz, an diesem Tage, des Segens des Heiligen Vaters teilhaftig zu werden. Das päpstliche Militär, auch mit grünen Lorbeerzweigen geschmückt, die es wahrscheinlich durch seine Frömmigkeit verdient, bildet Spaliere vor der Kirche, auf deren Balkon eine prächtig schimmernde Monstranz zwischen brennenden Kerzen aufgestellt ist; unterdessen macht die Militärmusik, in Erwartung des Papstes, lustige Tanzmusik. In dem Augenblick aber, wo dieser, auf einem Armstuhl getragen, der mit einem Rad von weißen Pfauenfedern geschmückt ist, erscheint, stürzt die ungeheure Masse Volk und Soldaten wie niedergedonnert auf die Knie, alle Häupter entblößen sich, und die Soldaten strecken die Gewehre und senken die Fahnen, der heilige Vater betet mit zum Himmel erhobenen Händen, macht dreimal das Zeichen des Kreuzes, segnet dann das unter ihm wogende Kopfmeer, und Kanonendonner verkündet die Feierlichkeit. Hierauf wird zum Schluß noch die Verdammnis aller Ketzer, Protestanten und überhaupt Nichtkatholiken verkündet und von einem Papier abgelesen, das dann der Menge herabgeworfen wird, die sich darum balgt und es, wie das Volk das Tuch bei der Kaiserkrönung zu Frankfurt, in tausend Fetzen zerreißt, gleichsam als wollte es das unsinnige Urteil wieder kassieren, und sich dann allmählich verliert.

Die berühmte Kuppelbeleuchtung der Peterskirche findet um ein Uhr nach Sonnenuntergang statt; der ungeheure Dom scheint plötzlich in Flammen geraten zu sein, und Kanonendonner verkündet auch dieses seltsame Schauspiel. Bald ist der ganze Platz, Kirche und Kolonnaden von tausend und abermal tausend Lichtern taghell erleuchtet. Abermalige Kanonenschüsse. Jetzt brennt die Girandola auf der nahen Engelsbrücke ab, und Tausende von Raketen entsteigen dem alten Mausoleum Hadrians unter furchtbarem Gekrache. So imponierend auch dieses Schauspiel sein mag, so ist es doch im Vergleich mit einem Ausbruch des Vesuvs Kinderspiel, und steht selbst noch weit hinter den Buketts zurück, die an großen Festtagen in Paris auf dem Konkordienplatz abgebrannt werden.

An fünf Monate hatte ich nun schon in Albano und Rom recht unbekümmert zugebracht und in den Tag hineingelebt. Ich hatte außer den erwähnten Intrigen noch so manche kleine nebenher gehabt, namentlich auch mit einem hübschen Albanermädchen, einer Giovan principiante, und dieses Schlaraffenleben fing endlich an, mir langweilig zu werden, als mich plötzlich eine sehr unangenehme Begebenheit, bei der ich wider Willen und halb gezwungen eine aktive Rolle gespielt, aus demselben riß und ihm ein tragikomisches Ende machte.

Gleich nach Ostern kam eine wandernde Schauspielertruppe nach Albano, um daselbst Vorstellungen zu geben. Eines Morgens in aller Frühe besuchte mich der Impresario (Direktor, Unternehmer) derselben, um sich und sein Theater mir zu empfehlen. Als Verehrer und womöglich Protektor aller dramatischen Kunst, versprach ich ihm auch meinen besonderen Schutz, sowie, um seinem Unternehmen förderlich zu sein, zu tun, was in meiner Macht stünde. Ich nahm ihm auch gleich ein paar Dutzend Billette für einige Skudi ab. Der Mann sah ärmlich und gedrückt aus, hatte eine fast kalabresische, braune Hautfarbe und einen ungeheuren Backenbart. Der Zufall oder mein Unstern wollte, daß in diesem Augenblick gerade Kapitän Caguenec, der mit seiner Kompagnie in dem nahen Velettri, wo er Platzkommandant war, lag, zu mir kam, um mich zu einer Jagd einzuladen und mir zugleich anzuzeigen, daß dieser Tage unser Bataillonschef Duret eine Rundreise machen würde, um alle detachierten Kompagnien zu inspizieren. Er wollte wissen, wer der so elendwild aussehende Mann sei. Ich teilte ihm das Anliegen desselben mit, und wir fragten ihn, was er diesen Abend, es war gerade ein Sonntag, aufzuführen gedenke.

„Ah eccellenza illustrissima", erwiderte der Impresario, „wenn ich so glücklich wäre, am Sonntag spielen zu dürfen, dann wäre mein Glück gemacht."

„Und warum dürfen Sie das nicht?"

„Se. Eminenz, der Herr Bischof Kardinal haben es bei Bann- und Gefängnisstrafe verboten. Man würde mir sogleich das Theater schließen; auch dürfen keine Frauen auftreten, sondern alle Frauenrollen müssen von Männern gespielt werden."

Wir fanden dies sonderbar, besonders da doch in Rom selbst alle weiblichen Rollen mit Frauen besetzt wurden, und machten dem Signor Impresario diese Bemerkung, der aber nur mit Achselzucken antwortete. Da man gerade das Frühstück auftrug, so lud ich den armen Teufel ein, teil daran zu nehmen, was er mit großem Dank und freudig akzeptierte. Wir waren zu fünf, Caguence hatte seine Geliebte, ein artiges Mädchen aus Velettri, mitgebracht, Leutnant Felix, mein Unterleutnant, der Impresario und ich. Wir ließen uns das Frühstück und den Albanerwein so trefflich schmecken, daß wir alle äußerst munter wurden und – bis auf das Mädchen und mich – etwas in dem Dach vulgo Kopf hatten; Caguenec aber trank sich nach seiner löblichen Gewohnheit wieder einen bösen Rausch an und war bald so en train, daß er übersprudelte; dieser Mensch war mein böser Geist.
„Höre“, fing er beim Nachtisch an, „sage mir doch, wer ist denn eigentlich hier Kommandant? – Du oder der Bischof? – So ein Pfaffe sollte sich in Velettri unterstehen, zu verbieten, daß man am Sonntag Komödie spiele. Ich wollte ihm seine Bischofsmütze zurechtsetzen, daß er daran denken sollte. Befiehl du nur, daß heute abend Komödie gespielt werde, du hast das Recht dazu!“
Ich hatte auch den Kopf etwas warm, Felix noch mehr, er gab dem Caguenec vollkommen recht, und wir sagten dem Impresario, er müsse diesen Abend eine Vorstellung geben, was er jedoch abzulehnen suchte, sich mit dem Verbot der geistlichen Behörde entschuldigend; das Mädchen pflichtete ihm bei, sie meinte, der Proveretto würde ja ewig verdammt, wenn er sich so etwas unterstünde. Caguenec wollte, daß wir zum Bischhof gehen und diesem befehlen sollten, seine Einwilligung zu geben; wir, die vier Männer, fanden diesen Vorschlag vernünftig, und machten uns nach dessen Palazzo auf, wo aber der Impresario unten an der Türe stehen blieb, während wir dessen Stufen hinaufeilten. Der Gang durch die Luft

hatte uns, und besonders Caguenec, noch mehr erhitzt, und die Köpfe glühten. – Nachdem wir die Treppen hinaufgestürmt waren, begegneten wir einem geistlichen Diener, den wir nach seinem Herrn fragten und ihm befahlen, uns zu ihm zu führen, der Kommandant von Albano habe mit ihm zu sprechen; dieser wollte uns erst melden. Er sagte, er wisse nicht, ob Seine Eminenz schon zu sprechen sei.

„Was sollen die Umstände“, fiel ihm Caguenec ins Wort, „für französische Offiziere muß er immer zu sprechen sein!“ Wir folgten alle drei dem Diener auf dem Fuß in das Gemach, wo Seine Eminenz, noch im tiefsten Negligé auf einem Faulbett ausgestreckt, Schokolade zu sich nahm.

Ohne alle weitere Entschuldigungen brachte ich sogleich mein Gesuch vor, aber der erschrockene Prälat gab mir nach einigen Augenblicken zur Antwort, er könne unmöglich in dieses willigen, und schützte geistliche Verordnungen vor.

„Was Verordnungen“, fiel ihm Caguenec ins Wort, „hier hat niemand etwas zu verordnen als der Platzkommandant von Albano, und Sie haben sich um das Messelesen und sonst um nichts und den Teufel um das Komödienspielen zu bekümmern.“

„Questo è vero“, fiel ich ein, begehrte seine Einwilligung, damit diesen Abend gespielt werden könne, schriftlich, wozu er sich aber schlechterdings nicht verstehen wollte.

„Wer wird so viele Umstände mit dem Pfaffen machen!“ rief jetzt Caguenec, faßte die Eminenz, ehe wir's uns versahen, beim Kragen, riß sie vom Ruhebett herab und schrie: „Pfaffe, jetzt schreib', oder es setzt Hiebe.“ – Aber der arme Bischof schrie aus vollem Halse: „Ajuto, ajuto, sou assassinato!“ (Zu Hilfe, ich bin ermordet!) Caguenec, wütend, versetzte dem geistlichen Herrn nun derbe Püffe und Stöße mit geballter Faust; drei bis vier Diener sprangen zwar ins Gemach, blieben jedoch vor Schrecken, als sie ihren Herrn so behandeln sahen, unbeweglich an der Türe stehen. Endlich gelang es uns, dem Leutnant Felix und mir, den tollen Caguenec von dem Kardinal abzuhalten, den ich nun noch einmal ersuchte, das an ihn gestellte Begehren zu bewilligen, indem er sich sonst noch größeren Unannehmlichkeiten aussetzen würde. Jetzt gebot er einem seiner Diener, ihm das Calamajo (Schreibzeug) zu geben, und schrieb nieder, daß er dem Impresario für diesen Abend eine Vorstellung erlaube. – Caguenec sagte: „Warum tatest du dies nicht gleich, dummer Pfaffe, dann würdest du dir die Püffe erspart haben." – Wir empfahlen uns, das Papier in der Hand, dem Bischof einen buon giorno wünschend, und zeigten es triumphierend dem unten harrenden Impresario, der – ignorierend wie wir dasselbe erlangt hatten – darüber ganz entzückt war und uns ein vortreffliches Schauspiel, „I brigandi" betitelt, versprach. Caguenec und Felix gingen Arm in Arm zu dem nach Rom führenden Tor hinaus bis zu dem Grabmal des Askanius, wo sie sich niedersetzten und einschliefen, während ich mich heim begab, um auf ein paar Stunden nach Rom zu reiten, mir aber vornahm, zur Vorstellung der Brigandi wieder zurück zu sein. Als ich in das Zimmer trat, sprang mir Caguenecs Geliebte entgegen, mich fragend, wo ich ihren Capitano gelassen habe und wie die Sache abgelaufen sei. Ich gab ihr über beides die gehörige Auskunft und fand jetzt, daß Regina eine recht hübsche schlanke Brünette sei und ein Paar recht feurige, funkelnde Augen habe, was ich vorher gar nicht wahrgenommen hatte. Ich ließ mich in ein Gespräch mit ihr ein und erfuhr, daß sie die Tochter einer Uhrmacherswitwe in Velettri wäre, die einige Wein- und Obstgärten dasselbst besaß. Dort habe sie zufällig Caguenecs Bekanntschaft gemacht, und er ihr den Antrag gestellt, sie als seine Geliebte zu unterhalten, worin ihre Mutter auch eingewilligt, da er viel versprochen habe und ihre Umstände nicht die glänzendsten seien. Bis jetzt aber habe er von den Versprechungen keine gehalten; außer Nahrung und Wohnung habe sie noch nichts von ihm bekommen und ihm doch ihre Jungfrauschaft gebracht. Dazu sei er noch obendrein sehr oft imbriaco (betrunken), da hätte sie denn ihre liebe Not mit ihm. Sie habe sich schon die unsäglichste Mühe gegeben, ihm diese Sünde abzugewöhnen, aber vergeblich; öfters komme er in einem solchen Zustand heim, daß er sich ganz angekleidet auf das Bett fallen lasse und, ohne sich zu rühren, bis zum anderen Morgen schlafe.

Die naive Einfalt, mit der mir Regina diese Erzählung machte, brachte mich zum Lachen. Ich nahm sie in meinen Arm, küßte sie und sagte zu ihr, es sei gewiß recht fatal, daß der Mann so einen festen Schlaf habe. – „Freilich", erwiderte sie, „und das fatalste ist, daß ich dabei nicht einschlafen kann." – „Du mußt dich dafür rächen und entschädigen", versetzte ich ihr, sie auf meinen Schoß ziehend. – „Ei, das möchte ich wohl, wenn ich nur Gelegenheit dazu hätte." – „O, die soll sich leicht finden", meinte ich, küßte das schon glühend werdende Mädchen recht innig, verriegelte die Stubentür und zog sie in das anstoßende Schlafgemach. – Nach einer halben Stunde verließen wir dasselbe wieder, und um bei Caguenec allen Verdacht zu vermeiden, schwang ich mich auf mein Pferd und ritt zum Tore hinaus, der Landstraße nach Rom zu, wo ich die beiden Schläfer noch an Askanius' Mausoleum schnarchend fand, sie mit einem lauten Halloh aufweckte und ihnen verkündete, daß ich nach Rom reite, dem Caguenec lachend zurufend: „Du bist mir ein sauberer Held, deine Regina sitzt bei mir verlassen und seufzt und langweilt sich."

„Himmelsapperment", schrie Caguenec, sich die Augen reibend, „ich habe ganz vergessen, daß ich die Hexe bei mir habe; höre, du wirst mir doch keine Streiche gemacht haben, sonst könntest du mir leicht vor die Klinge müssen."

„Wo denkst du hin, ich habe mehr zu tun, als mich um deine Geliebte zu bekümmern."

„Wenn auch, ich kenne dich, du bist mir ein sauberer Zeisig."
Ich sprengte indessen mit einem „Albernes Zeug" davon, suchte in Rom die Vernetti auf, bei der ich über Mittag blieb, und sie dann gegen Abend in einem Wagen mit nach Albano nahm, damit sie der vom Impresario versprochenen Extravorstellung beiwohnen könnte. Das war sie in jedem Betracht, ich hatte noch nie so etwas gesehen. In einer Art Scheune war eine Erhöhung von einigen Holzblöcken und Brettern gemacht und mit alten Lumpen behangen, deren Farbe der beste Chemiker nicht mehr hätte ausfindig machen können. Einige abgerissene und davorgestellte Baumzweige sollten einen Wald vorstellen. Und nun erst die Schauspieler! Die Briganten in Kalabrien waren noch wie Fürsten im Vergleich mit diesen gekleidet. Das Ärgste aber die rot- und schwarzbärtigen Aktricen und deren Kostüme: schmutzige Tücher auf Poissardenart um die Köpfe gewunden, Unterröcke um die Hüften hängend, welche hinten und vorne so große Löcher hatten, daß man einen Kopf durchstecken konnte, deren Farbe mit der der Dekorationslappen ganz harmonierte, zerrissene Hemdärmel und ein über das Hemd und den bloßen Hals geworfenes lumpiges Tuch vervollständigte das Erbärmliche ihrer Garderobe. Diese vom Galgen gefallenen Burschen machten die zärtlichen Liebhaberinnen. In den ersten Reihen des Publikums saßen Caguenec und seine Geliebte, die Vernetti, ich, Felix, ein paar Lieferanten usw. und dann noch einige zwanzig andere Zuschauer, Einwohner aus Albano, aber kein einziges weibliches Wesen außer den beiden angeführten. Der Herr Impresario hatte sich verrechnet, die Leute in Albano waren zu devot, um eine Sonntagskomödie zu besuchen. Um den Saal, eine Art Stall, zu füllen, ließ ich sämtlicher Mannschaft und den Unteroffizieren der Kompagnie, die nicht in Dienst waren, Gratisbilletten geben, für die ich zwei Skudi bezahlte. Nicht leicht wieder wird sich eine solche Künstlergesellschaft und ein solches Pu-

blikum zusammenfinden, und dennoch amüsierte ich mich, wenigstens eine Zeitlang, königlich, denn die Gebärden, Grimassen, Deklamationen, Zärtlichkeiten und das Herumvagieren der Schauspieler mit Händen und Füßen war über alle Maßen komisch-heroisch und possierlich. Blicke warfen sie um sich, welche auch Steine zum Erbarmen, zum Schaudern und zum Lachen hätten bringen können. Das Sujet des Stückes war schwer zu erraten, Mord und Raub aber der Hauptinhalt. Wir blieben bis zur Hälfte der Vorstellung, nahmen dann eine Cena ein, und Caguenec mit seiner Dulcinea blieben über Nacht bei mir. An Zimmern und Betten fehlte es mir ja nicht; ich hätte noch ein paar Dutzend solcher Paare beherbergen können. Am anderen Morgen empfahlen sich meine Gäste, nachdem sie noch gehörig gefrühstückt hatten, und gegen Abend brachte auch ich meine junge Witwe wieder in ihre Wohnung zurück.

Drei Tage nach dieser Vorstellung, als ich eben im Begriff war, meinen gewohnten Ritt nach Rom zu machen, fuhr eine Postchaise an meiner Wohnung vor, aus der mein Bataillonschef Duret und sein Adjutantmajor sprangen, die zu mir heraufstürmten. Ersterer begrüßte mich mit den Worten: „Voilà une belle affaire, que diable avez-vous fait?“ Er zog dabei einen Bericht aus der Tasche, der den Vorgang bei dem Kardinal mit den grellsten Farben aufgetragen enthielt, und in dem zugleich von seiten der päpstlichen Regierung auf die strengste Untersuchung und Bestrafung angetragen wurde. Ich erzählte Duret den Zusammenhang der ganzen Geschichte, der dann ausrief: „Das wird eine saubere Sauce werden, toujours ce diable de Caguenec, aber über Sie wird das ganze Wetter kommen, denn Sie sind hier Kommandant. Der kommandierende General in Civita Vecchia ist sehr aufgebracht, und ich habe sogar den Auftrag von ihm, nach Befinden der Umstände, Ihnen sogleich Arrêts forcés zu geben. Ich will indessen mein möglichstes tun, diese unangenehme Sache so glimpflich als es tunlich zu beseitigen, aber ganz mit heiler Haut werden Sie nicht davonkommen." – Nachdem er ein Frühstück genommen, fuhr Duret nach Velettri ab, um auch den Caguenec zu verhören, setzte dann seine Inspektionsreise nach Biberno, Porto-d'Anzo usw. fort, und kehrte nach Beendigung derselben nach Civita Vecchia zurück.

Unterdessen war mir diese Sache nicht gleichgültig; ich teilte den Vorfall der Cesarini mit, die mir den Rat gab, dem Kardinal einen Besuch zu machen und mich bei ihm zu entschuldigen. Hiezu konnte ich mich aber nicht entschließen, und während ich so zwischen dem, was ich zu tun und zu lassen hätte, schwankte, kam eines Morgens der Kapitän Stahl an und verkündetete mir, daß er die Order habe, mich abzulösen. Ich sei zum dritten Bataillon, das noch in Genua lag, versetzt, und Duret schrieb mir dazu, ich könne Gott und ihm danken, daß die Sache so gelinde abgelaufen sei; der General habe anfangs durchaus auf einem Kriegsgericht bestanden, und nur mit großer Mühe habe man ihn davon abgebracht. – So unangenehm mir auch diese Versetzung war, so wurde ich denn doch jetzt von aller peinlichen Ungewißheit befreit, die mich seit acht Tagen quälte. Ich erhielt meine Marschroute, mit der Order, mich sogleich an meinen neuen Bestimmungsort zu verfügen. Hier blieb nichts übrig als zu gehorchen. Nicht ohne Wehmut nahm ich von all meinen Bekannten und den Familien in Rom, in deren Häusern ich so manche Freude, soviel Annehmlichkeiten genossen und mit so liebenswürdiger Liberalität aufgenommen worden war, Abschied. Torlonia, dem ich die Ursache meiner Versetzung gesagt, antwortete, daß, wenn ich ihm den Vorfall gleich mitgeteilt, er die Sache gewiß ausgeglichen haben würde und es dann zu keiner Klage gekommen wäre. Aber wer sich meine Abreise am meisten zu Herzen nahm, war die Cesarini, trotzdem ich sie in der letzten Zeit so ziemlich gleichgültig behandelt oder doch sehr vernachlässigt hatte. Sie wollte sich anfänglich gar nicht darein finden und entwarf allerlei

Pläne, mich nach Genua zu begleiten, daselbst zu wohnen usw. Ich hatte große Mühe, ihr die Unausführbarkeit eines solchen Vorhabens begreiflich zu machen, und um sie einigermaßen zu beschwichtigen, beschloß ich, noch acht bis zehn Tage inkognito in Rom zu bleiben, und dann, statt mich an die Marschroute zu halten, mit Extrapost nach Genua zu reisen, wodurch ich beinahe einen ganzen Monat Zeit gewann. Dies schien sie etwas zu beruhigen, aber nun machte sie mir eine Eröffnung, die mich nicht wenig überraschte. Sie gestand mir nämlich, daß sie in der Hoffnung sei und daß sie, seit sie mich kenne und schon vorher, durchaus keinen vertrauten Umgang mit ihrem Gatten mehr gehabt habe, daher nicht wisse, was dies noch für Folgen nach sich ziehen könne; sie mache sich indessen deshalb gerade keine großen Sorgen, denn der Herzog halte sich ja auch Mätressen und bekümmere sich gar nicht um sie, auch könne sie es wohl veranstalten, ihre Niederkunft geheim zu halten. Ich verkaufte jetzt mein Pferd, schaffte mir dafür eine schon gebrauchte Kalesche an, schlug einen Wagen, den mir Gertrude zum Geschenk machen wollte, aus und brachte die wenigen Tage, die ich noch in Rom war, fast täglich in ihrer Gesellschaft zu. – Noch hatte ich die Trajanssäule nicht bestiegen, und als ich diesen Wunsch äußerte, versetzte sie: „Das können wir noch zusammen tun." Bei der Ausführung dieses Planes fiel mir Madame Gasqui und die Antoninsäule ein, bei deren Besteigung ich die erste Veranlassung zu einer intimeren Bekanntschaft mit ihr gehabt. Als wir kaum oben waren, sah mich meine Begleiterin plötzlich mit einem grellen Blick an und sprach: „Wie, wenn ich mich da hinabstürzte, dann hätten auf einmal alle Sorgen und alle Pein ein Ende." – „Sind Sie toll?" fiel ich ihr ins Wort, und faßte sie schnell am Arm; sie sah mich aber nur lachend an und sagte: „Habe keine Angst, so weit ist es noch nicht, wenigstens müßtest du dich mit mir hinabstürzen wollen." – „Dazu spüre ich noch keine Lust", erwiderte ich ihr, „es wäre ein dummer und nicht einmal gewisser Tod; ich will doch zehnmal lieber durch eine Kugel fallen." Ich umfaßte und küßte sie und machte, daß wir bald wieder hinabkamen.

Auch sah ich während der wenigen Tage, die ich jetzt noch in Rom inkognito verweilte, ein sehr seltenes Fest, die Feier einer Heiligsprechung. Es waren fünf schon Jahrhunderte verfaulte Individuen, unter denen sogar ein Mohr, namens Franzisco Caracolo, die zu neuen Heiligen gestempelt wurden. Wie selig mögen diese Leute an dem Tage im Himmel gewesen sein, als sie durch die Wolken herab der Komödie ihrer Heiligmachung zusahen! – Die sämtliche Geistlichkeit und alle Mönchsorden waren in Bewegung, und seit dem Grauen des Tages zeigten sich die endlosen Prozessionen. Den neugebackenen Heiligen hatte man auch eigene, ihnen zugehörige Prachtfahnen verfertigt, die bei dem Hauptzug glänzten, bei dem sämtliche Geistliche am hellen Tag angezündete Kerzen trugen. Außer diesen Fahnen paradierten wenigstens noch tausend andere. Der Zug kam aus den Pforten des Vatikans und ging durch die Kolonnaden des mit einer ungeheuern Menschenmenge übersäten Petersplatzes. Der Papst selbst sang zuerst ein Ave-Maria mit etwas heiserer Stimme in der Sixtinischen Kapelle und wurde dann auf seinem Pfauensessel auf den Platz getragen. Hier gab ihm der Prokurator, ein Kardinal, der die Sache der heiligzusprechenden Seligen führte, zwei buntbemalte große Wachskerzen, und die ganze Klerisei in großem Ornat, nach den Abstufungen ihres Ranges geordnet, hielt nun einen Umzug. Da sah man jede Gattung kirchlicher und apostolischer Kammerbeamten, Äbte, Diakone, Patriarchen, Bischöfe, Erzbischöfe, Kardinäle, die Kardinaldiakonen, die Großwürdenträger usw., vom Kirchendiener und Chorknaben bis zum dreigekrönten Heiligen Vater selbst, alles en grande tenue, die Priester in Meßgewändern, die Diakonen mit der Dalmatika, die Bischöfe mit dem Pluviale usw. bekleidet. Der Papst folgte dem Zug auf seinem Armsessel, und seine Kämmerer wehten ihm frischen Wind mit Fächern von Pfauen- und Straußfedern zu, während vier Prälaten einen Traghimmel über ihn hielten. Ein Kardinal sang während dieser Prozession das Evangelium ab. Die Schweizergarden in alter Knappentracht, mit Hellebarden, und die päpstliche Nobelgarde bildeten auf beiden Seiten des Zuges schützende Spaliere. Als der Papst in die am hellen Tag mit Tausenden von angezündeten Kerzen erleuchtete, aber ganz verhängte Kirche kam, fiel der hundertstimmige Chor mit dem Tu es Petrus ein. Jetzt verrichtete der Heilige Vater ein Gebet und nahm dann auf dem für ihn hinter dem Hochaltar errichteten Thron Platz. Hier küßten ihm die Geistlichen, jeder nach seinem Range, die Kardinäle die Hand, die Bischöfe die Knie, und die anderen die Füße. Nachdem dies geschehen, nahmen alle ihre angewiesenen Plätze ein, die Kardinäle dem Papst zunächst, in einem Halbkreis. Jetzt trat der Kardinalprokurator der zu fabrizierenden Heiligen in Begleitung eines geistlichen Advokaten vor den Thron, wo beide niederknieten, und letzterer das Anliegen, die Seligen zu Heiligen zu machen, lateinisch vorbrachte, sie dabei mit Namen nennend. Der Papst ließ aber durch seinen Segretario da brevi erklären, daß eine so hochwichtige Angelegenheit mit reiflicher Überlegung zu behandeln sei, und man vor allem damit beginnen müsse, die Jungfrau Maria, den heiligen Petrus, den heiligen Paulus um ihren mächtigen Beistand anzuflehen. Dies tat nun der Papst selbst, indem er niederkniete, und während seinem Gebet wurde die ganze Litanei der Heiligen abgesungen. Hierauf setzte sich Pius VII. wieder auf den Thron und ließ auf eine zweite Bitte des Kardinalprokurators erwidern, dies sei noch nicht hinreichend, man müsse nun auch noch den Beistand des Heiligen Geistes, der die Quelle alles heiligen Lichtes sei, anrufen. Der Papst und die ganze Klerisei knieten abermals nieder und beteten erst still zum Heiligen Geist, bis ein Kardinal ein „Steht auf!“ (Levatevi) rief, worauf der Papst und die Kardinäle das Venite creator spiritus anstimmten, dann betete Pius wieder, nahm zum drittenmal Platz auf seinem Thron, und ließ endlich den zum drittenmal mit seinem Advokaten vortretenden Prokurator erklären, durch Hilfe des Heiligen Geistes sei er jetzt zur Erkenntnis gekommen, daß der liebe Gott die ihm vorgeschlagenen Heiligen als solche anerkennen und mit allen einem Heiligen notwendigen Qualitäten versehen wolle. (Worin diese eigentlich bestehen, wurde aber nicht gesagt.) Der Papst verkündete jetzt von seinem Thron herab, im Namen der heiligen und unteilbaren Dreieinigkeit, die Heiligsprechung in lateinischer Sprache, die vom Kardinalprokurator dankbarlichst anerkannt wurde, dessen Advokat untertänigst um die Ausfertigung der Patente der neuen Heiligen bat, welche der Papst auch huldreichst bewilligte. Es wurde ein Protokoll über diese Kanonisation aufgenommen, wobei die Familiaren des Heiligen Vaters mit den Worten „Vobis testibus" zu Zeugen aufgerufen wurden. Jetzt stimmte Pius VII. den Ambrosianischen Lobgesang an, worauf Posaunen und Trompeten von den Tribünen herabschmetterten, der Kanonendonner von dem Kastell St. Angelo erdröhnte, die Glocken *aller* Kirchen in ganz Rom sowie die des Kapitols eine ganze Stunde lang läuteten und somit der christlichen Welt verkündigten, daß sie um fünf neue Heilige reicher sei. Der Papst erteilte noch dem guten Volk verschwenderisch Absolution und Segen, las eine feierliche Messe, wobei er zum erstenmal zu den neuen Heiligen betete, sie um ihren kräftigen Schutz anflehte, und man ihnen die ersten Opfer brachte, bestehend in Wachskerzen, Wein in silbernen und vergoldeten Fäßchen, versilbertem und vergoldetem Brot, Tauben und sonst allerlei Vögeln, die man fliegen ließ, und die dann die meiste Aufmerksamkeit in Anspruch nahmen. Die Opfergaben befanden sich während der ganzen Zeremonie auf vergoldeten Kredenztischen zur Schau ausgestellt, unter ihnen waren über einen halben Zentner schwere

Wachskerzen, auf welchen die gewiß sehr ähnlichen Bilder dieser Heiligen, unter denen nebst dem Mohr auch ein lausiger, bei lebendigem Leibe vom Ungeziefer zerfressener Bettler, gemalt waren. Die Opfergaben wurden sämtlich dem Papst zur gefälligen Beschauung und Einsegnung vorgetragen und die geistlichen Kameriere, denen dies zu tun oblag, hatten ihre liebe Last mit den schweren Kerzen. Der Papst erhielt außerdem auch noch für sich eine Börse mit fünfundzwanzig Paoli (etwa fünf Gulden) für die gelesene Messe, die ihm der Kardinalerzpriester im Namen des Kapitels überreichte. – Endlich ließ sich der Heilige Vater wieder in den Vatikan tragen und gab von der großen Loggia aus noch einmal unter Kanonendonner, Glockengeläute, Posaunengeschmetter und Trommelschlag dem Volk seinen Segen, womit die ganze Feierlichkeit beendet war. Bei mir selbst dachte ich: so imposant auch die Handlung in der Kirche war, den Kardinälen und den Päpsten muß es doch ergehen, wie Ciceros Auguren, die sich, ohne wenigstens innerlich zu lachen, nicht ansehen können. – Arme Sterbliche wollen die Leute im Himmel zu Heiligen machen! –

Ich war indessen froh, auch noch diese geistliche Komödie gesehen zu haben und bereitete mich auf meine nahe Abreise vor. Am Abend vor derselben fand sich Gertrude zum letztenmal bei mir ein und brachte die Nacht bis zwei Uhr morgens bei mir zu, gab mir zum ewigen Andenken eine über vier Schuh lange Locke von ihrem schönen Haar und einen goldenen Ring, auf dem das Kolosseum, wo wir so manche trauliche Stunde zugebracht hatten, in Mosaikarbeit abgebildet war. Andere prächtigere Geschenke hatte ich mir durchaus verbeten. Ich führte sie endlich in ihre Wohnung zurück, wo ich ihr den letzten, langen Abschiedskuß in ihrem Schlafgemach gab und sie in Tränen gebadet verließ. – Ihre letzten Worte waren: „Non dimenticarmi" (Mich nicht vergessen); ich erwiderte, daß ich hoffe, sie bald wiederzusehen. Ich hatte ihr versprochen, mein möglichstes zu tun, um wieder

meine Versetzung zum ersten, im Kirchenstaat liegenden Bataillon zu bewirken, was ich mir auch vornahm.
Um vier Uhr morgens hatte ich die Pferde bestellt. Als aber der Wagen vorfuhr, sah ich statt der alten Kalesche, die ich gekauft, einen ganz eleganten modernen Reisewagen, und als ich meinen Burschen fragte, was dies zu bedeuten habe, gestand mir derselbe, daß diese Verwechslung gestern nachmittag auf die dringende Bitte einer Dame geschehen sei, die ihm zu gleicher Zeit ein Geschenk von zehn Zechinen gemacht und ihm dabei gesagt habe, der Wagen komme aus so lieben Händen, daß er seinem Herrn die größte Freude, die man ihm heimlich zu machen wünsche, verursachen würde. Zugleich stellte mir der Bursche noch ein Schlüsselchen zu, das zu einem Wagenkistchen gehöre, was außerdem noch versiegelt war. Hier blieb nichts übrig, als mich des Geschenks zu bedienen, von dem ich wohl denken konnte, wo es herkam. Der Koffer war gepackt, die Pferde angespannt, meine Kalesche fort, und ohne die splendide Geberin zu beleidigen und tief zu kränken, konnte ich das Geschenk nicht wohl zurückschicken. Ich stieg in den Wagen, befahl dem Postillon im starken Trabe davon und zur Porta Popolo hinauszufahren, und warf mich, tief in meinen Mantel gehüllt, in den Hintergrund desselben, über die seltsamen Wege des Schicksals meditierend, Rom mit Bedauern verlassend, ohne mich noch einmal nach der ewigen Stadt umzusehen, in der ich so viele Freuden genossen, deren Erinnerungen ich nun an meiner Phantasie vorübergehen ließ.

IV

Reise über Florenz nach Genua – Siena – Ankunft zu Florenz – Eine Überraschung – Der Palazzo-vecchio und seine Umgebung – Ein Abenteuer – Die Kathedrale San Maria del Fiore – Blutige Begebenheiten in derselben – Die mysteriösen Schönen – Santa Croce – Der Palast Pitti – Der Garten Boboli – Der Palazzo del Podesta – Historische und topographische Notizen – Savonarola – Lady Mary – Das Arnotal – Die schönen Strohflechterinnen – Abreise nach Genua – Livorno – Pisa – Ankunft in Genua

Da ich als Partikulier und nicht als Militär, das heißt wenigstens nicht nach meiner Marschroute, reiste, die mir volle 35 Tage bis zu meiner Ankunft in Genua gestattete, so hatte ich beschlossen, meinen Weg über Florenz zu nehmen. Nachdem ich die Ponte Molle passiert und Rom im Rücken hatte, dachte ich auch wenig mehr an das Vergangene, sondern beschäftigte mich mit dem Gedanken, nun bald die schöne Hauptstadt Toskanas und dann meine genuesischen Schönheiten, deren ich mich jetzt erinnerte, wiederzusehen, mit denen ich doch auch so manche vergnügte Stunde hingebracht hatte. Luftschlösser in die Zukunft bauend, war ich, ohne es zu bemerken, entschlummert und so durch die öde und ungesunde Gegend nach *La Storta* gekommen und erwachte dort erst bei dem Umspannen der Pferde. Der Weg ging nun über *Ronciglione*, ein ziemlich wohlhabendes Städtchen, *Viterbo*, die alte Hauptstadt Hetruriens, *Voltorna*, das an dem Berge Cimino liegt, nicht unbedeutend und mit Mauern befestigt ist, *Montefiascone*, wo sich ein Augsburger Prälat an dem dortigen vortrefflichen Wein zu Tode gesoffen hat, den ihm sein vorauseilender Diener, der alle Weine kosten und die guten seinem Herrn mit est bezeichnen mußte, hier aber mit est, est, est, also dreimal gut, anschrieb, seitdem nennt man diesen Wein Vino d'est oder Estwein, *Bolsena*, die alte Hauptstadt der Volsker, wo sich das bekannte Wunder mit der Hostie zutrug, die sich plötzlich in Blut verwandelte, was die Veranlassung zur Feier des Fronleichnamsfestes ward; *Acquapendente*, *Radico-*

fani, *Chiusi*, ein Flecken, der an der Stelle des alten Clusium, einst Porsennas Residenz, liegt, passierte ich des Nachts und kam den folgenden Abend erst spät zu *Siena* an. Der Weg ging beständig durch die Apenninen und ist an manchen Orten sehr gefährlich und steil, sollte auch hinsichtlich der Räuberbanden nicht sehr sicher sein, weshalb ich immer auf dem Qui vive war und meine scharf geladenen Pistolen zur Hand hatte. Das Gebirge ist in dieser Gegend voll von Schluchten und unzugänglichen Abgründen, daher zum Aufenthalt für Raubgesindel geeignet. Ich war auf dem ganzen Wege fast nirgends eingekehrt und hatte mich mit etwas rohem Schinken, süßem Montefiascone und Ovieto im Wagen begnügt. In *Buonconvento*, zwei Stunden vor Siena, ein unbedeutendes Dorf, bekannt durch die Vergiftung Kaiser Heinrich VII. durch einen Dominikanermönch, dessen Messe er eben beigewohnt hatte, wurde mir zum erstenmal ein Paß von einem Landdragoner abverlangt. – Als ich mich ihm als einen französischen Offizier zu erkennen gab, wollte er meine Marschroute gar nicht einmal ansehen und wich voll Respekt zurück.

In *Siena* verweilte ich einen Tag, um mich auszuruhen. Man will die Erbauung dieser uralten Stadt den Galliern zuschreiben, die unter Brennus in Italien eindrangen und Rom verwüstet hatten; sie liegt in den Apenninen, auf dem Krater eines ausgebrannten Vulkans und über vielen unterirdischen Höhlen. Ihre Straßen sind fast alle bergig; sie hat meistens alte gotische Häuser, die zur Not als ebensoviele feste Burgen dienen könnten, und denen man auch ansieht, daß sie zur Zeit der Bürgerkriege erbaut wurden. Die Stadt war im Mittelalter sehr bevölkert und wegen ihrer Freiheitsliebe berühmt. Lange rivalisierte sie mit Florenz und Pisa, nachdem sie nach dem Sturz des römischen Reiches eine unabhängige Republik gebildet hatte. Sie war jetzt eine der ansehnlichsten Städte Toskanas und hat eine von Cosimo I. erbaute Zitadelle. Das schönste Denkmal Sienas ist seine prächtige Kathedrale, ein gotisches Gebäude, das in allen seinen Teilen von der alten italienischen Herrlichkeit zeugt. Sie liegt auf einer Anhöhe, die den sie von drei Teilen umgebenden Platz beherrscht. Ihr Fußboden, zum Teil aus Mosaik bestehend, stellt verschiedene Geschichten aus dem Alten Testament dar, die in weißem, grauem und schwarzem Marmor ausgeführt sind, wobei man so schön gezeichnete Köpfe findet, daß sie eines Raffael würdig wären. Die Schnitzwerke, welche das Chor umgeben, sind Meisterwerke der Kunst und Geduld. Einige treffliche Bildsäulen von Bernini – namentlich eine Magdalena – und Michelangelo, sowie einige ganz vorzügliche Gemälde verdienen besonders gewürdigt zu werden. In einer Galerie, die rings um das Schiff der Kirche läuft, sind die Büsten aller Päpste bis auf Alexander III. aufgestellt; auch die Grazien von weißem Marmor sah ich hier. Die Fenster, die durch eine Menge kleiner Säulen gebildet werden, von denen die einen immer vor den andern stehen, gleichen Theaterperspektiven, die Wölbungen sind azurblau, mit goldnen Sternen besät und der Dom ruht auf Marmorsäulen. Die Kuppel der Kapelle der Heiligen Jungfrau ist ganz vergoldet, und der mit Lapislazuli eingelegte Altar ist mit Säulen von meergrünem Marmor geschmückt. Eine Statue des heiligen Johannes aus Erz, von Donatello, wird allgemein bewundert. Die Malereien der Sakristei erregen nicht minder Bewunderung. Man schreibt sie dem Raffael zu, der sie jedoch nur retuschiert hat; Pinturicchio heißt der Künstler, der sie schuf.

Man zeigt den Fremden auch gerne die Schlafstube der hier 1347 geborenen heiligen Katharina, deren Vater ein Färber war, und die jetzt zu einer Kapelle umgeschaffen ist. Besonders aber ist darin das Fenster merkwürdig, durch welches Christus ihr seine nächtlichen Besuche, versteht sich in allen Ehren, abgestattet hat. Auch den Verlobungsring, den er ihr verehrt, zeigt man; ist er im Himmel verfertigt worden, so beweist er, daß es die Goldarbeiter daselbst noch zu keiner hohen Stufe der Vollkommenheit gebracht haben, denn er ist von keiner sehr eleganten Fasson. Siena hat nur einen großen, mit vielen Buden umgebenen Platz, auf den viele Straßen führen. In der Dominikanerkirche befindet sich ein merkwürdiges Gemälde auf Holz, mit der Jahreszahl 1221. Die Stadt hat dem Heiligen Stuhl sieben Päpste geliefert, darunter Gregor VII. und Alexander III. Die Frauen sind wegen ihrer Schönheit, ihrer weißen Haut und frischen Farbe berühmt. Auch wird hier das reinste und wohlklingendste Italienisch und zwar sehr korrekt gesprochen.

Mit einbrechender Nacht fuhr ich nach Florenz ab, wo ich noch lange vor Tag ankam und Mühe hatte, das dienende Personal eines Gasthofs aus dem Schlafe zu wecken, um mir ein Zimmer anweisen und eine erquikkende Schokolade bereiten zu lassen. Letzteres versteht man nirgends so gut als in Italien. Ich hatte mir vorgenommen, vierzehn Tage bis drei Wochen in Toskanas schöner Hauptstadt zuzubringen, da ich durch mein schnelles Reisen diese Zeit vollkommen wieder einbringen und jedenfalls zu dem auf der Marschroute bezeichneten Zeitpunkt in Genua eintreffen konnte. Nachdem ich ein paar goldene Morgenstunden verschlafen, ließ ich meinen Koffer und auch das verschlossene und versiegelte Wagenkistchen auf mein Zimmer bringen, das zu öffnen ich bis jetzt noch keine Muße gefunden hatte, da die Sehenswürdigkeiten Sienas alle meine Zeit daselbst in Anspruch nahmen. Ich entsiegelte und schloß das Kästchen auf, und war vor Verwunderung starr, als ich es mit der feinsten Batistwäsche, gestickten Taschentüchern und Hemden angefüllt fand. Oben lag ein in rosenfarbiges Seidenpapier gewickeltes Portefeuille von blauem Samt, auf dem mit Perlen Gertrudens Namenszug, von einem Blumenkranz umgeben, gestickt war, als ich es öffnete, fiel mir ein auf Velinpapier mit Goldrand geschriebenes Briefchen in die Hand, das mit einer Brillantnadel, mit einem von Rubinen umfaßten prächtigen Solitär, zugesteckt war. Ich nahm die Nadel herunter, entfaltete es und las:

„Carassimo Fernando!

Nimm dies kleine Geschenk als ein Andenken von mir und der unvergeßlich seligen Stunden, die ich mit Dir zubrachte, gütig auf. Wohin Dich auch immer die Verhältnisse und des Schicksals Wege führen mögen, gedenke Deiner Dich so innig liebenden Freundin in Rom. Sie hat erst zu lieben begonnen, als sie Dich kennenlernte. Vergiß sie nicht, dies würde sie unglücklich machen; gib mir wenigstens einmal jeden Monat Nachricht, die Du mir durch die mit Dir verabredete Adresse zukommen lassen kannst. Deine Briefe werden mir mindestens ein Schattentrost sein. Deine Abwesenheit macht mein Leben zur Einsamkeit, und es wird traurig genug dahinfließen, und nur Nachrichten von Dir werden mir einige heitere Augenblicke gewähren. Lebe wohl, sei glücklich und vergiß nimmer Deine Dich bis zum letzten Atemzug liebende Gertrude."

Schreiben an zurückgelassene Geliebte war meine Sache sonst nicht; aber hier mußte ich doch eine Ausnahme machen. Ich antwortete ihr sogleich und meldete ihr meine glückliche Ankunft in Florenz. Während ich schrieb, packte mein Bedienter das Kistchen aus, plötzlich rief er: „Ach sehen Sie doch, Herr Leutnant, was da für ein schönes Kästchen ist." Ich drehte mich um und erblickte eine wunderschön gearbeitete Schatulle von Ebenholz mit Perlmutter und Silber ausgelegt, an der ein goldenes Schlüsselchen an einem himmelblauen Bande herabhing. Wie schwer es ist, sagte der Bursche, mir es darreichend. Ich öffnete es und fand zu meiner nicht geringen Verwunderung das sehr wohlgetroffene Porträt der Principessa Cesarini in Miniatur gemalt und mit Rosetten eingefaßt; aber noch weit mehr erstaunte ich, als ich unter demselben zehn Rollen, jede mit hundert Zechinen, vorfand. Dies war zuviel; wenigstens das Gold hätte sich nicht vorfinden sollen. Auch ein Zettelchen lag in der Schatulle, auf dem geschrieben stand: „Nicht wahr, lieber Fernando, Du zürnest mir nicht, daß ich mich unterfing,

Dir einen Pfennig für die Not beizulegen, und wenn Du zürnest, so sieh mich nur an (mein Porträt), und ich bin eitel genug zu glauben, daß Dir dann aller Unwille vergehen wird.“ In der Tat war das Bild so lieblich lächelnd und so sprechend ähnlich gemalt, die Züge dem reizenden Original so bezaubernd gleich, daß ich es einigemal küßte und mir zum erstenmal der Gedanke kam: wie ist es möglich, daß man auch gegen solche Reize gleichgültig werden kann, und mit der Natur schmälte, daß sie mich mit einem so veränderlichen Herzen geschaffen hatte; denn was kann am Ende der Mensch für sein Temperament, für seine Leidenschaften, für seine Art zu fühlen und zu empfinden? Nicht mehr als der Bucklige für seinen Höcker, der Krumme für seinen Wuchs; er kann sich ebensowenig von seinen moralischen Auswüchsen befreien wie dieser von seinen physischen. – Eine bequeme Faulbrücke, höre ich so manchen gestrengen Moralisten sprechen, der am Ende jeden Räuber und Mörder freisprechen würde. Wozu hat denn der Mensch seine Vernunft? – Ganz recht – aber sagt mir doch, ihr superklugen Herren, von denen ich so manche kennenlernte, wie geht es denn zu, daß ihr oft bei den geringsten Kleinigkeiten, einer angebrannten Milch, einer nicht zugemachten Türe, einer verbrannten Suppe in eine an Raserei grenzende Wut geratet, außer euch seid, voll Zorn flucht und schimpft, wohl gar dem schuldigen Teil Stühle, Teller und was euch sonst unter die Hände fällt, an den Kopf werft? – Wo zum Henker bleibt denn da eure Vernunft? – Ja man verliert zuletzt die Geduld! – Ach so – nun so unterfangt euch auch nicht, die ersten Steine auf uns andere arme Sünder werfen zu wollen. Die Vernunft des Menschen ist ein armseliges Ding, das in der Regel nur immer hinter seinen Leidenschaften dreingehinkt kommt. Glücklich die Phlegmatiker mit dem trägen, kalten Fisch- oder Froschblut! Diesen spielt freilich ihr Temperament selten einen bösen Streich, aber wie sieht es auf der andern Seite mit dem Lebensgenuß aus? – Sie vegetieren wie Pflanzen, oder noch schlimmer, wie Steine und sind die unausstehlichsten Holzböcke, die man sich denken kann. Wie oft hat sich nicht der Spieler, der Trinker, der Cholerische, der Wollüstling usw. fest und unverbrüchlich vorgenommen, diesen Lastern zu entsagen, und bei der ersten sich darbietenden Gelegenheit ließen sie sich immer wieder hinreißen; der unverbrüchliche Vorsatz schmolz wie Butter an der Sonne. Der Anblick des Weins, der Karten oder Würfel, eine zerbrochene Schüssel oder Fensterscheibe, eine mit üppigen Formen begabte Dirne waren hinreichend, den Entschluß über den Haufen zu werfen! – Aber alle diese Leute hatten die Vernunft im Stich gelassen! – Da liegt eben der Hase im Pfeffer.

Nachdem ich von meiner Überraschung zurückgekommen, nahm ich mir vor, dieses mir mit so unendlicher Liebe zugetane Wesen nicht zu dem großen Haufen zu werfen, und beinahe machte ich mir über die zu Rom und Albano gegen sie begangene Untreue und Vernachlässigung Vorwürfe. Während ich solchen Gedanken Raum gab und im Vornehmen und Vorwerfen begriffen war, hörte ich plötzlich die Akkorde auf einem sehr wohlklingenden Pianoforte anschlagen und bald darauf die Romanze: Solitario bosco ombroso, durch ein liebliches Silberstimmchen, aber mit fremdem Akzent, vortragen, deren Refrain: ‚per trovar qualche risposo, nel silenzio nel orror' mit ganz besonderem Ausdruck gesungen wurde.

Dieser Gesang, der mich, so wie jeder Gesang in der frühen Morgenstunde, in eine ganz eigene Stimmung versetzte, brachte mich schnell wieder auf andere Gedanken. Ich vergaß Bild und Schreiben und lauschte nur auf die Silbertöne, die aus einem sich in meiner Nähe befindlichen Gemach zu kommen schienen. Ich erkundigte mich bei einem Aufwärter nach der singenden Dame und erfuhr von demselben, daß es die junge Gattin eines vornehmen Engländers sei, die mit ihrer Schwägerin die anstoßenden Gemächer bewohne und deren Mann sich dermalen in Paris befände, um daselbst die Erlaubnis zu seiner Rückkehr nach England auszuwirken, da alle Engländer, die sich auf dem europäischen Festlande befanden, soweit der napoleonische Einfluß reichte, Kontinental-Arrest hatten.

„E bella?" fragte ich den Kameriere, – „Bellissima ed assai giovine." – „Und ihre Umgebung?" – „Die beiden Ladies haben nur zwei Kammerfrauen und einen Bedienten um sich, fahren jeden Tag spazieren, gehen aber zu niemand und empfangen auch keine Gesellschaft." – „Besuchen sie auch keine Kirchen?" – „O ja, alle, aber nur um die Bilder zu sehen, denn es sind unglückliche Ketzerinnen." – „Gut, bestellen Sie mir jetzt den berühmtesten Haarkräusler der Stadt, ich will mir die Haare schneiden lassen." Mit einem Illustrissimo sara servito empfahl sich der Kameriere, und sobald ich allein war, trillerte ich God save the King und Rule Britannia, die einzigen englischen Lieder, die mir bekannt waren und die ich auswendig wußte. Man hatte mich gehört, denn die Zofen streckten ihre niedlichen Köpfe aus der Türe im Korridor, um zu erforschen, wer hier wohl englische Nationalgesänge anstimme. Bald darauf vernahm ich auch, wie man sich bei einem Aufwärter nach dem Fremden erkundigte, der nebenan logiere und englisch singe. – „Non so", lautete die Antwort, „aber ich werde es bald wissen und Ihnen dann mitteilen." Ein paar Minuten darauf kam der primo Kameriere zu mir, mich nach Stand, Herkommen, Reiseabsicht usw. im Namen einer hochlöblichen Polizei inquirierend. Lächelnd befriedigte ich den neugierigen Burschen, wissend, welche Polizei ihn abgeschickt. „Ah Mosiou est Oufficier français?" versetzte er, sich verneigend, und mit einem Umilissimo servo komplimentierte sich der dienstbare Geist wieder zum Zimmer hinaus, um die Neugierde der Zofe und durch diese die ihrer Herrschaft zu befriedigen. Ich packte nun die erhaltenen Geschenke wieder sorgfältig ein, worauf der bestellte Signor Peruchiere erschien, mich frisierte oder vielmehr nur durchkämmte, die Spitzen der Haare abschneidend, und mich für eine ihm gespendete Zechine vollkommen mit den Verhältnissen der schönen Welt von Florenz bekannt machte. Ich warf mich sodann in Grande tenue, um die Sehenswürdigkeiten der schönen Stadt aufzusuchen, ging jedoch noch vorher drei- bis viermal aus meinem Zimmer auf den Korridor, bis an die Treppe und wieder zurück, indem ich tat als hätte ich etwas vergessen, und jedesmal hatte ich das Glück, einem der englischen Kammermädchen zu begegnen, die ich mit einer freundlichen Verbeugung grüßte und von denen ich ebenso freundlich wieder gegrüßt wurde. Endlich stieg ich definitiv hinab und ließ mir den zum Palast Pitti führenden Weg zeigen. Es wollten sich zwar sogleich mehrere dienstfertige Geister mir anschließen, um mich allenthalben hinzuführen, aber ich verbat mir diese unausstehlichen Schwätzer, die sich gleich Ketten an die Fersen der Fremden hängen und die man nur mit einiger Gewandtheit, Intelligenz und vorhergehender Instruktion vollkommen entbehren kann. Überall begegnet man ja gefälligen Leuten, die einem mit Vergnügen und zuvorkommend die Wege zeigen; das gedankenlose, papageiartige, ewige Geplapper solcher Ciceroni ist unausstehlich, störend, und weit eher ein Hindernis als eine Förderung, sich in einer Stadt gehörig zu orientieren und deren Merkwürdigkeiten mit Vorteil und Genuß kennenzulernen. Es gibt nur einen Fall, in dem man sie gebrauchen mag, in den ich aber nie kam.

Von Torlonia hatte ich einige Empfehlungsschreiben an florentinische Häuser empfangen, die ich zuerst abgab, weil ich dachte, mir durch sie angenehme Bekanntschaften zu verschaffen; ich erhielt auch mehrere Einladungen. Da ich dies aber zu zeitraubend fand, nahm ich bald keine Notiz mehr davon. Mit den Besuchen fertig, besah ich den historisch und architektonisch sehr merkwürdigen Palazzo vecchio, der auf dem großherzoglichen Platz steht. Er wurde zu Ende des dreizehnten Jahrhunderts nach Arnolfo Lapos Entwurf erbaut und ist ein kolossales burgartiges Gebäude, das durch seine massive Größe imponiert, aber ohne alle Proportion oder Symmetrie, mit einer ungeheuern Brustwehr schwarzgrauer Zinnen, die ihm ein abschreckendes und düsteres Ansehen geben, gekrönt ist. Seine Fenster sind zum Teil außerordentlich breit und hoch und von sehr ungleicher Größe, auch ohne alle Ordnung, wie man gerade das Bedürfnis fühlte, angebracht. An einem derselben wurde der Erzbischof Salviati von Pisa gehängt, weil er sich in die Verschwörung der Pazzi eingelassen hatte, und die päpstliche Unfehlbarkeit selbst vermochte ihn nicht zu retten. Auch das Fensterchen des hohen Turms ließ ich mir zeigen, durch welches der alte Cosimo, zwischen Tod und Leben schwebend, mit Angst und Schrecken, die wütend tobenden Volksmassen gleich den vom Sturm gepeitschten Meereswellen heranwogen sah. Das aufgebrachte Volk bediente sich der an einer Seite des großen Tors befindlichen Riesenbildsäule Davids, ein Werk des Michelangelo, statt Leiter, um durch die ihr zunächst liegenden Fenster in das Innere des Schlosses zu dringen. Es ist vielleicht kein Stein an dieser Feste, der nicht mit Bürgerblut bespritzt worden wäre oder an den sich nicht sonst eine geschichtliche Erinnerung knüpfte, und je länger man diese Massen betrachtet, desto mehr wird die Phantasie rege, wenn man einigermaßen mit der Geschichte von Florenz und der Medici bekannt ist. Man glaubt aus jedem Fenster die Gespenster jener Wüteriche zu erblicken und sieht sich in die Zeiten versetzt, wo dieses Schloß so häufig von Menschenblut triefte. Mir wenigstens erging es so, und keine Ruine, kein Gebäude Roms hatte ähnliche Wirkung auf mich hervorgebracht. Im Hof dieses Palastes befindet sich ein sehr schöner Porphyrbrunnen. In dem großen Ratssaal, im ersten Stock, sind die merkwürdigsten Begebenheiten und Taten aus der Geschichte von Florenz und der Medici abgebildet; er ist mit Statuen versehen, unter denen sechs Gruppen die Arbeiten des Herkules darstellen. Eine Siegesgöttin von Michelangelo, die einen gestürzten Tyrannen mit Füßen tritt, und Adam und Eva von Bandinelli findet man auch daselbst. Andere Säle enthalten noch verschiedene Sehenswürdigkeiten. Der Turm dieses Schlosses ist von einer bedeutenden Höhe; er ist durch einen langen, bedeckten Gang mit dem Palast Pitti verbunden. Außerhalb dieser Feste befindet sich die Loggia, eine Säulenhalle, unter deren Bogengängen die alten Großherzöge die Einzüge der fremden Gesandten mit ansahen, und die mehrere sehr merkwürdige Gruppen enthält, unter denen der Sieg Davids über Goliath von Michelangelo die vorzüglichste und ein vollendetes Kunstwerk ist. Gleich bei diesem Palast sind gli Uffici, ein prächtiges Gebäude, das Cosimo I. erbauen ließ, der die Schreibstuben (Kanzleien) aller Zweige der Regierung dahin verlegte. Über dem Bogen, welcher die beiden Flügel dieses Gebäudes an der Seite des Arno verbindet, steht Cosimo I. zwischen der Gerechtigkeit und der Strenge; aber was es zu einem der interessantesten von ganz Europa macht, ist das weltberühmte Florentinische Museum, welches die reichste Sammlung alter Statuen, Bronzen, Denkmünzen, Medaillen, Gemälde, Urnen, Vasen usw., in zwanzig Sälen, Kabinetten und Korridoren verteilt, enthält. Indessen eilte ich doch so ziemlich im Sturmschritt durch die Gemächer, in welchen die Kunstschätze, an denen die Medici über zweihundert Jahre sammelten, niedergelegt sind, und deren Beschreibung Bände füllen und Jahre Zeit erfordern würden. Nachdem ich diese Dinge im Flug gesehen, erinnerte mich mein Magen, daß alle Kunstschätze der Welt nicht imstande sind, den erbärmlichen menschlichen Korpus seine alltäglichsten Bedürfnisse vergessen zu machen. Gegen 2 Uhr in mein Hotel zurückgekommen, ließ ich mir auf meinem Zimmer ein Pranzo servieren, das sehr splendid aufgetragen wurde, denn man stellte mir wenigstens ein paar Dutzend Platten vor, von denen ich kaum vier berührte, aber desto mehr ließ sich mein Bursche die anderen schmecken, wogegen ich nichts hatte; denn bezahlen mußte ich sie

doch, da sie aufgetragen waren, verbat mir aber in Zukunft ein so reichliches Service.
Kaum hatte ich den letzten Bissen im Mund, so eilte ich wieder fort, die Promenaden aufzusuchen, auf denen sich die schöne Welt von Florenz und namentlich die schönen Florentinerinnen zeigen. Schön sind sie allerdings, aber sie gehören mehr jenen schmachtenden, sentimentalen, sich in Seufzern auflösenden Schönheiten an, die, wenn auch oft sehr ätherisch und blendend, doch der Lebhaftigkeit entbehrt und kein Fünkchen von dem Feuer der Römerinnen hat. Auch sind meistens die Physiognomien, wenn auch sehr regelmäßig, doch ohne Ausdruck. Ich sah die berühmtesten Beltaden von Florenz öfters auf der Via larga, dem Korso, an den Kais des Arno, unter den Arkaden in dem Garten Boboli, vor der Porta Prato, in einigen Gesellschaften usw., und unter ihnen herrliche, schlanke Gestalten, zum Malen schöne Madonnengesichter, aber doch keine einzige Cesarini. Nur unter den hübschen Strohflechterinnen im Arnotal fand ich Gesichtchen, die mich in Feuer und Glut zu setzen vermochten, obgleich es auch in Florenz nicht ganz ohne Abenteuer abging. Ein paar Tage nach meiner Ankunft verfolgte ich zwei schlanke, tief verschleierte weibliche Gestalten, denen ich gegen Abend auf der Brücke Della Trinità begegnet war, in einiger Entfernung; sie schienen es bald bemerkt zu haben und eilten längs des Kais hinab, gingen über Ponte vecchio wieder über den Arno, an dem Palast Pitti vorüber, über die Piazza San Spirito, dann wieder einige Straßen zurück und machten so fortwährend vergebliche Gänge hin und her. Es leuchtete mir ein, daß sie mir zu entgehen und zu verhindern suchten, daß ich in Erfahrung bringe, wo sie sich hinbegeben würden. Dadurch wurde meine Neugierde nur noch weit mehr angeregt; ich folgte ihnen jetzt fast auf dem Fuß nach und betrat beinahe zu gleicher Zeit wie sie die Gärten des Palastes Pitti, in die sie endlich ihre Schritte lenkten. Hier suchten sie die einsamsten Gänge hinter den dichtesten Gebüschen

auf, wohin ich ihnen immer nachging. Als sie unter den schwarzgrauen Mauern der Fortezza angekommen waren, welche diese Gärten auf der einen Seite begrenzen, die sich dort recht pittoresk an Alleen und Bosketten hinziehen, wandten sich die beiden Damen plötzlich um, und die eine fragte mich: „Ma che cosa ci volete, Signore?“ (Aber was wollen Sie von uns, mein Herr?)
„Nichts, als Ihre Reize bewundern.“
„Ah é un forestiero“ (Ach, es ist ein Fremder), sagte die, die mich angeredet, zur andern; nun waren beide plötzlich freundlich und gestanden mir, daß sie mich für einen Spia (Spion) gehalten, den man ihnen nachgeschickt, um ihnen aufzupassen.
„Aber, meine Damen, sehen Sie mich doch recht an, habe ich denn die Miene eines Spions?“
„Das nicht, mein Herr“, versetzte die eine etwas verlegen, „aber wir konnten Sie ja auch nicht recht ansehen, übrigens“, setzte sie lächelnd hinzu, „sehen Sie doch aus wie ein Schalk, dem nicht so ganz zu trauen ist.“
„Ich, ein Spion, wo denken Sie hin? Ich spioniere höchstens nach den Reizen der schönen Damen, und in diesem Sinne mögen Sie recht haben.“
Ich begleitete nun die beiden Signoras mit ihrer Erlaubnis an die anmutigsten Orte des Gartens Boboli und hatte bald von ihnen herausgebracht, daß die eine die unterhaltene Geliebte eines Principe und die Tochter eines untergeordneten Beamten sei, die andere, ihre Freundin, ebenfalls von einem reichen Edelmann ihre Subsistenz habe. Indessen schien es, daß sie auch noch andere Liebhaber nebenbei hatten; beide wollten jedoch nicht recht mit der Sprache heraus. Nachdem ich etwa eine Stunde mit ihnen herumspaziert war, fanden sie, daß es jetzt Zeit sei, sich nach Hause zu begeben. Auf meine Frage, ob ich nicht das Vergnügen haben könne, sie heimzubegleiten, antworteten sie mit einem Impossibile, und die eine fügte hinzu: „Wir werden zu sehr beobachtet und wohnen an der Piazza di Santa croce.“ Sie redeten noch

leise miteinander, und die Hübscheste sagte endlich: „Da Sie ein so artiger Kavalier zu sein scheinen und, wie Sie sagen, Ihnen soviel daran liegt, unsere nähere Bekanntschaft zu machen, so will ich Ihnen ein Mittel angeben, wie Sie diesen Abend in unserer Gesellschaft zubringen können. Begeben Sie sich, sobald es Nacht ist, in den Dom; dort sollen Sie uns treffen, und von da können Sie uns in einer kleinen Entfernung folgen. Sie müssen uns aber versprechen, uns jetzt zu verlassen, sonst sehen Sie uns nicht wieder." Ich ging diesen Vertrag ein, bat mir aber ein Unterpfand aus. Da zog die eine einen kleinen Ring vom Zeigefinger, den sie mir darreichte, indem sie sagte: „Hier, Signore", blickte mich jedoch dabei ein wenig mißtrauisch an. Beide entfernten sich jetzt eilig. Meine Neugierde war zu groß, als daß ich mein Versprechen so unbedingt hätte halten können. Ich versuchte nun doch zu erforschen, wohin sie sich begeben würden, um zu erfahren, ob sie mir die Wahrheit gesagt. Ich hatte sie bis beinahe an den Ausgang des Gartens begleitet, dann aber verfolgte ich sie mit den Augen, und sah, daß sie wieder den Weg nach dem Ponte vecchio einschlugen. Ich eilte schnell auf der anderen Seite des Palastes Pitti vorüber, sah sie dann über diese Brücke gehen und beauftragte einen Jungen, der sich mir gerade darbot und dem ich ein gutes Trinkgeld versprach, den Damen unbemerkt nachzuschleichen, und mir zu rapportieren, in welches Haus sie gegangen seien; ich aber wollte seine Rückkunft auf der Brücke della Trinita abwarten. Es dauerte nur wenige Minuten, so kam er zurück und berichtete mir, daß er die Signoras aus dem Gesicht verloren hätte, als sie um eine Straßenecke gegangen seien, da er ihnen aber ziemlich nahe gewesen, so müßten sie notwendigerweise in ein Haus dieser Straße getreten sein, aber in welches, habe er nicht ermitteln können. Ich fand den Schluß des dummen Jungen zwar logisch, aber keineswegs für mich genügend, gab ihm verdrießlich die versprochene Belohnung und hieß ihn sich trollen. Dem Abenteuer weiter nachzugehen und mich in den Dom zu begeben, würde ich jetzt unterlassen haben, hätte ich nicht den Ring gehabt, den ich doch restituieren mußte. – Ich kehrte in den Garten Boboli zurück und trieb mich bis zu Sonnenuntergang in den weitläufigen Alleen und Gebüschen desselben herum. Cosimo I. legte diese schönen Partien an dem Abhang eines Hügels an; sie grenzen an die Fortezza Belvedere, und von ihren Höhen hat man eine reizende Aussicht über das prächtige Florenz und dessen zahlreiche Kuppeln und Türme, die sich majestätisch aus der Häusermasse erheben. In weiterer Entfernung erblickt man die lachende Umgegend der Stadt mit unzähligen Gärten, Villen und Landhäusern, die auf anmutigen Hügeln zwischen Zypressen, Pomeranzen und Limonen hervorragen. Was diesen Garten noch besonders merkwürdig macht, ist, daß die ersten Kartoffeln in Europa in ihm auf Befehl Ferdinand II. gepflanzt wurden. Franz I. ließ auch eine Maulbeerbaumschule hier anlegen und veranlaßte so, daß die Seidenzucht bald in Florenz heimisch wurde.

Die Nacht kam endlich heran; ich machte mich, bevor sie völlig eintrat, auf den Weg nach dem Dom, in dem ich vergeblich eine ganze Stunde auf meine Schönen wartete und unterdessen die Sehenswürdigkeiten desselben, soweit es eine, obschon spärliche, Beleuchtung zuließ, betrachtete. Bewunderung verdient die achteckige Kuppel dieses Gebäudes, von der selbst Michelangelo sagte, daß, wenn es auch nicht unmöglich sei, dieses Baukunststück nachzumachen, es doch eine Unmöglichkeit wäre, dasselbe zu übertreffen. Hier ist ebenfalls das Jüngste Gericht angebracht; der Hochaltar, der unter der Kuppel steht, ist mit einer Kolonnade, deren Marmorsäulen verschiedene Farben haben, umgeben und hat außerordentlich schöne Basreliefs. – Auch der Fußboden dieser Kirche ist von Marmor, und auf beiden Seiten sieht man Büsten und Porträte berühmter Männer, unter denen die des Dante, Brunnelleschi, Peter Farnese usw. sind. Giottos, des Wiederherstellers der Malerei, Grabmal wurde hier auf Befehl und auf Kosten des Lorenzo Medici, des Prächtigen, errichtet. Die in schönen Nischen aufgestellten Apostel sind von vorzüglicher Arbeit.

Schon war es ganz düster, hie und da verbreiteten einige Kerzen ein mattes Licht in dem hochgewölbten Dom, und noch immer erschienen die Damen nicht, die mich an diese Stätte fesselten. Da fielen mir in dem schaurigen Halbdunkel die blutigen Greuelszenen ein, die in diesen heiligen Hallen vorgingen und von denen sie die stummen Zeugen waren. Hier griffen bei der Verschwörung der Pazzi die blutdürstigen Mörder die vom Volk umgebenen Lorenzo und Julius Medici mit ihren Dolchen an. Franzesko Pazzi hatte im Jahr 1478 den Plan gefaßt, die beiden damals in Florenz herrschenden Medici zu ermorden; er nahm keinen Anstand, diese Greueltat in der Kirche selbst zu begehen, und zwar in dem Augenblick, wo der Priester feierlichen Gottesdienst hielt. Die Verschworenen, unter denen ein Kardinal und mehrere aus den angesehensten Familien waren, begaben sich nach Santa Maria del Fiore; dieser ist die Hauptkirche geweiht, wo sich Francesko Pazzi mit einer so blinden Wut auf Julius warf, daß er sich selbst eine tiefe Wunde in das Bein beibrachte. Zwei andere Mörder griffen den Lorenzo an, dem es aber gelang, sich mutig verteidigend, in die Sakristei zu flüchten, deren eherne Pforten ihm Schutz gewährten. Julius war unterlegen, die Verschwörung scheiterte, und die Verschworenen suchten ihr Heil in der Flucht, wurden aber in ihrem Versteck entdeckt und mußten eines schmählichen Todes sterben. Ihre Leichname wurden durch die Straßen geschleift, und der Kardinal verdankte seine Rettung einzig den vereinten Bemühungen der ganzen Geistlichkeit, die ihn der Volkswut entzog, indem sie ihn so lange in ihre Mitte nahm, bis sich der Tumult gelegt hatte. In dieser schönen Kirche wurden zur Zeit des alten Cosimo dem Volk Dantes Meisterwerke in den Abendstunden vorgelesen. Der Bau dieses herrlichen Prachttempels, der weit über alle anderen Kirchen, die man zu Florenz bewundert, emporragt, war dem Arnolfo da Lapo anvertraut und wurde zuerst Santa-Reparata genannt. Dieser Name wurde bei Gelegenheit der blutigen Greueltat der Pazzi, die ich soeben mitgeteilt habe, in den von Santa Maria del Fiore umgetauft. Ein halbes Dutzend der berühmtesten Baumeister haben daran gebaut; die wundervolle Kuppel hat Brunellesco aufgeführt, ein anderer hat die Laterne gemacht und ein dritter das Kreuz auf dieselbe gepflanzt. Dieses erstaunenswürdige Bauwerk, das doppelt ist, führte Brunellesco ganz allein mit Hilfe einer von ihm sehr kunstreich erfundenen Maschine auf. Die Florentiner erzählen, daß Michelangelo, als er nach Rom ging und von dem Baumeister der Santa Reperata Abschied nahm, zu demselben gesagt habe: „Freund, leb wohl, ich will Ähnliches versuchen, aber ich werde dir nicht gleichkommen."

Als ich die erwarteten Schönen noch immer nicht kommen sah, fing ich an, die Geduld zu verlieren, machte einigemal die Runde außerhalb der Kirche, die auf einem großen Platz liegt, so daß man sie von allen Seiten gehörig sehen und den Prachtbau bewundern kann, und staunte den hohen, mit schwarzem, rotem und weißem Marmor bekleideten, sich in der nebligen Dämmerung majestätisch emporhebenden Glockenturm (Campanile) an; er wurde nach der Zeichnung des berühmten Giotto erbaut, der vom Ackerpflug weg in die Werkstätte des Cimabus trat, bald seinen Lehrer und Meister weit hinter sich lassend, durch sein Talent sich die Freundschaft Dantes und Petrarchs in hohem Grade erwarb, und mit Reichtümern und Ehren beladen starb.

Noch einmal ging ich in die Kirche mit dem Vorsatz, wenn jetzt die Damen nicht erschienen, mich weg und in das Theater zu begeben. Als ich eintrat, erblickte ich zwei schwarzgekleidete Frauen mit zurückgeschlagenen Schleiern in einer Seitenkapelle kniend, ich umging sie und erkannte meine Erwarteten. Als sie mich erblickten, warf mir die eine eine Occhiata zu, bald darauf erhoben sie sich und flüsterten, an mir vorübergehend, die Worte: „Ora venite" (jetzt kommen Sie). Ich befolgte dies sogleich und begann die Unterhaltung noch in der Kirche. Das Weihwasser nehmend, standen sie still, die eine sah mich nochmals mit forschendem Blick an und sagte dann: „Dürfen wir Ihnen auch gewiß trauen?" – „Meine Signora, ich bin französischer Offizier." – Die andere fiel nun ein: „Ich traue ihm, komm laß uns gehen." – Wir verließen den Dom; die Damen führten mich durch eine Menge kleiner und schmaler Winkelgassen, so daß ich bald alle Richtung verloren hatte und nicht mehr wußte, in welchem Stadtteil ich mich befand. – Jetzt erst kam mir der Gedanke, ob auch ich ihnen wohl trauen dürfe, in den Sinn. Ich hatte indessen meine geladenen Terzerole bei mir und dachte, mit diesen magst du es schon wagen. Endlich kamen wir bei einem ziemlich großen Gebäude an, an welchem die eine Signora eine kleine Seitentüre mit einem Schlüssel, den sie bei sich hatte, öffnete. Wir schritten durch einen schmalen, langen Gang wieder an ein Pförtchen, das man aufmachte, und das in einen Garten führte, wo wir durch Gebüsche und Irrwege endlich in eine Allee gelangten, an deren Ende sich ein kleiner Pavillon befand, den man auftat, ohne zu leuchten, so daß wir fortwährend im Dunkeln tappten. Ich fragte nun nach Licht, man antwortete mir aber, dies sei unnötig. Ich fing doch an, an die Möglichkeit eines Fallstricks zu denken, und daß ich wohl in eine Trappoleria (Mausfalle) geraten sein könne. Auf meine wiederholte Bitte um Licht wurde mir: „Si fa l'amore senza lumen (man liebt auch ohne Licht), setzen Sie sich." Zugleich zog mich ein zartes Händchen auf ein Sofa nieder. Ich hatte einen Beutel ziemlich mit Gold gefüllt bei mir, der wohl die Raubsucht eines Banditen lüstern machen konnte, doch das konnten die Signoras nicht wissen. Indessen wollte ich mich vorsehen, wenn ich wirklich in eine solche Mordhöhle gefallen sei und nahm ein

Terzerol in die rechte Hand, um auf alle Fälle gefaßt zu sein. Zufällig betastete die unsichtbare Dame das Instrument und rief, mich fahren lassend, mit einem Schrei des Entsetzens aus: „Cosa è questo?" – Die Angst, mit welcher ihr diese Worte entfuhren, sowie daß die andere Stimme ganz leise mit einem „Ma per l'amor di dio, cosa avete" einfiel, schien mir jedoch zu sagen, daß mein Verdacht unbegründet sei, und ich erwiderte nun ebenso leise ein „Niente, Signore, seien Sie ruhig", und gestand den Damen dann offen, daß, weil sie Licht verweigert hätten, ich mich eines Verdachts nicht habe erwehren können. Sie erklärten mir nun, daß sie kein Licht anzünden wollten, damit niemand wisse, daß Leute im Pavillon seien, und sie nicht verraten werden könnten. So beiderseits beruhigt, überließen wir uns andern Gefühlen als denen der Furcht und des Argwohns, und ich fand bald, daß im Dunkeln ganz gut munkeln sei, denn auch im Finstern wußte ich die Rosenlippen und die verborgenen Reize meiner Schönen zu finden, die ich abwechselnd an den Busen drückte, ohne die Eifersucht gegen die andere rege zu machen, da sie sich im Gegenteil gegenseitig animierten, meine Gunstbezeigungen zu teilen. Endlich aber waren wir alle drei so ziemlich schachmatt, und die Damen bemerkten mir, daß es wohl Ora di partire (Zeit zum Gehen) sein möge, weil nach zehn Uhr sich oft ihre Signori einfänden. Ich küßte beide zum Abschied, griff sodann in die Tasche und wollte ihnen ein Teil des Goldes, das ich bei mir hatte, einhändigen, aber man wies es nicht nur mit großem Unwillen zurück, sondern sagte zürnend: „Mein Herr, für was halten Sie uns?" – „Für sehr liebenswürdige Damen, wovon ich Ihnen soeben die Beweise gegeben habe; nehmen Sie nur hin, es ist Gold." – Nun wurden sie noch zorniger, und die eine rief aus: „Glauben Sie, daß wir Dirnen sind? Sie haben sich sehr in uns geirrt, und wir hätten nicht geglaubt, daß Sie fähig sein könnten, uns so zu beleidigen, sonst würden wir Ihnen sicher nicht erlaubt haben, mit uns zu gehen, wir bedürfen Ihres Goldes nicht.“ – Ich hatte alle Mühe, meine mysteriösen Schönen zu besänftigen, die mir nicht ohne Schwierigkeit das Wiederkommen am nächsten Donnerstag, früher sei es unmöglich, gestatten wollten. Ich wurde denselben Weg, den ich gekommen war, und ebenso im Finstern zurückgeleitet; hinter mir wurde das letzte Pförtchen verschlossen und verriegelt. Als ich mich auf offener Straße befand, suchte ich mich, soviel es die Nacht erlaubte, zu orientieren und mir das Haus, das ich soeben verlassen und seine nächsten Umgebungen zu merken. Einigemale ging ich auf und nieder und erkundigte mich bei mehreren Vorübergehenden, wem dasselbe gehöre, konnte aber keine genügende Auskunft erhalten. Ich entfernte mich nun, mir die Straße bestens merkend, sah noch ein paar Akte einer Opera buffa und begab mich dann in mein Hotel, wo ich bei offenem Fenster, den italienischen heiteren Sternenhimmel betrachtend, die englischen Ladies musizieren hörte. Die Damen sangen Kavatinen mit zwar englischem Akzent, aber auch mit englischer Stimme. Mein Bedienter erzählte mir während dem Auskleiden, daß sich das Kammerkätzchen abermals bei ihm sehr dringend nach mir erkundigt habe, namentlich wo ich meine Zeit zubringe, wie lange ich wohl noch hier bleibe, was eigentlich meine Geschäfte hier seien usw., was er alles bestens und auf das klügste beantwortet habe. Ich legte mich zu Bette und schlief, während die englische Musik noch fortdauerte, ermüdet ein. Den andern Morgen war mein erster Gang, die Straße und das Haus aufzusuchen, in dem ich den Abend vorher in den Armen einer zwiefachen Liebe geschwelgt hatte. Vergeblich war aber all mein Forschen, und alle meine Bemühungen fruchteten nichts; es war mir unmöglich, sie wiederzufinden, da ich versäumt hatte, mich nach dem Namen der Straße zu erkundigen, glaubend, daß ich sie keinesfalls fehlen könne, so daß mir jetzt die ganze Begebenheit wie ein lebhafter Traum erschien, und hätte ich nicht den Ring noch am Finger gehabt, den ich im

Freudentaumel zurückzugeben vergessen hatte, so würde ich am Ende wirklich geglaubt haben, daß das ganze Abenteuer nur ein Traum und ein Spiel meiner Phantasie gewesen sei. Nachdem ich lange genug vergeblich gesucht, nahm ich mir fest vor, das nächstemal – die Damen hatten mir wieder Rendezvous im Dom gegeben – gewiß dieses geheimnisvolle Haus so gut zu bezeichnen, daß es mir unmöglich entgehen könne und sollte ich einen ariadnischen Knäuel dazu verwenden, dessen Faden man mir freilich in der Nacht abschneiden und so den Rückweg in dieses Labyrinth unmöglich machen konnte. Ärgerlich über meine wenige Vorsicht, ging ich wieder in den Dom, dessen Schönheiten ich nochmals bewunderte und bestieg den Campanile, mich an dem Anblick des zu meinen Füßen liegenden prächtigen Florenz und seiner reizenden Umgegend weidend. Dann besuchte ich die Kirche della Santa Croce, die auf dem schönen Platz dieses Namens liegt, den sie demselben verliehen, und auf dem sich ehedem die Florentiner in dem beliebten Calcio, ein berühmtes Ballspiel, übten, auch der schöne Palast Antella liegt an diesem Platz. Der prächtige Tempel Santa Croce wurde ebenfalls von Arnolfo di Lapo erbaut, der im Jahre 1294 den Plan dazu machte und den Bau begann.

Nachdem ich mich noch eine Zeitlang an dem Tag, an welchem ich das Haus des vornächtlichen Abenteuers vergeblich aufgesucht, in den Straßen der Stadt herumgetrieben hatte, kehrte ich zum Mittagessen in mein Hotel zurück und nahm es wieder auf meinem Zimmer ein, wobei ich das Vergnügen einer Tafelmusik unentgeltlich genoß, mit der mich meine Nachbarinnen zu erfreuen geruhten, und mein Bedienter rapportierte mir während demselben, daß man sich abermals nach mir erkundigt habe und daß die Damen diesen Abend das Theater Pergola, wo man eine Opera seria aufführe, besuchen würden, was ihm das Kammerfräulein wohl zwei- oder dreimal wiederholt hätte. So viele Aufmerksamkeit konnte nicht umhin, endlich auch die meinige rege zu machen. Ich trug dem Burschen auf, sich zu erkundigen, in welchen Palco die Damen wohl gingen, und mir womöglich einen Platz in demselben zu verschaffen. Dies erfuhr er durch einen der Kameriere, der mir auch den gewünschten Platz gab und einen Schlüssel zu dieser Loge einhändigte. Als ich in diese, die sich im ersten Rang befand, trat, hatten die Damen schon in einer zwar einfachen, aber doch sehr eleganten Toilette in ihr Platz genommen. Ich grüßte sie mit einer stummen Verbeugung, die mir ebenso stumm erwidert wurde. Nach einer kleinen Pause wagte ich sie französisch anzureden, das mir aber mit einem „don't understand" erwidert wurde. – Dies war schlimm, denn das Englische war mir nicht sehr geläufig, da ich nie viel Gelegenheit gehabt hatte, mich in dieser Sprache praktisch zu üben. Indessen wußte ich mich doch nach und nach so ziemlich verständlich zu machen und brachte von den Damen heraus, daß ihnen der gezwungene Aufenthalt in Florenz zwar nicht unangenehm sei, sie sich aber doch häufig sehr langweilten. Die Unterhaltung wurde von jetzt an belebter, die Ladies verstanden auch einige Worte Italienisch, und den Hauptstoff mußte die Vorstellung der Oper und des Balletts liefern, in denen eine hübsche Kantatrice und eine noch schönere Ballerina, erstere als Zelina, die andere als Psyche, wohl des Lorgnettierens wert waren. Die beiden Engländerinnen besaßen recht hübsche englische Gesichter, die, wenn sie auch nicht das Ausdrucksvolle der Italienerinnen, noch das schelmische Wesen der Französinnen, doch eine große Lieblichkeit hatten. Schön war wirklich Lady Mary, die Gattin eines Lords T..., die mit einem junonischen Wuchs das verklärte Gesicht der skandinavischen Freya verband. Die andere Dame, ihre Schwester, eine halbblonde Engländerin, Miß Betty, hatte zwar auch manche Liebenswürdigkeiten, stand jedoch der Schwester weit nach. Milady hatte die Güte, mir nach beendigtem Schauspiel einen Platz in ihrem Wagen anzubieten, „da wir ja doch unter einem Dach wohnen“, wie sie hinzusetzte, was ich dankbar annahm. Ich leistete den Damen noch über eine Stunde Gesellschaft auf ihren Zimmern, wo man abwechselnd einige Romanzen sang und dann an den Balkon trat, den nächtlichen Sternenhimmel Italiens zu bewundern. Auf einige Sospiri der Lady Mary ließ ich ein leises Händedrücken und endlich einen gehorsamsten Handkuß folgen, mir weitere Freiheiten herauszunehmen, gestattete mir die Anwesenheit der Schwester nicht. Die Damen machten mich mit ihrem Vorhaben bekannt, nächsten Donnerstag eine Fahrt in das Arnotal zu unternehmen, um dieses sowie seine berühmten Strohflechterinnen kennenzulernen, und fragten mich, ob ich es schon besucht habe. Auf mein Nein luden sie mich ein, ihr Begleiter zu sein, was ich mit Vergnügen annahm. Sie sagten mir noch, daß sie gerne öfters einen Spazierritt machen würden, aber dieses Vergnügen aus Mangel an einem Kavalier oder passenden männlichen Begleitern entbehren müßten. Auch hierzu bot ich mich ergebenst an und ritt nun fast jeden Tag mit den schönen Töchtern Britanniens in den herrlichen Umgebungen von Florenz spazieren. Nachdem ich noch den Tee mit ihnen genommen und es längst Mitternacht vorüber war, empfahl ich mich, beiden ehrerbietigst die Hand küssend und eingeladen, mich morgen wieder einzufinden. Als ich auf meinem Zimmer war und noch lange kein Schlaf in meine Augen kam, fiel es mir erst ein, daß ich meinen Unbekannten versprochen, mich den Donnerstagabend wieder im Dom einzufinden, dachte es jedoch einrichten zu können, daß ich zur bestimmten Zeit von der Partie ins Arnotal zurück sein würde. Am nächsten Tage wartete ich gegen Mittag wieder auf, frühstückte auf ihre Einladung auf echt englische Weise mit ihnen und ritt dann zwei Stunden mit den hübschen Ladies spazieren, die beide sehr gute, graziöse und anmutige Reiterinnen, zum Entzücken schön gewachsen waren, und denen die Amazonenkleider und runden Federhütchen allerliebst standen. Ich besuchte auch noch einige Kirchen und Gärten mit ihnen und fand in einem derselben Gelegenheit, die Lady zu versichern, daß ich durchaus nicht gleichgültig gegen ihre Reize sei. In einem Moment, in welchem die Schwester durch ein kleines Gebüsch von uns getrennt war, wagte ich es, ihre niedliche Hand fest an mein Herz zu drücken, und da ich nur geringen Widerstand fand, ihre schlanke Taille mit meinem Arm zu umfassen und einen Kuß auf ihren kleinen Mund zu drücken, der ihre sonst blassen aber zarten Wangen plötzlich rötete. Jetzt rief uns die Schwester zu: „But where are you staying", und als wir wieder zu ihr kamen, bewies mir ihr Lächeln, daß sie zwar nicht gesehen, doch geahnt, was vorgefallen war, wenn es auch die noch gerötete Wange der Lady Mary nicht verraten hätte. – „My sister is extremely happy", fuhr sie nun lachend fort, „jemand gefunden zu haben, der sie in der Abwesenheit ihres etwas hölzernen Gatten so gut zu unterhalten imstande ist, denn der edle Lord, schon beinahe ein Fünfziger, ist ein recht langweilig trockener Ehemann, der noch obendrein einen starken Spleen hat." Aus diesem und ähnlichem Gerede der Miß konnte ich entnehmen, daß Lord T . . . ein echter bockssteifer Engländer sein müsse. Ich war nun für den Rest des Tages der unzertrennliche Begleiter der Damen, küßte die Lady jetzt auch in Gegenwart der Schwester, was diese nicht anzufechten und jene nicht zu erschrecken schien, und bat um die Erlaubnis, auch in der Nacht mich bei ihr einfinden zu dürfen, was mir zwar nicht bewilligt, aber auch gerade nicht verboten wurde. Als ich sie hierauf ersuchte, doch ihre Stubentüren nicht verschließen zu wollen, da spielte sie die Stumme; ich versicherte sie indessen, daß ich so leise auftreten wolle, daß gewiß niemand mein Kommen hören solle. Die Miß schlief zwar in demselben Zimmer, das neben der Wohnstube lag, aber nach ihrem Benehmen zu urteilen, schien sie mir kein Hindernis mehr, sondern eher die Beförderin meiner Absichten zu sein; die Kammerfräulein aber schliefen in einer höheren Etage. Ich entfernte mich diesmal schon eine Stunde vor Mitternacht mit einem Good night, um den Damen Zeit zum Entkleiden und Wegschicken der Dienerinnen zu geben, machte sodann zwei lange Stunden an meinem Fenster philosophische Betrachtungen über den besternten Himmel, das Wesen der Gestirne und den sonderbaren Lauf des menschlichen Lebens. Als es endlich auf der Straße und im Albergo stiller und stiller geworden und auch der letzte Türschlag verhallt war, schlich ich mich eine Stunde nach Mitternacht, halb entkleidet, in einem leichten Oberrock und von Gertrudens Händen gestickten schneeweißen Batisthemd, über den Korridor und drückte leise an die Türe, welche zu den Gemächern der Engländerinnen führte, die ich nicht verschlossen, sondern nachgebend fand. – Am geschwindesten kommt man mit den Frauen zum Ziel, wenn sie sich auf Reisen und in Gasthöfen befinden; diese Erfahrung habe ich häufig gemacht. Die Besorgnis, mit leerer Koketterie viel Zeit zu versäumen oder unnütz hinzubringen, verursacht dann ein Laisser aller, das schnellen Eroberungen äußerst günstig ist, wenn man es gehörig zu benutzen versteht. – Ich befand mich nun im Vorzimmer, tappte im Finstern durch die Wohnstube in das nur sehr matt durch eine Veilleuse erleuchtete Schlafgemach, in dem ich beide Schwestern dem Anschein nach eingeschlafen fand. Mit leisen Tritten schlich ich an das Bett, in welchem Lady Mary recht sanft zu ruhen schien und drückte einen Kuß auf ihre Purpurlippen, sie schien recht schlaftrunken zu erwachen, und ich flüsterte: „Are you asleep?" erhielt aber keine Antwort und schloß nun die verschlafene Lady in meine Arme ... Der Tag begann schon zu grauen, als ich den Rückzug in mein Zimmer antrat, um ein paar Stunden der Ruhe zu genießen, aber kaum war ich eingeschlafen, so klopfte man mich schon wieder aus den Matratzen und dem Schlaf auf, indem man mir meldete, daß der Wagen angespannt sei und man den Ladies schon das Frühstück serviere. Ich sprang rasch aus dem Bett, kleidete mich an, eilte dann zu meinen Reisegefährtinnen, die wirklich schon frühstückten, und als sie mich gewahrten, beide etwas verlegen die Augen niederschlugen, aber nach einigen Artigkeiten und Plaisanterien, die ich mir erlaubte, sich bald wieder faßten. Fröhlich, wenn auch nicht so ganz munter, bestiegen wir nun den Wagen, der uns in raschem Trabe in das Arnotal brachte.

Wir waren bald zwischen der Bergkette, die das schöne Tal, das Paradies von Toskana umschließt, in dessen Schoß Florenz liegt und dessen prächtige Blume es ist. Es hat, wie man behauptet, seinen Namen wirklich der lieblichen Göttin Flora zu danken und führt ihn mit Recht. In Ebenen und auf Hügeln liegen zwischen Zypressen und Lorbeeren, immerblühenden Goldorangen und Limonen und Palmen, von den reichsten und buntfarbigsten Blumenteppichen umgeben, die herrlichsten Villen, Landhäuser, Gärten und Meiereien, und die hier lebenden Menschen gehören zu den glücklichsten der Welt. Wohlstand, Heiterkeit und Zufriedenheit drückt ihr ganzes Wesen aus; hier muß man das geträumte Arkadien suchen, das in der Wirklichkeit rauh und unfreundlich, wenigstens in unseren Zeiten ist. Nichts läßt sich mit dem herrlichen Talgrund am Arno, nach Pistoja zu, vergleichen. Man glaubt sich in eine Idyllenwelt versetzt, in der von den zierlichen, feingebildeten, artigen und hübschen Schäferinnen und Landmädchen die Rede ist, die so manches Stadtdämchen der großen Welt in den Hintergrund und Schatten stellen. Hier sitzen unter Laubdächern und Reben vor den niedlichsten und reinlichsten Bauernhäuschen die zierlichsten und schmucksten Dirnen, in die feinsten, schneeweißen Linnen gekleidet, mit seidenen Korsetten und blumenbekränzten Strohhüten auf den allerliebsten Köpfchen, und flechten mit zarten Händen – Stroh zu den in der ganzen Welt berühmten Hüten. Wie manche Schöne in Neuyork und Kalkutta, in Paris und London, am Mississippi und Ganges, am Rhein und an der Newa, schmückt sich nicht mit diesem Produkt, welches sie den sie besuchenden Fremden mit einer Manier anzubieten wissen, die das Abschlagen des Ankaufens nicht nur unmöglich macht, sondern man gibt ihnen auch gerne noch mehr, als sie fordern, wenn man nicht zur Rasse jener lederzähen Filze und Zinsenmenschen gehört, die sich nur mit dem letzten Lebenshauch von ihrem Mammon trennen können und keine andere Farbe als die des Geldes, keine andere Berechnung als die der Zinsen kennen. Mir wenigstens ging es so; ich kaufte vorerst zwei der feinsten dieser Hüte, bezahlte sie mit Gold, mir aller Herausgabe des mir zukommenden Geldes ververbittend, und verehrte sie meinen beiden Begleiterinnen, die außerdem noch für eigene Rechnung und auch für ihre dienstbaren Geister – für die letzteren Hüte von geringerer Qualität – kauften. Die Verkäuferinnen, besonders eine derselben, gefielen mir so wohl, daß ich mir sogleich vornahm, sie schon den nächsten Tag, und zwar inkognito zu Pferde, wieder zu besuchen und noch mehr Hüte und einen ganz besonders schönen für Gertrude zu kaufen, um ihr denselben durch ihre Freundin zukommen zu lassen. Es sollte ein geringes Äquivalent für die außerordentlichen Geschenke, die ich von ihr empfangen hatte und über die ich ihr zärtliche Vorwürfe gemacht, sein, denn ich hielt mein Versprechen wenigstens darin, daß ich ihr ziemlich regelmäßig schrieb. Wir brachten den ganzen Tag in dem großen, reizenden Arnotal zu, von dem wir einen kleinen Teil zu Fuß durchstrichen. Auf beiden Seiten des Weges stehen etwas zurück von demselben die hübschen Wohnhäuser der Landleute, meist aus Ziegelsteinen erbaute, elegante kleine Pavillons mit auf Mauern und kleinen Terrassen angebrachten Blumenvasen verziert, in nur geringer Entfernung voneinander und sind oft durch Reben und Laubwerk so bedeckt, daß man nur mit Mühe die wenigen Fenster entdecken kann, die auf die Seite der Straße hinausgehen; diese Häuser haben das Aussehen großer Laubhütten. Die Schönheit der Bewohnerinnen dieses Tals ist längst bekannt; sie erbt sich von den Müttern auf die Töchter fort. Ein feiner Wuchs, schlanke Taillen, reizende Gesichtszüge, eine zarte und weiße Haut sind ihre hauptsächlichsten Vorzüge. Nicht leicht findet man so viele hübsche Frauen auf einem andern Fleck der Erde beisammen. Erst nach Sonnenuntergang nahmen wir in Prato das Mittagsmahl ein und fuhren bei völliger Nacht nach Florenz zurück, wo wir nach due ore di notte ankamen.

An diesem Abend sollte ich meine Unbekannten wieder im Dom treffen, aber die bestimmte Stunde war verpaßt. Ich eilte dennoch gleich nach unserer Ankunft, mich unter einem Vorwande bei den Ladies entschuldigend und baldige Rückkehr verheißend, in die Kirche, zu der mich diesmal nicht sowohl Liebe und Sehnsucht nach Genuß, als die Neugier führte, endlich zu erforschen, wer meine mysteriösen Schönen eigentlich seien. Aber vergeblich. Die Zeit war verstrichen und in Santa Maria del Fiore keine Spur von ihnen zu finden. Nachdem ich eine Stunde daselbst umsonst harrend zugebracht, schlug ich mir die Sache aus dem Kopf und eilte zu meinen hübschen Engländerinnen zurück, mit denen ich den Rest des Abends und, nachdem wir den Tee unter fröhlichen Scherzen und Rückerinnerungen an das schöne Arnotal genommen, einen großen Teil der Nacht zubrachte. Den andern Tag machte ich eine Tour zu Pferde mit ihnen in die nächsten Umgebungen der Stadt und nach Pratolino, dem ehemaligen Versailles der Medici, das beinahe in Ruinen liegt. Auch die schönen Villen der Bardi, Pitti, Palmieri, Corsini, sowie die berühmte Karthause von Vallombrosa und andere Orte besuchte ich in ihrer Gesellschaft. Dessen ungeachtet fühlte ich einen Drang, meine schöne Contadina im Arnotal wiederzusehen. Eines Morgens machte ich mich unter dem Vorwande dringender Geschäfte für den ganzen Tag von meinen englischen Fesseln frei und ritt in gestrecktem Trabe zu der schönen Strohflechterin, der ich noch drei wunderschön gearbeitete Hüte abkaufte, von denen einer nach Rom und die beiden andern nach

Frankfurt wanderten, einer für meine Mutter und der andere für eine noch sehr junge Schwester. Das Mädchen, das ich auf das generöseste mit Gold bezahlt hatte, war dagegen äußerst freundlich und nannte mich: „Il suo signor cavaliere forestiero"; ihre nicht sehr großen, aber blitzenden Augen verrieten nur zu sehr, daß sie eben kein für die Liebe unempfindliches Temperament habe. Im Lauf der Unterhaltung gestand sie mir auch, daß sie bereits schon anderthalb Jahr Sposa, d. h. mit einem jungen Mann versprochen sei, der einen Dienst in der Stadt habe, sie müsse jedoch noch anderthalb Jahre Hüte flechten, um ihre Aussteuer ganz zusammenzubringen, bevor sie sich verheiraten könne. Da ich sie fragte, in was diese denn bestehen müsse, zählte sie mir alles auf, was sie sich schon angeschafft und noch ferner erforderlich sei. Ich bat sie nun, mir das erstere zu zeigen, worein sie mit einem freundlichen „Con molto piacere" willigte, was der so wohlklingende florentinische Dialekt bezaubernd machte. Ich trat mit ihr in das Haus, das sie mit ihrer Mutter, einer Witwe, bewohnte, und dann in das Stübchen, in welchem sie mir schon ziemlich viel aufgespeichertes Linnen und anderes Hausgeräte, Geschirr und dergleichen zeigte. Hier, so nahe mit ihr in Berührung, wie hätte ich der Versuchung widerstehen können, das seidene Mieder, das eine so schlanke Taille umschloß, zu umfassen? – Aber das Mädchen sträubte sich, und als ich sie an mich drücken und küssen wollte, hob sie in einem so gar leisen Ton zu schreien an, daß man es unmöglich in der nächsten Kammer hören konnte. Ich raubte ihr mehrere Küsse, mit denen ich die Worte, die sie ausstoßen wollte, erstickte. Als ich aber mehr wagen wollte, warf sie mir so bedenklich zornige Blicke zu, daß ich für gut fand, von weitern Versuchen abzustehen, und sie sagte mit fast weinerlicher und ängstlicher Stimme: „Per l'amor di dio, vorreste farmi infelice?" (um Gottes willen, möchten Sie mich unglücklich machen?). „Um alles in der Welt nicht, mein scharmantes Mädchen, man kann sich auch lieben, ohne sich gerade unglücklich zu machen, und wenn du es mir gestatten wolltest, so könnte ich dir auch Unterricht in dieser geheimen Kunst erteilen. Auf jeden Fall wirst du mir das Wiederkommen erlauben, um dir noch einige an deiner Aussteuer fehlende Dinge mitzubringen." Verschämten Blickes an dem Schürzchen zupfend, antwortete sie: „Das Wiederkommen kann ich Ihnen nicht wehren, nur müssen Sie fein fromm und artig sein, auch nicht zu oft kommen, sonst würde es Verdacht bei den ohnehin neidischen Nachbarn erregen." – Mit ein paar Küssen und ihr klopfendes Herz an meine Brust drückend, nahm ich für heute Abschied von meiner florentinischen Schäferin, welche mir die erkauften Hüte sauber in ein Papier rollte, und die ich an der Türe mit Ostentation, mit einer seidenen Schnur, die mir das Mädchen gegeben, an den Sattelknopf band, wobei mir die freundliche Mutter behilflich war und ich das Pferd allerlei Bewegungen machen ließ, damit die Nachbarn sahen, daß ich um Einkäufe zu machen gekommen war; ich sprengte sodann mit einem lauten Addio und leisem A rivedére davon.

Diese wunderlieblichen Strohflechterinnen des Arnotals sind die verwirklichten Schäferinnen der romantischen Idyllenwelt; um ganz ihrer feinen Arbeit, welche die Zartheit ihrer Hände erhält, obliegen zu können, dingen sie Arbeiterinnen aus dem Gebirge, welche die groben Verrichtungen und Feldarbeiten für sie tun müssen, denen sie die Kost und eine halbe Lire (ungefähr zehn Kreuzer) täglich bezahlen, während sie mindestens vier Lire oder 80 Soldi und noch mehr mit dem Strohflechten verdienen und dabei weder den brennenden Strahlen der heißen Sonne, noch dem Wind und Wetter aller Jahreszeiten ausgesetzt sind. Man rechnet, daß diese Hüte jährlich an 4 Millionen in das Land bringen, welche diesen Mädchen, die an den Abenden oft in Gesellschaft zu zwanzig und dreißig vor einem dieser Häuser sitzen, flechten und schwatzen, zugute kommen. Ihre Sprache ist so graziös,

daß selbst der italienische Schiller, Alfieri, für gut fand, sie zu studieren. Das Stroh, welches sie zu ihrer feinen Arbeit verwenden, wird von einer Gattung Weizen genommen, der keine Spitzen hat und eigens zu diesem Zweck geschnitten wird.
Schon am andern Abend fand ich mich wieder bei meiner holden Vilanella ein, ihr allerlei Kleinigkeiten mitbringend, unter denen ein goldenes, mit Granaten gefaßtes Kreuzchen war, das ich Gattina, so nannte ich die hübsche Schäferin, an einem Samtbändchen um den Nacken hing. Sodann steckte ich ihr einen kleinen Goldreif mit emaillierten Blumen an den Finger und gab ihr Bänder und ähnliche Dinge, alles unter dem Aushängeschild einer Aussteuer. Das Mädchen freute sich kindisch über diese Geschenke, zu deren Annahme sie sich gerne nötigen ließ. Ich bat sie, mir noch einmal ihre Schätze in der Kammer zeigen zu wollen, wozu sie sich, und zwar auf Zureden der Mutter, herbeiließ. Sie war bei weitem nicht mehr so scheu und spröde wie das erstemal. Ich hatte sie mit allerlei Geheimnissen bekannt gemacht und verließ sie erst spät in der Nacht, wobei wir verabredeten, daß ich künftige Besuche nur nach eingetretener Finsternis abstatten dürfe. Ich sah sie aber nur noch einmal, da ich während der kurzen Zeit, die ich in Florenz zubringen konnte, auch einen Abstecher in das Chianatal mit den Ladies machen mußte. Meine beiden Unbekannten konnte ich aber trotz aller Mühe, die ich mir gab – ich ging wenigstens noch drei- oder viermal in den Abendstunden in den Dom – nicht wieder entdecken. Vielleicht in einer andern Welt wieder, dachte ich, für dieses Leben sind sie für mich verloren. Daß sie, wie sie mir angegeben, ein paar unterhaltene Mätressen seien, wollte mir nicht recht einleuchten und stimmte nicht ganz mit der Zurückweisung des Goldes überein. Es blieb mir von ihnen nichts übrig als das Andenken an einen abenteuerlichen Abend und der goldene Ring; mir die Sache aus dem Kopf schlagend, hatte ich sie bald vergessen.

Beinahe drei Wochen hatte ich in Florenz zugebracht, und es war die höchste Zeit, an meine Abreise zu denken; auch hoffte ich nicht lange in Genua zu bleiben, da mir Duret versprochen, sobald die fatale Geschichte von Albano ein wenig verraucht sei, auf meine Zurückversetzung zum ersten Bataillon anzutragen und mich so wieder in die Nähe von Rom zu bringen. Meinen liebenswürdigen Ladies teilte ich meine Abreise nach Genua nur 24 Stunden vor derselben mit, einen soeben erst deshalb erhaltenen Befehl vorschützend. Beide schienen über diese unerwartete Nachricht betroffen, und ich mußte am Ende auf Marys dringende Bitten noch zweimal vierundzwanzig Stunden zugeben. – Sie eröffnete mir, daß sie an ihren Mann nach Paris schreiben und diesem mitteilen wolle, daß sie ihren Aufenthaltsort Florenz mit Genua zu vertauschen wünsche. Ich riet ihr ab, indem ich ihr bemerkte, ich wisse ja gar nicht, ob und wie lange ich daselbst verweilen würde, im Grunde aber, weil ich ihre Anwesenheit teils wegen meinen ältern, teils wegen allenfallsigen neuen anzuknüpfenden Intrigen fürchtete. Sie ließ es sich jedoch nicht ausreden, und so schieden wir ziemlich getröstet, ein baldiges Wiedersehen hoffend und fürchtend, voneinander.
Ich hatte mir vorgenommen, meinen Weg über *Livorno, Pisa, Massa, Spezia* usw. zu nehmen, weil ich nicht wußte, ob ich je wieder in diese von mir noch nicht gesehenen Gegenden kommen würde, und fuhr nochmals durch einen Teil des herrlichen Tals, das mir manche angenehme Rückerinnerung gewährte, und zwar diesmal bei einer sternenhellen Mondnacht, wo sich die Gegenstände fast magisch ausnahmen. In Livorno hielt ich mich nur anderthalb Stunden auf, sah den geräumigen Hafen daselbst, den Dom, den Palazzo del Principe, den großen Platz, auf den zwölf Straßen, unter denen die große Straße Ferdinando, welche durch die ganze Stadt läuft, ausgehen, und die Statue Ferdinand I., an die vier Sklaven von Erz geschmiedet sind, die zum Andenken des Sieges der toska-

nischen Galeeren über die afrikanischen Seeräuber von dem Sohn Ferdinands, Cosimo II., errichtet wurde. Livorno ist nur eine Handelsstadt und zählt an 16 000 Juden, die eine sehr prächtige Synagoge haben. Von hier fuhr ich nach dem nur wenig entfernten Pisa, wo ich noch gegen Abend ankam. Es ist nach Florenz die schönste Stadt in Toskana, liegt auch am Arno und nur ein paar Stunden vom Meer entfernt. Strabo und Virgil schreiben ihre Gründung Arkadiern zu, nach Rutilius soll sie sogar Pelops, ein Sohn des phrygischen Königs Tantalus, erbaut haben. Auch sie wurde eine römische Kolonie und später als selbständige Republik so mächtig, daß sie nicht nur Korsika und Sardinien, sondern sogar Palermo und einen Teil Siziliens eroberte. Durch die Kriege der Guelphen und Gibellinen litt sie sehr Not, und das sich mächtig erhebende Genua gab ihrer Macht den Todesstoß, nachdem es fast alle ihre Galeeren weggenommen hatte, wodurch auch der Hafen verloren ging. Die Stadt wurde nun die Beute kleiner Tyrannen, die sie als Grafen beherrschten, bis sie unter die Herrschaft der Medici kam, welche für gut fanden, sie so zu schwächen, daß sie nicht mehr daran denken konnte, ihre Selbständigkeit wieder zu erobern. Durch all diese Widerwärtigkeiten sank ihre Bevölkerung von 150 000 Menschen auf kaum 15 000 herab, ihr Handel war so gut wie vernichtet, und seitdem konnte sie sich nie wieder erheben. Ihre prächtigen Gebäude und Paläste sind noch die sprechenden Zeugen ihrer früheren Herrlichkeit, ihres dereinstigen Reichtums und ihrer Macht, sie sind größtenteils aus den seltensten und fremden Marmorarten erbaut. Ihre schönen, breiten und geraden Straßen enthalten fast nur Prachtbauten, sind aber öde und einsam. Über den Arno führen drei große Brücken, von denen die mittelste aus Marmor erbaut und durch die Kampfspiele berühmt ist, die sonst jedes Jahr im Sommer von der Jugend Pisas auf ihr gefeiert wurden und deren Ursprung man den olympischen Spielen zuschreiben will. Auch Pisa hat einen schiefen

Turm, der rund und noch weit schiefer wie der zu Bologna ist, den zu besteigen ich mir aber nicht die Mühe gab; dagegen besuchte ich im Vorübergehen das berühmte Camposanto und den prächtigen Duomo. Ersteres ist ein großer, weitläufiger Platz, von herrlichen Säulenhallen eingekreist, unter denen man merkwürdige Gemälde, uralte Grabmäler, Inschriften usw. in großer Menge antrifft. Die Erde des in der Mitte liegenden Kirchhofs soll im dreizehnten Jahrhundert von Jerusalem hierher gebracht worden sein. Wie glücklich müssen die Toten unter ihr ruhen! Aber sie soll auch die Eigenschaft gehabt haben, daß sie die Leichen schon in 24 Stunden verzehrte, es war vielleicht ungelöschter Kalk. Johann von Pisa war der Gründer dieses heiligen Campos. Die Kathedrale ist ein großes Prachtgebäude, der Maria Himmelfahrt geweiht, dessen fünffaches Schiff von 74 antikgrünen Marmor- und Porphyrsäulen getragen wird. Das Gewölbe ist reich vergoldet und mit trefflichen Gemälden geschmückt. Bildhauerarbeiten der berühmtesten Meister, mit denen auch die marmorne Kanzel geziert ist, sind in Menge vorhanden, auch mehrere Gemälde von Raffael. Vor der Kirche ist ein schöner Platz und dieser gerade gegenüber das große runde Basterio von Marmor.

In der Nacht verließ ich Pisa und eilte nun unaufhaltsam über *Massa-Carara*, der Hauptstadt eines Herzogtums dieses Namens, die meistens von ihrem Handel mit dem berühmten kararischen Marmor, von dem sogar viel bis nach Amerika ausgeführt wird, lebt, über *Spezia*, *Chiavari* usw. nach Genua, wo ich am Abend des fünften Tages nach meiner Abreise von Florenz wohlbehalten eintraf.

V

Zweiter Aufenthalt in Genua – Alte und neue Bekanntschaften – Signora Palatini – Ein sentimentales Rendezvous – Die Brigantenjagd in den italienischen Alpen – Bocchetta – Ich nehme fast eine ganze Bande gefangen – Rückkehr nach Genua – Das Konservatorium Fieschino – Albertine – Ich avanciere zum Kapitän und werde wieder zum ersten Bataillon versetzt – Abreise nach Civita Vecchia

Da es zu spät war, als ich in Genua ankam, um mich noch nach einem Quartier umsehen zu können, so stieg ich in einem Gasthof ab, wo ich bis zum hellen Morgen recht ausschlief und mich dann bei meinem nunmehrigen Bataillonschef, Herrn von Brüge, meldete, der mich, durch Duret schon hinlänglich unterrichtet und empfohlen, mit den Worten empfing: das Glück, Sie bei meinem Bataillon zu haben, verdanke ich der hohen römischen Geistlichkeit. Sie werden die Voltigeurs-Kompagnie kommandieren, die jetzt vakant ist, und sind für heute bei mir zu Tische eingeladen, wenn Sie mit meiner Suppe vorlieb nehmen wollen. – Brüge war ein Elsässer, in der Gegend von Kolmar zu Haus, und hatte ein allerliebstes Kind, ein kaum zehn Jahre altes Mädchen, deren Mutter eine ziemlich heroische Frau war. Nachdem ich dem, was der Dienst heischte, Genüge geleistet und mir ein Quartierbillett für drei Tage hatte geben lassen, war mein erster Gang zu meinem alten Gitarrelehrer Guercino, um mich bei ihm, oder vielmehr bei seiner Frau, nach meinen alten Bekannten zu erkundigen. Den alten Mann fand ich unwohl und bettlägerig, und seine Frau schlug die Hände über dem Kopf zusammen, als sie mich erblickte. „Ah siate ben venuto“ rief sie endlich aus, die Arme in die Höhe streckend. Nach gehöriger Bewillkommnung erfuhr ich, daß die Marchesa P . . . seit meiner Abreise kränkele, daß die mutwillige Peretti im letzten Karneval an einem Nervenfieber gestorben, Signora Doria sich mit ihrem Mann in Paris befinde, die Costa noch immer ein Heer von Anbetern habe, die Spinola aber vollkommen wohl und munter sei. So wurde ich schnell von dem au fait gesetzt, was sich während meiner etwa anderthalbjährigen Abwesenheit zugetragen. Der Tod der fröhlichen Peretti schmerzte mich, das Kränkeln der Marchesa P . . . tat mir leid, und das Wohlsein der Spinola freute mich. Den alten Guercino und seine Frau, die mir wieder ihre untertänigsten Dienste anbot, beschenkte ich mit ein paar Zechinen, ihr lachend bemerkend, daß ich leicht in den Fall kommen könnte, ihrer zu bedürfen, und bat sie einstweilen, die Marchesa P . . . von meiner glücklichen Ankunft in Kenntnis setzen zu wollen, was sie mir noch im Lauf des Tages zu tun versprach. Bei der Parade stellte mich Brüge meinen neuen Kameraden, von denen ich nur noch wenige kannte, vor, und zum Diner fand ich mich seiner Einladung zufolge bei ihm ein. Madame Brüge, eine noch sehr rüstige Dame von kaum vierzig Jahren, bot mir den täglichen Tisch, versteht sich gegen gehörige Vergütung, an, den ich auch akzeptierte; sie führte eine gute französische Küche. Während des Essens kam die Rede auf die Musik, und sie meinte, daß es wohl jetzt bald Zeit sei, daß ihre Tochter Unterricht in dieser Kunst erhalte, was sie schon früher veranstaltet haben würde, wenn sie einen Lehrer in Genua gefunden hätte, der französisch spreche. Dies war so ziemlich ein Wink mit einem Mastbaum, denn sie kannte mein musikalisches Talent. Ich erbot mich mit Vergnügen, der Kleinen Unterricht im Klavier zu geben, was mit großem Dank angenommen wurde und mehrere Jahre später allerlei Folgen hatte, für jetzt aber sollten diese Lehrstunden, die mir Freude machten, da das Mädchen viel musikalische Anlagen hatte, bald wieder unterbrochen werden. Den Abend begab ich mich abermals zu Guercinos, wo ich erfuhr, daß die noch immer leidende Marchesa P . . . die unerwartete Nachricht von meiner Ankunft sehr erschüttert habe und daß sie mich baldmöglichst zu sehen wünsche, wozu aber vorerst wenig Hoffnung wäre, da sie immer noch sehr schwach sei. Ich machte jetzt meine Besuche in all den Häusern, in denen ich früher Zutritt gehabt, und erhielt bald wieder eine Menge Einladungen. Die Spinola sah ich zuerst bei Dorias wieder, wo ich mich lange mit ihr unterhielt und sie mir eine junge Dame, Signora Palatini, die erst kürzlich verheiratet und ihre liebe Freundin sei, vorstellte. Dieses war eine schmächtige, nicht sehr große, aber sehr niedlich gewachsene Frau, mit einer originellen pikanten Gesichtsbildung, die, wenn sie auch nicht schön war, doch etwas sehr Einnehmendes hatte. Ich machte beiden Damen den Hof und ließ die Spinola merken, daß es mir nicht unangenehm sein würde, die so kurz vor meiner Abreise von Genua mit ihr in Gesellschaft der Marchesa P . . . gemachte Bekanntschaft weiter auszuspinnen. Ich hatte mir wieder eine Wohnung unweit der Kaserne ausgesucht, die ganz geeignet war, geheime Besuche zu empfangen. Mich diesen Abend noch deutlicher zu erklären, war nicht gut möglich, da ihr die Palatini nicht von der Seite wich und sich mit einer auffallenden Lebhaftigkeit in alle Gespräche mischte, die ich mit der Spinola anzuknüpfen versuchte. In einem Gartensaal musizierte man. Ich wurde angegangen, mich hören zu lassen, und trug mehrere neue Kavatinen vor, die ich in Rom und Neapel gelernt. Als die Dame vom Haus und noch einige andere den Wunsch ausdrückten, ich möchte doch wieder etwas aus dem Don Giovanni singen, und da ich einige Augenblicke anstand, wandte sich Signora Palatini mit einer großen Zudringlichkeit an mich, diesem Wunsch nachzugeben, indem sie einige Dutzend Male wiederholte: „Si Signore, il Don Giovanni, il Don Giovanni. Sie müssen ihn singen, denn ich kenne ihn noch nicht und habe doch so viel davon sprechen hören". Dieses Benehmen setzte mich in Erstaunen und fast in Verlegenheit. An Subordination gewöhnt, befolgte ich die gestrenge Order, das „Fin ch'an del vino" singend, und erhielt dafür einige danksagende Blicke von der kleinen Tyrannin, die sich nun auch spielend und singend hörbar machte, eine sehr hohe, sonore Sopranstimme hatte, und mich dann ohne Umstände vor der ganzen Gesellschaft einlud, sie doch recht bald und oft zu besuchen, um mit ihr zu singen; sie erwarte mich morgen vormittag nach der Messe, ich möchte doch einige Duette mitbringen. Dieses so ganz ungenierte und überaus freie Benehmen war mir noch gar nicht und am wenigsten in Italien vorgekommen, wo die Damen im Gegenteil die meiste Ursache haben, ihre Intrigen geheim zu halten und möglichst zu verbergen, oder doch passend zu bemänteln. Es machte mich immer verlegener, weil ich wohl bemerkte, daß sich die Gesichter aller, die es mit angehört, zu einem hämischen Lächeln verzogen und man sich in die Ohren flüsterte. Als dies die Spinola sah, trat sie zu mir und sagte: „Das Benehmen der Palatini darf Sie nicht wundern, sie ist ja noch ein halbes Kind, kaum sechzehn Jahre alt, und dabei sehr verzogen, von einem überaus reizbaren und heftigen Temperament, das sich nichts übel nimmt; sie will alles, was sie sich einmal in den Kopf gesetzt, um jeden Preis auch durchsetzen, ohne über die Folgen nachzudenken, die hat ihrem schon ältlichen und schwachen Mann, an den sie ihre Verwandten verkuppelt haben, eine halbe Million di dotta mitgebracht, und hat dem ihr ebenfalls aufgedrungenen Cicisbeo, dem Conte M . . . ., jenem noch gepuderten Pavian, den Sie dort am Pharotisch pointieren sehen, so mitgespielt, daß er sich schon einigemal für das Cicisbeat bedanken wollte, allein der Ehemann und die Verwandten gaben es nicht zu, aber er hat die Hölle“ . . . In diesem Augenblick sprang die Palatini, die gerade sang, ihre Noten hinwerfend und wild auf die Tasten des Cembalos schlagend, die Musik unterbrechend auf, stellte sich vor die erschrockene Marchesa hin und sagte dieser überlaut: „Ich finde es höchst unartig, Signora, daß, wenn ich singe, Sie sich mit Herren unterhalten; nun singen Sie der Gesellschaft etwas vor.“ – Die Spinola war dadurch so verblüfft, daß sie nichts erwidern konnte. Ich aber nahm schnell das Wort und sagte zu der aufgebrachten, zornglühenden Dame: „Signora, es war nur von Ihnen und Ihrem eminenten Talent die Rede, das uns entzückte

und das mir die Marchesa nicht genug rühmen konnte. Ich war die Veranlassung dazu, indem ich die Signora zuerst fragte, welcher Meister Ihre herrliche und unvergleichliche Stimme zu einem so hohen Grad ausgebildet habe, dies war es, worüber man im Begriff war, mir Auskunft zu geben, als Sie uns gerade unterbrachen."
„Wenn dies ist, so bitte ich um Vergebung für meine gewiß sehr verzeihliche Neugierde, aber Sie werden mir selbst zugestehen, daß nichts unangenehmer ist, als wenn man sich alle Mühe gibt und sich anstrengt, einer Gesellschaft Vergnügen zu machen, andere dabei plaudern." – Sie hatte nicht unrecht.
Der Zorn des kleinen Teufelchens hatte sich mit jedem Wort, das ich gesprochen, mehr gelegt. Ihren Cicisbeo, der sich jetzt auch eingefunden, um zu sehen, was die Unterbrechung und diese Szene herbeigeführt, schickte sie mit den Worten heim: „Mein Herr, Sie haben sehr unrecht, sich von Ihrem Spiel zu entfernen, die ganze Sache darf Sie gar nicht interessieren, haben Sie die Güte, sich sogleich wieder an Ihren Spieltisch zu verfügen, ich bitte Sie darum. Hören Sie, sogleich!" – Der Signor trollte sich, den befehlenden Bitten folgend, ohne ein Wort zu erwidern, an seinen Platz, und Signora Palatini ergriff ihr Notenblatt wieder und beendigte das Morceau. Die übrige Gesellschaft, obgleich über diesen sonderbaren Auftritt erstaunt und Gruppen bildend, wo man sich in die Ohren zischelte, schien es doch nicht sehr zu befremden. Bald darauf begann der Tanz mit einer Monfarina, welche ich mit der Spinola antrat, die mich aber, nachdem wir einigemal die Tour im Saal gemacht hatten, aufforderte, die jetzt nicht tanzende Palatini zu engagieren, der sie mich abtrat. Ich tanzte mit dem kleinen Satan, der mir gleich bei der ersten Tour eröffnete, daß er Giulietta heiße, ich ihn künftig nur bei diesem Namen nennen solle, und sich böse gebärdete, als ich es nicht augenblicklich tat. Ich wiederholte jetzt dreimal in einem Atemzug: Signora Giulietta, und sie nach dem Tanz, während welchem die Un-

terhaltung wunderlich genug war, an ihren Platz führend, abermals: „Mille grazie, Signora Giulietta." Ehe sich die Gesellschaft trennte, kam sie noch einmal in Begleitung ihres Cavaliero servente auf mich zu und sagte: „Daß Sie ja das Kommen morgen nicht vergessen und sich pünktlich einfinden, ich erwarte Sie eine Stunde vor Mittag, um mit Ihnen zu musizieren." – „Ich werde von Ihrer gütigen Einladung Gebrauch machen und mich zur bestimmten Zeit einfinden." – „Sie sind Zeuge", sagte sie zu ihrem Begleiter, der mit einem Schafsgesicht zuhörte, und beide empfahlen sich. Die Marchesa Spinola flüsterte mir im Weggehen zu: „Nehmen Sie sich in acht, der kleine Teufel wird Ihnen zu schaffen machen." – „Ich werde ihn zu zähmen wissen", erwiderte ich. Kaum waren diese Worte gesprochen, so trat die Palatini nochmals in den Saal zurück und rief der Spinola zu: „Auch Ihre Portandina erwartet Sie, wollen Sie nicht kommen?" – Sie nahm die Marchese beim Arm, sie mit sich fortziehend und mir noch eine Felice notte zurufend.

Ehe ich mich den anderen Morgen, wie ich versprochen, zu ihr begab, ging ich zu Guercinos, um bei diesen vielleicht etwas Näheres über dies sonderbare, aber dennoch pikant-liebenswürdige Wesen zu erfahren. Diese wußten mir aber weiter nichts zu sagen, als daß Signora Palatini wegen ihres unbändigen Eigensinns und ihrer ausschweifenden Phantasien, die sie oft die tollsten Streiche begehen ließen, in ganz Genua bekannt sei. Ich begab mich zu der kleinen Wilden, die, als sie mich erblickte, auf mich zusprang, laut rufend: „Es ist brav, daß Sie Wort gehalten, wir werden auch ganz ungestört sein. Mein Mann mußte auf meine Veranlassung eine Villeggiature ins Gebirge machen, und den Signor Leonardo habe ich für den ganzen Tag verabschiedet; jetzt kommen Sie." Sie nahm mich bei der Hand, führte mich in ein Zimmer, wo ein Flügel stand, und nötigte mich, ihr zuerst etwas vorzusingen; ich trug ihr die Arie: „Oh Idol mio, quando mai" usw. vor; nach wenigen Takten fiel sie mit einem Bravissimo dazwischen, schlug in die Hände, und ich hielt, ihre Rechte ergreifend und küssend, ein. Jetzt hatten Klavierspiel und Gesang ein Ende, und ein anderes Spiel sollte beginnen; aber zweimal schlüpfte sie mir laut lachend unter dem Arm durch. Endlich aber umfaßte ich die kleine Blindschleiche, deren Taille ich mit meinen Händen umspannen konnte, hob sie in die Höhe, daß sie zappelte, und sagte lachend: „Was nun? – Jetzt sind Sie ganz in meiner Gewalt, Giulietta." – „Die Sie doch wohl nicht mißbrauchen werden?" – „Gewiß nicht, bella fanciulla", antwortete ich, sie sanft auf den Boden niedersetzend. Aber wieder ging sie mir durch, in ein zweites, drittes und viertes Zimmer, aus dem aber kein Ausgang mehr war. „Jetzt sind Sie gefangen und werden mir nicht mehr entwischen." „Ma – ma –" stöhnte sie bald mit hochklopfendem Herzen, und ihre Wangen waren mit jener Röte gefärbt, die einladender ist als das schönste Morgen- und Abendrot. Ich küßte sie, aber sie biß mich in die Lippen, daß es mich schmerzte und fast blutete. Ich ließ mich indessen dadurch nicht stören und fuhr, sie auf ein Ruhebett bringend, zu küssen fort, bis uns beiden der Atem fast ausging. . . .

Der kleine Tollkopf war jetzt ziemlich zahm geworden, und nachdem wir einige Zeit geruht, setzten wir uns an das Klavier, um nun wirklich zu musizieren. Endlich war es Zeit, mich zu entfernen, und ich durfte es nur, indem ich baldiges Wiederkommen versprach, denn Giulietta wollte durchaus, daß ich den ganzen Tag mit ihr zubringen sollte, und hätte mich nicht der Dienst abgerufen, so würde ich es mit Vergnügen getan haben, denn Langeweile hatte man bei dem unruhigen Geist auch keine Minute. Bei dem zweiten Besuch wiederholte sich die Szene des ersten, und so ging es einige Zeit fort, ohne daß ich mich weder um die Spinola noch um die P. . ., die ich noch nicht wiedergesehen hatte, bekümmerte. Eines Morgens aber besuchte mich die alte Guercino in meiner Wohnung und machte mir Vorwürfe, daß ich mich gar nicht nach der armen Marchesa P... erkundige, die jeden Tag nach mir frage und mich nur noch einmal zu sehen wünsche, sehr leidend sei und sich vielleicht nicht wieder von ihrer Krankheit erholen würde. Ich verabredete mit der darauf dringenden Guercino, der es wohl nur um die Präsente zu tun war, die es bei dieser Gelegenheit absetzte, daß man eine Zusammenkunft veranstalten möge, wozu, wie sie mir sagte, die Marchesa Spinola schon alles vorbereitet habe, in deren Haus dieselbe stattfinden solle, wohin sich die P... in einer Portandina bringen lassen würde. Wir setzten nun diese Entrevue auf den Abend des nächsten Tages fest, wo ich mich um ein Uhr nach Sonnenuntergang in dem bezeichneten Hause einfinden wollte. Giulietta verlassend, bei der ich den Tag wieder zugebracht hatte, begab ich mich zur bestimmten Stunde zu dem verabredeten Rendezvous in den Palazzo Spinola. Eine niedliche Kameriera empfing mich und führte mich über eine Hintertreppe in abgelegene, spärlich erleuchtete Gemächer. In dem letzten derselben fand ich eine weibliche Figur, in weiße Gewänder gehüllt, in einem Armstuhl sitzen, die, als ich eintrat, eine zusammenfahrende Bewegung machte und in deren blassen und leidenden Zügen ich dennoch die Marchesa P..., – die vor nicht ganz anderthalb Jahren noch blühend schöne Tonina – erkannte. Ich stürzte auf sie zu, wollte ihre Hand fassen, die sie aber schnell zurückzog, indem sie sprach: „Oh, lassen Sie diese nichtssagenden Flatterien, wir sind von allem genau unterrichtet, kommen Sie nicht eben erst von der tollen Palatini?" „Ganz gewiß," fiel hier die Spinola ein, „seit seiner Zurückkunft bringt er alle Stunden, die er ermüßigen kann, dort zu." „Wie freute ich mich," fuhr die andere wieder fort, „als ich hörte, daß Sie wieder in Genua angekommen seien, und hoffte von diesem Ereignis eine baldige Genesung, aber wie furchtbar bin ich enttäuscht". „Es ist unverzeihlich und recht abscheulich", sagte nun die Spinola, und ich stand in der Tat vor den beiden Signoras wie ein Schulknabe, den der Herr Inspektor heruntergeputzt, weil er unartig gewesen. Gerne hätte ich mich, wie gewöhnlich, durch einen Scherz lachend und spottend aus der Affäre gezogen, aber der Zustand Toninas war doch zu ernsthaft, sie litt besonders an Nervenübeln, als daß ich es wagen durfte, und ich suchte durch ein halbes Pater peccavi mich aus der Klemme zu befreien, indem in meine Besuche bei der Palatini zwar nicht leugnete, aber behauptete, sie seien durchaus ganz unschuldiger Natur und gälten bloß ihrem musikalischen Talent, indem ich nichts treibe als mit ihr singe. „Wer so etwas glauben wollte", fiel mir die Spinola wieder ins Wort. „Ja, wenn die Signora nicht ganz ohne Hehl und ohne Scham selbst von ihrem Verhältnis mit Ihnen spräche! Halten Sie uns doch nicht für so einfältig." „Und schonen Sie doch um's Himmels willen Ihre Freundin", unterbrach ich die Marchesa, „sehen Sie denn nicht, wie die Arme leidet."

In der Tat hatte die P. . . in diesem Augenblick Konvulsionen und Krämpfe bekommen und stöhnte: „Oh, mir ist sehr übel!" Wir sprangen ihr beide zu Hilfe, sie bekam eine förmliche Ohnmacht. „Sehen Sie, was Sie gemacht haben", sagte die Spinola zu mir, meine Hilfe zurückweisend. „Das ist einzig und allein nur Ihre Schuld", erwiderte ich etwas aufgebracht, „Sie kannten den Zustand Ihrer Freundin und führten eine solche Szene herbei; wenn Sie dergleichen Klatschereien erfuhren, mußten Sie sie eher verheimlichen als mitteilen und bekräftigen." „Nicht von mir hat es die Marchesa zuerst erfahren, ganz Genua redet von den Tollheiten Ihrer Scharmanten. Sie sind samt ihr die Mär der Stadt. Wo dachten Sie hin, sich mit einer solchen Törin einzulassen und darüber Ihre besten Freundinnen zu vernachlässigen. Nein, Sie können kein Deutscher sein, so etwas tut kein Deutscher, dies verzeiht man nicht einmal einem leichtsinnigen Franzosen." Ich suchte die aufgebrachte Signora zu besänftigen, welche die Schläfe und Stirn der noch immer bewußtlosen Freundin mit starken, wohlriechenden Wassern rieb, ihr

Diebsessig unter die Nase hielt und deren Kopf an ihren Busen legte. Als sie sich so beschäftigte, die Ohnmächtige wieder zu sich selbst zu bringen, drückte ich einen leisen Kuß auf deren Stirn, indem ich noch leiser sagte: „Dies wird sie vielleicht am ehesten erwecken." „Was unterfangen Sie sich", fuhr mich die Spinola zwar heftig, aber ebenfalls kaum hörbar an, „glauben Sie, wir würden uns von Ihnen betören lassen? Gehen Sie zu Ihrer Pazza, dort ist es besser angewandt, und lassen Sie uns in Ruhe." „Nicht so böse, meine schöne Signora, Sie haben mir zuerst die Palatini bei Dorias zugeführt, ich bitte ja aufrichtig um Vergebung, werfe mich reuevoll zu Füßen." Ich wollte nun auch ihr die Hand küssen, als Tonina plötzlich ein Lebenszeichen von sich gab und bald darauf wieder die Augen aufschlug. Als sie sah, wie wir beide um sie beschäftigt waren, lächelte sie wehmütig, und ich bat sie, vor ihr kniend und ihre Hand fassend, innig um Vergebung, nochmals beteuernd, daß nur der Schein gegen mich sei, und jetzt unterstützte mich die Spinola in meinem Vorgeben, indem sie sprach: „Eine Möglichkeit ist es immer, wenn auch schwer zu glauben, ich will ihn noch nicht ganz verdammen, denn das tolle Weib ist wohl fähig, Dinge zu sagen, die nicht sind." Abermals küßte ich feurig Toninas Hand, die mich jetzt mit einem bedeutenden Blick ansah und lispelte: „Aber wenn Sie mich dennoch betrügen?" Der Ton, mit dem sie dies sagte, ging mir durch Mark und Bein, und ich fühlte mich so zerknirscht und über mich selbst ungehalten, daß ich in diesem Augenblick vielleicht alles bekannt, wenn man mich noch weiter inquiriert hätte. Ich suchte die Leidende indessen immer mehr zu beruhigen, bekam endlich wieder den Mut, ihr meine unerschütterliche Treue zu beteuern und bei allen Göttern zu versichern, daß ich nur sie liebe und daß sie hoffentlich von meiner Unschuld klar überzeugen werde; sie möge sich jetzt nur beruhigen und so ihre schnelle Genesung herbeiführen. Noch beinahe eine ganze Stunde brachte ich in dieser mir sehr peinlichen

Lage zu, und verließ die Damen, nachdem die Marchesa P. . . wieder so weit hergestellt war, um sich in ihrer Portandina fortbringen lassen zu können. Ehe ich mich entfernte, hatte man von mir das Versprechen verlangt, meine Bekanntschaft mit der Palatini ganz aufzugeben und sie nicht mehr zu besuchen. Ich stellte aber den Damen vor, daß dies bei dem bekannten Charakter der Donna nicht wohl tunlich sei, ohne sich allem möglichen von ihrer Seite auszusetzen, und ich nur allmählich und mit großer Vorsicht abbrechen könne, was man endlich auch einzusehen beliebte, mir aber einschärfte, Wort zu halten, wenn ich nicht böse Folgen erleben wolle. Ich empfahl mich bestens, froh, als ich wieder freie Luft schöpfte, dieser Szene enthoben zu sein. Die Sache war mir doch nicht ganz gleichgültig, denn ich kannte die Genueserinnen als die rachsüchtigsten Frauenzimmer Italiens, befand mich zwischen zwei Feuern und wußte noch nicht, wie ihnen zugleich Face und Front zu machen. Als ich mir gerade den Kopf zerbrach, was ich wohl in dieser Verlegenheit für einen Operationsplan entwerfen müsse, und mit aller Taktik und Strategie nicht zu Ende kommen konnte, zog mich ein Deus ex machina, wenigstens für den Augenblick, aus derselben. Ich besuchte noch den nämlichen Abend die Opera Buffa, wo ich Giuliette versprochen hatte, mich einzufinden, und traf hier den Herrn von Brüge, der, als er mich sah, auf mich zukam und mir verkündete, daß ich schon den nächsten Morgen mit meiner Kompagnie in die Gebirge zur Verfolgung der immer dreister werdenden Briganten abmarschieren müsse. Gerne hätte er mich zurückbehalten, allein da es ausdrücklicher Befehl vom kommandierenden General sei, daß die Voltigeurkompagnien zu diesem Zweck verwendet werden sollten, so müsse er mich wohl ziehen lassen. Die Order kam mir erwünscht. Giulietta hatte mich, während der Bataillonschef mit mir sprach, unverwandt angesehen, und als ich mich in ihre Loge begeben wollte, um sie mit dem erhaltenen Befehl bekannt zu machen, kam sie mir schon auf dem Korridor entgegen und fragte mich, was denn der Kommandant so angelegentlich mit mir gesprochen und von mir gewollt habe. Ich teilte ihr den Inhalt unseres Gesprächs mit, worüber sie außer sich geriet und in die Worte: „Das dulde ich nicht, ich gehe selbst zum General“ und ähnlichen Unsinn ausbrach. Lachend bedeutete ich ihr, daß gegen militärische Order eine weibliche schlechterdings nicht aufkommen könne, sondern daß sie hier durch jeden unüberlegten Schritt nicht nur sich, sondern auch mich und meine militärische Ehre kompromittieren würde, ohne dadurch irgend etwas zu ändern, da gegen solche Befehle gar keine Einwendungen, selbst die begründetsten nicht, angehört würden. – „Gut, dann gehe ich mit und reite auf einem Maultier an der Spitze deiner Kompagnie.“ – Diesen tollen Gedanken suchte ich ihr auszureden, indem ich ihr sagte, daß dies nicht gelitten würde und außerdem die Expedition schwerlich länger als ein- oder ein paarmal vierundzwanzig Stunden dauern würde. „Wenn es aber länger dauert, komme ich doch nach“, versetzte sie nun, und ich sah ein, wie recht die Spinola gehabt, als sie mir gesagt, der kleine Teufel würde mir zu schaffen machen, denn ich fürchtete irgendeinen tollen Streich, den abzuwehren nicht in meiner Gewalt stünde. Ich entfernte mich jetzt unter dem Vorwande, Anordnungen treffen zu müssen, und versprach, vor dem Abmarsch Abschied von ihr zu nehmen. Statt dessen schrieb ich ihr einen Brief, mich mit der Unmöglichkeit und der übereilt befohlenen Entfernung entschuldigend, den ich ihr erst zukommen ließ, als wir schon einige Stunden von Genua entfernt waren. Ebenso benachrichtigte ich die Spinola schriftlich von diesem Ereignis, mit der Bitte, es ihrer Freundin schonend mitzuteilen, und vertröstete auch sie auf baldige Zurückkunft. In der Tat war ich froh, als ich den anderen Morgen Genua, aus dem ich absichtlich schon vor Sonnenaufgang mit meiner Kompagnie abmarschiert war, im Rücken hatte, und ich sah mich jeden Augenblick um, fürchtend, den kleinen Satan auf seinem Maultier hinter mir hergesprengt kommen zu sehen.

Schon seit einiger Zeit war es in den italienischen Alpen sehr unruhig geworden; es hatten sich starke Banden zusammengerottet, die so verwegen wurden, daß sie in den letzten Tagen sogar einen französischen Posten von einigen zwanzig Mann überfallen und die Leute sämtlich ermordet hatten; und dies war in einer geringen Entfernung von Genua geschehen. Die italienischen Alpen sind in dieser Gegend ebenso unwirtsam, voll Schluchten und sicherer Zufluchtsorte für Räuber und Insurgenten, wie die Waldgebirge Kalabriens. Jeder Mann hatte sechzig scharfe Patronen und für vier Tage Brot bei dem Ausmarsch erhalten. Den ersten kurzen Halt machte ich zu *Ponte decimo* und marschierte von da, meiner erhaltenen Instruktion gemäß, nach *Bocchetta*, einer großen Redoute mit einem Detachement französischer Linientruppen, von der man eine herrliche Aussicht über Genua, seine Umgegend, in das Tal des Stromes *Polcevera*, auf den schönen Meerbusen von Genua und in die offene See hat. In grauer Ferne erblickt man auch die Gebirge von Korsika, gegen Norden aber das größte und prächtigste Tal Europas, das Potal. – Diese so schön gelegene, aus mehreren Schanzen bestehende Redoute galt früher für den Schlüssel von Genua und für uneinnehmbar. Sie liegt auf dem höchsten Punkt dieses Teils der Apenninen, aber Napoleons Art, Krieg zu führen, hat auch diesen militärischen Aberglauben vernichtet, indessen ist sie, gut verteidigt, noch immer eine sehr wichtige Position.

Eine besondere Instruktion hatte ich nicht und konnte sie nicht erhalten haben, sondern sie lautete nur im allgemeinen, die Spuren der Briganten aufzusuchen, sie zu verfolgen und womöglich tot oder lebendig einzufangen, mich dabei, soviel es sich tun ließ, der Bauern in den Dörfern zu bedienen und Führer aus denselben zu nehmen. Das Weitere blieb meiner Einsicht überlassen, indem ich nach Umständen agieren müsse. Ist man einmal über die Riviera – so wird das Uferland genannt, welches den Meerbusen umgibt – hinaus, so werden die Berge immer öder, steiler und kahler, Felsen türmen sich auf Felsen, seltener werden Bäume und Gebüsch, und nur hier und da sieht man noch einige Kastanien. Der Weg, dessen Rand sich oft an unabsehbaren Abgründen und Schlünden, über welche mitunter sehr gebrechliche Brücken führen, hinzieht, kann nur noch durch sehr sichere Pferde und Esel betreten werden. Viele dieser Brücken waren durch die Briganten abgebrochen, so daß ich häufig wieder umkehren und andere Wege aufsuchen mußte. Als ich den zweiten Tag zu *Ovada* ankam, erfuhr ich, daß erst vor ein paar Tagen hier drei Gendarmen überfallen und ermordet worden waren. Um an diesen Ort zu gelangen, hatte ich einen Führer aus dem Flecken *Campo Marone* mitgenommen, der mich auf großen Umwegen hierhergebracht, wo ich mich auf vierundzwanzig Stunden einquartierte, um Erkundigungen über den Aufenthalt und die Spuren der Briganten einzuziehen. *Ovada* ist ein ziemlich großer Ort, der an der Orba liegt und etwa tausend Einwohner zählen mag. Wo ich aber auch anklopfte und forschte, niemand wollte mir Auskunft über die Banden geben können; die Stimmung der Einwohner und Landleute war uns überhaupt sehr ungünstig, allenthalben zeigte sich große Unzufriedenheit mit der Regierung, Haß gegen die französische Herrschaft und ein Geist des Aufruhrs und der Widerspenstigkeit, der unter Umständen sehr gefährlich werden konnte. Zu den zahlreichen Räuberbanden, die sich in den italienischen Alpen umhertrieben, gesellte sich fortwährend alles Gesindel, und alle, welche irgend etwas begangen hatten, flüchteten sich zu ihnen in unzugängliche Schlupfwinkel im Gebirge; dabei hatten sie fortwährend geheime Verbindungen in Genua, Turin, Piemont und der Lombardei. Was mir sehr im Wege stand, war die abscheuliche Sprache, die in dieser Gegend geredet wird. Überall wollten die Einwohner kein Italienisch sprechen und stellten sich, als verstünden sie mich nicht. In Ovada suchte ich einen Geistlichen auf, der doch den Sprachunwissenden nicht machen konnte und wenigstens meine Fragen beantworten mußte. Aber auch von diesem konnte ich nichts weiter herausbringen, als daß man zwar viel von den Briganten höre, aber ihren Aufenthalt nicht wisse noch erspähen könne; überhaupt zweifle er an dem Bestehen dieser Banden, wie man sie in Genua schildere, es seien höchstens nur einzelne Straßenräuber vorhanden, und es sei ganz vergebliche Mühe, diese aufsuchen zu wollen, da kein Mensch ihre Schlupfwinkel kenne, die aber der geistliche Herr gewiß wußte. Von Ovada marschierte ich mit ebensowenig Erfolg nach Casaleggio und von da nach den Dörfern *Acquata* und *Isola*, ganz abscheuliche Nester, in denen alle meine Bemühungen ebenfalls erfolglos blieben, so daß ich schon verzweifelte, jemals auf die Spur der Briganten zu kommen. In *Ronco* brachte ich einen Tag und zwei Nächte zu und erfuhr am Morgen nach der letzten, daß in der verwichenen Nacht abermals ein Gendarm zwischen hier und dem nahen *Fornaro* ermordet worden sei und man dessen Leichnam schrecklich verstümmelt auf der Landstraße gefunden habe. Ich machte mich nun mit meiner Kompagnie eilig nach Fornaro auf, das ziemlich nahe an der Bocchetta liegt, stellte rings um das Dorf Pikette und drohte, es anzuzünden, wenn mir nicht in Zeit von zwei Stunden die Mörder der Gendarmen ausgeliefert würden, denn ich hatte einige Indizien, daß es Bewohner dieses Ortes waren. Um meiner Drohung mehr Nachdruck zu geben und zu zeigen, daß es mir ernst damit sei, ließ ich von den Soldaten Brennmaterialien zusammenbringen und auf einen Haufen legen. Aber vergeblich; die Einwohner heulten, schrien und winselten, beteuerten ihre Unschuld, und von den Mördern war keine Spur aufzufinden. So zog ich schon sieben Tage vergeblich in diesen Öden und zwischen Schluchten umher, wobei die Nahrung auch nicht die beste war und ich mehrere Marode zählte, die ich nach Bocchetta führen ließ, von wo sie ins Lazarett nach Genua gebracht wurden. Ich selbst fing an, höchst mißmutig zu werden und an irgendeinem günstigen Erfolg meiner Mission zu verzweifeln, als ich auf eine List verfiel, die wenigstens teilweise gelang. Ich suchte die entschlossensten und mutigsten Leute meiner Kompagnie heraus, ließ sie ihre Säbel scharf schleifen und so zu zwei und drei Mann streifen, während ich mich mit den übrigen in einem nahen Dorf verweilte, in dessen Mitte ich ein Pikett aufstellte und dessen Ausgänge so besetzte, daß sich keine Seele aus demselben ohne meine Erlaubnis entfernen durfte. Die Leute, die ich auf die Streifereien ausschickte, instruierte ich dahin, daß sie sich nicht weiter von dem Ort entfernen sollten, als man das Abfeuern eines Gewehres hören könne, und wenn sie Bauern oder sonstige Individuen auf sich zukommen sähen, sollten sie dieselben bis auf gefällte Bajonettweite herankommen lassen, dann aber ihnen das Gewehr vorhalten und sie nach ihrem Begehren fragen. Sollten jene aber Miene machen, noch weiter vorzudringen oder irgendeine feindliche Bewegung versuchen, losschießen, und wenn das Gewehr nicht mehr zur Verteidigung geschickt sei, dasselbe von sich werfen und sich mit dem blanken Säbel verteidigen bis der nicht lange ausbleibende Sukkurs käme, würde man aber aus der Ferne auf sie schießen, so sollten sie das Feuer erwidern, doch immer nur einer nach dem andern, um sich zu soutenieren. Andere Soldaten hieß ich nur mit dem Seitengewehr bewaffnet ganz in der Nähe des Ortes spazieren gehen. Aber auch dieses Manöver hatte ich schon einige Tage umsonst versucht; endlich hörte ich, nachdem ich zwei Stunden vor Tagesanbruch – denn ich marschierte nur nachts und immer unvermutet ab, damit die Briganten so wenig als möglich von ihren Spionen unterrichtet werden konnten – in dem sehr einsam im Gebirge gelegenen Dorf Ritegno angekommen war und die Streif- und Lauerposten abgeschickt hatte, plötzlich einen Schuß und gleich darauf noch acht bis zehn fallen.

Ich jagte jetzt mit einem Teil der übrigen Mannschaft nach dem Ort zu, wo das Schießen herkam, und fand fünf von meinen Leuten im Handgemenge mit wenigstens zwanzig Briganten. Als mich diese ankommen sahen, ergriffen sie die Flucht, bis auf drei, welche von den Voltigeurs festgehalten wurden. Einer derselben stach jedoch einen Mann mit einem Dolchstoß nieder; dies sehend, sprang ich hinzu und versetzte dem Kerl mit solcher Kraft einen Hieb auf den Kopf, daß er einen zweiten beabsichtigten Dolchstoß nicht führen konnte, sondern mehrere Schritte zurücktaumelte und, von seinem Blut überströmt, ohnmächtig niedersank. Aber auch der gestochene Voltigeur war gefährlich verwundet. Die beiden anderen Briganten wurden unterdessen entwaffnet und festgehalten. Den Entflohenen setzten wir zwar eine Strecke nach, mußten jedoch bald umkehren, da wir jede Spur von ihnen verloren. Ich ließ alle drei, auch den schwer Verwundeten, der wieder zu sich gekommen war und nebst dem von ihm gestochenen Soldaten zur Not verbunden wurde, knebeln und sagte ihm, daß er ohne Absolution und Segen zur Hölle fahren sollte, wenn er nicht gestünde, wo sich seine Spießgesellen aufhielten und wer sie seien. Ebenso drohte ich den anderen mit augenblicklichem Erschießen, wenn sie nichts gestehen würden, und ließ jeden gehörig bewacht einzeln und von den andern getrennt führen, so daß sie sich weder durch Worte noch durch Blicke oder Zeichen miteinander verständigen konnten. Der Verwundete ward aber mit jedem Augenblick schwächer und flehte um einen Tropfen Wasser zur Labung, den ich ihm aber verweigerte, bis er gestanden, was ich begehrte, und ihm nochmals seine bevorstehende Höllenfahrt vorhielt, worauf er mir mit matter Stimme erwiderte: „Gewiß nicht, denn ich habe schon zum voraus Absolution und Vergebung aller Sünden erhalten und bin im Gegenteil gewiß, daß ich für meine Ermordung der Feinde unseres Landes sogar dem größten Teil der Pönitenz des Fegfeuers entgehen werde.“

– Jetzt frug ich ihn, wer ihm denn solche Albernheiten glauben gemacht, und reizte ihn, noch mehr zu beichten, mich über seinen Aberglauben lustig machend. Ich brachte auch noch soviel von ihm heraus, daß er erst vor vierundzwanzig Stunden in *Asconi*, einem Dorf im Gebirge, gebeichtet habe. Hierauf ging ich zu einem anderen Gefangenen und sagte zu diesem: „Ah, Briccone, du bist auch aus Asconi?“ Er erblaßte und leugnete. Nun teilte ich ihm mit, daß mir sein sterbender Kamerad dies gestanden, worauf er versetzte: „Er hat gelogen, ich bin nicht aus Asconi, sondern der andere, mein Geburtsort ist *Cento Croci.*“ – „Du hast aber doch erst vor vierundzwanzig Stunden in Asconi gebeichtet und Absolution erhalten.“ „Ha, der Verräter“, knirschte der Brigant. Ich nahm nun auch den dritten ad coram und erfuhr genug, um überzeugt zu sein, daß die Kerle in Asconi und Cento Croci zu Hause waren, und brach, nachdem ich die Verwundeten und Gefangenen nach Bocchetta expediert, mit dem Rest meiner Leute, noch über hundert Mann, durch öde und kahle Wildnisse, mit einem gezwungenen Führer nach Asconi auf, sah aber den Ort ganz verlassen und keine lebendige Seele; auch fand sich in den erbärmlichen Hütten desselben nicht das mindeste vor, was uns zur Nahrung und Labung hätte dienen können, und wir mußten uns an das mitgebrachte Brot und Wasser halten. Einige der Leute hatten noch etwas Acquavit bei sich, doch fingen wir ein halbes Dutzend Hühner und ein paar Hähne weg, die sich uns zufällig darboten und nun an Ladstöcken gebraten und mit Pulver zubereitet wurden, da wir kein anderes Salz hatten. Gegen Abend marschierte ich unter Hörnerklang, die Voltigeurs hatten statt der Trommeln eine Art kleiner Wald- oder Posthörner, und mit möglichstem Geräusch ab, ließ aber drei Viertelstunden von dem Dorf hinter einer Felsenwand haltmachen und befahl den Leuten, sich möglichst ruhig und still zu lagern. Brot und Wasser war wieder unsere Kost, obgleich wir ein paar aufgefangene Ziegen bei uns hatten, die ich aber nicht zu töten gestattete, weil kein Feuer gemacht werden durfte, wenn mein Plan gelingen sollte. So kampierten wir bis um zwei Uhr nach Mitternacht; zwar hatte mir schon einer der ausgestellten Lauerposten einige Stunden nach Sonnenuntergang berichtet, daß man Licht in Asconi wahrnehme, ich fand aber für gut, noch eine spätere Zeit abzuwarten, um mein Vorhaben auszuführen. Jetzt kehrten wir in aller Stille nach Asconi zurück, wo wir noch Licht in einigen Häusern sahen. Wir schlichen uns ganz leise und unbemerkt heran, und mit der Hälfte der Mannschaft besetzte ich alle Zugänge des Orts, während ich mit der anderen Hälfte in denselben einrückte und ein Haus, eine Art Osteria, aus dem ein ziemlich bacchanalischer Lärm ertönte, umzingelte. Wir entdeckten, daß sich einige zwanzig wohlbewaffnete Banditen nebst mehreren Weibern und Mädchen in einer großen Stube desselben befanden, sich ganz unbekümmert Orgien überlassend. Nachdem ich meine Mannschaft auf das beste geordnet und instruiert hatte, ließ ich die Trompeter ins Horn stoßen und die Leute auf dieses Signal plötzlich die Gewehre gegen die Fenster und Türen abfeuern, die letzteren darauf mit Gewehrkolben einstoßen und zur Attacke blasen. Ich drang nun mit einem Teil der Mannschaft in das Haus, während die anderen, ihre Bajonette in die Fenster haltend, dasselbe fortwährend umgaben. Die Briganten, durch diesen unerwarteten Überfall verblüfft und an vierzig Läufe gegen sich gerichtet sehend, durch das Geschrei der Weiber und Kinder noch mehr außer Fassung gebracht, dachten im ersten Augenblick nicht daran, Widerstand zu leisten. Als aber einige ihre Büchsen abfeuerten, folgten die anderen diesem Beispiel, worauf meine Leute ebenfalls ein mörderisches Feuer auf sie gaben. Ich drang, an der Spitze zweier Sergeanten, in das Zimmer, dem Unterleutnant hatte ich den Befehl über die Leute vor dem Haus und im Dorf überlassen, und es entspann sich in der Stube selbst ein mörderisches Gefecht, in der sich die

Briganten wie Verzweifelte wehrten, und erst nachdem mehrere von ihnen tot niedergestreckt, auch viele verwundet waren, und ich ihnen dann bei augenblicklichem Niederschießen gebot, die Waffen zu strecken und auszuliefern, hatte der Kampf ein Ende. Mehrere von meinen Leuten waren gleichfalls verwundet, doch keiner sehr gefährlich, und keiner war geblieben, ich selbst aber mit einem Dolch in den linken Arm geritzt worden. Ich ließ den Briganten nun Gewehre, Pistolen, Säbel und Dolche abnehmen und sie, während sie noch vor Wut schäumten, mit Gewehrriemen binden, da ich keine Stricke auftreiben konnte, und so bis zu Tagesanbruch bewachen, während sich Unteroffiziere und Soldaten mit den hübschesten der Weiber und Mädchen, wenn auch etwas gewaltsam, vergnügten, was die Gefangenen, die es wenigstens mit anhörten, bis zum Rasendwerden in Wut versetzte. In ein paar anderen Häusern fingen wir noch ein halbes Dutzend von dieser Bande, sehr viele aber waren entsprungen und hatten sich durch die Flucht gerettet. Wir fanden in dem einen Haus auch noch einen ziemlich vollen Weinschlauch, gebratenes Ziegenfleisch, Polenta, Öl vor, woran sich die fast verhungerten Voltigeurs gütlich taten. Mit Tagesanbruch verließ ich mit meinen Gefangenen, denen ich die Arme auf dem Rücken hatte zusammenschnallen und binden lassen, das Dorf. Als wir ausmarschierten, warfen sich mir die Weiber zu Füßen, um Freilassung ihrer Männer und Geliebten flehend und sich an die Soldaten klammernd, die sie transportierten, so daß wir alle Gewalt nötig hatten, sie los zu werden, und ich nur durch die Drohung, auf sie und die Gefangenen schießen zu lassen, verhindern konnte, daß sie uns folgten. Ich marschierte nun nach *Cento-Croce*, fand aber dieses Nest ganz ausgestorben, von da mit meinem Fang über Ritegno und Bocchetta, wo ich erst den folgenden Mittag ankam und die Gefangenen nebst einem ausführlichen Rapport nach Genua abschickte. Ich quartierte mich dann in Ronco ein, die Zurückkunft meiner Leute und der zwei Sergeanten, die ich mit abgesandt, erwartend. Wir bedurften der Ruhe, um uns von den Strapazen und Entbehrungen zu erholen. Ich erhielt aber am anderen Tag Order, mit meiner Kompagnie gleichfalls wieder in Genua einzurücken, um dort bei den Verhören der Gefangenen gegenwärtig zu sein und die nötige Auskunft zu geben; zugleich wurde mir aber für meine erfolgreichen Bemühungen eine Belobung und noch zwei Rasttage in Ronco gestattet.

Ungefähr sechzehn Tage hatte ich mich in diesen Gebirgen umhergetrieben, und meine Abberufung war mir daher willkommen, da bei einer solchen, immer mit den größten Entbehrungen und Gefahren verknüpften Expedition doch nur wenig Ruhm zu erwerben ist, während eine weit weniger beschwerliche Waffentat gegen einen gewöhnlichen Feind im offenen Feld mit Eklat ausposaunt und belohnt wird. Dagegen ist aber wohl keine Art Krieg so unterrichtend und so reich an Erfahrungen als gerade diese; man lernt dadurch besonders jedes Terrain gehörig benutzen, erlangt einen großen Scharfblick und eine richtige Übersicht in allen Gefahren und weiß jeden kleinen Vorteil bestens wahrzunehmen. Die beständige Aufmerksamkeit, welche man bei allen Streifzügen in so kupiertem Terrain notwendig haben muß, schärft den Blick und Verstand außerordentlich. Jeder einzelne Mann kommt da oft in die Lage, alle seine Intelligenz und Fähigkeiten aufbieten zu müssen, um nicht das Opfer irgendeiner Versäumnis oder Nachlässigkeit zu werden, die oft mit dem Leben bezahlt werden muß. Die Erfahrungen und Gefahren eines solchen Kriegs machen dann auch zu allen größeren Kommandos und zum Anführen der wichtigsten Expeditionen fähig.

Nach Genua zurückgekehrt, verfügte ich mich zuerst zu meinem Bataillonschef, Herrn von Brüge, der mich freundlich empfing und meinen Erzählungen mit vieler Teilnahme zuhörte, und von diesem zum kommandierenden Divisionsgeneral Montchoisy, dem ich einen vollständigen Bericht abstattete und darauf von ihm zur Tafel geladen wurde; ebenso bei dem Kommandanten, General Mouret. Die Verhöre fanden bald statt, und zehn dieser Briganten wurden zum Tode verurteilt, die übrigen kamen auf die Galeere.

Ich hatte eben keine große Eile, mich nach meinen Schönen zu erkundigen oder sie aufzusuchen, sondern fürchtete vielmehr, Neuigkeiten von ihnen zu hören, und wollte hinsichtlich ihrer wenigstens eine Zeitlang das Inkognito in Genua bewahren; aber am Morgen des dritten Tages erhielt ich in aller Frühe ein Billettchen von Giulietta, in welchem sie mich in sehr gebieterischen und dringenden Ausdrücken aufforderte, sie noch diesen Vormittag zu besuchen. Ich mußte dem Gebot wohl Folge leisten, begab mich zu ihr und erlebte einen Auftritt, der weit ärger war als ihn sich meine ausschweifende Phantasie gedacht und gefürchtet hatte. Der kleine Satan rief mir entgegen: „Also zitieren muß man Sie, wenn man Sie sehen will!" Redete nur von Dolch und Gift, von Herzen durchbohren und Augen ausstechen, Gurgel abschneiden und in Stücke zerreißen usw. Zuerst hielt sie mir meine Abreise ohne Abschied, wie ein Dieb in der Nacht, vor, dann aber wollte sie hinter mein intimes Verhältnis, das es denn doch noch nicht war, mit der Spinola gekommen sein, und schwur hoch und teuer, daß dieses blutig endigen würde, wenn ich es fortsetze. Ich suchte die halb Rasende zu beruhigen, indem ich ihr ebenfalls hoch und teuer schwur, daß ich noch nie ein intimes Verhältnis mit der Spinola gehabt. Das konnte ich mit gutem Gewissen; ich wußte sie endlich so weit zu besänftigen, daß wir uns so ziemlich im Frieden, der gehörig gefeiert worden war, trennten, indem ich alles versprach, was sie versprochen haben wollte, und sie gestand mir ein, daß sie meine Ankunft in Genua erfahren; ein Kammermädchen, das einen Unteroffizier des Regiments kannte, hatte denselben angehen müssen, ihr meine Zurückkunft sogleich zu melden, nun war er aber gerade den Tag auf der

Wache, und sie erfuhr es doch erst 48 Stunden später. Ich fand für gut, mich jetzt auch bei Guercino nach der Marchesa P... und der Spinola zu erkundigen, und hörte, daß erstere im ganzen etwas besser sei, aber noch immer so sehr an den Nerven leide, daß sie auch die geringste Erschütterung oder Gemütsbewegung, die sie um jeden Preis vermeiden müsse, in den traurigsten Zustand versetzte. Ich hatte auch bald eine Zusammenkunft mit der Spinola, bei der wir gemeinschaftlich den Zustand der armen Marchesa bedauerten, uns gegenseitig deshalb trösteten und so gerührt waren, daß wir, ohne zu wissen wie, bald einander in den Armen lagen. Was die Palatini nur vermutet hatte, verwirklichte sich schneller als ich geglaubt. – Nun war aber die schwere Aufgabe, einer jeden von beiden glauben zu machen, daß sie die einzige Auserwählte sei, etwas, das weder so leicht noch gefahrlos war, da all diese Damen ihre Kundschafterinnen hatten, die das Spionenhandwerk trefflich verstanden. Wenige Tage vor meiner Ankunft war ein junger französischer Artillerieoffizier das Opfer der Eifersucht einer Frau geworden, der, nachdem er eine Zeitlang ein vertrautes Verhältnis mit ihr gehabt, Anstalt machte, eine junge Französin, die Tochter eines Artillerieobersten, zu heiraten. Kurz vor dem schon festgesetzten Vermählungstage hatte sie ihn bei einer letzten Zusammenkunft, um die sie ihn gebeten, mit eigenen Händen erdolcht und so gut zu treffen gewußt, daß er fast lautlos niedergestürzt war; sie hatte sich dann selbst als seine Mörderin angegeben und den Gerichten überliefert, die sie für eine Wahnsinnige erklärten. – Ich nahm meinen Tisch wieder bei Herrn von Brüge, setzte den musikalischen Unterricht fort mit der kleinen Josephine, an der ich eine sehr fleißige und talentvolle Schülerin hatte, und die mir mit kindlicher Liebe so sehr zugetan war, daß mir diese Stunden eher eine Unterhaltung, eine Erholung, als eine Mühe waren. Öfters auch führte ich das liebenswürdige Kind spazieren und zeigte ihm Genuas Kuriositäten; so besuchte ich eines

Tages das Conservatorio Fieschino mit ihm, ein Nonnenkloster, welches Domenico Fiesco im Jahre 1760 stiftete und das durch die künstlichen Blumen von seltener Schönheit und Frische, die die Nonnen desselben verfertigen, nicht nur in ganz Italien berühmt, sondern selbst bis nach Amerika, wohin sie versendet werden, bekannt ist. Von diesen Blumen, welche die heiligen Mädchen zum Schmuck der sündhaften Weltkinder verfertigten, bietet man den Fremden, die das Kloster besuchen, an und verkauft sie ihnen sehr teuer. Der Handel findet im Sprechzimmer durch ein doppeltes Gitter statt. Ich kaufte Josephine ein solches Bukett, wobei die Nonnen das Kind so allerliebst fanden, daß sie es zu sich hinter das Gitter nahmen und es noch mit einem andern Strauß solcher Blumen beschenkten, es auch aufforderten, sie öfters zu besuchen, was wir versprachen. Von jetzt an brachte es oft ganze Tage in diesem Kloster bei den frommen Schwestern zu, unter denen mehrere so liebenswürdig waren, daß ich das Mädchen um dieses Glück beneidete. Doch sah und lernte sie dort, wie ich später von ihr erfuhr, auch manche Dinge, die eben nicht sehr klösterlich waren. – Zu dieser Zeit war der Dienst bei unserm Bataillon wegen des Einexerzierens der neuangekommenen Rekruten, fast ausschließlich Preußen, die in dem unglücklichen Krieg von 1807 nach der Schlacht bei Jena, der Übergabe von Magdeburg usw. gefangen worden waren und Dienste genommen hatten, wieder beschwerlich, wenigstens für mich, da ich eine wahre Antipathie gegen dieses so ganz geistlose und mechanische Einochsen der Handgriffe, Wendungen und des Marschierens hatte. Doch wußte ich mich die meiste Zeit davon zu dispensieren. Selbst die Pelotons- und Bataillonsschule langweilte mich, weil sie sich in zu engen Grenzen bewegte; ich hätte gar zu gern Heere manövrieren lassen.

Bis jetzt war es mir geglückt, mein Verhältnis mit den beiden Damen so zu verheimlichen, daß keine von ihnen daran zweifelte, daß ich den Umgang mit der andern aufgegeben, aber jeden Tag konnten mir die Karten aufgedeckt werden. In der letzten Zeit hatte ich einigemal bei Giulietta eine sehr liebenswürdige Dame, eine nahe Anverwandte von ihr, die Signora Albertina Palatini getroffen, die eine geborene Venetianerin – ganz das Gegenteil von ihrer wilden Kusine und eine sehr sanfte und ruhige Frau von blassem, schmächtigem Aussehen war, und die sich hierher verheiratet hatte. Sie besaß ganz das zierliche, fein-graziöse Wesen, das die Venetianerinnen ganz besonders auszeichnet, Schönheiten, denen das Heroische der Römerinnen, das Blühende der Florentinerinnen abgeht, die dagegen aber fast verklärte, oft sehr geistreiche Gesichter und die zarteste weiße, fast durchsichtige Haut von der Welt haben. Die Signora Albertine hatte ein raffaelisches Madonnenantlitz, ihre Unterhaltung war von der Art, daß sie unwiderstehlich für sie einnahm, und nie habe ich hinsichtlich des Kontrastes zwei verschiedenartigere Wesen kennengelernt wie diese beiden Kusinen, die sich denoch sehr gut miteinander vertrugen, und, was das sonderbarste war, daß, ob ich gleich Albertine eine ungewöhnliche Aufmerksamkeit in Gegenwart Giuliettens schenkte und mich, soviel es tunlich war, fast ausschließlich mit ihr unterhielt, diese doch keine Idee von Eifersucht oder Mißtrauen blicken ließ, sondern das größte Vertrauen in ihre sanfte und sentimentale Verwandte setzte, nicht bedenkend, daß es die Sentimentalen oft ganz gewaltig hinter den Ohren sitzen haben, denn stille Wasser sind tief. – Ein bloß geistiges Einverständnis hatte sich auch bald zwischen mir und der neuen Bekannten entsponnen, und in den Gesellschaften, in denen ich sie traf und die sie frequentierte – sie wurde weit mehr wie ihre Kusine zu diesen gezogen und eingeladen –, unterhielt ich mich und tanzte viel mit ihr. Ein gegenseitiges Wohlwollen, ohne Drang nach sinnlicher Lust, war bald entstanden, und jedes bezeigte große Teilnahme für das, was dem andern widerfuhr; wie sehr dies von Albertinens Seite der Fall war, hatte ich bald Gelegenheit, auf das unzweideutigste zu erproben.

In ganz Italien ist hinsichtlich Genuas eine Redensart im Munde des Volkes, die heißt: Uomini senza fede, donne senza vergogna, mare senza pesce, bosco senza legna (Männer ohne Treu und Glauben, Weiber ohne Scham, ein Meer ohne Fische und Wälder ohne Bäume). Mit dieser hat es, wie es mit so mancher ähnlichen abgeschmackten sprichwörtlichen Redensart der Fall ist, gleiche Bewandtnis: sie ist fast ganz falsch und irrig. – Was das erste anbetrifft, Uomini senza fede, so sind die Genueser in dieser Hinsicht nicht schlimmer wie die andern Italiener, was freilich kein Lob ist, und ebenso ist es mit den Frauen der Fall, die übrigens auch bei dem vertrautesten Verhältnis noch immer eine gewisse Dezenz beobachten, sich nie so ganz schamlos hingeben wie z. B. die Französinnen, die, wenn man einmal auf einen gewissen Punkt mit ihnen gekommen ist, gar keine Zurückhaltung mehr kennen, was sie denn auch, trotz ihres geistreichen und witzigen Geplauders, ihres so aufgeweckten muntern Verstandes, gar schnell bis zum Ekel widerlich erscheinen läßt, sobald man intim mit ihnen geworden. – Das Meer ohne Fische ist nun vollends eine offenbare Lüge. Ich habe nirgends bessere und dabei sehr billige Fische gegessen wie hier, namentlich die Triglia, ein köstlicher Rotfisch, Sardellen, frischen Thunfisch, die kleinen, köstlichen rosenfarbigen Bianchetti, die man auch Rosetti nennt, usw. – Ein Wald ohne Bäume aber ist barer Unsinn; man findet hier die herrlichsten Zitronenwäldchen, deren Duft die Lüfte parfümiert. – Ich erwähne dieses alberne Sprichwort hauptsächlich in Betracht der Frauen, die nicht mehr intrigieren als alle Italienerinnen und Spanierinnen, fast eher schamhaft als schamlos sind, wenigstens habe ich sie so gefunden. Sogar die sonst so ausgelassene Giulietta war in gewissen Dingen sehr dezent, und selbst die öffentlichen Dirnen, denen ich nur auf den Straßen begegnete, da ich vor solchen immer den größten Abscheu und Ekel hatte, haben es bei weitem noch nicht zur Unverschämtheit der Pariser Boulevardsnymphen gebracht. Man konnte zu jeder Zeit durch alle Gassen Genuas gehen, ohne von ihnen angehalten zu werden.

Etwa vier Wochen nach meiner Zurückkunft aus den Alpen war wieder ein großes Fest bei Dorias, zu dem das ganze Offizierskorps der Garnison sowie die ganze schöne Welt und der Adel Genuas, den ich zum erstenmal so vollständig versammelt sah, eingeladen waren. In hellem Glanze strahlten die Damen, die ihre Toilette mit großer Sorgfalt gewählt hatten, auch Albertine Palatini war zugegen, aber ganz einfach weiß, jedoch in die feinsten Spitzen gekleidet, ohne Brillanten oder Perlen, weiße Rosen im Haar; ihre feine blasse Haut und dieser Anzug gab ihr das Aussehen einer Halbverklärten. Ich hatte fast nur Augen für sie, und war mit der ebenfalls anwesenden Spinola und Giulietta übereingekommen, daß ich beide ignorieren und ihnen nur die ganz gewöhnlichen Höflichkeitsbezeigungen erweisen würde. Ich hielt mich hauptsächlich in Albertinens Nähe auf, deren elegante Anmut beim Tanz bewundernd. Sie blickte mich einigemal so bedeutungsvoll an, daß es schien, als hätte sie mir etwas Besonderes mitzuteilen. Ich trat bald darauf eine Monfarina mit ihr an, und nachdem diese beendigt war, drückte sie mir verstohlen ein Billettchen in die Hand, indem sie mir zuflüsterte: „Leggete subito!" (Lesen Sie gleich!). Ich eilte in ein entlegenes Gemach unter eine Fensterhalle und las:

„Signor, finden Sie sich eine Stunde vor Mitternacht in der Grotte der Kalypso der Villa Doria ein, wo ich Ihnen Dinge von der größten Wichtigkeit mitteilen werde. Meiden Sie mich aber den Rest des Abends, damit jeder Verdacht eines Einverständnisses fern bleibt. Um der Madonna willen, verlieren Sie das Billett nicht, wenn Ihnen Ihr und mein Leben teuer ist. Vor allem hüten Sie sich vor meiner Kusine und meinem Bruder; suchen

Sie die Grotte auf und plazieren Sie sich bei der zweiten Monfarina in meiner Nähe."
So sehr ich auch über den Inhalt dieses seltsamen Schreibens erstaunt war und nachdachte, so glaubte ich dennoch aus demselben nichts weiter vermuten zu können, als einen gefährlichen Anschlag Giuliettas, die hinter meine Schliche gekommen, oder ein gewöhnliches Rendezvouz. Etwas zerstreut kehrte ich in den großen Saal zurück, begegnete bisweilen den Blicken Albertinens, die alsdann ihre Augen verlegen niederzuschlagen schien. Ich suchte nun die bezeichnete Grotte auf, die in dem entlegensten Teil des Bosketts lag, mir die dahin führenden Wege merkend, und tanzte dann abwechselnd mit der Spinola, Giulietta, Teresina Doria und andern. Bei der zweiten Monfarina plazierte ich mich neben den Tänzer Albertinens, die mich während der Tour leise und schnell fragte: „Wissen Sie die Grotte? Haben Sie das Billett vernichtet? Verfehlen Sie die Zeit nicht!" – Ich beantwortete alles mit gleicher Heimlichkeit und begab mich eine Viertelstunde vor der festgesetzten Zeit an den bestimmten Ort. Kaum hatte ich Posto daselbst gefaßt, so hörte ich mehrere Männerstimmen eifrig im Gespräch begriffen, und da ich fürchtete, sie möchten in die Grotte kommen, so trat ich schnell aus derselben und hinter ein nahes Gebüsch. Meine Vermutung war nicht ganz falsch, denn sie blieben vor dem Eingang derselben stehen und schienen sich im genuesischen Jargon ziemlich heftig zu streiten. Ich verstand nur einzelne und abgebrochene Worte, wie: „Il Commandante, teatro, francese usw." Gerne wäre ich aus meinem Hinterhalt hervorgegangen, um Albertine aufzusuchen und sie zu verhindern, sich hierher zu verfügen, aber es war unmöglich, ohne von diesen Personen bemerkt zu werden, die dann glauben mußten, ich habe sie belauscht. Über eine gute Stunde mußte ich in dieser peinlichen Lage bleiben, jeden Augenblick fürchtend, die Signora kommen zu sehen, als sich die Männer – es waren ihrer wohl einige zwanzig – entfernten, sich in mehrere

Gruppen verteilten und auf verschiedenen Wegen wieder in den Palazzo begaben. Sobald ich sie weit genug glaubte, eilte auch ich wieder in den Tanzsaal zurück, Albertine mit scharfen Blicken im Gewühl suchend, ich konnte sie aber nirgends entdecken. Ich rannte nun wieder zur Grotte, aber auch hier keine Spur von ihr; ich lief durch alle Gänge und Alleen des Gartens, alles vergeblich. Eben wollte ich wieder in die Haustüre treten, als mich eine Frauengestalt, in einen Mantel gehüllt, bei der Hand nahm und einige Schritte mit sich fortzog; es war Albertine. Ich wollte reden, aber sie fiel mir schnell ins Wort: „Ich weiß alles, was Sie mir sagen wollen, und habe nur zwei Minuten Zeit, denn schon werde ich vermißt. Wenn Ihnen Ihr Leben und das aller Ihrer Kameraden teuer ist, so verfehlen Sie morgen nicht, in die Frühmesse der Annunziata zu kommen!“ Mit diesen Worten verlor sie sich schnell ins Gebüsch, da man Leute kommen hörte. Es waren Gäste, die sich schon entfernten. Ich trieb mich noch eine geraume Zeit in dem Garten umher, über dieses Abenteuer und was es zu bedeuten habe nachdenkend; als ich endlich wieder in den Saal trat, war es schon drei Stunden nach Mitternacht, und die Kerzen beinahe heruntergebrannt; die Generalität und alle Offiziere waren längst weg. Ich fand nur noch wenige Nobili unter einer Fensterhalle in so eifrigem Gespräch vertieft, daß sie mich kaum zu bemerken schienen, und entfernte mich ebenfalls. Zu Hause angekommen, warf ich mich auf das Bett, meinem Bedienten befehlend, mich mit Tagesanbruch, der nicht mehr sehr entfernt war, zu wecken. Ich konnte aber nicht einschlafen, und erst gegen Morgen schloß ich die Augen, in einen leisen und unruhigen Schlummer versinkend, aus dem ich, durch einen beängstigenden Traum erschreckt, bald wieder erwachte, mich schnell ankleidete und zur Annunziatakirche eilte. Außer einigen alten Frauen und verschleierten Damen, die hin und wieder an Altären knieten, war noch niemand in der Kirche. Nach einer halben Stunde trat die von mir heiß

Herbeigewünschte ein. Ich hatte sie an der Türe erwartet und reichte ihr das Weihwasser, worauf sie mir ein Zeichen gab, ihr zu folgen. In einer kleinen Seitenkapelle öffnete sie eine ziemlich verborgene, stark mit Eisen beschlagene Türe, die sie leise anlehnte; ich folgte ihr unbemerkt und befand mich samt ihr in einem sehr kleinen, von hohen Mauern umgebenen Kirchengärtchen oder vielmehr Höfchen, mit Bäumen besetzt. Nachdem ich auf ihr Geheiß die Türe hinter mir zugemacht, sagte sie: „Signor, mein Benehmen muß Ihnen sehr seltsam vorkommen, aber das Interesse, welches Sie mir von dem ersten Augenblick, da ich Sie sah, einflößten, wird, verbunden mit dem, was ich Ihnen nun entdecken werde, mich nicht nur entschuldigen, sondern Sie mir auch für immer verpflichten. Erst aber schwören Sie mir, daß Sie weder mich, noch meinen Mann, noch meinen Bruder, so groß auch die Schuld des letzteren sein möge, verraten oder ins Verderben stürzen wollen." – Lächelnd fragte ich sie, ob es wohl noch eines solchen Schwures bedürfe, und reichte ihr die Hand, mein Ehrenwort deshalb gebend. Ihre Hand in der meinigen zitternd ruhend, fuhr sie fort: „Es ist eine gräßliche Verschwörung gegen Ihre Truppen und die Garnison im Werk und dem Ausbruch so nahe, daß keine Zeit mehr zu verlieren ist, wenn Sie sich retten wollen. Heute abend sollen mit dem Beginnen des zweiten Aktes die sich im Augustinertheater befindlichen Generale und Offiziere ermordet, zugleich auf ein Signal die Kasernen in Brand gesteckt und von den Verschwornen der Wälle und Tore sich bemächtigt werden. Die Anstalten sind so gut getroffen und alles so vorbereitet, daß wohl niemand leicht entkommen kann. Mehrere tausend Briganten und Landleute vom Gebirg befinden sich schon seit gestern abend in der Stadt versteckt. Noch weit mehr werden im Augenblick der Ausführung von den Bergen herunterströmen. Mehrere englische Kriegsschiffe werden sich mit anbrechender Nacht der Küste nähern und unfern der Stadt Truppen ans Land setzen. Das Signal wird sogleich nach der im Theater erfolgten Ermordung durch eine vom Fanal aufsteigende Rakete gegeben werden. Dies alles habe ich teils durch meinen Mann, teils durch eine Instruktion, die ich in der Schreibtafel meines Bruders fand, die er bei jenem zurückgelassen, erfahren. Namen kann und werde ich Ihnen keine nennen, auch weiß ich nicht, wer die eigentlichen Urheber und Lenker der Verschwörung sind, und erinnere Sie nochmals an Ihr Versprechen." – „Das ich heilig halten werde, teuerste Signora!" unterbrach ich sie, hinzusetzend: „Denn es soll Sie nicht gereuen, die Retterin so vieler tapferer Leute geworden zu sein."

Albertine nahm mit Tränen in den Augen Abschied und entfernte sich durch eine andere Türe, während ich mich durch die Kirche zurück und nach Haus begab. Hier überlegte ich, wie ich es anzufangen habe, die Sache dem kommandierenden General zu entdecken, ohne die Palatini und ihre schuldigen Verwandten zu kompromittieren. Nach einigem Nachdenken war mein Entschluß gefaßt; ich eilte zuerst zu Herrn von Brüge, teilte ihm flüchtig mit, was ich ungefähr wußte und sagen durfte, ohne mein Wort zu brechen, sowie, daß ich durch einen Zufall hinter die furchtbare Sache gekommen sei, indem ich diesen Morgen in einer Villa spazieren gegangen, in einem Gebüsch ungesehen zehn bis zwölf Männer, die sich in einem von dichtem Gesträuch umgebenen Rondell beratschlagt hätten, belauscht habe, ohne daß es mir möglich gewesen, nur einen derselben zu erkennen; soviel sei aber gewiß, daß noch diesen Abend der Tanz im Theater angehen solle.

Herr von Brüge ging sogleich mit mir zu dem kommandierenden General Montchoisy, dem ich dasselbe noch umständlicher wiederholen mußte. Da die Zeit so kurz war, man auch nicht ein einziges Individuum kannte, an das man sich hätte halten können, so war guter Rat teuer. Der General sagte mir, warum ich denn nicht wenigstens den Männern nachgegangen sei, um zu erforschen, wer einer oder der andere gewesen; ich entschuldigte mich mit der Dringlichkeit der Sache und daß ich sie zu schnell aus den Augen verloren habe. Es wurde jetzt in meiner Gegenwart über die Maßregeln beratschlagt, die zu ergreifen seien, da man mit aller Vorsicht zu Werke gehen mußte, um die Verschworenen, die man nicht kannte, nicht aufmerksam zu machen und ahnen zu lassen, daß man etwas von ihren Absichten wisse, weil, wenn sie sich verraten geglaubt, sie leicht einen Desperationscoup ausführen konnten, dem man bei der Unbekanntschaft mit den näheren Verhältnissen nicht hätte gehörig begegnen können. Ich stand wie auf Kohlen und kämpfte mit mir selbst, ob ich nicht lieber die Wahrheit gestehen und wenigstens den Corbetti, so hieß Albertinens Bruder, nennen solle; aber ich hatte das Ehrenwort gegeben, und dies konnte ich nicht brechen. Nach manchen in Beratung gezogenen und wieder verworfenen Plänen machte ich Vorschläge, die denn auch mit wenig Modifikationen vorgenommen und ausgeführt wurden, und man kam endlich über folgendes überein, nämlich: die Chefs der Regimenter und Bataillone sogleich in den Gouvernementspalast zu bescheiden, die verschiedenen Korps mit wenig Ausnahmen, damit die Straßen nicht ganz von Militär entblößt würden, nach dem Mittagsappell in den Kasernen zu konsignieren, allen Zutritt zu denselben von diesem Augenblick an zu untersagen, damit von dieser Konsigne in der Stadt nichts verlaute, eine Stunde vor dem Beginnen des Schauspiels sämtliche Truppen unters Gewehr treten zu lassen und, sowie das Theater angegangen, die Artillerie auf den Wällen und Bastionen zu verteilen, die Kanonen gegen die Stadt zu richten, nachdem man sie scharf geladen, auch Kugeln auf dem Rost glühend zu machen, alle Wachen sowie die Hauptwache allmählich zu verstärken, die Theaterwache zu verdoppeln und gehörig mit scharfen Patronen zu versehen. Sodann jedermann den Eintritt in das Schauspielhaus zu gestatten, aber keinem Zivilisten erlauben, dasselbe wieder zu verlassen, sondern beim Aufziehen des Vorhangs alle Bürger, bei denen man Waffen finden würde, zu verhaften. Diese Maßregeln wurden mit äußerster Geheimhaltung vorbereitet, so daß selbst kein Offizier, der nicht in das Geheimnis eingeweiht war, etwas von einer Verschwörung ahnte. Die Bataillonschefs ordneten selbst die Konsigne an, und zur gewöhnlichen Zeit strömte man ungewöhnlich zahlreich ins Theater. Ein Aide du camp des Generals hatte mit mir die Bewerkstelligung der Verhaftung übernommen; der ersten Wache am Theater war eine zweite, hundert Mann stark, gefolgt, doch wurde der freie Ausgang noch bis zum Aufziehen des Vorhangs gestattet, und erst dann den jetzt doppelt aufgestellten Schildwachen geboten, denselben zu wehren. Die Ouvertüre war verhallt und der Vorhang rollte in die Höhe; aber statt der Akteurs erblickte man eine in zwei Treffen gestellte Abteilung von Grenadieren. Ich trat jetzt mit gezogenem Degen vor, kommandierte: „Apprêtez-armes, joue!" (Fertig, legt an!). Auf fast allen Gesichtern der Zuschauer las man eine große Bestürzung und auf vielen Todesblässe. Jetzt trat der Generaladjutant vor und rief mit lauter Stimme: „Den Herrn Offizieren wird im Namen des Herrn Generals befohlen, sich sofort auf die rechte und linke Seite des Parterres zu begeben und ihre Degen zu ziehen, die übrigen Zuschauer aber haben bei Strafe des augenblicklichen Erschießens die strengste Ruhe und Ordnung zu beobachten, denn bei der geringsten zweideutigen Bewegung wird eine Generalsalve auf die dichtesten Haufen gegeben*. Jetzt kommandierte ich wieder: „Redressez vos armes!", und die Grenadiere brachten ihre Gewehre wieder in die Lage des „Fertigmachens". Die Offiziere hatten getan, was ihnen befohlen war, und zwei Genueser erdolchten sich im Parterre; die Bestürzung war allgemein. Den Damen wurde nun insinuiert, sich zu entfernen, die Wachen traten ins Parterre, man

* Die Österreicher haben später zu Mailand bei einer ähnlichen Gelegenheit dieses Manöver einmal nachgemacht.

visitierte jeden Mann streng, und alle, bei denen man Dolche, Stockdegen, Terzerolen oder sonstige Waffen fand, nicht weniger als hundert und einige neunzig, wurden auf der Stelle verhaftet, die andern entlassen. Während dies im Theater vorging, wurde draußen Generalmarsch geschlagen, die Truppen marschierten auf den Plätzen und Wällen auf, die Fanale wurden besetzt, und starke Patrouillen streiften durch alle Straßen. Auf solche Art wurde diese gefährliche Verschwörung, welche eine Wiederholung der Sizilianischen Vesper geworden wäre, im Moment, wo sie ausbrechen sollte, erstickt. Es wurden Militärkommissionen zur Untersuchung niedergesetzt und bald darauf acht Rädelsführer zum Tode verurteilt und guillotiniert, die übrigen meistens auf die Galeeren geschickt; viele der Teilnehmer waren entwischt und zu den Briganten in die Gebirge entflohen. Der Gatte Albertinens war gar nicht vorgefordert worden, da niemand etwas auf ihn ausgesagt, er auch nicht im Theater gewesen war, aber dem jungen Corbetti hatte ich nicht nur durchgeholfen, sondern ihn sogar drei Tage lang in meiner Wohnung verborgen und ihm dann Gelegenheit verschafft, sich nach Sizilien einzuschiffen.

Alles ging bald wieder seinen geregelten Gang fort, und ich arbeitete an meiner Versetzung zum ersten Bataillon, denn der Aufenthalt in Genua war mir wegen meiner Verhältnisse mit den verschiedenen Frauen, die nimmer einen guten Ausgang erwarten ließen, verleidet; ich schrieb deshalb oft an Duret. Eben hatte ich wieder einen solchen Brief beendigt, als ein Lohnbedienter zu mir in das Zimmer trat und mir sagte, es seien gestern abend ein paar fremde Damen in dem Hotel Croce di Malta angekommen, die mich zu sprechen wünschten und bitten ließen, sie doch diesen Vormittag zu besuchen, indem sie mir vermutlich sehr angenehme Mitteilungen zu machen hätten. Auf meine Frage, wer die Damen seien, erwiderte der Abgesandte: „Non le conosco“ (Ich kenne sie nicht), und mehr war aus ihm auch nicht herauszubringen. Ich konnte mir gar nicht denken, welche Donna Elvira mich in Genua aufsuchen möchte; denn daß es die Cesarini nicht sein konnte, wußte ich, da ich erst vor wenigen Tagen Briefe von ihr erhalten hatte, die keineswegs einen solchen Schritt vermuten ließen. Nachdem ich meine Dienstgeschäfte verrichtet, eilte ich neugierig in das Maltheserkreuz und fand – meine Engländerinnen aus Florenz, die mir gar nicht in den Sinn gekommen waren. So sehr ich auch überrascht war, hieß ich sie doch freundlich willkommen, frühstückte mit ihnen und versprach, sie verlassend, gegen Abend wieder zu erscheinen. Als ich zu Hause angekommen war, dachte ich: immer besser! meine hiesigen Verhältnisse verwickeln sich mehr und mehr, und die Götter mögen wissen, welches Ende das nehmen wird. Ich überlegte, durch welche Mittel ich den sicher bevorstehenden, höchst unangenehmen Begebenheiten wohl entgehen könne, als mich eine Ordonnanz zum Bataillonschef beorderte. Dieser empfing mich ungewöhnlich freundlich und überreichte mir mehrere Papiere, indem er sagte: „Ich gratuliere von Herzen!" Das eine war meine Ernennung zum Kapitän, das andere ein Schreiben von Duret, aus Civita Vecchia datiert. Das letztere brach ich hastig auf, durchflog es und las unter anderm seine herzlichen Glückwünsche zu meinem Avancement sowie die Meldung, daß er zugleich meine Versetzung zum ersten Bataillon bei dem Oberst Omeara durchgesetzt habe, wobei ihm besonders das Vorgeben genutzt, daß das Musikchor seit meiner Abwesenheit ganz verwahrlost und kein Offizier beim Bataillon sei, der mich in dieser Hinsicht ersetzen könne, man alles dem Maître de musique überlassen genötigt, und ich in dieser Hinsicht gewissermaßen unentbehrlich wäre. Er schloß noch mit einer väterlichen Warnung hinsichtlich Caguenecs, und daß er mich recht bald erwarte. Herr von Brüge hatte auch schon meine Versetzungsorder erhalten und bedauerte, besonders wegen seiner Tochter, mich so bald wieder zu verlieren. Auch ich tat, als sei es mir leid, war aber innerlich über das Ereignis seelenvergnügt, und zu Hause angekommen, setzte ich mich an das Klavier und komponierte einen recht munteren Pas redoublé, machte dann sogleich Anstalten zu meiner Abreise und ließ mir meine Feuille de route ausfertigen. Nun blieben mir noch die sauersüßen Abschiedsszenen übrig. Der Marchesa Spinola sagte ich bei Guercinos, wohin ich sie zitiert, auch in der letzten Zeit öfters gesehen hatte, ein zärtliches Lebewohl; der Marchesa P . . ., die noch immer krank war, schrieb ich einen herzbrechenden Abschiedsbrief, bei den kaum angekommenen Ladies spielte ich den Verzweifelnden, indem ich zu Lady Mary sagte: „Da sehen Sie, was es heißt, ein Soldat zu sein; auch keine Minute ist man Herr über sein Leben und seine Zeit; aber hatte ich es Ihnen nicht in Florenz gesagt, daß es so kommen würde?" Mary war wirklich außer sich und rief aus: „Wie! Nachdem ich mir alle Mühe gegeben und Gott weiß was alles vorgebracht habe, um meinem immer noch in Paris weilenden Gatten plausibel zu machen, daß ich meinen Aufenthalt in Genua nehmen möchte, verlassen Sie es? Oh, wäre ich doch lieber in Florenz geblieben; vorerst kann ich nicht daran denken, von hier wieder wegzureisen." „Gott sei Dank!" erwiderte ich in Gedanken und brachte noch eine recht zärtliche halbe Nacht mit ihr zu. Auch Albertinen, der ich so viel zu danken hatte, schien meine Abreise durchaus nicht gleichgültig zu sein; auch sie schwamm in Tränen. Nun aber kam noch der schwierigste und von mir am meisten gefürchtete Abschied von allen: der von meiner tollen Giulietta, der ich erst den letzten Abend vor meiner Abreise, als sie mich, wie es sehr häufig geschah, in meiner Wohnung besuchte, dieselbe mitteilte. Es setzte eine zweite, womöglich noch tollere Szene als die, bevor ich zur Brigantenjagd abging, und nur durch die Versicherung, daß ich ganz gewiß, ehe 14 Tage vergingen, wieder in Genua sein und in ihren Armen liegen würde, gelang es mir, sie einigermaßen zur Räson zu bringen und vor albernen Strei-

chen, wie mir diesmal gewiß folgen zu wollen usw., abzubringen.
Da ich noch immer bei Kasse war, auch meinen schönen Reisewagen noch hatte, so beschloß ich, diesmal über Mailand nach Rom zu gehen und rollte mit Tagesanbruch zu dem nach *Alessandria* führenden Tor hinaus, mit der Hoffnung, vielleicht den mir so angenehmen Posten in Albano wieder zu erhalten.

VI

Reise über Mailand nach Rom – Tortona – Pavia – Mailand – Der Dom – Maria delle Grazie – Das Abendmahl Leonardo da Vincis – Die Kirche des heiligen Ambrosius – San Lorenzo – San Satiro – Mailands Paläste – Das große Hospital – Die Theater – Die Einwohner – Der Advokat Mazetti – Eine Spielhölle – Ich rette Graf G... aus den Klauen falscher Spieler – Bellina – Isola Bella – Selbstexekution eines Kapitäns – Abreise von Mailand nach Rom – Das Schlachtfeld bei Lodi – Lodi – Piacenza – Ankunft zu Rom – Wiedersehen – Abfahrt nach Neapel

Meine Marschroute gestattete mir wieder einen Monat Zeit, um den Ort meiner Bestimmung zu erreichen; da ich mit Extrapost ganz bequem in fünf bis sechs Tagen und noch früher in Civita Vecchia eintreffen konnte, so benutzte ich die dadurch gewonnene Zeit, die merkwürdigsten Städte der Lombardei und Oberitaliens, die ich noch nicht gesehen hatte, zu besuchen. Den ersten Halt machte ich zu *Tortona,* das in einem fruchtbaren Reis- und Maisland liegt. 1796 hatten die Franzosen ihre Festung in die Luft gesprengt, von der noch die Trümmer vorhanden waren. Die Stadt war öde und still, hatte indessen doch vierzehn privilegierte Tagediebhäuser, Klöster genannt, in denen die Mönche ein recht reguläres Faulenzerleben führten. Von hier fuhr ich über *Voghera,* ein niedliches Städtchen, das hauptsächlich Seidenhandel treibt, nach *Pavia,* wo ich fast einen Tag verweilte.

Pavia mochte etwa noch 20 000 Einwohner haben und war wenig belebt. Seine schöne lange Brücke, die von der Vorstadt *Borgo Ticino* in die Stadt führt, ist mit Marmor bedeckt und dient den Einwohnern zum Spazierengehen. Die schönste und belebteste Straße ist die, welche von der Brücke bis zum Mailänder Tor führt. Pavia hat fast gar keine alten Denkmäler aufzuweisen. Das alte Schloß der Visconti war in eine Kaserne umgewandelt, und von den hundert Türmen, welche die Stadt früher hatte, standen kaum ein Dutzend mehr. Wegen dieser Türme hatte man sie la citta delle cento torri, (die hunderttürmige Stadt) genannt. In der sehenswürdigen Kathedrale werden die Reliquien des heiligen Augustin in einem Sarkophag von Marmor verwahrt. Merkwürdig ist auch die St.-Michaels-Kirche, die aus dem siebenten Jahrhundert stammt, ein architektonisches Denkmal aus einer Zeit, wo ganz Italien für den Erzengel dieses Namens entflammt war. Die 1361 hier gestiftete Universität war lange die berühmteste Italiens, man will ihre Stiftung Karl dem Großen im Jahre 791 zuschreiben, andere behaupten jedoch, daß sie eine Schöpfung Karl IV., auf Veranlassung des Galleazzo Visconti sei. Sie hat viele bedeutende Männer hervorgebracht und besitzt das vollständigste anatomische Kabinett von ganz Italien. Bei der Bibliothek, welche sich im alten Schloß, dem Palast der Visconti befindet, war Petrarch als Bibliothekar angestellt. Von Pavia sind es noch ungefähr vier deutsche Meilen bis Mailand, der Weg dahin führt durch sehr fruchtbare, durch Kanäle bewässerte Ebenen und an den Überbleibseln eines Parks vorbei, den Johann Galleazzo Visconti im vierzehnten Jahrhundert, um sein Wild zu hegen, anlegen ließ, und der nicht weniger als zwanzig Miglien im Umfang hatte. In die berühmte nahe gelegene Karthause wurde Franz I., nachdem er von Karl V. besiegt und gefangen war, abgeführt. Visconti hatte sie 1396 zu bauen begonnen, aber erst anderthalb Jahrhundert später wurde sie ganz beendigt. Sie war eines der herrlichsten Gebäude Europas und durch Natur und Kunst, Malerei und Bildhauerarbeiten, Parks und Gärten, Wasserkünste und Kanäle der reizendste und üppigste Aufenthalt der müßigen Einsamkeit. Joseph II. machte aber hier diesem wollüstigen Müßiggang feister Pfaffen ein Ende. Diese Karthause hatte der oben erwähnte Visconti gestiftet, um ein großes Verbrechen zu sühnen. Er hatte nämlich verräterischerweise seinen Oheim und Schwiegervater in die Kerker des Schlosses Trezzo einsperren lassen, worin sie nebst den beiden Kindern des letzteren umkamen. Diese abscheuliche Tat glaubte er zu sühnen, wenn er ein ihrer Größe angemessenes Monument, um faule Mönche zu mästen, stiftete. Wenigstens hatten ihm dies die Pfaffen glauben gemacht. Der Dom von Mailand war ihm noch nicht genug, und er gründete diese Prachtkarthause, der er beträchtliche Einkünfte anwies; drei Jahre nach der Vollendung war sie schon von Karthäusern bewohnt und wurde bald eines der herrlichsten Gebäude Europas.

Nachdem ich durch den Flecken *Binasco*, der ungefähr in der Mitte des Weges liegt, gekommen war, kündigte sich mir durch vermehrte Lebhaftigkeit und herrlichen Anbau die Nähe der Hauptstadt des Königreichs Italien, *Mailand,* an, eine der schönsten Städte dieses Landes und Europas. Sie liegt in einer schönen, sehr fruchtbaren, wiesen- und felderreichen Ebene, die der Ticino und die Adda bewässern, und ist durch Kanäle mit diesen beiden Flüssen verbunden.

Ich hatte mir vorgenommen, vierzehn Tage in dieser merkwürdigen Stadt zuzubringen, mein Aufenthalt dehnte sich aber beinahe drei Wochen aus. Der erste Gang war nach der berühmten, ganz aus weißem Marmor erbauten Domkirche, die nicht viel kleiner ist als St. Peter in Rom und ein ganzes Heer von Bildsäulen, an 5000, zählt! – Versteht sich, daß sie alle mehr oder weniger zu der heiligen Bagage gehören oder doch mit dieser in näherer oder entfernterer Verwandtschaft stehen. Dieser christliche Tempel liegt mitten in der Stadt auf einer Anhöhe, auf der früher ein Tempel der Weisheitsgöttin, Minerva, gestanden haben soll – auf jeden Fall ist er immer noch ein „weißes" Werk; – die Kuppel ist 230 und die Spitze des höchsten Turmes 340 Fuß hoch; seine Bauart ist hauptsächlich gotisch, wenn auch nicht durchaus. Der Herzog Johann Galeazzo von Visconti legte den 15. März 1386 den Grundstein zu dieser Kirche, und ein deutscher Baumeister, Heinrich Arler von Gmünd, genannt Comodia, hat die Zeichnungen zu diesem unermeßlichen Denkmal der Baukunst geliefert. Vierhundert Jahre hat man fast ununterbrochen daran gearbeitet und noch war es nicht vollendet; auch Napoleon ließ manches daran machen; doch erwarten noch über 1000 bezeichnete Stellen ihre Statuen. Das Innere dieses Gebäudes hat die Form eines lateinischen Kreuzes und ist in fünf Schiffe abgeteilt, deren mittelstes doppelt so breit als die andern ist. Das Licht, welches durch die gemalten Glasfenster in die gewölbten ungeheuren Hallen fällt, ist ein düsteres, vermehrt aber dadurch den großartigen und feierlichen Eindruck, dessen man sich beim Betreten dieses majestätischen Ortes nicht erwehren kann. Monumente, Grabmäler berühmter Männer, teils Meisterwerke der Kunst, sind unzählige vorhanden, sowie prächtige Altäre, die wie die Kapellen von verschiedenen Marmorarten sind. Besonders sehenswürdig ist die unterirdische Kapelle, Scurolo genannt, ein Oktogon, dessen Gewölbe von acht Säulen getragen wird und viele Basreliefs von Silber enthält, welche die merkwürdigsten Begebenheiten aus dem Leben des heiligen Karl Borromeo darstellen. Hinter dem Hochaltar liegt die Leiche des heiligen Erzbischofs in einem Sarg von Bergkristall mit silbernen Bändern. Hinter dem Hochaltar des Domes steht auch die bekannte Bildsäule des geschundenen heiligen Bartholomäus von Agrato, dessen Haut über seine Schultern herabhängt. Sie soll großen anatomischen Wert haben und beweist, daß ihr Schöpfer bedeutende Kenntnisse des menschlichen Körpers gehabt haben muß, macht aber, besonders auf Frauenzimmer, einen widrigen Eindruck. Der prächtige Fußboden dieser Kirche ist mit bunten Arabesken von verschiedenartigem Marmor ausgelegt. In den beiden Sakristeien findet man unter mancherlei Kunstgegenständen zwei große Statuen von massivem Silber, den heiligen Ambrosius und den heiligen Carolus darstellend.

In dem Hintergrund des Gebäudes rechts ist eine kleine Pforte, durch welche man auf einer ziemlich bequemen Wendeltreppe auf das Dach dieses unermeßlichen Gebäudes steigt, auf dem allenthalben schützende Geländer von Marmor angebracht sind. Von da steigt man zur Laterne hinauf, über welcher eine vergoldete Madonna als Himmelsgöttin schwebt, die wenigstens so groß ist, als drei übereinanderstehende Flügelgrenadiere. Hier hat man eine unbeschreiblich schöne Aussicht, zunächst über den Dom selbst mit seinem Wald von Statuen und Spitzen, dann aber über die weite Stadt mit all ihren Domen, Kirchen, Türmen, Palästen und Häusern, und endlich auf die fruchtbare Lombardei mit ihren herrlichen Ebenen, Städten, Flecken, Dörfern und Flüssen, die im Norden von den silberschimmernden Alpen und gegen Süden von den blauen Apenninen begrenzt erscheint. Diese Kirche von außen bei einer mondhellen Nacht besehen, gewährt einen bewunderungswürdigen Anblick. Ein Reisender beschreibt ihn sehr treffend folgendermaßen:

„Man sehe den Mailänder Dom des Nachts bei Vollmondschein, wo sein Anblick eine einzig mild-erhabene Wirkung hat. Alle einzelnen Formen verschwinden ineinander; das Dämmerlicht gießt den Reiz der Harmonie über das unermeßliche Gebäude. Die zahllosen feinen Spitzsäulen und das zierlich durchbrochene Bildwerk tritt in solche Wechsel von Licht, Schatten und Halbschatten, daß zauberhafte Strahlen aus dem milchweißen Marmor zu fließen scheinen, als ob der ganze Dom innerlich von still verhaltenem Feuer brenne und die hie und da am Himmel durchbrechenden Sterne Funken seien, die aus dem Gesteine zuckten."

Auf dem Domplatz liegt auch der erzbischöfliche Palast. Von den übrigen Kirchen Mailands besuchte ich noch mehrere, unter denen Maria della Grazie, wo sich in dem Refektorium des zu dieser Kirche gehörigen Dominikanerklosters das weltberühmte Abendmahl des Leonardo da Vinci befindet. Dieses in Öl auf die Wand des Refektoriums gemalte Bild hat sonderbare Schicksale gehabt und war mehrmals nahe daran, gänzlich vertilgt zu werden. Als den feisten Pfaffen dieses Klosters die Türe, welche unter diesem Bilde aus dem Speisesaal in die Kirche führt, zu eng und klein wurde, ließen diese Mastschweine des heiligen Dominikus den Aposteln und dem Heiland selbst die Beine abschlagen, um die Türe zu erweitern und bequemer durchwatscheln zu können, wodurch der untere Teil des Gemäldes vernichtet und das ganze sehr beschädigt wurde. Später ward dasselbe durch mehrere Sudler übertüncht oder mit Wasserfarben schlecht aufgefrischt, bis man es endlich durch einen ausgezeichneten Künstler, den Maler Giorgi, wieder herstellen lassen wollte, aber dieser sagte: „Behüte mich der Himmel, daß ich so frevle und meine Hand an diese Meisterschöpfung lege." Dafür fand sich aber ein Pfuscher, namens Mazza, der nicht so gewissenhaft, die Figuren nicht nur überpinselte, sondern sogar deren Urfarben abschabte und nahe daran war, es ganz und gar zu verunstalten, als gerade noch zur rechten Zeit ein etwas verständiger Prior demselben Einhalt tat und ihn zum Henker jagte. In den Revolutionskriegen diente dieses Refektorium bald zu Pferdeställen, bald als Heumagazin usw., ohne daß das Bild dabei beschädigt worden wäre. Während meines Aufenthalts zu Mailand wurde auf Befehl des Vizekönigs Prinz Eugen dem Saal mehr Luft und Licht durch Brechung eines neuen Fensters gegeben, auch hatte er ein Gerüst aufschlagen lassen, damit man das Bild bequemer anschauen konnte. Nur Matthäus, Thaddäus und Simon waren noch ganz gut erhalten, die andern Figuren aber sehr verdorben und zum Teil überpinselt.

Die Kirche Maria della Grazie hat eine sehr schöne Kuppel, die ebenfalls ein Werk Bramantes ist, ihre Bauart ist gotisch. Die Kirche und ihre Kapellen haben vortreffliche Freskogemälde aufzuweisen, unter denen eine Geiselung von Ferrari und eine Jungfrau sich vorzüglich auszeichnen. Mehrere derselben sind von Schülern des Leonardo da Vinci. Die Vorhalle von St. Celso hat, wie das ganze Gebäude, sehr kunstreiche Verzierungen. Unfern von dieser Kirche ist die des heiligen Ambrosius, welche der heilige Bischof dieses Namens 387 gestiftet und die besonders wegen ihrer uralten christlichen Monumente berühmt ist, sowie weil sie den Namen ihres Stifters trägt, der auch die ambrosianische Liturgie einführte. Ein Priester zeigte mir auf der linken Seite gegen die Mitte des Tempels eine Granitsäule, die noch von dem alten kaiserlichen Palast herrühren soll. Auf dieser ist eine Schlange von Erz, von der er mir erzählte, daß sie ein, durch ein Wunder des Heiligen, verwandelter Teufel sei, der ihn habe in Versuchung führen wollen und nun in alle Ewigkeit hier in Schlangengestalt dafür büßen müsse. Der Hochaltar ist wegen der kostbaren Metalle, Edelsteine und Perlen, mit denen er verschwenderisch ausgeschmückt ist, merkwürdig. Überhaupt enthält diese Kirche so viel Seltenheiten aus den frühesten Jahrhunderten der Christenheit, daß sie ein wahres Museum ist. Die Kirche San Lorenzo hat ein heidnisches, von einem Herkulestempel stammendes Monument und sechzehn antike Säulen, die ihre Fassade zieren. Im Jahr 1071 brannte sie ab und wurde in kleinerem Maßstabe wieder aufgebaut. Sie enthält mehrere sehr schöne Gemälde, unter denen besonders eine Himmelfahrt der Jungfrau Bewunderung verdient. Auch *San Satiro* ruht auf den Grundmauern eines profanen Tempels; Ludovico Sforza, der Maure, ließ sie zu Ehren eines Wunders im fünfzehnten Jahrhundert durch Bramante neu aufführen. Sie hat eine sehr schöne Sakristei, in der Form eines achteckigen Tempels.

Unter den vielen Palästen Mailands war es besonders der Palazzo reale, der auf den Trümmern des ehemaligen herzoglichen Palastes steht, der zuerst meine Aufmerksamkeit in Anspruch nahm. Er stammt aus dem vierzehnten Jahrhundert, wurde aber im siebzehnten ganz umgebaut und später noch sehr vergrößert. Er liegt auf der Piazza reale, und ist ein großes, weitläufiges Gebäude, das einen großen Hof und eine sehr schöne Prachttreppe hat. In seinen Sälen und Gemächern bewundert man herrliche Freskogemälde von Appiani, namentlich in dem Karyatidensaal. In diesem Palast befindet sich auch eine kleine, sehr alte Kapelle, dem heiligen Gotthard geweiht. Auf der Spitze des Turmes derselben dreht sich ein blanker messingener Engel nach allen Winden. Von andern öffentlichen Palästen erwähne ich noch den erzbischöflichen, ein Bau der Visconti, der zwei große Höfe und eine reiche Gemäldegalerie hat; auch der Palast Diotti hat schöne Freskogemälde von Appiani. Die Zecca oder das Münzgebäude ist auf das zweckmäßigste angelegt und eingerichtet. Der Palast Brera, das alte Jesuitenkollegium, ist eines der großartigsten und imposantesten Gebäude Mailands, das nach Richinis Zeichnungen aufgeführt wurde; es war vorzüglich der Sitz der Schulen und hatte sich unter der Regierung der Maria Theresia und Joseph II. eines besonderen Schutzes zu erfreuen; in demselben befindet sich eine große öffentliche Bibliothek, eine Gemäldegalerie mit vielen Meisterwerken von Raffael, Guido Reni, Tizian, Dominico, Leonardo da Vinci, Canova usw., ein Medaillenkabinett, ein astronomisches Observatorium nebst einem botanischen Garten usw. Man darf ja nicht versäumen, die ambrosianische Bibliothek zu besuchen, die ein Erzbischof von Mailand, der Kardinal Friedrich Borromeo, ein Verwandter oder Abkömmling des heiligen Carolus, erbaute. Ein großes Gebäude, das in geräumigen Sälen viele kostbare Kunstschätze, über 150 000 Bände gedruckter Bücher und über 1500 zum Teil der seltensten Manuskripte enthält. Unter den letzteren befinden sich die judäischen Altertümer des Josephus, die auf ägyptischem Papyrus geschrieben und gewiß über 1200 Jahre alt sind, auch ein uralter Virgil mit Randglossen von Petrarcho. Der atlantische Kodex des Leonardo da Vinci und eine Menge anderer Kuriositäten, unter denen auch der berühmte Original-Karton Raffaels, die Schule von Athen im Vatikan, ist. Gemälde von Albrecht Dürer, Leonardo da Vinci, Michelangelo, Tizian usw. sind mehrere vorhanden.

Das große Hospital Mailands, Spedale maggiore, von dem Herzog Sforza IV. und seiner Gattin Biancha-Maria, einer Visconti, im fünfzehnten Jahrhundert gestiftet, ist eine der merkwürdigsten Anstalten dieser Art in Europa.

In seinen unermeßlichen Räumen werden die armen Kranken jeder Art auf das beste und sorgfältigste verpflegt. Seit seinem Entstehen wurde es fortwährend durch die Vermächtnisse frommer Personen vergrößert und bereichert. Es enthält alles bis auf die geringste Kleinigkeit, was einer solchen Anstalt nötig, und ist mit der vorsichtsvollsten Voraussicht geordnet. Es hat nicht nur die geräumigsten und gesündesten Krankensäle und große Küchen, sondern auch seine eigene treffliche Apotheke, Mühlen, Laboratorien, Magazine für Kräuter und Medikamente, Mobilien, Betten usw., seine Archive, Kontore, Wohnungen für Ärzte, Geistliche, Wundärzte, Ammen, Krankenwärter, seine Waschküchen, Trockenböden und sogar Schulen. Mailand hat noch mehrere andere wohltätige Anstalten, wie das Hospital Fate-Bene fratelli, dann das große Militärlazarett usw. Auf der Piazza Tribunale, unfern des Doms, steht ein sonderbares Gebäude, das einen bedeckten Bodengang bildet, der jedermann zum Durchgang dient, ein Podesta von Mailand ließ es im dreizehnten Jahrhundert erbauen und bestimmte es zum Sitz der Gerichte. Es enthält auch Archive.
Unter den Plätzen dieser Stadt ist der prächtige Schloßplatz, damals foro Bonaparte genannt, der schönste; auch der Waffenplatz ist geräumig; dagegen macht der sehr unregelmäßige Domplatz keinen angenehmen Eindruck. Im ganzen sind die Straßen der schönen Stadt eng, krumm und winkelig, nur die auf den Korso führenden machen eine Ausnahme.
Der Monte Pietà, damals Monte Napoleone genannt, ist ein schönes Gebäude jonischer Ordnung, welches im Jahr 1753 unter dem Namen Monte di Santa Teresia eröffnet wurde. Zu dem Arco del Sempione, jetzt della pace, wurde damals das Fundament auf Napoleons Befehl gelegt.
Von den Privatpalästen sind mehrere sowohl durch ihre Architektur als auch durch die Kunstschätze, die sie enthalten, unter ihnen die Palazzi Litta, Busca mit Basreliefs,

Szenen aus dem furchtbaren Kriege Barbarossas darstellend, Belgiojoso, Traversi usw. des Besuches wert.
An der Spitze der Theater Mailands steht das della Scala und ist nach dem San Carlo in Neapel das prächtigste, das ich gesehen habe. Es hat seinen Namen von der Kirche, auf deren Stelle es erbaut ist, die eine Beatrice de la Scala, die Frau des Bernabo Visconti, gegründet hatte. Es ist seltsam, daß fast alle Theater Mailands auf den Trümmern religiöser Gebäude errichtet wurden, als wollte die Bühne die Kirche verdrängen. Im Jahre 1778 wurde dieser Tempel Thalias von einer Gesellschaft von Aktionären erbaut und für die Aufführung heroischer Opern und Ballette bestimmt. Die Logen sind alle sehr geräumig, prächtig möbliert und haben ihre Kamerini. Es kann nahe an 4000 Zuschauer fassen. Ich sah die „Horazier und Curiatier" und das Ballett „Die Babylonier" mit einem ungeheuren Aufwand an Dekoration, Komparsen und Kostümen in demselben geben, und die Aufführung und Musik waren so, daß Augen und Ohren entzückt wurden, aber die ersteren fast noch mehr während der Zwischenakte, wo ich alle Schönheiten Mailands in der ausgesuchtesten und elegantesten Toilette zu bewundern Gelegenheit hatte und die historisch berühmten Namen der Sforza, Visconti, Belgiojosa, Borromeo, Litta, Gonfalonieri usw. um mich herum lispeln hörte, deren Klang aber unter den jetzigen Umständen ziemlich hohl war, sowie die meisten Individuen selbst, die sie trugen. – Tempi passati, dachte ich, so wird es auch bald mit unserer, der damaligen französischen Herrlichkeit heißen, und ich dachte richtig; denn noch weit eher als ich es vermutete, stürzte auch sie zusammen.
Ein zweites Theater war la Canobbiana, hauptsächlich der komischen Oper gewidmet, ganz in dem Stil der la Scala, nur kleiner, aber fast zur selben Zeit, im Jahr 1779, und von dem nämlichen Baumeister, Piermarini, erbaut. Mehrere kleinere Theater besuchte ich nicht. Die von Napoleon angelegte Arena war nicht lange vor meinem Aufenthalt

in Mailand (den 17. Juni 1807) mit öffentlichen Spielen eröffnet worden, an 40 000 Zuschauer haben in diesem modernen Zirkus Platz, in dem man nach Art der alten Römer Naumachien, Wagenrennen und ähnliche Spiele aufzuführen beabsichtigte. Dieses Amphitheater war auf dem Platz angelegt, auf dem die 1801 demolierte Zitadelle stand.

Mailand hat wenigstens vier gute Stunden im Umfang und zählt über 150 000 Einwohner. Sein Korso ist wie der zu Rom die Hauptpromenade der eleganten Welt in den Abendstunden. Handel und Gewerbe lagen indessen sehr darnieder, trotz seiner in der ganzen Welt berühmten Seidenfabrikation und trotzdem, daß es die Warenniederlage von Frankreich und Italien war. Einst, zur Zeit seines höchsten Flors, im fünfzehnten Jahrhundert, soll es über 300 000 Einwohner gehabt haben. Seine Umgebungen sind teilweise sehr schön und haben herrliche Villen und Landhäuser.

Das gesellige Leben war zu jener Zeit noch immer freundlich, obgleich man sich sehr vor dem napoleonischen Spionenwesen fürchtete und seine Worte gewaltig auf die Waagschale legte. Dennoch war man gegen Fremde zuvorkommend, artig, gastfrei und selbst dienstfertig. Ich hatte durchaus keine Empfehlungen mit nach Mailand gebracht, ging auch fast immer nur in Zivilkleidern und hatte doch in den ersten paar Tagen schon die Bekanntschaft einiger angesehener Bürger im Theater und auf dem Kaffeehause gemacht, die mich zu sich einluden und in ihren Familien einführten. Die Schönheit der Mailänderinnen ist in Oberitalien sprichwörtlich, sie haben eine sehr frische Hautfarbe, einen äußerst wohlproportionierten Wuchs, schöne Augen, meistens rabenschwarzes, dikkes, langes Seidenhaar, das freilich oft sehr frühe ins Graue übergeht, dabei viel Anmut und angenehme Manieren, lieben Putz und Pracht leidenschaftlich, wissen sich aber mit Geschmack und gewählt zu kleiden und trugen damals sehr die Pariser Moden, die man acht bis zehn

Tage später als sie in Frankreichs Hauptstadt erschienen gewiß war, auf dem Korso und in der Scala bewundern zu können. Auch in Equipagen, deren man Hunderte in einer Reihe begegnete, wurde großer Aufwand gemacht. Mailand war damals diejenige Stadt Italiens, wo man die Franzosen am wenigsten ungern sah, selbst die Männer waren ihnen nicht gerade abhold. Ich war in einem Gasthof abgestiegen, den ich jedoch nach zwei Tagen mit einer Privatwohnung in der Nähe des Domplatzes vertauschte, von wo ich meine Ausflüge in alle Teile der Stadt bequem machen konnte.

Als ich die Canobbiana zum erstenmal besuchte, machte ich die Bekanntschaft eines ältlichen Mannes, der sich mir als einen Advokaten namens Mazzetti zu erkennen gab, und nachdem er mich nach meiner Wohnung gefragt hatte, mir schon den andern Tag in den Vormittagsstunden einen Besuch abstattete. Er versicherte, daß er sehr für mich eingenommen sei und bedauerte nur, mich nicht früher gekannt zu haben, weil er mir sonst eine Stanza in seinem Hause angeboten haben würde. Über diese außerordentliche Zuvorkommenheit und teilnehmende Gefälligkeit erstaunt, deren Grund ich mir nicht wohl zu erklären vermochte, war ich auf meiner Hut. Daß es meine liebenswürdige Persönlichkeit nicht sein konnte, die den alten Rechtsverdreher anzog, war mir klar, und am allerwenigsten hielt ich einen Italiener, wenn auch einen Mailänder, einer so schnell auflodernden uneigennützigen Freundschaft fähig, obgleich mich Signor Mazzetti auf corpo und anima versicherte, daß er sich nur zu mir hingezogen fühle, weil ich ein noch mit den italienischen Sitten unbekannter Signor Cavaliere forestiere und in dem gefährlichen Mailand so ganz unbekannt sei. Mein offenes Wesen und meine Liebenswürdigkeit, ich müsse scharmanter Eltern Kind sein, habe ihn so angesprochen, daß er sich vorgenommen, mir den Aufenthalt in seiner Vaterstadt möglichst angenehm zu machen. Der alte Fuchs hatte während der Zeit seine Späherblicke in meinem Zimmer umherspazieren lassen, meine Koffer und das Wagenkistchen wohlgefällig betrachtet und gefragt, ob ich mit eigenem Wagen und Extrapost reise, und mich dann dringend gebeten, ihn doch ja noch denselben Abend mit einem Besuch beehren zu wollen, wo ich eine angenehme und sehr unterhaltende Gesellschaft bei ihm antreffen würde, namentlich auch einige sehr liebenswürdige Damen von seiner Bekanntschaft; ausgezeichnete musikalische Talente. Als ich ihm erwiderte, daß auch ich dieser Kunst nicht ganz fremd sei, versicherte er mich mit einem Faunlächeln, daß ihn diese Entdeckung entzücke, und schmunzelte dabei satanisch unter seinen buschigen Augenbrauen. Als ich versprach, seinem Divertimento beiwohnen zu wollen, konnte er kaum die Freude, die aus seinen grimassierenden Mienen hervorleuchtete, die mir aber nicht entging, verbergen. Er blieb während ich mich ankleidete, bat mich dann, ihm doch die Ehre zu erzeigen, die Schokolade mit ihm in einem nahen Kaffeehause zu nehmen, wobei ich bemerkte, wie der alte Fuchs mit gierigem Wohlbehagen seine Augen auf die gefüllte Börse warf, die ich zu mir steckte. Während wir die Schokolade tranken, unterhielt er mich mit allerlei Stadtneuigkeiten, die mir nicht uninteressant schienen, und ich begleitete ihn dann auf sein Verlangen bis an seine Wohnung in der Straße San Giuseppo, damit ich, wie er meinte, sie den Abend um so weniger verfehlen könne, und die er mich wohl zu merken bat. Er hatte sich unterdessen auch nach meinem Namen und Stand erkundigt. Ersteren teilte ich ihm mit, und er machte ein Signor Frederico daraus, aber ich verschwieg ihm, daß ich französischer Offizier sei und gab mich für einen zu seinem Vergnügen reisenden Sohn eines wohlhabenden Kaufmannes aus, der besonders Italien kennenzulernen wünsche. Zur übereingekommenen Stunde verfügte ich mich zu meinem überartigen Patron und fand daselbst eine, wie es mir schien, ziemlich gemischte Gesellschaft von einigen zwanzig Personen, darunter mehrere recht hübsche Damen, eine junge Sängerin, seconda

Donna della Canobbiana, und eine reizende Tänzerin della Scala. Mein freundlicher Wirt stellte mich den Damen als einen Cavaliere forestiere von sehr guter Familie vor. Die Unterhaltung ward bald animiert genug, man reichte Eis, Limonade und Süßigkeiten herum, sodann wurde musiziert; Signora Bellina, so hieß die Kantatrice, trug allerliebste Kavatinen und Canzonette buffe meisterhaft komisch vor, so daß alle davon entzückt waren, besonders als sie das damals so beliebte „Una povera ragazza tutt' onesta ecc." mit einem parlando espressivo sang. Auf des Hausherrn Ersuchen, der, ohne mich noch gehört zu haben, mich seinen Gästen als einen virtuoso famosissimo anpries, sang ich zuerst einige französische Romanzen, unter denen der von mir selbst komponierte Troubadour: „Brûlant d'amour en partant pour la guerre", die jedoch nur wenige verstanden; dann ein komisches Duett mit der Signora Bellina. Ich wurde nun auch mit Komplimenten bis zum Ekel überhäuft, bis endlich Signor Mazzetti, der Musik ein Ende machend, ein kleines Spielchen arrangierte, wobei eine schon ziemlich ältliche und hochgeschminkte Schöne den Bankier und ein neben ihr sitzendes konfisziertes italienisches Gaunergesicht ihren Croupier machte. Jetzt glaubte ich schnell den Schlüssel zu der zuvorkommenden Freundlichkeit des Advokaten gefunden zu haben und hatte mich nicht geirrt. Man war so aufmerksam, mich zuerst zu fragen, ob ich vielleicht gerne selbst Bank halten wollte, es war das beliebte Faraone reale (Basetta), das gespielt wurde; ich dankte ergebenst für die mir zugedachte Ehre. Man gab die Kartenbücher aus, ich gewann ziemlich oft und nur selten schlug mir eine Karte fehl. Doch ließ ich mich nicht durch diesen Gewinn verführen, höher als eine Zechine zu pointieren, obgleich man mich von verschiedenen Seiten aufforderte, da ich in der Glücksader sei, es zu benutzen; auch hatte ich bemerkt, daß der Bankier schon einigemal verstohlene Blicke mit dem Herrn vom Hause gewechselt hatte, ich aber wechselte solche mit der schönen Sängerin, die mich mehr als alle Könige, Paroli sept, quinze, trente-un et le va interessierte, um mich ebenfalls in eine Augenkorrespondenz mit dieser zu setzen, was ich auch zustande brachte. Ich mochte ungefähr einige dreißig Zechinen gewonnen haben, als mich dieses Spiel unausstehlich zu langweilen anfing, da es mich hinderte, ein anderes zu beginnen. Ich ließ nun einige Taillen vorübergehen, ohne zu pointieren; dem Mazzetti, der mich bereden wollte, mein Glück zu poussieren, erwiderte ich, daß mich das Spiel langweile. Dies schien man eben nicht sehr artig zu finden, die Dame Bankhalter und einige andere Spieler verzogen ihre Gesichter und ihre Stirnen umwölkten sich. Ich kehrte mich jedoch nicht daran; um aber den Herren zu zeigen, daß ich nicht aufhören wollte, um den Gewinst in die Tasche zu stecken, setzte ich was ich gewonnen jetzt auf eine Karte, Herzdame, und – gewann wieder, ich bog ein Paroli auf die Coeurdame, und – gewann abermals. Nun fing mir die Sache bedenklich zu werden an, und ich setzte bald zehn, zwanzig und dreißig Zechinen auf verschiedene Karten, abwechselnd gewinnend und verlierend, endlich erklärte ich, daß ich für diesen Abend zu spielen müde sei, und trat mit einem Gewinn von mehr als neunzig Zechinen ab. Man reichte nochmals Erfrischungen, worauf einige der Damen Tanzlust bekamen, und ich tanzte mehrmals mit der Signora Bellini und der Ballerina von der Scala, die, sonderbar genug, nicht walzen konnte. Es war längst Mitternacht vorüber, als sich die Gesellschaft trennte. Die beiden Theaterprinzessinnen fuhren zusammen in einem Wagen fort; nachdem sie weg waren, erkundigte ich mich bei Mazzetti nach ihren näheren Verhältnissen und erfuhr, daß die Sängerin zwar die Geliebte eines Kommissär Ordonnateurs sei, der sie unterhalte, aber nichtsdestoweniger nicht zu den Unerbittlichen gehöre. Übrigens sei sie noch sehr jung und die Tochter einer Exballerina, die sie dem Kommissär als Jungfrau überliefert habe. Signora Mazzetti – der Advokat war verheiratet – eine reifere Schönheit, fragte mich noch beim Weggehen, wie es mir bei ihr gefallen habe, und als ich ein „Vortrefflich“ entgegnet hatte, lud sie mich zudringlich ein, doch den folgenden und alle Abende, wenn es mir angenehm, meine Besuche zu wiederholen. Ich versprach es, zog aber am andern Morgen, durch mein altes Mittel, einen renommierten Haarkräusler, Erkundigungen über dies Haus und seinen Besitzer ein und erfuhr, daß meine Vermutungen nur zu begründet waren, daß nämlich aus dem praxislosen Rabulisten Mazzetti ein Spieler von Profession geworden, der in Verbindung mit einigen Helfershelfern Jagd auf bemittelte Fremde mache, diese Zugvögel in seinen Netzen zu fangen und ihnen dann die Federn auszurupfen suche, was ihm auch meistens gelänge, indem er die verführerischsten Frauen von zweideutigem Ruf, und namentlich Aktricen, zu diesem Zweck in sein Haus ziehe; von den ersteren stünden mehrere förmlich in seinem Sold und seien der Köder, mit dem er seine gefährlichen Angeln umwinde, in den gar manche Gimpel so gewaltig bissen, daß sie sich ganz verbluteten. Ich nahm mir vor, den mir ebenfalls behagenden Köder vorsichtig abzunagen und doch nicht an dem Angelhaken hängen zu bleiben. Bellina war es, die mich anzog. Diese, sowie die Tänzerin und noch einige andere Schönen waren mit die unschuldigen Werkzeuge des verdorbenen Rechtsfeindes, das heißt, sie besuchten nur aus Koketterie und Vergnügungssucht Mazzettis Haus, in dem sie sich trefflich unterhielten und lustige Kurzweil fanden, ohne sich um die Spielangelegenheiten und den eigentlichen Zweck dieser Zusammenkünfte weiter zu bekümmern, wenn sie nur ihre Privatabsichten erreichten. So von allem hinlänglich unterrichtet, konnte mir dieses Raubnest unmöglich gefährlich werden, und ich beschloß, dasselbe zu meiner Unterhaltung bestens zu benützen und der liebenswürdigen Sängerin faute de mieux den Hof zu machen, mit der ich dann auch, wenn sie im Theater beschäftigt war, erst nach demselben dort eintraf. Ich spielte unterdessen das Königsspiel in derselben Weise, wie ich es begonnen hatte, fort, ohne zu biegen, jetzt aber mit auffallendem Unglück, so daß mich diese Abende doch ziemlich teuer zu stehen kamen und ich meine Dulcinea bald an einem andern Ort als in dem teuern Lokal Mazzettis zu sehen suchte, wo ohnehin auch die Nebenzimmer keine ungestörte Unterhaltung erlaubten. Wir waren schnell einig, daß wir uns in der Wohnung einer anderen Aktrice, ihrer Freundin, trafen. Indessen fuhr ich fort, von Zeit zu Zeit die Abende Mazzettis zu besuchen, doch wenig, oft gar nicht spielend, was Ursache war, daß man mich jetzt sehr kalt daselbst aufnahm und am Ende mein gänzliches Wegbleiben gerne gesehen hätte, da es der sauberen Gesellschaft klar war, daß sie eben keinen großen Fang an mir gemacht. – Eines Abends traf ich einen blondlockigen, blauäugigen jungen Mann dort, an dessen Akzent – er sprach nur sehr gebrochen italienisch, aber ziemlich gut französisch – ich sogleich einen Norddeutschen zu erkennen glaubte. Ich hatte mich nicht geirrt, es war ein Kurländer von sehr guter Familie. Dasselbe Manöver, das man mit mir gemacht, wurde auch bei diesem genauso wiederholt, nur mit dem Unterschied, daß, da er die Karten immer bog, Paroli und Lapes machte, die Summen, die er gewann und verlor, weit bedeutender waren. Er spielte, da er anfänglich gewann, immer kühner, bald aber fing er zu verlieren an. Dabei hatte ich bemerkt, daß Mazzetti, der nie selbst Bank hielt und den ich scharf beobachtete, verschiedene Zeichen gegeben hatte. Es dauerte nicht lange, so war der junge Mann schon in einem Verlust von mehr als 500 Zechinen und von allem baren Geld entblößt, dies war gegen den gewöhnlichen Gang, den man in dieser Spielhölle zu befolgen pflegte; aber man sah, daß ich öfters mit dem Fremden sprach, auch einigemal deutsche Worte mit ihm wechselte, die jedoch keinen Bezug auf das Spiel hatten, und so fürchtete man, daß ich den Fremdling unterrichten und abspenstig machen könnte und dachte, man muß ihn rupfen solange er sich noch in unsern Klauen befindet; ich war daher den Herren ein lästiger Aufpasser, den sie gern los gewesen wären. Der Graf G . . ., so nannte sich der Goldvogel, nahm nun den Wirt beiseite und bat ihn, ihm gegen Versatz eines schönen Solitärs und einer Brillantnadel eine Summe vorstrecken zu wollen; man lieh ihm hundert Zechinen darauf, und als auch diese verloren waren, noch fünfzig auf eine prächtige mit Perlen besetzte goldene Repetieruhr. Der Graf war desparat, als er auch dies letzte Geld verloren hatte, und rief unwillkürlich auf deutsch aus: „Jetzt bin ich verloren!" Ich unterhielt mich jetzt in seiner Muttersprache mit ihm, und alle, besonders aber der Fuchs Mazzetti, spitzten gewaltig die Ohren, und Ärger und Wut drückten sich auf dem Gesicht des letzteren darüber aus, daß er nicht verstand, was da in einer Sprache verhandelt wurde, die kein anderer der Anwesenden sprach und einige nicht einmal kannten. Der Graf entdeckte mir, daß er jetzt aller Mittel beraubt sei, um weiter zu reisen, und daß er im günstigsten Fall erst in vier Wochen wieder neue Wechsel erhalten würde, die er in Rom vorfinden solle. – Auf meine Frage, wie er in dies Haus gekommen sei, erzählte er mir, daß er die Bekanntschaft eines der anwesenden Herrn, er bezeichnete mir ihn, in einem Kaffeehaus gemacht, und daß dieser ihn dann mit großer Artigkeit und Zuvorkommenheit hier eingeführt habe; er wisse nun für den Augenblick keinen Rat und schäme sich vor dieser ehrbaren Gesellschaft. – Ich ersuchte ihn, sich zu beruhigen, und erbot mich, ihm zwanzig Zechinen zu leihen, ihm bemerkend, daß man mit geliehenem Geld gewöhnlich Glück habe, bat ihn aber, nicht eher fortzuspielen, als bis er auch mich pointieren sehen würde. Ich ersuchte nun den Signor Mazzetti, mir einen Augenblick Gehör schenken zu wollen, da ich ihm etwas Wichtiges unter vier Augen mitzuteilen habe. Wir begaben uns in ein Nebenzimmer, wo ich ihm zuerst eröffnete, daß ich kein durchreisender Kavalier, sondern ein französischer Kapitän wäre, der im Begriff sei, sich zu seinem, im Kirchenstaat stehenden Regiment zu verfügen, und bat ihn sodann, mir doch die Freundschaft erzeigen zu wollen, den jungen Fremden, der ein Landsmann von mir sei, sein verlorenes Geld wieder gewinnen zu lassen. Der Rabulist tat zuerst, als verstünde er nicht, was ich wollte, und als ich ihm mein Begehren so deutlich auseinandersetzte, daß er nicht gut mehr ein Mißverständnis affektieren konnte, spielte er den Beleidigten, den Galant-Uomo, dem man Satisfaktion für eine solche Schmähung schuldig sei usw. Ich fiel ihm aber sehr ernst ins Wort, indem ich ihm ohne alle Umstände rundheraus erklärte, daß hier alle seine Rabulistenschwänke vergeblich seien, indem ich schon längst außer allem Zweifel über das Metier sei, das er und seine Spießgesellen trieben, und daß, wenn der von ihnen in die Falle gelockte junge Mann nicht diesen Abend sein Geld wiedergewönne, ich mich noch in der Nacht oder doch morgen mit Tagesanbruch zu dem Platzkommandanten verfügen und diesem die Sache anzeigen würde, wo dann er und alle seine Helfershelfer zum Galgen oder zur Galeere reif sein würden. – „Sie wissen, daß wir wenig Federlesens machen", fügte ich noch hinzu, „und es uns auf ein paar Kugeln nicht ankommt." – Der alte Gauner wollte zwar noch allerlei Umstände machen, die ich aber mit einem: „Wohlan, ich gehe zum Platzkommandanten, der dann die Polizei requirieren wird", beseitigte, und gab ihm, auf die Uhr sehend, genau eine halbe Stunde Zeit, dem Grafen wieder zu seinem Verlust zu verhelfen, indem ich bemerkte, daß ich vollkommen die Kunstgriffe kenne, die hier angewendet würden, um das Spiel nach Gefallen zu lenken. (Dies war ein Ben trovato und non vero.) Dem verstockten Sündenknecht fiel jetzt das Herz in die Schuhe, er bat um Schonung und versprach, meinen Wunsch zu erfüllen, ersuchte mich aber demütig, ihm mein Wort zu geben, von der Sache gegen niemand etwas zu erwähnen, was ich auch tat. – Ich kehrte mit ihm in das Spielzimmer zurück, nahm ein Libretto in die Hand, fing an zu pointieren, nachdem ich dem Grafen deutsch gesagt hatte, er möge jetzt nur ganz mir nachsetzen. Wir verloren noch dreimal, als ich aber beim drittenmal dem Mazzetti einen bedeutungsvollen Blick zuwarf, fingen wir zu gewinnen an, und ich bog nun die Karten gegen meine Gewohnheit. In weniger als zwanzig Minuten war mein Kurländer wieder zu all seinem Gelde gekommen und imstande, auch seine Pretiosen einzulösen, ich hatte an 700 Zechinen gewonnen; wir empfahlen uns bald darauf mit einem Felicissima notte, die hochansehnliche Gesellschaft mit langen Gesichtern zurücklassend. Den Grafen G... begleitete ich bis in sein Hotel, gab ihm den guten Rat, sich diese Begebenheit zur Warnung für ganz Italien dienen zu lassen, wo man allen bemittelten Fremden unaufhörlich solche Fallen stelle, und wir schieden unter Versicherung einer unverbrüchlichen Freundschaft.

Als ich Bellina am andern Morgen diesen Vorfall mitteilte, sie war an dem Abend nicht bei Mazzetti gewesen, und ihr dabei vorhielt, daß sie sich von dem alten Spitzbuben zu einem der Lockvögel gebrauchen lasse, womit man die Fremden auf die Leimrute ziehe, versicherte sie mich mit Tränen in den Augen, daß sie dies in aller Unschuld getan, von diesen Umtrieben nicht das geringste geahnt und nur der angenehmen Unterhaltung halber diese Soireen besucht habe. Daß sie die Wahrheit sprach, davon war ich schon früher überzeugt. Noch denselben Morgen machte ich eine Promenade mit ihr und bestieg die höchste Spitze des Doms in ihrer Gesellschaft, wo wir uns an der entzückenden Aussicht in die schöne Lombardei weideten.

„In wenigen Tagen muß ich weiter, dort hinunter", sagte ich mit einem halben Seufzer, gen Süden zeigend.

„Und auch ich werde bald der guten Stadt Mailand Lebewohl sagen", versetzte sie.

„Wieso?"

„Ich muß nach Bologna, ein neues Engagement suchen."

„Und Ihr Kommissär Ordonnateur?"

„Oh, den habe ich satt bis an den Hals. – Wann reisen Sie?"

„Spätestens in acht bis zehn Tagen."
„Wollen Sie mich mitnehmen?"
Ich sah sie lachend an.
„Ich spreche in allem Ernst."
„Aber nicht weiter als bis Bologna."
„Auch gut, wenn Sie mich nicht länger behalten wollen."
„Das geht nicht an, mein Kind; ein Offizier kann sich in Kriegszeiten nicht mit Frauen befassen, diese würden ihm in allem nur hinderlich sein, die Frau, die ihm folgt, würde er allen Entbehrungen aussetzen und nicht selten ganz unglücklich machen."
„Also, bis Bologna reisen wir zusammen?"
„In Gottes Namen."
„Meinem Kommissär gebe ich heute noch den Abschied."
„Nach Belieben."
„Und wir wohnen dann zusammen, so lange wir noch hier sind?"
„Auch das bin ich zufrieden."
Noch denselben Abend ließ das Mädchen ihre Effekten zu mir bringen, obgleich davon keine Rede gewesen. Indessen hatte ich nichts dagegen, da es nur auf wenige Tage war, die ich mit Bellina recht vergnügt und auf das kurzweiligste zubrachte. Wir besuchten zusammen noch mehrere Orte der Umgegend, ließen uns in der Kathedrale zu *Monza*, einer kleinen Stadt, die aber eine große Rolle in der Geschichte der lombardischen Könige und der Herzoge von Mailand gespielt hat, die sogenannte eiserne Krone zeigen, die wegen des eisernen Reifs, der sie umfaßt, der von einem Nagel des Kreuzes Christi geschmiedet sein soll, so genannt wird, und mit welcher die alten italienischen Könige gekrönt wurden. Die Krone, die man uns zeigte, war nur eine Nachbildung der sogenannten echten, bei der wenigstens die Echtheit des Eisens von nicht vollkommen Gläubigen in Zweifel gezogen wird, während die des Goldes über allen Zweifel erhaben sein soll. Auch einen Ausflug an den Lago maggiore machte ich mit meiner muntern liebenswürdigen Sängerin und schiffte

mit ihr nach der Isola Bella über. Dieses reizende Eiland vereinigt alles, was die erfinderischste Phantasie der Dichter von den Zaubergefilden einer Armida, Alcine oder Circe träumt. Vier solcher Inseln liegen in diesem See am Eingang eines kleinen Golfs, alle vier sind wunderschön, aber Isola Bella mit seinen Zaubergärten ist die Krone, die Königin unter ihnen. Aus einiger Entfernung scheint sie eine jener magischen Theaterdekorationen, wie man deren nur in San Carlo oder della Scala zu sehen bekommt, und wie von einer Fee dahingezaubert. Der Kunst, wenn auch nicht der Magie, verdanken indessen die Borromeischen Inseln, von Vitaliano Borromeo so genannt, der sie zu dem machte, was sie sind, alles, denn noch in der Mitte des 17. Jahrhunderts waren es nackte Felsen, auf die selbst die Erde geschaft werden mußte. Auf dem südlichen Teil der *Isola Bella* (Schönheitsinsel) sind pittoreske Bosketts, prächtige Wälder und lachende Gärten mit immerblühenden Blumen, Stauden, Früchten und Bäumen bedeckt. Zehn Gärten, von denen immer einer über dem andern liegt, bilden ein Amphitheater, wie kein zweites in der Welt mehr zu finden sein mag, deren eine Seite von einem Pomeranzenwald begrenzt wird, der die Luft mit Wohlgerüchen erfüllt; hinter demselben befindet sich ein dichtes, hohes Lorbeerwäldchen mit einem Wasserfall. Zwischen Zitronenbäumen erheben sich Statuen aus der alten Götterwelt, und an Arkaden winden sich die Weinreben in Gestalt von Festons hinauf, zwischen denen Blumen von allen Farben in ihrer höchsten Pracht schimmern und das lieblichste Parfüm aushauchen. Purpurtrauben hängen zwischen goldnen Pomeranzen, Zitronen und Fracazzani* herab. Auf der höchsten Terrasse, über 100 Fuß über dem Wasserspiegel, hat man die freie Aussicht auf die Gebirge und sieht die Gletscher des Simplon glitzern. Auch der Zauberpalast fehlt auf dieser Insel der Schönheit nicht. Er ist an dem nördlichsten Teil derselben gelegen und mit den feinsten

* Eine köstliche, goldgelbe, sehr große Feige.

und seltensten Marmorarten und den reichsten Vergoldungen auf das geschmackvollste und verschwenderischste verziert, hat sehr weitläufige und prächtige möblierte Gemächer, schöne Gemäldegalerien und in dem untern Stockwerk eine Reihe mit kostbarem Muschelwerk sehr kunstreich ausgelegte Grotten, viele Bildsäulen vom schönsten Marmor, und sprudelnde Fontänen unterhalten eine immerwährende Kühle. Auch eine reichausgeschmückte Kapelle, mehrere Betzimmer, große Prunksäle und sogar ein Theater enthält dieser Feenpalast, nebst allem, was nur die raffinierteste Bequemlichkeit, Luxus, Pracht und Verschwendung Schönes und Wunderbares schaffen können. Einen ganzen Tag brachte ich, vom frühen Morgen bis in die sinkende Nacht, mit Bellina auf dieser Zauberinsel in wahrhaft seligem Entzücken zu, und ich begriff nun, daß es einer Armida nicht schwer fallen mußte, ihre Helden an einem solchen Ort zu fesseln, da selbst eine Bellina mich leicht hätte verführen können, hier, wenigstens einige Zeit, mit ihr zu schwärmen. Wir kehrten indessen nach einer viertägigen Abwesenheit vergnügt nach Mailand zurück, wo sich den andern Tag eine ebenso unerhört seltsame als tragische Begebenheit ereignete.

Der Kapitän eines französischen Linienregiments, als tapferer und tüchtiger Soldat bekannt, hatte seine Kompagnie zu den Übungen im Scheibenschießen auf den dazu bestimmten Platz geführt. Bevor die Übungen begannen, ließ er die Mannschaft einen Kreis um sich formieren und prägte ihr ein, daß die erste und heiligste Pflicht des Soldaten unbedingter Gehorsam gegen seinen Vorgesetzten sei, er möge auch befehlen, was er immer wolle, denn auf ihm hafte ja alle Verantwortlichkeit. Nach dieser Allokution ließ er die Leute wieder in die Linie treten, scharf laden, einige Schwenkungen machen, dann halten, kommandierte, sich vor die Front der Kompagnie stellend, rasch und in einem Atemzug hintereinander: „Apprêtez-armes, joue-feu“ und stürzte, von mehreren Kugeln getroffen, tot nieder. Zwei Dritteile der Leute hatten abgefeuert, die übrigen aber soviel Besinnung gehabt, nicht loszuschießen. Die Tatsache war unerhört und machte außerordentliches Aufsehen, nicht nur in Mailand, sondern unter allen Truppen, die in Oberitalien standen und sie von ihren Kameraden erfuhren; denn in den Journalen durfte, wie damals von tausend Dingen, welche dem Napoleon nicht angenehm waren, keine Erwähnung davon geschehen, nur die englischen Zeitungen ließen sich desto ungebundener und rücksichtsloser über alles aus, was den „korsischen Tyrannen" kränken konnte. Diese unerhörte Selbstexekution war so rasch und unvermutet ausgeführt worden, daß selbst die übrigen Offiziere der Kompagnie, die en serre fil standen, nicht zur mindesten Überlegung Zeit gehabt und erst als die Tat geschehen war, diese erkannten. Aus den nachgelassenen Papieren des Kapitäns ersah man, daß vermeintliche Zurücksetzung – ein anderer hatte den Orden der Ehrenlegion durch eine Weiberintrige vor ihm erhalten, während er ihn allerdings zehnmal eher verdient hatte – schuld an seinem Tod war. Man sollte kaum glauben, daß es möglich sei, daß dergleichen erbärmliche Dinge, ein Spielzeug, wie ein Bändchen und ein Kreuzchen, einen vernünftigen Menschen zu solchen Torheiten verleiten könnten. Drei Tage darauf kam des bereits Begrabenen Ernennung zum Ritter der Ehrenlegion mit der zum Bataillonschef zugleich an.

Bellina in meinem Wagen, trat ich vergnügt die Reise nach Civita Vecchia an. In *Lodi* hielten wir uns ein paar Stunden auf, um das Schlachtfeld und die Brücke zu sehen, welche 1796 den Namen Bonapartes und seines Heeres weltberühmt machten. Die Österreicher, von Beaulieu befehligt, hatten jenseits der Adda, an welcher Lodi liegt, und die sie von dem Feinde trennte, furchtbare Verschanzungen aufgeworfen und Batterien errichtet; die ohnehin steilen Ufer des Stromes waren durch den geschmolzenen Schnee, der denselben angeschwellt hatte, noch unzugänglicher gemacht. Beaulieu stand mit seinem Heer jenseits der Brücke in Schlachtordnung; sich auf seine furchtbare Artillerie stützend, hatte er nicht nötig geglaubt, dieselbe abwerfen lassen zu müssen. Bonaparte ließ nun zwei Kanonen daselbst aufführen und eine Kolonne formieren, der er befahl, den Weg über die Brücke zu bahnen, eine Aufgabe, fast ebenso schwierig, als den Paß der Thermopylen zu nehmen. Dreißig Stück österreichisches Geschütz wehrten den Übergang, und hinter diesen Kanonen stand das ganze Heer der Österreicher in Schlachtordnung. Eine furchtbare Kanonade beginnt, die Franzosen rücken in geschlossenen Kolonnen und im Sturmschritt, Pas de charge, unter dem Ruf: „Vive da République" an. Es waren fast lauter Grenadierbataillone, die mit einem schrecklichen Kanonendonner, der Tod und Verderben in ihre Reihen schleuderte, empfangen wurden. Einen Augenblick scheint die Spitze der Kolonne wanken zu wollen, alles hing von diesem Augenblick ab, da springen die Generale Berthier, Massena, Cervoni, Dallemagne, der Brigadechef Lannes und der Bataillonschef Dupet in dem kritischen Moment vor, stellen sich an die Spitze und entscheiden den Sieg, ein „En avant" rufend. Im Sturm eilten sie über die vor ihnen niederstürzenden Soldaten, von andern gefolgt, im Sturm nehmen sie die feindlichen Geschütze, und Beaulieus ganze Schlachtordnung ist über den Haufen geworfen; ehe er sich nur besinnen kann, und ehe er es nur zu denken vermag, ist schon das ganze österreichische Heer auf der Flucht. Die Folge dieses außerordentlichen Sieges war die Besitznahme der ganzen Lombardei. Beaulieu flüchtete sich mit den Trümmern seiner Armee in das venetianische Gebiet. Bonaparte nannte in seinem Schlachtenbericht den Übergang der Brücke von Lodi den furchtbarsten Kampf, den die Heere der Republik bis jetzt noch bestanden hätten; der unerschrockene Berthier war an diesem Tage Grenadier, Kanonier und Reiter zugleich. Durch diese große Schnelle und die tollkühne Tapferkeit, mit welcher die französischen Kolonnen den Übergang über die Brücke erzwangen und die Österreicher warfen, war der Verlust der Franzosen weit weniger beträchtlich als er es unter solchen Umständen sonst hätte sein müssen.

Einsam, Bellina am Arm, stand ich jetzt auf der Stelle, wo vor kaum zwölf Jahren diese außerordentliche Waffentat stattgefunden hatte, und der jetzt so ruhige Schauplatz, auf dem so viel Blut um – nichts vergossen worden war, veranlaßte mich zu mancherlei Betrachtungen. Eine Totenruhe umgab uns, die Adda flutete so ruhig dahin, als hätte ihre Wasser nie ein Tropfen Blut gefärbt. Die Menschen sind doch recht bösartige Narren, rief ich aus, mich mit meiner lachenden Begleiterin entfernend.

Lodi liegt eine Stunde von dem alten Laus pompeja entfernt, das jetzt ein ärmlicher Flecken ist, während diese Stadt über 12 000 Einwohner zählt und schöne Häuser und Paläste hat. In dieser Gegend ward auch der berühmte Parmesankäse gemacht, den man in ganz Italien mit den Makkaroni, dem Reis und zu fast allen Suppen und Mehlspeisen ißt und der in ganz Europa und nach beiden Indien versendet wird. Von Lodi reisten wir nach *Piacenza,* wo wir 24 Stunden ruhten, eine schöne, ziemlich große, aber menschenleere Stadt, die am Zusammenfluß des Po und der Trebbia in einer sehr gesunden und angenehmen Gegend liegt und sich auf der einen Seite an anmutige Hügel lehnt, während auf der andern eine sehr fruchtbare Ebene ist. Die meisten Häuser dieser etwa 20 000 Einwohner – sie könnte bequem 80 000 beherbergen – zählenden Stadt sind von Backsteinen erbaut; in Italien eine Seltenheit. Ihre Straßen sind breit und ziemlich regelmäßig, und der Korso oder die Stradona (große Straße), auch Strada Farnese genannt, hat auf beiden Seiten prächtige Paläste, zum Teil Meisterwerke der Baukunst, von den berühmtesten Architekten aufgeführt, unter denen sich besonders der Palast Farnese oder herzogliche Palast auszeichnet, von dessen Balkon die Verschworenen den Ludwig Farnese, nachdem sie ihn ermordet hatten, in die Straße hinabstürzten. Ihm gegenüber befindet sich die Podesteria, ein seltsames gotisches Gebäude, auf dem Platz vor diesem und dem herzoglichen Palast stehen die Reiterstatuen des Alexander und Ranuzio Farnese. Die Kirchen dieser Stadt zeichnen sich nicht besonders aus, haben aber zum Teil vorzügliche Gemälde der berühmtesten Meister aufzuweisen, namentlich die Hauptkirche, welche vortreffliche Freskogemälde von Guerchino und Carrache und ein paar Stücke vom berühmten Landi hat. Die Zitadelle von Piacenza ist stark befestigt und durch fünf Bastionen flankiert.

Das Schlachtfeld an der Trebbia oberhalb der Stadt, wo Hannibal die Römer besiegt hatte, und das man noch jetzt das Campo morte nennt, besuchte ich mit meiner scharmanten Reisegefährtin, welche sich über meinen Geschmack, überall Totenfelder (campi morti) aufzusuchen, lustig machte und meinte, die Campi der Lebenden wären noch interessanter. In der Nähe von Piacenza war auch der blutige Schauplatz, wo 1746 die Franzosen und Spanier mit den Deutschen kämpften. Von hier reiste ich nun, ohne mich weiter als eine Nacht in Parma und eine in Modena aufzuhalten – meine ängstliche Gesellschafterin wollte durchaus nicht mehr nach Sonnenuntergang fahren – bis Bologna, wo ich mich wieder einen Tag aufhielt, meinen früheren freundlichen Wirten, die sich freuten, mich so wohlbehalten wiederzusehen, einen Besuch abstattete, worauf gegen Abend eine herzbrechende Trennung zwischen mir und meiner liebenswürdigen Reisegefährtin unter Tränen – wenigstens von einer Seite – mit einem rührenden Abschied und bei solchen Gelegenheiten immer gebräuchlichen Versicherungen ewiger Liebe, Treue und Unvergeßlichkeit stattfand und einige Souvenirs ausgetauscht wurden. Noch in derselben Nacht setzte ich meine Reise fort, denn ich wollte gerne Zeit gewinnen, um einige Tage in Rom inkognito verweilen zu können, bevor ich meine Ankunft bei dem Bataillon in Civita Vecchia meldete. Ich schlug den Weg nach Florenz ein, der über den Teil der Apenninen führt, welche die Lombardei von Toskana trennen. Man hatte mich zwar in Bologna vor dieser Route gewarnt, weil sie durch die Banditen, die in dieser Gegend ihr Unwesen trieben, sehr unsicher gemacht würde und erst kürzlich auf derselben Reisende ausgeplündert und ermordet worden seien. Ich ließ mich aber hierdurch nicht abhalten, legte meine Pistolen und Terzerolen zur Hand und hatte auch meinen gewandten und mutigen Burschen gut bewaffnet auf den Wagensitz plaziert. Übrigens war ich damals und mein ganzes Leben lang so ziemlich Fatalist und hatte den festen Glauben, daß, wenn einmal die mir bestimmte Lebenszeit abgelaufen sei, mich Freund Hein auch selbst in Abrahams Schoß zu finden wissen würde. Der Glaube an eine Vorherbestimmung des Lebensendes gibt besonders dem Soldaten eine große Zuversicht und fast tollen Mut. Er ist Ursache, daß er sich einer an gänzliche Beruhigung grenzenden Sorglosigkeit überläßt, die dann dem Krieger zur andern Natur wird; hiezu kommt auch noch die völlige Nahrungssorglosigkeit, was ihn Entbehrungen und Unbequemlichkeiten leichter vergessen und überwinden lernt, wofür er ohnehin, selbst der gemeine Mann, auf allerlei Weise entschädigt wird und manche Genüsse und Annehmlichkeiten hat, die man im gewöhnlichen bürgerlichen Philisterleben nicht kennt. Sorgen für Wohnung, Kleidung, Nahrung und Haushaltung sind dem Soldaten unbekannt, und hat er auch gerade keinen Überfluß, so ist er doch, Extrafälle ausgenommen, die exzeptionell sind, und worüber er sich in Gemeinschaft oft scherzend, besonders der französische Soldat, zu trösten weiß, gegen allen Mangel geschützt, hat dazu noch Taschengeld, um sich wenigstens alle vierzehn Tage einmal lustig machen zu können, und ein solches In-den-Tag-Hineinleben hat auch seinen besonderen Reiz, den freilich die gewöhnlichen Prozentenseelen nicht kennen und nicht begreifen können. Wenn er wochen-, ja mondenlang unter freiem Himmel bei allem Wind und Wetter kampiert und Entbehrungen aller Art erduldet, so freut er sich bei einer verschimmelten Brotrinde doch schon zum voraus auf die lustigen Tage in der nächsten Garnison und denkt daran, wie er den zu gut gemachten Sold am vergnügtesten durchbringen wird, während er sich mit Lust an die vergangenen Tage der Freude erinnert und bei diesen Erzählungen, Rückerinnerungen und Hoffnungen vergißt, daß er auf feuchter Erde, den oft trüben Himmel zum Dach habend, hungert, ohne ein Stück trockenes Brot zu besitzen, um sich zu sättigen. Zwei lustige Tage in der Garnison lassen schnell das monatelang ausgestandene Elend vergessen, und ist der letzte Pfennig fort, dann hat die arme Seele wieder Ruh bis zum nächsten Geldtag. Goethes Liedchen: „Ich hab' mein' Sach' auf nichts gestellt, und mein gehört die ganze Welt", paßt ganz auf den Soldaten, wenigstens im Kriege; denn das Garnisonsleben im Frieden ist freilich ein ganz anderes und noch weit schlimmer als das bürgerliche Philisterleben, oft nicht einmal ein glänzendes, sondern sehr schmutziges Elend; Schmalhans ist in der Regel Küchenmeister, und noch obendrein ein Gamaschen- und Zopfdienst, daß einem ... da kann man nicht trillern: „Ein anderes Städtchen, ein anderes Mädchen", und noch weniger mit dem alten Husarenrittmeister Emmrich von Lindau ein: „Lustig leben die Soldaten" singen. Es geht dem Offizier nicht viel besser wie dem gemeinen Mann, in kleinen Staaten ist an einen Garnisonswechsel kaum zu denken, und in großen besinnt man sich lange, ehe man ihn nach einer Reihe von Jahren vornimmt; denn es kostet Geld, und in Friedenszeiten wird gepfennigfuchsert.

Mit der keuschen Luna fuhr ich wohlgemut anfangs in raschem Trabe durch das anmutige Tal; nachdem ich aber *Pianora* hinter mir hatte, mußte ich meine Geduld prüfen, denn nun ging es bergauf und bergab und über manche so hohe Punkte, daß man bis nach Padua und auf das Adriatische Meer blicken konnte; die Gegend war oft romantisch-wild genug. Auf einigen dieser Höhen wütet manchmal der Sturmwind so gewaltig, daß er Wagen und Pferde umwirft und großes Unheil anrichtet, und man kann sich um so weniger dagegen vorsehen, als in der Regel ganz unerwartet, in einem Nu, ein furchtbarer Orkan daherbraust, doch ist dies nur in der Zeit der Äquinoktien der Fall. Als ich den andern Tag *Fontebuona* passiert hatte, kam ich über den Gipfel des Berges, von dem aus ich das herrliche Florenz und seine schöne Umgebung, durch die purpurne Abendröte vergoldet, in seiner ganzen Pracht zu meinen Füßen erblickte. Noch eine Miglie von dieser Stadt bleibt Pratolino, das ehemals so berühmte Luftschloß der Medici, links liegen. In Florenz, wo ich mit Sonnenuntergang einfuhr, hielt ich mich diesmal kaum anderthalb Stunden auf. Es zog mich mit aller Macht nach Rom, und je näher ich dieser Stadt kam, desto mehr brannte ich vor Ungeduld, die Cesarini wiederzusehen, da ich, seitdem ich sie verlassen, noch kein zweites ihr ähnliches weibliches Wesen wieder kennengelernt hatte. Ich fuhr von Florenz denselben Weg, den ich vor etwa einem halben Jahr gemacht, in der entgegengesetzten Richtung zurück, oft an dem Rande der schaurigsten Abgründe der Apenninen vorbei, aber von den Räubern und Banditen, vor denen man mich so sehr gewarnt, sah ich keine Spur, obgleich mein Louis in jedem vorüberwandernden Bauern einen solchen wittern wollte und sich schlagfertig machte. Vor Viterbo brach die Vorderachse meines Wagens, wodurch ich genötigt war, mich beinahe drei Stunden in diesem Orte aufzuhalten, weshalb ich auch erst spät in der Nacht zu Rom ankam und mein Vorhaben, Gertrude noch denselben Abend aufzusuchen und zu überraschen, denn ich hatte ihr zwar mein Kommen geschrieben, aber nicht die Zeit bestimmt, vereitelt wurde. Ich stieg in einer Alberga an dem Spanischen Platz ab und eilte am andern Morgen, so früh es tunlich war, zu Torlonia, der über meine unerwartete

Ankunft erstaunt schien. Als ich ihm aber meine Hoffnung, die Kommandantur von Albano wieder anzutreten, vertraute, teilte er mir die ganz unerwartete Nachricht mit, daß das Bataillon schon seit zehn Tagen den Kirchenstaat verlassen und in das Regno, so nennen sie gewöhnlich in Rom das Königreich Neapel, abmarschiert sei. Dies warf mit einem Schlag meine Projekte über den Haufen, und alle meine Pläne wurden zu Wasser. Ich erkundigte mich jetzt zuerst nach der Cesarini und hörte, daß der Herzog und seine Gattin so gut wie völlig getrennt lebten, ließ ihr ein Billettchen zustellen, in dem ich ihr meine Ankunft meldete und sie bat, mich wissen zu lassen, wann ich das Vergnügen haben dürfe, sie zu besuchen. Eine halbe Stunde darauf fuhr ein Wagen vor mein Hotel, dem zwei schwarz gekleidete, verschleierte Damen entstiegen; gleich darauf öffnete ein Kameriere meine Zimmertüre und Gertrude lag in meinen Armen. Wir blieben einige Minuten lang im stummen Entzücken des Wiedersehens, und war es von meiner Seite auch nicht mehr das Feuer der Liebe, das mich beseelte, so fühlte ich doch eine wahrhaftige, aufrichtige und dankbare Freundschaft für die Principessa. Aber die schlanke Nymphentaille, die mich früher so entzückte, war verschwunden, und der Leib hatte sich gewaltig arrondiert, auch die Gesichtszüge waren weniger fein und etwas aufgedunsen, wie dies bei den Frauen gegen das Ende einer Schwangerschaft meist zu sein pflegt. Nichtsdestoweniger schloß ich sie zum zweiten- und drittenmal in meine Arme und drückte sie fest an meine Brust. Ich war ja der Urheber dieses Zustandes. Sie fragte mich endlich lächelnd: „Nicht wahr, du findest mich sehr verändert?“ Dabei sah sie mich mit forschenden Augen an; ich erwiderte die Frage nur durch Küsse. Nachdem endlich des Bewillkommnens genug, kamen andere Dinge zur Sprache, und sie war außer sich, als ich ihr mitteilte, daß sich mein Aufenthalt in Rom nur auf wenige Tage erstrecken könne, da ich dem Bataillon nach Neapel folgen müsse. Sie brachte fast die ganze

Nacht bei mir zu, und erst gegen Morgen geleitete ich sie heim. Wir sahen uns nun jeden Tag, und ich machte nirgends Besuche, um die wenige kostbare Zeit nicht mit unnützen Dingen verstreichen zu lassen, nicht einmal Vasis suchte ich auf, die Vernetti lag in den Wochen. Gertrude wollte durchaus, daß ich wenigstens bis nach ihrer Niederkunft in Rom verweilen solle, und als ich ihr vorstellte, daß sich dies unmöglich tun ließe, da mir meine Marschroute einen längeren Aufenthalt nicht gestatte, das Regiment wahrscheinlich auch wieder nach Kalabrien ins Feld rücken und vielleicht gar eine Landung in Sizilien beabsichtigt würde, von der man viel sprach, es meine militärische Ehre unmöglich zuließe, unter irgendeinem Vorwande zurückzubleiben. Nun wollte sie, daß ich meinen Abschied fordern, mich in Rom fixieren sollte, und meinte, für meine Existenz dürfe es mir nicht bange sein, sie wolle schon Sorge tragen, daß es mir an nichts mangele. Ihr dies auszureden, kostete mich unendliche Mühe, und trotz aller Vorstellungen, daß ich bei meiner Jugend doch unmöglich schon ein zweckloses, träges Schlaraffenleben führen könne, auch eine große und glänzende Karriere vor mir habe, meine Familie und Eltern mich verachten würden, wenn ich mich so einem Tagediebleben ergebe, wollte sie sich nicht beruhigen. Sie vergoß unaufhörlich Tränen und meinte, wenn ich sie wahrhaft liebe, so würde ich gar nicht solche frostige Einwendungen und Überlegungen machen können, denn:

„Vor der Liebe Seligkeit
Schwindet des Ruhmes Herrlichkeit"

sang sie mir mit halb von Tränen erstickter Stimme vor. Ich drehte aber die Worte um und erwiderte, es müsse heißen:

„Vor des Ruhmes Herrlichkeit
Schwindet der Liebe Seligkeit."

So debattierten wir alle Tage, und zuletzt mußte ich ihr noch begreiflich machen, daß, wenn ich auch meinen Abschied fordern wollte, ich doch jedenfalls vorher zum Regiment müsse, da ich ja sonst als Deserteur angesehen würde, und daß es in Kriegszeiten nicht so leicht sei, ohne die triftigsten Gründe ihn zu erhalten. Ich sah, daß es unter diesen Umständen besser war, ihr nicht alle Hoffnung zu benehmen und stellte mich gegen die letzten Tage so ziemlich einverstanden mit ihr, behielt aber die Ausrede, daß mir der Abschied abgeschlagen worden sei, in petto. Schnell waren die zehn Tage verstrichen, die ich längstens in Rom verweilen durfte und durch Extrapost wieder gut machen konnte. Ich fürchtete mich vor dem Abschied, der auch wieder herzbrechend genug war. Ernstlich verbat ich mir diesmal jedes Geschenk und verbot auch meinem Bedienten, hinter meinem Rücken etwas anzunehmen; dennoch bestach ihn Gertrude wieder, und in Neapel angekommen, fand ich abermals das Wagenkistchen mit allen möglichen Dingen gefüllt, auch wieder mehrere Rollen Gold vor. Wir hatten die letzte Nacht noch bis zum grauenden Morgen zusammen zugebracht, und es war heller Tag, als ich zu dem nach Albano führenden Tor hinaus, ohne mich weder bei Tag noch bei Nacht länger als es das Umspannen erforderte aufzuhalten, bis nach Neapel fuhr, wo ich mich gleich bei Duret und dann bei dem jetzigen Oberst des Regiments, Omeara, meldete. Ersterer empfing mich wie immer sehr wohlwollend und freundschaftlich und erzählte mir als Neuigkeit, daß Caguenec abermals in strengem Arrest auf dem Fort sitze, weil er wieder einen Straßenunfug im Verein mit einigen jungen Leuten, meist Kadetten, in der Trunkenheit verübt habe, wobei sie des Nachts die Laternen in Toledo und die Gläser und Scheiben in einigen Eisbuden zerschlagen hätten.

VII

Ankunft in Neapel – Das Liebhabertheater in Giesù nuovo – Besteigung des Vesuvs – Der Hof des Königs Joseph – Eine deutsche Vorstellung – Helenchen Cramer – Caserta – Nocera de pagani – Die Ruinen von Pestum – Zweiter Feldzug in Kalabrien – Niederlage des Prinzen von Hessen-Philippstal – Die Brigantenhäupter Francatrippa und Benincasa – Monteleone – Ermordung eines Kuriers – Fondaco del Fico – Mehrtägiges hartnäckiges Gefecht mit den Briganten – Die hübsche Kalabreserin – Mileto – Belagerung der Festungen Scilla und Reggio – Schrecklicher Zustand des Belagerungskorps – Rückmarsch nach Neapel – Abreise nach Genua

Der Oberst Omeara hielt mir, als ich mich bei ihm gemeldet, einen kleinen Sermon wegen der Geschichte in Albano und gab mir das Kommando der noch vakanten Voltigeur-Kompagnie, die sich freute, ihren alten kreuzfidelen Kommandeur, wie die Leute sagten, wieder zu erhalten, und der ich fünfzig Dukaten (etwa hundert Gulden) zum besten gab, damit sie sich einen guten Tag mache. Zugleich übergab mir der Oberst auch das Musikchor wieder, das, wie er behauptete, seit meiner Abwesenheit sehr vernachlässigt worden, und bat mich, doch einige neue Märsche zu komponieren. Ich schrieb ein halbes Dutzend Pas redoublés nieder, welche zum Geschwindschritt recht animierten, und dedizierte sie dem Herrn Oberst, der mich dafür manchmal zur Tafel lud.
Diesmal wurde auch mir mein Quartier in Giesù nuovo angewiesen, wo ich noch die mir wohlbekannten Damen Gasqui, Alphonse, Grenet usw. antraf, die, wie es schien, ihr permanentes Hauptquartier in dem alten Palazzo der ehrwürdigen Väter Jesu aufgeschlagen hatten, während ihre Männer alle möglichen Kreuz- und Querzüge machen mußten. Das französische Liebhabertheater bestand immer noch, und man veranstaltete von Zeit zu Zeit Aufführungen, allein es fehlte ihm gerade ein erster Liebhaber. Ich wurde daher von den Damen freudig als ein solcher empfangen. Die Freude sollte aber nicht von sehr langer Dauer sein; daß ich indessen die mir ge-

machten Offerten nicht abschlug, kann man sich denken. Ich erhielt sogleich ein ganzes Dutzend Rollen, aus Lustspielen von Molière, Mercier, Beaumarchais usw., aber auch der hohe Kothurn wurde angeschuht, und man wagte sich an Crebillon, Corneille, Racine usw. Ich studierte meine Rollen meistens mit Madame Gasqui tête-à-tête ein, und da dieser in den meisten Stücken die Rolle meiner Geliebten zugeteilt war, so wurden unsere Proben mit vielem Feuer gehalten, dem natürlich zuletzt Ermüdung und Erschlaffung folgen mußte. In Molières Tartüffe hatte ich mich sogar an die Titelrolle gewagt und in seinem Cocu imaginaire spielte ich den Lelie, beides mit Beifall.

Auch meine Signora Speziale suchte ich wieder auf und fand freundliche Aufnahme; vor allem aber war mir jetzt daran gelegen, endlich einmal den Vesuv zu besteigen, was ich bei meiner früheren zweimaligen Anwesenheit in Neapel versäumt hatte; da ich fürchtete, es möchte abermals ein Deus ex machina oder die Marschorder dazwischenkommen, so drang ich auf die Ausführung dieses Projekts, das auch von den Damen in Giesù nuovo unterstützt wurde, da sie es bis jetzt bei ihren Männern nicht hatten dahin bringen können, dem alten Feuerspeier einen Besuch abzustatten. Außer den Damen Gasqui, Grenet, Cramer, Mutter und Tochter, und deren Männern war auch noch der junge Stock, der Neffe des Herrn Moritz, und dessen Arzt mit seiner Gattin von der Partie, so daß wir im ganzen fünfzehn Personen zählten. Wir fuhren bis Resina, wo man die Wagen verließ, um Maultiere und Esel zu besteigen, mit deren Führern der sich bei uns befindliche neapolitanische Doktor einen förmlichen Vertrag, jedoch nur mündlich, abschloß. Er mußte dabei gewaltig debattieren, und es dauerte beinahe eine halbe Stunde, bevor er ihn zustande brachte. Das Hin- und Herhandeln wollte kein Ende nehmen; es war ein wahres Gezänk, alle Augenblicke glaubte ich, daß man sich bei den Köpfen nehmen würde, und wollte mich einigemal ins Mittel legen, was sich aber der zu sehr knikkernde Medico verbat, indem er meinte, dann wäre gar kein Ende abzusehen. – Nachdem endlich der Eselshandel abgeschlossen war, setzte sich nun die berittene Karawane in Marsch, die Patrone der Langohren hörten nicht auf, diese durch ihr gellendes Geschrei zum Voranreiten aufzumuntern, und wenn sie ihre Schritte ralentando nehmen wollten, zogen sie sie bei den Schwänzen an, was dann einen kurzen Trab bewirkte. Gleich anfangs passierten allerlei kleine Malheurs: der Esel, welcher das Glück hatte, Madame Grenet zu tragen, gebärdete sich sehr ungezogen und warf sich endlich gar nieder. Kaum hatte die Dame noch Zeit gehabt, sich loszumachen, als sich das unflätige Tier auf den Rücken legte und mit greulichem Geschrei, alle viere in die Höhe streckend, sich wälzte. Das unvernünftige Tier nahm gar keine Räson mehr an, da half weder Zureden noch Stoßen, auch wollte Madame Grenet um keinen Preis mehr dasselbe besteigen, und seinem Führer blieb nichts anderes übrig, als zurückzulaufen und ein anderes, gehorsameres Tier herbeizuschaffen, was ziemlich schnell abgemacht war, da der die ganze Gesellschaft belustigende Auftritt noch ganz nahe bei Resina vorgefallen war. Ich hatte unterdessen der Dame mein Maultier angeboten, das ihr aber zu hoch war. Sie bestieg jetzt nach vielem Zureden den neuen Esel, aber zwei Kavalieri mußten ihr beständig zur Seite treten und der Patron das Tier am Zaum führen; wir setzten uns wieder in Bewegung, der ergötzliche Vorfall hatte uns einen Aufenthalt von beinahe einer halben Stunde verursacht. Gleich hinter Resina kamen wir auf die schwärzliche Lava und bald schien die Natur öde und ein düsteres Trauergewand angelegt zu haben, es war, als habe hier eine verheerende, alles verdorrende Hand gewütet. Bäume und Gesträuche wurden immer seltener. Bald sah man nur hie und da noch ein Stückchen angebautes Land, gleich einer Oase in der Wüste, und der Anblick des Ganzen stimmt sentimentale Gemüter leicht zur Schwermut und Melancholie; aber hier wachsen auch die berühmten Christustränen (Lacrimae Christi), denen, nicht mehr wie billig, die neapolitanische Geistlichkeit und die Mönche so zugetan sind, wie dereinst die Pfaffen am Rhein der Liebfrauenmilch. – Bald waren wir ganz von Lava umgeben, aber eben diese Lava ist es, welche den Boden um den Vesuv herum zum fruchtbarsten und ergiebigsten der Welt macht, der nie des Düngens bedarf, und bei wenig Zoll Tiefe das Vortrefflichste und Köstlichste, was Landwirtschaft hervorbringen kann, gibt. Kein Fleck der Erde ernährt im Verhältnis seines Umfangs eine solche Seelenzahl, wie dieser, und nicht mit Unrecht sagt der Neapolitaner: „Der Berg speit Gold aus." Auf der hundertjährigen Lava bildet sich zuerst eine Art Moos, das sich dann in Staub und Erde verwandelt, aus welcher bei geringer Pflege erst Pflanzen, dann Gesträuche und endlich Bäume hervorsprießen, und aus dem ödesten Ort wird der fruchtbarste, wenn ihn nicht neue Lavaströme verwüsten. Von den hohen Ulmen hängen die Purpurtrauben in nie gesehener Fülle und Schönheit herab. Wir kamen nun an Schluchten und Abhängen vorbei, über Lavabrücken zu dem Piano delle Ginestre, eine kleine Fläche, von der aus man ein unabsehbares, düsteres, schwarzgraues Schlackenmeer erblickt, wo weder das Hälmchen einer Pflanze, noch der Flug eines Vogels zu sehen, noch das Summen eines Insekts zu hören ist, und nicht die mindeste Abwechslung das ewige Einerlei unterbricht; eine gräßliche Öde, wie sie die Edda am Ende der Eiswelt beschreibt. Jetzt gelangten wir zur Einsiedelei San Salvatore auf der Somma, wo uns der schon sechzigjährige, aber noch recht rüstige Eremit recht freundlich empfing, und hier eröffnete sich dem ermüdeten Auge eine entzückende, unbeschreiblich schöne Aussicht. Diese Eremitage besteht aus einigen Kammern und einer kleinen Kapelle. Wir stärkten uns in derselben durch einen guten Imbiß für die noch zu bestehenden Strapazen; die mitgenommenen Provisionen wurden ausgepackt und unter einigen Bäumen vor der Einsiedelei verzehrt. Der Eremit lieferte uns außerdem noch Salami, Brot, Käse, Eier und – Lacrimae Christi, und zwar echten, reinen und unverfälschten, wofür wir ihn unsererseits mit ein paar Zechinen beschenkten, wodurch seine Freundlichkeit noch erhöht wurde. Der gute Greis führte gar kein übles Leben in seiner Einsamkeit, und während der langen Zeit, die er daselbst zugebracht, haben ihn gar manche hübsche Bauernmädchen und junge Bauernweiber besucht, ihn immer reichlich mit nahrhaften Lebensmitteln versehend. In der guten Jahreszeit kommen jeden Tag Fremde, die ihn beschenken, auch hatte er schon ein artiges Kapitälchen bei einem Bankier in Neapel stehen; sein Vorgänger hatte über zwölftausend Dukaten hinterlassen; dieser letztere war ein Franzose und ehemaliger Kammerdiener der Pompadour gewesen, der in dem hohen Alter von 91 Jahren hier starb. Bevor wir uns zur Weiterreise anschickten, brachte uns der Eremit sein Fremdenbuch, in das wir alle unsere Namen einschrieben, und in dem sich Namen aus allen Weltgegenden und von allen Nationen, mitunter manche berühmte und berüchtigte, befanden. Wir ritten jetzt längs der Somma auf schmalen Höhen, Lavaschluchten zu beiden Seiten, bergan, bis wir an das Atrio del Cavallo kamen, ein zwischen der Somma und dem Vesuv liegender Talgrund, welches der Ort ist, an dem man bis zum Jahr 1630 haltmachte, weil er zu jener Zeit mit üppigen Bäumen und Pflanzen bewachsen war, ja sogar eine fette Fütterung für Maultiere und Pferde bot; seitdem wurde er aber von der Lava überströmt und ist jetzt nur noch ein versteinertes Lavameer. Hier stiegen wir alle ab, da der noch übrige Teil des Weges, der jetzt sehr beschwerlich wurde, zu Fuß zurückgelegt werden mußte. Unsere von Resina mitgenommenen Führer banden uns, auch den Damen, besondere Gurten um den Leib, an welchen noch Stricke befestigt wurden, an die sie sich selbst festbanden, und so zogen sie uns durch das mit jedem Schritt vorwärts immer tiefer werdende

Aschenmeer. Der Boden schien unter unseren Tritten zu weichen, die Luft wurde, je mehr wir voran kamen, schwefelgeschwängerter, so daß sie bei denen, die keine sehr guten Lungen haben, zuletzt Bangigkeit und Beängstigung der Brust hervorbringt, die Asche wurde so tief, daß die Damen genötigt waren, ihre Kleider bis beinahe über die Knie hinaufzuheben. Sie hatten sich aber alle mit grauen Unterbeinkleidern versehen. Unsere zweibeinigen Zugtiere trieften von Schweiß, auch denen, die sie zogen, standen dicke Tropfen auf der Stirne, alle Augenblicke mußte haltgemacht werden, damit die Damen Atem schöpfen konnten. Sie hatten sämtlich ihre sonst so süßen Gesichter in saure Falten gezogen, nur die junge Cramer, meine halbe Landsmännin, ein Offenbacher Kind, machte noch immer ein freundlich lächelndes Gesicht. Je höher wir stiegen, desto schwieriger wurde das Vorankommen und desto gewaltiger pochten die Herzen der Damen, aber diesmal nicht vom Feuer der Liebe, sondern von der Hitze und Asche des Vulkans getrieben.
Dennoch konnten manche der Herren ihre boshaften Späße nicht lassen, die Waden und etwas krummen Beine einiger Frauen bekritelnd; doch erlaubten sich nur die Ehemänner dergleichen Unziemlichkeiten. Ich machte meine Betrachtungen nur im stillen, ohne sie durch Tadel oder Spott kundzugeben. Auch meinten die sich getroffen fühlenden Schönen ärgerlich: es sei jetzt keine Zeit zu solchen Scherzen, und hatten recht, denn wir waren bereits auf einem Terrain angekommen, in welches unsere Führer mitgebrachte, mehrere Zoll lange Späne steckten, die sie rauchend und endlich glühend wieder hervorzogen; so nahe waren wir dem höllischen Feuermagazin.
„Bis hierher und nicht weiter", sagten unsere Ciceroni, nachdem sie das Experiment einigemal vorgenommen hatten, und ermüdet genug, machten wir einen allgemeinen Halt. Kaum ein paar hundert Schritte von uns wogte noch flüssige Lava. Mit einigen mitgebrachten Orangen erquickte ich die nach Labung lechzenden Gaumen unse-

rer Schönen, wofür mir vielsagende dankende Blicke wurden, und die letzte teilte ich mit dem freundlichen Helenchen Cramer, die ich als giovine principiante auf dieser beschwerdevollen Reise in ganz besondere Affektion nahm. Wir standen nun nahe am Rand des flammenwirbelnden Höllenrachens, dem die glühenden Feuerregen und Fluten entströmen, die alles, was sie berühren, verheeren und vernichten; ihr Gang ist zwar langsam und schwerfällig, aber um so sicherer erreichen sie, Verderben bringend, das Ziel. Hat die flutende Glut einen Baum umschlungen, so sieht man alsbald dessen grüne Blätter sich zuerst gelb, dann braun und endlich schwarzgrau färben, Stamm und Zweige fangen bald zu glühen an, und in kurzer Zeit ist der Baum in Asche verwandelt. Majestätisch, ohne sich zu eilen, wälzt sich der Strom herab, ohne jedoch eine Minute zu versäumen. Kommt die Lava an einen Gegenstand, der sie am Voranschreiten hindert, so steigt sie an demselben empor bis sie ihn überreicht und umgeben hat, und setzt dann ihren Lauf wieder ungestört fort, die brennenden Massen überwältigen alles, selbst Mauern und Felsen. Fliehend entgeht ihnen zwar Mensch und das Tier, doch darf keines der anscheinenden Langsamkeit allzusehr trauen, sonst ist er verloren.
Hier, am Rand dieses Kraters, findet man es begreiflich, wie Dichter und Völker den Abgrund oder Eingang zur Hölle vermuten konnten, denn furchtbar schauerlich liegt es zu des Menschen Füßen, und er erkennt sein erbärmliches Nichts. Gräßlich gezackte, mit Schwefel und Asche bedeckte Lavarinde umgibt den höllischen Schlund, dem unzählige Rauchsäulen unaufhörlich entsteigen, ihn fast immer dem Auge entziehend. Man ist geneigt, an das Dasein eines infernalischen Spukes zu glauben. Hier ist man abgeschieden von allem, was atmet und lebt, es sei Tier, Insekt oder Pflanze, und nur ein donnerähnliches Getöse läßt sich von Zeit zu Zeit vernehmen; wirft man einen Stein mit Kraft auf den Boden, so dröhnt es hohl, wie über einem Gewölbe. Ich stand, das seltsame Schau-

spiel anstaunend, dicht neben Helenchen, die sich, vor demselben grausend, so fest an mich schmiegte, daß ich das kleine Herzchen pochen hörte und nicht umhin konnte, das geängstigte Täubchen mit meinem schützenden Arm zu umfangen. Da der unaufhörlich aufsteigende Rauch manchmal so dicht wurde, daß er uns gleichsam in eine Wolke hüllte und vor den übrigen unsichtbar machte, so konnte ich selbst an den Pforten der Hölle der Versuchung nicht widerstehen, meinem kleinen Engel durch Küssen Mut einzuflößen. Man muß in allen Dingen die sich darbietende Gelegenheit schnell benützen, denn sie kommt oft nie wieder; dies hatte ich aus Lafontaines Fabeln, aus der, wo der Geliebte, um das Brautkleid der Schönen zu schonen, die ihn vor ihrer Vermählung mit einem andern noch glücklich machen will, einen Teppich holt und so um das ihm zugedachte Glück und eine Jungferschaft kommt. – In einem hübschen Salon oder gewöhnlichen Wohnzimmer würde sich die junge Taube vielleicht gesträubt haben, aber hier, vor dem furchtbaren Naturschauspiel, wo sie kaum zu atmen wagte, ließ sie sich das Herzen und Küssen recht willig gefallen, dachte nicht an ein Widerstreben, und so war die Einleitung zu weiteren Bewilligungen schnell gemacht. – „Wieviel Weibertugenden," sagt, ich weiß nicht gleich welcher Autor, „rettet nicht die Schüchternheit der Männer!" Diese Sentenz hatte ich mir gut eingeprägt. Wenige Frauen fühlen sich beleidigt, daß man sie schön findet. Schon eine Weile hatten wir das höllisch dekorierte Schauspiel mit angesehen, als uns unsere Führer auf das Tal aufmerksam machten, das sich zwischen dem Gipfel des Vesuvs und der Somma befindet und einen Anblick gewährt, von dessen grausiger Schönheit sich auch die ausschweifendste Phantasie keine Vorstellung zu machen imstande ist. Von so viel greulicher Schönheit übersättigt, wendeten wir nun unsere glühenden Gesichter, das meine war von zweifacher Glut gerötet, nach einem anderen Punkt hin, wo wir wieder die herrlichste Aussicht auf eine prächtig belebte

Welt hatten. Welch ein Kontrast mit den öden Gefilden des Todes und der Zerstörung, auf denen wir noch immer standen! Wenn auch selbst des Himmels Azur etwas umflort und der Horizont verdüstert erscheint, so hindert dies doch das Auge nicht, die unter ihm liegende Welt voll Leben mit ihren mannigfaltigen Landschaften zu bewundern. Auf dem endlosen Meeresspiegel sieht man mit schwellenden Segeln pfeilschnell dahinfliegende Schiffe, und die Eilande Capri, Ischia, Procida und andere Inselgruppen ragen einladend aus den smaragdgrünen Fluten hervor. Auf der anderen Seite erblickt man Kampanien mit zahllosen Ortschaften, das Kap Missene, Pozzuoli, den Pausilippo, Portici, die beiden Torre, Neapel, die Apenninen, und das dunkle Grün der Zypressen, das lebendig frische der Orangen, das falbe der Oliven, schattieren die üppig blühende Gegend und bilden mit dem Feuerschlund des Berges und dem versteinerten Lavameer ein Panorama ohnegleichen. Nachdem wir wohl zwei Stunden hier zugebracht und uns dennoch kaum satt gesehen hatten, traten wir den uns leichter werdenden Rückzug an, der fast in ein Laufen durch die Asche ausartete. An dem Ort angekommen, wo die Langohren unserer harrten, bestiegen wir wieder das liebe Vieh, und ich ritt vergnügt und heiter an Helenens Seite bis Resina, wo wir eine bestellte Cena einnahmen und uns sodann in die Wagen setzten. Ich hatte zwar versucht mich vis-à-vis dem Fräulein Cramer zu placieren, aber die Damen Gasqui und Grenet, welche meine Absichten merkten, wußten sie zu vereiteln, und ich mußte mit ihnen und Herrn Grenet einen Wagen besteigen. Eine Stunde vor Mitternacht waren wir in Giesù nuovo angekommen und unterhielten uns bei Madame Gasqui, die ihrem daheimgebliebenen Gatten die gesehenen Wunder rapportierte, noch lange bis nach Mitternacht von den gehabten Genüssen.

Den nächsten Morgen hatten wir Probe von der „Phädra", die in einigen Tagen aufgeführt werden sollte und deren

Vorstellung der Hof beiwohnen wollte. Unser Liebhabertheater fing an, immer mehr Aufsehen zu erregen, die Gasqui und Grenet spielten sehr gut, erstere besonders in dem Lustspiel und den Vaudevilles, in denen sie hübsche Romanzen, trefflich vorgetragen, einlegte; auch noch zwei andere aktive Damen waren seit kurzem der Gesellschaft beigetreten, die beide nicht minder gefielen, eine machte wirklich Furore. Madame Damiette war die Gattin eines Kriegskommissars, die sich mehr für heroische Rollen und Anstandsdamen eignete, die andere, Madame Detrée, war die junge Frau eines Obersten von der Linie und als sentimentale Liebhaberin unübertrefflich, daß sie aber auch außer der Szene dieses Fach vorzüglich bekleidete, sollte ich bald erfahren. Der Oberst war mit seinem Regiment in Kalabrien, und was war natürlicher, als daß sich die junge Frau, eine kaum zwanzigjährige Französin aus Orleans, zu entschädigen und zu trösten suchte. Zur Phädra hatte ich die Rollen so verteilt, daß Madame Damiette die Titelrolle, Herr Damiette den Theseus, Mad. Detrée Aricie, Mad. Gasqui Ismene, Mad. Grenet Oenone und ich den Hippolyte spielte. Die Gasqui wollte sich zuerst durchaus diese Rollenverteilung nicht gefallen lassen und die der Aricie übernehmen, nur mit großer Mühe brachte ich es dahin, daß sie sich mit der Ismene begnügte, indem ich ihr vorstellte, daß sie ja doch die Königin des Lustspiels und des Vaudevilles sei und der Madame Detrée wohl die Freude lassen könne, eine traurige Liebhaberin zu machen. Dies half, – ich ging jetzt fleißig die Rollen bald mit der Phädra, bald mit der Aricie, mit letzterer etwas leidenschaftlicher durch, und nach einem Dutzend Proben und ein paar Generalproben glaubten wir uns imstand, uns vor einem allerhöchsten Publikum produzieren zu können, denn die beiden Majestäten mit glänzendem Gefolge geruhten derselben, wie gesagt, beizuwohnen, namentlich war die Königin von jungen und schönen Damen umgeben, und dies machte, daß wir uns alle die größte Mühe gaben, etwas nicht ganz

Gewöhnliches zu leisten. Die Vorstellung fiel auch wenigstens leidlich aus, ihre Majestäten hatten sich amüsiert, und mein Hippolyt hatte dem König Joseph so gefallen, daß ich bald nach dieser Vorstellung eine Einladung an den Hof bekam, wo es so ziemlich ungeniert, durchaus nicht steif herging, und bei weitem kein so ängstliches und oft komisches Zeremoniell beobachtet wurde als an dem Hof seines kaiserlichen Bruders. Joseph war ein ziemlich natürliches Menschenkind, hatte sogar etwas Treuherziges in seinem Benehmen, er würde als Privatmann gewiß ein ausgezeichneter und guter Familienvater geworden sein, und man hätte als solcher seine Schwächen weniger oder nicht bemerkt. Seine Stellung auf dem Thron von Neapel war nicht die beneidenswerteste, ja sie war fast peinlich zu nennen. Er sollte und durfte nur das gehorsame Werkzeug seines ihn tyrannisierenden Bruders sein, dessen Ab- und Ansichten selten mit den seinigen harmonierten, der auch, in großer Entfernung von Neapel, keineswegs den Zustand der Dinge daselbst so kannte, um ihn richtig beurteilen und leiten zu können. An Ort und Stelle fanden sich nicht zu überwindende Schwierigkeiten, die er in Paris oder seinen Hauptquartieren kaum ahnte, und doch in Wut und Zorn geriet, wenn man sie in Neapel nicht wie er wollte augenblicklich aus dem Wege räumte. Joseph hatte nicht verlangt, König zu sein, ja er war es fast gegen seinen Willen geworden. „Lasse mich in meiner Familie regieren", hatte er zu seinem Bruder gesagt, ehe er Frankreich verließ. – Die Königin Julie, Tochter des Kaufmanns Clairet zu Marseille, war in diesem Stück ganz mit ihrem Gatten einverstanden und eine vortreffliche, herzensgute Dame, die mit Engelsgeduld die Untreue und Schwächen ihres Gemahls nicht nur ertrug, sondern sogar entschuldigte und zu beschönigen suchte; sie war erst kürzlich von Frankreich gekommen und von allen Schwiegertöchtern der Kaiserin Mutter, Madame Lätitia, diejenige, welche diese am meisten und aufrichtigsten liebte. Am Hof des Königs Joseph zu Neapel herrschte ein etwas militärischer Ton, wozu die fortwährenden Unruhen im Königreich und namentlich in Kalabrien, welche machten, daß man ewig auf dem Qui vive sein mußte und ab- und zuging, das ihrige beitrugen. Die königliche Tafel verlassend, stiegen die Generale und Stabsoffiziere nicht selten in die Wagen oder zu Pferd, um sich nach Kalabrien usw. zu begeben, da von dort oder aus anderen Gegenden des Reiches während der Mahlzeit schlimme und bedenkliche Berichte eingelaufen waren. Von Josephs Hofhaltung in ihrem Innern wurde ich damals nicht genauer unterrichtet, da auch mich das Schicksal bald wieder aus Neapel rief, nachdem ich nur einigemal am Hof erschienen und also noch ziemlich fremd war. Erst in ihrem Exil zu Frankfurt lernte ich die daselbst unter dem Namen einer Gräfin von Sürvilier mit ihren beiden Töchtern wohnende Exkönigin von Neapel und ihren vortrefflichen Charakter näher kennen.

Auf Anstiften meines Vetters Moritz, der ebenfalls unseren Aufführungen in Giesù nuovo beiwohnte, arrangierte ich auch eine deutsche Vorstellung, und zwar „Kabale und Liebe", bei der eine Frau von Gemmingen, die Gattin eines Kapitäns, die Lady Milford, Helene Cramer die Luise, und eine Madame Reisinger die Mutter, der junge Stock den Vater derselben machten und ich mein altes Paradepferd, den Major Ferdinand, hervorsuchte. Die Vorstellung war, trotzdem daß sich die Liebe zwischen mir und Helenchen ins Spiel mischte, nicht sonderlich, obgleich die sehr nachsichtigen deutschen Zuschauer, die Franzosen und Italiener räumten den Saal gleich nach dem ersten Akt, sich trefflich unterhalten haben wollten. Damit hatte es aber sein Bewenden mit dem deutschen Theater, obgleich Moritz gerne noch andere ältere Stücke als angenehme Erinnerungen an seine Jugend aufgeführt haben wollte. Die Sache war zu schwierig, Akteurs und Aktricen zu schlecht, so daß ich selbst einen Degout an deutschen Vorstellungen bekam, denn obgleich Helene Cramer mit großer Naivität und vielem Feuer spielte, so zog ich es doch vor, außerhalb der Bühne die Liebhaberrollen bei ihr zu übernehmen, und teilte jetzt mein Herz hauptsächlich zwischen Madame Detrée und ihr. Sie wohnte mit ihren Eltern in der Fortezza nuova, wo ich sie oft sah, und zwar unter der sehr strengen Aufsicht der Frau Mama, die das Goldtöchterchen auch keinen Schritt ohne sich tun ließ und so unrecht nicht hatte; wir besuchten zwar fast alle Theater miteinander, aber immer in Gesellschaft der Mama, die uns nicht von der Seite wich. Ich hatte also fast nur ein theoretisches, platonisches Verhältnis mit Demoiselle Cramer, während das mit Madame Detrée vollkommen materiell war. Madame Cramer ließ mich nicht undeutlich merken, daß ihr Töchterchen eine vortreffliche Partie für mich wäre; aber an das Heiraten und gar an das Heiraten als Offizier, deren Weiber, um den ewigen Gelegenheiten der Verführungen zu widerstehen, ganze Engel oder Mütter Gottes sein müssen, dachte ich so wenig als ein Kapuziner zu werden. – Ohne die Mutter gerade vor den Kopf zu stoßen, wußte ich dennoch solchen Anspielungen gehörig auszuweichen und suchte noch einige Lustpartien zu veranstalten, in der Hoffnung, dabei Gelegenheit zu finden, der Mama Argus ein X für ein U vormachen zu können. Ich lud die Familie zu einer Fahrt nach dem schönen königlichen Schloß zu Caserta, eines der herrlichsten Schlösser der Welt, ein; aber auch hier kam ich nicht viel weiter, nur einmal gelang es mir in dem mit Statuen bevölkerten Park, Mutter und Tochter auf einige Augenblicke so zu trennen, daß ich letzterer, zu den Füßen einer marmornen Aphrodite, durch eine flüchtige aber feurige Umarmung versichern konnte, wie liebenswürdig ich sie finde; aber kaum hatte ich sie ein paarmal geküßt, als schon ein: „Helene, wo steckst du denn?" sich ganz nahe vernehmen ließ, und mit einem: „Hier, Mama!" wandte sich die Taube aus meinen Armen, der Mutter entgegenspringend.

Caserta ist ein kleiner, unbedeutender Ort, der den Lombarden seine Entstehung verdankt, aber das von Karl III.

durch den römischen Baumeister Vanvitelli erbaute Schloß ist, wie gesagt, eines der prächtigsten, nach dem zu Versailles vielleicht das prächtigste Europas; es ist auf das Eleganteste und reich dekoriert, und alles atmet Verschwendung; der Park ist sehr groß, hat herrliche Partien, Gruppen usw., und seine Gärten sind mit zahllosen antiken und modernen Bildsäulen geschmückt. Zu diesen Gärten führt eine Wasserleitung, welche über mehrere Berge und durch das Tal *Maddalone* läuft. Bei der Heimfahrt war es zwar schon düster und endlich dunkel, aber Madame Cramer hatte so scharfsehende Augen, daß ich kaum von Zeit zu Zeit einen verstohlenen Händedruck wagen durfte. Mehr hoffte ich von einer zweiten Partie, die ich nach dem weiter entfernten *Pestum* veranstaltete, wozu mehrere Tage erforderlich waren. Nachdem Madame Cramer eingewilligt hatte, nahm ich viertägigen Urlaub, und wir fuhren ohne den Papa, der als Adjutant Major nicht wohl abkommen konnte, den uns schon bekannten Weg über Portici und Resina, dann wie in einem Garten durch das Tal *Scafati*, über den *Sarno*, durch *Nocera de pagani*, das alte, von Hannibal zerstörte Nuceria alphaterna, wo ein Cybelentempel in den ersten Zeiten der Christenheit in eine Kirche, jetzt San Maria maggiore, umgewandelt wurde, die noch von einer doppelten Reihe Säulen aus Giallo antico und Alabaster umgeben ist. Die kaum 7000 Einwohner zählende Stadt, deren Gründung man den Pelaspern zuschreibt, wurde dreimal gänzlich verwüstet, das erstemal durch Hannibal, das zweitemal vom Tya, und das drittemal vom König Ruggiero. Wir kamen dann durch das Städtchen *La Calva*, das mitten in den anmutigen und baumreichen Tälern des *Monte-Metelliano* wie in einem großen Park liegt. An mehreren hübschen Villen und wohlhabenden Dörfern vorüberfahrend, erblickten wir in einiger Entfernung die im zwölften Jahrhundert vom Herzog Roger auf dem Berg Metelliano erbaute Benediktinerabtei *La Trinita della casa*, in welcher nahe an 100 000 alte Urkunden, Manuskripte,

Handvesten, von denen viele aus dem achten und neunten Jahrhundert, besonders auch die Lombarden betreffend, darunter der Codex longobardum von 1004, aufbewahrt werden. In der Kirche dieses Klosters ist das Grab von Tankreds Mutter, der Gattin des Herzogs Roger. Von hier fuhren wir über *Vietro* nach *Salerno*, das an dem Ufer des Meeres in einer freundlichen, von heiteren Hügeln umgebenen Ebene liegt, und das ich schon aus unserem ersten Feldzug in Kalabrien kannte, und dann nach *Eboli*, wo wir übernachteten, wo aber die Mutter ihren Schatz gleich einem Drachen bewachte. Am anderen Morgen machten wir uns in aller Frühe nach den Ruinen von Pestum auf, wohin ein ziemlich einsamer Weg führt. Nachdem wir durch eine ausgedehnte Heide gekommen waren, entdeckten wir verschiedene isoliert stehende Gebäude, die, wenn man ihnen nahe ist, kolossal und imponierend hervortreten. Erst im Jahre 1755 wurden diese schönen Ruinen einer grauen Vorzeit, vielleicht die herrlichsten der griechischen Baukunst, entdeckt. Diese unermeßlichen Säulenreihen der Tempel, die noch aus der heroischen Sagenzeit stammen und Jahrtausende, in einsamer Wüste trauernd, an sich vorübergehen, Roms Entstehung, Größe und Herrlichkeit, seinen Verfall und dessen christliche Erhebung bis auf unsere Zeiten sahen, geben manchen Stoff zu ernstem Nachdenken. Der Neptunstempel, sicher der älteste heidnische Tempel in Europa, ist durch die imponierende Majestät seines Stils merkwürdig. Noch sieht man in demselben den Hauptaltar stehen, an welchem man die Schlachtopfer erwürgte, das an 200 Fuß lange Gebäude ist von Säulen dorischer Ordnung umgeben. Von den vier großen Stadttoren steht noch eins an der nördlichen Seite, das einen 46 Fuß hohen steinernen Bogen bildet. Die Mauern dieser Stadt bestehen aus sehr großen und künstlich, ohne Mörtel und Speis, ineinandergefügten Steinen. Schon Solon erwähnt des alten Possidonias, als den Doriern zugehörig; die Sybariter aber sollen ihre Gründer gewesen sein, später gehörte sie den Samaritern und endlich den Römern, im neunten Jahrhundert wurde sie von den Sarazenen gänzlich zerstört. Virgil erwähnt ihrer als den Sitz der ausgesuchtesten und raffiniertesten Wollust und des bezauberndsten Aufenthaltes, ein wahres Elysium, man wandle nur zwischen Rosengebüschen und Blumenteppichen, alles, was die höchste Kunst, verbunden mit der üppigsten Vegetation, hervorzubringen imstande sei, finde sich hier vereint, und jetzt liegen diese kostbaren Trümmer zwischen öden unfruchtbaren Steppen und Sandboden. Welcher Wechsel! – In der Nähe von Poseidons Riesentempel, dessen Säulen 18 Schuhe im Umfang haben, liegt die sogenannte Basilika, ein Gebäude, dem man diesen Namen gab, weil man keinen anderen wußte und seine Bestimmung nicht kennt. Auf einer anderen Seite ist noch ein ziemlich gut erhaltener gigantischer Tempel, von dem nur die Wölbung eingefallen ist. Vom Theater und Amphitheater ist wenig mehr übrig, Dornbüsche und Gesträuche sprossen üppig aus den Stufen hervor, auf denen einst so viele Tausend Zuschauer sich an den Kämpfen der wilden Bestien und nicht viel besseren Menschen ergötzten; Raben, Eulen und Uhus haben nun ihren Sitz hier aufgeschlagen und fliegen in die Luft verdunkelnden Schwärmen auf, wenn sie aus ihren Nestern verscheucht werden. Über Ruinen und Gräber schreitet man allenthalben einher und stößt hier und da auf alte Türme usw. Endlich wurden wir durch die Gunst des Zufalles auf eine halbe Viertelstunde von der Mama getrennt, die sich auf kurze Zeit zu entfernen genötigt war. Ich benutzte diesen Umstand so gut als möglich, und dem aus Eboli mitgebrachten Führer befehlend, auf die Mutter zu warten, verirrte ich mich mit Helenchen hinter die dicken Neptunssäulen und versicherte sie bei dem Dreizack des mächtigen Wellenbeherrschers meiner feurigsten Liebe, von der ich ihr, soviel es die Umstände erlaubten, die handgreiflichsten Beweise gab. Im Taumel der Wonne vergaßen wir Pestums und der Welt, bis uns endlich die kreischende

Stimme der Mama aus demselben aufschreckte, die, als wir unter den tausendjährigen Trümmern hervorkrochen, ausrief: „Aber Mädchen, was hast du denn, du bist ja so rot wie ein gesottener Hummer!" „Nichts, Mama, das Steigen über die dicken Steine des Venustempels hat mich so erhitzt."

Ob es Mama Cramer glaubte oder nicht, ist mir ein Rätsel geblieben, jedenfalls war sie so klug, zu tun als glaube sie es. Wir hatten wohl an drei Stunden in Pestums Ruinen verweilt und eine mitgebrachte kalte Küche unter den Vorhallen des Neptuntempels eingenommen, als wir unsere Rückreise antraten und bis Salerno fuhren, wo wir übernachteten, und dann den andern Tag wieder wohlbehalten in Neapel eintrafen. In meinem Hauptquartier in Giesù nuovo angekommen, sagte mir mein Bedienter, den ich zurückgelassen hatte, daß Madame Gasqui wenigstens schon zehnmal nach mir geschickt; als ich hierauf zu ihr eilte, empfing sie mich mit einem artigen Donnerwetterchen, weil ich, ohne ihr etwas zu sagen, nach Pestum, und zwar mit deutschen Damen gefahren sei. Nach einem ziemlich langen Hadern kam es endlich wieder zu einem wohlbesiegelten Frieden; und nun eröffnete mir die Dame, daß wir Voltaires „Zaïre" geben müßten, weil die Königin bei einer ihrer Hofdamen den Wunsch geäußert habe, dieses Trauerspiel von uns aufführen zu sehen. Luise wollte aber diesmal durchaus die Titelrolle machen. Der Himmel oder das Schicksal oder der Kriegsminister, gleichviel, hatte aber beschlossen, daß ich in einem anderen Trauer- und Schauspiel auftreten würde, dessen Bühne abermals Kalabrien sein sollte. Das Bataillon erhielt Order, daß es in vierundzwanzig Stunden nach *Cosenza* abmarschieren solle, und der Stab des Regiments wurde samt dem Oberst Omeare nach Kastell a mare verlegt. Kaum hatte ich noch so viel Zeit, mir ein paar gute Pferde zu kaufen; während meines diesmaligen Aufenthaltes hatten mir wieder Vetter Moritz und Stock die ihrigen zur Verfügung gestellt. Den Abend vor dem Ausmarsch machte ich meine Abschiedsrunde, da wo es anging, küssend und umarmend, auch Helenchen mußte mir ein Küßchen geben, auf welches ich freilich das der Mama drein nehmen mußte.

Es sah neuerdings wieder sehr unruhig im südlichen Teil des Königreichs aus, obgleich man fast tagtäglich in der Hauptstadt darauflos hängte, verurteilte und hinrichtete. Als wir diesen Marsch nach Kalabrien antraten, ging es schon dem Winter zu, und die fatale Regenzeit war vor der Türe. Wir marschierten abermals über Portici, Salerno usw. Seit unserer ersten Expedition nach Kalabrien und nach der Schlacht bei Maida hatten sich die Engländer *Reggios* und des Schlosses von *Scylla* bemächtigt; der Feind war abermals mit einem Armeekorps von ungefähr achttausend Mann, welches der tapfere Prinz von Hessen-Philippsthal befehligte, gelandet. General Regnier, der noch immer in Kalabrien kommandierte, hatte bei der ersten Nachricht, die er hiervon erhielt, in aller Eile so viel Truppen als möglich zusammengebracht – es waren kaum über viertausend Mann –, damit das feindliche, freilich größtenteils aus Banditen und Raubgesindel bestehende Heer schon Ende Mai 1807 auf das Haupt geschlagen und so seinen Fehler bei Maida wieder gutgemacht. Selbst der Prinz von Hessen-Philippsthal hatte sich nur mit Hilfe der Schnelligkeit seines Pferdes retten können und büßte beinahe seine ganze Artillerie ein, die er im Stich lassen mußte; die ihn verfolgende französische Kavallerie verfehlte ihn nur um zwanzig Minuten. Sein Heer wurde gänzlich gesprengt, und ein großer Teil desselben zu Gefangenen gemacht; der Prinz landete mit kaum hundert Mann an den Küsten Siziliens. Dieser Sieg war sehr zur gelegenen Zeit gekommen, denn ohne ihn würde nicht nur Kalabrien, sondern sehr wahrscheinlich das ganze Königreich in Masse gegen die neue Regierung aufgestanden sein. Nun wurde gegen Reggio marschiert, dasselbe bald darauf belagert und das Schloß Scylla von der Landseite blockiert. Das letztere ist indessen außerordentlich fest, und da viel daran gelegen war, diesen die Meerenge von Sizilien beherrschenden Punkt wieder zu besitzen, um Herr der Küste zu sein, so mußte man schweres Belagerungsgeschütz von Neapel kommen lassen, um das Fort gehörig beschießen zu können. Dies war aber zu Land ohne die außerordentlichsten Anstrengungen nicht wohl fortzubringen, weshalb man es einschiffte; ein Teil desselben wurde auf der See von den Engländern weggenommen.

In Cosenza angekommen, blieb das Bataillon zwei Tage daselbst, den dritten Tag marschierten wir gegen Abend nach Rogliano, wo wir den übrigen Teil der Nacht bis gegen Morgen verweilten, dann aber aufbrachen und durch ein schauerlich wildes, von steilen Felsen umgebenes Tal kamen, in dessen Umgegend jetzt der berüchtigte Banditenchef Francatrippa, der die Rolle des Fra Diavolo übernommen hatte, sein Wesen trieb. Hier mußten wir, Mann für Mann, einen ganz schmalen Felsensteig im Zickzack, wie von einem Theaterberg, zwischen steilen Felswänden hinabsteigen, wobei die bepackten Maulesel und Pferde von ihren Führern und abgestiegenen Reitern vorsichtig an der Hand geführt wurden, sodann einen Waldstrom passieren, über den nur ein sehr schmaler und geländerloser Fußsteig führte, dann kamen wir nochmals an furchtbaren Abgründen vorüber. Diesen Tag führte ich wieder die Avantgarde des Bataillons, doch war an Seitenpatrouillen bei diesem Terrain nicht zu denken. Kaum waren ungefähr zwanzig Mann von meinen Leuten, an deren Spitze ich marschierte, auf dem schmalen Pfade an den Rand eines solchen Schlundes vorangeschritten, als sich die Briganten oben auf dem Felsen zeigten und eine Decharge auf uns abfeuerten, dann gleich Gemsen wieder verschwanden, mit ihren Sandalen davonspringend. Großen Schaden hatten sie nicht angerichtet, nur ein paar Leute hatten leichte Streifschüsse erhalten. Ich ließ indessen sogleich haltmachen, und wir kletterten mit Hilfe des Gesträuches den am Eingang der Schlucht weniger steilen

Felsen hinan, hoffend, so den Briganten in den Rücken zu fallen; aber als wir hinaufkamen, war keine Spur mehr von ihnen zu sehen; in die weg- und pfadlosen Wildnisse zwischen Klippen und Gesträuch konnten wir uns nicht wagen, ohne Gefahr zu laufen, in einen Hinterhalt des Francatrippa zu geraten. Das Terrain war hier den Briganten so günstig und uns, die wir es nicht kannten, so nachteilig, daß wir gewiß verloren gewesen wären, wenn die Bewohner desselben in Übereinstimmung gegen uns agiert haben würden, selbst wenn wir bedeutendere Streitkräfte hätten entwickeln können; leicht war es, die Truppen in Abteilungen zu überfallen und zu vernichten. Glücklich kamen wir in Scigliano an, von wo wir nach Nicastro und von da in die Ebenen von Sanveria marschierten. Hier waren wir in der Nähe eines alten Gebäudes, das eine traurige Berühmtheit erlangt hatte, da in demselben gleich nach der verlorenen Schlacht bei Maida eine ganze Kompagnie Franzosen, die sich in dasselbe geflüchtet, von den Bewohnern der Umgegend und den sizilianischen Briganten bis auf den letzten Mann ermordet worden war. Jetzt lag wieder ein französisches Detachement in demselben, es war befestigt worden, verpallisadiert und auf mehrere Monate mit Proviant versehen. Nichtsdestoweniger trieben in der Nähe dieses Tales Francatrippa und seine Banditen ihr Wesen auf das frechste, und keine Patrouille unter zwanzig bis dreißig Mann durfte sich auf Streifereien wagen, wollte sie nicht überwältigt werden. Die Aussicht von den, dieses Tal umgebenden Höhen auf den Golf von St. Euphemia ist entzückend. Von hier aus, sowie von Nicastro wurden fortwährend Abteilungen auf die Brigantenjagd abgeschickt, ohne daß sie sehr ergiebig gewesen wäre. An diesem geringen Erfolge war hauptsächlich das Einverständnis der Räuber mit den Einwohnern schuld, die ihnen allen Vorschub leisteten, während sie uns flohen und mit einem ewigen: „Non capisco“ oder „Non so niente“, das zum Verzweifeln war, abspeisten, wozu auch noch die vollkommene Kenntnis des Terrains unserer fast unerreichbaren Feinde kam. Nach mehreren Tagen des vergeblichen Hin- und Hermarschierens in den den Golf umgebenden Bergen und Wäldern brachte ich mit meinen Voltigeurs zwei Tage in dem Städtchen Pizzo zu, welches am südlichen Ende des Golfes liegt und in dessen Umgegend außerordentlich viel Mais und Reis, die Hauptnahrung der Einwohner, gepflanzt wird. Das Klima ist so warm, daß selbst das Zuckerrohr hier sehr gut fortkommt und gedeiht, wie mich der Augenschein überzeugte. Das Bataillon hatte sich einstweilen in die zahlreichen Landsitze, die, von Pomeranzen- und Zitronenhainen umgeben, in der Nähe von Nicastro liegen, einquartiert. Die hier vorhandenen Wälder sind seit undenklichen Zeiten der Aufenthalt von Räuber- und Banditenhorden, mit denen sich die Gutsbesitzer, wenn sie einige Sicherheit genießen wollen, verständigen und abfinden müssen, indem sie ihnen von Zeit zu Zeit nicht unbedeutende Summen einhändigen; namentlich ist der Wald von St. Euphemia, und zwar mit Recht, sehr übel berüchtigt. In dieser Wildnis hatten auch jetzt die Briganten und ihre Banden und Spießgesellen ihr Hauptquartier aufgeschlagen und wurden noch obendrein von den Engländern und Sizilianern unterstützt und besoldet, mit denen sie beständig kommunizierten und welche in der Nacht fast gefahrlos landeten und ausschifften, was wir nicht wohl verhindern konnten, da der so nahe an der Küste gelegene Wald ein geheimnisvolles Labyrinth war, und nur die Räuber und Banditen den in dasselbe leitenden Faden in Händen hatten, auch alle Zu- und Ausgänge kannten, die außerdem durch gut verborgene, mit Gesträuch und Dornen bedeckte Gruben fast unzugänglich gemacht waren; so bot dieser Wald die erwünschteste Leichtigkeit und Gelegenheit dar, uns aufzulauern. In diesem, den zu reinigen jetzt unsere Aufgabe war, hauste damals ein alter, berüchtigter Kalabrese, Benincasa genannt, welcher der oberste Chef aller Banden war, die, so wie Francatrippa selbst, mit ihm in genauer Verbindung standen und seine Befehle auf das pünktlichste befolgten. Es war ein wahrer Assassinen-Fürst, ein zweiter „Alter vom Berge". Schon lange Zeit vor der französischen Okkupation hatte er sein blutiges Raub- und Mörderhandwerk in diesem furchtbaren Walde getrieben, wo ihn die Arme der elenden neapolitanischen Justiz nicht hatten erreichen können, und von wo aus er die ganze Umgegend brandschatzte. Unser Bataillon erhielt nun Befehl, diesen gräßlichen Menschen und seine Banden zu zerstreuen, aus ihren Höhlen und Mordsitzen aufzuscheuchen und sie womöglich zu vernichten. Aber vergeblich blieben alle Versuche. Die List, die ich in den italienischen Alpen und den Gebirgen von Genua angewendet hatte, die Briganten zu fangen, würde bei diesem alten schlauen Fuchs nichts gefruchtet haben, und wenig fehlte, so wäre ich bei einem Versuch, in diese Wildnis zu dringen, samt meinen Voltigeurs ein Opfer der Fallstricke des listigen und blutdürstigen Benincasa geworden. Ich hatte mich bei dem Verfolgen einiger verdächtigen Individuen verleiten lassen, zu Pferde an der Spitze der Mehrzahl meiner Kompagnie in den Wald zu dringen, und zwar da, wo sich scheinbar ein ziemlich breiter Eingang zeigte. Der Mannschaft einige Schritte voransprengend, fühlte ich plötzlich den Boden unter mir wanken und stürzte samt meinem Pferde in eine über sechs Schuh tiefe Grube, die wohl fünfzig Fuß breit war und über hundert im Umfang haben mochte und wahrscheinlich darauf berechnet war, eine Abteilung verfolgender Reiterei stürzen zu machen, die man dann in der Grube leicht zusammenschießen konnte. Da ich allein in diese gestürzt war, ohne daß jedoch ich noch mein Pferd bedeutend beschädigt worden wären, und meine Leute gleich herbeirannten, so hatte es, da der Sturz so glücklich abgelaufen war, keine weitere Gefahr mehr für mich, nur kostete es viele Mühe, das Pferd wieder aus der Grube zu schaffen, da sie senkrechte Wände hatte, in welche die Soldaten sogleich eine so schiefe Abdachung gruben, daß das erschrockene Tier herausgeführt werden konnte. Dieser Vorfall war ein Warnungszeichen, besser auf der Hut zu sein. Noch mehrere Versuche, die Banden aus diesem Walde zu jagen, scheiterten ebenfalls, und Duret hielt es für das beste, mit dem Banditenfürsten zu unterhandeln, nachdem er seine Berichte gemacht und Vollmacht dazu begehrt und erhalten hatte. Aber die Unterhandlungen zerschlugen sich, obgleich man dem Benincasa und seinen Banden große Versprechungen gemacht und bedeutende Vorteile eingeräumt hatte. Wahrscheinlich traute der alte Fuchs, der selbst nie ein Versprechen gehalten, uns nicht, sodann trat jetzt die Regenzeit in ihrer ganzen Kraft ein und machte, daß wir wenigstens auf ein paar Monate alle ferneren Versuche gegen diese aalartigen Feinde einstellen mußten, die aber gerade deshalb um so kühner aus ihren Schlupfwinkeln hervortraten, uns großen Schaden zufügten und mordeten und raubten, wo sie sich die Stärkeren wußten. Ohnedies ist ein friedliches und gemächliches Leben den rohen Naturkindern der kalabrischen Wildnisse verhaßt, Gefahren, Raub und Mord ihr Element, dabei besitzen sie eine außerordentliche Gewandtheit und Behendigkeit und wissen ihre Gewehre trefflich zu gebrauchen, jedoch immer nur aus dem Hinterhalt, in offener Schlacht taugen diese Briganten nichts und halten nicht Stich gegen wohldisziplinierte Truppen, nur die neapolitanischen Krieger fürchten sie wenig, schätzen sie gering und werden von diesen gefürchtet. Wir verließen, hauptsächlich durch den sich unaufhörlich in Strömen ergießenden Regen gezwungen, die Gegend am Golf St. Euphemia und marschierten zuerst nach *Monteleone*, wo wir mehrere Tage weilten und Kleider und Waffen in möglichst besten Stand zu setzen suchten, denn beide hatten sehr gelitten. Wieder waren es Schuhe oder doch Sohlen, die uns am meisten not taten, und viele der Leute gingen schon fast auf bloßen Füßen; dies war bei den ewigen Hin- und Hermärschen auf solchem Boden und in solchem Wetter kein Wunder. Tag und

Nacht wurde patrouilliert, und alle von Neapel kommenden oder zurückkehrenden Kuriere, Adjutanten, Stabsoffiziere usw. mußten von einer Stadt zur andern eine Eskorte von wenigstens dreißig Mann haben. Dies alles machte den Felddienst außerordentlich beschwerlich, auch kam es vor, daß manche Kompagnien acht bis vierzehn Tage bei diesem Regenwetter biwakieren mußten, wie es mir selbst einmal erging, so daß wir fast ganz im Wasser und Kot lagen und schliefen. Die Lebensmitttel waren dabei ebenso schlecht wie in der ersten Kampagne und mangelten manche Tage gänzlich. Viele Ortschaften waren ganz menschenleer und bis auf wenige Hütten zerstört; auch hatten wir seit unserem Abmarsch aus Neapel keinen Sold mehr erhalten, und ich hatte schon fast meine ganze Barschaft der Kompagnie vorgeschossen, ein Vorteil, den keine andere Kompagnie hatte und worum die meinige beneidet wurde; aber ich konnte auch mit meinen Leuten den Teufel austreiben, in die Hölle wären sie mir gefolgt, während die anderen Soldaten des Bataillons, besonders Böhmen und Österreicher, knurrten und murrten, denn an Knödel war da nicht zu denken. Polenta und Reis gab es nur, und auch dieses nicht immer, Fleisch war eine seltene Kost. Viele Soldaten hatten, aus der Not eine Tugend machend, das Beispiel der Kalabresen befolgt und statt der mangelnden und ganz zerrissenen Schuhe sich Sandalen aus Ziegenfellen, oder was sie sonst haben konnten, um die Füße gewunden. Die Offiziere waren oft noch weit schlimmer daran als der gemeine Mann, der raubte und wegnahm, wo er etwas fand, was jene nicht konnten und froh waren, wenn ihnen der Soldat etwas von dem Geraubten mitteilte. Meine Leute versorgten mich jedoch trefflich und ließen mir oft Eier, Käse Brot, Speck und dergleichen zukommen, so daß ich an Lebensmitteln nur selten Mangel litt, da sie mir immer das Beste brachten. Der französische Soldat war bei all dem Mangel und Elend doch immer lustig und guter Dinge, machte

Bonmots und war unerschöpflich in Scherzen. Eine solche Munterkeit unter allen Umständen ist in der Tat ein kostbares Geschenk des Himmels. Unsere Leute, und namentlich die Russen und Polen, vergaßen nur dann ihr Elend, wenn sie Aquavit genug haben konnten, wonach sie in einem Dorf oder einer Meierei immer zuerst forschten; machten sie einen solchen Fund, dann war auf kurze Zeit wieder alles gut.

Wie die Engländer und wir selbst vermuteten, glaubte man auch in Sizilien, daß man diesseits des Kanals eine Landung auf jener Insel beabsichtige und vorbereite, wozu es allen Anschein hatte; so sandte die sizilianische Regierung unaufhörlich Briganten in großen Haufen herüber, die, von den Engländern des Nachts ans Land gesetzt, sich dann sogleich in die Wälder und Gebirge verloren und die französischen Truppen auf alle Weise verfolgten, um ihnen die Gelüste nach der reichen und schönen Insel vergehen zu machen. Wir wurden nun wieder mehr denn je von den Insurgenten beunruhigt und in Atem gehalten. Während unseres Aufenthaltes in *Monteleone,* einer nicht unbedeutenden Stadt von etwa 16000 Einwohnern, mit einem ehemals befestigten Schloß, das Friedrich II. erbaute, wurde bei *Fondaco del Fico,* einem sich in der Nähe, jenseits des Pizzo, befindlichen, alten, halbverfallenen, sehr weitläufigen Gebäude, welches das Aushängeschild: „Osteria di Cicerone" (Ciceros Gasthaus) führte, ein von Neapel kommender Kurier mit sehnsüchtig erwarteten Depeschen und Briefen für das ganze Armeekorps angefallen, beraubt und samt seiner Eskorte, aus einer Abteilung von einem Sergeanten befehligter Infanterie bestehend, einige zwanzig Mann, ermordet. Nur zwei, und davon der eine noch schwer verwundet, waren so glücklich, dem Tode durch eine schnelle Flucht zu entgehen, und brachten die traurige Nachricht dieser Begebenheit nach Pizzo und Monteleone. Aus ihrem Bericht ergab sich, daß die Eskorte selbst mit schuld an ihrem Unglück war, denn die Leute waren nicht beisammen geblieben und zum Teil durch eine bedeutende Strecke getrennt; in dem Augenblick, als sie überfallen wurden, waren keine zehn Mann beisammen. Ungefähr ein halbes Jahr darauf wiederholte sich derselbe Vorfall mit einem Detachement vom neunten Linienregiment in der Gegend von Nicastro. Ich erhielt jetzt Befehl, mit einer Kompagnie ungesäumt nach Fondaco del Fio aufzubrechen und Jagd auf die Räuber zu machen. Etwa eine Miglie davon stießen wir auf die schrecklich verstümmelten Leichen der Ermordeten, und eine Menge zerrissener Papiere, die ich sammelte, lagen nebst dem Felleisen des Kuriers umhergestreut. Die Waffen der Unglücklichen, sowie deren Tornister hatten die Briganten mit fortgeschleppt, die Leichen auch zum Teil ihrer Kleider beraubt. Fondaco del Fico liegt an dem Eingang eines dichten Waldes, und wie Antiquare behaupten, genau auf der Stelle, wo das alte, vom Meere verschlungene Hipponicum gestanden haben soll, von dem auch noch Tempelruinen in der Nähe sind. Cicero hatte sich hierher geflüchtet, um den Verfolgungen des Clodius zu entgehen, und schrieb aus dem nahen Fundus sicae mehrere Briefe an den Atticus. Ich stellte zuerst die nötigen Wachen um das Gebäude herum und gegen den Wald, ließ dann die Leichen der Ermordeten durch Bauern nach Monteleone bringen, untersuchte alle Zugänge und Schlupfwinkel des Eulennestes auf das sorgfältigste und drang dann mit einer Abteilung meiner Leute, jedoch mit großer Vorsicht, einige hundert Schritte in den Wald vor, ohne eine Spur von den Briganten entdecken zu können, worauf ich mich wieder auf Ciceros Osteria zurückzog. Mit einbrechender Nacht traf ich alle Vorkehrungen, um mich gegen einen Überfall sicherzustellen, und die Folgen bewiesen bald, daß meine Vorsicht nicht unnötig war. Als es dämmerte, zündeten meine Leute Feuer an und brieten das von Monteleone mitgebrachte Ziegenfleisch an demselben. Wir waren mit Lebensmitteln auf drei Tage versehen. Ich ließ fortwährend starke Patrouillen in geringer Entfernung um unser Rattennest gehen, stellte mehrere Posten nach allen Richtungen, jedoch immer à portée einer vom andern aus, und machte selbst einigemal die Runde an der Spitze einer Patrouille. Es blieb aber alles ruhig bis kurz vor Mitternacht, wo plötzlich eine ungeregelte, aber starke Decharge von Flintenschüssen auf die Posten abgefeuert wurde, deren Kugeln um ihre Ohren pfiffen. Der Angriff geschah von der Seite des Waldes, und kaum waren wir aufgesprungen, die Leute lagerten noch um das Feuer, als ein Schuß ganz in unserer Nähe, keine fünfundzwanzig Schritte entfernt, fiel, dessen Kugel einen Sergeanten mitten auf die Brust, aber glücklicherweise da traf, wo sich dessen Buffeterie (Riemenzeug) kreuzte, und ihm so keinen Schaden verursachte. Ich brach nun mit etwa fünfzig Mann in der Richtung gegen den Wald auf, aber es war, als seien unsere Feinde wie durch einen Zauberschlag verschwunden, man hörte und sah nichts mehr von ihnen. Den Wald selbst durfte ich nicht zu betreten wagen, wollte ich nicht abgeschnitten werden. Ich kannte ja die Zahl der Gegner nicht und würde bei der herrschenden Finsternis auch ohne allen Erfolg das Wagnis unternommen haben. Ich zog mich wieder aus unsere Osteria zurück, besetzte gehörig alle Zugänge des Gebäudes, ließ die ganze Mannschaft, alle Posten einziehend, in dasselbe einrücken und verbarrikadierte dann die Hauptzugänge mit Holz, Erde und Steinen. Bald nach Mitternacht gab die an einer kleinen Pforte stehende Schildwache Alarm, und wir hörten nun deutlich das Annähern vieler Fußtritte sowie ein Summen von verworrenen Stimmen. Da man auf ein dreimaliges Qui vive! der Schildwache keine Antwort hörte, so feuerte diese ab, worauf sogleich eine Salve von den sich nähernden Feinden erfolgte, deren Kugeln aber an den Mauern unserer extemporierten Feste abprallten. Daß die Bande sehr bedeutend sein mußte, war mir jetzt klar, denn es schienen mindestens ein paar hundert Schüsse zu sein, die zumal gefallen waren. Ich traf daher meine Anordnungen so, daß wir uns wenigstens bis zum Anbruch des Tages in der Defensive hielten, denn in dieser Dunkelheit einen unsichtbaren Feind angreifen zu wollen, dessen Stärke und Position man nicht kannte, wäre Unsinn gewesen; ich machte mich aber auf einen Angriff und guten Empfang von meiner Seite gefaßt. Letzteres war nicht nötig, da der erstere unterblieb und sich die Briganten begnügten, von Zeit zu Zeit gegen das Gebäude zu feuern, aber jedesmal aus einer andern, ganz verschiedenen Richtung. Die Nacht war sehr finster, stürmisch und regnerisch, und hätten die Briganten mehr Mut und Entschlossenheit gehabt, so konnten sie uns viel zu schaffen machen, besonders da die allenthalben verfallenen Mauern unserer Feste wenig Schutz gewährten und ich sie nicht an allen Orten zugleich stark genug besetzen konnte; auch ließ ich alle Lichter löschen. Bald darauf sahen wir dagegen viele Feuer an und in dem Walde auflodern, die der alte Fuchs Benincasa – denn kein anderer als er war es, der diese Banden in Person befehligte – hatte anzünden lassen, und durch welche er mich in die Falle und aus meiner Feste zu locken hoffte; ich erkannte aber gleich, was die Feuer zu bedeuten hatten, übersah meines listigen Gegners Absicht und verließ Fondaco del Fico nicht. Nach anderthalb Stunden erloschen die Feuer allmählich wieder. Als aber der Tag zu grauen begann, erblickten wir zahlreiche Brigantenhaufen am Ausgange des Waldes postiert, die, wie es den Anschein hatte, sich anschickten, uns jetzt offen und am Tage anzugreifen. Ich hielt es für besser, einen solchen Angriff nicht hinter den Mauern abzuwarten, obgleich ihre Zahl wenigstens dreimal stärker war als die unserige. Ich formierte meine Kompagnie in Sektionen und rückte dann in geschlossener Kolonne gegen die Haufen, die sich, als sie uns herankommen sahen, schlagfertig machten. Im Geschwindschritt vormarschierend, ließ ich, noch einige dreißig Schritte von dem Feinde entfernt, haltmachen, dreimal abfeuern, nachdem ich die

Kompagnie schnell in ein Peloton formiert hatte, und dann kommandierte ich: „Fällt's Bajonett, Sturmschritt, vorwärts, marsch!" Die Briganten hatten unser Feuer heftig erwidert, mir zehn Mann mehr oder weniger schwer verwundet und einen getötet; aber auch von ihrer Seite hatten wir mehrere fallen sehen. Als wir ihnen aber schon dicht auf dem Leibe waren, zogen sie sich laufend in den Wald zurück, hinter den Bäumen hervorfeuernd. Hier konnte ich sie nicht verfolgen, da der Kampf in jeder Hinsicht zu ungleich geworden wäre, und zog mich, als ich auf meiner rechten Seite in einer ziemlichen Entfernung neue Haufen hervorbrechen sah, deren Absicht war, sich Fondacos, wo ich nur einen schwachen Posten zurückgelassen hatte, zu bemächtigen oder mich wenigstens davon abzuschneiden, schnell dahin zurück. Der übrige Teil des Tages verstrich nun, ohne daß wir weiter beunruhigt worden wären. Als aber die Nacht wieder angebrochen war, hörten wir deutlich ein großes Getümmel im Walde, was mir anzudeuten schien, daß die Feinde große Verstärkungen erhalten haben mußten. Etwa drei Stunden nach Sonnenuntergang sahen wir plötzlich mehr als hundert Fackeln ähnliche Lichter helllodernd aus dem Walde hervorkommen und sich gegen unsere Feste zu, deren Barrikaden ich während des Tages noch möglichst hatte verstärken lassen, in Bewegung setzen. Wir erkannten bald, daß die Feuerbrände, welche ein Teil der Briganten in der einen Hand trug, während sie in der andern ihre Gewehre zum Abfeuern fertig hielten, große Stücke von fettem, dürrem Nadelholz waren. Als sie sich beinahe auf Schußweite unsern Mauern genähert hatten, ließ ich Feuer auf sie geben, das sogleich erwidert wurde, worauf sie, zum Teil ihre Feuerbrände von sich werfend, einen allgemeinen Angriff auf der Südseite von Fondaco begannen. Dieser war jedoch nur fingiert, wie ich auch gleich vermutet hatte, da ich andere Haufen ohne Fackeln, gleich Schatten, in einer geringen Entfernung von den ersteren gesehen und recht gut bemerkt hatte, daß sich diese, von der Dunkelheit begünstigt, aber doch durch den, wenn auch entfernten, Fackelschein verraten, von einer andern Seite Fondaco näherten. Ich ließ sogleich auch die andern, nach dem Meere zu gehenden Teile der Gebäude möglichst stark besetzen und bewachen. Während wir mit den bereits herangekommenen Briganten, nachdem sie ihre Gewehre und Pistolen abgefeuert, im Handgemenge waren, hatten wir uns hauptsächlich ihrer Dolchstöße zu erwehren, denn der Kampf wurde an den Eingängen und Breschen geführt. Da vernahmen wir plötzlich das Alarmgeschrei auf der andern Seite, wohin ich jetzt eilte, meinem Leutnant überlassend, die fingierten aber doch ernstlichen Angriffe zurückzuschlagen. Bald war der Kampf ringsum allgemein, und meine Voltigeurs schlugen mit den Gewehrkolben auf die Feinde los, während ich von einem Posten zum andern sprang, die Leute zur tapfern Verteidigung aufmunternd. Als ich so hin und her lief, vernahm ich plötzlich an einer etwas von mir entfernten Stelle, wo die Mauer sehr hoch, noch unversehrt und nicht bewacht war, ein Geräusch, ich näherte mich leise auf den Zehen, blieb dann bewegungslos stehen und entdeckte bald, wie sich zwei Briganten schon an der inneren Mauer sachte herabließen, denen andere, die auch bereits die Köpfe über die Mauer streckten, folgen sollten. Jetzt sprang ich auf den ersten, als er beinahe den Boden erreicht hatte, zu und rannte ihm meinen Säbel durch den Leib, so daß er furchtbar brüllend zu Boden stürzte, der ihm folgende aber eiligst wieder das Seil hinankletterte, an dem er sich herabgelassen und das jenseits der Mauer festgehalten wurde. Mit dem Säbel konnte ich ihn nicht mehr erreichen, dagegen schoß ich eine Pistole auf ihn ab, traf ihn aber nicht so, daß er am Entkommen verhindert gewesen wäre, doch war er, nach dem Blut, das er verlor, zu urteilen, stark verwundet. Der am Boden Liegende winselte und schrie: „Misericordia, misericordia!“ Ich rief nun nach Licht, entwaffnete den schwerverwundeten Gefangenen vollends, ließ ihn vorerst da liegen und beorderte einen Korporal, solange das Gefecht dauere, die Runde mit drei Mann fortwährend innerhalb der Mauern zu machen, um jedem Versuche eines Übersteigens sogleich zu begegnen, und wirklich wurde noch zweimal ein solcher gemacht, während der Kampf an den teilweise eingerissenen Barrikaden auf das wütendste fortwährte. Einer der Übersteigenden hatte sich in das Bajonett eines Voltigeurs gespießt, mit dem ihn dieser aufgefangen hatte. Noch mehrere Stunden dauerte das verzweifelte Gefecht fort, da immer frische Brigantenhaufen in das Gebäude zu dringen versuchten. Schon waren meine Leute sehr ermüdet, sieben derselben außer Kampf gesetzt und zwei getötet, mehrere leichter verwundet; aber auch die Briganten hatten schon ziemlich viel Tote und Verwundete. Nachdem die Feinde wenigstens zehn- bis zwölfmal ihre Attacke, meistens unter den stärksten Regengüssen, erneuert, auch schon einmal einen scheinbaren Rückzug gemacht und eine halbe Stunde darauf wiedergekommen waren, um mit erneuter Wut ihre Angriffe zu beginnen, zogen sie sich endlich gegen Morgen, an einem günstigen Erfolg ihrer Anstrengungen zweifelnd, zurück. Was mich hauptsächlich gegen ihre große Übermacht schützte, denn es mochten wohl über tausend Mann sein, die uns gegenüberstanden, war die Regellosigkeit ihrer Angriffe, Mangel an Einheit und Zusammenwirken, da fast jeder nur auf seine Faust tat, was ihm eben das beste däuchte, und wenig auf ein Kommando hörte, nur darin stimmten sie überein, daß sie das Gebäude erstürmen und uns ermorden wollten. Hätten sie bei ihrer Übermacht und dem elenden Zustande unserer Befestigungen zumal und auf allen Seiten zugleich den Angriff begonnen, so würden wir einen schlimmen Stand gehabt haben. Durch die Aussagen der zurückgebliebenen Verwundeten, sie hatten deren einige zwanzig nebst elf Toten zurückgelassen, erfuhr ich, daß Benincasa wieder die Seele dieser Expedition war, und allem Vermuten nach weitere Versuche der Art machen würde. Indessen waren die mitgebrachten Lebensmittel aufgezehrt, mein ferneres Hierbleiben also unmöglich, auch so ziemlich zwecklos. Meine Instruktion lautete ohnehin, daß, wenn ich binnen drei Tagen nicht durch andere Truppen abgelöst würde, ich zurückzumarschieren habe, weshalb ich beschloß, nach Pizzo und Monteleone aufzubrechen. Aber auch mein Abzug war gefährlich genug, denn die Banden im Walde wurden beständig durch neu hinzukommende Briganten verstärkt und würden uns sicher, unser kleines Häufchen erkennend, jetzt auch im freien Feld überfallen haben. Als ich so überlegte, wie unser Rückzug am besten zu bewerkstelligen sei, und mich deshalb auch mit den Unteroffizieren beriet, hörten wir auf einmal Trommelschlag und sahen hinter einem nahen Gebüsch unsere Karabinier-Kompagnie, vom Kapitän Czerny angeführt, zu unserer großen Freude mit blinkenden Gewehren anmarschieren. Jetzt waren wir erlöst; fast zu gleicher Zeit traf auch noch ein vierzig Mann starkes Detachement von Royal-Corse, das einen anderen, von Neapel kommenden und nach Reggio bestimmten Kurier geleitete, ein, und als ich im Begriff war, abzumarschieren, kamen noch vier Kompagnien vom neunten Linienregiment an, die zur Verstärkung des Belagerungskorps nach Scylla bestimmt waren. Letztere blieben jedoch bei Fondaco über Nacht, während ich mit meinen Voltigeurs und der Eskorte des Kuriers nach Monteleone abging, nachdem ich den Kapitän Czerny noch vorher von allem gehörig instruiert hatte. Die Wege hatten sich durch den vielen Regen seit drei Tagen so verschlimmert, daß ich, obgleich zu Pferde, Mühe hatte durchzukommen. Ein kleiner Bach, den wir passieren mußten, und der uns beim Hermarsch kaum bis an die Waden gegangen, war schon so angeschwollen, daß uns das Wasser bis an die Brust reichte, und so reißend, daß wir wieder Mann an Mann dicht geschlossen durch denselben waten mußten. In der Nähe von Pizzo stießen wir auf drei gräßlich verstümmelte Leichname französischer

Soldaten, denen Nasen und Ohren abgeschnitten waren und welchen man zum Hohn die Zeugungsglieder in den Mund gesteckt hatte, sogar die Augenhöhlen waren ihnen ausgebohrt. Dieser Anblick versetzte uns in die größte Wut, das Tschakoschild und die Platten der Patronentaschen, die wir in der Nähe fanden, denn die Leichname waren aller Kleidung beraubt, verkündeten uns, daß es Chasseurs vom zwanzigsten Linienregiment waren, von dem eine kleine Abteilung in Pizzo lag. Hier machte ich einen kurzen Halt und ließ Erfrischungen aus dem Städtchen holen, worauf ich, immer unter dem heftigsten Regen, nach Monteleone aufbrach. Aber kaum mochten wir 500 Schritte zurückgelegt haben, als sich eine starke Brigantenbande, wohl an 400 Mann, unsern Blicken zeigte und Miene machte, uns das Weitermarschieren ersparen zu wollen. Daß die Übermacht der Kalabresen im Freien eben nicht sehr zu fürchten ist, wußte ich nun schon aus Erfahrung, sowie auch, daß Entschlossenheit und ein herzhafter Angriff sie schnell zum Wanken bringt. Ich besann mich daher nicht lange und marschierte im Sturmschritt auf den Schwarm zu, der, als wir nahe genug waren, Gewehre und Pistolen auf uns abfeuerte. Auch ich ließ Feuer geben, aber die meisten Gewehre versagten von beiden Seiten wegen der durch das Regenwetter verursachten Nässe. Dennoch hielten die Briganten stand, auf die wir nun mit gefälltem Bajonett eindrangen und sie nach geringem Widerstand, wobei sie ihre Dolche wenig gebrauchen und ihre Pistolen, die ohnehin meistens versagten, nicht wieder laden konnten, da wir ihnen keine Zeit dazu ließen, die Flucht ergriffen und sich zerstreuten, ihre Toten und Verwundeten im Stiche lassend, die uns in die Hände fielen. Ich verfolgte sie zwar eine kleine Strecke, ließ jedoch bald davon ab, da es unmöglich war, sie zu erreichen. Wir setzten nun unseren Marsch nach Monteleone fort, wo wir den Nachmittag eintrafen. Die gefangenen und verwundeten Briganten, die ich zu Fondaco und bei Pizzo gemacht, wurden noch denselben Tag auf Durets Befehl erschossen, wie alle Bewohner Kalabriens, die mit den Waffen in der Hand gefangen wurden. Die Banden hörten nicht auf, alle Städte und Ortschaften, in denen sich französisches Militär befand, zu umschwärmen, und machten sich oft mit unglaublicher Frechheit bis vor die Tore der Städte, so daß es keinem einzelnen Soldaten zu raten war, sich nur auf 400 Schritte von denselben zu entfernen. Noch 14 Tage blieb das Bataillon, von dem aber beständig zwei Dritteile detachiert oder auf Streifzügen begriffen waren, in Monteleone. Diese Stadt, welche eine sehr angenehme Lage in einer schönen Ebene, eine der fruchtbarsten und üppigsten von ganz Kalabrien, hat, ist ziemlich wohlhabend und war kein unangenehmer Aufenthalt für die Kompagnien, die sich nach ihren Strapazen in derselben erholen durften.

Den nahen, dichten und wildverwachsenen Wald hält man für den alten berühmten heiligen Hain des Agathokles. Süßholz, Manna, Zuckerrohr findet man hier nebst den gewöhnlichen Früchten und Gartengewächsen in Überfluß. Getreide und Olivenöl sind in gewöhnlichen Zeiten fast umsonst zu haben. Diese fruchtbare Gegend ist es, welche die Sage alljährlich von der Proserpina besuchen ließ, um hier ihre Blumen zur Verschönerung ihrer höllischen Gemächer zu pflücken. Allerdings sieht man diese bunten Kinder des Frühlings nicht leicht in solcher Pracht wie hier, und bei jeder festlichen Veranlassung bekränzen sich Mädchen und Knaben mit ihnen. Hier stand auch jener Tempel von Plutos Gattin, zu welchem Orest sich wandte. Gewiß ist es, daß Hipponium in dieser Gegend lag, aber genau die Stelle zu erforschen, ist nicht mehr möglich. Auch der berühmte Jahrmarkt wurde hier gehalten, den der Beherrscher von Syrakus, Agathokles, gegründet und zu dem die Käufer und Verkäufer der damals bekannten Welt strömten. Etwa eine Miglie von Monteleone findet man die Rudera großer Fundamente und Mauern in der Erde, und in dem nahen Mileto, Geburtsort des Königs Roger, zieren schöne Säulen des alten Tempels der Höllengöttin noch eine christliche Kirche. Trotz des wütenden Franzosenhasses der Kalabresen, den sie auch ihren Weibern und Kindern einprägten, gelang es mir dennoch, die junge Frau eines Krämers zu Monteleone auf meine Seite zu bringen, mit der mich ein Zufall in nähere Berührung gesetzt hatte. Als ich eines Morgens aus meiner Wohnung trat, sprang gleich einem gescheuchten Reh ein junges weibliches Wesen mit feurig-schwarzen Augen, in dem zierlichen Kostüm dieser Gegend über die Straße hinüber zu einer Nachbarin und verlor dabei ihre große silberne Haarnadel, mit welcher hierzulande die Frauen und Mädchen ihr dickes, seidenes Haar aufstecken und zusammenhalten, an deren Ende ein runder, wie eine Flintenkugel dicker Knopf befestigt ist, ohne daß sie ihren Verlust gleich bemerkte, dessen glücklicher Finder ich war und den ich mir vornahm, ihr selbst wieder zu übergeben. Sie war aber schon in das Haus getreten, und als ich ihr in dieses folgen wollte, kam sie wieder mit aufgelösten Haaren zurück, das Kleinod ängstlich suchend, das ich ihr mit einem: „Ecco Signoriana quel che cercate" (Hier, Signora, ist was Sie suchen) überreichte, worauf mir ein Grazie molto mit einem wohlgefälligen Blick wurde. „E la buona mano?" (Und das Dankgeld) fragte ich nun. „L'avrete" (Sie werden es erhalten), erwiderte sie, sich lächelnd entfernend, mir noch einen seelenvergnügten Blick zuwerfend, indem sie sagte, ihr Mann werde nicht ermangeln, für die Buona mano zu sorgen. Was sie damit sagen wollte, begriff ich nicht, aber eine Viertelstunde darauf brachte mir der Mann ein kleines Körbchen mit allerlei Spezereien, womit er mich belohnen wollte, seiner Gattin die silberne Nadel wiedergegeben zu haben. Diese hatte es mit der Buona mano ernstlich gemeint und auch geglaubt, daß es mein Ernst gewesen, als ich eine solche begehrte, worüber ich recht herzlich lachen mußte, dem Überbringer aber erklärte, daß, wenn ich die Sachen behalten solle, er ein Gegengeschenk dafür

nehmen müsse, und ich gab ihm ein neapolitanisches Goldstück, das wenigstens den dreifachen Wert hatte. „Alle Francesi sind doch keine Diavoli, wie unser Beichtvater versichert", meinte der gute Mann.
Die Feuerblicke der jungen Frau hatten indessen mein leicht entzündbares Herz in Flammen gesetzt, und ich spähte bald die Zeit aus, wenn sie in die Kirche ging, wo ich aber das Weihwasser zur näheren Bekanntschaft nicht anwenden konnte, da die guten Kalabreserinnen diese Galanterie nicht kannten, und das Kirchengehen hätte mich nicht weiter gebracht, wenn mich nicht ein altes armes Weib beobachtet und bemerkt hätte, daß meine Augen immer mit Wohlgefallen auf der jungen Krämersfrau ruhten. Auch hielt sie mich für einen guten katholischen Christen, da ich, wie ich es schon seit meiner Ankunft in Italien getan, die hauptsächlichsten Zeremonien der katholischen Kirche mitmachte, was die wenigsten anderen Offiziere, wenn sie auch wirklich katholisch waren, taten. Ich gab dem alten Weib einigemal ein Almosen von ein paar Kupfermünzen, die sich dafür so erkenntlich zeigte, daß sie mir beim drittenmal ganz Sotto voce sagte: „Wenn sie mir in irgend etwas dienen könne, ich es ihr nur anvertrauen möge, sie wolle es bestens besorgen, denn sie sähe wohl, daß ich ein Buon christiano und kein Diavolo francese sei. Ich ließ mich in ein Gespräch mit ihr ein und erfuhr, daß die hübsche Krämersfrau Bettina Bergella heiße und die Tochter eines Seidenwebers sei, die sie als Kind gewartet und oft auf ihren Armen getragen habe, auch immer noch kleine Geschenke von ihr erhalte. Ich gab der Alten einen Dukato, der sie noch weit gesprächiger machte, so daß sie mir ohne weitere Umstände erklärte, daß, wenn ich es wünsche, sie die Unterhändlerin zwischen der Signora Bergelli und mir machen und die Sache schnell zu einem erwünschten Ziel bringen wolle. Ich nahm das Anerbieten dankbar an, und die alte Hexe hatte es schon in den nächsten 24 Stunden soweit gebracht, daß ich eine Zusammenkunft in ihrer

Kammer mit der jungen Frau hatte, welche sie zu bereden gewußt und versichert hatte, wie sie mir sagte, daß ich kein Diavolo Francese sei, wie ihr Vater, ihr Mann und ihr Beichtvater vorgaben, auch sie durch Umgang mit mir weder länger im Fegfeuer oder gar in der Hölle schmachten würde, da ich vom Papst selbst, den ich kenne, Absolution für alle Sünden für uns beide erhalten würde. Genug, sie hatte das Weibchen zu beschwatzen gewußt, die sich auch vielleicht gerne beschwatzen ließ und die Gründe der Alten mit Wohlgefallen anhörte. Ich schlich mich in der Dämmerung in die Wohnung der Unterhändlerin, und bald darauf fand sich auch die artige Kalabreserin, direkt von ihrem Vater kommend, daselbst ein. Sie sträubte sich zwar anfänglich ein wenig gegen meine Liebkosungen, aber es war mehr Ziererei als Verschämtheit, und während ich sie mit kalabresischem Feuer in die Arme schloß, machte die Alte die Aufpasserin, damit wir nicht überrascht werden konnten. Ich hatte auf diese Weise wohl ein halbes Dutzend Zusammenkünfte mit Bettina während meines Aufenthaltes in Monteleone. Die alte Hexe, die sich vortrefflich dabei stand und von beiden Seiten Geschenke erhielt, bot sich an, mir noch andere junge Weiber aus dem Ort zuzuführen, wenn es mir Vergnügen mache, aber ich verbat es mir; auch währte mein Hiersein nur noch wenige Tage, denn ich wurde nochmals mit der Kompagnie, und zwar nach Mileto detachiert, wo wir indessen nur drei Tage blieben. Monteleone war, etwa Cosenza ausgenommen, wohl mit der angenehmste Aufenthalt in ganz Kalabrien, und muß vor dem furchtbaren Erdbeben von 1783, welches die ganze Provinz schrecklich verwüstete und vielen Tausend Einwohnern das Leben kostete, noch weit bedeutender gewesen sein. Noch waren hier sowie in Mileto die Spuren von diesem entsetzlichen Naturereignis sehr sichtbar, und allenthalben stieß man auf durch dasselbe in Ruinen verwandelte Gebäude.

Vor diesem Unglück zählten diese Städte mehr als die

doppelte, ja dreifache Einwohnerzahl; kaum daß der dritte Teil der zerstörten Häuser wieder aufgebaut war. *Mileto* liegt auf einer Anhöhe unfern den Ruinen des alten Miletus; in dieser Gegend war es, wo vor wenigen Monaten der Prinz von Hessen-Philippsthal von Regnier geschlagen worden war. Ich besuchte das Schlachtfeld, auf welchem damals der Besitz des Königreichs entschieden wurde; denn, wurde Regnier nochmals geschlagen, so war Neapel für den neuen Herrscher verloren. Von hier wurden wir sowie das ganze in Monteleone, Nicastro usw. stehende Bataillon, nach *Seminara* beordert. Der Marsch dahin über *Rosarno*, *Drosi* usw. und die Wege waren abscheulich, oft war kaum durchzukommen, und wir mußten ungeheure Umwege machen, um Stellen aufzufinden, wo wir die hoch angeschwollenen Wald- und Bergströme passieren konnten, was immer mit großer Gefahr verbunden war. In *Rosarno*, sodann in *Gioja* und *Drosi* wurde Nachtquartier gemacht, und, zu *Seminara* angekommen, ein Teil des Bataillons nach *Palma* detachiert. Alle diese Orte waren bei dem schrecklichen Erdbeben von 1783 fast gänzlich zerstört worden und noch weit entfernt, sich nach einem Vierteljahrhundert wieder erholt zu haben. Überall stieß man auf Trümmer, und Seminara, das vor dem Erdbeben mehr als 12 000 Einwohner zählte, hatte deren jetzt kaum 3000, war nur an einer Stelle wieder aufgebaut, und mehr als 4000 Menschen waren unter dem Schutt der eingestürzten Häuser begraben worden. Auch *Palma*, das an dem Ufer des Meeres liegt, hatte zwei Dritteile seiner Bewohner verloren, war aber wieder sehr regelmäßig hergestellt. Kaum hatten wir zweimal 24 Stunden geruht, so wurden zwei Kompagnien, worunter die meinige, vor *Sciglio* oder *Scilla*, und zwei andere vor *Reggio* beordert. Diese beiden Festungen waren noch von den Engländern und Sizilianern besetzt und wurden von uns blockiert und belagert. Scillà, welches der Tyrann Anaxilas von Rhegium gegründet, und das ebenfalls durch jenes Erdbeben stark mitgenommen wurde, liegt in einer weiten Schlucht unfern dem Kap Scilla, zu der man nur von der See aus gelangen kann. Die Stadt selbst, die etwa fünf- bis sechstausend Einwohner zählt, lehnt sich an einen hohen Felsen dieser Schlucht, und auf einem zweiten, ihr gegenüber, liegt das feste Schloß, welches von ungefähr 500 Briganten und Sizilianern verteidigt wurde. Eine in die steilen Felsen gehauene schmale Treppe verbindet das Fort mit der Stadt, und vermittelst den in der Meerenge liegenden englischen Schiffen unterhielt die Besatzung ihre Kommunikation ununterbrochen mit Sizilien. Von hier, wo noch wenig Aussicht war, sich dieser Feste zu bemächtigen, wurde meine Kompagnie ebenfalls vor Reggio beordert, die Wahrscheinlichkeit war aber ebenso gering, diese Stadt zu nehmen, da sie eine gute englisch-sizilianische Besatzung hatte. Es fehlte uns immer noch an hinlänglichem Belagerungsgeschütz, das die Engländer größtenteils gekapert, und die bloße Blockade zu Land, da die Garnison mit allem Notwendigen von der See aus versorgt wurde, brachte uns nicht weiter. Wir waren zehnmal übler daran als die Belagerten, denn wir litten Mangel an allem. Das unaufhörliche Regenwetter machte diese Belagerung, oder vielmehr Blockade, zu dem unangenehmsten Geschäft von der Welt. Das ganze Erdreich hatte sich sozusagen in Schlamm aufgelöst, alle Waldströme waren ausgetreten, die Wälder selbst, an vielen Orten nur auf Schußweite von der Küste entfernt, wimmelten von Briganten und Insurgenten, die nicht aufhörten uns zu beunruhigen, ohne daß wir etwas Nachdrückliches gegen sie zu unternehmen imstande gewesen wären. Sie stürzten sich wie reißende Tiere wütend auf jede Beute, die sich ihnen darbot und von der sie mit Sicherheit voraussehen konnten, daß sie ihnen zuteil werden mußte. Wir, die Belagerer, waren gewissermaßen wieder belagert und blockiert, da uns von diesen Wald- und Höhlenbewohnern oft die besten Zufuhren weggenommen oder abgeschnitten wurden. Trotzdem daß mehrere bedeutende Orte, wie *Calanna, San Agata* und andere Dörfer in der Nähe von Reggio lagen, welche abwechselnd von den Truppen, um sich zu erholen, besetzt wurden, mußten wir doch manchmal eine ganze Woche unter freiem Himmel und im Regen, Schlamm und Wasser kampieren, ohne daran denken zu können, die Kleider am Leibe nur einmal zu trocknen, denn indem man das Hemd wechselte, wenn man ja eines zu wechseln hatte, wurde dieses schon wieder durch und durch naß, kein Feuer brannte mehr, und die aufgeworfenen Erdhütten waren voll Wasser. Man stand oder saß im Morast, während das Wasser am Körper in Strömen herabrollte, und dabei oft kein Stück trockenes Brot, viel weniger etwas Warmes zu essen, nur Wein und Branntwein war meistens in hinlänglicher Quantität vorhanden. Man sollte kaum glauben, daß Menschen nur 24 Stunden solche Strapazen auszuhalten imstande seien, aber wie vermag sich der Körper nicht abzuhärten! Daß ich in meiner Kindheit und bei Breidenstein so hart und rauh gehalten worden, kam mir jetzt sehr zustatten; zwar blieb mein Fieber nicht aus, aber China und roter Wein verscheuchten es wieder; unsere Kranken mehrten sich übrigens bald auf eine Weise, welche Schrecken und Besorgnis einflößen mußte.

Schön ist der Anblick der Meerenge von Messina, das man mit seinem Mastenwald und dem prächtigen Hafen von der diesseitigen Küste erblickt, ebenso im Hintergrunde die Rauchwolken des kolossalen majestätischen Ätna. Bei einer späteren Fahrt durch diese Meerenge mit einer französischen Flotte, 1814, von Korfu kommend, hatte ich Gelegenheit, die herrlichen Küsten Siziliens ganz in der Nähe in Augenschein zu nehmen. Der Gipfel des alten Ätna war jetzt mit Schnee bedeckt, aus dem der Rauch emporzuquellen schien.

Reggio war im Altertum durch seine reizende und gesunde Lage berühmt und damals eine große, volkreiche und sehr wohlhabende Stadt, die wohl achtzigtausend Einwohner zählen mochte (jetzt hatte sie kaum siebentausend). Hier soll einst Italien mit Sizilien zusammengehangen haben. Nach Strabo hatten sie die Chalcider erbaut. Chorondas, ein Schüler des Pythagoras, war ihr Gesetzgeber. Das alte Rhegium zerstörte Dionysius und mit ihm dessen bedeutenden Handel. Später wurde Reggio durch Barbarossa wieder verwüstet, und im sechzehnten Jahrhundert ebenfalls noch zweimal verheert, aber der 5. Februar 1783 war der Tag des Schreckens, wo es so wie Messina und der größte Teil Kalabriens von dem furchtbarsten Erdbeben beinahe gänzlich zerstört wurde. Seine Umgebungen sind in der guten Jahreszeit ein irdisches Paradies, für uns aber waren sie eine Hölle, wenn auch keine feurige, doch eine um so wässerige.

Nach beinahe drei Wochen, als wir fast zwei Dritteile der Leute, die nur schlecht gepflegt werden konnten, eingebüßt hatten, wurden wir endlich durch neue, von Neapel ankommende Bataillone abgelöst. Wir marschierten, noch immer unter Regen, fast schuhlos und abgerissen, über Monteleone, Nicastro usw. bis nach Cosenza zurück. Es war wirklich ein Jammer, anzusehen, wie die Leute auf den grundlosen Wegen, mit den mit Stricken an den Füßen befestigten Stücken von Ziegenfellen, die immer wieder rissen, bei der schlechtesten Kost, vorwärts mußten. Auch die Gamaschen und Beinkleider hingen schon ziemlich zerlumpt um die Waden, oft bedurfte es keiner geringen Anstrengung, die Füße aus dem Morast zu bringen, wo dann die Schuhlappen oder Felle noch stecken blieben, und mit bloßen Füßen weitermarschiert werden mußte, bis man wieder etwas fand, sie zu bedecken. Erst in Cosenza wurde diesen beklagenswerten Übelständen teilweise abgeholfen, neue Schuhe ausgeteilt und ein vierwöchentlicher Sold ausgezahlt. Wir befanden uns wie in einem Paradies, und die Soldaten vergaßen, in den Schenken jubilierend, alles ausgestandene Ungemach bei dem starken roten Wein. Nach einer fünftägigen Rast und bestmöglicher Restauration brachen wir nach Neapel auf, aber die Wege waren nicht besser, wohl noch schlimmer, die Bäche und Flüsse kaum mehr zu passieren, und ehe wir nach Tarsia kamen, ertranken vier Mann in dem Fluß Crati, durch den Strom von der Masse weggespült, und hinter Castrovillari wieder zwei in einem Waldbach. Endlich rückten wir anfangs Dezember nach unbeschreiblichen Strapazen und Entbehrungen, ganz zerlumpt und mit kaum einem Dritteil der ausmarschierten Mannschaft in Neapel ein, wo ich mein altes Quartier in Giesù nuovo wieder bezog und mehrere Briefe vorfand, unter denen einer, der mir Gertrudens glückliche Niederkunft meldete.

Schon in den ersten zwei Tagen übergab mir Madame Gasqui die Rolle des Britanikus, mit der Bitte, sie doch möglichst schnell einzustudieren, da die Königin den Wunsch geäußert habe, dieses Trauerspiel von Racine aufführen zu sehen. – „Aber lassen Sie mich um Gottes willen nur zu Atem kommen", bat ich die in mich dringende Schöne, und acht Tage später spielte ich wirklich den Britanikus ganz zur Zufriedenheit Ihrer Majestät, wie sie mich selbst zu versichern geruhte, und hoffte nun für die ausgestandenen Leiden ein recht vergnügtes Hofleben, ein angenehmes Weihnachtsfest und einen noch fröhlicheren Karneval in der Hauptstadt des irdischen Paradieses, in welchem ich auch mein Helenchen wieder aufgesucht und einige sehr schöne Hofdamen in Perspektive hatte, in dolce giubilo zuzubringen. Aber ich machte die Rechnung ohne den Wirt, denn acht Tage nach der Vorstellung des Britanikus eröffnete mir der Oberst Omeara, daß ich nebst noch sieben anderen Offizieren von den beiden ersten Bataillonen wieder nach Genua abgehen müsse, wo ein viertes Bataillon aus der dort im Depot angekommenen Mannschaft schnell formiert werden solle und zu dem ausdrücklich die tüchtigsten Offiziere des Regiments versetzt werden müßten, da, wie es schien, dieses eine besondere Bestimmung erhalten würde. Schon den nächsten Tag erhielten wir unsere Marschrouten nebst der Order, in drei Tagen abzureisen. Ich ordnete meine

Sachen, nahm von Moritz und den anderen Bekannten und Damen Abschied und machte mich an dem festgesetzten Tage mit meinen Kameraden auf den Weg nach Rom.

VIII

Reise von Neapel nach Genua und von da zur See nach Marseille – Narbonne – Sigean – Salces – Perpignan – Eine spekulative Spröde – Carcasonne – Toulouse – Auch – Mirande – Tarbes – Formierung des zweiten Observationskorps an den Pyrenäen – Ich werde zum dritten Reservekorps versetzt – Bayonne – Bordeaux – Bazas – Mont de Marsan – Dax – Hasparren – Napoleons Intrigen gegen Spanien – Abmarsch nach diesem Land – St. Jean de Luz

Ich war mit den mit mir versetzten Offizieren übereingekommen, daß wir diesmal mit ein paar Vetturini die Reise soweit es tunlich, zurücklegen wollten; mein Pferd, eines hatte ich verloren, ließ ich durch meinen Burschen nachbringen. Wir fuhren ein paar Stunden vor Sonnenaufgang zu dem nach Aversa führenden Tor hinaus und kamen schon am Abend des folgenden Tages in Rom an. Hier weilten wir vierundzwanzig Stunden, und ich suchte außer der Prinzessin Cesarini, die über mein unverhofftes Kommen erfreut und erstaunt war und mit einem triumphierenden Blick mir den zur Welt gebrachten Knaben zeigte, aber trostlos schien, als ich ihr meine so nahe bevorstehende Abreise verkündete, niemand auf. Ich schied von ihr, die Hoffnung aussprechend, daß wir uns in ganz kurzer Zeit, und dann gewiß auf länger, wiedersehen würden. Sie erzählte mir viel von den Unannehmlichkeiten, denen sie fortwährend, hauptsächlich durch die Verwandten ihres Mannes, ausgesetzt sei, die ihr das Leben schrecklich verbitterten.

Wir setzten unseren Weg über Florenz, wo wir einen Tag blieben, fort und fuhren dann rastlos über Pistoja, Lucca, Massa, Spezia, Chiavari usw., später Extrapost nehmend, bis Genua, wo wir in der zweiten Hälfte des Dezembers eintrafen, und wo uns Herr von Brüge bei den neu errichteten Kompagnien einteilte. Nach und nach wurden zu jener Zeit die Regimenter bis auf sechs Bataillone, ohne das Depot, gebracht und erhielten dann noch einen Colonel en second. Mir wurde die Karabinier-Kompagnie des neuen Bataillons zuteil. Zugleich wurde uns angekündigt, daß sich dasselbe spätestens in drei Tagen einschiffen müsse, um mit dem ersten günstigen Wind nach Marseille abzufahren, wo wir vermutlich weitere Order erhalten würden. Die wenigen Tage unseres Aufenthaltes in Genua brachte ich meistens in den Kasernen und bei Brüge zu, ohne meine früheren Bekanntschaften aufsuchen zu wollen, namentlich vermied ich es sorgfältig, mit der tollen Giulietta zusammenzutreffen. Erst den Tag vor unserem Einschiffen machte ich meinem alten Gitarrenlehrer einen Besuch, und erfuhr von diesem, daß die Marchesa P ... noch immer kränkle, die Spinola melancholisch sei und die Palatini sich oft nach mir erkundige; letztere wünschte ich noch zu sehen, und die alte Guercino veranstaltete, daß ich am Abend vor unserer Einschiffung noch eine Zusammenkunft mit ihr hatte, die wegen der schnellen Trennung – mein Dasein war fast nur eine Erscheinung – recht zärtlich-traurig ausfiel. Guercino schenkte ich eine Quadrupel. Das Geld, das ich der Kompagnie in Kalabrien vorgeschossen, hatte ich mir einstweilen in Neapel von Moritz geben lassen, und diesen deshalb auf die Regimentskasse angewiesen, sobald bezahlt würde, was auch einige Wochen nach unserer Abreise geschah. Erst den fünften Tag verließen wir mit günstigem Wind den Hafen von Genua, in mehreren Feluken und anderen Küstenfahrern eingeschifft. Es war zehn Uhr morgens, als wir die Anker lichteten. Der uns gut zustatten kommende Nordost blies tüchtig in die Segel, war aber auch schuld, daß die kleine Flotille bald getrennt war; einige Fahrzeuge derselben entfernten sich von der Küste und steuerten gegen Süden. Die Unglücklichen! Sie wurden noch denselben Tag von einer englischen Fregatte genommen, ohne den geringsten Widerstand leisten zu können. Die Feluke, auf der ich mich befand, hielt mit noch einigen anderen, die bei uns geblieben waren, in *Albenga, Monaco* und auf meine Veranlassung an der Insel *Porquerolles* an, um uns dort zu restaurieren. Den dritten Tag nach unserer Abfahrt von Genua liefen wir glücklich in den Hafen von Marseille ein, wo wir ein paar Tage in der Quarantäne zubringen mußten. Noch fehlte das Schiff, auf welchem sich unser Bataillonschef, Herr von St. Agneau, befand, und wir glaubten es auch von den Engländern gekapert, aber vierundzwanzig Stunden später traf es ein. Aus der Quarantäne entlassen, marschierten wir sogleich, ohne uns in Marseille aufzuhalten, nach *Aix* ab, unsere Bestimmung lautete vorerst nach Perpignan; wir kamen nun über Lambesc, Orgon, St. Rémy, Terascon, Lunel, lauter mir schon bekannte Orte, nach Montpellier, wo wir einen Rasttag hatten. Hier besuchte ich die Herren Michel und Gayral und fand Madame Gayral ziemlich verändert, ebenso die Verteuil, die noch bei dem Theater daselbst war. Von hier kamen wir über *Gignac, Meze,* ein Städtchen von viertausend Einwohnern, nach *Pezenas,* das ein Schloß mit einer sehr schönen Aussicht hat und schon zur Zeit der Römer wegen seiner feinen Wolle berühmt war; es liegt in einer der schönsten und angebautesten Gegenden Frankreichs, hat reizende Umgebungen und etwa siebentausend Einwohner. In *Beziers,* wohin wir den folgenden Tag marschierten, hatten wir wieder Rasttag; diese alte Stadt hatte noch Mauern und antike Türme und liegt an der Orbe und dem Kanal Du Midi. Auch ihre Lage ist entzückend, und die Einwohner sind davon so eingenommen, daß sie ein Sprichwort haben, welches sagt: „Wollte Gott die Erde bewohnen, so würde er keinen anderen Ort als Beziers zum Aufenthalt wählen." Dagegen ist die Stadt selbst um so weniger einladend und hat meist enge, finstere, krumme und schmutzige Straßen. Sie war eine römische Kolonie, und ihre Bewohner hatten dem Kaiser Augustus und seiner Tochter Julia einen Tempel hier errichtet. Noch sind Ruinen von Wasserleitungen und Überreste eines römischen Amphitheaters vorhanden. Im fünften Jahrhundert wurde sie von den Goten genommen und in Asche verwandelt.

Nicht viel besser erging es ihr, als sie Karl Martel den Arabern Spaniens abnahm. Eine dritte furchtbare Zerstörung erlitt sie im Kriege der Albigenser, wo Simon von Montfort 10 000 ihrer Einwohner über die Klinge springen ließ. An der Ecke eines Hauses zeigt man die Bildsäule eines römischen Soldaten, der zur Zeit der Römer die Stadt einmal gerettet haben soll. In einer engen Straße liegt der gotische Palast der Montmorency. Ein Narr aus dieser Familie hatte hier jenes Gemälde, die Sintflut darstellend, verfertigen lassen, unter welchem man die Worte las: „Ah mon Dieu, sauvez la maison des Montmorency" (Lieber Gott, rette nur das Haus der Montmorency). Indessen gab es solche Stammbaumsnarren in allen Ländern, wo Ahnen spukten, und auf die gar oft ein stämmiger Kutscher oder tüchtiger Jäger ein Reis pfropfen mußte, sollte er nicht völlig eindorren. *Beziers* hat ungefähr vierzehntausend Einwohner und nicht weniger als neun Schleusen am Kanal. Die schönste Aussicht hat man von der Zitadelle und von der Terrasse. Von hier marschierten wir nach *Narbonne,* dem alten Narbo martius, das an dem Kanal von Narbonne liegt, der es vermittelst des Teiches Sigean mit dem Mittelländischen Meer verbindet und ein Seitenkanal des Kanals von Languedoc ist. In Narbonnes alter Hauptkirche liegt König Philipp der Kühne, der Sohn des heiligen Ludwigs, begraben; das Chor dieser Kirche ist sehr schön und prachtvoll, auch besitzt sie eine ganz vorzüglich gute Orgel. Der erzbischöfliche Palast hat das Ansehen einer alten, wohlbefestigten Burg. Jetzt war diese Stadt sehr von ihrem alten Glanz herabgekommen und zählte kaum acht- bis neuntausend Einwohner. Ihre Lage ist ungesund, da sie sehr tief liegt und häufigen Überschwemmungen ausgesetzt ist; aber wohlfeil ist es dort zu leben, köstliche Trauben, Wein und Feigen hat man um ein Spottgeld. Von hier kamen wir über *Sigean,* einen Marktflecken, der am Teich dieses Namens liegt und durch die Schlacht, in der Karl Martel 737 die Sarazenen besiegte, berühmt ist, nach *Salces*, ein Dorf von achthundert Einwohnern, wo Karl V. 1370 an dem See Leucate ein berühmtes festes, von vier kolossalen Türmen flankiertes Schloß mit sehr hohen Mauern und großen unterirdischen Gewölben erbauen ließ. Hier stand auch die längst untergegangene römische Stadt Salsulae. Der Flekken Leucate, der an dem erwähnten See liegt, war ehedem eine befestigte Stadt, ebenso Salces selbst, das im 17. Jahrhundert von den Franzosen zweimal den Spaniern durch die Gewalt der Waffen abgenommen wurde. Von Salces hatten wir nur noch eine Etappe bis Perpignan, unserem geglaubten Bestimmungsort. Hier angekommen, nahm ich wieder mein altes Hilfsmittel, einen gewandten Haarkünstler und Bartkratzer zur Hand, hauptsächlich um ein mir angenehmes Quartier ausfindig zu machen, da die Einquartierungsbillette nur auf drei Tage lauteten. Mit seiner Hilfe fand ich auch schon den zweiten Tag ein solches bei der artigen Frau eines Officier payeur, namens Delongé, der bei der Armee in Deutschland stand und seine trauernde Gattin nur selten mit Nachrichten von sich erfreute. Ich mietete sogleich auf einen ganzen Monat für achtzehn Franken, ohne zu handeln, ein paar Zimmer. Die junge Dame war aus Bordeaux gebürtig, wo ihr Vater, früher ein reicher Kaufmann, falliert hatte, und nun eine untergeordnete Stelle in Perpignan bekleidete. Die französischen Sitten und selbst die Sprache, das Languedocer Patois, die von den italienischen so sehr abwichen, kamen mir jetzt fast sonderbar vor. Der zweijährige Aufenthalt in Italien hatte mich denselben ganz entfremdet; der Abstand ist so groß, als läge das Weltmeer zwischen den beiden Ländern; doch fand ich mich schnell wieder in das französische Wesen. *Perpignan*, die Hauptstadt des Departements der Ostpyrenäen, und ehemals die der Grafschaft Rousillon, liegt zwei Stunden vom Meere entfernt, an dem rechten Ufer des Flüßchens Tet, und ist eine der Grenzfestungen gegen Spanien. Ihre Wälle sind von Ziegelsteinen und ihre Werke hat Vauban noch sehr verstärkt, doch ist sie nur eine Festung zweiten Ranges. Ihre sechseckige Zitadelle wurde unter Karl IX. errichtet. In ihr ist das alte Kastell mit seinen acht hohen Türmen, die ehemalige Residenz der Grafen von Rousillon; die Zitadelle beherrscht und verteidigt die Stadt und hat sehr tiefe Brunnen, deren Quellen nie versiegen, auch nicht abgegraben werden können, was in dem ziemlich wasserarmen Perpignan von großem Wert ist. Die Kathedrale ist ein schönes, im vierzehnten Jahrhundert erbautes Gebäude. Es sind hier sehr geräumige Kasernen, und ein hübscher Exerzierplatz ist vor dem Kastell, der mich aber wenig ansprach, da die Exerzierplätze meine Antipathie waren und ich sie gerne aus der ganzen Welt verwünscht hätte; sie machten mir immer die tödlichste Langeweile, und doch müssen sie sein, solange man Soldaten braucht. Die Stadt hat auch einen botanischen Garten, eine Bibliothek, eine Börse, ein Theater, einige ziemlich große Plätze und hübsche Promenaden. Ganz in ihrer Nähe sind die Ruinen von Ruscino, das 828 zerstört wurde und aus denen Perpignan hervorgegangen ist; auch Rivesaltes, wo der köstliche Muskatwein wächst, liegt in ihrer Nähe. Ihre 16 000 Einwohner treiben viel Handel mit Weinen.

Meine artige Hauswirtin bat ich, mir den Mittagstisch bei ihr, versteht sich gegen gehörige Vergütung, zu geben, wozu sie sich aber nicht verstehen wollte, und überhaupt gegen die Gewohnheit der militärischen und auch anderen Strohwitwen sehr spröde tat. Kaum daß sie mir die Hand zum Kuß erlaubte, und wenn ich ihr dieselbe drükken wollte, gleich mit einem: „Fi donc, vous me faites mal" bei der Hand war. Drei Tage wohnte ich schon bei ihr, hatte es aber noch nicht weiter als bis zum Handkuß beim Willkomm und beim Abschied bringen können; den vierten wurde plötzlich bei der Parade der Befehl bekanntgemacht, daß wir in zweimal vierundzwanzig Stunden nach *Bayonne* abmarschieren würden. Ich teilte diese Nachricht sogleich der Madame Delongé bei meiner Nachhausekunft mit, worüber sie ganz erstaunt zusammenfuhr und zu erschrecken schien, und endlich mit einem: „Vous plaisantez“ herausfuhr. „Point du tout, c'est très sérieux“, erwiderte ich, und mich stellend, als setze ich dies Erstaunen auf Rechnung der Miete, fügte ich hinzu: „Aber seien Sie ganz ruhig, die Miete werde ich doch für den ganzen Monat berichtigen.“ Errötend ließ sie nochmals ein: „Fi donc, halten Sie mich für so interessiert?“ fallen. „Also ist es wirklich an dem, daß Ihr Bataillon schon übermorgen Perpignan verläßt?“ „Leider nur zu wahr“, seufzte ich, ihr die Hand wieder küssend und drückend, aber diesmal erfolgte kein „Fi donc“, sondern man ließ das niedliche Pätschchen in der meinigen ruhen. Ich zog es nun näher an mich, drückte es, ohne Widerstand zu finden, an mein Herz, und bald darauf einen Kuß auf die sich rötenden Wangen der Dame. „Sehen Sie“, sagte ich ihr jetzt, „was wir für eine kostbare Zeit vertändelt haben? Daran ist allein Ihre unzeitige Sprödigkeit schuld.“ „Ja, wer hätte auch denken können, daß . .“, hier blieb sie, sich besinnend, plötzlich stecken. „Fahren Sie doch fort, meine Schöne, daß wir uns so schnell trennen müssen? Ist es nicht das, was Sie sagen wollten?“ „Das nicht, aber –“ „Aber es ist doch so“, ergänzte ich nochmals, zog die immer röter werdende Madame Delongé an mich, und bald lag sie umschlungen in meinen Armen, Brust an Brust. „Sehen Sie, so geht es, wenn man die Grausame zur Unzeit spielen will.“ Es kam nun zu einem allerliebsten Schäferstündchen, nach dem mir die Dame offen gestand, daß, da die Herren vom Militär in der Regel so sehr volage seien, sie geglaubt habe, mich besser zu fesseln, wenn sie mich lüsterner nach der verbotenen Frucht mache; „denn“, setzte sie hinzu, „gar bald wird man vernachlässigt, wenn man sich so schnell ergibt“. „So, also haben Sie schon die Erfahrung gemacht“, versetzte ich lachend. „Das eben nicht, aber so habe ich immer gehört.“ „Ah, das ist etwas anderes, aber lassen Sie uns die kurze Zeit, die uns noch übrig bleibt, wohl nutzen.“ Dies taten wir denn auch, und so wohl, daß ich die zwei Nächte, die wir noch in Perpignan blieben, fast kein Auge zu schließen vermochte. Auch hatte ich nun die Ehre, ihr Tischgenosse mittags und abends zu sein, wofür ich Antoinetten, so durfte ich sie jetzt nur noch nennen, ein schönes goldenes Armband vor der Abreise, mit drei Pensées und dem eingegrabenen Datum, aber ohne Namenszug, zum ewigen Andenken verehrte. Auch das sie bedienende Mädchen, das in einem Kämmerchen neben der Herrin schlief und nur durch eine dünne Bretterwand von derselben geschieden war, bedachte ich großmütig, damit sie reinen Mund halte und die Blinde, Taube und Stumme spielen möchte, wenn sie mich allenfalls in den bloßen Strümpfen in das gastfreundliche Seitengemach schlüpfen sah oder hörte. Doch glaubte ich nicht mit Unrecht, daß sie die sehr Vertraute ihrer Dame war. Eben schlummerte ich ein wenig, als am Morgen nach der zweiten Nacht die Tambours das unerbittliche Rappellieren hören ließen. Ich nahm noch einmal Abschied, warf mich in die Uniform, schnallte den Degen um und riß mich nach einem letzten Kuß aus Liebchens heißen Armen. Eine Stunde darauf befand ich mich mit dem Bataillon auf dem Marsch nach Salces, von wo es über Narbonne nach *Carcasonne,* der Hauptstadt des Departements Aude, die am Fluß dieses Namens und an dem Kanal Du Midi liegt, ging.

Carcasonne ist zum Teil auf einem Felsen erbaut, und dieser Teil wird die Cité genannt. Die Stadt ist sehr alt, hat sehr beschädigte Mauern und ein altes, festes Kastell. Die Aude trennt sie in zwei Teile, von denen der untere, die Neustadt genannt, erst im vierzehnten Jahrhundert angelegt wurde. Sie hat eine sehenswerte Kathedrale, schöne Promenaden, ziemlich viel Handel, an siebzehntausend Einwohner, welche zum Teil in großen Tuchfabriken beschäftigt sind, und ist ziemlich gut gebaut.

Von Carcasonne führte uns der Weg über Villepinte nach *Villefranche,* ein kleines Städtchen im Departement Haute-Garonne, und von da nach *Toulouse,* wo mir ein Sejour gestattete, diese alte berühmte Stadt wenigstens oberflächlich kennenzulernen, von der man behauptet, daß sie durch eine griechische Kolonie gegründet wurde. Der kurze Aufenthalt in dieser Stadt erlaubte mir, wenig von ihren Sehenswürdigkeiten zu besuchen; doch sah ich das große und berühmte Stadthaus, hier Kapitolium genannt, ein sehr weitläufiges Gebäude, in welchem die Bildsäule der schönen Isaura aufgestellt ist, welche sich um die Blumenspiele (jeux floraux), die 1332 hier gestiftet wurden, sehr verdient gemacht, indem sie denselben zu Anfang des fünfzehnten Jahrhunderts eine sehr reiche Stiftung zuwandte, wodurch man in den Stand gesetzt wurde, dieses Fest fortan mit großem Glanz zu feiern, dessen Zweck war, die Dichtkunst zu ermutigen, indem man Preise für die besten Gedichte austeilte, die in goldenen und silbernen, schön emaillierten Blumen bestanden. Im Jahre 1695 wurde das Fest in eine förmliche Akademie umgewandelt und mit großem Gepränge bis zur Revolution begangen, dann aber lange Zeit unterbrochen. Erst seit zwei Jahren vor meiner Anwesenheit zu Toulouse hatte man dasselbe wieder installiert, aber noch war es nicht zu seinem früheren Glanz gelangt. Der Gürtel der marmornen Statue Isaurens ist von gewundenen Blumen, und einen gleichen Kranz hat sie auf ihrem Haupt. Nach der Statue zu urteilen, muß die Dame sehr schön gewesen sein, wie sie denn auch wegen ihrer Schönheit berühmt und von den Preisbewerbern hoch verehrt war. 1793 war ihre Bildsäule nahe daran, zertrümmert zu werden, da sie das Volk für eine Heilige hielt, und es kostete nicht wenig Mühe, es eines Bessern zu belehren. Merkwürdig sind auch noch die hier aufbewahrten und auf Pergament geschriebenen Jahrbücher von Toulouse, die mit sehr vielen Malereien im Geschmack jener Zeit verziert sind; sie beginnen mit dem

Jahre 1288. Das alte Schloß der Grafen von Toulouse ist auch noch vorhanden, und ein sonderbares Gebäude. Unter den vielen Kirchen, beinahe ein halbes Hundert, welche die Stadt noch aufzuweisen hat und von denen mehrere prachtvoll sind, ist die Hauptkirche, dem heiligen Stephan geweiht, besonders wegen ihres schönen Chors merkwürdig, sowie weil von der Kanzel derselben der heilige Bernhard und der heilige Dominikus zwei Kreuzzüge gegen die Ungläubigen predigten.

Toulouse liegt an der Garonne, die sie in zwei Teile teilt, von denen der kleinere St. Cyprien heißt, beide sind durch eine sehr schöne Brücke verbunden, die im 17. Jahrhundert erbaut wurde und zu der ein Triumphbogen führt. Wälle und alte Mauern befestigen die Stadt, die breite, gutgepflasterte Straßen, zum Teil schöne Häuser, einige große Plätze und sehr schöne Promenaden hat, wozu man die herrliche Esplanade zählen muß. Auch ist hier eine gute Kanonengießerei. Die Zahl der Einwohner mag an achzigtausend betragen. Die Lage und die Umgebung der Stadt ist himmlisch. In dieser Stadt wurde 1762 der unglückliche und unschuldige Calas als ein Opfer des scheußlichen Ungeheuers, religiöser Fanatismus genannt, hingerichtet.

Von Toulouse marschierten wir über mehrere unbedeutende Orte nach *Auch,* Hauptstadt des Departements Gers, welche an dem Ufer des Flusses Gers sich amphitheatralisch an eine Anhöhe lehnt und ungefähr neuntausend Einwohner haben mag. Der alte erzbischöfliche Palast dieser Stadt ist ein interessantes Gebäude, die Hauptkirche hat schön gemalte Glasfenster und sehr künstliches Schnitzwerk in dem herrlichen Chor. Die Prachttreppe, welche zu dieser Kirche führt, hat zweihundert Granitstufen. Von dem großen Platz hat man eine vortreffliche Aussicht auf die Pyrenäen.

Über *Mirande* an der Baïse, das ehedem befestigt war, und einige minder bedeutende Orte kamen wir nach *Tarbes* an der Adour, Hauptstadt des Departements der

Hautes-Pyrenées, die schon vor Cäsars Zeiten vorhanden und unter den Römern sehr blühend war, im Mittelalter und in den Religionskriegen oft geplündert und verheert wurde, sie war ehedem die Hauptstadt der Grafschaft Bigorre. Diese Stadt liegt schon an einem Abhang der Pyrenäen, in einer schönen Ebene, ihre Häuser sind meistens aus einem grauen Marmor, der in den nahen Steinbrüchen des Gebirges gefunden wird, erbaut. Ihre alte Kathedrale hat ein sehr respektables Ansehen. Von hier aus werden viele Ausflüge in die Bäder der Pyrenäen und das Gebirge selbst gemacht, wozu sich immer passende Gelegenheiten finden.

Von *Tarbes* kamen wir nach dem Geburtsort Heinrich IV., nach *Pau*, der ehemaligen Hauptstadt von Bearn, jetzt die der Basses-Pyrenées. Auch Bernadotte, der nachmalige König von Schweden (Karl XIV.), wurde hier geboren. Sie liegt am rechten Ufer der Gave de Pau, hat ziemlich breite und gut gebaute Straßen und an neuntausend Einwohner. In den Mauern des alten, einer großen Burg ähnlichen Schlosses, das dereinst die Residenz der Könige von Navarra war, hat Heinrich IV. das Licht der Welt erblickt. Zur Zeit der Französischen Revolution wurde es sehr mitgenommen und dann zum Staatsgefängnis gemacht; aber der Park, in welchem Heinrich so oft der Jagdlust pflegte, ist noch vorhanden, ebenso der Cours Bayard, der eine der besuchtesten Promenaden ist, deren es hier sehr schöne gibt. Von der Brücke, die über den Gave de Pau führt, hat man eine großartige Aussicht auf die sich riesenmäßig amphitheatralisch erhebenden Pyrenäen. Der Aufenthalt in Pau ist wegen seiner reinen und gesunden Luft sehr gesucht, und das ganze Jahr hindurch halten sich viele Fremde hier auf. Auch ist das Leben angenehm und wohlfeil, die Einwohner sind leutselig und gefällig. Die Umgegend ist entzückend und sehr malerisch.

In Pau sollten wir bis auf weitere Order liegen bleiben; die ganze Umgegend, besonders nach *Bayonne* zu, wimmelte von Truppen jeder Waffengattung, die zum Teil auf Wagen herbeigefahren waren, was uns nicht so gut geworden. Niemand konnte noch mit einiger Gewißheit sagen, was diese abermalige Versammlung eines Heeres in dieser Gegend bezwecke, obgleich jedermann der Meinung war, daß es auf Spanien abgesehen sein müsse und wir dem Marschall Junot folgen würden, da schon Truppen vom zweiten sogenannten Observationskorps in Spanien eingerückt waren.

Die Weihnachten und das Neujahr 1808 hatten wir diesmal auf dem Marsch zugebracht, ohne an irgendeine Feier zu denken. Jetzt erhielt das Bataillon Befehl, gegen Bayonne aufzubrechen, in dessen Nähe es verlegt werden sollte. Zu der nach Spanien bestimmten Armee hatte man besonders neu formierte Korps gebildet, welche die Benennung Légions de réserve für die Infanterie und Régiments provisoirs für die Kavallerie, Dragoner, Kürassiere, Chausseurs à cheval usw. erhielten. Die Mannschaft dazu hatte man teils aus den Depots anderer Regimenter, teils aus der antizipierten Konskription von dem Jahre 1808 genommen. Schon längst hatte ich eine Versetzung in ein französisches Regiment und das Regiment Y. zu verlassen gewünscht, aber bis jetzt vergeblich danach getrachtet, und am liebsten wäre ich zur leichten Kavallerie, namentlich zu den Husaren oder Chasseurs à cheval gegangen. Jetzt schien mir die Formierung des nach Spanien bestimmten Heeres eine passende Gelegenheit, dieses Projekt auszuführen und die Versetzung zu einem andern Regiment durchsetzen zu können, obgleich ich aller Protektion dazu entbehrte. Meine Dienstzertifikate (états de services) hatte ich mir vor unserer Abreise nach Neapel ausfertigen lassen. Ich lag mit meiner Kompagnie in einem ungefähr anderthalb Stunden von *Bayonne* entfernten Weiler, besuchte aber oft diese Stadt, in welcher sich jetzt ein sehr glänzender und zahlreicher Generalstab befand und die das große Depot für alle nach Spanien bestimmten Truppen wurde und beständig von Offizieren und

Soldaten aller Waffengattungen wimmelte. Hier machte ich in einem Kaffeehause die Bekanntschaft eines Stabsoffiziers vom zweiten Regiment Garde de Paris, das dem zweiten Observationskorps der Gironde zugeteilt war, welches der General Dupont en chef kommandierte. Durch diesen Offizier, einen Bataillonschef namens Bardin, erfuhr ich, daß unser ehemaliger Oberst, Fürst Y...., ganz kürzlich als Brigadegeneral bei der ersten Division des vom Marschall Moncey befehligten Observationskorps stand. Bardin hatte den Fürsten öfters in Paris gesehen und fragte mich nach dessen Verhältnissen in Deutschland. Wir waren beide bald darin einverstanden, daß sich derselbe niemals als ein großer Held im Felde hervortun würde, auch riet mir Bardin, alles anzuwenden, um in ein anderes Regiment zu kommen, da das Regiment Y...., sowie Latour d'Auvergne, in einem schlimmen Ruf in der Armee stünde wegen der Desertionen und Exzesse, welche sich Soldaten und Offiziere desselben schuldig machten. Ich erwiderte ihm, daß der Rat wohl gut und dies schon längst mein Wunsch sei, aber es mir durchaus an Bekanntschaften fehle, um ihn in Erfüllung zu bringen, und dies um so schwerer sei, als ich kein geborener Franzose, sondern jetzt ein Untertan des Großherzogs von Frankfurt sei. Bardin erkundigte sich nach meinen bisherigen Dienstverhältnissen, nach den Kampagnen, die ich bereits gemacht, und ersuchte mich, ihm meine Etats de services den nächsten Tag mitzubringen, er könne vielleicht Mittel und Wege finden, mir in dieser Angelegenheit behilflich zu sein. Mit Freuden tat ich, was er verlangt, und brachte ihm schon den nächsten Morgen die gewünschten Papiere in sein Quartier. Nachdem er sie durchgesehen, versprach er mir, sich bei dem General Legendre, der er persönlich kenne und der Chef vom Etat Major bei dem vom General Dupont befehligten Armeekorps von 25 000 Mann sei, für mich zu verwenden und mich ihm bestens zu empfehlen. Bald versicherte er mich, daß meine Angelegenheit recht gut stünde und ich nächstens Neues erfahren werde. In der Tat wurde ich schon zehn Tage später auf Befehl des Marschalls Moncey provisorisch der dritten Legion der Reserve zugeteilt und bald darauf vom Kriegsminister definitiv bei derselben angestellt. Unterdessen hatte ich Bayonne und seine Umgebung gehörig kennengelernt und rekognosziert. Diese Stadt, die eine kleine Stunde von der See im Departement der Basses-Pyrenées, am Zusammenfluß der Adour und der Nive liegt, ist gleichsam in drei Städte geteilt, nämlich Groß-Bayonne, Klein-Bayonne und eine Vorstadt, die St. Esprit heißt und jenseits des Adour im Departement Landes liegt. Sie ist im allgemeinen hübsch gebaut und hat schöne Promenaden längs dem Adour, an 20 000 Einwohner und besonders viel Handel mit Spanien. Schon ihre Bauart, die meisten Häuser haben Vorhallen mit Balkons, und die Sprache, die man daselbst spricht, das Baskische mit spanischen Wörtern untermischt, deuten auf die Nähe Spaniens. Ihre Zitadelle, ein regelmäßiges Viereck, ist ein Meisterstück Vaubans und beherrscht die ganze Stadt; alle Kenner des Fortifikationswesens bewundern sie; man hat eine herrliche Aussicht von derselben. Der Platz Grammont und der Platz d'Armes sind groß und schön. Die Hauptkirche verdient gesehen zu werden. Besonders merkwürdig ist der Hafen, vor dem ein gigantisches Machwerk, La Barre genannt, steht, es ist eine Mauer, die ihn umschließt und die Einfahrt in denselben erschwert. Sie wurde unter Heinrich IV. aufgeführt und ist über zwanzig Fuß hoch und über zwölf Fuß dick, eine halbe Stunde lang und schützt gegen das Austreten der Flüsse, wenn die Flut des Meeres steigt. Bayonne gehörte längere Zeit zu dem Herzogtum Aquitanien, dann besaßen es die Engländer, denen es Karl VII. wieder abnahm. Seitdem wurde es vierzehnmal vergeblich belagert und nennt sich nun stolz: „Die jungfräuliche Festung". Hier wurde 1679 auch die so gefährliche Waffe der Bajonette erfunden, die von dieser Stadt ihren Namen haben.

Von Bayonne wurde ich nach *Bordeaux* beordert, wo noch eine Abteilung der Legion, bei der ich jetzt stand, lag. Ich fuhr mit der Post dahin und ließ meine beiden Pferde – ein zweites sehr gutes hatte ich in Pau gekauft – durch meinen Reitknecht nachbringen. Ohne mich irgendwo aufzuhalten, erreichte ich diese berühmte Handelsstadt Frankreichs und meldete mich bei dem das zweite Bataillon kommandierenden Bataillonschef, der mir die dritte Kompagnie seines Bataillons übergab. Diese Legionen hatten weder Grenadier-, Karabiniers- noch Voltigeurs-Kompagnien. Herr Morlot, so hieß mein Chef, nahm mich recht freundlich auf und teilte mir mit, daß er jeden Tag den Befehl zum Abmarsch nach Bayonne erwarte, da die vier letzten Kompagnien schon völlig organisiert und marschfertig seien. Ich ließ mir schnell die bei meiner Legion notwendige neue Uniform machen und gab meinen neuen Kameraden, die sämtlich aus verschiedenen französischen Regimentern zu derselben versetzt worden waren, ein kleines Fest, nämlich ein Dejeuner, bei dem die Bayonner Schinken und die besten Bordeauxweine die Hauptbestandteile ausmachten und in Überfluß serviert wurden. Denselben Abend besuchten wir das große schöne Theater, unstreitig das schönste in Frankreich, das 1781 erbaut wurde und ein Meisterstück des Architekten Louis, sowie der Baukunst überhaupt ist. Seine prächtige Fassade ist mit zwölf korinthischen Säulen verziert, und zwölf mit den Säulen korrespondierende Statuen schmükken die Balustrade. Das Vestibül und die Prachttreppe sind majestätisch. Außer der großen Bühne, die zum Teil außerordentlich schöne Dekorationen, wirkliche Meisterstücke der Dekorationsmalerei, aufzuweisen hat, sind noch viele Säle, wie der für Konzerte, das prächtige Foyer, der Malersaal usw., alle der Pracht des Gebäudes entsprechend, in demselben.

Da wir jede Stunde den Befehl zum Abmarsch erwarteten, so beeilte ich mich, so schnell wie möglich die berühmte Handelsstadt und ihre Merkwürdigkeiten zu sehen. Sie ist die Hauptstadt des Departements Gironde und liegt am linken Ufer der Garonne, ist groß und meistens schön gebaut, besonders das prächtige Quartier du chapeau rouge. Unter den vielen Kirchen ist die dem heiligen Andreas gewidmete Kathedrale mit ihren gotischen Türmen besonders zu bemerken. Die „Zum heiligen Kreuz“ stammt aus dem zehnten Jahrhundert und hat schöne Gemälde. Der erzbischöfliche Palast ist ein Prachtgebäude, in welchem in der Regel die Herrscher von Frankreich ihr Absteigequartier nehmen, wenn sie Bordeaux besuchen; er hat eine königliche Einrichtung und einen sehr schönen Garten. Der Hafen ist gut und geräumig, er hat für mehr als tausend Schiffe Platz, und vermittelst der Flut können die größten Kauffahrteischiffe in denselben einlaufen. Von dem alten Schloß Trompette und dem Fort du Ha sind nur noch einzelne Teile vorhanden. – Unter den unabhängigen Galliern war Bordeaux schon eine sehr bedeutende Stadt, welche den Namen Biturigen führte. Unter den Römern, die sie Burdigala nannten, kam sie zu hohem Flor, aus welcher Zeit noch Überreste eines Amphitheaters vorhanden sind, das man das Palais Gallien nannte. Auch ihre Schulen waren zur Zeit der Römer so berühmt, daß viele der Vornehmen ihre Kinder hierher sandten. Von 1204 bis 1451 war sie die Hauptstadt der englischen Besitzungen in Frankreich. In Friedenszeiten ist diese Stadt der Sitz eines Welthandels, besonders versendet sie ihre köstlichen Weine in alle Gegenden der bekannten Erde, und ihr Hafen ist dann ein Mastenwald, an dem alle Nationen teilhaben. Ihre Kais am Ufer der hier majestätischen Garonne sind mit Prachtbauten geschmückt, von ihren großen Plätzen liegt der schönste in der Mitte vor dem Hafen. Noch muß ich des Marinepalastes und des alten Stadthauses als sehenswert erwähnen. Bis zur Revolution war sie die Hauptstadt der Statthalterschaften von Guyenne und Gascogne. Obgleich die kriegerischen Aspekte in ihrer Nähe jetzt alle Gemüter in Spannung hielten, so waren die Einwohner dennoch ein sehr heiteres und lebenslustiges Völkchen, und die Stadt nach Paris vielleicht die lebendigste in ganz Frankreich. Nicht leicht wird man mit einer zuvorkommenderen Freundlichkeit aufgenommen wie hier. Obgleich ohne alle Empfehlungen, hatte ich doch in der kurzen Zeit meines Aufenthaltes, kaum fünf Tage, die Bekanntschaft mehrerer angesehener Einwohner gemacht und Zutritt in deren Häuser erhalten, wo man mir die feinsten französischen und spanischen Weine vorstellte, mit denen man dort sehr freigebig ist. Alle Weine des Departements der Gironde und selbst eines Teils der angrenzenden Departements werden Bordeauxweine genannt und als solche versendet. – Viele berühmte Männer sind hier geboren, unter denen ich nur Montesquieu, Biron, Vergniaud und den Konsul Ausonius namhaft machen will.

Die Umgebungen von Bordeaux, die ich wenig zu sehen Gelegenheit hatte, sind im allgemeinen ziemlich steril und öde, doch macht die zwischen der Garonne und Dordogne, entre deux mers genannt, eine Ausnahme; sie hat romantische Anhöhen und schöne Landhäuser und Gärten. Den berühmten Leuchtturm, La tour de Corduan genannt, der auf einem hohen Felsen im Meer an der Mündung der Garonne erbaut ist, sah ich nur aus der Ferne. Man sieht dessen Feuer auf eine Entfernung von fünfzehn Stunden im Ozean. Vier Stunden von Bordeaux liegt das durch den Aufenthalt Montesquieus berühmt gewordene Schloß La Brède.

Den sechsten Tag nach meiner Ankunft zu Bordeaux erhielten wir Befehl zum schleunigen Abmarsch nach Bayonne, den wir den folgenden in aller Frühe antraten. Durch verschiedene unbedeutende Orte kamen wir nach *Bazas*, die alte Hauptstadt der Vasates, nach *Mont de Marsan*, Hauptstadt des Departements des Landes, die hübsche Umgebungen hat, *Dax* oder *Acqs*, das alte Aquae Augustae, am Adour, mit ungefähr sechstausend Einwohnern. Diese Stadt ist durch mit Mauern flankierte Türme und ein altes Schloß befestigt; ihre heißen Quellen waren schon zur Römerzeit berühmt, sind gegen Gicht sehr wirksam und machen die Luft in ihrer Nähe schwül. Von hier marschierten wir nach Bayonne, wurden aber vorerst nach *Hasparren*, ein Kantonstädtchen in der Nähe von Bayonne, verlegt, wo wir jedoch nur zwei Tage blieben. Es war jetzt die ganze Gegend so sehr mit Truppen aller Art angefüllt, daß nicht selten Stabsoffiziere in den elendesten Baracken einquartiert waren. Ich selbst hatte noch ein ziemlich leidliches Quartier mit noch einigen anderen Offizieren bei einem Viehhändler.

Die Vereinigung einer solchen Truppenmasse auf diesem Punkt und der Zweck derselben war, wie gesagt, noch immer ein halbes Rätsel. Daß es Spanien gelten solle und wir den sich schon daselbst befindlichen Truppen folgen würden, war ein großes Geheimnis, das noch niemand zu enthüllen vermochte. Aber was dort tun, da ja Frankreich im tiefsten Frieden mit diesem Lande lebte und sein Herrscher der beste Freund Karls IV. schien? Daß das kleine Portugal eine solche Heermasse notwendig mache, wollte niemand einleuchten. Aber niemand fiel es auch nur im Traum ein, daß es auf Spanien abgesehen sei, und keiner von uns hielt damals den Kaiser Napoleon solcher heillosen Intrigen fähig, wie er sie bald darauf anspann. Diese große Beutelschneiderei, denn wie soll man es anders nennen, durch welche er Spanien an sein Haus bringen wollte, war eine ebenso dumme als unpolitische Büberei, ein Schurkenstreich, der bittere Früchte tragen mußte und der, als er bekannt wurde und offenbar am Tag lag, auch die eifrigsten Verehrer und Anbeter seines Urhebers tief betrübte und verletzte. Dabei wurde alles so linkisch angesponnen und angegriffen, daß es kaum zu begreifen, wo Napoleon seinen Kopf hatte; denn hätte er sich nur öffentlich gegen den mit Recht verhaßten und verachteten Friedensfürsten Godoï erklärt und dann dem spanischen Volk einige Monate Zeit gelassen, seinen angebeteten Götzen Ferdinand VII. näher kennenzulernen, so hätte er das leichteste Spiel von der

Welt und die ganze spanische Nation für sich gehabt, so wie seine erbärmliche Hinterlist und dummtückischen Streiche ihm dieselbe notwendig zum erbittertsten Feind machen mußten. – Diese verblendete Einsichtslosigkeit und Schlechtigkeit mußte Napoleon schwer büßen.
Der geheime Vertrag, der im Oktober 1807 zwischen beiden Kronen abgeschlossen war, besagte, daß ein Korps von vierundzwanzigtausend Mann französischer Truppen sich im November bei Bayonne versammeln und bereit halten sollte, in Spanien einzurücken, um nach Portugal zu marschieren und den Engländern, welche dieses Land unaufhörlich bedrohten, zuvorzukommen. Diesen Heerhaufen hatte man das erste Observationskorps der Gironde genannt, und es rückte schnell in Spanien vor. Hierauf wurde sogleich ein zweites, ebenso starkes formiert und nach Bayonne und die Umgegend verlegt, zu dem wir gehörten; dieses sollte nun schnell in Spanien einrücken, aber immer als Verbündete des Herrschers dieses Landes. Schon anfangs Dezember war ein Teil desselben dem ersten Korps nach Spanien gefolgt, und unsere Legion erhielt noch in der ersten Hälfte des Monats Januar denselben Befehl. – *St. Jean de Luz*, ein großer Hafen im Golf der Gascogne, eine Grenzfestung gegen Spanien mit ungefähr viertausend Einwohnern, war das letzte französische Nachtquartier vor unserem Einmarsch in Spanien. Hier war es, wo Ludwig XIV., nach dem mit diesem Land geschlossenen Frieden, 1660 seine Vermählung mit der Infantin Theresia, der Tochter Philipp IV., feierte. 1793 hatte daselbst ein Gefecht zwischen Spaniern und den Franzosen stattgefunden. – Es war am 13. Januar 1808, als wir über die Bidassoa gingen, die Spanien von Frankreich trennt, und so die Grenze überschritten. Auch dieser Fluß war ein verhängnisvoller Rubikon für Napoleon.

IX

Einmarsch in Spanien – Irun – Die baskischen Provinzen – Hernani – Tolosa – Bergara – Mondragon – Vittoria – Miranda de Ebro – Der Engpaß Garganta Pancorbo – Briviesca – Burgos – Haus und Denkmal des Cid – Prächtige Kirchen – Quintana de la Puente – Torrequemado – Valladolid – Ein Autodafé – Eine schöne Andalusierin – Ungewißheit und Gerüchte über Napoleons Absichten hinsichtlich Spaniens – Marsch nach Segovia – San Ildefonso – La Granja – Biwak bei Segovia – San Lorenzo – El Pardo – Glänzender Einmarsch in Madrid

Unser erstes Nachtquartier auf spanischem Boden war *Irun*, ein sehr altes Nest, das schon zur Zeit der Römer stand und jetzt kaum zweitausend Einwohner zählen mochte, die größtenteils von den Passanten leben, die sich von Frankreich nach Spanien, und so umgekehrt, begeben. Diese Stadt mit ihren schmutzigen, schlecht gebauten Straßen gab uns eben keinen guten Vorgeschmack von dem, was uns in Spanien erwartete. Hier begann in einer Hinsicht so ziemlich wieder das italienische Leben, das heißt, die Leute wurden nicht einquartiert, sondern in Kasernen oder andere große Gebäude gelegt und später auch wieder in Kirchen und Klöster. Sie bekamen ihre Rationen Fleisch, Brot, Wein, Zugemüse usw. und mußten sich alles selbst kochen und zubereiten; dies ist zwar auch der Fall in Frankreich, aber außer dem, daß der Soldat bei dem Bürger einquartiert ist, der ihm auch Holz und Licht geben muß, geschieht es nicht selten, daß letzterer noch einen Extrabraten und allerlei Zutaten in die Küche seiner Einquartierung liefert, wenn er nicht zu den Schmutzfilzen gehört. Die gelieferten Rationen waren in Spanien im Durchschnitt noch weit schlechter als in Italien, besonders das Ziegenfleisch von keiner guten Qualität. – Wenn man die auf gemeinschaftliche Kosten Spaniens und Frankreichs erbaute und unterhaltene Brücke der Bidassoa passiert ist, befindet man sich in der *Guipuzcoa*, die nebst *Biscaya* und *Alava* die baskischen Provinzen bildet. Hier erinnert auch nichts mehr an das eben verlassene Frankreich; Charakter, Sitten, Gebräuche und selbst die Bauart und die Wohnungen sind so himmelweit verschieden, daß man glauben sollte, beide Länder wären durch viele hundert Meilen getrennt und man sei durch einen Zauberflug von dem einen in das andere versetzt worden. Das Hauptquartier unseres Armeekorps war in *Valladolid*, und die Legionen und Regimenter kantonierten längs des Duero. Die vier ersten Kompagnien unserer Legion wurden in die Gegend von *Burgos* verlegt, wohin vorerst unsere Bestimmung lautete. Von Irun marschierten wir über *Hernani* nach *Tolosa*. Der Weg ging durch ein fruchtbares und gut angebautes, lachendes Tal, in dem *Hernani*, ein großer von Bergen umgebener Flecken, der blendendweiße Häuser und schöne Baumgruppen hat, liegt. *Tolosa* ist kein unfreundliches Städtchen am *Oria* und *Araxes*, über den letzteren führt eine hübsche Brücke mit einem Turm. Die Stadt konnte ungefähr fünftausend Einwohner haben und ist besonders wegen ihrem Eisenblech, ihren Kupfergeräten, Kessel- und Nagelfabriken in Spanien bekannt, sowie wegen dem sich dort befindlichen baskischen Archiv berühmt, da hier die alten baskischen Stände ihre Sitzungen hielten. Sie ist ummauert und die Hauptstadt Guipuzcoas, in dessen Mitte sie liegt. Man hält die Basken für direkte Nachkommen der tapferen Kantabrier. Sie haben noch immer eine ganz eigentümliche Sprache, el basquence, die weder mit der spanischen noch mit anderen Sprachen irgendeine Ähnlichkeit hat; auch hat sich die Tapferkeit, der Mut und die körperliche Stärke ihrer Vorfahren bei ihnen erhalten. Jeder Einwohner, jeder Bauer dieser Provinz behauptet, er sei von Adel, und wer kann ihm diese Behauptung streitig machen, als etwa ein hirnverrückter Stammbaumsfabrikant? –

Noch zeigten sich die Bewohner der baskischen Provinzen nicht feindselig gegen uns, obgleich manche dieser verbrannten Gesichter allerdings schon Mißtrauen ausdrückten und uns mit zweideutigen Blicken ansahen. Die

Frauen und Mädchen dieser Gegend sind niedliche Geschöpfe, und die Landmädchen, welche ihre Haare in langen, mit Bändern geschmückten Flechten, die ihnen über die Schultern herabfallen, tragen, sind äußerst lebhaft und munter. Auf dem Kopf haben sie dünne Musselinschleier, die um die Achseln fliegen, angeheftet. Die es nur irgend aufbringen können, tragen goldene Ohrringe, mitunter auch Perlen und Halsketten von Korallen. Ihr Anzug ist sehr nett, und da sie in der Regel gut gewachsen sind, so stehen ihnen ihre Leibchen oder Jäckchen allerliebst. Was mich hier am meisten ärgerte, war, daß ich mich mit den Einwohnern und also auch mit den Frauen weder verständigen noch unterhalten und deshalb an keine galanten Abenteuer denken konnte. Ich hatte geglaubt, mir mit dem Italienischen helfen zu können, wenn ich an das Ende der Wörter nur ein s oder os hinge. Aber dies ging nicht; namentlich in den baskischen Provinzen, wo die Sprache eine ganz verschiedene ist; aber auch in einem großen Teil des übrigen Spaniens konnte ich mir nicht wohl damit forthelfen, da, wenn auch die Worte oft ganz ähnlich, ja sogar ganz dieselben, Aussprache und Akzent jedoch himmelweit verschieden sind und man sich erst an diese gewöhnen muß, namentlich in den Provinzen, wo das Spanische schlecht oder verdorben gesprochen wird. Ich nahm mir zwar vor, jetzt die spanische Sprache zu studieren, aber hiezu ließen mir die Kriegsbegebenheiten und Unruhen wenig Zeit, und ich konnte es nicht weiter bringen, als mich notdürftig im Spanischen auszudrücken, auch kamen wir, einige Fälle ausgenommen, zu wenig in nähere Berührung mit den Einwohnern; doch konnte ich bald den Cervantes, Calderon, Lope de Vega und andere spanische Autoren im Original lesen, namentlich amüsierte und erheiterte mich Don Quichotte nicht wenig.

Von Tolosa war unser nächster Marsch nach *Villa Real*, ein Flecken, der eben nichts Königliches aufzuweisen hatte; ein paar Kompagnien mußten in dem nahen Dorf

Zummaraya übernachten. Von hier kamen wir über das Städtchen *Bergara* an der Deva nach *Mondragon*, ein Ort, der nicht unbedeutende Waffenfabriken hat. Der Weg von Bergara bis *Vittoria* ist fortwährend mit freundlichen Dörfern und vielen Landhäusern besäet, die fast ununterbrochen zusammenhängen. Überhaupt sind die baskischen Provinzen sehr bevölkert und trefflich angebaut, was sie von dem übrigen Spanien sehr zu ihrem Vorteil unterscheidet und was sie ihrer viel freieren Verfassung zu danken haben, welche die Betriebsamkeit und den Handel ihrer Bewohner anspornte. Auf diesem Wege hatten wir fast beständig den im Tale wogenden Fluß *Zadorra* vor Augen, der dessen reizendste Partien in Krümmungen durchschneidet. Alles kündigte hier einen gewissen Wohlstand an, die Landleute, Männer wie Frauen, waren reinlich und gut gekleidet. Von Mondragon stiegen wir auf den Berg, auf dem der Flecken *Salinas* liegt, von dem man noch eine Strecke über diesen Teil der Pyrenäen kommt, dann aber geht es fast beständig bergab bis *Vittoria*, das man nun bald vor sich liegen sieht. In dieser Hauptstadt der Provinz Alava hatten wir einen Rasttag. Sie liegt in einem schönen, gut angebauten und von Ortschaften umgebenen Tal, das ringsum mit Bergen und Höhen begrenzt ist. Diese Stadt, die etwa achttausend Einwohner zählen mochte, teilt sich in die Neu- und die Altstadt. Letztere ist mit einer doppelten Mauer umgeben, von denen die eine weit älter als die andere ist; auch hat sie enge Straßen und schlecht gebaute Häuser, während die Neustadt weit besser angelegt ist und einen schönen großen viereckigen Platz hat, auf den vier Straßen führen und in dessen Mitte sich ein schöner Brunnen befindet. Das Stadthaus nebst zwei Klöstern liegen auf diesem Platze. Die meisten Kirchen sind im gotischen Stil erbaut, die der Karmeliter ist eine der schönsten. Es werden hier jedes Jahr drei besondere, dieser Stadt ganz eigentümliche Feste gefeiert, nämlich das der Jungfrauen, das der mannbaren Jünglinge und das der Eheleute; die beiden ersteren sollen fröhlich und munter, das letztere aber sehr düster und langweilig sein.

Vittoria, das auch schöne Spaziergänge hat, verlassend, kamen wir in eine herrliche Ebene, in welcher mehr als dreihundert Dörfer und Weiler lagen; oft berührten wir noch die Ufer des Zadorra. Über *Puebla* marschierend, kamen wir durch eine sehr enge Passage in das Tal des Ebro und an eine Marmorsäule, deren Inschrift besagte, daß hier die Grenze zwischen Alava und Altkastilien sei. Diesen Weg, den zu ebnen und über die Gebirge praktikabel zu machen, große Anstrengungen erforderte, da sich ungewöhnliche Schwierigkeiten zeigten, haben die baskischen Provinzen in Gemeinschaft angelegt. Besonders muß es außerordentliche Mühe gekostet haben, die jähen Abhänge wegsam zu machen, Abgründe zu umgehen und Felsenriffe wegzuräumen. Nach sechs Stunden eines mühsamen Marsches kamen wir bei *Miranda de Ebro* an, welches an diesem Fluß liegt, über den hier eine acht Bogen lange Brücke führt. Noch bevor wir Alava verließen, begegneten wir einem seltsamen Leichenbegängnis; man begrub nämlich in einem Dorfe ein kleines, weißgekleidetes Kind, dessen Köpfchen mit einem weißen Rosenkranz geschmückt war und das offen in der Bahre lag. Das Sonderbarste aber war, daß dieser kleinen Leiche eine Musikbande voranzog, welche lustige und muntere Melodien spielte und hinter der ein Kind, ein Kreuz tragend, fröhlich einherhüpfte. Man sagte mir, daß die Kinder in den baskischen Provinzen alle auf ähnliche Weise begraben würden, weil man sie glücklich preist zu sterben, bevor sie noch des Lebens Mühen, Beschwerden und Drangsale kennenlernten, und die Eltern trösten sich mit einem: „Es war Gottes Wille."

Miranda ist ein kleines, nahe an den Bergen liegendes Städtchen; auf einer Höhe sieht man noch die Trümmer eines Schlosses und mehrere Türme desselben. Aus dem Felsen, auf dem diese Ruinen liegen, entspringt eine sehr reichhaltige Quelle, die mehrere Mühlen in Bewegung setzt. Das Städtchen mochte etwa 2000 Einwohner zählen. Von hier marschierten wir über *Pancorbo* nach *Briviesca.* Miranda verlassend, hat man über eine Stunde fortwährend eine hohe Felsenwand vor Augen, von der man keinen Ausweg erblickt und die, gleich einer ungeheuern Mauer an der Welt Ende, alle Passage zu versperren scheint. Erst wenn man dicht vor dem Felsen angekommen ist, eröffnet sich eine enge Schlucht, durch welche man nach Pancorbo gelangt. Dieser Engpaß führt durch zwei ungeheuer hohe Felsenmassen, deren Spitzen sich gegeneinander zu neigen scheinen und die kaum durch einen zehn Schuh weiten Raum getrennt sind. Dieser Hohlweg ist beinahe eine Viertelstunde lang; die Felsen wölben sich so über dem Haupte des Durchgehenden, daß man fürchtet, sie jeden Augenblick herabstürzen zu sehen und von ihnen zermalmt zu werden. Dieser Engpaß heißt *Garganta de Pancorbo* und ist, gehörig verteidigt, uneinnehmbar, es ist eine wahre Höllenschlucht; eine Kompagnie kann hier das größte Heer aufhalten. Hat man ihn passiert, so erblickt man das Städtchen Pancorbo, das am Eingange eines Tals liegt. Durch einige elende Dörfer kommt man dann nach *Briviesca*, welches durch die Versammlung der Cortes, die Johann I. im Jahr 1388 hierher berief und die dem Kronprinzen von Kastilien für ewige Zeiten den Titel eines Prinzen von Asturien beilegte, bis – es weder Kronprinzen noch Könige von Kastilien mehr gab, wie es mit allen menschlichen Ewigkeiten zu gehen pflegt, merkwürdig ist. Die Stadt liegt an der Oca, ist mit Mauern umgeben und hat vier Tore; in ihrer Nähe sind zwei tiefe mineralische Teiche, der Pozzo negro und Pozzo blanco genannt.

Von Briviesca führte uns der Weg über *Monasterio, Quintanapalla* durch ein noch ziemlich gut angebautes, mit vielen Pappeln und Weiden bepflanztes Tal, immer bergauf bis Monasterio, nach *Burgos.* Wir kamen auf dem Marsche dahin über eine auf einem Berge liegende große Fläche, von der herab die Gewässer durch den Duero in

das Weltmeer und durch den Ebro in das Mittelländische Meer abfließen. Diese weite Fläche ist teilweise mit prächtigen Bäumen und aromatischen Gesträuchen bewachsen. Von hier sieht man die Hauptstadt Altkastiliens noch in ziemlicher Entfernung vor sich und den Berg Oca links liegen.
Burgos hat eine sehr anmutige Lage am Fuße eines ziemlich hohen Berges, an dem Fluß Arlanzon, der sie in zwei sehr ungleiche Teile trennt und ihre Mauern bespült. Sie ist groß, aber unregelmäßig gebaut, hat bis auf wenige Ausnahmen enge und krumme Straßen, einige freie Plätze und ist mit dicken Mauern umgeben. Drei Brücken, aus Quadersteinen erbaut, verbinden die Stadt mit der Vorstadt Bega, in welcher sich auch die meisten Klöster und öffentlichen Anstalten befinden und die sehr bevölkert ist und schöne Gärten und Promenaden hat. Unter den Bildsäulen, welche diese Stadt aufzuweisen hat, ist namentlich die Statue des Cid zu bemerken, sodann noch die des Diego de Porcel, Karl I., des Ferdinand Gonzales', erstem Grafen von Kastilien usw. In der Straße des heiligen Martin zeigt man die Wohnung dieses Grafen sowie das Haus des Cid, von dem aber nur noch eine Mauer mit dem Wappen des Helden steht, unter dem sich eine Inschrift folgenden Inhalts befindet: „Hier wurde im Jahr 1026 Rodrigo Diaz von Bivar, genannt Cid Campeador, geboren und wohnte auch daselbst." Er starb zu Valencia 1099. Sein Körper wurde in das Monasterium San Pietro von Cardena, in der Nähe der Stadt, gebracht. Zum ewigen Andenken und zur Ehre des so berühmten Helden von Burgos hat man im Jahre 1784 dieses Monument auf den Ruinen seiner alten Wohnung errichtet.
Cids Haus fiel erst im Jahre 1600 in Trümmer. Burgos, das vor Toledo und Madrid die Hauptstadt des kastilischen Reiches war und damals über ein halbes Hunderttausend Einwohner zählte, hatte jetzt kaum den fünften Teil dieser Zahl, war traurig und öde. Nur seine Umgebungen können den Aufenthalt hier erträglich machen.

– Wir rückten erst in den Nachmittagsstunden in die Stadt ein, wo wir einen dreitägigen Aufenthalt hatten, nach welchem wir wieder zu den andern Kompagnien der Legion, die in *Torquemada* und *Valencia* lagen, stoßen sollten. Soviel es der Dienst gestattete, benutzte ich diese Zeit, mich mit der Stadt und ihren Umgebungen bekannt zu machen. Der Dienst wurde bei dieser Legion weit pünktlicher und geregelter versehen, als dies im Regiment Y. der Fall gewesen, wo niemand recht wußte, was ihm eigentlich oblag, und wo der eine preußische, der andere österreichische, der dritte russische und der vierte französische Disziplin usw. eingeführt wissen wollte.

Die nächsten Umgebungen von Burgos besuchte ich zu Pferd und ritt nach dem anderthalb Stunden entfernten Monasterium von Cardena, um das Grab des Cid und seiner Gattin Ximene zu sehen, auf dem sein Wappenschild, von einer Kette umgeben, das zwei sich kreuzende Schwerter hat, über denen sich wieder ein Kreuz erhebt, sowie das Ximenens, einen dicken, von einer Kette umgebenen Turm darstellend, befindlich ist. Später, als in diesem Krieg das Kloster von Cardena zerstört und verwüstet wurde, ließ der französische Gouverneur von Burgos die Reste des Helden und seiner Gattin in die Stadt bringen, um sie vor gänzlicher Vernichtung zu bewahren, und beiden ein Monument auf einer kleinen Insel setzen.

Der Tag unseres Abmarsches war herangekommen, und wir verließen Burgos in dem Augenblick, als ich im Begriff war, eine Intrige mit einer seiner schönen Bewohnerinnen anzuspinnen. Dies machte, daß ich den Marsch über *Caleda Villazzopegue*, wo zwei Kompagnien übernachteten, die zwei andern blieben in *Villadriga* (zwei unbedeutende Dörfer), nach *Torrequemada* etwas übelgelaunt antrat. Von Burgos bis zum Dorf Villadriga verliert man den Fluß Arlanzon fast nicht aus den Augen; auch sieht man noch viel gut angebautes Feld und ziemlich viel Ortschaften. Ehe man Torrequemada erreicht, kommt man durch das kleine Städtchen *Quintana de la Puente*, das an der *Pizuerga* liegt, über die eine schöne steinerne, 18 Bogen lange Brücke führt. *Torrequemada* selbst liegt an dem nämlichen Fluß, den man hier über eine 26 Bogen lange Brücke passiert. Dieses Städtchen hat eine hübsche gotische Kirche. Der Weg hierher ging über eine ziemlich kahle Ebene, in der man fast gar keine Bäume und nur selten einiges niedrige Gesträuch sah. Hier lagen nur zwei Kompagnien unseres Bataillons, die andern in *Palencia*. Wir erfuhren nun, daß wir nach einem Ruhetage nach *Valladolid* abmarschieren sollten, wozu der Befehl soeben von dem Hauptquartier eingetroffen sei und wo die Legion zusammentreffen würde. *Torrequemada* ist ein trauriger Aufenthalt, ebenso die Umgegend, und der Holzmangel so groß, daß die Einwohner meistens gedörrten Mist brennen und dabei kochen. Ist es kalt, so wärmt man sich an den Glorias, eine Art Trockenöfen in den spanischen Küchen, um welche herum Bänke zum Sitzen angebracht sind. Von hier marschierten wir noch einige Zeit durch die langweilige Ebene und das Dorf Magaz; zu unserer Linken sahen wir bald das große Benediktinerkloster *San Isidoro* in einiger Entfernung liegen, und in dem an einem Rebenhügel liegenden Dorfe *Duenas* kam das ganze Bataillon wieder zusammen und setzte den Marsch in Gemeinschaft fort. Man behauptet, daß das elende Dorf *Duenas* das *Eldana* des Ptolemäus sei, wenigstens auf dessen Stelle liege. Hier bewahren die Einwohner den Wein in Gruben auf, die sie zu diesem Zweck in die Erde graben und in denen er sich sehr gut und frisch erhält. Von hier aus marschierten wir noch immer abwärts über ein sandiges und steiniges Terrain durch den Flecken *Cablezon*, in dessen Umgebung ein angenehmer, lieblicher, roter Wein wächst, und von wo man nur noch zwei gute Stunden nach *Valladolid* hat. Alle unsere Märsche waren ungewöhnlich stark, fast keiner unter acht bis neun, manche wohl zehn Stunden lang. Erst wenn man ganz in der Nähe von Valladolid ist, nimmt der langweilige Weg, auf welchem das Feld schlecht und oft gar nicht angebaut war, ein Ende; dies war schon oft der Fall, seitdem wir die baskischen Provinzen verlassen hatten, aber im Königreich Leon weit häufiger.

Es war anfangs März, als wir zu *Valladolid* ankamen, wo, sowie in der Umgegend, zahlreiche französische Truppenkorps von allen Waffengattungen lagen. Die verschiedenen Armeekorps, die in Portugal und Spanien einmarschiert waren, hatten jedes seinen besonderen Chef und seinen Generalstab; Murat, damals Großherzog von Berg, hatte den Oberbefehl über das Ganze und den Titel eines Leutnants des Kaisers Napoleon. Wir erfuhren, daß derselbe bereits in Burgos angekommen sei, und mit ihm ein Heer von Employes, Kriegskommissären, Ordonnateuren und Offizieren aller Grade, wohl über ein halbes Tausend Individuen, von denen viele schon in Ruhestand versetzt gewesen und fast gegen ihren Willen wieder in Aktivität gesetzt worden waren; andere aber hofften jetzt in Spanien schnell Fortune zu machen. Nichts war den Ländern und den Heeren selbst verderblicher als dieses Kommissarien- und Lieferantengeschmeiß und was daran hing, wahre Blutsauger der Völker wie der Truppen, von denen der wackere Kaiser Joseph II., der diese Kanaillen durch und durch kannte, schon mit vollem Recht sagte: „Man kann einen jeden dieser Burschen (wenn ich mich nicht irre, so meinte er die Proviantkommissäre damit) hängen lassen, ohne sich zu fürchten, eine Sünde oder einen Fehlgriff begangen zu haben. Auch Napoleon wußte aus seinen italienischen Feldzügen, welch ein Diebsgesindel dies Geschmeiß ist, und dennoch hat es zu keiner Zeit und bei keinen Heeren ärger gehaust und gestohlen als in den napoleonischen, wo von den Generalkommissären bis zu den Furieren in den Kompagnien herab alles, was mit Proviant, Verköstigung oder Lieferungen in Berührung kam, den Soldat sowohl wie den Bürger bestahl und beraubte. Aber in Spanien bekam es den Herren doch oft schlecht, und ein wohlverdienter Lohn, den ihnen die Vorsehung bereitete, blieb selten aus.

Noch immer wußten wir nicht, was eigentlich bezweckt wurde. Wir erschöpften uns in tausend Mutmaßungen, von denen keine den rechten Fleck traf, indem die meisten darauf hinausgingen, daß es, wenn auch indirekt, auf England abgesehen sei. Die Instruktionen, die uns fortwährend erteilt wurden, waren von der Art, daß man auf einen bevorstehenden Krieg schließen und sich auf alle Ereignisse gefaßt machen mußte. Aber wo war der Feind? – Napoleon selbst wurde erwartet, und das Gerücht war unter sämtlichen Truppen verbreitet, daß er sich an deren Spitze stellen würde. Ein großer Teil der Einwohner Spaniens aber betrachtete uns mit immer größer werdendem Mißtrauen, während andere hofften, daß wir sie von dem unerträglichen Joch des ihnen so verhaßten Friedensfürsten Godoï befreien würden, den sie sämtlich als den alleinigen Urheber aller dieser Übel betrachteten und verfluchten. Von seiten der Kommandierenden wurden sie auch in dieser Meinung bestärkt. Es ist unmöglich, sich einen Begriff von der Verachtung und dem Haß zu machen, den die ganze Nation gegen den freilich ganz verdienstlosen Günstling beider spanischen Majestäten und der Königin insbesondere nährte. Ohne alle Scheu sprach man davon, daß man diesen schändlichen Bösewicht hängen, köpfen, spießen, rädern, vierteilen und Gott weiß was alles tun müsse. Man wollte ihn samt der Königin lebendig verbrennen und den König, die gehörnte Schlafhaube, dazu, meinten noch andere; die Gemäßigten aber forderten, daß man ihn einer strengen Justiz übergebe. Der Unglückliche selbst schlief schon lange nicht mehr auf Rosen und träumte nur von Galgen und Schafott, zitterte unaufhörlich für sein kostbares Leben und war nicht imstande, irgendeinen festen Entschluß zu fassen, sich zu helfen oder in Sicherheit zu bringen. Nicht leicht hat ein Sterblicher so sonderbare Schicksale gehabt. Vom gemeinen Gardisten zum Günstling der Königin von Spanien und den höchsten Würden des Reiches wie in einem Zaubermärchen erhoben, dabei durch die Heirat mit einer nahen Verwandten des königlichen Hauses, wozu er seine königliche Geliebte zu bereden gewußt hatte, die trotzdem, daß er sich noch Mätressen hielt, was sie wußte, ihm dennoch unwandelbar ergeben blieb; mit diesem Haus verwandt, war der König selbst nur noch der gehorsame Vollstrecker der Gebote des Geliebten seiner Frau. Wer über dieses seltsame Verhältnis nähere Auskunft wünscht, muß Llorentes „Memorial para la historia de la revolución española, recogydas y compiladas por Don Juan Nellerto" lesen.

Valladolid, das Pintia der Alten, war die zweite Stadt Altkastiliens, aber jetzt der Hauptort der Intendanz gleichen Namens in dem Königreich Leon. Der Fluß *Esgueva* durchströmt sie, und der *Pizuerga* fließt an ihren Mauern vorbei; sie liegt in einer großen, von Hügeln mit Plattformen umgebenen Ebene. Die Stadt ist nicht so übel gebaut, aber ihre Straßen sind schlecht gepflastert und unreinlich; auch lagen manche ihrer Gebäude in Ruinen. Unter ihren sehr großen Plätzen sind der Campo-Grande und Plaza-Mayor die ansehnlichsten. Ersterer hat einen ungeheuern Umfang, und unter den ihn umgebenden Gebäuden sind nicht weniger als dreizehn Kirchen; auch ist er mit Bäumen bepflanzt; der Plaza-Mayor ist gleichfalls von außerordentlicher Größe und mit drei Reihen Balkonen umgeben, auf denen 20000 Menschen Platz zum Sitzen haben. Mehr als 400 sehr starke Säulen und ebensoviel Pilaster bilden die Stützen dieser Balkone, die über Hallen sind. Vierzehn steinerne Brücken dienen zur Kommunikation über den Arm des Esgueva, und eine große von zehn Bogen führt über die Pizuerga. In den verschiedenen Kirchen dieser Stadt findet man sehr merkwürdige und zum Teil schöne Denkmäler der Architektur, Bildhauerkunst und Malerei. Die von Philipp II. erbaute Kathedrale ist kaum zur Hälfte fertig, hat aber einen schönen Turm. In der Paulskirche sind unter vielen

Monumenten von sehr verschiedenem Kunstwert zwei schöne Bildsäulen des Herzogs und der Herzogin von Lerma. In dieser Kirche, die den Dominikanern gehört, sieht man auch eine Erscheinung Christi bei einer Nonne dieses Ordens abgebildet; dieser Christus war wahrscheinlich ein verschmitzter Mönch. Auch noch andere, zum Teil sehr komische Heiligenbilder findet man hier. Das Kolleg, welches sich zunächst dieser Kirche befindet, ebenfalls den Dominikanern gehört und von Don Alonzo von Burgos, Bischof von Palencia, im 15. Jahrhundert gestiftet wurde, ist wegen seiner sonderbaren Bauart merkwürdig. Seine Fassade stellt nämlich ein Gehölz vor, dessen Zweige die Wölbung des Portals bilden. Auf beiden Seiten sieht man zwei Wilde, die mit wolligen Fellen bedeckt sind und Gürtel von Laub haben; jeder hat ein Wappenschild. Über der Eingangstüre ist ein Granatbaum, dessen Äste sich weithin ausbreiten; dieser soll eine Anspielung auf die Eroberung von Granada durch die katholischen Majestäten Ferdinand und Isabella, Beschützer der Kirche, sein. In diesem Kolleg befindet sich auch das sehr schöne Monument des Gründers desselben, Alonzo von Burgos, Bischof von Palencia, der selbst in weißem Marmor und, wie behauptet wird, sehr ähnlich auf demselben abgebildet ist. Das Gebäude wurde im 15. Jahrhundert erbaut. Valladolid, das zu Anfang des 16. Jahrhunderts weit über 100 000 Einwohner hatte – 1516 stellte die Stadt 30 000 Mann unter die Waffen, um sich den Absichten der Regierung zu widersetzen –, zählte jetzt keine 24 000, die noch einen nicht unbedeutenden Handel treiben, zu dem der Ort auf das vorteilhafteste gelegen ist; auch wächst in ihrer Umgegend ein vortrefflicher Wein. In der Stadt selbst befinden sich schöne Promenaden, wie der Prado de la Magdalena, der an dem Esgueva liegt, mit schönen Bäumen bepflanzt ist und bequeme Ruhebänke hat; die Spaziergänge Espolejo und Espoleo Nuevo, die nahe an dem Ufer des Pizuerga liegen, werden mehr von Reitern und Equipagen besucht.

In historischer Hinsicht ist Valladolid außerordentlich merkwürdig und in Spaniens Annalen berühmt. Es soll nach mehreren Geschichtsschreibern auf den Ruinen des alten Pintia erbaut sein, und war später die Seele des Handels zwischen Kastilien, den Königreichen Leon und Portugal. Hier kam Philipp II. traurigen Andenkens zur Welt und hielt öfters seinen Hof daselbst. Auch der Entdecker Amerikas, Christoph Kolumbus, starb hier. Wegen des sehr fühlbaren Holzmangels, der dadurch entstand, weil man die Dummheit beging, die Waldungen auf den umliegenden Hügeln völlig auszurotten, verlegte Philipp III. für immer seinen Hof von hier nach Madrid. Als Residenz des Herrn zweier Welten war der Hof und das Leben in Valladolid sehr prächtig, üppig und glänzend. Unter Philipp II. fand ein äußerst tragisch-merkwürdiges Autodafé im Oktober des Jahres 1559 hier statt. Es begann mit einer Prozession der Dominikanermönche, denen eine weiße Fahne vorangetragen wurde. Ihnen folgten die Familiares, Kommissarien und andere Diener der heiligen Inquisition; hinter diesen wurde wieder eine 18 Schuh hohe Fahne von buntem Damast getragen. Auf der einen Seite derselben sah man das Bild des heiligen Dominikus gestickt und auf der andern das des heiligen Petrus Märtyrer. Hierauf kam die heilige (?) Hermandad und andere bei dem heiligen (?) Officium angestellte Personen, von denen eine das Kreuz der Inquisition trug, das mit einem schwarzen Schleier bedeckt war. Bewaffnete schlossen den Zug, der sich auf die Plaza-Mayor begab. Hier angekommen, wurde das Inquisitionskreuz auf einen in dessen Mitte errichteten Altar gestellt, und man zündete grün angestrichene Kerzen um dasselbe herum an. Bewaffnete, einige Mönche und Familiares blieben zu dessen Bewachung zurück. Um Mitternacht begann man Messen für die Bekehrung der Seelen derjenigen zu lesen, die verbrannt werden sollten, was bis zu Sonnenaufgang dauerte. Mit Tagesanbruch versammelte sich eine unzählige Menge Volks auf diesem Platz, weit über

30 000 Menschen. Hierauf erschienen in gehöriger Rangordnung die Granden Spaniens, die hohe Geistlichkeit, Bischöfe und Kardinäle, die höchsten Zivil- und Militärbehörden, sowie die Gesandten der verschiedenen Mächte und nahmen Platz auf den für sie bestimmten Sitzen. Gegen acht Uhr brachte man aus dem Inquisitionsgebäude das gleichfalls in schwarzen Trauerflor gehüllte Kreuz des Kirchsprengels, dem alle Kaplane in Chorhemden folgten; dann kamen wieder Familiares und Bewaffnete und endlich die unglücklichen Verurteilten in folgender Ordnung: Zuerst die Bereuenden oder Büßenden mit entblößten Häuptern, eine geweihte Kerze in der Hand. Unter ihnen war eine Franziskanernonne, die zum Auspeitschen an dem folgenden Tage zur Ehre Christi verurteilt war. Dann folgten die Versöhnten mit dem San Benito (das Sterbekleid der Glaubensgerichte) bekleidet, das aus einem gelben Sack mit einem darauf gehefteten Andreaskreuz besteht. Auf dem Kopf trugen sie Mützen von Pappe, die mit bunten Kreuzen bemalt waren und Corosa genannt werden. Unter diesen befanden sich Isabella und Katharina von Kastilien, beide zu ewigem Gefängnis, der Konfiskation ihrer Güter und dem Tragen des San Benito verurteilt. Hinter ihnen trug man ein Reliquienkästchen mit Knochen und zwei Figuren, die ebenfalls mit dem San Benito und der Corosa bekleidet waren, auf der jedoch statt der Kreuze, Teufel, Schlangen, Blindschleichen, Kröten, Unken usw., in Flammen zischend, abgemalt waren. Jetzt kamen dreizehn sogenannte rückfällige Ketzer, die sämtlich zum Feuertod verurteilt waren. Auch sie trugen das San Benito und die Corosa, mit Teufeln, Flammen usw. bemalt. Drei von ihnen waren Geistliche und noch mit dem geistlichen Leibrock bekleidet. Zuletzt kam endlich Don Carlos von Sesa, dem man sogar den Mund verknebelt hatte, um ihn am Sprechen zu hindern, weil er nicht aufhörte, die christliche Religion zu lästern und als ein Werk des Teufels und der Verrücktheit zu bezeichnen. – Hatte er etwa unrecht, wenn er

die Religion, wie sie von diesen Pfaffen zugeschnitzt wurde, damit meinte? – Auf der Mitte des Platzes angekommen, wurden sämtliche arme Sünder um die Stufen des Altars postiert, wo man ihnen nochmals ihre Verbrechen vorhielt, welche meistens darin bestanden, daß sie sich den neuen Lehren und dem abscheulichen Luthertum geneigt gezeigt oder dasselbe wohl gar gerühmt und empfohlen hatten, weshalb man es für hohe Zeit hielt, ein recht abschreckendes Beispiel zu geben, um die weitere Verbreitung dieses Ketzertums zu verhindern*. Die Mitglieder und Richter der Inquisition nahmen ihre Plätze auf erhöhten Sitzen, über allen aber thronte der Großinquisitor hoch erhaben. Nun erschien Philipp II., von seinem ganzen Hof gefolgt. Sobald derselbe Platz genommen hatte, hielt der Bischof von Cuenca eine erbauliche Predigt über die Unfehlbarkeit, Reinheit und Göttlichkeit der katholischen Religion, eine wahre Satire auf Gott selbst. Dieser folgte eine zweite Predigt, welche der Großinquisitor, Erzbischof von Sevilla, ganz im Sinne seines Vorgängers herbrüllte, nur daß die Satire unwillkürlich noch beißender war. Hierauf mußte der König in dessen Hand einen schweren Eid ablegen, daß er die Inquisition beschützen und ihr alles entdecken wolle, was zu seiner Kenntnis komme und gegen diese und den Glauben sei, es möge auch herkommen von wem immer, ohne irgendeine Rücksicht auf Verwandtschaft oder Stand zu nehmen. Nachdem Plilipp II. diesen Eid abgelegt, mußte er ihn noch durch seine Unterschrift bekräftigen, und er wurde nochmals vor der ganzen Versammlung laut ab-

* Das Luthertum stand noch zur Zeit, als wir uns in Spanien befanden, in einem so furchtbaren Geruch, daß, als ich einmal im Gespräch mit einer hübschen Frau, der ich den Hof zu machen begann, sagte, ich sei ein Lutheraner, diese mir halb lachend erwiderte, ich möge doch keinen so gottlosen Scherz machen, und als ich das Gesagte ernstlich behauptete, versetzte: „Oh, gehen Sie doch, Sie haben ja weder Hörner noch Klauen noch einen Schwanz!" – So stellte man sich zu jener Zeit noch einen Lutheraner in Spanien vor, dank den Pfaffen, welche sie als so begabt schilderten.

gelesen. Hierauf wurden die drei rückfälligen Priester durch zwei Bischöfe, den von Zamora und den von Palencia, förmlich degradiert und ihnen die geistliche Kleidung vom Leibe gerissen. Einer war ein Pfarrer in Pedrosa, der zweite ein Priester aus Villa-Onediana und der dritte ein Dominikanermönch gewesen. Sie hatten eigentlich nur gegen den Verkauf des Ablasses für schnödes Geld, also gegen einen der schändlichsten Mißbräuche der katholischen Religion, als einen der Kirche unwürdigen Schacher, gesprochen. Auch sie wurden nun mit dem San Benito und der Corosa bekleidet, ihnen das Urteil nochmals verkündet, und hierauf alle zum Tode Verurteilten vor die Stadt auf einen freien Platz geführt, wo man einen ungeheuren Scheiterhaufen auf einem vier Schuh hohen Fußgestell errichtet hatte; eine Prozession mit einem weißen Kreuz und das Volk folgte ihnen. Ein Henker und ein Beichtvater führten sie zum Scheiterhaufen, wo sie nochmals ermahnt wurden zu bereuen. In diesem Fall versprach man ihnen, bevor sie dem Feuer übergeben würden, sie durch den Henker erwürgen zu lassen. Elf von ihnen, durch dieses Versprechen verführt, willigten ein zu beichten, aber Johann Sanchese und Don Carlos von Selo ließen sich lieber lebendig verbrennen, als daß sie bereuten.

Nicht nur Philipp II., sondern auch der dritte und vierte spanische König dieses Namens sind zu Valladolid geboren, sowie der berühmteste Arzt des 16. Jahrhunderts, Ludwig Mercato, dessen gesammelte Schriften 1654 in fünf Foliobänden zu Frankfurt am Main erschienen sind.

In meiner Wohnung zu Valladolid befand sich die junge Frau eines spanischen Stabsoffiziers, der bei der Leibgarde zu Madrid stand, und dessen Gattin hier bei Verwandten ihres Mannes zum Besuch war, Die Señora war eine geborene Andalusierin, und zwar von guter Familie, aus Sevilla, deren schwarze Feueraugen mit dem etwas bräunlichen Teint und den glutroten Wangen trefflich harmonierten. Dabei trug sie das andalusische Nationalkostüm, das reizendste, das man sich denken kann, besonders für eine Spanierin, mit wenig Abänderung. Die ersten Tage nach meiner Ankunft hatte ich nur Gelegenheit gehabt, sie ein paarmal zu sehen und im Vorübergehen mit einer Señorita zu begrüßen. Ich kannte kaum erst die gebräuchlichsten spanischen Begrüßungsformeln und Phrasen, aber glücklicherweise sprach die Señora etwas italienisch, und dies war vollkommen hinreichend, uns zu verständigen, was auch schnell der Fall war, denn in Liebesangelegenheiten rückt man in Spanien rasch voran, noch weit schneller als in Italien, nur muß man die Gelegenheit haben, mit diesen Señoras in Berührung zu kommen, was uns später, als das ganze Land gegen uns aufgestanden war und wir den Spanierinnen von den Pfaffen, ihren Beichtvätern, Vätern, Ehemännern und Brüdern als wahre Ungeheuer geschildert wurden, deren Berührung allein die ewige Verdammnis nach sich ziehe, sehr schwer, ja fast unmöglich wurde. – Ich war mit meiner schönen Isabella Andeya, ohne daß es mich viel Mühe und Beteurungen gekostet hätte, bald so weit, daß ich sie ganz mein nennen durfte, und die wenigen Tage, die wir noch in Valladolid zubrachten, keine Nacht mehr allein schlief, da mir die Mitternachtsstunde jedesmal einen holden feurigen Geist zuführte, der nicht einmal verfehlte, um diese Zeit in meinem Gemach zu spuken und dann das Bett mit mir zu teilen.

Ungefähr vierzehn Tage mochten wir in Valladolid und der Umgegend liegen, als der größte Teil der Truppen, und mit ihnen unsere Legion, Ordre zum Aufbruch erhielt. Murat war bereits von Burgos abgegangen und hatte seine Richtung mit einem Teil der napoleonischen Garden und dem von Marschall Moncey befehligten Korps nebst einer zahlreichen Artillerie gegen den *Somasierra,* der einen Teil des Gebirges *Guadamara* ausmacht, genommen. Die zweite Infanteriedivision nahm ihren Weg nach *Segovia,* während General Dupont mit der Reiterei und der ersten Division, zu der unsere Legion gehörte, die Direktion gen *Guadamara* nahm. Die dritte Division blieb vorerst noch in Valladolid und der Umgegend zurück. Wir waren alle der Meinung, und man hatte sie absichtlich verbreitet, daß wir direkt nach Gibraltar marschieren würden, um diese Stadt zu belagern und womöglich den Engländern abzunehmen. Diese Meinung teilten auch die Einwohner aller Orte, wo wir durchkamen, und während sich die verschiedenen Armeekorps Madrid von allen Seiten näherten, war das Gerücht von einer bevorstehenden Belagerung Gibraltars so allgemein verbreitet, daß der Herzog von Kent, Statthalter dieser Festung, seinen Vater bat, er möge ihm gestatten, sich schnell, bevor noch die Belagerung beginne, auf seinen Posten zu begeben. Alle Verbindung dieser Stadt mit Spanien war in der Tat schon abgebrochen, und man hatte sogar in Kadix eine große Anzahl Zelte für die französischen Truppen, die bei dieser Belagerung verwendet werden sollten, zu verfertigen geboten. So weit trieb man die Intrige, um die spanische Nation über die wahren Absichten Napoleons zu täuschen. Auch meine Isabella hatte zwei Tage vor unserm Abmarsch ein Schreiben von ihrem Mann erhalten, worin ihr dieser meldete, daß die königlich spanischen Garden, bei denen er stand, vor Gibraltar marschieren würden. – Die letzte Nacht vor unserem Ausmarsch erschien mir mein andalusischer Geist vom Kopf bis zu den Füßen in einen schwarzen Schleier gehüllt, in den vorhergehenden Nächten kam er jedesmal weiß verschleiert, und war in der Tat eine majestätische verführerische spanische Schönheit. Mit einem langen Feuerkuß und einem a rivedersi nahm ich mit dem Grauen des Tages, als die Tambours schon wirbelten, Abschied von ihr und schwang mich auf mein Pferd.

Die Vorfälle, die unterdessen zu Madrid und Aranjuez stattgefunden, wurden jetzt allgemein bekannt. Namentlich machte die Entsagung Karl IV. zugunsten des Prinzen von Asturien, der noch kurz vorher auf Anstiften Godoïs verhaftet und in Escurial wohlbewacht in den düsteren Gemächern, in denen auch der unglückliche Don Carlos vor seinem Tode geschmachtet hatte, gefangen gehalten wurde, weil er ohne Wissen seiner Eltern eine Gemahlin von Napoleon begehrt hatte, wodurch aber der Friedensfürst samt seinem königlichen Beschützer in große Gefahr geraten und ersterer beinahe ein Opfer der Volkswut geworden wäre, außerordentliches Aufsehen. Unser Marsch gegen Madrid wurde deshalb beschleunigt und war nun kein Geheimnis mehr. Da sich aber die Franzosen während der Zeit der Zitadelle von Pampeluna und Barcelona, teils mit List, teils mit Gewalt bemächtigt hatten, so erfüllte diese Art Gaunerei die Spanier jetzt mit gerechtem Unwillen und Argwohn und steigerte das Mißtrauen gegen Napoleon auf das höchste. – Von Valladolid aus marschierten wir auch schon mit all der Vorsicht und den Maßregeln, die man in Feindesland für nötig erachtet. Wir führten Lebensmittel auf wochenlang mit uns, biwakierten des Nachts, Vorposten und Vedetten ausstellend, und sandten auf dem Marsch beständig starke Seitenpatrouillen ab, wo es das Terrain nötig machte und gestattete. Dabei hatten die kommandierenden Generale geheime Instruktionen erhalten, die ihnen geboten, die spanischen Kuriere zu verhindern, ihre Wege fortzusetzen, wobei man oft zu den nichtigsten und einfältigsten Einwänden seine Zuflucht nahm, und jede weitere Bewegung der spanischen Truppen, der sie begegnen würden, zu hindern.

Murat befand sich noch zu *Buytrago*, als er Bericht über das, was sich in Aranjuez zugetragen hatte, erhielt, und beeilte sich nun nach Madrid zu kommen. Wir marschierten fast unaufhaltsam von Valladolid über *Olmedo,* das auf einer Anhöhe in einer unermeßlichen Ebene liegt, und bei kaum 2000 Einwohnern, sieben Kirchen und eine gleiche Zahl Klöster hat, kamen dann durch verschiedene unbedeutende Orte, durch steinige, oft ganz brachliegende Gegenden und Fichtenwälder; selten sah man ein Gersten- oder Kornfeld. Nur als wir den Fluß *Almarza* erreichten, dessen Ufer mit Bäumen, meist Ulmen und Pappeln, bewachsen waren, sahen wir wieder mehr Getreide- und Ackerfeld. Wir passierten den Strom auf einer schönen steinernen Brücke und gelangten dann in eine ziemlich große Hochebene, in der wir einige freundliche Dörfer trafen. Dann aber wurde die Gegend, je mehr wir uns dem Gebirge Guadarrama näherten, welches Alt- von Neukastilien scheidet, wieder außerordentlich öde und verlassen. Ein sehr steiler und oft gefährlicher Weg führte uns zu dem Dorf *Espinar,* das auf einem Gipfel dieses Gebirges liegt. Von dieser Höhe aus kann man auf eine große Strecke weit die beiden Kastilien übersehen und hat eine herrliche Aussicht, die sich in das Unendliche zu verlieren scheint. Wir biwakierten hier in der Umgegend von *Espinar*, *Villacassin*, ein Städtchen, und *Venta Guadarrama,* wo man Ferdinand VI. wegen der Straße, die er über dieses Gebirge machen ließ, das früher gar nicht zu passieren war, ein Monument, einen marmornen Löwen auf einer Säule darstellend, mit der Jahreszahl 1749, errichtet hat, und einigen anderen Dörfern. Nach einem mehr als vierzigstündigen Biwak erhielten wir Order, nach *Segovia* aufzubrechen. Der Marsch dahin führte uns über *San Ildefonso* und *La Granja*, ein schönes königliches Lustschloß mit einer Villa, der Lieblingsaufenthalt Philipp V., der auch dieses Schloß erbaut hat und in dessen Kapelle begraben liegt. Es hat einen prächtigen Park mit vielen Wasserkünsten. *San Ildefonso,* eine Stadt, die sich nach und nach an dem Schloß gebildet hat, zählt etwa viertausend Einwohner, und hat durch ihre Spiegelfabriken – es wurden hier Spiegel von zwölf Schuh Höhe und sieben Schuh Breite verfertigt, von denen einer über zehntausend Taler kostete – eine europäische Berühmtheit erlangt. Von hier hatten wir nur noch zwei Stunden bis Segovia; der Weg führte über eine Brücke des Flüßchens Valsin, an mehreren Dörfern und Gebäuden vorüber; letztere waren ausschließlich zur Schafschur bestimmt. Endlich kamen wir durch zwei tiefliegende Täler, worauf wir bald *Segovia* erreichten, in dessen Nähe wir abermals ein Biwak schlagen mußten und dann inspiziert wurden, besonders um zu sehen, ob wir auch hinlänglich mit Munition versehen seien. Es sollte jeder Mann mindestens fünfzig scharfe Patronen besitzen. Fünf Tage lang währte dieses Biwak, während welchen ich Zeit hatte, die Stadt mehrmals zu besuchen. Die spanischen Geschichtsforscher schreiben die Gründung derselben keinem anderen als dem Herkules selbst zu! – Man behauptet, sie habe die Gestalt eines Schiffes, dessen Vorderteil sich nach Westen wendet, ich aber meine, daß eine große Einbildungskraft dazu gehört, dies zu finden. Segovia liegt zwischen den beiden erwähnten tiefen Tälern, auf einem Felsen, und ist mit von Türmen flankierten Mauern umgeben, hat mit vier Vorstädten etwa eine gute halbe Stunde im Umfang, aber kaum neuntausend Einwohner und enge Straßen. Ihr merkwürdigstes Gebäude ist der *Alcazar*, der uralte, feste Palast der Könige von Kastilien; seine Bauart zeigt aber, daß er aus sehr verschiedenen Epochen stammt. Die große Prachttreppe ist erst im sechzehnten Jahrhundert angebracht worden. Der Anblick dieses alten, auf Felsen stehenden Schlosses, das mehr als ein Dutzend Türme zählt, hat etwas schauerlich Finsteres. Hier hat Alfons der Weise gewohnt und seine berühmten astronomischen Tabellen verfertigt. In einer Kapelle dieses Schlosses ist die Anbetung der Magier, ein Meisterstück des Carducho. In einem der vielen und großen Säle dieser alten Residenz, deren weitläufige Gemächer zum Teil mit Mosaikarbeiten und Vergoldungen reich verziert sind, befinden sich die Bildsäulen aller alten Könige von Oviedo, Leon und Kastilien, von Froyla I., der im achten Jahrhundert lebte, bis auf die Königin Johanna, die 1555 starb. Von der österreichischen Dynastie sieht man keine; dagegen die Statuen des großen Cid und des Fernandez Gonzales, des ersten Grafen von Kastilien. Diese Bildsäulen, zweiundfünfzig an der Zahl, sind alle in Lebensgröße, von bemaltem Holz, und hauptsächlich der Trachten wegen merkwürdig. Jede hat eine besondere Inschrift. Noch nicht lange diente das Schloß auch den Seeräubern der Raubstaaten Algier, Tunis und Tripolis, deren man habhaft wurde, zum Gefängnis, wo man sie mit allerlei Arbeiten beschäftigte. Es muß ein seltsamer Anblick gewesen sein, diese wilden Raubgesellen Wolle abhaspeln oder spinnen zu sehen. Außer dem Alcazar verdient auch die große dreischiffige Kathedrale, eine sonderbare Mischung gotischer und griechischer Bauart, gesehen zu werden. Auf ihrem marmornen Hochaltar stand eine Bildsäule der Madonna vom feinsten Silber, die Heinrich IV. hierher verehrte. In der Hieronymiterkirche sind viele merkwürdige Grabmäler berühmter Spanier, und einige Klöster, namentlich das der barfüßigen Karmeliter und der Kapuziner mit seiner unterirdischen Kapelle, in welcher die Grafen von Corbillas begraben liegen, haben sehr schöne Gemälde. Das Merkwürdigste in Segovia aber ist seine zweitausend Jahre alte Wasserleitung, die also schon über zweihundert Jahre vor Christi Geburt die Stadt unaufhörlich mit Wasser versieht und hoch über einem Teil der Häuser hinläuft. Vier Stunden von Segovia, an der Quelle Rio Frio in dem Gebirge Fonfria, beginnt dieser merkwürdige Bau, welcher die Stadt so reichlich mit diesem unentbehrlichen Element versorgt, daß es von dem Platz vor der Sebastianskirche durch unterirdische Kanäle weitergeleitet werden muß. Über neunhundert Bogen zählt dieser ehrwürdige Aquadukt und ist an manchen Stellen über zweihundert Fuß hoch; dann aber sind die Bogen doppelt, das heißt, zwei stehen übereinander. Unbekümmert, wer seine Herren waren, ob Heiden, Mauren, Osmanen, Araber oder orthodoxe Katholiken, spendete dieses Kunstwerk mit gleicher Freigebigkeit seinen Überfluß allen. Die Mönche des Klosters Del Paral mußten unter der Regierung Isabellas über dreißig Bogen, die zu zerfallen begannen, neu aufführen lassen. Der ganze Bau ist von grauem Granit, ohne Speis noch Mörtel, aber die Steine sind mit großem Kunstaufwand ineinandergepaßt und ebenso die Fundamente. Wo mögen die Knochen derjenigen, die sie legten, jetzt sein? – Früher war dieser ganze Bau mit Bildsäulen geschmückt, und noch sieht man die Stellen, wo sie gestanden. Verschiedene spanische Geschichtsschreiber behaupten, daß dieses Riesenwerk ein gleiches Alter mit den Pyramiden Ägyptens und mit dem Serapistempel habe, aber aller Wahrscheinlichkeit nach stammt es aus den Zeiten der Römer.

Ehedem waren der Handel Segovias, sowie seine Wollenmanufakturen und Tuchfabriken von großer Bedeutung, die zur Zeit ihrer Blüte mehr als fünfzigtausend Zentner Wolle jährlich verarbeiteten und über vierzigtausend Arbeiter beschäftigten. Im Jahre 1570 gab diese Stadt der Königin Anna von Österreich ein so prächtiges Fest, daß ganz Europa davon widerhallte und das einen ungeheuren, in die Millionen laufenden Kostenaufwand verursachte. Ein Beweis, wie Künste und Handel hier floriert haben müssen. Die Einwohner formierten dabei die prächtigsten Quadrillen nach ihren Gewerben, unter denen sich vorzüglich die Juweliere und Goldarbeiter, die Tuchmacher, die Gold- und Silbersticker, die Bildhauer, die Bortenmacher usw. durch den Reichtum und die Pracht ihrer Kostüme auszeichneten. Mit dem Beginn des siebzehnten Jahrhunderts kam die Stadt, ihr Handel und ihre Fabriken aus verschiedenen Ursachen, unter denen auch religiöse Dummheit und Intoleranz, in Verfall und nahmen so schnell ab, daß sie über dreißig Jahre lang fast jedes Jahr für ein paar Millionen Dukaten weniger Tuch fabrizierte und absetzte. Zu Anfang des achtzehnten Jahrhunderts waren kaum noch zweihundert Weberstühle im Gang.

Den sechsten Tag brach unsere Legion auf, um ein Biwak in der Gegend von *Los Molinos* zu beziehen. Hier, so nahe beim *Escurial,* konnte ich unmöglich der Versuchung widerstehen, dieses weltberühmte Monument von Philipp II., Furcht und Hochmut, zu besuchen. Es liegt in einer wilden, unangebauten, felsigen Gegend, auf dem Rücken einer Gebirgskette der Guadarrama. Der finstere König hatte es infolge eines Gelübdes, das er am Tage der Schlacht bei St. Quentin, in welcher 1557 die Franzosen von den Spaniern besiegt wurden, getan, erbauen lassen. Es imponiert durch seine Größe und heißt eigentlich San Lorenzo (Escurial ist der Name des dabei liegenden Dörfchens), weil es Philipp diesem Heiligen, an dessen Fest gerade die Schlacht geliefert wurde, weihte; auch ist es in der Form eines großen Rostes angelegt, da bekanntlich dieser Heilige seinen Tod auf einem solchen fand. An Türen und Fenstern fehlt es nicht, es hat deren viele Tausende; auch über zwanzig zum Teil sehr geräumige Höfe. Ich war mit mehreren Kameraden vom Bataillon hierher geritten, dieses achte Wunderwerk der Welt, wie es die Spanier zu nennen belieben, zu sehen. Unsere Pferde hatten wir in dem Dorf Escural gelassen und gingen dann, nachdem wir eine gute Olla Potrida bei der Rückkehr für uns in Bereitschaft zu halten befohlen, zu Fuß nach diesem Hieronymiterkloster, denn dies ist es eigentlich, in welchem ein paar hundert Mönche ganz bequem wohnen können und auch gemästet werden. Außerdem ist aber noch Raum genug, um den König von Spanien samt seinem ganzen Hof in den hiezu bestimmten Prunkgemächern aufzunehmen, der auch früher gewöhnlich einen Teil des Herbstes dort zubrachte. Das Gebäude ist aus grauem Granitstein, gleich der Wasserleitung von Segovia, aufgeführt und sehr regelmäßig. Acht symmetrisch gebaute Türme umgeben die Kuppel der Kirche und verleihen dem Ganzen ein ziemlich majestätisches Ansehen. Es bildet ein längliches Viereck mit vier Fassaden, deren hauptsächlichste eine Länge von 650 Fuß hat und sehr reich verziert ist. Die beiden Türme, die sie flankieren, haben jeder eine Höhe von 190 Fuß. Sie hat drei Tore, von denen das mittelste von acht Säulen umgeben ist. In dem Kloster selbst sind besonders der Kapitelsaal, das Refektorium, die Bibliotheken, die Gemächer des Priors und die alte Kirche sehenswürdig; sie haben zum Teil sehr schöne Gemälde, namentlich das Refektorium; ebenso die Kreuzgänge, die wie der doppelte Kreuzgang, der 88 Bogen hat, mit oft gar seltsam wunderlichen Gemälden versehen sind. In der Mitte des letzteren steht ein mysteriöses achteckiges Gebäude, das eine Kuppel hat und mit Säulen und Statuen umgeben ist. Vier derselben, ein Ochs, ein Löwe, ein Adler und ein Engel speien Wasser aus.

In der Bibliothek dieses Klosters werden mehr als hunderttausend Bände aufbewahrt, unter denen äußerst seltene und kostbare Werke und viele arabische, hebräische, chinesische, persische, indische, altkastilische, griechische und lateinische Bücher und Manuskripte sind; darunter auch die Bibel des Kaisers Catacuzeno. Große Sammlungen zum Teil sehr wertvoller Handzeichnungen, Medaillen usw. werden ebenfalls hier verwahrt. Die Mönche zeigten uns all diese Schätze mit zuvorkommender Gefälligkeit. In der für den König bestimmten Wohnung, der Palast genannt, befinden sich die schönsten Gemälde der größten Meister in ziemlich bedeutender Anzahl, fast jedes Gemach hat deren mehrere aufzuweisen; besonders sind die Hauptgalerie und die Infantengalerie, die nebeneinander liegen, reichlich damit versehen. In der ersten, die man auch den Schlachtensaal nennt und die an zweihundert Fuß lang ist, befinden sich herrliche Freskomalereien berühmter Künstler, unter anderen sind auch die Schlachten bei St. Quentin und die bei Higuerela, wo Johann II. die Mauren besiegte, nebst mehreren merkwürdigen Seeexpeditionen daselbst mit viel Phantasie und lebhaftem Kolorit abgebildet.

An der großen Kirche führt eine beinahe 150 Schuh breite Prachttreppe zu den Vorhallen derselben, die aus fünf großen Bogen bestehen. Die Fassade dieses Tempels ist mit einem halben Dutzend kolossaler Bildsäulen, jüdische Könige vorstellend, geschmückt und hat zwei schöne Glockentürme. Diese Kirche ist sehr groß und geräumig, und mit nicht weniger als 48 Seitenkapellen sowie mit einem halben Hundert Altären versehen, auch sie besitzt herrliche Gemälde der besten spanischen Meister und eine Bildsäule des heiligen Lorenzius in Lebensgröße. Das Chor ist über dem Haupteingang, dem Hochaltar gegenüber. Wölbungen und Wände sind mit Freskogemälden von Cambiaso bedeckt. Ganze Heere von Engeln, Heiligen und Seligen sieht man hier, die so steif in Reih und Glied dastehen wie ein russisches Grenadierregiment. Das Chor und besonders der Sitz des Priors, über dem ein kreuztragender Christus auf einem von zwölf Säulen getragenen Frontispize, ein Meisterwerk Piombos, angebracht ist, sind sehr reich dekoriert. An Grabmälern, Statuen, Bildern usw. ist kein Mangel. Die Bildsäule Karl V. im Kaisermantel, seiner Gemahlin Elisabeth, seiner Tochter, der Kaiserin Maria, sowie seiner Schwestern, der Königinnen von Frankreich und Ungarn, sämtlich kniend auf einem Mausoleum; auch die Statue Philipp II. bewaffnet und im königlichen Mantel neben seinen drei Frauen, Anna, Maria und der unglücklichen Elisabeth von Valois, sind alle in vergoldetem Erz vorhanden. Die königliche Familie hat ihre abgeschlossenen Logen mit eigenen Altären in der Nähe des Hochaltars, in denen sie dem Gottesdienst beiwohnt. Drei besondere Türen führen zu diesen Behältern.

Auf dem prächtigen Hochaltar befindet sich ein überaus kostbares und reiches Tabernakel in runder Form und von korinthischer Architektur; aber die Sakristei übertrifft noch alles andere an Reichtümern, Kostbarkeiten und unschätzbaren Meisterwerken der berühmtesten Maler, wie denen eines Raffael, Tizian, Rubens, Paul Veronese, Guido Reni, Hannibal Carache, Van Dyck usw. Sie ist ein 100 Fuß langes und an 30 Fuß breites Schiff. An mit allerlei Knochen angefüllten Reliquienkästchen, Kelchen, Leuchtern, Kreuzen und anderm Kirchengeräte von

Silber, Gold und Edelsteinen ist großer Überfluß und ein unermeßlicher Schatz aufgetürmt. Auf einem Altar von Jaspis befindet sich ein silbernes Tabernakel, das Kaiser Leopold hierher verehrt hat, das beinahe acht Fuß hoch und mit allegorischen Figuren und kostbaren Steinen verziert ist. Die Schätze dieser Kirche waren unberechenbar; sie enthielt unter anderem eine 900 Mark schwere silberne Bildsäule des heiligen Laurentius. Vierzig Mark Gold wog eine allegorische Figur der Stadt Messina, welche in der einen Hand eine Monstranz von 50 Mark Gold an Gewicht hielt, und deren Krone und Halsband aus Edelsteinen bestand. Ein sehr kostbarer Tempel en miniature von fünf Fuß Höhe mit Kuppel und Säulen war gleichfalls mit Edelsteinen geschmückt, und ein großer silberner Christus hatte einen ungeheuren Topas auf dem Haupt und einen großen Rubin an jeder Hand, einen fast daumendicken Brillant an den Füßen, und war an ein großes silbernes Kreuz genagelt. Unter dieser Kirche, in den Gewölben, sind die Grabmäler der königlichen Familie. Aber auch an diesem Ort der Verwesung, den man, wohl nur aus Spott, das Pantheon nennt, sind Reichtum, Pracht und ungeheurer Luxus gepaart. Über 70 Stufen steigt man hinab, bevor man an eine schöne marmorne Kolonnade gelangt, deren Säulen vergoldete Kapitelle von Bronze haben; auf beiden Seiten stehen zwei vergoldete Statuen, die der Hoffnung und die der menschlichen Natur. Jetzt steigt man abermals 30 Stufen hinab und kommt nun in eine prachtvolle Marmorhalle und ein mit Verzierungen überladenes Gemach, wo die Überreste königlicher Leichen und einer Menge Infanten und Infantinnen modern, die in besonderen Nischen ruhen. Ein zweites noch pompöseres Grabgemach enthält die Leichen der Könige und Königinnen, welche eine Nachkommenschaft hinterließ. Vierundzwanzig Gräber befanden sich daselbst, von denen immer vier, durch Pilaster getrennt, in dem achteckigen Gewölbe waren. Zwei Grabmonumente sind außerdem noch über dem Eingang angebracht. Hier fau-

len ein Dutzend Leichen beiderlei Geschlechts von der österreichischen Dynastie, ebenso Ludwig I. und Karl III. aus dem Haus Bourbon. Jedes Grab hat seine Inschrift, eine große, vierundzwanzigarmige Lampe hängt in der Mitte der Ruhestätte, und ein Kreuz aus schwarzem Marmor, trefflich gearbeitet, steht auf dem Altar.
An das ungeheure Gebäude von San Lorenzo schließen sich an der Süd- und Westseite weitläufige Gärten an, die auf von Mauern unterstützten Terrassen sich amphitheatralisch erheben. Bequeme Stufen führen von einem zu dem andern. Eine Wasserleitung, die aus den nahen Bergen das Wasser hierher führt, versieht damit an 100 Fontänen, sowie das Kloster und den Palast von San Lorenzo.
Nachdem wir alle diese Herrlichkeiten gehörig bewundert und ziemlich oberflächlich gesehen hatten, denn die Zeit war uns karg zugemessen, kehrten wir nach Escurial zurück, wohin auch aus dem Kloster ein unterirdischer Gang, La mina genannt, führt. Hier nahmen wir unsere bestellte Olla Potrida, die uns trefflich schmeckte, denn wir hatten aus Palast, Kirche und Kloster einen tüchtigen Hunger mitgebracht. Dieses Gericht wird aus Hammelfleisch, Öl, spanischem Pfeffer, Tomasas (Paradiesäpfel), Knoblauch, Garbanzos (eine besondere Gattung Erbsen), kleinen Zwiebeln usw. zubereitet und ist so übel nicht und wiegt auf jeden Fall die italienische Polenta und Makkaroni, sowie das deutsche Sauerkraut auf. Ich aß es besonders gern, wenn es reichlich mit Zitronensaft gesäuert war, den ich selbst hinzutat.
Nach eingenommenem Mahl, wobei mehrere den Wunsch äußerten, es möge doch dem Himmel gefallen, uns die reichen, in San Lorenzo tot liegenden Schätze in die Hände zu liefern, traten wir den Rückweg zu unserm Biwak an, wo wir bereits eine Ordre zum Aufbruch für den kommenden Tag vorfanden. Mit der anbrechenden Dämmerung machten wir uns marschfertig und kamen noch an diesem Tag bis in die Gegend von *El Pardo*, ein

altes königliches Jagdschloß, das ungefähr noch dritthalb Stunden von Madrid entfernt liegt und bei dem sich ein großer Wald befindet. Es ist ein viereckiges, von vier Türmen flankiertes Gebäude. Hier schlugen wir abermals ein Biwak auf, indessen erwartete man jeden Augenblick den Befehl, nach Madrid aufzubrechen, wohin wir uns alle wie nach einem Eldorado sehnten. Viele aber glaubten noch immer, daß wir diese Stadt gar nicht berühren, sondern um dieselbe herum nach Gibraltar marschieren würden. Andere aber, und zu denen gehörte ich, waren nicht der Meinung, denn unser jetzt so langsames Vorrücken und die Stellungen, die wir einnahmen, schienen auf etwas ganz anderes als einen Marsch nach Gibraltar zu deuten; daß wir recht hatten, zeigte sich bald.

Den 23. März in aller Frühe wurden wir noch einmal inspiziert und setzten uns dann sofort auf dem Wege, der gerade nach Madrid führt, in Marsch. Vor den Toren dieser Hauptstadt trafen wir einen Teil von Napoleons Garden, die noch ihre Toiletten machten. Unsere Division folgte diesem Beispiel, ebenso die reitende Artillerie und zwei Kürassier-Regimenter, die auch eingetroffen waren. Bald darauf erschien der Großherzog von Berg, Murat, in einer prächtigen Generalsuniform und von einem zahlreichen glänzenden Generalstab umgeben, musterte noch einmal die Truppen, und unter dem Zusammenlauf unzähligen Volkes, das uns mit neugierigen Blicken, aber lautlos anstarrte, marschierten wir in der schönsten Ordnung mit klingendem Spiel in Madrid ein, das trotz seiner vielen Kuppeln und Glockentürme doch kein sehr imponierendes Ansehen hat. Nur wenn man durch das Tor Alcala kommt, das einem Triumphbogen ähnlich sieht, zur Linken prächtige Gärten, zur Rechten eine lange, fast gleichgebaute Häuserreihe, dann den Prado erblickt, und sich bald darauf das Auge in der endlosen Straße Alcala verliert, erhält man eine günstigere Meinung von der Stadt, zu der jedoch die meisten Zugänge die Residenz eines großen Monarchen nicht ahnen lassen.

X

Ferdinand VII. Einzug in Madrid – Der Friedensfürst – Der Aufstand zu Aranjuez und Madrid – Karl IV. Abdankung – Napoleon zu Madrid erwartet – Ferdinand vom Volk angebetet und von Savary nach Bayonne gelockt – Karl IV. protestiert gegen seine Abdankung – Donna Calvanillas und Rosa-Maria – Kirchen – Der neue königliche Palast – Buon Retiro – Plätze und Straßen – Theater – Cortesanos, Majos und Muchachas – Sitten der Einwohner – Der Fandango vor Gericht – Wohnungen – Der Adel – Autodafés – Die Erstürmung von Amors Schloß – Aranjuez und seine Gärten

Fast bis zur einbrechenden Nacht mußten die Truppen in den Straßen und auf den Plätzen Madrids biwakieren, bevor ihnen Quartiere in verschiedenen großen Gebäuden und Kasernen angewiesen wurden. Ein Teil derselben aber lag mit den noch ankommenden Bataillonen in der Umgegend der Stadt. – Für Napoleons Leutnant, Murat, hatte man den Palast von Buon Retiro eingeräumt, den er aber nicht bezog, sondern sich in das Hotel des Friedensfürsten einquartierte. Den Tag nach unserem Einrücken hielt Ferdinand als König seinen Einzug. Unzähliges Volk aus allen Ständen, von jedem Alter und Geschlecht, empfing ihn mit einem ungeheuren Jubelgeschrei. Alle drängten und drückten sich, den geliebten jungen König zu sehen, den sie gleich einem heiligen Märtyrer verehrten. Mehr als 100 000 Landleute waren aus der Umgegend herbeigekommen, um das Glück zu haben, den neuen Herrscher bewillkommnen zu können, und drei langer Stunden bedurfte es, bis der angebetete Fürst durch die dichten Haufen zu seinem Palast gelangen konnte. Ein großer Teil dieser Freudenergüsse mochte wohl auf Rechnung des Hasses und der Verachtung kommen, die man dem Friedensfürsten zollte, den man dadurch demütigen wollte; denn Ferdinands Persönlichkeit und seine Taten, man wußte wenig mehr von ihm, als daß er eine sehr schlechte Erziehung gehabt, die eher dazu gemacht war, seine allenfallsigen geistigen Anlagen zu unterdrükken als zu entwickeln, konnten einen solchen Empfang nicht rechtfertigen. Durch diese vernachlässigte Erziehung und eine sklavische Etikette hatte der argwöhnische Godoï beabsichtigt, ein willenloses Werkzeug seiner Absichten aus diesem Prinzen zu machen. Man erwartete jetzt von dem jungen Monarchen, daß er die Schändlichkeiten der bisherigen Favoritenregierung gut machen, die Nation rächen würde und glaubte deshalb einen Erlöser in ihm zu finden, aber man betrog sich.

Daß Murat den Palast des so verhaßten Godoï bezogen hatte, war den Spaniern eine schlimme Vorbedeutung. Sie schlossen daraus, daß er den Günstling der alten Königin in Schutz nehmen wolle, und von diesem Augenblick nahm das Volk eine fast drohende Stellung an. Murat, dem dies nicht entging, ließ nun eine bedeutende Truppenmasse nebst zahlreicher Artillerie auf die Höhen von Casa del Campo, dem königlichen Palast gegenüber, Posto fassen, alle Divisionen, die bereits die Gebirge überschritten hatten, in Madrid einrücken und dieselben öfters und mit großer Ostentation die Musterung auf dem Prado passieren, um dem Volk zu imponieren. Die noch in der Stadt befindlichen spanischen Truppen mußten gemeinschaftlich mit uns den Dienst versehen, um Ruhe und Ordnung zu erhalten. General Grouchy wurde zum Kommandanten der Truppen ernannt. Bald bemerkte man, daß Murat und die ganze französische Generalität wenig Notiz von dem jungen König nahmen, ja ihm nicht einmal einen Besuch machten; offenbar ein Beweis, daß man ihn von französischer Seite nicht als Souverän anerkannte. Um den Gang der Ereignisse besser zu verstehen, muß ich mit wenig Worten hier anführen, was unserem Einmarsch in Madrid, sowie zu Aranjuez vorangegangen war.

Die ebenso unerhörten als unverdienten Gunstbezeigungen, deren sich Godoï von dem königlichen Paar zu erfreuen gehabt und die er auf das empörendste mißbrauchte, hatten ihm schon längst den tödlichsten Haß des Volkes zugezogen. Dieser Emporkömmling hatte, nachdem sein eigener Bruder, der vor ihm die Gunst der

Königin genossen, in Ungnade gefallen und nach Badajoz verwiesen worden, schnell alle Grade überstiegen, war hierauf zuerst Finanzminister geworden, hatte seine Schwester als Kammerdame bei der Königin plaziert, verheiratete sie sodann an den Vizekönig von Mexiko, den Marchese Branciforte, wurde nun selbst Grande von Spanien, mit dem Titel eines Herzogs von Alcadia, und Ritter des goldenen Vließes, das der schwache König dem Geliebten seines Weibes selbst umhing, welcher ihn auf deren Verlangen auch zum besonderen Hof- und Ehrenkavalier derselben, sowie zum Chef aller spanischen Garden, dann zum allmächtigen Premierminister und Generalkapitän aller spanischen Truppen ernannte, und nach dem Baseler Frieden erteilte er ihm noch den Titel eines Principe de la Paz (Fürst des Friedens). Aber auch mit zeitlichen Gütern wurde dieser unerhörte Glückspilz von seinen hohen Gönnern reichlich versorgt. Man schenkte ihm Herrschaften, die Hunderttausende von Piastern eintrugen, wozu noch die großen Gehalte aller seiner Stellen kamen. Nachdem er durch die Heirat mit der Tochter des Infanten Anton ein Mitglied der königlichen Familie geworden war, wurde er auch noch Großadmiral aller Flotten Spaniens, ja man schuf noch eine eigene Stelle für ihn, nämlich die eines Generalissimus der ganzen spanischen Land- und Seemacht und eines Reichskonsulators. Jedoch schien es, als habe das Schicksal oder vielmehr die Königin noch nicht das ganze Füllhorn ihrer Gunst an diesen Menschen verschwendet, denn es befahl nun die Verordnung, daß man dem Friedensfürsten ganz gleiche Ehrenbezeigungen wie dem König selbst zu erweisen habe, wodurch dessen Hochmut jetzt keine Grenzen hatte und unerträglich wurde. Dabei übte derselbe einen solchen Nepotismus zugunsten seiner Verwandten aus, daß diese bis in den zehnten Verwandtschaftsgrad die einträglichsten Stellen des Reiches, ohne alle Rücksicht auf Fähigkeiten und Verdienst, erhielten. Daß ein solches Verfahren den Adel sowie das Volk aufs höchste empören mußte und viele Versuche gemacht wurden, des unwürdigen Günstlings Gewalt zu beschränken und seiner Allmacht ein Ende zu machen, war sehr natürlich; aber die Urheber solcher Versuche mußten sie durch Verbannung, Kerker und Galeere büßen. Es kam endlich so weit, daß der ebenfalls von dem hochmütigen Favoriten mißhandelte Prinz von Asturien, Ferdinand selbst, nicht nur einer Verschwörung gegen denselben beitrat, sondern sich sogar an die Spitze der Verschworenen stellte. Godoï entdeckte aber die Sache, noch ehe sie zum Ausbruch kam und hatte die Frechheit, den Thronerben bei seinen Eltern des Hochverrats anzuklagen und auf dessen strenge Bestrafung zu dringen. Der Kronprinz wurde verhaftet und mußte seine Eltern und deren Favoriten um Verzeihung und Gnade bitten. Es wurde ihm zwar verziehen, aber diese Verzeihung öffentlich, und zwar auf eine schonungslose Weise und in harten Ausdrücken, bekanntgemacht. Zugleich wurden auch die Umgebungen des Prinzen und sogar dessen Erzieher, der Kanonikus Escoiquitz und der Herzog von Infantado auf 50 Meilen von Madrid verbannt. Als nun durch den Einmarsch der Franzosen in Spanien die Gemüter aufs neue aufgeregt wurden, glaubten Ferdinand, der die erlittenen Kränkungen nicht vergessen hatte, und sein Anhang den rechten Zeitpunkt gekommen, den verhaßten Günstling samt seinen Beschützern zu stürzen, und wurde bei diesem Versuch vom gesamten Volk unterstützt. Nur mit unsäglicher Mühe war es den Garden gelungen, der königlichen Familie nach Aranjuez folgen zu können, da sich die Volkshaufen diesem Vorhaben mutig widersetzt hatten; auch wurden sie auf ihrem nächtlichen Marsch dahin mehrmals angegriffen, ohne daß man herausbringen konnte, von wem diese kühnen Angriffe eigentlich geleitet wurden, und kaum konnten sich die Königin und ihr Günstling über ein solches Attentat beruhigen, als einige Tage darauf, den 19. März, eine Masse Volk und Bauern nach Aranjuez strömte, um da ein Seitenstück zu der Geschichte vom 5. und 6. Oktober 1789 in Versailles zu liefern. Sie begrüßten die Königin laut mit dem Titel: „Hure eines infamen Nickels“ und forderten Godoïs Kopf. Die Garden, die sie schützen sollten, traten nun auf einmal und ganz unerwartet auf die Seite des Volkes über und prügelten sogar ihren Obersten, einen Bruder Godoïs. Jetzt flüchtete der sich in Todesängsten befindliche Friedensfürst, so feige als niederträchtig seine königlichen Beschützer im Stich lassend, nur noch darauf bedacht, das eigene kostbare Leben zu retten, in seinen Palast und verkroch sich in den verborgensten und geheimsten Winkel desselben.

Der König erließ, nachdem er eine projektierte Flucht über das Meer und nach Amerika hatte aufgeben müssen, eine Proklamation an seine *vielgeliebten* und *getreuen* Untertanen, in der er sie zu trösten suchte und versicherte, daß es durchaus nicht seine Absicht gewesen sei, Madrid oder Aranjuez zu verlassen, sondern daß er in der Mitte seines teuren Volkes verweilen wolle, und versprach in kurzem mit Hilfe seiner getreuen Alliierten dem Land den Frieden wiederzugeben. Diese Worte mußten um so weniger Glauben finden, als die gemachten Anstalten einer Abreise der königlichen Familie durchaus noch nicht kontremandiert worden waren. Auch ging das Gerücht, daß schon ganze Wagen von Silbergeräte nach Andalusien abgegangen seien. Godoïs Maitresse, eine gewisse Donna Pepe Tudo, die Tochter eines spanischen Offiziers, die erst kürzlich zu einer Gräfin von Castillo Fiel gestempelt worden war und von der er zwei Kinder hatte, war, mit Diamanten beladen, entwischt. Das Volk brach nun in des verhaßten Favoriten Wohnung ein, schlug alle Türen, Fenster und Mobilien entzwei und wurde wütend, als es den Gegenstand seines Hasses nicht finden konnte; doch respektierte es dessen Gattin als eine Prinzessin von königlichem Geblüt und führte sie auf das Schloß des Königs. Um die aufgebrachte Menge einigermaßen zufriedenzustellen, entsetzte der Monarch den Friedensfürsten seiner Stelle als Großadmiral und Generalissimus und erklärte, selbst den Oberbefehl über die Land- und Seemacht nehmen zu wollen. Auch hatte er versichert, daß sich die Truppen seines teuren Verbündeten, des Kaisers Napoleon, nur in freundlichen Absichten näherten, um das beabsichtigte Ausschiffen des gemeinschaftlichen Feindes zu hintertreiben. Als man in Madrid die Vorgänge von Aranjuez erfahren, erscholl auch hier der Ruf: „Muerte á Godoï" (Tod dem Godoï). Die Szenen von Aranjuez wiederholten sich, das Volk drang auch dort in den Palast des Favoriten, sowie in die Wohnungen seiner Mutter, seiner Geschwister und seiner bekanntesten Anhänger, zertrümmerte daselbst ebenfalls Fenster und Möbel und zündete mit den letzteren ein Freudenfeuer in den Straßen an, plünderte mehrere Hotels, auch das des Finanzministers, und bei diesem Tumult und all diesen Unordnungen blieben die Schweizerregimenter in spanischem Sold ruhige Zuschauer. Allerdings das beste, was sie tun konnten; denn das Übel wäre sonst nur ärger geworden, und es hätte ihnen leicht ergehen können wie ihren Landsleuten am 10. August 1792 in Paris.

Ferdinand hatte sich unterdessen zu Aranjuez an die Spitze des Aufstandes gestellt, sein Vater, Karl IV., hatte zu seinen Gunsten der Krone entsagt und sich dabei feierlich und auf das dringende Ersuchen der Königin als einzige Bedingung die Lebensrettung des teuren Friedensfürsten vorbehalten, der noch immer im Palast Villa Vicciosa zu Aranjuez, schon seit 36 Stunden in Todesangst und ohne irgend Speise und Trank zu sich nehmen zu können, unter Matten versteckt lag. Nur ein einziger, ihm treu gebliebener Diener wußte sein Versteck, wurde aber, als er für seinen halbverhungerten Herrn einige Lebensmittel holen wollte, vom Volk erkannt und angehalten, dem er, um sein Leben zu retten, den Aufenthalt Godoïs entdecken mußte. Man fand diesen auf einem Boden unter den Matten, zerrte ihn hervor, überhäufte ihn mit Schimpfworten und Schlägen, und nur durch die größten

Anstrengungen gelang es den herbeieilenden Garden, ihn der Wut des erbitterten Volkes zu entreißen und ihm das Leben zu retten, während man fortfuhr, Steine gegen ihn zu schleudern. Um ihn in Sicherheit zu bringen, mußte man ihn schnell in einen Stall werfen und in demselben mit Stroh zudecken. Das Volk drang indessen ungestüm auf seine Auslieferung, und man war im Begriff diesem Begehren zu willfahren, als, zum Glück Godoïs, der Prinz von Asturien, Ferdinand, hinzukam, jetzt wohl der einzige Mensch, der ihn zu retten imstande war. Schon bluttriefend, stürzte sich der Elende zu den Füßen desjenigen, dem er Krone und Leben hatte rauben wollen, redete ihn mit Euere Majestät an und bat in den jämmerlichsten Tönen flehend um Gnade. Ferdinand hatte seinem Vater dessen Erhaltung versprochen. Er beruhigte das Volk, indem er demselben versprach, es solle die strengste Gerechtigkeit gegen Godoï geübt werden, den er sodann mit einer starken Bedeckung gefangen abführen ließ. Er wurde auch sofort in ein Gefängnis gebracht, vor welchem sich große Volkshaufen sammelten und unaufhörlich Schmähungen und Verwünschungen ausstießen. Als jetzt des alten Königs Abdankung zugunsten seines Sohnes bekannt wurde, besänftigte sich das Volk endlich, und die Ruhe kehrte zurück. Ferdinand erließ nun ein Dekret an den Rat von Kastilien, wodurch alle Güter, Mobilien und Effekten des sogenannten Friedensfürsten konfisziert werden sollten, wo sie sich auch immer vorfinden würden, kündigte dem Volk an, daß er sich nach Madrid begebe, um Ruhe und Ordnung herzustellen, und daß es seinen Verordnungen gegen Godoï volles Vertrauen schenken möge. Den Herzog von Infantado ernannte er zum Obersten der Garden und rief alle seine verbannten Anhänger zurück.

Unglaublich ist es, welche Freude die Nachricht von dem Sturz Godoïs in ganz Spanien hervorbrachte. Wir sahen die Leute wie toll umherspringen, ausgelassen auf den Straßen jubeln und laut aufschreien. In mehreren Städten wurde sogar ein Tedeum deshalb angestimmt, und man

veranstaltete öffentliche Feste, die Büste oder das Bild des Verhaßten wurden beinahe an alle Galgen genagelt oder auf die Schindanger geworfen. Freudenfeuer loderten auf allen öffentlichen Plätzen, und man sprang und tanzte um dieselben. Unter den tausend Gerüchten, die jetzt zu seinem Nachteil in Umlauf gesetzt wurden, verbreitete man auch eins, welches besagte, er habe die Franzosen ins Land gerufen, um sich mit deren Hilfe selbst zum König von Spanien zu machen. Ferdinand hatte sich noch am Tage der Abdankung seines Vaters als König proklamieren lassen und hoffte und erwartete jetzt, von Murat beschützt zu werden, wiegte sich deshalb in eine gefährliche Sicherheit, welche die meisten seiner Räte teilten, da sie glaubten, Napoleons Politik heische es sogar, den jungen König anzuerkennen und in Schutz zu nehmen, der jetzt wiederholt um eine Gemahlin aus Napoleons Händen und von dessen Verwandtschaft bat. So hinsichtlich der Absichten des französischen Herrschers vollkommen ruhig, nahm Ferdinand auch nicht die mindesten Vorsichtsmaßregeln, ja die spanischen Truppen wurden zum Teil noch zur Disposition Junots gestellt, und drei spanische Granden, die Herzoge von Medina Cöli, von Frias und der Graf Fernandes Nunez, wurden Napoleon, den man in Spanien erwartete, entgegengesandt, ihn zu bewillkommnen und ihm zugleich Ferdinands Thronbesteigung anzukündigen.
So standen ungefähr die Sachen, als wir in Madrid ankamen und den Tag darauf, an dem der junge König in der Hauptstadt einrückte. Jetzt aber nahm schnell alles eine andere und fast jedermann unerwartete Wendung.
Murat, der Augenzeuge der Anhänglichkeit des Volkes an Ferdinand gewesen war und eine neue Gärung befürchtete, ließ immer mehr Truppen nach Madrid und in die Umgegend kommen. Die Begebenheiten zu Aranjuez und ihre Folgen hatten Napoleon einen großen Strich durch die Rechnung und alle seine Kombinationen zunichte gemacht, so daß er genötigt war, seine Pläne zu

ändern und ganz andere Anordnungen zu treffen. Am erwünschtesten wäre ihm eine Flucht der königlichen Familie nach Amerika gewesen, zu der er gerne die Hände geboten hätte, weil ihm alsdann, so glaubte er wenigstens, das verwaiste Spanien, das er zuerst seinem Bruder Lucian zugedacht hatte, von selbst zugefallen wäre. Als er die Begebenheiten erfuhr, die seine Projekte so durchkreuzten, ging all sein Trachten dahin, den durch die Anhänglichkeit des Volkes und der Truppen auf den spanischen Thron erhobenen Prinzen möglichst bald wieder herabzustürzen. Daher auch das zweideutige Benehmen Murats und der französischen Generale zu Madrid. Um das beabsichtigte Bubenstück vollbringen zu können, suchte Napoleon Karl IV. und dessen Sohn vor seinen Richterstuhl zu ziehen, indem er sich selbst zum obersten Schiedsrichter der Vorfälle in Aranjuez aufwarf, was bei der großen französischen Heeresmacht, die bereits auf spanischem Boden stand, wohl zu bewerkstelligen war. Wir sowohl als die Spanier erwarteten den Kaiser jeden Tag in Madrid, aber vergeblich. Er hielt es für ratsamer, und es war allerdings seinen Zwecken weit dienlicher, die ganze königliche Familie nach Bayonne zu locken, wo er sein Urteil zu fällen beschlossen hatte. Hätte Ferdinand damals die französischen Journale gelesen, die ihn als einen ungehorsamen und verbrecherischen Sohn schilderten und nur Karl IV. als König von Spanien anerkannten, so würde er schwerlich so leicht in die gestellte Falle gegangen sein, doch ist es kaum zu begreifen, wie ihm Murats Benehmen zu Madrid nicht die Augen geöffnet, denn er hatte ja Karl IV. und seine Gattin durch einen hohen Offizier zu Aranjuez noch als Souverän Spaniens bekomplimentieren lassen, worauf sie sich nach San Lorenzo begaben. Zugleich hatte sich ein Briefwechsel zwischen Murat und den alten Majestäten entsponnen, dessen Zweck war, Godoï dem Wohlwollen Napoleons und dessen Leutnant zu empfehlen. Man begehrte sogar französische Garden zu dessen Schutz, die sofort bewilligt wurden. Auch verhinderte Murat die Abführung des alten Königs nach Badajoz, wohin ihn die neue Regierung samt seiner Gemahlin verwiesen hatte. Murat benahm sich indessen so, daß niemand das Schicksal, das dem jungen König zugedacht war, vermuten konnte, sondern jedermann deshalb in Zweifel war. Die Königin von Hetrurien, die damals auch in Madrid war, wollte dieser Ungewißheit à tout prix ein Ende machen und veranstaltete zu diesem Zweck, daß sich Ferdinand und Murat bei ihr persönlich trafen, sie zu einer Assemblée einladend. Beide hatten die Einladung angenommen. Der Großherzog von Berg mochte etwa schon eine Viertelstunde anwesend sein, als man mit einem Male den jungen König von Spanien meldete. Murat, der sich damals noch mit der Hoffnung trug, daß sein kaiserlicher Schwager den Thron von Spanien ihm bestimmt habe – ein Thron war ihm jedenfalls versprochen –, nahm fast gar keine Notiz von dem eintretenden Fürsten, der es nun auch nicht wagte, ihn anzureden, oder vielleicht glaubte, sich dadurch etwas zu vergeben. Ihre ganze Begleitung hatte sich in Seitengemächer verloren und beide fanden sich plötzlich in einem Salon allein mit der Königin von Hetrurien, die, um sie zu nötigen, miteinander zu sprechen, ebenfalls in ein Nebenzimmer trat und daselbst auf einem Klavier phantasierte. Ferdinand, in der größten Verlegenheit, eilte, seiner Schwester zu folgen, und Murat, dem das Geklimper wenig Vergnügen zu machen schien, entfernte sich bald darauf, ohne daß beide ein Wort miteinander gewechselt hatten. So erzählte man sich diese sonderbare Zusammenkunft damals in Madrid, und so hörte ich sie von dem Adjutant-Kommandanten Monthiou bestätigen.

Ferdinand fuhr indessen fort, sich dem Volk täglich mehrmals zu zeigen und ritt oder fuhr fast ohne Begleitung durch die Straßen von Madrid, wo er immer mit Vivatgeschrei empfangen wurde. Er tat alles, um sich Napoleon und den Franzosen angenehm zu machen. Wir wurden fast im Überfluß mit Lebensmitteln versehen, den französischen Offizieren wies man in der Oper und anderen Theatern besonders ausgezeichnete Plätze an, und da Murat geäußert hatte, daß der Kaiser den Degen Franz I., der seit der Schlacht von Pavia in der Armeria real (königliches Waffenmagazin) aufbewahrt wurde, gerne hätte, ließ ihn Ferdinand sogleich durch den Grafen Altemira an Murat mit den Worten übergeben, daß er sich in keinen Händen besser als in denen des Helden des Jahrhunderts befinden könne. Der Großherzog von Berg, der unterdessen von seinem Schwager weitere Instruktionen bekommen hatte, gab nun dem jungen König zu verstehen, daß es der Kaiser gerne sehen würde, wenn ihm der Infant Don Carlos, Ferdinands Bruder, bis an die Grenzen des Reichs entgegenkäme, und als er dazu seine Einwilligung gab, so ließ ihm Murat bald darauf durch den französischen Gesandten Beauharnais wissen, daß, wenn sich der König Ferdinand entschlösse, Napoleon in eigener Person entgegenzukommen, dies derselbe sehr hoch aufnehmen und es von dem größten Nutzen für Ferdinands Sache sein würde. Murat bestätigte selbst die Versicherungen des Gesandten, und der junge König, noch ohne Antwort auf das Schreiben, durch welches er Napoleon seine Thronbesteigung angezeigt hatte, was ihn doch etwas beunruhigen mochte, schwankte noch zwischen Tun und Lassen, als der General Savary, Napoleons Adjutant, mit dem geheimen Auftrag zu Madrid ankam, Ferdinand zu der Reise nach Bayonne zu bewegen. Savary spielte den Fuchs und verbarg unter einer scheinbaren militärischen Offenherzigkeit den eigentlichen Zweck seiner Sendung, indem er sich stellte, als sei er nur gekommen, um den neuen König zu beglückwünschen; er machte diesem glauben, daß seine Gesinnungen gegen seine Eltern ganz mit denen des Kaisers übereinstimmten, daß derselbe die Vorfälle in Aranjuez insgeheim genehmige und ihn sicher als König von Spanien anerkennen werde. Dies alles ließ Savary nur so wie von ungefähr fallen. Er hatte nicht einmal ein Beglaubigungsschreiben aufzuweisen; dabei versicherte er, daß sein Herr bald zu Bayonne eintreffen würde, um sich von da nach Madrid zu begeben. Murat und Beauharnais stimmten in Savarys Ton ein, ohne noch zu wissen, was Napoleon eigentlich beabsichtige. Um diesen Aussagen noch mehr Wahrscheinlichkeit zu geben, ließ man schon Wagen mit Effekten des Kaisers über die Grenze gehen, auf allen Poststationen Relais bestellen und reitende Garden zu seiner Bedeckung auf denselben verteilen. Es war sogar schon ein kaiserlicher Furier zu Madrid angekommen, der die Wohnung, die in dem königlichen Palast für seinen Herrn bestimmt wurde, besah, sogar die Badeanstalten in demselben anordnete, so daß nun niemand mehr die demnächste Ankunft Napoleons bezweifelte. Savary fand, daß es jetzt Zeit sei, dem König die Zumutung, seinem Kaiser entgegenzureisen, zu wiederholen, da derselbe bereits von Paris abgegangen sei, was auch wirklich der Fall war, und wenn sich Ferdinand eile, so müsse er in Burgos mit ihm zusammentreffen. Nachdem dieser noch eine Unterredung deshalb mit Beauharnais gehabt, der natürlich mit Savary in ein Horn blies, entschloß er sich zur Abreise, obgleich er wußte, daß Murat noch fortwährend mit seinen Eltern im Briefwechsel stand, und wir alle wunderten uns nicht wenig über diesen Entschluß, da selbst mehrere französische Generale sich geäußert hatten: „Der wird schwerlich zurückkehren." Aber Ferdinands Räte schienen blind wie ihr Herr und fürchteten die Rückkehr des alten Königs und Godoïs, weshalb sie sich nur unter Napoleons Schutz sicher glaubten und äußerten, es sei eine Beleidigung, einen so großen Helden eines heimtückischen Schurkenstreichs fähig zu halten.

In Begleitung Savarys und seiner vertrautesten Ratgeber reiste Ferdinand den 10. April von Madrid ab. Auf der ganzen Route erwiesen ihm die französischen Truppen die militärischen Ehrenbezeigungen. In Burgos angelangt, wußte man noch nichts von Napoleons baldigem Ankommen. Man ging nun nach Vittoria ab, wo es ebenso war.

Hier aber übergab Savary, der unterdessen vorausgeeilt und wieder zurückgekommen war, dem hohen Reisenden ein Schreiben seines Herrn, in welchem ihm jedoch der Titel Majestät nicht gegeben wurde, das sogar Verweise wegen den Vorfällen in Aranjuez enthielt und in welchem sich Napoleon bestimmt als Schiedsrichter über die Angelegenheiten der königlichen Familie aussprach. Trotz allen Versuchen, die man zu Vittoria machte, dem Prinzen endlich die Augen zu öffnen und ihn zu bewegen, nicht weiterzugehen, und trotz allen Warnungen, die ihm jetzt von mehr als zwanzig Seiten zukamen, indem man ihm sogar das Anerbieten machte, ihn durch einige tausend spanische Zollwachen mit Gewalt aus den Händen der Franzosen zu befreien, im Fall dies nötig sein würde, oder ihn als Maultiertreiber verkleidet in Sicherheit zu bringen, erklärte er dennoch, weiterreisen zu wollen, und zwar bis auf französisches Gebiet. Das Volk, besser beraten, wollte ihn nicht fortlassen, schnitt die Stränge an seinem Wagen ab, und es fehlte wenig, so wäre es zum Handgemenge mit den französischen Truppen gekommen, die unter dem Gewehr standen. Trotz allem dem ging Ferdinand über die Bidassoa und nach Bayonne, wo sein Bruder schon angekommen war, seine Eltern bald eintrafen und wo man ihm anfänglich das Königreich Hetrurien für die Krone von Spanien bot.
Zu Madrid hatte unterdessen Murat die Freilassung Godoïs von der daselbst seit Ferdinands Abreise eingesetzten Junta durch Drohungen ertrotzt, und er wurde den Franzosen übergeben, die auch ihn nach Bayonne sandten. Nun protestierte der alte König gegen seine Abdankung, als durch Aufruhr erzwungen, und Murat schickte ihn vier Tage später mit der Königin Marie Luise ebenfalls nach Bayonne.
Wir waren indessen in Madrid nicht auf Rosen gebettet, wenigstens waren diese dornig und stachelig genug. Ich hatte mir jedoch, nachdem ich zweimal gewechselt, eine ziemlich angenehme Wohnung zu verschaffen gewußt, in

der sich nicht weniger als fünf junge und hübsche Frauenzimmer befanden, von denen noch drei ledig und zwei ausgezeichnete spanische Schönheiten waren. Leider blieb mir gar zu wenig Zeit übrig, denselben gehörig zu huldigen; aber dennoch und trotz dem sich schon allenthalben äußernden Franzosenhaß, gelang es mir, in nähere Berührung mit zwei Schwestern zu kommen, von denen die eine, Donna Calvanillas, verheiratet, die andere aber, Señora Rosa Maria, noch ledig war. Beide besuchten jeden Tag die ehemalige Jesuitenkirche St. Isidor, die sich in der Nähe ihrer Wohnung befand. Wenn es mir möglich war, begab ich mich zur selben Stunde in diesen Tempel, wo ich weit mehr als im Haus selbst Gelegenheit hatte, mit den Damen bekannter zu werden. Meine Aufmerksamkeit wurde bemerkt und, wie es mir schien, nicht mit ungünstigten Augen. Ich schrieb nun mit Hilfe eines spanisch-französischen Wörterbuchs und einer solchen Sprachlehre ein Billettchen in spanischer Sprache, in welchem ich es versuchte, so lebhaft als möglich den Eindruck zu schildern, den diese kastilischen Schönheiten auf mein Gemüt gemacht. Während sie knieten und ihre Gebete herplapperten, stellte ich mich seitwärts und vor die frommen Schwestern, so daß ich sie im Auge hatte, und als ich sah, daß sie mich bemerkten und manchmal zu mir herüberschielten, hielt ich das Briefchen zwischen den Fingern der rechten Hand, so daß sie es gut sehen konnten, beobachtete auch, wie die eine die andere anstieß und beide dann leise miteinander sprachen. Ich suchte ihnen jetzt durch Zeichen zu verstehen zu geben, daß das Briefchen für sie bestimmt sei. An ihrem Erröten erkannte ich, daß sie mich wohl verstanden haben mußten, und beide hüllten sich tiefer in ihre Mantillas, was ihre Reize noch erhöhte. Als sie die Kirche verließen, kam ich ihnen schnell zuvor und stellte mich an den Eingang derselben, ihnen beim Heraustreten das Billettchen hinhaltend. Beide glitten jedoch an mir vorüber, ohne Notiz davon zu nehmen, aber meinen Gruß erwidernd; sie schritten langsam voran, eifrig miteinander sprechend. Ich folgte ihnen in geringer Entfernung, hustete mehrmals, plötzlich drehte sich die eine der Damen um, ging mir ein paar Schritte entgegen, nahm mir mit zur Erde gesenkten Blicken das Billett schnell ab und eilte zu ihrer Schwester zurück. Im Hause sah ich sie diesen Tag nicht wieder, ob ich mir gleich alle Mühe deshalb gab, aber den anderen Morgen traf ich sie in der Kirche und kniete hinter ihnen an einem Seitenaltar, sie bittend, mich mit einer Antwort zu beglücken. Ohne mich anzusehen, wurde mir erwidert, ich möge ihnen bei dem Ausgang folgen. In Spanien und namentlich in Madrid dienen die Kirchen noch weit mehr als in Italien zu verliebten Rendezvous, ja die Heiligkeit des Ortes hindert nicht, daß man sich nicht selten, an den Altarstufen knieend, küßt.

Als die Doñas nach kurzem Gebet aufstanden und sich entfernten, gab mir die, welche mir das Billett abgenommen, nochmals ein Zeichen, ihnen zu folgen. Sie gingen nun durch verschiedene Kreuz- und Querwege, durch enge und abgelegene Straßen in eine Calle (Gasse) unweit des Plazuela de la Costanillas, wo sie in ein kleines Haus traten, an dessen Türe sie ein wenig warteten, bis auch ich um die Ecke der Gasse gekommen war und sehen konnte, wo sie eintraten. Man gab mir nochmals einen Wink mit der Hand und verschwand. Ich folgte. Eine alte Sibylle empfing mich an der Haustüre und führte mich durch ein kleines Vorzimmer in ein zweites, wo ich meine beiden Schönen traf. Etwas verlegen, welcher von beiden ich ewige Liebe und Treue schwören sollte, denn das Billett, in dem ich am Schluß auf das dringendste um eine baldige Zusammenkunft gebeten hatte, da ich nicht wissen könne, wieviel Stunden ich noch in Madrid zubringen würde, hatte keine Aufschrift gehabt; Doña Calvanillas aber war es, die es mir abgenommen hatte. Ich war wirklich in einer seltsamen Lage, nicht wissend, welcher ich jetzt eine Liebeserklärung machen sollte. Rosa Maria wäre mir als Mädchen allerdings die liebste gewesen, aber mit der Verheirateten war schneller zum Ziel zu kommen, wenigstens war dies meine Meinung, und es war die richtige. Die Damen schienen meine Unentschlossenheit zu bemerken, und nachdem ich einige spanische Artigkeiten, so gut ich es vermochte, mit italienischen vermischt, gesagt, ging Rosa Maria an ein Fenster des Vorzimmers, die Straße oder den Himmel beschauend und mich mit der Schwester ungestört allein, aber doch die Türe offen lassend. Die Unterhaltung mit der Zurückgebliebenen war an Worten karg und einsilbig, denn wir hatten zu große Mühe, uns zu verständigen, dagegen war sie desto beredter durch Blicke und Mienen, und bald lag die Doña in meinen Armen. Ich bemerkte indessen, daß sich das schwarze Köpfchen der Schwester einigemal an der offen gebliebenen Türe des Vorzimmers zeigte, wohin die Señora auf den Zehen geschlichen war, und neugierige Blicke auf uns warf. Dieses hielt mich jedoch nicht ab, an die in den Armen habende Doña die zärtlichsten Liebkosungen zu verschwenden und sie endlich einzuladen, sich mit mir auf die nicht sehr schwellenden Polster, einer Art Sofa, niederzulassen, wo wir eine halbe Stunde, in Entzücken schwelgend, hinbrachten. Jetzt rief meine Doña auch Rosa Maria wieder ins Zimmer; nun hatte ich bald eine Schwester in jedem Arm, und der Schäkereien und Tändeleien wurden mancherlei getrieben. Nachdem man sich endlich satt und matt geküßt, und die liebenswürdigen Schönen wohl hundertmal: „Corazon! Corazon!“ (Herz!), der Lieblingsruf der entzückten Spanierinnen, hatten hören lassen, den ich immer mit einem: „Carissima, bellissima!“ beantwortete, denn an eine zusammenhängende Unterhaltung war nicht zu denken, da ich nicht den zehnten Teil von dem verstand, was mir die lieben Kinder vorschwatzten, so machten wir endlich Anstalt, uns zu entfernen. Nur so viel hatte ich herausgebracht, daß das Haus, in dem wir waren, einer alten Amme der beiden Señoras gehörte und daß ich mich hüten müsse, sie ferner in unserer Wohnung, auf der

Straße oder auch in der Kirche anzusprechen, indem der Cortejo (ungefähr das, was ein Cicisbeo in Italien ist) der Doña Calvanillas, ein ältlicher geistlicher Herr, sie sorgsam bewache. Dagegen könnten wir uns jede Woche einigemal ohne alle Gefahr in der Wohnung der alten Amme sprechen, vielleicht auch bei einer Refrescos oder Tartulia (ersteres sind Nachmittagsgesellschaften, bei denen farbiges Eiswasser, Schokolade, Sorbetti, Gefrorenes, Konfitüren und allerlei Zuckerwerk in großer Profusion gereicht und geplaudert wird; die Tartulia aber sind Abendgesellschaften, die recht munter und unterhaltend sind, zu denen man gerne Fremde einladet und mit zuvorkommender Artigkeit behandelt), die ihre Verwandten bisweilen in ihrer Wohnung veranstalten, sie manchmal sehen, indem sie zu veranlassen hofften, daß ich eingeladen würde. Nach einem zärtlichen Abschied trennten wir uns nun, in der Hoffnung, uns bald wieder hier zu treffen, was aber nur noch einigemal der Fall und zuletzt mit Gefahr verbunden war.

Wenig Zeit blieb mir auch übrig, die Merkwürdigkeiten Madrids kennen zu lernen, denn es verging jetzt beinahe kein Tag mehr, an dem es nicht Alarm gegeben hätte. – Die Hauptstadt Spaniens liegt am kleinen, im Sommer fast immer wasserlosen Flüßchen *Manzanarez*, über den aber dennoch eine große, prächtige Brücke führt. Der Umfang der Stadt, die auf unbedeutenden Hügeln erbaut ist, aber doch hoch über der Meeresfläche, in einer dürren, meist baum- und buschlosen Ebene liegt, ist drei gute Stunden. Sie hat mehr denn hundert Kirchen und Klöster, fünfzehn Tore, vor welchen zum Teil schöne Alleen und wohl ein halbes Hundert freie Plätze sich befinden, von denen einige sehr groß sind. Sie ist in acht Quartiere eingeteilt, wovon jedes wieder acht Unterabteilungen, die man Barrios nennt, und jede derselben einen Alkalden zum Polizeivorstand hat. Die Zahl ihrer Einwohner mochte etwa 200 000, Soldaten und Pfaffen inbegriffen, sein, sie soll aber früher die doppelte gehabt haben.

Unter den Kirchen, die weder hinsichtlich der Größe und Pracht noch der Bauart und Kunstschätze mit denen Italiens wetteifern können, sind nur wenige, welche die Aufmerksamkeit der Fremden verdienen, wie die des heiligen Hieronymus, die schöne Grabmäler enthält, und die des heiligen Isidorus, eine der schönsten, deren Kuppel herrliche Freskogemälde hat. Auch befindet sich ein berühmtes Gemälde von Raphael Mengs, die heilige Dreieinigkeit darstellend, über dem Hochaltar. Die Iglesia (Kirche) de Santa Maria, obgleich an und für sich wenig bedeutend, gilt doch gewissermaßen für die Hauptkirche Madrids. Sie war so unermeßlich reich, daß ihre Schätze hingereicht hätten, fünf Peterskirchen zu erbauen. Eine der schönsten Kirchen der Hauptstadt ist die der barfüßigen Augustinerinnen, die einen prächtigen Hochaltar hat und aus den kostbarsten Marmorarten Spaniens, wie der gelben von Cuenca, der grünen von Granada, der bunten von Tortosa, dem Jaspis von Naquera, dem Espeja aus Malaga usw. erbaut ist. Die Iglesia de la Visitazione, gewöhnlich las Salesas genannt, gilt den Spaniern für ein Wunder der Baukunst, ist aber nichts weniger als etwas Außerordentliches und hat auch ebensowenig Meisterstücke der Kunst irgendeiner Art aufzuweisen, einige Grabmäler ausgenommen; sie ist aber sehr groß.
Auch mit den übrigen öffentlichen Gebäuden Madrids ist es nicht viel besser beschaffen. Das größte derselben ist die Kaserne der Leibgarden in der Nähe des Tores San Bernardino, mit drei ungeheuer großen Höfen und Stallungen für mehr als tausend Pferde; sie hat eine schöne Fassade. Eines der schönsten architektonischen Monumente der Hauptstadt, wer sollte es wohl glauben, ist ein zum Einsalzen der Schweine bestimmtes Gebäude an der Puerta de Sta. Barbara, Saladero genannt. Hier sind alle zum Einsalzen dieser nützlichen Tiere nötigen Utensilien in großer Menge und in bestem Zustand vorhanden; aber hier werden auch alle Schweine von ganz Madrid genießbar gemacht.

Der neue Palast, die eigentliche Residenz der Könige von Spanien, liegt am Ende der Stadt auf einer Anhöhe; enge und winkelige Straßen führen dahin; man zeigt ihn dem Fremden als das Nonplusultra aller Herrlichkeiten. Er wurde erst im 18. Jahrhundert von Philipp V. erbaut, nachdem der früher hier gestandene 1734 völlig abbrannte. Derselbe liegt so hoch, daß er ganz Madrid dominiert, und bildet ein regelmäßiges Viereck, von dem zwei Seiten auf das freie, vom Manzanares, wenn er nämlich Wasser hat, bewässerte Feld gehen. Das früher an dieser Stelle gestandene Schloß hat mancherlei Schicksale gehabt, bis es verbrannte. Man glaubt, daß es König Alphons I. von Kastilien im 11. Jahrhundert hatte erbauen lassen; aber schon 1109 verwüsteten es die Mauren gänzlich, und unter Peter dem Grausamen zerstörte es ein Erdbeben. Es wurde durch die folgenden Regenten, namentlich auch Philipp II. und seine Nachfolger, wieder hergestellt und sehr vergrößert. Das jetzige Schloß ist massiv aus Quadersteinen aufgeführt, reich verziert und möbliert, und hat wertvolle Schätze der Kunst aufzuweisen, unter anderen ein massiv silbernes Basrelief, den Papst vorstellend, wie er den König der Hunnen von Rom zurückhält; ein vier Schuh hohes Kruzifix von Bergkristall ist trefflich gearbeitet, und unter den königlichen Büsten zeichnen sich die Karl V. und Philipp II. besonders aus; noch zeigt man den mit reichen Stickereien, Perlen und Edelsteinen verzierten Armstuhl des letztern. Meisterstücke von Rubens, Tizian, Mengs, Guido, Leonardo da Vinci usw. bergen mehrere Gemächer dieses Palastes, der zwei große Höfe, aber keine Idee von einem Garten hat. In dem Saal de los Regnos, in welchem den Gesandten die Audienzen erteilt werden, sind zwölf so ungeheure Spiegel angebracht, daß man schwerlich irgendwo größere findet. Sie stammen aus der Fabrik zu Ildefonso. Ganz am entgegengesetzten Ende der Stadt, hinter dem Prado, liegt Buon Retiro, den man jetzt den alten Palast nennt, und den Philipp IV. erbaute. Auch er bildet ein reguläres

Viereck, das mit Türmen flankiert ist, aber aus Fachwerk besteht, und hat viele und herrliche Gemälde von guten Meistern, besonders spanischen. Ein Saal desselben enthält die gemalten Darstellungen der Stiftung des Ordens des Goldenen Vlieses, die nicht ohne Interesse und gut ausgeführt sind. Auch dieser Palast hat einen Saal de los Regnos, in dem statt der großen Spiegel zwölf große Schlachten aus dem 15. Jahrhundert von spanischen Malern zum Teil sehr gut dargestellt sind. In den übrigen Gemächern findet man hier und da schöne Gemälde, in dem el Castrillo genannten ist eine frappante Ansicht der Peterskirche zu Rom, eine nicht minder gute des Markusplatzes zu Venedig und eine große Prozession. Buon Retiro ist von unermeßlichen Gärten umgeben, die zum Teil sehr geschmacklos angelegt sind, aber doch manche schöne Partien haben. In einem derselben ist die Statue Philipp II. zu Pferde von Bronze auf einem marmornen Fußgestell, und zwar galoppierend, dargestellt. Sie wurde 1640 zu Florenz gegossen, und ist ein Meisterstück, besonders das Pferd. Diese unabsehbaren Gärten, Alleen, Gehölze enthalten noch viele andere Bildsäulen, Büsten, Fontänen usw., unter andern ist in dem „Paulus" genannten Garten eine Statue Karl I., der die in Fesseln geschlagene Wut mit Füßen tritt. In einem eingeschlossenen Bezirk, los Regnos genannt, sieht man die marmornen Statuen Philipp V. und Isabellas von Österreich.
Die Kirche von Buon Retiro, Nuestra Señora de las Angustias steht mitten in den Gärten, die in der schönen Jahreszeit der Sammelplatz der vornehmen Welt von Madrid und besonders der Damen sind, die man hier in den reizendsten Anzügen lustwandeln sieht.
Von anderen Gebäuden dieser Hauptstadt sind noch bemerkenswert: das Zollhaus in der Straße Alcala, das Hotel der Posten, Casa de Correos genannt, auf der Plaza del Sol, das Hofgefängnis (la Carcel de Corte), ein schlimm imponierendes Gebäude in der Calle d'Atocha am Plaza mayor; das Stadthaus Ayuntamiento, in welchem sich ein

großes Tabernakel ganz von Silber befand, das bei der Fronleichnamsprozession herumgetragen wird; die Privatpaläste der Herzoge von Alba, von Berwick, von Altamira, von Veraguas, Nachkommen des Kolumbus gehörig; des Emanuel Godoï usw. Der prächtigste von allen ist aber der de los Consejos (der Räte), eines der schönsten Monumente Madrids. Die Armeria real, das königliche Zeughaus, ist sehr weitläufig und hat eine äußerst merkwürdige Sammlung seltener und kostbarer Waffen, die zum Teil berühmten Männern aus verschiedenen Jahrhunderten angehörten. Unter ihnen sind die des letzten Maurenkönigs von Granada, Chio, und Karl I., die dieser Fürst bei der Expedition von Tunis trug, sowie die der Isabella während der Belagerung von Granada merkwürdig. Unter den Schilden sind mehrere von ausgezeichneter Arbeit, namentlich das, auf welchem das spanische Amerika in Basreliefs abgebildet ist. Ein anderes stellt den Sieg des Herkules über die Zentauren, ein drittes eine große Schlacht des 13. Jahrhunderts dar; auf einem vierten ist die Eroberung Neu-Spaniens abgebildet, wo Herkules die Säulen niederreißt, um sie weiter, jenseits des Weltmeeres, hinauszurücken, und Neptun frohlockend seinen Dreizack dazu schwingt. Ein Schild ist mit einem Halsband des Goldenen Vlieses und mit 27 Medaillen, allegorische Figuren darstellend, verziert. Auch das Schild, welches Pius V. dem Don Juan von Österreich verehrte, in dessen Mitte sich ein silberner Christus befindet, wurde hier aufbewahrt. Helme, peruanische Keulen, altamerikanische Waffen, türkische Roßschweife, Harnische, Standarten, Fahnen, Bogen, Feuerwaffen aller Art usw. sind in großer Menge vorhanden; unter den Schwertern zeigt man auch die Rolands, Cids usw.

Unter den Plätzen Madrids sind der große de la Cebada (des Getreides), der noch größere de los Caños del Péral, beide aber mit unansehnlichen Gebäuden umgeben, und der Platz der Stiergefechte, Plaza mayor, zu bemerken. Der letztere hat einen ungeheuern Umfang. Auf ihm wurden früher auch die schrecklichen Autodafés veranstaltet. Er ist mit Arkaden umgeben und dient zugleich als Marktplatz; seine Häuser sind sämtlich von fast gleicher Form, fünfstöckig, und haben alle ganz gleichartige Balkone. In der Mitte einer Fassade steht die Casa real, aus welcher die königliche Familie die auf diesem Platz gehaltenen Feste mit ansieht, bei welcher Gelegenheit der sehr schön dekorierte Platz sich besonders abends bei Fackel- und Lichterschein prächtig ausnimmt. Auf dem Platz des Ayuntamiento ist der Turm noch vorhanden, in dem Franz I. gefangen saß, bevor er nach Alcazar gebracht wurde. Die Puerta del Sol ist ein großer, sternförmiger Platz, auf den fünf der schönsten Straßen Madrids zusammenlaufen; er ist der Sammelplatz aller Neugierigen, Müßiggänger und Pflastertreter, eine Art Palais-Royal, und liegt in der Mitte der Stadt, unfern der Plaza mayor. Einige der Straßen sind sehr schön, besonders die prächtige Calle de Alcala, die vom Prado bis zum Puerta del Sol führt und so breit ist, daß zwanig Wagen nebeneinander bequem Raum in ihr haben. Ferner sind die Calle Mayor, del Principe, del Prado, de Toledo – diese jedoch bei weitem nicht so schön wie ihre Namensschwester in Neapel – Hortalesa und San Bernardo schöne Straßen. Die Theater besuchte ich nur wenig, kaum ein halbes Dutzend Mal, da mir der Dienst dies nicht öfter gestattete und ich mich auch langweilte, da ich die Sprache zu wenig verstand und meist nur Tonadillas und Sayanetes (Zwischenspiele und kleine Possen) gegeben wurden, in denen es sehr frei und ungeniert auf der Bühne zuging und wollüstige Stellungen und sehr unanständiges Küssen häufig vorkamen, was aber nicht hinderte, daß sich Geistliche und Kutten jeder Farbe in Parterre und Logen blikken ließen und sichtbar ergötzten. Auch die italienische Oper besuchte ich, fand mich aber wenig befriedigt, da sie kaum mit den mittelmäßigsten Italiens konkurrieren konnte. Die Theater waren nicht sehr besetzt; bei einem Stiergefecht drängen sich die Spanier ganz anders hinzu.

Der Prado ist so ziemlich der einzige Spaziergang innerhalb der Stadt, wozu man noch die Straße Alcala und Puerta del Sol rechnen kann, da auch diese zum Spazierengehen benützt werden, er ist aber der unterhaltendste, den man sich denken kann, vielleicht der angenehmste der Welt, und historisch merkwürdig. Er war von jeher auch ein Rendezvous für verliebte Intrigen und Abenteuer, und die Romanschreiber und Dichter Spaniens haben ihn weltberühmt gemacht. Bald waren es die greulichsten Mordszenen, bald politische Komplotte, Verschwörung und Verrat, die zu seiner Berühmtheit beitrugen. Er hat wenigstens 7000 Fuß im Umfang, eine breite Allee mit vielen Seitengängen durchzieht seine ganze Länge, die Wagen fahren in der Mitte, die Seiten sind für die Fußgänger bestimmt. Diese Promenade beginnt am Tor Ricoletos, geht über die Straße Alcala, bis an das Tor Atocha, ein Weg von beinahe einer Stunde. Der Zulauf ist hier außerordentlich. Die Damen der höheren Stände besuchen ihn nur im Wagen, die zu Fuß Gehenden sind meistens aus dem niederen Bürgerstande, schwarz gekleidet und mit der beliebten Mantilla versehen, die nur eine Spanierin zu tragen versteht.

Vor dem Tor d'Atocha sind las Delicias, eine Promenade, die gewissermaßen die Fortsetzung des Prado bildet und bis zum Manzanares führt. Dieser Spaziergang ist besonders an Feiertagen besucht, auf einer großen Wiese wird dann gespielt, getanzt, Ball geschlagen, geküßt usw. Noch andere Promenaden außerhalb der Stadt, wie la Florida, wo der Herzog Alba ein schönes Landhaus hat, los Attos usw., erlaubte mir Mangel an Zeit nicht zu sehen.

Kaffeehäuser gibt es zwar in großer Zahl zu Madrid, aber sie sind mit denen in Frankreich und Italien nicht zu vergleichen, oft wahre Spelunken, in denen man sehr schlecht bedient wird; nicht viel besser sind die Gasthöfe. – Nirgends sind wohl die Nymphen der Freude so verführerisch wie in Madrid, man teilt sie in Cortesanos, Majos und Muchachas, von denen die ersten die vornehmsten, meist unterhaltene Mädchen sind, die aber noch ihre Extraliebhaber nebenher haben; die Majos, wie die Loretten in Paris, wählen noch, die letzteren aber sind völliges Gemeingut. Sobald die Göttin der Nacht ihren Schleier auszubreiten und die Dämmerung beginnt, schwärmen sie gleich Bienen und Fledermäusen aus allen Gassen hervor, ihre Feueraugen blitzen unter der Mantilla, wobei sie Rosenknospen ähnliche Mäulchen machen und ihr meist rabenschwarzes Seidenhaar zum Teil sehen lassen. Öffnen sie den Mund, so zeigen sie zwei Reihen der schönsten Perlenzähne, ihr Wuchs ist in der Regel ätherisch schlank, sie haben immer ein recht frisches Aussehen und meist die verführerischsten kleinen Füße, dabei eine wohltönende, melodisch lockende Sirenenstimme. Dennoch ließ ich mich nicht verlocken, obgleich ich mir die Ohren nicht mit Baumwolle verstopft und scharfsehende Augen hatte. Die Geistlichkeit und Mönche sind ihre besten Kunden, zahlen aber oft nur mit Absolution, büßen aber nicht selten dafür durch abscheuliche Krankheiten.

Die Einwohner Madrids sind ein sehr lebenslustiges Volk. Besonders heiter ist man des Abends und bis tief in die Nacht hinein, wo alle Spaziergänge und öffentliche Orte mit Menschen angefüllt sind und man sich auch im Freien zu Tartulias versammelt, sehr munter ist, und wo es oft toll genug zugeht. Die Frauen sieht man selten ohne ihre Mantilla, unter welcher sie die Basquina, ein langes, schwarzseidenes Kleid tragen. Namentlich sind in den Kirchen alle so gekleidet, und diese Tracht steht denen, die schön gewachsen, welches die meisten sind, bezaubernd; auch haben sie die schönsten Augen von der Welt, mit denen sie wahrhaft durchbohrende Blicke zu schleudern verstehen. Der Cortejo (Cicisbeo oder Courmacher) der Damen ist meistens ein Kanonikus oder Geistlicher, bisweilen auch ein Offizier, ein Verwandter des Mannes. Die ersteren sind in der Regel schon bei Jahren, dennoch werden aber die Ehemänner, die sie anstellen, nicht selten betrogen; sie machen gar oft den Bock zum Gärtner, und je älter der Bock, desto steifer das Horn, heißt es bei diesen gezwungenen Hagestolzen von der Kutte. Die spanischen Damen haben auch eine ganz besondere Liebhaberei an Papageien, Kakadus, Affen und ähnlichen Tieren, die man an den Fenstern fast eines jeden nur mittelmäßigen Hauses sieht. In den Nächten hört man, bis die Mitternachtsstunde vorüber, Gitarren und Mandolinen auf allen Straßen vor den Balkonen der Schönen erklingen, ein Gebrauch, den, wie diese Instumente selbst, die Mauren nach Spanien brachten. Der Fandango ertönt allerorten und ist, von den reizenden, üppigen Spanierinnen aufgeführt, ein Tanz, der den Zuschauern alles Blut in Wallung treibt und in Wollust getaucht scheint. Der heilige Antonius selbst würde, und wenn er auch zehn Jahre lang nichts als Wurzeln und Kräuter gegessen und nur noch Haut und Knochen gewesen, diesem Versucher schwerlich widerstanden sein, ja der frömmste Büßer muß seine Buße zu allen Teufeln wünschen, wenn eine junge, vollbusige, schlanke Andalusierin diesen alle Sinne verwirrenden Tanz mit ihrer unwiderstehlichen, fast überirdischen Anmut aufführt.

Man erzählt sich, daß, als man einst von Rom, wo ein gichtbrüchiger Papst auf Petris Stuhl saß, den Fandango bei Strafe des Kirchenbannes verbieten wollte, ein vernünftiger Kardinal dem heiligen Vater die richtige Bemerkung machte, man solle niemand, ohne ihn gehört oder gesehen zu haben, verdammen. Man ließ nun den verführerischen Tanz vor einer zu Richtern über denselben bestimmten Versammlung von Kardinälen von reizenden Spanierinnen aufführen. Aber kaum entfalteten die schönen Tänzerinnen die Anmut ihrer Bewegungen, so verschwanden auch schon alle Falten der gerunzelten Stirnen der alten Eminenzen, sie fingen mit Händen und Füßen zu zappeln an, schlugen den Takt dazu, und die heilige Jury sprach den Fandango einstimmig frei.

Dies ist sicher ein Ben trovato, se non é vero.

Aber das Vergnügen, welches der Fremde bei diesem Tanz empfindet, wird zum Abscheu, wenn er einer anderen Hauptergötzlichkeit der Spanier, einem Stiergefecht beiwohnt, auf welches, horribile dictu, die Damen am ärgsten versessen sind und kein Opfer scheuen würden, selbst nicht das ihrer höchsten Gunst, um einem solchen beiwohnen zu können; das letzte Hemd wird verkauft oder versetzt, um dieses Gelüst zu befriedigen, und dann fährt man mit Grandezza auf den Plaza mayor.

In der Regel lebt man in Madrid ziemlich billig, aber teurer als gewöhnlich war es während unseres Aufenthaltes daselbst. Das Fleisch, mit Ausnahme der Schweine, war nicht sonderlich, nur die Toleder Hämmel sind nicht schlecht. Das Geflügel aber ist sehr gut und in großem Überfluß. Früchte und Gemüse sind ebenfalls gut, werden aber abscheulich, für Fremde oft ungenießbar zubereitet. Das Brot, Pan candial, ist ein wahres Kuchenbrot, aber die Feuerweine, wie Alikant, Xeres, Canaries, Vinos generos (Likörweine), Val de pennos, la Mànchà, müssen einen Eisklumpen noch beleben, haben aber auch schon manchem ungenügsamen Fremden das Grab geöffnet.

Die Spanierinnen haben fast alle sehr melodische Stimmen, so daß schon ihre Rede fast wie ein lieblicher Gesang tönt. Ihre Sprache ist ein glühender Liebeshauch, ihre Augen und Blicke unter den nie fehlenden Schleiern erschüttern Mark und Bein und sind herzdurchbohrend. Dabei sind sie galant und verliebt bis über die Ohren. Sie sehen die Fremden sehr gerne, und wären die Franzosen als Freunde geblieben, so hätten sie Spanien durch die Frauen und Mädchen erobert und gefesselt, aber die unglücklichen Ereignisse machten, daß später das französische Militär fast in gar keine freundliche Berührung mehr mit den Einwohnern kam. Freilich besitzt der Spanier wenig Liebenswürdigkeit, ist hochmütig, gebieterisch und herrisch gegen das schöne Geschlecht, verrichtet dabei aber alle Frauendienste. Ein ungeheurer Abstand gegen den galanten Franzosen, und dabei ist er selten ein schöner Mann, in der Regel eher häßlich zu nennen. Selbst sein Organ ist rauh und unangenehm und seine Aussprache hart. Von der Mäßigkeit der Spanier im Essen und Trinken kann man sich kaum einen Begriff machen: eine Familie von zehn Personen hat oft genug an dem, was mancher Süddeutsche oder Schweizer allein zu sich nimmt. Eine gesalzene Sardelle, ein Stückchen Knoblauch und trockenes Brot, oder ein Ei und etwas Obst ist oft das ganze Mittagsmahl; eine Wassersuppe mit Öl, ein Dutzend Schnecken, Schwämme usw. sind schon Leckerbissen in den Dörfern.

Eine sehr große Rolle spielte zu jener Zeit noch der Aberglaube in ganz Spanien und unter allen Ständen, Wahrsager, Schwarz- und Weißkünstler, Hexenmeister gab es in jedem Dorf, und ganze Banden solchen Gesindels streiften in dem Land umher, sich von der Dummheit der Einwohner mästend. Die Barbiere sind ein entsetzlich geschwätziges Volk, höchst zudringlich und auch bei galanten Abenteuern nützlich, aber ein Figaro ist mir doch nicht unter ihnen begegnet, dagegen Gil-Blas und Sancho Pansas genug.

In der Regel sind die Wohnungen der Spanier im Innern sehr kahl, haben meistens eine schlechte Einrichtung; große, düstere Zimmer mit alten Heiligenbildern verziert, zerlumpte Vorhänge, ebensolche Tapeten, einige alte Sessel, einige Tische und Stühle, altmodische Spiegel, das war das ganze Mobiliar eines selbst bemittelten Mannes. – Der spanische Adel ist auf sein Herkommen und seinen Stammbaum ebenso eingebildet und dummstolz als mancher hannoverische oder sächsische Kraut- und Landjunker. Ein jeder Hidalgos, wenn er auch in Lumpen gehüllt ist und kein ganzes Hemd mehr auf dem Leibe hat, besitzt doch gewiß seinen wurmstichigen Stammbaum in seiner Dachkammer, oft der einzige Zierat, oder besser der Unrat seiner hohen Wohnung. Dabei sind sie gegenseitig so komisch komplimentenreich, daß man in Versuchung kommt, sie für Polischinelles zu halten. Die Don Ranudo de Colibrados sind noch lange nicht ausgestorben und blühen in Spanien noch wie in Deutschland und Italien. Seltener ist diese Schmarotzerpflanze in Frankreich, wo sie die Lächerlichkeit nicht aufkommen läßt. Fast die Mehrzahl der Spanier liebt das Zölibat, dagegen haben sie Mätressen zu halben Dutzenden, wenn es ihre Umstände erlauben.

Der Ursprung Madrids ist gänzlich unbekannt, aber ein großer Teil seiner Bewohner behauptet in allem Ernst, daß die alten Griechen die Stadt gegründet hätten, andere sagen, es sei das alte Mantua Carpetanorum. Die ersten einigermaßen zuverlässigen geschichtlichen Nachrichten hat man aus den Zeiten, wo die Könige von Kastilien hier das schon erwähnte Schloß hatten, welches an der Stelle des heutigen neuen königlichen Palastes stand. Philipp II. verlegte zuerst seine Residenz und seinen Hof für immer hierher, nachdem sein Vater Karl I. (V.) schon einen großen Teil seiner Zeit daselbst zugebracht hatte. Jetzt wurde die Stadt immer bedeutender, kam schnell empor, wozu religiöse Feste, Autodafés und Stiergefechte nicht wenig beitrugen. Die Autodafés waren eine bittere und blutige Satire auf die christliche Religion und ihren Stifter und wurden oft nur gehalten, um dem Volk eine Unterhaltung zu gewähren, die es zugleich mit Furcht und Schrecken erfüllen sollte. Da wurden, um Fruchtbarkeit und gutes Wetter vom Himmel zu erlangen, Ketzer, Zauberer und Hexen unter dem Jubel des unzähligen Pöbels aus allen Ständen verbrannt. Den armen Sündern wurde vorher das Urteil in den Kirchen verkündet und ihnen noch eine recht erbauliche Bußpredigt gehalten, dann wurden sie auf die Plaza mayor geführt, wo man noch eine Messe an einem Altar las und sie hierauf in die hellodernden Flammen des neben dem Altar errichteten Scheiterhaufens warf. Nun wurden noch allerhand heilige Schnurrpfeifereien vorgenommen, das Volk mit schmutzigem Weihwasser bespritzt, man kniete, betete, bekreuzigte sich und streute zu guter Letzt die Asche der Verbrannten in alle

Winde. Die heilige Hermandad, ihre Henkersknechte, die Inquisitionsrichter und Tausende von Pfaffen entfernten sich dann heulend und brüllend in Prozession, und das erbaute Volk verlief sich nach allen Seiten. In fast allen Kirchen Spaniens sieht man Abbildungen solcher, zur Ehre der Dreieinigkeit und zur Schande der Menschen und ihrer Religion gehaltenen Autodafés. Gewöhnlich sind sie am Hochaltar angebracht und recht gräßlich gemalt. Da werfen die Schindersknechte einen zitternden Greis, dort ein altes Weib, hier ein schönes Mädchen in die Flammen; ihre Namen liest man unter dem Gemälde. Noch in den achtziger Jahren des vorigen Jahrhunderts wurde eine hübsche junge Frau aus Sevilla verbrannt, weil sie ein Verhältnis mit dem Teufel unterhalten, der ihr die Gabe der Weissagung verliehen hatte. Trotzdem aber konnte sie ihr eigenes Schicksal keinen Tag voraussehen; noch später wurde ein Schneider, der sich der Magie ergeben hatte, aus ganz besonderer Gnade zwar nur im Bild verbrannt, aber während dieser Operation in natura blutig ausgepeitscht, bis er selbst fast seinen Geist aufgab.

Bis zu den Zeiten Philipp V. hielt man noch Turniere, Ringelreiten und dergleichen in Madrid und feierte namentlich ein Fest, „Die Belagerung von Amors Schloß" genannt, im Wonnemonat jeden Jahres mit großem Pomp, die Plaza mayor war ebenfalls die Schaubühne desselben. Man erbaute auf dieser eine große hölzerne, mit Festons geschmückte Burg, auf deren Mauern allerlei Allegorien gemalt waren. Die schönsten Frauen und Mädchen bildeten als Ritter und Knappen die Besatzung dieser Burg und zeigten sich mit Kränzen und Blumen bewaffnet auf den Mauern, während vor derselben von den Belagerern Quadrillen zu Pferd und zu Fuß aufgeführt wurden. Hierauf gab eine sanfte Musik das Zeichen zur Erstürmung der Feste, deren Verteidiger dieselbe nur durch das Herabwerfen ganzer Körbe voll Blumen zu schützen versuchten. Die Stürmenden aber ließen sich dadurch nicht abhalten, mutig hinanzuklimmen, und wurden als Sieger mit Küssen und Kokarden von den Schönen empfangen. Jetzt wurde ein Triumphzug zu Roß und zu Wagen durch alle Hauptstraßen der Stadt, in denen Triumphbogen von Blumen errichtet waren, gehalten, und von allen Balkonen bewarf man die Vorüberziehenden ebenfalls mit Blumen. Musik, Gesang und Tanz währten die ganze Nacht hindurch, in welcher die Stadt durchaus bis zum Anbruch des Tages hell erleuchtet war.

Daß bei einem Amorsfest die Frauen den größten Anteil nehmen, ist sehr natürlich, aber daß sie es auch sind, die mit der größten Gier den Stiergefechten nachlaufen, sich an dem Verbluten der gemarterten Tiere ergötzen, mit Vergnügen die Wunden des gehetzten Tieres zählen und bedauern, daß es durch zu frühes Hinscheiden seine Leiden endet, und dessen Mörder und Hetzhunde mit Beifall überschütten, ihnen mit Händen und Füßen tobend zujauchzen, während der arme, edle Stier mit dem Wutschaum vor dem Maul niederstürzt und ein letztes, durch Mark und Bein dringendes Schmerzgebrüll ausstößt, sich qualvoll in seinem Blute wälzend, ist höchst unnatürlich. Die schönsten Opfer dieser Grausamkeit liefern die andalusischen Wildnisse, in denen man die Stiere mit Hilfe abgerichteter Kühe fängt und dann zu diesem Marterspiel aufbewahrt. Selbst die sonst in Spanien so hoch, ja göttlich verehrten Päpste waren so wenig wie die Könige des Landes imstande, diesem Greuel ein Ende zu machen. Sobald von Abschaffung derselben die Rede war, drohte sich jedesmal die ganze Nation zu empören, und man war genötigt, dem guten Volk schnell wieder einige Hundert dieser Tiere zu opfern, um es zu beruhigen und zu überzeugen, daß man ihm dieses Vergnügen nicht rauben wolle.

Noch hatte ich *Aranjuez* nicht gesehen, und da sich der politische Himmel über Madrid mit jedem Tag mehr trübte, so erbat ich mir einen vierundzwanzigstündigen Urlaub, der mir nur mit Mühe bewilligt wurde, um diesen reizenden Sommeraufenthalt des spanischen Hofes zu besuchen und den Ort kennen zu lernen, auf dessen Boden die Handlung von Schillers herrlichem Don Carlos beginnt. Der Weg dahin führt über die schöne Toledobrücke, die Philipp II. über den Manzanares erbauen ließ, und geht fast in gerader Linie auf einer der schönsten Straßen fort bis Aranjuez durch die kleinen Städte *Pinto* und *Valdemoro* (Maurental), welch letzteres die Mauren gründeten und wo auch ein Maurenkönig residierte. Nachdem man durch ziemlich kahle Gegenden gekommen, erreicht man das reizende Tal von Aranjuez und dünkt sich plötzlich wie durch Zauber in ein anderes Land versetzt. Die anmutigsten Gebüsche und Baumgruppen der mannigfaltigsten Gattung, herrlich grünende Wiesen, durch welche Silberbäche dahinrieseln, rauschende Wasserfälle, duftende Blumenbeete entzücken Gesicht und Geruch, alles verkündet, daß hier Garten- und Feldbau anders gepflegt und gehandhabt wird als in dem übrigen Spanien. Endlich kommt man zu Las doce Calles an, ein Platz, auf welchem zwölf prächtige Alleen in einem Rondel zusammentreffen, an dem Ende einer dieser führt eine Schiffbrücke des Tajo an das ersehnte Ziel. Ich hatte den acht Stunden langen Weg mit einem Kameraden in weniger als drei zurückgelegt; wir hatten aber Madrid schon um vier Uhr morgens verlassen. Aranjuez ist eine kleine Stadt, die am Tajo liegt, in welchen sich hier der Xarama ergießt. Sie ist regelmäßig und hübsch gebaut, hat ungefähr dreitausend Einwohner, deren Zahl sich aber während des Aufenthaltes des Hofes verdoppelt. Karl V. hielt sich zuerst manchmal hier auf und begann das Jagdschloß daselbst zu bauen, das seine Nachfolger vergrößerten und verschönerten und das zierlich, aber nicht sehr bedeutend ist; dagegen sind seine unermeßlichen Gärten um so schöner und bezaubernder. – Man behauptet, Aranjuez habe seinen Namen von einem alten Jupitertempel, der hier gestanden und Aram Jovis geheißen habe. Drei Monate des Jahres bringt der Hof in der Regel hier zu,

weshalb es an geräumigen Wohnungen in der Stadt nicht fehlt. Auch ein Schauspielhaus ist vorhanden, und vor allem ein zu Stiergefechten bestimmter Raum. Sehr schön ist der Antoniusplatz, der sich zuerst dem erstaunten Auge präsentiert, wenn man von Madrid kommt; er bildet ein großes längliches Viereck mit einer schönen Marmorfontäne. Das königliche Schloß besteht aus einem Hauptgebäude mit zwei Flügeln, ist aus Backsteinen erbaut und entspricht nicht den gehegten Erwartungen. Auch das Innere, einige Gemälde ausgenommen, enthält nichts Außerordentliches. Die Gärten sind über alle Beschreibung reizend; wir trieben uns fast den ganzen Tag in diesen und den majestätischen, unabsehbaren Alleen, die sich in allen Richtungen kreuzen, herum. Die schönsten sind die, welche nach der Richtung von Toledo und Madrid zu laufen. Die königlichen Ställe, die am Xamara liegen, bilden ein stattliches Gebäude. Die besuchteste Promenade ist die Calle de la Reyna längs dem Garten del principe. Als wir diese entlanggingen, begegneten wir Donna Andeya am Arm ihres Gatten, was uns beide, die Donna wie mich, überraschte und ein wenig in Verlegenheit setzte. Sie dankte errötend auf meinen höflich kalten Gruß, was ihrem Mann nicht auffallen konnte, da wir alle Damen grüßten, die uns in diesen Gärten begegneten. Später erfuhr ich, daß sie erst vor einigen Tagen von Valladolid zurückgekommen sei, hatte aber keine Gelegenheit weiter, sie zu sehen.
In all den Parken zu Aranjuez, fehlt es nicht an pittoresken Partien, Fontänen, Kaskaden, Statuen usw. Der sogenannte Inselgarten, der nördlich vom Schloß liegt und ganz vom Tajo umgeben ist, hat herrliche Springbrunnen, unter denen die Fontäne des Herkules, von einer großen eisernen Balustrade umgeben, besonders hervorragt. Herkules ist hier im Kampf mit der Hyder dargestellt. Unfern dieses Bassins bildet der Tajo einen rauschenden doppelten Wasserfall. Außerdem findet man noch die Fontänen des Poseidon, de las Harpias, des Don Juan, der Venus,

der Tritonen, der Delphinen usw. mit zum Teil meisterhaften, zum Teil sehr schlechten Statuen. Der Garten del principe den Karl IV. noch als Prinz von Asturien anlegen ließ, enthält ebenfalls manche sehenswürdige Schönheiten. In einem mit kunstreichen Gittern umgebenen Parterre desselben sind drei Pavillons, die ein Dreieck formieren, nebst vielen Bildsäulen, Büsten, ein Bassin mit der bronzenen Statue des Flußgottes und einiger anderer allegorischen Figuren von demselben Metall. Auch dieser Garten ist unermeßlich groß, hat mehrere Abteilungen mit endlosen Alleen, Prachtblumenbeeten usw., so daß man mit jedem Schritt neue Annehmlichkeiten entdeckt. Er wird von den Madridern am meisten besucht, die sich gerne paarweise in seine abgelegensten Teile verlieren. Während der Anwesenheit des Hofes ist er in den Morgenstunden für das Publikum geschlossen, aber vom Nachmittag an bis spät in die Nacht für jedermann offen. – Man hat Aranjuez öfters mit Potsdam verglichen, ich aber habe, als ich sieben Jahre später dahin kam, diese Ähnlichkeit der beiden Sommersitze der spanischen und preußischen Monarchen nicht finden können. Einzelne Partien der Gärten mögen sich in gewisser Hinsicht gleichen, aber das Ganze und namentlich die Schlösser nicht im entferntesten, und ich gestehe, daß mich Sanssouci und das Marmorpalais am heiligen See, sowie die Pfaueninsel doch mehr ansprachen als Aranjuez, trotz seiner exotischen und aromatischen im Freien wachsenden Bäume, Gesträuche und Pflanzen. Erst nach Sonnenuntergang dachten wir an den Rückweg, den wir noch schneller als wir gekommen, zurücklegten.

Es war gerade vor Torschluß, daß wir die Tour nach Aranjuez gemacht hatten, denn von nun an ward gar kein Urlaub mehr erteilt, da sich mit jeder Minute der politische Himmel mehr verfinsterte und die gewitterschwangeren schwarzen Wolken sich zu entladen drohten, was auch noch schneller geschah, als man vermutete.

XI

Drohende Stimmung der Einwohner zu Madrid – Aufstand zu Toledo – Der blutige Aufstand am 2. Mai zu Madrid – Wegnahme des Artillerieparks – Ich rette einem Insurgenten das Leben und werde dabei verwundet – Ein Renkontre mit Murat – Eine gefährliche Zusammenkunft – Abmarsch nach Toledo – Merkwürdigkeiten dieser Stadt – Abmarsch über Madrid nach Aragonien – Unterwürfigkeit der Madrider Behörden und des Inquisitionsgerichts gegen die Franzosen – Torrejon des Ardos – Alcala de Henarez – Guadalaxara – Grajanejos – Siguenza – Fast ganz Spanien in Aufstand – Die Junta zu Sevilla und die Provinzialjuntas erklären Frankreich den Krieg – Wir stoßen zu dem Belagerungsheer von Saragossa – Calatayud

Seit Ferdinands Abreise von Madrid schienen alle spanischen Gesichter ein ganz anderes Aussehen zu haben. Man blickte uns mit auffallend finstern Augen an, um so mehr, da man wußte, daß wir jetzt ganz auf Spaniens Unkosten lebten und unterhalten wurden. Das Benehmen der Krieger der Großen Nation war im Gefühl ihrer bisherigen Siege ziemlich arrogant, was zu öftern Händeln Veranlassung gab, die zwischen den Einwohnern und Soldaten vorfielen, in die sich aber das spanische Militär durchaus nicht mischte, sondern ganz neutral verhielt. Auch verschwand hier und da mancher französische Soldat, ohne daß man herausbringen konnte, was aus ihm geworden war. Murat fuhrt fort, Truppen nach Madrid zu ziehen; Dupont wurde mit seinem Stab und einem Teil seiner Division nach Aranjuez und die Umgegend verlegt, der Rest hatte unter dem Befehl Vedets Besitz von Escorial genommen, die 3. Division lag noch bei Segovia, und viele Bataillone biwakierten in geringerer oder größerer Entfernung von der Hauptstadt. Das Gerücht, daß Napoleon Ferdinand VII. nicht anerkenne, fand bald allgemeinen Glauben, und man erfuhr, daß in Toledo schon ein Volksauflauf stattgefunden habe, bei dem sich die Anhänger des alten Königs und Godoïs flüchten mußten. Man hatte dabei Ferdinands Bild im Triumph herumgetragen. Wer ihm begegnete, mußte seine

Knie vor demselben beugen und ihm ein Vivat bringen, wollte er nicht von dem mit Säbeln, Spießen und Gewehren bewaffneten Volk mißhandelt oder gar ermordet werden. Fünf Tage darauf marschierte Dupont schon nach Toledo, wohin er sein Hauptquartier verlegte, ab. Er fand keinen Widerstand bei seinem Einzug, wie er gefürchtet und weshalb er in Schlachtordnung vorgerückt war, sondern der Erzbischof, ein Bruder der Gattin Godoïs, kam ihm mit derselben und einer Anzahl Geistlichen entgegen; aber das Volk maß die Ankömmlinge mit finstern, vielsagenden Blicken.

Wir standen jetzt in Madrid wie auf einem Vulkan, von dem alle Anzeichen einen nahen Ausbruch verkündeten. Nur mit großer Mühe hatte man bei Godoïs Freilassung einen Aufstand unterdrückt, als man aber die Gewißheit bekam, daß Ferdinand Spaniens Grenze überschritten und dessen Vater gegen seine erzwungene Abdankung protestiert habe, da wurde die Erbitterung allgemein und furchtbar. Die böse Stimmung der Gemüter war nicht mehr zu verkennen und stieg aufs höchste, als sich übertriebene Gerüchte hinsichtlich der Mißhandlung, die der vergötterte Ferdinand in Bayonne erlitten haben sollte, verbreiteten. Den ganzen Tag standen Tausende um das Postgebäude, die von Frankreich kommenden Kuriere und Briefe erwartend. Man teilte sich auf der Puerta del Sol, dem Prado und an allen öffentlichen Orten und Plätzen Briefe mit, welche die Vorfälle zu Bayonne mit den schwärzesten Farben schilderten. Wut und Ingrimm machten sich auf den braunen spanischen Gesichtern bemerkbar und nur noch mit Mühe unterdrückten die Leute den Ausbruch ihres Zorns.

Es wurden nun allerlei Maßregeln von unserer Seite ergriffen, den bevorstehenden Sturm zu beschwören und das Verbreiten schlimmer oder falscher Nachrichten zu verhindern, aber vergeblich; auch fing man die Sache verkehrt an. Umsonst ritt Murat täglich zu verschiedenen Stunden und mit großem Prunk und glänzendem Gefolge durch die Straßen der Hauptstadt, um sich dem Volk zu zeigen und es zu besänftigen. Diese Ostentation hatte aber gerade die entgegengesetzte Wirkung. Das Volk hielt sie für Hohn und glaubte, man spotte seiner. Man murrte laut, und nicht selten ließ sich ein gellendes Pfeifen hören, wenn der Zug vorüberritt. Murat war durch die ertrotzte Befreiung und Abführung Godoïs jetzt ebenso verhaßt wie dieser geworden. In der peinlichsten Lage befand sich jedoch die hohe Junta, welcher Ferdinand die Zügel der Regierung bei seiner Abreise übergeben hatte und die nicht mehr wußte, wer Koch oder Kellner war, daher in dieser Verwirrung keinen Leitfaden finden konnte, der ihr den rechten Weg gezeigt hätte; auch wollte sie es mit keiner Partei verderben. Die wenigen spanischen Truppen, die noch in Madrid lagen, es waren kaum 2000 Mann, wurden in den Kasernen konsigniert, als die Gärung auf das höchste gestiegen war. Es gab jetzt schon blutige Raufereien zwischen den Einwohnern und unsern Truppen. Unsere Artillerie war sehr zahlreich in Buon Retiro aufgestellt, um im Fall der Not jeden Augenblick bereit zu sein. In Madrid selbst stand die kaiserliche Garde zu Fuß und zu Pferd, eine Division von der Linie, eine Brigade Reiterei usw.; in Aranjuez und der Umgegend lagen noch an 30 000 Mann. Als das Unwetter immer drohender wurde, erhielten wir Ordre, im Prado zu biwakieren. Das Kloster des heiligen Bernhard war mit Soldaten angefüllt, die nicht aus den Kleidern kamen und Tag und Nacht unter dem Gewehr standen, auf das geringste Alarmzeichen passend. Als Murat nun dem noch in Madrid anwesenden Infanten Don Antonio mitteilte, daß er von Karl IV. den Auftrag erhalten habe, die Königin von Hetrurien mit ihrem dreizehnjährigen Sohn auch nach Bayonne zu schicken, da erklärte die Junta, daß sie den letztern nicht ohne den ausdrücklichen Befehl des Königs Ferdinand abreisen lassen würde. Murat entgegnete, daß er alle Verantwortung deshalb auf sich nehme, und bestimmte den 2. Mai

(1808) zum Tag der Abreise der Königin und ihres Kindes. Als dies in der Hauptstadt bekannt wurde, setzten deren Einwohner alle noch bis jetzt beobachteten Rücksichten beiseite und riefen laut in den Straßen die infamierendsten Schmähungen gegen den Kaiser der Franzosen, aus dem sie einen Picaro, un cobarde ladron (einen niederträchtigen Schurken, einen feigen Räuber) machten. Da auch seit einigen Tagen die Nachrichten aus Bayonne ausblieben, so vermutete man, daß daselbst das Ärgste vorgefallen sein müsse, und sprach von Ermordung und Vergiftung der beiden Prinzen, Don Ferdinand und Don Carlos, durch Godoïs Einfluß. Auch die Weiber wurden nun wütend, und wo man eine französische Uniform sah, murmelte man: „Perro francés!" (Französischer Hund!). So war die Stimmung am 2. Mai, und die ungeheure pulverschwangere Mine erwartete nur den zündenden Funken, um alles zertrümmernd in die Luft zu sprengen. Dieser Funke war die Abreise der Königin von Hetrurien. Die vorhergehende Nacht stand die ganze Garnison unter dem Gewehr, und starke Patrouillen kreuzten in allen Richtungen. Dies hinderte nicht, daß sich schon mit Tagesanbruch eine unermeßliche Menge von Volk vor dem Palast versammelte, den die Königin bewohnte; unter diesen Haufen war eine Menge Weiber aus den untersten Klassen, und alle hatten drohende Gesichter. Die Vorbereitungen zur Abreise wurden auf das schleunigste betrieben, und es gelang, daß die Königin mit ihren Kindern noch vor neun Uhr abfuhr. Noch waren die Wagen ihres Gefolges zurück, welche das versammelte Volk für den Infanten Don Franzisko bestimmt glaubte, der, wie man versicherte, sich weigere, abzureisen, und in Verzweiflung sei. Wie ein Lauffeuer verbreitete sich dieses Gerücht unter den Massen, worauf die Weiber laut zu heulen und schreien, die Männer aber zu fluchen und zu schimpfen begannen und alle Verwünschungen gegen die Franzosen ausstießen. Gerade in dem Augenblick, als die Erbitterung auf das höchste gestiegen war, kam Murats Adjutant Lagrange aus dem Palast, und eine Stimme rief laut: „Das ist der Picaro, der den Infanten mit Gewalt fortschleppen will!“ Man umringt sogleich den Offizier, schimpft und stößt ihn; er zieht den Degen, war aber am Unterliegen, als sich eine Grenadierpatrouille bis zu ihm Platz macht und ihn dem unvermeidlichen Tod entreißt. Dies war das Zeichen zum allgemeinen Aufstand der ganzen Bevölkerung Madrids. In wenig Augenblicken sind alle Straßen mit bewaffneten Bürgern und Bauern angefüllt, die Piken, Dolche, Gewehre, Hellebarden usw. handhaben. Die Trompeten schmettern, die Trommeln wirbeln den Generalmarsch, und die Sturmglocken heulen durch die Lüfte. An den noch nicht abgegangenen Wagen zerhaut das Volk die Stränge, ohne daß das herbeieilende Pikettbataillon, das bei Murat die Wache hat, dies verhindern kann. Wir alle glaubten, daß dies der Ausbruch einer tief angelegten Verschwörung, alle Franzosen zu morden, sei; aber es war nur die natürliche Folge des allgemeinen Unwillens, den der empörte Nationalstolz hervorbrachte. Die wütenden Bürger rennen jetzt mit Eisenstöcken, Knütteln, Spießen, alten Schwertern, Büchsen usw. durch alle Straßen und schlagen alle Franzosen, denen sie einzeln oder in geringer Zahl begegnen, gleich tollen Hunden tot. Nicht besser ergeht es jenen, die sich noch hier und da in den Häusern befinden, wie Kommissäre, Offiziersbediente usw. Adjutanten und Offiziere, welche Ordres an Korpskommandanten zu überbringen haben, werden von den Pferden herabgerissen, gesteinigt und tödlich verwundet; aus vielen Fenstern wird auf alle vorbeieilenden Franzosen geschossen oder siedendes Wasser und Öl auf sie herabgegossen, und jetzt entspinnt sich an hundert Orten zugleich der wütendste, blutigste Kampf. Unser Bataillon, das noch in der Nähe des Tores von Segovia unter den Waffen stand, erhielt Ordre, sich auf die Höhen vor dem Tor St. Vinzenz zu begeben, wohin mehrere Truppen ihre Richtung nahmen, Murat seinen Standpunkt gewählt hatte und von da aus seine Befehle nach allen Richtungen sandte. Reitende Ordonnanzen gingen ventre à terre ab, den in der Umgegend kampierenden Truppen die Befehle zu bringen, auf das schleunigste gegen die Hauptstadt zu marschieren. Hierauf wurden die Kolonnen gegen verschiedene Straßen und Plätze der Stadt in Marsch gesetzt. Die breite Straße Alcala wurde mit Kartätschen gesäubert, die Kavallerie der Garde und die Lanciers hieben und stachen auf die Massen ein. Unser Bataillon sowie ein großer Teil der Infanterie lief, in Pelotons abgeteilt, durch die Straßen und drang in die Häuser, aus denen man geschossen hatte. In einem Haus der Calle San Bernardo hatte ich die größte Mühe, drei Frauen und einen Knaben der Wut der erbitterten Soldaten zu entziehen, um ihnen das Leben zu retten, konnte aber nicht verhindern, daß zwei der ersteren dennoch geschändet wurden. Immer mehr Truppen kamen jetzt in die Stadt, aber von der andern Seite auch Tausende von bewaffneten Landleuten aus der Umgebung, die den Bürgern zu Hilfe eilten, und Geistliche und Mönche, mit dem Kruzifix in der Hand, stellten sich an die Spitze der Volkshaufen und ermutigten sie zum verzweifelten Kampf. Um elf Uhr vormittags hatte das wütendste Gefecht schon auf allen Punkten begonnen und nahm mit jedem Moment zu. Das spanische Militär war noch immer in seinen Kasernen konsigniert und hatte Befehl, die strengste Neutralität zu beobachten. Ein Haufen Volk eilte hin, diese Truppen aufzufordern, sich mit ihm zu vereinigen, aber vergeblich. Die Kommandeurs hielten sie zurück, und nur einigen gelang es, sich unter das Volk zu mischen. Dieses war so wutentbrannt, daß es sich oft blindlings mit Dolchen oder Stöcken in unsere Reihen stürzte und sich sterbend glücklich pries, wenn es ihm gelungen war, einen der Unsrigen zu verwunden. Mitten unter diesen gleich Löwen fechtenden Haufen standen Weiber mit fliegenden Haaren, flatternden Mantillen, welche die Männer zum Ausharren im

Kampf aufmunterten, ja selbst vor der im Galopp heransprengenden Reiterei nicht zurückwichen. Als einige den Ruf: „Nach dem Park, holt Waffen!" hören ließen, rannte das Volk dahin, um sich der daselbst vorhandenen Kanonen und vieler tausend Gewehre zu bemächtigen, aber der dort die Wache habende Offizier, ein spanischer Artillerieleutnant, weigerte sich, dieselben auszuliefern. Als man noch deshalb hin und her stritt, kam ein anderer Offizier, namens Ruez, mit einer Abteilung von fünfzig Mann, die den Park schützen sollten. Aber statt dessen ließ er das Volk gewähren, öffnete ihm sogar die Türen, und es bemächtigte sich schnell der vorhandenen Gewehre, wohl über 10 000, sowie der Munition. Auch die sich in dem Park befindenden Kanoniere nahmen Partei für das Volk, zogen Kanonen heraus und pflanzten sie in verschiedenen Straßen, wo sie glaubten, daß die Franzosen herkommen würden, auf. In diesem Augenblick rückten unsere Kolonnen in der Straße San Bernardo vor, denn wir hatten Befehl, uns des Parks um jeden Preis zu bemächtigen. Als uns das Volk gewahr wurde und heranlaufen sah, feuerte es die Kanonen ab, und der Kommandant unserer Kolonne stürzte mit noch mehreren anderen Soldaten an der Spitze derselben tot nieder, während andere schwer verwundet wurden. Dies veranlaßte, daß die Kolonne zurückwich. Hierdurch entstand Unordnung, und mehrere der Unsrigen fielen in die Hände des wütenden Volkes. Doch brachte der jetzt befehlende Bataillonschef Carlier die Truppen bald wieder zum Stehen, und ein spanischer Kapitän, den die Regierungs-Junta als Parlamentär abgesandt hatte, stellte sich, mit einem weißen Tuch winkend, an unsere Spitze, seinen Landsleuten zurufend, sie möchten mit dem Feuern einhalten, wir seien von der Junta abgeschickt, den Park nur zu schützen. Das Volk hörte zwar auf diesen Befehl, als wir aber weiter vorrücken wollten, rief man uns zu: um zu beweisen, daß wir als Freunde kämen, sollten wir die Waffen ablegen, und da wir, wie natürlich, dies nicht

taten, feuerten sie aufs neue. Jetzt begann ein äußerst hartnäckiges Gefecht, das damit endigte, daß wir die Kanonen mit bedeutendem Verlust im Sturm nahmen und so Herrn des Parks wurden, aber der größte Teil der Waffen und des Pulvers waren schon weggenommen.
Der Kampf hatte sich nun in fast alle Gegenden und Straßen Madrids verbreitet, obgleich sich mehrere Mitglieder der Junta die unsäglichste Mühe gaben, dem Blutvergießen Einhalt zu tun, und mit Lebensgefahr durch die Gassen ritten, weiße Tücher schwingend. Immer mehr gestaltete sich die Schlacht, denn das war sie, und zwar mitten in einer Stadt, zu unserem Vorteil. Aber jetzt waren auch die Unsrigen bis zur Wut enflammt, da sie allenthalben auf die entsetzlich verstümmelten Leichen ihrer Kameraden stießen, besonders waren viele Mameluken von der Garde, welche Ordres zu überbringen hatten, gefallen. Sie verübten deshalb barbarische Grausamkeit gegen die ihnen in die Hände geratenen Spanier und machten unter anderem ohne Unterschied alles nieder, was sich in eine Kirche geflüchtet hatte. Bis nach drei Uhr nachmittags währte dieses schreckliche Gemetzel und der Kampf. Ich habe nie ähnliche Blut- und Mordszenen, weder vor noch nach diesem Tage mehr gesehen, und lange verfolgte mich die Erinnerung an dieselben. Als das Volk endlich sah, daß es überall den kürzern zog, suchten die in die Stadt gekommenen Landleute zu entfliehen. Sie wurden aber größtenteils von der Kavallerie eingeholt und niedergehauen. Einem solchen armen Teufel, einem schon ziemlich bejahrten Bauer, rettete ich das Leben, indem ich mit meinem Degen den fallenden Hieb des Kavalleristen parierte, der ihm den Kopf gespalten haben würde. Dagegen erhielt ich den etwas gelähmten Hieb in den rechten Arm, so daß er durch das Fleisch bis auf den Knochen ging, der jedoch nicht lädiert wurde; dennoch brachte ich über vierzehn Tage an der Heilung dieser Wunde zu, die mich von allen, die ich

erhalten, am meisten freute, wenn ich mich an den armen Teufel erinnerte, der die blanke Klinge, die ihm den Tod bringen sollte, schon über seinem Haupte blitzen sah, sich zusammenkauerte und unerwartete Rettung fand. Der Dragoner, dem ich zuredete, doch menschlicher zu sein, dankte mir zuletzt noch, ihn an der Tötung des alten Mannes verhindert zu haben, und verband mir die Wunde vorläufig.

Wieviel Tote das Volk an diesem schrecklichen Tag hatte, konnte nicht genau ermittelt werden. Während einige mehr als tausend zählen wollten, behaupteten andere, es seinen kaum hundert gewesen. Keines von beiden mag richtig sein; wir hatten jedoch an dreihundert Tote und über tausend Verwundete.

Noch denselben Abend wurde ein Teil der mit den Waffen in der Hand Gefangenen von einer Militärkommission zum Tod verurteilt und sogleich in der Nähe des Prado erschossen, ebenso erging es allen, welche die Patrouillen unterwegs auffingen und bei denen man auch nur ein Messer oder sonst ein schneidendes Instrument fand. Es wurde ihnen weder zu beichten noch die Tröstungen eines Priesters gestattet; sie mußten ohne Absolution aus dem Leben gehen, was ihnen ärger als der Tod selbst war. Diese Exekutionen dauerten auch noch den andern Tag fort und machten Murats Namen sowie alle Franzosen in ganz Spanien schrecklich verhaßt. Jetzt hatten Pfaffen und Mönche gutes Spiel, und jeder Spanier suchte bald einen Franzosenmord auf dem Gewissen zu haben, um direkt in den Himmel zu kommen.

Eine Proklamation, die Murat den 3. Mai erließ, verkündete, daß jeder Spanier, der mit irgendeiner Waffe gefunden, auf der Stelle erschossen, daß jeder Ort, in welchem ein Franzose getötet, niedergebrannt würde, und die Väter für ihre Söhne, die Meister für ihre Gesellen, die Äbte für ihre Mönche usw. haften müßten. Dies empörte die Gemüter nur noch mehr, während das fortdauernde Erschießen in den nächsten vierundzwanzig

Stunden alle spanischen Herzen rachеglühend machte. General Grouchy war der Präsident der Militärkommission, die diese blutigen Urteile sprach und nicht weniger als dreihundert Unglückliche sowie alle in der Infanteriekaserne gefangen sitzenden Insurgenten kommandomäßig erschießen ließ. Viele wurden auch des Nachts aus ihren Wohnungen und Betten geholt und zum Richtplatz geschleppt. Den 4. Mai löste Murat dieses gräßliche Blutgericht wieder auf, nachdem ihm auch die Junta die dringendsten Vorstellungen deshalb gemacht, und es wurde nun eine Amnestie verkündet, aber bei Todesstrafe geboten, alle Waffen abzuliefern. Dennoch töteten die Mameluken noch mehrere Spanier im Augenblick der Bekanntmachung der Amnestie, und viele hundert Einwohner Madrids entflohen, derselben nicht trauend, in die Provinzen, wohin sie die schreckliche Neuigkeit des Blutbades in der Hauptstadt mit den schwärzesten Farben und mit Blitzesschnelle verbreiteten. Die Geistlichkeit vergrößerte diese ohnehin schon entsetzlichen Vorfälle noch hundertmal durch ihre geheimen Kanäle, und bald war kein Winkel mehr in ganz Spanien, der nicht vor Rache glühte. Am 3. Mai mußte nun auch noch der zurückgebliebene Infant Don Franzisko nach Frankreich abreisen, und am 4. folgte ihm der Infant Don Antonio. Jetzt waren alle Mitglieder der königlichen Familie aus dem Land.

Grabesstille war plötzlich in Madrid eingetreten, Murat stellte sich als Präsident der Junta an die Spitze derselben und wurde kurz darauf von Karl IV. von Bayonne aus zum General-Leutnant des Reichs ernannt.

Meine Wunde verhinderte mich weder am Ausgehen noch an den Dienstverrichtungen, ich trug nur den Arm in einer Binde. Fünf oder sechs Tage später, als ich du jour war und ausritt, Wachen zu inspizieren, begegnete ich in der Straße de Atocha Murat mit seiner ganzen Suite zu Pferde. Nachdem ich ihm salutiert, fragte er mich, wo ich die Wunde erhalten, und als ich getreuen Bericht erstattet, sagte er: „Das war wohl auch der Mühe wert, blessiert zu werden, um so einem Briganten das Leben zu retten, indessen zeugt es von Großmut, und die ist nie ohne Mut, wie heißen Sie?" Ich sagte ihm meinen Namen, und als er weiter fragte: „Woher?" und ich ihm: „Aus Frankfurt am Main" erwiderte, versetzte er: „Also ein Deutscher, und aus Frankfurt, dort ist auch ein böses Volk, das hat zu Custines Zeiten die Franzosen in den Straßen ermordet. – Wie kamen sie in unsere Dienste?" Mit wenig Worten teilte ich dies dem Großherzog mit, der davonsprengend mir noch zurief: „Es ist gut, ich werde mich Ihrer erinnern." Dies wäre wohl schwerlich geschehen, hätte mich der Zufall nicht später wieder in seine Nähe gebracht und ihm bemerkbar gemacht.

Nach den Vorfällen des 2. Mai hatte ich noch einmal eine Zusammenkunft mit meiner schönen Donna, deren Wohnung ich infolge dieser Ereignisse verlassen, veranstaltet, bei der sie mir ganz ohne Hehl erklärte, daß, so sehr sie mich auch liebe, sie wohl imstande wäre, mich zu vergiften oder zu erdolchen und mir das Messer im Herz herumzudrehen, wenn es die Madonna so wollte und ich, wie fast alle Franzosen, ein Ketzer, ein Feind Christus' und des Heiligen Vaters zu Rom sei, wie sie ihr Beichtvater versichert, auch ihre Landsleute habe morden helfen. Dabei sprühten ihre Augen Feuer, aber es war nicht das der Liebesglut, sondern es waren Funken des Zornes, und alle ihre schönen Adern schwollen auf. Als ich die hübsche Señora sich so gebärden und entstellen sah, fürchtete ich, daß sie eine Art Wahnsinn befallen habe und suchte mitleidsvoll sie zu beruhigen, was mir nicht ohne die größte Mühe gelang, nachdem ich sie versichert, daß, weit entfernt, ihre Landsleute zu töten, ich deren sogar gerettet habe, folglich der beste Christ sei, den die Sonne bescheine und ebensogut an Gott wie sie glaube. „Aber auch an die Madonna?" Gewiß, da sie wohl so schön wie du selbst ist; bei diesen Worten küßte ich den kleinen Satan auf die Stirne. Ich erfuhr noch von ihr, daß die Geistlichen versicherten, daß alle Frauen, die irgendeinen Kommerz mit einem französischen Ketzer hätten, mit diesem zum ewigen Schmoren im Höllenpfuhl verdammt seien. Ich suchte ihr diese Possen bestmöglichst auszureden und riet ihr, es so zu machen wie meine schöne Kalabreserin zu Monteleone, nämlich, wenn sie denn doch ihre Sünden beichten müsse, nicht zu sagen, mit wem sie gesündigt habe, dann würde sie ja doch Absolution erhalten, die immer vollgültig wäre und ihr niemand bestreiten könne. Mehrere, anfänglich halb erzwungene Küsse machten, daß sie bald wieder von einem anderen Feuer als dem des Zornes glühte. Es gelang mir, sie zu überzeugen, daß ich wahr gesprochen; der Friede zwischen uns wurde aufs neue geschlossen und besiegelt. Als sie vertrauensvoll in meine Arme sank und sich an mich schmiegte, fühlte ich den Druck eines harten Gegenstandes an ihrer linken Seite, ich griff mit den Händen darnach und faßte einen ziemlich langen Dolch in einer mit Silber beschlagenen Scheide. „Aber mein Engel, zu was diese mörderische Waffe?" „Sie war dir bestimmt, um meine Seele zu retten, wenn ich einen Ketzer in dir gefunden hätte." „Aber weißt du denn nicht, daß Todesstrafe und augenblickliches Erschießen darauf steht, wenn man auch nur eine Schere bei sich trägt?" sagte ich lachend zu ihr und entriß ihr das Mordinstrument. Sie sprang nun an mir herauf, um es mir wieder zu entwinden. „Mit nichten, mein holder Engel," sagte ich, den Dolch festhaltend, „den behalte ich zum ewigen Andenken an dich und diese Stunde." Ich wollte sie jetzt verlassen, allein sie warf sich zwischen mich und die Türe und fragte mich in allem Ernst, ob ich Lust habe, sie anzugeben, und auf den Knien rutschend bat sie mich um der Madonna und aller Heiligen willen, sie doch nicht zu verraten. Ich hob sie auf, küßte ihr die Tränen von den Wangen, und sie beruhigend, bat ich sie, mir mit dem Dolch ein Geschenk zu machen, wozu ich sie nur durch vieles Bitten bewegen konnte. Bevor ich mich entfernte, sagte ich ihr noch: „Wie, und wenn ich nun doch ein Ketzer wäre?" „Unmöglich," rief sie aus, mir um den Hals fallend, „unmöglich kannst du mich so unglücklich machen wollen." Wir trennten uns mit dem beiderseitigen Versprechen, uns bald wiederzusehen, und sie gab mir den letzten Feuerkuß – es war wirklich der letzte, denn ehe ich wieder ein Rendezvous mit ihr haben konnte, bekam das Bataillon Befehl, nach Toledo, wo Dupont noch stand, abzumarschieren, und ich sah Donna Calvanillas nicht und Madrid nur im Flug wieder.

Zu dem Toledotor hinaus, über die schöne Toledobrücke, welche über den Manzanares führt und schon unter Philipp II. erbaut wurde, aber mit komischen Zieraten überladen ist, marschierten wir durch das Städtchen *Getase* nach *Illescas*, wo wir eine Nacht blieben, und dann über *Olias* den dritten Tag in *Toledo* ankamen. Der Weg war kahl und öde und wurde erst von Olias aus etwas baum- und pflanzenreicher. Die Dörfer, durch die wir kamen, waren meist wie ausgestorben, und auch in den Städten herrschte eine Grabesruhe. Viele Häuser waren gänzlich geschlossen. Wir kamen noch ziemlich früh am Tag in Toledo an, wo wir durch das Tor Visagra einrückten und zuerst in einem Kloster und seinen Kreuz- und Quergängen einquartiert, zwei Tage darauf aber in die Umgegend verlegt wurden.

Diese alte berühmte Stadt wurde im sechsten Jahrhundert der Sitz der Könige des gotischen Reichs, denen es im achten die Mauren abnahmen, welche den Kalifen von Bagdad gehorchten. Im Jahre 1027 wurde Toledo die Hauptstadt eines besonderen Maurenreiches, bis 1085 Alfons VI., mit dem Beinamen der Mutige, König von Kastilien und Leon, diese Stadt eroberte. Beinahe vierhundert Jahre (711–1085) war sie im Besitz der Araber geblieben. Die Mauren konnten lange diesen Verlust nicht verschmerzen und belagerten 1109 die Stadt unter dem Befehl ihres Fürsten Hali, aber nachdem sie die ganze Umgegend, sowie Madrid und Talavera mit Feuer und Schwert verheert hatten, mußten sie die Belagerung aufgeben. Vier Jahre darauf begannen sie eine zweite ebenso vergeblich, da der tapfere Nunez die bedrängte Stadt rettete, die dreizehn Jahre darauf zum drittenmal, aber ebenso fruchtlos, von ihnen bestürmt wurde. Später hatte sie gewaltig durch ihre innerlichen Kriege zu leiden, ihre Mauern wurden zerstört, ihre schönsten Gebäude in Asche gelegt, ihre Bürger ermordet, und 1641 floß unter Heinrich dem Ohnmächtigen das Bürgerblut in allen Straßen in Strömen, sogar in den Kirchen; an fünfzig Orten loderten die Flammen zugleich empor. 1641 hatte sie ein ähnliches Schicksal. Ehedem war Toledo sehr blühend und bevölkert, an 100 000 Arbeiter wurden in ihren Manufakturen beschäftigt, und die Zahl ihrer Einwohner war über 200 000. Jetzt zählte sie kaum einige 20 000. Die Cortes hatten sich hier öfters versammelt, zum erstenmal 589. Zwanzig Konzilien wurden dort gehalten, von denen das letzte 860 unter der Herrschaft der Mauren. Allenthalben stößt man auf Überreste ihrer ehemaligen Größe; noch bezeichnen niedriges Mauerwerk, Stein- und Erdhaufen deren früheren Umfang. Ihre Straßen sind enge und oft sehr steil, schlecht gepflastert und ebenso unterhalten. Man muß fast immer bergauf und bergab steigen; in den meisten können sich keine zwei Wagen ausweichen. Sie enthält jedoch mit die merkwürdigsten Baumonumente ganz Spaniens, an deren Spitze füglich der Alcazar (Palast), das alte maurische Schloß, steht, der im höchsten Teil der Stadt liegt. Alfons X. hatte ihn wieder ganz herstellen lassen und Karl I. abermals ausgebessert. Im Erbfolgekrieg begingen die Portugiesen den Vandalismus, bevor sie sich zurückzogen und nachdem der Friede schon geschlossen war, dieses Gebäude anzuzünden, wodurch es zum Teil sehr beschädigt wurde. An dem Eingangstor desselben sind zwei der berühmtesten Gotenkönige, die in Spanien regierten, Recesscinto und Recaredo, beide herrschten im siebenten Jahrhundert, in Stein abgebildet. Die Fassade des Alcazar ist über 150 Fuß hoch, von majestätischem Ansehen und einfacher

Erhabenheit. In seinen unermeßlichen unterirdischen Gewölben haben Tausende Raum, auch seine Kirche und Kapelle verdient gesehen zu werden.

Wir lagen in recht elenden Dörfern oder in deren Nähe und biwakierten größtenteils. Die Hitze wurde mit jedem Tag größer und unerträglicher, und oft mangelte es uns an allem, sogar an frischem Wasser. Dabei wurden die aus ganz Spanien einlaufenden Nachrichten immer bedenklicher. Allenthalben hatte man die Standarte der Rebellion, wenn man die rechtmäßige Erhebung eines Volkes gegen einen fremden Räuber so nennen darf, aufgepflanzt, und die Flammen eines das ganze Reich umfassenden Brandes loderten an allen Orten zum Himmel empor, wozu die von Bayonne eingehenden Berichte, welche die Verzichtleistung Ferdinands und der Infanten Don Carlos und Don Antonios auf den spanischen Thron verkündeten – die ganze königlich spanische Familie war jetzt in den Klauen Napoleons – am meisten beitrug. Aber was den allgemeinen Zorn wie durch einen Blitz entzündete, war die Bekanntmachung, daß die Junta zu Madrid sich einen neuen König vom Kaiser der Franzosen erbat, wozu sie durch Murat veranlaßt, oder besser, gezwungen worden war.

Ungefähr drei Wochen mochten wir in der Umgegend von Toledo, aber nicht auf Rosen, kampiert haben, als wir Ordre erhielten, nach Madrid zurückzukehren, was wir auf demselben Weg, den wir gekommen, bewerkstelligten. Daselbst erfuhren wir, daß Napoleon auf den 15. Juni eine spanische Junta nach Bayonne berufen habe. Auch wurde Tag und Nacht an der Befestigung der Anhöhen von Retiro gearbeitet, wodurch man die Hauptstadt im Zaum zu halten hoffte. Das Seltsamste aber war, daß das sonst so gefürchtete allerhöchste Inquisitionsgericht in seinem Unterwerfungseifer gegen Murat und Napoleon noch viel weiter als die gehorsame Junta und andere Behörden, die jetzt völlig unter französischem Einfluß standen, ging und die Priester und Pfaffen aufforderte, den Unwillen des Volkes auf die Urheber der Exzesse und des Aufstandes vom 2. Mai zu lenken, woran sich aber die Geistlichkeit wenig kehrte; freilich war die Sache so doppelsinnig wie ein delphischer Orakelspruch, denn wer waren die eigentlichen Urheber? – Am unterwürfigsten aber hatte sich doch der Erzbischof von Toledo, der Primat von Spanien, gezeigt.

Nur ein Ruhetag wurde uns in Madrid gestattet, worauf wir den Marsch nach *Aragonien* antreten mußten. Die verschiedenen französischen Armeekorps in Spanien waren jetzt in Navarra, Katalonien, Leon, Alt- und Neukastilien verteilt und mochten wohl über 80 000 Mann stark sein, aber es waren nur wenig gediente Soldaten dabei, die Mehrzahl bestand aus jungen Konskribierten. Wir verließen Madrid durch das Tor Alcala, auf dem Weg nach Aragonien zu marschierend, kamen über verschiedene unbedeutende Dörfer und biwakierten die erste Nacht in der Umgegend von *Torrejon de Ardos*, ein ziemlich großer Flecken, der links von der Straße lag. Den folgenden Tag kamen wir nach *Alcala de Henarez*, wo wir aber nur wenige Stunden kampierten und daselbst die Nachricht von den Aufständen in Carthagena und Valencia erhielten, die mit den grellsten Farben ausgemalt wurden. Unsere Soldaten durften nicht in die Stadt. Dies wurde ausnahmsweise nur einigen Offizieren, unter denen auch ich, erlaubt. Der Ort ist mit Mauern umgeben und hat eine im sechzehnten Jahrhundert von dem berühmten Kardinal Ximenes gestiftete Universität. Was aber Alcala de Henarez vor allem berühmt macht, ist, daß der unsterbliche Cervantes hier geboren wurde. Ganz nahe bei der Stadt lag das *Complutum* der Römer, von dem man auf einen ziemlich steilen Hügel jenseits des Flusses Henarez noch die Ruinen eines Kastells sieht. Im achten Jahrhundert fiel auch diese Stadt in die Hände der Mauren und wurde ihnen erst 1118 durch den Mönch Bernhard, später Erzbischof von Toledo, wieder entrissen, aber bei dieser Gelegenheit schrecklich verheert.

Wir brachen nach kaum vier Stunden Rast wieder auf und passierten fast trockenen Fußes den Henarez, die über denselben führende Brücke war schon seit fünfzig Jahren verfallen, in der Nähe von Guadalaxara. Der Weg von Alcala ging meistens durch große und schöne Ebenen, war auf der einen Seite von Bergen begrenzt, während wir auf der anderen fast immer den Henarez im Angesicht hatten. In einem Kloster von *Guadalaxara* übernachteten wir. Diese Stadt hatte ziemlich gleiches Schicksal mit der vorhergehend besprochenen. Alvar Fanez, ein Vetter des berühmten Cid, entriß sie 1081 den Mauren. Sie liegt in einer Ebene nahe am Henarez und mag an 12 000 Einwohner haben. Der Palast der Herzoge de l'Infantado und die große Franziskanerkirche mit der Familiengruft dieses Hauses sind ihre sehenswürdigsten Gebäude. Hier bestätigen sich nicht nur die erhaltenen Nachrichten von den Aufständen, sondern man erhielt neue, die verkündeten, daß bereits der größte Teil von Spanien in vollem Aufruhr und französisches Blut schon in Strömen geflossen sei, sowie, daß jeder dem Volk verdächtige Spanier, namentlich alle Anhänger Godoïs oder der Franzosen, ermordet würde. Auch wir begegneten überall nur finsteren, nichts Gutes prophezeienden Gesichtern. Wir setzten indessen unseren Marsch nach Aragonien noch unangefochten fort und schlugen den dritten Tag unser Biwak bei dem Dorf *Grajanejos*, nachdem wir durch die verfallene Stadt *Torrijo* marschiert waren, auf, und den vierten kampierten wir bei den Dörfern *Toremocha* und *Algora.* In der Kirche des letzteren befindet sich ein ganz vergoldeter Hochaltar, dessen Vergoldung über fünfzigtausend Realen kostete und erst 1788 gemacht wurde. Unser nächstes Biwak war bei dem Weiler *Torre.* Auf dem Marsch dahin kamen wir durch eine so enge Schlucht, daß man die Felsen auf beiden Seiten manchmal zugleich mit den Händen ergreifen konnte. Wir wurden nun in die Umgegend von *Siguenza* und zum Teil in die Stadt selbst verlegt, die auf einem Hügel am

Henarez liegt. Hier weilten wir mehrere Tage und erhielten die uns alle in Erstaunen setzende Nachricht, daß Napoleons Bruder Joseph, der bisherige König von Neapel, zum Herrscher von Spanien ernannt sei, aber mit ihr auch die, daß ihn ganz Spanien zurückstoße und sich zu Sevilla schon eine Regierungsjunta gebildet habe, welche das Reich in Abwesenheit der rechtmäßigen Monarchen regieren wolle, die gegen die Franzosen äußerst feindselig gesinnt sei, und man überall: „Es lebe Ferdinand, Tod den Franzosen!" rufe. Bald darauf kam die Nachricht, daß diese Junta Frankreich förmlich den Krieg erklärt habe. Auch in Altkastilien hatten die Einwohner schon zu den Waffen gegriffen, Ferdinand VII. zum König ausgerufen und Murats Proklamationen dem Feuer übergeben. In Navarra, Biskaya, Aragonien, Valencia, Tortosa, Andalusien, Murcia, zu Lerida, Badajoz usw. loderten die Flammen des Aufstandes, und die spanischen Garden, welche Ferdinand bis an die Grenzen des Reichs eskortiert hatten und nun zu Tolosa und Hernani standen, forderten laut ihren König zurück, allen Franzosen mit dem Tod drohend. Das gesamte Volk, von den Pfaffen gehetzt, atmete nur noch Blut und Rache, in allen Städten, wo wir nicht die Oberhand hatten, bildeten sich schnell Provinzial-Junten, welche das unter die Waffen gerufene Volk in Korps organisierten. Vom siebzehnten bis zum vierzigsten Jahre traten alle männlichen Einwohner unter das Gewehr, und die Franzosen, welche schon längere Zeit Spanien als Privatleute oder ein Gewerbe treibend bewohnten, konnten oft dem Tod nur dadurch entgehen, daß die Behörden sie ins Gefängnis setzten. Eine der wütendsten Proklamationen war die der Junta von Valladolid, die auch ihren Zweck, die Ermordung der Franzosen anempfehlend, nur zu sehr erreichte. Dabei fehlte es nicht an Wundern, die allenthalben, den Untergang der Franzosen vorhersagend, geschahen. Madonnenbilder ließen dicke Schweißtropfen fallen oder schwitzten sogar Blut, auf Heiligengräbern hörte man unterirdisches

Waffengetöse, der Blitz schlug in französische Kirchen und verschonte nur Madonnen- und Heiligenbilder usw. Das Niedermetzeln der Spanier vom höchsten Rang, die man den Franzosen günstig glaubte, sowie die Vorgänge zu Cadix bewiesen, welchen Grad die Wut der Geistlichkeit und des Volkes erreicht hatte. Die Junta zu Sevilla erklärte nun auf das feierlichste, daß Spanien nicht eher die Waffen niederlegen würde, als bis Ferdinand wieder auf dem Thron säße und die Franzosen alle getötet oder zum Land hinausgejagt seien, und sie hielt Wort. Dies waren die Folgen der so arglistigen als dumm gesponnenen Intrigen Napoleons und seiner kurzsichtigen Politik. In ganz Spanien erhob sich ein Freudengeschrei, als die Nachricht, daß die französische Flotte zu Cadix, bei der fünf Linienschiffe waren, habe kapitulieren müssen und daß die Bemannung ganz gegen den Vertrag der Kapitulation in abscheuliche Gefängnisse gesteckt und mißhandelt wurde, eintraf; denn „wer braucht einem so niederträchtigen Schurken, wie der Kaiser der Franzosen ist, der Treu' und Glauben nicht kennt, Wort zu halten?" sagten die Spanier.

Noch standen wir in der Gegend von *Siguenza*, häufig die Biwaks wechselnd, aber nur des Nachts marschierend, während wir am Tage in der Sonnenhitze brieten und es immer unheimlicher um uns herum zu werden begann. Eine Zeitlang wußten wir gar nicht, woran wir waren, da wir weder weitere Ordres noch irgendeine bestimmte Nachricht erhielten. Bald hieß es, Napoleon sei selbst in Madrid eingerückt, dann wieder, alle Franzosen seien daselbst ermordet worden, man habe die Stadt an vierundzwanzig Stellen zumal angezündet usw. So trieben wir uns unstet in der Provinz Guadalaxara herum, wo alles ebenfalls einen nahen Aufstand zu verkünden schien und unsere Patrouillen schon mehrmals von Bauernhaufen, die von einem Mönch oder Geistlichen angeführt waren, angegriffen wurden. Wir erfuhren zwar, daß Napoleon den 15. Juni die Junta in Bayonne eröffnet habe, daß Dupont in Andalusien Cordua erstürmt und Moncey vor Valencia stünde, im Begriff, diese Stadt einzunehmen, aber bald darauf, daß sich beide wieder hätten zurückziehen müssen. Endlich kam uns die Ordre, zu dem Korps zu stoßen, das bereits unter Verdier auf dem Marsch nach Aragonien begriffen sei, um das Belagerungsheer vor Saragossa zu verstärken. Wir machten nun nächtliche Eilmärsche, am Tag biwakierend, zum Teil durch ziemlich waldreiche Gebirge. An der Grenze, die Kastilien von Aragonien scheidet, stand ein alter Turm, den wir besetzten, aber beim Aufbruch des Biwaks den Posten wieder an uns zogen. Nachdem wir das Dorf *Sisamon* passiert hatten, wurden die Gebirgswege immer waldiger, und gar leicht hätten wir überfallen werden und es uns gehen können wie den Römern in den kaudinischen Engpässen, denn wir marschierten ziemlich unvorsichtig voran, konnten auch keine Seitenpatrouillen absenden und mußten Vor- und Nachhut fast immer im Gesicht behalten. So gelangten wir nach *Techa*, ein großes Dorf, durch welches der Xalon fließt, über den eine steinerne Brücke führt. Hier befand sich ein Turm, der auf der einen Seite so eingesunken war, daß man jeden Augenblick dessen Einsturz hätte vermuten sollen, und doch war er schon Jahrhunderte in diesem Zustande. Von hier kamen wir wieder über Gebirge, durch bald engere bald weitere Täler, vom *Xalon* bewässert. Durch mehrere elende Ortschaften marschierten wir nach *Calatayud*, einer Stadt, die im achten Jahrhundert ein maurischer Feldherr namens Ajub nächst den Trümmern des alten *Bibilis* gründete. Hier hatte noch kurz vor unserer Ankunft Palafox einige Tage verweilt, die durch den General Lefevre-Denouette versprengten Flüchtlinge sammelnd, um sie bei der Verteidigung von *Saragossa* zu verwenden. Die hier befindlichen Spanier verließen die Stadt, ohne unsere Ankunft abzuwarten. Wir fanden aber nicht für gut, in dieselbe einzurücken, sondern requirierten nur Lebensmittel und Wein gegen Bezahlung, erhielten aber dennoch schlechte Ware. Alfons I. hatte 1118 die Stadt den Mauren im Sturm abgenommen und alle Araber in derselben niedersäbeln lassen. Sie hat eine angenehme Lage auf dem rechten Ufer des Xalon, am Einfluß des Xiloca, in einem fruchtbaren Tal und soll über zehntausend Einwohner haben. Nachdem wir gehörig rekognosziert hatten, brachen wir mit der Nacht, aber jetzt sehr vorsichtig marschierend, durch erbärmliche Nester, aber an Wein und Oliven reichen Gegenden vorüberkommend, gegen die enge Passage Puerte del Fresno auf, die wir zu unserm größten Erstaunen unbesetzt fanden. Hierauf mußten wir über das Gebirge *Morato del Conde*, durch eine enge Schlucht, deren gänzliche Freilassung uns wieder ein Rätsel war, da wir wußten, daß sich ganz Aragonien im Aufstand befand, und kamen endlich in das Städtchen *Almunia*, das in einer lachenden Gegend, mitten zwischen fruchtbaren Feldern, Weingärten und Obstbäumen liegt. Hier requirierten wir abermals Lebensmittel, marschierten weiter, biwakierten dann bis gegen Mitternacht, erreichten gegen Morgen das elende Dorf *La Muela* und kamen um zehn Uhr, nochmals über Berge, durch Ebenen und Schluchten marschierend, bei dem Belagerungsheer vor Saragossa an, wo Verdier schon seit mehreren Tagen mit seiner Division stand und den Oberbefehl über dasselbe hatte.

XII

Erste Belagerung von Saragossa – Palafox – Außerordentliche Verteidigungsanstalten der Aragonier – Vorgänge bis zur Belagerung – Überblick der Geschichte Saragossas – Heldenmütige Verteidigung dieser Stadt durch ihre Einwohner – Eine Heroine – Ein seltsames Stiergefecht – Furchtbarer Straßen- und Häuserkampf – Die gefangenen Nonnen – Aufhebung der Belagerung – Marsch nach Barcelona – Ich werde stark verwundet und krank – Aufenthalt zu Barcelona

Als die Vorfälle vom 2. Mai zu Madrid in Aragonien bekannt wurden, erregten sie daselbst, wie in dem übrigen Spanien, den höchsten Unwillen und erfüllten das Volk mit tödlichem Haß gegen die Franzosen. Die Folge war, daß man auch hier die allgemeine Bewaffnung der Einwohner organisieren wollte, was aber der General-Kapitän Don Jorge de Guillelmi aus Furcht vor den Franzosen und um abzuwarten, welche Wendung die Dinge nehmen würden, zu verhindern suchte, sogar dem Palafox, dessen ungestümen Mut und feurigen Patriotismus er fürchtete, den Befehl gab, Saragossa zu verlassen; dieser zögerte jedoch, unter allerlei Vorwänden, zu gehorchen. Dies mag wohl mit die Ursache gewesen sein, daß wir die so leicht zu verteidigenden Zugänge bis hierher unbesetzt gefunden hatten. Als aber die Nachricht von den Begebenheiten zu Bayonne und von Ferdinands erzwungener Abdankung in Saragossa bekannt wurde, da vermochte nichts mehr das unter der Asche glimmende Feuer zu dämpfen, und die Bürger zwangen den General-Kapitän, ihnen das Arsenal zu überliefern. Als dies geschehen, zogen sie durch die Straßen, alle männlichen Einwohner auffordernd, sich zur Verteidigung des gemeinsamen Vaterlandes in der Aljaferia (dem Arsenal) mit Waffen zu versehen, was sie mit dem Ruf: „Vive Espana“ taten. Jedermann versah sich mit Gewehren, Pistolen, Schwertern usw., und die vorhandenen Kanonen und Mörser wurden in möglichst besten Zustand versetzt. Palafox, der Brigadier und Offizier der Leibwache war, achtundzwanzig Jahre zählte und sich in einem Landhaus bei der

Stadt aufhielt, wurde von bewaffneten Haufen abgeholt, die ihm auf sein Begehren strengen Gehorsam zusagten. Das Volk empfing ihn bei seinem Eintritt in die Stadt mit großem Jubelgeschrei als den Retter des Vaterlandes, erwählte ihn zu seinem unumschränkten Anführer, zwang die Behörden, ihn als General-Kapitän von Aragonien anzuerkennen, und führte ihn im Triumph in der Stadt herum. Er erließ nun sofort einen Aufruf an alle Aragonier, sich für die Sache des Vaterlandes zu bewaffnen, machte der heiligen Jungfrau del Pilar öffentlich einen Besuch, küßte ihr vor allem Volk demütig die Hand, sie als seine Souveränin anerkennend, und schwur mit lauter Stimme, Gut und Blut dem Vaterland zu weihen. Den in Saragossa ansässigen Franzosen rettete er nicht ohne Gefahr das Leben, indem er sie in das Kastell und von da nach Amporta in Sicherheit bringen ließ. Durch ein anderes Dekret machte er Napoleon, dessen ganze Familie, sowie jeden französischen Offizier und Soldaten, für jedes Haar verantwortlich, welches dem König Ferdinand oder den Infanten, die man auf eine so heimtückisch hinterlistige Weise nach Frankreich gelockt habe, gekrümmt würde, und erklärte ferner alles, was in Madrid und Bayonne unter fremdem Einfluß verhandelt werde, für null und nichtig, sowie daß im Falle des Todes der Infanten von Spanien er den Erzherzog Karl, als den Enkel Karl III., zu seinem König erwähle, auch keinem Franzosen Pardon geben würde, wenn sich dieselben fernere Exzesse in Spanien erlaubten. Hierauf veranstaltete er eine große Prozession, ließ feierliche Messen lesen, die Kirchen außerordentlich illuminieren und die Geistlichkeit auf das freigebigste Absolution erteilen, sowie direkten Einlaß in den Himmel für diejenigen, die im Kampfe für die gerechte Sache fallen würden. Er berief jetzt alle schon verabschiedeten Soldaten und Offiziere, die sich in Aragonien befanden, zu den Fahnen, bildete aus ihnen und der jungen Mannschaft Terzios, d. h. Regimenter, die in zehn Kompagnien eingeteilt wurden, wie dies früher in Spanien der Fall war, und noch ehe die Belagerung begann, hatten sich so viele Streiter eingefunden, daß man nicht Waffen genug für sie herbeischaffen konnte. Einige Ortschaften hatten ganze Kompagnien und einige Bezirke ganze Terzios gesandt, so daß Palafox die Familienväter wieder beurlaubte und doch noch über zehntausend Streiter behielt. Um auch die von Napoleon und der Junta zu Bayonne einlaufenden Berichte zu paralysieren, berief Palafox altspanische Cortes nach Saragossa, die am neunten Juni daselbst zusammenkamen, Ferdinand VII. nochmals feierlich als König von Spanien proklamierten, das ganze Volk zu den Waffen riefen, Palafox als General-Kapitän bestätigen und dann eine Junta de Gobierno ernannten. Die Nachrichten, welche von der Schilderhebung Spaniens aus allen Provinzen einliefen, trugen dazu bei, das Volk von Saragossa und Aragon in Aufregung und Enthusiasmus zu erhalten. Eine Aufforderung der Bayonner Junta, durch welche dem spanischen Volk die Waffen niederzulegen befohlen wurde und ihr zu gehorchen, ließ Palafox sogar drucken und in Masse verteilen. Er wußte wohl, daß dies das Volk noch mehr begeistern und die entgegengesetzte Wirkung von der beabsichtigten hervorbringen würde. Nach der Niederlage der Spanier bei *Mallen* war Palafox den anrückenden Franzosen bis nach dem drei Stunden von Saragossa liegenden *Alayon* entgegengegangen, mußte sich aber, um nicht abgeschnitten zu werden, zurückziehen; viele Aragonier wurden nun in Alayon von den Franzosen niedergemacht. Den sechzehnten Juni stand Lefevre-Denouette mit seinem neuntausend Mann starken Korps, unter dem auch das erste und zweite Weichselregiment und die polnischen Ulanen waren, vor den Toren von Saragossa, wo sich ein Gefecht unter den Olivenbäumen entspann, bei dem die Spanier in Unordnung in die Stadt zurückgetrieben wurden. Was die Aragonier am meisten fürchteten, waren die Ulanen, da sie sich gegen die Lanzen derselben, eine furchtbare Waffe, die ihren Mann schon auf zehn bis fünfzehn Schritte erreicht, nicht zu verteidigen verstanden. Die Spanier wurden, wie gesagt, in Unordnung in die Stadt zurückgedrängt, und ein französisches Bataillon, das ihnen auf den Fersen folgte und fast mit ihnen zugleich eindrang, mußte sich schnell wieder zurückziehen, als es die Verteidigungsanstalten in den Straßen sah und einen Hinterhalt fürchtete. Unerklärlich war es, warum an diesem Morgen Lefevre den Fliehenden nicht mit dem Gros seines Heeres in die Stadt folgte, die er in der ersten Bestürzung mit geringem Verlust erobert haben würde. Der Rückzug des kaum eingedrungenen Bataillons gab den Einwohnern und Landleuten neuen Mut, und sie setzten die Stadt nun mit unermüdlichem Eifer in den besten Verteidigungszustand. In den folgenden vierundzwanzig Stunden hatte außer den Kindern niemand ein Auge geschlossen, und Greise, Weiber und Mädchen aus allen Ständen machten die Handlanger bei den Arbeiten.

Saragossa liegt auf einer großen, ziemlich fruchtbaren und gut angebauten Ebene, auf der rechten Seite des *Ebro*, auf dessen linker sich eine Vorstadt befindet, welche durch eine steinerne Brücke mit der Stadt verbunden ist. In ihren nächsten Umgebungen sind viel Oliven- und andere Obstbäume, Gärten und Landhäuser. Das Flüßchen *Huerba*, eigentlich nur ein Bach, ergießt sich ganz in der Nähe in den Ebro; zwei Brücken führen über dasselbe. Saragossa beherrscht gewissermaßen die ganze Ebene, welche vom Huerba, dem Xalon, dem Gatego und dem Kanal von Aragonien bewässert wird. Die Stadt steht auf der Stelle, wo das alte, von den Karthagern gegründete Salduba lag, aus dem August bei seiner Anwesenheit in Spanien eine römische Kolonie machte, der er den Namen Cäsar Augusta beilegte. Der Umfang der Stadt mochte etwa drei Viertelstunden betragen. Sie hatte zum Teil ziemlich hohe Gartenmauern, namentlich an dem Augustiner- und anderen Klöstern, welche die Stadt umgaben. In früheren Zeiten war sie regelmäßig befestigt,

aber aus ihren Werken waren längst Straßen geworden, und nur hier und da sah man noch einen alten Turm. Die Mauern, welche jetzt die Stadt umgaben und mit den Garten- und Klostermauern zusammenhingen, hatten nirgends über dreizehn Fuß Höhe bei drei bis vier Fuß Dicke und waren von Backsteinen, die Vorstadt hatte gar keine Einfriedigung. Die Zahl ihrer beständigen Einwohner war ungefähr fünfzigtausend, und die ihrer Kirchen und Klöster ein halbes Hundert; von den letzteren waren einige, wie z. B. das von San Joseph, das auf der rechten Seite des Huerba lag, kleine Vesten oder Burgen. Die Anhöhe Monte Torrero, welche ungefähr viertausend Schritte von diesem Kloster entfernt liegt und an der der Kanal von Aragonien vorbeifließt, beherrscht die nächste Umgebung. Die Aljaferia, ein viereckiges Schloß mit bombenfesten Gewölben und kleinen Türmen, liegt nahe an der Westseite der Stadt, vor dem Sortillotor, ist mit einem tiefen Graben versehen und hat einige Bastionen. Dieses Schloß war früher ein Palast der maurischen Könige und später der der Könige von Aragonien, bis ihn die Regenten Spaniens der Inquisition überließen, die ihren Sitz in demselben aufschlug und ihre Schlachtopfer in den fürchterlichen unterirdischen Gefängnissen desselben verwahrte. Erst Philipp V. machte im achtzehnten Jahrhundert auch eine Festung aus demselben.
Unter den vielen Kirchen dieser Stadt sind sehr prächtige, die, sowie die Klöster, besonders das der Dominikaner und der Inquisitionspalast in der Stadt, große Schätze und Sehenswürdigkeiten besitzen. Diese Stadt hat auch einen sehr schief gebauten, überhängenden Turm, gleich dem zu Bologna und Pisa, der sehr hoch ist und mitten auf einem freien Platz steht. Die berühmteste Kirche ist die Unserer lieben Frau del Pilar, ein sehr prachtvolles, reiches Gebäude, das wir aber nur, sowie die meisten anderen, aus gehöriger Ferne bewundern konnten. Die Spaziergänge an den schönen Ufern des Ebro und des Huerba sind reizend und zum Teil mit Torres (Land-

häusern) und Alleen versehen. Die um die Stadt herum liegenden Gärten, Huertas, sind meistens groß, hübsch und mit Geschmack angelegt. Die vielen Klöster, welche zum Teil in der Nähe der Tore liegen und aus Backsteinen erbaut sind, kann man gewissermaßen als diese verteidigende Bastionen betrachten. Die mit gelblackierten glitzernden Steinen bedeckte Kuppel der Kirche der Madonna del Pilar und andere sehen von ferne goldenen Dächern gleich.

Die Einwohner Saragossas, namentlich der niederen Klassen, sind ein sehr kräftiger, starker Menschenschlag und gegen Witterung und Entbehrungen aller Art abgehärtet. Viele derselben kennen ein Bett nur dem Namen nach oder besteigen ein solches zum erstenmal, wenn sie sich verheiraten.

Es war ein Kartätschenschuß, der zuerst unter die Reihen der in Saragossa wie zu einer Parade einmarschierenden französischen Kolonne fuhr, die vordersten Glieder derselben blutig niederwarf und die Truppen zum schleunigen Rückzug aus der Stadt bewog. Lefevre-Denouette hatte statt eines feindlichen Angriffs und der Kanonenschüsse eine bewillkommende Deputation erwartet. Er ließ zwar kurze Zeit darauf Angriffskolonnen formieren, um die Westseite der Stadt zu stürmen, auch war das Karmelitertor bald eingeschlossen und genommen worden, aber dem weiteren Vorrücken standen die todbringenden Feuerschlünde entgegen, die wegen des zu engen Raumes nicht zu nehmen waren; dabei wurde auch unausgesetzt aus den Häusern auf die Truppen gefeuert. Eine Abteilung von mehreren hundert Mann war zwar bis auf den Platz de la Misericordia über einen Teil der Stadtmauern vorgedrungen und wollte dem Feind in den Rücken fallen, aber dieser Versuch fiel schlecht aus. Von der Übermacht umringt, fielen die meisten unter den Streichen der Spanier. Nur wenigen gelang es, dem Tode für den Augenblick zu entrinnen, indem sie sich in eine Kaserne retirierten, aus der sie jedoch ebenfalls bald wieder flüchten mußten, da diese von den durch das Dach eindringenden Landleuten in Brand gesteckt wurde. Jetzt führte man einen allgemeinen Angriff, die Fahnen und Adler an der Spitze der Regimenter, gegen die Stadt aus und stürmte unter dem Ruf: „Vive l'Empereur" gegen die Tore. Die Kavallerie sprengte voran, wurde aber durch das Kanonenfeuer niedergeschmettert und zurückgetrieben. Nicht besser erging es der nachrückenden Infanterie, welche dem Kartätschenhagel in den Straßen und dem Kugelregen aus den Häusern ebenfalls weichen mußte. Als es den Spaniern an Kugeln und Blei zu mangeln begann, holten Weiber und Kinder solche aus den Magazinen herbei und brachten sie ihren Gatten, Vätern und Brüdern. Sogar alte Knöpfe, Nägel, Eisenblech und altes Eisen schleppten sie hinzu, damit das Kartätschenfeuer unterhalten werden konnte; ebenso Wein, Brot, Käse und Wasser zur Erfrischung der Kämpfenden, denen sie oft die Bissen in den Mund steckten, während sie luden und abfeuerten, und dabei schrien sie unaufhörlich: „Es lebe Maria del Pilar!" In die meist dreistöckigen, von Backsteinen erbauten Häuser trugen sie schwere Steine, Balken, Eisen usw., um es den andringenden Truppen auf die Köpfe zu werfen. Eine Fahne, die ein tödlich getroffener Unteroffizier vom zweiten Weichselregiment hatte fallen lassen, holte ein zehnjähriger Knabe, unter den Kämpfenden hinkriechend, und lief mit seiner Beute jubelnd davon. Schon lagen ganze Haufen von Toten an den Toren und noch hatten die Franzosen wenig oder kein Terrain gewonnen. Ein abermaliger allgemeiner, im Sturmschritt stattfindender Angriff hatte keinen bessern Erfolg und wurde mit großem Verlust zurückgeschlagen. Über dreitausend Mann, sechs Kanonen und mehrere Fahnen hatte man schon vor Saragossa, einer nichtbefestigten Stadt, verloren, und die Aragonier schmückten sich mit den Waffen und Kleidern der in der Stadt gefallenen Feinde. Nach der letzten Waffentat wurde die folgende Nacht betend in den Kirchen zugebracht und ganz Saragossa, gleichsam zum Hohn des Feindes, illuminiert. Während die Franzosen den anderen Tag Streifzüge in die umliegenden Dörfer machten, diese plünderten und Subsistenzmittel requirierten, warfen die Einwohner neue Verschanzungen auf und setzten ihre Stadt in den besten Verteidigungszustand, Batterien errichtend und alle Mauern und Gebäude an derselben mit Schießscharten versehend. Sie hieben zugleich alle sich in der Nähe befindenden Bäume um und machten Verhaue an allen Eingängen der Stadt, um der Reiterei das Vordringen unmöglich zu machen. Angetragene Kapitulationen wurden stolz zurückgewiesen und durch racheatmende Manifeste beantwortet, in denen es hieß, daß man alle französischen Gefangenen niedermachen würde usw. Die Mönche, Geistlichen und Gerichtspersonen machten Sicherheitsrunden und Patrouillen. Man tat sogar Ausfälle auf die Belagerer und nahm ihnen einige Kanonen weg. Indessen war Palafox, der einen nächtlichen Marsch nach *Epila* mit siebentausend Mann, bei denen auch das neuorganisierte Regiment Ferdinand VII. war, unternommen, zurückgeworfen worden und hatte dabei mehrere Kanonen verloren. Wenige Tage darauf kam Verdier mit seiner Division, nebst Belagerungsgeschütz von Pampeluna, und auch unser Bataillon vor Saragossa an. Verdier übernahm nun den Oberbefehl sämtlicher Belagerungstruppen. Die Belagerten erhielten aber ebenfalls von Zeit zu Zeit Sukkurs. Kurz nach unserer Ankunft fand eine furchtbare, die Erde erschütternde Explosion in der Stadt selbst statt. Das zu einem Pulvermagazin umgeschaffene Seminarium, in welches man das Pulver von Monte Torrero gebracht hatte, wurde durch Unvorsichtigkeit in die Luft gesprengt. Die Wirkung war schrecklich. Es schien, als wanke der ganze Erdboden, alle Häuser zitterten, und außer dem Seminarium lagen noch einige zwanzig Gebäude in Trümmern und ihre Bewohner unter denselben begraben. Nachdem die erschrokkenen Einwohner aus ihren Häusern gestürzt und erfahren hatten, was die Ursache dieser entsetzlichen Erschütterung gewesen, war ihre erste Sorge, neues Pulver anzuschaffen. Gewiß ist es, daß, wenn wir die erste Bestürzung, in die dieses Ereignis die ganze Stadt versetzt, benutzt und einen allgemeinen Sturm unternommen hätten, wir leicht Herr derselben geworden wären. Aber man ließ beinahe vierundzwanzig Stunden verstreichen, ehe man einen solchen Angriff begann; die Einwohner hatten Zeit gehabt, sich zu sammeln und zu beruhigen, da sich noch hinlänglich Munition vorfand, und die Attacke wurde auf allen Seiten abgeschlagen. Doch nahmen wir bald darauf nach kurzem Widerstand den von Bürgern und Bauern besetzten Monte Torrero, der die Stadt von der Südseite dominiert und nicht besonders gut verschanzt war. Der spanische Offizier, der daselbst kommandiert hatte, Oberst Falio, wurde auf Befehl der Junta vor ein Kriegsgericht gestellt, zum Tode verurteilt und erschossen. Auf dieser Höhe wurden nun Batterien gegen die Stadt errichtet und dieselbe von hier aus heftig bombardiert. Die meisten Bomben fielen in die Mitte der Stadt und richteten manchen Schaden an; ebenso die Batterien von San Bernardo, und das Sturmläuten von den Türmen währte nun Tag und Nacht ununterbrochen fort. Bei der Nacht bildeten die Bomben und glühenden Kugeln feurige Bogen in der Luft, ein furchtbar-schönes Schauspiel! Einige fielen in die Kirche der Madonna del Pilar, viele aber auch zischend in die Fluten des Ebro, und der Schaden war nicht so groß als wir glaubten, obgleich schon weit über tausend Bomben geworfen waren. Die in die Kirche gefallenen Kugeln hatten fast gar kein Unheil gestiftet, und die Priester machten das Volk glauben, daß man es der Madonna zu danken habe, daß so viele feurige Kugeln in den Fluß fielen. Unser Bataillon wurde zu einem Angriff gegen das Portillotor verwendet, und als wir nahe daran waren, die daselbst errichteten Batterien, deren Kommandant schon gefallen war, zu nehmen, stürzten sich ganze Haufen bewaffneter Bürger auf dieselben, machten sie uns von neuem streitig und die Wegnahme unmöglich. Bei dieser Gelegenheit zeichnete sich ein kaum neunzehnjähriges, hübsches Mädchen, das Augusta geheißen haben soll, durch einen selbst bei Männern seltenen Heroismus aus. Sie hatte nämlich ihrem Geliebten, der daselbst kämpfte, das Essen gebracht, aber in dem Augenblick als sie ankam, stürzte dieser tödlich getroffen nieder. Das Mädchen wirft das Essen zu Boden und sich auf den geliebten Gegenstand, den sie fest umklammert. Dann rafft sie sich aber wieder schnell und gefaßt auf. Ihre Blicke verraten Schmerz, Zorn und Wut zugleich; noch hält der Sterbende die brennende Lunte, mit welcher er die geladene Kanone auf uns abfeuern wollte, krampfhaft zuckend in der Hand, sie entreißt ihm dieselbe, entzündet das Geschütz, auf das wir im Begriff waren einzudringen, und mehr als ein halbes Dutzend der Unsrigen sinken tödlich getroffen nieder. Das Mädchen war schön, hatte besonders einen herrlichen Wuchs, ihre zornglühenden Wangen, ihre feuersprühenden Augen gaben ihr das Ansehen einer Pallas. Durch das Beispiel dieser Heroine angefeuert, eilten die erst vor Staunen starren Spanier ihr zu Hilfe. Es erhebt sich ein mörderischer Kampf um die Kanonen, und wir müssen zuletzt mit bedeutendem Verlust vor den sich immer mehrenden Haufen, in deren Mitte die neue Johanne d'Arc anfeuernd kämpft, zurückweichen, die Kanone im Stich lassend, die nun aufs neue den Tod in unsere Reihen sendet. Das Mädchen war in der Tat sehr schön und erschien uns hier als ein höheres, wunderbares Wesen. Alles hätte ich darum gegeben, sie lebendig fangen zu können, und lange schwebte mir dieses Bild vor Augen. Auch ich hatte einen Streifschuß am linken Oberarm erhalten, und zwei Kugeln waren mir durch den Hut gegangen; Hiebe und Stiche hatte ich unzählige pariert. Die Spanier erlangten nun verschiedene Vorteile und entrissen uns mehrere schon besetzte Punkte, namentlich auch ein Kloster, das wir schon genommen hatten. Erst als wir wieder unter den Oliven angekommen waren, ließ ich meine leichte Wunde verbinden. Nachdem wir uns wieder mit frischer Munition versehen hatten, die zum Teil von *Calatayud* geholt werden mußte, machten wir uns zu neuen Angriffen bereit. Palafox schien ein wahrer Überall und Nirgends zu sein. Bald war er in der belagerten Stadt, bald hieß es, er sei hinter unserem Rücken mit einem bedeutenden Hilfskorps im Anzug, bald spukte er auf dem rechten, bald auf dem linken Ufer des Ebro usw., und wohin er kam, belebte er alles mit neuem Mut. Eine der größten Schwierigkeiten war, die nötigen Lebensmittel für unser Armeekorps herbeizuschaffen. Bei diesem Geschäft wurden die zunächstliegenden Städte und Orte beständig in Requisition gesetzt, die aber alle, besonders die Cinco Villas (fünf verbundene Städte in der Umgegend), sehr patriotisch und sehr feindlich gegen uns gesinnt waren und kleine Detachements bisweilen zu Gefangenen machten. Ein seltsames Verteidigungsmittel hatte eine derselben, die Stadt *Exea*, ersonnen, als sie mit Gewalt Lebensmittel und andere Dinge liefern sollte. Zwei Kompagnien waren dahin abgeschickt worden, um die Requisition einzutreiben; sie marschierten auch ohne den mindesten Widerstand bis in die Mitte der Stadt, kaum aber hatten sie auf einem Platz derselben das Gewehr bei Fuß genommen, als sich plötzlich die großen Tore eines langen Gebäudes öffneten und einige zwanzig wütende Stiere heraus- und auf sie lossprangen. Zu gleicher Zeit wurde aus allen Fenstern der umstehenden Häuser auf die Mannschaft gefeuert, die genug zu tun hatte, den unbändigen gehörnten Feind abzuwehren. Der größte Teil dieses aus 160 Mann bestehenden Detachements wurde getötet oder gefangen, und nur einer kleinen Zahl gelang es, das Belagerungsheer zu erreichen und den seltsamen Überfall und Kampf zu berichten. Dies war gewiß ein ganz eigenes Stiergefecht. Diese Stadt, deren Name *Exea*-de-Los-Caballeros ist und die zwölftausend Einwohner hat, liefert die vorzüglichsten Stiere zu den gewöhnlichen Stiergefechten.

Der Kampf um und in Saragossa währte ununterbrochen fort; ein Bataillon aragonischer Freiwilliger, das kürzlich unter dem Schall der Musik einmarschiert war, machte einige glückliche Ausfälle, wobei es sogar einige unserer Batterien demolierte. Außerdem wurden wir auf unseren Flanken und im Rücken fast unaufhörlich von Guerillas beunruhigt, die sich jetzt zu zeigen begannen und die wir nur mit Mühe abwehren konnten. Bomben und Granaten wurden nur noch spärlich in die Stadt geworfen, der wir durch die Arbeiten der Ingenieure immer näher zu kommen suchten. Endlich gelang es, eine Brücke über den Ebro unterhalb Saragossa zu schlagen und so auch auf dem linken Ufer dieses Flusses Posto zu fassen, durch welchen die Kavallerie, da er sehr seicht war, ritt. Wir suchten nun auch die Vorstadt einzuschließen und so der Stadt alle Kommunikation mit der Umgegend abzuschneiden, verbrannten die Mühlen, wodurch die Belagerten gezwungen wurden, Pferdemühlen in der Stadt einzurichten, um Mehl zu haben, ebenso die Fabrikation des Pulvers innerhalb ihrer Mauern vorzunehmen, dessen sie täglich einige Zentner verfertigten. Die Mönche füllten die Bomben und machten die Patronen. Bei all dem konnten wir sie doch nicht so gänzlich einschließen, daß es ihnen nicht möglich gewesen wäre, von Zeit zu Zeit Zufuhren und Verstärkungen einzulassen. Unterdessen machten unsere polnischen Truppen einen Angriff auf das Kloster St. Joseph, das mit vielen Schießscharten versehen war, wurden aber bei der ersten Attacke zurückgeworfen. Bei einer zweiten gelang es ihnen, dasselbe mit bedeutendem Verlust zu nehmen, wobei sie alles niedermachten, was ihnen in die Hände fiel. Noch hartnäckiger war der Kampf um das Kapuzinerkloster, wo man sich mit der größten Erbitterung von Zelle zu Zelle, bis in die Kreuzgänge, die Kirche und an den Chor um den Hochaltar herum schlug; dieser endigte damit, daß das Kloster von seinen Verteidigern, als sie sahen, daß sie es nicht behaupten konnten, in Brand gesteckt wurde. Wir waren nun der Stadt von allen Seiten bis auf Büchsenschußweite näher gerückt. Das Schloß Aljaferia zu nehmen war uns jedoch trotz der größten Anstrengungen nicht geglückt, obgleich die Batterien bald Bresche gemacht hatten; aber es fehlte uns hauptsächlich an den nötigen Sturmleitern. Noch mehrmals wurden Stürme auf verschiedene Tore vergeblich versucht, und bei dem Kloster der Barfüßer verloren wir viele Leute, ohne es nehmen zu können. Von dem Josephskloster aus, das jetzt in unseren Händen war, hatten wir indessen die Stadt so eingeschlossen, daß von dieser Seite alle Verbindung nach außen unmöglich war. Wütende Ausfälle, welche die Belagerten machten, um diese Kommunikation wieder herzustellen, sowie stürmische Angriffe auf die über den Ebro geschlagene Brücke, wurden siegreich und mit großem Verlust von seiten der Spanier, denen die Reiterei viele Leute tötete, zurückgeschlagen.

Napoleon, der beinahe vor Ungeduld vergehen wollte, weil das unbefestigte Saragossa so lange nicht bezwungen werden konnte, hatte seinen Adjutanten, den Ingenieuroberst Lacoste, abgesandt, die Belagerung zu leiten, der nun alle Angriffe anordnete. In der belagerten Stadt sah es indessen auch nicht zum besten aus. Die Munition fing zu fehlen an, die Toten lagen in vielen Gassen unbegraben, die Lebensmittel wurden immer teuerer, seltener und schlechter; dennoch verloren die Einwohner den Mut nicht, die Frauen teilten sich sogar in Kompagnien ein, um den Dienst oder die Pflege der Verwundeten zu besorgen; eine Gräfin Burista war Kommandeur dieses seltsamen Regiments. Einen Ausfall, den die Spanier aus der Vorstadt auf dem linken Ufer des Ebro unternahmen, glückte ihnen so, daß sie sich, trotz der heftigsten Gegenwehr, eines Postens bemächtigten, ihn behaupteten, auch mehrere Gefangene machten, die sie im Triumph unter dem Jubelgeschrei des Volkes durch die Straßen führten. Hierbei hatte sich das von Palafox neuformierte Ulanenregiment besonders ausgezeichnet. Lacoste ließ nun Wurfbatterien errichten und von denselben unaufhörlich Bomben in die Stadt schleudern, ebenso Breschbatterien, von denen eine mit zehn Haubitzen vom größten Kaliber besetzt war. Nichtsdestoweniger wütete der Kampf unter Mauern und Toren fort. Wir hatten die Nachricht erhalten, daß König Joseph, der Spanien mit einer neuen Konstitution beschenkte, in Madrid eingezogen sei, und Verdier hoffte, daß sich auf diese Nachricht Saragossa ergeben würde; aber Palafox beantwortete diese mit der Neuigkeit der Schlacht von Baylen und der, daß Dupont mit seinem fünfzehntausend Mann starken Korps kapituliert und das Gewehr gestreckt habe, was Napoleon wütend machte, und wollte weniger als je von einer Übergabe reden hören. Man sprach auch viel von dem schönen Empfang, der Joseph bei seinem Einzug in Madrid geworden, erzählte sich sogar, daß er mit Steinwürfen begrüßt worden sei. Jetzt wurde von unserer Seite alles getan, die Stadt bald zu erobern, alle Mörser und Kanonen versah man sofort mit einem Bedarf für vierhundert Schüsse, und den 4. August spielten mit dem Grauen des Tages die Geschütze aller Batterien, welche meistens auf Kirchen und Klöster gerichtet waren, auf die jetzt ein Bomben- und Kugelregen fiel. Mönche und Nonnen verließen ihre Zellen, sich in Privathäuser flüchtend, Kranke und Wahnsinnige aus dem großen Hospital Nuestra Senora de gracia, in deren Gemächer Bomben gefallen waren, hatten sich von ihren Ketten befreit, und durch den Schrecken noch wütender gemacht, rannten sie mit tollem Geschrei durch die Straßen. Alle Reliquien, Monstranzen und andere heilige Kostbarkeiten wurden eiligst in feuerfeste Gewölbe geschafft. Aus den nahen Laufgräben unterhielten wir zu gleicher Zeit ein rollendes Gewehrfeuer auf alle, die sich blicken ließen. Als endlich mehrere Breschen durch das Kanonenfeuer praktikabel gemacht waren, rückten wir im Sturmschritt von zwei Seiten auf die Stadt los, und nun kam es auf den Trümmern der Mauern und Gebäude zum wütendsten Handgemenge. Die Kolonne, zu der wir gehörten, nahm gegen 11 Uhr das Kloster Santa Ingracia. Bald darauf wurde auch die Puerta del Carmen genommen, und über die Leichen ihrer Verteidiger schreitend, breiteten wir uns in den nächsten Straßen aus. Den eindringenden Truppen hatte man den Corso, die größte mitten in der Stadt gelegene Straße, als Vereinigungspunkt angegeben. Wir marschierten jetzt durch die Ingraciastraße im Sturmschritt nach diesem Punkt, wo wir Befehl erhielten, uns nach verschiedenen Richtungen zu verbreiten, um den stärksten Posten in der Stadt in den Rücken zu fallen. Aber es war unmöglich, sich Bahn durch die alten, sehr engen Gassen zu brechen, welche Haufen verzweifelter Wütender, die meistens von einem Priester im Ornat, ein Kruzifix schwingend und eine geweihte Hostie in der Hand, angefeuert, gleich gereizten Löwen verteidigten. Dabei regnete es Steine, siedendes Wasser und Öl auf uns herab. Unser Bataillon erreichte dennoch den Magdalenenplatz, wurde aber daselbst mit Kartätschenfeuer empfangen, und wir mußten uns, wollten wir nicht abgeschnitten werden, da aus allen Straßen bewaffnetes Volk herbeiströmte, wieder gegen die Mitte des Corso zurückziehen. Hier griff uns ein wütender Haufen, von einem Priester, eine Kirchenfahne schwingend, angeführt, ganz unvermutet an, und der Anführer unserer Kolonne wurde von einem rasenden Mönch niedergestochen. Ich übernahm jetzt das Kommando derselben und zog mich fechtend auf das Kloster Santa-Fe zurück, von wo aus ich die Feinde mit Vorteil angriff und mich dann in der Kaserne Minones, die neben dem Kloster lag, festsetzte. – Wir glaubten nun endlich die Stadt genommen und daß die Einwohner zu Kreuz kriechen würden. Dies würde sicher auch der Fall gewesen sein, wenn sich unsere Leute nicht so früh der Plünderungswut überlassen hätten und in die Häuser gedrungen wären, ohne daß es möglich gewesen, sie davon abzuhalten. Die wenigsten kamen wieder lebendig heraus, sondern fanden den Tod in denselben. Ich hatte zuletzt kaum mehr zweihundert von der an tau-

send Mann starken Kolonne beisammen. Sowie die Offiziere den Rücken drehten, liefen zehn und zwanzig in ein Haus. In einer Kirche, durch die wir bei dieser Gelegenheit zogen, erinnere ich mich ein Gemälde im Vorübergehen gesehen zu haben, das einen Heiligen darstellt, der in einer vierspännigen Galakutsche in den Himmel einfährt!
Den Moment für günstig haltend, bot Verdier, der sein Hauptquartier in dem Kloster St. Ingracia aufgeschlagen hatte, nochmals eine Kapitulation an, auf die mit den Worten: „Krieg bis in den Tod" durch Palafox geantwortet wurde. Zugleich ließ er auf den schiefen Turm der Stadt zwei Fahnen pflanzen, die eine blutrot und die andere weiß mit einem roten Kreuz, um den Spaniern in der Vorstadt und in der Umgegend zu beweisen, daß er noch Herr der Stadt sei. Bald rückten auch neue Verstärkungen durch ihre Landsleute an, zogen über die Brücke in die Stadt, aus deren Häusern man jetzt die getöteten oder noch halb lebenden Soldaten von den höchsten Stockwerken hinabwarf, wobei die Weiber und auch Kinder, hilfreiche Hand leisteten; mehr als einer dieser Unglücklichen war durch den Dolchstich einer schönen Saragosserin gefallen, mit der er den Tod umarmt und so den Moment der Ausschweifung mit dem Leben bezahlt hatte. Der Kampf in den Straßen wurde noch heftiger, und aufgetürmte Leichen bildeten nicht selten eine Brustwehr. Die Kompagnie eines Weichselregiments hatte sich hinter lauter getöteten Kapuzinern und Karmelitern verschanzt; andere machten sich Bollwerke aus in Häusern weggenommenen Matratzen. Bald sah ich ein, daß ich mich nicht lange mehr in Santa-Fe würde halten können, suchte mich daher kämpfend dem Corso zu nähern und mußte dabei über ganze Haufen von Toten steigen. Hier hatten wir noch das Franziskanerkloster und dessen Kirche inne und verschanzt. – Das Bombardement währte beständig fort, sowie das Sengen, Brennen und Morden, und die klaffenden Wunden der Leichen gingen bei der großen Hitze schnell in Fäulnis über und verpesteten die Luft. – Nach

diesem furchtbaren Tag brachten wir auch noch die von den Flammen der brennenden Gebäude hellgelichtete Nacht unter den Waffen und zum Teil fechtend zu. Mit Tagesanbruch erhielten die Spanier abermals bedeutende Verstärkungen, welche durch die Vorstadt, die wir nie ganz hatten einschließen können, gedrungen waren, und die reichliche Munition für die Belagerten brachten. Dies machte, daß wir uns außerstand befanden, die Stadtteile, in deren Besitz wir waren, länger zu behaupten, besonders, da die Feinde die hinteren Mauern der Häuser, in denen sich unsere Leute befanden, einschlugen, in dieselben drangen, und so ein Haus nach dem andern kämpfend und mit großem Verlust geräumt werden mußte. Zugleich wurde ein furchtbares Feuer von allen Dächern und aus allen Fenstern auf die aus den Häusern flüchtenden, sowie überhaupt auf alle in den Straßen sich befindenden Truppen unterhalten. Mehrere Stunden währte dieser mörderische Häuserkampf fort. Noch waren wir im Besitz von dem Franziskaner- und dem San-Diegokloster sowie von San-Ingracia. Jetzt erhielt Verdier die Nachricht, daß Palafox, der während der Nacht die Stadt verlassen, mit sechstausend wohlbewaffneten Aragoniern im Anzug sei. Wir mußten eiligst alle unsere auf dem linken Ufer stehenden Truppen zurückziehen und stellten eine starke Reserve auf dem Monte Torrero auf. Dies gab Veranlassung zu einer komischen und galanten Episode dieses Wettkampfes. Um unsere Kommunikation mit den noch von uns besetzten Teilen der Stadt zu unterhalten, mußten wir ein Nonnenkloster wegnehmen, dessen wir zu diesem Zweck bedurften. Hier fanden wir ungefähr dreißig Schwestern nebst einer Äbtissin, die gefangen abgeführt wurden und unter denen sich zwei sehr artige Novizen und ein halbes Dutzend noch ganz junger und hübscher Nönnchen befanden. Mir wurde der Auftrag zuteil, die frommen Kinder in Sicherheit zu bringen. Nachdem ich die verzweiflungsvollen Schönen so gut als möglich zu beruhigen gesucht, eskortierte ich sie selbst, und zwar nicht ohne Gefahr, daß eine oder die andere verwundet oder gar getötet würde, denn die Kugeln hörten nicht auf zu sausen, nach dem Monte Torrero. Trotz meiner kräftigen Versicherungen, daß ihnen nichts zuleid geschehen solle, weinten sie dennoch unaufhörlich und schienen trostlos. Nichts half es anfänglich, daß alle Offiziere, die mit ihnen in nähere Berührung kamen, sie ein gleiches versicherten. Als sie aber sahen, daß man fortfuhr, sich so artig und galant gegen sie zu benehmen und ihnen alle mögliche Aufmerksamkeit und Zuvorkommenheit erwies, fingen sie endlich an, sich in ihr Schicksal zu ergeben, ihre Tränen zu trocknen, und nahmen etwas Speise und Trank zu sich. Man räumte ihnen die besten Erdhütten ein, welche die Soldaten noch ganz besonders bequem für sie einrichteten und verwahrten, und nach zweimal vierundzwanzig Stunden waren sie schon ziemlich dieses Kampagneleben gewöhnt, besonders die Jüngeren. Sie fingen an, mit uns zu lächeln, wohl auch zu schäkern, und ließen sich bald halb gezwungen, halb freiwillig ein Küßchen rauben; die meisten waren aus angesehenen spanischen Familien. Da sie sahen, daß wir keine Eisenfresser waren, und die spanischen Nonnen überhaupt noch unendlich mehr Freiheit haben als die italienischen, auch Liebesintrigen derselben eben nicht zu den Seltenheiten gehören, so wurden sie immer vertrauter mit uns. Eine der Novizen, kaum fünfzehn Jahre alt, ein wahres Madonnengesicht, schön wie eine Verklärte, fand ich für gut, mit noch zwei jüngeren Schwestern unter meine besondere Protektion zu nehmen und ihnen ein eigenes Lokal einzuräumen. Sie hatten alle getrennt und zu zwei und drei in unsere Baracken einquartiert werden müssen. Ich ließ auch Matratzen für sie herbeischaffen, die ich aus noch von uns besetzten Häusern nahm, sorgte dafür, daß ihnen immer mit den delikatesten Speisen, die zu haben waren, aufgewartet wurde, ließ sie durch meinen Burschen bedienen und übergab sie der Sorgfalt eines zurückbleibenden Unteroffiziers, wenn ich sie verlassen mußte, um teil an dem Kampf zu nehmen; zum Abschied erlaubte ich mir, sie zu küssen. Den heiligen Mädchen standen die Tränen in den Augen, so oft ich sie verließ, sie baten mich, ja recht bald wiederzukommen. Da wir den dritten Tag nach der Wegnahme dieses Klosters alle Saragossa räumen mußten, um wieder Posto vor der Stadt zu nehmen, so konnte ich mich gegen 10 Uhr in der Nacht bei meinen Schützlingen wieder einfinden, die vergnügt waren, mich wiederzusehen. Die Nonnen schienen mit der Behandlung, die ihnen bis jetzt geworden, alle sehr zufrieden, und selbst die schon betagte Äbtissin schickte sich darein. Ich beredete meine drei liebenswürdigen Gäste noch zu einem Spaziergang unter die nahen Oliven, wo wir unter freiem Himmel in der schönsten spanischen Sommernacht das gestirnte Firmament bewunderten, ich aber, da alle drei hübsch und jung waren und um keinen Neid bei den anderen zu erregen, sie alle liebkoste und küßte, doch die Novize mit großer Vorliebe. So saßen oder lagen wir vielmehr alle vier recht traulich unter den Bäumen, als wir in einiger Entfernung mehrere schwarze Gestalten auf uns zuschreiten sahen, in denen wir, als sie näher kamen, noch drei Offiziere und zwei Nonnen erkannten, die ebenfalls im nächtlichen Promenieren begriffen waren. Ich trat eine der meinigen einem Kameraden ab, und wir spazierten nun, ich mit der Novize und einer Schwester am Arm, unter den Oliven. Bald verloren sich die verschiedenen Paare aus dem Gesicht, und ich hatte mich mit meinen beiden Schönen wieder an einem etwas entfernteren Ort niedergelassen, wo wir uns ganz vortrefflich unterhielten, vergnügten, und auf das freundschaftlichste miteinander fertig wurden. – Ob die guten Kinder wohl alles, was zwischen uns vorfiel, gebeichtet haben mögen? – Ich möchte es sehr bezweifeln. – Seit Madrid hatte ich, obgleich ich kein Keuschheitsgelübde getan, doch die Keuschheit gewiß strenger beobachtet als Franziskaner und Kapuziner, und zwar aus dem triftigen Grund, weil sich keine Gelegenheit gefunden, sie zu brechen. Nachdem wir uns in einem Wonnemeer von Vergnügen satt geschwelgt hatten, führte ich die guten Schwestern wieder in ihr Gemach zurück, wo die dritte in Gesellschaft ihres Begleiters sie schon erwartete. Nur ein paar Tage dauerte noch der Umgang mit den liebenswürdigen Kindern, welche auf höheren Befehl alle, samt der Äbtissin, jetzt in das Kloster eines benachbarten Städtchens gebracht wurden. Dieser Befehl kam ein wenig spät, läßt sich aber durch die weit wichtigeren Dinge, mit denen sich die kommandierenden Generale vor allem zu befassen hatten, wohl entschuldigen. Ich gab den lieben Kindern noch das Geleit, nahm zärtlichen Abschied von ihnen, selbst der Frau Äbtissin die alte Hand küssend.

Nachdem Palafox mit seiner Verstärkung in Saragossa eingerückt war, beschränkten wir uns fast nur noch darauf, die Stadt zu bombardieren. Verdier, der selbst verwundet worden und das Kommando deshalb wieder momentan an Lefevre abgetreten hatte, hatte nochmals, und zwar durch gefangene Mönche, eine Kapitulation angetragen, die gleich den früheren zurückgewiesen wurde, mit dem Bedeuten, man würde sich, wenn es nötig sei, von Haus zu Haus bis zum letzten schlagen und unter dessen Trümmern begraben. Dazu kam es nicht, man murmelte seit vierundzwanzig Stunden, und die Generale wußten es gewiß und hatten geheime Instruktionen erhalten, daß Joseph Madrid bereits schon wieder verlassen habe, weshalb jetzt Vorbereitungen zur Aufhebung der Belagerung gemacht wurden. Den zwölften August kam endlich in der Nacht vom Hauptquartier zu Burgos der bestimmte Befehl an, die Stadt zu räumen, wenn wir schon im Besitz derselben seien, und wenn dies nicht, die Belagerung sofort aufzuheben.

Um unseren bevorstehenden Rückzug zu decken und zu verbergen, wurden jetzt noch einmal mit großer Ostentation alle Anstalten zu einem allgemeinen Angriff gemacht und die Stadt heftig bombardiert. Die Magazine, Gebäude auf dem Monte Torrero und anderen Orten, die wir inne hatten, wurden sodann angezündet. Auch das Kloster San Ingracia wurde mit all den Leichen seiner heiligen Märtyrer, sowie noch andere Minen vor unserm Abzug in die Luft gesprengt, und zwar ging in der Mitternachtsstunde die furchtbare Explosion vor sich. Das mit so großer Mühe herbeigeschaffte Belagerungsgeschütz wurde in die Wellen des Ebro und die Wasser des Kanals geworfen, da wir nur das Feldgeschütz mitnehmen konnten. Auch den gefangenen Nonnen und Mönchen gab man ihre völlige Freiheit, wobei es mit den ersteren etwas bunt hergegangen sein soll. Durch einen Offizier, der die zweite, noch furchtbarere und grausamere Belagerung von Saragossa mitgemacht hatte, erfuhr ich später, daß sich manche der frommen Christusbräute in der Hoffnung befunden, aber nicht bestraft wurden, da sie Gewalttätigkeit vorgeschützt und unter französischem Schutz niedergekommen seien.

Unser Abzug wurde nicht im mindesten durch die Belagerten beunruhigt, die sich aber des ins Wasser geworfenen Geschützes, ein halbes Hundert Kanonen, Mörser, Haubitzen, Feldschlangen usw. bemächtigten, das ihnen bei der zweiten Belagerung gute Dienste tat.

Was unseren Abzug so sehr beschleunigt hatte, erfuhren wir erst auf dem Marsch. Es war nämlich ein spanisches Armeekorps, vierzehntausend Mann stark, zur Entsetzung Saragossas im Anmarsch und schon bei Muela angekommen. – Wir hatten wenigstens achttausend Mann bei dieser vergeblichen Belagerung eingebüßt, die Spanier vielleicht noch mehr, denn durch das Einstürzen und Sprengen der Gebäude verloren unzählige Menschen, auch Frauen und Kinder, das Leben. Unser Abmarsch wurde in der Stadt sogleich durch eine große Prozession und ein Dankfest gefeiert, wobei man besonders die Jungfrau del Pilar und Palafox hochleben ließ.

Die Belagerung von Saragossa hatte gezeigt, was die Bevölkerung einer Stadt vermag, wenn es ihr Ernst ist, dieselbe zu verteidigen. Jetzt erst fing ich an, die fast fabelhafte Verteidigung mancher Städte des Altertums zu glauben. Hätte sich Magdeburg und andere preußische Festungen in dem unglücklichen Krieg von 1807 nur zum hundertsten Teil gleich der Hauptstadt Aragoniens, wie z. B. Kolberg, verteidigt, so hätte Napoleon schwerlich Berlin, und noch weniger Königsberg, gesehen; doch die herbe und derbe Lektion mußte sein, sollte es in Preußen gut werden. Schon vierundzwanzig Stunden nach unserem Abmarsch kam das Entsatzkorps in Saragossa an.

Der größte Teil des Belagerungsheeres schlug den Marsch über Alayon nach Tudela ein, um sich später mit der französischen Hauptarmee, die sich an den Ufern des Ebro zusammenzog, zu vereinigen. Ein kleiner Teil, bei dem auch unsere sehr zusammengeschmolzene Legion war, erhielt Befehl, den Weg nach *Barcelona* zu nehmen, um sich mit dem in Catalonien stehenden Armeekorps zu vereinigen, welches das Beobachtungskorps der östlichen Pyrenäen formierte und bei dem viel italienische Truppen standen. Bei der furchtbaren Stimmung und dem eingefleischten unversöhnlichen Haß der Catalonier gegen die Franzosen, der sich schon aus früheren Zeiten datierte, war es höchst notwendig, auch dieses Korps zu verstärken, das ebenfalls schon sehr vermindert war und namentlich bei der Belagerung von *Gerona* sehr gelitten hatte. Unser Marsch war wieder höchst beschwerlich und ermüdend, wir vermieden sogar alle bedeutenden Orte, da die Bataillone meist keine 300 Mann mehr stark und um so mehr den Angriffen der Feinde ausgesetzt waren; in ganz Catalonien war nur noch *Barcelona* und das Fort von *Figuieras* in den Händen der Franzosen, welche Miquelets, in Bataillone zu 10 Kompagnien, jede 100 Mann stark, eingeteilte und wohlbewaffnete Catalonier, zu Tausenden umschwärmten. Sie trugen runde Jacken und Federhüte, die catalonische Nationaltracht. Catalonien hatte einige 40 solcher Bataillone, Tercios de Miquelets genannt, gestellt und bewaffnet. Außerdem gab es noch eine Art Landsturm, Somatenes genannt, die sich augenblick-

lich, wo es not tat, zu vielen Tausenden bewaffnet erhoben, deren Einrichtung schon Jahrhunderte bestand, und zu der alle Catalonier vom 16. bis zum 50. Jahr gehören, sobald das Vaterland in Gefahr ist.
Alle größeren Städte, und namentlich *Lerida*, in welchem die Junta von Catalonien ihren Sitz aufgeschlagen hatte, vermeidend, machten wir sehr ermüdende und gefährliche Nachtmärsche. In kleineren Orten requirierten wir Lebensmittel, was, solange wir in Aragonien waren, sich noch ziemlich gefahrlos tun ließ. Als wir aber einmal über *Fraga*, einer Stadt, die am *Cinca* liegt und über 4000 Einwohner zählt, hinaus waren, wurde es immer schwieriger, sich Nahrungsmittel zu verschaffen. Das Dorf *Alcaraz* war der erste Ort, den wir in Catalonien betraten. Es liegt nur in geringer Entfernung von Lerida. Unser nächstes Biwak hielten wir bei dem Dorf *Molleruza*, von wo wir noch unangefochten, aber oft auf abscheulichen Seitenwegen, bis in die Gegend von *Cervera* marschierten, das auf einer ansehnlichen Höhe in einer großen fruchtbaren Ebene liegt, mit Mauern umgeben und durch seine Lage ziemlich fest ist. Im Spanischen Erbfolgekrieg wurde diese Stadt vergeblich von den Deutschen und Cataloniern belagert, auch wagten wir uns nicht an dieselbe, da wir von den guten Gesinnungen der Einwohner gegen uns, sowie daß ein Bataillon Miquelets und viele Somatenes in derselben lagen, unterrichtet waren. Wir marschierten nach gehöriger Rekognoszierung in das Dorf *Hostalfranes*, wo wir alles mitgehen hießen, was wir als verdauungsfähig erkannten. Die Stadt *Ignalada*, die über 10000 Einwohner zählte und nicht besser gesinnt war, umgingen wir gleichfalls, uns fortwährend mit dem Nötigsten in den Dörfern versehend. Oft bestand unsere Nahrung auf einen ganzen Tag in einer Zwiebel oder etwas Knoblauch, mit einem Stück Brot, und dabei die strapaziösesten Märsche in kahlen Gegenden. Bayern oder Österreicher würden schlecht dabei gefahren sein. Im Grunde war es ein Unsinn, uns in so geringen Abteilun-

gen nach Catalonien, das in vollem Aufstand war, zu senden, aber der General Duhesme, der daselbst kommandierte, hatte auf das dringendste Verstärkung verlangt, da was ihm von Perpignan zukam, nicht hinlänglich war. Nach mancherlei Strapazen, großen Entbehrungen und das Fußwerk in schlechtem Zustand, kamen wir endlich bei dem Städtchen *Martorell* an, wo wir über die Noya gingen und dann den nur noch drei Stunden entfernten berühmten Berg Montserrat erblickten, den zu besteigen und seine merkwürdige Einsiedelei zu besuchen jetzt niemand Lust verspürte. Von weitem sieht er aus wie eine ungeheure Burgruine. Schon so nahe bei Barcelona, hielten wir uns jetzt sicher genug, um uns nach Martorell wagen zu können, wo wir uns seit 10 Tagen zum erstenmal wieder sattessen konnten. Kaum war dies geschehen, erhielten wir Nachricht, daß sich ein großer Haufe Somatenes in geringer Entfernung zeige. Wir griffen eiligst zu den Waffen und verließen die Stadt. Hier sahen wir einen Haufen bewaffneter Bauern, etwa 12–1500 Mann stark, die sich jedoch nicht an uns zu wagen schienen und uns ruhig ziehen ließen; bald hatten wir sie auch aus den Augen verloren. Als wir aber bei *San Felin*, einem ziemlich bevölkerten Ort, der nur noch zwei Stunden von Barcelona liegt, ankamen, zeigten sich auf einmal die Somatenes wieder, mit einem halben Tercios Miquelets verstärkt, und machten Miene, uns den Weg zu sperren, indem sie sich vor dem Eingang von San Felin aufstellten. Es blieb uns nichts anderes übrig, als ihn zu erzwingen und zu versuchen, uns durchzuschlagen. Die Miquelets fochten wie Verzweifelte, und selbst nachdem wir ihre Reihen durchbrochen hatten, mußten wir fortwährend kämpfend weiterziehen, da sich immer neue Haufen entgegenwarfen, die kleine, uns unbekannte Umwege im Lauf machten und sich dann wieder vor uns aufstellten. Endlich waren wir mit einem Verlust von einigen dreißig Mann jenseits des Ortes auf der nach *Barcelona* führenden Straße angekommen, als sich abermals ein großer

Trupp Somatenes zeigte, Feuer auf uns gab und dann davoneilte. Ich ritt gerade an der Spitze des 2. Bataillons, als ich einen Büchsenschuß in den rechten Schenkel erhielt, den ich im ersten Augenblick gar nicht spürte, der mir aber bald unter großem Blutverlust heftige Schmerzen verursachte, so daß ich vom Pferd steigen und mich bis *Barcelona* auf Stangen tragen lassen mußte, die im nächsten Dorf nebst acht Bauern dazu requiriert wurden, nachdem ein Aide-Major einen provisorischen Verband auf die Wunde gelegt hatte. An den Toren von *Barcelona* angekommen, wurde sogleich eine Sänfte herbeigeschafft, in der man mich ins Lazarett brachte, wo die Wunde untersucht und die Kugel herausgezogen wurde. Sie lag nicht sehr tief und war schon ziemlich matt, als sie den Weg in mein Fleisch fand, denn die Bauern hatten aus großer Entfernung geschossen; dennoch bekam ich ein heftiges Wundfieber. Vom Lazarett, wo ich nicht bleiben wollte, wurde ich in ein Gemach in der Zitadelle gebracht. Da ich indessen sehr gute Säfte hatte, was bei Wunden eine Hauptsache ist, denn bei verdorbenen Säften oder wenn venerisches Gift im Körper ist, wird die geringste Wunde oft tödlich oder bringt jahrelanges Leiden, so ging meine Heilung schnell vor sich, und ich konnte nach wenigen Tagen schon wieder mit Hilfe einer Handkrücke herumhinken. Aber mein fatales dreitägiges Fieber stellte sich nun auch wieder recht hartnäckig ein und machte mir viel zu schaffen, da es in ein schleichendes und zehrendes auszuarten drohte. Während ich so mit Wunde und Krankheit zu tun hatte, war der Rest der Legion schon wieder mit anderen Truppen ausgerückt, um gegen die immer kühner werdenden Miquelets zu kämpfen, fiel aber in einen Hinterhalt und wurde größtenteils niedergemacht oder gefangen, so daß kaum fünfzig Mann und ein einziger Offizier zurückkamen. Wären wir nicht im Besitz der Zitadelle von Barcelona gewesen, der sich Duhesme gleich bei seinem Einmarsch in Spanien durch Arglist und Gewalt bemächtigt hatte, so wäre es uns sicher schlimm ergangen. Barcelona ist auch auf der Landseite wohl befestigt und auf beiden Flanken durch die Zitadelle und das Fort *Montjuic* gedeckt, auch von der Seeseite ist es fast unangreifbar. Die Engländer kreuzten aber im Verein mit den spanischen Schiffen unaufhörlich vor dem Hafen, fast alle Kommunikation zu Wasser abschneidend. Wäre der spanische General-Kapitän von Catalonien, Palacios, ein zweiter Palafox gewesen, so hätte er uns viel zu schaffen machen können, da Duhesme sehr oft mit der Elite der Garnison in den Gebirgen umherstreifte, um gegen die Miquelets, die Palacios mit noch anderen Truppen befehligte, zu streiten, und während seiner Abwesenheit Stadt und Zitadelle nur schwach besetzt, auch die Einwohner sehr aufgebracht waren, da sich der italienische General Lecchi, der in Duhesmes Abwesenheit dann kommandierte, alle möglichen Vexationen gegen sie erlaubte, und die Stadt, außer den zu liefernden Lebensmitteln, Montierungsstücken in großen Massen, 50 000 Zentner Holz, viele Schuhe usw., noch 20 000 spanische Piaster (über 110 000 Franken) wöchentlich bezahlen mußte. Freilich waren die angesehensten Einwohner als Geiseln in der Zitadelle eingesperrt.

Strapazen, Wunde und Fieber hatten mich indessen tüchtig zusammengerüttelt, so daß ich bald nur noch einem Schatten glich, doch versuchte ich abends, wenn die größte Hitze vorüber war, kleine Promenaden in der Stadt zu machen, besuchte Kirchen usw.

Diese Hauptstadt Cataloniens ist mit die beträchtlichste Spaniens und hat nahe an 150 000 Einwohner. Sie wurde von den Karthaginiensern gegründet, die ihr den Namen eines ihrer Generale, Hamilcar Barca, beilegten, nachher kam sie unter römische, später unter gotische und maurische Herrschaft. Endlich hatte sie ihre eigenen Souveräne, die den Titel Grafen von Barcelona führten und Catalonien mit der Krone von Aragonien vereinigten, bis beide im 16. Jahrhundert der spanischen Monarchie einverleibt wurden. Die Stadt hat einen großen Umfang, ist aber schlecht gebaut und hat mit wenig Ausnahmen, namentlich die Altstadt, sehr enge und krumme Straßen; auch ihre Plätze sind klein. Die Häuser sind sehr hoch, meist fünf Stockwerke, und haben große Balkone. Paläste sind wenige hier. Unter ihnen ist der des Herzogs von Medina Cöli der schönste. Sehr viele Häuser sind bunt bemalt, Kirchen und Klöster zählt man wohl anderthalb Hundert. Noch sind einige Altertümer aus den Römerzeiten vorhanden. Die Kathedrale ist ein großes, schönes Gebäude, dessen Fassade aber noch nicht ausgebaut ist, obgleich schon seit 300 Jahren von allen, die sich daselbst verheiraten, eine kleine Abgabe zu diesem Zweck erhoben wird und schon weit mehr Geld als erforderlich dazu vorhanden ist. Der alte Palast der Grafen von Barcelona diente zum Teil Klarissinen zur Wohnung, während im anderen Teil das Inquisitionstribunal seinen Sitz und seine Kerker hatte. Er hat ein ungeheures Mauerwerk, furchtbare Gewölbe und ist nur durch eine enge Straße von der Kathedrale getrennt. Das Schauspielhaus ist ein schönes und geräumiges Gebäude, das an einer Promenade liegt. Noch ist auch ein alter, merkwürdiger Palast des Hauses Alba vorhanden. Von den Promenaden innerhalb der Stadt, die außerhalb liegenden konnte ich nicht besuchen, ist die Esplanade zwischen Zitadelle und Stadt die größte, sie hat drei Reihen Alleen, wird aber wenig besucht. Die Rambla ist ein auf ehemaligen Festungswerken angelegter Spaziergang mitten in der Stadt, die sie gewissermaßen in zwei Teile trennt.

Barcelonetta ist ein kleines Städtchen, das eigentlich eine Vorstadt von Barcelona bildet und zwischen dem Hafen und dem Molo liegt, wird aber fast nur von Schiffern und Matrosen bewohnt; seine Entstehung datiert sich erst aus dem 18. Jahrhundert. Die Zitadelle an der Nordostseite der Stadt wurde ebenfalls erst im 18. Jahrhundert und auf Befehl Philipp V. erbaut. Sie ist groß und ihre bedeutenden Werke waren noch in bestem Zustand. Der

Hafen, der unter ihr und zwischen der Stadt und Barcelonetta liegt, ist im Grunde nur ein großes Bassin, dessen Einfahrt ziemlich schwierig ist, er ist schön und sehr besucht. Der *Montjuic* ist ein Berg auf der Südwestseite der Stadt, mit einem Fort gekrönt, der weit besser Stadt, Hafen und Umgegend beherrscht als die Zitadelle, und selbst diese doch dominiert.

Barcelona, das großen Handel treibt, hat sehr reiche Kaufleute, sein Adel aber gehört mit wenigen Ausnahmen meistens zur Familie der Don Ranudo de Colibrados. Die Frauen sind zum Teil reizende und pikante Schönheiten, die mich trotz meines gespensterhaften Aussehens nicht wenig interessierten; ich konnte sie aber nur in Kirchen und auf Promenaden bewundern. Gewöhnlich ist diese Stadt voller Leben, und die Vergnügungen aller Art, wie Gesellschaften, Tänze, Schauspiele, Maskeraden, italienische Oper, Kirchenfeste, Prozessionen, Landpartièn usw., drängen sich. Jetzt aber war von dem allen wenig zu sehen. Man hätte sich vielmehr in La Trappe glauben können und sah nur finstere oder sorgenvolle Gesichter; nur in den Kirchen war einiges Leben, wenn auch ein sehr ernstes, in manchen derselben werden bei großen Festen oft dreitausend Kerzen zumal angezündet. Nächtliche Prozessionen mit Fackeln, bei denen es oft bunt genug zugeht, sind hier sehr beliebt; man hat berechnet, daß allein bei den Prozessionen, die während der heiligen Woche stattfinden, über dreißigtausend Wachsfackeln verbrannt werden, von denen eine jede fünf bis sechs Pfund wiegt; Riesen, Teufel, Ungeheuer usw. spielen dabei eine große Rolle. Durch die vielen bürgerlichen Kriege der letzten drei Jahrhunderte und nicht weniger als fünf Belagerungen, die es in einem Zeitraum von sechzig Jahren bestanden, war Barcelona so herabgekommen, daß es nach der Belagerung von 1714 keine 40 000 Einwohner mehr zählte, sich aber so unglaublich schnell erholte, daß es zu Ende desselben Jahrhunderts schon wieder 140 000 und über 10 000 Häuser hatte.

Kaum acht Monate hatte ich in Spanien zugebracht und unter Verhältnissen, die es nicht zuließen, in nähere Berührung mit dessen Einwohnern zu kommen und sie genauer kennen zu lernen, doch machte ich im allgemeinen auf unseren Märschen und in unseren Quartieren folgende Bemerkungen. Die Damen haben sich bei den Spaniern, trotz dem herrischen Wesen der Männer, noch immer einer Verehrung zu erfreuen, die fast an Abgötterei grenzt und die noch von jener in ihren ritterlichen Romanen und Romanzen so oft besungenen heroischen Liebe zeugt. Die Männer suchen beinahe eine Ehre darin und sind stolz darauf, sich der Frauen Knechte zu nennen, was sie auch sind, und sie reden sie oft mit den Worten an: „Señora, beso a vos los pies" („Meine Dame, ich küsse Ihnen die Füße"). Auch besorgen sie Frauen-, Stuben- und Küchendienste, machen die Betten, kaufen die Lebensmittel ein, kochen, kleiden sogar die Kinder an usw. Dies macht, daß selbst die spanischen Frauen niederer Klassen halbe Prinzessinnen sind, deren Winke rasch auszuführenden Befehlen gleichen. Dagegen sind sie aber auch über alle Beschreibung schön und anmutig, namentlich die Andalusierinnen, deren ich mehrere in Madrid und Barcelona sah; heroisch-majestätische Schönheiten; der Ausdruck ihrer Mienen, ihr Anstand, ihre Anmut, ihre feuerblitzenden Augen sind unvergleichlich, selbst Bettelmädchen und Dirnen der Freude wissen unter ihrer Mantille noch zu imponieren, und die halbwilden Hirtentöchter der Gebirge kommt man in Versuchung für Bergnymphen zu halten. Unter diesen Gebirgsbewohnern gibt es Menschen, die gar kein Geld kennen, und wenn man ihnen für einen Dienst, für eine Erfrischung ein Stück gemünztes Silber geben will, weisen sie es mit Verachtung zurück, sprechend: „Wir bedürfen solchen Plunders nicht, wer dessen bedarf, mag ihn behalten." Im Sommer ist das hohe Himmelsgewölbe ihr Dach, und im Winter Erdhütten oder Höhlen ihre Schlafstätte, Schaffelle ihre Bedeckung, Milch, Kräuter und Baumfrüchte ihre Nahrung. Namentlich leben so die Gebirgsbewohner Cataloniens, die kein Feind in ihren Bergen erreichen kann und die ein wildes, kriegerisches Volk sind, das seine Engpässe gut zu verteidigen weiß und fast mit nichts lebt. Diese genügsamen Menschen haben immer Überfluß. Musik und Tanz ist selbst in den elendesten Dörfern Spaniens das Hauptvergnügen seiner Bewohner. Von diesen Tänzen hat, wer sie nicht gesehen, keinen Begriff. Den feurig-wollüstigen Fandango, den anmutsvollen Bollero, den Zorongo, den waghalsigen Jota, von graziösen Spanierinnen aufgeführt zu sehen, läßt Eindrücke zurück, welche für die Lebenszeit dauern. Vor den Kirchplätzen der armseligsten Dörfer ertönt der Klang der Zither, und die Bauerndirnen bringen durch ihre graziös-wollüstigen Bewegungen auch das Blut der kältesten Zuschauer in Wallung und Glut. In Kastilien sah ich einst den Guaracha tanzen, den eine Person, die sich selbst mit der Gitarre begleitete, mit gravitätischem Ernst aufführte, und dennoch wurde ich von diesem Charaktertanz hingerissen. Fast jede Provinz hat ihre eigenen Tänze; so werden in einer Gegend Cataloniens, *Ampurda* genannt, zwei ganz eigentümliche Tänze aufgeführt, die man sonst nirgends kennt und die eine magische Wirkung haben. Dagegen sind der Fandango und Bolero überall die Haupttänze, für die jeder Spanier leidenschaftlich eingenommen ist. Der erste wird sehr passend eine harmonische Verzückung des Körpers genannt; der Bolero ist eigentlich nur ein gemäßigter Fandango. Schon die Musik dieser Tänze elektrisiert jeden Spanier und bringt alle seine Glieder in Aufregung. Sein Blick folgt jeder Bewegung der Tanzenden, seine Hände, Füße, Mienen und Gebärden schlagen den Takt. Selbst ein phlegmatischer Sohn Albions sagte von dem Fandango: „Ich bin überzeugt, daß, wenn man diesen Tanz unerwartet und plötzlich in einer Kirche oder vor einem Gerichtshof ertönen ließe, Priester und Richter, Andächtige und Advokaten, Volk und Verbrecher ohne Unterschied, wie durch

Oberons Chöre bezaubert, zu hüpfen und springen beginnen würden. Der Fandango wird in der Regel mit Gitarrenklang und Kastagnettenschlag begleitet, von zwei Personen, Mann und Frau, aufgeführt. – Bekannt ist die Geschichte der wunderschönen Tänzerin Dolores, oder Dolorita genannt, die noch als Nonne vor dem Hochaltar ihrer Klosterkirche zu Huelgas zu Ehren der Madonna und der Heiligen tanzte, dessen aber bald müde, eine weltliche Tänzerin ward, den Nonnenschleier mit der Mantille vertauschte, ihre Zelle mit einem Boudoir, und statt in der Kirche, auf den Brettern der Haupttheater Spaniens und Madrids auftrat, alle Welt bezauberte, von den Granden angebetet und selbst vom König, der ihr Gelübde durch einen Machtspruch gelöst, geküßt wurde, einen Edelmann namens El-Curo, der in Salamanka studierte, so behexte, daß er seine Studien im Stich ließ, ihr gleich einer andern Preziosa folgte und auch ein Tänzer wurde. Da er hoffte, sich als Toreador noch mehr auszeichnen zu können, vertauschte er die Kastagnetten mit den Banderollas und dem Scharlachmantel und wurde endlich von den Hörnern eines wütenden Stiers durchbohrt.

Die spanischen Theater, von denen ich nur wenige frequentieren konnte, geben oft Vorstellungen, wie man sie in keinem andern Lande Europas mehr zu sehen bekommt, namentlich wenn sie ihre sogenannten heiligen Komödien aufführen, wo Profanes, Heiliges und Absurdes auf das seltsamste vermengt wird. Da sieht man Engel und Teufel, Priester und Heilige, alle Laster und Tugenden und nicht selten Gott selbst personifiziert. Die Handlungen der Frommen und die Abscheulichkeiten Satans durchkreuzen sich, und das Ganze ist oft ein wahrer Skandal für Religion und Sitten. Luzifer erscheint mit Hörnern und Schwanz und unterhält sich unbefangen mit Heiligen und mit Gott. Wunder aller Art geschehen, Märtyrer werden verbrannt, und was die tollste Phantasie erfinden kann, geht in buntem Gewirre vor den

Augen der Zuschauer vorüber. Maschinerie und Dekorationen sind dabei oft in höchster Vollkommenheit. Man sieht bald das Innere des Himmels, bald die Hölle, bald beides zugleich, über- oder nebeneinander. Das himmlische Paradies, das Fegfeuer mit den brennenden Seelen, ein Konklave usw., alles wird dem bewundernden Auditorium vorgeführt. Namentlich wurden diese Komödien am schönsten und tollsten in Barcelona gegeben, wo man den Teufel sogar zwingt, in einer Franziskanerkutte, aus der die Hörner hervorragen, auf einer Kanzel die christliche Moral zu predigen!!! Man sieht auch Stücke, deren Handlungen durch zwei Jahrhunderte in einem Abend spielen. –

Die Theater haben im Innern in der Regel ein Patio (Parterre) und mehrere Reihen Logen, Balcos oder Aposentos genannt. Das Parterre ist meistens in drei verschiedene Abteilungen geteilt, von denen die vorderste Lehnstühle, die mittlere, das eigentliche Patio, Bänke, die hinterste Gradas, d. h. amphitheatralisch geordnete Sitze hat, doch ist dies nur in den größern Theatern der Fall. Die Logen sind fast wie in Italien beschaffen. Die meisten Theater haben, der Bühne gegenüber, in jedem Rang eine große Loge, die man Cazuela nennt, und ist nur allein für Frauen bestimmt, die sich daselbst, in die Mantillen gehüllt, aus allen Ständen und von jedem Alter einfinden; auch die vornehmsten Damen, die keine Toilette machen wollen oder sonst eine Ursache dazu haben, besuchen oft die Cazuela, durch ihre Schleier unkenntlich gemacht. Die Liebe ist bei den Spanierinnen die Hauptangelegenheit ihres Lebens, und schon manche Doña hat ihren Geliebten, als Frau verkleidet, mit in eine Cazuela genommen. Sie lieben höchst leidenschaftlich und sollen dabei sehr beständig sein. Dagegen aber fordern sie die unbedingteste Ergebung und große Aufmerksamkeit von dem Geliebten und sind nicht selten dessen schrecklichster Tyrann, während sie oft die Sklavinnen ihrer Eheherrn sind. Ihr Wille muß ihm das strengste Gesetz sein, gegen das keine Appellation stattfindet. Dabei besitzen sie eine große Energie und trotzen jeder Gefahr, besonders die Kastilianerinnen, welche die zärtlichsten, so wie die Andalusierinnen die verführerischsten Frauen sind. Sitten, Gebräuche, Kleidung und sogar die Sprache sind in jeder Provinz verschieden, und in keinem Land ist eine so große Mischung von verschiedenen Nationen wie in Spanien, wo neben dem Element der Urbewohner das der Karthager, der Römer, der Celtiberier, der Germanen und namentlich der Goten und Mauren, das glühende Orientalische neben dem ernsten Nordischen sich kundgibt und in vielen Charakterzügen zeigt, so wie ihre wunderbaren Märchen von verbannten und verwünschten Jungfrauen und Rittern, verborgenen Schätzen, verwünschten Schlössern, verzauberten Gärten, Palästen, ritterlichen Kämpfen mit Riesen und Ungeheuern, unterirdischen Bewohnern und Geistern usw. bald die glühende Phantasie der Orientalen, bald die romantische des Nordens atmen. Das ganze Land, mit seinen römischen und maurischen Ruinen, seinen Bergen, Wäldern, Schlössern, Palästen, Kirchen, Klöstern, Kapellen, Einsiedeleien und Gärten, erscheint fast wie eine verzauberte Gegend.

Gerne hätte ich den so naheliegenden Montserrat mit seinem berühmten Kloster und seinen merkwürdigen Einsiedeleien besucht, aber mein krankhafter Zustand machte es mir unmöglich. Mein Fieber wollte gar nicht nachlassen und jetzt keinem Mittel weichen, obgleich die Wunde fast ganz zugeheilt war. Die Ärzte schrieben meinen Zustand der feuchten Luft Barcelonas zu. Sie hielten für das beste, meinen Aufenthalt zu wechseln und mit dem südlichen Frankreich zu vertauschen, etwas, das aber nicht so leicht zu bewerkstelligen, da zu Land und zu Wasser die Kommunikation mit Frankreich sehr schwierig war. Unter den jetzigen Umständen allein oder selbst in Gesellschaft mehrerer über die Pyrenäen zu kommen, daran konnte man nicht denken, und vor dem

Hafen kreuzten englische Fregatten und spanische Kriegsschiffe. Ich sprach deshalb mit dem kommandierenden General Lecchi, der mir mitteilte, daß er dieser Tage ein kleines Küstenfahrzeug nach Frankreich absenden müsse, und wenn ich es wagen wolle, ich mit diesem, dessen Kapitän ein Franzose aus Agde sei, gehen könne. Das Schiff sei erst vor wenig Tagen, den Engländern eine Nase drehend, in den Hafen eingelaufen. Ich suchte den Kapitän selbst auf, der mir zuredete, mich ihm anzuvertrauen, und sagte, er stehe dafür ein, mich glücklich an die französische Küsten zu bringen. Ich fürchtete nichts mehr als in englische Gefangenschaft zu geraten, aber auf sein Zureden entschloß ich mich, das Wagnis zu bestehen, ließ mir die nötigen Papiere und Zertifikate ausfertigen und schiffte mich in einer dunklen Nacht, den 12. September, nach 10 Uhr abends ein. Wir verließen den Hafen mit sehr günstigem Westwind, segelten, von den feindlichen Schiffen unbemerkt, längs der Küste hin und hatten, als der Tag anbrach, schon die Höhen von Rosas passiert. Die Fahrt wurde mit gleichem Glück bis zu den Küsten Frankreichs fortgesetzt, an Perpignan und Narbonne vorüber, und den dritten Tag erreichten wir glücklich den Hafen von *Agde*. –

XIII

Ankunft zu Montpellier – Ich werde zum 29. Regiment versetzt – Murat, König von Neapel – Ermordung einer Kompagnie Voltigeurs – Der neue König macht sich beim Volk beliebt – Einnahme der Insel Capri – Ich werde dekoriert – Helenas Hochzeitsfeier – Castellamare – Dritter Feldzug in Kalabrien – Rückkehr nach Neapel, wo ich das Ehrenkreuz erhalte – Ich werde nach Nola detachiert und daselbst beinahe erschossen – Neue Bekanntschaften – Eine durch eine beabsichtigte Leichenberaubung entdeckte Verschwörung – Murats Politik und Reformen – Abmarsch nach dem Kirchenstaat

Die kleine Seereise war mir trotz manchen Unbequemlichkeiten und schlechter Lagerstätte doch ziemlich gut bekommen. Von *Agde*, einem kleinen Seehafen im Departement Herault, durch ein Konzilium, das hier gehalten wurde, bekannt, fuhr ich sogleich über *Frontignan,* wegen seinem trefflichen Muskatwein berühmt, nach Montpellier ab, wo ich in einem guten Gasthof abstieg, dann den Herren Michel und Gayral meine Ankunft meldete, die mich mit allem, dessen ich bedürftig war, bestens versahen. Nachdem ich mich bei dem jetzt hier kommandierenden General Sissé gemeldet, teilte mich derselbe einstweilen dem hier liegenden Depot eines Infanterieregiments bis zu meiner völligen Genesung zu, und das gesunde Klima von Montpellier stellte mich bald wieder her. Ich schrieb an den Kriegsminister und bat den General, bei dem ich öfters zu Tische war, um dessen Verwendung, damit ich möglichst bald wieder in Aktivität kommen möge. Die Legion, bei der ich gestanden, war so gut wie vernichtet und aufgelöst. Ich wünschte sehr, wieder in Italien verwendet zu werden; Spanien hatte mich, trotz seiner wunderbaren Schönheiten und seiner romantisch-heroischen Berühmtheit, nicht besonders angesprochen. Wir standen den Einwohnern viel zu schroff gegenüber, als daß man an ein nur leidliches Verhältnis mit denselben denken konnte. Mein Begehren wurde mir gewährt, und ich zum 29. Infanterieregiment versetzt, das im Königreich Neapel stand. Die Marschroute dahin erhielt ich ausgefertigt, fand Gelegenheit, mich in Cette auf einer nach Civita-Vecchia bestimmten Kanonierschaluppe einzuschiffen, und kam ohne Unfall nach sieben Tagen, immer längs den Küsten fahrend, glücklich in diesem Hafen an, von wo ich sogleich nach Rom abging, und nachdem ich Torlonia und Gertrude, die in einer nahen Villa wohnte, besucht, setzte ich mit einem Vetturino die Reise nach Neapel fort, wo ich gegen Ende September, an demselben Tag, an welchem auch die neue Königin von Neapel, Murats Gattin und Napoleons Schwester, die schöne Karoline, ihren Einzug in die Hauptstadt hielt, ankam. Murat hatte Spanien schon früher verlassen, da ihn sein Schwager zum König von Neapel dekretiert, um ihn für das Nichtbesteigen des spanischen Thrones zu entschädigen. In den ersten Tagen des September hatte er mit ungeheurem Pomp unter dem Zulauf des staunenden Volks Besitz von seiner Hauptstadt genommen.

Das Regiment, dem ich jetzt angehörte, lag zum Teil in Neapel, zum Teil in Cosenza und der Umgegend und war eines von denen, welche die meiste Erbitterung gegen die Neapolitaner und besonders gegen die Kalabresen hegten, denn man hatte vor einiger Zeit eine Voltigeurkompagnie desselben auf das hinterlistigste gemordet. Sie hatte durch den Silawald marschieren müssen, um sich von Catanzaro nach Cosenza zu begeben, sich aber auf dem Marsch verirrt, und kam in die Nähe eines Dorfes, *Gli Parenti* genannt, das ein Hauptschlupfwinkel der Briganten und namentlich derer, die zu der Bande des Francatrippa gehörten, war, dessen Einwohner im besten Einverständnis mit denselben standen, die ihnen sogleich das Verirren dieser Truppen steckten und beschlossen, denselben eine Falle zu legen, in welcher sich der die Kompagnie kommandierende Kapitän auch nur zu leicht fangen ließ. Als sich die Truppen dem Dorf näherten, kam ihnen Francatrippa, der sich nicht getraute, sich in offenen Kampf mit dem Feind einzulassen, entgegen, gab sich für den Kommandanten der Guardia Civica oder

Nationalgarde aus und lud den Kapitän, seine Offiziere und sämtliche Mannschaft ein, einige Erfrischungen in dem Ort zu nehmen. Ohne alles Mißtrauen wurde das Anerbieten dankbar angenommen, und die Offiziere ließen sich, durch die anscheinende Gastfreundlichkeit der Kalabresen verführt, unvorsichtig in ein ansehnliches Haus nötigen, um die vorgestellten Speisen einzunehmen. Der Kapitän ließ seine Leute die Gewehre in Pyramiden vor das Haus stellen, und man brachte nun den Soldaten reichlich Wein, Brot und Käse, sie freundschaftlichst ermunternd, zuzusprechen. Als es sich nun alle recht sorglos wohlschmecken ließen und die gastfreien Bewohner des Ortes rühmten, da fällt plötzlich ein Schuß aus einem Fenster, und in demselben Augenblick werden auch die drei Offiziere in dem Zimmer, in dem sie sich befinden, ermordet. Zu gleicher Zeit wird aus allen Fenstern und Türen der umliegenden Häuser auf die entwaffneten Truppen geschossen, und es regnet eine solche Masse von trefflich gezielten Kugeln, daß die meisten Soldaten tödlich getroffen niederstürzen, noch ehe sie nur Zeit gehabt, zu ihren Gewehren zu greifen. Alle bis auf sieben wurden niedergemacht; diese entkamen glücklich nach Cosenza, wo sie Bericht über die Greueltat abstatteten. – Die Sorglosigkeit des Kapitäns in einem so feindlich gesinnten Land, das von Insurgenten wimmelte, war unverzeihlich. – Mir wäre dies wenigstens nicht passiert, denn ich hätte jedenfalls Vorsichtsmaßregeln genommen, die eine solche Überrumpelung unmöglich gemacht hätten. – Sobald diese Tat in Cosenza bekannt war, wurden sogleich vierhundert Mann nach Gli-Parenti abgeschickt, mit dem Befehl, das Dorf niederzubrennen und alle Einwohner über die Klinge springen zu lassen. Aber man fand keine lebende Seele in dem Ort. Die Einwohner hatten sich vor Annäherung der Truppen in die unzugänglichsten Wildnisse geflüchtet; ihre Wohnungen wurden in Asche gelegt. Wären die sieben Soldaten nicht entkommen, so wäre diese Kompagnie spurlos verschwunden, ohne daß man je erfahren, was aus ihr geworden.

Mir war bei dem Regiment das Kommando der Karabinierkompagnie des zweiten Bataillons geworden, deren Kapitän vor kurzem an den in Kalabrien erhaltenen Wunden gestorben war. Bald darauf wurde ich aber zum ersten Bataillon versetzt, weil auch die Musik des Regiments wieder unter meinen Befehl gestellt wurde. Von dem Regiment Y., bei dem ich früher stand, war das erste Bataillon nebst dem Stab noch immer in Castelamare, das zweite aber, bei dem Herr von Gasqui, Caguenec usw. standen, nach Tarent abmarschiert und daselbst eingeschifft worden, um nach der Insel Korfu gebracht zu werden, wo es auch mit Armes et bagages und seinen Frauen glücklich ankam. Auch ich sollte später die Insel kennen lernen. – Helena Cramer war noch mit ihren Eltern in Castelamare, aber die Braut eines neapolitanischen Bataillonchefs. Das Liebhabertheater in Giesù nuovo war durch das Abgehen der Madame Gasqui, die nach Korfu, der hübschen Oberstin, die nach Paris gereist, und anderer gesprengt; auch hätte es durch die Veränderung des Regenten und des Hofes für den Augenblick das frühere Interesse nicht mehr gehabt.

Murat beschäftigte sich in der ersten Zeit seiner Regierung fast ausschließlich mit den inneren Angelegenheiten seines Königreichs. Unter dem Namen Joachim I. hatte er den Thron von Neapel bestiegen. Als die Nachricht von seiner Ernennung zum König dieses Reichs bekannt wurde, erfüllte dies die Gemüter der Bewohner desselben mit Furcht und Schrecken, denn es ging ihm von Spanien, besonders wegen den Vorfällen zu Madrid vom 2. und 3. Mai, ein entsetzlicher Ruf voraus, so daß man sich ein blutdürstiges Ungeheuer unter ihm vorstellte, was er nicht war. Übrigens war man mit Josephs Regierung, den man spottweise Don Pepe nannte, so allgemein unzufrieden gewesen, daß man sich damit tröstete, daß es nicht leicht schlimmer werden könne. Napoleons älterer

Bruder hatte sich nur seinem Hang zum Vergnügen hingegeben, ließ in seinem Namen die Minister und andere schalten und walten und unsern Herrgott einen guten Mann sein. Daß man sich den Freuden der Liebe hingibt und in den Armen schöner und liebenswürdiger Frauen den Hochgenuß des Lebens sucht, dies zu tadeln wäre ich wohl der letzte, denn ohne dies wäre das Leben doch gar zu schal, aber nie darf diese Leidenschaft in eine solche Schwäche ausarten, daß man darüber seine höheren Pflichten vernachlässigt, selbst zum Weibe wird oder sich gar von Mätressen beherrschen läßt. Dies ist eines Mannes und besonders eines Regenten unwürdig, jämmerlich klein und zeugt von schwachem Verstand und Charakterlosigkeit. – Sind die Schäferstunden vorüber, muß der Mann wieder ganz Mann und Herr über das Weib sein, von dem er dann nur um so mehr geliebt, geachtet und vergöttert wird. Dies spreche ich aus vielfacher Erfahrung – freilich war ich nie ein schmachtenter Seladon, Siegwart oder Werther.
Ein Dutzend Damen und deren Anhang und diejenigen Personen ausgenommen, die unter Josephs Deckmantel rauben und sich bereichern durften, wurde dessen Abgang aus Neapel von niemand, weder vom Zivil noch vom Militär, bedauert. – Auf die törichtste Weise hatte er, gleich seinem Bruder Hieronymus in Kassel, die Staatsgelder vergeudet, während das Heer ein ganzes Jahr im Rückstand mit seinem Sold war. Murat dagegen war wenigstens von den Franzosen, die ihn als einen tapferen General schätzten, geachtet und geliebt, und gerne verziehen sie ihm seine Liebe zu Prunk und auffallender Kleidung. – Die ersten Handlungen seines Regierungsantritts waren geeignet, ihm auch die Herzen der Neapolitaner zuzuwenden. Er zeigte sich überaus leutselig und liebenswürdig. Auf den Rat Salicettis, der zugleich Kriegs- und Polizeiminister war, hob er die sehr verhaßten Militärgerichte, die die Leute so schnell in die andere Welt expedierten, auf. Allen Deserteuren wurde

ein Generalpardon verkündet, wodurch mancher Neapolitaner seiner Familie wiedergegeben ward, und es wurden Maßregeln ergriffen, den verwirrten und höchst traurigen Zustand der Finanzen zu verbessern. Einigen hundert Individuen, die bloß als verdächtig oder gefährlich in die Kerker geworfen worden waren, gab er die Freiheit wieder, und rief Verbannte zurück. Dies machte, daß, als die liebenswürdige Karoline, Napoleons Schwester, ihren Einzug in der Hauptstadt hielt, sie von den Neapolitanern mit großen Freudensbezeigungen empfangen wurde. Murat zeigte sich täglich dem Volk, und selbst seine phantastische Pracht und Kleidung schien diesem zu gefallen.

Der neue König glaubte nun auch seinen Regierungsantritt mit einer glänzenden Waffentat bezeichnen zu müssen und wählte dazu die am Eingang des Golfs von Neapel liegende Insel Capri, welche die Engländer schon seit drei Jahren im Besitz und so befestigt hatten, daß sie sie Klein-Malta nannten. – Diese Insel ist ringsum von sehr hohen und steilen Felsen umgeben und hat nur einen einzigen Zugang. Zwischen zwei großen Felsen liegt ein sehr fruchtbares, malerisch schönes Tal, welches vortrefflichen Wein liefert und ein sehr gesunder Aufenthalt ist. Augustus ließ dieses zu einem Erholungsort für sich einrichten, und Tiberius brachte hier die letzten Jahre seines lasterhaften Lebens zu; noch zeigt man die Ruinen seines Palastes. Capri, das ungefähr 5000 Einwohner zählt, ist gewissermaßen der Schlüssel Neapels zur Seeseite, und so lange es in feindlichen Händen ist, ist die Einfahrt in den Hafen unsicher und gefährlich. – Die Insel diente schon seit dem Einmarsch der Franzosen allen Unzufriedenen, Übeltätern, Unruhestiftern zum Zufluchtsort, von wo aus sie neue Komplotte unter englischem Schutz schmiedeten und ausführten. – Hudson Lowe war Kommandant derselben. –

Es war den 3. Oktober (1808) gegen Abend, als man die Karabiniers und Voltigeurs der Garnison von Neapel in

den verschiedenen Forts, wobei auch meine Kompagnie war, unter das Gewehr treten ließ. Nach 7 Uhr marschierten wir an den Hafen, wo sämtliche zu dieser Expedition bestimmten Truppen sich versammelten. Hier fanden wir etwa 50 kleine Transportschiffe vor, deren Vorderteile mit Brustwehren von zwei Schuh dicken Matratzen versehen waren, und 12–20 Ruderer hatten. Wir schifften uns ein, und eine Fregatte, ein paar Korvetten und eine ziemliche Zahl Kanonierschaluppen, auf denen ebenfalls ein Teil der Truppen sich befand, machten die Bedeckung aus. Der Divisionsgeneral Lamarque kommandierte die Expedition, und unter ihm die Brigadegeneräle Prinz Pignatelli, Montferras und Detrées. Wir mochten etwa 2000 Mann in allem stark sein.
Murat, der bei dem Einschiffen zugegen war, sah mich scharf an, als ich mit meiner Kompagnie ein Boot besteigen wollte, und sagte: „Kapitän, mich däucht, ich habe Sie schon irgendwo gesehen?“
„Sire, es sind noch nicht 5 Monate, daß ich die Ehre hatte, von Eurer Majestät in der Straße zu Madrid angeredet zu werden, ich war damals verwundet.“
„Ah ja, ich entsinne mich, Sie waren der Offizier, der einem Insurgenten das Leben rettete.“
Er fragte mich nun, wie ich nach Neapel gekommen, was ich ihm in wenig Worten mitteilte, worauf er mir sagte: „Wohlan, Sie haben hier eine treffliche Gelegenheit sich auszuzeichnen.“
„Sire, was an mir liegt, wird geschehen.“
Es war 9 Uhr vorüber, als wir so geräuschlos wie möglich abfuhren; in Capri konnte man keine Ahnung von dieser Expedition haben. Auf der See stießen noch 600 Mann, die von Salerno kamen, zu uns, bei denen die als treffliche Schützen bekannten korsischen Jäger waren. Die Überfahrt ging schnell und glücklich vonstatten, gegen drei Uhr nach Mitternacht waren sämtliche Schiffe unter den Felsen und Batterien der Insel angekommen. Der Angriff sollte auf der südöstlichen Seite stattfinden, ge-

rade wo er wegen der steilen Ufer am gefährlichsten war, aber deshalb auch vom Feinde am wenigsten erwartet wurde. Die Landung mußte mit Sturmleitern, von denen mehrere aneinander gebunden wurden, weil sie nicht hochgenug waren, unter dem fortwährenden Feuern einer Batterie bewerkstelligt werden. Auch waren schnell einige Kompagnien Engländer und Sizilianer auf den Felsenhöhen, die wir erklimmen mußten, versammelt und stießen die zuerst Ankommenden wieder hinab, so daß sie an den Klippen zerschmetterten und dann in die Boote oder in die See fielen. Der Bataillonschef Livron, später General in Diensten des Vizekönigs von Ägypten, war der erste, der festen Fuß faßte. Jetzt wurden Leitern von allen Seiten angestellt, die zum Teil auf dem Rand der Schiffe ruhten und mithin einem immerwährenden Schwanken unterworfen waren. Die Karabiniers von der Garde, mehrere andere Kompagnien Grenadiere und Voltigeurs, wobei auch die meinige nebst den korsischen Jägern, stürmten jetzt unter dem Pas de Charge der Trommeln und Hörner und dem Kugel- und Steinregen der Feinde. Einige Leitern brachen oder stürzten um, und mit ihnen die Mannschaft, die sich auf denselben befand, wobei die meisten ertranken oder an den Klippen zerschmetterten. Ein solches Schicksal hatte die Leiter, die der, auf welcher ich mich befand, zunächst stand; doch fielen die meisten in eine Kanonierschaluppe und kamen mit leichtern oder schwerern Verletzungen davon. Ich war ungefähr der sechste Mann auf unserer Leiter und der dritte, der die Höhe erreichte. Mit dem linken Arm hielt ich mich an den Sprossen fest, meinen Säbel hatte ich zwischen den Zähnen, und mit dem rechten parierte ich die von oben herabstürzenden Soldaten, da ich bemerkt hatte, daß sobald einer fiel, er gewöhnlich auch zwei bis drei andere mit sich herabriß. Als ich eben auf die Krone des Felsens springen wollte, legte ein englischer Soldat auf mich an, ich ergriff jedoch hastig das Bajonett, das ich mir dabei ziemlich tief in den Daumen stieß, hatte aber so die Richtung des Gewehrs, das auf meine Brust zielte, verrückt, und der Schuß ging mir unter dem rechten Arm durch, ohne mich zu verwunden. Nun packte ich aber das Gewehr, welches der Soldat nicht losließ, fest, schwang mich mit dessen Hilfe auf den Felsen, auf dem ich Fuß faßte, der nach mir folgende Karabinier schoß meinen Gegner nieder, und ich machte mir nun mit meinem Säbel Platz und Luft. Jetzt kamen immer mehr der Unsrigen oben an, und bald war der Feind in die Flucht gejagt. Wir hatten sehr viele Leute verloren. Kaum hatten wir uns gesammelt, so wurde Befehl erteilt, auf Anacapri loszurücken, dessen Anhöhen wir ebenfalls unter dem hartnäckigsten Widerstand und dem unausgesetzten feindlichen Musketen- und Kartätschenfeuer ersteigen mußten. Aber auch diese die ganze Insel beherrschende Anhöhe wurde endlich erstürmt, und die Engländer zogen sich in die befestigten Posten St. Michel, St. Konstanz und die andern Forts zurück, um daselbst Sukkurs abzuwarten, der ihnen von der See kommen sollte. Jetzt aber wurden alle andern Teile der Insel, durch die der Feind hätte Hilfe erhalten können, besetzt, bei welcher Gelegenheit wir in dunkler Nacht eine in Felsen gehauene, aus mehr denn 600 schmalen Stufen bestehende Treppe, Mann für Mann, ebenfalls unter fürchterlichem Kartätschenfeuer und Werfen von Leuchtkugeln hinabsteigen mußten. Noch nicht lange hatten wir diesen Posten und die anderen Teile der Insel eingenommen, als der feindliche, sehr bedeutende Sukkurs, aus vier Fregatten, einigen Briggs, Bombardiergallioten, Kanonierschaluppen, Kuttern usw. bestehend, sich zeigte. Bald wurde die ganze Insel von diesen Schiffen umringt. Murat, der vom Vorgebirg Campanella aus, in geringer Entfernung, Capri gerade gegenüber, nebst vielen tausend Zuschauern alles beobachtet hatte, gab sogleich den Befehl, daß alle noch im Hafen von Neapel sich befindenden Kriegsfahrzeuge und Kanonierschaluppen unter Segel gehen und den Feind angreifen sollten. –

Da ein außerordentlich starker Landwind wehte, so mußten die großen englischen Schiffe bald die hohe See suchen, und die kleinern ergriffen die Flucht als sie die Flottille von Neapel kommen sahen, der sie nicht gewachsen waren. Einige 20 Transportschiffe brachten uns im Angesicht des Feindes zu rechter Zeit frischen Proviant. – Unterdessen hatten wir auf der Insel selbst die Breschbatterien zustande gebracht, und den 16. Oktober kapitulierte der englische Kommandant Hudson Lowe. – Wer hätte wohl damals vermutet, daß sieben Jahre später Napoleon dessen Gefangener auf der Insel St. Helena sein würde? – Einen Narren würde man den genannt haben, der so etwas nur im Traum hätte sehen wollen.
O Solon! Solon! Solon! rief Krösus auf dem Scheiterhaufen aus, und Cyrus, die Unbeständigkeit aller menschlichen Schicksale bedenkend, schenkte ihm das Leben. Vanitas vanitatum! hätte Napoleon auf seinem Felsen ausrufen sollen, seinem Übermut hatte er sein Schicksal zu verdanken. Die Kapitulation enthielt die Bedingung, daß die Garnison zwar nach England gehen, aber weder gegen Napoleon noch gegen dessen Alliierte bis zum Frieden dienen dürfe. Höchst wichtig war die Eroberung Capris für Neapel, sowohl wegen der Ruhe des Staates, als für den Handel. Die Insel war bis jetzt eine lästige Fliege auf unserer Nase gewesen. –
Murat bedachte bei dieser Gelegenheit den hl. Januarius sehr reichlich und verehrte ihm unter andern Kostbarkeiten einen brillantenen Heiligenschein.
Nach unserer Rückkehr wurden vorerst einige dreißig Kreuze des Ordens der beiden Sizilien an diejenigen Offiziere und Soldaten verteilt, welche sich am meisten ausgezeichnet hatten, wobei auch mir eines zuteil ward; worüber ich eine große Freude hatte, den damals hielt ich solche Spielereien noch für was Rechtes! – Die Dekoration bestand aus einem goldenen Stern von fünf Spitzen mit rubinrotem Email, über welchem ein goldner Adler an einem himmelblauen Bändchen hing. Auf der Vorder-

seite war das Wappen mit der Inschrift: Renovata patria (wiedergebornes Vaterland), auf der andern Seite: Joseph Siciliarum rex instituit (König Joseph stiftete ihn). Er brachte jährlich 50 Dukaten ein. Der Eid, den man als Ritter desselben ablegen mußte, besagte, daß man sein Leben der Verteidigung des Staates und der Krone weihe. – Nach Murats Sturz wurde auch dieser Orden wieder aufgehoben.

Einige Tage nach unserer Rückkehr von Capri sollte die Hochzeit Helenens mit ihrem neapolitanischen Bräutigam, dem Bataillonschef Ritucci, gefeiert werden. Ich besuchte Cramers zu Castelamare und fand Helena eben nicht sehr erfreut darüber. Das Mädchen hatte keine Neigung zu dem Mann, der schon ein Vierziger war und auch durchaus nichts besaß, was ein junges, hübsches Mädchen zu fesseln vermag; die Mutter, die das Mädchen gerne à tout prix unter die Haube bringen wollte, hatte diese Heirat betrieben, und als die Tochter äußerte, daß sie keine Neigung zu dem Mann habe, erwiderte sie ihr: „Dumme Gans, wenn er dir nicht gefällt und du bist einmal verheiratet, so hast du ja die Wahl unter Dutzenden." Echte Grundsätze verheirateter Militärfrauen. – Auch ich suchte das hübsche Mädchen bestens zu trösten, ihr Mut einsprechend. Wir erinnerten uns mit Vergnügen an die Partie nach Pestum und gaben uns dem süßen Andenken an dieselbe hin. – Schon als Knabe hatte ich Helene in Offenbach gekannt und fast täglich gesehen, da ihre Eltern der Pension des Hofrats Scherer gegenüber wohnten und sie oft herüber kam, ihre jungen Freundinnen zu besuchen. Ich stand nun auf dem vertrautesten Fuß mit der schönen Braut, mit der ich mich manche Stunde auf das angenehmste unter vier Augen unterhielt, da die Mutter die Gefälligkeit hatte, uns öfter allein zu lassen, und der Bräutigam nur wöchentlich ein- oder zweimal von Neapel kam. – Der Hochzeitstag war bereits festgesetzt, und ich hatte von dem lieben Mädchen das Versprechen erhalten, daß sie mich an diesem Tag ganz glücklich machen wolle und ich das Droit du seigneur haben solle, wenn es irgend möglich zu machen sei, aber auch nicht früher, denn kein Mensch könne für noch nicht geschehene Dinge einstehen. Das Wohlwollen der Mama hatte ich mir durch das Versprechen eines schönen Hochzeitsgeschenkes erworben. Am bestimmten Tage fand ich mich schon vor Sonnenaufgang, während der Bräutigam noch fest in Neapel schlief, ein. Die Braut empfing mich, wie wir verabredet hatten, in dem an ihrer Wohnung sich befindenden Gärtchen, in einem reizenden, schneeweißen Morgenanzug, wo wir eine Stunde zubrachten, welche ihr den reinsten Vorgeschmack von dem, was ihr in der Hochzeitsnacht bevorstand, geben mußte, und wir schwammen diese Stunde im seligsten Entzücken, worauf sie wieder, so unbemerkt als sie es verlassen, in ihr Kämmerchen schlüpfte. – Ich hatte es nicht gemacht wie jener Gimpel in Lafontaines Fabel; wahr ist's, daß die Braut auch noch nicht in ihrem Hochzeitsschmuck prangte, aber auch dies würde mich nicht abgehalten haben. Die Trauung, zu der ich als Zeuge geladen war, ging mit aller Formalität um die Mittagsstunde vor sich, und nach derselben das Hochzeitsmahl, nach welchem das junge Ehepaar gegen Abend nach Neapel fuhr, wohin ich es nebst noch einigen andern Offizieren reitend eskortierte. Ich war mit Helena übereingekommen, daß wir uns öfters bei ihren Eltern in Castelamare sehen würden, wo sie dieselben bisweilen besuchen wollte, und nahm Urlaub, so oft ich sie daselbst wußte und es der Dienst zuließ. Hier hatten wir dann die beste Gelegenheit, uns so recht con amore der beseligendsten Liebe und ihren Wonnegenüssen in der Einsamkeit dortiger Villen hinzugeben.

Castelamare ist eine kleine Seestadt, die eine reizende Lage und die herrlichsten Umgebungen hat, sie ist zugleich auch ein Kurort mit mehreren Mineralquellen und zählt an 10 000 Einwohner. Die königliche Villa ist so schön, daß die Einwohner sagen: „Qui si sana per forza" (hier muß man mit Gewalt gesund werden). Herrliche Kastanienalleen führen durch dieselbe und romantische einsame Fußpfade in die nahen Gehölze, die wir heimsuchten. Der Ort und seine Umgegend ist so reizend, daß Murat, als er ihn zum erstenmal sah, ausrief: Et tout cela m'appartiendra! – Der Wein, der hier wächst, hat einen sehr lieblichen Geschmack. Ein altes, in Trümmern liegendes Kastell, das noch aus den Zeiten der Normänner herrührt, erhöht das Pittoreske der Umgegend nicht wenig. Oft machte ich den Weg hierher zu Wasser. Man legt ihn dann in einer gutrudernden Barke in weniger als drei Stunden, ja wohl in zwei zurück; fährt man mit mehreren Personen, so bezahlt man nur einen Karlin. Der Weg zu Lande ist weit länger und umständlicher, auch benützte ich ihn selten.

Wir befanden uns beide recht wohl bei unserm Einverständnis und waren noch im Taumel der Flitterwochen der Liebe, als uns das Verhängnis, das auch kein noch so inniges Verhältnis berücksichtigt, plötzlich trennte. Das Bataillon, bei dem ich stand, erhielt unerwartet Marschordre nach Cosenza. Ich nahm in Neapel Abschied von Helena und ihrem Mann. Erstere konnte kaum ihre Betrübnis und der andere kaum seine Freude deshalb verbergen; denn, obgleich weit entfernt zu ahnen, wie ich mit seiner Frau stand, war ihm deren Bekanntschaft mit mir doch nicht sehr angenehm, und es schien, als fürchtete er, was schon nicht mehr zu fürchten war.

Wir traten den mir schon bekannten Weg nach Kalabrien an und kamen ohne allen Unfall und bei noch ziemlich günstigem Wetter nach Cosenza.

Noch immer war der Brigantenkrieg mit all seinen Abscheulichkeiten in vollem Gang, und es war besonders darauf abgesehen, die Bewohner des Kanton Longo-Bucco, die in fast unzugänglichen Waldgebirgen hausten und Abgaben zu zahlen sich weigerten, den Steuererheber getötet und sich empört hatten, zu züchtigen, nachdem alle Versuche, sie in Güte zur Räson zu bringen, gescheitert waren. Unser Bataillon marschierte in aller Stille nach dem aufrührerischen Kanton ab, während ein anderes sich zu gleicher Zeit von *Rosano* aus dahin begab. Mit Hilfe sicherer und reichlich bezahlter Führer gelangten die Truppen durch große Umwege, durch nur von Herden Hirschen und Rehen bewohnte Wildnisse und Wälder ziemlich unbemerkt in die Gegend, in der die widerspenstigen Dörfer lagen. Als aber endlich einem derselben unsere Annäherung bekannt ward, wurde in demselben sogleich die Sturmglocke gezogen, um den Alarm in der Umgegend zu verbreiten und Briganten und Bauern herbeizuläuten. Das Läuten wiederholte sich nun von Dorf zu Dorf, und schnell fand sich eine große Menge bewaffneter Insurgenten auf den höchsten Gipfeln des Waldgebirges versammelt. Unsere Kolonnen rückten nun Tambour battant im Sturmschritt und mit gefälltem Bajonett, lautem Hallo und En avant gegen die Briganten, die aber nicht für gut fanden, den Angriff abzuwarten, sondern die Flucht ergriffen. – Mit dem sinkenden Tag kamen wir bei dem Städtchen *Longo-Bucco* an, das in einem tiefen und schauerlichen Waldtal, an dem zwischen gigantischen Felsenmassen dahinbrausenden Trionto liegt, und der eigentliche Feuerherd der Insurgenten war. Der Ort, der etwa 4–5000 Einwohner zählt, hat eine Lage, die sich vortrefflich zu einer Raub- und Mordhöhle qualifiziert, und ist von Felsenmassen und waldigen, wildverwachsenen Anhöhen umgeben. Die Bewohner desselben sind meistens Kohlenbrenner, Nagelschmiede und dergleichen, die durch ihr rußiges Aussehen ohnehin schon Höllenbewohnern gleichen. Wir fanden für gut, nicht in diesen Ort hinabzusteigen, sondern schlugen auf den Höhen rings um denselben ein Biwak auf und zündeten während der Nacht ein paar hundert Wachtfeuer an. Dieses versetzte die Einwohner in große Angst, sie fürchteten, uns jeden Augenblick herabsteigen und ihre Stadt mit Feuer und Schwert vertilgen zu sehen. Wir hörten fortwährend ein Schreien und Tumultieren in des Tales

Tiefen; die Leute suchten ihr Hab und Gut und ihre Person in Sicherheit zu bringen. Erst mit Tagesanbruch wurden zwei Kompagnien hinabgesendet. Sie fanden aber den Ort bis auf wenige Greise, ein paar alte Weiber und einen Pfarrer gänzlich verlassen. Letzterer bat fußfällig um Gnade und Schonung, die ihm unter der Bedingung versprochen wurde, daß die Bewohner zurückkehren und ihre sämtlichen Waffen ausliefern; im entgegengesetzten Fall aber würden wir mit der gänzlichen Zerstörung der Stadt beginnen und fortfahren, bis kein Stein mehr auf dem andern wäre. Der Pfarrer beteuerte, sein möglichstes tun zu wollen, unserm Begehren zu entsprechen. In der Tat kamen auch bald darauf viele Einwohner zurück und legten ihre Waffen nieder; die Rädelsführer aber hatten sich mit andern Haufen tiefer in das Waldgebirge zurückgezogen, wollten von keiner Unterwerfung etwas wissen und hatten ein auf einem der steilsten Felsengipfel gelegenes, noch obendrein mit einer ziemlich hohen Mauer umgebenes Dorf besetzt, in dem sie anzugreifen wir nun Anstalt machten. Ein halbes Bataillon stark, dabei auch meine Kompagnie, setzten wir uns gegen Abend in der Richtung von *Bocchigliero* in Marsch. Nachdem wir den größten Teil des Wegs zurückgelegt und die Nacht völlig hereingebrochen war, machten wir mit einem Mal eine Wendung und marschierten in aller Stille auf das Dorf zu, in dem sich die Insurgenten befanden, die glücklicherweise keine Kunde von unserer Annäherung erhalten hatten. Mit Tagesanbruch standen wir ganz unerwartet vor ihnen und forderten sie auf sich zu ergeben. Die Aufforderung wurde aber mit Gewehrschüssen beantwortet. – Der Ort schien uns anfänglich unangreifbar, denn er hing gleich einem Adlernest an dem Abhang der Felsenmasse; nach näherer Untersuchung entdeckte ich aber, daß er von der andern Seite, wo er sich am Felsen anlehnte, zugänglicher war. Die Voltigeurs erkletterten nun diesen Felsen, und so gelang es ihnen bald in das Dorf zu dringen. Als wir dieses inne waren, wurde sogleich ein Sturm angeordnet, und trotz dem heftigen Gegenfeuer, das die Insurgenten von der Mauer herab unterhielten, wobei viele der Unsrigen stürzten, drangen wir bis an das Tor, das wir einschlugen, und sofort in das Dorf vor, wo alles niedergemacht wurde, was uns in den Weg kam. Beinahe alle männlichen Bewohner und Insurgenten verloren das Leben, der Ort wurde den Flammen übergeben und in demselben gehaust, wie es in durch Sturm eroberten Orten zu gehen pflegt und die Kriegsgesetze gestatten. Aber auch mehr als ein Soldat wurde während der Umarmung eines Mädchens oder einer Frau von deren Vater, Bruder oder Gatten noch niedergestochen, ja wohl gar von seinem Opfer selbst erdolcht. Viele Weiber hatten sich nebst Kindern und einigen Greisen in die Kirche geflüchtet, wo es den Offizieren nur mit Mühe gelang, sie vor der Wut der Soldaten zu schützen. Die Gassen des Ortes lagen voll Leichen, mehrere der Insurgenten, die hier über 300 Mann verloren, hatten sich den Felsen hinab, in die grauenvollsten Abgründe gestürzt, in denen ihre Körper zerschmettert wurden. Einige der Anführer waren aber mit einem Teil ihrer Leute entkommen und hatten sich nach Bocchigliero geflüchtet, wo sie Schrecken und Bestürzung verbreiteten, da sich die Einwohner dieses ziemlich bedeutenden Fleckens nicht schuldlos wußten. Um das sie bedrohende Unwetter abzuwenden, sandten sie den anrükkenden Truppen eine Deputation entgegen, die um Gnade und Barmherzigkeit flehte. Wir behielten diese, welche aus den angesehensten Einwohnern des Ortes bestand, als Geiseln zurück und forderten vor allem die Auslieferung der Waffen und der Rädelsführer. Erstere lagen ehe eine Stunde verging in einem großen Haufen, aus Gewehren, Karabinern, Säbeln, Pistolen, Dolchen usw. bestehend, vor uns; die andern aber waren schon wieder weiter entflohen. Die Steuern wurden nun nebst einer starken Brandschatzung erhoben, und bis dies geschehen, blieben in all den Ortschaften starke Militärabteilungen liegen. Wir marschierten jetzt nach Cosenza zurück, wo sich schon wieder ein Befehl des Kriegsministers vorfand, der unser erstes Bataillon nach Neapel zurückbeorderte. Daselbst angekommen, ward mir eine Überraschung zuteil, die mir zu jener Zeit viel Freude machte: Oberst Billiard übergab mir nämlich, als ich mich bei ihm meldete, das Kreuz der Ehrenlegion, das für mehrere der sich bei der Einnahme von Capri ausgezeichneten Militärs von Paris angekommen war.

Mein erster Besuch in Neapel war bei Helena, wo ich es so gut traf, daß sich ihr Mann gerade im Dienst abwesend, zu Gaëta befand. In ihrer Begleitung besuchte ich ihre Eltern in Castelamare, wohin wir eine angenehme Wasserfahrt machten, obgleich das Meer etwas stürmisch war und wir tüchtig geschaukelt wurden. – Ritucci kam erst nach zehn Tagen zurück, die wir gut zu benützen wußten. – Ich wurde gleich darauf mit 80 Mann in das nahe Städtchen Nola detachiert, wo sich die Einwohner gleichfalls weigerten, die ihnen auferlegte Kriegssteuer zu bezahlen, und ich so lange weilen sollte, bis dies geschehen. Jeder Mann sollte, so lange dieser Aufenthalt währte, zwei, die Sergeanten vier Karlinen, der Offizier, der noch bei mir war, zwei, und ich vier Dukaten täglich erhalten, außerdem mußten die Soldaten bei den widerspenstigen Einwohnern einquartiert werden.

Ich kam gegen Abend zu Nola an. Die Leute wurden einquartiert; ich ließ eine Wache von einem Korporal und sechs Mann aufziehen und begab mich, nachdem ich alles gehörig angeordnet hatte, in das mir in einem entlegenen Teil der Stadt und ziemlich weit von der Wache angewiesene Quartier, ein kleines Häuschen, das nur eine dürftig möblierte Parterrewohnung hatte, und in dem ich mich ganz allein mit meinem Burschen befand. Nachdem ich etwas zu Nacht gegessen, setzte ich mich in eine Ecke auf einen hölzernen Stuhl und las in Dantes „Comedia divina", die ich mitgebracht hatte, während mein Bursche noch in demselben Zimmer mit der Reinigung einiger Effekten beschäftigt war. Es mochte ungefähr fünf Uhr in der Nacht (etwas nach zehn) sein, als plötzlich ein Schuß fiel, der ganz in der Nähe losgegangen sein mußte, mein Bursche sprang schnell auf, riß Fenster und Laden auf und schrie: „Qu'est-ce que cela veut dire?“ – Aber in demselben Augenblick fielen noch drei bis vier Schüsse, beinahe zu gleicher Zeit, deren Kugeln durch das geöffnete Fenster in die Stubenwände drangen, ohne daß weder Louis noch ich verwundet wurden. Ich hatte aber durch das Blitzen des Feuers ziemlich deutlich bemerken können, daß sie aus dem Fenster eines gegenüber liegenden Hauses gekommen waren. Der Bursche schlug nun krachend Laden und Fenster zu, und ich sprang nach meinen Pistolen und meinem auf dem Tische liegenden Säbel und beschloß, wenn es, wie ich befürchtete, auf eine allgemeine Metzelei des Detachements abgesehen wäre, mein Leben teuer zu verkaufen. Ich dachte an das Schicksal des Kapitäns zu Gli Parenti und seiner Leute, hatte aber in einer so nahe bei Neapel liegenden, sonst ziemlich friedlichen Stadt so etwas am wenigsten vermutet. – Mich vor das Haus bei dunkler Nacht ohne die mindeste Lokalkenntnis zu wagen, war nicht rätlich, denn ich konnte, die Türe verlassend, niedergemetzelt werden, ohne im mindesten dem Detachement nützlich zu sein. Ich setzte mich unter diesen Umständen mit dem Rücken gegen den Pfeiler, der die beiden Fenster meiner Stube trennte, und legte meine scharf geladenen Pistolen und den blanken Säbel auf den vor mir stehenden Tisch, während Louis sich mit seinem geladenen Gewehr in die Ecke setzte, die der Türe und den Fenstern gegenüber sich befand, damit er bei etwaigem Einbrechen gleich losschießen könne; die Haustüre verbarrikadierten wir außerdem mit Stühlen und was wir vorfanden. So brachten wir wachend die ganze Nacht bis zum Grauen des Tages zu, ohne das sich weiter das mindeste regte. Die Nacht schien uns gar kein Ende nehmen zu wollen. Glücklicherweise hatte Louis sich mit ein paar Pokalen Wein versehen, den wir allmählich tranken; bei jedem Zug, den wir taten, schien uns unsere Lage minder gefährlich, und als der letzte Tropfen geleert war, schien das erste Tageslicht durch das Fenster. Ich öffnete das eine, sah mich auf dem Platz vor dem Haus um und erblickte keine Seele. Jetzt verließ ich meine Wohnung und suchte die von derselben sehr entfernt liegende Wache auf, die ich im besten Zustand antraf, und deren Kommandant mir rapportierte, daß sie zwar in ziemlicher Entfernung hätten mehrere Schüsse fallen hören, worauf sie aber, da nachher alles wieder ruhig und still geblieben, nicht weiter geachtet hätten. Ich ließ nun einen Tambour holen und sogleich Generalmarsch schlagen, eine halbe Stunde darauf war das ganze Detachement mit Sack und Pack versammelt, auch nicht ein Mann fehlte bei dem Appell, zu meiner großen Beruhigung, denn ich hatte mich des Gedankens, daß es auf eine kleine sizilianische Vesper abgesehen gewesen, die ganze Nacht nicht erwehren können; es war aber, wie es schien, nur auf mich, als den Kommandanten der zur Exekution bestimmten Truppen, und also auf eine dumme, zu nichts führende Rache abgesehen. – Ich machte meinen Bericht, requirierte einen Wagen und sandte einen Sergeanten mit demselben an die Kommandantur nach Neapel ab, ließ sodann den Sindico holen, dem ich das Vorgefallene mitteilte, sowie daß ich einstweilen, bis ich neue Verhaltensbefehle aus der Hauptstadt habe, mit meinen Leuten das Rathaus in Besitz nehme, was ich auch sofort vollzog. Der Mann zog die Achseln, mit einem „Non so niente", und als ich ihm das Haus bezeichnete, aus dem, wie ich glaubte, die Schüsse gefallen seien, meinte er: „Impossibile, son bravissimi gente." – Noch denselben Tag kam ein Offizier mit 60 Mann Verstärkung von Neapel an und brachte mir eine Instruktion, nach welcher ich so ziemlich Carte blanche hatte und die auferlegten Taggelder für die Offiziere und Truppen nun verdoppelt wurden, mir auch an die Hand gegeben wurde, daß es mir frei stehe, bei den Zivilbehörden 50 bis 100 Mann mehr anzugeben, als ich wirklich habe. Ich ließ nun den alten gräflichen Palazzo sogleich zu einer Kaserne einrichten, requirierte Betten und Gerät für die Mannschaft und zeigte dem Sindico an, daß jeden Tag, solange wir hier seien, für 200 Mann Brot, Fleisch, Wein, Gemüse usw. durch einen Fournisseur zu liefern seien, sowie die durch das Generalkommando bestimmten Taggelder. Ich hatte nur 140 Mann und ließ mir die Lebensmittel für die nicht vorhandenen 60 vom Fournisseur, ich hätte 100 mehr rechnen dürfen, bar à 1 Franken per Mann bezahlen, so daß ich mit dem Geld nun eine bare Einnahme von mehr als 200 Franken täglich hatte, von denen ich jedoch die Hälfte meinen beiden Offizieren überließ. – Die Täter, welche geschossen hatten, waren nicht auszumitteln. Mit völliger Bestimmtheit konnte ich auch das Haus nicht angeben, denn es war Nacht gewesen, und ich konnte mich irren. Die von der Stadt zu zahlende Kontribution wurde jetzt verdoppelt. Aber nicht bloß mit guten Lebensmitteln mußte uns der Fournisseur versehen, sondern auch mit andern Dingen, und namentlich hübsche Landmädchen mußte er den Offizieren zuführen, was er auch zu unserer vollkommensten Zufriedenheit besorgte, damit uns die Langeweile nicht plagte. Mich hatte er mit einem recht artigen Bürgermädchen, das sich Chiaretta nannte, versehen, welches während unseres Aufenthaltes Wohnung und Tisch mit mir teilte. –

Nach vierzehn Tagen hatte die Stadt den größten Teil der Kontribution und auferlegten Strafgelder entrichtet und brachte es dahin, daß sie die ungebetenen und teuren Gäste los ward. Wir beschenkten bei unserm Abmarsch reichlich unsere bisherigen Gesellschafterinnen und entließen sie in Gnaden. Sie fanden uns weit liebenswürdiger als ihre neapolitanischen Galans und wären gerne mit uns gegangen. Ich brachte für meinen Teil über tausend Dukaten von dem Kontributionsgelde mit nach Neapel, wo wir kurz vor Weihnachten eintrafen. Ich machte nun in fast allen Kirchen die Runde, um die Vorbereitungen zu diesem hier sehr hehren Feste zu sehen, wo man in jedem Tempel die Geburt Christi auf verschiedene Weise darstellt. Die meiste Zeit hielt ich mich aber in der großen Karmeliterkirche auf, um die Schönen Neapels auf der Treppe zu dem wunderbaren Kruzifix mit den immer wieder wachsenden Haaren vor mir defilieren zu lassen. In der Nachmittagsstunde des ersten Feiertags kamen zwei reizende Gestalten in der schwarzseidenen Nationaltracht, ich möchte fast sagen, auf den Stufen, die zu dem Wunderbild führten, herangeschwebt. Nie sah ich niedlichere Füßchen mit Zephirtritten über die Erde gleiten. Ich hatte mich oben in einiger Entfernung von dem Kruzifix postiert, von welchem mir ein ehrbarer Priester versichert hatte, daß die Stadt einmal, der Mann wußte selbst nicht recht wann, vielleicht schon vor Christi Geburt*, von den Türken beschossen worden wäre, wobei eine Kanonenkugel gerade auf das Haupt des Kruzifixes gefallen sei, welches aber dieselbe dem Feinde auf der Stelle zurücksandte und ihm mit dieser einzigen Kugel über 5000 Mann tötete, wodurch er zum Rückzug und eiliger Flucht genötigt und die Stadt befreit ward. (Von diesem wichtigen Ereignis weiß aber kein Geschichtsschreiber etwas.) Seitdem wachsen diesem Kruzifix die vier Schuh langen Haare alljährlich wieder. Auf meine freilich etwas naseweise Frage, warum denn der Heiland, wenn er doch einmal Wunder tun wolle, es nicht vor jedermanns Augen tue und die Haare sogleich wieder wachsen lasse, antwortete mir der Pfaffe mit schlauem Gesicht: „Chi puo approfondare le raggione di Dio." (Wer kann die Gründe Gottes durchschauen.) Und damit war ich, wie sich's gebührt, abgefertigt. Bei dieser Ausstellung wurde dem Volk mit vielsagender Bedeutsamkeit verkündet, daß das Kruzifix unfehlbar recht bald wieder ein neues Wunder vollbringen würde. Die Erbit-

* Ein alter Karmelitermönch hatte in der Tat einen französischen Offizier einmal ernstlich versichert, daß dies noch vor Christi Geburt geschehen sei, was bei der bekannten großen Unwissenheit dieser Herrn Fratres eben nicht zu verwundern ist.

terung des Volkes war trotz Murats Reformen und dank den sizilianischen Umtrieben auf das höchste gestiegen. Auch war man in den letzten sechs Monaten nicht weniger als einem halben Dutzend mehr oder minder ausgedehnten Verschwörungen auf die Spur gekommen.

Meine beiden ätherischen Schönen waren indessen herangekommen, und das Gesicht der einen entsprach ganz ihrem graziösen Wuchs. Es war eine Beltà rarissima; auch die andere war so übel nicht. Ich ließ die beiden Signorinen nicht mehr aus den Augen. Als sie ihr Gebet verrichtet und ihr Opfer gebracht hatten, eilte ich ihnen voran die Stufen hinab, um ihnen das Weihwasser zu reichen, das sie freundlichst von mir annahmen. Ich folgte beiden durch viele Kreuz- und Querstraßen. Sie hatten es bemerkt, und an einem nicht sehr ansehnlichen Haus in der Vorstadt, die nach Kapua zu liegt, angekommen, sahen sie sich noch einmal um und verschwanden in der Haustüre. Ich ging nun noch einigemal vor demselben auf und nieder, bemerkte bald die Schönen hinter einem Fenster und machte den kommenden Tag Fensterparade zu Pferde, Kapriolen und Lançaden vor deren Wohnung, und wurde ebenfalls bemerkt. Bald hatte ich durch eine alte dienstfertige Ruffiana, der ich einen Piaster spendete, herausgebracht, daß die beiden Damen zwei Schwägerinnen seien, und die eine die Gattin eines nobile caduto (heruntergekommenen Edelmannes), der ein kleines Amt bekleide und Carfori heiße, die andere aber die schöne Isaura Carabelli sei, deren Mann, als der Regierung verdächtig, sich schon seit einiger Zeit geflüchtet und sich wahrscheinlich in Sizilien aufhalte. Mit Hilfe der Alten erhielt ich schnell Zutritt bei den Damen, denen ich anfangs beiden den Hof machte, ohne mich bestimmter für die eine oder die andere zu erklären, aber damit endete, mich an die schöne Isaura zu halten, ohne jedoch ihre geistreichere Schwägerin ganz aufzugeben, deren Gatte gegen meine Bekanntschaft nichts einwendete, da er glaubte, meine Besuche gelten einzig der andern Dame.

Ich führte sie nun auf die Promenade, in die Theater, wir klimperten des Abends Gitarre zusammen, sangen Canzonettis, und der herannahende Karneval versprach der Vergnügungen gar mancherlei, doch vernachlässigte ich auch Helena nicht und besuchte sie von Zeit zu Zeit. – Murat begann nun auch seinen Hof zu organisieren, und zog die ersten Schönheiten des Adels an denselben, der bald äußerst glänzend wurde, und an dem die neue Königin Karoline wohl nebst der Herzogin von Atri und der Marchese Cravagante die ersten Schönheitssterne waren.
Ich führte, den noch immer beschwerlichen Dienst abgerechnet, ein ziemlich angenehmes Schlaraffenleben, besuchte mit meinen Schönen die prächtigen Festinis der großen Theater und traf bei dieser Gelegenheit auch einmal auf meine hübsche Apothekersfrau, was ein maskiertes Rendezvous zwischen uns veranlaßte, dem noch mehrere folgten. Ich war zu dieser Zeit wieder in dem Torrione del Carmine kaserniert, wo auch vier Kompagnien vom 1. Bataillon des Regiments Y. . . . . lagen. Vor wenig Tagen war ein Neapolitaner von einer angesehenen Familie, die ihr Familienbegräbnis in der kleinen Kapelle in dem Hof der Karmeliterburg hatte, daselbst begraben worden, und wie es hier Sitte, war der mit einigen Kleinodien geschmückte Leichnam eine kurze Zeit im offenen Sarg zur Schau ausgestellt worden. Einige Tage darauf verbreitete sich das Gerücht unter den Soldaten im Fort, es spuke in der Kapelle, und man höre gegen Mitternacht ein Getöse, welches einem entfernten Klopfen auf Steinen gleiche. Niemand achtete anfänglich darauf. Man hielt die Sache für ein gewöhnliches Soldatenmärchen, bis sich ein paar Offiziere durch die wiederholte Beteuerung der Schildwachen von der Wahrheit dieses Getöses überzeugten. So auch ich, der über die Sache gelacht hatte. Wir berichteten dem Kommandanten des Forts darüber, dem zugleich rapportiert worden war, daß der Kirchendiener eines Morgens einen großen Grabstein aus seinen Fugen gehoben und mehrere Fensterscheiben eingeschlagen ge-

funden habe. Man hielt die Sache vorerst möglichst geheim, und in der kommenden Nacht begab sich der Kommandant mit mehreren Offizieren in die Kapelle. Wir vernahmen, das Ohr gegen den Boden haltend, bald ein entferntes dumpfes Getöse, und glaubten sogar ein verworrenes Gemurmel von Männerstimmen zu hören. Erst geraume Zeit nach Mitternacht wurde es wieder stille. Der Kommandant ließ nun ohne Ausnahme sämtliche Truppen in dem Fort konsignieren, was immer noch mit zwei Dritteilen derselben der Fall war. Nach der Wachtparade wurden Sappeure beordert, das Gewölbe in der Kapelle zu öffnen, worauf der Kommandant mit mehreren Offizieren und mit Laternen versehenen Unteroffizieren hinabstieg. Ein widriger Moder- und Leichengeruch kam uns entgegen, und beim weiteren Vordringen erlöschten bald die Lichter in den Laternen, so daß wir zum Rückzug genötigt waren. Es wurden nun Kohlpfannen, Weinessig und Pechfackeln herbeigeholt, mit Essigdampf gehörig geräuchert, und wir stiegen dann zum zweitenmal unter hellem Fackelschein in die Gruft hinab, aber dennoch nasse Tücher vor den Mund haltend, um uns gegen den noch immer starken, pestartigen Geruch zu verwahren. Unten angekommen, schritten wir über verweste Körper und Haufen von Menschenknochen. Die Fackeln voran, sahen wir nur ein durch Mauern beschränktes, nicht sehr großes Gewölbe. Schon machten wir Anstalt, uns wieder zu entfernen, als einer der Sappeure hinter einem dicken Mauerpfeiler eine über zwei Schuh breite Öffnung entdeckte, die erst ganz frisch in die Mauer gebrochen zu sein schien. Dicht an dieser Öffnung fanden wir ein kleines Fäßchen, das wir bei näherer Untersuchung zu unserm großen Erstaunen mit Pulver gefüllt fanden. Jetzt traten wir einer nach dem andern durch die Öffnung und befanden uns in einem sehr geräumigen, von vielen Pfeilern unterstützten Souterrain, das sich in allen Richtungen hin unter dem Karmeliterfort ausdehnte, und fast bei jedem Pfeiler stand ein solches Fäßchen. Nachdem wir uns in diesem Gewölbe umgesehen, entdeckten wir abermals eine größere bogenförmige Durchbrechung in der Mauer, die in der Richtung des Karmeliterklosters lag, und durch diese gehend, befanden wir uns in den Grüften und Gewölben der großen Klosterkirche, wo wir sehr viele Leichen verstorbener Mönche fanden. Daß hier ein gräßliches Vorhaben ausgeführt werden sollte, war klar. Der Kommandant stellte sogleich in diesem unterirdischen Labyrinth Wachen aus, mit dem Befehl, sobald sich jemand sehen ließe, ihn festzuhalten. Da wo wir eine Treppe und an deren Höhe eine eiserne Falltüre wahrnahmen, die ohne Zweifel von dem Kloster aus in diese Gruft führte, wurden rechts und links zwanzig Mann mit scharfgeladenen Gewehren postiert. Ein Offizier erhielt die Aufsicht über das Ganze. Wir kehrten nun zur Oberwelt zurück, auf den Ausgang dieser mysteriösen Sache sehr begierig. Der Kommandant meldete die gemachte Entdeckung sogleich höhern Orts. Es wurde augenblicklich ein Ministerkonzil zusammenberufen, in dem man übereinkam, die Eingänge des Karmeliterklosters und der Kirche durch verkleidete französische Militärs und ergebene Polizeiagenten gehörig bewachen zu lassen, ohne vorerst Lärm zu machen, und noch eine halbe Kompagnie in die Souterrains zu beordern, welche der kommandierende General, nebst dem Kriegs- und Polizeiminister selbst, ganz insgeheim untersuchten; sie ließen die Pulverfässer sogleich wegschaffen. Gegen Abend wurden alle Posten in der Stadt verdoppelt und die Truppen in den Kasernen zum Ausrücken bereit gehalten. Man hoffte, einige der Rädelsführer oder doch in das Geheimnis eingeweihte Individuen, die, wie es schien, ihre Arbeiten nur in der Nacht verrichteten, in den Gewölben zu fangen, so der Sache auf die rechte Spur zu kommen und die nötigen Vorkehrungen treffen zu können. Hätte man sogleich mit der Besitznahme des Klosters und der Verhaftnehmung der Mönche begonnen, so hätten leicht die Hauptanführer der Verschwörung, deren Verzweigung man nicht kannte, entwischen oder gar einen

allgemeinen Aufstand veranlassen können, was man um jeden Preis verhüten mußte.
Es mochte etwa eine Stunde vor Mitternacht sein, als die an der Treppe postierte Mannschaft die äußern Riegel der Falltüre zurückschieben und den Schlüssel in einem Schlosse umdrehen hörte. Sogleich wurden die Blendlaternen, welche sie bei sich hatten, geschlossen, und die Leute versteckten sich unter den Bogen der gewölbten Treppe und hinter den Pfeilern. Jetzt drehte sich knarrend die eiserne Pforte in ihren Angeln, und mehrere Mönche, denen eine Zahl Arbeiter folgte, mit ein paar verkleideten Männern an der Spitze, stiegen vorsichtig die Treppe herab. Sobald der letzte unten war, traten die hinter der Treppe versteckten Grenadiere, sowie die übrigen aus ihren Schlupfwinkeln hervor und umzingelten den ganzen Haufen. Man kann sich die Bestürzung und das Erschrecken der Verschworenen denken, von denen sich sogleich einer einen Dolch in die Brust stieß und tot niederfiel. Die übrigen wurden festgehalten und gebunden in die Kasernengefängnisse gebracht, unter ihnen befand sich ein Duca und ein Marchese. Das Kloster wurde nun auch mit Wachen umgeben, niemand weder hinein- noch herausgelassen, und mehrere verdächtige Personen, die sich am andern Morgen in dasselbe begeben wollten, sofort verhaftet. Alle Gefangenen wurden den kommenden Tag nach der Vicaria unter starker Bedekkung in verschlossenen Wagen abgeführt. Viele Personen, die in dieser sehr ausgedehnten Verschwörung verwickelt waren, flüchteten, als sie dieselbe durch die Maßregeln, die man bei den Karmelitern genommen, für entdeckt hielten.
In der kommenden Nacht, wenn ich nicht irre, vom 30. auf den 31. Januar, wurde plötzlich Generalmarsch geschlagen, alles eilte zu den Waffen, und ganz Neapel kam in gewaltigen Alarm. Alle Einwohner zeigten sich an den Fenstern und auf den Terrassen, durch alle Straßen ritten Kavallerieabteilungen, und reitende Artillerie kreuzte

jagend nach allen Richtungen; es war ein Lärm, als sollte das Jüngste Gericht beginnen. Eine ungeheuer donnernde, die halbe Stadt erschütternde Explosion hatte die Veranlassung gegeben, der Palazzo des Kriegsministers Salicetti war in die Luft gesprengt worden. Des Ministers hochschwangere Tochter wurde samt ihrem Gatten, nebst dem Minister selbst, wie durch ein Wunder unversehrt unter den Trümmern hervorgezogen, während fast alle andern Hausgenossen durch die Steinmassen erschlagen worden waren. Die Hälfte des Zimmers, in dem des Ministers Tochter schlief, war mit deren Bett stehen geblieben. Bald hatte man herausgebracht, daß der Sohn des Apothekers Viscardi, Onoffrio, der von Palermo eine eigens zu diesem Zweck verfertigte Maschine mitgebracht, und dessen Haus an das des Kriegsministers Salicetti grenzte, dasselbe in die Luft gesprengt hatte. Alle Viscardi wurden bis auf einen, der Mittel gefunden hatte, sich nach Sizilien zu flüchten, eingezogen und hingerichtet. Der Minister selbst starb noch in demselben Jahr vergiftet.

Höchst sonderbar war es aber, daß das Ministerium die Untersuchung gegen die in den Souterrains des Karmeliterklosters Gefangenen, von denen man nie erfuhr, was aus ihnen geworden, sehr geheim betrieb und bald ganz niederschlug. Ein Gerücht war damals im Umlauf, welches besagte, die Salicetti hätten selbst um die beabsichtigte Sprengung des Torrione del Carmine gewußt, wären aber von den Verschworenen nur als Werkzeuge gebraucht worden, damit diese um so sicherer ihre Pläne hätten durchsetzen können, und würden dennoch beim Ausbruch den Minister, der wegen seiner Gewaltstreiche und Erpressungen allgemein verhaßt war, mit seinen Anhängern in die Luft gesprengt haben. Nun bleibt mir noch übrig mitzuteilen, durch welche sonderbaren Umstände man zuerst auf die Spur der beabsichtigten Sprengung des Forts gekommen war.

In einer Kompagnie des Regiments Y. . . . ., die im Carmine lag, befanden sich zwei Ungarn, die dem Versenken der obenerwähnten Leiche in der kleinen Kirche mit beigewohnt und bemerkt hatten, daß der Verstorbene mehrere Ringe von Wert und ein mit Steinen besetztes Kreuz mit in die Gruft nahm. Nach ihrer Meinung waren diese Dinge den Lebenden weit nützlicher als den Toten. Sie beschlossen demnach, sich dieselben zuzueignen, und ließen sich deshalb eines Abends, in der Kapelle hinter einem Beichtstuhl versteckt, von dem halbblinden Kirchendiener einschließen. Als alles ganz ruhig war, begannen sie gegen Mitternacht einen Gruftstein, durch den man die Leiche hinabgesenkt, mit eisernen Stangen, die sie mitgebracht, zu lüften, bald aber vernahmen sie das unterirdische Getöse, und in dem Glauben, die Toten stünden auf, ihre Kostbarkeiten zu verteidigen, ließen sie schnell den Stein wieder fallen und machten sich durch die Kirchenfenster, von denen sie einige Scheiben eingedrückt, davon. Durch sie wurde zuerst das Gerücht von dem unterirdischen Spuk in der Kaserne verbreitet, und man erfuhr durch sorgfältige Nachforschungen dessen Ursprung. Für diesmal sah man den beiden Soldaten das vorgehabte und nicht vollführte Verbrechen, wegen der daraus entstandenen Rettung der ganzen Garnison und vielleicht des Königreichs selbst, durch die Finger.

Trotzdem, daß Murat sehr den Pomp, Feste und Vergnügungen liebte, versäumte er doch nichts, was nach seiner Meinung dazu beitragen konnte, die Regierung seines Reiches zu befestigen und sich beliebt zu machen. Er führte den Code Napoléon ein, was nicht sehr politisch war, da dieses Gesetzbuch nicht, wie das Zeug zu einem Kleid, einem jeden Individuum, jedem Volk angepaßt werden kann und große Mängel bei manchem Guten hat, am allerwenigsten aber für Neapel oder Spanien paßte, Nationen, die noch so weit in der Kultur zurück waren. Er suchte auch das Unterrichtswesen zu verbessern, errichtete eine Nationalbank, tat manches für Kunst und Wissenschaften, ohne selbst viel davon zu verstehen, gab der Nationalgarde eine neue Organisation usw. Die

Küsten ließ er jetzt fast ausschließlich nur durch französische Truppen, von denen noch etwa 20 000 Mann in seinem Reich lagen, besetzen. Die neapolitanischen Truppen, die er in einem erbärmlichen Zustand antraf, suchte er bestmöglichst zu disziplinieren. Er vermehrte seine Garde mit zwei Regimentern und ließ viele französische Offiziere mit erhöhten Graden in neapolitanische Dienste übertreten, um einen bessern Geist in das eingeborene Militär zu bringen und dasselbe an bessere Ordnung zu gewöhnen. Ich verspürte indessen keine Lust, mich dazu zu melden, da das neapolitanische Militär zu wenig geachtet war. Auch galt diese Erhöhung, die selbst eine Zurücksetzung für die Neapolitaner war, nur Subalternoffizieren bis zum Grade eines Kapitäns. Diese wurden aber nicht zu Stabsoffizieren im Fall eines Übertritts ernannt, sondern mit gleichem Grad bei der Garde angestellt. Der höhere Grad und sehr glänzende Uniformen verlockten manchen zum Übertritt. Gioachimo, wie ihn die Neapolitaner nannten, errichtete auch eine besondere Ehrengarde, welche aus den Söhnen der vornehmsten und reichsten Familien vom Adel, der Gutsbesitzer, Angestellten und Kaufleute formiert wurde. Alle Woche hielt er mit viel Prunk und Ostentation Musterungen der verschiedenen Truppenkorps, wobei ihn ein sehr reich gekleideter Stab und großes Gefolge umgaben. Aber die Franzosen in Neapel, die sich sehr viel von seinem Regierungsantritt versprochen hatten, waren keineswegs mit ihm zufrieden, und fanden sich in ihren freilich sehr sanguinischen und nicht wohl zu erfüllenden Hoffnungen getäuscht.

Murat ließ jetzt eine Zählung der Bevölkerung seines Reiches vornehmen, und es fanden sich ungefähr 5 Millionen Seelen. Regnier, den er zum Kriegs- und Marineminister ernannte, führte eine Konskribtion ein, durch welche von 1000 Einwohnern zwei militärdienstpflichtig wurden. Es wurden neue Regimenter errichtet, und die Fahnenweihe derselben mit großer Feierlichkeit in der

Villa Reale vorgenommen. Zu diesem Zweck war ein Thron daselbst unter freiem Himmel aufgeschlagen worden, von welchem der König die Zeremonien mit ansah, der Erzbischof weihte die Fahnen. Die ganze Garnison, über 20 000 Mann, stand bei dieser Gelegenheit unter den Waffen, unter dem Donner der von allen Forts abgefeuerten Kanonen wurde ein Tedeum gesungen, worauf die Truppen vor dem zufrieden lächelnden Herrscher defilierten. Hierauf setzten sich die aus französischen und neapolitanischen Regimentern erwählten Abordnungen und Legionisten an eine mit dreitausend Gedecken belegte Tafel, an der sie bei diesem Fest gespeist wurden, nieder, wo man sie, während dreihundert kriegerische Instrumente spielten, trefflich auf Kosten der Munizipalität bewirtete. Das Ganze konnte einen Begriff von einer altrömischen Volksspeisung geben. Die Gäste ließen unter Sang und Klang und dem Akkompagnement von Artilleriesalven Napoleon und Murat und ihre splendiden Wirte hochleben. An tausend Legionisten traten noch denselben Tag in wirkliche Kriegsdienste.

Murat hatte außer der öffentlichen Huldigung, die er dem heiligen Januarius besonders wegen Capri dargebracht, auch noch die hohen Diener des Heiligen und die Prälaten der Schatzkapelle, welche schwere goldene Medaillen erhielten, bedacht. Sogar nach Loretto hatte der fromme Monarch einen goldenen, mit Brillanten und Rubinen besetzten Pokal der Madonna verehrt, nachdem derselbe vorher dem Volk von Neapel zur Schau ausgestellt worden war, damit es erkennen möge, welch' gut katholischen Christen es zum gnädigen Herrscher habe! Dies war nicht schlecht kalkuliert.

Noch eine andere Gelegenheit benützte Gioachimo I., seine geliebten Untertanen durch Festivitäten zu erfreuen. Als nämlich die Brücke beendigt war, welche die Hauptstraße des Landes, durch ein tiefes Tal getrennt, vereinigte, ließ er sie Napoleonsbrücke taufen und mit großer Pracht und viel Zeremonien einweihen. Auch stattete er an seinem Geburtstag (25. März) hundert heiratslustige und -fähige Ragazze (junge Mädchen) aus, die er sodann auf großen vierspännigen Wagen, auf denen Napoleons mit Lorbeeren gekrönte Büste war, im Hochzeitsschmuck und mit Musik durch die Hauptstraßen Neapels unter dem großen Jubel des Volkes fahren ließ. Bald darauf zog er aber viele der reichsten Klöster ein, verbot das fernere Begraben der Toten in den Kirchen der Stadt, bestimmte vermittelst eines Dekretes den öffentlichen Begräbnisplatz an der Grotte von Puzzuoli, wodurch er sich Pfaffen, Mönche und viele Fromme unter dem Volk, das jenen weit mehr anhing als er glaubte, zu heimlichen Feinden machte.

Auf der andern Seite machte er auch das französische Militär mißmutig, indem er Reklamationen und Klagen gegen dasselbe oft fast mit parteiischer Vorliebe anhörte, um sich, wie er vermeinte, dadurch um so beliebter bei den Einheimischen zu machen. Die ihn umgebenden Neapolitaner, seiner Eigenliebe schmeichelnd, machten ihn glauben, daß die Aufregung in den Provinzen hauptsächlich daher rühre, weil man französische Militärkommandanten in dieselben gesetzt, die mit großer Willkür und sehr despotisch handelten, was zum Teil auch wirklich so war. Er nahm nun denselben diese Kommandos ab und besetzte sie mit Einheimischen, sowie auch andere Stellen. Dies brachte die Franzosen auf, welche jetzt ihren Dienst oft vernachlässigten, was Ursache war, daß die Insurgenten bald ihr Haupt wieder neuerdings und drohender erhoben. Hierzu kam noch, daß das Desertieren der Unteroffiziere und Soldaten französischer Regimenter, um bei den neugebildeten neapolitanischen Truppen angestellt zu werden, von oben begünstigt wurde, so daß in kurzem mehr als 4000 Mann, über 300 von unserm Regiment, die französischen Adler verließen, um die weit schönere neapolitanische Uniform anzuziehen. Alle Beschwerden der Obersten deshalb blieben fruchtlos, und als Murat und seine Minister erfuhren, daß sich die Colonels deshalb an den Kriegsminister nach Paris wandten, wurden sogar deren Depeschen auf der Post eröffnet, und wenn sie solche Beschwerden enthielten, zurückbehalten, weshalb die Obersten nun ihre Briefe auf Umwegen über die Grenze von Neapel auf römische Posten schickten. Napoleon selbst schien über dieses Treiben seines Schwagers sehr ungehalten zu werden, der aber jetzt, da er König war, auch die Idee hatte, als selbständiger Regent herrschen und sich der Obervormundschaft des Kaisers entziehen zu wollen. Gern hätte er alle französischen Truppen und Generäle aus dem Land geschickt, wenn er es hätte möglich machen können.

Ich hatte die Karnevalszeit diesmal recht froh und lustig in Neapel zugebracht und allerlei Intrigen angesponnen, die ich auch in der stillen Fastenzeit noch fortzusetzen für unterhaltend fand, als unser Bataillon plötzlich den Befehl erhielt, nach dem Kirchenstaat aufzubrechen, wohin wir den wohlbekannten Weg über Kapua, Fondi, Terracina usw. bis *Velettri* zurücklegten.

XIV

Besitznahme des Kirchenstaates – Ende der weltlichen Herrschaft des Papstes – Die Kommandantur zu Velettri – Der Bischof und der Fournisseur – Gewaltsame Entführung Pius' VII. – Ich gehe als Kurier nach Wien – Ich übergebe Napoleon meine Depeschen – Wien – Volksstimmung daselbst – Das Napoleonsfest in Österreichs Hauptstadt gefeiert – Quartierfreuden – Liebenswürdige Wirtinnen – Rückreise nach Italien – Klagenfurt – Udine – Treviso – Mestre

Als wir in dem Kirchenstaat angekommen waren (gegen Ende April 1809), wurden viele Kompagnien in verschiedene Städte detachiert, wie nach *Piperno*, *Porto d'Asturo*, *Ardea* usw., deren Hauptleute Platzkommandanten daselbst wurden. Ich erhielt mit der meinigen das Kommando zu *Velettri*, während der Rest des Bataillons nach *Albano*, *Corneta* usw. verlegt wurde. Daß hier wieder etwas Ungewöhnliches ausgeführt werden sollte, ging aus allen Anstalten, die gemacht wurden, hervor. Rom selbst war schon seit länger als einem Jahr durch den General Miollis besetzt worden, ungefähr zur Zeit als wir in Spanien einrückten. Der Vorwand dazu war mit den Haaren herbeigezogen; nämlich weil Pius VII. nicht den Code Napoléon in seinen Staaten einführen und England nicht förmlich den Krieg erklären wollte. Der Papst hatte auf diese Zumutungen erklärt, daß das französische Gesetzbuch Ehescheidungen gestatte, was gegen die Dogmen der katholischen Religion, und daß er ein Mann des Friedens sei, dem die Engländer nichts zuleid getan hätten. Ende Januar 1808 war eine starke Truppenabteilung jeder Waffengattung aus dem Toskanischen in Eilmärschen in den Kirchenstaat eingerückt, die in der Ebene von Baccano 24 Stunden biwakiert hatte und um Mitternacht weiter aufbrach, den 2. Februar im Sturmschritt, die trabende Artillerie mit brennenden Lunten an der Spitze, in Rom einzog und mit gefälltem Bajonett auf Monte Cavallo stürmte, dort die Wachen besetzte, während Pius VII. in der Kapelle des Quirinalpalastes mit den Kardinälen Messe las. Die päpstlichen Truppen waren bei der Ankunft der Franzosen in aller Stille, nachdem sie sich hatten friedfertig ablösen lassen, abgezogen. Drei geschlossene Kolonnen waren in Rom eingerückt und hatten allmählich alle Posten in Besitz genommen, die ihnen, wie es schien, die Soldaten Seiner Heiligkeit nicht schnell genug übergeben konnten. Der Papst selbst, der sich als Märtyrer betrachtete, beschloß, alles auf das äußerste ankommen zu lassen, sich in sein Schicksal zu ergeben, aber doch nur der Gewalt weichen zu wollen. Er hatte zwar einen Aufruf an die modernen Römer im Stil und nach dem Muster der alten Weltbeherrscher erlassen, denselben gedruckt verteilen und an die Straßenecken anschlagen lassen. Auf Befehl des französischen Gesandten mußte das Haupt der Sbirren denselben eigenhändig wieder abreißen, und von dem zitierten altrömischen Geist hatte sich keine Spur vorgefunden. Auch Wunder, die hie und da ein Madonnenbild verrichtete, das Blut geschwitzt oder Tränen vergossen haben sollte, wie die Pfaffen versicherten, halfen nichts, und die Römer lachten wohl selbst darüber, „bugie" (Lügen) sprechend. Ein einziger Mönch war kühn genug gewesen, in einer Predigt eine Anspielung auf die Makkabäer zu machen, die alle ihre Feinde erschlugen, und dabei zu sagen: „Anche noi siamo in tempo de Maccabei" (Auch wir leben in den Zeiten der Makkabäer), wurde aber dafür sogleich in die von den Franzosen schon besetzte Engelsburg gesperrt. Die Römer trösteten sich damit, daß alles eine Schickung Gottes sei, der den Napoleon zu seiner Zuchtrute für die sündhafte Menschheit erwählt habe, und Pius selbst nannte es die unerforschlichen Gerichte des Allmächtigen. Er hatte sich nun in seinen Palast eingeschlossen und seine täglichen Spazierfahrten eingestellt, auch die Erlaubnis zur Feier des bevorstehenden Karnevals verweigert, mit dem Bemerken, daß es jetzt nicht an der Zeit sei, an irdische Vergnügungen zu denken. Der Gouverneur, General Miollis, gab jedoch Bälle in dem Palast Doria, denen manche der vornehmsten Römer beiwohnten. Das Volk aber war mit der Unterlassung seines Hauptvergnügens nicht zufrieden, murrte und ließ sich einstweilen die Gallinacci (gemästete Puter, die in Herden zu Tausenden um diese Zeit in die Stadt getrieben und von ihren Hütern mit langen Schilfrohren zusammengehalten werden), seine Favoritspeise, trefflich schmecken. Miollis erließ eine Ordre nach der andern, Ruhe und polizeiliche Ordnung in der Stadt einzuführen. Niemand durfte sich mehr zur Nachtzeit ohne Laterne in den Straßen blicken lassen. Alle Kutschen mußten mit solchen versehen sein, was besonders die Eminenzen und die höhere Geistlichkeit vexierte, die jetzt ihre Mätressen nicht mehr unerkannt abholen konnten. Die Stadttore wurden von Mitternacht bis zum anbrechenden Tag geschlossen, und nachdem noch mehrere Messerstiche ausgeteilt und Mordtaten begangen worden waren, wurde bei Strafe des sofortigen Erschießens das Tragen jeder Art von Waffen, Dolche, Stilette oder auch nur Messer verboten. Alle bisherigen Freistätten für Mörder, wozu außer den Kirchen ganze Distrikte, wie das Quartier, wo das Inquisitionsgericht seinen Sitz hatte, der Spanische Platz usw. gehörten, wurden für aufgehoben und als nicht mehr schützend erklärt. Nachdem mehrere Individuen, die trotz des Verbotes noch Messer bei sich getragen, in den nächsten 24 Stunden kriegsrechtlich öffentlich erschossen worden waren, fand man für 1000 Zechinen kein Messer mehr bei den Leuten, und das Morden hörte auf. Früher erhielt man für einen halben Skudi die Erlaubnis, jede beliebige Waffe zu tragen, und fast jede Woche fiel ein Dutzend Mordtaten vor, nach denen sich die Täter in eine Kirche oder in ein sogenanntes Freiquartier flüchteten, wo sie so lange in Sicherheit waren, bis ihnen Verwandte oder gute Freunde durchhalfen oder hohe Protektoren Gnade auswirkten. Indessen hatte man doch bald eine Verschwörung entdeckt, an deren Spitze mit der Principe Altieri und der Duca Braschi, beide Anführer der päpstlichen Nobelgarde, standen. Miollis ließ diese Garde sogleich entwaffnen, und kaum

hatten die Rädelsführer noch Zeit gehabt, sich durch die Flucht der Verhaftung zu entziehen. Miollis erließ auch einen Befehl an die Kardinäle, Rom binnen dreimal 24 Stunden zu verlassen, aber der Papst verbot ihnen, diesem Befehl zu gehorchen und befahl, nur der Gewalt nachzugeben, damit die Welt wisse, daß sie nur rohe Übermacht von dem päpstlichen Busen losgerissen habe. Dennoch mußten die Kardinäle fort. Die beiden Doria begaben sich nach Genua, in ihre Vaterstadt, und von Paris kam ein Befehl, daß sich alle Eminenzen in diejenigen Staaten zu begeben hätten, deren geborene Untertanen sie seien. Pius VII. rief nun auch seinen Gesandten zu Paris, den Kardinal Caprara, zurück, was Napoleon als eine Kriegserklärung auslegte, die ohnehin schon dadurch geschehen, daß sich Rom nicht, gleich den übrigen italienischen Staaten, gegen den allgemeinen Feind, England, habe verbünden wollen, und die Provinzen *Urbino*, *Ancona*, *Macerato* und *Camerino* wurden unwiderruflich auf ewige Zeiten (diese Ewigkeit währte fünf Jahre) durch ein Dekret dem Königreich Italien einverleibt. Auch wurde allen Kardinälen und römischen Beamten aus diesen Provinzen bei Strafe der Konfiskation ihres Vermögens geboten, sich in ihre Heimat zu verfügen, so daß dem Papst außer dem Gebiet der Stadt Rom wenig mehr blieb. Trotz all dem beschäftigte sich jetzt Pius noch mit der Heiligsprechung der Königin Klothilde von Frankreich. Was die Römer am meisten schmerzte, war das Ausbleiben der Fremden, besonders der Engländer, wodurch ihnen ein bedeutender Verdienst entging.
Napoleon hatte indessen beschlossen, der weltlichen Herrschaft des Papstes ein Ende zu machen und Rom selbst seinem großen Reich einzuverleiben; daher die abermaligen Truppenmärche im April und Mai 1809 in den Kirchenstaat. Ein großer Staatsstreich sollte ausgeführt werden, während er sich in dem von ihm eroberten Wien befand. Er dekretierte vier Tage vor der Schlacht von Aspern, den 17. Mai 1809, das Ende der päpstlichen

Herrschaft, und daß, da sein großer Vorfahr, Karl der Große, den römischen Bischöfen verschiedene Distrikte nur als Lehen überlassen habe, er, um der päpstlichen Halsstarrigkeit den Hals zu brechen, dieselben wieder einziehe, den Kirchenstaat mit seinem Reich vereinige, und Rom zu einer freien (?!) kaiserlichen Stadt erkläre usw. Miollis nahm den 1. Juni feierlich Besitz von Rom, und die neu errichtete Konsulta, deren Präsident er war, erließ eine Proklamation, die mit folgenden hochtrabenden Worten begann:

„Römer! Der Wille des größten der Helden (risum teneatis amici) vereinigt euch mit dem größten der Reiche usw.“ In derselben wurde auch gesagt, daß das Elend und die Ungesundheit der römischen Städte nun der Glückseligkeit Platz machen müsse, die ihnen zuteil würde, und daß Rom fortdauernd der Sitz des sichtbaren Oberhauptes der Kirche bleiben solle, wo dasselbe nun über alle irdischen Interessen und Betrachtungen erhaben, der Welt das Schauspiel der reinsten Religion im höchsten Glanz geben würde usw.

Von dieser Proklamation wurden mir einige tausend Exemplare nach Velettri geschickt, um sie daselbst und in der Umgegend zu verbreiten, was ich pflichtschuldigst, damals ein ebenso verblendeter Narr wie die anderen, tat und den Rest auf der Jagd in den Pontinischen Sümpfen verpuffte. Es wurden nun allenthalben die päpstlichen Wappen abgerissen und durch die napoleonischen Adler ersetzt, alle Urkunden im Namen des Kaisers ausgestellt usw.

Ich hatte einstweilen in Velettri ein sehr friedliches und behagliches Leben geführt und außer einigen Intrigen mit ein paar hübschen Vilanellen (Landmädchen), die hier wie in Albano ein sehr malerisches, schönes Kostüm haben, auch einem kleinen Renkontre mit einem Prälaten, keine Fatas von einiger Erheblichkeit gehabt. Die Einwohner, bei denen Caguenecs tolle Streiche noch in frischem Andenken, waren mit mir zufrieden. Jener hatte sich unter anderm von seinen Soldaten, nachdem er mit denselben in der Stadt herumgezogen, um guten Wein zu requirieren, und sie betrunken gemacht, auf russische Weise auf dem Marktplatz der Stadt prellen lassen, das heißt, die Russen in seiner Kompagnie wollten ihrem Kapitän eine Ehre in russischer Manier antun, legten ihn auf große wollene Decken und schleuderten ihn dann in die Luft und fingen ihn wieder auf, was sie ein halbes Hundert mal wiederholten. Ein großes Feuer wurde auf dem Platz angezündet, so daß den Einwohnern angst und bange wurde; dabei tanzten die Soldaten um die Flammen und schrien aus vollem Halse: Hurra unser braver Kapitän! Zuletzt hatte er gar eine Kontribution von mehreren tausend Skudi auf eigene Faust ausgeschrieben, meinend, was Marschälle und Napoleon im großen tun, dürfe er ihnen wohl im kleinen nachmachen, nicht bedenkend, daß man große Diebe laufen läßt und die kleinen hängt. Ablösung, scharfer Festungsarrest, noch bevor die Kontribution, gegen die man in Rom Beschwerde führte, erhoben war, waren die Folgen davon. Meine Affäre mit dem Prälaten, einem Bischof, war indessen nicht so ganz unbedeutend und hätte leicht eine ähnliche Geschichte wie die in Albano werden können, wenn mich jetzt die Erfahrung nicht besonnener gemacht hätte. Dem Fournisseur, der die Lebensmittel für uns lieferte, ein junger und rechtlicher Mann – eine Seltenheit bei einem Lieferanten – wollte der Prälat ein junges Mädchen, das von dem heiligen Mann so fruchtbar überschattet worden war, daß sich die Spuren davon auf das unwiderlegbarste zeigten und sie die beste Hoffnung hatte, einen kleinen Bischof zu bekommen, als eheliches Gespons aufhängen. Bianconi, so hieß der Fournisseur, anfänglich die wahren Umstände nicht kennend, war in die Falle gegangen, die man ihm schlau gelegt. Als er hinter den Zusammenhang der sauberen Geschichte kam und einsah, daß er einen bischöflichen Deckmantel abgeben sollte, zog er sich zurück, verweigerte dem Mädchen, das übrigens recht hübsch war, seine Hand, und wurde nun auf deren Anklage vorerst ins Gefängnis gesteckt, um ihn so zu zwingen, sich in Hymens Fesseln schmieden zu lassen. Ich erfuhr die Sache durch meinen Furier, ließ das Mädchen zu mir kommen und brachte bald durch Drohungen die Wahrheit und das Geständnis von ihr heraus, daß der hochwürdige Herr der Papa zu dem zu hoffenden Kinde sei. Ich behielt das Mädchen in meiner Wohnung, begab mich zuerst in das Gefängnis, um auch den jungen Mann zu vernehmen, und von diesem zum Prälaten, der mich sehr artig empfing, mich fragte, in was er mir dienen könne, worauf ich mir die augenblickliche Freilassung des Gefangenen ebenfalls sehr artig erbat. Der fromme Mann wollte mich anfangs gar nicht verstehen, sich auf nichts einlassen, beteuerte seine Unschuld, schrie über abscheuliche Verleumdung, bis ich ihm nun in sehr ernstem Ton andeutete, daß, da die Sache unsern Lieferanten betreffe, ich genötigt sein würde, sie an das Generalkommando nach Rom zu berichten. Jetzt spannte der hochwürdige Herr andere Saiten auf, versicherte mich, daß er ganz allein aus Achtung für meine Person den Mann freigeben und die Sache näher untersuchen wolle. Ich aber klopfte ihm vertraulich auf die Schulter und sagte ihm mit lächelnder Miene: „Lassen wir unter uns alles Komödienspiel beiseite. Wir sind ja beide Männer und arme Sünder. Geben Sie der Dirne eine kleine Aussteuer, und sie wird dann schnell einen gutmütigen Deckmantel finden, wodurch aller Skandal verhütet wird." Der geistliche Herr endigte damit, meinen Rat vortrefflich zu finden, bat mich um Bewahrung des Geheimnisses und ein gutes Glas Wein mit ihm zu leeren; ich gestand beides zu, und wir schieden als die besten Freunde, mit dem Befehl zur Freilassung des armen Teufels in der Tasche. Ich ließ den Bianconi sogleich aus seinem Kerker holen.

Anfangs Juli bekam ich in aller Frühe Befehl, sogleich mit meiner Kompagnie nach Albano abzumarschieren, wo sich eine bedeutende Truppenmasse versammelte.

Nachdem wir zwei Tage daselbst zugebracht, ohne zu erfahren, auf was es eigentlich abgesehen sei, erhielten alle hier und in der Umgegend liegenden Truppen den 5. Juli gegen Abend Ordre, sich marschfertig zu halten, und wurden vor dem nach Rom führenden Tor versammelt. Die leichte Infanterie bildete die Avantgarde, dann kam die Linie und Reiterei, und Artillerie machte den Beschluß. In dieser Ordnung marschierten wir nach Rom ab. Vor dem Tor San Giovanni angekommen, wurde haltgemacht und scharf geladen. Es mochte ungefähr eine gute Stunde vor Mitternacht sein, als wir in der größten Stille in Rom einmarschierten. Selbst die Hufe der Pferde und die Räder der Kanonen hatte man mit Stroh umwickelt, daß sie keinen Lärm machten. So marschierten wir gegen Monte Cavallo, in den Straßen auf starke Patrouillen der französischen Garnison stoßend. Daselbst angekommen, wurde ein Teil der Infanterie und die Kavallerie in die zum Quirinal führenden Straßen verteilt, und die Kanonen, welche die entgegengesetzte Richtung vom päpstlichen Palast erhielten, mit brennenden Lunten zur Seite, aufgepflanzt. Die Patrouillen bedeuteten den Einwohnern, die hie und da ein Fenster öffneten oder sich an der Türe blicken ließen, sich sofort zurückzuziehen, widrigenfalls man Feuer auf sie geben würde. Es herrschte nun eine feierliche Stille, und wir waren alle in einer seltsamen Spannung, was wohl geschehen würde. Ich stand mit meiner Kompagnie noch auf dem Campo Vaccino, als mir eine Ordonnanz die Ordre überbrachte, mich mit zwanzig auserwählten Grenadieren sogleich zum General Miollis zu verfügen. Bei diesem, der sich zu Fuß mit mehreren Generälen und Chefs, unter denen auch der Gendarmerie-General Radet, am Piedestal der Kolosse auf dem Monte Cavallo befand, angekommen, nahm mich letzterer, dem ich von meinem Oberst besonders empfohlen worden war, beiseite und eröffnete mir, daß diese Anstalten getroffen seien, um, im Fall sich der Papst weigern würde, die Entsagungsakte über alle weltliche

Herrschaft, Macht und Ansprüche auf den Kirchenstaat zu unterzeichnen, seine Gefangennehmung zu bewerkstelligen, die in diesem Fall vom Kaiser dekretiert und auch von Murat befohlen sei. Er habe mich auf Empfehlung meines Obersten erwählt, tätigen Anteil an dieser Expedition zu nehmen, die er sogleich anführen werde und wozu er nur noch einige Offiziere und erlesene Mannschaft erwarte. Ich gestehe, daß mir diese Eröffnung nicht gerade die angenehmste war, da ich Pius VII. als einen würdigen und achtungswerten Mann und Souverän kennengelernt und durch meine frühere Audienz ihn persönlich liebgewonnen hatte. Aber hier befahl der Dienst, und es war keine Einwendung zu machen. Es währte nur noch wenige Minuten bis die zu dieser Expedition erlesene Mannschaft beisammen war, etwa 8–10 Offiziere, 120 Mann aus Elitekompagnien und ein halbes Dutzend Sappeure. Radet führte das Kommando an. Wir mußten mit Leitern über die hohen Gartenmauern steigen, da der Papst schon früher die Eingänge des Palastes hatte vermauern lassen, und derselbe sozusagen zu einer kleinen Festung umgeschaffen wurde; aber auch die innern in den Garten gehenden Türen mußten die Sappeure erbrechen. Wir stießen zuerst auf die einige 40 Mann starke Schweizergarde, die sich nicht zur Wehr setzte, sondern auf die an sie ergangene Aufforderung die Hellebarden streckte. Wir durcheilten mehrere Gänge und Säle, Radet erwischte einen Kammerdiener des Heiligen Vaters, den er zwang, uns in die Gemächer des Papstes zu führen und das Zimmer zu öffnen, in welchem sich Pius VII. befand. Wir traten ein. Der wirklich ehrwürdige Oberpriester saß noch völlig angekleidet, die Stola umhabend, an einem Tisch und war mit Schreiben beschäftigt. Radet näherte sich ihm, redete ihn in französischer Sprache an, die Pius geläufig sprach, und machte ihn mit seinem Auftrag bekannt, wobei er ihm die zu unterschreibende Akte mit der Erklärung überreichte, daß er im Weigerungsfall strenge Ordre habe, seine Heiligkeit gefangen abzuführen. Des Papstes Antwort war: Mi taglierete più tosto in mille pezzi. (Ihr werdet mich eher in tausend Stücke hauen.) Da Radet sah, daß alles Zureden vergeblich war, ließ er die Sappeure eintreten, ein auf die Straße gehendes Fenster einschlagen, hieß sodann den Papst und den Kardinal Pacca auf zwei Armstühle setzen, sie fest an denselben anbinden und beide durch das Fenster auf die Straße hinablassen. Der General selbst aber eilte schnell auf dem Weg, den er gekommen war, mit uns hinab, empfing den Papst und den Kardinal unten und nötigte beide, sich in einen mit vier Pferden bespannten Wagen zu setzen, auf dessen Bock er stieg. So jagte er, von einer starken Reiter-Eskorte umgeben, im gestreckten Galopp davon, durch die nächsten Straßen zur Porta Salara hinaus, um die Stadtmauern herum bis an die Porta Popolo und von da auf der Straße nach Florenz weiter. Die Truppenabteilungen, welche zu der Garnison Roms gehörten, verfügten sich in ihre Quartiere. Die aber von Neapel gekommen waren, marschierten gegen Morgen nach Albano zurück und erfuhren erst nach einigen Tagen, was eigentlich vorgegangen war. Roms Bewohner waren nicht wenig bestürzt, als sie am andern Tag erfuhren, daß ihr Souverän abgereist sei, aber es blieb alles ruhig, und man redete sich nur mit einem „Il Papa é via“ (der Papst ist fort) an. Es wurden einige Proklamationen erlassen, während Pius den Weg nach Frankreich gezwungen machen mußte. Noch denselben Morgen wurde ich zu dem General Miollis beordert, wo mir dieser mitteilte, daß auf Empfehlung meiner Obern und Radets er mich dazu bestimmt habe, dem Kaiser die Depeschen, welche die Berichte über das Vorgefallene enthielten, nach Wien in der Eigenschaft eines Kuriers zu überbringen, eine Mission, die ich mit großer Freude annahm. Was den General noch mehr dazu bewogen hatte, mich mit diesem Auftrag zu beehren, war, daß ich der deutschen Sprache mächtig, worauf man besonders deshalb Gewicht legte, weil das Gerücht ging, daß die österreichischen deutschen

Länder, und namentlich Tirol, in vollem Aufstand seien, und ich wohl im Fall der Not als reisender Privatmann noch ungehindert durchkommen könne, weshalb man mich auch mit dem Paß eines deutschen Barons, der von Rom nach Wien reise, versah. In einem ziemlich bequemen Wagen fuhr ich in wenigen Stunden nach der Abreise des Papstes mit unaufhaltsamer Eile, meistens vier Postpferde vorgespannt, über Florenz, Bologna, Rovigo, wo ich die Nachricht von dem zu Wien abgeschlossenen Waffenstillstand zuerst erfuhr, Padua, Mestre, (Flecken ganz nahe bei Venedig, von wo man auf einer Barke dahin fährt), Treviso, Udina, Villach, Klagenfurt, Frisach, Judenburg, Leoben, Wienerisch-Neustadt, Gumpendorf nach Wien, wo ich trotzdem, daß ich mir kaum ein paar Stunden zum Essen gegönnt, erst den siebenten Tag nach meiner Abreise von Rom, des Morgens um vier Uhr eintraf. Im Flug hatte ich die ganze Strecke, wohl über 200 Meilen, zurückgelegt und den Wagen nur zur höchsten Notdurft verlassen, fast alle Mahlzeiten in demselben zu mir genommen, und da, wo die Wege schwierig waren, oft sechs Pferde vorspannen lassen. Ich hatte zwar die Reise in Zivilkleidern zurückgelegt, aber durchaus keine Unannehmlichkeiten gehabt, und war nirgends angehalten worden, wobei mir allerdings das Deutsche gut zustatten kam. So ermüdet ich auch war, so erlaubte ich mir doch keine Stunde Ruhe, sondern machte sogleich nach meiner Ankunft meine Toilette, rasierte mich, steckte mich in meine große Uniform und eilte, mich bei dem General Andreossy, damals französischer Kommandant in Wien, zu melden, dem ich den Zweck meiner Reise mitteilte, und der mich sofort, von einem Adjutanten begleitet, nach Schönbrunn zur Übergabe meiner Depeschen absandte. Es war noch nicht acht Uhr, als wir daselbst ankamen und bei dem Kaiser gemeldet wurden. Nach einer kleinen Viertelstunde wurden wir vorgelassen, und als wir in das kaiserliche Gemach traten, stand Napoleon von seinem Arbeitstisch, auf dem mehrere Papiere und Karten lagen, auf, tat ein paar Schritte vorwärts und redete mich mit den Worten an: „Vous m'apportez des nouvelles de Rome?" – „Oui sire." – Ich hatte die Depeschen in der Hand und wollte sie ihm überreichen, als er hastig selbst darnach griff, sie öffnete und öfters, das Gesicht verfinsternd, las, während ich alle Zeit hatte, ihn genau zu beobachten. Endlich legte er sie wieder zusammen, warf sie auf den Tisch und befragte mich nach verschiedenen näheren Umständen und dem Hergang der Verhaftung. Ich mußte in die kleinsten Details eingehen, wurde mehrmals von ihm durch Fragen unterbrochen, wobei sich seine Stirne umwölkte, wenn ihm die Antwort nicht sehr angenehm schien. Namentlich erkundigte er sich angelegentlich, wie sich das Volk in Rom verhalten habe und wie dessen Stimmung sei. Ich gab ihm, soweit ich imstande war, die gewünschte Auskunft mit dem Bemerken, daß ich wenige Stunden nach der Begebenheit Rom verlassen habe. Nachdem dies alles abgemacht und der Kaiser sich herabgelassen hatte, sich nach meiner werten Person und meinen Dienstverhältnissen zu erkundigen, und nachdem ich ihm auch hierauf mit wenig Worten geantwortet hatte, fragte er mich noch, ob ich als Deutscher mit meinem Dienst zufrieden sei, was ich bejahte und zugleich dachte: jetzt stehst du vor der Schmiede, du mußt es benutzen. Mein innigster Wunsch war nämlich damals, zu der Garde Napoleons versetzt zu werden, und ich ließ ihn Sr. Majestät blicken, wurde aber sofort mit einem „C'est bon, nous verrons" allergnädigst entlassen.

Ich ging nun in dem Park von Schönbrunn spazieren, die Parade, die um zehn Uhr sein sollte, abwartend. Den Platz vor dem Schloß hatte man so eingerichtet, daß die Truppen daselbst kampieren konnten. Der Garten war noch auf holländische oder französische Art angelegt. Schönbrunn, das nur eine halbe Stunde von Wien entfernt ist, war früher ein Jagdhaus, bei dem sich ein Tiergarten befand; es ist aber 1685 bei der Belagerung der Türken ganz zerstört worden. Leopold I. ließ 1696 wieder ein Schloß daselbst erbauen und einen Lustgarten anlegen, der 1700 fertig wurde. Maria Theresia wählte diesen Ort zu ihrem Sommeraufenthalt. Aus dem vorhandenen Schlößchen machte sie ein schönes Lustschloß. Sie erweiterte die Gärten, legte den holländischen Garten und eine Menagerie an und traf Vorkehrungen, daß das hier vorbeiströmende Flüßchen Wien keinen so großen Schaden mehr durch Überschwemmungen anrichten konnte; später wurden noch viele Statuen, das sogenannte Gloriett, die Neptunsgrotte usw. angebracht und Joseph II. verwendete besonders viel Aufmerksamkeit auf den botanischen Garten. In dem großen Hof, in dem sich zwei Springbrunnen mit Gruppen von allegorischen Figuren befinden, können über 7000 Mann paradieren. Das Innere des Schlosses hat einige schöne Säle, namentlich ist der Audienzsaal prächtig, auch sind in einigen Gemächern hübsche Malereien angebracht. Es hat eine Kirche, ein Theater, eine Apotheke und eine Manege. Was mich bei meinem Umherstreifen im Garten am meisten wunderte, war, die Statue eines Scävola und selbst die eines Brutus daselbst zu finden. Doch diese alten Herren sind bei den gutmütigen Wienern nicht gefährlich. An Teichen, Springbrunnen, Alleen usw. fehlte es auch nicht, besonders sprach mich eine alte, hochgewölbte Lindenallee an. Von der Platte der Gloriette, einer runden, auf Säulen ruhenden Glasgalerie mit Trophäen usw. geschmückt, hat man eine schöne Aussicht über Wien hin bis zu dem Kahlenberg und auf der entgegengesetzten Seite nach Baden zu. Die Königin Karoline von Neapel ließ im Jahr 1806 hier ein Denkmal, aus einer Granitsäule bestehend, setzen, dessen Inschrift besagt, daß es aus Liebe für Maria Theresia geschehen sei. Napoleon soll geäußert haben, man könne es mit geringer Abänderung zu einer Schandsäule jenes bösen Weibes, Karoline, machen. Dies ließe sich wohl noch auf gar manches andere Denkmal, und namentlich auf die Napoleons selbst, sehr gut anwenden. In der geräumigen Orangerie gab Joseph 1784 glänzende Feste

und Bälle zu Ehren des Großfürsten Paul. Von den vierfüßigen Bewohnern der Menagerie, die ein Rondell bildet, in dessen Mitte sich ein Saal befindet, dessen Fenster auf die Behälter der Tiere gehen und über welchen wilde Tiere abgemalt sind, hatten viele die Reise nach Paris machen müssen.
Punkt neun Uhr kam Napoleon mit seinen Marschällen, Generälen und einem glänzenden Gefolge die Stufen der Schloßtreppe herab, die Musterung zu passieren. Sich hie und da bei einem der Soldaten aufhaltend, dessen Gewehr und Tornister nachsehend, ließ er dann die Truppen nach einigen Handgriffen defilieren und sprach mehrmals mit dem General Rapp. Als die Parade vorüber war, ging ich nach Wien zurück, wo ich bei der Kommandantur Erlaubnis eines längern Aufenthalts auswirkte, um mich von den gehabten Strapazen gehörig ausruhen zu können. Man hatte mir ein Quartier bei einem ziemlich wohlhabenden Bürger in einer entlegenen Gasse der Vorstadt Gumpendorf gegeben, das ich aber schon den zweiten Tag mit einem andern in der Josephsstadt bei einer hochadeligen ältern Dame vertauschte, einer geborenen ungarischen Gräfin, deren Mann, ein Graf C. . . . ., mit dem österreichischen Hof, bei dem er eine Stelle bekleidete, geflüchtet war. Hier befand ich mich nicht nur sehr wohl, sondern fand auch bald die angenehmste Unterhaltung und Zerstreuung. Die Dame hatte zwei schöne Töchter, von denen die eine 19 Jahre zählte und an einen Rittmeister, Grafen D. . . ., der mit seinem Regiment bei der österreichischen Armee stand, verheiratet, die andere, noch ledig, kaum 17 Jahre zählte, aber Braut eines österreichischen Stabsoffiziers war, der sich auf flüchtigem Fuß befand. Besser konnte ich es unmöglich treffen. Die beiden jungen Komtessen waren musikalisch, sangen recht artig, und die alte Gräfin war vergnügt, wenigstens einen Deutschen im Quartier zu haben. Zuerst hatte man mir das Essen auf die Stube geschickt, nach zwei Tagen aber hatte ich schon die Ehre, der Tischgenosse der Damen zu

sein. Diese hatten außerdem noch zwei der artigsten Exemplare der berühmten Wiener Stubenmädchen, die diesem Korps in jeder Hinsicht alle Ehre machten, zu ihrer Bedienung.
Die ersten Tage brachte ich damit zu, die sich damals durch die feindliche Besitznahme in sehr peinlichen Umständen befindliche Hauptstadt Österreichs zu besichtigen, namentlich die Burg, St. Stephan, die Borromäuskirche, den Prater, den Augarten usw. Die innere eigentliche Stadt ist winkelig gebaut und hat enge und krumme Gassen, deren hohe Häuser sie düster machen. Schön sind der Burgplatz und der Graben mit der eben nicht sonderlichen Dreifaltigkeitssäule. Der Platz „Am Hof" genannt, einer der größten, hat eine Säule zu Ehren der unbefleckten Empfängnis Marias! Die neue Reiterstatue Joseph II. auf dem Platz, der den Namen dieses Kaisers führt, ist ein desselben würdiges Denkmal, das erst zwei Jahre früher in Erz hier aufgerichtet wurde und Zeuner, dem Künstler, der es verfertigte, alle Ehre macht.
Wiens Vorstädte sind bei weitem freundlicher als die Stadt selbst. Es sind deren, wenn ich nicht irre, an oder gar über dreißig, von denen die Leopoldstadt die größte und durch einen Arm der Donau von der inneren Stadt getrennt ist. Rechts von ihr liegt der Prater, in dem besonders an Sonn- und Feiertagen das Getümmel sehr groß ist; die große Mittelallee ist der Haupttummelplatz. Für die Befriedigung des Gaumens und Magens ist hier sowie überhaupt an allen Vergnügungsorten Wiens hinlänglich und oft derb genug gesorgt. In Friedenszeiten, und wenn der Hof in Wien ist, soll der Zug der Equipagen und Reiter, die sich hier zeigen, oft sehr glänzend und prächtig sein. Dabei sollen sich die kaiserlichen Equipagen durch große Einfachheit auszeichnen, während die des reichen Adels an Pracht wetteifern und sich überbieten, um es einander zuvorzutun. Auf der linken Seite der Leopoldstadt liegt der Augarten, der manche hübsche Partien hat und für nobler als der Prater gilt; an diesen

stößt die Brigittenau, mit hübschen Promenaden und der Aussicht auf die Donau. Wien liegt am südlichen Ufer der Donau, in einer trefflich angebauten Gegend. Das Flüßchen Wien, welches anderthalb Stunden von der Stadt in dem Wienerwald entspringt, ergießt sich in derselben in die Donau. – Die Theater der österreichischen Hauptstadt, selbst das durch seine abenteuerlichen Spektakelstücke so berühmte „an der Wien" können, wenn man die Prachtbauten dieser Art in Italien gesehen hat, keinen besonderen Eindruck mehr machen. Dagegen sieht man ungeheure Kasernen. Auch die fast noch rauchenden Schlachtfelder von Aspern, Eßlingen und Wagram besuchte ich zu Pferd.

Man behauptet, daß Wien das Vindobona der Römer sei, was wohl möglich, aber keineswegs erwiesen ist. Im zwölften Jahrhundert wurde die Stadt die Residenz der babenbergischen Herzoge und seit dem dreizehnten oft die der Beherrscher Österreichs. Maximilian I. machte sie zu einer kaiserlichen Residenz. Zwei furchtbare Belagerungen bestand sie gegen die Türken, entging aber jedesmal dem ihr durch die Barbaren zugedachten greulichen Schicksal glücklich durch Entsatz und Befreiung von außen. Das erstemal, 1529, war es Karl V., und das zweitemal, 1683, Johann Sobiesky, König von Polen, dem sie ihre Rettung verdankte. Den Franzosen hatte sie sich in dem kurzen Zeitraum von vier Jahren zweimal durch Kapitulation ergeben. Ihre Festungswerke wurden während dem Dreißigjährigen Kriege aufgeführt.

Die Franzosen, die kein Deutsch verstanden, hielten während ihrem dermaligen Aufenthalt das Wiener Volk für sehr aufgebracht gegen sich und fürchteten ähnliche Auftritte wie in Madrid. Ich mußte über diese Befürchtungen lächeln. Die guten Wiener dachten an nichts weniger als an Aufstände, sondern gingen, besonders seitdem der Waffenstillstand geschlossen war, wieder in aller Harmlosigkeit ihren gewöhnlichen Vergnügungen nach; die Stimmung vieler Einwohner war im Gegenteil der damaligen Regierung Österreichs eher feindlich gesinnt. Sie beschuldigten dieselbe laut der drückendsten Willkür, sowie sie ihr durch ihre Mißgriffe und Dummheiten das jetzige Unglück Wiens und des Staates zuschrieben, und die Bürger sagten laut: „Wir zweifeln, daß selbst diese derbe Lektion unsere Regierung bessern wird. Unser guter Kaiser ist blind gegen die Urheber seines Unglücks, und wenn die Franzosen wieder fort sind, ist's halt wieder die alte Leier." Dabei ließ man sich aber nichts abgehen, und ich hatte allenthalben Gelegenheit, die berühmte Eß- und Trinklust der Wiener zu bewundern. Als nach dem 18. Juli der Zugang in die Gärten zu Schönbrunn, den Prater, den Augarten usw. wieder erlaubt war, eilte halb Wien in den Prater, und nach Verlauf von einer Stunde war in den Garküchen und Buden daselbst auch für Gold kein Stückchen Brot mehr zu haben.

Der Waffenstillstand sollte anfänglich nur einen Monat, mit vierzehntägiger Aufkündigung dauern; durch die hinausgezogenen Friedensunterhandlungen verlängerte er sich aber über drei Monate. Den 31. Juli hatte Erzherzog Karl, der einzige österreichische Feldherr von Bedeutung, mit dem Benehmen der Regierung und des Hofes höchst unzufrieden, das Kommando der Armee, als deren Generalissimus, niedergelegt, das nun Kaiser Franz selbst, eigentlich Fürst Lichtenstein, übernahm.

Wien mußte unterdessen ungeheure Lieferungen in Naturalien an die Franzosen machen, worunter über 200 000 Ellen Tuch, noch mehr Leinwand, an 400 Zentner Leder und ungeheure Quantitäten Fourage, Stroh, Holz usw. waren. Außerdem auch noch 10 Millionen bares Geld Kriegssteuer bezahlen. Dabei waren die sonst so barschen und durch ihre gemeinen Grobheiten berühmten österreichischen Unterbeamten, die sie sich gegen jeden, nicht in höheren Amt und Würden Stehenden erlaubten, so geschmeidig und niederträchtig kriechend gegen das französische Militär und die Employés, daß es wahrhaft ekelerregend war. Was die Wiener am meisten freute, war,

daß jetzt in den Theatern auf Veranlassung mehrerer Offiziere alle die Stücke aufgeführt wurden, die unter dem österreichischen Gouvernement verboten waren, sowie mehrmals in den Zeitungen bekanntgemacht wurde, daß alle die durch eine engherzige und beschränkte Zensur verbotenen Bücher zu haben seien, da die Zeit erschienen, in welcher man den Geist nicht mehr in Fesseln schlagen dürfe! – und doch war Napoleon derjenige, der ihn, wie nie ein Tyrann vor ihm, in Fesseln zu schlagen versuchte. Eines der verboten gewesenen Stücke, das am meisten Beifall fand, waren Kotzebues „Kreuzfahrer", die man an der Wien aufführte. Die ganze Stadt wollte das Einmauern einer Nonne, Kloster, Kirche und Nonnen auf dem Theater sehen, und das Haus hatte nicht Raum genug für die drängenden Massen. Auch Stücke, wie „Wilhelm Tell" usw., die bisher, durch eine erbärmliche Zensur auf das unsinnigste beschnitten, gräßlich verstümmelt gegeben worden waren, wurden nun unbeschnitten und wie sie der Autor geschrieben unter großem Jubel aufgeführt, und man lachte über die literarischen Henkersknechte, die sie ihrer besten Stellen beraubt hatten. Aber aus den Archiven, Bibliotheken, Kunstsammlungen wurde das Beste und Seltenste nach Paris geschafft.
In dem eigentlichen Hof- oder Burgtheater, das man auch Nationaltheater – eine wahre Satire – nannte, wurden während meiner Anwesenheit französische Stücke aufgeführt, und ich sah „Adolphe et Clara", „Le Secret", „La banqueroute du Savetier" usw. daselbst geben. Am Kärntnertor wurden manchmal italienische Opern: „Il Matrimonio segreto", „Sargino", „La molinara" usw gegeben. Im Theater zu Schönbrunn wurden meistens italienische Opern und Ballette aufgeführt. An deutschen Stücken sah ich zum erstenmal: „Die Schweizerfamilie", „Ostade", „Der Wald bei Hermannsstadt" usw. Einer Vorstellung des Don Carlos wohnte ich bei, die eben nicht zu den ausgezeichnetsten gehörte.
Den 15. August wurde das Napoleonsfest in Österreichs

Hauptstadt mit großem Pomp gefeiert, alle Schiffe auf der Donau wurden bunt beflaggt und bewimpelt, der Donner der Kanonen kündigte nach allen Weltgegenden hin das hohe Fest des Diktators des europäischen Festlandes an. In Schönbrunn war große Parade, das Schießen und Glockengeläute schien gar kein Ende nehmen zu wollen. In St. Stephan, wohin sich die ganze Generalität, den Vizekönig Eugen an ihrer Spitze, begab, wurde ein feierliches Hochamt gehalten und das Tedeum gesungen. Die Bürger mußten Spaliere mit den Truppen bilden, bei dem Gouverneur war großes Diner; mit einbrechender Nacht wurde ganz Wien mit allen seinen Vorstädten beleuchtet, und ein prächtiges Feuerwerk prasselte in die Lüfte. Unter den vielen, selbst von Wiener Bürgern illuminierten und passend angebrachten Transparenten las man auf einem derselben: Zur Weihe An Napoleons Geburtstag, war man aber nicht ganz in der Nähe, so las man: ZWANG, weil die andern Buchstaben so klein waren, daß sie schon in einer geringen Entfernung verschwanden. Ohne sich eine starke Blöße zu geben und sich zu blamieren, konnte man nicht wohl dem Mann, der so illuminierte, etwas anhaben.

Berthier, Massena und Davoust erhielten an diesem Tag die fürstliche Würde. Mehrere tausend Kreuze der Ehrenlegion wurden ausgeteilt, und die Errichtung eines neuen Ordens, den der Drei Goldnen Vliese, verkündet.

Napoleon kam indessen nur wenig, meistens im strengsten Inkognito und bei Nacht, in Zivil gekleidet, gewöhnlich von Duroc und Berthier begleitet, nach Wien, und so besah er auch die ihm zu Ehren gemachte Illumination. Zeigte er sich am Tage zu Pferde oder wurde man ihn gewahr, so war er schnell von einer ungeheuren Volksmasse umringt. Auch der Wiener Adel suchte in seine Nähe zu kommen und gab sich unsägliche Mühe, ihm vorgestellt zu werden oder wenigstens den theatralischen Vorstellungen zu Schönbrunn beiwohnen zu dürfen, zu denen der Zutritt nicht jedermann gestattet war.

Trotz der Friedensunterhandlungen benutzte Napoleon die Zeit des Waffenstillstandes auf das beste und ließ Wien und seine nächsten Umgebungen in einen furchtbaren Verteidigungszustand setzen. Namentlich waren es die Werke am Spitz, welche ihn beschäftigten und zu deren Gunsten man die schönsten Häuser demoliert hatte. Vor dem Brückenkopf wurden sechs große Redouten angelegt, die gewissermaßen ein verschanztes Lager bildeten, am Spitz und am Tabor wurden Magazine für Pulver und Lebensmittel gebaut, sowie ein Artilleriepark mit 48 Stück Geschütz versehen. Auch Minen, Lünetten, Tamboure, Blockhäuser usw. fehlten nicht, wo man sie für nötig erachtete, und in dem Lager an dem Spitz hatte man Baracken aus den Balken, Brettern, Türen und Fenstern niedergerissener Häuser, Ställe und Scheunen erbaut.

Unterdessen war ich in meinem angenehmen Quartier recht heimisch geworden und fand meine Wiener Damen für den Sinnengenuß sehr empfänglich. Der Mama der beiden Komtessen war ich, des Sprichworts eingedenk: „Wer die Töchter haben will, muß der Mutter den Hof machen", recht artig und gefällig; lebte jetzt in dem Haus wie der Vogel im Hanfsamen, war der Hahn im Korb bei fünf Hühnern, die alte Henne und die zwei hübschen Kammerkätzchen inbegriffen, die alle vergnügt waren, daß ich deutsch sprach, da die Mädchen gar nicht und die Komtessen nur ein sehr schlechtes, gebrochenes Französisch sprachen, obgleich sie mehrere Jahre mit Hilfe der durch ihren geistreichen Inhalt berühmten Meidingerschen Grammatik, die damals noch weit fehlerhafter und abgeschmackter war als später, die französische Sprache studiert hatten. Die Mama hatte den Kindern und dem Gesinde empfohlen, ja recht artig gegen mich zu sein, damit es keine Unannehmlichkeiten mit der Einquartierung absetze, und dieser weise Rat ward von den gehorsamen Töchtern und Mädchen bestens befolgt. Während die jüngere Tochter, Komtesse Elisa, mit der Mama morgens die Kirche besuchte, musizierte ich mit der ältern, Gräfin Eleonora, studierte italienische Duettini mit ihr ein, und sang den zweiten oder dritten Morgen das Duett aus Winters unterbrochenem Opferfest: „Wenn mir dein Auge strahlet" mit ihr, wobei ich aber den Text meiner Partie aus dem Stegreif veränderte, so daß aus dem phlegmatischen, kalten englischen Eisblock Murney ein feuriger, sich in Myrrhas Wünsche hingebender Liebhaber wurde. Eleonore fragte nun errötend: „Aber was machen Sie denn da, Sie singen ja ganz andere Worte als da stehen?" – „Um Vergebung, meine Gnädige, ich sang gerade wie es mir meine Gefühle eingaben, die mich unwiderstehlich hinrissen." – „Aber nein, Sie müssen halt so singen wie es da g'schrieben steht." – Diese Worte waren, wenn auch im österreichischen Dialekt, der in dem Mund hübscher Frauen ebenso angenehm als in dem der Männer unausstehlich widerlich klingt, in einem solchen Ton und mit so lieblich lächelnder Miene gesprochen, daß ich wohl sah, wie wenig es ihr ernst damit war. Ich erwiderte nun, daß ich mein möglichstes tun wolle, so wie sie es verlange zu singen, affektierte aber, als koste es mich unsägliche Mühe, den richtigen Text herauszubringen, und sang dabei ohne allen Ausdruck. – „Aber nehmen Sie es mir nicht übel," fiel mir die Komtesse jetzt wieder ein, „Sie sangen soeben weit besser." – „Ja, meine Gnädige, so geht es, wenn man etwas contre cœur tut; wenn ich singen möchte: ‚Ach wahre dieses Feuer, die Liebe ist mir Pflicht' statt ‚Ach dämpfe dieses Feuer, uns trennet meine Pflicht', so kann ich, da dies ganz gegen meine Gefühle ist, auch nur kalt und gefühllos singen." Ich veränderte nun dennoch manchmal den Text, indem ich trotz dem Verbot alle Augenblicke etwas improvisierte, und die Gräfin lächelte. Als das oft unterbrochene Duett zu Ende war, sagte sie: „Gott sei Dank, lassen Sie uns jetzt etwas anders singen." – „Mit Vergnügen meine Gnädigste, etwa das kleine Duett aus dem Don Juan?" – „Welches?" – „Reich mir die Hand, mein Leben." – „Ich will wohl, aber ich habe den Don Juan nicht." – „Aber ich. – Sie erlauben einen Augenblick," und husch war ich zur Türe hinaus und in wenig Sekunden mit meinem Klavierauszug zurück. – „Wollen S' nit auch den Text verändern, Herr von Fröhlich?" (In Wien nennen sie alles von.) wurde ich nun schalkhaft gefragt. – „Behüte der Himmel, meine Gnädige, der ist vortrefflich." – „Nun so werd' ich's halt tun." – Bitte, ja nicht." – Wir sangen, und Eleonore versuchte wirklich, zu improvisieren, aber es wollte ihr durchaus nicht gelingen, denn sie konnte das zur Musik passende Silbenmaß nicht treffen. – „Sehen Sie, meine Gnädige, es will nicht gehen, Mozarts Musik verträgt keine Worte, die nicht zu ihr passen, singen wir das Duett wie es da steht." – „Aber nicht bis an das Ende, wo sich Zerline ergibt." – „O doch, meine Gnädige, dies ist ja gerade der schönste Moment; wenn nur das Unglück keine störende Elvira herbeiführt." Ich schlug ihr nun vor, mit Aktion zu singen. – „Wie meinen Sie das?" – „Je nun, meine Gnädige, die Handlung, welche der Text besagt, durch Mienen und Bewegungen auszudrücken." – „Ah so, Komödie spielen!" „Bewahre der Himmel, in allem Ernst." – „Seien Sie ruhig, wir wollen singen." Ich sang nun: „Reich mir die Hand, mein Leben", und wagte es, meinen Arm um ihre schlanke Taille zu schlingen, erst ganz leise und dann crescendo bis zum Fortissimo. – „Aber mein Gott, was machen S'?" – „Ich singe mit Aktion, da geht's weit besser." – „Aber wie kann ich so spielen?" (sie akkompagnierte). Sie fuhr indessen zu spielen fort, und als wir an das Allegro kamen und die Worte: „So laß uns ohne Weilen der Lust entgegeneilen usw." sangen, drückte ich sie innig an mich und küßte ihre schöne Stirne. – Jetzt sprang sie vom Klavier auf, aber ich faßte sie, küßte sie auf den Rosenmund und wollte trotz Sträuben und Ach mit ihr ins Seitengemach. Da ging plötzlich die Stubentüre auf, und herein trat ihr allerliebstes Kammerkätzchen Therese. Als ich jedoch den Druck der Klinke hörte, hatte ich mich schnell aus den Armen der Gräfin gerissen und stand kerzengerad wie ein Grenadier in ehrerbietiger Stellung vor der Dame, da das Mädchen die Türe geöffnet hatte, das um ein Kommodeschlüsselchen bat. Ihre Herrin fuhr sie aber mit den Worten an: „Dummes Ding, weißt net, daß es auf meiner Toilette liegt." – „Verzeihen's Ihr Gnaden, i hab's do halt nit finden können." – „So suche wo anders, i hab's nit." – Und so war die Zofe abgefertigt; kaum zur Türe hinaus, sagte die Dame: „Was wird das Mädel denken?" – „Nichts, meine Gnädige," erwiderte ich, die Hand küssend, „als sie hereinkam stand ich schon drei Schritte von Ihnen entfernt." – Ich drückte nun die niedliche Hand an meine Brust, schloß die Besitzerin derselben mit Gewalt in meine Arme und bedeckte ihren Mund mit Küssen. Röter und röter färbte sich die Glut ihrer Wangen, da rollte ein Wagen vor, und die gnädige Mama, mit der jüngern Tochter aus der Kirche kommend, trat bald darauf ins Zimmer, wo sie uns beide so emsig am Klavier musizierend fand, daß sie ihre Freude daran hatte. Komtesse Elise stellte sich zuhörend neben uns. Wir spielten und sangen nun noch eine Weile und kamen dann überein, daß ich die Damen diesen Abend in das Theater in Zivilkleidern begleiten dürfe, wo die „Kreuzfahrer" wiederholt gegeben wurden. Ich ging auf mein Zimmer, schrieb ein Billettchen an die Gräfin Leonore, in welchem ich ihr die Glut meiner unendlichen, ewigen Liebe mit den feurigsten Worten schilderte und sie am Schluß um Erhörung und eine ungestörte Zusammenkunft bat. Das Billett ließ ich ihr beim Dessert – ich saß immer zwischen ihr und der gnädigen Mama, unvermerkt auf den Schoß fallen, sie dabei mit den Knien anstoßend. Sie deckte es mit der Serviette zu und wußte es dann ebenso unvermerkt in den Busen zu bringen. Bald nach Tisch entfernte ich mich unter einem Vorwand, um ihr Zeit und Gelegenheit zu geben, es zu lesen, und kam in einer Stunde zurück, die Damen zu einer Spazierfahrt einladend. Als wir heimkamen und ich mich auf mein Zimmer begab, begegnete ich Therese auf dem Gang vor demselben, die mich lächelnd grüßte. Ich fragte, warum sie lache. – „Oh, das werden Euer Gnaden halt schon g'merkt haben." – Ich nahm sie bei der Hand, und ihr diese drückend, sagte ich: „Du bist ein Schelm, aber sei hübsch verschwiegen, dann soll es dein Schaden nicht sein", und küßte sie dabei. – „Ihr Gnaden sinds halt doch än loser Vogel," meinte sie. – Ich drückte ihr nun ein paar Gulden in die Hand, sie nochmals küssend, ihr Stillschweigen empfehlend und sie bittend, mir bei ihrer Herrschaft das Wort ein wenig reden zu wollen. – „Oh, das ist gar nit notwendig," platzte sie jetzt heraus, „Ihr Gnaden haben meiner Herrschaft gleich g'fallen, und wie Sie den ersten Tag z'uns ins Quartier kommen sind, hat d' gnädig Frau g'sagt: 's ist doch a ganz ander Ding, so a französ'scher Offizier, als unsre steifen Holzblöcke, mit denen gar nix anz'fangen is, so aner dreht sich halt zehnmal rum, bis unsereiner den Fuß nur lupft; 's is halt ka Wunder, wenn s' so von ihnen klopft werd'n; und dann fragt s' mi in am weg, was Sie schaffen tun, ob S' z'Haus sind un so mehr."

Ich küßte nun das liebe Mädchen noch ein paarmal, ging dann auf mein Zimmer, und nach Verlauf von ein paar Stunden wieder zu meinen gastfreundlichen Wirtinnen hinab, bei denen ich noch einige andere Wiener Damen vom hohen Adel traf, die sich, als sie hörten, daß ich ein Deutscher, und zwar aus dem Reich wäre, wie sie alle deutschen, nicht zu Österreich gehörenden Länder nannten, bitter beschwerten, daß die deutschen Truppen, namentlich die Bayern, weit ärger als die Franzosen selbst in den kaiserlichen Erblanden hausten; an den letztern aber hauptsächlich auszusetzen hatten, daß sie so gar keinen Unterschied zwischen dem hohen Adel und dem Bürgerpack machten, es ihnen ganz gleich sei, ob sie eine hübsche Bürgersfrau oder eine Gräfin aus uraltem Haus vor sich hätten, und das schlimmste sei, daß, wenn sie lange in Österreich blieben, das Volk am Ende auch von solchen verruchten Grundsätzen angesteckt würde. Schon merke man, daß die Wiener nicht mehr wie früher mit derselben ehrfurchtsvollen Untertänigkeit den hohen Herrschaften begegnen; dies sei ein abscheulicher Jakobinismus usw. – „Halten zu Gnaden, meine Gnädigen," sagte ich endlich, „wir sind aber doch am Ende alle aus demselben Teig geknetet." – „Das sind sehr schlimme Grundsätze," meinte eine der Damen, „die noch allen Respekt über den Haufen werfen werden." – Gräfin Leonore suchte nun der Unterhaltung eine andere Wendung zu geben, lenkte die Sprache auf die Musik, und wir sangen den Damen etwas vor. Unter dem Gesang fragte ich sie, ob sie mir keine Antwort auf mein Briefchen zu geben habe, konnte aber nur ein „Stille" von ihr herausbringen. Die Zeit zu dem Theater war herangekommen, die fremden Damen entfernten sich, und wir fuhren in die „Kreuzfahrer". Das Haus war zum Erdrükken voll, meine Wirtinnen fanden großen Gefallen an der Vorstellung, doch meinte die Mama, es sei sündhaft, Kirche, Klöster und Nonnen in der Komödie nachzumachen. Bei der Heimfahrt saß ich Leonoren en face und machte gehörigen Gebrauch vom Kutschenrecht, ihr die Knie zusammendrückend, während ich meiner Nachbarin zur Linken, der Komtesse Elise, das zarte Händchen drückte. Beim Souper war fast von nichts anderm als der schönen Emma von Falkenstein, ihrem Kreuzritter Balduin und den beide rettenden Ungläubigen die Rede. Mama meinte: „Ich ließ mir das Stück noch gefallen, wenn es nur keine Türken wären, welche die Nonne vom Einmauern befreien und eine christliche Kirche so entweihen. Hätte sie denn der Kotzebue nicht lieber durch deutsche Ordensherrn befreien lassen können? Aber das ist auch so ein halber Jakobiner, dem Gott seine Sünden verzeihen möge, solche Skandalstücke, wie ‚Das Kind der Liebe' und ‚Don Ranudo de Colibrados' gemacht zu haben, wo er den hohen Adel dem Spott und Gelächter

des gemeinen Pöbels preisgibt." – Als ich um zehn Uhr den Damen eine gute Nacht gewünscht, um mich auf mein Zimmer zu begeben, begegnete ich Therese abermals auf dem Gang, ich küßte sie wieder, zog sie trotz ihrem scheinbaren Widerstreben durch meine Stubentüre und ließ die hübsche Soubrette kaum zu Worte kommen. Endlich aber sagte sie: „Ihr Gnaden, nur jetzt nit, lassen S' mi aus, die gnädige Gräfin kann ja jeden Augenblick rufen oder gar selbst kommen, dann gäb's än schönen Spektakel, und Sie haben nix davon." – „Gut, ich will dich jetzt lassen, aber ich besuche dich heute nacht, wo ist deine Kammer?" – „Aber i schlaf ja nit allein, die Toni (das Kammermädchen der alten Gräfin) schlaft ja mit mir in der nämlichen Stube." – „So komme du zu mir." – „Wenn's aber die Toni merkt?" – „Sie wird nichts merken, wenn du es klug anfängst." – „Na so lassen S' mi nur jetzt aus, wann ich's halt machen kann, so komm i, die Hand drauf." – Sie gab mir die Hand, ich küßte sie nochmals, und husch war sie zur Türe hinaus. Noch zwei gute Stunden blieb ich, den dienstbaren Geist in meinem Zimmer vergeblich erwartend, auf. Als aber die Geisterstunde geschlagen hatte und er dennoch nicht erschien, da warf ich mich, über die getäuschte Erwartung mißmutig, in mein Bett.
Den andern Morgen begab ich mich zur Parade abermals nach Schönbrunn. Zurückgekehrt, fand ich Eleonore wieder allein und begann damit, ihr den guten Morgen durch eine Umarmung wünschend, ihr ihre Grausamkeit, die mich zur Verzweiflung bringen müsse, vorzuhalten, worauf ich sie bat, doch Mitleid mit meinem Zustand zu haben, wenn sie nicht wolle, daß ich vor Gram und Kummer vergehen solle. Nach noch einigem Zieren drückte sie mir endlich ihr Mitleid durch Erwiderung meiner Küsse aus, und ich bat nun um Erhörung meiner heißesten Wünsche, womit ich jedoch noch ganze 24 Stunden hingehalten wurde. Mutter und Schwester kehrten zurück, ehe wir uns noch an das In-

strument gesetzt hatten; auch musizierten wir diesen Morgen nicht. Als ich vor Tisch auf mein Zimmer ging, fand ich Therese wieder am Ende des Korridors, die mir mit der Hand winkte, ich aber stellte mich, als wollte ich es nicht merken und stellte mich aufgebracht. Sie näherte sich nun und nickte dabei so freundlich mit dem Köpfchen, daß ich unmöglich widerstehen konnte und mich ihr mit den Worten näherte: „Daß du mich gestern abend so lange vergeblich warten ließest, verzeihe ich dir nimmermehr, du bist eine Erzschelmin," – „Schauen S Ihr Gnaden," flüsterte sie mir zu, „es tut's halt nit, daß ich auf Ihre Stuben komme, denn die gnäd'ge Mama und die jüngste Komtesse schlafen ganz in der Nähe und hören, wenn sich ein Mäusel rührt; 's wird halt doch besser sein, Sie kommen zu mir." – „Aber Toni?" – „Tut nix, die schläft wie än Ratz, wenn ich's Licht ausblase. Sie verrät nix, sie waß schon warum, aber kommen S' nit vor Mitternacht." – Ein Kuß bekräftigte den Vertrag, und husch war das lose Mädchen verschwunden. Nach Tisch fuhr ich mit der Komtesse Eleonore allein im Prater spazieren, und hier gelang es mir, die Erlaubnis, in der kommenden Nacht einen Besuch abstatten zu dürfen, auszuwirken. Denselben Abend verließ ich unter dem Vorwand von Kopfweh die Damen bald nach Tisch, und auf meinem Zimmer ungeduldig die übereingekommene Stunde abwartend, war ich unschlüssig, ob ich erst die Komtesse oder Therese besuchen sollte. Doch entschied ich mich bald für die Dame. Die Zofe, dachte ich, bleibt dir immer, und dann hat sie dich ja in der vergangenen Nacht auch vergeblich warten lassen. – Kurz vor Mitternacht, als im ganzen Haus alles still geworden war, schlich ich mich an der Gräfin Stubentüre, fand sie offen, und die Dame bei einer Nachtlampe in dem verführerischsten Nachtgewande, wie es schien schlafend, und zwar sehr fest, denn ich hatte Mühe, sie wach zu machen, was erst der Fall war, nachdem ich schon ziemlich handgreiflich wurde. Es war gegen Morgen, als ich das hochgräfliche Zimmer verließ. Den andern Tag sahen wir uns fast nur bei Tisch, denn wir waren beide ziemlich müde, ich machte es ärger als es war und klagte über starkes Kopfweh, denn ich wollte die kommende Nacht mit der niedlichen Zofe zubringen. Diese traf ich nach Tische wieder auf dem Korridor vor meinem Zimmer, wo sie mich boshaft lächelnd fragte: „Nun, wie haben denn Euer Gnaden die Nacht zugebracht?" – „Sehr ruhig, denn ich war sehr unwohl." – „So," versetzte sie keck, „glauben S', Sie können mich so anplauschen? Was denken S'? Ih weiß recht schön, wo Sie g'west sind. Schauen S', mir können S' nix vormachen, ih merk' alles. Bei der Herrschaft sind S' gewesen, und wann ih's nit schon so g'wußt hätt, so hätt' ih's doch beim Bettmachen gemerkt. Ih bin nit von heut." – Und dabei lachte die Spitzbübin recht schelmisch und fuhr fort: „aber Sie brauchen si halt gar nit vor mir zu schenieren, wir können deshalb doch gute Freunde bleiben, ih werd niemand was davon sagen, nit ämal der Toni." – Ich drückte nun dem schnippigen Mädchen einen Dukaten in die Hand, küßte das vorlaute Mäulchen und sagte: „Aber heut abend darf ich doch kommen, nicht wahr?" – „Ja, wenn S' wollen, aber was wird meine Herrschaft sagen?" – „Ich habe Kopfweh." – „Aber wann S' mi wieder anführen!" – Gewiß nicht, du bist selbst schuld daran gewesen, wärst du das erstemal gekommen, so . . ." – „O gehen S' aus, S' wären doch zur Komtesse gegangen, aber Sie haben recht, Sie brauchen sich nit zu schenieren." – Sie wollte noch weiter ihr Mäulchen spazieren lassen, ich stopfte es ihr aber mit Küssen, sie versichernd, daß ich heute nacht unfehlbar kommen würde und sie sich darauf so sicher als auf ihren dereinstigen Tod verlassen könne. – „Sein S' still vom Tod, davon will i nix hören."

Diesen Abend machte ich mich unter dem Vorwand der Kopfschmerzen wieder bei Zeit vom Tisch auf und schlich um Mitternacht auf den Zehen zur Kammer der Zofen, die ich leise öffnete und in der es stockfinster war. Nachdem ich mich einige Augenblicke mäuschenstill verhalten hatte, aber nicht einmal atmen hörte, hüstelte ich ein-, zwei- und dreimal, und hörte endlich ein Gekicher auf der linken Seite, dem ich nachging und so im Dunkeln tappend an ein Bett kam, wo ich flüsterte: „Therese, bist du's?" – Da ertönte ein Lachen von der entgegengesetzten Seite, wohin ich nun so schnell als es mir die Finsternis gestattete eilte. Hier erwischte ich einen Kopf, an dessen Hals ich hinabglitt und leise sagte: „Jetzt sollst du mir nicht mehr entgehen." – „Ach ich bin ja nicht die Therese, ich bin Toni," und hinter der Rednerin kicherte es wieder. – „Was zum Henker, ihr liegt in einem Bett?" – Freilich, wir fürchteten uns jede, allein zu sein." – „Doch nicht vor mir?" – „Vor wem denn sonst?" – Wartet, das soll Euch schlecht bekommen." – Husch war ich bei den Mädchen im Bett, bald rechts, bald links schäkernd. – Den andern Morgen kam ich, was ich noch nie getan, erst zum Mittagessen zu den Damen hinab, noch immer über Kopfweh klagend, was auch mein Aussehen nicht Lügen strafte. – „Bei Weibern, Lieb' und Wein und Kuß lebt' ich nun recht in Floribus" in der sich in ewigem Sinnentaumel befindenden Kaiserstadt und knüpfte zuletzt auch noch ein zärtliches Verhältnis mit der schönen Braut, der Komtesse Elise an, wohinter die nicht minder wie ihre Kamerädin schelmische Toni kam, die mir dann, so oft sie mich sah, ein österreichisches Volksliedchen, das mit den Worten:

Es sind bereits schon hundert Jahr',
Trallalililirallala,
Daß in Wien ein Fräulein war,
Trallalililirallala,
Ein allerliebstes schönes Kind,
Wie unsre Fräulein alle sind usw.

begann, vordudelte.

Mein Schlaraffenleben in Wien, während die andern

französischen Truppen daselbst bei Tag und Nacht keine Ruhe und den beschwerlichsten Dienst hatten, konnte aber nicht ewig dauern, und es war hohe Zeit, daß ich an die Rückkehr nach Italien dachte; um so mehr, da ich auch noch eine kurze Zeit in Venedig, das ich nicht gesehen, und einigen andern Städten, wie Ravenna, Ferrara usw. verweilen wollte. Einige Versuche und Schritte, die ich bei Duroc, Ney und ein paar anderen Generälen, um eine Versetzung zur Garde zu bewirken, machte, waren vergeblich gewesen. Ich ermannte mich nun, riß mich aus den Armen meiner Schönen, ließ Postpferde bestellen und befand mich bald wieder auf dem Weg nach Italien.

Als ich von Wien abreiste, sprach man schon viel von dem nahen Friedensabschluß, gegen den sich manche Schwierigkeiten erhoben und der erst im Oktober zustande kam. Ich wollte anfänglich über Linz, Salzburg, Innsbruck usw. gehen, da mir aber auch dieses noch zu viel Zeit geraubt haben würde, so reiste ich auf dem Weg, den ich gekommen war, zurück. In Klagenfurt hielt ich mich ein paar Stunden auf und sah das Schloß und das Landhaus daselbst. Die Stadt hatte starke Mauern, die aber noch in demselben Jahr niedergerissen wurden; von hier fuhr ich über das Städtchen Villach, ohne mich aufzuhalten, bis Ponteva, der letzte Ort, der der weiland durchlauchtigsten Republik Venedig gehörte und gewissermaßen das Eingangstor nach Italien von Kärnten aus bildet, da er in einer engen Schlucht liegt. Hier hört mit einem Male die deutsche Sprache auf, und man findet sich nach Italien versetzt. Als ich eben abfahren wollte, brach mir eine Wagenachse, die ich vermittelst eines starken Bandes doch noch bis Udine haltbar machte, wo ich beinahe einen halben Tag verweilen mußte, bis der Schaden wieder repariert war. – *Udine* ist eine ziemlich lebhafte Stadt, die an den Ufern des Tagliamento und des Isonzo in einer weiten fruchtbaren Ebene liegt, mehrere schöne Kirchen mit guten Gemälden hat. In ihrer Nähe ist das durch den Friedensschluß von 1797 berühmt gewordene Campo Formio, dem zu Ehren man eine Statue des Friedens auf dem großen Platz zu Udine errichtet hat; auch die Ruinen des berühmten alten Forum Julii befinden sich in der Umgegend. Nachdem die neue Achse gemacht war, setzte ich meine Reise fort. Je mehr man sich der Mark von Trevisa nähert, desto mehr scheinen Fruchtbarkeit und Wohlhabenheit zuzunehmen. Diesen Landstrich nannte man den Garten Venedigs. *Treviso* selbst, das alte Tarvisium, liegt mitten in demselben, hat hübsche Plätze und eine schöne Kathedrale. Der Weg von hier nach *Mestre* führt durch Gärten und Weinberge an schönen Villen vorüber. Mestre ist ein wohlhabender Marktflecken, dessen Einwohner meistens Schiffer und Fischer sind. Hier schiffte ich mich samt meinem Gepäck auf einer Barke nach Venedig ein.

XV

Venedig – St. Markuskirche – Der Dogenpalast – Die Pozzi und Piombi – Die Rialtobrücke – Das Arsenal – Die Vermählungszeremonie mit dem Adriatischen Meer – Venedigs Flor und Verfall – Der St. Markusplatz – Die Venezianerinnen – General Menou – Dessen religiöse Ansichten – Ein Mordanfall – Abreise von Venedig – Padua – Ferrara – Ravenna – Der Domgeist daselbst – Eine schöne Reisegefährtin – Veletti – Jagd in den Pontinischen Sümpfen – Abreise nach Paris

Es war gegen Abend, als ich durch die Lagunen fuhr. Die feurigen Strahlen der untergehenden Sonne beleuchteten die aus den Fluten majestätisch hervorragende Beherrscherin der Meere, die alte Dogenstadt und den St. Markusturm. Je mehr ich mich näherte, desto wundersamer wurde ich von ihrem Anblick ergriffen. Erst kürzlich hatte ich ihre seltsame und außerordentliche Geschichte wieder gelesen, und all diese grausen und abenteuerlichen Begebenheiten schwebten mir während der kurzen Überfahrt vor Augen. Einst so mächtig, frei und reich, machte sie mehr als einmal den von aller Welt gefürchteten Halbmond zittern, und jetzt beugte sie sklavisch ihr Haupt unter dem Joch des eisernen Szepters des Korsen. – Was ist aus ihren Schätzen, ihrer Macht, ihren Siegen geworden? – Die Namen Byzanz, Candia, Morea sind nur noch ein hohlklingender Schall. Jenes Venedig, vor dem sich ein Kaiser gedemütigt, in dem selbst die Macht der gefürchtetsten Päpste nur ein Schatten war, das, der Blitze des Vatikans spottend, die Jesuiten in vierundzwanzig Stunden zum Tempel hinausjagte, das Monarchen zu seinen Prunkfesten einlud, ihnen nach Gutdünken die Ehre in seinem Goldnen Buch zu stehen erzeigte oder verweigerte, jenes Venedig war längst nicht mehr, und die jetzige Meerstadt schien nur noch das prächtige Grabmonument der verblichenen, und wer weiß wie lange es dauert, so ist auch dieses ungeheure Prachtmonument der Marmorpaläste in den Fluten versunken, aus denen es emporstieg. Verödet waren seine Gebäude, in noch halbvergoldeten Marmorsälen hockte jetzt in einem Winkel

oft ein halbverhungerter Schuhflicker, mühsam einige Gazette (ein paar Pfennige) zu verdienen. Nicht mehr öffneten sich die Fluten des Adriatischen Meeres, den bräutlichen Ring des herzoglichen Gatten zu empfangen. Hie und da sah man noch einen halb verstümmelten geflügelten Löwen, der gleichsam wie ein Warnungszeichen das Buch des unerbittlichen Schicksals in der Tatze hielt, und die Trümmer des Bucentaurus gingen ihrer völligen Auflösung entgegen. Die vielen schwarzen Gondeln erschienen mir beinahe wie ebensoviel schwimmende Särge.
Ich fuhr bei der Dogana an, und nachdem ich mich gehörig legitimiert hatte, in die Stadt, wo ich in einer Albergo abstieg. Für diesen Abend war es zu spät, mich noch bei der Kommandantur zu melden und so ein Quartier zu erhalten, aber kaum installiert, begab ich mich auf den nicht sehr entfernt liegenden Markusplatz, wo ich den ersten Abend promenierend oder an einem Kaffeehaus sitzend zubrachte und mir Stortis Beschreibung samt dem Plan von Venedig kaufte, um mich gehörig und baldigst zu orientieren.
So war ich denn endlich in der Stadt, so berühmt und gefürchtet durch ihre furchtbare Staatsinquisition, durch das mysteriöse und geheimnisvolle Verschwinden ihrer Individuen, wie durch ihre Banditen, ihre Folterkammern, Bleidächer, Pozzi, Verbrechen und die galanten Abenteuer ihrer schönen Frauen. Schon als Kind hatte ich mir immer gewünscht, einmal die Stadt zu sehen, in der Zschokkes Abällino und Flodoardo sein abenteuerliches Unternehmen getrieben, und hielt diese für eine historische Person, was ich nun zu ergründen mir fest vornahm.
Den andern Morgen meldete ich mich in aller Frühe und machte auch dem Gouverneur, General Menou, meine Aufwartung, der mich nicht nur äußerst freundlich aufnahm, sondern mir selbst zuredete, meinen Aufenthalt auf vierzehn Tage auszudehnen, da ich ja nichts zu versäumen habe und mir die Kommandantur von Veletri

nicht entgehe. Von diesem ging ich zu den Gebrüdern Heinzelmann, deutsche Bankiers, an die ich Empfehlungsschreiben von Haus hatte und für eine kleine Summe akkreditiert war. Die ersten Tage meines Aufenthaltes brachte ich fast nur damit zu, die seltsame Stadt kennenzulernen. Seltsam ist der richtige Ausdruck, denn alles ist sonderbar, ja einzig in ihr; ihre Lage, ihre Geschichte ihre Bewohner, ihre Sitten usw., alles hat einen ganz eigenen Charakter, man trifft dies nicht zum zweiten Male in der Welt an. 150 Inseln, die durch Kanäle getrennt und durch 300 Brücken wieder miteinander verbunden sind, scheint die große Stadt ein auf dem Meer schwimmendes Labyrinth, mit vielen krummen Gäßchen, in denen man sich ohne Führer gar leicht verirrt. Der große Kanal in Form eines schlecht geschriebenen Zweiers teilt sie in zwei ungleiche Hauptteile. Die vielen schwarzen Gondeln, die man unaufhörlich in allen Richtungen fahren und kreuzen sieht, geben der Stadt ein düster bewegtes Leben, und die verödeten Marmorpaläste, welche eine längst vergangene Herrlichkeit andeuten, machen einen schwermütigen Eindruck auf das an diese Gegenstände nicht gewöhnte Auge. Anders jedoch gestaltete sich Venedig in früheren Zeiten, wo es beständig von Larven wimmelte, und namentlich im Karneval, wo die buntesten und barocksten Masken mit den schwarzen und scharlachnen Mantelträgern wechselten, wo die schwarze Nationaltracht der reizendsten, fein-, und weißhäutigsten Frauen entzückte. Ich habe nirgends geistreichere und ausdrucksvollere Frauenphysiognomien gesehen als in Venedig, deren feine Züge und etwas blasses Aussehen sie zu wahrhaft transparenten Schönheiten machen, wenn ich mich so ausdrücken darf. Gerade diese Blässe bei einer fast durchsichtigen Haut, welche den Damen der höheren Stände eigen ist, und ihr schwarzes Feuerauge macht sie zu fast ganz geistigen, ätherischen Schönheiten, denen zwar das Majestätische der Römerinnen, das Frische der Toskanerinnen, der durchbohrende Blick der Genueserinnen abgeht, welche Vorzüge aber ihr nymphenartiges Wesen hinreichend ersetzt, wenn es auch die Sinne vielleicht weniger aufregt. Zu diesem bunten Gewühl der Vorzeit denke man sich noch die unzähligen Pfaffen und Mönche aller Farben und Kutten, die hier, sowie die Nonnen, ein sehr freies, ja ausschweifendes Leben ganz ungestört führen konnten, solange sie sich nicht in politische Intrigen einließen. Soldaten und Sbirren der Republik, aus allen Nationen geworben und in den wunderlichsten Trachten, Griechen, Armenier, Muselmänner, Bravis und Bulis, Banditen eigener Art, dazu der Doge, die Signoria, der furchtbare Rat der Zehne, aus dem die noch schrecklichern Drei hervorgingen, dies alles gestaltet ein so phantastisches Bild, wie es auch die ausschweifendste Einbildungskraft nicht bunter schaffen kann. Den ersten Tag fuhr ich in einer Gondel den Kanal grande, der auf beiden Seiten mit den schönsten Palästen, oft Meisterstücke der Architektur, geschmückt ist, von einem Ende zum andern, hin und zurück, dann längs der Riva degli Schiavoni, der Piazetta, wo die ehemals so verhängnisvollen Säulen stehen, dem Palazzo Ducale (dem alten Dogenpalast), an den Schauergefängnissen usw. vorüber in den Kanal San Marco, dann durch den der Giudecca, einige kleinere Kanäle und endlich wieder in die Nähe des St. Markusplatzes, wo ich ans Ufer stieg. Dieser Platz, der einzige in Venedig, dem man diesen Namen beilegen kann, ist ringsum von Arkaden umgeben, unter denen sich Kaffeehäuser, Kasinos usw. befinden. Der kleinere Teil desselben, der an dem Meer liegt, wird die Piazetta genannt. Seine schönste Zierde ist die St. Markuskirche, ein Gebäude, das seiner sonderbaren Bauart halber mit den übrigen Sonderbarkeiten dieser Stadt harmoniert. Der seltenste und ausgesuchteste orientalische Marmor ist bei der Konstruktion dieses Tempels, der die kostbarsten Mosaikarbeiten aufzuweisen hat, verschwendet worden. Zwei Bürger Venedigs, die den Leichnam des heiligen Markus von Alexandrien zu Anfang des neunten Jahrhunderts hierher brachten, den jedoch auch das Kloster Reichenau als einzig echt zu besitzen behauptete, waren die Veranlassung zum Bau dieser Kirche, zu welcher der Doge Partecipazio, dem toten Heiligen, oder heiligen Toten, zu Ehren den Grundstein legte, und sein Bruder Giovanni, zugleich sein Nachfolger, vollendete das fromme Werk. Er ließ den Leichnam in einen kostbaren metallenen Sarg legen und in einem verborgenen Winkel der Kirche begraben. Als aber 976 das gute Volk gegen den bösen Dogen Candian aufstand und dessen Palast in Brand steckte, da ergriffen die nicht mehr zu bändigenden Flammen auch diese Kirche und verzehrten noch ein halbes Tausend anderer Gebäude. Der Nachfolger Candians war der fromme Orseolo, der den Markustempel größtenteils auf seine Kosten wieder prächtiger aufbauen ließ. Sein Nachfolger setzte das begonnene Werk fort, und nach einem Jahrhundert stand die Kirche in der Form da, wie man sie jetzt noch sieht. Die Mosaikarbeiten ließ größtenteils der Doge Selvo verfertigen, und sie sind zum Teil so schön, daß man sie für vorzügliche Gemälde hält. Die Markuskirche ist sehr massiv und dauerhaft gebaut, ihre Vorhallen bestehen aus fünf Bogen, über denen sich noch fünf andere Bogen, die durch eine Galerie von den ersten getrennt und sehr reich verziert sind, befinden. Diese, mit unzähligen Säulen von Porphyr, afrikanischen, paphischen und anderen kostbaren Marmorarten versehenen Bogen bilden das Portal der Kirche mit fünf Eingängen, deren Türen von Bronze sind. Über dem mittleren, weit höheren Bogen standen die vier berühmten vergoldeten Sonnenpferde, die aber jetzt in Paris gastierten, und unter der Spitze des Bogens der große geflügelte Löwe, ebenfalls von vergoldeter Bronze, mit einer Tatze das Goldene Buch festhaltend. Über demselben befindet sich noch eine zweibeinige Statue des heiligen Markus, welche die vierbeinige in ihren Schutz zu nehmen scheint. Die vielen runden Kuppeln, welche über der Fassade der Kirche hervorragen, geben derselben ein sehr orientalisches Ansehen. Es sind deren fünf, in Kreuzesform geordnet und alle sowie das ganze Dach mit Blei gedeckt, und haben vergoldete Kreuze. Zwischen den obern Bögen und auf den beiden Seiten der Kirche sind viele gotische Spitztürmchen angebracht, die allerlei heiligem Gesindel von Stein zum Schutz dienen. Das Innere dieser Kirche entspricht dem Äußern und soll der Sophienkirche ähnlich sein; es ist aber mit Zieraten außerordentlich überladen. Der Hochaltar steht unter einem Baldachin von Serpentinstein, den vier weiße Marmorsäulen tragen. Das Tabernakel ist reich mit Diamanten, Rubinen, Smaragden, Perlen geschmückt. Hinter dem Hochaltar steht ein zweiter, der des Sakraments, der zwei Säulen von orientalischem Alabaster hat. Der Chor ist durch eine Säulenreihe von Porphyr von der übrigen Kirche getrennt. Auf deren Gesimse steht Maria in Gesellschaft des heiligen Markus und der zwölf Apostel, alle in Lebensgröße aus Marmor gehauen. Auch der übrige Teil hat keinen Mangel an Statuen, Basreliefs, Monumenten usw. Das Ganze ist eine seltsame Mischung arabischer, griechischer, gotischer und orientalischer Architektur.

Der zu dieser Kirche gehörige, aber von ihr getrennt stehende Markusturm ist höher als der des Münsters zu Straßburg, und also wohl der höchste Turm in Europa. Auf ihm stellte Galilei seine astronomischen Betrachtungen an. Ich bestieg ihn, um das zu seinen Füßen liegende Venedig mit einem Male überschauen zu können, und wurde für die kleine Mühe reichlich belohnt. Man denke sich eine Ansicht von einer schwindelnden Höhe herab auf unzählige kleine, mit Häusern, Kirchen und Palästen bedeckte Inselchen, die mitten in der großen Meeresflut eine große Stadt bilden, in deren Wasserstraßen Tausende von kleinen Schiffchen sich bewegen, und dann die Aussicht auf die weiter liegenden grünen Inseln, Klostergärten, bis auf das feste Land und in die endlose See, ein Panorama, einzig in seiner Art. Der Bau dieses Turmes ist ebenso wunderbar, er steht schon bald tausend Jahre auf seichtem und schlammigem Boden, ohne sich im mindesten gesenkt zu haben. Von dem Boden bis zum Glockengehäuse hat er eine doppelte Mauer, zwischen beiden führt eine ziemlich breite Art von Wendeltreppe, die sich an allen vier Seiten allmählich hinaufwindet. Der Türmer dieses Gebäudes hatte einen Gehalt von 150 venezianischen Zechinen, ohne die Akzidenzien, die in manchem Jahre das Fünffache betrugen, da er auch für jedes Geläute für Privatpersonen besonders bezahlt wurde. Dieser Turm hat sechs Glocken, von denen eine nur bei Vollziehung einer öffentlichen Hinrichtung geläutet wurde; die andern hatten ebenfalls ihre besonderen Bestimmungen. Eine lud die Senatoren zur Versammlung ein, diese hieß die Drionona, eine andere kündigte die vierundzwanzigste Stunde oder den Sonnenuntergang an. Um ein Uhr des Nachts (eine Stunde nach Sonnenuntergang) gab die sogenannte Nona den Wachen das Zeichen, sich auf ihre Posten zu begeben, und um Mitternacht avertierte sie die Patrouillen, ihre Streifereien zu beginnen. Die Trottiera gab schon am Abend das Zeichen zur Versammlung der Signoria für den folgenden Tag. Auch den Gerichten ward das Zeichen mit einer dieser Glokken gegeben, um im Palazzo zusammenzukommen; ebenso den Kaufleuten für die Börse. Schon mehrmals hatte der Blitz in den Turm geschlagen. 1401 kam sein oberer Teil durch ein Feuerwerk, das man bei Gelegenheit der Krönung eines Dogen veranstaltete, in Brand, wobei alles Holzwerk von den Flammen verzehrt wurde. Den 23. April 1745, als man gerade mit den Glocken das St. Markusfest für den folgenden Tag einläutete, schlug der Blitz zum zwanzigsten Male in den Turm, bis in die Fundamente desselben, und tötete drei Menschen.

Der Markus- oder Dogenpalast ist ein ebenso wunderliches Gebäude in seiner Art wie die Markuskirche, von sehr gemischter Architektur, ich möchte ihn ein Phantasiestück, eine Feste, wie man sie in Märchen beschreibt, nennen. Sein Umfang ist an zweitausend Fuß. Hier zeigt man die Säle, in welchen die Zehnmänner, die furchtbare Staatsinquisition und die geheimen Gerichte der Republik ihren Sitz hatten und ihre nächtlichen Verdammungsurteile sprachen, und von denen nur die Leichen zeugten, welche den andern Morgen verkehrt an Pfählen hingen oder die Lagunen manchmal zu Hunderten bedeckten, wie z. B. bei der Verschwörung von 1618, über die man nie ganz ins reine gekommen ist. Hier ist auch die schauerliche Seufzerbrücke, die hoch in der Luft aus dem Palast über einen Kanal zu den fürchterlichsten Gefängnissen, den berüchtigten Bleikammern führte, in welchen man, wie die Venezianer sagten, aus den Gefangenen im Sommer Braten und im Winter Gefrorenes machte. Diese Brücke wurde die Dei sospiri (Seufzerbrücke) genannt, weil man über sie, oder vielmehr durch sie – denn es ist ein über dem Wasser zwischen hohen Mauern geführter, bedeckter Gang – fast nie auch den Rückweg aus diesen fürchterlichen Gefängnissen fand. In dem zum Teil prachtvollen Sälen dieses Palastes sieht man viele sich auf die wichtigsten Begebenheiten der venezianischen Geschichte beziehende Gemälde. An diesem unheimlichen Palast waren auch die Löwen, die ihre schrecklichen Rachen aufsperrten, nicht um Menschen zu zerreißen, sondern geheime Anklagen aufzufangen; dadurch wurden die Staatsinquisitoren von wahren und falschen, manchmal nur durch Verleumdung und Rache eingegebenen Anklagen, von den Absichten unterrichtet, welche Individuen gegen die Ruhe des Staates im Schilde führen sollten, die, oft die unschuldigsten Schlachtopfer der abscheulichsten Bosheit, zu Tode gefoltert und gemartert wurden, so daß sie unendlich glücklicher zu preisen gewesen, wenn sie eine Beute der Löwen in der Wildnis geworden wären. Acht Tore führen zu diesem Palast, von denen vier auf den Kanal gehen, eines auf den großen Platz, zwei in die Kirche und das letzte auf die Piazetta. Durch das Tor am großen Platz kommt man in den großen Hof, in dem sich zwei große eherne Brunnen befinden, und der mit antiken Marmorstatuen, unter denen ein Marc-Aurel und Cicero sind, und anderen Verzierungen geschmückt ist. An der sogenannten Riesentreppe halten unten Adam und Eva und oben – Mars und Neptun Wache! Hier wurden die Dogen gekrönt, und von dieser Treppe rollte das greise Haupt des mehr als achtzigjährigen Dogen Marino Falieri, durch das Schwert vom Rumpf getrennt, blutig hinab. In den Galerien dieses Schreckenspalastes findet man Meisterwerke eines Tizian, Tintoretto, Paul Veronese u. a. Unter demselben sind die abscheulichen unterirdischen Kerker, Pozzi (Brunnen) geheißen, noch schrecklicher als die Piombi (Bleikammern). Es sind tiefe Löcher, die in den dicken Mauern der Fundamente angebracht sind, und die dazu dienten, die Unglücklichen, die eines Staatsverbrechens angeklagt waren, einstweilen hinter doppelten Eisentüren hier zu verwahren, in einer verpesteten Luft, kaum durch einen matten Schimmer des Tages beleuchtet, der durch eine enge, viele Schuh lange Öffnung in der Mauer drang. Von hier wurden sie in die Folterkammern und dann gewöhnlich zum nächtlichen Tod geführt. In den Gemächern der Staatsinquisition sah ich noch die Winden, mit welchen man den Elenden die Arme rückwärts in die Höhe wand, um sie mit aller Bequemlichkeit foltern zu können. Die Bleikammern fand ich weniger schrecklich als ihren Ruf, und ich habe andere Gefängnisse gesehen, in denen Hitze und Frost dieselbe Wirkung und noch größere haben mußten.

Ein freundlicherer Anblick ist die Rialtobrücke, die aus weißem Marmor und einem einzigen, siebzig Fuß langen und über vierzig Fuß breiten Bogen besteht, auf beiden Seiten mit Buden besetzt ist und so ziemlich in der Mitte der Stadt über den großen Kanal führt. Sie ist immer sehr frequentiert, und da in ihrer Nähe die Schiffe anfahren, welche Lebensmittel herbeiführen, so ist der Verkehr hier sehr groß. Von hier aus kann man auch fast nach allen Teilen der Stadt vermittelst schmaler Gäßchen und vieler kleiner Brücken zu Fuß kommen.

Das außerordentliche, große und sehr merkwürdige Arsenal (es hat beinahe drei Miglien im Umfang) ist ganz von Wasser und starken Mauern mit zwölf Türmen umgeben. Es liegt am äußersten Ende der Stadt. Vier Löwen, Morosini genannt, bewachen den Haupteingang. Der Peloponesier brachte sie aus Griechenland hierher; zwei davon sind Meisterwerke der Bildhauerkunst; einer ist ein geheiligter Löwe aus Athen, wie eine Inschrift an demselben besagt, den man dem Denkmal der Schlacht bei Marathon entnommen glaubt, und der also ein Alter von mehr als 2300 Jahren hat, ein zweiter hat aber einen modernen Kopf. Canova erkannte sie für altgriechische Arbeit. Über denselben ist noch der geflügelte Löwe des St. Markus. Durch dies Tor kommt man zuerst auf das Campo del Arsenale, ein anderes großes, durch welches die Schiffe aus- und einfahren, geht aufs Meer. In diesem Arsenal arbeiteten unter den Venezianern ganze Regimenter, die man Arsenaloten nannte, und dessen Unterhaltung der Republik jährlich eine halbe Million Markusthaler (anderthalb Millionen Gulden) kostete. Es enthielt, wie das zu Toulon, alle möglichen Werkstätten und Magazine für die Schiffsbaukunst und Ausrüstung der Flotten, und mit seinen Waffenvorräten konnte man an hunderttausend Mann bewaffnen. Alles, was hier verfertigt wurde, war mit dem Stempel des St. Markus bezeichnet, sogar die Nägel trugen ihn, und wehe dem, der etwas davon entwendete. Die venezianischen Schiffe waren zu ihrer Zeit wegen ihrer Dauer und ihrer Leichtigkeit berühmt. Das dazu verwendete Holz lieferten die Wälder Istriens und Dalmatiens, man ließ es aber zehn bis zwölf Jahre im Wasser liegen und dann an der Luft trocknen, bevor man es verarbeitete, wodurch es eine erstaunliche Härte erlangte. Die Arbeiter waren meist sehr geschickte Leute, die man gut bezahlte und die vom Vater auf den Sohn immer dieselbe Beschäftigung trieben. Dieses merkwürdige Arsenal war gewissermaßen eine Stadt in der Stadt, ja ein Staat im Staat, der von drei Nobili besonders regiert wurde, die alle drei Jahre Rechenschaft ablegen mußten. Das Oberhaupt der Arbeiter führte den Titel eines Admirals und war zugleich der Pilot des Bucentauren bei der seltsamen Zeremonie der Dogenvermählung mit dem Meer. Diese hatte folgenden Ursprung: Papst Alexander III. hatte sich vor dem deutschen Kaiser Friedrich I., der, gegen die Guelfen wütend, in Italien eingefallen war, inkognito und unter einem fremden Namen nach Venedig geflüchtet. Der Kaiser hatte ihn für einen Antichrist und Feind des Reichs erklärt; dennoch wurden ihm, als man ihn zu Venedig erkannte, von dem Dogen Zioni und der ganzen Signoria alle seinem Rang gebührenden Ehrenbezeigungen erwiesen. Als dies Friedrich I. erfuhr, verlangte er dessen gewaltsame Entfernung oder Auslieferung von der Republik, die dies verweigerte, in einem Seegefecht die Gibellinen schlug und sogar den Sohn des Kaisers, Otto, gefangen nahm. Als der Doge so siegreich nach Venedig zurückkehrte, umarmte ihn der Papst vor allem Volk und schenkte ihm einen geweihten Ring, zu ihm sprechend: „Bedienet Euch desselben, um das Meer für immer an Venedigs Herrschaft zu ketten, und daß sie sich jedes Jahr aufs neue mit demselben vermähle." Dies geschah sogleich, indem der Doge den geweihten Ring ins Meer warf, und Alexander III. sprach den Segen über diese Vermählung. Von jetzt an wurde diese Zeremonie jedes Jahr mit großem Pomp und Feierlichkeit wiederholt, und ein Prachtschiff, der Bucentauro, das nur allein an diesem Tag gebraucht wurde, eigens dazu erbaut. Ehe aber diese Trauung vor sich ging, mußte der Admiral des Arsenals, der selbst das Schiff dirigierte, jedesmal einen Eid schwören, daß sich die große Wasserbraut, das Meer, während der Zeremonie ruhig verhalten würde. Drei Reihen vergoldeter Statuen, die eine doppelte Galerie bildeten, trugen das Verdeck, unter dem die Ruderer sich befanden. Der Doge saß auf einer Art Thron, der auf dem Hinterteil des Schiffes angebracht war. Neben ihm der päpstliche Nuntius und der französische Gesandte auf der einen und seine Räte auf der andern Seite; über ihm wehte die Standarte des geflügelten St. Markus in Löwengestalt. Das ganze Schiff war überaus reich mit genuesischem, purpurrotem Thronsammet und goldnen Stickereien und Fransen drapiert. Die Senatoren durften dieser Zeremonie nicht beiwohnen, aus Furcht, daß durch eine Verschwörung hier auf einmal die ganze Aristokratie Venedigs vernichtet werden könnte. Feierlich langsam fuhr das Schiff majestätisch unter dem Donner der Kanonen und in Begleitung unzähliger Barken und Gondeln, welche die Lagunen bedeckten, vor der Piazetta ab. So bald es im offenen Adriatischen Meer war, erhob sich der Doge und empfing den geweihten Ring aus den Händen des Patriarchen, der die Worte Alexander III. wiederholte, worauf er den Ring in das Meer warf, und die Vermählung war vollzogen. Der Bräutigam hütete sich aber wohl, das nasse Brautbett zu besteigen. Blumen und Kränze wurden in großer Menge in den Schoß der Braut geworfen, die aber dem Gatten nicht treu und hold blieb, sondern bald mit Spanien und Portugal, mit Holland und Frankreich und in der neuern Zeit besonders mit Albion buhlte, dem sie auch nicht ewig treu bleiben wird, denn schon beginnt sie mit Nordamerika zu schmunzeln.

Die Rüst- und Waffensäle des Arsenals enthalten sehr merkwürdige und seltene Waffensammlungen, Rüstungen, Schilder usw. aus allen Zeiten und besonders viele osmanische Trophäen, auch Attilas Helm wird hier aufbewahrt.

Unter den vielen Kirchen Venedigs, von denen ich nur die merkwürdigsten sah, ist Maria della Salute eine der prächtigsten. Sie verdankt ihre Entstehung der schrecklichen Pest, die 1630 Venedig heimsuchte, bei welcher Gelegenheit der geängstigte Senat das Gelübde tat, der die Gesundheit beschützenden Maria eine schöne Kirche zu bauen. Dies ging in Erfüllung, und der schöne Tempel mit seinen drei herrlichen Fassaden, zu denen viele Marmorstufen führen, wurde erbaut. Die Johannes- und Paulskirche ist wegen ihrer vielen Monumente von Dogen und Dogaressen, ihres kostbaren Hochaltars und ihrer großen Reichtümer berühmt; sie enthält auch mehrere Statuen ausgezeichneter Feldherrn, die sich um die Republik verdient gemacht haben. Der Raum, auf dem diese Kirche steht, war eine sumpfige Insel, die der Doge Tripolo dreizehn Jahre nach dem Tode des heiligen Dominikus dessen geistlichen Kindern schenkte, die zuerst ein sehr einfaches Bethaus hier errichteten. Als aber diese Dominikaner durch große Erbschaften und Almosen selbst sehr reich wurden, bauten sie nebst einem großen, bequemen Kloster auch diese Kirche, die prächtigste Venedigs.

Venedigs Bürger, die unter der eisernen Rute der despotischsten und grausamsten Regierung von der Welt lebten, hielten sich dennoch für freie Leute, weil sie Dinge, welche die Regierung nicht direkt berührten, Ausschweifungen und Liederlichkeiten aller Art straflos begehen durften, und bedauerten die Knechtschaft, in welcher nach ihrer Meinung die Untertanen in Monarchien schmachteten, während ihnen selbst kein freies Wort aus dem Mund entwischen durfte, ohne Gefahr, alle persönliche Freiheit, ja wohl Gut und Leben einzubüßen, an einem Schandpfahl zu hängen oder den Fischen der Lagunen zur Speise zu dienen. Sie waren darin den Bürgern mancher deutschen Republik nicht unähnlich, die es wagen dürfen, den oft heilsamen und zweckmäßigen polizeilichen Verordnungen ungestraft zu widerstehen und die mit der Ausführung derselben beauftragten Diener mit Grobheiten heimzuschicken, während man sie hinsichtlich ihrer wichtigsten und heiligsten Interessen, Verwaltung und Justiz, bei der Nase herumführt. Nie hat ein Monarch, auch nicht der ausgeartetste Tyrann, eine ähnliche willkürliche

Macht und Tyrannei ausgeübt als Venedigs Staatsinquisition, die ohne alle Verantwortlichkeit mit dem Leben, Gut und Blut der Bürger nach Lust und Gefallen schaltete. Mißtrauen und Furcht waren die gewaltigen Triebfedern der Herrscher Venedigs, und das Spionenwesen und die Angeberei in einem Grad der Vollkommenheit organisiert, der zu keinen Zeiten in einem andern Land erreicht wurde. Beispiellos ist es in der Weltgeschichte, daß ein Volk oder ein Staat dreien seiner Bürger über Tod und Leben, Habe, Gut und Blut all ihrer Mitbürger eine so unumschränkte, rechenschaftslose Gewalt erteilt hätte, wie dieses schreckliche Tribunal unter dem Aushängeschild: Staatsinquisition übte. Napoleon machte 1797 diesem freilich damals schon in den letzten Zügen liegenden Ungeheuer ein schnelles Ende, vernichtete das geflügelte Untier, St. Markus genannt, und mit ihm die scheußlichste Tyrannei, die je eine Aristokratie oder Oligarchie ausgeübt. Dennoch waren, und vielleicht gerade deshalb, die furchtbarsten Verschwörungen gegen denselben in Venedig an der Tagesordnung. Der Hochmut, die Arroganz und die Unverschämtheit der Nobili überstieg allen Glauben, sie zahlten den Bürgern für erkaufte Waren was und wann sie wollten, oft nur mit Grobheiten und Mißhandlungen, und wehe dem, der sich dagegen verteidigte, ja nur zu schützen suchte. Stockschläge, Degen- und Dolchstiche waren ihm gewiß, und kein Recht dagegen zu erlangen. Je mehr die Armut des venezianischen Adels während des Verfalls der Republik zunahm, desto größer wurde die Arroganz und Beutelschneiderei desselben. Ihre Schurkenstreiche hatten keine Grenzen, und die meisten lebten nur noch von Prellereien und dem Verkauf ihrer Wahlstimmen, ihr hauptsächlichstes Privilegium. In der letzten Zeit der Republik waren all diese Illustrissimen und Exzellenzen, so mußte sie der Bürger titulieren, so bettelarm, daß die meisten in Dachkammern wohnten, sich selbst kochten, wenn sie etwas zu kochen hatten, und in ihrer Kleidung schmutzigen

Bettlern vollkommen glichen. Um sich gegen ihre Zudringlichkeit jeder Art zu sichern, suchten die Bürger und Kaufleute, wenn sie ein Fest feierten oder einen Schmaus hatten, den Livreebedienten irgendeines Gesandten zu gewinnen, der sich an ihre Haustüre stellen mußte, die hochadeligen Hungerleider abzuhalten, indem nach einem streng beobachteten Gesetz sich kein Senator da treffen lassen durfte, wo ein fremder Gesandter nur zu vermuten war, und sie dann an einem solchen Haus wie der vom Hund verscheuchte Marder scheu vorüberzogen. Desselben Mittels bedienten sich auch alle Kaffee- und anderen Wirte, um diese viel verzehrenden und nichts bezahlenden Nobili und Senatoren vom Besuch ihrer Häuser abzuhalten. Für die Pfaffen und Mönche war aber Venedig ein wahres Paradies. Nirgends bekümmerte sich die Geistlichkeit weniger um den Papst; die Herren maskierten sich, lagerten in allen liederlichen Häusern, deren beste Kunden sie waren, hielten sich Mätressen, trieben allen möglichen Unfug, und an eine Kirchendisziplin war nicht zu denken. Beim Volk war ihr Ansehen daher auch sehr gering, was aber gerade Wasser auf das Mühlrad der Regierung war, die deshalb den Kuttenträgern auch gerne durch die Finger sah. Gott und der Papst galten in Venedig wenig oder nichts, nur der geflügelte Heilige in der Löwenhaut war der angebetete Götze. Die allgemeine Tracht in den Straßen war für jeden, der es nur möglich machen konnte, ein roter Mantel, in den man sich tief einhüllte. Die meiste Zeit ging man maskiert; nur was zur Signoria gehörte, trug eine Art schwarzen Chorrock, wenn man sich auszeichnen wollte, sonst aber auch den beliebten Mantel, was nebst der Maske sehr bequem war, wenn man unerkannt sein und auf Abenteuer ausgehen wollte. Die Banditen und Bravis fanden hier mehr als in irgendeiner andern Stadt Italiens zu tun und standen zum Teil in lebenslänglichem Sold reicher Nobili, denen sie blutige Dienste und zugleich Schutz leisten mußten. Ihr gräßliches Handwerk war auch hier weit leichter als irgendwo zu treiben, denn dem tötenden Dolchstoß folgte ein zweiter mit der Faust, der den Unglücklichen und die Tat in einem Kanal begrub.

Nachdem ich mit meinem Storti in der Hand durch die bedeutendsten Kanäle gefahren war, ging ich auch zu Fuß durch einen Teil der Stadt und kam durch so enge und finstere Gäßchen, daß sich zwei Personen oft nur mit großer Mühe ausweichen konnten und die himmelhohen Häuser kaum ein Dämmerlicht durchdringen ließen. Das Ende meiner Streifereien war immer der St.-Markus-Platz, der einzige Ort in Venedig, wo man längere Zeit weilen kann; es ist aber auch einer der schönsten Plätze Europas und immer voll Leben. Die vielen Kaffeehäuser und Botteghen sind beständig mit Leuten angefüllt. Das Treiben beginnt mit Tagesanbruch und endigt erst lange nach Mitternacht. Noch wehten hier die Trophäen der vergangenen Herrlichkeit auf drei hohen Mastbäumen, nämlich die Siegesstandarten von Morea, Candia und Cypern. Was den Platz so schön macht, sind seine herrlichen Gebäude mit den ihn umgebenden Säulengängen. An der Seite des Turms schließen ihn neun Paläste, die aber nur einen einzigen zu bilden scheinen, und eine marmorne Fassade und drei Säulenreihen, eine dorische, jonische und korinthische übereinander haben. Diese Paläste werden die Procuratie nuove genannt. Zur Zeit der Republik waren sie von den Prokuratoren derselben bewohnt. Ihnen gegenüber liegen die Procuratie vecchie, von 55 Pilastern und Säulen toskanischer Ordnung getragen. Den Hintergrund dieser prächtigen Schaubühne bildet die pittoreske Fassade des Markustempels, den hohen Glockenturm zur Rechten. Was diesen Platz äußerst unterhaltend macht, ist, daß er beinahe der einzige Spaziergang der Bewohner Venedigs und aller Fremden ist, auf dem sich das ganze öffentliche Leben dieser Stadt konzentriert. Hier sieht man alle möglichen Trachten und hört die Sprachen aller Nationen. Advokaten und Scharlatane, Staatsbeamte und Schiffsknechte, Marionettenspieler und Soldaten, Improvisatoren und Saltimbanchi, Stiefelwichser und Obsthöker, Pfaffen, Histrionen und Taschenspieler, alles treibt sich hier im buntesten Gewühl durcheinander herum; besonders ist dies am Abend und in der Nacht der Fall, wo er durch Tausende von Lichtern der Kaffeehäuser, Botteghen und Casini erleuchtet ist, was das Gewirre und Getümmel um so abenteuerlicher erscheinen läßt. Vor den Kaffeehäusern sind Zelttücher oder Baldachine aufgespannt, unter denen man sitzt. Um den Turm herum haben Notare und Advokaten ihre Sitze aufgeschlagen, die jede Art Schriften, Bittschriften, Klagen usw. um wenige Gazetten oder Soldi abfassen; andere Schreiber befassen sich mit Bettel- oder Liebesbriefen usw. Nur Frauen und Mädchen aus den höheren Ständen sucht man, den Karneval ausgenommen, vergeblich hier, da es nicht Sitte in Venedig ist, daß Damen die Kaffeehäuser besuchen. Man kann sie nur in den Kirchen, den Theatern und den Abendgesellschaften sehen. Der Zutritt zu den letztern ist aber für Fremde nicht so leicht wie an andern Orten Italiens, wenn sie nicht ganz besonders einer Familie empfohlen sind. In den Kasinos findet man leichter Eingang, wenn man nur ein Mitglied derselben kennt. Einer der angenehmsten Zeitvertreibe ist eine Spazierfahrt längs der Riva de Schiavoni bis an die Punta di St. Antonio bei Sonnenuntergang in einer Gondel, die man hier gewöhnlich nur Barke nennt. Man steigt rückwärts in dieselbe, weil man sich in dem niedrigen Hüttchen nicht gut umdrehen kann. Diese Schiffchen sind alle ganz schwarz und von gleicher Form; ihr düsteres Aussehen macht sie Leichenschiffchen ähnlich, und sie gleichen in der Tat unsern alten Leichenwagen. Ehedem waren sie bunt, schön verziert, von beliebiger Farbe, oft prächtig und kostbar ausgeschmückt, so daß sie große Summen kosteten, denn die Reichen suchten sich dabei im Aufwand zu überbieten, wie anderswo im Luxus der Equipagen, und bedeckten sie mit

Scharlach und Gold, weshalb die Regierung, um diese Verschwendung zu zügeln, ein Gesetz erließ, welches sie alle uniform verordnete und jede Gondel, die nicht ganz so wie es vorgeschrieben eingerichtet war, sogleich zertrümmern und den Wellen übergeben ließ. Im Innern haben sie gepolsterte, bequeme Sitze. Angenehmer als in den Kanälen fährt man in den Lagunen, besonders nach den Lidis hin.

Die venezianischen Damen, die, wenn sie einmal Donne maritate sind, sich einer fast zügellosen Freiheit erfreuen, sind in ganz Italien wegen ihres höchst einnehmenden und verführerischen Wesens berühmt und haben die Kunst einer fast unwiderstehlichen Koketterie bis zur höchsten Vollendung gebracht. Obgleich den meisten, selbst in den höchsten Ständen, gründliche wissenschaftliche Bildung abgeht, so ist doch ihre Unterhaltung nicht nur äußerst angenehm, sondern in der Regel auch sehr geistreich, lebhaft und ungezwungen, und der venezianische Dialekt verleiht ihrer Sprache etwas überaus Liebliches. An verliebten Intrigen fehlt es hier weniger als in irgendeiner anderen Stadt, und das Cicisbeat war hier noch in vollem Gang.

Von den Theatern besuchte ich hauptsächlich Fenice, das erst 1791 durch eine Assoziation von Aktionären erbaut wurde. Es hat besonders gute Löschanstalten; im Fall ein Feuer entsteht, kann augenblicklich von zwei Türmen hinlänglich Wasser in dicken Strömen auf dasselbe geleitet werden. Hier treten die berühmtesten Sänger und Sängerinnen Italiens auf, und ich habe die vollendetste Vokalmusik in demselben gehört. San Benedetto, hauptsächlich der Operia Seria gewidmet, war geschlossen, sowie mehrere der kleineren Bühnen. Ein sehr schönes Marionettentheater, wo man nur im venezianischen Dialekt spricht, besuchte ich einigemal. In das Parterre geht hier niemand als Leute aus den untersten Volksklassen, Fischer, Gondoliere usw. Die Freudenmädchen haben in Venedig wenig Raum zu ihren Umtrieben und suchen daher die Männer und Fremden meistens in den Kirchen an sich zu locken, ihre Adressen austeilend. Man zählte damals nahe an hundert Bordelle.

Zwei Tage nach meiner Ankunft bezog ich eine Privatwohnung, die ich mir durch die Vermittlung eines dienstwilligen Barbiere parrucchiere verschafft hatte: „Illustrissimo eccellenza finden daselbst Donne giovine belle e oneste," sagte mein Figaro, „eine honette Bürgersfamilie, durch Unglück herabgekommene Kaufleute, deren Haupt jetzt den Makler macht. Es sind zwei junge Frauen in dem Haus, die eine ist die Gattin des Signor Ludolli und die andere die Frau eines Signor Odellino, der sich schon seit Monaten in Geschäften abwesend in Triest befindet. Auch ein paar blutjunge Ragazze von dreizehn und vierzehn Jahren, Anverwandte des Odellino, wohnen bei diesen. Illustrissimo werden sehr gut daselbst aufgehoben sein!" – „Und auch geprellt?" sagte ich, das Faktotum forschend ansehend. – „Behüte der Himmel, gente onestissime!" – „Gut, bringe mich hin." – Wir bestiegen eine Gondel und waren in wenigen Minuten an dem Palazzo. Das war das Haus wirklich, allein einer von jenen verlassenen, öden, mit verwischten Vergoldungen. Die Damen empfingen mich als einen Signor Uffiziale francese mit zuvorkommender Freundlichkeit, es waren echt venezianische Gesichtchen, und man wies mir eine, freilich nicht sehr elegant, dagegen sehr ökonomisch möblierte Wohnung, aus fünf Zimmern und einem großen Salon bestehend, an, deren Fußböden alle von rotem Terazzo waren, wie es hier Gebrauch, für den Spottpreis von vier venezianischen Talern, etwas über zehn Gulden, des Monats an. Ohne zu handeln, erlegte ich das Geld anticipando, und da mir die Frauen gefielen, fragte ich auch, ob sie mir den Tisch geben könnten. – „Oh, wir leben gar zu einfach," wurde mir bescheiden erwidert, „Illustrissimo würden sich nicht mit unserer Kost begnügen. Die meiste Zeit essen wir nur Fische, Muscheln, Austern oder Frittole" (in Öl gebackene Polenta). – „Signore mie, ich bin die Genügsamkeit selbst, und freundliche Gesichter bei der Tafel sind mir lieber als die größten Leckerbissen." – Auch darüber waren wir bald einig, indem die Damen sagten, ich möchte das Essen erst versuchen, und dann könne ich selbst den Preis machen. Ich war es zufrieden, mein Figaro hatte ja die Damen versichert, ich sei un uomo generosissimo.

Den dritten Tag nach meiner Ankunft erhielt ich eine Einladung zu Tisch von dem Gouverneur, General Menou, dem ich von den Begebenheiten zu Rom und Wien viel erzählen mußte. Er schien mit meiner Unterhaltung so zufrieden, daß mir die Ehre, an seiner Tafel zu speisen, sehr oft zuteil ward. Menou war ein Mann, der schon hoch in den Sechzigern stand und eine eigene, seltsame Karriere gemacht hatte. Aus einer alten Familie der Tourraine, hatte er es bei dem Ausbruch der Revolution schon zu dem Grad eines Maréchal de Camp gebracht. 1789 wurde er von dem Adel der Tourraine zum Deputierten bei den Generalstaaten erwählt, hier vereinigte er sich mit dem dritten Stand, trug viel zu energischen Maßregeln zur Verteidigung des Vaterlandes bei und bewirkte hauptsächlich die Vereinigung Avignons mit Frankreich. Nach dem Schluß der Sitzungen befehligte er en second in dem Lager, das man bei Paris gebildet hatte, und wurde dann in die Vendée gesandt, wo er sich sehr gemäßigt benahm. Den 2. Prairial 1793 war er es, der gegen die aufgestandene Vorstadt St.-Antoine marschierte und so den Konvent rettete. Er war bei der Expedition von Ägypten, und wurde nach Klebers Tod Obergeneral des französischen Heeres daselbst. Aus Politik wurde er jetzt ein Muselman, nahm den Turban, nannte sich nun Abdallah und heiratete ein hübsches türkisches Mädchen aus Rosette. Dies hinderte nicht, daß er bei Alexandrien von dem englischen General Abercromby den 2. Mai 1801 geschlagen wurde. Napoleon hatte ihn später zum Statthalter von Piemont und dann zum Gouverneur von Venedig ernannt.

Nachdem wir gut getafelt und ziemlich viel Zypernwein zum Dessert getrunken, brachte einer der Gäste, ein Bataillonschef, die Sprache auf den Islamismus und äußerte dabei, es sei doch eine recht einfältige Religion, man müsse von Sinnen sein, so tolles Zeug zu glauben, wie sie lehre, und ihr Prophet Mohammed sei ein recht pfiffiger Gaudieb gewesen, der den Leuten die Köpfe zu berücken gut verstanden habe. Menou, der nicht zuviel getrunken hatte, sondern nüchtern war, erwiderte demselben: „Nicht so sehr als Sie glauben, mein Herr", seine Stimme etwas erhebend, fuhr er sodann fort: „Ich weiß recht gut, daß in der Armee und in Frankreich gar viel über meinen Übertritt zum Islamismus räsonniert, geklatscht und gespöttelt worden ist. Ich mache nicht den geringsten Hehl, daß diese Handlung durchaus nur die Politik zum Grunde hatte, indem ich hoffte, dadurch Ägypten Frankreich zu erhalten, eine fehlgeschlagene Hoffnung, wie so manche andere; aber aufrichtig, meine Herren, was müssen andere Völker und auch die Osmanen, über deren Religion wir uns so oft lustig machen, weil sie an Mohammeds wunderbare Himmelsreisen und ähnliche Dinge glauben, von uns denken, daß wir einen Gott verehren, den die Juden kreuzigten, eine Mutter Gottes, die ein Kind bekam und dennoch Jungfrau blieb, eine Dreieinigkeit, Gott Vater und Sohn in einer Person, eine Legion von Heiligen, die alle mehr oder weniger komische, unglaubliche und lächerliche Wunder verrichteten, daß wir Reliquien verehren, für deren ganzen Plunder ein Trödeljude kaum ein paar Taler geben würde, wahre Fetische. Was müssen sie von einem Gott halten, der kein anderes Mittel weiß und kennt, die sündigen Menschen zu bessern und zu erlösen, als seinen Sohn Mensch werden und ihn kreuzigen zu lassen, was von dem Gott der Bibel, der ein rach- und zornsüchtiges, leidenschaftliches Wesen ist, das bis ins vierte Glied an Unschuldigen die Sünden der Väter heimsucht, bestraft, der den Juden zehnmal verzeiht und dann, kurzsichtiger als ein mit gesunder

Vernunft begabtes Menschenkind, nicht einmal soviel Voraussicht besitzt, um einzusehen, daß die Juden wieder zehnmal in denselben Fehler verfallen werden; was von Gott und seinen Heiligen denken, welche der Hilfe ohnmächtiger Menschen bedürfen, ihre Anbetung und Erkennung in der Welt zu verbreiten! Das erste, was gewöhnlich die zu einer andern Religion sich bekennenden Individuen, die wir die Sucht bekehren zu wollen haben, antworten, wenn wir sie mit den Grundlagen der unsrigen bekannt machen, ist: aber wie konnte man einen Gott kreuzigen? Wie kann ein Mädchen Mutter werden und doch eine Jungfrau bleiben? Wie sind drei Dinge eines und doch drei? – und was erwidern wir ihnen? – Ja, das sind unerforschliche Geheimnisse der Gottheit, die großen Mysterien der christlichen Religion, über die man weder denken, noch viel weniger sie einer Kritik unterwerfen darf. Dies allein wäre schon eine Sünde! – Wir sind von der zartesten Kindheit auf gewöhnt, solche Dinge zu hören, wachsen dann mit dem Glauben an dieselben auf, und selbst den Vernünftigern unter uns fallen sie wenigstens nicht mehr so sehr auf; aber sie werden mir zugeben, meine Herrn, daß wer zum ersten Male dergleichen erzählen und behaupten hört, sie allerdings für absurd, für eine Blasphemie, eine Satire auf die Gottheit selbst halten muß; sie erscheinen ihm ebenso toll als uns das Tier Al-borak mit seinen hundertvierzig Flügeln, das ein Mittelding zwischen einem Esel und einem Maulesel das Angesicht eines Menschen mit den Backen eines Pferdes gehabt, und auf göttlichen Befehl den Propheten Mohammed mit Blitzesschnelle allenthalben hinbrachte, oder der Hahn, dessen Kopf durch alle sieben Himmel bis zum Thron Gottes reichte. Sie lächeln, und mit Recht. Dennoch findet sich im ganzen Alkoran keine einzige Stelle, die aus dem Weltenschöpfer ein so leidenschaftliches, zorniges, rachsüchtiges, selbst inkonsequentes und wankelmütiges Wesen macht als unsere sogenannte Heilige Schrift, der widerlichen Obszönitäten, welche dieselbe enthält, gar nicht zu gedenken, wie die saubere Geschichte von Loths Töchtern usw. Und dies ist das Grundbuch der christlichen Religion! – Und unser Gott fand kein anderes Mittel, als einen Sohn zu zeugen, durch eines alten Zimmermanns Frau gebären zu lassen, die doch Jungfrau blieb, um seine Welt zu erlösen und glücklich zu machen!! und dabei ist doch der ganze Zweck, nämlich des Glücklichmachens, verfehlt. Ich habe in meiner Jugend einen alten Mann, einen fleißigen Bibelleser, gekannt, der, als einmal die Rede von der schlechten Welt war, erwiderte: Ja, ist denn das ein Wunder. Gott hat sie in sechs Tagen gemacht; was kann man in sechs Tagen Großes machen? Hätte er sich wenigstens sechs Jahre oder sechs Jahrhunderte Zeit dazu genommen, so wäre sie vielleicht leidlich geworden; so hat er sich offenbar übereilt."

Wir alle lachten.

„Ja sehen Sie, meine Herren," fuhr der General fort, „zu solchen Bemerkungen veranlaßt die Bibel. Von der Hölle, dem Fegfeuer und andern Alfansereien der Art will ich gar keine Erwähnung machen, sie sind zu abgeschmackt. Indessen wäre das Neue Testament doch ein gutes Buch, ohne seine Wunder und Taschenspielerkünste, wie die Umwandlung des Wassers in Wein usw. Von den drei Religionen, der christlichen, der mohammedanischen und der jüdischen, ist die letzte noch die vernünftigste, trotz all ihrer lächerlichen Gebräuche. Viele Fürsten und Regierungen und auch unser Kaiser Napoleon haben den Köhlerglauben, die Völker seien nur durch eine die Sinne aufregende Religion in Zucht und Ordnung zu erhalten und zu beherrschen, und in diesem Glauben suchen sie die Pfaffen, des eigenen Interesses willen, zu erhalten und zu bestärken. Ich bin nicht der Meinung und glaube, daß dies nur eine gute und weise Gesetzgebung, mit einer humanen Behandlung vereint, imstande ist. Ein reiner Deismus, der da mit wenig Worten lehrt: Es gibt und muß ein allmächtiges Wesen geben, das alles, was da ist, erschaffen hat, welches das Gute belohnt und das Böse unfehlbar bestraft, wie wir schon hienieden täglich wahrzunehmen Gelegenheit haben, das wir also lieben, verehren und fürchten sollen. Diese Lehre, mit guten Gesetzen und reiner Moral lehrenden Schulen und Erziehungsanstalten verbunden, würde vollkommen ausreichen, und man bedürfte dann all der Schnurrpfeifereien und Nebendinge nicht und hätte noch weniger vom Atheismus zu fürchten, der überhaupt gar nicht vorhanden ist und sein kann, denn ein wirklicher Gottes- oder Schöpferleugner kann nur ein Narr oder ein ausgemachter Dummkopf sein. Fragt man solche, wer denn alles Vorhandene erschaffen, so erwidern sie: Die Natur oder Ähnliches. Was ist und kann diese Natur denn anders sein als ein allmächtiger Schöpfer. Gebt ihm einen Namen, welchen ihr wollt; es ist und bleibt immer ein und dieselbe Sache, und wenn wir selbst annehmen wollten, wie es schon mehrere Narren gab, daß außer unserm werten Ich alles andere nur ein Blendwerk, ein Nebelgebilde sei, so müßte auch selbst dieses noch einen Urheber haben. Das Vernünftigste, was der tolle Robespierre getan, war, die Verehrung eines allmächtigen Wesens anzuordnen. Nur fehlte er in der Art und Weise, wollte auch dadurch nur und durch Scharlatanismus seine Tyrannei befestigen und wurde deshalb gestürzt."

„Gut, mein General," sagte ich nun, als Menou seine Rede, der alle mit Erstaunen und Verwunderung zugehört, beendigt hatte, „aber wie steht es mit der Unsterblichkeit unserer armen Seele, was ist der Zweck unsers Daseins?"

„Ach, Kapitän," versetzte er, „das ist eine andere Frage, die genügend aufzulösen kein Sterblicher je imstande sein wird. Nur über die Substanz unsers Körpers, über alles Materielle bin ich vollkommen im reinen. Alles was wir genießen, Speise und Trank, die Leckerbissen, die Sie sich heute an meiner Tafel so wohl schmecken lassen, dies alles ist schon durch Milliarden menschlicher und tierischer Leiber gewandert, und wird es, solange die Welt steht. Von unsern Zähnen, solange wir deren haben", hier warf der General einen etwas maliziösen Seitenblick auf einige ältere Damen, die gegenwärtig waren, „zermalmt, von unsern Mägen verdaut, wird es wieder zur Erde gebracht, um sich über kurz oder lang aufs neue in Gras, Kraut, Gemüse, Früchte, Futter für Tiere und Menschen zu verwandeln und dann als Nahrungs- und Zeugungsstoff abermals in Blut und Milch überzugehen. Zu Staub werden die größten und reichsten Städte der Erde, die massivsten Marmor- und Goldpaläste, die prächtigsten Denkmäler und Monumente, gleich den schlechtesten Lehmhütten und hölzernen Gräberkreuzen der Armen. Ob tausend Jahre früher oder später, was zählt dies in der Ewigkeit? Und alle menschliche Philosophie läßt sich füglich in die zwei Worte: ‚*verwandelter Staub*' zusammenfassen, wenigstens ist der Inbegriff alles Körperlichen und Irdischen in ihnen enthalten. Was aber das Geistige, das Seelenleben des Jenseits, die Gottheit betrifft, so wird uns dies hienieden ein ewig Rätsel bleiben, das der hoch- und tiefgelehrteste Philosoph, der unterrichtetste und klügste Mensch ebensowenig wie der roheste und unwissendste Wilde zu lösen vermag, und die Quintessenz aller sublimen Gedanken eines Plato, Descartes, Bacon, Leibnitz usw. bringt uns um keine Haaresbreite weiter als die Untersuchungen der Narren, die mit Hilfe eines Mikroskops den Sitz der Seele im Gehirn oder Gott weiß sonst wo entdecken wollen. Überhaupt halte ich alle spekulative Philosophie, alle metaphysischen Forschungen für unnütze Zeitverschwendung, für verlorene Mühe, in Summa für Narrheit. Nur auf die eigentliche Lebensphilosophie gebe ich etwas, wenigstens kann sie uns das oft so kümmerliche Dasein und dessen Beschwerden leichter ertragen helfen und leidlicher machen. Und dann – wer kann wissen, ob nicht jene unsichtbare, furchtbare, alles leitende Allmacht, deren erbärmliche Drahtpuppen und Hanswurste wir am Ende doch alle nur sind, der

Mann im Kaisermantel wie der Lumpensammler, ob sie nicht den einen und sein Bewußtsein wieder hervorzurufen für gut befindet, während sie es nicht der Mühe wert hält, den andern nochmals aufleben zu lassen, sondern auch dessen ewige geistige Vernichtung beschlossen hat. Wenigstens wird mir niemand bestreiten können, daß dies in ihrer Macht liegt. Es ist eine Idee wie jede andere. Doch genug davon, ich glaube in dem, was ich gesagt, alles was spekulative Philosophie vermag, erschöpft zu haben; lassen Sie uns nun auf die Gesundheit unsers heiligen Napoleon trinken."

Bei diesen Worten hob der General ein Glas Champagner hoch und rief ein: „Vive l'Empereur!" in das die ganze Tischgesellschaft mit einstimmte. Man gab nun der Unterhaltung eine andere Wendung. Es war vom entführten Papst, vom Krieg und Frieden mit Österreich, von den schönen Venezianerinnen, die man auch hochleben ließ, usw. die Rede. Mit zum Teil schweren Köpfen trennte man sich bei schon ziemlich vorangerückter Nacht, verlor sich in die Theater, Kasinos usw. Ich ließ mich in meine Wohnung gondolieren, wo ich die Damen musizierend und venezianische Lieder singend antraf und ihnen bis Mitternacht noch Gesellschaft leistete. Auch Signor Ludolli war gegenwärtig und benahm sich sehr freundlich, nur damit war er nicht ganz einverstanden, daß mir die Damen auch die Kost zugesagt hatten. Ich suchte ihn deshalb zu beruhigen, indem ich ihm versicherte, daß ich nur äußerst selten Gebrauch von diesem Zugeständnis machen würde.

Bald hatte ich herausgebracht, daß die Signora Odellino, deren Mann wirklich als Buchhalter in einem Triester Haus konditionierte, eine Donna mantenuta war, die ein noch ziemlich wohlhabender Nobile, ein gewisser Contarino unterhielt, der sich rühmte, Dogen unter seinen Vorfahren gehabt zu haben. Ich kam selten oder nie nach Haus, ohne den Damen einige Geschenke, meist in Dolce oder Confetti bestehend, mitzubringen, was mir dieselben hoch anrechneten. Zum Mittagessen fand ich mich nur selten ein, desto mehr zur Cena, wo es dann immer munter herging. Eines Tages, es war der vierte oder fünfte, daß ich in dem Hause wohnte, kam der Patron della Casa zu einer ungewöhnlichen Stunde in großer Unruhe heim und rief seiner Frau beim Eintreten zu: „Nun, da haben wir die Bescherung. Ich hab' es vorausgesehen; soeben hat mich Contarino auf dem San Marco angepackt und mir den Handel mit der Gatte (der Odellino Taufname) gekündigt, wenn der maledetto francese nicht schnell ausziehe." Ich zahlte gut, hatte erst diesen Morgen einen Korb mit Zyprier der Dame in die Küche geschickt, war freigebig und stand also in hoher Gnade bei derselben. Sie nahm auch sogleich meine Partei und antwortete ihrem Mann: „Es ist der Mühe wert, daß der filzige Contarino einen solchen Lärm über nichts macht. Er gibt uns kaum fünf Zechinen monatlich; davon kann die Gatte nicht leben. Hol' ihn der Henker. Und überdies denkt der Franzose gar nicht an sie; die Mädchen stecken ihm eher im Kopf, wenn er ja auf eine von uns reflektiert. Der Offizier bezahlt uns allein für ein altes Cembalo (Klavier), das wir ihm gestern verschafft haben und uns drei Lire kostet, zwanzig. Vom Ausquartieren kann gar keine Rede sein, denn er hat einen Monat anticipando bezahlt." Der Mann versetzte nun: „Das wird eine saubere Geschichte werden; der Franzose kann sich in Obacht nehmen, der Contarino ist wütend und läßt gar nicht vernünftig mit sich reden." Die Signora antwortete mit einem: „Cosa fa (was tut es), man wird ihm etwas vormachen, du weißt dir auch gar nicht zu helfen, lieber Mann." Eine halbe Stunde darauf erfuhr ich die ganze Unterredung von dem ältesten, hübschen Mädchen, Karoline, eine Cugina der Odellino, und als ich diese fragte, woher es käme, daß sich Contarino nie im Hause sehen lasse, erzählte mir das Mädchen naiv: „Fanno l'amore nel suo casino, doch kommt er auch manchmal des Nachts zu meiner Muhme, aber nur verstohlen, denn er ist un uomo maritato, ho paura di lui." (Er ist ein verheirateter Mann, und ich fürchte mich vor ihm.) Das Ho paura wiederholte mir das Mädchen wohl zehnmal, ich suchte ihr, sie auf die Stirn küssend, diese Paura zu benehmen, und es schien mir zu gelingen, als die Signora Ludolli ins Zimmer trat, mir ebenfalls ihre Verlegenheit wegen dem Contarino mitteilte und meinte, es könne sogar gefährlich werden. Scherzend suchte ich ihr dies auszureden und lud sie, ihre Schwester und die Mädchen zu einer Spazierfahrt auf den Lagunen ein, wozu sie aber nicht zu bewegen war, denn dann würde es erst ein rechtes Donnerwetter (tempestà) geben, meinte sie. Ich ging nun auf den Markusplatz, wo ich meinen Wirt in einem sehr heftigen Wortwechsel mit einem anderen Venezianer sah, aber nicht von ihm bemerkt wurde. Bald erfuhr ich, daß es der gefürchtete Contarino war, mit dem er so gewaltig haderte. Ich ließ sie nun nicht mehr aus den Augen, bis sie auf die Piazetta gingen und sich daselbst einschifften. Erst in der Dämmerung begab ich mich wieder heim, um mich für das Theater umzukleiden, das ich in Uniform besuchen wollte. Ich traf niemand als Signora Ludolli, die meine Frage ängstlich zu beantworten schien, was ich auf Rechnung ihrer Furcht vor Contarino schrieb. Ich ging, das Haus verlassend, längs den Fundamenti (so werden hier die sehr schmalen, längs der Häuser hinlaufenden Gänge genannt) hin. Es war schon völlig nacht. Jetzt wollte ich die erste sich vorfindende Gondel besteigen, als ich bemerkte, daß mich zwei in Mäntel gehüllte Gestalten verfolgten, die ihren Gang mit jeder Sekunde mehr beflügelten. Als sie nur noch wenige Schritte von mir entfernt waren, mache ich ein rasches Rechtsumkehrt, ging ihnen festen Tritts entgegen, und da ich an sie herankam, drückten sie sich an die Mauern eines Hauses und ließen mich ganz friedlich vorüber. Ich wandte mich nochmals um und ging wieder an ihnen vorbei. Es kam mir vor, als sei einer von ihnen mein Hauswirt, und ich bemerkte, daß sie leise aber eifrig miteinander sprachen. Bald sah ich, daß sie mich von neuem verfolgten. Ich ließ sie abermals herankommen, wandte mich wieder gegen sie um, und als ich im Begriff war, sie zu fragen, was sie von mir wollten, streckte der eine schnell seine Hand gegen mich aus, um mich bei der Brust zu packen, indem er zugleich ein Stilett blinken ließ. Ich wich einen Schritt zurück, zog schnell den Degen und rief ihm zu: „Ah birbante, adesso tocca a me!" (Ah, Schurke, jetzt ist es an mir!) Klirrend schlug ich ihm das Stilett aus der Hand, sprang auf beide zu, einer stand hinter dem andern, denn der Gang am Kanal war keine drei Schuh breit, und den ersten packend, den andern aber für meinen Wirt erkennend, sagte ich zu demselben: „Wie, Sie sind so ein Patron?" – Beide waren aber nicht vom Mestiero, sondern so verblüfft, daß sie regungslos dastanden. Der Hintere stieß endlich ein Ajuto aus. Ich sagte ihm aber, er möge sich um's Himmels willen ganz ruhig verhalten und keinen Lärm machen, weil ich sonst genötigt sein würde, sie beide zum Platzkommandanten bringen zu lassen; meinem Hauspatron versicherte ich zugleich, daß ihm nichts geschehen sollte, wenn er ruhig bleibe. Ich fragte sie nochmals, was sie eigentlich von mir wollten und weshalb sie mir auf eine so unerhörte Weise nachstellten, und da sie noch immer stumm blieben, sagte ich: „Der, den ich hier festhalte, ist wahrscheinlich der saubere Contarino", und als mein Wirt dies bejahte, fuhr ich fort: „Ich bedauere nur, daß Sie sich wegen Hirngespinsten zu solchen Schurkenstreichen verleiten lassen und in Gefahr begeben. Längst glaubte ich, daß mit der Republik auch solche Banditenstreiche aus Venedig verbannt seien. Ihre Eifersucht ist ebenso lächerlich als grundlos, ich habe noch keine zwei Worte mit ihrer Geliebten gewechselt und werde sie Ihnen sicher nicht abspenstig machen. Venedig hat schöne Frauen genug, als daß nicht ein jeder sein Liebchen finden sollte. – Wenn Sie der Treue Ihrer Geliebten nicht versichert sind, so tun Sie dieselbe an einen anderen Ort, solange ich mich in Venedig befinde, statt sich in meuchelmörderische Wagnisse einzulassen, die Ihnen leicht den Hals kosten können, denn es hängt jetzt doch nur von mir ab, Sie in die andere Welt oder auf die Galeere zu befördern. Ich will indessen weder das eine noch das andere, ich verzeihe Ihrer blinden Leidenschaft. Folgen Sie meinem Rat und nehmen Sie Ihre Geliebte einstweilen aus dem Haus, das ich nicht verlassen werde, solange ich noch hier verweile." Contarino bat mich nun recht demütig wegen seines unbegründeten Argwohns um Vergebung, nannte mich ein Mal über das andere Mal einen Generosissimo Signore, wobei Ludolli einfiel: „Ich habe es Ihnen ja immer gesagt, allein Sie wollten meinen Worten keinen Glauben schenken."

Contarino äußerte, Eifersucht habe ihn verblendet, beteuerte, daß er alles Vertrauen in mich und seine Gatte setze, die nirgends besser als bei Ludollis aufgehoben sein könne, und bat mich auf das inständigste, ihm zu erlauben, daß er die Ehre haben dürfe, mich in sein Haus einzuführen. Ich willigte ein, und er bestand darauf, mich schon den nächsten Tag selbst abzuholen, indem er mir zugleich seine Aufwartung machen werde. Wir schieden nun als gute Freunde, ich begab mich nach Fenice, und als ich nach beendigtem Theater nach Hause ging, kamen mir die Damen mit einem Benvenuto entgegen. Sie waren schon von allem unterrichtet, gaben mir indessen doch zu verstehen, daß ich nur durch ein halbes Wunder dem Bad im Kanal entgangen sei. Wir soupierten und blieben bis nach Mitternacht bei einem Glas Punsch beisammen. Die Frauen dankten Gott, daß alles so abgegangen sei; Ludolli versicherte mir wohl zehnmal, daß sonst der Contarino doch ein Galantissimo uomo sei. Wir trennten uns endlich vergnügt mit einer Felicissima notte, wobei mir vergönnt war, die sämtlichen Damen zu küssen, die mir Glück gewünscht hatten, Zutritt in Contarinos Haus zu erhalten, wo man sich sehr gut unterhalte, dessen junge Frau eine der liebenswürdigsten und hübschesten Damen Venedigs sei, und mich warnten, ihr nicht zu tief in die Augen zu sehen.

Den kommenden Morgen hatte ich noch nicht lange das Bett verlassen, als mir Contarino angemeldet wurde, den Ludolli sofort bei mir einführte. Es war ein Mann von einigen dreißig Jahren und ziemlich untersetzter Statur. Nochmals entschuldigte er sich tausendmal wegen dem Vorgefallenen; ich suchte ihn völlig zu beruhigen, worauf er mich bat, mich noch diesen Vormittag seiner Gattin vorstellen und in das Kasino einführen zu dürfen, von dem er Mitglied sei. Ich nahm beides an, wir verließen meine Wohnung gegen Mittag, nahmen Schokolade in einem Café des San Marco und fuhren dann nach dem Palazzo des Signor Conte, wo ich seine Gattin, eine Dame, welche meine Erwartungen noch übertraf, kennenlernte. Sie war noch nicht volle neunzehn Jahre alt, hatte ein wunderliebliches Gesicht, die feinsten und geistreichsten Züge, einen blendendweißen Teint, eine fast transparente Haut, unter welcher die blauen Äderchen hervorschimmerten, den zierlichsten Wuchs und die schlankeste Taille, genug, es war eine ganz venezianische Schönheit, die von Geburt der Familie Mocenigo angehörte. – Der Graf bat sie, mich als seinen besten Freund zu betrachten und zu jeder Zeit, wenn ich ihr die Ehre meines Besuches schenken wolle, freundlich anzunehmen. Die Signora sagte aufs verbindlichste, daß sie sich eine Pflicht daraus mache, ihrem Manne zu gehorchen, und so stand mir eines der ersten Häuser Venedigs offen, in dem ich bald Gelegenheit hatte, den reichen venezianischen Adel, wie die Mocenigo, Dandolo, Falieri usw. kennenzulernen. Ich wunderte mich, daß der Graf bei einer so hübschen Gattin eine Odellino vorziehen mochte, aber bekanntlich ist ja die Ehe das Grab der Liebe, und es kann nicht anders sein. In dem Kasino, in das er mich einführte, langweilte ich mich; außer dem Spiel war wenig oder gar keine Unterhaltung daselbst anzutreffen. Contarino veranstaltete nun selbst öfters Wasserpartien mit den Frauen und

Mädchen, wo ich wohnte. Wir besuchten entferntere Kirchen und Klöster auf den Giudeccainseln, Le Grazie, San Giorgi, San Helena, San Clemente, fuhren nach Murano usw., wobei ich absichtlich der jungen Karolina recht eifrig den Hof machte, damit die Eifersucht des Nobili nicht wieder erwachen möge. Das Mädchen war auch hübsch genug, daß ich das in allem Ernste tun konnte. Contarino zeigte sich außerordentlich gefällig und dienstwillig, und als ich ihm einst von Zschokkes *Abällino* erzählte, in dem sogar ein Namensvetter von ihm eine Rolle spiele, und den Wunsch äußerte, ich möchte doch gerne wissen, ob der Verfasser aus einer historischen Quelle geschöpft oder das Sujet bloß ein Produkt seiner Phantasie sei, suchte er mehrmals halbe Tage lang mit mir in den Archiven, die uns auf Menous Gebot geöffnet wurden, alle Aktenstücke und Dokumente, die sich auf die Regierung des Dogen Andreas Gritti bezogen, durch. Aber unsere Bemühungen waren vergeblich; wir konnten nichts auf diesen Gegenstand Bezügliches entdecken.

Indessen hatte ich in der Tat doch der Signora Lucietta, so hieß Contarinos Gattin mit ihrem Taufnamen, zu tief in das Auge gesehen und fühlte etwas mehr als bloßes Wohlwollen für die Schöne. Diese hatte aber einen alten Abbate zu ihrem Cavaliere servente, der den ihm anvertrauten Schatz wie ein Argus bewachte und dem mein Erscheinen in der Familie eben keine sonderliche Freude zu machen schien. Schwerlich wäre ich mit der Dame je in eine nähere Berührung gekommen, hätte mich nicht der Zufall, dieser mächtige Gehilfe des Schicksals, begünstigt und den Herrn Abbate auf das Krankenlager geworfen. Jetzt traf ich Signora Lucietta fast immer allein, koste, musizierte und küßte bald mit ihr, der Signor Marito bekümmerte sich weit weniger um seine reizende Gemahlin als um die Mätresse, und ich suchte erstere deshalb nach besten Kräften zu trösten, was mir um so eher gelang, da sie bereits Wind von dem Verhältnis mit der Donna mantenuta hatte. Ich teilte ihr nun unter dem

Siegel der größten Verschwiegenheit mit, was wegen derselben zwischen ihrem Gatten und mir vorgefallen war, worauf sie weiter nichts als ein unwilliges: „E una gran bestia, il mio marito" ausstieß, dann lachte und sagte: „Nun, ich will's ihm vergelten." – Jetzt waren wir bald nur eine Seele, und ich bedauerte nichts, als Venedig, wo ich mir immer mehr gefiel, so bald wieder verlassen zu müssen. En passant machte ich auch noch einer hübschen Seconda Donna vom Theater Fenice den Hof, und brachte ein paar joviale Abende mit ihr zu, scherzte dabei recht artig mit Karolinchen und hielt hinsichtlich der Odellino streng mein Wort bis – zur Nacht vor meiner Abreise, wo ich mich gegen Morgen in ihr Schlafgemach stahl und sie zur Untreue gegen ihren Protektor verführte. – Ich entwand mich dann mit einem langen Abschiedskuß ihren Armen, und sie entließ mich mit einem matten Addio und: „Ach, warum nicht früher?"... Bei Lucietta hatte ich schon den Tag und von Karolina den Abend vorher Abschied genommen.

Der Tag meiner festgesetzten Abreise war angebrochen. Ich hatte über drei Wochen in der Dogenstadt verweilt, und mit dem frühen Morgen fuhr ich noch einmal durch einen Teil des Kanal grande, zum letztenmal die öden Marmorpaläste bewundernd, deren Fenster manchmal sogar mit Dielen verwahrt sind, und die unfehlbar in Ruinen zerfallen werden, da ihre Eigentümer nicht die Mittel haben, sie zu unterhalten, und dieselben eine Last für sie sind.

Auf Contarinos Rat fuhr ich in einer Barke nach *Fusine*, wohin ich meinen Wagen kommen ließ, um von da weiter nach *Padua* zu fahren. Diese Überfahrt ist angenehmer als die von Mestre. Durch die Lagunen fahrend, entfernte ich mich allmählich von dem prächtig-traurigen, dem Meer entwachsenen Venedig. Seine Kuppeln und Türme, die sich in einiger Entfernung auf der See majestätisch und zauberhaft ausnehmen, schwanden mehr und mehr. Dabei hatte ich das nahe Ufer des festen

Landes im Auge, dessen schöne Landhäuser, Gärten und gut angebauten Felder eine nicht minder reizende Fernsicht gewähren. Ehe ich die Küste erreichte, warf ich noch einen letzten scheidenden Blick auf die alte entthronte Meeresgöttin, ihr ein ewiges Lebewohl sagend. Auch auf dieser Überfahrt hatte ich wieder jene wehmütige Empfindung, die mich allemal befällt, wenn ich einen Ort verlassen muß, an dem mir es wohl ging und wo ich der Freuden viele genoß. Zu Fusine nahm ich Postpferde und fuhr längs der herrlichen, wegen ihrer Fruchtbarkeit, Schönheit und Mannigfaltigkeit, mit Klöstern, Dörfern, Villen, Gärten und Lustwäldchen geschmückten, berühmten unabsehbaren Ebene hin. Überall herrscht reges Leben, und die Fluten sind noch mit Barken, Gondeln und anderen Schiffen bedeckt. Ich kam über *Dolo*, wo ich einige Prachtgebäude bemerkte, und sah bei dem ganz nahen *Stra* die Schiffe aus der Brenta in den Kanal Piovego, der gerade nach Padua führt, fahren. Man kann den Weg von Venedig bis dahin auch zu Wasser machen, der da noch angenehmer sein mag, aber auch länger ist. Obgleich von ganz anderer Art als die Ufer des Rheins, des Ebro und der Donau, sind die der Brenta doch nicht minder unterhaltend und abwechselnd. Verlassene und oft schon halb verfallene Villen ersetzen hier die Ritterburgen des Rheins und sind die trauernden Überbleibsel und Denkmäler der gesunkenen Größe der Inselstadt, deren Bewohnern die meisten gehörten, andere aber den Einwohnern von *Padua*. Noch vor Mittag kam ich in dieser Stadt an, wo ich ein paar Stunden verweilte. Sie. liegt unfern der Brenta, an der Bachiglione, und ist von so freundlichen, lachenden, angebauten Hügeln umgeben, daß sie manche Reisende ein irdisches Paradies genannt haben.

Mit einbrechender Nacht setzte ich meine Reise fort, kam in der Nähe von *Arqua* vorüber, wo Petrarchs irdische Reste ruhen und man sein Haus, seinen Stuhl und das Skelett seiner Katze zeigt (!), dann durch das durch seinen Vipernfang berühmte Monselice, passierte die Adige (Etsch) bei dem Flecken *Boara*, durch *Rovigo* und fuhr, ohne mich weiter aufzuhalten, bis *Ferrara*. Eine leichte Unpäßlichkeit war die Veranlassung, daß ich hier ein paar Tage verweilen mußte. Die Stadt, die in der Nähe eines Arms des Po liegt, war sehr öde und zählte kaum 18 000 Einwohner mehr, die sich in ihren großen, weitläufigen Straßen, in denen das Gras hoch und das Unkraut dicht stand, verlieren. Sie hat eine gute, regelmäßige und feste Zitadelle. Das Schloß der alten Herzöge von Ferrara liegt mitten in der Stadt und ist ringsum mit Wasser umgeben und von vier dicken Türmen flankiert. Sein Anblick ist nichts weniger als erfreulich. In seiner Nähe befindet sich der sogenannte adelige Palazzo, vor dem zwei hohe Säulen mit den ehernen Statuen alter Herzöge stehen. Unter den Plätzen war der Napoleonsplatz der bedeutendste. Die Kathedrale ist ein schönes Gebäude. In der Benediktinerkirche befindet sich das Grab eines der phantasiereichsten Dichter, die je gelebt, des Autors des „Rasenden Roland", Ariosts, zu dessen Zeiten die Stadt noch eine der reichsten, blühendsten und bevölkertsten Italiens war. Die ungesunde Luft, welche die naheliegenden Moräste verursachen, und die häufigen Überschwemmungen, denen die Umgegend ausgesetzt ist, mögen viel zu ihrer Entvölkerung beigetragen haben. Das hiesige Theater ist groß und schön, die Paläste Este, Bevilaqua und andere sind prächtig. Das Hospital der heiligen Anna ist berühmt, weil der arme Tasso von dem undankbaren Herzog Alfons hier so lange in einem engen Gemach unter dem Vorwand einer Gemütskrankheit eingesperrt wurde. Krank war er allerdings, denn er war wirklich verliebt, und zu bedauern sind die von dieser Krankheit Befallenen, für die man ebensowenig kann wie für jede andere. Wer wüßte etwas von diesem Herzog, wenn ihn nicht der unsterbliche Dichter in seinem herrlichsten Werk den großmütigen Alfons genannt hätte! In der großen Bibliothek Ferraras sind Handschriften

von Ariost, Tasso, Guarini usw. vorhanden; von erste-rem auch noch das Tintenfaß und ein Stuhl.
Von hier reiste ich, wieder hergestellt, nach *Ravenna* ab, denn ich wünschte, die alte berühmte Hauptstadt der Ostrogoten kennenzulernen. Der Weg dahin, den ich meistenteils in der Nacht zurücklegte, war unangenehm, und bei Argenta, in der Nähe der Sümpfe oder Valli von Comachio, warf mich der Postillion um, wodurch mir das Degengefäß so heftig in die linke Seite gestoßen wurde, daß ich eine bedeutende Quetschung davontrug, die mich nun gegen meinen Willen in Ravenna zurückhielt. Da es noch finstere Nacht war, so kostete es viele Mühe, bis der Postillion, mein Bedienter und ich, der arge Schmerzen hatte, den Wagen wieder aufgerichtet, und es verging fast eine Stunde, bevor ich weiterfahren konnte. In Ravenna angekommen, schickte ich sogleich nach einem Militärarzt, der mir etwas zum Einreiben verordnete und auflegte. Sechsunddreißig Stunden mußte ich nun im Bette zubringen, was mir sehr ungelegen war. Von Venedig hatte ich ein paar Empfehlungen von Contarino für hier, die ich durch meinen Bedienten abgeben ließ und hierauf mehrere Besuche erhielt.
Die alte Hauptstadt von Theodorichs Reich bot jetzt nur noch Überreste und trauernde Denkmäler ihrer früheren Größe den Blicken des Reisenden dar, ihre öden und menschenleeren Straßen waren mit falbem, dürrem Gras bewachsen, ihre zum Teil halbverfallenen Häuser und Paläste, meistens mit Moos und Gesträuch bedeckt, schienen ohne Besitzer. Die mehr schleichenden als gehenden Einwohner hatten ein düsteres, schwermütiges und mutloses Aussehen, das eher Mitleid erregend als abschrekkend war. Im ganzen hatte sie das Ansehen einer verwünschten Stadt, in der nur lebensmüde Schatten einsam und tiefsinnig herumwandelten.
Nach vier Tagen des Bett- und Zimmerhütens war mir das Ausgehen wieder gestattet. Mein erster Gang war nach der im neuern Geschmack restaurierten Hauptkirche,

in der ich eine Zeitlang umherwandelte und endlich vor den herrlichen Freskomalereien Guidos in einer Kapelle stehen blieb, die auch das schöne Gemälde enthält, welches Moses darstellt, wie er Manna vom Himmel regnen läßt. Noch war ich im Anschauen desselben vertieft, als ich hinter mir ein Damengewand rauschen hörte. Ich sah mich rasch um und erblickte einen in schwarze Seide und Flor gehüllten blendend weißen Engel, der eben einen seine unwiderstehlichen Reize verhüllenden Schleier zurückschlug, sich zum Beten niederkniete und zwei niederschlagende Feueraugen zeigte. Dies bezaubernd lebendige Gemälde hatte das tote sogleich aus meinen Augen und Sinnen verdrängt. Ich trat einige Schritte zurück, kniete ebenfalls nieder, und zwar so, daß ich die schöne Betende immer im Auge hatte. Auch sie hatte mir einen Blick geschenkt, der mich in eine erschütternde Vibration versetzte. Nach einer halben Stunde, die mir, obgleich kniend, kaum eine Minute dünkte, erhob sich die schöne Gestalt, verneigte sich tief und entfernte sich, mich im Vorübergehen noch eines Blickes würdigend. Ich hatte die Absicht, ihr zuvorzukommen, um ihr das Weihwasser zu bieten, erreichte aber meinen Zweck nicht; ein sie begleitendes Mädchen, das hinter ihr gekniet, tat dies vor mir. Durch wenige, aber lange und einsame Straßen führte ihr Weg. Nur einmal sah sie sich um und schlüpfte dann durch die Pforten eines alten, nicht sehr ansehnlichen Hauses, dessen untere Fenster alle vergittert waren. Schon lange hatte sich die Türe hinter der wunderbaren Schönen geschlossen, und noch stand ich, die toten, bemoosten Mauern und das rußig-braune Tor anstarrend, hinter dem sie verschwunden war. Ein vorübergehender Kapuziner weckte mich endlich aus meinen Träumereien. Ich merkte mir Straße und Haus und kehrte vorerst heim. Als die Nacht herankam, durchstreifte ich mehrmals jene Straße, in welcher das mir merkwürdig gewordene Haus lag, aber an keinem Fenster desselben war auch nur ein Schimmer von Licht zu erblicken und alles so einsam und still, als wäre die Welt ausgestorben. Nachdem ich lange vergeblich auf irgendeine Entdeckung des mir so werten Gegenstandes gehofft hatte, entfernte ich mich, fest entschlossen, die näheren Verhältnisse meiner schönen Unbekannten à tout prix kennenzulernen. Den andern Tag erfuhr ich durch einen dienstbaren Geist, dem ich Straße und Haus bezeichnet hatte, daß die Dame die durch ihre Schönheit berühmte Signora Lucilla Manichetto aus Pesaro sei, die erst kürzlich, durch ihre Verwandten gezwungen, einem schon ziemlich bejahrten Richter ihre Hand gereicht, der sie strenge überwache, keinen Cicisbeo dulde und ihr nur das Kirchengehen morgens und abends in Begleitung eines Dienstmädchens gestatte. Also auch eine Lucilla, mir um so teurer, da sie mich an die kaum verlassene venezianische erinnerte. Daß ich nun immer in der Stunde, in welcher die Dame die Kirche besuchte, auch in derselben anzutreffen war, wird man mir ohne Beteuerung glauben. Ich richtete es jetzt so ein, ihr das Aqua benita zu reichen, und es gelang mir bald, ihre Aufmerksamkeit zu erregen. Durch dieses ofte Besuchen der Kirche wurde ich auch mit dem Sakristan derselben bekannt. Eines Abends, als ich längere Zeit auf meine Schöne wartete, begab ich mich in die Sakristei, wo ein dunkelgrüner Vorhang ein Gemälde in einem abgelegenen Winkel verhüllte. Ich befragte meinen neuen Bekannten, was es damit für eine Bewandtnis habe? Er erwiderte mir, daß es eigentlich streng verboten sei, dasselbe jemand zu zeigen. Indessen wolle er bei mir eine Ausnahme machen, wofür ich mich erkenntlich zeigte. Er zog nun an einer Schnur den Vorhang weg, und ich erblickte die Abbildung des Innern einer Kirche, in der ein Wüterich den Leichnam einer wunderschönen Frauengestalt mit einer Streitaxt in Stücke hieb und zerfleischte. Diese Darstellung erschütterte mich unangenehm, ich verließ die Sakristei wieder, und der Sakristan zeigte mir nun ein anderes Bild, das in der Kirche an einem Pfeiler hing und dem Anschein nach eine Geisterbeschwörung vorstellte. Mein Begleiter erzählte mir jetzt, sich bekreuzigend, daß dies Gemälde mit jenem in der Sakristei in der engsten Berührung stehe und der nämlichen Ursache seine Entstehung zu verdanken habe, obgleich es über zwölfhundert Jahre später gemalt worden sei. Ich bat ihn, mir den Zusammenhang und die Geschichte der beiden Bilder mitzuteilen, worauf er mir erwiderte, daß dies lange Zeit fordere und er außerdem die Geschichte des verhüllten Bildes nicht kenne, von dem andern aber habe ihm sein Vorgänger, ein Greis von neunzig Jahren, erzählt, daß es die Verbannung eines bösen Geistes, der über tausend Jahre sein Unwesen jede Nacht in der Domkirche getrieben habe, vorstelle, und der nie ein Licht oder irgendeine Beleuchtung nach Mitternacht in dem Gottestempel mehr geduldet habe, sondern daß, sobald diese Stunde schlug, ein Windschauer alle Lichter, sogar in den wohlverwahrtesten Laternen gelöscht habe, die dann niemand mehr anzuzünden imstande gewesen sei. Man habe alsdann ein schreckliches Getöse und Gepolter in den Gewölben und Hallen der Kirche vernommen, und es habe sich um diese Zeit kein Mensch mehr in diese gewagt. Seit undenklichen Zeiten hatte man die berühmtesten Geister- und Hexenbanner verschrieben, sowie alle erdenklichen heiligen Mittel angewendet, den Geist zur Ruhe zu verweisen, aber alles sei vergeblich gewesen, bis endlich einmal ein sehr sonderbar gekleideter, langbärtiger Mann aus einem unbekannten Land gekommen sei, dessen sich der Greis, der damals kaum zwanzig Jahre alt gewesen, noch gut zu entsinnen gewußt. Jener habe sich erboten, dem Spuk ein Ende zu machen, und sich eine ganze Nacht allein in der Kirche einschließen lassen. Mit Tagesanbruch habe er die Kirche von innen geöffnet, dem Priester, der die erste Messe lesen sollte, eine versiegelte Rolle übergeben und ihm geboten, dieselbe unter Schloß und Siegel wohl zu verwahren und niemand als dem Bischof zu gestatten, die Siegel zu lösen. Sodann solle man das grause Bild aus der Kirche wegnehmen und verhüllt in einem Winkel der Sakristei aufbewahren und ein anderes, das man an einem gewissen Tag überbringen werde, dafür in die Kirche hängen. Hierauf verschwand der seltsame Mensch, von dem man nie wieder etwas gehört. Viele waren der Meinung, es sei der ewige Jude gewesen. Der Priester befolgte genau, was ihm befohlen war; der Spuk in der Kirche hörte von dieser Stunde an auf. Der Bischof entsiegelte und las die ihm übergebenen Papiere, die hierauf in einer wohlverschlossenen Kassette in der Sakristei aufbewahrt wurden, wo sie sich noch befinden. Meine Neugierde hinsichtlich des Inhalts dieser Papiere war durch diesen Bericht rege gemacht. Der Sakristan gestand mir, daß er den Schlüssel zu dem Wandschrank habe, in dem sich die Kassette befinde, die sie enthalte, sowie daß er selbst schon einigemal in Versuchung gekommen, sie zu öffnen, aber eine Art Schauer habe ihn jedesmal überfallen, wenn er die Versuchung gehabt, und so habe er bis jetzt derselben widerstanden. Ich, der ich von diesem Schauer nichts empfand, bewog ihn durch Geschenke und Versprechungen, mir die Kassette auf eine Nacht anzuvertrauen, und wir öffneten dieselbe in meiner Wohnung mit Hilfe einiger krummen Nägel und starker Eisendrähte. Aber auch der Deckel hielt so fest, wie wenn er angekittet wäre. Wir rissen ihn endlich auf, indem der eine an der Kassette, der andere am Deckel zog. Nebst der Papierrolle fielen uns drei silberne und eine goldene Spange und ein Ring von demselben Metall in die Hände. Die Rolle enthielt ein in lateinischer Sprache mit gotischen Lettern geschriebenes Manuskript, das wir nicht ohne Mühe ins Italienische übertrugen und eine gräßliche, von dem König Theobald in der Domkirche an seiner Gemahlin Rosaura verübte Mordgeschichte lasen. Noch eine zweite Rolle befand sich in der Kassette, die Spuk- und Erlösungsgeschichte des armen Geistes, ein von Mönchen mit lächerlichen Wundern ausgeschmücktes Machwerk, enthaltend.

Indessen hatte ich eben nicht mehr viel Zeit in Ravenna zu verlieren, denn ich wurde auf meinem Posten zu Velletri erwartet. Ich wollte jedoch die Stadt nicht verlassen, ohne wenigstens einen Versuch gemacht zu haben, mit der Signora Manichetto eine Bekanntschaft anzuknüpfen; ich mußte also auf Mittel denken, rasch zum Ziel oder wenigstens zu einem Ja oder Nein zu kommen. Ich kaufte einige Kleinigkeiten von Galanteriewaren, die ich zu einem Geschenk für die begleitende Duenna bestimmte, die ich ihr am nächsten Morgen, als sie mit ihrer Gebieterin die Kirche verließ, nebst einem Billettchen einhändigte. In dem letzteren hatte ich meine Liebe zu der schönen Signora mit den lebhaftesten Farben geschildert und gebeten, mir doch einen Ort zu bestimmen, wo ich mit ihr, dem Mädchen, das Weitere besprechen könne. Auf meine Erkenntlichkeit könne sie zählen. Noch denselben Tag erfuhr ich von der Duenna, daß, soviel sie gemerkt, ihre Gebieterin mir nicht abgeneigt sei, aber, da sie mich gar nicht kenne, doch einiges Mißtrauen hege; außerdem verreise sie in ein paar Tagen, um sich nach Pesaro, ihrem Geburtsort, auf einige Zeit zu ihren Eltern zu begeben. – Ich sagte nun dem Mädchen, daß ich ein zu seinem Vergnügen reisender Partikulier sei, meinen eigenen Wagen bei mir habe, und es mir ein großes Vergnügen machen würde, mit ihrer Herrin nach Pesaro zu fahren. „Wo denken Sie hin!" erwiderte das Kammermädchen. „Il Signor Patrone hat schon einen Vetturino gedungen, der uns wohlverwahrt dahin bringen muß; aber auf der Reise dahin könnte sich wohl eine Gelegenheit finden, sich zu treffen." – „Scharmant, mein liebes Kind! Sieh, wenn du dies veranstalten kannst, dann sollst du noch ein schönes Geschenk von mir erhalten; da, nimm einstweilen auf Abschlag." – Ich drückte ihr eine Zechine in die Hand. – „Wissen Sie was," sagte sie mir noch freundlicher, „kommen Sie nach der Abendkirche an unsere Wohnung, dann werde ich imstande sein, Ihnen das Nähere mitzuteilen." – Drei Stunden nach

Sonnenuntergang spazierte ich mit ihr Arm in Arm in der öden Straße, in der die Wohnung ihres Herrn war, und sie teilte mir mit, daß sie mit ihrer Frau übermorgen abreise. Ich möge mich nur denselben Tag auf den Weg machen und es einrichten, daß ich in Forli mit ihnen zusammenträfe, dann würde sich das übrige finden. Über diese Nachricht erfreut, gab ich dem dienstbaren Geist noch eine Zechine und fragte, ob sie sich wohl mit einem Billettchen an ihre Dame befassen wolle. „Date pure“, war die Antwort. Den andern Tag sah ich Lucilla wieder in der Kirche und konnte aus ihren freundlichen Blicken lesen, daß, was ich ihr geschrieben, keinen schlimmen Eindruck gemacht. Die wenige Zeit, die mir noch in Ravenna übrig blieb, verwendete ich darauf, Dantes schönes Grabmal in der Nähe des Franziskanerklosters zu besuchen, sowie das dem König Theodorich von seiner berühmten Tochter Amalasonte außerhalb der Stadt errichtete Mausoleum, jetzt San Maria Rotonda getauft, dessen breite, über hundert Fuß im Umfang habende Kuppel aus einem einzigen Steinblock gehauen ist und einen hohen Begriff von der Geschicklichkeit der Goten in der Architektur gibt. Ich besah auch noch mehrere andere Kirchen und Gebäude; es ist unglaublich, welchen Reichtum an kostbarem Marmor Ravenna enthält, es rivalisiert in dieser Hinsicht mit Rom, Venedig und Konstantinopel. Der große Tempel des heiligen Appollinarius in einer Vorstadt wird von vierundzwanzig ungeheuren Säulen von griechischem Marmor getragen, die von Konstantinopel hierher gebracht wurden. Die Kathedrale wurde schon im vierten Jahrhundert erbaut, seitdem freilich öfters restauriert.

Noch einmal sprach ich Marietta, so hieß die gefällige Dienerin, den Abend vor unserer Abreise und gab ihr Rendezvous in Forli. Am andern Morgen verließ ich Ravenna vor Sonnenaufgang, kam bald durch den gut und übel berüchtigten Pinienwald und durch die sich bis zu den Apenninen ausbreitenden Sümpfe, den kleinen

Fluß Savio passierend, nach dem mitten in den Morästen liegenden Ort *Cervia.* Hier blieb ich in einer Locande, um, einstweilen frühstückend, den nachkommenden Vetturino abzuwarten, der mir jedoch die Zeit ziemlich lang machte, so daß ich schon vermutete, es habe irgendein Hindernis die Abreise der Dame verschoben. Endlich, als ich eben überlegte, ob ich weiterfahren oder noch warten solle, vernahm ich das dumpfe Rollen eines herannahenden Wagens, der den von mir ersehnten Inhalt richtig brachte. Ehrerbietig grüßte ich die aussteigenden Frauen und war ihnen behilflich, aus dem Wagen zu kommen. Der Vetturino fütterte hier. Sie ließen sich sogleich ein Zimmer geben, und nach einigen Minuten trat Marietta wieder heraus und lispelte mir zu: „Entrate pure!" (Gehen Sie nur hinein!). Daß ich mir dies nicht zweimal sagen ließ, versteht sich von selbst. Nach ein paar Sekunden küßte ich Lucillas niedliche Hand, und nach einigen Minuten Stirne, Wangen, Rosenlippen usw. der schönen Signora, welche die eintretende Zofe in meinen Armen fand und dazu lächelte. Wir brachten hier eine gute Stunde zu, während welcher die schalkhafte Marietta ab- und zuging und aufpaßte, damit unser Tete-a-tete nicht gestört werden konnte. Einig und einverstanden waren wir bald, und als die Zofe endlich meldete, daß der Vetturino abzufahren bereit sei, aber der Weg über Cesenatico nach Rimini zu schlecht sei, es darum auch zu spät würde, weshalb er vorziehe, in Cesena zu übernachten, waren wir dies ganz zufrieden und brachten in der letztern Stadt eine hochvergnügte Nacht zu. Zum zweitenmal passierte ich den andern Tag Pisatello (Rubikon), um nach Rimini zu fahren, wo ich mit Lucilla übereingekommen war, daß sie, Unwohlsein vorschützend, einen Tag verweilen würde, was ihr angegriffenes Aussehen auch glaubhaft machte. In Rimini blieben wir statt einen zwei Tage, ohne das Albergo nur zu verlassen, und löschten die Flammen der durch süße Weine immer wieder angefeuerten Liebesglut zur Genüge, so daß wir den dritten Tag mit ziemlich gedämpftem Feuer den Weg nach Pesaro antraten, wo Lucilla auf das wohlwollendste von ihren Eltern empfangen und wegen ihrem Unwohlsein auf das teilnehmendste bedauert wurde. In Rimini verweilte ich noch zwei Tage, nahm dann herzlichen Abschied in meinem Quartier von meiner liebenswürdigen Reisegefährtin und setzte meinen Weg, ohne mich ferner irgendwo aufzuhalten, nach Rom fort, wo ich wohlbehalten ankam, mich bei dem General Miollis meldete, Torlonio besuchte und erfuhr, daß die längst getröstete Cesarini noch immer auf dem Land lebe. Von Rom begab ich mich nach einigen Tagen zu meiner Kompagnie nach Velletri, wo ich die Kommandantur des Platzes wieder antrat und, um mich zu zerstreuen, mit einigen Einwohnern fast täglich auf die Jagd ging, die hier außerordentlich ergiebig ist.

Velletri ist an und für sich ein häßliches Nest, das auf einer Anhöhe am Abhang des Albaner Bergs liegt. Die Stadt ist schlecht, eng und abhängig gebaut, hat ein paar ansehnliche Paläste, namentlich den Palazzo Ginetti, berühmt durch seine schöne Fassade, seine prächtige Treppe und seine Gärten. Was die Stadt am merkwürdigsten macht, ist, daß Augustus hier geboren wurde. In und um derselben findet man noch viele altrömische Ruinen von Tempeln, Villen usw. Ich hatte meine Residenz in dem Palast aufgeschlagen, der dem Kardinal Borgia gehört hatte. Auf dem ziemlich großen Marktplatz steht die Bildsäule Urban VIII. Öfters machte ich auch kleine Ausflüge nach Porto d'Anzio, Piperno usw., um dort Kameraden zu besuchen, sowie Jagdpartien in die Pontinischen Sümpfe, in denen es von Geflügelwild, namentlich wilden Enten und Wasserhühnern, wimmelte, so daß, wenn man einen Schuß in die Schilfrohre tat, sich eine schwarze Wolke von Vögeln aus denselben erhob. Von Velletri aus hat man die Gegend der Pontinischen Sümpfe immer im Angesicht; sie beginnen noch vor *Treponti* und erstrecken sich bis *Terracina.* Es gibt Plätze in demselben, wo die Luft so giftig ist, daß sie in wenig Tagen töten kann. Diese Aria cattivissima ist wahrscheinlich durch die vielen Überschwemmungen entstanden, welchen diese Gegend so häufig ausgesetzt ist. Die hier lebenden Individuen sehen hohläugigen, blaßgelben Gespenstern ähnlich. Plinius berichtet, daß in dieser Gegend ehedem dreiundzwanzig blühende Städte gestanden, von denen aber keine Spur mehr vorhanden ist. Selbst ihre Namen sind bis auf den der Stadt Pometia, welche den ihrigen den Sümpfen, in deren Mitte sie lag, verlieh, verschwunden. Das Austreten der Flüsse und Bäche, deren Wasser in die Ebene hinabströmte, hat diese Moräste gebildet. Napoleon hatte die Absicht, diese Gegend austrocknen zu lassen, geäußert; aber es unterblieb wie so manches seiner Projekte. Auf die Einwohner von Velletri selbst und dessen nächste Umgebung scheint jedoch diese Aria cattiva wenig Einfluß zu haben, denn die Männer haben ein gutes Aussehen und sind von ziemlich kräftiger Natur. Mädchen und junge Frauen haben blühende Gesichter; unter ihnen waren recht hübsche Brünetten und nicht ohne Feuer, wie ich mich während meines Aufenthaltes zu Velletri zu überzeugen hinlänglich Gelegenheit hatte. Sie haben ungefähr dasselbe reizende, kokette und verführerische Kostüm wie die Frauen zu Albano.

Da so ziemlich mit dem Anfang des Novembers die fatale Regenzeit eintrat, und was sich aus Rom hier aufhielt, nun dahin zurückkehrte, so fing ich an, mich bei meiner, obgleich ziemlich einträglichen, Kommandantur doch gewaltig zu langweilen. Ich erbat mir deshalb öfters Urlaub nach Rom, wohin ich wegen der größern Entfernung nicht, wie von Albano aus, tägliche Abstecher machen konnte. Das Haus, welches ich daselbst am meisten frequentierte, war immer wieder Torlonia, wo ich auch in der Regel den General Miollis traf, mit dem ich dort näher bekannt wurde. Von der Cesarini erfuhr ich, daß sie schon längst einen vornehmen Römer zum erhörten Anbeter habe. Eines Abends äußerte Miollis, dem mein musikalisches Talent, das in diesen Soireen wieder in Anspruch genommen wurde, gefiel, gegen Torlonia, daß er eine Mission nach Paris habe, zu der er einen gewandten und zuverlässigen Offizier gebrauche. Torlonia meinte, in mir würde er wohl, was er suche, finden, und eröffnete mir die Äußerung des Gouverneurs. Ich griff sogleich diese Sache mit dem größten Eifer auf, denn schon längst war es mein sehnlichster und heißester Wunsch gewesen, Frankreichs berühmte Hauptstadt, von der alle Teufeleien, Moden und die Welt erschütternden Befehle ausgingen, kennenzulernen, und ich bat Torlonia, seinen ganzen Einfluß aufzubieten, es bei dem General dahinzubringen, mich zu dieser Sendung zu verwenden, wobei ich auch noch Gelegenheit zu finden hoffte, zur kaiserlichen Garde versetzt zu werden, ein anderer, nicht minder eifriger Wunsch, den ich längst in meiner Brust nährte. Torlonia versprach sein Bestes in dieser Angelegenheit zu tun, und schon den nächsten Tag erfuhr ich zu meiner Freude von ihm, daß sich Miollis durchaus nicht abgeneigt gezeigt habe, mich zu dieser Mission zu gebrauchen, durch die er, wie es scheine, auch die Erreichung einiger Privatzwecke beabsichtige, wozu er mich für ganz geeignet halte; der Aufenthalt in Paris dürfte aber mehrere Monate währen. „Je länger, desto besser", erwiderte ich vergnügt. Noch denselben Tag wurde ich zum Gouverneur beordert, der mit mir über diese Angelegenheit sprach und damit begann, mir mitzuteilen, daß sie weit schwierigerer Art als die Sendung nach Wien sei, wo ich nur Depeschen abzugeben gehabt usw. Er lud mich zur Tafel, und ich hatte mich so gut bei ihm zu insinuieren gewußt, daß eine zweite Unterredung, die er auf den andern Morgen festsetzte, damit schloß, daß er mir sagte, ich möchte mich bereit halten, gegen die Mitte des Dezember abzureisen. Ich aß nun noch öfters beim General, brachte auch manchen Abend mit ihm zu und hatte bald heraus, daß meine offizielle Mission, Überbringung von Depeschen und Lieferungsangelegenheiten von Montierungsstücken für das im Kirchenstaat stehende Armeekorps, eigentlich nur Vorwand war, und gewisse Privatangelegenheiten Miollis, die zu besorgen er mich für tüchtig hielt, und die ich betreiben sollte, die Hauptsache ausmachten, weshalb ich auch außerdem noch mit den besten Empfehlungsschreiben an die einflußreichsten Personen zu Paris und den Kriegsminister vor meiner Abreise versehen wurde. Den 10. Dezember verließ ich Rom, schiffte mich in Civita Vecchia auf einer Kanonierschaluppe ein und landete trotz Stürmen und kreuzender Engländer doch schon den neunten Tag zu Marseille, von wo ich nach einer kurzen Quarantäne über Aix, Avignon, Lyon usw., ohne mich irgendwo aufzuhalten, nach Paris fuhr und noch vor Neujahr glücklich eintraf. Es war aber schon beinahe Nacht, als ich die letzte Station vor Paris verließ, und so den ersten Anblick der großen Hauptstadt des damals so mächtigen Kaiserreichs entbehren mußte. Ich stieg in einem Hôtel garni der Straße Richelieu ab, wo ich für diese Nacht nichts weiter als ein bequemes Bett verlangte, denn seit Marseille hatte ich keines mehr zu Gesicht bekommen und war an allen Gliedern wie gerädert. Dies hatte die Eile und der Wunsch, Paris baldmöglichst zu sehen, gemacht, denn ich hatte mir keinen Moment Rast gegönnt.

XVI

Paris im Jahre 1810 – Das Palais-Royal – Unvermutetes Zusammentreffen mit dem Fürsten Y... – Der Konkordienplatz – Notre-Dame – Das Hotel de Dieu – Der Justizpalast – Meinungen über Napoleons Ehescheidung – Unerwartete Begegnung einer frühern Bekannten – Eine Interimsehe – Die Pariser Theater – Die Spielhöllen im Palais-Royal – Der Pariser Karneval – Die Ochsenprozession – Stimmung des französischen Volkes bei der Nachricht von der bevorstehenden Vermählung Napoleons mit Marie Luise – Ein verfänglicher Calembourg aux français – Das Totenmahl beim Fürsten Y...

Hoch war es am Tag, als ich am andern Morgen in der ungeheuren Stadt erwachte, von der jetzt alle Blitze, furchtbarer wie die des Vatikans, und keinen Widerstand duldende Vollstreckungsbefehle über fast ganz Europa ausgingen, und in der der Gebieter des Tages mit eisernem Willen und Szepter thronte. Fast kam es mir wie ein Traum vor, mich in dem Zentralpunkt zu finden, von dem seit zwanzig Jahren so viel Teufeleien und welterschütternde Umwälzungen ausgingen, die der ganzen Erde eine andere Gestalt zu verleihen schienen, und doch:

„Wir sind nun in der Stadt Paris,
Wo man den König köpfen ließ,
Wo man die Welt so lang gedreht,
Bis auf dem alten Fleck sie steht!"

sagt das bekannte Guckkastenlied. Napoleon sprach aus eigener Erfahrung: „Es ist nur ein Schritt vom Erhabenen zum Lächerlichen!" und hierin hatte er vollkommen recht. Obgleich an allen Gliedern noch wie gerädert, machte ich mich doch bald nach dem Erwachen aus dem Bett, nahm mein Frühstück ein, steckte mich dann en grande tenue, und da es noch etwas zu frühe war, eilte ich zuerst in das ganz nahe gelegene weltberüchtigte Palais-Royal, das mich eben in kein so großes Erstaunen versetzte, obgleich es gewissermaßen eine kleine Stadt für sich bildet. Selbst das öffentliche Leben und Treiben in Paris, das Gewühl auf den Boulevards und in den Straßen war außerordentlich, schien mir jedoch nicht ungewöhnlich, da es zu Neapel ebenso und in der Straße Toledo beinahe noch größer ist als in der Straße St.-Honoré und andern. Ich begab mich auf das damals so berühmte Café des mille colonnes, das wegen den sich in seinen Trumeaux tausendfach widerspiegelnden Säulen so genannt wurde und in dem eine etwas korpulente Schönheit, eine Ci-devant limonadière, als Dame du Comptoir am Zahltisch thronte und mit Brillanten überladen war. Von hier fuhr ich zum Kriegsminister, Duc de Feltre (Clarke), an den ich Briefe und Depeschen vom General Miollis, nebst einem Empfehlungsschreiben hatte, den ich aber vorerst nicht zu sehen bekam, sondern meine Adresse hinterließ. Dann fuhr ich noch zu verschiedenen andern hohen Militärpersonen und im Zivil Angestellten, an die ich ebenfalls Briefe und Empfehlungen abzugeben hatte. Hierauf nahm ich einen Fiacre à l'heure und ließ mich, um schnell mit den Lokalitäten bekannt zu werden, über alle Boulevards, dann an dem Louvre, den Tuilerien vorbei in die Elysäischen Felder fahren, kehrte über den Konkordienplatz, auf dem so lange die Zwietracht ihr scheußliches Haupt geschüttelt hatte, zurück, fuhr über die Brücke, die damals auch diesen satirischen Namen führte, nach dem Invalidenhotel, von da nach dem Luxemburg und dem Pantheon, an dem Jardin des plantes, dem Kai St.-Bernard wieder herauf, in die Cité, an Notre-Dame und dem Justizpalast vorbei und von da wieder in mein Hotel, von wo ich mich, nachdem ich etwas ausgeruht, wieder in das Palais-Royal begab und ein lukullisches Mittagsmahl mit der eingebrochenen Nacht bei den Frères provençaux einnahm, dessen Hauptsubstanzen Pâtes de Perigord, perdrix aux truffes, Ortolanen, Ananas zum Dessert und Kapwein waren. Auch war meine Carte payante einige 40 Franken stark. Jetzt gefiel mir das Palais-Royal weit besser als am Tag, es war fast magisch erleuchtet, seine reichen Buden mit ihrem zum Teil sehr kostbaren Inhalt warfen einen blendenden Glanz von sich, und die Tausende der Töchter der Freude, von denen es wimmelte, alle in prächtiger, wenn auch oft burlesker Toilette, gaben ihm einen eignen Reiz und machten es wenigstens für den Beobachter sehr unterhaltend, besonders wenn man die Künste wahrnahm, welche sie anwandten, um die Gimpel aus den Provinzen und der Fremde, den unerfahrenen Neuling, in ihre Netze zu locken und zu fangen. Nachdem ich diesem Treiben eine Weile mit Vergnügen zugesehen und à mon tour einige dieser leichtfertigen Schönen zum besten gehabt, indem ich ihnen gerade entwischte, wenn sie ihren Fang recht fest zu halten glaubten, ging ich in das an das Palais-Royal grenzende französische Theater, wo ich zum erstenmal die Mars und zugleich ihre Rivalin, die Leverd, spielen sah und von der unwiderstehlich reizenden Persönlichkeit der erstern entzückt wurde. So hatte ich meinen ersten Tag in Paris hingebracht, den folgenden nahm ich nochmals einen Fiaker und fuhr über den Bastillenplatz durch die Vorstadt St.-Antoine zur Barrière de Vincennes hinaus und um die äußeren Boulevards. Ich hatte mich nun wenigstens oberflächlich in der unermeßlichen Stadt orientiert und nahm mir vor, später alle Merkwürdigkeiten einzeln zu besuchen, was ich auch nach und nach vollbrachte, und namentlich die Schätze des Louvre, welcher damals die aus ganz Europa zusammengeraubten Meisterwerke der ersten Künstler enthielt, sowie andere Museen, die Kirchen, die Tuilerien, das Pantheon, den Pflanzengarten, den noch stehenden Temple, die Conciergerie, in der Maria Antoinette ihre letzten Kummertage zugebracht, sowie alle historisch merkwürdigen Orte besuchte. Eine Beschreibung von Paris und seiner Monumente, die Bände füllen würde, wäre hier um so weniger an ihrem Platze, da diese tausendmal beschriebenen Gegenstände so ziemlich von jedermann gekannt sind, und jeder weiß, daß das Palais-Royal, vom Kardinal Richelieu erbaut, der Sammelplatz und das Rendezvous der Individuen aller Nationen ist, daß die Kaffeesäle und Restaurationen prächtig sind, man in Silber serviert und

die Leckerbissen aller fünf Weltteile hier zu haben sind. Hat man in dessen Spielhöllen sein Geld verloren, kann man seinen Schmerz in der anstoßenden Restauration nach Belieben in Tokaier, Kapwein oder Lacrimae Christi ertränken, sich dann in der unter derselben befindlichen Waffenbude ein paar Pistolen kaufen und mit einem Druck all seinen irdischen Leiden ein Ende machen, wie dies schon öfters vorgekommen. Während der Revolution war das Palais-Royal, Palais-Egalité genannt, der Tummelplatz der größten Unruhestifter, hier hatte man zuerst die dreifarbige Kokarde aufgesteckt, den Papst im Bild verbrannt, d'Espremenil im Bassin des Gartens ersäuft; und Camille Desmoulins forderte hier vor dem Café Foy das Volk zum Aufstand gegen den Hof auf. Es war und ist beständig der Sammelplatz aller Pflastertreter, Glücksritter, Taschendiebe, Gaukler, politischer Kannegießer, Neuigkeitskrämer, Freudendirnen, Modedamen usw., ein Sündennest, in dem sich alle Laster und Verbrechen zu einer Quintessenz konzentrieren.
Als ich den dritten oder vierten Tag mich zum Frühstück in das Palais-Royal begab, begegnete ich zu meinem großen Erstaunen Sr. Durchlaucht dem Fürsten Y., und zwar in Generalsuniform, daselbst. Ich hatte ihn, seitdem er das Regiment zu Montpellier verlassen, nicht wieder gesehen. Er war inzwischen zum Brigadegeneral avanciert. Ich grüßte ehrerbietig und wollte mich an ihm vorüberdrücken. Er hatte mich aber erkannt und die Gnade, mich zu deutsch mit den Worten: „Mein Gott, Fröhlich, wie kommen Sie hierher?" anzusprechen. – Ich mußte ihm nicht nur dieses, sondern meine ganze, seit jener Zeit durchlaufene Karriere mit wenig Worten mitteilen. Er war nun so gnädig, mich fast mit Gewalt in das Café Foy zu nötigen und daselbst mit dem feinsten Likör zu regalieren, erzählte mir, daß er bestimmt gewesen, in Spanien bei dem Armeekorps des Marschall Moncey zu agieren und dessen erste Division zu kommandieren, daß ihn aber das sich jetzt immer häufiger einstellende ab-

scheuliche Podagra verhindert habe, Beweise von seinem militärischen Genie und seiner Tapferkeit abzulegen. Der Geschichte zu Montpellier wurde mit keiner Silbe erwähnt, aber ich erlaubte mir, Sr. Durchlaucht im Laufe des Gesprächs einige Bemerkungen über die Zusammensetzung und Administration des Regiments Y. submisset zu machen, namentlich daß so mancher Schofel dabei angestellt gewesen. Son Altesse geruhten die Achsel zu zukken, tranken ein Gläschen Crème de Mocca mehr, luden mich ein, sie den kommenden Morgen in ihrer Wohnung in der Rue St.-George zu besuchen und während meines Aufenthalts zu Paris ihr Haus wie das meinige zu betrachten. Ja, der Fürst bot mir sogar ein Zimmer in seiner Wohnung an, wofür ich jedoch herzlich dankte, dagegen den Besuch versprach. Als wir den Kaffeesaal endlich verließen und ich mich zu Gnaden empfehlen wollte, lud er mich ein, noch einen Spaziergang mit ihm nach den Elysäischen Feldern zu machen. Als wir über den Konkordienplatz kamen, stand er still und sagte seufzend: „Dies ist der schönste Platz in Paris, aber auch ein fürchterlich merkwürdiger Platz!" – „Jawohl, Ihro Durchlaucht," erwiderte ich, „denn hier fielen die Häupter des unglücklichen Königspaares unter dem Beil des Henkers, dieser Platz ist es, auf dem bei den Vermählungsfeierlichkeiten Ludwig XVI. und Maria Antoinettens über hundertfünfzig Menschen das Leben verloren und an tausend mehr oder minder beschädigt oder verstümmelt wurden – ein schreckliches Fest! – Hier wurde 1792 die Bildsäule des stupiden Wüstlings, Ludwig XV., der frisiert, mit Lorbeeren gekrönt und in römischer Tracht dargestellt war, umgestürzt. Hier fielen während der Schreckenszeit unzählige freisinnige und rechtliche Bürger als Opfer der blutigsten republikanischen Tyrannei, und da wo wir stehen, war der Boden von dem vergossenen Blut schon so durchtränkt und schlüpfrig, daß man nicht mehr darauf gehen konnte, ohne auszuglitschen, und die Guillotine mußte weitergebracht werden." – „Lassen Sie auch uns weiter gehen", sagte Fürst Y. etwas kleinlaut, und wir eilten nach den Elysäischen Feldern, wo ich äußerte, daß ich gerne nach Notre-Dame, da ich diese Kirche noch nicht besucht, gehen möge. – „Ich will Sie dahin begleiten", sagte der Fürst, und wir fuhren zusammen in einem Fiaker nach der großen Seine-Insel, die für sich eine sehr bedeutende Stadt bildet. Bei Notre-Dame angekommen, stiegen wir aus. Auf der Stelle, wo diese ungeheure Steinmasse steht, war vor Jahrtausenden ein heidnischer Götzenaltar. Als die Pariser Heiden christliche Menschen wurden, stürzten sie diesen, wie in unsern Tagen ihre Könige, und errichteten dem hl. Stephan eine Kirche auf diesem Platz. Childebert I. ließ eine größere Kirche dahin bauen, die er der Jungfrau widmete, 1010 legte aber Robert der Fromme, ein Sohn Hugo Capets, den Grundstein zu dem jetzt noch stehenden Riesentempel, an dem über drei Jahrhunderte gebaut wurde; zweitausend Bleitafeln decken ihn und seine Seitenkapellen. Auf dem Platz vor demselben, Parvis genannt, hatten die Bischöfe von Paris ihre eigene Gerichtsbarkeit, was durch eine daselbst aufgehängte Galgenleiter angedeutet war. 1789 fand die feierliche Fahnenweihe der Nationalgarden unter Lafayette in dieser Kirche statt. Während der Schreckenszeit wurde sie ihrer schönsten Zierden beraubt. Zahllose Figuren, Obelisken, Pyramiden, Mausoleen wurden zertrümmert; die stupiden Blutmenschen wühlten sogar die Gräber auf und beraubten sie der Knochen und Lumpen, die sie enthielten. Unsinnige Kannibalen, wütende Ungeheuer, die sich – ein beißender Spott – Freiheitsmänner nannten, weil sie selbst auf eine kurze Zeit die Freiheit hatten, alle Freiheit mit Füßen zu treten, hielten jetzt ihre Versammlungen in den geweihten Mauern, sangen ekelhaft-schmutzige Zotengesänge in den hochgewölbten Hallen und brüllten gleich wütenden Bestien klassische Dummheiten und Nichtswürdigkeiten von der Kanzel herab, sich dabei Philosophen nennend. Als endlich 1802 die Freiheit des Gottesdienstes wieder proklamiert wurde, erhielt die Kirche ihre frühere friedliche Bestimmung wieder und war nicht mehr der Tummelplatz der abgeschmacktesten Unwissenheit. Den 3. Dezember ließ sich Napoleon von Pius VII., den er jetzt gefangen hielt, hier krönen. Die große Glocke des einen Turmes, die Ludwig XIV. aufhängen ließ, wiegt weit über dreihundert Zentner. Gleich bei dieser Kirche befindet sich das große Hotel de Dieu, dessen Stiftung man einem hl. Landry zuschreibt, der der achte Bischof von Paris gewesen, aber der eigentliche Gründer war der hl. Ludwig. Hier werden die Kranken aller Nationen, ohne Unterschied des Geschlechts, der Religion, des Standes aufgenommen, gut gepflegt und von mehr als zweihundert frommen Schwestern und einem halben Hundert Ober- und Unterchirurgen bedient. Nur Pestkranke, Venerische und Unheilbare nimmt man nicht an. Die Säle enthalten über viertausend Betten. Hier findet man die lebendigsten Gemälde alles menschlichen Elends und Jammers. 1737 legte eine vier Tage lang wütende Feuersbrunst das ganze Gebäude in Asche. Noch furchtbarer war die von 1772, bei welcher viele Hunderte von Kranken den Tod in den Flammen fanden. Der auf derselben Insel liegende Justizpalast ist ein wahres Labyrinth der Gerechtigkeit, zu welchem nur die in alle Schikanen der hl. Justitia Eingeweihten den leitenden Faden haben. Es war ehedem die Residenz der Herrscher Frankreichs, bis es Karl III. dem Parlament abtrat. In dem ungeheuren Saal der Pas perdus finden sich alle zusammen, die hier etwas zu suchen oder zu verlieren haben. Auch ist er das allgemeine Entree zu den verschiedenen Tribunalen. Unter diesem Saal befinden sich die Archive, in denen Berge von Prozeßakten aufbewahrt werden, worunter manche von hohem Interesse sind, wie z. B. die, welche die Johanna d'Arc betreffen. Die heilige Kapelle, die an diesen Palast stößt, ist die uralte Kirche der ersten christlichen Rasse der Könige von Frankreich, die auch diesen Palast erbaute. Sie ist ein schönes Monument jener Zeiten.

Fürst Y. hatte die Güte, bei Besichtigung dieser Merkwürdigkeiten mein Cicerone sein zu wollen. Er lud mich, als wir uns trennten, nochmals dringend ein, ihn doch ja den nächsten Morgen zu besuchen und zum Dejeuner um Mittag bei ihm zu sein. Ich versprach, mich zur bestimmten Zeit einzufinden, und hielt Wort, wurde äußerst freundlich empfangen und verbrachte wieder ein paar Stunden mit ihm. Das böse Zipperlein plagte ihn aber so gewaltig, daß er, auf einer Ottomane ausgestreckt, nach Römersitte das Frühstück zu sich nahm. Noch denselben Tag mietete ich mir eine Wohnung von ein paar möblierten Zimmern in der Straße Choiseuil, streifte noch immer in der großen Stadt umher, um sie genauer kennenzulernen, und machte hier und da einige nicht uninteressante Bekanntschaften unter den Offizieren in Restaurationen und Kaffeehäusern. Damals war ganz Paris voll von Napoleons Ehescheidung von Josephinen. Dieser Gegenstand gab fortwährend den Hauptstoff der Unterhaltung an öffentlichen Orten und in Privathäusern, und wie groß auch das Spionenwesen zu jener Zeit in Frankreich und Paris sein mochte, so daß jedes nur zweideutige Wort von der geheimen Polizei aufgefangen wurde, so nahm man dennoch bei dieser Veranlassung kein Blatt vor den Mund, besprach diese Scheidung öffentlich und tadelnd, nannte sie ebenso unpolitisch und unklug als lieblos, und ebenso rücksichtslos sprach man sich über den Kaiser hinsichtlich des spanischen Krieges, ja über das Spioniersystem selbst aus. Freilich hätte man ganz Paris und halb Frankreich einstecken oder stumm machen müssen, wenn man alle Individuen, welche sich dies herausnahmen, hätte bestrafen wollen. Ein Beweis, daß auch der gewaltige Despotismus die Zungen nicht in Fesseln zu legen vermag, wieviel weniger die Gedanken. Was die Köpfe aber jetzt am meisten beschäftigte, war die Wahl, die Napoleon treffen würde, um sich eine zweite Gemahlin zu geben. Die meisten Franzosen waren der Meinung, daß es eine Französin aus einer guten Familie sein werde. Ist er klug, sagten viele, so nimmt er sich eine liebenswürdige Frau aus einer honetten Bürgerfamilie, um seine Nachfolge zu sichern. Dadurch wird er die Nation durch ein Band mehr an sich knüpfen und zeigen, daß er über die alten Vorurteile und Schnurrpfeifereien erhaben ist. Aber so klug war er nicht; die kaiserliche Krone war zu schwer für ihn und lastete drückend auf seinem Gehirn, denn seit er sie sich auf den Kopf gesetzt, sah er nicht mehr klar und befolgte in jeder Hinsicht eine jämmerliche, kindliche und kleinliche Politik, die ihn notwendigerweise ins Verderben stürzen mußte, wie er überhaupt als Politiker noch tief unter der Mittelmäßigkeit stand. Wenig Personen glaubten, daß er sich eine auswärtige Prinzessin, und am allerwenigsten, daß er sich eine österreichische zulegen würde. Über die Ehescheidung selbst waren die Meinungen sehr verschieden, denn so sehr auch Josephine im allgemeinen beliebt war, so sagte man doch, daß es zum Wohl Frankreichs nötig sei, daß Napoleon Leibeserben erhalte, und entschuldigte ihn deshalb, sowie wegen seinen meist sehr flüchtigen Nebenamoretten, da Josephine während seiner Abwesenheit in Italien, als Oberfeldherr des dortigen Heeres, und wenn sie die Bäder besuchte, sich ebenfalls keiner allzu großen ehelichen Treue rühmen konnte.

Als ich eines Tages, nachdem ich mehrere Aufträge für das im Kirchenstaat stehende Armeekorps besorgt und Lieferungskontrakte abgeschlossen, heimkehrte, fand ich eine Ordre vom Kriegsminister vor, die mich auf den nächsten Morgen zu demselben beschied. Mich zu ihm verfügend, wurde ich sogleich in sein Kabinett eingeführt und sehr artig von ihm empfangen. Er fragte mich besonders viel über die römischen Zustände, erkundigte sich nach den Einzelheiten bei der Verhaftung des Papstes und was bis zu meiner Abreise noch in Rom Besonderes vorgefallen usw. Nach dem, was mich Miollis hatte merken lassen, schien es, als suche er eine Versetzung nach Paris und in Napoleons Nähe, nach Clarkes Äußerungen aber war es der Marschallstab, der ihm im Kopf steckte, und jetzt ging mir erst ein Licht auf, warum er mir Empfehlungen an verschiedene Personen mitgegeben hatte, die in näherer Berührung mit der an den Prinzen Borghese vermählten Schwester Napoleons, der schönen Pauline, standen, und von der er sich einbildete, daß sie eine große Gewalt über ihren Bruder habe. Mir gegenüber hatte er sich geäußert, daß, wenn man ein Anliegen beim Kaiser habe, es durch diesen Kanal am besten vorgebracht werde, auch ich müßte suchen, diese Gelegenheit zu benutzen, um mich in die Gunst dieser Dame zu setzen und so eine recht brillante Karriere zu machen, dabei aber auch seine Angelegenheit nicht vergessen. Da aber Pauline noch gar nicht in Paris anwesend war, so konnte für den Augenblick nicht operiert werden. Clarke eröffnete mir, daß, solange meine Anwesenheit währte, ich täglich 24 Franken Diäten erhalten werde. Meine Reisekosten wurden mir natürlich ohnehin reichlich vergütet. Dazu kam noch, daß ich von den Kaufleuten und Fabrikanten, mit denen ich Lieferungskontrakte abschloß, nicht unbedeutende Geschenke erhielt. Dagegen aber bekam ich fortwährend soviel Aufträge von Offizieren meines Regiments und anderer, die im Römischen standen, silberne und goldene Epauletten, Hüte, Federbüsche, Handschuhe, Tücher, Stiefeln und Gott weiß was alles zu kaufen und zu schicken, daß oft kaum meine Kasse hinreichte, all diese Kommissionen zu besorgen. Auch erhielt ich später kaum ein Dritteil meiner Auslagen wieder, da viele der Offiziere blieben oder starben, bevor sie mich bezahlten, andere nicht daran dachten, dies zu tun. Indessen stand ich mich dennoch im ganzen in finanzieller Hinsicht sehr gut in Paris und erhielt sogar noch einiges Geld von Haus. Fürst Y., der mich jetzt, ich weiß nicht warum, in ganz besondere Affektion genommen hatte und dem ich bisweilen aus französischen oder deutschen Werken, wenn ihn das böse Zipperlein plagte, vorlas, bestand darauf, daß ich wenigstens den Tisch bei ihm nehmen müsse und stellte sogar eine Equipage und ein Reitpferd zu meiner Verfügung, wofür ich ihm sehr erkenntlich war, da dies in Paris nicht zu verwerfen und keine Kleinigkeit ist. Ich machte besonders Gebrauch vom letzteren, indem ich fast täglich über die Boulevards und in die Elysäischen Felder ritt, den Wagen aber nur selten benützte und mich lieber in einen Fiaker setzte. Nach und nach hatte ich auch sämtliche Theater, es waren damals nur acht im Gang, besucht. Früher hatte man deren an zwanzig gezählt, Napoleon hatte aber, ich weiß nicht warum, ein Dutzend aus eigener Machtvollkommenheit schließen lassen.

Der Neujahrstag war diesmal (1810) ganz besonders glänzend und feierlich in Paris begangen worden. Die Gratulationsdeputationen nahmen kein Ende. Zu seinem Leidwesen konnte Fürst Y. sich nicht seiner Schuldigkeit in dieser Hinsicht entledigen, da ihn das Podagra den ganzen Tag an das Faulbett fesselte, was ihn sehr mißmutig machte. Die Buden in dem Palais-Royal, auf den Boulevards, der Straße St.-Honoré usw., waren überaus reich und prächtig, wie es um diese Zeit immer geschieht, mit den kostbarsten Waren jeder Gattung ausgestattet; besonders aber waren es die Bijouterie-, Gold- und Silber-, Mode- und Konditor-Läden; so geschmackvoll mit den kostbarsten Gegenständen versehen, hatte ich sie noch nirgends bemerkt. Diese Tage sind hauptsächlich für die sich auszeichnenden Pariser Theaterprinzessinnen ergiebig, die mit Geschenken überschüttet werden. Auch Se. Durchlaucht hatten sich reich mit dergleichen versehen, wenigstens für zwanzig- bis fünfundzwanzigtausend Franken an Wert, die sie einigen Theaterhoheiten zum Geschenk machte. Da Fürst Y. über acht Tage das Zimmer hüten mußte, so beauftragte er mich mit der Überbringung mehrerer derselben in seinem Namen. Namentlich erhielt Demoiselle Mars und die schöne Tänzerin Gardel eine jede ein Paar Brillantohrringe von mindestens viertausend Franken an Wert, die mit großer

Freundlichkeit dankbar angenommen wurden. Man bat mich auf das höflichste, Sr. Durchlaucht ihre wohlwollenden Gesinnungen zu versichern und auch meine Besuche zu wiederholen, was ich nicht verschmähte. – „Mais soyez sage“, hatte mir Fürst Y. nachgerufen, als ich ihn verließ. – „Monseigneur, ça va sans dire“, hatte ich geantantwortet, und wenigstens diesmal Wort gehalten.

Als ich bald nach Neujahr eines Nachmittags durch die Tuilerien ging, begegnete ich im Garten derselben einer weiblichen, weißverschleierten, hübsch gewachsenen Figur, deren Gesicht, soviel ich es durch den Schleier sehen konnte, mir sehr bekannt vorkam. Die Dame hatte mich aber nicht bemerkt, sondern war mit zu Boden gesenktem Blick an mir vorübergeglitten. Ich drehte mich um, musterte die zierlich schlanke Gestalt, deren Anzug jedoch gerade nicht nach dem neuesten Schnitt und ziemlich ärmlich war, sowie die ganze Haltung keine Pariserin, sondern etwas Fremdartiges verriet. Meine Neugier war rege geworden, ich folgte ihr in einiger Entfernung, überholte sie dann, um sie noch einmal ins Auge zu fassen. Am großen Bassin angekommen, drehte ich mich um und ging ihr mit langsamen Schritten gerade entgegen, blieb aber noch im Zweifel, wer sie sei, da mich der faltenschlagende Schleier die Züge wieder nicht genau erkennen ließ; soviel war mir jedoch klar, daß ich sie kennen mußte. Ich wollte schlechterdings Gewißheit haben, überflügelte sie zum zweitenmal, und ihr zum drittenmal begegnend, grüßte ich sie so, daß sie es wahrnehmen mußte. Jetzt ertönte ein: „Oh dio mio!“ aus ihrem Munde, sie blieb vor mir stehen, und da sie bemerkte, daß ich noch ungewiß über ihre Person sei, schlug sie den Schleier zurück und sagte: „Ma Signore, non mi conoscete?“ und jetzt erkannte ich – die zu Rom entführte Nonne in ihr und rief aus: „Ach Madame Bonnier!“ – „Die bin ich.“ – „Und Ihr Gatte, Signora?“ – „Steht bei der Armee in Spanien.“ – Ich begleitete nun die Dame, die über dies Zusammentreffen ebenso erfreut schien wie ich selbst, lud sie zu einem Spaziergang in die Elysäischen Felder ein und bat sie, mich von dem, was ihr seit ihrer Abreise von Rom begegnet, zu unterrichten. Um uns um so ungestörter unterhalten zu können, nahm ich einen Fiaker, mit dem wir vor die Barriere von Neuilly fuhren. Sie teilte mir nun mit, daß noch große Schwierigkeiten zu überwinden gewesen, bis sie Bonniers rechtmäßige Gattin geworden, und sie noch vor der Trauung schon einigemal bereut, diesen Schritt getan zu haben. Später aber weit mehr. Sie habe sich schon oft wieder in das ruhige friedliche Stilleben ihres Klosters zurückgesehnt, wo man von dem Treiben und den Kabalen der bösartigen Welt nichts wisse und nicht von ihr beunruhigt werde, wogegen die kleinen klösterlichen Trakasserien Kindereien seien. In Frankreich und Paris gefalle es ihr gar nicht. Sie habe noch mit keiner einzigen Familie ein vertrauliches Verhältnis anknüpfen können und mit ihrer eigenen sei sie zerfallen, ihr Mann schon bald ein Jahr von ihr getrennt, und so stehe sie einsam und verlassen in der großen Stadt, wo sie außer ein paar italienischen Offiziersdamen, deren Männer gleichfalls bei der Armee in Spanien stünden und die ungefähr in demselben Verhältnis wie sie sich befänden, keine Seele kenne. Bei dieser im Ton des Schmerzes gemachten Erzählung kamen ihr öfters die Tränen in die Augen, und sie flößte mir die größte Teilnahme ein. Obgleich leidend und etwas abgehärmt, war Angelika doch noch sehr schön, ja verführerisch-reizend. Ich suchte ihr allen möglichen Mut einzusprechen, und da sie sich hauptsächlich deshalb beklagte, daß ihr Mann ihr so selten Nachricht von sich gäbe, stellte ich ihr vor, daß dies von Spanien aus jetzt nicht anders sein könne, da die Kommunikationen oft so schwierig, ja nicht selten ganz abgeschnitten seien. Es waren bereits über fünf Monate, daß er ihr zum letztenmal, und zwar von der portugiesischen Grenze aus, geschrieben hatte. Was sie aber am meisten zu quälen schien, war, ob ihr Bonnier auch wohl treu geblieben und nicht andere Liebeshändel gehabt, denn wie sie gehört, seien die Spanierinnen den Männern sehr gefährlich. Ich lächelte über die Naivität der guten Exnonne und versicherte sie, daß dies bei mir der Fall nicht gewesen wäre; für andere aber könne ich freilich nicht stehen. – „Ach, die Männer, und noch obendrein die Offiziere, taugen alle nicht viel.“ – „Wie, haben Sie schon solche Erfahrungen gemacht?“ – „Ach, man hört es ja jeden Tag von den Herren selbst, mein Mann hat mir genug davon erzählt.“ – Ich bat sie jetzt, mir zu erlauben, sie heimbegleiten und bisweilen besuchen zu dürfen. Etwas verlegen suchte sie das erste abzulehnen und das zweite hinauszuschieben. – „Aber Sie werden mir doch das Vergnügen machen, eine Suppe in einer Restauration mit mir zu nehmen?“ – Dies akzeptierte sie nach einigen Komplimenten, und wir fuhren nach dem Palais-Royal zu den Frères provençaux, wo ich ein vollständiges und sehr leckeres Diner nebst den feinsten Weinen servieren ließ. Madame Bonnier wurde nun munterer, aufgeweckter und zutraulicher, und als ich sie nochmals bat, sie nach Haus bringen zu dürfen, gestand sie mir offenherzig, daß sie sich schäme, mich in ihrer Wohnung zu empfangen, weil diese gar zu schlecht sei, und offenbarte, daß nur daher ihre Weigerung gerührt habe. Sie habe nur ein kleines Dachkämmerchen, zur höchsten Not möbliert, nebst einem Alkoven zum Schlafen, und zwar im ersten Stock eines Hauses, wenn man vom Himmel herabsteige. Diese Bedenklichkeit wußte ich bald zu beseitigen, und nachdem wir getafelt und den Kaffee eingenommen, fuhren wir in die damals noch sehr entlegene und wenig bewohnte Straße Lazare, wo wir in einem unansehnlichen Hause ab- und fünf Treppen hinaufstiegen. Die Dame öffnete ein schlecht verschlossenes Mansardenzimmer, das allerdings auch nicht den mindesten Anschein von Wohlhabenheit, sondern Dürftigkeit und Mangel verriet. Zwei wackelnde Stühle, ein Tisch in demselben Zustand, ein Stück von einem Spiegel, ein alter Koffer machten das ganze Ameublement aus. Errötend sagte Madame Bonnier eintretend: „Hatte ich es Ihnen nicht gesagt, daß ich eigentlich keinen honetten Menschen hier empfangen kann?" „Jedes Gemach, das Sie bewohnen, wird zum Prachtsaal", antwortete ich ihr. „Ihre Gegenwart würde selbst die Hölle zum Himmel umschaffen"; dabei erlaubte ich mir, sie auf die Stirne zu küssen. Die Nahrung und das übrige Leben der armen Frau war ganz im Einklang mit ihrer Wohnung, doch war mehr Mangel an Einrichtung, Erfahrung und Weltkenntnis, als Mangel an Subsistenzmitteln schuld, denn ihr Mann ließ ihr monatlich neunzig Franken von seinem Gehalt zurück, die ihr in Paris ausgezahlt wurden, und wenn man keine großen Sprünge damit machen konnte, so war es doch hinlänglich für eine Person, die sich einzurichten verstand, um auszukommen ohne Not zu leiden; besonders wenn man eine so wohlfeile Wohnung hatte. Aber die Dame wurde von allen, mit denen sie zu tun hatte, bestohlen und betrogen, kaum daß sie zur Not den Wert des Geldes kannte. Sie hatte eine sogenannte Femme de ménage, die sich jeden Morgen einfand, ihre kleine Aufwartung und Kommissionen zu besorgen, sie aber alles doppelt und dreifach bezahlen ließ und ihr dazu noch die schlechtesten Viktualien lieferte, nur Ausschuß, und außerdem ein Teufel von einem alten Weibe war, die sich nicht das geringste sagen ließ, sondern die arme Frau, die sich nicht zu helfen wußte, mißhandelte und schimpfte, wenn sie es wagte, ihr irgendeine Bemerkung zu machen. Dies alles sah ich bald ein und tat Madame Bonnier den Vorschlag, vor allem eine andere Wohnung zu suchen. Da sie mir einwandte, daß dies ihre Mittel nicht erlaubten, erwiderte ich: „Lassen Sie mich dafür sorgen." Sodann riet ich ihr, sich des alten Drachen, der sie so schlecht bediene und betrüge, zu entledigen. Aber sie fürchtete sich vor dem Weibe und wagte es nicht, ihr zu kündigen. Dies nahm ich auch über mich, und als die böse Sieben wieder schlechte Ware zu hohem Preis gebracht und noch obendrein Händel anfing, ging ich ihr derb zu Leibe, ihr das schändliche Benehmen gegen Madame Bonnier vorhaltend. Sie entschuldigte sich damit, daß ihr Charakter einmal so sei. Ich versetzte darauf: „Jedermann hat seinen eigenen Charakter, der meinige ist der, daß ich solche Kanaillen zur Türe hinauswerfe", und damit machte ich die Türe auf und hieß sie sich packen. – „Ich habe noch den Monat zu bleiben, und eher gehe ich nicht." – „Das wird sich gleich finden, was hast du noch zu fordern?" Madame Bonnier sagte: „Sie erhält fünfzehn Franken monatlich von mir." – Ich warf sie ihr hin. – „Ich habe auch noch siebenundzwanzig Franken für Auslagen zu fordern." – Auch diese gab ich ihr, hieß sie nun sich trollen und verbot ihr das Wiederkommen. Aber noch wollte sie nicht gehen und schimpfte. Nun riß mir die Geduld, ich packte sie beim Arm, warf sie zur Türe hinaus und die Treppe hinab. Sie schimpfte noch bis auf die Straße und wollte klagen, indessen hörte ich nichts weiter von ihr. Ich beurlaubte mich von der Dame mit einem Abschiedskuß, den sie mir dankend erwiderte, und mietete in der nahen Straße Montblanc eine ziemlich geräumige möblierte Wohnung mit zwei Schlafzimmern und einem hübschen Salon in der Mitte, nebst einer Salle à manger, alles für hundertsechsundzwanzig Franken monatlich. Nachdem dies geschehen, holte ich Madame Bonnier ab, welche, als sie das Logis sah, ausrief: „Ma è troppo bello!" Ich zeigte ihr jetzt alle Piecen und fragte sie, ob sie mir wohl erlauben wolle, das eine Schlafzimmer zu beziehen. – Errötend antwortete sie mir: „Ma ella è il Padrone." „Und dann trennt uns ja der Salon", versetzte ich lächelnd. Ich ließ nun sogleich ihre wenigen Sachen hierher bringen, sorgte auch für ein Piano und eine Gitarre, und in den nächsten vierundzwanzig Stunden waren wir beide in der neuen Wohnung installiert, in der wir auch bald wie Mann und Frau lebten. Ich ließ eine Couturière, eine Modistin und eine Lingère kommen und bat sie, ohne Umstände das zu bestellen, was sie am nötigsten bedürfe, indem wir später schon abrechnen würden. Nur mit der größten Bescheidenheit machte sie von diesem Anerbieten Gebrauch, so daß ich genötigt war, selbst dafür zu sorgen, daß sie an Kleidern, Putz und Wäsche wenigstens das Unentbehrlichste erhielt, wobei sie jeden Augenblick ausrief: „Ma è troppo, Signore!“ Wir führten jetzt eine artige Haushaltung zusammen, das Essen ließ ich von einem Restaurateur bringen, oder wir aßen auch bei einem solchen, und verlebten die Flitterwochen recht vergnügt, da ich mit meiner Interims-Gattin die Promenaden, die Theater, Konzerte und sonstigen Vergnügungsorte besuchte, der nun auch das Pariser Leben besser zu gefallen begann. Eines Tages erhielt ich eine Einladung zur Tafel vom Kriegsminister, die ich mit großem Vergnügen annahm, hoffend, daß mir dieses Gelegenheit geben würde, mein Privatanliegen, die Versetzung zur Garde, zur Sprache bringen zu können. Dies war aber nicht der Fall. Es waren viele Generale und Stabsoffiziere bei Tisch. Ich konnte kaum ein paar Worte mit Clarke wechseln, welche Miollis betrafen, und mußte fast unaufhörlich Fragen beantworten, die man hinsichtlich der Verhaftung und Entführung des Papstes an mich tat. – Ich hatte Madame Bonnier vorgeschlagen, den Versuch zu machen, sich einigermaßen mit ihrer Familie wieder auszusöhnen. Sie meinte aber, das würde sehr schwer sein. Ich schrieb nun in dieser Angelegenheit an Miollis, meldete ihm zugleich den Erfolg meiner bisherigen Bemühungen und meine Hoffnung für die Zukunft und bat ihn, sich doch nachdrücklich bei der Familie der Madame Bonnier zu Pesaro für diese unglückliche Dame verwenden zu wollen. Dies hatte einen so günstigen Erfolg, daß sie auch bald nachher einen Wechsel von fünfzehnhundert Franken und das Versprechen von ihren Verwandten erhielt, daß man ihr von Zeit zu Zeit kleine Unterstützungen zukommen lassen wolle. Angelika war nun außerordentlich vergnügt und schien ihren Mann, der vielleicht in den Armen einer hübschen Andalusierin oder Kastilianerin schwelgte, in den meinigen ganz zu vergessen. Sie nannte mich: „Il suo caro marito“, und ich sie: „Ma petite femme“, und die ehemalige Braut Christi wurde ein ganzes Weltkind. Was ihr hauptsächlich viel Vergnügen gewährte, war der Besuch der Großen Oper und der Ballette, die mit einem unerhörten Prachtaufwand gegeben wurden und zum Teil wahrhaft bezaubernd waren; wie z. B. „La fête de Mars“, „Amor und Psyche“, „Das Urteil des Paris“, „Venus und Adonis“ usw., und Künstler wie Gardels, die Saulnier, Klothilde, Marelie, Bigottini, Vestris, Beaupré usw. tanzten alle wie Götter, die sie repräsentierten. Da die Karnevalszeit nahte, so wurde das Leben immer lustiger, und namentlich machten auch die Maskenbälle der Großen Oper meiner jungen Frau großes Vergnügen. Die italienischen Opern, die im Théâtre de l'Impératrice (Odeon) gegeben wurden, versäumten wir nie, da sie Angelika großes Vergnügen zu bereiten schienen. Seltener besuchten wir das Französische Theater, bisweilen die Komödie und Vaudevilles. Die Académie impériale de musique in der Straße Richelieu hatte zu jener Zeit einen hohen Grad der Vollkommenheit erreicht. Die ausgezeichnetsten musikalischen Talente nicht nur Frankreichs, sondern von ganz Europa waren hier konzentriert, und vereinten alles, was Gesicht, Gehör und Gefühl zu entzücken vermag. Pracht und Pomp waren mit Geschmack und Kunst verbunden, Dekorationen, Kostüme, Maschinerie waren erstaunenswert, Compositeurs, Maler, Musici, Sänger und Tänzer, alles harmonierte und wetteiferte miteinander, die allgemeine Bewunderung zu erregen. Armidas Zaubergärten, Psyches Feenpalast, Agamemnons Lager usw. waren magische Täuschungen, und die Lainez, Laforet, Derivis, Nourrit (Vater) usw. bildeten ein Ensemble der Vokalmusik, wie man es an diesem Theater seitdem nicht wieder sah. Aux français glänzten damals Talma, Lafond, St. Prix, Fleury, die Leverd, Mars, Duchenois, Volnais usw. Es bedarf wohl nur dieser Namen, um sich eine Vorstellung von dem machen zu können, was hier geleistet wurde, namentlich von dem einzig unerreichbaren Talma und der Mars. Die Werke Racines, Corneilles, Crebillons, Voltaires, Molières wurden in der höchsten Vollendung und der reinsten Sprache gegeben, die man nur hier hörte. Ein Hochgenuß war es, Phädra, Brittanikus, Zaïre, Tartüffe aufführen zu sehen. Im Theater der Kaiserin, dem zweiten französischen, war es bei weitem nicht mehr das, doch war das Lustspiel gut, und ich sah Kotzebuesche Stücke hier allerliebst aufführen, so auch „Misantropie et repentir" (Menschenhaß und Reue), von dem jedoch ein französischer Kritiker sagte: daß, nachdem man sich während fünf Akte gelangweilt, man endlich eine Szene lang weinen müsse. Nichtsdestoweniger war das Haus überfüllt, so oft das Stück gegeben wurde. Angelika, die wenig davon verstand, wollte jede Szene von mir erklärt haben, ich hütete mich aber, ihr die ganze Wahrheit zu sagen, fürchtend, daß dies auch bei ihr eine Reue erwecken könnte. Die Komische Oper und das Vaudeville, La Gaîté und das Ambigu comique, die wir bisweilen besuchten, waren alle gut besetzt. Großen Gefallen fand meine junge Frau an den Darstellungen Franconis und seiner zwei- und vierbeinigen Akteurs. Ich zeigte ihr auch die Kunstschätze des Louvre, die man nicht oft genug sehen konnte, und das Fenster, aus dem Karl IX. verruchten Andenkens, in der Bartholomäusnacht auf die fliehenden Protestanten schoß. Seine Mutter, die Megäre Katharina von Medicis, hatte das Morden eine Stunde früher als zur verabredeten Zeit beginnen lassen, aus Furcht, ihr Sohn möchte andern Sinnes werden, aber er zeigte sich ihrer vollkommen würdig. Vierzigtausend Menschen büßten ihr Leben bei der Pariser Bluthochzeit ein, und Karl schrie unaufhörlich: „Tue, tue, mordieu, ils s'enfuient". – Das Höllenfest würdig zu feiern, schrieb der Papst sogar ein Jubeljahr aus! – Jetzt waren alle Meisterwerke der Kunst aus ganz Italien und was noch aus Griechenland stammend vorhanden war, neben den französischen und andern in den Sälen des

Louvre ausgestellt. Nie hatten wohl Malerei und Bildhauerkunst soviel unsterbliche Werke in einem Tempel vereint gesehen. Unter ihnen war die weltberühmte Laokoonsgruppe, der Apoll von Belvedere, die mediceische Venus usw. neben dem Herrlichsten was Raphael, Tizian, Rubens, Michelangelo usw. geschaffen. In wenig Jahren mußten alle diese Gäste die Rückreise nach der Heimat wieder antreten. Die wilden Bestien im Jardin des plantes besuchten wir auch einigemal und bewunderten dort die Zedern vom Libanon, machten auch nach und nach die Wanderung durch fast alle Kirchen der Hauptstadt. In dem Karussellhof vor den Tuilerien malte ich Angelika die Schreckensszenen vom 20. Juni und 10. August, die Ludwig XVI. Thron und Leben kosteten, nachdem er sich noch jede Art Demütigung hatte müssen gefallen lassen, recht lebendig aus.

Während der Flitterwochen meiner Interimsehe war ich nur wenig zum Fürsten Y. gekommen, und mußte daher manche, gerade nicht unfreundlichen Vorwürfe deshalb von ihm hören, da er sehr oft unwohl war und Gicht und Podagra ihm die meiste Zeit Stubenarrest gaben. Nach den ersten vierzehn Tagen meiner Vermählung fing ich jedoch an, ihm und andern Dingen etwas mehr Zeit zu widmen. Ich ritt auch wieder mehr aus und entsprach den Wünschen Seiner Durchlaucht, indem ich ihm einige Stunden vorlas und öfters kleine Soupers fins arrangierte, zu denen ich die ausgezeichnetsten Künstler und Künstlerinnen von der Oper und des français einlud und die daher äußerst unterhaltend und vergnügt waren, aber auch viel Geld kosteten, woran dem Fürsten jedoch nichts lag. Eines Tages nahm ich Madame Bonnier mit zu einem solchen Abendessen, indem ich sie, wie ich mit ihr verabredet hatte, für eine italienische Sängerin ausgab, die hier Engagement suche. Der Fürst war ganz entzückt von ihr und verlangte, daß ich sie öfters einladen solle. Ich wich dem Gesuch jedoch aus, indem ich Sr. Durchlaucht sagte, daß die Künstlerin bereits wieder nach Italien abgereist sei, da sie hier ihren Zweck nicht habe erreichen können. – „O das ist jammerschade!" exklamierte Fürst Y.

Wenn Se. Durchlaucht wohl waren, so geruhten sie bisweilen, die Spielsäle im Palais-Royal zu besuchen; ich ging auch manchmal allein dahin, um das interessante Treiben zu beobachten, und pointierte hie und da einmal. Eines Abends, als ich aus dem Französischen Theater kam, trat ich im Vorbeigehen noch in einen Spielsaal und warf, nachdem ich einigemal rouge oder noir besetzt hatte, einen doppelten Napoleon auf eine Nummer des Roulets. Es war 35. Sie kam heraus und ich erhielt 36 mal den Satz. Ich rollte das Gold zusammen und sagte, es auf der nämlichen Nummer stehen lassend: aut Caesar aut nihil, und die rollende Kugel fiel abermals in dieselbe Nummer! Jetzt erhielt ich die Summe von 51,840 Franken in Gold! – Statt mich klüglich mit diesem Kapital zu entfernen, fuhr ich fort à tort et à travers, Nummern, rouge et noir, pair et impair, Kolonnen usw. zu besetzen, und noch ehe eine Stunde vergangen, war mein ganzer Reichtum wieder zu Wasser geworden, und kaum einige zwanzig Franken in der Tasche, verließ ich lange nach Mitternacht das Palais-Royal. Ich tröstete mich leicht über den Verlust des Gewinstes. Das Geld hatte zu jener Zeit keinen oder wenig Wert für mich, und wer weiß, zu was es gut war; denn einige Wochen später, fiel eine greuliche Geschichte vor, welche ein ähnlicher Spielgewinst hervorgerufen hatte. Ein junger Mensch hatte eines Abends über 30,000 Franken in Gold gewonnen, und entfernte sich darauf nach 1 Uhr in der Nacht aus dem Spielsaal. Es war der Sohn eines nicht unbemittelten Mannes der jenseits der Seine, in der Gegend des Pantheon wohnte. Das Palais-Royal verlassend, glaubte er bald darauf, sich von ein paar verdächtigen Kerls verfolgt zu sehen. Es war schon sehr einsam in den Straßen, und er beeilte sich, den Pont-neuf zu erreichen, was ihm auch glücklich gelang. Hier war zu jener Zeit ein kleiner Wachtposten von einem Korporal und drei Mann aufgestellt. Bei diesem angekommen, ging er in die Wachtstube und bat den Korporal, er möge ihm doch einen Mann zur Bedeckung mitgeben, da er viel Geld bei sich habe und sich von ein paar verdächtigen Individuen verfolgt glaube; er wolle die Eskorte gut belohnen. Der Wachtkommandant schien erst einige Schwierigkeiten zu machen, indem er vorwandte, daß seine Mannschaft zu gering sei, als daß er einen Mann entbehren könne, besann sich jedoch bald eines andern, hieß den jungen Menschen einen Augenblick warten und verließ dann das Wachtzimmer, vorgebend, daß er sich mit der Schildwache noch besprechen wolle. Er rief dann noch einen der beiden andern Soldaten heraus, mit dem er einige Zeit darauf zurückkam, und nach diesem auch den dritten Mann, der dem Fremden unterdessen Gesellschaft geleistet hatte. Mit diesem kehrte er nach mehreren Minuten ebenfalls in das Zimmer zurück, und alle drei fielen nun auf ein von dem Korporal gegebenes Zeichen über den jungen Menschen her, verstopften ihm schnell den Mund und knebelten ihn, so daß er keinen Laut von sich geben konnte, nahmen ihm dann das bei sich habende Geld ab und stürzten ihn über die hohe Brücke in die Fluten der Seine hinab, da wo das Wasser gerade am reißendsten unter den Bogen rauscht und am tiefsten ist. Der junge Mann war aber ein guter Schwimmer, erreichte glücklich das nahe Ufer und lief jetzt auf den nächsten größern von einem Offizier kommandierten Posten, dem er, was ihm soeben geschehen war, erzählte. Dieser sandte sogleich eine starke Patrouille unter dem Kommando eines Sergeanten ab, der die Wache samt der Schildwache umzingelte, das saubere Kleeblatt mit der Teilung des Goldes beschäftigt fand und es verhaftete. Alle passierten das Kriegsgericht. Der Korporal wurde erschossen, und die Soldaten lebenslänglich auf die Galeere geschmiedet. Der Vorfall gab ganz Paris auf 24 Stunden Stoff zur Unterhaltung.

Der unterdessen herangekommene Karneval gewährte uns manche Unterhaltung. Ich besuchte teils in Gesellschaft Angelikas, teils mit dem Fürsten Y. inkognito verschiedene Belustigungsorte. Die Masken, die sich auf den Boulevards zeigten, vom Temple bis zur Madelaine, waren aber nicht sehr elegant, ja zum Teil sehr lumpig, und konnten sich denen zu Rom und in andern Städten Italiens nicht an die Seite stellen, sowie auch das hiesige Karnevalstreiben ein ganz anderes als das in Italien ist. Die gemeinen Franzosen machen wohl manche witzige Späße, arten aber nur zu oft in Plattitüden und rohe Gemeinheiten aus, während die Italiener, auch die der untersten Klasse noch immer eine gewisse Dezenz bei dieser Gelegenheit beobachten. Der Boeuf gras ist der Kulminationspunkt des ganzen Festes. Ein kolossaler, bis zum Zerplatzen fettgemästeter Ochse, der Mühe hat, seine ungeheure Fleischmasse fortzubewegen, wird von einem Kind, den Fleischerkönig darstellend, geritten und von der ausgelassensten und sonderbarsten Eskorte begleitet, die aus nachgeahmten Deputationen aus allen Weltgegenden, allen Zeiten und allen Ständen besteht, unter denen die Bewohner des Landes auf Stelzen einherschreiten, Wilde und Chinesen, Mamelucken und Kalmücken, Mexikaner und Peruaner, Kosaken und Slowaken, Panduren und Heiducken, Mohren und Mulatten, Pierrots und Harlekins und Völker, deren Wohnsitze auf Erden gar nicht bekannt sind, usw. sich befinden und das Cortege bilden. Gelehrte Franzosen behaupten, daß sich der Ursprung dieser grotesken Zeremonie noch von den Galliern her schreibt, die einem Stier göttliche Verehrung zollten. Während der Revolution war diese Fette-Ochsen-Prozession unterblieben. Erst unter dem Kaiserreich wurde sie wieder hervorgeholt. Als im Jahre 1739 der Ochsenzug, wie es der Gebrauch, sich dem König und seiner Familie vorgestellt hatte, dann nach dem Hotel des ersten Parlaments-Präsidenten begab und diesen nicht daheim fand, nahm er seine Richtung gerade nach dem Justizpalast und stieg samt dem Ochsen und den ihn begleitenden Reitern die breiten Treppen am Palais hinauf, präsentierte sich dem Herrn Präsidenten im Gerichtssaal, schritt durch alle Säle und verließ den Themistempel, die Treppe, die auf den Dauphinplatz führt, hinabsteigend. Während des Karnevals waren alle Kneipen und Schenken zu Paris und vor den Barrieren mit Masken und seltsam kostümierten Individuen beiderlei Geschlechts angefüllt, die ein wildes, tolles Treiben führten. Diese in die barocksten Anzüge gehüllten Menschen, die unaufhörlich durcheinander schreien und brüllen, pfeifen, mit Gläsern und Flaschen klirren, die Fäuste aufschlagen und mit Füßen stampfen, daß Wände und Tische zittern, unter dem ohrenzerreißenden Gekratze von Bierfiedlern oder dem Spielen falscher Orgeln und Dudelsäcke heulen, haben kaum noch durch ihre Gestalt etwas Menschliches an sich, und man ist geneigt, sie eher für eine Gattung wilder Bestien zu halten. Hier thront eine Hallendame, als Venus mit Zinnober ziegelrot das Gesicht bemalt, in einem Schlendrian aus den Zeiten Ludwigs XV., dort ist ein fünfzigjähriger rußiger Schlossergeselle als Amor mit kurzen Hosen, nackten Armen und Beinen, einem halben Faßreif mit einem Strick umhängend, einen Bogen darstellend, nebst einer Kufe voll Gänsekiele statt der Pfeile. Apollo und ein paar Musen spielen und saufen einen giftig gebrauten Wein hinter einem Tisch. Vor ihnen steht ein Trupp Amazonen mit Hackbeilen bewaffnet, mit denen in Kampf sich einzulassen wohl nicht rätlich wäre. Eine keusche, bis über die Knie aufgeschürzte Diana ist mit einem sechs Schuh langen Halbmond versehen und beschenkt taumelnd ihren neben sich sitzenden Endymion verschwenderisch mit den saftigsten Küssen. Jetzt tritt ein Haufen Ritter – die Götter mögen wissen, von welcher Gestalt – mit einem Trupp Kobolde ein, alle haben scheußliche Larven vor; Türken in zerlumpten alten Schlafröcken mit papiernen Turbanen usw. Dies sind die Charaktermasken und Kostüme des Pariser Karnevals, denen man in den Straßen begegnet und die man in allen Guinguetten findet. Es wäre der Mühe wert, diese Physiognomien zu studieren. Eine Ronde um diese Zeit durch die Bastringues und Tanzlokale von Paris zu machen ist wohl ergiebig und mag dem Menschenfreund wie dem Menschenkenner manches zu denken geben. Die Bälle des Tivoli d'hiver, der Eremitage, des Prado, Retiro usw. bis auf die lebensgefährlichen Sauf-, Raub- und Mordhöhlen vor den Barrieren durchstöberte ich, um das Volkstreiben der berühmten verrufenen Hauptstadt ganz kennenzulernen. Da führt ein Lumpenmann (Chiffonnier) eine Herzogin der guten alten Zeit, dame de haut parage, am Arm und läßt sie von Zeit zu Zeit einen Schluck aus seiner Branntweinflasche tun. Dort verliert sich ein Großsultan mit einer Grobwäscherin, der er das Schnupftuch zugeworfen, in irgendein heimliches Gemach. Die Gavotte, Kontertänze, Farandolen – alles wird durcheinander gerast. Plötzlich erscheint ein vierschrötiger Kerl im Matrosen- oder Lazzaroni-Kostüm oder ein fast ganz nackter Wilder, der die partie honteuse kaum mit einigen Blättern, die zerfetzt an ihm herabhängen, bedeckt, und kündigt schreiend einen Solotanz an, den er unter dem infernalischsten Getöse und Gebrüll ausführt. Auf den Boulevards reiten die tollsten Masken auf Eseln, Schindmähren, sitzen auf der Imperiale der Fiaker, deren Kutscher ebenfalls maskiert sind; sogar Hunde laufen mit Larven umher. Dies waren die Lustbarkeiten des Pariser Karnevals, die auch der Fürst Y., durch meine Berichte neugierig gemacht, ein paarmal mit mir inkognito besuchte. Während der Republik war es noch viel ärger, da sah man unter andern Nonnen auf Eseln reiten, an deren Schwanz Priester im Ornat, das Meßbuch in der Hand, gebunden waren.

Mit Angelika besuchte ich zu dieser Zeit nur die Theater, besonders die französische und italienische Oper, wo wir die Meisterstücke der ersten Komponisten in hoher Vollendung aufführen sahen, namentlich auch Mozarts „Nozze di Figaro", „La Molinara", Paesiellos „Barbiero di Seviglia" usw.

Unterdessen hatte sich einige Zeit nach der Scheidung Napoleons von Josephinen plötzlich das Gerücht verbreitet, ersterer würde eine österreichische Prinzessin heiraten. Dem wollte man aber anfänglich wenig Glauben schenken, ja, viele Franzosen betrachteten es als unmöglich. Da aber das Gerücht bald zur unleugbaren Gewißheit wurde, machte diese Neuigkeit einen unbeschreiblichen Eindruck in ganz Frankreich und dessen Hauptstadt. Im ersten Augenblick war man vor Überraschung stumm, als aber der erste Eindruck und die Bestürzung vorüber waren, machte sich die fast allgemeine Mißbilligung hinsichtlich dieser Ehe in den ungemessensten und unvorsichtigsten Ausdrücken Luft. „Wie", hieß es, „und darum von der besten und liebenswürdigsten Frau geschieden, um eine österreichische . . . zu heiraten. Hat die Erfahrung nicht gelehrt, was die Österreicherinnen, die auf dem französischen Thron saßen, für namenloses Unheil über Frankreich gebracht? – Sind wir denn in Frankreich so arm an edlen Jungfrauen, die würdig wären, den französischen Kaiserthron zu zieren und der Nation Regenten zu schenken? Einer Französin hätte hundertmal eher diese Ehre gebührt als dieser Autrichienne, die Napoleons und unser Unglück machen wird." Unglaublich ist es, welche Stimmung diese Neuigkeit unter allen Ständen hervorbrachte und selbst beim Heer. „Une autrichienne! – est-il possible au monde!" war der ewige Refrain, den einer dem andern zurief; eher würde ich eine französische Magd geheiratet haben. Dabei war nichts Komischeres als die Verblendung des österreichischen Gesandtschaftspersonals zu Paris, das sich einbildete, die Franzosen fühlten sich überaus glücklich und hochgeehrt durch die Wahl des Kaisers, und die Herren trugen jetzt die Nasen um einige Zoll höher. Niemand von Napoleons Umgebung getraute sich jedoch, ihn mit dieser Stimmung des Volkes bekannt zu machen und ihn aus der beglückenden Unwissenheit deshalb zu reißen. Hätte er sie genau gekannt, so würde er schwerlich die Ehe mit Maria Louise vollzogen haben. Selbst der gemeine Soldat und der Taglöhner sprachen nur wegwerfend und verächtlich von dieser Verbindung, und als seine Mitteilung an den Senat dieserhalb bekannt wurde, in der es unter anderm hieß: „Nos peuples aimeront cette princesse pour l'amour de nous, jusqu'à ce que témoins de toutes les vertus qui l'ont placée si haut dans notre pensée, ils l'aiment pour elle-même", gab dies zu den bittersten Satiren, zu beißendem Spott Anlaß, der sich sogar in heimlich gedruckten Spottliedern Luft machte. Die Dankadresse des Senats, die Absendung Neufchatelles, die Trauung per Prokura zu Wien usw., dies alles mußte Stoff zu Satire, Spöttereien und gehässigen Anmerkungen geben, die der sonst so wachsame Fouché, wenn nicht gar zu nähren, doch zu ignorieren für gut fand. Ich muß gestehen, daß auch mir, der ich diese Stimmung genau kannte, nicht ganz wohl zumut bei der Sache wurde. Mit Josephine schien auch Napoleons Glücksstern von ihm gewichen.

Damals geschah es, daß man aux français eine Orange mit einem Zettelchen auf die Bühne warf, in die Orange selbst aber hatte man einen Louisdor mit dem Gepräge Ludwigs XVI. gesteckt. Das Publikum forderte die sich auf der Bühne befindlichen Akteure zum Lesen des Billetts auf, da diese aber Abstand nahmen, dem Begehren Folge zu leisten, so gab es einen bedeutenden Lärm und großen Tumult, der immer ärger wurde und erst endigte, als einer der Schauspieler mit dem Billett an die Rampe trat und andeutete, daß er zum Lesen bereit sei. Jetzt wurde alles stille, und er las: „Gardez le Louis et jettez l'écorce." (Behaltet den Louis und werft die Schale weg.) Es lautete aber auch wie: Gardez le Louis et jettez le Corse (und werft den Korsen weg). Von mehreren Seiten wurde Beifall geklatscht, der jedoch schnell verstummte, und wahrscheinlich nur in aller Unschuld von Personen gezollt wurde, die den Calembourg gar nicht verstanden hatten, oder nur aus Gewohnheit, weil man bei solcher

Veranlassung immer zu klatschen pflegt, klatschten. Die Sache machte großes Aufsehen in Paris, und der Akteur, der ebenfalls in aller Unschuld das Billett gelesen hatte, erhielt einen tüchtigen Wischer und wurde entlassen.

Unterdessen dachte auch ich jetzt an eine Scheidung von meiner liebenswürdigen Angelika, der ich zwar immer sehr wohlwollte, aber die Flitterwochen waren vorüber, der Reiz der Neuheit verschwunden, und dies Zusammenleben fing an, mir lästig zu werden. Wenn man so ewig umeinander ist, bleibt die Langeweile nicht aus, und obgleich Madame Bonnier einen lebhaften Geist hatte, so machte auf der andern Seite die Klostererziehung, wenig Welterfahrung und Mangel an wissenschaftlicher Bildung, daß ihre Unterhaltung nur dürftig und einseitig war.

Als ich ihr unsere bevorstehende Trennung unter dem Vorwand, daß es der Dienst heische und ich doch vielleicht Paris bald verlassen müsse, ankündigte, war sie darüber ebenso untröstlich, als es Josephine gewesen sein soll, da ihr Napoleon eine ähnliche Eröffnung machte. Auch mich hatte es einige Überwindung gekostet, der guten Frau diese Mitteilung zu machen. Ich suchte ihren Schmerz möglichst zu mildern, indem ich ihr versprach, solange ich noch in Paris verweile, sie täglich zu besuchen, daß mir aber das fernere Beisammenwohnen große Unannehmlichkeiten und Nachteile von seiten Napoleons zuziehen würde, der mir selbst den Befehl zum Ausziehen gegeben habe. Mit meinen Verhältnissen und dem Leben überhaupt so ganz unbekannt, schenkte die gute Angelika diesen Worten vollkommen Glauben. Die Wohnung bezahlte ich drei Monate voraus und mietete mir eine andere in der Nähe des Palais-Royal, besuchte aber meine Geschiedene noch oft, bis ich nach und nach seltener wurde und sie sich mehr und mehr wieder an das Alleinsein gewöhnte. Doch führte ich sie bisweilen noch in die Theater und an andere öffentliche Orte und sorgte auch sonst auf das beste für sie.

Häufiger fand ich mich nun wieder bei dem Fürsten Y... ein, der mich fast in allen Dingen um Rat fragte und immer mehr Geschmack an den Soupers fins fand, da er nicht oft imstande war auszugehen, daher gerne die Theaterschönheiten bei sich figurieren und intrigieren sah und soviel als möglich mitagierte. An Präsenten ließ er es nicht fehlen, und so kam man gerne, und da die Damen wußten, daß ich dabei zu Rat gezogen wurde, so machten sie mir sogar den Hof. Monseigneur neigte sich zur Chevigny und zur Klotilde, mich aber bezauberte mehr die Mars und die Gardel, weshalb ich auch diese bei den Preisausteilungen vorzüglich begünstigte. Letztere erhielt sogar einmal einen prächtigen Wagen des Fürsten, dessen Eleganz sie sehr gerühmt und der über 6000 Franken gekostet, zum Geschenk.
Dennoch fand sie Son Altesse insupportable und wußte ihr immer zu echappieren, während ich sie und die Mars zu Partien in die Umgebungen von Paris einlud und ohne Vorwissen Sr. Durchlaucht in der fürstlichen Equipage abholte. Besonders gerne wählte ich das Wäldchen von Romainville, les près de St. Gervaise und Neuilly zu dem Schauplatz der galanten Abenteuer mit den Theaterfürstinnen.
Eines Tages kam während eines solchen Soupers beim Fürsten Y. die Sprache auf die famose Halsbandgeschichte, auf Cagliostro, dessen Zitationen der Toten usw. Der Fürst äußerte, daß er ganz außerordentliche Dinge von Personen, die ihnen beigewohnt, davon gehört habe, und durch den Champagner schon ziemlich heiter gestimmt, rief er aus: „Ich wäre begierig, doch auch einmal dergleichen zu sehen." – „Wenn Eure Durchlaucht die Kosten bestreiten wollen", versetzte ich, „so mache ich mich anheischig, derselben ein ganzes Regiment Toter aus allen Zeiten erscheinen zu lassen." – „Ich halte Sie beim Wort", versetzte der Fürst, der eben einen Wald seines deutschen Fürstentums an einen Pariser Juwelier für eine bedeutende Summe und für diversen Schmuck, der in die

Hände der Theaterprinzessinnen fiel, verkauft hatte und daher bei Kasse war.*

„Wohlan, Durchlaucht", sagte ich nun, „um die Sache recht feierlich zu machen, werde ich ein prächtiges Nachtmahl veranstalten, bei dem all die Toten erscheinen sollen, die Sie zu sehen und mit denen Sie zu speisen wünschen."

„Gut, wir wollen die Liste der Gäste anfertigen, es müssen ein paar Dutzend großer Toten sein, die geladen werden sollen." In einer Gesellschaft, bei der diesmal auch Talma nebst der Mars usw. zugegen waren, kamen wir mit der Genehmigung des Fürsten überein, folgende Personen zu zitieren: den König Salomon, die Königin Saba, Alexander den Großen, Noah, den Patriarchen Abraham, die Rachel, Moses, Semiramis, Kleopatra, Aspasia, Cäsar, Alcibiades, Helena, die keusche Susanna, Karl den Großen, Diana von Poitier, Johanna d'Arc, Ludwig XI., Luther, Sixtus V., Ludwig XIV., Maria Stuart, Elisabeth von England, Heinrich IV., Papst Alexander VI., Lukretia Borgia, die römische Lukretia samt dem älteren Brutus, Friedrich den Großen, Maria Antoinette und endlich den Cagliostro selbst. Dies waren die Toten, welche die Ehre haben sollten, an dem mitternächtlichen Mahl des Fürsten Y. teilzunehmen. Die meisten davon hatte ich in Vorschlag gebracht und erteilte mir selbst das Amt eines Zeremonienmeisters bei diesem Fest. Dabei machte ich zur Bedingung, daß mir die Anordnung des Ganzen überlassen bleibe und sich durchaus niemand, selbst Se. Durchlaucht nicht, einmischen dürfe, sondern nur die später einlaufenden Rechnungen zu berichtigen habe. Ich bat mir acht Tage Zeit zu den Vorbereitungen aus; die mir auch bewilligt wurden, rekru-

* Als dieser Juwelier nach Offenbach reiste, um Besitz von seinem Wald zu nehmen, erklärte ihm aber der Premierminister des Fürsten, ein gewisser Geheimrat Goldner, daß Se. Durchlaucht nicht berechtigt seien, diesen Wald, der Staatsdomäne sei, zu verhandeln; der Mann geriet über diese Entdeckung in Verzweiflung und erschoß sich.

tierte nun meine Toten aus dem Personal verschiedener Theater, namentlich unter den Künstlern der Großen Oper, des Balletts und des Französischen Theaters, und Talma, die Duchenois, die Mars, die Gardel, Klotilde, Leverd, Lainez, Beaupré, Saulnier, Vestris, Nourrit, Maillard, Laforet usw. waren mit von der Partie und hatten sich auf meine Einladung dazu verstanden, jedes eine Totenrolle zu übernehmen und dem seltsamen Fest beizuwohnen. Nach Übereinkunft mußte sich ein jeder gegen billige Vergütung, der übernommenen Rolle gemäß, möglichst historisch treu kostümieren, Haut und Gesicht mußten eine Totenfarbe haben. Ich ließ den großen Salon in der Wohnung des Fürsten Y. ganz mit schwarzem Tuch drapieren, sogar Decke und Fußboden mit solchem belegen, die Wände wurden mit aus weißem Tuch geschnittenen Totenköpfen und Totenknochen verziert, die ganze Beleuchtung wurde durch blaues spirituöses Licht veranstaltet. Die Tafel wurde ganz schwarz gedeckt, jede Stelle, auf welche Schüsseln oder Teller plaziert werden sollten, war durch einen Kranz von Totenknochen bezeichnet. In der Mitte des Tisches stand ein hoher Tafelaufsatz, aus Totenköpfen und Knochen, von Zucker sehr künstlich nachgebildet, bestehend. Alle Servietten waren von schwarzem Seidenzeug und hatten in der Mitte einen bekränzten Totenkopf und ins Kreuz gelegte Knochen an den vier Ecken, von Silberborden zierlich ausgeschnitten und aufgenäht. Vierundzwanzig schwarze Kandelaber mit silbernen Verzierungen standen ringsherum an den Wänden, auf denen blaue Spiritusflammen brannten; ebensoviel versilberte Lampen hingen von der Decke herab. Alle Armstühle waren schwarz überzogen, und an dem Rücken eines jeden war nach Umständen ein bekrönter oder behelmter Totenkopf angebracht, auf den für die Päpste bestimmten prangte die dreifache Krone über und Petris Schlüssel unter dem Kopf; alles in Silber. Außerdem war der Saal längs der Decke ringsumher mit schwarzen Wolken drapiert, deren Fransen Totenknochen und deren Quasten Totenköpfe vorstellten, ebenso waren die Fenstergardinen drapiert. Für die Tafel selbst hatte ich die ausgesuchtesten Leckerbissen bei den Frères provençaux bestellt, à fünfzig Franken per Kopf ohne Wein. Der Tischwein war Ay und Rosé und zu Dessertweinen Tokaier, Kapwein, Schiras und Johannisberger. Ein Kaiserpunsch machte den Beschluß des Ganzen bei diesem schwelgerischen Totenmahl. Vierundzwanzig in Leichentücher gehüllte dienende Geister besorgten die Aufwartung, und eine gleiche Zahl gleichkostümierter Musikanten, welche nur Trauer- und Totenmärsche spielen sollten, machten Tafelmusik, auf einem Castrum Doloris sitzend. Das aus Zuckerwerk bestehende Dessert stellte alle möglichen Embleme des Todes vor, unter anderen eine sehr künstlich gearbeitete Gruppe tanzender Skelette. Alle Schüsseln, Teller, Flaschen und Becher waren schwarz angelaufen, und die Gläser hatten schwarze Ränder. Fürst Y., der als Sesostris dem Mahl beiwohnen sollte, hatte einen eigenen schwarzsamtnen Thronsessel, mit silbernen Sternen besät, und ein gekrönter versilberter Totenkopf war auf der Spitze des Rückrandes angebracht.

Eine halbe Stunde vor Mitternacht an dem bestimmten Abend wurden sämtliche Gäste in den zu diesem Feste gemieteten Leichenkutschen abgeholt und versammelten sich in dem ebenfalls schwarz behangenen und düster beleuchteten Vorzimmer des Fürsten Y. Als die Glocke Mitternacht anzeigte, ertönten zwölf dumpfe Hammerschläge auf einem ehernen Schild, und mit dem letzten Schlag öffneten sich die Flügeltüren des Speisesaals, aus dem Wolken wohlriechenden Rauches drangen, welche die Eintretenden einhüllten. Die doch etwas überraschten Gäste traten paarweise ein, wo ich sie als Zeremonienmeister in schwarzem altspanischen Kostüm empfing, dem Fürsten Y.-Sesostris vorführte, dann jedem seinen Platz anwies, doch alles nur vermittels Zeichen und Gebärden. Die Kostüme der sämtlichen Repräsentanten der berühmten Toten waren überaus prächtig, aber alle hatten ein schauerliches, bleiches, todenähnliches Ansehen. Bei ihrem Eintreten ertönte ein feierlicher Totenmarsch, den ich schon früher noch für das Regiment Y. komponiert hatte; auch die Musik war in Rauchwolken, die aus silbernen Kohlenpfannen aufstiegen, gehüllt. Man nahm, immer ein tiefes Schweigen beobachtend, Platz an der Tafel, die mit indianischer Vogelnester-, Schildkrötensuppe und Kaviar und Austern eröffnet wurde, wobei man sich nur beinerner Löffel und Gabeln bediente. Die servierenden Geister kredenzten reichlich Ay und Rosé; Y.-Sesostris brach endlich das Schweigen, mehrere der Toten über manche Dinge und Umstände aus ihrem Leben befragend, wobei er bisweilen höchst seltsame und komische Aufschlüsse erhielt. So wollte unter andern Kleopatra durchaus eine Zeitgenossin des Kolumbus, und die Helena bei der Pariser Bluthochzeit gegenwärtig gewesen sein. Man wurde jetzt gesprächiger, und als das Dessert herangekommen und der brennende Kaiserpunsch erschienen war, gab mir Sesostris ein Zeichen, und die Musik stellte ihre Trauer- und Totenharmonien ein und ließ nun bacchantische Lieder und fröhliche Tänze unter Pauken und Trompeten erschallen. Es wurden muntere Lieder angestimmt, man tanzte, und die männlichen und weiblichen Toten machten sich zum Teil recht artig den Hof; Y.-Sesostris hielt sich an Diana Poitiers-Leverd und ich an die Mars-Lukretia. Bis zum Grauen des Tages währte das wunderliche Fest, wo sich nacheinander sämtliche Toten zu einer zeitlichen Ruhe begaben und ich meine keusche Lukretia heimbegleitete. Die Geschichte machte indessen so großes Aufsehen in Paris und wurde mit solchen Übertreibungen und Zusätzen erzählt, daß selbst Napoleon Notiz davon nahm. Als ich ein paar Tage darauf mit Talma und einigen Offizieren im Palais-Royal frühstückte, sagte ersterer, es solle ihn wundern, wenn der Kaiser den Fürsten Y. nicht wegen dieses Totenfestes zur Rede stelle. Denselben Tag hinterbrachte ich dem letzteren diese Äußerung des großen Künstlers, der immer Zutritt bei Sr. Majestät hatte. Der Fürst lachte darüber; aber kaum waren wir vom Tisch aufgestanden, als eine Ordre kam, die ihn für den kommenden Morgen vor dem furchtbaren Napoleon zu erscheinen befahl. Den andern Tag fuhr er zu der beorderten Zeit in die Tuilerien, kam nach einer guten Stunde ganz außer sich zurück und rief, ins Zimmer tretend, wo er mich ihn erwartend fand, aus: „Das ist eine infame Geschichte, der Teufel hat mich geritten, so etwas zuzugeben.“ Als die Durchlaucht etwas ruhiger geworden waren, teilten sie mir mit abgerissenen Worten und fragmentarisch mit, was zwischen ihm und dem Kaiser vorgefallen war. Dieser hatte ihm unter anderm in einem sehr aufgebrachten und strengen Ton gesagt: „Unter dem Vorwand der Gicht bleiben Sie in Paris. Statt dem Armeekorps, dem Sie zugeteilt sind, nach Spanien zu folgen, und machen hier Streiche, die meine ganze Hauptstadt in Alarm setzen und alle Frommen in Aufruhr bringen. – Päpste in vollem Ornat haben Katzensprünge und Purzelbäume (Culbutes) und Gott weiß was alles, und zwar in der Fastenzeit, bei Ihnen gemacht. Ich hoffe, daß Sie in der kürzesten Frist imstande sein werden, sich zu Ihrem Armeekorps zu verfügen.“ Hierzu hatte nun Se. Durchlaucht nicht die geringste Lust. Ja, er hätte lieber seinen Abschied genommen, wenn dies ohne die höchste Ungnade, und vielleicht gar sein Land zu verlieren, angegangen wäre. Ich suchte ihn zu beruhigen und sagte ihm, man müsse nur den ersten Zorn des Kaisers vorübergehen lassen; dann würde man schon Mittel finden, ihn zu besänftigen. – „Sie haben gut reden und können dazu lachen, denn, obgleich Sie den ganzen Teufelsspuk veranstaltet haben, so ......“ – „Doch nur auf Befehl Eurer Durchlaucht!“ – „so gehen Sie doch leer aus.“ Ich riet nun dem Fürsten, Talma zu einem Frühstück einzuladen, da dieser von der Partie gewesen, vortrefflich mit Napoleon stünde und gewiß der Mann wäre, der die Sache wieder ins Gleis bringen könne. Dies leuchtete der trostlosen Durchlaucht ein, die mich mit der Einladung des berühmten Schauspielers beauftragte. Ich fuhr zu diesem, unterrichtete ihn von dem Vorgefallenen und dem Anliegen des Fürsten. Er schlug aber das Frühstück mit den Worten aus: „Ich habe keine Zeit dazu; aber das tut nichts, lassen Sie mich nur machen. Ich werde die Sache arrangieren. Der Kaiser und ich sind ja doch nur zwei große Komödianten, wenn auch jeder auf einer anderen Bühne. Das gilt gleich, wir verstehen uns doch. – Sagen Sie Ihrem Fürsten, er möge nur ruhig sein, ich würde dieser Tage die Ehre haben, ihm aufzuwarten." – Ich hinterbrachte diese Unterredung dem Fürsten, die ihn jedoch nicht sehr befriedigte. Aber Talma hielt Wort. Schon den andern Tag fuhr er bei Sr. Durchlaucht vor und rapportierte derselben, daß er den Kaiser von allem der Wahrheit gemäß in Kenntnis gesetzt habe, ihm klargemacht, daß es Lügen und Übertreibungen seien, was man sich im Publikum hinsichtlich dieses Festes erzählte, und daß er es so weit gebracht habe, daß Napoleon endlich selbst darüber gelächelt und ihn mit einem kleinen Wischer und dem Auftrag, den Fürsten Y. zu beruhigen und ihm zu sagen, er möge nur seiner Gesundheit pflegen, entlassen habe. Der große Kaiser hatte seine Gründe, mit dem großen Mimiker, der ihm in früheren schlimmen Zeiten gar manchmal ein Mittagessen bezahlte, glimpflich umzugehen. Wer war froher als Fürst Y. und ich mit, denn leicht hätte es mir im Garten wachsen können, daß auch ich, wenn die Sache näher untersucht worden wäre, stante pede aus Paris fortgemußt hätte. Der Spaß hatte übrigens Sr. Durchlaucht über 15 000 Franken gekostet.

Anmerkungen

KAPITEL I. – *Fortezza del Carmine.* Die Fortezza del Carmine ist nicht so alt wie die andern Kastelle Neapels und war anfänglich nur ein großer, dicker Turm der alten Stadtmauer, der unter den Vizekönigen, die einen Teil des Karmeliterklosters dazu nahmen, nach und nach zu einem festen Schloß erweitert wurde; aber erst im Jahre 1648 ward es zu einer völligen Festung umgeschaffen, um den Stadtteil, in dem sie lag und der am meisten zu Unruhen aufgelegt war, im Zaum zu halten. Die große Kirche des an das Kastell stoßenden Karmeliterklosters ist in vieler Hinsicht merkwürdig. Es war des unglücklichen Konradins Mutter, Elisabeth, die Kirche und Kloster gründete oder doch sehr vergrößerte. Hinter dem Hochaltar ist das Grab ihres Sohnes, und auch Masaniello ist in dieser Kirche begraben. Sie enthielt früher außerordentlich schöne Freskogemälde von Siciliano, einem noch sehr jungen Maler, dessen Lehrer, ein gewisser Belisario, so eifersüchtig auf seinen Schüler war, daß er denselben, wie man behauptet, durch Acguetta vergiftete. Bei einer ungeschickten Reparatur der Kirche gingen diese Malereien zugrunde.

Calesso. Calesso hieß in Neapel ein kleines zweirädriges, offenes Fuhrwerk, eine Art Kabriolett, in dem man mit Blitzesschnelle, selbst kutschierend (der Führer stellte sich hinten auf), das rasche kalabrische Pferd durch sein Rufen lenkend, fuhr und für die längste Fahrt nicht mehr als 10 Grani (etwa 8 Kreuzer oder 2 Groschen) bezahlte.

KAPITEL II. – *Pane tedesco.* Pane tedesco nannte man in Rom das von deutschen Bäckern daselbst gebackene mürbe Brot. Die Zahl der deutschen Bäcker übertraf die der einheimischen, und ihr Backwerk war sehr beliebt.

KAPITEL III. – *Monfarina.* Monfarina, ein ziemlich üppiger, in Italien üblicher, sehr leichter Tanz, der paarweis in Kolonnen, aber immer nur mit der eigenen Tänzerin getanzt wurde.

Die Nonnenentführung. Diese Begebenheit sowie noch einige andere Fragmente dieser Erinnerungen wurden schon vor längerer Zeit (etwa 1827) von dem Verfasser in der zu Mannheim erschienenen Zeitschrift: Der Phönix betitelt, mitgeteilt, aus der sie die Redaktion der Wundermappe in der Abteilung, die von Italien handelt, entnommen. Diese wenigen Fragmente machten damals so großes Aufsehen, daß die Redaktion der Mannheimer Zeitung mit Briefen bestürmt wurde, um zu erfahren, wann und wo das Werk erscheinen würde.

KAPITEL XV. – *Rosaura.* Diese Geschichte, die zu umfangreich ist, um sie hier ausführlich mitteilen zu können, ist schon unter dem Titel: „Rosaura oder Der Domgeist zu Ravenna" von dem Verfasser dieser Erinnerungen in der 75. und deren folgenden Nummern der Zeitschrift des Phönix, Jahrgang 1825, vollständig mitgeteilt worden.

8 *Un giorno Giove in collera* – Ein Tag, da Jupiter im Zorn.
Ajuto per l'amor di dio! – Zu Hilfe, um Gottes willen!

39 *se non è vero . . .* – wenn es nicht wahr ist, ist es sehr gut erfunden, soll aber äußerst wahr sein.

158 *Tibur argeo positum colono* – Tibur übersilbert der Anwohner Dasein.

169 *Voilà une belle affaire . . .* – Eine schöne Geschichte, was zum Teufel habt Ihr angestellt?
toujours ce diable de Caguenec – immer dieser Teufel von Caguenec.
Arrêts forcés – strengster Arrest.

183 *Solitario bosco ombroso* – Einsamer, schattiger Wald.
per trovar qualche risposo . . . – um Ruhe zu finden, in der Stille wie im Aufruhr.

184 *Bellissima ed assai giovine* – Wunderschön und sehr jung.
Illustrissimo sara servito – Euer Hochwohlgeboren zu Diensten.

195 *Cosa è questo?* – Was ist das?
Ma per l'amor di dio, cosa avete – Aber um Gottes willen, was habt Ihr?

205 *Il suo signor cavaliere forestiero* – Ihren Signor Fremder Ritter.
Con molto piacere – Mit großem Vergnügen.

329 *Fi donc, vous me faites mal* – Pfiu, Ihr tut mir weh.

330 *Vous plaisantez* – Ihr scherzt.
Point du tout . . . – Keineswegs, das ist sehr ernst.

397 *Ben trovato, se non é vero* – Wenn nicht wahr, so doch gut erfunden.

478 *Qu'est-ce que cela veut dire?* – Was bedeutet das?

479 *Non so niente* – Ich weiß nichts.
Impossibile, son bravissimi gente – Unmöglich, sind sehr anständige Leute.

504 *Vous m'apportez . . .* – Ihr bringt mir Neuigkeiten aus Rom? – Ja, Sire.
C'est bon, nous verrons – Gut, wir werden sehen.

550 *Fanno l'amore nel suo casino* – Sie lieben sich in seinem Kasino.

556 *E una gran bestia . . .* – Er ist ein Stück Vieh, mein Ehemann.

572 *Ci-devant limonadière* – ehemaliges Limonadenmädchen.
Fiacre à l'heure – Mietdroschke.

582 *Mais soyez sage* – Aber bleibt anständig.
Monseigneur, ça va sans dire – Monseigneur, das versteht sich von selbst.

586 *Ma è troppo bello!* – Aber sie ist zu schön!
Ma ella è il Padrone – Aber sie ist die Besitzerin.

589 *Tue, tue . . .* – Schieß, schieß, mein Gott, sie fliehen.

596 *Une autrichienne! . . .* – Eine Österreicherin! – um alles in der Welt, ist so etwas möglich!

597 *Nos peuples aimeront . . .* – Unser Volk wird diese Prinzessin aus Liebe zu Uns lieben, bis es sie all der Tugenden wegen, die sie Uns so hochschätzen läßt, um ihrer selbst willen liebt.

INHALT

Klassische deutsche Literatur im insel taschenbuch

Johann Friedrich Abegg: Reisetagebuch von 1798. it 1013
Achim von Arnim: Erzählungen. it 1018
Achim und Bettina in ihren Briefen. 2 Bde. in Kassette. it 1095
Bettine von Arnim: Aus meinem Leben. it 642
Bettine von Arnims Armenbuch. it 541
– Goethes Briefwechsel mit einem Kinde. it 767
Bettina von Arnim: Die Günderode. Mit einem Essay von Christa Wolf. it 702
Bettine von Arnim / Clemens Brentano: Clemens Brentanos Frühlingskranz aus Jugendbriefen ihm geflochten, wie er selbst schriftlich verlangte. it 812
Johann Beer: Die teutschen Winter-Nächte & Die kurzweiligen Sommer-Täge. Zwei Romane. it 872
Ludwig Börne: Briefe aus Paris. it 924
Hermann Bote: Till Eulenspiegel. Ein kurzweiliges Buch aus dem Lande Braunschweig. Wie er sein Leben vollbracht hat. Sechsundneunzig seiner Geschichten. it 336
Clemens Brentano: Gedichte. Erzählungen. Briefe. it 557
– Gockel Hinkel Gackeleia. Märchen. it 47
– Italienische Märchen. it 695
– Rheinmärchen. In der von Guido Görres herausgegebenen Ausgabe von 1846. it 804
Georg Büchner: Lenz. Erzählung. it 429
– Leonce und Lena. Ein Lustspiel. it 594
– Woyzeck. it 846
Georg Büchner / Ludwig Weidig: Der Hessische Landbote. Texte, Briefe, Prozeßakten. it 51
Gottfried August Bürger: Wunderbare Reisen zu Wasser und zu Lande. it 207
Bürgers Liebe. Die Ehestandsgeschichte von Elise Hahn und Gottfried August Bürger. it 564
Wilhelm Busch: Kritisch-Allzukritisches. Gedichte. it 52
– Sämtliche Bilderbogen. it 620
Adelbert von Chamisso: Peter Schlemihls wundersame Geschichte. it 27
Matthias Claudius: Der Wandsbecker Bote. it 130
Annette von Droste-Hülshoff: Bei uns zulande auf dem Lande. Prosaskizzen. it 697
– Die Judenbuche. Ein Sittengemälde aus dem gebirgichten Westfalen. it 399
– Sämtliche Gedichte. it 1092
Johann Peter Eckermann: Gespräche mit Goethe in den letzten Jahren seines Lebens. 2 Bde. it 500

161/1/6.89

Klassische deutsche Literatur
im insel taschenbuch

Joseph von Eichendorff: Aus dem Leben eines Taugenichts. it 202
– Gedichte. it 255
– Gedichte. it 1060
– Novellen und Gedichte. it 360
Theodor Fontane: Allerlei Glück. Plaudereien, Skizzen und Unvollendetes. it 641
– Cécile. it 689
– Effi Briest. it 138
– Frau Jenny Treibel oder ›Wo sich Herz zum Herzen findt‹. Roman. it 746
– Grete Minde. it 1157
– Irrungen, Wirrungen. it 771
– Jenseit des Tweed. Bilder und Briefe aus Schottland. it 1066
– Mathilde Möhring. it 1107
– Meine Kinderjahre. Autobiographischer Roman. it 705
– Schach von Wuthenow. Erzählung aus der Zeit des Regiments Gendarmes. it 816
– Der Stechlin. it 152
– Stine. Roman. it 899
– Unwiederbringlich. Roman. it 286
– Von Zwanzig bis Dreißig. it 985
– Vor dem Sturm. Roman, aus dem Winter 1812 auf 13. it 583
– Wanderungen durch die Mark Brandenburg. 5 Bde. in Kassette. it 1181- 1185
Theodor Fontane. Ein Leben in Briefen. it 540
Georg Forster: Ansichten vom Niederrhein, von Brabant, Flandern, Holland, England und Frankreich im April, Mai und Junius 1790. it 1136
– Reise um die Welt. it 757
Christian Fürchtegott Gellert: Fabeln und Lieder. it 895
Friedrich Gerstäcker: Die Flußpiraten des Mississippi. Roman. it 435
Johann Wolfgang von Goethe: Dichtung und Wahrheit. 3 Bde. in Kassette. it 149-151
– Faust. Erster Teil. it 50
– Faust. Zweiter Teil. it 100
– Urfaust. Faust. Ein Fragment. Faust. Eine Tragödie. Paralleldruck der drei Fassungen. 2 Bde. it 625
– Frühes Theater. Mit einer Auswahl aus den dramaturgischen Schriften 1771-1828. it 675
– Gedichte in zeitlicher Folge. Eine Lebensgeschichte Goethes in seinen Gedichten. 2 Bde. it 350

161/2/6.89

Klassische deutsche Literatur
im insel taschenbuch

Goethe – warum? Eine repräsentative Auslese aus Werken, Briefen und Dokumenten. it 759
Goethe über die Deutschen. it 325
Goethes Briefe an Charlotte von Stein. 3 Bde. in Kassette. it 1125
– Goethes Briefwechsel mit seiner Frau. 2 Bd. in Kassette. it 1100
Goethes Gedanken über Musik. Eine Sammlung aus seinen Werken, Briefen, Gesprächen und Tagebüchern. it 800
Goethes Liebesgedichte. it 275
– Die guten Frauen als Gegenbild der bösen Weiber. it 925
– Hermann und Dorothea. it 225
– Historische Schriften. Eine Auswahl in biographischer Folge. it 650
– Italienische Reise. it 175
– Tagebuch der Italienischen Reise 1786. Notizen und Briefe aus Italien. it 176
– Klassisches Theater. it 700
– Die Leiden des jungen Werther. it 25
– Märchen. Der neue Paris. Die neue Melusine. Das Märchen. it 825
– Der Mann von funfzig Jahren. it 850
– Maximen und Reflexionen. it 200
– Novelle. it 2301
– Novellen. it 425
– Pandora. it 1075
– Reineke Fuchs. it 125
– Das Römische Carneval. Mit den farbigen Figurinen von 1789 und den Fragmenten ›Über Italien‹. it 750
– Römische Elegien und Venezianische Epigramme. it 1150
– Schriften zur Naturwissenschaft. it 550
– Schriften zur Weltliteratur. Mit Buchillustrationen aus der Goethezeit. it 1025
– Tagebuch der ersten Schweizer Reise 1775. it 300
– Unterhaltungen deutscher Ausgewanderten. it 1050
– Die Wahlverwandtschaften. Ein Roman. it 1
– West-östlicher Divan. it 75
– Wilhelm Meisters Lehrjahre. it 475
– Wilhelm Meisters theatralische Sendung. it 725
– Wilhelm Meisters Wanderjahre oder die Entsagenden. it 575
– Xenien. it 875
Der Briefwechsel zwischen Schiller und Goethe. 2 Bde. it 250
– Briefwechsel mit Marianne und Jakob Willemer. it 900
Briefwechsel zwischen Goethe und Zelter 1796-1832. it 950
Jeremias Gotthelf: Die schwarze Spinne. it 991

161/3/6.89

161/4/6.89

161/5/6.89

Klassische deutsche Literatur im insel taschenbuch

Heinrich von Kleist: Geschichte meiner Seele. Das Lebenszeugnis der Briefe. it 281
- Die Marquise von O ... it 299
- Michael Kohlhaas. Aus einer alten Chronik. it 844
- Der zerbrochne Krug. Ein Lustspiel. it 171

August Klingemann: Nachtwachen von Bonaventura. it 89
Friedrich Gottlieb Klopstock: Gedanken über die Natur der Poesie. it 1038
Gotthold Ephraim Lessing: Dramen. it 714
- Hamburgische Dramaturgie. it 869
- Laokoon. it 1048

Georg Christoph Lichtenberg: Aphorismen. In einer Auswahl. it 165
- Der Fortgang der Tugend und des Lasters. Erklärungen zu Daniel Chodowieckis Monatskupfer zum Göttinger Taschenkalender 1778. it 936
- Sudelbücher. it 792
- Über die Macht der Liebe und andere Schriften. it 1164

Liselotte von der Pfalz: Briefe. it 428
Martin Luther: Luthers Fabeln und Spruchweisheiten. it 1094
Märchen der Romantik. it 285
Meister Eckhart: Das Buch der göttlichen Tröstung. it 1005
Conrad Ferdinand Meyer: Jürg Jenatsch. Eine Bündnergeschichte. it 862
Eduard Mörike: Alte unnennbare Tage ... Ausgewählte Gedichte. it 246
- Die Historie von der schönen Lau. it 72
- Maler Nolten. Novelle in zwei Teilen. Erste Fassung. it 404
- Mozart auf der Reise nach Prag. Eine Novelle. it 376

Karl Philipp Moritz: Anton Reiser. Ein psychologischer Roman. it 433
Wilhelm Müller: Die Winterreise und andere Gedichte. it 901
Johann Karl August Musäus: Rübezahl. Für die Jugend von Christian Morgenstern. it 73
- Volksmärchen der Deutschen. it 1034

Johann Nestroy: Komödien. 3 Bde. it 526
- Nestroy für Minuten. ›Das ist klassisch‹. it 818

Novalis: Gedichte. Die Lehrlinge zu Sais – Dialogen und Monolog. it 1010
- Heinrich von Ofterdingen. it 596

Pückler- Muskau: Andeutungen über Landschaftsgärtnerei. it 1024
Wilhelm Raabe: Werke in 10 Bänden. it 881-890
- Die Akten des Vogelsangs. it 888
- Altershausen. it 890
- Die Chronik der Sperlingsgasse. it 370

161/6/6.89

Johann Conrad Friederich, geboren am 5. Dezember 1789 in der Fahrgasse zu Frankfurt am Main, ist am 1. Mai 1858 in Le Havre gestorben. »Vierzig Jahre aus dem Leben eines Toten« – Memoiren des »deutschen Casanovas« Johann Conrad Friederich – sind ein europäisches Buch. Frankfurt, Marseille und Genua, Neapel, Madrid und Saragossa, Rom, Wien und Paris, Korfu, Kolberg und Berlin bilden die Kulissen, vor denen das Schaustück eines Lebens abrollt, das den Ernst der Feldschlachten durch die Heiterkeit der Schlachten im Boudoir zu überspielen sucht. Der Autor, der vor Goethe und vor Napoleon stand, der Schinderhannes und Fra Diavolo sterben sah, der mit Bettina Brentano spielte und in den Armen der Schwester Napoleons lag, stellt sich selbst als einen zuversichtlichen Weltbürger dar, dessen Glaube an eine neue Epoche – den kriegerischen Zeitläufen zum Trotz – sich auf den Sieg der Kraft alles Menschlichen gründet.
Die zwischen Wahrheit und Dichtung schwebenden Erinnerungen des napoleonischen und später preußischen Offiziers, großen Frauenhelden, Schauspielers, Mozartverehrers und bürgerlich-kritischen Journalisten, der sich selbst den Namen Fröhlich zulegte, gehören zu den besten Werken der deutschen Memoirenliteratur, auch und gerade weil der phantasiereichen Ausschmückung und dem Romanhaften ein so breiter Platz eingeräumt wird. Das umfangreiche, spannende Werk läßt europäische Politik und Kultur, Leben und Schicksale der ersten Jahrzehnte des 19. Jahrhunderts vergnüglich lebendig werden.

insel taschenbuch 1292
»Der deutsche Casanova«

»Der deutsche Casanova«

Johann Conrad Friederich
Vierzig Jahre aus dem Leben eines Toten

Herausgegeben
von Friedemann Berger
Mit einem Vorwort von
Eckart Kleßmann

Erster Band

Insel Verlag

insel taschenbuch 1292
Erste Auflage 1991

Lizenzausgabe mit freundlicher Genehmigung
des Kiepenheuer Verlags Leipzig und Weimar
Umschlag nach Entwürfen von Willy Fleckhaus
Druck: Nomos Verlagsgesellschaft, Baden-Baden
Printed in Germany

1 2 3 4 5 6 – 96 95 94 93 92 91

Vorwort

»Wer sein Leben zum Spiele macht,
mit dem muß das Leben notwendig
Ernst machen.«
J. C. Friederich, Reflexionen aus dem
Tagebuche eines Künstlers. 1825

Von 1848 bis 1849 veröffentlichte die Osiandersche Buchhandlung in Tübingen in zwölf Lieferungen ein Memoirenwerk unter dem geheimnisvollen Titel *Vierzig Jahre aus dem Leben eines Toten. Hinterlassene Papiere eines französisch-preußischen Offiziers.* Ein Verfasser wurde nicht genannt, im Buch selbst stellt sich der Anonymus unter dem Namen »Ferdinand Fröhlich« vor, und nur einmal, aus Versehen wohl, erwähnt er, »Don Federigo« gerufen worden zu sein.

Der dreibändigen Buchausgabe war kein Erfolg beschieden, anders als jenem Werk, das – gleichfalls anonym – 1830 Fürst Hermann von Pückler-Muskau als *Briefe eines Verstorbenen* publiziert hatte und das wohl den Titel dieser Memoiren inspirierte. Vielleicht mochten die Leute von 1848, als wirklich das Volk aufstand, keine Erinnerungen napoleonischer Offiziere lesen, denn das taten sie ja seit dreißig Jahren schon reichlich bei einer jährlich anschwellenden Memoirenflut. Auch lag der große Kaiser selbst nun auch schon seit einigen Jahren im Invalidendom zu Paris; aber was auch immer die Gründe gewesen sein mögen: Den *Vierzig Jahren aus dem Leben eines Toten* blieb Pücklers Erfolg und damit Ruhm versagt, was wir heute einigermaßen erstaunlich finden, denn wenige deutsche Autoren haben im 19. Jahrhundert ihr Leben so fesselnd-farbig erzählt wie jener anonyme Ex-Offizier, von dem wir seit siebzig Jahren wissen, daß er Johann Conrad Friederich hieß und am 5. Dezember 1789 in Frankfurt am Main zur Welt kam.

Eigentlich sollte der voluminöse Lebensbericht unter dem Haupttitel »Wahrheit und Dichtung« erscheinen, aber diese dreiste Anspielung ging dem Verleger Osiander denn doch zu weit, und er strich auch das Vorwort, das die Fiktion von der Hinterlassenschaft eines Sterbenden bekräftigen sollte und worin sich der Unbekannte als »Herausgeber« Adolph von Dassel vorstellte. Nicht ohne Selbstbewußtsein charakterisierte er die eigene Leistung: »Der Verstorbene hatte die abenteuerlichsten und seltsamsten Schicksale gehabt, gar mancherlei erlebt und sich oft in den gefährlichsten und entsetzlichsten Situationen befunden, aus denen ihn nur ein halbes Wunder retten konnte. Er war mit so manchen berühmten Personen aus den ewig denkwürdigen Zeiten von 1790 bis 1830 in nähere Berührung gekommen, teilt auch noch manche wenig oder nicht bekannte oder merkwürdige Faktas aus jenen Zeiten mit und erzählt sie nicht ohne Humor und Witz.«

Dem ist nicht zu widersprechen, hinzuzufügen wäre nur, daß der angeblich Verstorbene 1849 sechzig Jahre alt war, putzmunter und versiert im fröhlichen Flunkern. Seinem Verleger Osiander entwarf er sogar eine richtige Zeitungswerbung mit dem Hinweis »Ein neuer Casanova«, denn immerhin waren die Memoiren des großen Venezianers seit zwanzig Jahren bekannt und berüchtigt, und in der Tat hatte ja auch der Verstorbene eine ganze Menge Amouröses zu erzählen. Davon später.

»Denselben Tag und zur selben Stunde als die Kanonen bei der Erstürmung der Bastille zu Paris donnerten, nämlich den 14. Juli 1789, kam in der ehemaligen freien Reichsstadt ... ein Knäblein zur Welt ...« Nichts da. Der Verfasser konnte nicht damit rechnen, daß ihm hundertdreißig Jahre später das Biographengespann Friedrich Clemens Ebrard und Louis Liebmann auf die Schliche kommen würde, und die entblätterten seine Legende mit archivalischer Gründlichkeit. Daraus ergab sich: Johann Conrad Friederich wurde nicht am 14. Juli, sondern am 5. Dezember 1789 in Frankfurt am Main geboren, und zwar in der Fahrgasse als Sohn eines Kaufmanns. Sechzehn Jahre später schrieb Goethes Mutter an ihren Enkel August:

»Ein junger Mensch 16 Jahr alt Conrad Wenner von hir gebürtig und von angesehenen Eltern die Handels Leute

sind – hat einen unwiederstehligen Trib Schauspieler zu werden – alle Vorstellungen dagegen helfen nichts – ich werde ein schlechter Kaufmann – aber ein großer Schauspieler das fühle ich – nun haben die Eltern nachgegeben – nun ist die Frage, wo soll Er sein Probestück machen? in Franckfurth gehts aus sehr begreiflichen Ursachen nicht wohl an – Mann hätte also Lust Ihn nach Weimar zu schicken und dort zu erproben – ob sein Gefühl Wahrheit oder Narrheit sey – will nun dein Vater erlauben – daß Er komme und ihm einige kleine Rollen zur probe geben, so wird die Verwandtschaft es mit Danck erkennen – denn betrügt sich der Junge Mensch – so kan Er erst 16 Jahre alt noch zeitig genung ein anders Geschäfte anfangen – es versteht sichs von selbst daß Er umsonst seine proben ablegt – noch eins! Ich bin im Nahmen des jungen Menschen irre geworden. Er heißt mit dem Zunahmen Friederich – seine Mutter ist eine gebohrne Wennern.«
Der von Frau Aja Empfohlene hatte zuvor ein Internat in Homburg vor der Höhe besucht und sich dort vor allem durch derbe Streiche hervorgetan. Die Versetzung in ein anderes »Institut« in Offenbach förderte nicht die erhoffte Liebe zum Kaufmannsstand und solidem Dasein, sondern der muntere Knabe beschäftigte sich mehr mit Musik und Theater und kannte nur ein Berufsziel: Schauspieler. Ein Wilhelm Meister, nicht im Roman, sondern auf der Bühne des Lebens? Dazu den Segen von Goethe und Schiller? Aber seine so lebhaft beschriebenen Besuche bei den Heroen von Weimar, so belehrt uns detektivischer Philologenfleiß, haben nie stattgefunden.
Dem recht verzweifelten Vater wurde darum empfohlen, den ungeratenen Sohn doch zum Militär zu geben. Soldaten genossen zwar allgemein auch kein sonderliches Prestige, aber da Napoleon das erhellende Gestirn der Epoche hieß, sollte das bald anders aussehen, sofern man unter den Adlern des Kaisers diente, und so trat Johann Conrad Friederich dem am 1. November 1805 errichteten Fremdenregiment Isenburg bei.

Österreich hatte – verbündet mit Rußland – im Herbst 1805 Frankreich den Krieg erklärt und dafür verlustreich büßen müssen. Im Oktober mußte die Festung Ulm kapitulieren, und mehr als zwanzigtausend österreichische Soldaten gerieten dabei in französische Gefangenschaft. Am 2. Dezember schlug dann Napoleon in der Schlacht von Austerlitz die östereichisch-russische Armee vernichtend und beendete mit diesem Paukenschlag den Krieg.
Die Gründung des Regiments resultierte aus diesem Anfang November noch nicht beendeten Feldzug. Denn viele gefangene Österreicher, Ungarn, Tschechen, Polen und Russen wollten nicht wieder zu ihren alten Einheiten zurück, sondern in die Armee des Siegers eintreten, und für sie wurde nun ein Regiment geschaffen, das eine Vorform der späteren Fremdenlegion darstellte.
Es besaß eine Sollstärke von 3280 Mann und trug eine recht schmucke hellblaue Uniform, denn auf schöne Uniformen legte man in der Armee Napoleons größten Wert, und tatsächlich hat es nie schönere Monturen gegeben denn in Napoleons Grande Armée; mit irgend etwas mußte man schließlich den tausendfachen Opfertod vergolden. Aber sonst war es mit der Herrlichkeit der Isenburger – so nannte man sie nach ihrem Chef, dem Fürsten Karl Friedrich Ludwig Moritz von Isenburg (1766-1820), bei Friederich »Fürst Y.« genannt – nicht weit her.
Das Regiment bildete ein Konglomerat aus gefangenen oder desertierten Österreichern, Russen, Polen, Tschechen, Ungarn, Preußen und anderen Deutschen und später auch noch Spaniern. Sein Offizierskorps bestand vor allem aus höchst dubiosen Hasardeuren oder verkrachten Akademikern. Was sonst in Napoleons Armee strikt verboten war: Bei den Isenburgern durfte noch nach alter Väter Sitte geprügelt werden zur Aufrechterhaltung der Disziplin, und allein schon deswegen sah jeder französische Soldat mit Verachtung auf dieses Lumpengesindel

herab. Franzosen durften hier (offiziell) nicht dienen, aber das wurde nicht allzu genau genommen.
Als Friederich Ende 1806 in diesem dubiosen Regiment Oberleutnant wurde, galt für ihn das Wort des Ochs von Lerchenau aus Hofmannsthals *Rosenkavalier*: »Nit trocken hinterm Ohr und fuchtelt mit'n Spadi.« Aber dieser frühreife Knabe verstand sich doch auf weit mehr. Als Soldat erlebte er den kleinen Krieg (*guerilla*), den Partisanenkampf im wilden Kalabrien, in dem die damals noch allgemein hochgehaltene Ritterlichkeit längst zum Teufel gegangen war, auch wenn der sich nicht immer so ungeschminkt als »Fra Diavolo« vorstellte wie jener legendäre Räuberhauptmann, den Friederich mit zur Strecke bringen half.
Friederich hat diesen ersten militärischen Einsatz realistisch beschrieben, aber da er als junger Mensch stets ein rechtes Glückskind des Lebens gewesen ist, überwiegen in seiner Schilderung die angenehmen Seiten. Und darunter verstand er die Kombination von Mozart und Eros. Die über alles geliebte Musik von Mozart – zumal dessen *Don Giovanni* – öffnete ihm die Türen vieler Schlafzimmer in Italien. Und als er gelernt hatte, daß auch mit der weit gröberen Militärmusik amouröse Erfolge zu erzielen waren, vertauschte er flugs die Waffengattung innerhalb seines Regiments und trat nun als Offizier der Chasseurs auf, dem das Kommando der Musik oblag, wobei ihm seine kräftige Stimme zugute kam: stark genug, um Kommandos zu brüllen; sanft wiederum für Mozart-Arien und zärtliche Koseworte.
Ein Jahr später – 1807 – wurde er zum Hauptmann ernannt, ganze achtzehn Jahre alt. In Italien hatte er – dank seiner vielfältigen und weitverzweigten erotischen Verbindungen – eine Verschwörung gegen die französische Besatzung aufdecken können, dann aber ließ er sich in ein französisches Infanterie-Regiment versetzen und kam 1808 nach Spanien. Napoleon hatte sich dort aus seinem Verbündeten auf recht schäbige Weise einen Todfeind gemacht.

Den Aufstand der betrogenen Spanier erlebte Friederich Anfang Mai 1808 in Madrid, wobei er im Straßenkampf einem alten Bauern das Leben rettete um den Preis eigener Verwundung.
Die französischen Okkupanten reagierten gnadenlos mit Massenerschießungen der gefangenen Aufständischen – Goya hat das gemalt – und entfesselten nun einen Guerillakrieg von entsetzlicher Grausamkeit. Ihn zu erleben blieb Friederich erspart, denn schon im September 1808 wurde er wieder nach Neapel versetzt, nun als Capitaine (Hauptmann) im französischen 29. Linien-Infanterie-Regiment.
Gemeinsam mit seinen alten Kameraden, den Isenburgern (die ersten drei Bataillone dieser Einheit waren gleichfalls nach Neapel versetzt worden, nur das vierte blieb in Spanien, wo es schwerste Verluste erlitt), aber nun in einem französischen Regiment, nahm Friederich an der Eroberung der von 1500 englischen Soldaten besetzten Insel Capri teil.
Ironie der Geschichte: Der Kommandant der englischen Garnison, die sich recht schmählich überrumpeln ließ, hieß Hudson Lowe und war wenige Jahre später Napoleons Kerkermeister in dessen Exil auf St. Helena. Napoleon versäumte nur ungern, den ihn schikanierenden Engländer auf dessen blamable Leistung als Kommandant von Capri schadenfroh hinzuweisen.
Wieder ein Jahr später, im Juli 1809, gehörte Friederich zu jenen, die in Rom Papst Pius VII. verhafteten, der sich Napoleons Wünschen nicht beugen wollte und darum nach Frankreich deportiert wurde. Den Kaiser selbst, den er nach eigenem Eingeständnis damals verehrte, lernte er in Wien persönlich kennen. Seinem Gesuch freilich, ihn in die französische Garde aufzunehmen, mochte Napoleon nicht entsprechen.
Also nutzte er einen Aufenthalt in Paris 1810, um Napoleons Schwester, die bildschöne Pauline, die das französische Offizierskorps nach seinen erotischen Leistungen

bewertete, um eine Empfehlung an den kaiserlichen Bruder zu bitten. Pauline ließ sich den gutaussehenden, amourös talentierten Einundzwanzigjährigen nicht entgehen und kam rasch zur Sache, »wobei sie sich als eine sehr erfahrene Lehrerin zeigte, denn sie wußte mehr als ich«.

Zur Aufnahme in die französische Kaisergarde langte es dennoch nicht, denn Pauline war völlig einflußlos, dafür aber zum Eintritt in die prächtig uniformierte neapolitanische Garde-Kavallerie im September 1810, den »Cavalli leggieri« in ihren rotweißen Uniformen mit der polnischen Tschapka als Kopfbedeckung. Zum Glück gab es im Königreich Neapel, zu dessen König Napoleon seinen Schwager Joachim Murat ernannt hatte, 1810 militärisch nichts zu tun. So fand Friederich Muße, eine Liebhaberbühne zu organisieren (die Grenzen zwischen einem Liebhaber auf der Bühne und im theaterfernen Leben ließen sich bei Friederich natürlich kaum markieren), die seinen über alles geliebten Schiller spielte (den *Fiesco,* den er ins Italienische übertrug) und Mozart. *Figaro* erklang hier zum ersten Male, Friederich selbst sang die Titelrolle. König Murat mußte allerdings ein Machtwort sprechen, damit die Neapolitaner Mozart spielten, den sie ziemlich häßlich fanden.

Und so hätte sich alles schön entwickeln können, wäre Friederich nicht unversehens zum Nebenbuhler des Königs geworden, wobei er sich auch noch als glücklicher erwies als der königliche Rivale. Das war denn doch zu stark, und Murat schaffte ihn sich aus den Augen, indem er ihn auf der Stelle nach Korfu versetzte.

Die Insel befand sich in der Hand napoleonischer Truppen, zwölftausend Soldaten, buntscheckig gemischt. Zwei französische Infanterie-Regimenter, drei italienische, ein Regiment Albaner in Landestracht, ein paar Kompanien Griechen, dazu das 2. Fremdenregiment. Dies wiederum bestand aus dem 2. und 3. Bataillon des Regiments Isenburg, das unter diesem Namen mit dem 3. August 1811 auf-

gehört hatte zu bestehen. So mußte Friederich die schöne Garde-Uniform ausziehen und wieder unter seinen alten Kameraden Dienst tun, einen Dienst, bei dem es überaus gemütlich zuging.
In der Rückschau erwies sich die Strafversetzung als großes Glück, denn sie ersparte Friederich, mit anderen Einheiten der neapolitanischen Armee 1812 in Rußland zugrunde zu gehen. Mit Napoleons Sturz im Frühjahr 1814 endete auch das Garnisonsleben auf Korfu. Friederich hatte sein angenehmes Exil als Theaterdichter genutzt und zu Ausflügen aufs Festland ins Land der Skipetaren und zerstreute sich im übrigen mit minderjährigen Landestöchtern. »So brachte ich immer einige Abwechslung in das sonst ziemlich einförmige Leben zu Korfu. Manche meiner Kameraden machten es nicht viel besser, nur waren sie etwas beständiger.« Er führte nach eigener Einschätzung ein »Schlaraffenleben«.

Mit dem Krieg und Napoleons Abdankung war auch Friederichs süßes Leben vorbei. Zwar wäre er gern in der französischen Armee geblieben, aber dort gab es für ihn keine Verwendung. So trat er als Offizier in preußische Dienste. Es ist drollig zu sehen, wie er in seinen Erinnerungen nun sein Herz für die Preußen entdeckt, aber der preußische Soldatenalltag sah so hochgemut gar nicht aus. Vom französischen Capitaine mußte er zum preußischen Premierleutnant herabsteigen und sich an einen Gamaschendienst gewöhnen, den man in Napoleons Armee nicht gekannt hatte.
Auch anderen Deutschen, die unter Napoleon gedient hatten und sich nach 1814 unter der preußischen Fahne wiederfanden, ist das Leben dort recht sauer geworden. Hinzu kam, daß Friederich nicht etwa in Berlin stationiert war, wie er erhofft hatte, sondern im kleinen pommerschen Kolberg. Zwar ließ sich auch dort ein abwechslungsreiches Liebesleben führen, aber verglichen mit den einschlägigen Genüssen in Italien, bekam Friederich in

Pommern mehr deftige deutsche Hausmannskost geboten. Nach vier Jahren und gründlich ramponiertem Ruf nahm er endgültig seinen Abschied von der Armee.
Da fügte es sich denn recht glücklich, daß Friederich den alten Revolutionshaudegen Lazare Carnot kennenlernte, der in Magdeburg inhaftiert war. Von Carnot als trefflichem Augenzeugen inspiriert, begann Friederich zu schreiben. Poetische Entwürfe hatte er schon in jungen Jahren zu Papier gebracht, später kamen Übersetzungen, Gelegenheitsverse und kleinere Prosaskizzen hinzu, aber seine eigentliche schöpferische Tätigkeit hatte Friederich während seiner Dienstjahre in Napoleons Armee in der Komposition von Tänzen und vor allem Märschen gesehen. Nun aber, von Carnot ermuntert, stellt sich ihm, der ein neues Betätigungsfeld suchte, die Literatur als reizvolle Lebensaufgabe dar. Zunächst sollte es eine populäre Darstellung der Französischen Revolution werden, tatsächlich entstand aber aus diesem Vorhaben *Die Geschichte unserer Zeit, bearbeitet von Carl Strahlheim, ehemaliger Offizier der kaiserlich französischen Armee*. Das Werk erschien von 1826 bis 1831 in dreißig Bänden und erwies sich als durchaus gewinnbringend. Für Georg Büchner war es eine wichtige Quelle, als er *Dantons Tod* schrieb.
Friederichs Leben wirkt zu dieser Zeit unstet. Er war viel unterwegs und mit mancherlei Projekten befaßt. In Bremen machte er die Bekanntschaft der später so berühmtberüchtigten Giftmischerin Gesche Gottfried, vor allem aber begegnete er hier Angelica Catalani, eine der größten Sopranistinnen jener Zeit, die er aus Paris kannte. Für sie organisierte er Konzerte, denn etwas zu organisieren und zu arrangieren hatte seit eh und je zu seinen besonderen Begabungen gehört.
Dann ließ er sich in Offenbach nieder, wo er 1821 seine erste Zeitschrift herausgab und Mitarbeiter anderer Blätter wurde. Doch nicht genug damit: Gemeinsam mit einigen Engländern beschloß er, Napoleon aus seinem Exil auf St. Helena zu befreien – mit Hilfe eines eigens dafür

entwickelten Unterseeboots. Doch ehe das Schiff fertig wurde, starb der Kaiser.
Da nun einmal der Name Carl Strahlheim so gut beim Publikum ankam (Friederich hat nur ein einziges Buch unter seinem Namen veröffentlicht: *Die heilige Geschichte von der Erschaffung der Welt bis auf die Zerstörung von Jerusalem durch Titus,* 1839) und er mit seinen verschiedenen kurzlebigen Zeitschriften nicht eben viele Leser fand, begann der Fleißige sich aufs Verfassen von Universalgeschichten und enzyklopädischen Werken zu verlegen. Eine dreibändige Geschichte der englischen Revolution erschien 1830, und da just die zweite französische Revolution ausbrach, folgte schon ein Jahr später in zwei Bänden auch deren Geschichte. *Die Wundermappe oder sämtliche Kunst- und Natur-Wunder des ganzen Erdballs* kam – von 1834 bis 1839 – in zwölf Bänden heraus – und fast gleichzeitig, man faßt es nicht, *Das Welttheater oder die allgemeine Weltgeschichte von der Schöpfung bis zum Jahr 1840* in sechs Bänden. Zu seinen vielen anderen Werken (Übersetzungen und Bearbeitungen gar nicht gerechnet) gehörten eine vierbändige Napoleon-Biographie (1839) und *Dämonische Reisen in alle Welt* (1847). Alle diese Werke sind sehr schnell in Vergessenheit geraten, und vielleicht wüßten wir heute nichts von Johann Conrad Friederich, hätte er uns nicht diese prachtvoll erzählten Memoiren hinterlassen, denen 1854 ein Ergänzungsband folgte: *Noch fünfzehn Jahre aus dem Leben eines Toten.*
Dieser Nachtragsband ist kein reines Lesevergnügen. Deutlich wird, daß Friederich sich selbst überlebt hatte und nicht mehr der brillante, auf jeder Seite fesselnde Erzähler jener ersten drei Bände war. Mit Frankfurt, seiner Geburtsstadt, verband ihn eine eigentümliche Haßliebe. Sie und ihre Bewohner hat er verspottet wie kein zweiter, sicher zu einem guten Teil mit Recht. Dennoch trägt Friederichs privater Kleinkrieg gegen Frankfurter Kleinbürgermentalität durchaus auch querulantische Züge. Er, der sich so viel darauf zugute hielt, hoch über

dem Durchschnitt zu stehen, gewinnt hier manchmal ein philiströses Aussehen.
Er war schließlich aus lauter Verdruß 1842 nach Frankreich emigriert und lebte einige Jahre in Paris, dessen Salons sich ihm bald öffneten. Er verkehrte bei Madame Récamier, war häufig zu Gast bei Victor Hugo, er machte die Bekanntschaft von George Sand, Fréderic Chopin und anderen Berühmtheiten, aber was er von ihnen zu erzählen weiß, bleibt – verglichen mit den *Vierzig Jahren* – eigentümlich blaß. Dennoch brachte ihm dieser Nachtrag einen unangenehmen Prozeß ein: Friederich wurde von einem Frankfurter Gericht vorgeladen, »um sich wegen Verspottung der Religion und Schmähung der hiesigen Regierung, auswärtiger Regierungen sowie öffentlicher Behörden, öffentlicher Anstalten und Privatpersonen zu verantworten«. Der Geladene antwortete, er habe das Buch nicht verfaßt, er sei nur Herausgeber, und erschien nicht. Daraufhin wurde die erste Lieferung beschlagnahmt und verboten.
Nach 1856 gibt es keine Lebenszeugnisse dieses merkwürdigen Mannes mehr, zu dessen letzten Arbeiten eine 1853 gedruckte Broschüre gehörte, in der er u. a. gegen Karl Marx vom Leder zog *(Wahrhaftige Geschichte und elendigliches Ende des kommunistischen Ochsen und des sozialistischen Esels)*. Verbürgt ist nur, daß er am 1. Mai 1858 in Le Havre, wo er in den letzten Jahren lebte, gestorben ist.

»Ein neuer Casanova«: Mit dieser Charakterisierung ist schon 1852 für Friederichs Denkwürdigkeiten geworben worden, und er selbst hatte ja seinem Verleger diese Bezeichnung zu Werbezwecken vorgeschlagen. War er »ein neuer« oder »ein deutscher Casanova«, als den ihn spätere, postume Ausgaben im Titel nennen? Nein, ihn mit dem großen Venezianer zu vergleichen, der 1798 starb, wäre denn doch zu viel der Ehre.
Für Friederich sind Frauen so etwas wie Artikel des täglichen erotischen Bedarfs, entsprechend beurteilt er sie

auch. »Das ewige Einerlei tötet«, meint er, wobei er die Ewigkeit mit einigen Wochen gleichsetzt; wenn erst der »Reiz der Neuheit« vorbei sei, müsse notwendig »jede ewige Liebe« zu Ende sein. Wem die Kommandogewalt zukomme, war für ihn nicht zweifelhaft: »Sind die Schäferstunden vorüber, muß der Mann wieder ganz Mann und Herr über das Weib sein, von dem er dann nur um so mehr geliebt, geachtet und vergöttert wird.«

Anders als für Casanova, der seine Geliebten als Individuen schildert und rücksichtsvoll ihre Namen chiffriert, ist für Friederich Rücksichtnahme ein unbekannter Begriff, und seine zahlreichen Liebschaften wirken austauschbar, weil kaum eine seiner Geliebten als Persönlichkeit erkennbar wird.

Casanova beschreibt – nicht ohne nachvollziehenden Genuß – auch die körperlichen Besonderheiten seiner Geliebten; bei Friederich entspricht die Schablonenhaftigkeit seiner Charakterisierungen doch eher den Betrachtungen eines Gourmands, der es in der Erotik nie zum Gourmet gebracht hat. Daß er es für richtig hielt, Pauline Borghese so abfällig wie taktlos *in eroticis* zu benoten, daß er sich prahlerisch der Gunst der Ehefrau Ludwig Devrients rühmte – dergleichen wäre bei einem so kultivierten und höflichen Manne, wie Giacomo Casanova es war, ganz unvorstellbar. Aber – und das spricht wiederum für Friederich – ihm selber war offenbar nicht so ganz wohl, denn im dritten Band seiner Erinnerungen räumt er ein:

»Gestehen muß ich, daß, wenn ich jetzt meine geheimen Tagebücher durchsehe, mir selbst schaudert, so ein wilder Wüstling gewesen zu sein, da ich bisweilen einem ganzen Dutzend Frauen und Mädchen zugleich den Hof gemacht, und wohl auch manche, dereinst vielleicht schwer auf mir lastende Träne und wohl gar Verwünschungen hervorgerufen. Indessen habe ich es nicht gemacht wie Don Juan, sondern bin noch beizeiten, das heißt, als Umstände, Alter usw. mich zwangen, zur Erkenntnis gekommen, weshalb ich auch hoffe, vom Geist und den Teufeln verschont zu werden, und betrachte die Sache wie längst entschwundene Träume. Die Götter werden mir verzeihen! Warum haben sie oder die Natur mich so geschaffen! Schlägt dereinst mein letztes Stündchen, so wird, hoffe ich, auch dieses trotz aller Sünden *in puncto puncti* ruhig vorübergehen.«

Zwar sonderlich bußfertig klingt das nicht gerade, aber diese Sätze enthalten doch das, was immer wieder mit diesem Erzähler versöhnt: Er ist in seinem Wesen ein rechtschaffener, aufrichtiger Mann, stets fair und keiner Intrige fähig. Gewiß, er verhält sich leichtsinnig und benimmt sich wie ein Glücksritter, aber ein Lump ist er nie gewesen.

Als er seine Memoiren schrieb, war er fast 60 Jahre alt, verstand es aber meisterhaft, uns die Lebensgeschichte seiner Jahre in Napoleons Armee durchaus unter der Perspektive seines damaligen Alters zu erzählen, das heißt jungenhaft und unbekümmert. Sein jugendlicher Enthusiasmus und sein tolldreistes Draufgängertum sind faszinierend; seine glühende Liebe zur Musik Mozarts und zum Werk Schillers wirken überzeugend und gelegentlich auch rührend.

Und doch bleibt am Ende, bedenkt man diese Darstellung von vierzig Jahren eines außergewöhnlichen Lebens, ein leicht bitterer Nachgeschmack zurück. Das hat mit dem Empfinden zu tun, daß hier ein reichbegabter Mensch es nicht verstanden hat, mit seinem Pfunde richtig zu wuchern.

Die *Vierzig Jahre aus dem Leben eines Toten* sind hinreißend erzählt, mit viel Witz und Ironie und einem sehr genauem Gefühl für Spannung, nirgends trivial und durchweg von einem hellen Kopf verfaßt. In seinen Schilderungen von Städten und Landschaften versteht sich Friederich auf die Kunst, stets das Belehrende und Informative geschickt mit dem Unterhaltenden zu verknüpfen. Zweifellos hätte er das Zeug zu einem guten Reiseschriftsteller gehabt,

vielleicht auch das Talent eines packenden Erzählers. Statt dessen verzettelte er sich in der Masse journalistischer Unternehmungen, flotter Feuilletons und schriftstellerischer Kompilationen, sie alle mit immensem Fleiß produziert, wahrscheinlich, weil er dringend Geld brauchte. Die 1854 eilig publizierte Fortsetzung *Noch fünfzehn Jahre aus dem Leben eines Toten,* ziemlich lustlos heruntergeschrieben, bestätigt diesen Verdacht.
Offenbar verhielt es sich mit den *Vierzig Jahren* ähnlich wie mit der *Histoire de ma vie* Casanovas. Beide wollten sich in der Rückschau an den interessantesten, farbigsten Augenblicken ihres Lebens noch einmal so richtig erbauen und ergötzen. Mehr und anderes kam nicht nach.

Johann Conrad Friederich war nicht der einzige von den Soldaten Napoleons, denen das Erzählen aus der Zeit unter den Adlern der Kaisers so prächtig geriet. So wie er haben viele Hunderte aus allen europäischen Ländern von ihrem Dasein zwischen 1799 und 1815 erzählt, und wohl die meisten in dem Gefühl, reicher und spannender sei es nie wieder in ihrem Leben zugegangen, und das gilt auch sogar dann noch, wenn sie nichts anderes berichtet haben, als die unermeßlichen Strapazen des Rußlandfeldzugs von 1812.
Die zahllosen Memoiren napoleonischer Soldaten sind eine literarische Gattung für sich. Was es bedeutete, Napoleons Armee anzugehören und welches Selbstbewußtsein diese Zugehörigkeit verlieh, hat Heinrich Heine in seinem *Buch Le Grand* eindrucksvoll geschildert. Es war zum einen die Gewißheit, in der besten Armee der Welt zu dienen, Soldat eines Genies zu sein, wie es die Welt noch nie gesehen, die schönste Uniform zu tragen, Außerordentliches zu erleben (wozu die Extremsituationen in Spanien und Rußland gehörten), fremde Länder kennenzulernen (auch wenn der Werbespruch *Join the army and see the world* noch nicht existierte) und selbst dann noch auf

der Seite des Siegers gestanden zu haben, als dieser selbst längst ein Geschlagener war.
Was das damals bedeutete für Menschen, die sozial zumeist den unteren Schichten angehörten, ist für uns heute schwer nachzuerleben. Wir mögen Friederichs Gewohnheit belächeln, dem Leser wie ein Reiseführer Informationen über Rom oder Neapel zu geben und über andere von ihm beschriebene Städte, die wir aus eigener Anschauung oder aus Büchern und Filmen kennen. Aber wie viele Deutsche waren um 1850 mit Italien vertraut? Die meisten Menschen kamen aus ihrer Heimat und deren Umgebung ein Leben lang nicht heraus; selbst Goethe, der es sich hätte leisten können, ist nie in Hamburg, in Wien, in Paris, in London gewesen. Die Napoleonischen Kriege bedeuteten – so paradox das auch klingen mag – so etwas wie einen ersten Massentourismus, der freilich mit Blut und Leben bezahlt werden mußte. Und der Tagelöhner, der vielleicht zu Hause von seiner Herrschaft geprügelt worden war, durfte nun als der siegreiche Eroberer Aristokraten befehlen.
Man hat sich oft gewundert, wie es denn möglich war, daß deutsche Rheinbundsoldaten sich zu Veteranenvereinen zusammenschlossen, die jährlich am 15. August (Napoleons Geburtstag) zusammenkamen, um »ihren« Kaiser und sein Gedächtnis zu feiern. Dabei hatte der Dienst für Napoleon den meisten schwere körperliche Schäden zugefügt, sie hatten Gliedmaßen verloren, Erfrierungen erlitten, chronische Krankheiten davongetragen. Aber diese Vereine gedachten einer Zeit, in der sie, bei allen persönlichen Strapazen und Opfern, einmal in ihrem Leben über die endlose Tristesse ihres Alltags hinausgehoben worden waren. Und je mehr die Gestalt Napoleons nach seinem Tod 1821 ins geradezu Mythische verklärt wurde, desto stärker wuchs das Ansehen derer, die sagen konnten: Ich habe IHM gedient, ich habe IHN persönlich gesehen.
Von diesem Bewußtsein spricht Heine, und es ist auch Thema in Balzacs Roman *Ein Landarzt*. Daß diese Ver-

klärung zugleich nicht zu trennen ist von den desolaten innenpolitischen Zuständen der Vormärzzeit, sei nur am Rande erwähnt.

Johann Conrad Friederich, der entlaufene Kaufmannssohn aus Frankfurt, der verhinderte Schauspieler und Sänger, der bravouröse Soldat Napoleons, der fleißige Journalist und Schriftsteller: Letzten Endes waren aus einem fast siebzigjährigen Leben vor allem nur neun Jahre erzählenswert geblieben, aber die hat er auch erzählt, als wär's ein ganzes Dasein gewesen und als wollte er sagen: Seht, so aufregend, spannend, schön und erfüllt kann ein Menschenleben sein. Und genau so lesen wir heute seine fesselnden Denkwürdigkeiten.

Eckart Kleßmann

Vierzig Jahre aus dem Leben eines Toten

1789-1806

I

Eine Taufe – Frau Rat Goethe – Voltaire in strengem Arrest zu Frankfurt am Main; seine Perücke – Der erste Luftschiffer in Deutschland – Sonderbarer Zwischenfall – Blanchard werden fürstliche Ehrenbezeigungen zuteil

Denselben Tag und zur selben Stunde als die Kanonen bei der Erstürmung der Bastille zu Paris donnerten, nämlich den 14. Juli 1789, kam in der ehemaligen freien Reichsstadt des seligen heilgen Römischen Reichs, von dem schwer zu ermitteln, was heilig und was römisch an ihm war, zu Frankfurt am Main, in einem in der alten Fahrgasse gelegenen Haus, zum goldnen Schiff genannt, ein Knäblein zur Welt, dessen Vater, Johann Nikolaus Fröhlich, ein wohlhabender Handelsmann und Bürger dieser Stadt war.

Zehn Tage nach dieser Begebenheit gewahrte man in einer langen, grünen, braungetäfelten Stube dieses Hauses einen dreieckigen, mit schneeweißem, mit kostbarer Spitzenarbeit versehenen Linnen gedeckten Tisch. Auf demselben stand ein sehr kunstreich gearbeitetes silbernes und vergoldetes Taufbecken zwischen zwei wohlduftenden japanischen Blumenvasen und vier schwere silberne Armleuchter von getriebener Arbeit, das Patengeschenk für den Neugeborenen. Um diesen so geschmückten, eine Art Altar repräsentierenden Tisch stand in einem Halbkreis eine hochachtbare Gesellschaft ganz honneter Spießbürger aus den angesehendsten Familien der alten Reichsstadt samt ihren Frauen. Alle waren in stattliche Galakleider von Sammet und Seide, im Geschmack jener Zeit gestickt, gekleidet, die Herren trugen prächtige Perücken mit stattlichen Haarbeuteln, und die Frauen hochgetürmte, sehr künstliche Haargebäude auf ihren Häuptern und waren trotz der heißen Jahreszeit in steifen, schweren Damast gehüllt. All diese respektablen Personen hatten sich hier eingefunden, um der Taufe des jungen Christen beizuwohnen, der während der ganzen Dauer der heiligen Handlung gleich einem Neuntöter schrie.

Unter denen, welche diesen feierlichen Akt mit ihrer Gegenwart beehrten, befand sich auch ein Herr Weller mit seiner Gattin, ein Achtundvierzigstteil der damaligen Frankfurter Souveränität, das heißt, er war als Schöffe Mitglied des aus 48 Personen bestehenden und „Hochwohlgeborenen, Gestrengen, Vest- und Hochgelahrten, Hoch- und Wohlweisen, auch Wohlfürsichtigen, Insonders Großgünstigen, Hochgebietenden und Hochzuverehrenden" betitelten Magistrats*. Dieser gewichtige Mann war der Pate und Großpapa des zu taufenden Kindes.

Außer ihm waren noch zugegen: der Stadtkommandant und Generalissimus des aus vier- bis fünfhundert Mann bestehenden freireichsstädtischen Heeres, nämlich der Herr Oberst Schulter nebst Gattin und Schwägerin, von denen die erste die Tante und die zweite die Mutter Goethes, die Frau Rat Goethe, waren. Letztere war eine etwas stolze und mitunter hochfahrende Dame, welche nicht versäumte bei Gelegenheit anzubringen, daß der Verfasser Werthers und Götz von Berlichingens ihr leiblicher Sohn sei. Indessen war ihr Herz und Geist nicht abzusprechen, und ihre vertrautern Freunde behaupteten, daß sie auch Gemüt und Gutmütigkeit besitze. Ferner befand sich noch ein Herr Fahrtrapp, Wellers Schwager, ein reicher, gelehrter Buchhändler und Antiquarius holländischen Ursprungs, ein geniales Original, in dieser ehrenwerten Gesellschaft. Dieser Mann hatte große Verbindungen und Gelegenheit gehabt, Voltaire kennen zu lernen, als dieser in Frankfurt auf Befehl Friedrich II. in Gewahrsam gehalten und bei dieser Gelegenheit von einigen Gaunern daselbst mißhandelt und geprellt wurde. Der Antiquar war ein wissenschaftlich gebildeter und geistreicher Mann, wenn auch, gleich allen Sterblichen, mit einigen Schwachheiten begabt. Er hatte die Gnade gehabt, während Karls VII. gezwungenen Aufenthalts zu Frankfurt am Main, als dieser unglückliche Kaiser trotz dem Beistand, den ihm Ludwig XV.

* Dies war der Titel, der damals dem Frankfurter Senat gegeben werden mußte.

von Frankreich leistete, seine Staaten hatte verlassen müssen, denselben unangemeldet durch eine geheime. Hintertreppe in seinem Kabinett aufsuchen zu dürfen, was er dem Umstand verdankte, daß er dem Kaiser mehrmals hochwichtige Nachrichten hinterbracht hatte, ehe noch die diplomatischen Spürnasen Seiner Majestät eine Ahnung von denselben gehabt, und die der Buchhändler vermittelst seiner weitverbreiteten Verbindungen in Erfahrung gebracht. Auch wollte ihn der Kaiser zum Edelmann und Baron stempeln, was sich Franz Fahrtrapp jedoch verbat und, für die hohe Gnade dankend, Seiner Majestät antwortete: Ich mag ein leidlicher Antiquarius und passabler Buchhändler sein, würde aber allem Anschein nach nur ein mittelmäßiger Baron und ein sehr schlechter Höfling werden, deshalb geruhen Allerhöchstdieselben mich im status quo zu lassen, – und damit hatte es auch sein Bewenden. Dagegen hatte Herr Fahrtrapp die Schwachheit, daß, eine Meinung oder Tatsache behauptend, er häufig hinzusetzte: „so dachte auch mein Freund Voltaire", oder „ich hab es vom Kaiser Karl selbst!"

Von den übrigen mehr oder minder bedeutenden Taufgästen führe ich nur eine wunderschöne junge Frau an, die sich Madame Scholze nannte, die Schwester des Herrn vom Haus und die Gattin eines Millionärs aus der Hansestadt Bremen war, der in der Nähe von Worms ein schönes Gut, Niedesheim genannt, besaß, wohin ihm die Ankunft des Neugeborenen vermittelst einer Stafette und blasendem Postillon gemeldet und die Einladung zur Taufe durch einen Freund der Familie, Herrn Rasor aus Worms, ebenfalls ein Taufgast, zugekommen war.

Als endlich der hochwürdige Pastor Stark in seinem protestantisch-geistlichen Kostüm mit breitem Lutherkragen, wie sie zu jener Zeit die lutherischen Pfarrherrn in Frankfurt trugen, die Taufhandlung beendigt hatte, übergab er den kleinen Schreihals dem Paten, und dieser überreichte ihn der Wartfrau Greifenstein mit den Worten: „Wohlan, junger Weltbürger, suche deinen Weg in dieser Welt voll

Eitelkeit zu machen; es scheint, du bist mit einer guten Lunge begabt, dies ist schon etwas, du kannst es einmal bis zum Stadtamtmann, wohl gar zum einjährig wohlregierenden und gestrengen Bürgermeister in unserer guten Republik bringen."

Nach beendigter Zeremonie empfahl sich der Pastor, nachdem er sich noch durch ein paar Gläser Malaga erquickt hatte. Die übrige Gesellschaft, von seiner etwas genierenden Hochwürden befreit, überließ sich nun ungestört den Genüssen, welche ihr die Freigebigkeit des Herrn vom Hause und Vater des Getauften, Herr Fröhlich, bereitet hatte. Perlender Nierensteiner und uralter Hochheimer Dompräsenz wurden reichlich kredenzt, sowie flüssige und kompakte Süßigkeiten für die Damen.

Man war eben im Zug, sich so recht en Gevatter zu vergnügen, als die Frau Oberst und Stadtkommandant plötzlich ausrief: „Ach, mein Herr Jesus, wir sind ja zu dreizehn!"

„Hast du mich nicht erschreckt", sagte Frau Rath Goethe etwas ärgerlich zu ihrer Schwester.

„Und was ist's denn weiter? Wir haben ja zu essen und zu trinken für mehr als dreißig", sagte der Antiquarius, Goethes Tante ein Glas hundertjährigen Hochheimer präsentierend, und setzte hinzu: „Auf Ihre Gesundheit, Frau Gevatter!"

„Wir wissen schon lange, daß Sie ein arger Freigeist sind, Herr Fahrtrapp", erwiderte die Oberstin, das dargebotene Glas ausschlagend, „aber wer weiß, was noch aus Ihnen dereinst werden wird."

„Was aus uns allen, Frau Gevatter; die Substanz meines Leibes verspeisen vielleicht meine Urenkel einmal in einem saftigen Hammelbraten oder gar in einem Spanferkel, und meine Seele – je nun, ein großer Bösewicht bin ich nie gewesen, so wird sich wohl auch noch für diese ein Plätzchen im Elysium finden."

„Oh, ich bitte, Herr Fahrtrapp, nichts weiter von dieser Materie", fiel ihm die schöne Frau Scholze ins Wort, „es würde einem ja ganz übel und weh."

„Oho, mein empfindsames Dämchen“, erwiderte der Antiquar, „es kann gar nichts schaden, wenn auch einmal eine so hübsche Sünderin“ – auf diese Worte legte er einen besondern Ausdruck – „wie Sie an die Vergänglichkeit aller irdischen Herrlichkeiten erinnert wird, denn ... “
„Aber um's Himmels willen, Herr Bruder“, fiel nun Schöffe Weller dem Sprecher in die Rede, „laß doch dies bei einem Tauffest so unpassende Gesalbader.“
„Gerade bei einer Taufe möchte es am passendsten sein, denn jeder Neugeborene ist doch nur ein Kandidat des Todes. Doch das beiseite, muß ich selbst gestehen, daß es mir eines Tages bei einem Mahl, bei dem wir zu dreizehn waren, gewaltig unbehaglich wurde.“
„Wieso?“ fragte Herr Scholze.
„Aha, Herr Freigeist, jetzt kömmt's“, sagte die Stadtkommandantin.
„Ja, jetzt kömmt's“, fuhr der Antiquar fort, „denn es war kaum für sieben zu essen da, und Sie werden mir allerseits eingestehen, daß dies eine große Fatalität ist.“
„Spötter“, lispelte Frau Scholze.
„Nicht doch, ich rede in allem Ernst, es war bei dem seligen Senator Brenner.“
„Aber wie zum Henker kamen Sie dazu, bei diesem Filz zu speisen?“ fragte der Oberst Schulter, „diesem wahrhaften Hieronymus Knicker, dem größten Geizhals auf hundert Meilen in der Runde. Der hat mir nie ein Glas Wein angeboten, so oft ich auch in Kriegszeugamts-Angelegenheiten zu ihm kam und ... “
„Aber mit all dem Gerede sind wir noch immer zu dreizehn“, unterbrach Frau Schulter ihren Mann halb im Zorn.
„Ja, wenn du uns verlassen wolltest, wären wir gerade noch ein Dutzend, mein Schatz“, erwiderte der Oberst seiner Ehehälfte.
„Um's Himmels willen nicht, Frau Oberst“, rief der Antiquar, „wer zuerst weggeht, stirbt auch zuerst.“
Die Oberstin war indessen von ihrem Stuhl aufgestanden und hatte bis zur Hälfte den Weg zur Zimmertüre zurück-

gelegt, unschlüssig, was sie tun sollte; endlich wandte sie sich an Frau Scholze und bat diese, sich mit ihr zugleich zu entfernen.

„Leiden Sie das nicht, Herr Scholze", sagte Herr Fahrtrapp, „sonst verlieren Sie ihre schöne Frau, die dann in Kompanie mit der Oberstin stirbt."

„Herr Rasor, Herr Fahrtrapp, ich hoffe, daß sie so galant sind, mich zu begleiten."

„Oh, daß ich ein Narr wäre", antwortete der letztere, „die Galanterie gegen die Damen geht nicht bis zum Tod. Wenden Sie sich doch an Ihren Herrn Gemahl, dann haben Sie auch das Vergnügen, als Ehepaar das Himmelreich zusammen zu betreten."

„Nun, Kaspar, so komm, wir wollen gehen."

„Mit nichten, liebes Weib, und am allerwenigsten, wenn ich bei altem Hochheimer sitze, möchte ich diesen im Stich lassen, um in den – Tod zu gehen. Sei keine Närrin und setze dich wieder zu uns."

Frau Schulter suchte noch einige andere Personen zu bewegen, sich mit ihr zu entfernen, aber zu ihrem großen Verdruß spielten alle die Gefühllosen und die Tauben, namentlich auch die Frau Rat Goethe, welche endlich zu ihrer Schwester sagte:

„Schäme dich doch, die Tante meines Wolfgangs und so abergläubisch; du machst der ganzen Familie Schande."

Die Oberstin nahm endlich mit einem süßsauern Gesicht ihren Platz wieder ein.

„Dein Wolfgang, geh mir nur mit dem, das ist mir auch der Rechte, der glaubt an keinen Gott und an keinen Teufel mehr, an dem werden wir noch schöne Dinge erleben."

„Frau Schwester, das verbitte ich mir, sein Werther hat die ganze Welt entzückt und gerührt und mehr Tränen vergießen machen, als, als . . . "

„Als Wein in allen Kellern Frankfurts ist", fiel der Oberst ein.

„Das wollte ich gerade nicht sagen", fuhr die Frau Rat fort, „aber Werther, Götz von Berlichingen und Clavigo haben ihm in ganz Deutschland einen Namen gemacht, wenn man in Frankfurt auch diese Werke nicht nach Verdienst zu schätzen weiß.* Kein Prophet gilt in seinem Vaterland, und am wenigsten in unserer freien Reichsstadt, da kennt man keinen andern Klang als Batzengeklimper und höchstens den der Posthörner, wenn sie Passagiere verkünden. Aber die Nachwelt, die Nachwelt wird noch erkennen, was ich ihr für ein Geschenk mit meinem Wolfgang gemacht, und wenn wir lange nicht mehr sind, wird Frankfurt stolz auf meinen Sohn sein!"

„Mag sein", sagte der Antiquar, „wünsche Glück dazu, aber was nützt es mir, wenn der Schornstein vom Bratendampf raucht, wenn ich nicht mehr genießen kann."

„Eigne Schuld, Herr Fahrtrapp, hatte Ihnen mein Sohn den Werther nicht zum Verlag angeboten?"

„Ich befasse mich nicht mit so sentimentalen Produkten."

„Aufrichtig, lieber Herr Fahrtrapp, wenn Sie gewußt hätten, was diese Sentimentalität einbringt, Sie würden ihr gewiß die Ehre Ihres Verlages erwiesen haben."

„Um Vergebeung, nein, aber wäre es sein Götz gewesen, den mir Ihr Herr Sohn angeboten, dann würde ich sogleich mit beiden Händen zugegriffen haben."

„Bei seiner letzten Anwesenheit las mir der Wolfgang einige Stellen aus einem Manuskript, Faust betitelt, vor", sagte die Frau Rat, „da hätten Sie hören sollen, welcher Gedankenflug des menschlichen Geistes, welche sublimen Ideen ... und diesen Geist habe ich geboren."

„Halt's 'Maul, Schwester, mit Respekt vor der ehrbaren Gesellschaft, da hast du einen saubern Geist geboren! Er hat seinem Oheim, meinem Mann, auch ein Stück von diesem Faust vorgelesen, das ist ein sündhaftes, gottloses Werk, das mich aus der Stube getrieben hat; wenn er das drucken läßt, dann soll er nicht mehr sagen, daß ich seine Tante bin, ich müßte mich zu Tode schämen; unsern lieben Herrgott läßt er darin eine Unterredung mit dem Teufel

* Man vergesse nicht, daß Frau Rat Goethe im Jahr 1789 spricht.

haben, gerade wie wenn er wie unsereins wäre; ist das nicht himmelschreiend? Ich würde mich zu Tode grämen, wenn ich so einen gottlosen Sohn hätte. Unsern Herrgott mit allerlei Lumpengesindel, Komödianten, Hexen, Dichtern und andern Hanswursten in einer Komödie auftreten zu lassen! Bewahre mich unser Heiland. Aber das ist die Folge eurer freigeisterischen Erziehung. Schon als Kind hat der Wolfgang immer mit Puppenspielen und dem gottlosen Komödienwesen zu tun gehabt, da haben sie den Jungen in der Messe in die Marionetten gehen lassen, und da hat er den Faust und all das Unwesen gelernt und abgeguckt; wie oft habe ich dir nicht gesagt, daß du dies nicht dulden solltest, es würde nimmer etwas Gutes daraus entstehen, und nun haben wir die Bescherung."

„Nimm mir's nicht übel, liebe Schwester, aber allen Respekt vor dieser Gesellschaft, du bist eine alberne Gans. Was kann man auch anders von Leuten erwarten, die sich fürchten, zu dreizehn an einem Tische zu sitzen. Übrigens begreife ich gar nicht, wie sich so fromme und gläubige Seelen wie du vor dem Tod fürchten können, da ihnen doch das Himmelreich mit all seinen Freuden gewiß ist; sie sollten sich im Gegenteil freuen, dieses irdische Qualtal je eher je lieber zu verlassen, um baldmöglichst der himmlischen Glückseligkeit teilhaftig zu werden; ihre Todesfurcht und ihr Glaube sind schwer zu erklärende Widersprüche, der letztere muß eben nicht sehr kapitelfest sein."

„Ja, wenn die geheimen Sünden nicht wären", versetzte mit einem boshaften Seitenblick Herr Fahrtrapp. „Doch lassen wir das, die Frau Oberst muß sich nun schon dreingeben, zu dreizehn zu bleiben, wenn sie nicht zuerst sterben will, und wenn es ans Weggehen kommt, will ich ihr auch den Gefallen tun, zuerst zur Türe hinauszugehen, sollte ich auch zuerst abfahren müssen. Einstweilen wollen wir aber noch wacker auf die Gesundheit des neuen Christen trinken."

„Sehr verbunden, lieber Oheim", erwiderte Herr Fröhlich.

„Und du wirst uns mit einigen Schnurren unterhalten, damit wir die fatale Dreizehn vergessen", sprach Schöffe Weller zu seinem Schwager.
„Mit Vergnügen", versetzte der Antiquarius.
Unterdessen war die Wartfrau Greifenstein wieder in das Zimmer getreten, und Frau Schulter hatte sie gepackt und ließ sie nicht mehr weg, indem sie sagte, sie wolle selbst von Zeit zu Zeit nach der Wöchnerin und ihrem Kind sehen und diese versorgen. Der guten Frau war ein großer Stein vom Herzen gefallen, denn sie waren ja nun zu vierzehn.
Nachdem Herr Fahrtrapp nochmals den großen silbernen Taufpokal mit Hochheimer gefüllt, auf das Wohl des Hausherrn und seines Erstgebornen getrunken, ihn dann in der Reihe hatte herumgehen lassen, sprach er mit erhobener Stimme: „Damals, als Herr François Arouet von Voltaire in unsern Mauern . . . "
„Nichts von Voltaire", Herr Fahrtrapp, „nichts von Voltaire", riefen mehrere Stimmen zugleich, „diese Geschichte haben wir schon zur Genüge gehört."
„Tut nichts, Sie können sie immer noch einmal hören", erwiderte der Antiquarius etwas unwillig.
„Und ich kenne sie noch gar nicht", sagte Herr Scholze, der Bremer Millionär, „was hat es denn für eine Bewandtnis damit?"
„Ach, es ist eben nicht viel daran", murmelte Herr Weller.
„Was, nicht viel daran? Ei, dich soll ja . . . ja, wärest du nicht mein lieber Schwager, so . . . Voltaire, und nicht viel daran, weißt du, daß alles, was Voltaire berührt, groß ist?"
„Dann mußt du freilich auch ein großer Mann sein", erwiderte Herr Weller, „da auch du in Berührung mit ihm gekommen bist."
„Keinen unzeitigen Spaß, Herr Schöffe, ich weiß recht gut, daß euern hochobrigkeitlichen Ohren die Geschichte nicht allzuwohl klingt, und zwar aus sehr handgreiflichen Ursachen; aber da kehre ich mich nicht daran, darum hören Sie, Herr Scholze, ich will Ihnen mit zwei Worten sagen,

was an der Sache ist. Als Herr von Voltaire auf Befehl des großen Friederich gezwungen ward, wohlbewacht in unserer kaiserlichen freien Reichsstadt unfrei zu verweilen, hatte ich Gelegenheit, diesem damals verfolgten großen Genie einige kleine Dienste zu erweisen. Die hiesigen Behörden hatten sich, mit Gunst, Herr Schwager Schöffe, eben nicht zum ehrenvollsten bei dieser Gelegenheit benommen. Es war im Monat Juni des Jahres 1753, als der selige Buchhändler Van Düren vom Herrn von Voltaire, der wegen eines Manuskripts Friedrich des Großen auf dessen Verlangen in Frankfurt festgehalten und von zwölf Soldaten unserer achtbaren Miliz bewacht wurde, hundert Dukaten in Gold für ein anderes Manuskript von diesem König, das den Titel ‚Antimachiavel' führte, und das er auf Voltaires Veranlassung gedruckt hatte, forderte. Der in jenem Jahr wohlregierende Bürgermeister Fichard ließ mich rufen, um mein Gutachten in dieser verdrießlichen Sache zu hören. Nachdem ich mich genau von allen Umständen unterrichtet hatte, fiel daselbe dahin aus, daß Van Düren höchstens zwanzig Dukaten in Anspruch nehmen könne, und Herr von Voltaire hatte es mir zu verdanken, wenn er mit dieser geringen Summe und einigen Plakkereien, denen die Fremden häufig bei uns ausgesetzt sind, davonkam. Bei dieser Gelegenheit hatte ich öfters Unterredungen mit diesem großen Manne und wurde dadurch instand gesetzt, ihn gehörig zu würdigen, auch entsinne ich mich noch jedes Wortes, das zwischen uns gewechselt wurde, und besonders was er über unsere Regierung äußerte, was ich mich aber wohl hüten werde zu wiederholen, um die etwas empfindlichen Ohren unserer hohen Obrigkeit nicht zu beleidigen."

Bei diesen Worten warf der Sprecher einen Blick auf den Schöffen und fuhr fort:

„Was mich anbetrifft, so zeigte sich der große Mann ungemein erkenntlich für die geringen Dienste, die ich ihm geleistet hatte, und bei der letzten Unterredung, die ich mit ihm gehabt, sagte er, mir vertraulich auf die Schultern klopfend: ‚Mein werter Freund, sie haben großes Unrecht, in einer Stadt zu bleiben, wo man Ihre Verdienste so wenig zu würdigen versteht, an Ihrer Stelle würde ich dieses Land verlassen und mich in der Hauptstadt der zivilisierten Welt, zu Paris, niederlassen, dort ist das Feld für Männer Ihres Schlages und wenn ich Ihnen daselbst nützlich sein kann, so dürfen Sie nur über mich gebieten, mit Vergnügen würde ich für Sie tun, was in meiner Macht steht.‘ Ich bemerkte jedoch dem großen Geist, daß meine Geschäfte eine solche Ortsveränderung nicht zuließen, dankte für das gütige Anerbieten und sagte ihm, daß, wenn für den kleinen Dienst, den ich so glücklich war ihm erweisen zu können, er mir eine andere Gunst erzeigen wolle, mich dies überaus glücklich machen würde.

‚Und was wünschen Sie, lieber Fahrtrapp, sprechen Sie, wenn es in meinen Kräften steht, mit Vergnügen ... Was ist's?‘

‚Mein Begehren wird Ihnen ein wenig sonderbar vorkommen, aber Kaiser Karl VII. hat mich auf die gleiche Weise für einige ihm erwiesene Dienste belohnt.‘

‚Nun, so reden Sie.‘

‚Ich wag es kaum.‘

‚Wagen Sie immerhin.‘

‚Sehen Sie, Herr von Voltaire, ich wünschte ein kleines Andenken von Ihnen zu besitzen, das mich zeitlebens daran erinnerte, das Glück gehabt zu haben, Ihre Bekanntschaft zu machen.‘

‚Sehr gerne, Herr Fahrtrapp, ist Ihnen vielleicht mit einer meiner Dosen, einer Uhr, einem Ring gedient, Sie dürfen nur sprechen ....‘

‚Nichts von allen dem, ich bin viel bescheidener, unbescheidener wollte ich sagen.‘

‚Nun, endlich heraus damit, was wünschen Sie?‘

‚Eine – eine Ihrer Perücken, eine von denen, die Sie schon oft getragen.‘

‚Seltsame Grille! doch es sei Ihnen gewährt‘, antwortete das Genie mit einem etwas faunenartigen Lächeln.

‚Tausend Dank, wertester Herr von Voltaire, ich werde das kostbare Geschenk höchst in Ehren zu halten wissen und mein Haupt nur bei den allerhöchsten Feiertagen, wie bei einer kaiserlichen Krönung, oder dem Begräbnis eines wohlregierenden Bürgermeisters, oder dem Leichenschmaus eines bürgerlichen Fähnrichs, damit schmücken. Außerdem wird das teure Andenken in meinem wohlverwahrten Schrank von Ebenholz, auf demselben Perückenstock ruhen, den schon eine kaiserliche Perücke ziert, die ich ebenfalls das Glück habe zu besitzen.‘
‚Wie, Sie sind im Besitz einer kaiserlichen Perücke?‘
‚Freilich, der Monarch verehrte sie mir noch an dem Tage vor seiner Abreise.‘
Um der Sache ein Ende zu machen, meine Herrn, ich war so glücklich, das gewünschte Andenken aus Voltaires eigenen Händen zu empfangen, es ist eine der schönsten Perücken, die ich je gesehen, von einem der ersten Pariser Haarkünstler verfertigt. Erst dreimal habe ich mich damit geschmückt, einmal bei der Krönung unseres Kaisers Joseph II. im Jahr 1764, das zweitemal vor vier Jahren, als der weltberühmte Blanchard auf unserer Bornheimer Heide die erste Luftschiffahrt in Deutschland machte, und endlich heute zu Ehren des nun Getauften: sehen Sie, das ist sie.“
Herr Fahrtrapp nahm nun die Perücke von seinem Kopfe und ließ sie der Reihe nach von den Anwesenden bewundern. Als sie sie alle gehörig und nach allen Seiten betrachtet hatten, nahm sie der Besitzer wieder zu sich und setzte sie sich selbst auf das platt geschorene Haupt, indem er sprach: „Aber bei Blanchards Luftfahrt wäre ich beinahe um diese kostbare Reliquie gekommen.“
„Wieso, Herr Fahrtrapp?“ fragte Herr Scholze.
„Bei diesem noch nie gesehenen Schauspiel, das aber an dem dazu bestimmten Tage aus besondern Ursachen, die Sie sogleich hören werden, nicht stattfinden konnte ...“
„Höre, Bruder“, fiel ihm Weller in die Rede, „mache keine so lange Brühe um diese ebenfalls hundertmal erzählte

Geschichte, oder erlaube mir, daß ich sie den Herren in wenig Worten mitteile."

„Nach Belieben, mein hochweiser, großgünstiger, auch wohlfürsichtiger usw. Herr Schöffe."

„Gut, also hören Sie", begann nun Weller: „Den 27. September 1785, an dem Blanchard Deutschland mit dem noch nie gesehenen Schauspiel einer Luftschiffahrt erfreuen wollte, hatte sich eine unzählige Menge Menschen aus allen Winkeln und Enden des Deutschen Reiches nebst vielen Standespersonen in und um Frankfurt eingefunden, so daß in der ganzen Stadt in keinem Gasthof und keinem Privathaus ein Unterkommen mehr zu finden war. Nur mit Mühe hatten wir uns, mein Schwager und ich nebst unsern Frauen, Plätze, im ersten Rang des mit Brettern vernagelten Rondells, zu einer Karolin in Gold den Platz, verschaffen können, der zweite Rang wurde mit einem Dukaten und der dritte mit einem halben Dukaten bezahlt. Trotz dieser hohen Preise waren alle Plätze schon mehrere Stunden vor der zum Aufsteigen bestimmten Zeit besetzt, und außerhalb dieses Raumes harrten wohl über 200 000 Zuschauer des nie gesehenen Schauspiels.

Endlich war alles zur Auffahrt bereit; da wollte der Erbprinz von Hessen-Darmstadt durchaus und trotz allem Widerreden seiner hohen Anverwandten die halsbrechende Fahrt mitmachen. Schon hatte er neben Blanchard nebst noch einem Herrn in dem verhängnisvollen Schiffchen Platz genommen und eben solte der Ballon abgeschnitten werden, um sich zu erheben, als ein pfeifenartiges Sausen dicht an dem linken Ohr meines erschrockenen Schwagers vorbeistrich, und in demselben Augenblick erhielt der Ballon auch ein Loch, aus welchem das Gas entströmte, er schrumpfte allmählich zusammen und fiel endlich nieder. Blanchard selbst war über diesen Vorfall so erschrocken, daß er die Sprache samt dem Kopf verloren zu haben schien, und die Zuschauer, besonders die nichtzahlenden außerhalb der Rotunde, gerieten in großen Aufruhr und wurden fast wütend, sie glaubten, man habe sie nur foppen wollen und zum besten gehabt. Ich sah den Augenblick kommen, wo man den armen Luftschiffer in Stücke reißen würde. Nur durch die unerhörtesten Anstrengungen einiger angesehenen Personen gelang es, ihn der Wut des Pöbels zu entziehen. Der Fürst von Nassau-Weilburg nahm ihn in seinen Wagen, der durch eine starke militärische Bedeckung geschützt wurde, und brachte ihn so mit heiler Haut in sein Hotel im Gasthof zum goldenen Löwen zurück.

War Blanchard durch diesen Unfall sehr ergriffen, so war es mein werter Schwager nicht minder, denn stellen Sie sich vor, daß, als man, alle Zucht und Ordnung beiseite setzend, die bretternen Schranken niederriß und in das Sanktissime einstürmte, auch er von einem panischen Schrecken ergriffen, gleich den andern in der allgemeinen Flucht mit fortgerissen, niedergeworfen und mit Füßen getreten wurde, und als es ihm nach vielen vergeblichen Anstrengungen gelang, sich wieder zu erheben, siehe da war er hut- und perückenlos. Sie können sich nun seinen Schmerz vorstellen, als er den nicht mehr zu ersetzenden Verlust dieses Kleinods wahrnahm, er vergaß über diesem moralischen Schmerz allen körperlichen, den ihm doch die mannigfachen Quetschungen, Rippenstöße, Fußtritte usw., die er erhalten hatte, verursachen mußten, ganz und ließ nur die Worte: ‚Oh, meine Perücke, meine Voltairesperücke!‘ hören. Vergeblich, ja unmöglich war alles Suchen und Forschen, der Tumult und die Verwirrung waren viel zu allgewaltig. Greise und Kinder, Männer und Frauen, Mädchen und Jünglinge lagen über- und durcheinander, Arme oder auch Füße und Beine in die Höhe streckend, wie es gerade kam. Ein Schlachtfeld vermag nicht ein ähnliches Schauspiel darzubieten, selbst ein homerisches nicht. Den kommenden Tag ließ mein Schwager durch Trommelschlag bekanntmachen, daß derjenige, der ihm seine Perücke wieder bringen würde, eine Belohnung von 50 Dukaten in Gold erhalten solle, und noch ehe sich der Tag neigte, brachte ihm ein ehrlicher Fleischer gegen Empfang der Dukaten, die er diesem unter Freudentränen einhändigte, den unersetzlichen Haarschatz, wenn auch etwas übel zugerichtet. Dies, meine Herrn, der Hergang dieser merkwürdigen Begebenheit."

„Aber wie endigte es mit dem Blanchard?" fragte Herr Scholze.

„Dieser kündigte die Luftfahrt auf einen andern Tag an, sowie daß er diesmal das Schiffchen allein besteigen würde. Dieselbe ging auch in der Tat montags, den 3. Oktober, über alle Erwartung gut vonstatten. Um zehn Uhr morgens erhob sich der Ballon majestätisch unter dem Jubel- und Freudengeschrei von mehr als hunderttausend Kehlen und dem Beifallklatschen von ein paarmal hunderttausend Händen. Blanchard, eine weiße Fahne schwingend, schwebte bald hoch über uns, und in weniger als vierzig Minuten legte er mehr denn fünfzehn Stunden zurück. Als er sich in der Gegend von Weilburg herablassen wollte, nahmen mehrere Hirten und Landleute die Flucht, wähnend, daß irgend ein übernatürliches Wesen oder der Gottseibeiuns selbst durch die Lüfte herabfahre. Dies kann nicht auffallen, wenn man bedenkt, daß noch wenige Jahre früher man denjenigen, der nur von der Möglichkeit einer Luftschiffart gesprochen, für närrisch, und den, der sie wirklich vollbracht, für einen Zauberer gehalten haben würde und ihm als einem solchen den Prozeß gemacht und wahrscheinlich verbrannt hätte. Ein Schäfer und ein Junge von fünfzehn Jahren schnitten sogar die Stricke entzwei, mit denen Blanchard die Anker geworfen hatte. Endlich gelang es ihm mit Hilfe einiger vernünftigen Leute in der Nähe von Weilburg die Erde zu erreichen.

Den folgenden Tag fuhr er in einem fürstlichen Wagen vierspännig nach Frankfurt, wo man so außerordentliche Vorbereitungen gemacht hatte, als gälte es ein gekröntes Haupt zu empfangen. Man führte ihn in das Theater, wo ihm Pauken und Trompeten entgegenschmetterten und die Vivats gar kein Ende nehmen wollten. Als der Vorhang in die Höhe gegangen war, krönten die Schauspieler in phantastischen Feierkleidern seine Büste mit Lorbeeren und deklamierten ihm zu Ehren ein in französischer Sprache abgefaßtes Festgedicht mit echt deutschem Akzent. Nach dem Schauspiel wurde ihm ein herrliches Souper gegeben, das mein werter Herr Schwager hier angeordnet hatte und dem viele hohe Standespersonen und Gesandte beiwohnten. Auf den folgenden Tag wurde ein noch prächtigeres Mittagsmahl im Gasthof zum römischen Kaiser veranstaltet, dessen Anordner ebenfalls Herr Fahrtrapp war, der, wie Sie wissen, jeden Sonn- und Feiertag daselbst zu speisen für gut findet."

„Herr Bruder, ich verbitte mir dergleichen Anmerkungen, die nicht zur Sache gehören", fiel hier der Genannte ein.

„Man unterbreche mich nicht zur Unzeit", versetzte Herr Weller und fuhr fort: „Der Gefeierte wurde abermals mit Trompeten empfangen, und um ihn zu belustigen, warf man vom Balkon unter das vor dem Haus versammelte Volk Geld herab. Bis beinahe zur einbrechenden Nacht saß man zu Tisch, von dem man aufstand, um den kühnen Luftschiffer abermals in das Theater zu führen; diesmal waren es jedoch nicht Pferde, sondern Menschen, die, seinen Wagen ziehend, die Viehdienste versahen und dafür reichlich aus unserm Stadt-Aerarium belohnt wurden. Mit noch größerer Feierlichkeit als das erstemal wurde er im Schauspielhaus empfangen. Der Saal war auf das prächtigste ausgeschmückt und erleuchtet, man führte ein Stück auf, das man ihm zu Ehren eigens in der Eile verfaßt hatte, und ein köstliches Nachtmahl, dem mehrere fürstliche Personen und Prinzen beiwohnten und das bis lange nach Mitternacht währte, beschloß endlich das dreitägige Fest.

Den kommenden Tag hatte sich der ganze großgünstige und wohlfürsichtige Magistrat samt den beiden einjährig wohlregierenden Bürgermeistern und dem Herrn Stadtschultheiß in dem Kaisersaal des Römers versammelt, um den glücklichen Luftschiffer in feierlicher Audienz zu empfangen. Man hieß ihn sich in einem karmoisinsamtnen Lehnsessel niedersetzen, machte ihm ein Ehrengeschenk von fünfzig doppelten Krönungsdukaten und eröffnete ihm, daß alle Kosten seiner Luftfahrt von der Stadt, die er damit beehrt, getragen würden.

Solange unsere gute Stadt steht, wurde noch keinem Sterblichen solche Ehre zuteil, nicht einmal Voltaire", schloß etwas malitiös lächelnd Herr Weller.

„Diesem hat man, zur ewigen Schande Eurer Regierung sei es gesagt, abscheulich mitgespielt", versetzte Herr Fahrtrapp.

„Lassen wir das jetzt beiseite", sagte der Wirt vom Hause, „wir wollen lustig und guter Dinge sein und lieber einen Chor zur Ehre des neugeborenen Christen anstimmen."

„Einverstanden", riefen mehrere Gäste, und man sang das Lied: „Bekränzt mit Laub den lieben, vollen Becher" aus voller Kehle; Scherz, Jubel und Gesang währten bis spät in die Nacht hinein, und mehrere von den Damen machten Chorus mit, namentlich Frau Rat Goethe und Frau Scholze, wovon die erste durch ihre geistreichen Einfälle und die andere durch ihre Anmut und Schönheit das Fest würzte. Endlich machten sich die Taufgäste größtenteils mit etwas schweren Köpfen und schwachen Beinen, das heißt die Herren, auf und verließen taumelnd und wohlgemut das goldne Schiff. Einigen von ihnen schienen sogar die freilich nicht sehr breiten Straßen Frankfurts zu enge. Doch gelangten alle glücklich und selig daheim an, wo sie den süßen Rausch bis zum hellen Tag verschliefen.

II

Kleinkinderjahre mit großen Episoden – Die letzte deutsche Kaiserkrönung (Franz II.) – Die französischen Emigranten – Die Frankfurter Juden – Der alte Rothschild und sein Vater – Ein paar Anekdoten

Der junge Schreihals, der in so heiterer Gesellschaft getauft worden war, und dem man den Namen seines Großvaters mütterlicher Seite, des Schöffen Weller, Karl Ferdinand, gegeben hatte, war kein anderer als der, welcher diese Denkschriften niederschrieb, das heißt, ich selbst, und die im vorhergehenden Kapitel mitgeteilten Begebenheiten hörte ich wohl hundertmal von meinen Verwandten als gewaltige Merkwürdigkeiten erzählen.

Ich war zwar nicht *hochgeboren,* denn ich kam weder auf einem Turm noch auf einem Berg zur Welt, sondern im ersten Stock eines bequemen Wohnhauses, das, wie wir schon wissen, den Namen des goldnen Schiffs führte, aber auch gleich einem solchen allen möglichen Klippen und Stürmen ausgesetzt war. Man versicherte jedoch, ich sei *wohlgeboren,* weil alle meine Gliedmaßen gehörig proportioniert und wohlgestaltet seien; manche unserer Bekannten, die sich auf Physiognomie oder Mienendeuterei verstehen wollten und vorgaben, Lavater studiert zu haben, behaupteten auch, ich sei nicht gerade dumm geboren, ob ich aber auch edelgeboren sei, müsse erst die Zukunft und meine Handlungen lehren. Ärgerlich war es allerdings, daß ich nicht auf dem Blocksberg oder dem Himalaya zur Welt kam, dann würde ich auf jeden Fall *hochwohlgeboren* gewesen sein.

In dem verhängnisvollen Jahre 1789 geboren, wäre es kein Wunder, wenn ich ein rechter Revolutionsmensch geworden wäre, doch mein guter Stern hat mich vor so heillosen Gedanken bewahrt.

Ohne imstande zu sein, einen Stammbaum aufweisen zu können, der sich weiter als auf meine werten Urgroßväter erstreckte, kann ich jedoch mit dem besten Gewissen versichern, daß ich wenigstens ebensoviele Ahnen zähle, als der älteste hof-, stifts- und Gott weiß was alles sonst noch fähige Edelmann in der ganzen Christenheit, denn wenn nicht unsere heiligen Bücher lügen, und wer möchte so etwas zu behaupten wagen, so stamme ich in gerader oder krummer Linie, gleichviel, vom Herrn Adam und der Frau Eva ab.

Es ist überhaupt ein sonderbares Ding um die Ahnen, und wir haben deren und müssen deren millionenmal mehr haben, als die Wüste Sahara Sandkörner enthält und wir nur vermuten oder zählen können. Denn wenn sie nicht zuletzt immer wieder in einer oder einigen Personen zusammenträfen, so müßten wir schon bei der 64. Generation rückwärts mehr Ahnen haben, als jemals Menschenkinder auf unserem Erdball gewohnt, noch in alle Ewigkeit wohnen werden.

Das Studium der Genealogie oder Geschlechtskunde war so wenig als das der Heraldik jemals meine starke Seite; so viel weiß ich aber demungeachtet, daß meine Voreltern zu dem sehr ehrenwerten Stand der redlich erwerbenden Klassen gehörten, und keiner unter ihnen hatte das saubere Handwerk der Wegelagerer und Straßenräuber getrieben, die aus wohlverwahrten Raubnestern, Burgen genannt, bis an die Zähne bewaffnet, über wehrlose Reisende und Kaufleute herfielen, und deren mühsam erworbenes Gut stahlen. Ebensowenig würde sich unter meinen würdigen Vorfahren einer auffinden lassen, der durch Speichelleckerei und Kriecherei um einen sogenannten Großen der Erde oder um die Stufen eines Thrones mit hochgekrümmtem Katzenbuckel kriechend und durch Gesichterschneiderei nach allen zweiunddreißig Winden sein Glück wirklich oder vermeintlich hätte machen wollen, und zum Lohn für seine Bemühungen ein gegerbtes, mit allerlei nichtigem Schnickschnack bekritzeltes Eselsfell, ein Bändchen, Kreuzchen oder Sternchen, und wie das Spielzeug erwachsener Kinder und Schwachköpfe alles heißen mag, hätte nehmen mögen.

Doch genug von meinen ehrwürdigen Vorfahren, die, wenn sie auch keine Luther, Washington oder Franklin waren, doch auch gerade kein Mückentöter und Tagdiebe zu Enkeln haben, und es ist um so besser für uns Enkel, da, wie zur Genüge bekannt, ein großer Name oft eine gar schwere Bürde ist, und nicht selten eine gewaltige Last von Lächerlichkeiten, wohl auch Verachtung aufladet. Ich könnte gar manches Beispiel davon anführen; doch exempla sunt odiosa. Es ist dann immer besser, der erste als der zwanzigste seines Stammes zu sein.

Das erste Ereignis von Wichtigkeit, das mir noch aus meiner frühen Kindheit, wenn auch in etwas verworrenen Bildern, vorschwebt, ist die letzte deutsche Kaiserkrönung. Obgleich damals noch nicht vier Jahre zählend, so sind mir doch mehrere Einzelheiten jener Begebenheit, die einen besonders lebhaften Eindruck auf mich machten, vollkommen im Gedächtnis geblieben.

Es gehört nicht hierher, eine ausführliche Beschreibung der damaligen Krönungsfeierlichkeiten zu geben, wer eine solche wünscht, findet sie ja ausführlich und langweilig genug in den Krönungs-Diarien, auch hat sie Goethe in „Dichtung und Wahrheit" anschaulich beschrieben; hier also nur das Hauptsächlichste und Interessanteste von der letzten deutschen Kaiserkrönung.

Die Unruhen und die trüben Aussichten auf den bereits erklärten Krieg, eine Folge der französischen Revolution (der Landgraf von Hessen-Kassel hatte zum Schutz der Krönung ein Lager von 10 000 Mann bei Bergen aufgeschlagen), waren Ursache, daß die Wahl- und Krönungszeremonien bei weitem nicht mehr mit den bedächtigen und großen Weitläufigkeiten, wie das bei den früheren Krönungen der Fall war, vorgenommen wurden, auch hatten sich zum großen Leidwesen der edlen Bürgerschaft weit weniger Fremde von Rang und Reichtum als sonsten eingefunden. Man beeilte sich, die Sache so schnell als möglich zu beendigen, als fürchtete man, das aufrührerische Frankreich möchte sonst den guten Deutschen den ganzen Spaß verderben. Viele Dutzend der damaligen deutschen Souveränchen blieben aus und von den Kurfürsten hatten sich nur die geistlichen Herren eingefunden. Das Leben und Treiben in den Straßen und auf den öffentlichen Plätzen war indessen immer noch lebhaft und tumultarisch genug, das Zusammenströmen der Bewohner der Umgegend außerordentlich, und dazu kamen fortdauernd starke Durchmärsche österreichischer und preußischer Truppen, die sich nach der Grenze von Frankreich begaben. In den Familien, Gasthöfen und Weinstuben sprach man zwar viel von der bevorstehenden Krönung, allein die täglich von Paris kommenden hochwichtigen Nachrichten machten, daß man sie fast nur als eine Nebensache betrachtete. Eine gewisse Ängstlichkeit hatte sich der aristokratischen Gemüter der Reichen der Stadt bemächtigt, welche ihnen die bevorstehenden Feierlichkeiten und Freudenfeste sehr verbitterte. Die Meinungen der Bewohner Frankfurts über die französische Revolution waren zwar sehr verschieden, doch waren im allgemeinen die Patrizier und wohlhabenden Spießbürger der guten Reichsstadt bis zu den geringern Ständen herab gegen dieselbe eingenommen, nur einzelne Familienglieder, unter diesen viele Frauen, waren zum Teil enthusiastisch für diese Umwälzung und für die neue Freiheit. So waren in unserer ganzen Familie meine Mutter, deren beide Brüder Franz und Fritz und eine hübsche Kusine, Jakobine Fahrtrapp, die einzigen, welche sich für die Neufranken erklärten und die französischen Revolutionslieder „Ça ira“ usw. am Klavier spielten und sangen, was oft zu Neckereien Veranlassung gab, die selten ohne Bitterkeiten abliefen. Obgleich mein Vater die Notwendigkeit einsah, den heillosen Zustand der fast in Sklaverei schmachtenden Völker zu verbessern, und zugab, daß es endlich an der Zeit sei, einmal den Plunder veralteter Schnurrpfeifereien und Vorurteile auf die Seite zu schaffen und die jedem Menschen zustehenden Rechte geltend zu machen, so war er doch durchaus gegen jede gewaltsame blutige Umwälzung, die meistens das Übel nur verschlimmert, und wollte alles nur durch heilsame Reformen bewirkt wissen. In vielen Häusern Frankfurts war es so, das Ansehen des Oberhaupts reichte nicht immer aus, um den Hausfrieden zu erhalten, und häufig fanden unangenehme Auftritte deshalb statt. Indessen waren die fürtrefflichen Herren Wahlbotschafter samt ihrem zahlreichen Gefolge nach und nach in der alten Wahl- und Krönungsstadt eingetroffen und durch die Deputationen eines hochedlen Magistrats untertänigst und krummrückig genug bekomplimentiert und empfangen worden, ebenso des Reichs-Erbmarschall Graf von Pappenheim Exzellenz. Die üblichen feierlichen Auffahrten fanden statt, die Wahlkonferenzen begannen, und nachdem die Staatswagen und Pferde des nolens volens zu wählenden Kaisers angekommen, wurde unter Trompetenschall verkündet, daß die Wahl, bei der man keine Wahl mehr hatte, vor sich gehen würde. Einige Tage vorher legte die ehrsame Bürgerschaft, sowie der ganze Magistrat in Gegenwart der fürtrefflichen, höchst ansehnlichen Herren Wahlbotschafter den Schwur und Sicherheitseid mit der gebührenden Demut ab, und die Herren Kurfürsten, von denen nur die von Mainz, Köln und Trier in höchst eigner Person gekommen waren, hielten ihre Einzüge in sechsspännigen Galawagen unter dem Donner der Kanonen, wie dies so gebräuchlich, und der Paradierung der edlen Bürgerschaft. Auch sie wurden von einer Senatsdeputation mit untertänigstem Respekt bewillkommt. Endlich verkündeten den 5. Juli, nachdem die Glocken schon eine Weile die Mittagsstunde angezeigt, dreihundert Kanonenschüsse, daß das schwere Werk der Wahl vollbracht und Se. Majestät der König von Ungarn und Böhmen, unter dem Namen Franz II., zum Schutz und Schirm und Vermehrer des Reichs erwählt sei, das er jedoch weder zu schützen noch zu schirmen und am allerwenigsten zu vermehren vermochte. Die Wahl war unter folgenden Umständen vor sich gegangen. Nachdem sich die Herren Kurfürsten durch ein kopiöses Frühstück gestärkt und im Römer – so nennen die Frankfurter ihr Rathaus – ins Kurhabit gesteckt hatten, ritten sie nebst den Herren Wahlbotschaftern in die Domkirche, wo sie dem Gottesdienst und einer Messe beiwohnten, sodann vor dem Altar einen Eid ablegten, den einige Notare zu Protokoll nahmen, worauf die Antiphona Veni sancte spiritus, zu deutsch: Komm, o heiliger Geist, der aber, wie alles andeutete, ausblieb, gesungen wurde, und nach deren Beendigung man sich in das Wahlzimmer begab, wohin man auch sämtliche Torschlüssel der Stadt in einem ledernen Beutel gebracht hatte, und der Herr Reichserbmarschall schloß die hohen Herren einstweilen ein. Sie hatten Gott in der Kirche gebeten, ihnen doch bei diesem schweren Geschäft beistehen zu wollen, damit sie eine würdige Wahl träfen, und geschworen, daß sie nach ihrem Gewissen den fähigsten und würdigsten der deutschen Fürsten, um die hohen Verrichtungen eines Kaisers verstehen zu können, erwählen wollten! Ob dies auch kein falscher Eid war? – Eine Viertelstunde nachdem sie eingesperrt gewesen, verkündete schon das Geläute aller Glocken und der Donner der Kanonen, daß das mühsame Werk glücklich vollbracht sei, und die Wähler wurden wieder in Freiheit gesetzt, ritten auf den Römer und fuhren von da in prächtigen Galawagen unter dem Zujauchzen des guten Volks in ihre respektiven Wohnungen zurück. Zwei Tage darauf trafen auch die Reichsinsignien glücklich und wohlbehalten von Aachen und Nürnberg ein, unter denen die Reichskrone, die angeblich noch vom großen Karl herrühren sollte, sowie dessen Schwert, ein Kästchen, in welchem sich Erde mit dem Blut des heiligen Stephan getränkt befindet usw. sind. Diese kostbaren Reliquien wurden von einer Magistratsperson an der Spitze der bürgerlichen Reiterei in Empfang genommen, und zwar noch außerhalb der Stadt, die von Aachen vor der Bockenheimer Pforte, und die Nürnberger vor dem Affentor oder Quirinstor, wie es einige sublime Frankfurter Gelehrte genannt wissen wollen. Den 11. Juli abends kam der Erwählte selbst nebst seiner Gemahlin und hohem Gefolge in Frankfurt an und wurde vom guten Volk wie herkömmlich mit erstaunlichem Jubel empfan-

gen, ungeachtet er im strengsten Inkognito angekommen sein wollte. Den folgenden Tag verfügte sich ein hochedler Magistrat in corpore zu Seiner Majestät und bezeugte Allerhöchstderselben das Entzücken, in welches die getreue Wahlstadt ob seiner glücklichen Ankunft geraten sei. Hierauf beschwor Franz, auch unter dem Akkompagnement von hundert Kanonenschüssen und der Glocken, die Wahlkapitulation in der St. Bartholomäuskirche und schenkte dem Reichserbmarschall, Grafen von Pappenheim, eine kostbare, goldne, reich mit Brillanten besetzte Dose, deren Wert man auf zwanzigtausend Gulden schätzte. Derselbe war Seiner Majestät entgegengeritten, ihr die glücklich vollbrachte Wahl zu verkünden. Diese Dose mußte später Hebräisch lernen und fiel oder ging vielmehr durch die Hände des Juden Mayer Amschel Rothschild, Vater der jetzigen Häuser Rothschild, der ein ziemliches Profitchen an diesem Kleinod machte und so in den Stand gesetzt wurde, seinen kleinen Negoz mit Umwechseln verschiedener Geldsorten und mit alten Gold- und Silbersorten, die er einhandelte, zu erweitern.
Während nun rasch die Vorbereitungen zur Krönung des neuen Kaisers gemacht wurden, marschierten unaufhörlich preußische Truppen durch die Stadt, in der Absicht, eine Promenade nach Paris zu machen, um den armen Ludwig XVI. aus den Händen der abscheulichen Jakobiner zu befreien, was, wie man die guten Leute versichert hatte, nur ein Kinderspiel sein sollte.
Der braven Bürgerschaft von Frankfurt wurde nun unter Trommelschlag anbefohlen und bekanntgemacht, daß sie sich am Krönungstage hübsch ordentlich, ruhig und artig betragen müsse, wie dies zu ihrem Ruhm bei der vor ein paar Jahren (1790) stattgehabten Krönung Leopolds auch der Fall gewesen, und sie befolgte, einige unflätige und unartige Ausnahmen abgerechnet, den Befehl pünktlich.
Ihre K. K. Majestäten wurden auch von der Stadt beschenkt, mit was ist mir jedoch entfallen, doch sollen die Geschenke sehr gnädig auf- und angenommen worden sein.

Endlich brach der Morgen des zur Krönung bestimmten und ersehnten Tages, der 14. Juli 1792, an, der Jahrestag, an dem drei Jahre früher das Pariser Volk die Bastille erstürmt hatte. Mehrere schwachköpfige Aristokraten hatten sich stark gegen die Wahl dieses Tages erklärt und behauptet, daß er von einer schlimmen Vorbedeutung für das heilige Römische Reich sein könnte, und diesmal hatten diese Unglückspropheten recht, dagegen hatten aber andere starksinnige Geister eingewendet, man müsse dem Volk gerade zeigen, daß man sich nicht fürchte, und ihm zum Trotz diesen Tag wählen, und diese Meinung drang durch.

Kaum fing der Tag zu grauen an, als in Häusern und Straßen auch alles lebendig wurde, und das Gedränge nahm nun von Minute zu Minute zu. Unter dem unaufhörlichen Geläute aller Glocken versammelte sich die buntgekleidete und bewaffnete Bürgerschaft aller vierzehn Quartiere, die alten reichsstädtischen Fahnen flatterten, die Trommeln wirbelten, und die Trompeter von drei, dreizehn Mann starken Abteilungen der bürgerlichen Kavallerie bliesen ihre Backen so gewaltig auf, daß man hätte glauben sollen, es wären die pausbackigen Engel, die zum jüngsten Gericht schmetterten. Alle bewaffneten Bürger verfügten sich gehorsam an die ihnen zur Aufrechterhaltung der Ordnung angewiesenen Plätze, die meisten von ihren Weibern, Kindern und Schwestern begleitet, die da hofften, durch die Protektion der Väter, Gatten und Brüder ihre Schaulust besser befriedigen zu können.

Das Haus meiner Eltern, unser Schiff, lag glücklicherweise in einer der Hauptstraßen, der alten Fahrgasse, durch welche sich der Krönungszug bewegte. Vor neun Uhr sahen wir schon die Kurfürsten in ihren Kurhabiten mit großem Gefolge sich in die Domkirche begeben, wo sie ihre Pontifikalien vorfanden. Um dieselbe Zeit begab sich auch der Reichserbmarschall mit seiner Suite in das Braunfels, wo der Kaiser wohnte, um diesen zu seinem Ehrentag abzuholen. Um zehn Uhr kam nun der ganze Krönungszug an unserm Haus vorüber, dessen Fenster mit Bekannten und Verwandten bis in das fünfzehnte Glied garniert waren, denn bei solchen Gelegenheiten entsinnen sich auch die vergeßlichsten Vettern und Muhmen der alten Verwandtschaft, und alle Bekannten werden zu intimen Freunden. Mein Vater hatte außerdem auch, dem Beispiel anderer Hauseigentümer folgend, noch Brettergerüste für die Zuschauer vor seiner Wohnung aufschlagen lassen. Unter beständigem Läuten und Schießen nahte der Zug. Fürsten und Reichsgrafen eröffneten ihn, diesen folgte der Wappenkönig mit den Herolden zu Pferd, sodann kamen die Wahlbotschafter nach ihrem Rang, einer hinter dem andern geritten. Ihnen folgten ebenfalls zu Pferde und in spanischen Mänteln der Reichserbschatzmeister mit der Krone, der Reichskämmerer mit dem Szepter, der Reichserbtruchseß mit dem Reichsapfel auf Kissen von rotem Samt, sodann der Reichserbschenk und der Reichserbmarschall mit dem Schwert, alle zum letztenmal ihre Funktionen verrichtend. Endlich kam der Kaiser unter einem Baldachin von gelbem Damast, auf den der österreichische Doppeladler gestickt war, reitend. Zehn hochweise Magistratspersonen eines edlen Rats, sie hatten schön gepuderte Perücken mit Haarbeuteln, trugen die Last des wandernden Baldachins mit entblößtem Haupt. Als der Kaiser in die Nähe unserer Wohnung gekommen war, da insinuierte mir meine schöne Tante Scholze, die ebenfalls von Niedesheim gekommen war, der seltenen Feierlichkeit beizuwohnen, mich im Arm haltend, jetzt müsse ich Vivat schreien, und ich schrie mit den andern aus vollem Hals mein „Vivat Franziskus!" und zwar so lange als ich den Gegenstand sah, dem es galt. Dieser Augenblick und eine Szene auf dem Römerberg ist es, was ich mir noch am lebhaftesten von jenem Ereignis vorstellen kann. Indessen hatte trotz allem Vivatrufen die ganze Zeremonie einen etwas sehr düsteren Anstrich, und ein gewaltiger Platzregen, der fiel, ehe der Kaiser noch den Dom erreicht hatte, durchnäßte den ganzen Zug bis auf die Haut. – Es gab

Leute, die damals prophezeiten, dies sei der Leichenzug des Heiligen Römischen Reichs – und auch diese Propheten hatten wahrgesagt. Um ein Uhr war endlich die Krönungsfeierlichkeit vorüber, und der Zug begab sich aus dem Dom in den Römer und schritt über rotes, gelbes und weißes Tuch, womit die Straßen belegt waren, durch die er kam. Der Gekrönte hatte jetzt die schwere Reichskrone auf dem Haupte und war mit dem kaiserlichen Pontifikalium bekleidet, er ging nun zu Fuß und hielt in der einen Hand das Szepter und in der andern den Reichsapfel. Das kurfürstliche Trifolium hielt die Zipfel seines Mantels, und kaiserliche und kurfürstliche Garden machten den Beschluß. Kaum war der letzte Mann derselben vorüber, so fiel das gute Volk über das ihm preisgegebene Tuch her, und riß es in Stücke. Der schließende Offizier mußte beständig rückwärts wie ein Krebs marschieren und mit seinem Degen abwehren, wollte er nicht, daß er und vielleicht die ganze Prozession von denen, welche das Tuch abrissen und abschnitten, über den Haufen geworfen würde.

Während die Salbung und die andern Verrichtungen im Dom vorgingen, hatte mich mein Vater mit auf den Römerberg genommen, und ich wurde daselbst durch Vergünstigung eines bürgerlichen Kapitäns, der unser Haus mit gutem Ochsenfleisch versorgte, auf eine von Trommeln errichtete Pyramide gesetzt, von welcher Höhe herab ich das Gewühl der Menge, die bretterne Hütte, in welcher der mit Geflügel, Hasen und Spanferkeln gespickte Ochse gebraten wurde, und den Springbrunnen mit dem doppelten Adler, aus dem sehr christlich getaufter roter und weißer Wein sprang, wohl übersehen konnte. Als sich jedoch der aus der Kirche kommende Zug näherte und die Tambours nach ihren Trommeln griffen, mußte ich meinen hohen Standpunkt verlassen und würde schwerlich die weitern Zeremonien gesehen haben, wenn sich nicht wieder eine Dame, und zwar die Frau Oberst Schulter, Goethes Tante, die wir schon bei der Taufe kennen lernten, meiner angenommen hätte. Die gute Frau befand sich nämlich in einem auf dem Römerberg gelegenen uralten Haus, welches wegen dem reichen und künstlichen Schnitzwerk, mit dem seine ganze Fassade verziert ist, eine der Merkwürdigkeiten Frankfurts ausmacht, hatte mich bemerkt und ließ mich zu sich in den zweiten Stock dieses Hauses holen, von wo ich nun abermals den ganzen Zug von dem gegenüberliegenden Markt ankommen sah. Dafür mußte ich aber auch meine Lunge wieder gehörig mit Vivats anstrengen, als sich Franz dem Römer näherte. Schon von weitem begrüßten ihn hier die Kaiserin und der Erzherzog von einem Balkon des Hauses Limburg. – Ich sah nun zu meiner Freude recht gemächlich, wie sich das gute Volk um den Hafer balgte, nachdem der Reichserbmarschall dem Kaiser ein silbernes Maß voll davon vorgehalten und wieder ausgeschüttet hatte, wie der Reichstruchseß ein Stück von dem gebratenen Ochsen samt einem Spanferkel in einer vergoldeten Schüssel für die kaiserliche Tafel empfing, worauf der Überrest des Tieres von der kräftigen und ehrsamen Zunft der Fleischer, jedoch nicht ohne harten Kampf, erbeutet wurde; wie der Reichserbschatzmeister keinen Platz-, sondern einen etwas dünngeratenen Gold- und Silberregen um sich her verbreitete, den zu empfangen tausend Hände sich in die Lüfte erhoben, sodann die als Gold- und Silbermünzen auf den Boden fallenden Tropfen aufsuchten und sich darum ebensosehr wie endlich noch um den leeren Beutel rissen. Auch ein Wagen voll weißes Brot wurde unter das wilde Volk geworfen, wonach es jedoch weniger gierig haschte als nach einem Becher Wein von dem einzigen Brunnen, der solchen lieferte. Indessen speiste Se. Majestät Franz II. mit echt österreichischem Appetit in dem Kaisersaal auf dem Römer, was nach den gehabten Fatiguen sehr natürlich war, ebenso die Herren Kurfürsten, die an besonderen Tafeln schmausten, und von denen der geistliche Herr von Köln, seines stattlichen Bauches wegen, eine wahre Kuriosität war. – Es wurde auch nicht vergessen, auf die Gesundheit des neuen Oberhaupts Deutschlands gehörig zu

trinken, und die Vivats und der Kanonendonner erschütterten das glückliche Frankfurt in seinen Grundfesten. Daß bei einbrechender Nacht große Illumination und allerlei Feuerwerk war, versteht sich von selbst. Der Fürst Esterhazy, der in der ganzen Stadt kein Haus gefunden hätte, dessen Fassade würdig gewesen wäre, mit der von ihm projektierten Illumination zu prangen, ließ zu diesem Zweck ein besonderes von Brettern und gemalter Leinwand auf dem Roßmarkt erbauen und setzte die guten Frankfurter dadurch in Erstaunen und Verwunderung.
Den folgenden Tag schwuren Magistrat und Bürgerschaft, dem neuen Herrscher treu, hold und gewärtig zu sein, und leisteten den Huldigungseid, den Seine Majestät auf einem mit rotem Tuch behangenen Balkon, und einem mit Imperialfedern geschmückten Hut auf dem Haupt, unter einem Baldachin allergnädigst anzunehmen geruhten.
Trotz des Verbotes hatten sich dennoch mehrere von den in Koblenz ein wüstes Leben führenden französischen Emigranten bei der Krönungsfeierlichkeit in Frankfurt eingeschmuggelt, namentlich auch die Maitressen des Grafen Artois (nachherigem Karl X.), deren er ein halbes Dutzend von Paris mitgebracht hatte. Er selbst fuhr in einer illuminierten Gondel mit Musik bei Nacht auf dem Main und durch die Bogen der Brücke mit diesen Damen. Die saubern Herren führten in Koblenz ein wahres Luderleben, der Kurfürst von Trier war nicht mehr Herr in seinem Lande, und dabei benahmen sie sich auf das unverschämteste. Der beste Wein aus den kurfürstlichen Kellern war ihnen kaum gut genug, um sich mit ihren Maitressen darinnen – zu baden! Und selbst die Kammerjungfern dieser Weiber besudelten die kurfürstlichen Gerätschaften auf das frechste. Dieser französische Adel, der hier ein Frankreich außerhalb Frankreich bilden wollte, erlaubte sich die gröbsten Ungezogenheiten und sogar Mißhandlungen gegen die Einwohner des Landes, in dem er so großmütig und gastfreundlich aufgenommen worden war, und mit Klagen gegen diese Herrn war nichts auszurichten. Nichts

war ihnen gut genug, nicht selten warfen sie die Schüsseln mit den Speisen den sie darbringenden Dienern an den Kopf, indem sie sagten, dies wäre Kost für deutsche Schweine, aber nicht für französische Seigneurs. Sie mißbrauchten die deutsche Gutmütigkeit auf das schändlichste, sich alles erlaubend, und doch waren es Almosen, die man ihnen reichte, denn man war ihnen nichts schuldig. Sie waren meistens gratis logiert und ebenso genährt. Sie nannten sich nur den Hof, hielten ein paar Dutzend französische Köche und gebrauchten fünftausend Livres täglich, welche ihnen deutsche Dummheit lieferte, ohne das Fleisch, Brot, Wein und Gemüse zu rechnen, das man ihnen schenkte. Ein gewisser Dominique, damals allmächtiger Minister des sonst eben nicht freigebigen Kurfürsten Klemens von Trier, war es, der ihnen so zu hausen gestattete und die Mittel dazu verschaffte. Aber diese Herren waren auch lauter Dücs, Marquis, Grafen, Vicomtes, Barone und Chevaliers d'Industrie. Besser hatte es der Kurfürst von Köln verstanden, sie sich vom Leibe zu halten, er warf ihnen einen Zehrpfennig hin, den sie auch gütigst anzunehmen geruhten, und schickte sie weiter. Schnell hatte sich aber auch das Mitleid und die Teilnahme, die man anfänglich für sie fühlte, in Abscheu und Verachtung verwandelt. Dazu kamen noch ihre ebenso lächerlichen als nichtigen Großsprechereien und das jämmerliche Aussehen dieser an Leib und Seele gleich ausgemergelten Helden, welche Mühe hatten, die großen Säbel zu schleppen, an die sie sich gebunden. Wenn man sie hörte, so war ihre Rückkehr nach Paris nichts als eine Reihe von Triumphen, die damit endigen würden, daß sie all die bürgerlichen Kanaillen hängen ließen, die sich unterstanden, einer hochadeligen Tyrannei ein Ende zu machen. „Werden wir uns diesen Winter zu Paris sehen?" fragte einer den andern und erhielt zur Antwort: „Das versteht sich", oder: „je ne vois point d'inconvenient", und begab sich einer von ihnen in eine andere Stadt, so nahm er mit den Worten: „Auf Wiedersehen zu Paris" von den übrigen Abschied. – Sie

sollten jedoch bald für ihre Missetaten und für ihren Übermut schrecklich gezüchtigt und der Spott der deutschen Bauern werden, und zeigten sich dann sehr dankbar, wenn man ihnen eine Brotrinde zuwarf.
Mehrere dieser Herren, welche zu ihrer Zerstreuung oder Geschäfte halber nach Frankfurt gekommen waren, wußten sich daselbst durch einige Bankiers und namentlich vermittelst gewinnsüchtiger Juden nicht unbedeutende Summen zu verschaffen, indem sie ungeheure Zinsen verschrieben und außerdem noch große Belohnungen versprachen, sobald sie wieder in ihre Güter und Rechte eingesetzt sein würden, woran damals fast niemand in Frankfurt zweifelte, und was man sehr nahe glaubte, da man so viele stattliche Truppen nach der französischen Grenze marschieren sah. Die Wucherer ließen sich dadurch blenden und schossen die verlangten Gelder vor. – Außerdem hatte man in Frankfurt viele falsche Assignaten in Umlauf gesetzt, deren Ursprung, als die Sache entdeckt war, man jedoch nicht erforschen konnte. Dies alles sowie die Gefälligkeit der Wucherer sollte die Stadt teuer bezahlen, wozu noch kam, daß auch die Frankfurter Zeitungen so unklug waren, sich sehr unvorsichtig gegen die neue Ordnung der Dinge in Frankreich und gegen das französische Volk auszusprechen, woran sie der Magistrat nicht nur nicht hinderte, sondern sein Wohlgefallen daran zu haben schien.
Auch der Judenschaft in Frankfurt wurde die hohe Gnade zuteil, dem kaiserlichen Ehepaar Geschenke zu machen und durch eine Deputation untertänigst huldigen zu dürfen, jedoch nahm ihnen diese Huldigung ein kaiserlicher Hofrat im Namen seines Herrn ab und versprach ihnen in dessen Namen Schutz und Gunst, weshalb die guten Hebräer eine große Freude hatten und ihre Augen von Tränen glänzten; ihr Dankgefühl für diese unüberschwengliche Gnade fand keine Worte, sie waren höchst gerührt, versicherte die Wiener Zeitung, und die entzückten Kinder Israels ließen während der Sabbatfeier Gebete und Danklieder für den gütigen Kaiser und das ganze Erzhaus

zu Jehova durch dessen Diener und Rabbiner erschallen. Dies war kein Wunder, denn die armen Juden waren damals zu Frankfurt wirklich in einer höchst bedrängten Lage und bedurften allerdings eines mächtigen Schutzes; sie wurden fortwährend von den intoleranten Christen mißhandelt, gegen die sie sich freilich auch gar manchen Betrug und manche Spitzbübereien erlaubten. Jeden Augenblick war der Senat genötigt, Verordnungen zu erlassen, in denen er bekannt machte, daß in Zukunft diejenigen, welche sich Mißhandlungen gegen die Juden erlaubten oder sie prügelten, auf das strengste bestraft werden sollten, aber ungeachtet dieser Drohungen wagte man es nicht, die Schuldigen zu bestrafen, und die Juden wurden nach wie vor auf alle Weise mißhandelt. Sie waren damals gezwungen, ohne Ausnahme ihr jeden Abend geschlossenes Quartier zu bewohnen, das fast nur aus einer einzigen ziemlich langen, aber sehr engen Straße bestand, in welcher an 8000 Seelen hausten, die jeden Tag bei einbrechender Nacht sowie an allen Sonntagen und sonstigen christlichen Feiertagen eingesperrt wurden. Die Luft in diesem Stadtteil war daher verpestet, und wehe dem armen Juden, dem man nach Sonnenuntergang noch in den übrigen Straßen Frankfurts begegnet wäre. Zu keiner Zeit durften sich diese Unglücklichen in den öffentlichen Spaziergängen der Stadt und auf gewissen Plätzen, wie dem Römerberg usw., blikken lassen, der Pöbel würde sie halbtot geschlagen haben. Sah man an Sonn- oder Feiertagen durch die Ritzen der geschlossenen Tore des Judenquartiers, so stellte sich den Blicken ein scheußliches Schauspiel dar. Die Straße wimmelte von unsauberen, ekelhaften Menschen, die kaum Platz genug hatten, sich von der Stelle zu bewegen, und aus jedem Fenster bis zu den Dachluken der ziemlich hohen Häuser ragte Kopf über Kopf heraus und schien nach verdorbener und stinkender Luft zu schnappen. Diese braun und schwarz geräucherten Häuser gewährten einen grausigen Anblick und waren wahre mit Schmutz angefüllte Kloaken. Die Juden waren gezwungen, kleine Mäntel mit einem gelben Läppchen zu tragen, damit man sie schon von weitem als solche erkennen konnte; sie hatten sämtlich ein höchst elendes, kränkliches Aussehen, eine braungelbliche Hautfarbe und waren fast alle mit ekelhaften Krankheiten und mit der Krätze behaftet, die natürlichen Folgen dieses Einsperrens in ungesunder Luft. Auch während den Krönungsfeierlichkeiten durfte kein Jude sein Quartier verlassen ohne eine besondere Erlaubnis des Magistrats, und selbst mit einer solchen konnten sie sich nicht unter die Masse des Volkes wagen, das sie erdrückt haben würde. Der alte Rothschild hatte durch Vermittlung meines Großvaters, da er durch meinen Vater empfohlen war, eine solche Erlaubnis am Krönungstage Franz II. erhalten, und er sah dem Krönungszug aus einem Dachfenster unseres Hauses zu, noch andere Juden mußten sich begnügen, aus den Kellerlöchern wenigstens die Beine der vorüberziehenden Herrschaften betrachten zu können. Rothschild war ziemlich gut in unserem Hause angeschrieben, er kam in der Regel jeden Montag auf das Kontor meines Vaters, wo er kleine Geschäfte, namentlich mit Auswechseln von Münzsorten, besonders Dukaten und anderem Gold machte. Man bot ihm einen Stuhl an und nötigte ihn zum Sitzen, eine Ehre, die ihm nicht leicht in anderen Häusern widerfuhr, und die er hoch anschlug; auch verehrte er mir eines Tages, als er gerade durch meinen Vater ein gutes Geschäftchen gemacht, ein kleines Goldstückchen, etwa einen Gulden an Wert. Der Vater dieses Amschel war früher ein gewöhnlicher Schacherjude gewesen, der mit dem Zwerchsack auf der Schulter in den Straßen Frankfurts mit dem bekannten Ausruf: „Hahnt er was zu hahnle“ (habt ihr was zu handeln) vom Morgen bis zum Abend herumstrich, während dessen Frau ebenfalls mit einem großen Sack, aber mit einer goldgestickten Haube, wie sie früher die Judenweiber in Frankfurt trugen, in die Häuser der christlichen Bürger ging, mit deren Frauen schacherte und ihnen alte Kleider, Borten usw. abhandelte. Ich entsinne mich, diese Frau öfters bei meiner Großmutter ihren Sack voll der seltenartigsten Dinge ausschütteln gesehen zu haben. Dies waren die Großeltern der jetzigen Barone Rothschild.

Die Krönungsfestlichkeiten, bei denen ein bürgerlicher Kanonier, der die Kanone nach dem Losschießen nicht gehörig ausgeputzt hatte, so daß sich die neue Patrone, als er sie in den Lauf schob, entzündete, das Leben verlor, waren nun zu Ende, und die Herren Kurfürsten und Wahlbotschafter mit ihrem Gefolge, sowie die anderen fürstlichen Personen beeilten sich, die Stadt, welche durch die fortwährenden Durchmärsche der Truppen ein sehr kriegerisches Ansehen bekam, möglichst schnell zu verlassen. Der neue Kaiser war vier Tage nach seiner Krönung nach Mainz abgereist, wo er eine Zusammenkunft mit dem König von Preußen hatte, bei welcher sich die beiden Majestäten berieten, wie dem französischen Revolutionsunfug am besten ein Ende zu machen sei, und von der man sich große Dinge versprach, besonders auch die Emigranten die baldige Herstellung der alten Ordnung oder vielmehr Unordnung der Dinge in Frankreich hofften und sich schon im Geiste über die Züchtigungen freuten, welche sie dem Volk der Franzosen zugedacht. Aber wie männiglich bekannt, der Mensch denkt und Gott lenkt. Das Schicksal hatte es anders beschlossen. – Die Herren wurden bitter getäuscht, wie allbekannt.

Indessen war damals in Frankfurt ein außerordentlicher Wohlstand, die beiden so schnell hintereinander folgenden Wahlen und Krönungen hatten große Geldsummen in Umlauf gebracht und viele Einwohner, besonders Wirte und Hausbesitzer bereichert, Handel und Gewerbe waren in hoher Blüte, und die Finanzen der alten Reichsstadt waren trotz allen Unterschleifen und Verschleuderungen in einem so guten Zustand, daß von nichts geringerem als der gänzlichen Aufhebung aller Abgaben die Rede war. – Ein paar Vorfälle, die damals viel besprochen wurden, sind nicht ohne einiges Interesse, und ich will sie deshalb der Vergessenheit entreißen.

Unter den Kaufleuten, welche die Gelegenheit der Krönung zu benutzen verstanden, um schnell reich zu werden, war ein gewisser süßer Herr, der sich folgenden Mittels mit dem besten Erfolg bediente. – Kurz vor der Krönung hatte er sein Tuchwarenlager auf das trefflichste mit den feinsten Tüchern assortiert und dieselben von Fabriken bezogen, deren Eigentümer sich meistens bei den Feierlichkeiten der Krönung eingefunden hatten. Der süße Kaufherr, der ihr großer Schuldner war, lud die sämtlichen Herren zu einem köstlichen Abendmahle ein, wobei besonders gute Rhein- und Ungarweine in großem Überflusse kredenzt wurden, denen zum Nachtisch noch ein trefflicher Punsch folgte. Als nun die Köpfe der Gäste tüchtig erhitzt waren und schwer zu werden begannen, da trat ein Gevattersmann und Helfershelfer des so freigebigen Wirtes, der sich für einen Augenblick aus dem Speisezimmer entfernt hatte, auf und flüsterte mehreren der anwesenden Tuchfabrikanten und Kreditoren des Gastgebers im größten Vertrauen zu, daß es eben nicht zum besten mit diesem stehe, daß er große Verluste gehabt, und wenn man ihm nicht ein wenig unter die Arme greife, der gute Mann verloren sei. Ein anderer, ebenfalls angestellter Compère äußerte nun: das sei recht fatal, aber unsern lieben Bruder S . . ., der sich mit so viel Liebe für uns opfert, dürfen wir doch nicht sinken lassen, das wäre schlecht; mir selbst schuldet er zwar über zehntausend Gulden, aber der Mann ist unglücklich ohne seine Schuld, kann ich ihn damit retten, so hole der Teufel den Bettel. Die anderen Gäste ließen sich nun nicht lange zureden, sondern spielten ebenfalls die Großmütigen, keiner wollte hinter dem andern zurückbleiben, und alle machten Chorus mit dem Gevattersmann, ausrufend: „Hole der Teufel das Geld, wenn wir unseren fidelen Bruder S . . . dadurch retten." – Das war, wohin man die Gäste haben wollte, der ehrliche Compère hatte, gleich Terzki in Schillers Wallenstein, eine Schrift zum Unterzeichnen bereit und reichte dieselbe den Halbtrunkenen nebst einer mit Tinte immer reichlich versehenen Feder und zugleich ein Glas Ungarwein zum Anstoßen auf ihre Gesundheit mit der freundlichsten Miene von der Welt dar. Alle unterschrieben ohne Umstände, ja die meisten ohne zu lesen, ließen sodann den süßen Bruder noch einmal hoch leben und taumelten, herzlichen Abschied nehmend und sich für die gütige Bewirtung erkenntlichst bedankend, nach Hause oder, Gott weiß, wo sonst hin. Manche der Unterzeichner waren den folgenden Tag nicht wenig überrascht, als sie erfuhren, daß sie einen Akkord à 20 Prozent mit ihrem Schuldner unterschrieben hatten, fanden jedoch für passend, da es einmal nicht zu ändern war, gute Miene zu dem bösen Spiel zu machen, sich, freilich etwas spät, fest vornehmend, keine so teuern Mahlzeiten mehr einzunehmen. Dies war auch eine Nuit des dupes, die, wenn auch von keinen so großen Folgen als die vom 4. August 1789 in der französischen Nationalversammlung, doch um so segensreicher für Herrn S . . ., der dadurch ein bedeutendes Kapital gewann. Hier hatte freilich nur der Geist des Weines, dort aber der Geist eines augenblicklich durch Patriotismus aufgeregten Edelmutes gehandelt. Bruder S . . . hatte aber so viel Geschmack an der Sache gefunden, daß er dieselbe, wenn auch mit einigen Variationen, noch einmal versuchte, und siehe da, es glückte ihm wieder, er war zwar ein – Spitzbube, aber ein reicher Spitzbube, und seine meisten Herrn Kollegen zogen den Hut vor ihm ab, während sie manchen rechtschaffenen, aber armen Teufel mit herabsehender Geringschätzung betrachteten. Dies ist nun einmal der Welt Lauf, besonders der merkantilischen!

Noch eine Anekdote anderer Art aus jener Zeit verdient ihrer Possierlichkeit halber hier eine Stelle.

Ein Lohnlakai aus dem Roten Haus, damals der erste Gasthof Frankfurts, der den Fremden als Cicerone diente, führte diese unter andern Merkwürdigkeiten auch an das Wachthaus auf dem Römerberg, über welchem man hinter einem Gitter die Köpfe der bei den beiden letzten Krönungen gebratenen Ochsen als eine besondere Sehenswürdigkeit aufbewahrte, und zeigte dieselben mit der Hand hindeutend dem Fremden, dabei erklärend: „Dies ist dem Leopoldus seiner und dies dem Franz seiner." Ein fremder Stabsoffizier, dem man gleichfalls diese Kuriositäten mit der sonderbaren, aber gewiß in aller Unschuld gemachten Erklärung des Lohnlakais gezeigt hatte, machte eine etwas empfindliche Anzeige über das Unpassende derselben bei dem Frankfurter Polizeiamt. Dieses ließ nun den Lakai kommen und belehrte ihn, er habe künftig bei spanischer Bocksstrafe zu sagen: Dies seien diejenigen Köpfe derjenigen Ochsen, welche zu Ehren der gekrönten Häupter ihrer Majestäten gebraten worden, und deren gehörnte Häupter hier zur Schau aufgehängt seien. – Der Lakai lernte die Worte auswendig und brachte sie fortan jedesmal vor, wenn er die Ochsenköpfe zeigte. Da aber auch diese Erklärungsweise bald höchst anstößig gefunden wurde, und der Mann noch obendrein die gekrönten mit den gehörnten Häuptern bisweilen verwechselte, so wurde dem Cicerone endlich befohlen, er habe weiter nichts mehr zu sagen als: „Hier hängen die zwei kaiserlichen Ochsenköpfe aus der Krönung."

III

Zustände des Deutschen Reichs und Heerwesens vor seinem Ende – Die Neufranken in Frankfurt – Cüstine – Die Kontribution – Die Mainzer Revolution

Das Heilige Deutsche Reich war jetzt ein altes, baufälliges und morsches Gebäude, welches der erste Sturm zusammenstürzen mußte; seine mehr als dreihundert Eigentümer waren zum Teil gar komische und sonderbare Käuze, besonders die Duodezsouveränchen, von denen fast jeder in seinem Ländchen seine eigenen, oft sehr kostbaren Spielereien hatte, die seinem armen Völkchen nicht selten die Haut über den Kopf abziehen machten. Jenes Fürstlein vergeudete die von seinen Untertanen erpreßten Gelder mit ausländischen Maitressen, dieses Gräflein oder Markgräflein hatte die Soldatenwut, war ein gewaltiger Paradenheld und hatte ein halbes Dutzend Offiziere, welche zwei Husaren befehligten; ein anderer brachte die Einkünfte seines Ländchens mit Theaterbauten, großen Opernvorstellungen und Theaterprinzessinnen durch; wieder ein anderer war ein wütender Nimrod, stellte ewig Parforce-Jagden an, bei denen nicht nur das Wild, sondern auch die armen Teufel von Bauern par force gehetzt wurden. Verschuldet waren mehr oder weniger die meisten dieser Regentchen, und ihre Hoffeste bereicherten niemand als die Hofagenten, meistens Juden, die Hoflieferanten und Wucherer, während sie dem Landmann den letzten Groschen aus der Tasche, das letzte Korn vom Speicher nahmen. Die kostspieligsten Bauten und Anlagen wurden auf Kosten der ausgezogenen Untertanen aufgeführt, so daß, als einst der große Friedrich von Preußen die sogenannte Eremitage eines kleinen Markgrafen von Bayreuth sah, er fast unwillig ausrief: „Das mache ich Euer Liebden nicht nach!" Mehrere Fürsten verpraßten die Blutpfennige ihrer Untertanen in Paris, wo sie die Rolle der großen und großmütigen Narren spielten, über die sich die Franzosen nach Verdienst lustig machten und, sie verspottend, ihnen das Blutgeld abnahmen. So trieben es alle diese Herrlein bis zum

Edelmann herab, der Souverän eines Dörfchens war, seinen Dorfschulmeister zum allmächtigen Minister und geheimen Rat machte und den Herrn Pfarrer jeden Sonntag zur Tafel lud, um ein Stichblatt für seine plumpen Witze zu haben. Ein Fürst von Anhalt-Zerbst, der eine heillose Wirtschaft trieb, hatte sogar bei Zuchthausstrafe verboten, daß ihn einer seiner Untertanen mit einer Bittschrift behellige! – Ein Graf von Rödelheim ließ einen Zimmermeister einstecken und abstrafen, weil sich die Kanaille unterfangen hatte, eine goldene Quaste an der Sonntagsmütze zu tragen, und bedrohte alle seine Untertanen mit der Peitschenstrafe, die sich dergleichen künftig unterfangen würden, indem nur die hochgräflichen Lakaien dieses Recht hätten! Dabei waren diese souveränen Herrn im höchsten Grad mit Austeilungen von Titeln verschwenderisch, und die Titelwut war aufs höchste gestiegen. In einer kleinen Residenz in der Nähe von Frankfurt wohnten die Staats-, Geheimen Räte und Geheimen Hofräte usw. in einer Art von Schweineställen oder Hundelöchern, und man konnte kaum aus dem Fenster speien, ohne zu riskieren, auf einen Rat zu treffen. Nicht selten konnte man solche Herren an einem Waschzuber oder mit dem Flicken ihrer Amtsröcke beschäftigt finden.
Die Organisation der sogenannten Reichstruppen und die Zusammensetzung eines Reichsheeres, wobei oft jener einen Tambour, dieser dessen Trommel, ein anderer die Armatur oder Uniform zu stellen hatte, war in der Tat das Nonplusultra einer unsinnigen militärischen Verfassung. Nicht viel besser war die Organisation der Truppen der deutschen Großmächte beschaffen. – Die martialisch steife Haltung der damals durch Frankfurt marschierenden preußischen Regimenter, der Ruhm, der diese Truppen noch von Friedrich des Großen Zeiten her umstrahlte, die Versicherung der hochadeligen Offiziere, es sei nur eine Spielerei für sie, das französische Lumpenpack zu Paaren zu treiben und zusammenzuhauen, hatte zwar den Frankfurtern und auch den Emigranten große Zuversicht einge-

flößt, aber manche schlichten, einfachen Leute wollten Truppen, die aus aller Herren Länder angeworben und zusammengerafft und bei jeder Gelegenheit zum Davonlaufen geneigt waren, kein großes Vertrauen schenken. Noch schlimmer waren die Österreicher, denen noch außerdem ein gewisses militärisches Point d'Honneur abging, welches die Preußen noch einigermaßen beseelte. – Diese Heere waren damals wahre Zuchthausanstalten und die Regimenter die letzten Zufluchtsorte für Vagabunden, Diebs- und Raubgesindel und Verbrecher aller Art, wenn sie nur einen gesunden Körper und die gehörige Größe hatten. Preußische und österreichische Werber lagen in allen Teilen des Reiches und warben für wenige Dukaten, was sich ihnen darbot. Väter ließen ihre Söhne, die ungeratene Taugenichtse waren und zu deren Besserung jedes andere Mittel fehlgeschlagen hatte, zum Kalbfell schwören, und es war eine ganz gewöhnliche Drohung der Eltern und Vormünder: „Wenn du kein gut tust, so stecke ich dich unter die Soldaten." Aus solchem Gesindel bestanden größtenteils die Heere, welche das französische revolutionäre Lumpenpack, wie sich die Herren Offiziere und Herren vom Adel auszudrücken beliebten, schnell zur Raison bringen sollten, und von denen die eine Hälfte der Mannschaft den schweren Dienst hatte, die andere Hälfte zu bewachen und zu hüten, denn jedem Neuangeworbenen wurde ein vertrauter alter Soldat heimlich zum Aufpasser bestellt, der ihn gleich seinem Schatten umschwebte und jeden seiner Tritte beobachten mußte; so war es wenigstens in den österreichischen Regimentern und in den preußischen Garnisonen. Die Festungen durfte niemals ein solcher Unvertrauter verlassen, daher kam es denn, daß, wenn ein Regiment einmal ausmarschierte, dasselbe sich auf jedem Marsch durch Desertionen stark verminderte, nicht selten gingen auch Aufpasser samt den Anvertrauten zum Teufel. Mit dem Offizierkorps war es in anderer Hinsicht nicht viel besser bestellt, es waren meistens rohe, unwissende, sich pöbelhaft betragende Subjekte, deren ganzes

Point d'Honneur in einer Degenquaste bestand, die eine Ehre darin suchten, Bürger, Bauern und Juden zu prellen oder zu mißhandeln. Große Sturmhüte mit Federbüschen, Kanonenstiefeln, lange Sporen, schleppende Säbel, Fluchen und Spielen, dies waren die Auszeichnungen, in welche jene Herren ihren Stolz setzten; wer die bunte Jacke trug, blickte übermütig auf den Mann im schlichten Bürgerrock herab, und die hochadeligen Herren taten sich sogar auf ihre krasse Unwissenheit noch etwas zugut. Wissenschaft gehörte für bürgerliche Kanaille. Im preußischen Heer bestand das Offizierkorps fast nur aus hochadeligen Krautjunkern, und im österreichischen war es noch schlimmer, wenigstens in der Infanterie, da waren die Offiziere aus den untauglichsten Subjekten, oft Abenteurer und Vagabunden, die so viel zusammengeprellt hatten, um eine Offiziersstelle kaufen zu können, zusammengerafft, denn für so unbedeutend hielt man eine solche Stelle, daß man sie dem ersten besten für ein paar tausend Gulden gab, ohne sich weiter darum zu bekümmern, wie es mit seinen sonstigen Fähigkeiten beschaffen war, die gar nicht in Anschlag gebracht wurden. Vaterlandsliebe, Mut, höhere Kriegskunst oder überhaupt mehr von dieser zu wissen als die Handgriffe, das Marschieren und was dazu gehörte, ein Peloton zur Not zu kommandieren, und was man auf dem Exerzierplatz erlernt und zum Gamaschen- und Zopfdienst gebrauchte, waren den Herren fremde Dinge. So waren im allgemeinen die Herren beschaffen, die Frankreich im Triumphzug erobern sollten, und bei denen die Prügel die Triebfeder aller Heldentaten waren.

Bald nach Franzens Krönung erschien jenes berüchtigte Manifest des Herzogs von Braunschweig, der vom Kaiser und König von Preußen den Oberbefehl über die vereinigten Heere erhalten hatte, in dem man der guten Stadt Paris mit einer exemplarischen Rache und gänzlicher Vertilgung von dem Erdboden drohte, wenn sie nicht sofort zur alten Untertänigkeit und unbedingtem Gehorsam gegen den König zurückkehren würde, ihr jedoch in diesem Fall versprach, eine kaiserlich königliche Verwendung bei Ludwig XVI. zugunsten der ungezogenen Pariser eintreten zu lassen. Dieses Manifest war mit Beihilfe einiger französischer Emigranten fabriziert worden, denen die guten Deutschen allen Glauben schenkten, als sie versicherten, das Ganze werde nichts als eine militärische Promenade sein, und Braunschweig riet den Offizieren, sich nicht mit zuviel Pferden und Gepäck zu belasten, denn der Spuk werde nicht lange dauern! – Auch in Frankfurt glaubte man fast allgemein an die nahe Zerstörung von Paris, und daß man bald nur noch von dessen Ruinen sprechen würde. Niemand dachte jedoch daran, daß der Ruin des Deutschen Reiches so nahe sei, nur wenige klügere Leute schüttelten hie und da die Köpfe beim Lesen dieses komisch heroischen Manifestes.

Indessen liefen vom Heer der Verbündeten und dem Herzog von Braunschweig die allervortrefflichsten Siegesnachrichten ein, die Preußen und Österreicher standen bereits auf französischem Grund und Boden, nach ihren Berichten nahm der Feind Reißaus, sobald er eine preußische oder österreichische Uniform erblickte, und in der Tat schienen die ersten Waffentaten solche Großsprechereien zu rechtfertigen. Das französische Korps, welches unter General Dillon über die Grenze gegangen war, hatte bei der ersten Charge des Feindes unter dem Geschrei: „Wir sind verraten, wir sind verkauft!" (dieses Geschrei hatten einige königlich gesinnte Offiziere und bestochene Soldaten absichtlich ausgestoßen, um die Reihen zu verwirren und mit Furcht und Schrecken zu erfüllen*) die Flucht ergriffen, sodann den General Dillon getötet und zu Lille in Stücke gerissen und bei einem großen Feuer, das sie auf dem Marktplatz anzündeten, verbrannt, indem sie schrien, dies müsse allen Verrätern widerfahren. Die hintereinander folgenden Eroberungen von Longwy und Verdun durch die

* Ich habe später zu Paris einen Invaliden gekannt, der mir erzählte, daß er damals zwölf Livres von seinem Kapitän erhalten habe, um zu schreien: „Nous sommes trahis!"

Preußen bestätigten die Nachrichten von dem geringen Widerstand der Franzosen, und man machte große Wetten zu Frankfurt, daß binnen sechs Wochen die vereinten Heere in Paris und König Ludwig befreit und wieder in alle seine Rechte eingesetzt sein würde. Eine dieser Wetten im Betrag von hundert Louisdors hatte folgende Veranlassung. Ein österreichischer Offizier hatte in einem Gasthof an der Table d'hote geäußert: „Schauens nur unsere Grenadiere an, so ein Kerl frißt Ihnen ein Dutzend Franzosen zum Frühstück auf." Einer der damals sehr gut österreichisch gesinnten Bürger Frankfurts, an den die Worte des Österreichers gerichtet waren, gab ihm vollkommen recht, während ein daneben sitzender Mainzer lachend sagte: „Allen Respekt vor dem österreichischen Appetit, er kann allerdings was Tüchtiges leisten, aber ein Dutzend Franzosen möchten noch etwas schwerer zu verdauen sein als ein ganzer Ochse." Der andere fiel ihm jedoch mit den Worten in die Rede: „Haben Sie die Courage, hundert Louisdors zu wetten, daß die Österreicher in vier Wochen in Paris sind?" „Ja, haben S' die Courage, zu wetten?" setzte der Offizier hinzu. – „Warum nicht?" erwiderte der Mainzer; die Wette wurde festgemacht, und der Mainzer gewann sie, wie die Folge auswies.

Die preußischen Offiziere der durch Frankfurt marschierenden Truppen hatten ihren Hauswirtinnen und anderen Damen versprochen, prächtige Geschenke von Paris mitzubringen, und man glaubte um so eher ihren Versprechungen, als die Preußen bei ihrem Ausmarsch reichlich mit Geld versehen waren, auch häufig, wenn sie eine Kleinigkeit zu bezahlen hatten, das Geld anzunehmen verschmähten, das man ihnen herauszugeben hatte, oder es an die Diener verschenkten, oder der lieben Jugend in die Rabuse warfen. Nach der Einnahme von Verdun erwartete man täglich die Nachricht von der von Thionville, welches die Österreicher belagerten, die aus ihrem Lager schrieben: „Wir hoffen, daß unsere Wachteln, die die Türken zur Räson gebracht, auch das Lumpenpack von Thionville Mores lehren werden." Aber Thionville ließ sich durch diese Wachteln nicht kirre machen. Als man nun die vereinigten Heere im besten Zug auf Paris glaubte, da kam mit einmal die ganz unerwartete Nachricht, daß sich eine starke französische Heeresabteilung vor dem nur vierzehn Stunden entfernten Speier gezeigt habe. Man hatte frühere, für die Verbündeten nachteilige Gerüchte vom Anrücken der Franzosen usw. als lügenhaft ausgesprengt und böswillig erfunden erklärt. Bald aber kamen zuverlässige Briefe und Berichte von Mannheim, die nicht mehr bezweifeln ließen, daß die Neufranken bereits im Besitz vieler speierischer Dörfer seien, die gebrandschatzt würden, während sie die pfälzischen verschonten und gegen Mainz marschierten. Mit jeder Stunde lauteten die Nachrichten jetzt ängstlicher, wobei, wie gewöhnlich, manches übertrieben wurde. Niemand wußte dies mit der bevorstehenden Einnahme von Paris zusammenzureimen. Die Österreicher und Kurmainzer, die in Speier lagen, waren nach kurzer Gegenwehr geschlagen worden, hatten sich, mehrere tausend Mann, zu Kriegsgefangenen ergeben und waren nach Landau transportiert worden, ebenso die beträchtlichen Magazine, welche die Sieger in Speier vorgefunden hatten. Es hieß zwar, daß das unter dem Obergeneral Cüstine angekommene Heer nur ein unbedeutendes Streifkorps sei, andere Nachrichten machten es aber zu einer furchtbaren Armee von fünfzig- oder gar hunderttausend Mann usw. Diese Ungewißheiten und sich so oft widersprechenden Nachrichten versetzten die guten Frankfurter in keine kleine Unruhe, indessen erzählte man sich in Frankfurt, daß das in einem Lager bei Reims stehende französische Heer von den Preußen eingeschlossen sei und sich an den König von Preußen habe ergeben wollen, daß dieser aber unbedingte Streckung des Gewehrs verlangt und nur wenige Stunden Bedenkzeit gegeben habe; das Gewehr müsse nun schon gestreckt sein, und der Kurier, der die Bestätigung überbringe, jeden Augenblick eintreffen. Statt dessen trafen jedoch vierundzwanzig Stunden später Hiobsposten

von Mannheim ein, und auf den Gesichtern der guten Reichsstädter, besonders denen der Reichen und höheren Beamten, las man große Bestürzung, besonders unheimlich wurde es nun auch denjenigen Häusern, die sich allerlei Handel mit den französischen Assignaten erlaubt und im Verkehr mit französischen Emigranten gestanden hatten.
Ganz unerwartet las man den 8. Oktober (1792) in den Frankfurter Zeitungen, die Nachricht sei eingetroffen, daß die österreichischen und preußischen Armeen für gut befunden hätten, ihr bisher bezogenes Lager in Frankreich zu verlassen, jedoch nur, um passendere Winterquartiere zu beziehen. Nun endlich fielen auch den Kurzsichtigsten, die immer noch auf die Nachricht von der Eroberung und Zerstörung der Stadt Paris warteten, und Cüstines Unternehmen nur für einen desparaten Coup ausgaben, den er teuer bezahlen werde, die Schuppen von den Augen, und Schlag auf Schlag kamen die Berichte düsterer. Worms war bereits von den Franzosen genommen, die daselbst zwölf Geiseln wegführten, unter denen zwei Hofräte, zwei Nonnen, ein Propst, mehrere Magistratspersonen usw. waren. Das Heer der Verbündeten sollte nun in eiligem Rückzuge sein, und ein starkes Korps unter Hohenlohe zur Deckung der Festung Mainz herbeieilen. Man wollte jedoch wissen, daß die Franzosen Speier und die Umgegend wieder geräumt und sich bereits nach Landau zurückgezogen hätten, aber man erfuhr von Mannheim aus, daß sie in der Gegend von Ehingen und Edesheim ein Lager aufgeschlagen hätten.
Den 11. Oktober, abends neun Uhr, rollte eine vierspännige Reisekalesche vor unser Haus. Man klingelte an der Haustüre und kündigte meinen Oheim Scholze an, der vor den anrückenden Franzosen die Flucht ergriffen und mit seiner Familie Schloß Niedesheim eiligst verlassen hatte. Er und seine junge Gattin wußten viel von ihrem Abenteuer auf der kurzen Reise und Wunderdinge von den Franzosen bis nach Mitternacht auszukramen.
Speier und Worms hatten große Kontributionen erlegen

müssen, und außerdem hatten die Franzosen viele ganz neue Zelte für mehrere tausend Mann in Worms vorgefunden, welche den Emigranten gehörten, die diese gegen bares Geld versetzt hatten. Übrigens hätte Cüstine sehr strenge Mannszucht beobachtet und einige dreißig Soldaten erschießen lassen, unter denen ein Offizier, weil sie sich eigenmächtige Erpressungen erlaubt hatten, einer davon sollte sogar nur eine Traube entwendet haben. Dies klang ziemlich beruhigend für die ängstlichen Frankfurter Gemüter. Andere Leute, die aus jener Gegend kamen, erzählten auch, daß, wer etwas Französisch spreche und sich mit den ungebetenen Gästen einigermaßen verständigen könne, nichts von ihnen zu befürchten habe, nur dürfe man ihnen weder das Tanzen um einen Freiheitsbaum noch den Ruf „Vive la liberté!" versagen. Sobald sie in einem Ort einrückten, sei ihre erste Sorge, einen solchen Freiheitsbaum aufzupflanzen, diesem eine rote Mütze aufzusetzen und dann, Ça ira, die Carmagnole usw. singend, um denselben wie besessen herumzuspringen, und dabei jedermann, der ihnen in den Weg komme, ohne Alter, Geschlecht oder Stand zu berücksichtigen, mit in ihre Runde zu ziehen. So kam es häufig, daß in den Reihen der Soldaten der Freiheit Kaufleute, Kapuziner, alte Weiber, ehrbare Magistratspersonen, junge Mädchen, Geistliche in ihrem Ornat, Nonnen und Mönche von allen Farben, wie durch Oberons Horn toll gemacht, in bunter Mischung Hand in Hand die komischsten Bockssprünge machend, unter wildem Geschrei um die rote Mütze rasen mußten, was einen recht belustigenden Anblick gewährte. Mein Oheim erzählte, daß er in einem solchen Kreis einen Domherrn, zwei Freudenmädchen, ein paar Hofräte, eine ehrbare sechzigjährige Matrone, ein halbes Dutzend feiste Franziskaner, ebensoviele Karmeliterinnen samt der Äbtissin usw. recht vergnügt mit den Söhnen der neuen Freiheit habe herumspringen sehen. Mancher dieser Dämchen geschah wohl auch ein Gefallen damit, namentlich den jungen Nonnen, so zum Tanzen gezwungen zu werden.

Die Nachricht, daß Verdun schon wieder in französische Hände gefallen sei, machte wegen den weit näheren Vorgängen wenig Eindruck; denn mit der schrecklichen Nachricht, daß die Franzosen vor Mainz stünden, kam fast zu gleicher Zeit die noch weit schrecklichere, daß sich Mainz bereits ergeben und Cüstine sein Hauptquartier daselbst aufgeschlagen habe. Die höchsten Behörden dieser Festung, an deren Spitze der Generalfeldzeugmeister von Gymmich, der Staatskanzler Albini und der Statthalter Fechenbach standen, hatten sich nach Ankunft eines feindlichen zur Übergabe auffordernden Trompeters zu einem Kriegsrat versammelt und in demselben schnell beschlossen, daß, da man wenig Hoffnung auf baldigen Entsatz habe, die Besatzung auch keinen kräftigen Widerstand leisten könne, die Festung Mainz durch Kapitulation übergeben werden müsse, worauf die Franzosen sofort Besitz von derselben nahmen. Dies war den 21. Oktober abends vorgegangen, und schon den folgenden Morgen, als in Frankfurt noch jedermann mit dieser Schreckensnachricht beschäftigt war, stand plötzlich, wie durch einen Zauber herbeigeführt, schon ein Korps von 800 Franzosen, von dem General Neuwinger befehligt, vor den Toren der Reichs- und Wahlstadt und begehrte Einlaß. Diese Truppen hatten sich einstweilen vor dem Bockenheimer Tor auf den Rasen gelagert, ihre Toilette machend, während die Einwohner auf die Wälle geeilt waren und ihnen erstaunt zusahen. Einige Damen hatten Türme bestiegen, ihre Neugierde an den Fremdlingen zu befriedigen. Als nach einigem Hin- und Herparlamentieren und nachdem der französische General der aus der Stadt an ihn gesandten Deputation erklärt hatte, er habe einen Brief vom Obergeneral Cüstine an den Magistrat mit der Ordre, denselben nur auf dem Rathaus selbst zu übergeben, man noch einige Schwierigkeiten machen wollte, ihn einzulassen, kommandierte derselbe, sich gegen seine Truppen wendend, „Kanonen vor!“, die gegen die noch aufgezogenen Brücken gerichtet wurden. Bei diesen Worten fielen wie durch einen

Zauberschlag die Zugbrücken nieder, die Tore öffneten sich, und die Neufranken zogen mit klingendem Spiel und dem Geschrei „Es lebe die Freiheit!“ in die Stadt und quartierten sich bald darauf selbst zu zwei und zwei in die Häuser ein, die ihnen anstanden oder gerade in den Wurf kamen, denn ein Quartieramt war erst noch zu schaffen.
Mein Vater brachte auch ein paar dieser Gäste mit heim, die ihn angesprochen hatten, als ihn die Neugierde geplagt, die ersten Freiheitskämpfer zu sehen.
Den ersten Abend lief noch alles so ziemlich gut ab, und die Wirte, die sich ihren Gästen verständlich machen konnten, fanden traktable Leute in ihnen; als aber den folgenden Morgen bekannt wurde, daß Cüstine in seinem Schreiben eine Kontribution von zwei Millionen Gulden von der Stadt verlangt habe, weil, wie er in demselben sagte, „der Vorschub, den dieselbe den französischen Aristokraten geleistet, die Nation berechtige, Frankfurt feindlich zu behandeln. Der König von Preußen und der Kaiser haben viele Gelder in der hiesigen Stadt. Die Nation habe ihren Feinden Rache geschworen, und er fordere zwei Millionen Gulden in deren Namen als Vergütung des ihr zugefügten Schadens“, da gab es lange und greuliche Gesichter. – Neuwinger erließ zu gleicher Zeit eine Bekanntmachung, in welcher er den Einwohnern und Bürgern der freien Reichsstadt erklärte, daß diese Strafe für die Aufnahme und den Schutz, den Frankfurt den französischen Emigranten, dem Abschaum der Nation, gewährt habe, nur von den Reichen und Patriziern der Stadt und den fürstlichen und adeligen Besitztümern, welche sich in deren Mauern und Gebiet befinden, geleistet werden dürfe, da nur solche und ihre Eigentümer der französischen Nation diese Schmach angetan und sie beleidigt hätten. Der Senat sandte nun in seiner Herzensangst eine Deputation an Cüstine ab, mit dem Auftrag, um einen Nachlaß dieser Kontribution zu bitten, der ihnen in der Tat auch eine halbe Million erließ. Hierdurch ermutigt, wurde sogleich noch eine zweite Deputation abgeschickt, die jedoch nichts mehr herunterzuhan-

deln vermochte, der der Obergeneral sehr unfreundlich begegnete und ihr vorhielt, daß sie Schacherjuden seien, die erst vor ein paar Monaten das Zehnfache bei der Krönung und an den Assignaten gewonnen, und die Brandsteuer, die er ihnen als Strafe auferlegt, nicht nach seinem Willen verteilt hätten. Cüstine erließ auch sogleich eine Erklärung, in welcher er sagte: „Bürger, als ich mich entschloß, im Namen der fränkischen Nation Frankfurt eine Brandschatzung aufzulegen, um diejenigen zu bestrafen, deren Anschläge die unverjährbaren Rechte der Völker zu vernichten zielten, glaubte ich nicht, daß Eure Vorsteher ihre Ungerechtigkeit so weit treiben würden, diese Auflagen von den Dürftigen unter Euch zu erpressen. Nach den Grundpfeilern der Gerechtigkeit, die nunmehr die Richtschnur unserer Republik ist, befehle ich dem General, den ich in Eure Mauern beorderte, das verlangte Geld nur von den Schuldigen und den Reichen zu erheben, die ihre Gewalt und ihre Reichtümer mißbrauchen, die Armen zu unterdrücken, und die offenbaren Feinde aller Gerechtigkeit sind, usw.

Der Bürger-General Cüstine."

Zugleich erließ er auch noch ein fulminantes Schreiben an den Magistrat, in dem es unter anderm hieß:
„Mit welchem Erstaunen vernehme ich die Art, auf welche Ihr die von Euch verlangte Kriegskontribution verteilt! Nicht das Volk Eurer Stadt beleidigte die Nation der Franken durch Aufnahme unserer Emigranten, nicht dieses Volk entzog der Republik ihre Gelder, um sie in die Kisten des Prinzen zu werfen, nicht das Volk Eurer Stadt brachte von ihnen verfertigte Assignate in Umlauf, die diese Nationalmünze entwerteten; nicht das Volk genehmigte den Druck einer verleumderischen Zeitung, welche am meisten dazu beitrug, den Geist der Deutschen gegen die fränkische Republik aufzubringen, und doch wollt Ihr dieses Volk die Auflagen tragen lassen. Die Herrschsucht der Reichen ist sicher die schrecklichste von allen. Der

Mann, der von seinem Überfluß praßt, wirft die öffentlichen Lasten auf die Armen. Dies bewirkte die Revolution in Frankreich, dies wird sie auch in Deutschland bewirken usw."
Cüstine verlangte auch noch die Kanonen der Stadt Frankfurt, und wollte derselben unter dieser Bedingung noch 500 000 Gulden von der Brandschatzung ablassen. – Einstweilen gab die neue Garnison, die noch verstärkt wurde, den Einwohnern hinlänglichen Stoff zur Unterhaltung; sie betrug sich ziemlich manierlich und bestand teils aus französischen Nationalgarden, teils aus Linientruppen. Die ersteren waren nicht alle uniformiert, trugen Beinkleider nach eigener Wahl und Pistolen in den Gürteln. Die Kavallerie, Chasseurs à cheval, war ziemlich gut beritten, auch die Artillerie hatte gute Bespannung. Die Zahl der in Frankfurt liegenden Truppen war nach und nach bis auf 4000 Mann herangewachsen. Die Bürger konnten sich nicht genug über den ungeheuern Unterschied zwischen diesen und den österreichischen und preußischen Soldaten wundern. Sie glaubten, für die stämmigen, steifen, kaiserlichen, wohlgenährten und wie in eine Form gegossenen Grenadiere müßte so ein Haufen unansehnlicher Franzosen allerdings nur ein Frühstück sein, und begriffen nicht, wie es möglich war, sich vor solcher Bagage zurückzuziehen. Die Gemeinen sprachen mit ihren Offizieren, ohne wie gelähmte Stöcke und in hündischer Furcht und Stellung vor ihnen zu stehen, rauchten oder pfiffen wohl auch in ihrer Gegenwart; dies alles galt als ein Beweis von gänzlichem Mangel an Subordination. – Sie zogen auf die Wachen, ihre Lebensmittel auf die Spitze der Bajonette spießend, verteilten ihre Fleischportionen auf offener Straße auf einem Stein oder einer Bank, wenn gerade eine vorhanden war, wuschen ihre schwarzen Hemden und Beinkleider selbst in den gelben Fluten des Mains, das Ça ira fröhlichen Mutes dabei singend und Vive la liberté schreiend. Mit Stolz und Selbstgefühl sagten sie: „Nous sommes les soldats de la republique française, les soldats

de la liberté." Lärm machten sie genug. Das Trommeln begann am frühen Morgen und dauerte bis in die späte Nacht, wie es der französische Dienst mit sich bringt, alle Plätze und die Stadtallee waren in Pferdeställe verwandelt. In den Wirtshäusern und auf den Spaziergängen sangen sie Kriegs- und Freiheitslieder, dies alles stach freilich gewaltig gegen die Krönungszeremonien ab, die erst vor drei Monaten stattgefunden hatten, und kam den guten Frankfurtern recht spanisch vor. Ein hochweiser Senator schrieb damals in allem Ernste an einen Freund: „O wie tief kann der Mensch doch sinken, die Franzosen, die alle Völker frei machen wollen, rauchen und singen in den Straßen und auf den öffentlichen Plätzen in Gegenwart ihrer Anführer und sind ihre eigenen Waschweiber!"
Indessen hatten alle Manifeste und Erklärungen Cüstines, auch bei den unteren Klassen der Einwohner Frankfurts, wenig Anklang gefunden und keinen Eindruck gemacht, man hatte dem Volk plausibel zu machen gewußt, daß, wenn die Reichen kein Geld mehr hätten, die Armen nichts mehr verdienen könnten und Hungers sterben müßten, und in Frankfurt war ein guter Verdienst für jede Art Arbeiter. Daher das Geschrei von Freiheit und Gleichheit nur taube Ohren fand; zudem fing Handel und Wandel zu stocken an, und die Lage der Einwohner begann mißlicher zu werden, was man nicht mit Unrecht den Franzosen zuschrieb. Ganz anders war es in Mainz, hier war wenigstens ein großer Teil der Bewohner enthusiastisch für die neue Ordnung der Dinge in Frankreich gestimmt, besonders wissenschaftlich gebildete und tüchtige Männer verteidigten die neuen Grundsätze und Handlungen, schlossen sich denselben an und wurden die Koryphäen der Mainzer Revolution, freilich nicht ahnend, wie schnell die Pariser in ein blutig scheußliches Ungetüm und Morden ausarten würde. In Mainz hatte man, Paris nachäffend, ebenfalls Klubs gebildet, in denen die Freiheit und Gleichheit gepredigt wurde, und die berühmtesten Gelehrten und Professoren, wie ein Forster, Wedekind, Metternich usw., hatten sich an die

Spitze gestellt. Auch die schönen Mainzerinnen hatte dieser Revolutionstaumel ergriffen, sie übten sich sogar im Pistolenschießen, tanzten nach Herzenslust mit den Soldaten der Freiheit um die rote Kappe, hatten dabei Gürtel, welche vorn und hinten herabhingen; vorn las man das Wort „Freiheit", hinten „Gleichheit". Eine ärgere Satire auf diese Revolution hätte wohl schwerlich der eingefleischteste Aristokrat erfinden können. Manche Frauen hatten sogar Säbel umgeschnallt, und man ging bald so weit, eine rheinische Republik gründen zu wollen usw. Alle Fürsten und der Adel wurden ihrer Rechte und Besitzungen verlustig erklärt und durften sich bei Todesstrafe nicht mehr im Gebiete dieser neuen Republik sehen lassen.

Cüstine stattete nun auch in eigener Person der Reichsstadt Frankfurt einen Besuch ab. Den 21. Oktober kam er mit seinem Generalstab und dem Doktor Böhmer in die Stadt geritten und hielt vor der Hauptwache, vor welcher sich eine Menge Volkes versammelt hatte, den Wundermann zu sehen, vor dem sich die Tore der ersten deutschen Festungen wie durch einen Zauberschlag öffneten. Der Feldherr fragte den Haufen: „Habt ihr den deutschen Kaiser gesehen?" und erwiderte auf das „Ja", das ihm mehrere Stimmen zuriefen: „Wohlan, ihr werdet keinen mehr sehen!" Und hierin hatte er recht. In Mainz hatte man ähnliche Anreden mit donnerndem Applaus und lautem Jubel begrüßt, hier aber blieb das Volk mäuschenstill. Dies war aus dem so verschiedenartigen Charakter der Bewohner dieser beiden Städte leicht zu erklären. Die Mainzer haben ein leicht aufzuregendes Blut, sind heiter und lebensfroh, während der gewöhnliche Frankfurter ein echter bedächtiger Kalkulationsmensch ist; der Unterschied zwischen den Einwohnern dieser beiden Nachbarstädte ist so groß, als lägen sie mehrere hundert Meilen voneinander entfernt. Außerdem hätten die Frankfurter gerne jedes Jahr so eine goldspendende Kaiserkrönung gesehen, und es war ihnen schlecht damit gedient, daß sie keinen Kaiser mehr, aber statt dessen Millionen fordernde französische

Generale sehen sollten. Ärgerlich über diesen Stumpfsinn des Volkes für seine Reden wandte er sich gegen seine Begleitung und sagte: „Diese Menschen haben nur Sinn für den Schacher und nur Liebe für Geldsäcke, wohlan, wir müssen sie bei dem, was ihnen am teuersten ist, packen." Er ließ die bisherige Garnison durch andere Truppen ablösen, denen er strenge Manneszucht anbefahl, und begab sich sofort auf den Römer, wo er den Behörden tüchtig die Meinung sagte und dann wieder eine Proklamation an allen Straßenecken anschlagen ließ, in welcher er nochmals erklärte, daß er den Unterdrückungen der Armen durch die Reichen ein Ziel setzen wolle, und der reiche Bankier und Kaufmann, der sich mit den Feinden der Republik verschworen habe, um das bare Geld aus Frankreich zu ziehen und die falschen Assignate in Umlauf zu setzen, auch allein dafür zu büßen habe usw. Auch der Frankfurter Magistrat erklärte nun, daß es ihm nie in den Sinn gekommen sei, die Kontribution von dem ärmeren Teil der Einwohner zu erpressen. Cüstine ließ sich nun Geiseln ausliefern, unter denen angesehene Kaufleute und zwei reiche Juden waren. Bevor er wieder abreiste, stattete er auch den braven Sachsenhäusern einen Besuch ab und ersuchte sie um einen Baum aus ihrer Waldung, worauf ihm diese Naturkinder erwiderten: er möge sich nur einen holen, was er aber unterließ und die Reichsstadt nicht würdig fand, mit einem solchen zu schmücken. Ein Jude sagte damals, von diesem Wahrzeichen der französischen Freiheit sprechend: „'s is ä Bämche ohne Worzel und ä Käpple ohne Kopp."

Der Landgraf von Hessen-Kassel hatte indessen bedeutende Streitkräfte zusammengezogen in der Hoffnung, vereint mit den preußischen Truppen den Franzosen endlich ernstlichen Widerstand leisten zu können. Diese hatten jedoch mehrere hundert Hessen bei Nauheim gefangen, die sie nach Frankfurt brachten, und Cüstine erließ eine Proklamation gegen den Landgrafen, in welcher er unter anderem sagte: „Denkt er denn nicht, daß der jüngste Tag für alle ungerechte Fürsten erschienen ist! Er hofft, seinen wankenden Thron durch das Volk zu befestigen, dessen Blut er verkaufte, um seine Schatzkammer zu füllen. Schon dieser einzige Umstand muß das Schicksal dieses Tyrannen entscheiden. Ungeheuer, über das sich schon längst der Fluch der deutschen Nation, die Tränen der Witwen, die du brotlos, und das Jammergeschrei der Waisen, die du elend gemacht hast, gleich schwarzen Gewitterwolken zusammentürmten, dich wird die gerechte Rache der Franken erreichen, die Flucht wir dich derselben nicht entziehen; wie wäre es auch nur möglich, daß ein Volk in der Welt einem Tiger, wie du bist, Zuflucht gewähren könnte usw.!"

Frankfurt hatte nun eine Million von der Kontribution bezahlt, die Geiseln wurden wieder freigegeben, und Cüstine erlaubte dem Magistrat, um den Erlaß des Restes derselben in Paris nachsuchen zu dürfen, welches derselbe auch benützte und deshalb eine Deputation nach der unruhigen Hauptstadt Frankreichs sandte, der er noch eine zweite, die erste zu unterstützen, nachschickte.

Die Franzosen hatten sich auch der hessischen Salinen bei Nauheim bemächtigt und das vorrätige Salz derselben nach Frankfurt geschafft, wo sie es um die Hälfte des Preises verkauften und sich der Pöbel des Restes bemächtigte, was ihm jedoch von dem Magistrat mit väterlichen Ermahnungen für die Zukunft verboten wurde. Frankfurt erhielt nun eine französische Sauvegarde, aber dessen Lage wurde immer bedenklicher, die Franzosen warfen rings herum Schanzen auf, die auf eine hartnäckige Verteidigung im Fall des Angriffs schließen ließen. Der Senat bemühte sich einerseits Cüstine zu gewinnen, andererseits durch Bekanntmachungen die ärmeren Bürger den Reichen geneigt zu machen, indem er sie versicherte, daß diese, wenn es nötig, alles zu tun bereit wären, ihre Lage zu verbessern, und man spendete in der Tat ungewöhnlich reiche Gaben an die ärmeren Volksklassen, um diese bei guten Gesinnungen zu erhalten; es entspann sich eine Art Federkrieg zwischen

Frankfurter Bürgern, welche ihre Obrigkeit in Schutz nahmen, und den Mitgliedern des Mainzer Klubs, die sie schmähten. Sogar ein Frankfurter Schlossermeister nahm sich gewaltig des Magistrats an, zu dessen Gunsten er eine komische, etwas nach Rost schmeckende Schutzschrift erließ, freilich waren mehrere Glieder desselben seine Kunden. Die Mainzer warfen den Frankfurtern ihren Sklavensinn und Aristokratismus vor und nahmen alle Maßregeln Cüstines in Schutz. Der Senat setzte dagegen einen Preis von 500 Talern für denjenigen aus, der beweisen würde, daß Frankfurter Bürger falsche Assignaten in Umlauf gesetzt hätten, und 1000 Taler für den, der den Fälscher derselben angeben könne. Indessen ergab man sich in sein Schicksal, es war so ziemlich wieder alles in sein gewohntes Gleis gekommen, und man war darauf gefaßt, die unwillkommenen Gäste noch lange beherbergen zu müssen, besonders da die Franzosen infolge der Schlacht von Gemappe rasch die österreichischen Niederlande erobert hatten.

IV

Wiedereinnahme Frankfurts durch die Preußen und Hessen – Franzosen durch den Pöbel niedergemacht – Schreckliche Lage der Frankfurter Abgeordneten zu Paris, aus der sie mein Oheim befreit – Eindruck, den die Nachricht von der Hinrichtung Ludwig XVI. macht

Die anscheinende Ruhe Frankfurts war nicht von langer Dauer. Gegen Ende November verbreitete sich die Nachricht, daß die Preußen und Hessen im Anmarsch, schon in der Nähe der Stadt und im Besitz ansehnlicher Streitkräfte seien. Die französische Besatzung Frankfurts war kaum tausend Mann stark und hatte nur zwei Kanonen. Der Kommandant, General Helden, erwartete Truppen und Artillerie, die ihm Cüstine zur Verstärkung versprochen und ihm zugleich befohlen hatte, sich im Fall eines Angriffs des Zeughauses zu bemächtigen und die Frankfurter Stadtsoldaten, die bis jetzt noch ihren Dienst in Gemeinschaft mit den Franzosen versehen hatten, zu entwaffnen und sich auf das äußerste zu verteidigen. Dem Magistrat wurde bekanntgemacht, daß man die Stadt mit Feuer und Schwert verheeren würde, wenn man sich beikommen ließe, etwas gegen die Besatzung zu unternehmen. Da aber die versprochene Verstärkung ausblieb, so hätte Helden wenigstens Mosis Wunderstab haben müssen, um die erhaltenen Befehle zu vollziehen. Die Frankfurter Heeresmacht, etwa 600 Söldner, aus aller Welt zusammengerafftes Gesindel, war freilich nicht sehr zu fürchten, aber man traute der Stimmung der Einwohner nicht, und zwar mit Recht. Den 28. November erschien der preußische General von Kalkreuth an der Spitze der preußisch-hessischen Avantgarde vor dem Friedberger Tor, stellte seine Truppen in Schlachtordnung auf, sandte sodann einen Stabsoffizier an den französischen Kommandanten, der von dem Volk mit Jubel begrüßt wurde, und ließ den General Helden auffordern, Frankfurt zu übergeben. Dieser wies die Aufforderung mit der Erklärung zurück: er würde sich bis auf den letzten Mann verteidigen, und meldete, was vorgefallen war, sogleich nach Mainz. Cüstine nannte die Aufforderung eine preußische Impertinenz und sagte: ein freier Republikaner dürfe nicht mit Despotenknechten unterhandeln. – Helden hatte unterdessen die den Frankfurtern gehörenden Kanonen aus dem Zeughaus (dem Rahmhof) daselbst wollen wegnehmen lassen, da sich das Volk jedoch schwierig zeigte und zusammenrottete, so gab er das Vorhaben auf und erklärte die Sache für ein Mißverständnis. Cüstine kam noch an demselben Tage nach Frankfurt und versprach dem auf dem Römer versammelten Magistrat, daß er die Stadt im unglücklichsten Fall keiner Belagerung aussetzen wolle; auf diese Versicherung erließ derselbe eine Proklamation, in welcher er die Bürger zur Ruhe und Ordnung ermahnte. Cüstine hatte jedoch nochmals dem General Helden anbefohlen, sich so lange als möglich zu halten und ihm versichert, daß er ihm im Fall eines Angriffs zu Hilfe eilen würde. Aber die versprochene Hilfe blieb aus, und Helden sollte mit 800 Mann und zwei Kanonen nicht nur den Angriff eines Heeres zurückschlagen, sondern auch eine Stadt verteidigen, in welcher er einen aufgeregten, zahlreichen Pöbel gegen sich hatte. Als er dies seinem Obergeneral nochmals schriftlich vorstellte und zu berücksichtigen bat, schrieb ihm dieser: er möge nur ganz außer Sorge sein, die feindliche Reiterei könne ja nicht über die Gräben und Wälle der Festung setzen.

Unterdessen waren die wohlhabenderen Einwohner der Stadt in banger Erwartung und sahen sorgenvoll den Dingen entgegen, die da kommen sollten. Es war den 2. Dezember, an einem Sonntag, die meisten Bürger befanden sich gerade bei dem Gottesdienst in den Kirchen, als man mit einemmal einen starken Kanonendonner ganz in der Nähe vernahm. Jedermann verließ schnell die Kirche und eilte erschrocken nach Haus, wo man erfuhr, daß die Preußen und Hessen die Stadt mit Kanonen und Mörsern beschössen und daß man dieselbe von zwei Seiten angreife. Von allem, was in der Stadt vorging, waren die Preußen auf das genaueste unterrichtet, da die Einwohner bis zum letzten Augenblick die Freiheit gehabt hatten, vor den Toren spazieren zu gehen, wo sie sich stundenlang mit den Belagerern unterhielten, ohne daß die Franzosen Notiz davon nahmen.

Das Schießen währte ununterbrochen fort; meine Eltern saßen noch bei Tische und sahen sich nach dem eben beendigten Mittagsmahl mit banger Bekümmernis an, als einer der Handlungsdiener nach Hause kam und erzählte, daß bereits schon mehrere Bürger verwundet worden und Kugeln und Bomben in verschiedenen Häusern niedergefallen seien. „Gott bewahre uns vor einem solchen Unglück!" rief meine Mutter aus, die mich auf ihre Knie genommen hatte. Kaum hatte sie das Wort ausgesprochen, als ein furchtbarer Schlag ganz in unserer Nähe fiel, dem ein längeres Geprassel, wie von herabfallenden Schiefersteinen veranlaßt, folgte. In demselben Augenblick stürzte das Gesinde leichenblaß in das Speisezimmer mit dem Ausruf: „Es hat bei uns eingeschlagen!" Meine arme Mutter war einer Ohnmacht nahe, und ich lag auf dem Boden; schnell war das Zimmer mit allen Hausbewohnern angefüllt, die verzweiflungsvoll untereinander schrien, und jeder schien Rat und Hilfe von dem andern zu erwarten; sie fragten sich untereinander, was zu tun sei, aber keiner war imstande, ein vernünftiges Wort hervorzubringen, alle hatten den Kopf verloren. Einige wollten, daß man in die Kellergewölbe, andere, daß man auf die Straße flüchten solle, und Frauen und Mägde weinten. Mein Vater, der hinausgegangen war, um nachzusehen, was eigentlich geschehen, kam nach einigen Minuten mit den tröstenden Worten zurück: „Beruhigt euch, Kinder, ein Stück Bombe hat nur das Dach unsers Regenfasses im Hof eingeschlagen, der Schaden ist nicht groß." Nachdem man sich überzeugt hatte, daß es wirklich so war, erholte man sich nach und nach von dem Schreck, und da das Schießen immer schwächer wurde und bald ganz aufhörte, so beruhigte man sich völlig, und das Ganze endigte damit, daß man sich gegenseitig foppte, jeder dem andern den größten Teil von der gehabten Furcht in die Schuhe schob, und ihm sogar die

Gebärden und Mienen vormachte, die er in dem Schrekkensmoment gezeigt haben sollte.
In der Stadt waren indessen ganz andere und sehr ernsthafte Szenen vorgefallen. Die wenigen Franzosen hatten sich auf den Wällen sehr tapfer unter beständigem Feuern verteidigt. Aber die beiden Geschütze, welche der General Helden auf die Wälle beordert hatte, wurden von dem zusammengelaufenen Pöbel und Handwerksburschen, die dazu von mehreren Einwohnern angereizt worden, angefallen, und da ihre Bedeckung sehr schwach war, so bemächtigten sich die Volkshaufen derselben, schlugen die Räder und Lafetten entzwei, hieben die Stränge der Pferde ab und drohten dem Kommandanten derselben, dem wirklich durch den Hut geschossen wurde, zu ermorden. Das Volk öffnete nun die Stadttore mit Gewalt, die Riegel mit Beilen und Äxten sprengend, während sich die Franzosen auf den Wällen, von diesen Vorgängen nichts ahnend, noch immer tapfer verteidigten. Preußen und Hessen stürzten zu dem geöffneten Friedberger Tor herein, machten, ohne Pardon zu geben, nieder, was ihnen von Franzosen begegnete, die jedoch, namentlich auch die Nationalgarden, ihr Leben teuer verkauften, auch oft keinen Pardon begehrten. Die Truppen der Verbündeten waren wegen dem heftigen Widerstand, den man ihnen geleistet hatte, höchst erbittert. 200 Hessen bedeckten mit ihren Leichen das Schlachtfeld vor den Toren, über 700 Franzosen gerieten samt dem General von Helden in Gefangenschaft. Die Körper der niedergesäbelten Franzosen, die in den Straßen lagen, waren zum Teil schrecklich verstümmelt, einigen war der ganze Hinterkopf abgehauen, andere hatten den Schädel gespalten usw. Alle wurden schnell und ganz in der Stille beerdigt, nur ein kleiner Teil der Garnison war entkommen und hatte sich nach Höchst flüchten können. Auch einem Bürgerssohn hatte seine Neugierde das Leben gekostet.
Der König von Preußen, Friedrich Wilhelm II., gewöhnlich der dicke Wilhelm genannt, hielt nun mit dem Herzog

von Braunschweig an der Spitze seiner Generalität und der Truppen seinen Einzug und wurde von den Frankfurter Bürgern, die sich jetzt befreit glaubten, mit großem Vivatgeschrei freudig jubelnd empfangen. Fortwährend blieb die Menge vor dem Roten Haus, damals der erste Gasthof der Stadt, in welchem der König abgestiegen war, versammelt, dem gnädigen König unaufhörlich ein Lebehoch bringend, so oft derselbe geruhte, sich dem guten Volk auf dem Balkon zu zeigen. An selbigem Tage fand eine halbe Stunde von Frankfurt, zwischen den Flecken Bockenheim und Rödelheim ein scharfes Gefecht mit einer Abteilung von Cüstines Truppen statt, bei dem der preußische General von Eben verwundet wurde.
Der König von Preußen besuchte noch den nämlichen Abend das Theater, wo er abermals mit großem Enthusiasmus empfangen wurde. Frankfurt erhielt nun eine preußische und hessische Besatzung zur Einquartierung, unter der sich besonders die preußischen Garden auszeichneten.
Nachdem jedoch der erste Sieges- und Freudenrausch verschwunden war und die Überlegung nach und nach zurückkehrte, fing man doch zu fürchten an, daß die Geschichte wohl noch schlimme Folgen für die gute Stadt Frankfurt und ganz besonders für die sich noch zu Paris befindliche Deputation derselben haben könne. Was man im ersten Augenblick als eine Heldentat sondergleichen, die man denen eines Horatius Cocles und Mucius Scävola zur Seite setzte, angesehen hatte, nämlich das Zertrümmern der Kanonenlafetten und das Zerschlagen der Torschlösser, wollte bald niemand mehr getan oder nichts davon gewußt haben, und mit Grauen und Schaudern dachte man an die Folgen bei einer möglichen Wiederkehr der Franzosen. Dem Freudentaumel folgte schnell eine düstere Stimmung und Grabesstille, und die Besorgnis der ängstlichen Gemüter wurde noch um vieles vermehrt, als man wenige Tage darauf in der Mainzer Nationalzeitung vom 6. Dezember einen Bericht las, der die Überschrift führte: „Frankfurter Adventsfeier, ein Gegenstück zur Bartholomäusnacht und zu der siziliani-

schen Vesper", und dessen Verfasser ein Adjutant Cüstines, Daniel Stamm, war. In demselben wurde u. a. gesagt: „Der 2. Dezember, als der erste Adventssonntag, wurde zum Mordtag ausersehen. Früh um neun Uhr sah man zwei Kolonnen Hessen sich jenseits des Mains ausdehnen; alles lief auf die Wälle, um die ankommenden Truppen zu empfangen, als plötzlich die Einwohner Frankfurts, mit allen Arten Mordinstrumenten bewaffnet, heimtückisch über die Verteidiger der Freiheit herfielen, sie mit mörderischen Schlägen hinwarfen, die Pferde an ihren Kanonen zusammenhieben, die Räder und Wagen zertrümmerten, aus den Fenstern auf sie schossen, und so in einen Haufen von tausend Franken Verzweiflung brachten. Verzweifelt wehrte sich dieses kleine Korps, vergebens suchten 12 000 Hessen sie auseinander zu stäuben, als mit Hilfe der Frankfurter sich die Tore den Hessen öffneten. Noch ergaben sich die Franken nicht, noch wehrten sie sich in den Straßen, bis sie endlich von Soldaten und Bürgern umringt, teils gefangen, teils die Schlachtopfer barbarischer Behandlungen wurden. Frankfurter! Diesen Tag werdet ihr, trotz euren feilen Zeitungen, nicht aus den Jahrbüchern eurer Geschichte löschen! Buben werden euch auf den Straßen anspeien, der Name Frankfurt wird der Nachwelt ein Abscheu sein, der Franke ist verabscheuungswert, der euch ansehen kann, ohne euch zu würgen! Euch und euern Namen zu vertilgen sei der Schwur, den jeder freie Mann auf dem Vaterlandsaltar ablegen wird! Ich tue ihn freiwillig, und ich werde ihn halten."

Doktor Böhmer in Mainz schrieb in dieselbe Zeitung: „Plötzlich wurden sie (die Franzosen) von einem mit Mordgewehren aller Art versehenen Haufen von Frankfurter Banditen überfallen, mit einer Wut, deren nur ein Frankfurter Reichsstädter fähig sein kann, gemißhandelt und in solcher Zahl getötet, daß von zwei Bataillonen der größte Teil ein Opfer dieser Henkersknechte wurde. Die französischen Krieger setzten sich mutig zur Gegenwehr, waren aber zu schwach, um 8 – 10 000 bewaffneten Böse-

wichtern Widerstand leisten zu können. Kaum hörte dies der General Cüstine, als er morgens gegen elf Uhr mit einem großen Teil seines Heeres und einer Menge von Belagerungsgeschütz vor die Stadt rückte. Er hat erklärt, daß er entweder selbst vor ihren Mauern sterben oder die Stadt in Staub und Asche verwandeln wolle."
Metternich schrieb: „Deutsche, flucht euern Frankfurter Landsleuten und streicht sie auf der Liste eurer Mitbürger aus. Sie dürfen nicht länger unter euch genannt werden, so wie General Cüstine dafür sorgen wird, daß die Stelle, wo jetzt Frankfurt steht, ein schauerlicher Schutthaufen, nur ein Denkmal der Grausamkeit und Verräterei für die Nachkommenschaft sein wird."
Die allgemeine Administration zu Mainz, um die Wut der französischen Armee noch zu steigern, befahl, daß für die zu Frankfurt gemordeten Franzosen ein großes feierliches Totenamt gehalten werden solle.
Man kann sich denken, welche Angst bei dem Lesen solcher Zeitungsartikel – die Mainzer hatten dafür gesorgt, daß dieselben sogleich gehörig in Frankfurt verbreitet wurden – sich der armen Kaufmannsseelen daselbst bemächtigte, die eigentlich an dem Vorgefallenen sehr unschuldig waren, das außerdem ebenso entstellt als übertrieben wurde. Starre Verzweiflung war mehrere Tage in allen Gesichtern zu lesen, und wenig fruchtete es, daß die Preußen sich hoch und teuer verschworen, daß kein Franzose je wieder die Stadt Frankfurt betreten solle, die preußische Uniform schien im Gegenteil die allgemeine Angst noch zu vermehren, und die armen Frankfurter träumten und sahen nichts mehr als ihre Stadt in Flammen aufgehen und deren dampfende Ruinen. In allen Familien war jede Lebenslust wie weggeblasen, und diejenigen, deren Angehörige bei der fatalen Mission zu Paris waren, gaben sich der Verzweiflung hin. Ein reicher Kaufmann, der uns denselben Abend, als die Preußen in die Stadt eingerückt waren, einen Besuch gemacht und sich dabei gerühmt hatte, aus seinem Haus habe man auf seinen Befehl siedendes Wasser auf

fliehende Franzosen gegossen, und „die Kerls gehörig gebrühet", wobei er und seine Frau tätig gewesen seien, kam einem Gespenst gleich ein paar Tage darauf zu meinen Eltern, um sie zu fragen, ob sie seine Fabel weitererzählt hätten, er habe dies alles nur im Scherz gesagt, es sei nur ein dummer Spaß von ihm gewesen, er selbst könne nicht begreifen, wie er zu einem so elenden Geschwätz gekommen sei, seine alberne Gans von einer Frau sei an dem ganzen Eselsstreich schuld. Er verließ uns endlich, indem er meine Eltern beschwor, doch ja die Sache nicht weiterzuerzählen, und begab sich in mehrere Häuser, in denen er mit dieser Heldentat so geprahlt, die man ihm mitunter und namentlich in unserem Haus sehr verübelt hatte, sie zu widerrufen. Mein Vater suchte indessen den reichen armen Teufel möglichst zu beruhigen, er hatte jedoch noch lange an seinem Angstfieber zu laborieren.

Magistrat und Bürgerschaft wetteiferten nun, diese gräßlichen Beschuldigungen von sich zu weisen und sie für abscheuliche Verleumdungen zu erklären, was sie denn zum größten Teil auch waren. Eine Unwahrheit war es, daß ein förmliches Mordkomplott stattgefunden habe, und eine große Lüge, daß man zehntausend Mordmesser zu diesem Zweck habe verfertigen lassen, von denen Cüstine sogar eines an den Konvent nach Paris sandte und dazu schrieb:

„Bürger Präsident! Ich kann dem Nationalkonvent die ausgezeichnete Verräterei nicht mehr verhehlen, welche Ursache an der Wiedereinnahme Frankfurts durch die Preußen sowohl als an dem Meuchelmord unserer Brüder war. Dreihundert von ihnen sind im glorreichen Gefechte für die Sache der Freiheit durch die Messer der Meuchelmörder gefallen. Ich übersende dem Nationalkonvent eines von den Messern, das ein Soldat überbrachte, der Gelegenheit fand, aus Frankfurt zu entkommen, und welcher es einem dieser Schurken aus den Händen gerissen. Die Messer waren alle von der nämlichen Form, beinahe 10 000 Menschen waren damit bewaffnet; 150 Zimmerleute, die bestimmt waren, die Tore zu öffnen, waren in zwei Kähnen von Hanau, welches dem Landgrafen von Hessen-Kassel gehört, gekommen. Der General von Helden, der zu Frankfurt kommandierte, darf sagen, daß er von dieser Ankunft nichts gewußt habe, ebensowenig als von der Verfertigung und von der Ankunft jener Messer. Dieser Kommandant darf sich rühmen, seine Schuldigkeit getan und selbst von den Feinden Lob erhalten zu haben. Ich will glauben, daß das Volk mehr verblendet als strafbar war, und daß es gewohnt, sich unter die Österreicher zu bücken, dieselben für Riesen angesehen hat ... Ich empfehle der Menschlichkeit des Nationalkonvents und des französischen Volkes die Deputierten der Stadt Frankfurt. Ihre Freiheit und ihre Sicherheit werden meine süßeste Belohnung sein."

Um diesen furchtbaren Anklagen zu begegnen, machte der Magistrat von Frankfurt bekannt, daß derjenige eine Belohnung von 24 000 Livres erhalten solle, der beweisen könne, daß ein Mordkomplott in Frankfurt stattgefunden und die Bürger Franzosen mit Mordgewehren oder Messern getötet hätten. Aber niemand konnte dergleichen dartun; das Wahre an der Sache war, daß mehrere wohlhabende Bürger, der Hingebung des Augenblicks folgend, verschiedene Individuen aus den niederen Ständen zur Zertrümmerung der Kanonen und zum Eröffnen der Tore aufgemuntert hatten, sowie, daß aus einzelnen Häusern siedendes Wasser auf die Fliehenden gegossen worden war; von einem Komplott und einer Messerfabrikation sowie von einem systematisch berechneten Angriff war jedoch niemals die Rede gewesen. Aber auch schon das war hinreichend, um unter solchen Verhältnissen und in einem solchen Krieg den Ruin und die Zerstörung einer Stadt herbeizuführen, und dies fühlte man wohl, wäre auch das unvermeidliche Schicksal Frankfurts gewesen, wenn der Feind damals schnell zurückgekehrt wäre. Aller Enthusiasmus für die Sieger war indessen nach ein paarmal vierundzwanzig Stunden verschwunden, und man hörte keine Vivats mehr.

Zu Paris hatten sich diese Vorfälle greulich ausgemalt und, durch gräßliche Zusätze vermehrt, schon verbreitet, noch ehe ein offizieller Bericht daselbst angekommen war. Als Cüstines Berichte eintrafen, beschloß der vollziehende Staatsrat vorerst, die Frankfurter Deputierten in ihren Wohnungen in strengem Verhaft zu halten und auf das schärfste bewachen zu lassen. Diese sahen sich nun mit einem Male von all ihren dortigen Bekannten verlassen und befanden sich in der Tat in einer schrecklichen Lage, und dies zu einer Zeit, wo man in Paris Menschenköpfe gleich Mohnköpfen abschlug. Unter ihren Fenstern verkaufte man Extrablätter unter dem Ausruf: „Getreue Erzählung, wie durch die Frankfurter Banditen tausend Franzosen ermordet wurden, Frankfurter Mordgeschichten usw." Keine französische Zeitung wollte etwas zur Verteidigung der armen Deputierten aufnehmen, welche jeden Augenblick fürchteten, zur Guillotine geschleppt zu werden. Unter den vielen Mitteln, die man anwendete, jene gehässigen Anklagen zu widerlegen und als nichtig darzustellen, wurde eines ergriffen, das guten Erfolg hatte: man ließ nämlich die französischen Gefangenen, Offiziere und Gemeine der Nationalgarde und Linientruppen, Erklärungen und Briefe schreiben, in welchen sie die treffliche Behandlung, welche ihnen von der Frankfurter Bürgerschaft und dem Magistrat zuteil wurden, hoch rühmten und auf das dankbarste anpriesen. Sie bekräftigten in denselben, daß sich der Magistrat alle mögliche Mühe gegeben habe, dem Auflauf des Pöbels zu steuern, und daß Bürger selbst von den eindringenden Hessen Pardon für mehrere ihrer Landsleute erwirkt hätten. Man schob überhaupt die ganze Schuld auf fremde Handwerksburschen, diese armen Teufel mußten jetzt alles auf ihre Schultern nehmen. Dies vermochte indessen nicht, die in Paris gefangenen Frankfurter Deputierten, unter denen auch einer vom Senat war, aus ihrer hochnotpeinlichen Lage zu befreien, was für den Augenblick das wichtigste war, da sie in augenscheinlicher Lebensgefahr schwebten, denn man spielte ja in Frankreichs Hauptstadt um Köpfe wie um Dreier, und die Familien der Abgeordneten waren in unaufhörlicher Höllenangst, sahen in banger Verzweiflung jeden Tag der ankommenden Post entgegen, schreckliche Nachricht befürchtend, und gingen dem hochedlen Magistrat Tag und Nacht zuleibe, damit er die baldigste Befreiung ihrer Angehörigen bewirken möge. Dies war eben keine leichte Aufgabe. Mein Großvater Weller hatte den Herren des Rats den Rat gegeben, man müsse schleunigst suchen, jemand ohne allen offiziellen Charakter ganz insgeheim und mit hinlänglichen Mitteln versehen nach Paris zu schicken, um das Terrain daselbst zu rekognoszieren, die Deputierten gehörig von allem zu unterrichten und von dem fatalen Vorfall und der Sachlage in Kenntnis zu setzen, sodann aber deren Befreiung um jeden Preis zu erwirken suchen. So einleuchtend es auch war, daß sich nur einzig von diesem Mittel einiger Erfolg erwarten ließ, so waren doch mehrere Hohlköpfe des hochgelahrten und wohlfürsichtigen Magistrats und selbst einer der wohlregierenden Bürgermeister dagegen und meinten, man müsse sich nicht in neue Fatalitäten verwickeln, sondern, da es doch einmal nicht anders sei, der Sache ihren Lauf lassen, das heißt, die armen Teufel zu Paris ihrem Schicksal überlassen. Glücklicherweise war der bessere Teil der Herrn anderer Meinung und drang, jedoch nicht ohne einige derbe Kraftäußerungen und sogar Drohungen ausgestoßen zu haben, durch. Soweit war man nun gekommen; aber wen absenden, wo jemand finden, der sich zu dieser schwierigen und gefährlichen Ambassade hergeben wolle, und auch die hierzu nötigen Fähigkeiten und den Mut gehabt hätte? In solchen Zeiten und in solchen Nöten sucht man den Mann, der Kopf und Herz auf dem rechten Fleck hat, auch ohne alle hohe Protektion hervor, den protegierten Haufen der Alltagsmenschen, denen er sonst ein Dorn im Auge ist, beiseite setzend, und preist sich glücklich, ihn zu finden. Von den hochweisen Herrn des Magistrats wollte sich keiner zu dieser Mission verstehen, sie liebten alle zu sehr, was unter ihren

Perücken und Haarbeuteln vegetierte, es mochte auch noch so unnützes Unkraut sein. Alle hatten ihre triftigen Entschuldigungsgründe, die übrigens auch wohl vollgültig sein mochten. Die einen schützten ihr respektables Alter, fast alle ihre Unkenntnis der französischen Sprache vor, was bei den meisten auch der Wahrheit gemäß war, denn nur wenige der gebildeteren Klasse der Einwohner Frankfurts sprachen damals außer ihrer Muttersprache, dem abscheulichen Frankfurter-Deutsch, noch eine andere; höchstens warfen einige hochgelahrte Herrn mit ein paar Brocken Küchenlatein um sich, mit dem freilich in Paris nichts anzufangen war. Mein Großvater, der die Verlegenheit, in der sich die guten Väter des Vaterlands befanden, sowie die traurige Lage, in der es sich selbst befand, erwog und sich zu Herzen nahm, sprach zu ihnen: „Ich bin zwar zu alt, kränklich und schwach" – er hatte noch nicht lange einen Schlaganfall gehabt – „um die Reise nach Paris unternehmen zu können, sonst würde ich mich der Sache gerne unterziehen, aber mein Sohn Fritz, das ist ein gewandter Bursche, spricht geläufig französisch, weiß sich zu drehen und zu wenden, der soll es wagen, nach dem Teufelsnest zu reisen, unsern armen Landsleuten Trost und womöglich Rettung zu bringen."
Mein Oheim Fritz zählte kaum einige zwanzig Jahre, bei jeder andern Gelegenheit würden die „hochweißen" Herrn (sie waren damals alle gepudert und die meisten trugen, wie noch jetzt, wenn auch in anderer Form, Perücken) einen solchen Antrag unwirsch zurückgewiesen haben, aber hier galt es, seine Haut zu Markte zu tragen, und auch die Vorlautesten waren mäuschenstille. Nur einer unter ihnen, ein Schöffe Wallacher, äußerte: „Da man doch niemand habe, der fähiger sei, so müsse man das Anerbeiten des jungen Wellers wohl annehmen."
Die Sache wurde nun noch in geheimer Sitzung verhandelt und beschlossen, daß mein Oheim ganz insgeheim nach Paris reisen solle. Auf sein Verlangen wurde ihm ein Paß von der Isenburger Regierung, um nicht als Frankfurter

bezeichnet zu sein, in der Eigenschaft eines spekulierenden Buchhändlers ausgestellt, der sich in Privatgeschäften nach Paris begebe.

Als alles in gehöriger Ordnung und mein Oheim mit Geld, Wechseln und Empfehlungen reichlich versehen war, denn Gold durfte nicht gespart werden, wollte man die Kerkertüren sprengen, reiste er ganz in der Stille ab, kam glücklich über die Grenze und ohne besondere Zufälle in der stürmischen Hauptstadt Frankreichs an, wo er vorgab, gekommen zu sein, um die merkwürdigsten Szenen der französischen Revolution an Ort und Stelle zeichnen zu lassen, die dann später in Kupfer für ein deutsches Werk gestochen werden sollten, das die Heldentaten dieser Revolution dem deutschen Volk recht anschaulich machen und dasselbe zur Nacheiferung aufmuntern werde. Dies war freilich nicht der Wille des Magistrats gewesen, aber mein Oheim fand es der Klugheit gemäß, so zu handeln, um jeden Argwohn zu entfernen. Indessen traf er auf manche große, nicht vorgesehene Schwierigkeiten, doch bahnten ihm seine Empfehlungen, eigene Geschicklichkeit und vor allem der mitgebrachte Talisman den Weg. Einmal lief er jedoch Gefahr, für einen Spion gehalten, als solcher verhaftet und folglich um einen Kopf kürzer gemacht zu werden, aber durch seine Geistesgegenwart wußte er sich im kritischsten Augenblicke aus der fatalen Lage zu ziehen. Er unterhielt sich nämlich eines Abends mit einem andern Deutschen in seiner Muttersprache über die neuesten Vorfälle der Revolution, wobei sie auch mehrmals die Worte: Monsieur und Graf Artois, hatten fallen lassen. Ein Jakobiner aus dem Elsaß, der hinter ihnen drein gegangen war und einen Teil dieser Unterredung gehört hatte, schrie plötzlich: „Voilà des espions autrichiens, qu'on les arrète." Mein Oheim dreht sich um und sieht, wie der Kerl auf ihn losspringt, um ihn zu packen, er gibt ihm jedoch einen gewaltigen Faustschlag auf dic Brust, der Jakobiner prallt ein paar Schritte zurück, stolpert, stürzt, und mein Oheim wirft ihm jetzt schnell seinen Mantel über das Gesicht, aus allen Kräften „au voleur!" schreiend. In einem Augenblick waren eine Menge Menschen um den Gefallenen versammelt, unter die sich der junge Weller sogleich mit seinem Begleiter mischte, sich gleich den andern erkundigend, was da vorgehe, und dann, den Mantel im Stiche lassend, unbemerkt wegeilte, sich glücklich preisend, mit dem Verlust dieses Kleidungsstückes davon zu kommen. Aus einiger Entfernung durch die Schatten der Nacht begünstigt, sah er, wie der arme Teufel von Jakobiner, den die Menge festhielt, ihn wirklich für einen Dieb haltend, große Mühe hatte, sich zu rechtfertigen und den Leuten den wahren Hergang der Sache begreiflich zu machen, worauf sich alle nach dem vermeintlichen Aristokraten umsahen, den sie jedoch nicht mehr entdecken konnten.

Ein paar Tage nach seiner Ankunft zu Paris war es meinem Oheim gelungen, sich mit den gefangenen Deputierten, die einen rettenden Gott in ihm sahen, heimlich in Verbindung zu setzen. Man beriet sich gemeinschaftlich über die Art und Weise, wie ihre Befreiung zu bewirken sei, und nachdem der junge Mann das Terrain hinlänglich sondiert, gelang es ihm, einige einflußreiche Mitglieder des Konvents für sich zu gewinnen, das heißt zu bestechen, indem er hier und da, wo es nötig war, mit aller Vorsicht seine goldenen Minen springen ließ, andere gewann er durch eine der Wahrheit gemäße einfache und einleuchtende Darstellung der Sache. Bei dieser Gelegenheit kam er auch mit Danton, Robespierre, Camille Desmoulin, Vergniaud, Brissot und andern berühmten Konventsmitgliedern in nähere Berührung. Das Unternehmen gelang über alle Erwartung, der Konvent verfügte die Freilassung der Verhafteten, und diese kamen gegen Ende Januar 1793 wieder glücklich und wohlbehalten mit ihren sich jetzt wieder außer Gefahr befindenden Köpfen in Frankfurt an, während Ludwig XVI. unter der Zeit den seinigen durch das Beil des Henkers verlor. Die Geretteten konnten nicht genug rühmen, was der junge Weller für sie getan, und sie und deren Familien, unter denen auch die G.........sche war, gaben ihm bei jeder Gelegenheit Beweise ihrer Erkenntlichkeit. Nachdem der schwierige Auftrag so glücklich vollzogen, hörte man von mehr als einer Seite, wenn des jungen Wellers lobend erwähnt wurde, von manchen superklugen, hochweisen Lippen die Worte fallen: „Mit solchen Mitteln versehen, gehörte eben keine große Kunst dazu!"

Mein Oheim hatte seinen Freunden und Verwandten mehrere hübsche Geschenke von Paris mitgebracht, unter denen ein kostbares Porzellanservice, das der unglücklichen Maria Antoinette gehört, und das er verstohlen um einen hohen Preis erstanden hatte.

Die Frankfurter Vorfälle hatten für niemand ersprießlichere Erfolge als für die französischen Gefangenen, die von jetzt an, so oft deren nach Frankfurt kamen, von der Stadt und ihren Bewohnern reichlich beschenkt und trefflich verköstigt wurden, was denn jedesmal in den Zeitungen gehörig ausposaunt ward, da man im Geiste schon wieder die französischen Heere und ihre erzürnten Krieger racheschnaubend vor den Stadttoren sah.

Die Nachricht von der Hinrichtung des unglücklichen Königs von Frankreich hatte einen höchst peinlichen Eindruck in Frankfurt sowie in ganz Deutschland gemacht, man wollte lange nicht an die Möglichkeit dieser Greueltat glauben und hatte Mühe, sich von der Wahrheit dieser Tatsache zu überreden, die man sich nur mit dem Ausdruck des Schmerzes und des Kummers mitteilte. Diese Begebenheit wandelte mehr als einen Demokraten zum Aristokraten um, sowie überhaupt der Gang und die Richtung, welche die Dinge in Frankreich nahmen, viele frühere Freunde der französischen Revolution zu deren erbitterten Feinden umschuf; von dem Glück einer Freiheit, die nur Mord, Raub, Brand, die blutigsten Greuel und scheußlichsten Würger hervorrief, konnte sich kein Mensch, der noch einen Funken gesunde Vernunft besaß, einen Begriff machen, dennoch behielt sie auch in Frankfurt manche Anhänger, und sogar in unserer Familie.

V

Aufenthalt des Königs von Preußen und seiner Garde in Frankfurt – Spielwut der Offiziere – Ein Jude muß einen Wechsel fressen – Eine Entführung – Errichtung einer stehenden Bühne in Frankfurt – Die erste Vorstellung der Zauberflöte erregt ungeheures Aufsehen – Abermalige Belagerung Frankfurts (1796) – Die Stadt wird mit glühenden Kugeln beschossen – Niederbrennen der Hälfte des Judenquartiers – Frankfurter Zustände jener Zeit – Meine schöne Kusine – Eine Scheidung – Eine Hochzeitsreise mit Unannehmlichkeiten in Stuttgart

Die fortdauernde Gegenwart des Königs von Preußen, der den ganzen Winter in Frankfurt zubrachte, und seiner Garde, machte doch, daß die Furcht der ängstlichen Gemüter der guten Reichsstädter vor den Franzosen und ihren Drohungen sich allmählich verlor, wozu das joviale Leben und galante Benehmen der Preußen nicht wenig beitrug, und bald machten die Besorgnisse dem Vergnügen Platz. Den gefallenen Hessen wurde auf Befehl Friedrich Wilhelm II. ein Denkmal vor dem Friedberger Tor errichtet, zu dem sein Hofbaumeister Langhans das Modell lieferte, und welches trotz den, als alles zerstörende Vandalen verrufenen Franzosen, die es im Laufe der Revolutionskriege unversehrt ließen und achteten, noch jetzt steht.

Seine preußische Majestät gefiel sich sehr in Frankfurt und war den Einwohnern ein überaus liebreicher Herr, besonders den Damen, von denen ihn manche nur „unsern lieben, dicken Wilhelm" nannten, denn der König verschwendete viel, sehr viel Geld, war äußerst freigebig und machte allen denen, die sich seiner Aufmerksamkeit und seiner Huld zu erfreuen hatten, reiche Geschenke. Diesem Beispiel folgten auch seine Untergebenen, namentlich zeichnete sich das Offizierkorps der Garden, das seinem Herrn keine Schande machen wollte, durch Großmut, Freigebigkeit und galantes Benehmen aus. Es kam nicht selten vor, daß diese Herren das, was ihnen von einem Friedrichsdor oder Kronentaler zugute kam, anzunehmen verschmähten und den Aufwärtern und Kellnern schenkten, und ebenso generös benahmen sie sich in den Kaufläden. So kamen abermal große Summen zur Bereicherung der Einwohner

Frankfurts in Umlauf. Besonders aber waren die Herren gewaltige Spielratzen, und in den größeren Gasthöfen wurden die Hasardspiele, namentlich Pharao, welches die Offiziere, meistens vermögende Edelleute, leidenschaftlich liebten, auf eine furchtbare Höhe getrieben. Diese Leidenschaft der preußischen Marssöhne wußten mehrere Spieler von Profession trefflich auszubeuten, unter ihnen waren namentlich ein verabschiedeter hessischer Oberst von Willich, der in Bockenheim wohnte, ein gewisser Kohl, ein Frankfurter Bäckerssohn, der eine sehr hübsche Frau hatte, die bei verschiedenen Spielen pointierte, ein anderer Gauner, namens Gimpel usw., die sich alle in kurzer Zeit ein großes Vermögen erspielten, von denen jedoch die meisten später wieder in bittere Armut gerieten, ja wohl in Spitälern Unterkunft suchen mußten. Diese Spielsucht der preußischen Offiziere kam nebst den saubern Bankhaltern keinem mehr zustatten, als den Frankfurter Juden, welche den Herren oft und gerne aus augenblicklichen Geldverlegenheiten halfen und dafür so generös belohnt wurden, daß sie nicht selten Hundert vom Hundert in wenig Wochen erhielten; denn so bemittelt auch die meisten dieser Edelleute sein mochten, so konnte es nicht fehlen, daß sie das leidige Spiel doch gar häufig in so große Verlegenheit brachte, daß sie nicht selten zu der ehrbaren Zunft der beschnittenen und unbeschnittenen Wucherer ihre Zuflucht nehmen mußten, die um so lieber ihre Börsen zur Verfügung der Herren stellten, als sie wußten, daß, wenn diese wieder bei Geld waren, was am Ende doch meistens der Fall, sie wegen Zinsen und Provision nicht knickerten. Ein komischer Vorfall, der sich damals mit einem der berüchtigtsten Gurgelabschneider in Frankfurt zutrug, durch ein solches Darlehen hervorgerufen wurde und die ganze Stadt außerordentlich belustigte, verdient, daß ich ihn hier mitteile, um so mehr, da die Sache in dem Hause meines Großvaters W. vorging. Derselbe hatte nämlich einen Major und einen Leutnant von der Garde im Quartier. Beide waren sehr artige, feine Leute, die man im Hause gern sah, sie nahmen an allen Freuden- und Familienfesten teil, der Major ließ fast jeden Abend die Musik seines Regiments kommen, um Tafelmusik, zuweilen auch, wenn gerade Gesellschaft war, Tanzmusik zu machen, ja, er ließ sogar die französischen Revolutionslieder und Märsche spielen, und wurde ein Geburtstag gefeiert, so hatte er die zarteste Aufmerksamkeit, machte recht artige Geschenke und suchte auf diese Art die Last der Einquartierung, die freilich nicht klein war, denn er hatte einen ganzen Troß von Bedienten und Pferden bei sich, möglichst zu versüßen. Er lebte gerne in Familien; der Leutnant hingegen, ein Herr Baron v. D. . . . war ein Wüstling, der selten zu Tische kam, oft ganze Nächte wegblieb, die er größtenteils am Pharaotisch des Herrn v. Willich zubrachte. So bedeutende Summen und Wechsel der junge Mann auch jeden Monat von Haus erhielt, er war der Sohn eines sehr reichen pommerischen Edelmannes, so waren seine Taschen doch in der Regel leer, und mit größerer Sehnsucht als er selbst, warteten die Frankfurter Juden auf seine Berliner Wechsel, die selten ausreichten, die gemachten Darlehen zu decken; da er auch nicht sehr pünktlich im Bezahlen war, so wurden die Kinder Israels hinsichtlich seiner etwas schwieriger, und er mußte ihnen noch höhere Zinsen bezahlen. Ein gewisser Samuel Rapp war damals als einer der Hauptnothelfer des königlich preußischen Offizierkorps bekannt; an diesen wandte sich nun unser Leutnant, als er einmal wieder ganz im Trockenen saß, und ließ den Juden durch seinen Burschen rufen. Rapp kam, stellte sich jedoch äußerst schwierig, willigte aber endlich ein, fünfzig Friedrichsdor auf vier Wochen vorzuschießen, jedoch unter der Bedingung, daß ihm der Offizier hundert verschreibe und einen Wechsel ausstelle, in welchem Herr von D . . . sich durch sein Ehrenwort verpflichtete, die hundert dargeliehenen Friedrichsdor an dem bestimmten Tage zurückzuzahlen, da, wie bekannt, gegen das Militär kein Wechselrecht gültig und ebensowenig eine Zivilklage angebracht werden konnte. D . . . ging die Bedingung ein und erhielt die fünfzig Friedrichsdor bar; der Jude hatte ihm zwar für einen Teil des Geldes mancherlei Ware, unter anderem auch eine Partie Katzenfelle zu einem hohen Preis aufschmusen wollen, worauf sich der Offizier aber nicht einließ, indem er sagte: die hält mir kein Bankier. Die Verfallzeit des ausgestellten Wechsels rückte heran, und der Leutnant hatte kein Geld, er hatte zwar während der Zeit wieder einen Wechsel von Haus erhalten, aber die Coeur-, Treff- und andere Damen sowie Buben usw. hatten es längst verschlungen, auch hatte er ein paar andere Juden, die ihm früher geliehen und gequält, bezahlt. Als nun der unglückliche Zahlungstermin herangekommen war, erschien Samuel schon in aller Frühe und präsentierte seinen Wechsel zum Einkassieren auf des Leutnants Stube, der jedoch zur Antwort gab: „Schmul, ich kann Euch nicht helfen, Ihr müßt mir Frist geben, meine Wechsel sind ausgeblieben."

„Gotteswunder, Herr Barohn, was tu ich domit, ich brach mei Geld, ich kann net warte, ich hab druf gerächent, ich muß doch ach heind zahle."

„Seid vernünftig, ich habe viel Unglück gehabt und gestern nach Haus geschrieben, in spätestens acht Tagen erhalte ich neue Wechsel."

„Ich kann net, Herr Barohn, ich kann net warte, ich muß mei Geld hawe, ich muß es heind hawe, ich muß es gleich hawe, ich muß ach bezahle."

„Wenn ich nun aber keines habe, ich kann doch keines aus der Erde stampfen oder Dukaten aus dem Ärmel schütteln, gedulde dich nur acht Tage."

„Nah, ich kann net, kah acht Stunne, kah acht Minute, ich muß mei Geld hawe, 's is heind der Zahltag, un ich muß ach zahle."

„Höre, Jude, wieviel muß ich dir zahlen, wenn du noch acht Tage Frist gibst?"

„Nix, gar nix, denn ich kann kahn Frist gewe, und ich kann ach net warte."

„So scher dich zum Teufel, denn ich habe nun einmal kein Geld."

„So, Herr Barohn, deß sin mer saubere Massematte, ich hab doch Ihr'n Wechsel mit Ihr'm Ehrewort drinn; wenn Se mich net bezahle, so mach ich's bekannt."
„Jude!"
„Nu, Herr Barohn, ich kann mer doch net anners helfe, und wann Se mich net zahle, so weis ich de Wechsel vor uff der Parad', und dann sin Se de Katze, weil Se kah Ehrewort hawe gehalte, deß wäß ich recht gut."
„Jude, dich soll ja der Teufel, warte . . ."
Der Leutnant ging an die Stubentüre und schloß dieselbe ab.
„Nau, Gottswunder, Herr Barohn, was soll mer deß? Mache Se kahn Stuß, was wolln Se mache?"
„Das wirst du sogleich sehen."
Der Leutnant nahm nun eine ungeladene Pistole, auf der ein hölzerner Stein war, von der Wand herab, stellte sich vor den zitternden Juden hin, spannte den Hahn und sagte mit donnernder Stimme:
„Jude, jetzt friß den Wechsel oder du bist des Todes."
„Auweih geschrie, Herr Barohn, was soll mer deß, was mache Se vor än dumme Stuß."
„Friß, sage ich, oder . . ."
Der Leutnant hält ihm die Mündung gegen den Mund.
„Aweih, aweih, wie kann ich fresse, ä Wechsel is doch ka Matzes. Aweih geschrie, Herr Barohn, ich kreisch."
„Wenn du noch einen Laut von dir gibst, Jude, so drücke ich ab. Friß, sag' ich, oder ich schieß."
Der Jude, todesbleich und schlotternd, würgte nun den Wechsel nicht ohne große Mühe hinab, während der Offizier mit der drohenden Waffe vor ihm stand.
„So, sagte er, nachdem der Jude zum letztenmal geschlungen hatte, jetzt sperre das Maul auf, damit ich auch sehe, ob dir nichts in den Zähnen stecken geblieben ist."
„Herr Barohn, Se wern mer doch net enei schieße wolle, ich haw en warrlich gefresse."
„Sei ohne Furcht und sperre das Maul auf, sag ich."
Der Jude sperrte nun das Maul weit auf.

„Gut, nun kannst du gehen, aber das laß dir gesagt sein, wenn du nur eine Silbe von der ganzen Begebenheit gegen jemand erwähnst, so bist du des Todes, denn ich schieße dich nieder, wo ich dich finde. Übrigens kannst du, wenn du schweigst, in acht Tagen dein Geld bei mir abholen, es ist jetzt eine Ehrensache für mich, dich zu bezahlen."

„Herr Barohn, is deß wahr, dann will ich so stumm sein aß ä Fisch."

„Du kannst darauf zählen."

Der Offizier legte nun die Pistole hin, schloß die Türe auf, und der Jude huschte, einen schweren Seufzer lassend, zur Stube hinaus.

Acht Tage darauf ließ der Leutnant den Rapp wieder holen und zahlte ihm hundert Friedrichsdor in Gold hin und noch obendrein einen doppelten mehr, indem er sagte:

„Hier, das nimm für die ausgestandene Angst und weil du reinen Mund gehalten; gestern erhielt ich meine Wechsel."

„Gottswunder, Herr Barohn, Se sin doch ä wohrer Ehrenmann, wie's kahn mehr in ganz Frankfort, in der ganze Welt mehr gibt; wann Se widder was brauche, Se därfe nor befehle, ich mach mer ä Vergnüge draus, Ihne zu diene . . ."

„Schon gut, wir werden sehen."

„Aber ahns mach ich zur Bedingung."

„Und das wäre?"

„Wann Se mer widder ä Verschreibung mache, schreiwe S' es uff än Nernberger Lebkuche oder uff än Matzen, wann ich's dann widder fresse muß, so haw ich doch net so schwer daran zu verdaue. Der anner Wechsel is noch net recht verdaut, un hat mer vierundzwanzig Stund schrecklich zu schaffe gemacht."

Der Offizier entließ den Juden lachend, ihm die Erlaubnis gebend, diesen Vorgang jetzt nach Belieben mitzuteilen, wovon Rapp auch, den generösen Herrn hoch rühmend, zur Genüge Gebrauch machte. Herr von D . . . aber erzählte noch denselben Abend den Vorgang an meines

Großvaters Tisch, worüber sämtliche Anwesende fast vor Lachen zerplatzen wollten. Hintendrein aber gab ihm Herr Weller den wohlgemeinten Rat, sich künftig fern von Spiel und solchen Juden zu halten, was aber beides weder beherzigt noch befolgt wurde.
Zu derselben Zeit trug sich noch eine Begebenheit zu, die nicht weniger Aufsehen machte. Einer der ersten Advokaten Frankfurts, ein Doktor Dietz, hatte ein schönes und wunderliebliches, kaum sechzehn Jahre altes Töchterchen, sein einziges Kind. Die Familie war uns sehr befreundet, und das junge Mädchen besuchte uns oft. Der Vater, ein vermögender Mann, mietete aus Vorsicht und aus Furcht, die Tochter möchte eine ihm unangenehme Bekanntschaft machen, jede ihm zukommende Einquartierung in einem Gasthof ein. Aber das Schicksal spottet und trotzt aller menschlichen, selbst juristischen Vorsicht. Das schöne Kind lernte ein junger Ingenieuroffizier, der bei meinen Eltern einquartiert war, kennen; es entspann sich bald ein vertrauliches Verhältnis zwischen den jungen Leuten, sie wechselten heimlich Briefe, und endlich hielt der Offizier um die Hand der schönen Amalie an, erhielt aber von dem Vater, der über diese seinen Absichten so ganz zuwiderlaufende Bekanntschaft höchst entrüstet war, einen trockenen Korb. Wie es nun so zu gehen pflegt, die solchen Leidenschaften in den Weg gelegten Hindernisse geben diesen nur eine größere Kraft, Amalie setzte das Köpfchen auf und sagte: „Und ich will ihn haben, und ich muß ihn haben." Der Papa seinerseits, auch ein Starrkopf, der das einzige Kind nicht weit von sich entfernt mit einem jungen Offizier in die weite Welt wollte ziehen sehen, schickte das Mädchen zu den Englischen Fräulein, deren Kloster hinter dem Prediger war, mit dem Befehl, ein wachsames Auge auf das Töchterchen zu haben, und sie besonders unter keinem Vorwand allein ausgehen zu lassen. Eines Morgens aber kam eine Magd zu der Vorsteherin, angeblich von dem Herrn Doktor Dietz geschickt, der seine Tochter auf einen Tag zu sich nach Haus nehmen wolle. Man gab der-

selben ohne allen Argwohn das Mädchen mit, das, statt den Weg nach dem väterlichen Hause zu nehmen, mit der Zofe, die sie abgeholt, und die wirklich im Dienst ihres Vaters gestanden, den nach dem Allerheiligentor einschlug, vor dem sie eine Postchaise und der geliebte Offizier, mit dem sie fortwährend vermittelst der von ihm bestochenen Magd Briefchen gewechselt hatte, erwarteten. Alle drei setzten sich in den Wagen, der nun in raschem Trabe auf der Straße nach Hanau davon fuhr. Die Englischen Fräulein wunderten sich, als es schon neun Uhr abends war, Jungfer Dietz noch nicht zurückkehren zu sehen, und glaubten, da sie auch um zehn Uhr noch nicht erschienen war, die Eltern hätten sie für diese Nacht bei sich behalten. Aber wie groß war ihr Erstaunen, als sie den andern Tag sich im väterlichen Hause nach ihr erkundigen ließen, niemand etwas von ihr gesehen noch gehört haben wollte. Der Vater, außer sich, ahnte, was geschehen, eilte ins Kloster, von da in unser Haus, wo er erfuhr, daß der Offizier schon den Morgen des vorhergehenden Tages Abschied genommen und gesagt, er habe Ordre erhalten, nach Berlin zurückzukehren. Doktor Dietz, seiner Vermutung jetzt nur zu gewiß, rannte wut- und zornentbrannt in das Rote Haus, wo er den König zu sprechen verlangte, um von diesem Satisfaktion und Bestrafung des Entführers zu erhalten, kam jedoch nicht sogleich vor, und es gelang ihm erst den folgenden Tag, durch Vermittlung des Wirtes, Herrn Dick, der aus besonderen Ursachen in hohen Gnaden bei Sr. Majestät stand, demselben seine Beschwerde und sein Verlangen persönlich vorbringen zu können. Friedrich Wilhelm hörte den erzürnten Vater gelassen an, sagte ihm dann mit lächelnder Miene, er möge sich beruhigen, er wolle dafür sorgen, daß die Ehre des Mädchens gerettet werde und dem Offizier befehlen, sie sofort zu seiner rechtmäßigen Gattin zu machen.

„Aber Euer Majestät, das ist ja gerade, was ich nicht wollte", platzte nun der Advokat heraus.

„Ja, dann kann ich nicht helfen", versetzte der König, „die

jungen Leute haben vierundzwanzig Stunden voraus, und werden die Zeit wohl gut benutzt haben. Eine Heirat ist unter solchen Umständen doch wohl das Vernünftigste, das sollte Er als Rechtsgelehrter am besten einsehen".

Und damit war der Doktor entlassen. Vierzehn Tage darauf erhielt er Briefe von seiner Tochter und deren Gatten, dem Leutnant H ..., in denen ihn beide um Verzeihung, um seinen Segen und – einige Unterstützung baten. Die Trauung war in Potsdam auf des Königs Befehl vollzogen worden. Der Vater verweigerte jedoch alles, wollte von seiner Tochter nichts mehr hören, und betrachtete sich als kinderlos. Als ihn nach ein paar Jahren die junge Frau besuchte, nahm er sie kalt und unfreundlich auf und änderte solange er lebte sein Benehmen hinsichtlich ihrer nicht. Böse Beispiele ermutigen zur Nachahmung, und kaum vierzehn Tage nach dieser Begebenheit fiel eine abermalige Entführungsgeschichte vor, und die Entführte, eine reiche Kaufmannstochter, war ebenfalls aus dem Kloster der Englischen Fräulein mit einem preußischen Husarenoffizier entflohen, so daß sowohl diese Fräulein wie die preußischen Offiziere, die das Spiel mit den Damen nicht minder wie das mit den Karten zu lieben und bei dem ersten sich ihren König zum Muster zu nehmen schienen, in einen bösen Ruf kamen.

Die Anwesenheit der Preußen und ihres Königs hatte auch viel zum Glanz des wenige Monate früher auf Aktien gegründeten Frankfurter Theaters, welches sich, Gott weiß mit welchem Recht, den hochtrabenden Titel „Nationaltheater" beigelegt hatte, beigetragen. Was an demselben national war, konnte niemand ausfindig machen. Sechzig wohlhabende Bürger, fast lauter Kaufleute, hatten jeder 550 fl., also eine Totalsumme von 33 000 fl. zugeschossen, um das Unternehmen zustande zu bringen; sie erhielten Aktien für ihren Einschuß. Ein Advokat nannte dies „eine wahrhaft nationale Handlung", und so meinten die andern Herren, diesem Institut den Titel eines Nationaltheaters erteilen zu müssen, was manchen Stoff zum Lachen und zur Satire gab. Erst im Jahre 1782 hatte man ein Schauspielhaus in Frankfurt erbaut, welches der bekannte Schauspieldirektor Großmann im September desselben Jahres mit Bocks Drama „Hanno, Fürst im Norden", und einem Gelegenheitsstück unter Pauken und Trompeten eingeweiht hatte. Bis zum Jahre 1792 hatten mehr oder minder gute wandernde Truppen, hauptsächlich während der Winterzeit, Vorstellungen in diesem Hause gegeben, das zwei Jahre nach seiner Erbauung beinahe ein Raub der Flammen geworden wäre, da das im Kontor des Direktors mitten in der Nacht ausgekommene Feuer anfänglich niemand löschen wollte, und das auf dem Komödienplatz versammelte Volk schrie: „Laßt nur das Teufelshaus brennen, wir brauchen kein Komödienhaus, das nur Unglück über die Stadt bringt, baut die Barfüßerkirche aus." Nur die dringendsten Vorstellungen einiger vernünftigern Personen, daß die ganze Stadt Gefahr laufe, niederzubrennen, wenn man nicht lösche und den Flammen Einhalt tue, vermochten endlich die Leute, Hand an die Spritzen zu legen, und in kurzer Zeit war man Meister des Feuers geworden, das noch wenig Schaden angerichtet hatte. Großmann, der mit seiner Familie in dem Hause wohnte, ward jedoch bei dieser Gelegenheit bedeutend bestohlen, er selbst stark beschädigt, und seine Kinder wurden nur mit Mühe gerettet. Bis zur Erbauung dieses Hauses hatte man sich teils mit bretternen Hütten auf dem Paradeplatz, teils mit einem zu diesem Zweck im Junghof eingerichteten Gebäude beholfen, wo man dann namentlich während der Messen und bei Krönungsfeierlichkeiten Vorstellungen und tolle Jahrmarktspossen und Hanswurstiaden im Geschmack der damaligen Zeit aufführen ließ; eine gewisse Hakin, Direktrice einer solchen Truppe, welche das Glück hatte, während der Krönungsperiode Karls VI. in Frankfurt zu spielen, nahm die für jene Zeit unerhörte Summe von 60 000 Gulden bar mit, als sie Frankfurt verließ.

Als der Aktienverein dieser Nationalbühne gegründet war, verschrieb man aus allen Ecken und Enden Deutschlands und den angrenzenden Ländern Künstler, unter denen manche sich durch Talent und nicht gewöhnliche Darstellungsgaben auszeichneten oder doch zu großen Hoffnungen berechtigten. Unter diesen verdienen besonders die Herren Hübsch und Porsch vom Mainzer, Prandt vom Brünner, Schröder und Elmenreich vom Rheinbergischen, und die Damen Bulla mit ihrem liebenswürdigen Töchterchen Sophie vom Lemberger, Langenthal, später die Gemahlin des königlich preußischen Staatskanzlers Fürsten von Hardenberg, vom J. Sekondaschen, Aschenbrenner vom Karlsruher, Demoiselle Kneisel, welche sich der besonderen Gunst des Königs Wilhelm zu erfreuen hatte, vom Großmannischen, die Demoisellen Boudet und Zuccarini vom Hamburger, und Madame Heinemann vom Brünner Theater als ausgezeichnet erwähnt zu werden. Mehrere von diesen haben sich bis zu ihrem Tode bei dieser Bühne erhalten und bewährt. Ein Schauspieler, Büchner, der jedoch seinen Namen umgedreht und sich Rennschüb nannte, ward als Regisseur bei dieser Truppe angestellt, aber unter der Bedingung, daß weder er noch seine Gattin Rollen bei diesem Theater übernehmen dürften, und zwar aus dem hochwichtigen Grunde, weil er ein Frankfurter Bürgerssohn und ein Bruder des Senators Büchner, dem Vater des später wegen seinem großen Scharfsinn und glänzendem Verstand in ganz Frankfurt und eine Meile im Umkreis so berühmt gewordenen Stadtamtmann Büchner war; denn ein solcher Skandal, daß der Verwandte einer Frankfurter Magistratsperson ein Komödiant geworden, war bis jetzt in der guten Reichsstadt noch nicht erhört worden.

Die neue stehende Bühne wurde mit Ifflands „Alte und neue Zeit" eröffnet, letztere ist seitdem ebenfalls längst alt geworden. Noch in demselben Theaterjahr kam Mozarts unsterbliches Meisterwerk „Die Zauberflöte" den 16. August 1793 zur Aufführung, und machte sowohl in Frankfurt als wie in der ganzen Umgegend, aus der man bis auf zwanzig Stunden Entfernung hinzuströmte, diese Oper zu sehen, ein ungeheures Aufsehen, was jedoch mehr der Szenerie des Stückes als der herrlichen Musik des großen Meisters zuzuschreiben war. Man hatte die Oper hinsichtlich der Dekorationen, der Kostüme, der Maschinerie und der Komparsen allerdings, wenn auch phantastisch genug, doch sehr glänzend ausgestattet und bis jetzt dergleichen noch nicht in Frankfurt gesehen. Von der Schlange, dem Erscheinen der Königin der Nacht und ihren Nymphen, dem Vogelmensch Papageno, den Affen, Bären, Elefanten, Sarastros Löwen und Triumphwagen, dem Wasser und Feuer usw., erzählte man sich Wunderdinge, während man der trefflichsten Tonstücke kaum erwähnte, die schönsten Arien und erhabensten Chöre und Ensemblestücke kaum begriff, dagegen die possierlichen Sprünge der Affen und Bären und den Mohren auf dem Elefanten nicht genug bewundern, sowie die Oper nicht genug oft wiederholt werden konnte, um die Schaulust aller zuströmenden Fremden zu befriedigen, ob man gleich auch die Tage, an denen gewöhnlich nicht gespielt wurde, dazu nahm, und gar oft mußten weithergekommene Fremde, ohne den Zweck ihrer kostspieligen Reise erfüllt zu sehen, wieder heimkehren; diejenigen aber, die so glücklich gewesen, Plätze oder eine Loge zu erhalten, konnten nicht genug von den Wundern erzählen, die sie gesehen, wohl auch von den Papagenoliedchen, die sie gehört, und die man bald allenthalben nachtrillerte und sang, sowie das Lied des Mohren, „Alles fühlt der Liebe Freuden" usw., während die wahrhaft himmlischen Melodien und Harmonien, wie der Chor „Isis und Osiris", die herrlichen Stellen der Finale, die dem Ohr fast als überirdische Klänge aus andern Sphären ertönen, nur von wenigen Kennern beachtet wurden. Dagegen sah man bald alle Knaben der Reichen in Papagenokleidern und die Mädchen in Sternenkleidchen à la Königin der Nacht auf den Promenaden erscheinen. Nie hat seitdem wieder eine Oper eine ähnliche Sensation hervorgebracht, auch war ihre Besetzung recht gut, und Hübsch als Sarastro, Schröder als Prinz Tamino, Madame Heinemann als Pamina, waren alle ausgezeichnet; mehrere Jahre später, als man erst den hohen Wert dieser Musik erkannt hatte, wurde sie hinsichtlich der Künstler fast nirgends so gut, selbst Wien und Berlin nicht ausgenommen, als in Frankfurt gegeben, wo der Zufall oder vielmehr ein blindes Glück gerade die ersten deutschen Gesangsvirtuosen vereinigt hatte, und ein Maurer den Sarastro, ein Demmer den Tamino, Madame Heinemann die Königin der Nacht, Madame Canabich die Pamina, Lux den Papageno, Schröder den Mohr sang, und das Orchester fast aus lauter Virtuosen bestand. Leider blieb aus den oben erwähnten Ursachen dieses Personal nur kurze Zeit in Frankfurt vereinigt. Auch Büchner blieb nicht lange Regisseur bei dieser Bühne, denn er wollte durchaus wieder Komödie spielen, und wanderte weiter. Ein Herr Ihlee, zugleich Theaterdichter, versah später dessen Funktionen und war in der Tat ein Mann von Verdienst, der gar manchmal als Vermittler zwischen die Künstler und die Direktoren trat, die Böcke und Dummheiten der letzteren oft bemäntelte und so viel als möglich wieder gut zu machen suchte. Er war gewissermaßen jetzt die Seele des Instituts, insofern dies unter den obwaltenden Umständen möglich war, und fast nur ihm hatten es die Frankfurter zu verdanken, daß so manche ausgezeichnete Künstler bei ihrer Bühne in Engagement traten, unter denen die Demoiselle Schwachhofer, die später als Madame Eunike in Berlin so berühmt wurde, die schon erwähnten Maurer, Demmer, Demoiselle Woralek, die den Kapellmeister Canabich heiratete und die später noch Fürstin von Isenburg wurde (es war die zweite Theaterprinzessin der Frankfurter Bühne, aus der eine wirkliche Prinzessin ward), die Schauspieler Otto und Werdy mit Recht in der damaligen Künstlerwelt hoch berühmt waren. Aber ganz besonderen Furore machte Madame Heinemann, die als Königin der Nacht, Prinzessin Helena usw. in mehr als einer Hinsicht exzellierte, und von den Brettern herab ganz gewaltig kokettierte, namentlich mit den Herrn von der Leibgarde des Königs; doch hatte sie auch manchem Herrn vom Handelsstand den

Kopf zu verrücken gewußt, und ich entsinne mich, daß eines Abends mein Vater von ihrem Spiel ganz entzückt aus dem Theater kam und sich beim Abendessen äußerte: „Die Heinemann hat heute wieder gesungen, daß ich sie hätte küssen mögen“, worauf meine Mutter ganz trocken erwiderte: „Dazu kannst du leicht kommen.“ Man wird mir verzeihen, wenn ich etwas weitschweifig in den Frankfurter Theaterangelegenheiten geworden bin, aber da meine Mutter die Unvorsichtigkeit beging, mich von meiner zartesten Kindheit an, kaum drei Jahre alt, mit ins Theater zu nehmen, wo oft sogenannte Schau- oder Spektakelstücke gegeben wurden, so hatten diese frühzeitigen Theaterbesuche, da ich mit einer ungewöhnlich lebhaften Phantasie begabt war und ein sehr sanguinisches Temperament hatte, einen großen Einfluß während meines ganzen Lebens und in allen Verhältnissen auf mich, und brachten mich, wie wir später sehen werden, häufig in die kritischsten Situationen und Verlegenheiten.

Der König von Preußen hatte schon 1795 mit der französischen Republik Frieden geschlossen, gegen das Ende desselben Jahres waren die Österreicher in vollem Rückzug, die Franzosen rückten mit Macht heran, und im Juli 1796 erschien eine französische Heeresabteilung, von dem General Kleber befehligt, vor Frankfurt, und forderte den österreichischen Kommandanten der Stadt, einen General Wartensleben, auf, dieselbe zu übergeben, was dieser jedoch verweigerte. Hierauf fingen die Franzosen an, Frankfurt in der Nacht vom 12. auf den 13. Juli bis drei Uhr nach Mitternacht zu beschießen, ohne jedoch einen sonderlichen Schaden anzurichten, indem sie nur gewöhnliche Kugeln warfen. Da indessen die Österreicher mit großer Ostentation alle möglichen Anstalten zu einer hartnäckigen Verteidigung trafen, auch verlauten ließen, sie würden sich bis auf den letzten Mann halten, und man von der andern Seite erfuhr, daß die Franzosen sich zu einer nachdrücklichen Belagerung vorbereiteten, ja sogar mit Sturm drohten, so trafen die geängstigten Einwohner alle möglichen

Vorkehrungen zu ihrem Schutz. Die meisten Dächer wurden mit feuchtem Stroh oder Mist belegt und beständig mit Wasser begossen, um die Wirkung der Kugeln und Bomben zu schwächen, die Feuerspritzen wurden in allen Quartieren aufgeführt; wer konnte, versah sich noch besonders mit großen Hausspritzen, alle Kostbarkeiten und Dinge von Wert wurden in feuerfeste Gewölbe gebracht usw. Ähnliche Vorkehrungen wurden im Hause meiner Eltern getroffen, und die ganze Familie und viele Bekannte flüchteten ihre kostbarsten Habseligkeiten in ein unterirdisches, bombenfestes Gewölbe, das sich in einem zweiten Hof in dem Hause meines Großvaters Weller befand. Mehr denn hundert Kisten, Kasten und Koffer wurden in dasselbe hinabgelassen. In der Nacht vom 13. auf den 14. Juli erneuerten die Franzosen gegen elf Uhr das Bombardieren, und zwar mit gefüllten Haubitzgranaten und glühenden Kugeln. Mehrere Einwohner hatten sich noch bei Zeiten mit Weib und Kindern aus der Stadt geflüchtet, die meisten aber verkrochen sich in die Keller und Gewölbe. Bald ertönte nun das schreckliche Feurjo durch die finstern Gassen der Stadt, und ehe eine halbe Stunde verging, brannte es schon an mehreren Orten zugleich.

Im Hause meiner Eltern hatten sich sämtliche Hausbewohner in das, sich auf ebener Erde befindliche Kontor meines Vaters geflüchtet. Man hatte uns Kinder aus den Betten geholt, in Decken gewickelt, und die Mägde und meine Mutter hielten uns auf ihren zitternden Knien. Schrecken und Angst malte sich auf jedem Gesicht und mehrte sich bei jedem Kanonen- oder Bombenknall, die jetzt Schlag auf Schlag folgten; der alte Buchhalter kniete neben der zitternden Mutter meines Vaters, beide beteten unaufhörlich. Meine Mutter war noch die beherzteste und schien auf alles gefaßt. Der Kanonen- und Bombendonner war jetzt nur noch ein unaufhörliches, furchtbares Rollen. Auf dem Platz vor unserm Haus waren vor dem sich daselbst befindlichen Brunnen große Pechpfannen angezündet, und es wurden beständig Fässer mit Wasser gefüllt, dabei nahm der Straßentumult, das Trommeln, Feuerrufen und der furchtbare Lärm mit jedem Augenblick zu. Plötzlich wurde es unserer Wohnung gegenüber ganz ungewöhnlich hell; der ganze Himmel schien in Flammen zu stehen, und bald erfuhren wir, daß der ganze vordere Teil der Judengasse, der nur durch eine Häuserreihe und den kleinen Platz von unserm Haus getrennt war, in vollem Brand stehe. Hinter den uns gegenüberstehenden Häusern sahen wir die Flammensäulen hoch emporwirbeln und sich bald zu einem schrecklichen Feuermeer, einer wahren Flammenwand vereinigen. Das Prasseln dieses Feuers, der ewige Kanonendonner, das Läuten der Glocken, das Blasen der Türmer, das Anrufen der Patrouillen, der Feuerruf durch die hohlschallenden Sprachrohre, welche Feuer an zehn Orten verkündeten, das Rasseln der vorüberfahrenden Spritzen und Wasserwagen, dies alles machte um Mitternacht einen so schrecklich chaotischen Tumult, daß den Bürgern Hören und Sehen verging, und gar manche unter ihnen mit Heulen und Zähneklappern der Welt Untergang und das Jüngste Gericht erwarteten. Auch wir waren mehr tot als lebendig und starr und stumm, und meine Großmutter Fröhlich fiel aus einer Ohnmacht in die andere. Außer der Judengasse brannte es in der Friedberger, der Eschenheimer, der Töngesgasse, im Hirsch usw., und allenthalben wüteten die Flammen; in mehreren Straßen waren alle Fenster zertrümmert, die Dächer eingestürzt, man hörte überall um Hilfe schreien, aber niemand traute sich aus Furcht vor den Kugeln seine Wohnung zu verlassen, und mehrere Menschen hatten schon das Leben eingebüßt. Gegen ein Uhr ließ das Schießen jedoch nach; Kleber hatte Mitleid mit der unglücklichen Stadt und schickte sogar drei Feuerspritzen aus den nahen Dörfern und eine Kompagnie Franzosen ohne Waffen, denen jedoch der Eingang verweigert wurde, um löschen zu helfen.

Nicht weniger als 140 Häuser waren bereits in der Judengasse niedergebrannt, und sonderbar genug hatte sich das Feuer gerade an dem Haus des alten Rothschild, das unversehrt blieb, und an der Judenschule gebrochen, und sich in dieser Gegend nicht aus dem Judenquartier verbreitet, was man hauptsächlich den hohen Mauern und Brandmauern, welche die Wohnungen der Kinder Israels umgaben, zu verdanken hatte, und wir und unsere Nachbarn kamen mit dem bloßen Schrecken davon. Unser ganzes Haus war mit geflüchteten Habseligkeiten der Juden angefüllt, unter denen auch viele von der Familie Rothschild waren.

Als das Schießen gegen Morgen gänzlich aufhörte, kam mein Oheim Fritz und holte uns Kinder und meine Mutter ab, um uns in die Buchgasse zu bringen, da die Batterien der Belagerer diesen Teil der Stadt verschonten, und man sich daselbst für ziemlich sicher hielt. Nur einzelne Schüsse fielen noch, als wir nach 3 Uhr mit anbrechendem Tag durch die abgelegensten Straßen der Stadt eilten.

Eine Deputation der Bürgerschaft begab sich fast um dieselbe Zeit zum kommandierenden General der Österreicher, diesen zu bitten, doch den völligen Ruin der Stadt durch eine Kapitulation zu verhüten. Wartensleben, dem nichts erwünschter als ein Vorwand zur Übergabe der Stadt war, in der er sich noch monatelang recht gut hätte halten können, ließ sich schnell erweichen, erhörte das Flehen der guten Leute, kapitulierte noch denselben Morgen, und in zweimal 24 Stunden mußte die Festung den Franzosen übergeben werden, welche der Stadt nun eine Kontribution von 8 Millionen Franken auferlegten, wovon 6 Millionen bar und 2 Millionen in Lieferungen von Tuch und andern Gegenständen binnen drei Wochen entrichtet werden mußten.

Diese Züchtigung hatte man hauptsächlich den Unbesonnenheiten, die sich ein Teil der Einwohner Frankfurts früher, und namentlich bei der Belagerung von 1792, hatte zu schulden kommen lassen, zu verdanken, denn so viel war erwiesen, daß man den belagernden Hessen und Preußen, mit denen man im Einverständnis gewesen, versprochen hatte, die Stadttore zu öffnen. Man mußte zufrieden sein, noch so gelinde davon zu kommen, und die Einwohner konnten um so eher diesen Verlust verschmerzen, da sie trotz allen Kriegsunruhen und oft gerade durch den Krieg große Summen gewannen, und alles dankte Gott, eine so furchtbar drohende Belagerung glücklich überstanden zu haben.

Die Juden waren bei diesem Ereignis am schlimmsten weggekommen, aber was sie und mit ihnen die ganze Stadt augenblicklich für ein hartes Mißgeschick der Kinder Israels hielten, fiel bald zu ihrem großen Heil aus und war der Wendepunkt zu ihrer erträglichern oder bessern Zukunft. Man mußte ihnen nun gestatten, wenigstens den Abgebrannten, ihre stinkende, schmutzige Gasse zu verlassen, da das Niederbrennen eines großen Teils derselben es unmöglich machte, daß alle Juden in dem ihnen bestimmten Quartier wohnen konnten, und man war gezwungen, ihnen zu erlauben, sich einstweilen in andern Stadtteilen ein Unterkommen zu suchen, was ihnen jedoch nicht so leicht wurde, indem sich viele Christen weigerten, dies „unreine Geschmeiß", wie man sich ausdrückte, aufnehmen zu wollen. Auch waren mehrere Mitglieder des Senats und manche Bürger, welche durchaus wollten, daß die Unglücklichen in den unversehrt gebliebenen Häusern ihrer Glaubensgenossen einquartiert werden sollten, bis ihre eigenen Häuser wieder aufgebaut seien, und sie hätten diese Abscheulichkeit vielleicht durchgesetzt, wenn nicht der französische General erklärt hätte, daß er eine solche Unmenschlichkeit nimmermehr zugeben würde. Von dieser Zeit an wohnten die Juden in verschiedenen Quartieren der Stadt, und man mußte ihnen auch nach der Wiederaufbauung ihrer Gasse, womit man sich eben nicht übereilte, durch die Finger sehen.

Das damalige Frankfurt war ohnehin mit Ausnahme einer einzigen Straße, der Zeil, und einiger Plätze, wie der Roßmarkt, der Römerberg und der Komödienplatz, eine finstere und sehr kotige Stadt, in welcher man mit jedem Schritt an die Ungereimtheiten des Mittelalters erinnert wurde. Fast alle Häuser hatten stockweise Überhänge, wodurch die ohnehin schon sehr engen Straßen in eine ewige Dämmerung gehüllt wurden, und Sonnenschein und reine Luft waren fast unbekannte Dinge. Die hohen bastionierten Wälle und Stadtmauern und die mit faulem und übelriechendem Wasser angefüllten Gräben, die sie umgaben, verhinderten das Eindringen der frischen Luft. Über Brükken und Zugbrücken, durch lange, düstere, von Feuchtigkeit triefende Torgewölbe gelangte man in die alte Festung, in welche nie ein wohltätig reinigender Wind dringen konnte und in der Fieberkrankheiten das ganze Jahr heimisch waren; auch hatten die meisten Einwohner ein kränkliches Aussehen. Die meisten Häuser waren übrigens von außen mit den buntesten Freskogemälden verziert, die Begebenheiten und Wunder aus dem Alten Testament oder auch Ansichten von Landschaften, Burgen, Städten usw. darstellten, so daß die ganze Stadt einer burlesken, mitunter auch recht unterhaltenden Gemäldegalerie glich. Mit Sonnenuntergang wurden jeden Abend die Stadttore geschlossen und die Schlüssel zu einem der wohlregierenden Bürgermeister in Verwahrung gebracht, ohne deren großgünstige Bewilligung niemand mehr aus- und einpassieren durfte. Aber nicht allein die leblosen Gegenstände waren es, die an barbarische Zeiten erinnerten, sondern auch die Menschheit; entehrende Züchtigungen, an Lebenden verübt, taten dies noch weit mehr. Das Halseisenstehen am Römer, dem Versammlungshaus des Magistrats, besonders von liederlichen Dirnen, war etwas Alltägliches, wobei die liebe Jugend ihr wahres Gaudium hatte; die aus aller Welt zusammengeworbenen Stadtsoldaten wurden vor der Hauptwache täglich geprügelt oder liefen Spießruten, mußten einen vor derselben stehenden hohen Esel besteigen und mehrere Stunden unter dem Hohn der Vorübergehenden und des Pöbels auf dessen scharfem Rücken reiten, und zwar wegen dem geringsten Vergehen, wenn sie z. B. vor einem Senator, den sie nicht erkannt, das Gewehr nicht präsentiert hatten! Das ärgste war indessen, daß, wenn in dem Zuchthaus Verbrecher in den sogenannten spanischen Bock gespannt wurden, eine Art Zwangsstuhl, wodurch den Sträflingen Hals, Arme, Hände und Füße so eingezwängt wurden, daß jede Bewegung unmöglich war, und sie dann in dieser Lage eine schwere Tracht Prügel auf den Podex erhielten, jedesmal die armen Waisenkinder herbeigeholt wurden, um diese Exekution mit anzusehen!!! Wem hiebei nicht die Haare zu Berge stehen, der muß – keine mehr haben. Dies sollte als warnendes Exempel dienen! In den Schulen regierten Farrenschwänze, spanisches Rohr, Ruten und wohl auch Knotenstöcke! Und ein gewisser Büchner, Großvater des spätern Stadtamtmanns dieses Namens, war ein wegen seiner grausamen Strenge weit berühmter Schultyrann, dem die meisten Eltern ihre Kinder zur Züchtigung übergaben.

Unterdessen saßen jetzt die Herren Senatoren nicht auf Rosen, und hatten bei einem mäßigen Gehalt, 1200 Gulden jährlich, also kaum die Hälfte von dem, was sie jetzt beziehen, ziemlich viel Arbeit und große Sorgen. Die Kriegsunruhen machten ihnen gewaltig zu schaffen, besonders die Kontributionen, und sie mußten oft ganze Nächte lang auf dem Römer zubringen. Mein Großvater W., der, so oft die Stadt in eine schlimme Lage geriet, immer einer der schwierigsten Kommissionen beigeordnet war, wurde eines Tages gegen drei Uhr des Morgens halbtot in einer Sänfte heimgebracht, er hatte sich zu sehr angestrengt, wegen der Kontribution viel Ärgernisse gehabt, seine Kräfte waren erschöpft, und der Schlag hatte ihn gerührt; er wurde zwar wieder besser, konnte sich jedoch nie mehr ganz von diesem Unfall erholen.

Die Vergnügungsorte des damaligen Frankfurts waren vorzüglich das wegen seinen Freudenhäusern weit berüchtigte Bornheim, das Forsthaus, das Frankfurter Wäldchen, Ober- und Niederrad und der Sandhof. Die Pfingstweide war der Tummelplatz der Jugend. Für romantische Spaziergänge galten die Allee nach Stallburgsbrünnchen und zu dem Hermannsbrunnen, auch die Kettenhöfe und der Wasserhof waren sehr besucht, wo man sich mit der unschuldigsten Kost von der Welt, mit süßer oder saurer Milch und Wecken vergnügte. Die gewöhnlichsten Spaziergänge waren aber die Wandalleen um die Festungswerke der Stadt herum, von einem Tor zum andern, sowie in der Stadt selbst die neue Anlage auf dem Galgenwall, die Stadtallee, mehrere Weingärten, unter denen der auf dem Schneidwall wegen seiner schönen Aussicht der besuchteste war, den später, nachdem die Festungswerke abgetragen waren, die Mainluft ersetzte, wo sich bei heitern Sommerabenden wohlhabende Bürgerfamilien bei einem guten Glas Wein und dem Lampenschimmer unter grünem Dach recht behaglich vergnügten. Von großen Gastereien, Schmausereien und prunkenden Abendfesten waren die damaligen Frankfurter auch schon gewaltige Liebhaber, indessen hatte zu jener Zeit noch nicht der Geldkastengeist den ekelhaften Einfluß und hohen Grad, wie dies jetzt der Fall ist, erreicht. Das gesellige Leben gestaltete sich weit freundlicher und herzlicher, man sah noch heitere und fröhliche Gesichter, auf denen nicht selten wahre Freude thronte.

Im übrigen waren die guten Frankfurter zu jener Zeit ganz gewaltig dem Aberglauben ergeben, und die religiösen Erbauungs- und Gesangsbücher enthielten lauter Lieder, wo nur von Teufelsspuk, der Hölle, der Rache und dem Zorn Gottes, der ewigen Verdammnis, dem Jüngsten Gericht, Fluch und Verderben die Rede war. In vielen Straßen war es nach 11 Uhr des nachts nicht mehr geheuer. Gespenster aller Art und von allen Farben, das Muhkalb (Mondkalb), Kettenesel, spukten hinter der Schlimmmauer, auf dem Pfarreisen und in dem Römer; die letztern spuken auch noch heutigen Tages, wenn auch ohne Ketten, doch immer noch furchtbar lächerlich genug, in diesem Gebäude. Gespensterstuben gab es in allen Häusern, und um Mitternacht versammelten sich die Geister der verstorbenen Senatoren, selbst derjenigen, bei denen man im Leben auch keine Spur von einem Geist hatte wahrnehmen können, in dem alten Rathaus. Besonders waren Katzen sehr verdächtige Tiere, und in einer jeden derselben witterte man eine verwandelte Hexe. Schätze, noch während dem Dreißigjährigen Krieg vergraben, setzten manche Spaten und Hauen in alten Häusern und Gewölben, trotz der unfehlbaren Wünschelrute, vergeblich in Bewegung. Noch entsinne ich mich einer famosen Spukgeschichte, die ungeheures Aufsehen erregte und die ganze Stadt in Alarm brachte. In einem einsamen Haus auf dem Klapperfeld hörte man Tag und Nacht fast ununterbrochen ein diabolisches Getöse, Hämmern und Klopfen, das, war man auf dem Boden, aus dem Keller herzurühren schien, und war man in diesem, auf dem Boden lärmte. Die Einwohner Frankfurts wagten es, sich bei Tage selbst von diesem Spuk zu überzeugen, und die Sache kam sogar im hohen Senat zur Sprache. Vor kurzem war eine junge, hübsche Frau, die Gattin eines Müllers, in diesem Haus plötzlich gestorben und etwas geheimnisvoll begraben worden, und von Ohr zu Ohr erzählte man sich, daß die Frau eine leidige Hexe gewesen, die sich mit andern Hexen, als Katzen verwandelt, mit gräßlichen Katern häufig vergnügte, dies habe man dem Müller gesteckt, der einer solchen Katzenversammlung heimlich beigewohnt, und da sich eines dieser verdächtigen Tiere davongeschlichen, habe er ihm die eine Vorderpfote abgehauen und sei ruhig ins Bierhaus gegangen; als er sich ein paar Stunden darauf nach Haus begeben, habe er seine Frau schon im Bette angetroffen, und zwar mit verbundener Hand, er habe sich aber nichts merken lassen, die Hand jedoch, nachdem das Weib eingeschlafen, untersucht und gefunden, daß sie abgehauen war; kein Zweifel mehr, daß seine Frau die in eine Hexe verwandelte Katze gewesen, und er erwürgte sie noch in derselben Nacht, daher der Spuk auf dem Klapperfeld. Das Volk ließ sich für die Wahrheit dieser Geschichte totschlagen, allen neugierigen Fremden zeigten die Lohnbedienten das Haus, wo sich die greuliche Geschichte

zugetragen, und wenig fehlte, daß man die Frau wieder ausgegraben und die Sache gerichtlich untersucht hätte.
Noch einige Zeit nach dem Bombardement blieben wir Kinder in dem großväterlichen Hause in der Buchgasse, wo wir uns wohl befanden, recht artige Nachbarskinder zu Gespielen hatten, und bald hatte ich wieder ein kleines Liebhabertheater organisiert, wobei ein niedliches Mädchen, Evchen, die Tochter eines Faktors, die Hauptrolle spielte. Die Aufführungen selbst fanden auf dem Boden des gegenüberliegenden Hauses des Bankiers Wanzel statt, während ich die Privatproben zwischen Eva und mir in der stillen Puderkammer meiner Großmutter hielt, und stundenlang probierten wir die heimliche Zusammenkunft Ludwig des Springers mit Adelheide von Stade. Endlich mußten wir zu meinem großen Bedauern wieder in das elterliche Haus, in das goldene Schiff zurückkehren, das indessen doch auch nicht ganz freudenleer war, und mir bald der Freuden mancherlei bringen sollte. Einstweilen wurde ich der kleine Geliebte eines hübschen Nähmädchens, das mich in besondere Affektion und statt zu nähen gar zu gerne auf seinen Schoß nahm, mich herzte und drückte, und dabei meine Hände unter seinem Busentuch wärmte, auch sonst allerlei mit mir vornahm. Die Abende brachte ich meistens allein und ohne alle Furcht in der Gespensterstube, die sehr abgelegen im zweiten Stock unsers Hauses war, mit ihr zu, und war ein gelehriger Schüler unter Amors Fahne.
Indessen hieß es nun bald: genug gespielt; man nahm mich aus der Mädchenschule und gab mir einen Kandidaten Jung zum Hauslehrer. Lesen und etwas Schreiben hatte ich schon gelernt, nun aber wurde ich mit den Anfangsgründen der lateinischen Grammatik, der Arithmetik und andern sehr trockenen Studien geplagt, die mir wenig zusagten; dagegen sprachen mich Erdbeschreibung und Geschichte, die mir Jung erzählend beibrachte, weit mehr an, auch das Französische, das mich eine Dame lehrte, fiel mir nicht schwer, vor allem aber war es die Musik, in der ich die

meisten, für mein Alter selbst auffallenden Fortschritte machte und bald alle beliebten Opernmelodien, Tänze und Märsche auf dem Klavier nach dem Gehör spielte. Eine besondere Aufmerksamkeit lieh ich auch den historischen Erzählungen Jungs, die mich nicht selten in einen wahren Enthusiasmus versetzten, namentlich die Taten eines Leonidas, Horatius Cocles, Mucius Scävola, Curtius usw.; doch waren vor allem erst der frivole Alcibiades und später Julius Cäsar meine Lieblingshelden, die ich nachzuahmen suchte, und schon sah ich mich im Geiste eine solche Rolle spielen, wozu mich die Kriegsbegebenheiten und fortwährenden Truppenmärsche noch mehr anfeuerten, namentlich die Franzosen, deren kulantes Wesen so sehr von der burlesken Steifheit der deutschen Truppen und Offiziere jener Zeit abstach, begeisterten mich.

Eines Nachmittags, als ich mich gerade bei meinen Großeltern väterlicherseits, die dasselbe Haus mit uns bewohnten, befand, sagte mir meine Großmutter Fröhlich, einen Brief in der Hand haltend: „Freue dich, lieber Ferdinand, morgen kommen deine Kusinen von Kreuznach", und sie schilderte mir diese beiden älteren Töchter Scholzens, die ich nur als ganz kleines Kind gesehen und mich ihrer durchaus nicht mehr erinnerte, auf eine Art und Weise, die meine Neugierde und Erwartung aufs höchste steigerte. Namentlich war es Henriette, das ältere Mädchen, deren Liebenswürdigkeit und Schönheit sie mir nicht genug preisen konnte. „Sie werden die Messe über bei uns bleiben", setzte sie hinzu, „und vielleicht für immer, denn ich werde ihrem Vater raten, sie zu den Englischen Fräulein in Pension zu schicken." Der von mir so sehnsüchtig erwartete Tag kam heran, mit ihm Oheim und Tante Scholze von Homburg, bald darauf fuhr ein zweiter Wagen vor, dem zwei junge Mädchen mit einer schon ältlichen Dame entstiegen und gleich darauf in das Wohnzimmer traten, wo ein herzliches Bewillkommnen gar kein Ende nehmen wollte. Ich aber konnte mich nicht satt an der schönen schlanken Gestalt des elfjährigen Mädchens sehen, auf die ich

meine Augen starr und unverwandt geheftet hatte. Henriette war für ihr Alter sehr groß und ausgebildet, verband mit einem zierlichen Nymphenwuchs eine im hohen Grad einnehmende Gesichtsbildung und hatte eine unaussprechliche Lieblichkeit in ihrem Blick, wodurch jedermann hingerissen und bezaubert wurde, und so war es auch mir, dem kaum achtjährigen Knaben ergangen. Endlich rief die alte Frau Fröhlich, mein Staunen bemerkend, aus:
„Seht nur den Jungen an, der ist ja ganz wie versteinert in seine Kusine vergafft." Ich war in der Tat zur Statue geworden.
Henriette sprang nun auf mich zu, schloß mich in ihre Arme und küßte und drückte mich, daß mir beinahe schwindelte. Ich hatte mich fest an das reizende Mädchen geklammert und wollte sie gar nicht lassen, bis meine Mutter endlich sagte: „aber nun ists genug, du verdirbst Jettchens ganzen Anzug."
Vorerst wurde zu meiner großen Freude beschlossen, daß die Mädchen bei den Großeltern zum Besuch bleiben sollten, bis das Weitere über sie bestimmt sein würde. Sie zu den Englischen Fräulein zu schicken, riet meine Mutter, welche früher selbst hier in Pension gewesen, ab, indem sie mancherlei gewichtige Gründe angab; die Hauptsache für mich war, daß die Kinder vorerst unter einem Dach mit uns blieben, und ich nun Gelegenheit hatte, die schöne Henriette fast zu jeder Stunde des Tages zu sehen, da die Mädchen teil an dem Unterricht nahmen, den mir Kandidat Jung gab. Ihre Gegenwart war auch Veranlassung zu vielen Freistunden, ich haschte nach jedem Augenblick, den ich mit Jettchen zubringen konnte, und lag an ihrem Hals, so oft ich allein mit ihr war; da dies jedoch im Hause selbst nur sehr selten sein konnte und die Galerie, auf der wir spielten, vor den Fenstern der Wohnzimmer sich befand, in den Stuben und Gängen aber immer Gesinde war, so besuchte ich in den Nachmittagsstunden, so oft es sich tun ließ, den Garten und die Kreuzgänge des nahen Dominikanerklosters, wo wir uns oft stundenlang an den ver-

schwiegenen Gräbern und Monumenten umschlungen hielten, auch wenn die jüngere Schwester Sophie zugegen war. Während der drei Wochen langen Messe wollten diesmal meine Studien überhaupt nicht viel bedeuten, denn ich flankierte mit den beiden Mädchen und meinem jüngeren Bruder fast täglich unter Jungs Aufsicht in der Budenstadt herum; wir bestiegen auch einmal den Pfarrturm, wo wir aber die andern vorausgehen ließen und auf den finstern, steilen Wendeltreppen zurückblieben und unser Wesen trieben. Aus jener Zeit habe ich mir wohl gemerkt, daß der gute alte Turm ein so trefflich verschwiegener und so geheimer Gelegenheitsmacher war, und dessen uneigennützige Gefälligkeit später gar manchmal, besonders bei gefährlichen und sehr geheim zu haltenden Intrigen in Anspruch genommen. Endlich kamen wir auf der Galerie des Turmes an, wo man uns mit einem „Aber ihr seid gewaltig faule Treppensteiger!“ empfing. Ohne darauf zu hören, ergötzten wir uns an der schönen Aussicht des herrlichen Panoramas und dem Meßtumult zu unsern Füßen, worauf wir wieder hinabstiegen, das Innere der Domkirche besuchten, wo uns Jung die Stelle, auf der so mancher deutsche Kaiser gekrönt worden war, Günthers Grab und andere Merkwürdigkeiten zeigte und erklärte. Von da gingen wir in die gewölbten Römerhallen und den Barfüßer-Kreuzgang, wo damals die Gold- und Silberschmiede, Pelzhändler und andere mit kostbaren Dingen und den feineren Spielwaren handelnde Kaufleute ihre Buden aufgeschlagen hatten. Auch die reichhaltigen Galerien des Braunfels, der Liebfrauenberg und der Römerberg fesselten unsere kindliche Aufmerksamkeit nicht wenig, und dabei wurde brav eingekauft, Tante Scholz hatte ihren Kindern gespickte Börsen zurückgelassen. War das Wetter schlecht, so brachten wir den Nachmittag in dem Gekrämse vor dem Hause zu, wo wir uns, häufig allein gelassen, die Gitter vorschiebend, nicht wenig vergnügten. So eine fröhliche Messe hatte ich noch nie erlebt, sie ist mir in ewigem Angedenken. Gleich darauf, es war die Septembermesse, kamen die Herbstfeierlichkeiten, wo es nicht minder lustig in den verschiedenen Gärten unserer Bekannten zuging, und so kam der Dezember und mit ihm der Nikolaustag, auch das uns Kindern über alles gehende Weihnachtsfest heran, das diesmal noch dazu ungewöhnlich reich und überraschend ausfiel, da Scholzens eine überaus verschwenderische Bescherung veranstalteten, meine Mutter erhielt unter anderem einen Zobelpelz von mehreren tausend Gulden im Wert von ihrem reichen Schwager. Auch diese Zeit gab Veranlassung zu mancherlei extemporierten Freuden, und ich besuchte mit Jettchen an der Hand fast jeden Abend den erleuchteten und aufgeputzten Christmarkt mit seinen vielen kleinen Gärtchen. Doch sollten gleich nach Neujahr diese vergnügten Tage ein nicht sehr glänzendes Ende nehmen. Scholze hatte Gründe, nicht sehr zufrieden mit dem Benehmen seiner schönen Frau zu sein, und die ganze Familie fuhr eines Morgens ohne weiteres nach Homburg ab, das mir so teure Kusinchen mitnehmend. Die Kinder erhielten nun eine französische Gouvernante und andere Lehrer im elterlichen Hause. Diese Abreise ging mir ein paar Tage sehr nahe, um so mehr, da ich für den Umgang mit Henriette keinen Ersatz hatte. Indessen fand ich mich doch bald in mein Schicksal, obgleich mir in meinem ganzen Leben nie wieder eine Trennung von einem weiblichen Wesen so wehe tat, als diese, und ich eigentlich nie länger verliebt gewesen, als ich den Gegenstand meiner Neigung vor Augen hatte, was ich wohl dem glücklichen oder unglücklichen Umstand zuzuschreiben habe, daß bei einem sonst recht guten Gedächtnis mir das sogenannte Ortsgedächtnis in einem so hohen Grade abgeht, daß ich von allen Gegenständen, die ich selbst erst noch vor wenigen Augenblicken sah, nicht imstande bin, mir eine richtige Vorstellung mehr zu machen, sondern mir dieselben nur in dunkler Verworrenheit vorschweben, so daß mit einem Rechtsumkehrt auch der gehabte Eindruck verschwindet; es ist daher durchaus nicht meine Schuld, wenn es bei mir in der Regel hieß: „Aus den Augen, aus dem Sinn." Diesem Mangel eines Ortsgedächtnisses habe ich es indessen zu verdanken, daß ich nie länger in ein Mädchen verliebt gewesen, als sie vor mir stand, obgleich mich gewisse Erinnerungen an deren geistige und körperliche Liebenswürdigkeit auf einige Zeit fesseln konnten, dagegen habe ich Gott sei Dank jene Krankheit, die närrisch und oft toll macht, ein wahnsinniges Verliebtsein, nie kennen gelernt, und wurde so vor den tollen Streichen bewahrt, welche dergleichen Patienten in ihrem Delirium begehen, bei denen mir gar manchmal Ifflands Worte: „Ich hätte doch gleich denken sollen, daß mit diesem Menschen nichts anzufangen sei, da er dumm genug ist, sich wirklich in ein Mädchen zu verlieben", eingefallen sind.

Da wir indessen öfters nach Homburg zum Besuch fuhren, auch während des Sommers uns häufig auf dem Gut in Berkersheim sahen und daselbst recht romantisch ländliche Promenaden machten, uns auf dem Heuboden und den Wiesen herumtummelten, so dauerte das Einverständnis zwischen Henriette und mir noch ungetrübt fort.

Ein anderes, und zwar blutiges Ereignis, das ungefähr zu jener Zeit vorfiel, hatte trotz meinem Mangel an Ortsgedächtnis lange einen bleibenden und schauerlichen Eindruck auf mich gemacht. Ein Hafnermeister, namens Penkert, der Bruder eines geachteten Geistlichen zu Frankfurt, hatte vor mehreren Jahren seine Frau mit sieben Messerstichen ermordet, sich darauf selbst geknebelt und vorgegeben, daß Diebe und Mörder diese Untat verübt und ihn dabei mit Stricken gebunden hätten. Die Wahrheit kam jedoch bald an den Tag, der Verbrecher wurde überwiesen und war auch seiner Freveltat eingeständig. Sein Urteil ward ihm endlich gesprochen, und er sollte auf dem Roßmarkt hingerichtet werden. Ein solches Schauspiel war zu jener Zeit ein großes Volksfest, ein wahrer Ehrentag für die hohe Justiz und die ganze Stadt. Fenster wurden bei einer solchen Exekution, wie bei einer Krönungsfeierlichkeit, mit Gold bezahlt. Wir waren so glücklich, sie unentgeltlich zu sehen, denn die Frau Oberst Schulter holte uns

zu dieser Festlichkeit ab und brachte uns zu ihrer Schwester, der Frau Rat Goethe, die im goldenen Brunnen auf dem Roßmarkt wohnte. Das finstere, bleiche Gesicht des Verbrechers und das blanke Schwert des Henkers, der sich mit großer Gewandtheit seines Geschäfts entledigte, und das aus dem kopflosen Rumpf hochsprudelnde Blut war mir noch lange, wenn auch dunkel, vor Augen und verursachte mir manch fürchterlichen Traum.
Ein sehr vornehmer Herr hatte ebenfalls aus den Fenstern der Frau Rat diese Hinrichtung mit angesehen, und man instruierte mich, daß ich demselben mit Exzellenz antworten müsse, wenn er etwa mit mir sprechen sollte, was bald der Fall war; aber auf eine an mich gerichtete Frage antwortete ich, der ich das Wort Exzellenz zum erstenmal in meinem Leben gehört, mit einem „Ja, Ochszellenz", wodurch die ganze ehrbare Versammlung in keine geringe Verlegenheit geriet; das Gesicht der Exzellenz färbte sich dunkelrot und wandte sich schnell von mir ab. Ein Mitglied des Magistrats, das sich in der Gesellschaft befand und die Sache vermitteln wollte, sagte zu mir: „Einfältiger Junge, man sagt nicht Ochs, sondern Ex zu dem Herrn." Aber ich, ganz verblüfft, stotterte nochmals ein Ochs – Ochs hervor, bis mir eine Dame den Mund zuhielt. Die Exzellenz aber entfernte sich bald, und Oberst Schulter sagte, als man noch über diesen Vorfall debattierte: „Kinder und Narren sprechen die Wahrheit." Aber obgleich mir der Unterschied zwischen den beiden Silben recht handgreiflich erklärt wurde, so habe ich ihn dennoch selbst in spätern Jahren oft nicht ganz klar kriegen können.
Eines Morgens, als wir noch behaglich beim Frühstück zusammensaßen, rollte plötzlich ein Wagen vor, und einen Augenblick darauf stürzte Tante Scholze mit verstörtem Antlitz und sehr nachlässiger Toilette, von einem Kammermädchen gefolgt, mit den Worten in die Stube: „Ich bin von meinem Mann, dem Wüterich, dem Tyrannen, fortgelaufen." Das ganze Haus geriet in Alarm, die Großeltern kamen herab, und Frau Scholze erzählte unter Trä-

nen, daß sie ihr Mann mißhandelt habe, weil er sie mit einem französischen General in einem Gartenhaus gefunden, wo sie ganz zufällig und in aller Unschuld mit diesem zusammengetroffen, und wo durchaus nichts Böses, sondern nur Gutes und Liebes vorgefallen sei, wie Annette, das mitgebrachte Kammermädchen, bezeugen könne. Ihre Mutter nahm sogleich ihre Partei gegen den Wüterich von Mann, der so etwas rügen könne, die übrigen waren jedoch stumm oder meinten, man müsse auch den Mann hören. Dieser kam eine Stunde später an, stieg in einem Gasthof ab und ließ seinen Schwiegervater bitten, sich zu ihm bemühen zu wollen, er teilte demselben mit, daß er seine schöne Frau en flagrant delit mit dem General de Rade ertappt habe, daß sie schon länger ein geheimes Verständnis mit diesem gehabt, er sogar zur Nachtzeit durch die Fenster ihres in den Garten gehenden Schlafzimmers gestiegen sei, wie es der Nachtwächter und mehrere Nachbarn gesehen und ihm berichtet hätten. Das Ende von der Geschichte war eine förmliche Scheidung. Madame Scholze gestand selbst ihre Zuneigung zu dem de Rade, und ihr großmütiger Mann bewilligte ihr ein Jahresgehalt von 1200 Talern, solange sie sich nicht wieder verheiraten würde.

So endigte eine Ehe, die unter den glücklichsten und glänzendsten Auspizien begonnen und die den Neid und die Mißgunst der meisten vornehmeren Familien Frankfurts erregt hatte. Die seltsame Veranlassung zu derselben ist wohl des Erwähnens wert. Eva Maria, dies war der Taufname meiner schönen Tante, war die älteste Schwester meines Vaters und ein Mädchen, deren Reize man wahrhaft kleopatrisch nennen konnte, und über welches das Glück seine Gaben im vollsten Maße ausgeschüttet hatte. Eines Tages trat ein schöner junger Mann, von hohem, schlankem Wuchs, mit nordisch blondgelocktem Haar, seelenvollen, blauen Augen, in einem himmelblauen, mit Schwanenpelz verbrämten Sammetrock in das Kontor meines Großvaters Fröhlich und übergab demselben ein offenes Empfehlungsschreiben von dessen Sohn Wilhelm, der in einem Bremer Handelshause als Volontär war, und in dem er den Überbringer, Herrn Scholze, auf das beste empfahl. Diesem offenen Schreiben war aber ein anderes durch die Post vorausgesandt worden, in welchem mein Oheim Wilhelm seinem Vater im Vertrauen meldete, daß der junge Scholze ein unabhängiger reicher Erbe von einem Vermögen sei, das nicht weniger als achtmal hunderttausend Speziestaler betrage, daß dessen Vater schon vor mehreren Jahren gestorben und er das Glück einer seiner Schwestern machen könne. – Welche bessere Empfehlung kann man wohl einem Kaufmann bringen? Auch hieß Herr Fröhlich den kostbaren Fremdling nicht nur herzlich willkommen, sondern stellte ihn sogleich seiner Frau und seinen beiden Töchtern vor. Beim Eintritt in das Wohnzimmer erhoben sich die Damen, die auf einem Auftritt an den Fenstern saßen, etwas verlegen und fast geblendet, von ihren Sitzen, den jungen Mann, der, wie sie sich nachher selbst ausdrückten, ihnen wie ein junger Gott vorkam, bescheiden, aber doch zuvorkommend zu bewillkommnen. Seine Blicke begegneten bald denen der holden Maria, die ihrerseits ihre Feueraugen, wenn auch etwas verstohlen, auf dem liebenswürdigen Gott ruhen ließ. Es entspann sich nun bald ein inniges Liebesverständnis, denn beide hatten Feuer gefangen, das, ehe drei Monate vergingen, durch Hymen gekrönt wurde. Diese Heirat machte in Frankfurt, wo damals (1784) noch keine so kolossalen Vermögen waren wie später, ungeheures Aufsehen. Neugierde und Neid hatten sich sogar an Bremer Häuser gewandt, um zu erfahren, ob der junge Scholz wirklich so reich sei als man vorgebe, und erfuhren nicht nur die Bestätigung dieser Wahrheit, sondern daß er auch noch einen anderthalb Millionen reichen Oheim zu beerben habe. Meine Großmutter Fröhlich, welcher allerlei dergleichen zu Ohren gekommen war, und die sich vorgenommen, die Mißgünstigen recht zu demütigen, hatte sich ausbedungen, die Hochzeitsfeierlichkeiten veranstalten zu dürfen, was ihr auch gerne überlassen wurde, und da ihr das eigene Haus nicht geräumig genug schien, denn die halbe Stadt sollte das Glück des Goldtöchterchens sehen, bewundern und beneiden, so hatte sie zu diesem Zweck einen der größten Gasthöfe der damaligen Zeit, den Schwarzen Bock, in Beschlag genommen, und die reichsten Bankiers und Kaufleute, wie Bethmann, wurden mit ihren Familien bis in das zehnte Glied ihrer Verwandtschaft zu der Festlichkeit eingeladen. – Bei dieser Gelegenheit unterfing sich mein Vater, hinter dem Rücken seiner Mama mehrere Bekannte, besonders Damen, die ihm teuer waren, auf eigene Faust einzuladen, glaubend, daß dies in dem Menschengewühl unbemerkt bleiben würde; aber der scharfsichtigen Frau Mama, die einige ihr mißliebige Gesichter erblickte, entging dies ebensowenig, als dem Herrn Sohn ein tüchtiger Wischer. Gleich nach der Hochzeit machte das junge Ehepaar eine Lustreise nach Schwaben, Wien usw. und erbat sich meinen Vater zum Begleiter.

Die Reise ging bis nach Stuttgart ohne allen Unfall recht vergnügt vonstatten, hier aber erwartete die Reisenden eine Unannehmlichkeit, die, da sie den Geist jener Zeiten trefflich charakterisiert, erwähnt zu werden verdient.

Im Herzogtum Württemberg war wie in noch andern Ländern des seligen Deutschen Reichs die Verordnung, daß man vor jeder Schildwache ehrerbietigst den Hut abzunehmen habe, da sie den Souverän selbst repräsentiere, obgleich dieser Stellvertreter der allerhöchsten Person nicht selten, vom Posten abgelöst, wegen einem fehlenden Gamaschenknopf Fünfundzwanzig oder gar Fünfzig, von zwei Gefreiten oder Korporalen aufgezählt, öffentlich erhielt. Einige Stunden nach ihrer Ankunft in der herzoglichen Residenz wollten sie die Merkwürdigkeiten derselben besehen und gingen an der Schloßwache vorüber, ohne der Schildwache daselbst den gehörigen Respekt zu erweisen. Kaum hatten sie ein paar Schritte weiter getan, als ihnen ein zornentglühtes kupferrotes Fähnrichsgesicht nacheilte und mit einer fast heisern Fuselstimme zurief: „Wollt ihr

gleich still stehen, ihr Flegel, wer seid ihr, wo seid ihr her, wißt ihr nicht, daß ihr die Schildwache salutieren sollt? Ich will euch lehren, die Deckel von den Dickköpfen herunterzunehmen, ich werd' euch arretieren, die Schildwache, die statt dem Herzog hier stehet, hätte euch die Kolben in die Rippen stoßen sollen. – Gefreiter, löst gleich den Esel ab und stellt einen andern für den Herzog hin, der Kerl muß Fünfzig auf den A . . . haben." Und so ging das Gebrüll des Fähnrichs noch eine halbe Stunde fort, während sein langer Zopf den Takt dazu auf seinem breiten Rücken schlug, was sich recht possierlich ausnahm. Bald hatten sich eine Menge Leute um die Wache versammelt, und Scholze und seine arme Frau befanden sich in der peinlichsten Lage, ja letztere war einer Ohnmacht nahe. Vergeblich bemühte sich mein Vater, dem furchtbaren Stock- und Zopfhelden begreiflich zu machen, daß sie als Fremde aus einer Reichsstadt, wo man dergleichen nicht kenne, von dieser Verordnung nicht unterrichtet sein könnten und folglich in aller Unschuld gesündigt hätten. Der Fähnrich aber schrie und tobte nur um so ärger, er wollte von der Gelegenheit profitieren, seine Autorität einmal zeigen zu können, und als sich einige Umstehende der Fremden annahmen und sie entschuldigten, befahl er dem Korporal, das Gesindel mit Kolbenstößen auseinander zu treiben, was dieser auch sogleich vollzog.
Scholze eilte nun mit seiner zitternden Gattin und seinem Schwager nach dem Gasthof zurück und teilte dem Wirt den Vorfall und zugleich die Erklärung mit, daß er noch heute, sobald sich seine Frau etwas erholt haben würde, weiter reisen und von den Stuttgarter Herrlichkeiten nichts mehr sehen wolle, womit dem ehrlichen Gastgeber jedoch nicht gedient war. Die Reisenden, die mit Extrapost vierspännig angekommen waren und erklärt hatten, einige Tage in der herzoglichen Residenz verweilen zu wollen, hatten ihm eine gute Zeche versprochen, und er bot alle seine Beredsamkeit auf, sie andern Sinnes zu machen. Mein Vater hatte sich indessen nach dem Namen des wacht-

habenden Fähnrichs erkundigt und erfahren, daß sich derselbe Kreischhuhn nenne und ein durch seine Roheit, aufgeblasene Plumpheit und krasse Unwissenheit berüchtigtes Subjekt sei, das er sich nun zu züchtigen vornahm.
Die Reisenden fuhren indessen noch denselben Abend nach Ulm ab, zum großen Verdruß des Wirtes, der verdrießlich seinen Abendgästen diese Begebenheit mitteilte, so daß die Sache sogar zu den allerhöchsten Ohren des Herzogs kam und Kreischhuhn einen Verweis erhielt. Nicht so gelinde aber kam das Bürschchen von seiten der Beleidigten weg. Scholze wollte zwar die Geschichte auf sich beruhen lassen und meinte, mein Vater solle es dabei bewenden lassen; dieser jedoch, 21 Jahre alt, im vollen Jugendfeuer, war nicht so friedlich gesinnt und schrieb ohne Wissen seines Schwagers einen derben Brief an den Fähnrich Kreischhuhn, in dem er es an Beleidigungen nicht fehlen ließ und der mit einer förmlichen Herausforderung schloß. Die Antwort lautete ganz trocken: Da Herr Fröhlich nicht von Adel sei, so könne man sich auch nicht mit ihm schlagen. Diese dumme Feigheit brachte meinen Vater noch mehr auf, der den ganzen Hergang der Sache an einer öffentlichen Wirtstafel in Ulm erzählte und an den Herzog selbst schreiben wollte. Zufälligerweise befand sich ein französischer Rittmeister, ein geborner Elsässer, bei Tische, den die Sache so empörte und den vielleicht auch die schöne Frau, der man so arg mitgespielt hatte, interessierte, daß er nach beendigtem Mahl zu Scholze ging und zu diesem sagte, er wolle ihm, bevor zweimal vierundzwanzig Stunden vergingen, eklatante Satisfaktion verschaffen. Scholze wollte durchaus nichts davon hören, sein Schwager und seine Frau unterstützten jedoch die Absichten des Rittmeisters, und nach einigem Hin- und Herreden kam man überein, daß mein Vater in Begleitung dieses Offiziers nach Stuttgart zurückfahren und Scholze ihre Rückkehr in Ulm abwarten solle. In Stuttgart suchte der französische Rittmeister, ein Graf Caquenek, den Fähnrich auf der Wachtparade auf, nahm ihn auf die Seite, teilte ihm seinen

Namen und Stand sowie die Absicht seines Hierseins mit und lud ihn ein, nach der Parade sogleich einen Gang mit ihm zu machen, um ein paar Kugeln zu wechseln. Held Kreischhuhn wurde bleich, stammelte etwas von Dienstpflicht, worauf der Rittmeister jedoch nicht hörte und ihm ziemlich laut und vernehmbar sagte: „In einer Viertelstunde erwarte ich Sie unfehlbar in dem Bopserwäldchen, verfehlen Sie nicht, sich mit einem Sekundanten einzufinden, wenn Sie nicht wollen, daß ich Sie öffentlich beschimpfen und also dienstunfähig machen soll.“ Kreischhuhn fand sich, jedoch ohne Sekundanten, mit etwas unsichern Tritten und verstörter Miene wirklich auf dem bezeichneten Platz ein, nur mit seinem Degen bewaffnet, der jedoch noch kein Blut gesehen, sondern nur auf den Rücken armer Soldaten herumgetanzt hatte. Er traf den Rittmeister schon in Gesellschaft meines Vaters nebst einem Wundarzt an. „Wie, Herr Fähnrich, ohne Sekundant?“ rief ihm der erstere entgegen. „Die Eile hat mich verhindert“, stotterte der zitternde Held. „Ohne Sekundant können Sie sich doch nicht schlagen. Sie dauern mich, ich merke wohl, daß Sie ebensowenig ein Freund von Taten sind als ich von viel Worten. Hier mein Ultimatum: Bereuen Sie Ihr Benehmen, so geben Sie mir eine schriftliche Erklärung, in welcher Sie die schwer beleidigten hochachtbaren Personen um Vergebung bitten, wo nicht, so müssen Sie sich mit mir schlagen.“ Der Fähnrich stammelte nun, daß es durchaus nicht seine Absicht gewesen, die respektabeln Fremden im mindesten zu beleidigen, strenge Ordre und Mißverständnis hätten diese Unannehmlichkeit veranlaßt, und er zeigte sich bereit, die geforderte Erklärung zu geben, die er auch sofort in den demütigsten Ausdrücken, wie sie ihm der Rittmeister diktierte, nieder- und unterschrieb und dabei die ihm eigene Orthographie beobachtete. Man trennte sich nun friedlich, mein Vater und der Rittmeister eilten nach Ulm zurück, wo Scholze und seine Frau ängstlich ihrer harrten und nach Berichterstattung dessen, was vorgefallen, sowie über die schriftliche Erklärung herzlich lachten.

Sie brachten noch einen Tag in Gesellschaft des ehrenwerten Rittmeisters zu, dessen uneigennützige Handlung man dankbarlichst anerkannte, und setzten dann die Reise ohne weitere Unannehmlichkeiten auf einem eigens dazu gemieteten Schiff auf der Donau bis Wien fort, wo man trotz Wirbel und Strudel wohlbehalten ankam, die Merkwürdigkeiten der Kaiserstadt in Augenschein nahm, auch die damals noch bestehende grausame Tierhetze besuchte, einen Abstecher nach Preßburg, Pest und Ofen machte, sodann die Rückreise über Prag und Dresden antrat und wohlbehalten ohne weitere Abenteuer wieder in der Heimat ankam.

Frau Scholze hatte gewünscht, daß sich ihr Gatte in der Gegend von Frankfurt ankaufen möchte, da sie vorgab, das rauhe Klima Norddeutschlands nicht ertragen zu können und auch gerne in der Nähe der Ihrigen weile. Der gefällige Mann fand diesen Wunsch billig und kaufte, nachdem er mit seiner Frau manches Gut am Rhein besehen, Schloß Niedesheim bei Worms, das einen schönen Park hatte und eine namhafte Summe kostete. Er ließ dasselbe auf das prächtigste und bequemste einrichten und möblieren, das Gut wurde zu einem wahrhaft paradiesischen Sommeraufenthalt und wimmelte beständig von verwandten und bekannten Gästen. Lustig und fröhlich ging es daselbst zu, Feste und Bankette, wobei sich die Honoratioren von Worms, Mannheim, Frankenthal, Speier usw. fleißig einfanden, folgten hintereinander, den Winter aber lebte man in Frankfurt. Tante Scholze war eine gar lebenslustige Frau, liebte Pracht, Moden, den Tanz, heitere Gelage nur zu sehr, ließ den neuesten Putz von Paris kommen, ihre schöne Gestalt kleidete alles vorzüglich, und ein Heer Anbeter umschwärmte sie beständig.

Groß war der Jubel, als sie nach neun Monaten ihren Gemahl mit dem ersten Pfand ihrer ehelichen Liebe beschenkte, ein Mädchen, das Henriette getauft wurde, das ganz der Schönheit der Eltern entsprach und das wir schon kennen. Noch dreimal machte Maria Eva in dem Zeitraum von vier Jahren ihrem Gatten ein gleiches Geschenk. Scholze und seine Frau hätten sich gar sehr einen männlichen Erben gewünscht, aber die Kunst, die Kinder nach Belieben zu zeugen, war damals noch nicht erfunden, wenigstens nicht gedruckt, und man mußte annehmen, was das Schicksal bescherte. So lebte man, einige kleine häusliche Ungewitter abgerechnet, im Taumel des Vergnügens, bis die französische Revolution ausbrach, in deren Folge man mehrmals, und zuletzt für immer, Schloß Niedesheim, das Scholze einem Jugendfreund und unzertrennlichen Gefährten, namens Wrede, zur Bewachung anvertraut hatte, verließ. Wrede hatte versprochen, das in ihn gesetzte Vertrauen auf das beste zu rechtfertigen, bekam jedoch, als sich die Kriegsunruhen in diese Gegend verbreiteten, Furcht und flüchtete, das anvertraute Gut im Stich lassend, auf und davon. Als die wilden Franzosen kamen und niemand als einen alten Diener, der ihnen weder Rede noch Auskunft geben konnte, daselbst fanden, zertrümmerten sie das ganze Mobiliar, rissen die kostbarsten Tapeten herab, kochten ihre Suppe mit dem Holz eines zerschlagenen englischen Klaviers und richteten einen Schaden von mehr als 30 000 Gulden an.

Nachdem Frau Scholze geschieden, lebte sie mit dem General de Rade, der die Ursache der Scheidung war, und jetzt einen Gesandtschaftsposten in Hessen-Kassel bekleidete. Unglücklicherweise war der Gesandte verheiratet, und seine rechtmäßige Gattin hielt sich zu Paris auf. Da sie eine kränkliche Frau war, so hatte er seiner Geliebten versprochen, da er nicht geschieden werden konnte, sie gleich nach dem Tode jener zu ehelichen. Aber der Mensch denkt und Gott lenkt; der General starb nach ein paar Jahren vor seiner Gemahlin, Frau Scholze kehrte nach Frankfurt zurück, wo sie bald darauf einen der berühmtesten Advokaten der Stadt, einen Doktor Feierlein, der ihren Scheidungsprozeß geführt hatte, heiratete.

So endigte, wie schon bemerkt, diese Ehe, die man für die glücklichste und beneidenswerteste und von der größten

Wichtigkeit für die ganze Familie gehalten hatte. Was ist in dieser Welt, wo sich alles in Staub und Nichts auflöst, wichtig oder unwichtig? – Die mit dem größten Scharfsinn durchdachten Pläne und Projekte haben nicht mehr Wichtigkeit als die Reinigung eines Kuhstalls durch eine Viehmagd oder eine Rothschildsche Finanzoperation, wodurch die Herren Gebrüder ihren Mammon um Millionen vermehren. Dies alles löst sich bald barock genug in Nullitäten auf.

Mein Hauslehrer Jung hatte durch die Verwendung meines Großvaters Weller eine Pfarrei im Hessischen erhalten, und man schickte mich nun in das damals in Frankfurt blühende Kemmetrische Institut zur weiteren Ausbildung meiner Kenntnisse, die eben noch nicht weit her waren. Aber bald fand man, daß dieses für meine Anlagen von gar mancherlei Art nicht genüge, und auf Anraten meines Onkels Scholze kam man überein, mich zu einem jungen Geistlichen namens Breidenstein, der soeben ein vielversprechendes Erziehungsinstitut in Hombung vor der Höhe errichtete, und dem Scholze sehr wohl wollte, in Pension zu geben. – Als mir dies eröffnet wurde, war ich hoch erfreut, denn Kusinchen Henriette war ja zu Homburg; ich hoffte sie täglich zu sehen, und sprang wie besessen herum, einmal über das andremal ausrufend: „Ach, das ist schön, das ist scharmant!“

VI

Das Institut zu Homburg vor der Höhe – Die Flegeljahre – Homburg und seine Umgebungen – Der Hof – Eine Partie auf den Feldberg – Eine Schweinsjagd im Schloßgarten und eine Schildwache im Teich – Der Vorsteher einer Erziehungsanstalt stiehlt silberne Löffel – Das Taunusgebirg und seine Burgen – Eine kaiserliche Stecknadel

Als der zur Abreise bestimmte Tag herangekommen war, holte mich mein neuer Lehrer selbst ab; ich folgte ihm willig und gern und verließ das väterliche Haus, in dem ich doch so manche Kinderfreuden genossen, ohne großes Leidwesen, denn Homburg hatte einen Magnet, dessen Anziehungskraft mich alles andere vergessen machte. Pfarrer Breidenstein war ein noch ganz junger und lebhafter Mann, der, noch unverheiratet, bei einem alten Schullehrer wohnte, dessen Frau die Wartung der Zöglinge übernehmen sollte. Als ich zu ihm kam, war ich der erste, der bei ihm wohnte, die übrigen, 7–8 an der Zahl, waren Kinder aus Homburger Familien, die nur am Tage an dem Unterricht teilnahmen.

Außer meinem Oheim Scholze, den ich noch den Abend nach meiner Ankunft besuchte, hatte ich noch einen Großoheim zu Homburg, der lutherischer Oberpfarrer daselbst war. Meine Eltern hatten lange geschwankt, ob sie mich nicht diesem braven Mann anvertrauen sollten, doch war man in der Familie dagegen, indem man denselben als zu ernst und zu streng für die Erziehung eines so lebhaften Knaben wie mich schilderte. Übrigens war es ein Mann von der strengsten Rechtlichkeit und Moralität, dabei war er ein tiefdenkender, sehr unterrichteter und allgemein geachteter Gelehrter, für Kinder aber zu finster. Auch er nannte sich Fröhlich und war der Bruder meines Großvaters väterlicher Seite. Scholze hatte gemeint, ich könnte leicht ein Kopfhänger und Träumer unter den Händen dieses Mannes werden, und so entschied man für Breidenstein, obgleich derselbe der reformierten Religion zugetan, während unsere ganze Familie lutherisch war, weshalb manche unserer Basen einen Anstand nahmen und dies für eine gottlose und sündhafte Handlung hielten. Die beiden Konfessionen standen sich damals, besonders in Frankfurt, noch fast feindlich gegenüber. Ein Reformierter konnte ebensowenig wie ein Katholik oder Jude in den Senat gelangen oder ein Amt zu Frankfurt bekleiden, und die Reformierten mußten in dem hessischen Ort Bockenheim ihren Gottesdienst halten. Später erlaubte man ihnen Bethäuser, aber ohne Türme, in Frankfurt. Bei Breidenstein nun hatte ich mich fast unbegrenzter Freiheit zu erfreuen, und war außerhalb der Unterrichtsstunden so ziemlich ohne alle Aufsicht, denn des Schulmeisters Frau, die eine solche über mich üben sollte, achtete ich nicht, und sie traute sich auch nicht, mir etwas zu wehren. Ich benutzte nun diese Freiheit in vollem Maße und zum großen Verdruß meines Oheims, des Oberpfarrers, dem ich auf allen seinen Wegen begegnete, der sich aber jedes Verweises enthielt, damit es nicht scheinen möge, als fände er sich zurückgesetzt, daß man mich lieber einem Fremden als ihm anvertraut habe. Der brave Mann, den diese Zurücksetzung vielleicht innerlich schmerzte, ließ sich dies nie merken oder noch weniger meinen Eltern oder mir entgelten und war uns allen gefällig, wo sich nur immer eine Gelegenheit bot. Obgleich Breidenstein ein Lebemann war, so hoffte man doch, er würde meine überschäumende Lebhaftigkeit und frühzeitige Entwicklung wohl zu zügeln wissen; dies war aber nicht der Fall, und ich lernte bei ihm, was ich eben lernen wollte. Wie wir gesehen, hatten sich bei mir allerlei Eigenschaften und Talente besonderer Art weit früher entwickelt, als dies bei andern Menschenkindern gewöhnlich der Fall ist, und so traten denn auch die sogenannten Flegeljahre viel früher als bei andern Jungen bei mir ein.

Es war im Frühjahr, als meine Versetzung nach Homburg stattfand, die Wiesen prangten mit den buntesten Blumenteppichen, auf den Feldern schossen alle Pflanzen auf das üppigste empor, Bäume und Wälder waren mit dem frischesten Grün bedeckt, und mir war es vergönnt, jeden Abend

an Jettchens Hand durch Fluren, Auen und Wälder zu wandeln. Das Scholzesche Haus war meine zweite Heimat, ja, ich war fast mehr in diesem als bei B. Jeden Abend aß ich da zu Nacht, und an Sonn- und Feiertagen war ich ohnehin ein- für allemal auf den ganzen Tag eingeladen.
Die französische Gouvernante hatte fast zu gleicher Zeit mit ihrer Herrin das Haus verlassen müssen, man hatte sie im Verdacht des Einverständnisses mit den Intrigen ihrer Gebieterin. Eine gewisse Frau Bönig hatte ihre Stelle vertreten und stand der Erziehung der vier Mädchen vor; sie war schon in etwas gesetzteren Jahren, mehrere dreißig, und hatte sich bei Herrn Scholze und dessen unzertrennlichem Freund Wrede, der sich gleich nach der Niedesheimer Flucht wieder an ihn angeschlossen, fest einzunisten gewußt, wurde aber von den Kindern und dem Gesinde nicht mit Unrecht gehaßt.
Bald hatte ich alle Schönheiten, es hat deren wirklich nicht gewöhnliche, und Merkwürdigkeiten Homburgs kennen gelernt, denn ich hatte ja einen gar lieben Führer.
Die Stadt, die damals ungefähr 3000 Einwohner zählte, liegt am Fuße des Taunus, drei kleine Stunden von Frankfurt, und ist die Residenz des Landgrafen von Homburg, der hier ein geräumiges Schloß hat. Die Einwohner waren gewerbsame, fleißige, brave und sehr genügsame Leute, die bei aller Dürftigkeit doch eine glückliche Zufriedenheit besaßen und ihrem Landesfürsten, dem damaligen Landgrafen Friedrich V., einem Ehrenmann im vollen Sinne des Wortes und einem trefflichen Fürsten, mit unbegrenzter Liebe und Hochachtung ergeben waren. Die Umgebungen Homburgs sind pittoresk und reizend, namentlich die herrlichen Waldpartien. Der Schloßgarten, halb im französischen, halb im englischen Geschmack angelegt, die Anlagen jenseits des großen Teiches, in denselben der große und kleine Tannenwald, die hohe Pappelallee, die zu beiden führt, usw. bieten die herrlichsten Spaziergänge ganz in der Nähe. Namentlich war der kaum eine Viertelstunde von der Stadt entfernte kleine Tannenwald, ein Park mit

mannigfaltigen Anlagen, ein reizender Aufenthalt, in dem sich äußerst geschmackvolle Anlagen mit japanischen Häusern, Grotten, dunklen Bogengängen usw. nebst einem großen Teich, in dessen Mitte eine kleine Roseninsel lag, aus deren Gebüsche eine Tempelkolonnade malerisch hervorragte, befanden. Diese stille, von der ganzen übrigen Welt abgeschieden scheinende Insel machte, als ich sie zum erstenmal betrat, einen unbeschreiblichen Eindruck auf mein junges, wenn auch nicht mehr sehr unschuldiges Gemüt; eine Brücke führte auf dieselbe zu der von einer Kolonnade umgebenen Rotunde; es war schon in der Abenddämmerung, als ich an Jettchens Hand diesen Ort betrat. Diese tiefe feierliche Stille, die hier herrschte, nur von dem Gezwitscher einiger Vögel unterbrochen, erfüllte mich mit einem namenlosen, fast heiligen Schauer, noch nie gehabte Empfindungen bemächtigten sich meines, sonst eben nicht zur Schwärmerei geneigten Gemütes, und ich glaubte mich in eines jener Feengefilde versetzt, die man mir in lieblichen Märchen so oft geschildert hatte. Lange hielt ich fast atemlos meine liebliche Führerin umschlungen, und nur die sich durch Geschrei verkündende Ankunft ihrer Schwestern weckte uns aus dem seligen Vergessen unserer selbst. Indessen sollten diese Insel und der kleine Tannenwald mit seinen Grotten, Lauben usw. noch gar manchmal Zeugen unserer eben nicht mehr ganz kindischen Liebe sein.
‚Auch die entfernten Umgebungen Homburgs, wie die Partien auf den Feldberg, den Altkönig, nach Kroneburg, Königstein, Reifenberg, Friedrichsdorf usw. verdienen erwähnt und besucht zu werden und bieten der Vergnügungen und Annehmlichkeiten mancherlei dar.‘
Das Schloß selbst liegt auf einer die Stadt beherrschenden Anhöhe und ist allem Anschein nach auf einem alten Römerkastell erbaut, wie denn die ganze Umgegend und die nahe Saalburg die untrüglichsten Spuren von dem Aufenthalt dieser Eroberer, von denen man jedes Jahr Münzen, Waffen, Vasen usw. in großer Menge findet, in dieser Gegend tragen. Homburgs Urgeschichte, das in alten Urkun-

den Hohenburg und Hohnburg genannt wird, und seine Entstehung ist nicht mehr mit Gewißheit zu ermitteln. Eine alte Volkssage erzählt, daß ein gewisser Benno, ein Urenkel jenes Eppo, der die Burg Eppstein erbaut und die schöne Berta aus den Händen eines furchtbaren Riesen befreite und zu seinem ehelichen Gemahl machte, durch seinen streitsüchtigen Bruder vertrieben, hier auf den Trümmern eines alten Kastells sich mit Hilfe der umwohnenden Hirten eine neue Burg erbaut habe, um welche nach und nach das Städtchen Homburg entstanden sei. Soviel ist gewiß, daß Homburg in früheren Zeiten den Dynasten und Waldgrafen von Eppstein gehörte, später, im 15. Jahrhundert, machte es einen Teil der Grafschaft Hanau aus, und kam im folgenden Jahrhundert unter Philipp dem Großmütigen an das Haus Hessen. Bei der Teilung der hessischen Länder fiel das Amt Homburg Georg I., Landgrafen von Darmstadt, anheim. Der jüngste seiner Söhne, Prinz Friedrich, erhielt vermöge einer Übereinkunft mit seinen Brüdern 1606 Homburg, doch hatte sich sein ältester Bruder, Landgraf Ludwig V., die Landeshoheit vorbehalten, was zu beständigen Zwistigkeiten Veranlassung gab. Friedrich I. ward nun der Stammvater des noch jetzt zu Homburg regierenden Hauses, und seine Nachkommen waren meistens ausgezeichnete Regenten, die aber, namentlich zur Zeit des Dreißigjährigen Krieges, mit großen Widerwärtigkeiten und vielem Elend zu kämpfen hatten, das einmal so arg war, daß sich im ganzen Schloß nur noch zwei silberne Eßlöffel befanden. Unter diesen Landgrafen zeichnete sich Friedrich II. mit dem silbernen Bein aus, so genannt, weil er 1658 bei der Belagerung von Kopenhagen ein Bein verloren hatte, das durch ein silbernes oder vielmehr versilbertes ersetzt wurde. Seine Reiterstatue springt über dem zweiten oder inneren Schloßtor aus den Mauern des Schlosses hervor. Er war es auch, der hauptsächlich dem großen Kurfürsten von Brandenburg den hochgewichtigen Sieg in der Schlacht bei Fehrbellin gegen die Schweden erkämpfen half, und zwar durchaus gegen dessen Anord-

nungen handelnd. Als jedoch die Schlacht gewonnen und vorüber war, rief ihm der Kurfürst Friedrich Wilhelm zu: „Herr Landgraf, nach den Kriegsgesetzen hättet Ihr das Leben verwirkt, aber Gott bewahre mich, daß ich durch solche Strenge einen so herrlichen Sieg beflecke, indem ich den strafe, dessen Tapferkeit ich ihn größtenteils verdanke!" Der Landgraf Friedrich, der eine 1500 Mann starke Reiterei befehligte, hatte nämlich vom Kurfürsten Befehl erhalten, sich vorerst durchaus in keinen Kampf einzulassen und das feindliche Heer nur zu beobachten, aber sein ungestümer Mut riß ihn hin, er griff die Schweden an, die nun mit ungeheurer Übermacht, fast mit ihrem ganzen Heere über ihn herfielen. Der Landgraf verrichtete jetzt Wunder der Tapferkeit und focht wie ein Verzweifelter, der Kurfürst eilte ihm zu Hilfe, und bald war die Niederlage des Feindes vollkommen. Dieser Regent war es auch, der einen Teil der, von dem stupiden Ludwig XIV., wegen ihres Glaubens aus Frankreich vertriebenen Flüchtlinge aufnahm, welche die beiden noch jetzt blühendsten Ortschaften der Landgrafschaft, Friedrichsdorf und Dornholzhausen, unter seinem Schutz und mit seiner Beihilfe gründeten, und der auch sonst das Wohl und Gedeihen seines kleinen Ländchens auf das wirksamste beförderte, die Neustadt anlegte, Bauten vornahm usw.
Sein späterer Nachkomme, Friedrich V., der an der Regierung war, als ich in die Pension nach Homburg kam, war, wie ich schon erwähnt, von seinen Untertanen angebetet und wie ein Vater geliebt, es war ein wahrhaft patriarchalisches Verhältnis zwischen ihm und seinem Volke, und er förderte, so sehr es nur immer die Umstände gestatteten, das Wohl seines Landes. Achtzehn Jahre alt, hatte er die Regierung angetreten und im einundzwanzigsten sich mit einer Tochter Ludwig IX., Landgrafen von Hessen-Darmstadt, vermählt, eine liebenswürdige und sehr geistreiche, aber stolze Prinzessin, die jedoch ihre großen Schwächen hatte, und den kleinen Hof auf einen sehr großen Fuß eingerichtet haben wollte. Da gab es alle möglichen Hof-

chargen, ein Geheimer Rat von Saint-Clair war dirigierender Minister, da gab es einen Oberhofmarschall von Kickebusch, einen Oberstallmeister von Reizenstein, einen Oberforstmeister von Brandenstein, ein französischer Abbé, Herr de Roque, war Oberhofmeister der Prinzen, ein paar alte Hofdamen, von denen die eine schlief, die andere buckelig, von Donop und von Ziegler, waren die Schönheiten am Hof. Ein Hauptmann von B. . . . war so eine Art von Oberküchenmeister und zugleich Generalissimus der Homburger Armee, die aus ungefähr 70 Invaliden bestand, von denen der jüngste hoch in den Fünfzigern war, und die der Hofkurier kommandierte und exerzierte. Fast alle waren mit Brüchen oder andern Leibschäden behaftet, zwanzig davon trugen Bärenmützen und stellten Grenadiere vor, die andern fünfzig waren Musketiere, sie trugen noch eine Uniform wie zur Zeit des siebenjährigen Krieges. Alle die Regierungs- und Hofchargen wohnten weit ärmlicher als ein Frankfurter Handwerksmann und waren noch viel schlechter bezahlt als der Kommis eines gewöhnlichen Kaufmannes; aber alle diese Chargen sowie die Geistlichen hatten die Ehre, häufig und besonders Sonntags zur landgräflichen Tafel gezogen zu werden. Die Ehe des fürstlichen Paares war indessen reich gesegnet an Kindern; sechs Prinzen und fünf Prinzessinnen befanden sich am Leben und in blühender Gesundheit, als ich nach Homburg kam. Die drei ältesten Prinzen waren jedoch abwesend in österreichischen und preußischen Diensten, und die drei ältesten Prinzessinnen schon seit Jahren an regierende Fürsten oder Erbprinzen vermählt. Die sich noch am väterlichen Hof befanden, waren die Prinzen Gustav, Ferdinand und Leopold, und die Prinzessinnen Auguste und Mariana, alle ein schönes, jugendliches, frisches Blut und wohl erzogen. In den Adern der Söhne rollte das Heldenblut ihrer Ahnen, und die Töchter hatten den Liebreiz der Mutter, waren hochwissenschaftlich ausgebildet und sehr geistreiche Damen, ohne die Schwächen der Mutter zu haben, von denen eine ganz sonderbarer Art war. Diese

Fürstin sah nämlich Geister, dies war ein Erbstück von ihrem Vater, dem Landgrafen Ludwig IX. von Darmstadt, der ebenfalls jede Nacht Gespenster gesehen haben wollte und deshalb die Nächte mit seinen Hofbeamten, bis der Tag graute, wachend zubrachte, indem er ihnen öfters zurief: „Seht ihr den schwarzen Geist in jener Ecke und den grauen da in dieser?" Nicht viel besser erging es seiner Tochter Karoline, die einmal um die Mitternachtsstunde eine gräßliche Erscheinung, eine weiße Frau mit blutigem Gewand, im Homburger Schloß gehabt haben wollte, die sie sogar nach ihrer Angabe hatte malen lassen. Seit dieser Zeit ging auch sie nur mit dem Anbruch des Tages zu Bette. Ihre Hofdamen und Kammerfrauen mußten abwechselnd mit ihr die Nächte durchwachen, während ihre Gemächer durch viele Kerzen erleuchtet waren. Aus diesem Grund hatte sie den Tag völlig zur Nacht und diese umgekehrt zum Tag gemacht, wonach sich der ganze Hof richten mußte, und man setzte sich meistens beim Schein der Kerzen erst zur Mittagstafel. Die Hoflakaien bildeten zum Teil auch die Hofkapelle, machten Tafelmusik, und jeden Sonntag abend war nach aufgehobener Tafel ein Konzert im Speisesaal, zu dem jeder anständig gekleidete Einwohner Zutritt hatte.

Die französische Revolution und ihre Kriege hatten auch manches Weh über Homburg und seinen Regenten gebracht, mehrere blutige Kriegsszenen waren ganz in dessen Nähe vorgefallen, und die Stadt selbst wurde oft mit Einquartierungen und andern schweren Bedrückungen heimgesucht, bei denen das Herz des braven Landgrafen blutete, die er aber nicht abzuwenden vermochte. Mehrere französische Emigrantenfamilien von hohem Adel hatten sich nach Homburg geflüchtet, und an dem dortigen Hof eine freundliche Aufnahme und möglichste Unterstützung gefunden. Unter ihnen war die des Grafen Balthazard, welche sich besonders der Gastfreundschaft des Landgrafen zu erfreuen hatte, der ihr nicht nur eine Freistätte in Homburg, sondern sogar eine freie Wohnung über der Orangerie des Schloßgartens und freie Tafel für den Grafen, seine Gattin, seine Kinder und eine Tante, nebst noch andern Wohltaten, als Brennholz usw. bewilligte. Diesen Leuten, die früher im größten Wohlstand und Überfluß zu Paris und Versailles gelebt, Dutzende von Domestiken zur Bedienung, einen Marstall der schönsten Pferde gehabt, mangelte es jetzt oft am allernötigsten, und die beiden Töchter des Grafen, sehr liebenswürdige, äußerst fein und wohl erzogene Mädchen, stickten Kleider, Tücher, Westen und machten andere Handarbeiten sowie der Sohn Yorik niedliche Papparbeiten, die sie an Frankfurter Kaufmannsfrauen durch die Vermittlung meiner Mutter und auf Scholzens Verwendung, der außerdem noch manches an der Familie tat, sehr gut verkauften und so ihren schon bejahrten Eltern manche Erleichterung verschaffen und mit manchem Bedürfnis versehen konnten, dessen Entbehrung in reifern Jahren schmerzt. Diese Familie hatte mich wegen der ihr von meiner Mutter erwiesenen Gefälligkeiten in ihre besondere Affektion genommen, denn ich war der Überbringer mancher Rolle Geldes für ein teuer verkauftes oder ausgespieltes gesticktes Kleid. Sie war daher auch die Ursache, daß Scholzens Kinder sowie ich in nähere Berührung mit den jüngern Prinzen und Prinzessinnen des landgräflichen Hauses kamen und an deren Spielen im Schloßgarten sehr oft teilnehmen durften, da der Sohn und die Töchter des Grafen fast deren beständige Begleiter waren und mancherlei Spiele, die sie aus Frankreich mitgebracht, einführten, unter denen besonders das à la barre beliebt war, das bei schönem Wetter jeden Abend in einer alten Lindenallee, die am entferntesten von dem Schloßflügel, den die Landgräfin bewohnte und in der Nähe der Orangerie lag, gespielt wurde; denn da es bei diesem Spiel oft etwas wild und nicht ohne großen Lärm abging, ja nicht selten ernste Zwistigkeiten wegen der Gefangenen oder der Einnahme der Barre vorfielen, wobei die Prinzen gegenseitig sehr heftig wurden, hatte man diese Allee mit gutem Vorbedacht zum Tummelplatz gewählt; dennoch wurde der Lärm bisweilen so toll, daß er bis zu den Ohren der Landgräfin drang, und diese mehr als einmal einen Bedienten oder gar eine Hofdame absandte, Ruhe zu gebieten. Ein Vorteil, den uns diese Spiele und dieser Umgang noch gewährte, war, daß alles in französischer Sprache verhandelt wurde, wodurch auch mir diese bald geläufig ward. Außerdem fand ich hier manche Gelegenheit des Alleinseins mit Jettchen, und, ausgesandt, um die Barre des Feindes zu überrumpeln, wußten wir uns immer in dem Innern der fast undurchdringlichen Wandalleen oder auch in entferntern Lauben zu treffen.

Bei alldem wurde jedoch mein Unterricht nicht versäumt, und ich fuhr in dem, was ich mit Jung und andern in Frankfurt begonnen, fleißig fort, studierte besonders Geschichte, setzte meine Musikstunden bei einem der landgräflichen musikalischen Diener und später bei dem Konzertmeister Geier fort, dazu kam noch der Unterricht im Zeichnen, den ich mit meinen Kusinen bei dem Hofmaler Walther, sowie den im Reiten bei dem Stallmeister von Reizenstein erhielt. Sogar im Billardspielen, Stelzengehen und Schlittschuhlaufen erhielt ich die nötigen Anleitungen, und so kam es, daß sich meine Körperkräfte frühzeitig entwickelten und ich eine für mein Alter seltene Gewandtheit in allen körperlichen Übungen hatte. Auch Seiltänzerei ließ uns Breidenstein treiben, und ich konnte bald ohne Balancierstange auf einem ausgespannten Seil spazieren. Dagegen wollte es um so weniger in den alten Sprachen mit mir voran, ich hatte einen wahren Widerwillen dagegen, und nachdem ich fünf Jahre Latein gelernt, konnte ich kaum den doch sonst von mir vergötterten Julius Cäsar schülerhaft übersetzen, an sprechen war nicht zu denken.

Da ich nun alles andere schnell auffaßte und begriff, ja fast leidenschaftlich betrieb, nur zum Zeichnen fehlte es mir an der nötigen Geduld, so ließ mir Breidenstein weit mehr Freiheit als den übrigen Zöglingen, und wenn man ihn darüber zur Rede stellte, so erwiderte er: „Ich darf den Ferdinand durchaus nicht so anhaltend anstrengen, denn

mit der Leidenschaft, mit der er alles ergreift und betreibt, würde er sich bald aufreiben, auch ist es ja nicht nötig, da er alles noch einmal so schnell faßt und lernt als ein anderer Knabe." Er meinte, ich müsse zu meiner Erholung viel toben und spielen. Ich glaube, daß mein Lehrer hierin vollkommen recht hatte, und halte es für einen gewaltigen Mißgriff und große Einsichtslosigkeit, daß die meisten Erzieher und Lehrer ihre Zöglinge hinsichtlich der Zeit, die sie mit Lernen zubringen sollen, mit ein und demselben Maß messen und alle über einen Leisten schlagen, das heißt, den, der in einer Viertelstunde mehr lernt als der andere in drei Stunden, dennoch ebensolange an den Schreib- und Lehrtisch schmieden als den letztern. Ein heilloser Unverstand, der schon gar manchem talentvollen und intelligenten Knaben ein frühes Grab bereitet haben mag.
Ich hatte übrigens viel Frankfurter Albernheiten und Vorurteile nach Homburg, und namentlich den komischen Stolz oder vielmehr lächerlichen freireichsstädtischen Hochmut mitgebracht, der besonders den reichen Frankfurtern mehr als den Einwohnern irgendeiner andern Reichsstadt eingeimpft war und von dem ich mich nur nach und nach losmachen konnte, wozu mein Lehrer B. das Seinige beitrug, mehr aber noch die oft sehr empfindlichen Neckereien der Homburger Knaben, die das Institut besuchten, und mich wegen diesem Batzendünkel der reichsstädtischen Duodez-Aristokratie so lange hänselten, bis ich selbst die Lächerlichkeit desselben einsah und mich darüber lustig machte. Ja, ich hatte mich sogar einmal so weit vergessen, mit großer Geringschätzung von dem allgemein verehrten Landesvater zu sprechen und ihn einen Bettelfürsten zu nennen, ich war hier nur das Echo von dem, was ich so oft von Frankfurter Wechselkrämern gehört, die doch gar zu gerne von solchen Fürsten Geld verdienten und sie dabei möglichst prellten. Für diese Äußerung würde mir eine derbe und wohlverdiente Prügelsuppe von den entrüsteten Homburger Jungen geworden sein, wenn sich nicht vernünftige erwachsene Personen ins Mittel gelegt und mich

mit meinem tüchtigen Wischer heimgeschickt hätten. – Fast alle meine Mußestunden, und ich hatte deren ziemlich viele, brachte ich in Scholzens Haus zu, das zu jener Zeit auch das einzige war, welches in Homburg Geselligkeit pflog, und obgleich es nach der Scheidung meiner Tante und unter der repräsentierenden Frau Bönig bei weitem nicht mehr den früheren Glanz hatte, so fanden sich doch alle Honoratioren durch eine Einladung in dasselbe geehrt und freuten sich auf die Leckerbissen, die da gespendet wurden, welche eine Abwechslung in ihre gewöhnlich sehr magere Hausmannskost brachten.

Ein Hauptfest in demselben war jedesmal der in den Monat Juli fallende Geburtstag meines guten Oheims, der immer mit der größten Feierlichkeit begangen wurde. Die Gouvernante Bönig, die sich auf alle Weise bei ihrem gütigen Herrn zu insinuieren wußte und jede Gelegenheit ergriff, sich ihm unentbehrlicher zu machen, spielte auch bei diesem Fest die Hauptrolle und rührte jedesmal die ganze Rumpelkammer ihrer Phantasien auf, um eine recht eklatante Feier zu veranstalten. Vergeblich aber hatte sie es darauf angelegt, Herrn Scholze in ihren Netzen zu fangen, und so völlig die Stelle meiner geschiedenen Tante einzunehmen, mein Oheim verstrickte sich nicht in denselben und hatte keine Augen für die eben nicht sehr einladenden und schon sehr verblühten Reize der Gouvernante. Eines Tages hatte er den Wunsch blicken lassen, eine Partie auf den nahen Feldberg (der höchste, 2400 Fuß hohe Gipfel des Taunus) zu machen, auf dem man im Sommer bei heiterem Himmel häufig die Nächte von Sonnenuntergang bis zu Sonnenaufgang in Gesellschaft zubringt, um dieses Naturschauspiel in seiner ganzen Pracht zu bewundern, und von dessen Spitze man sich einer unbeschreiblich schönen Aussicht auf weit über hundert Stunden im Umkreis zu erfreuen hat und mehr als anderthalb hundert Städte, Flecken und Dörfer nach allen Richtungen hin erblickt.

Madame Bönig hatte sich die Äußerung Scholzens wohl gemerkt und die Partie unter allerlei Vorwand bis zum Monat Juli hinauszuschieben gewußt, traf aber ganz in der Stille alle Anstalten, um ihren Herrn und Gebieter an seinem Geburtstag damit, und zwar recht pomphaft, zu überraschen. Sie ließ heimlich drei große Zelte, eines rot und weiß, eines blau und weiß und ein drittes grün und weiß, verfertigen und vor dem festlichen Tage auf der kahlen Spitze des Berges, nahe am Brunhildisfelsen, aufschlagen*. Diese hatten mehrere hundert Taler gekostet, welche sie, sowie die Ausgaben für Feuerwerk, Fackeln, Viktualien usw. alles auf das Haushaltungsunkostenkonto brachte. Ungeheuere Quantitäten von Erfrischungen und Erwärmungen aller Art, nebst anderem Proviant, und sogar Matratzen hatte die fürsorgliche Gouvernante auf Packpferden auf den Berg bringen lassen, und zu dieser Partie außer Scholzens Bekannten und Verwandten aus Frankfurt halb Homburg eingeladen. – Am Nachmittag vor dem Fest bat Madame Bönig meinen Oheim, dem dasselbe galt, er möge sich reisefertig machen, die Kinder stürmten gleichfalls mit derselben Bitte auf ihn ein, und bald darauf hielt ein langer, mit guten Sitzen versehener Leiterwagen mit vier mutigen Rossen bespannt vor dem Haus, zu dem sich noch ein halbes Dutzend ähnlicher Wagen, zum Teil mit Ochsen bespannt, sowie die geladenen Gäste von Homburg und Frankfurt, unter den letzteren auch meine Eltern, einfanden und man dem überraschten Scholze eröffnete, daß die von ihm gewünschte Feldbergpartie vor sich gehen solle. Gegen fünf Uhr nachmittags setzte sich nun der ganze Zug, bei dem auch noch viele Herren zu Pferde und zu Esel waren, in Bewegung, fuhr rasch fort bis zu der Stelle, wo der Berg für Fuhrwerke zu steil wird, und die Gesellschaft legte den noch übrigen kleinen Teil des Weges zu Fuß zu-

* Dieser Felsen ist ein hoher, über fünfzig Schuhe im Umfang habender Quarzstein auf der Spitze des Feldbergs, von dem allerlei seltsame Sagen im Mund des Volkes sind. Im Jahr 1840 errichtete man hier einen Telegraphen und traf dabei auf die Grundmauern eines großen alten Gebäudes. Man behauptet, daß sich hier die berüchtigte Königin Brunhilde bisweilen aufgehalten habe.

rück. Gleich nach acht Uhr hatte man das Ziel erreicht, und war ganz erstaunt, hier ein kleines Lager aufgeschlagen und sogar Strohmatratzen und Polster zum Schlafen in den Zelten zu finden, von denen jedes eine französische Aufschrift in goldenen Lettern hatte; auf dem rot und weißen las man die Worte „Hôtel des Messieurs“, über dem blauweißen „Hôtel des Dames“, und über dem grünweißen „Restauration“. Madame Bönig, denn niemand wie sie hatte dies alles so angegeben, brillierte gern mit ihrem Französisch, das sie jedoch herzlich schlecht und mit einem abscheulichen Akzent sprach; die Fräulein von Balthazard, die auch mit von der Partie waren, lächelten wohlgefällig und man bewunderte den Erfindungsgeist der Gouvernante, sowie die reichbesetzten Büffets in dem letzten Zelt, in dem sich als Marketenderinnen gekleidete Mädchen zur Aufwartung befanden.
Man lagerte sich nun vorerst im Freien und nahm ein stärkendes Abendmahl ein, denn die überstandenen Strapazen hatten den Appetit der Lustreisenden rege gemacht; eine Harmonie von Blasinstrumenten begleitete das Mahl, bei dem man das auf dieser Höhe majestätische Schauspiel des Sonnenuntergangs vor Augen hatte und dabei die Becher, mit perlendem Nierensteiner und Markebrunner gefüllt, fleißig leerte. Als es finster zu werden begann, wurde ein hübsches Feuerwerk losgebrannt, in dem unter Sonnen und Feuerrädern zuletzt Scholzens Name in Brillantfeuer hoch in der Luft glänzte, worauf ein allgemeines Abfeuern aller mitgebrachten Schießgewehre und Vivatgeschrei erfolgte. Zugleich zündete man ein großes Feuer auf dem Brunhildisfelsen an nebst zweihundert Pechfackeln, die, in einen Kreis gestellt, eine Art Salon formierten; eine rauschende Tanzmusik begann, man hob die Tafel auf, und Madame Bönig eröffnete an Scholzens Hand den Ball auf dem Berg recht zärtlich mit einem Menuett. Einige Gäste meinten, es würde ihr weit besser angestanden haben, den Hexenreigen auf dem Blocksberg anzuführen. Ihrem Tänzer schien jedoch diese allzu große Aufmerksamkeit nicht sehr

zu behagen, und er machte diesem Tanz bald ein Ende, worauf sich das Menuett in einen raschen Walzer auflöste. – Die liebe Jugend tobte nun fast die ganze Nacht hindurch unter dem sternhellen Himmel, während die älteren Leute Ruhe unter den Zelten suchten und fanden. Doch wollte man auch bemerkt haben, daß sich manches Pärchen, unter denen auch Freund Wrede mit Madame Bönig gewesen sein sollen, in dem Nebeldunkel der Nacht verirrt und auf längere Zeit verloren, sich jedoch später etwas ermüdet und verstört wiedergefunden habe, wie dies nun einmal bei solchen Gelegenheiten zu gehen pflegt; da heißt es: profitons du moment; dies ist der Lauf der Welt und wird es immer sein. Uns Kinder hatte man indessen bald nach dem begonnenen Tanz in die respektiven Zelte gewiesen, und ich bettete mich nur ungern in das, welches den Messieurs bestimmt war.

Als sich endlich die ersten Vorboten des anbrechenden Tages zeigten, da erweckte die Schlafenden ein abermaliges Abfeuern der Gewehre und rief sie zu dem nicht minder prachtvollen Schauspiel, dem Aufgang der Sonne; dabei ließen sich blasende Waldhörner in einiger Entfernung vernehmen, und dann stimmte ein trefflicher Männerchor ein herrliches Morgenlied an, das auf die ganze Gesellschaft eine große Wirkung hervorbrachte und erhabene Gefühle in manchem Gemüt erweckte, worauf der Festgeber nochmals mit Glückwünschen fast erstickt und die verständige Anordnerin dieser Feier bekomplimentiert wurde. Man nahm nun ein erwärmendes Frühstück ein, denn Nächte und Morgen sind auch im höchsten Sommer noch kühl genug auf dem Feldberg, das in Schokolade, Kaffee oder Tee, nach Wunsch, bestand. Aber während desselben begann der Himmel unter uns, das heißt die Luft unterhalb des Berges Spitze, sich zu verfinstern, und bald verbargen düstere Wolken die herrlichen Landschaften zu unseren Füßen, so daß wir uns wie auf einer Insel mitten in einem unabsehbaren Wolkenmeer befanden, und ehe eine halbe Stunde verging, hatten wir das seltene Schauspiel, ein Gewitter unter uns zu sehen, wobei einige mit einer überstarken Phantasie begabte Gäste sich Götter des Olymps, ja wohl der Donner und Blitz spendende Zeus selbst zu sein dünkten. Dies Schauspiel war übrigens allerdings geeignet, sich eine recht lebhafte Vorstellung von dem Aufenthalt der Götter Griechenlands machen zu können, um so mehr, da es weder an Ambrosia noch an Nektar, noch an Göttinnen fehlte, von denen einige wirklich der Frau Venus und Juno ähnelten.

Leider aber sollte die Illusion nur zu bald gestört und buchstäblich zu Wasser werden. Die Wolken rückten uns näher und näher, umhüllten uns endlich ganz und lösten sich nicht in einen erquickenden, sondern ganz durchnässenden Regen auf. Man flüchtete sich zwar unter die Zelte, aber der Regen hielt lange an, und der Mittagstisch war ein paar Stunden entfernt an dem Jägerhaus am Eingang des großen Tannenwaldes unter einer langen Laubhütte gedeckt. Nachdem man lange vergeblich auf eine Wetterveränderung gewartet, entschloß man sich, in das kaum eine halbe Stunde entfernte Dorf Reifenberg zu gehen, wo uns die Wagen erwarteten und wo man ziemlich durchnäßt, die Damen mit nassen Füßen ankamen, denn die meisten hatten eine fast papierene Fußbedeckung. Wir drängten uns in das einzige Wirtshaus des ärmlichen, aus elenden Hütten bestehenden Örtchens und in die einzige Stube desselben, so daß hier das Gedränge und die Luft trotz dem Öffnen des einzigen Fensters bald zum Ersticken waren; die Hälfte der Gesellschaft, es waren weit über hundert Personen, flüchtete sich in die alten Burgruinen des Schlosses Reifenberg, die mitten im Dorf liegen, und suchte und fand in deren Gewölben Schutz und Schirm, jedoch nicht ganz gefahrlos, denn die alten Verließe waren eben nicht mehr bombenfest. Endlich heiterte sich gegen elf Uhr der Himmel wieder etwas auf, man bestieg nun die Wagen, um in möglichster Eile dem Ort zuzufahren, wo eine gedeckte Mittagstafel unserer wartete. Aber kaum hatte man eine kleine Strecke zurückgelegt, als es von neuem und zwar in gewaltigen Strömen zu regnen begann. Die kutschierenden Bauern jagten nun über Stock und Stein bergab und

Hurra, hurra, hopp, hopp, hopp,
ging's fort in sausendem Galopp,
daß Roß und Reiter schnoben
und Kies und Funken stoben,

und es Rippenstöße setzte, daß die Damen einmal über das andremal einen lauten Schmerzensschrei ausstießen, denn die Stöße kamen gar zu plump. Indessen langten die mit Pferden bespannten Wagen noch vor Mittag bei dem Jägerhaus an, während die mit dem gehörnten Gespann erst zwei Stunden später eintrafen.

Alle aber waren jetzt bis auf die Haut durchnäßt und hatten keinen trockenen Fleck mehr am ganzen Leibe. Indessen hatte sich mit der Mittagsstunde das Gewölk verzogen, der Himmel wurde klarer und bald trug der helle Sonnenschein den Sieg über die Gewitter davon. In der Küche des Jägerhauses loderten aber die Feuer gar einladend, die triefenden Kleider zu trocknen; einstweilen hatte Herr Scholze einen Eilwagen nach dem jetzt nur noch eine halbe Stunde entfernten Homburg geschickt, um andere Wäsche und Kleider, namentlich für seine Kinder und die Gouvernante, zu holen. Aber bevor diese kamen, trug sich noch ein Malheur in des Försters Küche zu, das einen Teil der Geburtstagsgäste, die eben erst der Wassergefahr entgangen waren, in eine große Feuersgefahr brachte. Ein Hofrat M. . . ., der Arzt in Homburg war, aber dem Gott Bacchus noch mehr als dem Äskulap diente und gar zu gerne ein Gläschen über den Durst nahm, hatte auch bei dieser Gelegenheit des Guten zu viel getan, und noch obendrein seine Rocktaschen mit nicht abgebranntem Feuerwerk, als Schwärmern, Fröschen, kleinen Sonnen usw. angefüllt. Nun fiel es dem guten Mann ein, seinen Rock am Küchenfeuer mitten unter den Damen trocknen zu wollen, und taumelnd drängte er sich durch die Massen bis zu der prasselnden Glut. Indem er dieses Kleidungsstück mit aller Bequemlichkeit, aber recht unvorsichtig zum Trocknen an das Feuer brachte, entzündete sich nach wenigen Minuten dessen Inhalt, und feurige Frösche und Schwärmer sprangen in der ganzen, mit Menschen angefüllten Küche herum und hüpften den Damen bis unter die Röcke, zündeten mehrere Kleider an, und brennend oder nicht brennend, stürzte alles Hals über Kopf aus dem Jägerhaus ins Freie, wo es gelang, die Kleider zu löschen, bevor noch großer Schaden geschehen. Der Urheber dieses Unheils aber, den man verwünschte, und der ebenfalls mit ziemlich heiler Haut davongekommen war, rief einmal über das andere „Meine Da–Da–Da–Damen, lassen Sie's gut sein; wenn Ihnen was passiert ist, ich heile Sie alle umsonst."

Man vergaß indessen bei der jetzt wieder so freundlich scheinenden Sonne all das überstandene Ungemach, um so eher, als die köstlich besetzte Tafel einlud, Platz an derselben zu nehmen, und bald war die allgemeine Fröhlichkeit bis zur Ausgelassenheit wieder hergestellt. Unter dem Klirren der Champagnergläser ließ man Herrn Scholze abermals hochleben, und nach beendigtem Mahl verloren sich die schweren Köpfe und vollen Bäuche in den Gebüschen, um nach getaner Arbeit gehörig auszuruhen, und die Damen machten romantische Promenaden in dem anmutigen Tannenwald, zu einem nahen Tempel, an die Forellenteiche usw. Aber zu dem angekündigten Souper fanden sich alle ohne Ausnahme wieder ein, Madame Bönig „zählt die Häupter der Geladenen, und es fehlt auch kein einzig Haupt". Erst nach Mitternacht kehrte man unter Sing und Sang nach Homburg zurück, um sich von der mehr als vierundzwanzigstündigen Feier und den allerlei Abenteuern dieser überromantischen Feldbergpartie zu erholen.

Einige Zeit nach derselben gab es in dem Scholzischen Hause einen komisch-unangenehmen Auftritt, in den ich mit verwickelt oder vielmehr die mittelbare Veranlassung zu demselben war. Seit kurzem hatte sich unser Institut durch zwei junge Engländer, Adkinson und Edwarts vermehrt, von denen der erste siebzehn und der andere achtzehn Jahre alt war. Sie sollten die deutsche Sprache erlernen. Diese beiden jungen Leute hatten sich in zwei von meinen Kusinen verliebt, die sie aber nur selten sahen und noch weniger sprechen konnten, da diese kein Englisch und jene noch zu wenig Deutsch verstanden, einstweilen aber suchten sie sich durch allerlei Geschenke bei den Mädchen zu insinuieren, und erzeigten mir die Ehre, mich zum Überbringer derselben, und so zu ihrem Postillon d'amour zu machen. Die beiden jungen Leute waren immer reichlich mit Taschengeldern versehen, und bald waren es seidene Strümpfe mit roten Zwickeln, die sie dutzendweise kauften, bald ostindische Foulards, Spitzen, kostbare Bänder und dergleichen, welche ich den Mädchen in ihrem Namen brachte, wozu ich mich in aller Unschuld um so lieber hergab, da diese Engländer auch gegen mich sehr freigebig waren, und mir namentlich auf den Homburger Jahrmärkten alle möglichen Spielereien kauften. Ich teilte nun diese Sachen nach Gutdünken heimlich an meine vier Kusinen aus, wobei ich natürlich Jettchen immer am besten bedachte. Die jungen Gänschen nahmen alles, jedoch mit Zittern und Zagen an, denn sie fürchteten, daß Madame Bönig oder ihr Vater dahinter kommen könne, und versteckten die Geschenke, die manchmal auch von kleinen englischen Gedichten und Briefchen mit Goldschnitt begleitet waren, in die Strohsäcke ihrer Betten, wo sie sie am sichersten vor den Argusaugen der Gouvernante verwahrt glaubten, denn ihre Kommoden und Schränke wurden von Zeit zu Zeit von derselben inspiziert und visitiert. Schon waren sie im Besitz einer ziemlichen Quantität solcher Schätze, als Frau Bönig eines Tages zufällig beim Bettmachen ein paar Handschuhe aus einem Strohsack fallen sah, die das Bettmädchen, das in dem Geheimnis war, und so wie alles Gesinde die despotische Gouvernante verabscheute, schnell wieder hineinstopfen wollte; aber zu spät, die Dame fiel über den Strohsack her und fand den ganzen darin verborgenen Plunder. Zornentglüht rief sie nun Vater Scholze und dessen Intimus Wrede herbei, welche sich nicht weniger über den unvermuteten Fund wunderten, man untersuchte nun auch die drei anderen Strohsäcke und fand sie mit gleicher Ware angefüllt. Auf der Stelle ward ein peinliches Verhör und strenge Untersuchung angestellt, die erschrockenen Mädchen bekannten und gestanden, daß ich der Überbringer dieser Dinge gewesen. Man ließ mich sogleich holen, und als ich in das Schlafzimmer meiner Kusinen trat und die schönen Sachen, wie in einem Laden, alle auf den Betten ausgebreitet sah, erschrak ich nicht wenig und erblaßte. Frau Bönig schnauzte mich an, mein Oheim zankte, Wrede zürnte halb lachend, und ich begriff wohl, daß hier kein Leugnen mehr helfen würde, und sagte ebenfalls mein pater peccavi. Man packte alle diese schönen Dinge zusammen, es gab einen ziemlich dicken Pack, und schickte sie durch einen Bedienten mit mir zu Breidenstein, wo mich ein neues Donnerwetter erwartete und mir verkündet wurde, daß, wenn ich mich noch einmal unterfinge, der Überbringer solcher Geschenke zu sein, ich das Haus meines Oheims nicht wieder betreten dürfe. Dies ließ ich mir gesagt sein, denn das wäre wohl die härteste Strafe gewesen, die mich hätte treffen können. Die Engländer aber wollten sich halbtot lachen, als ich ihnen, was vorgefallen, mit einer Armensündermiene mitteilte, und machten mit den zurückerhaltenen Sachen dem Gesinde und ihrem Perückenmacher Geschenke, mit dem sie oft Spaß trieben, ihm den Rock vom Leibe rissen, die Mütze zum Fenster hinauswarfen usw., was sich die Leute aber alles recht geduldig gefallen ließen, denn für die zerrissenen schlechten Kleider erhielten sie gute Röcke und Hüte von den jungen Herrn und noch Geld obendrein.

Kaum war diese Geschichte ein wenig verraucht, als ein anderes Gewitter über meinem Haupt ausbrach. Die Frau des Schullehrers Köhnlein, in dessen Behausung wir bis jetzt gewohnt, war gestorben, das Institut entbehrte nun einer Wärterin für die Knaben, weshalb sich Breidenstein nach einer anderen Wohnung umsah. Der oben erwähnte Hofrat M. . . ., dessen Jungen ebenfalls dasselbe besuch-

ten, erbot sich, B. und seine Pensionäre in sein Haus und in die Kost gegen gehörige Vergütung zu nehmen. Seine Frau war eine Kammerjungfer auf dem landgräflichen Schloß gewesen, übrigens jetzt eine ziemlich gute, aber sehr geizige Haushälterin. Es gab nun schmale Bissen und schlechte Kost, und wenn ich mich nicht bei meinem Oheim Scholze revanchiert hätte, würde ich meistens hungrig zu Bette gegangen sein; genug, wir und B. mit, waren bald sehr unzufrieden, das Anerbieten des Hofrats angenommen zu haben. Die Frau bekam häufig Besuch von ihren ehemaligen Kameradinnen, den Kammerjungfern, die sie nur die Schloßjungfern, ich aber die Schloßgänse getauft hatte, und als ich eines Tages zum ältesten Sohn M. . . . s sagte „Das ist recht einfältig, jetzt sind die Schloßgänse wieder bei deiner Mutter, und wir bekommen kein Vesperbrot“, hinterbrachte er dies seinem Vater, der mich sogleich zur Rede stellte, mir mit Strafe drohte und noch hinzufügte: „Wie kannst du, einfältiger Junge, dich unterstehen, diese Jungfern Schloßgänse zu heißen, weißt du nicht, daß meine Frau auch einmal eine solche gewesen!“
„Wie, Herr Hofrat, eine Schloßgans?“
„Warte, ich will dich beschloßgansen.“
Und nun wollte mir der brave Mann eines auswischen, stolperte aber über einen großen Stein, der im Hof lag, und fiel den langen Weg hin, ich sprang lachend und ihn höhnend davon. Der gute Mann hatte Mühe, sich wieder aufzurichten, der Kopf war ihm schwer, er verklagte mich bei meinem Herrn Pfarrer, und ich kam mit einem Wischer davon. Seit dieser Zeit aber war mir das M . . . sche Ehepaar aufsässig und ließ es mich bei jeder Gelegenheit, und die Frau Hofrätin besonders beim Reinigen der Haare, fühlen, wo sie mich beim Kämmen so rupfte und zupfte, daß mir jedesmal die Tränen in die Augen kamen, auch die Bissen bei Tische fielen für mich noch viel schlimmer und schlechter aus, man gab mir oft so trockenes Brot, daß ich es kaum zu kauen vermochte.
Mein Verhältnis mit Kusine Henriette fing seit einiger Zeit

an, in gewisser Hinsicht ernstlicher, wenigstens unserm Aussehen nachteiliger zu werden, wir waren beide um ein paar Jahre älter geworden, und eine auffallende Blässe, hohle Augen, blaue Ringe um dieselben verrieten, daß mir wenigstens etwas fehlen müsse. Hofrat M. . . . behauptete, ich habe Würmer, und verschrieb mir Wurmkuchen aus seiner Apotheke, denn er war Doktor und Apotheker in einer Person, die ich jedoch nicht nahm, sondern seine Hühner und Gänse damit fütterte. Da nun seine Wurmkuchen nicht halfen und nicht helfen konnten, so sagte er zu B., es sei nicht anders möglich, als ich müsse der Onanie ergeben sein, und empfahl diesem zu versuchen, doch ja hinter die Sache zu kommen. Mit einem Sohn des Schullehrers Köhnlein, der noch fort das Institut besuchte, stand ich auf einem intimeren Fuße als mit den anderen Zöglingen, und da ich ihm öfters kleine Geschenke machte, schien er sehr erkenntlich zu sein, und machte überhaupt den Bajazzo der anderen Knaben, sich als *Niklos* in ein Hammelfell verkleidend usw., wobei er mich dann am besten mit seinen goldenen Nüssen und Äpfeln bedachte. Dieser Junge, der sich Konrad nannte, hatte durch seine anscheinende Gutmütigkeit und sein Wohlwollen gegen mich mein Vertrauen erschlichen, war so halb und halb in mein Verhältnis mit Henrietten eingeweiht und wußte, daß ich bei den Spielen im Schloßgarten mich häufig mit dem Mädchen in eine dunkle Laube versteckte, in der er uns einmal zufällig, denn er war von diesen Spielen ausgeschlossen, so wie alle andern Zöglinge des Instituts, bis auf den Knaben eines Herrn von Bodel, der an den Hof ging und auch mit Herrn Scholze gut bekannt war, überraschte, als wir uns gerade recht innig küßten. Hierdurch sah ich mich genötigt, uns zu entschuldigen, ihn bis auf einen gewissen Punkt in unsere Verhältnisse einzuweihen, und empfahl ihm dabei die größte Verschwiegenheit. Als nun B. in der Absicht, durch die übrigen Kinder irgend etwas zu entdecken, was M . . . s Vermutung zur Gewißheit machen könne, diese ausforschte, so teilte der junge Köhnlein seinem schon erwachsenen Halbbruder Georg, welcher unser Schreiblehrer war, mit, was er gesehen, und zwar mehr als er wußte, denn er machte zur Gewißheit, was er nur vermuten konnte. Kaum hatte B. diese saubere Entdeckung gemacht, so eilte er zu meinem Oheim, diesen von allem zu unterrichten. Das war nun Wasser auf die Mühle der Madame Bönig, mit der ich ein paar Tage zuvor einen Strauß wegen Henrietten gehabt, der sie wegen einer unbedeutenden Kleinigkeit eine Ohrfeige in meiner Gegenwart angeboten, worauf ich ihr erwidert hatte: „Wenn Sie sich das unterstehen, so sage ich meinem Oheim, daß er Sie fortjagen soll, Sie sind ein boshaftes Weib!" Und als sie mich deshalb zur Rede stellte, erwiderte ich ihr: „Sie selbst haben mir schon hundertmal gesagt, man müsse immer nur die Wahrheit sprechen, und dies habe ich hiermit getan." Henriette wurde nun sogleich vorgenommen, leugnete jedoch anfänglich hartnäckig, gestand aber, als man ihr sehr zusetzte, endlich einen kleinen Teil der Wahrheit ein, womit man sich begnügte und für gut fand, nicht weiter zu forschen, um uns nicht auf Dinge aufmerksam zu machen, von denen, wie man hoffte, wir noch keine Kenntnis hätten. Ich aber leugnete standhaft alles, und B. fand für gut, nicht weiter in mich zu dringen; die Sache hatte indessen zur Folge, daß mir der Besuch des Scholzeschen Hauses bis auf weiteres verboten und auch das Barrespiel vorerst eingestellt wurde. Unterdessen ward B. glücklicherweise der Aufenthalt in dem M . . . schen Hause bald ebensosehr wie mir zuwider, als eines Tages der ziemlich beleibte Hofrat gerade vor seiner Haustüre auf den Allerwertesten, es war Glatteis, am hellen Mittag hingefallen war und ich sowie die anderen Kinder, selbst seine eigenen, aus voller Kehle lachten, als es dem guten Mann, der wie gewöhnlich zuviel geladen hatte, trotz aller Anstrengung nicht möglich war, wieder auf die Beine zu kommen, bis ihm sein Provisor aus der Apotheke zu Hilfe sprang, so geriet er darob in einen gewaltigen Zorn, und da er es nun einmal auf mich gepackt hatte, verlangte er von B.,

daß er mich, weil ich ihn aûsgelacht, in seiner Gegenwart tüchtig mit einem Farrenschwanz, den er selbst gebracht, abstrafen sollte, was aber B. verweigerte, und nach einem kleinen Wortwechsel kam es zu einer Aufkündigung der Wohnung, worüber ich seelenvergnügt war. Dennoch ließ M. . . . seine Knaben B.s Institut fortbesuchen. Wir bezogen nun ein ganzes Haus am Ende der Neugasse, wobei sich ein hübscher Garten und gegenüber ein großes herrschaftliches Baumstück mit einer geräumigen Scheune befand, wo wir bei gutem und schlechtem Wetter den Tummelplatz unserer Spiele aufschlügen.
B.s Institut war in Homburg berühmt und gefürchtet, denn die Zöglinge desselben verübten alle möglichen Teufelsstreiche, aber ein paar derselben übertrafen alle anderen und verdienen wohl erzählt zu werden. Eines Tages kam das ganze Institut von einem Spaziergang, von seinem Oberhirten geführt, zurück und begegnete ganz in der Nähe des landgräflichen Schloßgartens einer ebenfalls heimkehrenden Herde zahmer Schweine, die auch ihren Hirten an der Spitze oder vielmehr an der Queue hatten. Kaum hatten die beiden uns schon bekannten Engländer Satans dereinstige Hüllen erblickt, als sie mit einem lauten Hallo und Hussa das ganze Institut in Alarm brachten und zu einer wilden Jagd auf die zahmen Schweine anfeuerten, wozu es eben keiner großen Aufmunterung bedurfte; in weniger als zwei Minuten waren die zweibeinigen Tiere sämtlich hinter den vierbeinigen drein, und weder das Rufen, Schreien, Fluchen und Wettern des einen noch des andern Hirten vermochte das Feuer und den Mut der Jäger zu zähmen, die auf nichts mehr, selbst nicht auf das Gebell des Schweinshirten-Adjutanten, eines gewaltigen Bullenbeißers, achteten, sondern pelemele mit den geängstigten Sauen durch das offene Tor des Schloßgartens stürmten, welches die daselbst postierte Schildwache zwar verhüten und das Eindringen des wilden Haufens verweigern wollte, dabei aber so unglücklich war, von einem der größten und fettesten Schweine umgerannt zu werden, so

daß das ganze wilde Heer über des Unglücklichen Körper wegsetzte, der indessen mit dem bloßen Schreck davonkam, da sämtliche Jäger zu Fuß und von leichtem Gewicht waren, er also nicht zu befürchten hatte, von Rosseshufen zerstampft zu werden. Mit festgeschlossenen Augen und großer Geduld, aber mit nicht geringer Herzensangst ertrug der wackere Soldat diesen Unfall, denn, nach seinem eigenen Geständnis, hatte er nicht anders geglaubt, als der Teufel habe abermals seinen Aufenthalt in den Körpern der berüsselten Tiere genommen, und Christus und allen Heiligen seine arme unterliegende Seele empfohlen. Nur ein einziger von uns war so ungeschickt, über den auf dem Boden liegenden invaliden Martissohn des Homburger Heeres zu stolpern und auf ihn zu fallen, was ihm einen abscheulichen Fluch auspreßte. Erst lange nachdem wir, die Jagd verfolgend, weg und alles still geworden war, wagte es der noch immer auf dem Bauch liegende Krieger, den Kopf zu erheben, sich nach und nach ganz aufzurichten und sein neben ihm liegendes Gewehr wieder zu ergreifen, aber o Himmel! sein Hauptschmuck, die majestätische Bärenmütze, die ihm im Stürzen vom Kopf gefallen, hatte der Teufel geholt, so glaubte es wenigstens der gefallene Held; dem war aber nicht also, sondern des Hirten Hund hatte das Ding aufgepackt und so zerzaust und zerfetzt, daß man die Fetzen und ganze Büschel von Haaren in den Alleen des Gartens fand. Die Jagd hatte sich unterdessen im ganzen Schloßgarten verbreitet, die schrecklichsten Verwüstungen angerichtet und einen Lärm gleich dem wilden Heer im Freischütz gemacht; der Kommandant der Schloßwache sandte nun auf Ersuchen des Hoffuriers zwei Mann starke Patrouillen nach allen Richtungen, um auf die Urheber des Skandals zu fahnden. Man war auch so glücklich, einen der beiden Engländer und noch ein paar andere der ungezogenen Zöglinge zu fangen und brachte sie in die Schloßwache, wo man sie à vue bewachte. Auf des Hofmarschalls Befehl mußte der Hofgärtner sogleich einen Bericht über den Schaden aufsetzen, welchen diese extemporierte Schweinsjagd in dem herrschaftlichen Garten verursacht hatte. Aus diesem ersah man erst, welche ungeheuren Verwüstungen dies Treibjagen angerichtet hatte. Da war keine Rabatte, keine Hecke, kein Gebüsch, ja kaum ein Baum, der nicht beschädigt worden wäre, alle Blumen waren zerknickt, alle Blumentöpfe umgeworfen und zerbrochen, ja sogar durch das Treibhaus und die Orangerie war das wilde Heer gezogen und hatte da die schrecklichsten Spuren seiner Zerstörungswut hinterlassen. Die meisten Fenster waren zertrümmert, die Kübel umgeworfen, und Pisangbaum, Zuckerrohr, Kaffeebaum usw. waren gleich Strohhalmen zerknickt, und alle Ananas hatten entweder die Schweine oder die Zöglinge gefressen. Der Verlust war unersetzlich und in Jahren nicht wieder gutzumachen. Es war demnach kein Wunder, wenn das Hofmarschallamt die Sache streng untersucht und bestraft wissen wollte und die eingefangenen Arrestanten nicht nur auszuliefern sich weigerte, wie Breidenstein verlangte, sondern auch noch den anderen Engländer und einige der anderen Zöglinge, unter denen auch ich war, auf die Wache zu setzen begehrte, und man mußte ihm willfahren. Wir waren nun sieben, welche die Schloßwache in Verwahrung hatte, und sannen darauf, wie wir durch List unsere Selbstbefreiung erwirken könnten. Wir konversierten deshalb in französischer Sprache, von der unsere Wächter kein Wörtchen verstanden, sondern es für Latein und uns für sehr gelehrt hielten. Bald waren wir einverstanden, daß wir die ganze Wache betrunken machen müßten. Die Engländer ließen, als es Abend wurde, durch den Tambour ein paar Dutzend Flaschen Wein und mehrere Krüge Branntwein holen und luden die Soldaten zum Mittrinken ein, was diese sich auch nicht zweimal sagen ließen, sondern so fleißig zusprachen, daß sie bald alle samt dem Korporal-Wachtkommandanten nicht mehr gerade auf den Füßen stehen konnten, und als es Nacht wurde und die drei Schloß-Schildwachen abgelöst werden sollten, der Gefreite mit seinen drei Mann kaum mehr die Posten zu erreichen vermochte. Bald lag das ganze Wachtpersonal samt seinem Kommandanten in Morpheus Armen auf den Pritschen, ein greuliches Schnarchkonzert aufführend. Wir hätten uns jetzt ganz gemächlich und unbemerkt entfernen können, aber sich so ruhig auf echt spießbürgerliche Philisterart und ohne allen Spuk davonzuschleichen, wie die Mehrzahl von uns Lust hatte, das paßte weder in meinen noch in der Engländer Kram, sondern wir wünschten die ganze Begebenheit durch einen recht eklatanten Geniestreich zu krönen. Nachdem wir uns lange hin und her besonnen, verfiel ich meiner Meinung nach auf etwas recht Ausgezeichnetes und Außerordentliches. Erst kürzlich hatte man uns im Institut das bekannte ägyptische Märchen von dem schlauen Sohn des schlauen Baumeisters des Königs Rhamsinit erzählt, der des Königs Schatz bestohlen, seinem Bruder den Kopf abgeschnitten, die ganze Wache wirklich und über den Löffel barbiert hatte, noch obendrein zum Lohn seiner Heldentat die Hand der wunderschönen Prinzessin erhielt. „So etwas muß ausgeführt werden!" rief ich begeistert aus, und alle stimmten jetzt ein, überließen es mir, den Plan zur Vollstreckung zu bringen und versprachen, sich meiner Leitung unbedingt zu überlassen. Ich beorderte nun, daß, da diese schlafenden Wächter keine Bärte zum abscheren hätten, man ihnen die Zöpfe abschneiden müsse, was noch viel leichter und gefahrloser zu bewerkstelligen sei, indem ich sagte: „Hätten die Ägypter zu jener Zeit Zöpfe statt Bärte getragen, so hätte sich der Schelm gewiß an letztere gehalten und ihnen erstere nicht verunglimpft, es mag uns also mit dem über den Löffel barbieren, das heißt Durchgehen, und den abgeschnittenen Siegeszeichen vorerst genug sein; jedoch müssen wir mit den Schildwachen noch einen ganz besonderen Tanz aufführen." Um uns zu überzeugen, ob auch alle gehörig schliefen, zerschlugen wir mehrere Flaschen und Krüge mit großem Getöse, aber es rührte sich auch nicht eine Seele von den Eingeschlafenen, und ich glaube, wenn eine ganze Schiffsbatterie von Sechsunddreißigpfündern losgebrannt worden wäre, so hätten diese so sanft schlummernden Helden kein Lebenszeichen von sich gegeben. Wir verließen nun in aller Stille die Wachtstube, fanden, wie wir erwartet hatten, die Schildwache am Schloßtor fest in ihrem Schilderhaus schlafend, und legten dies ganz sachte samt seinem Inhalte um. Mit der zweiten Schildwache, die an dem Tore postiert war, welches zu dem Teile des Schlosses führte, den das fürstliche Ehepaar bewohnte, machten wir es ebenso; aber bei der dritten, welche an dem Gartentor stand, das in die Neugasse führte, waren wir damit nicht zufrieden, denn dieser Soldat hatte uns bei der Verhaftung am meisten mitgespielt und verdiente deshalb auch eine besondere Gratifikation. Nachdem wir ihn samt dem Schilderhaus ebenfalls recht sanft umgelegt hatten, trugen wir beide nicht ohne gewaltige Kraftanstrengung an den großen Teich und stellten das Häuschen einige Schritte weit in demselben wieder aufrecht, so daß die Fluten des Wassers dem unverdrossenen Schläfer die Waden umspülten. Nach diesem glücklich vollbrachten Streifzug kehrten wir mit schlammigen Füßen, wie Brunnenfeger aussehend, noch einmal in die Wachtstube zurück, schnitten der ganzen Garde in Ermangelung eines anderen Instrumentes mit dem ziemlich stumpfen Säbel des Korporals sämtliche Zöpfe ab, wobei wir die Köpfe allerlei komische Bewegungen machen lassen mußten, die aber nichtsdestoweniger die Augen festgeschlossen behielten, und verließen sodann unsere bisherige Residenz, die erbeuteten Trophäen mitnehmend, kletterten über das Hoftor in die Wohnung unseres Instituts, wo man uns den kommenden Morgen, als die Sonne schon hoch am Horizont stand, noch in den Federn fand. Aus der über diesen die ganze Stadt in Aufruhr bringenden Vorfall angestellten Untersuchung ging hervor, daß gegen Morgen einer nach dem andern der berauschten Krieger aus dem Schlummer erwachte, und als sie mit großem Erstaunen unser Verschwinden gewahrten, sich gegenseitig perplex anstierten. Der Gefreite hörte zu seinem Schrecken drei Uhr nach Mitternacht schlagen, hatte also die Schildwachen nicht zur rechten Zeit abgelöst, die schon mehrere Stunden über ihre bestimmte Zeit gestanden (sie wurden nur alle vier Stunden, sowie die ganze Wache nur alle drei Tage abgelöst) und eilte, die Mannschaft, an der jetzt die Reihe zum Ablösen war, völlig wachzurütteln. Aber welche Feder vermöchte es, die Perplexität dieser Helden zu beschreiben, als sie inne wurden, daß sie ihrer größten Zierden, ihrer ellenlangen Zöpfe beraubt waren! Alle brachen in ein lautes Heulen und Wehklagen aus, das sich in eine stumme Verzweiflung auflöste, wobei sie sich mit den geballten Fäusten so gewaltig auf die Stirne schlugen, daß es furchtbar hohl widerhallte, und dabei stießen sie die gräßlichsten Flüche aus. Aber bei all dem mußte doch, wenn auch zopflos, abgelöst werden; aber welche neue Bestürzung, als der Gefreite zurückkam und rapportierte: „Zwei Schildwachen liegen samt den Häusern zu Boden und die dritte ist samt Haus gänzlich verschwunden." Daß der Teufel hier sein Spiel getrieben haben müsse, damit waren alle in rührender Einigkeit einverstanden, sowie, daß Satanas die fehlende Schildwache samt dem Haus geholt habe. Keiner traute sich mehr vor die Türe, bevor es heller Tag war. Die Schildwache, die im Teich das Fußbad wider Willen nahm, hatte gleichfalls bis gegen drei Uhr geschlafen und empfand, als sie endlich aufwachte, große Unbehaglichkeit, das Wasser spürend, das ihre Beine umspülte, eine Erscheinung, die sie sich gar nicht zu erklären vermochte. Als sie, um sich zu orientieren, aus dem Haus trat, sank sie plötzlich bis über die Knie in Schlamm und Wasser, und dabei regnete es sehr heftig. Was war logischer und natürlicher, als daß der Mann auf das Dasein einer zweiten Sintflut schloß, um so mehr, da die noch vorhandene Finsternis ihn selbst die nächsten Gegenstände nicht erkennen ließ. Der arme Sünder warf sich nun auf die Knie, ein Stoßgebet nach dem anderen unter Seufzern und Tränen zum Himmel schickend und denselben um Vergebung seiner vielfachen Sünden anflehend, wozu noch die kaum begangene des gestrigen Besaufens gekommen war. In dieser demütigen Stellung blieb der arme Mensch, bis der Tag zu grauen begann und er mit freudiger Verwunderung sah, daß er sich nur mitten im großen Teich des Schloßgartens befand, welches er aber ohne Bedenken gleichfalls für ein Werk oder Blendwerk Beelzebubs hielt. Er faßte sich indessen ein Herz, watete durch dick und dünn und lief spornstreichs nach der Wachtstube, wo seine Kameraden noch in der bewußten Verzweiflung deliberierten und sich bei seinem Anblick bekreuzigten, später aber mit neidischen Blicken bemerkten, daß dieser sowie seine beiden Kameraden, welche Schildwache gestanden, noch im Besitz ihrer kostbaren Zöpfe waren. Um acht Uhr kamen der Hofmarschall Kickebusch mit dem Generalissimus des Homburger Heeres, Hauptmann von B. . . ., auf die Wachtstube und konnten kaum durch das sie umgebende Volk dringen, welches die stupende und mit hundert Varianten vermehrte Nachricht von dem Spuk der verwichenen Nacht schon herbeigeführt hatte, um sich von dem Vorgefallenen zu überzeugen. Aber erst nach einer mehrwöchentlichen Untersuchung stellte sich der Zusammenhang der ganzen Spukgeschichte klar heraus. Man fand die Sache indessen auch höchsten Orts, wo man sehr aufgeklärt dachte, so belustigend, daß trotz dem Antrag des Generalissimus, der das ganze Institut samt dem Lehrer auf wenigstens drei Monate bei Wasser und Brot in den Turm des alten Rathauses gesetzt wissen wollte, man sämtliche Übeltäter großmütig pardonierte; und bekamen wir auch gleich jenem ägyptischen Dieb keine Prinzessin zur Belohnung, um welchen Preis ich wohl noch ganz andere Heldentaten verrichtet haben würde, denn die Homburger Prinzessinnen waren sehr schön und liebenswürdig, so wurde uns dagegen von der ganzen Stadt der Titel „wahre Teufelsbrut" sowie die Auszeichnung, daß man mit allen Fingern auf uns deutete, zuteil. Nur die beiden reichen Britensöhne wurden verurteilt, die Kosten des im Garten verursachten Schadens zu tragen und mußten für die zopflosen Soldaten englische Patentzöpfe kom-

men lassen, welche diese so lange hinter den Ohren befestigen sollten, bis die wirklichen wieder gewachsen seien; dies war so ziemlich auf Lebenszeit, da die armen Teufel, denen man in Rücksicht auf die ausgestandene Angst das schwere Dienstvergehen, obgleich der Generalissimus von B ... von Dezimieren gesprochen hatte, ebenfalls verzieh, meist schon kahle Köpfe hatten und das Hinterhaar gar dünn gesät war.
Diese Geschichte gab den Bewohnern der Residenz Homburg auf längere Zeit Stoff zur Unterhaltung und machte auch sogar in der nachbarlichen freien Reichsstadt in vermehrter und verbesserter Auflage großes Aufsehen, als plötzlich eine Historie ganz anderer Art dieselbe, wenigstens für den Augenblick, in Vergessenheit brachte.
In Homburg befand sich noch ein zweites Knabeninstitut, welchem ein Professor Kuhn, der Schwiegersohn des Hofkammerrates Bogen, vorstand. Dieser sonst sehr unterrichtete und gebildete Mann hatte das Unglück, mit einem fatalen Organ behaftet zu sein, das ihn ins Verderben stürzen sollte. Er hatte die Gewohnheit, fast jede Woche nach Frankfurt zu gehen, wo er gewöhnlich in einem der größeren Gasthöfe abstieg und daselbst zu Mittag speiste. Es war in der Geleitswoche der Ostermesse, als er wieder so einen Abstecher machte und diesmal den „Römischen Kaiser" mit seinem Besuch beehrte; doch – wer hätte das gedacht! – der sonst sehr gestrenge Mentor der Jugend wurde über einem Silberlöffeldiebstahl ertappt. Schon öfters, wenn der Herr Professor daselbst zu Mittag gespeist, hatte man silberne Löffel vermißt, die Kellner hatten sich vorgenommen, ein wachsames Auge auf ihn zu haben, und einer derselben bemerkte, wie Kuhn ein solches Instrument unter den Tisch, in seinen Ärmel und aus diesem in seine Tasche eskamotierte. Er machte jedoch nicht gleich Lärm, sondern teilte die Sache erst dem Wirt mit, und nach beendigter Tafel ließ dieser Kuhn bitten, sich einen Augenblick zu ihm in ein Nebenzimmer zu begeben, wo man ihn in Gegenwart des Kellners aufforderte, das gestohlene Gut, das er

vielleicht nur in der Zerstreuung eingesteckt, ohne Umstände herauszugeben, damit alles Aufsehen vermieden würde. Aber der übelberatene Professor spielte den Beleidigten, bramarbasierte, sprach von Genugtuung fordern usw., während auf einen Wink des Wirtes ein Diener nach der nahen Konstablerwache lief und einen sich daselbst befindlichen Polizeibeamten holte. Kuhn wurde nun visitiert, man fand sogar zwei Löffel, dem „Römischen Kaiser" angehörend, und führte den Herrn unter großem Spektakel sofort auf die Wache ab, wo man ihn in Gewahrsam brachte. Man kann sich vorstellen, welch ein Lärm in Homburg entstand, als daselbst die Nachricht ankam, der Herr Professor sitze wegen Diebstahls in Frankfurt auf der Konstablerwache. Schon den anderen Morgen kamen die Eltern, die in Frankfurt wohnten, ihre Kinder abzuholen, und das aus beinahe dreißig Pensionären bestehende Institut war gesprengt. Kuhn saß mehrere Monate im Gefängnis zu Frankfurt, aus dem er, nachdem seine sonst sehr rechtlichen Schwiegereltern und die arme Frau die Frankfurter Gerichtspersonen gehörig geschmiert hatten, wieder frei und ohne weitere Strafe entlassen wurde. Er war indessen hart genug gestraft und mußte Homburg für immer mit den Seinigen, er hatte selbst mehrere Kinder, verlassen.

Noch immer aus dem Scholzeschen Haus verbannt, war es mir nicht möglich, lange ohne Mädchenbekanntschaften zu bleiben. In unserer neuen Wohnung war eine ziemlich bejahrte Köchin B.s, welche die Haushaltung führte, das einzige weibliche Wesen, dagegen befanden sich in der Nachbarschaft einige allerliebste Kinder, unter denen ein Julchen Zimmer, die Tochter eines ganz in der Nähe wohnenden Müllers, ein Lisettchen Kräh und ein Kätchen Burkhard, die schon fünfzehnjährige Tochter eines Beamten, zugleich meine Aufmerksamkeit fesselten und mich mein schönes Kusinchen bald wenn auch nicht ganz vergessen, doch weniger vermissen ließen. Alle drei waren mir gleich teuer, mit Julchen phantasierte ich auf den Wiesen und an der Kunzbach hinter der Untermühle, mit Kätchen warf ich mich im Heu in der Herrnscheune herum, und mit Lisettchen schaukelte ich beim Mondschein auf dem nahen Zimmerplatz.

Unterdessen machte Breidenstein öfters ziemlich große Touren mit seinen Zöglingen in die umliegende Gegend und das Taunusgebirge zu Fuß und mit dem nötigen Gepäck auf dem Rücken, was nicht nur eine sehr gesunde Motion für uns Knaben war, sondern auch unsere Körper gegen Hitze und Frost, Wetter und Wind, Hunger und Durst, Nässe und Kälte außerordentlich abhärtete und für die Eindrücke der wechselnden Witterung unempfindlich machte, da kein Wetter von diesen Partien abhielt. So besuchten wir nacheinander Friedberg, Nauheim, Hanau, Wilhelmsbad, Kroneburg, Königstein, Falkenstein, Selters, Eppstein, Usingen, Wertheim, die Goldgrube und andere im Taunus liegende Ortschaften, wobei es dann fast nie ohne allerlei oft sehr komische Abenteuer abging. Die Sommersonntage aber brachte ich gewöhnlich in Berkersheim zu, wohin ein sehr romantischer Weg über Niedereschbach und Harheim führte, und wo ich meine Eltern und immer große Gesellschaft traf; das Weihnachtsfest und einen Teil der Messe verlebte ich jedoch in Frankfurt, was mir wegen des Theaterbesuchs besonders viel wert war.

Eine äußerst interessante und angenehme Fußreise war die Tour nach dem durch sein mit Recht weltberühmtes herrliches Sauerwasser bekannten Niederselters, dessen Brunnen man schon im neunten Jahrhundert kannte, und von dem man jetzt den Krug zu Paris mit drei Franken, in London mit sechs Schillingen und in Ostindien mit einer Guinee bezahlt, ungefähr so viel, als er nach dem Dreißigjährigen Kriege, während welchem er verschüttet war, Pachtzins abwarf. Jetzt trägt dieser Brunnen dem Herzog von Nassau jährlich über hunderttausend Gulden ein. Er entquillt in einer wildromantischen Gegend.

Mit großem Vergnügen sahen wir den schmucken, flinken Fülldirnen zu, die viele Tausend Krüge in einer Stunde unter beständigen possierlichen Bücklingen füllen. Die Krüge tauchen sie auf ein Tempo, wie auf ein militärisches Kommando, zugleich ein, und zwar eine jede zehn Krüge zumal; sind sie ermüdet, so werden sie durch andere Füllmädchen abgelöst und verpichen nun die Krüge. Es sind gewisse Stunden bestimmt, an denen es jedermann erlaubt ist, Wasser zu holen und so viel zu nehmen, als einer tragen kann, aber mit Eseln, Pferden oder gar Fuhren darf niemand kommen. Von Homburg sind es sieben gute Stunden nach Niederselters, ein sehr angenehmer Weg. Der Ort an und für sich ist unbedeutend und hat außer dem Brunnen, der nur von wenig Kurgästen besucht wird, keine besonderen Merkwürdigkeiten aufzuweisen. Das Wasser, an der Quelle getrunken, hat jedoch einen ganz anderen Geschmack und eine ganz andere Kraft als in Krügen versendet.

Von den römischen Altertümern in der Gegend von Homburg ist unstreitig die Saal- oder Saulburg das Interessanteste; sie liegt nur eine Stunde von Homburg entfernt, auf der Straße nach Usingen, und war ein von Drusus erbautes Kastell. Noch sind Gräben und Fundamente vorhanden, die ein längliches Viereck bilden. Unter vielen anderen Antiquitäten entdeckte man im Jahre 1781 auch ein römisches Schwitzbad und fand mehrere Legionssteine. Den Namen Saalburg erhielt das Kastell von einer Burg (Sala), welche unter den fränkischen Königen hier stand; man fand daselbst auch einen Stein, der die Inschrift „Hic jacet Drusus" trägt und im weißen Schloßturm zu Homburg eingemauert ist.

Der berühmte Pfahlgraben, den schon Tiberius zur Verteidigung gegen die furchtbaren Germanen und zur Verbindung der verschiedenen Kastelle anlegen ließ, zieht sich in der Nähe von Homburg hinter dem Herzberg hin, wo er auch die Saalburg berührt. Sein Wall ist an mehreren Stellen 15 Fuß hoch, und hier und da findet man noch Mauerwerk. Er verteidigte in einer Länge von hundert Stunden die schönsten Gegenden Deutschlands, ein halbes Dutzend

römischer Kaiser ließ an seiner Vollendung arbeiten, um das Reich gegen die Einfälle der Barbaren zu schützen. Die Alemannen und Franken wurden endlich seine Zerstörer.
Bei einer Tour nach dem Städtchen Wehrheim, jenseits der Höhe, zeigte man uns in dessen Kirche auf alten Grabsteinen mit Kreide und Kohlen geschriebene Zauberformeln und seltsame Zeichen und einen vollständigen Zauberkreis, den einige Homburger angesehene Bürger drei Nächte vorher daselbst gezogen hatten, in der Absicht, einen großen Schatz zu heben, der sich angeblich unter dem Altar dieser Kirche befinden sollte. Man hatte um Mitternacht Lichter und Feuer im Innern der Kirche bemerkt, aber niemand traute sich in dieselbe, in der Meinung, Satan selbst habe Besitz von dem Gotteshaus genommen, bis endlich ein paar alte Soldaten, die noch den Siebenjährigen Krieg mitgemacht hatten, sich ein Herz faßten, in die Kirche drangen und die Schatzgräber mitten unter den gräßlichsten Beschwörungen überraschten. Diesen mutigen Invaliden waren auf deren Rufen auch mehrere Bauern und Ortsvorstände gefolgt, und diese verhafteten die Beschwörer zu deren großem Leidwesen, noch bevor sie den Schatz gehoben hatten. Da die Sache untersucht wurde, so durften die satanischen Zeichen in der Kirche, die als Korpus delikti dienen mußten, nicht verwischt werden.
In Homburg selbst gestaltete sich unterdessen das Leben etwas geselliger. Breidenstein im Verein mit mehreren anderen Honoratioren veranstaltete kleine Konzerte, die in dem Hause eines landgräflichen Dieners namens Zorbuch, und später im Saal der herrschaftlichen Meierei, die ein Franzose namens Hanguard gepachtet hatte, gehalten wurden. Bei diesen Gelegenheiten war es, wo ich zum erstenmal wieder mit meinen Kusinen zusammentraf, aber anfänglich wagten wir nur, uns verstohlen einige Blicke zuzuwerfen, bis wir allmählich dreister wurden und uns die Tanztouren, denn nach diesen Konzerten wurden gewöhnlich noch ein paar Anglaisen, von den Engländern ange-

führt, getanzt, in nähere Berührung brachten. Einige Zeit darauf stellte ein erfreuliches Ereignis die alte Vertraulichkeit wieder ganz her.
Leider sollte es mit meinen Homburger Freuden jedoch bald zu Ende gehen, was ich mir selbst und hauptsächlich durch folgende Veranlassung zuzuschreiben hatte.
Der Konrektor der Homburger Schule, namens Zink, hatte ein klavierartiges Instrument, von dem Orgelbauer Bürgy daselbst erfunden, das in drei Klavierturen bestand, eine ziemlich vollständige Harmonie von Blasinstrumenten bildete und ein angenehmes Flötenwerk hatte, an sich gebracht. Mit diesem war der Schulmonarch nach Wien auf Spekulation gereist, um es daselbst bewundern zu lassen und bestmöglichst zu verkaufen. Bei dieser Gelegenheit war es ihm gelungen, eine Audienz bei der Kaiserin zu erhalten, welche das Instrument für eine namhafte Summe erstand. Als der Konrektor von seiner Reise nach Wien zurückkam, von wo er sogar eine Equipage mitbrachte, die er jedoch bald wieder veräußern mußte, da die Pferde nicht von Harmonien, und wären es auch himmlische gewesen, leben konnten, erzählte er, daß bei der Unterredung, die er mit Ihrer Majestät gehabt, allerhöchst derselben eine ganz gewöhnliche Stecknadel vom Busentuch gefallen sei, die er sogleich aufgehoben und sich die Gnade erbeten habe, zum ewigen Andenken an diese Stunde und diese Ehre das Kleinod behalten zu dürfen, was ihm auch holdseligst lächelnd und huldreichst auf der Stelle bewilligt worden sei. Der brave Mann hatte die Nadel in einer kleinen Schachtel, an ein Samtband gesteckt, bestens aufbewahrt und zeigte nun die kaiserliche Reliquie allen Homburgern, die er besuchte, der Kaiserin Worte immer wiederholend. Zufällig befand ich mich gerade bei Silbereisens, als er auch diesen das kostbare Kleinod zeigte, das von Hand zu Hand ging, und während er mit dem genügenden Pathos die Worte, welche er zu Ihrer Majestät gesprochen, zum drittenmal nachdrucksvoll wiederholte, hatte ich Silbereisens ältester Tochter, Riekchen, die Schachtel ab- und die kaiserliche

Stecknadel herausgenommen, an deren Stelle jedoch eine ganz gemeine bürgerliche, die aber geradeso aussah, substituiert, ohne daß es jemand bemerkt hätte. Als der Konrektor weg war, machte auch ich mich mit meinem Raub davon und verehrte die Nadel noch denselben Abend Karolinen von Brandenstein, ihr meinen Diebstahl bekennend, während der Bestohlene fortwährend von Haus zu Haus mit der untergeschobenen Nadel wanderte und diese vorzeigte. Aber weder Karolinchen noch ich hielten reinen Mund, und während sie sich mit dem Besitz der Nadel brüstete, rühmte ich mich der Entwendung derselben. Die Sache kam bald zu des Konrektors Ohren, der nun im größten Zorn zu Brandensteins rannte und auf die Herausgabe der echt kaiserlichen Nadel drang. Karolinchen gab auf Befehl ihres Vaters zwar eine Stecknadel heraus, jedoch nicht die rechte, ließ sich aber bald darauf wieder merken, daß sie noch immer im Besitz der echten sei. Abermaliges Drängen des Konrektors, das echte Kleinod herauszugeben, worauf Karolinchen ganz naiv gestand, daß sie dies wenn auch sehr gerechte Begehren nicht zu erfüllen imstande wäre, indem die Nadel unter die anderen ihres Etuis geraten sei, worauf sie ihre ganze Nadelbüchse ausschüttete und dem Herrn Zink sagte, er möge sich die kaiserliche Nadel nun selbst heraussuchen. Dieser geriet in Zorn und rief aus: „Wie ist es möglich, so wenig Ambition zu haben und eine kaiserliche Stecknadel mit ganz gemeinen zu vermischen!" – Was wollte aber der gute Mann machen, er konnte um so weniger die echte Nadel herausfinden, als diese gerade nicht unter den vorgeschütteten war. Auf mich aber, als den Urheber dieses Raubes, der ihm nach seiner Aussage für Millionen nicht feil gewesen, ging all sein Zorn über und sogar zum Teil auf meinen Lehrer, dem er vorwarf, einen wahren Teufelsbraten aus mir zu ziehen. – Das Unglück wollte nun, daß bald nach dieser Nadelgeschichte ein fataler Zufall mich fast in ein Handgemenge mit dem beraubten Konrektor brachte, wobei ich ziemlich schlimm wegkam.

Breidenstein hatte ein halbes Dutzend Scythenbogen, wie er sie nannte, zur Übung für uns machen lassen, womit wir öfters nach einem vorgesteckten Ziel schossen. Nahe an der Hart, auf dem sogenannten Nacktberg, besaß Hofrat M.... einen Kartoffelacker und lud die Zöglinge beim Ausmachen derselben zu in der Asche gebratenen Kartoffeln ein. Ich wohnte diesem Kartoffelfeste mit Bogen, Köcher und Pfeilen bewaffnet bei, und wir zündeten ein großes Feuer auf dem Acker an, wozu wir das Holz aus dem angrenzenden Wald holten, dabei ganz junge Bäumchen umrissen und abhieben, und uns ob der himmelhoch lodernden Flamme freuten, fortwährend frisches Holz zutragend. Plötzlich aber trat Konrektor Zink gleich einem zweiten Samiel aus dem Gesträuch mit aufgehobenem Rohr hervor, und sich gegen mich wendend, der gerade ein frisch abgerissenes Bäumchen schleifte, schrie er: „Warte, du Teufelsbrut, du willst den Wald anzünden, du mußt ins Betzeloch!" (so nannte man den Homburger Bürgergewahrsam, eine Art Gefängnis im Rathaus), und dabei eilte er auf mich los, ich aber sprang davon, und als ich mich in einer gehörigen Entfernung von ihm befand, nahm ich meinen Bogen, spannte ihn und legte einen Pfeil an, meinem Verfolger zurufend: „Herr Konrektor, wenn Sie näherkommen, so schieße ich!"

„Unterstehe dich, Teufelsjunge!" brüllte der Schulmann und ließ sich durch meine Drohung am mutigen Voranschreiten nicht abhalten, ich drückte den Pfeil ab und schoß dem Herrn Konrektor seinen großen Dreimaster vom Haupt. Dieser ließ aber nicht ab, mich auch noch hutlos, vielleicht auch kopflos, zu verfolgen, und ich fand nun für gut, Fersengeld zu geben, nahm Reißaus den Berg hinab, stolperte aber und fiel mit der Stirne auf einen spitzigen Stein, so daß alsbald das Blut aus der klaffenden Wunde strömte. – Glücklicherweise hatte mein verfolgender Feind nur noch wenige Schritte von mir ein ähnliches Schicksal, jedoch ohne alle blutigen Folgen, war deshalb außerstande, mich zu Boden Liegenden mit seinem Rohr derb abzubläuen, wie er es im Sinne hatte, und als er endlich wieder auf den Beinen stand, waren schon mehrere Arbeiter beschäftigt, mir das Blut abzuwaschen und die Wunde zu verbinden; dennoch würde der wütende Mann sein Mütchen an mir gekühlt haben, wenn nicht einer der Zöglinge, ein Franzose namens Hauzaire, sich ihm entgegengestellt und ihm zugerufen hätte: „Sie will schlag und er sein schon tot." Ich wurde in der Tat wenigstens halb ohnmächtig nach Hause gebracht und mußte längere Zeit die Stube hüten. – Unterdessen hatte diese Begebenheit, wie noch so manche anderen Dinge, meinen Großoheim Oberpfarrer doch endlich veranlaßt, meinen Eltern sehr ernstliche Vorstellungen wegen meiner Erziehung in B.s Institut zu machen, wo ich durchaus nichts als Teufeleien lerne und unter gar keiner Aufsicht sei, und es wurde beschlossen, mich von da weg und zu einem Hofrat Scherer zu tun, der ein sehr besuchtes Institut zu Offenbach am Main hatte, wo ich, wenigstens während der Sommerszeit, unter elterlicher Aufsicht sei, da meine Eltern jetzt die Sommersaison in Offenbach zubrachten. Mein Großvater Weller hatte Gut Berkersheim an Wreden verkauft, der es wahrscheinlich mit Scholzischem Gelde bezahlte.

Der Abschied von Homburg tat mir in mehr als einer Hinsicht weh, obgleich ich, abgesehen von einer fast ungezügelten Freiheit, in B.'s Haus gerade nicht wie der Vogel im Hanfsamen saß, da die Frau Hofpredigerin eine sehr strenge Ökonomie eingeführt, mich und andere auch im Sommer und Winter in Dachkammern logiert hatte, wo Wind, Regen und Schnee durch das Ziegeldach drangen, im Winter über meiner Bettdecke oft eine andere von Schnee war, und mir vor Frost und Kälte die Zähne klapperten. Da ich indessen schon früher im elterlichen Hause abgehärtet worden war, so schadete mir dies nichts und bereitete mich zu den Strapazen, Fatiguen und Entbehrungen vor, die mir später in reichem Maße werden sollten.

Bald nach meiner Abreise verließ auch mein Oheim Scholze Homburg, um sich mit seinen Kindern nach Bremen zu begeben. Die Ursache dieser beschleunigten Abreise war, daß sich Prinz G.... sterblich in meine schöne Kusine Henriette verliebt hatte, und ihr bei den Spielen im Schloßgarten und auch auf Spaziergängen hart zusetzte; das nun mehr als fünfzehnjährige Mädchen schien auch für die Aufmerksamkeit des Prinzen eben nicht unempfindlich, weshalb Herr Scholze für gut fand, schneller als er gewollt seinen Wohnsitz zu wechseln und seine Kinder in der alten Hansestadt in Sicherheit gegen die verschiedenen Angriffe zu bringen.

Vor ihrer Abreise sah ich meine Kusinen noch einmal in Frankfurt, wo sie Abschied von uns nahmen, zwei, Sophia und Johanna, sollte ich gar nicht mehr, und Henriette und Mina, die letztere in dem beklagenswertesten Zustand, erst nach vielen Jahren wiedersehen.

VII

Das Pensionat zu Offenbach – Offenbach oder Affenbach? – Schreckliche Verheerung dieser Stadt – Die Gebrüder Bernard – Eine große Prellerei – Ein Maskenballstreich – Das Puppenspiel – Der Mordschlag – Der Konfirmationsunterricht – Schinderhannes gefangen und hingerichtet – Allerlei Amouretten – Ich will mich schlechterdings dem Theater widmen – Eine Reise nach Weimar – Goethe und Schiller

Hofrat Scherer, der Direktor des Instituts zu Offenbach, war als ein gestrenger und despotischer Schulmonarch bekannt, der nicht selten den Farrenschwanz schwang, aber bei dem die Kinder doch etwas Tüchtiges lernten, soweit seine eigenen Kenntnisse zureichten, die sich aber nicht über das Alltägliche erstreckten. Mich hatte man ihm als einen wilden, ausgelassenen Jungen geschildert, den man unter strengem Regiment halten müsse, und ihm dieses besonders anempfohlen; ich wurde daher sehr ernst und mit gewaltigen Ermahnungen und Warnungen empfangen, wozu noch das Neue und Unbekannte meiner Lage kam, das mich für die ersten Tage ebenfalls ernst und düster stimmte. Bald ward ich es jedoch inne, daß der Herr Hofrat auch seine schwachen Seiten habe, die ich mir vornahm, möglichst zu benutzen, und so kamen wir, einige Extrafälle abgerechnet, ziemlich gut miteinander aus. Indessen hieß es hier, anhaltend lernen, von morgens sieben bis mittag, und von nachmittag zwei Uhr bis abends sieben. Französisch, Englisch, Arithmetik, Erdbeschreibung, und was zu dem merkantilischen Wissen nötig ist, war die Hauptsache, alte Sprachen wurden nicht gelehrt, der Herr Hofrat kannte sie selbst nur dem Namen nach, Zeichnen und Musik waren extra, und deren Erlernung willkürlich, ebenso Tanzen, dagegen wurden wir während der Sommertage jeden Morgen, manchmal auch noch des Abends, zur Schwemme, das heißt, zum Baden und Waschen in den Main getrieben, wo wir schwimmen lernten, und ich es in dieser Kunst nach drei Wochen so weit brachte, daß ich gemächlich von einem Ufer des Flusses zum andern und wieder zurückschwimmen konnte, was mir jedoch streng

untersagt wurde, nachdem ich es ein paarmal versucht, da das Experiment wegen des starken Stromes in der Mitte des Flusses und den vielen sehr tiefen Stellen allerdings gefährlich war. Dies war eine gesunde und heilsame Bewegung, die uns in Homburg fehlte, wo wir aus Mangel an fließendem Wasser uns nur in großen Pfützen oder kleinen Bächen von Zeit zu Zeit badeten. In dem Institut fand ich einige zwanzig Knaben und ein paar Mädchen, des Hofrats nahe Anverwandte, er war ihr Oheim, aber alle Kinder nannten ihn nur Onkel, was sie von den Mädchen abgehört hatten, es schien dem strengen Herrn nicht zuwider, und so ward der Allerweltsonkel auch mein Onkel. Fußreisen wurden hier nicht gemacht, dagegen häufige Spaziergänge nach Oberrad, Bergen, Bürgel, Biber, die Tempel- oder Teufelsmühle usw., und die Frankfurter Messe besuchte das Institut in corpore immer zweimal, wo es uns vergönnt war, für unser Geld die Sehenswürdigkeiten in den Hütten in Augenschein zu nehmen.
Offenbach ist ein freundliches, offenes Städtchen, das hart am Main liegt, ein altes Schloß, mehrere bedeutende Fabriken hat, und etwa 7–8000 Einwohner zählt. Bis zur Zeit der Reformation war es nur ein unbedeutendes Dorf, dessen bisweilen in allen Urkunden erwähnt wird. Sein früherer Name soll *Affenbach* gewesen sein, und diese Benennung von einem Herrn stammen, der hier an einem Bach ein schönes Schloß und einen Hof und da er ein großer Liebhaber von Affen gewesen, immer eine Menge davon in seinem Schloß hatte; wie viele Affenbach müßte es aber nicht geben, wenn man alle die Schlösser, in denen man Affen füttert, darnach benennen wollte! Was indessen der Sage einige Wahrscheinlichkeit verleiht, ist, daß die Frankfurter das Tor, welches nach Offenbach führt, noch jetzt das Affentor, früher die Affenpforte, nennen. Gelehrte Leute haben es versucht, die Sache folgendermaßen auszulegen und klar zu machen. Sie sagen nämlich, daß hier zur Römerzeit einige Kastelle standen, die zusammen ein Kastrum formierten, Spuren von römischen Befestigungen

sind wirklich noch vorhanden; nun aber seien die Römer, zurzeit als sie sich in diesen Gegenden befestigten, schon eine sehr verweichlichte Nation gewesen, die an solchen Spielereien Wohlgefallen hatte, daher sei es wahrscheinlich, daß der Centurio, der in diesem Kastrum befehligte, aus Liebhaberei eine Anzahl Affen unterhalten habe, weshalb die Deutschen diesen an einem Bach liegenden Kastellen den Namen Affenbach beigelegt, der den spätern hier errichteten Gebäulichkeiten verblieben. Man sieht, mit welchem Scharfsinn die deutsche Gelehrsamkeit alles auszuklügeln versteht, den Namen einfach von Gebäuden an einem offenen Bach herleiten, würde ja auch viel zu gemeinvernünftig, nur dem ungelehrten Volk verzeihlich gewesen sein; aus Affenbach aber sei durch die früher so häufig beim Schreiben und Abschreiben vorgekommene Verwechslung der Buchstaben, namentlich des O mit dem A, und umgekehrt, der Name Offenbach entstanden. Unter noch anderen Sagen über die Entstehung dieses Namens ist auch eine, die will, daß er sich daher schreibe, weil hier ein Bach floß, der im Winter niemals, selbst bei der größten Kälte nicht zufror, und also immer offen blieb. Dem sei nun wie ihm wolle, soviel ist aber gewiß, daß zurzeit als ich nach Offenbach kam, der Name Affenbach weit passender als Offenbach gewesen wäre, wenigstens für die sogenannte vornehme Welt des Städtchens, und zwar aus folgenden Gründen. Die wohlhabenden Kaufleute und Fabrikanten Offenbachs, unter diesen besonders die Schnupftabakfabrikanten Gebrüder Bernard, waren in vollem Sinn die Affen der Frankfurter Reichen, denen sie alles bis in die kleinsten Details nachahmten; nun aber waren damals die meisten reichen Frankfurter ihrerseits die ziemlich linkischen Affen der Franzosen, nämlich in dem, was die Sitten, Etiketten, Zeremonien usw. betraf, und ergo die bezeichneten Offenbacher die Affen der Affen. Der Name Affenbach wäre also ganz an seiner Stelle gewesen.

Offenbach und sein Gebiet gehörte im zwölften Jahrhundert den Herren von Hagen, von denen es an die Falkensteiner, und zuletzt an die Grafen von Isenburg kam. Seine Entstehung mag es allerdings römischen Kastellen verdanken, von deren Bestehen alte, acht Schuh dicke römische Mauern, die man bei dem Abbrechen alter Gebäude gefunden, gültige Zeugen sind. Das noch vorhandene Schloß wurde gegen das Ende des sechzehnten Jahrhunderts an die Stelle eines älteren, das 1564 abbrannte, erbaut. Seit der Reformation nahm Offenbach schnell zu und wurde bald ein blühender und gewerbstätiger Ort, was es hauptsächlich dem Grafen Philipp von Isenburg verdankte, der von 1685 bis 1718 seine Grafschaft musterhaft verwaltete. Die Aufgabe, die sich Philipp gesetzt hatte, war um so schwieriger und verdient um so mehr bewundert zu werden, als noch wenige Jahre früher Offenbach und das ganze Land unter dem Grafen Wolfgang Heinrich, der die fast gänzlich zerstörten Festungswerke seines Offenbacher Schlosses wieder hergestellt hatte, auf eine unerhörte Weise auf folgende Veranlassung von den Kurfürstlichen von Mainz verwüstet und verheert wurde, wodurch die Bewohner ins tiefste Elend gerieten. Ein Bruder des Kurfürsten von Mainz, Heinrich von Elz, veranstaltete ein Treibjagen in der Bürgermark, wobei er in das Isenburgische Gebiet drang. Ein Isenburger Wildbannjäger pfändete einen der Leute des von Elz, indem er ihm eine Haue abnahm, die jedoch die Gegner dem Jäger wieder mit Gewalt und unter Drohen und Schelten entrissen. Der mißhandelte Jäger machte dem Grafen Wolfgang Anzeige von diesem Vorfall; der Graf begab sich nun selbst an Ort und Stelle, die Sache zu untersuchen, und fand die Anzeige wahr, stellte deshalb einige gegenwärtige Mainzer Forstmänner zur Rede, worauf einer derselben seine Büchse spannend vortrat und dem Grafen zurief: *„Daß, wenn er sich nicht sogleich entferne, er ihn wie ein Schwein niederschießen würde."* Der unerschrockene Graf aber sprang auf den Jäger zu, entriß ihm die Büchse, ließ ihn durch Leute von seinem Gefolge verhaften und gefangen nach Offenbach abführen. Von Elz geriet, als er dies hörte, in die höchste Wut, schnaubte Rache, und brachte es durch seinen Bruder, den Kurfürsten, bald dahin, daß man das Schloß Offenbach für eine *vollkommen* zum Nachteil des Kaisers und Reichs und gegen die Gerechtsame erbaute Festung erklärte, die nun eine holländische Besatzung erhalten solle. – Dies war also eine völlige Achtserklärung. An einem Montag Morgen im Oktober 1628, als der Graf gerade abwesend war, erschien plötzlich der kurmainzische Marschall von Henneberg mit dem von Elz an der Spitze von 2000 Reitern und Fußknechten und drei Donnerbüchsen, die Übergabe des Schlosses ungestüm fordernd. Die in den Wochen liegende Gräfin ließ um Schonung und Verhütung alles Unheils bitten. Aber die Tore wurden von den Mainzern sogleich eingesprengt, die Werke in ein paar Stunden der Erde gleichgemacht, worauf die Lanzknechte in die Kirche einbrachen, alle Fenster in derselben zerschlugen, alles was sie daselbst vorfanden raubten, die Kanzel zertrümmerten, sich die ärgsten Spöttereien und Unflätereien erlaubten, Gotteslästerungen ausstießen, dann den Marstall und die Viehställe ausleerten, sich nun in den Straßen zerstreuten, von den Einwohnern Essen, Trinken und Geld erpreßten sie dabei auf das abscheulichste mißhandelten, schamlos mit Weibern und Mädchen verfuhren, während die Anführer der Raubhorden viertausend Gulden Entschädigung für den gefangen genommenen Jäger verlangten, da sie den Grafen selbst nicht hatten gefangen nehmen können, wie es ihre Absicht gewesen. Hierauf verließ das Gesindel, Viktoria brüllend, nach sechs bis acht schrecklichen Stunden Offenbach. – So waren die Kurmainzer mit einem deutschen Reichsgrafen umgegangen, der noch obendrein das Recht auf seiner Seite gehabt! – Als der Graf diese Schandtaten erfuhr, war er trostlos, hatte aber keine Macht, sich Recht mit Gewalt zu verschaffen, stellte das Geschehene als einen Bruch des Reichsfriedens dar und suchte Genugtuung auf dem Wege Rechtens zu erlangen. Auf kaiserlichen Befehl wurde eine Kommission ernannt, welche diese im Namen des Kaisers ge-

schehene Gewalttat untersuchen sollte, aber das starke Kurmainz fürchtete keinen Kaiser, drohte, und die Kommissarien, der Abt zu Fulda und der Burggraf von Friedberg, bekamen Angst und erklärten, es mangele an den nötigen Ingenieuren zu der Untersuchung. Der Graf aber, hiermit nicht zufrieden, ließ nicht nach, den kaiserlichen Hof mit seinen gerechten Klagen zu behelligen, und erhielt endlich den Bescheid: „Ein Kurfürst könne wegen Bruch des Reichsfriedens nicht belangt und ein solcher Prozeß nicht anerkannt werden!!!" Ja, Mainz ging nun noch viel weiter, es ließ durch Kurbayern eine starke Garnison nach Offenbach und ins Schloß legen, die so furchtbar hauste und sich solche Schändlichkeiten erlaubte, daß der Graf mit seiner Familie sich gezwungen sah, seine Residenz zu verlassen und sich nach Frankfurt zu flüchten; nun erst legte man den ganz unschuldigen Einwohnern eine ungeheure, fünffache Kriegssteuer auf, wodurch die armen geplagten und schrecklich mißhandelten Untertanen gänzlich verarmten und viele gezwungen waren, das Land zu verlassen, während ihr Herr selbst mit seiner Gattin und acht unmündigen Kindern, des Landes und der Leute beraubt, ohne alle Einkünfte unstet umherirrte. Erst vier Jahre später wurde das unglückliche Offenbach und sein Gebiet durch die Ankunft der siegreichen Schweden von seinen blutsaugenden Tyrannen befreit, welche bei der Annäherung des Heldenkönigs Gustav Adolf so feig als schimpflich flohen, da sich die "Ketzerbrut" nicht scheute, so braven Katholiken bös mitzuspielen und Bann und Reliquien nichts vermochten. So war die Justiz in dem heiligen deutschen römischen Reich beschaffen, dessen verblichene Glückseligkeit noch immer von einigen Schafsköpfen zurückgewünscht wird.
Im Jahre 1754 wurden die Grafen von Isenburg-Büdingen in den Fürstenstand erhoben, und Wolfgang Ernst I. war der erste, der diesen Rang bekleidete. Dessen Sohn Wolfgang Ernst II. verlegte seine Residenz nach Offenbach und war noch regierender Fürst daselbst, als auch ich die mei-

nige unfreiwillig dahin verlegen mußte. Damals war Offenbach in einem blühenden Zustand, viele reiche Familien aus Frankfurt, so wie viele andere Fremde, hatten hier Landhäuser oder mieteten Sommerwohnungen daselbst. Unter den letzteren war der sogenannte Polackenfürst Frank, der seit mehreren Jahren mit einer zahlreichen Dienerschaft und großem Gefolge aus Wien hierhergekommen war, und einen verschwenderischen Haushalt mit großer Pracht und ungeheurem Aufwand entfaltete; er hielt sich anfänglich sogar eine kleine Garde mit Erlaubnis der Isenburgischen Regierung. Dieser Mann, seine Umgebung und sein ganzes Wesen und Treiben waren in ein mysteriöses Dunkel gehüllt; niemand wußte wer er eigentlich war, noch kannte man seine Herkunft, über seinem Stand schwebte ein tiefes Geheimnis, man nannte ihn nur den Polackenfürsten, alle seine Leute waren in russische und polnische Nationaltrachten, doch sehr reich, gekleidet, und hatten lange Bärte. Indessen raunte man sich in die Ohren, daß er in krummer Linie von kaiserlich russischer Abkunft sei, und als einst nach seinem Tode seine Tochter, die man das polnische Fräulein nannte, bei einer gewissen Gelegenheit ihre Unterschrift geben sollte und um ihren Namen gefragt wurde, nannte sie sich Romanowna. Diese geheimnisvolle Familie starb nach und nach aus oder verlor sich spurlos in ziemlich drückenden Verhältnissen.

Unter den Offenbacher Bürgern gab es einige außerordentlich reiche Häuser, unter denen die schon erwähnten Schnupftabaksfabrikanten „Gebrüder Bernard" durch den großen Aufwand, den sie machten, hervorragten. Nicht weniger als vier, zum Teil sehr kinderreiche Familien lebten auf großem Fuß von dem Ertrag dieses, Marokko genannten Nasenfutters, hatten alle glänzende Equipagen, zahlreiche Dienerschaft, prächtig eingerichtete Wohnungen, und gaben große Feste. Einer der Chefs dieses Etablissements, ein gewisser Peter Bernard, tat es aber allen zuvor, hatte einen fast fürstlichen Haushalt, und hielt sich sogar eine Kapelle, die fast aus lauter Virtuosen bestand, bei der Fränzel Kapellmeister war, und die ihm eine jährliche Ausgabe von mehr als 30–40 000 fl. verursachte. Er gab große Konzerte, zu denen alle angesehenen Einwohner Offenbachs gratis Zutritt hatten, und keine berühmten Tonkünstler, Sänger oder Sängerinnen kamen durch Frankfurt, die nicht bei Bernard gespielt oder gesungen hätten und aufs generöseste dafür honoriert worden wären; die Damen, wenn sie liebenswürdig genug waren, hatten sich noch obendrein der Küsse des Fabrikherrn als Zugabe der metallreichen Belohnung zu erfreuen. Aus dieser Kapelle rekrutierte sich später das treffliche Orchester des Frankfurter Theaters. Aber Peters Associés, die Herren d'Orville, waren eben nicht sehr von dieser wütenden musikalischen Liebhaberei erbaut, die außer großem Zeitverlust auch bedeutende Summen verschlang; namentlich war der alte Georg d'Orville Gift und Galle, wenn das Musikantenvolk, wie er die Virtuosen zu betiteln beliebte, in musikalischen Angelegenheiten, oder auch Geld fordernd, auf das Kontor zu Herrn Bernard kam, was ihm jedesmal ein konvulsivisches Beintrappeln verursachte. Diese Musikwut hatte fast ganz Offenbach ergriffen, und es war beinahe kein einziges nur einigermaßen ansehnliches Haus, aus dem man im Vorübergehen nicht zu jeder Stunde des Tages irgend ein Instrument dudeln oder einen Gesang leiern hörte, wozu auch die berühmte musikalische Anstalt und Verlagshandlung des Herrn Hofrat Andre das ihrige beitrug. Auch ich fand hier die beste Gelegenheit, mein musikalisches Talent völlig auszubilden, erhielt von den besten Meistern Unterricht, und hatte es bald so weit gebracht, daß ich so ziemlich alles a prima vista auf dem Klavier abspielen und auch singen konnte.

Der Gründer dieser berühmten Tabakfabrik war ein gewisser Nikolaus Bernard, Vater des Peter, gewesen, der eine pikante Nasenbeize erfand, den damit fabrizierten Tabak *Marokko* taufte, das Geschäft mit *Nichts* begonnen hatte, und als steinreicher Mann starb. Er hatte hunderte von Arbeitern beschäftigt, denen er jede Frankfurter Messe

am dritten Montag derselben einen Feiertag gab, wozu er jeden noch außerdem mit einem Taler beschenkte. Die Leute gingen an diesem Tage scharenweise nach Frankfurt, machten sich einen guten Tag, den sie nach ihrem Brotherrn den Nickelchestag nannten, und kehrten beim Heimgang in den Wirtshäusern zu Oberrad ein, wo sie sich mit Tanzen und Trinken bis zum hellen Morgen vergnügten. Dieser Gebrauch wurde nach und nach in der ganzen Umgegend von Frankfurt nachgeahmt, wodurch der Frankfurter Nickelchestag entstand, an dem das Gedränge in den Straßen fast ebenso groß als auf den Boulevards zu Paris ist.
Die Frauen dieser Fabrikherren waren zum Teil, wie die aller Parvenüs vom gewöhnlichen Schlag, hochmütige Gänse, die ihre Tabaksnasen – die meisten schnupften Marokko – gewaltig hoch trugen, ja weit höher als die Fürstin von Isenburg, eine äußerst bescheidene und liebenswürdige Dame, die ganz in der Stille viel Gutes an den Armen tat. Indessen wurde einer unter ihnen, einer Frau Bernard, der übermäßige Hochmut auf eine etwas empfindliche Weise gedemütigt. Sie war am zweiten Pfingstfeiertag mit vier Pferden, gern hätte sie sechs genommen, wenn ihr dies erlaubt worden wäre, nach dem nahen Wilhelmsbad gefahren, wo sich an diesem Tage die schöne Welt aus der ganzen Umgegend einfindet. Mit Putz und Goldschmuck überladen und gleich einem Pfingstochsen aufgeputzt, stolzierte Frau Bernard im Kursaal zu Wilhelmsbad auf und nieder, auf alles dummvornehm herabblickend und alles musternd. Auch sie wurde angestaunt. Endlich beliebte es ihr, sich in der Nähe der ebenfalls anwesenden Landgräfin von Hessen-Kassel niederzulassen und mit derselben ein Gespräch anzuknüpfen. Die Fürstin, welche sie nicht kannte, sondern sie für eine große Dame hielt, ließ sich mit ihr ein, merkte jedoch bald an der Art ihrer Unterhaltung, daß sie wenigstens keine sehr ausgezeichnete Erziehung erhalten haben könnte, und über die komische Prahlsucht der Dame erstaunt, winkte sie einem

ihrer Hofbedienten, dem sie ein paar Worte leise sagte, worauf sich dieser entfernte und bald darnach zurückkehrend seiner Herrin rapportierte, daß die Dame, die sie angesprochen, die Frau des Marokkofabrikanten von Offenbach sei. Als diese nun fortfuhr, die Landgräfin mit allerlei ungewaschenem Zeug zu belästigen, stand dieselbe plötzlich auf, sah einige Augenblicke die Schmucknadeln, welche Frau Bernhard im Kopfputz stecken hatte, starr an, und fragte sie sodann ganz laut: „Madame, ist dies Marokko oder Bolongaro?" Frau Bernard, die sich vorher mehrmals eine „gnädige Frau" hatte gefallen lassen, stutzte einen Moment, sprang dann ebenfalls auf und antwortete in echtem Frankfurter Dialekt: „Na, s'is Merino." Es setzte nun ein schallendes Gelächter von seiten der Hofleute und der nächsten Umgebung, Madame Bernard verließ rotglühend wie ein aufgeblasener Truthahn den Saal, alles zischelte ihr nach „Madame Merino". Auf den Promenaden und in den Anlagen hörte sie von jetzt an jeden Augenblick Madame Merino und Marokko flüstern.

Bei diesen aufgeblasenen Familien bewährte sich indessen das Sprichwort, Hochmut kommt vor dem Fall, nur allzubald. Nicht zufrieden mit dem reichlichen Gewinn, den ihnen alljährlich der Schnupftabak abwarf und der sich auf 80 bis 100 000 Gulden belief, von dem freilich bei dem gewohnten Aufwand wenig oder nichts übrig bleiben konnte, fiel es den Herren Gebrüdern ein, auch in London ein Haus zu gründen, um in Kolonialwaren ins Große zu spekulieren, ohne zu überlegen, daß ihnen, die sich bisher nur mit der höchst einfachen Fabrikation ihrer Schnupftabaksbeize befaßt hatten, die nötige Sachkenntnis und Einsicht dazu völlig mangelte. Dazu kam noch, daß sie ein ganz unfähiges Subjekt an die Spitze des Londoner Hauses stellten, und so mußte das Unternehmen natürlich fehlschlagen. Während dieses Haus in der Tat schon völlig bankerott war, aber vor den Augen der Welt noch florierte, suchten die Herren Gebrüder Bernard, das heißt Herr Peter Bernard und seine Gesellschafter; die Herren George und Jakob d'Orville, um sich möglichst aus der Schlinge zu ziehen, einen wohlhabenden Bürger, namens Wailand, der in dem nahen Frankfurter Ort Oberrad wohnte, oder vielmehr dessen Vermögen für das bankerotte englische Haus zu gewinnen, was nichts anders als ein abgefeimter Beutelschneiderstreich war, der ihnen auch vollkommen gelang, ohne jedoch die gehofften Früchte zu bringen, nämlich das Offenbacher Haus vor allem Verlust zu bewahren. Da dieses indessen noch in der öffentlichen Meinung sehr hoch stand, und für sehr reich galt, so war es den Herren nicht schwer, den Wailand zu übertölpeln. Die Sache wurde mit großer Schlauheit eingefädelt und mit noch größerer List vollzogen; denn obgleich jene Herren nichts weniger als ein Lumen mundi waren, so besaßen sie doch jenen Grad von Intelligenz, der den mittelmäßigen und selbst beschränkten Köpfen eigen ist, die mit Kniffen und Pfiffen à leur portée, das heißt, was sich nicht über ihren sehr engen Gesichtskreis erstreckt, mit ziemlicher Genauigkeit zu kalkulieren verstehen, ohne freilich die weiteren Folgen zu ahnen, und so auch einen zehnmal gescheiteren Menschen für den Augenblick zu überlisten vermögen. Aber auch Wailand war kein großes Licht, und sie hatten um so leichteres Spiel. Um nun über Wailands Kapitalien verfügen zu können, sandten sie einen ihrer Bekannten, ein zu einem solchen Auftrag ganz geeignetes Subjekt, einen gewissen Ewald, Weinhändler in Offenbach, an den Mann ab, der ihm nur so wie von ungefähr beibringen mußte, daß die Gebrüder Bernard noch einen Teilnehmer für ihr Londoner Haus, das einen unermeßlichen Gewinn verspreche, suchten, der die noch nötigen Fonds einschießen würde, die sie dem Offenbacher Geschäft nicht entziehen könnten, da sie ohnehin schon so große Kapitalien im Londoner hätten. Dies war eine große Lüge, denn sie hatten dasselbe verhältnismäßig mit äußerst geringen Mitteln, sechstausend Pfund Sterling, dotiert, und selbst dies nur durch langsichtige Wechsel. Ewald wußte aber den ungeheueren Vorteil und die Ehre, mit den Gebrüdern Bernard assoziert zu sein, dem Wailand so anlockend darzustellen, daß ihm dieser erklärte, er würde es ihm unendlich danken, wenn er ihm zu dieser Ehre und diesem Vorteil behilflich sein wolle. Der Abgesandte meinte, daß er sich dies wohl zu vollbringen getraue, wenn Herr Wailand sich entschließen könne, ein kleines Kapital von zwei- bis dreimalhunderttausend Gulden in das Londoner Geschäft einzuschießen, wozu sich dieser auch bereit erklärte. Da indessen der Geldbedarf äußerst dringend war und das Feuer dem Bernard und Konsorten unter den Sohlen brannte, so ließen sich die Herren Peter, George und Jakob so weit herab, dem Herrn Wailand als ihrem künftigen Gesellschafter nacheinander in höchsteigener Person ihre Aufwartung zu machen, luden ihn zu sich nach Offenbach ein, wo ihm sogar die Ehre ward, daß ihm Herr Bernard ein Solo auf dem Violoncello vorspielte, das den Geladenen trotz mancherlei Mißgriffen doch so bezauberte, daß er sich noch in derselben Stunde zu einer Einzahlung von 150 000 fl. anheischig machte, sowie zu noch 100 000 fl. später, was ungefähr das ganze Vermögen des Mannes war. Es wurde nun, um den gutwilligen, von der Musik und so großer Ehre ganz behexten Gimpel nicht zur Besinnung kommen zu lassen, sogleich ein Vertrag fabriziert und niedergeschrieben, den Wailand beinahe ungelesen unterschrieb, der aber im höchsten Grade nachteilig für ihn war, in welchem er durch mehrere Klauseln sogar ganz von der Führung des Geschäftes und der Bücher ausgeschlossen blieb und ihm jede Einmischung oder Mitwirkung bei derselben untersagt war; dagegen aber wurde ihm der vierte Teil des zu hoffenden unermeßlichen Gewinnes zugesagt. Der arme Teufel, dem der vermeintliche Millionär Bernard noch mehr Solis vorspielte und der einen Ehrenplatz in dessen Konzert erhielt, überbrachte seinen Herren Associés selbst die Gelder und versprach auch die strengste Geheimhaltung dieser Beutelschneiderei, die um so niederträchtiger war, als sie ein fast blindes Vertrauen hinterging. Die Folgen blieben nicht lange aus, und die Komödie mit dem ar-

men Betrogenen wurde nur noch eine kurze Zeit fortgespielt. Die Gebrüder Bernard hatten zwar ein paar Lücken mit dem erhaltenen Gelde gestopft und dadurch neuen Kredit in England erlangt, ließen aber nun ungeheure Quantitäten Waren auf längere Zahlungstermine aufkaufen, verkauften diese sogleich wieder per comptant in Hamburg und trieben nebenbei eine so arge Wechselreiterei, wie die merkantilische Welt schwerlich eine zweite aufzuweisen vermag, während sich Wailand laut Kontrakt in nichts mischen, ja kaum einmal anfragen durfte. Sie schrieben damals, wie man aus den später gefundenen Papieren ersah, an ihren Geschäftsführer nach London: „Wir wünschen nichts lieber, als für die Konsignationen immer ziehen, decken und wieder ziehen zu können", und Wailand war es unmöglich, das mindeste über den Gang des Geschäftes und was aus seinem Gelde geworden zu erfahren, bis plötzlich an einem schönen Morgen ein Sohn des George d'Orville wie toll in sein Zimmer stürzte und hin und her rennend ausrief:
„Lieber Wailand, ich komme gestern per Kurier von London, Gott! Gott! Alles ist verloren; was sind wir für unglückliche Menschen, wenn nicht gleich auf der Stelle 3 bis 400 000 Gulden dahin geschafft werden, um das dortige Obligo zu decken; was ist André (der Geschäftsführer) für ein Spitzbube, es ist alles bei ihm in der größten Unordnung und Konfusion, nichts eingetragen, nichts eingeschrieben; ich habe viele Papiere mitgebracht, kommen Sie doch ums Himmelswillen gleich zu Herrn Bernard, er und meines Vaters Bruder sind hier, da werden Sie alles hören."
Man kann sich die Wirkung denken, welche diese Anrede auf das bisher so sorglose Gemüt des unglücklichen Wailand machte. Er eilte mit dem jungen d'Orville zu Bernard, wo ihm diesmal eine Musik aus einer ganz anderen Tonart, wenn auch in W-dur, vorgespielt wurde, Violoncello, alle Geigen und Flöten waren verstummt und verstimmt, wie die Herren Gebrüder selbst, die wie sinnlos tobten und rasten, alle Schuld auf den Schurken in London schoben

und um die Wette in echtem Frankfurter, an kräftigen Scheltwörtern so reichem Dialekt schimpften, so daß Wailand gar nicht zu Worte kommen konnte, der endlich mit schalem Bedauern und Vertröstungen gleich dem geprellten Juwelier im Don Juan wieder abziehen mußte. Damit war nun freilich die Sache nicht abgemacht, der große Bankrott war in London bereits förmlich ausgebrochen und erklärt, und das Offenbacher Haus stand auf dem Punkt, es dem Londoner nachzumachen, als einige noch solvable Verwandte desselben auf den Einfall kamen, bei den reichsten Frankfurter Kaufleuten eine Subskription zugunsten der Gebrüder Bernard zu eröffnen, um vermittelst derselben ein Kapital auf eine bestimmte Zeit zu erhalten, mit welchem man den völligen Sturz des Hauses verhindern könne. – Das Projekt gelang, da man vermittelst Frauengunst den reichsten Bankier Frankfurts, von Bethmann, dafür gewann, der sich sogleich mit einer bedeutenden Summe an die Spitze stellte und unterzeichnete. Indessen konnten sich die Bernards doch nie wieder ganz von diesem Stoß erholen und zu dem früheren Glanz kommen.

Der betrogene Wailand wollte sich freilich an das Offenbacher Haus halten, und man hoffte ihn anfänglich durch Vertröstungen hinzuziehen. Bernard schrieb ihm unter anderem: „Gott! wie hart ist unser aller Schicksal. Denken Sie sich, was wir leiden müssen, wir, die wir im höchsten Ansehen und Glück standen und nun so weit gekommen sind, daß wir durch öffentliche Subskription Hilfe erbetteln müssen, und wenn wir sie nicht finden, uns zur Suspension genötigt sehen" usw. – Aber in allen ihren Briefen ließen die Herren niemals ein Wörtchen von irgendeiner Art und wenn auch nur teilweisem Ersatz für den unglücklichen Betrogenen fallen. – Ja, als dieser, über ein so schändliches Verfahren aufgebracht, ihnen Briefe schrieb, die sie sicher nicht an die Spiegel steckten, in denen er ihre Schwänke mit dem rechten Namen bezeichnete, drohten sie ihm sogar noch mit Injurienklagen und Zurückweisung aller Schreiben! die sie sich sowie seine Besuche für die Zu-

kunft verbaten, und wiesen ihn an einen ihnen ergebenen verschmitzten Mittelmann an. Wailand aber drohte nun, seine Briefe offen durch die Post an die Herren zu schicken, was sie wieder etwas geschmeidiger und demütiger machte, aber sie wußten dennoch die Sache auf die lange Bank zu schieben. Dem durch sie an den Bettelstab gebrachten Wailand fehlte es jetzt an allen Mitteln, etwas Durchgreifendes zu unternehmen, und kummervoll und trostlos mußte er vorerst alles gehen lassen wie es ging, während das Offenbacher Haus, durch die Subskription aus der Not gezogen, sich um den schändlichen Bankrott in London nicht weiter bekümmerte, einen ärgerlichen Aufwand in Equipagen usw. fortsetzte und Bernard sogar einen Teil seiner Kapelle, und zwar den besten, den er zum Schein verabschiedet hatte, wieder mit dem früheren Gehalt anstellte! Dies war um so empörender, als der arme Wailand oft nicht wußte, von was er leben sollte. Für den Betrag der Subskription hatten die Bernards ihre Immobilien und die Frauen ihr Vermögen verschrieben.
Nach langen Jahren nahm sich jedoch einer der renommiertesten Advokaten Frankfurts, der Dr. Klaus, plötzlich des armen Wailand an, machte dessen Sache zu seiner eigenen, griff das Ding auf dem rechten Fleck an, indem er damit begann, die Geschichte dieser Beutelschneiderei mit allen nötigen Beweisen, Briefen und anderen Dokumenten versehen im Druck herauszugeben, um hierauf den Prozeß gegen die Gebrüder Bernard einzuleiten. Da vorauszusehen war, daß die Sache auf jeden Fall schlimm für das Haus Bernard ausfallen würde, so suchte dies nun den Rechtsstreit durch einen Vergleich zu beseitigen, den die Gegner auch eingingen, da sie wußten, daß es eben nicht zum brillantesten mit jenem Haus stand, und Wailand mußte sich ungefähr mit dem sechsten Teil seiner Forderung begnügen, der ihm in Terminen ausbezahlt wurde. Die Haupturheber dieser Prellerei waren schon längst tot, und die Nachkommen waren es, die nun in den für sie sehr saueren Apfel beißen mußten.

Bald nachdem die Sache durch die Subskription arrangiert worden war, wurde der Geburtstag der Madame Peter Bernard mit großer Verschwendung gefeiert und das Fest in einem schönen, Herrn Bernard zugehörigen, an dem Ufer des Mains gelegenen Garten mit außerordentlichem Aufwand, Illumination und Feuerwerk veranstaltet; die bunten Lampen hingen zu Tausenden in den Alleen, in denen lange Tafeln für die Gäste gedeckt waren, die sich's wohl sein ließen, und während der Champagner die Kehlen in Strömen befeuchtete, ließen sich aus einer erleuchteten, auf den Wellen des Mains hin- und herrudernden Gondel die Töne sanfter Harmonien hören. Aber plötzlich wurden Fest, Schmaus und Harmonie auf das Seltsamste unterbrochen und die Gäste mitten in ihrem Freudentaumel durch eine feurige, komisch springende Erscheinung gestört. Ein nach allen Seiten hin Schwärmer, Frösche und dergleichen speiendes Ungetüm setzte in gewaltigen Sprüngen durch die Alleen, rannte rücksichtslos Tische und was daran saß um, und verursachte bald eine allgemeine Flucht der Geladenen, die mit großem Geschrei davon liefen, in welches das Brüllen des Untiers einstimmte. – Als dieses endlich ausgetobt und ausgesprüht hatte und sich mehrere Diener an dasselbe wagten, fand man, daß des „Feuers Kern" nichts weiter als ein tüchtiger Mülleresel gewesen, dem man das Feuerwerk unter den Bauch, an den Schwanz, auf den Rücken und zwischen und an den Ohren festgetrieben hatte. Die Sache sollte zwar untersucht, und die boshaften Täter bestraft werden, wurde jedoch bald unterdrückt, und das Publikum fand die Tat eben nicht unpassender, als die, nach der vor kurzem stattgefundenen Katastrophe solche Feste zu geben. – Peter Bernard starb einige Zeit nachher, mit seinem Tode löste sich seine Kapelle für immer auf, und wurde, wie ich schon erwähnte, die beste Stütze der Frankfurter Oper.

In Offenbach war damals das gesellige wie das öffentliche Leben überaus heiter und fröhlich, die Fabriken hatten einen guten Absatz, die Gewerbe blühten, und eine Albern-

heit der Frankfurter Behörden war dem Städtchen von großem Nutzen. Das Verbot, daß in Frankfurt keine Maskenbälle gegeben werden durften, kam den Offenbachern sehr zustatten, wo während dem ganzen Winter jeden Sonnabend bei ziemlich hohen Eintrittspreisen dieses Vergnügen im dortigen Schauspielhaus gestattet wurde, wohin die Frankfurter karawanenweise fuhren, um desselben teilhaftig zu werden, und wodurch viel Geld von Frankfurt nach Offenbach geleitet wurde; denn außer dem Eintrittsgeld und was in solchen Nächten verzehrt und verspielt wurde, bezahlte man auch die brillanten Kostüme und was zu den Maskenanzügen gehörte, in dem damit reichlich versehenen Magazin der Mamsell Niepold zu enormen Preisen. Als Ursache, daß man diese Bälle, ausgenommen in Krönungszeiten, wo man nicht anders konnte, in Frankfurt nicht dulden wollte, gab man an, daß mehrmals den regierenden Bürgermeistern große Unannehmlichkeiten bei solchen Gelegenheiten widerfahren, ja einer sogar beinahe ermordet worden wäre.
Die Offenbacher Bälle, auf denen sich nun die halbe Frankfurter Welt einfand und maskierte, waren in große Aufnahme gekommen und sehr glänzend, man sah wahre Prachtzüge und die reichsten Quadrillen bei denselben aufführen. So oft meine Eltern mit Bekannten dieselben besuchten, durfte auch ich sie dahin begleiten, und wurde zu diesem Ende aus dem Institut geholt. Einer derselben blieb mir lange im Andenken. Eine Gesellschaft von unsern Verwandten und Bekannten hatte sich in ein Kartenspiel maskiert, so daß allemal vier Karten zusammen ein kleines Kartenhaus bildeten, in dem sich zwei Personen befanden, die jedoch durch eine Scheidewand von gemalter Leinewand im Innern getrennt waren. Die zweiundfünfzig Karten bildeten so dreizehn Häuschen, welche, nachdem sie einigemal die Runde im Saal gemacht hatten, sich auf der Bühne in zwei Reihen aufstellten und sodann auf ein Zeichen die obere Hälfte der Karten von zwei Seiten herabfallen ließen, wodurch jedes Kartenhaus in zwei kleine

Buden verwandelt wurde, in welchen man alle möglichen Dinge feilhielt, so daß das ganze einen kleinen Jahrmarkt mit 26 Buden in vier Gängen bildete, in denen die Waren, mitunter sehr artige Galanterien und selbst kostbare Kleinigkeiten nicht verkauft, sondern verschenkt wurden. Man kann sich denken, daß es unter solchen Umständen an Abnehmern nicht fehlte. Da gab es Bänder, gemachte Blumen, silberne Nadelbüchschen und Fingerhüte usw., und alle Masken drängten sich, etwas zu erhaschen, man vergab jedoch überall nur mit Auswahl, mit Ausnahme einer einzigen Bude, der eines Quacksalbers; der Inhaber derselben war ein gewisser Hofrat Meyer, – Offenbach wimmelte von Hofräten – Apotheker und Zahnarzt von Profession. Dieser hatte seine Bude mit allen möglichen Apothekerwaren, wie Pillen, Hustenkügelchen, Morszellen usw. angefüllt, die er in großer Anzahl und mit Verschwendung austeilte, und dabei versicherte, ihre Wirkung sei die beste; auch ich hatte mir ein ganzes Schächtelchen solcher überzuckerten Pillen ausgebeten und erhalten, die ich gleich vielen andern, da sie wohlschmeckend waren und aus Schokolade und Zucker zu bestehen schienen, in reichlicher Quantität genoß, wie dies mehrere machten. Aber es dauerte kaum eine halbe Stunde, so verspürte ich ein mit Kolik verbundenes gewaltiges Rumoren in meinem Bauch, gleich allen die von dieser Ware genossen hatten, das bald so arg wurde, daß wir schnell genötigt wurden, gewisse heimliche Gemächer aufzusuchen, und da deren nicht in hinlänglicher Zahl, der Bedürftigen jedoch in sehr großer Zahl vorhanden waren, so mußten die meisten das Weite und die Straßen zu erreichen suchen, wobei manche die Explosion viel zu früh überraschte; besonders waren die Damen übel daran, wodurch der Ball beinahe um die Hälfte an Masken und Gästen leerer wurde. Mehrere von denen, die unwissend und wider Willen ein so drastisches Purgativ eingenommen, wollten jetzt dem Quacksalber-Hofrat für diesen unzeitigen Spaß zu Leibe, dieser aber, als er merkte, daß seine Ware wirkte, schloß schnell seine

Bude und hatte sich schon aus dem Staube gemacht, als man ihn suchte. Dieser Mensch hatte Zugang in den meisten Häusern Offenbachs und in vielen Frankfurts, denn außer dem Metier des Zahnausreißens trieb er auch noch das eines Possenreißers und war unter dem Spottnamen „Hofrat Hofnarr" geduldet; da er selbst gerne manche bittere Pille verschluckte und sich für ein gutes Mittagessen manchen derben Scherz auf seine Kosten gefallen ließ, so nahm man seine Trivialitäten mit in Kauf. Aber die letzte war denn doch ein wenig gar zu unangenehm fühlbar ausgefallen und bewirkte, daß ihm nun die meisten Häuser verschlossen wurden. Lange dauerte es, bis er es so weit brachte, nur einigermaßen wieder geduldet zu werden, was er der Protektion einiger alten Damen, denen er mehrere falsche Zähne insgeheim eingesetzt, zu verdanken hatte.

In den Sommermonaten wohnte ich, wie gesagt, zu meiner großen Freude bei meinen Eltern, wo ich weit mehr Freiheit als in Scherers Institut hatte. Unser nächster Gartennachbar, ein Kaufmann O.... aus Frankfurt, hatte mehrere Kinder, mit denen ich bald eine nähere Bekanntschaft anknüpfte. Der älteste Junge, Adam, war indessen ein stupid-trauriges Subjekt, der zweite, Fritz, ein ausgelassener Wildfang; sie hatten eine Schwester, Lilli geheißen, ein artiges Mädchen, der den Hof zu machen ich schon der Mühe wert fand; in den Erholungsstunden setzte ich mit einem Sprung über die Planken, die unsere Gärten trennten, und befand mich bei diesen Kindern, wo ich indessen bald noch ein anderes sehr hübsches Mädchen, ebenfalls die Tochter eines Kaufmannes aus Frankfurt, kennen lernte, dessen Vater ein naher Verwandter O...'s und d'Orvilles war und die Karoline Th... hieß. Kaum hatte ich dieses liebenswürdige Kind erblickt, so hatte ich auch keine Augen mehr für Lilli, sondern bewarb mich eifrig um ihre Gunst, die mir auch bald in vollem Maße zuteil ward, und wir verstanden es vortrefflich, die gute Lilli und ihren einfältigen Bruder Adam unter allerlei Vorwand zu entfer-

nen, namentlich wenn wir Versteckens spielten. Aber dabei hatte es sein Bewenden nicht, sondern bei den Abendharmonien in Bernards Boskett machte ich die Bekanntschaft noch mancher anderer liebenswürdiger Kinder, unter denen eine Jeanette, eine Annette und eine Arkade, die letztere die Tochter eines reichen, in Offenbach privatisierenden Holländers namens Amerong waren. Ich reservierte mir diese für meine Winterschönheiten, da Lilli und Karoline wieder nach Frankfurt zurückkehrten, sobald der Herbstwind die Blätter gelb färbte und die Schwalben abzogen. – Um mehr Gelegenheit zu haben, mit all diesen Mädchen zusammen und in nähere Berührung zu kommen, und auch aus angeborener Liebhaberei, nahm ich wieder zu meinem erprobten alten Mittel, dem Komödienspielen meine Zuflucht, und wir spielten in Bernards Garten, wo sich die beste Gelegenheit dazu bot und gar manch' heimliches „stillvertrautes" Örtchen war, Komödien aller Art, in denen auch manchmal die Eifersucht schon eine Rolle
meine Zuflucht, und wir spielten in Bernards Garten, wo
J . . . war es, mit der ich zuerst auf dem vertraulichsten Fuße stand, die, eine nahe Anverwandte d'Orvilles, mit ihrer Familie in deren Haus wohnte, nachdem ihr Vater vor kurzem als Kaufmann ein bedeutendes Falliment in Frankfurt gemacht hatte. Ich sah jetzt das hübsche Mädchen fast jeden Morgen, wo wir uns nach Aufgang der Sonne in einem kleinen, von Gebüsch umgebenen Tempel in Bernards Boskett, dessen Küchengarten an den hinteren Teil unseres Gartens grenzte, einfanden. Ich bahnte mir ebenfalls durch Überspringen der Planken den Weg und brachte so ein herrliches Morgenstündchen mit Jeanetten zu. Meinen Eltern aber sagte ich, als sie sich wegen meiner frühen Gartenbesuche wunderten, daß ich die Aufgabe für den Hofrat so am besten lernen könne, und sie freuten sich über den Eifer meiner Studien. Arkade, obgleich weit schöner, sprach mich weniger an, sie war viel zu schmachtend, zu sentimental, lebte gerne in einer Traumwelt, phantasierte und faselte von ewiger, unnennbarer Liebe und

Treue, Dinge, die mir in alle Ewigkeit nicht in den Sinn wollten. Meine Leidenschaft für das Theater war während meines Aufenthaltes in Offenbach aufs neue und mit größerer Kraft erwacht, woran der jetzt wieder viel häufigere Besuch der Frankfurter Bühne Ursache war, die zu jener Zeit gerade ihre höchste Glanzperiode erreicht hatte, die nie so wiederkehrte. Alles, was Berlin und Wien, Dresden und Weimar Vorzügliches aufzuweisen hatten, wie eine Unzelmann, eine Fleck, eine Jäger, eine Einecke, einen Ochsenheimer, einen Beck, einen Bethmann, einen Iffland usw., gastierte zu Frankfurt mit einem Beifall und einer Verehrung, welche diese Künstlergenies mit einem Nimbus umgaben, der mich schwindeln machte. Konnte ich einen solchen Theatergötzen in der Nähe sehen oder gar in einem Raum mit demselben weilen, wie dies hie und da in Bernards Konzerten der Fall war, so fand ich mich überglücklich. – Meine Lieblingsstücke und -Rollen waren die Oper „Don Juan" (an dem ich besonders die furchtbare Konsequenz bis zum letzten Augenblicke, wo er statt zu bereuen noch dem Geist ein so trotziges dreimaliges Nein! zurief, dann freilich die Beute der Furien ward, hoch bewunderte), sowie Ferdinand in „Kabale und Liebe" (erstere Rolle spielte und sang Schröder und dann Hill vortrefflich, und die zweite war Werdys Triumph). Beide studierte ich mit dem größten Eifer und der Vorsatz, mich dem Theater zu widmen, wurzelte fester als je bei mir ein. Um mir das Vergnügen des Theaterbesuches, das höchste für mich, so oft als möglich zu verschaffen, eilte ich, sobald die letzte Stunde im Institut vorüber war – ich wußte mich während des hiesigen Aufenthaltes meiner Eltern häufig unter irgendeinem Vorwand schon um sechs Uhr und oft noch früher loszumachen – und rannte im Sturmschritt auf dem näheren Fußwege nach Frankfurt, wo ich keuchend am Theater ankam; nachdem das Stück beendigt war, lief ich im Galopp an das Affentor, paßte da auf die aus dem Theater nach Offenbach zurückkehrenden Wagen und schwang mich auf den Bedientenplatz des ersten besten, der keinen dienenden Geist hintenaufstehen hatte. So kam ich in der Regel kurz nach neun Uhr, spätestens um halb zehn, gerade zur Zeit, wo bei meinen Eltern zu Nacht gegessen wurde, nach Hause, und lange ahnte niemand etwas von meinen heimlichen Theaterbesuchen, zu denen ich das Geld aus meiner eigenen Sparbüchse, die meine Mutter in Verwahrung hatte, und zwar immer einen Dukaten nach dem anderen, entwendete, die zwar nicht bloß für das Theater, sondern auch zu kleinen Geschenken für meine Auserkorenen verwendet wurden. – Da wir jeden Mittag die Komödienzettel von Frankfurt erhielten, so wußte ich immer, was aufgeführt wurde. Eines Tages war Schillers „Don Carlos“ zum erstenmal angekündigt, und den mußte ich um jeden Preis sehen; unter einem plausiblen Vorwand, nämlich daß mich meine Eltern mitnehmen wollten, hatte ich mich an diesem Tage schon um vier Uhr bei Hofrat Scherer zu beurlauben gewußt und kam noch zu rechter Zeit am Theater an, um noch ein Plätzchen in dem bereits überfüllten Parterre zu finden; aber diesmal stand der Zeiger der über der Bühne angebrachten transparenten Theateruhr auf dreiviertel auf elf, als der Vorhang zum letztenmal herabrollte. Ich war so entzückt und so voller Teilnahme bei dieser Vorstellung, daß ich mich um alles in der Welt nicht vor Beendigung derselben entfernt hätte, obgleich ich ahnte, daß dies ein kleines Donnerwetter absetzen möchte und meine Theaterbesuche nun verraten würden. Es war noch eine halbe Stunde bis Mitternacht, als ich das elterliche Haus betrat, wo mich mein Vater mit einem: „Junge, wo bist du gewesen?“ empfing. – Hier blieb mir nichts anderes übrig, als die Wahrheit zu gestehen; man hatte ohnehin schon zum Hofrat geschickt, als ich mich zum Abendessen nicht eingefunden hatte, der natürlich berichtete, was ich ihm vorgelogen hatte, sonst hätte man vielleicht noch Schlimmeres vermutet, und so waren meine Theaterbesuche mit einem Male am Tag, sowie daß ich diese schon länger und häufig mit dem besten Erfolg versucht hatte; auch hatte mein Vater Lessings Dramaturgie und Engels Mimik, nebst vielen Schauspielen, die ich mir bei dem Buchhändler Brede in Offenbach verschafft hatte und noch schuldete, in meiner Stube gefunden und meinen Eltern blieb kaum ein Zweifel mehr übrig, daß meine Leidenschaft für das Theater höchst ernstlich geworden. Man stellte mich deshalb zur Rede und alle ferneren Besuche des Theaters wurden mir fürs erste streng untersagt.

Mit dem Ende des Sommers hatten auch unsere Gartenkomödien aufgehört und ich glaubte schon einen recht traurigen Winter in dem Institut zubringen zu müssen, da fügte es sich, daß sich meine Eltern entschlossen, bis Weihnachten in Offenbach zu bleiben, und zu meiner großen Freude fand sich eine Schauspielergesellschaft, deren Direktor ein gewisser Badewitz war, für die Wintersaison ein; meine Mutter nahm ein Abonnement in einer Loge, das meistens mir zugute kam. Die Gesellschaft war so übel nicht; Madame Badewitz, eine hübsche, junge Frau, spielte die Liebhaberinnen recht natürlich, eine Demoiselle Sternfeld war leidlich, auch der erste Liebhaber, Herr Stahl, gefiel, nur tobte und schrie er bisweilen gar zu arg. Ich hatte bald die persönliche Bekanntschaft dieser drei Individuen gemacht, indem ich ihnen allerlei kleine Gefälligkeiten erwies, namentlich Bücher und Schauspiele aus meines Vaters Bibliothek lieh und den Damen auch zu allerlei Toilettegegenständen, Kleidungsstücken und anderen Requisiten verhalf. Wogegen Mademoiselle Sternfeld und Herr Stahl die Güte hatten, Rollen mit mir durchzugehen. Ich lernte den Ferdinand in Kabale und Liebe, den Don Carlos, den Fiesko, den Balduin in den Kreuzfahrern, den Gustav Wasa, den Philipp in Johanna von Montfaucon, Ludwig den Springer, den Fritz Hurlebusch im Wirrwarr, den Pagen in den Pagenstreichen, den Abällino und noch mehrere andere Rollen für das Schauspiel auswendig, während ich bei Herrn Hofrat Andre, der ein großes Vergnügen an meinem musikalischen Talent fand, die Gesangspartien des Don Juan, des Tamino, des Figaro und einiger anderen einstudierte; da der Umfang meiner Knabenstimme Bariton und Tenor umfaßte, so machte ich mir nach und nach ein hübsches Repertoir; zu gleicher Zeit versuchte ich mich als dramatischer Schriftsteller und schrieb mehrere kleinere Lustspiele und ein großes Trauerspiel, das ich nach Kramers „Adolph der Kühne", der mir in die Hände gefallen war und meine Lieblingslektüre wurde, so daß ich ihn wenigstens ein dutzendmal las, bearbeitete und benannte.

Gar zu gerne hätte ich im elterlichen Hause jetzt ein Liebhabertheater etabliert, aber da sich diesem Vorhaben nicht zu beseitigende Schwierigkeiten entgegensetzten, so mußte ich mich begnügen, ein Puppentheater bestmöglichst einzurichten, auf dem ich mit Hilfe einiger anderer Kinder gewöhnlich Sonntag Vorstellungen gab. Dies Theater stellte ich dann dicht an die Türe, die aus der Stube, in der wir spielten, in ein anderes Zimmer führte, so daß dasselbe samt den Dirigenten völlig von den Zuschauern, welche meistens aus Kindern und dem Gesinde bestanden, getrennt war, und niemand hinter das Theater konnte. Die Bühne hatte mir unser Tischler nach meiner Angabe verfertigen müssen, mehrere Dekorationen hatte mir unser Zeichenlehrer Herchenröder gemalt, andere hatte ich selbst nach denen des Frankfurter Theaters, die zum Teil von dem berühmten Quaglio und Fuentes gemalt waren, zusammengepfuscht, und meine Gehilfen bei der Aufführung waren meistens Mädchen, namentlich Jeannette und Arkade. Indessen glaube man nicht, daß wir uns begnügten, kleine Harlekinaden aufzuführen, im Gegenteil, die größten Maschinenstücke, wie eine Nymphe der Donau, der Spiegel von Arkadien, die Teufelsmühle, das Sternenmädchen, die Zauberzither waren uns nicht zu schwierig, und sogar an große Ritterstücke und Opern, wie Maria von Montalban, Oberon, Das unterbrochene Opferfest, Die Zauberflöte, den Titus usw. wagten wir uns, und leierten sie ab, so gut es gehen wollte; freilich sangen wir nur einzelne Lieder und Gesänge aus denselben und alle Ensemblestücke und die meisten Chöre blieben weg. Ein Klavier, das wir abwechselnd spielten, war das Orchester, aber gar oft waren Orchester und Sänger um 20 bis 30 Takte und mehr auseinander. Wir sangen eben so gut wir konnten und strengten uns dabei ganz gewaltig an. Indessen muß dies Marionettenspiel doch nicht so durchaus langweilig gewesen sein, da es nicht selten auch von erwachsenen Personen beehrt wurde, die den Vorstellungen bis zu Ende beiwohnten. Eine der aufmerksamsten Zuschauerinnen war Bettina Brentano, die damals mit noch zwei andern Schwestern bei ihrer Großmutter, der Schriftstellerin Sophia von La Roche, zu Offenbach wohnte und unser Haus öfters mit einem Besuch beehrte. Dieses originelle Mädchen war ein ganz eigenes und geniales Geschöpf, welches in ihrem Wesen viel von Goethes Mignon hatte, dabei ein etwas wildes, sehr naives und ungeniertes Naturkind war, unser Puppenspiel mit großer Vorliebe gegen jede hämische Kritik verteidigte und in Schutz nahm. Sie war damals schon eine außerordentliche Verehrerin Goethes, und in Ermangelung des großen Dichters selbst, brachte sie ihre Huldigung einstweilen dessen Mutter, der Frau Rat dar. Die sie jedoch sehr oft mit ihren Besuchen zu fast jeder Stunde bestürmte, so daß sich dieselbe öfters verleugnen ließ. Bettina aber merkte dies und ließ sich dann nicht abweisen, sie klopfte an die Türe des Schlafzimmers, in welchem sie die Dame vermutete, und rief ihr ganz naiv zu: „Machen sie nur auf, Frau Rat, ich weiß doch, daß Sie zu Hause sind", oder öffnete ein Fenster des Vorzimmers und schlug von außen mit einem Stöckchen an das Fenster der Stube, in der sie Goethes Mutter glaubte, dieselben Worte wiederholend, bis endlich die gute Frau, durch diese Beharrlichkeit erweicht, lächelnd öffnete, wo dann das Mädchen, in die Hände patschend, freudig herumsprang und ausrief: „So muß man es machen, Frau Rat, wenn man sie sehen will."

Unser Puppenspiel sollte aber auch bald auf längere Zeit unterbrochen werden, meine besten, eifrigsten Gehilfinnen, Arkade und Jeannette, traten ab, erstere bekam eine langwierige Krankheit, und der Vater der anderen hatte durch Verwendung eine gute Stelle in einem Hause in Preßburg erhalten, doch wurde diese Abreise durch einen Unfall noch um sechs Wochen verzögert. Die ganze Familie saß schon in dem mit drei Pferden bespannten, schwer bepackten Reisewagen und hatte einen tränenreichen Abschied von ihren Verwandten genommen; der Postillon blies ins Horn, trieb seine Pferde an, nahm aber, als er zum Hoftor hinausfuhr, die Wendung zu knapp, und der schwere Reisewagen stürzte um. Frau Johannot und eines der Kinder wurden dabei so bedeutend verletzt, daß sie über einen Monat brauchten, um vollkommen wieder hergestellt zu werden, und ich hatte während der Zeit noch manchmal das Vergnügen von Jeannettens Umgang; als sie aber endlich abreiste, hatte ich schon wieder eine andere Akquisition für mich und mein Puppenspiel gemacht.

Um diese Zeit starb der Fürst Wolfgang Ernst II. an einer in Schwarzsucht ausgearteten Gelbsucht; er wurde allgemein bedauert, denn er war ein trefflicher Mann. Sein sehr feierliches Leichenbegängnis fand abends mit großem Gepränge beim Schein von vielen hundert Fackeln statt, worauf er in der Gruft seiner Väter in der reformierten Kirche beigesetzt wurde. Sein Sohn, der Erbprinz Karl Friedrich Ludwig Moritz, war auf Reisen, als der Vater starb, und eilte bei der Nachricht von diesem Todesfall, den man ihm nicht sogleich mitteilen konnte, da man nicht wußte, wo er sich gerade befand, heim, um die Regierung anzutreten. Dieser war zwar ein gutmütiger, aber dabei sehr schwacher und selbst charakterloser Fürst, der Spielball jedes schlauen Intriganten. Bald nach seinem Regierungsantritt kam ein gewisser Herr von Waldschmidt nach Offenbach, der Hauptmann in Hessen-Kasselschen Diensten gewesen, aber gewisser, nicht sehr ehrenvoller Vorfälle beim Spiel wegen, diese hatte quittieren müssen. Er hatte seine ganze Familie, aus einer sehr häßlichen, aber sehr geistreichen Frau, zwei Knaben und einem Mädchen bestehend, mitge-

bracht. Mit dem ältesten Jungen war ich schnell bekannter, er malte schon recht hübsch, und ich nahm ihn bald in meine völlige Gunst, da er viele Dekorationen zu meinem Puppentheater fertigte, während seine Schwester nebst anderen Mädchen die Puppen mit prächtigen Kostümen versahen, und ich so mit Hilfe dieser Kinder die Bühne mit erneuertem Glanz wieder zu eröffnen vermochte.
Herr von Waldschmidt, obgleich ein beschränkter Kopf, wußte doch so gut zu intrigieren, daß ihn der Fürst bald nach seiner Ankunft zu seinem Hofmarschall ernannte, wozu seine fast kalbische Unbedeutendheit auch ganz gut paßte; wo sein Verstand nicht ausreichte, da half der seiner Frau, deren körperliche Häßlichkeit man gerne bei ihrer geistigen Liebenswürdigkeit vergaß. Die Stelle war einem sehr würdigen Manne, dem Herrn von Ochsenstein, vom Fürsten versprochen gewesen, aber Waldschmidts hatten ihn drum intrigiert.
Der älteste Sohn, Karl, versprach etwas mehr zu werden, als sein Vater, wozu freilich nicht viel gehörte; er zählte ein Jahr mehr als ich, war ein durchtriebener Junge, mit dem ich, obgleich wir bald sehr intim wurden, doch bisweilen tüchtige Händel bekam, was uns aber nicht hinderte, gar manchen Teufelsstreich zusammen auszuführen, unter denen folgender einer der ärgsten war und ganz Offenbach in Aufruhr brachte.
Ich hatte gleich nach Jeannettens Abreise wieder einen kleinen Liebeshandel mit der niedlichen Nichte eines Rats Wrede, Rosettchen Z. . . ., angeknüpft, die bei ihrer Tante wohnte. Erst wurden Zettelchen gewechselt, dann kam es zu heimlichen Zusammenkünften am hellen Tage in des Rats Wredes Garten, der von dem unseres Instituts nur durch eine ziemlich hohe Hecke geschieden war. Mit Hilfe hoher Stelzen war es mir ein Leichtes, dieses Hindernis zu überschreiten, was ich gewöhnlich in den Mußestunden tat, wo ich mich aus dem Hof in den Garten schlich; aber bald wurde die Sache durch eine Magd des Rats Wrede, welche aufpaßte, um zu entdecken, wer den Lauch und die

Petersilie auf der Rabatte, wo ich hinabsprang, so zertrete, verraten. Ich mochte ungefähr ein Viertelhundertmal den Sprung gewagt haben, wobei mich Rosettchen gewöhnlich mit einem Küßchen empfing, als ich aber zum sechsundzwanzigstenmal dieses Manöver machte, empfingen mich statt einem Paar niedlicher Sammethändchen, ein paar derbe rauhe Männerpratzen, nahmen mich bei meinen noch zarten Ohrläppchen, und führten mich trotz Sträuben und Ach in des gestrengen Rats Gemach; es war ein Gartenarbeiter, der sich dieses unterfing. Ich wurde nun scharf examiniert, was ich in dem Ratsgarten zu suchen habe, blieb jedoch stumm wie ein Fisch, ohne mich auf all die verfänglichen examinatorischen und inquisitorischen Fragen einzulassen, und da nichts aus mir herauszubringen war, so wurde ich durch denselben Häscher, der mich gefangen hatte, zu unserem Herrn Hofrat eskortiert, dem die Sache gehörig rapportiert und die zu verfügende Bestrafung überlassen wurde, die nach einer strengen Strafpredigt in einer dreistündigen Einsperrung in eine Rauchkammer, die zugleich als des Hofrates Garderobe diente, bestand. Jetzt war diesen Zusammenkünften ein Riegel vorgeschoben, da mir auch des Hofrates Garten verschlossen wurde; aber dennoch erfuhr ich bald, wie gut mein hartnäckiges Schweigen gewesen, denn Rosettchen fand Mittel, mir ein Billetchen zuzustellen, in welchem sie mir schrieb, mich ja nicht zu verraten, da man in ihres Oheims Hause der Meinung sei, ich habe es auf eine Nascherei abgesehen, sie aber wäre an jenem Tage nicht gekommen, da sie den Taglöhner im Garten an der Hecke bemerkte. – So unrecht hatten der Herr und die Frau Rat nicht, aufs Naschen war es allerdings abgesehen, wenn auch auf ein ganz anderes, als die guten Leute wähnten. – Der Rat Wrede hatte mich indessen beschimpft und ich hatte ihm eine eklatante Rache geschworen. Hindernisse, so abschreckend und unüberwindlich sie auch schienen, vermochten es nie, mich wenigstens von dem Versuche, meine Pläne durchzusetzen, abzuhalten, und so gelang es mir, gar manches auszuführen, was ein anderer für unmöglich hielt und aufgegeben hätte. Je größer die Schwierigkeiten, desto größer der Reiz, sie zu besiegen, und dies war namentlich bei galanten Abenteuern der Fall, wo mich nichts abschrecken konnte, als nur die totale Abneigung des geliebten Gegenstandes, den ich jedoch in diesem Falle in den nächsten vierundzwanzig Stunden rein vergessen hatte und dann trillerte:

Ist es nicht Lisette, so ist's doch Henriette;
Ist's nicht Albertine, so ist es Karoline.

Bei dieser Sache machte ich nun den jungen Waldschmidt insoweit zu meinem Vertrauten, als ich ihm mitteilte, ich habe mich an dem Rat Wrede schwer zu rächen, da er mich öffentlich beschimpft habe. Karl war sogleich mit einem guten Rat bei der Hand, indem er sagte: „Wir müssen dem Rat einen Mordanschlag in den Garten oder womöglich in das Haus legen." – Ich hörte zum erstenmal in meinem Leben von so einem Ding, aber mein Vertrauter erklärte mir, was es damit für eine Bewandtnis habe und daß von ihm in Kassel schon mehrere losgebrannt worden seien. – „Aber woher so eine Büchse nehmen?" fragte ich. – „Oh, ich habe auf einer Altane im Schloß einige Katzenköpfe liegen sehen, die eignen sich ganz vortrefflich dazu." – Noch denselben Abend gingen wir in das Schloß und holten einen solchen Katzenkopf, der so schwer war, daß wir beide daran zu schleppen hatten, und brachten ihn glücklich und unbemerkt in Waldschmidts Hof; hier füllten wir ihn nun mit einer hinlänglichen Quantität Pulver, Salz, Sand und Rasen, keilten die Ladung so fest wie wir es vermochten mit einem Hammer ein, und fertigten dann noch ein auf drei Minuten berechnetes Zündröhrchen. Nun mußte die Gelegenheit abgepaßt werden, das Mordinstrument, das, wie mir mein Spießgeselle versicherte, nicht den mindesten Schaden, sondern nur einen furchtbaren Knall verursachen würde, in des Rats Behausung zu bringen, was jedenfalls nur nach eingebrochener finsterer Nacht geschehen konnte.

In einigen Tagen wurde eine große Teegesellschaft bei Rat Wreden angesagt, der die angesehensten Honoratioren Offenbachs und auch unsere beiderseitigen Eltern beiwohnen sollten. Es wäre ein Meisterstreich, sagte ich zu meinem Helfershelfer, wenn wir an diesem Abend den Mordschlag losknallten, und schnell waren wir einig, es so einzurichten. Als der bestimmte, von uns sehnlichst herbeigewünschte Abend herangekommen, die Gesellschaft bei Wredens versammelt und das ganze Haus illuminiert war, holten wir unsern Mordschlag, den wir unter einer Gartenhecke versteckt hatten, hervor, schleppten ihn unbemerkt in des Rats Haus, das in der nämlichen Straße, in der Domgasse, unfern unserer Wohnung lag, schleppten ihn durch die offenstehende Haustüre in den Gang, der zwischen den Zimmern hinlief, und postierten ihn so leise als möglich in einen Winkel hinter die Türe, zündeten mit einem Stückchen Schwamm das Röhrchen an, schlichen uns ebenso unbemerkt, als wir gekommen waren, davon, und nahmen, als wir uns wieder auf der Straße befanden, Reißaus in vollem Galopp; aber noch waren wir nicht an unseren Wohnungen angekommen, als der welt- oder doch wenigstens die ganze Straße erschütternde Knall losplatzte und auch mir einen unwillkürlichen Schrei auspreßte. Eine so furchtbare und so schnelle Wirkung, wir waren kaum eine halbe Minute fort, hatte ich nicht vermutet. Zitternd und leichenblaß eilte ich auf meine Stube, in Todesangst der Dinge wartend, die da kommen würden. Es dauerte auch nur wenige Minuten, so kamen meine Eltern, ebenfalls auf das Höchste erschrocken, in der größten Unruhe heim. Das Gesinde und meine Geschwister hatten sich alle in der Wohnstube versammelt, mein Vater fragte sogleich nach mir und ließ mich rufen, als man ihm sagte, ich müsse auf meiner Stube sein. Bebend und ganz verstört folgte ich dem Rufe, und mein Vater redete mich mit den Worten an: „Nicht wahr, armer Ferdinand, du bist auch recht erschrocken?“

„Ach, entsetzlich!“ stammelte ich.

„Aber auch so ein Teufelsstreich! Die Kanaillen, die ihn verübt, müssen gehängt werden", fuhr er fort, und ich fühlte meinen Hals jucken. In wenigen Augenblicken waren mehr als ein paar Tausend Menschen in der Domstraße und vor des Rates Wrede Hause versammelt, Schar- und Nachtwächter, Spritzen und Polizei und das ganze Isenburgische Heer, aus einem Hauptmann, dreiunddreißig Mann und zwei Korporalen bestehend, unterm Gewehr. Der Schlag hatte schnell die in großer Gala versammelte Assemblee wenn auch nicht in die Luft, so doch auseinander gesprengt, und im ganzen Haus war auch nicht eine Scheibe ganz geblieben. Die Wirkung war dieselbe, als wenn man einen Vierundzwanzigpfünder zwischen vier Wänden abfeuerte. Als man in die Zimmer drang, fand man noch ein Dutzend Damen und Herren in todesähnlicher Ohnmacht unter den Spiel- und anderen Tischen liegen, nur ein hier und da zappelndes Bein verriet noch einiges Leben; die meisten derjenigen Gäste, deren Nerven den Knall ertragen, hatten sich unter Betten und Sophas verkrochen, in Todesangst den jüngsten Tag erwartend, Karten, Stühle, Gelder, Tassen, Gläser, Flaschen, Kuchen und kalte Küche lagen im buntesten Durcheinander am Boden. Alle Lohnkutscher wurden in Bewegung gesetzt, die ohnmächtigen Gäste, die keine Equipagen hatten, nach ihren respektiven Wohnungen zu bringen, wo manche noch nach Monden die Wirkung dieses Schreckens empfanden; auch mein armes Rosettchen, die unschuldige Ursache dieser Greueltat, mußte mehrere Tage das Bett hüten, und der dicke Rat Wrede hatte sich den Arm aufgefallen. Nachdem man sich von dem größten Schrecken erholt hatte, war es, wie begreiflich, das erste, daß man nach der Ursache und dem Urheber der mörderischen Tat forschte. Bald fand man den umgestürzten Katzenkopf hinter der Haustüre liegen. Der junge Waldschmidt und ich sahen uns den kommenden Tag in den Lehrstunden, denn auch er besuchte Scherers Institut, wagten aber kaum, uns anzusehen, viel weniger von dem Ereignis, das fortwährend die ganze Polizei in Atem hielt, zu sprechen; man hatte einen Preis von hundert Talern auf die Entdeckung des Täters gesetzt. Aber erst zwölf Jahre später erfuhr man die Wahrheit durch mich, als der junge Waldschmidt bereits an einer schweren Verwundung, die er als Major in Nassauischen Diensten in der Schlacht bei Belle-Alliance erhalten – eine Kanonenkugel hatte ihm das rechte Bein zerschmettert – gestorben war. Rat Wrede hatte an vierhundert Gulden für Haus- und Fensterreparaturen zu bezahlen, und lange wagte man es nicht mehr, seine Abendgesellschaften zu besuchen.

Bald nach diesem Vorfall kehrten meine Eltern nach Frankfurt zurück und ich mußte zu meinem Leidwesen wieder ganz in dem Institut wohnen, wo sich indessen eine neue, sehr hübsche, kaum dreizehnjährige Nichte des Hofrates, Helenchen Valentin, eingefunden hatte, mit der ich nun meine Aufgaben in den Abendstunden zusammen in der erwähnten Garderobe machte und auswendig lernte; und man darf es mir aufs Wort glauben, daß auch ohne die Pestalozzische Methode, die wir nicht kannten, wir beide durch gegenseitigen Unterricht erstaunlich schnelle Fortschritte machten. Gegen das Frühjahr verlor ich meinen guten, schon länger kränkelnden Großvater Weller; der Mann hatte sich übermäßig angestrengt und fast zu Tode gearbeitet, während die meisten Römerherren ihre Stellen als Sinekuren betrachteten und es sich in träger Behaglichkeit wohl sein ließen. Das edle Roß arbeitet unaufgefordert bis zum letzten Atemzug, der Esel aber läßt sich zur Arbeit prügeln und tut sich doch nicht weh.

Der gute Mann hatte noch vor seinem Tode geäußert, daß man mich doch in den Religionsunterricht des Pfarrers Dr. Hufnagel nach Frankfurt schicken solle, der ein berühmter Prediger und sein intimer Freund war, um mich von diesem konfirmieren zu lassen. – Dies war Wasser auf meine Mühle, denn nun mußte mich Hofrat Scherer jede Woche ein-, auch zweimal zu dieser Gebetstunde nach Frankfurt gehen lassen. Hier fesselte sogleich nicht Dr. Hufnagel, sondern ein allerliebstes Mädchen, die Wirtstochter aus dem Englischen Hof, Jungfer L. . . ., wie sie sich nannte, meine Aufmerksamkeit, ich hatte bald nur noch Augen und Ohren für sie und war taub für die Lehren des wackeren Hufnagels. Bald hatten wir erst nur durch Blicke, dann durch Zettelchen korrespondiert, die ich ihr beim Verlassen der Gebetsstunde zusteckte, worauf wir aus Mangel an passenden Orten uns Rendezvous hinter den einsamen Stadtmauern in der Gegend des Eschheimer Tores gaben; aber dies Einverständnis hatte kaum einige Wochen gedauert, als es durch die Unvorsichtigkeit meiner Teuern plötzlich gestört und mir der fernere Besuch der Religionsstunden in Frankfurt untersagt wurde. Die L. ließ während des Unterrichtes ein Zettelchen, das ich ihr beim Eintreten zugesteckt, in dem ich sie auf den Wall am Eschheimer Tor beschied, und das mit einem: „Einstweilen tausend Küsse, mein lieblicher Engel", schloß, aus ihrem Gebetbuch fallen, ohne es sogleich wahrzunehmen. Ein anderes neben ihr sitzendes Mädchen hob es auf, und übergab es dem Dr. Hufnagel, der es zu unserm beiderseitigen Schrecken las, zu sich steckte und nach der Konfirmationsstunde das arme Kind vornahm, das, heiße Tränen vergießend, beichtete, ich habe sie zu all den gottlosen Dingen verführt. Meine Eltern wurden von der gemachten Entdeckung in Kenntnis gesetzt, teilten sie dem Hofrat Scherer mit, der ohnehin über das nach Frankfurt laufen als viel zu zeitraubend ärgerlich war, und nun wurde beschlossen, daß ich den Frankfurter Religionsunterricht aufgeben, die Konfirmandenstunden in Offenbach bei dem lutherischen Oberpfarrer Waldeck fortsetzen und daselbst auch konfirmiert werden solle. So unangenehm mir dieser unwiderrufliche Beschluß anfangs war, so wußte ich mich doch bald darein zu finden, und fing in der neuen Gebetstunde da an, wo ich es in Frankfurt gelassen hatte, nämlich statt auf die Lehren des guten Herrn Oberpfarrers zu achten, suchte ich mit den hübschesten Mädchen zu liebäugeln, deren es auch hier gab, und eine schmachtende Sophia, ein Kind der Liebe in

jedem Sinne, hatte neben Rosettchen, die gleichfalls diese Gebetstunden besuchte, schnell mein so empfängliches Herz zu fesseln gewußt, ich war getröstet, nahm mir aber vor, meine Sache jetzt klüger anzufangen und vor allem keine Zettel mehr zu schreiben, dagegen unterstrich ich die mir gerade dienlichen Worte in meinem Katechismus mit Bleifeder, machte ein kleines Zeichen an den Rand der Zeilen, in denen sich die unterstrichenen Worte befanden und ein Kreuz hinter dem Wort, das eine Phrase schloß. Ich machte mich so vollkommen verständlich. Beim Herausgehen tauschten wir die gleichgebundenen Bücher gegeneinander aus, ich fand die erbetene Antwort auf dieselbe Weise bezeichnet, denn ich hatte gar gelehrige Schülerinnen für meinen Unterricht, und auf diese Weise wurde gar manche Zusammenkunft verabredet und zustande gebracht.
Eine Geschichte anderer Art, bei der ich der Anführer gewesen, brachte dem Vorsteher unseres Instituts große Unannehmlichkeiten. Der junge Waldschmidt und ich hatten allerlei Kriegsspiele in den Stunden der Erholung eingeführt, und namentlich auch das Schleudern; hierzu nahmen wir meist unreife Äpfel, Kartoffeln und ähnliche Sachen. Nun aber blieb es bei diesem Schleudern nicht in den Grenzen des Gartens und Hofs unseres Lehrers, sondern auf mein Anstiften übten wir uns, die Äpfel und Kartoffeln über das ziemlich hohe Haus, das wir bewohnten, zu werfen, so daß die meisten jenseits desselben in die Frankfurter Straße niederfielen, nicht selten Vorübergehende trafen, und ein Apfel sogar einmal auf eine Ratsnase fiel und diese blutig schlug. Geraume Zeit konnte sich niemand erklären, wo diese Dinge, die wie vom Himmel gefallen schienen, herkamen, bis endlich einmal eine ziemlich dicke Kartoffel in die Fensterscheiben des gegenüberliegenden Gasthauses zum Nassauer Hof fiel und diese zerschlug, so daß die Glasstücke um die Köpfe mehrerer Gäste flogen; kaum hatten sich diese vom ersten Schreck erholt, als ein zweites Wurfgeschoß wieder durchs Fenster mitten in den Saal flog; dies gab großen Lärm, man wollte durchaus wis-

sen, von wo ein solches Bombardement des Gasthofes herrühre, und entdeckte bald, daß das Wurfgeschoß seinen Weg über das Dach des Hofrats Scherer nahm, stürmte dessen Haus und fand uns alle im Garten in voller Arbeit. Scherer versprach zwar alle mögliche Genugtuung und Bestrafung, aber der Wirt des Gasthofes, der ohnehin einen Pick auf das Institut oder vielmehr dessen Zöglinge hatte, die ihm schon manchen Schabernack zugefügt, machte die Sache bei der Polizei anhängig, unser Lehrer wurde vorgeladen und die Geschichte zog ihm manche Verdrießlichkeit und dem Institut einen üblen Ruf zu. Es stand schon früher bei den Einwohnern Offenbachs nicht im besten Geruch, wozu ich das meinige redlich beigetragen hatte.
Damals verbreitete sich in Offenbach und der Umgegend plötzlich die Nachricht, daß der berüchtigte und allgemein gefürchtete Räuberhauptmann Schinderhannes (Johannes Bückler) in Frankfurt im roten Ochsen, dem österreichischen Werbehaus, gefangen worden sei. Anfänglich wollte niemand daran glauben, bald bestätigte sich jedoch diese große Neuigkeit, sowie daß man ihn an das französische Gouvernement nach Mainz abgeliefert habe, da er hauptsächlich das linke Rheinufer zum Schauplatz seiner Untaten und Missetaten gemacht hatte, von denen viele höchst originell waren. Namentlich die, welche er an Juden, die er besonders haßte, verübte. Seitdem das linke Rheinufer französisch war, hatten ihm die dortigen Gendarmen so gewaltig zugesetzt, daß er sich schon einigemal auf das rechte Ufer geflüchtet, und um sich aus der Klemme zu retten, bei österreichischen oder preußischen Werbern engagiert hatte. Da er noch ein sehr junger und wohlgewachsener Mann war, so wurde ihm jedesmal ein schönes Handgeld ausgezahlt, worauf er sich bei der ersten Gelegenheit wieder aus dem Staub machte und sein Räuberhandwerk von neuem begann. Als ihm einst ein österreichischer Werbeunteroffizier vier Karolin Handgeld ausgezahlt hatte und beide hierauf durch den Frankfurter Wald kamen, zog Schinderhannes plötzlich zwei Terzerole unter

dem Wamms hervor und sagte zu dem Korporal: „Jetzt geht jeder seinen Weg, ich bin Johannes Bückler", und der Unteroffizier mußte ihn gehen lassen. Dieses Mal war er jedoch im Werbhaus selbst erkannt, festgenommen und wohlgeknebelt nach Mainz transportiert worden.
Ich hatte schon so viele und seltsame Dinge von diesem Schinderhannes erzählen hören, daß ich mir ein großes Genie, einen wahren Wundermann unter demselben dachte, den zu sehen ich, ich weiß nicht was, darum gegeben hätte. Zudem war meine Phantasie soeben durch das Lesen des Rinaldo Rinaldini aufgeregt und obendrein studierte ich die Rolle des Karl Moor aus Schillers „Räubern" ein. Ich träumte und phantasierte wachend von diesem Helden und dem Schinderhannes, von dem man allgemein glaubte, daß er sich selbst wieder befreien würde, und täglich eine solche Nachricht erwartete; unter dem Volke stand sogar der Glaube fest, daß er sich unsichtbar machen könne. Unterdessen aber wurde sein Prozeß und der seiner Spießgesellen, von denen man die gefährlichsten, wie den schwarzen Peter, den tollen Jonas usw. nach dem Habhaftwerden ihres Hauptmanns ebenfalls eingefangen hatte, bei den französischen Gerichten zu Mainz eifrigst betrieben, und nach mehreren Monaten kam die Nachricht, daß er samt seinen gefangenen Helfershelfern, dreiundzwanzig an der Zahl, zum Tode verurteilt sei.
Schinderhannes sterben, ohne daß ich dieses Genie gesehen, das war mir ein unerträglicher Gedanke. Unter anderen Gaben, mit denen mich die gütige Natur beschenkt, war auch eine gute Portion Leichtsinn, die mich gar oft in die allerbedenklichsten Lagen brachte. Mehr als hundertmal setzte ich, gleich einem verzweifelten Spieler, Existenz, Leben und Vermögen auf einen einzigen Wurf und – gewann meistens; dies ist allerdings das, wenn auch desperate Mittel, manches gefährliche Wagnis durchsetzen zu können, indessen muß man dabei auf alles, was kommen kann, gefaßt sein, und resigniert haben. Einmal muß der Krug jedenfalls brechen, sei's zehn oder zwanzig Jahre frü-

her oder später, der Unterschied will nicht viel heißen; ist die Posse ausgespielt, so denkt vierundzwanzig Stunden darauf fast kein Mensch mehr an diese Lebenskomödie, sie sei Lust-, Schau- oder Trauerspiel gewesen. Am Ende ist doch die Philosophie die klügste, die da lehrt, man müsse jeden Augenblick bestmöglichst zum eigenen Vergnügen zu benutzen suchen, und diese Maxime schien mir angeboren, denn ich hatte immer Schillers Worte:

„Was man von der Minute ausgeschlagen,
gibt keine Ewigkeit zurück",

vor Augen. Unbekümmert über das, was die Menge, vulgo die Welt genannt, von mir urteilen möge, überließ ich es ängstlicheren Menschenkindern, sich deshalb Sorgen zu machen, und dachte mit Sokrates: „Prügelt mich, wenn ich nur nicht dabei bin", sonst aber wehre ich mich meiner Haut. Dafür meinten freilich viele meiner Bekannten und Vettern, ich werde gleich den Schwaben erst mit vierzig Jahren klug, aber sie irrten, denn ich wurde es selbst im fünfzigsten noch nicht.

Als ich mit Bestimmtheit den Tag kannte, der zur Exekution meines Helden festgesetzt war, erklärte ich dem Herrn Hofrat zwei Tage früher, daß ich den kommenden Morgen zur Geburtstagsfeier meines Vaters nach Frankfurt gehen müsse, was er mir nach einigen Einreden, die ich zu widerlegen wußte, zugestand. Ich hatte erfahren, daß am Tag vor der Hinrichtung außer dem jeden Morgen abgehenden Marktschiff noch eine Extrajacht von Frankfurt nach Mainz fahren würde; ich machte mich deshalb in aller Frühe auf die Beine, kam nach sechs Uhr in Frankfurt an, eilte sofort an die Ufer des Mains und schiffte mich auf der Jacht ein, wo ich nicht eher ruhig war, als bis sie die Anker gelichtet, das heißt die Seile, die sie am Ufer hielten, losgebunden wurden, denn ich fürchtete immer noch eingeholt und zurückgebracht zu werden. Endlich fuhren wir mit Musik und unter dem Jubel der Menge ab. Jetzt erst wurde es mir leichter ums Herz und ich freute mich innerlich über das Gelingen meines Geniestreiches. Das Schiff war mit Passagieren jeder Gattung bis zum Erdrücken angefüllt. Greise und Jünglinge, alte Weiber und blühende Mädchen, wichtigtuende Beamte und sorglose Bänkelsänger, alles war in buntem Gemisch durcheinander und vertrug sich bestens. Daß fast nur von dem berühmten Räuberhauptmann und seiner Bande die Rede und das dritte Wort Schinderhannes war, von dem man sich die wunderlichsten Abenteuer und Anekdoten, wahr oder erfunden, erzählte, kann man sich denken, sowie daß ich jedes Wort und jede Meinung mit Begierde aufschnappte und das Gesicht verzog, wenn sie mit meinem Ideal nicht übereinstimmten. Indessen war die Fahrt lustig und unterhaltend genug, man sang, spielte, schmauste und zechte, ich naschte Kuchen und Backwerk, die man zum Verkauf ausbot, und verschenkte manch Stückchen an ein hübsches Mädchen. Aber jedermann wunderte sich, daß ich so allein, ohne alle Kopfbedeckung, im bloßen Hals, in dieser Jahreszeit – es war im Winter – und ohne alle Aufsicht zu einer solchen Feierlichkeit nach Mainz reise. Aber unbekümmert stimmte ich in das originelle Lied, das einige lustige Brüder sangen: „So geht es in Schnutzel-Putz-Häusel, da tanzen die Ratzen und Mäusel", mit ein, und fuhr heiter den Strom hinab. Erst gegen Abend bekamen wir das altehrwürdige, ehedem goldene Mainz mit seinen Türmen, Kirchen und Klöstern zu Gesicht. Nach fünf Uhr wurde gelandet, und während sich alle Passagiere nach Gasthöfen und einem Nachtlager umsahen, war als ich ausgestiegen, meine erste Frage, ob ein Theater in Mainz sei und ob man diesen Abend spiele. Dies wurde mir bejaht und dazugesetzt, daß man französische Komödie spiele. Ein französisches Stück hatte ich noch nie aufführen sehen, und nichts hätte mich, dessen Neugierde aufs höchste erregt war, abhalten können, demselben beizuwohnen. Ich ließ mir sogleich den Weg zeigen, der nach dem Theater führte, nahm ein Parkettbillet und sah den „Kalif von Bagdad" und noch ein paar französische

Lustspiele aufführen. Als gegen zehn Uhr das Schauspiel beendigt war und ich das Haus verließ, ergoß sich der Regen in Strömen, ich hatte noch an kein Nachtquartier gedacht, befand mich zum erstenmal in einer mir ganz fremden und ziemlich großen Stadt, und fragte nun erst nach Gast- und Wirtshäusern, lief, in allen abgewiesen, von einem zum andern. Niemand wollte sich mit dem seltsamen Gast, der ohne Mantel, Binde und Hut, schon wie ein Pudel durchnäßt, kein großes Vertrauen einflößte, befassen, und zudem waren ja alle Wirtshäuser vom ersten bis zum letzten überfüllt. So rannte ich nun umher, ohne zu wissen, wohin, und schon ging es auf Mitternacht zu, als mich, zähneklappernd und vor Frost zitternd und schaudernd, durch die schon längst menschenleeren Straßen irrend, der Zufall an das Judenplätzchen führte, wo ich eine vor dem dortigen Wachthaus stehende französische Schildwache anredete und ihr meine Verlegenheit klagte. Sie hieß mich in die Wachtstube eintreten, wo ich mich bei einem guten Feuer trocknen und erwärmen könne, und da ich diesem Rat nicht sogleich Folge leistete, so öffnete mir der Soldat selbst die Türe, rief den wachehabenden Sergeanten, dem er mein Abenteuer mitteilte. Dieser nötigte mich nun in das Wachtzimmer, wo er und seine Leute warmen Anteil an meinem Schicksal nahmen, mich scherzend bedauerten, nach französischer Weise Witze und Bonmots über mein Malheur machten, sonst aber sehr artig waren. Sie halfen mir die nassen triefenden Kleider ausziehen, mich einstweilen in eine ihrer Kapotten hüllend, und bereiteten mir, während sie meine Effekten am Feuer trockneten, ein Nachtlager auf der Pritsche mit Soldatenmänteln und einem Tornister, der mir statt Kopfkissen diente, auf dem ich auch bald nach Herzenslust schnarchte. Als ich am andern Morgen erwachte, waren meine Kleidungsstücke getrocknet und sogar gereinigt und ausgebürstet, man war mir beim Ankleiden behilflich, und ich, für die erwiesene Gastfreundschaft erkenntlich, regalierte die ganze Wache avec la goutte, und eilte, nachdem ich teil an dem militärischen Frühstück und Abschied von meinen gefälligen Schlafkameraden genommen, mit fast ganz leerer Tasche, denn ich hatte nur wenige Gulden, nach dem zur Exekution bestimmten Platze. Auf diesem stand ehedem die prächtige kurfürstliche Favorite, und jetzt zieren ihn wieder schöne Gartenanlagen. Die schon von allen Seiten dahinströmenden Volksmassen zeigten mir den Weg.

Daselbst angekommen, fand ich einen großen Kreis durch ein militärisches Spalier gebildet, in dessen Mitte die rot angestrichene Guillotine stand. Gerne wäre ich in den Kreis gegangen, aber das Militär ließ niemanden durch, nur Offiziere und höhere Beamte hatten dieses Vorrecht. Schon harrte die unermeßliche Zahl der Neugierigen stundenlang, als man endlich einen dumpfen Trommelschlag und gleich darauf ein: „Sie kommen, sie kommen!“ vernahm. Es fuhren nun mehrere Kutschen mit diensttuenden Beamten in den Zirkus, ich paßte einen günstigen Augenblick ab und stahl mich hinter einer solchen in denselben. Jetzt kamen die armen Sünder auf mehreren Leiterwagen, teils mit roten, teils mit weißen Hemden bekleidet, in Begleitung von katholischen und protestantischen Geistlichen angefahren. Noch immer dachte ich, daß irgendein Deux ex machina kommen müsse, um die Räuberhelden zu befreien, aber vergeblich. – Jetzt herrschte eine Totenstille im ganzen Umkreis. Schinderhannes sprang zuerst vom Wagen, stieg beherzt und mit Anstand auf das Schafott, sprach noch einige Worte, die ich nicht verstand, machte eine kurze Verbeugung gegen die Zuschauer und legte das Haupt auf den Block, das das zentnerschwere Messer mit einem ringsum widerhallenden Schlag vom Rumpfe trennte, wobei mir ein tiefer Seufzer entfuhr; ich lispelte: Rinaldo Rinaldini ist nicht mehr! Ich hatte den einst so gefürchteten Schinderhannes ganz in der Nähe gesehen und dessen Züge nicht ohne einen Ausdruck, der einen gewissen Edelmut zu verkünden schien, gefunden. Bis zum letzten Augenblick zeigte er die größte Standhaftigkeit und Entschlossenheit. Ihm folgten die Mitverurteilten der

Reihe nach, rasch hintereinander, keiner jedoch zeigte den Mut des Anführers, einige mußten sogar ohnmächtig auf das Schafott getragen werden. Ich hielt es nur bis zum zehnten aus, dann wurde mir die Schlächterei und das viele Blut zuwider; ich eilte in die Stadt zurück, wo ich am Tor hinter einem Tisch, auf dem eine blecherne Büchse war, mehrere Männer stehend fand, von denen einer ein einjähriges Kind auf dem Arm hatte; es war der Sohn des guillotinierten Räuberhauptmanns, dem alle Vorübergehenden reichliche Gaben spendeten; auch ich warf ein Sechskreuzerstück, die Hälfte von dem, was ich noch übrig hatte, in die Büchse als Beitrag für den Nachkömmling des verunglückten Helden.
Indessen war die Mittagsstunde herangekommen und mein leerer Magen mahnte mich, daß ich gewohnt war, ihn um diese Zeit zu füllen; als ich so überlegte, daß dies mit sechs Kreuzern eine ziemlich schwere Aufgabe sei, begegnete mir gerade ein guter Freund unserer Familie, der in Mainz wohnte, der Hofrat Jung, und fragte mich verwundert, wie ich nach Mainz gekommen und ob ich allein sei. Ich teilte ihm nun mein Abenteuer mit, ohne ihm zu sagen, daß ich heimlich und ohne Erlaubnis den Abstecher gemacht, worauf er mich zum Mittagessen einlud, mich mit sich nahm und schmälte, daß ich ihn nicht sogleich nach meiner Ankunft zu Mainz aufgesucht und bei ihm logiert habe. Denselben Abend nahm er mich mit seinen Kindern auf einen großen, im Schröderschen Kaffeehaus veranstalteten Ball, und den andern Morgen trat ich nach eingenommenem Frühstück die Reise zu Fuß nach Frankfurt an, da ich kein Geld hatte, einen Platz in einem Wagen oder Schiff zu bezahlen und Jung nicht darum ansprechen wollte. Je mehr ich mich aber Frankfurt näherte, wo ich mit großem Hunger und höchst ermüdet ankam, desto mehr klopfte mir das Herz, denn nicht ohne Grund fürchtete ich ein schweres Ungewitter. Ich faßte aber Mut und betrat das Vaterhaus, wo ich über alle Erwartung gnädig von meinen Eltern aufgenommen wurde, die in namenloser Angst, was aus mir

geworden, nur froh waren, mich gesund und mit heiler Haut wiederzusehen. Scherer hatte den zweiten Tag nach meiner Abwesenheit fragen lassen, warum ich nicht zurückkäme. – Nachdem ich mich gehörig restauriert hatte, wurde ich noch denselben Abend nach Offenbach spediert, wo es aber nicht so gelinde abging, sondern ich drei Tage lang in die Rauchkammer, und zwar bei Wasser und Brot, gesperrt und mir verkündet wurde, daß ich in den ersten drei Monaten nicht mehr nach Frankfurt dürfe. Mein Trost in dieser Einsamkeit war: Du leidest dies alles um Schinderhannes willen, hast den unsterblichen Helden des Jahrhunderts sterben, eine Guillotine, ein französisches Theater, einen Ball und Mainz gesehen, und eine merkwürdige Reise gemacht.

Ein Trauerfall und dann eine fröhliche Begebenheit waren Ursache, daß ich schon in den ersten vierzehn Tagen wieder das väterliche Haus besuchen durfte. Meine jüngste Schwester Auguste, ein überaus liebliches, fast bei ihrem Leben schon verklärtes Wesen, starb nach einem Krankenlager von kaum drei Tagen. Meine untröstlichen Eltern wollten nun alle ihre Kinder um sich sehen, und auch ich wurde deshalb nach Frankfurt geholt, wo ich dem Andenken der so früh Entschlummerten und um meine Eltern einigermaßen zu trösten, nachstehendes kleines Gedicht machte:

Meiner entschlafenen Auguste

Ausgerungen hast du, kleiner Engel,
Ach, dein Kampf war heiß und schwer!
Aber nun entledigt aller Mängel,
Ruhst du sanft und Fried' ist um dich her.

Nur das Fallen stiller heißer Zähren
Deiner angehärmten Mutter ruft
Dich, – wär's möglich – noch zurückzukehren,
Zu entreißen dich der Totengruft.

Rein und unschuldsvoll zurückgegeben,
Wie du kamst, in seine Vaterhand,
Schlummerst du, nach kurzem Erdenleben,
Mit der Menschentorheit unbekannt.

Sechs Wochen nach diesem Todesfall heiratete mein Oheim Fritz Weller eine Tochter aus einem der angesehensten und reichsten Häuser Frankfurts, und nun gab es wieder Feste über Feste. Um sich einen Begriff von der raffinierten Gaumenschwelgerei einiger reichen Frankfurter Kaufleute zu machen, will ich hier nur ein einziges Faktum anführen. Dem Brautpaar zu Ehren gab ein gewisser Fingerling, einer der reichsten Handelsleute der Stadt, der besonders wegen der Erfindung pikanter Saucen und mehrerer Gerichte, die seinen Namen trugen, berühmt war, einen großen Schmaus auf dem Forsthaus, zu dem die ganze Verwandtschaft eingeladen war. Unter der Zahl der endlosen Schüsseln war eine, die er den „Kapaun im Schlafrock" benannte, deren Erfinder zu sein er sich mit Stolz rühmte und von deren Zubereitung er folgende schauderhafte Beschreibung machte. Zuerst wurde der Kapaun mehrere Monate mit Markklößchen gemästet, sodann, wenn er fett genug war, *lebendig* gerupft, hierauf mit Butter und Bordeauxwein am ganzen Körper eingerieben und sodann mit einer Peitsche in einem geheizten Zimmer solange herumgehetzt, bis sich Butter und Wein mit dem Schweiß des armen Tieres vermischten und in dessen Haut gedrungen waren. Diese Operation wurde mehrmals wiederholt, bevor man den Kapaun tötete, worauf er in die Haut eines frisch geschlachteten Spanferkels genäht und so gebraten wurde. Mehreren Gästen wurde es bei dieser an der Tafel selbst mit wohlgefälliger Prahlerei mitgeteilten Erzählung beinahe übel, und die meisten, unter diesen auch das Brautpaar, wollten nichts von dieser gerühmten Schüssel genießen, während es sich mehrere Hoch- und Gutschmecker mit schwabbelnden Bäuchen so trefflich schmecken ließen, daß sie den Braten allein mit Haut und Haaren aufzehrten.

Auch zur üppigsten Zeit der Römer haben deren größte Schlemmer nichts abscheulicheres ausgeheckt, ihre Gaumen zu kitzeln.
Gleich nach der Hochzeit wurde eine Rheinreise auf einer von meinem Oheim eigens dazu gemieteten Jacht veranstaltet, an der auch meine Eltern und wir Kinder teilnahmen. Die Fahrt ging nach dem alten Köln; bei dieser Gelegenheit sah ich zum erstenmal die herrlichen Gegenden, die sich längs des Rheins auf beiden Ufern ausdehnen, und bewunderte die alten, auf steilen Felsen hängenden Burgruinen, die köstlichen Weinberge, die vielen freundlichen Städte und Ortschaften, die so malerisch gelegenen Kirchen, Klöster, Villen und Meiereien und die Gebirge, die in steter Abwechslung von Mainz bis Bonn an dem entzückenden Auge vorüberschweben.
Nach diesen Festivitäten kehrte ich wieder nach Offenbach in meine Pension zurück, um bald darauf konfirmiert zu werden, ob ich gleich auch nicht eine Seite vom Katechismus, gar keine Bibelsprüche, ja nicht einmal das Vaterunser, dagegen wenigstens ein Dutzend Theaterrollen bis auf das Tüpfelchen auswendig konnte. Der Herr Oberpfarrer war aber sehr nachsichtsvoll und so gütig, mir nur solche Fragen vorzulegen, die ich nicht anders als mit einem einfachen Ja oder Nein beantworten konnte. Dennoch erhielt ich bei dieser Gelegenheit reiche Geschenke von meinen Verwandten; ebenso wurde der Herr Oberpfarrer auch gut bedacht.
Nach der Konfirmation widmete ich mich mehr denn je den dramatischen Studien. Bei dem Hofrat Andrä waren ein paar junge Leute, namens Winter und Reinwald, welche die Harmonie und den Generalbaß studierten, diesen sang ich meine Opernrollen vor und sie feuerten mich nicht wenig durch ihren unverdienten Beifall an. Sie waren auch im Hause der als Schriftstellerin bekannten Sophia La Roche eingeführt, und durch sie und Bettina Brentano, die ihrer Großmutter von mir gesprochen, ward ich derselben vorgestellt und deklamierte ihr mehrere Gedichte vor. Als

sie meinen festen Vorsatz, mich dem Theater zu widmen, erfuhr, sagte sie: „Ich wüßte nicht, was ich tun würde, wenn ich ein Kind hätte, das diese Karriere wählte." – Was mich noch mehr in meinem Entschluß befestigte, war, daß ein anderer junger Mensch, namens Eduard St ..., der mein Vetter und zwei Jahre älter als ich war, durchaus eine gleiche, ja noch größere Neigung als ich zur Schauspielkunst, dabei eine einnehmende Figur, aber wenig Talent hatte. Wir kamen jetzt in der Regel jeden Sonntag in einem Garten des Wasserhofes (eine in der Mitte zwischen Offenbach und Frankfurt am Main liegende Meierei) zusammen, wo wir uns unsere Pläne und Hoffnungen für die Zukunft bei einer Schale süßer Milch und Weck mitteilten und gegenseitig unsere Rollen überhörten.
Ich suchte nun auch Herrn Schmidt, den Kapellmeister des Frankfurter Theaters, auf, dessen Bekanntschaft ich bei dem Herrn Geheimrat Willemer gemacht, der ein großer Theaterfreund und Aktionär des Frankfurter Theaters war, und die Koryphäen desselben häufig auf sein Landgut bei Oberrad einlud. Ich deklamierte und sang den Herren vor und sie meinten, daß ich allerdings nicht ohne Talent für die Bühne sei; ich sah mich schon im Traum ein Roscius, Garrik oder Iffland, auf den Theatern zu Weimar und Berlin, die damals für die ersten Deutschlands galten. Bei dieser Gelegenheit in Willemers Garten lernte ich ein Fräulein von W ... kennen, deren Vater ein Gut in Bockenheim gehabt und in Frankfurt bei einer Spielbank interessiert war; dieses hübsche Mädchen, das auch den Namen Henriette führte, hatte meine Deklamation und mein Gesang angesprochen, sie bezeigte mir viel Teilnahme und wir waren bald auf dem Fuß, daß sie mir erlaubte, sie abends nach neun Uhr in ihrem Garten in Bockenheim zu besuchen; ich ließ mir dies nicht zweimal sagen, sondern begab mich unter dem Vorwand, wegen Unpäßlichkeit früh zu Bette zu gehen, gleich nach dem Abendessen in mein Schlafzimmer, das ich von innen verriegelte, sodann aus dem Fenster hinabstieg, nach Bockenheim rannte und da-

selbst über W . . . s Gartenmauer kletternd, das Plätzchen aufsuchte, an dem mir Fräulein Henriette Rendezvous gegeben hatte. Es war eine kleine, von dickem Gebüsch umgebene Laube. Damit ich aber in Zukunft nicht mehr zu klettern brauchte, händigte sie mir den Schlüssel zu einem Hinterpförtchen ein, den sie durch ihr Kammermädchen, das ihre Vertraute war, hatte machen lassen. Die Mama dieses lieben Kindes, noch eine schöne Frau, hatte ein Einverständnis mit dem Schauspieler Werdy, dem ersten Liebhaber und Helden des Frankfurter Theaters, und dieser befand sich gleichfalls im Besitz eines solchen Schlüssels. Eines Abends, als ich nach zehn Uhr den Garten verließ und eben den Schlüssel in das Schloß des Pförtchens stecken wollte, öffnete sich dieses und ich stand Werdy gegenüber; – anfänglich waren wir beide ein wenig frappiert, doch bald wieder gefaßt sagte Werdy zu mir: „Ich weiß, welches Wildes Spur Sie hier verfolgen, wir gehen einander nicht in das Gehege; ist mir die Tochter nicht beschieden, so suche ich die Mutter auf, doch reinen Mund." – Das Kammermädchen Henriettens, das, wie ich später erfuhr, Werdys Herz mit der gnädigen Frau teilte, hatte diesem geplaudert; da die Zofe indessen auch noch ein Einverständnis mit dem Jäger des Herrn von W . . . hatte und dieser ihre Intrige mit dem Schauspieler entdeckte, so gab es bald Lärmen und Hallo, den Herr von W . . . klug genug war zu vertuschen, mit dem Mantel der Liebe zuzudecken und dem Jäger Wambold wie dem Kammermädchen den Abschied zu geben. Aber auch meine nächtlichen Besuche in W . . . s Garten hatten ein Ende, da auf Befehl des Obersten derselbe sowie das Fräulein strenge bewacht wurden. – Indessen war damit doch nicht unser Verhältnis abgebrochen. Henriette fand Mittel, mir ein Billett zuzustecken, durch welches sie mich einlud, mich abends nach dem Theater am weißen Schwanen einzufinden, wo sie oft stundenlang allein im Wagen halten und auf den Papa, der oben spiele, warten müsse. – Diese Gelegenheit paßte ich ab, und so oft ich sah, daß meine Angebetete allein in der Loge war, fand ich mich nach beendigtem Schauspiel am Schwanen ein, wo ich dann Gelegenheit hatte, mich zuerst lange am Kutschenschlag mit ihr zu unterhalten; aber der wartende Bediente mußte mit in das Geheimnis gezogen und also bestochen werden. Dies war eben kein schweres Stück Arbeit, und da ich außer meinem Taschengeld noch viele von meinen Konfirmationsbatzen hatte, so ließ ich es an Trinkgeldern nicht fehlen und zahlte generös. Dies hatte zur Folge, daß der Bediente bald zu mir sagte: „Aber warum wollen Sie hier am Wagen stehen, steigen Sie doch ein, ich will schon aufpassen, wenn Papa kommt." Ich war mit einem Sprung in dem Wagen, verdoppelte das Trinkgeld, denn er mußte mit dem Kutscher teilen, und während unser Figaro oben auf der Treppe stand und aufpaßte, wenn sich die Türe des Spielzimmers öffnete, in dem Oberst W... die Karten zum Pharao oder Rouge und Noir mischte, und die gewonnenen Dukaten einstrich, spielten wir im Wagen à l'amour und auch Rouge und Noir. Wir verabredeten auch einige Morgenzusammenkünfte in Henriettens Garten, in den ich mich dann, beinahe mit Sonnenaufgang, wenn wir noch alles in den Federn vermuteten, wieder über die Mauer kletternd, stahl. – Aber eines Morgens war es Papa W..., der nicht hatte schlafen können, eingefallen, ebenfalls mit Tagesanbruch aufzustehen, um – seine den vorigen Abend mit heimgebrachten Dukaten zu wiegen, ein Geschäft, das er jeden Morgen vornahm, um die zu leicht befundenen den Abend wieder mit ins Spiel zu nehmen; da führte ihn der Zufall gerade an das Fenster, als ich die Retirade über die Mauer antrat, er hatte mich aber nicht erkannt, sondern in der Meinung, es seien Diebe, das ganze Schlößchen alarmiert, das Gesinde aus dem Schlafe klingelnd und herbeirufend. Henriette war aber eiligst wieder in ihr Bett geschlüpft und fand sich mit Mutter und Schwester ein, ganz erstaunt nach der Ursache des gewaltigen Lärmens fragend. – Von jetzt ab unterblieben meine Morgenbesuche.

Obgleich meinen Eltern und Verwandten meine Theaterliebhaberei längst bekannt war, so hielten sie solche doch nicht für so ernsthaft und eingefleischt, als sie es in der Tat war, und dachten noch weniger daran, daß ich mich ganz der Bühne widmen wolle. Als sie aber endlich durch Frau von La Roche und Geheimrat Willemers erfuhren, mit welchem Eifer und Enthusiasmus ich für die dramatische Kunst eingenommen sei, ja, daß ich bei dem Kapellmeister Schmidt sogar schon Schritte getan, um mich nach einem Engagement umzusehen, da wurde ihnen mit einemmal klar, daß man diesen Hang, der zu einer wahren Leidenschaft geworden war, bisher viel zu wenig beachtet hatte. Man hatte mich für den Handelsstand bestimmt; da die meisten Eltern Frankfurts, welche diesem Stand angehören, nur einzig und allein Glück und Heil in diesem für ihre Kinder erblicken, und mit einer stupiden Verachtung auf fast alle anderen Stände herabsehen, sie brotlose Künste nennend. Ausgenommen waren nur die Mediziner, vor denen sie aus Furcht vor den Krankheiten und dem Tod noch einigen Respekt haben. Aber gerade der Kaufmann war es, der mir vor allem anderen zuwider war, und vor dem ich einen wahren Ekel hatte. Täglich hatte ich bei allem Reichtum die Armseligkeit dieser ewig Zinsen und Prozente berechnenden Maschinen vor Augen, ich sah, wie sich alle Begriffe der meisten zu diesem Stande gehörigen Individuen durchaus nur um das werte Ich und dessen Bauch drehten, wie diese wandernden Geldsäcke für alles höhere Wissen und alle Kunst abgestumpft und unempfindlich waren; ich hörte, daß um ein guter Kaufmann zu sein, man Herz und Gefühl beiseite setzen und schlechterdings nur das eigene Interesse berücksichtigen müsse, und dann die vier- oder fünfjährige Lehrzeit, die damit begann, Türen, Läden und Fenster auf- und zuzuschließen, den Staub von allen Pulten, Tischen und Büchern gehörig abzuwischen, täglich die gehalt-, geist- und seelenlosesten Briefe zu kopieren, keinen anderen Sinn mehr als für die Worte Gewinn und Verlust, Soll und Haben, zu haben, keine anderen dii majorum gentium als Haupt- und Kassenbuch,

und deren dii minorum gentium Journal, Kopierbuch, Konto-Korrent, Bilanz usw. sind. Wie wäre es mir möglich gewesen, mich vom frühen Morgen bis in die Nacht an ein Kontorpult zu fesseln, um mein ganzes Leben lang Zahlen und Nullen zu malen, und mich am Ende selbst in eine der letzteren aufzulösen, das Schicksal fast aller Kaufleute, freilich auch der meisten Menschen; wie wäre es mir möglich gewesen, so ein genuß- und freudenloses Dasein, gleich diesen gewöhnlichen Bankiers- und Krämerseelen, dahin zu vegetieren. Ausnahmen gibt es, und ich habe manchen Kaufmann kennengelernt, vor dem ich alle Achtung haben mußte, aber die wenigsten in Deutschlands größeren Handelsstädten.
Man drang nun immer mehr in mich, daß ich mich für einen Stand erklären solle, da es Zeit sei, einen Entschluß zu fassen, besonders wenn ich mich dem Handelsstand widme, was wohl das Beste für mich sei, da fast alle meine näheren Verwandten mit geringer Ausnahme diesem angehörten und diese Karriere mit Glück betreten hätten. Von allen Seiten gedrängt, erklärte ich endlich rund heraus, ich würde nichts anderes als Schauspieler werden, wozu ich den höchsten Beruf in mir fühle. – Jetzt aber war Feuer in allen Ecken, weniger aber hatte ich von meinen Eltern als von der übrigen Verwandtschaft zu leiden, besonders dem weiblichen Teil derselben. Ich wolle die ganze Familie entehren und an den Pranger stellen, hieß es, und alle Basen hielten es für ihre Pflicht und sich berechtigt, mich deshalb herzunehmen und mir die Leviten zu lesen. „Ein Komödiant in der Familie, allmächtiger Gott, welch ein Skandal, wer hätte denken sollen, daß wir je eine solche Schande erleben würden, man wird mit Fingern auf uns deuten, die Großmutter, die Tante, die Base von dem Komödianten F.!“ Dies waren ungefähr die Gründe, welche mir die Sippschaft gegen mein Vorhaben anzuführen wußte, und meine Eltern und Erzieher hatten nicht wenig darum zu leiden, daß sie eine so ausgeartete „Range“ aus mir gemacht hatten. Er wurde mir nun unaufhörlich von allen

Seiten so zugesetzt, daß ich beschloß, der ganzen Geschichte schnell durch einen Desperationskoup ein Ende zu machen. Erst kürzlich hatte ich Wilhelm Meisters Lehrjahre von Goethe gelesen und wieder gelesen, und mich ganz in das Buch und den Charakter Wilhelms vernarrt. Ich faßte nun den Entschluß, den Schöpfer desselben, mit dessen Familie wir ohnehin liiert waren, aufzusuchen, in dem festen Glauben, dieser, der selbst ein so großer Verehrer der dramatischen Kunst sei, würde und müsse mich als ihren Jünger mit offenen Armen aufnehmen. Ich steckte, was mir noch von meinen Konfirmationsgeldern übrig, zu mir, setzte mich auf den Postwagen und fuhr, ohne jemand ein Wort davon zu sagen, nach Weimar, dem damaligen Sitz der deutschen Musen, dem Geburtsort Kotzebues, dem Aufenthalt Schillers, Goethes, Wielands, Herders usw. – Zum Tage meiner Abreise hatte ich wohlüberlegt das Fest des Bornheimer Lerchenherbstes, an dem die Frankfurter so viel Tausend Sperlinge für Lerchen verspeisen und bezahlen, gewählt, weil da meine Abwesenheit weniger und erst spät in der Nacht bemerkt würde. Ich fuhr unaufgehalten über Fulda, Eisenach, Gotha und Erfurt, kam den zweiten Tag gegen Abend wohlbehalten, reich an Hoffnungen und Erwartungen und unbekümmert über die Bekümmernis, die ich den Meinigen verursachen mußte, in Weimar an, wo, kaum im Gasthof abgestiegen, ich noch denselben Abend meinen berühmten Landsmann aufsuchte, ihn jedoch nicht traf und auf den folgenden Morgen nach zehn Uhr beschieden wurde.

Empfehlungsschreiben hatte ich zwar keine, hielt diese aber auch, als mit Goethes Verwandten genau bekannt, für unnötig. Ziemlich von der Reise ermüdet, hatte ich trefflich geschlafen, kleidete mich schon in aller Frühe recht sorgfältig an, und da ich doch den großen Dichter nicht wohl in den ersten Morgenstunden inkommodieren konnte, so trieb ich mich einstweilen in den eben nicht sehr schönen und krummen Straßen Weimars herum, besah das nicht sehr merkwürdige Schloß, den Exerzierplatz, Thaliens

Tempel, den ich mir ebenfalls weit imposanter vorgestellt hatte, ging sodann in die schönen Anlagen des Parks und erwartete mit Sehnsucht, daß die Glocke die Stunde anzeigen möge, zu der es schicklich, meine Aufwartung zu machen.
Es schlug endlich zehn und ich eilte nun nach Goethes Wohnung, wo ich mich als einen Landsmann und guten Bekannten seiner Familie melden ließ. Ich ward sofort vorgelassen, traf ihn jedoch nicht allein, sondern in Gesellschaft einer ziemlich martialisch aussehenden Dame. Ich hatte ihn nur ein paarmal und immer nur einige Augenblicke gesehen, wenn er auf Besuch in Frankfurt war, und wußte mir ihn infolge meines schlechten Ortsgedächtnisses nicht mehr recht vorzustellen. Er sah der Frau Rat, seiner Mutter, ähnlich, war von ziemlich hoher Statur, kam mir etwas breitschulterig vor, trug das Haupt hoch, und in seinen Mienen drückte sich ein mich abschreckender Ernst, ja sogar Strenge aus. Die ganze Figur kam mir steif und abgemessen vor, und vergeblich suchte ich in seinem Gesichte einen Zug, der mir den gemütsvollen Verfasser von Werthers Leiden oder Wilhelm Meisters Lehrjahren verraten hätte. – Bei seinem Anblick erstarrte mir das Blut fast in den Adern und das Herz war mir, wie die Frankfurter sagen, so ziemlich in die Schuhe gefallen. Nur stotternd und stockend konnte ich mein Anliegen vorbringen, bei dem sein sich verfinsternder Blick mir eiskalt durch die Adern schauerte. Ich stammelte: daß ich, seine Werke lesend, eine unwiderstehliche Neigung für die Bühne geschöpft, daß sein Wilhelm meine Liebe zur Schauspielkunst aufs höchste gesteigert habe, nannte ein Dutzend Rollen, die ich schon einstudiert, vergaß aber in meiner Bestürzung unglücklicherweise einige aus seinen Stücken zu nennen, obgleich ich auch den Egmont auswendig gelernt. – Als mich der finstere Mann endlich fragte, ob ich keine Briefe an ihn mitgebracht, und ich ihm hierauf den Geniestreich, den ich gemacht, und zu dem mich hauptsächlich sein Wilhelm veranlaßt hatte, eingestand, da legte sich seine Stirne noch

mehr in Falten, nur ein karges: „So, so“ entwischte noch seinen Lippen, und nachdem er gefragt, wo ich wohne, verabschiedete er mich mit der Bedeutung, er würde mich das Weitere wissen lassen, ich solle mich indessen ruhig in meinem Gasthof verhalten.

Wie mißmutig mich der gegen alle meine Erwartungen glaciale Empfang und die unfreundliche Aufnahme gestimmt, kann man sich denken. Mehr Anteil, so schien es mir, habe noch die neben meinem steifen Landsmann stehende heroische Dame an mir genommen, wenigstens schienen dies ihre Blicke zu verraten, denn sie war während der ganzen Szene stumm geblieben. Gar zu gerne hätte ich zu Goethe gesagt: „Was sind Sie für ein hölzerner Patron, Sie können unmöglich Wilhelm Meisters Lehrjahre geschrieben haben“, verschluckte es aber. – Als ich mit einer stummen Verbeugung aus dem Zimmer war, ward es mir wieder leichter ums Herz, und ich erkundigte mich bei einem dienstbaren Geist, wer die Dame sei, die ich gesehen, worauf mir der Bescheid wurde: „Eine französische Frau, die sich Madame von Staël nenne.“ Es war in der Tat Neckers berühmte Tochter, die ich gesehen, welche sich gerade damals nebst Benjamin Constant in Weimar befand, aber beide interessierten mich zu jener Zeit noch wenig, sie hatten ja beide nichts mit meiner, der bretternen Welt zu schaffen.

Nachdem ich mich einigermaßen von meiner moralischen Erkältung wieder erholt hatte, dachte ich, du mußt es doch auch bei Schiller versuchen; dieser, obgleich schon sehr leidend, nahm mich doch weit freundlicher auf und gestattete mir, ihm Ferdinands Monolog: „Verloren, ja Unglückselige“, sowie ein Stück aus der Glocke vorzudeklamieren, worauf er mir sagte: „Sie sind allerdings nicht ohne Talent für die Kunst, wenn Sie sich Mühe geben, so können Sie es weit bringen; ich will mit Goethe sprechen, der allein kann hier etwas für Sie tun.“ Von diesem herrlichen Dichter schied ich nun etwas getrösteter, brachte den übrigen Teil des Tages zu, die nächsten Umgebungen Weimars zu besuchen; ebenso verbrachte ich den folgenden und noch ein paar andere Tage, besuchte einigemale das Theater, wo ich Goethe und Frau von Staël, sowie Wieland und Benjamin Constant in Gesellschaft des Erbprinzen von Sachsen-Weimar sah. Und so hatte ich wenigstens Deutschlands größte Genies bei Gelegenheit der Reise nach Weimar vom Ansehen kennen gelernt.

Schon war ich sechs Tage daselbst, ohne daß ich weiter etwas von Goethe oder Schiller gehört hätte, und fing an zu glauben, daß mich ersterer ganz vergessen habe, als sich am Morgen des siebenten Tages plötzlich meine Tür öffnete und herein trat – mein Großoheim, der Oberpfarrer von Homburg; er grüßte mich mit den Worten: „Du heilloser Galgenstrick, was machst du für Streiche", worauf noch eine lange Strafpredigt und die Erklärung folgte: ich habe mich sofort reisefertig zu machen, da er noch denselben Tag mit mir nach Frankfurt zurückkehren wolle; wenn ich nicht gutwillig gehorche, so würde sich die hochlöbliche Polizei in das Spiel mischen, wo es mir dann schlimm ergehen würde.

Ich sah mich verraten und verkauft, hatte weder von Goethe noch von Schiller, noch von allen Musensöhnen Weimars und Jenas mehr etwas zu erhoffen, und trat gleich nach Mittag die Heimreise per Extrapost mit meinem Oheim an. Schiller starb bald darauf und Goethe habe ich auch nie wieder gesehen, aber später erfahren, daß er mich gewissermaßen unter polizeiliche Aufsicht in meinem Gasthof hatte stellen lassen. Gleich nachdem ich ihn verlassen, hatte er an seine Mutter nach Frankfurt geschrieben und dieser meine Anwesenheit in Weimar und mein Begehren an ihn gemeldet. Frau Rat Goethe aber war nach Empfang dieses Briefes zu meinen Eltern geeilt, hatte ihnen dessen Inhalt mitgeteilt, worauf in einem Familienrat bestimmt wurde, daß mich der Oheim aus Homburg holen und zu sich nehmen solle, um mir „den Komödianten aus dem Kopf zu treiben".

Die Rückreise war so langweilig als einsilbig, die ganze

Unterhaltung, deren Kosten mein Oheim allein trug, drehte sich um das Nichtswürdige des Komödienstandes, und daß jeder, der sich ihm ergebe, dem Teufel verfallen sei usw.; der kluge Mann wußte jedoch die Sache in ein sehr verständiges Gewand einzukleiden. Indessen fanden alle seine trefflichen Ermahnungen und Lehren wenig Eingang bei mir; nur die Vorstellung, daß ich dann jedem, der es sich ein paar Groschen kosten lasse, jedem Schafskopf und Schuhputzer den Narren und Hanswurst machen müsse, und dem Urteil jedes Einfaltspinsels ausgesetzt sei, was er mir öfters wiederholte, machte einigen Eindruck auf mich.

In Frankfurt angekommen, erklärte mir mein Vater nach abermaliger Strafpredigt und bitteren Vorwürfen über mein liebloses, unbesonnenes Verfahren, wodurch ich meine Eltern in so große Unruhe versetzt und worüber meine arme Mutter so viele Tränen vergossen und schlaflose Nächte zugebracht, was mir bei allem Leichtsinn doch so zu Herzen ging, daß mir bald selbst die Augen voll Wasser standen, daß ich vorerst mit dem Oheim Oberpfarrer wieder nach Homburg gehen und bei diesem unter seiner Aufsicht wohnen würde, bis man einen weiteren Entschluß über meine Zukunft gefaßt hätte, daß man aber auf keine Weise zugeben werde, daß ich mich dem Theater widme. Wenn ich durchaus kein Kaufmann werden wolle, so möge ich irgendeinen anderen ehrenvollen Stand wählen.

Die Gründe meines Oheims, die Tränen meiner Mutter hatten zwar meinen Vorsatz etwas erschüttert, doch noch lange nicht wankend genug gemacht, um ihn aufzugeben. Ich packte nun meinen Koffer mit Büchern usw. und fuhr noch denselben Abend stumm und nachdenkend neben dem guten Oheim sitzend nach meinem provisorischen Aufenthalt ab.

VIII

Abermaliger Aufenthalt in Homburg vor der Höhe – Diverse Amouretten – Ich gebe den Schauspieler auf, um Soldat zu werden – Glänzende Folgen einer Ohrfeige – Eine Hanauer Zopfparade – Ich trete in französische Dienste

Die Pfarrwohnung meines Oheims lag klösterlich abgeschieden im Hintergrund eines Hofes und hatte einen noch einsameren Garten, ganz geeignet, sich in aller Ruhe und Stille allerlei Meditationen hinzugeben. Die Fenster des mir angewiesenen Zimmers gingen in diesen Garten und gestatteten mir die Aussicht in einen andern benachbarten, den des zweiten lutherischen Pfarrers, Herrn Schneiders. Den Morgen nach meiner Ankunft packte ich die mitgenommenen Bücher aus, beinahe lauter Schauspiele, einige historische Werke und ein paar Romane. Gleich nach dem Frühstück kam mein Oheim, musterte meine kleine Bibliothek und rief aus: „Lauter Komödien und nicht eine Bibel, doch dafür werde ich sorgen!“ Nachdem er nach einigen Ermahnungen mein Zimmer verlassen hatte, kam seine alte Köchin und brachte mir Merians Bibel in Folio, die ich durchblätterte und mich mit dem Anschauen der oft gar sonderbaren Bilder vergnügte. Auf einmal hörte ich ein paar Mädchenstimmen unter meinen Fenstern kichern und lachen. Ich sprang auf und erblickte zwei schöne schlanke Gestalten in des Nachbars Garten zwischen Blumenbeeten lustwandeln. Die eine war Eleonore von Brandenstein, zur reizenden Jungfrau emporgewachsen, und die andere Hannchen Schneider, des Pfarrers niedliches Töchterchen, ungefähr von gleichem Alter. Hinter dem Traubenlaub, das meine Fenster fast ganz verbarg, beobachtete ich unbemerkt die beiden Mädchen, die sich dessen nicht vermuteten und sich mit aller Naivität gehen ließen, sich neckten und schäkerten und endlich zu meinem Bedauern den Garten verließen. Ich steckte nun den Don Carlos zu mir und machte eine Morgenpromenade in dem Schloßgarten. Als ich an dem Haus vorüberkam, in welchem mein

Oheim Scholze mit seinen Kindern gewohnt und in dem ich der Freuden so manche genossen, entfuhr mir ein unwillkürlicher Seufzer. Jetzt bewohnte Frau von Brandenstein, die unterdessen Witwe geworden war und die ihre älteste Tochter, die schöne Karoline, ebenfalls durch den Tod verloren hatte, der die wunderliebliche Blume gerade zur Zeit gepflückt, als die Knospe dem Aufbrechen nahe war, einen Teil desselben. Im Schloßgarten selbst erinnerte mich jedes Plätzchen, jede Laube, jeder Gang an Henrietten und die hier gehabten Freuden. Ich wollte die Rolle des Marquis von Posa studieren, die mir mehr als die des Don Carlos, welche ich schon kannte, zusagte, aber es war mir unmöglich, meine Gedanken genugsam zu sammeln, um auch nur ein paar Zeilen mit gehöriger Aufmerksamkeit durchgehen zu können. Ich saß auf einer Bank an einem Rasenplatz in der Nähe des Schloßflügels, den die Landgräfin bewohnte und hatte wohl schon zum sechstenmal die Stelle durchgegangen, wo Posa die Königin Elisabeth im Garten zu Aranjuez spricht, als zwei Damen die Schloßterrasse herabstiegen, von denen die eine in ihrer ganzen Haltung etwas sehr Edles und Majestätisches verriet, während auf ihrem Antlitz die Lieblichkeit eines Engels thronte; es war die liebenswürdige Prinzessin Auguste. Die andere, auch recht hübsch, war ein Hoffräulein. Beide kamen auf die Bank zu, auf welcher ich Platz genommen hatte, und als sie sich in meiner Nähe befanden, stand ich auf und grüßte ehrerbietig. Die Prinzessin erkannte mich und sagte: „Ah, Herr Fröhlich, seit wann sind Sie wieder bei uns?"
„Seit gestern, Durchlaucht."
„Werden Sie lange bleiben?"
„Das weiß ich selbst noch nicht, Prinzessin."
„Sind Sie wieder bei B....?"
„Um Vergebung, nein, bei meinem Oheim, dem Oberpfarrer."
„Da sind Sie gut aufgehoben. Was haben Sie da für ein Buch?"

„Es ist Don Carlos von Schiller, Durchlaucht."
„Sie lieben Schiller?"
„Sehr, ich lerne die Rolle des Marquis von Posa auswendig."
„Wozu?"
„Ich will mich dem Theater widmen."
„Wie, Sie wollen doch nicht Schauspieler werden?"
„Doch, Durchlaucht."
„Und Ihre Familie gibt es zu?"
„Sie wird am Ende wohl müssen."

Die Prinzessin wünschte mir nun einen ziemlich frostigen guten Tag und ließ mich stehen, während Fräulein Amand, so hieß die Kammerdame, noch einen teilnehmenden Blick auf mich warf.

Am Hofe zu Homburg waren unterdessen manche Veränderungen vorgegangen, die Prinzen waren bis auf den jüngsten, Leopold, alle bei den Armeen, in denen sie dienten, und die schöne Prinzessin Mariana war die Gemahlin des Prinzen Wilhelm von Preußen geworden. Mehrere meiner älteren Bekannten hatte der Tod weggerafft, andere hatten Homburg verlassen. Ich stattete nun einige Besuche ab, namentlich bei meinem früheren Lehrer Breidenstein und bei der Frau von Brandenstein, und wurde in beiden Häusern recht freundlich aufgenommen.

Als ich gegen Mittag nach Hause kam, examinierte mich mein Oheim wo ich gewesen, und da ich ihm sagte, daß ich mit der Prinzessin Auguste gesprochen, war auch er sehr freundlich. Den Inhalt des kurzen Gespräches hatte ich ihm freilich nicht mitgeteilt. Er machte mich jetzt mit der Ordnung, die ich in seinem Haus einzuhalten habe, bekannt, namentlich daß ich mich streng an die Stunden der Essenszeit, mittags zwölf und abends sieben Uhr, zu binden habe, sowie daß mir ein für allemal das Ausgehen nach dem Abendtisch untersagt sei, ich habe zu bedenken, daß ich in einem Pfarrhaus wohne. Dies letzte war mir der fatalste Kasus von allen. Er wies mir nun auch meine Beschäftigungen und Lehrstunden an, und stellte mir dabei seine Bibliothek zur Disposition. Diese, welche gut assortiert war, und namentlich auch fast alle klassischen Werke der französischen Literatur enthielt, benutzte ich fleißig, las viel von Voltaire, einiges von Rousseau, namentlich die Heloise des letzteren, aus der ich heimlich jenen berühmten Brief übersetzte, Lafontaines Fabeln, und vor allem Racines und Corneilles Tragödien, sowie Molieres Lustspiele. Aber, wer sollte es glauben, in dem Winkel eines Schrankes von Ebenholz fand ich sogar den Ritter Faublas und die Liaisons dangereuses, die ich verschlang. Diese im Verein mit Goethes Faust und Don Juan, den ich an einem alten Klavierkasten täglich sang, und dessen Musik meinem Oheim, wenn er sie zufällig hörte, recht wohl gefiel, er kannte das Sujet nicht, machten mich zu einem wahren Virtuosen in der Kunst Weiber und Mädchen zu verführen.

Frau von Brandenstein besuchte ich täglich, ihr und ihrer Tochter, mit der ich das alte freundschaftliche Verhältnis erneuert hatte, Schillers dramatische Werke vorlesend, die sie noch nicht kannten; bei diesen Vorlesungen fand sich dann auch Hannchen Schneider ein. Da jedoch am Tage diese Unterhaltungen oft unterbrochen wurden, oder Zeit und Stunde sich nicht eigneten, so kam ich mit Frau von Brandenstein überein, daß sie künftig in den Abendstunden von 8–10 Uhr stattfinden sollten; da mir aber das Ausgehen zu dieser Zeit verboten und die Haustüre überdies verschlossen war, so stieg ich nach acht Uhr zum Fenster hinaus, kletterte an den nicht sehr hohen Spalieren hinab in den Garten und gelangte dann durch des Pfarrer Schneiders Garten auf die Straße und ging dann auf diesem Wege wieder zurück, Hannchen in ihres Vaters Wohnung begleitend, was Eleonore eben nicht gerne sah und uns einigemal ihren noch viel jüngeren Bruder Karl mitgab, der sich jedoch bald weigerte, ferner diese Aufpasserrolle zu übernehmen; ich machte dann mit dem hübschen Pfarrerstöchterchen große Umwege durch das Boskett des Schloßgartens, wo wir in einer Marmorgrotte nebst den Düften der

Blumen den Hauch glühender Küsse atmeten. Aber lange währte das süße Spiel nicht; meines Oheims alter Drache, die Köchin Justine, hatte meine nächtlichen Ausflüge durch das Fenster erspäht und ihrem Herrn verraten. Als ich mich eines Abends wieder auf diesem Wege in meine Schlafstube begeben wollte, fand ich die Fenster von innen nicht nur verriegelt, sondern mit Kordeln zugebunden und sogar versiegelt. Ebenso fest war die Türe verschlossen, die aus dem Garten in das Haus führte. Was blieb mir anders übrig, wollte ich die Nacht nicht unter freiem Himmel biwakieren, als ein paar Scheiben einzudrücken und die Fenster sodann von innen zu öffnen, wobei natürlich auch das Siegel lädiert wurde; zum Glück war es kein Amts- oder Gerichtssiegel, sondern nur das Privatsiegel meines guten Oheims, der aber dennoch den kommenden Morgen mit einer mehr als ernsten Amtsmiene in mein Zimmer trat und mir verkündigte, daß, wenn ich es so forttreibe, ich nicht länger bei ihm bleiben könnte, sondern er an meine Eltern schreiben würde, damit diese andere Anordnungen hinsichtlich meiner träfen; eine solche Aufführung sei in einem geistlichen Hause nicht zu dulden. Auf meine Bemerkung, daß ich doch nicht mit den Hühnern schlafen gehen könne, erwiderte er mir, es sei besser, mit den Hühnern schlafen zu gehen, als mit den Gänsen zu wachen. Der kluge Onkel war auch witzig; doch mit meinen Abendpromenaden und Vorlesungen war es nun aus.

Als einige Zeit darauf, zu Ehren des Vermählungstages des landgräflichen Ehepaares, ein Ball auf der Meierei veranstaltet wurde, dem alle Honoratioren Homburgs beiwohnten, und ich den Wunsch blicken ließ, denselben besuchen zu dürfen, schlug es mir mein gestrenger Oheim mit den Worten ab: „Es paßt sich nicht, daß der Neffe des Oberpfarrers Tanzböden besucht!“ – Ich hatte auf der Zunge: „Ei, so wollte ich, daß ich lieber der Neffe des Oberteufels wäre“, unterdrückte jedoch glücklicherweise diese Worte. Aber alle meine Beredsamkeit vermochte nicht den festen Willen des geistlichen Oberhirten zu erweichen, der endlich mit den Worten schloß: „Ich möchte gar nicht an einen Ort gehen, wo ich der letzte wäre, dort findest du lauter graduierte und betitelte Personen, und du bist gar nichts." Ich gestehe, daß diese letzte Bemerkung ein wenig meinen Ehrgeiz verletzte, und schwieg nun still. Als ich diese Äußerung bei Gelegenheit meinem früheren Lehrer, dem Hofprediger Breidenstein mitteilte, sagte dieser: „Ein Mensch, der Herz und Kopf am rechten Fleck hat, ist nie der letzte, wenn er auch gar keine Titel aufzuweisen hat, und am allerwenigsten hier bei uns, wo diese Titel nur die Aushängeschilde großer Erbärmlichkeiten jeder Art sind." – Nun ärgerte ich mich wieder, daß ich mich so hatte einschüchtern lassen.

Mein Leben in Homburg fing an, so einsilbig als langweilig zu werden, kaum, daß ich mein hübsches Hannchen manchmal an der Gartenhecke verstohlen sprechen konnte, denn die alte Justine paßte auf wie ein Drache und hinterbrachte meinem Oheim jeden meiner Schritte. Glücklicherweise trat bald ein Ereignis ein, das mich aus dieser Lage befreite.

Den Herrn Oberpfarrer, obgleich schon in den Fünfzigern, aber noch Junggeselle, wandelte plötzlich die Lust an, in den Stand der heiligen Ehe zu treten, und er hatte sich zu seiner Ehegefährtin eine ehrsame und wohlhabende Witwe aus dem nahen Friedrichsdorf erkoren; vor der Vermählung war er jedoch genötigt, noch eine mehrwöchentliche Reise anzutreten, um einige ihm wichtige Geschäfte in Ordnung zu bringen. Er schrieb daher an meine Eltern, daß sie mich wieder zu sich nehmen möchten, indem er mich unmöglich während seiner Abwesenheit allein in seinem Hause lassen könne, da ich imstande wäre, Mädchen bis in die Pfarrwohnung zu bringen. Meine Eltern, die mich jedoch schlechterdings nicht in Frankfurt haben wollten, indem sie fürchteten, daß durch die Gelegenheit des Theaters meine Liebe zur Bühne wieder aufs neue erwachen würde und Nahrung erhalte, zogen es vor, mich nochmals meinem früheren Lehrer Breidenstein anzuvertrauen, mit

der Bitte, er möge nur meinem Hang zum Schauspieler entgegenarbeiten, mir aber sonst alle Freiheit lassen. Diese benutzte ich auch in vollem Maße; nicht nur meine Vorlesungen bei Frau v. Brandenstein begannen wieder, und mit ihnen die Heimbegleitungen, sondern nun gab es auch Partien in den kleinen und großen Tannenwald, auf das Jägerhaus usw., die ich veranstaltete und deren Kosten ich trug, wobei die Frau Hofküchenmeister Silbereisen die Honneurs mit Schokolade und Süßigkeiten, die ich lieferte, machen mußte, ich fuhr sogar einigemal mit den Mädchen heimlich in das Theater nach Frankfurt. Doch blieb es dabei nicht. Auf einem anderen Ball, den ich, trotzdem, daß ich keine Titel aufzuweisen hatte, besuchte, machte ich die Bekanntschaft einer anderen jungen Hofdame, eines Fräuleins von Breidenbach, aus einer angesehenen Familie aus Mainz, die zu den churfürstlichen Zeiten daselbst eine große Rolle gespielt. Das Mädchen war schön, nur hatte sie eine etwas große Nase. Da sie katholisch war, so besuchte ich ihr zu gefallen die Messe in dem nahen Kirchdorf, wohin sie fast täglich ging, oder ich ritt an höheren Festtagen nach Oberursel, wenn ich sie daselbst wußte, denn in Homburg war kein katholischer Gottesdienst. Hier hatte ich Gelegenheit, das liebenswürdige Mädchen öfters auf dem Kirchhof zu sprechen, der einzige Ort, wo ich mich mit ihr unterhalten konnte, denn in Homburg war dies fast nie möglich, da sie auf dem Schloß selbst wohnte.
Aber noch eine andere Bekanntschaft hatte ich auf diesem Ball gemacht, die zu reelleren Genüssen führen sollte, nämlich die einer jungen Frau, welche an den etwas rohen und plumpen Herrn von B. verheiratet war, der ebenfalls eine Hofcharge bekleidete, und die häufig zu der Frau Hofpredigerin zum Tee kam, und mir dann das Glück zuteil werden ließ, sie nach Hause führen zu dürfen. Der Weg führte uns durch den Schloßgarten, ich war noch etwas schüchtern, denn es war das erstemal, daß ich mit einer jungen Frau in Berührung kam, so war es bei der ersten Nachhausebegleitung bei einem ehrerbietigen Handkuß und sehr lei-

sen Händedruck geblieben; einige Tage darauf aber, als sich gleiche Gelegenheit bot, hatte ich schon mehr Herz gefaßt und wagte, aber erst an der Haustüre ihrer Wohnung angekommen, einen Kuß auf die Wangen der hübschen Frau, den man ruhig duldete. Als mir aber das drittemal die Ehre zuteil wurde, Frau von B. zu begleiten, unterfing ich mich, als wir durch das zweite Schloßtor waren, meinen Arm um ihre schlanke Taille zu schlingen, und auf der Terrasse angekommen, drückte ich sie fester an mich, worauf sie ihr schönes Lockenköpfchen gegen mich drehte, als wollte sie sagen: „Was soll dies?"; denn so lebhaft auch unsere Unterhaltung in der Gesellschaft war, so stumm und einsilbig ward sie, sobald wir uns allein befanden. Jetzt begegneten sich unsere Lippen und ein minutenlanger, glühender Kuß war die Folge. Statt nun den geraden Weg nach dem in die Neugasse führenden Gartentor zu gehen, verirrten wir uns in eine dunkle Kastanienallee des Bosketts auf eine Rasenbank in einer Grottenlaube. Hier schloß ich die reizende Frau in meine Arme, ungestümer als noch je rollte mir das Blut in den Adern, sie ließ es geschehen, daß ich sie mit Küssen bedeckte, bald waren wir so innigst verschlungen, daß wir das Spalten des Erdballs und alle Donner des Himmels nicht gehört haben würden, und zum erstenmal schwelgte ich so ganz im Vollgenuß der Liebeslust. – Endlich aber war es hohe Zeit aufzubrechen. Nachdem die ziemlich zerstörte Toilette wieder etwas geordnet war, brachte ich Frau v. B. nach Haus und lispelte zum Abschied: „Morgen, auf morgen mehr." Aber es vergingen drei Tage, bevor ich sie wieder heimbegleiten konnte, der Schicklichkeit halber konnte sie ihre Abendbesuche bei B.s nicht früher wiederholen. Vorlesungen dienten auch hier zum Vorwand der Zusammenkünfte, und so fand sie sich von jetzt an dreimal die Woche ein. Der Herr Gemahl aber brachte jeden Abend in einem Männerkränzchen, in dem auch der Hofprediger war, mit Tabakrauchen, Trinken und à la bêtespielen zu. Eines Abends aber, wir hatten kaum B.s verlassen, war es ihm eingefallen, sein teures Weibchen, das schon mit mir auf dem Heimweg war, einmal abzuholen; glücklicherweise ließ er sich von der Frau Hofpredigerin und ihrem Mann bereden, ihnen noch einige Zeit Gesellschaft zu leisten, aber dennoch sahen wir ihn vor uns hergehen, als wir den Schloßgarten verließen, jedoch ohne zu ahnen, das er bei B.'s gewesen. Wir gingen nun in einiger Entfernung hinter ihm, so daß wir fast zu gleicher Zeit an seinem Haus ankamen. „Wo hat dich denn der Teufel gehabt?" schnaubte er seine Frau an, und diese wollte eben mit einem: „Ich komme gerade von B.'s" herausplatzen, als ich, Unrat merkend, ihr noch zur rechten Zeit ins Wort fallend sagte: „Herr von B., da der Abend so schön ist, so gingen wir noch ein paarmal auf der Schloßterrasse zwischen den Orangen, deren Blüten so herrlich duften, auf und nieder." – „Zum Henker auch", brummte der Eheherr, „sie haben ja schon längst keine Blüten mehr." – „Möglich, aber sie duften dennoch." – „Dergleichen Promenaden verbitte ich mir für die Zukunft", sagte Herr von B. nun zu seiner Frau, „überhaupt weiß ich nicht, warum du seit einiger Zeit fast jeden Abend zu Hofpredigers läufst, was soll das?" – „Ich wohne den Vorlesungen des Herrn Fröhlich bei, die mich außerordentlich unterhalten." – „So, es wird besser sein, du unterhältst dich mit deinem Strickstrumpf." – „Das tue ich auch." – „Komm jetzt ins Haus." – Ich wünschte nun eine gute Nacht, die mir Frau v. B. freundlich, ihr Mann aber brummend zurückgab. Noch einigemal ging ich vor dem Haus auf und nieder und glaubte ein kleines Donnerwetter und allerlei eben nicht sehr schmeichelhafte Epitheten, wie: „Rotznase, dummer Junge" usw., von denen die einen der armen Frau, die andern mir gelten mochten, zu hören. Die Besuche der Dame bei B.'s waren vorerst eingestellt und ich sah sie nur bisweilen im Flug, am Fenster vorbeireitend oder -gehend.

Bald darauf war wieder ein Ball auf der Meierei, wo sie mir im Vorübergehen zuflüsterte: „Fordern Sie mich ja nicht zum Tanze auf, denn ich darf nicht mit Ihnen tanzen!"

Um jedoch in Berührung mit ihr zu kommen, suchte ich einen Kontretanz zu arrangieren, was nicht so leicht war, da es Mühe kostete, vier Paare zusammenzubringen, welche diesen Tanz nur einigermaßen kannten. Einen Kandidaten der Theologie hatte ich gebeten, Frau von B . . . zu diesem Tanz aufzufordern, während ich das Fräulein von Breidenbach engagierte, außerdem aber veranstaltete, daß auch Leonore von Brandenstein und Hannchen Schneider von der Partie waren, so daß sich meine vier Auserwählten in derselben Quadrille befanden. Kaum waren wir aber angetreten, als Herr von B . . . aus dem Rauchzimmer in den Ballsaal trat, und seine Frau mir gegenüberstehen sehend, schnell zu dem Kandidaten ging und zu demselben sagte: „Erlauben Sie mir, daß ich diese Tour mitmache." Jedermann lächelte, da von B . . . sonst nie, und am allerwenigsten Quadrille tanzte. Ich erlaubte mir auch, dem Eingedrungenen zu bemerken, daß es ein Kontretanz sei. – Schon gut, hat nichts zu sagen, lautete die barsche Antwort. – Wir begannen, und Herr von B . . . machte einen Bock über den anderen und benahm sich so ungeschickt, daß jedermann lachte. Ich wollte ihn belehrend höflichst zurechtweisen, es war gerade bei dem Queue de chat, wofür mir mit einem „Naseweis" gedankt wurde, worauf ich sogleich mit meiner Dame austrat, meinem Gegner zurufend: „Das wird sich finden!" – Ich führte nun Fräulein von Breidenbach an ihren Platz, begab mich in das Billardzimmer, wo ich auf ein Stückchen weißes Papier eine Herausforderung, und zwar auf Pistolen, an Herrn von B. schrieb, ihm diese zuschickte und mich sofort entfernte.
Die Veranlassung zu einem Duell hatte ich mir schon längst gewünscht, ein solches schien mir so recht heroisch-romantisch, und ich freute mich auf diese Art Eklat, um von mir reden machen zu können. Herr von B. dachte aber nicht so, sondern gab das Billet dem Hofprediger, indem er diesem sagte, er würde es nicht dabei bewenden lassen, ich sei ein naseweiser Junge, der kaum hinter den Ohren trocken, sich

schon mit bärtigen, angestellten Männern messen wolle, ich müsse auf die Wache gesetzt werden, und dahin hoffe er es auch zu bringen. Es hätte auch in der Tat nicht viel daran gefehlt, daß man mich auf die Schloßwache gesetzt hätte, und nur aus Rücksicht für meinen Oheim verweigerte der Landgraf, bei dem Herr von B. klagte, seine Einwilligung. Mich ärgerte es, daß aus dem Duell, ja nicht einmal aus dem Arrest etwas geworden war, denn beides hätte nach meinen damaligen Begriffen von Ehre und der Lust, Aufsehen zu erregen, in meinen Kram gepaßt. Indessen tröstete ich mich mit dem Aufsehen, das die Sache dennoch in ganz Homburg gemacht hatte; auch ein preußischer Leutnant, der als Werbeoffizier daselbst war, fand die Albernheit vortrefflich, und hatte sich mir sogar zum Sekundanten angeboten, wenn aus der Sache etwas geworden wäre.

Unterdessen war mein guter Oheim wieder von seiner Reise zurückgekommen, hörte von all dem Skandal, den ich verursachte, und schlug die Hände über dem Kopf zusammen. Dazu kam noch, daß ich an einem Sonntag Mittag, als gerade seine Kirche aus war, in der ich mich nie sehen ließ, aus der Messe von Oberursel zurückkommend, die ich dem Fräulein von Breidenbach zuliebe noch zu besuchen fortfuhr, auf meinem Mietklepper in vollem Galopp durch die Leute, welche die Kirche verließen, sprengte und ihn fast selbst über den Haufen ritt, da ich ihn unter der Menge nicht bemerkt hatte. Dies war denn doch ein wenig zu toll und er schickte noch denselben Tag einen fulminanten Brief durch einen Expressen an meine Eltern ab, worin er diesen ans Herz legte, mich sofort von B. und von Homburg wegzunehmen, wo ich ihm und ihnen die größte Schande usw. mache.

Den folgenden Tag kam mein Vater selbst nach Homburg, die Sache zu untersuchen, aber B. meinte, dies seien nur Jugendstreiche, die man nicht so genau nehmen dürfe. Indessen drang mein Vater darauf, daß ich mich erklären und irgendeinen Stand, dem ich mich widmen wolle, wo-

zu es hohe Zeit wäre, wählen müsse; er setzte hinzu, daß, im Falle ich bei dem Theater beharre, ich auf alle und jegliche Unterstützung von seiner Seite sowie von der ganzen Familie zu verzichten habe. Er nahm nun noch Rücksprache mit dem Hofprediger und dem Oberpfarrer, welche Mittel zu ergreifen seien, mich von dieser Idee gänzlich abzubringen. B. meinte, man müsse es versuchen, mich bei der Ambition anzugreifen, da ein gewisser, wenn auch falscher Ehrgeiz meine schwache Seite sei, und er wolle sich deshalb mit dem Herrn Oberpfarrer besprechen, um gemeinschaftlich mit diesem zu wirken; dies würde gewiß fruchten, und da ich nun einmal einen unbeschreiblichen Widerwillen gegen den Kaufmannsstand hege, so möge man immer zugeben, daß ich mich dem Militär widme, weil er glaube, daß ich zu diesem am ersten nach dem Theater inkliniere und auch am meisten dafür passe.
Mein Vater überließ es daher den beiden Hochehrwürden, diese Angelegenheit bestens zu betreiben, und sie taten ihr Möglichstes bei der Sache, ja mein Oheim wandte sich deshalb sogar erzählend an die regierende Landgräfin, bei der er, wie bei dem ganzen fürstlichen Haus, hoch in Gnaden stand, indem er sagte: er wisse nicht, was er machen solle, und wäre außer sich, wenn ich aufs Theater ginge. Die Fürstin, eine sehr geistreiche Dame, tröstete den guten Mann, ihn auffordernd, zu veranstalten, daß ich mich den nächsten Mittag auf der Terrasse vor ihrem Pavillon einfinde, „sie wolle mir den Kopf gewiß so waschen, daß mir der Komödiant vergehen solle, ich habe ohnehin den ganzen Hof vor ein paar Tagen in Alarm und Uneinigkeit versetzt."
Dies hatte folgende Bewandtnis. Ich hatte aus Schillers Gedichten, von denen damals noch viele, namentlich in Homburg unbekannt waren, das Gedicht „Laura am Klavier" auf Velinpapier mit Goldschnitt abgeschrieben und es dem Fräulein von Brandenstein, Eleonoren, gegeben, ohne ihr zu sagen, wer der Verfasser sei. Diese glaubte, das Gedicht sei von mir und ich habe es ihr zu Ehren ge-

macht; sie zeigte es auf dem Schloß, wo es sogar bei der Tafel zirkulierte und als von mir verfaßt nach Herzenslust kritisiert, bespöttelt und heruntergemacht wurde; namentlich ließ mein Freund Herr von B. kein gutes Haar an demselben und meinte, Fräulein von Brandenstein hätte so läppisches Zeug gleich verbrennen sollen; indessen waren doch einige Damen, und namentlich Prinzessin Auguste, anderer Meinung und erwiderten, es sei für einen Anfänger so übel nicht, aber die Majorität machte sich lustig darüber. Herr von B. hatte den Vorfall gleich nach der Tafel dem Hofrat M... mit Schadenfreude hinterbracht und dieser, dem ich hierauf begegnete, hatte mir was auf dem Schlosse vorgefallen mit hämischer Freude wiedererzählt und dabei gesagt, auch er habe das Ding gelesen und könne nicht begreifen, wie ich meine Zeit damit zubringen möge, solch abgeschmacktes Zeug zusammenzuschmieren. Ich ließ den guten, etwas begeisterten Mann ganz ruhig ausreden und sagte dann trocken: „Ich bedauere, mein Herr Hofrat, daß der Verfasser des Don Carlos, der Jungfrau von Orleans usw. so abgeschmacktes Zeug schmiert, denn das Gedicht ist von keinem andern als von Schiller."
„Unmöglich", rief M..., „Sie haben mich zum besten."
„Wie würde ich mich so etwas unterstehen?"
Aus dem stupiden Gesicht des Hofrats war nun mit einemmal alle Schadenfreude verschwunden und es zog sich ellenlang.
„Also wirklich von Schiller?" – fragte er wieder.
„In dem soeben erschienenen zweiten Band von Schillers Gedichten Pagina so und so können Sie es nachlesen."
Ich ließ den Hofrat stehen, eilte nach Hause, nahm Schillers Gedichte und schickte sie dem Fräulein von Breidenbach, der ich fortwährend Bücher zur Unterhaltung lieh; diese ließ noch denselben Tag das Buch im Schloß von Hand zu Hand gehen, und alle, die gegen das Gedicht so losgezogen hatten, mußten sich nun den beißendsten Spott gefallen lassen; Eleonore aber grollte ein paar Tage mit mir, weil ich ihr den Verfasser nicht genannt und sie so die unmittel-

bare Veranlassung war, daß sich mehr als ein Hofgehirn gewaltig kompromittiert hatte.
Mein Oheim ließ mich rufen und teilte mir mit, ich habe mich zur Mittagsstunde des kommenden Tages auf der bezeichneten Terrasse einzufinden, wo ich etwas Neues erfahren würde, ich dürfe aber ja nicht fehlen. Auf weiteres ließ er sich nicht ein. Meine Neugierde machte, daß ich seinen Willen pünktlich befolgte. Nachdem meine Geduld schon während einer ganzen Stunde vergeblichen Wartens auf die Probe gestellt war, sah ich die Landgräfin in Begleitung einer Hofdame und von einem Bedienten gefolgt, wie sie um diese Zeit regelmäßig ihre Promenade zu machen pflegte, die Terrasse herabkommen. Als sie mich erblickte, schickte sie den Bedienten, ich möge mich zu ihr verfügen; ich eilte, dem Befehl ehrfurchtsvoll zu gehorchen, und als ich vor ihr stand, sagte sie: „Was höre ich, Sie wollen Schauspieler werden, ist dies an dem?"
„Ja, Durchlaucht."
„Der Neffe des Herrn Oberpfarrers von Homburg ein Komödiant! – was wird die Welt dazu sagen?"
„Oh, der Oberpfarrer von Homburg ist auch etwas Rechtes!"
Die durchlauchtigste Frau machte nun ein Rechtsumkehrt, trotz einem preußischen Grenadier, und ließ mich mit langer Nase und etwas verblüfft stehen. – Erst nach einigen Augenblicken kam ich wieder zur völligen Besinnung und fühlte, welche Artigkeit ich der Landgräfin gesagt hatte.
Noch denselben Abend, als ich zu Brandensteins ging, erzählte mir Leonore, daß sie die Landgräfin gefragt, ob ich noch ihre Mutter besuche, und als sie dies bejaht, sich die Fürstin geäußert habe, sie könne nicht begreifen, wie man einem Menschen, der ein Komödiant, das heißt ein Hanswurst werden wolle, den Zutritt gestatten könne; Leonore habe darauf gestammelt, ich lese ihrer Mutter sehr gut vor, worauf ihr die Dame gesagt, was vorlesen, Komödianten darf man in keinem honetten Hause dulden. Brandensteins und Fräulein von Breitenbach drangen nun auch

in mich, doch einen anderen Stand und zwar den des Militärs zu wählen, und letztere meinte, ich müsse ein recht schmucker Offizier werden, als Soldat könne ich eine ganz andere Karriere machen, ja zu hohen Würden gelangen, kur- und tafelfähig und allgemein geachtet werden; ein solcher Entschluß würde mich auch sogleich wieder mit der zürnenden Landgräfin sowie mit meinen Verwandten aussöhnen, und das Haus Homburg könne mir sowohl in österreichischen wie in preußischen Diensten, wenn ich diese wähle, sehr förderlich und zu schnellem Avancement behilflich sein.

Aber noch konnte ich einen Plan, den auszuführen ich mir seit Jahren alle erdenkliche Mühe gegeben, und einen Stand, für den mich auszubilden ich bisher fast nur allein rastlos und mit großem Eifer gearbeitet hatte, nicht so rasch aufgeben, ob ich gleich schon wankte. Da beschied mich abermals mein guter Oheim zu sich, empfing mich ungewöhnlich ernst, indem er mir mit einem feierlichen Tone sagte, daß es nun die höchste Zeit für mich sei, einen Entschluß zu fassen, denn mein Vater habe beinahe sein ganzes Vermögen verloren. – Ich sah meinen Oheim mit großen Augen und zweifelnd an, als wollte ich ihn fragen: Ist dies auch wahr? – „Du scheinst die Sache in Zweifel zu ziehen", fuhr derselbe nach einer Pause fort und teilte mir sodann die näheren Umstände dieser nur zu wahren Begebenheit mit.

Ohne sein Verschulden hatte mein Vater eine große Summe, über zweimalhunderttausend Gulden, verloren. Er hatte einem auswärtigen Haus, mit dem er schon lange in Geschäftsverbindung stand, auf ein Deposito von österreichischen Staatspapieren eine sehr bedeutende Summe auf mehrere Monate vorgeschossen und zu diesem Zweck selbst noch fremdes Geld aufgenommen. Kaum war diese Operation gemacht, so teilte er sie dem alten Rothschild mit, dieser aber sagte ihm ganz bestürzt: „Um Gottes willen, Herr Fröhlich, was haben Sie getan! Bevor acht Tage vergehen, erklärt sich Österreich bankerott." – Mein Vater

erschrak, wollte jedoch Rothschild keinen Glauben schenken, der ihm dagegen versicherte, dies sei nur zu wahr, er habe es aus einer Quelle, die auch nicht den mindesten Zweifel übrig ließe. „Oh, warum haben Sie mir nicht vorher etwas davon gesagt?“ setzte er hinzu. – Mein Vater schrieb nun gleich an das Haus, erhielt aber erst nach sechs Tagen eine zweideutige und ausweichende Antwort, und schon den siebenten wurde die Finanzoperation, welche die österreichische Regierung (Ende 1804) vorgenommen, wodurch sie ihr Papiergeld sehr bedeutend herabsetzte und also Bankerott machte, in Frankfurt bekannt. Das Haus, von dem das unserige die Papiere hatte, ließ diese im Stich und fallierte ebenfalls, so daß mein Vater den ganzen ungeheueren Verlust allein zu tragen hatte. Er hielt die Sache indessen sehr geheim und mein Oheim teilte sie mir nur unter dem Siegel der strengsten Verschwiegenheit mit, damit ich meines Vaters Kredit nicht untergraben solle.
Mein Oheim drang nun nochmals in mich, eine Karriere und zwar eine andere als das Theater zu wählen und meinen armen Eltern nicht noch mehr Kummer zu machen, als sie jetzt schon hätten; „übrigens“, setzte er mich tröstend hinzu, „bleibt ihnen noch immer so viel, daß sie dich in dem Stand, den du wählen wirst, vorerst noch unterstützen können. Würdest du dich der Theologie widmen, so kannst du auch noch auf meine Hilfe zählen und vielleicht dereinst meine Stelle bekleiden.“
Ich erbat mir nun noch vierundzwanzig Stunden Bedenkzeit, obgleich ich ihm hinsichtlich des theologischen Studiums – ich wäre ein sauberer Theologe geworden! – gleich mit einem sehr positiven „Nein“ hätte antworten können; denn obschon er selbst ein sehr würdiger Diener Gottes war, der seinen Beruf in jedem Betracht auf das edelste erfüllte, so hatte ich doch schon zu viele geistliche Komödianten kennengelernt, so daß mir diese im allgemeinen sehr zuwider waren; auch war mir die Aussicht auf eine dereinstige Oberpfarrerstelle zu Homburg nicht sehr lockend, obgleich auch mit ihr die Ehre verbunden war,

von Zeit zu Zeit an der landgräflichen Tafel zu speisen. Anders war es in diesem Punkt bei der katholischen Geistlichkeit, wo man es mit etwas frommer Politik, Verstellung und Heuchelei leicht zum Bischof, Erzbischof, wohl auch Kardinal, ja gar zum Papst bringen kann. Aber Heuchelei und Scheinheiligkeit waren keine von meinen Fehlern, sondern ich litt eher am entgegengesetzten Extrem, an viel zu großer Offenherzigkeit, hätte es also auch im katholischen Priesterstand schwerlich bis zum Pfarrer gebracht, ja weit eher den Kirchenbann erwirkt.

Noch den nämlichen Abend teilte ich der Frau von Brandenstein mit, daß ich mich nun für den Militärstand entschlossen habe und daß allerdings die Worte der Frau Landgräfin nicht ohne Einfluß auf diesen Entschluß geblieben seien; am andern Morgen eröffnete ich dasselbe meinem Oheim und schrieb meine Sinnesänderung an meine Eltern. Obgleich man auch diesem Stand nicht sehr hold war, so war man doch froh, daß „mir der Komödiant aus dem Kopf war", ergab sich darein und ließ mich vorerst noch in Homburg, um mich zu der neugewählten Laufbahn vorzubereiten, während man überlegen wollte, wie und wo ich am besten unterzubringen sei.

Als die Landgräfin meinen Entschluß hörte, sowie daß ihre Worte denselben hervorgebracht, äußerte sie sich wieder sehr gnädig über mich, und der Herr Landgraf sagte: „Unter den Soldaten wird man ihn schon zurecht bringen." Indessen wurde mir die hohe Gnade, an den Exerzierstunden des Prinzen Leopold – er lernte die Handgriffe und das Marschieren bei einem ehemaligen preußischen Unteroffizier – teilnehmen zu dürfen, und da der junge Brandenstein auch zugelassen wurde, so formierten wir eine ganze Rotte und konnten nach Verlauf von wenigen Wochen schon ordentlich im Feuer exerzieren, marschieren, alle Wendungen usw. machen. Meine Eltern hatten mir einige Werke über Taktik, Strategie usw. geschickt, in denen ich fleißig studierte, und Prinz Leopold, der kleine Schanzen mit Wällen und Gräben anlegte, machte, daß ich wenigstens einen Begriff von der Fortifikationskunst erhielt; auch hatte er in Hölzer eingereihte Bleisoldaten, mit denen er die Pelotonschule übte sowie Festungen von Pappe, die wir mit kleinen messingenen Kanonen beschossen. War es schlechtes Wetter, so exerzierten wir in den Schloßgängen, wobei wir bisweilen die Gewehrkolben so gewaltig aufstießen, daß die Frau Landgräfin zu uns schickte und sich zu menagieren gebot.

Meine Eltern beschäftigten sich jetzt damit, eine passende Anstellung beim Militär für mich ausfindig zu machen. Mein Vater hatte anfänglich den Gedanken, mich nach Petersburg zu seinem Bruder Wilhelm, der Oberst in der russischen Garde war, zu schicken. Es war dies derselbe, der den reichen Scholze von Bremen seinen Eltern so gut empfohlen hatte, daß er sein Schwager wurde. Eine Ohrfeige bewirkte, daß er den Handelsstand mit dem Soldatenstand vertauschte, in welchem er rasch ein glänzendes Glück gemacht. Als er von Bremen wieder in das elterliche Haus zurückgekehrt war, mußte er auf dem Kontor seines Vaters arbeiten und sollte sich dabei streng an die eingeführte Hausordnung halten, namentlich sich präzis um acht Uhr zum Abendessen einfinden; da er sich aber öfters verspätete, so zog ihm dies mehrmals Verweise zu, und als er wieder einmal erst um halb neun Uhr kam, empfing ihn sein Vater mit einer Ohrfeige vor dem ganzen Kontorpersonal. Wilhelm eilte zur Türe hinaus, ließ sich von der Köchin vier Kreuzer für die Torsperre geben, da er gar kein Geld zu sich gesteckt hatte, und eilte so, zum Allerheiligentor hinaus, nach Hanau zu. Hier wurde er nicht eingelassen; denn diese Stadt war damals ebenfalls noch eine Festung. Er schlief die Nacht auf dem Glacis. Am folgenden Morgen verkaufte er seine Uhr in Hanau und reiste bis Leipzig. Dort suchte er einen Geschäftsfreund seines Hauses auf und schrieb nun seinen Eltern, was aus ihm geworden, sowie daß es sein fester Vorsatz sei, nicht mehr nach Frankfurt zurückzukehren, sondern sich nach St. Petersburg zu begeben, den Kaufmann für

immer an den Nagel zu hängen, um in russische Militärdienste zu treten. Durch einen Bruder seines Vaters, der schon eine hohe Militärcharge daselbst bekleidete, die er durch Verwendung des russischen Generals Prinzen von Anhalt erhalten hatte, nachdem er als Rittmeister in dem Leibkürassierregiment des Großfürsten Paul gedient und bald ein Liebling Paul I. geworden war, machte auch Wilhelm rasch sein Glück in Rußland und heiratete obendrein ein sehr reiches Fräulein, eine Anverwandte des Fürsten Potemkin. Er fügte damals seinem Brief noch hinzu, man möge etwas Geld und Wäsche nach Leipzig schicken, womit er bis St. Petersburg reisen könne; wolle man dies nicht, so würde er sich so durchzuhelfen suchen; man tat, was er wünschte.
Meiner Mutter aber lag Rußland zu fern, sie fürchtete mich nie wiederzusehen, und so wurde dieser Plan aufgegeben, ehe ich auch nur etwas davon erfahren hatte. Man sprach von österreichischen Diensten, gegen diese hatte ich aber große Abneigung, weil man die Österreicher so oft zum Gegenstand von Spott und von oft schalen Witzen und sich über sie lustig machte; sie standen mir nicht hoch genug in der öffentlichen Meinung, eher neigte ich mich zu den Preußen hin, aber hier hatte ich trotz aller Protektion nur wenig Aussicht auf Beförderung zu erhoffen, da ich kein gegerbtes und bekritzeltes Eselsfell vulgo Pergament aufzuweisen hatte, welches bewies, daß ich schon so und so viel faule Ahnen habe, dies war zu jener Zeit, bei der Artillerie ausgenommen, erforderlich, um des Tragens eines Portepees in der preußischen Armee würdig zu sein. – Also war es auch hier nichts.
Mein Vater hatte einige finanzielle Relationen mit Hessen-Kasselschen höheren Beamten und glaubte in diesem kleinen Staat mir eine Karriere eröffnen zu können, obgleich auch hier wie in allen deutschen Staaten und Städtchen der Adel sehr bevorzugt war. Es wurde nun an diese Herren geschrieben, die Antwort lautete ziemlich günstig, wir wurden an einen in Hanau garnisonierenden Oberst empfoh-

len, der mich dem Erbprinzen daselbst vorstellen und zum Kadetten oder Junker vorschlagen sollte. Ich fuhr an einem Sonntag mit meinem Vater dahin ab. Der Oberst erwartete uns im Gasthof zum Riesen, um uns mit auf die Parade zu nehmen und die Gelegenheit abzupassen, mich Seiner Durchlaucht vorzustellen. – Als ich die steifen, abgemessenen hessischen Soldaten, die mir wie hölzerne Maschinen vorkamen, mit ihren langen, bis an die Kniekehle reichenden Zöpfen und weißgepuderten Locken, mit ihren ausgestopften Puppen ähnlichen Offizieren, die aufs Haar den Nürnberger, von schwarzem Brotteig geformten, gebackenen und lackierten Soldaten glichen, welche die Kaufleute auf die Frankfurter Messe bringen, und von denen ich als Kind so manches Dutzend zerbrochen und zerstückelt hatte, so bei mir vorübermarschieren sah, da bekam ich einen Schauder, es wurde mir ganz komisch zumute, und das Theater fiel mir wieder ein. – Ich erklärte auch sofort meinem Vater, daß ich nicht in hessische Dienste treten wolle und es besser wäre, wir führen gleich wieder heim. Er meinte aber, daß, da wir einmal hier seien, man auch das Ende abwarten müsse, und man könne nicht weg, bevor ich wenigstens vorgestellt sei, der Oberst von M . . . könne sonst glauben, man habe ihn zum besten gehabt.

Als endlich die Parade vorüber war, kam der Oberst und beorderte mich, ihm zu folgen. Er führte mich zum Erbprinzen, der von mehreren Stabsoffizieren mit hohen, langbespornten Kanonenstiefeln, mit ungeheueren Federhüten auf den Köpfen, martialischen Dienstmienen, aber recht nichtssagenden Gesichtern umgeben war. Als wir in der Nähe des Erbprinzen waren, sagte mein Führer: „Da bringe ich Euer Durchlaucht einen neuen Rekruten, den Sohn des Herrn Fröhlich aus Frankfurt" und gab mir ein Zeichen vorzutreten.

Der Erbprinz und seine Offiziere musterten mich von oben bis unten und betrachteten mich ungefähr mit der Miene wie ein Fleischer, der ein Rind, das er zum Schlachten kau-

fen will, betrachtet. Hierauf sagte der erste: „Man hat Lust, Soldat zu werden?“
„Ja, Durchlaucht.“
„Das gehörige Maß scheint man zu haben, auch kann man noch wachsen. Aber man hat die verteufelte französische Jakobinermode mitgemacht, trägt abgeschnittene Haare, wie steht es da mit dem Zopf?“
„Oh, der kann wieder wachsen“, fiel der Oberst ein.
„Ja, das wird lange währen“, meinte der Erbprinz, „und ein hessischer Soldat ohne Zopf ist soviel wie gar nichts.“
Hier wackelten sämtliche Offiziere mit ihren Köpfen, gleichsam um durch die Bewegung ihrer ellenlangen Zöpfe anzudeuten, wie sehr sie mit der Meinung Seiner Durchlaucht einverstanden seien. Diese fuhr fort: „Wie alt ist man?“
Ich stand wie auf Kohlen und platzte endlich heraus: „Man ist fünfzehn Jahre vorüber.“
Der Erbprinz sprach nun einige für mich unverständliche Worte zu seiner Umgebung und entfernte sich, ohne mich weiter eines Blickes zu würdigen. Ich eilte zu meinem Vater zurück, der der ganzen Szene in einiger Entfernung zugesehen hatte; gleich darauf kam der Oberst zu uns und sagte zu demselben: ich habe mich so sonderbar benommen, daß der Erbprinz sehr ungnädig gewesen sei und er es nicht wage, ferner einen Schritt in dieser Angelegenheit zu tun.
„Ist auch nicht nötig, Herr Oberst“, versetzte ich, „ich werde um keinen Preis hessische Dienste nehmen.“ – Mein Vater hieß mich schweigen, war verlegen und suchte mich bei dem Oberst zu entschuldigen. Wir kehrten in den Riesen zurück, wo uns ein Bekannter aus Hanau aufsuchte, der mit meinem Vater über die Sache sprach und diesen einigermaßen beruhigte, indem er ihn versicherte, daß ich auf keinen Fall ein großes Glück bei den hessischen Zopfhelden gemacht haben würde, da ich nicht von Adel, und noch hätte von Glück sagen können, wenn ich mit dem fünfzigsten oder sechzigsten Jahre eine Kompagnie erhal-

ten hätte, denn bei vielen heiße es: „Herr Leutnant, dir lebe und dir sterbe ich.“ Man könne sich nicht vorstellen, welch eine Misere es sei, einem kleinen deutschen Souverän zu dienen. Das Elend sei nicht einmal ein glänzendes, sondern ein ganz gewöhnliches.

Ich stimmte dem braven Mann von Herzen bei und sagte meinem Vater, als er bei der Heimfahrt äußerte, er wisse nun gar nicht, was er mit mir anfagen solle, es wäre wohl das beste, wenn ich es mit den französischen Diensten versuchte, wo man wenigstens weder nach albernen Hirngespinsten, wie verfaulten Ahnen, noch nach Schnurrpfeifereien, wie Zöpfen, frage. Diese Sprache hatte ich Breidensteins Erziehung zu verdanken, der uns wenigstens so viel als möglich von allen albernen Vorurteilen frei zu machen suchte, dabei aber vergaß, uns die nötige Klugheit anzuempfehlen und seine Freude daran zu haben schien, wenn wir uns recht derb ausließen, eine Freude, die ihm durch mich in vollem Maße wurde. Diese Erklärung setzte meine werte Verwandtschaft, die noch zum größten Teil gut *kaiserlich* gesinnt war und die Franzosen haßte, neuerdings in Alarm, und es gab abermals Debatten, die jedoch durch die Furcht, meine Theaterlust möchte wieder erwachen, und da auch meine Mutter Neigung für den französischen Dienst zeigte, bald aufhörten; es ward nun beschlossen, daß ich in französische Dienste treten sollte. – Ich fuhr ein paar Tage darauf mit meinem Vater nach Mainz, wo *Latour* damals ein neues Regiment für die französische Regierung errichtete. – Als wir ankamen, ließ General Lefebvre, ein Müllerssohn, gerade ein Armeekorps von 20 000 Mann, die zum Heer Napoleons stoßen sollten, auf der großen Bleiche die Musterung passieren. Als ich diese wahrhaft martialischen und dabei doch gutmütigen Gesichter defilieren sah, machte dies einen ganz anderen Eindruck als die Hanauer Zopfparade auf mich. Das kriegerische Aussehen dieser Truppen, das legere Marschieren, die ungezwungene und doch imponierende Haltung derselben, das unaufhörliche Wirbeln der vielen Trommeln, mit denen eine etwas wilde Janitscharenmusik wechselte, dies alles machte mein Herz freudig pochen. Ich vergaß und versäumte das Mittagessen über dieser Revue und kam erst nach drei Uhr in die drei Reichskronen zurück, in denen wir abgestiegen waren. Noch denselben Tag besuchten wir Latour, dem wir durch einen Mainzer Bekannten empfohlen waren, und eine halbe Stunde darauf war ich mit Unteroffiziersrang in dem neuen Regiment angestellt. Am folgenden Tag kehrten wir wieder nach Frankfurt zurück, um meine Equipierung, die eben nicht sehr umständlich sein durfte, in Stand zu setzen. Als Abzeichen meines Dienstes hatte ich schon eine dreifarbige Kokarde, die ich aufsteckte, mitgebracht, kündigte mich allenthalben und mit triumphierender Miene, namentlich auch in Homburg, als angehenden französischen Krieger an. Dies zog mir manche verdrießliche Miene zu, und namentlich der alte Oberst Schulter nahm es übel, der, wie viele andere, eine wahre Antipathie gegen die Franzosen hatte; ebenso erging es mir mit den Homburgern, mit Ausnahme der Landgräfin, die für die Franzosen eingenommen war und sehr gut französisch sprach. – Während ich so mit meinen Abschiedsbesuchen bei allen meinen Lieben und mit meiner Equipierung beschäftigt war, kam Frau Waldschmidt zu uns und teilte uns mit, daß der Fürst Y . . . ebenfalls im Sinne habe, ein Regiment für den Kaiser Napoleon zu errichten, es könne sich nicht leicht bessere Gelegenheit finden, meine Militärdienste anzutreten, ja, ich könne ohne Zweifel als Offizier in dieses Regiment treten, da der Fürst junge Leute von Distinktion für dasselbe suche. – Mein Vater entgegnete ihr jedoch, daß, da ich schon definitiv bei Latour d'Auvergne angestellt sei, dieser Rat zu spät komme, ohnehin sei es nicht sein Wille, daß ich gleich eine Offizierscharge bekleide, die mir zu viele Freiheit lasse, was bei meiner großen Jugend und meinem Hang zu einem wilden Leben gerade nicht wünschenswert sei. Aber Frau von Waldschmidt meinte, ich könne gerade in dieser Hinsicht nirgends besser aufgehoben sein als in dem Regiment des

Fürsten Y . . ., der unsere Familie kenne und mich gewiß unter seine besondere Obhut nehmen würde, eine Versetzung von dem einen Regiment zu dem anderen ließe sich ja leicht bewirken usw. Mein Vater dankte für die Aufmerksamkeit, ließ es indessen vorerst dabei bewenden, und nach ein paar Tagen reiste ich allein nach Mainz ab, meine militärische Laufbahn antretend, die wenigstens lustig genug werden sollte.

IX

Mainz; seine Geschichte – Ich werde zu dem Regiment Y. versetzt; Formation desselben – Die Familie Jung – Die Mitternachtsmessen – Eine tödliche Krankheit – Das Regiment erhält Ordre, nach Toul zu marschieren – Ich gehe zu meiner Wiederherstellung auf Urlaub – Chastelers Maitresse, und eine Nacht im Bären – Napoleon hält eine Revue in Mainz – Ich bekomme einen Transport Rekruten nach Toul zu führen

Mit zwar etwas beklommenem Herzen; aber leichtem Sinn, leichter Bagage – mein militärisches Equipement sollte ich erst beim Regiment erhalten –, ziemlich gefüllter Börse, übrigens frohen Muts verließ ich das Vaterhaus und setzte mich in den nach *Mainz* abfahrenden Postwagen. An meinen solideren Kenntnissen trug ich auch nicht schwer: Geschichte, Erdbeschreibung und Französisch, das ich gut sprach und schrieb, waren die einzigen Dinge, die ich ziemlich gründlich kannte, namentlich hatte ich Plutarch, Cäsar und Titus Livius gut inne; meine Muttersprache, das Deutsche, sprach und schrieb ich nicht einmal sehr korrekt, ebenso sprach ich nur schlecht englisch, und in der Mathematik wie im Zeichnen hatte ich es auch nicht sehr weit gebracht, eine Hand schrieb ich, daß es zum Erbarmen war, dagegen hatte ich in frivoleren Künsten eine ziemlich hohe Stufe erreicht; in der Musik, im Klavier und Singen war ich ein Virtuose, dabei ein guter Reiter und ebenso guter Tänzer. Von allen meinen Büchern hatte ich nur die, welche von den Militärwissenschaften handelten, die ich erst kürzlich bekommen hatte, und sodann noch Schillers Don Carlos und Fiesko, Kramers Adolf der Kühne, Raugraf von Dassel – dies war mein Homer und Plutarch – und den Klavierauszug des Don Juan eingepackt und mitgenommen.

In Mainz angekommen, stieg ich im Gasthof „Zur hohen Burg“ ab, denn man hatte mir gesagt, daß sich dort ein allerliebstes Wirtstöchterchen befände; ich fand mich aber getäuscht, es war eine zwar jugendliche, frische, rotwangige, aber ziemlich derbe Schönheit, für die ich in meinem

Leben nie inklinierte, blieb indessen trotzdem vorerst da wohnen. Am nächsten Morgen stellte ich mich meinem Regimentschef vor, der mich wohlwollend empfing und einer Kompagnie zuteilte. Der Dienst des kaum errichteten Regiments war noch nicht geregelt, und ich hatte vorderhand nichts weiter zu tun, als mich bei den Appellen einzufinden, und benutzte die müßige Zeit, mich in dem alten Mainz umzusehen und bei einem Ingenieuroffizier Unterricht in der praktischen Feldmeßkunst und Fortifikation, sowie bei einem Unteroffizier-Maitre-d'Arme (Fechtmeister) in der Fechtkunst zu nehmen. Mir ahnte, daß es mir an Händeln der besten Sorte nicht fehlen würde. Glücklicherweise war damals kein Theater in Mainz, das mich von meinen Berufsstudien hätte abwendig machen und zu sehr zerstreuen können.

In Mainz war es zwar sehr lebendig, denn die Festung wimmelte von Militär jeder Waffengattung, aber die Stadt bot doch im ganzen einen traurigen Anblick. Überall stieß man noch auf die Spuren der letzten schweren Belagerungen; Häuser, Klöster und Paläste lagen teilweise in Ruinen; das Dalbergische Palais, die drei Schweinsköpfe genannt, alle Gebäude am sogenannten Höfchen, wo die schöne tempelartige St.-Sebastianskapelle, die alte Jesuitenkirche stand, waren zum Teil halb abgebrannt oder ganz von Kanonenkugeln zerschossen, und selbst der Dom hatte ein melancholisches Ansehen, seine Türme waren dach- und fensterlos. Das kurfürstliche Schloß war jetzt der Aufenthalt des Jammers und Elendes, und in den prächtigen Prunkgemächern, wo früher die glänzendsten Feste gefeiert wurden, standen längs den kahlen Wänden Krankenbetten, in denen oft unheilbar Kranke und Verwundete ihr Dasein verfluchten; die Fürstenwohnung war ein Lazarett geworden. Noch stand die alte Martinsburg, die 1481 Erzbischof Diether erbaut hatte, aber öde und leer, fenster- und türlos, war sie der Aufenthalt von Eulen, Uhus und Unken, und wurde bald darauf (1806) von den Franzosen abgerissen. Das merkwürdige alte Kaufhaus, unter Kaiser Ludwig dem Bayer (1314–1317) erbaut, eines der seltsamsten und kostspieligsten Denkmäler jener Zeit, war ebenfalls noch vorhanden (das französische Gouvernement ließ es 1812 demolieren), und im deutschen Ordenshaus wohnte ein französischer General. Eine meiner Lieblingspromenaden war nach der hoch und herrlich liegenden uralten Stephanskirche, zu der man durch einsame Mauerstraßen und Weingärten, an alten Gebäuden vorüberkommend, gelangte. Sie wurde schon im Jahre 990 zuerst aus Holz, später aus Stein aufgeführt. Der Dom, der 1009 feierlich eingeweiht wurde, war seitdem durch nicht weniger als sechs Feuersbrünste verheert worden, machte sieben Belagerungen mit und wurde zweimal stark bombardiert. In seinen hochgewölbten Hallen und Kreuzgängen brachte ich manche Stunden bei den Gräbern Diethers von Isenburg, Heinrich Frauenlobs und Karl des Großen Gemahlin, Festrada, zu, und studierte die Freiheitsakte, welche Erzbischof Adalbert 1135 den Mainzern verlieh, und die auf den erzenen Türen der Kirche eingegraben sind. Die herrlichen Deckengemälde in der Ignatiuskirche, die in der Mitte der langen Augustinergasse liegt, erregten ebenfalls meine Bewunderung. In die Zitadelle, wo ein Teil des Regiments lag, führten mich häufig Dienstangelegenheiten; hier befindet sich jenes alte Denkmal aus der Römerzeit, der Drususstein genannt; sicher ist, daß er schon vor Christi Geburt stand und wahrscheinlich dem Drusus zu Ehren errichtet wurde, auch zugleich ein Turm des alten Castri moguntiaci gewesen sein kann. Aber nirgends war ich heiterer als wenn ich, auf der langen Rheinbrücke stehend, nach Bieberich und dem Rheingau hinabblickend, den kristallgrünen Wellen des majestätischen Stromes folgte und mich in diesem Anschauen verlor. Es gibt nicht leicht eine großartigere, das Gemüt mehr erhebende Aussicht, als die auf den alten Vater Rhein in seiner größten Breite, der die schönsten Gauen Deutschlands, zwischen lachenden Weinbergen und sich türmenden Felsgebirgen, hinabwogt. Noch eine lange Strecke sieht man die Fluten

des schmutzig-gelben Mains, dem einige überpatriotische Poeten eine blonde Farbe angedichtet haben, in den grünen des Rheins, die sich nur ungern und widerstrebend endlich mit ihnen zu mischen scheinen, abgesondert dahinströmen.
Den schönsten Anblick gewährt aber Mainz von den Hochheimer Höhen herab; hier übersieht man die herrliche Lage der uralten, ehedem golden genannten Stadt und ihre Türme, Kirchen, Hügel und schönen Anlagen mit einem Blick, sie liegt gleich einem zu unsern Füßen aufgerollten Gemälde vor den freudig bewundernden Augen.
Bis zur französischen Revolution war der kurfürstliche Hof zu Mainz einer der glänzendsten Deutschlands, und die ältern Mainzer, die ihn noch gekannt, wußten mir nicht genug von dessen Pracht und Herrlichkeit zu erzählen. Man war auch sehr freigebig gegen die Armen gewesen, und auf der schönen kurfürstlichen Favorite, ein Lustschloß mit einem großen Park auf einer Anhöhe am Rhein, das während der Revolutionskriege zerstört worden war, wurden fast täglich Dürftige gespeist. Auch in den überreichen Klöstern konnte sich der Arme jeden Mittag eine warme Suppe holen. Dies war freilich kein großes Verdienst von den im Überfluß schwelgenden feisten Pfaffen, die das Mark des herrlichsten Landes von Europa verzehrten, das sie inne hatten, und die die abfallenden Brosamen doch lieber an wohlgenährte Hunde als an die bittere Armut verschenkten. Nachdem die fetten Klostergüter in arbeitsame und industriöse Hände übergingen, verschwand das ekelhafte Heer der Bettler, und das Auge wurde bald ebensowenig mehr durch den Anblick des schmutzigsten Elends als durch den der trägen, widerlichen Schmerbäuche und der gemästeten kupferroten Vollmondsköpfe von Pfaffen beleidigt.
Unter den mancherlei Bekannten, die ich in meinen freien Stunden besuchte – das französische Exerzitium, das wir jetzt zweimal des Tags mit großem Eifer auf dem Glacis der Zitadelle betrieben, nahm täglich vier bis fünf Stunden

in Anspruch – war es hauptsächlich das Haus des Hofrats Jung, unsers alten Familienfreundes, bei dem ich schon bei der Reise zu Schinderhannes Hinrichtung logiert hatte, das mich am meisten anzog. Dies war eine höchst achtungs- und liebenswürdige Familie, welche, in guten Vermögensumständen sich befindend, besonders den Wissenschaften und Künsten huldigte. Der älteste Sohn Eduard beschäftigte sich mit Malerei, die Töchter Mimi und Agnes mit Musik, Zeichnen und auserwählter Lektüre, zwei kleinere Jungen besuchten noch die Schule. Der Vater, ein hochwissenschaftlich gebildeter und sehr vorurteilsfreier Mann, Witwer, widmete sich fast ausschließlich der Erziehung seiner Kinder. Die Abende in diesem Haus wurden meistens in einem vertrauten Familienkreis, abwechselnd mit kritisierenden Unterhaltungen über die neuesten ausgezeichnetsten literarischen Erzeugnisse, mit Vorlesungen, Musik und Deklamation usw. auf das angenehmste hingebracht. Bisweilen verlor man sich auch in das Feld der Politik, das damals unermeßlichen Stoff bot; dies jedoch nur, wenn man so ganz unter sich war, denn es war sehr gefährlich, sich über das Treiben des damaligen allmächtigen Gewalthabers und seine Staatskunst selbst nur bescheiden auszulassen, und nicht ratsam, seine Meinung offen zu äußern. Ich selbst war indessen zu jener Zeit ein blinder Verehrer des neugebackenen Kaisers, in dem ich einen zweiten Cäsar erblickte; seine glänzenden Siege hatten auch mich wie so viele tausend andere verblendet. Jung aber fällte sehr richtige Urteile über den korsischen Machthaber, die sich auch später vollkommen bewahrheiteten, und die ich beinahe, als in einem prophetischen Geist gesprochen, ansehen möchte. Was aber diesen unterhaltenden Abenden den meisten Reiz verlieh, war die älteste Tochter des Hauses, Mimi, ein Mädchen, das bei körperlicher Schönheit unendliche geistige Reize besaß und bald der Gegenstand meiner innigsten Verehrung ward, ohne daß ich gerade ein sinnlicheres Vergnügen als ihre Unterhaltung gewünscht oder begehrt hätte.

Vier Wochen mochte ich ungefähr in Mainz sein, dessen heitere, lebenslustige und muntere Bewohner mich weit mehr ansprachen als die griesgrämigen, besorglichen Prozentgesichter meiner Vaterstadt, als mich eines Morgens mein Oberst zu sich rufen ließ und mir eröffnete, daß meine Familie wünsche, ich möchte in das Regiment treten, welches Fürst Y... im Begriff sei, für den Kaiser der Franzosen zu formieren. Er habe, wenn mir dies angenehm sei, nichts dagegen, ob er gleich glaube, daß ich in seinem Regiment wohl ebensogut und vielleicht noch besser als in dem des Fürsten mein Glück machen würde. Ich erwiderte hierauf, daß ich die Entscheidung meinen Eltern überlassen wolle. Mir war die Sache ziemlich gleichgültig, obgleich das Regiment Latour schon einen großen Vorsprung hatte und beinahe organisiert war; indessen versprach ich mir doch eine angenehmere Existenz im Regiment Y., in dem ich alte Bekannte aus Offenbach anzutreffen hoffte; auch sagte mir dessen Uniform (hellblau mit gelbem Kragen, weißen Paspel und Silber) mehr zu als die dunkelgrüne mit Rot des Regiments Latour-d'Auvergne. Noch denselben Tag erhielt ich einen Brief von meinem Vater, in welchem er mir meldete, daß er den folgenden Tag nach Mainz kommen würde, um mich dem Fürsten Y., bei dem schon alles eingeleitet sei und der in den Drei Reichskronen logiere, vorzustellen. Gegen Mittag des bestimmten Tages kam mein Vater an, und wir machten sogleich unsere untertänigste Aufwartung bei Seiner Durchlaucht. Der Fürst war außerordentlich gnädig, erbot sich sogar, mich sogleich mit Unterleutnantsrang anstellen zu wollen, was mein Vater sich gehorsamst verbat, indem er wünsche, daß ich von der Pike auf dienen solle, was indessen gar nicht tunlich war, aus dem einfachen Grunde, weil, außer einem Dutzend designierter Offiziere, das Regiment erst nur noch auf dem Papier vorhanden war. Der Fürst erteilte mir daher den Rang eines Furiers und verwies mich an den Kapitän Quartier-Maitre, Herrn Viriot, einen äußerst humanen und liebenswürdigen Mann, in dessen Bureau ich

einstweilen arbeitete, um mich mit der militärischen Komptabilität zu befreunden.
Fürst Y. setzte alles in Bewegung, das Regiment möglichst bald zu formieren und vollzählig zu machen, was um so schwieriger war, da keine Franzosen in demselben aufgenommen werden durften, dies wurde aber nicht so genau genommen; indessen würden doch Jahre damit hingegangen sein, wenn nicht besondere Ereignisse die Komplettierung schnell möglich gemacht hätten. Erst ganz kürzlich hatte der Krieg mit Österreich (1805) begonnen, und soeben hatten 33 000 Mann Österreicher mit 60 Kanonen, 40 Fahnen, 18 Generalen usw. bei Ulm das Gewehr gestreckt und sich zu Gefangenen ergeben. Aus diesen Gefangenen rekrutierte man nun so viel als möglich für das Regiment Y., wobei man sich mitunter der gewissenlosesten Kunstgriffe und Kniffe bediente. Man machte die Leute betrunken und spiegelte ihnen Gott weiß was alles vor, um sie zu bewegen, französische Dienste zu nehmen, versprach ihnen großes Handgeld, 60–100 Franken, das sie nie erhielten, usw. Im übrigen hatten es diese Leute weit besser in französischer Gefangenschaft, wo sie alle mögliche Freiheit genossen, auf Arbeit gehen durften, gut genährt waren usw., als in ihrem frühern Dienst. Noch weit schlimmer spielte man später den bei Austerlitz gefangenen Russen und Österreichern mit, um sie zu vermögen, Dienste bei den französischen Fremdenregimentern zu nehmen; man zwang sie durch den Hunger dazu, indem ihnen die vom Gouvernement zugedachten Portionen von den mit diesen Austeilungen beauftragten Beamten im Einverständnis mit den Werbern so sehr geschmälert wurden, daß sie unmöglich davon leben konnten und der ärgste Feind des Menschen, der Hunger, sie nötigte zu dienen, um sich zu sättigen. Fürst Y. selbst hatte diese Schändlichkeiten zwar nicht befohlen, war aber schwach genug, denen, die sie begingen und die für jeden angeworbenen Mann zehn Franken erhielten, durch die Finger zu sehen; obendrein wurden die armen Teufel noch um das ihnen

versprochene Hand- oder besser Blutgeld geprellt, das größtenteils nichtswürdige Speichellecker, die sich dem Fürsten angenehm zu machen gewußt, unterschlugen und einsteckten. Fürst Y. hatte den Fehler begangen, viele Offiziere ohne weitere Prüfung und oft auf sehr verdächtige Empfehlungen hin, bei dem Regiment anzustellen, wodurch gar manche nichtswürdige Subjekte in dessen Reihen figurierten, die wegen allerlei schlechter Streiche, Betrügereien usw. aus andern Korps fortgejagt wurden. Dadurch kam das Regiment in sehr übeln Ruf. So war z. B. ein gewisser Wable, ein ehemaliger Douanenleutnant, den man wegen Diebstahl zum Teufel gejagt und der nur mit genauer Not der Galeere entgangen war, als Adjutant-Major angestellt; der Kerl hatte ein so widrig konfisziertes Gesicht und Äußeres und stand in einem so abscheulichen Ruf, daß man ihn sogar in öffentlichen Gast- und Kaffeehäusern nicht mehr hatte dulden wollen; allein er hatte dem Fürsten Y. gewisse geheime, eben nicht sehr ehrenvolle Dienste erwiesen, weshalb er sich dessen Protektion zu erfreuen hatte. Als er später einen Teil der Löhnung der Rekruten unterschlug, kamen bei dieser Gelegenheit seine andern Streiche zur Sprache, und er mußte dennoch fort, um sich wo anders hängen zu lassen. Später säuberte sich das Regiment allerdings nach und nach von seinem Unkraut, aber der böse Ruf war einmal da und nicht so leicht auszumerzen, besonders da auch die aus aller Welt zusammengerafften Soldaten es nicht an Exzessen aller Art fehlen ließen.

Mein Dienst wollte immer noch wenig sagen, obgleich das erste Bataillon – von einem Bataillonschef namens Duret kommandiert, der früher Hauptmann und Generalissimus des 40 Mann starken Heeres des Fürsten Y. und dessen Günstling war – bereits vollständig, und ich der ersten Kompagnie desselben zugeteilt war; aber noch war es weder gekleidet noch bewaffnet und konnte also nicht einexerziert werden. Auf dem Bureau des Quartiermeisters brachte ich des Tages nur wenige Stunden zu, und hatte die übrige Zeit so ziemlich für mich, für meine Studien und andere Angelegenheiten und benutzte sie bestens. Das Jungsche Haus frequentierte ich fortwährend, Mimis Umgang wurde mir täglich teurer, obgleich er ganz platonischer Art war, vielleicht aber gerade deshalb. Auch schien ich dem liebenswürdigen Mädchen nicht zu mißfallen, und wir brachten manche Stunde mit wissenschaftlicher Unterhaltung oder vierhändige Sonaten spielend zu. Da mir indessen mit einer bloß geistigen Liebe nicht gedient war und einesteils eine mir sonst nicht eigene Scheu mich hinderte, von dem Mädchen mehr als bisweilen einen verstohlenen Kuß zu verlangen, andererseits sich auch keine Gelegenheit darbot, ihr meine Zuneigung noch reeller zu erkennen zu geben, da wir fast nie auf längere Zeit allein waren, so suchte ich mich anderwärts dafür zu entschädigen, und fand auch bald, was ich suchte. Mimis älterer Bruder hatte mich in Tanzstunden eingeführt, die im Schröderschen Kaffeehaus wöchentlich einigemal gegeben wurden, und hier lernte ich wieder eine Henriette, die Tochter vom Haus, und eine Luise, eine Anverwandte des Kaufmanns Kretzinger, bei dem sie sich aufhielt, kennen. Beide Mädchen waren katholisch, und bald war ich so weit mit ihnen, daß wir uns in den einsamen Kreuzgängen der abgelegenen Stephanskirche sprachen und dann auch deren Turm bestiegen, um der herrlichen Aussicht, die man von demselben in die paradiesische Umgegend von Mainz hat, teilhaftig zu werden.

Als das Weihnachtsfest herangekommen war, verabredete ich mit Luise, daß wir uns bei der Mitternachtsmesse in der Quintinskirche treffen würden, während mich Henriette in die St. Stephanskirche beschied, ich selbst jedoch dieser Feierlichkeit gerne im Dom, wo der Bischof fungierte und sie am glänzendsten begangen wurde, beigewohnt hätte. Es gelang mir indessen, die den beiden Mädchen gemachten Versprechungen zu erfüllen und auch das Ende der Feierlichkeiten im Dom zu sehen, auch hatte ich im Vorübergehen sogar noch einen Blick in die Emeranskirche geworfen. Nachdem ich in St. Quintin einige Minuten neben Luise gekniet, ihr die Hand gedrückt und ihr ein paar Worte zugeflüstert hatte, verlor ich mich nach St. Stephan und kniete hier neben Henriette, betete mit ihr ein kleines Weilchen und war wirklich von dieser mitternächtlichen Feier der Geburt des Christuskindes ergriffen; die Beleuchtung der hochgewölbten Hallen um diese Stunde, das hinter einem hohen Gitter prächtig erleuchtete Chor, in dem sich die Gestalten der Priester wahrhaft phantastisch bei ihren Bewegungen um den Hochaltar zeigten, das Halbdunkel des übrigen spärlich erleuchteten Teiles der Kirche, der düstere, aber doch melodische Gesang machten auch auf mich Nichtkatholiken einen so tiefen Eindruck, daß ich den eigentlichen Zweck meines Herkommens ganz vergaß und, von der Feier des Gottesdienstes hingerissen, nicht mehr an die neben mir kniende Schöne dachte, die ohnehin in Begleitung einer Tante der Feier beiwohnte. Als der größte Teil derselben vorüber war, flüsterte ich ihr ein „Gute Nacht" zu und eilte in den Dom; hier fand ich die weiten, düster beleuchteten Hallen sehr öde, nur hier und da kniete eine vermummte Gestalt einsam und verlassen – die anderen Kirchen waren zum Erdrücken voll –, nur das Chor war belebt und mit einem Heer von Geistlichen aller Grade angefüllt, an deren Spitze der Bischof in seinem Ornat fungierte; ich war kurz vor der Beendigung der Messe angekommen. In diesem Tempel war der Eindruck auf mich ein ganz anderer als zu St. Stephan, das Ganze hatte etwas schauerlich Unheimliches; zum erstenmal in meinem Leben hatte ich einem solchen nächtlichen Gottesdienst beigewohnt und konnte lange die Bilder nicht aus meiner Phantasie verdrängen. Diese Feier hatte von jetzt an immer etwas Anziehendes für mich, und ich versäumte nie, ihr beizuwohnen, wenn sich Gelegenheit dazu bot.

Acht Tage später wurde zur Feier der Neujahrsnacht ein großer Ball in dem Schröderschen Kaffeehause veranstaltet, den auch der Marschall Lefebvre und sein ganzer Generalstab mit ihrer Anwesenheit beehrten, und dem ich, obgleich ich mich sehr unwohl fühlte, dennoch in Zivilkleidern beiwohnte; denn ich konnte unmöglich die mit meinen liebenswürdigen Freundinnen eingegangenen Engagements versäumen und hatte zudem eine neue Intrige mit einer sehr pikanten Französin, der Frau eines Kriegskommissärs, Mad. Nellier, angeknüpft, von der ich mir viel Unterhaltung versprach. Das Schicksal wollte es anders. Schon nach ein paar Quadrillen fühlte ich mich so unwohl, daß ich gezwungen war, den Ball zu verlassen; kaum zu Hause angekommen, rüttelte mich ein starkes Fieber, das in eine schwere, hitzige Krankheit, einen Lazarettyphus ausartete, den ich mir im Dienst durch Ansteckung zugezogen hatte. Immer noch auf dem Bureau des Quartier-Maitre abeitend, wurde mir häufig der Auftrag, die aus den Gefangenen angeworbenen Rekruten zur körperlichen Visitation zu dem Regimentsarzt zu führen, wo sie sich ganz nackend auskleiden mußten. Ich führte dann diejenigen, die krank befunden wurden, in das Lazarett, wo dieser Typhus herrschte, der sehr viele Leute und auch manche Einwohner von Mainz wegraffte. Hierdurch hatte ich mir aller Wahrscheinlichkeit nach die Krankheit zugezogen, die mich in zweimal vierundzwanzig Stunden an den Rand des Grabes brachte. Als der Fürst Y. von meinem Zustand unterrichtet wurde, befahl er, daß man mich sogleich ins Lazarett schaffen solle, wo ich durch seine Vermittlung in den Offizierssaal gebracht ward, in dem noch am nämlichen Tage ein Dragonerrittmeister, mein nächster Bettnachbar, an derselben Krankheit starb. Auch mich hatte man bereits aufgegeben, und ich begreife nicht, warum mich damals Freund Hein verschonte; wie lange hätte ich jetzt den Sprung in jene Welt, den wir ja doch alle einmal machen müssen, überstanden. Aber eine Krisis, ich weiß nicht, soll ich sie eine glückliche oder unglückliche nennen, trat ein, nach der ich allmählich besser ward. Gerade nach dem Tag als man mein Ende erwartet hatte, öffnete sich gegen Mittag die Türe unseres Zimmers, und mein guter Vater trat

mit bekümmerter Miene an mein Bett, er schien mir ein tröstender Retter, tat alles, was er konnte, mir Mut einzusprechen, und brachte jeden Tag zweimal mehrere Stunden an meinem Krankenlager zu, solange er sich in Mainz aufhielt; erst als ich außer aller Gefahr war, reiste er ab, mich reichlich mit Geld und was ich bedurfte, versehend. Etwas hatte für den Augenblick denn doch diese Krankheit und der Anblick der Sterbenden um mich herum meinen angeborenen Leichtsinn verscheucht, er stellte sich aber mit dem allmählichen Besserwerden wieder ein. Auch Hofrat Jung, der wider mein Wissen und Wollen meine Krankheit an meine Eltern berichtet hatte, besuchte mich einigemal, und das Bild seiner holden Tochter Mimi war das einzige, welches mich in dieser Periode fast immer umschwebte, während mir alle anderen ganz aus dem Sinne gekommen waren. Auch mein Kapitän, St. Jüst, ein sehr guter Mann und ein Verwandter des Verfassers des Libretto des Kalifen von Bagdad, des Johann von Paris und noch so mancher anderer Stücke, dem mich mein Vater noch besonders empfohlen, kam einigemal, um nach mir zu sehen.
Während ich noch rekonvaleszent im Lazarett lag, erhielt das Regiment Befehl, sich binnen weniger Wochen marschfertig zu machen, um seine endliche Formation in Toul in Lothringen zu vollenden. Der Grund hierzu war, daß viele der neuangeworbenen Rekruten ein paar Tage nach ihrem Engagement mit den erhaltenen Effekten wieder über die Rheinbrücke gingen und desertierten, was ihnen in Toul nicht so leicht war. Ich erhielt jedoch, nachdem ich das Lazarett verlassen hatte, einen Urlaub von vierzehn Tagen, den mein Vater vor seiner Abreise von dem Fürsten erbeten, um meine völlige Widerherstellung im elterlichen Hause abzuwarten.
Noch sehr schwach verließ ich das Krankenhaus, das frühere Schönbornsche Palais am Tiermarkt, in welchem zu den kurfürstlichen Zeiten so manches Prunkfest gefeiert worden, und das sich jetzt in die Herberge des Elends um-

gestaltet hatte, und bezog wieder meine Wohnung in der hohen Burg. Mein erster Besuch war bei Jung, dem ich freundschaftlich vorhielt, daß er an meine Eltern geschrieben, denen ich keine unnötige Sorgen habe machen wollen, und die von meiner Krankheit erst nach überstandener Gefahr oder nach meinem Tode hätten erfahren sollen. Mimi schien über meinen Anblick zu erschrecken, denn ich sah noch sehr leidend und elend aus; mit einem „Ach, mein Gott!" eilte sie auf mich zu, faßte mich bei der Hand und sagte endlich: „Dank dem Himmel, daß Sie dem Leben wiedergeschenkt sind, lieber Freund, wir waren recht bange um Sie!" In diese Worte legte sie einen nicht zu beschreibenden Ausdruck. Als wir uns bald darauf allein im Zimmer befanden, fiel sie mir um den Hals und gestand mir mit Tränen, die ich nicht wert zu sein fühlte, daß sie recht sehr besorgt um mich gewesen; ich drückte sie innig an mich, und Brust an Brust wechselten wir minutenlange Küsse; erst durch das Kommen ihrer Tante wurden wir aus unserem Vergessen erweckt. – Meine Abreise nach Frankfurt war schon auf den nächsten Morgen festgesetzt, was das liebe Geschöpf viel zu früh fand, sie meinte, sie würde mich nicht mehr wiedersehen. Ich lächelte bei diesen Worten der blühend schönen Jungfrau, welche behauptete, eine nur zu sichere Ahnung sage es ihr. Sie klagte, daß sie sich schon seit einigen Tagen nicht ganz wohl befinde. Indessen konnte ich meine Abreise unmöglich länger aufschieben. Mimi veranlaßte, daß man mich für diesen Abend zum Essen einlud und ersuchte mich, doch ja beizeiten zu erscheinen, da dies der letzte Abend sei, den wir in diesem Leben zusammen zubringen würden. Nochmals lächelnd, versprach ich gerne, was das liebe Mädchen wollte, kam schon mit einbrechender Nacht wieder und brachte noch ein paar selige Stunden mit ihr am Klavier zu, wo wir abwechselnd vierhändige Sonaten spielten und uns küßten. Mehrmals mußte ich ihr versprechen, sie doch nicht ganz zu vergessen, und auf dieses „ganz" legte sie einen besonderen Ausdruck, dabei kamen ihr immer die Tränen in das schöne, halbverklärte Auge; aus einer letzten heißen Umarmung wurden wir durch den Ruf „zu Tische" geweckt, an dem nichts munden wollte. Dies schrieb man meiner kaum überstandenen Krankheit zu, jedoch war die trübe Stimmung, in die mich das Mädchen zu versetzen gewußt, allein die Ursache davon, denn ich hatte bereits wieder guten Appetit. Um zehn Uhr nahm ich mit bewegtem Herzen Abschied von der gastfreundlichen Familie und fuhr am anderen Morgen nach Frankfurt ab.

Meine guten Eltern hatten mich erwartet und empfingen mich, wie einen vom Tode erretteten Sohn, mit unendlicher Liebe und zärtlichem Wohlwollen, nachdem man mich nach den geringfügigsten Umständen meiner Krankheit und deren Behandlung mit großer Teilnahme gefragt hatte, fiel meine Mutter plötzlich mit den Worten ein: „Sieh, lieber Ferdinand, wärest du Kaufmann geworden oder hättest studiert, so wäre dir dies gewiß nicht begegnet." Sie meinte, daß, wenn ich wolle, es noch Zeit sei, umzusatteln und in das ruhige bürgerliche Leben zurückzukehren. Der Meinung waren auch mehrere meiner Verwandten, ich aber beharrte darauf, bei dem Militär zu bleiben, hoffend, unter Napoleon eine recht glänzende Karriere zu machen; ich lehnte alle Einladungen eines Heeres von wißbegierigen Vettern und Basen ab, die mich gerne zu Tode gefüttert hätten, um ihre löbliche Neugierde zu befriedigen.

In Frankfurt sah es wieder sehr kriegerisch aus, und die Stadt wimmelte von französischem Militär, das zu dem Armeekorps des Marschalls Augereau gehörte; auch hatte man ihr abermals eine starke Kontribution auferlegt, was die französische Uniform eben nicht beliebt machte und Ursache war, daß auch ich ungern in derselben gesehen wurde.

Zehn Tage mochte ich etwa im Vaterhaus sein, als meinem Vater gerade bei Tische ein schwarzgesiegelter Brief übergeben wurde, der, die Adresse lesend, erschrocken ausrief: „Mein Gott, das ist ja vom Hofrat Jung!" Auch ich entsetzte mich, und ehe wir uns recht besinnen konnten, sagte mein Vater, nachdem er einige Zeilen durchlaufen, mit bebender Stimme: „Mein Gott, Jungs Tochter, die Mimi, ist an derselben Krankheit gestorben, die Ferdinand gehabt." – Ich ward leichenblaß, stand mit verhülltem Gesicht vom Tische auf, und es war mir in diesem Augenblick, als schwebe die verklärte Engelsgestalt dieses Mädchens an meinem Auge vorüber. Nachdem ich mich ein wenig erholt, erzählte ich meinen Eltern, ohne ihnen jedoch unser näheres Verhältnis mitzuteilen, was mir das Mädchen beim Abschied versichert hatte, worüber sie, namentlich meine Mutter, höchst erstaunt waren. Sie meinten, ich könne die Krankheit in dieses Haus gebracht haben, was wenigstens möglich war und uns viel Kummer verursachte, da der gute Jung so schrecklich für sein Wohlwollen belohnt wurde. Ein paar Tage ging mir die Sache im Kopfe herum, und ich konnte sie trotz aller Zerstreuungen, die man mir bot, nicht aus meinen Gedanken entfernen, das Engelsköpfchen schwebte mir, wenn auch undeutlich, doch immer vor Augen; indessen machten ein paar Abschiedsritte nach Homburg und Offenbach, wo ich meine alten Bekannten und Freundinnen noch einmal, und namentlich meinen Lehrer, den Hofprediger Breidenstein, und den Oheim Oberpfarrer aufsuchte, auch von den Homburger Hoffräuleins mich in französischer Uniform bewundern ließ, daß ich der Hingeschiedenen bald weniger gedachte und sie mir zugunsten der Lebenden aus dem Sinne schlug.

Die Zeit meines Urlaubs war um, und zum zweitenmal nahm ich vom Vaterhaus und der ganzen verwandtschaftlichen Sippschaft einen herzbrechenden Abschied; manche von ihnen glaubten, daß Toul schon außer der Welt liege, aber Sophia von La Roche meinte, sie würde es noch erleben, mich mit Generalsepauletten geschmückt zurückkehren zu sehen. Nochmals reichlich mit Mutterpfennigen versehen, bestieg ich den Mainzer Postwagen, in dem ich nur einen einzigen Passagier, und zwar ein zierliches, niedliches junges Mädchen antraf, mit dem ich bald eine interessante Unterhaltung anknüpfte, und von ihr erfuhr, daß sie die Geliebte des sich damals in Hanau aufhaltenden Marquis von Chasteler sei und auf acht Tage nach Mainz gehe, um ihre daselbst wohnenden Eltern, ganz ehrsame Bürgersleute, zu besuchen. Nichts war wohl geeigneter, meine durch den Abschied und Mimis Tod etwas düsteren Gedanken zu verscheuchen, als eine so hübsche Gesellschafterin tête-à-tête in dem engen Raum eines Postwagens; auch kam mir die Reise trotz des Schneckengangs eines Postwagens jener Zeit gewaltig kurz vor. In Hattersheim, wo umgespannt wurde, nahmen wir ein kleines, aber fröhliches Mahl ein, nach dem wir uns wieder vergnügt in den alten Rumpelkasten sperren ließen, und waren bald einverstanden, daß wir unter dem Siegel der strengsten Verschwiegenheit – denn käme es an den Tag, so wäre Susannchen, so hieß die kleine Lose, um ihre Stelle bei dem Herrn Marquis gekommen, – beide in Kassel im schwarzen Bären übernachten wollten, wo wir uns zwar zwei Zimmer, die jedoch im Innern miteinander kommunizierten, geben ließen. Erst gegen Mittag des anderen Tages gingen wir müde und ermattet über die Rheinbrücke, wo ich Susanna an das Haus ihrer Eltern begleitete und beim Abschied das Geheimnis zu wahren und sie zu besuchen versprach; ich hielt in beiden Dingen Wort, bis Chasteler längst verfault war. Die Götter mögen wissen, was aus Susanna geworden ist. Die nächste Nacht schlief ich wieder allein in meiner hohen Burg, und zwar so vortrefflich, daß mich schwerlich eine Kanonade aus dem Schlaf erweckt haben würde. Ich meldete nun meine Zurückkunft dem sich noch immer in Mainz befindlichen Quartier-Maitre Viriot, der mich recht freundlich bewillkommnete und mir ankündigte, daß in einigen Tagen ein Transport von etwa sechzig Mann Rekruten zum Regiment abgehen müsse, den er mir zur Führung übergeben würde, da ich der einzige jetzt noch in Mainz vorhandene Unteroffizier des Regiments sei. Ich fühlte mich hierdurch nicht wenig geehrt und besuchte einstweilen meine Main-

zer Bekannten; aber mit beklommenem Herzen und nicht ohne ein peinliches Gefühl der Wehmut betrat ich das Haus des Hofrats Jung, denn ich hielt es für ziemlich gewiß, daß ich die Ursache des Todes dieses hoffnungsvollen Mädchens war, deren Schwester Agnes ich ebenfalls leidend, sowie Vater und Brüder sehr angegriffen fand. Jetzt glaube ich es aber nicht mehr, denn ich bin bis zu einem gewissen Grad Fatalist geworden. Nur zweimal wiederholte ich diesen Besuch vor meiner Abreise, dagegen fand ich mich desto häufiger bei Susanna ein, die aber bald auf Befehl ihres hochgebietenden Herrn zurückkehren mußte.
In Mainz hatten sich unterdessen immer mehr Truppen von allen Waffengattungen gesammelt, deren Bestimmung jedermann noch ein Rätsel blieb, da der Friede mit dem fast vernichteten Österreich so gut wie geschlossen war. Wenige Tage vor meinem Abmarsch kam der allgemein bewunderte Sieger, Kaiser Napoleon, nach Mainz und ließ die hier und die in der Umgegend liegenden Truppen die Musterung passieren. Hier sah ich den Helden des Jahrhunderts zum erstenmal, und zwar ganz bequem in der Nähe, indem ich ihm Schritt für Schritt folgte, als er die lange Front der auf der großen Bleiche und dem Schloßplatz aufgestellten Truppen hinabritt und deren Reihen musterte. Ich hörte, wie er hier und da einem Inspekteur oder Stabsoffizier eine mißfällige Bemerkung ziemlich schonungslos machte, sah, wie er bei manchem alten Soldaten, der das Zeichen seiner Tapferkeit im Angesicht trug, ein paar Augenblicke verweilte, sich erkundigend, wo und bei welcher Gelegenheit er die Schmarren und Wunden davongetragen. Er versicherte die Truppen, daß sie bald Gelegenheit erhalten sollten, sich neue Lorbeeren zu erwerben, worauf ein ungestümes „Vive l'Empereur" wie ein Lauffeuer durch die Reihen donnerte.
Ich muß gestehen, daß mich Napoleons Äußeres nicht befriedigte, namentlich verriet seine Gestalt und seine Haltung eben nicht, was man sich gewöhnlich unter einem Helden vorstellt, sie hatte nichts Majestätisches, ja nicht ein-

mal etwas Edles, dagegen war sein Blick so finster imponierend, daß er mehr erschreckte als anzog. Er hatte aber für die Soldaten dennoch etwas Aufmunterndes, so daß derselbe auf den, der ihn einmal gesehen, auch noch in Napoleons Abwesenheit einen magischen Einfluß ausübte und ihm gleich einem leitenden Genius bei den ersten Waffentaten und Kämpfen vorschwebte und begeisterte.

Zwei Tage nach dieser interessanten Musterung erhielt ich die Feuille de Route für mich und meinen Transport und trat mit demselben den Marsch nach Toul an, nachdem ich die Nacht vorher noch einem brillanten Maskenball in spanischem Kostüm beigewohnt und mit Luise und Henriette die Abschiedswalzer getanzt hatte.

X

Marsch von Mainz nach Toul – Abscheuliche Zusammensetzung des Transports – Oppenheim – Worms – Desertation und Diebereien – Die Pfalz – Dürkheim – Kaiserslautern – Die Familie Karcher – Landstuhl – Homburg – Saarbrücken – Eine getröstete Strohwitwe – St. Avold – Courcelle – Ein schmutziger Vorfall – Metz – Ich werde in das Militärgefängnis gesetzt – Spitzbübereien des Quartiermachers – Die Sehenswürdigkeiten von Metz – Pont a Mousson – Ankunft in Toul

Ungeachtet ich die vorhergehende Nacht fast ganz durchschwärmt hatte, stand ich doch am andern Morgen um sechs Uhr marsch- und reisefertig vor der Wohnung des Quartier-Maitres, der mir noch einige Instruktionen erteilte, an der Spitze meines einige siebzig Mann starken Transportes. Dieser bestand in aus allen Ecken und Enden zusammengerafftem Gesindel, noch ungekleidet und unbewaffnet; da waren preußische, österreichische, bayerische, hessische Deserteure, Polen, Russen, Böhmen und Ungarn, alles durcheinander, zum Teil noch die abgenutzten Uniformen ihres früheren Dienstes tragend, zum Teil in Lumpen gehüllt. Das Ganze hatte ein recht abenteuerliches Aussehen und glich eher einer Räuberbande oder einem zusammengelaufenen Vagabundenkorps als einem militärischen Detachement. In der Tat waren auch ein paar Kerle dabei, die früher unter der Bande des Schinderhannes gestanden und sich dessen sogar gegen ihre Kameraden rühmten. Außerdem ward mir noch eine ganz besondere Zugabe, nämlich die Frau und die vier Töchter des Wagenmeisters des Regiments, die noch zurückgeblieben waren und die nebst einigen Weibern verheirateter Rekruten den weiblichen und wahrhaftig nicht am leichtesten zu dirigierenden Teil des Transportes ausmachten; sie waren mir überdies angelegentlich vom Kapitän Viriot empfohlen worden. Von diesem war es jedoch eine leichtsinnige Unvorsichtigkeit, einem noch so jungen, ganz dienstunerfahrenen, kaum 16 Jahre zählenden Menschen ein solches De-

tachement zur Führung zu übergeben, bei dem sich die abgefeimtesten und verschmitztesten, mit allen Hunden gehetzten Galgenstricke, die selbst einem unter den Waffen ergrauten Krieger noch zu schaffen gemacht haben würden, befanden; auch machten sich die Folgen dieser Unüberlegtheit nur zu bald fühlbar.
Um acht Uhr marschierten wir ab und zum neuen Tor hinaus. Noch manchen nicht ganz wehmutslosen Rückblick warf ich auf das alte Mainz, wo ich, nur kurze Zeit dort, doch so manche vergnügte Stunde hatte. Nach der Marschroute war mir ein vierspänniger Wagen für die Bagage und allenfallsige Marode zugeteilt, diesen nahmen, kaum vor dem Tore, Deßwarts – so nannte sich die Familie des Wagenmeisters – in Besitz, behauptend, daß sie der Herr Quartier-Maitre darauf angewiesen habe; auf dessen Empfehlung hatte ich auch einem gewissen Lamertz, einem preußischen Deserteur, welcher vorgab, Feldwebel in jener Armee gewesen zu sein und wegen Händeln mit seinem Hauptmann, der ihn zu ungerechten Dingen habe nötigen wollen, dieselbe verlassen zu haben, die Marschroute übergeben, damit er die Quartiere machen könne; Viriot hatte ihm außerdem versprochen, daß er bei seiner Ankunft bei dem Regiment wieder eine Unteroffiziersstelle erhalten solle. Dieser Mensch war jedoch ein Ausbund von Verschmitztheit und in allem, was man damals preußische Pfiffe und Kniffe nannte, trefflich bewandert. Der erste Marsch, nach Oppenheim, ging glücklich und munter vonstatten, wir hatten heiteres Wetter, einige Rekruten sangen lustige Schelmen- und Soldatenlieder; wir kamen durch die, ihrer Weine wegen berühmten Orte Laubenheim, Bodenheim und Nierstein, und in letzterem Orte, der sehr alt ist und ehemals eine königliche Burg hatte, ließ ich halten und, um mir die Burschen anhänglicher zu machen, jedem Mann einen Schoppen Niersteiner, der freilich nicht von der ersten Qualität sein mochte, auf meine Kosten verabreichen. Dieses versetzte die Leute in die beste Stimmung, sie ließen mich hochleben, aber auch zum Dank ein paar

Gläser verschwinden, die ich samt dem Wein bezahlen mußte. Vor Oppenheim kam uns Lamertz mit geschäftiger Miene entgegen, mir ein Quartierbillett mit den Worten „Ein fürstliches Quartier, Herr Furier", überreichend. Es war bei einem Apotheker, wo ich aber nichts weniger als etwas Fürstliches, ja nicht einmal etwas Anständiges fand, denn trotz meiner Ermüdung vom Tanz und Marsch konnte ich fast die ganze Nacht kein Auge wegen des Ungeziefers schließen. Das Detachement wurde aber in dem, eine halbe Stunde von Oppenheim entfernt liegenden Dorf Dienheim einquartiert, wohin auch ich eigentlich gehört hätte. Aber mein dienstfertiger Lamertz meinte, daß dort gar kein passendes Unterkommen für mich sei, der Transportkommandant müsse doch etwas extra haben, dies gehöre sich, und er wolle sorgen, daß alles in bester Ordnung abliefe. Ich führte die Leute nach Dienheim, und nachdem ich den Sold, den ich ihnen nach Viriots Vorschrift Tag für Tag selbst auszahlen sollte, verabreicht und die Appelle gehalten hatte, begab ich mich nach Oppenheim zurück und sah mich in demselben und dessen Nähe um. Vor dieser Stadt standen die Ruinen eines alten Nonnenklosters, das im Dreißigjährigen Krieg zerstört wurde, bei welcher Gelegenheit den armen Nonnen von der brutalen Soldateska arg mitgespielt worden sein soll; die Überbleibsel der Kirche waren noch ziemlich wohl erhalten und hatten eine angenehme Lage auf einer Anhöhe unfern des Rheins, auf dessen jenseitigem Ufer die sogenannte Schwedensäule, eine Pyramide von rotem Stein, an dem Platz steht, von wo Gustav Adolf auf einem Scheunentor über den Strom setzte. Oppenheim war ehemals eine freie Reichsstadt, ist aber ein unansehnlicher und schlecht gebauter Ort, der jedoch eine der schönsten gotischen Kirchen Deutschlands besitzt, deren eine Hälfte beinahe in Ruinen zerfällt. So wenig ich mich damals noch um Gemälde, namentlich wenn sie religiöse oder heilige Gegenstände darstellten, bekümmerte, so fiel mir doch eines in dieser Kirche auf, nämlich eine Darstellung der Empfängnis Marias, auf welchem

Gott Vater ihr den Heiligen Geist ins Ohr hineinbläst. – Hier sind auch an 5000 spanische Totenköpfe, welche die Schweden gemäht, aufeinandergeschichtet, und auf dem sogenannten spanischen Kirchhof liegen deren Körper begraben. Oppenheims Lage soll Ähnlichkeit mit der von Jerusalem haben; um sich dies zu denken, mag doch eine gute Portion Phantasie nötig sein.

Ich hatte zwar meinem Wirt empfohlen, mich ja mit Tagesanbruch wecken zu lassen, weil ich, so müde wie ich war, zu verschlafen fürchtete, aber mein unseliges Quallager machte, daß ich früher aufstand als einer der übrigen Hausbewohner, und ich diese wecken mußte, wenn ich das Haus nicht nüchtern verlassen wollte. Nach schnell eingenommenem Frühstück, das in einem Eierkuchen bestand, eilte ich nach Dienheim, wo beim Appell zwei Mann fehlten, die auch nicht wieder zum Vorschein kamen; statt ihrer aber fand sich ein Bauer ein, welcher klagte, daß ihm seine Einquartierung, die sich schon vor Tage davongemacht, zwei Gänse mitgenommen. Dies waren meine beiden Deserteure; ich gab dem Mann zwei Thaler für seine geraubten Vögel, um seinem Jammer ein Ende zu machen, und nahm mir vor, den Transport nicht mehr allein zu lassen, um möglichst solchen Unannehmlichkeiten vorzubeugen, was ich indessen nicht zu bewirken vermochte. Vor dem Abmarsch stellte sich auch noch Frau Deßwart mit ihren Töchtern ein, mir die Ohren voll schreiend über das schlechte Quartier, das sie gehabt, sie schoben die Schuld auf Lamertz, der sich selbst bei dem Herrn Pfarrer des Orts einquartiert hatte, wo er, wie sie behaupteten, trefflich versorgt gewesen sei. Ich empfahl dem Schlingel, doch in Zukunft galanter gegen diese Damen zu sein, was er auch versprach und sich lachend trollte.

Nachdem diese Dinge beseitigt waren, brach ich doch ziemlich munter nach *Worms* auf, wo wir ohne besondere Zufälle glücklich ankamen. Hier kündigte mir unser Quartiermacher an, daß wir abermals auf ein nahes Dorf, Forchheim, an dem die Reihe sei, Einquartierung aufzunehmen, verlegt würden, ich könne aber ein gutes Quartier in der Stadt haben. Ich verbat mir dies, wies das Billett zurück und marschierte mit meinen Leuten nach Forchheim, wo ich mich bei einem wohlhabenden Bauern einquartierte. Nachdem ich alles gehörig angeordnet zu haben glaubte, ging ich nach Worms zurück, um die einst so berühmte und wohlhabende Stadt, die jetzt kaum mehr ein Schatten ihrer ehemaligen Herrlichkeit war, in Augenschein zu nehmen. Auch Worms war schon unter den Römern ein fester Platz, Drusus hatte da ein Kastell angelegt, später hielten sich die fränkischen Könige hier auf, und die berüchtigte Brunhilde wohnte 613 in der königlichen Pfalz daselbst. Karl der Große war öfters in Worms, wo er im Palatium der Karolinger residierte und mehrere Maiversammlungen hielt. Auch so manche Reichstage wurden hier gehalten, von denen zwei von der größten Wichtigkeit waren, nämlich der von 1517, wo der Landfrieden bestätigt ward, und der von 1521, auf dem Luther erschien und sprach: „Hier stehe ich, Gott helfe mir, aber ich kann nicht anders." Wie man auch über den berühmten Reformator denken mag, so steht so viel fest, daß er einen ungeheuern Mut besaß und den Feuertod vor Augen hatte; auch das ärgste Schlachtgewühl ist Kinderspiel gegen die Lage und die Gefahren, in denen sich der wackere Martin befand. Viel glänzende Turniere und Kampfspiele wurden auch hier gehalten, und gar mancher Ritter wurde durch die Verabreichung der Siegespreise durch holde Frauenhände beglückt. Kaiser Max I. warf hier einen großprahlenden französischen Ritter, der die ganze deutsche Nation herausgefordert hatte, so unsanft aus dem Sattel, daß unter dem Hohn und Gelächter der ganzen Versammlung der Boden unter ihm erbebte. Auch in der Sage spielt Worms eine bedeutende Rolle, und die Hauptszenen der Nibelungen sind hierher verlegt; im Rosengarten, einer Aue des Rheins, wohnte Krimhilde und wurde der Lindwurm von Siegfried erlegt; noch zeigt man das Grab des gehörnten Siegfrieds, das nicht weniger als vierundzwanzig Schuhe mißt, sowie seine

Lanze siebzig. Früher, bis zum 14. Jahrhundert, führten viele Wormser Familien den Namen Niebelung. Die hier wohnende Familie der Dalberge war, wenn auch nicht ganz so alt wie die Montmorency, die schon bei der Sintflut unsern Herrgott baten, ihrer zu schonen, wie ein Gemälde ihres Hotels bis zur Revolution von 1789 bewies, doch immer noch alt genug, da ein Dalberg in römischen Diensten bei der Kreuzigung Christi als Hauptmann zugegen war und die Jungfrau Maria demselben zugerufen: „Bedeckt Euch doch, Herr Vetter!" Ein Sohn oder Enkel desselben befand sich unter dem Heer des Titus bei der Zerstörung von Jerusalem, kaufte eine Menge gefangene Juden, die er nach Worms versetzte und Stück für Stück mit einem Silberling bezahlte; daher stammen die vielen Juden in dieser Stadt, für die ihm die übrigen Einwohner wenig Dank wissen.
Worms hatte in seiner Blütezeit und bis zum Dreißigjährigen Krieg über 40 000 Einwohner, seine Mauern prangten mit mehr denn hundert Türmen, und ein Dutzend wohlbefestigter Tore führte in die feste Stadt; damals (1805) konnte es kaum 5000 Bewohner aufweisen, unter denen beinahe ein Fünftel Nachkommen der von Dalberg hieher geschafften Kinder Israels waren. 1689 wurde die Stadt von den Franzosen fast gänzlich zerstört, und an tausend Wohngebäude lagen in wenig Stunden in Asche; das Feuer hatten die Mordbrenner des jämmerlich großen Königs Ludwig XIV. angelegt und geschürt, während sie die Liebfrauenmilch und andere köstliche Weine aus den zerschlagenen Fässern, nachdem sie sich satt und dumm gesoffen, in die Straßen rinnen ließen, Frauen und Mädchen notzüchtigten, und raubten und stahlen. Fast nur der Dom war stehen, aber nicht unversehrt geblieben, denn auch diesen hatten die Räuber geplündert. Diese merkwürdige Kirche rührt aus dem achten Jahrhundert; noch ist ein Bildhauerwerk vorhanden, welches den Teufel und seine Großmutter darstellt. – In der lutherischen Dreifaltigkeitskirche befindet sich das merkwürdige Freskogemälde:

Luther auf dem Reichstag zu Worms, nebst einigen Bildern von Seekatz. – Bei dem nahen Dorf Pfißlichheim steht die Eiche, unter der Luther vor seinem Einzug in Worms ruhte; jenseits des Rheins liegt die ehemals so berühmte Abtei Lorsch.

Bevor ich wieder nach Forchheim zurückkehrte, nahm ich ein paar Flaschen von der echten Milch der Wormser Lieben Frauen mit; angekommen, kündigte mir mein Wirt an, daß, da seine Frau in den Wochen, er also geniert sei und mir deshalb keine Stube geben könne, er mich in die Schenke ausquartiert habe, ich mußte mich fügen, denn er hatte das Recht dazu. In der Schenke aber, die einer wahren Rauchhöhle glich, waren schon die Deßwarts einquartiert, denen man die Wirtsstube eingeräumt und eine Streu in derselben bereitet hatte; der Wirt erklärte mir nun, er habe kein anderes Lokal und müsse mir ein Lager in derselben Stube aufschlagen. Es war schon spät und kein anderes Quartier aufzufinden; zudem waren zwei der Mädchen nicht häßlich, eine, die jüngste, sogar recht hübsch, und ich ließ mir eine Streu in eine andere Ecke des Zimmers machen, bestellte für uns alle ein Abendbrot so gut man es haben konnte, dessen Hauptsubstanz Speck und Eier war, und gab meine Liebfrauenmilch zum besten. Dies machte die Damen fröhlich und munter, sie sangen, schäkerten, ich erlaubte mir manche Freiheiten, küßte abwechselnd die beiden liebenswürdigsten, und erst gegen Mitternacht begaben wir uns sämtlich und ziemlich ent- oder vielmehr nur zur Hälfte bekleidet zur Ruhe. Am andern Morgen war es schon hell am Tag, als der Bursche, den ich auf Lamertz' Rat zu meiner Bedienung auserwählt hatte, klopfte und mir zurief: „Herr Furier, die Leute stehen schon vor der Türe und erwarten Sie." – Ich sprang schnell von der Streu auf, zog meinen Rock an, hing den Säbel um, und als ich in den Hof trat, stürmten ein halbes Dutzend Bauern mit Klagen über ihre Einquartierung auf mich ein, die teils bestohlen, teils mißhandelt worden zu sein vorgaben. Dem einen waren ein paar Schinken, dem andern eine

Speckseite und dem dritten gar sein Sonntagsrock abhanden gekommen, einem vierten hatte man die Kuh mit Gewalt gemolken und einem fünften die Frau geschlagen, und als ich über die Täter die Appelle zu machen suchte, waren die Kerle zum Teufel gegangen und mein Faktotum Lamertz schon über alle Berge. – Dies war mir ein sauberes Kommando, ich wußte mir nicht anders zu helfen als die klagenden Bauern wieder mit Geld zu beschwichtigen, um Ruhe zu haben, und dachte bei mir selbst: Wenn so ein Transport solche Unannehmlichkeiten verursacht, was mag es erst sein, wenn man eine Armee zu kommandieren hat. Ich befahl den Abmarsch, und das auserwählte Korps, mit dem ich auf der Stelle die trefflichste Räuberbande hätte bilden können, marschierte singend und jubelnd zum Dorfe hinaus und freute sich, einen so nachsichtsvollen und humanen Führer zu haben. Nachdem ich etwa eine gute Stunde marschiert und ziemlich müde war, denn es war schon die dritte Nacht, die ich mehr wachend als schlafend zubrachte, setzte ich mich zu den Mädchen auf den Leiterwagen, an Mimis Seite, so hieß die jüngste von des Wagenmeisters Töchtern, und unterhielt mich recht artig mit ihr. Bei dem schönsten Wetter fuhren wir durch die Gauen der herrlichen Pfalz, ein schönes Land, dessen üppig bebaute Fluren und Weinberge Herz und Gemüt freudig erregen, und das besonders zur Zeit eines guten Weinjahrs und im Herbst in großer Pracht strahlt.
Unsere heutige Etappe war *Dürkheim,* und diesmal wurden wir nicht ausgewiesen, sondern blieben in der Stadt, welche der Mittelpunkt einer der fruchtbarsten und schönsten Gegenden am Rhein ist. Sie war die ehemalige Residenz der Fürsten von Leiningen, deren Schloß 1794 von den Franzosen zerstört wurde. Das romantische Tal, an dessen Eingang sie liegt, ist von Bergen, auf welchen zwischen schwarzen Tannen schöne Ruinen emporragen, umgeben. Unter diesen sind besonders die Überreste der Abtei Limburg interessant, welche als Muster der Baukunst des 11. Jahrhunderts dienen. Kaiser Konrad II. und seine

Gemahlin Gisele erbauten sie, ersterer legte 1030 den Grundstein zu derselben und noch an dem nämlichen Tag den Grundstein zum Dom von Speier. Ein Sohn des kaiserlichen Ehepaares hatte durch einen Sturz an der Stelle, wo die Abtei steht, das Leben verloren. In dieser bald wilden und schauerlichen, bald recht pittoresken Gegend lagerte auch der furchtbare Attila mit seinen Hunnen. Auf dem ziemlich kahlen Berg hinter Dürkheim befindet sich die sogenannte Heidenmauer, ein Kreis von locker aufgetürmten Steinen, den Ringwällen ähnlich, die man auf dem Altkönig antrifft; auch ein Opferaltar, welchen das Volk den Teufelsstein nennt, steht daselbst, jedoch außerhalb des Kreises. Man erzählt sich, der Teufel habe diesen Stein zum Bau der Abtei Limburg herbeischaffen sollen, ihn aber, da er ihm zu schwer ward, aus den Lüften herabfallen lassen. Dürkheim selbst bietet außer seinen Salinen wenig Merkwürdiges. Auch hier kamen wieder Klagen wegen Diebstählen an mich, und diesmal nahm sich der Maire selbst der bestohlenen Bürger an, rief mich beiseite und riet mir, das Gepäck der Rekruten durchsuchen zu lassen; ich willigte sogleich ein und ließ diese Prozedur durch zwei Gendarmen vornehmen, die der Maire zu meiner Verfügung stellte. Der Erfolg war, daß man bei einem Ungarn drei silberne Löffel, bei einem Polen mehrere feine Hemden und über ein Dutzend weiße Tücher, bei einem Böhmen eine silberne Uhr und ein paar Ringe, bei einem Russen einige zwanzig Talglichter und bei ein paar Deutschen eine Menge Linnen fand; die letzteren waren die Subjekte, die sich gerühmt hatten, bei der Bande des Schinderhannes gestanden zu haben. Mehrere dieser Gegenstände gehörten Dürkheimer Einwohnern, andere hatten die Kerle wahrscheinlich schon früher gestohlen. Die Bursche ließ ich nun sofort ins Gefängnis abführen, um sie durch die Gendarmerie von Brigade zu Brigade zum Regiment bringen zu lassen.

Nachdem diese unangenehme Operation beendigt war, trat ich den Marsch nach *Kaiserslautern* an. Mein dienstwilliger Quartiermacher hatte sich, weil ich über Ermüdung geklagt, angeboten, mir von jetzt an ein Reitpferd unentgeltlich zu verschaffen, was er schon zu machen wissen werde; ich lehnte dies jedoch ab, bat ihn dagegen, mir eines gegen bare Bezahlung für jede Etappe zu mieten, was er auch tat, und ich trat nun den Marsch beritten an. Der Weg führte zum Teil durch Wald und zwischen Felsgestein an Abgründen vorüber, gleich hinter Dürkheim hatten wir die Ruinen der malerischen *Hartenburg* vor Augen, von der noch mehrere Türme hinter dunkeln Tannen hervorragten. Beim Ausmarsch war das Wetter ziemlich gut, und die Leute sangen abwechselnd russische, böhmische und deutsche Lieder; aber bald verdüsterte sich der Himmel, und es trat Regenwetter ein. Ich hatte mehrere kranke Russen, die ich auf den hintern Teil des Wagens plazierte, während den vordern die Frauenzimmer einnahmen, aber alle wurden bald durch und durch naß. Der Marsch war lang, und erst gegen Abend trafen wir in Kaiserslautern ein, wo uns die Marschroute einen allen willkommenen Rasttag gewährte. Hier hatte mich Lamertz in ein eben nicht sehr anständiges Wirtshaus einquartiert, in dem es mir nicht behagte. Nachdem ich mich nach guten Quartieren in der Stadt erkundigte, wurde mir das Haus des reichen Kaufmanns Karcher als eines der besten empfohlen, der noch obendrein eine hübsche Tochter habe. Ich ging nun auf die Mairie, ein Billett auf dieses Haus verlangend, indem ich vorgab, daß Herr Karcher ein alter Geschäftsfreund meines Vaters in Frankfurt sei und es demselben gewiß sehr willkommen wäre, wenn ich bei ihm einquartiert würde. Man war auch so gefällig, meinem Ansuchen zu willfahren, schrieb jedoch auf die Rückseite des Billetts, welche Gründe ich angegeben, um es zu erhalten. Dies hatte ich nicht bemerkt, sondern steckte das Billett, ohne es weiter zu besehen, in die Tasche. Als ich zu Karcher kam, empfing mich dessen Frau, deren Mann verreist war, und wunderte sich, daß man ihr Einquartierung schicke, da sie schon einen Offizier habe; als sie aber das

Billett umwandte, las sie, was auf der Rückseite geschrieben stand, und sagte dann zu mir: „Ach, Ihr Herr Vater ist ein Geschäftsfreund von meinem Mann, ja so, das ist etwas anderes, darf ich um Ihren Namen bitten?" – „Mein Name ist Fröhlich, mein Vater Kaufmann zu Frankfurt und hat mir viele Empfehlungen an Herrn Karcher aufgetragen." – „So so, das ist recht schön, zwar entsinne ich mich nicht, den Namen Ihres Hauses gehört zu haben, doch er wird wohl in unsern Büchern stehen." – Diese Antwort machte mich verlegen, und um mich aus der Affäre zu ziehen, erwiderte ich: „Vermutlich", und setzte hinzu: „Aber es würde sehr unbescheiden sein, wenn ich Ihnen noch zur Last fallen wollte, da Sie schon Einquartierung haben, ich erbitte mir also das Billett zurück und werde mich in das Gasthaus verfügen, in welches man mich zuerst gewiesen, ich glaube, es ist der Schwan." – „Ei, behüte Gott", fiel jetzt Madame Karcher ein, „das kann ich nimmermehr zugeben, was würde mein Mann dazu sagen, wenn ich den Sohn eines Geschäftsfreundes abgewiesen hätte, und zudem genieren Sie uns nicht im mindesten, wir haben noch zwei Gastzimmer frei." – Diese freundliche Einladung wäre mir schon recht gewesen ohne die verdammten Bücher; ich stellte mich jedoch, als nähme ich sie an, und entfernte mich unter dem Vorwand, mein Gepäck bringen zu lassen, begab mich aber in mein Wirtshaus, mich mit diesem Quartier begnügend. – Ich mochte etwa eine gute Stunde daselbst sein, als ein junger Mensch eintrat, nach mir fragte und mir sagte, daß ihn Madame Karcher schicke, in deren Haus er Handlungsdiener sei, und daß mich die Dame bitten ließ, doch ja in ihrem Haus vorlieb zu nehmen, man hätte in den Büchern nachgelesen und die Firma unsers Hauses gefunden. Diesmal hatte mir der Zufall treffliche Dienste geleistet, ich nahm die gütige Einladung vergnügt an, folgte sogleich meinem Führer, und wurde von der Dame mit vielen Entschuldigungen, daß sie mich nicht sogleich mit offenen Armen aufgenommen habe, empfangen. – Bei Tische mußte ich ihnen viel von Frankfurt

erzählen, wo sie schon einigemal während der Messen gewesen waren, und ich befand mich so wohl bei der Familie, daß ich mich königlich freute, daß mein etwas unbesonnener Kniff eine so glückliche Wendung genommen hatte.
Den übrigen Teil des Nachmittags brachte ich damit zu, mich in Kaiserslautern, das an der Lauter liegt und etwa 3000 Einwohner zählen mochte, umzusehen, wo das französische Gouvernement gerade die alte Kaiserburg Friedrich I. sprengen ließ und die Steine davon verkaufte! – Doch waren die Hauptmauern dieser ehemaligen Residenz der Hohenstaufen so fest und solid, daß sie selbst dem Pulver noch widerstanden; es tat mir wehe, daß dieses Monument Barbarossas so vertilgt wurde. Hier war auch früher ein großer Fischteich, den man den Kaiserwog nannte, in welchem man 1497 einen beinahe zwanzig Fuß langen und über vierthalb Zentner wiegenden Hecht fing, den Kaiser Friedrich II. im Jahr 1230 in diesen Teich setzte, nachdem er ihm einen goldenen Ring hatte umschmieden lassen, auf welchem in griechischer Schrift die Worte zu lesen waren, daß ihn der Kaiser den 5. Oktober 1230 eigenhändig in dies Wasser getan; er war demnach 267 Jahre alt, als man ihn fing, billig hätte man ihn sollen leben lassen, aber Kurfürst Philipp verspeiste ihn an seiner Tafel. Eine Abbildung dieses merkwürdigen Fisches hing in dem alten Schloß.
Die Schlachtfelder in der Nähe von Kaiserslautern, wo die Franzosen 1793 und 1794 gegen die Preußen unter Braunschweig und Hohenlohe den Kürzern zogen – dennoch aber sind die hier vorgefallenen Schlachten in ihren Historien- und Jahrbüchern als von ihnen erfochtene Siege bezeichnet; so schreibt man die Geschichte! –, besah ich den andern Tag. 1795 vertrieb Moreau die Österreicher von hier. – Den Abend besuchte ich mit der Familie Karcher das ambulante Theater, wo von einer herumziehenden Bande „Otto der Schütz“ aufgeführt wurde; die Darstellung war so erbärmlich und die darstellenden Künstler so jämmerlich, daß ich Gott dankte, nicht einer wie diese zu

sein. Wir verließen auch den Wirtssaal, in dem die Vorstellung stattfand, noch bevor sie zur Hälfte beendigt war, und ich brachte den Rest des Abends recht angenehm im Familienkreis der Damen Karcher zu, denen ich nach dem Abendbrot auf dem Klavier vorspielte und vorsang, worüber sie sich entzückt stellten, und wünschte endlich meinen scharmanten Wirtinnen eine freundliche gute Nacht, die mir zurückgegeben wurde. Ich bedauerte recht sehr die Abwesenheit des Herrn Karcher, über die ich mich im Innern ebensosehr freute, nahm herzlichen Abschied und gab am anderen Morgen beim Weggehen den Dienstmädchen ein so gutes Trinkgeld, daß mein erschlichenes Quartier damit reichlich bezahlt war, wofür mir nebst dem Dank eine glückliche Reise von freundlichen Gesichtern gewünscht wurde.

Mein Faktotum Lamertz hatte mir wieder einen Rosinante besorgt und kündigte mir an, daß sich nicht weniger als sieben Marode bei dem Detachement befänden, die man auf dem Wagen fortschaffen müsse; dagegen gab es keine Deserteure, und es kamen auch zum erstenmal keine Klagen wegen Diebereien oder Exzessen vor, obgleich wir einen Rasttag gehabt hatten. – Der kurze Marsch nach *Landsstuhl* war in drei Stunden zurückgelegt, und da wir so früh daselbst ankamen und ich vollkommen ausgeruht war, so besuchte ich noch vor Tisch die interessanten Ruinen von Sickingens Burg, die gleich vor dem Flecken auf einem Berg liegen. Hier hatte einst Götzens treuer Waffenbruder gehaust und Ulrich Hutten und andern eine sichere Freistätte gewährt. – Noch erzählen sich die Landleute der Umgegend gar manche seltsame Geschichten und Sagen von dem wackeren Haudegen, der Worms, Metz und Trier zittern gemacht, religiöse Gewissensfreiheit wollte, sich wenig um Kaiser und Reich scherte und als bloßer Reichsritter Heere von 20 000 Mann befehligte. Hutten nannte seine Burg „Die Herberg zur Gerechtigkeit". Sein Grabmal wurde erst 1792 von den Franzosen zerstört. – In Landsstuhl war ich in der Post einquartiert, wo diesen

Abend gerade ein kleiner Ball von den Honoratioren des Orts veranstaltet wurde, an dem ich teilnahm und mit den Töchtern des Hauses tanzte, von denen die älteste wieder eine Mimi St.... und ein rotwangiges, hochbusiges Kind war, das recht wild walzte und mir nicht undeutlich zu erkennen gab, daß sie mir gerade nicht abgeneigt sei; ich hatte große Lust, die Sache weiter zu poussieren, als mir eine Dame, mit der ich Ecossaise tanzte, zuflüsterte: „Sie haben da eine Eroberung an der Tochter des Posthalters gemacht, auf die Sie eben nicht stolz sein dürfen, die Jungfer hat schon ein Hufeisen verloren, Sie werden leichtes Spiel haben." Dies kühlte mich zwar etwas ab, indessen konnte ich mich nicht enthalten, meiner gefälligen Tänzerin, des Maires Frau, zu erwidern: „Ei, was Sie mir da sagen, wer weiß, wie manche in denselben Fall gekommen wäre, wenn man es der Mühe wert gefunden hätte, sie zu versuchen." – Nach Mitternacht verließ ich den Tanzsaal, warf mich angekleidet auf mein Lager und marschierte um sechs Uhr nach *Homburg* ab, das mich nur seines Namens wegen interessierte. Hier war ich zum erstenmal bei einem Juden einquartiert, der mir aber ein so schmutziges Zimmer und Bett anwies, daß ich mich auf meine Kosten ausquartierte. – Auf dem nahen Karlsberg sieht man die Trümmer des prächtigen Schlosses, das die Herzoge von Zweibrücken mit ungeheuern Kosten erbaut hatten, und welches erst 1784 vollendet wurde; an 15 Millionen wurden auf die Anlagen desselben Berges verwendet! Hauchard hatte es in den Revolutionskriegen in Brand stecken und zerstören lassen. Auf der linken Seite dieses Berges liegen die malerischen Ruinen des schon im Dreißigjährigen Kriege zerstörten Schlosses Kirki.

Von Homburg führte uns die Marschroute nach der freundlichen Stadt *Saarbrücken,* ehemals die Hauptstadt einer Grafschaft dieses Namens; sie liegt an der Saar, über die eine steinerne Brücke führt, und hat an 6000 Einwohner, nicht unbedeutenden Handel und mehrere Fabriken. Ihre Grafen starben schon im 14. Jahrhundert aus, worauf das

Land an Nassau fiel – es gab eigene Fürsten von Nassau-Saarbrück, die aber 1727 ausstarben. Dann kam das Land an Nassau-Usingen, bis es nach dem Lünneviller Frieden französisch wurde. Jetzt war der Ort eine Kantonsstadt. Die Saar ist hier schiffbar und man sieht besonders viele Holz- und Kohlenschiffe.

Mein Glücksstern führte mich diesmal zu einer wohlhabenden Witwe, deren Tochter noch nicht lange an einen französischen Employé verheiratet war, der sich in diesem Augenblick in Dienstgeschäften auf mehrere Tage nach Zweibrücken begeben hatte, so daß das junge Weibchen Strohwitwe war, und bei der Mama im Haus wohnte. Ich knüpfte eine Unterhaltung mit den gesprächigen Damen an und hatte bald heraus, daß beide eben nicht sonderlich von der Heirat mit einem Stockfranzosen eingenommen waren, der kein Wort Deutsch verstand und sich beständig über alles, was Deutsch war, mokierte, auch scherzte die Mama über die Strohwitwenschaft des hübschen Töchterchens. Ich meinte, diesem Übel sei doch wohl noch abzuhelfen und bedauerte von Herzen, daß eine so schmucke junge Frau schon die Erfahrung nächtlicher Langeweile machen müsse. In der Stube stand ein Klavier, und ich bat die Dame, mich doch etwas von ihrer Kunst hören zu lassen, sie spielte und sang ein paar kleine Schmachtlieder mit zwar reiner, aber schwacher Stimme. Man fragte nun auch, ob ich nicht musikalisch sei, ich ließ mich erbitten und trug den Damen das alte Volkslied „Es hatt' ein Bauer ein junges Weib" usw. vor, wobei ich das errötende Weibchen ins Auge faßte. Hierauf probierten wir einige Duettinis, ich wollte das „Reich' mir die Hand, mein Leben" mit ihr singen, aber der Don Juan war ihr nicht bekannt, doch nahm sie es dankbar an, daß ich ihr das Duett einstudieren wollte. Während Mama ab- und zuging und sich mit dem Hauswesen beschäftigte, drückte ich der jungen freundlichen Strohwitwe die Hand, wagte bald einen Kuß auf die Wangen, dann auf den Mund und endlich eine Umarmung, bei der ich sie so fest an mich drückte, daß ich mich vollkommen von der straffen Elastizität zweier schön geformter Halbkugeln überzeugen konnte. – Man sträubte sich zwar ein wenig, machte Miene zum Schreien, aber ich lispelte: „Wo ist Ihr Schlafzimmer? Darf ich kommen? Es ist ja nur eine einzige, schnell vorübergehende Nacht, die morgen um diese Zeit, sowie mich selbst der Wind verweht hat, und niemand ahnt etwas davon."

„Mein Zimmer ist eine Stiege hoch, die erste Türe links, aber Sie dürfen sich nicht unterstehen zu kommen", stammelte mit hochpochendem Busen und kaum hörbarer Stimme die junge Frau.

„Aber ich komme doch, schließen Sie nicht ab", erwiderte ich, sie abermals umarmend.

„Ich schließe niemals ab, aber Sie dürfen nicht kommen."

Jetzt trat die Mutter wieder ins Zimmer, und ich wiederholte nur noch: „Doch." Ich speiste mit den Damen zu Nacht und wünschte ihnen dann wohl zu ruhen; als aber die Glocke elf schlug und im Hause alles still und stumm war, da schlich ich mich auf den Zehen und in den Strümpfen an das bezeichnete Zimmer. Leise, leise drückte ich an die nachgebende Klinke, öffnete die Türe und hüstelte ein wenig, um meine Gegenwart zu verraten.

„Bist du's, Luise?" hörte ich mit Schrecken die Stimme der Mama und machte möglichst leise die Türe wieder zu, vor der ich aber stehen blieb und lauschte, was es weiter gebe."

„Was war denn das? Was soll das heißen? – Ist jemand da?" hörte ich die Mutter wiederholen, blieb aber stumm wie eine Statue. – Als ich endlich nichts mehr hörte und sich die Alte auch nicht mehr regte, schlich ich mich fort, überzeugt, daß ich die rechte Tür verfehlt hatte, ich war an die erste Türe rechts gekommen, die von meinem Zimmer aus, das auf dem nämlichen Gang, was freilich links lag; ich suchte nun die erste Türe rechts von der Treppe aus, öffnete auch diese so sachte als möglich, und ließ ein Pst, Pst! vernehmen, worauf ein kaum hörbares Stimmchen sagte: „Mein Gott, wer ist denn da?"

„Ich bin es, holder Engel."

„Wie?“ sagte die Stimme noch leiser, „und Sie sind doch gekommen?“
„Alle Pferde der Welt hätten mich nicht zurückgehalten“, sagte ich ebenso leise, eilte auf den Ort zu, wo das Stimmchen ertönte, und verhinderte dessen Lautwerden durch einen Strom der feurigsten Küsse und eine lange, lange – Umarmung. – Erst gegen Morgen verließ ich das gastfreundliche Zimmer und Ehebett, nachdem ich dem guten Weibchen mit tausend Küssen ein herzliches Lebewohl gesagt und versprochen hatte, daß, wenn mich der Zufall wieder in diese Gegend führen sollte, ich gewiß nicht unterlassen würde, sie zu besuchen. – Ich sah sie nie wieder. – Ich hatte ihr gesagt, daß ich mich zuerst in das Zimmer ihrer Mutter verirrt, und fürchtete, daß diese etwas gemerkt habe, worüber sie lachte und ganz naiv sagte: „Ach, wenn Mama auch etwas gemerkt hat, so tut sie doch so, als hätte sie nichts gemerkt.“
Von Saarbrücken ging der Marsch nach *St. Avold,* die erste Stadt des ältern Frankreichs. In dieser Gegend ist das Erdreich so hart und steinig, daß man, um es umzuackern, acht bis zehn Ochsen oder Pferde vor einen Pflug spannen muß, auch sah ich hier zum erstenmal auf gut gesattelten Ochsen reiten. – Man baut meistens Wein. In dem Städtchen, das etwa 2500 Einwohner zählen mochte, wird nur französisch gesprochen, und man erlaubt sich hier, sowie überhaupt an der Grenze von Deutschland, mehr über die ehrlichen Deutschen lustig zu machen als im Innern von Frankreich. Sonderbar kam es mir anfänglich vor, jedermann und auch die untersten Klassen nur französisch reden zu hören. – Der nächste Tag führte uns nach *Courcelles,* ein großes, schön gelegenes und von Hügeln umgebenes Dorf, wo ich abermals mein Quartier in einer Schenke mit den Deßwarts teilen mußte. – Noch ruhte ich auf der Streu, als der Bursche, den ich dem Lamertz zum Quartiermachen während der Route mitgegeben hatte, vor mich trat und mir eröffnete, daß er seinen Kollegen schon seit dem gestrigen Abend vermisse, der samt seinen Effekten verschwunden

wäre, also aller Wahrscheinlichkeit nach desertiert sei, und nichts als die Marschroute zurückgelassen habe, die er mir bei diesen Worten zustellte. Daß der Kerl desertiert war, bezweifelte ich nicht, aber noch ahnte ich nichts von den andern Streichen, die er gemacht hatte, und die mich schon in unserm heutigen Etappenort, Metz, in eine arge Patsche bringen sollten. Ich gab dem andern Burschen, einem ehrlichen Bayer, der ein paar Worte Französisch stottern gelernt, die Marschroute zurück und trug ihm auf, damit nach Metz vorauszugehen und unsere Ankunft auf der Mairie anzukündigen. – Eine Stunde darauf setzte sich der Transport in Marsch. Außer Lamertz waren noch vier andere Bursche desertiert und mehrere marode.

Auf einem Halt dieses Marsches kamen die Damen Deßwarts mit den beiden andern Weibern dieses Transports und deren Männern in einen schlimmen Konflikt, der für die erstern sehr schmutzig endete. Seitdem wir auf altfranzösischem Boden waren, hatten wir statt eines vierrädrigen Leiterwagens nur zweirädrige Karren für die Bagage und Kranken bekommen, auf denen natürlich der Raum weit beengter war. Deßwarts, als des Wagenmeisters Töchter, vom Kapitän Quartier-Maitre empfohlen und obendrein von mir protegiert, machten Ansprüche, nicht nur auf die besten Plätze, sondern, wenn der Raum zu eng war, wollten sie, um nicht geniert zu sein, den andern Weibern nicht erlauben, den Karren zu besteigen; diese ohnehin schon wegen der Vorrechte, die jene hatten, neidisch, wurden nun wütend, da sie bei allem Wetter hintendrein zu Fuß laufen mußten. Als ich auf dem halben Wege nach Metz haltmachen ließ und eines dieser Weiber etwas von ihren Effekten von dem Karren nehmen wollte, wodurch die Mutter Deßwart, die eben ihr Frühstück, Wurst und Brot, einnahm, derangiert wurde, ließ diese ein flamländisches Schimpfwort fallen (Deßwarts waren Flamländer, sprachen jedoch französisch), welches die Deutsche verstand und noch derber zurückgab; hierauf entspann sich ein sehr heftiger Wortwechsel in flamländischer, französischer und deutscher Sprache, bei dem es an Kraftwörtern der drei Sprachen nicht fehlte; das andere deutsche Weib und deren Mann hatten sich ebenfalls darein gemischt, und letzterer endlich geschrien: „Was macht man viel Umstände mit den welschen H ...“; er hob den Vorderteil des Karrens, ihn bei der Schere fassend, so hoch, daß das Hinterteil, auf dem die fünf Frauen saßen, – die Pferde waren ausgespannt –, das Übergewicht bekam, der ganze Kasten das Oberste nach unten kehrte, und alles, was er enthielt, in eine sehr kotige Pfütze ausleerte, aus der die Mädchen unter dem Gelächter und Gespötte der Rekruten ganz beschmutzt hervorkrochen und samt der Mama heulend und fluchend zu mir in die Wirtsstube liefen, wo ich mein Frühstück einnahm, um ihre bitteren Klagen vorzubringen. Ich suchte sie möglichst zu besänftigen und zu beruhigen, was mir hauptsächlich durch ein kopiöses Frühstück gelang, das ich ihnen auf meine Kosten servieren ließ, ging hinaus, um den Kerl zur Rede zu stellen, der sich diese Ungezogenheit erlaubt hatte und sich damit ausredete, daß er es nicht so gemeint habe, die Schere sei ihm aus den Händen gerutscht und das Ganze wäre nur Zufall. Ich versprach ihm jedoch, daß ich ihn zu Metz, wo wir den zweiten Rasttag hatten, für diesen Zufall würde einstecken lassen, nicht ahnend, daß mir selbst dieses Schicksal so nahe bevorstehe. – Nachdem sich die Mädchen gereinigt und durch reichliches Essen und Trinken gehörig gestärkt hatten, setzten wir guter Dinge unsern Marsch fort und erblickten gegen Mittag die Türme der ehemaligen alten Reichs-, jetzt Hauptstadt des Moseldepartements; bald marschierten wir zwischen den berühmten Obstgärten dieser Stadt, welche köstliche Mirabellen, Reineclauden, Aprikosen usw., die treffliche Konfitüren geben, enthalten, den Toren zu. Aber schon vor einem derselben erwartete mich der vorausgesandte Quartiermacher und meldete mir, daß man auf der Mairie beim Durchlesen der Feuille der Route gewaltig die Köpfe zusammengesteckt und geschüttelt, und eine Menge Dinge gekauderwelscht habe, von denen er kein Wort verstanden hätte; aber es sei ihm vorgekommen, als wären die Herren sehr bös geworden. Als ich kaum auf dem Place-d'Arme angekommen war und die Appelle gemacht hatte, erschien ein Adjutant des Platzkommandanten, der mir andeutete, ich habe mich sogleich zu seinem Chef zu verfügen. Er führte mich auf die Kommandantur, wo mich der Platzkommandant mit den Worten „Ah Monsieur le fourrier, vous avez fait des jolies choses" anfuhr. „Monsieur le Sous-Inspecteur va passer la revue de votre detachement, et gare à vous si vous ne pouvez vous justifier." Ich war über diese Anrede sehr erstaunt und erwiderte: „Que je ne comprennais rien à cela" usw. Der Kommandant fiel mir aber ins Wort und sagte: „Eh bien je veux vous le faire comprendre, vous allez commencer par vous rendre en prison." Ich mußte ihm meinen Säbel abgeben und wurde sofort durch den Adjutanten in das Militär-Stadtgefängnis abgeführt, ohne zu wissen warum und weswegen. Hier traf ich in einem ziemlich geräumigen Lokal mehrere Unteroffiziere wegen Dienstvergehen verhaftet, diese kamen bei meinem Eintritt auf mich zu, hießen mich willkommen und verlangten, daß ich die *„Bienvenu"* bezahlen solle. Da ich nicht verstand, was sie eigentlich damit wollten, so erläuterte mir einer derselben, daß es sich darum handle, sie zu regalieren, wie dies Brauch und Sitte bei jedem neuen Ankömmling in den französischen Militärgefängnissen sei, wenn er gut gehalten und angesehen sein wolle. Ich gab an einen derselben, den man mir als den Herrn Präsidenten des Prison bezeichnete, weil er schon am längsten in demselben saß, 12 Franken, wofür derselbe sogleich Wein, Brot, Wurst und Käse holen ließ, was den Herren trefflich schmeckte, die mir dann, nachdem ich ihnen mitgeteilt, wie ich zu der Ehre ihrer Gesellschaft gekommen, Trost und Mut einsprachen und meinten, die Sache müsse sich bald aufklären. Noch sprachen wir darüber, als der Platzadjutant wieder eintrat und mir befahl, ihm zu folgen. Er führte mich vor den Inspecteur aux revues, der die Rekruten musterte, die in einem Glied aufgestellt waren, und an die er, die Marschroute in der Hand, verschiedene Fragen tat, welche alle unbeantwortet blieben, da ihn keiner der Leute verstand. Als er meiner ansichtig wurde, sagte er zu mir: „C'est donc vous qui commandez ce détachement?" – „Qui Monsieur." – „Eh bien vous n'êtes pas blanc." Er hielt mir nun zornig vor, warum ich auf jeder Etappe vier Wagen unter dem Vorwand von Kranken und Maroden requiriert habe, daß ich über sechzig Paar Schuhe in Kaiserslautern empfangen und keiner der Leute ein Paar ganze Schuhe an den Füßen habe, daß ich Brot und Quartiere fortwährend für einige siebzig Mann genommen und doch nur 56 vorhanden seien, daß sogar die Feuille de Route verfälscht sei, und er mich von hier weg ins Cachot bringen lassen wolle, um mich durch ein Conseil de guerre verurteilen zu lassen. Über alle diese Anschuldigungen war ich wie aus dem Himmel gefallen und wußte nicht, auf welche ich zuerst antworten sollte; erst als der mich scharf ansehende Inspecteur hinzufügte „Comment à votre âge tant de perversité, c'est terrible, cela vous menera droit aux galères!" bekam ich die Sprache wieder und erklärte in einem Strom von Worten, daß ich von allem, was er mir da gesagt, gar nichts verstünde und nicht wisse, was dies heißen solle, daß ich nie weder Schuhe noch Wagen noch sonst etwas requiriert, und seit dem Abmarsch von Mainz die Feuille de Route nicht eher als diesen Morgen, wo derjenige, der die Quartiere gemacht, desertiert sei, wieder zu Gesicht bekommen habe. Der Inspecteur und der Platzadjutant sahen sich einander und dann wieder mich an, und ersterer sagte darauf zum andern: „Allez chercher un interprête." – Dies war in Metz nicht schwer, und in ein paar Minuten war der Offizier mit einem Dolmetscher, der ein Jude war, zurück. Durch diesen nun ließ der Inspecteur die Mannschaft befragen, konnte aber nur von den Deutschen Auskunft erhalten, da ihn die Polen, Russen, Böhmen und Ungarn natürlich nicht verstanden. Ich mußte ergänzen, was die Leute über Lamertz aussagten, und der Inspecteur sah bald ein, daß dieser durchtriebene Spitzbube, der alle Kniffe und Ränke des Soldatenwesens genau kannte, meine Jugend und Unerfahrenheit benutzt und schändlich mißbraucht hatte, um sich zum Quartiermacher aufzudrängen und um sich Geld zu machen, wo und wie er konnte. Solange wir durch kleine Städte kamen, war dies eben nicht schwer, und die Herren Maires ließen sich leicht hinters Licht führen; statt der requirierten Wagen hatte er sich von den Bürgern oder Bauern, welche die Fuhren liefern sollten, etwas Geld geben lassen usw. Er wußte aber wohl, daß sich in Metz eine militärische Inspektion befinde, wo alles genau untersucht würde, und nahm daher im vorletzten Nachtquartier, gut mit Geld versehen, Reißaus. Wie ich später erfuhr, hatte man ihn eingefangen, aber er gab sich für einen entwischten Kriegsgefangenen aus, und man ließ ihn wieder laufen; dennoch entging er seiner Strafe nicht, denn ich traf ihn bald darauf zu Toulon, wo er wegen noch anderer Verbrechen auf zehn Jahre aux travaux forcés verurteilt war.

Der Inspecteur, den Zusammenhang der saubern Geschichte wohl einsehend, tadelte es scharf, daß man einem so jungen und unerfahrenen Menschen, wie ich es sei, einen solchen Transport von aus aller Welt zusammengerafftem Gesindel zur Führung übergeben habe, und erteilte Befehl, daß mir von Metz bis Toul, es waren nur noch zwei Etappen, drei Gendarmen beigegeben wurden, um die Bursche in gehörigem Respekt zu halten, von denen ein halbes Dutzend im Lazarett zu Metz zurückblieb.

Nachdem diese fatale Sache zu meiner großen Freude beendigt war und ich die Angelegenheiten meines Detachements in Ordnung gebracht hatte, ging ich, von allen Sorgen wieder befreit und um mich zu zerstreuen, die Merkwürdigkeiten der uralten Hauptstadt des Königreichs Metz, aus dem später das austrasische Reich entstand, zu besehen. Schon die Römer hatten das alte Mediomatrices, wie es zu ihren Zeiten hieß, außerordentlich verschönert, aber Attila hatte es im Jahr 452 furchtbar verheert. Als das Reich durch Lothar geteilt wurde, fiel Metz dem deutschen

Ludwig zu, später wurde es eine freie Reichsstadt. 1552 bemächtigte sich der Konnetabel von Montmorency durch List der Stadt, und trotz aller angewandten Mühe vermochte es Karl V. nicht, sie wieder zu erobern; im westfälischen Frieden wurde sie auf ewige Zeiten mit Frankreich vereinigt. Jetzt ist sie eine der ersten Festungen dieses Reiches und wird besonders durch eine sehr starke, ein Viereck bildende Zitadelle verteidigt, sieben wohlbefestigte Tore führen in das Innere der Stadt. Sie liegt in einer außerordentlich fruchtbaren Ebene an der Mosel und der Seille und zählt über 40 000 Einwohner, unter denen viele Juden sind, die sämtlich ein abscheuliches Deutsch reden. Einige Straßen sind schön und ziemlich breit, die meisten jedoch eng und krumm; unter den Plätzen zeichnet sich der geräumige Waffenplatz aus, die meisten Häuser sind aber alt und unbequem. Die Kathedrale St. Etienne ist ein interessantes gotisches Gebäude, das mit seiner Namensbase zu Wien einige Ähnlichkeit hat, der Turm ist 350 Fuß hoch; unter den andern fünfzehn Kirchen ist der schöne Tempel Saint-Vincent wohl eines Besuchs wert. Vor der Revolution war die Zahl der Kirchen, Klöster und Kapellen weit größer. – Das Schauspielhaus ist schön und hat elegante toskanische Arkaden, war aber, wie fast alle französische Provinztheater, schlecht besetzt. Ich sah die Oper „Aline, Königin von Golkonda“ aufführen, deren herrliche Musik ohrenzerreißend abgeleiert wurde. Die ehemalige Intendanz ist ein schöner Palast, der auf einer Insel liegt; sehenswürdig sind noch die große Kaserne und das Gouvernementspalais. Ein Präfekt, ein Divisionär und ein Bischof residierten hier, und Handel und Fabriken machten gerade keine schlechten Geschäfte; Wollenzeuge, Flanell und Molton hatten guten Absatz, und die Webereien nährten viele Arbeiter. In der berühmten Obstbaumschule zählte man über 100 000 Stämme, von denen jedes Jahr viele Tausende nach allen Weltgegenden versendet werden. Zur Zeit, in welcher das Obst reift, zahlt man zwei Sous Eingangspreis in die öffentlichen Obstgärten, wofür man die Erlaubnis hat, sich zum Zerplatzen an dem trefflichen Obst jeder Gattung satt zu essen; einstecken und mitnehmen darf man jedoch nichts. Angenehme Promenaden gewähren die sogenannte Insel und Esplanada. Eine Stunde von der Stadt findet man die Überbleibsel einer unter Drusus angelegten Wasserleitung, welche das zu den Naumachien nötige Wasser in die Stadt leitete. Die noch vorhandenen Bogen derselben nennt das Volk „Le pont du diable"; unter einem derselben läuft die Straße nach Nancy. Berühmt sind die Metzer Schinken und Würste, die man den Bayonner vorzieht. Die in Zucker eingemachten Früchte zieren die Tafeln aller Reichen Europas und Amerikas, ja sie werden in großer Quantität bis nach Ostindien verführt. In Metz beginnt die Eleganz der Kaffeehäuser und mit ihr das französische Kaffeehausleben, welches den Franzosen ebenso unentbehrlich ist wie den Deutschen die Weinstuben und Bierhäuser. Hier kamen Charles Ancillon und der General Cüstine zur Welt. Auf dem Marsch nach dem freundlichen Städtchen *Ponta Mousson*, das auf dem halben Wege nach Nancy und Toul liegt, erhielt ich die versprochenen drei Gendarmen zur Eskorte. Dieser Ort, der ungefähr 7000 Einwohner zählen mochte, hat auch ein Palais-Royal, welches mit jenem zu Paris jedoch wenig mehr als den Namen gemein hat. Auch diese Stadt liegt in einem angenehmen Tal an der Mosel am Fuß des Berges Mousson. Der Fluß teilt sie in zwei Teile, die durch eine Brücke verbunden sind. Sie hat große Kavalleriekasernen, einen schönen Waffenplatz und hübsche Promenaden, auch nicht unbedeutenden Handel, und ist Hauptort eines Kantons. Ihr alter Name ist Mussipons; die Grafen von Bar erbauten sie, und 1354 wurde sie zu einem Marquisat erhoben, 1572 wurde sie der Sitz einer Universität, die zwei Jahrhunderte lang bestand. Pont a Mousson wurde 1240, 1475 und 1632 belagert und eingenommen, wobei es sehr leiden mußte. Sie ist die Vaterstadt Durocs, Großmarschalls des Palastes Napoleons.

Endlich traten wir zu meiner großen Zufriedenheit den

letzten Marsch dieses für mich ziemlich beschwerlichen Kommandos an und kamen ohne weitere Un- oder Zufälle glücklich an dem Ziel unserer Bestimmung, zu Toul, an, wo ich meinen Transport an den Kommandanten des bereits formierten ersten Bataillons des Regiments Y. übergab. – Ich hatte ein gutes Lehrgeld für meine Unerfahrenheit bezahlt, das kam mir aber später zustatten.

XI

Die Garnision zu Toul – Ich werde Kadett-Sergeant – Schlechte Administration und Organisation des Regiments – Schlimmer Ruf desselben – Aufstand wegen des Handgeldes – Deutsches und französisches Liebhabertheater – Nancy – Eine Entführung – Ich werde Vorleser beim Fürsten und erhalte Arrest – Ein Duell im Mondschein – Eine Klopffechterei – Eine Fahrt nach Dom Remy – Das Haus der Jungfrau von Orleans – Abmarsch nach Avignon

Den Tag nach meiner Ankunft zu Toul meldete ich mich bei dem Regimentschef, dem Fürsten Y., der seine Residenz in dem ehemaligen bischöflichen Palast aufgeschlagen hatte und mich äußerst gnädig empfing. Ich mußte ihm alle Details über die Führung meines Transportes wiederholen, und Seine Durchlaucht geruhten sich über den Vorfall zu Metz beinahe halbtot lachen zu wollen und meinten, der Inspecteur daselbst habe gut sagen, daß der Quartier-Maitre den Transport einem gedienten und erfahrenen Unteroffizier hätte übergeben sollen, da in Mainz kein solcher, dem Regiment angehöriger mehr vorhanden gewesen. Der Fürst teilte mir nun noch mit, daß er Kadetten kreieren und bei jeder Kompagnie zwei anstellen werde, wobei er so gnädig war, mich sogleich zu einem solchen zu ernennen, sowie mir den Grad als Sergeant zu erteilen, da sich der eines Furiers wegen der Komptabilität nicht gut für mich schicke; ich möge mich nur jetzt mit dem Dienst recht befreunden, dann werde mein Avancement zum Offizier nicht lange auf sich warten lassen, und damit ward ich allergnädigst verabschiedet. Ich befolgte den mir gegebenen Rat, studierte fleißig das französische Dienstreglement sowie die Soldaten-, Peloton- und Bataillonsschule und tat bald meine erste Wache an der Porte-Royal.

Toul, das alte Tullum Leucorum, zur Zeit der Römer die Hauptstadt der Leuci, ist eine Festung vierten Ranges, deren schlecht unterhaltene Werke einem Feind, der es ernstlich meint, nicht lange widerstehen würden: Sie liegt an der Mosel in einer von Weinbergen umgebenen Ebene, hat ungefähr 8000 Einwohner, eine merkwürdige gotische Hauptkirche, schöne, geräumige Kasernen, und ist Chef-lieu eines Arrondissements im Departement der Meurthe. Die Wälle sind so niedrig, daß viele Rekruten des Regiments, das in der Stadt konsigniert war, von denselben herab und in die trockenen Gräben sprangen, um zu desertieren, weshalb die Unteroffiziere während der Nacht mit scharfgeladenen Gewehren um dieselben von außen patrouillieren mußten.

Es wurde nun den ganzen Tag auf den Plätzen vor den Kasernen exerziert, den Leuten die Handgriffe der französischen Waffen beigebracht und sodann marschiert. Dies ewige geisttötende Einerlei war mir bald in hohem Grade zuwider: Gewehr auf, Gewehr ab, rechts und links in die Flanken, Rechtsum kehrt euch, Ladung in 12 Tempi und 18 Bewegungen, die Stellung, der Gänsemarsch usw. waren 3–4 Stunden vor- und ebensoviel nachmittags die geistreiche Beschäftigung, die mir und allen andern zuteil ward. Der Fürst hatte deutsches Kommando, aus dem Französischen übersetzt, eingeführt, weil er behauptete, es sei ein deutsches Regiment, obgleich fast mehr Russen, Polen, Ungarn, Böhmen usw. als Deutsche bei demselben waren, und ich hier alle Gelegenheit hatte, eine göttliche Geduld auf die Probe zu stellen, um mich bei dem Einexerzieren dieser Burschen mehr durch Mienen und Gesten als durch Worte verständlich zu machen. Was aber noch schlimmer als das deutsche Kommando war, war, daß man auch deutsche Prügelei bei dem Regiment einführte, und zwar auf den Rat mehrerer Offiziere, die früher in österreichischen, preußischen und andern deutschen Diensten gestanden hatten und behaupteten, die Disziplin bei dem Regiment sei durchaus nur vermittelst deutscher Prügel zu erhalten. Diese wurden auch bald häufig genug zu Portionen à 25, 50 und 100, je nachdem die Vergehen waren, mit großer Freigebigkeit durch ehemalige österreichische Korporale, die am besten damit umzugehen verstanden, erteilt. Dieses Verfahren hatte zwei wesentliche Nachteile für das Regiment: zum ersten wurde dadurch alles Ehrgefühl bei den Soldaten erstickt, und zum andern wurde das Regiment von den französischen Truppen, mit denen es im Feld oder in Garnison zusammenkam, deshalb mit großer Verachtung angesehen und den Offizieren desselben nicht selten von den Offizieren französischer und sogar italienischer Regimenter diese Prügelei vorgeworfen, wodurch es dann natürlich zu Händeln kommen mußte. Sicher ist es, daß Salle de police und Salle de discipline, wie es die französischen Reglements vorschreiben, dieselbe und wohl noch weit bessere Wirkung gehabt hätten, denn der rohe Russe, Böhme und Ungar fürchten weit mehr Einsperrung, wenn auch nur auf wenige Tage, als eine Tracht Prügel, die er bald verschmerzte. Aber alle Vorstellungen einiger vernünftigeren Offiziere halfen nichts und konnten bei dem Fürsten nicht durchdringen, es blieb halt bei den Prügeln. Freilich bestand jetzt das Regiment schon aus beinahe 3000 Mann zusammengerafftem Gesindel aus allen Weltgegenden, und Diebstähle und Exzesse aller Art wurden täglich in Masse begangen, aber durch das Prügeln wurde es um kein Haar besser, eher schlimmer. Leider war auch ein Teil des Offizierskorps nicht viel besser als die Soldaten. Da waren bankerotte Kaufleute, gescheiterte Gastwirte, die mit dem, was sie aus dem Schiffbruch gerettet, den sehr einflußreichen Kammerdiener des Fürsten und einige andere seiner Umgebung durch Präsente bestochen und sogar den Grad eines Kapitäns erhalten hatten; auch verunglückte Advokaten, Professoren, abgesetzte Richter, Bürgermeister, französische Schauspieler und Gott weiß was alles für Schiffbrüchige aus allen Ständen hatten da einen Anker der Rettung, zum Teil auch als Feldwebel oder Furiere, gesucht und gefunden, bis sich nach und nach das Offizierkorps wieder reinigte und durch den natürlichen Gärungsprozeß von dem Untauglichen befreite. Auf dem Exerzierplatz hörte man in allen Sprachen reden, radebrechen und fluchen, und es war gewiß nicht eine Nation Europas, mit Ausnahme der türkischen, die nicht ihre Repräsentanten bei diesem Regiment gehabt hätte. Raufereien, Desertionen, Diebstähle und andere Exzesse waren so sehr an der Tagesordnung, daß die Rückseite der täglichen Kompagnierapporte ganz damit, sowie die Gefängnisse und Arresthäuser mit Delinquenten vom Regiment angefüllt waren. Besonders waren es auch die Unteroffiziere, zu denen man trotz des Verbots viele Franzosen, und zwar solche Subjekte genommen hatte, die aus französischen Regimentern wegen schlechter Streiche fortgejagt oder desertiert waren, welche nächtlichen Unfug in den Wirtshäusern und auf den Straßen begingen. Die Folgen von all diesem waren, daß das Regiment bald eine sehr traurige Berühmtheit erlangte, auf Märschen und in Garnisonen, wo ihm ein schrecklicher Ruf voranging, gefürchtet, von den französischen Truppen verachtet wurde und vor dem Feind wenig zuverlässig war. Aber an all diesen Dingen war nicht sowohl die schlechte Zusammensetzung als vielmehr die noch schlechtere oder doch ebenso schlechte Führung desselben schuld. In keiner Beziehung hatte man den Angeworbenen Wort gehalten, namentlich wurde ihnen das versprochene Handgeld nie ausgezahlt, und dies gaben die meisten der wiedereingefangenen Deserteure sowie viele derer, die einen Diebstahl begangen, als den Grund ihres Vergehens an; viele hatten nur gewartet, bis sie mit Schuhen, Hemden und Kapotten versehen waren, um sich wieder davonzumachen. Hierzu kam noch der Kontrast der Behandlung im Vergleich mit den französischen Truppen; in Toul lag das Depot eines Linienregiments, das sich einer äußerst humanen Begegnung von seiten seiner Vorgesetzten zu erfreuen hatte. In dem französischen Heer war damals ein sehr menschenfreundliches Benehmen der Höhern gegen die Niedern vorherrschend, wodurch die Untergebenen eine aufrichtige Zuneigung zu ihren Vorgesetzten faßten; dies ging durch alle Grade durch und bildete einen grellen Kontrast mit der sklavischen und zum Teil barbarischen Behandlung, die noch bei den deutschen Truppen beliebt war. Ein Lieblingsausdruck der deutschen Offiziere und Unteroffiziere gegen den Untergebenen, der eine, wenn auch noch so bescheidene Einwendung vorbrachte, war in der Regel: „Was will der Kerl noch räsonnieren, ich lasse ihn hauen, daß ihm die Schwarte kracht, oder krummschließen, daß er die Schwerenot kriegt usw." Freilich hätte es sehr schlimm um jene Heere gestanden, wenn sich Räson hätte dürfen geltend machen. Wie ganz anders war dies jetzt im französischen Heer, wo selbst der Gemeine seinem Obersten oder General ohne Bedenken alle möglichen Vorstellungen machen durfte und gewiß war, daß sie nicht nur mit Güte und Wohlwollen angehört wurden, sondern auch Eingang fanden, wenn sie sich als bewährt oder begründet zeigten. Unsere deutschen Stockhelden glotzten alles, was nach Vernunft schmeckte, mit stieren Augen an und waren nur Meister im gemeinsten Schimpfen und Fluchen; fast nie aber hörte man ein erniedrigendes Schimpfwort aus dem Munde eines französischen Offiziers gegen seine Untergebenen.

Mit den Prügeln wurde es bald so arg, daß ein jeder Kapitän deren nach Belieben austeilen ließ, ja sogar die Sergeantenmajore (Feldwebel) ließen auf ihre eigene Faust prügeln, und bei jedem Rapport wurden Tausende von Prügeln verordnet; der Fürst, der früher ebenfalls in österreichischen Diensten gestanden, fand dies ganz in Ordnung. Die Folgen waren Vermehrung der Desertion, aber dies war ja das, was die Kompagniechefs und Sergeantmajore wollten, denn jedem Deserteur wurden sogleich Schuhe, Hemden, Gamaschen, Polizeimütze und sogar Uniform aufgebürdet, die er noch gar nicht erhalten hatte, und die er mitgenommen haben sollte; auch wurde der Mann noch mehrere Wochen als präsent fortgeführt, und so Brot, Sold und andere Dinge für ihn empfangen; das Geld teilte der Hauptmann mit seinem Feldwebel, versteht sich so, daß er das Löwenteil erhielt, auch die Furiere hatten ihren Anteil. Die Sache war um so leichter tunlich, da die wieder eingebrachten Deserteure nicht in Untersuchung kamen, sondern den Kompagnien zur willkürlichen Bestrafung

übergeben wurden, die dann in einer gehörigen Tracht Prügel und Gefängnis bei Wasser und Brot bestand. – Der Fürst, der sich wenig oder nicht um den Dienst bekümmerte, ihn auch nicht verstand, ließ die Bataillons- und Kompagniechefs nach Gefallen schalten und walten. Auf der andern Seite durfte auch er nicht viel sagen, denn wie sah es mit den versprochenen Handgeldern aus? – Da ihm das französische Gouvernement doch 60 Franken für den Kopf gutgetan hatte! – Fürst Y. war kein böser, aber, was oft weit schlimmer ist, ein äußerst schwacher Mensch; er hatte sehr kostspielige Liebhabereien, unter denen die für gewisse Damen nicht die am wenigsten kostende war, dazu war seine Suite fast immer ein kleiner Hofstaat, und er führte viele Pferde, Bereiter, Dienerschaft usw. mit sich. Wer seine Schwächen zu benutzen verstand und Gelegenheit dazu hatte, konnte von ihm verlangen was er wollte; vielen Offizieren hatte er Bons für nicht unbedeutende Summen auf den Quartier-Maitre-Tresorier, sowie noch andere Bons abgegeben, so daß er in einem Monat oft zwanzigmal mehr auf die Regimentskasse anwies als sein Gehalt als Oberst betrug. So war das den Rekruten zukommende Handgeld, an 200 000 Franken, bald erschöpft, und was der Fürst aus seinem ohnehin schon mit Schulden belasteten Ländchen in Person bezog, denn seine Gemahlin, die Prinzen, der Hof mußten doch auch standesmäßig unterhalten werden, reichte bei weitem nicht aus, seinen Aufwand in Frankreich zu bestreiten. Da also das Übel von oben kam, war ihm schwer abzuhelfen; erst nachdem der Inspecteur von Metz mehrmals zur Musterung des Regiments gekommen war, und dabei empfindliche, harte und drohende Worte hatte fallen lassen, kam etwas mehr Ordnung in die Organisation, Administration und Führung desselben, doch fand immer noch Unterschleif genug, nur mit mehr Vorsicht und Behutsamkeit statt.
Das nicht ausgezahlte Handgeld führte indessen eines Tages einen sehr bedenklichen Vorfall bei der Wachtparade herbei. Kaum waren die Wachen nach ihren verschiedenen

Posten abmarschiert, als über 300 Mann, von einigen Unteroffizieren geführt, auf dem Paradeplatz erschienen und deren Sprecher, ein Sergeantmajor, von dem Fürsten verlangte, daß er ihnen sogleich das versprochene Handgeld auszahlen lasse. Der Fürst Y. und ein paar Stabsoffiziere wollten nun die Leute mit kurzen Worten und Drohungen abspeisen, aber diese erklärten durch ihren Dolmetscher, daß sie nicht eher von der Stelle gehen würden, bis man sie befriedigt habe. Nach mehrerem Hin- und Herreden wußte sich Fürst Y. nicht anders zu helfen, als ein paar tausend Franken bei dem Quartier-Maitre holen und einem jeden dieser Leute sogleich einen Sechslivretaler auf Abschlag auszahlen zu lassen, versprechend, das übrige sowie das Handgeld für das ganze Regiment solle unfehlbar in den nächsten 14 Tagen ausgezahlt werden. Die Leute begnügten sich damit und gingen in die Kasernen zurück, um das à conto Empfangene zu verjubeln und ihren Kameraden die gute Nachricht zu hinterbringen. Aber kaum hatten sie den Paradeplatz verlassen, als die Unteroffiziere, die sie angeführt hatten, arretiert und in das Militärgefängnis geworfen wurden; man machte kurzen Prozeß mit ihnen, und schon am andern Tage wurden sie bei der Wachtparade angeblich wegen Meuterei degradiert. Der Sergeantmajor hatte jedoch dabei furchtbar getobt und gedroht, er würde alle seine Beschwerden und Klagen wegen der Unterschleife und Betrügereien so vieler Kapitäne an gehörigem Ort vorzubringen wissen. Nachdem man ihn wieder ins Gefängnis zurückgebracht, war er nach einigen Tagen verschwunden; niemand wußte, was aus ihm geworden war; später habe ich in Erfahrung gebracht, daß man ihm den Mund mit Geld gestopft und einen Paß nach Deutschland gegeben hatte.

Nach diesem Ereignis war keine Rede mehr von der weitern Auszahlung des Handgeldes, obschon die Leute nicht aufhörten, deshalb zu murren.

Jetzt waren bereits die drei Bataillone des Regiments vollzählig und das erste ganz uniformiert, bewaffnet und ziemlich gut einexerziert. So gerne aber auch die Einwohner von Toul, und die Wirte insbesondere, Geld verdienen mochten, so war es den Inhabern der Speiseanstalten, Wein- und Branntweinschenken doch jedesmal nicht wohl zumut, wenn Gäste vom Regiment Y. bei ihnen einsprachen, da sich diese in der Regel betranken und dann, namentlich die Russen und Polen, Händel anfingen, oft alles zerschlugen und nicht selten Reißaus nahmen, ohne die Zeche zu berichtigen. Auch wegen der Unmäßigkeit dieser Leute, von denen oft ein einziger mehr Trank und Speise zu sich nahm als drei Franzosen (von welchen manche Familie mit 4–6 Personen mit anderthalb Pfund zu einer Suppe konsumiertem Fleisch einen ganzen Tag lebt und mit Wein rotgefärbtes Wasser trinkt), kamen wir in den besten Ruf als Vielfresser und Trunkenbolde. Da ich indessen in der Pension, in welcher ich mit noch einem Dutzend anderer Kadetten, meistens Söhnen aus guten Familien aus Nancy und Metz, speiste, sehr wenig aß, auch nur Wasser mit äußerst wenig Wein vermischt und gar keine Spirituosa trank und sehr geläufig Französisch mit wenig oder keinem Akzent sprach, so wollte man mir durchaus die Ehre erzeigen, mich für einen Franzosen zu halten, wenn ich auch noch so sehr dagegen protestierte. Die Leichtigkeit, mich in fremden Sprachen, die ich lernte, auszudrücken und sogar in kurzer Zeit den Akzent der Bewohner der Gegenden anzunehmen, in denen ich mich gerade befand, war ein Talent, das ich der gütigen Mutter Natur verdankte, und das mir später, namentlich in Italien, oft treffliche Dienste leistete.

Der Fürst hatte den Kadetten, sobald sie nicht im Dienst waren, ganz dieselben Uniformen wie den Offizieren gestattet, nur mit dem Unterschied, daß sie zwei silberne Konter-Epauletten statt einer Epaulette mit Fransen auf der linken Schulter trugen, und diese selbst im Dienst mit der Abzeichnung ihres Grades beibehielten, denn es gab Gemeine-, Korporal-, Furier-, Sergeant- und selbst Sergeant-Majors-Kadetten.

Bald nach mir war auch der Quartier-Maitre Viriot in Toul angekommen und brachte mir Briefe von meinen Eltern nebst der Nachricht mit, daß er von meinem Vater beauftragt sei, mir jeden Monat 100 Franken, also Oberleutnantsgage, als Zulage auszuzahlen; dies machte mich gewissermaßen zum Mylord unter den Kadetten, von denen keiner so viel hatte, und ich galt für reich im Regiment. Daß ich, wenn meine Dienste vorüber, kein alltägliches Philisterleben führte, wird man mir gerne glauben. Ich suchte, kaum in Toul angekommen, mein altes Steckenpferd wieder hervor und gab mir alle erdenkliche Mühe, ein Liebhabertheater zustande zu bringen, was mir auch gelang. Ein Herr Bertrand, Kaffeewirt, hatte ein sehr niedlich eingerichtetes Theater mit zwei Reihen Logen, das er gewöhnlich an herumziehende Truppen vermietete, die sich bisweilen nach Toul verloren, dieses nahm ich in Beschlag; unter den deutschen Offiziersfrauen fanden sich auch einige recht willige, sich zu Aktricen gut qualifizierende Damen, namentlich die siebzehnjährige Tochter des Adjutant-Majors Kramer. Bald waren wir so weit, daß wir Kotzebues „Wirrwarr" aufführen konnten; ich machte den Fritz Hurlebusch, Mademoiselle Kramer war meine Babett und deren Mama Frau v. Langsam. Der Fürst, sowie alle Offiziere und mehrere Einwohner, die Deutsch verstanden, hatten der Vorstellung beigewohnt, auch viele Franzosen, die jedoch nicht aushielten. Seine Durchlaucht hatten sich sehr ergötzt. Wir verstiegen uns nun höher und studierten „Kabale und Liebe" ein. Mademoiselle K. machte die Luise, und ich bestieg mein theatralisches Paradepferd, den Major; wir spielten auf jeden Fall unsere Rollen recht natürlich, denn die Liebe hatte sich unserer bereits bemächtigt, und die Kabalen fehlten nicht, sie wurden bald gesponnen, um meine Luise Seiner Durchlaucht zuzuführen, die großen Gefallen an der jungen Aktrice zu finden schien. Da indessen das deutsche Theater zu wenig Teilnahme fand und finden konnte, so meinte Fürst Y., man solle ein französisches zu organisieren suchen und übertrug mir auch dieses Geschäft, wogegen er mich zu meiner großen Freude von dem Exerzierplatz bis auf weitere Ordre freisprach. Es war weniger schwierig instand zu setzen als das deutsche, und eine Madame Alphonse, die hübsche Gattin eines Kapitäns, und die Tochter des Eigentümers des Theaters, Mademoiselle Bertrand, waren bei diesem die ersten Liebhaberinnen, während andere die Soubretten usw. übernahmen. Madame Alphonse hatte ein eminentes Talent für das französische Lustspiel und Vaudeville, sie spielte und deklamierte in der Tat bezaubernd, sang nicht schlecht, hatte eine allerliebste niedliche Figur, viel Grazie und schien auf der Bühne in ihrem Element. Wir führten zuerst Molières Geizigen auf, in welchem sie Harpagons Tochter und ich den Valere machte, worauf noch mehrere Vaudevilles gegeben wurden; auch Boieldieus Kalif von Bagdad kam an die Reihe. Madame Alphonse war auch bald meine französische Geliebte, doch konnte ich mir auf diese Eroberung eben nicht sehr viel zu gut tun, da die Dame nichts weniger als geizig mit ihren Gunstbezeigungen war. Auch sie fand bald Gnade vor Seiner Durchlaucht, die hier schnellere Erhörung fanden als bei Mademoiselle Kramer; ich hielt mich dagegen an Demoiselle Bertrand, bei der ich es jedoch nie weiter als bis zu einem verstohlnen Kuß, höchstens zu einer flüchtigen Umarmung bringen konnte; kein Zureden, keine Bitten, keine Geschenke wollten helfen, der ewige Refrain lautete „Mais finissez donc, mais vous me feriez un enfant“, und wenn ich den Aal zu packen vermeinte, husch war er mir wieder durch eine schnelle Wendung entschlüpft. Indessen waren dennoch die Proben dieser Stücke äußerst unterhaltend. Die deutschen Vorstellungen unterblieben nicht ganz und wechselten manchmal mit den französischen ab. Dieses Liebhabertheater hatte schnell einen gewissen Ruf erlangt, der sich sogar bis nach dem nachbarlichen Nancy verbreitete, wohin Fürst Y. sehr oft mit seinem Bruder, dem Prinzen Wolf, fuhr, und wir hatten jedesmal bei den französischen Vorstellungen Zuschauer und Zuschauerinnen aus dieser Stadt. Auch ich begab mich öfters nach dem schönen Nancy, wohl eine der schönsten Städte Frankreichs, und brachte in der Regel die Sonntage daselbst zu, wenn ich nicht besondere Abhaltungen hatte. Dort fand ich bald, durch die Empfehlungen Viriots, der ein echter Gentilhomme war und daselbst viele Bekannte und Verwandte hatte, in mehreren der angesehensten Häuser eine gute Aufnahme, obgleich die Haute volée, aus Adeligen bestehend, sehr aristokratisch und hochmütig ist; aber man glaubte, daß alle deutschen Kadetten des Regiments mindestens Söhne deutscher Barone sein müßten, und ich ließ die guten Leute bei dem Glauben, da es hier in meinen Kram paßte. Man hatte mich schon auf dem Theater gesehen und war „charmé de faire la conaissance du jeune acteur", der zu gleicher Zeit deutsche und französische Komödie spielte.

Nancy, die alte Hauptstadt Lothringens und jetzt die des Departements der Meurthe, ist, wie gesagt, eine der schönsten, ja wohl die schönste Stadt Frankreichs, besonders stattlich ist die Neustadt, die mit einer bewundernswürdigen Eleganz und Symmetrie erbaut ist, während die Altstadt noch manches unansehnliche Gebäude aufzuweisen hat. Ein Triumphbogen mit dreifachem Durchgang trennt beide. Nancy liegt in einer lachenden Ebene, hat über 30 000 Einwohner, und in einer geringen Entfernung, etwa einer Viertelstunde, strömt die Meurthe an ihm vorbei. Es hat herrliche Spaziergänge, wie die Pepinière usw., und prächtige Plätze, unter denen besonders der Platz Royale, auf dem vor der Revolution die Bildsäule Ludwig XV. stand, merkwürdig ist; die schönsten Gebäude, unter diesen das Hotel de Ville und das Schauspielhaus, umgeben ihn. Der Platz de la Carrière sowie der Allianzplatz sind gleichfalls eines Besuches wert. Letzterer wurde zum Andenken an den 1756 zwischen Österreich und Frankreich errichteten Bund so genannt. An Gebäuden ist besonders der Palast der alten lothringischen Herzoge merkwürdig, sowie die Kathedrale und die Franziskanerkirche, in welcher Karl der Kühne, Herzog von Burgund, und mehrere lothringische Herzoge begraben liegen. Das Grabmal des Königs Stanislaus Leszcynsky in der Kirche Notre-Dame de bon secours ist ein Meisterstück des berühmten Girardin. Diesem Fürsten hat die Stadt ihre zierlichsten Verschönerungen zu verdanken. Die öffentliche Bibliothek hat über 60 000 Bände und besitzt viele sehr seltene Werke; ebenso hat der botanische Garten wertvolle Schätze aus dem Pflanzenreich aufzuweisen.

Unter Stanislaus, der zweimal zum König von Polen gewählt, zweimal entthront wurde, und 1737–1766 regierte, hatte Nancy seine schönste Blütezeit, aber der unglückliche Fürst, der sein Leben nach so vielen Stürmen hier friedlich beschließen wollte, verlor es durch ein höchst trauriges Geschick. Es war den 23. Februar 1766, als er sich dem Kamin seines Wohnzimmers näherte, in welchem eine hellodernde Flamme brannte, an der sein mit Pelz gefütterter Schlafrock plötzlich Feuer fing. Der König, statt sich desselben rasch zu entledigen, klingelte den Dienern, aber zufällig befand sich auch nicht einer derselben im Vorzimmer, und er suchte nun selbst das Feuer zu löschen, fiel aber, sich bückend, zu Boden, und zwar unglücklich genug auf die Glut des Kamins, von wo, sich wieder zu erheben, alle seine Anstrengungen vergeblich waren. Endlich roch die vor den Gemächern stehende Schildwache, ein Gardist, einen stark stinkenden Rauch; da ihr aber die Consigne streng untersagte, das Gemach des Königs zu betreten, so rief der Soldat um Hilfe, ohne jedoch gleich gehört zu werden. Als Rauch und Geruch aber immer stärker wurden, so verdoppelte er sein Rufen, bis endlich Leute kamen, in das Gemach stürzten und den unglücklichen Fürsten brennend auf dem Boden liegen fanden. Man hob ihn sogleich auf, suchte das Feuer zu löschen, aber die eine Seite seines Körpers war schon ganz verbrannt und die eine Hand verkohlt. Nach zehn langen, schmerzensvollen Tagen gab der Monarch den Geist unter furchtbaren Qualen auf. Dies das traurige Resultat bei Personen, die nie gewohnt sind, auch nur bei den geringsten Kleinigkeiten selbst eine hilfreiche

Hand anzulegen, sondern bei den einfachsten Dingen die Hände anderer bedürfen, als ob sie selbst keine hätten. Schon mehrere fürstliche Personen sind durch ähnliche Veranlassungen so um das Leben gekommen oder unglücklich geworden. Hätte der König, statt lange zu klingeln, gleich den Schlafrock von sich geworfen, so wäre er gewiß nicht verbrannt.

Nach Stanislaus' Tod wurde Nancy und ganz Lothringen, das bisher ein unabhängiges Herzogtum gewesen, welches ehedem Prinzen aus den Häusern Lothringen und Österreich beherrscht hatten, als eine französische Provinz mit Frankreich vereinigt. – In Nancy sprach ich noch einen Greis, der, als sich das Unglück mit dem König zutrug, in dessen Palast diente und mir nicht genug sagen konnte, welche Unruhe und welches Aufsehen dasselbe in der ganzen Stadt machte.

Unter den Schönen, die ich in Nancy hatte kennen gelernt, war eine sehr liebenswürdige junge Dame, deren Bekanntschaft ich in dem Hause eines Herrn von St. Ange machte, in das mich ein junger Viriot, Neffe des Quartier-Maitres und ebenfalls Kadett beim Regiment, eingeführt hatte. Diese hübsche Frau war die Witwe eines erst kürzlich in dem Feldzuge von 1805 gebliebenen Bataillonschefs; noch war sie in tiefe Trauer gehüllt, obgleich eben nicht mehr sehr traurig, sondern an allen sich ihr darbietenden Vergnügungen lebhaften Anteil nehmend. Über ihre Abkunft lag ein mysteriöser Schleier, und man sagte sich deshalb allerlei ins Ohr. Frau v. St. Ange vertraute mir, daß sie die natürliche Tochter eines ebenfalls natürlichen Sohns des unglücklichen Stanislaus sei, den dieser mit einer Marquise L . . . gezeugt habe; doch lagen für diese Behauptung keine Beweise vor, nur soviel war gewiß, daß sie mit einer nicht unansehnlichen Leibrente dotiert war. An all diesem war mir wenig gelegen, wer wird auch eine hübsche 21jährige Witwe viel nach deren Abkunft fragen. Ich machte ihr eifrig den Hof, begleitete sie manchmal in das Theater zu Nancy, das ich jetzt öfters besuchte, und wieder heim, und stand bald bei der schönen Adelaïde, dies war ihr Name, in Gunst. Ich wußte es aber so anzufangen, daß die Dame, die beinahe sechs Jahre älter als ich war, glauben mußte, sie habe einen in der Liebe ganz unerfahrenen Neuling vor sich, der zuvorkommender Aufmunterung bedürfe, um ihn zu verführen. Ich ließ sie gerne bei dem sie beglückenden Glauben, spielte den unerfahrenen Menschen so gut, stellte mich so unschuldig naiv, daß ihr gewiß nichts zu wünschen übrig blieb, und ließ mich von ihr in die Geheimnisse der praktischen Liebe einweihen. Als sie aber später einigemal nach Toul kam, auch einer Vorstellung unseres französischen Liebhabertheaters beiwohnte und vielleicht allerlei erfuhr, merkte sie doch, daß ich auch mit ihr eine Art Komödie gespielt hatte, und sagte mir eines Tages, mit dem Finger drohend: „Vous êtes un roué bien jeune."

Auch der junge Viriot, der aber schon zwanzig Jahre zählte, hatte eine Intrige, und zwar ernsthafterer Art, in Nancy mit einem der hübschesten und reichsten Mädchen dieser Stadt angesponnen; er war bis über die Ohren verliebt und beabsichtigte das Mädchen, das freilich in jeder Hinsicht eine sehr gute Partie war, zu heiraten. Seine beiden Oheime, der Kapitän d'Habillement und der Quartier-Maitre-Tresorier des Regiments, wußten davon und wünschten die Heirat, von der aber die Familie und die Eltern des Mädchens nichts wissen wollten, da der junge Mann ohne Vermögen und seine nächste Aussicht eine Unterleutnantsstelle war; der Papa wollte aber einen reichen oder doch wenigstens einen hochgestellten Mann, wie einen Oberst oder General zum Schwiegersohn. Aber das Mädchen liebte den Kadetten von ganzer Seele, und seine Oheime, auch ein paar lockere Zeisige, rieten ihm zu einer Entführung, das übrige würde sich dann schon finden. Der Neffe ließ sich das nicht zweimal sagen, befolgte den guten Rat, überredete Mademoiselle, sich entführen zu lassen, und kam eines Abends gegen Mitternacht mit der entführten Schönen, die er aus dem Theater zu Nancy abgeholt, mit mir, der ich die Postpferde und Relais besorgt hatte, in Toul an, wo er die Geraubte in der Wohnung seines Oheims versteckte, und am andern Morgen, mit einem sechswöchigen Urlaub in der Tasche, mit der Geliebten nach Paris eilte. Adelaïde hatte nicht nur um die Sache gewußt, sondern war auch mit Rat und Tat behilflich gewesen. Die Familie und besonders der Vater waren anfänglich entsetzlich erbost, man sprach nur von Totschießen, Enterben usw., aber die Zeit besänftigte die Leute mehr und mehr, die Oheime knüpften Unterhandlungen an, die Sache war geschehen und, wie alle geschehene Dinge, nicht zu ändern. Der junge Viriot erhielt seinen Abschied, eine Zivilanstellung, der Konsens der Eltern war gegeben, und das junge Paar kam später nach Nancy zurück.

Fürst Y. litt seit einiger Zeit heftig am Podagra, so daß er das Zimmer und oft das Bett nicht verlassen konnte; diese schmerzhafte Krankheit suchte Seine Durchlaucht sehr oft heim, wozu wohl die Lebensart, die der Fürst führte, viel beitragen mochte. Da ihn jetzt noch obendrein die Langeweile gewaltig plagte, so ließ er mich eines Nachmittags holen und fragte mich, ob ich ihm nicht jeden Tag ein paar Stunden vorlesen wolle, wozu er mich sehr fähig halte, weil ich so gut Komödie spielen könne. Ich fand mich gleich hiezu bereit und las dem hohen Patienten mehrere Tage hintereinander jeden Nachmittag und Abend ein paar Stunden aus den vorzüglichsten deutschen und französischen Autoren, hauptsächlich aber Tragödien von Schiller, Lessing, Goethe, Shakespeare, Racine, Corneille und Voltaire vor, was den Fürsten außerordentlich zu amüsieren schien, besonders da ich meine Stimme bei jeder Rolle veränderte, damit die Vorlesung soviel als möglich einer Aufführung nahe brachte. – Eines Nachmittags, als ich gerade den berühmten Monolog aus Racines *„Phädra“*: „A peine nous sortions des portes de Trézène usw. im vollen Feuer der Begeisterung rezitierte, schlich sich jemand hinter mich und zupfte mich beim Ohrläppchen. Ohne mich nur umzusehen, wer derjenige war, der mich so unzeitig unterbrach, stach ich ihm mit all der Kraft, in die mich das Feuer versetzt hatte, eine so derbe Ohrfeige im fürstlichen Schlafzimmer, daß dasselbe laut davon widerhallte; erst nachdem es geschehen und der Fürst schrie „Was soll das heißen, welche Impertinenz, gleich aus meinen Augen!" sah ich, daß es der über und über rot gewordene Sekretär des Fürsten war, den ich in dessen Gegenwart geohrfeigt hatte. Es hätte ebensogut der Bruder des Fürsten, Prinz Wolf, sein können, der sich damals bei ihm in Toul zum Besuch befand, der die Ohrfeige bekommen hätte, die ihm dann kein Gott wieder abgenommen haben würde; was aber dann aus mir geworden wäre, mögen die Götter wissen. Glücklicherweise aber war er es nicht, und ich kam mit zweimal vierundzwanzigstündigem Arrest davon, durfte aber dem Fürsten vorerst nicht weiter vorlesen. Er war unterdessen wieder besser geworden und fuhr aus. Auf den Rat meines Kapitäns St. Jüste, der die Sache vom Fürsten selbst erfahren hatte, schrieb ich an letztern noch ein Entschuldigungsschreiben, was aber nicht hinderte, daß er mir die in seiner Gegenwart ausgeteilte Ohrfeige noch lange nachtrug und mich empfindlich genug bestrafte, wie wir bald sehen werden. Etwa 14 Tage nach diesem Vorfall reiste der Fürst nach Paris ab, um, wie er sagte, „die heiligsten Interessen des Regiments zu wahren" und sich zu zerstreuen und besser zu amüsieren, als dies in dem stillen, geräuschlosen Toul möglich war.

Um diese Zeit wurde auf einer Anhöhe bei Toul ein Volksfest gefeiert, dessen Ursprung ich mich nicht mehr entsinne. Man spielte und tanzte bei dem Gekratze einer schrecklichen Geige im Freien, meistens wurden Kontretänze aufgeführt. Der junge Deßwarts, der Sergeantmajor bei dem Regiment war, hatte sich hier ebenfalls mit seinen vier Schwestern, die in Toul ein so unanständiges Leben führten, daß ihr Haus in nicht viel besserem Ruf als ein Freudenhaus stand, eingefunden, und während ich mich mit ein paar hübschen jungen Mädchen, der jungen Bertrand und einer ihrer Freundinnen unterhielt, schielten die Deßwarts und namentlich Mimi beständig auf uns herüber und zischelten sich dabei in die Ohren, so daß mich die Bertrand fragte, wer denn diese Frauenzimmer seien und ich ihr erwiderte: „N'y faites pas attention, ce sont des coquines." Diese Worte hatte ein anderer Kadett, namens Larbalestier aus Nuit, der ebenfalls der jungen Bertrand den Hof machte und eifersüchtig auf mich war, gehört und hinterbrachte sie sogleich dem Bruder und seinen Schwestern, welche ersteren aufforderten, mich sofort wegen dieser Äußerung zur Rechenschaft zu ziehen, was er vorerst ablehnte, unter dem Vorwand, daß hier nicht der Ort dazu sei. Das Fest ging auch ungestört vorüber, aber noch den nämlichen Abend traf ich mit dem Bruder, der sich einen kleinen Rausch angetrunken, zufällig in einem Kaffeehaus zusammen, wo er mich nun zur Rede stellte. Larbalestier, der auch gegenwärtig war, und noch ein paar andere schürten das Feuer, ich leugnete nicht, was ich gesagt und was die ganze Stadt sagte und erbot mich zu jeglicher Satisfaktion. Man nahm mich beim Wort, und, die Köpfe durch Glühwein erhitzt, wollte man, daß die Sache gleich abgemacht werde. Ich war es zufrieden, aber Deßwarts meinte, es sei Nacht, die Tore bereits geschlossen, und man könne sich doch im Finstern nicht schlagen, sondern müsse es auf den kommenden Morgen verschieben. „Bah, es ist ja heller Mondschein", fiel Larbalestier ein, „und ein passender Platz wird sich auch wohl in der Stadt finden lassen, was meinen Sie, Fröhlich?" – „Sie haben recht, besser, man macht so etwas gleich ab, als den andern Tag; man schläft dann viel ruhiger, und auf den Wällen und nach zehn Uhr ist es allenthalben öde und stille genug." – Wir kamen nun überein, daß das Duell nach zehn Uhr in der Stadt vor sich gehen solle, und zwar auf dem Platz hinter der gotischen Kirche in der Nähe der Kasernen. Als die Stunde gekommen war, eilten wir auf das Terrain, nicht weniger als neun an der Zahl, und da Deßwarts, der nicht Kadett war, keinen Degen trug, kam man überein, daß wir uns mit Briquets – so nannte man die gewöhnlichen Infanteriesäbel – schlagen sollten. Wir zogen die

Uniformen aus, streiften die Hemdsärmel hinauf und legten aus. Trotz des Mondscheins war es nicht sehr helle, denn der Himmel war zum Teil bewölkt; indessen führten wir mörderische Hiebe gegeneinander, so daß das Klirren der Klingen an den hohen Mauern der alten gotischen Kirche, unserer stummen Zuschauerin, laut widerhallte, und hauten wie besessen in die Nacht hinein. Plötzlich rief mein Gegner: „Ah je suis blessé!" und wir ruhten; er hatte in der Tat eine leichte Wunde an der Stirn erhalten, die jedoch das ganze Gesicht mit Blut übergoß und die man im ersten Augenblick für sehr gefährlich hielt, während es sich bei näherer Untersuchung und nachdem man das Blut abgewaschen, fand, daß wenig mehr als die Haut geritzt war. Dies war allein die Tat des Zufalls und weder meines Willens noch meiner Geschicklichkeit, denn man konnte die Gegenstände nicht klar unterscheiden. Die Umstehenden erklärten nun, daß der Ehre genug geschehen sei, und nachdem Deßwarts gehörig abgewaschen und verbunden worden war, begaben wir uns sämtlich in das Café de la Comêdie zu Bertrands, wo auf Kosten der Duellanten die wiederhergestellte Eintracht mit Champagner, Punsch und Vin chaud gefeiert wurde, aber mehr als einmal auf dem Punkt war, wieder gestört zu werden, da ein Mauvais sujet, ein gewisser Poireau, auch Sergeantmajor im Regiment, dabei ein guter Fechtmeister und Raufbold von Profession, der aus einem französischen Regiment wegen Betrügereien fortgejagt worden war, dazu allen möglichen Vorschub leistete. Dieser machte sich besonders an junge Leute, von denen er wußte, daß sie bei Geld waren, um sie aus Furcht vor seiner Klinge zu bewegen, ihn in Gast- und Kaffeehäusern frei zu halten und ihm auch Darleihen à fond perdu zu bewilligen. Ich kannte den Patron, und es kam mir nicht unerwartet, daß sich derselbe an mich und noch ein paar andere Kadetten machte, die Deßwartsche Sache immer wieder aufwärmend und bemerkend, ihm hätte so etwas nicht passieren dürfen usw. Die Sticheleien wurden endlich so arg, daß ich unmöglich länger schweigen

konnte und ihm sagte, ich wisse recht gut, daß er ein vollkommener Fechtmeister, ich aber wenig mehr als Anfänger in der edlen Fechtkunst sei, ich wisse aber auch, wie ich mich gegen eine gewisse Gattung von Klopffechtern zu verhalten habe, und wenn ich auch noch nicht deren Fertigkeit im Spiel der Rapiere erlangt, so fehle ich doch auf zwanzig Schritt meinen Mann nie mit Pistolen, wodurch die Gleichheit der Kräfte immer hergestellt würde. Dies war keine Lüge, denn ich hatte mich längst im Pistolenschießen geübt und gut eingeschossen. Monsieur Poireau ließ sich dies nicht wiederholen, sondern zog von diesem Augenblick an andere Saiten auf und wurde sogar hündisch kriechend, denn der Bursche war so feig, als es in der Regel alle seines Gelichters sind, sobald sie glauben, ihren Mann vor sich zu haben; sie wagen sich immer nur an unerfahrene Massetten, und geht es gegen den Feind, so befällt sie nicht selten das Lazarettfieber. – Wenige Wochen nach diesem Vorfall wurde auch er wegen schlechter Streiche vom Regiment gejagt, und ich sah ihn später in den Straßen von Toulon die Galeerenketten schleifen.
Schon längst hatte ich den Wunsch gehegt, eine Partie nach dem kaum fünf Lieues von Toul entfernten *Dom Remy*, dem Geburtsort Johannes d'Arc zu machen, hatte aber, da ich gerne in angenehmer Gesellschaft die kleine Reise zurücklegen wollte, immer nicht dazu kommen können, denn ich fand niemand unter meinen Bekannten, der es der Mühe wert gefunden hätte, das Haus aufzusuchen, in welchem das Mädchen von Orleans, dessen Taten Schiller zu einem so herrlichen Meisterwerk begeisterten, zur Welt kam. Es ist kaum glaublich, wie unwissend die Bewohner Touls und Nancys, selbst der gebildeten Klasse, in der Geschichte ihres eigenen Landes und infolgedessen auch über das, was das Wundermädchen betraf, waren. Doch wollen wir ehrlich sein, so müssen wir gestehen, daß ohne Schillers Tragödie auch gar mancher Deutsche nie etwas von dem Heldenmädchen gewußt hätte, da Voltaires Pucelle eben nicht geeignet ist, historische Nachforschungen über

dasselbe zu veranlassen. – Auf mein vielfaches Zureden wußte ich jedoch die liebenswürdige Madame Alphonse für mein Projekt zu gewinnen, diese setzte wieder andere Leute ins Feuer und brachte eine Gesellschaft von einigen zwanzig Personen, der sich auf mein Bitten auch Adelaïde aus Nancy zugesellte, zu der historisch-romantischen Reise zusammen. An einem Sonntag früh fuhren wir in vier großen Wagen nach dem Geburtsort Johannas ab, den wir nach einem raschen Trabe von dritthalb Stunden erreichten. Dom Remy ist an sich ein ärmliches Dörfchen, das aber in einem sehr anmutigen und fruchtbaren Tal, zwei und eine halbe Lieues von Neufchateau und drei von Vaucouleurs an dem Ufer der Meurthe im Departement des Vosges liegt. Vergebens sah ich mich nach der alten geheimnisvollen Eiche um, unter der Schiller die Jungfrau auftreten läßt. Wir suchten jetzt das Haus auf, in dem das Wundermädchen zur Welt gekommen war, und fanden eine massiv gebaute und ziemlich vernachlässigte Bauernwohnung in der Nähe der dem heiligen Remy (Remigius) geweihten Dorfkirche. Die einzige Merkwürdigkeit an diesem waren die Wappen über der Haustüre, die, von einer gotischen Verzierung umgeben, das eine, einen Schild mit drei Pflugscharen und einen Stern in der Mitte darstellte, das andere war das Wappen, das der Familie Johannas erteilt worden war, nachdem sie Karl VII. auf ewige Zeiten in den Adelsstand erhoben hatte. Über diesen beiden Wappenschildern sah man noch die drei königlichen Lilien, und unter denselben las man die Aufschrift Vive le Roy Loys sowie eine Zahl in römischen Ziffern, wahrscheinlich 1461 oder 1481, was man nicht mehr deutlich unterscheiden konnte. Daß diese alten Zeichen der Königszeit während der blutigen Revolution von 1789 nicht zerstört wurden, ist ein wahres Wunder, das sich nur durch die Entlegenheit und Verlassenheit des Orts und die Unwissenheit seiner Bewohner erklären läßt.

Das Haus, dessen Bewohner, wenn ich nicht irre, damals ein gewisser Girardin, ein freundlicher Landmann war, hatte mehrere Abteilungen und zwei ziemlich große Gemächer, von denen eines einen Kamin hatte. Wir baten um die Erlaubnis, in einem dieser Zimmer unser frugales Mahl einnehmen zu dürfen, was uns der gefällige Eigentümer auch gestattete und sogar noch unentgeltlich dasjenige, was uns mangelte, wie Salz, Essig, Öl, etwas Brot usw. herbeischaffte, das übrige hatten wir alles mitgebracht. Die ganze Gesellschaft war recht vergnügt, und ich regalierte sie zum Nachtisch mit der Erzählung der Geschichte Johannas d'Arc, so gut ich sie zur Notdurft selbst wußte, sowie mit dem Inhalt von Schillers Jungfrau von Orleans. Nach eingenommenem Gabelfrühstück besuchten wir die Kirche und die nächsten Umgebungen des Orts. In ersterer, in der Johanna die Weihe der heiligen Taufe erhalten hatte, sahen wir über dem Hochaltar zwei etwas derbe steinerne Engel, welche das Wappenschild der Du Lys – der Name, den die Familie d'Arc nach ihrer Erhebung in den Adelsstand führte – hielten. Gegen Abend nahmen wir Abschied von unserm gefälligen Wirt, der uns versicherte, daß sich noch Abkömmlinge dieser Familie im Ort und in der Umgegend befänden, die aber ganz verarmt seien. Die Dorfbewohner, die noch nie so viel Fremde in ihrem einsamen Orte gesehen hatten, konnten nicht begreifen, was uns hierher geführt, und schüttelten bedenklich und ungläubig die Köpfe, wenn man ihnen sagte, daß die Besichtigung des alten Hauses, in dem Johanna geboren worden, der Zweck unsers Hierseins wäre. Erst acht oder neun Jahre später, als in den Jahren 1814 und 1815 die preußischen Offiziere das ehrwürdige Denkmal der Retterin des Reichs häufig heimsuchten, Späne und Steine von demselben mitnahmen und einer derselben es sogar käuflich an sich bringen wollte, wurde man in Dom Remy und Frankreich aufmerksam darauf; der Besitzer aber, der dem Preußen den Verkauf abgeschlagen hatte, überließ es später der Regierung um zwei Dritteile billiger, als jener darauf geboten hatte, er erhielt dafür von Ludwig XVIII. das Ehrenkreuz, welches damals noch einigen Wert hatte und nicht so un-

würdig verschleudert wurde wie später.
Die Rückfahrt nach Toul war fröhlich und munter, und um 10 Uhr abends nahm der größte Teil der Gesellschaft ein restaurierendes Souper bei Bertrands ein. Hier trafen wir etwa ein Dutzend gefangener österreichischer Stabsoffiziere an, von denen keiner ein anderes französisches Wort hervorzubringen wußte als Monsieur, Madame – manger. Ihre Unterhaltung drehte sich auch einzig um die guten oder schlechten Quartiere, die sie gehabt, um Essen und Trinken und Tischavantüren, alle aber waren darin einstimmig, daß Frankreich ein miserables Land sei, in dem sie um keinen Preis leben möchten, da für das erste Bedürfnis, für Magen und Bauch, so schlecht gesorgt sei, weshalb die Franzosen auch lauter solche Heringe wären. Ich teilte der Gesellschaft den Inhalt dieser Unterhaltung mit, welche nun die Österreicher mit neugierigen Blicken musterte, worüber diese, zwar kein Wort von unsern Gesprächen verstehend, aber doch merkend, daß von ihnen die Rede sein müsse, in allem Ernste böse wurden, da sie nicht glaubten, daß Deutsche unter uns seien, so ließen sie allerlei bedenkliche, auch beleidigende Worte fallen. Anfangs nahm ich keine Notiz und tat, als verstünde ich nichts davon; als es jedoch immer ärger wurde und einer von ihnen etwas von Gelbschnäbeln, die noch kein Pulver gerochen, fallen ließ, sagte ich diesem rasch auf gut Deutsch: „Der Herr ist wahrscheinlich einer von den Ulmer Helden; ich achte seine Eigenschaft als Kriegsgefangener, wenn es ihm aber Vergnügen mache, so möge er mich nur Pulver riechen lassen, ich sei diesem Geruch eben nicht so abhold und stände zu Gebot." Durch diese unerwartete Anrede von einem solchen Gelbschnabel wurden die Herren ganz verblüfft, sahen sich verlegen an und blieben stumm. Die Franzosen wollten nun von mir wissen, was vorgefallen sei, ich aber machte einen Scherz daraus und gab der Sache eine andere Wendung, um böse Händel zu vermeiden; einige tüchtige Schüsseln mit Boeuf à la mode nebst Eierkuchen, Salat usw., welche den Gefange-

nen aufgetragen wurden und über die sie mit so gesegnetem Appetit herfielen, daß sie die Bewunderung aller erregten, stellten schnell die allgemeine Heiterkeit wieder her, bis wir uns spät in der Nacht fröhlich trennten.
Fürst Y. kam um diese Zeit von Paris zurück, wo er allerdings die Interessen des Regiments trefflich gewahrt hatte, denn in seinem Gefolge kamen ganze Kisten grüner, roter und gelber Epauletten, Federbüsche, Pompons, Dragoner, Fangschnüre usw. an, von denen die für die Unteroffiziere sogar reich mit Silber besetzt waren. Die Staatsuniform des Tambourmajors, die er zu Paris hatte machen lassen, war von gelbem Tuch mit hellblauen Aufschlägen, aber so reich mit Gold und Silber besetzt, daß man von dem Tuch gar nichts sah; aus seinem ebenfalls reich bordierten Hut quoll ein mächtiger Straußfederbusch in allen Farben aus einer goldnen Tulipane, die Fransen der massiv goldnen Epauletten hingen fast bis auf die Ellenbogen herab und sogar die Stiefeln waren reich mit Silber besetzt. Der Tambourmajor war ein großer vierschrötiger Böhme, der mindestens sechs Schuh drei Zoll maß und sein Rohr mit dem silbernen Riesenknopf gut zu schwingen verstand. Die Paradeuniform des Musikkorps war im Verhältnis damit und von derselben Farbe gehalten, ebenso die der Tambourmaitres der anderen Bataillone. Diese Equipierung hatte über 80 000 Fr. gekostet, machte aber dafür auch gewaltiges Aufsehen in den Städten, durch die wir in Parade defilierten. Das Musikkorps war jedoch auch durch seine Virtuosität ausgezeichnet, man hatte aus den gefangenen österreichischen Regimentern die besten Hoboisten, meistens Böhmen, ausgesucht und ihnen sehr hohe Gage bewilligt: die ersten Klarinettisten erhielten 130 Franken monatlich, also beinahe die Gage eines Kapitäns dritter Klasse. Diese außerordentlichen Ausgaben tat natürlich das Gouvernement nicht gutwillig, auch wollte sie Fürst Y. aus eigenen Mitteln bestreiten, und die Regimentskasse sollte nur einstweilen die Vorlage machen. Dies gab später zu schlimmen Händeln Veranlassung und versetzte das Con-

seil d'Administration des Regiments, oder vielmehr die Offiziere, aus denen es bestand, und die aus Gefälligkeit für den prachtliebenden Oberst zu solchen Ausgaben ihre Unterschrift gegeben, in eine fatale Lage. So hatte ich später, als ich Unterleutnant war und ein krankes Mitglied dieses Conseils für nur eine Sitzung supplierte, für eine einzige Unterschrift, die ich gab, weil auch alle andern dieselbe ohne Bedenken gegeben, so lange ich bei dem Regiment Y. war, einen monatlichen Gagenabzug zu erdulden, da das Ministerium die durch diese Unterschriften bewilligten Ausgaben für „Objets d'agréments" nicht anerkannte. Diese Unterschrift in aller Unschuld und Unwissenheit gegeben, kostete mich mehrere hundert Franken.
Der Fürst hatte auch acht Offizierspatente für Kadetten von Paris mitgebracht, aber leider keines für mich. Mein Bataillonschef, Hr. Duret, bei dem ich mich deshalb beklagte, sagte mir im Vertrauen, daran sei die Ohrfeige schuld, die ich dem Sekretär des Fürsten gegeben, ich solle mich indessen trösten und ruhig verhalten, dann würde ich bei der nächsten, in ein paar Monaten stattfindenden Promotion unfehlbar zum Offizier ernannt werden. Ich konnte indessen diese Zurücksetzung doch nicht so leicht verschmerzen, zog mich von öffentlichen Vergnügungen zurück und hing sogar das Theater an den Nagel, obgleich ich wußte, daß der Fürst noch ein paar Vorstellungen zu sehen wünschte; ja ohne das Zureden Dürets und meines Kapitäns hätte ich sogar um meinen Abschied gebeten.
Wir waren noch nicht volle zwei Monate in Toul, als das Regiment Ordre bekam, nach Avignon zu marschieren; alle drei Bataillone waren jetzt vollzählig und fähig ins Feld zu rücken. Die Nacht vor dem Abmarsch des ersten Bataillons, bei dem ich stand, gab der Fürst noch einen glänzenden Ball im Namen des Offizierkorps, zu dem auch die notabelsten Schönheiten Nancys und mehrere Damen von Metz eingeladen waren; das Souper konnte aber, außer den Damen, niemand als Seine Durchlaucht sitzend einnehmen, die anderen Herren standen als Kavaliere ser-

venti hinter den Stühlen der Damen und genossen, was ihnen deren Güte reichte. Wir nahmen gegen Morgen einen rührenden Abschied von den Schönen Touls und Nancys, warfen uns in das Marschkostüm, und um sechs Uhr früh ließ der Bataillonschef durch den herkulischen Tambourmajor das Roulement zum Abmarsch schlagen; damit waren alle etwa noch unbezahlten Schulden quittiert, und wir marschierten mit klingendem Spiel mit rechts in die Flanken ab und frohen Mutes zum Tor hinaus, von den Tränen mancher zurückbleibenden Geliebten, den guten Wünschen eines Teiles der Einwohner und den Verwünschungen verschiedener Ehemänner begleitet.

XII

Colombey – Neufchateau – Ein greulicher Vatermord – Montigny – Komisches Mißverständnis – Langres – Dijon – Chalons für Saone – Wasserfahrt auf dem Coche d'Eau – Eine Nacht in Macon – Lyon – Ein vereitelter Gaunerstreich und ein beigelegtes Duell – Das Regiment wird auf der Rhone eingeschifft – Vienne – Condrieux – Schiffbruch unter der Brücke St. Esprit – Orange – Avignon – Aufenthalt daselbst – Die Insel Bartclasse – Villeneuve – Madame Croizet und die Prozession – Eine Tour nach Vaucluse – Ewiger Friede – Eine gefährliche Überrumpelung – Abmarsch nach Montpellier – Tarascon – Böses Volk – Eine entwaffnete Wache – Ein Schäferturnier – Nimes – Lünel – Montpellier

Es war damals ein sehr lustiges, unbekümmertes und sorgloses Leben, das französische Soldatenleben, und wenn man so mit klingendem Spiel, Sapeuren, Tambouren, Musik an der Spitze, in eine neue Garnison einrückte, und die vielen hübschen Frauen und Mädchen in den Fenstern erblickte, wie sie mit verlangender Neugierde die braungebrannten martialischen Gesichter vorüberdefilieren sahen, da waren alle ausgestandenen Strapazen und Entbehrungen verschwunden, und man freute sich der bevorstehenden Abenteuer.

Ich hatte die Nachricht, daß wir Toul in kurzem verlassen würden, sowie unsere Marschroute sogleich meinen Eltern mitgeteilt und noch vor unserem Abmarsche Antwort und Empfehlungsschreiben an verschiedene Häuser in Dijon, in Chalons sür Saone, Macon und Lyon empfangen, nebst einem Wechsel von vierhundert Franken auf Chalons als besondere Marschzulage, den ich jedoch noch in Toul versilberte, um mehrere Rückstände zu berichtigen. Unser erstes Nachtquartier war in *Colombey*, ein erbärmliches Nest, zwei Dritteile des Bataillons mußten in umliegenden Dörfern untergebracht werden. Da der Fourier der Kompanie kein Französisch konnte, so mußte ich auf des Kapitäns Geheiß das Geschäft desselben hinsichtlich des Quartiermachens für die Kompanie versehen, womit mir wohl gedient war, da sämtliche Fouriere mit dem Adjutant-Unteroffizier ein paar Stunden vorausmarschieren, daher viel freier sind und die Unbequemlichkeiten des Marsches bei weitem nicht so empfinden. Sie können sich's bequem machen, auch oft fahren oder auf Eseln reiten, wenn sie deren haben können, und lassen sich dabei nichts abgehen, da es ihnen auf dem Marsch nie an Geld mangelt, das sie sich auf folgende Weise zu verschaffen wissen: Sie lassen sich nämlich immer für den kompletten Stand der Mann chaft Quartierbillette geben, während sich, doch niemals eine Kompanie ganz vollzählig auf dem Marsche befindet, da es immer Kranke, Detachierte usw. gibt, auch selten eine Kompanie, besonders nach langen Märschen, Gefechten usw. komplett ist. Die Billette, die ihnen übrig bleiben, verkaufen sie an die Wirte, auf die sie lauten, die gerne einen, auch wohl einige Franken bezahlen, um der Last von ein paar Mann Einquartierung überhoben zu sein, so daß sich in größeren Städten, und wo Rasttage sind, der Furier nicht selten 50 Franken und mehr auf diese Weise verschafft, von denen er aber einen Teil an den ihm beigegebenen Korporal abgibt, der sich dafür ebenfalls mit dem Billettverkauf, der natürlich viel Laufereien veranlaßt, da die Quartiere alle aufgesucht werden müssen, befaßt. Ich habe mich aber nie mit diesem Billetthandel abgegeben, sondern die übrigen Billette meinem Korporal und den Furieren der anderen Kompanien überlassen, denn erstens hatte ich es nicht dringend nötig, da meine Zulage für meine Bedürfnisse ausreichte, und zum andern zog ich es vor, wenn doch einmal herumgelaufen werden sollte, die Sehenswürdigkeiten der Orte, durch die wir kamen, in Augenschein zu nehmen, oder auch andern Abenteuern nachzulaufen, wenn sich solche darboten. Nur eines war bei diesem Quartiermachen unbequem, nämlich, daß man immer zwei bis drei Stunden früher aufstehen mußte als die übrige Mannschaft des Bataillons. Dies focht mich aber wenig an, da ich nie länger als fünf, höchstens sechs Stunden, und oft noch weit weniger schlief. Dieser Unterschleif mit den Billetten wird von den Chefs nicht ignoriert, allein man sieht durch die Finger, da dem Gouvernement und den Truppen kein Schaden dadurch verursacht wird; viele Soldaten verkaufen ebenfalls ihre Billette und bringen dann die Nacht auf den Straßen oder unter einer Kirchenhalle zu, besonders in dem mittäglichen Frankreich, wo es das Klima gestattet. – Der zweite Tag führte uns in das Städtchen *Neufchateau an der Mouzon*, die sich hier in die Maas ergießt, und das über 3000 Einwohner zählt. Hier war den Tag vor unserer Ankunft ein empörender Mord begangen worden. Ein Ungeheuer von einem Sohn hatte seinen achtzigjährigen Vater, den er unter irgendeinem Vorwand in den Keller gelockt hatte, daselbst mit einem Beil erschlagen; der Alte lebte dem Wüterich und namentlich dessen Konkubine zu lange. Die scheußliche Tat war den Abend um acht Uhr begangen, aber gleich darauf von einer alten Magd des Hauses, welche sie entdeckte, verraten und angezeigt worden, so daß der Mörder noch in derselben Nacht verhaftet wurde. Auf der nächsten Etappe, dem Flecken *Bourmont*, hatte ich ein Quartier bei einer alten daselbst lebenden Marquise, die noch ein lebendiges Monument aus den Zeiten Ludwig XV. und eine 88jährige, hochgeschminkte Schöne war. Sie trug das damalige Hofkostüm und war eine sehr ehrwürdige, andächtige Dame, welche den alles zertrümmernden Revolutionsstürmen entging. Das Quartiermachen brachte mir noch den Vorteil, daß ich gute Quartiere für mich selbst aussuchen und mich auf dem Quartieramt immer nach solchen, in denen sich liebenswürdige Schöne befanden, erkundigen konnte. Diesmal hatte mich aber der die Billette austeilende Adjoint zum besten gehabt, indessen war das Quartier sonst gut. Die Kirche zu Bourmont hat das Sonderbare, daß man mehrere Stufen zu ihr hinabsteigen muß. – Der folgende Tag brachte uns in den Flecken *Montigny-le-Roi* in der Champagne, wo man noch Überbleibsel von ehemaligen Befestigungen sieht. Hier hatte ich einen komischen Streit zwischen einem Leutnant, der kein Französisch verstand, und seinem Wirt zu schlichten. Letzterer hatte dem Offizier gesagt, als ihm dieser sein Billett präsentierte, „qu'il ne pouvait lui donner qu'une paillasse pour coucher"*; in dem Ort spielten gerade Seiltänzer, als das Bataillon einmarschierte, und der Offizier, glaubend, daß der Mann ihm von diesen spräche, erwiderte: „Oui, oui Monsieur, joli Bajazzo." Als er aber bald darauf sah, daß sein Bett nur in einem Strohsack bestand, fing er mit dem Wirt Händel an, der sich einmal über das anderemal entschuldigte, daß er ihn präveniert und ihm gesagt habe, qu'il n'aurait qu'une paillasse. „Ach was, Bajazz, Bajazz", schrie der Leutnant, „ich hätt' den Henker von seinem Bajazz, er soll mir ein ordentliches Bett geben." Ich kam gerade dazu, als diese mit vielen Gestikulationen begleitete Diskussion stattfand, und klärte die Sache auf, worüber nun beide Teile herzlich lachten und der Leutnant auf mein Zureden sich mit dem Strohsack begnügte, da der Bauer keine Matratzen hatte.

Den kommenden Tag marschierten wir nach *Langres.* Es ist fast die am höchst gelegene Stadt in Frankreich, nur Briançon liegt noch höher; dem Berg auf dem sie liegt, entquellen nicht weniger als drei Flüsse, nämlich die *Marne,* die *Maas* und die *Vingeanne.* Die Stadt gehört zu dem Departement der *Haute-Marne* und ist hauptsächlich wegen ihrer vortrefflichen Messerklingen und Stahlwaren in ganz Europa berühmt. Hat man mühsam den Berg erstiegen, so wird man durch eine herrliche Aussicht belohnt, die sich über die Vogesen, in weiter Ferne über die Alpen verbreitet ist der Himmel ganz heiter, so erblickt man sogar den *Montblanc.* Die Stadt wurde durch Attila und die Vandalen schrecklich zerstört; noch findet man viele Altertümer und Münzen auf dem Berg, auf dem sie liegt. Von den Türmen der Hauptkirche, die einen schönen Hochaltar aus Marmor und ein sehr kunstreiches Portal hat und ein sehr merkwürdiges Gebäude ist, hat man die herrlichste Aussicht. Langres, das über 7000 Einwohner zählen mag,

* Daß er ihm nur einen Strohsack zum Schlafen geben könne.

ist die Vaterstadt Diderots, dessen Vater ein Messerschmied war; auch Julius Sabinus wurde hier geboren. Angenehme Promenaden sind der Cours und Blanche Fontaine. Den Rasttag, den wir hier hatten, brachte ich mit Spaziergängen in die nächste Umgebung zu. Wir kamen nun nach dem nicht unbedeutenden Flecken *Selongey* und von hier in die alte Hauptstadt der einst so mächtigen Herzoge von Burgund, nach *Dijon;* jetzt ist sie die Hauptstadt des Departements der Goldküste und liegt mitten unter Weinbergen, in einer fruchtbaren Ebene an dem Flüßchen *Ouche.* Sie hat zum Teil schöne und reinliche Straßen, große Plätze und herrliche Gebäude, unter denen der Palast der alten Herzöge von Burgund, in welchem sich ehemals die Stände dieses Landes berieten, das interessanteste ist. Die Kirche Notre-Dame ist ein herrliches Monument gotischer Baukunst, das Schiff derselben und die Halle mit ihren von schlanken Säulen umgebenen Pfeilern gewähren einen erhabenen Anblick. Auf einem Turm derselben war jenes berühmte Uhrwerk, welches Philipp der Kühne nach der Schlacht von Rosebecque der Stadt *Courtray* weggenommen hatte, um diese zu bestrafen, weil sie sich geweigert hatte, die goldenen Sporen Karl VI., der 1312 unter ihren Mauern getötet worden war, herauszugeben. Eine in Stein ausgehauene Himmelfahrt Marias, die man in dieser Kirche sieht, ist ein Meisterstück des Bildhauers Dubois.

Die der heiligen Binigne geweihte Kathedrale verdient ebenfalls, daß man ihr Aufmerksamkeit schenkt. Die Spitze des Turmes, welche aus dem Giebel in die Höhe strebt, ist eines der kühnsten Wagstücke, die ein Baumeister je auf einem so schmalen Raum versuchte; dreihundert Fuß hoch, endigt sie mit dem auf ihr sitzenden vergoldeten Hahn. Diese Kirche gehörte früher zu einer im 6. Jahrhundert gestifteten Abtei und wurde im 13. Jahrhundert erbaut; sie ist eine der merkwürdigsten Frankreichs. Noch verdient die Michelskirche mit ihren drei Portalen und einem Basrelief von Hugo Sambin, das Jüngste Gericht darstellend, erwähnt zu werden. Ein anderes interessantes Denkmal des Mittelalters ist der Propheten- oder Mosesbrunnen im Hofe des ehemaligen Karthäuserklosters, der einem schön verzierten Kreuz zum Fußgestell diente, das aber in der Revolution abgerissen und zertrümmert wurde, auch der Brunnen selbst wurde sehr beschädigt; seinen Namen hat er von den Statuen der Propheten, die ihn schmückten, und welche Werke des berühmten holländischen Bildhauers Sluter sind, sechs derselben, unter diesen auch Moses, sind noch erhalten und geben Zeugnis von dem Talent des Künstlers, dem man auch das prächtige Grabmal des Herzogs Philipp verdankt. Um Sluter zu belohnen, der über sechs Jahre an der Verzierung dieses 1402 vollendeten und reich vergoldeten Brunnens gearbeitet hatte, räumte ihm der Abt des Karthäuserklosters, das ihm noch andere Kunstwerke verdankte, in einer Urkunde, am 6. April 1404 ausgestellt, für sich und seine Diener ein Gemach in der Nähe des Refektoriums auf Lebenszeit ein und bewilligte ihnen 28 Brötchen wöchentlich, nebst 15 Pinten köstlichen Klosterweins und die eben nicht schmale Mönchskost.

Die Stadt hat viele und schöne große Plätze, unter denen der ehemalige Platz-Royal, auf dem vor der Revolution die Reiterstatue Ludwig XIV. paradierte, der ansehnlichste ist. Der Stephansplatz ist zugleich eine Promenade, an welchen Dijon keinen Mangel hat; der Cours Fleury in der Stadt, 1757 angelegt, ist ein hübscher Spaziergang, und wunderschön ist der vor dem Wilhelmstor, les maroniers genannt, wo die Damenwelt ihre Reize gerne zur Schau trägt. In der nahen Arquebuse zeigt man einen vor mehr als 300 Jahren gepflanzten, wahrhaft majestätischen Baum. Das Theater ist klein aber niedlich und meist schlecht besetzt, die öffentliche Bibliothek enthält mehrere sehr seltene und wertvolle Werke und Handschriften, auch ein Kunstkabinett mit vielen Altertümern. Hier ist die Hauptniederlage der köstlichsten Burgunderweine; Dijon ist die Geburtsstadt Bossuets, Pirons, Crebillons, und der Herzoge Philipp des Guten und Jean sans peur. Ich besuchte hier das Haus, an das ich empfohlen war, erhielt eine Einladung zu einem Diner, wo man mich mit weißem und rotem Burgunder regalierte, aus dem ich mir, wie aus allen Weinen, wenig machte, mich dagegen mehr mit den scharmanten und witzigen Töchtern des Hauses unterhielt. Wir marschierten jetzt, beständig die goldene Hügelreihe vor Augen, welche das Land mit den gepriesensten Weinen beschenkt, nach *Beaune*. Als wir durch *Nuit* kamen, hatte uns, sowie dem ganzen Offizierskorps, ein dortiger Weinhändler, der Vater des Kadetten Larbalestier, ein treffliches Gabelfrühstück bereitet, wobei er reichlich Clos de Dougeot, Volney, Chevalier-Monrachet, Chambertin und andere Sorten des vorzüglichsten Gewächses, die ihrer Seltenheit und Güte halber fast nie in den Handel kommen, reichte; aber das klare Wasser mundete mir auch hier besser als alle die burgundischen Nektare. Durch das gute Dejeuner gestärkt und auf Wagen das Versäumte wieder einholend, denn das Bataillon war uns auf den Fersen, kamen wir bald in Beaune an. Diese alte Stadt, die schon unter Cäsar belagert wurde, hatte noch Wälle und liegt in einer lachenden Gegend, an dem Flüßchen *Bouzoise*. Auch sie ist eine Hauptniederlage der besten Burgunderweine. Ihre Hauptkirche hat einen aus fünferlei Marmorarten zusammengesetzten Altar. Berühmt ist das hiesige prächtige Hospital, von Rollin, dem Kanzler Philipp des Guten, 1443 gegründet. Einige Stunden von der Stadt ist die berühmte alte Säule, nur la Colonne genannt, auf deren Basreliefs Jupiter, Juno, Bacchus und andere Gottheiten abgebildet sind; ihr Ursprung und ihre Bestimmung sind unbekannt, auf jeden Fall aber rührt sie aus den Römerzeiten her.

Von hier brachen wir nach *Chalons an der Saone* auf, beim Ausmarsch zeigte man uns *Volnay, Meursauth, Chambertin, Pommard* und andere Orte, welche die berühmten Weine dieser Namen liefern. Als wir in Chalons angekommen waren, fand ich auf dem Quartieramt ein Einladungs- und Einquartierungsbillett von dem Hause Bouillé, an das

ich empfohlen war, für mich vor; ich wurde vortrefflich aufgenommen, da ein Sohn desselben als Volontär in Frankfurt war; auch wirkte mir Hr. Bouillé, sobald das Bataillon angekommen war, die Erlaubnis aus, einige Tage bei ihm auf Besuch bleiben zu dürfen, mit dem Versprechen, daß er dafür sorgen wolle, daß ich in Lyon wieder bei demselben eintreffen würde. Ich brachte nun ein paar Tage recht vergnügt in dem heiteren Chalons zu, das in einer schönen Ebene an dem rechten Ufer der Saone liegt, über welche eine Brücke von Quadersteinen zu der gegenüberliegenden Vorstadt führt, die auf einer Insel erbaut ist und anmutige Promenden hat. Die Stadt ist sehr freundlich und hat besonders am Kai geschmackvolle Gebäude und an 15 000 Einwohner; sie ist gewissermaßen der Stapelplatz zwischen Süd- und Nordfrankreich, hauptsächlich eine Niederlage für Marseille und Paris, auch verbindet sich hier der Zentralkanal mit der Saone.
Die Familie Bouillé tat ihr Möglichstes, mir den Aufenthalt in Chalons angenehm zu machen, und ein anderer Sohn des Hauses war mein treuer Begleiter auf allen Wegen, was mir aber gerade nicht sehr angenehm war und mich genierte, denn ohne diesen jungen Hüter, der mir nicht von der Seite wich, hätte ich gewiß ein kleines Abenteuer in Chalons gehabt; auch verschwor ich es, solche Einladungen wieder anzunehmen. Der junge Mensch gab sich indessen viel Mühe, mich zu unterhalten, zeigte mir die Kirchen, das Stadthaus, die Bibliothek, das Lorenzo-Hospital auf der Insel dieses Namens, das Theater usw., aber damit war mir nicht gedient, und ich wäre lieber mancher Schönen gefolgt, denen wir auf unseren Streifereien und Promenaden begegneten. Nach einem viertägigen Aufenthalt reiste ich, herzlich für die gute Aufnahme dankend, ohne irgendein Abenteuer mit dem Coche d'Eau, einer eleganten Wasserdiligence, nach Lyon. Auf diesem Schiff traf ich auch den Offizier payeur unseres zweiten Bataillons, Herrn Madinier, und mehrere junge Offiziersfrauen an, deren Männer beim Heere waren und die sich zu Ver-

wandten nach Lyon begaben und recht liebenswürdig waren. Zu jener Zeit war überhaupt ganz Frankreich mit solchen jungen Strohwitwen, deren Männer sich im Felde oder als Employés, Kommissäre usw. bei den Armeen befanden, und auch mit wirklichen Witwen, deren Ehemänner geblieben waren, angefüllt, welche sich gerne über die allenfallsige und vermutliche Untreue ihrer Herrn zu trösten und dieselbe bestens wett zu machen suchten. Bald hatte ich eine interessante Unterhaltung mit der jungen Gattin eines Groß-Majors, der bei den französischen Truppen in Österreich stand, angeknüpft; es war eine artige Pariserin und die Tochter eines wohlhabenden Kaufmanns. Die hübsche Frau hatte die feinste Taille, die man sich denken kann, einen eleganten Wuchs, ein Paar fast chinesische Füßchen, frivol-schelmische Augen, ein prächtiges kastanienbraunes Seidenhaar, Perlenzähne und eine Munterkeit, die mutwillig, ja bisweilen ausgefallen war. Während ich mit ihr scherzte und lachte, hatte Madinier mit einer anderen dieser Damen Bekanntschaft gemacht. Ohne zu wissen wie, erreichten wir *Macon,* wo wir ausstiegen und übereinkamen, daß man hier bis zur Ankunft des nächsten Coche d'Eau, das den folgenden Tag erwartet wurde, da eines täglich von Chalons abgeht, bleiben wollten. Daß ich weder das Haus, dem ich empfohlen, aufsuchte, noch mich viel mit den Sehenswürdigkeiten Macons beschäftigte, sondern einzig und allein dem Dienst der liebenswürdigen Dame lebte, darf man mir aufs Wort glauben. Ich hatte das Vergnügen, Madame O . . . am Arm, auf den schönen Kais an der Saone zu promenieren, wir ließen uns auch zu den noch vorhandenen Trümmern eines Triumphbogens und eines Janustempels, des alten *Matiscos* führen, und kehrten dann in unser Hotel zurück, wo wir uns nach einem deliziösen Souper zu einer ziemlich unruhigen Ruhe begaben.

Den anderen Tag fuhren wir mit dem ankommenden Schiff nach *Lyon* ab und legten den Rest der Wasserreise vergnügt zurück. Je näher wir unserer Bestimmung kamen, desto pittoresker wurde der Anblick der Ufer der Saone; die freundlichsten Ortschaften, die reizendsten Landhäuser und Landschaften wechselten unaufhörlich ab, bis wir endlich im Hafen zu Lyon einliefen. Hier stiegen wir im Hotel d'Europe ab, wo wir wieder einen recht vergnügten Abend und eine noch vergnügtere Nacht zubrachten. Erst den kommenden Morgen meldete ich mich bei dem Bataillon, das diesen Tag Rasttag hatte. Mein Kapitän teilte mir die angenehme Nachricht mit, daß wir den Rest des Marsches auf der *Rhone* eingeschifft zurücklegen und deshalb noch einen Tag länger hier verweilen würden. Dies war mir zwar erwünscht, aber doch suchte ich mich wieder von Madame O... loszumachen, an deren Ketten ich schon genug hatte; ich kaufte bei einem Goldarbeiter eine zierliche Allianz, die ich ihr, ins Hotel zurückgekehrt, zum Geschenk machte, dabei mit schweren, erzwungenen Stoßseufzern ankündigte, daß die Stunde der Trennung geschlagen habe, indem ich zur Kompanie, bei der ich als Kadett stehe, – sie wußte sich nicht zu erklären, was dies für eine Charge sei, da die französischen Regimenter dergleichen nicht hatten, und hielt mich für einen Offizier – einrücken müsse, und wir wahrscheinlich noch diesen Abend abmarschieren würden. Nach einer letzten feurigen Umarmung, herzlichem Lebewohl und Versicherungen ewiger Liebe und Treue, schieden wir für immer. Ich suchte jetzt das Quartier meines Sergeant-Majors auf, das ich erst nach langem Umherirren durch die engen und finstern Gassen Lyons fand, und ließ mir von demselben ein Einquartierungsbillett geben, das auch in ein Hotel lautete. Da meine Börse anfing, an der Auszehrung zu leiden, obgleich ich mir von Bouillé zu Chalons noch etwas Geld hatte geben lassen, so suchte ich das Bankhaus J. Boutoux auf, an das ich empfohlen war, und ließ mir 25 Louisdors auszahlen, lehnte aber jede weitere Einladung und sogenannte Ehrenbezeigungen ab, und das Haus Paul Pages et neveux, an das ich ebenfalls empfohlen war, und das mit dem unserigen in Verbindung stand, besuchte ich gar nicht,

sondern streifte nun auf eigene Faust und planlos in den langen labyrinthischen Straßen Lyons herum; besonders gefielen mir die lebendigen und schönen Kais der Rhone und der Saone, namentlich der Kai St. Clair; auch die prächtigen Plätze Bellecour und das Terraux, auf dem das Hotel de Ville und andere schöne Gebäude stehen, sowie die Kathedrale St. Jean usw. besuchte ich. Schon 43 Jahre vor Christi Geburt wurde Lyon unter dem Namen Lugdunum durch L. Munatius Planeus gegründet, und bald so wichtig, daß August dem Teile Galliens, der zwischen Belgien und Aquitanien lag, also dem eigentlichen Land der Kelten, seinen Namen (Lugdunensis) verlieh. Im 5. Jahrhundert wurde Lyon die Hauptstadt eines Teiles des Burgundischen Reiches, aber erst im 11. und 12. Jahrhundert wurde sie als Gewerbs- und Handelsort höchst wichtig und beinahe eine freie Stadt, obgleich die Erzbischöfe von Lyon Ansprüche auf die Souveränität machten; um diesem zu entgehen, begab sie sich unter den Schutz Philipp des Schönen, der sie 1307 mit Frankreich vereinigte. Im Jahre 1793, als sie sich gegen den Konvent empörte, zählte sie mehr als 200 000 Einwohner. Die fürchterlichen Folgen dieser Auflehnung davon sind bekannt genug, nur mit knapper Not entging sie ihrer gänzlichen Zerstörung und nach einer schrecklichen Belagerung wurde sie durch die Kommissäre des Konvents, Collot d'Herbois, Couthon und Fouché, dezimiert, selbst ihr Name vertilgt, und in Commune affranchie umgewandelt; sie hat sich seitdem nicht wieder zu ihrem frühern Glanze erheben können. Der kurze Aufenthalt in dieser großen Stadt machte es mir unmöglich, sie genauer kennen zu lernen, erst im Jahre 1814, wo ich mich länger hier aufhielt, war dies der Fall.
Den zweiten Abend nach meiner Ankunft besuchte ich das große Theater, in dem „Le tyran corrigé" nebst einem hübschen Ballett aufgeführt wurde. Hier traf ich mehrere Kadetten und auch ein paar Furiere des Regiments, die letzteren, zwei Franzosen, von denen sich der eine Jean Roi nannte und eines Pächters Sohn bei Nancy war; der

andere aber hieß Latouche, dessen Herkunft war unbekannt, er war aber schon durch ein halbes Dutzend Regimenter gegangen – „deux mauvais sujets dans toute la force du terme." Diese beiden Individuen hatten es namentlich auf die jungen Leute beim Regiment abgesehen, von denen sie wußten, daß sie mit Mutterpfennigen versehen waren, und suchten diesen die Beutel auf alle mögliche Weise zu fegen. Sie hatten sich auch schon einigemal an mich gewagt, aber dabei die Erfahrung gemacht, daß sie trotz meiner Jugend mich nicht leicht zu ihrem Düpe machen konnten, da ich weder zum Trunke noch zum Besuche liederlicher Häuser zu bewegen war. Diesen Abend hatten sie zwei ganz junge und noch unerfahrene Leute aus guten Familien auf dem Korn, von denen der eine Dantrace aus Paris, der andere Roger aus Metz, und beide Kadetten ohne Grad waren. Ich war im Parterre hinter ihnen, merkte bald, wo es hinaus wollte, und nahm mir vor, die jungen Leute nicht aus den Augen zu lassen. Man hatte sich zu einem Souper bei einem Restaurateur nach beendigtem Theater verabredet, wo die beiden Furiere, wie es schien, schon bekannt waren. Ich folgte der Gesellschaft, die in einer engen Straße in der Nähe des Platzes „Des terraux" in ein Haus von ziemlich verdächtigem Aussehen ging, und trat fast zu gleicher Zeit mit den Herren in das Speisezimmer, wo mich die Furiere mit nicht sehr günstigen Augen ansahen. Sie ließen starke Weine auftragen und tranken den jungen Leuten, die, obgleich älter wie ich, doch noch Kinder waren, tüchtig zu, so daß es bald schwere und schwindelnde Köpfe gab. Ich hatte mich an denselben Tisch zu ihnen gesellt, aber nur ein paar Gläser Champagner mit Wasser vermischt getrunken. Als man die Köpfe nach dem Dessert erhitzt genug glaubte, sagte Latouche: „Ah ça, il faut que nous allions voir les filles!" ich wollte die beiden Kadetten davon zurückhalten, da mir dies jedoch nicht gelang, so beschloß ich, sie zu begleiten, und wir brachen, nachdem die Zeche berichtigt war, auf. Die Furiere führten uns durch einen langen Korridor, dann eine

Treppe hinab über einen Hof in ein Hinterhaus, wo wir wieder zwei Stiegen steigen mußten und in ein ziemlich geräumiges Gemach traten, in dem sich etwa ein halbes Dutzend keuscher Priesterinnen der Venus vul. befinden mochte, die uns entgegensprangen und auf das zuvorkommendste bewillkommneten. Ich stieß jedoch die, die sich an mich machen wollte, so unsanft zurück, daß sie ausrief: „Tiens qu'est ce que ce drôle." Worauf sich Latouche zu mir wandte und sagte: „Mais ce n'est point ainsi qu'on traite les filles." Ich erwiderte lächelnd: „Mais bien les g.....s." Nun aber nahm sich auch Jean Roi der Dirnen an und setzte eine drohende Miene auf. Ich gab mir jedoch gleich ein so imponierendes Ansehen, daß die beiden Herren es für gut fanden, sich von ihren Freundinnen besänftigen zu lassen, was ich spöttisch lächelnd geschehen ließ. Um den Frieden herzustellen, wurde wieder Wein und Punsch gebracht, den die Dirnen kredenzten; ich schlug aber das Angebotene aus und redete auch den Kadetten, die ohnehin schon genug hatten, zu, nichts davon anzunehmen. Eine der Dirnen machte sich an Dantrace, die andere an Roger, und wollten beide mit sich fortziehen. Ich aber protestierte dagegen, indem ich sagte, ich gäbe es nicht zu, daß sich die jungen Leute ohne mich entfernen. Roger bezeigte auch wenig Lust, aber Dantrace, den diejenige, welche sich an ihn gemacht hatte, festhielt, indem sie zu ihm sagte: „Mais ce monsieur est il donc votre mentor?" wurde dadurch gereizt, sagte mir, ich habe ihm nichts zu befehlen, und er wollte mit dem Mädchen fort; ich versetzte: „Gut, aber geben Sie mir erst Ihre Börse!" Ich wußte, daß er an 100 Napoleons in Gold bei sich hatte. Er war im Begriff, es zu tun, als ihm Jean Roi lachend zurief: „Mais vous êtes donc un enfant?" worauf er mein Begehren abschlug, ich ihm aber sagte, daß er in diesem Falle nicht ohne mich das Zimmer verlassen werde. Jetzt ließ auch er einen Drôle fallen, ich aber, an mich haltend, erwiderte nur: „Vous m'en rendrez raison demain", und kündigte ihm sogleich, sowie den beiden Furieren kraft meines Sergeantengrades

Arrest an. Während dieses vorging, hatte sich ein anderes der Mädchen an Roger gemacht, diesen auf einen Stuhl gezerrt, und während sie eine ihrer Hände sonstwo hatte, verlor sich die andere in dessen Hosentaschen. Ich bemerkte dieses Manöver und sah, wie ihm die Dirne den wohlgefüllten Beutel ganz sachte aus der Tasche zog. Jetzt tat ich einen Seitensprung und faßte das Mädchen bei dem Arm, mit dem sie den Beutel hielt, den sie fallen ließ. Ihn aufhebend, sagte ich mit lauter Stimme zu dem Kadetten: „Merken Sie denn noch nicht, wohin man Sie geführt hat?" und packte die Diebin so fest bei der Gurgel, daß sie überlaut aufschrie. Jetzt war endlich dem Dantrace ein Licht aufgegangen, und er rief aus: „Nous sommes donc dans un répaire de voleurs!" Er legte nun so starke Hand an die Demoiselles, daß ich genötigt war, ihn abzuwehren. Es gab jetzt einen gewaltigen Lärm, so daß die Mère abesse des Hauses herbeieilte und sich eifrig nach der Ursache desselben erkundigte. Ich sagte ihr ganz trocken, es handele sich um einen ertappten Dieb, worauf sie ein „Impossible" erwiderte, ich aber ganz trocken erklärte, die Possibilität beweisen zu können, und mich hierauf mit den beiden Kadetten, die mir nun gerne folgten, entfernte, den zurückbleibenden Furieren ein „A demain" verächtlich zuwerfend. Ich begab mich mit meinen Begleitern in ein Kaffeehaus auf dem Terrauxplatz, wo wir mehrere Offiziere vom Regiment antrafen, denen ich die saubere Geschichte mitteilte und die auf der Stelle in das verdächtige Haus gehen, die Sache untersuchen und daselbst tolle Wirtschaft machen wollten. Vergeblich suchte ich sie, von diesem Vorhaben abzuhalten, fürchtend, daß es zu argen Exzessen kommen könnte. Glücklicherweise war es uns, trotz stundenlangem Suchen, unmöglich, das Haus von dem wir nicht einmal den Namen der Straße wußten, in der es lag, wieder aufzufinden; wir trennten uns um Mitternacht, indem ich zu Dantrace sagte, daß ich ihn wegen des Drôle morgen besuchen würde. Das schändliche Benehmen der beiden Fouriere aber nahm ich mir vor, dem Bataillonschef, Herrn Duret, anzuzeigen. Mit Tagesanbruch suchte ich einen Kadetten auf, dem ich das Vorgefallene mitteilte und sodann zu Dantrace sandte mit dem Auftrag, diesen zu einem Déjeuner à la broche einzuladen. Er fand sich auch bald darauf in dem ihm bezeichneten Kaffeehaus ein, von wo wir alle vier uns ins Freie jenseits der Rhone begaben. Auf dem Terrain angekommen, hielt ich ihm sein Benehmen gegen mich vom vorigen Abend vor; gerne gestand er sein Unrecht ein, sowie daß er mir noch obendrein großen Dank schuldig sei, und deshalb aus freien Stücken den Drôle zurücknehme und mich um meine Freundschaft bitte, versichernd, daß er sie auf jede Weise zu verdienen suchen wolle, und ich in allen Fällen auf ihn zählen könne. Damit war die Sache abgemacht, und statt dem Déjeuner à la broche nahmen wir vergnügt eines à la fourchette ein, worauf ich mich mit meinen Kameraden zum Bataillonschef begab, und diesem, was in der verwichenen Nacht vorgegangen, bis auf den kleinsten Umstand mitteilte. Duret ließ sogleich die Furiere Latouche und Jean Roi holen und stellte sie in den härtesten Ausdrücken zur Rede, ihnen mit strenger Untersuchung und Strafe drohend. Diese redeten sich aber damit aus, daß auch sie ganz fremd in dem verdächtigen Hause seien, das sie jetzt nicht einmal mehr aufzufinden wüßten, da sie halb im Rausch und ebenso unwissend als wir in dasselbe geraten seien. Obgleich nun auch Herr Duret moralisch von der nichtswürdigen Absicht der beiden Individuen überzeugt war, so ließ er sie doch mit der Warnung gehen, sich nicht wieder auf ähnlichen Wegen erwischen zu lassen, schärfte den beiden anderen jungen Leuten ein, künftig vorsichtiger zu sein, und somit war die Sache vorerst abgetan. Als wir das Quartier des Chefs verließen, sagte jedoch Latouche zu mir, er würde mir dies gedenken, worauf ich erwiderte: „Quand il vous plaira." Ich schwärmte den Rest des Tages noch in Lyon herum, besuchte den Abend das Theater Cölestin, wo ich mich mit einer schneeweiß gepuderten Schönheit (dies war damals schon eine Seltenheit), die wahrscheinlich die grau werdenden Haare durch den Puder verbergen wollte, sonst aber gar nicht so übel war, recht angenehm in einer Loge unterhielt. Man gab „Agnes Sorel" und noch einige kleinere Pièçen. Der Vorhang dieses Theaters stellte eine sehr täuschend gemalte Ansicht Lyons, von den Kais der Rhone aus gesehen, dar.

Den kommenden Morgen schiffte sich das Bataillon auf fünf gebrechlichen Fahrzeugen auf der Rhone ein. Da diese Art Schiffe nie den Weg zurückmachen, sondern mit dünnen Brettern zusammengenagelt, an ihrer Bestimmung angekommen auseinandergeschlagen werden, und ihr Holz verkauft wird, so sind sie nicht von großer Solidität. Unsere Kompanie, die erste, war mit der der Karabiniers, der Musik und dem Etat-Major des Bataillons zusammen eingeschifft. Kapitän Alphons, der die Karabiniers kommandierte, hatte seine hübsche Frau bei sich, beide aber schnitten verdrießliche Gesichter, saßen stumm und traurig in einer Ecke des Schiffes und maulten miteinander. Ich erfuhr bald von meinem Kapitän den Grund dieses Umstandes. Beide hatten eine galante Krankheit, und jedes warf dem andern vor, sie von einander bekommen zu haben; das Wahre an der Geschichte mochte sein, daß keines seiner Sache gewiß war oder sein konnte, denn beide waren eben keine Felsen ehelicher Treue. Wir stießen nach acht Uhr unter dem Schall der Musik und dem Wirbeln der Trommeln vom Ufer und flogen pfeilschnell auf dem reißenden Strom dahin; rechts und links schwanden Villen, Gärten, Dörfer, Hügel und Auen, während die Soldaten jauchzten und zufrieden waren, so mühelos die Märsche zurückzulegen.

Bald bekamen wir das uralte *Vienne* mit seinen gotischen Türmen, Mauern und Zinnen zu Gesicht, eine der ältesten Städte Frankreichs, die schon 500 Jahre vor Christi Geburt erbaut worden sein soll und die Hauptstadt der Allobroger (Vienna Allobrogum) war. Keine Stadt am Rhein, Köln ausgenommen, sieht so ehrwürdig grau, so imponierend alt aus, wie Vienne an der Rhone. Nur zu schnell entschwand

sie unsern Augen, und wir kamen bald an jene hochberühmte Côte du Rhone, deren Feuerweine mit dem besten Ungar rivalisieren können, namentlich der, den die Côte rotie, dem Barometerberg *Pila* gegenüber, erzeugt. So sahen wir *Rousillon*, und endlich *Condrieux*, wo wir landeten, ein Teil der Truppen schlief jedoch auf den Schiffen. Das Städtchen liegt zwar nicht dicht am Fluß, hat jedoch einen Hafen an demselben und ist meistens von Schiffern bewohnt, weshalb auch nur die Offiziere und ein Teil der Unteroffiziere in demselben einquartiert werden konnten und der Rest der Truppen auf den Schiffen blieb. Der süße weiße Wein, der hier wächst, ist berühmt, und der Kaiser *Probus* liebte ihn so sehr, daß er ihn sich nach Dalmatien nachkommen ließ. Hier trug sich eine Begebenheit zu, die dem Furier Jean Roi den Hals brach. Alle Furiere waren nämlich samt dem Adjutant-Unteroffizier Geßner in einer großen Stube einquartiert, wo Jean Roi erwischt wurde, wie er in der Nacht einem Kameraden 80 Franken aus der Tasche der abgelegten Beinkleider stahl; er wurde cum infamia vom Regiment gejagt, da man es nicht der Mühe wert achtete, ihn vor ein Kriegsgericht zu stellen.
Mit Tagesanbruch schifften wir uns wieder ein und setzten die Reise gut gelaunt und fröhlich fort. St. Jüste hatte eine gute Portion süßen Condrieux mit an Bord genommen, womit er seine ganze Kompanie regalierte, so daß jedermann ein großes Glas voll davon zum Frühstück erhielt, wodurch die Leute gewaltig munter wurden, während die Karabiniers des Kapitäns Alphons, die nichts erhielten, scheel zusahen. *Saint Vallier* mit seinem alten Schloß, der platte Königsfelsen, der Berg *Ventoux* u. a. glitten an unseren Blicken vorüber, und bald waren wir in der Nähe der berühmten Eremitage, welche den köstlichsten der Rhoneweine, den perlenden weißen Eremitage liefert, den viele Weinkenner noch dem Tokaier vorziehen. Unser Kapitän ließ auch ein halbes Dutzend Flaschen von diesem durch einen Schiffer holen, der 6 Franken auf der Stelle per Flasche kostete, und regalierte uns damit. Jetzt windet sich

der gewaltige Strom bald zwischen wandsteilen ungeheuer hohen Felsen durch, bald wogt er durch die herrlichsten Weinhügel dahin, man schifft durch die Mündung der Isere und befindet sich bald an dem alten *Valentia* der Gallier, dem heutigen *Valence,* welches unter Vespasian eine römische Kolonie und später die Hauptstadt der Königreiche Arles und Burgund wurde. Bei *Rochemaure* erblickt man einen Felsen, der völlig die Gestalt einer großen Pyramide hat. In dieser Gegend zeigt alles an, daß einst zahlreiche Vulkane hier gewesen sein müssen, die längst ausgewühlt haben, und noch stößt man auf ausgebrannte Krater. Immer reißender wird nun die rauschende Rhone, je näher man der Pont St. Esprit kommt. Bald zeigt sich diese majestätische, 25 schöne Bogen lange Brücke, ein Meisterstück der Architektur, dem erstaunten Auge; man darf sie kühn den größten Werken des Altertums dieser Art zur Seite stellen. Im Jahre 1265 wurde ihr Bau begonnen und erst 1309 vollendet; aber sie wurde fortwährend so gut unterhalten, daß sie noch völlig unversehrt dasteht, als ob sie erst vor kurzem aufgeführt worden wäre. Sie geht nicht in gerader Linie durch den Strom, sondern biegt in der Mitte gegen denselben aus; dies macht, daß sie besser den tobenden Wellen widersteht und an Festigkeit gewinnt. Ihre Bogen sind zirkelrund und sie ist bei aller Dauerhaftigkeit doch noch zierlich. Ihren Namen soll sie erhalten haben, weil der Heilige Geist selbst den Plan der Brücke dem Baumeister eingegeben hat. Das dabei liegende Städtchen heißt ebenfalls St. Esprit, führte aber vor Erbauung der Brücke den Namen St. Saturnin du Pont. Die Beiträge, um das Werk vollenden zu können, wurden weit umher gesammelt, bis auf 20 Lieues in der Umgebung, man gab gerne, da die Überfahrt hier, wo der Strom so reißend ist, so gefährlich war, und kein Jahr ohne bedauerliches Unglück vorüberging.

Wild wogen die Fluten an der Brücke und unter ihren Bogen, und es erfordert eine große Geschicklichkeit der Schiffer, um pfeilschnell mitten durch einen derselben unversehrt durchzukommen; im Falle eines Anstoßes geht das Schiff unvermeidlich in Trümmer, wie es einem der unserigen erging. Als wir uns der Brücke näherten, auf der viele Menschen standen, die Durchfahrt der kleinen Flottille anzusehen, schlugen die Tamboure Sturmschritt, die Musik spielte einen Pas de charge und man ließ die Guides wehen, während die Schiffer Gebete hersagten. Die beiden ersten Schiffe, worunter das unserige, waren schon glücklich unter dem Beifallrufen der auf der Brücke stehenden Leute tambour battant durchgefahren, als das dritte, welches der Strom ein wenig zu weit rechts getrieben hatte, mit großer Gewalt gegen einen Pfeiler anfuhr und sich krachend spaltete, worauf sich sogleich ein furchtbares Geschrei auf, unter der Brücke und an den Ufern erhob; aber auch in demselben Augenblick stießen mehr denn zwanzig Nachen vom Ufer ab, die Verunglückten aufzunehmen. Das so leicht gebaute Fahrzeug war wenige Sekunden nach dem Anstoß auseinandergegangen, und die Oberfläche des Wassers war alsbald mit Menschen, Tschakos und Effekten bedeckt. Alle ins Wasser Gefallenen, unter denen auch einige Frauen, wurden indessen bis auf zwei Mann gerettet oder retteten sich selbst mittelst der Seile, die man ihnen zuwarf, und die für einen allenfallsigen Unfall schon in Bereitschaft waren. Die beiden anderen Schiffe kamen, mitten durch die Leute und Trümmer im Wasser fahrend, glücklich jenseits der Brücke an. Vom Gepäck ging manches und namentlich viele Gewehre verloren. Die so wider Willen ausgeschifften zwei Kompanien legten nun, nachdem sie sich erholt und getrocknet hatten, den Weg bis Orange zu Fuß zurück, wo auch der Rest des Bataillons ausschiffte, und Duret beschloß, daß wir die letzte Etappe – es war nur noch ein Marsch bis zur neuen Garnison – zu Land zurücklegen sollten. In Orange führte mich mein Glücksstern zu einem Schullehrer ins Quartier, der sich sogleich in eine politische Unterhaltung mit mir einließ. Eine alte Homannische Karte in der Hand, zu der er Gott weiß wie gekommen, wollte er mir beweisen, daß noch ein gro-

ßes Stück von Deutschland, nämlich fast ganz Schwaben und Bayern, zu Frankreich gehören müsse, wenn dieses gehörig stark sein solle. Sonst aber war der Ludi-Magister ein lieber Mann, der mir bereitwilligst die hier noch vorhandenen und gut erhaltenen römischen Altertümer zeigte, unter denen nebst einem Triumphbogen, den er „l'Arc de Marius" (den Mariusbogen) nannte, der aber zu Ehren des Sieges von Aquae-Sextia (Aix) errichtet wurde, und der vor der Stadt auf dem Wege nach Valence steht, noch ein völlig erhaltenes römisches Theater sich befindet, so daß man durch es die Bauart dieser Gebäude genau kennen lernt; es ist über 300 Fuß lang und über 100 Fuß hoch, und hat zwei Reihen schöner Säulengänge. Leider sind im Innern dieses Gebäudes an 100 kleine Häuschen erbaut und bewohnt, weshalb man es nicht gut untersuchen kann. Mein Cicerone nannte es einen Zirkus, und meinte, Zirkus und Theater seien eins. Es sind aber außerdem auch noch Rudera eines wirklichen Zirkusses, sowie Trümmer einer Wasserleitung, mehrere Bäder usw. vorhanden.
Die Stadt, die über 8000 Einwohner zählt, liegt am Ende einer schönen Ebene an dem Flüßchen *Meyne,* im Departement Vaucluse, und war ehemals die Hauptstadt eines Fürstentums, das dem Hause von Nassau-Oranien gehörte, das die Wiege der jetzt regierenden Könige von Holland ist.
Mit dem frühesten Morgen marschierten wir, von der aromatischen Luft der Provenzaler Sonne erquickt, nach dem Orte unserer einstweiligen Bestimmung, nach *Avignon* ab. Hier wird das Himmelsblau schon lebhafter, Nebel bei Sonnenauf- und Untergang kennt man nicht, freundlich heiter sind die Fluren, und die klimatische Veränderung fühlt man durch den ganzen Körper.
Eine Viertelstunde vor *Avignon* wurde halt und Toilette gemacht, man warf sich in Grande tenue, die Karabiniers setzten ihre Bärenmützen mit den roten Federbüschen auf und schmückten ihre Schultern mit den Epauletten von derselben Farbe, was auch die Voltigeurs mit gelben und

die Chasseurs mit grünen Epauletten und Federn taten. Da das Regiment ganz neu und schön uniformiert war, so nahm es sich stattlich und imponierend aus, und marschierte gehörig geschniegelt und gestriegelt in schönster Ordnung in die neue Garnison und alte Residenz so vieler Päpste ein, wo wir durch sehr enge, winklige Straßen mit altertümlichen Häusern, aus denen aber doch sehr moderne Damen auf uns herabsahen, auf den Waffenplatz kamen. Das Bataillon wurde gleich in die geräumigen gewölbten Säle der alten päpstlichen, auf hohen Felsen liegenden Burg kaserniert. Ich mietete mir aber ein Chambre garnie, das recht schön möbliert war, für den äußerst billigen Preis von 8 Franken per Monat, in der Nähe des großen Platzes. – Als ich in Gesellschaft mehrerer Kameraden nach Wohnungen suchte, gerieten wir auch an ein Haus, an dessen Mauern mit großen Lettern geschrieben stand: „Ici on loue des chambres garnies pour hommes et non pas pour femmes.“ Bald wußten wir, was es damit für eine Bewandtnis hatte; eine solche Unverschämtheit kann man sich nur in Frankreich erlauben. Eine andere Sache, nach der man sich eifrigst in jedem Hause, wo wir Wohnungen suchten, erkundigte, war, ob wir keine Kosaken, Tartaren, Kalmucken oder Russen seien, und man wollte uns in der Regel nicht eher Zimmer zeigen, bis wir zur Genüge dargetan, daß wir Franzosen oder doch wenigstens Des bons allemands und Christen seien. Den Grund dieser ängstlichen Erkundigungen erfuhren wir bald. Man hatte nämlich von unserem Regiment das Gerücht, das uns vorausging, verbreitet, daß es fast aus lauter wilden und barbarischen Völkern bestünde, die nicht nur raubten und plünderten, sondern sogar die kleinen Kinder wegfingen, wo sie deren habhaft werden könnten, um diese nach Umständen roh, gebraten oder auch in einem Frikot zusammengehackt zu verzehren. Solche Dinge glaubten die Einwohner in allem Ernst und fluchten dem Napoleon, daß er solches Volk in Dienst nehme und ihnen zuschicke. Erst nachdem ich hinlänglich beteuert hatte, daß ich kein Kinderfresser sei, willigte man ein, mir die erwähnte Wohnung bei einem Herrn Croizet, einem kleinen Rentier, der eine hübsche Frau hatte, zu vermieten.

Die alte Stadt liegt in einer reizenden, fast immer grünenden, etwas abhängigen Ebene an dem linken Ufer der Rhone und ist von gelbbraunen Mauern und Türmen nach der alten Befestigungsart umgeben. Hier findet man sich schon ganz unter dem südlichen Himmelsstrich, wo Oliven und andere Südpflanzen gedeihen, die meisten der tropischen Zone angehörend. Der Himmel hat schon den italienischen Anstrich, und die immergrünen Fluren sind mit Limonen-, Orangen- und Feigenbäumen bedeckt. Die herrliche Natur gibt in üppiger Fülle, was den Lebensgenuß versüßt, und die bläulichen Wasser der Rhone strömen majestätisch wild dem nahen Meere zu. Unvergleichlich und entzückend ist die Aussicht von dem hohen Felsen, auf dem die alte Residenz der dreikronigen Priester steht; von hier überschaut man die blühenden Gefilde der Rhone, die der Fluß zwischen romantischen Ufern durchströmt, auf eine unabsehbare Weite. Besonders reizend ist die Aussicht gegen das malerische Tal von Vauclüse, und nicht mit Unrecht wird diese Gegend als die schönste in ganz Frankreich und als eine der anmutigsten Europas gepriesen.

Der alte päpstliche Palast ist eine auf hohen Felsen erbaute ungeheure Steinmasse, einer Feste ähnlich, ein ungeheures Gebäude mit öden Gemächern und Zimmern, fast alle sind hochgewölbt. In dem weitläufigen Schloßhof stieß man allenthalben auf Schutt und Trümmer, und die imposanten Ruinen ließen noch die Herrlichkeit längst vergangener Größe bewundern. In den am besten erhaltenen Sälen, Kirchen, Kapellen und Gewölben lagen jetzt unsere Soldaten, und an der Stelle, wo einst, dem Donnergott gleich, die Oberpriester der Christenheit ihre Blitze über das zu ihren Füßen liegende Avignon, gegen Venedig und Mailand, Deutschland und Italien, gegen Kaiser und Könige schleuderten, an dieser Stelle putzten jetzt Russen und Österreicher, Ungarn und Böhmen, in französische Uniformen gesteckt, ihre Gewehre und Patronentaschen und aßen mit hölzernen oder eisernen Löffeln ihre Menagesuppen. In den Gemächern und Höfen, wo die Päpste die prächtigsten und glänzendsten Feste mit üppiger Verschwendung gaben, wo einst die schöne Johanna von Neapel als Gebieterin von Avignon mit einem zahlreichen Gefolge von Kardinälen und Bischöfen, Rittern und Edelfrauen, in die kostbarsten und reichsten Gewänder gekleidet, an der Seite ihres Gatten unter einem Prachthimmel einzog und vom Heiligen Vater in seiner ganzen Glorie empfangen und bewillkommnet wurde, da ertönte jetzt das eintönige Verlesen der barocksten russischen, deutschen, polnischen und böhmischen Soldatennamen, und das düstere Qui vive! (Wer da!) der Schildwachen des, in Kasernen verwandelten Prunkpalastes, in dessen weiten Räumen und Höfen das einsilbige Kommando der die Rekruten exerzierenden Unteroffiziere widerhallte, denen man die Soldatenschule und Handgriffe einbläute.

Die Kathedrale Avignons, Notre-Dame, hat ein römisches Portal und soll auf dem Fundament eines alten Tempels des Herkules stehen; hinter dieser schönen Kirche steigt man auf einem steilen Felsenweg auf die Plattform Leroque. Ferner ist das Invalidenhaus, nach dem zu Paris, das erste in Frankreich, das Stadthaus, das große Hospital mit seiner herrlichen Fassade, die Kirche der Miserikorde mit ihrem kostbaren, dritthalb Schuh hohen Kruzifix von Elfenbein, das Grabmal des Papstes Johann II. und eine Zypresse, welche die Stelle anzeigt, wo Laura begraben liegt, sehenswert. Die Spaziergänge unter den Bäumen längs der Rhone, wo man bei kühlen Abenden die schöne Welt kennenlernt, sind einladend.

Von einer uralten Brücke, die hier über die Rhone führte und von dem wilden Strom zerstört wurde, sind nur noch einige Bogen mit einer kleinen Kapelle übrig; sie hatte deren neunzehn. Auf dem Cours, gleichfalls eine von Ulmen und Buchen beschattete, besuchte Promenade, findet sich hauptsächlich gerne die galante Damenwelt ein und ruht auf den vielen hier angebrachten steinernen Sitzen. Das Innere der Stadt gewährt im allgemeinen einen düsteren Anblick, da die meisten Straßen eng und finster sind. Ihre Einwohnerzahl war auf etwa 20 000 zusammengeschmolzen; vor der Revolution zählte sie über ein halbes Hunderttausend Seelen; in den Augen der Frauen blitzt schon südliches Feuer. Auf den hier ziemlich zahlreichen Juden hatte bis zur Revolution ein schwerer Druck gelastet, wie fast allenthalben, sie hatten ihr abgeschlossenes, schmutziges Quartier.

Zwischen Avignon und dem nahen Städtchen *Villeneuve* liegt mitten in der Rhone eine äußerst anmutige Insel, *Bartelasse* genannt, die beinahe eine Stunde lang ist, viele geschmackvolle Landhäuser, Lustwäldchen und Gärten hat und die angenehmsten Spaziergänge von der Welt bietet. Hier feiern auch die Einwohner beider Städte ihre meisten Volksfeste, bei denen Farrandole, Konter- und andere Tänze und allerlei Spiele im Freien unter Orangen-, Zitronen- und Feigenbäumen aufgeführt werden; Buden, Zelte und Pavillons bieten mancherlei Waren und Erfrischungen dar. Auf Wiesen und Hügeln lagern Gruppen, und manches Pärchen sucht ganz in der Stille die einsamsten und buschigsten Orte der schönen Insel auf. Während der Regenzeit, im November, wird dieses Paradies gewöhnlich durch den anschwellenden Strom unter Wasser gesetzt, dieser steht bisweilen so hoch, daß man nur noch die Gipfel der Häuser und Bäume aus den Fluten hervorragen sieht. Die alte, sehr hohe und sehr schmale Brücke, von der noch wenige Bogen stehen, führte über die Insel Bartelasse nach Villeneuve, auf der Insel selbst sieht man noch Ruinen derselben; über ihr Entstehen ist keine zuverlässige Kunde vorhanden, sie ist aber sehr alt und rührt mindestens aus den ersten Jahrhunderten der christlichen Zeitrechnung. Im Munde des Volkes der Umgegend ist folgende sie betreffende Sage: Ein sehr frommer Schäfer, mit Namen Benedikt (Benezet in der dortigen Volkssprache) weidete eines Tages seine Herden auf den Auen der Insel Bartelasse, wo ihm der heilige Petrus erschien, und ihm im Namen des Himmels befahl, die Bewohner Avignons und der Umgegend aufzufordern, zum Besten der Pilger, die nach Rom und Jerusalem wallfahrten, hier eine Brücke über den Strom zu bauen. Er fand jedoch die Leute nicht sehr willfährig für sein Ansuchen, obgleich er im Namen des heiligen Petrus sprach, das Unternehmen war zu schwierig und zu kostspielig; Benedikt aber war beharrlich und hörte nicht auf, das Volk aufzufordern, den Willen des Himmels zu erfüllen. Zuletzt verlangte der Bischof, er solle seine Sendung durch irgendein Wunder beweisen, und der Schäfer hob ein ungeheures Felsenstück, das wohl viele tausend Pfund wog, so leicht auf seinen Rücken, als sei es eine Feder, trug es auf seinen Schultern eine große Strecke weit bis an den Fluß, auf dessen Oberfläche er bis zur Mitte mit seiner schweren Bürde schritt, ohne sich auch nur die Knöchel zu benetzen, und warf es dann mitten in den Strom, sprechend: „Dies sei der erste Grundstein zu der neuen Brücke!" Jetzt schrie alles Volk Mirakel. und man warf sich vor dem auf dieselbe Weise zum Ufer zurückkehrenden Schäfer auf die Knie. Der Bau der Brücke ging jetzt schnell vor sich und war in wenigen Jahren vollendet, Benezet aber ward nach seinem Tode unter die Heiligen versetzt und ihm zu Ehren ein Kloster in der Nähe der Brücke erbaut, dessen Mönche verpflichtet waren, die ankommenden Pilger zu verpflegen und die Brücke zu unterhalten; man nannte sie deshalb Frates pontifices (Brückenbrüder). – Der Insel gegenüber liegt Villeneuve, wo noch die Ruinen eines ehemals wegen seiner Pracht und Größe berühmten Kartäuserklosters zu sehen sind, sowie das alte Schloß *St. André* mit seinen ungeheuren Mauern und dicken runden Türmen. Ludwig VIII. ließ diese starke Feste im 13. Jahrhundert auf dem Hügel erbauen, der die Stadt dominiert. Im Innern des Schlosses sind noch die Gebäude des ehemals so reichen Benediktinerklosters vorhanden. Villeneuve war der Geburtsort unseres Bataillonschefs Duret, der aus einer nicht sehr wohlhabenden Familie dieser Stadt stammte, die während der Schreckenszeit ausgewandert war. Nach mancherlei Schicksalen hatte er endlich zu Offenbach ein Ruheplätzchen bei dem Fürsten Y. gefunden, der ihn zum Kommandanten seines 50 Mann starken Heeres ernannte und bei der Formation des Regiments Y. zum Bataillonschef beförderte. Duret galt viel beim Fürsten und hatte denselben vermocht, sich beim Kriegsminister auszubitten, daß das Regiment, um sich völlig einzuexerzieren, eine kurze Zeit in Avignon garnisonieren dürfe, wozu der Minister um so eher einwilligte, da er dasselbe ohnehin schon zu diesem Zweck nach *Montpellier* auf einige Monate bestimmt hatte. Also hatten wir es Durets Eitelkeit zu verdanken, der sich seiner Verwandten und Landsleuten, die er seit vierzehn Jahren nicht gesehen, gerne an der Spitze seines Bataillons in glänzender Uniform zu Pferde zeigen wollte, daß wir auf kurze Zeit in Avignon in Garnison lagen, denn Montpellier war deswegen nicht aufgegeben. Ohne diesen Umstand hätte das Regiment wahrscheinlich Avignon nicht oder doch nur im Durchmarsch gesehen. Dafür mußten wir auch oft genug eine militärische Promenade durch Villeneuve machen. Das Offizierskorps des Regiments bestand, namentlich das des ersten Bataillons, meistens in zum Teil sehr hübschen jungen Männern, an denen die holden Avignoneserinnen ihr Wohlgefallen zu haben schienen. Ich erinnere mich, daß nach der ersten Militärmesse, die wir hatten, eine junge hübsche Dame ganz außer sich zu meiner liebenswürdigen Wirtin ins Zimmer trat und mehrmals ausrief: „Oh le beau corps d'officiers, le beau corps d'officiers!" Schönheit war die beste Empfehlung bei dem Fürsten Y., und er hatte die meisten Offiziere aus diesem Beweggrunde angestellt.

Bei Croizets, meinen Wirtsleuten, lebte ich unterdessen wie der Vogel im Hanfsamen, und Madame C. war eine der liebenswürdigsten und muntersten Damen der Stadt, die mich gleich Rousseaus Mama in ihren besonderen Schutz nahm und in allem wahrhaft mütterlich für mich sorgen wollte, aber kein sehr gehorsames Kind an mir fand. Da sie mit den angesehensten Familien der Stadt bekannt und zum Teil verwandt war, so bekam sie täglich Besuch von jungen hübschen Damen, denen sie mich vorstellte und deren Bekanntschaft ich hierdurch machte. Da kein Instrument in dem Haus war, so mietete ich ein Fortepiano, welches mir Madame Croizet in ihren Salon zu stellen erlaubte. Ich war somit befugt, denselben zu jeder Stunde betreten zu dürfen. Herr C., obgleich in Avignon geboren, hatte doch eine gute Partie Phlegma, bei einer ziemlichen Zahl von Jahren. Er war Kaufmann gewesen, hatte sein Schäfchen ins Trockene gebracht und ruhte, wenn auch nicht gerade im Überfluß und auf Lorbeeren, so doch gemächlich auf seinem Errungenen aus. Ich schien ihm noch viel zu jung und unerfahren, als daß er mich für gefährlich gehalten hätte, und da er alle Nachmittage und die Abende bis elf Uhr in den Kaffeehäusern meistens mit Dominospielen zubrachte, so hatten wir völlig freies Spiel zu Hause. Der Dienst war nicht sehr beschwerlich, außer dem Exerzieren und den militärischen Promenaden hatten wir fast alle Zeit frei, und die Wachen kamen nur selten an mich.

Ein paar Tage nach unserer Ankunft hatte ich Briefe von meinen Eltern mit Empfehlungsschreiben an das Haus Blavet et frères, von dem mein Vater öfters französische Südweine bezog, erhalten. Ich präsentierte mich bei demselben und wurde mit der zuvorkommendsten Artigkeit aufgenommen, erhielt häufige Einladungen zu Dejeuners, Diners und Parties de Campagne, lernte in diesem Hause die ganze Beau monde von Avignon in ihrem Glanze kennen und hatte auch bald nach echt französischer Art ein halbes Dutzend Amoretten von mehr oder weniger Bedeutung, mit mehr oder weniger Begünstigung. Mad. Croizet war und blieb mir jedoch lieb und wert, besonders solange ich noch nichts wie einige Küsse im Vorübergehen von ihr erlangt hatte; um aber bald weiter zu kommen, suchte ich die Eifersucht zur rechten Zeit in Bewegung zu setzen, wozu mir ein besonderer Umstand günstig war und mich zum

Ziel brachte, das ich durch Bitten und Stürmen noch nicht hatte erreichen können. Eines Tages fand eine prächtige Prozession, ich weiß nicht mehr zu Ehren welches Heiligen statt, die an dem Hause Croizets vorüberkam. Hier fanden sich viele Zuschauerinnen ein, um die Feierlichkeit bequem mit ansehen zu können, unter ihnen war auch eine Kusine des Präfekts des Departements, ein scharmantes Mädchen, dieser hatte ich zwar schon einigemal den Hof gemacht, aber heute stellte ich mich als hätte ich nur Augen für sie, und dies setzte Mad. Croizet in üble, aber mir günstige Laune. Als die Vorläufer der Prozession ankamen, wies Mad. Croizet schnell jedem das Fenster an, durch welches er schauen sollte, sie entführte mir so meine Schöne, und zwar in den zweiten Stock, und ich war somit ganz von ihr getrennt. Sie selbst aber begab sich mit noch mehreren älteren Damen in mein Zimmer, das ebenfalls drei auf die Straße gehende Fenster hatte, da alle andern schon in Beschlag genommen waren, stellte sie sich mit mir unter eine der Fensterhallen, während die übrigen Damen die beiden andern zierten. – Wohl, dachte ich, diesmal wirst du mir nicht so ganz ungerupft davonkommen, denn Aufsehen kannst du in dieser Lage nicht machen, Küsse und Umarmungen hast du mir ja schon gewährt und kannst also keinen Eklat machen, also frisch gewagt. – Nachdem ich mich nun umgesehen und überzeugt hatte, daß uns die anderen, ebenfalls in den Fensterhallen stehend, nicht sahen und alle ihre Aufmerksamkeit auf die sich nähernde Prozession gerichtet hatten, schlang ich meinen linken Arm um ihre schlanke Taille, sie fester und fester an mich drückend, und die Wangen der Dame glühten. – Dies war mir für jetzt genug und ich flüsterte: A ce soir? – Keine Antwort. – A quelle heure? – Noch immer stumm. – A onze heures ou à minuit? – Noch immer kein Laut. – Mais pour l'amour de Dieu quand donc? – Endlich ein: Laissez moi tranquille pour l'amour de Dieu! – Nicht eher, bis ich weiß, wann! – Eh bien à minuit, mais finissez donc! – Jetzt nahm ich ihre Hand, drückte sie fest an meinen Busen und sagte, ich hoffe, daß sie Wort halten würde. Daß uns Herr Croizet nicht im Wege stehe, wußte ich, denn er hatte sein besonderes Schlafzimmer in einer höheren Etage. Aber der Zufall wollte, daß ich nicht einmal so lange mehr auf die versprochene Schäferstunde warten sollte, sondern diese mir noch denselben Nachmittag wurde. Als das ganze Haus, bis auf Madame Croizet und mich, die wir allein zurückgeblieben waren, von allen Bewohnern verlassen war, um der Kirchenfeierlichkeit beizuwohnen, erlangte ich auf der Ottomane des Salons, was ich wünschte, und erschöpft ruhten wir Arm in Arm, als uns das Klingeln der Haustüre aufjagte und trennte, und die Zofen heimkamen. Denselben Abend brachte ich bei Blavets zu, wo ich wieder die hübsche Kusine des Präfekten, Amelie, traf, und fortsetzte, wo ich es am Morgen gelassen hatte. Daß hier nicht viel zu erreichen war, wenn ich nicht ernstliche Absichten blicken ließ, wozu ich ebensowenig Lust, als Aussicht hatte, denn die nächste Aussicht zu einer Heirat war wohl ein Kapitänspatent in noch unabsehbarer Ferne, war mir bald klar, und ob ich gleich ewige Liebe und Treue versicherte, wurde mir außer einem verstohlenen Händedruck und einem Kuß zum Abschied nichts gereicht. Dagegen war ich weit glücklicher bei einer allerliebsten Grisette, die vis-à-vis von mir wohnte, aber schon einen Liebhaber hatte. Wir wechselten erst Blicke, dann Kußhände und endlich kleine Zettelchen, die ich, um einen kleinen Stein gewickelt, in das offene Fenster gegenüber warf. Es kam bald zu einem Rendezvous, und zwar zuerst in der stillen Franziskanerkirche, wo wir uns verständigten und spätere Zusammenkünfte in der Wohnung einer ihrer Freundinnen verabredeten, die ich aber bald wieder zu vermeiden für gut fand; nicht so das Mädchen, das diese Intrige durchaus fortsetzen wollte, und es so auffallend machte, daß nicht nur die Nachbarschaft und Madame Croizet das Verhältnis merkten, sondern auch ihr Liebhaber Lunte roch und eifersüchtig wurde, so daß ich dann abends mehr wie einmal Ohrenzeuge von heftigen Szenen war, die zwischen beiden vorfielen; ich konnte aber wenig verstehen, da sie sich in dem Patois Avignons, das schon ziemlich dem provenzalischen gleicht, zankten; doch merkte ich wohl, daß Madame Croizet das Feuer geschürt haben mußte; jeder Streit endigte aber immer mit einer zärtlichen Versöhnung, nachdem Annette, so hieß das Mädchen, ihrem Geliebten ihre unerschütterliche Treue und ewige Liebe geschworen hatte. Ich machte der Sache ein Ende, indem ich an Annette ein kleines silbernes Körbchen mit Orangenblüten gefüllt, unter denen ein Billettchen verborgen war, schickte, in welchem ich ihr den guten Rat erteilte, sich in Zukunft allein an ihren Liebhaber zu halten, der sie sogar ehelichen wolle. Mit Madame Croizet hatte ich aber manchen Strauß deshalb zu bestehen, bis wir bald darauf an der Quelle zu Vaucluse einen ewigen Frieden auf kurze Zeit schlossen.

Schon seit einiger Zeit hatte ich eine Partie nach *Vaucluse* beabsichtigt, die jetzt zustande kam, und ich wußte es auch zu veranstalten, daß Amelie an derselben teilnehmen konnte, damit wenigstens doch auch eine Laura dabei war, denn meine Haustyrannin, das war Madame Croizet wirklich geworden, konnte mir keine solche mehr sein; freilich war auch ich nichts weniger als ein Petrarka. – Das weiß der Himmel, flüstert's mir eben ins Ohr. – An einem Sonnabend fuhren wir fast mit Sonnenaufgang von Avignon ab. Von der Partie war auch noch eine jüngere Schwester der Madame Croizet, eine hübsche Witwe, die sonst nur selten in das Haus kam, und, wie ich später erfuhr, die Geliebte des Präfekten war. Auf dem Wege durch die reizende Gegend bis zum Städtchen *l'Ile* war Amelie mein Visavis im engen Wagen, ihre Knie zwischen die meinigen eingeengt, so daß ich sie bei jedem Stoß über eine holprige Stelle zusammendrücken mußte und auch oft ohne eine solche Veranlassung zusammendrückte; dabei wurden die Blicke des holden Mädchens jedesmal verlegen, so wie die der Dame Croizet, wenn sie etwas bemerkte, finster und gewitterschwanger wurden. In l'Ile stiegen wir aus und legten, nachdem wir in dem vor dem Orte liegenden Hotel, welches das Aushängeschild „Petrarka und Laura" führt, ein gutes Diner für den Abend bestellt hatten, den übrigen Teil des Weges durch das schöne und wilde Felsental *Valla Clausa* zu Fuß zurück. Ungefähr eine Stunde von l'Ile liegt das Dörfchen Vaucluse, das kaum ein Viertelhundert Häuser zählt. Der Weg dahin beginnt mit einer dunklen Allee, aus der man in eine fruchtbare Ebene kommt, welche eine das Auge ergötzende Abwechslung von immergrünen Wiesen, Feldern, Orangen-, Zitronen-, Feigen-, Olivenbäumen und Weinreben darbietet. Vor sich sieht man die in einem Halbkreis liegenden Berge, und gegen Osten den hohen *Ventoux*, von dem die zwar stürmenden, aber auch erfrischenden Winde nach allen Seiten der Umgegend ausgehen sollen, die das Klima des ganzen Departements so gesund und die Luft so rein und erquickend erhalten. Endlich kamen wir an den Höhen von Vaucluse und an den Ufern der *Sorgue* an, und waren folglich an dem Eingang des herrlichen Tales, durch welches der sanftwogende Strom mit klarem smaragdgrünen Wasser an gigantischen Felsenmassen vorüberfließt, zwischen denen man hier und da einzelne Häuser und Hütten erblickt. Wie üppig und großartig die Vegetation in diesem Wundertale wuchert, davon kann man sich keine Vorstellung machen. Bäume und Pflanzen jeder Gattung, die nördlichsten wie die südlichsten, die Buche wie der Lorbeer, die Eiche wie die Pomeranze gedeihen und bilden oft die seltensten und wunderlichst schattierten Gruppen längs den Ufern des Flusses. Immer höher und kolossaler werden die gewaltigen Felsmassen je mehr man vordringt und formieren zuletzt ein Amphitheater, in dem die Valla Clausa endigt. Auf einem steil hervorstehenden überhängenden Felsen sieht man die Ruinen eines alten Schlosses, das vor Zeiten der Familie von Sade gehörte und welches der Volksglaube für Petrarkas Wohnung hält und mit seinem Namen nennt; dessen wahrer Name aber ist Saumane. Unter diesem Felsen liegt das Dörfchen Vaucluse, zu dem man über eine hölzerne Brücke

durch ein düsteres Felsengewölbe gelangt. Eine Papiermühle, welche fast sämtliche Einwohner des Orts, kaum mehr als 100 Seelen, ernährt, steht, alten Nachforschungen zufolge, an der Stelle wo Petrarkas kleines Wohnhaus war, sein zweiter Garten aber, den er den transalpinischen Parnaß nannte, lag unfern der Quelle. Es war im Jahre 1357, als sich der treffliche Dichter hier niederließ; seine Wohnung erbaute er ungefähr 250 Schritte von dem Felsental entfernt; hier war er mit seinen Büchern, den Musen, einem treuen Hund und zwei Personen zu seiner Bedienung und Gesellschaft allein, lebte seinen Träumen, seiner Sehnsucht, seinen Phantasien und nannte sich selbst „den Eremiten von der Sorgue". Als Schäfer gekleidet ging er auf den Fischfang, pflückte Mandeln und Feigen, verschaffte sich so sein Mittagsbrot und schrieb seine Lobrede auf die Einsamkeit, seine Ansichten über das Mönchsleben, sein Gedicht über Scipio, seine Fastes de Romae usw., führte dabei ein beschauliches Leben und schilderte in seinen Briefen die reizende Einsamkeit desselben mit den verführerischsten Farben. Seine Laura sah er hier nie, sondern klagte nur den Felsen der Valchiusa (geschlossenes Tal), in deren Echo seine Seufzer widerhallten, sein Sehnen und seine Leiden; doch hatte er eine Gesellschafterin bei sich.
Von Vaucluse führt ein schmaler Pfad nach der berühmten Quelle, welche am Ende der felsigen Bergschlucht an einem ziemlich hochgelegenen, rings von Felsen umgebenen, stillgeheimnisvollen Ort aus einer düstern Höhle, unter einem uralten, aus einem Felsenriß hervorgewachsenen Feigenbaum geräuschlos entspringt. Im Sommer ist sie weniger ergiebig, aber im Spätherbst und während der Regenzeit füllt sie ein großes, ungefähr 300 Fuß im Umfang habendes Becken; dann aber stürzen sich auch ihre Wassermassen geräuschvoll, wildbrausend und hochschäumend, wie ein reißender Strom von den Felsen herab und machen einen schwer zu schildernden Eindruck auf das Gemüt. So sah ich sie neun Jahre später (1814). Ihre Wasser bilden schon in einer geringen Entfernung den Strom, der die herrliche

Ebene von Avignon durch mehr denn 100 Kanäle bewässert und befruchtet. – Da wo das Flußbett 60 Fuß breit wird, steht Petrarkas unbedeutendes Denkmal, eine hohe fahlgelbe Säule.
Gern hätte ich mit Laura-Amelie diese wilden und manchmal gefährlichen Partien, wo der Dichter so sinnig schwärmte und dichtete, allein besucht, aber meine gefällige Hauswirtin ließ mich nicht außer Augen, sondern wußte es so einzurichten, daß wir uns nicht allein sprechen konnten. Unter dem Vorwand, mir noch eine ganz besondere Schönheit zeigen zu wollen, führte sie mich den jähen Felsenpfad hinauf, der zu der schauerlichsten Einsamkeit führt, und wollte mir hier eine strenge Strafpredigt über meine Unbeständigkeit, Treulosigkeit und Gott weiß was noch alles halten, aber ich hielt es für das beste, den obgleich zürnenden, doch liebenswürdigen Mund mit Küssen zu schließen und den Friedenstraktat, wenn auch nicht mit der Feder, zu unterzeichnen, versprach, was man begehrte, und hielt, was ich versprochen, bis zur – Heimfahrt, wo schützende Finsternis wieder eine kleine Untreue begünstigte. Nachdem die Gesellschaft lange genug geschwärmt, gekost und mitunter auch geküßt hatte, kehrten wir nach Vaucluse und von da nach l'Ile zurück, um das beorderte Mahl einzunehmen, dessen Hauptbestandteile köstliche Forellen und noch trefflichere Aale ausmachten, würzten dasselbe mit Eremitagewein, Scherzen und Lachen und besuchten noch die Kirche zu l'Ile, in welcher Petrarka zum erstenmal seine Laura gesehen* und das ihn verzehrende Feuer gefangen hatte, das er nicht zu löschen verstand; so erging es auch Schiller mit seiner unbekannten Laura. Die großen Dichter sind doch auch große Phantasten. Die Heimfahrt war nicht minder angenehm wie die Hinfahrt, und trotzdem daß es Madame Croizet so einzurichten wußte, daß Amelie nicht mehr mein Visavis, sondern in der anderen Ecke des Wagens war, während sie selbst mir ge-

* Andere behaupten, dies sei in der Kirche der heiligen Klara zu Avignon geschehen.

genüber saß, so hatte sie ihre eigene, mir nicht minder gefährliche Schwester, der ich ohnehin schon Fleuretten genug erzählt hatte, neben mich plaziert. Mit stockfinsterer Nacht kamen wir zu Hause an, uns alle nach Ruhe sehnend. Am andern Morgen wurde ich durch eine unangenehme Geschichte aus dem besten Schlaf in aller Frühe geweckt. Ich hatte einen älteren Soldaten von der Kompanie, namens Roß, zu meiner Bedienung genommen, eine ehrliche Haut, die sich aber von Zeit zu Zeit dem Trunke ergab, wie die große Mehrzahl des Regiments; dies war eine Leidenschaft, welche die Leute in Avignon um so leichter befriedigen konnten, da eine Flasche starken, dicken roten Weines nur zwei Sous kostete. An den Zahltagen wurde dann auch das Regiment immer in den Kasernen konsigniert, denn die Russen, Polen, Böhmen usw. tranken sich an denselben toll und voll, begingen Exzesse aller Art und wälzten sich zum Skandal der Einwohner in den Gossen usw. herum. Roß hatte sich den Tag, wo ich zu Vaucluse war, mit einigen Kameraden einen tüchtigen Zopf getrunken, und sie wußten dann nichts Besseres zu tun, als in einer Schenke mehr denn 30 große umflochtene Korbflaschen, wie man sie in jener Gegend hat, und von denen eine jede über 50 gewöhnliche Flaschen hält, in toller Vollwut mit ihren Säbeln zusammenzuhauen, so daß man bald bis an die Knöchel in der Schenke im Wein watete, dabei schrien und schimpften die Kerls wie besessen über die s . . . . Franzosky, wie sie sie nannten. Der Wirt aber, der den Skandal nicht hatte verhindern können, war zum Platzkommandanten gelaufen, um Hilfe zu suchen, die er auch sogleich erhielt, indem starke Wachtpatrouillen abgesandt wurden, die Trunkenbolde zu verhaften und in das militärische Gefängnis abzuführen. Der Schaden wurde über 150 Franken angeschlagen, und die Burschen, die ihn nicht ersetzen konnten, sollten auf das strengste bestraft werden. Roß hatte seinen Helfershelfern, nachdem er wieder nüchtern geworden war, erzählt, daß ich ihn öfters an die Ecke der Gasse, wo ich wohne, als Lauerposten aufgestellt habe, um mich beizeiten zu benachrichtigen, wenn der Hausherr käme, mit dessen Frau ich mich einstweilen amüsiere. Nun meinten seine Sauf- und jetzt Leidensbrüder: „Wenn dem so ist, so muß dein Kadett auch die Zeche bezahlen, sonst soll ihn der Teufel holen." Sie schickten hierauf einen Boten mit der Bitte an mich ab, ich möge doch den Wirt befriedigen, das hätte Roß durch sein Schildwachestehen wohl an mir verdient. Der Abgesandte stieß unglücklicherweise zuerst auf Herrn Croizet, den er nicht kannte, ließ sich mit ihm, da er etwas Französisch verstand, in ein Gespräch ein, und letzterer lockte so von dem dummen Teufel halb und halb den Grund heraus, warum die sauberen Patrone diese Forderung an mich machten. Er führte ihn nun zu mir, der ich noch in den Federn lag, ich ließ den Burschen sagen, daß ich die Sache zu arrangieren suchen würde, begab mich auch vor der Parade zum Wirt, wo der Skandal vorgefallen war, und fand mich mit diesem für eine runde Summe ab, die ich zu bezahlen versprach, wenn der Mann dagegen die Sache bei dem Platzkommandanten so abmachen würde, daß die Delinquenten wenigstens mit einem blauen Auge, d. h. mit einigen Tagen Arrest, davon kämen. Der Wirt brachte es in der Tat dahin, daß die Leute dem Regiment zu einer Disziplinarstrafe überlassen wurden, und ich zahlte ihm dann 90 Fr. aus, mit denen er zufrieden war, da er sonst gar nichts erhalten haben würde; somit war von der einen Seite die Sache abgemacht, aber nicht von der anderen. Croizet war jetzt argwöhnisch geworden und wollte sich von dem Grund der Aussagen des Soldaten und seines Verdachts überzeugen. Ich hatte mit Madame Croizet, ihrer Schwester und dem Kadetten Roger, der mich öfters besuchte und mit von der Vauclusepartie gewesen war, abgemacht, daß wir uns den kommenden Abend alle vier verkleiden, die beiden Damen nämlich Uniformen von uns und wir Kleider von den Damen anziehen und so eine Abendpromenade in den Straßen der Stadt machen wollten. Croizet hatte das Haus wie gewöhnlich verlassen, wir waren mit der Toilette der Damen, die uns schon in Weiberkleider gesteckt, beschäftigt, zogen ihnen die Uniformen unter Lachen und Schäkern an, und eben machte ich der Madame Croizet die Brusthaken zu, als sich plötzlich die Türe ihres Schlafzimmers, denn dieses hatten wir zu unserem Ankleidezimmer gewählt, öffnete und Herr Croizet mit grimmiger Gebärde hereinstürzte. Er war durch ein Hinterpförtchen des Hauses, zu dem er allein die Schlüssel hatte, heimlich zurückgekehrt, während das Kammermädchen der Madame Croizet im Salon am offenen Fenster aufpaßte, daß uns niemand überraschte. Zum Glück lag mein Degen in der Nähe, den ich bei des Mannes unvermutetem Erscheinen schnell ergriff und mich in eine defensive Positur setzte. Herr C. aber wandte sich nur an seine uniformierte Gattin, die er eben nicht mit den feinsten Epitheten anredete und bedrohte: aber die Schwester, die, wie es schien, viel Gewalt über ihn hatte, warf sich sogleich zwischen beide, indem sie den aufgebrachten Ehemann versicherte, daß ja das Ganze nur ein durchaus unschuldiger Scherz sei und er sich doch nicht durch eine wirklich unbegründete Eifersucht lächerlich machen solle, es sei in ihrer Gegenwart auch nicht das mindeste Unanständige vorgefallen usw.; wir alle machten Chorus mit der jungen Witwe und überschrien den Mann so sehr, daß er gar nicht mehr zu Wort kommen konnte; er wendete jedoch dagegen ein, was er von dem Soldaten herausgebracht, es war mir aber ein leichtes, ihm glauben zu machen, er habe den Burschen ganz mißverstanden, der zu allem was man ihn frage, sein „Oui" sage, und es gelang unsern vereinten Kräften, nicht nur den ehrlichen Ehemann völlig zu besänftigen, sondern sogar zu bereden, mit von der Partie und des jungen Rogers, der ein sehr hübsches unbärtiges Gesicht hatte, Ehrenkavalier zu sein, während ich mich von den beiden weiblichen Kadetten, die mich in die Mitte nahmen, führen ließ; so traten wir munter unsere Promenade an, kehrten in einem eleganten Kaffeehaus auf dem großen Platz ein, wo wir uns Eis geben ließen, und alles lief auf das beste ab.

Zwei Tage nach dieser Begebenheit erhielt das Regiment Order, nach *Montpellier* zu marschieren; ich nahm Abschied von allen meinen Lieben, ließ mir noch eine Summe bei Blavets frères auszahlen, denn ich hatte ziemlich große Depensen in Avignon gemacht, und marschierte in aller Frühe um 6 Uhr mit dem Bataillon ab, dem ich keine Quartiere mehr machte, da wir einen französischen Furier bei der Kompanie hatten. Manchc jetzt verlassene Schöne sah hinter ihren Gardinen wohl mit Tränen in den Augen das Regiment dahinziehen, das sie anfangs gefürchtet und später gerne gesehen hatte.
Nur vier Etappen waren es von Avignon nach Montpellier, wovon die erste nach *Tarascon* lautete. Diese alte Stadt, die im Mittelalter sehr blühend war, liegt gleichfalls an der Rhone, und zwar in einer schönen Landschaft, *Beaucaire*, hinsichtlich seiner berühmten Messen das französische Leipzig, gegenüber. Wir kamen gerade zur Meßzeit dahin, wo wir unzählige Hütten, Buden und Zelte mitten auf Wiesen aufgeschlagen fanden. *Tarascon* mag ungefähr 10 000 Einwohner zählen, die jedoch ein bitterböses und händelsüchtiges Volk sind, wie alle niederen Klassen der Provence und Languedocs, und uns während unserem vierundzwanzigsten Aufenthalte einen Beweis lieferten, wie sehr sie ihren guten Ruf verdienen, indem sie beinahe unsere Wache steinigten, wozu aber das einfältige Benehmen des dieselben kommandierenden Offiziers Veranlassung gab. Als die Avantgarde des Bataillons ankam, welche jedesmal die Wache in der Etappenstadt bildet, in die man einmarschiert, versammelte sich sogleich ein Haufen Volk vor dem Wachthaus und musterte die Angekommenen mit neugierigen Blicken; auch sie hatten schon viel von den Wundertieren, aus denen das Regiment bestehen solle, gehört, und besahen sich die ungewöhnlichen Uniformen mit ziemlicher Zudringlichkeit. Den kommandierenden Unterleutnant, ein gewisser Buchwald, ein kleines, unansehnliches Männchen, der früher ich weiß nicht bei welchem deutschen Duodezfürsten in Diensten gestanden, verdroß

dieses Begaffen, und noch von dem deutschen Zopfdünkel besessen, befahl er der Schildwache vor dem Gewehr, die Leute auseinanderzutreiben. Diese, ein Österreicher, und von seinem früheren Dienst ebenfalls gewöhnt, alles, was nicht Uniform trage, müsse man als Bauer verachten, sich noch in Prag oder Olmütz in Garnison glaubend, war nicht faul und wollte die Haufen mit dem Kolben auseinander jagen, dabei auf gut Böhmisch fluchend; das Volk jedoch, statt sich zu entfernen, fing an zu lachen, der Leutnant wurde erbost und rief dem Soldaten zu: „Stoß zu auf das Lumpenpack!" Aber noch ehe der Mann einen Stoß hatte anbringen können, war er auch schon beim Kragen gepackt und ihm das Gewehr abgenommen. Der Leutnant zog jetzt den Degen und rief der übrigen Mannschaft, einigen zwanzig zu, unter das Gewehr zu treten, aber auch dazu ließen es die wütend gewordenen Tarascer nicht kommen, sondern hatten in einem Nu die Wache erstürmt, und ein starker stämmiger Provenzale faßte den kleinen Buchwald, der wenig mehr Französisch als die Worte b . . . . . f . . . . . hervorzubringen vermochte, um den Leib und hob ihn samt seinem Degen hoch in die Luft, so daß die kleine Figur mit Armen und Beinen, den Degen hoch in der Hand haltend, in der Luft zappelte, was so possierlich anzusehen war, daß die ganze Menge und namentlich die Weiber in ein schallendes Gelächter und lautes Applaudieren ausbrach, wodurch gewiß größeres Unheil verhindert wurde. Der provenzalische Herkules setzte endlich das Männlein wieder auf den Boden und ließ ihn laufen. Glücklicherweise rückte jetzt gerade das Bataillon ein, und als Duret von dem unglücklichen Wachtkommandanten erfahren hatte, was vorgefallen, geriet er so sehr in Zorn, daß er ihn sogleich in strengen Arrest schickte, nachdem er ihn abwechselnd bald deutsch bald französisch vor der Front heruntergeputzt. Es wurde nun eine andere Wache dahin kommandiert, und da sich die Haufen Volkes noch immer mehrten, so kam der Maire mit seiner dreifarbigen Schärpe und forderte sie auf, auseinanderzugehen, was sie auch befolgten. Aber

Duret war hiermit nicht zufrieden, ließ durch alle Straßen patrouillieren, verdoppelte die Wache und verlangte vom Maire, daß er die Schuldigen bestrafen und das Bataillon Satisfaktion erhalten solle. Dieser machte jedoch Schwierigkeiten und erklärte, daß, wenn sich die Truppen an den Einwohnern vergreifen würden, er für nichts stehen könne, und diese gewiß sogleich das Tocsin (die Sturmglocke) läuten und die Landleute herbeiziehen würden. Man ließ jetzt die fatale Sache, welche auch den beiden uns folgenden Bataillonen keinen sehr angenehmen Empfang zu Tarascon bereitete, auf sich beruhen. Ich führte eine der Streifwachen an, und wenn ich an einen dichten Haufen kam, wo nicht gut durchzukommen war, so sagte ich laut: „Messieurs de la place s'il vous plaît", worauf man mir fröhlich die Gassen öffnete und mich ungehindert und ungeneckt mit meinen Leuten durchließ. Buchwald aber machte die Sache so viel Verdrießlichkeiten, daß er bald darauf das Regiment quittierte, um anderwärts ein Unterkommen zu suchen.

Tarascon hat ein schönes altes Schloß, das die Einwohner die Burg des Königs René nennen, der sich öfters in dieser Stadt aufhielt, das aber die Residenz der alten Grafen der Provence war; es ist von gotischer Bauart und dient jetzt zum Gefängnis; von seinen Mauern hat man eine herrliche Aussicht in die unabsehbaren Ebenen von Languedoc. Unter dem König René fand hier ein sehr sonderbares Turnier statt, welches man das Schäferturnier nannte, weil die demselben beiwohnenden Ritter auf ihren herrlichen Turnierhengsten, ganz geharnischt und die Helme mit purpurroten Federn geschmückt, nebst ihren Waffen auch einen Schäferrock, eine Schäferschippe, eine Sackpfeife oder Flöte und ein Brotkörbchen nebst einer Wasserflasche bei sich führten. Die Preise wurden dem Sieger von einer als Schäferin gekleideten Dame, die auf einem von zwei Edelknaben geführten und mit Goldstoff bedeckten Zelter ritt, und der voran eine ganze Herde Schafe ging, ausgeteilt. Ihr grünes Schäferhütchen war mit Wiesenblumen geschmückt und ihr

Schäferstab war von Silber, auch sie hatte ein Brotkörbchen und ein Wasserfläschchen am Gürtel hängen. Während man turnierte, saß sie in einer Blumenlaube auf erhöhtem Sitz. Der Preis, den sie auszuteilen hatte, bestand in einem Kuß und aus Blumen an goldenen Stengeln. Rechts von ihr saß der König René und seine Gattin auf einer rot ausgeschlagenen Tribüne, hinter ihnen deren Gefolge, und links von ihr saßen die Kampfrichter. Einer der Ritter-Schäfer, der den Preis erhielt, um den er lange verzweifelt gekämpft, begnügte sich mit dem Kuß und zierte unter dem donnernden Beifall der ganzen Versammlung die hübsche Schäferin mit den Blumen an goldenen Stengeln.

Zu Tarascon war auch der Hauptsitz der provenzalischen Galanterie und Minne, hier wurden manche Liebeshöfe abgehalten und prächtige Feste gefeiert, und fast alle Troubadoure und Dichter der Provence haben die Schlösser von Tarascon und Beaucaire, denn auch diese Stadt hatte eine berühmte Burg, durch ihre Gesänge verherrlicht. Das Schloß von Tarascon hat noch große unterirdische Gewölbe und ungeheure Hallen und Säle; von seinen Zinnen und Türmen sprangen einst über 50 Gefangene in die unten vorbeifließende Rhone hinab, lauter Engländer, von denen die meisten in den Wellen ertranken, während sich mehrere durch Schwimmen retteten. Der Gouverneur ließ nun auf allen Mauern zweischneidige Schwerter, Sensen und Spieße befestigen, damit man nicht mehr versuchen möge, sich auf diese Weise in Freiheit zu setzen.

Den zweiten Pfingstfeiertag wird hier ein seltsames Fest gefeiert; man führt nämlich ein großes Ungeheuer von Holz verfertigt, das man „la Tarasque" nennt, in den Straßen der Stadt umher und läßt es die Leute niederwerfen und nicht selten beschädigen. Diese Art von Prozession geschieht zum Andenken an einen Wasserdrachen, der in uralten Zeiten die Schiffe in der Rhone umwarf, die Schiffer verschlang oder zerriß, selbst in die Straßen von Tarascon drang, und was ihm Menschliches begegnete, raubte und auffraß. Unter Nero, so erzählt die Sage, zogen bewaffnete Kohorten gegen das Ungetüm aus, aber dieses verschlang alle samt Schild und Speer, die Ufer des Stromes waren mit Menschenknochen besät, und es war nahe daran, daß alle Einwohner die Stadt auf immer verlassen wollten, um sich ein anderes Vaterland, wo sie vor dem Drachen in Sicherheit wären, zu suchen; da kam plötzlich eine schön geschmückte Barke den Strom herabgefahren, in der ein wunderschönes Frauenbild saß, das eine ehrwürdige männliche Gestalt begleitete. Die Jungfrau landete in der Nähe der Höhle, in welcher sich der Drache aufhielt, der, als er sie erblickte, sich winselnd zu ihren Füßen wand und geduldig litt, daß sie ein Band um seinen schuppigen Hals befestigte, und ihr zitternd folgte. Sie aber führte das Ungetüm mitten auf den Markt der Stadt Tarascon und befahl den staunenden Einwohnern, dasselbe zu erschlagen, was sie auch sogleich taten. Jetzt hielt der Begleiter der Jungfrau eine Predigt an das Volk, um es zum Christentum zu bekehren – denn es waren noch eitel Heiden – die eine solche Wirkung hervorbrachte, daß sich sogleich alle und ohne Ausnahme taufen ließen. Die Retterin war niemand anders als die heilige Martha selbst gewesen, und ihr Begleiter war ihr Bruder Lazarus, der erste christliche Bischof in jenem Land. Indessen muß der getötete Drache später doch wieder gespukt haben, da Gervasius von Tilisburi, Kanzler des Königreiches Arles, der im 12. und Anfang des 13. Jahrhunderts lebte, berichtet, daß das Ungeheuer zu seiner Zeit eine hübsche Bauersfrau geraubt und zur Amme seines Sohnes gemacht habe, und daß dieselbe 7 Jahre in seiner Höhle bleiben mußte, nach deren Verlauf es sie reich beschenkt wieder entließ. In der Kapuzinerkirche zu Tarascon sah man bis zur Revolution ein sehr gut ausgeführtes Gemälde von Vanlov, welches die heilige Martha in der ganzen Glorie ihrer himmlischen Schönheit darstellte, wie sie das Ungeheuer an dem Band zur Schlachtbank führt. Der hölzerne Drachen, den man jetzt noch alljährlich am Pfingstfest und auch am Festtag der heiligen Martha herumführt und den Tarasque nennt, hat ungefähr die Gestalt einer Riesenschildkröte, die langgeschwänzt ist, und ist ein von hellgrüner, mit goldenen Schuppen bemalter Wachsleinewand überzogenes hölzernes Gerippe, unter dem acht junge Burschen stecken, die es sechzehnfüßig machen, leiten und lenken und mit ihm, sich gewandt drehend, unter die dichtesten Haufen der Zuschauer rennen, sie zu Dutzenden niederwerfen und mit dem Drachenschwanz so derb schlagen, daß diese schreiend davonlaufen; zugleich speit das Ungetüm aus dem Rachen und den Nasenlöchern Feuer und schleudert Schwärmer unter die Menge. Am Festtag der heiligen Martha, wo es sehr friedfertig ist, wird das Ungeheuer von einem jungen weißgekleideten Mädchen an einem langen Bande geführt und zuletzt in die Kirche der heiligen Martha gebracht, in der sich auch deren schönes Grabmal von Marmor befindet, das sie liegend darstellt; hier leitet man es in das Chor, wo es ein Priester mit Weihwasser besprengt, worauf es leblos niederstürzt und in dieser Kirche wieder bis zur nächsten Prozession aufbewahrt wird. In der Revolution hatte man es zerschlagen, aber nach der Wiedereinführung der christlichen Religion wurde auch ein neuer Tarasque verfertigt, eine neue Abbildung dieser Begebenheit in der Kirche der heiligen Martha aufgehängt, und das Volk begrüßte mit Jubel und Freudengeschrei die Wiedererstehung seines alten Drachen.

Von dem uns so unfreundlichen Tarascon marschierten wir nach dem durch seine bedeutenden römischen Denkmäler berühmten *Nimes*. Die Einwohner dieser Stadt behaupten, daß sie schon lange vor Rom gestanden habe und von dem Nemausus, einem Sohn des lybischen Herkules, erbaut sei; wahrscheinlich ist es, daß sie beinahe zu gleicher Zeit mit Marseille gegründet wurde oder doch eine Kolonie von dieser war. Sie war eine der bedeutendsten Städte Galliens und unter den römischen Kaisern in hohem Flor; damals hieß sie Augusta Nemausensis und war ihres gesunden Klimas und ihrer Annehmlichkeiten halber ein Lieblingsaufenthalt vornehmer und reicher Römer, daher noch die prächtigen Monumente aus jener Zeit, unter denen das große Amphitheater, zu dem vier Haupteingänge führten, und ein schöner Tempel, hier La maison quarrée genannt, der zu Ehren der Söhne Agrippas, Cajus und Lutius, erbaut wurde, die merkwürdigsten sind; La tour magne soll ein alter Pharus sein, den die Meereswellen, die aber jetzt zurückgetreten sind, mehrere Jahrtausende bespülten; andere behaupten, daß dieser sonderbare Turm zu einer sichern Schatzkammer bestimmt war. In der Nähe der berühmten Fontänen von Nimes, wo die alten Römer ihre Badegemächer hatten und man jetzt wieder badet, finden sich Ruinen eines großen Dianentempels. Das außerordentlichste Denkmal der Römer in dieser Gegend ist aber die sogenannte Pont du Gard (Gardonbrücke), welche 3 Stunden von Nimes, gegen das Dorf *Remoulins* hin liegt. Dies war ursprünglich eine römische Wasserleitung aus drei übereinanderstehenden Bogenreihen, wovon die unterste 6, die mittlere 11, und die oberste 36 Bogen hat.

Nimes ist noch jetzt eine der ansehnlichsten Städte Frankreichs, zählt über 40 000 Einwohner, ist der Sitz einer Präfektur und treibt ausgedehnten Handel mit Seidenwaren, Spitzen, Leder usw.; seine Seidenfabriken beschäftigen einen großen Teil der Einwohner. Nicot, der zuerst den Tabak nach Frankreich gebracht, ist hier geboren.

Da hier die Einwohner sich eines gewissen Wohlstandes erfreuten, so fanden sie sich meistens mit den Soldaten, die Quartierbillette auf sie hatten, durch Geld ab, und zahlten 3–6 Franken per Mann für das Billett; so kam es, daß beinahe die Hälfte des Bataillons während der Nacht auf den Straßen kampierte. Nachdem die Leute das erhaltene Geld in den Wirtshäusern verzehrt und sich größtenteils betrunken hatten, schlenderten sie lärmend in der Stadt umher, machten auch hier und da einige Exzesse, bis sie endlich unter freiem Himmel, den Tornister statt eines Kissens unter dem Kopf, einschliefen. Der Bataillonschef gab den andern Tag eine strenge Order, durch welche er bei namhafter Strafe den Soldaten das Verkaufen ihrer Quartierbillette untersagte, um künftig ähnlichen Unordnungen zu steuern, was den Leuten eben nicht behagte, denn in den Quartieren im Innern von Frankreich hatten sie außer der Schlafstätte auf nichts als Kochholz und Licht Anspruch zu machen; und das geringste, was man ihnen für ihre Quartierbillette gab, waren doch immer 30 Sous, wofür sie viel essen und noch weit mehr trinken konnten. Ich hatte wieder das Glück, zu einer hübschen jungen Frau ins Quartier zu kommen, deren Ehemann ihr jedoch, so lange ich da war, nicht von der Seite wich, ergo war jeder Versuch unmöglich.

Den folgenden Tag kamen wir nach der durch ihre trefflichen Muskatweine berühmten Stadt *Lünel;* diese feinen, süßen und wohlschmeckenden Weine werden an der Côte du Mazet gewonnen, und es kostet hier die beste Sorte etwa 10 Sous die Flasche. Sie wetteiferten mit denen von Frontignac und Rivesaltes, und ihnen verdankt der 6000 Einwohner zählende Ort hauptsächlich seinen Wohlstand. Im 16. Jahrhundert hatten die Protestanten Lünel genommen und befestigt, Ludwig XIII. nahm es ihnen aber wieder ab.

Den vierten Tag nach unserem Ausmarsch von Avignon rückten wir in unserer neuen Garnison *Montpellier* ein. Je näher wir dieser Stadt kamen, desto angenehmer wurde die hier im allgemeinen sonst sehr kahle Gegend mit fast kreideweißem Erdreich, welcher die vielen graugrünen Olivenbäume zwar ein sehr friedliches, aber auch totes Ansehen geben; auch um Montpellier sieht man außer Granat-, Pomeranzen-, Maulbeer-, Feigen-, Mandel-, Zypressenbäumen und Weinstöcken wenig andere Bäume und Gebüsche. Die Stadt liegt in einer der fruchtbarsten Ebenen von Südfrankreich, ist von hübschen Landhäusern umgeben und an einem Hügel amphitheatralisch erbaut, was ihr ein großartiges Ansehen gibt, aber im Innern ist sie schlecht gebaut und hat meistens sehr enge und winkelige Straßen und wenig freie Plätze; demungeachtet hat sie eine sehr gesunde Lage und Luft. Sie ist die Hauptstadt des Departements Herault, Sitz einer Präfektur und zählt 40 000 Einwohner; die Zeit ihres Entstehens liegt nicht weit zurück, im elften Jahrhundert stand hier noch ein Flecken, den man Mons puellarum (junger Mädchenberg) nannte, weil er, wie die Sage will, an der Stelle lag, wo sich früher eine Einsiedelei befand, in welcher zwei sehr junge und wunderschöne Jungfrauen, die sich Gott geweiht, als Eremitinnen lebten.

Wir marschierten gleich auf die Esplanade, einen schönen, großen, mit Bäumen besetzten Platz, der zwischen der Stadt und der von Ludwig XIII. als Zwinger für die Protestanten erbauten Zitadelle liegt. Das Bataillon wurde in den prächtigen und sehr geräumigen Kasernen untergebracht, in denen die drei Bataillone des Regiments, die sich in wenig Tagen hier wieder vereint fanden, hinlänglich Raum hatten.

XIII

Die Garnison zu Montpellier – Der Peyron – Furcht der Soldaten vor der medizinischen Fakultät – Das große Hospital – Die Einwohner – Meine Hausdamen – Demoiselle Verteuil – Fürst Y., mein Nebenbuhler – Ich falle in Ungnade – Die Fahnenweihe – Der souveräne Fürst in strengem Arrest – Folgenschwerer Ritt nach Cette – Nächtliche Spazierfahrt auf der See – Auch ich in strengem Arrest. Ich verliere meinen Grad als Sergeant – Ich werde Unterleutnant – Abmarsch nach Toulon – St. Remy – Orgon – Aix – Das Fronleichnamsfest daselbst – Arles – Ankunft zu Toulon

Die beiden ersten Tage hatte ich mich in ein Hotel logiert, suchte mir aber schon am zweiten Tage eine passende Privatwohnung, die ich auch bald in der Nähe des Theaters und der Esplanade, bei ein paar liebenswürdigen Frauen fand, von denen die eine an einen bei den Armeen in Deutschland angestellten Kommissär verheiratet und die andere, ihre Schwester, noch unverheiratet war; bei dieser Wohnung befand sich ein hübscher Garten mit einem sehr eleganten Pavillon, der in dessen Mitte, von Zypressen umgeben, lag. Ich erhielt ein elegant möbliertes Wohnzimmer und ein ebensolches Schlafkabinett, das in den Garten ging, für vierzig Franken monatlich. Auch für Montpellier hatte ich Empfehlungsschreiben an das Haus Michel und Gayral, bald nach unserer Ankunft daselbst, von meinem Vater erhalten, und wurde dort mit zuvorkommender Artigkeit empfangen. Ich besuchte schon den zweiten Abend das Theater, ein Vergnügen, das ich seit Lyon zu meinem Leidwesen entbehrte, da in Avignon während unseres Aufenthaltes nicht gespielt wurde. Ich fand die Oper wenigstens leidlich, das Lust- und Schauspiel aber ziemlich gut besetzt; besonders war es eine Aktrice, Demoiselle Verteuil, die zum Entzücken spielte, und deren Äußeres ganz mit dem Spiel harmonierte. Es war Molières *Tartüffe,* den ich zuerst hier sah und der sehr gut gegeben wurde. Die Vorstellung hatte ein glänzendes Publikum. Das ganze Offizierskorps samt dem Fürsten Y., der erst hier wieder zu dem Regiment gestoßen war, da er, als wir von Toul abmarschierten, abermals einen Abstecher nach Paris gemacht hatte, wohnte derselben bei. Die Offiziere mußten sich nun für ein Lumpengeld, einen Tag der monatlichen Gage, per Monat abonnieren, die Kadetten bezahlten für Unterleutnantsgage. Auch das Damenkorps von Montpellier hatte sich diesen Abend in der glänzendsten Toilette eingefunden und schmückte die Logenreihen auf das eleganteste. Ich war von dieser Vorstellung in jeder Hinsicht so enchantiert, daß ich mir vornahm, mich möglichst schnell in der hiesigen schönen Welt zu orientieren, und um dies tun zu können, auf folgendes Mittel verfiel, das sich als vollkommen bewährt erfand. Ich ließ nämlich gleich den andern Morgen den Friseur der Stadt holen, der in derselben an der Tagesordnung, d. h. in der Mode war, empfing ihn sehr artig, ihn bittend, mir doch die Haare nach dem neuen Pariser Schnitt zuzuschneiden, mich nebenbei au fait der städtischen Angelegenheiten, d. h. denen der schönen Damenwelt, zu setzen und mit dem Treiben der eleganten Welt und der Chronik skandaleuse derselben bekannt zu machen, dabei spielte ich mit einem Sechslivretaler zwischen den Fingern, was dem Haarkünstler, der, wie alle seines Handwerks in Frankreich, zugleich auch Barbier war, die Zunge so trefflich löste, daß ich in weniger als einer Stunde mehr wußte, als wenn ich jahrelang in Montpellier gelebt und mich selbst um diese Angelegenheiten bemüht hätte. Ich fand das Mittel so probat, daß ich von jetzt an beschloß, sogleich nach der Ankunft in jeder Stadt, in der wir länger verweilen würden, dasselbe anzuwenden; der Erfolg war immer der erwünschteste, und meine Kameraden, denen ich die Sache geheim hielt, konnten gar nicht begreifen, wie ich nach den ersten 24 Stunden in einer Garnison schon alle in einigem Rufe stehenden Schönheiten, deren Verhältnisse, Intrigen usw. wußte und an den Fingern herzählen konnte.

Nachdem ich erfahren, was ich zu wissen begehrte, entließ ich meinen Figaro, ihm den Sechslivretaler einhändigend, für den er sich tausendmal bedankte, machte meine Toilette und meinen liebenswürdigen Wirtinnen meine gehorsamste Aufwartung. Sie nahmen mich recht artig auf und luden mich sogar zum zweiten Frühstück ein, was ich aber ausschlug, die Parade vorschützend. In dem Salon stand ein Piano, die Damen waren beide ein wenig musikalisch, die eine spielte, die andere sang französische Romanzen, zwar etwas falsch, aber doch mit ziemlich klangreicher Stimme und vielem Ausdruck, und die liebe Kunst wurde bald wieder die gefällige Kupplerin. Madame Amiot war eine scharmante Brünette, die ein kleines, etwas verzogenes Mäulchen hatte, das sie allerliebst ließ, besonders wenn sie lächelte; ihre Schwester aber war eine dunkle Blondine, eine geistreiche und sehr muntere Französin. Noch denselben Abend besuchte ich in Gesellschaft meiner Wirtinnen den hochberühmten *Peyron* oder Lieu pierreux, wie er im dortigen Patois genannt wird, einen großen Lustgarten, zu dem drei große steinerne Treppen durch drei schöne Gittertore führen. Es ist ein großes längliches Viereck, von prächtigen Balustraden eingefaßt, an dessen einem Ende zwischen zwei Reihen Bäumen sich eine Terrasse mit einem sehr schönen achteckigen Wassertempel befindet, zu dem zwei Prachtstiegen führen. Acht Pforten führen in das Innere dieses Gebäudes, das eine Attika krönt. Auf der einen Seite zieht sich eine lange Wasserleitung, nach römischer Art aufgeführt, in das nahe Tal hin. Dieser Lustplatz ist ohne Widerrede eine der schönsten Promenaden Europas, mit der großartigsten Aussicht; von ihm aus sieht man rechts die Pyrenäen, links die Gipfel der Alpen; das Amphitheater der Stadt liegt zu den Füßen, und über demselben hinweg ragen zwischen Baumgruppen und Zypressen schöne Villen und andere Gebäude hervor, gegen Süden hat man in geringer Ferne die schöne, oft spiegelglatte, mit Schiffen belebte Fläche des mittelländischen Meeres vor Augen, das ich hier zum erstenmal sah, und gegen Norden sieht die lange Kette der Cevennen. Da hier fast immer heiterer, lachender Himmel ist, so wird diese unbeschreibliche Aussicht nur selten durch trübes Wetter, Nebel oder Wolken verhüllt. An dem Haupteingang zum Peyron stand eine, während der Revolution zertrümmerte Reiterstatue Ludwigs XIV. aus Erz, ein Meisterstück der Kunst. Dieser Peyron war ehedem ein großer Marktplatz, den der Statthalter von Languedoc, de la Trousse, in diesen Lustgarten umwandeln ließ.

Ganz nahe bei dem Peyron liegt der erste botanische Garten, der in Frankreich von Belleval im Jahre 1598, und zwar aus dessen eigenen Mitteln, angelegt wurde; er verwandte eine für jene Zeit ungeheure Summe von 100 000 Livres darauf, da die ihm von der Regierung bewilligten Gelder nicht hinreichten. Zweimal mußte der Mann erleben, daß seine Schöpfung in den Religionskriegen unter Heinrich IV. und Ludwig XIII. wieder gänzlich verwüstet wurde, und dreimal hatte er den Mut, sie von neuem zu schaffen. Er wurde hier der erste Professor der Botanik an der Akademie. In einem entlegenen Winkel dieses Gartens befindet sich das Grabmal der Adoptivtochter des berühmten Verfassers der Nachtgedanken, Young, der reizenden Narcissa, die der Vater auf seinen Schultern selbst hierhergetragen und begraben, weil ihm die katholischen Priester ein Grab auf dem Kirchhof für das Mädchen verweigerten. Meine beiden liebenswürdigen Führerinnen teilten mir diese Begebenheit zwar gerührt mit, meinten aber doch, es sei eine Ketzerin gewesen, diese Narzissa, also das Unglück nicht so groß, nicht ahnend, daß sie mit einem sogar lutherischen Ketzer in Gesellschaft seien. Ich brachte indessen den Nachmittag recht vergnügt mit den Damen zu, die für das verschmähte Frühstück sich meine Teilnahme bei ihrem Souper ausbaten, was ich jetzt nicht refüsierte, und beide zur guten Nacht küßte.

Weltberühmt ist die Hochschule zu Montpellier, besonders hinsichtlich der Arzneiwissenschaft, der Chirurgie und Anatomie. Unter dem Volke ging aber die Sage, daß die Herren Mediziner hier ein so gewissenloses Volk seien, daß sie nicht selten in stiller Nacht an einsamen Orten gesunde Menschen wegfingen, um ihre Kunst an ihnen zu probieren, indem sie sie töteten und dann im anatomischen Theater sezierten, namentlich seien sie auch den abgelegen stehenden Schildwachen sehr gefährlich, von denen schon gar manche auf diese Weise schlafen gegangen. Diese letztere Albernheit hatte sich bald im Regiment unter den Soldaten verbreitet, die lange Zeit daran glaubten und gewisse Posten nicht ohne Widerwillen bezogen und dort dann sehr auf ihrer Hut waren. Da nun der Zufall wollte, daß mehrere Schildwachen von ihren Posten desertierten, so ließen es sich die Leute nicht ausreden, die Herren Doktoren hätten sie weggefangen und *vertranchiert,* bis endlich einmal ein solcher Deserteur wieder eingebracht und vor der Front des Regiments zur Schau auf und nieder geführt wurde, um die Soldaten zu überzeugen, daß ihn die Doktoren nicht verschnitten hatten. Dies rottete aber dennoch den Köhlerglauben der Leute nicht ganz aus, besonders da der Bursche, diesen Umstand benutzend, in seinem Verhör aussagte, er habe in der Tat nur seinen Posten verlassen, weil mehr als ein Dutzend in schwarze Mäntel und Kappen verhüllte Kerls auf ihn zugekommen seien und ihn hätten fangen wollen, weshalb er in der Angst sein Gewehr weggeworfen und zum Teufel gelaufen sei. Dies hinderte nicht, daß er 150 Prügel in drei Portionen in drei Tagen bekam und bei erster Gelegenheit wieder davonging. Indessen ist es in früherer Zeit wirklich geschehen, daß solcher Menschenraub von der hiesigen medizinischen Fakultät verübt wurde.

Die Universität von Montpellier verdankte dem Papste Nikolaus IV. ihre Einrichtung, der sie 1289 in drei Fakultäten, die der Medizin, der freien Künste und der Jurisprudenz, einteilte. Sie ist also nicht viel jünger wie die Stadt selbst. Hier hat Petrarka studiert und Rabelais wurde hier Doktor. Das große Hospital, in welchem die Kranken von den barmherzigen Schwestern bedient, auf das trefflichste verpflegt und auf das menschlichste behandelt werden, verdient seiner musterhaften Einrichtung, der Reinlichkeit seiner großen Säle und Betten halber die allgemeinste Anerkennung und ist zugleich die beste praktische Schule für die Heilkundigen. Unter diesen wohltätigen Schwestern, die sämtlich das Nonnengewand tragen, findet man öfters die schönsten jungen Mädchen aus den ersten Familien, welche sich dem oft ekelhaften Dienst der Kranken mit aller Liebe weihen und ihr ganzes Leben der leidenden Menschheit widmen. Da mich der Dienst häufig in dieses Spital führte, wo ohne allen Unterschied kranke Bürger und kranke Soldaten mit gleicher Sorgfalt geheilt werden, hatte ich oft Gelegenheit, die Hingebung dieser edlen Frauen zu bewundern, unter denen ich besonders ein schönes achtzehnjähriges Mädchen bemerkte, das sich diesem Beruf auf Lebenszeit gewidmet, weil ihr Gebieter, ein Rittmeister der Chasseurs à cheval, in dem letzten Feldzuge geblieben war. Nur über einen Umstand führten die Kranken dieses Hospitals Beschwerde, nämlich über die zu große Frömmigkeit der Schwestern, die fast in jeder Stunde der Nacht an dem sich an dem Ende jedes Saales befindlichen Altar laut beteten und so die Kranken in ihrem Schlaf störten. Dagegen gaben sie ihnen auf Verlangen gerne Konfitüren, eingemachte Früchte und andere den Kranken unschädliche Leckereien, wenn es die Ärzte nicht verboten, und ich selbst ließ mir bei einem Besuch von der erwähnten hübschen „ma soeur" so ein Konfitürbrot geben, das mir trefflich mundete. Daß die syphilitischen Kranken, die in einem abgesonderten Lokal liegen, von ihnen nicht verpflegt werden, versteht sich von selbst.

Montpellier hat eine ansehnliche öffentliche Bibliothek, die sehr viel seltene Werke und Manuskripte enthält; unter den letzteren befindet sich eine Sammlung von Handschriften und Briefen der Königin Christine von Schweden, die ein reicher Franzose in Italien kaufte und dieser Bibliothek schenkte; sie ist in zwanzig ziemlich dicke Quartbände gebunden. Ihre Majestät haben viel geschrieben.

Die Hauptkirche der Stadt ist die des St. Pierre, welche in architektonischer Hinsicht gerade kein Wunderwerk ist, aber ein schönes Gemälde, Simon den Zauberer vorstellend, der überhaupt im südlichen Frankreich eine große Rolle spielt, enthält. Das Theater ist nicht sehr groß, aber elegant und hat eine gute Einrichtung, auch die Maschinerien waren in ordentlichem Zustand, so daß man die größten Opern und Ballette mit Erfolg aufführen konnte; die Dekorationen waren zum Teil trefflich gemalt, das Personal, wie gesagt, nicht schlecht, und drei Damen Demoiselle Verteuil, Demoiselle Kloster und Madame Lobet, ausgezeichnet; die erstere verursachte mir große Fatalitäten, wie wir bald sehen werden.

Die besuchtesten Spaziergänge sind der schon beschriebene Peyron, der aber trotz seiner Schönheit im Winter der vielen hier sehr heftig wehenden Winde und im Sommer der großen Hitze wegen, der er ausgesetzt ist, da er fast keinen Schatten bietet, wenig frequentiert wird; desto mehr besucht wird aber die Esplanade, die am untern Teil der Stadt liegt und deren hohe und dichte Bäume gegen Wind und Sonne schützen; sie diente uns des Morgens zum Exerzierplatz. Mitten auf derselben, gerade der Zitadelle gegenüber, war ein schönes geräumiges Zelt aufgeschlagen, in welchem alle möglichen Erfrischungen zu haben waren. Viele der Fremden, die des trefflichen milden Klimas und ihrer Gesundheit wegen hierher kommen, namentlich Deutsche, Engländer und andere Nordländer, klagen über Mangel an Geselligkeit der Einwohner, jedoch mit Unrecht, denn sie sind meistens selbst schuld daran, wenn man ihren Umgang meidet, namentlich die steifen hölzernen Engländer, die für ihre paar Guineen ungeheure Prätentionen machen, und die Deutschen, die sich durchaus nicht in französische Sitten und Gebräuche finden können und schicken wollen; die Spanier und Italiener befinden sich hier sehr wohl, denn sie nehmen schnell die hiesige Lebensweise an. Man muß überall mit den Leuten zu leben wissen, wenn man sich gefallen will. Wenn aber der Dichter Roucher von dem schönen Geschlecht zu Montpellier sagt, daß es wahrhaft bezaubernd sei, die feurigsten Augen, die verführerischste Sprache habe, ganz zur

Liebe geschaffen, so kann ich ihm nur dann beipflichten, wenn er von der gebildeten Klasse spricht; die Weiber aus den niederen Ständen aber sind so zügellos roh, daß ihr Umgang ekelerregend wird, und mehr als einmal sah ich ganze Haufen derselben sich förmliche Schlachten in den Straßen liefern, wobei sie unter einem Hagel von Steinwürfen sich gegenseitig mit den furchtbarsten Schimpfwörtern beehrten und gleich Furien heulten und grimmassierten, zuletzt mischten sich noch die Männer in den Kampf, der immer ein blutiges Ende nahm, bevor noch die bewaffnete Macht einschreiten konnte. Das Volk in ganz Languedoc und der Provence ist überhaupt grenzenlos roh, streit- und händelsüchtig, und auf die Drohung folgt gewöhnlich auch gleich die Ausführung derselben.

Als Montpellier noch ein kleiner Weiler war, flüchteten sich mehrere Einwohner der Stadt *Magellone,* die Karl Martell den Sarazenen wieder entriß, hierher, und da sich der Ort vergrößerte, wurde ein Herr von Guy oder Guillaume Besitzer desselben und der Stammvater der Grafen von Montpellier, die sämtlich den Namen Guillaume führten. Während der unruhigen Kriegszeiten in Languedoc machte Montpellier den Königen von Frankreich viel zu schaffen.

Die feinsten Liköre und Parfümerien Frankreichs werden hier fabriziert, mit denen man nicht selten Geschenke an auswärtige Souveräne und bedeutenden Handel macht, geradeso wie mit den spanischen und Languedocer Weinen, die wegen ihres Feuers Vins chauds genannt werden, berühmt ist der Vin blanc Picardou. Der Hafen Montpelliers ist die fünf Stunden entfernte Stadt Cette, wo viele Häuser von hier, Nimes und Avignon ihre Niederlagen haben; was jedoch in das Innere von Frankreich bestimmt ist, wird auf dem großen Kanal von Languedoc fortgeschafft.

Ich hatte gleich in den ersten Tagen dem Fürsten Y. meine untertänigste Aufwartung gemacht und wurde nicht nur sehr gnädig von demselben empfangen, sondern er geruhte mich auch zu versichern, daß er jeden Tag mein Offizierspatent mit denen von noch einigen anderen Kadetten von Paris erwarte, wo er uns bei dem Kriegsminister zu Unterleutnants vorgeschlagen und auch dessen Zusage erhalten habe; ich dankte gehorsamst für diese Mitteilung und überließ mich der frohen Hoffnung, nun bald der mir oft lästigen Sergeantendienste los zu werden. In meiner Wohnung war ich unterdessen völlig der Hahn im Korb geworden, und schon nach einem zweiten Souper ruhte die verheiratete Schwester auf meinen Knien und tändelte in meinen Armen, so daß uns die ledige scherzend zurief: „Moderez-vous!“ – „Mais il ne me laisse pas, que veux-tu que je fasse?“ – antwortete die Schwester, und ich setzte hinzu: „Me laisser faire“, und elle se laissa faire. – Von jetzt an war ich der Herr vom Hause.

Froh, wieder in einer Stadt zu sein, wo sich ein Theater befand, versäumte ich nicht leicht eine Vorstellung, und besuchte diese oft in Gesellschaft meiner beiden Hausdamen; aber bald interessierte mich die hübsche Verteuil weit mehr als dies, so daß ich noch lieber den Proben als den Vorstellungen, und diesen jetzt fast immer nur hinter den Kulissen beiwohnte. Vermittelst einiger kleiner Geschenke und artiger Galanterien, vielleicht auch, weil man mich für reich hielt, stand ich bald auf einem sehr vertrauten Fuße mit der liebenswürdigen Aktrice und brachte manche Stunde in ihrer und der anderen Theaterprinzessinnen Gesellschaft zu. Aufrichtig gestanden, habe ich in meinem ganzen Leben die Erfahrung gemacht, daß der Umgang und die Gesellschaft von Schauspielerinnen, Sängerinnen und Tänzerinnen, die in der Regel nicht ohne Geist, Witz und Verstand und mit der muntersten Laune begabt sind, das Unterhaltendste von der Welt ist, während die vornehme Welt und sogenannte gute Gesellschaft zugleich auch die zum Einschlafen langweiligste ist, weshalb ich den Umgang mit hübschen Aktricen, wo solcher zu finden war, allem anderen vorzog; doch hat er auch seine unangenehme und etwas kostspielige Seite und kann nach Umständen gefährlich werden und viel Unheil anrichten, wie ich mehrmals die Erfahrung machte und wir sogleich sehen werden. Mademoiselle Verteuil hatte zu meinem Unstern auch Gnade bei Sr. Durchlaucht unserem Regimentschef gefunden, den sie ebenfalls nicht verschmähte, wovon ich aber ebensowenig wußte, als der Fürst mein Verhältnis mit ihr ahnte. Eines Abends, nachdem ich mich nach dem Theater noch eine gute Weile mit einem alten pensionierten General aus der Zeit Ludwig XVI. in dem Zelt der Esplanade unterhalten und die Erzählung von dessen Abenteuern, die er in seiner Jugend in Deutschland, namentlich am Hofe des Vaters unseres Fürsten Y. mit einer Prinzessin, dessen Tante, gehabt, geduldig zugehört hatte, fiel es mir nach 10 Uhr ein, der Verteuil noch einen Besuch en passant zu machen; sie wohnte ebenfalls in der Nähe des Theaters. Ich wurde aber nicht von ihr erwartet, da wir in dem Theater davon gesprochen hatten, daß ich heute nicht kommen würde, weil sie über Kopfweh und Unwohlsein klagte, was öfters der Fall war. Ich fand die Haustüre offen, schlich mich leise die Treppe hinauf, öffnete ebenso leise die Zimmertüre meiner Prinzessin und fand Seine Durchlaucht den Fürsten Y. halb entkleidet auf einer Ottomane ausgestreckt liegen; die Verteuil, mich sogleich erblickend, schrie: „Ah mon Dieu qui vient si tard?“ – Mit den Worten: „Mille pardon je me suis trompé“, schlug ich die Tür wieder zu und eilte von dannen und zur Kloster, der ich lachend mein Abenteuer erzählte, worauf mir diese versetzte: „Mais comment vous ne saviez donc pas qu'elle est entretenue par son Altesse.“ – „Ma foi non.“ – Ich tröstete mich, ein Glas Punsch mit der Kloster trinkend, die, wie auch ihr Name andeutete, deutschen Ursprungs war, jedoch kein Wort Deutsch verstand, und nahm mir vor, die Verteuil nicht wieder zu besuchen, denn ich dankte für die Ehre, auch „da mit dem Fürsten zu teilen, wo er noch unter den Menschen hinunterkriecht“, wie Schiller sagt. Indessen war mir doch nicht so ganz wohl bei der Sache, und die Folge zeigte nur zu sehr, daß meine Furcht nicht ungegründet war, denn Fürst Y. warf jetzt einen unverdienten Haß auf mich und sah mich schon den andern Tag auf der Parade, der die Kadetten jedesmal, auf dem linken Flügel der Offiziere stehend, beiwohnen mußten, einigemal von der Seite mit einem zürnenden Blick an, während er sonst selten an mir vorüberging, ohne ein paar freundliche Worte an mich zu richten. Er sprach diesmal mit dem neben mir stehenden jungen Prinzen Santa-Croce, der seit kurzem als Kadett in das Regiment getreten war, ohne mich nur eines Blickes zu würdigen. – Noch denselben Tag erließ er eine Order du jour, welche den Kadetten auf das strengste befahl, sich zu allen Apellen in den Kasernen einzufinden, und daß bei Konterapellen deren Anwesenheit in den Quartieren verifiziert werden solle; zugleich fügte er noch hinzu, daß sich die Herren Offiziere sowie die Kadetten nicht mehr unterfangen sollten, die Bühne während der Vorstellungen zu besuchen, da er sehr mißfällig wahrgenommen, daß dieses stattgefunden. Außer mir und Seiner Durchlaucht wußte schwerlich jemand, wodurch dieser Tagesbefehl hervorgerufen worden war, und wir schwiegen beide weislich. Der Prinz Santa-Croce, den man trotz diesen Befehlen eines Abends hinter den Kulissen erblickte, erhielt sogleich acht Tage strengen Arrest. Fürst Y. hätte dies alles nicht nötig gehabt, denn ich kam ihm nicht mehr ins Gehege, ob mir gleich die Verteuil ein halbes Dutzend parfümierter Entschuldigungs- und Einladungsschreiben auf Rosapapier zusandte. Ich hielt mich an die Kloster.

Auf dem Landhaus des Herrn Gayral, wohin ich sehr oft eingeladen wurde, hatte ich unterdessen auch die Bekanntschaft einer sehr artigen Kaufmannsfrau, der Madame Cauchin, gemacht. Sie sowie ihr Mann luden mich ein, sie doch bisweilen zu besuchen, und stellten mir sogar ihre Loge im Theater zur Disposition. In diesem Hause brachte ich von jetzt an manche hochvergnügte Stunde zu. Überhaupt war bis dahin das Leben in Montpellier ein wahres Götterleben für uns gewesen, und es fehlte uns an Vergnügungen und Zerstreuungen nicht. Barras, der auf Befehl Napoleons 100 Lieues von Paris entfernt leben mußte und sich damals hier aufhielt, gab mehrmals große Soiréen, zu denen er das ganze Offizierskorps des Regiments einlud, und die sehr glänzend waren, da sich die Hautevolée und die ersten Schönheiten der Stadt hier vereinigt einfanden. Ein großes Fest aber war die Fahnenweihe unseres Regiments, dessen Bataillone hier ihre Fahnen erhielten, deren reich mit Gold gestickte Krawatten ein Geschenk der Kaiserin Josephine waren, wie die Inschrift mit goldenen Buchstaben besagte. Nach der großen Parade, bei welcher die Fahnen den Bataillonen und den dazu bestimmten Trägern, nachdem sie in der Peterskirche von dem Bischof unter Gewehrsalven eingeweiht worden waren, eingehändigt wurden, fand ein großes Diner und am Abend ein Ball auf Kosten des Offizierskorps statt, zu dem alle Notabilitäten von Montpellier eingeladen waren, und der bis zum Grauen des Tages währte. Wir hatten nun unsere Vereinigungszeichen, aber es waren bunte seidene Lappen, statt Adlern, wie sie die französischen Linienregimenter hatten; wahrscheinlich hielt uns Napoleon seiner Adler nicht wert, und wir mußten uns mit Latour-d'Auvergne und anderen sogenannten Fremdenregimentern trösten, denen es nicht besser erging.

Im Theater hatte man seit einiger Zeit bei jeder Vorstellung drei sehr hübsche Mädchen in einer Loge des ersten Ranges bemerkt, welche immer in der elegantesten Toilette nach der neuesten Pariser Mode gekleidet erschienen und aller Augen, namentlich auch die unseres Großmajors Omeara, eines Irländers, auf sich zogen. Diese Damen gaben sich für Pariserinnen aus, welchen das herrliche Klima Montpelliers von den Ärzten verordnet worden war, um ihre etwas angegriffene Gesundheit wieder völlig herzustellen; sie spielten übrigens die Spröden, waren sehr zurückhaltend und gaben namentlich Subalternoffizieren und anderen Herren, die sich bemühten, ihre Bekanntschaft zu machen, kein Gehör. Man sprach viel von der strengen Tugend dieser Demoiselles, die einer der ersten Familien der Hauptstadt angehören sollten, prächtig aber eingezogen mit einer älteren Gouvernante in einem eleganten Gartenhause wohnten, keine Gesellschaft frequentierten und auch eine Einladung auf unsern Fahnenball zurückgewiesen hatten. Bald jedoch flüsterte man sich in die Ohren, daß sie unser Großmajor mit nächtlichen Besuchen beehre, andere sagten, es sei der Fürst selbst, der sich um die elfte Stunde nachts zu ihnen schleiche, und nun liefen allerlei mysteriöse Gerüchte auf Rechnung dieser Damen um, die das Gespräch der ganzen Stadt waren, bis endlich der Zufall das geheimnisvolle Wesen derselben an den Tag brachte. – Ein Schauspieler vom französischen Theater zu Paris, der nach Montpellier gekommen war, um hier Gastrollen zu geben, erkannte gleich zwei derselben als zwar sehr schöne, aber auch sehr kommune Nymphen des Palais-Royal in Paris. Jetzt war ihre Rolle ausgespielt, und als sie wieder in ihre Loge traten, zischte und pfiff man so lange, bis sie sich entfernt hatten, was sie erst dann taten, als der Tumult aufs höchste gestiegen war. Schon am andern Tage waren sie aus Montpellier verschwunden. Es war nun gewiß, daß sie den Fürsten Y., den Großmajor Omeara und einige reiche Gimpel in ihr Netz zu ziehen gewußt und ihnen tüchtig die Federn gerupft hatten. Man lachte viel über diese Avantüre, denn wer den Schaden hat, darf ja für den Spott nicht sorgen. Dies war nicht die einzige Unannehmlichkeit, die dem Fürsten hier widerfuhr, eine weit größere stand ihm noch bevor. Der General, Kommandant zu Montpellier, namens Quesnel, der die 9. Division befehligte, ein alter Soldat, der von der Pike auf gedient hatte und seinen hohen Grad einzig seinem Mut und seinen Verdiensten verdankte, war sehr unzufrieden mit der Art wie im Regiment Y. der Dienst versehen wurde, sowie auch mit den Manövern bei dem Exerzieren, weshalb er uns jeden Tag ausrücken ließ und den Übungen selbst beiwohnte. Eines Tages kam, als das Regiment manövrierte, Fürst Y. in einer mit vier Pferden bespannten Kalesche in Begleitung zweier Damen auf dem Exerzierplatz angefahren, wo er aus seinem Wagen den Übungen bequem mit zusah; dies wurmte den alten General, der einen Adjutanten an ihn abschickte mit dem Befehl, der Herr Oberst möge die Güte haben, ihm sein Regiment vorzuführen und dasselbe selbst kommandieren. Fürst Y. mußte nun wohl oder übel aussteigen, und da er kein Reitpferd bei der Hand hatte, das Regiment zu Fuß anführen. Er hatte von Natur eine unangenehme und gellende Stimme, die ohne Kraft und Ausdruck beim Kommando war, so daß man ihn bisweilen nicht recht verstand, wodurch dann Irrtümer entstanden; auch war er nichts weniger als kapitelfest in den Evolutionen, und ärgerlich, sozusagen, jetzt par ordre du Mufti kommandieren zu müssen, verlor er ganz die Geistesgegenwart und machte einige arge Verstöße, die der General aber nicht sogleich inne ward, weil er das deutsche Kommando nicht verstand; bald aber sah er doch ein, daß die Fehler vom kommandierenden Oberst ausgehen müßten und stellte diesen deshalb zur Rede. Fürst Y. replizierte etwas unbesonnen, worauf Quesnel ein französisches Donnerwetter losließ, ihm zu schweigen gebot, und da er dies nicht sogleich befolgte, ihm befahl, sich auf der Stelle in Arrest zu verfügen. Seine Durchlaucht wurden nun blaß, wollten mehrmals etwas entgegnen, aber der General drohte ihm, glühend rot, daß, wenn er nicht sogleich ginge, er ihn par la force armée, d. h. mit der Wache abführen lassen werde. Hier blieb nun nichts anderes übrig, als Order zu parieren, wollte man sich nicht noch größeren Fatalitäten aussetzen und wohl gar ein Kriegsgericht passieren sehen. Mit dem Ausruf: „Dies einem souveränen Fürsten!" entfernte sich Y. zu Fuß, um 8 Tage strengen Zimmerarrest anzutreten. Die in dem Wagen sitzenden Damen, die dem ganzen Skandal beigewohnt hatten, fuhren ganz verstimmt und unter dem Hohnlachen der Soldaten in dem vierspännigen fürstlichen Wappenwagen vom Exerzierplatz heim. Als die Zeit des Arrests um war, stellte sich Y. noch mehrere Tage krank, mußte aber endlich dennoch in den sauren Apfel beißen, dem bösen General aufzuwarten, um

sich zu melden, den er zu seiner größten Freude seinerseits an einem Halsgeschwür wirklich krank darniederliegend fand.
Der Fürst erschien nun wieder bei der Parade, wo er aber gleich das erstemal noch eine Fatalität anderer Art hatte. Es fanden sich bei derselben jedesmal eine Menge Zuschauer, meistens aus den untern Klassen des Volkes ein, hauptsächlich um der Musik zuzuhören; diese Leute drängten sich aber oft so unverschämt dicht an die aufziehende Wachtmannschaft heran, daß dieser kaum mehr Raum zum Abschwenken mit Pelotons übrig blieb. Der die Wachtparade kommandierende Bataillonschef, ein gewisser Brügge, ein Elsässer, wollte das Volk mit Schreien und Schimpfen zurückgehen machen, man lachte ihm aber ins Gesicht und drang noch frecher vor. Brügge ließ nun mit Sektionen abschwenken, so daß die Soldaten rasch in die Haufen drangen, die nicht schnell genug zurückweichen konnten, und Brügge rief ihnen dabei noch auf deutsch zu: „Tretet die Hundsfötter, die nicht weichen, nieder!" so daß es beinahe zu einem Handgemenge zwischen den Soldaten und dem hier so bösartigen Volke gekommen wäre, aus dem mehrere der Kecksten vortraten und den kommandierenden Offizier förmlich herausforderten. Glücklicherweise trat Duret hinzu, der so ziemlich das Patois dieser Menschen sprach und dem es gelang, die fatale Sache friedlich beizulegen. Aber der General, dem der Vorfall rapportiert wurde, ließ dem Fürsten abermals einen Verweis zukommen und schickte den Bataillonschef Brügge vier Tage in Arrest.
In meiner Wohnung lebte ich indessen ganz behaglich, ich hatte auch die Kost bei den Damen, und wir führten mit noch einigen anderen Bekannten derselben bisweilen kleine französische Lustspiele und Vaudevilles im Gartensalon, aber möglichst geheim auf; es wurden nur wenige Eingeweihte als Zuschauer zugelassen. Ich fand dies um so nötiger, da Fürst Y. früher einmal bei der Parade zu mir gesagt hatte: „Nun, wie steht's mit unserm Theater, werden

Sie bald wieder etwas zum besten geben? Sie können auch nächstens wieder Ihre Vorlesungen bei mir beginnen", worauf ich erwidert hatte: „Durchlaucht, ich stehe zu Befehl!" Nach dem Vorfall mit der Verteuil war aber von dem allem keine Rede mehr, ob ich gleich überzeugt war, daß mich Fürst Y. während seines Arrests und seiner wirklichen oder fingierten Krankheit gerne wieder zum Vorlesen gehabt hätte.

So lebte ich denn noch einige Zeit so ziemlich sorglos und unbekümmert, obgleich in Ungnade gefallen, in den Tag hinein, versah meinen Dienst, bezahlte aber meine meisten Wachen, ausgenommen die, welche mich an den Justizpalast kommandierten. Dort amüsierte ich mich, weil ich immer den öffentlichen Verhandlungen der Tribunale beiwohnte, die oft im höchsten Grad unterhaltend und komisch waren, besonders wenn sie Ehestandszwistigkeiten, Liebesintrigen usw. betrafen. Die Frauen machten dann jedesmal die große Mehrzahl des Auditoriums aus, und unterhielten sich desto besser, je größer der Skandal war; auch ihre Gesichter überzog eine ungeheure Heiterkeit. Aber bald wurde ich durch ein Ungewitter, an dem ich freilich zum Teil selbst große Schuld trug, das sich über meinem Haupte zusammenzog und plötzlich losbrach, aus meinem Schlaraffenleben aufgeschreckt. Ein berühmter Sänger von der Académie impérial in Paris gastierte hier, und so lange er weilte, wurden nur Opern aufgeführt, während das Schauspiel unterdessen Vorstellungen zu *Cette* gab. Seine Durchlaucht war noch immer mit der Verteuil liiert, während ich jetzt einer jungen, aber recht hübschen Novize, die sich erst seit kurzem Thaliens Dienste gewidmet, den Hof machte. Demoiselle Angely hatte ein allerliebstes Stumpfnäschen à la Roxelane, war dabei ein sehr ausgelassenes, wildes und naseweises Ding, das seine Launen hatte, die Spröde spielte, aber für die Soubretten im Lustspiel ganz geschaffen war. Wenn ich glaubte, sie endlich ganz gewiß festzuhalten, war sie mir wieder entschlüpft, und schon öfters hatte ich bis Mitternacht bei ihr zugebracht, ohne etwas mehr als einige Küsse, und diese nur sparsam, erlangen zu können. Jedesmal ging ich verdrießlich mit leeren Versprechungen, die sie mir für den folgenden Abend nebst einem Kuß beim Abschied gab und nie hielt, von ihr weg, mir vornehmend, das eigensinnige Mädchen ganz aufzugeben; diesen Vorsatz führte ich auch immer mit großer Festigkeit bis zum nächsten Abend durch, wo ich dann wieder das alte Spiel von neuem mit ebenso geringem Erfolg begann, mich über mich selbst ärgernd, eine solche Schmachtfahne geworden zu sein, und mich so an der Nase herumführen zu lassen. Endlich versprach mir Brigitte Angely, im Begriff auf mehrere Tage mit dem Schauspiel nach Cette zu fahren, daß, wenn ich sie dort besuchen wolle, sie mich gewiß erhören würde. Da ich ihr nicht traute, so sagte ich sehr ernst: „Ich will nicht hoffen, daß sie mich wieder zum Besten haben und mich vergeblich nach Cette sprengen wollen, was böses Blut setzen könnte." Mit einem durch einen feurigen Kuß besiegelten „Nein, gewiß nicht!" beteuerte sie dieses, und ich dachte, es ist eine von den närrischen Launen des Mädchens, daß sie mich nur in Cette und nicht in Montpellier beglücken wolle, warum? das mögen die Götter wissen, und versprach ihr schon den kommenden Tag zu folgen. Nach der Parade bat ich meinen Kapitän um zwei Tage Urlaub, die er mir auch gewährte, doch dabei bemerkte, daß es, wie ich wohl wisse, dazu auch der Einwilligung des Fürsten bedürfe, er diese aber selbst einholen wolle. Seine Durchlaucht lagen aber gerade diesen Tag wieder an ihrem alten Übel, dem Podagra, darnieder, St. Jüste wurde nicht vorgelassen und hatte mein Anliegen dem Kammerdiener mitgeteilt, der ihm die Antwort brachte: „Der Fürst könne sich in diesem Augenblick nicht mit Dienstsachen befassen, er würde später darüber Bescheid geben." Am folgenden Tage, an dem ich Brigitte nach Cette zu kommen versprochen, war noch nichts entschieden, der Fürst kam nicht zur Parade, ich hatte mir schon ein Pferd gemietet, bat meinen Sergeantmajor, daß, wenn ich bei dem Appell fehlen würde, er sagen möge, daß ich mich krank gemeldet habe, was er mir versprach. Ich ritt nun im gestrecktem Trabe nach Cette, wo ich jetzt das Meer in seiner unendlich scheinenden Unermeßlichkeit zum erstenmal ganz in der Nähe bewunderte und dann die Angely aufsuchte, die zu meinem Erstaunen sich mit der Verteuil in derselben Wohnung, und zwar so eingemietet hatte, daß beide in demselben Zimmer schliefen, worüber ich ihr während der Vorstellung Vorwürfe hinter den Kulissen machte, die sie aber mit einem: „Was tut das, lassen sie mich nur machen" beantwortete. Wir soupierten nun à trois, die Verteuil schien von der besten Laune beseelt, welche spanische Feuerweine noch vermehrten, und machte Witze auf Kosten des Fürsten Y. Nach dem Souper schlug sie vor, die herrliche, stille Mondnacht zu einer kleinen Spazierfahrt auf der See zu benutzen, was mir, der ich noch nie auf dem Meere gefahren, ganz willkommen war. Wir suchten einen Schiffer an dem Hafen auf, der uns mit einem Gehilfen in die gerade ganz spiegelglatte See, wie sie so nur am Mittelländischen Meer sein kann, in welcher die silbernen Mondstrahlen sich herrlich spiegelten, eine ziemliche Strecke fuhr. Die ganze Natur war so still und ruhig, daß es uns schien, als seien wir die einzigen lebenden Wesen in derselben, man hörte kein anderes Geräusch als das Niederschlagen der beiden Ruder unserer Barke. Brigitte wurde ganz gegen ihre Gewohnheit ernst und stille, sprach wenig, seufzte sogar bisweilen und schmiegte sich fest an mich, während ich sie mit dem linken Arm umschlang. Die Verteuil lächelte etwas ironisch und fragte die Ruderer, ob sie kein languedocisches Lied zu singen wüßten, was diese bejahten, und gleich das in dieser Gegend so beliebte: „La Nisada d'amour", das mit den Worten: „Connonyssés la bella Liseta" beginnt, anstimmten. Nach einer guten halben Stunde fuhren wir wieder ans Land und begaben uns in unsere Wohnung zurück, wo sich die Verteuil in das eine Bett und die Angely in das andere, in einem Alkoven stehende verfügte, während ich mich angekleidet auf eine Ottomane warf; als aber die

Lichter gelöscht waren, schlich ich in den Alkoven, wo man mich mit offenen Armen, jedoch ganz leise ein Bst, Bst! lispelnd, empfing. Erst als es zu spät war, erkannte ich, daß es die Verteuil war, die ich umschlungen hatte, ließ aber nicht merken, daß ich den Betrug entdeckt, und schlich mich nach Mitternacht, als ich sie eingeschlafen glaubte, davon und an das andere Bett, dessen Inhalt gleichfalls schlief, und den ich mit Küssen bedeckte, auch schlaftrunken wieder geküßt ward, und endlich wahrnahm, daß es – wieder die Verteuil war, die ich umarmte. Es war, wie ich nun wohl einsah, eine abgekartete Sache zwischen den beiden Damen, mich so zu foppen, aber ich nahm mir fest vor, die schelmische Brigitte dafür à tout prix zu bestrafen, ging gegen Morgen auf mein Zimmer, das Gemach der Aktricen verschließend und den Schlüssel zu mir steckend. Angekleidet warf ich mich nun auf mein Bett, schlief bald ein und – verschlief den halben Morgen, denn ich bedurfte der Ruhe. Als ich erwachte und nach der Uhr sah, die schon zehn zeigte, fiel es mir heiß ein, daß ich eigentlich ohne Urlaub von Montpellier fort sei und daß mir dies einen schlimmen Handel bei der ungnädigen Stimmung des Fürsten gegen mich zuziehen könne, wenn es an den Tag käme, daß ich die Nacht in Cette zugebracht. Ich ließ also eilig mein Pferd satteln und jagte, ohne Abschied von den noch Eingesperrten zu nehmen und den Schlüssel ihres Gemaches bei mir behaltend, ventre à terre nach Montpellier, um wo möglich noch zu rechter Zeit zur Parade einzutreffen, aber ich hatte mich verrechnet, der elende Mietgaul hielt das tolle Rennen nicht aus, und stürzte, als ich noch nicht den halben Weg zurückgelegt hatte, keuchend unter mir zusammen. Ich raffte mich und dann die Mähre nicht ohne große Mühe auf, führte sie im langsamen Schritt, jeden Augenblick fürchtend, daß sie auf der Stelle liegen bleiben würde, bis zum nächsten Dorf, wo ich mir so schnell als möglich einen Karren verschaffte und auf diesem den Rest des Weges, wenn auch à force des pourboires ziemlich rasch, doch immer noch viel zu langsam zurücklegte, denn als ich zu Montpellier ankam, war die Parade längst vorüber, und alle Donner waren gegen mich losgelassen; der erboste Fürst wähnte nichts anderes als ich sei der Verteuil zu Gefallen nach Cette, weshalb er auch St. Jüste so abfertigen ließ, als dieser Urlaub für mich begehrte. Fürst Y. hatte wenigstens insofern recht, daß sie ganz gegen meinen Willen und mein Wissen in meinen Armen eine Untreue gegen ihn beging. Als ich in meiner Wohnung ankam, erfuhr ich von meinen Wirtinnen, daß schon dreimal ein Unteroffizier nach mir gefragt und zuletzt mein Kapitän selbst gekommen sei, sich nach mir zu erkundigen, und daß er, als man ihm gesagt, daß man mich seit dem gestrigen Mittag nicht gesehen, geäußert habe: das wird eine saubere Geschichte werden. Dies waren böse Omen; ich ging nun sogleich in die Kaserne zu meinem Sergeant-Major, von dem ich erfuhr, daß er Ordre habe, mich sofort nach meiner Ankunft in den Salle de police der Unteroffiziere zu bringen; er vollzog sie auch, und ich folgte ihm, meinen Degen abschnallend, ganz geduldig. Ich traf dort ein halbes Dutzend Kameraden, unter denen noch zwei Kadetten für Disziplinarvergehen verhaftet waren, welchen ich sogleich die Bienvenue spenden mußte. Bald darauf erschien auch mein Kapitän, der mich beiseite nahm und mir verkündete, der Fürst sei im höchsten Grade aufgebracht gegen mich, denn er wisse, daß ich ohne Urlaub mit der Verteuil nach Cette gefahren, daß ich bei den Apellen und der Parade gefehlt und mich habe krank melden lassen, während ich des parties de plaisir mit Aktricen ausgeführt habe. Ich müsse mich auf seinen ganzen Zorn gefaßt machen, was ich in der Erwartung der Dinge, die da kommen würden, tat. Am andern Morgen brachte mir der Furier der Kompagnie das Orderbuch, in welchem ich las: „Der Kadett Fröhlich ist seines Grades als Sergeant verlustig und bis auf weitere Ordre wegen vierundzwanzigstündiger unerlaubter Entfernung aus der Garnison und Dienstvernachlässigung in strengem Arrest zu behalten.“ Wäre ich noch zur Parade eingetroffen, so hätte der Fürst von meiner Abwesenheit nichts erfahren, aber als ich da fehlte, schickte er ein- über das anderemal in mein Quartier. Ist der Teufel einmal los, so ist er es auch gewöhnlich in allen Ecken. Jetzt meldete sich auch der Eigentümer des Pferdes, das ich gemietet hatte und das ihm der Bauer zugeführt, dem ich diesen Auftrag nebst 6 Livres gegeben, und verlangte nicht weniger als 600 Franken für den Gaul, den man ihm ganz unbrauchbar und halbtot zurückgebracht habe. Er war zu meinem Kapitän gegangen, der mir riet, die Sache gütlich mit ihm abzumachen, damit das Feuer nicht noch mehr geschürt würde; ich schrieb nun an die Herren Michel und Gayral, an die ich empfohlen war, dieselben bittend, diese Sache aufs beste zu arrangieren, und sie fanden sich mit der Hälfte der Summe, die er gefordert hatte, mit 300 Franken, mit dem Spitzbuben ab, das Pferd war keine 100 wert. Aber was noch das ärgste war, der Fürst schrieb oder ließ an meine Eltern schreiben, und malte diesen ein schreckliches Bild von meiner Aufführung aus, machte ihnen Vorwürfe, daß sie mir so viel Geld zukommen ließen, denn ich vertue dreimal mehr als die Gage eines Kapitäns erster Klasse betrage, meine Konduite sei dabei abscheulich (nicht abscheulicher war sie als die Sr. Durchlaucht selbst, oder vielmehr noch viel weniger abscheulich), ich versäume den Dienst usw. Hierauf erhielt ich sehr bald ein nicht minder fulminantes Schreiben von zu Hause, in dem man mir mein Betragen vorwarf und mir ankündigte, ich habe mich in Zukunft mit der mir bewilligten Zulage von 100 Franken monatlich zu begnügen, und man werde Order an die Bankiers geben, daß mir keiner etwas darüber auszahlen dürfe, ich solle mein ausschweifendes Leben einstellen, sonst würde man ganz seine Hand von mir abziehen usw. In Frankfurt hatte man die Sache noch weit mehr ausgeschmückt und vergrößert, da war ich kassiert und Gott weiß was alles geworden, während das Abnehmen eines Unteroffiziergrades oder Zurücksetzung um einen Grad oder Suspension eine sehr gewöhnliche Disziplinarstrafe bei den

Franzosen, und besonders in unserm Regiment war, wo dies sogar oft von den Kapitänen oder doch auf deren Antrag geschah. Ich beantwortete den Brief meines Vaters so gut ich vermochte, ihm die Sache mit Auslassung gewisser Punkte auseinandersetzend. Vierzehn Tage waren schon beinahe verflossen, und ich noch immer im Arrest, ohne zu wissen, was am Ende daraus werden solle. Fürst Y. war bereits wieder nach Paris und von da mit Urlaub nach Deutschland gereist, und das Regiment sollte ihn nicht wieder zu sehen bekommen, als eines Morgens mein Bataillonschef Duret in das Arrestzimmer trat und mich mit lachender Miene fragte: „Eh bien, en avez-vous assez?" Ein Seufzer war meine Antwort. Er nahm nun ein Papier aus einem Portefeuille und übergab es mir mit den Worten: „Tenez lisez, cela vous consolera." Ich öffnete es, es war meine Ernennung zum Unterleutnant, die ich mit Staunen las. „Sie können von Glück sagen", fuhr Duret fort, „denn wären Sie nicht schon vor einigen Monaten vom Fürsten vorgeschlagen worden, jetzt würde es sicher nicht so bald geschehen." Diese Nachricht erfüllte mich auf einmal wieder mit Freude und frohen Hoffnungen, ich verließ mit Duret den Salle de police, war frei und Offizier nach wenigen Monaten Dienst, und eilte in meine Wohnung, wo mich meine hübschen Wirtinnen recht freundlich ermahnend empfingen, indem sie sagten: „Dies sind die Folgen, wenn man das Mauvais sujet mit Aktricen macht." Ich schrieb jetzt schnell die gute Nachricht nach Hause, ließ mir ein paar Epauletten von dem Kapitän d'Habellement geben, und den andern Tag rückte das Regiment aus, dem ich mit noch vier andern Kadetten (unter diesen auch Prinz Santa-Croce, die ebenfalls zu Offizieren avanciert waren: au nom de S. M. l'Empereur et roi Napoleon I. (et dernier) unter dem Wirbeln der Tamboure und dem klingenden Spiel der Musik als Offizier vorgestellt, von dem Bataillonschef und meinen Kameraden umarmt wurde; ich wähnte nun einen Riesenschritt zum Marschallsstab getan zu haben. Omeara, der nach der Abreise des Fürsten die

Funktionen des Obersten versah, lud uns zu einem Diner ein, ebenso General Quesnel, an den ich mir schon vorgenommen hatte zu schreiben, um ihn um Befreiung aus meinem Arrest zu bitten, aber so war es besser. Auch die beiden Damen, die an der ganzen Geschichte schuld waren, suchte ich gleich auf, um mich ihnen als Offizier zu präsentieren, wurde aber von diesen mit Vorwürfen empfangen, weil ich sie eingesperrt, ohne Abschied verlassen und sogar den Zimmerschlüssel mitgenommen habe, weshalb sie die Probe versäumt und einen Schlosser hätten müssen kommen lassen, um sich zu befreien; es sei mir daher ganz recht geschehen, daß ich gestraft worden, denn auch sie hätten wegen der Versäumnisse Strafe zahlen müssen. Ich aber stopfte Brigitte den Mund mit Küssen, sagte ihr, daß sie wohl wissen müsse, daß sie noch in großer Schuld bei mir stünde, und ich auf Berichtigung dränge. Alle ausgestandenen Leiden waren jetzt rein vergessen, aber das lange Einsetzen ohne Bewegung hatte doch meine Gesundheit angegriffen, und ich machte eine nicht ganz unbedeutende Krankheit durch, während welcher mich meine gutmütigen Wirtinnen recht sorgsam pflegten.

Kaum war ich genesen, erhielt das Regiment Marschorder, und zwar so, daß das erste und zweite Bataillon nach *Toulon* und die beiden anderen nach *Marseille* gewiesen wurden. Den Tag vor unserem Abmarsch erreichte ich noch meinen Zweck bei der Angely halb durch Überrumpelung, halb durch Überredung, auch sagte sie mir, daß sie bereits mit dem Direktor des Theaters zu Toulon in Unterhandlung stehe, dort ein vorteilhaftes Engagement zu erhalten hoffe, und gab mir deshalb ein Schreiben an denselben mit, mich bittend, mich in Toulon für ihre Angelegenheit zu interessieren, was ich versprach, und was vielleicht mit ein Grund ihrer endlichen Ergebung war. Den andern Morgen marschierte ich mit dem Bataillon nach Toulon ab.

Wir kamen wieder über Lünel, Nimes, bis Tarascon zurück und den vierten Tag in *St. Remy* an, das in einer sehr frucht- und weinreichen Gegend liegt, nur 5000 Einwohner zählt, aber unter den Römern eine bedeutendere Stadt war, welche die Vandalen im 5. Jahrhundert zerstörten. An römischen Altertümern fehlte es hier so wenig wie in der ganzen Gegend, ein halb in Ruinen vor der Stadt liegender Triumphbogen, ein noch gut erhaltenes Mausoleum, 50 Fuß hoch, dessen Basreliefs meisterhaft dargestellte Schlachtstücke bilden, sind die bemerkenswertesten; auch viele römische Münzen, Urnen usw. werden fortwährend hier gefunden. St. Remy ist die Vaterstadt des berühmten Astrologen und Leibarztes Karl IX., Nostradamus, dessen Prophezeiungen noch in den achtziger Jahren des vorigen Jahrhunderts bei Galeerenstrafe und Bann verboten waren, weil er den Untergang des Papstes geweissagt hatte; aber gerade dieses vom heiligen Stuhl neuerdings ausgegangene Verbot machte die Leute wieder auf dieses Werk aufmerksam, von dem ein Exemplar sogar für 2000 Livres verkauft wurde. Von St. Remy marschierten wir in das kleine Städtchen Orgon; die nächste Etappe nach dem Städtchen *Lambesc* war nicht von Bedeutung, auf diese aber folgte *Aix*, das alte Aquae Sextia, die Wasser des Sextius Calvinus; ein römischer Prokonsul, der 150 Jahre vor Christi Geburt die warmen Quellen, die er hier vorfand, zu Bädern einrichten ließ. Aix nannte man sonst das Athen der Provence, es ist aber jetzt weit entfernt, ein solches zu sein; es ist der Sitz einer Unterpräfektur, hat noch eine Akademie der Künste und Wissenschaften, Fakultäten der Theologie und Jurisprudenz, einen botanischen Garten, eine öffentliche Bibliothek, die über 100 000 Bände und an 1000 zum Teil sehr seltene Manuskripte enthält, und sich im Hotel de Ville befindet, auch ist es der Sitz eines Erzbischofs. Die Straßen sind meistens schön und haben zum Teil ansehnliche Gebäude; auf dem in der Mitte der Stadt gelegenen Zirkus, einer Promenade, die seit Ludwig XIV. zu einer gewissen Zelebrität gelangte, steht die Bildsäule des Königs René. Aix hat ungefähr 20 000 Einwohner und ist die Vaterstadt Mirabeaus. Unter seinen Kirchen sind die Metropole, die St. Johanniskirche und die der heiligen Magdalena die sehenswürdigsten. Die warmen Bäder dieser Stadt, welche von großer Wirksamkeit hauptsächlich gegen rheumatische und venerische Übel sein sollen, werden bei weitem nicht so besucht, als Aachen oder Baden, und nur von wirklichen Kranken. Das Provenceröl von Aix gilt als das vorzüglichste.

Eine der seltsamsten Merkwürdigkeiten dieser Stadt ist die alljährliche Feier des Fronleichnamsfestes, welche in der Art, wie sie begangen und wie die dabei stattfindende große Prozession gehalten wird, noch eine Anordnung des Königs René ist, die sich aus dem 15. Jahrhundert herschreibt. Die Teufel und heidnischen Gottheiten spielen dabei eine große Rolle. Das Ganze soll den Sieg des Christentums über das Heidentum darstellen, dessen letzter Tag gekommen ist, und das von der aufgehenden Sonne gleich der Finsternis der Nacht verschwindet. Das Fest beginnt schon mit dem Sonntag Trinitatis und dauert mehrere Tage. Der ganze Olymp und die halbe Hölle figurieren bei diesem religiösen Mummenspiel. Ein alter Küster übernimmt gewöhnlich die Rolle des Zeus und hat einen Bündel Blitze von Goldpapier in den Händen; seine Gattin, die Frau Juno, ist ein derber Bäckersgeselle. Die Venus stellt meistens ein klapperdürres Schneiderlein, und den Vulkan ein rußiger Schlosser dar. Ein dicker Fleischersjunge macht den Schalk Amor und führt statt der Pfeile ein blankes Schlachtmesser; die keusche Diana ist nicht selten ein raubärtiger Matrose, und Mars ein invalider Krieger usw. Abends gegen zehn Uhr verlassen sämtliche Götter ihren Olymp, das heißt das Rathaus, auf dem sie sich versammelten, und ziehen nun beim Fackelschein mit Pauken und Trompeten, Zimbeln und Trommeln durch alle Hauptstraßen der Stadt. Diesen Götterzug verkündigt eine zu Pferde vorausreitende Fama, Merkur, Pluto, Proserpina, Momus, Charon und die drei Höllenrichter, sämtlich beritten, folgen; nach ihnen kommt der christliche Fürst der Finsternis mit ein paar Dutzend christlichen Teufeln, dann kommen Furien, Hexen, Faunen, Nymphen usw., alles durcheinander, die beim Klang der Schalmeien, Sackpfeifen und Basken tanzen. Bacchus sitzt auf einem ungeheuren Faß, Mars und Minerva, Apoll und Diana, Vesta und Cybele usw. reiten phantastisch geschmückte Rosse, während J. J. M. M. Jupiter und Juno, von der Frau Venus und ihrem Söhnchen begleitet, in einem vergoldeten, mit vielen bunten Laternen erleuchteten Wagen fahren. Die unseligen Parzen auf rabenschwarzen Tieren, und Tamburin spielende und tanzende Höllengeister schließen den Zug.

Am Morgen des Fronleichnamsfestes versammeln sich in aller Frühe die zum biblischen Zuge gehörigen Personen. Ein König, in dem Kostüm wie der Kreuzkönig der Spielkarten, erscheint an der Spitze von einem Dutzend großer, hochgehörnter und langgeschwänzter Teufel. Vier Teufelchen folgen, Bockssprünge machend, einem Engel, der eine gerettete Seele an der Hand führt, dann kommt das goldene Kalb, durch eine mit Goldpapier geschmückte große Katze vorgestellt, ihm folgt ein zweigehörnter Moses mit den Gesetztafeln, Aaron, die Königin Saba und Herodes mit einem Trupp von mehr als hundert weißgekleideten Kindern, welche von Zeit zu Zeit von mit Keulen von Pappendeckeln oder Beilen von Blech bewaffneten, blutrot gekleideten Henkern niedergeworfen werden und sich dann im Kot oder Staub, nachdem das Wetter ist, heulend und winselnd wälzen; auch wird sogar auf sie geschossen. Petrus, Judas, Johannes der Täufer im Schafspelz und Christus unter dem Kreuz keuchend, die Schächer und Pharisäer und Pontius Pilatus fehlen nicht. Diesen Zug, der sich nach beendigter Messe aus der Hauptkirche durch die Stadt bewegt, schließt ein lebendig Toter, in ein Leichengewand gehüllt, eine Sanduhr auf dem Haupt und eine Riesensense von blankem Blech in der Hand. Die Teufel werden beständig mit Weihwasser besprengt, damit sich der wirkliche Teufel, Satanas selbst, nicht unter sie mischen kann, wie sich dies einmal zugetragen haben soll; auch einige

Teufelinnen befinden sich bei der Prozession, und alle sind mit Schellen behangen. Wenn der von dem Teufel verfolgte König aus der Kirche tritt, fallen sie über ihn her, stoßen und stechen ihn mit Mistgabeln oder Spießen, seine Majestät schlägt aber mit einem großen Zepter wütend um sich und versetzt den Gehörnten eines wo und wie er kann. Auch die arme Seele hat viel von den kleinen Teufelchen zu leiden, die sie fortwährend zu haschen suchen; aber der mit einem gelbblechenen Heiligenschein und goldenen Flügeln geschmückte Engel nimmt sie in Schutz, wobei er doch manchen derben Schlag von den Teufeln erwischt. Das ganze Fest endigte mit Spiel und Tanz; ein Teufelstanz, ein Tanz der Aussätzigen, einer von gräßlichen Ungeheuern, halb Menschen, halb Pferde von Pappe, vermutlich Kentauren vorstellend, werden dabei aufgeführt. Während der Revolution und der Republik (von 1790 bis 1803) unterblieben diese grotesken Feierlichkeiten, aber als die christliche Religion wieder Mode in Frankreich ward, wurden auch sie wieder mit erneuertem Glanz und großem Aufwand fortgesetzt, wie ich später zu sehen Gelegenheit hatte.

Von Aix aus nahm ich mit noch ein paar Offizieren einen zweitägigen Urlaub, um einen Abstecher nach Arles zu machen, wo die Eltern des einen Kameraden, der uns dazu veranlaßt und eingeladen hatte, wohnten. Wir fuhren in einer Art Postwagen oder großen Landkutsche, die man Patache nennt und die auf der Asche geht, dahin ab, in der wir so gestoßen und gerüttelt wurden, daß ich mit ganz zerschlagenen Gliedern in Arles ankam, wo wir von den Verwandten des Leutnants Rimbeau sehr artig aufgenommen wurden.

Arles, das alte Arelas und Arelat, das vor mehr als 2000 Jahren gegründet wurde, hat eine sehr ungesunde Lage, ist von Sümpfen, Morästen und Teichen umgeben, und liegt im Departement der Rhonemündung an diesem Fluß. Seine Berühmtheit verdankt es hauptsächlich den römischen Altertümern, die es noch aufzuweisen hat, und dem von Julius Cäsar erbauten Amphitheater. Von seinem früheren Glanze, als es die Nebenbuhlerin von Marseille und die Residenz der Beherrscher eines mächtigen Reiches war, ist wenig mehr übrig, die Stadt ist traurig und ihre Straßen und Plätze sind sehr öde. Was mich eigentlich bewogen hatte, das Anerbieten des Leutnants Rimbeau anzunehmen, war der Ruf der großen Schönheit, in welchem das weibliche Geschlecht von Arles steht, aber ich wurde getäuscht und erblickte keine jener ätherisch-schlanken Gestalten mit den reizenden Gesichtern, von denen mancher französische Reisende mit so großem Entzücken spricht, und sah, so wie von der Stadt, auch von den Frauen fast nur die Ruinen, mit Ausnahme der niedern Klassen, unter denen mir manch hübsches Gesichtchen begegnete, und deren ganz eigenes Kostüm besonders wenn sie einen feinen Wuchs haben ihnen allerliebst steht. Diese Kleidung war früher die Nationaltracht der Frauen in der ganzen Provence, sie besteht in ganz weißen und bei schlechtem Wetter in braunen, kurzen, kaum bis an die Mitte der Waden reichenden Röcken, welche es gestatten, daß man die feinen weißen, meistens seidenen Strümpfe, welche hier sogar Mägde tragen, samt dem Fuß, den sie bedecken, zur Genüge bewundern kann. Eine scharlachrote, enganliegende Jacke mit langen Ärmeln bedeckt den Oberleib und zwei Dritteile einer in der Regel schön gerundeten Brust. Die dicken, fast immer schwarzen Haare sind mit einem seidenen Tuch durchwunden, das bei hellem und heißem Wetter ein großer herabgeschlagener Hut bedeckt; dazu tragen sie silberne Armbänder von antiker Form. Ein hübsches Mädchen in dieser Kleidung ist allerdings ein reizender Gegenstand, indessen hatte ich keine Gelegenheit, mit einem dieser niedlichen Geschöpfe in nähere Berührung zu kommen, und mußte mich mit dem Anschauen der römischen, gotischen und andern Antiquitäten begnügen. Auch hier ist das Amphitheater des großen Cäsar durch häßliche Baracken verbaut und entstellt; südlich von demselben ist das römische Theater und auf dem Marktplatz steht der

Obelisk, der unter Ludwig XIV. ausgegraben und aufgerichtet wurde. Die alte Kirche der St. Trophine hat ein merkwürdiges Portal von wundervoller Kunstarbeit, das aus dem 13. Jahrhundert stammt. Wir besuchten auch die sogenannten elysäischen Felder, ein uralter Begräbnisplatz, auf dem man neben christlichen Sarkophagen noch manche Urne aus der Heidenzeit findet, und machten auch einen Ausflug auf die nahe Insel *Camargue,* die in der Rhone liegt, über 6 Stunden lang ist, und auf der eine ganz eigene Hunderasse mit sehr langen Haaren gezogen wird, auch hat sie treffliche Weideplätze für Rindvieh, Schafe und frei herumlaufende Pferde, und auch Insulanerinnen, die mich aber, trotz ihrer, freilich etwas schon sehr vernachlässigten und abgenutzten Nationaltracht, wenig ansprachen.

Nicht sehr von meinem Aufenthalt in Arles erbaut, fuhr ich den dritten Tag desselben nach *Toulon* ab, um mit dem Bataillon daselbst einzutreffen, diesmal bewog ich aber meine Begleiter, Extrapost zu nehmen, statt sich in einer Patache zusammenrütteln zu lassen. Wir fuhren über *Marseille,* wo wir des Nachts durchkamen und uns nicht länger als es das Umspannen erforderte, aufhielten.

Gegen Morgen kamen wir durch die furchtbaren Felsschluchten von Olioulles, ein schmales, ziemlich langes Tal, in welchem der Tod oder doch die lebloseste Stille ihren Sitz aufgeschlagen zu haben scheint. Sich gigantisch meist senkrecht in den wunderlichsten Formen, bald ungeheuern Türmen, bald Pyramiden oder Obelisken ähnlich, übereinander erhebende Felsmassen und völlig nackte himmelhohe Felsenwände erschrecken das erstaunte Auge, das sie zum erstenmal erblickt; auf der einen Seite wechseln sie oft mit unabsehbaren Abgründen, in deren Tiefen ein wilder Bergstrom rauscht. Auf diesem Felsenweg erquickt kein grünes Hälmchen, kein Gras, keine Staude, keine Pflanze den bald ermüdeten Blick, der sich in einem von zwei ungeheuren Felsenmauern umgebenen Kerker wähnt. Nur selten unterbricht das Gekrächze eines in den Vertiefungen sitzendes Uhus die herrschende Grabesstille. Daß hier vor fernen Zeiten Vulkane schrecklich gewütet haben müssen, beweisen die untrüglichsten Spuren eines vulkanischen Brandes der Berge. Bei dem ansehnlichen Flecken Olioulles selbst, dessen Häuser aus vulkanischen Steinen erbaut sind, befindet sich ein sehr romantisches Tälchen, das allen Reichtum der üppigsten Natur an Pflanzen, Blumen und Früchten bietet, und den seltsamsten Kontrast mit jenem Schauertal bildet.

In *Toulon* kamen wir noch vor dem Bataillon an, so daß wir unsern Einmarsch mit demselben halten konnten.

XIV

Aufenthalt zu Toulon – Stadt und Hafen – Das Arsenal – Die Galeerensklaven – Wiedereinnahme von Toulon durch die Republikaner (1793) – Bonaparte tut sich hier zuerst hervor – Verbrennung der französischen Flotte und des Arsenals – Verheerung der Stadt – Rauferei mit einem Marineoffizier – Ein Skandal im Theater – La Seine – Die Familie Guige – Hyeres – Eine Hochzeit auf der Insel Porquerolles – Abmarsch nach Genua

Toulon ist eine starke Festung ersten Ranges und hat einen sehr sichern Hafen, welcher mit einer der schönsten Reeden der Welt, die allein durch die Natur gebildet sind, ist. Die Stadt liegt in einem gegen Norden durch hohe Berge geschützten Tal im Departement de Var, das sich längs der Küste hinzieht, vier Stunden lang und ein paar breit ist. Die Reede hat 7–8 Stunden im Umfang und ist ebenfalls von Bergen und Hügeln umgeben; der ziemlich schmale Eingang zu derselben ist durch Forts geschützt, die jedes Schiff, das ihn erzwingen wollte, schnell durch ein Kreuzfeuer in den Grund bohren würden. Die beiden Festen am Eingang sind *Aiguillette* und *St. Louis;* eine dritte etwas seitwärts von der ersten heißt le fort de la Malgue, liegt am Fuße des Berges dieses Namens, auf dem ein trefflicher Wein wächst, ist ganz aus Quadersteinen erbaut, außerordentlich fest und mit drohenden, furchtbaren Außenwerken versehen. Von hier aus kann man die Stadt, den Hafen, die Reede und die Küste beschießen. Auf der Landseite ist die Stadt durch drei auf einem Berge liegende Forts und durch einige mit Batterien versehene Türme geschützt, besonders gegen Italien zu; die Stadt selbst hat hohe Wälle mit Bastionen, Gräben, doppelten Mauern, und ist durch Gewalt uneinnehmbar; sie hat nur zwei Tore, das französische und das italienische. Das Champs de Bataille ist der einzige große Platz, der erwähnt zu werden verdient, und fast alle Straßen sind eng, winklicht und schmutzig, nur der Cours und ein paar der Neustadt machen eine Ausnahme. Das Hotel der Intendanz ist das schönste Gebäude in der Stadt, die freilich wenig Schönheiten der Art aufzuweisen hat, es liegt auf dem erwähnten Platz. Das Stadthaus ist durch Karyatiden von dem berühmten Ponget geziert. Auch die Kathedrale ist kein ausgezeichnetes Gebäude, desto mehr aber das mit Recht weltberühmte prächtige Seearsenal, wohl einzig in der Welt, dessen Eingang eine Art Triumphbogen bildet, der mit den Bildsäulen des Kriegsgottes und der Pallas geschmückt ist. Es macht gewissermaßen eine bewunderungswürdige Stadt für sich aus, die jedoch nicht für jedermann offen steht; wer nicht Offizier ist, muß einen besonderen Erlaubnisschein von der Kommandantur haben, oder von einem Stabsoffizier begleitet sein, um sie betreten zu dürfen. Mit jedem Schritt, den man an diesem Ort tut, mehren sich Staunen und Bewunderung, hier findet sich nicht nur alles, was zur Ausrüstung einer großen Flotte und zum Bau der größten Linienschiffe und Dreidecker gehört, vorrätig, sondern man sieht hier eine ganz neue, sich in ewiger Bewegung befindende Welt, die in rastloser Tätigkeit wimmelt. Dort erblickt man die Riesengerippe der sich im Bau befindenden Kriegsschiffe, wahre Skelette von Seeungeheuern, gegen die ein Walfisch noch unbedeutend erscheint; hier wird beständig geschmiedet, gehämmert, gemeißelt, gekalfatert, gesägt, gehauen, gebrannt usw. Tausende von Arbeitern sind so emsig beschäftigt, als gälte es abermals eine neue Welt zu erobern. Vier- bis fünftausend furchtbare Galeerensklaven klirren mit ihren Ketten unter der Last beschwerlicher und nicht selten gefährlicher Arbeiten; freie Arbeiter singen muntere Lieder in französischer und provenzalischer Sprache, mitunter auch schmutzige Zweideutigkeiten. Dort sind Hunderte mit dem Hanfspinnen zu den Stricken und mannsdicken Tauen beschäftigt, die in der Seilerei verfertigt werden; hier webt man riesige Segeltücher, dort fließen glühende Metalle in Strömen aus Schmelzhütten, gleich der Lava des Vesuvs und des Ätnas, man dünkt sich in Vulkans greulicher Werkstätte und sieht in den rußigen, in Ketten geschmiedeten

Galeerensklaven ebensoviel Zyklopen, deren Aussehen auch ohne das eine Auge auf der Stirne noch abschreckend genug ist. Auf dem Platz, wo die Schiffsmasten gezimmert werden, sieht man hölzerne Riesensäulen von 100 Fuß Länge und 10 Fuß im Umfang. Die Bäume, aus denen sie gezimmert und zusammengesetzt werden, kommen größtenteils aus den Wäldern Korsikas und sind eine besondere Art Tannen, die man erst zu diesem Zweck fällt, wenn sie ein Alter von mindestens einem Jahrhundert haben. Je nachdem sie für eine Korvette, eine Brigg, eine Fregatte, einen Zwei- oder Dreidecker bestimmt sind, werden die Masten aus einem bis sechs solcher Bäume zusammengefügt, was eine äußerst mühsame und schwierige Arbeit ist, da man schwere, dicke eiserne Ringe an der dünnen Seite des Mastes hineinschiebt und sie dann mit unglaublicher Anstrengung hinabtreibt, um die Bäume fest in dieselben einzuzwängen. Zwanzig und dreißig Galeerensklaven sind bei dem Hinabtreiben eines solchen kolossalen Ringes beschäftigt, und oft gelingt es ihnen kaum in 6 Stunden, denselben einen Zoll vorwärts zu bringen.
Fragt man nach jenem unabsehbar langen, schönen Gebäude, so erfährt man, daß es die Seilerei ist, ein ungeheurer, mit Quadersteinen gewölbter Saal, in welchem in mehreren Reihen die Taue jeder Dicke und Größe gedreht werden, an denen die mehrere tausend Pfund wiegenden Anker der schwimmenden Festungen angehängt werden sollen.
Dort ist die Böttcherei, wo Tausende von Fässern und Tonnen jeden Kalibers gebunden werden, die, mit Wasser, Wein, Speck, geräuchertem Fleisch usw. versehen, die Riesenbäuche der schwimmenden Ungeheuer ausfüllen; hier liegen die Werkstätten der Schlosser und Schmiede, in denen alles Eisenwerk, das zum Bau und der Ausrüstung der Schiffe nötig, unter den furchtbar niederfallenden Streichen der Hämmer geschmiedet wird; eine wahre Hölle sprüht unaufhörlich Millionen Funken ringsumher, auf 40 ungeheuren Ambossen werden fortwährend glühende

Eisenmassen geschmiedet, an jedem derselben arbeiten mehrere aneinander gekettete, rußig-braune, starknervige Männer, sämtlich Geleerensklaven, unter Aufsicht der wild und zornig aussehenden Meister, die jeden Fehler auf der Stelle auf das strengste und fühlbarste bestrafen. Diese Werkstätte ist in ewige Glut und dichten Rauch gehüllt, so daß man die sich in derselben bewegenden, greulichen schwarzen Gestalten kaum zu erkennen vermag. Furchtbarer kann es schwerlich im Innern des Heklas oder des Vesuvs, ja in der Hölle selbst aussehen.

In der unermeßlichen Bäckerei glühen die ungeheuren Öfen Tag und Nacht nicht minder; in der Werkstätte der Tischler sind Hunderte von Hobeln in beständiger Bewegung; sogar ein Atelier der Bildhauer trifft man hier an, welche die Verzierungen an den Hinterteilen der Schiffe, nämlich die Figuren, Arabesken usw., meistens aus Holz, verfertigen. Alle diese Anstalten sind so großartig und geräumig, daß auch die Werkstätten der größten Privatanstalten als Kinderspielplätze dagegen erscheinen. In diesem Verhältnis sind die unermeßlichen Magazine der verschiedenartigsten Vorräte, in denen man alles findet, was die Ausrüstung eines Schiffes vom kleinsten Kahn bis zum größten Dreidecker, vom dünnsten Nagel bis zum dicksten Mastbaum usw. erfordert. Nicht minder groß sind die Vorräte an Lebensmitteln jeder Art, wie Pökelfleisch, Schiffszwieback, Wein, Branntwein, Essig, Speck, Öl, Käse, Salz usw., alles in ungeheuren Quantitäten und Gewölben aufbewahrt. Diese Magazine scheinen ein großer Jahrmarkt, auf dem man alles findet, was zu den Bedürfnissen des Lebens gehört. Über einem jeden ist mit großen Lettern, wie auf dem Schild eines Warenlagers, angezeigt, was und welche Spezialität es enthält.

Das Zeughaus selbst ist wieder ein für sich bestehendes Ganzes, das in vielen Abteilungen und Magazinen alle ganz fertigen Gegenstände aufbewahrt, die zur Armierung eines Kriegsschiffes jeder Größe nötig sind. Da sieht man einen Artilleriepark von tausend Schiffskanonen zwischen

kolossalen Pyramiden aus den vertilgendsten Materialien erbaut, nämlich Kugeln, Kettenkugeln, Bomben und Granaten von jedem Kaliber, zwischen Reihen von Kanonen, Feldschlangen, Kartaunen, Mörsern und Haubitzen, die in unabsehbaren Linien aufgeschichtet sind. In den Waffen- und Rüstsälen sind unzählige Flinten, Musketen, Karabiner, Säbel, Spieße, Pistolen, Dolche usw., welche oft die zierlichsten und seltsamsten Figuren, wie große Blumenvasen, Weinstöcke, deren Trauben Kartätschen sind, usw. bilden, aufgestellt. Im Modellsaal ist eine vollständige Sammlung von Modellen aller möglichen Schiffe, von den ältesten bis auf die neuesten Zeiten, von dem aus einem ausgehöhlten Baumstamme bestehenden Kahn des Wilden an bis zu dem mit allem Luxus und aller Kunst ausgerüsteten Admiralsschiff von 120 Kanonen, ebenso Flöße, Maschinenwerke usw.
Eine andere Sehenswürdigkeit dieses einzigen Arsenals ist das von dem berühmten Ingenieur Grognard erbaute Bassin, welches am Ende des großen Zimmerplatzes, ganz nahe an der See liegt, in welchem sowohl neue Schiffe erbaut, als alte ausgebessert werden. Sobald sie fertig sind, holt sie das nun eingelassene Meerwasser ab und führt sie in den Hafen. Grognard hatte mit unendlichen Schwierigkeiten und Hindernissen, die ihm sowohl die Natur als Neid, Mißgunst und Eigennutz von allen Seiten in den Weg legten, zu kämpfen, bevor er dies bewundernswürdige Werk zustande brachte. So oft man ein Schiff aus diesem großen Bassin holen oder in dasselbe führen will, wird letzteres mit Seewasser angefüllt, das, wenn man dessen nicht mehr bedarf, durch von einem halben Hundert von Galeerensklaven in Bewegung gesetzte Pumpen in Zeit von 6–8 Stunden wieder fortgeschafft wird. In den Häfen des atlantischen Meeres und der Nordsee ist dies unnötig, weil dort die Natur mit Hilfe der Ebbe und Flut die Schiffe von selbst holt und bringt.
Während unseres Aufenthaltes in Toulon sah ich einen Dreidecker von 120 Kanonen, den „Commerce de Paris",

eine neue Fregatte und eine Brigg vom Stapel laufen, was immer die Veranlassung zu einer großen Feierlichkeit gibt. Das Schiff ist auf das bunteste beflaggt und bewimpelt, viele Personen und geladene Gäste befinden sich auf demselben, nebst einer rauschenden Musik, die, während es losgelassen wird, Kriegsmärsche spielt; wenn es glücklich im Meer angekommen ist, endigt das Ganze mit Tafelfreuden und Tanz auf dem Schiff, wobei auch Matrosen und sonstige Arbeiter, selbst die Galeerensträflinge, mit doppelten Portionen bedacht werden.

Bevor dieses Bassin vorhanden, war es eine sehr gefährliche Operation, ein so ungeheures Schiff vom Stapel laufen zu lassen, besonders für diejenigen, die die vordersten Stützen desselben wegschlagen mußten, welches das letzte Handanlegen war. Dann rutscht das Schiff sogleich pfeilschnell ab. Zu dieser lebensgefährlichen Operation nahm man gewöhnlich einen lebenslänglich verurteilten Galeerensklaven, der sich freiwillig dazu verstand unter der Bedingung, daß, wenn er sie glücklich vollbrachte, er seine Freiheit wieder erlangte. War er nicht rasch und gewandt genug, um mit einem großen Sprung außer dem Bereich des fruchtbar schnell dahinschießenden Schiffes zu kommen, so konnte leicht der Kiel desselben über seinen Körper gehen und ihn so zermalmen, daß kaum noch eine Spur von seinem Dasein zu finden war.

Diese Galeerensklaven, deren Zahl in Toulon in der Regel über 4000 beträgt, von denen wenigstens ein Drittel auf Lebenszeit verurteilt ist, haben zwar ein hartes Geschick, das jedem Menschen, in dem noch ein Funken Gefühl vorhanden ist, furchtbar, ja unerträglich sein würde; aber die hierher verurteilten Verbrecher sind meistens völlig gefühllos und durch und durch verhärtet, wie es die oft stupid greulichen Physiognomien der Mehrzahl andeuten; und ist erst ein Mensch ein paar Monate auf dieser Hochschule aller Laster und Verbrechen, dann ist gewiß auch der letzte Funken von Ehre und Gefühl für immer in seiner Brust erstickt. Aus dieser so unsinnigen als scheußlichen Strafanstalt rekrutieren sich fortwährend die Raub-, Mord- und Diebesbanden durch die wieder frei gewordenen oder entwischten Sträflinge, die Paris und ganz Frankreich zu vielen Tausenden investieren, die empörendsten Verbrechen begehen, da ihnen Raub und Mord Kleinigkeiten bedeuten und sie gewöhnt sind, immer alles an alles zu setzen; diese sind es, die den Aufenthalt in der Hauptstadt so gefährlich machen. Sie sind teils in alte Galeeren und Schiffen eingesperrt, teils in den Bagnis (besondere zu diesem Zweck erbaute schmale und lange Säle), wo sie auf zwei Reihen Pritschen oder langen Bänken, zwischen denen ein schmaler Gang hinführt, je zwei und zwei aneinandergekettet, liegen. Jeder hat gerade so viel Raum, als er zur höchsten Notdurft bedarf, um liegen zu können; des Abends werden sie noch mit besonderen Ketten angeschlossen, die gerade so lang sind, daß sich der Sträfling bis zu dem nächststehenden Nachtkübel, wohin ihn dann sein Kettenkamerad begleiten muß, begeben kann, seine Notdurft zu verrichten. Das Licht dringt sparsam durch kleine in der Höhe angebrachte, stark vergitterte Fensterchen in die Bagnis, diese faulen und pestartigen Menschenställe, denn so oft auch diese Kübel geleert werden, so sind sie dennoch beständig mit Unrat angefüllt. Auf diesen Pritschen nehmen die Unglücklichen auch ihre elende Nahrung zu sich, die ihnen, gleich dem Vieh, in hölzernen Trögen gereicht wird, und in den gröbsten Speisen, schwarzem Brot und in Wasser gekochten dicken Saubohnen besteht. Zu ihrer Bedeckung haben sie des Nachts einige Fetzen, Rudera von Decken, in denen es von Ungeziefer wimmelt, nicht viel besser ist ihre Kleidung beschaffen.

Die neuen Ankömmlinge, die hierher verdammt sind, werden sogleich in eine Schreibstube des Marinekommissärs gebracht, wo man die sie betreffenden Papiere untersucht, um sich von der Identität ihrer Person zu überzeugen, worauf sie in das Register, aber mit keinem Namen, sondern mit einer Nummer, eingetragen werden. Von hier werden sie zum Baden in ein dazu bestimmtes Gemach gebracht,

wo sie andere Forçats völlig entkleiden, in eine hölzerne, mit Seewasser angefüllte Bütte legen, mit groben Schwämmen reiben und reinigen und das Wasser mehrmals erneuern, dann werden sie noch von einem Chirurgen visitiert, und sind sie krank befunden oder haben sonst etwas an sich, in das Galeerenlazarett gebracht, um geheilt zu werden. Die Gesunden erhalten nach der Besichtigung des Wundarztes nun ihre Galeerenkleidung, aus einer ganz groben Jacke von rotem Tuch, sackleinwandenen Beinkleidern, nicht viel besseren Hemden, ein paar mit Hufnägeln beschlagenen Schuhen und einer grobwollenen Mütze bestehend, die mit der Nummer des Inhabers bezeichnet und deren Farbe für die auf eine bestimmte Zeit Verurteilten rot, aber für die auf Lebenszeit grün ist, wahrscheinlich eine Satire auf die Farbe der Hoffnung. Auch das Haupt wird ihnen jetzt ganz glatt geschoren.
Diejenigen unter ihnen, welche imstande sind, sich etwas nebenher zu verdienen, irgendein Handwerk, eine Kunst verstehen, oder andere Kenntnisse besitzen, sowie die, welche von ihren Familien eine Unterstützung erhalten, können sich manches Bene tun und ihr Schicksal um vieles erleichtern, namentlich auch ihre Nahrung verbessern. In diesen Bagnis erblickt man die Menschheit in ihrer tiefsten Entwürdigung und Verworfenheit. Die leiseste Bewegung eines solchen Sträflings verursacht ein widerliches Kettengeklirre, man glaubt in einer Menagerie wilder Bestien oder angeketteter Raubtiere. Wenn sie zur Arbeit abgeführt werden, sind sie von der Pritsche losgeschlossen, aber bleiben an der Kette, an der sie mit einem Kameraden zusammengeschmiedet sind, die mit einem schweren, dicken eisernen Ring an dem einen Fuß befestigt ist und über einen Viertelzentner wiegt. Durch ihre Aufseher und Wächter, Argousins genannt, die mit dicken, knotigen, mit Eisen schwer beschlagenen Stöcken versehen sind, werden sie hinausgeführt und draußen noch von Wachen mit scharf geladenen Gewehren empfangen und begleitet. Das geringste Vergehen oder auch nur eine Miene des Unge-

horsams, oder Murren wird auf der Stelle durch die Argousins mit ihren Eisenstöcken auf das fühlbarste und ganz nach Willkür bestraft. Für größere Vergehen folgen weit härtere Strafen, vierfache Ketten, doppelte Ringe, enges Schließen, mit den Eisenstöcken und wohl aufgemessene Prügel sind die gewöhnlichsten.

Ohne Unterschied ihres früheren Standes und Verbrechens, sind hier alle Stände vermischt aneinandergekettet und repräsentiert. Während meines Aufenthaltes zu Toulon, wo ich oft die Wache am Arsenal hatte, waren Geistliche, sogar ein ehemaliger Bischof, hohe Militärchargen, zwei Generäle, Richter, Notare, Kriegskommissäre, Advokaten, Adelige, Kaufleute, Ärzte, Huissiers, Fabrikanten, Künstler, Handwerker, Bauern, Tagelöhner usw. unter ihnen, alle durch- und aneinander geschmiedet, die freilich Verbrechen der gröbsten Art begangen hatten.

Trotz der strengen Aufsicht und trotzdem daß sie, so oft man sie in die Säle zurückführt, bis auf das Hemd durchsucht werden, gelingt es ihnen doch häufig, in den Werkstätten allerlei Dinge zu entwenden und durch ihre Verbindungen mit außen heimlich zu verkaufen. Nägel, Hämmer, Kupfer, Handwerkszeug, Segeltuch usw. sind die Gegenstände, die sie vorzugsweise zum Diebstahl reizen; sie hüten sich aber, die gestohlenen Sachen mitzunehmen, sondern verstecken solche in den entlegensten Winkeln der Schiffe oder in der Nähe der Werkstätten, in denen sie arbeiten, und lassen sie dann durch freie Arbeiter, die im Arsenale zu tun haben, mit denen sie im Einverständnis sind und denen sie durch Winke begreiflich machen, wo sie den Raub zu suchen haben, verkaufen. Gelegentlich stecken ihnen dann die letzteren einige Sous dafür zu. Nicht selten wird durch diesen Handel der freie Arbeiter am Ende selbst auf die Galeere geschmiedet. Durch diese Arbeiter unterhalten die Sträflinge auch fortwährend Einverständnisse mit Personen in der Stadt, besonders mit feilen Dirnen, die sie schon früher kannten, und deren es in Toulon wie in jedem großen Seehafen wegen der Marine und den Matrosen unzählige der allerverworfensten Gattung gibt. Vermittelst solcher Einverständnisse gelingt es nicht selten einem Galeerensklaven zu entwischen; in diesem Falle verbirgt er sich gewöhnlich mehrere Tage bei einer solchen liederlichen Dirne oder in einem andern Schlupfwinkel der Stadt, während, durch Kanonenschüsse in Alarm gebracht, ihn die Gendarmerie und die Patrouillen in der Umgebung suchen, vertauscht seine Sklavenkleidung, in welcher in jedem Stück die Buchstaben Gal groß eingebrannt sind, mit einer andern, welche die Dirne längst für ihn in Bereitschaft gehalten, eilt nach Marseille, Lyon oder Paris, um daselbst seine Laufbahn von neuem, nur mit größerer Virtuosität, mehr Vorsicht und Erfahrung, wieder zu beginnen, denn der Aufenthalt in den Bagnis, wo nicht selten falsches Geld, falsche Abschiede, falsche Pässe, falsche Bankbillette usw. mit erstaunenswerter Kunst und fast nicht zu entdeckender Täuschung verfertigt werden, hat sie ja zu Meistern in den scheußlichsten Lastern und Verbrechen gemacht; so treten sie als vollendete Schurken wieder mitten unter die menschliche Gesellschaft, der sie ewigen Haß, Rache und Verderben geschworen haben.

Wenn die Sträflinge von der Arbeit zurück in ihre Säle geführt werden, dann ist es ihnen erlaubt, für sich zu arbeiten. Der eine schnitzt allerlei Dinge aus Kokosnußschalen, der andere kopiert Schreibereien, wohl auch Noten, ein dritter verfertigt Dosen, ein vierter macht Tischler- und Dreherarbeiten, ein fünfter schneidert oder flickt Schuhe usw. Geringere Vergehen werden mit dem Verbot dieser Arbeiten bestraft, was den Sträflingen sehr empfindlich ist, weil sie dadurch die Mittel verlieren, sich ihre Lage zu erleichtern, und dann manches Bedürfnis, als Tabak, ein Glas Branntwein usw., nicht befriedigen können.

Auf das Signal, das einer der Aufseher mit einer Pfeife gibt, müssen diese Arbeiten augenblicklich aufhören, das Abendgebet wird verrichtet und jeder legt sich auf das ihm angewiesene Bretterbett nieder, wo ihm ein etwas erhöhter Holzbock zum Kopfkissen dient. Sobald sie liegen, werden sie durch eine eiserne Stange, die man durch die Fußringe zieht, aneinandergekettet, und Wachen marschieren die ganze Nacht zwischen diesen Pritschen auf und nieder.

Diejenigen Forçats, die zu Prügeln förmlich verurteilt worden sind, erleiden diese auf der sogenannten Bank der Gerechtigkeit, auf die man sie, mit einem Strick umwunden und angebunden, legt, worauf sie die bestimmte Zahl Prügel mit einem gedrehten, in Seewasser eingeweichten Strick erhalten, der die Hiebe weit empfindlicher macht, weil er sich um die Glieder schlingt.

Die zu hoffende Belohnung für ein gutes und gehorsames Betragen macht, daß der Forçat sich mehr deshalb als aus Furcht vor Strafe bemüht, ein solches zu haben. Bei einer guten Aufführung von mehreren Monaten, oder nach Jahresfrist, verordnet der Chef dieser Strafanstalt, daß man ihn en chaîne brisée tue, das heißt, daß man ihn von seinem Kettenkameraden trenne, er behält dann nur noch die Hälfte der Kette und den Fußring, kann jetzt wieder allein gehen und ist nicht mehr gezwungen, bei allen Verrichtungen auf seinen Kameraden zu warten, was eine außerordentliche Erleichterung ist. Er gehört nun gewissermaßen zu den vertrauten Sträflingen, aus denen man Köche, Barbiere, Krankenwärter in den Lazaretten und sogar Schreiber in den Bureaus macht, man erlaubt ihm, sich eine kleine Matratze anzuschaffen; später bleibt ihnen nur noch der Ring am Fuß, und selbst diesen erlaubt man ihnen mit einem langen Pantalon zu bedecken, sowie das geschorene Haupt mit einer Perücke. Ein entwichener und wieder eingebrachter Galeerensklave wird mit einer tüchtigen Bastonade bewillkommt, eine Zeitlang in ein Loch gesperrt, wo kein Tag hineindringt, und seine Strafzeit auf der Galeere verdoppelt. Stirbt ein Sträfling, so wird er von vier seiner Kameraden ohne Ketten, die nur noch einen Ring am Fuße haben, in einem Sarg in das Lazarett der Marine getragen, wo die Wundärzte an seinem Körper ihre Studien machen; wird aber einer wegen neuer, auf der Galeere begangener Verbrechen hingerichtet, was in Gegenwart aller übrigen, die in bloßem Haupte sind und auf den Knien der Exekution beiwohnen müssen, geschieht, so begraben ihn die grauen Brüder der Büßenden in Toulon, ein Werk der Barmherzigkeit übend. Die kranken Sträflinge werden in dem für sie bestimmten Lazarett gut verpflegt und gewartet. Doch genug über diesen Gegenstand, einer der traurigsten, der die Menschheit berührt.

1744 wurde im Angesicht der Stadt eine Seeschlacht gegen die Engländer geliefert. 1793 bemächtigten sich diese mit Hilfe der Royalisten abermals der Stadt und des Hafens unter Hood, der von dem spanischen Admiral Longara unterstützt wurde. – Bei der bald darauf folgenden Belagerung durch das Heer der Republikaner zeichnete sich Bonaparte zuerst als geschickter Artillerieoffizier aus. Nach den Begebenheiten vom 31. Mai zu Paris hatte Toulon Teil an dem Aufstand der Marseiller genommen, und mit diesen einverstanden, riefen die Einwohner von Toulon die Engländer herbei und übergaben ihnen Stadt und Hafen, in letzterem lagen damals fünfundzwanzig der schönsten Linienschiffe mit tausend Kanonen bewaffnet, und im Arsenal war ein unermeßlicher Vorrat von Material jeder Art. Die Verbündeten, Engländer, Spanier, Piemonteser usw., besetzten auch noch die Zugänge und Engpässe, die nach Toulon führen, auf mehrere Stunden in der Umgegend, und namentlich die französischen Thermopylen, das Felsental von Olioulles. Der französische General Cartaux hatte aber bereits dasselbe wieder genommen, und seine Vorposten standen im Angesicht der Stadt, als Bonaparte, Bataillonschef bei der Artillerie, im Hauptquartier zu Beausset ankam, wo man mit dem Projekt umging, die feindlichen Flotten in der Reede zu verbrennen. Den Tag nach seiner Ankunft besuchte er, den Obergeneral begleitend, die zu dem Zweck errichteten Batterien, und war nicht wenig erstaunt, als er eine derselben eine Viertelstunde von dem Engpaß von Olioulles mit sechs Einundzwanzigpfündern besetzt fand, die nicht weniger als drei Kanonenschußweiten von den feindlichen Schiffen, und zwei von den Ufern entfernt lag. Dabei waren die Soldaten in den umliegenden Bastiden (Landhäusern) rastlos beschäftigt, die Kugeln, welche die Schiffe in Brand stecken sollten, glühend zu machen. Der Kommandant der Batterie entschuldigte diesen Unsinn, daß er auf höheren Befehl handle. – Bonaparte suchte nun einen Park von zweihundert passenden Feuerschlünden und geschickte Leute zu deren Bedienung herbeizuschaffen, und nach Verlauf von wenigen Wochen waren sämtliche Batterien so nahe an dem Ufer der Reede aufgeworfen, daß sie die größten feindlichen Schiffe entmasteten, und die kleineren zum Teil in den Grund bohrten, daher der Feind genötigt wurde, diesen Teil der Reede zu verlassen. Täglich vermehrte sich nun das republikanische Belagerungsheer, und bald war man imstande, die Belagerung mit allem Nachdruck zu betreiben. Bonaparte, der sich unterdessen genau mit dem Terrain bekannt gemacht hatte, schlug den Angriffsplan vor, dem man die Wiedereinnahme Toulons verdankt, und der mit großer Sachkenntnis entworfen war. – Gleich anfangs hatte er erklärt, daß, wenn man nur drei Bataillone auf die Spitze der Vorgebirge Balaguir und Eguillette, wo zwei Forts lagen, brächte, sich die Stadt in vier Tagen ergeben müsse. Dieser Plan wurde aber den Engländern verraten, die sich schnell entschlossen, die hohe Wichtigkeit dieser Position begreifend, sie zu besetzen und eiligst zu befestigen, sogar die Galeerensklaven bei dieser Arbeit verwendend. Durch viertausend Mann ließen sie diese Posten nun besetzen, alles Gehölz in der Umgegend umhauen, und nannten diese Verschanzungen Klein-Gibraltar, weil sie sehr fest und schwer zu nehmen waren. General Cartaux, früher ein Maler, der glücklich gegen die Marseiller gewesen, weshalb ihn die Deputierten des Bergs an demselben Tage zum Brigade- und Divisionsgeneral ernannt hatten, der aber sonst gar kein militärisches Talent besaß, verlor jetzt das Kommando wieder, das man einem

General Doppet, einem armen Savoyarden, der früher Advokat und jämmerlicher Rabulist gewesen, übertrug. Dieses Subjekt hatte noch weit weniger Kenntnisse, war dabei ein Feind jedes fremden Talentes und ein gewaltiger Hasenfuß, so feig wie boshaft. Ohne seine Feigheit würde er durch einen sonderbaren Zufall Toulon in zweimal vierundzwanzig Stunden nach seiner Ankunft genommen haben. Die Spanier hatten nämlich einen Mann von den in den Laufgräben von Klein-Gibraltar liegenden Truppen gefangen genommen und mißhandelten ihn im Angesicht der Franzosen. Diese, darüber wütend, griffen zu den Waffen und liefen im Sturm gegen die feindlichen Schanzen. Als dies Bonaparte sah, eilte er zum General und beredete ihn, diesen zufälligen Angriff und Enthusiasmus seiner Leute zu benutzen, der auch auf seinen Rat alle Reserven in Bewegung setzte, an deren Spitze Bonaparte marschierte. Die Sache schien den besten Erfolg zu haben, als unglücklicherweise an Doppets Seite ein Adjutant, durch eine Kugel getroffen, niedersinkt; da ergreift den Advokat-General ein panischer Schrecken, in seiner Herzensangst läßt er eiligst, und zwar in dem Augenblicke als die Grenadiere im Begriff sind, in den Eingang der Redouten zu dringen, von allen Seiten zum Rückzug blasen. Die Soldaten, wütend, riefen laut, daß man ihnen Advokaten und Hundsfötter statt Generale gebe. Doppet wurde zwar abgerufen und zum Henker gejagt, und ein alter, schon mit Wunden bedeckter Soldat, General Dugommier, an dessen Stelle ernannt, aber der beste Moment war doch verpaßt. Jetzt nahm die Sache jedoch bald eine andere Wendung, und mit großem Eifer bereitete man alles vor, um sich zum Herrn jener Position zu machen. – Der unverständige Haufen, welcher die Wichtigkeit derselben nicht einzusehen vermochte und nicht begreifen konnte, warum man alle Streitkräfte konzentrierte, um ein abgesondertes Fort zu nehmen, und nichts gegen die Stadt selbst unternahm, murrte. Alle Schreier in den Klubs beschuldigten die Kommandierenden des Verrats oder doch der Unfähigkeit, man klagte über die lange Dauer der Belagerung; Mangel und Not fingen an, sich in der Provence fühlbar zu machen, und die Konventsdeputierten Freron und Barras schrieben an den Konvent: „es sei besser, die Belagerung aufzuheben und das Beispiel Franz I. zu befolgen, der sich bei dem Einfall Karl V. hinter die Durance zurückgezogen, worauf die Hungersnot den Feind genötigt habe, die von ihm verwüstete Provence zu verlassen, und er dann mit desto größerem Erfolg angegriffen und geschlagen wurde." Aber kurz nachdem dieses Schreiben, welches die Deputierten später für unterschoben erklärten, nach Paris abgegangen war, befahl Dugommier einen allgemeinen Angriff auf Klein-Gibraltar, in welches Bonaparte nicht weniger als fünftausend Bomben werfen ließ, während dreißig Vierundzwanzigpfünder dessen Brustwehr demolierten. Von dem Flecken La Seine, der in der Reede liegt, läßt Dugommier, unerachtet man es ihm mißrät, um Mitternacht bei dem schrecklichsten Sturm und Regenwetter die Truppen in zwei Kolonnen gegen die Verschanzungen marschieren, die aber durch die vor den Redouten plazierten Plänkler mit einem sehr gut unterhaltenen Feuer empfangen werden, so daß die erste Kolonne zu wanken beginnt. Dugommier an ihrer Spitze ruft aus: „Vorwärts in's Teufels Namen, oder ich bin verloren!" denn das Schafott, das damals jeden geschlagenen General erwartete, schwebte ihm vor Augen. – In diesem Augenblick erklimmt ein junger Artilleriehauptmann, namens Muiron, der Bonaparte zugeteilt war, und den man mit einem Bataillon Chasseurs absandte, den Berg an der Spitze seiner Truppen, und kommt, von der zweiten Kolonne gefolgt und unterstützt, glücklich an dem Fuß des Forts an; er springt durch eine Schießscharte desselben, aus der man soeben eine Kanone abgefeuert hat, und während man mit der Wiederladung derselben beschäftigt ist, folgen ihm seine Leute auf dem Fuß, und dringen mit ihm in diese Schanze. Muiron wird jedoch durch den Bajonettstich eines Engländers schwer verwundet, während die Feinde bei den Geschützen niedergemacht werden, welche die Franzosen sogleich gegen dieselben wenden, und jetzt das von den Engländern schnell geräumte Balaguier und Eguillette wegnehmen, worauf eine Batterie und eine Redoute nach der andern in die Hände der Republikaner fällt. Den kommenden Morgen spielte schon mit Anbruch des Tages all das Geschütz der genommenen Redouten auf die Schiffe in der Reede; als aber der englische General Hood von seinem Erstaunen sich erholt hatte und sah, daß die Franzosen Meister dieser Plätze waren, gab er das Zeichen zum Lichten der Anker und zum Verlassen der Reede. Er begab sich sodann noch nach Toulon, um den Einwohnern anzukündigen, daß man die Stadt verlassen müsse, und nach reiflicher Überlegung war der Kriegsrat einstimmig der Meinung, daß man unter diesen Umständen die Festung nicht länger behaupten könne. Man nahm nun in größter Eile Maßregeln, um sich einzuschiffen, und die französischen Schiffe, die man nicht mitnehmen konnte, wurden angezündet und verbrannt, auch das Arsenal, alle Magazine und was zur Marine gehörte, wurde zerstört, vernichtet oder unbrauchbar gemacht. Zu gleicher Zeit machte man den Einwohnern bekannt, daß alle diejenigen, welche nicht in der Stadt bleiben könnten oder wollten, auf den Schiffen der Engländer und Spanier aufgenommen würden. Als dieser Beschluß veröffentlicht wurde, stieg die Bestürzung der Bürger, die eben noch mit ganz Frankreich so etwas für unmöglich gehalten, ja jeden Augenblick die Aufhebung der Belagerung erwartet hatten, auf das höchste. Noch in derselben Nacht sprengten die Engländer das Fort Poné in die Luft und eine Stunde darauf steckten sie die französische Flotte, was sie davon nicht fortbringen konnten, in Brand; nicht weniger als zwölf Linienschiffe, viele Fregatten, Korvetten, Briggs und andere Kriegsschiffe wurden ein Raub der Flammen, die in hundert Feuersäulen zumal gen Himmel wirbelten. Ein Augenzeuge hat mich versichert, daß der Anblick dieser vielen brennenden Schiffe mitten in der Reede ein so furchtbar-schönes Schauspiel war, daß der, der es nicht gesehen, sich unmöglich eine richtige Vorstellung machen könne. Man glaubte eine im Meer brennende ungeheure Stadt zu erblicken, die Maste mit ihren Tauen schienen ebensoviele brennende Türme, zugleich loderten auch die Flammen und Feuersäulen aus dem in Brand gesteckten Arsenale empor, wo die Magazine so viele brennbare Materialien enthielten, daß sie bald ein Feuermeer bildeten, und der ganze Horizont war nur noch eine Rauchwolke, mit Milliarden glühender Funken geschmückt. In der Stadt herrschte unterdessen eine unbeschreibliche grauenvolle, grenzenlose Unordnung, jeder suchte seine teuerste Habe zusammenzupacken, um sich damit auf die englischen und spanischen Kriegsschiffe zu flüchten. Alles lief, schrie, heulte und rannte durcheinander, am Hafen standen Tausende, das furchtbar-schöne Schauspiel in der Reede mit verzweiflungsvollen Blicken anstarrend. Die Galeerensklaven suchten diesen Augenblick zu benutzen, sich ihrer Ketten zu entledigen, und die, denen es gelungen war, sich zu befreien, die große Mehrzahl, rannten durch die Straßen Toulons, um in der allgemeinen Verwirrung zu rauben und zu stehlen. Die Franzosen selbst, welche den Feind herbeigerufen, schmerzte es in der Seele, zu sehen, wie so viele teure Gegenstände, viele hundert Millionen an Wert, in wenig Stunden ein Raub der Flammen und vernichtet wurden. Dabei feuerten die Batterien der Republikaner unaufhörlich auf die Reede und schossen viele Boote, die mit den sich zu den Engländern flüchtenden Einwohnern überfüllt waren, in den Grund. – Als endlich die Morgenröte anbrach, sah man die englische und spanische Flotte schon außerhalb der Reede nach den hyberischen Inseln segeln. – Mehrere tausend Familien aus Toulon, welche die Revolutionstribunale zu fürchten hatten, und ohne Zweifel, wenn sie geblieben, dem Henkersbeil anheimgefallen wären, waren mit dem Wenigen, das sie in der Eile hatten retten können, den Engländern gefolgt, und doch wurden in den ersten Tagen der Wiedereinnahme der Stadt durch

die Republikaner viele hundert Menschen, angeblich als Royalisten ermordet; auch kam ein Befehl vom Konvent, alle Häuser der schuldigen Geflüchteten niederzureißen, womit man sofort begann. Was von den 30 000 Einwohnern, die damals Toulon zählte, zurückgeblieben, etwa zwei Dritteile, war größtenteils die Hefe des Volkes und der raub- und mordlustige Abschaum der Stadt, alle besseren Leute waren fortgezogen. – Den anderen Morgen und noch mehrere Tage nach jener grauenvollen Schreckensnacht, sah man, wie mir derselbe Bürger erzählte, mehr als tausend Leichname, Engländer, Franzosen und Spanier, Männer, Weiber, Kinder und Säuglinge, zum Teil schrecklich verstümmelt, auch viele abgerissene Gliedmaßen in der Reede und dem Hafen schwimmen. Man fischte sie nach und nach auf und begrub sie in ungeweihter Erde.
Die Nachricht von der Wiedereinnahme Toulons durch die Republikaner, die sich kein Mensch hatte träumen lassen, machte in ganz Frankreich und dem übrigen Europa eine große Sensation. Bonaparte hatte hier den Grundstein zu seiner künftigen Erhebung gelegt, und seinen Ruf begründet. Kaum einen Monat später wurde er schon zum Brigadegeneral der Artillerie ernannt.
Ich besuchte nun mehrere Tage lang alle die Punkte und Orte, welche bei dieser Belagerung von Wichtigkeit gewesen und wo der jetzige Kaiser und seine Artillerie gestanden und gewirkt hatten; es wurde mir dadurch klar, welchen scharfen und richtigen Überblick Napoleon hier gehabt. Mit mehr Ernst als bisher legte ich mich nun auf das Studium der höheren Kriegskunst und deren Hilfswissenschaften, namentlich die, welche die Artillerie erfordert, und hoffte wohl auch noch einmal eine Armee zu kommandieren, wovor mich der gütige Himmel bewahrte, was ich ihm jetzt, wo mir die lächerliche Nichtigkeit all dieser menschlichen, wenn auch oft so blutigen Puppenspielerei, beißend klar geworden, herzlich danke. –
Die ersten Tage meines Aufenthaltes in Toulon brachte ich in einem Gasthofe zu, wohin mich mein Einquartierungs-

billett gewiesen hatte, dann aber suchte ich mir eine Privatwohnung, die ich recht angenehm am Kai fand, wo ich zu jeder Stunde die unterhaltendste Aussicht auf das Getriebe der Schiffe und Menschen in dem Hafen hatte. Indessen fing mir der Aufenthalt in Toulon bald an langweilig zu werden, da das Theater spottschlecht war und ich, nachdem vierzehn Tage verflossen, in denen ich alles, was zu sehen war, zum Überdruß gesehen, noch keine Bekanntschaft, die mich interessierte, gemacht hatte, was in Toulon nicht so leicht war, da die besseren Häuser sich vom Militär und von der Marine fernzuhalten suchten.
Glücklicherweise erhielt ich jetzt Briefe von Haus, und mit diesen ein Empfehlungsschreiben an einen der reichsten Kaufleute der Stadt, namens Kohn, der ein Elsässer von Geburt war und mich in mehrere Familien einführte. Zugleich meldete mir mein Vater in demselben mit großem Bedauern, daß man fürchte, der Kaiser der Franzosen wollte der republikanischen Herrlichkeit Frankfurts ein Ende und die Stadt zur Hauptstadt eines Großherzogtums machen, nachdem ihr Augereau noch einige Millionen Kriegskontribution abgenommen.
Unter den Bekannten, die ich durch die Familie Kohn erhielt, war eine sehr artige Dame, eine Madame Guinet, deren Gatte Kaufmann und meistens auf Reisen war, und die im Ruf stand, galanten Avantüren eben nicht abhold zu sein. Es dauerte auch nicht lange, so stand ich auf einem ziemlich vertrauten Fuß mit ihr, merkte aber bald, daß ich in einem Marineoffizier einen Nebenbuhler, und zwar einen recht eifersüchtigen hatte, der wahrscheinlich schon vor mir bei der Dame in Gunst gestanden. Wir trafen uns einigemal nach der Parade daselbst, und Madame Guinet hatte mich ihm als einen Bekannten des reichen Herrn Kohn, der mich ihr empfohlen, vorgestellt. Der Offizier brummte dabei mit einem nicht sehr freundlichen Gesicht einige Gewohnheitshöflichkeiten in den Bart. Als er mich zum zweitenmal daselbst traf, ließ er schon einige anzügliche Reden fallen, jedoch so verblümt, daß ich, ohne mir

große Blößen zu geben, keine Notiz von denselben nehmen konnte. Aber das drittemal, wir speisten beide bei der Dame zu Abend, erlaubte er sich, mir im Laufe der Konversation beim Dessert die Bemerkung zu machen: „Mais moi je ne servirais jamais dans un Régiment qu'on mène à coups de baton." (Ich würde nie in einem Regiment dienen, das man mit Stockprügeln führt), worauf ich schnell versetzte: „Mais comment Monsieur, toute la marine est menée à coups de triques c'est bien pis." (Wie, mein Herr, die ganze Marine wird ja mit Seilerprügeln geführt, das ist noch weit schlimmer). Hierauf wurde die Unterhaltung pikanter, jeder verteidigte seine Sache nachdrücklich, obgleich ich gegen meine Überzeugung, und wir wurden dabei so heftig, daß Madame Guinet sich alle Mühe gab, uns zu besänftigen; mein Gegner aber ließ noch ein tête quarrée d'Allemand fallen, worauf ich ihm schnell erwiderte, daß es so ein deutscher Querkopf wohl noch mit einem französischen Seehund, wie er, aufnehmen könne. Launey, dies war der Name des Offiziers, geriet nun in eine solche Wut, daß er nichts mehr kannte, seinen Dolch, wie deren die Marine an einem Gehänge an der linken Seite trägt, zog und mir ihn in die Brust stoßen wollte; ich aber fiel ihm in die Arme, noch ehe er seinen Vorsatz ausführen konnte, rang ihm den Dolch aus der Hand, wobei ich mir aber die meinige so verletzte, daß mehrere Finger stark bluteten, worauf ich den Dolch zur Erde warf, darauf trat und ihm sagte, was er nun weiter begehre? meine Hand an den Degen legend. Launey sah mich knirschend und grimmig an, konnte aber vor Wut kein Wort hervorbringen. Madame Guinet, welche das Blut sah, mit dem wir beide schon befleckt waren, schrie laut auf und weinte so heftig, daß ihre Dienstmädchen in das Zimmer stürzten. Ich faßte mich jedoch schnell und sagte zu ihnen: „Ce n'est qu'une plaisanterie, mes enfants, apportez-nous seulement de l'eau pour nous laver les mains." (Es ist nur ein Scherz, Kinder, bringt Wasser, um uns die Hände zu waschen.) Ich suchte auch in der Tat jetzt der ganzen Sache eine scherzhafte Wendung

zu geben, wir wuschen uns die Hände, wobei mir das nette Kammermädchen der Dame das Becken hielt, und als uns die Zofen wieder verlassen hatten, bot ich dem Launey Satisfaktion für den nächsten Morgen an; dieser aber schien jetzt ganz beschämt, steckte seinen Dolch friedfertig in die Scheide, und entfernte sich dann bald unter dem Vorwand, wegen Dienstangelegenheiten früh an Bord seines Schiffes sein zu müssen. Als er weg war, gestand mir Madame Guinet, daß ihr der Mensch recht fatal geworden sei, da er mit allen Herren, die sie besuchten, Händel anfinge; ich suchte sie bestens zu trösten und verließ sie erst nach Mitternacht. Seit dieser Zeit begegnete ich dem Offizier nicht mehr bei ihr. Dies war nicht das einzigemal, daß ich und andere Offiziere wegen der bei dem Regiment eingeführten Prügel Unannehmlichkeiten auszufechten hatten, wenn wir in einer Garnison mit andern französischen Truppen standen. Aus derselben Ursache verlor ein Kapitän von unserem zweiten Bataillon, ein Hesse, der ein gewaltiger Prügelverehrer war, bald darauf das Leben in einem Duell mit einem französischen Offizier von der Linie. Der gute Mann wußte freilich den Stock weit besser als den Degen zu führen. Unter den Kameraden im Regiment ließ ich mich derb genug über diese uns infamierenden Prügeleien aus, während ich in Gesellschaft von Offizieren französischer Regimenter sie, der Ehre des Regiments halber, bis auf einen gewissen Punkt verteidigen mußte.
Bald darauf brachte mir ein Vorfall im Theater wieder Unannehmlichkeiten. Man führte nämlich ein Gelegenheitsstück, „Die Übergabe von Ulm“ betitelt, auf, an und für sich ein jämmerliches Machwerk, das aber, weil es der französischen Gloire Weihrauch streute und voll von, wenn auch oft faden Anspielungen auf die Deutschen und besonders die Österreicher war, dennoch großen Beifall erhielt. Ich befand mich unter den Zuschauern neben einem Hauptmann von Caguenec aus Hegenau, der früher in österreichischen Diensten gestanden hatte, ein sehr tapferer Offizier, der auch ein vortrefflicher Pianist war, aber den ab-

scheulichen Fehler hatte, sich von Zeit zu Zeit dem Trunk auf eine fast viehische Weise zu ergeben. Neben uns saßen drei französische Offiziere, die wie das ganze Publikum bei jedem Bon mot über die Österreicher, die man mit dem Brutum fast in eine Kategorie stellte, laut und beifällig lachten. Caguenec, der eben erst vom Diner mit ziemlich erhitztem Kopf kam und ein tüchtiger Haudegen war, fing die Sache zu wurmen an, er wurde unruhig auf seinem Platz, den er einigemal verließ, um einige Gläser Likör oder Rum im Büfett hinabzustürzen, immer erhitzter zurückkehrte und endlich dem neben ihm sitzenden Offizier ein befehlendes: „Taisez-vous!" (Halt's Maul!) in barschem Tone zurief, indem er hinzufügte, daß sie eben keine Ursache hatten, sich zu mokieren, denn das Stück sei ein so erbärmliches Machwerk, daß es eine Schande sei, dessen Aufführung zu dulden. Einer der Offiziere fiel ihm mit den Worten: „Mais vous êtes donc fou, Monsieur" in die Rede. Caguenec sprang nun auf, bedeckte seinen Kopf mit dem Hut, zog sogleich seinen Degen, den er in der Luft schwang, und schrie dabei laut: Jeder, der etwas von ihm wolle, möge kommen, und mit der Klinge um sich herumfahrend, schuf er schnell einen leeren Kreis um sich. Dies verursachte sogleich einen allgemeinen Aufstand im Theater, von allen Seiten schrie man: „à bas le chapeau, à bas l'épée." Der Tumult wuchs mit jedem Augenblick, und der kommandierende General, der in einer Loge saß, befahl, den Vorhang fallen zu lassen, sandte seinen Aide de camp ins Parkett und ließ dem Caguenec befehlen, sich sofort in Arrest zu begeben. Dieser aber nahm keine Räson an, sondern fuhr fort, mit seinem Degen zu manöverieren, so daß der leere Raum um ihn her immer größer wurde. Jetzt ließ der General die Wache mit einem Offizier an der Spitze eintreten, dem es nicht ohne große Mühe gelang, den Kapitän zu entwaffnen und zu verhaften, der von Glück sagen konnte, daß er mit vierwöchigem Arrest auf dem Fort davonkam und nicht ein Kriegsgericht passieren mußte. Ich wurde, als mit ihm gekommen und neben ihm sitzend, verhört, und erhielt sogar auf Befehl des kommandierenden Generals 48stündigen Untersuchungsarrest, von dem ich noch heute nicht weiß, aus welchem Grund, da ich bei der ganzen Geschichte nichts getan hatte, als den Caguenec in deutscher Sprache zu beschwichtigen, was man mir wahrscheinlich im schlimmen Sinne ausgelegt, weil ich mich über die Ausfälle in dem Stück gegen die französischen Offiziere ebenfalls mißbilligend geäußert hatte.

Trotz der Bekanntschaft der Madame Guinet, die ich übrigens bald wieder aufgab, wollte mir der Aufenthalt in Toulon nicht gefallen; ich hatte mich zwar bemüht, wenigstens ein französisches Liebhabertheater zu organisieren, aber es gelang mir nicht; unsere beiden anderen Bataillone, bei denen sich die Damen befanden, welche die vorzüglichsten Aktricen gewesen, standen in Marseille und Genua; in der Garnison von Toulon, wo viele Frauen und Töchter der Marine waren, hatte ich zu wenig Bekanntschaft, und von den Damen der Einwohner, die ich kannte, war keine dazu zu bewegen, Komödie zu spielen. Ich nahm einigemal Urlaub nach Marseille, wo das Leben weit angenehmer und geselliger als in dem düsteren Toulon war; auch war dort das Theater im Vergleich mit dem von Toulon vorzüglich. Man sah daselbst überall Wohlhabenheit und Reichtum, im dortigen Hafen schwang Gott Merkur seinen Stab, obgleich wegen des Krieges mit England nur mit großer Vorsicht und Bescheidenheit, während in dem von Toulon der Kriegsgott sein Panier aufgepflanzt hatte, aber sich aus der erwähnten Ursache ebenfalls nicht sehr mausig machen durfte. Der Hafen von Marseille bildet einen ungeheuren Halbkreis, in welchem die Handelsschiffe aller Nationen sich friedlich reihen. Die Umgegend dieser Stadt ist kahl und traurig, wie die fast aller Städte der Provence, aber sie ist mit schönen Bastiden besät, die oft auf das prächtigste eingerichtet und möbliert sind. Ich lernte damals diese große Handelsstadt nur wenig kennen, da ich mich fast nie länger als 24 Stunden in derselben aufhielt und fast nur das Theater besuchte; erst 1814, als wir von

Korfu zurückkommend daselbst landeten, wurde ich besser mit ihr bekannt.

Nachdem wir etwa sechs Wochen in Toulon waren, wurde die Voltigeur-Kompagnie des ersten Bataillons, der ich seit meiner Ernennung zum Offizier zugeteilt war, und die ein Hauptmann Grenet befehligte, nach dem an dem Ufer der großen Reede liegenden bedeutenden Flecken *La Seyne* detachiert, wo es mir weit mehr als in dem düstern Toulon gefiel. Dieser über 2000 Einwohner zählende Ort hat eine sehr schöne Lage, und man erhält daselbst die besten Seefische, Austern und Muscheltiere aus der ersten Hand; namentlich die moules noirs, die einen noch feineren Geschmack als die Austern haben, und die man mit dem köstlichen Wein de la Malgue hinunterspült, bilden ein äußerst billiges Mahl, das wenige Sous kostet und womit man sich zur Not auch einen ganzen Tag begnügen kann, da sie sehr nahrhaft sind. Überhaupt kann man in der Provence und Languedoc sehr gut und dabei sehr billig leben, nur muß man sich vor Unmäßigkeit hüten und des Guten nicht zu viel tun wollen, was nur auf Kosten der Gesundheit geschehen kann und bittere Reue im Gefolge hat; alle Nahrungsmittel und Getränke sind hier vorzüglich, kräftig und wohlschmeckend. Fleisch, Fische, Geflügel, Gemüse, Obst, Wein und Liköre, namentlich die letzteren aus den Fabriken von Montpellier, der Ratafia und Crème de Moka genannt, verführen den Gaumen gar zu leicht.

In La Seine war ich bald mit den wenigen Honoratioren daselbst bekannt, namentlich in der Familie Guige, deren Haupt eine gute Anstellung und eine sehr liebenswürdige Tochter hatte, die mit einem Stabsoffizier, der bei dem Heer in Deutschland stand, versprochen und also Braut war; die Vermählung sollte gleich vor sich gehen, wenn die Truppen nach Frankreich zurückgekehrt sein würden, wozu aber damals noch wenig Aussicht war. Dieses Mädchen zählte ungefähr 22 Jahre und war über ihren langen Brautstand, von dem sie das Ende noch nicht absah, ziemlich ungeduldig; sie sang nicht übel und spielte zur Not etwas Klavier, die Musik bahnte mir auch hier wieder den Weg zu einer intimeren Bekanntschaft, und manche Morgenstunde brachte ich musizierend mit der hübschen Marie zu, mit der ich die neuesten Gesänge und Romanzen durchging. Zwar war die Mama fast immer bei diesen musikalischen Morgenstunden zugegen, doch konnte sie nicht umhin, uns manchmal allein zu lassen, wo ich dann diese Augenblicke auf das beste benutzte, um in näheren Rapport mit der Braut zu kommen, und wir verstanden uns schnell. Eine Braut hatte immer etwas besonders Anziehendes für mich und war mir ein Morceau friand, und gar zu gerne mochte ich den Bräutigams Nasen drehen, wenn ich es dahin bringen konnte. Mit dieser Familie machte ich auch mitunter Promenaden in der Nähe des Orts, wo wir mehr als einmal Gelegenheit fanden, uns, wenn es das Terrain erlaubte, auf einige Augenblicke unsichtbar zu machen, die wir dann gut zu benutzen wußten. Öfters fuhren wir auch in einem Boot nach Toulon, wo wir das Theater besuchten und nach demselben beim Mondschein oder auch in dichter Finsternis, wie es der Himmel eben wollte, heimkehrten. Einigemal traf es sich, daß sich während der Vorstellung Winde und Stürme erhoben hatten, so daß die Wellen in der Reede bei der Rückfahrt hoch gingen und wir ziemlich geschaukelt wurden. Dies war aber gerade das Angenehmste bei diesen Lustfahrten, denn je wilder die See ging und je finsterer die Nacht, desto höher wallte Mariechens Busen, die sich dann fester und fester an mich schmiegte und das Köpfchen auf meine Schulter legte, während ich sie mit dem einen Arm innig umschlang, und die Hand des andern bald da, bald dort ruhte, oder je nach Umständen auch nicht ruhte, dabei trillerte ich die Melodie des Liedes: „Das waren mir selige Stunden“. Ich hatte Marien einigemal deutsche Lieder vorgesungen, und sie bekam Lust, diese Langue barbare, wie sie sagte, zu lernen. Gerne verstand ich mich dazu, ihr Unterricht in derselben zu erteilen, aber sie konnte es nie weiter als zu Ja und Nein bringen; in andern Dingen war sie weit gelehriger.

Als eines Tages eine Fregatte vom Stapel gelassen werden sollte, erhielt die Familie Guige eine Einladung zu dieser Feierlichkeit, und lud mich ein, sie zu begleiten; der Schiffsbaumeister war ein naher Verwandter der Madame Guige. Wir fuhren am Morgen nach Toulon und bestiegen das Gerüst, auf dem sich die ganze Beau monde der Stadt, sowie das Offizierskorps der Marine und Landtrupppen befand, um die Festivität mit anzusehen. Die Admiralität, die Generalität, der See- und der Landpräfekt, der Hafenkommandant hatten für sich und ihre Angehörigen besondere, schön ausgeschmückte Plätze. – Als alle Arbeiter, sowie die künftige Bemannung desselben auf dem Schiff und auf ihren Posten um dasselbe herum waren und das Zeichen zum Loslassen gegeben war, herrschte eine ängstliche Stille. Jetzt gab der Erbauer das Signal zum Abstoßen, und in einem Augenblick waren alle Seile und Taue, die es noch zurückhielten, zerhauen. Das Schiff setzte sich unter dem Schall der Musik, unter Jubel und Jauchzen der sich auf demselben befindlichen Mannschaft und vieler tausend Zuschauer in Bewegung, die mit jeder Sekunde rascher wurde, so daß bald Rauch und sogar Flammen unter demselben hervorbrachen, die aber, sobald das Fahrzeug das Wasser erreicht hatte, schnell gelöscht waren. Ein splendides Dejeuner dansant beschloß die Feier, und die Fregatte war nun dem wilden Element, das es aus dem Bassin abgeholt, überliefert, um seine gefährliche und verhängnisvolle Laufbahn auf demselben anzutreten, die so oft mit einer schrecklichen Katastrophe endigt.
Ein paar Tage später machten wir auch einen Besuch auf der Fregatte Muron, dieselbe, welche den General Bonaparte aus Ägypten zurückgebracht hatte, und deren Kommandant ein Freund des Herrn Guige war, der uns viele Details über Napoleon und seine Überfahrt auf derselben mitteilte und uns so recht angenehm unterhielt.
Der Aufenthalt in La Seyne, wo der Dienst, das Exerzieren ausgenommen, gar nichts heißen wollte, wurde mir durch die Freundlichkeit der Familie Guige sehr angenehm

gemacht, und da Marie nicht nur sehr hübsch, sondern auch sehr geistreich und witzig war, so wurde mir ihr Umgang von Tag zu Tag lieber. Wir besuchten die Bastiden ihrer Bekannten in der Umgegend, wo ich in einer derselben ein Bild fand, das einen fatalen Eindruck auf mich machte, den ich lange nicht los werden konnte. Das Gemälde stellte nämlich gräßliche Schreckensszenen der furchtbaren Pest vor, die im Jahre 1721 hier und in Marseille wütete, und die ein Matrose, der einen Ballen Seide aus der Quarantäne entwendet und heimlich nach Toulon eingeschmuggelt, in diese Stadt gebracht hatte. In weniger als sechs Monaten waren dreiviertel der Einwohner von Toulon gestorben, so daß die meisten Häuser leer standen und lange unbewohnt blieben. Das Bild stellte Haufen verpesteter und schon in Fäulnis übergegangener Leichen dar, an denen die Pestbeulen mit ekelhafter Täuschung nachgemacht waren, so daß man sich die Nase zuhalten zu müssen glaubte, um den Gestank nicht zu riechen. – Ein andermal wohnten wir einem ländlichen Feste in dem Felsendörfchen Six-fours bei, fuhren aux quatre moulins nach La Valette, Olioulles, und machten eine Partie nach dem in einem wahren Paradies gelegenen Städtchen *Hyères,* das sich amphitheatralisch an einer Anhöhe erhebt. Dieser wegen seinem herrlichen Klima mit Recht berühmte Ort ist etwa vier Stunden von Toulon entfernt. Ehe man die Stadt erreicht, kommt man durch ein wirklich paradiesisches Tal, dessen Luft mit den Wohlgerüchen der schönsten Blüten und aromatischen Gesträuche, die hier wild wachsen, angefüllt ist. Orangen, Feigen, Zitronen, Mandeln, Granaten sind zu gleicher Zeit mit Blüten, reifen und unreifen Früchten geschmückt, man wandelt auf Myrten und Blumen, Lorbeeren und Zypressen geben Kühle und Schatten. – Hyères selbst, das mitten in diesem Garten liegt, ist ein angenehmes Städtchen, das etwa 7000 Einwohner zählt, zu denen sich aber noch fast ebenso viele Fremde gesellen, die hierher kommen, um ihre Gesundheit wieder herzustellen; namentlich Schwindsüchtigen und Brustkranken ist die Luft sehr heilsam. Die Einwohner dieser Stadt, selbst die geringen Klassen, sind durch den Umgang mit den vielen Fremden, von denen sie allerdings viel Geld verdienen, weit abgeschliffener, höflicher und geschmeidiger geworden als die übrigen Provenzalen, unter denen sie dadurch eine Ausnahme machen. Die Lebensmittel sind hier vortrefflich, und alles von der ersten Güte; Fische, Wild, Weißbrot, Gemüse, Früchte, alles köstlich; ganz besonders wohlschmeckend ist auch das hiesige Hammelfleisch, das Wasser ist sehr rein und gesund, auch die Weine sind erster Qualität und gut gehalten. Hyères ist gegen die Nord-, Ost- und Westwinde vollkommen durch die hohen Berge, die es von drei Seiten umgeben, geschützt; nur gegen Süden nach dem Meer zu, ist die Stadt offen, so daß während den Wintermonaten die Temperatur hier äußerst mild ist, weshalb sich die Fremden und Leidenden zu Anfang der rauhen Jahreszeit in großen Massen einfinden. Die Gasthäuser sind gut, auch die Privatwohnungen bequem eingerichtet. Jeder Auszehrende verlängert jedenfalls sein Leben um mehrere Jahre durch den Aufenthalt zu Hyères; ist das Übel nicht zu tief eingerissen, so darf er auch völlige Heilung erhoffen.

Im Mittelalter hieß der Ort Ahires; im 13. Jahrhundert schiffte man sich hier ein, um nach Palästina zu fahren. Längere Zeit gehörte er den Vicomtes von Marseille, die ihn dann an den Grafen der Provence, Karl von Anjou, abtraten.

Von Hyères, wo wir zwei Tage zubrachten, fuhren wir auf die naheliegende Insel *Porquerolles,* wo auch eine Kompagnie von unserem Bataillon detachiert war, um die auf der Insel liegenden Forts zu bewachen. Nachdem wir an das Ufer getreten, kamen wir durch ein kleines Lustwäldchen; als wir ungefähr in der Mitte desselben waren, hörten wir plötzlich ein freudiges Jauchzen und Vivatrufen, und bald darauf erblickten wir einen Haufen fröhlicher Menschen, die größtenteils in die Uniform unseres Regiments gekleidet waren, und an deren Spitze der schon ziemlich bejahrte Hauptmann Gasqui, ein äußerst liebliches, höchstens 17 Jahre altes weibliches Wesen am Arm, marschierte. Es war seine junge Frau, mit der er soeben von der Trauung kam, und die Tochter eines reformierten Stabsoffiziers, Luise von Argout. Mit der bezauberndsten Anmut schritt die junge Ehefrau an der Seite ihres beinahe fünfzigjährigen Gatten einher und wiegte ihr reizendes Lockenköpfchen auf einem blendend weißen Schwanenhals; Wuchs, Haltung und Gang schien den Grazien entlehnt, und es war ein Jammer, anzusehen, daß der alte Sünder einen solchen Engel heimführte und dabei eine dreifache Dummheit beging, denn erstens ist es allemal eine Dummheit, wenn ein Offizier heiratet, besonders in Kriegszeiten; doppelt ist sie, wenn er schon bei Jahren noch heiratet; und dreifach, wenn die Frau jung und schön ist, was hier alles der Fall war. Auch hatte Gasqui bald Gelegenheit, die begangene Torheit zu bereuen, wie wir später sehen werden, und wozu auch ich mein Scherflein beitrug. – Das Gefolge des zu der Hochzeitsfeier eilenden jungen Paares bestand aus mehreren Offizieren, Einwohnern und einem Dutzend weißgekleideter Frauen und Mädchen, denen die halbe Kompagnie, ihrem Hauptmann beständig Vivats bringend, folgte. Wir bewillkommten uns gegenseitig, ich brachte meine herzlichsten Glückwünsche dar und wurde mit meinen Begleitern von dem zur Hälfte alten, zur Hälfte jungen Ehepaare so dringend gebeten, die Hochzeit mitzufeiern, daß wir, ohne unhöflich zu sein, die Einladung unmöglich ausschlagen konnten. Tänze, Spiele und Schmausereien auf einem schönen grünen Platze der Insel, unter freiem Himmel, verherrlichten die eben geschlossene Verbindung, und wir hatten es nicht zu bereuen, die Einladung angenommen zu haben, da wir uns, besonders bei den Kontretänzen, die bei dem Klange einer Violine und einer Klarinette aufgeführt wurden, und bei denen ich bald die schöne junge Frau, bald Mariechen und andere hübsche Mädchen balancierte, trefflich unterhielten. Erst spät in der Nacht verließen wir die romantische Insel, nachdem wir, herzlich dankend, freundlichen Abschied von dem jungen Ehepaar genommen. Wir fuhren bei hellem Mondschein über die ganz ruhige Seefläche nach Hyères zurück; obgleich an Mariens Seite traulich sitzend, schwebte mir doch das Bild der jungen Frau beständig vor Augen, was hätte ich hier nicht um das Droit du seigneur gegeben! Auch konnte ich die lebhafte Vorstellung, daß jetzt der alte Gasqui in all diesen Reizen schwelge, nicht aus meiner Einbildungskraft entfernen. Da ich während der Heimfahrt so ganz gegen meine Gewohnheit stille und einsilbig war, so fragte mich Marie einigemal, was mir fehle. Ich schützte Müdigkeit und Kopfweh vor und ließ die Bilder auf der schönen Insel noch einmal vor meinen geschlossenen Augen in der Phantasie vorüberziehen. Den andern Tag kehrten wir nach La Seyne zurück, wo mir noch ein paar Tage die Hochzeitsfeier auf Porquerolles vorschwebte und mich vielleicht noch länger beschäftigt haben würde, wenn sie nicht schnell durch eine andere Neuigkeit, die mich sehr interessierte, verdrängt worden wäre; wir hatten nämlich Marschordre und Befehl bekommen, Toulon zu verlassen, um es mit *Genua* zu vertauschen. Also nach Italien, dem Zauberland der Poesie und Romantik, das ich schon in frühester Kindheit zu sehen gewünscht, und wohin die Sehnsucht durch Goethes und anderer Autoren Werke noch weit mehr in mir gesteigert wurde. Genua war mir vor allem durch Schillers Fiesko, eine meiner Lieblingsrollen, wert geworden. Obgleich es nur noch ein paar Tage bis zum Abmarsch waren, so konnte ich diesen doch kaum erwarten; ich verbrachte sie mit Abschiedsbesuchen in der Stadt und auf den Schiffen in der Reede, auf denen ich Bekannte und Freunde zählte, den letzten aber noch im Schoß der mir teuern Familie Guige, der ich so manche frohe Stunde zu verdanken hatte. Marie konnte ihre Tränen nicht unterdrücken, ich suchte sie zu trösten, versicherte ihr, daß, wenn ich eher Kapitän würde, als der Oberst, ihr bestimmter Bräutigam, zurückkäme, sie meine Frau werden müsse, versprach, sie nicht zu vergessen, und habe Wort gehalten, wie man sieht. Den Abend vor dem Abmarsch nahm ich mit einem langen Kuß Abschied von ihr; um vier Uhr des Morgens rappelierten die Tambours, wir marschierten, an ihrem Hause vorüber, wo sie schon hinter dem Fenster stand und ich ihr noch einen letzten Kuß, den sie, so lange sie mich noch sehen konnte, erwiderte, zuwarf, auf das Marsfeld nach Toulon, wo wir uns mit dem Bataillon vereinigten und dann frohen Mutes den Marsch nach Italien antraten.

XV

Marsch von Toulon nach Genua – Luc – Ein Eremit, Hehler einer Räuberbande – Frejus – Cannes; die lerinischen Inseln – Madame Grenet – Nizza – Landsleute – Seefahrt von Nizza nach Genua – Finale – Savona – Der Anblick Genuas vom Golf aus gesehen

Unser erstes Nachtquartier war das Städtchen *Cuers,* das etwa drei- bis viertausend Einwohner zählen mag. Den zweiten Tag kamen wir nach dem Flecken *Pignans,* und den dritten nach *Luc,* einer kleinen Stadt mit einem alten Schloß, die durch ihre herrlichen Maronenwälder bekannt ist, deren schöne Frucht hauptsächlich von den Pariser Konditoren gesucht wird und die Prunktafeln der Reichen daselbst schmückt. Das prächtig grüne Laub dieser schönen und nützlichen Bäume, von denen viele ein sehr ehrbares Alter haben, tut dem Auge wohl und erfrischt es. Luc hat große Seidenzucht, und in ihrer Nähe, auf einem hohen mit Fichten bewachsenen Berg sieht man ein halb verfallenes Gebäude; dies war vor Zeiten eine berüchtigte Eremitage, die man Notre-dame des anges nannte, aber besser des diables genannt haben würde, denn hier hauste früher ein Einsiedler, welcher die Räuberbanden, die die ganze Gegend sehr unsicher und das Reisen in derselben höchst gefährlich machten, beherbergte und durch fromme Gaukeleien begünstigte. Die Banden wurden endlich und nach langen vergeblichen Anstrengungen durch die königlichen Truppen zerstreut und zum Teil samt dem Eremiten gefangen, der, so wie die Räuber, seine Spießgesellen, sein Leben durch Henkershand verlor. In der Nähe sind noch Überbleibsel von dem alten Forum Voconii, wo sich das Heer des Lepidus mit dem des Antonius, der es zu überreden wußte, gemeinschaftliche Sache mit ihm zu machen, vereinigte. Von Luc ging der Marsch nach *Le Muy,* einem großen Flecken, und von da nach *Frejus,* bekannt durch Napoleons Landung, als er von Ägypten zurückkam. Auf dem Weg dahin hatten wir zur Linken bald prächtige Wälder, dunkle Piniengruppen, üppige Wiesen, fruchtbare Felder und schwarzgraue Felsenmassen, welche abwechselnd die malerischsten Landschaften bildeten. Vor Frejus sahen wir die Ruinen eines großen römischen Amphitheaters und andere Trümmer, die römischen Stadtmauern, das Cäsartor, Reste eines Leuchtturms sowie andere Spuren von jenem erobernden Volk. Frejus soll von den Phöniziern gegründet worden, nach andern eine Kolonie der Marseiller sein. Cäsar vergrößerte und verschönerte diese Stadt, die unter der Römerherrschaft sehr bedeutend war und ein Seearsenal hatte, außerordentlich und nannte sie Forum Julii. Ihr Hafen war in gutem Stand; sie hatte ein Tor, welches man das goldene nannte, weil es mit Nägeln beschlagen war, deren Köpfe vergoldet waren, und von dem noch Reste vorhanden sind. Der Hafen ist jetzt versandet, und das Meer, welches früher die Stadtmauern bespülte, ist eine gute halbe Stunde entfernt. Der römische Dichter Gallus, Julius Agricola und der in der französischen Revolution eine Rolle spielende Abbé Sieyès sind hier geboren. Die Stadt ist jetzt unbedeutend, hat kaum viertausend Einwohner, aber einen Bischof und sogar ein Handelsgericht. Ihr jetziger Hafen ist klein und liegt eine halbe Stunde von der Stadt entfernt. Hier schiffte sich 1814 der abgedankte Kaiser nach seinem bescheidenen Reich, der Insel Elba, ein. Der Hintergrund des Golfs von Frejus bietet einen schönen Anblick und ist mit Pomeranzen-, Limonen- und Granatbäumen übersät. Man findet hier sogar mehrere Edelsteine, namentlich Amethyste und weißen und roten Jaspis im Überfluß. Von Frejus marschierten wir nach dem Seestädtchen *Cannes,* das eine herrliche Umgebung hat und an einem steilen Abhang liegt, auf dessen Höhen ein altes Schloß steht. Seine Oliven und Sardellen sind als vorzüglich bekannt und machen einen wichtigen Handelsgegenstand der Stadt aus, da von den letzteren in günstigen Jahren bis zweitausend Zentner versendet werden. Ihr Fang wird auf folgende Art bewerkstelligt. Sobald es Nacht geworden, zünden die Schiffer auf ihren Barken ein hellloderndes Feuer mitten auf der See an, welches die kleinen

Silberfische herbeilockt, die man dann zu Tausenden in den Netzen fängt.
Cannes gegenüber liegen die *Lerinischen Inseln,* ganz nahe an der Küste; die größte derselben, *St. Marguerite,* ist keine zweitausend Fuß entfernt und hat ein Fort, in welchem unter Ludwig XIV. der Mann mit der eisernen Maske gefangen saß, der für jeden, der Richelieus Memoiren mit Aufmerksamkeit gelesen hat, kein Geheimnis mehr ist. Auf der zweiten dieser Inseln, *St. Honorat,* war ein sehr berühmtes Kloster, das der heilige Honorat im Jahre 410 stiftete. Andreas Doria nahm diese Inseln im Jahre 1536 weg, und die Spanier bemächtigten sich 1635 derselben. In Gesellschaft einiger Kameraden und eines Einwohners von Cannes fuhr ich gegen Abend in einer Barke diesen Inseln zu, wo wir die, sich zu einem Staatsgefängnisse allerdings vortrefflich eignende Zitadelle in Augenschein nahmen. Man zeigte uns das stark vergitterte Fenster, hinter welchem der unglückliche Bruder Ludwig XIV. saß. Zu Cannes landete Napoleon den 1. März 1815, von Elba zurückkehrend, um noch einmal Europa auf kurze Zeit in Alarm und Unruhe zu setzen, den Wiener Kongreß zu beendigen und dann zu St. Helena jämmerlich klein zu enden.
Von Cannes nach Nizza, wohin wir den nächsten Tag marschierten, bietet der Weg nichts Bemerkenswertes; zur Linken meistens Berge, zur Rechten das Meer, an dessen Ufern viele große, wildwachsende Aloestauden stehen. Gleich nach unserem Ausmarsch begegneten wir etwa einem Dutzend ganz schwarzer Schweine, die von mehreren Treibern begleitet waren, welche ihnen Säcke mit Eicheln nachtrugen und sie auf die Felder jagten. Zu meinem größten Erstaunen hörte ich, daß dieses abgerichtete Trüffelschweine seien, die man hier, wie bei uns die Hunde, abrichtet, diesen Leckerbissen schnüffelnd mit ihren Rüsseln unter dem Boden hervorzuwühlen; da aber die gefräßigen Tiere diese köstlichen Knollen, des Sprichworts eingedenk: „Jeder ist sich selbst der Nächste", sobald sie dieselben gewahren, verzehren würden, so wirft man ihnen schnell einen Hau-

fen Eicheln hin, über den sie nun herfallen, die Trüffeln im Stiche lassend, welche die Treiber dann vollends ausgraben. Eine Stunde von Cannes kamen wir an Antibes, das alte Antipolis der Römer, welches hart an der Grenze der Provence und Piemonts liegt, vorbei.

Auf diesem Marsch hatte ich die Arrieregarde des Bataillons kommandiert, mit welcher Madame Grenet, die Gattin meines Kapitäns, eine allerliebste junge Frau, erst zwei Jahre verheiratet, in ihrer Reisekalesche fuhr. Neben dem Wagen hergehend, unterhielt ich mich recht angenehm mit ihr, so daß mir der Marsch fast zu kurz vorkam. Bei dem Halten frühstückte ich mit der Dame köstlichen Thunfisch, den sie mitgebracht hatte, und den man in dieser Gegend ganz vortrefflich findet, dafür braute ich ihr ein Getränk aus süßen Pomeranzen und Muskatwein, eine Art Orangeade, die sehr erfrischend und stärkend ist. Madame Grenet hatte die Güte, mir nun einen Platz in ihrem Wagen anzubieten, den ich auf ein paar Stunden annahm, und so hinter meiner Arrieregarde herfuhr. Sie teilte mir mit, daß sie sich zu Nizza, von wo der Weg über sehr steile Gebirge, die Meeralpen, gehe, samt ihrem Wagen einschiffen und von da aus den Weg bis Genua zur See machen werde. Da ich wußte, daß auch die Armatur und das Gepäck des Bataillons daselbst unter dem Kommando eines Offiziers und einiger Mannschaft ebenfalls eingeschifft werden sollte, so sagte ich der freundlichen Dame, daß ich den Bataillonschef um dieses Kommando bitten wolle, was mir Duret wohl zugestehen würde. Sie lächelte und meinte: „Dann bleibe ich unter Ihrem Schutz.“ – „Den ich Ihnen gewiß auf das kräftigste angedeihen lassen werde“, erwiderte ich, ihre Hand küssend.

Vor der Etappenstadt stieg ich aus dem Wagen, Madame Grenet für die gehabte Güte dankend, und führte mein Kommando unter Trommelschlag auf den großen, mit Arkaden umgebenen Napoleonsplatz zu *Nizza,* dessen sämtliche Gebäude von ganz gleicher Bauart, Farbe und Höhe waren, so daß man sich eher in einem ungeheuern Schloßhof als auf einem öffentlichen Platz glaubte. Nachdem ich die Bagagewagen der neuen Wache übergeben und die Leute entlassen hatte, suchte ich mein Quartier auf, das mir der Zufall wieder bei der jungen Strohwitwe eines sich in Mailand befindenden Armeebeamten, einer Piemonteserin aus Turin, bescherte, die aber leider kein französisches Wort, so wie ich noch kein italienisches konnte; ich bekam sie auch erst später zu sehen, da mir in Abwesenheit der Gebieterin eine Zofe das Billett abnahm.

Nizza, das Nicäa der alten Römer, liegt am Fuß der Meeralpen, unweit der Mündung des Flusses *Var,* an einen großen Felsberg gelehnt, auf dessen Spitze man noch die Trümmer eines alten Kastells sieht. Die Stadt besteht aus zwei Teilen, die Alt- und Neustadt, letztere ist schön gebaut, liegt längs dem Meere und hat eine Terrasse mit einer herrlichen Aussicht; die Altstadt dagegen hat nur enge, krumme und holperige Gassen. Um den Felsen herum, auf dem das alte Schloß steht, führen zwei Wege zum Hafen, der eine über den Napoleonsplatz, der andere über die Esplanade, von der man die Aussicht auf die unendliche Meeresfläche und die genuesischen Küsten hat; ist der Himmel ganz rein, so erblickt man sogar die Spitzen der korsischen Berge. Auch diese Stadt ist, gleich Hyères, ein sehr gesuchter Aufenthalt für Brustkranke.

Ob ich gleich mehrere Tage in Nizza verweilte, so wurde ich doch wenig mit den Schönheiten und Reizen der Umgegend bekannt, von denen so manche Reisende mit Entzücken phantasieren. Ich war vielleicht auch noch ein gar zu prosaisches Menschenkind, und zudem waren meine Gedanken mit meiner hübschen Hauptmannsfrau zu sehr beschäftigt, als daß ich den Naturschönheiten so viel Aufmerksamkeit hätte schenken können; nur die sich gegen Norden erhebenden Gebirgsterrassen, aus vier übereinanderragenden Bergen bestehend, machten durch ihr imposantes Ansehen einigen Eindruck auf mich.

Es befanden sich, wie gewöhnlich, viele Fremde hier, welche hofften, daß ihnen die Luft von Nizza die durch Ausschweifungen oder andere Umstände verlorene Gesundheit wieder geben sollte, diese betrogen sich aber meistens. Nur die englischen Goldfische, Lords genannt, wenn auch oft nur Bierlords, fehlten, da sich zu jener Zeit kein Engländer auf dem Kontinent blicken lassen durfte, ohne als Kriegsgefangener behandelt zu werden. Unter diesen Kranken waren auch ein paar schwindsüchtige Landsleute von mir, Frankfurter, die, da sie gehört, daß sich junge Leute aus ihrer Vaterstadt bei diesem Regiment befänden, mich aufsuchten: es war ein gewisser Parrot aus der Antoniusgasse, der meine Familie kennen wollte, von dem ich aber nie etwas gehört hatte, und mir durchaus „ä Ehr antu wollte", wie er sagte, was ich mir aber verbat. Noch andere meiner werten Landsleute erkannte ich an dem Akzent, den sie, auf dem Korso spazierengehend, hören ließen, wodurch man den Frankfurter allenthalben errät. Ich hütete mich wohl, den ein Duett hustenden und räuspernden Kompatrioten meine Landsmannschaft zu verraten und eilte von ihnen weg, um in einem Kaffeehaus unter den Arkaden einige Erfrischungen einzunehmen, wo ich in einiger Entfernung ein paar muntere Damen bemerkte, die sich, wie es schien, recht vergnügt miteinander unterhielten und auch manchmal zu mir herüberschielten, so daß ich, aufmerksam auf sie geworden, sie besser ins Auge faßte und recht hübsch fand. Bald darauf brachen sie auf; ich wollte schnell meine Zeche berichtigen und ihnen nachgehen, um zu sehen, wohin sie ihre Schritte lenkten; eben hatte ich bezahlt und wollte fort, da führte der Henker wieder meinen hektischen Landsmann herbei, der mich mit Gewalt mit Kaffee oder Gott weiß was regalieren und Frankfurter Neuigkeiten von mir hören wollte, wodurch einige Augenblicke verloren gingen; und obgleich ich mich unter dem Vorwand, daß mich der Dienst rufe, möglichst schnell von ihm losmachte, war es doch zu spät, ich hatte die beiden Schönen schon aus den Augen verloren und konnte trotz allem Suchen keine Spur mehr von ihnen auffinden. Verdrießlich schlenderte ich endlich nach Haus, der Abend brach heran, und ich legte mich ans offene Fenster, die flimmernden Sterne und den azurnen Himmel des Südens anstaunend. Kaum hatte ich angefangen, einige beschauliche Betrachtungen über das endlose Firmament, das so schnell endende Leben und dessen so rätselhaften Zweck anzustellen, als sich dicht neben meinem Fenster ein paar weibliche Stimmen hören ließen, die mit Guitarrebegleitung eine zweistimmige italienische Notturna in dem Nebenzimmer am offenen Fenster sangen. Es war meine Hauswirtin mit noch einer anderen Dame, wie ich durch meinen Burschen erfuhr, und ich beschloß, sogleich der ersteren, die ich bis jetzt vernachlässigt hatte, meine Aufwartung zu machen. Ich ließ mich melden und ward angenommen. Aber wie sehr war ich überrascht, als ich in den beiden Frauen meine Unbekannten unter den Arkaden erkannte, die ich so lange vergeblich gesucht. Ich machte mein Antrittskompliment und meine Entschuldigungen in französischer Sprache, wogegen mir aber ein: „Non capisco signor uffiziale, non parliamo francese." (Ich verstehe nicht, Herr Offizier, wir sprechen kein Französisch), erwidert wurde. Dies war ein fataler Kasus, da ich noch nicht Italienisch konnte, wenn ich gleich in dieser Sprache sang und die Worte gut aussprach. In dieser Verlegenheit mußte ich die Mimik zu Hilfe nehmen und gab, so gut es gehen wollte, durch Zeichen und Gestikulationen zu verstehen, man möge sich doch ja nicht stören lassen und fortsingen, wozu man sich auch herbeiließ, was unter solchen Umständen, wo keine Unterhaltung durch das Organ der Sprache möglich, wohl das beste war. Die Damen sangen noch ein paar Kavatinen, und zwar gut, denn sie hatten beide schöne und reine Stimmen; von dem: Solitario bosco ombroso, (einsam schattiger Wald), das die jüngere mit sehnsüchtigen Blicken vortrug, war ich ganz bezaubert. Diese war die Frau eines Schiffskapitäns, der erst vor ein paar Tagen nach Marseille abgefahren war. Als sie gesungen und mein bravissimo bescheiden hingenommen, gaben sie mir durch Zeichen zu verstehen, ob ich nicht auch musikalisch sei. Ich bedeutete, daß ich zwar sänge und Klavier, aber nicht Guitarre spiele. Man führte mich in ein Nebenzimmer, in welchem sich ein Spinett befand, das ich probierte, jedoch schrecklich verstimmt fand. Ich sang indes doch die Romanze des Pagen aus Mozarts Figaro im italienischen Idiom. Die Damen hörten mir mit Verwunderung zu, und als ich geendigt hatte, begriff ich von ihrem Gewälsche und aus ihren Gestikulationen soviel, daß sie glaubten, ich müsse auch italienisch reden; sie schienen nicht zu begreifen, daß man in einer Sprache singen kann, die man nicht verstehe und nicht spreche, und ich war nicht imstande, ihnen dies klar machen zu können, wodurch ein komisches französisches und italienisches Charivari, von drolligem Gebärden- und Mienenspiel begleitet, entstand, das ich damit endigte, daß ich ihnen noch Figaros brillantes: Non piu andrai etc. (Dort vergiß leises Flehen, süßes Wimmern usw.) vortrug, das sie nicht kannten und das sie in Ekstase versetzte. Aber dabei blieb es, denn antworten auf ihre Fragen konnte ich nun einmal nicht, wenn sie auch noch so ungläubig die Köpfe schüttelten, mir nicht zu trauen schienen und mich mit zweifelhaften Blicken ansahen. Dies war mir recht fatal, denn ich bin fest überzeugt, daß, wenn ich mit der Sprache fortgekonnt hätte, ich hier wieder ein scharmantes Marschabenteuer gehabt haben würde; so mußte es bei einem „felicissima notte“ bleiben, mit dem ich mich unter Bücklingen und Handkuß entfernte.

Den nächsten Morgen suchte ich Duret auf, ihn um das Kommando der sich mit dem Gepäck nach Genua einschiffenden Mannschaft zu bitten, wie ich es mit Madame Grenet übereingekommen war. Er gestand mir dies auch ohne andere Einwendung als: „Wahrscheinlich steigen Sie nicht gerne Berge“ zu und fuhr fort: „Geben Sie nur auf die Armatur acht und lassen Sie sich nicht von den Engländern erwischen.“ Ich versprach, daß ich mein Möglichstes tun wolle, beides zu befolgen, und eilte nun an den Hafen, wo ich die Feluke aufsuchte, die zu diesem Zwecke in Beschlag genommen war und den Namen „Proserpina“

führte. Ich erkundigte mich bei dem Patron derselben nach der Abfahrt, der mir sagte, daß er einen günstigeren Wind abwarten müsse, daß man aber einstweilen immer die Gewehre und Bagage einschiffen könne. Ich beorderte den Adjutant-Unteroffizier, dies zu besorgen, ging sodann zum Kapitän Grenet, ihn zu benachrichtigen, daß mir das Militärkommando der Feluke erteilt worden, der sich darüber freute und mir seine Frau und absonderlich seinen Wagen dringend empfahl; ich versprach auch, daß ich für beide bestens sorgen wolle, und bat Madame Grenet, ihre Effekten bereit zu halten, damit ich sie einschiffen lassen könne. Am andern Morgen marschierte das Bataillon, das in Nizza einen Rasttag gehabt, in aller Frühe ab. Den Abend vorher hatte ich noch mit meinen italienischen Signoras zugebracht, wo uns, wenn auch in unverständlicher, doch sehr lebhafter Unterhaltung, mit Musik untermischt, die Zeit schnell verflog. Ich hatte sie gebeten, eine Promenade mit mir zu machen, wozu sie sich aber durchaus nicht verstehen wollten und mir bedeuteten, daß, wenn man sie mit mir ausgehen sehe, die bösen Mäuler, die man hier sehr zu scheuen habe, etwas zu reden bekämen und die Sache zehnmal verschlimmert ihren Männern hinterbracht würde. Wir blieben also zu Hause, ich soupierte mit den Frauen und ließ durch meinen Burschen Eis und Rosolio holen. Man wurde nun lebendiger und es kam dann noch zu allerlei Schäkereien und Küssen, versteht sich, alles in Ehren, und nicht weiter. Wir trennten uns endlich vergnügt, aber dennoch legte ich mich verdrießlich nieder, weil ich es nicht weiter gebracht hatte, und nahm mir fest vor, in Genua sogleich Italienisch zu lernen. Am anderen Morgen begleitete ich das abmarschierende Bataillon noch eine Strecke, Duret und Grenet empfahlen mir nochmals Bagage und Damen, denn es schifften sich noch mehrere andere Offiziersfrauen mit ein; ich kehrte sodann um und begab mich zu Madame Grenet, die ich noch in einem reizenden Morgenanzuge in ihrem Bette fand, was sie aber nicht hinderte, mich zu empfangen. Sie schien kaum erwacht zu sein, denn noch glühten ihre Wangen schlaftrunken, und sie blühte wie eine eben aufbrechende Rose, die ich mir zu pflücken vornahm. Nachdem ich ihr mit geringem Widerstreben einige Küsse geraubt, schlich ich an die Türe und verschloß sie von innen. – „Mais que faites-vous donc?“, lispelte sie. „Rien“, antwortete ich ebenso leise und erstickte alle weiteren Fragen unter einem Strom von Küssen, nachdem ich sie versichert, daß ich ihr gewiß nichts Böses tun werde. Als ich sie fest umschlungen, sanft mit dem linken Arm auf das Bett zurückgedrückt und mit der rechten Hand die mir, obgleich recht feinen, doch lästigen Morgengewänder zu entfernen suchte, da sträubte sich zwar noch die Taube ein wenig, aber schon fühlte ich das Schlagen und Pochen ihres Herzens heftiger, purpurner wurden ihre Wangen, glühender ihr Hauch, aber trotz Sträuben und Ach ließ ich nicht nach und bald drückte auch sie mich fester und fester an sich, und alles Bewußtsein schien ihr zu schwinden. Etwas ermattet verließen wir endlich das Lager, ich half ihr die Toilette in Ordnung bringen, und nachdem sie die Verschämte genug gespielt und der letzte Kuß gegeben war, verließen wir das Gemach und nahmen Schokolade unter den Arkaden ein. Hierauf begaben wir uns zum Hafen, um uns zu erkundigen, wann man wohl abfahren könne. Der Patron der Feluke meinte, noch an demselben Tage die Anker lichten zu können; ich ließ nun schnell alle Bagage auf das Schiff bringen, befahl dem Unteroffizier die Leute einzuschiffen, und die andern Damen zu avertieren, damit sie sich bereit halten möchten, und eilte sodann, Abschied von meiner hübschen Wirtin zu nehmen, die mir erlaubte, sie jetzt recht zärtlich zu umarmen. Bei einem Abschied sieht man manchem durch die Finger, und man darf sich wohl etwas mehr herausnehmen und zärtlicher sein; so tat auch ich, und wer weiß, was noch geschehen, wenn nicht gerade die Freundin zur rechten Zeit oder Unzeit dazu gekommen wäre. Da ich aber jemand kommen hörte, verließ ich schnell meine Schöne, und als ich sah, daß es ihre Freundin war, die in die Türe trat, so flog ich auch dieser rasch an den Hals, um der anderen Zeit zu geben, ihre etwas zerstörte Toilette wieder zu ordnen, und erdrückte die erstaunte Eintretende fast mit Küssen, damit sie die Unordnung der anderen nicht wahrnahm. Die List gelang vollkommen, und dann bald die eine, bald die andere unter hundert Addios und „Grazia tante“ umarmend, schlüpfte ich endlich zur Türe hinaus, eilte die Treppe hinunter und zu der mich erwartenden Madame Grenet. Wir nahmen noch ein gutes Frühstück à la fourchette ein, begaben uns dann an den Hafen, wo schon Mannschaft, Waffen und Gepäck und noch andere fünf Offiziersfrauen eingeschifft waren. Madame Grenet nahm Platz in ihrem Wagen und lud noch drei andere Damen, die keinen hatten, ein, sich zu ihr zu setzen, während ich mich auf dem Bock plazierte. Proserpina lichtete die Anker, und wir segelten mit gutem Wind davon. Auf dem Schiffe befanden sich auch zwei marode Hoboisten vom Regiment, die aber doch nicht so müde waren, daß sie sich nicht ihrer Instrumente hätten bedienen können; ich ersuchte sie, ein paar muntere Melodien zum Besten zu geben, wozu sie sich willig fanden, und so fuhren wir, die hohen Alpen beständig vor Augen, immer längs der Küste dahin. Der uns günstige Landwind wurde stärker und blies so kräftig in die Segel, daß wir bald an *Monaco, San Remo, Oneglia* und *Albenga* vorüberflogen, und mit der Dämmerung zu *Finale* ankamen, wo die Damen, die wie die meisten Passagiere seekrank geworden waren, nachdem der Patron Anker geworfen hatte, ans Land gehen wollten, was aber niemand gestattet wurde, bevor nicht der Syndico des Orts unseren Schiffer eidlich verhört hatte, daß er weder einen pestkranken Ort berührt, noch einen derartigen Kranken an Bord habe. Wir fuhren indes bald wieder weiter, denn der Patron hoffte noch vor Nacht *Savona,* wo der Hafen weit sicherer als zu Finale, und die Nachtquartiere weit bequemer seien, zu erreichen. Auf der Fahrt dahin, erzählte er mir, daß er aus Nizza sei, daß diese Stadt durch das Wegbleiben der Engländer seit mehreren Jahren außerordentlich verloren und der Verdienst nicht mehr der vierte Teil wie früher sei; er gab mir auch nicht undeutlich zu verstehen, daß man daselbst eben nicht sehr vergnügt über das Glück sei, jetzt einen Teil des französischen Kaiserreichs auszumachen. Er wollte sich jedoch nicht weiter einlassen und nicht mit der Sprache herausrücken, denn er traute mir wohl nicht.

Die Fahrt bis Finale war äußerst angenehm gewesen und die Aussicht auf die Küste bot viel Abwechslung dar, die Ufer waren mit Südpflanzen jeder Gattung bedeckt, und es ging an Buchten und Baien, Dörfern, Flecken und Städten vorüber, und oft unermeßliche Felsmassen und immer himmelhohe Gebirge bildeten den Hintergrund. Auf der anderen Seite sah man nicht selten große Schiffe in der Ferne vorübersegeln, lange Silberstreifen hinter sich lassend, und in den Wellen spiegelten sich die Feuerstrahlen der Abendsonne. Von Finale aus begann es schon dunkel zu werden, und erst mit der einbrechenden Nacht fuhren wir in den Hafen von Savona ein. Sämtliche Damen baten mich, ein Nachtquartier für sie zu besorgen, das ich dann in der besten Locanda bestellte, was freilich nicht viel sagen wollte; ich war aber darauf bedacht, ein Zimmer neben dem der Madame Grenet zu erhalten, das mit diesem kommunizierte. Die anderen Damen logierte ich je zwei auf einem anderen Gang ein. Nach eingenommenem Abendbrot, das in Fischen, Feigen und gutem Wein bestand, begaben wir uns sämtlich zur Ruhe. Nachdem ich meine Türe von innen abgeschlossen, öffnete ich leise die mit dem Zimmer der Madame Grenet kommunizierende, und bat sie, diese Nacht in meinem Gemach zubringen zu wollen, weil die Stube auf der anderen Seite besetzt war, deren Inhaber leicht das mindeste Geräusch durch eine in dasselbe gehende Türe vernehmen konnten; sie ging darauf ein, und wir brachten eine herrliche Nacht zu, die sich wohl denken aber nicht beschreiben läßt. Gegen Morgen, das heißt um zwei Uhr nach Mitternacht verließ mich meine reizende Alcine, um Ruhe, die uns beiden nottat, in dem eigenen

Bett zu suchen; aber als wir gerade im erquickendsten Schlaf waren, gegen vier Uhr, weckte mich mein Bursche mit den Worten, daß der Patron in einer Stunde abfahren wolle, um den günstigsten Wind zu benutzen und diesen Morgen bei Zeit in *Genua* einzutreffen. Hier blieb nichts anderes übrig, als sich, so schwer es auch fallen mochte, den Armen des so wohltuenden Schlafes zu entreißen. Ich ließ nun auch die anderen Damen aufwecken, versah Kammerjungferdienste bei Madame Grenet, damit sie schneller mit ihrer Toilette fertig wurde, und gegen fünf Uhr waren wir wieder eingeschifft. Die Damen endigten sämtlich ihren unterbrochenen Schlaf in dem Wagen, während ich auf dem Bock nickte. Gegen zehn Uhr vormittags wurden wir alle durch das Geschrei: Ecco Genova, das der Patron und seine Leute erhoben, aus unserm Schlummer erweckt. Als ich die Augen aufschlug, erblickte ich die prächtige Stadt, die, von der Seeseite angesehen, in der Tat einen großartig imponierenden Anblick darbietet. Da lag sie in ihrer ganzen Herrlichkeit, Genova la superba, die Vaterstadt des Kolumbus, Andreas Doria und Fiesko, von den Strahlen der goldenen Morgensonne prächtig beleuchtet, vor unseren staunenden Blicken, und Schiller läßt den Fiesko nicht zuviel sagen, wenn er ausruft: „Diese majestätische Stadt"; denn wahrhaft majestätisch lehnt sie sich amphitheatralisch an den Fuß der Apenninen, während ihr Piedestal von dem schönen Golf benetzt wird, der ihren Namen trägt. Auf ihren Marmorpalästen und herrlichen Gebäuden sind Terrassen mit Pomeranzen, Limonen, Gesträuchen und Blumen in Prachtvasen angebracht, so daß, da sich die Häuser stufenartig hintereinander erheben, man die schwebenden Gärten der Semiramis zu sehen wähnt; dazu kommen im Hintergrund die Berge, die bis zur Mitte ihrer Höfe mit prächtigen Villen, Schlössern, Meierhöfen usw. bedeckt sind, die von der See aus gesehen, mit der Stadt ein Ganzes zu bilden scheinen, wodurch diese unermeßlich groß wird. Sie bildet einen weiten Halbkreis, von dem zwei Molos die äußersten, mit Türmen versehenen Enden machen. Bis jetzt hatte noch keine Stadt einen solchen Eindruck auf mich gemacht. Nach zehn Uhr fuhren wir im Hafen ein und landeten am Ponte di Mercanti, ein kleiner in denselben hinausreichender Damm, wie deren mehrere vorhanden, an denen die kleineren Schiffe anlegen. Wir stiegen aus, und das erste was mir auffiel, waren die vielen Mönche von allen möglichen Orden und Farben, die sich unter den gaffenden Zuschauern befanden, etwas ganz Neues für mich, denn in Deutschland und Frankreich sah man deren schon lange nicht mehr. Ich ließ nun alles ausschiffen und die Damen und mich in ein gutes Gasthaus in der Nähe der Post führen, wo wir sogleich sehr freundlich aufgenommen wurden; als ich aber später die Quartierbillets für unser Logis brachte, die ich mir auf der Mairie hatte geben lassen, da machte der Wirt ein verdrießliches Gesicht, denn er hatte uns seine besten Zimmer eingeräumt, aus denen wir uns nicht mehr ausquartieren ließen.

Die Vorstellung, die ich mir auf dem Meer von dem prächtigen Genua gemacht hatte, wurde gewaltig geschmälert und alle Illusion verschwand, als wir durch die vielen engen dunkeln Straßen wandern mußten, wo nicht einmal ein Fuhrwerk verkehren konnte, die jedoch alle reinlich und mit roten Backsteinen gepflastert waren, und in denen oft die schönsten Gebäude aus Marmor aufgeführt standen.

XVI

Beschreibung Genuas – Abriß seiner Geschichte – Besuch bei einem Grafen Fiesco – Ein sauberer Kanonikus – Soiree bei Dorias – Ein italienischer Sprachlehrer – Die Marchesa P... und ihr Cicisbeo – Signora Peretti – Mozarts Don Juan wird zuerst durch mich in Genua bekannt – Die Militärmessen – Komisches Mißverständnis – Ein gefälliger Gitarrelehrer – Ein Mordanfall – Maskenfest bei Dorias mit einer Episode – Abmarsch von Genua

Es war in den ersten Tagen des Monats Februar, als wir zu Genua ankamen, dabei hatten wir von Toulon an das schönste Frühlingswetter, alles war grün und viele Bäume und Pflanzen standen in üppigster Blüte. Fünf Tage hatten wir noch vor dem uns folgenden Bataillon voraus, die ich in dolce giubilo mit Madame Grenet verlebte und auch meistens in deren Gesellschaft die Sehenswürdigkeiten Genuas aufsuchte, die nicht zu den alltäglichen gehören. Die prächtigen Straßen Balbi und Strada nuova mit ihren Marmorpalästen, wie sie keine Stadt in Europa mehr aufzuweisen hat, und unter denen besonders die der Durazzo, der Doria, der Spinola, der Pallavicini usw. durch ihre außerordentliche Pracht und Schönheit hervorragen. In all diesen Palästen sind treffliche Gemälde und ganze Galerien derselben, welche die Meisterstücke eines Rubens, Tizian, van Dyk usw. enthalten. Leider fand ich damals an leblosen Gemälden, wenn sie auch noch so trefflich waren, wenig Geschmack, besonders wenn sie sogenannte heilige Gegenstände darstellten; dagegen waren mir die lebenden desto teurer, und die genuesischen Frauen mit ihren langen Schleiern, die sie so graziös überzuwerfen, und ihren durchbohrenden Feueraugen, die sie so schelmisch zu gebrauchen wissen, sprachen mich weit mehr an, als das herrlichste Gemälde im Palazzo Durazzo; das lebendige Bild an meiner Seite, Madame Grenet, fing bald an, mich so zu ermüden, daß ich nach ein paar Tagen, soviel als es sich tun ließ, Genuas *Schönheiten* allein zu sehen suchte. Einige der schönen Bilder blieben jedoch nicht ganz ohne Eindruck auf mich, namentlich entsinne ich mich, daß ich das berühmte Gemälde Solimenos, Hektors Leiche durch Achilles um Troja geschleift, mit Wohlgefallen betrachtete.

Der alte weitläufige Regierungspalast, in welchem die Dogen residierten, ist so massiv gebaut, daß er eine feste Burg zu sein scheint. Den Eingang zur großen Treppe bewachen die beiden Marmorstatuen des Andreas Doria und des Giovanni Andreä, die sich beide hochverdient um die selige Republik gemacht haben. Im großen Saal dieses Palastes stellen Freskogemälde die merkwürdigsten Begebenheiten aus Genuas Geschichte dar. Ringsumher stehen marmorne Bildsäulen berühmter Genueser, unter ihnen auch die des Herzogs von Richelieu, der auf Ersuchen der Republik das Kommando in Genua übernahm, um die Stadt gegen die Österreicher zu verteidigen. In dem Saal des ehemaligen kleinen Rates sieht man die Landung Kolumbus' in Amerika abgebildet, ein vortreffliches Gemälde, ebenfalls von Solimeno. Unter den, den Dorias zugehörigen Palästen – denn diese Familie ist noch in verschiedenen Zweigen sehr ausgebreitet in Genua und besitzt deren mehrere –, ist der am St. Johannistor der prächtigste und vielleicht der schönste in der ganzen Stadt, würdig, vom größten Monarchen bewohnt zu werden. Durch eine Galerie steht er mit den schönen, auf der anderen Seite der Straße liegenden Gärten in Verbindung, die ringsherum Terrassen mit blendend weißen Marmorbalustraden haben. Auf einem Brunnen sieht man die Bildsäule des Andreas Doria, den meerbeherrschenden Poseidon sehr passend darstellend.

Auch die schönen Paläste Balbi und Brignoletti, Carrega und Rovere, welche sehr geschmackvolle Verzierungen und eine ausgezeichnete Architektur haben, besuchte ich. Die Hauptkirche, dem heiligen Laurentius geweiht, ist ganz aus schwarzem und weißem Marmor erbaut, so daß immer ein schwarzer und ein weißer Streifen abwechseln, was aber keinen guten Eindruck macht, und eher an ein Schachbrett erinnert. Weit geschmackvoller ist die reiche Annunziatakirche, die mit großer Eleganz erbaut ist. Prächtige kannelierte Säulen von rotem und weißem Marmor tragen die drei Schiffe dieses schönen Tempels, dessen Gewölbe und Kuppel mit herrlichen Malereien und Vergoldungen reich und schön verziert sind.

Erstaunen erregend ist der Anblick der ungeheuren Brücke Carignano, die, zwei Berge verbindend, gleichsam in der Luft zu schweben scheint und unter welcher sechs Stockwerk hohe Häuser stehen. Auch das Albergo de poveri, eine Armenanstalt und ein Korrektionshaus, erregt durch seine großen Räume Bewunderung.

Wir besuchten den zweiten Abend die Oper im Teatro Augustino, wo „Gli amanti in scompiglio" recht brav gegeben wurde. In einem zweiten Theater, das wir aber bald wieder verließen, da wir uns, kein Wort verstehend, langweilten, sahen wir Goldonis Bugiardo. Wir nahmen dann in einem nahen Kaffeehaus, dessen Saal eine Grotte, mit Moos und Seemuscheln tapeziert, vorstellte, Sorbetti.

Auch die nächsten Umgebungen Genuas, namentlich die schönsten Villen und Landhäuser, den Grimaldi, Doria, Spinola, Giustiniam und anderen reichen Familien angehörend, besuchten wir.

Der Hafen von Genua ist sehr geräumig und es können sogar Linienschiffe von achtzig Kanonen in demselben vor Anker gehen. Die beiden Molos schließen ihn bis auf eine Weite von 680 m ein, und die beiden Leuchttürme an den Spitzen derselben, von denen der auf dem neuen Damm 350 Stufen und 100 große Laternen zählt, werden jede Nacht angezündet, so daß die Schiffe sicher dazwischen durchfahren können. Das Arsenal, die Darsina genannt, liegt in dem entlegensten Teil des Hafens; hier werden die Galeeren erbaut.

Genua zählt mit den Vorstädten an 90 000 Einwohner und ist durch Natur und Kunst so fest, daß es nur der Hunger bezwingen kann. Im Jahre 1800 übergaben die Franzosen erst dann die Stadt, als sie alle Hunde und

Katzen, Ratten und Mäuse, alle Schuhsohlen und was nur zu kauen war, aufgezehrt hatten; die Österreicher aber fanden es nicht für gut, es so weit kommen zu lassen und hatten noch großen Vorrat von Knödelmehl, als sie die Festung übergaben.
Schon in den nächsten vierundzwanzig Stunden nach meiner Ankunft hatte ich mich erkundigt, ob noch Nachkommen von der Familie der Frieschi vorhanden seien, und mit großem Vergnügen erfahren, daß noch Zweige derselben existieren, die jedoch nicht mehr zu dem reichsten und angesehensten Adel gezählt werden. Ich nahm mir vor, einen Grafen Fiesko, den ich ausgekundschaftet hatte, zu besuchen. – Nicht ohne Mühe machte ich seine Wohnung, ein etwas alter, sich nicht im besten Zustand befindlicher Palazzo, in einer schmalen, düstern Gasse, ausfindig, und wurde von einem Bedienten gemeldet und angenommen. Ich stand nun vor einer langen, hageren, einige fünfzig Jahre alten, sehr trocken und etwas grämlich aussehenden Figur, der ich auf französisch auf die artigste Weise möglichst begreiflich zu machen suchte, warum ich mir die Freiheit herausgenommen, den Abkömmling eines so hochberühmten Hauses mit einem Besuch zu belästigen; ich sprach dabei von Schillers trefflicher Komödie, die seinen Namen führe. Der Herr Graf sah mich starr und fast stupid an, erwiderte mir endlich mit ein paar gebrochenen französischen Worten: „Je ne comprenner pas Monsju ke vous voulez"; da ich mich noch verständlicher zu machen suchte, ihm von Schiller, unserem größten Dichter, der sein Haus in Deutschland verewigt habe, und von der Verschwörung sprach, fiel er mir mit einem: „Ma Signor Uffiziale non capisco niente, cosa è questo Schiller", ins Wort. Da ich sah, daß es mir so ziemlich unmöglich war, dieser gräflichen Figur, die anfing sich ängstlich um- und mich mit mißtrauischen Blicken anzusehen, begreiflich zu machen, warum ich sie besuche, so stand auch ich, wie einst bei Goethe, ziemlich verblüfft da, entschuldigte mich noch mit einer Verbeugung und war froh, als ich wieder zur Tür

hinaus war. Ich nahm mir nun vor, sobald nicht mehr berühmte Männer noch berühmte Namen aufzusuchen.

Denselben Abend sollte mir noch ein ganz anderes Abenteuer begegnen: ich hatte mich unter allerlei Vorwand von Madame Grenet frei gemacht, in Zivilkleider gesteckt, und wandelte durch die engen Gassen Genuas, die schön gewachsenen Gestalten seiner weiblichen Kinder bewundernd; nachdem ich ziemlich müde war, ich hatte den Nachmittag auch die Kaserne besucht, welche unser Bataillon aufnehmen sollte, sie liegt sehr hoch über dem Platz del l'aqua verte und hatte eine herrliche Aussicht über Stadt und Hafen, setzte ich mich in der Loggia, ein weitläufiges Gebäude auf dem Platz de banchi, das ein großes, kühn gebautes, von Marmorsäulen getragenes Gewölbe hat und zu jeder Stunde von Personen besucht wird, die auf den ringsherum stehenden Bänken ausruhen, auch auf eine solche nieder. Kaum hatte ich mich niedergelassen, als ein feister Pfaffe, ein Kanonikus, mit einem Vollmondsgesicht, mich freundlich begrüßend, neben mir Platz nahm und eine Konversation mit mir anzuspinnen suchte, von der ich aber wenig oder nichts verstand, da er kaum drei Worte französisch und ich nicht mehr italienisch konnte. Von den in der Halle vor uns auf- und niederspazierenden Personen – das Gebäude ist hauptsächlich ein Versammlungsort für Kaufleute, für die es früher ausschließlich bestimmt war, jetzt aber zur Bequemlichkeit für jedermann und zu Geschäftsrendezvous eingerichtet, Frauenzimmer kommen nicht dahin – sahen uns mehrere mit seltsam neugierigen Blicken an, so daß es mir auffiel. Der feiste Kanonikus schien dies nicht zu bemerken, und lud mich auf das dringendste ein, ihm doch das Vergnügen zu machen, eine Sorbette mit ihm zu nehmen; ich ließ mich nach einigem Weigern dazu bereden, er führte mich durch viele enge und winkelige Straßen in ein abgelegenes und wenig besuchtes Kaffeehaus, wo er mich mit Schneeis regalierte und mich dann einlud, einen paseggio mit ihm zu machen, wobei er sich keuchend an meinem Arm hielt und sich so sehr an mich drückte, daß er mir lästig wurde. Er führte mich zur Porta dell' Arco hinaus, über das Glacis, durch ganz einsame und isolierte Wege. Ich wollte ihn mehrmals zum Umkehren bewegen, da ich nicht wußte, was ein solcher Spaziergang um diese Zeit – es war schon längst Nacht – und in dieser Gegend für Annehmlichkeiten haben sollte, und mir auch endlich der Gedanke kam, der Pfaffe könne wohl ein Erzfeind der Franzosen sein und mich in ein Guet-apens locken. Eben waren wir an dem Eingang eines kleinen Vorwerks angekommen, und ich war im Begriff, übel oder wohl, mit oder ohne den Signor canonico umzukehren, als ein barsches: Halte-là hinter uns ertönte, ein Offizier mit einem Korporal und drei Mann Wache den Pfaffen sogleich festhielten und ersterer mich mit einem: Qui êtes-vous? anredete. Mit wenig Worten sagte ich ihm, wer ich sei, und auf seine Frage, wie ich in diese Gesellschaft käme, erzählte ich ihm, wie dies zugegangen sei. Der Platzadjutant, denn dies war der Offizier, ließ nun den Kanonikus mit der Wache abführen, und mich beim Arm nehmend, eröffnete er mir, daß der saubere Pfaffe ein sogenannter warmer Bruder sei, den er schon lange auf dem Korn habe, da er sich besonders an junge Soldaten mache und diese zu verführen suche; als er mich zufällig mit ihm durch das Tor habe gehen sehen, wo ihn der Dienst gerade hingeführt, sei er mit der Wache nachgeeilt, in der Hoffnung, den Patron, dem er schon lange aufpasse, einmal zu erwischen. Ich war über diese Aufklärung so beschämt als entrüstet; hätte ich nur die entfernteste Ahnung von den Absichten dieses Subjekts gehabt, so würde ich den Kerl schon heimgeführt und in die Falle gelockt haben. Ich bat den Platzadjutanten, den scharmanten Kanonikus, der keuchend und schweißtriefend zwischen den zwei Lichtern, die ihm die Bajonette anzündeten, neben uns hertrabte, ein- über das anderemal um seine Loslassung flehte und sich endlich sogar auf die Knie warf, 100 Luigi d'oro anbietend, wenn man ihn freilassen wolle, und die Madonna und alle Heiligen anrufend, daß er sich in seinem ganzen Leben dergleichen nicht mehr zu schulden kommen lassen wolle, der Polizei zur strengsten Bestrafung zu überliefern. Der Platzadjutant blieb auch unerbittlich und taub, und wurde durch dieses Anerbieten nur um so aufgebrachter. Die Soldaten zerrten den Pfaffen bei seinem Rock in die Höhe und schleppten ihn bis zur Torwache, ihn mit dem Kolben drohend, wenn er nicht gutwillig gehen würde. Hier angekommen, ging das Gejammer von neuem an, und wir beratschlagten, was wir tun sollten. Einen Eklat zu machen, und sogleich eine Untersuchung zu veranlassen, in die ich natürlich mit verwickelt worden wäre, konnte mir nicht angenehm sein, hierin stimmte mir der Adjutant bei; wir kamen nun überein, den Burschen bis gegen Morgen, ihm die Hölle noch recht heiß machend, in der Wache schwitzen zu lassen, und ihn dann gegen eine Vergütung von fünfzig Lire an die Wache, mit einem derben Wischer und der Warnung, sich ja nicht wieder erwischen zu lassen, fortzuschicken, was der Platzadjutant auf sich nahm. Ich eilte nun halb verdrießlich, halb lachend über dieses Abenteuer heim, wo mich Madame Grenet, über mein langes Ausbleiben maulend und mit Vorwürfen, empfing. Ich teilte ihr den Vorfall etwas verblümt mit, sie schien aber gar nicht begreifen zu können, was der Pfaffe eigentlich gewollt, und ich konnte es ihr auch nicht ganz deutlich machen, weshalb sie die ganze Sache bezweifelte, für eine Finte hielt und meinte, es sei wohl ein Kanonikus ohne Bart und im langen Kleid gewesen. Das letzte war wahr. Noch lange vor dem Einschlafen wurde ich mit Explikationen gequält, die ich geben sollte und nicht geben konnte; selbst mir war das Ding noch nicht recht klar und nie vorgekommen, schon der Gedanke an eine so ekelhafte und unnatürliche Wollust erfüllte mich mit Abscheu, und doch ist sie in Italien und noch mehr in Griechenland etwas sehr Gewöhnliches, man macht gar kein Aufsehen davon; nicht selten bieten Männer ihre Ehefrauen zur Kompensation für einen solchen Liebesdienst demjenigen an, der ihnen denselben erwei-

sen will. Und wenn man mir die Göttin der Schönheit selbst dafür böte, so würde mich diese nur mit Ekel bei einem solchen Gedanken erfüllen. Aber, de gustibus non est disputandum, schrieb Friedrich der Große unter das Todesurteil eines wegen Unzucht an einer Ziege verurteilten Soldaten; er begnadigte ihn, – und hatte recht.
Am anderen Morgen sollte das Bataillon einrücken, dem ich eine Stunde weit entgegenging. Auch die Damen, mit ihnen Madame Grenet, fuhren ihm eine Strecke entgegen und bewillkommten ihre Männer auf das zärtlichste. Ich war froh, meines Dienstes bei Madame Grenet jetzt überhoben zu sein, der mir anfing, beschwerlich zu werden, denn die schönen Genuesinnen steckten mir im Kopf.
Nachdem der Dienst geregelt war, den wir gemeinschaftlich mit den anderen französischen Truppen versahen, machte das Offizierkorps, Duret an der Spitze, seine Besuche bei der Generalität und mehreren der angesehensten Häuser, wie bei Dorias, Pallavicinis und einigen anderen, in denen auch die Offiziere des schon länger hier stehenden dritten Bataillons eingeführt waren. Glänzend waren die Soireen bei dem Chef des Hauses Doria, bei dem schon alles so ziemlich französiert, das heißt, auf französische Art eingerichtet war, wo wir nach ein paar Tagen, nachdem wir unsere Aufwartung gemacht, eingeladen wurden. Hier lernte ich die ersten Schönheiten Genuas kennen, und wirklich waren welche von den seltensten Exemplaren unter ihnen, namentlich eine Marchesa P . . ., die mit den regelmäßigsten, feinsten und dabei ausdrucksvollsten Gesichtszügen eine Körperbildnug verband, die selbst Praxiteles für ein Meisterstück der Schöpfung erklärt und sich zum Muster erbeten haben würde, und die, nachdem ich sie zum erstenmal gesehen, mich die übrige Nacht kein Auge schließen ließ, ein caso rarissimo. Sie war aus dem Hause der Durazzi und an den Marchese P . . . verheiratet, hatte aber neben ihrem Mann einen Cicisbeo, der nicht von ihrer Seite wich und schon in reiferen Jahren war. Zu jener Zeit war das Cicisbeat in Genua noch allgemein bei den

Vornehmen eingeführt. Außer ihr waren noch eine Gerai, eine Tursi, eine Doria und eine Marchesa Costa wegen ihrer Schönheit zu bewundern, und die hoch trabenden Namen Spinola, Ceturione, Imperiali, Somellini usw. ertönten fortwährend in den Conversazioni bei Dorias. Ich tanzte mit mehreren dieser Damen, namentlich auch mit der ausgezeichnetsten derselben, der Marchesa P..., konnte aber mit keiner derselben eine nur einigermaßen zusammenhängende Unterhaltung anknüpfen, da die meisten gar kein Französisch, oder doch nur sehr gebrochen sprachen, und dann immer drei Vierteile italienischer Worte einmischten. Dies brachte mich zur Verzweiflung, und schon den anderen Morgen nach der ersten Soiree kaufte ich mir einen Veneroni und machte mich mit dem größten Eifer an die Erlernung der italienischen Sprache, nahm meine Grammatik mit zu Bett und auf die Wache, lernte vor allem die zur Unterhaltung notwendigsten Phrasen auswendig, und nahm zugleich einen italienischen Sprachlehrer, einen gewissen Tommolo, der mich nicht nur mit dieser Sprache, sondern auch mit den Familienverhältnissen der vornehmen Welt ziemlich bekannt machte. Dies war mir um so willkommener, da ich hier mein probates Mittel, das mir in Frankreich so behilflich war, die Friseure, nicht benützen konnte, weil ich sie nicht verstand, da sie kein Französisch, ja sogar nur ein sehr schlechtes Italienisch, das kauderwelsche Genuesisch sprachen. Mein exzellenter Lehrer wußte mir auch Mittel und Wege anzugeben, um leicht Bekanntschaften mit den Schönen von Genua anzuknüpfen, ja er erbot sich sogar zur Besorgung von Vigliettis, wenn ich deren abzugeben hätte, bemerkend, die genuesischen Damen seien große Liebhaberinnen der französischen Offiziere. Ich nahm dieses Anerbieten dankbar an und versprach, seine Güte bei vorkommender Gelegenheit in Anspruch zu nehmen. In 14 Tagen war ich schon imstande, den Damen die gewöhnlichen Schmeicheleien auf italienisch zu sagen, und machte bald Riesenfortschritte in dieser so leichten als schönen Sprache.

Bald nach unserer Ankunft erhielt ich Empfehlungsschreiben und einen Wechsel auf ein deutsches, in Genua, etabliertes Haus, und zwar an einen Frankfurter, namens Bansa. Der Brief und noch mehr der Wechsel kam mir erwünscht, denn meine Kasse war ziemlich erschöpft, und ohne Geld, diesen nervus rerum gerendarum, kann man selbst in dem schönen Italien nicht viel anfangen. Ich eilte auf das Kontor meines Landsmannes, wo ich auf echt Frankfurter kaufmännische Art empfangen wurde; man zahlte mir den Wechsel, sechshundert Franken, und bat mich für den nächsten Sonntag zu einer langweiligen Abfütterungsmahlzeit, die ich nicht ausschlug, da ich nicht wissen konnte, ob ich das Haus später nicht brauchen würde; damit war es aber auch abgemacht, und Herr Bansa war nicht imstande, mir die mindeste Auskunft über genuesische gesellige Verhältnisse zu geben, oder eine wissenschaftliche Unterhaltung zu führen, ebensowenig war er in der italienischen wie überhaupt in jeder anderen Literatur bewandert; er war eine der gewöhnlichen merkantilischen Rechenmaschinen, die, sobald von etwas anderem als ihren Handlungsbüchern oder den in ihren Kram schlagenden Spekulationen die Rede ist, verstummen, da alles andere über ihren Horizont geht. So war denn auch dieses Diner, dem außer der Familie und mir noch ein paar andere Deutsche, gleichfalls Merkursdiener, beiwohnten, eines der langweiligsten, denen ich je beigewohnt; wo ich anklopfte, fand ich alle Pforten verschlossen, und als ich gar die Politik und Tagesgeschichte aufs Tapet bringen wollte und von Napoleons mutmaßlichen Absichten usw. sprach, da wurden alle Gesichter ellenlang und verlegen. Ich war herzlich froh, als man endlich vom Tisch aufstand, beurlaubte mich baldmöglichst, dem Bedienten eine reichliche buona mano, zu deutsch: Trinkgeld, gebend, und erst im Freien ward es mir wieder wohl. Ich betrat auch das Haus nur noch einmal, um einen Hauptmann von Fürth, der in Geldverlegenheit war, zu empfehlen, dessen Anliegen Herr Bansa jedoch abwies, der aber kurz darauf

einen Wechsel von hundert Louisdors von seinen in Frankfurt etablierten Verwandten gerade auf dieses Haus erhielt.
Bei einer bald folgenden zweiten Soiree in der schönen Villa Doria vor dem Thomastor, wo Musik und Tanz war, konnte ich mich schon zur Not den Damen verständlich machen, tanzte auch wieder mit der schönen P . . ., ließ es bei ihr an Occhiaten nicht fehlen und brachte von meiner reizenden Tänzerin heraus, daß in der Regel die Kirche Santa Maria della Passione diejenige sei, in welcher sie gewöhnlich ihre Andacht verrichte, daß sie aber auch manchmal Sonntags die Militärmesse besuche. Ich war auf dem besten Weg, noch mehr zu erfahren, als sich plötzlich ein Lärm und heftiger Wortwechsel in dem angrenzenden Spielzimmer erhob, der bald so laut wurde, daß er die Aufmerksamkeit aller Tanzenden auf sich zog, von denen die meisten ihre Quadrille verließen und den Türen zueilten, die in jenes Gemach führten, wo sich der Tumult vernehmen ließ. Ich benutzte diesen Augenblick, meiner Tänzerin ein: „Mia carissima Signora", von einem leisen Händedruck begleitet, zuzuflüstern, was sie mit einem: „Ma che volete?" (Aber was wollen Sie?) erwiderte, und dann ebenfalls nach jener Tür eilte, wohin ich ihr folgte. – Man strömte schon wieder von derselben zurück, und ich erfuhr von einem Kameraden, daß sich ein Kapitän von unserem Regiment, namens Roy beim Spiel sehr undelikat benommen, obgleich er vielleicht Veranlassung dazu haben mochte. – Einer der Nobili hielt eine Pharobank, bei der viele Offiziere pointierten, fast alle spielten fortwährend unglücklich, und Roy hatte schon eine bedeutende Summe verloren, wollte durchaus eine Coeurdame forcieren und behauptete, als er sie mit zehn Louisdors besetzt hatte und wieder verlor, sie sei jetzt schon zum fünften Mal in derselben Taille herausgekommen, zerriß sein ganzes Buch und warf die Kartenstücke mit großer Heftigkeit auf den Tisch, den Bankhalter einen Betrüger heißend. Der Nobili konnte sich dies nicht gefallen lassen, geriet, sich recht-

fertigend, in Zorn; auch Roy wurde noch heftiger, wollte auf der Stelle Räson geben, weil es hier nicht mit rechten Dingen zugegangen sei, und wer weiß, wie die Sache abgelaufen wäre, wenn sich nicht der gerade anwesende kommandierende General ins Mittel gelegt und auch der Wirt des Hauses um Ruhe und Frieden gebeten hätte. Den Offizieren wurde das fernere Pointieren von ihren Chefs untersagt und so die Ordnung unter den Gästen wieder hergestellt, aber eine Mißstimmung dauerte doch den ganzen Abend, namentlich unter den Offizieren, fort. Ich eilte nun wieder, meine Tänzerin am Arme, um die Quadrille zu beendigen, konnte aber nicht mehr in dasselbe animato tempo kommen; nach einigen Touren traten wir ab und es war mir nicht weiter möglich, mich meiner Angebeteten zu nähern, die jetzt beständig von ihrem Cavaliere servente, einem Ritter Negroni, umschwebt und unter strenger Obhut gehalten wurde. Diese Cicisbei sind hundertmal ärger als die Ehemänner, die sich in Italien, einmal vermählt, wenig mehr um ihre Frauen bekümmern, während der Cicisbeo ihnen gleich ihrem Schatten folgt, sie begleitet und ihnen nicht von der Seite weicht, und zwar vom Augenblick ihres Aufstehens an bis zu ihrem Schlafengehen. Diesmal galt es allen meinen Witz aufzubieten, sollte mir diese Eroberung gelingen, und sie wurde mir in der Tat schwer und sauer genug gemacht. Diesen Abend konnte ich nichts mehr als noch einen flüchtigen Blick im Vorübergehen erhaschen.

Vorerst hatte ich wenigstens erfahren, in welcher Kirche die Signora betete, und das war mir schon etwas, auch fand ich mich jeden Tag, wenn mich der Dienst nicht abhielt, in den Morgen- und Abendstunden, wo ich die Schöne erwarten konnte, in derselben, fast immer in Zivilkleidern, ein; aber das Weihwasser konnte ich ihr nicht reichen, da sie Negroni immer begleitete und diesen Dienst versah; erfahren hatte ich aber schon durch meinen Maestro Tommolo, daß, wenn man die nähere Bekanntschaft einer Dame in Genua, wie überhaupt in ganz Italien, machen wolle, man damit beginnen müsse, ihr am Eingang der Kirche das Weihwasser darzubieten; die Art und Weise, wie sie dasselbe empfängt, zeigt an, welche Hoffnung man sich machen darf; schlägt sie es ganz aus oder tut als bemerke sie diese Artigkeit nicht und geht selbst zum Weihkessel, dann heißt dies soviel als: „Ich will nichts mit dir zu schaffen haben." – Um die Aufmerksamkeit des Cicisbeo, der Argusaugen zu haben schien, nicht rege zu machen, mußte ich mich immer möglichst zu verbergen suchen, und selbst wenn die Marchesa wegen schlechtem Wetter oder aus anderen Ursachen in der Portantina (eine Art eleganter Sänften, deren sich in Genua, wo man wenig Gebrauch von Kutschen machen kann, namentlich die Damen aus den höheren Ständen bedienen), ankam, trabte er hinter ihr her. Dieser Cicisbeo war eigentlich kein Liebhaber der Marchese P . . ., sondern vielmehr ein von ihrem Manne zur Hütung aufgestellter Zerberus. Ließ sich die Dame bei schönem Wetter, wie alle vornehmen Frauen Genuas, die Portantina nachtragen, so wich er ihr nicht von der Seite. Fensterparaden brachten mich auch nicht weiter, denn die Marchesa war fast nie allein und immer in Gesellschaft an einem Balkon ihres Palazzos, außerdem aber durfte ich die Sache nicht auffallend machen. Da war denn guter Rat teuer: mein Faktotum Tommolo selbst wußte mir für den Moment kein Mittel anzugeben, in nähere Berührung mit der Donna zu kommen, da er keine Seele in ihrer Wohnung kannte, versprach mir aber Tag und Nacht darauf zu sinnen, irgendeinen Verbindungskanal ausfindig zu machen.

Unterdessen machte ich bei einer Abendgesellschaft im Palast Spinola die nähere Bekanntschaft einer Signora Peretti, die ohne gerade schön zu sein, doch ein wirklich angenehmes Äußere mit einem sehr gefälligen Benehmen verband, dabei mit einer klangreichen Stimme begabt war, vortrefflich sang, sich mit der Mandoline oder Gitarre dazu begleitend, und ziemlich fertig französisch sprach. Da sie ein recht munteres, aufgewecktes Wesen hatte und ein sonst allerliebstes Schwarzköpfchen war, so wurde ich bald mit Hilfe der Musik bekannter mit ihr, obgleich auch sie ein Cicisbeo umgab, der ihr jedoch sehr ergeben war und demütig ihren Befehlen gehorchte. Ich sang bei Spinola Mozarts herrliches Duettino: „La ci darem la mano“ (Reich’ mir die Hand, mein Leben), mit ihr, nachdem sie es kaum einmal durchlaufen hatte, denn sie war sehr fest in der Musik. Der Don Juan, das heißt der Mozartsche, war damals noch völlig unbekannt in Genua, sowie im übrigen Italien, und ich brachte zuerst diese herrliche Musik des unsterblichen Meisters dahin. In Genua, Rom, Neapel, Florenz, Venedig usw. war er noch nicht einmal dem Namen nach bekannt, und von den Wenigen, die ihn kannten, als eine viel zu schwierige, ja unausführbare Musik verschrien worden. Das Duett gefiel so sehr, daß wir es auf allgemeines Verlangen da capo singen mußten, ja man wollte es sogar zum drittenmal hören, erkundigte sich emsig nach dem Komponisten dieses Tonstücks, und als ich ihnen sagte, daß es aus Mozarts Don Giovanni sei, war man allgemein verwundert; viele kannten den Namen noch gar nicht, andere aber nur seinen Figaro. Man wollte noch mehr aus dieser Oper hören, und ich sang nun das rauschende Prestissimo: „Fin ch’an del vino, calda la testa“, (Treibt der Champagner das Blut erst im Kreise), das nicht minder Beifall erhielt, ja die Gesellschaft in Enthusiasmus versetzte. Ich wurde jetzt umringt, von Herren und Damen um Kopien dieser Tonstücke gebeten, und mußte wenigstens einigen zwanzig Personen versprechen, ihnen dieselben abschreiben zu lassen, denn meinen Klavierauszug, der jede Nacht unter meinem Kopfkissen lag, wollte ich nicht aus der Hand geben. Ich trug nun auch etwas aus der Introduktion und den Finalen auf dem Flügel vor, wodurch die allgemeine Begeisterung noch stieg. Mit der Signora Peretti kam ich überein, daß wir mehrere Duette zusammen einstudieren wollten, und ich versprach, mich den anderen Morgen nach der Parade bei ihr einzufinden. Daß ich Wort hielt, kann man sich denken; ich ließ schon am

nächsten Morgen mit dem Frühesten einen unserer Regimentsmusiker rufen und gab ihm den Auftrag, sogleich mehrere Musikstücke zu kopieren und sie mir bei der Parade mitzubringen. Ich fand mich zur bestimmten Stunde bei der Signora ein, und wir probierten diese nebst noch einigen anderen Gesangsstücken. Sie verbat sich auch schon in der ersten Stunde die Gegenwart ihres Cicisbeo, eines Signor Gentili, sowie sonstiger Besucher, weil man dadurch am Einstudieren verhindert und gestört würde; man gehorchte ihr auch ohne Widerspruch. Unterdessen war bei der Beau monde in Genua von nichts als dem Don Giovanni die Rede, und ich ging mit der mutwilligen Peretti das „La ci darem la mano" durch, nachdem uns keine eifersüchtige Donna Elvira durch ihr Dazwischenkommen hindern konnte, noch ein „Dolce giubilo" anzustimmen, dem wir uns bald genug überließen. Dies war einstweilen ein unterhaltender Passetemps, bis ich mit der schönen Marchesa in nähere Berührung kommen würde; auch hatte ich bei Spinolas noch die andere, in Genua hochberühmte Schönheit, die Marchesa Costa, näher kennen gelernt, deren Eroberung weniger schwierig war, und die immer einen ganzen Schwarm von erhörten und unerhörten Anbetern um sich hatte, mich daher eben nicht sehr rührte; sie fand aber bei hohen Personen Gnade, und namentlich bei Murat, der sie auf einem Ball kennenlernte. Lange zu schmachten, ohne mich wenigstens auf einer anderen Seite zu entschädigen, war nicht meine Sache, und ohne den Zeitvertreib mit der Peretti würde ich vielleicht durch meine Ungeduld und dem Ungestüm alles bei der Marchesa P... verdorben haben; so aber hatte ich Zeit, um recht systematisch, mit der nötigen Strategie auf die Eroberung derselben auszugehen und konnte die Ergebung und Kapitulation der Festung in aller Ruhe und bequem abwarten.
Die Häuser, in welchen Conversazioni gehalten wurden, und namentlich Doria und Spinola, veranstalteten der Musik des Don Juan zulieb häufiger Soireen, in welchen man das bereits Einstudierte vortrug, ja es kam sogar ein

Verein zustande, in welchem wir Ensemblestücke aus dieser Oper, wie die Introduktion, das schöne Quartett aus dem ersten und das Sextett aus dem zweiten Akt einstudierten, uns endlich sogar an das erste Finale wagten, und diese Stücke dann in den Abendgesellschaften zum Besten gaben. In ganz Genua sprach man nur, wie bemerkt, von dem Don Juan, und mitunter auch von dem Uffiziale francese oder tedesco, der ihn mitgebracht. Dies gab Veranlassung, daß ich auch meine schöne P . . . häufiger zu sehen und zu sprechen bekam, und, was die Hauptsache war, auch mehr von ihr, wie überhaupt von den Damen, bemerkt und ausgezeichnet wurde.
Damals vertauschte ich meine Charge bei der Voltigeurkompagnie mit einer gleichen bei den Karabiniers, von welchem der Unterleutnant als Oberleutnant in ein anderes Bataillon versetzt wurde; ich selbst hatte bei Duret darum nachgesucht, und zwar aus folgendem Grunde. Es war immer ein Grenadier- oder Karabinieroffizier, der das aus Grenadieren oder Karabiniers bestehende Detachement in der Militärmesse kommandierte, welche jeden Sonntag Mittag zu Genua in der San Lorenzo-Kirche, sowie in allen von französischem Militär besetzten Städten, in den von den Platzkommandanten dazu ausersehenen Kirchen gehalten wurde. Mit klingendem Spiel, den Sappeurs, dem Tambourmajor und allen Tambours des Regiments marschierte man in großer Parade, mit der Bärenmütze geschmückt, die ich gerne trug, weil sie mir gut zu Gesicht stand, in den mit der schönen Welt und den eleganten Damen, welche die Tribünen und Galerien zierten und diesen Messen vorzugsweise gerne beiwohnten, angefüllten Tempel, durch das Schiff bis an das Chor. Daselbst angekommen, wurde ein donnerndes Halt! und Gewehr in Arm! kommandiert, bis die Generalität mit ihrem Stab und die höchsten Zivilbeamten, wie der Präfekt usw. erschienen, die ihre Plätze auf karmoisinroten Sesseln in der Nähe des Hochaltars nahmen. Sobald die Messe beginnt, schultern die in zwei langen, sich gegenüberstehen-

den Reihen aufgestellten Truppen das Gewehr, und wenn der Priester das Sanktissimum zeigt, präsentieren dieselben, fallen auf das Kommando wie niedergedonnert auf die Knie, wobei sie die Gewehrkolben, die Gewölbe erschütternd, auf einen Schlag aufstoßen, die Tambours schlagen aux champs, die Musik fällt in eigens dazu komponierten Melodien ein, ebenso das aus den Opernsängern und Sängerinnen bestehende Personal auf dem Chor, unter dem man oft die herrlichsten Stimmen hört. Es ist nicht zu leugnen, daß diese Feierlichkeit im höchsten Grad ergreifend und imponierend ist und auf die Andächtigen einen großen Eindruck macht. Der kommandierende Offizier muß aber eine starke, sonore und durchdringende Stimme haben, an der es mir nicht fehlte, denn wenn ich im Freien kommandierte und drei Bataillone in einer Linie aufgestellt waren, so konnte man doch jedes meiner Kommandoworte auf das deutlichste von einem Flügel zum andern vernehmen. War es an unserem Regiment, das Kommando in die Messe zu geben, so ersuchte ich jedesmal den Offizier, an dem die Reihe war, dasselbe mir zu überlassen, sodaß alle vierzehn Tage meine Tour kam, und mehr als einmal hörte ich beim Abmarsch die sich Entfernenden flüstern: „Das ist der Offizier, der den Don Juan singt."
Meine musikalischen Kenntnisse brachten mir auch noch den Vorteil, daß das Musikkorps des Regiments jetzt unter meine spezielle Aufsicht gestellt wurde, so daß es mir nun nicht schwer fiel, dasselbe bisweilen für meine Privatinteressen zu verwenden, denn der Musikmeister mußte es mit mir halten, da ich ihm manchen Vorteil verschaffen und gewähren konnte; auch überhob mich dies manchen Dienstes, der gerade nicht zu den angenehmsten gehörte. Ich ließ nun öfters Schönen Serenaden und Aubaden, wie es sich am besten paßte, von Blasinstrumenten trefflich ausgeführt, bringen, wozu sich die Herren Musicis willig fanden, da ich sie jedesmal nach denselben mit Wein und Erfrischungen regalierte. – Um aber den Ensemblestücken des Don Juan, die wir aufführten, noch einen höheren

Reiz zu verleihen, instrumentierte ich, so gut es gehen wollte, den Klavierauszug für Violinen, Bässe, Klarinetten, Trompeten, Pauken usw., was keine Kleinigkeit war, da ich von dem Generalbaß und dem Kontrapunkt wenig oder gar keine Kenntnis hatte; ich half mir aber, indem ich mich mit dem Umfang und Schlüssel eines jeden Instruments bekannt machte und dann nach Gutdünken, nachdem ich auf einem Klavier probiert hatte, welche Partie sich wohl für die Violinen, welche für die Hoboe, welche für die Hörner am besten eignen würde, dieselbe den Instrumenten zuteilte. Freilich möchte sich wohl Mozart im Grabe herumgedreht haben, wenn er sein Meisterwerk so verstümmelt gehört hätte, denn welche Verstöße gegen die Regeln der Harmonie mögen dabei mit untergelaufen sein! Einige berichtigte mir der Musikmeister. Auf diese Art komponierte ich auch Geschwind- und Parademärsche, von denen viele in allen Regimentern der großen Armee aufgenommen wurden, namentlich ein Sturmmarsch (pas de charge), den sogar die Musik der kaiserlichen und neapolitanischen Garden adoptierte, und der diese mehr als einmal ins Feuer führte. Auch viele Tänze, französische Romanzen und italienische Kavatinen komponierte ich, und verlegte manche davon bei italienischen und französischen Musikalienhändlern. Eine Aubade, die ich in Genua einer Schönen bringen ließ, war jedoch Ursache, daß ich folgendes Billett von deren Ehemann erhielt: „Signore, ich bin kein Freund von Musik, die meine Morgenruhe und meine Ruhe überhaupt stört, am allerwenigsten aber von *Hörnern,* die bei Ihrer Musik vorzuherrschen scheinen; verschonen Sie mich also in Zukunft damit. Ihr usw." – Ich schluckte die witzige Pille und ließ mir nichts merken; das beste was ich bei der Sache tun konnte. – Indessen ging alles vortrefflich in Genua, und ich hatte die beste Hoffnung, auch mit der P... zum Ziel zu kommen, als mir einige Fatalitäten begegneten, die mich beinahe in große Kalamitäten gestürzt und verwickelt hätten, aus denen ich mich jedoch noch so ziemlich gut zu ziehen verstand.

Eines Tages, als ich vom Abendappell aus der Kaserne kam, sah ich den Kapitän Caguenec, denselben, der den Skandal im Theater zu Toulon veranlaßt hatte, in der Straße Balbi etwas schwankenden Trittes auf mich zukommen und merkte bald, daß er nach seiner löblichen Gewohnheit wieder einmal des Guten viel zu viel getan hatte. Gerne wäre ich ihm ausgewichen, allein es war nicht mehr möglich, denn schon hatte er mich gesehen, eilte auf mich zu und lud mich ein, ein Glas Rosolio im nächsten Kaffeehaus mit ihm zu trinken. Ihm in diesem Zustand etwas abzuschlagen, daran war nicht zu denken, wenn man nicht sofort arge Händel mit ihm haben wollte; ich mußte also nolens volens einwilligen, und noch ehe ich Ja gesagt, hatte er mich unter den Arm gefaßt, zog mich mit sich in das nächste Kaffeehaus und ließ Vanille-Rosolio bringen. Nachdem er ein paar Gläschen zu sich genommen, fiel es ihm ein, eine Partie Billard mit mir spielen zu wollen, und als ich ihm bemerkte, daß das Billard bereits von jungen Leuten in Beschlag genommen wäre, schrie er: „Ah, was tut das, wir werden doch mehr sein als dieses Bürgerpack, ich will sogleich rein fegen." Hierauf sprang er auf, zog, ohne daß ich es verhindern konnte, seinen Degen, fuchtelte mit der flachen Klinge auf die jungen Leute los, es waren deren über ein halbes Dutzend, indem er ausrief: „Allez-vous en tas de canaille"; diese ergriffen eifrigst die Flucht, und in einem Nu war das ganze Kaffeehaus geleert, bis auf einen älteren Mann, der nicht schnell genug zur Türe hinaus konnte, und dem er noch ein paar Hiebe aufzählte; hierauf stürzte er wieder einige Gläser Rosolio hinunter, schimpfte auf den Wirt und die Aufwärter, die sich zitternd in die Winkel und unter das Billard verkrochen, auf welches er nun mit scharfer Klinge einhieb und das Tuch desselben in Stücke zerhieb und zwar mit einer solchen Gewalt, daß er den Säbel oft nur mit der größten Mühe aus dem Holze, in das er tief eingedrungen war, herausziehen konnte. Sodann ging es hinter die Flaschen und Gläser des Kaffeezimmers, die er ebenfalls zertrümmerte,

so daß der Rosolio und alle Liquide in Strömen flossen, dabei forderte er mich beständig auf, ihm bei dieser Arbeit zu helfen und tapfer mit einzuhauen. Ohne gerade seinen Willen zu erfüllen, zog ich doch auch vom Leder, suchte aber seine vernichtenden Hiebe soviel als möglich zu parieren, während ich tat, als hieb ich zu, und mußte mehr als einmal ein „Mal-adroit“ von ihm hören. Nun machte er sich noch an Fenster und Spiegel, und schon hatte der Skandal einen Haufen Leute herbeigezogen, die mit Erstaunen diesen Heldentaten zusahen. Als er endlich des Einhauens müde und außer den bloßen Wänden nicht viel mehr zu vernichten war, stellte er sich vor den zitternden Wirt und sagte ihm mit drohender Stimme: „Kerl, jetzt mache mir die Rechnung; aber unterstehst du dich, einen Soldi zuviel anzurechnen, so haue ich dich in Stücke.“ Der Wirt blaß wie eine Leiche, und in Todesangst, stammelte: „Niente illustrissimo, niente affatto eccellenze.“ (Nichts, gar nichts, Gnädigster, Exellenz).
„Kerl, das war dir geraten, sonst wäre es dir schlecht gegangen“, versetzte Caguenec, nahm mich beim Arm und wollte mich fortziehen, als gerade eine Patrouille, welche ein Aufwärter bei der nächsten Wache requiriert hatte, in das Kaffeehaus trat, uns jedoch ehrerbietig durchließ; ich sagte dem Wirt noch im Abgehen, er möge sich beruhigen, ich wolle dafür sorgen, daß ihm alles vergütet werde. – Caguenec wollte nun in diesem Zustand in das Theater, zu Dorias und Gott weiß wo sonst hin, aber ihm allerlei vorspiegelnd, brachte ich es durch List, indem ich ihm immer nachzugeben schien, dahin, daß er sich in seine Wohnung begab, um vorerst ein wenig auszuruhen, dort aber schlief er, nachdem er sich auf das Bett geworfen, bald glücklich ein. Ich entfernte mich nun schnell, eilte in das Kaffeehaus zurück, um womöglich den Wirt zu beschwichtigen; dieser war aber schon zu dem Platzkommandanten gelaufen, hatte dort seine Klage angebracht, und kehrte jetzt mit einem Adjutanten desselben zurück, der beauftragt war, die Sache zu untersuchen. Das Haus und der

Platz waren so voll von Menschen, daß ich Mühe hatte, zu dem Adjutanten zu dringen, dem ich den Hergang der sauberen Geschichte der Wahrheit gemäß mitteilte, mich dabei auf das Zeugnis des Wirtes berufend, der mir aber nicht alle, sondern nur eine zweideutige Gerechtigkeit widerfahren ließ und gerne gewünscht hätte, daß es hieße: mitgefangen, mitgehangen. Ich begleitete den Adjutanten zum Kommandanten, der mir aber, nachdem er ihn angehört, bis auf weitere Order Zimmerarrest ankündigte, weil ich geschehen ließ, was ich nicht hatte hindern können, ohne daß entweder ich oder der Kapitän auf dem Platze geblieben wäre, denn ich kannte meinen Mann, den jede Einsprache und Abhaltung nur noch wütender gemacht haben würde, ob ich gleich, da ich nüchtern und jener betrunken, in großem Vorteil bei einem Klingengefecht gewesen wäre. Die Sache wurde sofort an den kommandierenden General Montchoisy berichtet, der im ersten Zorn von Kriegsgericht und sogar von Füsilieren sprach, sich aber durch Durets und anderer Fürsprache bewegen ließ, den Caguenec auf sechs Wochen ins Fort zu setzen und mir acht Tage Stubenarrest zu geben, obgleich ich mich damit entschuldigt hatte, daß Caguenec Kapitän, mein Vorgesetzter und ein weit höherer Offizier sei, als ich, der ich noch keine 17 Jahre zähle und wenig Erfahrung habe. Daß wir solidarisch zu allem Schadenersatz verurteilt wurden, den der Wirt über mehrere hundert Lire ansetzte, offenbar das doppelte des wirklichen Betrages, versteht sich von selbst. Ich kam am schlechtesten dabei weg, und mußte fast die ganze Summe zahlen, da Caguenec ein Panier percé war, dem fortwährend zwei Dritteile seiner Gage wegen früherer Exzesse schon einbehalten wurden.
Diese Geschichte, mit allen möglichen Zusätzen und Vergrößerungen ausgeschmückt, machte in Genua großes Aufsehen, und ich hatte viel zu tun, mich in den Familien, in denen ich bekannt war, wieder rein zu waschen. Während meines Arrestes lernte ich den ganzen Tag italienisch, das ich nun anfing, ziemlich geläufig zu sprechen; doch machte

ich noch manchen und oft sehr komischen Bock. So fragte ich einst nach dem italienischen Namen, ich weiß nicht mehr welches Medikamentes, worauf man mir sagte, es sei in der Spezeria Galetti (der Apotheke Galetti) zu haben; ich aber hatte verstanden, das Medikament hieße Spezeria Galetti und wurde von einer Apotheke in die andere gewiesen, bis ich in die genannte kam, wo ich durchaus Spezeria Galetti haben wollte, während man mir bedeutete, ma è qui, Signore (es ist hier, Signor), eh bene datemi (so gebt mir) ma che cosa, Signor (aber was?) spezeria Galetti, und man lachte, bis sich das komische Mißverständnis aufklärte. Ich hatte die Apotheke statt dem Medikament gefordert.

Mein erster Besuch nach meinem Arrest und nachdem ich mich gemeldet hatte, war bei der Signora Peretti, die mich zwar freudig empfing, mir aber mitteilte, daß ihr die Geschichte großen Kummer gemacht, da man sogar von Erschießen gesprochen habe; ich lachte und tröstete sie, wir musizierten, und probierten zweierlei Gattungen von Duetten. Da ich ihr den Hergang der fatalen Sache ganz zu meinem Vorteil erzählt, so nahm sie es auf sich, mich allenthalben zu rechtfertigen, und ich wurde nach wie vor in den guten Häusern Genuas gerne gesehen. Ja, die Marchese P . . . fragte mich teilnehmend in einer Abendgesellschaft, wie es mir ergangen, und sagte, sie wünsche wohl ein kleines zweistimmiges Lied, „Nice so piu non m'ami", mit mir durchzugehen, bei welcher Gelegenheit ich erfuhr, daß ein alter Musiklehrer, namens Guercino, der gerade gegenüber wohne, ihr manchmal neue Kompositionen bringe. Mir schien es, als habe sie mir dieses nicht ganz ohne Absicht mitgeteilt, besonders, da sie den Namen des Mannes einigemal nachdrücklich wiederholt hatte. Gleich den andern Tag suchte ich diesen Guercino auf, der schon ein Sechziger war, sich sehr freute, als ich ihm ankündigte, daß ich Unterricht auf der Gitarre bei ihm zu nehmen wünsche, und zwar in seiner eigenen Wohnung, um ihm die Mühe zu ersparen, in meine etwas entfernt liegende gehen zu müssen. Ich hatte schon längst im Sinne gehabt, dieses Instrument, das zum Akkompagnieren so bequem, nicht schwer und in Italien und Spanien so allgemein im Gebrauch ist, zu erlernen. Der gute Mann meinte, es sei zuviel verlangt, daß ich zu ihm gehen solle, und glaubte vermutlich, daß ich dies um zu sparen tun wolle, weil er dann einen billigeren Preis eingehen müsse; ich benahm ihm den Wahn, und gab ihm ein Zwanzigfrankenstück, der Preis für 8 Lektionen, die man in Italien gewöhnlich antizipando bezahlt, nahm auf der Stelle die erste Stunde und gab ihm den Auftrag, mir eine gute Gitarre zu kaufen. Er fand einen gelehrigen Schüler an mir, der ihm schon bei der ersten Lektion mitteilte, daß er es der Marchesa P... zu verdanken habe, daß ich ein Schüler von ihm geworden sei, die ihn sehr gerühmt. Oh è una eccellentissima Signora, la Signora Marchesa! rief er aus, sie war auch meine Schülerin und hat eine hübsche Stimme, è un vero angelo (ein wahrer Engel).

Ich schielte fortwährend über die Gitarre weg, deren Tonleiter er mir zeigte, nach dem Balkon jenseits der Straße, aber alle Fenster waren verschlossen und verhängt; ich sah ein, daß ich viel zu früh gekommen sei, um meine Schöne sehen zu können, und zeigte meinem Lehrer an, daß ich künftig meine Stunde nach der Parade um 18 oder 19 Uhr (12 oder 1 nach unseren Uhren) nehmen wolle, und zwar drei- oder viermal die Woche. Wir trennten uns, einer mit dem anderen sehr zufrieden. Den nächsten Tag kam ich zur festgesetzten Zeit und bemerkte, als ich in das Haus trat, daß die Marchesa hinter den Samtgardinen eines Balkons stand und mich wahrgenommen hatte. Sie zeigte sich auch während der Stunde mehrmals am Fenster, und zwar allein, ohne daß sie mich jedoch sehen konnte, da wir etwas weit zurück in der Stube saßen, ich ging aber einigemal unter allerlei Vorwand an das Fenster und grüßte die Signora verstohlen; auch wurde der Gruß durch eine leichte Verbeugung erwidert.

Nachdem ich ungefähr zehn bis zwölf Lektionen genom-

men hatte, bei denen ich die Marchesa fast jedesmal, wenigstens auf ein paar Augenblicke zu sehen bekam, war ich schon so weit, mich mit einigen Arpeggis und Akkorden begleiten zu können, da ich mich auch zu Hause fleißig übte und die Gitarre ein leicht zu lernendes Instrument ist, besonders wenn man schon Musik kennt. Eines Tages bat ich meinen Lehrer, doch ein leichtes Tonstück für zwei Gitarren mit mir durchgehen zu wollen, und hoffte ihn dadurch in die Notwendigkeit zu versetzen, vielleicht eine zweite Gitarre bei der P . . . entlehnen zu müssen; er holte aber ein anderes Instrument dieser Gattung aus einem alten Schrank hervor und stimmte es. Ich dachte: warte, der Gang ist dir doch nicht geschenkt, und da ich wußte, daß er keine umsponnenen Saiten, sondern nur Kantinen (Quinten) und g- und h-Korden im Hause hatte so stimmte ich solange an der d-Saite, bis diese glücklich sprang.
„Ma che facciam Signore, non ho altre corde in casa." (Was machen wir, ich habe keine anderen Saiten im Haus).
„Maestro", erwiderte ich, „dem ist leicht abzuhelfen, leihen Sie einstweilen ein anderes Instrument in der Nachbarschaft, vielleicht bei ihrer ehemaligen Schülerin?"
„Sie haben recht", versetzte der alte gute Narr, machte sich auf die Beine und kam bald mit einer sehr eleganten Chitarra-Lira zurück, auf der gewöhnlich die schönen Finger der reizenden P . . . spielten. Wir probierten nun ein paar leichte Stücke, und als sich die holde Marchesa wieder am Balkon blicken ließ, machte ich eine Pause, ging mit dem Instrument an das Fenster, schlug einige Akkorde an, und da ich sah, daß ihre Blicke auf mich gerichtet waren, zog ich ein längst in Bereitschaft gehaltenes Billettchen auf Rosapapier geschrieben aus dem Busen, hob es in die Höhe, damit es Madonna wahrnehmen konnte, küßte es und warf es sodann in den Resonanzboden der Lyra. Dies alles hatte die Signora ganz gut, mein lieber Lehrer, dem ich den Rücken zudrehte, aber gar nicht bemerkt, da es das Werk eines Augenblicks war. Sie verließ errötend das Fenster, ich aber, ganz vergnügt, bat den gefälligen Guercino,

das Instrument, verbindlichst dankend, doch gleich wieder seiner Eigentümerin zurückbringen zu wollen, wozu er sich verstand und bald mit der Nachricht zurückkam, daß ihm die Marchesa selbst dasselbe schon oben an der Treppe abgenommen habe. Ich verweilte nun noch eine kurze Zeit an dem Fenster, aber der Gegenstand meiner Verehrung ließ sich nicht mehr blicken. Der alte Guercino war sehr gesprächig und suchte alles mögliche hervor, um mich zu unterhalten, indem er mir öfters den Grad seiner Verwandtschaft mit dem Maler Guercino, von dem mehrere Kirchen Genuas gute Gemälde besitzen, recht ausführlich und langweilig auseinandersetzte. Endlich begab ich mich weg, indem ich ihm versprach, selbst neue Silbersaiten mitbringen zu wollen, was ich wohlweislich vergaß; ja, um meiner Sache noch gewisser zu sein, ließ ich durch meinen Burschen Louis die eine Gitarre, unter dem Vorwand, daß an meiner etwas zerbrochen sei und ich mich üben wolle, bei ihm holen, schickte sie nicht zurück und erklärte meinem Maestro den andern Tag beim Unterricht, daß ich sie behalten und ihm abkaufen wollte. Ich bezahlte ihm sechzig Lire dafür, ob sie gleich keine dreißig wert war, worüber besonders seine alte Ehehälfte entzückt schien, die mich seitdem in besondere Affektion nahm, und ihren Mann ermunterte, die Gitarre hin- und herschleppend, fortwährend den Postillon d'amour in aller Unschuld zu machen. Er holte das Instrument wieder, das ich um und um drehte und schüttelte, es konnte aber nichts herausfallen, denn es war leider leer; auch sah ich die Marchesa erst gegen das Ende der Stunde am Fenster, wo ich ihr nun ein zweites Billett zeigte und sie durch die Zeichensprache, die man in Italien zur höchsten Stufe der Vollkommenheit gebracht, und welche ich neben der des Mundes fleißig studierte und bald begriffen hatte, dringend bat, mich doch mit einer Antwort zu beglücken. Sie schien mich nicht verstehen zu wollen, indessen sandte ich das zweite Billett, in dem dieselbe Bitte wiederholt war, auf dem Wege wie das erstemal ab.

Den anderen Abend war große Gesellschaft bei dem kommandierenden General, wohin auch der Marchese P ..., seine Gattin und deren Schatten, der Ritter Negroni, eingeladen waren. Hier sollten zum erstenmal mehrere Stücke aus dem ersten Finale des Don Juan mit der von mir arrangierten Orchesterbegleitung, die unser Verein einstudiert hatte, vorgetragen werden, worauf Souper und Tanz folgten. Alle geladenen Nobili trafen mit ihren Frauen und Cicisbei zur bestimmten Stunde im höchsten Glanz und reich geschmückt zu dem Feste ein, unter ihnen ragte die Marchesa P ... in den ersten Reihen gleich einer Sonne unter Sternen hervor; bei dem Vortrag der Musik saß sie mir gerade gegenüber. Außer den Gesängen aus dem Don Juan trug ich diesen Abend noch die bekannte italienische Arie: „Tu non sai da quanti moti" vor, die ich wegen dem vielsagenden Text gewählt und die ich hauptsächlich an meine Herzensdame richtete; bei jeder bezeichnenden Stelle warf ich die Blicke auf sie, wobei sie dann die ihrigen niederschlug, doch, wie ich wohl bemerkte, bisweilen verstohlen nach mir schielte. Es lief alles ziemlich nach Wunsch ab. Als der Tanz begann, verfehlte aber der mir so fatale Negroni nicht, diesen Abend aufmerksamer als je sein Amt zu versehen; dennoch aber konnte er nicht verhindern, daß ich zwei Quadrillen mit der unter seiner Aufsicht stehenden Dame tanzte, ihr einigemal die Hand drückte und sie leise fragte, warum sie mir keine Antwort auf meine Briefchen gebe, ob sie denn wolle, daß ich vor Kummer und Gram und aus Verzweiflung sterben solle? usw.

Nachdem sie sich allenthalben umgesehen, ob man uns nicht beobachte, sagte sie mir auf französisch: Je n'ose. –
Dies war mir hinreichend, ich arrangierte nun die zweite Quadrille, für die ich mit ihr engagiert war, so, daß nur Offiziere in derselben mittanzten, und bat einen Kameraden, mit dem ich genauer bekannt war, doch zu versuchen, den Negroni in einer anderen Quadrille während dieses Tanzes zu plazieren, was ihm auch gelang; ich hatte nun freieres Spiel, und die Marchesa benahm sich weit unge-

zwungener und weniger ängstlich. Ich wiederholte mündlich, was ich geschrieben, sprach von meiner feurigen, innigen Liebe, und erhielt das Versprechen, daß sie mich mit ein paar Zeilen Antwort beglücken würde. Auf meine Frage, warum sie bisher so streng und zurückhaltend gewesen, erwiderte sie: „Sehen Sie denn nicht, wie man mich bewacht und beobachtet. Der fatale Negroni, den mir mein Mann zum Begleiter aufgedrungen, verfolgt mich bei Tag und bei Nacht, deswegen hoffen Sie nicht viel."
„Diesem wird doch auch noch eine Nase zu drehen sein", erwiderte ich.
„Vielleicht daß der bevorstehende Karneval Gelegenheit dazu bietet, versetzte sie, sonst wüßte ich nicht wie es zu machen wäre. Indessen werde ich Ihnen schreiben, da Sie mich versichern, daß dieses schon Sie glücklich macht."
„Tausend Dank, schönste Signora, oh, wenn nur erst wir beide uns verstehen, dann ist es mir wegen dem übrigen nicht bange."
Die Musik verhallte, der letzte Pas war gemacht, und ich führte die Signora an ihren Platz zurück, wo sie Negroni in Empfang nahm. Bei dieser Soiree befand sich auch Madame Grenet, sowie viele andere Offiziersdamen der Garnison, welche die Conversazioni der genuesischen Familien in der Regel nicht besuchten, hauptsächlich weil sie den Aufwand der Toiletten scheuten, sich auch durch die mit Brillanten reich geschmückten Genueserinnen zu sehr in Schatten gestellt sahen. Wer sieht schärfer als die Eifersucht? – Madame Grenet, die ich bis jetzt fast ganz vernachlässigt und nur einigemal besucht hatte, mit der ich des Anstandes halber aber doch ein paarmal tanzte, hatte recht wohl bemerkt, wie sehr ich der schönen Marchesa den Hof gemacht, und sich bei einigen anderen Damen, die sie nicht kannten, nach dem Namen und den Verhältnissen derselben genau erkundigt. Ich hatte ihr einige Galanterien gesagt, die sie kalt genug aufnahm, und als der Tanz mit ihr zu Ende war, ignorierte ich sie für den Rest des Abends. Am nächsten Tage eilte ich wieder zur bestimmten

Zeit in meine Musikstunden, ließ die Gitarre holen und fand zwei Zeilen darin, die mich warnten: ich möge um's Himmels willen vorsichtig und behutsam sein und mich nicht verraten, sonst könne großes Unglück entstehen. – Ein Billettchen, das ich morgens schon geschrieben und mit Schwüren und Versicherungen ewiger Liebe und Treue vollgeschmiert hatte, ließ ich auf demselben Wege wieder zurückgehen. Dieser Briefwechsel fand noch ein paarmal statt und die Billette der Marchesa wurden etwas länger, zärtlicher und weniger ängstlich. In dem letzten derselben, etwa vier Tage nach dem Fest beim General, schrieb sie mir, ich solle mich diesen Abend ja a due ore di notte (zwei Stunden nach Sonnenuntergang) an der Kirche der Karmeliter einfinden, wo ich mich der so sehr gewünschten Zusammenkunft endlich erfreuen und sie verkleidet finden würde. Auffallend war es mir aber, daß ich die Marchesa während der ganzen Stunde, sowie beim Weggehen nicht einen Augenblick am Fenster gesehen hatte, da sie mich doch bei Guercino wußte. Ich schrieb dies indessen ihrer Verschämtheit wegen dem zugesagten Rendezvous zu, erkundigte mich nach der benannten Kirche und erfuhr, daß dieselbe in dem entlegensten und einsamsten Winkel der Stadt, an deren Mauern liege. Auch dies schien mir natürlich, da ihr alles daran gelegen sein mußte, von niemand gesehen oder erkannt zu werden. Indessen waren wir in Italien, und ich wußte, wessen man sich hier zu versehen habe, wenn man Intrigen mit Frauen anknüpfte; noch vor wenigen Tagen war ein Artillerieoffizier bei der Heimkehr aus dem Theater von mehreren Banditen angefallen und lebensgefährlich verwundet, ein anderer sogar von einer Frau, mit der er ein Verhältnis gehabt und sie nachher vernachlässigte, in seinem Zimmer erdolcht worden. Ich fand es deshalb nötig, nachdem ich noch bei Tage den Ort des Rendezvous rekognosziert hatte und ihn zur Ausführung eines Banditenstreiches vollkommen gut gelegen fand, meinen Burschen Louis gehörig bewaffnet mitzunehmen. Als die dennoch von mir mit großer Sehnsucht herbeigewünschte Stunde schlug, denn irgendein Abenteuer mußte es ja absetzen, sei es ein verliebtes oder blutiges, beides war mir recht, eilte ich in Begleitung meines Bedienten an den bezeichneten Ort, hieß diesen sich ruhig in einem Winkel postieren, und nur erst, wenn ich ihn beim Namen rufen würde, herbeizuspringen. Ich begab mich in die Kirche, in der ich keine Seele sah und nur hin und wieder düster brennende ewige Lampen erblickte. Ich setzte mich in einen Stuhl, die Ankunft meiner Madonna mit Ungeduld erwartend. Es mochte beinahe eine Stunde sein, daß ich dasaß, und noch immer zeigte sich keine Marchesa, und auch sonst kein Mensch ließ sich sehen. Ich verlor die Geduld, ging vor die Kirche und wollte die Runde um dieselbe machen; aber noch hatte ich keine dreißig Schritte getan, als drei Kerle hinter einem hervorspringenden Mauerpfeiler auf mich stürzten, und einer von ihnen sagte: „Eccolo, è custoi!“ (Hier ist er, das ist er!) Schneller als der Blitz hatte ich jedoch meinen Degen aus der Scheide gezogen und mich en garde gestellt; dies hinderte die Banditen nicht, mit ihren langen Stiletten bewaffnet auf mich einzudringen, und zwei derselben suchten mich im Rücken zu fassen, ich aber machte schnell eine Wendung, so daß ich mich mit dem Rücken an eine Mauer lehnen konnte, und hieb nun nach allen Seiten wie ein Rasender um mich, so daß keiner nur mir auf den Leib kam, zugleich rief ich: „A moi Louis.“ Dieser sprang nun auch mit gezücktem Säbel zu, und die drei vermummten Wichte ergriffen jetzt das Hasenpanier. Wir verfolgten sie zwar eine Strecke, verloren sie aber, nachdem sie um eine Straßenecke gebogen, aus dem Gesicht. Wahrscheinlich hatten sie sich in einen ihnen bekannten Schlupfwinkel oder in ein offenes Haus geflüchtet.

Dieser Streich brachte mich so sehr auf, daß ich auf der Stelle in die Wohnung des Marchese P . . . wollte, um dort Aufklärung über diesen Vorfall zu erhalten und Rechenschaft zu begehren; doch kühlte sich mein Blut mehr und mehr ab, während ich durch die engen Straßen der Stadt meinem Quartier zueilte, ich gab jetzt dies Vorhaben auf, faßte aber den festen Vorsatz, der Sache à tout prix auf die Spur zu kommen, da ich die Stimme und Figur Negronis erkannt zu haben glaubte. Die ganze Nacht konnte ich kein Auge zutun und rannte fast mit Tagesanbruch in Guercinos Wohnung, um ihm den Vorfall mitzuteilen. Dieser aber empfing mich mit den Worten: „O Signor mio che avete fatto, m'avete rese infelice sou un uomo perduto" (mein Herr, was haben Sie getan, Sie haben mich unglücklich gemacht, ich bin ein verlorener Mann).

„Wieso, was ist Ihnen?" rief ich ganz erstaunt.

„Sie haben mich wider mein Wissen zum Ruffiano (Kuppler) gemacht, und der Marchese P... wird mich verderben."

Ich suchte nun den alten Mann, dem die Tränen in den Augen standen, zu beruhigen, als auch seine Frau aus dem Nebenzimmer trat, und zwar nicht im reizendsten Negligé, heulend in die Klagen ihres Eheherrn einstimmend, und ihre Worte immer mit dem Refrain schloß: „Wir müssen so unschuldig leiden, und haben gar nichts davon, ja wenn wir noch etwas davon gehabt hätten!"

Ich gab mir alle Mühe, die beiden Alten möglichst zu beruhigen, indem ich ihnen versprach, daß ich alles wieder zu applanieren und gutzumachen wissen werde, und drückte der Frau einstweilen zwei Goldstücke in die Hand, ohne daß ich noch wußte, was hier eigentlich vorgefallen war. Der Zauber des Goldes hatte denn auch die Wirkung, daß beide Eheleute sogleich ruhiger wurden, ohne ein niederschlagendes Pulver genommen zu haben, und jetzt imstande waren, meine Fragen vernünftig zu beantworten; ich erfuhr nach und nach den Zusammenhang der ganzen Geschichte, soweit sie sie betraf, woraus ich mir das übrige schon erklären konnte.

Nachdem ich den Maestro den Tag vorher verlassen, trug er wie immer, die geliehene Gitarre zurück, die ihm aber diesmal nicht, wie bisher, die Marchese, die er gar nicht zu sehen bekam, sondern der Cavaliere servente Negroni abgenommen, welche ihm auch ein Bedienter eine Stunde früher gegeben hatte, worauf er sich empfahl. Bald darauf hatte ihn aber der Marchese P . . . wieder rufen lassen, und als er in dessen Zimmer trat, mit den Worten angeschnauzt: „Alter Kuppler, habe ich dich, dies soll dir nicht so hingehen!" Worauf ihn der sich gegenwärtig befindende Negroni noch weit ärger heruntergemacht, geschimpft und beinahe tätlich mißhandelt habe. Er, von gar nichts wissend und nichts ahnend, habe lange vergeblich gefragt, um was es sich denn handle, und noch vergeblicher seine völlige Unschuld beteuert. Nach langem Hin- und Herreden und beständigem Drohen und Schimpfen habe ihm sodann Negroni das Billett gezeigt, das ich an die Marchesa geschrieben, und das die Herren schon das vorletzte Mal in der Gitarre gefunden hatten, in dem ich die Signora P . . . auf das dringendste um ein Rendezvouz gebeten. Sodann habe man ihn in ein entlegenes Zimmer des Palastes geführt, daselbst eingeschlossen, und seiner Frau sagen lassen, sie möge diesen Abend nicht auf ihn warten, da er bis spät in die Nacht Musikstücke mit der Marchesa durchgehen müsse. Endlich aber habe man ihn nach fünf Uhr (elf Uhr nach unserer Uhr) in der Nacht wieder freigelassen, mit der Deutung, daß, wenn er im mindesten schuldig befunden würde, er sich auf das Schlimmste gefaßt machen könne.

Ich tröstete den armen Teufel so gut ich konnte, versprach ihm meine Hilfe in jeder Hinsicht, um ihm die ausgestandene Angst und den Arrest reichlich zu vergüten, ging vorerst wieder heim, und kehrte zur gewöhnlichen Unterrichtsstunde zu Guercino zurück, dessen Frau ich einstweilen eine genuesische Quadruppia auf Abschlag des versprochenen Schmerzensgeldes gab; dies machte, daß die guten Leute, alle ausgestandene und noch bevorstehende Gefahr vergessend, von der besten Laune beseelt wurden, und die Frau zu mir sagte: „Aber warum haben Sie sich nicht an mich gewendet, ich hätte Ihnen die sichersten Mittel und Wege gezeigt, wie Sie die Signora hätten sprechen und ihr schreiben können, ohne daß man dahinter gekommen wäre; einem so großmütigen Herrn diene ich gern. Ich habe Bekanntschaft in dem Palazzo, die alte Wärterin der Marchesa ist meine intime Freundin und gilt alles bei der Signora, hätten Sie sich nur mir anvertraut . . . jetzt ist die Sache wohl ziemlich verpfuscht, wenigstens weit schwieriger einzuleiten, doch wir wollen sehen, was noch zu tun ist . . ."

Da ich die Alte so sprechen hörte, dachte ich: Holla, du bist was ich brauche, und bat sie, vorerst nur zu erforschen zu suchen, wie die Sachen drüben stünden und wie man die Marchesa behandle. Sie versprach mir, womöglich schon den anderen Morgen Nachricht darüber zu geben, indem sie noch diesen Abend ihre Freundin zu sprechen suchen würde.

Daß ich in der Abendstunde meuchlerisch war angefallen worden, war schnell publik, und schon den anderen Tag fragten mich die Generale, Chefs und andere Offiziere wegen den näheren Umständen, die ich ihnen mitteilte, dabei aber weislich die mir nun wohl einleuchtende Ursache des Anfalles verschweigend; ich schob ihn dem allgemein bekannten Haß des Volkes gegen die Franzosen oder auch der Raubsucht zu, Duret aber, der mich kannte, setzte, mit dem Finger drohend, hinzu: und dem Haß gegen die Verführer ihrer Frauen. Indessen mehrte sich durch diesen und einige ähnliche Mordanfälle die schon bestehende Erbitterung zwischen der Garnison und den Einwohnern noch bedeutend und wurde bald zu einem unversöhnlichen Haß.

Meine Musikstunden setzte ich nach wie vor fort, als sei nichts vorgefallen, was wohl das Klügste unter so bewandten Umständen ist; war aber, besonders des Abends, auf meiner Hut, wenn ich allein aus dem Theater oder von anderen Orten nach Hause ging, und ließ mir niemand zu nahe auf den Leib rücken.

Die Alte hielt Wort und konnte mir schon den nächsten Tag das Nähere mitteilen, sie hatte, um allen Verdacht ferne zu halten, durch eine dritte Person die alte Wärterin wissen lassen, daß sie sie zu sprechen wünsche, und diese sagte ihr noch denselben Abend ein Stelldichein in einer Kirche zu. Hier erzählte sie nun, daß der Gatte Toninas, der Taufname der Marchesa, ein Billett erhalten, in welchem man ihn vor mir gewarnt und mitgeteilt habe, daß ich seiner Frau nachstelle; dies habe er dem Negroni gezeigt, der ohnedies schon durch das ofte Leihen der Gitarre aufmerksam geworden war und beschlossen hatte, die Gitarre das nächstemal zu untersuchen. Er fand in ihr auch ein Billett von mir, worauf ihre Gebieterin in strenges Verhör genommen worden sei; da aber in meinem Briefchen glücklicherweise durchaus nichts gestanden, wodurch man auf ein Einverständnis zwischen uns beiden hätte schließen können, sondern ich mich im Gegenteil beschwert habe, daß sie grausam sei und mich so lange um eine einzige Zusammenkunft betteln lasse, so sei es der Signora nicht schwer gefallen, sich, ihre Unschuld beteuernd, auf meine Kosten von dem Verdacht der Teilnahme freizumachen, indem sie nichts dazu könne, wenn man ihr gegen ihren Willen Briefe auf diese Art heimlich zukommen zu lassen suche, die sie weder gelesen noch gesehen habe. Um aber ihre Unschuld zu beweisen, habe sie jenes Billett, wodurch ich in die Kirche gelockt wurde und das man ihr in die Feder diktiert, schreiben müssen. Im übrigen stünde jetzt alles so ziemlich im Hause wieder wie früher, nur dürfe sie sich nicht am Fenster blicken lassen, solange man mich bei Guercinos wisse, worauf man genau acht gebe; die Marchesa sei aber über das Verfahren ihres Mannes und Cicisbeos so aufgebracht, daß sie jetzt ihr Köpfchen aufgesetzt und geschworen habe, den beiden Herren eine Nase zu drehen, es entstehe auch daraus, was da wolle, sie müsse nun die nähere Bekanntschaft des jungen Offiziers machen. – Echt italienisch. – Für diese Nachricht bekam die Alte wieder ein Goldstück, und außerdem kam ich jetzt nie in das Haus, ohne ihr einige Kleinigkeiten für sie und ihre Freundin mitzubringen, um beide in guter

Laune und mir geneigt zu erhalten. Ich war so immer au fait von dem, was in der Wohnung des Marchese P... vorging. Signora Guercino gab mir die beste Hoffnung, meine Madonna bald allein und ungestört sprechen zu können: „Denn der Karneval ist vor der Türe", setzte sie hinzu, „darum allegro Signor Uffiziale!" –

Indessen war jetzt, gerade wo ich es am nötigsten bedurfte, meine Kasse schlecht bestellt, und ich sah den leeren Boden derselben; denn außer diesen Extraausgaben hatte ich auch ziemlich viel Geld im Spiel, wo ich meistens unglücklich war, verloren. Bansa zahlte mir meine bestimmte Zulage aus, aber mehr wollte ich von ihm nicht fordern, eine abschlägige, mir sehr empfindliche Antwort befürchtend. Aus dieser Geldverlegenheit riß mich Dantrace, der unterdessen auch Offizier geworden war, und immer eine wohlgefüllte Börse besaß, die er mir schon einigemal angeboten hatte; er war sehr vergnügt, mir fünfzig Louisdors leihen zu können.

Mit Hilfe der Guercino und ihrer alten Freundin war jetzt eine regelmäßige Korrespondenz zwischen der Marchesa und mir in Gang gekommen, der Karneval hatte begonnen und die Masken ließen sich bereits in den Straßen und auf den Promenaden blicken. Eines Morgens, nachdem ich den Abend vorher die P... in einer Gesellschaft gesehen, aber weder mit ihr gesprochen noch getanzt, sondern nur verstohlene Blicke gewechselt hatte, um den Argwohn der Männer nicht neuerdings rege zu machen, empfing mich meine Alte mit triumphierender Miene und reichte mir zwei Billettchen mit den Worten: „Nun, Signor, blühet Ihr Glück; morgen sprechen Sie die Geliebte, und hier ist das anonyme Briefchen, das Ihnen bald den Hals gebrochen hätte." Hastig durchlas ich beide, das erste enthielt die Bestätigung dessen, was mir die Guercino gesagt, und das andere, in sehr fehlerhaftem und gebrochenem Italienisch geschrieben, warnte den Marchese vor mir. Trotz aller Mühe, die man sich gegeben, seine Handschrift zu verstellen, erkannte ich dennoch die Hand der Madame Grenet in demselben. „Warte, das sollst du mir büßen, kleiner Satan“, rief ich im ersten Zorn aus, der sich jedoch bald wieder legte, da ich mir sagte, daß ich doch manches Unrecht gegen sie begangen. Bald dachte ich an nichts mehr als an den kommenden Tag, der mich beglücken sollte. In dem Billett der P . . . stand, daß mir die Alte mündlich sagen würde, wie endlich unsere beiderseitigen Wünsche in Erfüllung gehen sollten, und diese teilte mir jetzt mit, daß sich die Signora am nächsten Tage in den Nachmittagsstunden als eine alte Sibylla maskiert, in einer Portantina zu einer vertrauten Freundin würde bringen lassen, die bereits in unser Geheimnis eingeweiht sei und gerne die Hand biete, die beiden Männer zu prellen. Sie selbst aber, die Guercino, würde sich schon früher zu der nämlichen Signora verfügen, um dort einen ganz gleichen Anzug wie den der Marchesa anzulegen, in welchem sie mit jener Freundin maskiert durch die Straßen und Promenaden Genuas bis zur Abenddämmerung wandern würde. Negroni, welcher der Dame in der Portantina bis zum Haus der Signora Maretti, so nannte sich die Freundin, folgen werde, aber dasselbe nicht betreten dürfe, was bei solchen Gelegenheiten gegen die Sitte sei, würde dann wahrscheinlich auch sie beide, seine Marchesa unter der Verkleidung der Guercino wähnend, auf allen Gängen verfolgen, während ich nun mehrere Stunden mit der wirklichen P . . . ungestört zubringen könne, jedoch nicht in dem Haus der Signora Maretti, wo die Marchese nicht bleiben werde, da ich ohne Aufsehen zu erregen nicht in dasselbe gehen könne. Sie würde sich also abermals umkleiden und einen Mesero (ein Schleier von Baumwollenzeug, mit dem sich die Frauen aus geringerem Stande Kopf und Brust bis beinahe an die Knie bedecken, so daß fast nur die Augen frei bleiben und man weder Taille noch Arme sieht und also ziemlich unkennbar ist) umhängen, und sich dann so verkleidet in die Wohnung der Guercino begeben, wo ich sie erwarten solle; ich dürfe aber, um allen Verdacht fern zu halten, erst dann in dasselbe gehen, wenn ich, in einem nahen Kaffeehause aufpassend, gesehen, daß die Portantina und Negroni den Palazzo P... verlassen haben würden. Dieser Plan schien mir gut und mit großer Schlauheit ersonnen, und es bewährte sich wieder, daß nichts über Pfaffentrug und Weiberlist geht; doch war er nicht ganz gefahrlos, da ich fürchtete, Negronis Scharfblick möchte dennoch die Metamorphosen am Ende entdecken; aber die Alte beruhigte mich deshalb, indem sie mich versicherte, daß der gewählte Anzug einer betagten Wahrsagerin die Umrisse des Körpers vollkommen verberge, da man krumm und gebückt gehen und sich obendrein noch einen Höcker machen werde, so vermummt und eingehüllt daher ein Erkennen unmöglich sei. Anreden dürfe er sie auch nicht, wenigstens keine andere Antwort als durch Zeichen und Kopfnicken erwarten, und so stehe sie für den Erfolg ein. Sie sprach dies mit solcher Zuversicht, daß ich alles Vertrauen in die Schlauheit dieser Weiber setzte und nun jeden Pulsschlag bis zur Stunde, die mich beglücken sollte, zwischen der noch eine lange Nacht lag, in welcher ich beinahe kein Auge schloß, zählte. Endlich brach der heißersehnte Tag an, an dem das Abenteuer bestanden werden sollte, das mich seiner Sonderbarkeit halber schon mehr wie jedes andere reizte, weil es mit so viel Schwierigkeiten und Gefahr verbunden war, und ich schon so oft gezweifelt hatte, diesmal zum ersehnten Ziel zu kommen. Gleich nach der Parade warf ich mich in Zivilkleider, begab mich sodann in das bestimmte Kaffeehaus, keinen Blick von der Porta des Palazzo P... verwendend, und harrte mit ängstlicher Erwartung, ein Sorbetto nach dem anderen verschlingend, dem Erscheinen des ersehnten Gegenstandes; es waren sicher schon drei Stunden verflossen, als sich endlich die Tore öffneten, und die Portantina, die alle meine Wünsche in sich faßte, so wohl verwahrt, daß kein Blick den Inhalt derselben gewahren konnte, herausgetragen wurde; Negroni folgte unmittelbar.

Als ich beide aus dem Gesicht verloren, begab ich mich in Guercinos Wohnung, von der er mir den Schlüssel übergeben und sich selbst entfernt hatte, damit ich ganz ungestört sein sollte. Hier harrte ich nun abermals über eine gute Stunde, hinter einer Gardine lauernd, und sah manche Frauengestalt, in einen Mesero gehüllt, dicht an dem Haus vorübergleiten, jedesmal die Heißersehnte darunter wähnend. Wer je in dem Fall war, auf ein solches Rendezvous zu warten, wird wissen, was dies heißt, und in welcher Aufregung, Spannung und mit welchen Befürchtungen der Vereitelung man sich dann befindet. Jedesmal stampfte ich mit dem Fuße, wenn ich durch das Vorbeigehen einer solchen Gestalt enttäuscht war. Endlich aber schwebte mit leichtem Elfentritt ein Wesen heran, das mir das Herz ungestümer pochen machte, und wenn gleich tief verhüllt, doch einen ätherischen Wuchs und unnennbare Grazie zu verraten schien. Wenn es diese nicht ist, so ist es keine, dachte ich bei mir selbst; aber sie war es; denn kaum hatte ich ausgedacht, so schlüpfte sie auch schon zur Pforte herein, leisen Trittes die Treppe hinauf, ich machte die Stubentüre auf und öffnete beide Arme, die fest zu umschlingen, aber man sträubte sich, und als ich recht zusah, war es – die alte Guercino, die ich so feurig umfaßt hielt. Dies war zu toll: „Was soll das heißen", rief ich zornig aus, „hat man mich zum besten?" – Aber die Alte lachte und sprach: „Nur nicht so bös, mein ungestümer Herr, es ist freilich arg, wenn man einen jungen Engel zu umarmen wähnt, und dafür ein altes Weib umschlingt, aber nur ein klein wenig Geduld, der Engel folgt mir auf dem Fuße nach, und ich bin nur der Sicherheit wegen, um eine Überrumpelung zu verhüten, gekommen; wir haben es überlegt, daß es so besser sei, wenn ich Wache halte, und eine andere Freundin der Signora Maretti spielt einstweilen statt meiner die Rolle der Marchesa-Sibylla." Sie sprach wahr, denn kaum hatte sie ausgeredet, so trat eine zweite, in einen Mesero gehüllte Gestalt ein, und diesmal war es die rechte. Endlich lag Tonina in meinen Armen, und in endlosen Küssen sog ich ihren Atem in vollen Zügen ein. Die Alte verließ uns, ihren Lauerposten antretend, ich entschleierte die reizende Nymphengestalt vollends und trug sie küssend in das anstoßende Schlafzimmer Guercinos, wo ich ein paar unvergeßliche Stunden im höchsten Entzücken zubrachte. So war denn meine Ausdauer und Beharrlichkeit endlich gekrönt und Negroni an der Nase herumgeführt: denn während wir im Hochgenusse schwelgten und ich die rechte Sybilla im Arm hatte, lief der Cicisbeo der untergeschobenen mehrere Stunden durch alle Gassen nach, sie auch nicht eine Minute aus den Augen lassend; die beiden Damen führten ihn absichtlich in die ödesten und entlegensten Orte der Stadt und kehrten erst mit einbrechender Nacht wieder heim. Negroni hatte deren tolles, planloses Rennen verflucht, das ihn, der eben nicht besonders gut auf den Beinen war, sehr ermüdete.

Als sich Tonina endlich aus meinen Armen wand, nachdem wir uns über alles, was wir bisher gelitten und ausgestanden, unterhalten und ausgesprochen hatten und sie sich zum Weggehen anschickte, hatte es schon zu dämmern begonnen. Sie warf den Mesero über und schlüpfte nach hundert Abschiedsküssen zur Türe hinaus, während ich ihr so weit als möglich mit den Augen folgte; die Guercino begleitete sie zu ihrer Sicherheit in einiger Entfernung; ich warf mich dann erschöpft auf das Bett, auf welchem noch vor wenig Augenblicken die Engelsgestalt geruht hatte.

Vor Ermüdung war ich in dem immer finsterer werdenden Zimmer eingeschlummert, als die Guercino zurückkam, mich weckte und auf mein schlaftrunkenes „chi è?“ (wer ist's?) erwiderte: „Nun sind Sie zufrieden, nicht wahr, dies waren Götterstunden?“ Ich beantwortete die naseweise Frage, indem ich ihr meine ganze Börse, etwa fünfzig Lire enthaltend, in die Hand drückte. Sie berichtete mir, daß die Marchesa wieder glücklich in das Haus der Maretti gekommen sei, nun bald in ihr eigenes zurückkehren und dann die Oper mit ihrem Cicisbeo besuchen werde. Ich beschloß, ebendahin zu gehen, nahm einen Platz in einer Gitterloge dicht an der Bühne, von der aus ich sie ziemlich un-

bemerkt beobachten konnte, und ihr bisweilen eine verstohlene Occhiata zuwarf.
Da wir nun einmal so weit waren, so wiederholten wir dasselbe Manöver mit einigen Variationen, so oft es sich tun ließ, ohne Verdacht zu erregen. Die Marchesa wählte dann jedesmal ein solches Kostüm zu ihrer Verkleidung, das die Formen jeden Wuchses unkenntlich machte und für alle Gestalten paßte. Da indessen dieser wunderliche Geschmack ihrem Eheherrn und dem Cicisbeo bald aufgefallen sein würde, so zeigte sie sich in der Zwischenzeit und an den Tagen, an denen wir nicht zusammenkamen, in anderen und sehr eleganten Maskenanzügen, in Begleitung ihrer Freundin und immer von Negroni verfolgt, in den Straßen, wo ich ihr dann häufig begegnete, öfters aber auch andere, mich intrigierende Masken verfolgte, ihnen Fleuretten erzählte, von denen mir einmal ein paar Dinge sagten, welche mich in Erstaunen und Unruhe versetzten, da sie mein Verhältnis zu der P... betrafen.
Eines Abends, nachdem ich wieder eine Zusammenkunft mit der Marchesa in Guercinos Wohnung gehabt, traten, kurz nachdem sie weggegangen, zwei andere weibliche Masken in das Zimmer, in dem ich noch verweilte. Es waren zwei Zingarellen (Zigeunerinnen), die einen niedlichen Wuchs, ein stolzes Einherschreiten hatten, und noch junge, wahrscheinlich auch hübsche Frauen zu sein schienen. Sie machten mir eine stumme Verbeugung, ließen sich nieder, und ich fing eine Konversation mit ihnen an, die von ihrer Seite fast drohend geführt wurde. Bekannt schien mir die, wenn auch schon verstellte Stimme der einen, und ich begrüßte sie bald mit einem: „Buonissima sera Signora Peretti"; sie nahm nun die Larve ab und sagte: „Ah Birbone, was machen Sie fast jeden Nachmittag hier?"
„Musik, Signora, ich lerne die Gitarre und studiere Partien ein." – „So, und die Dame im Mesero, die Sie besucht?"
„Je nun, die studiert wahrscheinlich auch Partien ein", sagte ich lachend, doch etwas verdutzt.
„Allerliebst! Wahrscheinlich Don Juan und Zerline? Ich

habe aber die Partie der verlassenen Donna Elvira noch nicht gelernt, Signor mio."
„Die sollen Sie auch nicht lernen, mein schönes Kind, dazu sind sie viel zu liebenswürdig. Aber wer ist denn Ihre stumme Begleiterin?"
„Oh, die sollen Sie auch noch kennen lernen. Leider sind wir etwas zu spät gekommen, um Sie ganz zu entlarven."
Diese Unterhaltung wurde halb im Scherz, halb in bösartigem Ernst geführt. Ich wollte der Sache ein Ende machen, sprang auf, nahm die sich sträubende Peretti in den Arm, küßte sie trotz allem Sträuben, indem ich lachend sagte: „Seien Sie doch kein Kind, Sie sind meine einzige, meine ewige Liebe, die Angebetete meines Herzens, ich schwöre Ihnen, daß . . ." „Sie ein Lügner sind", fiel mir der kleine Teufel ins Wort, „dem ich nicht nur die Augen auskratzen möchte, sondern . . ."
Hier zeigte sie mir ein kleines Stilett, das an einem silbernen Kettchen an ihrer linken Seite herabhing und das sie drohend aus der Scheide zog. Ich suchte ihr das gefährliche Instrument halb im Scherz zu entwinden; während ich so mit ihr rang, nahm auch die andere Maske ihre Larve ab, und ich erkannte die Marchesa Costa, der ich schon einigemal, aber es nie ernstlich meinend, eine Liebeserklärung so en passant gemacht und ob ihrer Schönheit große Schmeicheleien gesagt hatte. Beide schrien nun: „Traditore (Verräter), bilden Sie sich nicht ein, daß Sie in Frankreich oder Deutschland seien, wir sind Italienerinnen, und zwar Genueserinnen, die man nicht ungestraft zum besten haben darf und die solche Beleidigungen zu rächen wissen. Wir wissen recht gut, welche Rendezvous Sie hier haben, und wenn Sie die Sache nicht lassen, so wird es ein schlimmes Ende nehmen. Gestehen Sie, wer die Schöne ist, die Sie mit ihren Besuchen beglückt." – Ich nahm indessen alles auf die scherzhafte Seite, fortwährend meine Unschuld beteuernd und sie zu beruhigen suchend, und war damit im besten Zug, als wir Tritte auf der Stiege hörten. Die Damen nahmen schnell wieder ihre Larven vors Gesicht, emp-

fahlen sich der eintretenden Guercino und entfernten sich, uns beiden drohend.
Auf die Frage der Alten, wer dies gewesen, erwiderte ich: „Ein maskierter Besuch, der Gott weiß wie erfahren hat, daß ich hier eine Zusammenkunft habe, aber nicht weiß, mit wem, da man dies von mir zu wissen verlangte. Wir müssen suchen, einen andern Ort ausfindig zu machen."
„Dies sei meine Sorge", versetzte die Alte, „ich werde ein Haus wählen, das niemand entdecken soll. Denn hier, dem Palazzo P . . . gegenüber, ist es allerdings zu gefährlich."
Unsere Zusammenkünfte wurden jetzt auf mehrere Tage ausgesetzt, und diese Unterbrechung war mir aus manchen Ursachen nicht unangenehm; die Sache hatte nun auch schon den Reiz der Neuheit für mich verloren, und dann war soeben Madame Gasqui von Toulon angekommen, jene hübsche Kapitänsfrau, deren Hochzeit ich auf der Insel Porquerolles mitgefeiert hatte, und da Madame Alphonse und noch einige andere Offiziersdamen der Garnison wünschten, daß wir wieder ein französisches Liebhabertheater arrangieren möchten, so arbeitete ich mit allen Kräften, dieses baldmöglichst in Gang zu bringen; aber das Schicksal hatte es anders beschlossen, und wenige Tage nach dem Abenteuer mit den beiden Masken bei Guercino erhielt eines Morgens Duret eine Depesche auf dem Exerzierplatz, die er sogleich öffnete, durchlas, dann die Offiziere zu sich berief und ihnen mitteilte, daß er soeben die Order vom Kriegsminister erhalten habe, daß in drei Tagen das Bataillon Genua verlassen und zu der in dem Königreich Neapel bereits eingerückten Armee, und zwar zu dem vor Gaëta stehenden Belagerungskorps stoßen solle.
Wir ließen alle ein freudiges Vivat erschallen und riefen: „Gottlob, nun geht's endlich ins Feld, der Henker hole den Garnisonsdienst", womit ich vollkommen einverstanden war und im Heimkehren mein: „Non più andrai farfallon amoroso" (Dort vergiß leises Flehen, süßes Wimmern) trillerte, zu Guercinos ging, diesen die große Neuigkeit mitzuteilen, die mich aber kaum zu Wort kommen ließen, indem

die Frau mir mit großer Freude verkündete, daß sie ein vortreffliches Gelegenheitshaus ausfindig gemacht habe. – „Zu spät, mia cara", versetzte ich, „in drei Tagen sind wir nicht mehr in Genua", und machte sie mit der erhaltenen Order bekannt, die Bitte hinzufügend, sie möge einstweilen die Neuigkeit der Marchesa P . . . beibringen und machen, daß ich wenigstens noch ein Abschiedsrendezvous mit derselben haben könne, was sie mir mit traurig-langem Gesicht versprach und sich nicht genug wundern konnte, daß nicht auch ich der Verzweiflung nahe war.

Napoleon hatte ausgesprochen, daß der König von Neapel zu regieren aufgehört habe, und den 24. Februar 1806 im Theater zu Paris durch Talma dem Publikum verkünden lassen, daß die Franzosen in das Königreich beider Sizilien eingerückt seien. Soviel Truppen, als man in Oberitalien entbehren zu können glaubte, wurden ihnen nachgesandt und so auch unser erstes Bataillon, dem bald die andern folgen sollten.

Es war uns allen erwünscht, endlich vor den Feind geführt zu werden und so Gelegenheit zu haben, unsere Sporen, d. h. Epauletten zu verdienen; nur hätten wir gewünscht, daß es nicht gerade die Neapolitaner gewesen, von deren Tapferkeit man eine gar zu schlechte, vielleicht unverdiente Meinung hatte, obgleich es Tatsache war, daß wenigstens ihre Generale und Anführer keinen Schuß Pulver taugten; aber war es in dieser Hinsicht in anderen Armeen, die französische ausgenommen, zu jener Zeit viel besser bestellt? Höchstens hatten die Engländer und Russen ein paar gute, Österreich nur seinen Erzherzog Karl aufzuweisen.

Schon wußte man, daß der Thron von Neapel Napoleons älterem Bruder, dem kaum gebackenen Prinzen Joseph, bestimmt war, auf den ihn Massena festsetzen sollte.

Denselben Tag, als uns diese Neuigkeit wurde, erhielten wir noch eine Einladung zu einem Maskenfest in die Villa Doria vor dem Thomastor; ich eilte zu Guercino, um dessen Frau zu bitten, auch dieses die Marchesa wissen zu lassen und sie zu fragen, ob sie es nicht veranstalten könne, diesem Fest beizuwohnen, und ob ich sie nicht wenigstens noch einmal ungestört sprechen könne. Ich erhielt noch den nämlichen Abend die Antwort, daß sie eingeladen sei und als Pilgerin verkleidet demselben beizuwohnen gedenke; sie hoffe daher, sich so mit einer Freundin auf einige Zeit entfernen zu können, das Wohin aber müsse mir überlassen bleiben.

Ich verabredete nun mit der Alten, daß sie in einiger Entfernung von der Villa eine Portantina bereit halten solle, in welcher ich die Marchesa weg, und zwar diesmal in mein Quartier, das nicht so weit vom Thomastor in der Nähe der Piazza del l'aqua verte war, bringen lassen wollte. Tonina war alles zufrieden und hoffte, daß das große Gewühl und die Menge der Masken es möglich machen würde, sich in dem Gedränge auf einige Zeit absentieren zu können, ohne daß es ihre Aufpasser bemerkten, wenn sie sie auch suchen würden; außerdem würde man noch andere Vorkehrungen treffen, dies zu bewerkstelligen.

Ich begab mich zeitig, als Eremit verkleidet, unter welcher Verkleidung ich jedoch meine Uniform und meinen Degen trug, in die Villa, um alle Masken und mit ihnen meine Pilgerin ankommen zu sehen, die mit einer weißen Rose in der Hand, das verabredete Zeichen, einer Portantina entstieg, während aus der folgenden noch eine ebenso gekleidete Wallfahrerin, aber mit einer roten Rose versehen, schlüpfte. Mich erkannten die beiden Masken an einem kleinen, fast unbemerkbaren, weißen Kreuz, das ich mir auf der linken Schulter hatte anheften lassen; denn der Eremiten und Pilgrime waren viele zugegen. Im Vorübergleiten flüsterte sie mir das einzige Wort „vengo" (ich komme) zu.

Das Fest war brillant, die Gäste sehr zahlreich und das Gewirre ungeheuer; doch begegneten wir uns öfters, ohne uns anzureden. Wir hatten durch die Guercino verabredet, daß ich sie fünfzig Schritte links von der großen Türe um sechs Uhr nachts (elf nach unserer Uhr) erwarten wollte. Ich warf für eine Zeit den Eremiten ab und einen weißen

Domino über meine Uniform, und pointierte im Spielsaal neben dem Marchese P... an der Pharobank nicht ohne Glück – eine Seltenheit; ich gewann über dreitausend Lire an diesem Abend, eine Summe, die mir gut zustatten kam, da ich schon so ziemlich wieder auf dem Trocknen saß und noch obendrein Schulden hatte. Als endlich die Stunde des Rendezvous nahte, entfernte ich mich, wahrscheinlich zu meinem Glück, denn ich würde das Gewonnene gewiß wieder verloren haben, hätte ich fortgespielt, und suchte den Eremiten wieder hervor.

Nicht lange wartete ich an dem bestimmten Orte neben der von mir bestellten Portantina, als die beiden Pilgerinnen mit geflügelten Schritten herbeieilten, und Tonina mir erklärte, daß ihre Freundin, die sie nicht habe allein auf dem Balle lassen können, was auch bei Negroni Verdacht erregt haben würde, wenn er sie getrennt von ihr wahrgenommen, uns begleiten würde. Dies machte mich erst ein wenig verlegen, denn ich wußte nicht, was ich mit der Gegenwart der andern in meinem Zimmer machen sollte, und dann hatte ich auch nur für eine Portantina gesorgt. Wir waren aber bald einig, uns alle drei zu Fuß in meine Wohnung zu begeben, ich nahm einen sehr großen weißen Schleier, den die vorsichtige Guercino in die Portantina gelegt hatte, aus derselben, bezahlte die Träger reichlich und entließ sie. Beide Frauen hüllten sich in den einen Schleier, und wir eilten in meine Wohnung, wo wir glücklich und ohne bemerkt zu werden, ankamen, denn auch meinen Bedienten hatte ich bei den übrigen Domestiken in Dorias Villa gelassen. Ich zündete nun Lichter an und fand mich allein mit den Schönen, die beide wirklich diese Benennung verdienten. Tonina war untröstlich, daß wir abmarschierten und daß dies wahrscheinlich das letztemal sei, daß wir uns sähen. Ich suchte alles mögliche hervor, sie zu trösten, und bemerkte ihr, wir dürften das bißchen Zeit, das uns jetzt noch bliebe, nicht mit unnützen Klagen hinbringen, was auch ihre Freundin, eine Komtesse Spinola, sehr richtig fand. Ich küßte nun beide, umarmte Tonina und stopfte

Mund und Tränen mit Küssen. Die Spinola, der bei diesem Spiel nicht ganz wohl zu werden schien, sagte: „Ich sehe nicht ab, zu was wir Lichter brauchen“, löschte sie aus und stellte sich an ein Fenster, den Himmel und die Sterne zu bewundern, während die Marchesa P . . . einen langen, seligen Abschied in meinen Armen nahm. Als es endlich Zeit zum Aufbruch war, befahl sie mir, auch ihre Freundin zu umarmen, was, da sie sehr hübsch war, ich mir nicht zweimal sagen ließ, sondern auch diesen Engel mit aller Inbrunst, trotz ihrem nicht sehr gewaltigen Sträuben an den Busen drückte und gewiß länger in dieser Stellung blieb als es Tonina lieb war; doch sie spielte die Großmütige und ließ mich im Finstern gewähren, bis sie das Stöhnen der Freundin zu der Bemerkung veranlaßte: nun sei es genug. – Genug, wiederholte ich stammelnd, und schloß beide in meine Arme, bald die eine, bald die andere küssend, es war ja nur zum Abschied.

Jetzt war es aber hohe Zeit, aufzubrechen, denn wir waren schon über anderthalb Stunden von dem Ball abwesend, was mir freilich kaum eine Viertelstunde dünkte. Wir eilten nun zurück, ich trat wieder in meinem weißen Domino und Federhut in den Saal, mich in allen Gemächern und besonders dem Negroni, den ich aufsuchte, zeigend, während sich die Pilgerinnen ganz ruhig in einen Winkel des Tanzsaales niederließen. Negroni schien ängstlich nach ihnen zu suchen, aber ruhiger zu werden, als er mich gewahrte; fand auch endlich die Gesuchte in ihrem Winkel sitzend, die er, wie es mir vorkam, scharf zu examinieren schien. Indessen lief alles gut ab, und ich sprach sogar die Marchesa noch einmal vor dem Tage unseres Abmarsches bei Guercino, wo sie mich mit einem in Rosetten gefaßten Rubin und auf mein Verlangen mit einer Haarlocke beschenkte, die ich zu den anderen, schon von mehreren meiner Teuern erhaltenen, legte, und nochmals einen seligen Abschied von ihr nahm. Sehr gerne hätte ich auch noch einmal die reizende Spinola gesprochen; aber die Kürze der Zeit machte es unmöglich.

Den anderen Morgen um sechs Uhr wirbelten die Tamboure das Marschroulement, eine halbe Stunde darauf marschierten wir mit klingendem Spiel durch die noch öden Straßen Genuas, vielleicht die Ruhe mancher schlafenden Schönen störend, zur Porta del arco hinaus. Nicht ohne ein wenig Bedauernis sah ich die Marmorstadt im Rücken; aber der Gedanke, nun das schöne, berühmte und berüchtigte Italien fast der ganzen Länge nach zu durchstreichen und wahrscheinlich bald die ersten feindlichen Kugeln pfeifen zu hören, machte, daß ich mir Genua mit all den darin gehabten Abenteuern aus dem Sinne schlug und leichten Herzens davonmarschierte.

XVII

Marsch von Genua nach Molla di Gaëta – Beschwerliche Märsche durch das Gebirge – Der Anblick von Italiens Ebenen – Parma – Reggio – Modena – Bologna – Eine liebenswürdige Advokatenfamilie – Faenza – Forli – Cesena – Rimini – San Marino – Pesaro – Sinigaglia – Ancona – Loretto – La Casa-Santa und ihre Schätze und Reliquien – Macerato – Foligno – Spoleto – Terni – Der Wasserfall – Narni – Civita-Castellana – Roms Umgebung – Ein Tag in Rom – Marsch nach Molla di Gaëta – Besitznahme des Königreiches Neapel durch die Franzosen

Es war Anfang April 1806, als wir Genua la superba verließen, über Recco, unser erstes Nachtquartier, und dann durch die ödesten und gebirgigen Wildnisse, in den erbärmlichsten und elendesten Ortschaften übernachtend, über *Borgo di Taro* und *Fornovo* in sieben oder acht Tagen nach Parma marschierten. Von Genua an wurden die Truppen nicht mehr bei den Einwohnern einquartiert, sondern das ganze Bataillon jedesmal in eine Kirche oder ein Kloster auf vierundzwanzig Stunden kaserniert, wo man den Soldaten Strohlager bereitete. Dies geschah aus zweierlei Ursachen; erstens wollte man die ewigen Reibereien und Händel zwischen dem französischen Militär und den italienischen Bürgern und Bauern vermeiden, die zu beständigen Klagen und Strafen Veranlassung gaben und hauptsächlich dadurch entstanden, weil sich die Leute nicht miteinander verständigen konnten; sodann traute man dem Volk nicht, dessen Stimmung den Franzosen höchst ungünstig war, und fürchtete, daß bei dem Vereinzeln der Leute wohl einmal eine Metzelei, eine zweite sizilianische Vesper veranstaltet werden könnte. Die Kirchen und Klöster, wovon jedoch die Nonnenklöster ausgenommen waren, mußten das Schiff, die Kreuz- und anderen Gänge gehörig mit Stroh belegen, und sobald die Soldaten abmarschiert waren, wurden sie wieder gereinigt, und erstere als verunheiligt durch die Geistlichkeit jedesmal wieder von neuem eingeweiht und heilig gemacht, was allerdings notwendig war; denn man hatte an den heiligen Orten nicht nur gegessen, getrunken, gekocht, sondern auch gespielt, gesungen, geflucht und Gott weiß was sonst noch für Unfug getrieben. Es war aber nicht selten der Fall, daß die Pfaffen soeben die Einweihungszeremonien und das Räuchern beendigt hatten, als schon wieder neue Truppen ankamen und die kaum gereinigten Orte abermals verunreinigten, ja bisweilen mußte in einer Woche das heilige Werk drei- bis viermal vorgenommen werden. Die Offiziere wurden zwar meistens in den zunächstliegenden Privathäusern einquartiert, aber diese Quartiere waren in den armseligen Dörfern im Gebirge so elend, daß auch viele von ihnen das Stroh in den Kirchen vorzogen und sich ein Nachtlager auf erhöhten Orten oder in Tribünen, wenn deren da waren, bereiten ließen, denn die Stuben der Bauern oder Schenken in diesen Nestern waren ärger als deutsche Viehställe. Ich schlug in diesem Fall in der Regel mein Lager bei der Orgel auf, wenn sich eine in der Kirche befand, und spielte dann des Abends zur Belustigung des ganzen Bataillons allerlei deutsche und französische Soldatenlieder, Märsche und Tänze, wozu mir die Karabiniers mit Vergnügen die Balken traten, die Leute unten oft sangen und tanzten und bei dem Klang der Orgeltöne dann einschliefen. Ebenso spielte ich beim Erwachen einige erheiternde Melodien, weckte sie so trotz der Tambours aus dem Schlaf, und sie machten sich fröhlich marschfertig. Indessen waren die Märsche in diesen Gebirgen und Wildnissen beschwerlich und nicht selten abscheulich. So kamen wir, die letzte Etappe vor Parma, an einen fast senkrecht zu erklimmenden Felsenberg, was für die mit Gepäck, Waffen und Patronen beladenen Soldaten sehr mühsam war. Duret ließ zuerst die Tamboure und die Musik hinaufklettern, und als sie oben waren, den von mir komponierten Sturmschritt spielen, die Truppen zu ermuntern. Unten, auf der linken Seite des Felsens, wand sich ein reißender Waldstrom; durch diesen wurden die Reitpferde der Offiziere, sowie die, welche mit dem Bataillonsgepäck beladen waren, denn an Wagen war auf diesen Märschen nicht zu denken, geführt. Dieser steile Berg lag gerade an dem Ende einer wilden Waldgegend, aus der wir traten; er überraschte uns seltsam, da er gleich einer mächtigen Mauerwand sich unserm weitern Vordringen entgegenzustemmen schien, und es war für die noch Zurückgebliebenen ein komischer Anblick, ihre Kameraden so auf allen vieren diese Wand hinanklettern zu sehen. Aber oben angekommen, welche Aussicht! Man erblickte nun mit einem Male die unabsehbaren Ebenen dieser Gegend Italiens, endlos scheinend wie das Meer, und aus den lachendsten Fluren und den fruchtbarsten Gefilden bestehend.

Borgo Val-Taro war der bedeutendste Ort auf dem Marsch von Genua bis hierher; er liegt romantisch an dem Abhang eines Berges, hat ein altes Schloß und ist der Hauptort des *Val. di Taro. – Fornovo,* unser letztes Nachtquartier vor Parma ist durch die Schlacht merkwürdig, in welcher Karl VIII. 1496 die Mailänder schlug.

Als wir diese reichen Ebenen hinabstiegen, da fielen mir Hannibal und Napoleon ein, die beide durch diesen herrlichen Anblick ihre müden Truppen neu belebten und sie in eroberungslustigen Enthusiasmus versetzten. Nichts ist auch überraschender, als mit einem Male, aus fast grauenvollen Wildnissen hervortretend, wie durch einen Zauberschlag vor einem solchen Paradies zu stehen, das reichen Lohn für die überstandenen Mühseligkeiten verspricht, ihn aber nur selten gewährt. „Ihr habt nichts, und dort ist alles, was ihr bedürft!" lauteten Napoleons Worte, zu denen er aber noch hätte hinzufügen können: das ihr aber nicht erhaltet; denn was kam von all diesen Eroberungen an den gemeinen Mann und die untergeordneten Chargen? nur einige Anführer raubten sich reich.

Den Umweg über *Parma, Reggio, Modena* usw. mußten wir machen, weil Toskana noch nicht französisch war und laut Konvention keine französischen Truppen durch dasselbe marschieren durften, obgleich es unter dem Namen des Königs von Etrurien, von der Königin Marie Louise, jedoch gänzlich unter französischem Einfluß, beherrscht wurde; es tat uns leid, das schöne Land so auf der Seite liegen lassen zu müssen. In Parma hatten wir der vielen Maroden wegen zwei Rasttage, die ich benutzte, die Merkwürdigkeiten der Stadt in Augenschein zu nehmen. Der Fluß Parma teilt sie in zwei Hälften, die mehrere Brücken verbinden. Die Stadt ist befestigt, hat eine alte Zitadelle, deren Werke aber nicht viel sagen wollen. Ihre Einwohnerzahl ist zwischen dreißig- bis vierzigtausend. Die Stadt ist nicht übel gebaut, obgleich ihre meisten Straßen sehr schmal sind; doch hat sie auch schöne und freie Plätze und hübsche Häuser und Paläste. Das Schloß ist ein weitläufiges, aber nicht besonders schönes Gebäude. In der Kathedrale wird die Arbeit an einem marmornen Taufbecken bewundert; die Kirche della Madonna Steccata und die Johannes des Evangelisten haben hübsche Freskogemälde, noch andere Kirchen und Klöster besitzen vortreffliche Bilder, unter diesen mehrere von Correggio, Mazzuoli, Spada usw. Das merkwürdigste Gebäude in Parma ist das 1618 unter dem Herzog Ranuccio Farnese vom Baumeister Aleotti erbaute große Operntheater, gewiß das größte in der Welt; denn es faßt an zehntausend Zuschauer, die alle ganz bequem sehen und sitzen können; es hat vierzehn Reihen Logen, die sich amphitheatralisch hintereinander erheben, und ist dabei so akustisch gut gebaut, daß man in jedem Winkel desselben gleich gut hört. Es wurde aber nur selten und zu jener Zeit gar nicht darin gespielt; ich untersuchte das ganze Gebäude und namentlich die Maschinerien, das Podium usw., das alles interessierte mich sehr. Die Dekorationen sind zum Teil Meisterstücke der berühmtesten italienischen Theatermaler. Dieses Gebäude gehört zu dem ungeheuern farnesischen Palast, der eine enorme Steinmasse der verschiedenartigsten Bauten enthält. In einem kleinen, aber eleganten Theater sah ich eine Opera Buffa, l'amor marinaro (die Seeliebe), sehr gut geben. In der komischen Oper sind die Italiener Meister, und keine andere Nation kommt ihnen gleich.

Die Umgebung von Parma hat reizende Spaziergänge, besonders die Stradona; unter den vielen prächtigen Villen ist der Palazzo Giardino mit seinen herrlichen Gärten eines Besuches wert. Auch eine schöne Wasserleitung hat Parma, die viele Brunnen springen macht.

Die Stadt ist sehr alt, etrurischen Ursprungs, später bemächtigten sich die Gallier bei ihren Einfällen in Italien derselben; im Jahre 184 vor Christi Geburt wurde sie eine römische Kolonie. Unter dem Kaiser August führte sie den Namen Julia Augusta; nach dem Fall des römischen Reiches suchte sie vergeblich sich frei zu machen, und wechselte häufig den Herrn. Im Mittelalter war sie bald von der Partei der Guelfen, bald von der der Gibellinen, abwechselnd bald kleinen Tyrannen und benachbarten Städten unterworfen, oder unabhängig, bis sie in die Hände der Päpste kam und dann den Farnesen zufiel, unter denen sie im sechzehnten und siebzehnten Jahrhundert ihren höchsten Glanzpunkt erreichte. Sie ist die Vaterstadt mancher berühmter Männer, unter denen Cassius, eines der Häupter der Verschwörung gegen Cäsar, sowie noch ein anderer Cassius, ein Dichter, dessen Horaz erwähnt, mehrere berühmte Maler usw. sind.

Das Klima ist hier noch ziemlich gemäßigt, die Luft rein und der Aufenthalt angenehm, da die Einwohner sehr leutselig, gesellig und unterrichtet sind, und es den höheren Klassen nicht an wissenschaftlicher Bildung mangelt.

Den vierten Tag nach unserer Ankunft zu Parma, wo ich in einem Franziskanerkloster einquartiert war, marschierten wir nach *Reggio,* das Regium Lepidi der Römer, das der Triumvir Lepidus zur römischen Kolonie machte. Auch es liegt in einer lachenden Ebene am Tessone, hat an 20 000 Einwohner und ist schlecht befestigt. Im fünften Jahrhundert wurde es gänzlich durch Alarich zerstört, Karl der Große aber stellte es wieder her; Reggio ist gut gebaut, hat viele prachtvolle Kirchen, und in der Hauptkirche bewundert man besonders die schönen Formen der Statuen Adams und Evas, die von dem berühmten Bildhauer Cle-

mens verfertigt sind. Es ist die Geburtsstadt des herrlichen Dichters des Rasenden Rolands, Ariost, der 1484 hier zur Welt kam und dessen Geburtshaus noch gezeigt wird; er war gewiß einer der phantasiereichsten Dichter, die je gelebt haben. Auch Spalanzi wurde hier geboren, sowie der berühmte Correggio (eigentlich Allegri), in einem elenden Dorfe in der Nähe, das auch Correggio heißt. Etwas südlich von Reggio liegt im Gebirge das berühmte Schloß Kanossa, in welchem Kaiser Heinrich IV. 1077 einfältig genug war, barfuß und in bloßem Hemd vor Gregor VII. und seiner Mätresse sich zu demütigen.
Auch hier besuchte ich das Theater, in welchem die Oper „Ludovica“ und ein großes fünfaktiges Ballett, „Alexander der Große“ betitelt, aufgeführt wurde. Die Vorstellung dauerte bis nach drei Uhr morgens, so daß, als ich das Theater verließ, das Bataillon schon über eine Stunde abmarschiert war (wir marschierten nämlich von Parma aus, der schon eingetretenen großen Hitze wegen, immer bald nach Mitternacht ab, und später sogar zwei Stunden vor Mitternacht, um mit Tagesanbruch in den Quartieren anzukommen, wo man dann über die Mittagszeit schlief) und ich demselben über Hals und Kopf nacheilen mußte, es jedoch erst auf dem halben Wege nach Modena, wo es Halt machte, wieder einholte. Unterwegs begegnete ich gar manchen Nachzüglern. Dieses frühe und nächtliche Abmarschieren hatte den Nachteil, daß das Bataillon immer kaum mit einem Dritteil seiner Mannschaft in dem Etappenort ankam, da sich die Leute unterwegs rechts und links in die Felder schlafen legten, weil sie in dem zum Nachtquartier bestimmten Ort zu wenig Zeit zum Ruhen hatten. Denn kaum angekommen, mußten sie die Lebensmittel empfangen, oft lange auf dieselben warten, dann selbst in den Klöstern und Kirchen kochen; sie konnten erst spät essen, mußten sich dann wieder zum Appell einfinden, so daß die Momente der Ruhe gar knapp zugemessen waren. Die Soldaten marschierten ohnehin viel lieber einzeln als in der Kolonne, weil dies weit weniger ermüdend und bequemer

ist, obgleich, wie sich von selbst versteht, die Kolonnen während des Marsches nie geschlossen sind, sondern die Glieder und Rotten in gehöriger Distanz Mann vom Mann gehen.
Mehrere der Hauptleute und auch einige andere Offiziere, die bemittelt waren, waren beritten, ich aber mietete mir von Zeit zu Zeit ein Cavallo samt seinem Patron, und schickte beide, an dem Etappenort angekommen, wieder zurück. Ich nahm mir jedoch vor, bei erster Gelegenheit ein Pferd anzuschaffen, da dessen Unterhalt auf dem Marsch wenig oder nichts kostete, da man den berittenen Offizieren immer solche Quartiere zuteilte, bei denen sich Ställe befanden, in denen dann dem Pferd in der Regel Gastfreundschaft erwiesen und dasselbe freigehalten wurde. Aber erst in Neapel konnte ich zu einem eigenen Satteltier kommen.
Nach acht Uhr des Morgens kamen wir in *Modena* an; auch diese alte Stadt liegt in einer schönen Fläche zwischen der Secchia und dem Panaro. Sie war eine der vorzüglichsten Kolonien der Römer und hieß im Altertum Mutina. Modena ist wohlgebaut, freundlich und auch reinlich gehalten; die meisten Häuser haben hier, sowie zum Teil schon in Parma und Reggio und in fast allen größeren Städten, Arkaden oder auf Säulen ruhende Bogengänge, welche sowohl gegen die Sonnenhitze als gegen den Regen schützen, so daß man auch bei dem schlimmsten Wetter, ohne naß zu werden, von einem Ende der Stadt zum andern gehen kann; dies ist namentlich in Bologna der Fall, wo ich mich nicht entsinne, ein einziges Haus ohne Säulenhallen gesehen zu haben. Häufig sind diese jedoch sehr niedrig und haben dann ein düsteres Aussehen.
Der herzogliche Palast in Modena ist von einer majestätischen Bauart, steht auf einem großen Platz und hat einen prächtigen, von Kolonnaden umgebenen Hof. Auch sein Inneres entspricht der äußeren Pracht, ist reich und geschmackvoll eingerichtet und enthält mehrere Kirchen sowie sehr kostbare Gemälde der berühmtesten Meister. Die

Hauptkirche ist kein sonderlich schönes Gebäude, hat aber einen ganz von Marmor erbauten, sehr hohen Turm, einen der höchsten Italiens, der von der Kirche abgesondert dasteht, und Chirlandina genannt wird. In demselben bewahrt man noch den hölzernen Eimer auf, der die Veranlassung zu der blutigen Fehde zwischen Modena und Bologna dadurch gab, daß ihn die Modeneser der letzteren Stadt im 13. Jahrhundert geraubt hatten. Er lieferte auch den Stoff zu dem, von dem hier geborenen Alexander Tassoni verfaßten heroisch-komischen Gedicht: la secchia rapita (der geraubte Eimer).

Die Strada-Maestro, welche durch die ganze Stadt führt, besteht fast aus lauter Palästen oder doch massiven Häusern. Modena ist unbedeutend befestigt, und seine Zitadelle nicht viel besser. Das Theater ist amphitheatralisch eingerichtet und hat fünf Reihen Logen. Die Bibliothek enthält über hunderttausend Bände und sehr kostbare Manuskripte und seltene Werke, von denen jedoch die hauptsächlichsten sowie auch die schönsten Gemälde nach Paris ausgewandert sind. In der Akademie bewahrt man Correggios Schädel unter Glas auf.

Die Modeneser wollen durchaus, daß Correggio in ihren Mauern geboren sei, und führten zum Beweis an, daß sie sonst nicht im Besitze seines Schädels sein würden! Die Sache ist aber nicht so, sondern es ist erwiesen, daß der herrliche Maler in dem erwähnten Dorfe zur Welt kam. Außer Tassoni sind aber noch Muratori, Montecucoli und der berühmte Architekt Vignola ihre Kinder.

Ganz Modena ist über einem unterirdischen, sehr klaren und reinen Wasser erbaut, das etwa 80 Fuß tief unter der Erde liegt, und le acque di Modena genannt wird. Bei dem Graben eines neuen Brunnens kommt man immer durch acht bis zehn verschiedene Erdschichten, in denen man ganze Wälder, Pflanzen, Seemuscheln und allerlei versteinerte Tiergerippe usw. in großer Menge findet, ein sicheres Zeichen, daß in grauer Vorzeit hier vor einer großen Erdrevolution das Meer gehaust haben muß. Sobald das Was-

ser in den neugegrabenen Brunnen anströmt, hören alle andern Brunnen auf eine kurze Zeit zu fließen auf.
Bei unserm Abmarsch von Modena fiel eine ergötzliche Szene vor. Das Bataillon war teils in einer Kirche, teils in dem Kreuzgang des zu derselben gehörigen Klosters einquartiert gewesen. Die Soldaten hatten sich auch hier allerlei Unfug erlaubt, und namentlich allerhand Fratzen und unanständige Dinge mit Kohlen an die Wände des Kreuzganges geschmiert, wie sie dies schon öfters getan. Als nun das Bataillon unter dem Gewehr und zum Abmarschieren bereit stand, kamen plötzlich drei bis vier feiste Mönche fast atemlos angerannt und verlangten den Chef zu sprechen. Duret saß schon zu Pferd und fragte, was das Begehren der Kutten sei. Die Patres baten seine illustrissima eccellenza inständig, sich doch mit ihnen ins Kloster begeben zu wollen, um die Sporcherie (Schweinereien) zu sehen, welche die Signori Soldati an die Wände geschmiert hätten. Duret schickte den Adjutantmajor, Leutnant von Hülsen, einen Preußen, mit zweien der heiligen Männer ab, die Malereien zu besichtigen. Er kam bald mit seiner geistlichen Eskorte zurück und rapportierte, daß die Soldaten nebst allerlei Unflätereien unter anderem auch einen Teufel mit Hörnern, Bocksfüßen, Krallen, und hinten und vorn geschwänzt, gezeichnet, wie er einen dicken Pfaffen hole, ein anderer Satan habe den Papst selbst beim Ohr usw. Duret konnte sich, sowie alle die es hörten, des Lachens nicht erwehren, sagte indessen zu den Mönchen, sie möchten ihm die Täter bezeichnen, dann wollte er sie bestrafen. Dies war aber den guten Fratres unmöglich. (Es waren ein paar Unteroffiziere, die ziemlich gut zeichnen konnten und die man im Bataillon wohl kannte.) Der Bataillonschef bedauerte daher, ihnen keine Satisfaktion geben zu können. Die Offiziere trösteten die Herren von der Kutte und setzten ihnen unter dem Vorwand, daß ihre Glatzen zu kühl haben müßten, Polizeimützen und einem einen Tschako auf den Kopf, was sich so possierlich ausnahm, daß das ganze Bataillon in lautes Gelächter aus-

brach. Duret gab nun das Zeichen zum Abmarsch, der Tambourmajor ließ das Roulement schlagen, und wir marschierten mit Rechts in die Flanken pas acceléré ab. Ich aber und noch ein paar Kameraden nahmen jeder einen der Pfaffen unter den Arm und ersuchten sie, uns doch wenigstens das Geleit bis an das nach Bologna führende Tor zu geben, wozu sie auch ohne Widerstand einwilligten, und so mußten die wohlgenährten Herrn unter dem Gelächter der Soldaten im Geschwindschritt nach dem Takt der Kalbsfelle in ihrem burlesken Kostüm, und zwar noch eine Strecke bis vor das Tor mittrollen, wo wir sie wieder in Gnaden entließen. Sie mögen schwerlich wieder ähnliche Klagen bei einem Kommandierenden geführt haben.
Der Marsch von Modena nach *Bologna* führte uns über mehrere Flüsse und Brücken. Links von dem Flecken *Forcelli* kamen wir an der vom *Lawino* und der *Girando* gebildeten Halbinsel vorüber, welche durch den Bund der Triumvirn, Oktavius, Antonius und Lepidus so berühmt geworden, die sich hier gegenseitig verpflichteten, rücksichtslos alle zu opfern, die einem von ihnen dreien schaden könnten. Cicero und Lepidus' Bruder selbst wurden ein Opfer dieses Versprechens.
Mit dem frühen Morgen standen wir vor den Toren von Bologna, auf ehemaligem päpstlichen Gebiet, und bekamen das erste päpstliche Geld, die Bajocchis, zu sehen, die hier noch kursierten. Überhaupt war es auf dem Marsch von Genua bis hierher gerade wie in dem weiland heiligen deutschen Reich, fast in jeder Stadt traf man andere Geldsorten, anderes Maß und Gewicht an.
Bologna, das Bonina der Alten, ist nach Rom die bedeutendste Stadt des Kirchenstaates und zählt über 60 000 Einwohner, sie ist befestigt, und ein Dutzend Tore führen in das Innere der Stadt und zu den meistens schönen und breiten Straßen derselben. Sie liegt an zwei Wassern, dem Fluß *Reno* und dem Flüßchen *Savena;* über den ersteren führt eine schöne 22 Bogen lange Brücke. Bologna hat über 60 Kirchen und wenigstens ebensoviele Klöster, die alle

mehr oder weniger bedeutende Kunstschätze aufzuweisen haben. Fast alle Häuser dieser Stadt sind aus Quadersteinen aufgeführt und haben Bogengänge. Auf einem Platz in der Mitte der Stadt stehen die beiden berühmten, aber eben nicht schönen schiefen Türme, welche die Namen Asinella und Garisanda führen, über deren Entstehen folgende Sage im Munde des Volkes geht.

Zwei junge Architekten verliebten sich in das wunderschöne fünfzehnjährige Töchterchen eines reichen Goldschmiedes, der demjenigen von ihnen, welcher das künstlichste Bauwerk aufführen würde, die liebenswürdige Signorina zur Gattin zu geben versprach. Da baute der eine einen schiefen Turm, aber der andere setzte einen noch weit schieferen daneben, und dem letzteren wurde die Tochter samt dem reichen Brautschatz; soweit die Sage. Die Wahrheit von der Entstehung dieser Türme ist aber womöglich noch alberner als die Fabel; denn daß Verliebte dumme Streiche machen, ist ganz in der Ordnung und liegt in der Natur der Sache, daß aber zwei sehr reiche Edelleute vor 700 Jahren ihren Reichtum nicht besser zu verwenden wußten, als ein paar ganz unnütze und das Auge beleidigende Baukunststücke aufführen zu lassen, war ein alberner Streich; sie haben jedoch dadurch wenigstens ihre Namen auf die Nachwelt gebracht, denn noch jetzt werden diese Türme nach ihnen Asinella und Garisanda genannt, und Dante hat ihnen sogar die Ehre erzeigt, ihrer in seinen Gedichten zu erwähnen. Der letztgenannte ist so schief und überhängend, daß er einen angsterregenden Anblick gewährt, wenn man ihn zum erstenmal sieht; dies verliert sich aber bald, und den andern Tag, wir hatten Ruhetag in Bologna, bestieg ich ihn keck.

An großen und schönen Gebäuden, herrlichen Gärten ist die Stadt reich, und die Paläste Zambeccari, Aldrobrandi, Mareschalchi, Monti, Grassi usw., haben große Kunstschätze, treffliche Gemälde, Statuen, Galerien usw. aufzuweisen. In dem Palast Bontivoglio war es, wo der Kurfürst von Sachsen das Luthertum abschwor, um sich den Thron

von Polen zu erhalten. Auf dem Piazza maggiore steht der Gouvernementspalast und der Palazzo pubblico, sowie eine Riesenstatue des Neptuns, die das Volk den Giganten nennt.
Die Kathedrale ist ein schönes Gebäude, in dem sich ein vorzügliches Gemälde, die Verkündigung, von Luigi Carracci, befindet; in der Kirche St. Petronio wurde Karl V. von Klemens VII. gekrönt; auf derselben hat auch der berühmte Astronom Cassini die erste Mittagslinie angebracht. In der Kirche des heiligen Dominikus liegt der König Enzio begraben, der die Modeneser gegen die Bologneser unterstützte und von den letzteren gefangen wurde. Er tat alles mögliche, um seine Freiheit wieder zu erlangen, machte glänzende Anerbietungen, drohte mit dem Zorn des Kaisers, aber alles vergeblich. Endlich forderten die Bologneser nur zum Spott für seine Freilassung eine dicke goldene Kette, die ihre ganze Stadt umspannen müsse.
Die Kirchen und Paläste Bolognas enthalten eine solche Masse von Gemälden, Statuen und anderen Kunstschätzen, daß man die Stadt Italiens Kunstkabinett nennt. Die Meisterstücke eines Michelangelo, Raffael, Guido, Reni, Dominikus, Carracci, Guercino usw. wurden hier aufbewahrt, mußten aber zum Teil die Reise nach Paris und wieder zurück machen.
Die hochberühmte Universität Bolognas wurde schon im Jahre 425 von dem Kaiser Theodosius gestiftet, sie ist die älteste Europas und die erste Italiens. Karl der Große nahm sie in seinen besonderen Schutz. In ihren blühendsten Zeiten zählte sie oft über 10 000 Studenten; jetzt waren kaum halb soviele Hundert vorhanden. Die Universitätsbibliothek hat an 200 000 Bände und sehr viele seltene Manuskripte.
Schon im Jahre 1341 hatte man hier die Kunst, Seide zu spinnen, verstanden und zu diesem Zweck besondere Spinnräder erfunden. Zwei Arbeiter, welche diese Erfindung den Genuesern für Gold mitteilten, wurden verraten, und

es kostete ihnen das Leben. Die hiesigen Würste, Mortadelli genannt, sowie die Schinken, Konfitüren, Seifen und andere Parfümerien, und der hier verfertigte Rosolio sind alle von ausgezeichneter Güte und in ganz Italien gesucht und berühmt; auch die Bologneser künstlichen Blumen, die musikalischen Instrumente, die man hier verfertigt, sowie Krepp, Glas- und Kristallwaren stehen im besten Ruf.

Bologna hat mehrere Theater; sie waren aber während unseres Aufenthaltes daselbst geschlossen. Diese Stadt ist fortwährend der Sammelplatz aller sich außer Engagement befindenden italienischen Schauspieler, Schauspielerinnen, Sänger, Sängerinnen, Tänzer und Tänzerinnen, und die mimische Vorratskammer, aus der sich alle Theaterdirektionen Italiens rekrutieren. Oft sind nicht weniger als ein halbes Tausend dieser auf Engagement wartenden dramatischen Künstler hier.

Ich war hier, zum erstenmal seit Genua, weder in einer Lokanda noch in einem Kloster einquartiert, sondern wieder in einem Privathaus, bei einem Signor Magnani, einem Advokaten, der zwei hübsche Töchter und eine nachsichtige Frau hatte. Die Mädchen klimperten recht artig Gitarre, wie fast alle Mädchen und Frauen in Italien bis zu den untersten Ständen herab. Ich machte der Familie einen Höflichkeitsbesuch, und da ich mich nun schon ziemlich geläufig italienisch auszudrücken wußte, so war die Unterhaltung bald animiert. Das Hauptthema war, wie gewöhnlich, die Musik, und die Damen erzählen mir, daß erst vor kurzem einige tedeschi bei der hiesigen Oper Furore gemacht hätten, auch der eine für Mailand, der andere für die Bühne zu Neapel engagiert worden sei. Ich bat die Mädchen, die ich schon vorher hatte musizieren hören, mich doch durch ihr Talent erfreuen zu wollen, und die jüngste trug sogleich das damals in Italien sehr beliebte Schalksliedchen: „Una povera ragazza, se n'andie una mattina“ etc. per confessarsi – mit viel Feuer und Ausdruck vor, worauf beide ein paar komische Duetten von Guglielmi und Cimarosa in echt italienischer Manier, d. h. parlando sangen. Ich holte nun auch meinen Klavierauszug aus dem Don Juan hervor und studierte mit beiden das Duettino: „La ci darem la mano", das sie nach einer halben Stunde, mehr dem Gehör als der Musik nach, denn sie waren nicht sehr fest im Ablesen der Noten, so ziemlich sangen, welches ihnen soviel Vergnügen machte, daß sie mich um die Erlaubnis baten, es sogleich abschreiben zu dürfen. Wir kamen hierauf auf die Stadt und ihre Umgebungen zu sprechen und ich äußerte den Wunsch, daß, da wir hier einen Ruhetag hätten, ich auch gerne etwas von der letzteren sehen möchte. Das jüngste Mädchen, Giuglietta, erwiderte mir, daß sie den nächsten Morgen mit ihrer Mutter die Madonna di San Luca besuchen würde, deren schöne Kirche ein paar Miglien (eine kleine Stunde) vor der Stadt liege und zu der ein Säulengang führe, unter dem man vor Hitze und schlechtem Wetter vollkommen geschützt sei. Ich bat um die Erlaubnis, die Damen dahin begleiten zu dürfen, aber die Signora madre meinte, es ginge schlechterdings nicht an, daß Damen allein in Begleitung eines Fremden, und gar eines Signor Uffiziale francese, über die Straßen gingen, namentlich, da sie ihr Mann wegen Mangel an Zeit nicht begleiten könne. Ich wußte indessen diesen Einwand zu beseitigen, sie bittend, in Zivilkleidern vor der Stadt sie erwarten zu dürfen, was mir dann auch die Mama nicht nur zugestand, sondern meinte, ich könne ihnen in einiger Entfernung, da ich doch den Weg nicht wisse, durch die Stadt folgen. Ihr und den Töchtern dankend und die Hände küssend, empfahl ich mich, um meine Streifereien durch Bologna zu beginnen, brachte aber den Abend wieder in ihrer Gesellschaft plaudernd und musizierend zu. Den anderen Tag wurde in der Morgenkühle die Wallfahrt zu dieser Madonna angetreten. Ich folgte den Damen, so wie wir übereingekommen waren, in einiger Entfernung durch die Stadt und gesellte mich unter den ersten Bogen vor derselben zu ihnen. Dieser Säulengang war unabsehbar und schien gar kein Ende zu nehmen; es sind weit über 600 Arkaden, und jeder dieser Bogen ist von einer frommen Seele oder Familie, auch oft von einer ganzen Körperschaft oder Zunft, wie Tischler, Schlosser, Bäcker, Schneider, sogar auch von Soldaten und Bedienten erbaut, jeder hat andere Verzierungen, Malereien, Arabesken von sehr verschiedenem Wert, was diesen Spaziergang recht unterhaltend macht; mehrmals sind die Bogen auch durch durchbrochene Felsen geführt. Einige fromme Personen haben auch mehrere, manche ein ganzes Dutzend dieser Bogen auf ihre Kosten errichten lassen, und dafür einen großen Extraablaß auf Gott weiß wieviel Jahre erhalten, mit der Versicherung, um soviel kürzere Zeit in dem schrecklichen Fegfeuer schmoren zu müssen; dagegen müssen ihre Erben oder ihre Familien diese Bogen, von denen wohl manche einzelne über tausend Taler kosteten, gehörig unterhalten, sonst würden die armen Seelen der Stifter um viele Jahre länger im Fegfeuer schmachten. Alle diese Bogen sind Heiligen, die meisten aber der Jungfrau selbst und namentlich der Jungfrau vor und nach den Kindesnöten geweiht. Endlich waren wir an der Kirche und bei der Madonna angekommen, deren Wunderkraft mir die Signora Magnani mit vielem Eifer und großer Beredsamkeit erklärte und mich dabei ganz ernsthaft versicherte, das Bild habe der heilige Lukas selbst gemalt. Wir hielten uns ziemlich lange dabei auf, denn die Damen wurden mit Beten und Andachtsübungen nicht fertig, ich aber hatte diesen lebenden Madonnentöchtern schon längst auf der Promenade hierher zu verstehen gegeben, wie sehr ich sie anbete, und bedauerte nur, so wenig Zeit übrig zu haben, ihnen Proben von der Wahrhaftigkeit dieser Versicherung liefern zu können, da uns das grausame Schicksal schon den nächsten Tag trennen sollte. Doch hoffe ich bald wieder und auf längere Zeit nach Bologna zu kommen, und dann . . .

„Ach“, sagte die Signora madre, „den Herren Soldaten und besonders den Signori francesi ist nicht weiter zu trauen als man sie sieht.“

Die Dame sprach wahrscheinlich aus früherer Erfahrung, denn ihre Blütezeit war längst vorüber.
„Ja“, setzte Lucilla, die ältere Tochter hinzu, „man hat uns sehr ernstlich vor diesen Herren gewarnt, sie sollen den Mädchen nur die Köpfe verrücken und dann sich den Mund abwischend, lachend davongehen.“
„Lügen, lauter Lügen, das können Sie mir glauben, Illustrissima, und zudem bin ich ja kein Franzose, sondern ein ehrlicher tedesco.“ Die Damen sahen mich nun mit großen Augen an, und Giuglietta sagte endlich: „Ja, das habe ich immer sagen hören, daß die Signori tedeschi treu wie Gold und die besten Ehemänner seien.“
„Da hat man Ihnen vollkommen die Wahrheit gesagt, Signora.“
Auf dem Rückweg wurden wir nun schon weit vertraulicher, trennten uns aber wieder vor den Toren der Stadt, und den Abend brachte ich bis zum Abmarsch des Bataillons, der um 10 Uhr in der Nacht festgesetzt war, bei der liebenswürdigen Familie zu; bei dem Abschied wurde mir gestattet, die Damen, versteht sich, Mama zuerst, zu küssen; ich wurde auch eingeladen, wenn mich der Zufall wieder nach Bologna führe, nicht vergessen zu wollen, sie zu besuchen, was ich feierlich versprach, und schied, ärgerlich, nicht ein paar Tage länger hier weilen zu können. Aber das ist ja das Los des Soldaten und war es besonders zu jener Zeit, sich rücksichtslos von allem, was ihm lieb und teuer ist, jeden Augenblick losreißen zu müssen; man darf sich also nicht wundern, wenn es bei ihm heißt: Ein anderes Städtchen, ein anderes oder auch ein paar andere Mädchen, denn „er hat ja auf Erden kein bleibend Quartier“. Ich eilte nun auf den Sammelplatz, mein „Non piu andrai“ wieder trillernd, und kam gerade noch zur rechten Zeit an, denn man hatte schon lange rappelliert, als ich noch immer mit meinen Schönen plauderte.
Es war halb elf, als wir den nächtlichen Marsch durch die finsteren Straßen Bolognas zu dem nach *Imola* führenden Tor hinaus mit klingendem Spiel antraten, welches manche

Schöne im Nachtkleid noch ans Fenster lockte.
Da ich in Bologna wenig geruht hatte und also ziemlich müde war, so blieb ich gleich anfangs hinter dem Bataillon zurück, um bequemer marschieren und von Zeit zu Zeit ruhen zu können. Bald hörte ich einen Wagen kommen und erkannte ihn für den der Madame Grenet; dieses Renkontre war mir gerade nicht angenehm und ich hätte es gerne vermieden, aber die Dame hatte mich trotz der Finsternis bereits erkannt und mir zugerufen: „Herr Leutnant Fröhlich, gehören Sie auch zu den Maroden?"
„Um Vergebung, ich habe mich nur ein wenig verspätet."
„Nun, was machen Sie denn, Sie lassen sich ja gar nicht blicken", (ich hatte die Dame auf dem ganzen Marsche bisher möglichst gemieden). „Nicht wahr", fuhr sie fort, „Ihre Streiche in Genua, ja, da muß man sich freilich verstecken."
„Das gerade nicht, Madame, und ich glaube, daß gewisse Damen, deren Anschläge ich genau kennen gelernt, noch mehr Ursache hätten, sich vor mir zu verbergen, als ich mich vor ihnen. Ich bin noch im Besitz eines Billetts, das . . ."
„Wozu diese Zänkereien", fiel mir Madame Grenet ins Wort, „ich bin nicht so rachsüchtig, machen wir Friede, es ist ziemlich kühl, ich biete Ihnen einen Platz in meinem Wagen an, es fährt sich doch besser als man geht, und Sie kommen dann weniger ermüdet auf der Station an."
Ich nahm das Anerbieten an, das mir gerade nicht so unwillkommen war, und saß bald an der Seite der Dame. Noch hatte ich zwar die liebenswürdigen Advokatentöchter im Kopf, aber doch bereits Madame Grenet im Arm. Ein ewiger Friede wurde förmlich geschlossen und durch glühende Küsse besiegelt. Madame Grenet war ja hübsch und jung, ich hatte heißes Blut, dabei die Finsternis der Nacht, die Gelegenheit, mit einer liebenswürdigen Frau im engen Raume eines Wagens, da mag der Henker kalt bleiben; alle Unbill war von beiden Seiten schnell in dem Taumel des Genusses vergessen, und nach einer guten Stunde verließ ich den Wagen, um mich dem nicht

mehr sehr entfernt marschierenden Bataillon wieder anzuschließen.
Schon mit dem Grauen des Tages rückten wir in *Imola* ein, eine Stadt von ungefähr achttausend Einwohnern, die ein festes Schloß, aber außer einem schönen Spital wenig Merkwürdiges enthält; sie ist auf den Trümmern des alten Forum Cornelii erbaut. Der damalige Papst (Pius VII.) war hier längere Zeit Bischof. Sie war auch der Schauplatz der verruchten Schandtaten Cäsar Borgias. Julius II. brachte sie an den heiligen Stuhl; sie hat wenigstens ein paar Dutzend Kirchen und Klöster. Eine Stunde nach Sonnenuntergang wirbelten die Tamboure abermals zum Abmarsch; diese Nacht führte uns leider um Mitternacht durch das schöne *Faenza,* dessen Einwohner unser durch Trommeln und Musik geräuschvoller Durchmarsch aus dem Schlaf aufgeschreckt haben mag, nach *Forli.* – *Faenza* ist ziemlich groß, soll bei sechzehntausend Einwohner, nicht weniger als zwanzig Klöster und dreißig Kirchen haben, und ist eine der hübschesten Städte der ganzen Romagna. Von ihr hat das Töpfergeschirr Fayence, das noch jetzt in vorzüglicher Güte daselbst verfertigt wird, seinen Namen.
Forli liegt am Fuße der Apenninen, in einem fruchtbaren Tale, an der alten Via Aemilia. Die Stadt ist nicht übel gebaut, hat einen sehr schönen Marktplatz, und der Versammlungssaal ihres Stadthauses ist von Raffael ausgemalt; auch sie hat bei zehn- bis elftausend Einwohner, Dutzende von Klöstern und Kirchen. Livius Salinator war ihr Gründer, und die Römer nannten sie Forum Livii. Manche ihrer Kirchen und Paläste sollen interessante Kunstschätze enthalten, um die ich mich aber immer weniger auf diesem Marsch bekümmerte, da wir, von den Nachtmärschen ermüdet, einen großen Teil des Tages mit Schlafen zubringen mußten, auch war damals das Beste und Schönste im Louvre zu Paris.
Von *Forli* kamen wir über *Forlimpopoli,* welches Gregor XI., weil alle seine Einwohner Räuber geworden waren, 1370 gänzlich zerstörte, nach *Cesena,* der Vaterstadt Pius'

VI. und Pius' VII. Dem ersteren hatte man hier eine Bildsäule errichtet, letzterer hatte aber damals noch keine. Unter den unzähligen Klöstern dieser Stadt ist das der Benediktiner, welches auf einem Berge vor dem Tore liegt, wegen seiner großen Pracht merkwürdig.

Ohne Cäsar zu sein, ging auch ich über den *Rubikon,* ein kleines Flüßchen, das jetzt *Pisatello* heißt und kaum eine Stunde von Cesena entfernt, auf dem Wege nach *Rimini,* unser nächstes Nacht-, vielmehr jetzt Tagquartier, vorbeifließt. Ein Papst hatte feierlich zu entscheiden geruht, daß der Luso der alte Rubikon sei, aber Seine Unfehlbarkeit haben hier, wie so oft schon, einen Fehlschuß getan, der längst zur Satire geworden ist. Ich konnte nicht umhin, an den Ufern dieses Flüßchens eine kurze Zeit zu verweilen und bei dessen Wasser einige Betrachtungen anzustellen, denkend, daß vor beinahe zweitausend Jahren Cäsar, das Universalgenie, hier überlegte, ob er oder ob er nicht über den kleinen Strom setzen sollte, wovon sein, Roms und der damaligen bekannten Welt Heil oder Unheil abhängen mußte. Ein Dekret des römischen Senats hatte jedem Feldherrn oder Anführer der Truppen bei Strafe, als ein Feind des Vaterlandes angesehen zu werden, verboten, diesen Fluß, der die Grenze zwischen Italien und dem zispadanischen Gallien bildete, an der Spitze einer bewaffneten Macht zu überschreiten. Cäsar sprach: soll ich oder soll ich nicht? – und entschied für das Soll; als er sich auf dem jenseitigen Ufer befand, rief er aus: Alea jacta est (die Würfel sind aus der Hand, der Wurf gefallen). Er rückte nun unaufhaltsam vor, und bald lag Rom zu seinen Füßen und in den Eisen. So hängt das Ungeheuerste oft von einem einzigen raschen Entschluß ab; es gilt dann freilich, alles auf einen Wurf zu setzen, um alles zu gewinnen oder alles zu verlieren. Julius Cäsar war gewiß einer der größten Männer, die der Erdball je getragen, neben dem gar mancher, den man den Großen betitelt, entsetzlich klein erscheint.

Auch wir gingen also über den Rubikon, und auch nicht so

ganz bedeutungslos; denn es galt ja die schon begonnene Eroberung des Königreichs Neapel vollenden zu helfen und dessen Regenten zum Teufel zu jagen.
Rimini erreichten wir wieder mit Tagesanbruch, es liegt an der Mündung des Marechia, nahe am Adriatischen Meer, das vor Zeiten dessen Mauern bespülte. Sein ehemaliger Hafen war jetzt in einen großen Garten umgeschaffen, und der kleine, jetzt noch bestehende, kann nur von geringen Fahrzeugen und Fischerbarken besucht werden. Von römischen Altertümern ist noch die Brücke vorhanden, die unter der Regierung des Wüterichs Tiberius vollendet wurde; Augustus hatte sie begonnen; ein diesem Kaiser zu Ehren erbauter Triumphbogen ist auch noch vollkommen erhalten und gleich der Brücke aus weißen Sandsteinen erbaut. Außerdem sind noch viele andere römische Altertümer in Rimini; auf dem Marktplatz wird eine Art Fußgestell gezeigt, von dem herab Cäsar seine Truppen angeredet haben soll, nachdem er über den Rubikon gegangen war. Überhaupt konnten wir jetzt keinen Schritt mehr vorwärts tun, ohne jeden Augenblick durch Monumente und historische Begebenheiten an das welterobernde Volk der Römer erinnert zu werden, – dessen klassischen Boden wir betreten hatten.
Unter den zahlreichen Kirchen Riminis sind nur ein paar, bei denen es sich der Mühe lohnt, sie zu sehen. Die Kathedrale steht auf den Fundamenten eines alten Tempels des Kastor und Pollux. Auf der Piazza de tribunali steht die erzene Bildsäule Paul V. und eine prächtige Marmorfontaine.
Da wir hier wieder einen Ruhetag hatten, so benutzte ich denselben, um einen Ritt nach der wegen ihrer Unbedeutendheit berühmten und deshalb unangefochtenen Republik San Marino zu machen, deren Haupt- und einziges Städtchen und Gebiet wenig mehr als fünfzigtausend Bewohner zählt. Ein Maurer aus Dalmatien, namens Marin, soll sie im sechsten Jahrhundert gegründet haben, und zwar, wie die Sage will, auf folgende Veranlassung.

Dieser Mensch hatte sein halbes Leben damit zugebracht, an den Werken von Rimini zu arbeiten, hierauf fiel es ihm ein, sich dem beschaulichen und erbaulichen Leben zu widmen und ein Einsiedler zu werden. Jetzt lebte er ebenso keusch und fromm, als er früher ausschweifend und sündhaft gelebt hatte; er legte sich selbst die schwersten Bußen und strengsten Strafen auf. Längere Zeit wußte man nicht, was aus ihm geworden war, er trieb die Sache sehr geheim, endlich aber hatte ihn ein ebenfalls reuiger Sünder bei diesen Kasteiungen belauscht und bat den frommen Mann, auch ihn in Gnaden aufnehmen zu wollen, worauf sich der Geruch seiner Heiligkeit bald weiter verbreitete und er viele Jünger oder Schüler erhielt. Der Berg, auf dem er seine Einsiedelei angelegt, gehörte damals einer Fürstin der Umgegend, die ihm denselben zum Geschenk machte; auf diesem gründete er nun die kleine Republik, aus lauter Frommen bestehend, die noch jetzt, wenn auch nicht mehr aus Einsiedlern, doch aus sehr friedlich gesinnten Menschen besteht, denen, um Krieg zu führen, alles fehlt.
Das Städtchen *San Marino* liegt auf einem etwas steilen Berg, zu dem ein ziemlich bequemer Fußweg führt, er hat sogar ein kleines Kastell mit mehreren Türmen; in seinem Gebiet wächst ein guter Wein auf den Höhen des Berges, der aber den Klöstern der Republik gehört und von den trägen Mönchen fast ausschließlich in behaglicher Ruhe getrunken wird; so klein dieser Staat auch ist, so muß er doch ein halbes Dutzend dieser Faulnester ernähren.
Ich war in Begleitung von mehreren Kameraden auf Mietpferden nach San Marino geritten; unter diesen befand sich ein erst kürzlich vor dem Abmarsch von Genua zum Regiment gekommener Offizier, der in österreichischen Diensten gestanden und sich kurz vor der Schlacht von Austerlitz hatte fangen lassen. Er war Hauptmann gewesen und bei unserem Regiment als Leutnant eingetreten, wozu ihm die Gnade des Fürsten Y., dem er sich empfohlen, verholfen hatte. Dieser Mensch, der sich Baron von Neumann nannte, dessen Bauch jedoch weit besser in eine

Pfaffenkutte als in eine Uniform gepaßt hätte, war nur in der Hoffnung mit nach Marino geritten, daß es daselbst etwas Tüchtiges für seinen Schnabel, das heißt, brav zu essen und zu trinken absetzen würde; er fing aber schon zu fluchen an, als der Weg etwas steil und unbequemer zu werden begann; als er aber erst das kleine Städtchen sah und in diesem nichts als etwas Käse und Brot zu haben war, da sagte er ganz aufgebracht zu mir: „Dos is holter auch der Müh' wert g'wesen, uns in so än Nest z'führen, wo's halt nix z'nagen und nix z'beißen gibt, ich dank' für d'Ehr." – Als ich ihm von der Seltenheit und Sonderbarkeit, die diesen Staat merkwürdig machen, erzählen wollte, ließ er mich nicht endigen, sondern fiel mir mit den Worten in die Rede: „I' hob den Henker von so 'ner Merkwürdigkeit, die größte Merkwürdigkeit für mi is holt ä gut's Schweinsbratel und ä gut's Glaserl Wein." – Das letztere verschaffte ich ihm auch, wodurch er bald zum Schweigen gebracht wurde; er fand das Gewächs vortrefflich und war bald so selig, daß er bei der Heimkehr sein Roß nicht mehr ohne Hilfe zu besteigen vermochte; war es uns gelungen, ihn auf der einen Seite mit aller Mühe hinaufzuheben, so fiel er auf der anderen wieder herab. Glücklicherweise hatten wir sehr geduldige und kraftlose Mähren, die sich alles gefallen ließen. Ich machte den Vorschlag, den Kameraden auf seiner Rosinante festzubinden, aber es fehlte uns an Stricken, und es war nicht so leicht, deren in San Marino aufzutreiben. Als wir uns endlich im Besitz der nötigen Bindemittel befanden, legten wir den vollen Sack, der wenigstens ein halbes Dutzend Pokale geleert hatte, quer über das Tier, wie jeden anderen Sack, und banden den schnarchenden, aber ganz bewußtlosen Leichnam auf demselben fest. Wir waren noch keine fünf Minuten geritten, als die Banden durch das Rütteln schon locker wurden und unser Freund Neumann unter sein Roß rutschte; wir hoben ihn wieder auf, banden ihn nochmals fest, aber jetzt kam er allmählich wieder etwas zur Besinnung und wollte gleich den anderen wieder zu Pferd sitzen, man tat ihm den Willen; es ging nun in kurzem Trabe den jähen Berg hinab, aber nach wenig hundert Schritten stürzte Neumann, der ohnehin nicht reiten konnte und das Pferd nicht in der Hand hatte, sondern ihm die Zügel schießen ließ, samt demselben und fiel so unglücklich, daß er ein Bein brach. Jetzt war die Not groß, und nur mit schwerer Mühe und glänzenden Versprechungen brachten wir ein halbes Dutzend Landleute, die wir aus Marino holten, zusammen, um den Verunglückten auf einer Tragbahre nach Rimini zu bringen, wo er erst bei sinkender Nacht ankam, über sein hartes Geschick und über mich, als die erste Veranlassung zu demselben, fluchend und wimmernd. Den Trägern gaben wir jedem eine Scudo romano; dies war ein teuerer Lustritt. – Neumann mußte zurück- und im Lazarett bleiben, bis er geheilt war; dort wurde er so gut gepflegt, daß er sich bald von dem einen zum andern trug und ein wahrer Spitalbruder ward. Die französischen Offiziere wurden allerdings in den Lazaretten der Städte, namentlich in dem Kirchenstaat, wie die Herrn gepflegt und behandelt. Ich sah den guten Neumann nie wieder, denn er wurde zum Depot des Regiments geschickt, und ich habe später nur soviel erfahren, daß nach dem Frieden von 1814 die österreichische Armee so glücklich war, den Helden wieder in ihren Reihen zu sehen.

Von Rimini kamen wir nach *Pesaro,* das in einem wahren Obst- und Gemüsegarten liegt und dessen Feigen als die trefflichsten im ganzen Kirchenstaat gerühmt werden.

Den folgenden Tag kamen wir nach *Sinigaglia,* das Beaucaire oder Leipzig Italiens hinsichtlich seiner sehr besuchten hochberühmten Messen. Auf dem Marsch dahin kamen wir in der Nacht durch die auf unserem Weg liegende Stadt Fano, in deren Nähe der karthaginesische Feldherr Hasdrubal geschlagen wurde; auch sie war von Totila zerstört und von Belisar wieder erbaut worden. Ihren alten Namen, Fanum fortunae, hatte sie von einem Tempel Fortunas erhalten, den man zum Andenken an den Sieg über Hasdrubal erbaute.

Sinigaglia ist an und für sich keine sehr bedeutende Stadt, hat kaum zehntausend Einwohner, treibt aber viel Handel und ist ziemlich gut befestigt. Zu ihren Messen strömen die Fremden aus ganz Italien, Griechenland, Dalmatien und der Schweiz herbei; ihr nicht sehr großer Hafen ist für Kauffahrteischiffe bequem und sicher. Die Häuser dieser Stadt sind alle gut gebaut, auch hat sie einige ausgezeichnet schöne Kirchen. In der fruchtbaren Gegend nach Urbino zu, zeigt man noch Hasdrubals Grab, das die Einwohner den Monte Asdrubale nennen.

Der nächste Tag brachte uns nach *Ancona;* der Marsch nach dieser Stadt führte, wie alle Märsche seit Rimini, fast immer längs der Küste des Adriatischen Meeres hin. Der Ort ist als Hafen, als Festung und als Handelsstadt sehr bedeutend, er zählt über dreißigtausend Einwohner. Klemens XIII. machte Ancona zu einem Freihafen, und seit jener Zeit wurde sein Handel so blühend; der Hafen ist einer der schönsten Italiens und fast zirkelrund. Noch ganz gut erhalten steht hier ein Triumphbogen Trajans mit acht kannelierten korinthischen Säulen; derselbe wurde im Jahre 112 nach Christi Geburt dem Kaiser Trajan sowie seiner Gemahlin und Schwester zu Ehren errichtet; seiner Bildsäulen wie seiner Verzierungen von Erz wurde er aber durch die Barbaren beraubt. Ancona wurde durch eine Kolonie der Syrakuser gegründet. 1532 wurde es eine Republik unter päpstlicher Hoheit. 1797 hatten die Franzosen, 1799 die Russen die Festung genommen und besetzt.

Unsere folgende Etappe war *Loretto,* ein beschwerlicher und ermüdender Marsch; aber dafür sollten wir auch durch den Anblick des heiligen Hauses der Jungfrau Maria und sogar durch das Betreten desselben mit unseren unheiligen Füßen belohnt werden. Die Stadt ist klein, zählt kaum sechstausend Einwohner, die fast alle von dem Schacher mit heiligem Firlefanz leben; sie liegt auf einer Anhöhe, von der man eine herrliche Aussicht auf das Adriatische Meer und dessen Küsten hat. In der Haupt- und einzigen bedeutenden Straße der Stadt sieht man Bude an Bude gereiht, in denen nichts als Kruzifixe, Madonnenbilder mit dem Jesuskind, Kreuzchen, Rosenkränze, allerlei Reliquien, künstliche Blumen, Medaillen zur Ehre der Jungfrau und anderer Heiligen geprägt, Wachskerzen, Borden, Bänder und ähnlicher Kram verkauft werden. Mitten in der prachtvollen, großen und schönen Kirche der Madonna von Loretto befindet sich das heiligste Haus der ganzen Christenheit, dasjenige, in welchem die Jungfrau geboren und erzogen wurde. Es ist ein sehr bescheidenes, von Backsteinen und Holz erbautes Häuschen, das La santissima casa di Nazaretto genannt wird, und welches die lieben Engelein im Jahre 1291 aus Galiläa, aber ohne das Fundament, das ihnen wahrscheinlich zu schwer war, oder zu viel Mühe auszugraben kostete, durch die Lüfte nach Dalmatien entführten, um es vor den wilden Horden der Ungläubigen in Sicherheit zu bringen und zu schützen, wozu wahrscheinlich der allmächtige Gott nicht Macht genug im gelobten Lande hatte; da es aber auch hier noch nicht sicher genug schien, so trugen sie es drei Jahre später in einen Wald unfern Racamati; aber auch dieser Ort schien ihnen nach abermals drei Jahren nicht ganz passend, und so flogen sie Anno 1295 mit ihm nach Loretto und stellten es da nieder, wo es noch steht. Diese erbauliche Geschichte mit allen dazugehörigen Umständen, treu und ganz der Wahrheit gemäß ausführlich beschrieben, verkauft man zu Loretto in allen Sprachen gedruckt. Das Haus ist nur achtzehn Fuß hoch, fünfundzwanzig lang und etwa zwölf breit und würde in unseren Tagen auch einem nur mittelmäßig bemittelten Bauern zu klein und zu eng erscheinen; dagegen ist aber die Kirche, die es beschirmt, um so größer und geräumiger, fast ganz in morgenländischem Stil erbaut, mit kostbaren Türen aus Erz versehen; sie hat unzählige Beichtstühle, für alle Nationen und Sprachen bestimmt, über denen zu lesen ist: „Für Polen, für Franzosen, für Spanier, für Deutsche, für Engländer“ usw. Hunderttausende von Pilgrimen aus allen Ländern Europas und der Christenheit, jedes Ranges, Alters und Standes, wallfahrteten früher zu dieser Kirche, ihre Zahl hatte aber so sehr abgenommen, daß sich kaum der fünfzigste Teil von ehedem mehr einfand, und was das schlimmste war, meistens arme Teufel, die statt zu bringen empfangen mußten und welchen man hier Wohnung und magere Kost, eine schlechte Suppe, solange ihr kurzer Aufenthalt währte, verabreichte.

So klein das Häuschen war, vielleicht eines der kleinsten Europas, so wurde es doch bald eines der reichsten, wenn nicht das reichste. Die Schätze, die es noch vor der französischen Revolution aufzuweisen hatte und die es größtenteils frommen Monarchen, Fürsten und anderen reichen, zum Teil auch armen Seelen verdankte, waren unermeßlich; ihr Verzeichnis füllte ein ganzes Buch. Kolossale Engel von gediegenem Gold, ungeheure Lampen von demselben Metall, noch weit größere von vergoldetem Silber, Kronen, mit Edelsteinen reich geschmückt, von ungeheurem Wert, für die Mutter Gottes und ihren Sohn, unter denen eine von Ludwig XIII., die er, um das Gelübde, das er getan, wenn er einen Sohn erhielte (Ludwig XIV., dessen Vater er indessen nicht war), zu erfüllen, der Madonna von Loretto schenkte, mit mehr als dreitausend Diamanten verziert war; unzählige Reliquienkästchen von Gold, Perlen und Edelsteinen, in denen man Gott weiß was für Knochen aufbewahrte, Pokale, Ketten und dergleichen waren ohne Zahl vorhanden, und die Mauern, Wände und Nischen mit Gold- und Silberplatten bekleidet. Pius VI. mußte das Heiligtum schon eines Teils seiner Schätze berauben, um den Franzosen die durch den Frieden von Tolentino (1797) schuldig gewordene Summe bezahlen zu können. Aber bald darauf nahmen diese ungebetenen Gäste den noch übrigen Teil und plünderten Haus und Kirche, ihnen alles von Wert raubend, sogar die Statuen der Madonna mitnehmend, mit Ausnahme der von Zedernholz, die sie respektierten, und die der heilige Lukas selbst, obgleich ebensowenig Bildhauer als ich ein Verschnittener, verfertigt haben soll; ob aus Achtung für den Heiligen oder wegen dem geringen

Kunst- und materiellen Wert, den sie hat, will ich dahingestellt sein lassen. Indessen wurde behauptet, daß die Geistlichkeit, die von der bevorstehenden Plünderung einigen Wind gehabt, denn man weiß, daß die Herren in der Regel gute Nasen haben, doch einen guten Teil der Schätze, namentlich die kostbarsten Edelsteine und Perlen, die sie durch falsche ersetzte, auf die Seite geschafft habe. Dem sei wie ihm wolle, wir fanden wenig von den echten Schätzen mehr vor, die so prächtig gewesen sein sollen, daß das Auge ihren Glanz nicht zu ertragen und der erfahrenste Juwelier sie nicht zu schätzen vermochte. Die Jungfrau samt dem Jesuskind trugen nun Kronen mit falschen Steinen, doch hingen schon wieder viele schwere silberne und reich vergoldete, fortwährend brennende Lampen in der Kirche und dem Haus, das gerade unter der Kuppel des Doms steht und von dem ewigen Lampenrauch ganz schwarz gefärbt ist. Der Fußboden gleicht einem Damebrett und besteht aus weißen und roten viereckigen Platten. Die braune zedernhölzerne Madonna steht in einer Nische des Häuschens, gerade unter dem Schornstein, das Jesukind im Arm und mit einem langen, schwarzen Schleier behängt. Von diesem Schleier erhalten alle frommen Gläubigen ein kleines Stückchen, das auf einem gedruckten Zeugnis aufgeklebt ist und ihnen zur schützenden Reliquie dienen soll; und – o Wunder! – soviel auch jahrein jahraus von diesem Schleier abgeschnitten wird, so wird er doch nie kleiner, sondern das am Tage abgeschnittene wächst bei Nacht wieder nach. Auch die Suppenschüssel Marias wird gezeigt, in welcher man Rosenkränze, Kreuze, Medaillen usw. herumrührt und einweiht. Man erhält ferner daselbst eine kleine viereckige Tüte von Papier, auf welcher das heilige Haus abgebildet ist, wie es die guten Engel durch die Lüfte transportieren, und die etwas von dem von der Mauer desselben abgeschabten Staub enthält, wofür man einige Paoli bezahlt. Auch diese Reliquie gilt für ein sicheres Amulett gegen alles Böse, gegen Widerwärtigkeiten, Krankheiten, Zauberei usw.; man trägt sie an einem Bänd-

chen oder Kettchen um den Hals, auf die Brust herabhängend. Auch ich versah mich mit einer solchen, zum Andenken an meine Anwesenheit in Loretto, und hatte es wahrlich nicht zu bereuen, denn sie bewirkte in der Tat kein geringes Wunder an mir, mich von einem grausam schmählichen Tod errettend, wie wir bald sehen werden. Außerdem kaufte ich ein Dutzend kleiner Rosenkränze von allen Farben, grün, rot, gelb usw., ließ sie in der heiligen Suppenschüssel umrühren und schickte sie dann per Post meinem Vater, um sie an die übrige Verwandtschaft auszuteilen, die, ob es gleich Ketzer waren, diese Aufmerksamkeit doch gut aufnahmen. Auch die Küche der Jungfrau und das Fenster, durch welches der Engel der Verkündigung zu ihr einflog, ließ ich mir zeigen.
Auf dem schönen und großen Platz vor der Kirche steht die bronzene Bildsäule Sixtus V. und der prächtige bischöfliche Palast, der bewundert zu werden verdient.
Loretto verlassend, entfernten wir uns wieder von den Küsten des Adriatischen Meeres und marschierten landeinwärts nach *Macerata,* eine ansehnliche, auf einem Berge liegende Stadt, von der man das Meer noch einmal erblickt, die fünfzehntausend Einwohner, mehrere sehr schöne Kirchen und ein merkwürdiges Tor, Porta Pia, eine Art Triumphbogen mit drei Durchgängen hat. Sie steht auf der Stelle des alten Helvia Ricina, das die Goten zerstörten, und hatte früher eine Universität. – Von hier kamen wir nach *Tolentino,* ein an sich sehr unbedeutendes kleines Städtchen, das keine 1500 Einwohner zählt, aber dennoch fünfzehn Kirchen hat und den Leichnam des heiligen Nikolaus aufbewahrt, was dem sonst sehr toten Ort an dessen Festtag einiges Leben verleiht. Hier wurde 1796 der Friede zwischen dem Papst und der französischen Republik geschlossen, der dem ersteren große Opfer kostete und wenig oder keinen Nutzen brachte.
Das folgende Nachtquartier war zu *Seravalle,* ein großer befestigter Flecken, der wegen der greulichen Mordtaten, die schon so oft in seiner Nähe verübt wurden, eine furcht-

bare Berühmtheit erlangt hat. Durch das ebenso berüchtigte *Col-Fiorilo,* wohin der Weg eine ziemliche Strecke zwischen durchhauenen Felsen führt und so enge ist, daß kein Wagen dem andern ausweichen kann, sondern derjenige, der am nächsten beim Ausgang ist, rücklings zurückfahren muß, marschierten wir bei Nacht. Der Weg von hier bis *Foligno,* besonders bei den sogenannten Steinbrüchen, ist fortwährend sehr schmal und für das Fuhrwerk äußerst gefährlich, da er längs schauerlichen Abgründen hinführt, in die schon sehr viele Wagen samt Pferden und Reisenden hinabstürzten; und doch wird nicht dafür gesorgt, diese Gefahr durch tüchtige Schranken zu beseitigen!

Foligno (Fulginium) ist ein artiges Städtchen von etwa sechstausend Einwohnern, ein betriebsames und fleißiges Völkchen, das Handel treibt, und bei dem Wohlstand zu finden ist. Die Stadt liegt in dem herrlichen Tal, *Spoletana* genannt, in welchem der alte *Clitummus* fließt, dessen Ufer schon Virgil als außerordentlich fruchtbar schildert. Aus den an denselben weidenden fetten Herden, suchte man die schönsten Tiere aus, welche zum Opfer für die Götter, id est Pfaffen oder Priester, bestimmt waren, und noch jetzt sind diese Weiden, wie zu den Zeiten Virgils, mit dem schönsten Vieh, das sie nähren, geschmückt.

Spoleto, unsere nächste Etappe, ist eine alte, an einem Berge liegende, aber schlecht gebaute und befestigte Stadt, die im Altertum durch den mutigen Widerstand, den sie dem Hannibal leistete, berühmt wurde, jetzt aber kaum sechstausend Einwohner, nicht weniger als zwei Dutzend Faulenzernester, vulgo Klöster genannt, und noch mehr Kirchen hatte; zwanzig Einsiedeleien liegen obendrein auf einem nahen Berg, zu dem ein anmutiges Tal führt. Hier ist die Faulenzerei und mit ihr die Bettelei zu Hause, denn das träge Vieh in den Klöstern speist das zerlumpte und ebenso faule in den Straßen mit den übriggebliebenen Brocken. Jeder sich meldende Bettler bekommt eine Klostersuppe.

Spoleto hat sehr viele römische Altertümer aufzuweisen unter denen die Ruinen eines Jupitertempels, eines Marstempels, eines der Konkordia geweihten, und das sogenannte Hannibalstor, das ein noch erhaltener Bogen einer ehemaligen prächtigen Brücke ist, die über den wildströmenden Maroggia führte, und deren Überbleibsel jetzt zu einer Wasserleitung dienen, die bemerkenswertesten sind.

Hannibal belagerte die Stadt nicht nur vergeblich, sondern wurde von ihren Einwohnern vor den Toren mit einem so großen Verlust zurückgeschlagen, daß sich sein Rückzug in eine unordentliche Flucht auflöste, wodurch Rom von seinem Besuch verschont blieb; es war folglich Spoleto großen Dank schuldig. Noch jetzt ist ein Tor vorhanden, Porta fugae genannt, durch welches der Ausfall gemacht worden sein soll. Natürlich war die Stadt zu jener Zeit von einer ganz anderen Bedeutung, wie auch noch die vielen vorhandenen Ruinen beweisen, namentlich die eines großen Theaters, und die außerhalb der jetzigen Mauern auf den Trümmern des Konkordiatempels, von dem noch sechs schöne Säulen stehen, erbaute Kirche zum heiligen Kreuz. Auch von einem Palast Theodorichs sind noch Überbleibsel vorhanden. Im sechsten Jahrhundert war sie die Hauptstadt eines lombardischen Herzogtums, das bis zum elften bestand, wo ihre Herzoge nur noch die Statthalter der Kaiser und Könige von Italien, waren. *Spoleto* war im Mittelalter fast in beständiger Fehde mit den Nachbarstädten, und die *Perugier* brannten es 1324 gänzlich nieder. In seiner Umgegend werden die sogenannten Kardinalstrüffeln, die köstlichsten Italiens, gegraben, welche meistens nach Rom, zum Teil auch nach Mailand und Venedig verschickt werden. Der Marsch von hier nach *Terni* ging über die *Somma,* den höchsten Gipfel der Apenninen in dieser Gegend, auf dem zur Heidenzeit ein Tempel des Jupiter Summanus stand. *Terni,* das alte *Interamna,* ist die Vaterstadt des berühmten Geschichtsschreibers Tacitus und des Kaisers, der denselben Namen führte. Es liegt zwischen zwei Armen des Flusses *Nera,* der hier eine Insel bildet, und hat ebenfalls noch viele römische Altertümer, unter diesen die Ruinen eines Amphitheaters und eines Sonnentempels. Diese Stadt rühmt sich eines gleichen Alters mit Rom zu sein.

Da wir hier wieder einen Ruhetag hatten, so schlug ich mehreren Kameraden vor, eine Partie nach dem berühmten Wasserfall von *Terni*, der fünf Miglien (etwa anderthalb Stunden) von der Stadt entfernt liegt, zu machen. Hauptmann Grenet und seine Frau nahmen teil an derselben. Der Weg dahin führt durch einen Olivenwald und durch ein Dorf, von dem er sich furchtbar steil, oft an schwindelnden Abgründen vorüber, auf dem Berg hinzieht. Wir waren fast alle auf Eseln, nur einige, unter denen auch ich, zu Pferde. In einiger Entfernung von der Kaskade stiegen wir ab und legten den Rest des Weges zu Fuß zurück, wurden aber bald von dem Wasserstaub benetzt. Über 160 Meter stürzt sich hier der Velino von dem Felsen in den jähen Abgrund herab und gibt dem erstaunten Wanderer ein großartiges, ergreifendes Schauspiel, welches der Anblick der Milliarden in allen Farben spielenden Wasserperlen, die das wieder emporspringende Wasser bildet, beim Sonnenschein so prächtig macht, daß das Blitzen aller Diamanten dagegen als fahl und matt erscheinen muß. Das Geräusch, welches die fallenden Wassermassen verursachen, ist donnerähnlich, und die sich wie Nebel wieder erhebenden Wasser formieren einen großen Staubwirbel, der wie ein Tau abermals niederfällt und den erstaunten Zuschauer durch und durch naß macht. Dieser Wasserstaub bildet unaufhörlich auf- und niedersteigende Brillantbogen, die man mit Entzücken bewundert, es ist eines der schönsten Naturschauspiele der Welt. Auf dem Rückweg nahmen wir in dem Dorf an dem Olivenwäldchen eine echt italienische Kollation, aus Brot, Käse, Orangen und Feigen bestehend; dies ist so ziemlich alles, was man nebst einem Glas Wein in einem solchen Ort in Italien haben kann.

Von *Terni* kamen wir wieder an unabsehbaren Abgründen vorüber, nach *Narni,* das auf einem Berg an der *Nera* liegt, kaum viertausend Einwohner zählt und von tausendjährigen Olivenbäumen umgeben ist. Das heitere Tal, durch welches man zwischen Terni und Narni kommt, ist dasselbe, welches Plinius als so außerordentlich fruchtbar schildert; man erntet hier viermal des Jahres Heu. Es wird von der Nera bewässert. Die Pomeranzen- und Zitronenwäldchen, die Weinberge, Oliven-, Mandel- und Granatenbäume, die trefflich angebauten Felder und üppigen Wiesen machen es zu wahrhaft elysäischen Gefilden, und hier muß einem Goethes herrliches Lied:

„Kennst du das Land, wo die Zitronen blüh'n,
Im dunkeln Laub die Gold-Orangen glüh'n,
Ein sanfter Wind vom blauen Himmel weht,
Die Myrte still und hoch der Lorbeer steht?"

unwillkürlich einfallen.

Von hier aus marschierten wir über *Otricoli* und mehrere andere unbedeutende Orte, kamen bald an die Ufer des *Tiber,* die wir hier zum erstenmal erblickten, und längs derselben nach *Civita Castellana,* das alte berühmte *Veja,* das Camill bezwang und wo die dreihundert Fabier fielen. Diese Stadt ist jetzt sehr klein, zählt kaum ein paar tausend Seelen und liegt auf einem steilen, die Umgegend beherrschenden Berg. Die Hauptkirche derselben steht auf einem isolierten Felsen wie auf einer Insel, und ist vermittelst einer Brücke mit der übrigen Stadt verbunden.

Jetzt verspürten wir schon die Nähe der alten Welthauptstadt, Ruinen, Wasserleitungen, Tempelreste, Monumente jeder Art, und hier und da eine Villa verkündeten uns die hochberühmte Campagna, in welcher die Hauptstadt der christlichen Welt liegt.

Monterosi, in dessen Umgegend sich noch hetrurische Ruinen und Altertümer befinden, sollte unser letztes Quartier vor Rom sein; da uns aber die Marschroute keinen Rasttag in Rom selbst gestattete, so gab Duret dem Wunsch der meisten Offiziere, unter denen auch ich war, nach, ließ das

Bataillon nur wenige Stunden in Monterosi ruhen und dann nach Rom aufbrechen, damit wir wenigstens einen Tag vollständig und mit Ruhe daselbst zubringen konnten, denn niemand war imstande, uns zu garantieren, daß wir jemals die berühmte Stadt wieder betreten würden.
Indessen wurde uns dieser Doppelmarsch, der zum Teil über die alte *Via Cassia* ging, beschwerlich genug, es schien, als wolle er gar kein Ende nehmen, jeder Landmann, dem wir begegneten, wurde mit: Quante miglie ancora? von den Soldaten angeredet und antwortete gewöhnlich mit: Poche Signore, strada romana, strada buona. (Wenig, meine Herren, römischer Weg, guter Weg), und murrend und fluchend, sich durch das Wenig immer getäuscht zu sehen, ging der Marsch weiter.
Öder und wüster wurde aber jetzt die Gegend, wir waren in der verrufenen Campagna di Roma, und kamen häufig an Galgen und Pfählen vorüber, an denen Köpfe gespießt und halb verfaulte Schenkel, Arme und Körper hingen, von Legionen Raubvögeln umflattert und angenagt, lauter Überreste greulicher Raubmörder und Banditen. Wir waren die ganze Nacht und fast den ganzen Tag marschiert, wenige Stunden Ruhe in der Mittagszeit ausgenommen, und erblickten endlich gegen Abend die schon lange und heißersehnte Siebenhügelstadt mit ihren Kuppeln, Domen und Türmen, aus deren Häusermeer vor allem St. Petris Dom wie ein Berg hervorragt. – Der Anblick dieser sogenannten ewigen Stadt, deren Geschichte ich genau kannte, und in der seit Jahrtausenden so viel Großes, Wunderbares und Außerordentliches vorgefallen, von der aus so viel Unheil über die ganze Erde, in alter und neuer Zeit, unter den heidnischen Kaisern wie unter den christlichen Päpsten ergangen, erschütterte mich tief und machte einen großen Eindruck auf mich. Lange staunte ich diese toten Massen, Zeugen von so vielen Untaten, wenig Helden- und noch weniger guten Taten, an. Es ging nun etwas bergab, bald kamen wir an dem Grab Neros vorüber, in dem er aber schwerlich begraben liegt, und an die Pontemolle, die alte

Pons Aemilius, an der Cicero die Verschworenen verhaften ließ, als sie sich in das Lager Katilinas begeben wollten; hier überwand auch Konstantin den Tyrannen Maxcenz. Erst wenige Monate vor unserer Ankunft (1805) hatte Pius VII. diese Brücke wieder herstellen lassen. Noch immer war die Gegend öde und fast wie ausgestorben. Von hier marschierten wir auf der Via flaminia, erst zwischen einsamen Gartenmauern und dann an einer langen Häuserreihe vorüber, bis vor die Porta Popolo, wo wir noch vor Sonnenuntergang, aber durch den forcierten Marsch zum Umfallen müde, ankamen. Glücklicherweise war das Gebäude, eine Art Kaserne, in welcher das Bataillon einlogiert wurde, gerade das letzte Haus rechts vor dem Tor, und alle Säle in demselben fanden wir schon dick mit Stroh belegt, denn Betten gab der heilige Vater den französischen Soldaten noch nicht. Die Leute waren so müde, daß sie sich kaum die Mühe nahmen, ihre Tornister, Gewehre und Patrontaschen abzulegen, und sich angekleidet auf die einladende Streu fallen ließen, den Henker nach Rom, seinen Denkmälern und dem Papst fragend, worauf sie bald um die Wette schnarchten. Ich nahm zwar das mir zukommende Quartierbillett an, das auf eine Privatwohnung in der Stadt selbst lautete, verspürte aber keine Lust, dieselbe noch diesen Abend in deren vielleicht entferntesten Vierteln aufzusuchen, sondern warf mich, das Billett zu mir steckend und noch einen Blick durch das Tor auf die Piazza Popolo werfend, wo ich den Obelisk und die Eingänge zu drei unabsehbaren Straßen gewahrte, ebenfalls mitten unter die Karabinierkompagnie auf die Streu, mein Kapitän, ein Hauptmann Leclerc, machte es ebenso, und die meisten Offiziere, die keine Pferde hatten, folgten unserem Beispiel; wir schliefen fest und ungestört, bis den kommenden Morgen die Sonne schon hoch über der ewigen Stadt stand, hatten besser als auf den schwellendsten Polstern geruht, und machten uns endlich aus dem Stroh. Wir machten unsere Toiletten, uns in Grande tenue stekkend, um uns durch die Porta Popolo, die alte Porta Flaminia, in das Innere der merkwürdigen Weltstadt zu begeben und deren hauptsächlichste Sehenswürdigkeiten aufzusuchen.

Man wird hier keine ausführliche Beschreibung Roms und seiner Merkwürdigkeiten erwarten, die allein dicke Bände füllen würde, und die schon so oft beschrieben und wieder beschrieben worden sind; außerdem brachte ich diesmal nur einen einzigen Tag daselbst zu, der kaum hinreicht, das Interessanteste im Flug zu übersehen.

Schon die Piazza Popolo, die man betritt, sowie man durch das Tor kommt, ist ganz geeignet, eine großartige Idee von Rom zu geben; der Platz ist groß, von schönen Gebäuden umringt, in der Mitte mit einem ägyptischen Obelisk geziert, und dem Tor gerade gegenüber beginnt der Korso in der Stadt, dessen Ende das Auge nicht erreicht; zwei ganz gleich gebaute tempelartige Kirchen stehen rechts und links an seinem Eingang und bilden gewissermaßen das Portal desselben. Links vom Korso läuft die Strada babuina in schiefer Richtung bis zum spanischen Platz, in ihrer Verlängerung geht sie bis zur herrlichen Kirche San Maria Maggiore und zur Porta Maggiore, und rechts liegt die Strada Ripetti, die an die Kais und den Hafen des Tiber führt.

An das Tor dell Popolo stellten wir Schildwachen von zwei Karabiniers auf, welche den Befehl hatten, nur die ganz reinlich und ordonnanzmäßig gekleideten Soldaten unseres Bataillons in die Stadt zu lassen, auch durften nicht mehr als zwanzig Mann der Kompagnie auf einmal in dieselbe gehen.

Als ich den Korso entlang ging, begegnete ich dem Kapitän Gasqui mit noch einigen Offizieren, die mich einluden, sie zu begleiten und ihnen als Dolmetscher zu dienen, da noch keiner von denselben zehn Wörter Italienisch konnte; sie wußten auch, daß ich in der römischen Geschichte bewandert war und eine ziemlich genaue theoretische Kenntnis von Rom hatte. Gerne schloß ich mich dieser Gesellschaft an; wir schlugen zuerst den Weg nach der St. Peterskirche ein, wo uns der ungeheure zirkelrunde, von vierfachen Säulenreihen umgebene Platz mit seinen prächtigen zwei Springbrunnen und dem höchsten Obelisk Roms in der Mitte, die Fassade des berühmtesten Tempels der Christenheit, neben dem sich rechts der stolze Vatikan zu den Wolken erhebt, allerdings in Staunen und Bewunderung versetzte. Nicht so das Innere der Kirche, das diesmal, besonders auch hinsichtlich der Größe, hinter meiner Erwartung zurückblieb; ihrer ungeheuren Dimension wird man aber erst nach und nach, die einzelnen Teile betrachtend und näher untersuchend, gewahr, weil das Ganze eben durch das Kolossale derselben zu sehr gedrückt wird und überladen scheint. Ich machte, soviel ich es imstande war, Vasis Beschreibung von Rom, die ich mir schon in Bologna angeschafft hatte, in der Hand, den erklärenden Cicerone, und gab mir vorzüglich viel Mühe, die reizende Madame Gasqui auf die hauptsächlichsten Schönheiten der Kirche aufmerksam zu machen. Wir hatten uns hier schon eine ganze Stunde verweilt, als ich die Gesellschaft erinnerte, daß, wenn wir noch mehr in Rom sehen wollten, es Zeit sei, weiterzugehen. Einige wünschten noch den Vatikan zu besuchen, worauf sie aber auf meine Bemerkung, daß, um ihn nur flüchtig zu durcheilen, was uns noch vom Tag übrig bleibe, nicht hinreichen möchte, verzichteten, und wir verständigten uns dahin, für diesmal nur noch das Pantheon, das Kapitol, das Kolosseum, das alte Forum, jetzt Campo Vaccino, die Triumphbogen des Titus, Konstantins und Monte Cavallo zu besuchen, die alle in großer Entfernung von der Peterskirche liegen, so daß wir vollauf zu tun hatten, dies möglich zu machen. Wir gingen nun wieder an dem nahen Kastell St. Angelo vorbei, zum zweitenmal über die Engelsbrücke, und nahmen, auf der großen Piazza Navona angekommen, zwei Mietkutschen, wo ich es so einzurichten wußte, daß ich mit Herrn und Madame Gasqui in der einen, die übrigen Offiziere aber in der anderen fuhren; wir begaben uns zuerst in das Pantheon, ehemals allen Göttern Roms und Griechenlands geweiht, und jetzt die Kirche San Maria Rotonda, die mit Recht allen Architekten, die ähnliche Meisterwerke, denn sie ist ein solches, aufführen wollen, zum Modell dient. Von hier fuhren wir zum Kapitol, das wir zwar bestiegen, aber dessen Inneres wir nicht sahen, weil uns die Zeit dazu mangelte. Vom Kapitol begaben wir uns auf das Campo vaccino und zu dem Kolosseum, dessen Größe allerdings kolossal genug ist, um überraschend zu imponieren; es faßte über 100 000 Zuschauer, und hier wurden die größten Schauspiele der Welt aufgeführt; in Europa kenne ich kein zweites Gebäude, das so in Erstaunen setzt, obgleich ein Teil desselben mutwillig niedergerissen wurde, um seine Steine zu anderen Bauten zu benutzen. Die schöne Madame Gasqui am Arm, in Gesellschaft der übrigen, wanderte ich im Innern desselben von Station zu Station (es sind hier die vierzehn Leidensstationen Christi in der Runde aufgestellt). Hierauf sahen wir noch die beiden erwähnten Triumphbogen, fuhren nach Monte Cavallo, den von Sr. Heiligkeit bewohnten Palast zu sehen, und von da auf die Piazza Colonna, wo ich die Gesellschaft beredete, noch die Antoniussäule zu besteigen, was aber Kapitän Gasqui wenigstens für seine Person ablehnte, weil ihm das Steigen zu beschwerlich war. Auf der sehr engen Treppe, welche im Innern derselben zu ihrem Gipfel führte, reichte ich der Madame Gasqui die Hand, um ihr das Steigen zu erleichtern und den übrigen den Weg zu zeigen; wir waren aber bald durch ein Dutzend Stufen von den uns Folgenden getrennt, die uns aus den Augen verloren, und um der Dame die Mühe noch weniger beschwerlich zu machen, faßte ich sie um ihre schlanke Taille, sie von einer Stufe zur anderen hebend, was sie auch lächelnd geschehen ließ, sowie auch, daß ich sie bei jedem Schritt aufwärts fester an mich drückte, was sie zu ignorieren schien. Der Weg zu einem intimeren Verhältnis, das sich auch später zwischen uns entspann, war dadurch gebahnt. Schon auf der Insel Porquerolles, als ich die liebenswürdige junge Frau durch das Gebüsch kommen sah, hatte sie mein Herz stärker schlagen gemacht, in Genua aber sah ich sie nur wenig und war zu sehr mit den dortigen Schönen beschäftigt, daß mir keine Zeit übrig blieb, noch an andere zu denken. Erst auf dem Marsch von da bis hierher bekam ich sie öfters zu Gesicht; meistens ritt sie im Gefolge des Bataillons, und ich hatte manchmal ein paar Worte und Blicke mit ihr gewechselt. Den heiligen Paulus, der jetzt statt des Kaisers Antonius Pius auf der Säule steht und diese verunstaltet, bat ich heimlich, meine neue Inklination in Schutz zu nehmen. Nachdem wir uns gehörig umgesehen und den Umfang der ungeheuren Stadt bewundert hatten, verließen wir die Säule, ohne daß es mir möglich gewesen wäre, uns bei dem Herabsteigen von den übrigen zu trennen, die uns dicht auf den Fersen folgten. Oh, wären wir doch allein gewesen! seufzte ich bei mir selbst. Kapitän Gasqui nahm uns unten in Empfang und meinte, wir seien etwas lange geblieben. Wir nahmen nun noch ein fröhliches Mahl bei einem Restaurateur auf dem spanischen Platz ein und begaben uns jeder in sein Quartier, uns zum nahen Abmarsch vorzubereiten, denn die Sonne war bereits hinunter, und derselbe war für die zehnte Stunde beordert; ich aber hatte mein Quartier nicht einmal aufgesucht, begab mich wieder in meine Kaserne zurück und ruhte noch ein paar Stunden bis zur ersten Rappelle der Tamboure. Bald stand das Bataillon unter dem Gewehr, aber bevor wir abmarschierten, setzte es noch ein kleines Donnerwetter. Von mehreren Orten, wo wir einquartiert gewesen, und namentlich auch von Loretto, waren bei dem päpstlichen Gouvernement Klagen wegen dem von den Soldaten in Klöstern und Kirchen verübten Unfug eingelaufen, die das unflätige Anschmieren der Wände mit Kohlen, meistens Zerrbilder auf die Pfaffen, und auch andere, die Keuschheit derselben beleidigende Dinge betreffend, nicht unterlassen konnten; deretwegen stellte man unseren Bataillonschef Duret in Rom zur Rede. Dieser erließ jetzt einen strengen Tagesbefehl und verbot bei schweren Disziplinarstrafen, sich ferner dergleichen zu unterfangen; er hielt auch noch einen

Sermon vor der Front an das Bataillon dieserhalb, sowie wegen der ziemlich zahlreichen Deserteure, von denen man gerade ein halbes Dutzend wieder eingebracht hatte, welchen man mit Erschießen drohte, wozu es indessen nicht kam. Hierauf wurde mit Rechts in die Flanken, und zwar in aller Stille, ab- und durch die heilige Stadt ohne Trommelschlag und klingendes Spiel marschiert, denn es durften laut Konvention damals keine französischen Truppen bewaffnet durch die Residenz des Papstes marschieren, sondern sie mußten den großen Umweg um die Mauern derselben machen. Es war also eigentlich eine Infraktion, die wir begingen, von der jedoch keine Notiz genommen wurde. Heller Mondschein leuchtete durch die Straßen der Stadt, deren Gebäude und Schatten uns wahrhaft riesig erschienen. Von Zeit zu Zeit ließen die Blasinstrumente unseres Musikkorps eine sanfte Melodie oder einen Pas redoublé ohne türkische Musik ertönen, was diesen Marsch noch romantischer machte. Endlich kamen wir durch die Porta San Giovanni, die nach *Albano*, unser nächstes Quartier, führt, wo ich ermüdet den ganzen Tag verschlief. Von hier marschierten wir über *Veletri* durch die Pontinischen Sümpfe nach *Terracina*, wo wir einen Ruhetag hatten, von da nach *Fondi*, dem ersten neapolitanischen Städtchen, und durch üppige Gegenden nach *Mola di Gaëta*, wo wir uns endlich auf dem Schauplatz der kriegerischen Ereignisse befanden und den neunten oder zehnten Tag nach unserem Abmarsch von Rom ohne besondere Abenteuer, meist spottschlechte Quartiere habend, eintrafen.
Noch in einer ziemlichen Entfernung von *Mola di Gaëta*, das auf den Ruinen des alten *Formio* erbaut ist, hörten wir schon den Kanonendonner des Geschützes der die Festung beschießenden Artillerie. Gegen neun Uhr des Morgens kamen wir zu Mola an, wo unser erster Blick auf Verwundete fiel, die man ins Feldlazarett transportierte, und welche soeben bei den Belagerungsarbeiten durch das Geschütz der Belagerten übel genug zugerichtet worden waren, und von denen einige mit dem Tode rangen.

Bevor ich mit dem Bericht der Blockade und Belagerung von Gaëta während unseres Aufenthaltes vor dieser Festung fortfahre, muß ich ein paar Worte über die damalige Besitznahme von Neapel durch die Franzosen vorausschicken.

Napoleon hatte in den Feldern von Austerlitz beschlossen, der Herrschaft der Bourbonen in Neapel ein Ende zu machen, weil der König Ferdinand IV., gegen den Vertrag vom 21. Juli 1805, den Russen und Engländern die Häfen seines Reiches geöffnet hatte. Im Februar 1806 war das französische Heer in drei Kolonnen unter dem Oberbefehl von Napoleons Bruder, dem Prinzen Joseph, und dem Marschall Massena, der das Zentrum befehligte, im Königreich Neapel eingerückt. General Regnier, der den rechten Flügel kommandierte, war vor Gaëta gerückt, während Massena Kapua fast ohne Widerstand nahm, und die Franzosen schon den 14. Februar in die Hauptstadt eindrangen; einen Tag später hielt Joseph seinen feierlichen Einzug in dieselbe. Einstweilen war der linke Flügel des Heeres, meistens aus italienischen Truppen bestehend, unter dem General Lecchi über Itri vorgedrungen, und als wir im Mai nach *Mola di Gaëta* kamen, war, Gaëta und einige andere, im Absatz und an der Sohle des italienischen Stiefels liegende Gegenden ausgenommen, schon der größte Teil des Königreiches von den französischen Truppen besetzt, aber noch weit entfernt, beruhigt zu sein. Der Tanz sollte im Gegenteil erst recht angehen und lange und blutig genug werden. Unterdessen war durch ein kaiserliches Dekret der Prinz Joseph zum König von Neapel ernannt worden.

XVIII.

Die Belagerung von Gaëta – Mola di Gaëta – Abmarsch nach Neapel – Sessa – Ein Dominikanermönch verführt zwei Korporale – Kapua – Aversa – Neapel – Vetter Moritz – Der neue König und seine Regierung – Das Blut des heiligen Januarius wird zugunsten der Franzosen flüssig – Scheußliche Exekutionen – Der Vesuv speit Feuer – Neapels Entstehung – Die Lazzaroni – Ansicht von Neapel – Die Straßen, Plätze, Paläste, Kirchen, Theater usw. – Die italienischen Benefizvorstellungen – Aufstand in Kalabrien – Abmarsch dahin

Der General Regnier hatte den Versuch gemacht, die starke Festung Gaëta durch eine Überrumpelung zu nehmen, dieser war jedoch verunglückt; denn der Prinz von Hessen-Philippsthal, der in derselben kommandierte, verteidigte sie auf das tapferste und hatte geäußert: „Gaëta ist nicht Ulm und ich bin nicht Mack." Der General Grigny und mehrere Offiziere und Soldaten hatten bei diesem Versuch das Leben verloren; doch war eine Redoute weggenommen worden. Regnier hatte nun eine Abteilung seines Armeekorps vor der Festung gelassen, um diese einstweilen im Blockadezustand zu halten, und war mit dem Überrest seiner Truppen weiter in das Königreich Neapel vorgerückt. Im Monat März wurden die Belagerungsarbeiten begonnen. Unterdessen hatten die Franzosen das neapolitanische Heer, durch Insurgenten verstärkt, in den Engpässen von *San Martino* überflügelt und auf das Haupt geschlagen, so daß sich dasselbe in zügelloser Flucht auflöste; ein Bataillon von der königlichen Garde, mehrere tausend Gefangene, Geschütz, Pferde und Bagage waren den Siegern in die Hände gefallen. Der Rest flüchtete sich in die Gebirge von Kalabrien.
Schon lange vor unserer Ankunft hatte man angefangen, die Festung zu beschießen, und fand für nötig, das von Regnier zurückgelassene Belagerungskorps, das anfänglich nur aus 2500 Mann bestand, bis auf 15 000 Mann zu verstärken, sowie das nötige Belagerungsgeschütz nicht ohne große Beschwerlichkeiten, zum Teil sogar von Mantua

kommen zu lassen. Die meisten Lafetten dazu wurden erst im Lager selbst verfertigt.
Wir biwakierten größtenteils in Baracken oder Erdhütten und waren bei den Schanzarbeiten dem feindlichen Feuer sehr ausgesetzt. Man hatte mir oft gesagt, daß selbst der unerschrockenste Mensch, der zum erstenmal in das Feuer der Schlachten komme, sich des sogenannten Kanonenfiebers und eines Herzklopfens nicht erwehren könne; indessen habe ich bei dieser Belagerung, wo ich zum erstenmal feindliche Kugeln zischen hörte, von diesem Fieber nichts verspürt, obgleich unsere Kompagnie an einem der gefährlichsten und dem Geschütz der Festung am meisten ausgesetzten Ort arbeiten mußte; dagegen verursachte mir der Anblick der oft schwer Verwundeten und Verstümmelten eine schmerzliche Empfindung. Gewiß ist es, daß ein passives Verhalten vor dem Feinde oder bei dessen Angriffen am ersten geeignet ist, Herzklopfen zu verursachen, besonders wenn man in einem hintern Treffen müßig, das Gewehr im Arm, stehen muß, während die vorderen schon handgemein sind, und man die armen Teufel mit zerschmetterten Gliedern, Armen und Beinen, jammernd, stöhnend, ächzend und Schmerzensgeschrei ausstoßend, vorübertragen sieht; da gebe ich gerne zu, daß auch der Mutigste nicht gleichgültig bleibt, er hat wenigstens ein banges Vorgefühl; deshalb sollte man immer die nicht gleich ins Feuer kommenden Truppen womöglich so zu plazieren suchen, daß ihnen dieser eine nachteilige Wirkung habende Anblick erspart würde. Wenn aber, kaum in Schlachtordnung gestellt, der Angriff sogleich beginnt, so ist das Wirbeln der Trommeln, das Schmettern der Trompeten, das Wiehern der Rosse, der Donner des Geschützes und das Abfeuern der Gewehre sowie das betäubende Schlachtgetöse überhaupt ganz dazu gemacht, den Soldaten, wenn er auch nicht gerade zu den Tapfersten gehört, zu begeistern und zu ermutigen. Wenigstens ging es mir so, und wenn das Getümmel des Gefechtes am ärgsten war, hatte ich am wenigsten Sinn für Gefahr, in die ich mich

mit Enthusiasmus, ja mit einer Art von Wut stürzte; nur der ausgemachteste Feigling kann dann noch Sinn für Flucht oder Angst haben.
Es waren besonders zwei Anhöhen, von denen der Hauptangriff auf die Festung gemacht werden mußte. Beide waren durch eine Schlucht getrennt. Auf dem einen Hügel stand ein altes Gemäuer, Terra attratina genannt, in welchem man Pulver aufbewahrte, der andere Hügel hieß Monte secco; auf beiden wurden Batterien aufgepflanzt, nachdem man mit den Laufgräben fertig war, die man anlegen mußte, um die Leute, die dem feindlichen Geschütz, das ein ununterbrochenes, furchtbares Feuer unterhielt, ohne es erwidern oder sich verteidigen zu können, ausgesetzt waren, nicht zu sehr bloßzugeben; es setzte täglich eine bedeutende Zahl Toter und Verwundeter. An der Küste hatte man ebenfalls mehrere Batterien errichten müssen, um sich vor den Angriffen der feindlichen, namentlich der englischen Schiffe zu sichern, da die Kanonierschaluppen und Bombardierschiffe oft sehr nahe an das Ufer kamen. Die Arbeiten waren überhaupt sehr mühsam, und es bedurfte einer großen Menge Sandsäcke, Schanzkörbe, Faschinen usw., wozu die Materialien und das Holz sehr weit im Lande, bis bei Fondi geholt werden mußten; auch traf man bei dem Graben der Laufgräben nicht selten auf alte Mauern und Fundamente, die so fest und stark waren, daß sie mit Pulver gesprengt werden mußten, selbst die zu den Parapetts nötige Erde mußte eine ziemliche Strecke weit herbeigeführt werden.
Gaëta selbst ist eine außerordentlich starke Festung, vielleicht mit die stärkste auf dem ganzen europäischen Kontinent, und von der Natur außerordentlich begünstigt, ein zweites Gibraltar. Sie liegt auf einer Erd- oder vielmehr Felsenzunge, ist von drei Seiten vom Meer umströmt, durch steile Felsen geschützt, und hat einen trefflichen Hafen. Der Strich Landes, durch den sie mit dem Festlande zusammenhängt, ist kaum 2000 Schritte breit.
Die Stadt mochte etwa 8000 Einwohner zählen, von denen

jedoch viele geflüchtet waren; ihren Namen soll sie von einer Amme des Aeneas, die Cajeta hieß, erhalten haben, und sie soll älter als Rom sein. Sie ist jedenfalls sehr alt und wurde wahrscheinlich von Griechen aus Samos gegründet. Dem Antonius Pius verdankt sie ihren Hafen und ihre Vergrößerung. Nach dem Untergang des römischen Reiches hatte sie eigene Herzoge, die Vasallen der Kirche waren. Alfons von Aragon bemächtigte sich ihrer 1435 und vereinigte sie mit dem Königreich Neapel; sie hatte früher schon merkwürdige Belagerungen auszuhalten, 1702 durch die Österreicher und 1734 durch ein spanisch-sardinisches Heer.
Die Garnison der Festung bestand aus zirka 7000 Mann, sie wurde von der See aus durch die englischen, von dem tapfern Admiral Sidney Schmidt befehligten Schiffe mit allem, was ihr not tat, reichlich versehen und ihr Verstärkungen zugesichert, auch schlug Philippsthal jeden Antrag einer Kapitulation auf das entschiedenste aus. Es war keine kleine Aufgabe für eine Macht, die nicht Herr zur See war, sich unter diesen Umständen Gaëtas zu bemeistern. Ein großer Fehler, den der in derselben kommandierende Prinz begangen, war, daß er die Vorstädte nicht hatte abbrennen lassen, die uns einen bedeutenden Schutz und die Mittel, manches Bedürfnis zu befriedigen, gewährten, und uns überhaupt von großem Nutzen waren. Das Feuer aus der Festung war manchmal so heftig und anhaltend, daß es einem unaufhörlich rollenden Donner glich, aber die Munition wurde meistens vergeblich verschossen, nachdem die Belagerungsarbeiten weiter vorgerückt waren; doch die Belagerten wurden ja damit auf das freigebigste von den Engländern versorgt, es kam ihnen also nicht darauf an, ein paar tausend Pfund Pulver und Kugeln in den Wind zu jagen.
Unser Bataillon blieb nicht länger als 17 Tage vor der Festung, während welcher es 17 Mann verlor. Diese ganze Zeit hatte ich mich nur dreimal entkleiden und auf einer Matratze in Mola schlafen können, so anstrengend war der

Dienst; die übrige Zeit schliefen wir auf harter Erde, in Mäntel gehüllt, Tornister als Kopfkissen benutzend. Auch mit den Nahrungsmitteln war es schlecht bestellt, oft bestand mein ganzes Mittagsmahl in etwas Reis und Mais, in Wasser abgekocht und mit Öl geschmalzen; nur Wein war immer im Überfluß vorhanden, an Fleisch mangelte es. Man wird mir zugestehen, daß mein Debüt auf dem Kriegsschauplatz nicht das angenehmste war, und ich nun mit vollem Recht das: „Dort vergiß leises Flehen" usw. singen konnte. Unsere Damen, die in Mola blieben, verließen uns schon in den ersten Tagen, um es in Neapel bequemer zu haben.

Die Gegend um Mola di Gaëta selbst ist sehr einladend, mit Lorbeeren, Myrthen, Orangen usw. bedeckt und sieht einem großen Garten ähnlich. Die Frauen und Mädchen sind hier zierlich gewachsen, verstehen sich vorteilhaft zu kleiden, waren aber gewaltig franzosenscheu und verbargen sich so viel als möglich unsern Blicken. Der Wein ist von so guter Qualität, daß die meisten Soldaten und viele Offiziere sich denselben weit mehr schmecken ließen, als es der Gesundheit zuträglich war, wie die Folgen bewiesen; ich trank ihn immer nur mit Wasser vermischt, wie es die Einwohner machen, und blieb gesund dabei. Nichts ist dem Körper zuträglicher, als Mäßigkeit im Essen und Trinken, er verträgt dann auch weit leichter alle Strapazen und Entbehrungen, und selbst Exzesse anderer Art schaden ihm weniger; dabei ist es gut, sich in jedem Lande möglichst bald die Gewohnheiten der Bewohner hinsichtlich der Nahrung anzueignen; denn diese wissen längst aus Erfahrung, was am besten taugt. Horaz schätzte den hiesigen Wein dem Falerner gleich.

Mola di Gaëta steht auf der Stelle des alten Formiae, das die Lestrigonen gründeten und das im 9. Jahrhundert gänzlich von den Sarazenen zerstört wurde. An der Küste, zwischen dieser Stadt und der Festung, bei Castellone, befinden sich noch ansehnliche Ruinen von Ciceros berühmter Villa.

Da ein paar Wochen nach unserer Ankunft wieder mehrere Bataillone aus Oberitalien zu dem Belagerungskorps gestoßen waren, so wurden andere, unter denen auch das unsrige war, zum Abmarsch nach Neapel beordert, was uns sehr willkommen war; denn nichts ist unleidlicher als das lange Biwakieren vor einer Festung, es ist ein wahrer Tantalus-Zustand, denn man hat fortwährend das Ziel vor Augen und kann es nicht erreichen.

Wir brachen nach *Sessa* auf, unser erstes Quartier, nachdem wir das Lager, oder besser Biwak, denn Zelte hatte niemand gehabt, vor Gaëta verlassen hatten. Hinter Mola kommt man bald über den Fluß *Garigliano,* der alte Liris, der Latium von Kampanien trennte. Das Städtchen ist ein elendes Nest von kaum 3000 Einwohnern, in dem nichts zu haben war und in dem wir sehr schlechte Quartiere bekamen, die uns jedoch köstlich dünkten im Vergleich mit unseren Lagerstätten vor Gaëta. Die Soldaten lagen auf Welschkornstroh, wieder in einem Kloster, deren es nicht weniger als sechzehn hier gab. Die Einwohner entschuldigten sich mit den fortwährenden Durchmärschen und dem Belagerungskorps, das alles in der Umgegend aufzehre, so daß sie uns selbst für Geld nichts geben könnten. Ein Ei bezahlte ich mit 10 Grani (8 Kreuzer). Die Hauptkirche der Stadt steht auf den Trümmern eines Merkurtempels, an Ruinen fehlt es auch hier nicht. Sessa war ehedem die Hauptstadt der Aurunker und unter der römischen Herrschaft sehr blühend, es ist die Vaterstadt des satirischen Dichters Lucilius. Im Mittelalter wurde sie zu einem Herzogtum erhoben, dessen Titel Ferdinand der Katholische dem Gonzalvo von Cordua verlieh und den die Nachkommen desselben erbten.

In einem großen Stalle spielte diesen Abend eine wandernde Truppe eine neapolitanische Farce, der ich bis 10 Uhr zuzusehen die Geduld hatte. Als ich dieses prächtige Theater verließ, begegnete mir ein Sergeant, der mir sagte, daß mich der Bataillonschef schon allenthalben habe suchen lassen. Ich eilte sogleich zu Herrn Duret, der mich mit den

Worten: „Aber zum Henker, wo stecken Sie denn immer?" empfing. „Ich komme aus dem Theater."
„Das weiß der Teufel, ich glaube, wenn man nur den blanken Hintern zeigte, so müßten Sie auch noch ins Theater laufen. Das mag mir eine saubere Komödie gewesen sein."
„Mon Commandant, da können Sie Recht haben. Aber was steht zu Ihrem Befehl?"
„Jetzt ist es für heute zu spät: zwei junge Korporale, Deutschböhmen, haben eine Szene mit einem Dominikanermönch des Klosters, in dem sie einquartiert sind, gehabt, und wurden von einem Sergeanten, les culottes bas, hinter dem Chor mit dem Pfaffen erwischt. Die ganze Schweinerei wurde mir hierher gebracht, und da ich das Gewelsche des Pfaffen nicht verstehe, so ließ ich Sie suchen, um den Dolmetscher zu machen; Sie sind aber nie zu finden, wenn man Sie braucht, und somit für heute abend entlassen."
Der Pfaffe und die beiden Korporale waren arettiert und in verschiedenen Behältern festgesetzt. Den andern Morgen, wir blieben diese Nacht in Sessa, wurde der Dominikaner seinem Prior zur Bestrafung übergeben, die beiden Korporale aber zu Gemeinen degradiert, mit einer Zugabe von 50 Prügeln für einen jeden. Mehrmals kam es vor, daß die Mönche in den Klöstern sich junge Soldaten aussuchten, diese mit gutem Essen und Trinken reichlich traktierten, auch wohl berauschten, und dann zu ihren unnatürlichen Lüsten zu verführen suchten. Ich entledigte mich des mir gewordenen Auftrags, dem Prior tüchtig die Meinung zu sagen, mit so großer Energie, daß es diesem ganz schwül dabei wurde; ich versicherte ihm, es könnte leicht dazu kommen, daß man sein ganzes Kloster rasieren und die Mönche auf die Galeeren nach Frankreich schicken würde. Nachdem diese schmutzige Geschichte beendigt war, schickten wir uns zum Abmarsch nach *Kapua* an.
Ein Teil des Weges führte über die alte *Via Appina,* in der Ferne sieht man bald den wegen seiner Weine von Horaz so gerühmten Berg *Massico.*

Am Fuße des Berges San Nicolo, der zu der Gebirgskette der Tiphates gehört, in der Nähe der Flüsse *Glanio* und *Volturno,* liegt das heutige, im 9. Jahrhundert erbaute *Kapua,* etwa eine gute Viertelstunde von der berühmten alten Stadt, die denselben Namen führte, und in welcher nach der Schlacht von Cannes Hannibal die ihm so nachteilig gewordene Ruhe suchte, entfernt. Diese Stadt ist jetzt ein unansehnliches Dorf, San Maria Maggiore genannt, das aber noch merkwürdige Ruinen, unter denen besonders die Reste eines prächtigen Theaters besitzt.

Das moderne Kapua liegt, wie das alte, in der üppigsten Gegend der heutigen Terra di lavoro, die man deshalb auch il Paradiso del Paradiso (das Paradies des Paradieses) nennt, denn die Neapolitaner heißen bekanntlich ihr Land: il Paradiso, das doch in mehr als einer Hinsicht auch ein Inferno (Hölle) ist. Die Stadt, welche etwa 6000 Einwohner zählen mag, ist eine Festung, im ganzen schlecht und aus den Trümmern des alten Kapua gebaut; sie hat aber einige schöne Kirchen, von denen eine, ich glaube die Hauptkirche, eine große, ganz von goldgelb lackierten Ziegeln bedeckte Kuppel hat, so daß sie, wenn sie von der Sonne beleuchtet wird, ein goldenes Dach zu haben scheint. Die Granitsäulen, welche diese Kirche in großer Zahl stützen, sind verschiedenen heidnischen Tempeln entnommen, und daher sehr ungleich an Form und Dicke; sie hat einige schöne Gemälde von Solimeno und sehr zierliche Skulpturarbeiten von Bernini.

Die Festungswerke dieser Stadt sind von dem berühmten Vauban angelegt, aber nichtsdestoweniger fiel sie den Franzosen fast ohne Widerstand in die Hände. Über den Volturno führt hier eine Brücke. Am Tage unserer Ankunft wurde in einem großen geschlossenen Raume, einer Art Hof, ein Stiergefecht nach spanischer Manier, aber sehr en miniature, aufgeführt, das aber doch die Schönen Kapuas außerordentlich anzusprechen schien. Ein einziger Stier, der gerade nicht zu den unbändigsten gehörte, wurde von einem halben Dutzend wohlbewaffneter Kämpen ge-

reizt, gehetzt, leicht verwundet, und dann, ohne getötet zu werden, nachdem er viele, mehr possierliche als zu fürchtende Sprünge gemacht, wieder abgeführt, und zwar unter dem Jauchzen und Beifall des Volkes.
Auch das alte Kapua soll schon früher als Rom gestanden haben und durch einen Gefährten des Äneas, dem Capys, erbaut worden sein, so sagen wenigstens Virgil, Plinius und Sueton. Die Samariter waren sodann Herren dieser Stadt, bis sie den Römern in die Hände fiel. Die paradiesischen Gefilde Kampaniens brachten alles in der köstlichen Qualität und im größten Überfluß hervor, weshalb man sie die Glücklichen, ja die Göttlichen nannte. Ihre Weine waren die geschätztesten auf den Tafeln der reichen römischen Schwelger, namentlich der Falerner. Da sich die Stadt auf die Seite der Kartheginienser geschlagen, Hannibal hatte ihr versprochen, sie zur Hauptstadt Italiens zu machen, so wurde sie, nachdem sie die Römer wieder inne hatten, auf das schrecklichste von diesen bestraft, alle ihre Bürger wurden als Sklaven an die Meistbietenden verkauft, ihre Senatoren mit Ruten gepeitscht und dann enthauptet. In der Folge wurde sie von den Vandalen und noch später von den Lombarden zerstört. Sie soll mit Karthago gleiche Größe gehabt haben, was die Spuren ihres ehemaligen Umfangs nicht Lügen strafen.
Von Kapua brachen wir nach *Aversa* auf, das auf der Hälfte des Weges nach *Neapel* liegt, und welches erst im Jahre 1030 von dem Normann Ranolph gegründet wurde. Was dieser Stadt einige Berühmtheit gibt, ist ihr vortrefflich eingerichtetes Narrenhaus, in welches die angesehensten Narren Neapels, es sind freilich bei weitem nicht alle, eingesperrt worden. In dem hiesigen Schloß hielten die alten Könige von Neapel öfter ihren Hof, und Johanna I. ließ 1345 den König Andreas von Ungarn, ihren Gatten, hier erwürgen. Der Wein dieser Gegend, Asprino genannt, ist ein sehr geschätztes Gewächs.
Von hier marschierten wir endlich in die Hauptstadt des uns so gelobten Landes, wo wir ein recht angenehmes Le-

ben in Hülle und Fülle, in Saus und Braus führen zu können hofften, denn von dem Ausmarsch aus Genua an war fast nur die Rede von den Annehmlichkeiten, die uns zu Neapel erwarteten. Ich hatte außerdem noch einen ganz besonderen Magnet, der mich dahin zog, nämlich einen nahen Anverwandten, namens Moritz, aus Frankfurt, der schon seit einer Reihe von Jahren hier etabliert war, als Bankier ein großes und glänzendes Haus führte, und von dem ich die Überzeugung hatte, daß er nichts weniger als eine jener gewöhnlichen Geldsackseelen war, wie man sie leider in der körperlichen Hülle der großen Mehrzahl dieser Mammonsknechte findet, die keinen andern Sinn als den für Batzenklang haben, und die deshalb in der Regel die unwissendsten und langweiligsten Personen sind. Herr Moritz machte eine ehrenvolle Ausnahme, er lebte den Künsten und Wissenschaften, ohne deshalb seine Geschäfte zu vernachlässigen, sein Haus war der Sammelplatz der ausgezeichnetsten Männer, mitunter auch der lustigsten Brüder, und geistreicher Frauen, die aber nicht zu den angesehensten gehörten, aus Ursachen, die wir sogleich anführen werden; vielleicht waren sie aber eben darum um so angenehmer. Sein Haus war das unterhaltendste der Welt, in dem keine Langeweile aufkommen konnte. Auch wußte ich, daß ich daselbst einen freundlichen Jugendgespielen, einen Neffen meines Vetters, den jungen Fritz Stock, der mit mir die Mädchenschule in Frankfurt besucht hatte, treffen würde, Aussichten, die machten, daß ich mich Neapel freudig näherte.

Endlich erblickten wir die alte Parthenope, von dem die heutigen Bewohner sagen: Vidi Napoli e muori (Sieh Neapel und stirb), offenbar eine Albernheit: denn warum sollte man gerade in dem Augenblick sterben wollen, in dem man ein Paradies erblickt? – den Fall gesetzt, Neapel sei ein solches. Im Gegenteil müßte man sagen: Vidi Napoli e vivi (Sieh Neapel und lebe). Wenn aber mein berühmter Landsmann Goethe sagt, wer Neapel gesehen habe, könne nie ganz unglücklich werden, so beweist er damit, daß auch selbst ein großes Genie irren kann; ich habe leider mehrere Personen gekannt, welche diese Stadt oft gesehen hatten und doch sehr unglücklich wurden. Gestehen muß ich indessen, daß wohl nicht leicht ein herrlicherer Anblick auf Erden gefunden werden kann, als der, welchen die Ansicht des Golfs von Neapel nebst der Stadt und der paradiesischen Umgebung gewährt, und so oft ich denselben verlassen mußte, hatte ich, wenigstens auf vierundzwanzig Stunden, eine Art Heimweh.

Seit mehr als einem Vierteljahr waren die Franzosen im Besitz dieser Stadt, als wir daselbst ankamen; den 31. März 1806 war Joseph zum Herrscher des Königreiches proklamiert worden. – Die alte Königin Karoline, Gattin Ferdinand IV., ein bitterböses Stück von einem Weib, hatte zwar, nachdem alle Versuche, den Marsch der Franzosen aufzuhalten, vergeblich gewesen, den Heerführer derselben wissen lassen, sie würde ihm, dem Reich den Rücken kehrend, nur dampfende Ruinen und Leichname hinterlassen; da aber diese verruchte Äußerung sehr bald in Neapel bekannt wurde, so hatten die besseren Bürger schnell zu den Waffen gegriffen, sich in hundert Kompagnien organisiert, um das von ihrer wohlwollenden Königin gedungene, besoldete Raubgesindel und die Banditen im Zaum zu halten. Ihro Majestät überfiel nun selbst eine so gewaltige Furcht, daß sie alle Zugänge zum Palast eiligst vermauern ließ und zugleich bekanntmachte, es sei auch ihr Wille, daß Neapels brave Bürger für die Sicherheit der guten Stadt wachten. Sie ließ aber zugleich in aller Eile soviel Schätze wie möglich, und wo sie solche erwischen konnte, (sogar aus der Bank hatte sie zehn Millionen, die Privaten gehörten, genommen), zusammenraffen und entfloh samt ihrem Hofgesinde damit nach Sizilien, von wo aus sie den Aufstand in Kalabrien schürte und das glimmende Feuer zu hellen und blutigen Flammen anblies. Dieses Weib war auch mit die Hauptanstifterin des Gesandtenmordes zu Rastatt gewesen.

Unser Bataillon wurde samt den Offizieren in der Fortezza

nuova kaserniert. Den Tag nach meiner Ankunft suchte ich sogleich meinen Herrn Vetter auf, der in der Straße San Giacomo di Spagna wohnte, von dem ich auf das herzlichste, ebenso wie von seinem Schwestersohn, dem jungen Stock, mit offenen Armen aufgenommen wurde; man hatte mich schon seit einiger Zeit nach Briefen von meinem Vater, von dem ich auch zwei Schreiben an mich vorfand, erwartet. Ich mußte gleich zu Tische bleiben und wurde gebeten, solange unser Aufenthalt in Neapel währte, mit demselben vorlieb zu nehmen, was ich aber, den Dienst vorschützend, ablehnte, weil es mich jedenfalls geniert haben würde; auch Maultiere und Pferde wurden mir zu Exkursionen, sowie Plätze in Logen in San Carlo und der Fiorentini, den beiden ersten Theatern der Stadt, zur Disposition gestellt. In Italien ist es nämlich der Brauch, nur noch ein kleines Entreegeld an der Kasse zu bezahlen, wenn man Eintritt in die Privatloge eines Freundes oder Bekannten hat, aus der man aber dann auf keinen anderen Platz gehen kann.

Moritz' gastfreies, splendides Haus wurde von der hohen Noblesse Neapels, sowie von der französischen Generalität und den Stabsoffizieren frequentiert, und in demselben lernte ich den Seeminister Pignatelli, den Polizeiminister Salicetti, den Oberst Franceschi, den Duca del Campo chiaro und eine Menge Ducas, Principis, Marchesen usw. kennen, von denen freilich gar manche nicht viel mehr sagen wollten als unsere armen deutschen Edelleute; sie ließen sich aber trotzdem die köstlichen Ortolanen, Trüffelpasteten, den Lacrimae Christi und Champagner meines freigebigen Vetters trefflich schmecken, und nahmen nicht selten noch obendrein dessen Kasse in Anspruch. Dafür ließen sie sich aber auch vieles gefallen; einige waren die Souffre-Douleurs und die Zielscheibe des Witzes der Offiziere. Der junge Stock, der dieser neapolitanischen Schmarotzerclique, die seinen guten Oheim auszog, nicht sehr hold war, ging oft aufs unbarmherzigste mit ihr um, was jedoch die Herren nicht vom Wiederkommen abhielt und sie das Essen und Trinken nicht minder wohlschmeckend finden ließ; ja sie fanden sich nicht selten ungeladen ein; als eines Tages Herr Moritz ein Dîner fin auf seinem Kasino gab, das aus den ausgesuchtesten Leckerbissen bestand und nur für einen kleinen, auserwählten Kreis berechnet war, sich aber dennoch drei ungeladene neapolitanische Schmeißfliegen, deren vortreffliche Schnüffelnasen den Braten gerochen hatten, einfanden, sagte ihnen der junge Stock gerade heraus, daß für sie kein Kuvert gedeckt sei, worauf sie mit dreistlächelnder Miene erwiderten: O vi piace di scherzare, Signore (es beliebt Ihnen zu scherzen, mein Herr); Stock wollte nochmals replizieren, aber sein zu guter Oheim fiel ihm ins Wort und sagte: „Mein Neffe ist ein Spaßmacher, das wissen Sie, allerdings sind Sie geladen." Man kann sich keinen Begriff von der Unverschämtheit dieser armen neapolitanischen Schlucker machen, die mit der unverschämtesten Zudringlichkeit zugleich die größte Niederträchtigkeit verbinden; ich war Zeuge, wie einer dieser Herren, dem Stock soeben auf das empfindlichste mitgespielt hatte, demselben gleich darauf mit seinem Taschentuch den Staub von den Stiefeln wischte. Da Moritz nicht verheiratet war, sondern eine Opernsängerin, Signora Brunni, zur Geliebten hatte, die nicht mehr auftrat, da er sie von der Bühne weggenommen, so konnte man in seinem Haus auch keine neapolitanischen Damen vom ersten Rang kennenlernen, dagegen aber brachten viele der geladenen Herren auch die von ihnen unterhaltenen Geliebten mit, meistens Prinzessinen der verschiedenen Bühnen Neapels, was dann die Gesellschaft und Unterhaltung außerordentlich heiter und belebt machte und alle Langeweile verbannte. – Unter den Gästen war auch in der Regel ein Maestro di Musica (Kapellmeister), ein wohlgenährter Dickwanst und Gutschmecker, der aber sein Essen durch das Dirigieren der Musik, welche bei solchen Gelegenheiten meistens den Schluß des Festes machte, wohl verdiente. Er schnappte aber den anderen Gästen ganz ungeniert, im Bewußtsein seines hohen Verdienstes um die Gesellschaft, die besten Bissen vor dem Mund weg, er wußte wohl dreißig Ortolanen zu verschlukken und mit ein paar Flaschen Zyprier oder Lacrimae hinabzuspülen. Unter den fast täglichen Tischgenossen befand sich auch ein gewisser Metzler aus Frankfurt, der Bruder eines der reichsten Bankiers daselbst, der den Titel Geheimer Rat führte; er selbst aber war blutarm und lebte ganz von der Großmut des Herrn Moritz, da ihm seine reichen Verwandten auch nicht die mindeste Unterstützung zukommen ließen.

Noch war den Franzosen in Neapel alles neu, und kein Mensch wußte sich recht in diese Neuheit der Dinge zu finden, am allerwenigsten der neugebackene König, der zwar ein ziemlich unterrichteter Mann, von gefälligen Manieren und Sitten war, aber wenig oder keine Regententugenden besaß, und dem die einem Herrscher durchaus nötigen Eigenschaften mangelten, die hier, wo es galt, ein soeben erobertes und sich noch in Gärung und großen Unruhen befindendes Königreich zu beruhigen, neu zu organisieren und sozusagen umzugestalten, hundertmal erforderlicher waren, als bei der Besteigung eines angeerbten Thrones. Dabei besaß Joseph, dieser ältere Bruder Napoleons, eine ziemliche Dosis Eitelkeit bei wenig Charakterfestigkeit, und suchte seine unbedeutende Herkunft durch einen übermäßigen Aufwand von Pracht und Pomp zu bemänteln. Seine Tafel ließ er mit lukullischer Schwelgerei servieren, er affektierte, Künste und Wissenschaften zu beschützen, war auch in der französischen und italienischen Literatur ziemlich bewandert und hatte eine oberflächliche Kenntnis von der englischen. Daß auch die Deutschen eine solche hätten, schien er gar nicht zu ahnen, oder glaubte wenigstens, daß es eine ganz barbarische sein müsse, ein Vorurteil, das er mit der großen Mehrzahl der gebildetsten Franzosen jener Zeit teilte. Er hatte zwar zuerst seinem kaiserlichen Bruder gesagt, er möge ihn lieber im Schoß seiner Familie leben, als über Völker herrschen lassen; aber der Glanz einer Krone und eines Thrones machten ihn schnell anderen Sinnes. Da er ohne seine Gemahlin, ein seltenes Muster der Tugend und Weiblichkeit, eine ganz vortreffliche Gattin und Mutter, die noch in Paris zurückgeblieben, nach Neapel gekommen war, so führte er daselbst ein ziemlich ausschweifendes, manches öffentliche Ärgernis gebendes Leben. Die Weiber mußten ihm sogar bis auf die Jagd folgen, und man nannte diese Damen nur seine Cacciatricen (Jägerinnen), wobei es weit mehr auf eine ganz andere Jagd als das gewöhnliche Wild abgesehen war.

Ein anderer sehr schlimmer Umstand war, daß, kaum nachdem sich die Franzosen im Besitz von Neapel befanden, ganze Schwärme der nichtsnutzigsten Subjekte von Paris kamen, gleich Heuschrecken sich über die Hauptstadt und das Land ergossen, alle um hier ihr Glück zu machen oder doch wenigstens um einträgliche Stellen zu erhalten, dies gelang auch den meisten. Diese Individuen, die Frankreich froh war los zu sein, und deren Immoralität und Verdorbenheit grenzenlos war, saugten nun, jeder soviel es in seiner Gewalt stand, das neu eroberte Reich aus, und waren so die Ursache, daß die Franzosen, die anfänglich der bessere Teil der Neapolitaner, welcher die liederliche Wirtschaft und Verwaltung des früheren Hofes verwünscht hatte, schätzte, bald der Gegenstand des allgemeinsten und bittersten Hasses wurden. Ein tüchtiger und weiser Regent, Männer wie der Vizekönig oder Bernadotte, würden in Neapel viel Gutes ausgerichtet und ihre Regierung bald sehr beliebt gemacht haben; die Umstände konnten, wegen des Benehmens des entflohenen Hofes und seiner verachteten und gehaßten Königin, nicht leicht besser sein, als sie es bei Josephs Ankunft waren, dessen wenig einsichtsvolle Handlungen aber alles verdarben. Besonders war es auch die so ganz widersinnige Besetzung der höheren Zivilämter, die nur einzig mit Gunst und Protektion stattfand, ohne daß man die vorgeschlagenen oder sich meldenden Subjekte im geringsten hinsichtlich ihrer Fähigkeit oder Moralität prüfte, welche den schädlichsten Einfluß hatte.

Der neue Monarch sah und hörte nichts selbst, sondern verließ sich ganz auf seine Minister und auf seine nächste Umgebung, so daß der Intrige voller Spielraum gelassen war. Einer der gröbsten Fehler, die der sogenannte große Napoleon begangen, war der, seine sämtlich zu Regenten ganz untauglichen Brüder auf Throne zu setzen, wo es nicht fehlen konnte, daß es ihren eben nicht sehr starken Geistern auf solchen Höhen schwindeln mußte.
Das in Neapel vom Thron ausgehende böse Beispiel wirkte bis auf die unbedeutendsten Chargen, und steckte sogar die gemeinen Soldaten an; alles wollte nur vollauf genießen und den günstigen Augenblick benutzen, als erwarte man das Ende der Herrlichkeit den kommenden Tag. An vielversprechenden Proklamationen ließ man es zwar nicht fehlen, in denselben wurde unter anderem gesagt, daß mit der notwendigen Verjagung der alten Königsfamilie Napoleons gerechte Rache vollkommen gesättigt sei, daß man alles Eigentum und die Kirche in besondern Schutz nehmen werde, daß alle wohlerworbenen Pensionen fortbezahlt würden, und alle Spitäler und wohltätige Anstalten für die Zukunft von allen Abgaben befreit bleiben sollten. Man gab auch die Fischereien am Pausilippo und sogar die Jagden im ganzen Reich dem Volke frei, etwas bis jetzt Unerhörtes; zu gleicher Zeit aber errichtete man eine sehr zahlreiche Gendarmerie, die, in Kompagnien eingeteilt, die öffentliche Sicherheit befördern sollte, aber sich oft unerträgliche Plackereien erlaubte, die nicht nur straflos blieben, sondern sogar von oben herab aufgemuntert und nach Umständen belohnt wurden. Starke und zahlreiche Patrouillen durchstreiften Tag und Nacht die Hauptstadt, zu deren Gouverneur der Marschall Jourdan ernannt worden war, nach allen Richtungen.
Um das Volk zu beruhigen und demselben glauben zu machen, der Himmel selbst habe den neuen Herrscher begünstigt, suchte man es durch das Blendwerk einer großen Prozession, mit den Reliquien des heiligen Januarius veranstaltet, zu gewinnen. Diese Feierlichkeit wurde mit der

größten Ostentation begangen. Mönche von allen Orden, eine unzählige Menge der Weltgeistlichen, das Kapitel mit dem Kardinal-Erzbischof an der Spitze, Jourdan mit der ganzen Generalität und dem Stab, und große Abteilungen aller Regimenter der Garnison, die sämtlich unter dem Gewehr stand, folgten ihr. Es wurde dabei inbrünstig gebetet, alles fiel auf die Knie nieder, als man das Blut des heiligen Januarius zeigte, das jedoch erst nach einer guten Viertelstunde, als bereits die Knie zu schmerzen anfingen und das Volk ängstlich zu murmeln begann, flüssig wurde. Aber jetzt erscholl auch aus tausend und abermals tausend Kehlen der gleich dem Donner fortrollende Ruf: Miracolo! miracolo! und das gute Volk schien jetzt überzeugt, daß der heilige Januarius ein Freund der Franzosen sei und sie beschütze. Indessen sagte man sich im Vertrauen, daß die hohe Geistlichkeit nur durch die ernstlichsten Maßregeln und Drohungen zu dem Gaukelspiel der Flüssigmacherei des heiligen – Ochsenblutes hatte bewogen werden können. Jourdan hatte nämlich dem Kardinal-Erzbischof nur die Wahl gelassen, das Blut des Heiligen oder sein eigenes fließen zu lassen. Die Eminenz zog vor, das erstere fließend zu machen.
Joseph hatte auch eine flüchtige Reise bis nach Reggio gemacht, um sich dem Volk als seinen neuen Herrscher zu präsentieren und es für sich zu gewinnen; die Reise blieb jedoch in dieser Hinsicht erfolglos, aber der König hatte doch wenigstens die lockenden Küsten Siziliens gesehen.
Unterdessen machte man fortwährend die größten Mißgriffe bei der neuen Organisation; kein Mensch stand am Ruder, der nur einige Ordnung in dieses verwirrte Chaos zu bringen imstande gewesen wäre, und Se. Majestät war ein Spielball talentloser Intriganten. – Miot von Melito, den man zum Minister des Innern ernannt hatte, war zwar nicht ohne Kenntnisse und einiges Verdienst, war aber diesem Posten durchaus nicht gewachsen. General Dumas hatte man zum Kriegsminister gemacht; dieser war mehr an seinem Platz, aber er wurde beständig in seinem Wirken

durch Hofkabalen gehemmt. Die übrigen Minister, teils Franzosen, teils Neapolitaner, waren völlig bedeutungslos oder schlimmer. In die Provinzen, man hatte das Reich in dreizehn solche geteilt, wurden Militärkommandanten mit fast prokonsularischer Macht gesandt, die nach Gutdünken und mit tyrannischer Willkür in denselben hausten. Ein Staatsrat, aus zwanzig Gliedern bestehend, beschäftigte sich fast nur mit der Organisation des neuen Hofstaates, den man mit Zeremonienmeistern, einem Heer von Kammerherren, Hofdamen und all dem Trödel der alten Monarchen auf das überflüssigste versah. Man wollte zwar auch etwas für die Verbesserung der sich in einem gräßlichen Zustand befindlichen Schulen, für die Kultur des Landes usw. tun, aber griff die Sache so verkehrt an, daß man nur verschlimmerte und erbitterte, und auch die wohlmeinendsten Absichten unausführbar wurden. Am allerschlimmsten aber war es mit dem Finanzdepartement beschaffen, dort fand eine solche Verschleuderung der ohnehin geringen Mittel statt, daß alle Kassen ebensoviele Danaidenfässer wurden.
Ein Dekret, welches den Klöstern untersagte, künftig Einkleidungen von Novizen vorzunehmen, ohne vorher die Einwilligung der Regierung dazu erhalten zu haben, wurde mit Strenge vollzogen; ebenso wurden alle fremden Jesuiten, die sich im Königreich befanden, des Landes verwiesen und über die Grenze gebracht. Die Gendarmerie wurde bis zur Unzahl vermehrt und in alle Provinzen verteilt. Das beste bei der ganzen Sache war, daß man in der Hauptstadt eine Art Nationalgarde errichtete, die in vier Regimenter eingeteilt wurde, und das meiste zur Ruhe und Handhabung der Ordnung, sowie viel zur Erleichterung des außerordentlich beschwerlichen Dienstes der Garnison beitrug. In allen Forts und Kasernen standen Tag und Nacht starke Pikette unter dem Gewehr, um auf den ersten Wink zum Ausmarsch bereit zu sein, außerdem waren alle Truppen beständig konsigniert, und die Soldaten und Unteroffiziere durften dieselben nur in geringer Zahl und mit

Erlaubnis der Kommandanten verlassen. – Mehr als einmal passierte es mir und anderen Offizieren, daß bei der Nachhausekunft aus dem Theater oder sonstwo die Kompagnie oder das Bataillon schon seit Stunden ausmarschiert war, und zwar in die nächste Umgegend, wie nach *Nola, Aversa, Avelino* usw., wo sich bewaffnete Insurgentenhaufen und Banditen gezeigt hatten; die zurückgebliebenen Offiziere mußten einzeln nachlaufen, trafen nicht selten auch die Leute schon wieder auf dem Rückmarsch, da die Sache nur ein blinder Lärm gewesen, oder die Briganten, wie wir diese Leute nannten, schon bei der Annäherung der Truppen, von der sie durch ihre Spione, die sie trefflich bedienten, unterrichtet worden, die Flucht ergriffen hatten. Durch einen Tagesbefehl wurde nun verordnet, daß jeder Offizier hinterlassen müsse, wo er zu finden sei, damit er durch einen Unteroffizier benachrichtigt werden könne, wenn seine Kompagnie plötzlich Marschorder erhielte. Mit den eingefangenen Briganten wurde kurzer Prozeß gemacht; sie wurden gewöhnlich gleich oder doch in den nächsten vierundzwanzig Stunden erschossen oder gehängt. In der Regel waren jede Woche ein oder zwei Exekutionstage, an denen wenigstens ein halbes Dutzend Briganten oder andere Verbrecher durch den Strang hingerichtet wurden, und zwar auf eine höchst ekelhafte und das Gefühl empörende Weise. Diese Exekutionen fanden nämlich auf einem großen Platz (Largo del Mercato), zu dem alle Zugänge mit Kanonen, bei denen brennende Lunten, besetzt waren, in der Nähe des Castello del Carmine (Karmeliterfort) statt. Die Galgen waren von einem großen Karree, drei Teile aus Infanterie und ein Teil aus Kavallerie bestehend, umgeben. Die zu hängenden armen Sünder wurden auf Karren, von Pfaffen begleitet und Gendarmen eskortiert, herbeigefahren, man hing ihnen, an den Leitern angekommen, die Stricke um den Hals, ließ sie die Sprossen zu dem ihrer harrenden Henker hinansteigen, der sie, sobald sie hoch genug waren, mit einem kräftigen Stoß hinabschleuderte, aber sich in demselben Augenblick auch auf ihren Nacken schwang, sodaß sich seine beiden Beine auf der Brust des Delinquenten kreuzten; er ritt nun so lange auf dessen Schultern, sich beständig auf- und niederschwingend, bis dem Gehängten die Zunge handlang aus dem Halse hing und er blau und schwarz war. Ein scheußliches Schauspiel! Hierauf schnitt er ihn ab, er wurde sogleich auf einen Schinderkarren geworfen, und ein anderer kam an die Reihe, mit dem er dasselbe Manöver wiederholte, und so fort, bis alle auf diese Weise stranguliert waren, was manchmal mehrere Stunden, ja bis zur Abenddämmerung währte, worauf sich die Bataillone in starke Patrouillen auflösten aber sämtliche Wachen mit einbrechender Nacht dreifach verstärkten.

Um sich das Volk geneigt zu machen, erließ der König plötzlich ein Dekret, durch welches mit einem Male das ganze Feudalsystem über den Haufen geworfen und aufgehoben wurde; aller Gerichtsbarkeit der großen Gutsbesitzer und Vasallen war somit ein Ende gemacht; ebenso wurde auf den königlichen Domänen auch das Heimfallrecht zugunsten des Fiskus abgeschafft. Aber alle diese Maßregeln, die zugunsten des Volkes ergriffen wurden, waren weit entfernt, die gewünschte Wirkung zu haben, sie brachten vielmehr das Gegenteil von dem, was damit beabsichtigt wurde, hervor; das Volk, noch in der krassesten Unwissenheit, begriff gar nicht, was man damit wollte, und es war dem dabei sehr interessierten Adel und den Pfaffen, deren Privatinteressen dadurch gewaltig litten, ein leichtes, dasselbe glauben zu machen, dies alles geschehe nur, um es völlig zu Sklaven des fremden Herrschers zu machen. Die Aufhebung der Patrimonialjustiz, die bis jetzt nur eine feile, sich dem Meistbietenden preisgebende Hure und den sauberen Baronen eine gutmelkende Kuh war, denen sie bedeutende Renten verschaffte, machte die Einkünfte dieser Herren plötzlich viel schmäler und sie selbst zu großen und gefährlichen Feinden der neuen Regierung. Sonderbar, daß das Wort barone im Neapolitanischen auch einen Schurken oder Schuft bedeutet, was viele veranlaßt,

dessen Etymologie von der Nichtswürdigkeit dieser Herren Barone abzuleiten.
Auch was die jetzige Regierung für das Vergnügen und die Annehmlichkeit der Bewohner Neapels tat, wurde von diesen, statt anerkannt zu werden, oft bitter getadelt; so fand man es unpassend, daß man den Spaziergang von der Villa Reale bis zu dem Pausilippo verlängerte, auch war ihnen das Ausbessern und Anlegen bequemer Landstraßen ein Greuel, ebenso die mit den Schulen vorgenommenen Verbesserungen, und als man aus einem Mönchskloster zu Nola eine Kunstschule machte, kam es daselbst beinahe zu einem Aufstand. Nach und nach hob man auch die reichsten Klöster auf, deren Bewohner ziemlich karg pensioniert wurden, so ging es den sehr reichen Bernhardinern, Kamaldulensern usw. Dies und ein erzwungenes Darlehen von einer Million und 200 000 Dukaten, sowie der Verkauf der eingezogenen Klostergüter an den Meistbietenden, steigerten die schon bestehende große Unzufriedenheit in einem hohen Grade, und die Ankunft einer Deputation des Pariser Senats, die Napoleon an seinen Bruder abgesandt hatte, um ihn wegen seiner Thronbesteigung zu bekomplimentieren, die feierlich empfangen und der zu Ehren große Festlichkeiten veranstaltet wurden, bei denen besonders die Frauen und Töchter der Neuangestellten sich in großem Glanz einfinden mußten, da man auf die neapolitanischen Edeldamen nicht zählen durfte, war eben nicht geeignet, die vorhandene Stimmung zu bessern.
Bis jetzt hatte ich noch wenig oder gar keine Zeit gehabt, mich auch nur oberflächlich mit Neapels Sehenswürdigkeiten zu beschäftigen und konnte nur sehr selten von den Einladungen meines Vetters Moritz Gebrauch machen; das einzige, was ich am meisten frequentierte, waren die Theater. Aber unser guter Stern wollte, daß wir während unseres diesmaligen Aufenthaltes in Neapel ein ganz anderes, sehr seltenes und großartiges Schauspiel, wie es nur die Natur gibt und keine menschliche Kunst nachzuahmen imstande ist, sehen sollten: der Vesuv hatte nämlich schon

seit längerer Zeit alle Vorzeichen gegeben, daß es demnächst zu einem Ausbruche kommen würde, und in der Tat konnten wir auch bald dieses außerordentliche Naturschauspiel in seiner ganzen furchtbar-schönen Pracht bewundern. Zuerst waren die Rauchsäulen, die unaufhörlich dem Krater dieses Berges entsteigen, mit jedem Tag dichter, stärker und dunkler geworden, und an einem Abend, ich glaube, es war anfangs Juni, fing der Berg an, das erste Feuer auszuwerfen, das mit jedem Augenblick zunahm; mit der eingebrochenen Nacht sah man die Feuersäulen in ihrer ganzen Größe und Majestät; der Horizont über dem Vesuv sowie die spiegelnde See schienen glühend ein Feuermeer zu bilden. Das Feuerspeien währte die ganze Nacht fort, und ich sah in dieser Juninacht in Neapel dem prachtvollen Schauspiel von einem Balkon der Fortezza nuovo zu, die wir nicht verlassen durften, weil auch der Volkshorizont mit Feuer schwanger zu gehen schien. Bald sah man die Feuerströme der glühenden Lava sich nach verschiedenen Richtungen hin eine Bahn brechen, und einer derselben hatte diese so gut oder so schlimm gewählt, daß er an hundert Landhäuser und viele hundert Acker bebautes Feld gänzlich verwüstete und verbrannte; dabei war im Innern des Berges ein so schreckliches Getöse, ein so gewaltig fort und fort rollender Donner, daß viele Leute den Einsturz desselben erwarteten, andere gar glaubten, das Jüngste Gericht sei im Anzug. Auf unsere Soldaten, die nie von so etwas gehört, machte dieses Phänomen einen ganz besonderen Eindruck, sie hielten es für eine sehr schlimme Vorbedeutung, und es kostete große Mühe, sie eines Besseren zu belehren. Das Wüten und Toben im Innern des Berges dauerte noch vierzehn Tage fort.

Das zweite Bataillon unseres Regimentes war unterdessen auch angekommen (während das dritte noch in Genua verblieb) und wurde zum Teil nach Kastell a mare detachiert. Viele Offiziere, namentlich die verheirateten, für die zu wenig Raum in den Forts war, wurden aus denselben in das schöne, geräumige Kloster Giesù nuovo, aus dem die

Jesuiten vertrieben worden waren, und aus dem man eine Offizierskaserne gemacht, einquartiert und lebten daselbst recht gesellig zusammen. Madame Grenet, Madame Alphonse, Madame Gasqui hatten nebst noch anderen Damen samt ihren Männern ziemlich geräumige Wohnungen, und aus dem ehemaligen Betsaal der guten Väter war ein Speise-, ein Spiel- und ein Tanzsaal geworden, in den ich bisweilen die Regimentsmusik kommen ließ, um ihre Proben daselbst zu halten, außerdem stellte ich ein Piano, das ich mietete in denselben, und fast alle Abende fanden oft bis nach den Theatern große Reunionen hier statt; man spielte ziemlich hohe Hazardspiele, musizierte, tanzte usw. Madame Gasqui sang wie gewöhnlich die Französinnen singen, das heißt, sie trug französische Romanzen mit viel Grazie und einem ausdrucksvollen Parlando vor, hatte aber eine etwas schneidende Stimme und distonierte bisweilen. Dies darf man bei einer jungen, hübschen Frau nicht so genau nehmen, sondern muß im Gegenteil alles ausgezeichnet finden. Ich war dann gewöhnlich ihr Akkompagneur, wurde es aber auch bald auf Promenaden, in die Theater und an andere Orte. Herr von Gasqui war ein äußerst gefälliger Ehemann, der nicht wußte, was Eifersucht heißt. – Als alles gerade im besten Zug und ich auch mit Madame Gasqui nahe am Ziel war, verstanden hatten wir uns schon seit der Säulenbesteigung in Rom, mußten wir über Hals und Kopf nach Kalabrien abmarschieren, wo unsere Angelegenheit eine sehr schlimme Wendung genommen hatte.

Nach Paris und London ist Neapel die größte Stadt Europas, hat über zwanzig Miglien im Umfang und zählt nahe an eine halbe Million Einwohner, unter denen über vierzigtausend Lazzaroni sind, das heißt, Menschen, die fast keine Bedürfnisse haben und kennen; wenn sie hungern, sich mit der frugalsten Kost von der Welt sättigen; wenn sie dürsten, den Durst mit reinem Wasser, manchmal mit ein paar Tropfen Wein vermischt, löschen, und wenn sie Schlaf haben, sich da auf einer Straße oder unter Säulenhallen auf das Pflaster oder die Platten niederfallen lassen, wo sie sich gerade befinden, und in ihren kurzen leinenen Beinkleidern und einem Hemd, das ihre ganze Garderobe und Habseligkeit ausmacht, zu der im Winter noch eine Art wollener Jacke kommt, solange ganz sorgenlos schlafen, bis sie genug haben oder durch einen Zufall geweckt werden. Schuhe und Strümpfe sind dem Lazzaroni unbekannte Dinge; immer heiter, unbekümmert und lustig lebt er in den Tag hinein, sich wegen der nächsten oder entfernten Zukunft nie die geringste Sorge machend. Mitten unter der zivilisierten Welt lebend, bleibt er dieser doch ewig fremd und sieht mit der größten Gleichgültigkeit besternte Herren und aufgedonnerte Damen in vergoldeten Staatskarossen an sich vorüberrollen, ohne daß er sich etwas mehr oder vielmehr weit weniger dabei denkt, als wenn er die Pulcinellis ihre Possen machen sieht. In der größten Sonnenhitze läßt er sich durch brennende Strahlen die Haut kupferig färben, und Wind, Wetter und Regen scheinen ihn ebensowenig zu berühren, veranlassen ihn höchstens, sich auf eine halbe Stunde einmal in eine der vielen hundert immer offenstehenden Kirchen zu begeben. Die Straße ist sein Speisesaal, sein Wohnzimmer und sein Schlafgemach, die Steine seine Matratzen und Kopfkissen, der Himmel seine Bettdecke, mit der aufgehenden Sonne erfüllt er die Lüfte mit seinem oft melodiereichen Gesang, und dünkt sich dabei Herr der Schöpfung, glücklicher wie ein König. Hätte Alexander der Große diese Lazzaroni gekannt, sicher würde er ausgerufen haben: „Wenn ich nicht Alexander wäre, so möchte ich Lazzaroni sein." Gewiß sind sie glücklicher als Diogenes, wenn auch weniger Philosophen, haben selbst keine Tonne, noch weniger suchen sie Menschen mit einer Laterne. Die wenigen Grani, die der Lazzaroni zu seinem täglichen Unterhalt braucht, verdient er, einen Gang oder eine Kommission besorgend, ein Päckchen tragend, und legt sich dann wieder da nieder, wo es ihm am besten behagt. Was es heißt, eine Wohnungsmiete, eine Abgabe oder Steuer, gleichviel unter welchem

Namen, zu bezahlen, und ähnliche Sorgen sind ihm ebenso fremd, als was im Mond vorgeht, und mit voller Wahrheit kann er singen:

Ich hab' mein' Sach' auf nichts gestellt,
Juchhe!
Und mein gehört die ganze Welt,
Juchhe!

Neapel hat im allgemeinen enge und schmale Straßen, die aber vortrefflich, mit sehr großen vulkanischen Steinen oder Lava des Vesuvs gepflastert und deshalb sehr reinlich sind. Die Stadt liegt amphitheatralisch an dem herrlichsten Golf der Welt, und die Aussicht auf die Inseln *Capri, Ischia* und *Procida* ist entzückend; Neapel zieht sich längs des Abhangs einer Reihe von Hügeln in einer Länge von beinahe sechzehn Miglien hin; auf der einen Seite krönt sie der Pausilippo und das Fort St. Elmo, während sie sich auf der anderen vermittelst ihrer prächtigen Villen und Kassinis bis an den Fuß des Vesuvs auszudehnen scheint. Es gibt wohl keine ähnliche Ansicht in der Welt, als die, deren man sich erfreut, wenn man, in einiger Entfernung von der Stadt, in dem Golf von Neapel auf einer Barke vom Pausilippo bis nach Portici fährt, ein Vergnügen, das ich mir später häufig und immer in sehr angenehmer Gesellschaft machte.

„Das waren mir selige Tage;
Bewimpeltes Schiffchen, o trage
Noch einmal mein Liebchen und mich."

Nein, um's Himmelswillen tue es nicht, ich möchte keines dieser Liebchen, wenn sie noch am Leben sind, jetzt wiedersehen, denn aus all diesen schönen schlanken Gestalten, diesen rosigen, blühenden Wangen, müssen jetzt lauter alte zusammengeschrumpfte Matronen und Mütterchen geworden sein. „Das ist das Los des Schönen auf Erden." Es kann mir gar nichts Fataleres begegnen, als auf eine solche ehemalige Schönheit zu stoßen, mit der ich vor einem Vierteljahrhundert und länger in einem vertrauten Verhältnis gestanden, und wegen der ich manche Torheit begangen.

Es schüttelt mich allemal, wenn mir eine solche Fatalität begegnet; um ihr zu entgehen, würde ich gerne einen meilenweiten Umweg machen, und bei den reizendsten jungen Mädchen, die ich jetzt erblickte, kann ich mich des Gedankens: „Ach, wie wirst du in wenigen Jahren aussehen, wenn dich der Sensenmann nicht früher mäht", nicht erwehren. Das Altwerden ist doch eine fatale Sache; hätte uns die Natur nur damit verschont und uns wenigstens unser Aussehen in den zwanziger Jahren bis zum höchsten Alter erhalten. Kein Tier altert so wie der Mensch. Alt und krank, zwei der unausstehlichsten Dinge, mit denen das menschliche Leben belästigt ist; ohne Krankheit wäre auch das ärgste noch zu ertragen. Ich bin kein Freund von Revolutionen, denn in der Regel haben die, welche sie bewerkstelligen, des Teufels Dank davon, aber eine gegen die Natur zu machen, um dieser eine Konstitution abzuzwingen, aus der Krankheit und Alter gestrichen wären, da wäre ich dabei, wenn ich nur wüßte, wie es anzupacken sei; doch gegen unsichtbare Kräfte sich auflehnen, wäre noch toller, als gegen Windmühlen zu fechten. Der Golf von Neapel altert nie, vor Jahrtausenden war er schon ebenso reizend wie heute, und wird es auch in Jahrtausenden noch sein, wenn nicht eine Weltrevolution die Erde anders gestaltet.

Man steigt oberhalb der Villa Reale ein, fährt längs derselben, das von St. Elmo gekrönte einzige Panorama und den rauchenden Vesuv immer vor Augen habend, an dem Kastell del Ovo, dem Arsenal, dem Kastell nuovo, dem Leuchtturm, dem großen Molo, den prächtigen Kais, dem Kastell del Carmine vorüber und die Ufer bis Portici hinab. Die schönste Halbinsel Europas ist von der einen Seite, nach Gaëta zu, vom Kap Misene begrenzt, auf der andern, nach Sizilien zu, vom Kap Campanello. Der beste Punkt, die Stadt in ihrer ganzen Pracht vor sich entfaltet liegen zu sehen, ist zwei Miglien in der See, dem Kastell del Ovo gegenüber. Aber fast jede hundert Schritte, die man weiter fährt, verändert sich diese Ansicht, und jeder neue Punkt

bietet auch neue Schönheiten dar, das Ganze macht vor Entzücken und Bewunderung staunen.
Einen Anblick anderer Art, jedoch nicht minder herrlich und imposant, gewähren die Stadt und der Golf, von der Höhe von St. Elmo aus gesehen, wo man die zahllosen Häuser, Kirchen, Paläste, Forts und andere Gebäude der ersteren zu seinen Füßen liegen hat, und über sie hinaus, unter dem fast immer heiteren Himmel vom reinsten Ätherblau, das sich endlos spiegelnde Meer und eine Gegend, die das reichste Füllhorn der Natur mit der üppigsten Vegetation der köstlichsten Pflanzen und Gewächse des südlichen Himmelsstrichs mit verschwenderischem Überfluß überschüttet zu haben scheint, sieht. Auf der anderen Seite begrenzen die Apenninen den Hintergrund und scheinen das Paradies des alten Kampanien, jetzt terra di lavoro, schützend zu umgeben. Es ist, als sei hier eine ewige Blütenzeit, und auch die empfindlichsten Blumen und Pflanzen der tropischen Gegenden gedeihen hier im Freien und blühen mitten im Winter. In Staunen versunken, habe ich mehr als einmal diese Wunder einer schöpferischen Natur von der Terrasse des Karthäuser-Klosters herab, dem schönsten Punkte, stundenlang betrachtet, das unermeßliche Neapel mit seinem weiten Hafen, seinem Mastenwald, den sich in das endlose Meer verlierenden Golf zu den Füßen, Portici mit seinen reizenden Küsten, den Vesuv zur Linken, und die sich am Horizont verlierenden Gefilde Kapuas zur Rechten.
Die Karthäuser haben gewiß den prächtigsten Garten, und hinsichtlich der Aussicht den schönsten um ganz Neapel; von der Terrasse desselben überblickt man den Golf mit allen seinen Inseln bis Stromboli und Lipari, die Luft ist hier immer sehr rein, und bei diesen guten Vätern, mit denen ich durch Moritz bekannt wurde, trinkt man auch die reinsten und köstlichsten Christustränen, bei denen die frommen Männer so recht behaglich dem hier überaus prächtigen Schauspiel des Sonnenuntergangs und dem Gewimmel der tausend kleinen Fahrzeuge und Schiffchen im

Golf zusehen. Jetzt breitet die Nacht ihre Schleier aus, aber hier thront wahrhaft die Königin der Nacht in ihrem höchsten Glanz, und balsamische kühlende Lüfte erfrischen, was atmet und lebt; während die Millionen Sterne über dem Haupt wie Diamanten blitzen, funkeln viele Tausende von Lichtern und Feuern zu den Füßen längs den Ufern hin und verlieren sich in die endlos scheinende Unabsehbarkeit. Musik und Gesänge ertönen von den Gartenterrassen der Häuser, die hier die Stelle der Dächer vertreten; aber ein ewig dumpfrollendes Getöse verschlingt deren Melodien und vermischt sich mit diesen. Steht nun gerade noch der Vollmond an dem wolkenlosen Himmel und spiegelt sich bei Meeresstille in den ruhigen Fluten der See, und die Zypressen und Palmen werfen ihre Riesenschatten weit hin, dann hat man eine jener Prachtnächte Neapels in ihrem höchsten Glanz, deren es Hunderte in einem Jahr gibt.
Mit der einbrechenden Nacht wird alles lebendig, auf den Plätzen und in den Straßen verdoppelt, vervierfacht sich das Gewühl, auf allen Dachterrassen bewegen sich Tausende von Gestalten, und es scheint, als sei man in eine ganz eigene, über der Stadt schwebende, luftige Welt versetzt. Von allen Balkonen tönen muntere oder sentimentale Melodien herab, und auf den Plätzen lassen die Lazzaroni ihre Volkslieder in neapolitanischer Mundart erschallen. In jeder Straße hört man ein anderes Konzert.
Da die meisten Straßen eng und schmal und daher auch finster sind, so werden zu Neapel, ganz das Gegenteil von anderen Städten, die höchsten Stockwerke am teuersten vermietet, und das oberste, zu dem immer die Terrasse gehört, auch weil da die Luft am reinsten und gesündesten ist, ist das gesuchteste und kostspieligste. Die Häuser sind in der Regel vier bis sechs Stockwerke hoch. Unter allen Straßen steht die Strada Toledo obenan und ist für sich allein eine prächtige Stadt, die Weltberühmtheit erlangt hat, denn es ist nicht wohl eine zweite der Art in Europa; sie ist an drei Miglien lang, durchschneidet fast ganz Nea-

pel von Süden nach Norden, und ist, was der Korso in Rom, nur bei weitem breiter und schöner; ihren Namen hat sie von dem Vizekönig Don Petro di Toledo, der sie 1540 auf den Stadtgräben und Wällen anlegen ließ. Hier trifft man die prächtigsten Paläste der neapolitanischen Großen an, wie den Palazzo Reale, St. Giacomo, den der Dentici, Stigliano, Maddalone, Doria, Berchio usw., und viele sehr schöne Häuser, die statt der gewöhnlichen Fenster fast alle Balkone haben, wie jedes nur mittelmäßige Haus in der ganzen Stadt. Die Erdgeschosse sind selten bewohnt, sondern meistens Magazine, Gewölbe, Remisen, und in den Hauptstraßen, wie Toledo, prächtige Buden und Läden mit Luxuswaren angefüllt. Alle nur einigermaßen bedeutenden Gebäude haben große Einfahrten gleich Schloßtoren. Außer der Straße Toledo, sind noch die Strada Foria, S. Carlo, dei Tribunali, di Constantinopoli, de setti dolori, San Lucia, und vor allem die Chiaja zu bemerken, deren Lage außerordentlich schön ist, und die sich an der Westseite der Stadt längs dem Meer bis zur Villa Reale zieht, wo sich mit Sonnenuntergang die große und kleine Welt Neapels einfindet, um sich in der nun eintretenden kühlen Seeluft zu erquicken. Am Ende der Chiaja beginnt die Mergelina, eine sehr besuchte Promenade, die an Villen und Kassinis längs dem Pausilippo hinläuft. Große und schöne Plätze, die man hier Larghi (Breiten) nennt, hat die Stadt nur wenige, unter ihnen ist der Mercatello, auch Largo dello Spirito-Sancto genannt, einer der schönsten; er liegt an der Toledostraße und ist mit sechsundzwanzig allegorischen Bildsäulen geschmückt, die vor einem halbrunden prächtigen Gebäude stehen, das zu Ehren Karl III. durch den Baumeister Vantinelli 1757 aufgeführt wurde. Diese Bildsäulen stellen sechsundzwanzig verschiedene Tugenden und sonstige löbliche Eigenschaften des genannten Königs dar, eine ekelerregende Schmeichelei, deren ungeachtet aber das böse Volk die Reiterstatue dieses Monarchen, die in der Mitte einer Nische aufgestellt war, 1799 zertrümmerte.

Auf dem Largo del mercato (Marktplatz), der größte Platz Neapels, auf dem Montag und Freitag großer Markt gehalten wird, war ehedem der Galgen in Permanenz; hier war es, wo den 25. Oktober 1269 Konradin von Hohenstaufen und Friedrich von Baden durch das Beil des Henkers fielen; an der Stelle, wo sie hingerichtet wurden, steht jetzt eine kleine Kapelle. Um ihrem Sohn das Leben zu retten, war Konradins Mutter mit einem schweren Lösegeld, womit sie ihn von dem grausamen Karl loszukaufen hoffte, rastlos nach Neapel geeilt, aber sie kam bei aller Eile dennoch um wenige Tage zu spät, und gerade noch zu rechter Zeit, den Leichnam des geliebten Kindes zu umarmen. Die Schätze, die sie zu seiner Rettung mitgebracht hatte, verwendete die unglückliche Frau nun zur Vergrößerung der Karmeliterkirche und zum Begräbnis der beiden Opfer, deren irdische Reste hinter dem Hochaltar beigesetzt wurden. Konradin, der Sohn Kaiser Konrad IV., und der letzte Sprößling der Hohenstaufen, war sechzehn Jahre alt, als er durch Henkershand fiel.

Auf diesem Platz war es auch, wo 1647 der Aufstand Masaniellos ausbrach, der durch seine wilde Beredsamkeit das Volk gegen die Tyrannei der spanischen Regierung zur Empörung entflammte und sich zum Herrscher der Stadt machte; noch wird das von ihm bewohnte Haus gezeigt. – Der Largo del mercato ist noch jetzt der Hauptturnmelplatz des gemeinen Volkes und der Lazzaroni, die man hier am bequemsten zu beobachten und ihre Sitten kennen zu lernen Gelegenheit hat.

Außerdem sind noch der Largo di castello, in der Nähe des Kastell Nuovo, der Largo San-Lucia, wo der große Fischmarkt gehalten wird, und der Largo di Palazzo, in der Nähe des königlichen Palastes, die einzigen, die den Namen Platz verdienen.

Der Palazzo regio (königliche Palast), unstreitig eines der schönsten Gebäude Neapels, liegt am Ende der Straße Toledo, in geringer Entfernung von dem Meer, er wurde nach dem Plan des berühmten Fontana im Jahre 1600 unter dem Vizekönig Don Ruy de Castro erbaut. Seine lange Fassade (127 Meter) wird durch drei gleich hohe Tore oder Einfahrten unterbrochen, über denen auf Granitsäulen ruhende Balkone angebracht sind, drei übereinander stehende Reihen Pilaster, von dorischer, jonischer und korinthischer Ordnung, zieren seine schöne Fassade, die mit einer Balustrade von Pyramiden und Vasen gekrönt ist. An der prachtigen Haupttreppe stehen die Bildsäulen des Ebro und Tajo. Das Innere dieses fast ganz ausgeräumten Palastes wurde zuerst unter Joseph, dann aber besonders durch Murat wieder auf das prächtigste eingerichtet und möbliert. In der Kapelle dieses Schlosses befindet sich ein Altar, der ganz von Lapis Lazuli ist und sehr reich vergoldete Verzierungen hat. Das schönste Gemach in demselben ist unstreitig der Saal der Vizekönige, in welchem die Bilder aller derer, die über Neapel herrschten, zu sehen sind.

Unter den unzähligen Kirchen dieser Stadt (man rechnet deren, die Kapellen inbegriffen, über dreihundert, von denen zweihundert ansehnliche Kirchen sind) ist besonders die dem heiligen Januarius geweihte Kathedrale merkwürdig. Es ist ein beinahe gotisches burgartiges Gebäude, mit vier dicken Türmen flankiert und sehr alt; man behauptet, daß es von Konstantin dem Großen auf den Grundmauern eines ehemaligen Apollotempels erbaut wurde. Nachdem die Kirche 1456 durch ein Erdbeben sehr beschädigt wurde, stellte sie Alfons I. durch Pisano wieder her. Sie ist der größte und reichste Tempel in Neapel; an ihrem Eingang stehen zwei Säulen von Porphyr, und in ihrem Innern sieht man deren 110 von ägyptischem Granit, die noch von dem alten Apollotempel herrühren; sie hat sehr schöne Bildsäulen, unter denen die eines Kardinals Caraffa von Michel Angelo; unter den vielen Grabmälern ist besonders das des Bernardino Caracciola zu bemerken, welches ein mit einem Leichentuch bedecktes Skelett, eine Sanduhr in der Hand haltend, darstellt. Auch Papst Innozenz II. und der von seiner Gattin, der Königin Johanna, erwürgte

Andreas von Ungarn liegen hier begraben; das Mausoleum des ersteren ist von einer Gruppe allegorischer Figuren umgeben, und auf dem Grabstein des ermordeten Königs liest man die Tat seiner Frau. Der Körper des Schutzheiligen dieser Kirche, St. Januarius (noch früher war sie der heiligen Restituta geweiht), der daselbst enthauptet wurde, und dessen Blut eine fromme Dame auffing, wird in einer unterirdischen prächtigen Kapelle aufbewahrt, deren Decke gleichfalls durch von dem Apollotempel herrührende Säulen gestützt wird; sie ist ganz mit weißem Marmor bekleidet. In der Kapelle des heiligen Januarius, die man auch die Schatzkapelle nennt, und die sich in der mit der Hauptkirche verbundenen Kirche der San Restituta, ein ehemaliger Tempel des Neptun, befindet, wird das so berühmte und von den Neapolitanern so hoch verehrte Blut in Kristallflaschen aufbewahrt, welches dreimal des Jahres, nämlich den 16. Mai, den 19. September und den 16. Dezember mit außerordentlicher Feierlichkeit ausgestellt wird. Das Blut des Heiligen wird flüssig und siedet, sobald man es in die Nähe des Kopfes desselben, der in einem Tabernakel aufbewahrt wird, bringt; tut es dies nicht, dann gerät die ganze Stadt in die größte Bestürzung, das Volk und die Lazzaroni werden unruhig und befürchten großes Unglück, wohl gar den Untergang der Stadt durch Erdbeben, und man beruhigt sich nur erst dann, wenn die rote Brühe – denn es ist nichts anderes als eine rotgefärbte Masse, welche durch ein chemisches Kunststück flüssig gemacht wird – liquid zu werden beginnt, dann aber ist großer Jubel und Halloh in der ganzen Stadt. Schon oft haben die Priester dieses religiöse Gaukelspiel benützt, die Regierung einzuschüchtern und zur Nachgiebigkeit im Interesse der Geistlichkeit zu bewegen, was ihnen meistens gelang.

Über dem über alle Beschreibung prächtigen Hochaltar von Porphyr, der von Gold und Silber strotzt, ist eine große Bildsäule des verehrten Schutzheiligen, dessen silberne Statue außerdem noch mehr als dreißigmal in verschie-

denen Nischen der Kapelle del Tresoro aufgestellt ist; auch findet man auf sieben Altären, zwischen zweiundvierzig Säulen von Brokatell, einer sehr seltenen Marmorart, noch achtzehnmal seine Bildsäule aus Erz. Dieser Januarius war ein Bischof zu Benevent, der zu Puzzuoli den Tod eines Märtyrers starb.
Unter den übrigen Kirchen sind noch zu bemerken: die des San Paulo Maggiore, deren Säulen dem Porticus eines Tempels des Castor und Pollux entnommen sind, und die zu dem Augustinerkloster gehört, in welchem man noch Spuren des Theaters findet, auf welchem Nero seine ersten dramatischen Versuche machte, ehe er es wagte, sich vor dem römischen Publikum hören zu lassen; die Kirche der Karmeliter, die das Grabmal des unglücklichen Konradins und seines Leidensgefährten enthielt; in einem Gang des zu derselben gehörigen Klosters steht die Bildsäule Elisabeths, Konradins Mutter, der in einer Inschrift unter derselben der Titel: Kaiserin verliehen ist, der Turm dieser Kirche ist der höchste in Neapel. Die Kirche der heiligen Klara ist eine der zierlichsten, sie ist am reichsten dekoriert. In der Kirche Santa Maria de pie di Grotta, die an dem Eingang der Grotte des Pausilippo liegt, ist ein wundertätiges Madonnenbild, zu dem jedes Jahr den 8. September eine große Prozession, an deren Spitze der Hof, wallfahrtet. Die Kirche San Giovanni in Carbonara mit dem bis an die Decke reichenden Mausoleum des Ladislaus; la Nunziatella, San Domenico Maggiore, die der Apostel, der Annunziata, die alle mehr oder minder treffliche Gemälde, Meisterstücke der Bildhauerkunst und Architektur enthalten. Die Kirche des heiligen Januarius dei poveri (der Armen), eines der ältesten Denkmäler der Christenheit, ist wegen ihrer Katakomben, die man auch den Kirchhof des heiligen Januarius nennt, besonders merkwürdig. Sie sind in Felsen, drei Stockwerke übereinander, eingehauen, von denen ein jedes mehrere Gewölbe enthält, die so geräumig sind, daß sich über fünfzigtausend Menschen darin verbergen können. Am Eingang zu den-

selben ist eine kleine, ebenfalls in Felsen gehauene Kirche, und mitten in derselben befindet sich ein Hochaltar, hinter demselben eine Kanzel, ein Taufbecken und Bänke, alles aus den Felsen gehauen. Diese Felsengemäuer, Kammern, Grabgewölbe und in die Felsenwände gehauenen Sarghöhlen bilden ein wahres Labyrinth. In halbrunden Gemächern findet man noch Spuren von Freskogemälden, viele Schädel, Gerippe, Knochen, Gräber und andere Zeichen der Verwesung. Hier hatten die ersten Christen ihre Zusammenkünfte und feierten die Agapen (Liebesmahle); ob aber sie es waren, welche die ungeheuren Höhlungen in diese Felsen gruben, oder ob dies vielleicht alte Steinbrüche sind, ist nicht mehr zu ermitteln. In den geräumigsten Gewölben derselben lagen ganze Berge von Gerippen und Totenköpfen, die traurigen Überreste der Opfer der furchtbaren Pest, welche Neapel im Jahre 1656 verheerte.

Neapel hat fünf Kastelle oder feste Schlösser, weniger geeignet, Stadt und Hafen zu verteidigen, als das unruhige Volk im Zaum zu halten. Unter denselben steht das die ganze Stadt beherrschende Kastell St. Elmo obenan; es liegt auf dem Berg Vomero, dem alten mons olympianum, und soll zuerst eine Einsiedelei gewesen sein, an deren Stelle die Normannen später eine Art Wachthaus errichteten, aus dem Karl II. von Anjou eine Feste machte. Karl V., die Wichtigkeit dieses Punktes wohl erkennend, ließ ihn durch Peter von Toledo befestigen, unter Philipp II. wurde das Kastell vollendet. Dieses Fort ist eine wahre Zwingburg und hat ungeheure unterirdische Gewölbe, in welchen nicht selten geheime Staatsgefangene ihr Leben hinbringen mußten und für die Welt verschwunden waren. Bei jedem Aufruhr spielte es eine große Rolle, und bei dem Masaniellos war es nahe daran, daß es in die Luft gesprengt werden sollte; schon waren die Minen gelegt, als die Wendung, welche der Gang der Dinge nahm, das Sprengen verhinderte. Von hier aus hat man die herrlichste Aussicht in das weite Rundgemälde.

Unter den Werken dieser Festung liegt die prächtige Karthause des heiligen Martin, welche die wundervolle, schon beschriebene Lage hat. Die Kirche derselben ist eine der reichsten Neapels und auf das verschwenderischste mit den kostbarsten Steinen, Bildhauerarbeiten, Vergoldungen und herrlichen Gemälden verziert, deren Schöpfer zum Teil die berühmtesten Meister der Kunst waren. Acht Seitenkapellen, jede auf das zierlichste und reichste ausgeschmückt, befinden sich auf beiden Seiten des Schiffes.

Das Kastell del Ovo, so von seiner eiförmigen Gestalt genannt, liegt auf einer Felsenspitze im Meer und hängt durch einen über zweihundert Schritte langen Damm mit der Stadt zusammen. Auf diesem Felsen, der früher den Namen Mogalia führte, hatte Lukullus ein Landhaus und eine Fischerei, und hierher hatte Odoaker den letzten römischen Kaiser Augustus verbannt. Dieses Schloß beherrscht den ganzen Golf, den es in zwei Teile teilt, und wird selbst wieder durch die Batterien des Kastell nuovo unterstützt. Früher war nur ein Kloster hier, das man wegen der Angriffe von der See aus befestigte, aus dem nach und nach das jetzige feste Schloß entstand, in welchem mehrere Könige residiert haben.

Das Kastell nuovo (neue Schloß), in welchem jetzt unser erstes Bataillon kaserniert war, ist das bedeutendste Fort von Neapel, es liegt hinter dem königlichen Schloß an dem Ufer des Meeres, und wurde 1284 von Karl I. von Anjou, einem Bruder des heiligen Ludwig, ganz nach dem Plan der Bastille zu Paris, der es auch vollkommen ähnlich ist, angelegt, nach und nach von verschiedenen Regenten noch vergrößert und mit mehreren Werken versehen; es hat breite und tiefe Gräben, sehr starke und dicke Türme, und diente lange den Königen von Neapel zur Residenz. An seinem Eingang befindet sich ein Triumphbogen von Marmor, der Alfons I. zu Ehren errichtet wurde, und dessen Basreliefs den Einzug dieses Fürsten zu Neapel darstellen. Im Innern dieser Feste ist ein Arsenal, eine Kanonengießerei, mehrere Rüstkammern, eine der heiligen Barbara geweihte Kirche in gotischem Stil, die ein sehr schönes Gemälde der Madonna mit dem Jesuskind hat, usw. Dieses Schloß gleicht einer kleinen Stadt, und viertausend Mann können ganz bequem in demselben kaserniert werden. Drei Bataillone von verschiedenen Regimentern, sowie mehrere Kompagnien Artillerie, Feuerwerker und gegen hundert Offiziere machten jetzt seine Besatzung aus. Über dem großen Eingangstor hing damals ein über zwanzig Fuß langes ausgestopftes Krokodil; das große Arsenal, die Darsena genannt, stößt an das Kastell nuovo.

Von der Torre oder dem Kastell del Carmine, das auch ich später bewohnte, sowie von der furchtbaren Vicaria, ehemals das Kastell capuano genannt, werde ich später zu sprechen Gelegenheit haben. Pizzo-Falcone liegt auf einer Anhöhe, dem königlichen Schloß gegenüber, ist ziemlich fest und hat eine starke Garnison. Hier stand in den ältesten Zeiten ein Herkulestempel, und später, unter der römischen Herrschaft, der prächtige Palast Lukulls; die Erdbeben hatten dieses Fort häufig zerstört, vermittelst einer Brücke hängt es mit dem Berg zusammen, auf dem sich St. Elmo erhebt. Unter dieser Brücke läuft die Straße Chiaja hin, weshalb sie auch die Chiajabrücke genannt wird.

Die größeren Theater Neapels sind, nebst dem prächtigen San Carlo, vielleicht das prächtigste der Welt: Del Fondo, Fiorentino, das Theater nuovo, Fenice und Carlino, außerdem noch viele kleinere, in denen hauptsächlich Pulcinello, eine ganz neapolitanische Personage, von der die übrigen Pulcinellis in Europa und Frankreichs Hauptstadt auch keine Ader haben, sein Wesen treibt; es ist eine Art Bauer, der etwas von einem Dorf- oder Krautjunker an sich hat, in weiße Linnenbeinkleider gekleidet und mit einem ganz zugespitzten weißen Filzhut bedeckt ist, der hinter einer halben schwarzen Maske das Gesicht verbirgt und ausschließlich nur das neapolitanische Kauderwelsch spricht, und dessen Charakter eine Mischung von Tölpelhaftigkeit, Naivität und Gutmütigkeit ist. Da, ohne die Lokalitäten und die neapolitanische Sprache genau zu kennen, die

Späße und Witze dieser komischen Person nicht verstanden werden können, da sie meistens Anspielungen auf Stadtbegebenheiten sind und auf Wortspielen beruhen, so kann der Fremde, selbst der Italiener anderer Staaten, wenig Gefallen an diesem weißen Hanswurst finden; das Kölner Henneschen kommt ihm am nächsten. – Dieser Pulcinello hat in unzähligen Buden und fast allenthalben seinen Sitz aufgeschlagen, und ist dem Volk so unentbehrlich wie Essen und Trinken, ihm zuhörend und über seine Späße lachend, vergißt es Armut und Elend.

Der Grundzug des Charakters des Neapolitaners ist: ungeheure Indolenz und Vergnügungssucht; er liebt lustig und freudig zu leben, aber es darf ihn keine Mühe kosten. Er ist gerne in freier Luft, an dem Meeresufer oder bei seinen bedeckten und unbedeckten Schaubühnen, und schon Horaz nannte diese Stadt: Odiosa Neapolis. Dabei ist jedoch Mäßigkeit die Haupttugend des Neapolitaners; ein Altbayer, Österreicher, Schwabe usw. würde noch bei dem hungern, was ein halbes Dutzend Neapolitaner verzehren, um sich zu sättigen. Mit wenig Grani, höchstens ein paar Carlini (à 8 Kreuzer oder 2 Groschen) lebt eine zahlreiche Familie, vollkommen gesättigt, einen ganzen Tag.

Das Theater San Carlo, nach dem zu Parma das größte der Welt und wohl auch das schönste, hat so vortrefflich gemalte Dekorationen, daß man kaum Täuschung von Wirklichkeit zu unterscheiden vermag; der Reichtum und die Pracht der Kostüme grenzt an das Unglaubliche, sowie die Maschinerie an das Wunderbare; seinen höchsten Glanz erreichte es wohl unter Murat, und ich werde später, wo ich gewissermaßen demselben vorstand, Gelegenheit haben, mehr davon zu sagen. Es liegt ganz nahe an dem königlichen Palast und wurde im Jahre 1737 nach dem Riß Medranots zu bauen begonnen, aber erst dreißig Jahre später unter Ferdinand I. vollendet. Das Innere hatte sechs Galerien oder Logenreihen, ein sehr geräumiges Parterre, in dem alle Sitze ebenso vielen Armstühlen glichen und sehr bequem waren. Jede Galerie enthielt dreißig ge-

räumige Palchi oder Logen, in einer jeden derselben, die ein kleines abgesondertes Zimmer, meist mit einem Vorzimmer, bildete, war bequem für zwölf Personen Raum, sie waren auf das geschmackvollste möbliert, nach dem Belieben des Inhabers mehr oder weniger reich ausgeschmückt und mit allem Komfort versehen, sogar Damentoiletten und Spieltische fehlten nicht, in dem Vorzimmer harrten Bediente, man wartete in den Zwischenakten mit allen erdenklichen Erfrischungen den geladenen Gästen auf und soupierte nicht selten auch während der Vorstellungen. Jeder dieser Palchi hatte zwei, auch vier Spiegel mit Wandleuchtern, ebenso waren außerhalb und zwischen denselben Spiegel mit drei- oder fünfarmigen vergoldeten Armleuchtern angebracht, was bei einer vollständigen Illumination, wo soviel tausend Kerzen durch den Widerschein der vielen Spiegel millionenmal vervielfältigt wurden, eine unbeschreibliche, feenhafte Wirkung hervorrief. Die Draperien dieser Logen waren meistens von karmoisinfarbigem, genuesischem Thronsammet, mit reichen Goldstickereien und Fransen aus demselben Metall versehen. Später ließ Murat noch das Portal dieses Prachthauses durch ein aus fünf Bogen bestehendes, herrliches Peristyl verschönern; 1816 brannte es jedoch ab, wurde aber ebenso prächtig wieder hergestellt. Hier wurden nur die ganz großen Opern (Opera seria), Meisterwerke der Tonkunst, und Prachtballette gegeben.
In den übrigen Theatern sah man die Opera buffa und italienische Lustspiele in hoher Vollendung aufführen, das vorzüglichste unter denselben war Fiorentino, dessen Direktion damals eine Deutsche, Madame Müller, hatte; ich sah öfter Kotzebuesche Lustspiele, recht gut übersetzt, in demselben geben. Im Theater nuovo wurde später französisch gespielt.
Der Gebrauch, der in ganz Italien zu Hause ist, daß mehrere Monate hintereinander jeden Abend ein und dieselbe Oper und ein und dasselbe Ballett aufgeführt werden, scheint dem Ausländer anfangs unausstehlich, und er be-

greift nicht, wie ein und dasselbe Publikum (in den Logen sind fast immer dieselben Personen) das sich stets wiederholende Theater fast jeden Abend besuchen mag. Aber auch diese Gewohnheit hat, wie alles, ihre zwei Seiten; mir wollte ebenfalls dieser Gebrauch anfänglich nicht zusagen, ich fand ihn fast unerträglich, aber fügte mich dennoch bald darein, und zuletzt mußte ich eingestehen, daß er seine sehr angenehme Seite hat und sogar das Vergnügen der Unterhaltung vermehrt. Ist die Musik der Oper gut, gediegen und gehaltvoll, so entdeckt man bei jeder Wiederholung derselben neue Schönheiten, die man während der ersten Vorstellungen überhörte und nicht auffaßte und mit denen man nun immer vertrauter wird und sich im voraus darauf freut, diese lieblichen Melodien, diese herrlichen Harmonien wieder, wenn auch zum fünfzigsten Male zu hören; während der Rezitativen oder wenig ansprechender Morceaus aber plaudert man mit seinen Nachbarn und unterhält sich auf das angenehmste, sobald man einmal den Inhalt und die Intrige des Sujets kennt. So sah ich z. B. Meyers vortreffliche Oper: Ginevra di Seozia mehr als sechzigmal hintereinander und mit immer steigendem Interesse, und so erging es dem ganzen Publikum, ja als endlich eine neue Oper in Szene gesetzt wurde, und diese nach mehreren Vorstellungen nicht sonderlich gefiel, mußte Ginevra wieder hervorgeholt und abwechselnd mit jener gegeben werden. Jede gute, gediegene und nicht oberflächliche Musik lernt man erst nach vielen Wiederholungen genauer kennen und würdigen. Mozarts Don Juan, Spohrs Faust und ähnliche Meisterwerke wollten anfänglich die Menge und selbst Musikkenner nicht ansprechen, die sie zum ersten Male hörten, und nur nach öfterer Wiederholung lernten sie die Schönheiten derselben kennen und deren hohen Wert einsehen. Gerade umgekehrt verhält es sich mit dem Gedudel der gefälligsten Melodien, wenn sie keinen wirklichen Gehalt haben, sie entzücken im Anfang und verlieren bei jeder Wiederholung, bis man endlich des Ohrenkitzels müde ist und sie

sogar zum Ekel und Überdruß werden. Wo ist der Mensch, der Mozarts Don Juan, die Zauberflöte, den Figaro, Titus, Spontinis Vestalin und Cortes, Winters unterbrochenes Opferfest, Haydns Schöpfung, Spohrs Faust usw. zum Überdruß gehört hätte? Außerdem muß das Theater in Italien, wo die Gesellschaften und Soireen nicht in der Art wie in Deutschland oder Frankreich florieren, diese und die gemütlichere Geselligkeit ersetzen, und im Opern- oder Schauspielhaus wird geplaudert, gespielt, soupiert usw., man besucht sich gegenseitig in den Palchis, teilt sich daselbst die Neuigkeiten des Tages und die Stadtklatschereien mit, schwatzt sich aus, und dies alles, indem man von Zeit zu Zeit den herrlichsten Ohrenschmaus hat, wo alsdann eine Totenstille im ganzen Haus eintritt.
Eine ganz eigene Bewandtnis hat es auch mit den italienischen Benefizvorstellungen, und es ist wohl der Mühe wert, die dabei stattfindenden Gebräuche kennenzulernen.
Der Künstler, Sänger, Schauspieler oder Tänzer, gleichviel dem eine Benefizvorstellung, hier una serata genannt, zukommt, macht ebenso wie eine Sängerin, Tänzerin, die sich in diesem Fall befindet, schon vier bis sechs Wochen vor derselben in allen angesehenen Häusern Aufwartung und gibt dabei eine auf feinem, weißen oder bunten Papier, für die Autoritäten und vornehmsten Häuser wohl auch auf Atlas gedruckte Einladung ab, welche zu gleicher Zeit das Programm der Stücke enthält, die an jenem Abend aufgeführt werden. Ist nun der feierliche Tag dieser Aufführung herangekommen, so setzt sich der Benefiziant oder die Benefiziantin in ihrem brillantesten Kostüm hinter einen schön gedeckten, sich an dem Haupteingang des Theaters befindlichen Tisch, auf dem zwischen vier silbernen Armleuchtern und Blumenvasen eine große silberne Schüssel steht, und der von zwei, manchmal auch vier Grenadieren, welche dabei Wache halten, umgeben ist. Jeder Eintretende wirft nun, nachdem er mehr oder weniger großmütig oder wohlhabend ist, ganz nach Belieben ein oder mehrere Stücke Geld, Silber oder Gold, in das Bek-

ken, wofür ihm der Benefiziant oder die hübsche Benefiziantin, mehr oder minder graziös und verbindlich, je nach dem hingeworfenen Geld, dankt und dem Geber sehr freundliche Blicke zuwirft. Ist die Benefiziantin eine berühmte oder schöne Sängerin oder Tänzerin en vogue, so regnet es Goldstücke und sogar Goldrollen in das Bassin und wohl auch noch andere Geschenke, als Brillantnadeln, Ringe, Ohrengehänge und dergleichen. So habe ich einmal in Florenz gesehen, daß einer solchen Prinzessin von einem schon bejahrten, aber sehr reichen Lieferanten ein einfacher Blumenstrauß dargereicht wurde, bei näherer Untersuchung fand es sich aber, daß dessen Kern, d. h. Stengel, eine Rolle von zweihundert Rusponi (Goldstücke à vierzig Franken an Wert) enthielt. Aus anderen Buketten blitzen Sternblumen und Rosetten von Diamanten, Rubinen oder Smaragden hervor, bei kleinen Sträußchen waren die Blumen ganz von Edelsteinen, Stengel und Blätter aber von Gold und letztere grün emailliert. So waren gewöhnlich die Bukette beschaffen, welche Murat den Theaterprinzessinnen verehrte. Man kann bei solchen Gelegenheiten zwar auch Billette an der Kassa lösen und das silberne Becken ignorieren, was jedoch nicht leicht jemand tut, da der Tisch immer von einer Menge kontrollierender Neugieriger umgeben ist. Die Benefize des untergeordneten Personals werden aber wenig besucht, und dieses ist zufrieden, wenn sich ein paar Hände voll Silber in dem Bassin vorfinden. Auch während der Vorstellung regnet es oft noch Gold, aber besonders viele Blumen und Gedichte, welche das Lob der Benefizianten in überschwenglichen Ausdrücken besingen, Kränze fallen von den Palchis und aus den Ventilatoren herab, manchmal läßt man auch weiße, mit Rosabändern geschmückte Tauben auf die Bühne fliegen, denen Billette oder Reime an den Hals gehängt sind; daß eine solche Glückliche mit einem endlosen Halloh und donnernden Bravis empfangen, wenigstens ein halbes hundertmal hervorgerufen und endlich haranguiert und gekrönt wird, versteht sich von selbst.

Sobald das Kommen der Zuschauer aufgehört hat, verläßt der Benefiziant seinen Platz hinter dem Tisch, packt seine Einnahme zusammen, die bei gefeierten Schönen bisweilen fünfzigtausend Franken und mehr beträgt, und begibt sich auf die Bühne, wo für diesen Abend jedenfalls einige Extrastücke, wenn nicht ganz neue Vorstellungen zum besten gegeben werden. Nicht selten ist es auch der Fall, daß sich bei solchen Gelegenheiten auch Dilettanten und Dilettantinnen aus den angesehensten Familien der Stadt zugunsten des Benefizianten, wenn dieser ein nicht gewöhnliches Talent hat, hören lassen und eine Partie in einer Oper singen; ich selbst habe dies später mehrmals, teils aus Liebhaberei für das Theater, teils der schönen Benefiziantin zulieb in verschiedenen Städten getan, ohne daß man bei den militärischen Behörden irgendeinen Anstoß daran gefunden hätte; und ich war nicht der einzige Offizier, der dies tat, im Gegenteil fanden es die französischen Offiziere beneidenswert und genial, denn über alle Gamaschen- und Zopfpossen war man längst hinaus.

Aus Unteritalien und namentlich aus Kalabrien kamen jetzt mit jedem Tag schlimmere Nachrichten; fast stündlich trafen Kuriere und Stafetten von den Kommandanten der Provinzen ein, welche die Lage derselben als äußerst schwierig schilderten. Alle Anzeichen schienen den Ausbruch eines nahen und schweren Sturmes zu verkünden. Überall rotteten sich Banden unter waghalsigen und unternehmenden Häuptern, die nicht selten Geistliche waren, zusammen; unter den letzteren war besonders ein Pfarrer Petroli, der dem flüchtenden Hof nach Sizilien gefolgt und insgeheim wieder zurückgekehrt war, sehr wirksam; überhaupt spie Sizilien, was es vom Abschaum der Banditen, Räuber und Mörder besaß, unaufhörlich an den Küsten von Kalabrien und Apulien aus; die Geistlichkeit und Pfaffen schürten den Haß des Volkes und fachten ihn zur verzehrenden Flamme an. Die Bandenanführer, die schon 1799 unter dem Kardinal Ruffo die Unzufriedenen gegen die Franzosen geführt hatten und sich noch in Sizilien befanden, wohin sie der Königin Karoline, die sie beschieden hatte, gefolgt waren, schickten fortwährend ihre Emissäre ab, korrespondierten unausgesetzt mit ihren Anhängern im ganzen Reich und in der Hauptstadt selbst, und man wußte, daß man in Sizilien die Landung eines starken englisch-sizilianischen Heeres, durch alle Briganten und Banditen Kalabriens und Apuliens verstärkt, die seiner Ankunft harrten, vorbereitete. Die Franzosen hatten zwar einigen Anhang unter den Gutsbesitzern und den sogenannten Patrioten, welche die verjagte königliche Familie tödlich haßten und auf der anderen Seite den Ausbruch der Volkswut zu befürchten hatten, aber diese, welche in einem solchen Fall alles für ihr Leben und Eigentum zu fürchten hatten, waren um so weniger imstande, den durch die Pfaffen wütend gemachten Pöbel im Zaum zu halten, da man von französischer Seite den unverzeihlichen Fehler beging, diese der neuen Regierung günstigen Personen nicht zu einer Art Bürger- oder Nationalgarde zu organisieren und zu bewaffnen; diejenigen Barone und Gutsbesitzer, von denen man wußte, daß sie dem entflohenen Hof feind waren und dessen Rückkehr zu fürchten hatten, an ihre Spitze gestellt, hätte man sich einen festen Anhaltspunkt und eine starke Stütze geschaffen. General Regnier befehligte jetzt in Kalabrien und hielt sich zu Reggio auf, um Sizilien daselbst besser zu überwachen, konnte aber nicht verhindern, daß fast jede Nacht Hunderte der ehemaligen Streiter des Kardinals Ruffo übergesetzt wurden. Es wurden nun beständig Verstärkungen von Neapel nach Kalabrien abgesandt, und so oft neue Truppen von Oberitalien in dieser Hauptstadt eintrafen, sandte man eine gleiche Zahl weiter; so kam auch bald die Reihe an unser Bataillon. Eines Tages erhielten wir bei der Wachtparade in der Fortezza nuova den Befehl, binnen vier Stunden marschfertig zu sein, um zu den Truppen zu stoßen, welche der General Verdier in *Cosenza,* der Hauptstadt Kalabriens, kommandierte, und die eingebrochene Nacht traf uns schon auf dem Marsch dahin.

XIX.

Erster Feldzug in Kalabrien – Portici – Salerno – Eboli – Cosenza – Die Schlacht bei Maida – Scheußliche Behandlung und Martern der den Briganten in die Hände gefallenen Gefangenen – Die schrecklichsten Augenblicke meines Lebens – Gräßlicher Insurgentenkrieg und Verwüstungen – Fra Diavolo – Ich nehme seinen Adjutanten gefangen – Seine Galanterie gegen zwei französische Offiziersdamen – Rückkehr nach Neapel – Fra Diavolos Gefangennehmung und Hinrichtung

Über die Brücke della Maddelena, welche am entgegengesetzten Ende des Posilippo über das unbedeutende Flüßchen Sebeto führt, marschierten wir nach dem wenige Miglien entfernten *Portici,* das unfern dem Vesuv am Ufer des Meeres liegt und ein königliches Schloß hat, in welchem man eine interessante Sammlung der zu Pompeji und Herkulanum ausgegrabenen Altertümer aufbewahrte. Hier wurde ein halbstündiger Halt gemacht, und die Soldaten und Offiziere freuten sich, das herrliche Neapel im Rücken zu haben; denn der Dienst war über alle Maßen beschwerlich und ermüdend gewesen, und man war fast nie aus den Kleidern gekommen; auch ich konnte mit vollem Recht „Keine Ruh' bei Tag und Nacht" singen, hatte noch wenig von Neapels Herrlichkeiten gekostet, denn es war mir unmöglich gewesen, mich einen einzigen Tag ganz frei machen zu können, um nur den Vesuv zu besteigen, ein Wunsch, der mir sehr am Herzen lag und jetzt in Portici, so nahe an dem merkwürdigen Berg, von neuem erwachte. Es erfüllte mich mit Bedauern, ihn nicht befriedigen zu können, da ich nicht wußte, ob ich den wild tobenden Gesellen je wieder erblicken würde. Wir brachen nun über *Torre del Annunciata* nach *Nocera* auf, ein kleines Städtchen, das unsere erste Etappe war, hier ruhten wir den Tag über, denn wir marschierten gerade in der heißesten Jahreszeit, in der zweiten Hälfte des Monats Juni, wo die Luft hier kochend ist. Die folgende Nacht brachte uns nach *Salerno;* von Neapel bis hierher ist der Weg angenehm, man kommt fortwährend durch schön gelegene Ortschaften, so daß man selten eine halbe Stunde marschiert, ohne ein Dorf oder einen Flecken zu passieren. Hier ist aber auch die Gegend und das Feld durch die Asche des Vesuvs so außerordentlich fruchtbar geworden, daß sie sechsmal soviel Bewohner als die anderen Provinzen des Reiches ernähren kann und auch ernährt.

Salerno ist eine angenehme Stadt, die von lachenden Fluren und Hügeln umgeben an dem Ufer des Meeres liegt und bei 8000 Einwohner und 30 Klöster hatte. Auch hier sind die Straßen mit Lava gepflastert, sonst aber schlecht gebaut.

Hier stießen wir auf einen kleinen Transport verwundeter französischer Soldaten nebst zwei Offizieren. Diese teilten uns mit, daß es in ganz Kalabrien greulich aussehe, daß man sich vor allem hüten müsse, den Briganten (so wurden alle Insurgenten genannt) lebendig in die Hände zu fallen, da sie an den gefangenen Franzosen die entsetzlichsten und unerhörtesten Grausamkeiten begingen, bevor sie solche töteten. Die Königin Karoline habe das ganze Land mit unzähligen Emissären überschwemmt, welche das rohe und abergläubische Volk gegen uns aufwiegelten, und selbst bis an die Tore von Cosenza habe sich der Aufstand schon verbreitet. Die Geistlichkeit und die Mönche seien unsere größten Feinde, sie versprächen dem Volk, daß es für jedes Glied eines Franzosen fünfzig Jahre weniger in dem Fegfeuer zu schmachten brauche und für einen getöteten Feind Absolution aller Sünden, wer aber deren drei töte, dessen Seele fahre schnurstracks in den Himmel, ohne die Hölle nur zu berühren; an dies alles glaubte das Volk wie an die Wunder der Madonna oder an das Dasein der Sonne, auch machten uns diese Kameraden eine gräßliche Schilderung von der Verpflegung und dem Mangel an guten und nährenden Lebensmitteln, dem wir entgegengingen, da man selbst für Geld nichts erhalten könne, und die Quartiere ärger wie Viehställe seien. Dies waren saubere Aspekten, und nur zu bald sollten wir uns überzeugen, daß diese Berichte weder unwahr noch übertrieben waren.

Von Salerno kamen wir in das Städtchen *Eboli,* in dessen Nähe bei dem Dorfe *Buccino* eine noch ganz gut erhaltene altrömische Brücke über den Fluß *Botta* führt. Von hier wandten wir uns den Apenninen zu und marschierten unaufhaltsam durch die Gebirge über *La Duchessa,* über das wegen seiner Manna berühmten *Auleta, La Sala, Casal nuovo, Lago negro,* wo die Neapolitaner erst vor wenig Monaten von den Franzosen geschlagen worden waren, über *Lauria, Castelluccio, Rotonda, Castrovillari,* das durch seinen Handel mit Sesam und Wein bedeutend ist und befestigt auf einem hohen Felsen liegt, über *Cassano* und dem mitten in Sümpfen liegenden *Tarsia* nach *Cosenza,* wo wir gegen Ende Juni eintrafen. Der Weg ging fast ununterbrochen bis Castrovillari über Gebirge auf- und abwärts und war sehr lästig und beschwerlich, namentlich der Übergang über den hohen Berg Gualda hinter dem Flecken Lauria. Bis hierher hatten wir indessen noch an nichts Mangel gelitten, im Gegenteil, alles im Überfluß gehabt. Von Tarsia aber ging der Marsch bis Cosenza, noch gute zehn Stunden, durch Reisfelder, große Moräste und im Sommer fast ganz ausgetrocknete Bäche, die aber in der Regenzeit zu wilden, reißenden Waldströmen werden, und war sehr unangenehm. Wir waren die ganze Nacht durchmarschiert, ohne einen frischen Trunk Wasser, viel weniger sonst etwas erhalten zu können; an einigen elenden Baracken machten wir zwar öfters halt, aber da war für alles Geld auch nicht das mindeste zu haben. Erst gegen Mittag des kommenden Tages, bei der unausstehlichsten Hitze, erblickten wir endlich, matt und müde, das ersehnte Cosenza, das uns wie das gelobte Land erschien. Auf dem Marktplatz daselbst angekommen, ließen sich die Leute auf das Pflaster niederfallen und schliefen bald vor Müdigkeit auf ihren Tornistern ein, bis sie, von den Furieren und Sergeantmajors aufgeweckt, in ihr Quartier, wieder ein paar Klöster, geführt wurden.

Cosenza ist die Hauptstadt von Calabria citeriora und liegt in einem weiten, freundlichen Tal an einem an die Apenninen grenzenden Hügel. Es ist ziemlich stark befestigt und hat über 20 000 Einwohner. In dieser Stadt, welche schon von den römischen Geschichtsschreibern so häufig zitiert wird, machte der Tod, der 412 den König der Visigoten, Alarich, hier wegraffte, den furchtbaren Verwüstungen dieses Unmenschen ein Ende. Erst tausend Jahre später fand man den Leichnam dieses Wüterichs, zwischen zwei große Schilder eingelötet, in dem Fluß Busento, in den ihn seine Soldaten begraben hatten, um ihn der Rache der mißhandelten Völker zu entziehen. Im 15. und 16. Jahrhundert wurde diese Stadt sowie die ganze Gegend schrecklich von den Türken heimgesucht und verwüstet. Schon früher hatten sie die Normannen arg mitgenommen.

In Cosenza schien sich übrigens wider Erwarten alles ganz gut zu gestalten, die Garnison war mit den Einwohnern ziemlich zufrieden, besonders mit dem weiblichen Teil derselben; alle jetzt einlaufenden Nachrichten schienen günstig, nur in den unzugänglichen Bergschluchten trieben die Brigantenhaufen noch ihr Wesen und verließen ihre Schlupfwinkel nur selten und mit der äußersten Vorsicht, um kleine Detachements und vereinzelte Soldaten zu überfallen. Wir versprachen uns in Cosenza ein weit angenehmeres, wenigstens nicht so fatigantes Leben als in Neapel und bedauerten nur, keinen Feind zu sehen; aber diese anscheinende Ruhe sollte schnell ein Ende nehmen, denn schon den dritten Tag nach unserer Ankunft kam ein Kurier, von dem in Kalabrien kommandierenden General Regnier abgesandt, der die Order überbrachte, daß alle in und um Cosenza stehenden Truppen bis auf 1000 Mann, die in der Stadt selbst bleiben sollten, sofort, hinlänglich mit Munition versehen, sich über *Rogliano* und *Scigliano* in Eilmärschen nach *Nicastro* begeben sollten. Die englische Flotte war in dem Golf von Eufemia angekommen und machte Miene, Truppen ans Land zu setzen. Noch vor Sonnenuntergang waren wir auf dem Marsche, den wir trotz der großen Hitze, aber teilweise auf Wagen und Karren, rastlos bis Nicastro fortsetzen, wo wir gegen den folgenden Abend ankamen und uns auf dem schönen Marktplatz dieser Stadt, der schon mit Truppen aller Waffengattungen, welche Regnier eiligst an sich gezogen hatte, angefüllt war, aufstellten. Hier erfuhren wir, daß der englische General Stuart mit einer bedeutenden Heeresmacht, aus englischen und sizilianischen Regimentern bestehend, die etwa sieben bis achttausend Mann betrage, schon seit 36 Stunden in dem Golf von Eufemia gelandet sei und sich stündlich durch den Zulauf der Kalabresen und Briganten verstärke, deren man schon drei- bis viertausend zähle. Noch in derselben Nacht, wir hatten kaum sechs Stunden geruht, erhielten wir nebst den übrigen Truppen Befehl zum Aufbruch und wurden sämtlich gegen die Höhen des Dorfes *Maida* dirigiert, wo wir zwei Stunden nach Mitternacht ankamen und bis zu Sonnenaufgang biwakierten; hier erblickten wir das in der Ebene längs der Küste in der Nähe der englischen Schiffe kampierende feindliche Heer. Regnier erteilte an alle Korpskommandanten Befehl, sich schlagfertig zu halten. Dies war am 4. Juli 1806. Die ersten Strahlen der Morgensonne beleuchteten die Truppenmassen, Fahnen, Schiffe und Flaggen der Feinde, und Duret, vor der Front unseres Bataillons hersprengend, rief uns zu: „Heute wird das Regiment die Feuertaufe in offener Schlacht erhalten!" Wir antworteten durch freudiges Zujauchzen. Ich muß gestehen, daß mir in diesem Augenblick auch die Möglichkeit, hier mein Leben zu enden und Eltern und Heimat in diesem Leben nie mehr wiederzusehen, ins Gedächtnis kam, aber lange Zeit hatte ich nicht, solchen Gedanken Raum zu geben. Das ungefähr 7000 Mann starke Heer wurde in Schlachtordnung gestellt; die Position, die wir genommen hatten, war sehr günstig, denn wir lehnten uns an eine waldige Anhöhe, hatten aber nur vier Kanonen und ungefähr 400 Mann Reiterei. Die Engländer und Sizilianer dagegen waren wenigstens 12000 Mann stark, hatten eine furchtbare Artillerie ausgeschifft und konnten noch obendrein durch das Feuer ihrer kleineren Schiffe, die auf Kartätschenschußweite von dem Ufer vor

Anker lagen, unterstützt werden. Regnier hoffte, daß der Feind durch seine Übermacht und seine Artillerie sich würde verleiten lassen, uns in unserer vorteilhaften Stellung anzugreifen; dieser hielt es aber vorerst für ratsam, sich nicht zu weit von seinen Schiffen zu entfernen, würde es jedoch vielleicht später gewagt haben, aber Regnier verlor die Geduld; er wußte, daß die Engländer schon im Besitz des Kastels St. Amantea waren, fürchtete auch, wegen den von allen Seiten einlaufenden, drohenden Nachrichten, daß eine allgemeine Insurrektion ausbrechen und sich schnell über ganz Kalabrien und hinter unserm Rücken verbreiten könne. Er sah, wie jeden Augenblick neue Haufen Kalabresen, die alle rote Kokarden aufgesteckt hatten, zu dem Heer des General Stuart stießen und hoffte durch einen raschen Angriff und Sieg diesem allem zuvorzukommen, entschloß sich deshalb, nach 8 Uhr des Morgens seine vortreffliche defensive Stellung zu verlassen, um den Feind anzugreifen.

Ich zählte damals noch keine siebzehn Jahre und hatte noch sehr wenig, fast keine Kriegserfahrungen gemacht, als uns aber die Ordre zum Herabmarschieren in die Ebene zukam, sagte ich zu meinem Kapitän, dem Hauptmann Leclerc: „Wir sind verloren!" – Dieser antwortete mir: „Ich bin Ihrer Meinung, aber was können wir machen?" Wir setzten uns in geschlossenen Reihen in Marsch. Dazu kam noch, daß unsere Leute durch die gehabten harten Strapazen noch sehr ermüdet waren, ja Regnier war so eilig, daß er mehreren soeben erst zu uns gestoßenen Bataillonen nicht einen Augenblick Ruhe gönnte, um sich durch etwas Speise und Trank zu stärken. Wir rückten jetzt in zwei Treffen vor, wobei er die Truppen sich wie auf einem Exerzierplatz durch Fahnen und Hauptführer richten und so, das Gewehr im Arm, im Geschwindschritt vorwärts marschieren ließ und nicht einmal abwartete, bis die Reiterei den linken Flügel des Feindes, gegen den sie beordert war, angegriffen hatte; die Voltigeurs hatten kaum mit den feindlichen Schützen geplänkelt, als ihnen das

Signal zum Rückzug gegeben wurde, und nachdem die Infanterie mehrmals abgefeuert hatte, erhielt sie Order, im Sturmschritt mit gefälltem Bajonett gegen den Feind vorzurücken und denselben anzugreifen; dieser aber, ein gut gerichtetes Feuer unterhaltend, streckte viele der Unsrigen zu Boden. Bald hatte sich der Kampf mit blanker Waffe auf dem linken Flügel entsponnen, die Engländer und Sizilianer umgingen ihn, nahmen uns in die Flanken und brachten einen Teil des Heeres zum Weichen, namentlich die Polen, von denen ein Bataillon, etwa 600 Mann stark, dabei war, während das Bataillon der Schweizer noch lange wie eine Mauer stand. Der rechte Flügel, von dem auch unser Bataillon einen Teil ausmachte, leistete langen und tapfern Widerstand, gegen eine große Übermacht kämpfend, obgleich ihn das zahlreiche englische Geschütz verhinderte, vollständig deployieren zu können. Unsere Reiterei war unterdessen in vollem Galopp dem linken Flügel zu Hilfe geeilt und hieb in die sizilianischen Bataillone wacker ein; aber jetzt rückte ein soeben noch gelandetes englisches Regiment aus einem Hinterhalt hervor und wurde so trefflich von dem Geschütz souteniert, daß bald darauf unsere Kavallerie geworfen wurde. Jetzt machten die englischen Batterien ein so mörderisches Feuer von allen Seiten, daß bald das Schlachtfeld mit unsern Toten bedeckt war und wir den Rückzug antreten mußten, der sich in wenigen Augenblicken in eine vollständig unordentliche Flucht auflöste. Unser Bataillon, das auf dem rechten Flügel gestanden, war eines der letzten von denen, welche die Retirade antraten, es versuchte, die plänkelnden Voltigeurs noch eine kurze Zeit zu decken, bis endlich auch hier die allgemeine Unordnung einriß und sich die Massen teilten. Nahe an zweitausend Tote und Verwundete mußten wir auf dem Schlachtfeld zurücklassen, unter den letzteren war auch der General Compère und viele Stabs- und andere Offiziere, die in englische Gefangenschaft gerieten.

Sicher hatte Regnier einen großen Fehler begangen, seine

günstige Stellung aufzugeben und sich dem Feinde gewissermaßen ohne Not in die Arme zu werfen; denn wir waren durch Waldungen, den Fluß Amato und dessen morastige Ufer geschützt, hatten auch an Lebensmitteln keinen Mangel, und vierundzwanzig Stunden später würden noch einige tausend Mann mehr zu uns gestoßen sein, die noch nicht eingetroffen waren, was Stuart fälschlich in seinem Schlachtbericht angab; auch wären die Engländer in der Ebene unter der Julisonne Kalabriens nur erst einige Tage kampierend, schon allein durch die schlechte Luft, die in dieser Jahreszeit in dem Tal von Eufemia herrscht und die bösartigsten Fieber erzeugt, wollten sie nicht dezimiert werden, zum Wiedereinschiffen gezwungen worden. Hätten sie uns in unserer guten Stellung angegriffen, wo ihr Geschütz wenig oder gar nicht wirken konnte, so waren sie verloren. Auch eine persönliche Rücksicht bewog den sonst behutsamen und erfahrenen General Regnier zu diesem fast tollkühnen Angriff; derselbe Stuart hatte nämlich schon in dem ägyptischen Feldzug diesem französischen General eine Schlappe beigebracht, er wollte sich deshalb an ihm rächen und hoffte die Engländer gefangen zu nehmen. – Als Napoleon diese Niederlage erfuhr, rief er aus: „Regnier ist immer unglücklich!" Diese verlorene Schlacht in dem kaum eroberten Reich hatte äußerst nachteilige Folgen für uns und gab dem Nimbus der französischen Unüberwindlichkeit eine arge Blöße. Auf der anderen Seite ist in Erwägung zu ziehen, daß jeden Augenblick ein allgemeiner Aufstand in unserem Rücken zu befürchten war, und wir dann zwischen zwei Feuern gestanden wären. Der Rückzug wurde gegen Catanzano zu genommen und wäre sicher völlig mißglückt, wenn die Engländer ihren Sieg gehörig zu benützen verstanden hätten und die Flüchtigen sogleich verfolgt hätten; aber sie blieben in bequemer Untätigkeit nach der Schlacht und überließen die Verfolgung den ganz undisziplinierten Insurgentenkorps, die sich ihrerseits wieder mit der Plünderung der Toten usw. verweilten. Regnier gelang es, mit einigen Trümmern des

Heeres die Küsten des Golfs von Tarent zu erreichen, er wurde aber auf diesem Rückzug beständig beunruhigt, verlor fortwährend viele Leute, welche sowie mehrere von dem Gros getrennte kleine Abteilungen, meistens den Insurgenten in die Hände fielen und denen dann ein schreckliches Los ward. Die durch Briganten verübten Grausamkeiten gingen so weit, daß sich Stuart selbst veranlaßt fand, die Kalabresen in einer Proklamation zu mehr Menschlichkeit zu ermahnen; dies half aber wenig; weit mehr nützte es, daß er für jeden ihm lebendig abgelieferten gemeinen französischen Soldaten fünf und für jeden Offizier fünfzig Dukaten versprach. Diese Insurgenten nagelten gewöhnlich die ihnen in die Hände fallenden Franzosen lebendig an Bäume oder Pfähle, durchstachen ihnen die Augen mit glühenden Eisen, rissen ihnen die Zunge aus dem Hals, schnitten ihnen Nasen und Ohren, ja die Schamteile ab, die sie ihnen sodann unter den rohesten Scherzen in den Mund steckten, brachen ihnen auch öfters alle Zähne, einen nach dem andern, aus, gossen siedendes Pech oder geschmolzenes Blei in die Wunden der ganz entkleideten Körper und verübten noch namenlose andere Greuel an den unglücklichen, oft schon ganz verstümmelten Schlachtopfern ihrer Wut, die sie selbst dann noch fortsetzten, wenn der schrecklich Gemarterte schon längst seinen Geist aufgegeben hatte. Und nicht nur Männer waren es, die solche Untaten verübten und sich mit Lust an dem gräßlichen Schauspiel weideten, sondern auch Frauen hatten fast noch mehr ihre satanische Freude daran und halfen mit Rat und Tat neue Qualen erfinden und vollziehen. Ein gleiches Schicksal hatten selbst diejenigen ihrer Landsleute, welche als Anhänger der Franzosen bekannt waren, Prinzen und Bischöfe, Weiber und Mädchen, Greise und Kinder; auch wenn nur deren Verwandte für Freunde der Franzosen galten, wurde gleiche, den Mädchen und Frauen noch schrecklichere Schmach und Behandlung, wenn sie ihnen in die Hände fielen. Ganze Dörfer und Städte, die man für französisch gesinnt hielt, wurden unter dem Ruf: „Viva Ferdinando quarto, la morte ai Francesi" niedergebrannt und der Erde gleich gemacht. Diese fanatische Wut war durch die Mönche erzeugt worden, die kein Mittel scheuten, das Volk dahin zu bringen, wo sie es haben wollten.

Sehr gefährlich waren die Retiraden durch die Dörfer und Städte, wo Weiber und Kinder an der Ehre teil nahmen, dem fliehenden Feinde zu schaden; Abteilungen von zwei- bis dreihundert Mann wurden nach der Schlacht bei Maida in den Orten, durch die sie kamen, angefallen, und unter den heftigsten Verwünschungen und Flüchen goß man auf die durcheilenden Truppen siedendes Wasser oder warf Steine von den Dächern und aus den Fenstern auf sie herab, und von den Insurgenten verfolgt, wurde man jenseits des Ortes oft von einem anderen Haufen, durch den man sich schlagen mußte, erwartet, konnte also nicht daran denken, sich in den Straßen der Dörfer gegen die Unbilden wehren zu wollen. Die Briganten, die jeden Weg, jeden Schlupfwinkel kannten, verloren die Fliehenden nie aus den Augen, umgaben sie beständig unsichtbar von allen Seiten, kamen ihnen oft zuvor und mehrten sich mit jedem Schritt vorwärts, unendlichen Schaden zufügend. In den meisten Orten war man von der Ankunft der fliehenden Franzosen und ihrer Niederlage schon unterrichtet und empfing sie mit dem Wutgeschrei: ah cani francesi! (französische Hunde) dabei hatten die Fliehenden nicht selten noch mit dem äußersten Mangel und Hunger zu kämpfen.

Auch mich hätte um eines Haares Breite beinahe das Schrecklichste getroffen, und nur durch ein halbes Wunder entging ich dem martervollsten Tod. Ich war einer mit von den letzten, die das Schlachtfeld verließen, und hatte versucht, wenigstens die Bagage unseres Bataillons zu retten, aber vergeblich. Alles fiel in der Feinde Hände, also auch mein Gepäck, dessen Verlust ich indessen gerne verschmerzt hätte, wenn sich nicht mein Klavierauszug aus dem Don Juan, Schillers Fiesko, Don Carlos und Cramers Adolph der Kühne, Raugraf von Dassel, dabei befunden hätten, ein für jetzt nicht zu ersetzender Verlust; Haarlocken und einige Billette mehrerer meiner Schönen aber trug ich bei mir in einem Portefeuille in meiner Brusttasche. Da ich mich endlich auch auf die Flucht begeben mußte, wenn ich den Engländern nicht in die Hände fallen wollte, so raffte ich noch einige sechzig Mann von unserem Regiment, größtenteils Voltigeure, zusammen, die sich noch vorfanden, und warf mich mit diesen in die nahe Waldung und die Gebirge, kam glücklich zu Nicastro an, brach aber, da es hier mit jeder Minute unsicherer zu werden begann, noch in der Nacht weiter auf und wieder in die Gebirge, denn in diesen Wildnissen glaubte ich mich weit sicherer als auf den Landstraßen und in den Ebenen, wo mein kleines Detachement jeden Augenblick aufgehoben werden konnte. Ich irrte mit meinen Leuten auf das Geratewohl, ohne Munition und Lebensmittel, ohne Wegweiser, ohne Karten, ohne die geringste Kenntnis des Landes in dem Waldgebirge umher, jeden Augenblick fürchtend, dem Feinde in die Hände zu fallen. Wir begegneten endlich einem Bauer, der aus dem Städtchen *Taverna* kam, das in der Nähe lag, den ich sogleich festhielt und durch Drohung mit augenblicklichem Niederstechen – die letzte Patrone war verschossen –, wenn er mir die geringste Unwahrheit sage, von ihm herausbrachte, daß vor ein paar Stunden eine Abteilung Insurgenten aus Taverna abgezogen sei, um zu den Sizilianern zu stoßen, daß man aber dort noch nichts von unserer Niederlage wisse. Ich traute dem Bauer dennoch nicht, da wir aber beinahe vor Hunger umfielen und auch keine uns doch so notwendige Munition mehr hatten, so beschloß ich nach kurzer Überlegung, einen gewagten Streich auszuführen, der, wenn er glückte, uns aus der Not helfen und mich für den Augenblick aus dieser fatalen Lage ziehen mußte; mißglückte er, so waren wir nicht viel schlimmer daran wie jetzt auch. Ich marschierte nun, von dem Bauer geführt, gerade nach Taverna, ließ aber den Führer unter strenger Bewachung zweier Korporale vor demselben zurück, mit dem Befehl, ihn niederzumachen, wenn sie Unrat merkten und er uns hintergangen habe. In das etwa 1500 Seelen zählende Städtchen eingerückt, ließ ich mich durch den ersten Einwohner, dem ich begegnete, zu dem Sindico (Maire oder Bürgermeister) führen, und kündigte diesem an, daß ich die Avantgarde eines mir folgenden Regiments kommandiere, das noch heute von Neapel eintreffe, befahl ihm, mir sofort die Krämer anzuzeigen, die mit Pulver und Blei handelten, vorgebend, die strengste Order zu haben, mir dieses abliefern zu lassen, bei Strafe des Erschießens desjenigen, der dessen Besitz verheimliche. Dies hatte die gewünschte Wirkung, und in weniger als einer halben Stunde erhielt ich über achtzig Pfund Pulver und noch dreimal soviel Blei und Schrot, hierauf requirierte ich Brot und Wein und mehrere Pferde, die erhaltenen Lebensmittel zu transportieren, gab über alles gehörig Empfangsscheine und verließ hierauf das Städtchen, dem gefälligen Herrn Sindico anbefehlend, ja bestens für die Quartiere der demnächst ankommenden Truppen zu sorgen, damit er keine Unannehmlichkeiten zu gewärtigen habe, was mir der gute Mann versprach; ich entfernte mich nun, vorgebend, dem Regiment entgegenmarschieren zu müssen, um dem Oberst desselben über alles gehörig Rapport zu erstatten, nahm vor dem Städtchen den noch verhafteten Bauer wieder mit, der mir den gegen Cosenza einzuschlagenden Weg zeigen mußte, worauf ich ihn mit einigen Carlini für seine gehabte Mühe und ausgestandene Angst entließ. – Es war hohe Zeit, daß ich Taverna verlassen hatte, denn eine Stunde darauf rückte ein Streifkorps von fünfhundert Insurgenten daselbst ein, die sich jedoch wieder zurückzogen, als sie hörten, daß man ein französisches Regiment erwarte, das bereits angesagt und im Anmarsch sei. Zur rechten Zeit hatten wir auch den Vorrat von Munition erhalten, denn nachdem wir einen großen Teil der Nacht im Wald biwakiert hatten, wurden wir den andern Morgen von einem 150 Mann starken Insurgentenhaufen angegriffen, durch den ich mich mit einem Verlust von drei Mann schlagen mußte, ihn aber in die Flucht trieb und dann weiter retirierte, da sich der Haufen durch herbeieilende Bauern vermehrte. So schlug ich mich, ohne einen andern Wegweiser zu haben als bisweilen einen aufgefangenen Kalabresen, noch mehrmals von Insurgenten angegriffen, alle Ortschaften meidend, ohne andere Lebensmittel, als hier und da weggenommene Ziegen und Pferde, die schnell getötet und am Feuer gebraten wurden, unter tausend Gefahren bis nach Palenza durch, wo ich nach sieben Tagen, noch sechsundfünfzig Mann stark, in einem bejammernswerten Zustand ankam, und die erste Unterstützung und das erste Brot wieder erhielt, da bis hierher noch keine Insurgenten gekommen waren. Während dieser Zeit hatten wir unter keinem Dach geschlafen, sondern biwakierten, wo wir ruhten; die eine Hälfte der Mannschaft bewachte die andere, wenn sie schlief, und wurde dann von dieser abgelöst. Aber noch einmal gerieten wir, und ich ganz besonders, in die furchtbarste Lage.

Nur noch wenige Meilen von Cosenza entfernt, ohne es jedoch genau zu wissen, hatten wir uns in einer Vertiefung des Waldgebirges Sila gelagert, um neue Kräfte zum Weitermarschieren zu sammeln und endlich in der Hauptstadt des diesseitigen Kalabriens das Ziel unserer unsäglichen Leiden zu finden. Noch unentschlossen, welchen Weg ich einschlagen solle, um dieses Ziel baldmöglichst zu erreichen, ritt ich ganz allein (ich hatte mich durch ein requiriertes Pferd beritten gemacht) auf eine mit niedrigem Gesträuch bewachsene Anhöhe, um von dieser aus die Umgegend überschauen und rekognoszieren zu können. Jenseits des Hügels aber, den ich eine Strecke hinabreiten wollte, um noch eine andere Anhöhe zu erreichen, fing der Boden an, sumpfig zu werden, worauf ich anfänglich nicht achtete; aber mit jedem Schritt vorwärts wurde er seichter und plötzlich sank zwischen dichtem Gesträuch das Pferd bis beinahe an den Bauch in die Brüche; ich stieg nun ab und geriet selbst bis an die Knie in den Sumpf, und da ich weder mir, noch dem Pferd helfen konnte, so schoß ich eine Pistole ab, in der Hoffnung, daß es vielleicht meine

Leute hören und mir zu Hilfe kommen würden. Aber in demselben Augenblick fielen zwei Schüsse, von denen mir der eine am linken Ohr vorüberpfiff, der andere aber mitten durch meinen Tschako fuhr; gleich darauf sprangen sieben bewaffnete Banditen aus dem Gebüsch, packten mich von hinten beim Kragen, rissen mir die Epauletten von den Schultern, die Uniform vom Leibe und entwaffneten mich, ehe es mir möglich gewesen, in meiner Lage nur die Hand an den Degen zu legen, um mich zu verteidigen. Sie schickten sich an, mich auf kannibalische Art zu schlachten, indem sie schrien: „Ah cane francese, sei fritto!" (Ha, französischer Hund, nun bist du alt genug). Da ich wußte, wie diese Unmenschen mit den Gefangenen umzugehen pflegten, so schwebten mir in diesem Augenblick alle diese gräßlichen Martern vor Augen; man kann sich denken, in welchem Gemütszustand ich mich befand. Als die Briganten im Begriff waren, mir auch das Hemd vom Leibe zu reißen, da machte plötzlich der, welcher gerade vor mir stand, das Zeichen des Kreuzes und rief: „Santissima Madonna!"; auch die anderen bekreuzten sich, und einige unter ihnen sprachen: „Ah è buon Christiano è di buona fede, lasciamolo" (es ist ein guter Christ, von gutem Glauben, lassen wir ihn). Dies hatte die Reliquie, die ich zu Loretto mitgenommen und noch immer, ohne daran zu denken, auf der bloßen Brust trug, bewirkt, welche die Räuber erblickt hatten und sehr gut erkannten. Einige wollten sie mir abnehmen, die anderen aber stritten dagegen, und es entspann sich ein ziemlich heftiger Wortwechsel zwischen ihnen, von dem ich nur soviel verstand, daß die einen meinten, der Himmel würde sie sogleich strafen, wenn sie jetzt noch Hand an mich legten, andere aber meinten, das habe nichts zu sagen. Während sie noch so um mich und mein Leben stritten, fielen mehrere Schüsse, durch welche einer der Briganten am Arm verwundet wurde, und gleich darauf sprangen Karabiniers und Voltigeurs von meinen Leuten aus dem Gebüsch und befreiten mich aus den Händen meiner Henker, die mit Hinterlassung eines Teils ihrer Waffen die Flucht ergriffen. Die Soldaten halfen mir und meinem Pferd aus dem Morast, und ich dankte der Vorsehung und der Madonna von Loretto für meine wunderbare Rettung, nahm mir aber vor, nie mehr allein in Kalabrien auf Rekognoszierung in die Gebüsche zu reiten. Ich war zwar gerettet, allein wir waren noch lange nicht über die Berge, ob wir gleich mit Hilfe eines aufgefangenen Bauern ohne weiteren Unfall glücklich Cosenza erreichten, wo sich der General Verdier mit ein paar tausend Mann befand.

Ich erstattete diesem General einen treuen Bericht über das Vorgefallene und auf welche Art es mir gelungen war, mich mit meinen Leuten bis nach Cosenza durchzuschlagen; mit Verwunderung hörte er mich an, staunte namentlich über meine wunderbare Rettung aus den Klauen der Briganten und lud mich mehrmals zu Tische ein, wo ich einige interessante Bekanntschaften mit kalabresischen Edelleuten, Anhänger der Franzosen, machte. Aber die Lage von Cosenza wurde mit jedem Tag schwieriger, die Insurrektion immer drohender, der Aufstand wurde allgemein, die Flammen des Aufruhrs loderten um uns her, und bald waren wir von Briganten und Insurgenten umringt, die Bewohner der nächsten Umgegend und selbst die mißvergnügten Einwohner der Stadt fingen an, ihre Häupter drohend zu erheben, der Ruf, „Maladetti cani francesi" wurde immer lauter, und von den einlaufenden Nachrichten war immer eine schlimmer als die andere. Von Sizilien aus wurde das ganze Land mit Proklamationen überschwemmt, in denen man die getreuen Kalabresen zur Bekämpfung und zum Morden der Franzosen aufforderte, ihnen alle möglichen Versprechungen machte und Unterstützungen zusagte, und ihnen versprach, daß Ferdinand IV. sich bald selbst an ihre Spitze stellen würde; auch sandte man fortwährend alles Raubgesindel, Mörder und Diebe Siziliens in Massen nach Kalabrien. – Reggio und das Kastell Scilla waren wieder in Feindes Hände gefallen, und die Schiffe Sidney Schmidts führten Munition, und was zum

Kriegsbedarf gehörte, in großem Überfluß allen Orten der Küste zu.
Verdier entschloß sich nun, um nicht völlig eingeschlossen zu werden, solange noch eine Möglichkeit vorhanden war, die Hauptstadt Kalabriens zu räumen. Wir verließen Cosenza in ziemlich guter Ordnung, doch nicht ohne allen Verlust, und zogen uns in der Richtung von Neapel in das Gebirge zurück, wo wir einige Kanonen einbüßten. Lebensmittel wurden in den Dörfern und Ortschaften, in deren Nähe wir kamen, gewaltsam requiriert, wobei es nicht selten zwischen den dahin gesandten Abteilungen und Bauern zu Tätlichkeiten und zum Blutvergießen kam. Wir biwakierten, wenn wir ruhten, was jedoch nicht häufig der Fall war, unter freiem Himmel, und jeden Tag kam es zu Neckereien mit den Insurgenten. Eine Abteilung von fünfhundert Mann, bei der auch ich mich mit meinem Detachement befand, und die nach Ritorto, einem großen Flecken, beordert war, fand sich plötzlich von drei Seiten von zahlreichen bewaffneten Brigantenhaufen, unter denen sich mehrere Kompagnien sizilianischer Infanterie, ein paar Schwadronen Reiterei und sogar einige englische Dragoneroffiziere befanden, umringt. Von allen Seiten gedrängt, blieb uns kein anderer Weg als der nach Cosenza führende offen, wir warfen uns wieder in diese Stadt, wo man uns aber mit einem Hagel von Steinen und dem Ausruf „Maladetti cani!" empfing und siedendes Wasser und Öl auf uns goß. Auch die Feinde waren fast zu gleicher Zeit mit eingedrungen, und es entspann sich ein hartnäckiger Kampf in den Straßen selbst, bei dem ich von einem feindlichen Dragoner einen tiefen Säbelhieb in den rechten Arm erhielt; er wurde aber fast in demselben Augenblick von einem französischen Grenadier vom Pferde gestochen. Die Wunde blutete zwar stark, ich ließ mir sie aber durch einen unserer Leute mit dem von dem Hemde eines Toten abgerissenen Ärmel verbinden und schlug mich mit den übrigen durch die Straßen wieder zum Tor hinaus, wo wir retirierend uns fortwährend auf das eifrigste unserer Haut

wehren mußten; wahrscheinlich würden wir dem uns verfolgenden, bald mehrere tausend Mann starken Feind unterlegen sein, wenn wir nicht glücklicherweise jenseits der Stadt, gegen *Montalto* zu, auf die Avantgarde eines französischen Linienregiments gestoßen wären, das von Salerno her im Marsch war und die Garnison von Cosenza verstärken sollte. Ein Bataillon dieses Regimentes folgte bald seiner Avantgarde, dessen Chef sich nun uns anschloß, und so waren wir instand gesetzt, nicht nur den verfolgenden Feind wieder Face zu machen, sondern auch der angreifende Teil zu werden und ihn zurückzuschlagen. Jetzt ließ ich mir durch den Bataillons-Chirurgus meine Wunde, die zwar nicht gefährlich war, aber doch bis auf den Knochen ging, kunstgerecht verbinden, und hatte nahe an drei Wochen zu tun, bevor ich den Arm wieder gehörig brauchen konnte. Noch denselben Abend gelang es uns, uns wieder mit Verdiers Division zu vereinigen, der sein Hauptquartier in einem großen Flecken, etwa zehn Miglien von Cosenza, das nun mit Insurgenten und feindlichen Truppen überfüllt war, aufgeschlagen hatte. Unsere Lage war indessen immer noch sehr kritisch, besonders da der so gefürchtete Brigantenchef oder eigentlich Räuberhauptmann, Fra Diavolo, mit seinen zahlreichen Banden rund um uns herum sein Wesen trieb. Wir mußten uns die folgenden Tage mit ansehnlichem Verlust durch *Tarsio* und *Cassano,* die sich in vollem Aufstand befanden, schlagen und kamen endlich zu *Matera,* der Hauptstadt der Basilikata, an, wo uns der daselbst kommandierende General, der noch nicht beunruhigt worden war, alle nötige Hilfe zukommen ließ. Hier erfuhren wir, daß die wichtige Festung Gaëta endlich übergegangen und deren starkes Belagerungsheer bereits unter dem Oberbefehl des Marschalls Massena auf dem Marsch nach Kalabrien begriffen sei. Diese Neuigkeit gab uns frischen Mut und Zutrauen und machte zugleich bei den Insurgenten einen für uns so vorteilhaften Eindruck, daß diese es wenigstens nicht mehr wagten, uns in offener Fehde anzugreifen; Gaëtas Fall paralysierte so ziemlich die Wirkung der Niederlage von Maida. Durch frisch angekommene Truppen verstärkt, rückten wir nun wieder vor, bald waren die Insurgenten aus Cosenza und der Umgegend verschwunden, wir besetzten die Stadt neuerdings, in der Verdier abermals sein Hauptquartier aufschlug; die unter seinem Befehl stehenden Truppen waren wieder bis auf sechstausend Mann angewachsen. Cosenza mußte eine sehr bedeutende Kontribution erlegen, und wir ergriffen allenthalben die Offensive.

Bald nach unserer Wiederbesetzung Cosenzas verließ ein Korps von ungefähr dreitausend Mann, bei dem auch mein Detachement war, diese Stadt, die Insurgenten zu verfolgen; den dritten Tag nach unserm Ausmarsch trafen wir in der Ebene von *Cocozza* auf ein bedeutendes Insurgentenkorps, das uns so zu umstellen gelang, daß es nach einer kurzen aber heftigen Gegenwehr fast gänzlich niedergemacht wurde; nur etwa dreihundert Mann davon entkamen, die nach Amantea flüchteten, wo sie sich in ein Kloster warfen. Als wir aber schnell nach dem erfochtenen Sieg in Amantea einrückten, ergaben sie sich, Pardon erflehend, unter der Bedingung, daß ihnen das Leben geschenkt würde. Dies wurde ihnen auch zugestanden, aber auch nichts weiter; sie wurden sämtlich geschlossen unter guter Eskorte nach Neapel abgeführt, wo man die meisten zur Galeere verurteilte. Das Kastell von Amantea hielt sich aber noch länger und fiel erst nach einer fünfundzwanzigtägigen Belagerung.

Massena rückte jetzt in Eilmärschen heran; dies und der Fall von Gaëta, dessen moralische Wirkung außerordentlich war, gab schnell den Dingen im ganzen Königreich eine andere Wendung. In Neapel selbst hatte man zu gleicher Zeit eine große Verschwörung entdeckt, die genau mit der Landung der Engländer und Sizilianer und dem Aufstand in Kalabrien zusammenhing. Man ging jetzt daselbst mit einer vielleicht zu raschen Energie zu Werk, und täglich wurden nach sehr kurzen summarischen Verhören eine große Zahl der Verschworenen hingerichtet, welche durch aufgefangene Briefe, geheime Korrespondenz und Polizeispione ausgemittelt und entdeckt worden waren; gewiß verlor auch mancher ganz unschuldig sein Leben. Bald war nun keine englische Uniform mehr auf dem ganzen festen Land des Königreichs zu erblicken; die Engländer überließen die Kalabresen ihrem Schicksal, das traurig und furchtbar genug war; teuer mußten sie die von den Pfaffen versprochene Befreiung vom Fegfeuer und aus der Hölle bezahlen, und erhielten statt den ihnen ebenfalls versprochenen zeitlichen Gütern einen oft sehr grausamen Tod. Freilich waren die von ihnen besonders auch an den eigenen Landsleuten begangenen Grausamkeiten scheußlich genug gewesen, sie hatten vom Säugling bis zum neunzigjährigen Greis, von dem zartesten Mädchen bis zur ehrwürdigsten Matrone alles, was sie den Franzosen geneigt glaubten, unter teuflisch ausgesonnenen Qualen gemordet, und die Mädchen und Jungfrauen vom siebenten Jahr bis zum blühendsten Alter aus den besten und edelsten bürgerlichen und adeligen Familien, bevor sie sie töteten, geschändet und genotzüchtigt, ja noch nach deren Tod ihre viehischen Lüste an den blutigen Leichnamen gesättigt. Besonders waren es die Räuberbanden vom Handwerk, die sich diesen Teufeleien mit aller Lust überließen, und ein halbes Hundert befriedigte nicht selten der Reihe nach seine Geilheit an ein und demselben unglücklichen Schlachtopfer, das ihnen in die Hände gefallen war, wobei diese Ungeheuer das Hohngelächter der Hölle erschallen ließen.

Daß jetzt fast ebenso scheußliche Repressalien angewandt wurden, war zwar nicht zu verantworten, aber natürlich und nicht gut zu verhindern. Wir verfuhren indessen bei weitem nicht so raffiniert, sondern mehr summarisch, übergaben dem verzehrenden Feuer ganze Städte und Dörfer, in welchen die Unsrigen ermordet worden waren, und alles, was sich lebendig und tot in denselben befand, wurde ein Raub der Flammen. So gingen hintereinander *Lauria,*

San Pietro, Latronico, Raparo, Fondico, Scigliano usw. mit allem, was sie enthielten, im Rauch auf; entwaffnet wurden alle Ortschaften, wo wir hinkamen, ohne Ausnahme, und jeder Einwohner, bei dem man nach vierundzwanzig Stunden noch eine Waffe oder ein Stilett vorfand, wurde auf der Stelle erschossen. Ganze Transporte von Verdächtigen wurden in Ketten nach der Hauptstadt geschafft, wo sie meistens ein schreckliches Los erwartete, und allenthalben hatten wir Militärgerichte niedergesetzt, die mit den Angeklagten kurzen Prozeß machten und diese zu Dutzenden erschießen ließen. Jeder Ort, der nur den geringsten Anschein hatte, als wollte er es versuchen Widerstand zu leisten, wurde sofort geplündert und dann niedergebrannt. Daß unsere Soldaten dabei mit den jungen Mädchen und Weibern nicht viel besser umgingen, als es die Insurgenten gemacht hatten, ist leider nur zu wahr, doch badeten sie sich nicht in deren Blut nach gebüßter Lust und schändeten auch keine zu Tode, auch bewies das Benehmen mancher dieser Weiber, daß ihnen eine so abgezwungene Gunst gerade nicht ganz unwillkommen war, und mehrere folgten sogar ihren gewaltsamen Verführern nach dem Tod ihrer Männer oder Väter.
Der strengste militärische Despotismus wurde überall eingeführt, wo wir die Herren waren; aber wir waren es noch bei weitem nicht allenthalben; noch hatten die Insurgenten die stärksten Positionen und die bedeutendsten Engpässe in ihrer Gewalt, die nicht ohne große Verluste und immer mit der blanken Waffe genommen werden mußten. Indessen hatten wir es doch bald nur noch mit einzelnen Banden zu tun, auf die wir Jagd machten, und die sich meist in den unzugänglichsten Schlupfwinkeln der ödesten Wildnisse, in verborgene Felsenklüfte und Täler zurückgezogen hatten, namentlich in die Basilikata, mit die wildeste und unbekannteste Provinz im ganzen Reich, in deren Schluchten und Wälder es fast unmöglich ist, einzudringen. Aus diesen Verstecken machten die Briganten fortwährend Ausfälle auf kleine Militärabteilungen und in die nächsten

Ortschaften, vortrefflich durch ihre Spione unterrichtet, wann sie es gefahrlos tun konnten. Diese Banden trieben auch das Handwerk des Straßenraubs und verübten Raubmorde ohne Unterschied gegen alle Parteien.

Noch immer stand ich mit meiner Abteilung, die jetzt bis auf einige vierzig Mann zusammengeschmolzen war, bei der Division Verdiers, mit der wir die meisten Strapazen und Gefechte teilten, wobei wir oft in acht Tagen nicht unter Dach und Fach kamen, unser Bett die rauhe Erde, unsere Decke das Himmelszelt war; wir waren froh, wenn wir etwas Maisstroh zum Lager erhielten. Bei dieser Gelegenheit konnte ich recht den Charakter der verschiedenen Nationen, denen meine Leute angehörten, beobachten. Die Russen waren alles zufrieden, beschwerten sich über nichts, wenn ihnen nur der Aquavit nicht ausging und sie etwas Fett, gleichviel Talg oder Öl, zu ihrem Brot erhielten; daß sie auch Braten nicht verschmähten, wenn sie ihn haben konnten, versteht sich von selbst; den Wein ließen sie wie Wasser die Gurgel hinabgleiten, und stahlen mit den Ungarn um die Wette, was ihnen anstand, standen aber im Feuer wie Mauern und Felsen. Die Österreicher und Böhmen waren besonders dem Mehl und dem Tabak gefährlich, hatten sie Knödel und überhaupt Mehlspeisen vollauf, dann war alles gut, aber satt mußten sie sein, wenn etwas mit ihnen anzufangen sein sollte, ihr größter Greuel war, mit leerem Bauch marschieren zu müssen, dem Wein waren sie hold, und war der Wanst voll, so standen auch sie gut im Feuer, dabei gehorchten sie, ohne auch nur eine Miene zu verziehen; werden sie gut angeführt, so ist mit diesen Truppen etwas anzufangen, der gemeine Mann und Unteroffizier ist dann eine vortreffliche Maschine, weniger sind sie bei dem leichten Dienst im Feld brauchbar, wozu ihnen in der Regel die nötige Gewandtheit abgeht, namentlich den Böhmen. Die Preußen, von denen ich auch einige bei mir hatte, waren in vielen Stücken ganz das Gegenteil, besonders gut zu allen Kriegslisten zu gebrauchen, und bei vieler Windbeutelei besaßen sie doch viel persönliche Tap-

ferkeit und waren Waghälse. Die Polen kamen ihren Todfeinden, den Russen, am nächsten, waren aber womöglich noch schweinischer, namentlich immer voll Ungeziefer. Die Ungarn, sehr tapfer, spürten hauptsächlich den Speckseiten nach, mit deren Schwarten sie sich den ganzen Körper und die Haare einschmierten, und sich den Rest vortrefflich schmecken ließen. Es gibt aber auch nichts Zarteres und Köstlicheres als so ein schwarzes italienisches Schwein, das mit ausgepreßten Oliven gemästet ist und ein äußerst delikates Fleisch hat. Am unverdrossensten waren jedoch die Franzosen; wenn sie vierundzwanzig Stunden marschiert, nichts zu nagen noch zu beißen hatten, waren sie nichtsdestoweniger heiter und guter Dinge, schlugen sich, wenn es nötig war, ebenso mutig, als kämen sie von einem sybaritischen Mahl, selbst mit dem Teufel herum, und machten ihre Privathändel immer unter sich mit der Klinge aus. Die Italiener waren Duckmäuser, mürrisch, ewig unzufrieden, im Dienst nicht zuverlässig, und zeigten den wenigsten Mut in offener Schlacht; sich in sicheren Hinterhalt legen war ihre Sache.
Eines Morgens, nachdem wir den Abend vorher in *Sqillaci* eingerückt waren, trafen die Rudera unseres ersten Bataillons, von Duret angeführt, ganz unerwartet daselbst ein. Der brave Mann schien ordentlich gerührt, als er mich sah, und bezeigte eine große Freude, er hatte mich längst unter den Toten geglaubt; er nahm großen Anteil an dem Schicksal, das mich seit unserer Trennung betroffen hatte, und hörte meinen Berichten mit der größten Aufmerksamkeit zu. Mehr als einmal rief er aus: „Mais c'est inouï!" (es ist unerhört); am meisten wunderte er sich, daß ich mich nach der Schlacht von Maida so durchzuschlagen gewußt, und meinte, ich würde einst noch ein tüchtiger General werden. Indessen erfuhr ich von ihm und einigen anderen Offizieren des Bataillons, daß sie während der Zeit ebenfalls nicht auf Rosen gebettet waren, furchtbare Märsche und Kontermärsche unter beständigen Gefechten mit den Feinden hatten machen müssen und sich fortwäh-

rend mit zahlreichen Haufen von Insurgenten hatten schlagen müssen, wobei sie viele Leute und fast die Hälfte der Offiziere, unter denen auch mein Kapitän, Herr von Leclerc, war, verloren. Zu *Strongoli* und *Conigliano* hatte man ihnen das Durchmarschieren und die Lebensmittel verweigert, beides mußten sie durch blutigen Kampf erzwingen, und erst in *Cassano* hatten sie einigen festen Fuß fassen und sich etwas erholen können. Das Bataillon bildete nun auch einen Teil von Verdiers Division, und machte Jagd auf die Briganten, was, wenn auch fast immer sehr beschwerlich war, doch mitunter auch nicht ohne lustige Abenteuer ablief; gar manche schwarzäugige und schwarzhaarige Kalabresendirne, die uns in die Hände fiel, war uns doch nicht so abhold bei näherer Bekanntschaft, und ich entsinne mich immer mit Vergnügen eines allerliebsten blutjungen Mädchens, Tochter eines Sindico, die zuerst gezwungen und dann freiwillig und vergnügt eine längere Zeit Berge und Wälder mit mir durchzog, auch uns manchmal von großem Nutzen in diesen unwirtlichen Gegenden war. Als ich sie endlich in ihre Heimat, ein Dorf in dem jetzt größtenteils niedergebrannten Silawald, entlassen wollte, hatte ich alle Mühe, sie los zu werden, trotzdem daß ihr ihr Beichtvater eingeprägt, daß die geringste, einem Francese zugestandene Gunst unfehlbar die ewige Verdammnis nach sich ziehe; aber ich war ja ein Tedesco, schade nur, daß dem Mädchen nicht begreiflich zu machen war, was das für ein Wesen und welcher Unterschied zwischen diesem und einem Franzosen ist. Ich versprach ihr beim Abschied, sie später wieder aufzusuchen.

Noch manche Woche ging so unter Entbehrungen, mannigfaltigen Gefahren, Strapazen und kleinen Scharmützeln hin, und man wußte nie, wo man den nächsten Tag zubringen würde, gewöhnlich unter freiem Himmel. Diese Brigantenjagd war so ermüdend wie in der Regel undankbar, da die Insurgenten nicht nur die Örtlichkeiten genau kannten, sondern auch immer im Einverständnis mit den Einwohnern waren, die ihnen jeden unserer Schritte verrieten und uns dagegen immer irrezuführen suchten. Nur nach unerhörten Anstrengungen und Kreuz- und Quermärschen gelang es uns bisweilen, diese wahren Überall und Nirgends zu erreichen; aber hatten wir sie auf der einen Seite verjagt und versprengt, so spukten sie schon wieder auf der andern oder hinter unserem Rücken um so frecher, und hatte man sie endlich doch erwischt und ihnen viele Leute getötet, so zeigten sie sich wenige Tage darauf wieder mit größeren Streitkräften und in doppelter Zahl. Dieses immerwährend von Sizilien aus verstärkte Volk ließ sich natürlich auf einen offenen Kampf oder gar eine Schlacht nicht ein, sondern führte den kleinen Krieg, den man bei dieser Gelegenheit vollkommen gut kennen lernen konnte, wohl an fünfzig verschiedenen Orten zumal, weshalb auch unsere Streitkräfte so sehr zersplittert werden mußten, daß wir nirgends mit gehörigem Nachdruck operieren konnten; dadurch waren sie bisweilen sehr im Vorteil. Kanonen und Reiterei waren ohnehin hier nicht anwendbar, sondern eher ein Hindernis. Die Briganten fügten uns durch das Abschneiden oder Wegnehmen von Lebensmitteln, die nicht gehörig eskortiert waren, unendlichen Schaden zu. So durchzogen wir fortwährend die beiden Kalabrien und die Basilikata von einem Ende zum andern, überall Verheerung und Verwüstung hinbringend oder findend. – Eines Abends, wir hatten kaum ein paar Stunden in dem, in einem Waldgebirg liegenden Dörfchen *Stigliano,* unweit *Tricarico,* geruht, kam uns die Nachricht zu, daß der furchtbare Fra Diavolo neuerdings, mit einem großen Insurgentenhaufen aus Sizilien kommend, gelandet sei, sogar Kanonen bei sich führe und sich nach seiner Vaterstadt *Itri* begeben habe, um daselbst abermals die Insurrektion zu organisieren. Gleich nach seiner Ankunft vom General *Hugo* versprengt, hatte er sich mit seiner Bande in die Gegend von *Tricarico* und *Potenza* zurückgezogen und schon mehrere Ortschaften überfallen. In der Tat streiften Abteilungen seiner Bande im nahen Walde in der Nähe von Stigliano umher.

Das Gerücht hatte das Korps dieses gefürchteten Brigantenchefs zu einem bedeutenden Heerhaufen gemacht, unser Bataillon war bis auf 400 Mann zusammengeschmolzen und wußte nicht, daß, von Hugos Truppen verscheucht, sich Fra Diavolo selbst gewissermaßen auf der Flucht befand. Auret ließ jetzt alle Zugänge des Orts besetzen, in dessen Mitte wir ein Biwak aufschlugen, stellte Lauerposten aus, um uns gegen einen etwaigen Überfall zu sichern, und so brachten wir die ganze Nacht in Alarm zu.

Von diesem Fra Diavolo (Bruder Teufel) wurde so viel Fabelhaftes und Unglaubliches erzählt, daß ich ihn für einen wahren Rinaldo Rinaldini hielt und ihm meine Bewunderung, wie einst dem Schinderhannes, ruhmwürdigen Andenkens, nicht versagen konnte; was mich jedoch nicht hinderte, bald darauf einen seiner Adjutanten gefangen zu nehmen und ihn selbst später hinrichten zu sehen. Sein eigentlicher Name war Michaeli Pezza oder Pozza, er war aus der kleinen Stadt Itri in der Terra di Lavora gebürtig. Aus einem gemeinen Straßenräuber hatte ihn Ferdinand IV. oder vielmehr dessen Gemahlin, die Königin Karolina, auf Veranlassung des Kardinal Ruffo, zum Oberst der neapolitanischen Armee gemacht und ihm sogar den Titel eines Herzogs von Cassano erteilt, nachdem dieselbe Regierung früher einen Preis auf den Kopf des Räuberhauptmannes gesetzt hatte. Während der Belagerung von Gaëta leistete er dem Prinzen von Hessen-Philippsthal wichtige Dienste, indem er die Franzosen zwischen dem Kirchenstaat und dem Volturno beunruhigte, ja beinahe hätte er den Lucian Buonaparte, der aber noch zu rechter Zeit gewarnt wurde, auf seinem Landsitz bei Rom ausgehoben. Er warf sich sodann nach Kalabrien, wo er uns allen möglichen Schaden zufügte. Seine Bande war weit über 2000 Mann stark, und der Ruf seiner Taten so außerordentlich, daß die Kalabresen steif und fest glaubten, er könne zaubern und hexen, und es sei ihm nichts unmöglich. Philippsthal hatte ihn indessen wegen seinen Schandtaten, die er nicht unterließ, endlich aus Gaëta gewiesen, von wo er nach Palermo gegangen war, jedoch im September wieder mit seiner hauptsächlich durch freigelassene Galeerensklaven verstärkten Bande in Unteritalien landete, alle Banditen und Mißvergnügten abermals an sich zog und sodann nach Itri marschierte, um sich seiner Vaterstadt in seiner ganzen Herrlichkeit zu zeigen. Joseph beauftragte den General Hugo, mobile Kolonnen gegen den gefürchteten Brigantenchef zu bilden, wozu jener hauptsächlich die rabenschwarzen Soldaten des Regiments Royal africain, eine Abteilung der Chasseurs von der korsischen Legion und einige andere leichte Truppen verwandte, denen er auch etwas Reiterei zugesellte.

Fra Diavolos Haufen mochte jetzt etwas über 3000 Mann stark sein und war voller Zuversicht; reich von der Königin Karoline beschenkt, die dem Brigantenchef unter anderm ein kostbares Armband mit ihrem Bildnis und eine Fahne, mit von ihr höchst eigenhändig gearbeiteten Goldstickereien verehrt hatte, und außerdem noch mit einem englischen Majors-Patent versehen, hatte er sich eine kurze Zeit auf der Insel Capri bei dem dortigen Kommandanten Hudson Lowe aufgehalten und seine Operationen gegen die Franzosen mit kecker Verwegenheit begonnen. Bei dem Überfall eines Städtchens waren ihm zwei französische Damen, die Frauen zweier Stabsoffiziere, in die Hände gefallen, die er längere Zeit mit seiner Bande auf seinen Streifzügen in den Gebirgen und Wäldern herumschleppte, deren Tugend aber nicht mehr sehr jung war und die er endlich, wie sie und er behaupteten, unangetastet wieder nach Neapel zurückschickte, nachdem er sich ein Zertifikat von denselben hatte geben lassen, daß er sie mit zuvorkommender Aufmerksamkeit behandelt habe und ihrer Schamhaftigkeit und Keuschheit nicht zu nahe getreten sei. Von diesem Zertifikat hatten die Damen eine Abschrift, die „Michel Pezzo, Herzog von Cassano, per copia conforma" unterzeichnet war, und die sie in Neapel allenthalben vorzeigten. Was es damit eigentlich für eine Bewandnis hatte, daraus konnte man nicht recht klug werden,

die böse Welt wollte wissen, daß die Damen, obschon nicht mehr in der ersten Jugendblüte, dennoch der Bande oder deren Anführer manche vergnügte Stunde hätten machen müssen.
Soviel ist gewiß, daß, als sie in Neapel ankamen, sie äußerst übel aussahen, was man ebensogut den überstandenen Strapazen als andern Dingen zuschreiben konnte, sie mußten sich bei all dem viel Neckereien wegen ihrem Aufenthalt unter den Banditen gefallen lassen. Wer den Schaden hat, darf ja für den Spott nicht sorgen.
Die mobilen Kolonnen des Generals Hugo setzten indessen bald dem Fra Diavolo so gewaltig zu, daß er sehr in die Enge getrieben wurde und sich endlich gezwungen sah, seine Bande in mehrere Abteilungen zu zerstreuen, von denen eine jede vorgab, von ihm in Person befehligt zu sein, eine Kriegslist, um die Verfolger irrezuführen. Die Generale Duhesme und Goulu hatten den Auftrag, dafür zu sorgen, daß ihm die Wege in den Kirchenstaat versperrt würden, während der jetzt in Gaëta kommandierende General Valentin seine Wiedereinschiffung verhindern sollte und Hugo ihn rastlos verfolgte. Eine mühsame und gefährliche Aufgabe, da er sich immer in die unwegsamsten und unzugänglichsten Wildnisse zurückzog, nachdem er einen Handstreich vollbracht hatte; so oft die Voltigeurs oder Jäger mit Leuten seiner Bande plänkelten, zogen sie immer den kürzern, zum Standhalten und zur Annahme eines ordentlichen Gefechtes aber war er nicht zu bringen.
Damals war es, als wir zu Stigliano durch das angebliche Herannahen des Fra Diavolo in Alarm gesetzt wurden, indessen verlief doch die Nacht ohne daß wir weiter beunruhigt worden wären, nachdem jedoch der Tag angebrochen, ward uns die Gewißheit, daß sich eine Bande bewaffneter Briganten, etwa vier Miglien von unserm Dorf, in einer wildverwachsenen Schlucht aufhalte. Auf diese zuverlässige Nachricht setzten wir uns in Marsch, und Duret gab mir das Kommando unserer kaum 60 Mann starken

Avantgarde, indem er zu mir sagte: „Ich kann dieses gefährliche Kommando niemand besser als Ihnen übertragen, da Sie sich nach der Niederlage von Maida so gut durchzuschlagen gewußt, überhaupt schon viele Erfahrung in diesem gefährlichen Krieg gemacht haben und den Gefahren zu begegnen wissen, und außerdem auch der einzige sind, der mit der italienischen Sprache fortkommen kann; seien Sie indessen vorsichtig, sorgen Sie besonders, daß man Sie nicht unvermutet überfallen kann, und sichern Sie Ihre Flanken durch Seitenpatrouillen."

Diese Vorsichtsmaßregeln waren allerdings sehr notwendig, denn mehr als ein halbes Hundert solcher kleiner Detachements französischer, italienischer, korsischer, schweizerischer und polnischer Truppen waren schon von den Insurgenten überfallen, umringt und niedergemacht worden, denn allenthalben lagen die Briganten im sichern Hinterhalt und Versteck, waren von allen Bewegungen der Truppen genau unterrichtet und durch ihre Spione vortrefflich bedient. – Nach der Schlacht bei Maida hatten sie an 200 Mann, die sich in einen großen Meierhof retiriert und denselben in aller Eile möglichst verschanzt, ihn sogar mit Palisaden versehen hatten, von den Bauern unterstützt, förmlich belagert. Nachdem die Truppen den Rest ihrer Patronen verschossen, stürmten die Briganten den dritten Tag, wo die Belagerten aus Mangel an Lebensmitteln schon halb verhungert und folglich ganz kraftlos und matt, sich fast nicht mehr zu verteidigen imstande waren, den Hof und machten die ohnmächtigen Leute unter unsäglichen Martern bis auf den letzten Mann nieder.

Nicht immer stand es in meiner Gewalt, Durets Instruktionen zu befolgen, denn gar oft kamen wir durch so schmale und enge Wege, durch so wild verwachsenes Gehölz und dichtes Gesträuch, hinter denen sich Felsen türmten, daß nicht daran zu denken war, Seitenpatrouillen zu detachieren, ja nicht selten konnte man nur Mann für Mann auf den schmalen, kaum betretenen Fußsteigen marschieren. Gegen die Mittagsstunden kamen wir an einen kleinen

Weiler, in dem wir zwar einige Menschen, aber sonst auch nichts antrafen; hier erfuhr ich auf meine Erkundigungen, daß Fra Diavolo mit einem kleinen Teil seiner Bande in der vergangenen Nacht da gewesen, erst diesen Morgen den Ort wieder verlassen und den Weg nach Tricarico eingeschlagen habe. Ich wollte das Bataillon hier erwarten, um neue Verhaltensbefehle zu empfangen, es traf auch nach einer guten Stunde ein. – Duret befahl mir jetzt, einen Führer aus *Ferrandina*, so hieß das Örtchen, mitzunehmen und mit meiner Avantgarde gleichfalls nach Tricarico zu marschieren. Wir mußten durch das noch sehr seichte Flüßchen Basiento passieren, dessen Wasser uns kaum bis an die Knie reichte, aber am jenseitigen Ufer angekommen, zeigten sich plötzlich Insurgenten auf den felsigen Anhöhen, welche ihre Gewehre auf uns abfeuerten, mir einen Mann töteten und dann verschwanden, ohne daß ich daran denken konnte, sie zu verfolgen, da mein Führer mir versicherte, in dieser Wildnis wisse er sich, einmal von dem Weg abgekommen, nicht mehr zurechtzufinden. Erst mit einbrechender Nacht erreichten wir das Dorf *Grottola*, wo aber kein Mensch etwas von dem Fra Diavolo wissen wollte. Ich machte hier abermals halt, die Ankunft des Bataillons zu erwarten, das aber nicht eintraf. Mein Führer gab vor, daß sich seine Kenntnis der Gegend nicht weiter erstrecke, und bat mich, ihm zu erlauben, nach Ferrandina zurückkehren zu dürfen, ich fand es aber für gut, ihn die Nacht über noch bei mir zu behalten, und versprach ihm, daß, wenn bis zum nächsten Morgen nichts Besonderes vorfiele, ich ihn dann entlassen würde.
Meine Lage fing an bedenklich zu werden, ich glaubte mich umringt oder doch wenigstens vom Bataillon abgeschnitten, und biwakierte diese Nacht auf einem freien Platz vor dem Dorfe, ringsum Posten auf Schußweite aufstellend, um uns vor jedem Überfall zu sichern. Auf mein Verlangen brachten mir die Einwohner von Grottola etwas Reis, Welschkornmehl und ein Körbchen mit Eiern, nebst Wein, so daß wir uns ziemlich restaurieren konnten und sogar so

munter und guter Dinge wurden, daß wir den Fra Diavolo samt seiner Bande zitierten und sich zu zeigen aufforderten, wenn er Mut habe. – Die Nacht verging ohne irgendeine Beunruhigung, die meisten Leute schliefen gegen Mitternacht ein, als aber der Tag kaum zu grauen begann, befahl ich aufzubrechen, teilte ein paar Flaschen Aquavit unter das Detachement aus, die ich noch requiriert hatte, aber dem Bauer, der sie brachte, bezahlte. Ich ließ mich nun mit diesem, der einige Worte, die ich nicht verstand, mit meinem Führer gewechselt hatte, in ein Gespräch ein; auf meine Fragen, ob er nichts von Diavolo wisse, und nachdem ich ihm deshalb ziemlich drohend zugesetzt, antwortete er endlich, daß, wenn ich ihm zusichern könnte, daß er den Preis von 6000 Dukati, der auf den Kopf dieses Brigantenhaupts gesetzt sei, wenigstens zur Hälfte erhalte, da mir die andere Hälfte gebühre, er mir denselben in die Hände liefern wolle. – Erstaunend erwiderte ich freudig, daß er nicht nur die Hälfte, sondern die ganze Summe, die die Regierung ausgesetzt habe, erhalten werde. Er blieb aber dabei, mit mir teilen zu wollen, meiner Großmut, die er nicht begriff, mißtrauend, was ich dann auch zusagte, um ihm nicht das Vertrauen zu benehmen. – Er teilte mir nun mit, daß sich Fra Diavolo kaum zwei Miglien entfernt mit höchstens 30 Mann seit gestern abend in einer Waldschlucht lagernd, aufhalte, da er in der Gegend von Salerno durch die französischen Chasseurs total versprengt worden sei, wir müßten aber eilen, wenn wir ihn noch treffen wollten, da er wahrscheinlich mit frühem Morgen aufbrechen und sich dann noch tiefer in die Waldgebirge flüchten werde. Ich marschierte schnell ab, den Bauer samt meinem Führer aus Ferrandina in die Mitte nehmend, ihnen beiden erklärend, daß bei der mindesten verdächtigen Anzeige sie zuerst niedergemacht würden. – In aller Stille zog ich durch Grottola, kam jenseits des Ortes in einen dicht verwachsenen Wald und stand, von dem Bauer geführt, bald an dem Eingang einer in der Tiefe zwischen Felsen und Gesträuch sich befindenden Schlucht; hier sah ich durch das Gebüsch hinab in einem kleinen Kesseltal einige zwanzig Mann um ein fast abgebranntes Feuer meistens schlafend lagern; der Bauer sagte: „Eccoli" (da sind sie). So geräuschlos als möglich besetzte ich den einzigen Ausgang dieser Schlucht. Unbemerkt drang ich dann so weit vor, daß ich die Briganten zählen konnte, es waren ihrer dreiundzwanzig. Ich wünschte sie womöglich alle lebendig zu fangen, aber jeder Schritt vorwärts machte es wahrscheinlicher, daß ich von ihnen entdeckt würde, und sie dann noch Zeit hätten, sich aufzuraffen und eine verzweifelte Gegenwehr vorzubereiten. Ich beschloß nun, sie mit einem Hurra und möglichstem Lärm zu überfallen, damit sie in dem ersten Schrecken den Kopf verlieren sollten. An den Eingang des Kesseltals postierte ich zehn Mann mit einem Korporal, stieg sodann mit den andern mit gespannten Hahnen den schmalen Pfad hinab, die Briganten immer im Auge behaltend; als ich endlich sah, daß sich ein paar zu regen begannen, gab ich dem Tambour das Zeichen, Pas de charge zu schlagen, und mit dem Ruf: Vorwärts, die Gewehre auf sie abfeuernd, stürmten wir hinab. Das Manöver gelang vollkommen, die Briganten sprangen auf, griffen nach ihren Waffen, eilten dem Ausgang zu, machten zum Teil kehrt, während andere, den Kopf verlierend, uns in die Hände liefen, dann auch wieder umkehrten; wir folgten, ihnen die Bajonette in die Rippen setzend. Mehrere, schon verwundet, warfen ihre Gewehre weg, während andere an dem entgegengesetzten Ende der Schlucht auf Bäume kletterten; einigen gelang das fast Unglaubliche, die beinahe senkrechten Felsenwände mit Hilfe der Gesträuche, die sie erfaßten, hinanzuklettern, zwei davon stürzten jedoch, nachdem sie schon eine bedeutende Höhe erreicht hatten, herab, wovon der eine das Genick brach und auf der Stelle tot war, der andere aber das Bein verletzte und nicht mehr von der Stelle konnte, noch andere schossen meine Leute herab; während drei auf diese Art wirklich entkommen waren, sich auch vielleicht in den Gipfeln hoher Bäume verborgen hatten, wo wir sie nicht

entdecken konnten. – Die übrigen, unter denen der Anführer, der aber nicht Fra Diavolo selbst, sondern nur einer seiner sogenannten Adjutanten, namens Belardi war, nahmen wir gefangen und banden sie mit Gewehrriemen zusammen. – Dieser Belardi hatte sich allenthalben, wo er hinkam, für Fra Diavolo selbst ausgegeben, so wie dies noch andere Chefs der Bande taten, die in Kalabrien umherirrten, wozu sie vom wahren Bruder Teufel ermächtigt waren, damit man, wie oben bemerkt, irregeleitet, nicht auf dessen Spur kommen sollte. – Was aus ihm geworden, konnte ich von den Gefangenen nicht erfahren, die, wie sie mir versicherten, ihr Oberhaupt schon seit 12 Tagen oberhalb Salerno verlassen hatten, ohne zu wissen, wo er jetzt sei. So leid es auch mir und dem Bauer, der mich hierher geführt, tat, nicht den rechten Mann erwischt zu haben, so war ich dennoch über den gemachten Fund froh und davon überzeugt, daß jetzt nicht mehr viel zu fürchten sei, da die Bande gesprengt und die Einwohner dadurch so mutlos gemacht waren, daß sie sich nicht mehr trauten, etwas offen gegen uns zu unternehmen.
Ich marschierte nun mit meinen Gefangenen nach Grottola zurück, den Führer von Ferrandina entlassend, den Bauer nahm ich mit nach Tricarico, wo ich das Bataillon vermutete, und wohin ich nach einem kurzen Halt aufbrach. – Unterwegs unterhielt ich mich mit dem gefangenen Belardi, und fragte ihn über manches, was seinen Chef betraf, konnte aber nur ausweichende Antworten oder sehr ungenügende Auskunft von ihm erhalten; auf meine Frage, warum er den Eingang zur Schlucht nicht besetzt und keine Wachen ausgestellt habe, erwiderte er mit Ingrimm: „Ich hatte es ja getan, aber als der Morgen herankam, krochen die Schurken alle zum Feuer und schliefen, auch dachten wir nicht Verräter unter den Einwohnern zu finden.“
In Tricarico angekommen, war das Bataillon zu meinem Leidwesen schon seit mehreren Stunden nach Potenza abmarschiert; ich folgte ihm und traf es noch auf einem Halt, ehe es diese Stadt erreicht hatte. Ich zeigte sogleich dem

Kommandanten Duret meinen Fang an, der darüber hoch erfreut, mir sagte, daß er abermals in nicht geringer Unruhe meinetwegen gewesen, da er Order erhalten, sofort nach Potenza zu marschieren, was man mir nicht habe mitteilen können. – Der Bauer wurde mit einer Belohnung von 100 Dukati heimgeschickt, deren er sich aber wenig erfreuen konnte, da er ein paar Tage darauf ermordet ward.

Schon war die Regenzeit eingetreten, und unsere Märsche und die Brigantenjagd, die wir von hier aus in die Umgegend machen mußten, wurden immer beschwerlicher, wenn auch weniger gefährlich, da wir nur selten mehr auf einen Feind trafen. Bäche und Flüßchen, die man vor wenigen Tagen noch fast trockenen Fußes passierte, waren zu reißenden Waldströmen geworden, durch die man nur mit Lebensgefahr kommen konnte, oft gingen uns die Fluten bis beinahe an den Hals. Eines Tages mußten wir bei der Verfolgung eines Insurgenten-Trupps in der Gegend von *Duchessa* und *Auletta* den sonst ganz unbedeutenden Sele passieren, der aber nun zu einem wilden, reißenden Strom angeschwollen und so mächtig war, daß wir mit enggeschlossenen Gliedern, pelotonsweise durchmarschierten, wobei die Soldaten Tornister und Patronentaschen auf den Köpfen befestigt hatten, die Gewehre quer über dem Wasser hielten und so in Masse durch das Wasser gingen; dennoch ertranken drei Mann, die im letzten Glied eines Pelotons sich nicht eng genug angeschlossen hatten und von den Fluten fortgerissen worden waren. Auf dem jenseitigen Ufer angekommen, mußten wir einen tiefen und engen Hohlweg passieren, von dessen felsigen, mit Gebüsch bewachsenen Höhen uns die Briganten mit Flintenschüssen empfingen, und schon als wir noch im Wasser waren, auf uns herabschossen, mit sicherer Hand ihre Beute aussuchend, meistens Offiziere; nachdem sie abgefeuert hatten, verschwanden sie spurlos, so daß an ein Verfolgen nicht zu denken war.

Glücklicherweise war diese gefährliche Passage nicht von

langer Dauer und die Abdachung der Berge bald sehr flach. Solche Märsche und Kontermärsche nahmen kein Ende, und selten hatten wir einen oder auch nur einen halben Tag Ruhe. Die Regen und Gewitter wurden immer häufiger und heftiger, die Nahrung immer schlechter und spärlicher; einmal mußten wir sogar elf Tage in der Gegend von *Chiaromonte* unter beständigen Regengüssen biwakieren, wo, im Schlamm und Morast lagernd, oft nur noch die auf Steinen und Tornistern ruhenden Köpfe frei vom Wasser blieben, so sehr waren die Gewässer angeschwollen. Als wir endlich diese Stelle verließen, um uns in das ganz verwüstete Dorf Rotonda zu begeben, brach ein so furchtbares Gewitter gerade über unseren Häuptern los, daß es zwei Soldaten, deren Gewehre ganz schwarz angelaufen waren, mitten in den Reihen des Bataillons erschlug; nur auf der Spitze des Gebirges ließ der Regen etwas nach, in den Tälern aber hörte er oft in vierundzwanzig Stunden keine halbe Stunde auf. In fast jedem Ort, durch den wir kamen, mußten wir Kranke, deren Weitertransportieren unmöglich geworden war, mit dem Bedeuten an die Einwohner zurücklassen, daß, wenn sie nicht die äußerste Sorgfalt für diese Leute trügen, ihr Ort den Flammen preisgegeben würde, und sie selbst dem Tod verfallen seien. Dennoch sahen wir nur sehr wenige von den Zurückgelassenen wieder. Immer mehr schmolz unser Bataillon zusammen; Soldaten, die aus Müdigkeit zurückblieben, sich dann oft verirrten, fielen den Bauern und Briganten in die Hände, die sich immer in der Gegend, die wir soeben verlassen, hinter unserem Rücken zeigten. Oft mußten wir auch mit Lebensgefahr auf den schmalen und schlüpfrigen Fußpfaden marschieren, die längs schauerlichen Abgründen hinliefen, auf denen ein Fehltritt das Hinabstürzen unvermeidlich machte. So verloren wir einen Sergeanten der Karabiniers, und einen stürzenden Tambour rettete nur seine auf dem Rükken hängende Trommel, bei der ihn zwei Chasseurs packten. – Selbst die sonst so sicheren Maultiere mußten mit großer Vorsicht geführt werden.

Das schlimmste war, daß bei all diesen Entbehrungen und Gefahren auch noch unsere Kleider und Schuhe sich allmählich in Lumpen auflösten und wir bald einem abgerissenen Banditenkorps ähnlicher sahen als Soldaten; längst war an den Gamaschen kein Strupfen mehr, und die Hälfte der Soldaten ging auf bloßen Füßen, hatte wenigstens keinen Schein mehr von einer Sohle unter den zerrissenen Schuhen, die bei jedem Schritt stecken blieben und mit den Händen wieder ausgegraben werden mußten. Den Offizieren, die meistens Suwarowsstiefel trugen, ging es nicht viel besser, auch sie waren sohlen- und absatzlos; daher war immer das erste, wenn wir in einen Ort kamen, Schuhmacher, Schuhe und Leder zu requirieren, auch die Kompagnieschuhmacher und Soldaten flickten sooft haltgemacht wurde; an Wäsche war nicht zu denken, ich hatte seit zwei Monaten dasselbe Hemd auf dem Leibe und verfluchte doch jetzt auch manchmal die Gloire militaire und den Soldatenstand, obgleich ich dank meiner mäßigen Lebensweise, wenn auch vom Fleisch sehr abgefallen und dürr wie ein Häring, doch noch immer so ziemlich gesund war. Ich trank aber fast nie puren Wein oder Aquavit, sondern beides immer reichlich mit Wasser vermischt, aß, wenn ich deren haben konnte, in Öl gebackene Eier oder auch in demselben gebackene Kuchen, deren Teig meistens aus Mais- oder Welschkornmehl geknetet war.
Endlich, nachdem Duret wenigstens schon zehn Berichte nacheinander abgesandt und darin gemeldet hatte, daß sich das bis auf ein Dritteil zusammengeschmolzene Bataillon unmöglich länger in Kalabrien halten könne, ohne gänzlich aufgerieben zu werden, kam die Order zum Rückmarsch nach Neapel, die mich, sowie uns alle, hoch erfreute und neu belebte. Aber bevor wir diesen Hafen, in dem wir das Ende unseres Elends erwarteten, erreichten, sollten wir noch einmal, und zwar indem wir einen Waldbach, der sich unweit Muro in die Sele ergießt und jetzt auch zu einem reißenden Strom angeschwollen war, passierten, arg heimgesucht werden. Das Wasser ging uns wie-

der bis über die Brust; als sich das erste Peloton mitten im Strom befand, erschien plötzlich auf den Felsenhöhen des Ufers ein Haufen von mehr als hundert Briganten, die von ihrer sicheren Stellung aus ein gut unterhaltenes Feuer auf uns gaben, aber durch dasselbe keinen großen Schaden anrichteten, da ihre meisten Kugeln in den schützenden Tornistern, welche die Leute auf den Köpfen hatten, stecken blieben; doch riß Unordnung in den Reihen ein, wodurch mehr als zwanzig Mann in den Wellen umkamen und von dem Strom mit fortgerissen wurden.

Dies war indessen das letzte Ungemach, das wir auf diesem Feldzug erlitten, und wir marschierten nun ungestört über *Muro, La Valva, Eboli, Salerno* und *Nocera* nach Neapel, wo unser Bataillon in der Fortezza del Carmine kaserniert wurde; gleich nach unserer Ankunft gaben wir noch einige sechzig Mann in das Lazarett ab.

Unterdessen war aber auch der Haupturheber unserer meisten Mühseligkeiten, der berüchtigte Fra Diavolo, selbst gefangen worden und wurde ein paar Tage nach unserer Ankunft zu Neapel (im November 1806) gehangen. Ich bin imstande, aus den zuverlässigsten Quellen, da ich es von Offizieren, die ihn bis zu seiner Gefangennehmung verfolgten, dieselbe und das Ende dieses berüchtigten Brigantenchefs mitzuteilen.

Von Hugos mobilen Kolonnen allenthalben verfolgt, hatte Michel Pezzo seine ganze Bande in zwölf Abteilungen unter zwölf Anführer verteilt und jedem eine Provinz angewiesen, in welcher er auf seine eigene Faust operieren sollte, während er den Kern seiner Leute und die verwegensten Banditen, etwa sieben- bis achthundert Mann bei sich behalten hatte. Alle Anführer waren, wie ich schon erwähnte, angewiesen, sich für den Fra Diavolo auszugeben, dabei war ihnen gesagt, daß, wenn sie zu sehr ins Gedränge kämen, sie einen kleinen Hafen zu erreichen suchen sollten, um nach Sizilien überschiffen zu können, wo er ihnen Palermo als den allgemeinen Sammelplatz bezeichnete. Hierdurch war es ihm gelungen, noch eine Zeitlang den verschiedenen Kolonnen, die scharf hinter ihm waren, zu entgehen, da diese, durch die von allen Seiten, wo man den Fra Diavolo in der Nähe glaubte, einlaufenden Berichten irregeführt wurden. Endlich aber setzte ihm selbst eine Abteilung des schwarzen Regiments Royal-Africain und eine andere von Latour d'Auvergne so zu, daß es in der Gegend von Bojano, der alten Hauptstadt des Samniterlandes, zu einem hitzigen Gefecht mit Fra Diavolos Haufen kam, wobei man wegen der Nässe der Gewehre nicht feuern konnte, sondern sich mit den Kolben und der blanken Waffe schlug. Der Sieg war längere Zeit zweifelhaft, als noch zum rechten Moment zwei Kompagnien eines französischen Linienregiments den kaum vierhundert Mann starken Abteilungen zu Hilfe kamen und dem Kampf rasch den Ausschlag gaben. Das Gemetzel war fürchterlich, und Fra Diavolo entkam mit noch etwa zweihundert Mann nur durch schleunige Flucht, die übrigen blieben teils auf dem Walplatz tot und schwer verwundet, oder wurden zu Gefangenen gemacht und erschossen; von den Fliehenden ertranken außerdem noch viele in dem Biferno, den sie passieren mußten. Bei dieser Flucht wurde Fra Diavolo noch einmal von einer Abteilung der korsischen Jäger erreicht, die noch mehrere Gefangene machte und den Rest seiner Bande vollends sprengte; als er eine kurze Strecke die nach Apuglia führende Straße passieren mußte, sah er einige Eskadronen französischer leichter Reiterei dahergesprengt kommen, die ihn zwar nicht erkannt, aber doch jedenfalls als verdächtig angehalten haben würden, außerdem waren seine Verfolger höchstens auf Kanonenschußweite von ihm entfernt. Hier war weder zum Entfliehen noch zum Verbergen mehr Gelegenheit, und ängstlich richteten seine wenigen Begleiter fragende Blicke auf ihren Chef, der gewöhnt, sich auch aus den verzweifeltsten Lagen zu ziehen, jetzt den Kopf nicht verlor und sich durch List und Verschlagenheit auch diesmal, jedoch nur auf kurze Zeit, aus seiner mißlichen Lage half. Er befahl seinen Spießgesellen, ihm und einem seiner

Offiziere die Hände auf den Rücken zu binden, beide sodann in ihre Mitte zu nehmen, dann auf der Landstraße fort an der Reiterei vorüberzumarschieren. Ihre Einwendungen schlug er schnell mit drohenden Blicken nieder, indem er ihnen befahl, auf allenfallsiges Befragen zu erwidern, sie gehörten der Bürgergarde des nächsten Städtchens an und hätten die beiden Gefangenen, die man in Verdacht habe, zur Bande des Fra Diavolo zu gehören, nach Neapel zu transportieren. Die List gelang vollkommen; der die Reiterei kommandierende Offizier ließ den Fra Diavolo nach kurzem Befragen samt seiner Eskorte vorüber, und die angebliche Bürgergarde marschierte mit erhobenem Haupt durch die Reihen der Kavallerie. Kaum waren sie ein paar hundert Schritte entfernt, so schlugen sie einen Seitenweg ein, erklommen eine steile und gesträuchige Anhöhe und gaben sogar eine Decharge gegen die langsam dahinreitende Kavallerie, welcher der Brigantenchef nun hohnlachend und mit lauter Stimme zurief: „Ich bin Fra Diavolo." – Der kommandierende Offizier ärgerte sich, und seine Leute lachten über den Streich, den man ihnen gespielt hatte. Ersterer wollte einen Teil derselben absitzen lassen, um die Räuber zu verfolgen, diese hatten sich jedoch schnell, nachdem sie abgefeuert, ins unzugängliche Dickicht geflüchtet. Auch seinen anderen Verfolgern, die seine Spur verloren hatten, entging er und würde sich vielleicht gerettet haben, hätte er nicht die Unvorsichtigkeit begangen, in der Nacht ein Feuer anzuzünden, was die Truppen aufmerksam machte und ihnen seinen Aufenthalt verriet. Die korsischen Jäger rückten nun möglichst unbemerkt heran und suchten ihn zu umringen, aber ehe dies noch vollständig geschehen, wurden sie von den Briganten bemerkt, die aufsprangen; die Jäger gaben nun eine Decharge, welche mehrere derselben und den Fra Diavolo selbst verwundete, dem es dennoch gelang, sich durch eine abermalige Flucht zu retten; ganz allein eilte er jetzt auf dem Weg nach Salerno davon, in der Hoffnung, an der Küste eine Barke zu finden und mit deren Hilfe

auf der See zu entkommen; auch jetzt noch von den Bürgergarden verfolgt, entging er diesen nur mit genauer Not. Die Nächte waren schon kalt und die Spitzen der Berge mit Schnee bedeckt; der zweimal verwundete arme Bruder Teufel, seit zwei Monaten rastlos herumgejagt, hatte den ganzen Tag nichts zu sich nehmen können und war durch Müdigkeit und Blutverlust völlig erschöpft, als er an die einsam stehende Hütte eines Hirten kam. Nachdem er sich überzeugt hatte, daß dieser allein war, bat er ihn um ein Nachtquartier. Er brachte von demselben heraus, daß sich in der Gegend weder Truppen noch Insurgenten befanden, und erstere sich niemals bis hierher verirrten; er legte nun seine Waffen ab, wärmte sich bei einem Kohlenfeuer und aß, während er ruhte, einige am Feuer gebratene Maronen und Bataten (ein sehr nahrhaftes, kartoffelähnliches Knollengewächs, das in jener Gegend häufig wächst) und schlief darauf ruhig auf dem Boden an dem Feuer ein. Sein Unstern aber wollte, daß gerade in dieser Nacht vier wohlbewaffnete Räuber mit Gewalt in die Hütte des Hirten drangen und diesem wie dem von ihnen nicht gekannten Fra Diavolo befahlen, sich mit dem Gesicht auf die Erde zu werfen, ihnen beiden bei Todesstrafe geboten, nicht aufzublicken, sich dann in Besitz alles dessen setzend, was sich vorfand und ihnen anstand. Fra Diavolo wagte es nicht, sich zu erkennen zu geben, und die Räuber nahmen seine Waffen mit sich fort.
Bald darauf, nachdem sie weg waren, verließ auch er die Hütte, in der er sich nicht mehr sicher glaubte, und irrte wieder in dem waldigen Gebirge umher, bis ihn seine Wunden so sehr schmerzten, daß er kaum fort konnte, und froh war, als er in einiger Entfernung ein Licht erblickte, zu dem er sich hinschleppte; es war das Städtchen *San Severino,* in dem der Apotheker soeben seine Bude öffnete, als Fra Diavolo in demselben angekommen und sich auf einen Stein vor dessen Haus gesetzt hatte. Er war erstaunt, bei dieser Kälte und um diese Zeit einen Menschen auf offener Straße sitzend zu finden. Auf sein Befragen sagte der Brigan-

tenchef, er komme eben aus Kalabrien und erwarte noch Landsleute, mit denen er zusammen nach Neapel gehen wolle. Der Apotheker schöpfte jedoch Verdacht, da der Unbekannte einen anderen Akzent als die gewöhnlichen Kalabresen hatte, lud ihn ein in seine Bude zu treten, wo er ihm, um ihn treuherzig zu machen, ein Glas Branntwein einschenkte, aber während dies der Räuber trank, sein Mädchen heimlich fortschickte, einen Gendarmen zu holen. Bald darauf trat einer dieser Packfeste ein und begehrte die Papiere des Fremden zu sehen, da er sich aber über seine Person nicht gehörig ausweisen konnte, sagte ihm der Gendarm, daß er ihm nach Salerno zu seinem Eskadronschef folgen müsse. Hier wurde er zu demselben, der zugleich Platzkommandant von Salerno war und Farrino hieß, geführt und wußte sich so gut auszureden, daß er auf dem Punkt war, wieder auf freien Fuß gestellt zu werden, als unglücklicherweise für ihn ein neapolitanischer Sapeur, der ihn sogleich erkannt, mit dem Ausruf: „Ah, der Fra Diavolo!“ in das Zimmer trat. Dieser will zwar seine Person verleugnen, aber der Sapeur gibt solche Kennzeichen an, die alles Leugnen unnütz machten, und endigte mit den Worten: „Ich muß Euch doch wohl kennen, ich habe ja so oft das Gewehr vor Euch präsentieren müssen.“ Nun wurde er auf der Stelle mit Ketten geschlossen und unter einer starken Bedeckung nach Neapel abgeführt. Hier bemühten sich mehrere Personen, sogar französische Generale, seine Begnadigung auszuwirken, sie wollten daß er als Kriegsgefangener behandelt werden sollte, aber vergeblich, und zwar mit Recht, denn wenn man seine Feindseligkeiten gegen die neue Regierung auch ganz und gar als rechtmäßig betrachten will, so verdienten doch seine Mord- und Greueltaten als Räuber längst den Tod. Er war schon unter der vorigen Regierung als Mordbrenner und Straßenräuber von den Gerichten zum Strang verurteilt, und es war ein Preis auf seinen Kopf gesetzt worden. Das ärgste bei der Sache war, daß die Engländer, die fortwährend im Golf von Neapel kreuzten und von allem unterrichtet waren, ihn, als sie seine Gefangenschaft erfuhren, durch einen Parlamentär als englischen Major reklamierten! Eine große Ehre für die englische Armee. – Salicetti, der damals Polizeiminister in Neapel war, ließ auf dieses Ansinnen erwidern, es tue ihm unendlich leid, allein man wisse von gar keinem Major in englischen Diensten, der in Gefangenschaft geraten sei, habe auch keinen solchen ausfindig machen können, verstehe man aber einen gewissen Banditen darunter, der weder eine militärische noch politische Charge bekleide und unter dem Namen Fra Diavolo bekannt sei, so sei dieser vermöge eines noch unter dem König Ferdinand von den Gerichten gefällten Urteils, das ihn als Mordbrenner, Räuber, Schmuggler und Dieb bezeichne, zum Tode verurteile, schon tags vorher hingerichtet worden. – Salicetti hatte sich beeilt, ihn vermöge dieses Urteils hängen zu lassen, und ich sah ihn zum ersten- und letztenmal auf der Galgenleiter, die er entschlossen bestieg. Er wurde gleich den anderen vom Henker zu Tode geritten. Er war von kleiner, untersetzter Statur, hatte aber einen starken und nervigen Knochenbau, ein scharfes, durchdringendes Auge und dabei etwas Wildes und Grausames in seinen Zügen. Sein von mir gefangener Adjutant wurde gleichfalls gehängt, und viele Exekutionen fanden jetzt überhaupt täglich vor dem Kastell nuovo statt.

Anmerkungen

KAPITEL I. – *Voltaire in Frankfurt.* Voltaire selbst erzählt die ihn betreffenden Frankfurter Vorfälle folgendermaßen:

„Ich wurde zu Frankfurt krank; eine meiner Nichten, die Witwe eines Kapitäns, eine sehr liebenswürdige Dame voll Talent, verließ Paris, um mich in der alten Mainstadt zu pflegen, wo sie mich schon verhaftet antraf. Dies trug sich so zu: es wohnte damals ein gewisser Freitag in Frankfurt, den man aus Dresden fortgejagt, nachdem er daselbst am Pranger gestanden hatte und zum Karrenschieben verurteilt worden war. Dieser Mensch, der den preußischen Agenten in Frankfurt spielte, und ein gewisser Schmidt, früher wegen Falschmünzen verurteilt, kündigte mir an, daß ich auf Befehl des Königs von Preußen Frankfurt nicht eher verlassen dürfe, bis ich die Kostbarkeiten herausgegeben, die ich von Sr. Majestät mitgenommen. Als ich fragte, worin diese bestünden, erwiderte mir Freitag, es seien die poetischen Werke des Königs seines gnädigsten Herrn. Unglücklicherweise waren die verlangten Manuskripte noch mit andern Effekten in Leipzig zurück. Freitag erklärte hierauf, ich müsse so lange in Frankfurt bleiben, bis sie angekommen seien, und stellte mir einen Revers aus, in dem er versprach, daß sobald die Manuskripte von Leipzig gekommen, ich ungehindert weiter reisen könne. – Als die verlangten Werke angekommen waren, gab ich sie ab, und glaubte schon abreisen zu können. Aber keineswegs, denn in dem Augenblick, als ich mich in den Wagen setzen wollte, um weiter zu reisen, werde ich nebst meiner Nichte, meinem Sekretär und meinen Leuten festgehalten; vier Soldaten schleppen uns durch den Kot zum Kaufmann Schmidt, der irgend einen preußischen Titel hatte, sich mindestens ein preußischer General zu sein dünkte, und bei dieser Gelegenheit zwölf Soldaten mit echt spießbürgerlicher Wichtigkeit kommandierte. Madame Denis, meine Nichte, hatte einen königlich französischen Paß, und noch mehr, sie hatte niemals die Verse des Königs von Preußen verbessert. Gewöhnlich hat man doch einige Achtung für das schöne Geschlecht, aber die Herren Schmidt und Freitag glaubten dem König gefällig zu sein, wenn sie die Dame im Kot herumzerrten. Man brachte uns sämtlich in eine Art Wirtshaus, an dessen Türe man eine Wache von zwölf Soldaten installierte. Vier wurden in mein Zimmer gelegt, vier andere auf den Boden, wohin man meine Nichte gebracht hatte, und noch vier in die allen Winden preisgegebene Dachkammer, in welche man meinen Sekretär auf Stroh gebettet hatte. Meine Nichte hatte in der Tat ein kleines Bett, allein die vier Soldaten mit aufgeflanztem Bajonett dienten ihr statt den Vorhängen und Kammerfrauen!

Ich mochte sprechen, was ich wollte, an den in Frankfurt gekrönten Kaiser appellieren, vorstellen, daß mein Sekretär ein Florentiner, also ein kaiserlicher Untertan sei, daß meine Nichte und ich Untertanen des allerchristlichen Königs seien und wir mit dem Markgrafen von Brandenburg nichts zu schaffen hätten, alles war vergeblich; man erwiderte mir, daß der Markgraf von Brandenburg in Frankfurt weit mehr geachtet und gefürchtet wäre, als der Kaiser. Zwölf Tage blieben wir in dieser Gefangenschaft und mußten 140 Taler täglich bezahlen. Der Kaufmann Schmidt hatte sich meiner Effekten bemächtigt, die mir um die Hälfte leichter zurückgegeben wurden. Teurer konnte man die poetischen Werke des Königs nicht bezahlen. Um jedoch das Abenteuer zu vervollständigen, befand sich damals ein gewisser Van Düren in Frankfurt, ein Spitzbube seines Handwerks und Bankrotteur aus Gewohnheit. Es war dies derselbe Mensch, dem ich dreizehn Jahre früher das Manuskript von Friedrichs Antimachiavel geschenkt hatte. – Bei Gelegenheit findet man seine Freunde wieder; er behauptete, daß ihm Seine Majestät noch einige zwanzig Dukaten schulde, für die ich verantwortlich sei. Ein gewisser Fichard, Bürgermeister, selbstregierender Bürgermeister in Frankfurt, wie man daselbst zu sagen pflegt, fand in dieser Eigenschaft die Rechnung ganz richtig und ließ mich als Regierender 30 Dukaten bezahlen von denen er 26 für sich behielt und vier dem Spitzbuben von Buchhändler gab. Nachdem diese wahrhaft vandalische Geschichte beendigt war, umarmte ich meine Wirte und dankte für die gute Aufnahme.“ – So weit Voltaire, der wohl manches übertrieben haben mag; indessen ist es nur zu wahr, daß man sich in Frankfurt häufig ähnliche Plackereien, besonders gegen Fremde, noch bis auf diesen Tag zu Schulden kommen läßt. Als der König von dieser sauberen Geschichte unterrichtet wurde, war er nicht nur höchst entrüstet, sondern desavouierte dieses Verfahren auf das bestimmteste.

KAPITEL II. – *Kaiserkrönung.* Der Kaiser wurde an sieben Orten, auf dem Scheitel, der Brust, dem Nacken, zwischen den Schultern, auf dem rechten Arm, an dem Gelenke dieses Armes und der flachen Hand gesalbt; diese Handlung verrichtete der Kurfürst von Mainz, als Konsekrator, im Namen des Vaters, des Sohnes und des heiligen Geistes. Vor und nach der Salbung wurden viele lateinische Gebete gesungen, und der Kaiser mußte eine Art Glaubensbekenntnis und das Versprechen, gerecht und billig zu regieren, auch dem Papst ein gehorsamer Diener zu sein, ablegen; worauf er noch das Abendmahl empfing, ihm die Krone aufgesetzt und er mit den andern Insignien bekleidet wurde.

KAPITEL III. – *Soldatenverkauf des Landgrafen von Hessen-Kassel.* Custine spielt auf den Verkauf Hessen-Kasselscher Untertanen an die Engländer an, für die der Landgraf einen bestimmten Preis per Kopf erhielt und die die Engländer als Soldaten in ihren Kolonien verwandten. Das ganze Land hatte kaum 400 000 Einwohner, von denen mehr als 20 000 der kräftigsten Männer für den englischen Dienst verhandelt wurden. Die englischen Seelenverkäufer kamen nach Kassel, wo sie Mann für Mann wie erkauftes Vieh untersuchten und betasteten, ob sie auch tauglich seien! – Eltern, die klagten oder murrten, wenn man ihnen die Kinder mit Gewalt raubte, kamen sofort in Ketten oder ins Zuchthaus. Daher stammte auch der reiche Privatschatz Georg Wilhelms, den er bei seiner Flucht dem alten Rothschild in Verwahrung gab, den dieser so gut verwaltete, daß er selbst Millionen erwarb, und daher datiert der ursprüngliche Reichtum der Rothschilde.

KAPITEL V. – *Fähnrich Kreischhuhn.* Ein ähnlicher Vorfall trug sich bald nachher ebenfalls in Stuttgart zu. Ein anderer wachthabender Offizier, der einen eingefleischten Haß auf einen Zivilbeamten hatte, einen Rat, ließ denselben, als er an der Wache vorüberging, unter dem Vorwand, er habe der Schildwache nicht den befohlenen Respekt erwiesen, arretieren, in die Wache bringen und ihm, um seine Rache zu befriedigen, fünfundzwanzig aufzählen. Die Sache wurde freilich untersucht, wo denn an den Tag kam, daß, als sich der Leutnant in einer öffentlichen Gesellschaft einen plumpen Scherz gegen den Rat erlaubte, dieser denselben durch einen beißend schlagenden Witz beantwortet und so die Gesellschaft auf Kosten des Offiziers zum Lachen gebracht hatte, was ihm dieser nie vergeben konnte. Der Leutnant erhielt zwar strenge Festungsstrafe und mußte den Dienst quittieren, da sich alle Beamten bitter beschwerten, aber der Rat trug eine schwere Krankheit davon, die ihn lebenslang schwächte. Dies waren die Heldentaten der Offiziere der ehemaligen deutschen Reichstruppen! War es nun wohl noch ein Wunder, daß Friedrich der Große mit einer Handvoll seiner Soldaten solches Gesindel in zehnfacher Mehrzahl zu Paaren trieb, daß es die Schuhe beim Davonlaufen verlor?

KAPITEL VI. – *A la barre.* A la barre ist eine Art Kriegsspiel, das in Frankreich von jeher sehr beliebt war. Zwei entfernt stehende Bäume stellen zwei Festungen vor, die man gegenseitig einzunehmen und zu überrumpeln sucht, wenn ihre Besatzung augenblicklich ausgerückt ist, oder dieselbe auch gänzlich gefangen nimmt, womit das Spiel endigt.

KAPITEL VIII – *Die Kriegsgefangenen der Franzosen.* Es war eine gute Politik der damaligen französischen Regierung, ihre Kriegsgefangenen gut zu behandeln. Diese waren in Metz, Nancy usw. kaserniert und verdienten bei freier Wohnung und reichlicher Nahrung noch ein schönes Stück Geld durch alle möglichen Arbeiten bei den Einwohnern der Städte, die ihnen zum Aufenthalt angewiesen waren. Ich habe viele Soldaten gekannt, die sich schon zum voraus wieder auf die französische Gefangenschaft freuten, deren Annehmlichkeiten sie schon ein oder mehrere Mal geschmeckt hatten, weshalb sie sich auch so gerne fangen ließen. Eine ganz verkehrte Politik war die der Engländer, welche ihre Kriegsgefangenen härter als Sklaven behandelten, daher sich der französische Soldat gleich einem Verzweifelten wehrte, bevor er sich zum Gefangenen an diese Macht ergab.

KAPITEL X. – *Roulement.* Wenn einmal das Roulement (Wirbel) vor dem Abmarsch geschlagen war, wurden keine Reklamationen wegen unbezahlten Schulden von den Chefs mehr angenommen.

KAPITEL XI. – *Gros-major.* Gros-major hieß damals der erste Stabsoffizier eines Regiments, der im Rang nach dem Oberst folgte.
Carabiniers. Bei jedem Bataillon der leichten Infanterie befanden sich damals eine Kompagnie Carabiniers und eine Kompagnie Voltigeurs; die Kompagnien du Centre hießen Chasseurs. Die beiden ersten hatten eine haute paye von 5 Centimes per Mann und per Tag.

KAPITEL XII. – *Orgon.* Die Einwohner von Orgon waren einst so erbost auf den entthronten Kaiser Napoleon, daß sie ihn auf seiner Reise nach Elba ermorden wollten; als man ihn von dieser Stimmung unterrichtete, zog er es vor, einen Umweg zu machen, um der ihm zugedachten Behandlung zu entgehen.

KAPITEL XIV. – *Felukke.* Eine Felukke ist ein offenes Küstenschiffchen, mit einem Mastbaum, aber ohne Verdeck, das auch durch Rudern in Bewegung gesetzt wird.

50 *exempla sunt odiosa* – Beispiele sind Ärgernis erregend, lästig

60 *je ne vois point d'inconvenient* – ich habe nichts dagegen einzuwenden

66 *Nuit des dupes* – Nacht der Betrogenen

80 *Nous sommes les soldats ...* – Wir sind Soldaten der Französischen Republik, die Soldaten der Freiheit.

98 *Voilà des espions ...* – Da sind österreichische Spione, man nehme sie fest.

172 *Hic jacet Drusus* – Hier hat Drusus gelagert

189 *Lumen mundi* – Weltlicht

217 *avec la goutte* – mit Schnaps

226 *dii majorum gentium* – Götter ersten Ranges

227 *dii minorum gentium* – Götter zweiten Ranges

294 *Ah Monsieur le fourrier ...* – Ah, Monsieur Furier, Ihr habt merkwürdige Dinge angestellt ... der Herr Inspecteur wird Eure Abteilung Revue passieren lassen, und Gnade Euch Gott, wenn Ihr Euch nicht rechtfertigen könnt ... Ich verstehe kein Wort ... Nun gut, ich werde es Euch schon beibringen. Den Anfang macht Ihr damit, daß Ihr Euch in Arrest begebt.

295 *C'est donc vous qui commandez ...* – Ihr befehligt diese Abteilung? – Ja, Monsieur. – Hört, Ihr habt keine reine Weste.

Comment à votre âge tant ... – In Eurem Alter schon solche Ruchlosigkeit, das ist erschreckend, das wird Euch geradewegs auf die Galeere führen!

Allez chercher un interprête – Sucht einen Dolmetscher

296 *aux travaux forcés* – Zwangsarbeit

309 *Mais finissez donc ...* – Hört damit auf, Ihr werdet mir noch ein Kind damit machen.

310 *charmé de faire la conaissance ...* – entzückt, die Bekanntschaft des jungen Akteurs zu machen.

313 *Vous êtes un roué bien jeune* – Ihr seid ziemlich durchtrieben für Euer Alter.

316 *N'y faites pas attention ...* – Beachtet sie nicht, es sind sittenlose Geschöpfe.

336 *deux mauvis sujets dans toute ...* – zwei schäbige Subjekte im wahrsten Sinn des Wortes

Ah ça, il faut que nous ... – So, jetzt wird's Zeit, daß wir den Mädchen einen Besuch abstatten!

337 *Tieus qu'est ce que ce drôle ...* – Nanu, was ist das für ein Kauz. – Aber, das ist doch keine Art, die Mädchen zu behandeln. – Aber doch Huren.

Mais ce monsieur est il donc ... – Ist dieser Herr Euer Aufpasser?

Mais vous êtes donc un enfant? – Seid Ihr denn ein Kind?

Vous m'en rendrez raison demain – Ihr werdet mir morgen dafür Rechenschaft geben.

338 *Nous sommes donc dans un répaire ...* – Wir sind hier in einer Räuberhöhle!

339 *Quand il vous plaira* – Wie es Euch beliebt.

345 *Ici on loue des chambres ...* – Hier werden möblierte Zimmer für Männer vermietet, nicht für Frauen.

352 *A ce soir? – ...* – Heute abend? – Um wieviel Uhr? – Um elf Uhr oder um Mitternacht? – Um Himmelswillen, wann denn? – ... Laßt mich um Gotteswillen in Ruhe! – Na gut, um Mitternacht, aber hört endlich auf!

363 *Messieurs de la place s'il vous plait* – Meine Herren, wir bitten höflich, uns Platz machen zu wollen.

378 *Moderez-vous! – Mais il ne me laisse ...* – Mäßigt Euch! – Aber er läßt mich nicht, was soll ich machen? – ... Mich machen lassen, und sie ließ mit sich machen.

379 *Ah mon Dieu qui vient si tard? ...* – Ah, mein Gott, wer kommt so spät? – Um Vergebung, ich habe mich geirrt.

Mais comment vous ne saviez ... – Wie denn, Ihr wißt nicht, daß sie von Seiner Hoheit ausgehalten wird? – Meiner Treu, nein!

388 *à force des pour-boires* – mit Hilfe von Trinkgeldern

391 *Eh bien, en avez-vous assez?* – Habt Ihr nun genug?

Tenez lisez, cela vous consolera – Nehmt, lest, das wird Euch trösten.

421 *Mais vous êtes donc fou, Monsieur* – Ihr seid wohl verrückt, Monsieur.

à bas le chapeau, à bas l'épée – Nieder mit dem Hut, nieder mit dem Degen.

440 *Mais que faites-vous donc?* – Aber was macht Ihr da?

448 *Je ne comprenner ...* – Ich verstehe nicht, Herr, was Ihr wollt.

450 *Qui êtes-vous?* – Wer seid Ihr?

452 *de gustibus non est disputandum* – über Geschmack läßt sich nicht streiten.

463 *Allez-vous en tas de canaille* – Verschwindet, Canaillenpack!

470 *Je n'ose* – Ich trau mich nicht.

500 *pas acceléré* – mit beschleunigtem Schritt

519 *id est* – das heißt

INHALT

Literatur und Reisen
im insel taschenbuch

Johann Friedrich Abegg: Reisetagebuch von 1798. Mit zahlreichen Abbildungen. Herausgegeben von Walter und Jolanda Abegg in Zusammenarbeit mit Zwi Batscha. it 1013

Alt-Prager Geschichten. Gesammelt von Peter Demetz. Mit Illustrationen von Hugo Steiner-Prag. it 613

Alt-Wiener Geschichten. Gesammelt von Joseph Peter Strelka. Mit sechs farbigen Abbildungen. it 784

Das andere Ferienbuch. Vom Urlaub mit Hindernissen. Herausgegeben von Vera Pagin und Hans-Joachim Simm. it 1174

Ernst Batta: Obelisken. Ägyptische Obelisken und ihre Geschichte in Rom. it 765

Berlin im Gedicht. Herausgegeben von Barbara und Walter Laufenberg. it 851

Capri. Ein Lesebuch. Herausgegeben von Hans Bender und Hans Georg Schwark. it 1077

Hans Carossa: Erinnerungen an Padua und Ravenna. Zwei Kapitel aus ›Italienische Aufzeichnungen‹ von 1947. it 581

Chicago. Die Stadt der Superlative. Herausgegeben von Esther Gallwitz. Mit zahlreichen Abbildungen. it 769

Dublin. Herausgegeben von Elsemarie Maletzke. it 807

Gustav Faber: Denk ich an Deutschland. Neun Reisen durch Geschichte und Gegenwart. Mit Abbildungen. it 628

Das Ferienbuch. Literarische Souvenirs, aufgelesen von Vera Pagin und Hans-Joachim Simm. it 1082

Dominique Fernandez: Süditalienische Reise. Aus dem Französischen von Julia Kirchner. Mit farbigen Fotografien von Martin Thomas. it 1076

Florenz. Lesarten einer Stadt. Herausgegeben von Andreas Beyer. Mit zahlreichen Illustrationen. it 633

Theodor Fontane: Jenseit des Tweed. Bilder und Briefe aus Schottland. Mit zahlreichen Abbildungen und einem Nachwort herausgegeben von Otto Drude. it 1066

Georg Forster: Ansichten vom Niederrhein, von Brabant, Flandern, Holland, England und Frankreich im April, Mai und Junius 1790. Herausgegeben von Gerhard Steiner. it 1136

– Reise um die Welt. Herausgegeben und mit einem Nachwort von Gerhard Steiner. it 757

Manuel Gasser: Spaziergang durch Italiens Küchen. Mit Bildern von Manfred Seelow. it 391

Johann Wolfgang von Goethe: Italienische Reise. Mit vierzig Zeichnungen des Autors. Herausgegeben und mit einem Nachwort versehen von Christoph Michel. it 175

158/1/6.89

Literatur und Reisen
im insel taschenbuch

Johann Wolfgang von Goethe: Tagebuch der Italienischen Reise 1786. Notizen und Briefe aus Italien. Mit Skizzen und Zeichnungen des Autors. Herausgegeben und erläutert von Christoph Michel. it 176

– Tagebuch der ersten Schweizer Reise 1775. Mit den Zeichnungen des Autors und einem vollständigen Faksimile der Handschrift, herausgegeben und erläutert von Hans-Georg Dewitz. it 300

Heidelberg-Lesebuch. Stadt-Bilder von 1800 bis heute. Herausgegeben von Michael Buselmeier. it 913

Heinrich Heine: Italien. Mit farbigen Illustrationen von Paul Scheurich. it 1072

Hermann Hesse: Mit Hermann Hesse durch Italien. Ein Reisebegleiter durch Oberitalien. Mit farbigen Fotografien. Herausgegeben von Volker Michels. it 1120

Alexander von Humboldt: Vom Orinoko zum Amazonas. 2 Bde. in Kassette. Reise in die Äquinoctial-Gegenden des neuen Kontinents. Herausgegeben von Ottmar Ette. Mit zahlreichen Abbildungen. it 990

Im fernen Osten. Forscher und Entdecker in Tibet, China, Japan und Korea 1689-1911. Herausgegeben von Georg Adolf Narciß. it 853

Istanbul. Herausgegeben von Esther Gallwitz. Mit Illustrationen von Thomas Allom. it 530

Samuel Johnson: Reisen nach den westlichen Inseln bei Schottland. Nach einer anonymen Übertragung aus dem Jahr 1775. Herausgegeben von Volker Wolf und Bernd Zabel. Mit zahlreichen Abbildungen. it 663

Erhart Kästner: Griechische Inseln. Aufzeichnungen aus dem Jahre 1944. Mit einem Nachwort von Heinrich Gremmels. it 118

– Kreta. Aufzeichnungen aus dem Jahre 1943. Mit einem Nachwort von Heinrich Gremmels. it 117

– Die Lerchenschule. Aufzeichnungen von der Insel Delos. it 57

– Ölberge, Weinberge. Ein Griechenland-Buch. Mit Zeichnungen von Helmut Kaulbach. it 55

– Die Stundentrommel vom heiligen Berg Athos. it 56

Kairo. Die Mutter aller Städte. Herausgegeben von Ursula Beyer. Mit zahlreichen Abbildungen. it 696

Kennst du das Land, wo die Zitronen blühn. Italien im deutschen Gedicht. Herausgegeben von Peter Hamm. it 927

Leipzig. Ein Städte-Lesebuch. Herausgegeben von Esther Gallwitz. it 1083

Carl von Linné: Lappländische Reise. Mit Zeichnungen des Autors. Aus dem Schwedischen übersetzt von H.C. Artmann unter Mitwirkung von Helli Clervall. it 102

158/2/6.89

Johann Conrad Friederich, geboren am 5. Dezember 1789 in der Fahrgasse zu Frankfurt am Main, ist am 1. Mai 1858 in Le Havre gestorben. »Vierzig Jahre aus dem Leben eines Toten« – Memoiren des »deutschen Casanovas« Johann Conrad Friederich – sind ein europäisches Buch. Frankfurt, Marseille und Genua, Neapel, Madrid und Saragossa, Rom, Wien und Paris, Korfu, Kolberg und Berlin bilden die Kulissen, vor denen das Schaustück eines Lebens abrollt, das den Ernst der Feldschlachten durch die Heiterkeit der Schlachten im Boudoir zu überspielen sucht. Der Autor, der vor Goethe und vor Napoleon stand, der Schinderhannes und Fra Diavolo sterben sah, der mit Bettina Brentano spielte und in den Armen der Schwester Napoleons lag, stellt sich selbst als einen zuversichtlichen Weltbürger dar, dessen Glaube an eine neue Epoche – den kriegerischen Zeitläufen zum Trotz – sich auf den Sieg der Kraft alles Menschlichen gründet.
Die zwischen Wahrheit und Dichtung schwebenden Erinnerungen des napoleonischen und später preußischen Offiziers, großen Frauenhelden, Schauspielers, Mozartverehrers und bürgerlich-kritischen Journalisten, der sich selbst den Namen Fröhlich zulegte, gehören zu den besten Werken der deutschen Memoirenliteratur, auch und gerade weil der phantasiereichen Ausschmückung und dem Romanhaften ein so breiter Platz eingeräumt wird. Das umfangreiche, spannende Werk läßt europäische Politik und Kultur, Leben und Schicksale der ersten Jahrzehnte des 19. Jahrhunderts vergnüglich lebendig werden.

insel taschenbuch 1292
»Der deutsche Casanova«

»Der deutsche Casanova«

Johann Conrad Friederich
Vierzig Jahre aus dem Leben eines Toten

Herausgegeben
von Friedemann Berger
Mit einem Vorwort von
Eckart Kleßmann

Dritter Band

Insel Verlag

insel taschenbuch 1292
Erste Auflage 1991

Lizenzausgabe mit freundlicher Genehmigung
des Kiepenheuer Verlags Leipzig und Weimar
Umschlag nach Entwürfen von Willy Fleckhaus
Druck: Nomos Verlagsgesellschaft, Baden-Baden
Printed in Germany

1 2 3 4 5 6 – 96 95 94 93 92 91

Vierzig Jahre aus dem Leben eines Toten

1810-1830

I

Ankunft der jungen Kaiserin – Zivil- und religiöse Vermählungsfeierlichkeiten Napoleons und Marie Luisens – Großes Volksfest – Montmorency und Rousseaus Eremitage – Demoiselle Mars – Pauline – Die Mitglieder der Familie Bonaparte – Versailles und seine Herrlichkeiten – Die Mätressen der XIV. und XV. Ludwige – Feste dem kaiserlichen Ehepaar zu Ehren – Unglückliches Fest von dem österreichischen Gesandten gegeben – Lannes Leichenfeier – Die Errichtung der Siegessäule auf dem Platz Vendome – Exzesse der holländischen Garden zu Paris – Gerüchte über Marie Luisens Schwangerschaft – Ich werde zu Murats Garde zu Pferd versetzt – Abreise nach Neapel

Die immer näher heranrückende Zeit der Vermählung Napoleons mit Marie Luise, zu der man alle möglichen Vorbereitungen machte, ließ schnell die Geschichte unseres Totenmahles sowie alle anderen Dinge ins Meer der Vergessenheit sinken. Die erwartete neue Kaiserin nahm wenigstens auf einige Zeit alle Aufmerksamkeit der guten Pariser in Anspruch. Man hörte an allen öffentlichen Orten sowie in den Familien nur noch von ihr reden, und erzählte sich die seltsamsten Dinge und Märchen, ihre Person, ihre Erziehung, ihre Talente, ihren Geist usw. betreffend; es gibt fast keine Abgeschmacktheit, die man nicht zugunsten der jungen Erzherzogin erfunden und in Umlauf gebracht hätte. Bald sollte sie keine drei zählen, bald für Sechse essen können, sich nur in Milch baden, nur Mehlspeise und Gebackenes zu sich nehmen. Auch wollte man durchaus nicht gestatten, daß Kaiser Franz ihr wirklicher Vater sei, und war so freigebig, ihr wenigstens ein halbes Hundert verschiedener Väter anzudichten: der eine machte einen Baron Braun, der andere gar einen Daun! dazu. Auch über ihre Gestalt, ihren Wuchs, ihre Züge, ihren Anzug, ihre Toilette, ihre Haltung setzte man die lächerlichsten Dinge in Umlauf, erfand Hunderte von Anekdoten, die sich an Unwahrscheinlichkeit und Absurdität überboten, stellte Vergleiche zwischen ihr und Josephinen an, die natürlich immer zum Vorteil der letzteren ausfielen. Endlich kamen die trotzdem von den Parisern herbeigewünschten Tage, an denen die neue Kaiserin durch ihr Erscheinen die Neugierde des ungeduldigen Volkes befriedigen sollte. Napoleon war ihr in Murats Begleitung, der sich auch schon eingefunden hatte, bis Compiègne entgegengegangen. Nach dem bekannt gemachten Programm sollte die erste Zusammenkunft in dem mittelsten der drei Zelte, die zu diesem Zweck auf dem Weg nach Compiègne aufgeschlagen waren, stattfinden. Das Programm schrieb vor, daß beide Majestäten zu gleicher Zeit von zwei entgegengesetzten Seiten in das mittlere Zelt treten, Marie Luise aber vor ihrem Gatten niederknien sollte, der sie jedoch sogleich aufheben und umarmen würde; dann sollten sich beide niedersetzen. Aber Napoleons Ungeduld machte alle von ihm selbst vorgeschriebenen Zeremonien und Etiketten überflüssig, da er ganz inkognito in seinem grauen Überrock das Schloß von Compiègne durch eine kleine Pforte verließ, sich in eine unansehnliche Kalesche warf, und in dem Augenblick zu Courcelles ankam, als die Kuriere der jungen Kaiserin die Pferde bestellten. Hier stellte er sich, da es heftig regnete, unter die Halle einer Kirche, und als die Wagen der Ersehnten ankamen und man die Pferde wechselte, lief er an den Schlag der Kutsche, in der Marie Luise saß, öffnete denselben, stieg schnell ein, fiel seiner jungen, höchst erstaunten Gattin um den Hals, und fuhr mit ihr zusammen nach Compiègne zurück, wo er, wie man allgemein versicherte, die Nacht als Ehemann mit ihr zubrachte. Am anderen Tag ließ er um Mittag das Frühstück vor dem Bett der sehr müden Kaiserin servieren. Als dies zu Paris bekannt wurde, fand man es sehr genial. Viele Personen waren dem hohen Paar entgegengefahren. Auch ich war bis an die Grenze des Seine-Departements geritten, wo sie von dem Präfekten und den Autoritäten des Departementes empfangen und bekomplimentiert wurden. Den Fürsten Y. hatte das Podagra wieder an das Bett gefesselt.

Am 1. April fand die Zivilvermählung des kaiserlichen Paares zu St. Cloud statt, der über zwanzig Könige, Königinnen und fürstliche Personen beiwohnten. Ich hatte mich ebenfalls dahin begeben, aber mit tausend anderen der feierlichen Handlung nicht beiwohnen können. Der ganze Hof, alle Minister, Gesandte, Kardinäle, Großoffiziere, Senatoren usw. hatten sich in größter Gala in den Galerien von St. Cloud versammelt, wo die Armsessel für beide kaiserliche Majestäten auf einer Erhöhung unter einem prächtigen Thronhimmel aufgestellt waren. Das Gefolge des kaiserlichen Paares bestand aus Königen und Königinnen, Prinzen und Prinzessinnen, Großwürdenträgern der Kronen Frankreichs und Italiens, Palastdamen usw. Man hat berechnet, daß die Hofdamen beider Kronen, unter denen auch eine Visconti, eine Montecuculi, eine Mocenigo, eine Pallavicini usw. waren, mehr als für zwanzig Millionen Schmuck an sich hatten. Der Fürst-Erzkanzler des Reichs sprach die Vermählung nach den von dem Code Napoléon vorgeschriebenen Gesetzen aus. Nachdem die Zeremonie vorüber war und sich das ganze Kortege entfernt hatte, gelang es mir in die Galerie zu kommen, wo die Vermählung stattgefunden hatte, und wo ich noch die getroffenen Vorrichtungen sehen konnte. Am Abend war der Park von St. Cloud auf das prächtigste erleuchtet, was besonders bei den Kaskaden, die in Brillantstrahlen herabfielen, eine unbeschreibliche Wirkung machte. Vor allem war es die große Kaskade, die sich feenhaft ausnahm; man wähnte sich in einem der Zaubergärten der orientalischen Märchen aus Tausendundeiner Nacht. Der illuminierte Park, in dem mancherlei Spiele stattfanden, war so mit Menschen überfüllt, daß es schien, als sei ganz Paris nach St. Cloud gewandert.

Am folgenden Tage, 2. April, hielt das kaiserliche Ehepaar seinen feierlichen Einzug in die Hauptstadt, zur religiösen Trauung. Mit Tagesanbruch wimmelte der dick mit Sand bestreute Weg, auf dem sich der Zug bewegen sollte, von Menschen jeden Alters und Standes, auf beiden Seiten waren Spaliere von Truppen aufgestellt. Das Wetter war sehr trübe. Es hatte einen großen Teil der Nacht und besonders gegen Morgen viel geregnet. Man fürchtete sogar, daß die Feier wegen des schlechten Weges verschoben werden müsse. Als aber gegen Mittag die Sonnenstrahlen sich durch die Wolken bahnzubrechen begannen, da fingen die Kanonen zu donnern an, die die Abfahrt des kaiserlichen Ehepaares und seines Gefolges verkündeten. Die Behörden der Stadt Paris verfügten sich eilig unter den großen Triumphbogen, den die Stadt zu Ehren der Neuvermählten im Stern der elysäischen Felder hatte errichten lassen. Dieser Triumphbogen, der später in Marmor ausgeführt werden sollte, war in aller Eile zusammengezimmert und mit grober, bunt bemalter Leinwand wie eine Theaterdekoration ausgeschlagen worden. Seine vier Fassaden waren mit acht ebenso vergänglichen Trophäen geschmückt, sein Durchgang war ungefähr fünfzig Fuß und das Ganze hundertvierzig Fuß breit. Die Symbole der Kraft und der Klugheit waren an dem Triumphbogen angebracht. Auf dem Kranz oben las man die Worte: „A Napoléon et à Marie Louise, la ville de Paris." Außerdem waren unter der Wölbung und sonst noch verschiedene Basreliefs, Allegorien und Medaillen angebracht. So las man z. B. unter Napoleons Porträt: „Le bonheur du monde est dans ses mains." Man muß gestehen, daß es sich in keinen schlechteren Händen befinden konnte. Unter einem frische Zweige treibenden Lorbeer stand: „Il a fait notre gloire, il la rendra éternelle", unter einem britischen Leoparden: „Il riait de notre discorde, il pleurt de notre union" usw. Auf den vier Fassaden waren die Gesetzgebung, die National-Industrie, die Verschönerungen von Paris, die Ankunft von Marie Luise usw. und viele ekelerregende Schmeicheleien gepinselt. Dieser ebenso fragile Triumphbogen hatte das gleiche Schicksal mit dem zu jener Zeit dekretierten Riesenelefanten, von dem auch nur das Modell verfertigt wurde; ersterer wurde bald in Stücke zerschlagen und verbrannt; der andere, ein kolossaler Springbrunnen – der Elefant hatte wenigstens zehnmal die Größe eines natürlichen – welcher auf dem Bastillenplatz errichtet werden sollte, ward der behagliche Aufenthalt von Millionen – Ratten. Der fortwährende Kanonendonner verkündete die Annäherung des K. K. Hochzeitszuges, der sich nur sehr langsam durch die unermeßlichen Menschenmassen, die den ganzen Weg von St. Cloud bis Paris besetzt hatten und aus fünfzig und mehr Orten in der Runde herbeigeströmt waren, fortbewegte. Das Volk von Paris hatte sich von den Tuilerien über den Konkordienplatz nach den Elysäischen Feldern in Bewegung gesetzt. Alle Fenster bis unter die Dächer der Häuser, an denen der Zug vorüberkommen sollte, waren mit eleganten Damen besetzt, und auf den Dächern und Bäumen wimmelte es von alten und jungen Knaben; wo es nur möglich war, hatte man Gerüste zum Schauen angebracht und bezahlte horrende Preise für die Plätze. Für die von dem Präfekten von Paris eingeladenen Personen waren amphitheatralische Sitze zu beiden Seiten des hölzernen Triumphbogens errichtet. Hier hatte auch ich durch Clarkes Verwendung einen Platz erhalten. Fürst Y. war in der Galerie du Louvre. Gegen Mittag war der ungeheure Raum von den Tuilerien bis vor die Porte Maillot auf beiden Seiten hinter den Spalieren der Truppen bis zum Erdrücken angefüllt. Aber trotzdem sich die Bevölkerung der Hauptstadt für diesen Tag wenigstens um die Hälfte vermehrt hatte, hörte man doch nichts von einem Unfall. Die polizeilichen Anstalten waren vortrefflich. In dem Garten der Tuilerien waren die napoleonischen Garden aufgestellt und auf den anderen Plätzen Linieninfanterie. In einer gewissen Entfernung standen immer wieder Kavallerie- und Infanterie-Piketts, bereit, sich augenblicklich an jeden Ort zu begeben, wo eine Störung entstehen würde. Gegen 1 Uhr wurden das Gedränge, der

Lärm und endlich das Vivatgeschrei immer lauter, die Kanonen donnerten fort und fort, Tausende von Trommeln wirbelten und die an verschiedenen Orten aufgestellten Orchester, wohl ein paar Dutzend, spielten. Das Vive l'Empereur artete in rasendes Geschrei und Toben aus. Jetzt erblickte man von dem Triumphbogen den sich gravitätisch nähernden Zug, den die neuerrichteten Lanciers der Garde eröffneten, deren glänzende Uniformen, Bewaffnung und schöne Haltung zuerst aller Augen auf sich zogen. Ihnen folgten die Gardedragoner und Chasseurs, an deren Spitze Musikchöre ritten; dann kamen die Wappenherolde zu Pferd; diesen folgten die Hofwagen, einige dreißig an der Zahl, alle reich vergoldet, von gleicher Form und jeder mit sechs Pferden bespannt. In den ersten saßen die Großoffiziere des kaiserlichen Hauses und die Großwürdenträger des Reiches. Hinter ihnen kamen die Könige, Königinnen, Prinzen und Prinzessinnen vom kaiserlich napoleonischen Geblüt; dann Marie Luisens Oheim, der Großherzog von Würzburg, sodann der Wagen der Kaiserin mit acht Pferden bespannt, endlich der ebenfalls mit acht Pferden bespannte Krönungswagen Napoleons, in dem die Neuvermählten, Marie Luise zur Linken ihres Gatten saßen. Dieser Wagen war mit schönen Malereien und anderen kostbaren und künstlichen Verzierungen überladen. Auf beiden Wagen standen hinten und vorn reich gekleidete Pagen; um sie herum ritten die Marschälle des Reichs, die Chefs der Garden, die Oberstallmeister usw. in Prachtkostümen, die Pferde mit Gold behangen. Ihnen folgten die Wagen, in denen das kaiserliche Gefolge saß; den Zug schlossen endlich die Gardegrenadiere zu Pferde und die Gendarmerie d'Elite. Überall boten junge weißgekleidete Mädchen der Kaiserin Körbe mit Blumen dar. Als der Krönungswagen in die Nähe des Triumphbogens kam, war es heller Sonnenschein, und während er durch diesen zog, spielte die treffliche Musik des Konservatoriums Kantaten, Fanfaren und andere analoge Musikstücke und Lieder. Als aber die allgemeinen Kanonensalven aus hundert Feuerschlünden, das Geläute aller Glocken der ungeheuren Stadt und das in wildes Toben ausgeartete Geschrei des Volks die Ankunft des kaiserlichen Paares unter dem Triumphbogen verkündete, wo angehalten wurde, da ward es plötzlich stille, und der Seine-Präfekt, an der Spitze der Munizipalität von Paris, beglückwünschte Napoleon und seine Gattin im Namen der Hauptstadt. Seine Rede war eine Gallimathias der übertriebensten, ja lächerlichsten Schmeicheleien, und am Ende seines Sermons richtete er auch einige Worte an Marie Luise, die sehr geistreich antwortete: Daß sie die Stadt Paris liebe, weil sie wisse, daß diese auch den Kaiser liebe. Als dieser Akt der brillanten Komödie vorüber war, setzte sich der Zug unter erneutem Vivatgebrüll, Geläute, Trommeln, Trompeten und Kanonaden wieder in Bewegung. Am Eingang des Tuileriengartens war wieder ein kleiner Triumphbogen errichtet, dessen Material nicht dauerhafter als das des großen war. Auf diesem sah man die Namenszüge Napoleons und Franzens und die Wappen von Frankreich und Österreich sowie die allegorischen Figuren des Friedens und Überflusses schimmern. Diese waren aber nicht vorhanden. Auf einem dritten Triumphbogen, vor dem Eingang des Palastes der Tuilerien, war eine Tribüne in Form eines Zeltes angebracht, an dessen beiden Seiten wieder zwei Orchester plaziert waren. Bald nach seinem Eintritt in den Palast zeigte sich das hohe Paar abermals dem guten Pariser Volk auf einem Balkon, nahm nochmals dessen Jubelgeschrei in Empfang und zog sich dann in die inneren Gemächer zurück, um sich mit dem schweren Kaisermantel behängen zu lassen, worauf es sich mit dem ganzen Zuge in der Ordnung, in der man gekommen war, in die Kapelle des Louvre begab, die zu dieser religiösen Feierlichkeit besonders hergerichtet worden war. Der Weg ging durch die lange Galerie, die die Tuilerien mit dem Louvre verbindet, und in der die besten Meisterstücke der größten Maler, die je gelebt, aufgestellt waren. Ein kostbarer Teppich, über eine halbe Million wert, deckte den Fußboden des über eine halbe Viertelstunde langen Ganges. Zu beiden Seiten bildeten über viertausend elegante und reichgeschmückte, zum Teil sehr schöne Damen, in prächtigen Toiletten, Spalier; hinter ihnen standen ebensoviele Herren en grand costume. Unter diesen hatte ich mir auch vermittels einer Eintrittskarte ein Plätzchen verschafft, konnte aber nur mit großer Mühe von dem Triumphbogen hierher gelangen. Das Kleid der Kaiserin war mit Diamanten übersäet, und ihr Diadem, aus den größten Diamanten bestehend, blendete aller Augen. Die Damen vom höchsten Rang trugen die Schleppe ihres Mantels, und die Schleppen der Mäntel dieser wurden wieder von hochgestellten Beamten getragen. Es war eine wahre Schleppenträgerei, über die einige graziöse Pariserinnen, hinter denen ich Posto gefaßt hatte, sich mokierten. Während dieses Zuges spielt die Musik von Paer, dem Direktor der kaiserlichen Kapelle, eigens dazu komponierte Melodien; während des langen Harrens wurden Erfrischungen präsentiert. Der Anblick dieser mit so schön geputzten Damen und Gemälden geschmückten unabsehbaren Galerie war unbeschreiblich und außerordentlich prächtig. 3 Uhr war es schon, als sich die Pforten an der Seite der Tuilerien auftaten, und die Wappenherolde den nahenden Hochzeitszug eröffneten. Alle Zuschauer erhoben sich und standen unbeweglich auf ihren Plätzen, bis er vorüber war. Der Zug bewegte sich langsam und feierlich unter den Klängen der Musik und dem Vivatgeschrei in die prächtig dekorierte Kapelle. Der Hochaltar derselben war gerade der Galerie gegenüber errichtet, über ihm hing ein Thronhimmel und auf ihm standen viele große Leuchter von Vermeuil und in der Mitte ein großes goldenes Kruzifix. Ein Basrelief von vergoldetem Silber stellte die Anbetung der Hirten dar; es war von dem berühmten Sarazin unter Ludwig XIV. verfertigt und an der Vorderseite des Altars angebracht. Ein Teppich von karmoisinrotem Thronsamt bedeckte den Fußboden. Zwei Reihen Sitze mit gleichem Stoff bekleidet, umgaben den Raum, in dessen Mitte die beiden Armstühle und Betaltäre standen, die für das kaiserliche Ehepaar bestimmt und mit goldenen Bienen auf Purpur übersäet waren. In der Kapelle selbst waren ringsherum zwei Reihen Tribünen errichtet, mit scharlachrotem Atlas und himmelblauen Wolken drapiert und mit goldenen Fransen und Galons versehen. Die Wände waren mit herrlichen Gobelin-Tapeten behangen und wo es sich nur tun ließ, waren die Namenszüge Napoleons und Marie Luisens, mit Kränzen umgeben, angebracht. Dem Altar gegenüber war das Orchester der Kirchenmusik. Die Könige, Prinzen und Prinzessinnen nahmen auf den Sitzen um dasselbe Platz, die Großoffiziere, Minister, Gesandten, Palastdamen usw. auf den Tribünen. Der Kardinal Fesch, Napoleons Oheim, verrichtete in seiner Eigenschaft als Großalmosenier die Trauung, wobei noch andere Kardinäle und Bischöfe hilfreiche Hand leisteten; er las eine Messe und dann wurde das Tedeum von der Hofkapelle gesungen. Die ganze Zeremonie währte ungefähr eine gute halbe Stunde. Nach ihrer Beendigung trat der Zug wieder in derselben Ordnung den Rückweg an, und die jetzt auch kirchlich Vermählten zeigten sich nochmals dem Volk. Darauf defilierten alle Garden und sämtliche Truppen unter fortwährenden Vivatrufen unter ihren Augen. Hierauf wurde ein Bankett in den Tuilerien gehalten, wo Kaiser und Kaiserin mitten unter Königen und Königinnen, kaiserlichen und königlichen Prinzen und Prinzessinnen saßen, und um sie herum die Prinzen, Großwürdenträger, Reichsmarschälle, Palastdamen usw. standen. Nach beendigtem Bankett zeigten sich die K. K. Majestäten noch einmal der noch immer vor dem Schlosse stehenden unzählbaren Volksmenge am Balkon des Marschallsaals. Nun begann ein Monstre-Konzert, in dem lauter, auf die Feier des Tages anspielende Musikstücke vorgetragen wurden, unter denen der Chor aus Glucks Iphigenia: „Que d'attraits, que de majesté!" besonders hervorgehoben und akklamiert wurde. Alle Theater der Hauptstadt und in ganz Frankreich waren an zwei Tagen unentgeltlich dem Publikum geöffnet und in jedem dieser Musentempel gab man auf die Vermählungsfeier bezügliche Vorstellungen. Nach dem Konzert gab ein losgelassener Feuerdrache das Signal zum Beginn der Feuerwerke, und in einem Nu schien das ganze unermeßliche Paris in Flammen zu stehen. Dies war wirklich ein grandioses Schauspiel, wie ich noch kein ähnliches gesehen. Wohl an fünfzigtausend Raketen stiegen zu gleicher Zeit in verschiedenen Stadtteilen empor, und „taghell war die Nacht gelichtet"; dies war aber nur das Vorspiel des feurigen Schauspiels, das die wunderbarsten Gegenstände, Zauberpaläste, Tempel usw. in der Luft erscheinen ließ; fast ebenso schnell waren jetzt alle Paläste, Gebäude und Häuser der ungeheuren Stadt illuminiert und prangten teilweise mit recht sinnigen Transparenten. Die Feuermassen auf den höchsten Türmen, Kuppeln, Kirchendächern und Glockentürmen schienen in der Luft zu schweben, die Illumination in dem großen Tuileriengarten, auf dem Konkordienplatz, in den Elysäischen Feldern, wo jeder Baum feurige Früchte trug, am Corps législativ, dem Palast der Légion d'honneur, dem Invaliden-Hotel, dem Senatspalast, dem Pantheon, der Bank von Frankreich, der Hotels der Minister und Gesandten, der Türme von Notre-Dame, der Samariterin auf dem Pontneuf usw. boten einen Glanz und eine so flammende Mannigfaltigkeit, daß es augenblendend und sinneverwirrend war. Eine besonders gute Wirkung hatten die sich in der Seine spiegelnden Feuer. Man hat berechnet, daß mehr denn tausend Millionen Lampen an diesem Abend in Paris brannten, und Millionen Franken gingen in Dampf und Rauch auf. Sehr brillant war die Konkordienbrücke erleuchtet. Am Museum der Histoire naturelle sah man illuminierte kolossale Elefanten, Löwen, Rhinozerosse, Kamele usw. Eine großartigere Komödie, die wie diese fast vierundzwanzig Stunden währte, habe ich nie gesehen, – und was war nur fünf Jahre später aus all diesen Herrlichkeiten und Majestäten geworden?! –

Für das Volk waren überall, namentlich in den Elysäischen Feldern, Spiele, Belustigungen und Unterhaltungen gratis angestellt. Da gab es unzählige Mâts de cocagne, mit allen möglichen zu erkletternden Kostbarkeiten beladen, Seiltänzer und Springer, ein paar hundert Schaubuden, zu denen der Eingang gratis war. Franconi mußte mit all seinen Roßkünstlern seine Tours de force produzieren, wobei er über fünfhundert Menschen, über hundert Pferde, Hirsche usw. verwendete. Tanzböden waren alle paar hundert Schritte aufgeschlagen, ebenso Karussells, Schaukeln, Saltimbanci, kleine Theater, Marionettenbuden, Polichinels und Harlekins, Taschenspieler und Optiker, illuminierte Luftballons, Lotterien, wozu man die Lose unentgeltlich erhielt, und alle Arten Lebensmittel, vom bescheidenen Stück Ochsenfleisch bis zum gebratenen Kapaun, und Pasteten gewann. Dies alles erhielt das gute Volk gratis; das Gouvernement und die Stadt zahlten alles, und bis zum anbrechenden Tag währte der allgemeine Taumel.

So endete ohne besondere Unfälle die Feier des 2. April. Außerdem waren alle rückständigen Steuern erlassen worden, die Polizei hatte alle wegen Vergehungen Inhaftierte freigelassen und ihre Kerker geöffnet. Alle Arreste beim Militär der ganzen Armee waren aufgehoben worden, und sechstausend Mädchen wurden mit ebensoviel Soldaten verheiratet und auf kaiserliche Unkosten ausgesteuert.

Am 3. April empfing das kaiserliche Ehepaar die Glückwünsche und Huldigungen des Senats, der gesetzgebenden Körperschaften, des Staatsrats, der Gesandten usw., worauf es sich dann, von den vielen Strapazen und Solennitäten etwas ermüdet und abgespannt, auszuruhen geruhte, um zu den noch bevorstehenden großen Festivitäten, die ihm zu Ehren die Stadt Paris, die Garden, Gesandtschaften usw., veranstalten wollten, neue Kräfte zu sammeln. In der Académie impériale hatte man eine große Prachtoper: Der Triumph Trajans betitelt, bei dieser Gelegenheit in Szene gesetzt und häufig wiederholt. An der Musik war aber nicht viel. Gegen Ende April trat Napoleon mit seiner jungen Frau eine Reise in die Norddepartements an. Während seiner Abwesenheit wurden mit großem Eifer die Vorbereitungen zu den großen Festen, die ihm bei seiner Zurückkunft gegeben werden sollten, betrieben, und wozu man Anstalten auf dem Marsfeld, in dem Stadthaus, in den Elysäischen Feldern usw. machte.

Einstweilen lebte ich so recht sorgenlos und in dolce giubilo in den Tag hinein, frequentierte die Theater und ihre liebenswürdigsten Prinzessinnen, hier und da die Spielsäle, den Tisch des Fürsten Y., wenn es mir gerade gelegen war, und machte mit dem Beginn der schönen Jahreszeit häufig Exkursionen in die Umgebung von Paris, besuchte das Boulogner Wäldchen, Vincennes, St. Denis, Auteuil, St. Germain, St. Cloud, Sevres usw. meistens in lustiger Gesellschaft. Einigemal machte ich auch einsame Landpartien mit Angelika, aber die unterhaltendsten waren die mit der Mars vom Französischen Theater nach Montmorency, Versailles, Fontainebleau, Chantilly und Compiègne. *Montmorency* hatte besonders viel Anziehendes für uns beide, und wir besuchten es öfter. Dieser reizende Ort liegt auf einer Anhöhe, die man zwischen Weinbergen und Wiesen besteigt. Man behauptet, daß es das alte Morantiacum sei, von wo aus schon römische Kaiser Gesetze erließen; seine Barone hatten die Lächerlichkeit, sich die ersten Barone der Christenheit zu nennen, und ihre Ahnen hatten von Gott schon bei der Sündflut begehrt, daß er ihr Haus in Schutz nehmen solle. Die Lage dieses Städtchens ist außerordentlich schön, wohl das reizendste um Paris; es liegt höchst malerisch auf einem Hügel, das romantische Tal zwischen Paris und Pontoise beherrschend, und in der Nähe, über ihm, liegt eine schattige Waldung. In einer äußerst bescheidenen Wohnung des Tales von Montmorency hat Rousseau seine „Nouvelle Héloise" geschrieben, sowie seine philosophischen Briefe an Herrn von Malesherbes. Hier standen noch sein armseliges Bett, seine Schränke, Stühle, ein Bücherbrett und der kleine Tisch, auf dem er die unnachahmbare Heloise dichtete.

In diesem schönen Tal am Eingang des Waldes hatte ein Eremit, den man Le Roi oder auch den heiligen Mann nannte, 1659 eine kleine Kapelle und eine Einsiedelei daneben erbaut. Er wurde bald darauf mit einem Eigentümer, dessen Besitzungen an seine Eremitage grenzten, in einen Prozeß verwickelt und mußte eine Entschädigung wegen des Zusammenfallens einer Mauer zahlen. Nach dem Tod dieses heiligen Mannes wurde ein kleines Gebäude an der Stelle, wo die Einsiedelei lag, aufgeführt. Dieses war es, das später Jean Jacques Rousseau bewohnte, und das mit einigen Änderungen noch steht. Das Haus kam durch mehrere Hände in die der Madame d'Epinay, die es für Rousseau einrichten ließ. Am 9. April 1756 nahm dieser Besitz von der ihm eingeräumten Wohnung. Während der Revolution ward sie auf kurze Zeit das Eigentum des Blutmenschen Robespierre, der in der Nacht des 6. Thermidor hier seine Proskriptionslisten schrieb, mit denen er am 7. nach Paris eilte, aber der 9. Thermidor machte seiner Tyrannei ein Ende, die er am 10. auf dem Schafott büßte. Einige Jahre später wurde die berühmte Eremitage das Eigentum des trefflichen Komponisten Gretry.

Als Rousseau die Eremitage nach etwa achtzehn Monaten wieder verließ, bezog er ein kleines Haus in dem Dorf Mont-Louis, das an dem Ende von Montmorency, hinter der Höhe, die man Butte Jouvelle nennt, äußerst pittoresk liegt. Hier beendigte Rousseau seine „Neue

Heloise", die er in der Eremitage angefangen hatte, sowie seinen Emil und den Contrat social. Daselbst findet man noch interessante, sich auf ihn beziehende Inschriften. Auf der Gartenterrasse ist ein steinerner Tisch, an dem er öfter geschrieben, nebst vier Lindenbäumen, die er selbst gepflanzt.

In diesem anmutigen Tal war es, wo ich mit der höchst liebenswürdigen Mars manch seligen Tag verlebte, und wir zusammen die Nouvelle Héloise lasen, die freilich mehrmals ein verzehrendes Feuer in uns entzündete, das wir jedoch zu löschen hier hinlängliche Gelegenheit fanden. Die Mars war zwar um zehn Jahre älter als ich, aber ihrem Ansehen nach schien sie fast noch jünger zu sein. Unter allen Schauspielerinnen, die ich gekannt, habe ich keine gefunden, die in einem so hohen Grad geistige mit körperlicher Liebenswürdigkeit verbunden hätte, und auch ohne ihr eminentes, nicht wieder erreichtes dramatisches Talent war sie ein Weib von der größten Auszeichnung, sowohl hinsichtlich des Verstandes als der Anmut ihres ganzen Wesens. Der Wohllaut ihres Organs, das Graziöse jeder ihrer Bewegungen, ihre Sprache und die Art, wie sie sich auszudrücken wußte – dies alles vereint hätte auch den indolentesten Phlegmatikus noch in Feuer versetzen können. Sie war auch die allgemein Angebetete. Wer sie nur einmal im Lustspiel gesehen, weiß, wie unvergleichlich, wie unerreichbar ihre Leistungen als Künstlerin waren, welchen Ausdruck ihr Mienenspiel hatte, wie sie durch ihre graziöse Koketterie und Schalkhaftigkeit alles hinzureißen, alles zu bezaubern wußte. Ihre vorzüglichsten Rollen waren: die Susanne in Figaros Hochzeit, Hortense in der Schule der Alten, Elmire, Celimene, Henriette in den Femmes savantes usw.; aber sie exzellierte ja in allen Rollen auf wie außerhalb der Bühne, was Wunder, daß auch ich, der sie so nahe kennen gelernt, solange ich in Paris, enchantiert von ihr war. Die Duchenois war in ihrem Fach, dem hochtragischen, wohl eine ebenso große Künstlerin, aber außer dem, daß sie nichts weniger als schön war, verfiel sie in den Fehler, der, den einzigen Talma ausgenommen, allen französischen tragischen Bühnendarstellern gemein ist, in das unnatürliche, widerliche Heulen, Toben und Schreien, was die französische Tragödie zur ekelhaften Fratze und Karikatur verzerrt, während es auf der Welt nichts Anmutigeres, Unterhaltenderes gibt, als die französischen Lustspiele von guten Künstlern aufgeführt; und hier sind die französischen Schauspieler Meister, noch von keinem Künstler einer anderen Nation erreicht.

Auch *Compiègne* besuchte ich in Gesellschaft der Demoiselle Mars, deren vollständiger Name: Anne Françoise Hippolyte Boutel war, und durchstreifte mit ihr die Galerien und Gemächer des merkwürdigen Schlosses, dessen weitläufige Gärten und den schönen Wald. Compiègne war öfter der Aufenthalt Karls des Kahlen, der hier ein Schloß und eine Abtei, die Carlopolis genannt wurden, erbaute, in welcher mehrere Könige von Frankreich der älteren Dynastien Hof hielten. Bei dieser Stadt war es, wo die unglückliche Jeanne d'Arc 1430 von Picard gefangen wurde, der sie an Luxemburg verkaufte, das sie wieder für 10 000 Livres nebst einer lebenslänglichen Pension von 500 Livres an die Engländer verschacherte, wo sie dem Feuertod anheimfiel. Das prächtige Schloß zu Fontainebleau mit seinen vielen Sehenswürdigkeiten, das rundum von herrlichen Wäldern umgeben ist, wo die Königin Christine von Schweden ihren untreuen Liebhaber Monaldeschi in einer Galerie des Palastes ermorden ließ, besuchte ich gleichfalls in Gesellschaft der herrlichen Künstlerin, und hatte so immer zwiefachen Genuß.

Von Rom erhielt ich unterdessen häufig Briefe von Miollis, dessen Geduld zu ermüden begann, da seine Sache nicht vorangehen wollte und ich bis jetzt noch wenig in dieser hatte tun können, indem die Festivitäten und andere wichtige Dinge alle hochgestellten Personen, bei denen ich operieren sollte, zu sehr in Anspruch nahmen. Ich schrieb ihm, daß die Verzögerung nicht meine Schuld sei. Ich würde, sobald der rechte Zeitpunkt gekommen, alle Tätigkeit anwenden und keine Bemühungen scheuen. Erst gegen die Mitte des Monats Mai gelang es mir, in dem Hotel der Prinzessin Pauline Borghese Eingang zu erhalten und dieser schönen Schwester Napoleons vorgestellt und empfohlen zu werden. Sie war gerade im Begriff ihren Aufenthalt zu Paris mit dem im nahen Neuilly, wohin sie mich beschied und verbindlichst einlud, sie dort zu besuchen, zu vertauschen. Dies meldete ich Miollis nach Rom, hinzusetzend: daß ich hierauf große Hoffnungen für seine Angelegenheit baue. In *Neuilly* ließ ich nicht lange auf mich warten, sondern fand mich bald in diesem anmutigen, eine kleine Stunde von Paris entfernten Ort ein. Hier besaß Prinzessin Pauline ein sehr schönes Landhaus, mit äußerst geschmackvoll angelegten Gärten. Ich ließ mich gegen Mittag anmelden, wurde sogleich vorgelassen, und fand die schöne Frau in einem eleganten Morgenanzug in der reizendsten Attitude. Nur eine einzige ihrer Damen, Madame Farigliano war in ihrer Gesellschaft. Nachdem sie mich mit großer Naivität über manche Dinge, mich selbst betreffend, befragt hatte, brachte ich ihr Miollis Anliegen etwas verblümt bei, sowie daß er ganz besonders auf ihren mächtigen Schutz zähle und sich diesem gehorsamst empfehle. Die Fürstin platzte jedoch gleich ohne Schminke heraus und sprach: „Aber mein Gott, Miollis muß doch wissen, wie wenig Einfluß ich in diesen Dingen auf meinen eigensinnigen Bruder, den Kaiser habe." Dabei fixierte sie mich stark und fuhr nach einer Pause fort: „Doch ich will überlegen, wie sich die Sache etwa machen ließe und durch welchen Kanal wir operieren können." – Ich wollte mich nun wieder empfehlen, aber sie geruhte noch verschiedene Fragen, meistens Rom und Italien betreffend, an mich zu tun, und endigte mit der: ob ich ihre Gärten schon gesehen hätte. Da ich dies mit Nein beantwortete, forderte sie mich dazu auf, und ich machte dankbar von dieser Erlaubnis Gebrauch. Als ich im Begriff war den Garten zu verlassen, begegnete ich der Prinzessin mit ihrer vorigen Gesellschafterin in einer Allee desselben, wo sie mich nochmals anredete und mir befahl, sie einige Gänge zu begleiten. Sie fragte mich nun nach meinem Vaterland, nach meinem Alter usw. Nachdem ich genügende Antwort gegeben, sagte sie: „Mais vous êtes encore bien jeune." Hierauf wandte sie sich zu ihrer Begleiterin und flüsterte dieser zu: „Mais pour un Allemand il a une très bonne tournure, qu'en dites vous?" – „Altesse c'est ce que je trouve aussi", erwiderte diese. Hierauf fuhr sie, sich wieder an mich wendend, fort, und sagte: „Wenn Ihnen mein Garten gefällt, so steht es Ihnen frei, ihn so oft zu besuchen, als es Ihnen Vergnügen macht. Wie lange werden Sie in Paris bleiben?" – „Hoheit, vermutlich solange, bis ich irgendein Resultat zugunsten des Generals Miollis erlangt habe." – „Mein Gott, ich wollte Ihnen sehr gerne behilflich sein, aber seitdem der Kaiser diese Österreicherin geheiratet hat, ist gar nichts mehr mit ihm anzufangen." Sie setzte sich nun wieder in Bewegung, und gebot mir, ihr zu folgen. Durch ihre naive Leutseligkeit ermuntert, ließ ich es sie nun auch merken, daß mein höchster Wunsch der wäre, zu der Garde versetzt zu werden. – „Ah la Garde", sagte sie lachend, „diese eblouiert euch Herren alle. Nun ich werde sehen, was sich später tun läßt, wenn mein Bruder von der Reise zurück und der Taumel der Honigmonate (Flitterwochen) vorüber sein wird. Haben Sie meinen Bruder schon einmal gesprochen?" – „Vor ungefähr einem Jahre zu Schönbrunn, als ich ihm die Depeschen von Rom überbrachte." – „Nun, und was sagte er Ihnen?" – „Er entließ mich mit einem: Nous verrons!" – Die Prinzessin lachte und wiederholte: „Nous verrons; doch sagen Sie mir, wie gefällt Ihnen die neue Kaiserin?" – „Hoheit, ich erlaube mir kein Urteil über eine so erhabene Person." – „Oh, bei mir brauchen Sie sich nicht zu genieren, sagen Sie ohne Fasson, was Sie von ihr halten.“ – „Ich sah Ihre Majestät nur erst einigemal im Vorübergehen am Vermählungstag.“ – „Aber was spricht man von ihr zu Paris, was sagen die Leute von ihr? Nicht wahr, sie hat gar nicht gefallen?“ – Ich brachte nur ein Mais, von einer zweideutigen Bewegung begleitet, hervor. – „Ja, wen könnte auch dieses frostige, ausdruckslose Marmorgesicht ansprechen? Niemand kann meinen Bruder begreifen. Auch nicht ein Mensch, der diese Österreicherin liebenswürdig fände!“ – Pauline sprach wahr. Die Persönlichkeit Marie Luisens vermochte das vorgefaßte Vorurteil gegen sie nicht zu verwischen. Weder ihr Äußeres noch ihr Benehmen war im mindesten geeignet, ihr die Herzen zu gewinnen. Sie war damals ungefähr neunzehn Jahre alt, schien aber einige zwanzig zu haben, hatte blondes Haar und mattblaue Augen, die ihr ein fades Aussehen verliehen. Ihr Gesicht hatte zwar jugendliche Frische, war aber ohne allen Ausdruck. In ihrem Benehmen bewies sie gegen jedermann eine hochmütige Zurückhaltung, was vielleicht mehr von einer Art Schüchternheit und Furcht als übelangebrachtem Stolz herrühren mochte. Vielleicht hielt sie dies auch für ein unentbehrliches Requisit der Majestät; im übrigen hatte sie keinen anderen Willen als den Napoleons. Bei jedem Vergleich mit Josephine mußte sie unendlich verlieren. Statt der Anmut, Lieblichkeit und Milde, wodurch jene bezauberte, entzauberte diese durch ihre frostige zurückstoßende Kälte, war höchst einsilbig, geschmacklos selbt in ihrer Toilette, und würde sich ohne den besseren Geschmack ihrer Kammerfrau oft wunderlich gekleidet haben. Ihre deutschen Umgebungen hatte sie sämtlich, als sie den französischen Boden betrat, entlassen müssen. Gegen ihre französischen schien sie einen unüberwindlichen Widerwillen zu hegen, indem sie nie einen freundlichen Blick, ein ermunterndes Lächeln, ein wohlwollendes Wort an diese richtete. Ebenso war sie gegen die Hof- und Palastdamen, die sie bald unausstehlich fanden, sowie gegen Napoleons Schwestern und Anverwandte, welche glaubten, die junge Kaiserin verachte sie wegen ihrer niederen Herkunft als Parvenüs. Sie machten sich deshalb hinter ihrem Rücken über sie lustig, verschrien sie als unbeholfen, ja stupid, und das Benehmen und die nichtssagende Physiognomie Marie Luisens unterstützte diese Aussagen nur zu sehr. So sprach denn auch Pauline ohne allen Rückhalt mit mir von ihrer kaiserlichen Schwägerin, und verbarg nicht im mindesten ihre Abneigung gegen diese, ob sie mich gleich zum erstenmal sah und sprach. – „Doch von was anderm", fiel sie endlich plötzlich ein: „Werden Sie heute in Neuilly zubringen?" – „Nein, Hoheit, ich gehe nach Paris zurück, denn ich wüßte nicht wie ich meine Zeit herumbringen sollte." – „Gut, kommen Sie morgen um diese Stunde wieder, vielleicht kann ich Ihnen durch Madame Farigliano" – sie warf einen Blick auf diese – „schon etwas Näheres wissen lassen. Finden Sie sich wieder an dieser Stelle ein, hören Sie?" – Wir standen gerade vor einem ziemlich hohen gewölbten Felsen, ich versprach dem Befehl genau Folge zu leisten, und empfahl mich mit drei ehrerbietigen Verbeugungen. Ich wußte, in welchem Ruf Pauline stand, und war nicht Neuling genug, um nicht bemerkt zu haben, daß ihre Blicke mehrmals mit Lüsternheit auf mir geruht hatten. Wohlan, dachte ich bei mir selbst, mußt du auf *diesem* Wege zum Ziele gelangen, so ist es noch nicht der schlimmste. Ich fuhr nach Paris zurück und dachte über die gehabte Unterredung, und was die Folgen wohl sein könnten, nach, indem ich mir allerlei prächtige Luftschlösser baute und ausmalte. Es ist hier wohl am rechten Orte, mit einigen Worten die damals lebenden Mitglieder der bonapartischen Familie zu schildern, die ich größtenteils persönlich gekannt oder doch öfter gesehen hatte und mit ihren Umgebungen oft verkehrte. Manches davon habe ich durch Pauline und einige andere Glieder der Familie erfahren.

Zur Zeit als die Familie Bonaparte aus Korsika vertrieben, sich zu Marseille aufhielt, lebte sie in äußerst dürftigen Umständen und fast nur von den Unterstützungen, die ihr mitleidige oder teilnehmende Menschen, oft auch nicht ohne Interesse, zukommen ließen, denn die Mädchen, namentlich Karoline und Pauline, waren sehr hübsch, ja wohl Schönheiten. Beide hatten damals viele Anbeter, von denen es jedoch keiner ernstlich meinte. Auch waren es meistens arme Offiziere, die selbst nicht viel übrig hatten. Die Mädchen gingen selbst auf den Markt, die nötigen Einkäufe möglichst billig zu machen, und wurden häufig zu den Reunionen des Platzkommandanten Lingard eingeladen, bei denen sie in sehr einfachen weißen Kleidern, ohne allen Schmuck erschienen, aber dennoch von den Tänzern am meisten gesucht und vorgezogen waren. Der Platzkommandant und mehrere Stabsoffiziere und Kapitäne machten zu jener Zeit bisweilen kleine Kollekten unter sich, zugunsten der Frau Lätitia und ihrer Kinder, doch nicht ohne alles Interesse, und von Pauline wurde behauptet, daß sie ein Oberst förmlich unterhalte, was sie aber nicht gestand, sondern sagte, daß sie nur eine gewöhnliche Intrige mit ihm gehabt. Nachdem es Joseph Bonaparte gelungen war, die Tochter des reichen Kaufmanns Clary zu heiraten, hatten seine Mutter und Schwestern eine Stütze an ihm, und er unterstützte sogar seinen Bruder Napoleon, der sich damals ebenfalls ganz mittellos zu Paris befand, wo ihm gute Freunde und Bekannte, unter denen auch Talma, öfter ein Mittagessen bezahlten, und er seine silberne Uhr in der größten Not hatte verkaufen müssen, und ein Paar Handschuhe für einen sehr überflüssigen Luxusartikel erklärte, von Zeit zu Zeit mit kleinen Geldsummen. Als Madame Bonaparte den Wunsch äußerte, noch einen ihrer Söhne an eine Clary zu verheiraten, antwortete deren Vater: O ich habe genug an einem Bonaparte in meiner Familie. Von Joseph habe ich schon geredet, es war ein Mensch von sehr mittelmäßigen Fähigkeiten, der wenig Verstand und desto mehr Geistes- und andere Schwächen besaß, einen Engel zur Frau hatte, den er nicht verdiente und nicht nach Verdienst zu schätzen wußte. Es ist unbegreiflich, wie ihn sein Bruder mit so großen Bürden, wie die Kronen von Neapel und Spanien waren, belasten mochte, und später, als Generalleutnant des Kaiserreichs, das Schicksal von Paris, seiner Gemahlin und seines Sohnes gewissermaßen in seine Hände legen konnte. Auch verdarb sein Kleinmut, seine Unentschlossenheit alles. – Der zweite Bruder war der Kaiser Napoleon. Über diesen hier viel zu sagen wäre überflüssig. Als Feldherr ausgezeichnet, doch noch lange kein Cäsar oder Friedrich, als Politiker ein erbärmlicher Stümper, als Mensch ein herz- und gemütloser Egoist. Auch hatte er seine gewaltigen Schwächen, die zum Teil nichts weniger als einen großen, sondern oft einen sehr kleinlichen Geist bewiesen, der von Leidenschaft und Rachsucht verleitet, besonders wenn sich seine kleine Eitelkeit gekränkt fühlte, in die unsinnigste und abgeschmackteste Tyrannei verfiel; arme aber ihm an Geist überlegene Frauen, wie eine Staël, Chevreuse, Smith-Spencer, Recamier usw. auf das empörendste verfolgte, des niederträchtigen Benehmens gegen die treffliche Königin Luise von Preußen gar nicht zu gedenken. Einen Enghien, einen Palm, die Offiziere des Schillschen Korps und hundert andere so niederträchtig wie feige ermorden, die armen Soldaten und Unteroffiziere dieses Korps, die nur den Befehlen ihrer Vorgesetzten folgten, auf die Galeeren unter Mörder, Räuber und Diebsgesindel schmieden ließ, alle Zungen und Pressen zu fesseln vermeinte, seine Umgebungen oft auf das abscheulichste und gemeinste mißhandelte, wenn ihn ein englischer Zeitungsartikel oder sonst ein Querstrich in üble Laune versetzt oder gar in Konvulsionen gebracht; der in Ägypten und Rußland Reißaus nahm, und die ihm anvertrauten Heere im Stich ließ, sobald es schief ging, um nur seine werte Person in Sicherheit zu bringen usw., dies nannte er Staatsklugheit und so waren seine Heldentaten! Selbst in der sinnlichen Liebe wußte er nur den Despoten zu spielen, aber nie die Gunst des ersehnten Gegenstandes durch Liebenswürdigkeit oder gefälliges Betragen, oder auch nur durch Geschenke zu erringen. Ein Befehl an seinen Kammerdiener oder seine privilegierten Kuppler mußte den gewünschten Gegenstand seiner Sinneslust herbeischaffen, und zwar mit Gewalt, wo es vonnöten und der kaiserliche Name allein nicht ausreichte, die Schöne zu vermögen, sich dem Tagesgötzen preiszugeben. Dergleichen Gelüste wandelten Se. Majestät oft an. – Der dritte Bruder, Lucian, war ohne Widerrede der tüchtigste und fähigste Kopf der ganzen Familie, dabei ein Mann von starkem und festem Charakter, der es vorzog, lieber unabhängig von den Launen seines kaiserlichen Bruders zu leben, als sich, durch ihn gekrönt, von ihm als Schuhputzer behandeln zu lassen. So hatte er, dessen Ungnade trotzend, die Witwe eines Wechselmaklers geheiratet, nachdem er schon als Minister des Innern dessen Zorn auf sich geladen, es verweigernd zu unsinnigen Maßregeln seinen Namen herzugeben, und seinem Bruder, als ihn dieser, um ihn wieder zu gewinnen, fragen ließ, welche Krone er zu besitzen wünsche? geantwortet: Nun so möge er ihn doch zum König von England machen! – Dieser Hohn war zu beißend, einen Napoleon nicht tief zu verwunden. Lucian schiffte sich, um ferner jede Berührung mit seinem Bruder zu vermeiden, noch in diesem Jahre (1810) nach den Vereinigten Staaten ein, wurde aber von den Engländern gefangen und bis 1814 festgehalten. Was wäre am 18. Brumaire ohne Lucian aus Napoleon geworden, der, als er die Dolche im Rat der Fünfhundert blinken sah, bleich, wankend und zitternd, einer Ohnmacht nahe war, als ihn seine Grenadiere aus dem Saal zerrten! Hier hatte, das Leben seines Bruders zu retten, Lucian allerdings schlecht gegen das Vaterland gehandelt. – Elisa, die älteste der Schwestern Napoleons, war nicht die schönste, doch die geistreichste der Damen Bonaparte, aber unglücklicherweise wollte auch sie die Gelehrte spielen, suchte deshalb besonders die Unterhaltung ausgezeichneter Schriftsteller, gab sich aber, wie dies bei den meisten gelehrten Frauen der Fall ist, manch arge Blöße. Sie hatte den Prinzen Bacciochi geheiratet, den Napoleon zum Fürsten von Piombino und Lucca dekretierte, der aber eigentlich eine Null in seinem Staat war, denn Elisa handhabte nicht nur den Pantoffel, sondern auch den Zepter, und war die eigentliche Regentin. 1809 ernannte sie Napoleon zur Großherzogin von Toskana. Auf sie folgte Ludwig, damals noch König von Holland, unstreitig der beste und redlichste dieser Korsen, ein gutmütiger Mensch, der den Willen hatte, das von seinem Bruder ihm zugeteilte Land glücklich zu machen, und da dies nicht die Meinung und der Wille seines Bruders war, dessen Eigensinn und Tyrannei er nur Sanftmut entgegenzusetzen hatte, so legte er nach mehreren sehr heftigen Szenen, die er wegen der Kontinentalsperre, bei deren strengen Beobachtung Holland zugrunde gehen mußte, gehabt, noch im Juli dieses Jahres die Krone nieder. Auch mit seiner ehrgeizigen und herrschsüchtigen Gattin, Napoleons Stieftochter und zeitweiliger Geliebten, die ihm derselbe ganz gegen seinen Willen, und wie es den Anschein, als sie sich in andern Umständen befand, aufgehängt hatte, lebte er sehr unglücklich. Ihm folgte die schöne Pauline oder Paulette, wie sie ihr Bruder der Kaiser und noch andere nannten. Als fünfzehnjähriges Mädchen und noch später soll sie die vollendetste Schönheit gewesen sein, die man sich denken kann, aber auch jetzt war sie, wenngleich beinahe dreißig Jahre alt, noch immer eine Schönheit zu nennen. Mit ihren Zügen hatte Canova die Statue der Venus des Praxiteles nachgeahmt. Schon mit dem zwölften Jahre hatte sie Liebhaber gehabt und die böse Welt behauptete, wie es scheint nicht ganz mit Unrecht, daß Napoleon selbst einer derselben gewesen sei. Nach dem Tode ihres ersten Mannes, des Generals Leclerc, hatte sie den Fürsten Camillo Borghese geheiratet, eine Art Hampelmann, von dem sie sehr bald getrennt lebte; ihr Bruder hatte ihr das Fürstentum Guastalla gegeben, sie aber wohnte meistens zu Neuilly, wo sie eine Art Hof hielt. Von ihren galanten Abenteuern wußte man sich viel zu erzählen. Während der kurzen Zeit als sie Witwe und in Trauer war, ließ sie Napoleon wohl bewachen, fürchtend, daß sie tolle Streiche machen möchte; aber wieder verheiratet, ließ sie rücksichtslos ihren Leidenschaften die Zügel schießen. Bekannt sind die Abenteuer, die sie unter dem Namen Amélie mit einem jungen Manne hatte, dem sie häufig Rendezvous in dem Haus einer Lingère in der Rue du Bac Nr. 188 gab, wohin sie ihn beschied. Dieser war eines Tages über alle Maßen erstaunt, als er seine Amélie mit Brillanten bedeckt in einer kaiserlichen Hofloge erblickt und erfährt, daß es die Fürstin Borghese, Napoleons Schwester, sei. Auch die Prinzessin, die schon einige Zeit die Liaison mit ihm abgebrochen, hatte ihn bemerkt. Am andern Morgen wurde er in das Ministerium des Innern beschieden, wo ihm eine sehr einträgliche Stelle, fünfzig Lieues von Paris entfernt, erteilt wurde, mit dem strengen Befehl, sich in den nächsten achtundvierzig Stunden auf seinen Posten zu begeben. Jedermann kennt ihre Amouretten mit den Schauspielern Lafont, Forbin, dem Obersten Canouville usw., dessen Pferd samt seinem Reiter Napoleon bei einer Musterung viel zu wild und ungezähmt gefunden, und Herr und Roß deshalb hundert Meilen weit von Paris entfernt hatte, damit beide besser dressiert würden. Aber bei weitem blieb die große Zahl der Abenteuer Paulinens und ihrer Schwestern dem kaiserlichen Bruder unbekannt, da ihm niemand gerne die Augen deshalb öffnen mochte, und selbst der General-Spion und Polizeiminister Fouché wagte es nicht, seinen Herrn, oft sein Instrument, dadurch in üble Laune zu versetzen. So trieben es die Damen ungestört fort, bis der Sturz des kaiserlichen Thrones auch sie mitriß und das Alter diese Vergnügungen ohnehin verbot. Nur einigemal, wenn es so toll wurde, daß er selbst etwas merkte, oder ihm durch eine seiner passageren Mätressen etwas gesteckt wurde, machte er seiner Mutter, der Madame Mère, Vorwürfe und meinte, seine Schwestern sollten ehrbar mit den Offizieren seiner Garde tanzen, die, wenn auch nicht gerade schöne, doch sehr brave Männer seien, mit denen ihr Ruf nicht so gefährdet würde, als mit solchen Muscadins. Die jüngste Schwester, die Königin Karoline von Neapel, war nicht weniger schön und hatte weit mehr Verstand als Pauline, die in dieser Hinsicht von der Vorsehung etwas stiefmütterlich behandelt worden war. Nur hatte sie einen kurzen Hals, so daß ihr Kopf zu sehr zwischen den Schultern saß. Wir werden bei meinem letzten Aufenthalt in Neapel sie samt ihrem Gatten, dem König Murat, noch näher kennenlernen. Der jüngste der Brüder, Jérôme (Hieronymus), war auch der unbedeutendste unter allen, eigentlich eine physische, geistige und moralische Jämmerlichkeit. Seine ganz unansehnliche Gestalt hatte den Kopf noch weit mehr als Karoline zwischen den hohen Schultern stecken, und sein Gesicht hatte sogar etwas widerlich Unangenehmes. Dennoch hatte er als König von Westfalen unzählige Amouretten zu Kassel, wo ihm der Königstitel gefällige Damen in großer Zahl verschaffte. Seine Ärzte waren nur damit beschäftigt, die vergeudeten Kräfte, an denen Hieronymus eben keinen Überfluß hatte, möglichst zu ersetzen und ließen ihn täglich unter andern die stärksten Weinbäder nehmen. Der so gebrauchte Wein wurde nachher in Flaschen gefüllt und das Hofgesinde verkaufte ihn unter der Hand an Wirte und andere Einwohner in Kassel! Dabei hatte dieser affenartige Sardanapal sehr unnatürliche, oft neronische Gelüste, selbst bei den Frauen, die ihn zum Ekel widerlich finden mußten. Sein ganzes Aussehen hatte so wenig Königliches, daß er eher einem erzliederlichen Schneidergesellen ähnlich sah. Eine

Jammergestalt in optima forma, die aber dem armen Land, das so glücklich war, sie auf eine kurze Zeit zu besitzen, unzählige Tränen und das Mark seiner ausgesogenen Bürger kostete. Dieser Prinz von der traurigen Gestalt hatte dennoch in Amerika das Glück gehabt, die Tochter eines reichen Bankiers von Baltimore, eine Miß Patterson, ein hübsches Mädchen, zur Frau zu bekommen, die, als sie ihm hochschwanger nach Europa gefolgt war, auf dem ganzen Festland auf Befehl ihres Schwagers Napoleon keinen Hafen fand, in dem man ihr zu landen vergönnte. In Frankreich, Holland, Belgien, Italien, Spanien und Portugal war sie zurückgewiesen worden. Die arme, verlassene, treffliche Frau mußte nun allein über England wieder nach Amerika zurückkehren, denn dem früher in seiner hilflosen Lage oft von Schauspielern gefütterten Napoleon war die Familie Patterson jetzt nicht mehr gut genug, um sich verwandt mit ihr zu wissen. Schon hatte er die Marotte, aus allen seinen Brüdern Könige stempeln zu wollen, die er teuer genug büßen mußte, denn als Könige waren sie ihm alle zum größten Verderb. Madame Mère, Frau Lätitia, war als kaiserliche Mutter eine sehr fromme Dame geworden und bewährte so das bekannte Sprichwort: Aus jungen . . . werden alte Betschwestern. Ich habe Personen gekannt, die sehr vertraut mit ihren früheren Verhältnissen in Korsika gewesen und mich versicherten, daß, etwa Joseph ausgenommen, sie von keinem andern ihrer Kinder mit Gewißheit den Vater zu nennen wüßte. Übrigens war sie eine sehr mitleidige Seele, die den Armen und andern viel Gutes erwies, als sie die Mittel dazu erhielt. Doch war sie auch sehr kapriziös, und ihr Eigensinn artete bisweilen in Starrsinn aus; sie soll sehr schön gewesen sein. Von den übrigen Mitgliedern der Familie Bonaparte will ich nur Napoleons Stiefsohn, den Prinzen Eugen, Vizekönig von Italien, erwähnen. Ein in jeder Hinsicht vortrefflicher und edler Charakter, dessen größter Fehler der war, seinem Stiefvater zu sehr

nachgegeben zu haben, und zu gehorsam gewesen zu sein. Er hatte sich 1806 mit der schönsten deutschen Prinzessin, mit der ältesten Tochter des Königs Maximilian von Bayern, Auguste Amalia, vermählt. Seine Schwester Hortensia war so ziemlich das Gegenteil des Bruders und Herrschsucht, der sie kein Opfer zu bringen scheute, die Triebfeder fast aller ihrer Handlungen. Ich hätte diese Skizzen der napoleonischen Charaktere weit mehr und mit den besten Grundfarben ausmalen, sowie die noch vieler anderer Personagen des napoleonischen Hofes und Reiches, wie der listigen Füchse und Ränkeschmiede Talleyrand und Fouché, des Oheims des Kaisers, des geistlichen Komödianten Fesch, vieler Marschälle, Minister usw. mitteilen können. Dies gehört aber nicht hierher und würde ein ausgedehntes Buch für sich füllen; auch sind viele derselben längst, wenn auch oft mit falschen Zügen und Farben, geschildert worden.
Als ich am andern Morgen nach der Unterredung, die ich mit Paulinen gehabt, erwachte, kam mir die ganze Sache fast traumartig vor; indes machte ich mich zur festgesetzten Stunde wieder auf den Weg nach Neuilly, begab mich an die mir angegebene Stelle des Gartens, und erwartete unter einem Säulengang vor dem gewölbten Felsen die Dinge, die da kommen würden. Ich wartete nicht lange, als eine Dame, eine andere als die, welche ich den Tag vorher in Paulinens Gesellschaft gesehen, erschien, mich freundlich willkommen hieß und mich durch eine Seitentür in das Innere des Felsens führte, in dem sich mehrere Gemächer und Galerien, unter andern auch ein sehr schönes Bad in einem prächtigen Salon, befanden. Das Abenteuer kam mir sehr romantisch, beinahe märchenhaft vor, und ich dachte eben über den Ausgang, den es wohl haben könnte, nach, als eine in den feinsten Batist gehüllte Frauengestalt durch eine Seitentür in den Badsaal, in dem man mich warten geheißen, trat, auf mich zuging und mich lächelnd fragte, wie es mir hier gefalle. Ich erkannte sogleich Napoleons

schöne Schwester, deren üppige und vollkommen plastische Formen sich bei jeder Bewegung durch die Falten ihres Gewandes ausdrückten. Sie reichte mir die Hand zum Kusse dar, hieß mich hier willkommen und auf einem schwellenden Ruhebett neben sich niederlassen. Hier war ich sicher nicht der Verführer, sondern der Verführte, denn Pauline ließ alle ihre, durch das Chiaroscuro noch erhöhten Reize spielen, mein Blut in Wallung und meine Sinne in Aufregung zu bringen, was ihr denn auch vollkommen gelang, und bald waren die samtnen Polster Zeugen, wie wir unsere gegenseitige Glut in namenlosen Ergießungen löschten, wobei sie sich als eine sehr erfahrene Lehrerin zeigte, denn sie wußte mehr als ich. Nachdem wir das Feuer hinlänglich gekühlt, zog Pauline eine Glocke und befahl ihren eintretenden Frauen, ein Bad zu bereiten, zu dem sie mich ebenfalls einlud. In Badmäntel von den feinsten Linnen gehüllt, blieben mir beinahe eine Stunde in dem kristallhellen bläulichen Wasser, worauf sie ein köstlich erquickendes und restaurierendes Mahl in einem Seitengemach servieren ließ, bei dem wir bis zur Abenddämmerung noch miteinander zubrachten. Beim Abschied mußte ich das baldige Wiederkommen versprechen und verlebte nun manchen Nachmittag auf ähnliche Weise in Neuilly. Indessen hatte ich eben nicht Ursache sehr stolz auf diese Eroberung zu sein, denn viele andere hatte sie schon vor mir beglückt, und noch manchem andern schenkte sie nach mir ihre höchste Gunst. Auch war mir die Dame fast zu routiniert, und es dauerte nicht lange, so empfand ich trotz all ihrer Schönheit Widerwillen statt Genuß in ihrem Umgang, da auch an eine nur einigermaßen geistreiche Unterhaltung mit Paulinen nicht zu denken war, und wenn einmal der Sinnentaumel vorüber, die tödlichste Langeweile und Gähnen dessen Stelle vertrat. Dabei artete sie oft ins Gemeine aus. Wie anders war es mit einer Mars, deren Persönlichkeit immer neue Reize zu entfalten wußte. Selbst Madame Bonnier war trotz ihrer

Klostererziehung weit unterhaltender. Hierzu kam noch, daß ich zu jener Zeit die Bekanntschaft zweier andern sehr liebenswürdigen jungen Damen, die eine die Frau eines Generals, die andere die eines Rittmeisters, deren Männer sich beide bei der Armee in Spanien befanden, machte, und die ich bei einer Vorstellung der Iphigenia in Tauris aux français, wo Talma den Orestes in der höchsten Vollendung gegeben, kennenlernte, da ich mich in derselben Loge mit ihnen befand. Auf die Iphigenia waren die Plaideurs gefolgt, und gaben mir die beste Gelegenheit bei den Damen zu plaidieren, deren Ehrenkavalier ich jetzt auf eine Zeitlang wurde. Sie waren sehr muntere und liebenswürdige Geschöpfe, die Generalin zählte dreiundzwanzig, die andere erst neunzehn Jahre; beide kaum zwei Jahre verheiratet und Schwestern. – Noch hatte ich *Versailles* erst im Fluge gesehen; an einem Nachmittag hatte ich mit Paulinen in dem großen Park daselbst zugebracht, von einem Gebüsch in das andere wandernd. Schloß und Gärten, an welche der üppige Ludwig XIV. nicht Millionen, sondern über eine Milliarde verschwendet hatte, waren damals im traurigsten Zustand, und ganze Tage lang konnte man in dem öden unermeßlichen Park umherirren, ohne nur auf eine menschliche Seele zu stoßen. Man glaubte sich an unheimlich verwünschten Orten – keine andere Spur mehr, als traurige endlose Alleen und Mauern von den früher hier feenhaften Festlichkeiten und Herrlichkeiten. In kaum fünfundzwanzig Jahren war aus einem kleinen elenden Weiler eine ansehnliche Stadt, aus dem unbedeutenden Jagdhaus, das Ludwig XIII., nachdem er lange genug auf seinen großen Jagden in elenden Kneipen oder in einer Windmühle übernachtet, hatte erbauen lassen, ein unermeßliches Schloß, das prächtigste Europas geworden, sowie aus öden Wüsteneien ein unabsehbarer herrlicher Park. Alle Künste hatten beitragen müssen, dieses Wunderwerk zu schaffen, das hauptsächlich durch drei Männer bewirkt wurde, nämlich den

Baumeister Mansard, den Maler Lebrun und Le-Nôtre, der die Gärten anlegte. Alles was Kunst, Fleiß, Tätigkeit und Pracht hervorbringen können, war hier vereint. Jetzt war es, als habe ein böser Zauberer all diese Herrlichkeiten, die auf einen Erlöser zu harren schienen, verwünscht, aber gerade diese Öde und Grabesstille in den endlosen, im altfranzösischen Geschmack angelegten Gärten, Wandalleen und Baumgruppen verliehen dem Ganzen einen eigenen romantischen Reiz, besonders wenn man an der Hand eines geliebten Gegenstandes diese Einsamkeiten durchstöberte. Hier war der Schau- und Tummelplatz der verschwenderischen Prachtfeste, die Ludwig XIV. angeblich der Königin, aber eigentlich seiner Mätresse La Vallière gab, bei denen Aufwand, Eleganz und Luxus herrschten, die bis dahin am französischen Hof unbekannt gewesen waren. Zehn Tage lang wurden weit über tausend Personen daselbst auf königliche Kosten lukullisch bewirtet. Jeder Tag hatte eine andere festliche Bestimmung. Einmal war Alcinens Schloß und die Vergnügungen der bezauberten Insel der Schauplatz und das Sujet, ein andermal war es der Olymp selbst usw. Am ersten Tage fand ein Karussell statt, bei dem der prunkende König mit Diamanten bedeckt den Ruggiero darstellte; von Wappenherolden, Stallmeistern, Pagen und Rittern begleitet, ritt er zuerst in die Schranken. Im glänzendsten Schmuck, mit Brillanten übersäet, saßen die Damen unter einem Triumphbogen und überschütteten den königlichen Ritter bei seinem Erscheinen mit lautem Beifall. Den Reitern folgte ein kolossaler Wagen, eine Sonne darstellend, die von den goldenen, silbernen, ehernen und eisernen Zeitaltern, den vier Jahreszeiten, den Stunden usw. umgeben war. Viermal ließ man Ludwig bei dem Rennen den Preis davontragen. Als die Nacht herangekommen war, wälzte sich gleichsam von selbst ein ganzer Berg daher, auf dem sich Diana und Pan befanden, welche die köstlichsten und ausgesuchtesten Leckerbissen auf Tische

verteilten, die bereits die Umgebung des Sonnenwagens herbeigeschafft hatte. Ein Theater hatte sich gleichfalls wie durch Zauberei gebildet, von dem herab sich während der Mahlzeit eine rauschende Musik hören ließ, und jeder Tag brachte neue ähnliche Wunder hervor. Molières treffliche Komödien trugen nicht wenig zur Unterhaltung dieser Tage bei. Die drei ersten Akte seines Tartüffe wurden bei dieser Gelegenheit zum erstenmal und auf Verlangen des Königs aufgeführt. Bescheiden und lieblich wie ein still und versteckt blühendes Veilchen, verbarg sich die Göttin, der zuliebe diese Feste veranstaltet worden waren. Einfach und anspruchslos sah ihnen die La Vallière, unter der Menge der Damen verloren, zu; wie bald mußte sie, durch die Montespan verdrängt, kaum dreißig Jahre alt, in dem Kloster der Karmeliterinnen noch sechsunddreißig Jahre in religiöser Einsamkeit es büßen, eine kurze Zeit die Geliebte des prächtigen Königs gewesen zu sein, und wie bald wurde auch die Montespan durch andere Maitressen verdrängt, bis endlich die Erzieherin ihrer Kinder, Scarrons arme Witwe, die Ludwig XIV. anfänglich sogar mit Widerwillen ansah, den alternden König dahin zu bringen wußte, daß er, seine Sünden bereuend, sie ehelichte und ihr Betbruder wurde. Er würde ihr selbst den Titel einer Königin verliehen haben, hätten es Louvois und der Erzbischof von Paris nicht zu verhindern gewußt. Auch war die Ehe ein öffentliches Geheimnis.
Unter dem Regenten Philipp von Orleans, der im Palais Royal den Sitz seiner Ausschweifungen und Orgien aufgeschlagen hatte, war Versailles wieder verlassen, so daß die Häuser daselbst auf einen Vierteil ihres Wertes herabsanken, bis Ludwig XV. das Prachtschloß wieder zu seiner Residenz machte und die Gärten noch vergrößerte. Dieser König, der anfänglich sehr keusch und sittlich lebte, wurde endlich durch eine junge Hofdame von hohem Rang verführt, die ihn fast mit Gewalt zwang, ihren Willen zu erfüllen, und hierauf trumphierend die

Spuren des gelungenen Unternehmens jenen zeigte, die sie aufgefordert hatten, das Wagestück zu versuchen. Dieses freche Weib wurde später eine Fromme und lief in alle Kirchen ihre Sünden zu büßen. Einst hatte sie in der St.-Rochus-Kirche durch ihr Kommen mehrere Personen derangiert, worauf eine derselben ganz laut sagte: Das ist auch der Mühe wert um so einer H ... willen. Aber sie erwiderte ganz gelassen: Da Sie sie kennen, so beten Sie für sie. Nach ihr folgten nacheinander ihre drei Schwestern in der Gunst des Königs, dessen Maitressen sie wurden, dessen Ausschweifungen nun bald keine Grenzen mehr kannten und dessen Beispiel den ganzen Hof zu einem Bordell umschuf. Die berüchtigten petits soupers in den petits appartements wurden in allen königlichen Palästen eingeführt, und ein sardanapalisches Leben war an der Tagesordnung, wie die Geschichte nicht leicht ein zweites aufzuweisen hat. Madame Normand d'Estiole hatte es, von der eigenen Mutter angeführt, darauf angelegt, des Königs Konkubine zu werden. Auf einem Maskenball in dem Stadthaus zu Paris gelang es ihr endlich, die Neugierde Ludwig XV. rege zu machen. Als sie sich demaskierte, ließ sie ihr Schnupftuch vor dem König hinfallen und entschlüpfte unter der Menge. Ludwig hob sogleich das Tuch auf und wollte die Dame am Arm fassen, da sie ihm aber entwischte, so warf er ihr das Tuch sehr artig nach, und sogleich hörte man allenthalben zischeln: „Er hat ihr das Schnupftuch zugeworfen." Der Herzog von Richelieu und der erste Kämmerer führten ihrem Gebieter die neue Sultanin zu, die jedoch nicht ohne Mühe und mit Hilfe der höchsten Hofchargen die erklärte Maitresse und Marquise Pompadour wurde, aber dann den Monarchen und ganz Frankreich allmächtig beherrschte. Eine ihrer ersten Handlungen war die Verbannung des ihr jetzt lästig gewordenen Ehemannes. Als der König endlich ihres fleischlichen Umganges überdrüssig war, da wußte sie sich demselben durch die Zuführung anderer

Frauen und Mädchen und selbst von Kindern von elf Jahren unentbehrlich zu machen, und veranstaltete die furchtbar wollüstigen Vergnügungen des Hirschparks. Zuneigung war es nicht, was die Maitresse an Ludwig XV. fesselte, sondern einzig die Liebe zur Herrschsucht und die Begierde, unermeßliche Reichtümer zusammenzuscharren. Sie ließ deshalb kein Mittel unbenutzt, sich zu behaupten. Als sie endlich 1764 starb, sah der König zufrieden lächelnd ihrem Leichenzug nach. Das Vermögen, welches sie hinterließ, überstieg alle Berechnungen, die man gemacht: es betrug weit über 100 Millionen! Die Versteigerung ihres Mobiliars und anderer Effekten währte über ein Jahr, und wurde der Seltenheit der dabei vorkommenden Sachen wegen aus Neugierde besucht, denn man bekam Raritäten zu sehen, die noch niemand gekannt hatte. Ludwig XV. fuhr fort, sein Serail im Hirschpark und die Messen, Predigten und Kirchen zu besuchen, wähnend, dadurch den Himmel mit seinen Sünden auszusöhnen, während sich die Zügel der Regierung in den schlimmsten Händen befanden, und Hofdamen und Bauernmädchen, feile Weiber und Kinder, sich darin teilten; alles was ihm die Phantasie des Augenblicks eingab, mußte dazu dienen, seine Gelüste zu befriedigen, bis endlich die berüchtigte Du Barry Maitresse en titre wurde, die unsinnigste Verschwendung mit den Geldern des Staats trieb und so redlich das Ihrige zu dem Sturz des längst untergrabenen Thrones und zur Beschleunigung einer furchtbaren Revolution beitrug, die auch ihr Haupt der Hand des Henkers überlieferte.

Unter dem unglücklichen Ludwig XVI., dem Sündenbock seiner Vorfahren, wurden die Generalstaaten nach Versailles berufen, um über die Mittel, das Reich vom Untergang zu retten, zu beraten. Aber der Schaden saß zu tief, das Vorurteil war zu blind. Statt die Wunde zu heilen, wurde sie falsch behandelt, unheilbar gemacht und die Revolution machte Riesenschritte. Man wollte den Versammlungsort der Nationalversammlung schließen, diese flüchtete sich ins Ballhaus, und schwur den bekannten Eid. Am 1. Oktober 1789 fand das famose Fest im Opernsaal zu Versailles statt und am 5. desselben Monats zog das wütende Weiberheer dahin, und nur durch ein halbes Wunder entging Maria Antoinette der ihr zugedachten Ermordung, sich mit Tagesanbruch in die Gemächer des Königs flüchtend. Man trug die Köpfe der gemordeten Gardisten, die ihre Fürstin verteidigen wollten, auf Piken herum, und die ganze königliche Familie war gezwungen, dem schrecklichen Zug nach Paris zu folgen.

Alle die Orte, wo diese Greuelszenen vorgefallen waren, ließ ich mir genau zeigen, und hier erwachte zuerst der Wunsch in mir, einmal eine ausführliche Geschichte der französischen Revolution schreiben zu können.

Mehrmals besuchte ich noch Versailles in Gesellschaft meiner neuen Bekanntschaft, der beiden Offiziersdamen, namentlich auch die beiden Trianons, wovon das kleine nebst seinen Gärten Zeugen der stillen Freuden Maria Antoinettens in ihren glücklicheren Zeiten war; sie hatte es zu einem bezaubernden Aufenthalt umgeschaffen. Ludwig XVI. hatte es ihr beim Antritt seiner Regierung geschenkt. Auch wir genossen der stillen und heimlichen Freuden im Park von Versailles gar mancherlei, und besuchten das Labyrinth, das Venusboskett und andere abgelegene Orte vorzüglich gerne. Die junge Emilie hatte ich Alcine und die ältere, Marguerite, Armide getauft. Eine ganze Woche brachte ich einmal mit den beiden Damen in Versailles zu, während welcher wir jeden Tag vom Morgen bis in die späte Nacht in den unermeßlichen Räumen dieser Gärten umherirrten, deren Besitzer wir uns dünkten und für diese Zeit auch waren, denn niemand machte sie uns streitig, und alles stand uns offen. Wir spielten und tändelten bald an dem Bassin des Neptuns, bald in dem romantischen Boskett der Kaskaden, bald im Sternensalon, an den drei Fontänen oder Apollosbädern. Die acht Tage vergingen wie acht Stunden, wir hatten anfangs nur vierundzwanzig Stunden bleiben wollen. Es war noch im Mai, das frische Grün, der herrliche Blumen- und Blütenduft, der Gesang der Vögel, das Schlagen der zahlreichen Philomelen – dies alles gab unsern nächtlichen Promenaden im Mondschein einen ganz besonderen Reiz, und frei von Vorurteilen, die das ohnehin so monotone Erdenleben noch langweiliger und unerträglicher machen, leerten wir den Becher der Lust und der Freude in vollen Zügen bis auf den Grund, und ich lehrte die Damen die Worte des unsterblichen Dichters:

„Was du von der Minute ausgeschlagen,
Gibt keine Ewigkeit zurück!"

befolgen. Wir waren einverstanden, daß eine bloß geistige oder platonische Liebe eine ebenso große Schimäre sei, als wenn man das Glück bei einer feilen Dirne suche. Wir kehrten endlich etwas gesättigt nach Paris zurück, wo uns jedoch neue Freuden und Vergnügungen erwarteten. Hier fand ich mehrere Billette von Madame Fariliano vor, die mich nach Neuilly zitierten, wo ich mich mit gehabter Unpäßlichkeit wegen meines Ausbleibens entschuldigte, was auch mein etwas angegriffenes Aussehen bestätigte, und ich deshalb bemitleidet ward. Das was noch einiges Interesse für mich bei Paulinens Umgang hatte, war, daß ich über verschiedene Dinge, ihre Familie betreffend, um die ich sie öfters fragte, Auskunft von ihr erhielt. Sie sagte mir unter anderem einmal, als ich sie gefragt, wie es komme, daß der Kaiser noch nicht Rom gesehen, da diese merkwürdigste aller Städte doch ein ganz besonderes Interesse für ihn haben müsse: „O, mein Bruder meidet Rom, weil ihm einmal prophezeit wurde, daß er in dieser Stadt seinen Tod finden werde. Da eine ähnliche Weissagung, die man Alexander dem Großen hinsichtlich Babylons machte, eintraf, so will er einem solchen Schicksal entgehen. Sie sehen, große Männer haben auch ihre Schwächen, wer weiß, wo er noch stirbt, wenn er sich gleich unsterblich glaubt", fuhr sie lächelnd fort ... „und es auch ist", fiel ich ihr ins Wort. „Aber dem Tod entgeht er dennoch nicht", versetzte sie, „und ist ihm bestimmt in Rom zu sterben, so wird es geschehen, er mag sich stellen wie er will." Wir kamen nun nach und nach auf andere, aber immer Napoleon betreffende Dinge zu sprechen, und Pauline meinte, ihr großer Bruder habe nicht nur sehr große Schwachheiten, sondern beginge auch ganz unverzeihliche Torheiten, die ihn noch ins Verderben stürzen würden, und von denen eine der größten seine Mariage mit der Österreicherin sei. „Hundertmal besser", fuhr sie fort, „wäre es gewesen, er hätte die Hortensia geheiratet, statt sie an seinen Bruder Louis zu verkuppeln. Sein Verhältnis mit ihr war ja doch kein Geheimnis mehr, sowie daß sie von ihm in der Hoffnung war, als er diese Heirat stiftete. Daß Duroc diese Partie ausgeschlagen, ist nicht an dem – es war nie Napoleons Plan, diesem ihre Hand zu geben. Wäre Hortensias erstes Kind, für dessen Vater der Kaiser allgemein gehalten wurde und für das er eine große Zärtlichkeit bewies, und das er auch aus der Taufe gehoben, am Leben geblieben, so würde er es gewiß adoptiert und wahrscheinlich zu seinem Nachfolger ernannt haben. Wir hätten dann keine zweite Vermählung erlebt. Was die Liebe zu den Frauen anbelangt, so ist mein Bruder so wunderlich und veränderlich wie nur einer, und wo er nur immer war, in Paris und Madrid, Wien und Berlin, Mailand und Venedig usw., allenthalben mußten ihm seine Vertrauten zur Befriedigung seiner augenblicklichen Kapricen behilflich sein, und was er auch von ehelicher Treue, häuslichem Glück, Moralität schwätzen mag – wir wissen, was wir davon zu halten haben. Es ist ihm nur um den äußeren Schein, er hat sich einmal in den Kopf gesetzt, der Welt diese Schwachheiten verbergen zu wollen, und doch spricht man in allen Salons davon, und Josephine kennt sie

wohl, hat ihm aber nichts vorzuwerfen. Beide haben sich einander gehörig gehörnt. Dabei handelt mein Bruder immer nur nach der augenblicklichen Eingebung seiner Laune, bald ist er freigebig bis zur Verschwendung, bald wieder filzig geizig, freundlich oder mürrisch, anscheinend teilnehmend oder kalt abstoßend." Noch einige Zeit fuhr Pauline mit der Schilderung Napoleons fort, ging dann auch auf mehrere ihrer Geschwister über, und pflichtete dem Kaiser bei: „daß Joseph ein Weib unter seinen Brüdern und Karoline ein Mann unter seinen Schwestern sei; denn", fuhr sie lachend fort, „mein Bruder Joseph wäre eine gute sanfte Hausfrau und meine Schwester Karoline ein tüchtiger Dragoner geworden. Lucian ist aber ein eigensinniger Starrkopf, Ludwig zu gut für die Welt, Jérome ein Mannequin. Elise aber ist zur Fürstin geboren, und Bacchiochi eine Null; daß man mich die Etourdie nennt, weiß ich recht gut, aber es ist nicht meine Schuld. Was wollen Sie, mein Temperament ist einmal so und dann hat uns die Mutter alle verzogen." Als einmal die Rede auf die unglückliche Maria Antoinette kam, erzählte sie mir, daß das plötzliche Grauwerden der Königin, von dem man so viel gesprochen, eine Fabel sei, indem sie schon längst graue Haare gehabt, die täglich mit schwarz-färbender Pomade eingerieben worden seien, die sie sich aber, einmal in der Conciergerie, nicht mehr verschaffen konnte, worauf natürlich sogleich die Haare ihre natürliche graue Farbe angenommen. Dies Geheimnis habe eine ihrer Kammerfrauen ausgeplaudert. – Ich wurde endlich in Gnaden und mit dem Wunsch einer guten Besserung und baldigen Wiederherstellung entlassen.
Unterdessen waren die Vorbereitungen zu verschiedenen großen Festen, die dem kaiserlichen Ehepaar nach seiner Zurückkunft gegeben werden sollten, ziemlich vorangeschritten. Am 1. Juni traf das hohe Paar wohlbehalten wieder in St. Cloud ein und am 10. dieses Monats gab die Stadt Paris ein Fest, zu dem über viertausend Per-

sonen eingeladen wurden, und ich ebenfalls eine Karte erhalten hatte. Um die Feier noch zu erhöhen, hatte man einen Sonntag dazu gewählt. Die öffentlichen Belustigungen waren so ziemlich eine Wiederholung des Festes vom 2. April, Spiele, Tänze, Theater usw., die Elysäischen Felder der Hauptttummelplatz derselben. Auf einer ungeheuren Schaubühne wurde von der Troupe des jeux gymnastiques ein großes Ballett, Mars und Flora betitelt, aufgeführt. Mit der Nacht war wieder allenthalben Erleuchtung und um 9 Uhr kündigte ein Ballon, der sich in der Luft seines Feuerwerkes entlud, die nahe Ankunft des Kaisers und seiner Gemahlin an, die mit Fackelschein, unter Begleitung einer unermeßlichen Menge, sich über den Konkordienplatz nach dem Stadthaus begaben, daselbst von der Munizipalität und zwölf erwählten Damen gebührend empfangen und in den sogenannten Thronsaal geleitet wurden, in dem sich schon die Könige, Prinzen usw. befanden. Von hier begaben sie sich durch die Salle des Fastes in die Galerie, die auf dem Platz vor dem Hôtel de ville errichtet war, um von da aus das Feuerwerk bequemer sehen zu können. Napoleon und Marie Luise gaben selbst durch das Anzünden zweier Dragons das Zeichen zum Abbrennen desselben. Das Feuerwerk war in drei Abteilungen geordnet. Die erste stellte einen Angriff auf zwei Forts dar, wobei Tirailleurs feurige Sterne warfen. Unter dem Schall einer kriegerischen Musik warfen die Forts unschädliche Bomben und Feuerkugeln aus, die sich in allerlei Feuerwerk verwandelten, und endlich gingen die beiden Vesten selbst in Feuer auf. Die zweite Abteilung stellte den Tempel des Friedens dar und die dritte den Hymens. Das Ganze war mit viel Geschmack und Kunst arrangiert; allgemeine Bewunderung erregten die vielen bunten Feuer von jeder Farbe, aus denen sich zuletzt Hymens Tempel bildete. Hierauf fand ein großes Konzert statt, in dem Festkantaten zu Ehren der hohen Gäste gesungen wurden. Darauf wurde der Ball mit zwei

Quadrillen eröffnet, bei denen die junge Kaiserin selbst nebst dem König Hieronymus, die Königin Karoline von Neapel, die Prinzessin Pauline, der Vizekönig Eugen usw. figurierten, nach deren Beendigung wurden andere Kontretänze aufgeführt. Zuerst sah Napoleon von dem für ihn errichteten Throne dem Tanze zu, geruhte aber bald darauf von demselben herabzusteigen und sich unter die Gäste zu mischen, hier und da einen derselben anredend. Gegen Mitternacht entfernten sich die allerhöchsten Majestäten, der Ball hatte aber seinen ungestörten Fortgang, bis um 2 Uhr die Tafel für die Damen, an zweitausend Gedecke, serviert wurde, worauf auch die Herren abgespeist wurden. Erst um 5 Uhr morgens, am hellen Tag, endete das Fest.

Auch Pauline hatte sich vorgenommen, ihre kaiserliche Schwägerin in ihrer Villa zu Neuilly zu bewirten, und gab ihr in vier Tagen, den 14. und 17. Juni, zwei Feste daselbst, die mit viel Geschmack und sinnreich angeordnet waren. Eine komische Oper, das Konzert betitelt, durch die Künstler des Theatre Feydeau aufgeführt, eröffnete die Feier. In dem Garten selbst waren mehrere Gebäude und Monumente aus der Umgegend Wiens ziemlich täuschend nachgeahmt, namentlich auch Laxenburg. Allegorische Bildsäulen wurden plötzlich lebendig, streuten Blumen auf die Wege, die Marie Luise mit ihrem Gatten wandelte, und führten beide zu den Tempeln des Ruhms, der Liebe und der Hoffnung. Auf einmal fiel zwischen Bäumen ein Vorhang nieder, und man erblickte das Schloß Schönbrunn mit seinem Park. – Als Napoleon zu dem prächtig erleuchteten Tempel des Ruhms kam, wurde er von der Göttin Gloria selbst gekrönt, und von da führten ihn und seine Gattin tanzende Genien zum Tempel der Venus. Hierauf wurde eine allegorisches Hochzeitsfest aufgeführt. Der ganze Garten war auf das prächtigste illuminiert und das Feuerwerk stellte wieder einen Tempel Hymens da, in dem die Majestäten sinnbildlich gekrönt wurden. Über

tausend Personen waren eingeladen und köstlich bewirtet worden. Auf dem Balle, mit dem das Fest endigte, ließ mich Pauline zweimal zum Tanz mit ihr auffordern.
Als sich Napoleon nach seiner Reise zum erstenmal wieder in der Großen Oper mit seiner Gemahlin sehen ließ, wurde das neue prächtige Ballett: Perseus und Andromeda gegeben. Das Schmettern der Trompeten, das Toben der Pauken und Fanfaren, das Geschrei: Vive l'Empereur und vive l'Imperatrice, letzteres aber sparsamer, wollte gar kein Ende nehmen. Im Théâtre Français hatte aber bald darauf das kaiserliche Ehepaar an zwei Stunden auf sich warten lassen, und das Publikum deshalb seine Unzufriedenheit ziemlich laut zu erkennen gegeben. Am andern Tage enthielt das Journal de l'Empire einen Verweis für die Schauspieler, weil sie nicht zur gehörigen Zeit angefangen hatten. Hätten sie es aber getan, würde ihnen ein ganz anderes Donnerwetter über den Kopf gekommen sein. Um diese Zeit fuhr Napoleon mit Marie Luise zum erstenmal nach Versailles, wo er ihr das Schloß, den Park, die beiden Trianons zeigte und äußerte, er wolle dies alles in seiner frühern Pracht und Herrlichkeit wieder herstellen lassen, und noch neue Anlagen hinzufügen. – Es blieb bei der Äußerung.
Der Kriegsminister gab den Neuvermählten ein großes Fest in seinem Hotel in der Rue de Lille, wobei auch ein Gelegenheitsstück und ein Ball gegeben wurden. Eines der merkwürdigsten Feste war jedoch das, welches die Garden ihrem Herrn und Gebieter gaben, zu dem jeder Gardist 6, ein Korporal 12, jeder Sergeant 24, jeder Sergeant-Major 60, ein Leutnant 600, ein Kapitän 1500 und die Stabsoffiziere 3–6000 Franken beitrugen. Der Marschall Bessières war, als Kommandant der Gardekavallerie, Anordner, das ungeheure Marsfeld der Hauptschauplatz des Festes war zu diesem Behuf besonders hergerichtet worden. Was für Schauspiele wurden nicht seit dem Beginn der Revolution schon auf diesem einzigen Platz aufgeführt, und wer waren die Haupt-

akteure? – Auch dieses Fest begann an einem Sonntag, am 24. Juni. Wenigstens drei Vierteile der Bevölkerung von Paris wohnten demselben bei. Monate hatte man an den Zurichtungen gearbeitet. Um Mittag wurde die ganze übrige Garnison der Stadt Paris, nahe an dreißigtausend Mann, von den Garden unter Zelten bewirtet, und jetzt schien das Marsfeld ein endloses fröhliches Lager. Um 3 Uhr verschwand das Lager und nun begannen Spiele und Tänze aller Art. In den Alleen, welche den Platz umgaben, waren Zelte mit Büfetts, die alle möglichen Erfrischungen enthielten, Marionettenbuden usw. aufgeschlagen. Nach 7 Uhr, nachdem bereits der Kaiser mit seiner Gemahlin eingetroffen war und nebst ihrem höchsten und hohen Gefolge in einem zu diesem Zweck errichteten Pavillon Platz genommen hatten, begannen die Wettrennen der Pferde und Wagen, die dreimal die innere Bahn des Marsfeldes, in Gegenwart von nahezu 400 000 Zuschauern zurücklegten. Mehrere Wagen vollendeten in weniger als sieben Minuten ihren Kreislauf, die Pferde in noch kürzerer Frist, und die Sieger erhielten schöne Preise. Auch Franconis Gesellschaft legte bei dieser Gelegenheit Beweise ihrer erstaunenswürdigen Geschicklichkeit ab. Einer der Masten-Erkletterer zeigte so große Fertigkeit im Klettern, daß er dadurch 800 Franken erbeutete. Madame Blanchard verherrlichte das Fest, indem sie sich in einem Ballon à perte de vue erhob, nachdem sie noch vorher einen Blumenregen auf das kaiserliche Paar aus den Lüften hatte fallen lassen. Ohne irgendeinen Unfall ließ sie sich bei Meudon herab. – Als es Nacht wurde, zündete Marie Luise den Dragon (ein zur Entzündung des Feuerwerks bestimmter Drachen) vermittelst einer Feuerlanze an, und augenblicklich stand ein ungeheurer Wald, den das Feuerwerk in einem weiten Halbkreis darstellte, in Flammen, in der Tat ein wunderartiger Anblick. Zwei schöne Seiltänzerinnen, als Genien gekleidet, bestiegen nun ein auf hohen Masten gespanntes Seil und schienen so zwischen Feuer,

Rauch und Wolken in den Lüften zu schweben, während Tausende von Raketen und Leuchtkugeln sie umgaben, was eine höchst magische Wirkung hervorbrachte. An einem Feuerpalast las man die Worte: „A Napoléon et Marie Louise." Eine große Girandole (Bukett) von der Artillerie der Garde, die überhaupt das ganze Feuerwerk besorgt hatte, ausgeführt, beendigte das feurige Zauberspiel, und nun begann der Ball. Zwei unermeßliche Säle hatte die Garde zu diesem Zweck in den zwei Höfen der Militärschule aufbauen lassen. Der auf der linken Seite war zum Tanz und der auf der rechten zum Bankett bestimmt; beide auf das zierlichste ausgeschmückt. In dem Tanzsaal war ein Thron für die kaiserlichen Majestäten errichtet; die königlichen mußten sich mit Fauteuils begnügen. Ringsherum waren amphitheatralische Sitze für nicht weniger als viertausend Damen auf sieben Stufen angebracht. Hoch hinter diesen war wieder eine Galerie für Herren. Sechsunddreißig reich drapierte, mit Festons von Lorbeeren und Myrten umwundene Faisceaux (Faszes), die in schimmernden Stahlhelmen mit weißen Federn endigten, und jede ein Wappenschild hatte, trugen des Saales Decke. Die Draperien waren von weißem Musselin mit goldenen Bienen. An der Decke sah man die zwölf Himmelszeichen und andere allegorische Figuren. Sechs große Gemälde stellten Napoleons Vermählung, dessen Triumph, die Triumphe Trajans, Augusts und Cäsars und Alexanders Einzug in Babylon dar; die vier letzten kontrastierten seltsam mit den beiden ersten, und gaben zu manchen noch seltsameren Bemerkungen Anlaß. Schon der Kostüme wegen chokierte diese Zusammenstellung. Sie waren sämtlich vom Dekorationsmaler der Großen Oper gemalt. Zweihundert kristallene Kronleuchter an Blumengirlanden hängend, an einem jeden über fünfzig Kerzen brennend, dienten zur Beleuchtung dieses Lokals, und die 10 000 Lichter spiegelten sich millionenmal in zahllosen Spiegeln wider.

Der zum Bankett bestimmte Saal war von gleicher Größe und stellte eine ungeheure Laube dar, die von dicken korinthischen Pilastern getragen wurde. Girlanden, Goldstickereien und alle Attribute des Bacchus und der Ceres waren verschwenderisch angebracht. Dieser Saal hatte eine ganz eigene, von dem des Tanzsaales ganz verschiedene Wirkung; Millionen zu Kränzen und Girlanden gewundene Blumen führten von einem Lüster zum andern, und 1500 Personen wurden jedesmal zugleich an einem Tisch serviert. Beide Säle waren durch eine illuminierte Orangenallee, die über den mit Teppichen belegten Hof ging, miteinander verbunden. Diesmal wurde der Ball durch ein Divertissement, das die ersten Tänzer der Großen Oper aufführten, und Gardel komponiert hatte, eröffnet. Es bestand aus Quadrillen, fast alle Nationen Europas repräsentierend und deren Nationaltänze aufführend, die mit einer allgemeinen Farandola endigten. Hierauf begannen die Gäste und Gastgeber zu tanzen und stellten sich in mehr als einem halben hundert Kontretänze an. Die kaiserlichen Majestäten stiegen vom Thron herab, bewegten sich durch den Saal und geruhten sich um Mitternacht zur Ruhe zu begeben, nachdem sie auch noch den in einen Orangengarten verwandelten Hof und den Speisesaal in Augenschein genommen hatten. Um 2 Uhr begann das Bankett in der Riesenlaube, deren Gitterwerk ganz vergoldet war. Der Restaurateur Very hatte es übernommen, die Gäste zu speisen. Das Fest kostete nahezu anderthalb Millionen.

Unter den Festen, die Napoleon selbst in St. Cloud oder den Tuilerien gab, bei denen prächtige Quadrillen aufgeführt wurden, und seine Schwestern eine Hauptrolle spielten, war besonders eines durch das Kostüm berühmt, welches Pauline, Italien repräsentierend, trug, und wobei sie einen leichten goldenen Helm mit schneeweißen Straußfedern, mit Agraffen von Diamanten, an deren Kiele die kostbarsten Perlen gereiht waren, auf dem

Haupt hatte. Dabei deckte ein kleiner Panzer von Goldschuppen mit einem brillantenen Gürtelschloß ihren Busen. Eine weiße goldgestreifte Tunika von indischem Musselin fiel über die Knie herab, purpurne goldgestickte Halbstiefelchen deckten die Füße, und die Arme waren bloß. Man wußte nicht, sollte man eine Minerva, eine Venus oder eine Jeanne d'Arc aus ihr machen. Auf jeden Fall war es aber eine idealisch-schöne Erscheinung, besonders für jene, die sie nicht genauer kannten.

Die Reihe dieser Feste schloß das höchst tragische, welches der österreichische Gesandte Fürst Schwarzenberg am 1. Juli der Tochter seines Souveräns und deren Gatten gab. Auch zu diesem hatte ich mir durch hohe Protektion eine Einladung verschafft, und Fürst Y., den das Zipperlein von den meisten Feierlichkeiten zurückgehalten hatte, wollte durchaus dieser letzten beiwohnen. Den ganzen Tag fesselten ihn jedoch unausstehliche Schmerzen an sein Ruhebett und nichts wollten weder Einreibungen noch sonstige Mittel helfen, die fortwährend angewandt wurden. Einigemal versuchte er aufzustehen und zu gehen, aber die Schmerzen ließen es nicht zu. Erst abends nach 8 Uhr gab er alle Hoffnung auf, das Fest durch seine Gegenwart verherrlichen zu können. Es tats halt nicht, und mit Wimmern und Fluchen kroch er, nachdem er den letzten Versuch gewagt, wieder zu seinem Lager. Ich war bis zum letzten Augenblick vor dem Beginn des Festes noch bei ihm, versprach ihm einen getreuen Bericht von demselben abzustatten, und suchte ihn zu trösten. – „Sie haben gut reden", versetzte er, „Sie lassen kein Vergnügen ungenossen vorübergehen, während ich hier Jammer und Trübsal blasen muß und es vor Schmerzen kaum auszuhalten vermag." – „Aber was ist dabei zu machen, Durchlaucht? Sie können, sobald Sie wieder besser sind, alles nachholen und selbst die schönsten Feste geben, zu deren Verherrlichung ich nach Kräften beitragen will." – Ich war froh als ich endlich zur Tür hinaus war und fuhr in die Rue de Mont-

blanc (Chaussée d'Antin), wo Fürst Schwarzenberg das alte Hotel Montesson bewohnte, ein geräumiges Gebäude mit einem großen Garten und Hof. Da sich aber in demselben kein Saal befand, der die zahlreichen Gäste hätte alle aufnehmen können, so hatte der Fürst einen großen Ballsaal nebst einer Galerie von Holz eigens zu diesem Fest erbauen lassen. Der Saal war sehr reich mit Stoffen, Blumen und anderen Verzierungen dekoriert und drapiert. Alle in Paris anwesenden königlichen und fürstlichen Personen sowie die übrigen Gäste, weit über tausend, unter denen namentlich viele Österreicher, waren bereits versammelt, letztere in zwar sehr reichen aber ziemlich geschmacklosen Kostümen, was nicht verhinderte, daß sie sich bewundert glaubten, während sie und ihre Kostüme im Gegenteil oft die Zielscheibe spöttischer und witziger Sticheleien für die Franzosen abgaben, als die Gardegrenadiere, die für diesen Abend hier eine starke Wache lieferten, unter das Gewehr traten, aux champs schlugen und dadurch die Ankunft des kaiserlichen Paares verkündeten, das von Schwarzenberg und Metternich am Eingang des Saales empfangen wurde.
Man führte sie in den schön erleuchteten Garten, wo Gesänge und österreichische Nationaltänze unter Begleitung rauschender Musik von den Künstlern der Großen Oper aufgeführt wurden. Auch sah man wieder eine Nachahmung des Schlosses Laxenburg, und das Feuerwerk spielte auch hier eine Hauptrolle, zündete aber, gleichsam als wollte es ein Vorspiel zu dem furchtbaren Drama, das bald darauf folgen sollte, geben, schon ein Gerüst an, das bald anfing in Flammen aufzulodern, die jedoch mit Hilfe der Pompiers schnell wieder gelöscht wurden. Nun begaben sich sämtliche Gäste in den Ballsaal zurück, über dessen Eingang eine Aufschrift in deutscher Sprache angebracht worden war, über deren Inhalt sich die Franzosen die Köpfe zerbrachen und ihre Glossen machten. Selbst Napoleon schien das Deutsche

nicht zu behagen, und er zuckte bei dem Anblick der ihm unverständlichen Worte die Achseln.
Der Ball wurde mit Kontretänzen, die der Vizekönig von Italien, König Hieronymus, Fürst Esterházy, die Königin von Neapel, die Fürstin Pauline von Schwarzenberg usw. aufführten, eröffnet, worauf eine Ecossaise folgte, während welcher das kaiserliche Paar in dem Saal herumspazierte. Ich stand so ziemlich in der Mitte der Kolonne, mit einer Hofdame der Königin von Neapel tanzend, als plötzlich eine Flamme an einer Draperie aufloderte, und kaum sah man sich darnach um, so brannte auch schon ein Teil der Decke. Noch wurden einige Pas gemacht als die Musikanten bereits die Flucht ergriffen, und ehe man sich's versah, brannte es hier, da und dort, vor und hinter einem, links und rechts in allen Ecken, überall schlugen die Flammen hoch empor, und es entstand die Verwirrung, ein Tumult, ein Geschrei, ein Drängen und Drücken, das unbeschreiblich war. Viele Offiziere umgaben schnell Napoleon und zogen ihre Degen, indem sie fürchteten, daß dies das Signal zum Ausbruch einer großen Verschwörung sei. Wie es das Ansehen hatte, und was man auch sagen mag, so habe ich die Überzeugung, daß dieses Feuer geflissentlich angezündet wurde; denn nur zu deutlich nahm ich wahr, daß die Flammen an drei bis vier Orten zugleich emporschlugen, und zwar an ganz entgegengesetzten Winkeln, und es war sehr leicht, die Draperien an einer oder der andern Stelle unbemerkt anzuzünden, während jedermann seine Augen auf die zuerst auflodernde Flamme gerichtet hatte. Eine Verschwörung war es nicht, aber ich habe die moralische Überzeugung, und wollte darauf schwören, daß der Vorfall dem Hasse gegen Marie Luise und gegen diese Heirat seinen Ursprung zu verdanken hatte. Diese Meinung, welche viele mit mir teilten, ließ man natürlich nicht aufkommen, und von der Regierung wurde alles aufgewandt, einen solchen Verdacht zu unterdrücken, sowie überhaupt die

Meinung, daß das Feuer absichtlich angezündet worden. Dies war bei den Fesseln, in denen damals die Presse und die freie Rede lag, leicht. Es durfte auch keine andere Untersuchung als die gegen die armen Spritzenleute veranstaltet werden, die denn doch getan was nur immer in menschlichen Kräften stand. Marie Luise hatte ihren Sitz schon wieder eingenommen, als der Brand ausbrach. Napoleon war schnell zu ihr geeilt und führte sie durch die Gartentüre fort. Kaum hatte er den Saal verlassen, so stieg die Unordnung aufs höchste, alle und jede Rücksichten verschwanden, jedermann war nur noch auf seine Rettung bedacht, und Könige und Königinnen mußten Rippenstöße hinnehmen, wurden zurückgedrängt oder auf die Seite geschoben, und ehe noch die Hälfte der Anwesenden den Saal verlassen hatte, stand dieser schon in hellen Flammen. Die Kronleuchter stürzten einer nach dem andern herab, denen schnell Dielen und Balken folgten. Zwar wurden große Wassermassen auf den Brand gegossen, diese lösten sich aber augenblicklich in Dampf und Dunst auf und es war an keine Rettung des Baues mehr zu denken. Auch ich hatte mich rücksichtslos hinaus und in den Garten gedrängt, von wo aus sich das gräßliche Feuerwerk furchtbar schön ausnahm. Hier aber waren Verwirrung und Tumult womöglich nach größer als im Saal selbst, aus dem brennende Damen flüchteten oder herausgeschleift und dann mit kotigem Wasser begossen wurden. Alles lief und rannte durcheinander, seine Angehörigen suchend, sie nicht findend, und von niemand eine tröstliche Antwort erhaltend. Dabei drängten sich die hilfeleistenden Diener und Pompiers, alles was ihnen in den Weg kam, weder Krone noch Sterne achtend, rücksichtslos auf die Seite stoßend, durch die wehklagenden Massen, und die Damen rannten mit ihren Flitter-, Flor- und Blondenkleidern, viele mit Brandflecken oder halbverbrannter Kleidung umher, ihre Männer oder Väter suchend. Das Flammen- und Rauchmeer wütete fort, und in kaum einer kleinen halben Stunde war die ganze, prächtig zusammengezimmerte und ausgeschmückte Herrlichkeit ein Raub des Feuers, das trotz aller Hilfe der Spritzen schon das Hotel des Gesandten selbst ergriffen hatte. Napoleon unterdessen, nachdem er sein junge Gattin in Sicherheit gebracht, auf den Schauplatz des Unglücks zurückgekehrt, und nur der äußersten Anstrengung der Spritzenleute und der jetzt auf zwei Bataillone verstärkten Garden gelang es, das Hotel vor der gänzlichen Zerstörung zu retten. Er leitete nun selbst die Löschanstalten, befahl die Entfernung aller müßigen Zuschauer und ging mit dem vor Todesangst schwitzenden Polizeipräfekten, dem Grafen Dubois, eben nicht am glimpflichsten um. Der durch den Mordkriegsrat, dem er präsidierte, und der den Herzog von Enghien erschießen ließ, bekannte General Hulin mißhandelte in Gegenwart Napoleons, wahrscheinlich um dessen Zorn von sich abzuleiten, den armen Spritzenmeister, der ein Gott hätte sein müssen, wenn er die Flammen nach des grimmigen Kaisers Willen hätte bezwingen können, tätlich auf das empörendste und nichtswürdigste, so daß mir, der nur in geringer Entfernung davon stand, das Blut in den Adern kochte. Noch im Kerker mußte der Unglückliche der Ableiter der kaiserlichen Zornesausbrüche sein. Das schrecklichste aber waren die verbrannten, zum Teil tödlich verwundeten Personen, die hier verunglückt waren. Die Fürstin Pauline von Schwarzenberg hatte, wahrscheinlich ihre Tochter suchend, in den Flammen den Feuertod gefunden, und wurde lange vergeblich von ihrem trostlosen Gatten und den Dienern gesucht. Die Königin von Neapel hätte um ein Haar ein gleiches Schicksal gehabt; der Großherzog von Würzburg war ihr Retter. Die schöne Vizekönigin von Italien, Prinzessin Auguste von Bayern, rettete sich auch glücklich mit ihrem Gemahl durch eine kleine Türe, als schon die halbe Decke des brennenden Saales eingestürzt war. Die Fürstin von der Laien und die Generalin Toussaint starben kurze Zeit

nach dem Unglück unter den fürchterlichsten Schmerzen an ihren Brandwunden. Ein gleiches Schicksal hatte die Gemahlin eines russischen Konsuls, und der russische Gesandte selbst, Fürst Kurakin, dankte seine Rettung nur dem damals schon durch seine außerordentlichen Kuren berühmten Dr. Koreff, der ihn auch völlig wieder herstellte, denn er war so beschädigt, daß man lange an seinem Aufkommen zweifelte. In allem waren mehr denn sechzig Personen, besonders Damen, mehr oder minder schwer verwundet oder verbrannt. Dieses gräßliche Trauerspiel endigte würdig mit einer entsetzlichen Naturerscheinung, nämlich mit einem so furchtbaren Gewitter, wie ich mich nicht entsinne ein ähnliches erlebt zu haben. Blitz auf Blitz und Schlag auf Schlag folgten so allgewaltig, daß der unaufhörlich rollende Donner die Welt zu erschüttern schien. Endlich, als bereits der Tag anbrach, entlud sich das Gewitter in einem Wolkenbruch ähnlichen Platzregen, der nach und nach den Rest der Feuerglut löschte. Napoleon war, sobald dem Feuer Einhalt getan und jede weitere Gefahr beseitigt war, zu seiner besorgten Gattin nach St. Cloud zurückgekehrt, wo er äußerst niedergeschlagen angekommen und ausgerufen haben soll: „Quel terrible fête." Die Garden hatten unterdessen auf der Brandstätte ihr Biwak aufgeschlagen und verzehrten mit gutem Appetit die köstlichen Speisen und Schüsseln, die den Gästen zugedacht gewesen, und die sie ohne dies Unglück nimmer gekostet haben würden. Am andern Morgen fand man unter den Brandtrümmern eine Menge Schmuck, Degen, Armbänder, Halsgeschmeide, Diademe, Brillantschnallen und Knöpfe usw., aber der gräßlichste Fund war die ganz verbrannte, halbverkohlte Leiche der Fürstin Schwarzenberg, die der Dr. Gall in des Platzkommandanten Gegenwart auffand, und die man nur an einem Halsband erkannte, das die Namen ihrer Kinder trug.
Welches Aufsehen diese schreckliche Begebenheit in Paris machte, ist unbeschreiblich. Da haben wir's, hieß es, dies

sind die ersten Folgen der Verbindung mit Österreich. Es wird noch besser kommen. Jedermann glaubte an eine tiefangelegte Verschwörung, die dieses Fest hätte benutzen wollen, um die ganze bonapartische Familie auf einen Schlag zu vernichten. Dies war nicht der Fall. Wohl aber war das Feuer böswillig angezündet worden, es sei nun von Anhängern der Bourbonen, von der republikanischen Partei, oder auch nur aus Haß gegen Österreich. In Paris und ganz Frankreich zweifelte niemand daran als die Regierung, in deren politischen Kram es taugte, eine solche Meinung durchaus nicht aufkommen zu lassen. Ich war bis zum hellen Tage auf der Brandstätte geblieben, hatte löschen helfen und ermüdet an dem Biwak der Garden teilgenommen. Welch ein Fest! Der Aberglaube sah es wenigstens als eine sehr schlimme Vorbedeutung an, und das große Unglück, das bei den Vermählungsfeierlichkeiten Ludwig XVI. und Maria Antoinette stattgefunden, kam jedermann ins Gedächtnis. Die feierlichen Begräbnisse der Verunglückten, beinahe ein paar Dutzend, diejenigen inbegriffen, die noch später unter unsäglichen Schmerzen an ihren Brandwunden starben, erfüllten die Gemüter aufs neue mit Trauer. Napoleon selbst war durch diese Begebenheit sehr angegriffen und gab sich düstern Ahnungen hin. Als ich am andern Tag zu dem Fürsten Y. kam, empfing er mich mit den Worten: „Nun und Sie sind unversehrt davongekommen? – Unkraut vergeht nicht!"
„Ew. Durchlaucht können von Glück sagen und sich bei dem Podagra bedanken, denn Sie wären wahrhaftig bei lebendigem Leibe verbrannt."
„Hu, mich schaudert, wenn ich daran denke."
„Was Sie gestern noch als Tücke des Schicksals verfluchten, zeigt sich heute als wohlwollendes Geschick des Himmels. So ist's in diesem sublunarischen Leben: was wir oft für das größte Unheil halten, ist nicht selten der Anker unseres Heils."
Ich mußte dem Fürsten alle Details der schauerlichen

Begebenheit ausmalen. Gewiß ist es, daß er, der kaum mit Hilfe einer Krücke in der Stube herumhinken konnte, unfehlbar verbrannt wäre, wenn er dem Fest beigewohnt hätte. Fürst Kurakin hatte seine Rettung hauptsächlich seinem goldenen Rock mit Diamantknöpfen zu danken, der ihn wie ein Harnisch gegen Flammen und Kohlen schützte, und es wurde so dem Dr. Koreff mit noch anderer Hilfe möglich, ihn aus der Masse zu schleifen, nachdem er schon gestürzt und mit Füßen getreten worden war.

Dies war das Ende der Vermählungsfeste; man hatte genug daran.

Kurze Zeit nach der unglücklichen Begebenheit verbreitete sich plötzlich das Gerücht zu Paris von der Abdankung des Königs Ludwig von Holland, das eben nicht geeignet war, die etwas getrübte Stimmung der Franzosen zu erheitern, denn dieser Bruder Napoleons war auch in Frankreich geachtet und geliebt. Nach und nach gewann aber der Pariser Leichtsinn wieder die Oberhand. Man vergaß die traurigen Begebenheiten und unterhielt sich mit Anekdoten und Erzählungen von der neuen Kaiserin, zum Teil Erfindungen müßiger Salonköpfe, die von Mund zu Mund die Runde durch ganz Frankreich machten. Sie war übrigens fast nur das Echo ihres Gatten, dem sie, soweit es sich tun ließ, in allen Stücken nachahmte. So fragte sie, dessen Beispiel folgend, die Personen, die ihr vorgestellt wurden, jedesmal: Sind Sie verheiratet? Haben Sie Kinder? Diese Fragen hatte sie sich so angewöhnt, daß sie den nämlichen Personen, so oft diese Audienz bei ihr hatten, dieselben wiederholte. Ein Gesandter äußerte deshalb einmal: „Die Kaiserin sollte doch endlich wissen, daß ich nicht verheiratet bin und keine Kinder habe, denn sie hat mich heute zum zehntenmal darnach gefragt." Marie Luise hatte eine sehr frische, fast hochrote Gesichtsfarbe und die Fähigkeit, ihre Ohren nach Gefallen bewegen zu können, beides gab zu mancherlei Spöttereien Anlaß, wozu auch die Unerfahrenheit und Unbekanntschaft der jungen Kaiserin mit den französischen Sitten manchen Stoff liefern mußte. Von ihren französischen Umgebungen wurde Marie Luise nicht geliebt. Sie war ihnen zu wenig mitteilend, zu kalt, frostig zeremoniell, unterhielt sich nie vertraulich mit ihren Damen, weshalb man sie für steif, unbeholfen und selbst stupid verschrie. Ihre Hauptbeschäftigungen waren: etwas Klavierspielen, weibliche Tapisserie-Arbeiten, Reiten, wenn es das Wetter gestattete, fast immer im Galopp. Dabei sagte man ihr nach, daß sie sechs Mahlzeiten des Tags zu sich nehme, namentlich sehr viel Crème esse, überhaupt einen Appetit für drei französische Grenadiere habe, und nicht imstande sei, eine nur einigermaßen geistreiche oder wissenschaftliche Unterhaltung zu führen oder ihr nur zu folgen, sondern statt zu antworten mit dem Kopfe nicke und höchstens von den unbedeutendsten Vorgängen im Palast spreche. Hierbei mag nun viel übertrieben gewesen sein, auch war ihr das Französische nicht so ganz geläufig; soviel ist aber gewiß, daß das Äußere der jungen Kaiserin sowie ihr Benehmen besonders für Franzosen viel Abschreckendes hatte. Ich habe sie nur gesehen, aber fast nie sprechen gehört; freilich kam ich nie auch nur in die entfernteste Berührung mit ihr.

Unterdessen hatte ich noch einige neue Intrigen mit mehreren anmutigen Pariserinnen angeknüpft, wie man bei einiger Gewandtheit und savoir faire zu Dutzenden daselbst mit verheirateten Frauen haben kann; nicht so mit Mädchen aus den höhern Ständen, die hier noch strenger als in Italien gehütet werden und gehütet werden müssen. Dafür revanchieren sie sich einmal unter der Haube auf das reichlichste und lassen ihren Leidenschaften und Kapricen freien Lauf. Einer dieser Damen konnte ich nur durch den Kamin meine Aufwartung machen, da sie ihr Mann, so oft er sie allein lassen mußte, einschloß; ein Grund mehr, alles daran zu setzen, ihn zu hintergehen. Glücklicherweise war der Kamin sehr geräumig,

und eine Öffnung in einem obern Stock desselben angebracht, durch die ich mich hinabließ. Da es im Sommer war, so wurde ich auch nicht vom Rauch inkommodiert, doch gab ich diese Kaminbesuche bald wieder auf.
Noch immer bombardierte mich Miollis mit Briefen, und wollte durchaus endlich wissen, woran er sei. Auf seine Veranlassung und Briefe hatte ich noch eine ziemlich lange Unterredung mit dem Herzog von Feltre, den ich endlich fragte, ob er nicht glaube, daß durch die Prinzessin Borghese, mit der ich bekannt sei, der Kaiser für das Gesuch des Gouverneurs von Rom zu stimmen sei. Clarke erwiderte mir lächelnd: „Ich und alle Minister haben strenge Befehle, kein Gesuch seiner schönen Schwester zu berücksichtigen. Was Ihren persönlichen Wunsch, zu den Garden versetzt zu werden, anbelangt, so würden Sie, wenn ich es durchsetzte, dennoch einen sehr schwierigen Stand haben. Sie müßten sich mindestens durch das ganze Korps der Leutnants des Regiments, dem sie zugeteilt würden, schlagen und würden, so gut Sie auch den Degen führen mögen, endlich doch Ihren Mann finden, und noch andere Unannehmlichkeiten würden Sie treffen. Ich rate Ihnen deshalb als Freund, von diesem Gesuch abzustehen." Bei der ersten Gelegenheit teilte ich Paulinen mit, was mir der Minister hinsichtlich ihrer gesagt hatte. Lachend erwiderte sie: „Aber das wußte ich schon längst. Müssen es denn gerade die Garden des Kaisers sein", fuhr sie fort. „Suchen Sie doch lieber zu jenen meines Schwagers Murat zu kommen, die sind ja weit schöner und prächtiger und die Offiziere meistens Franzosen. Wenn Sie dies wollen, das kostet mich nur ein paar Worte an Murat, und die Sache ist im reinen." – Anfänglich wollte mir zwar dieser Tausch nicht sehr zusagen, bald betrachtete ich aber die Sache in einem andern Licht. Schön war die Garde des Königs von Neapel, und der Aufenthalt daselbst in mancher Hinsicht dem zu Paris vorzu-

ziehen. Ich bequemte mich, die französischen Dienste zu verlassen und bat die Prinzessin, die nötigen Demarchen zu machen, wozu sie sich sogleich bereit fand. Sie selbst war indessen wegen einer kleinen Unart, die sie sich gegen Marie Luise erlaubt hatte, bei ihrem kaiserlichen Bruder in Ungnade gefallen, so daß sie noch weit weniger für mich bei ihm hätte wirken können. Sie hatte nämlich eines Tages der Kaiserin hinter ihrem Rücken allerlei Grimassen gemacht, und unter andern zwei Finger ihrer rechten Hand, den Zeigefinger und den kleinen, hörnerartig in die Höhe gestreckt, um so anzudeuten, daß sie Hörner tragen werde. Marie Luise sowie ihr Gatte hatten dies in einem großen Spiegel bemerkt und letzterer nun voll Zorn seiner Schwester das Erscheinen in den kaiserlichen Gemächern untersagt.

In Erwartung meiner baldigen Versetzung besuchte ich die noch nicht gesehenen Umgebungen von Paris, Bondy, St. Denis, wo ich die Überreste der in der Revolution verwüsteten königlichen Gräber in der Abtei daselbst heimsuchte usw.

Eines Abends bemerkte ich in der Oper in einer benachbarten Loge ein recht freundliches Frauengesicht, das mir sehr bekannt vorkam, wußte aber nicht gleich, wo ich es schon gesehen hatte. Ich lorgnettierte die Dame, wurde endlich auch von ihr bemerkt, und sie nickte mir lächelnd zu. Ich begab mich nun während eines Zwischenakts in jene Loge und fand – Madame Virot, dieselbe, die ihr Gemahl vor ungefähr fünf Jahren in Nancy entführt hatte. Schnell war die alte Bekanntschaft erneuert. Ihr Gatte war wieder in den Militärstand getreten, stand jetzt als Kapitän bei der Armee in Spanien, und sie lebte bei einer reichen Tante zu Paris und hatte ein niedliches vierjähriges Mädchen. Ich begleitete sie noch am selben Abend nach Haus, wurde auf den andern Tag zum Besuch eingeladen, wobei sie mich der Tante als einen alten Freund ihres Mannes vorstellte. Ich suchte mich bei der alten Dame durch Artigkeiten zu in-

sinuieren, und war bald im Haus gerne gesehen und Hahn im Korb, solange ich noch in Paris verweilte.
Ende Juli hatte Napoleon für gut befunden, den Parisern zur Abwechslung auf seine Vermählungsfeierlichkeiten ein höchst pomphaftes und prunkendes Trauerfest zu geben, nämlich die Leichenfeier des bei Eßlingen gebliebenen Marschalls Lannes, dessen irdische Reste im Pantheon beigesetzt wurden. Das Gepränge dieser Zeremonie war außerordentlich. Mehrere Tage wehte eine schwarze, weiß eingefaßte Fahne von der Kuppel des Pantheons; in dem Tempel selbst war ein Katafalk in Form einer hohen Pyramide errichtet, an deren vier Ecken die Bildsäulen der Mäßigkeit, der Klugheit, der Gerechtigkeit und der Stärke angebracht waren. Ihre Spitze krönte eine Urne mit einer eisernen Krone. Medaillen, die ausgezeichnetsten Taten des Marschalls darstellend, wurden von Genien gehalten. Unter der Pyramide stand der Sarkophag, bereit die Leiche des Verblichenen aufzunehmen. Auf den Stufen ringsherum brannten unzählige Kerzen auf silbernen Kandelabern. An beiden Seiten des Altars sah man die Bildsäulen des hl. Ludwig und des hl. Napoleon. Die ganze Kirche war mit schwarzen Teppichen belegt und behängt; auf der schwarz drapierten Kanzel saß ein kolossaler Adler. Für den Erzkanzler hatte man einen Sitz von Ebenholz, mit silbernen Sternen und Fransen verziert, errichtet. Alle Sitze der Kardinäle, Bischöfe, der Behörden usw. waren auf ähnliche Weise geschmückt; auch alle Fenster waren schwarz behangen, mit weißem Saum. Von dem endlosen Zug aller Zivil- und Militärbehörden gefolgt, wurde die Leiche des Marschalls vom Hotel des Invalides in das Pantheon mit großer Feierlichkeit und mit imponierender Trauermusik gebracht; auf dem Sarg lag der Marschallsstab, das Wappen und Lorbeerkronen. Achtzehn silberne Grabeslampen hingen an gleichen Ketten an dem Feinde abgenommenen Lanzen herab; überall waren Trophäen von eroberten Waffen und Fahnen angebracht.

Die Waffen des Toten nebst Siegespalmen hielten zwei über dem Altar schwebende Renommeen in der Hand. Über ihnen las man die Worte: „Napoléon à la mémoire du Duc de Montebello, mort glorieusement aux champs d'Essling, le 22ème Mai 1809."
Das Konservatorium führte eine großartige Trauermusik auf, die von Zeit zu Zeit durch die Töne der schwarz verhüllten Orgel unterbrochen wurde. Hierzu hatte man die herrlichsten Kompositionen Mozarts gewählt. Der Trauerwagen, auf den die Leiche gebracht wurde, war mit vier aus Fahnen bestehenden Faszes, welche das von Lannes befehligte Armeekorps erobert hatte, geschmückt. Der ganze Zug bestand aus vier Abteilungen, einer geistlichen, einer militärischen, einem Trauerzug und einem Ehrenzug. Bei dem militärischen waren die Truppen aller Waffengattungen, Kanonen und Pulverkarren, die Tambours, Trompeter und Musikchöre der ganzen Garnison, die Lüfte mit lugubern Klagetönen erfüllend. Der ganze Generalstab mit den Fürsten von Neufchatel und Wagram, denen die Generalität, alle Stabsoffiziere und andere Offiziere folgten, waren an der Spitze des militärischen Zuges. Bei dem religiösen Zug, der sich vor dem militärischen bewegte, befand sich die ganze hohe und niedere Geistlichkeit von Notre-Dame und aller Kirchensprengel von Paris, mit unzähligen Kirchenfahnen, Kreuzen usw., auch viele Greise und Kinder aus mildtätigen Anstalten und Pflegehäusern. Vier Marschälle, unter denen Moncey und Davoust, hielten die Zipfel des Bahrtuches. Auf beiden Seiten des Wagens trugen Lannes' Adjutanten Standarten. Der Ehrenzug bestand aus des Marschalls leerem Wagen, zu dessen beiden Seiten wieder zwei seiner Adjutanten ritten; diesem folgten vier Trauerwagen für die Familie des Verblichenen, diesen die Wagen der Prinzen, Großwürdenträger, Marschälle, General-Obersten, Minister und höchsten Behörden. Sämtliche Züge schloß eine starke Abteilung der Gardekavallerie, mit Trauermusik zu

Pferde. Solange die Zeremonie währte, läuteten alle Glocken von Paris, und in kleinen Zwischenräumen fielen jedesmal dreizehn Kanonenschüsse. Als der Sarg in die Gruft gesenkt wurde, gab sämtliches Militär Gewehrsalven und die Legionäre übergaben ihre Ehrenkreuze dem Großalmosenier, der sie durch den Erzpriester mit hinabsenken ließ. Davoust hielt eine kurze Rede, in welcher er die tiefe Trauer des Heeres über diesen Verlust aussprach, und nachdem der Erzkanzler eine zum Andenken an diese Totenfeier geschlagene Medaille dem Sarge folgen ließ, war sie beendigt, und die Truppen zogen unter lustig klingendem Spiel wieder ab. In ganz Frankreich, Italien und wo französische Truppen standen, wiederholte sich diese Totenfeier, durch die Napoleon der Welt beweisen wollte, wie sehr er seine Helfershelfer zu ehren wisse, hauptsächlich um dadurch auf das Militär zu wirken.

Wenige Tage später gab die am Napoleonsfest, dem 15. August 1810, erfolgte Vollendung der Siegessäule auf der Place Vendôme, die man zum Ruhm der französischen Armee im Jahre 1806 begonnen hatte, und die eine Nachahmung der Trajanssäule zu Rom ist, den Parisern abermals Stoff zur Unterhaltung und zu Festivitäten. Die 220 Fuß hohe Säule wurde aus 1200, den Österreichern und Russen 1805 abgenommenen Kanonen errichtet, und stellte, nach Art der römischen, die hauptsächlichsten Taten der Franzosen aus dem Feldzug von 1805 dar. Sie steht auf der Stelle, wo die während der Revolution zertrümmerte Bildsäule Ludwig XIV. stand. An 2 Millionen Pfund Erz sind zu dieser Säule verwendet worden. Auf einer in ihrem Innern angebrachten Schneckentreppe gelangt man zu ihrer Spitze, auf der Napoleons 10 Fuß hohe Statue gestellt wurde.

Am 25. August, demselben Tage, an dem man früher das Fest des hl. Ludwig feierte, fand jetzt das der Marie Luise statt und wurde zum erstenmal mit außerordentlicher Pracht und großer Ostentation begangen. Einige

Tage darauf hielt Napoleon im Bois de Boulogne Musterung über die holländischen Garden, die er nach Paris beordert hatte, und die hierauf in dem Gehölz so gut bewirtet und namentlich mit Wein so reichlich versehen wurden, als sie nur Lust zu trinken hatten, was für die Pariser abermals ein neues Schauspiel war, das aber wieder ein sehr schmutziges Ende nahm. Die holländischen Plexums betranken sich en canaille, fingen dann zuerst Stänkereien und Streit unter sich selbst und dann mit den Zuschauern an, und als ein Gewitter und starker Regen die letzteren schnell verscheuchte, hielten die Soldaten alle Frauen und Mädchen an, während sie die sie begleitenden Männer mißhandelten und zum Zeitvertreib die Bäume des Gehölzes umhieben, wodurch sich einige hundert kleine Gefechte, die zum Teil blutig ausfielen, entspannen. Einige der Zuschauer hatten sich nach St. Cloud geflüchtet und daselbst die fatale Mär hinterbracht. Napoleon geriet in Zorn über die Brutalität der Holländer und gab Ordre, sogleich viele und starke Patrouillen abzusenden, welche die Betrunkenen zur Räson bringen sollten, deren Anführern er selbst Verhaltungsbefehle gab, um die Ruhe wiederherzustellen. Ich hatte mich ebenfalls zu Pferd in das Boulogner Wäldchen begeben, die holländischen Garden tafeln zu sehen, und es gelang mir, einige Mädchen aus den Klauen dieser Trunkenbolde zu befreien. Diese Burschen waren nur Bier und Schnaps gewöhnt; der Wein war ihnen eine gar zu verführerische Neuigkeit. Als die Patrouillen ankamen, war es schon fast Nacht, und sie würden vielleicht wenig ausgerichtet haben, wenn sich nicht plötzlich das Gerücht unter den Soldaten verbreitet hätte, Napoleon selbst sei soeben angekommen, was die Burschen etwas nüchterner und gelassener machte. Dieser hatte jedoch St. Cloud nicht verlassen. Die unmittelbaren Folgen dieses Gerüchts waren aber, daß sich die Holländer über Hals und Kopf aus dem Staub machten und eiligst in ihre Kaserne zu kommen suchten. Indessen wurden einige fünfzig

verhaftet, und mehrere, die man en flagrant délit ertappt hatte, wurden streng bestraft.
Um diese Zeit oder bald darauf verbreitete sich auch das Gerücht von der Schwangerschaft Marie Luisens, und da schon beinahe sechs Monate verflossen waren, ehe man etwas davon hörte, so glaubte man allgemein den Hauptzweck von Napoleons Ehescheidung und Wiedervermählung verfehlt, und war um so mehr über diese Trennung und Ehe ungehalten. Ein Teil des Publikums hielt Napoleon für impotent, während der andere seiner Gattin Unfruchtbarkeit zur Last legte. Ja, viele Personen wollten durchaus nicht an diese Schwangerschaft glauben oder hielten sie für fingiert, und supponierten, daß der Kaiser damit umginge, ein fremdes Kind unterzuschieben und zu seinem Thronerben zu machen. Selbst nach der Geburt des Königs von Rom gab es noch viele Personen, die diesen für untergeschoben halten wollten und diese ihre Meinung unter dem Volke zu verbreiten suchten. Die Ursache, warum Marie Luise nicht früher guter Hoffnung geworden, soll der zu häufige Gebrauch von Bädern gewesen sein, die ihr nun untersagt wurden.
Es war anfangs September als ich meine Entlassung aus den französischen Diensten und mein Patent als Kapitän bei der neapolitanischen Garde zu Pferd, Cavalli leggieri, erhielt. Ich hatte besonders darum gebeten, bei der Reiterei angestellt zu werden, mich deshalb während der letzten Zeit meines Aufenthaltes zu Paris noch mehr mit den Manövern dieser Waffengattung vertraut gemacht, und allen Kavallerie-Übungen zu Pferde beigewohnt. Da jetzt mein Schicksal entschieden war, so eilte ich nun Paris zu verlassen, wo es zwar alle Tage etwas Neues, aber auch manche eben nicht angenehme Neuigkeiten gab. Ich machte meine Abschiedsvisiten, empfahl mich besonders dem noch immer leidenden Fürsten Y., durch den ich doch manche vergnügte Stunde gehabt, und ging meiner neuen Bestimmung entgegen, den Weg über Orleans einschlagend, das ich noch nicht gesehen

und doch gerne besuchen wollte. An Miollis hatte ich schon geschrieben, ihm die Äußerung des Kriegsministers hinsichtlich der Prinzessin Pauline gemeldet, und daß durch diesen Kanal nichts zu machen sei. Von Madame Bonnier nahm ich ebenfalls Abschied und Briefe an ihre Verwandten zu Pesaro mit, die ich persönlich zu übergeben versprach, sowie auch zu versuchen, daß sie die Dame bis zur Zurückkunft ihres Mannes in ihren Schoß aufnehmen möchten, da sie sich so isoliert in dem gefährlichen Paris befinde. Dem Fürsten Y. tat meine Abreise wirklich leid – auch er fand sich verlassen in der großen Stadt und hatte sich an meinen Umgang gewöhnt.

II

Reise von Paris nach Neapel – Orleans – Turin – Ankunft zu Neapel – Murats Garden und Hofstaat – Fehlgeschlagene Expedition gegen Sizilien – Grausame Maßregeln zur endlichen Vertilgung der Briganten in Kalabrien – Entstehung der Karbonari – Murat – Die Königin Karoline – Der Karneval zu Neapel – Ein italienisches Liebhabertheater – Die Festini in San Carlo – Die Marchesa im Schilderhaus – Fastenzeit und Osterfeier – Ein Pistolenduell – Don Juan zum erstenmal in Neapel aufgeführt – Ein Schiff mit englischen Nachtgeschirren von der Douane weggenommen – Ein Abenteuer in den Gärten zu Caserta – Ein Souper suspendu – Das Fest in der Kirche der Madonna di Piedi-Grotta – Ein silbernes Ei – Ein dreifacher Mord – Weihnachtsfeier – Verbrennung der englischen Waren – Ich falle in die Allerhöchste Ungnade und werde nach Tarent beordert

Ein wenig sonderbar war es mir doch zumute, als ich Frankreichs Hauptstadt, in der ich so manches Abenteuer bestanden, so manches Vergnügen genossen, verließ und im Rücken hatte. In *Orleans* angekommen, hielt ich mich daselbst einen halben Tag auf, besuchte die Kathedrale, eines der schönsten und prächtigsten gotischen Monumente Frankreichs, mit sehr zierlichen Türmen. Auf der schönen Brücke, die hier über die Loire führt und die Stadt mit der Vorstadt Olivet verbindet, stand ehedem ein Monument aus Erz, das die Mutter Gottes darstellte, die Christus auf den Knien hielt, bereit, ihn in das Grab zu legen. Zu ihrer Linken kniete Jeanne d'Arc, zu ihrer Rechten Karl VII., beide bewaffnet und das Ganze in Lebensgröße; 1771 wurde dieses der Jungfrau von Orleans zu Ehren errichtete Denkmal restauriert und an die Ecke der schönen Rue Royale und der Vieille Poterie placiert, 1793 aber vom Pöbel zertrümmert. Seitdem wurde Jeanne d'Arc ein anderes Monument errichtet. Orleans ist groß und weitläufig gebaut, und hat über 40 000 Einwohner. Aurelian gab ihr seinen Namen aus dem nach und nach Orleans entstand. Sie ist jetzt die Hauptstadt des Departements Loire und war vor der Revolution die des Herzogtums und Gouvernements

Orleans. 1572 wurden in ihrer Hauptkirche St. Croix auf Befehl Karl IX. scheußlichen Andenkens mehrere tausend Kalvinisten ermordet. Zweihundert andere, die sich an einem nicht gut anzugreifenden Platz tapfer verteidigten, fanden ihren Tod in den Flammen, die man rings um sie angezündet hatte. Unter den Reliquien, die man bis zur Revolution, wo sie abhanden kamen, in St. Croix aufbewahrte, war unter andern ein Tropfen vom kostbaren Blut Christi und ein anderer Tropfen von der jungfräulichen Milch seiner Mutter!! Auch das Kännchen, das die drei Weisen aus dem Morgenland Jesus an der Krippe verehrten, wurde nebst ähnlichen Dingen den Gläubigen gezeigt.

Von Orleans setzte sich nun ohne Rast meine Reise über Lyon usw. bis *Turin* fort, das in einer herrlichen, vom Po bewässerten Ebene an dem Fuß der Alpen liegt. Ich kam mit Sonnenaufgang vor der schönen Stadt an, was mich freudig stimmte. Hier beschloß ich Rasttag zu halten, um meinen etwas zusammengerüttelten und steif gewordenen Knochen einige Ruhe zu gönnen. Ich fuhr durch die schnurgeraden Straßen in ein Albergo, wo ich mich sogleich niederlegte, und erst erwachte, als Mittag längst vorüber war. Ich machte meine Toilette und schickte mich an, die Sehenswürdigkeiten der schönen Stadt zu besuchen. Sie hat an zwei Stunden im Umfang, an 100 000 Einwohner und mehr als 100 Kirchen. Die Neustadt ist vielleicht die schönste Stadt Europas. Von allen Städten, die ich kenne, kann sich nur ein Teil von Berlin und Nancy mit ihr messen. Mannheim und Karlsruhe haben zwar auch gerade und breite Straßen, aber die Häuser sind wahre Baracken im Vergleich mit den Palästen von Turin. Zur Nachtzeit werden Schleusen losgelassen, welche die Straßen reinigen, die dann wie abgewaschen sind. Die Kathedrale, dem San Giovanni Battista geweiht, ist ein sehr ausgezeichnetes Gebäude. Zu ihren schönsten Zierden gehören zwei treffliche Bildsäulen der hl. Christina und der hl. Theresia. Unter den andern Kirchen verdienen hauptsächlich noch die des hl. Geistes, des St. Laurentius, des St. Borromäus und vorzüglich die des Corpus Domini gesehen zu werden. Der Marmor von Susa, der dem Verte antiqua sehr ähnlich ist, und ein blauer piemontesischer Marmor ist allenthalben mit großer Verschwendung angebracht. Der große Palast, von Herzog Karl Emanuel II. erbaut, liegt auf der Piazza Castello, und hat die Aussicht auf die vier Haupttore der Stadt. In demselben befinden sich viele Prachtgemächer und vortreffliche Gemälde großer Meister, eine bedeutende Bibliothek usw. Auch hat er einen großen Garten. Der Palazzo del Castello ist einer der ältesten zu Turin und wurde vormals von den Herzogen von Savoyen bewohnt; seine schöne Fassade erhielt er aber erst 1620 durch die Herzogin Maria Jeanne von Nemours. Turin hat mehrere Theater, unter denen das große Opernhaus eines der schönsten Italiens ist. Auch das 1787 abgebrannte und schöner wieder hergestellte Theater Carignan ist ein ansehnliches Gebäude. Das Arsenal der Stadt hat eine Kanonengießerei. An dem Ufer des Po liegt das kleine Schloß, welches Katharina von Frankreich 1660 erbauen ließ. Als ich mich zu Turin befand, war die neue, über diesen Fluß erbaute prächtige Brücke ihrer Vollendung nahe. Die Festungswerke Turins sind bedeutend, die Zitadelle, ein regelmäßiges Fünfeck, ist eine der stärksten Vesten, die es gibt. In der Nähe der Stadt sind schöne Promenaden. Übergroße Müdigkeit und Bedürfnis nach Ruhe machte, daß ich Turins Herrlichkeiten nur sehr oberflächlich sah und die meiste Zeit in meinem Zimmer auf einem Ruhebett zubrachte. Am dritten Tage nach meiner Ankunft setzte ich meine Reise fort. In *Pesaro* suchte ich die Eltern der Madame Bonnier auf, denen ich die Briefe, welche mir ihre Tochter an sie mitgegeben, überlieferte. Sie wollten anfänglich wenig von ihr wissen und sagten, die Sünde ihrer Tochter, das Kloster verlassen und geheiratet zu haben, sei ein ewiger Schimpf für die ganze Familie, eine unvertilgbare Schande, denn so etwas sei noch nicht erhört worden, solange es Christen gebe. Ich suchte die Leute deshalb zu beruhigen und eines Bessern zu belehren, aber meine Bemühungen halfen wenig, obgleich ich ihnen sagte, daß ich, als Helfershelfer bei der Geschichte, gerne die ganze Sünde auf mich nehmen wolle. Indessen brachte ich es endlich doch dahin, daß mir der Vater versprach, wenn sich eine passende Gelegenheit fände, er in Gottesnamen sein ungeratenes Kind kommen lassen wolle. Dies war freilich wenig Zuverlässiges, und ich erwiderte, daß es gewiß besser sei, wenn jemand von der Familie nach Paris reise, die Dame abzuholen, worauf mir aber ganz trocken geantwortet wurde: daß dies die Umstände nicht gestatteten. Ich empfahl mich nun ziemlich frostig, schrieb sogleich an Angelika das Resultat meiner Bemühungen und gab ihr den Rat, nicht weiter zu ihren Anverwandten zu verlangen, da dies herzlose Menschen seien, die ihr das Leben zur Hölle machen würden. Sie befolgte diesen Rat. Bald darauf wurde sie Witwe. Ihr Gatte, den sie nicht wieder gesehen, blieb in der Schlacht bei Salamanka. 1814 fand ich sie in Lyon als die Geliebte des Generals Albert, der früher als Augereaus Adjutant eine Anverwandte der Familie d'Orville, eine Mademoiselle Fuchs in Offenbach geheiratet hatte.

In *Rom* angekommen, stattete ich dem General Miollis mündlich Bericht über alle in seinem Interesse getanen Schritte ab, und setzte ihm die Unmöglichkeit auseinander, durch die mir eröffneten Kanäle und Instruktionen die gewünschte Absicht zu erreichen. Andere Demarchen, die er zu demselben Zweck durch einen Bataillonschef in Paris machen ließ, hatten noch schlimmern Erfolg, denn vom Generalstatthalter in Rom wurde er nun erster Leutnant des Gouverneur général de Rome. Ich fuhr, ohne mich weiter in Rom umzusehen, nach *Neapel* ab, wo ich gegen Ende September glücklich ankam.

Mein Erstes war, mich bei dem Baron Cäsar Dery, Generalleutnant und Kommandant der Garde-Kavallerie, zu melden und dann bei dem Baron Livron, Obersten des Regiments. Bei beiden wurde ich wohl aufgenommen, worauf ich bei alten Bekannten meine Privatvisiten machte. Helena befand sich mit ihrem Mann jetzt auf der Insel Capri, wo ich sie einigemal besuchte, auch kam sie fast jede Woche nach Neapel zu einer Freundin, wo wir dann intime Zusammenkünfte hatten. Bei dem Regiment waren die meisten Offiziere Franzosen, namentlich in den höhern Graden. Nur wenige Neapolitaner waren in demselben sowie bei der Garde überhaupt angestellt. Diese, die Casa militare del Re genannt, bestand damals aus dem Stab, einem Generalkommandanten der Infanterie, einem der Reiterei, einem Gardegrenadierregiment, einem Regiment Veliten zu Fuß, einem Bataillon Voltigeurs, der Ehrengarde (Guardia d'onore), den Veliten zu Pferd, den Cavalli leggieri, bei denen ich stand; der Gensdarmeria scelta, der reitenden Garde-Artillerie, dem Train d'Artillerie, dem Genie und der Garde Marine, auch waren noch Garde-Veteranen und Hellebarden vorhanden. Der Dienst dieser Truppen war im ganzen angenehm und nicht sehr beschwerlich. Die Garden selbst standen in gutem Ansehen, da sie meistens aus Fremden, hauptsächlich Franzosen, zusammengesetzt waren, auch sehr reiche und kostspielige Uniformen, drei verschiedene Kostüme hatten. Die Equipierung kostete viel Geld, und jenen Offizieren, die nicht hinlängliche Mittel hatten, half Murats Großmut. Er machte ihnen reiche Geschenke an Pferden und Geld. Auch der Hofstaat des Königs von Neapel war jetzt überaus prächtig und glänzend eingerichtet, er bestand aus einem Großmarschall des Palastes mit vier Palastpräfekten, unter denen der Herzog von Circella war, ein Gouverneur der königlichen Paläste, Palastadjutanten, Marescalli degli alloggi; Großkammerherr war der Fürst Colonna mit einem halben hundert Kammerherren, meistens Prinzipi, Herzoge, Marquis, Grafen und Barone; ein Großstallmeister mit zwanzig Unterstallmeistern, gleichfalls Prinzipi usw. Ein Pagengouverneur mit einem Untergouverneur, ein Dutzend Professoren, unter denen sogar ein Lehrer der deutschen Sprache, ein gewisser Moser, war; einige dreißig Pagen, ein Groß-Jägermeister mit einem halben Dutzend Oberjägermeistern, ein Großzeremonienmeister nebst Zugehör, ein Kardinal-Großalmosenier, ein Bischof von Nola, Oberalmosenier, dreißig Almoseniers und Kapläne, aber noch bei weitem nicht genug, um all die vielen und großen Sünden des Hofes zu absolvieren. Die Königin Karoline hatte außerdem ihren eigenen Almosenier, den Erzbischof von Tarent. Ihr Ehrenkavalier war Fürst d'Angri, eine besondere Ehrendame eine Dame d'Atour und ein viertelhundert Palastdamen, unter denen die berühmtesten Namen Italiens, wie die Doria, Colonna, Imperiali, Spinelli, Carignani usw. figurierten, die wunderschöne Herzogin von Atri (Giuglietta Colonna) und die nicht minder schöne Marchesa Cavalcanti, auch eine Katharina von Medicis waren. Die königlichen Kinder hatten ihre Gouverneure, Gouvernanten usw., und in diesem Verhältnis war das zahlreiche Unterpersonal des Hofes organisiert. Zu den größeren Hoffesten und Bällen wurde außerdem der zahlreiche neapolitanische Adel, die angesehensten Bürger der ganzen Stadt, alle Garde- und andere anwesende Offiziere gezogen. Außerdem hatte Murat einige dreißig Adjutanten und Ordonanz-Offiziere, unter den letzteren viele Italiener. Das Hofleben war in hohem Grad rauschend, üppig, pompös, und die Toiletten der Damen zeigten eine orientalische Pracht und Verschwendung, wobei die Königin den Ton angab und in mehr als einer Hinsicht das Muster war, nach dem sich ihre Damen und die vornehmen Frauen der Residenz richteten.

Meine Equipierung kostete mich nahezu 10 000 Franken, drei Pferde inbegriffen. Glücklicherweise hatte ich einen

ziemlich vollen Beutel mit von Paris gebracht, und wenn es fehlte, half Vetter Moritz aus; übrigens war der Gehalt ansehnlich.
Murat selbst war, als ich in Neapel ankam, noch mit einem Teil der Garde in Kalabrien. Er hatte geraume Zeit vor mir Paris verlassen, projektierte eine Landung in Sizilien, und hatte deshalb bedeutende Streitkräfte in der Sohle des italienischen Stiefels und der Gegend von Reggio versammelt. Drei französische Divisionen, eine neapolitanische, ein großer Teil der Garden, in allem einige zwanzigtausend Mann waren bestimmt, das Wagstück zu unternehmen. Lamarque und Partonnaux, welche unter dem König kommandierten, waren mit ihren Divisionen zur Einschiffung bereit, nachdem vorher einige teils glückliche, teils unglückliche Gefechte zur See mit den Engländern stattgefunden hatten. Am Phar von Kalabrien lagen eine große Anzahl Transportschiffe und mehrere Kanonierschaluppen vor Anker. Das Heer kampierte an der Küste der Meerenge von Messina, die Garden und die Reservedivision im Zentrum, Partonnaux befehligte rechts und Lamarque links von Scilla. Eine bedeutende englische Seemacht von 5 Linienschiffen, 6 Fregatten, mehreren Briggs und Kanonierschaluppen, hatte sich zwischen dem Phar und Messina aufgestellt, verursachte der neapolitanischen Marine großen Schaden und hatte schon manches Convoie derselben weggenommen oder versprengt, auch in Amalthea viel Unheil angerichtet. Endlich nachdem es den Engländern zum Trotz gelungen war, eine hinlängliche Anzahl Schiffe in der Nähe des Lagers zu vereinigen, und die Äquinoktialstürme den Feind genötigt hatten sich in die Häfen von Sizilien zurückzuziehen, bestimmte Murat die Nacht vom 17. auf den 18. September zur Landung in Sizilien. Drei Regimenter leichter Infanterie, ein Regiment neapolitanischer Jäger nebst einem Bataillon Korsen wurden gegen Mitternacht eingeschifft und landeten gegen 2 Uhr morgens zu San Stefano in Sizilien. General

Cavaignac, der diese Division befehligte, glaubte, daß ihm der Rest der Armee unmittelbar folgen würde. Er griff sogleich alle ihm im Wege stehenden Posten an, von denen viele aus Engländern bestanden, die mehrere Regimenter in Sizilien hatten, und marschierte dann mit seiner Kolonne bis Duchessa vor. Allein während er sich mit dem Feind herumschlug, war eine gänzliche Windstille eingetreten, wodurch, sowie durch die Strömungen im Kanal die übrigen Truppen am Abfahren verhindert wurden. Murat selbst hatte sich eingeschifft und blieb bis zum Tag in seiner Schaluppe. Vergeblich auf günstigen Wind hoffend, ließ er endlich den schon übergesetzten Truppen das Zeichen geben, wieder zurückzukehren. Als der englische General Stuart, der diese Landung für einen fingierten Angriff hielt, überzeugt war, daß die andern Truppen unmöglich nachkommen konnten, ging er auf San Stefano los, um die ausgeschiffte Division abzuschneiden. Diese Truppen wurden nun handgemein, und Cavaignac mußte sich vor der großen Übermacht über Hals und Kopf an das Ufer des Meeres zurückziehen, wo man sich in der größten Unordnung unter dem feindlichen Feuer einschiffte. Zum Unglück war ein großer Teil der Transportschiffe schon wieder an die Küsten von Kalabrien zurückgekehrt, und ein Teil der Division, von Oberst Ambrosia befehligt, mußte die Waffen strecken und sich gefangen geben. Mit einem Verlust von wenigstens 1500 Mann und vielen Verwundeten kamen die übrigen wieder auf dem Festland an. Dieser schlimme Ausgang des ersten Landungsversuchs auf Sizilien entmutigte Murat und die Truppen. Kurz darauf machte ein Tagesbefehl dem Heer bekannt, daß Napoleons Verlangen bereits ein Genüge geschehen, indem es nur dessen Absicht gewesen sei, die Streitkräfte der Engländer auf diesen Punkt zu ziehen, um die nötigen Verstärkungen unangefochten nach der Insel Korfu schicken zu können, und daß vorerst die Expedition nach Sizilien verschoben werde. Wenige Tage

darauf wurde das Lager abgebrochen, die Schiffe und die Garden kehrten nach Neapel zurück, wo auch Murat etwas verstimmt und ungehalten ankam. Über die Ursache der so schnellen Aufgabe dieses Unternehmens wurden mancherlei Vermutungen ausgesprochen, viele wollten sie einem geheimen Befehl Napoleons zuschreiben, der nicht gerne sehe, daß sein Schwager allzu mächtig würde, und den er schon mit mißtrauischen und neidischen Augen betrachte. Soviel ist sicher, daß seit jener Zeit ein Mißverständnis zwischen den beiden Schwägern bestand, das immer tiefer Wurzeln faßte.
Um dem noch immer in Kalabrien, wenigstens teilweise bestehenden Brigantenunfug zu steuern und endlich auszurotten, nahm die Regierung Murats ein System an, welches hauptsächlich darin bestand, daß man die Einwohner Kalabriens selbst für die in dem Gebiet ihrer Kantone von den Briganten begangenen Untaten verantwortlich machte. Die regulären Truppen wurden jetzt nur noch dazu verwendet, die Einwohner zu zwingen, die Insurgenten selbst zu bekämpfen, zu fangen und auszuliefern, widrigenfalls man sie als deren Helfershelfer ansehen und bestrafen würde. Diese Maßregeln in Ausführung zu bringen, wurden zehn- bis zwölftausend Mann in alle Teile Kalabriens verlegt. Das Dekret, welches deshalb erschien, war sehr streng und grausam, und ließ auch Spielraum zu ungestrafter Befriedigung der Privatrache. Es wurden Listen mit Namen von Familien als des Einverständnisses mit den Briganten verdächtig angefertigt, und ein jeder, der ein solches Individuum tötete oder gefangen ablieferte, erhielt eine Belohnung von 20 bis 25 Dukati; war es aber ein Brigantenchef, so empfing er 500 Dukati. Wer den Insurgenten oder ihren Helfershelfern irgendetwas, es sei an Nahrung, Kleidung, Munition, Geld usw. zukommen oder sie entwischen ließ, wurde augenblicklich erschossen. Der General Manches, ein sehr harter und heftiger Mann, wurde mit der Vollziehung dieses Dekrets beauf-

tragt und vollzog es ohne alle Schonung. Die Folgen waren, daß viele Tausende der Einwohner, sich nicht mehr sicher wähnend oder Privatfeinde habend, nach Sizilien entflohen. Aber diese harte Maßregel hatte so ziemlich den erwünschten Erfolg. Das Brigantenunwesen hörte bald fast gänzlich auf und man konnte endlich ziemlich sicher in ganz Kalabrien umherreisen. Freilich waren zahlreiche Familien das Opfer für ein einziges ihrer Mitglieder, das sich etwas hatte zuschulden kommen lassen, geworden; denn Eltern, Geschwister und andere Anverwandte mußten das Vergehen des einen büßen. Aber das Land war doch endlich nach fünf Jahren ziemlich beruhigt. So lange hatte der grausame Brigantenkrieg gewährt, eine sich ewig erneuernde Hydra, die unaufhörlich von Sizilien aus alimentiert wurde.

Eines der gefährlichsten Brigantenhäupter war zuletzt der sogenannte Brigantenfürst, Baron Bittiglioni gewesen, der mit großer Verwegenheit in Salerno sein Wesen trieb, ohne daß jemand geahnt hatte, daß er einer der Haupturheber der Brigantenstreiche war. Endlich kam man diesem schlauen Fuchs, der alle Gestalten annahm, doch auf die Spur. Er wurde nebst mehreren seiner Offiziere ausgehoben und samt seinem ganzen Anhang zum Tode verurteilt. Viele Individuen aus den ersten Familien zu Neapel waren mit in diese Geschichte verwickelt und ihre Häupter traf dasselbe Urteil. Murat verwandelte jedoch die Todesstrafe in lebenslängliches Gefängnis oder Kettenschleifen, zehnmal schrecklicher als der Tod. Mit der Rückkehr des alten Königshauses (1815) wurden aber die noch Lebenden wieder frei und sogar belohnt.

Ungefähr zu dieser Zeit war es, daß sich in Kalabrien die berüchtigte Sekte der Karbonari bildete, hauptsächlich durch die erwähnten strengen Maßregeln, sowie durch die abscheulichen Grausamkeiten des Generals Manches hervorgerufen, die die Einwohner zwangen, sich so geheim wie möglich zu verbinden, um dieser Tyrannei das Gleichgewicht zu halten und ihr womöglich die Spitze zu bieten. Bald hatte sich dieser geheime Bund im ganzen südlichen Italien verbreitet, und wurde sogar von dem Polizeiminister Maghella, einem geborenen Genueser, der früher an der Spitze der Polizei der Ligurischen Republik gestanden, unter der Hand, wenn nicht gerade begünstigt, doch geduldet. Wenigstens wollte er durchaus das Bestehen des Bundes ignorieren oder die Sache mindestens als eine unbedeutende Kinderei dargestellt wissen. Irrig ist es aber, daß er der Stifter des Karbonarismus gewesen, wie mehrfach behauptet wurde. Ein sizilianischer Edelmann aus Palermo namens Caravante war, wenn vielleicht auch nicht der erste Gründer, doch zuverlässig der Stifter und Verbreiter der Sekte in Kalabrien. Noch immer gab es viele zersprengte Reste der früheren Brigantenbanden, die sich in die unzugänglichsten Wald- und Bergschluchten, von denen sie allein eine genaue Kenntnis besaßen, geflüchtet hatten. Diese wurden nun förmliche Raubmörder und die Plage der Gegenden, in deren Nähe sie sich aufhielten. Die schon bestehenden Karbonari, deren Zweck jetzt war, das Land von der fremden Herrschaft zu befreien und ihm eine möglichst demokratische Verfassung zu geben, wurden von den Engländern in Sizilien und der dortigen Regierung möglichst unterstützt und ihnen an die Hand gegeben, sich der noch in den Wildnissen vorhandenen Briganten zu ihren Zwecken zu bedienen. Den Namen Karbonari (Kohlenbrenner) erhielten sie, weil sich die ersten Männer dieser Sekte als solche verkleidet in Wäldern verbargen und ihrer Sicherheit wegen und dem Anschein nach dieses Gewerbe trieben. Deshalb hatten sie auch ihre Embleme, Benennungen und geheimen Erkennungszeichen von dem Gewerbe der Kohlenbrennerei entnommen, nannten ihre Versammlungsorte Baracca vendita usw., teilten sich nach Art der Freimaurer in verschiedene Grade, anfangs nur in zwei, später in vier ein, und machten den heiligen Theo zu ihrem Schutzpatron. Dies war das erste Entstehen des Karbonarismus, von dem man so viel gefabelt und so viele Albernheiten erzählt hat, und dessen Ursprung man bald in den Hochgebirgen Schottlands vor Jahrhunderten finden, bald von deutschen Köhlern, vielleicht gar von denen, welche den sächsischen Prinzenraub verhinderten, und ähnlichen Dingen ableiten wollte.

Eine Verordnung, welche Murat zu jener Zeit erließ, um sich durch dieselbe unabhängiger von Napoleon und selbständiger zu machen, besagte, daß in Zukunft alle Ausländer, die in neapolitanische Dienste treten oder in diesen bleiben wollten, das neapolitanische Bürgerrecht erwerben müßten. Als dies der Kaiser der Franzosen erfuhr, wurde er wütend, und dekretierte sogleich: daß allen Franzosen, als Murats Landsleuten, dieses Bürgerrecht von selbst zustände und sie es nicht erst zu erwerben hätten, um Zivil- und militärische Anstellungen im Königreich Neapel bekleiden zu können.

Da ich während meines nun beinahe zweijährigen ununterbrochenen Aufenthalts in Neapel Murat und seinen Hof sehr genau kennen zu lernen Gelegenheit hatte, so will ich hier in Kürze das Wichtigste und Interessanteste, den König, seine Gattin und die Hofhaltung betreffend, mitteilen.

Murat wurde im Jahre 1767 zu La Bastide Frontonnière bei Cahors geboren, ein Dorf im ehemaligen Perigord und dem jetzigen Departement du Lot, wo sein Vater Gastwirt war und in einiger Geschäftsverbindung mit der Familie Talleyrand stand. Kaum konnte der Knabe laufen, so saß er auch schon auf den wildesten Bauernpferden ohne Sattel und setzte bald mit diesen über Stock und Stein, Gräben und Hecken. Sein Vater hatte ihn erst zum geistlichen Stand bestimmt und durch Talleyrands Fürsprache eine Stelle im Kolleg zu Cahors für ihn erlangt. Hier machte er aber schon sehr tolle Streiche, und als er von dort nach Toulouse kam, um daselbst den Priesterrock zu erhalten, verliebte er sich, kaum neunzehn Jahre alt, in ein hübsches Mädchen, schlug sich, obgleich er schon ein Abbé-Mäntelchen hatte, um und für seine Schöne, entführte und versteckte sie und sagte hierauf dem geistlichen Stande Valet. Hierauf half er seinem Vater eine kurze Zeit in der Wirtschaft, wo er dessen und die Pferde fremder Fuhrleute in die Schwemme ritt, viel spielte, und zwar so unglücklich, daß er bald genötigt war, La Bastide zu verlassen. Er nahm nun als gemeiner Reiter Dienst in dem zwölften Chasseurregiment. Der Ex-Abbé war einer der schmucksten Kavalleristen im Regiment und wußte sein Roß so trefflich zu tummeln, daß er bald zum Maréchal de Logis (Sergeant) avancierte. Wegen einer Insubordination gegen einen im ganzen Korps verhaßten Offizier, einen Gamaschen- und Zopfheld der alten Zeit, wurde er aber kassiert und mußte das Korps verlassen. Darauf brachte er wieder eine Zeitlang bei seinen Eltern zu, deren Gäste bedienend, eilte aber, nachdem die Revolution ausgebrochen war, nach Paris, wo er Dienste in der konstitutionellen Garde des Königs nahm, die Partei der Revolutionäre mit allem Feuer ergriff und deshalb jeden Tag Händel und Raufereien hatte. Kurz vor der Auflösung dieses Korps wurde er als Unterleutnant zu dem dreizehnten Chasseurregiment versetzt und zeichnete sich bei diesem fortwährend höchst exaltiert für die neue Freiheit aus, so daß man ihm den Namen Marat beilegte, den er einige Zeit führte. Während der Schrekkenszeit avancierte er bis zum Rittmeister und 1794 wurde er Oberstleutnant. Gleich Bonaparte nach dem 9. Thermidor abgesetzt, wurde er mit diesem bekannt; mit ihm wieder angestellt, unterstützte er ihn am 13. Vendemiaire in der Verteidigung des Konvents. Als Bonaparte Obergeneral der Armee in Italien wurde, nahm er Murat als seinen Adjutanten mit. Durch ihn überschickte er dem Direktorium einige zwanzig den Österreichern abgenommene Fahnen, und da er sich in verschiedenen Gefechten durch seine persönliche Tapferkeit sehr ausgezeichnet hatte, ward er nun zum Brigadegeneral ernannt und auch bei diplomatischen Verhandlungen, wie am Hofe zu Turin wegen des Friedens zu Genua, wo er es bei dem Dogen durchsetzte, daß dieser den österreichischen Gesandten auswies, usw., verwendet. Noch tat er sich durch verschiedene glänzende Waffentaten an der Spitze der Reiterei hervor, war mit Bonaparte auf dem Rastatter Kongreß, wollte durchaus den dort von den österreichischen Husaren auf höhere Anstiftung an dem französischen Gesandten schändlich begangenen Meuchelmord auf das blutigste gerächt wissen, und ging dann nach dem Kirchenstaat ab, die dort ausgebrochene Empörungen zu dämpfen. Bald darauf begleitete er Bonaparte nach Ägypten, wo er sich abermals sehr auszeichnete, namentlich bei der Verfolgung der Mameluken. Bei dem Sturm von St. Jean d'Acre verlor er seinen prächtigen Federbusch, den ihm ein Türke abgeschossen hatte, und den er lange nicht verschmerzen konnte, besonders da ihn die Türken, in deren Hände er gefallen war, als eine Siegestrophäe betrachteten. Er rächte sich aber glänzend, indem er Laffel entsetzte, die Schlacht am Tabor mitgewann, und bei den Pyramiden und in der Nähe von Gizeh über zwölftausend Türken mit seiner Reiterei niedermetzelte, von denen einige Tausend in das Meer gesprengt wurden, und in dessen Fluten ertranken, wobei aber Murat mehrere Wunden erhielt. Mit Bonaparte nach Frankreich zurückgekehrt, rettete er diesen am 18. Brumaire, indem er mit einer Grenadierkompagnie in den Rat der Fünfhundert drang und diesen auseinanderjagte. Zur Belohnung all dieser Dienste gab ihm 1800 Napoleon seine jüngste Schwester, die schöne Karoline, zur Frau und machte ihn zum Kommandanten der Konsulargarden. Nach der Schlacht von Marengo, wo er die Reiterei befehligte und viel zum Gewinn derselben beitrug, wurde er Gouverneur der Cisalpinischen Republik, und dann 1804 Gouverneur von Paris, wo er sein Möglichstes zur Thronbesteigung seines Schwagers als Kaiser der Franzosen beitrug. Nun wurde er Marschall, kaiserlicher Prinz und Großadmiral von Frankreich. Im Krieg mit Österreich 1805 befehligte er abermals die sämtliche Reiterei, schlug zwölftausend österreichische Grenadiere und nahm sie bei Werdingen gefangen. Den Erzherzog Ferdinand verfolgend, drang er nach Böhmen vor, ließ abermals zwölftausend Österreicher die Waffen strecken, und hatte allein zwischen Ulm und Nürnberg ein Dutzend österreichischer Generale, ein halbes Hundert Kanonen, anderthalb Tausend Wagen und an zwanzigtausend Mann gefangen. Er war es, der zuerst in Wien einrückte, und dann sehr tätig bei der Schlacht von Austerlitz war. Nun wurde er (1806) Großherzog von Berg, zeichnete sich abermals im Krieg gegen Preußen (1807) aus, und wurde 1808 zum Général en chef über das in Spanien einrückende Heer ernannt, wo wir ihn bereits kennenlernten. Um ihn für die spanische Krone, die Murat zu erhalten gehofft, zu trösten, machte ihn Napoleon zum König von Neapel und dadurch bald zu seinem erst geheimen, dann offenen Feind. Murat hatte sich in den Kopf gesetzt, daß Napoleon den zur Expedition gegen Sizilien bestimmten Anführern der französischen Truppen geheimen Befehl gegeben habe, diese zu hintertreiben, und das deshalb die anderen Truppen dem Obersten Cavaignac nicht gefolgt seien, weshalb er die Entfernung der französischen Regimenter aus seinem Reich auf das bestimmteste von dem französischen Kriegsminister begehrte, was ihm aber ebenso bestimmt abgeschlagen wurde. Er sah jetzt in den in französischen Diensten stehenden Generalen und Truppen nur noch Aufpasser, Spione und Vormünder, bestimmt, seine Handlungen zu überwachen und eine Art Obervormundschaft auszuüben. Sein Mißtrauen deshalb verleitete ihn oft zu einem kleinlichen Benehmen, das ihm in der öffentlichen Meinung außerordentlich schadete. In diesem Unmut war es, daß er das Gesetz erließ, daß jeder in seinem Reich Angestellte sich naturalisieren lassen müsse, und worauf sein Schwager mit dem erwähnten Dekret geantwortet und noch hinzugesetzt hatte: „Dies in Betracht, daß das Königreich Neapel einen Teil des großen Reiches ausmache, der Fürst, der daselbst regiere, aus den Reihen der französischen Armee hervorgegangen und durch französisches Blut auf diesen Thron erhoben worden sei." Napoleon dekretiere, daß alle französischen Bürger von Rechts wegen auch Bürger von Neapel seien. Der Schlag war geschehen und der Grund zur Feindschaft und zum Haß zwischen den beiden Schwägern gelegt. Murat legte jetzt sein französisches Ehrenkreuz und das große Band desselben ab, und zwischen ihm und seiner Gemahlin, welche leidenschaftlich die Partei ihres Bruders ergriff, gab es häufig sehr heftige und ärgerliche Auftritte. Auch wurde sogar das Fest zu Ehren des neugeborenen Königs von Rom bis auf weitere Ordre in Neapel vertagt. Die Kluft wurde immer größer. Murat wußte, daß ihn sein Schwager in seinem Zorn, wegen der oft phantastischen Pracht seines Kostüms, einen Theaterkönig genannt hatte, sowie daß man ihm wegen seiner Reiterkünste den Namen des Franconi der Armee beigelegt; selbst zu Neapel hörte man ihn öfters Torniero, der Name eines berühmten Stallmeisters, nennen. Als sich der Hof mit dem Beginn des Sommers (1811) nach Caserta begab, zog sich Murat maulend nach Capo di Monte zurück, um sich dem Anblick der ihm jetzt verhaßten Franzosen, die er nicht hatte wegbringen können, zu entziehen. Täglich ließ er sich Polizeiberichte über das Treiben der Fremden einreichen, die er sehr sorgfältig prüfte und wodurch sich sein Mißmut noch steigerte. In der Tat war er freilich nur ein Vasall oder Präfekt des großen Reichs. Von der Königin glaubte er, daß sie geheime Instruktionen von ihrem Bruder habe, nach denen sie handle.

Murats Kleidung war allerdings phantastisch genug, ja bisweilen karikaturartig, bald war er als Araber, bald à la Henri IV. gekleidet, bald trug er ein reiches polnisches Kostüm, bald war sein Anzug aus allen möglichen Ländertrachten, aus den verschiedensten Zeiten zusammengesetzt usw., aber nie durften diamantene Agraffen und die prächtigsten und kostbarsten Federn fehlen, nie hat man Ähnliches auf irgendeinem Theater gesehen. Sein Säbel oder Schwert hing in goldenen, mit Brillanten besetzten Ceintüren herab, sein großes stolzes Streitroß hatte meistens einen türkischen Sattel und eine reichgestickte, mit Edelsteinen bedeckte Schabracke von der kostbarsten Arbeit, ebensolches Zaumzeug, Gebiß und Steigbügel von Gold. Seine Federn und Federbüsche kosteten oft über 50 000 Franken in einem Jahre. Da er eine schöne Gestalt hatte, vortrefflich ritt und seine persönliche, an Tollkühnheit grenzende große Tapferkeit allgemein bekannt war, so verglichen ihn seine Schmeichler oft mit den Achilles, ja nicht selten mitdem Kriegsgott Ares selbst, und seine Gegenwart brachte vor dem Feind immer eine ungewöhnliche Wirkung hervor, so auch bei vielen Damen, die ihn wie einen Halbgott verehrten. Doch gab es auch andere, selbst an seinem Hof, die ihn als eine großartige Karikatur betrachteten. Wenn, wie es zur Herbst- und Winterszeit fast täglich der Fall war, in den Nachmittagsstunden die Königin mit ihrem Hofstaat aus den Schloßtoren zur Promenade ausfuhr und diesen Wagen dann Murat zu Pferde mit einer zahlreichen Suite und einer Abteilung der Garden zu Pferde folgte, so war es, als wenn das wilde Heer den Palast verließ, denn wie ein Sturmwind jagte der ganze Zug aus den Pforten über den Schloßplatz, sauste meistens durch Toledo oder nach der Villa Reale zu, und selten, daß nicht ein oder ein paar Reiter stürzten, über welche dann die anderen hinaussetzten. Um die Stunde, in welcher diese höllischen Abfahrten stattfanden, war jedesmal eine große Menge Volk auf dem Platz vor dem Palast versammelt, das grausigprächtige Schauspiel anzustaunen. Ein einziges Mal war auch mir ein Pferd, jedoch nur auf die Knie, gestürzt, erhob sich aber sogleich wieder und ich raste dem wilden Zug nach.

Die Königin Karoline, damals achtundzwanzig Jahre alt, war, obgleich sie schon vier Kinder gehabt, noch sehr hübsch, außerordentlich ehrgeizig, dabei sehr lebenslustig, spann aber ebenso gerne politische wie verliebte Intrigen. Sie hatte viel Verstand, aber wenig Kenntnisse, große Charakterstärke und Energie, aber ihre Unwissenheit in wissenschaftlicher Hinsicht war ebenso groß. Ihr Wuchs war nichts weniger als majestätisch; sie hatte etwas hohe Schultern, zu kurze Beine bei zu langem Leibe, auch war sie eben nicht sehr graziös, und spöttelte gerne, wodurch sie sich besonders unter den Hofdamen manche geheime Feindin machte. Bei den ernsten Szenen zwischen ihr und ihrem Gatten ging es eben nicht sehr königlich zu; beide warfen sich dann gegenseitig ihre gehabten Abenteuer vor. Murat schimpfte auf seinen Schwager Napoleon, und Karoline nahm ihren Bruder in Schutz und verteidigte ihn mit großer Heftigkeit, die nicht selten ins Gemeine ausartete. Dieses Benehmen hatte auf den ganzen Hof, dem es wohl bekannt war, einen verderblichen Einfluß. Die meisten Herren nahmen Partei für die Königin, und die Damen für ihren Gatten, und es gab Anlaß zu tausend Unannehmlichkeiten und Intrigen. Murat sagte, daß er nicht unter dem Pantoffel stehen wolle, und Karoline schrie, daß sie, eine Schwester Napoleons, sich nicht mißhandeln und unterdrücken lassen werde. Da viele hohe Staats- und Hofchargen von Franzosen bekleidet wurden, welche die Königin an sich zu ziehen gewußt, so hatte dies zur Folge, daß sie Murat zu entfernen und durch ihm ganz ergebene Individuen zu ersetzen suchte, was aber seine Frau, mit ihrem allmächtigen Bruder drohend, schlechterdings nicht zugeben wollte. Dagegen waren manche der Hof- und Palastdamen der Königin ein Dorn im Auge, namentlich die schöne Herzogin von Atri und einige andere, die sie entfernt wissen wollte, was wieder Murat nicht zugab. Dies machte, daß das ganze Hofleben einen fortwährenden sehr bissigen Krieg darstellte und oft ein wahres Höllenleben wurde. Napoleon charakterisierte seinen Schwager in einem Brief, den er an Karoline schrieb, ziemlich treffend, indem er sagte: „Dein Mann ist auf dem Schlachtfeld der Tapferste, aber wenn er den Feind nicht vor Augen hat, schwächer als ein Weib oder ein Mönch; er hat durchaus keinen moralischen Mut."

Kurz nachdem Murat von der verunglückten Expedition gegen Sizilien aus Kalabrien zurückgekommen war, bedankte ich mich in einer erhaltenen Audienz bei ihm für die mir gewordene Anstellung. Es fand sich dabei Gelegenheit, ihm in Erinnerung zu bringen, daß ich ihn schon zu Madrid und bei der Einnahme von Kapri gesprochen habe, und er entließ mich mit den Worten: „Eh bien j'espère que vous ferez votre chemin chez nous." Da mir jetzt der Dienst in der Residenz ziemlich viel Muße ließ, so widmete ich mich wieder mehr der Musik und den schönen Wissenschaften, las und studierte den Machiavell usw.

Es existierte auch wieder ein französisches Liebhabertheater, bei dem mehrere Herren vom Hofe und einige Offiziere und Offiziersdamen, auch eine der Palastdamen, eine junge Französin, Mad. d'Arlincourt, mitwirkende Teilnehmer waren und das besonders von der Königin protegiert und besucht wurde. Einigemal übernahm ich Liebhaberrollen bei demselben, und hatte das Glück, auch dem anwesenden Murat zu gefallen. Da aber die Führung, Zusammensetzung und Austeilung der Rollen mir nicht zusagte, zog ich mich wieder zurück und war bloß noch Zuschauer. Indessen war ich dadurch in einige nähere Berührung mit den Hofleuten und Mad. d'Arlincourt gekommen, was mich bald weiterführen sollte.

Der Karneval von 1811 war äußerst belebt und glänzend, das Volk überließ sich dem Taumel dieses Vergnügens in vollem Maß. Toledo wurde von Masken, maskierten Carri (Wagen) und Reitern nicht leer, ebenso die anderen Plätze und Hauptstraßen. Es ist Tatsache, daß zu Neapel der Karneval im ganzen weit lebendiger, tumultuöser und lärmender ist als der zu Rom, wenigstens so wie ich beide sah. Auch hier ist das Werfen der Konfetti, Pralinen, Mandole tostate (überzuckerten Mandeln), Schokolade-Bonbons und Gipskügelchen, letztere jedoch nur selten, eines der Hauptvergnügen und eine süße Ernte für die kleinen und erwachsenen Straßenjungen, welche die niederfallenden Bonbons oft mit Lebensgefahr unter den Wagen und Füßen der stampfenden Rosse hervorrissen. Die Balkone der Paläste in Toledo, von denen solche Süßigkeiten in großen Quantitäten herabgeworfen werden, sind alle mit prächtig geschmückten Damen geziert, an denen vorüber die Reiter und die in schönen Wagen sitzenden Masken ihre Fensterparaden machen. Zwischen ihnen drängen sich Schiffer und Fischer, Pfaffen und Militär, Lazzaroni und Bauern mit lustigem Geschrei durch und erfüllen die Luft mit Singen, Pfeifen und Jauchzen, Klappern und Schnurren. Dabei spielen auch die Blumen eine große Rolle; Hyazinthen, Narzissen, Rosen und Veilchen duften aus allen Wagen und werden von allen Balkonen herabgeworfen. Manchmal macht aber auch ein furchtbares Gewitter, wie man deren hier häufig im Januar und Frühjahr erlebt, der ganzen Herrlichkeit ein plötzliches und nasses Ende, wie dies in diesem Jahr an einem der Karnevalstage der Fall war.

Murat versäumte nichts, der Vergnügungssucht der Neapolitaner zu frönen. Sämtliche Theater empfingen während seiner Regierung Unterstützungen, und San Carlo wurde ganz besonders gehegt und gepflegt, die besten Sänger und Sängerinnen Italiens für diese Stagione mit ungeheurem Gehalt engagiert und Unsummen Geldes auf Kostüme, Dekorationen, Maschinerie usw. verwendet. Lange hatten die hiesigen Bühnen keine solche Glanzepoche gehabt wie jetzt. – Bei Besuch des französischen Liebhabertheaters hatte ich Gelegenheit gehabt, den Herrn v. Longchamps, der Kammerherr des Königs und Oberintendant sämtlicher Theater und Schauspieler war, kennen zu lernen, und mich auf einen guten Fuß mit ihm zu stellen, so daß ich allen Proben beiwohnen und auch während der Vorstellungen die Bühnen besuchen durfte. Ich machte ihm den Vorschlag, einige Ballette in Szene zu setzen, den er mit Dank annahm. Woran mir aber am meisten gelegen, war endlich Mozarts Meisterwerk, den „Don Juan", auf die italienische Bühne zu bringen. In Florenz hatte man auf meine Veranlassung sich dazu entschlossen, aber nach sechswöchentlichen Proben die Sache als unausführbar wieder aufgegeben. Die dortigen Musiker und Sänger hatten übereinstimmend geäußert: „Diese Musik sei nicht zum Aufführen geschaffen!" Als ich dies gehört, schrieb ich dem dortigen Impresario, dem ich die Sache empfohlen hatte: „Ihr seid Esel; in Deutschland wird der Don Juan schon seit beinahe zwanzig Jahren auf allen bedeutenden Bühnen gegeben." Die Herren wollten aber alle nach ihrer löblichen Gewohnheit auch diese Musik ad libitum singen und vortragen, italienische Schnörkeleien hineinflechten, das Orchester sollte ihnen, wie sie es gewohnt, nachgeben, was bei einer solchen Instrumentation, die mit der größten Präzision ausgeführt werden muß, unmöglich ist, und so erklärte man die Sache für untunlich und gab sie auf. Dies war mit Ursache, daß ich in Neapel anfänglich mit großen Schwierigkeiten zu kämpfen hatte, um den Don Juan auf die Bühne zu bringen, was endlich nur ein königliches Machtgebot vermochte, wie wir bald sehen werden. Longchamps teilte mir eines Tages mit, daß die Königin gerne ein italienisches Liebhabertheater sich organisieren sähe, da sie eine besondere Vorliebe für diese, eigentlich ihre Muttersprache hege, und ihn beauftragt habe, womöglich ein solches zustande zu bringen. Da ich jetzt das Italienische schon ganz geläufig und vollkommen gut sprach, so erbot ich mich sogleich, tätigen Anteil an demselben zu nehmen, was dem Kammerherrn und Intendanten willkommen war, da er noch niemand wußte, mit dem er das Fach der ersten Liebhaberrollen besetzen solle. Er überschickte mir ein paar Tage darauf die Titelrolle in Goldonis Lustspiel „L'Avventurie", mit dem das neue Theater, das die Königin auf ihre Kosten sehr elegant im Palast hatte einrichten lassen, eröffnet werden sollte. Die Sache fiel ganz zur Zufriedenheit der hohen Beschützerin aus, die sich lobend über unsere Leistungen aussprach und auf deren Wunsch jetzt mehrere von ihren Damen tätigen Anteil an diesen Vorstellungen nahmen, unter anderen auch die schöne Herzogin von Atri und die Marchesa Cavalcanti. Die zweite Vorstellung war: „I falsi galant' uomini" von Federici, bei der jedoch nur noch einige Offiziersdamen mitwirkten, und ich die Rolle des Duca di Borgogna übernommen hatte. Diese Vorstellung gefiel Murat so außerordentlich, daß er sie drei Tage darauf wiederholen ließ. Es war aber das Sujet, das ihn vorzüglich ansprach, und er rief aus: „Bei erster Gelegenheit werde ich einmal die Rolle des Herzogs Carlo in der Wirklichkeit in meinem Reiche übernehmen." Es blieb aber bei dieser Äußerung. Wir studierten nun noch mehrere Lustspiele von Goldoni und auch einige Dramen ein, wodurch ich mit den mitwirkenden Hofdamen in vielseitige nähere Berührung kam, namentlich mit der Herzogin von Atri, welche die erste Liebhaberin machte. Eines Tages sprach Longchamp mit mir von unserm Repertoir und ließ sich dabei vernehmen, daß die Königin den Wunsch geäußert habe, einige neue und pikante Sachen, die noch nicht allgemein bekannt seien, aufführen zu sehen. Ich erbot mich, einige Stücke aus dem Deutschen zu übersetzen, die sehr interessant und in Italien noch gänzlich unbekannt seien. Mein Antrag wurde mit Dank angenommen, und ich machte mich sogleich an Schillers „Fiesko", eines meiner Lieblingsstücke; da ich indessen fürchtete, die Feinheiten und Subtilitäten der italienischen Sprache nicht hinlänglich zu kennen, so suchte ich mir einen Mitarbeiter oder eine Mitarbeiterin, um das Stück noch zu feilen, und fand sie in der schönen Marchesa Cavalcanti, die aber auch die Rolle der Eleonore sogleich für sich in Anspruch nahm und die der Imperiali der Herzogin von Atri zuteilte, während eine Doria, deren nicht weniger als drei unter den Palast- oder Hofdamen waren, die Berta machte; die der Kameriere Rosa und Arabella wurden zwei Offiziersdamen zugeteilt. Daß ich mir die Titelrolle vorbehielt, war sehr natürlich, sowie daß ich sie auch sehr natürlich spielte, den beiden schönen Damen recht con amore meiner Liebe versichernd. Nichts war unterhaltender als die Proben dieser Vorstellungen, deren wir unzählige veranstalteten, bis das Stück endlich vollkommen und zu meiner Zufriedenheit einstudiert war, und während deren ich alle Muße und Gelegenheit hatte, mich mit meinen Damen zu verständigen, wobei ich es so zu machen wußte, daß eine jede von der andern glaubte, diese spiele in Wirklichkeit die Rolle der Imperiali. Endlich waren wir nach einem Monat des Probierens so weit, daß das Stück in Szene gesetzt werden konnte. Dies war ein wahrer Festtag für mich, und noch nie hatte ich die Bretter mit einem so freudigen Gefühl betreten; die Vorstellung, der der ganze Hof, die Minister, alle Offiziere und höhere Beamte beiwohnten, fiel über alle Erwartung gut aus und war auch hinsichtlich des Arrangements und der Kostüme auf das prächtigste ausgestattet. Der Beifall war fortwährend fast stürmisch, aber vor allem wurde die Szene des vierten Aktes donnernd applaudiert, und der Augenblick wo „Fiesko", nachdem ihm die Imperiali mit den Worten: „Fiesco t'adoro („Ich bete dich an") gestanden, wie sehr sie ihn liebe, die Draperien wegziehend, seine Gemahlin vorführend sagt: „Mi spiace, signora! Ecco mia moglie una donna celeste!" („Das bedaure ich, Signora, hier ist meine Gemahlin, ein göttliches Weib!") erschütterte das ganze hohe Publikum so gewaltig, daß es seinem Gefühl mit einem anhaltenden und donnernden Bravissimo Luft machte, was freilich mehr auf Rechnung des unsterblichen Schiller als der Darsteller zu setzen war. Auch der Mohr Hassan, dessen Rolle ein neapolitanischer Offizier machte, erntete großen Beifall. Murat war so entzückt von dem Stück, daß er es dreimal wiederholen ließ, und mich selbst aufforderte, noch mehrere dergleichen zu übersetzen. Ich machte mich nun an den „Don Carlos", aber in Prosa, wodurch er natürlich verlieren mußte. Dennoch gefiel er ungemein. Freilich war die schöne Cavalcanti eine unvergleichliche Elisabeth sowie die Herzogin von Atri eine nichts zu wünschen übrig lassende Eboli; den Posa hatte ich mir vorbehalten. Da auch dieses Stück gefiel, so munterte mich Murat noch mehr zu ähnlichen Unternehmungen auf, machte mir einen kostbaren Brillantring zum Geschenk und teilte mich provisorisch seinen Ordonnanz-Offizieren zu, wodurch ich allen anderen Dienstes jetzt enthoben war und mich ganz der Kunst widmen konnte. Ich übersetzte nun noch Zschockes „Abällino", Kotzebues „Don Ranudo de Colibrados", „Die Indianer in England", „Pagenstreiche", den „Wirrwarr", die „Kreuzfahrer", die mit Hilfe der Feile meiner Mitarbeiterin alle gefielen und wiederholt werden mußten. Murat äußerte einmal: „Nimmermehr hätte ich geglaubt, daß die Deutschen so reich an solchen dramatischen Produkten seien, die es mit den besten Werken Racines, Corneilles und Molières aufnehmen können." „Don Ranudo de Colibrados" gefiel ihm ganz besonders; er konnte sich nicht satt daran sehen. Aber damit nicht zufrieden, setzten wir bald auch Opern in Szene und debütierten auf meine Veranlassung mit „Figaros Hochzeit" von Mozart, in welcher ich den Figaro sang und eine ganz allerliebste Susanna in einer Doria hatte. Bei den Opern waren jedoch weit größere

Schwierigkeiten zu überwinden, und sie kamen daher nur selten zur Aufführung. Dagegen hatte ich mehrere große Ballette geschrieben und die Musik dazu, meistens deutschen Opernmelodien entnommen, arrangiert. Murat hatte sich geäußert: Daß, sobald sich eine passendere Stelle für den Oberintendanten Longchamp finden würde, er im Sinne habe, mir die Direktion der Theater zu übergeben. Auch für die königlichen Kinder, zwei Prinzen und zwei Prinzessinnen, ließ ich nun nach meinen Angaben ein kleines Puppentheater anfertigen, das mit einer bewundernswürdigen, auf Kupferrädern und Stahlfedern laufenden Maschinerie versehen war, die ein vorzüglicher Mechaniker verfertigt hatte, und wodurch ganze Heere kleiner Soldaten und Reiterei sehr natürlich in Bewegung gesetzt wurden, alle möglichen Evolutionen und Schwenkungen machten, auch ein Seesturm mit Schiffbrüchen vortrefflich dargestellt werden konnte. Die Dekorationen waren alle von dem berühmten Gioja gemalt. Dieses Theater, das ein paar Tausend Dukati kostete, machte den königlichen Kindern viel Spaß, und 1815 und 1816 ließ man es sogar für Geld in Paris sehen.

Über alle Beschreibung prächtig waren die großen Maskenbälle (Festini), welche Murat damals in dem schönen Theater San Carlo gab, und zu denen er an viertausend Einladungskarten austeilen ließ. Bei diesen Ballfesten durfte man nur in Charaktermasken oder mindestens bunten Dominos – schwarze waren gleich Zivilkleidern ganz verpönt – erscheinen. Man denke sich das schönste und herrlichste Theater der Welt, in dem jeder Palcho (Loge) einen kleinen, höchst elegant möblierten Salon, mit Trumeaus, Divans, Armleuchtern, kleinen Lüstern und kostbaren Draperien versehen, bildet; in dem mehr als 4000 Kerzen sind, alle an Armleuchtern vor Spiegeln an den festonierten Pilastern oder Caryatiden, welche die Logen trennen, brennend, und diese Lichter durch den tausendfachen Widerschein der Spiegel millionenmal vermehrt. Dazu die reichen, geschmackvollen Vergoldungen und Verzierungen des Saales, die ungeheure Bühne in einen transparenten Feengarten, Tempel oder Saal verwandelt, in sämtlichen Logen die reichsten, prächtigsten und elegantesten Masken, die Damen mit Diamanten und Rubinen, Smaragden und anderen Edelsteinen übersät, so daß das Blitzen und Flimmern der Agraffen und des Kopfputzes die Augen blendete; Murat selbst mit seiner imponierenden, phantastisch gekleideten Figur, sowie die Königin mit ihrem zahlreichen Hofgefolge im höchsten Putz und Schmuck, dann das Wogen eines Federn- und Blumenwaldes der sich drängenden und tanzenden Masken unten im Saal, alles von einer unaufhörlich rauschenden, wohl an zweihundert Instrumenten starken Musik begleitet, und man wird es natürlich finden, daß die meisten Personen, die zum erstenmal dieses Schauspiel sahen, kaum in einer halben Stunde von ihrer Betäubung und Verblendung wieder zu sich kommen konnten, denn man war verblendet und betäubt zu gleicher Zeit. Was war dagegen ein Pariser Ball in der Großen Oper, und das Haus selbst?! – Gleich nach Mitternacht wurde in allen Logen ein schwelgerisches Souper, alles auf königliche Kosten, serviert, und in den illuminierten Lauben auf der Bühne wurden fortwährend alle möglichen Erfrischungen und jedem gereicht, was er begehrte. Bei einem dieser wirklich magischen Feste hatte ich einen Zug und eine Quadrille, Masettos Hochzeit aus dem Don Juan darstellend, arrangiert, und dabei, so wie wir eintraten, das Champagnerlied von den rauschenden Orchestern spielen lassen, was eine nicht zu beschreibende Wirkung auf alle Anwesenden hatte und mit daran schuld war, daß ich bald darauf die Aufführung von Mozarts Meisterwerk durchsetzte. Ich hatte ein allerliebstes Zerlinchen, die Marchesa Cavalcanti, am Arm. Don Octavia, Donna Elvira, Donna Anna, Don Gußmann und selbst der Geist fehlten nicht. Leporello trug mein fast manndickes

Register unter dem Arm, und mehr als dreißig reich gekleidete Lakaien umgaben uns mit beinahe drei Schuh hohen Champagnergläsern, in deren jedes der Inhalt einer Flasche ging. Andere trugen die zierlichen, lackierten Flaschenkörbe, und unaufhörlich wurde der Champagner, Rosé und Ai, den Ballgästen in diesen Gläsern kredenzt, bis sich der Zug in eine Quadrille auflöste. Auf diesem Ball hatte ich noch ein ganz eigenes Abenteuer zu bestehen. Ich hatte mein hübsches Zerlinchen, die Marchesa C., deren Gatte einer der königlichen Stallmeister war, beredet, das Fest auf eine halbe Stunde mit mir zu verlassen, um in einem nahen Kaffeehaus in einem Kabinett ein Glas Eis tête à tête mit mir zu nehmen. Wir entfernten uns, nachdem wir ein paar Dominos übergeworfen, heimlich zu Fuß, glaubten uns aber, nachdem wir San Carlo verlassen hatten, verfolgt, und zwar von einer Maske, die wir für den Marchese hielten. Ihr zu entgehen bog ich schnell um eine Ecke, wo eine einzelne Schildwache stand, der ich mich als einen Offizier von der Garde zu erkennen gab und sie bat, zu gestatten, daß ich die bei mir habende Maske nur auf zwei Minuten in das Schilderhaus verbergen dürfe, und ohne des Soldaten Antwort abzuwarten, ließ ich die Dame ins Schilderhaus treten und folgte ihr. Kaum waren wir darin, als die uns verfolgende Maske vorüberrannte. Nachdem wir sie entfernt genug glaubten, wollte ich das Schilderhaus wieder verlassen, aber in demselben Augenblick kam eine Offiziersronde, die, nachdem sie die Schildwache angerufen, erkannt und dann herangekommen war, auf einmal sagte: „Kerl, da regt sich ja was im Schilderhaus!" Die Marchesa hatte niesen müssen. Der Soldat versetzte ganz verlegen: „Ich glaube, Sie irren sich." „Das wollen wir doch sehen!" erwiderte der Offizier und trat an das Schilderhaus, aus dem ich aber sogleich heraustrat, den Offizier bei Seite nahm, mich ihm zu erkennen gab, ihm natürlich ohne einen Namen zu nennen, mitteilte, was vorgegangen, worauf er sich lachend entfernte. Wir fanden jedoch für gut, auf den Ball zurückzukehren, und uns daselbst recht bemerkbar zu machen, so daß der zurückgekehrte Marchese – denn er war es allerdings gewesen – seine Frau ganz erstaunt anblickte, und ein: „das geht nicht mit rechten Dingen zu", ausstieß. – „Ei was denn, mio caro marito?" fragte ihn die Marchesa. – „Nun, ich werde schon noch dahinter kommen", erwiderte der Herr Gemahl, und dabei blieb es denn. Er kam nicht dahinter, indem wir gewarnt, spätere Zusammenkünfte weit vorsichtiger veranstalteten. Auch die Hoffeste, zu denen ich jetzt immer eingeladen wurde, waren überaus prächtig. Eines Tages, als ich zum ersten Male zur Tafel gezogen wurde, und in einem offenen Wagen in großer Uniform (wir hatten drei verschiedene Uniformen), weißen Kaschmir-Beinkleidern und gelben Stiefeln, längs den Kais nach dem Palast fuhr und das Meer sehr aufgeregt und stürmisch war, schlug der Schaum einer Welle in den Wagen und machte mich von oben bis unten naß. Jetzt war guter Rat teuer. Ich hatte die Zeit sehr präzis abgemessen, konnte aber doch unmöglich in diesem Zustand im Schloß erscheinen, ließ also auf der Stelle umwenden, fuhr nach Giesu Nuovo, wo mehrere Offiziere von meinem Regiment wohnten, lieh von einem und dem andern was ich bedurfte, kleidete mich über Hals und Kopf um, jagte in vollem Karriere nach dem Palast, wo ich noch zu rechter Zeit ankam, und konnte nun triumphierend mit einem Hofmarschall Kalb, wenn auch nicht: „und bin noch der Erste in dem Antichambre", ausrufen, doch: „und kam gerade noch zur Suppe". Ich erzählte meine Avanture einigen Hofdamen, die mich bedauerten, und Murat, der sie auch erfuhr, lachte dazu.

Um gerecht zu sein, muß ich jedoch eingestehen, daß Murat trotz seiner Vergnügungs- und Prunksucht vieles Gute und selbst Treffliches während seiner kurzen Regierung in Neapel veranlaßte. Er ließ der Universität eine neue und weit bessere Organisation geben, führte das Dezimalsystem in Maß und Gewicht ein, unterstützte den Ackerbau und namentlich den Tabaksbau, hob die Industrie, gründete mehrere Wohltätigkeitsanstalten, und brachte in das sonst so träge neapolitanische Volk mehr Leben. Das Heer brachte er bis auf 50 000 Mann unter den Waffen, die gut eingeübt wurden, und obgleich er ein großer Freund der Damen war, so konnte sich doch keine rühmen, eine ausschließliche Herrschaft auf ihn auszuüben oder auch nur politischen Einfluß auf die Staatsangelegenheiten zu haben, obgleich er ihnen sonst nicht leicht etwas abschlug, und jede Privatbitte gewährte, wenn es in seiner Macht stand. Indessen fielen doch öfters ziemlich eklatante Skandalosa bei Hof vor, und auch Karoline hatte fortwährend Intrigen; namentlich waren ihr die Stallmeister und Kammerherren nicht gleichgültig. Ihr Hofleben zu Caserta war eben nicht das musterhafteste und hatte großen Einfluß auf das ohnehin schon sehr sittenlose neapolitanische bürgerliche Leben. Die geheimen und galanten Hofgeschichten zu Caserta würden allein dicke Bände füllen. Murat hatte sehr viel für die Verschönerung dieses herrlichen Schlosses getan. Auch die Königin liebte sehr den Putz und die Moden, von denen sie die neuesten immer per Kurier aus Paris kommen ließ. Ihre Damen mußten immer in der elegantesten Toilette erscheinen, und wenn diese den oft gleich einem Orlando furioso in seinen wunderlichen Kostümen zu Pferde dahinrasenden König un bel uomo nannten oder gar im Enthusiasmus ausriefen: „Oh quant' è bello il nostro Re!" so flüsterten viele Herren: „oh quant' è bellina la nostra Carolina." Der Hofintrigen waren unzählige, auch nicht eine der jüngern Damen, von der ersten Palastdame bis zur Kameriera, die nicht ihren Liebhaber gehabt hätte. Einigemal hatte ich auch während der Karnevalszeit frühere Bekanntschaften, namentlich Isaura und die hübsche Apothekerin auf Festinis getroffen, doch erneuerte ich sie nicht, und es blieb bei nichtssagenden Höflichkeiten und leeren Artigkeiten. Die dem Karneval folgende Fastenzeit war nicht ohne Unterhaltung; bei Hofe gab es Konzerte und musikalische Soireen, in welchen Dilettanten sich hören ließen, und ich brachte es bald dahin, daß einzelne Morçeaus aus dem Don Juan, der Zauberflöte, dem Titus, und dem Opferfest vorgetragen wurden, die sämtlich gut einstudiert waren und daher großen Beifall erhielten. Da meine Stimme einen großen Umfang hatte, so konnte ich auch ziemlich hohe Tenorpartien, ohne daß sie transponiert zu werden brauchten, singen, unter andern die Arie des Tamino: dies Bildnis ist bezaubernd schön usw. Während der Fastenzeit machte ich täglich Besuche in den Kirchen Neapels, um die Schönen zu bewundern, die nun durch Knien, Beten und Fasten ihre Karnevalssünden abbüßten und Vergebung derselben zu erhalten hofften, um – aufs neue zu sündigen. Die Karwoche wird hier besonders feierlich begangen; fast alle Kruzifixe, Madonnen- und Heiligenbilder werden verhüllt oder mit schwarzen Schleiern behangen. Täglich fanden Militärmessen statt; man hörte nur Klagegesänge, das Miserere und Trauermärsche, bis endlich der Kanonendonner der Forts und Kastelle das Zeichen gibt, daß die Trauer ein Ende hat und die Osterfeier beginnt. Nun bringen schön aufgeputzte Landleute und niedlich gekleidete Vilanellen alle möglichen Blumen, Gemüse, Früchte in die Stadt, und die Fleischer- und Wurstläden sind mit Schinken, Mortadellen, Bologneser-Würstchen, Speckseiten, Preßköpfen usw. wieder reich versehen und mit Lorbeeren, Blumen, Pflanzen und Blüten, die sich mit den Würsten zu Girlanden verschlingen und Pyramiden und Obelisken von Butter, Speck und Fleischkäse umwinden, köstlich ausgeschmückt; dabei sind Gold- und Silberschaum nicht gespart, und die schönen Landmädchen aus der Umgegend und von den Inseln bieten Körbe voll bunter Eier, Rahmkäsen, auch Muränen und Ortolanen zum Verkauf aus. Sogar in dicke Kuchen oder

Weißbrot sind hartgesottene Eier eingebacken. Alle Kirchen sind wieder mit Laub und bunten Draperien behangen und haben das, mitunter auch sehr prächtige Grabesansehen verloren. Die Buden, die jetzt um sie herum aufgeschlagen werden, geben dem Ganzen das Ansehen eines Jahrmarkts. Nach den Fasten begab sich der Hof nach *Caserta*, aber Murat, der mit seiner Gattin und seinem Schwager fortwährend schmollte, ging, wie ich schon erwähnte, nach Capo di Monte. Zu Caserta merkte man jedoch wenig von den Mißhelligkeiten des königlichen Ehepaares. In dem herrlichen Garten dieses Schlosses hatte ich nun öfters geheime Zusammenkünfte mit der schönen Marchesa C. Eines Morgens früh traf ich sie daselbst in einer Allee in einem ziemlich lauten Wortwechsel mit einer andern Hofdame, ihrer Vertrauten, begriffen, und hörte sie noch die Worte sagen: „Nein, diese Unverschämtheit ist zu groß, so etwas würde sich kein Franzose erlaubt haben." Als sie mich erblickte, eilte sie auf mich zu und empfing mich mit den Worten: „Stellen Sie sich vor, welche Impertinenz mir soeben der Duca di Laviani (ebenfalls ein Stallmeister des Königs und Eskadronschef) gemacht. Unter dem Vorwand, mir eine wichtige, die Königin betreffende Sache mitteilen zu müssen, hatte er mich hierher beschieden, und während ich nun ganz Ohr bin, um zu hören was es sei, das Ihro Majestät betrifft, nimmt er mich plötzlich beim Kopf und will mich mit Gewalt küssen, der unausstehliche häßliche alte Pavian. Ich springe zurück, verteidige mich, so gut ich es vermag, und schreie um Hilfe. Glücklicherweise kommen ein paar Kammerfrauen herbeigesprungen, die sich in der Nähe befanden, und der Signor Duca läuft brummend und fluchend davon. – Ist dies wohl ein Betragen für einen Offizier und Edelmann? – Was sagen Sie dazu?" –
„Daß es die empfindlichste Strafe und Genugtuung fordert, und wenn Sie es mir gestatten, so übernehme ich die Ausführung für beides."

„Ja, Sie sind ein Franzose oder Tedesco, gleichviel, sagen Sie ihm tüchtig die Meinung, Sie sind ein galant' uomo ein uomo d'onore." – „Mit der Meinung allein, Illustrissima, ist es nicht genug, ich werde noch ein anderes Wort mit ihm sprechen." – Während ich mit der Marchesa redend die Allee hinab gehe, wird diese plötzlich ganz bleich, zittert und ruft aus: eccolo! Ich erblickte nun ebenfalls den Laviani am Ende des Baumganges eiligst um eine Ecke biegend, setzte ihm auf der Stelle nach, donnerte ihm ein Halt! zu und brachte ihn so zum Stehen. Ich ersuchte ihn nun, mir zur Marchesa zu folgen, und da er sich nicht gleich gutwillig dazu verstehen wollte, so zwang ich ihn dazu, indem ich ihm sagte: „Wohlan so werden Sie mir sogleich an einen andern Ort folgen." Bei der Dame angekommen, hielt ich ihm in deren Gegenwart sein Benehmen gegen sie in ziemlich derben Worten vor und ersuchte ihn, dieselbe in meiner Gegenwart um Verzeihung zu bitten. Da er Ausflüchte suchte, so erklärte ich ihm in dürren Worten: er habe nur die Wahl, die Signora um Vergebung zu bitten oder mir Satisfaktion zu geben, da ich mich einmal der Sache angenommen und er sich zu hüten habe, daß sie vor den König komme, der, wie er wohl wisse, am allerwenigsten Poltronnerie verzeihe. Dies wirkte; Laviani wurde sehr geschmeidig und bat die Dame mit den Worten, die ich ihm vorsagte, um Verzeihung, worauf er sich, noch etwas in den Bart brummend, entfernte. Als er weg war, sagte die Marchesa zu mir: „Seien Sie jetzt auf Ihrer Hut, Laviani ist ein ebenso rachsüchtiger und heimtückischer wie feiger Mensch." Wir spazierten noch einige Zeit in den Gärten von Caserta herum, und ich empfahl mich endlich mit einem: a rivederci. Einige Tage darauf erfuhr ich durch den Kapitän d'Arlincourt, der ebenfalls Ordonnanz-Offizier und Stallmeister war, daß Laviani den Vorfall zu Caserta ganz zu seinen Gunsten herumgedreht erzählte und unter die Offiziere und Hofbeamten zu bringen suchte. Ich schrieb ihm sogleich ein Billett, in welchem ich ihn mit einigen derben Epitheten beehrte, und ließ es, bevor ich es absandte, von einigen Offizieren lesen. D'Arlincourt, der ihm die Herausforderung hinterbrachte, sagte ihm zugleich, daß er sich am nächsten Morgen in dem Wald hinter Capo di Monte mit einem Sekundanten einzufinden habe. Er selbst war der meinige. Um 5 Uhr morgens befanden wir uns schon an dem unfern vom Jägerhaus liegenden Weiher, dem für das Duell bestimmten Ort. Etwa 20 Minuten später traf mein Gegner mit dem Kapitän Duca della Regina Capece, auch Ordonnanz-Offizier, ein. Wir begaben uns tiefer in den Wald und es wurden 15 Schritte abgemessen, da Pistolen zur Waffe beliebt worden waren, weil Laviani geäußert hatte, daß ich ihm mit der Klinge zu überlegen sei. Da ich den ersten Schuß hatte, so drückte ich ab und streifte, wie es meine Absicht gewesen, meinem Gegner die linke Schulter, denn ich wollte ihn weder töten noch hors du combat setzen. Er zielte nun ziemlich lange, aber, wie ich bemerkte, zitternd; auch war er, als ich meine Pistole angeschlagen, leichenblaß geworden. Endlich drückte er ab, und die Kugel flog über mich hinaus. Ich ergriff nun eine zweite Pistole, zielte absichtlich etwas länger ihm gerade auf die Brust, weidete mich so einen Augenblick an seiner Todesangst und schoß dann in die Luft. Laviani stotterte nun, er wolle mir seinen Schuß schenken, ich aber rief ihm zu: dergleichen Geschenke akzeptiere ich nicht, Sie werden schießen. Jetzt legten sich jedoch die Sekundanten ins Mittel, behauptend, es sei der Ehre genug geschehen, ich habe volle Satisfaktion usw. Ich begnügte mich endlich damit, jedoch mußte Laviani noch vorher das: „ich schenke Ihnen den Schuß" zurücknehmen und eingestehen, daß er die Unwahrheit gesagt. So war die Sache für jetzt beigelegt. Eine Einladung zu einem Frühstück von Laviani schlug ich aus und eilte nach Caserta, wo ich diesen Morgen aber nicht fand, was ich suchte, dagegen der schönen Herzogin von Atri mit der Marchesa di Misuraca in dem Garten begegnete, und die Damen um die Erlaubnis bat, sie auf der Promenade begleiten zu dürfen, was mir freundlichst zugestanden wurde. Die Unterhaltung wurde bald recht animiert. Die Herzogin machte mir Komplimente über mein Schauspielertalent, indem sie mir sagte, daß sie mich immer mit großem Vergnügen auf der Bühne sehe. Eine gute Stunde hatte ich mich angenehm mit den Damen unterhalten, als sie fanden, daß es Zeit sei sich zu entfernen, sich empfahlen und im Schloß, bis wohin ich sie begleitet hatte, verschwanden. Sie erlaubten mir aber beim Abschied, diese Promenaden von Zeit zu Zeit mit ihnen wiederholen zu dürfen, was ich schon am nächsten Morgen, aber vergeblich versuchte, und niemand in den Alleen begegnete.

Einige Tage darauf war ich jedoch glücklicher und traf die Damen wieder. Diesmal war die Unterhaltung schon vertraulicher. Wir kamen auch auf den Don Juan zu sprechen, der, wie ich hoffte, jetzt bald in der Großen Oper in Szene gesetzt werden sollte, wobei mir die Herzogin, auf jene Quadrille anspielend, sagte: „Ah siete un briccone signor Capitano; Neapel ist nicht so groß, daß man nicht erführe, was gewisse Leute treiben, besonders bei Hofe ...," dabei drohte sie mit dem Finger. Ich stellte mich jedoch, als verstünde ich nicht, was sie damit meine, küßte ihr die Hand und wandelte noch eine geraume Zeit an ihrer Seite, als wir die Marchesa Cavalcanti mit ihrer Vertrauten in einer Allee auf uns zukommen sahen. „Ah, jetzt kommt die Rechte," meinte die Herzogin, „werden Sie nur nicht rot." – „Illustrissima ich wüßte nicht ...". „Schon gut." Wir gingen auf die Damen zu, und als wir in ihrer Nähe waren, sagte die Atri zur Marchesa: „Hier führe ich Ihnen einen Kavalier zu, der Sie schon lange sucht." – „Das bezweifle ich," versetzte diese etwas ironisch, „er war in zu guter Gesellschaft." – Die Unterhaltung wurde nun allgemein, bis sich sämtliche Damen wieder in den Pa-

last entfernten, worauf ich nicht sehr befriedigt nach Neapel zurückritt.
Damals erlangte ich endlich durch Murat die Gewißheit, daß Don Juan in Szene gesetzt werden sollte, obgleich selbst Longchamp, der anfing mich mit neidischen Blikken zu betrachten, heimlich dagegen wirkte. Als die Proben begannen, denen allen ich beiwohnte, suchte man gleich bei der ersten dem Unternehmen allerlei Schwierigkeiten in den Weg zu legen, denen ich jedoch zu begegnen wußte, die man aber mit jeder Probe zu vermehren suchte. Es kam endlich so weit, daß auch hier mehrere der ersten Sänger die Sache als unausführbar erklärten, sich auf das berufend, was zu Florenz vorgegangen war. Ich sah wohl ein, daß hier andere Intrigen im Spiel waren, was mir auch von der niedlichen Sängerin, die die Partie der Zerline übernommen hatte, an der dieser viel gelegen war und mit der ich auf einem vertrauten Fuß stand, bestätigt wurde. Ich teilte dies dem König freimütig und ohne allen Rückhalt mit, da man mit Murat ganz ungeniert und wie es einem um das Herz war reden konnte. Dieser gab mir nun plein pouvoir in dieser Sache, was er auch den Intendanten wissen ließ, sowie daß er darauf bestehe, Mozarts Don Juan vollständig und wie er geschrieben, hören zu wollen. Als nun die nächste Probe begann, sagte ich zu dem Sängerpersonal, daß es der unwiderrufliche Wille Sr. Majestät sei, daß der Don Juan so wie ihn der Meister komponiert, in Szene gesetzt werde, und daß diejenigen Künstler, welche sich nicht fähig hielten, die ihnen zugeteilten Partien, so wie sie seien, zu singen, sofort als unfähig bei der Königlichen Oper mitzuwirken, entlassen würden. Dies wirkte. Man zeigte sich nun sehr geschmeidig und gab sich alle Mühe; auch erlaubte ich nicht die geringste Abänderung, Schnörkelei oder unpassende Verzierung, und das Werk des unsterblichen Meisters wurde jetzt in so hoher Vollkommenheit aufgeführt, daß es allgemeinen Beifall erhielt und über

hundertmal hintereinander mit immer steigendem Wohlgefallen aufgeführt wurde.
Damals trug sich ein komisch-politischer Vorfall zu: die Douaniers an der Küste von Kalabrien hatten eine von Sizilien kommende Barke mit Nachtgeschirren, lauter englische Ware, gekapert, als man nach Mitternacht landete, um seine verbotene und doppelt gefährliche Ware einzuschmuggeln. Es waren dies nämlich keine gewöhnlichen, sondern bemalte Nachtgeschirre, in deren Grund Napoleons Porträt mit weitaufgesperrtem Mund sich befand, gleichsam zum Empfang dessen, was in das Geschirr gegossen wurde. Dergleichen Geschirre bedienten sich schon länger in England die eingefleischten Feinde des französischen Kaisers und hatten sie auch nach Spanien und Sizilien versendet und zum Teil daselbst verschenkt. Als die Sache vor Murat kam, befahl er, die Geschirre sämtlich zu zerschlagen und die Trümmer ins Meer zu werfen, die Schiffer aber, die sie gebracht, sollten vor ein Kriegsgericht gestellt und erschossen werden. Glücklicherweise waren sie entwischt. Bald aber kam die Polizei der Tatsache auf die Spur, daß schon mehrere solcher Geschirre im Reiche eingeschmuggelt worden seien, und es selbst in Neapel Personen gebe, die sich solcher bedienten. Das Polizeiministerium wollte nun die Sache näher untersuchen und Haussuchungen bei Verdächtigen anstellen. Murat war aber so klug, dies zu untersagen und die Sache niederzuschlagen, obgleich behauptet wurde, daß auch dergleichen Geschirre mit seinem Bild vorhanden seien. Eines mit dem Napoleon habe ich selbst als eine Kuriosität bei Moritz gesehen; auch versicherte man, daß sich die alte Königin von Neapel sowie der ganze Hof in Sizilien ihrer bediene. Als aber die Sache auf dem Festland ruchbar wurde, fanden die Besitzer der Geschirre für geraten, dieses gefährliche Eigentum zu zertrümmern. Hätte Murat die Sache nicht niedergeschlagen, so hätte es einen großen Skandal gegeben, der hundertmal mehr geschadet als genützt haben würde.

Ich brachte den Sommer so ziemlich in einem dolce far niente, was in dieser Jahreszeit in Neapel am zuträglichsten ist, und einen großen Teil meiner Zeit abwechselnd in Caserta und Capo di Monte zu. Im erstern Ort hatte ich nun öfters Gelegenheit, die hübsche Herzogin von Atri zu sehen und zu sprechen und kam endlich so weit mit ihr, daß ich auch nächtliche Promenaden in den reizenden Gärten Casertas mit ihr machte, wobei sie jedoch immer ihre vertraute Freundin, die Marchesa Misuraca, begleitete, die oft den Lauerposten übernahm. Eines Abends, es war beinahe Mitternacht, als wir eben recht vertraulich in einer Laube saßen und die Marchesa Schildwache stand, damit wir vor Überraschung sicher seien, stürzte sie plötzlich mit den Worten: „ecco la regina" herein. Ich war mit einem Satz auf und hinter der Laube herum und eilte der entgegengesetzten Seite zu, von der ich die Königin kommen wähnte. Kaum hatte ich aber einige dreißig Schritte gemacht, so befand ich mich derselben, die von einigen Damen und Kavalieren begleitet war, en face. Ich konnte ihr nicht mehr unbemerkt entwischen und sie stellte mich sogleich mit den Worten: „Ei, was machen Sie denn noch so spät zu Caserta?" zur Rede. – „Majestät, die herrlichen Nächte haben mich in diesem entzückenden Aufenthalt zurückgehalten." – „Und vielleicht noch etwas anderes", versetzte die Königin. – „O nicht doch, Majestät", sagte ich nun sehr laut, damit es meine beiden Damen hören sollten, um der Königin entgehen zu können. „Nur das Paradisische dieses Ortes, dessen Zaubergärten ich auch einmal des Nachts durchwandern wollte, haben mich hierher gezogen." – „Lassen Sie das künftig bleiben", sagte die Königin etwas scharf betonend, „hören Sie." – „Wie Ihre Majestät befehlen", erwiderte ich mit einer tiefen Verbeugung und entfernte mich nach erhaltener Erlaubnis. Ich wollte nun meine Damen noch aufsuchen, konnte sie aber nicht mehr finden, und machte mich nach Neapel auf, überlegend, was diese Begebenheit wohl für Folgen haben könne. Karoline sah es nicht gerne, daß man sich zur Nachtzeit in den Gärten von Caserta herumtrieb; denn diese waren auch der Tummelplatz ihrer verliebten Intrigen und galanten Abenteuer, deren sie nicht wenig hatte, wie hinlänglich bekannt war. Am andern Morgen schrieb ich sogleich ein Billett an die Marchesa Misuraca, um dieser meine kurze Unterredung mit der Königin mitzuteilen, damit sich die Herzogin Átri und sie darnach richten konnten. Eben war ich im Begriff, das Billett meinem Reitknecht, einem pfiffigen Burschen, zu übergeben, als sich ein Kammermädchen der Misuraca bei mir einfand, und mir mündlich im Namen ihrer Herrschaft zu wissen tat, ich möchte mich diesen Abend nach Sonnenuntergang in der Villa Reale einfinden, wo man mich zu sprechen wünsche. Hier traf ich, nachdem ich einigemal auf- und abgegangen war, zwei verschleierte Damen an, die mir ein Zeichen gaben. Es war die Marchesa mit einer Kameriera. Erstere teilte mir mit, daß die Königin wisse, daß ich in jener Nacht mit Damen im Garten zu Caserta ein Rendezvous gehabt, und sie andere Damen beauftragt habe, sich alle Mühe zu geben, um zu erforschen, wer jene gewesen seien. Dies habe aber nichts zu sagen, und ich würde dennoch ihre Freundin am sichersten und unbemerktesten in Caserta sprechen können, nur müsse dies nicht mehr in dem Garten selbst, sondern in dem angrenzenden dichten Ulmen- und Eichenwald geschehen, und auf diese Weise setzten wir auch unsere Zusammenkünfte den ganzen Sommer ungestört fort. In Caserta fanden ebenfalls öfters französische und italienische theatralische Dilettanten-Vorstellungen statt, bei denen ich tätig mitwirkte, während ich jetzt faktisch eigentlich der Intendant der Königlichen Schauspiele, namentlich von San Carlo war, und Longchamp wenig mehr als den Namen hatte. Ich wohnte fortwährend allen Proben bei, und regalierte nicht selten das ganze probierende Personal mit heißen Polentakuchen, Rosolio usw., wogegen die Kantatricen und Ballerinen sich äußerst artig und gefällig gegen mich zeigten, und ich war nun so ganz in meinem Element. Namentlich wiegte mich die Musik dieser, in dem chiaro-scuro gehaltenen Morgenproben in süße Träumereien ein und brachte, wie jede schöne Morgenmusik, ein seltsames wohltuendes Gefühl in mir hervor, mich in eine nicht zu beschreibende, fast übernatürliche Stimmung versetzend. Auch verlebte ich manche Nacht in der lustigen Gesellschaft dieser oft ausgelassenen aber liebenswürdigen Theaterprinzessinnen. Murat selbst war ein so großer Theaterfreund, daß er sich öfters morgens von den besten Schauspielern und Schauspielerinnen des Französischen Theaters zu Neapel aus den vorzüglichsten Trauerspielen vordeklamieren ließ, und so laut, daß die Personen, mit denen die Vorzimmer angefüllt waren, glaubten, man habe sich im Kabinett bei den Köpfen oder es sei sonst ein Unglück vorgefallen. Eine wegen ihres ausgezeichneten Talents und ihrer großen Galanterie berühmte Aktrice, die eines Morgens eine Audienz bei Murat hatte, glaubte, als sie, bevor sie eingeführt wurde, ein solches Getöse im Kabinett vernahm, man habe den König ermordet, bis sie ein diensttuender Kammerherr eines Bessern belehrte. Einer dieser Vorsäle war gewöhnlich mit dem diensttuenden und andern Offizieren angefüllt, welche sämtlich in sehr reichen, mit Gold- und Silberstickereien bedeckten Uniformen prangten, so daß alle Fremden, die in diesen Salon kamen, davon geblendet waren, und namentlich die Damen sie nicht genug bewundern konnten. Alle, die irgendein Gesuch bei dem König hatten, verließen ihn, nachdem sie ihn gesprochen, mit sehr heiterm Gesicht; denn der in der Schlacht furchtbar wilde Krieger war der gutmütigste Mensch im Privatleben, aber nicht zum Regieren geschaffen.

Damals wurde auch unter den Offizieren und überhaupt den höhern Ständen zu Neapel ganz außerordentlich hoch und viel gespielt. Das Haus des Prinzen Pignatelli war eines der berüchtigtsten Spielhäuser, und ich hatte einen Abend über tausend Dukati in demselben gewonnen, von denen ich aber bald sagen konnte: wie gewonnen so zerronnen. In manchen dieser Häuser ging es auch eben nicht zum ehrlichsten her, und die neapolitanischen Adeligen rupften die Offiziere und Angestellten nicht übel, sich allerlei Spiel-Kunstgriffe und Kniffe erlaubend. Eines Abends, es war nicht lange vor meinem plötzlichen Abmarsch von Neapel, pointierte ich stark im Pharo. Ein gewisser Martin, ein Franzose, hielt die Bank. Ich verlor ansehnliche Summen, aber der König, der hinter mir stand, enkouragierte mich fortwährend zu duplieren, und als ich schon über 3000 Franken verloren und kein Geld mehr bei mir hatte, sagte er mir: „nur zu, ich repondiere für alles!" Ich verspielte nun noch 6000 Franken auf Parole. Murat versprach mir, sie an Martin zu bezahlen, was er diesem auch zurief, und dem ich einstweilen einen Schein darüber zustellte. Murat vergaß es und ich fiel bald darauf in Ungnade, wurde nach Korfu geschickt, und die Schuld blieb hängen. Anfangs Winter dieses Jahres veranstaltete Murat ein seltsames Fest, zu dem die Gäste Einladungskarten für ein Festino und Souper suspendu im Saal von San Carlo erhielten. Jedermann zerbrach sich den Kopf, was dies wohl für ein Souper sein möge, und die meisten meinten, daß man dabei wohl hungrig nach Hause gehen würde. Dem war aber nicht so. Als um Mitternacht der Tanz suspendiert wurde, lud man sämtliche Damen ein, sich auf die den Olymp darstellende Bühne zu begeben, auf welcher eine große Tafel in Hufeisenform gedeckt war, auf der sich aber auch nicht eine Idee von einer Speise vorfand. Man sah einander verwundert an, die Damen fragten die hinter ihnen stehenden Herren, was dies denn zu bedeuten habe, als sich plötzlich der Himmel, nämlich der Theaterhimmel dicht und stark bewölkte, dann aber verteilten sich die Wolken wieder, und zwischen Himmel und Erde schwebten unzählige silberne Schüsseln, aus denen der Geruch der köstlichsten Speisen dampfte. Die Schüsseln wurden nun bis beinahe vor die Nasen und Mäuler der harrenden Gäste herabgelassen. Als aber einige darnach greifen wollten, da entschlüpften sie ihnen schnell, sich wieder in die Höhe erhebend, dann ließen sie sich wieder herab, um abermals den hungrigen Mäulern durch das Hinauffahren zu entgehen. Das Manöver wurde solange wiederholt, bis es schien, als wollten die Gäste endlich die Geduld verlieren. Jetzt wurden alle Speisen, und mit ihnen die köstlichsten Weine, Liköre und andere Getränke herab und auf die Tafel niedergelassen, wo sie unwandelbar stehen blieben und mit dem heitersten Humor von der Welt verzehrt wurden, worauf man wieder bis gegen Morgen tanzte. Das Stückchen war eigentlich meine Erfindung, ich ließ aber gerne Seiner Majestät die Ehre.

Anfangs September wurde einem alten Herkommen gemäß in der Kirche der Madonna di Piedi-Grotta am Pausilippo ein seltsames und sehr lebendiges Fest gefeiert, welches Karl III. nach dem Sieg bei Velletri stiftete, wo er ein Gelübde getan, dieser Madonna mit seinem ganzen Heer zu danken, wenn er siegen würde. Weither aus der Umgegend Neapels, von allen Inseln und selbst aus den Apuliens und Kalabriens strömen die schön geputzten Landleute, besonders auch die Frauen in ihren romantischen Nationaltrachten herbei und treffen schon am Abend vor der Feier ein, wo sie die Nacht im Freien auf und unter dem Pausilippo mit Beten, Singen und Tanzen beim Fackelfeuer zubringen, und wo sich dann die zum Teil halb griechischen, mit Gold- oder Silberborten besetzten Trachten der Vilanellen beim Schein der Feuer, sowie die oft sehr hübschen und ausdrucksvollen braunroten Gesichter recht malerisch ausnehmen. Übrigens geht es hier ungefähr so zu, wie bei manchen deutschen Wallfahrten, mit Ausnahme, daß man keine betrunkenen sieht. Alle möglichen Eßwaren, besonders Makkaroni und Eier, werden in kleinen Buden feilgeboten, und ein ganzer Jahrmarkt hat sich um die kleine Kirche gebildet. Mit Sonnenaufgang strömt das Volk von Neapel in großen Massen durch die Villa Reale und längs der Chiaja hin, seinen Anteil an der frommvergnügten Feier zu nehmen. Die vornehme Welt und der Hof begeben sich aber erst in den Nachmittagsstunden oder gegen Abend in ihren Prachtkarossen dahin um zu beten und den Jubel des Volkes zu schauen. Unter der Herrschaft der Bourbonen soll dieses Fest mit außerordentlichem Prunk von der königlichen Familie begangen worden sein. Es endigte ziemlich bacchantisch mit Tanz, Essen, Trinken und Feuerwerk, einige fünfzig Böller verrichteten Kanonendienste und wurden unaufhörlich abgefeuert. Am dritten Tage zogen die Fremden aus den Provinzen und die Bewohner der Inseln unter Gesängen wieder ab.

Die Theater nahmen nun fast alle meine Zeit in Anspruch, und ich war darauf bedacht, für den Winter und den nächsten Karneval besonders hübsche Ballette in Szene zu setzen. Obgleich ich fortwährend mit Hindernissen und ewigen Intrigen zu kämpfen hatte, bei denen namentlich ein gewisser Montforte, Sekretär der Intendanz, eine große Rolle im Trüben spielte, so ließ ich mich durch nichts abschrecken und setzte, Energie und Beharrlichkeit zeigend, meinen Willen jedesmal durch. Freilich hatte ich einen guten Hinterhalt an Sr. Majestät, die ganz Soldat, auch alles militärisch geordnet haben wollte, mit einem: so will ich es, alle Kabalen durchhieb, und mich dadurch in den Stand setzte, auf das wirksamste zu handeln. Für die Stagione des Karnevals hatte ich die beiden Teile der Nymphe der Donau – das bekannte Volksmärchen von Hensler – zu einem Ballett bearbeitet, dabei die meiste Musik Kauers beibehalten und aus noch vielen anderen deutschen Opern, wie dem Opferfest, Maria Montalban, dem roten Käppchen, der Zauberflöte usw., die gefälligsten Melodien entnommen. Die Maschinerien wurden bewundernswert ausgeführt, namentlich die Donau von wassergrünem Flor, der sich auf Walzen bewegend, die natürlichsten Flußwellen schlug, indem der Flor, auf der einen Seite des Theaters herein-, auf der andern hinausströmend, unter der Bühne wieder auf die andere Seite überging und so fortwährend im Kreislauf wiederkehrte. Ein einziger Mann setzte den ganzen mächtigen Strom in Bewegung, alle Verwandlungen, wie die des Baumes in eine Windmühle, des Gartenhauses in das Geisterzelt usw. waren, so wie noch andere Verwandlungen, von meiner Erfindung, bewundernswürdig von dem Maschinenmeister ausgeführt. Über alle Beschreibung prächtig war aber das sich aus den Fluten erhebende Kristallschlößchen am Ende des ersten, und der Kristallsaal selbst, am Ende des zweiten Teils, alle Mosaikverzierungen dieser Dekorationen waren von bunt in allen Farben spiegelnden Steinen von Glas, hinter denen Lichter angebracht waren, wodurch das Auge wirklich eine Feerei zu erblicken wähnte. Die Tänzerin, welche die Nymphenkönigin Hulda machte, hatte einen wahren, fast ätherisch schlanken Nymphenwuchs, und die smaragdgrüne Schilfkrone stand ihrem schönen Gesichtchen allerliebst. In ganz Neapel sprach man von der bevorstehenden Aufführung dieses Wunderballetts, für dessen Ausstattung keine Kosten gespart waren, wie von einem Phänomen, und freute sich darauf. Vier lebendige Schwäne wurden abgerichtet, um Huldas Muschelwagen scheinbar zu ziehen, indem man sie gewöhnte, sich eine Viertelstunde lang in einer großen, mit Wasser angefüllten blechernen Kufe ruhig in derselben Lage zu halten. Die Tänze der Hochzeitsgäste waren zum Teil grotesk und charakteristisch, die in Huldas Wasserpalast äußerst graziös und wollüstig. Zwar hatte man auch hier meinen meisten Anordnungen bösen Willen entgegengesetzt, berief sich darauf, daß seit das Theater stünde, man das Wasser hin- und herzerre, daß tanzende Mehlsäcke nicht erhört seien, Pagoden niemand kenne, nur Harlekin aus einem Ei kriechen dürfe usw. Ich schlug aber die Einwendungen meistens mit dem vorangeschobenen Willen Murats nieder, und wenn man mir wegen der Maschinerie deren machte, so sagte ich: „dann werde ich ein paar Zimmergesellen aus Deutschland kommen lassen müssen, die werden mich sogleich verstehen und die Sache ausführen; ich sehe wohl, daß man aus jedem Tischler in Deutschland einen tüchtigen Maschinisten in Italien machen kann." – Freilich machte ich mir dadurch wieder viele neue Feinde, aber ich konnte nicht anders, wollte ich durchgreifen.

Ende Oktober kehrte der Hof nach Neapel zurück und installierte sich wieder im Palazzo Reale. Ich setzte mein Verhältnis mit der Marchesa Cavalcanti und der Herzogin von Atri fort, während ich auch die Liebkosungen meiner schönen italienischen Donaunymphe nicht verschmähte. Meine Zusammenkünfte mit der Herzogin waren jetzt sehr romantisch, denn sie fanden meistens um Mitternacht auf der in einen Garten verwandelten Terrasse eines Hauses statt, zu der ich nur durch ein anderes, drei Häuser davon entferntes Gebäude, von dem ich dann über die dazwischen liegenden Terrassen, die alle von gleicher Höhe waren, nicht gefahrlos kommen konnte. Wir trafen uns dann in einer zwischen duftenden Blumenbeeten stehenden Laube. Dieses Verhältnis mußte aus mehreren Gründen äußerst geheim gehalten werden, besonders aber weil ich seit kurzem einen sehr mächtigen Nebenbuhler hatte, und der kein anderer als Se. Majestät selbst war, aber, wie mich die Herzogin feierlichst versicherte und beschwor, von ihr nicht erhört würde. Ich zweifelte, denn ich wußte längst, was es mit diesen feierlichen Versicherungen und Schwüren der Damen auf sich hat. Sie aber meinte, wir müßten unser Einverständnis um so geheimer halten, weil der König sonst leicht auf den Gedanken kommen könnte, sie schöpfe die ganze Kraft ihres Widerstandes in den Armen eines andern Geliebten. Eines Abends stellte sie mir ein ziemlich schweres Päckchen, in ein Papier gewickelt, zu, mit der Bitte, es zu öffnen. Ich tat es und fand ein sehr zierlich gearbeitetes Ei von der Größe eines Enteneies an einer venetianischen Kette befestigt, das sich durch einen leichten Druck in der Mitte öffnete, wo sich dann ein goldener Dotter zeigte, auch dieser öffnete sich, und man erblickte nun ein Herz von Rubinen, das durch eine blitzende Flamme von Diamanten entzündet und von einem Smaragdenband umgürtet war. Das Kleinod war von bewundernswürdiger Arbeit, das Innere des Eies hatte weiße, mit Perlen und Edelsteinen besetzte Emaille, Blumenbukette bildend, ebenso das Innere des Dotters, nur waren sie noch weit kostbarer. Marianna, der Taufname der Atri, sagte mir, sie habe das prächtige Geschenk diesen Morgen auf ihrer Toilette gefunden, ohne den Geber zu kennen, der aber wohl kein anderer als der König selbst sein könne. Ich entdeckte jetzt, daß sich auch das Rubinenherz noch öffnete, was die Herzogin bisher nicht gewußt, und fand ein mit Rosen verschlungenes brillantenes und gekröntes M in demselben. – „Was soll ich nun damit anfangen?" fragte sie mich. „An ein Zurückgeben ist wohl nicht zu denken, da ich nicht einmal weiß, wer es überbracht und niemand von meinen Leuten etwas davon wissen will. Meinem Manne mag ich auch nichts davon sagen, dies wäre ganz unnütz." – Ich riet ihr, mit etwas mißtrauischen Blicken, es zu behalten bis sie Gewißheit über den Geber habe. Dies Geschenk war jedoch Ursache, daß es einiges Schmollen zwischen uns setzte.

Eine sehr tragische Begebenheit, die um Weihnachten vorfiel, machte damals großes Aufsehen und setzte ganz Neapel und besonders die Geistlichkeit in Alarm. Ein Neapolitaner, der seine Gattin und deren Beichtvater en flagrant délit ertappte, hatte beide ermordet. Das in große Unruhe versetzte Heer der Pfaffen wollte, daß der Mann eine exemplarische Strafe, wenigstens den Feuertod erhalten oder gevierteilt werden sollte, das gewöhnliche Hängen, Erschießen oder Guillotinieren war

ihnen viel zu gelinde, denn einem solchen Bösewicht, der es wagte, seine verruchte Hand an die geheiligte Person eines Beichtvaters zu legen, der, wenn er auch ein sehr menschliches Verbrechen beging, doch immer eine gottgeweihte und geheiligte Person sei, müsse die ärgste Strafe, die zu erdenken, werden. Aber siehe da, nachdem die Sache gehörig untersucht war, begnadigte Murat den Mörder dahin, daß er ihn mehrere Monate in einen Kerker der Festung Gaëta setzte, dann aber wieder freiließ. Bald nachher fand man ihn ermordet in seiner Wohnung zu Neapel, ohne daß es möglich war, den Mörder ausfindig zu machen. Bei der Untersuchung hatte sich herausgestellt, daß der Pfaffe schon vor der Verheiratung der Gattin des nun auch Getöteten einen vertrauten Umgang mit derselben gehabt, und der Stifter dieser Ehe, die ein so furchtbares Ende genommen und allen Dreien so übel bekam, gewesen war.
Die Proben meines Balletts, bei denen ich das Personal immer mit köstlichen Erfrischungen bewirtete und ein ordentliches Büfett errichtet hatte, hatten ungestört ihren Fortgang, und dasselbe sollte im Monat Januar (1812) zugleich mit einer neuen großen Oper zur Aufführung kommen. Die Weihnachten gingen auch dieses Jahr recht vergnügt für mich vorüber. Die Buden der Toledostraße waren auf das eleganteste herausgeputzt und mit künstlichen und natürlichen Kostbarkeiten, die letztern in den ausgesuchtesten Obstsorten, Gemüse, Früchten, gemästetem Federvieh, Raritäten aus dem Reich der Vierfüßler, der Fische und der Vögel bestehend, überladen. Riesenhummern und Ortolanen, Mandaringas und Ananas, Eiertrauben und frische Korinthen ragten einladend zwischen Blumen, Lorbeeren und Myrten hervor. – Weit anständiger wurde die Weihnachtsfeier und besonders die Mitternachtsmesse hier als in Rom begangen, wo die Römer meist einen bacchantischen Tumult in den Kirchen machen und alle möglichen Profanationen begehen. Auch die Neujahrsgratulationen wurden mit der ge-

hörigen Feierlichkeit ausgeführt und dargebracht, und waren besonders bei Hof außerordentlich glänzend. Nur bei meinem Vetter Moritz war es diesmal anders. Er hatte durch eine unglückliche Baumwollspekulation, und zwar durch die Schuld der französischen Regierung, welche in Livorno Beschlag auf seine Schiffe, als verdächtig mit England kommerziert zu haben, gelegt hatte, bedeutend verloren. Der Verdacht erwies sich zwar als völlig unbegründet, aber bis dies ermittelt war, worüber mehrere Monate vergingen, war die Baumwolle um 40 Prozent gefallen. Moritz verlor über eine halbe Million und hatte nicht die mindeste Vergütung zu hoffen. Dergleichen unverzeihliche Gewaltstreiche machte sich damals die französische Regierung oder vielmehr der an der Spitze derselben als unumschränkter Tyrann stehende Napoleon schuldig. Einer der tollsten und unsinnigsten der Art war ohne Zweifel die Verbrennung aller englischen Waren auf dem Kontinent, eine Maßregel, ebenso lächerlich wie fruchtlos, die alle Gemüter, selbst die der ergebensten Satelliten des Kaisers, erboste. Auch wurde sie an vielen Orten, namentlich in Neapel, mehr zum Schein als in der Wirklichkeit vollzogen, da man die größten Vorräte verbarg und die Behörden selbst gerne durch die Finger sahen. Doch hatte, was hier wirklich verbrannt wurde, immer noch einen Wert von mehr als zehn Millionen, und in ganz Europa weit über mehrere hundert Millionen. Überall knirschte trotz Polizei und Spione das Volk mit den Zähnen, murrte und fluchte, als die Flammen die kostbaren Waren verzehrten und diese in Rauch aufgingen. Wie viel Armen und Unglücklichen hätte man damit nicht aus größter Not helfen können, wenn man denn durchaus einmal einen solchen unnützen und albernen Gewaltstreich begehen wollte. Die Sache hätte dann wenigstens noch eine Art Entschuldigung, wenn auch absurd genug, gefunden; aber so war das gelindeste Urteil, das man aus dem Mund des Volkes hörte, welches sich die Sache gar nicht zu erklären wußte: „Der Napoleon muß ein Narr geworden sein!" – Doch die furchtbare Nemesis war bereits im Anzug. Das erste Festino in San Carlo, welches der Hof dieses Jahr gab, besuchte ich wieder in einem prächtigen Don-Juan-Kostüm; einer meiner Kameraden machte den Leporello. Den Anzug hatte ich von einem Theaterschneider dazu machen lassen. Der Mantel von purpurfarbigem Thronsamt war überaus reich und künstlich mit Gold und Perlen gestickt, hatte Bouillonfransen und war mit weißem Atlas mit goldenen Bienen besät, gefüttert. Auf dem Hut waren fünf tadellose prächtige weiße Schwungfedern, durch eine brillantene Agraffe zusammengehalten, und die Kiele derselben mit Zahlperlen bis an die Spitze besetzt, der übrige Anzug harmonierte vollkommen mit dieser Pracht. Auf den Schuhen blitzten brillantene Rosetten, und die Halskette war von kostbaren Edelsteinen. Alle diese Kleinodien hatte ich bei verschiedenen Damen geliehen. Den Saal mit meinem Leporello durchstreifend, fragte mich dieser bei jeder schönen weiblichen Maske: „Signor Don Giovanni, soll diese auf das Register?" – Und wenn ich bejahend zunickte, schrieb er sie sogleich in das bei sich führende Buch ein. Dieser Scherz zog mir aber schon auf dem Ball einige Verdrießlichkeiten zu, sollte aber noch ernstere Folgen haben. Auch schien Murat die Sache sowie meinen ganzen, zu brillanten Anzug eben nicht sehr zu goutieren, und er war, als ich ihn einigemal anredete, ganz gegen seine Gewohnheit kalt und kurz angebunden. Ich merkte auch, daß meine Feinde zu meinem Nachteil sehr tätig waren. Indessen lief auf dem Ball noch alles ganz gut ab, und ich verließ ihn zufrieden, mit der Rolle, die ich gespielt hatte, gegen Morgen. Als ich aber, nachdem ich ein paar Stunden geruht, erwachte, empfing ich ein Billett von einem Bataillonschef der Garde-Grenadiere, namens Colard, der sich beleidigt fand, daß ich auch seine hübsche junge Frau auf mein Don-Juan-Register hatte setzen lassen, mich deshalb zur Rede stellte, und

Auskunft verlangte. Ich begab mich auf der Stelle selbst zu ihm, erteilte ihm mein Ehrenwort, daß die ganze Sache durchaus nichts als ein erlaubter Maskenscherz gewesen sei, erklärte mich aber zu gleicher Zeit bereit, ihm jede Satisfaktion, die er nur wünschen könne, zu geben. Der Mann war aber mit meiner Erklärung zufrieden, lud mich ein, mit ihm zu dejeunieren, was ich annahm. Seine liebenswürdige Frau erschien bei dem Frühstück, wo wir über den ganzen Vorfall scherzten, und wer weiß, ob Madame Colard nicht wirklich auf mein Register gekommen wäre, wenn mich nicht ein schon im Anzug befindliches Ungewitter im Sturm aus Neapel entfernt und weit über das Meer geschleudert hätte.
Damals begann man schon von einem neuen bevorstehenden Krieg, an dem das neapolitanische Heer und sein Herrscher tätigen Anteil nehmen sollten, zu murmeln, und da man wohl wußte, daß sich das Ungewitter im Nordosten zusammenziehe, so freute ich mich schon darauf, endlich einmal Deutschland wiederzusehen und mich in meiner Heimat und bei meinen Verwandten in meiner militärischen Glorie präsentieren zu können. Ich beeilte nun, so viel es an mir lag, die Aufführung des neuen Balletts, die Donaunymphe, da mir viel daran lag, dasselbe noch in Szene gesetzt zu sehen, bevor wir ausmarschierten. Schon war der Tag bestimmt und die Generalprobe mit vollem Orchester, Kostümen, Dekorationen und Maschinerie angesagt, der Murat selbst beiwohnen wollte. Sie lief glücklich und zur Zufriedenheit aller Anwesenden ab. Zwei Tage darauf sollte die Vorstellung sein; aber am Morgen nach dieser Probe erhielt ich in aller Frühe eine Ordre von dem Kriegsminister, mich bereit zu halten, binnen 24 Stunden mit einem Detachement neapolitanischer und französischer Truppen nach Tarent abzumarschieren, wo mich weitere Verhaltungsbefehle erwarteten. Beim Durchlesen des Befehls war ich wie vom Himmel gefallen, hielt das Ganze anfänglich für einen Irrtum, eilte in das Kriegsministe-

rium, wo ich durch einen der Bureauchefs erfuhr, daß kein Irrtum möglich, der Befehl vom König selbst gekommen sei, und zwar mit dem ausdrücklichen Beisatz, ihn augenblicklich zu vollziehen. Nun war ich wie vom Donner gerührt und wußte mir die Sache nicht zu erklären. Noch vor wenigen Tagen hatte ich aus guter Hand erfahren, daß der König die Absicht habe, mich nächstens zum Stabsoffizier zu befördern und unter die Zahl seiner Adjutanten aufzunehmen, und nun diese plötzliche allerhöchste Ungnade. Ich eilte in den Palast, konnte aber nicht vor Murat kommen, sondern nur so viel von dem diensttuenden Kammerherrn herausbringen, daß wenn der Kriegsminister eine solche Ordre bekomme, es auch seine Richtigkeit damit und sein Bewenden dabei haben müsse. Dies teilte er mir mit sehr trockenen Worten mit, nachdem er wieder aus dem königlichen Kabinett gekommen war. Ich sprach noch die Cavalcanti, die aber von allem nichts wußte, und einige andere Bekannte, die mich mit ein paar bedauernden Worten und Achselzucken entließen, und empfand so, was es heißt, in eine königliche Ungnade zu fallen. Ich sah nun wohl ein, daß mir hier nichts anderes übrig bleibe, als Ordre zu parieren, ließ packen und machte mich zum Abmarsch bereit. Noch aber wollte ich die Herzogin von Atri sprechen und begab mich deshalb zu ihrer intimen Freundin, diese zu bitten, eine letzte Zusammenkunft zu veranstalten. Die Marchesa Misuraca fuhr sogleich zur Atri, kam jedoch sehr schnell wieder zurück, und entdeckte mir, daß diese seit 24 Stunden äußerst streng von ihrem Gatten bewacht würde, so daß sie keinen Schritt ohne ihn zu tun vermöge, und daß dies durch den Einfluß einer allerhöchsten Person geschehe, der König sei jedenfalls dabei im Spiel. Durch ein späteres Schreiben von dieser Dame erfuhr ich, daß ich mir Murats Ungnade sowohl durch meine Bekanntschaft mit der Herzogin von Atri wie durch meine zu große Vertraulichkeit mit der ersten Tänzerin, auf welche

Se. Majestät ebenfalls ein Auge geworfen hatte, zugezogen. Ich meldete mich nun bei dem Bataillonschef, der die nach Tarent bestimmten Truppen befehligte, und der mir eine Kompagnie zur Führung übergab. Nach einer fast schlaflosen Nacht marschierte ich in aller Frühe mit diesen Truppen aus Neapel in einer höchst düsteren und melancholischen Stimmung ab. So traurig hatte ich bis jetzt noch keine Garnison verlassen. Noch 24 Stunden vorher sah ich mich auf dem Gipfel des Glückes, hoffte bald ein Oberstpatent in meinem Portefeuille zu haben, sah mich als Murats Adjutant. Ein Generalspatent konnte dann auch nicht lange mehr ausbleiben, dem der Marschallsstab bald folgen mußte, mit dem jetzt immer ein Duc und vielleicht auch ein Herzogtum verbunden war, wenn mir das Glück in einem Feldzug günstig sein würde, vielleicht gar einmal das Großherzogtum Frankfurt, und während ich so à la Milchmädchen träumte und Pläne machte, brach auch mein Topf, und eine einzige Ordre vernichtete alle. – Aber wie bald sollte es nicht hundert andern und selbst Murat und Napoleon ebenso ergehen. – Erst in Tarent sollte ich völlige Gewißheit über mein Schicksal erhalten, und bis dahin plagte mich obendrein eine peinliche Unruhe, das Schlimmste von allem. – Indessen, wer weiß wozu es gut war; wäre es nicht so gekommen, so hätte ich mit nach Rußland gemußt, vielleicht in dessen Eisfeldern mein noch junges Leben ausgehaucht, und dann wäre die Welt nie mit diesen Memoiren beschenkt worden. Wollte Gott, es wäre so geworden, höre ich manchen gestrengen Moralisten und gelehrten Zopfkritiker ausrufen. – Der Himmel hat es aber einmal nicht so gewollt, meine gestrengen Herren von der Hallischen, Jenaer und anderen Literaturbasen. – Bald darauf brachen Murat, seine Garden und seine Armee nach Deutschland auf, um sich dem großen, daselbst versammelnden Heere anzuschließen, das Rußland – nicht eroberte.

III

Marsch von Neapel nach Tarent – Eine Zusammenkunft zu Caserta – Die kaudinischen Engpässe – Avelino – Dentecane – Ariano – Barletta – Bari – Tarent – Einschiffung nach Korfu – Seegefecht auf der Höhe von Tunis – Ankunft zu Korfu – Beschreibung der jonischen Inseln – Überblick der Geschichte von Korfu – Der heilige Spiridion und seine Feste – Die griechischen Dorffeste – Das Theater und Liebhabertheater – Seltsame Zusammensetzung der Garnison – Pallea Castrizza – Ein Exorzismus – Erdbeben – Türkische Tabaksbeutel – Ein giftiger Schlangenbiß – Capo d'Istria – Die Entführung einer Braut – Ein Seeturnier – Paxo – Parga – Prevesa – Thiaki – Santa Maura – Der leukadische Felsen – Fano

Kaum hatte ich noch so viel Zeit übrig gehabt, vor meinem Abmarsch meinen besten Freunden und Bekannten in Neapel ein Lebewohl im Vorübergehen zu sagen. Über fünf Vierteljahre hatte ich in dem schönen Parthenope ein äußerst angenehmes Leben in dolce giubilo und a fare l'amore zugebracht, und sah die Stadt, in der es mir so wohl ergangen war, der ich jetzt den Rücken wenden mußte und noch manchen Blick schenkte, vielleicht für immer aus den Augen schwinden. Was mich mit am meisten schmerzte, war, daß ich mein Ballett, mit dem ich mir so viel Mühe gegeben, nicht einmal aufführen sehen sollte. Dies wollte mir anfänglich gar nicht aus dem Sinn. Bei ziemlich trübem Wetter, das mit meiner Stimmung harmonierte, marschierten wir aus, unsere erste Etappe sollte *Nola* sein. Als wir auf dem halben Weg dahin Halt machten, kam ein zweirädriges Kabriolet in großer Hast gefahren und hielt, als es die Truppen erreicht hatte, still. Ein Mensch in Zivilkleidern sprang heraus, erkundigte sich nach mir und übergab mir ein Billett, das ich schnell erbrach und in dem ich im Namen der Duchessa d'Atri dringend aufgefordert wurde, mich, sobald ich diese Zeilen gelesen, doch sogleich nach Caserta zu begeben, wo mich erstere noch einmal zu sprechen wünschte. Sie habe jetzt nach meiner Abreise ihre Freiheit wieder erhalten; dem Überbringer möge ich Antwort mitgeben. Ich ging zum Bataillonschef, um von diesem die Erlaubnis zu erhalten, mich auf 6 bis 8 Stunden entfernen zu dürfen, indem ich jedenfalls mit der Nacht in Nola eintreffen wolle. Dieser wagte es jedoch nicht die Verantwortlichkeit auf sich zu nehmen und verstand sich nur dazu, meine Abwesenheit ignorieren zu wollen, solange dieselbe unbemerkt bleiben und keinen Eklat machen würde. Ich schrieb nun mit Bleifeder auf ein Blättchen: daß ich in einigen Stunden zu Caserta an dem mir angegebenen Ort eintreffen würde. Das Detachement marschierte weiter, ich blieb mit einem Bedienten zurück, ritt in gestrecktem Trabe über Marigliano und Acerra nach Caserta und legte den sechs Stunden langen Weg in weniger denn zwei zurück. Die schweißtriefenden Pferde ließ ich einstellen und eilte in den Garten, wo ich niemand fand. Bereits wartete ich an dem von Neapel kommenden Weg beinahe eine Stunde, als ich endlich ein Mietsfuhrwerk von daher antraben sah. Ich stellte mich hinter ein Gemäuer, um den Wagen ungesehen vorüberfahren zu lassen und erblickte in demselben zwei hübsche und sehr nett gekleidete Landmädchen, die ich aber bald für die Duchessa und ihre Freundin erkannte. Ich eilte ihnen nach und half den schmucken Kontadinen aus dem Wagen, als er an der Lokanda hielt, wo ich mir schon ein Zimmer hatte geben lassen. Jetzt schloß ich die heftig weinende und mir um den Hals fallende Atri in die Arme, die mir schluchzend sagte, wie sehr ihr diese ganz unerwartete Trennung zu Herzen gehe, daß sie untröstlich sei usw., daß sie überzeugt, daß der Schlag vom König selbst käme, ihn aber unsere gemeinschaftlichen Feinde herbeigeführt hätten. Ich suchte nun alle möglichen Trostgründe hervor, wie: daß Tarent nicht aus der Welt liege, ich später gewiß wieder nach Neapel zurückkommen würde, und ähnliches. Alles dies fruchtete aber wenig; sie behauptete, daß wir uns jetzt zum letzten Male sähen, und hatte recht. Die beiden Damen waren, um ganz unbemerkt nach Caserta zu kommen, aus einem Kasino in der Nähe von Neapel abgefahren, in welchem sie sich als Landmädchen verkleidet und wohin sie den Mietswagen hatten kommen lassen. Wir brachten noch ein paar selige Stunden hier zu und versicherten uns beim Abschied mit tränenden Augen ewige Liebe, Nimmervergessen und was dergleichen Larifari mehr sind, meine teuere Geliebte gab mir beim Abschied eine in Gold gefaßte Locke nebst einem Ring, wogegen ich ihr ein Büschelchen von meinen Haaren abschneiden mußte. Nach einem reichlichen Tränenbad der Damen stiegen diese in ihren Wagen, um nach Neapel zurückzukehren, während ich im Galopp auf dem entgegengesetzten Weg davonjagte, aber über Maddaloni und Arienza reitend mich verirrte und statt nach Nola in die *Valle Caudina* (Furcae Caudinae), jene berühmten Engpässe geriet, in welchen vor mehr als ein paar tausend Jahren (430 nach Erbauung der Stadt Rom) das römische Heer samt seinen Konsuln von den Samnitern so gänzlich eingeschlossen wurde, daß es schimpflicherweise die Waffen strecken mußte. Die Konsuln, aller Zeichen ihrer Würde durch die Liktoren beraubt, mußten mit dem Heer, fast nackend Mann für Mann durch das aus drei Lanzen gebildete Joch unter dem Hohngelächter der diesem Schauspiel frohlockend zusehenden Feinde ziehen. Die Römer konnten keinen Schlupfwinkel finden, der verborgen genug gewesen wäre, ihre Schande zu verstecken, und verschmähten alles Anerbieten der großmütigen Kapuaner, die ihnen neue Waffen, Kleider, Lebensmittel und Pferde geben wollten. Sie verkrochen sich vor dem Tag und vor den Menschen. Der Unwille des Volkes in Rom über diese Behandlung war aber so groß, daß es den Senat zwang, den geschlossenen Vertrag für null und nichtig zu erklären und die Konsuln zurückzuschicken, die aber die Samniter nicht annahmen. Es kam nun zur blutigen Erneuerung der Feindseligkeiten, denen die Samniter endlich unterlagen, und nachdem die Römer ihre 600 Geiseln befreit und das Heer der Feinde ebenfalls gefangen hatten, war es jetzt an diesen, das Joch zu passieren. Das blutige Spiel endigte mit dem gänzlichen Untergang der Samniter.

Ich ritt, in diesen Engpässen irrend, hin und her und fand sie durchaus nicht so unübersteigbar, daß sich ein Heer, besonders nach Benevento zu, wo sich das Tal sehr erweitert, nicht hätte einen Ausgang bahnen können. An vielen Orten sind die Berge auch auf beiden Seiten nicht so steil, daß sie nicht zu erklettern wären, indessen ist es wohl möglich, daß auf einem so vulkanischen Boden, wie dieser Teil von Italien ist, sich seit jener Zeit das Terrain verändert hat, namentlich durch die häufigen Erdbeben. Während ich mich vergeblich nach einem nach Nola führenden Weg umsah, brach die Nacht herein. Nach langem Umherirren kam ich endlich in ein elendes Dorf in der Nähe von Benevento, wo ich mich entschloß, einen Teil der Nacht zuzubringen, da sowohl die Pferde wie ich zum Umfallen ermüdet waren. Zwei Stunden nach Mitternacht stand ich jedoch auf und machte mich, ohne viel geruht zu haben, wieder auf den Weg, denn ich fürchtete, daß, weil ich mich nicht in Nola eingefunden, der Bataillonschef meine Abwesenheit melden möchte, was mir bei der Stimmung Murats hinsichtlich meiner höchst nachteilig werden und die schlimmsten Folgen haben konnte. Da ich wußte, daß das zweite Nachtquartier in *Avelino* bestimmt und sicher war, daß das Detachement bereits von Nola abmarschiert sein müsse, so beschloß ich, gerade nach Avelino zu reiten und meine lange Abwesenheit mit meiner Verirrung zu entschuldigen. In Benevento nahm ich einen berittenen Führer mit, den ich gut bezahlte, und traf noch vor unsern Quartiermachern in Avelino ein, wo ich das Bataillon mit Sehnsucht erwartete. Es kam erst am Nachmittag an. Ich meldete mich sogleich bei seinem Kommandanten, dem ich die Fatalität meiner Verirrung mitteilte. – „Es ist die höchste

Zeit, daß Sie sich einfanden“, versetzte er, „denn sonst hätte ich Sie melden müssen.“ – „Also noch nicht gemeldet“, rief ich aus, und ein schwerer Stein fiel mir vom Herzen. Ich erzählte nun dem braven Mann, wie es mir ergangen, und bemerkte ihm lächelnd, daß, wenn ich gewußt, daß ich in die forche caudine geraten, ich mich gar nicht entfernt haben würde, indessen sei es mir als Soldat doch lieb, diese geschichtlich so merkwürdige Position kennen gelernt zu haben. Der gute Mann wußte aber gar nicht, was ich damit sagen wollte, denn die Geschichte war ihm so fremd wie das Innere der Erde. Er ließ sich den Unfall der Römer von mir erzählen, hörte mir mit großem Vergnügen zu und hielt mich von jetzt an für einen grundgelehrten Mann und tüchtigen Militär, so daß er mich bei allen Kleinigkeiten auf dem ganzen Marsch um Rat fragte und ich auf dem besten Fuß mit ihm stand. Avelino ist ein altes häßliches Städtchen, aber befestigt, und liefert die in Neapel so beliebten und wirklich köstlichen Avelini, eine Gattung sehr wohlschmeckender Haselnüsse. Am nächsten Tage marschierten wir nach *Dentecane* – und zwar bei einer für diese Gegend grimmigen Kälte – ein ganz abscheuliches Nest, das seinem Namen (Hundezahn) alle Ehre macht. Die Quartiere der Offiziere waren abschreckend, selbst für bares Geld nichts zu haben, und die Soldaten lagen wieder in den Kirchen. Am vierten Tage kamen wir nach *Ariano* bei fortwährend steigender Kälte und starkem Schneegestöber. Diese Stadt liegt sehr hoch, hat an 10 000 Einwohner und über 20 Klöster. Wir kamen halb erfroren und halb verhungert daselbst an, hatten einen Rasttag, um uns zu restaurieren, aber die Quartiere waren nicht viel besser als die in Dentecane. Da ich meistens ritt, hatte ich mir beinahe die Füße erfroren, und konnte nur mit aller Mühe einige Paar wollene Halbstrümpfe auftreiben, mich vor der Kälte zu schützen. Solches Wetter hatte ich im südlichen Italien noch nicht erlebt; ich trug in der Regel gar keine Strümpfe in den

Stiefeln. Ariano liegt auf einem dreifachen sehr hohen Hügel, der die ganze Umgegend beherrscht; man übersieht von hier aus nicht nur die großen Ebenen der Pulia, sondern man erblickt auch das Tyrrhenische und das Adriatische Meer sowie eine lange Kette der Apenninen. In einem der Klöster einquartiert, machte ich die Bekanntschaft einiger nicht ganz unwissender Mönche, die aus ihrem ziemlich leichtfertigen Klosterleben kein Hehl gegen mich machten. Nach zwei Tagen brachen wir bei fortwährend sehr ungünstigem Wetter über Bovino, Ordona, Cerignola, kleine und schmutzige Orte, nach *Barletta* auf, einer nicht unbedeutenden Stadt von mehr als 15 000 Einwohnern, die am Adriatischen Meere im Golf von Manfredona liegt. Sie hat einen guten und befestigten Hafen, eine schöne Lage und ist nicht schlecht von den Ruinen des alten Cannä erbaut, das durch den Sieg Hannibals über die Römer so berühmt ward. Hier hatten wir wieder einen Rasttag. In Bovino angekommen, waren wir auf das Gebiet des alten Apulien getreten, das jetzt die Provinzen Bari, Otranto und die Capitanata in sich begreift. Das Land ist im ganzen eben und sandig, aber dabei doch sehr fruchtbar, seine Weine sind vorzüglich und sehr beliebt, ebenso das Öl, das Schlachtvieh und die Angurien (eine Art köstlicher roter Wassermelonen). Auf dem Platz zu Barletta steht die Bildsäule des Kaisers Heraclius, den man für den mutmaßlichen Gründer dieser Stadt hält. Das Schloß derselben galt ehedem für eines der drei bedeutendsten in ganz Italien. Das alte Cannä, von dem nur noch wenig Überbleibsel vorhanden, lag mehrere Miglien seitwärts gen Westen, zwei nebeneinander liegende Hügel bezeichnen seine Stätte. Barletta ist durch ein besonders historisches Ereignis merkwürdig geworden. Als nämlich im Jahre 1503 der tapfere spanische General Gonzalvo von Cordua hier sein Hauptquartier hatte, fand während eines kurzen Waffenstillstandes ein berühmt gewordenes seltsames Gefecht zwischen dreizehn Franzosen und dreizehn Italienern, die sich gegenseitig herausgefordert und von ihren Feldherren die Erlaubnis dazu erhalten hatten, bei dem nahegelegenen Flecken Quarato statt. Der Sieg soll nach einigen Geschichtschreibern den Italienern, nach andern den Franzosen geblieben sein. Dieses Ereignis hat Stoff zu mehreren Gedichten gegeben, von denen eines von Vida, einem Zeitgenossen Gonzalvos, in lateinischen Versen verfaßt ist. Auch in einen italienischen historischen Roman hat man diese Begebenheit eingewebt. Ich war über die vielen hier an der Küste des Adriatischen Meeres liegenden, ziemlich gut gebauten Städte, die meistens wohlhabend sind und Handel mit Landesprodukten treiben, erstaunt. Die Bewohner dieser Gegend sind ein heiteres lebenslustiges Volk, ganz verschieden von den wilddüstern Kalabresen. Von hier marschierten wir über Trani (das alte von Trajan restaurierte Trajanopolis), Biscaglia, das auf einem wegen seines vortrefflichen Weines berühmten Felsen liegt, Molfetta, durch seine Fabriken und seinen Schiffsbau bekannt, Giovenazzo mit einem festen Schloß, lauter bedeutende, an dem Meeresufer liegende Städte, nach *Bari*, wo wir abermals einen Tag rasteten. Letztere ist die Hauptstadt der Provinz gleichen Namens und zählt über 20 000 Einwohner. Sein guter Hafen, seine Fabriken, sein bedeutender Handel machen die eine treffliche Lage habende Stadt sehr wohlhabend. Hier wurden auch ehedem die Könige von Neapel gekrönt, und im Jahre 1098 hielt Urban II. ein Konzilium in der Kirche des heiligen Nikolaus, wodurch er bezweckte, die griechische mit der lateinischen Kirche zu vereinigen, aber seinen Zweck verfehlte, wie männiglich bekannt. Es war gerade Karneval als wir hier waren, und eine Menge Masken zogen zu Fuß und in Wagen durch die Straßen der Stadt. Von hier aus verließen wir wieder die Küste und marschierten nun durch eine fast ganz wüste Gegend und abscheuliche Nester und Wege nach Tarent. Es war Tauwetter eingetreten und der Boden beinahe grundlos.

Bei jedem Schritt blieb man stecken, und die Leute mußten die Schuhe oft wieder mit den Händen aus der Erde graben. Die erste Nacht brachten wir in einzeln stehenden Gebäuden und Höfen zu. Wir schliefen in Ställen auf Gerstenstroh und hatten außer der mageren Ration der Lieferanten nichts erhalten können. Die Märsche waren jetzt immer beschwerlicher, der Boden seichter und die Entfernungen schienen endlos. Um 7 Uhr morgens hatten wir jenes Gehöft, das, wenn ich nicht irre, Casamassima hieß, verlassen, und erst abends nach 6 Uhr, bei schon dunkler Nacht, kam kaum ein Dritteil der Mannschaft in *Gioja*, einem ärmlichen Städtchen, an. Der Rest des Bataillons hatte sich in Marode und Nachzügler aufgelöst und kam einzeln, bis nach Mitternacht, viele schuhlos angehinkt. Selbst in Kalabrien entsinne ich mich keines so abscheulichen Marsches; die Pferde sanken oft bis über die Knie ein, und ich hatte fast den ganzen Weg zu Fuß gemacht. Schon war Mitternacht vorüber, und noch immer fehlte die Arrieregarde nebst dem Bagagewagen, auf dem sich auch mehrere Offiziersfrauen befanden, deren Männer jetzt in großer Angst waren, nicht wissend, was aus ihren treuen Lebensgefährtinnen geworden. Höchst besorgt rafften sich einige Leute zusammen, sie aufzusuchen. Sie fanden endlich den Wagen am Saum eines Gehölzes bis an die Achsen im Kot steckend, die Damen aber einige hundert Schritte davon entfernt, tiefer im Wald um ein lustig brennendes Feuer, welches die Fuhrknechte angezündet hatten, sehr trübselig und zähneklappernd sitzen. Von der ganzen Arrieregarde war nur noch der Offizier, ein Sergeant und ein Tambour vorhanden, die abwechselnd bei dem Wagen und dem Feuer wachten; die übrige Mannschaft hatte sich zerstreut oder verirrt und kam erst am andern Tag vereinzelt in Gioja an. Die Damen wurden nun auf Pferde gesetzt und kamen so gegen Morgen in das Quartier. Vier oder fünf Tage mußten wir in dem erbärmlichen Gioja bleiben, das mir deshalb merkwürdig war, weil die Erstgeborenen des Hauses Atri den Titel Grafen von Gioja führten. Die Götter mögen wissen, wer diesem elenden Ort einen solchen Namen (Gioja, Freude) gegeben, der indessen doch nicht ganz ohne Freuden für mich war, da ich ein Quartier bei einer sehr hübschen jungen schwarzäugigen Bürgersfrau hatte, deren Mann eine gute Haut war, sich gerne zu Kommissionen gebrauchen und verschicken ließ, wo ich dann seine Abwesenheit gut zu benutzen verstand. Während unseres Aufenthaltes daselbst kamen sämtliche Offiziere in einer Art Kaffeehaus jeden Morgen zusammen, wo dann bei einem Eierkaffee – Milch gab es keine – Konseil gehalten wurde, ob wohl an das Weitermarschieren zu denken sei. Ich widerriet es soviel wie möglich, meiner liebenswürdigen Wirtin zu Gefallen. Endlich mußte aber doch der Sache ein Ende gemacht werden, und am fünften Tag unseres Sejours daselbst bestimmte das Konseil und der Kommandant, daß wir am kommenden Morgen nach *Tarent* aufbrechen würden, wo wir nach zweimal vierundzwanzig Stunden ziemlich wohlbehalten eintrafen und zu unserem nicht geringen Erstaunen ein französisches Geschwader in der Reede vor Anker liegen sahen, das schon vor etwa acht Tagen von Toulon gekommen war. Hier fand sich auch ein Befehl zu unserer Einschiffung vor, sowie daß unsere Bestimmung, und namentlich auch die meinige, die Insel Korfu und ich dem zweiten, daselbst in Garnison stehenden Régiment étranger zugeteilt sei. Einen Brief von meiner geliebten Atri in einem andern der Marchesa eingeschlossen, fand ich, wie wir es verabredet hatten, poste restante vor. Derselbe enthielt nebst zärtlichen Beteuerungen ewiger Liebe die ausführliche Geschichte der Intrige, die mich so plötzlich und unerwartet aus Neapel gebracht, und die niemand anders gesponnen hatte als mein Busenfreund Laviani im Verein mit Longchamp und dem Sekretär Montfort. Er war nämlich meinem Verhältnis mit der Atri auf die Spur gekommen, und da er wußte, daß auch Murat ein Auge auf die Dame hatte, so bestach er eine Kammerfrau der Herzogin, die ihm Briefe und Billetts von mir auslieferte, die dem König in die Hände gespielt wurden und dem auch Longchamp steckte, daß sich meine ganze Theaterliebhaberei in der ebenfalls von Sr. Majestät gerne gesehenen prima ballerina seria konzentriere. Daher die plötzliche allerhöchste Ungnade, die mich aus allen meinen Himmeln in die bodenlosen Gründe Apuliens gestürzt hatte. Jetzt war mir alles klar: O Leviathan Laviani, hätte ich dich doch noch einmal vor der Klinge! rief ich vergeblich zu Tarent aus, und die Aufführung der Donaunymphe, deren In-Szene-Setzen über 100 000 Franken gekostet hatte, unterblieb definitiv. Die Geschichte gab indessen der neapolitanischen schönen Welt hinlänglichen Stoff zu sehr unterhaltenden Klatschereien.

Da der Wind nicht günstig war, so konnten wir auch nicht sogleich abfahren, sondern verweilten noch ungefähr acht Tage im Golf von Tarent. Diese uralte Stadt, ehedem eine der bedeutendsten von Großgriechenland, und hochberühmt in der Geschichte, mochte jetzt etwa 20 000 Einwohner zählen, deren größter Teil von der hier sehr ergiebigen Fischerei lebt. Außerdem ist ihr Handel mit Wolle, Öl, Korallen, Thunfischen, Sardellen usw. bedeutend. Sie liegt auf einer Felseninsel an dem großen Golf, dem sie ihren Namen verleiht und ist durch eine Brücke mit dem Festland verbunden. Von dem alten Tarent sieht man noch Ruinen in der Nähe der heutigen Stadt, die den Raum einnimmt, auf welchem das Kastell der alten stand. Sie hat auch ein sehr festes fast uneinnehmbares Schloß. Ihr Hafen ist sehr versandet und kann nur von leichteren Schiffen besucht werden; alle größeren müssen im Golf vor Anker liegen. Die Austern sind hier vortrefflich und die schmackhaftesten, die es gibt; für einen Gran (etwa einen Kreuzer) erhält man ein ganzes Dutzend. Die Zeit, während welcher uns die widrigen Winde noch zurückhielten, wurde mir gewaltig lang, ob-

gleich ich jeden Nachmittag bis zur Nacht in der Stadt zubrachte und die – Kirchen besuchte. Von den berüchtigten Taranteln bin ich nichts gewahr worden, und wenn ich die Einwohner nach von der Tarantel Gestochenen fragte, so lachten sie. Der Stich dieser Spinne ist nicht gefährlicher als ein Skorpionstich. Die ragno arrabiato (wütende Spinne), wie sie die Italiener nennen, deren Biß, Tarantiomo (Tarentula), einen tollen Tanz herbeiführen soll, ist ein sehr zahmes Tier, das ohne große Not gar nicht an das Beißen denkt, und dessen Biß nicht mehr Schmerzen verursacht als ein Rheinschnakenstich im Mannheimer Schloßgarten.
Endlich war uns der Wind günstig, und am achten Tage nach unserer Ankunft verließen wir mit angeschwollenen Segeln den Golf von Tarent. Ich war mit der Kompagnie, die ich befehligte, auf dem Boreas, einem Linienschiff von achtzig Kanonen, mitsamt meinen drei Pferden, in deren Besitz ich noch war, eingeschifft; denn ich hatte keine Zeit und Gelegenheit mehr gehabt, mich auch nur eines derselben zu entledigen. Das Einschiffen dieser Tiere war komisch genug. Nachdem man ihnen Gurte um den Bauch gebunden, wurden sie von einer Barke in die Höhe gewunden, so daß sie bald mit allen Vieren zwischen Himmel und Wasser schwebten, wobei es ihnen sonderbar zumute gewesen sein mag, und sie mit allen Vieren festen Fuß zu fassen suchten, daß es recht jämmerlich-ergötzlich anzusehen war. Als die Anker gelichtet waren, fuhren wir mit frischem Maestro in aller Frühe davon, aber gegen Abend erhob sich ein gewaltiger Sturm, der die Nacht durch wütete und die ganze Flotte, aus vier Linienschiffen und mehreren Fregatten bestehend, trennte und zerstreute, so daß wir mit dem anbrechenden Tag nur noch eine unserer Fregatten in weiter Ferne sahen. Da der Sturm noch immer währte, so waren längst alle Segel eingezogen und das Schiff dem Spiel der hochgetürmten Wellen und den tobenden Winden preisgegeben. Zweimal vierundzwanzig Stunden

hielt dieses Wetter an, und wir befanden uns, als es nachließ, im Angesicht der afrikanischen Küste auf der Höhe von Tunis. Gegen Mittag zeigten die Wachen auf den Masten an, daß sie am Horizont gegen Norden mehrere Schiffe wahrnähmen. Bald sahen wir diese auch vom Verdeck, man hielt sie für feindlich und hatte in kurzer Zeit die Gewißheit, daß es drei englische Fregatten waren, die mit vollen Segeln auf uns zufuhren. Der Kapitän des Boreas war ein sehr tapferer und erfahrener Seemann, von großer Entschlossenheit. Er ließ das Schiff sogleich in den besten Angriffs- und Verteidigungszustand setzen; alle Kanonen wurden angezogen, sämtliche Mannschaft an ihre Posten aufgestellt, und die Landtruppen, welche, soweit sie befähigt waren, den Dienst mit der Marine zusammen zu versehen, wurden, was nicht seekrank (ein Dritteil der Kompagnie), gleich als schlagfertig aufgestellt. Ich stand an der Spitze derselben auf dem Verdeck. Die englischen Schiffe kamen jetzt heran, fuhren pfeilschnell an uns vorüber, eine volle Ladung gebend, die wir sogleich erwiderten. Mehrere Kugeln hatten das Schiff von verschiedenen Seiten durchbohrt und die herumfliegenden Splitter des Holzes viele Soldaten und Matrosen verwundet. Als die dritte englische Fregatte vorüberfuhr, hatte eine Kettenkugel einen Artillerie-Sergeanten nebst drei Mann, kaum vier Schritte von mir entfernt, niedergerissen und mit fortgeschleudert. Ich gestehe, daß mir bei diesem Gefecht, wo wir nur eine durchaus passive Rolle spielten, eben nicht sonderlich zumute war. Die Unbekanntschaft mit der Größe der Gefahr, die Löcher, die das Schiff erhielt, daß wir glaubten, es entweder untergehen oder in die Luft springen zu sehen, das Getöse, Gepfeife, Gebrüll durch die Sprachrohre, der Lärm der Matrosen, war uns alles ganz neu. Die Engländer wiederholten noch einige Male ihre Manöver, ohne daß wir ihnen einen bedeutenden Schaden hätten zufügen können, denn die abfeuernden Fregatten waren jedesmal wieder weiter, bevor wir unsere Ladung gaben, die dann in Dampf und Rauch ging, hinter denen wir die Schiffe vermuteten. Auch wendeten sie sich wohl viermal, bevor wir uns einmal wenden konnten, und feuerten dann wieder von der andern Seite ab. Ihre Manöver waren den unsern in allen Dingen weit überlegen. Schon hatte das Gefecht beinahe eine Stunde gedauert, ohne daß noch etwas Entscheidendes geschehen wäre, jedoch hatte es allen Anschein, daß wir unterliegen würden, als mehrere größere Schiffe mit vollen Segeln auf uns zukamen und Signale machten, in denen wir die Linienschiffe der zu uns gehörenden Flotte erkannten, welche der Sturm verschlagen hatte. Nun fanden die Engländer für gut, das Weite zu suchen, und fuhren in aller Eile davon, uns noch ein paar tüchtige Ladungen zurücklassend. Die Ankunft dieses Sukkurses war ein großes Glück für uns, denn wir würden sicher am Ende den Kürzeren gezogen haben. An ein Ergeben wäre nicht zu denken gewesen; unser Kapitän hatte geschworen, das Schiff eher in die Luft zu sprengen, und er war der Mann, der im Stande war, sein Wort zu halten. Schon jahrelang hatte er sich die Nägel an der linken Hand, an der er immer einen Handschuh trug, nicht abgeschnitten, da er ein Gelübde getan, dies nicht eher zu tun, als bis er ein englisches Schiff genommen oder in den Grund gebohrt haben würde. Wahrscheinlich ist er mit seinen langen Nägeln zu Grabe gegangen.

Aber dies mag ein Beweis von dem Haß sein, welcher zu jener Zeit zwischen den beiden Nationen bestand. So befreit, segelten wir nun mit den bei uns angekommenen Schiffen – es waren zwei Linienschiffe und eine Fregatte – weiter, verließen die afrikanische Küste, kamen an der südlichen Spitze von Sizilien vorüber und suchten baldmöglichst unsere Bestimmung zu erreichen, was am zehnten Tage nach unserer Abfahrt von Tarent der Fall war, wo wir gegen Mittag die Festen und Türme der Stadt *Korfu* zu Gesicht bekamen, in

deren Reede wir noch am nämlichen Abend die Anker warfen und am folgenden ausgeschifft wurden.
Was mir gleich beim Landen auffiel, war, daß ich außer dem Militär nur sehr wenige europäische und fast nur griechische, albanische, türkische und andere orientalische Trachten zu Gesicht bekam. Besonders waren es die albanischen Soldaten, von denen ein ganzes Regiment, meistens Überläufer von der Miliz des furchtbaren Ali Pascha in Janina, in französischem Sold stand, die mit ihrem Nationalkostüm, ihren kostbaren Waffen und ihren ungeheuern großen silbernen oder goldenen Schnallen in Tellerform, mit silbernen Ketten belastet, welche bei jedem Tritt klirrten und rasselten, mich am meisten frappierten.
Die neuangekommenen Truppen wurden sogleich in die Fortezza Vecchia kaserniert, die Offiziere erhielten Quartiere in der Stadt, die aber nur aus einem fast ganz kahlen Zimmer bestanden, in welchem ein paar Blöcke mit einigen Dielen, eine dünne Matratze, zwei Betttücher von Baumwolle, eine Decke von gleichem Stoff wie das Bett und zwei Holzstühle mit einem kleinen Tisch das ganze Ameublement bildeten. Dies alles wurde durch das Quartieramt geliefert. Die Stabsoffiziere waren ebenfalls nicht viel besser einlogiert, nur daß sie ein paar Zimmer und Stühle mehr hatten. Die Soldaten schliefen auf kahlen hölzernen Pritschen und hatten nicht einmal Strohsäcke, noch weniger Decken, nur im Lazarett erhielten sie eine dünne Matratze. Diese Art zu kasernieren hatte wenigstens das Gute, daß die Leute von dem Ungeziefer, namentlich den Flöhen weniger zu leiden hatten.
Ich war zu dem zweiten Régiment étranger versetzt worden, von dem zwei Bataillone in Garnison in Korfu lagen, und bei dem ich viele alte Bekannte traf, denn es war zum Teil aus dem ehemaligen Regiment Y. gebildet, das, wie das Regiment Latour d'Auvergne und andere Regimenter der Art, in mehrere Régiments étrangers, die

numeriert wurden, verschmolzen worden war. Ich wurde dem zweiten Bataillon zugeteilt, das erste stand noch in Italien, welches der Bataillonschef v. Brüge, derselbe, mit dem ich schon in Genua in sehr freundschaftlichen Verhältnissen gestanden hatte, und dessen Tochter Josephine jetzt zu einem blühend schönen vierzehnjährigen Mädchen herangereift war, kommandierte. Außer dieser Familie fand ich noch Madame Gasqui, die unter der Zeit Witwe und die Geliebte des Gouverneurs der Jonischen Inseln, des Generals Donzelot, geworden war, und mehrere andere bekannte Offiziere und Damen vor.

Die Ionischen Inseln waren durch den Frieden von Tilsit (1807) an Frankreich gekommen, dem sie aber die Engländer alle bis auf das feste, mit Gewalt fast uneinnehmbare Korfu das kleine Paxo wieder abgenommen hatten. Reizend sind die Umgebungen von Hyeres, einladend liegt das milde Nizza, herrlich das prächtige Genua da; nicht minder anziehend Kataloniens Hauptstadt Barcelona, und paradiesisch sind allerdings die Umgebungen von Neapel und die Insel Capri, aber unvergleichlich und wahrhaft himmlisch ist das Klima der Jonischen Inseln, unter denen sich besonders Zante, il Paradiso del Levante, durch seine Lage und die innere Beschaffenheit seines Landes auszeichnet. Unter einem fast ewig klaren Himmel vom reinsten Azur, den beinahe zehn Monate im Jahre kein Wölkchen trübt, von den smaragdgrünen Fluten des Mittelländischen Meeres umspült, von balsamischen Lüften umweht, liegen das alte Phäakien (Korfu) mit Alkinous' Gärten; Leukadien (Santa Maura) mit seinen berüchtigten Felsen; Odysseus' Heimat Ithaka (Thiaki); Cephalonien, Zante, Paxo und endlich das der reizenden Schönheitsgöttin ergebene Cythere (Cerigo). Auf diesen Inseln setzt man bei jedem Schritt den Fuß auf altklassischen Boden und wandelt zwischen Lavendel, Myrten, Lorbeeren, Goldorangen, Limonen, rosen- und purpurblühendem Kaktus, unter

den Düften der aromatischsten Kräuter, mit denen die ganze Atmosphäre angefüllt ist.
Nichts läßt sich mit dem Zauber der ionischen Sommernächte vergleichen, die hier fast neun Monate währen. Unter Oliven und Lorbeeren liegen die Einwohner, den Blick zu den hier dreimal glänzenden Sternen gewandt, in behaglicher, wollüstiger Ruhe die ganze Nacht und bringen sie mit Singen, Erzählen und Betrachtungen hin, die Nähe des allmächtigen, des unbegreiflichen, des schöpferischen Weltgeistes ahnend. In keinem anderen Lande Europas, weder in Italien, noch in Spanien, noch im südlichen Frankreich, sind die Sommernächte so reizend und erwecken so hohe Empfindungen und Gefühle wie auf den Ionischen Inseln, unter dem ionischen Himmel. Nirgends wirkt die Natur so beseligend wie in den Tälern von Korfu oder auf den Olivenhügeln von Zante. Ewig unvergeßlich sind mir die paar Jahre, die ich hier zubrachte, und sie gewähren mir die süßesten Rückerinnerungen. Mag sein, daß man in einem Alter von einigen zwanzig Jahren anders sieht, denkt und empfindet als in den späteren Jahren, wo sich alle Dinge anders gestalten und man sie mit weniger begeisterten Augen betrachtet. Indessen lernte ich das mittägliche Frankreich, Italien und Spanien ja noch früher kennen, aber nirgends haben mich Land und Klima so angesprochen wie in des Odysseus', Telemachs und Alkinous' Heimat.
Die Insel Korfu, welche zur Zeit der französischen Okkupation (1807–1814) etwas über 60 000 Einwohner, die 10 bis 12 000 Mann starke Garnison nicht inbegriffen, zählen mochte, hat einen Umfang von beinahe dreißig deutschen Meilen. Ihre größte Länge ist zehn, ihre größte Breite vier Meilen. Sie ist ziemlich bergig und hat namentlich sehr hohe und steile Felsmassen, dabei aber auch die anmutigsten Täler, unter denen besonders das Tal Roppa in dem Kanton Liapades, das vom Flüßchen Ermones bewässert wird, sich durch seine äußerst male-

rische Lage auszeichnet. Hier war früher ein See, den ein Erdbeben verschwinden machte, von dem man aber noch die Spuren sieht und der noch auf alten venezianischen Karten bezeichnet ist. Die Gegend, in welcher dieser See lag, ist wild, öde und schauerlich einsam, und seltsame Volkssagen sind über das Verschwinden dieses Wassers unter den Landleuten der umliegenden Dörfer verbreitet. Gleich Adlernestern liegen manche dieser Dörfer auf den höchsten Felsmassen, und schmale, in die Felsen eingehauene Staffeln führen zu ihnen, so daß es unbegreiflich scheint, wie man sich da anbauen konnte, aber oben angekommen wird man nicht selten durch eine ziemlich große und mit Oliven und Weinreben bepflanzte Ebene überrascht. Die Bewohner dieser Orte führen meistens ein fast patriarchalisches, mitunter auch halbwildes Leben. Ihr Hauptreichtum besteht in Oliven, Böcken und Ziegen, die ihnen Öl, Milch und Käse liefern. Kühe und Ochsen sind auf dieser Insel unbekannte Tiere. Das Ziegenfleisch aber sowie die Milch dieser Tiere, die sich hier von lauter aromatischen Kräutern nähren, schmecken vortrefflich. Butter kennt man nicht, das köstliche Olivenöl ersetzt sie reichlich. Fleischspeisen sind bei den Landleuten sehr ungewöhnlich, nur an hohen Festtagen wird ein Ziegenlämmchen im Freien am Spieß gebraten, und die Familie sitzt singend und scherzend um das Feuer, bis der Braten fertig ist, der sodann unter fröhlichen Gesprächen verzehrt wird, wobei gemischter Wein in irdenen offenen Krügen herumgereicht wird. Ein berauschter Grieche ist auf den Ionischen Inseln ein weißer Rabe.

Auf der ganzen Insel ist jetzt nur noch eine Stadt, die Hauptstadt Korfu, die außerordentlich gut befestigt und von zwei durch Gewalt uneinnehmbaren Zitadellen oder Forts beschützt wird. Die Straßen der Stadt sind größtenteils sehr eng, krumm, hügelig und uneben, nur zwei derselben sind ziemlich breit, da man aber nie einem Fuhrwerk hier begegnet, so hat dies nichts zu sagen. Kein

Haus hat mehr als zwei Stockwerke, keines hat einen Hof oder gar einen Garten, fast alle haben aber Vorhallen und Arkaden, unter denen die Kaufleute ihre Buden haben und Waren feilhalten. Die Stadt zählt 12–15 000 Einwohner, die übrigen Bewohner der Insel leben teils in 130 Flecken und Dörfern, teils in einzelnen Häusern und Hütten, die auf der Insel zerstreut liegen.
Die Venezianer hatten die ganze Insel in sieben Kantone eingeteilt, und diese Einteilung wurde unter der französischen Herrschaft auch beibehalten. Die Kantone waren Korfu, Leschimo, Strongoli, Liapades, Spagus, Agrafus und Peritia, alle so ziemlich gut angebaut, d. h. mit Olivenbäumen und Weinstöcken bepflanzt. Getreide, Früchte und Gemüse bringt die Insel nur wenig hervor, und das wenige besteht meistens in Mais, etwas Weizen, Orangen, Limonen, Zitronen, Feigen, Angurien, Melonen, Artischocken, wilden Spargeln u. dgl. Eigentlichen Ackerbau kennt man so wenig wie Gemüsegärten, der Weinstock wächst längs anderen Baumstämmen wild hinan oder auf den zu diesem Zwecke amphitheatralisch angelegten Terrassen der Berge. Die Natur tut hier fast alles, der Mensch wenig mehr als das, was sie ihm bringt, sammeln und zusammenraffen. Die Oliven werden nicht einmal von den Bäumen gepflückt, sondern man wartet, bis sie abfallen, recht sie dann zusammen und läßt sie durch ein Pferd oder ein Maultier zwischen zwei großen Mahlsteinen zermalmen. Mühlen kennt man so wenig wie Keltern; nur einige alte Windmühlen, die aber längst nicht mehr im Gange waren, entsinne ich mich vor dem Flecken Castrades an dem Ufer der See gesehen zu haben. Der Korfiote schläft vom Monat März bis Ende Oktober in der Regel von der zehnten Stunde des Morgens bis zur fünften oder sechsten Stunde des Abends, und ruht dann des Nachts meistens unter freiem Himmel von den Strapazen, d. h. vom Schlafen des Tages und dem Essen aus. Letzteres ist freilich sehr mäßig, und ich glaube nicht, daß sich ein Österreicher von mittel-

mäßigem Appetit mit dem begnügen würde, was zehn Griechen verzehren. Vor dem Schlafengehen, d. h. um 9 Uhr morgens, ist ein Stückchen Brot, etwas Knoblauch oder Zwiebel oder ein Stückchen weißer Ziegenkäse das Mahl, mit dem er zu Bette oder vielmehr zu Boden geht, denn Bettstellen sind auf dem Land ganz unbekannte Dinge, und der Korfiote schläft mit seiner Familie auf einer groben wollenen Decke auf dem ungedielten Boden seiner Hütte, der aus der kühlen Erde, wie sie die Natur geschaffen hat, besteht. Beim Wiedererwachen wird das Mittagmahl eingenommen, dessen Zubereitung in der Regel keiner Brennmaterialien bedarf. Etwas Kräuter mit Seesalz, Öl und Zitronensaft angemacht, ein Stückchen Brot, ein gesalzenes Fischchen, nicht viel größer als eine genuesische Sardelle, und ein Schluck Mischwein reichen hin, jedes Glied der Familie zu sättigen. Hierzu kommt noch, daß der Grieche fast ein Dritteil des Jahres Fasten hat, welche er auf das genaueste und strengste beobachtet, und während deren er sich nicht nur aller Fleischspeisen, Eier u. dgl. enthalten muß, sondern sich auch keiner Art von Fett, folglich auch des Öls nicht, bedienen darf. Ja nicht einmal Milch oder Käse darf er genießen; es bleibt ihm nun nichts übrig, seinen Hunger zu stillen, als Kräuter, Gemüse, die er roh oder abgesotten mit Salz und Zitronensaft verspeist, und Brot oder Zwieback. Dabei sind die Leute kerngesund, kräftig, wissen nicht viel von Krankheiten und ebensowenig von Nahrungssorgen. Anders ist es freilich in der Stadt, deren Einwohner wenigstens zu einem Fünfteil aus Italienern, meistens Venezianern, bestehen, die Abkömmlinge venezianischer Familien sind, welche Spekulation oder auch Verbannung nach Korfu führte. Unter ihnen sind manche berühmte und bekannte Namen venezianischer Nobili, wie die Grafen Moncenigo, Dandolo, Contàrini usw.

Die reichen Einwohner der Stadt Korfu werden nach der Quantität Öl geschätzt, die sie alljährlich machen, und wie man zu Paris sagt, er hat so und so viel tausend

Franken Revenuen, sagt man zu Korfu, er hat so und so viel hundert Krüge Öl zu verzehren; ebenso bekommt eine Braut eine gewisse Zahl Olivenbäume zur Aussteuer mit. Diese Bäume sind hier von einer ungewöhnlichen Größe und Schönheit, so wie man sie in keinem anderen Land Europas, weder in Spanien noch in Italien, sieht, und machen den Reichtum der Insel aus. Das Öl, besonders das von Paxo, ist vortrefflich, kristallhell und hat oft die Farbe des reinsten Quellwassers. Dieses Öl ist so wohlschmeckend und man gewöhnt sich so sehr daran, daß, als ich wieder nach Deutschland zurückkam, ich auch die beste Butter unangenehm schmeckend fand und mich erst wieder daran gewöhnen mußte. Die Besitzer der Olivenwälder sind große Herren, und verzehrten früher einen Teil ihrer Einkünfte in Venedig, wo sie meistens den Winter zubrachten. Während der französischen Herrschaft schmolzen ihre Revenuen jedoch fast in nichts zusammen, da man das Öl nicht ausführen konnte, indem Korfu beständig von den englischen Schiffen blockiert wurde, so daß alle Schiffahrt und Versendungen aufhörten, und nur mit großer Mühe und Gefahr die Kanonierschaluppen der Regierung in finsteren Nächten es wagten, nach Otranto zu segeln, um die Verbindung mit dem Festland einigermaßen zu unterhalten. Dennoch fielen auch diese nicht selten in die Hände der Engländer. So kam es denn, daß der Wert des Öls, für das man keinen Absatz mehr finden konnte – das meiste ging früher nach Venedig und Triest – fast auf Null herabsank, und der Adel und die Wohlhabenden in Korfu, deren Reichtum fast ausschließlich in diesem Produkt bestand, sich in der größten Not und Geldverlegenheit befanden, so daß viele von ihnen ihre Olivenbäume umhauen, Kohlen daraus brennen ließen und diese verkauften, um leben zu können. Ein ungeheurer Nachteil und Verlust, da wie bekannt, der Olivenbaum einer langen Reihe von Jahren bedarf, bevor er so weit ist, daß er Früchte bringt.

Alles Getreide der Insel, worunter der Calambochio und Mais das meiste liefert, reicht bei aller Mäßigkeit der Korfioten kaum für den Bedarf von vier bis fünf Monaten für die Bewohner der Insel hin, welche seit Jahrhunderten gewohnt sind, das mangelnde gegen Öl einzutauschen. Da dieses aber ebenfalls während der französischen Herrschaft nicht möglich war, so war bisweilen das Brot so teuer, daß die Bewohner der Stadt das Kommißbrot des Soldaten mit fünf bis sechs Piaster bezahlten, und verhältnismäßig teurer den Schiffszwieback, wenn kein Brot zu haben war.

Der Wein, den man auf der Insel Korfu zieht, ist sehr stark, meistens schwarz und dick, und ungesund, wenn unvermischt getrunken; die weißen Weine sind süß, feurig und dem Zypernwein sehr ähnlich, doch gibt es auch herbe und rauhe. Würden die Weinberge sorgfältiger bebaut und wäre die Behandlung des Weines anders, so müßte hier ein ganz vorzügliches Getränk, das den besten spanischen und ungarischen Weinen zur Seite gestellt werden könnte, gezogen werden, besonders wenn man die alten Weinstöcke durch junge, aus guten Weinländern geholte, ersetzte. Es lag aber in der Politik der venezianischen Regierung, daß die Insel Korfu kein Weinland werden sollte, weil sie einen ungeheuren Gewinn am Öl machte, das fast alles durch ihre Hände ging und von dem sie wenigstens 20–30 Prozent zog. Deshalb hatte sie auch das Anpflanzen korinthischer Weinstöcke auf Korfu bei schwerer Strafe untersagt, und nötigte so die Korfioten, sich auf den Ölbaum zu beschränken. Zweimal werden hier die Oliven jedes Jahr geerntet; aber Orangen, Limonen, Zitronen, Feigen, Granaten, Maulbeeren gibt es fast das ganze Jahr, und um Weihnachten und im Januar blühen Orangen und Zitronen am schönsten. Die Maulbeeren gedeihen hier vortrefflich, und eine Seidenwürmerzucht im Großen müßte sehr gewinnreich sein. Auch an Kapern, Aloën, Nopal (indische Feigen), Zypressen, höher wie die italienischen

Pappeln, ist kein Mangel, und selbst Dattelpalmen sind nicht selten. Die Aloë wird oft zehn Fuß hoch, und man sieht deren zu jeder Zeit in der Blüte. Alle diese Pflanzen, Gesträuche und Bäume, die man oft, nachdem man hohe Berge, die mit steilen Felsen endigen, mühsam erklommen hat, in den sich dann darbietenden schönen Flächen findet, gewähren einen sehr malerischen und romantischen Anblick, namentlich wenn sie zwischen alten verfallenen Gemäuern und Ruinen, die man so häufig im Innern der Insel antrifft, hervorragen.
1719 traf die Stadt ein entsetzliches Unglück. Der Blitz schlug nämlich am ersten Weihnachtsfeiertag in das in Felsen eingehauene große Pulvermagazin der Zitadelle der alten Festung (fortezza vecchia), in welchem damals bedeutende Pulvermassen aufgehäuft waren. Die Erschütterung und der Donner der gesprengten Felsengewölbe war so schrecklich, daß die ganze Stadt wie bei einem gewaltigen Erdbeben, die hier sehr häufig vorkommen, bewegt wurde, und alle Einwohner glaubten, der Weltuntergang sei vor der Tür. Fast kein Haus war unversehrt geblieben, die umherfliegenden Felsstücke schlugen mehrere Dächer, unter andern das einer Kirche, völlig ein, und die Bestürzung unter den Einwohnern, die alle der St.-Spiridion-Kirche zuströmten, war so groß, daß sie gleich Wahnsinnigen gegeneinander- und umherrannten und jeden Augenblick den völligen Untergang der Insel und der Stadt und das jüngste Gericht erwarteten. Man kann sich einen schwachen Begriff von dieser Zerstörung machen, wenn man bedenkt, daß mehrere tausend Zentner Pulver in dem in einem ungeheuren Felsen eingehauenen Gewölbe lagerten, dessen Wände mehr als fünfzig Fuß Dicke hatten, und diese Massen wurden gewaltsam gesprengt! – Fünf Schiffe im Hafen wurden durch die herabfallenden Felsstücke in den Grund gebohrt, alle übrigen mehr oder minder stark beschädigt; in der Entfernung von mehr als einer Meile fand man die Trümmer eines Schilderhauses, das oben auf der

Plattform am Eingang zum Magazin gestanden hatte, und nicht weit davon die verstümmelten und verbrannten Glieder von Soldaten, welche die Wache oben gehabt hatten. Mehrere tausend Personen hatten das Leben durch dieses furchtbare Ereignis eingebüßt, von dem noch jetzt die Korfioten nicht ohne Schaudern erzählten. Das Magazin war wieder hergestellt und mit einem Blitzableiter versehen.

Durch den Frieden von Campo Formio kamen 1797 die Ionischen Inseln und mit ihnen Korfu an die französische Republik, die aber 1799 schon wieder gezwungen war es durch Kapitulation, nachdem alle Haustiere und sogar die hier Heere bildenden Ratten aufgezehrt und acht Ausfälle gemacht worden waren, an die belagernde russisch-türkische Armee und Flotte zu übergeben. Die schwache Garnison erlangte einen ehrenvollen Abzug, und wurde nach Toulon abgeführt. Durch den Frieden von Tilsit kamen die Ionischen Inseln wieder unter französische Botmäßigkeit. Die Korfioten bedauerten den Abzug der Russen, denen sie der Religion wegen sehr gewogen waren, außerordentlich. Dagegen waren die Juden den Franzosen hold, die durch sie alle Freiheit und gleiche Rechte mit den Griechen und Italienern erhielten, die sie früher so sehr unterdrückt und mißhandelt hatten.

In der ganzen Stadt Korfu ist auch kein einziges Gebäude, das als besonders merkwürdig erwähnt zu werden verdient, und selbst der Gouvernementspalast ist sehr mittelmäßig; an geräumigen Kasernen und Magazinen ist zwar kein Mangel, aber sie sind weder bequem noch mit Sorgfalt eingerichtet. Das Theater ist ein altes, seltsames Gebäude, das früher eine ganz andere Bestimmung hatte. Unter den vierzig griechischen Kirchen und Kapellen ist keine einzige in architektonischer Hinsicht von Bedeutung; und nur zwei haben Türme, von denen der eine, der des St. Spiridion, ein Glockenturm ist. Die Glocken aller anderen Kirchen sind an einigen Seitenportalen angebracht oder hängen auch frei auf dem Dach. Die Kirche des hl. Spiridion ist ziemlich groß und geräumig und wegen ihres hochverehrten Heiligen nicht nur in Korfu, sondern in ganz Griechenland und wo man sich zur griechisch-christlichen Religion bekennt, berühmt. Die Verehrung für diesen Heiligen ist so groß, daß Gott, Christus, der heilige Geist und die Jungfrau ihm weit nachstehen müssen, und während der Grieche gleichgültig zuhören würde, wenn man jene lästerte, würde er sich mit Wut auf denjenigen stürzen, der sich auch nur die leiseste unziemliche Bemerkung gegen diesen Heiligen erlaubte. Mit demselben, der in mehreren Särgen, von denen der letzte und größte von gediegenem Silber ist, in einer Kapelle der Kirche aufbewahrt wird, hat es folgendes Bewandtnis: St. Spiridion soll nach der Legende auf der Insel Zypern geboren sein, wo er zuerst ein armer Mönch war, der aber ein so makelloses und exemplarisch frommes Leben führte, daß er bald die allgemeine Verehrung genoß; noch unter Konstantin dem Großen wurde er zum Bischof erhoben und starb als solcher in der Stadt Tremanto auf Zypern. Später wurde seine Leiche nach Konstantinopel gebracht, wo sie unter den griechischen Kaisern mehrere außerordentliche Wunder verrichtet haben soll. Als Konstantinopel unter Mahmud II. durch die Türken erobert wurde, gelang es einem Griechen, den Heiligen der allgemeinen Verwüstung zu entziehen und ihn auf die Insel Korfu zu entführen. Ein Sohn des Griechen, der den St. Spiridion den Händen der Ungläubigen entrissen hatte, gab ihn seiner Tochter, die einen adeligen Korfioten namens Stamati Bulgari heiratete, zur Aussteuer mit, und seit dieser Zeit ist der Heilige das Eigentum dieser Familie, an der er allerdings das Wunder bewirkt hat, sie unermeßlich reich zu machen, da bei weitem der größte Teil der zahlreichen Geschenke und Opfer, die ihm von ganz Griechenland, wie ehemals dem delphischen Apollo, gebracht werden, in ihre Kassen fällt. Auch ist immer ein Mitglied dieser Familie Protopapa, d. h. Oberpfarrer an der Kirche des hl. Spiridion. Der Körper dieses Heiligen, der, so wie sein Gesicht, das ein sehr grämliches Ansehen hat, ganz schwarzbraun ist, ist nichts anderes als eine ägyptische Mumie, die man in einem viereckigen, reich vergoldeten und mit Edelsteinen und Perlen besetzten Kasten, der an der Vorderseite offen und mit Glasscheiben versehen ist, so daß man sie bequem sehen kann, verwahrt. Unten aber sehen die nackten, schwarzen Füße heraus, die von den frommen Gläubigen schon halb abgeküßt sind. Dieser Kasten wird in dem schon erwähnten silbernen Sarg verwahrt, aber acht Tage lang im Jahre am St.-Spiridion-Fest herausgenommen, senkrecht in der Kirche aufgestellt, mit Wachen umgeben, und so Tag und Nacht ohne Aufhören von allen Griechen der Ionischen Inseln und des Festlandes, von denen selbst viele aus Kleinasien kommen, besucht und der Körper geküßt. Daß sich ihm keiner nähert, ohne ihm irgend ein Opfer zu bringen, von denen das geringste ein Silberstück vom Wert eines Gulden ist, versteht sich von selbst, aber viel tausend Zechinen, ja wohl Ringe, Perlen, Edelsteine usw. fallen in das große, von Priestern und Soldaten wohlbewachte silberne Becken, das zu diesem Behuf neben ihm aufgestellt ist,

Während dieser Zeit ist die Kirche auf das prächtigste ausgeschmückt, der Turm derselben ist mit Festons von Lorbeeren und Myrten bis in seine höchste Spitze verziert, die Glocken läuten ohne Aufhören, die Gläubigen bringen so viele Wachskerzen herbei, daß man ganz Paris damit beleuchten könnte, und bezahlen außerdem kleine Läppchen, Bänder und andere Gegenstände, die durch die Berührung mit dem Körper des Heiligen, selbst heilig geworden, mit schwerem Geld. Am letzten Tage wird nun noch der Heilige in seinem Kasten und in einem prächtigen griechischen bischöflichen Gewand in Prozession durch die ganze Stadt getragen, wobei das Militär Spalier bildet und der Gouverneur samt seinem

Generalstab, dem Senat von Korfu, der ganzen sehr zahlreichen Geistlichkeit und dem zahllosen Volk aus allen Gegenden dem Kasten folgen. Weiber legen ihre Kinder, noch in Windeln, mitten auf die Straße, damit der Heilige über sie wegschreite, und halten nun deren Glück für unfehlbar. Da diese Prozession mitten im Sommer in der großen Hitze stattfindet und fast den ganzen Tag währt, so ist sie namentlich für das Militär sehr ermüdend, und unsere Soldaten wünschten dabei dem Heiligen alle möglichen Übel, und das in Korfu garnisonierende fremde Regiment nannte ihn nicht anders als den hl. Spiriochs.

Auch bei besonderen großen Kalamitäten, wie bei Erdbeben, Pest, Belagerungen usw., wird St. Spiridion aus seinem Sarg geholt und in Prozession herumgetragen. Die glückliche Befreiung von den belagernden Türken schreibt man ihm allein zu, und kein Korfiote macht eine Reise oder eine wichtige Unternehmung, ohne dessen Schutz angefleht und ihn, also die Familie Bulgari, beschenkt zu haben. Ebenso kommen das ganze Jahr durch Geschenke und kostbare ex voto für ihn von den andern griechischen Inseln und dem Festlande von Leuten an, welche irgend ein Gelübde tun oder seinen Schutz in gefährlichen Krankheiten oder Unternehmen anflehen. Der stärkste furchtbarste Schwur der Korfioten ist: bei dem hl. Spiridion, und selbst der durchtriebenste Spitzbube und Betrüger würde es nicht wagen, bei diesem Namen falsch zu schwören, wobei er die eine Hand auf dessen Sarg legen muß. Während der hl. Spiridion ausgestellt ist, wagen es die Juden nicht leicht ihr Quartier zu verlassen oder sich gar in die Gegend der St.-Spiridion-Kirche zu verlieren, weil sie sich gröblichen Mißhandlungen aussetzen würden. Die hiesigen Juden, welche, so wie die in Zante und Zephalonien, von denen abstammen, die Papst Paul IV. aus Ankona jagte, wurden zur Zeit der venezianischen Herrschaft außerordentlich gedrückt. Ihr Quartier wurde zur Nachtzeit sowie an allen griechisch-christlichen Festtagen verschlossen und mit Wachen besetzt; sie mußten auf der Brust einen großen, runden, gelben Lappen tragen, waren aller Art Demütigung, besonders von den Griechen, ausgesetzt, und durften keine Güter besitzen. Mit der Besitznahme der Ionischen Inseln durch die Franzosen hörte dies zwar alles auf, dennoch mußten die unglücklichen Hebräer, namentlich bei großen Festen, wie in der Osterzeit, noch oft militärischen Schutz nachsuchen, um nicht mißhandelt zu werden. – Die venezianischen Adeligen, welche in Korfu wohnen, haben mehrere Kasinos in der Art, wie man sie in Venedig kennt, eingerichtet. Sie waren es auch, welche die meisten Logen im Theater inne hatten, in welchem italienische Opern, Schauspiele und Ballette gegeben und während der Franzosenzeit gar nicht übel und sogar mit Pracht aufgeführt wurden. Das Orchester, wenigstens das mit Blasinstrumenten, bestand jedoch fast ausschließlich aus französischer Militärmusik.

Die Griechen auf den Ionischen Inseln, und namentlich in Korfu, zeichnen sich von denen des Festlandes und vorzüglich von denen in Morea und Albanien durch Scharfsinn, Lebenslust, Gewandtheit und Bildung vorteilhaft aus, obgleich sie ihnen an Trägheit nichts nachgeben. Hochmut und Rachsucht sind ihnen besonders eigen, und der geringste Zwist endigt in der Regel mit Messer- und Dolchstichen. Hundertjähriger Erbhaß ist in den Familien nichts Seltenes, und der sterbende Vater vermacht ihn dem Sohn, der die übertragene Blutrache nur zu treu vollzieht. Ihre Rache ist feig und hinterlistig, denn nie greifen sie den Feind offen, sondern immer unversehens, aus einem Hinterhalt oder nachdem sie ihm Fallstricke gelegt haben, an, und dieser Erbhaß dehnt sich über ganze Familien und deren Freunde und Verwandte aus. Unter der venezianischen Regierung war er nicht selten die Veranlassung, daß sich ganze Dörfer bekriegten, und dies war dann ein wahrer Vertilgungs-

krieg, in dem man sich mit der größten Wut schlug, wobei Weiber und Kinder nicht verschont blieben, sondern gräßlich ermordet, verstümmelt und geschändet wurden, freilich weil sie, so sehr es in ihren Kräften stand, an dem blutigen Kampf teilnahmen, indem sie, auf der Erde liegend, die abgeschossenen Gewehre ihrer Männer, Geliebten und Väter luden. Diesem Unfug machte die französische Herrschaft ein Ende, konnte aber den Privatmord nicht unterdrücken, da man der Mörder selten, ja fast nie habhaft werden konnte, da sie sich nach vollbrachter Tat sogleich in einem Kahn in das nahe Albanien flüchteten, wo sie sich jahrelang herumtreiben, bis ein günstiger Augenblick für sie kommt, und sie sich mit Sicherheit wieder nach Korfu, Zante usw. begeben zu können glauben.
Aberglaube und Unwissenheit, worin sie ihre selbst höchst unwissenden Pfaffen – viele von diesen können weder schreiben noch lesen – zu erhalten suchen, machen, daß sie diese barbarischen Sitten und Gewohnheiten nicht ablegen, und kein Grieche der Ionischen Inseln geht aus, ohne mit Waffen versehen zu sein.* Eifersucht ist meistens die ursprüngliche Triebfeder dieser Mordtaten. In einem kleinen Hafen, Porto Affiona, detachiert, hatte ich einigemal ein wirklich wunderschönes Landmädchen eines benachbarten Dorfes mit vielleicht zu großer Teilnahme angeblickt, als mich der Capo de Dicci (ein über zehn Familien gesetztes Haupt, eine Art Schultheiß) freundlichst warnte und bat, dies zu unterlassen, um nicht der Gefahr ausgesetzt zu sein, erdolcht zu werden, was dann großes Unheil über das ganze Dorf bringen könnte. Ein anderer Offizier hatte die Tochter eines Capo de Cinguente (Haupt über fünfzig Familien, etwa Bürgermeister) entführt, und der Gouverneur hielt es für angemessen, nachdem er ihm eine derbe Strafpredigt gehalten, ihn mit der ersten Gelegenheit nach Italien zu versetzen, um ihn der griechischen Rache zu entziehen.

* Dies hat unter der englischen Verwaltung ziemlich aufgehört.

Die ionischen Griechen sind im allgemeinen sehr wohlgebaut, von schlankem Wuchs, oft majestätischem Gang, man sieht sehr edle Gesichter unter ihnen, und selbst in den Dörfern Mädchen und Frauen von wahrhaft aphroditischer Schönheit und Grazie; reizender Nymphenwuchs und Sylphidengang sind nichts Seltenes, und so eifersüchtig und rachsüchtig der Korfiote auch sein mag, so sind ihm doch für Geld seine Töchter, Schwestern, ja Frauen nicht selten feil, und nach Umständen oft für sehr geringe Summen. Die Reichen aber sperren ihre Weiber ein, und man sieht sie nur an hohen Festen im Freien oder verschleiert und wohl bewacht in die Kirchen gehen, wo sie ihre besonderen Sitze hinter dicht vergitterten Logen haben.
Da die Kost und Nahrung sowie das ganze Leben der Ionier äußerst einfach ist, so sind Krankheiten sehr selten bei ihnen. Die Ärzte haben deshalb wenig zu tun und sind in den Dörfern gänzlich unbekannt und entbehrlich. Verwundungen, Entbindungen, Skorpionstiche und kleine Unpäßlichkeiten heilen sie unter sich und bedienen sich dabei gewisser sehr wirksamer Kräuter; sie ziehen wohl auch in schwierigen Fällen den Priester zu Rate, und der Aberglaube tut dabei oft Wunder. An Teufelsaustreibungen fehlt es auch nicht. Man sieht wenig alte Männer, doch oft noch rüstige hundertjährige Greise, die dann hoch verehrt werden. Das Alter ist kräftig und gesund; daß es wenig Greise gibt, kommt wohl daher, daß die meisten Männer im schönsten Alter eines unnatürlichen Todes sterben.
Die Kleidung der Griechen auf dem Lande ist sehr einfach. Eine runde Jacke, gewöhnlich von braunem, grobem Tuch und ohne Kragen, aber mit roten Schnüren, bei den Wohlhabenderen auch mit Seide, Gold oder Silber besetzt, deckt den Oberkörper, die Ärmel derselben sind meistens am Ende mit Samt gefüttert und haben womöglich silberne Knöpfe. Unter der Jacke tragen sie noch einen Brustlatz, der gleichfalls mit Borten

besetzt ist und Knöpfe wie die Jacke hat. Diese Knöpfe, wenn sie von Silber, sind rund und fast so groß wie eine kleine Nuß. Die Jacke wird Condoguni und der Latz Socardi genannt. Die Beinkleider, die nur bis über die Knie reichen, sind von blauer oder auch grauer Baumwolle, nicht gespalten, aber doch so weit, daß man bequem ausschreiten kann; diejenigen Griechen, welche Strümpfe tragen, die dann meistens von blauer oder weißer, manchmal auch von brauner oder grauer Farbe sind, befestigen dieselben mit einem rotseidenen Knieband, Scalfodeta genannt, an die Beinkleider. Nicht selten haben diese Bänder große silberne oder vergoldete Schnallen in der Form eines kleinen runden Schildes. Ein breiter roter oder gelber Gürtel von Wolle, manchmal auch von Seide, umgürtet ihre Hüfte und schnürt den Leib ein, so daß er gewissermaßen den Dienst eines Schnürleibes versieht. Die Hemden sind von Baumwolle. Taschentücher sind bei den gemeinen Griechen ganz unbekannt. Auch auf den Schuhen haben sie solch große Schnallen. Viele Landbewohner tragen jedoch nur eine Art Sandalen von Schweinsleder, das noch Borsten hat und die sie Zaruchia nennen. Den Kopf bedeckt ein rotes rundes Käppchen, manchmal auch eine große Mütze von derselben Farbe mit einem seidenen Büschel. Die Haare werden meistens am Vorderkopf geschoren sowie der Bart, nur Backenbärte und manchmal auch Schnurrbärte lassen sie stehen. Fast alle Griechen der Ionischen Inseln bedienen sich noch des Fouka, einer Art von Schal, der ihnen zu verschiedenen Zwecken nützlich ist. Bald winden sie ihn als Turban um den Kopf, bald rollen sie ihn um den Hals, meistens aber tragen sie ihn auf einer Schulter, so daß er hinten und vorn herabhängt und dann, besonders wenn er neu und kostbar ist, als Schmuck dient. Ein kurzer Mantel mit einer Kapuze, dem der neapolitanischen Lazzaroni ziemlich ähnlich, den sie Lewantine nennen und der von brauner ziemlich wasserdichter Wolle ist, schützt sie gegen Regen, Wind,

Sturm und Sonne zugleich, und dient ihnen auch meistens statt Matratze und Kopfkissen.

Im Gürtel trägt der jonische Grieche beständig einen Dolch oder ein großes zweischneidiges Messer, dessen Griff oft von sehr künstlerischer Arbeit in Elfenbein, Ebenholz oder Silber ist. Sie nennen es Moro. – Die Frauen tragen sehr lange Kamisole von rotem oder blauem Tuch, möglichst reich mit Silber, Gold oder Seide, namentlich die Ärmel, gestickt und besetzt, die sie Zileco nennen. Ihr Socardi oder Brustlatz ist von Gold- oder Silberstoff, auch von Seidenbrokat bei den minder Wohlhabenden. Außerdem haben sie aber noch ein anderes Bruststück, das man Petturina nennt, das eine dreieckige Form hat und sehr reich verziert ist. Über alles dies haben sie einen Oberrock, Carpeta, der bis auf die Fersen herabfällt, von Tuch, bei sehr Reichen von Samt, und der mit breiten Borten besetzt ist. Ihre Haare durchflechten die Griechinnen mit rotseidenen Bändern, die sie Taftades nennen, und bedecken den Kopf dann auch noch mit einem lichtgelben Schal von Musselin, der mit Spitzen besetzt und so lang ist, daß sie ihn noch hinten kreuzweise in dem Nacken zusammenlegen, dann wieder nach vorn ziehen, einen Teil der Brust damit bedecken, so daß die Enden mit den Spitzen bis fast an den Gürtel herabfallen und zur großen Zierde dienen. Dieser Schal ist demnach zugleich Kopf-, Hals- und Brustbedeckung, und sie wissen mit demselben ebensogut und schelmisch zu kokettieren wie die Andalusierinnen mit ihren Mantillen. Gern behängen sie sich mit goldenem Schmuck, Edelsteinen und Perlen, und tragen bei hohen Festen wohl auch Girlanden von Zechinen in zwei- und dreifachen Reihen in den Haaren; auch lieben sie sehr die venezianischen Ketten, die sie an dem Hals, um die Ärmel und wo es geht, anbringen; ebenso bestecken sie alle Finger mit Ringen, und wenn sie es möglich machen können, stecken sie eine silberne oder goldene Diamantnadel, Fiori (Blume) genannt, in das Haar, das sie wohl auch mit Perlen durchflechten, die sie auch besonders gern zu Ohrringen verwenden. Es versteht sich von selbst, daß dies alles nur von den Frauen der Reichen gilt; die der Armen müssen sich mit Tuch und Gewändern von Baumwolle begnügen und sind froh, wenn sie dieselben mit einer silbernen Nadel befestigen können. Aber alle befestigen ihren Gürtel mit einer sehr großen metallenen Schnalle, die eine Platte in Form einer Muschel hat und sehr zierlich gearbeitet ist. Sie ist je nach Umständen von Kupfer, Messing, Silber oder Gold und oft so groß wie die Unterschale einer Tasse oder auch wie ein Dessertteller.

Eine Griechin hat in der Regel nur ein Festkleid für das ganze Leben, ja dasselbe muß nach ihrem Tod ihrer Tochter und Enkelin ebenso dienen, die es meistens als Brautschmuck zur Aussteuer erhalten, und sie selbst hat es oft schon von der Großmutter ererbt. Ein solches Kleid dient Jahrhunderte, wird aber nur bei den allerhöchsten Festen, wie den Ostern oder dem hl. Spiridionfest, oder dem des Schutzheiligen des Ortes, angelegt, und dann wieder auf ein Jahr lang sorgfältig in der Truhe verschlossen. Diese Kleider sind meistens von Brokat, reich mit Gold und Silber und sogar mit Perlen und Steinen besetzt, und oft so schwer, daß die arme Frau wie unter einer schweren Bürde seufzt und schwitzt, und manche wohl froh sein mag, wenn der Augenblick gekommen ist, wo sie sich desselben wieder entledigen kann. Von den armen Frauen der Landleute haben die meisten nie die Stadt Korfu gesehen und überhaupt gar keinen Begriff von einer Stadt. Ihr Dorf mit einer Stunde im Umkreis ist ihnen die Welt, sie fühlen sich deshalb nicht unglücklicher, und ihre Männer halten sie gern vom Besuch der Stadt ab, und bringen ihnen zum Ersatz durch die Berührung des hl. Spiridion geheiligte Dinge von dessen Fest zurück, wodurch sie sich überglücklich fühlen. Von den Griechinnen in der Stadt haben jedoch schon manche ihre griechischen Sitten und Kleidung abgelegt

und sich in beiden und noch anderen Dingen so ziemlich französiert.
Äußerst interessant und merkwürdig sind die ländlichen Feste auf den Ionischen Inseln und namentlich auf der Insel Korfu, die immer unter freiem Himmel in Olivenwäldern oder unter Zypressen und Orangen gefeiert werden, und zu denen die Schutzheiligen der Dörfer größtenteils die Veranlassung geben. Bei einem solchen Fest, das die Korfioten Panigiri nennen, finden sich auch die Einwohner der Dörfer ein, welche in der nächsten Umgebung des Ortes, wo es gefeiert wird, liegen. Diese Gäste kommen dann mit ihren Feiertagskleidern geschmückt, und wohl bewaffnet mit Musik an der Spitze, d. h. einer Art von Schalmei, einer türkischen Gitarre oder Mandoline und einer dreisaitigen Violine, in wohlgeordnetem Zug an. Die Frauen, gleichfalls in ihrem höchsten Schmuck, reiten dabei auf Maultieren, Pferden oder Eseln, welche die Männer am Zaum führen. Die Ordnung bei diesen Festen erhalten die zu diesem Zweck von der Gemeinde ernannten älteren Männer selbst, die zur besonderen Auszeichnung mit Bändern geschmückt sind. Das Abfeuern von Gewehren und Pistolen kündigt den Beginn des Festes an, das wie billig mit dem Gottesdienst eröffnet wird. Ist dieser beendigt, so halten die Familien in verschiedenen Gruppen und im Freien eine Mahlzeit, bei welcher ein am Spieß gebratener ganzer Hammel oder auch eine Ziege die Hauptschüssel bilden, von der man nach Belieben herunterschneidet. Der Wirt und die Gäste lagern dabei auf dem dürren Gras im Kreis unter dem Schatten der Oliven oder Orangen und reichen sich einander den Mischwein und die oben erwähnten Instrumente spielen auf. Nach diesem Mahl wird allerlei Gebackenes, Früchte, süßer Wein, Kaffee und Anisett oder Rosolio aufgetragen, und bleibt für jedermann zum beliebigen Genuß während der noch übrigen Festzeit stehen. Nun geht es an Tanz und Spiel, und die Romaika und Arnautka, die zwei beliebtesten

Tänze, die unverkennbar noch altgriechischen Ursprungs sind, werden aufgeführt. Die älteren nichttanzenden Männer spielen, schießen und trinken; andere halten Wettrennen oder bringen die Zeit mit Leibesübungen zu, in welchen sie sehr gewandt und behend sind. Aber auch der Geistliche des Ortes oder der Kirche, deren Fest gefeiert wird, weiß dasselbe zu seinem Nutzen auszubeuten. Außer den freiwilligen Opfern, die an Kerzen, Geld, manchmal auch in ex voto gebracht werden, bezeichnet er eine Stelle an der Kirchenmauer, die man die wahrsagende oder prophetische Mauer nennt, und gegen welche man ein Stück Geld drückt. Bleibt das Geld an derselben hängen, so kann man sicher sein, daß das Unternehmen, welches man vor hat oder was man wünscht, gelingt; fällt es aber herab, so ist es nichts damit, das Geld gehört aber jedenfalls, es mag nun hängen bleiben oder herunterfallen, dem Schutzpatron des Ortes, d. h. dem Geistlichen. Mit dem Hängenbleiben hat es folgende Bewandtnis: der Papa beschmiert die Mauer hier und da mit einer transparenten, klebrigen Materie, und wenn man nun gerade diesen Fleck trifft, so bleibt das Geld, gewöhnlich eine Gazetta oder ein türkischer Para, hängen. Diese Feste, besonders in der Nähe der Stadt Korfu, wie zu Potamo, Manducchio, Castrati, gewähren durch die Mannigfaltigkeit der verschiedenen Trachten – man sieht dabei außer den Griechen von verschiedenen Gegenden Albaner, Epiroten, Türken, Italiener, damals französische, jetzt auch wohl englische Uniformen – und die fremdartigen Tänze und Spiele eine sehr malerische und romanische Ansicht. Dabei geht es recht lebhaft und munter zu, und ich habe mich bei diesen Festen immer sehr belustigt. Nach Beendigung derselben ziehen die fremden Gäste singend und schießend wieder ab, und die Bewohner des Dorfes geben ihnen unter beständigen Salven und Lebehoch das Geleit.

Die Insel Korfu hat große Salinen und versieht fast alle

übrigen Inseln, Santa Maura ausgenommen, mit Salz. Wenn man sich aber unter diesen Salinen etwa Salzwerke wie in Deutschland vorstellen wollte, so würde man gewaltig irren, denn es sind weiter nichts wie einige Schuh in die Erde gegrabene Vertiefungen, in die man zur Zeit der großen Hitze das Meerwasser leitet, und welches dann von der Sonne in kurzer Frist in Salz verwandelt wird, das so wenig Wert hat, daß die Lieferanten der Lebensmittel für die Garnison den Soldaten erlaubten, so viel sie wollten, davon nach Gefallen zu nehmen. Diese Salzgruben befinden sich bei Leschimo, Castrati und Potamo, und 1000 Pfund Seewasser geben an 600 Pfund Salz in ungefähr 20 Tagen. Ich sagte zwar, daß es keine anderen als Windmühlen auf der Insel Korfu gebe, doch erinnere ich mich eine Art kleinerer Ölmühlen an dem Flüßchen Messongi, die von dem Wasser desselben getrieben wurden, gesehen zu haben; ebenso sind auch bei dem Dorf Lebenizza im Kanton Leschimo einige sehr elende Getreidemühlen, die jedoch nur selten im Gang sind, nämlich dann, wenn sie während der Regenzeit und noch einige Monate später ein aus einer hohen Bergschlucht herabstürzender Strom treibt. Der Kanton Leschimo ist einer der romantischsten und malerischsten der ganzen Insel. Hohe Berge, Felsen, Schluchten, wilde Täler wechseln unaufhörlich miteinander ab. Die dunklen Zypressengruppen auf den Höhen, das hier so sehr schöne Grün der Ahornbäume, die unbenutzt wachsen und absterben, die Platanen, Orangen, Oliven, Lorbeeren, Feigen und Limonen, auch eine Art Fichten geben die mannigfaltigsten Schattierungen, und hier und da stößt das Auge auf einige zerstreut liegende Häuser und Hütten, mitunter auch Ruinen. Besonders seltsam aber nehmen sich die häuser-, ja fast turmhoch aufgespeicherten Salzhaufen aus, die oben wie die Häuser mit grünen oder roten Ziegeln bedeckt sind, und von fern beim Sonnenschein wie Paläste von Kristall oder Edelsteinen glitzern und funkeln, so daß, wenn man diese sehr symmetrisch erbauten Salzpaläste nicht kennt, nicht weiß, was man davon halten soll. Dieses Salz wird einstweilen so aufbewahrt, bis es nach und nach verschickt werden kann, denn die Magazine in der Stadt Korfu können nicht den fünfzigsten Teil fassen. Früher ging das meiste Salz nach Venedig, dessen Regierung einen ungeheuren Gewinn damit machte. In dem Kanton Leschimo sieht man auch hier und da Eichen, die einzigen auf der Insel. Dieser Kanton ist der bevölkertste und fruchtbarste, er zählt an 12 000 Bewohner, Menschen von schönem, wahrhaft altgriechischem Schlag, und bringt besonders auch Baumwolle, Getreide aller Art, selbst Roggen, Hülsenfrüchte, Honig, Wein, Wachs, Melonen, sogar etwas Seide hervor. Öl versteht sich von selbst, und Spargel und Artischocken wachsen wild. Das Flüßchen und die Bäche liefern Forellen und Süßwasserkrebse; es ist von hohen Bergen und Felsen umgeben, und seine Bewohner zeichnen sich auch durch sehr reinliche, ja fast luxuriöse Kleidung und malerische Tracht vorteilhaft vor den übrigen Einwohnern der Insel aus. Leschimo ist Korfus Arkadien.

Die beiden großen Forts, Fortezza-Vecchia und Fortezza-Nuova genannt, von denen das erste sehr viel große Wohngebäude, den Regierungspalast, Kasernen, Magazine usw. enthält und wieder eine besondere auf zwei hohen Felsen liegende Zitadelle hat, zu der nur ein einziger enger, durch einen Felsen gehauener gewölbter Gang führt, die Ost- und das andere, die Fortezza-Nuova die Westseite der Stadt beschützt. (Diese beiden sollen nach der altgriechischen Mythe durch die Verstümmelung des Uranos, welchem sein Sohn Kronos [Saturn] die beiden Schamteile abschnitt und in das Meer warf, entstanden sein, die ganze Insel durch das Sichelmesser, das Kronos nach gemachter Operation hinabwarf; daher auch der Name Drevane, Sichel, deren Form sie hat.) Die Westseite wird außerdem auf der Landseite durch sehr hohe Wälle und Bastionen verteidigt, von der Seeseite aber durch die Insel Vido, die sich in geringer Entfernung längs der Stadt hinzieht, und dieser ein treffliches, mit mehreren Redouten befestigtes Bollwerk abgibt. Auf der Landseite liegen dicht vor den Mauern der Stadt noch die Forts Abraham, San Salvator und andere große Verschanzungen. Die alte Festung ist außerdem noch durch einen Kanal, über den eine Brücke führt, von der übrigen Stadt gänzlich getrennt, auf deren Seite sich längs diesem Kanal ein großer breiter, beinahe eine Miglie langer Platz, eine Art Esplanade hinzieht, der sich zu den Manövern der Truppen und großen Revuen trefflich eignet. Die beiden Kastelle auf den erwähnten Felsen in der Zitadelle der Fortezza Vecchia werden, das vordere Castello di terra (das Landschloß) und das hintere Castello del mare (das Meerschloß) genannt. Die ehemaligen Quartiere der Slavonier, die zur Zeit der Venezianer hier garnisoniert waren, liegen zu ihren Füßen. Die alte Festung hat auch ihren eigenen Hafen, der zwar sehr sicher, aber auch sehr klein ist und Mandrachio heißt. Das Arsenal, die Waffenmagazine, die Werkstätten für die Waffenschmiede, die ungeheuren Vorräte an Zwieback, gesalzenem Fleisch, Käse, Speck, Reis, Bohnen, Erbsen usw. für den bald eintretenden Fall einer Belagerung befanden sich ebenfalls in dieser Fortezza, sowie mehrere Kirchen und die furchtbarsten Gefängnisse und in Felsen gehauene Kerker. Auch viele griechische Viktualienhändler hatten sich hier etabliert, die den Soldaten schlechte Eßwaren teuer verkauften und sonst noch allerlei Kommerz trieben. Was aber in all den Festen sowie in der Stadt selbst mangelt, ist frisches Wasser, und dieser Mangel könnte am Ende wohl bei einer Belagerung, bei der die Kommunikation zur See und zu Land abgeschnitten wäre, die Stadt Korfu mitsamt allen ihren Forts zur Übergabe nötigen. Das Wasser wird in der kurzen Regenzeit, im November und Dezember, für das ganze Jahr in den in Felsen gehauenen Zisternen gesammelt und aufbewahrt. Frisches Quell- und

Trinkwasser aus Bächen der Insel wird in kleinen Fäßchen auf Pferden oder Mauleseln zum Verkauf in die Stadt gebracht und ist ziemlich teuer; 12 Paras (10 Kreuzer) das etwa 6–8 Maß haltende Fäßchen. Die Stadt Korfu hat nur vier Tore, zwei Land- und zwei Seetore, aber mehrere unterirdische Gänge, um Ausfälle machen zu können. Die große Esplanade zwischen der Stadt und dem alten Fort dient den ärmeren Griechen und Albanern zu einem Lagerplatz während drei Viertel des Jahres, wo sie ihre Nächte mit Singen, Schlafen und Spielen hinbringen. Die ganze Nacht ertönen griechische und albanische Nationallieder auf derselben, die mit einer kleinen Zither oder Laute begleitet oft sehr harmonische Akkorde hören lassen; auch zwei kleine griechische Kirchen, die beständig offen sind, befinden sich auf derselben und werden fortwährend von Andächtigen besucht.
Die Reede von Korfu ist gleichfalls durch die erwähnte Insel Vido und durch die Batterien der Fortezza Nuova und Vecchia geschützt, und bildet mit der Bucht von Manducchio, den sichersten und größten Hafen in der ganzen Levante, in welchem die größten Kriegsschiffe und die größten, viele hundert Segel starken Flotten bequem vor Anker liegen können. Alle vor den Mauern der Stadt liegenden Forts und Redouten sind durch bedeckte oder unterirdische Gänge mit derselben verbunden. Sämtliche Werke und Befestigungen wurden während der letzten Okkupation der Franzosen nicht nur in besten Stand gesetzt, sondern mit vielen neuen vermehrt, und die Parapetts aller Wälle und Bastionen noch um die Hälfte erhöht.
Wenn man die Stadt durch das Tor Porta Reale verläßt, so kommt man auf eine sehr breite und schöne Heerstraße, die sich nach einer Länge von etwa dreihundert Schritten in verschiedenen Richtungen nach allen vier Weltgegenden teilt. Aber diese Straßen nehmen schon nach wenigen hundert Schritten alle ein Ende und man kommt nun an steile, ganz unbequeme, schmale Feld-

wege, die über Felsen und Berge in das Innere der Insel führen. Diesen Anfang von vier Prachtchausseen ließen die Franzosen anlegen; sie weiter zu führen verbietet das Terrain. Etwa eine Stunde von der Stadt kommt man an das kleine Flüßchen Potamo, welches das meiste frische Wasser liefert und die einzigen Süßwasserfische hat.

Obgleich ein großer Teil der Einwohner der Stadt Korfu aus Italienern und namentlich Venezianern besteht, so befindet sich doch nur eine einzige katholische, hier die lateinische Kirche genannt, in derselben, während sie von der griechischen wohl ein halbes Hundert zählen mag. Dagegen waren desto mehr venezianische Kasini, Spielhäuser, Kaffeehäuser usw. hier, sowie die venezianischen Sitten unter den Italienern in der Stadt heimisch waren. Die Griechen aber hatten, trotzdem daß sie so lange Zeit der Herrschaft der Republik Venedig unterworfen waren, dennoch ihre Sitten, Gebäuche, Religion, Kleidung usw. getreu beibehalten, aber gegen das Ende der französischen Okkupation fingen mehrere von ihnen an, französische Gewohnheiten anzunehmen und sogar französische Kleidungsstücke anzulegen. Solche Individuen metamorphosierten sich jedoch nicht mit einmal und plötzlich, sondern nur nach und nach wurde eines der griechischen Kleidungsstücke mit einem französischen vertauscht. So war es in der Regel das griechische Mützchen, das gegen einen runden Hut vertauscht wurde, dann folgten Stiefel, dann ein Gilet, endlich ersetzte ein Überrock die runde kragenlose Jacke, aber die anliegenden engen Pantalons waren immer das letzte Stück, durch das man die weiten ungespaltenen kurzen griechischen Pumphosen ersetzte, und es kostete große Mühe bis man sich dazu entschloß. War aber erst diese Schwierigkeit überwunden, dann war der griechische Franzose wenigstens dem Äußeren nach fertig, und nun suchte man sich auch französische Manieren usw. anzueignen. Dies taten jedoch nur einige reiche junge Leute aus adeligen Fami-

lien. Der gemeine Mann blieb dem Kostüm und den Sitten seiner Voreltern treu.
Bald nach meiner Ankunft zu Korfu wurde das Bataillon, bei dem ich stand, und welches in der Zitadelle der alten Festung kaserniert gewesen, nach St. Theodor, einem ehemaligen griechischen Mönchskloster beordert, das auf der Stelle steht, wo sich früher die Gärten des Alkinous befunden haben sollen, und wo nach Homer Odysseus die holde Prinzessin Nausikaa und eine so freundliche Aufnahme fand. Dieses Kloster lag eine kleine halbe Stunde von der Stadt entfernt, in einem Olivenwald hinter dem großen Flecken Castrades. Meinen Tisch hatte ich auf Einladung der Madame Brüge wieder bei dieser Familie genommen, und es auch übernommen, bei deren hübschen Tochter den Unterricht in Klavier und Gesang fortzusetzen, den ich vor vier Jahren in Genua mit ihr anfing. Indessen war sie weit vorangeschritten, da sie seitdem in Italien bei guten Lehrern ihr musikalisches Talent ausgebildet hatte, aber in Korfu war an solchen gänzlicher Mangel, und mein Erscheinen daher der Familie Brüge sehr willkommen. Die Stimme meiner jungen Schülerin war stark und wohlklingend geworden, es war ein hoher lieblicher Silbersopran, und so machten mir diese Unterrichtsstunden großes Vergnügen, auch mit dem Tisch hatte ich große Ursache zufrieden zu sein, da in Korfu auch nicht eine einzige gute Speiseanstalt war und die unverheirateten Offiziere Menage zusammen machten, wozu ein Soldat als Koch diente. Man kann sich denken wie da gekocht wurde; doch machten einige dieser Menagen eine Ausnahme, indem sie zufällig auf ein Küchengenie gestoßen waren.
Außer dem Stadttheater, das nicht sehr groß ist, etwa sechs- bis siebenhundert Zuschauer fassen konnte, und in dem Gebäude der ehemaligen Börse, die längst unnütz geworden, eingerichtet war, fand ich auch ein französisches Liebhabertheater vor, dessen (weibliche) Seele

Madame Gasqui war, und die Vorstellungen fanden – horribile dictu – auf der Hauptwache statt, das heißt, in einem kleinen Saal dieses Gebäudes, in dem früher Waffen aufbewahrt wurden. Ich war bald ein tätiges Mitglied dieser Bühne, wodurch mir der Vorteil erwuchs, daß ich die Bekanntschaft des Gouverneurs und anderer Autoritäten auf der Insel, wie des Generals Cardenneau, des Chefs des Generalstabs Baudouy, des Kommissar-Imperial Lessep usw. machte, und es nun an Einladungen zu Diners und kleinen musikalischen Soireen nicht fehlte.

In dem großen Theater, dessen Impresario ein gewisser Delungo, Ballettmeister und Grotesktänzer war, wurden Opera seria, Opera buffa und große Ballette aufgeführt. Das Personal desselben war nicht wie in Italien auf eine Stagione, sondern immer auf ein ganzes Jahr engagiert, weil das öftere Wechseln hier mit zu großen Schwierigkeiten verknüpft gewesen wäre. Die Prima donna seria war eine Signora Mariana Recupido, die liebenswürdige Gattin eines schon an der Schwindsucht laborierenden Tenors; prima Ballerina seria war Signora Giuseppina Panzieri, ein allerliebstes blondgelocktes Mädchen, eine wahre Graziengestalt. Nicht minder artig war die seconda Ballerina, Chiaretta Gaspari, die ein recht naseweises Roxelanennäschen hatte. Als ich in Korfu ankam, waren Guglielmis Amanti in scompiglio, Meyers Ginevra di scozia und das Ballett Didone abbandonniata auf dem Repertoir. Oper und Ballett waren gut besetzt, besonders war der Kastrat, ein gewisser Matuccio, der den Ariodante sang, vortrefflich, sowie die Recupido als Ginevra. Deren Gatte mußte aber bald darauf die Bühne verlassen und wurde durch den Tenor Spiegoli, der eine sehr frische und schöne Stimme hatte und den Polinesso ausgezeichnet gut gab, ersetzt. – Auch das Ballett war nicht übel. Den ersten Tänzer machte eine Dame, die sehr schön gebaut war. Die Panzieri war vortrefflich, und der Grotesktänzer machte furchtbare Salti Mortale.

Das Leben der Garnison in Korfu war übrigens ein rechtes Schlaraffenleben; sie war mit Inbegriff der Albaner wohl über zwölftausend Mann stark und aus allen möglichen Nationen zusammengesetzt. Sie bestand aus dem sechsten französischen Linien- und dem vierzehnten leichten Infanterie-Regiment, jedes über dreitausend Mann stark, zwei Bataillonen von dem zweiten Fremden-Regiment, einem Bataillon königl. italienischer und ein anderes neapolitanischer Truppen, den Ruderas des Regiments Chasseurs de l'Orient, das mit der französischen Armee aus Ägypten zurückgekommen war, einem Bataillon Septinsulaner, so genannt, weil sie unter den Venezianern einen Teil der Garnison der sieben Ionischen Inseln ausmachten und das aus Dalmatinern, Slavoniern, Venezianern und einigen Griechen zusammengesetzt war, einer Eskadron Chasseurs à cheval an 100 Mann stark, die aber kaum sechzig Pferde hatten, dem Regiment oder vielmehr der Horde indisziplinierter Albaner, die nie in Reih und Glied zu bringen waren, und endlich einer sehr zahlreichen französischen und neapolitanischen Artillerie nebst mehreren Pionierkompagnien, dem Ingenieurkorps, den Sapeurs und Mineurs. Die ganze Marine bestand aus zwei in dem Hafen stationierten Fregatten, einigen Briggs und etlichen zwanzig Kanonierschaluppen. Dieses gewiß seltsame Quodlibet, bei dem sogar Afrikaner und Asiaten waren, bildete die Garnison von Korfu. – Sämtliche Infanterie war zugleich für den Artillerie-Festungsdienst eingeübt worden, um sie im Fall einer Belagerung die Geschütze bedienen zu lassen, da die vorhandene wirkliche Artillerie kaum für den sechsten Teil derselben ausgereicht haben würde. Der Dienst im allgemeinen wurde aber, wenigstens von den Offizieren ziemlich nachlässig versehen, und zwar so, daß sich dieselben erlaubten, zur Nachtzeit die Wachen zu verlassen, und sich erst gegen Morgen wieder auf denselben einfanden. Viele derselben sowie auch Unteroffiziere und Soldaten waren hier förmliche Handelsleute, Krämer, Handwerker usw. geworden, trieben alle möglichen Geschäfte und erschienen fast nur bei den Revuen unter den Waffen und in Uniform. Viele Offiziere machten allerlei kleine Handelsspekulationen, namentlich die der Septinsulaner, welche sich besonders auf den Schmuggel legten. Andere hatten Bäckereien angelegt, noch andere sich mit dem Wasserhandel eingelassen, ließen die Wasserfäßchen durch Soldaten hereinbringen und billiger als die Griechen und Albaner verkaufen usw. Die Garnison hatte in der Regel anderthalb bis zwei Jahre Sold zu gut, und man sah ihr deshalb von oben herab manches durch die Finger. Ein anderes Übel, das einriß, war, daß von den Generalen bis zum Tambour herab sich viele Militärs Mätressen beilegten, meistens arme Griechinnen, die sie mit Bewilligung ihrer Eltern zu sich nahmen, sie unterhielten und die oft sehr schön waren. Die Griechen der niederen Klassen verhandelten nicht selten ihre oft kaum zwölfjährigen Töchter für wenige türkische Piaster – das türkische Geld war das, was nebst dem venezianischen am meisten kursierte – an Offiziere oder Soldaten und beschworen dabei, daß sie ihnen eine Jungfrauschaft überlieferten. War nun einer seiner Geliebten überdrüssig oder konnte er sie nicht länger unterhalten, so verhandelte er sie an einen andern. Öfters unterhielten auch zwei bis drei Kameraden ein solches Mädchen; andere tauschten ihre Mätressen gegenseitig aus, worauf der eine oder der andere noch einige Pokale Wein zum Besten geben mußte. Dies alles mußten sich die armen Geschöpfe wohl gefallen lassen, waren manchmal auch mit dem Tausch ganz zufrieden. Diese Mädchen sprachen außer dem Korfiotischen neugriechisch, gewöhnlich etwas gebrochen venezianisch, lernten aber bald einige französische Worte plappern. Sie hatten in der Regel einen natürlichen scharfen Verstand, waren aber in allen Dingen, die praktische Liebe ausgenommen, im höchsten Grad unwissend, keine konnte schreiben oder lesen, selbst nicht die, welche wohlhabenden Familien angehörten; ebensowenig konnten sie nähen oder stricken oder auch nur eine Suppe kochen. Den ganzen Tag lagen sie auf den Strohsäcken oder Matratzen, wenn sie deren hatten, ihr Unterhalt kostete freilich wenig, da sie fast nichts aßen wie Kräuter mit Öl und Zitronensaft und etwas Brot und Mischwein, und eine kleine Kammer bewohnten, für welche der jährliche Mietzins wenige Piaster betrug. Die Offiziere und Sergeant-Majors, die eigene Zimmer hatten, nahmen sie meistens zu sich. Trotzdem daß der Sold so lange rückständig war und ausblieb, lebten die Soldaten doch nicht schlecht, ja manche viel besser als ihre Offiziere, da sie mit allerlei Arbeiten, die hier sehr gut bezahlt werden, viel Geld verdienten. Außerdem stand die ganze Garnison fortwährend auf dem Feldetat, und erhielt folglich täglich außer dem Brot ihre Portionen Fleisch, Wein, trockene Zugemüse, Salz, Holz, Essig usw., das freilich oft schlecht genug von den Fournisseurs geliefert wurde. Oft fehlte es auch gänzlich an frischem Fleisch, und man teilte dann gesalzenes oder Speck aus den Magazinen aus. Die Soldaten wurden von den Korfioten nicht selten auf das gewissenloseste geprellt, wenn sie etwas verzehrten oder kauften; man kann sich kaum einen Begriff von der Verschlagenheit, List und Schlauheit der Griechen im Betrügen machen, worin sie Meister sind. Man mag sich stellen wie man will und noch so sehr in acht nehmen – immer wird man von ihnen übervorteilt. Wollte man in Korfu nicht oder wenigstens nicht so sehr hintergangen werden, so ging man zu den Juden, um etwas einzukaufen. Die Sittenverderbnis war unter den Einwohnern Korfus, namentlich den Griechen, in einem furchtbaren Grad eingerissen. Sodomiterei war nicht nur etwas ganz Alltägliches, sondern auch ein gewöhnlicher Gegenstand der Unterhaltung unter ihnen. Sie suchten diese schmutzigen ekelhaften Gelüste auf alle Weise zu befriedigen, junge Soldaten zu verführen, und wurden öfters en flagrant délit in Kasematten usw. ertappt. Ja, Kinder im zartesten Alter suchten sie zu ihren unnatürlichen Lüsten zu bekommen und fanden dabei gar nichts Außerordentliches. Während meines Aufenthalts zu Korfu fiel es vor, daß ein Grieche seine abscheuliche Wollust an einem Jungen unter drei Jahren zu befriedigen suchte, und als ihn der Commissaire Imperial, die höchste Justizbehörde der Insel, deshalb auf die Galeere schickte, erregte dies eine allgemeine Teilnahme der Einwohner für den „Poveretto; ma che gran cosa ha fatto?“ sagten sie mitleidig, und der Mensch wurde allgemein bedauert. Auch ihre Frauen waren vielen feil, und selbst nicht ganz arme Männer erlaubten für einige Piaster, daß man ihren Ehehälften einen Besuch abstatten durfte.

Die griechischen Kirchen und der griechische Gottesdienst haben ein eigenes, nicht sowohl feierliches als mehr mysteriöses Wesen, wozu auch das Verlegen des Hochaltars hinter den meisten vergoldeten Türen, die Gitterlogen der Frauen, die in den Kirchen gestreuten aromatischen Blätter und Blumen, das ewige Räuchern und Beräuchern eines jeden sich in denselben befindenden Individuums, er sei Grieche, Katholik, Protestant, Türke, Jude oder Heide, die oft so sonderbaren Gemälde auf Goldgrund, das ewige düstere Halbdunkel und Kerzenlicht, das näselnde Singen der Chormänner, die seltsamen Trachten der Priester und Laien das ihrige beitragen mögen. Es war mir anfänglich, als ich diese Tempel besuchte, immer als wäre ich in dem Oratorium eines orientalischen Zauberers.

Die in Korfu lebenden venezianischen Familien hatten so ziemlich die Sitten und Gebräuche des Mutterstaates beibehalten und brachten die Tage und Nächte meistens in ihren Kassinis und Kaffeehäusern zu, wo sie wie auf dem Markusplatz zu Venedig kannegießerten und politisierten; auch gestatteten sie ausnahmsweise Fremden Zutritt in ihren Häusern. Ich hatte bald die Bekanntschaft eines Grafen Mocenigo, eines äußerst interessanten, höchst wissenschaftlich gebildeten Mannes gemacht, dessen Familie aus Venedig stammte und der mich bat, sein Haus wie das meinige zu betrachten, mir auch seine auserwählte Bibliothek zur Verfügung stellte und mir über alles, was ich von der Insel Korfu zu wissen wünschte, die beste Auskunft gab. Der Mann hatte einen großen Teil Europas, die Asiatische Türkei und auch einen Teil von Deutschland, nämlich Österreich, bereist. Er führte mich in ein venezianisches Kasino ein, wogegen ich ihm Zutritt in dem französischen Liebhabertheater verschaffte, das ihm viel Unterhaltung gewährte.

Das behagliche Leben in Korfu war mir zwar nicht unangenehm, aber ich fand es viel zu ruhig und zwecklos, als daß es mich hätte befriedigen können. Ich mußte gar manches, und namentlich Journale, Zeitungen und die Neuigkeiten der Literatur überhaupt entbehren, da die Kommunikation mit dem Festland äußerst schwierig war und immer seltener Schiffe aus Italien, aus Frankreich aber fast gar keine ankamen. Ich entsinne mich nur einer einzigen Fregatte aus Toulon, die die ersten Kartoffeln, eine auf der Insel noch gänzlich unbekannte Pflanze, für die Garnison, aber nicht zum Verspeisen, sondern zum Anbauen brachte, da jedes Regiment und jede Kompagnie brachliegende Ländereien in der Nähe der Stadt angewiesen bekommen hatte, um sie zu ihrem Nutzen mit Gemüse zu bepflanzen. Alles was Kleidungsstücke, Stiefel, Schuhe, Hüte usw. betraf, war ungeheuer teuer; ein Paar Suwarow-Stiefel bezahlte man mit 60 bis 70 Piaster, für einen Hut ebensoviel. Andere Luxusgegenstände waren kaum zu erschwingen; dies rührte daher, weil die Engländer Korfu fast beständig und namentlich in den letzten Jahren, 1812–1814, in immerwährendem Blockadezustand hielten und die Insel umschwärmten. Mehrere englische Linienschiffe, Fregatten, Briggs, Schaluppen usw. kreuzten fortwährend zwischen Korfu und Italien, und paßten mit der äußersten Wachsamkeit allen von dort abgehenden Schiffen und namentlich den französischen oder italienischen Kanonierschaluppen auf, die den Dienst zwischen Otranto und Korfu regelmäßig versahen, und Depeschen, Briefe, Gelder, Angestellte, Montierungsstücke für die Besatzung an Bord hatten und überbringen sollten. Die Kommandanten dieser Schaluppen hatten scharfen Befehl, sobald sie sich in Gefahr befänden in Gefangenschaft zu geraten, den Briefsack, an dessen beiden Enden Kanonenkugeln befestigt waren, sogleich in das Meer zu versenken. Ebenso das Geldkistchen, in welchem sich in der Regel eine halbe Million Franken in Gold und mehr zur Bezahlung des Soldes der Garnison und der Festungsarbeiten befand. Auf diese Art fanden, während Korfu von den Franzosen besetzt war, wohl fünfzehn bis zwanzig Millionen ihr Grab im Grund des Meeres. Die immerwährende Blockade hatte außerdem noch das Unangenehme, daß man nur sehr selten Nachrichten von dem Festland und den Seinigen erhalten konnte, und daß das einzige Produkt, welches die Insel ausführt, nämlich Öl, endlich ganz wertlos wurde, während alle andern Waren viermal teurer als gewöhnlich waren. Dies verursachte, daß auch die reichsten Familien in große Not gerieten und weniger Bemittelte sich gar nicht zu helfen wußten. Die Überfahrt von Otranto hatte große Schwierigkeiten, und man mußte die äußerste Vorsicht anwenden, sollten die Schaluppen nicht in englische Gefangenschaft geraten. Zur Abfahrt wurde eine finstere mondlose Nacht gewählt, in welcher der Maestro, ein stark wehender Nordwind, aus vollen Backen blies. Mit diesem Wind fuhr man, sobald es völlig Nacht geworden, mit vollen Segeln von Otranto ab und kamen dann am andern Morgen, wenn alles glücklich abgelaufen war, in Korfu an. Bei der Ankunft eines solchen Seekuriers gab es allemal große Freude und Jubel in der Garnison und ein paar fröhliche Tage, denn er brachte Geld, Neuigkeiten und Nachrichten aus der lieben Heimat und auch Avancements mit. Öfters währte es auch wohl drei Monate und länger, bis

ein solches Schiff durchwischen konnte. In der letzten Zeit blieben sie fast ganz aus.
Unterdessen hatte ich die Bekanntschaft der Signora Mariana Recupido, Primadonna der Opera Seria, gemacht, einer sehr geistreichen, munteren und reizenden jungen Frau, aus einer guten florentinischen Familie. Ihr Vater war ein Conte Luciano, aber in Dürftigkeit geraten, daher die Tochter von ihrem nicht alltäglichen Talent und ihrer schönen Stimme den besten Nutzen zu ziehen suchte und, einmal beim Theater, einen der besten Tenore Italiens in Bologna geheiratet hatte. Bald stand ich in einem sehr vertrauten Verhältnis mit dieser Primadonna, ging ihre Partien mit ihr durch und führte sie auch bei der Familie Brüge ein, wo ich das Vergnügen hatte, sie Duette mit meiner liebenswürdigen Schülerin Josephine singen zu lassen, und wir dann Terzette miteinander einstudierten. Während ich mit Mariana Recupido, die ihrem Zunamen alle Ehre machte, im Vollgenuß der Liebe schwelgte, vergnügte ich mich noch bei den Präliminarien mit der giovin principiante Josephine.
Herr v. Brüge brachte, seitdem er in Korfu war, die heißeste Jahreszeit in der Regel auf dem Lande, und zwar an einem von der Stadt ziemlich entfernten Punkt zu. Für diesen Sommer hatte er Pallea Castrizza, ein altes griechisches Kloster, wie es deren noch viele auf der Insel gab, gewählt. Dieser Ort hatte eine wunderschöne, äußerst romantische Lage auf einer kleinen Erdzunge an der Westseite der Insel, war befestigt, und eine hohe Zypressen-Allee führte zu der Höhe, auf welcher das Kloster lag, zu dem man nur über eine Zugbrücke gelangen konnte. Am Fuß des Berges befand sich ein kleiner, zum Landen sehr bequemer Hafen, St. Nikola, genannt. Um diesen zu schützen und Landungsversuche der Engländer zu verhindern, hatte man eine Batterie auf dem Berg im Garten des Klosters angelegt, und eine Abteilung Infanterie von etwa achtzig Mann hierher be-

ordert. Herr v. Brüge wünschte, daß ich den Sommer daselbst mit seiner Familie zubringen möchte, und veranlaßte deshalb, daß mir das Kommando dieses Postens auf die Dauer seines Aufenthalts übergeben, und durch meine Kompagnie besetzt wurde. Mir war dies ganz willkommen, denn ich befand mich nicht wohler als in Gesellschaft meiner jungen Schülerin und vermißte die in der heißen Jahreszeit ohnehin nicht sehr angenehme Stadt gerne. Pallea Castrizza liegt ungefähr vier starke Stunden entfernt von derselben. Der Weg dahin führt durch sehr malerische, bald felsige, bald waldige und immer sehr gebirgige Gegenden und ist, wie die ganze Insel, sehr uneben. Für Frau v. Brüge, Josephine und das Kammermädchen wurden Maultiere herbeigeschafft. Herr v. Brüge, ich und noch ein Offizier ritten den Damen zu beiden Seiten. Vier Soldaten trugen mit vier anderen abwechselnd das Pianoforte meiner Schülerin, andere Maultiere deren Effekten und Matratzen. So bildeten wir mit den Truppen einen abenteuerlichen, halb militärischen, halb patriarchalischen Zug, und die Landleute, durch deren Orte wir kamen oder die uns begegneten, konnten sich keine Vorstellung von dem machen, was das für ein vierbeiniges Ding sei, das die vier Soldaten trugen. Auf dem halben Weg, bei dem Flecken Liapades, machten wir halt, und da die Hitze schon sehr groß war, wurde erst gegen Abend wieder aufgebrochen und mit der Dämmerung rückten wir in das burgähnliche Kloster ein, dessen bisherige Besatzung in der Nacht abmarschierte. Das große Gebäude war nur noch von zwei griechischen Mönchen bewohnt, von denen der eine, ein oberster Papa, eine Art Abt, der andere sein dienender Bruder war. Die Kirche, die mitten im Klosterhof frei stand, war nach griechischem Gebrauch reich ausgeschmückt und gut unterhalten. Wir teilten uns nun in die Zimmer ein, die keine Glasfenster, sondern nur hölzerne Fensterläden und äußerst schlecht schließende Türen hatten, und nur mit einigen hölzernen Bänken und ein

paar Tischen möbliert waren. Herr v. Brüge nahm deren ein halbes Dutzend in Beschlag, die in einer Reihe lagen, und mir wurden zwei daranstoßende zuteil.
Außer den Linientruppen und den Artilleristen befand sich auch noch ein Detachement von ungefähr hundert Albanern mit zwei Offizieren dieser Truppen in Pallea Castrizza. Diese hatten sämtlich ihr Quartier in einer großen offenen Halle aufgeschlagen, welche am Abhang eines steilen Felsens am Meer lag und auf beiden Seiten durch Palmen beschattet wurde. Alle diese Truppen standen direkt unter meinem Kommando. Nachdem wir uns gehörig installiert hatten, nahmen wir ein Abendessen, dessen Hauptbestandteile frische Seefische und Langusten (eine Art große Seekrebse) ausmachten; den Wein dazu mußte der alte Klosterpapa liefern. Da in der Bucht von Pallea Castrizza eine bedeutende Fischerei war, ließ Frau v. Brüge jeden Morgen die frisch gefangenen Fische präsentieren, und wählte die delikatesten derselben aus, die dann zum zweiten Frühstück zubereitet wurden. Nie habe ich köstlichere Fische gegessen als hier; auch hatte Frau v. Brüge einen trefflichen Koch mitgenommen. Der Fischfang war so ergiebig, daß jeden Tag für viele hundert Piaster nach Korfu getragen und daselbst verkauft wurden, und die Hummern und Langusten hatten ein sehr wohlschmeckendes und zartes Fleisch, so auch das Muschelwerk. Frisches Fleisch, aber nur Ziegenfleisch, Wein, Hülsenfrüchte, Salz, Essig, Brot usw. für das Detachement lieferte ein Bauer aus dem nahegelegenen Dorf Spagus auf Kosten der Lieferanten in Korfu. Wir erhielten aber Ochsen- oder Kuhfleisch, weißes Brot und andere Viktualien alle zwei Tage aus der Stadt. Wein, Öl und andere Ingredienzien für die Offiziere mußte das Kloster in hinreichender Quantität und guter Qualität geben, weshalb auch dessen Papa, sowie weil ihm die Besatzung auch in manch anderer Hinsicht ein Dorn im Auge sein mochte, dieselbe sehr ungern sah und nicht aufhörte, jeden Kommandanten derselben zu versichern:

daß es die maledetti Inglesi niemals wagen würden, hier an dem vom hl. Nikolaus beschützten Kloster eine Landung zu versuchen. Da mir der alte Pfaffe, fast so oft er mich erblickte, dieselbe Litanei wiederholte, so sagte ich ihm ernstlich, er möge sich deshalb nur an Se. Exzellenz den Gouverneur-General Donzelot wenden, der seiner Versicherung gewiß Glauben schenken würde. Der gute Papa war außerdem ein gewaltiger alter Sünder, der trotz seiner siebzig Jahre jede Woche mehrere Weiber aus den umliegenden Dörfern empfing, die sich von ihm exorzisieren ließen, wobei er dann, wie die zusehenden Soldaten bemerkt haben wollten, allerlei Manöver und Handgriffe machte, um den Teufel aus dem Leib derselben zu treiben. Ein griechisches nicht mehr sehr junges Weib kam regelmäßig alle vierzehn Tage mit einem Korb voll ausgesuchter Viktualien, um sich den Teufel, von dem sie besessen war, austreiben zu lassen. Der Papa, der weder schreiben noch lesen konnte, machte nun seine Faxen mit einem griechischen Kruzifix und murmelte allerlei griechische Gebete und Formeln. Das Weib geriet nach und nach in die furchtbarsten Konvulsionen, brüllte unverständliche Worte, heulte, warf sich auf die Erde nieder, und nun sagte der Pfaffe in gebrochenem Venezianisch: „Sehet, gute Christen, welche Mühe es mich kostet, diesen Teufel zu bekämpfen, und wie er sich sträubt und zur Wehr setzt; auch gelingt es mir nie, ihn ganz aus dem Körper der armen Frau zu treiben. Bis in die große Zehe bringe ich ihn wohl, aber auch nicht weiter, und so wie sich, sobald die Frau weg ist, die Kraft meines Gebetes und des Kruzifixes nach und nach wieder verliert, so steigt auch der Böse allmählich in die Höhe, bis er ihr endlich wieder im Kopfe sitzt." – Das Weib fiel zuletzt höchst ermattet in einen bewußtlosen Zustand, in dem sie über eine halbe Stunde blieb. Mehrmals habe ich mit der Familie Brüge diesem Schauspiel beigewohnt, und je mehr der Pfaffe den Körper der Frau mit dem Kruzifix bestrich, desto wütender gebärdete sich dieselbe. „Sehet, sehet", rief der Papa dann aus, „was der Teufel für Sprünge in ihrem Leib macht." Öfters exorzisierte er aber auch tête-à-tête insgeheim: was dann der Teufel für Sprünge gemacht, mögen die Götter wissen.

Unser Tagwerk in Pallea Castrizza war so ziemlich jeden Tag gleich; morgens früh vor 5 Uhr stand ich auf, um 6 Uhr machte ich eine Promenade mit den Damen den Berg hinab längs dem Meeresufer oder auf eine der ringsumliegenden Höhen, öfters zu den Ruinen eines alten Schlosses, Castello S. Angelo genannt, das auf einem hohen Felsenberg unserm Kloster gegenüber lag, und wo ein Telegraph, der mit der Stadt korrespondierte, angebracht war, um alle sich von dieser Seite nähernden feindlichen Schiffe sogleich signalisieren zu können. Besuchten wir naheliegende Dörfer, so waren wir bald von dessen Bewohnern umringt, die uns als wilde oder Wundertiere anstaunten, mit denen wir uns nicht verständigen konnten, da niemand von uns das Neugriechische sprach, von dem ich kaum ein paar Worte aufgefangen hatte. Gegen 9 Uhr kamen wir in der Regel zurück, denn es fing dann schon an glühend heiß zu werden, und setzten uns zu einem delikat zubereiteten Frühstück, bei dem frische Fracazani-Feigen, Wassermelonen und andere Südfrüchte nie fehlten. Nach dem Frühstück erteilte ich Josephinen ein paar Stunden Unterricht in der Musik, aber nicht ohne Unterbrechungen, wenn sich die Gelegenheit darbot, denn ich gab ihr nun auch Unterricht in der Liebe, und zwar in der praktischen, während sich Papa und Mama bald nach dem Frühstück zur Siesta niederlegten, und die große Hitze in ihrem Schlafgemach verschliefen. Wir begaben uns dann erst gegen Mittag jedes in sein Zimmer zur Ruhe. Während wir Akkorde auf dem Piano anschlugen, harmonierten wir oft Mund auf Mund, mit minutenlangen Glutküssen; endlich verstummte Klavier und Gesang ganz, und wir lagen einander wonnetrunken in den Armen, während die Eltern einer süßen Ruhe pflegten. Das Mädchen, eine Sylphidengestalt, war wegen der großen Hitze äußerst leicht in ein Gewand von Cambridge oder Musselin gekleidet, unter dem sie höchstens, und das nicht immer, noch ein Leinenunterröckchen über dem Hemd trug, so daß sich ihre schönen Formen sehr deutlich zeichneten und das Kleid einen antiken Faltenwurf annahm. Indessen wagten wir viel, denn wie leicht hätte uns Papa oder Mama in einem so Gott und die Welt vergessenden Zustand überraschen können. Später schlichen wir uns öfters in die vergitterten Frauenstühle der Klosterkirche, frönten in diesem heiligen Dunkel der cytherischen Göttin. Gegen Abend, wenn alles wieder aufgestanden war und Toilette gemacht hatte, fanden wir uns wieder zusammen, musizierten bis zum Mittagessen, das um 6 Uhr eingenommen wurde, worauf wieder Promenaden folgten, nach denen man bis lange nach Mitternacht im Klosterhof weilte, dem Gesang der Albanier zuhörend, die recht schöne Melodien und mehrstimmige Lieder in ihrer Sprache sangen und mit Zithern und Lauten begleiteten. Bisweilen las ich den Damen etwas vor.

Öfters ritt ich nach Korfu, um daselbst allerlei Kleinigkeiten für die Damen zu besorgen und einzukaufen. Da Josephine auch recht artig zeichnete, so kamen wir auf den Gedanken, ein kleines Puppentheater zu malen, um mehr Abwechselung in unsere Unterhaltung zu bringen. Als ich, um Farben zu diesem Zweck zu kaufen, nach Korfu geritten war und mich in die Calle Verte zu einem Farbenverkäufer begeben wollte, hörte ich plötzlich ein starkes Getöse, das ein Geräusch verursachte, dem gleich, als wenn ein paar Pferde mit einem Wagen auf dem Straßenpflaster durchgegangen sind. Da es in Korfu, den Artillerietrain ausgenommen, der nur bei Revuen tätig war, gar kein Fuhrwerk gab, so war dies nicht wohl annehmbar. Zugleich sah ich alle Leute mit angstvollen Gesichtern vorüberspringen, trat deshalb in eine offenstehende Kantine (Weinschenke), um zu fragen, was dies bedeute, wo ich aber Pokale und Gläser auf den Tischen wankend und klirrend fand; die Leute schrien: Terramuoto, terramuoto! (Erdbeben), stürzten, mich über den Haufen stoßend, nach der Türe, um nach der nächsten Kirche zu rennen, ich aber, der jetzt begriff, was es war, lief eiligst nach der nahen Esplanade, aber bevor ich dieselbe noch erreichte, hatte das Geprassel und die Erschütterung schon aufgehört, denn das Ganze währte nur wenige Sekunden. Noch lange nachher waren aber Straßen und Kirchen, und namentlich die des heiligen Spiridion, voll Menschen, die auf dem Boden liegend inbrünstig zu dem Schutzheiligen beteten. Bei dieser Gelegenheit bekam ich auch viele der vornehmen griechischen Frauen und Mädchen zu sehen, die entschleiert in die Kirchen rannten und unter denen sich manche echt antik-griechische Schönheit befand. An das Farbenkaufen war für diesen Tag nicht mehr zu denken, da alle Buden schnell geschlossen wurden und es den ganzen Tag blieben. Die Garnison hatte schnell ausrücken müssen und biwakierte zweimal vierundzwanzig Stunden auf der Esplanade, da sich solche Erdstöße auf den Ionischen Inseln nicht selten in den nächsten vierundzwanzig Stunden drei- bis viermal wiederholen. Das Erdbeben war sehr stark und bedeutend gewesen. Mehrere Häuser waren eingestürzt, und ihre Bewohner, die sich nicht schnell genug hatten retten können, waren erschlagen worden; auch mehrere noch von der letzten türkischen Belagerung in Ruinen stehende Gebäude waren nun völlig zusammengefallen. Viele Personen hatten sich auf die Schiffe in der Reede geflüchtet, auf denen man die nämliche erschütternde Bewegung wie auf dem Lande verspürte. Noch denselben Nachmittag jagte ich nach Pallea Castrizza, wo ich alles in großer Bestürzung und die Besatzung vor dem Kloster kampierend fand, so auch Herrn v. Brüge und seine Damen. Nur die beiden Mönche und einige Griechen lagen noch betend in der Kirche auf den Knien. Ich mußte nun Bericht über das, was in der Stadt vorgefallen war, erstatten, und nicht ohne Angst, was da kommen könne, begab man sich gegen Morgen zur Ruhe. Nach ein paar Tagen war alles wieder im gehörigen Gleis. Ich ritt abermals nach Korfu, die Farben zu holen, die ich diesmal glücklich mitbrachte, und wir begannen nun Dekorationen zu malen. Am andern Morgen sagte mir Josephine bei der Musikstunde, sie habe in Papas Stube ein Papier voll langer Dinger von ganz feiner Blasenhaut gefunden, und als sie sie ihrem Vater gezeigt und ihn gefragt, was denn dies sei, habe er ihr sehr unwillig geantwortet: „Einfältiges Ding, das sind türkische Tabaksbeutel, du mußt deine Nase auch in alles stecken." „Ich glaube es aber nicht", fuhr sie fort, „und möchte wohl wissen, was dies eigentlich für Dinger sind." Auch ich konnte mir nicht gleich denken, was es wohl sein könne, und sagte zu dem Mädchen, es möge mir nur eines davon zeigen. „Ja, wenn ich sie wieder erwischen kann, denn Papa hat sie schnell und aufgebracht weggetan." Einige Tage darauf brachte sie mir ein solches Ding, indem sie sagte: „Aber die hat der Vater gut versteckt. Sie waren in seinem Portefeuille verschlossen; ich fand sie in einen Bataillonsrapport eingewickelt, und habe ihm eins genommen." Ich erkannte nun sogleich, was es für Beutel waren, hatte mir dies schon halb und halb eingebildet, und da ich von Josephinen selbst wußte, daß Papa mit dem Kammermädchen auf einem intimen Fuß stehen müsse, da sie gesehen, wie er es heimlich geküßt, so konnte ich mir denken, wozu Herr v. Brüge diese türkischen Beutel gebrauchte, da er einen Skandal fürchtete und vermeiden wollte, und ich fand bald Gelegenheit, seiner Tochter die Nützlichkeit derselben darzutun.

Als wir uns eines Morgens nach der Musikstunde der großen Hitze wegen in ein altes halbverfallenes Kellergewölbe flüchteten, in das ich vorantrat, da wand sich, kaum eingetreten, eine dicke eiskalte Schlange, die sich von der Türwölbung herabließ, um meinen nackten Hals.

Josephine tat einen lauten Schrei; ich aber packte das eisige Tier mit beiden Händen um den Leib, wobei es mich in die Hand biß. Ich riß es mit aller Gewalt herab und trat ihm mit beiden Füßen auf den Kopf, so daß ich denselben zerquetschte. Weder ich noch Josephine, noch die Leute, denen ich das Reptil zeigte, wußten, zu welcher Schlangengattung es gehörte, aber einer der hinzukommenden Albaner wollte es als eine der giftigsten Nattern erkennen, setzte jedoch sogleich hinzu, daß ich nichts zu fürchten habe, da er ein untrügliches Mittel besitze, den Biß unschädlich zu machen und die Wunde zu heilen. Er preßte das Blut heraus, sog es mit seinen Lippen ein, brannte dann mit Schwefelfaden die blutige Stelle, legte hierauf etwas von der geschabten frischen Wurzel eines Krautes darauf und verordnete mir, recht viel Zitronenwasser und ja keinen Wein zu trinken, was ich befolgte. Frau v. Brüge hatte ohnehin jeden Tag eine große Bowle Limonade in dem Speisezimmer stehen, aus der wir ad libitum tranken, und die, so oft sie leer war, wieder gefüllt wurde. Zitronen und Limonen kosteten ja nichts; ebenso die bitteren Pomeranzen, welche die Soldaten hier zu Schuh- und Stiefelwichse benutzten. Das damit frottierte Leder bekam völlig den Glanz des blanken Stahls. Das angewandte Mittel war probat, denn der Biß hatte nicht die geringsten unangenehmen Folgen für mich, ob aber die Schlange wirklich so giftig war, als der albanische Äskulap vorgab, muß ich dahingestellt sein lassen.
Was noch einige Abwechslung in unser sonst ziemlich einförmiges Leben zu Pallea Castrizza brachte, wo wir jetzt viele Zeit mit der Dekorationsmalerei für das Puppentheater hinbrachten – ich zeichnete die Hintergründe und Kulissen, und Josephine malte sie aus – waren die Feste in den umliegenden Dörfern, zu denen wir von den Capi di cinquante und dieci immer feierlich eingeladen wurden, bei denen wir uns einstellten, und wo es recht fröhlich zuging. Dies ist fast der einzige Tag, wo

der Grieche etwas Warmes und gebratenes Fleisch zu sich nimmt. Jeder schneidet sich von einem am Spieß gebratenen ganzen Hammel oder Schwein nach Belieben ab. Das Schweinefleisch und namentlich der Schinken von den mit ausgepreßten Oliven gemästeten Schweinen hat einen ganz vorzüglichen Wohlgeschmack und ein transparentes hornartiges Aussehen. Wir vergüteten die Einladung und das Genossene reichlich, indem wir gar manchen Para, wohl auch Piaster an den klebrigen Mauern hängen ließen. Am abergläubischsten zeigten sich hierbei die Albaner, die oft einen ganzen Monat ihres Soldes an diesen Mauern hängen ließen. Einer dieser wilden Bergkinder, der schon 113 Jahre alt, dennoch bei jeder Musterung wohl bewaffnet erschien, und gleich den andern im Trabe wie eine Herde Schweine defilierte und seine Pistolen und Gewehre abfeuerte, hatte über 50 Piaster angeklebt oder fallen lassen. Hundertjährige Albaner sind keine große Seltenheit, woran wohl die große Abhärtung: ein Schafsmantel ist ihr Bett, ihr Obdach, ihre Bekleidung und ihr Regenschirm, sowie die außerordentlich mäßige Lebensweise schuld sein mag.
Da während unseres Aufenthaltes zu Pallea Castrizza das St.-Spiridion-Fest in Korfu gefeiert wurde, redete mir Herr v. Brüge zu, da ich das Fest noch nicht gesehen hatte, mich während dieser Zeit in die Stadt zu begeben, um demselben beizuwohnen, was mir ganz recht war, da ich bei diesem den Aberglauben und die Pracht der Korfioten und ihrer Frauen in ihrem ganzen Glanze erblicken sollte. Ich nahm Urlaub auf sechs Tage, während deren ich die feierliche Narrheit mit aller Bequemlichkeit zu beobachten Gelegenheit fand, und schloß mich sogar eine ganze Stunde lang der Prozession an, worauf ich aber genug hatte, mich weg- und in das nahe venezianische Kasino schlich, in welchem ich eingeführt war, und wo ich die Bekanntschaft eines jungen Capo d'Istria, eines Neffen des in russischem Staatsdienste stehenden Ministers dieses Namens machte, der ebensowenig wie

ich an die Heiligkeit der Mumie glaubte und sich manche beißende und geistreiche Ironie über die Prozession und das Gefolge erlaubte. Er bot mir eine Tasse Schokolade an und lud mich ein, ihn öfters zu besuchen. Ich begab mich nun mit ihm in die reich und prächtig ausgeschmückte St.-Spiridions-Kirche, wo wir die Rückkehr des Heiligen abwarteten, und worin fortwährend griechischer Gottesdienst gehalten wurde, und die Musik der verschiedenen Regimenter abwechselnd spielte. Dem Eingang zur Vorhalle der Kirche, in welcher die Musik des 14. Regiments spielte, gegenüber, hörte und sah ein allerliebstes Madonnenköpfchen mit großem Vergnügen dem militärischen Spektakel zu. Capo d'Istria, den ich darum fragte, sagte mir: „Ach, dies ist die schöne Signora Enrichetta Viletta, die Braut des Advokaten Prosalenti; sie hat 30 000 Talari (venezianische Markustaler) Aussteuer. Sie hatte viele Freier, unter andern auch den jungen reichen Dandolo, aber ihr erzliederlicher Bruder, der alles verspielt, hat sie dem widerlichen Prosalenti verhandelt." Hinter einem Fenster des Vestibüls der Kirche hatte ich Gelegenheit, die Reize des jungen Mädchens unbemerkt mit aller Muße bewundern und es selbst beobachten zu können. Capo d'Istrias Mitteilungen hatten mir die schöne Braut doppelt interessant gemacht, und wie ich aus seinen Reden entnehmen konnte, schien sie ihm auch nicht gleichgültig zu sein. Er war ein junger interessanter Mann, mit einnehmenden Gesichtszügen, Mitglied der Società filodramatica, welche italienische Lustspiele und Dramen aus Liebhaberei aufführte, bei denen er den jugendlichen Liebhaber nicht ohne Talent spielte, und von der auch ich den kommenden Winter ein tätiges Mitglied wurde und die in Neapel übersetzten deutschen Stücke, namentlich „Fiesko", „Menschenhaß und Reue", die „Indianer in England" usw. zur Aufführung brachte. Die Recupido machte aus Gefälligkeit die erste Liebhaberin und gab die Elisabeth im „Don Carlos" und die Gurli ganz vortrefflich. „Ein Meisterstreich wäre es“, sagte ich zu Capo d'Istria, „wenn man dem Prosalenti die schmucke und reiche Braut wegfischen könnte.“ „Ach ja“, erwiderte er seufzend, „aber es ist unmöglich.“ „Unmöglich?“ versetzte ich, „solange die Hochzeit noch nicht vollzogen, ist immer noch die Möglichkeit vorhanden. Ich gebe nichts auf als die Toten. – Sie sehen das Mädchen gerne?“ – „Freilich.“ – „Und Sie wissen, daß sie den Prosalenti nicht leiden mag?“ – „Allerdings.“ – „Nun dann müßte es mit dem Teufel zugehen, wenn wir sie ihm nicht aus den Klauen reißen sollten. Wann soll die Hochzeit sein?“ – „In sechs Wochen.“ – „Noch überflüssige Zeit, die Sache rückgängig zu machen und das Opfer dem Rachen der Bestie zu entziehen.“ Wir verließen nun Arm in Arm die St.-Spiridion-Kirche, grüßten im Vorübergehen die holde Enrichetta ehrerbietig, und erhielten einen freundlichen Dank, gingen aber nur um die Kirche herum und auf der entgegengesetzten Seite wieder in diese, uns abermals hinter das bewußte Fenster der Vorhalle plazierend, zeigten uns aber von Zeit zu Zeit wieder an der Türe der Schönen gegenüber, so daß diese bald unsere Gegenwart bemerkte und lächelte. Nun wurden Blicke gewechselt. Ich sagte jetzt meinem neuen Freund, er möge ein Briefchen schreiben, in welchem er Enrichetten seiner Liebe versichern und ihr erklären solle, daß er sie heiraten wolle. Es kostete mich aber große Mühe ihn dazu zu bereden; auch fürchtete er die Rache des Bruders und Bräutigams, wenn diese unglücklicherweise dahinter kämen. „Pah, wenn man einem Mädchen nachstellt, muß man nichts in der Welt fürchten“, sprach ich, und fuhr fort: „Wenn Sie mir die Leitung der Intrige überlassen wollen, so stehe ich für alles. Schreiben Sie nur das Billet, und dann sorgen Sie für eine alte Hexe, die sich für ein paar Zechinen selbst an den Teufel verkuppeln würde.“ Capo d'Istria, durch mich ermutigt, verstand sich endlich zum Schreiben, und an solchen alten Weibern vom Mestiero war auch in Korfu kein Mangel. Ehe vierundzwanzig Stunden vergingen, was das Geschriebene in den Händen der Braut. Die Überbringerin, eine alte Griechin, die auch das Venezianische gut sprach, brachte wenigstens eine mündliche Antwort und erzählte etwas umständlich, welche Mühe sie gehabt, die Signora allein zu sprechen und sie zur Annahme des Briefchens zu bewegen, daß es ihr aber endlich sogar gelungen sei, sie zu überreden, den Antrag des jungen Herrn anzunehmen, wenn er ihn ausführen könne, denn sie gestehe, daß ihr der bestimmte Bräutigam unausstehlich sei. „Was nun anfangen?" meinte Capo d'Istria. „Hier bleibt nichts übrig als eine Entführung", erwiderte ich schnell. Vor dieser aber scheute er wieder und willigte erst ein, als ich ihm erklärte: ich wolle auch die Ausführung und die Gefahr derselben übernehmen. Die Hauptsache sei vorerst, sich der Einwilligung des Mädchens zu versichern. Die alte griechische Hexe, die bereits zwei Zechinen zum Geschenk für ihre Bemühungen erhalten hatte, war auch bereit, ihr Möglichstes zu tun, die Signora Enrichetta dazu zu vermögen.

Das St.-Spiridion-Fest war vorüber, und ich sollte nun nach meinem einsamen Pallea Castrizza zurückkehren, aber ein anderes, weit wichtigeres Fest war vor der Türe, das Napoleons (der 15. August) und sollte recht prächtig gefeiert werden, namentlich durch ein Seeturnier, welches die Offiziere der Marine in der Reede von Korfu zu geben beabsichtigten. Sodann war Souper und Ball bei dem Gouverneur nebst Feuerwerk und was dazu gehörte. Ich erbat mir noch einen vierzehntägigen Urlaub, mehr wegen der beabsichtigten Entführung als um dem Napoleonsfest beizuwohnen, ritt aber noch vorher nach Pallea Castrizza, wo ich mit Sehnsucht erwartet wurde. Da ich aber auch an dem Seeturnier, gleich mehreren Offizieren von den Landtruppen, tätigen Anteil nehmen wollte, so teilte ich dies Herrn v. Brüge mit dem Bemerken mit, daß ich schon am nächsten Tage wieder in die Stadt müsse, um mich zu der bevorstehenden Feierlichkeit gehörig einzuüben, wozu aber die Damen und besonders Josephine nicht das freundlichste Gesicht machten. Von der projektierten Entführung ließ ich kein Wörtchen fallen. Beides wurde indessen auf das emsigste betrieben. Ich war zwar ein guter Schwimmer, dies war aber nicht hinreichend, um Ehre bei dem Turnier einlegen zu können. Die stechenden, ganz in buntes Papier gekleideten Ritter mußten auf einem kleinen sehr schmalen runden Brett, das an dem Hinterteil einer Barke, wenigstens einige dreißig Fuß hoch, angebracht war und durch zwei schmale Balken gehalten wurde, Posto fassen, während das Schiffchen durch vierundzwanzig Ruderer pfeilschnell getrieben wurde, mit einer langen hölzernen Lanze auf den Schild des anfahrenden Gegners einen kräftigen Stoß tun, und so suchen, ihn hinab in das Meer zu stürzen. Wir probierten nun mehrere Tage dies Manöver, aber auf gewöhnlichen Barken, wo man nicht viel höher als das Hinterteil des Schiffes war, stand. Dabei waren wir ganz nackt, hatten vier Schuh hohe Schilder und zehn Schuh lange Lanzen. Bei diesen Proben lief alles ziemlich gut ab; ich fiel nur selten einmal ins Wasser und stieß meine Gegner mehrmals hinab. Dies war aber nur eine Finte von den Marineoffizieren; diese Seeratten hatten sich verschworen, die Landratten – so titulierten sich gegenseitig die Marine- und die Landtruppen – die es wagten, mit ihnen in die Schranken treten zu wollen, auf das Eis und tüchtig heimzuschicken.

Während der Zwischenzeit ritt ich indessen oft am Abend nach Pallea Castrizza und kehrte am Morgen nach Korfu zurück, wo ich mich dann mit Capo d'Istria in die Vorhalle der Spiridion-Kirche begab, und wir uns an der Türe derselben blicken ließen, sobald wir sicher waren, daß der Sposo in spe nicht anwesend war. Wir korrespondierten nur vermittelst der Finger- und Zeichensprache mit der mit uns einverstandenen holden Enrichetta, und die Entführung, zu der sie endlich, durch

Briefe und Zureden der Alten bestürmt, eingewilligt, wurde auf den 15. August, den Napoleonstag selbst, festgesetzt, und zwar sollte sie auf dem Ball, den der Gouverneur an diesem Tag jedesmal gab, vollführt werden, da man daselbst die Abwesenheit der Signora nicht sogleich bemerken würde. Um jedoch sicher zu sein, daß sie dem Ball beiwohnte, begab ich mich zum Chef de l'état major, Bauduy, um zu erfahren, ob die Vilettas mit den anderen venezianischen Familien, die man gewöhnlich zu diesem Feste zog, eingeladen seien, und wenn dies der Fall nicht wäre, dies zu veranlassen. Zu meiner Freude fand ich sie auf der Liste der Geladenen stehen, und daß sie kommen würden, war Sache der Signora.

Der 15. August war endlich herangekommen, und alles sowohl zu dem Turnier wie zur Entführung gehörig vorbereitet. Herr v. Brüge kam nebst den Seinigen gleichfalls am frühen Morgen in die Stadt, der Parade und der Feier beizuwohnen. Nachdem alles militärische Gepränge, mit Kanonendonner usw. begleitet, vorüber war, schickte man sich zu dem Seeturnier an, das um 4 Uhr nachmittags beginnen sollte. Der Senat von Korfu hatte auf Kosten der Stadt mehrere Preise für die Sieger ausgesetzt, von denen der erste eine Brillantnadel von ungefähr 4000 Franken an Wert war. In der Reede zwischen Korfu und Vido bildeten eine bedeutende Zahl Schiffe jeder Gattung und verschiedener Größe, alle beflaggt und bewimpelt, einen großen Halbkreis, der sich an seinen beiden Enden an das Ufer anschloß, auf dem ein bretternes Amphitheater errichtet war, auf welchem die Zuschauer Platz nahmen. Für die Generalität, die Stabsoffiziere, Damen der Garnison und vornehmen Korfiotinnen waren eigene, mit Teppichen behangene Logen eingerichtet. Zwei Fregatten schlossen die Mitte des Halbkreises, auf diesen hatten die Kampfrichter sowie die Musikchöre und die Admiralität und nichttätigen Seeoffiziere Platz genommen, auf den andern Schiffen waren ebenfalls viele Zuschauer plaziert. Von vierundzwanzig Kampfbarken waren je 12 auf beiden Seiten in Schlachtordnung aufgestellt, aber es waren ganz andere als jene, auf denen wir die Proben gehalten hatten, und die runden Brettchen, auf welchen kaum ein Mann Platz zum Stehen hatte, waren so hoch, daß sie bei der geringsten Bewegung schwankten und man auch ohne einen Stoß schon Mühe hatte, sich auf denselben zu erhalten, wenn man nicht wie die Marine an ein solches Schwanken durch das Klettern auf den Segelstangen und Mastbäumen gewöhnt war. Die Barken rechts waren rot und weiß und die links blau und weiß angestrichen; auf einer jeden befanden sich ein paar Tambours. Die turnierenden Ritter waren meistens in spanischem Kostüm, und hatten goldene oder silberne Helme mit hohen Federbüschen auf dem Kopfe. Alles war aber so wie die ganze Kleidung und sogar die Stiefel von Papier, aber so gut und so täuschend nachgemacht, daß man schon in einer Entfernung von wenigen Schritten dies nicht bemerken konnte. Es war nötig, daß die Kleider aus diesem fragilen Stoff bestanden, damit sich derselbe sogleich auflöste, wenn man ins Meer fiel, und dessen entledigt, ungehindert schwimmen konnte. Als ich auf meinem Brettchen Posto gefaßt hatte und sich die Barke in Bewegung setzte, da war es ein ganz anderes als bei den Proben, wo wir kaum drei Schuh über dem Wasser gestanden, und ich hatte die größte Mühe, nicht von dem in der Luft schwebenden Brettchen, das nicht viel mehr Raum als eine große runde Schüssel hatte, hinabzustürzen. Jetzt donnerte die Kanone, die das Signal zum Abfahren gab, los, alle Tambours und die Musik fielen mit dem von mir komponierten Sturmschritt ein, alle Ruder auf einen Schlag in das Wasser, und die vierundzwanzig Barken fuhren pfeilschnell gegeneinander. Nur mit der größten Mühe gelang es mir noch, meine Lanze gehörig einzulegen, aber bald schwindelte mir, es wurde ganz schwarz vor meinen Augen, Hören und Sehen verging mir, und kaum von meinem Gegner berührt, stürzte ich fast bewußtlos in die See hinab, wo mich ein zu diesem Zweck bereitstehender Nachen auffischte und in das Garderobeschiff, wo wir uns angekleidet hatten, brachte. Glücklicherweise war ich nicht der einzige, dem es so ergangen war; alle Landoffiziere, acht an der Zahl, hatten das gleiche Schicksal gehabt, und keiner verspürte Lust, sich nochmals anzukleiden, wie es die herabgestoßenen Seeoffiziere machten, um das Spiel von vorne zu beginnen, sondern wir versteckten uns hinter den übrigen Zuschauern, nachdem wir unsere gewöhnliche Kleidung wieder angelegt, und sahen dem noch über zwei Stunden dauernden Kampf nun recht behaglich zu, bis endlich ein auf dem Admiralitätsbureau angestellter Beamter, der zuerst zwölf Gegner hinabstürzte, den ersten Preis errungen hatte. Die beiden anderen Preise erhielten zwei Marine-Offiziere, welche nach ihm die meisten Ritter in das Meer warfen. Als dies Turnier beendigt und die Preise unter Vivatgeschrei und dem Schmettern der Trompeten und Pauken verteilt waren, begannen die Matrosen noch ein Wettspiel, welches darin bestand, auf einem langen Mastbaum, der horizontal von dem Hinterteil eines Schiffes etwa zwanzig Fuß lang in das Meer ging und mit Seife sehr glatt gemacht war, mit bloßen Füßen und nackt dessen äußerste Spitze zu erreichen, und den daran hängenden Hut wegzunehmen, auf was eine Belohnung von 500 Franken gesetzt war. Vier solcher Maste und Hüte waren ausgesteckt, aber viele hundert Matrosen purzelten ins Meer, bevor es einem von ihnen gelang, den Hut zu erhaschen. Bis in die sinkende Nacht amüsierte die Soldaten, Seemänner und den Janhagel von Korfu dieser letzte Teil des Schauspiels, bei dessen Beginn sich die meisten anderen Zuschauer und die Damen entfernten.

Ich war ebenfalls vor dessen Beendigung weggegangen und hatte mich in meine Wohnung begeben, um mich zum Ball und zu der Entführung bereitzumachen. Da mit der Retraite alle Wasser- und Landtore geschlossen wurden, so war ich mit Capo d'Istria übereingekommen, die Entführte bis Tagesanbruch in meinem Quartier, wo man sie sicher nicht suchen würde, zu beherbergen, und wo sie eine griechische Mannskleidung anlegen und dann mit dem Öffnen der Tore auf einem Maultier die Stadt verlassen sollte, um sich von Capo d'Istria und mir begleitet, nach dem Dorf Spagus zu begeben, wo ich ein Häuschen für sie in Bereitschaft hatte setzen lassen. Wir hatten, damit unsere Abwesenheit nicht zu früh bemerkt werden konnte, Mitternacht zur Stunde der Entführung bestimmt. Auf dem Ball tanzte ich mehrere Kontertänze mit ihr und die Montfarinen tanzte sie abwechselnd mit ihren beiden Bräutigams. Als der entscheidende Moment nahte, wurde ihr doch nicht ganz wohl bei der Sache, und ich hatte alle Mühe, ihr während des Tanzes Mut einzusprechen. Gleich nach dem letzten Kontertanz, nach dem Prosalenti eine Montfarine mit einer französischen Offiziersdame tanzte, und also seine Braut nicht in den Augen haben konnte, mußte der Schritt getan werden, und halb gutwillig, halb mit Gewalt, zog ich Enrichetta durch einige Seitenzimmer an eine Hintertreppe des Gouvernementspalastes. Capo d'Istria folgte uns auf dem Fuße nach, und so liefen wir in meine, sich nahe bei der Porta Reale befindliche Wohnung, in der die Signora Viletta beinahe ohnmächtig auf einen Stuhl niederfiel und wir alle Mühe hatten, sie zu beruhigen. Capo d'Istria mußte jetzt schleunig wieder auf den Ball zurückkehren, damit er daselbst gesehen wurde und so kein Verdacht auf ihn fallen konnte, sobald man das Mädchen vermißte, bei dem ich nun allein blieb und mein Möglichstes tat, es zu trösten und zu beruhigen, wobei ich es an den hierzu notwendigen Liebkosungen nicht fehlen ließ, die sich aber nur auf ein mitleidiges In-den-Arm-Nehmen, ein Anmich-Drücken und einige Küsse auf die Stirn und die von Tränen benetzten Wangen beschränkten, was die holde Enrichetta in ihrer Angst ruhig geschehen ließ. Die griechischen Mannskleider lagen bereit, sie mußte sich bequemen, sie anzulegen, wobei ich ihr bestens behilflich war, und dabei mußte ich natürlich in allerlei Berührungen mit ihr kommen, die mein ohnehin schon heißes Blut noch vollends in Wallung brachten. Minutenlang fühlte ich ihr Herz an meiner Brust klopfen, und wer weiß, was weiter geschehen wäre, wenn man nicht gerade gewaltig an der Haustür geklopft hätte. Es war Capo d'Istria, der, nachdem ich selbst geöffnet hatte, fast atemlos hereinstürzte und uns ankündigte, daß das Verschwinden der Braut bereits wahrgenommen worden sei, und man allenthalben nach ihr suche. Er selbst habe noch mit Prosalenti gesprochen, um allen Verdacht von sich abzuwenden. Wenn wir nur jetzt schon glücklich zur Stadt hinaus wären, meinte er, und war dabei in einer solchen Aufregung, daß er, das Mädchen küssend, kaum bemerkte, daß sie sich bereits in einen holden griechischen Knaben verwandelt hatte. Mein Bursche, den ich auf die Lauer gestellt hatte, um mir Rapport zu machen, sobald das Stadttor geöffnet würde, kam endlich gesprungen, dies zu melden, und wir verließen nun alle drei meine Wohnung, kamen unangehalten durch die Porta Reale, eilten nach Castrades, wo wir ein Maultier gesattelt fanden, auf dem sich Capo d'Istria samt seiner schönen Beute davon und auf den Weg nach Spagus machte. Ich blieb noch bis gegen Abend in der Stadt und hörte, daß diese Entführung, deren Urheber man noch nicht kannte, und bei der man den einen oder den andern Offizier der Garnison im Verdacht hatte, da es sehr häufig vorkam, daß diese Mädchen und Frauen entführten, ein gewaltiges Aufsehen machte, da die Entführte eine reiche Braut war. – In Pallea Castrizza angekommen, erzählte ich die Sache der Familie Brüge, die nicht bis zum Beginn des Balles geblieben war, als eine große Neuigkeit, ohne zu erwähnen, welchen Anteil ich an derselben gehabt. Längere Zeit wußte niemand, was aus der Entführten geworden war, mit der sich Capo d'Istria ein paar Tage nach der Entführung in aller Stille hatte trauen lassen, und seine junge Gattin, die fortfuhr heimlich in Spagus zu wohnen, jeden Abend heimsuchte. Nach mehreren Wochen wurde das Geheimnis jedoch entdeckt, und man wußte allgemein, daß Capo d'Istria der Entführer gewesen. Dieser fand nun für gut, sich auf das feste Land nach Albanien zu flüchten, um vorerst den Dolchen der Viletta und Prosalenti zu entgehen, und als man herausgebracht, daß ich bei der Geschichte sein Helfershelfer gewesen, erhielt ich von Sr. Exzellenz dem Gouverneur General Donzelot einen Wischer. Bevor Capo d'Istria die Insel verließ, gab er seine junge Frau auf meinen Rat der Frau v. Brüge zur Obhut, welche sich auf meine Verwendung dazu bequemte, die Hütung der hübschen Signora zu übernehmen. Josephine hatte nun eine angenehme Gesellschafterin und ich eine Unterhaltung mehr, denn es gelang mir bald, es da fortzusetzen, wo ich am Abend der Entführung unterbrochen worden war. Aber Josephine merkte Unrat und brachte es bei ihrer Mutter dahin, daß die junge Frau wieder aus dem Haus und zu einer nahen Anverwandtin ihres Mannes gebracht wurde, wo ich indessen öfters Gelegenheit fand, sie zu besuchen.

Längst hatte ich gewünscht, von den übrigen Ionischen Inseln doch wenigstens das Vaterland des Odysseus, die Insel *Thiaki* (Ithaka) kennenzulernen, aber dies schien unausführbar, da unsere Erzfeinde, die Engländer, schon längst im Besitz derselben sowie aller anderen Inseln, Korfu und das kleine Paxo ausgenommen, waren. Der Graf Mocenigo meinte aber, daß das Projekt dennoch ausführbar sei, wenn ich die Insel inkognito und als Grieche oder Albaner verkleidet, besuche. Ich teilte Herrn v. Brüge mein Vorhaben mit, der meinte, es sei ein sehr gewagtes Unternehmen, indem ich leicht den Engländern in die Hände fallen könne. Ich ließ mich dadurch jedoch nicht abhalten, erbat mir einen vierzehntägigen Urlaub vom Gouverneur, angeblich um Paxo und Parga zu besuchen, da mir nach Thiaki natürlich keiner

bewilligt werden konnte. Doch wußte der General Donzelot um mein Vorhaben, das er aber ignorierte, und meinte, die Folgen, die es haben könnte, hätte ich mir selbst zuzuschreiben. Ich fuhr nun, als ein ziemlich armer Grieche gekleidet, auf einer Barke nach *Paxo*, das nur wenige Miglien südlich von Korfu liegt, und brachte daselbst eine Nacht und einen halben Tag zu. Diese kleine Insel ist sehr bergig, liefert aber das beste Öl aller Inseln und viel sogenanntes Johannisbrot; sie zählt etwa 6000 Einwohner, die sich erst kürzlich, von englischen Agenten verführt, gegen das französische Gouvernement empört und eine kleine englische Besatzung aufgenommen hatten. Wir eroberten aber die kaum sechs Stunden im Umfang habende Insel mit drei Kompagnien wieder zurück, das englische Detachement, etwa achtzig Mann, gefangen nehmend, und zwölf Paxioten, welche die Rädelsführer bei der Sache gewesen, wurden vor ein Kriegsgericht gestellt und auf der Esplanade zu Korfu erschossen, nachdem sie die Nacht vorher noch in einer der Kirchen auf diesem Platz zugebracht hatten. Die Paxioten behaupten, der Apostel Paulus habe sich längere Zeit auf ihrer Insel aufgehalten, deren er in einem seiner Briefe erwähnt. Eine kleine halbe Stunde unter Paxo liegt *Antipaxo*, ein Inselchen, das keine Stunde im Umfang hat und nur von einigen Schweine- und Ziegenhirten samt deren Herden bewohnt oder vielmehr besucht wird.
Von Paxo fuhr ich nach *Parga*, das an der albanischen Küste auf einem hohen Felsen, Paxo gegenüber liegt, eine Garnison von einigen hundert Mann und einige Artillerie hatte, und etwa 5000 Einwohner zählte. Der Kommandant, dem ich mein Vorhaben mitteilte, riet mir, einen zuverlässigen landeskundigen Albaner von der Garnison mitzunehmen, der außer dem Neugriechischen auch etwas Venezianisch spreche, und den er mir mitgeben wolle. Mit Dank nahm ich dieses Anerbieten an und fuhr am folgenden Tage auf einer Fischerbarke längs der Küste bis nach *Prevesa*, einer Stadt mit einem

Fort, die etwa 6000 Einwohner zählt. Von da schifften wir nach *Vonitza* über, einer auf einem steilen Felsen liegenden Festung, von der wir unsere Reise zu Fuß immer längs der Küste hin fortsetzten, durch verschiedene türkische Flecken kommend, wobei mir mein Albaner treffliche Dienste leistete, denn ich wüßte nicht, wie es mir ohne ihn ergangen wäre. Endlich kamen wir an einen *Thiaki* gegenüberliegenden Ort, von dem wir in einer Barke nach dem ehemaligen Reiche des Odysseus, das kaum fünfzehn Stunden im Umfang hat, übersetzten. Jetzt mochten etwa neun- bis zehntausend Menschen auf der mit vielen Oliven-, Zypressen-, Orangen- und Granatbäumen besetzten Insel wohnen, deren vorzüglichstes Produkt Korinthen sind, die hier von außerordentlicher Güte reifen und von denen jährlich über hundert Zentner ausgeführt werden. Ich durchstrich die Insel mit meinem Begleiter, dem ich täglich zwei türkische Piaster gab, nach allen Richtungen, bei jedem Tritt denkend: hier mögen wohl auch Odysseus und Telemach gewandelt und gehandelt haben. Nachts brachten wir gewöhnlich im freien Feld, manchmal auch in einem griechischen Kloster zu. Der größte Ort auf der Insel heißt *Vathi*, er liegt an einem Meerbusen und hat nicht übelgebaute zweistöckige Häuser, die ziemlich gut erhalten sind. Die Frauen und Mädchen hier haben ein blühendes Aussehen, sind meist gut gewachsen, und werden auch nicht so eingesperrt gehalten wie auf den übrigen Inseln. Um den Ort herum liegen Weinberge, Olivenbaumstücke, und auf den Anhöhen mehrere achtflügelige Windmühlen. *Vathi* hat auch einen Hafen, mitten in demselben steht ein Kloster nebst einer Kirche auf einer kleinen Insel, S. Salvator genannt. Auf der rechten Seite von Vathi, der kleinen Insel gegenüber, liegen Ruinen eines alten Gebäudes, das man den Palazzo nennt, und von dem noch Mauern und Gewölbe übrig sind; auch fand man mehrere große viereckige Marmorsteine in dessen Nähe, zum Teil mit altgriechischen Inschriften. Diese Überbleibsel werden für die Trümmer von Odysseus' Palast ausgegeben, sowie man andere, nicht weit davon liegende Ruinen für die Reste der ehemaligen Hauptstadt von Ithaka hält. Beides ist indessen sehr ungewiß. Homer sagt, diese Stadt liege auf einem Berg, Oneion genannt, Cicero spricht von ihr als von einem hochliegenden Vogelnest, und Plinius sagt ebenfalls, daß sie auf einem sehr steilen Felsen liege. Diese Hauptstadt, die aber später als Odysseus hier herrschte, erbaut wurde, führte den gleichen Namen wie die Insel.

Nachdem ich des Helden Odysseus Heimat gehörig untersucht, ohne daß es mir gelungen wäre, mich mit meinem Homer in der Hand gehörig orientieren zu können oder auch nur Wahrscheinlichkeiten ausfindig zu machen, schickte ich mich am dritten Tag nach meiner Ankunft nicht sehr befriedigt – die Insel ist sehr bergig und im allgemeinen ziemlich kahl, hat aber viele zerstreut liegende Klöster und Kirchen – an, sie wieder zu verlassen. In einiger Entfernung von Vathi füllten wir unsere mitgebrachten Gurden (kleine Kürbisflaschen) mit frischem Trinkwasser, das aus dem Felsen entspringt, welchen die Gelehrten der Ionischen Inseln für den von Homer erwähnten Felsen Corax, die Quelle selbst aber für die Quelle Arthusa halten, und beides nicht ohne große Wahrscheinlichkeit.

Wir fuhren in einer gemieteten Barke ab, und da ich meinem Begleiter gegenüber den Wunsch geäußert hatte, womöglich auch noch *Santa Maura*, das alte Leukadien, zu besuchen, so redete mir dieser zu, das Wagstück zu unternehmen; dies war es allerdings wegen der englischen Besatzung. Nach einigen Stunden landeten wir etwas oberhalb dem Kap Dukato auf St. Maura, von wo wir uns in das Innere der Insel begaben, die etwa fünfundzwanzig Stunden im Umfang haben mag. Sie war mit ziemlich viel Gehölz bedeckt und leidlich angebaut, besonders mit Baumwolle-, Oliven-, Korinthen-, Mandel- und Feigenbäumen. Eine Nacht brachten wir in einem sehr elenden Dorf zu, wo unser ganzes Mahl aus einem halben Dutzend wilder Artischocken mit Zitronensaft bestand. Am folgenden Morgen begaben wir uns in die Hauptstadt, welche die Maurioten *Amaxchi*, auch *Amakuki* nennen, und die in einem tiefen, mehrere Stunden langen Sandfeld liegt; daher auch ihr Name Amakuki (Sandkorn). Als ich hier so vielen englischen Uniformen begegnete, war mir doch etwas unheimlich; ich wagte mich nicht in die Festung St. Maura, die nicht unbedeutend ist; aber weder Stadt noch Festung enthalten irgendeine Merkwürdigkeit. Woran mir mehr gelegen, war, den berühmten Felsen aufzusuchen, von dem sich die verliebten altgriechischen Narren und die Sappho herabstürzten, aber mein Albaner wußte so wenig davon wie alle Maurioten, die er danach fragte. Ich wandte mich nun selbst an einen halb italienisch gekleideten Einwohner, der venezianisch sprach und von dem ich erfuhr, daß der von mir gesuchte Ort das Kap Dukato wäre, in dessen Nähe wir gelandet hatten. Wir hatten vier starke Stunden zurückzulegen, bis wir wieder dahin kamen; dies versetzte meinen Begleiter, der gar nicht begreifen konnte, was ich an dem einsamen Felsen suchte, in ziemlich üble Laune. Ein paar Extra-Piaster gaben ihm aber schnell seinen guten Humor wieder. Ich bestieg das hohe und steile Vorgebirge und den Gipfel des Felsens, von dem herab die vom Phaon verlassene närrisch gewordene Dichterin in die Meeresfluten gesprungen war. Daß dies wirklich der so bekannte leukadische Felsen ist, auf dem der Tempel Apollos gestanden, dessen noch Virgil erwähnt, scheinen viele altgriechische Kritzeleien, die in denselben eingegraben sind, zu bestätigen. Beinahe wäre mir ein gleiches Los, wenn auch nicht aus verliebter Raserei wie jenen unglücklichen Narren, sondern aus Tücke des Schicksals, zuteil geworden. Mein Begleiter und ich sahen plötzlich aus noch ziemlicher Ferne vier wohlbewaffnete Männer von einem englischen Offizier angeführt, mehr laufend als gehend gegen unsern Felsen zu eilen, von denen wir nicht ohne Grund vermuteten, daß sie nicht in der besten Absicht kämen, und so war es in der Tat. Ihnen zu entrinnen, daran war nicht mehr zu denken, wir hätten denn den halsbrecherischen leukadischen Sprung machen müssen, wozu wir beide aber keine große Lust verspürten. Uns lebendig fangen zu lassen schien mir ebensowenig ratsam, denn wir riskierten, als ein paar Spione ohne weiteres gehängt zu werden.

Nach einer kurzen Besinnung sah ich ein, daß uns nichts anderes übrig bleibe als, da wir gut bewaffnet waren – jeder hatte zwei Pistolen und einen langen Dolch bei sich, der Albaner außerdem noch seine Flinte – uns unserer Haut bestens zu wehren. Ich teilte diese Ansicht meinem Begleiter mit, ihn versichernd, daß ein Strick sein unvermeidliches Los sein würde, wenn man ihn lebendig finge, und machte ihm begreiflich, daß, wenn wir auch nur zwei gegen fünfe seien, wir doch den ungeheuren Vorteil der Position für uns hätten, und folglich auch den des Ausgangs des Kampfes. Dies begriff mein Reisegefährte sehr wohl, versetzte aber unwillig: „Das Unheil habt Ihr mit Eurem verfluchten Narrenfelsen über uns gebracht. Daß wir uns so sehr danach erkundigten, hat die Engländer aufmerksam auf uns gemacht, die uns jetzt verfolgen, und zuletzt müssen wir doch noch unterliegen, denn ewig können wir nicht hierbleiben.“ Diese Logik war für einen halbwilden Albaner so übel nicht. „Ja wenn noch Schätze hier zu holen gewesen wären“, fuhr er fort, „dann ließ es sich noch begreifen, aber so, ein kahler Stein.“ „All dies Räsonieren hilft jetzt nichts, die feindliche Patrouille ist keine fünfzig Schritte mehr entfernt, und schickt sich an heranzuklimmen“, fiel ich ihm ins Wort, und rief dem sich bereits am Fuß des Felsens befindlichen Feind ein donnerndes Halt zu, während mein Albaner sein Gewehr anlegte. Ehe er aber losdrückte, rief ich dem Leutnant auf englisch zu: daß, wenn er es auf uns abgesehen habe, er uns wenigstens nicht lebendig fangen würde, und sein und seiner Leute Leben auf dem Spiel stehe, denn wir seien trefflich bewaffnete Schützen .... „und ein paar Spione", antwortete der Offizier, uns noch ein: „Ergebt euch!" zurufend. „Das sind wir nicht", erwiderte ich, „sondern Ehrenmänner." Wir parlamentierten weiter, und ich gestand ihm zwar, daß ich ein Franzose sei, sagte jedoch nicht, daß ich in Militärdiensten stehe, sondern daß ich einzig und allein gekommen sei, um dem berühmten leukadischen Felsen einen Besuch abzustatten, was ihm als einem gebildeten Englishman gewiß sehr natürlich erscheinen müsse, da er ohne Zweifel von der Geschichte desselben und namentlich der der Sappho unterrichtet wäre. Ich suchte ihn nun noch bei der Ehre anzugreifen, mich auf die allgemein bekannte Loyalität berufend, und gab ihm zu gleicher Zeit mein Ehrenwort, daß ich nicht gekommen sei, das verächtliche Handwerk eines Spions zu treiben. Nach noch einigem Hin- und Herreden gelang es mir denn auch, ihn in seiner Muttersprache, was gewiß nicht wenig dazu beitrug, von seinem ungerechten Verdacht und meiner Unschuld zu überzeugen. Er gab mir nun seinerseits das Ehrenwort, daß, wenn ich herabsteigen wolle, weder mir noch meinem Begleiter das mindeste Leid geschehen solle, und wenn wir beweisen würden, daß wir keine Spione seien, man uns ungehindert ziehen lassen werde. Ich traute dem Engländer, der gegen seine Leute äußerte, daß er uns für keine Spione halte, und stieg den Felsen hinab. Er lud mich jetzt ein, ihm zum Kommandanten zu folgen, was ich jedoch ablehnte, ihn beiseite nahm und ihm die Wahrheit und die Ursache, die mich nach Santa Maura geführt, offen gestand. Er war nun seinerseits zuvorkommend artig und teilnehmend, und als ich äußerte, ich wünsche möglichst bald wieder das Festland zu erreichen, hatte er die Gefälligkeit, uns bis an das Livadien gegenüberliegende Ufer zu geleiten, wo wir eine Fischerbarke in Beschlag nahmen, in der wir übersetzten, nachdem ich mich bei meinem edlen Führer bedankt und wir gegenseitig unsere Adressen ausgetauscht und Abschied genommen hatten, worauf er sich eiligst entfernte. Kaum waren wir aber zwanzig Schritte vom Ufer abgestoßen, als sich mehrere bewaffnete Insulaner an demselben zeigten, und den zwei uns rudernden Schiffern in griechischer Sprache befahlen, umzukehren. Wir fanden aber für gut, denselben zu befehlen, nicht zu gehorchen, sondern schnell das Weite zu gewinnen. Als dies die auf dem Land stehenden Griechen sahen, feuerten einige auf uns, während die andern längs dem Ufer hinabliefen, ein Fahrzeug zu suchen, das sie aber glücklicherweise nicht fanden. Bald waren wir aus dem Bereich der Schußweite, und kamen nach anderthalb Stunden, nicht ohne große Anstrengung, an der jenseitigen Küste an. Wir fuhren nun wieder nach Prevesa, von da legten wir den Weg bis *Butrinto* zu Land zurück, wo ich dann ein Schiffchen mietete, das uns glücklich wieder nach Korfu brachte. Ich entließ meinen treuen Begleiter, indem ich ihm noch ein kleines Geschenk machte, meldete meine Ankunft und begab mich dann wieder nach Pallea Castrizza, wo ich Herrn v. Brüge und seinen Damen die gehabten Abenteuer mit allen Details erzählen mußte. Ich fand auch Neuigkeiten von Haus vor, nämlich einen Trauerbrief, der mir das Ableben meines Großvaters väterlicherseits meldete, und eine Anweisung von 50 Louisdors, welche mir das Haus Heinzelmann in Venedig auf einen Juden in Korfu, namens Mesulam, auf Veranlassung meines Vaters übermachte. Die Kanonierschaluppe, die während meiner Abwesenheit glücklich von Otranto angekommen war, hatte unserm Regiment auch einen Colonel en second zugeführt, und zwar den Bruder des bekannten Schriftstellers und Verfassers des „Goldenen Kalbes“, Benzel-Sternau, der jetzt Finanzminister in Diensten des Großherzogs von Frankfurt war, und dessen Bruder bisher in russischen Diensten gestanden hatte, welcher nun das Kommando der beiden in Korfu stehenden Bataillone des zweiten Fremdenregiments, das bisher Herr v. Brüge gehabt, übernehmen sollte. Aber der neue Oberst war ein äußerst gutmütiger und ziemlich indolenter Mensch, der sich hier auf einem ihm ganz fremden Terrain befand, und Herrn v. Brüge, ohne dessen Rat er nichts tat, nach wie vor ganz gewähren ließ. Solange wir noch in Pallea Castrizza waren, kam er jede Woche einigemal, uns zu besuchen und sich Rat zu holen, da er den französischen Dienst ganz und gar nicht kannte. Überhaupt hatten wir in der letzten Zeit fast täglich Gäste aus der Stadt, die sich unsere köstlichen Seefische, Langusten, den guten Wein des Klosters usw. trefflich schmecken ließen. Nach der Tafel wurde musiziert, Josephine sang italienische Duette mit mir, unter denen besonders das „Per pietà deh non lasciarmi" aus der Ginevra di scozia Furore machte. Es wurde auch manchmal getanzt, wenn mehrere Damen unter den Gästen waren, und so ging der Rest der heißen Jahreszeit munter und vergnügt zu Ende. Bevor wir das gastfreundliche Kloster verließen, machten wir noch einen Ausflug oder besser eine Ausfahrt nach der kleinen Insel Fano, die am nördlichen Kap von Korfu liegt, und wie die Sage will, dieselbe Insel ist, welche die Göttin Calypso bewohnte, deren Grotte man den Fremden noch zeigt, die aber weder göttliche noch selbst irdische Pracht aufweist, sondern eine gewöhnliche geräumige und feuchte Höhle mit mehreren Abteilungen ist. Diese Insel hat ungefähr fünfhundert Einwohner, Fanioten genannt, die halbwild sind; auch hatten wir eine Besatzung von ungefähr hundert Mann auf Fano. Hier, wie zu Korfu, zu Paxo und Santa Maura, war noch allenthalben das in Stein gehauene venezianische Wappen, der geflügelte Löwe des St. Markus, angebracht, sein aufgeschlagenes Buch in der Tatze, grimmig, aber ohnmächtig umherblickend. Ende September verließen wir endlich unsern pittoresken Sommeraufenthalt, um uns wieder unter den Schutz der Mauern der Stadt Korfu zu begeben, wo mir bald darauf eine interessante Mission nach *Janina* zuteil ward.

IV

Eine Mission nach Albanien – Janina – Ali Pascha; seine furchtbaren Grausamkeiten – Ein lebendig Begrabener – Govino – Die Entführung einer jungen Griechin – Rocco Timono – Diversi – Ein Soldat erschießt einen Fregattenkapitän – Ein Rattenmahl – Die Prima Ballerina Giuseppina Panzieri – Großer Theaterskandal – Ludwig der Springer – Die Feuerprobe – Ein Duell – Ein Banditenanfall – Ein Schiffbruch – Die Gärten des Alkinous – Eine verwünschte Prinzessin – Auffindung der Ruinen von Chrysopolis bei der Anlegung eines verschanzten Lagers – Ein großer Brand – Die Räuber in Korfu – Parga geht an die Engländer über – Schlimme Neuigkeiten – Murats Abfall – Napoleons Abdankung – Rückkehr der Bourbons – Ankunft der englischen und französischen Flotten – Übergabe Korfus an die Engländer – Unanständiges Benehmen englischer Offiziere – Einschiffung der französischen Garnison

Da die Kommunikation mit Italien jetzt immer schwieriger und auch die Fahrt nach Otranto durch die englischen Lanzen fast ganz unterbrochen wurde, so sandte man öfters kleine Detachements nach Albanien ab, wohin wir ohnehin häufig auf die Jagd gingen, um Transporte von Lebensmitteln, in Reis, Mais, Ochsen, Ziegen usw. bestehend, die für die Garnison von Korfu gegen gute Bezahlung ziemlich schlecht vom Ali Pascha von Janina geliefert wurden, zu eskortieren. Mir wurde nach meiner Rückkehr von Pallea Castrizza zuerst ein solches Kommando zuteil. – Als ich bei Butrinto mit meinen Leuten ans Land stieg, empfing mich ein Abgeordneter Alis, der uns bis vor Janina begleitete. In allen Orten, durch welche das Kommando passierte, wurde es von der staunenden Menge, die zum erstenmal europäische Soldaten sah, angegafft, und Greise, Weiber und Kinder drängten sich um meine Leute, befühlten und betasteten sie, und alles was sie an sich hatten, bis auf die bleiernen Knöpfe, die sie für silberne hielten, war ein Gegenstand ihrer Bewunderung. Als wir vor Janina angekommen waren, mußte ich halt machen, und der Albaner, der uns bis hierher begleitet hatte, begab sich in die Stadt, um unsere Ankunft zu melden. Kaum war es daselbst ruchbar geworden, daß französische Soldaten von Korfu angekommen seien, als eine unzählige Menge Volks beiderlei Geschlechts, Griechen, Türken und Albaner herbeiströmten, die Wundertiere zu sehen. Beim Besehen blieb es aber nicht, sondern sie mischten sich unter die Soldaten, betasteten deren Säbel, Gewehre, Patrontaschenschilder usw., alles, was blinkte und das sie für edles Metall hielten, da es bei ihnen Gebrauch ist, alle ihre Waffen, aus denen oft ihr ganzes Vermögen besteht, mit Silber oder Gold beschlagen und verzieren zu lassen. Manche öffneten sogar die Patrontaschen und befühlten die Kartuschen und Tornister auf eine Weise, daß ich zu tun hatte, meine Leute, die sich dies nicht gefallen lassen wollten, ruhig zu erhalten. Am neugierigsten und dreistesten waren die Frauen und Kinder. Glücklicherweise kam der Albanese, einer von Alis Garden, mit einem Offizier des Paschas zurück, der mit einem: „Oxo, oxo, Morée!" („Fort, fort, ihr Kerls!") das vor seinem Tyrannen zitternde Volk in einem Nu auseinanderjagte. Er kündigte mir an, daß wir kein Quartier in der Stadt erhalten würden, sondern bis nach Ablieferung der Lebensmittel vor derselben unter Zelten, die man in Zeit von einer Stunde für uns aufschlagen würde, lagern müßten. Es sei indessen den Leuten erlaubt, einzeln und ohne Bajonette in die Stadt zu gehen, übrigens würde man für unsere Bedürfnisse in jeder Hinsicht reichlich Sorge tragen und der Pascha uns in ein paar Stunden selbst mit seinem Besuch beehren. Dies alles wurde vermittelst eines Dolmetschers in italienischer Sprache verhandelt. Bald darauf kündigte ein unordentlich im Galopp dahersprengender, sehr reich gekleideter Trupp albanesischer und türkischer Reiter Alis Ankunft an, dem er mit einer sehr zahlreichen und glänzenden Suite bald folgte. Ich ließ die Mannschaft ins Gewehr treten, präsentieren und die Tambours aux champs schlagen. Sogleich ließ Ali durch den Dolmetscher fragen, was dies zu bedeuten habe, und als er vernommen, daß dies die höchste militärische Ehrenbezeigung sei, gab er sein Wohlgefallen durch beifälliges Lächeln zu erkennen. Ich ließ hierauf, nachdem ich seine Zustimmung erhalten, noch einige Handgriffe und Wendungen vornehmen, mehrmals abfeuern, Peloton-, Glieder- und Rottenfeuer machen, was sowohl vom Pascha als seinen Umgebungen mit Beifallsbezeigungen aufgenommen wurde. Was ihn am meisten ansprach, ließ er mich durch den Dolmetscher ersuchen zu wiederholen, erkundigte sich bis zu den kleinsten Details nach der Garnison von Korfu, und, nachdem er mich seiner Zufriedenheit und seines Wohlwollens hatte versichern lassen, sowie daß noch vor Abend für alle unsere Bedürfnisse gesorgt werden würde, verließ er uns nach einer Anwesenheit von beinahe zwei Stunden. In der Tat war er kaum weg, als Lebensmittel aller Art, Wein nebst mehreren türkischen Zelten, auch einige Diwans und Polster herbeigebracht wurden, denen vier Sänften, von Sklaven getragen und albanesischen Wachen umgeben, folgten. Vier türkische Frauen oder Sklavinnen befanden sich in denselben, die ihre besonderen Zelte erhielten, und die der besorgte Pascha zu meiner Privatunterhaltung bestimmt hatte, indem die Türken die Weiber wie ein jedes andere zu befriedigende notwendige Bedürfnis betrachten. Ich machte ihnen, nachdem ihre Zelte aufgeschlagen waren, was zuerst geschah, einen Besuch, um meine Neugierde zu befriedigen, und fand vier ziemlich robuste, wohlgenährte, korpulente Schönheiten, die gerade nicht mehr in der ersten Blütezeit standen, hochrot geschminkt, schwarz bemalt waren, angestrichene Nägel und ziemlich grobe Züge hatten. Genug, es waren weder zirkassische noch griechische Schönheiten; ich verließ sie bald wieder und gestattete den Unteroffizieren und Soldaten sie zu besuchen, denn sie zurückzuschicken würde der Pascha für eine große Beleidigung angesehen haben. Als ich aber erfuhr, daß mir Ali ein Geschenk mit diesen Schönheiten machen wolle, die ich mit nach Korfu nehmen solle, ließ ich ihm am Tage unseres Abmarsches wissen, daß ich sehr bedaure dies nicht annehmen zu dürfen, indem es mir die französischen Gesetze verböten und ich bei meiner Rückkunft großen Unannehmlichkeiten ausgesetzt sein würde, wenn ich vier Weiber mitbrächte. – Diese Räson nahm er auch an. Den andern Morgen schickte er wieder Geflügel, eine große Quantität türkischen Tabak nebst vergoldeten türkischen Pfeifen von roter Erde für das ganze Kommando; den Nachmittag kam er abermals selbst und ließ sich wieder einige Manöver vormachen. Diese Besuche wiederholte er noch einigemal und beschenkte die Leute reichlich mit Tabak. Des Morgens durchstrich ich die ungepflasterten Straßen Janinas und besah deren bunte Häuser, Moscheen usw.; auch hatte ich zweimal Audienz beim Pascha in dessen Palast, wo er mich mit einem Kistchen von Sandelholz, welches zwei Dutzend Fläschchen köstlichen Rosenöls enthielt, einem Päckchen von den im Serail verfertigten Pastilien und mehreren ausgezeichnet schönen türkischen Pfeifen, deren Rohre mit Kaschmir überzogen waren, und zwei kaschmirnen Schals von Wert beschenkte. Meine von Zeit zu Zeit später abgeschickten Nachfolger waren nicht so glücklich. Die Sache war nichts Neues mehr und als erst das Mißgeschick des französischen Heeres in Rußland bekannt wurde, da zog der Pascha von Janina ganz andere Saiten auf, und bald nachher traten zwischen ihm und dem Gouverneur von Korfu Mißhelligkeiten ein. – Einige Notizen über *Janina* und seinen merkwürdigen und grausamen Tyrannen dürften hier wohl an ihrem Platz sein. Der Anblick der Hauptstadt Albaniens ist ganz orientalisch und über alle Beschreibung schön. Janina liegt an einem großen breiten Landsee, dem acherusischen der Alten, unfern der Stelle, wo das berühmte Orakel von Dodone war, und der sich am Fuß eines Berges hinzieht, in seiner ganzen Herrlichkeit vor den Augen des erstaunten Ankommenden ausgebreitet. Die von Zypressenwäldchen umgebenen, stolz hervorragenden Minaretts mit den vielen bunten dazwischenliegenden Häusern, machen einen sonderbaren Eindruck. In den See zieht sich eine Halbinsel mit schroffen Felsen, auf der das alte Serail des Paschas, oder sogenannte Fort, und ebenfalls eine von Zypressen umgebene Moschee liegen. Eine hohe Mauer trennt sie von der Landseite. Von dieser Halbinsel kann man die ganze Stadt gut übersehen. Ihr gegenüber liegt eine kleine Insel, auf der sich noch ein dem Pascha zugehöriger Palast befand. Janina hat einen sehr großen Umfang, viel offene Plätze und Moscheen. Die Bazars sind mitten in der Stadt und nehmen zwölf Straßen ein. Ein jeder ist für ein besonderes Gewerbe bestimmt, der eine für Juweliere, der andere für Waffenschmiede usw. Hier hängen die Gebäude auch ziemlich zusammen. Die Häuser der Reichen sind sehr geräumig und haben alle Galerien. Der Judenkirchhof befindet sich mitten in der Stadt, die damals an 40 000 Einwohner zählen mochte und, außer sechzehn Moscheen, auch acht griechische Kirchen hatte. Ich sah sogar einige Buchläden, in denen neugriechische Bücher verkauft wurden. In den Straßen begegnete man bewaffneten Arnauten, Mohren, Tartaren, Türken und Griechen, alle zu des Paschas Scharen gehörend, dessen Palast, der große Serail genannt, um ihn von dem seiner Söhne Muktar und Veli zu unterscheiden, im südlichen Teil der Stadt auf einer Anhöhe, die dieselbe beherrscht, liegt und eine Zitadelle aus hohen Steinmassen bildet. Der obere Bau ist jedoch von Holz und ganz türkisch mit vorspringenden Dächern, langen Fensterscheiben und bemalten Außenwänden. Er ist von finsteren Straßen umgeben, die sehr enge Zugänge bilden. Durch ein hölzernes Tor kommt man auf einen breiten unregelmäßigen Platz, der von zwei Seiten durch den Serail eingeschlossen ist. Dieser Platz wimmelte von den Soldaten von Alis Leibwache, die sehr reich gekleidet waren. Von da kommt man in die Galerie, die mit einer Menge Volk, als Türken, Albanern, Mohren, Griechen, schwarzen Verschnittenen, Juden usw. angefüllt ist. Dann gelangte man in einen langen, reich verzierten Saal, in dem ein großer seidener Vorhang herabhing, welcher, wenn Ali Audienz gab, in die Höhe gezogen wurde, wo alsdann ein prächtiges, mit vielen Säulen prangendes großes Gemach sichtbar ward, von dessen Fenstern man die Aussicht auf den Landsee und das Pindusgebirge hatte. Der Fußboden war kostbar ausgelegt und mit reichen Vergoldungen geschmückt. An den Säulen hingen Dolche und alle möglichen Waffen von großem Wert, dem Pascha gehörend; ringsum waren karmoisinrote Diwans, vor denen die kostbarsten Teppiche lagen. Ali selbst saß mit übers Kreuz geschlagenen Füßen unter einem karmoisin mit Gold gestickten prächtigen Thronhimmel. Er war von ziemlich hohem Wuchs, hatte ein dickes rundes Gesicht, eine offene Stirn, schlaue Züge und einen wilden grimmigen Blick. Er trug ein blaues, rotes oder gelbes, reich mit kostbaren Pelzen besetztes Oberkleid und bisweilen statt des Turbans eine Samtmütze. Seine Stimme war sehr rauh und hohl, und sein brüllartiges Lachen hatte etwas Fürchterliches und Erschreckendes an sich. Ali (Bey) war 1750 zu Tepeleni in Albanien geboren, wo sein Vater, Veli, Pascha war. Bei dessen Tod mochte er ungefähr sechzehn bis siebzehn Jahre zählen. Als einige Zeit darauf ein Albaneser, namens Ghalil, eine Empörung veranlaßte, mußte Ali mit 40 Paras (ein halber Gulden) in der Tasche von Tepeleni entfliehen, und seine Mutter und Schwester gerieten in Gefangenschaft der Einwohner von Gardihi, die ihn selbst in die Luft hatten sprengen wollen. Vierzig Tage blieben sie in dieser Gefangenschaft. Später hat sich Ali Pascha durch ein schreckliches Gemetzel und abscheuliche Grausamkeiten an dieser Stadt und deren Bewohnern gerächt. In seinem zwanzigsten Jahr trat er in die Dienste des Coul Pascha zu Berrat, wo er aber bald in den Verdacht kam, eine Verschwörung angezettelt zu haben, und dieserhalb entfliehen mußte; doch erlangte er eine schnelle Aussöhnung mit Coul, heiratete eine von dessen Töchtern, die ihm zwei Söhne, den Muktar und Veli, gebar. Jetzt machte er einen Versuch, sich Janinas zu bemächtigen, der ihm vollkommen gelang. Er verjagte den dortigen Pascha, und nun erkannte ihn die Pforte als Pascha von Janina und dessen Bezirk an. Hiermit war aber sein Ehrgeiz noch lange nicht befriedigt, sondern er bemächtigte sich nach und nach teils mit Gewalt, teils mit List fast aller Distrikte Albaniens, verstärkte sein Korps von kriegerischen Schypetaren (Albaner oder Arnauten, die von den alten Mazedoniern abzustammen vorgaben) immer mehr, drang mit denselben durch die engen Pässe des Pindus nach Thessalien, das er sich unterwarf, und ließ sich von der Pforte zum Deveny Pascha von Rumelien ernennen. 1798 leistete er derselben gute Dienste gegen den furchtbaren Paßwan Oglu und wurde dafür zum Pascha von drei Roßschweifen ernannt. Während dieser Zeit war sein Schwiegervater Coul Pascha gestorben und Ibrahim dessen Nachfolger geworden. Ali konnte sich aber mit diesem nicht vertragen und hatte fortwährend Fehden mit demselben, denen endlich durch die Verheiratung seiner Söhne mit Ibrahims Töchtern ein Ziel gesetzt wurde. Dennoch überfiel er ihn 1811 wieder, nahm ihn gefangen, ließ ihm den Kopf abschlagen und vereinigte dessen Paschalik mit dem seinigen. Ibrahims Töchter aber, die beiden Frauen seiner Söhne, die er jetzt fürchtete, ließ der Unhold nebst noch sechs andern Frauen aus dem Harem in Säcke nähen und in dem See bei Janina ersäufen. Gleich darauf kam die Reihe an Mahomed, Pascha von Delvino, welcher Ibrahims Verbündeter gewesen. Er nahm auch dessen Paschalik und die adriatischen Küsten in Besitz und machte der Pforte außerordentliche Geschenke, damit diese sein Tun und Treiben billigte. Mahomeds Söhne flohen nach Korfu, wo sie Schutz suchten und ihn bei dem General Donzelot fanden. Schon weit früher, 1798, hatte Ali Prevesa, Vonitza, Arkanien und Paramithia mit seinen Ebenen weggenommen. Nach fünfzehnjährigem Kampf hatte er die Sullioten, sehr tapfere Krieger, die zwischen Bergen und Felsen hausen, unterjocht, beinahe vertilgt, sich dann eines großen Teils von Mazedonien bemächtigt und war bis an die Grenzen von Attika vorgerückt. Sein Gebiet bestand nun in dem ganzen Epyrus, dem südlichen Teil von Illyrien, einem großen Teil Mazedoniens, fast dem ganzen alten Thessalonien, Ätolien, Phokis und einem Teil Böotiens. Er besoldete ein Korps von mehr als 30 000 Albanesen oder Arnauten, das er, wenn es nötig war, mit leichter Mühe verdoppeln konnte. Dies waren die besten Truppen des osmanischen Reiches und so treffliche Schützen, daß sie selten einen Vogel im Flug fehlten, dabei die mäßigsten Männer, die keine andere Leidenschaft als das Spiel und Rauchen kannten und keine andere Liebhaberei als schöne Waffen hatten. Alis Finanzen waren in dem blühendsten Zustand; sein Schatz an Silber, Gold, Juwelen, Perlen, Schals, Rosenöl, Kaschmir und kostbaren Vasen, seltenen Uhren und Kunstwerken war unermeßlich, jede Fehde bereicherte ihn um Millionen. Die Zahl der ihm untergebenen Seelen betrug über drei Millionen, und seine jährlichen Einkünfte über 20 Millionen Piaster. Seine Soldaten, die gut und pünktlich bezahlt wurden, waren ihm sehr zugetan, ebenso seine griechischen Untertanen, die ihn trotz seiner abscheulichen Grausamkeiten dennoch schätzten, denn in der ganzen Türkei war keine bessere Verwaltung, und es wurde keine strengere Gerechtigkeit ausgeübt als in den Provinzen, die unter seiner Herrschaft standen. Mit einem Paß von ihm, oder von einem seiner Garden begleitet, konnte man sicher und ohne alle Gefahr durch sein ganzes Land und die wildesten Gebirgsgegenden reisen, so sehr hatte er seinen Namen zu fürchten und respektieren zu machen gewußt. Er war der gerechteste Mann sobald sein eigenes Interesse nicht mit im Spiel, und der verabscheuungswürdigste Wüterich, wenn dieses der Fall war. Er durchreiste häufig seine Provinzen, untersuchte und richtete alles selbst und schlug dem Schuldigen gewöhnlich mit eigener hoher Hand den Kopf ab. Er war Richter, Vollstrecker und Henker in einer Person und schlichtete Prozesse, mit denen man in Deutschland ein halbes Jahrhundert hingebracht hätte, in einer halben Stunde. – Die Hauptzüge des Charakters dieses außerordentlichen Menschen waren schlaue List und unerhörte Grausamkeit, mit einem starken Aberglauben verbunden. Die größte Furcht und Ehrfurcht flößten ihm Derwische ein; hierzu gesellte sich noch eine unersättliche Habgierde, die eine Treulosigkeit und Wortbrüchigkeit erzeugte, von der man in der Geschichte wenig Beispiele findet. Eine wahrhaft schauderhafte Rachsucht machte diesen wilden Charakter noch gräßlicher. Nie vergaß er die geringste Beleidigung oder den kleinsten Ungehorsam gegen seinen Willen, wobei ihm sein außerordentliches Gedächtnis sehr zustatten kam. Hier einige Beispiele, die ihn am besten charakterisieren werden. Ein Albaner hatte einen Vetter von ihm in zufälligem Streit getötet. Nachdem er dessen Weib und Kinder vor seinen Augen durch seine Tiger, deren er immer mehrere, sowie Löwen und andere Raubtiere in Käfigen unterhielt, hatte zerfleischen und auffressen lassen, ließ er ihn selbst langsam an einem Feuer braten. Der Bruder dieses Unglücklichen hatte sich noch beizeiten geflüchtet. Einige dreißig Jahre später erfuhr Ali Pascha, daß sich derselbe auf der nahegelegenen Insel Santa Maura aufhalte. Er schickte alsobald Abgeordnete mit sehr reichen Geschenken an ihn, die zu gleicher Zeit den Auftrag hatten, ihm die heiligsten Versicherungen zu geben, daß Ali längst alles vergessen und vergeben habe und er seine ehemalige Strenge sogar bereue. Er ließ ihm dabei die glänzendsten Versprechungen und lockendsten Anerbietungen machen, wenn er nach Albanien zurückkehren wolle. Der Unglückliche war schwach und leichtgläubig genug, sich betören zu lassen, und reiste mit den Abgesandten zurück. Kaum war er in

Janina angekommen, als ihn der Wüterich in Stücke hauen und seine Glieder in alle Straßen werfen ließ.
Um sich einen Begriff von seinem außerordentlichen Gedächtnis machen zu können, stelle man sich vor, daß er alle seine Offiziere, Soldaten und Angestellte bei ihrem Namen kannte. Seine Truppen waren nicht wie in anderen Staaten gleichmäßig besoldet, sondern jeder Soldat bekam monatlich etwas Gewisses, wie es Ali seinen Verdiensten angemessen bestimmt hatte, so daß fast keiner mit dem andern gleichgestellt war, und er wußte genau im Kopf, was jeder monatlich empfing.
In Janina gab es sehr reiche griechische Kaufleute, die, ohne je die Handlung gelernt zu haben, nach Italien, Triest, Rußland und Kleinasien handelten, oft weder lesen noch schreiben konnten und dennoch die einträglichsten Spekulationen machten. Sobald nun der Pascha durch seine Spione, deren er unzählige hatte, in Erfahrung gebracht, wie viel dieser oder jener bei einer solchen Spekulation gewonnen, wovon er sich vorher auf das Genaueste unterrichtet und die zuverlässigste Gewißheit verschafft hatte, schickte er einen von seinen Leuten an den Kaufmann mit der Bitte ab, er möge dem Pascha doch eine Summe von hundert bis tausend Zechinen oder mehr leihen, je nachdem der Gewinst ausgefallen war, von dem er in der Regel die Hälfte in Anspruch nahm, denn er fand es billig, gerade zu teilen. Wollte sich nun der Kaufmann mit Unvermögen und dergleichen entschuldigen, so fiel ihm der Abgesandte sogleich in die Rede und erklärte ganz lakonisch: „Mein Befehl lautet: Das Geld oder den Kopf." Da blieb wohl keine Wahl übrig, auch wäre es keinem zu raten gewesen, den hohen Schuldner an das Geliehene zu mahnen.
Der französische Brigadegeneral Detry bekam einst vom Gouverneur eine besondere Mission nach Janina und wurde vom alten Ali sehr freundlich aufgenommen, der ihm in einem Anfall von besonderer Laune sogar seinen

Harem aufschließen und seine zahlreichen Weiber vorführen ließ, ebenso den seiner hübschen Knaben, die ihm dazu dienen mußten, seine ekelhaften unnatürlichen Lüste zu befriedigen, wenn ihn diese anwandelten. Als der General den Harem wieder verlassen hatte, fragte ihn der Pascha, welche von den Frauen ihm am besten gefallen habe; dieser bezeichnete ihm diejenige, die am meisten Eindruck auf ihn gemacht hatte. Ali bat seinen Gast, eine Mahlzeit mit ihm einzunehmen, und ehe sich nach deren Beendigung Detry entfernte, fragte ihn der Pascha, ob er seine Geliebte noch einmal zu sehen wünsche? Der General bejahte es lächelnd. Ali gab ein Zeichen, ein Vorhang rauschte in die Höhe und ein schwarzer Verschnittener hielt das noch blutende Haupt der Unglücklichen an den Haaren! Der Wüterich lachte grimmig; Detry, über eine solche Untat erbittert, entfernte sich schnell. Dies war zur Zeit geschehen, als es schon mit der napoleonischen Herrschaft zu Ende ging, wovon Ali weit besser wie wir in Korfu unterrichtet war. Früher würde er so etwas nicht gewagt haben. Auch der französische Konsul in Janina, Pouqueville, ging eben nicht sehr gelinde mit dem Unmenschen um, drohte ihm mit des Kaisers Zorn, wenn er etwas bei ihm durchsetzen wollte, und betrat dessen Palast oft mit ganz beschmutzten und kotigen Stiefeln, die er an Teppichen in den Gemächern abputzte, welche viele tausend Piaster gekostet hatten, indem er zu ihm sagte: „Warum laßt Ihr Euere Straßen nicht pflastern und reinigen?" Der alte Ali, der damals große Furcht vor den Franzosen hatte, verbiß seinen Ingrimm unter hohlem Lachen. In Verlegenheit setzte es ihn, wenn der englische oder der französische Konsul zugleich bei ihm eintraten, da er beide gleich fürchtete. Er suchte dies möglichst zu verhindern, damit keiner eines Vorzuges sich rühmen könne.

Öfters ließ sich Ali bei den angesehensten Einwohnern Janinas zu Tische ansagen, wo er dann seine ersten Beamten, Diener und ein ganzes Gefolge von Garden und

Sklaven mitbrachte. Er speiste ganz allein an einem Tisch; den Wirt des Hauses lud er gewöhnlich ein, sich in seiner Nähe niederzulassen, und es wurde dabei türkische Musik gemacht. Beim Abschied sah er es gerne, wenn man ihn und sein Gefolge beschenkte, was aus guten Gründen nie unterlassen wurde. Es geschah auch wohl, daß seine Diener dem gastfreien Wirt einige nicht zu verkennende Winke gaben, welche Geschenke ihrem Herrn und ihnen selbst die willkommensten sein würden. Alis Schlauheit war im ganzen Land zum Sprichwort geworden, und ohne die Diplomatie auch nur den Namen nach zu kennen, überlistete er nicht selten die gewandtesten Diplomatiker.

Gleich nach meiner Zurückkunft von Janina trug sich ein Vorfall in Korfu zu, der gewaltiges Aufsehen machte. Ein Kapitän, Quartier-maître-tresorier vom 6. Linienregiment, ein Elsässer und guter Bekannter von mir, war von einer schweren Nervenkrankheit heimgesucht und verfiel in eine so hartnäckige Asphyxie, daß ihn jedermann für tot hielt und die Ärzte ihn dafür erklärten. Alle Anstalten zu seinem Begräbnis (wegen der großen Hitze wurden die Leichen hier schon in den nächsten vierundzwanzig oft zwölf Stunden nach dem Tode beerdigt) und zu den ihm zukommenden Ehrenbezeugungen waren getroffen. Obgleich Protestant, wonach niemand fragte, wurde er doch in die sich zu Korfu befindliche einzige katholische Kirche gebracht. Der Sarg wurde in der Mitte derselben aufgestellt, mit allerlei Symbolen und sich auf den Tod beziehenden allegorischen Bildern, unter denen auch das Skelett der von der Natter gebissenen Kleopatra, behangen. Musik und Tambours zogen mit klingendem Spiel in die Kirche, vor deren Türen die gebräuchlichen Salven abgegeben wurden, worauf zuletzt noch Mann für Mann einzeln sein Gewehr in der Kirche abfeuerte. All dieser Lärm vermochte nicht, den Scheintoten aus seinem Starrkrampf zu erwecken, der aber, man denke sich den entsetzlichen

Zustand, sein völliges Bewußtsein hatte und jedes leise gesprochene Wort auf das Deutlichste vernahm. Doch ich will seine eigenen Worte hier anführen, mit denen er mir das schreckliche Ereignis, das ihn betroffen, mitteilte. „Von dem Augenblick an, als ich in den Starrkrampf verfallen war, war es mir schlechterdings unmöglich, trotz des starken Willens und aller Anstrengung, die ich deshalb machte, auch nur die geringste Bewegung an irgendeinem Teil des Körpers hervorbringen zu können, es war als wären alle meine Gliedmaßen in eiserne Bande und Fesseln geschlagen und gänzlich gelähmt. Dabei vernahm ich das leiseste Wort, das in meiner Gegenwart gesprochen wurde, auf das Deutlichste, konnte meine Zunge nicht rühren, und hatte doch das heftigste und glühendste Verlangen, die Leute, die mich alle tot glaubten, zu enttäuschen. Nun stelle man sich meinen entsetzlichen Zustand vor, als ich alle Anstalten zu meiner nahen Beerdigung wahrnehmen mußte, wie man mich wusch, dann in das Leichengewand kleidete, mich in den Sarg legte, in die Kirche trug, und nachdem alle Zeremonien und das Abfeuern der Soldaten beendigt war, in die schauerliche Gruft hinabsenkte. Alle meine Sünden fielen mir in diesem Augenblick ein, und der Hölle fürchterliches Bild drängte sich mir mit Gewalt vor die Augen. Ich kam, nachdem man mich hinabgelassen, auf einen Haufen halb und ganz verwester Kadaver zu liegen, und blieb noch etwa 5–6 Stunden in dem starren Zustand. Dann aber erhielt ich allmählich meine Bewegungskraft wieder, wozu wohl auch der pestilenzialische Geruch, der mich umgab, das seinige beitragen mochte. Ich richtete mich nun auf und tappte in der dichtesten Finsternis auf Haufen von Leichen und Knochen herum, kam endlich an eiskalte, von Feuchtigkeit triefende Mauern, an denen ich vergeblich einen Ausweg suchte, der mich aus diesem schrecklichsten aller Kerker befreien sollte. Um die Decke des Gewölbes zu erreichen, wozu aber meine Arme nicht auslangten, bemühte ich mich, die zum Teil halb verfaulten Körper zusammenzuschleppen und aufzutürmen, um so einen Hügel zu bilden, auf dem ich, oben angekommen, mich so vielleicht hörbar machen könnte. Die Verzweiflung gab mir Kraft, und es gelang. Ich gab mir nun die unsäglichste Mühe und strengte mich über die Maßen an, einen Gewölbstein zu lüften, der in die Kirche führte. Aber alle meine Bemühungen waren vergeblich, da selbst mehrere Männer mit eisernen Hebeln dazu erforderlich waren. Ganz entkräftet sank ich wieder nieder, dumpfe Verzweiflung und namenlose Trostlosigkeit bemächtigten sich meiner. Noch einmal raffte ich mich zusammen, ergriff einen der dicksten Totenknochen, mit dem ich nun, so stark ich es vermochte, wider das Gewölbe schlug, aber mehrere Stunden vergingen, ohne daß ich irgendein Resultat wahrnahm. Schon wollte ich mich hoffnungslos der Verzweiflung preisgeben, als ich plötzlich ein dumpfes Gemurmel von mehreren Männerstimmen über mir vernahm, Tritte hörte, bemerkte, daß man bemüht war einen Stein zu heben, und endlich den Schimmer des Tageslichts gewahrte, worauf die Öffnung bald völlig frei wurde. Nie hatten meine Ohren eine lieblicher klingende Harmonie vernommen, als das hierdurch verursachte Getöse; und als der erste Strahl des Lichtes in den Schreckensort drang, da war es mir, als würde ich neu geboren und träte in das Paradies ein. Als der Stein ganz gelüftet war, schwang ich mich mit Hilfe eines Strickes, den man mir reichte, in die Kirche hinauf, und stand mitten unter einem Haufen Menschen, die nicht wenig über meine Erscheinung erstaunt waren." – Die Kirchendiener hatten, als sie des Morgens die Vorbereitungen zur Frühmesse trafen, den unterirdischen Lärm vernommen, aber zuerst samt dem Geistlichen, der die Messe lesen sollte, die Flucht ergriffen, in der Meinung, die Toten seien zum jüngsten Gericht auferstanden oder der Teufel selbst habe seinen Sitz im Gewölbe aufgeschlagen. Man hatte die Sache gleich dem Platzkomman-

danten gemeldet, der Befehl zur Öffnung des Gewölbes erteilte und zu diesem Behuf einen Adjutanten nebst einigen Sappeurs abschickte. Der Gerettete wurde wieder völlig hergestellt und wohnte später selbst noch mancher Leichenfeierlichkeit bei.
Ende Oktober wurde ich mit meiner Kompagnie nach *Govino* oder Gouin detachiert, oder vielmehr nach einer diesem Ort gegenüber errichteten Batterie, ebenfalls angelegt, um hier eine mögliche Landung der Engländer zu verhindern. Das Dorf Govino war nur eine gute Stunde von der Stadt Korfu entfernt, hatte eine herrliche romantische Lage an dem Ufer einer kleinen Bucht und war von Oliven- und Limonenwäldchen umgeben. Ich nahm meine Wohnung in einem der Familie Bulgari gehörigen Landhaus, das hinter den Batterien versteckt lag und einen hübschen Garten hatte. In dem unteren Stock desselben waren die Unteroffiziere und die Artilleristen einquartiert, der übrige Teil der Mannschaft lag in einer Art Kasematte mit Schießscharten versehen. Diese Gegend war aber im Sommer so ungesund, daß die daselbst liegenden Truppen wenigstens alle vier Tage abgelöst werden mußten, und dennoch erkrankten viele Leute. Ehe man aber diese Erfahrung gemacht, hatte man sie teuer bezahlen müssen; denn von einer ganzen Kompagnie, der des Hauptmanns Gasqui, die man zuerst im Sommer einen ganzen Monat hatte daselbst liegen lassen, waren samt dem Kapitän, wodurch auch Madame Gasqui, die nicht mitgegangen, sondern in der Stadt geblieben, Witwe geworden war, bis auf siebzehn Mann und den Oberleutnant, 119 Mann in allem gestorben, auch die am Leben Gebliebenen waren noch jahrelang kränklich. Sobald aber die Regenzeit mit Ende Oktober eingetreten, war auch die cattiva aria oder verpestete Luft, verschwunden, und der Winter und das Frühjahr daselbst sehr angenehm. Der Kapitän Roy, den ich ablöste, hatte, wie so viele Offiziere, eine hübsche junge Griechin als Mätresse bei sich, sollte sich aber in kurzem

mit der Tochter eines reichen Griechen verheiraten, nachdem ihm eine hübsche junge Französin, die Tochter des Kommandanten der Gendarmerie zu Korfu, Mademoiselle Fournier, der er den Hof gemacht und um sie geworben, einen Korb gegeben, weil er seine Mätresse nicht abgeschafft hatte. Die Griechin war nicht so empfindlich oder ignorierte die Sache und erhielt eine Aussteuer von 24 000 Talari, was jene nicht hatte. Als er mir den Posten übergab, bat er mich, doch auch zugleich seine Geliebte, Tonina, mit übernehmen zu wollen, da er in ein paar Tagen Hochzeit machen müsse und sie folglich nicht länger bei sich behalten könne. Ich tat ihm den Gefallen unter der Bedingung, das Mädchen nicht länger als vier Wochen zu behalten, was man einging. Tonina war hübsch, nicht ohne Geist und hatte viel Scharfsinn. Schon über ein Jahr hatte sie mit Roy gelebt, der sie, dreizehnjährig, von ihren Eltern weggenommen hatte. Als sie zuerst vernommen, daß sich Roy verheiraten und sie verlassen werde, war sie so wütend geworden, daß sie nach ihm biß und kratzte, sich auf die Erde warf, xaphnico ogni sorte, Diavolo smesso su, gamotti bisti su, abscheuliche, neugriechische Flüche ausstieß, und sich dabei konvulsivisch auf dem Boden wälzte. Ich machte sie aber gleich damit bekannt, daß sie nur eine provisorische Stelle bei mir habe, sie fügte sich zwar darein, machte aber doch Umstände, als die vier Wochen um waren, und ich bedurfte alles Ernstes, sie mir wieder vom Halse zu schaffen. Du heiratest ja nicht, meinte sie. Glücklicherweise fand sich nach sechs Wochen ein Bataillonschef, der sie übernahm.

Von Govino aus machte ich Streifereien zu Fuß in die nächsten Umgebungen, nach dem romantisch gelegenen *Potamo*, der einzige Ort auf der Insel, der, die Stadt ausgenommen, einen Kirchturm und einige Ähnlichkeit mit dem bei Frankfurt gelegenen Bornheim hat. Durch anmutige Orangenwälder ging ich nach dem nahen Ipso, ein hübsches Dorf am Ausfluß des Schildkrötenbaches gelegen. Der Aufenthalt in Govino war mir nicht unangenehm. Gegen Abend ritt ich gewöhnlich in die Stadt, wo ich damals ein vertrautes Verhältnis mit der zweiten Tänzerin, Chiaretta Gaspari, hatte, eine von jenen schlanken Graziengestalten, deren Wuchs und Bewegungen so verführerisch wollüstig sind, und der auch der Payeur général nachstellte, dem ich aber zuvorgekommen war. Gewöhnlich ritt ich erst mit der Morgendämmerung beim Aufschluß der Tore wieder zurück. Eines Abends aber, es war an einem düstern, regnerischen Novembertag, verließ ich die Stadt beim Torschluß, hielt mich noch eine kleine Stunde in der Vorstadt Mantucchio auf, wo ich eine Bestellung zu machen gehabt, und ritt dann bei stockfinsterer Nacht weiter. Der Weg bis zum Dorf Govino geht längs der Meeresküste. Dann aber mußte ich hinter demselben herum und eine kurze Strecke durch den Wald, um auf meine Batterie zu kommen. Auf diesem Teil des Weges, der in mehreren kleinen Pfaden zwischen den Bäumen bestand, verirrte ich mich gänzlich, und obgleich ich ihn mehr als hundertmal am Tag gemacht, war es mir nicht möglich, mich bei dieser Finsternis, man sah keine Hand vor den Augen, wieder zurechtzufinden; ich irrte schon lange umher, als sich plötzlich mein Pferd weigerte weiter voran zu gehen. Obgleich ich es auf das Kräftigste antrieb, ihm beide Sporen in die Rippen setzte, so war es doch nicht zu bewegen einen Schritt vorwärts zu tun, sondern setzte sich im Gegenteil auf die Hinterfüße, sich hoch bäumend. Ich stieg nun ab, um zu untersuchen, was für ein Gegenstand das Tier am Weiterschreiten hindern könne, und fand, daß ich an einem jähen Abhang stand. Hätte das Pferd nicht bessere Augen als der Reiter gehabt, so wären beide in die Tiefe hinabgestürzt und hätten wahrscheinlich den Hals gebrochen. Ich führte es jetzt am Zügel und konnte lange keinen Weg mehr finden, bis ich endlich in noch weiter Ferne ein Licht schimmern sah, auf das ich zuging und ein kleines Häuschen fand, in dem ein Grieche mit seinem

Weib und ein paar Kindern die einzige Stube, Küche und Stall, alles in einem, bewohnte. Als ich ihm zu verstehen gab, er möge mir den Weg nach Govino zeigen, sagte er zu mir: dies sei über zwei gute Stunden entfernt, ich möge bis zum Tag bei ihm bleiben, dann wolle er mit mir gehen, und erbot sich, mir ein Lager von Blättern in einem Winkel seiner Hütte zu machen. Es blieb mir nichts übrig, als dies Anerbieten anzunehmen; ich band mein Pferd an einen Baum und schlief ganz gut auf dem ziemlich feuchten Lager. Als der Tag graute, weckte mich mein Wirt, indem er sich erbot, mich nun nach Govino zu führen. Wir brauchten in der Tat zwei Stunden bis dahin, wo ich meinen gastfreudlichen Führer mit ein paar Piastern, die ich ihm zur Belohnung in die Hand drückte, was ihn sehr zufrieden machte, entließ.

Eines Tages besuchte mich der Chef d'état major der Garnison von Korfu, Oberst Bauduy, auf meinem Landhaus in Begleitung einer hübschen, jungen Dame; beide kamen nebst einem Bedienten geritten. Die junge Dame war eine Pariserin, Bauduys Geliebte, und sehr geistreich. Sie war die Gattin eines Pariser Bankiers, die er entführt hatte, und die nun mit ihm lebte. Ich begleitete gegen Abend beide in die Stadt zurück und wurde eingeladen, sie manchmal zu besuchen. Der Oberst bewohnte ein zwischen Ruinen aus der letzten Türkenbelagerung ziemlich einsam liegendes Haus hinter dem Gouvernementspalast, in der alten Festung. Ich machte bald von dieser Einladung Gebrauch, und zwar mehr, als dem Herrn Oberst lieb war. Nicht sehr weit davon hatte ein Offizier von unserm Regiment, der Kapitän Stahl, sein Quartier. Diesen besuchte ich jetzt öfters und nahm so die Zeit wahr, wenn Bauduy ausging, um der hübschen Madame Guidon – so nannte sie sich – einen Besuch abzustatten. Sie sang recht artige Romanzen, und wir sangen und spielten öfter zusammen und mit der besten Harmonie, die aber dem Chef d'état major eben nicht sehr lieblich zu klingen schien. Stahl hatte sich in eine junge, kaum vierzehnjährige Griechin aus einer wohlhabenden Familie verliebt, Gegenliebe gefunden und mir sein Geheimnis vertraut. Das Hinterteil des Hauses, in dem seine Geliebte wohnte, ging in ein enges, schmales Gäßchen, wo er dieselbe nur durch ein ziemlich hohes Fensterchen sehen und sprechen konnte, aber keine andere Gelegenheit hatte, in nähere Berührung mit ihr zu kommen. Das Mädchen sprach das Venetianische geläufig, Stahl aber nur ein paar Worte schlecht italienisch; beide hatten sich bisher mehr durch Zeichen verständlich gemacht und schienen vor Liebe fast zu vergehen. – „Da bleibt nichts anderes übrig, als eine Entführung", sagte ich zu Stahl, da er nicht aufhörte mir seine Sehnsucht zu klagen. Dazu war er auch bald entschlossen, und es kostete uns keine große Mühe, die junge Griechin zur Einwilligung zu bringen. Wir kamen überein, sie in der nächsten Nacht, wo sie versuchen wollte das Haus ihrer Eltern nach elf Uhr zu verlassen, zu entführen, und gingen verabredetermaßen zur bestimmten Stunde in das kleine Gäßchen, wo wir zuerst noch ein Pourparler mit dem Mädchen hatten, die uns mitteilte, daß sie unmöglich zur Haustüre hinauskommen könne, die verschlossen und verriegelt und von der der Schlüssel abgezogen sei. – „Nun, dann müssen Sie die Promenade durch das Fenster machen", rief ich ihr zu. – „Unmöglich, es ist zu hoch." – „Ich will schon Mittel finden, daß es gefahrlos geschehen kann." Ich hieß Stahl dableiben, während ich mich nach einer Leiter umtun wolle, und eilte in die nächste Kaserne, eine solche zu suchen, aber vergeblich. Es war nirgends eine aufzutreiben. Ich requirierte daher vier Grenadiere von unserem Bataillon und lieh mir eine große baumwollene Decke bei einem Sergeant-Major, mit diesen kam ich zu Stahl zurück, dem ich sagte, daß, da ich keine Leiter gefunden, sich seine Geliebte schon zu einem kleinen Sprung bequemen müsse, es sei ja kaum zwanzig Schuh hoch, und sie könne sich unmöglich einen Schaden tun, da sie auf die von vier starken Männern gehaltene Decke falle. – „Ma ho troppo paura“, lispelte die junge Griechin. – „Ma che paura, santa mattiamo, sakapaupoli“, erwiderte ich halb italienisch, halb griechisch, „saltate pure, sarete ben ricevuto.“ (Was Furcht, Stern meiner Augen, springen Sie nur zu, Sie werden wohl empfangen.) Nach noch einigem Zureden entschloß sie sich zum Sprung, und lag im Nu auf der Decke, von der ich sie mit meinen Armen hob und denen Stahls überlieferte, der mit seiner holden Beute nach dem Fortvieux zu, in seine Wohnung eilte, während ich die Grenadiere, die das Mädchen aufgefangen hatten, belohnt heimschickte. Den andern Tag kam gegen Mittag Herr v. Brüge in aller Eile nach Govino geritten und verkündete mir, daß ich höchst wahrscheinlich noch denselben Tag abgelöst werden würde, weil ich tätige Hilfe bei der Entführung der jungen Caloyera geleistet habe. Der Gouverneur sei bereits von der ganzen Geschichte unterrichtet, höchst aufgebracht, der Vater des jungen Mädchens sei bei ihm gewesen, habe Stahl, zu dem er mit Dolchen bewaffnet gelaufen, zu ermorden gedroht, und man habe den Mann nur durch das Versprechen, die Schuldigen zu bestrafen, und daß der Kapitän seine Tochter heiraten solle, beruhigen können. Brüge befragte mich nun nach den näheren Umständen dieses Vorganges, und ich eilte ihm denselben mit. Stahl hatte selbst angegeben, daß ich der Helfershelfer bei der Geschichte gewesen. Herr v. Brüge verließ mich mit den Worten: „Nun ich will wünschen, daß es gut für Sie abläuft.“ Aber den andern Morgen erhielt ich Ordre, mit einem Detachement von siebzig Mann nebst dreißig Albanesern nach *Rocca Timono* aufzubrechen. Ein wüster Felsen an der Westseite der Insel, in der Gegend von Pallea-Castrizza, an dessen Fuß der Hafen Affiona lag, eine kleine Bucht, die ebenfalls bequem zu einer Landung war. Denselben Tag erschien auch noch ein Tagesbefehl des Gouverneurs, in welchem er diese Begebenheit streng rügte. Stahl erhielt scharfen Arrest, und der Oberst Benzel-Sternau drückte noch in einem besonderen Annex der Ordre aus, daß es sehr bedauerlich sei, daß Offiziere von unserem Regiment die Veranlassung zu einem solchen Befehl gegeben hätten, und daß, wenn sich dergleichen wiederholte, er es an den Kriegsminister berichten müsse. – Höchst mißmutig brach ich nach Rocca Timono auf, vielleicht der ödeste Ort der ganzen Insel. Auf einem hohen Felsen, zu dem man nur zu Fuß mit Lebensgefahr an dem steilen Rand eines tiefen Abgrundes, Mann vor Mann kletternd, gelangen konnte, war eine kleine Reiserhütte mit Laub bedeckt von den Soldaten erbaut, die zwei Abteilungen, eine für den Offizier, die andere für die Soldaten, hatte, und in die Wind und Regen von oben und allen Seiten drang. Da es gerade in der Regenzeit war, so schwamm man beständig im Wasser und hatte weder bei Tag noch bei Nacht einen trockenen Fleck am ganzen Leib. Dabei hatte ich die strengste Ordre erhalten, mich unter keinem Vorwand, welcher er auch immer sei, von diesem Posten zu entfernen. Dies Kommando hatte ich der Protektion meines Gönners, des Chef d'état major Bauduy, zu verdanken gehabt, wie ich später erfuhr, der mich gern aus seinem Bereich und Gehege vertrieb. Stahl, der zwar im Fortvieux blieb, mußte Caloyera heiraten, mit der er einige tausend Talari Aussteuer bekam. Einen ganzen Monat mußte ich auf dem rattenkahlen Felsennest, wo man kein Grashälmchen sieht, zubringen und buchstäblich im Wasser liegen. Aus Langeweile ließ ich die Soldaten gymnastische Übungen machen, Purzelbäume und Rad schlagen und um Paras spielen und balgen. Dies war mir der verdrießlichste Monat meines ganzen Lebens. Endlich, nachdem ich wohl ein Dutzend Briefe an Benzel-Sternau und Herrn v. Brüge geschrieben, wurde ich erlöst und nahm mir nun fest vor, mich nicht mehr mit den Entführungen anderer zu befassen. Ich kam gerade noch zur Trauung Stahls, die, obgleich er Protestant war, doch in einer griechischen Kirche stattfand. Stahls junge

Frau hatte unterdessen Bekanntschaft mit der Geliebten Bauduys gemacht, und nachdem ich erfahren, welchen Anteil dieser an meiner Versetzung genommen, beschloß ich, mich mit Hilfe von Stahls Gattin desto mehr an ihm zu rächen. Dies war um so leichter, da Amelie – dies war ihr Taufname – jetzt sehr oft zu Stahls kam, wo ich dann oft mit den beiden Damen allein war, und die eine die Aufpasserin machte, während ich mit der andern tändelte. Eines Tages aber hatte ich es gewagt, als Bauduy, der anfing die Besuche seiner Geliebten bei Madame Stahl sehr ungern zu sehen, gerade zum Gouverneur gegangen war, Amelie in seiner Wohnung zu besuchen, in die ich in der Abenddämmerung durch ein Hinterfenster stieg, um von keinem Bedienten bemerkt zu werden. Aber kaum hatten wir uns herzlich bewillkommt, als der Oberst, der etwas vergessen hatte, zurückkehrte, so daß ich gerade noch Zeit hatte, mich in einen Schrank, den Degen in der Hand, eiligst zu verbergen, sowie Amelie das Zimmer zu verlassen, welches sie abschloß. Als ich aber unten rumoren hörte und fürchtete, man möchte hinter mein Versteck kommen, verließ ich dasselbe eiligst und sprang aus einem Fenster, wenigstens fünfzehn Fuß hoch, in einen kleinen, noch von einer Mauer umgebenen Raum hinab, aus dem ich hinauskletterte und mich in den Ruinen alter Häuser verbarg. Aber Freund Stahl begann nun auch eifersüchtig zu werden und meine häufigen Besuche ungern zu sehen. Um ihm keinen weiteren Anlaß zum Mißvergnügen zu geben, setzte ich sie vorerst aus und machte unterdessen der Madame Roy den Hof, deren Mann die erhaltene Aussteuer zum großen Mißvergnügen seiner Frau verkohlt hatte, und da ihm dieses Verkohlen nicht den fünften Teil der erwarteten Fonds einbrachte, so war auch er mißvergnügt, mit der Familie gespannt, und ließ sehr unklugerweise seinen Unmut seine junge Gattin empfinden, die ich nun zu trösten unternahm. Madame Stahl sollte mir doch später werden, wenn auch erst auf französischem Boden. – Doch ich muß die Sache deutlicher erzählen, wenn man mich verstehen soll. Die Aussteuer, welche die Töchter der wohlhabenden Familien in Korfu erhalten, und von der es heißt, sie sei 10, 20, 30, 50 und mehr tausend Talari, besteht nur in sehr wenig barem Geld, einigen sehr hoch angerechneten Pretiosen, und der Rest in Land mit so und so viel Olivenbäumen, die in gewöhnlichen Zeiten eine bestimmte Rente abgeben. Jetzt aber, wo der Preis des Öls bis auf den fünften Teil seines früheren Wertes herabgesunken war, hatten natürlich auch diese Baumstücke einen weit geringeren Wert. Roy, der aber gerne bares Geld gebabt hätte und solches brauchte, ließ alle ihm gehörigen Olivenbäume, unter denen Tausende viele Hundert Jahre alte Stämme waren, umhauen und zu Kohlen brennen, die er nach dem Gewicht auf dem Markt verkaufen ließ, und so kaum zwei- bis dreitausend Talari daraus löste, die bald ausgegeben waren. Daher der Unwille seiner Schwiegereltern, der auf die Tochter überging, die sich nun fast mehr im Hause ihrer Mutter, wo ich sie täglich sah, aufhielt, als in der Wohnung ihres Gatten, und der mein Trost ganz willkommen war. Hier lernte ich auch eine andere, noch sehr junge Griechin, Marietta Vonda, ihre Jugendfreundin, kennen, die alle hellenischen Schönheiten in sich vereinigte. Mit dieser knüpfte ich bald ein Verhältnis an, und da ihre Eltern ganz ohne Vermögen waren, so willigten sie unter gewissen Bedingungen ein, daß ich das Mädchen auf eine bestimmte Zeit, drei Monate, zu mir nahm, während welcher ich, alles andere vergessend, recht vergnügt mit ihr lebte und sie dann einem Rittmeister der Chasseurs à cheval abtrat, der sie ganz behielt und später auch mit sich nach Frankreich nahm, und sie sogar heiratete. Nach ihr zerstreute ich mich auf kurze Zeit mit zwei recht artigen Israelitinnen, die in der Nähe meines Quartiers wohnten, und sich Nina und Berna nannten, und dann wieder mit einer jungen Griechin, Anetta, genannt. So brachte ich immer einige Abwechslung in das sonst ziemlich einförmige Leben zu Korfu. Manche meiner Kameraden machten es nicht viel besser, nur waren sie etwas beständiger. Noch immer hatte ich den Tisch bei Herrn v. Brüge, und gab dabei Josephinen Unterricht, jetzt auch im Deutschen und der Geschichte. Einmal wurde ich jedoch in einer ziemlich zweideutigen Situation mit ihr von der Frau Mama ertappt, von der wir nun einen fast stundenlangen Sermon anhören mußten. – „Ach, die Mama hat es auch nicht besser gemacht, wie der Papa sagt", sprach Josephine, als wir endlich wieder einen Augenblick allein waren. Um die Frau Mutter wieder zu besänftigen, schickte ich ihr einen prächtigen, mit Oliven gemästeten Indian in die Küche, nebst einigen Pfunden Mandelkonfekt, von dem sie eine große Liebhaberin war. Es war gerade um Weihnachten, welche die Griechen besonders mit diesen Leckerbissen feiern. – Gleich nach Neujahr 1813 fiel eine tragische Begebenheit vor, die ungemeines Aufsehen in der Garnison erregte. Der Kapitän einer der im Hafen zu Korfu stationierten Fregatten hatte einen auf derselben eingeschifften Marinesoldaten wegen eines unbedeutenden Vergehens mit Stricken, eine bei den französischen Matrosen damals gebräuchliche Strafe, hauen lassen. Dieser hatte sich aber verzweifelt gewehrt und geschimpft, indem er sagte, eine solche entehrende Züchtigung gehöre keinem französischen Soldaten, und der sie verordne, sei ein infamer Büttel usw. Er mußte sich aber zuletzt natürlich der Gewalt ergeben und die Strafe erdulden. – Einige Tage darauf, als er wieder eine Wache auf dem Schiff bezog, tauschte er mit einem Kameraden, dem der Posten vor des Kapitäns Kajüte geworden, um daselbst Schildwache zu stehen, und als der Offizier am Abend aus dem Theater kam und sich in sein Gemach begeben wollte, schoß ihn der Soldat mit den Worten: „Canaille, voilà pour toi" nieder, hierauf ausrufend: „Me voilà content, qu'on me fasse fusiler à mon tour!" – Dies fand auch kurze Zeit darauf, nachdem er durch kriegsgerichtliches Erkenntnis zum Tode verurteilt worden war, statt, und er wurde auf einem eigens dazu errichteten Floß mitten in der Reede, im Angesicht der ganzen Marine und der Landtruppen, erschossen. Ein seltsamer Zufall ließ mich durch diese Gelegenheit eine Delikatesse kennenlernen, von der ich mir niemals etwas hätte träumen lassen. Um die Exekution besser mit ansehen zu können, war ich mit einigen Kameraden nach der Insel Vido hinübergefahren. Kaum war der Soldat erschossen, als sich ein so gewaltiger Sturm erhob, daß es schlechterdings unmöglich war, wieder nach Korfu zurückzufahren, und zu gleicher Zeit ließ sich auch ein Erdstoß verspüren, der jedoch nicht sehr bedeutend war. Desto heftiger aber stürmten die entfesselten Winde, und der Sturm wütete so arg, daß man für diesen Tag an die Überfahrt nicht mehr denken konnte. Auch die Barken, welche alle zwei Tage die Lebensmittel für die etwa 800 Mann starke Besatzung nach Vido brachten und um Mittag kommen sollten, die Exekution hatte um zehn Uhr morgens stattgefunden, blieben aus. Mit Sehnsucht warteten alle, daß sich der Sturm legen würde; denn der geringe Vorrat einiger Marketender an Brot und sonstigen Viktualien war schnell aufgezehrt und bald kein Stückchen mehr für Geld zu haben. Die Nacht kam heran, der Sturm tobte fort, und die Wellen türmten sich mehr und mehr. Lachend soupierten wir noch bei einigen Hühnern, die der auf der Insel befehligende Bataillonschef, bei dem wir uns zu Gast baten, und der auch das noch aufzutreibende Kommißbrot aufgekauft hatte, zum Besten gab. Aber auch die ganze Nacht, die wir in Erdhütten zubrachten, denn andere Wohnungen gab es in Vido noch nicht, währte der Sturm, und wurde womöglich den kommenden Morgen noch toller, so daß man an keine Kommunikation mit der Stadt denken konnte. Jetzt ging es an ein Schlachten aller vorhandenen Katzen und Hunde, die man mit schwerem Geld bezahlte, und da auch diese bei weitem nicht ausreichten,

die hungrigen leeren Mägen zu füllen, so machte man sich auf die Rattenjagd, deren es unzählige, und namentlich sehr fette Wasserratten, hier gab. Bald hatten die Soldaten mehrere hundert derselben gefangen und boten sie à drei bis fünf Franken per Stück feil. Öl fand sich auch noch etwas vor, und die getöteten Tiere wurden nun an Ladstöcken gebraten oder zu einem Ragout zugerichtet, und ich gestehe, daß ich einen solchen Rattenbraten ganz vortrefflich fand und mit dem größten Appetit verspeiste – Katzen hatte ich früher schon öfters gegessen, – sei es faute de mieux und weil ich großen Hunger hatte, oder weil die Ratte wirklich ein sehr delikates Fleisch hat, hätten wir nur Brot dazu gehabt. Der Sturm und die Rattenjagd dauerten noch bis gegen Abend, wo sich beides legte, und die heißersehnten Lebensmittel ankamen. Von jetzt an wurde ein kleines Magazin, auf acht Tage berechnet, von Vivres in Vido angelegt, damit man nicht wieder ähnlichem Fasten ausgesetzt war. Wir aber wurden bei unserer Rückkehr in Korfu noch brav ausgelacht und geneckt, indem man uns versicherte, daß, da wir uns ohne Urlaub entfernt und auch niemand gewußt, was aus uns geworden, man im Begriffe gewesen, uns als Deserteur par contumace durch ein Kriegsgericht verurteilen zu lassen.
Um diese Zeit fing man zu Korfu an, ganz insgeheim von dem unglücklichen russischen Feldzug und der schrecklichen Retirade der großen Armee zu munkeln; auch wurden wir durch die Engländer immer enger blockiert, die Lebensmittel wurden seltener und stiegen sehr im Preis. Doch waren wir noch weit entfernt, das Mißgeschick Napoleons und seines Heeres in seinem ganzen Umfang zu erkennen und dessen ungeheuern Verlust zu ahnen. Man wußte nicht, wie die Sachen eigentlich standen, und erfuhr nur, was eine in Korfu gedruckte Zeitung, welche einmal wöchentlich erschien, und den Titel „Moniteur jonien" führte, für gut fand, uns wissen zu lassen. Zudem war sie immer um einige Monate zu-

rück und druckte meistens nur das, was der Kommissar-Imperial aus den Pariser Zeitungen, die ebenfalls zwei bis drei Monate nach ihrem Erscheinen erst nach Korfu kamen, rot anstrich. – Im Frühjahr 1813, das heißt, im Januar halfen schon die im vorigen Jahre zuerst gepflanzten Kartoffeln, welche die Griechen als nach Erde schmeckend, noch verschmähten, etwas aus. Man bezahlte aber das Pfund noch mit einem Piaster oder mehr, wofür man sie den Soldaten abkaufte. Da die Lebensmittel immer seltener und teurer wurden, namentlich frisches Fleisch fast gar nicht mehr aufzutreiben war, so erließ der Gouverneur eine Order, durch welche er den Offizieren und Soldaten streng verbot, sich ferner noch mit der Unterhaltung von Frauen und Mädchen zu befassen, denn dies hatte zuletzt so überhand genommen, daß fast jeder Soldat ein solches Liebchen hatte. Die Griechinnen liefen ihren Männern und Vätern, die sie beständig unter strengem Gewahrsam einsperrten, gar zu gerne davon, um mit den Franzosen, die sie überall mit herumführten, spazieren zu gehen, Schauspiele, Tanz und Weinschenken zu besuchen. Man brauchte fast nur zu winken, so hatte man schon eine solche, oft sehr schöne, aber immer sehr unwissende und lästige Plage am Hals. Diese Order und der eingetretene Mangel verhinderten zwar weitere Entführungen, aber es war schon gar zu viel altes Übel vorhanden.

Die Frechheit der Engländer ging jetzt so weit, daß sich ihre Linienschiffe und Fregatten bis auf Schußweite den Festungswerken näherten. Eines Tages kamen zwei dieser Schiffe bis fast unter die Batterien des Meerschlosses, so daß sie von den auf sie geworfenen Riesenbomben beinahe in den Grund geschossen worden wären. Sie suchten schnell das Weite. Ein andermal wagte sich eine englische Brigg sogar bis in den Hafen von Govino und zündete daselbst mehrere kleine Schiffe an. Unsere Kanonierschaluppen suchten ihr zwar den Rücken abzuschneiden, aber ehe diese noch segelfertig waren und die

Anker gelichtet hatten, war die Brigg schon wieder in der weiten See. Die französische Marine hatte wenigstens eine Stunde mit Pfeifen und Vorbereitungen zugebracht, so daß wir alle, die wir dem Skandal von den Wällen zusahen, höchst entrüstet über dieses lendenlahme Verfahren waren, fluchten und schimpften. Reisinger rief ganz laut aus: „Ei, so pfeift mir" usw. Es war wirklich unverantwortlich, mehr denn zwanzig Kanonierschaluppen lagen in dem Hafen von Mandrachio, und keine brachte es dahin, flott zu werden, während die Brigg ihr Unwesen im Hafen von Govino trieb, was wir von Korfu genau beobachten konnten. Die Marineoffiziere mußten sich deshalb herben Spott von den Landoffizieren gefallen lassen. Es gab Reibereien und in deren Folge Duelle. Das Duellieren hatte überhaupt zuletzt unter der Garnison von Korfu und zwar unter den Unteroffizieren und Soldaten so sehr überhand genommen, daß fast keine Woche verging, wo es nicht einen Toten, der im Zweikampf gefallen war, gab, so daß endlich der Gouverneur eine sehr strenge Order an die Korpschefs erließ, um diesem Unfug Einhalt zu tun, und die Regimenter deshalb öfters konsigniert wurden.
Trotz der immer steigenden Teuerung, die bei den ärmeren Einwohnern bald Mangel verursachte, und den schlimmen Nachrichten vom Festland, mit denen man sich herumtrug, wurde dennoch der Karneval 1813 noch sehr fröhlich nach venetianischer Weise begangen. Die große Esplanade war von drei Uhr nachmittags an mit Masken jeder Art angefüllt, die sich bis in die Nacht hinein mehrten, doch außer dem stummen Auf- und Abgehen und einigen Neckereien, wenig Unfug trieben, sondern meistens, besonders die Griechen, die daran teilnahmen, sehr ernst waren. – Oft exerzierte ein oder das andere Regiment zu gleicher Zeit auf diesem Platz und kam durch seine Schwenkungen mitten unter die Maskenhaufen, die es dann jubelnd auseinanderjagte. Den Abend war das Theater sehr besucht, und nach

demselben zweimal in der Woche Kavalchini oder maskierte Festini.
Damals machte die Prima-Ballerina, Giuseppina Panzieri, allgemein Furore. Sie war eine geborene Mailänderin, noch nicht lange von Venedig gekommen, wo sie der Impressario Delungo selbst geholt, und eine von jenen Schönheiten, die da sagen können: Veni, vidi, vici. Sie hatte, was in Italien selten ist, blonde Haare und blaue Augen, aber keine von jenen schmelzenden, schmachtenden, wie man sie so häufig im Norden antrifft, sondern feurig-blaue; ein niedliches Gesichtchen mit schelmischen Zügen und einen Wuchs, wie man ihn nur von einer Tänzerin verlangen kann. Genug, geschaffen, um auch ein felsenhartes Herz noch zu rühren. Sie tanzte wie die Muse dieser Kunst selbst, machte Pirouetts, wobei einem schwindelte, und Entrechats, denen selbst das geübteste Auge nicht folgen konnte, und alles mit einer Grazie, die, wie die Herren Theaterkritiker sich auszudrücken belieben, in der Tat nichts zu wünschen übrig ließ. Unter den mancherlei Köpfen, die durch ihre Kreiswendungen und Trillersprünge, ihre Battemens und Ailes de pigeons usw. verwirrt wurden, war auch der eines fünfzigjährigen, sehr reichen Lieferanten namens Mastracha, und der des Kommissar-Imperial Lesseps, mit dem ich gut bekannt, öfter bei ihm zu Tische war und häufig auf die Jagd an die albanische Küste mit ihm ging. Letzterer mochte einige vierzig Winter zählen. Beide Nebenbuhler pochten auf ihre außerordentlichen Verdienste, die bei dem ersten in dem Besitz von vielleicht $1\frac{1}{2}$ Millionen Piaster bestehen mochten und bei dem andern darin, daß er die erste Zivilautorität und letzte entscheidende Instanz in allen bürgerlichen Angelegenheiten zu Korfu war und Napoleon gewissermaßen repräsentierte. Daß es dem gewichtigen Mann unter solchen Umständen auch nicht an Geld mangelte, kann man sich denken. Beide boten alles auf, um die Gunst der schönen Tänzerin zu erlangen. Mastracha scheute keine Kosten,

er sandte der Angebeteten an ihrem Namenstag einen prächtigen Blumenstrauß à la Murat, dessen Stengel aus einer Rolle von hundert Zechinen fabriziert war, und zwischen dessen natürlichen Blumen siebzehn diamantene Sternblümchen hervorblitzten. Der Mann hatte Geschmack, und das Geschenk war wohl dazu gemacht, die Augen, wenn auch nicht das Herz einer Tänzerin zu blenden. Dessenungeachtet trug der Kommissar-Imperial den Sieg davon. Sei es nun, daß seine hohe Würde oder sein noch kräftigeres Alter Peppina verführten, nach wenig Wochen bezog sie eine Wohnung, die ihr Geliebter dicht neben seinem Palazzo gemietet und auf das Prächtigste für sie und ihre Mutter eingerichtet hatte. Um aber die Sache bequemer zu haben, hatte er eine Türe durch die Mauer brechen lassen, welche beide Häuser trennte. Er war zwar vermählt und hatte Kinder, aber seine Familie lebte in Frankreich. Ich hatte die schöne Tänzerin früher einigemal bei dem Impressario gesehen, wo ich manche Abende in Gesellschaft der Mariana Recupido und anderer Künstlerinnen zubrachte, aber damals, das Ballett war noch nicht im Gange, nicht so sehr auf sie geachtet, als ihre Reize es wohl verdient hätten, und es ging mir erst ein Licht auf, als ich sie zum erstenmal auf der Bühne tanzend bewunderte. Aber jetzt war es zu spät und sie war bereits in Lesseps Händen. Was ich früher mit leichter Mühe erhalten hätte, sollte mir jetzt nur durch die raffinierteste List und Anstrengung zuteil werden.

Bisher hatten die Offiziere die täglich von neun Uhr morgens bis zwei Uhr nachmittags dauernden Theaterproben nach Belieben besucht, ohne daß jemand etwas Arges dabei gefunden hätte. Man frühstückte à la fourchette oder mit Gebackenem und dem hier sehr wohlfeilen Zyperwein, sang und sprang oft mit, und diese Proben waren keine kleine Unterhaltung für uns auf der an sonstigen Zerstreuungen ziemlich armen Insel; ja, wir hatten weit mehr Genuß dabei als an den Vorstellungen selbst. Seitdem die schöne Tänzerin dabei erschien, war der Raum zwischen den Kulissen immer so angefüllt, daß kaum durchzukommen war; natürlich versäumte auch ich fast keine dieser Proben. Bald hatte ich mich Peppina bemerkbar gemacht, und ihr Benehmen verriet mir, daß ihr meine Aufmerksamkeit gerade nicht mißfiel; ihr aber meine heiße Liebe zu gestehen, zu ihren Füßen um die Erhörung meiner Wünsche zu flehen, dazu fehlte es durchaus an Gelegenheit, denn Lesseps ließ sie durch seinen vertrauten Kammerdiener auf jeden Schritt mit Argusaugen bewachen. Dieser begleitete sie auf die Proben und verließ diese nur mit ihr, beobachtete jede ihrer Bewegungen und war so gut bezahlt, daß an Bestechung bei meinen jetzt ohnehin geringen Mitteln (wir bekamen keinen Gehalt und alle Geldsendungen waren durch die Blockade sehr schwierig, fast unmöglich gemacht) nicht zu denken war. Sogar in die Kirche verfolgte sie das dienende Gespenst, und stand während der ganzen Messe hinter ihr. Dennoch war es mir gelungen, Peppina zwei Billettchen unbemerkt bei den Proben zuzustellen, und ich erhielt sogar eine Antwort, die sie in die Latte einer Kulisse, von niemand als mir bemerkt, steckte, und der ich mich sogleich bemächtigte. Aus derselben ersah ich mit Vergnügen, daß sie recht gerne in die von mir verlangte Zusammenkunft willige, wenn ich nur Mittel ausfindig machen könne, eine solche zu bewerkstelligen. Ich steckte ihr nun wieder ein paar Zeilen zu, in denen ich sie versicherte, daß meine unnennbare Liebe zu ihr jede Schwierigkeit aus dem Weg zu räumen wissen werde. Indessen mußte der Intimus des Kommissars doch Lunte riechen, oder vielleicht war ihm auch sein Bewachungsamt bei den Proben zu beschwerlich, da er wirklich hundert Augen hätte haben müssen, um alles, was bei diesem Gewirre vorging, zu sehen. Genug, er berichtete eines Morgens seinem Herrn, daß er für nichts mehr stehen könne, da er weder allwissend noch allsehend sei, denn es ginge bei den Proben oft so bunt zu, daß ihm Hören und Sehen vergehe. Es seien immer ein paar Dutzend Offiziere und noch andere Herren zugegen, die ein Charivari und ein Durcheinander veranlaßten, daß, wenn er auch fünfzig Augen und Ohren hätte, diese dennoch nicht ausreichen würden, um zu bemerken, was sich dabei zutrage. Peppina sei beständig umlagert, man schiebe ihn beiseite, so daß er sie gar nicht mehr erblicken, vielweniger beobachten könne. Diese Worte waren dem ebenso eifersüchtigen als verliebten kaiserlichen Kommissar ebenso viele Nadel- und Dolchstiche. – „O, dem Unfug will ich bald ein Ende machen!" rief er aus. „Man hole mir sogleich den Impressario." – Dieser erschien nach wenigen Minuten mit hochgekrümmtem Rücken, hundert Bücklinge schneidend und untertänigst fragend, was die Illustrissima Exzellenza zu befehlen habe? – „Ich bin äußerst unzufrieden mit Ihnen, mein Herr Impressario. Was ist das für eine Unordnung, die bei Ihren Proben herrscht? Ich höre den Lärm nicht selten sogar in meinem Kabinett (seine Wohnung war in der Nähe des Theaters). Man sollte glauben, der Teufel selbst habe seine Residenz da aufgeschlagen und das wilde Heer hause im Theater. Wenn dies nicht anders wird, so sehe ich mich gezwungen, Sie von der Direktion zu suspendieren und sie jemand zu übergeben, der es besser versteht, Ordnung und Zucht unter dem leichtfertigen Volk zu erhalten." „Exzellenza halten zu Gnaden", stotterte der außer aller Fassung gebrachte und wie ein Espenlaub zitternde Impressario in angustie. „Nicht meine Leute, Illustrissimo, Gott bewahre, das sind lauter Lämmer, die Herren Offiziere machen diesen Skandal."

„Was Offiziere", donnerte er sich recht ergrimmt und unwissend stellende Kommissarius, „Offiziere! Wie kommen diese in die Proben? Wo in aller Welt hat man so etwas gehört; wie können Sie solchen Mißbrauch zugeben? Gehen Sie einmal nach Paris und sehen, ob man da einen Offizier auf der Bühne trifft, ja selbst in den

kleinsten Theatern Frankreichs nicht. Was soll aus der Kunst werden, wenn sich das alles verheerende Kriegsvolk einmengt?"
„Exzellenza haben vollkommen recht, auch ich möchte oft verzweifeln, aber was soll ich machen? Da werden Gabelfrühstücke serviert, gegessen, getrunken, gesprungen, geschäckert und gelacht, ich muß nolens volens mittollen und mittrinken, sonst geht es gar nicht. Statt zwanzig Proben müssen fünfzig gehalten werden, und doch geht es nicht, wie es soll. Gerne wollte ich dem Übel abhelfen, aber das steht nicht in meiner Macht, die Herren Offiziere nehmen von mir keine Räson an. Schon einige Male habe ich die Damen einzeln und zusammen beiseite genommen und ihnen vordemonstriert, daß sich solcher Unfug nicht schicke, daß ich mir dergleichen verbitte. Aber, du lieber Gott, das half soviel wie nichts; sie lachten mich aus und sprachen: Im Teatro di San Carlo zu Neapel, à la Scala zu Mailand, al Fenice zu Venedig usw., da geht es noch ganz anders zu, und man begegnete mir nur um so schnippischer."
„Ei was", fiel nun Lesseps ein, „wir sind nicht in Venedig, Mailand oder Neapel, sondern in Korfu, und hier bin ich Herr und befehle Ihnen, von heute an das Theater während der Proben zu schließen, und niemand, wer es auch sei, der nicht zum Theater gehört, weder bei den Proben noch während der Vorstellung auf die Bühne zu lassen. Ich werde Ihnen eine Polizeiwache geben, und Sie werden die Türe nur für die Mitwirkenden öffnen lassen." „Wie Exzellenza befehlen, aber ich fürchte nur ..." „Was fürchten Sie? Nichts, gar nichts haben Sie zu fürchten", fiel die Exzellenz donnernd ein, „ich befehle es so, und damit basta." Mit einem submissesten Bückling, der selbst vor der Türe noch permanent zu sein schien, trat Delungo die Retirade an, sich zu Gnaden empfehlend, mit dem löblichen Vorsatz, der erhaltenen Order genau nachzukommen. Es war bald Zeit zur Probe, die versprochene Polizeiwache stellte sich ein, und

Delungo ließ die Pforten des Schauspielhauses schließen, die sich jetzt nur noch für die Eingeweihten öffneten, und alles, was sich der Gewohnheit gemäß einfand und nicht im Sold Apolls oder unter dem direkten Schutz der neun Musen stand, wurde auf das unbarmherzigste abgewiesen. Mit zerknirschtem Angesicht und gerührter Stimme machte der Impressario in einer Anrede sämtliche Kunstjünger mit dem erhaltenen Befehl bekannt. Welche Bestürzung diese Trauernachricht unter dem weiblichen Kunstpersonale hervorbrachte, ist unbeschreibbar. Zuerst herrschte tiefe Stille; alle waren konsterniert, denn der Schlag kam zu unerwartet und war zu heftig, er hatte auch die geläufigsten Zungen gelähmt. Als man endlich allmählich wieder zu sich selbst kam, ging diese Stille erst in ein leises, dann in ein lautes Murren und endlich in ein brausendes Wüten und Toben über, dem die heftigsten Verwünschungen gegen den Urheber dieses Befehls folgten. Selbst das männliche Personal äußerte, wenn auch mit mehr Mäßigung, seine Unzufriedenheit. Denn ach! – die herrlichen, wohlschmeckenden Frühstücke, an denen jedermann teilnehmen durfte, fielen nun weg. Doch was half alles Lärmen und Lamentieren, die Sache war einmal nicht zu ändern, und – Probe mußte gehalten werden. Aber alles ging heute so lahm und schlecht vonstatten, daß der arme, von allen Seiten geplagte Impressario, an dem man einstweilen seinen Zorn auslassen und seinen Mut kühlen wollte, fast zur Verzweiflung gebracht wurde. Nichts, gar nichts, auch nicht eine einzige Pantomime wurde ihm zu Dank gemacht. Auch Peppinen ließ man den allgemeinen Unmut fühlen, obgleich das arme Kind im Innern über die abscheuliche Verordnung so gut wie die andern entrüstet war, nur durfte sie es nicht wagen, ihr Mißfallen laut werden zu lassen, denn der Kammerdiener Argus beobachtete sie zu genau. Man wußte wohl, daß, wenn auch unschuldig, niemand als sie die Ursache dieser verdrießlichen Neuerung war. Die Proben waren heute zwei

Stunden früher als gewöhnlich beendigt, und als die verstimmten Leutchen den ihnen jetzt sehr öde und freudenlos scheinenden Tempel der Kunst verlassen wollten, fanden sie in dessen Vorhallen an hundert harrende Abgewiesene, die gleich den alten Römern, wenn auch kein forum competens, dennoch ein Forum daselbst hielten, ohne jedoch noch den Grund zu wissen, warum ihnen die sonst immer so freundlich offenstehenden Pforten heute so finster verschlossen wurden. Auch ich befand mich unter diesen Unglücklichen und war keiner von den minder Traurigen. Als sich endlich die Türen erschlossen und unsere Lieben herausströmten, mischte sich sogleich alles untereinander und die – es ist doch fatal, daß Mund keinen Pluralis hat und man nicht sagen darf Mäuler, das hat schon manchen in Verlegenheit gesetzt, ich werde also sagen – Schlünde taten sich weit auf. Wessen das Herz voll, davon läuft der Mund über. In der Synagoge zu Jerusalem kann kein ärgeres Charivari gewesen sein, als jetzt in den Vorhallen des korzyrischen Kunsttempels. Das war ein Durcheinanderschreien, Rufen, Fragen, bis man sich verständigt und alles Wissenswerte mitgeteilt hatte, als handle es sich um der Welt Untergang. Nur Peppina, die Arme, durfte keinen Anteil an den allgemeinen Ergießungen nehmen und ging, von ihrem Trabanten begleitet, stumm wie ein Fisch durch die rebellischen Reihen. Im Vorübergehen warf sie mir einen verstohlenen Blick zu und seufzte kaum vernehmbar. Als aber endlich die Ideen gegenseitig ausgetauscht und alle gehörig unterrichtet waren, da hallten Drohungen und Verwünschungen der aufgebrachten Abgewiesenen gräßlich in den Hallen wider. Verschwörungen und Umtriebe wurden angezettelt. Ein Interesse und ein Ziel verband alle aufgereizten Gemüter: auf den kaiserlichen Kommissarius und den theatralischen Impressarius hatte man es abgesehen. Letzterer hatte sich, den schrecklichen Tumult vernehmend, in die unterirdischen Gewölbe der Bühne verkrochen, und wagte es erst sich zu entfernen, als die Tumultanten weg waren. Die Zeit, welche man durch die Verkürzung der Proben gewonnen, kam jetzt den Beratschlagungen zustatten, die nicht weniger als zwei gute Stunden währten, und noch länger gedauert haben würden, wenn die respektiven Mägen nicht ebenfalls etwas rebellisch erinnert hätten, daß auch sie befriedigt sein wollten. Endlich trennte man sich mit den gegenseitigen Versicherungen, daß es um jeden Preis anders werden müsse, und wenn selbst Blut fließen solle. Die Abgewiesenen gaben den Priesterinnen der Kunst Hand und Wort darauf, daß noch denselben Abend eine Vorstellung im Theater stattfinden solle, dergleichen in Korfu noch nie gesehen worden, wobei das Bühnenpersonal Zuschauer, die Zuschauer selbst aber Schauspieler sein würden.

Um halb acht Uhr war das Parterre diesen Abend gegen die Gewohnheit schon zum Erdrücken voll, auch die Logen füllten sich früher, als es sonst der Fall war. Die Ouvertüre begann, alles war mäuschenstill. Il Zipario in alto va (der Vorhang rauschte in die Höhe). Die Oper Ginevra di Scozia und das Ballett Astrea waren an der Tagesordnung. Als aber die Introduktion begann, ertönte von allen Seiten ein so fürchterliches und durchdringendes Pfeifen, Zischen und Stampfen, mit dem Rufe: A bas! A bas! A bas! begleitet, daß einem Hören und Sehen verging; die Damen hielten sich die Ohren zu, viele waren einer Ohnmacht nahe, und einige verfielen wirklich in diesen Zustand, andere lachten, und von Musik und Gesang hörte man keinen Laut. Der Lärm ging immer crescendo, bis endlich der Vorhang fiel und mit seinem Fallen die vorige Stille wieder eintrat. Nach einer Viertelstunde rollte die leinene Scheidewand abermals in die Höhe, man versuchte wieder anzufangen, aber derselbe Tumult stellte sich wieder ein, und zwar mit verdoppelter Kraft, und hörte nicht auf, bis die Gardine zum zweitenmal fiel. – Aller guten Dinge sind aber drei. Man zog sie also zum drittenmal auf, und diesmal trat der Impressario vor und wollte das Publikum anreden, konnte aber ebensowenig zu Worte als das Personal zum Gesang kommen. Zum drittenmal senkte sich der Vorhang, um zum viertenmal aufgezogen zu werden, und nun zeigte sich ein wohlkonditionierter Polizeibeamter, der mit einem hellgellenden Hohngelächter empfangen und so lange ausgelacht wurde, bis er sich, etwas konfus gemacht, wieder zurückgezogen hatte. Jetzt ließ man die Gardine zum letztenmal für heute Abend herab. Das Publikum unterhielt sich noch eine Zeitlang sehr laut und lebendig, denn der größte Teil war noch nicht von der Ursache des extraordinären Tumults unterrichtet, bis nach einer Stunde sich fast alle Zuschauer verlaufen hatten und das leere Haus geschlossen wurde. Lesseps war wütend und schwur hoch und teuer, der Sache morgen ein Ende zu machen. Er hatte so gut wie die andern Zuschauer bemerkt, daß es fast nur Militär war, welches den höllischen Lärm gemacht, und namentlich Marineoffiziere und Maitres Kannotiers, die ihre langen gellenden silbernen Schiffsdienstpfeifen mitgebracht hatten, womit sie die Matrosen bei den Manövern avertieren. Doch denselben Abend begab sich Lesseps zum Gouverneur Donzelot, diesen aufzufordern, dem abscheulichen Unfug zu steuern und durch eine Ordre du jour dem Militär das Pfeifen, Zischen und Lärmen im Theater zu untersagen, wozu dieser sich aber nicht verstehen wollte, sondern meinte, ein solcher Tagesbefehl würde lächerlich sein, da er ja keine Dienstsachen betreffe; indessen wolle er die gehörigen Maßnahmen ergreifen, fernere Unruhen im Theater möglichst zu verhüten, und zur nächsten Vorstellung vier Stabsoffiziere kommandieren, die mit dem Ringkragen dekoriert, die Aufsicht und Inspektion im Parterre haben sollten, um alle diejenigen in Arrest zu schicken, die sich erlauben würden, die Ruhe auf eine auffallende Weise zu stören. Damit mußte sich der Herr Kommissar begnügen und empfahl sich, nachdem er noch vom Gouverneur erlangt hatte, daß die Korpschefs ihren Untergebenen wenigstens mündlich Ordnung und Ruhe im Theater anbefehlen sollten. Von da begab sich der Mann zum Kontreadmiral, um auch diesen für seine Sache zu gewinnen und den Seemännern, Seelöwen, Seebären und Seehunden und sonstigen Seeungeheuern, wie er sie in seinem Zorne nannte, die Rachen zu stopfen. Zuletzt ließ er noch den Polizeidirektor und Delungo zu sich rufen, um auch von der Zivilseite jedem Unfug zu begegnen. So hoffte der gute Mann aller ferneren Störung vorgebeugt zu haben, und legte sich, von den vielen Strapazen ermüdet, etwas beruhigter zu Bett. Den kommenden Morgen wurden alle Vorkehrungen bekannt, die der Kommissar getroffen, und die Chefs empfahlen bei der Parade ihren Untergebenen möglichste Ruhe an. Dies diente aber nur dazu, gehörige Gegenmaßregeln zu ergreifen, um die beorderten Aufseher irre zu machen und den begonnenen Spuk fortzusetzen. Der zum Teil gefürchtete, zum Teil erwünschte Abend kam heran. Jeder der beorderten Stabsoffiziere übernahm eines der vier Quarrès, in die das Parterre abgeteilt worden, zur besonderen Aufsicht. Außerdem hatte man jedem Viertel noch Polizeibeamte zugeteilt, um die bürgerlichen Lärmmacher im Zaum zu halten. Aber alles war umsonst. Sobald der Vorhang in die Höhe rauschte, fing der infernalische Lärm des vorigen Abends wieder an, und ward noch dreimal ärger, aber seltsamerweise sah man niemand weder mit dem Mund noch mit Instrumenten pfeifen, und doch waren die Pfiffe weit schneidender und gellender. – Was vermag der menschliche Erfindungsgeist nicht? – Ein Maitre Kannotier hatte in der Eile ein paar Hundert Pfeifen mit kleinen Blasbälgen verfertigen lassen, die unter das Militär verteilt wurden, und die ein Teil der Verschwörer unter dem Arm, ein anderer unter den Füßen angebracht hatte, und mit kaum bemerkbarer Bewegung brachten sie so die gellendsten Töne hervor. Das Lächerlichste bei der Sache war, daß der Lärm immer im Rücken der kommandierten Aufpasser geschah, denn sobald einer den Kopf nach dem Ort, wo man gepfiffen, richtete, erschollen gleich wieder ein paar Dutzend Pfeifen von hinten her, so daß sich die Herren unaufhörlich wie Wetterhähne nach dem Wind drehten, ohne etwas entdecken zu können, woran ihnen wohl auch wenig gelegen sein mochte, denn sie lachten selbst mit. Es war, als trieb eine Legion Dämone ihr neckisches Spiel. Die Sache nahm dasselbe Ende wie bei der letzten Vorstellung, und wurde die folgenden zwei bis drei Tage mit gleichem Kraftaufwand wiederholt. Man hatte sich geschmeichelt, die Lärmmacher würden das Ding endlich von selbst satt werden, aber vergeblich, sie trieben den Rumor so lange fort, bis eines Morgens plötzlich auf den, nach italienischer Sitte quer über die Straßen an Stricken hängenden Theaterschildern mit deutlicher Schrift in französischer, italienischer und sogar neugriechischer Sprache mit großen Lettern zu lesen war: „Von heute an ist der Besuch bei den Proben wieder erlaubt." – Diese durch die Gewalt der Pfeifen ertrotzte Erlaubnis wurde auch sogleich bestmöglichst benutzt. Zu Hunderten strömte man noch denselben Morgen auf die Bühne, wo durch ein köstliches Bankett, das sich bis beinahe gegen Abend verlängerte, der errungene Triumph jubelnd gefeiert wurde. Die Vorstellung selbst wurde jetzt nur noch von Zeit zu Zeit durch stürmischen Applaus unterbrochen, und so kam alles wieder ins vorige Geleise. Aber der eifersüchtige und nun auch gedemütigte, racheschnaubende Kommissar-Imperial hatte seine mittelbare Aufsicht unter diesen bedenklichen Umständen nicht nur verdoppelt, sondern vervierfacht. Er gesellte nämlich seinem Kammertier noch drei andere dienstbare Geister zu, die unter dessen Befehlen standen, hinter und zwischen den Kulissen um die gefeierte Prima-Ballerina herumschlichen und auf alle ihre Blicke, Mienen und Bewegungen spähten. Dennoch wußte ich durch eine von mir bestochene Figurantin mich mit ihr in Rapport zu setzen. Längst waren wir einverstanden und hofften mit Sehnsucht endlich auf einen günstigen Augenblick, uns ohne Zeugen sprechen zu können. Schon oft hatte ich mir den Kopf zerbrochen, wie dieser herbeizuführen, und konnte kein Mittel ausfindig machen. Ich wußte mich erhört und konnte, ein zweiter Tantalus, die Furcht jeden Tag vor Augen sehend, sie nicht erhaschen. Der Zufall zeigte mir endlich den Weg, auf dem meine heißen Wünsche, denn je größer die Schwierigkeiten, desto größer die Lüsternheit und die Begierde sie durchzusetzen, in Erfüllung gehen sollten. Eines Morgens sagte mir Delungo im Vorübergehen, er sei wegen eines Sujets für ein Ballett verlegen, das er zum Beschluß des Karnevals in Szene setzen wolle. Diese Worte des Impressarios fuhren mir wie ein Wetterstrahl durch den Kopf, entzündeten mein Gehirn, daß es augenblicklich Licht in demselben ward, und ich erwiderte: „Wenn Ihnen weiter nichts mangelt, dann seien Sie unbesorgt, ich habe ein vortreffliches Sujet, das Sie in wenigen Tagen ausgearbeitet erhalten sollen. Sie wissen, daß ich schon mehrere Ballette mit Erfolg auf die Bühne gebracht, und es wird dies auch in Korfu der Fall sein." Delungo nahm das Anerbieten mit Dank an, und Peppina ließ ich noch denselben Tag durch die dienstfertige Chortänzerin wissen, daß ich das Mittel zu einer Zusammenkunft gefunden zu haben glaube. Zu Hause angekommen überlegte ich, welches Sujet wohl am besten zu meiner Absicht passe. Die „Donaunymphe" war für das Theater in Korfu zu kostspielig, ebenso das „Sternenmädchen"; ich dachte an das „Opferfest", die „Zauberflöte", den „Abällino", die „Kreuzfahrer" und andere Stücke aus der romantischen Theaterwelt; keines wollte mir genügen. Ein eigenes Sujet zu erfinden, war teils die Zeit zu kurz, teils hatte ich auch meine Gedanken nicht genug beisammen. Endlich verfiel ich auf Hagemanns Schauspiel: „Ludwig der Springer", und erkannte es, wenn sich gleich dasselbe nicht sonderlich zu einem Ballett zu eignen schien, dennoch für das beste, mein Vorhaben auszuführen. Um es dem Geschmack des Publikums anzupassen, ließ ich es an glänzenden und effektvollen Festen, Gruppierungen und Aufzügen nicht fehlen. Ich ließ die Handlung mit einem prächtigen Turnier und Ballfest beginnen, wobei Adelheide von Stade dem Grafen von Thüringen ein heimliches Rendezvous in einer abgelegenen Laube des Burggartens gibt. Die Sache wird dem Pfalzgrafen Friedrich verraten, er überrascht beide in der Laube, läßt sie, wie in Hagemanns Schauspiel, durch seine Leute gefangen nehmen, mit Ketten belasten, Ludwig nach Giebichenstein ins Gefängnis und Adelheide in sein Burgverließ bringen. Ersterer entspringt, wie bekannt, aus dem Felsennest in die Saale, und über die Pfalzgräfin wird ein Gottesgericht gehalten, wobei sie ihre Unschuld durch das Festhalten eines glühenden Eisens beweisen soll und – beweist! Diese Szene war es, durch die ich endlich glücklich zu werden hoffte. Adelheide mußte als arme Sünderin auf einer unterirdischen Treppe und durch eine Falltüre in das Zimmer gelangen, in dem das schreckliche Gericht gehalten wurde. Ich hatte die Handlung so eingerichtet, daß die Pfalzgräfin Zeit hatte, sich ein halbes Stündchen, ehe sie vor ihren Richtern erschien, in ihr unterirdisches Gemach, oder vielmehr in die finstern Gänge unter der Bühne zu begeben, währenddem der Herr Landgraf sein Testament diktierte, seinen Luftsprung machte, durch die Saale ans Ufer schwamm, und nach gehöriger Verwandlung das Gericht zusammenkam, wo dann endlich auf des Pfalzgrafen Befehl der Kerkermeister die Falltüre aufschloß und die reizende Verbrecherin, mit silbernen Ketten geschlossen, heraufschleppte. Nachdem das Unschuldig einstimmig von den Richtern ausgesprochen, steigt Adelheide auf Befehl ihres Gatten wieder in den Kerker. Die Nachricht von Ludwigs Befreiung trifft durch einen Herold ein, der zugleich auch die Herausforderung an den Pfalzgrafen ergehen läßt. Ein Zweikampf findet statt, Ludwig tötet seinen Gegner, befreit seine Geliebte, und Evolutionen der Knappen, Gruppierungen und Tänze beschließen das Ganze. Mein Plan erhielt zwar Peppinens Beifall, doch schien ihr unsere Zusammenkunft, die während des Laufes der Handlung in dem unterirdischen Labyrinth der Bühne vor der Szene des Gottesgerichts stattfinden sollte, etwas gewagt. Ich beruhigte sie aber deshalb, indem ich sie wissen ließ, daß ich die Theatergewölbe gehörig untersuchen und mich eine gute halbe Stunde früher an den bewußten Ort durch eine geheime Türe begeben würde, zu der ich mir den Schlüssel verschafft. Sie dürfe jedoch nur ganz allein herunterkommen und dann die Türe hinter sich sogleich verriegeln. Um allen Verdacht zu beseitigen, würde ich mich während der Vorstellung nur selten auf der Bühne, desto mehr aber im Parterre sehen lassen, so daß niemand meine Abwesenheit bemerken werde. Das Manuskript war in drei Tagen fertig, die Proben sollten beginnen, als eines Morgens Delungo ganz bestürzt mit den Worten: „Da haben wir die Bescherung, die Zensur läßt Ihr Ballett nicht passieren", in das Zimmer trat. Auch ich fragte ganz erschrocken „Warum?" – „Es sei gegen die gute Sitte, daß eine Ehegattin und ihr Geliebter über den Gatten so den Sieg davon trügen." – „Ist es weiter nichts", versetzte ich, „dem können wir schon abhelfen." Ich setzte mich nieder, strich das hinter Adelaide stehende Wort: Sposà (Gemahlin) aus, ersetzte es durch Nipote (Nichte), und machte so sie wieder zur Markgräfin von Stade, den Pfalzgrafen aber zu ihrem Oheim, Vormund und Tyrannen. Nun erhielt das Ballett die Approbation der Zensurbehörde, und die Proben begannen.

Alles ging in gehöriger Ruhe und Ordnung vor sich. Jede Probe wurde mit einem fröhlichen Bankett geschlossen. Der heißersehnte Tag, an dem wir glücklich werden sollten, denn während den Proben durfte Peppina nicht durch die unterirdischen Gemächer, sondern nur aus den Kulissen kommen, rückte heran. Nur in der Generalprobe, die den Abend zuvor mit allen Dekorationen, Kostümen usw. stattfand, kam sie von unten herauf. Da ich mich aber auf der Bühne befand und fast niemand im Parterre war, so durfte ich es dennoch nicht wagen, mich schon diesen Abend an den bestimmten Ort zu begeben, da meine Abwesenheit sogleich bemerkt worden und dann alles verscherzt gewesen wäre. Es waren ja auch nur noch vierundzwanzig Stunden bis zur Aufführung, und diese mußte man sich noch gedulden, so groß auch die Ungeduld sein mochte.

Endlich erleuchteten die Strahlen der Sonne den Tag, der meine unsäglichen Bemühungen krönen sollte. Ich kam nicht mehr aus dem Schauspielhause, um noch die gehörigen Anordnungen für den Abend zu treffen, damit alles recht zusammengreifen solle. Schon um sieben Uhr war das Haus zum Ersticken voll und mehrere hundert Personen mußten abgewiesen werden. Der erste Akt einer neuen Opera Seria, Arminio, eröffnete die Vorstellung. Nach neun Uhr begann das Ballett, um halb zehn schlich ich mich an den bestimmten Ort, und um zehn Uhr lag die schöne Markgräfin in meinen Armen! Alles war nach Wunsch gegangen, die Spione Lesseps befanden sich fast alle unter den Zuschauern, und keinem fiel es ein, daß während der Vorstellung des Balletts wohl eine Zusammenkunft stattfinden könne. Noch versicherten wir uns ewige Liebe, hatten Theater, Ballett und die Welt vergessen, als drei starke Hammerschläge ertönten, das Zeichen zur Eröffnung des Gottesgerichts, und wir so aus unserm Taumel erwachten. Bald darauf wurde die Falltüre geöffnet, ich geleitete die Geliebte bis an die Stufen der Treppe, entfernte mich schnell durch die geheime Türe und sah durch eine Gitterloge die eben meinen Armen entschlüpfte Adelheid recht heldenmütig die Feuerprobe der Unschuld bestehen, und wie sie, nachdem man das wirklich glühende Eisen gelöscht, das hölzerne rot angestrichene mit beiden Händen ergriff und unversehrt festhielt. Ich freute mich innig über das vollkommene Gelingen meines Planes. Kein anderes Stück hätte mir gleiche Dienste geleistet. Bei einer gewöhnlichen Versenkung wären Leute nötig gewesen, so aber hatte nur der Kerkermeister die Falltüre auf der Bühne zu öffnen, und unten befand sich niemand außer uns beiden.

Das Ballett war beendigt und hatte außerordentlichen Beifall gefunden. Ich hatte die besten und zur Handlung passendsten Musikstücke von Mozart, Winter, Cherubini, Salieri, Portogallo, Guglielmi und anderen ausgesucht. Die Szenerie, Dekorationen, Gruppierungen, Komparsen usw. waren trefflich ausgeführt, besonders gefiel ein Fahnentanz, wobei alle Knappen Fahnenlanzen hatten, und sämtliche Tänzer durch ihre Reihen chassierten und dann die Schlußgruppe, die einen großen Knalleffekt hervorbrachte, formierten. Nachdem der Vorhang gefallen, wurde der Autor mit großem Hallo verlangt, der sich aber in der Gitterloge verbarg, bis endlich einige Kameraden zu mir kamen und mich aufforderten, dem Publikum zu willfahren, um dem immer ärger werdenden Spektakel ein Ende zu machen. Ich mußte endlich nachgeben, und wurde mit einem Donner von Applaus empfangen, Kränze flogen mir um den Kopf. Doppelt glücklich zog ich mich nach einer dreimaligen Verbeugung zurück und hatte nun das Vergnügen, daß auch meine reizende Geliebte gerufen und mit einem Hagel von Blumen, Bändern, Sträußen, Gedichten usw. empfangen wurde. Nach beendigter Vorstellung schlich ich mich solo nach Haus, aber kein Schlaf kam diese Nacht in meine Augen. – Das Ballett wurde den nächsten Abend und noch einige dreißig darauf mit gleichem Glück gegeben, nur nahm Peppina zur größeren Fürsorge eine Figurantin, unsere Vertraute, mit in die unterirdischen Gänge hinab, um jeden Verdacht zu vermeiden. Zwei unangenehme Episoden, die aber außer einem kleinen Schrekken wenig zu bedeuten hatten, störten auf Augenblicke unser Glück. Einmal warf der Frohnknecht das mit glühenden Kohlen gefüllte Becken um, welches dazu diente, das Eisen glühend zu machen, und einige feurige Kohlen fielen durch die Kulissenrinnen in die Unterwelt hinab und beinahe auf unsere Häupter, was Peppina für eine sehr schlimme Vorbedeutung hielt, die leider auch, wie wir bald sehen werden, auf eine schreckliche Weise in Erfüllung ging. Man pochte bald darauf an die Pforte des Souterrains, worauf ich mich eilig entfernte, die Vertraute öffnete, und mehrere Leute traten mit Wassergefäßen ein, um ein etwa entstehendes Feuer gleich zu löschen. Ein andermal war die hölzerne Treppe, auf welcher Adelheide in die Oberwelt steigen sollte, so knapp an das Podium angelehnt, daß, als sich kaum Peppinens Köpfchen den Zuschauern zeigte, die Treppe abglitt und samt ihrer holden Bürde hinabstürzte. Da man nun nicht wußte, ob sich das arme Mädchen beschädigt habe, und für den Augenblick auch der Gang der Handlung unterbrochen war, so gab es Lärm und der Vorhang wurde herabgelassen. Gleich darauf meldeten sich mehrere Männerstimmen an der Türe, an der zugleich ungestüm gepocht wurde. Ich ließ aber nicht eher öffnen, als bis ich mich überzeugt hatte, daß die Arme keinen Schaden genommen, entfernte mich dann schnell, und in einer Viertelstunde ging das Stück wieder seinen Gang fort. Daß wir uns sonst auf keine Weise vergaßen und Peppina nie zu spät erschien, dafür sorgten die Hammerschläge. Doch – „Der Krug geht so lange zu Wasser, bis er bricht“. So ging es leider auch hier. Ein Kapitän vom zweiten italienischen Linienregiment, namens Vilgano, war wie noch mancher andere, in diese anmutige Priesterin Terpsichorens sterblich verliebt, ohne sich jedoch der mindesten Begünstigung, ja nur eines Blickes erfreuen zu können. Freilich waren weder sein Äußeres noch seine Manieren geeignet, ein hübsches Mädchen zu fesseln; eine ziemlich große, dicke, vierschrötige Gestalt, ein grobzügiges, mit einem ungeheuern Schnauz- und Backenbart bewachsenes Gesicht, ein sehr unbeholfenes, tölpelhaftes und gemeines Benehmen waren die glänzendsten Außenseiten des Prätendenten, während dessen Geist und Rede denselben vollkommen entsprachen. Dieser hatte schon seit einiger Zeit bemerkt, daß ich vor der Feuerprobe jedesmal unsichtbar wurde, war mir endlich nachgeschlichen und hatte entdeckt, daß ich durch eine kleine, unter die Bühne führende Türe verschwand. Aber auch ich hatte wahrgenommen, daß man mir gefolgt war, und Vilgano erkannt, doch achtete ich nicht darauf und hielt die Sache für einen bloßen Zufall. Den folgenden Abend aber, als ich unter die Bühne kam, schien es mir, als hörte ich zuweilen in einiger Entfernung leise atmen, doch glaubte ich mich zu täuschen. Bald darauf kam Peppina mit ihrer Begleiterin, und ich empfing sie wie gewöhnlich mit einem Kuß, aber kaum war dies geschehen, als auf einmal ein heller Lichtstrahl durch die uns umgebende Finsternis – nur ein mattes Lämpchen brannte jeden Abend in einer Ecke des Ganges – drang und uns beleuchtete. Ich sah mich nach der Ursache dieser unerwarteten Erscheinung um und erblickte zwei Männer, von denen der eine eine Blendlaterne in der Hand hielt. Mit bloßem Degen stürzte ich auf ihn zu und schlug ihm die Laterne aus der Hand, worauf alles wieder in das vorige Dunkel gehüllt war. Die beiden Männer erhoben aber ein großes Geschrei, Peppina verlor den Kopf, und mit dem Ausruf: „Assassini, birbanti!" eilte sie mit dem andern Mädchen der Türe zu, die sie aufriegelte, und dann die Korridors entlang, wo die Ankleidezimmer waren. Ich lief ihr nach, meinen Degen wieder einsteckend, stieß aber am Eingang auf mehrere Personen, die ich auf die Seite schob, um die Fliehenden einzuholen und zurückzubringen, hatte sie jedoch aus dem Gesicht verloren, glaubte aber, sie seien auf die Bühne gegangen, und begab mich in eine Loge in der Meinung, sie würde in zahlreicher Begleitung wieder in das Souterrain zurückkehren, ihre Rolle fortzuspielen. Als ich in die Loge trat, war Ludwig eben erst aus dem Turm und in die Saale gesprungen, wurde an das Ufer gebracht und bestieg das Streitroß, das ihm Wilhelm von Brenna zugeführt hatte. Hierauf verwandelte sich die Szene in das Gerichtszimmer, und, nachdem die Ritter, Richter und Frohnen mit ihren Vorbereitungen fertig waren, öffnete der Kerkermeister die Falltüre, um Adelheide zu zitieren, die aber – nicht erschien. Man denke sich meine Angst. Ich saß wie auf Kohlen, jetzt stieg der Mann selbst hinab, kam aber ohne die Gefangene zurück, die für heute wirklich aus dem Kerker entsprungen war. Der Mann machte nun allerlei unverständliche Pantomimen gegen das Gericht, aber das Publikum begann unruhig zu werden, bis, nachdem man die Verschwundene allenthalben gesucht, Delungo vortrat und das lärmende Auditorium durch die Notlüge beruhigte: der Prima Ballerina sei eine plötzliche Unpäßlichkeit zugestoßen. Hierauf fiel der Vorhang und der zweite Akt der Oper begann. Jetzt eilte ich auf die Bühne, wo mir Delungo mit ganz verstörter Miene entgegenkam und zurief: „Um Gottes willen, was haben Sie gemacht? Es ist alles entdeckt, alles verraten; man hat Sie mit Peppinen gesehen, soeben war der Kommissar-Imperial hier und wütete schrecklich. Alle meine Beteuerungen und Versicherungen, daß ich unschuldig sei und von nichts wisse, fanden kein Gehör; er drohte mir mit augenblicklichem Fortjagen und verließ das Theater im heftigsten Zorn." Ich suchte den Unglücklichen bestens zu trösten, ihn versichernd, es werde sich alles wieder machen, bat ihn, sich zu beruhigen, während ich selbst in der größten Unruhe war und nicht wußte, was aus dem Mädchen geworden. Ich eilte nach ihrer Wohnung, fand sie aber verschlossen und sah nirgends Licht. Dagegen hörte ich Lärm und erblickte viele wandelnde Lichter im Palazzo des Kommissars, der bald darauf in Begleitung mehrerer Bedienten aus dem Haus trat, und zu einem zurückbleibenden sagte: „Sucht noch einmal alles durch, ich muß sie finden, und wenn sie sich in den

Mittelpunkt der Erde versteckt hätte!" – Also ist ihr Aufenthalt noch nicht entdeckt, dachte ich, etwas beruhigter; denn ich hatte gefürchtet, daß ihr eifersüchtiger Kommissar sie in der ersten Hitze mindestens arg mißhandeln würde. Ich war entschlossen, sie im äußersten Fall zu mir zu nehmen, ging nun auch in das Theater zurück, wo immer noch gespielt wurde, und hörte, daß Lesseps den Impressario soeben in das Vorzimmer seiner Loge habe rufen lassen. Auf der Bühne war man schon von allem unterrichtet und zischelte sich überall in die Ohren, als man mich sah. Erst nach Beendigung des Schauspiels kam Delungo auf die Bühne zurück, nahm mich beiseite und erzählte mir, daß Lesseps zwar etwas ruhiger sei, aber den Verdacht habe, Peppina befinde sich in meinem Quartier. Er bat mich daher, wenn dies der Fall wäre, sie doch ja gleich herauszugeben, um ihn, das Mädchen und vielleicht auch mich selbst nicht unglücklich zu machen. Ich beteuerte ihm meine Unschuld und erbot mich, meine Wohnung sogleich durchsuchen zu lassen, indem ich hinzufügte, ich befände mich selbst in der größten Unruhe wegen des armen Mädchens, da ich fürchtete, sie habe sich ein Leid angetan. „Das verhüte Gott!" rief Delungo aus, „ich muß nun zum Kommissar zurück, der mich erwartet, um den Erfolg meiner Nachforschungen zu hören." Ich entließ den Direktor in tausend Ängsten, ihm mein Ehrenwort gebend, daß ich den Aufenthalt Peppines nicht kenne, allein nicht eher rufen wolle, bis ich ihn in Erfahrung gebracht. Aber alles war vergeblich. Obgleich ich die ganze Nacht umherirrte, Kundschafter aussandte und nachforschte, ich konnte keine Spur von ihr entdecken. Nur in meinem Quartier wurde mir berichtet, daß nach elf Uhr zwei Damen ängstlich nach mir gefragt, und als sie gehört, daß ich nicht zu Hause sei, sich gleich wieder entfernt hätten. Als es Tag wurde, eilte ich, ohne nur eine Sekunde geruht zu haben, zu Delungo, den aber Lesseps schon wieder hatte kommen lassen, wartete jedoch seine Zurückkunft ab. Nach einer

Viertelstunde trat Peppinas Mutter herein und rief aus, als sie mich erblickte: „Ah, Dio sia benedetto, che finalmente vi trovo!“ „Und wo ist Ihre Tochter?“ „In der Locanda di Venezia habe ich sie versteckt“, antwortete sie mir. Die Mutter wußte um unser Geheimnis. „Ach wie unglücklich haben Sie uns gemacht!“ fuhr sie fort, „nun ist alles aus, wir sind unglückliche Leute, wie wird es uns noch ergehen!“ „Dafür lassen Sie mich morgen, Signora, ich werde alles wieder gut machen. Sagen Sie mir nur, wo Peppina gestern abend so schnell hinkam.“ „Meine Tochter kam bewußtlos zu mir in ihr Ankleidekämmerchen, riß mich mit sich fort, und nachdem wir eine Zeitlang zwecklos in den Straßen umhergeirrt, suchten wir Sie in Ihrer Wohnung, aber Sie daselbst nicht findend, führte mich mein trostloses armes Kind in die Locanda di Venezia; denn nach Hause zu gehen, wo wir der ganzen Wut Lesseps ausgesetzt waren, hielten wir nicht für ratsam.“ Jetzt trat Delungo in das Zimmer, dessen Gesicht beim Anblick von Peppinens Mutter plötzlich erfreut strahlte. Seine erste Frage war: „Wo ist Ihre Tochter?“ und als er von allem unterrichtet war, rief auch er ein: „Oh dio sia benedetto!“ aus und erzählte uns, daß sich alles viel besser gestalte, als er je zu hoffen gewagt. Lesseps sei zwar über das Durchgehen seiner Geliebten noch sehr aufgebracht, aber zugleich untröstlich, und habe schon geäußert: er wolle gerne verzeihen, wenn er nur wisse, was aus ihr geworden sei. „Ich habe ihm so gut ich konnte“, fuhr Delungo fort, „die Sache ausgeredet, und ihn fürchten lassen, daß das arme Kind vielleicht Hand an sich selbst gelegt habe. Dies letztere habe Eindruck gemacht, und wenn Peppina die Sache klug angreife, so könne sie nicht nur seine gänzliche Verzeihung erlangen, sondern ihm noch obendrein ein Märchen aufbinden.“ Bald waren wir einig über das, was geschehen müsse. Die Mutter sollte ihre Tochter noch an diesem Morgen in ihre Wohnung zurückbringen, nachdem der Wirt der Locanda dem Kommissar Imperial angezeigt hätte, daß sich beide seit gestern abend bei ihm befänden. Peppina sollte ihrem Argus erzählen, daß zwei Männer sie unter der Bühne überfallen hätten, glücklicherweise sei ich durch den Lärm herbeigelockt, dazu gekommen und habe sie mit dem Degen in der Hand befreit, sie aber sei aus Furcht ermordet zu werden, mit ihrer Mutter davongelaufen, und da sie sich nicht nach Hause getraut, indem sie geglaubt, man passe ihr dort auf, so habe sie sich in das Gasthaus geflüchtet, woselbst sie die Nacht zugebracht. Dies war ein ben trovato, das manches Wahrscheinliche für sich hatte, und Lesseps begnügte sich damit. Er war überglücklich, seine teure Geliebte wiedergefunden zu haben; der Friede wurde geschlossen, und alles kam wieder in den gewohnten Gang. Nicht so leicht war es, dem Publikum ein X für ein U vorzumachen, die Geschichte wurde im Gegenteil noch mit hundert Zusätzen vermehrt erzählt. Vilgano hatte dafür gesorgt, sie sogleich unter die Leute zu bringen, und er selbst war der Urheber derselben; doch hatte er die Sache nicht fein genug gesponnen. Seine versteckten Helfershelfer waren viel zu früh hervorgetreten, als daß sie den beabsichtigten Zweck hätten erreichen können. Ich vermutete gleich, von wem der Streich kam, und blieb nicht lange in Ungewißheit deshalb, denn Vilgano war einfältig genug, sich desselben im Militär-Kaffeehause bei mehreren Personen zu rühmen. Seine Äußerungen, die keinen Zweifel übrig ließen, wurden mir hinterbracht, und ich nahm mir vor, mich auf eine eklatante Weise zu rächen. Ich hielt ihm sein schlechtes Benehmen in Gegenwart mehrerer Offiziere seines Regiments vor, nannte ihn einen niederträchtigen Verläumder und erbot mich, es sogleich mit der Degenspitze zu bekräftigen. Der Italiener verwarf die Klinge und schlug Pistolen vor, was ich annahm. Das Olivenwäldchen hinter Castrades wurde zum Kampfplatze ersehen, und das Duell sollte noch den nämlichen Abend, eine Stunde vor Sonnenuntergang vor sich gehen. Zur bestimmten Zeit traf ich mit meinem

Sekundanten ein; einige Minuten später mein Gegner mit den seinigen und einem Chirurgen. Wir losten um den ersten Schuß, Vilgano wurde vom Glück begünstigt. Er war indessen blaß und zitterte, als die ausgemachten fünfzehn Schritte abgemessen waren. Jetzt stand er mir gegenüber, ich sah ihn mit ernsten festen Augen an, obgleich mein Blut auch in Wallung war, bemerkte aber das Schwanken seines Armes und sein unsicheres Zielen, er drückte endlich ab – die Kugel sauste mir in einer Entfernung von mehreren Schritten am linken Ohr vorüber. Jetzt hob ich langsam meine Hand empor, zielte einige Augenblicke, während welchen ich deutlich die Todesangst meines Feindes wahrnehmen konnte. Ich wollte ihn nicht länger auf der Folter lassen, machte eine Bewegung mit dem Arm und sandte meine Kugel mit den Worten: „Non voglio la vostra morte, et vi perdono!" zu den Wolken. Mit dem Knall der abgeschossenen Pistole stieß Vilgano einen unwillkürlichen Schrei aus und war einer Ohnmacht nahe. Ich ging sodann auf ihn zu, reichte ihm die Hand und sprach: „Alles sei vergessen; lassen Sie solche Händel, die eines ehrlichen Mannes und Offiziers unwürdig sind." Der Italiener jedoch, weit entfernt, durch meine Großmut andern Sinnes zu werden, schwur mir heimlich fürchterliche Rache, machte einen sehr ernsthaften Banditenanschlag auf mein Leben, der aber, da ich Wind davon bekam, gänzlich zu seinem eigenen Verderben ausfiel. Durch ein anonymes Schreiben wurde ich benachrichtigt, daß Vilgano beabsichtige, mich in einer der nächsten Nächte, wenn ich schliefe, in meiner Wohnung bewaffnet überfallen zu wollen, ich möchte mich daher in Obacht nehmen. Das Billett war in italienischer Sprache geschrieben, und wie es schien, von einer Frauenhand. Es war nichts leichter als ein solcher Überfall, da ich bei unverschlossener Haus- und Stubentüre schlief. Ein zweites Billett zeigte mir nun die Nacht an, in der es geschehen solle. Ich versah mich mit einer Blendlaterne und legte mich angekleidet auf mein

Bett. Es war Mitternacht, als ich leise die Treppe heraufschleichen hörte; ich sprang auf und stellte mich mit gezogenem Degen hinter die Stubentüre. Als der Bandit eingetreten war, tappte er längs den Wänden, im Finstern mein Bett suchend, und als er dies gefunden, stach er mit einem langen Dolch herzhaft drei- bis viermal rasch hintereinander in die Mitte desselben. Jetzt machte ich Licht, sprang auf ihn und rief ihm donnernd zu: „Meuchelmörder, das soll dir schlecht bekommen." Er fiel vor Schrecken auf die Knie, ließ den Dolch fallen, den ich sogleich aufhob und meinem Burschen zurief, er solle die nächste Wache holen. Vilgano, denn er war es selbst, flehte und bat, aber ich ließ mich nicht erweichen, übergab ihn der ankommenden Wache und ließ ihn durch dieselbe zum Platzkommandanten führen, dem ich über den Vorfall Bericht erstattete. Der Verbrecher saß mehrere Monate auf der Fortezza Nuova gefangen, und da ich selbst nicht auf strenge Untersuchung und Bestrafung drang, so ließ man ihn endlich laufen, sich anderswo hängen zu lassen. Mit dieser Weisung wurde er nach Albanien geschickt. Von all diesen Vorfällen waren natürlich die Garnison und die Einwohner Korfus unterrichtet, man sprach acht Tage davon, und die ganze Geschichte wurde wie Millionen andere vom Meer der Vergessenheit verschlungen. Was mich aber am meisten kränkte, war, daß jetzt jede Zusammenkunft mit Peppina so ziemlich unmöglich war, nur schriftlich und vermittels der vertrauten Figurantin konnten wir noch kommunizieren. Indessen verzweifelte ich nicht, abermals ein Mittel ausfindig zu machen, uns unter vier Augen zu sehen; aber die Vorsehung hatte es anders beschlossen, das durch seltsame Umstände herbeigeführte tragische Ende der blühenden Giuseppina trug alle meine Hoffnungen deshalb zu Grabe.

Bald nach den erwähnten Vorfällen war ihre Serata (Benefizvorstellung), zu der man ein neues kleines Ballett einstudiert, das am Schluß desselben und dann nicht wieder

gegeben wurde. Der Erfolg war so glänzend wie möglich, die Einnahme weit über tausend Zechinen, das silberne Becken war voll Goldstücke und anderer Geschenke, darunter kostbare Bijouterien. Bei ihrem Erscheinen auf der Bühne wurde sie mit Blumen und Gedichten überschüttet. Auch ich hatte ein kleines italienisches Gedicht auf sie verfertigt, und mehrere hundert Abdrücke davon auf Atlas machen lassen, die ich, mit Velinpapier kuvertiert, durch die Ventilatoren in das Parterre und die Logen werfen ließ.
Am Morgen nach dieser Vorstellung erhielt Lesseps einen Besuch vom Gouverneur, der ihm ein von Paris vom Ministerium erhaltenes Schreiben mitteilte, das sehr ungünstige Äußerungen, ja sogar Drohungen gegen Lesseps, wegen der üblen Geschäftsführung seines hohen Postens enthielt. Einige dienstfertige Freunde hatten nämlich nach Paris berichtet, daß vermittelst eines kleinen Geschenkes von zwanzig bis dreißig Napoleon, welches man der schönen Tänzerin durch deren Mutter übergeben lasse, man nicht nur sehr vieles bei der Zivilverwaltung von Korfu durchsetze, sondern auch schon gesprochene Urteile der Gerichte wieder umstoßen könne. – An dieser Sache war allerdings etwas Wahres, obgleich die Berichte sehr übertrieben gewesen sein mögen. Peppina selbst war unschuldig, ihre Mutter aber die Urheberin solcher Intrigen. Der Gouverneur wurde in jenen Briefen gefragt, was an der Sache sei, und im Falle es sich so verhalte, müsse der Kommissär augenblicklich abberufen werden. Die beiden Herren standen aber auf einem sehr freundschaftlichen Fuß miteinander und hielten Rat, was zu machen sei. Donzelot war der Meinung, das beste Mittel, die Beschuldigung zu entkräften, sei, die Tänzerin unverzüglich nach Italien zurückzuschicken, wodurch jeder Grund zu einer weiteren Klage gehoben würde. Hiervon wollte aber der verliebte Kommissär nichts hören, bis ihm der Gouverneur kategorisch erklärte: „Eh bien, ça sera vous qu'on renverra",

und er endlich nach großem Kampf in Peppinas Abreise willigte. Sobald diese Neuigkeit bekannt wurde, gab es manch traurige und fröhliche Gesichter beim Theater und dem Publikum. Unter den letzteren konnte man außer Lesseps Feinden auch viele Damen, sowohl französche wie italienische und griechische zählen; unter den traurigen war ich. – Dem armen Mädchen selbst kam die Eröffnung dieses Beschlusses, den ihr der Kommissär mit aller möglichen Schonung mitteilte, wie ein Donnerschlag. Aber es war nun einmal nicht zu ändern, man mußte sich allerseits in den Willen des eisernen Schicksals, dieses starrköpfigen Lenkers aller menschlichen Vorsätze und Projekte, fügen. Der Tag der Abreise war mit dem ersten günstigen Wind festgesetzt. Sie schiffte sich mit ihren Verwandten und ungefähr 50 000 Franken in Gold und Juwelen, die sie während der kurzen Zeit ihres Aufenthaltes zu Korfu erworben hatte, auf einem für sie eigens eingerichteten kleinen Schiff ein. Nur noch einmal sprach ich sie, und zwar als sie schon eingeschifft war, bevor sie abfuhr. Ich hatte zu dem Ende die Bekanntschaft des Schiffskapitäns gemacht, diesen durch einige Artigkeiten gewonnen, und brachte so noch ein paar selige Stunden mit ihr an Bord in ihrer Kabine zu, verließ sie endlich mit den Worten: „Ci rivedremo in Italia" (in Italien werden wir uns wiedersehen) und sprang in das kleine Boot, das mich wieder ans Land brachte. – Ci rivedremo in Italia, hatte auch sie wiederholt, und so schieden wir mit einem langen Abschiedskuß.

Nach Peppinas Abreise war Lesseps untröstlich, er schloß sich in sein Zimmer ein, wollte niemand Gehör geben und überließ sich einer schwarzen Melancholie. Dieser Zustand wurde mit jedem Tag ärger, so daß man anfing für seinen Verstand zu fürchten. – „Ich muß sie wieder haben, oder ich sterbe", rief er einmal über das andere aus. Unterdessen war von Otranto Nachricht gekommen, daß das Schiff mit seinen Passagieren daselbst glücklich angekommen sei und eine neunzehntägige Quarantäne halten müsse. Der Gouverneur bot alles auf, seinen Freund zu trösten, als er aber sah, daß alle seine Bemühungen fruchtlos waren, sagte er endlich: „Wohlan, lassen Sie das Mädchen zurückkommen, Delungo mag sie abermals engagieren, aber machen Sie das Verhältnis nicht zu auffallend, und lassen Sie es nicht den mindesten Einfluß auf Ihre Dienstgeschäfte haben. Meiden Sie alles Zusammentreffen mit der Mutter." – „Sie sind mein Retter, mein Engel!" rief der entzückte Lesseps aus, seinem Freund um den Hals fallend. – „Alles was Sie wollen, gehe ich unbedingt ein, wenn ich nur das Mädchen wieder habe." – Noch am selben Abend wurde eine Kanonierschaluppe abgefertigt, Peppina zur Rückfahrt zu beordern. Auch diese gelangte glücklich an ihre Bestimmung, und die Rückkehr sollte mit dem ersten Maestro stattfinden. Peppina schiffte sich mit den Ihrigen und ihren Schätzen ein, und als die zur Abfahrt günstigen Umstände, mondlose Nacht und starker Nordwind, eingetreten und sich das Gestirn des Tages in die Fluten des Mittelländischen Meeres gesenkt hatte, ging dieselbe mit vollen Segeln vor sich. Der Wind war sehr stark und die Nacht so finster, daß man keinen Schritt weit sehen konnte. Um 1 Uhr nach Mitternacht ertönte auf einmal der Ruf: „wir sind verloren!" und die Schaluppe befand sich unter den Batterien eines englischen Linienschiffes, von dem man schon die hohlen Töne der Sprachrohre vernahm, mit denen sie die Schiffe anrufen. Der Steuermann wollte durch eine schnelle Wendung der Gefahr des Gefangenwerdens entgehen, aber der so heftig wehende Wind, der mit aller Kraft in die Segel blies, schlug die Kanonierschaluppe um, und die ganze Mannschaft samt allen Passagieren, unter denen auch ein Familienvater mit sieben Kindern und seine Gattin waren, ertranken. Am anderen Tage erhielt der Gouverneur die Nachricht dieses Unfalles durch einen englischen Parlamentär. Lesseps, der sich als die alleinige Ursache dieses traurigen Unfalls

betrachtete, wollte verzweifeln, sperrte sich abermals acht Tage lang in sein Zimmer ein und – ließ sich am neunten durch eine niedliche Grotesktänzerin trösten. Auch mir ging der schauderhafte Vorfall zu Herzen. Lange konnte ich mich nicht mit dem Gedanken vertraut machen, daß die schönen und zarten Glieder der liebenswürdigen Peppina, die ich samt dem Publikum so oft mit dem größten Entzücken auf der Bühne bewundert hatte, die Beute der Hai- und anderer Raubfische geworden sei. – „Das ist das Los des Schönen auf der Erde", seufzte ich und philosophierte über das Vergängliche alles Irdischen mit der liebenswürdigen Mariana Recupido.
Bald nach dieser unglücklichen Begebenheit wurde das Bataillon, bei dem ich stand, nach *San Theodor*, einem ehemaligen griechischen Kloster, das eine halbe Stunde von der Stadt entfernt hinter Castrades zwischen Oliven liegt, beordert, und wir bekamen ziemlich geräumige Zimmer in demselben angewiesen. Es lag sehr romantisch auf einem altklassischen Boden, nämlich mitten in der Gegend, von der man behauptet, daß sich daselbst die Gärten des Alkinous befänden, von denen außer Orangen, Lorbeeren, Granaten und anderen aromatischen Stauden, und ein etwas üppigerer Boden als an anderen Orten, nichts mehr vorhanden war. Auf einer nahen Höhe hatte man eine hübsche Aussicht auf die Bai von Castrades und den Kanal, der Korfu von der Türkei trennt. Diese Gärten müssen jedenfalls einen sehr großen Umfang gehabt haben, da alle Salzwerke von Castrades und der Gegend auf mehrere Miglien zu ihnen gezählt werden. Indessen war man über die eigentliche Lage derselben ungewiß und im Streit. Die Gelehrten und Altertumsforscher zu Korfu konnten sich darüber nicht einigen und schrieben voluminöse Abhandlungen voll Mutmaßungen. Besonders viel Mühe gab sich der Zahlmeister der italienischen Truppen, den Umfang und die Grenzen dieser Gärten recht genau zu bestimmen und sogar geometrisch zu vermessen, und kam deshalb häufig

nach San Theodor, wo er mir versicherte, der noch vorhandene kleine Klostergarten sei gerade der Mittelpunkt von Alkinous' Gärten gewesen. Ganz nahe dabei, unfern der Bai von Paläopolis, lag eine alte griechische Kirche, deren noch ganz gut erhaltene Fassade von einem alten heidnischen, wahrscheinlich dem Apollo geweihten Tempel herstammte. Hinter dieser Kirche befand sich eine Grotte, und in dieser ein großes Loch, dessen Boden man selbst mit einem Senkblei nicht hatte ergründen können. Eine Volkssage erzählte, daß dies der Eingang zu dem unterirdischen Palast einer bezauberten griechischen Prinzessin sei, die ihrer Erlösung harre und unermeßliche Schätze besitze, mit denen sie ihren Erlöser glücklich machen werde. Alle sieben Jahre sei ihr erlaubt, um Mitternacht samt ihrem Gefolge das Loch zu verlassen und eine Tour durch die Insel zu machen, und einen Erlöser zu suchen. Wenn sie aber in einer gewissen Zeit keinen finde, müsse sie zurückkehren. Als Bäuerin verkleidet durchstreifte sie die Flecken und Dörfer. Einige Aspiranten von der Marine ließen sich mit Strikken und Lichtern herab, da aber eine böse Luft letztere bald löschte, so gaben sie schnell das Zeichen, sie wieder hinaufzuziehen. Noch einige Male wurde dieses Experiment mit ebenso wenig Erfolg versucht, und das Loch blieb unergründet.
Um die Stadt Korfu und ihre Festen noch mehr gegen einen feindlichen Angriff von der Landseite, den man jetzt immer mehr zu fürchten begann, zu schützen, beschloß der Gouverneur ein verschanztes Lager anlegen zu lassen, welches die Stadt und alle ihre Außenwerke und Redouten von dem übrigen Teil der Insel trennte. Dasselbe wurde an der Bai von Paläopolis begonnen und bis an die Mündung des Flüßchens Potamo geführt und vor demselben noch ein breiter und tiefer Graben angelegt. Bei dieser Arbeit stieß man auf die Ruinen des alten Chrysopolis, der ehemaligen Hauptstadt der Phäadzier, und Alkinous Hafen, von dem rechts dessen Gärten

lagen. Man fand die Trümmer von prächtigen Gebäuden, Säulenhallen, Bäder mit Mosaik-Fußböden von Marmor, auf denen Abbildungen der verschiedenartigsten Seefische usw. künstlich eingelegt waren, Altäre, Opfergefäße, Lampen usw. Hierdurch wurde nun die Lage der Hauptstadt von Phäazien unwiderruflich ergründet, und die des Hafens stimmte ganz genau mit den Beschreibungen Kallimachus und des Apollonius überein. Man fand bei dieser Gelegenheit auch eine große Menge goldener, silberner und kupferner Münzen, sowie Vasen, Urnen und andere Dinge aus der grauen Vorzeit, deren Bestimmung man zum Teil nicht mehr kannte. Eines Tages trug es sich zu, daß an der Stelle, wo ein italienisches Bataillon arbeitete – die ganze Garnison von Korfu wurde zu dieser Arbeit verwendet –, einer der Soldaten mit seiner Hacke einen kräftigen Hieb führend, ein unter der Erde verborgenes Gefäß von Ton spaltete, aus welchem eine Menge glänzender Goldstücke umhersprangen. Der Soldat, der diesen köstlichen Hieb getan hatte, war so verblüfft, daß er das Gold wie bezaubert anstarrte, während seine Kameraden rechts und links darüber herfielen und er kaum einige Stücke davon für sich behielt. Diese schönen Goldmünzen waren aber aus den späteren Zeiten der griechischen Kaiser, wo sie während kriegerischer Unruhen wahrscheinlich jemand hierher vergraben hatte. Von den Medaillen, die man fand, waren viele dem Zeus, dem Poseidon, Dionysos, Ares, der Pallas Athene, dem Herakles, der Aphrodite usw. gewidmet, und andere bezeugen die Macht, die Corcyra zur See gehabt haben mußte. Hätte man bei diesen Arbeiten, statt die vorgezeichnete Linie für die Werke verfolgend, den Spuren der Ruinen nachgegraben, wer weiß welch herrliche Kunstschätze man noch aufgefunden haben würde.

Herr v. Brüge wäre mit dem Beginn des Sommers (1813) gerne wieder nach dem durch fortwährende Seewinde fast immer kühl erhaltenen, herrlich gelegenen Pallea Castrizza gezogen, aber die immer bedenklicher werdenden Umstände ließen es nicht zu, und er bezog ein kleines Landhäuschen, das sich in dem kaum eine Stunde von Korfu liegenden Dorf *Viro* befand, wohin ich nun einigemal in der Woche von S. Theodor ritt, um meinen Musikunterricht bei der immer schöner und blühender werdenden Josephine fortzusetzen.

Auch diesen Sommer wurde trotz der schlimmen, aber überzuckerten Nachrichten, die von dem Kontinent und der großen Armee einliefen, aber nie die Vorfälle der Wahrheit gemäß enthielten, der 15. August nochmals mit großem Pomp gefeiert. Statt des Seeturniers fand ein Ringstechen statt, und nach Beendigung desselben kam noch ein Gänsehauen, eine albanische Übung, an die Reihe. Zu diesem Ende wurden lange Schranken auf der Esplanade errichtet und hinter denselben mit Teppichen behängte amphitheatralische Sitze und Logen angebracht. Vierzehn Tage lang währten die Vorübungen zu diesen Spielen, und ich übte mich so ein, daß ich zuletzt nur selten das Zentrum des dreifachen Ringes en pleine carrière mehr fehlte. Die Kostüme waren nach Belieben, einer war in arabischer, der andere in persischer, ein dritter in spanischer Tracht usw., ich hatte mich à la Henri IV. gekleidet. Um 4 Uhr nachmittags begann das Stechen, nachdem wir, zwölf Trompeter an der Spitze, dreimal durch die Schranken geritten waren. In der Mitte derselben befand sich auf der rechten Seite die prächtig drapierte Loge für die Generalität, und ihr gegenüber die, in welcher die die Preise verteilenden Schönen saßen, an deren Spitze Madame Gasqui, noch immer die Geliebte des Gouverneurs, thronte. Zwischen diesen beiden Logen, genau im Mittelpunkt der Schranken, hing der Ring an einer Stahlfeder. Auf den beiden Seiten der Gouvernementsloge waren die Tribünen für die Trompeter, Pauken und Musikchöre angebracht, die, so oft der Ring mit einer Lanze aufgefangen und durchstochen wurde, wenn man in die erste Abteilung traf, eine, in die zweite zwei und in das Zentrum drei Fanfaren erschallen ließen, worauf die Musik noch spielte. Man übergab sodann den an der Lanzenspitze hängenden Ring den Herren Kampfrichtern, die unter der Generalsloge ihren Sitz hatten und die gewonnenen Points notierten. Wer die ersten hundert Points hatte, erhielt den ersten Preis, einen Ehrendegen mit einem goldenen Knopf, in den ein Diamant gefaßt war. Das Zentrum des dreifachen Ringes, zwischen den weißes Papier gesteckt war, um die Abteilungen besser sehen zu können, zählte zehn Points, die zweite fünf und die dritte nur einen Point. Diesmal war ich glücklich genug, den ersten Preis zu erhalten, den mir die schönen Hände der Madame Gasqui überreichen mußten, wobei sie aber mit vielsagenden Blicken murmelte: „Je suis bien fachée, que ce soit vous." – „Mais pourquoi donc?" flüsterte ich und nahm den Degen in Empfang. – Nach diesem Spiel kam das Gänsehauen an die Reihe. Eine tote Gans wurde mit einem Strick an dem Kopf da aufgehängt, wo der Ring gewesen, und man mußte pleine carrière den Rumpf derselben vom Kopfe trennen. Dies war nicht so leicht, und es gehörte eine sehr gute krumme scharfe Säbelklinge dazu, da die freihängende Gans immer nachgab; auch war es ein türkischer Albaner, der den Gänsepreis mit seinem echten Damaszener davontrug. Die Söhne des vor dem Ali Pascha geflüchteten Paschas gaben nun noch einige türkische Manöver und Übungen zum Besten und zeigten besonders ihre Geschicklichkeit im Dscheritwerfen, welches darin besteht, daß sich die Reiter beständig in einem Kreise herumjagen und dabei mit langen Stöcken werfen, die sie aber geschickt parieren und in vollem Jagen wieder von dem Boden aufheben.

Am Abend war wieder ein großer Ball bei dem Gouverneur, und gegen Mitternacht wurde das Feuerwerk abgebrannt, zu dem diesmal eine griechische Dame den Drachen anzündete und losließ, wobei sie sich aber ein Loch in das Kleid brannte. Einige tausend Raketen flogen in die Luft, und alles ging glücklich ab. Aber ein paar Stunden darauf, als wir noch recht vergnügt tanzten, ertönte auf einmal der Ruf: au feu, al fuoco, au feu! Wir sprangen an die Fenster und sahen längs der Esplanade ungeheure Rauchwolken und Feuersäulen gen Himmel lodern, der uns selbst ganz glutrot erschien. Es war jetzt als trennte eine ungeheure hohe, an fünfhundert Schritt lange Feuerwand die alte Festung von der Stadt. Im ersten Augenblick wußte sich niemand zu erklären, was dies für ein Feuer sein könne; alles lief in Bestürzung durcheinander und die Offiziere den Palast hinab. Jetzt fand man, daß es das seit fünf bis sechs Jahren längs der Esplanade am Kanal, der sie von der Festung trennte, aufgetürmte Reserveholz der Garnison sei, wohl über tausend Klafter, welches in Brand geraten war. Durch das lange Lagern in der großen Hitze war es so ausgedörrt, daß es wie Stroh flackerte. Ob vielleicht brennende Raketenstöcke oder Bosheit dasselbe angezündet hatten, war schwer zu ermitteln, doch das letzte am wahrscheinlichsten, da die Flammen in dieser großen Ausdehnung fast zu gleicher Zeit, wie auf Schwarzenbergs Ball, emporloderten. Fest und Ball waren nun natürlich schnell beendigt. Wir rannten in seidenen Strümpfen und Eskarpins zu dem Feuer, aber die Hitze war so stark, daß man sich demselben auf eine große Strecke gar nicht nähern konnte, und an ein Löschen mit Wasser war ohnehin nicht zu denken, da Spritzen und Feuereimer in Korfu, wo es nie brannte, ganz unbekannte Dinge und für Millionen nicht zu haben waren. Es blieb jetzt nichts anderes übrig, als so nahe wie möglich Erde und Sand aufzuwerfen, damit einen Wall gegen das Feuer zu bilden und dessen Glut allmählich zu ersticken. Gefahr für die Stadt und Festung war keine vorhanden, da das Feuer von beiden zu sehr entfernt, von der ersten durch die breite Esplanade, von der andern durch einen Kanal und hohe Wälle getrennt war. Der Schaden war aber unermeßlich, weil das Holz hier ein sehr teurer Artikel ist und nach dem Gewicht zum

Kochen verkauft wurde. Indessen war es gleich, indem es zehn Monate später doch in die Hände der Engländer, unserer Erzfeinde, gefallen wäre.
Immer trüber wurde jetzt der politische Horizont, das Geld immer seltener. Die frischen Lebensmittel desgleichen. Man schränkte sich von allen Seiten auf das äußerste ein; selbst das Theater wurde nur wenig besucht, und das Liebhabertheater ging ganz ein. Noch einige Zeit vorher hatte ich die Aufführung eines deutschen Stückes, und zwar „Die Räuber" von Schiller, veranstaltet, wozu mich die anmutige Gattin des bei unserm Regiment stehenden Hauptmanns von Gemmingen veranlaßte, welche die einzige Frauenrolle im Stück, die Amalie, gern spielen wollte. Das Komische dabei war, daß kein Exemplar dieses Stückes vorhanden, sondern daß ich es, so gut es sich tun ließ, aus dem Kopf niederschrieb, was mir nicht so schwer ward, da ich die Rolle des Karl Moor mit ihren Stichwörtern noch völlig auswendig wußte. Bei dieser Vorstellung war der Saal anfänglich zum Erdrücken voll, obgleich neun Zehntel der Zuschauer kein Wort Deutsch verstanden, sondern das Theater nur der Neugierde halber besuchten. Aber so voll es im ersten Akt war, so leer war es im fünften, wo sich kaum achtzig Personen, ausschließlich Deutsche, noch gegenwärtig befanden. Nach Beendigung eines jeden Aktes hatte sich immer ein großer Teil des Auditoriums verloren. Dazu war noch gekommen, daß der Offizier, der den Schufterle geben sollte – ein Leutnant, der früher als Hauptmann in österreichischen Diensten gestanden und in dem Feldzug von 1809 gefangen worden und Dienste genommen –, am Morgen vor der Vorstellung Arrest erhalten hatte und in der Eile durch einen andern ersetzt werden mußte, der seine Rolle natürlich nicht mehr gehörig hatte auswendig lernen können. Die Ursache dieses Arrestes war sonderbar genug. Der General Cardenneau ging meistens in Zivilkleidern aus. In solchen kam er an einem Tor vorüber, an welchem gerade

dieser Offizier die Wache hatte und die Schildwache verhinderte, vor dem General die Mannschaft ins Gewehr zu rufen und selbst zu präsentieren. Dieser ließ den Offizier aus der Wachtstube rufen, und da derselbe fast gar kein Französisch sprach, durch einen verdolmetschenden Sergeanten fragen, warum die Wache nicht vor ihm ins Gewehr getreten sei und die Schildwache weder präsentiert noch herausgerufen habe. – „Sogens halt dem Herrn Generalen", erwiderte der Leutnant, „daß, wenn er in Bauernkleidern is, d' Woch nit vor ihm raustreten darf." – Der Sergeant übersetzte dies wörtlich, indem er „habit de paysan" sagte,* worauf der General versetzte: „Sagen Sie dem Offizier, daß man im französischen Dienste nicht dem Rock, sondern dem Mann und dessen Würde die Ehrenbezeugung gibt, und er, wenn er abgelöst, drei Tage Zimmerarrest habe."

Die Nachrichten, die uns jetzt von dem Krieg in Deutschland zukamen, waren oft so widersprechend, daß man nicht wußte, was man davon denken und glauben sollte; die Wahrheit aber wurde uns absichtlich verhehlt, auch waren die Berichte immer schon sehr alt. Zeitungen kamen gar keine mehr, und nur über Janina und Albanien erfuhr man zuweilen etwas Neues, was die von daher kommenden Griechen, nur sehr geheim und vorsichtig, mitzuteilen wagten. Immer enger wurden wir von den Engländern eingeschlossen, deren Lanzen (lange schmale Boote mit einer Kanone und vierundzwanzig Ruderern, welche zu den Linienschiffen gehören und bei Windstille den Feind angreifen) auch selbst im Kanal von Albanien auf alle Barken Jagd machten. Das frische Brot wurde so selten und teuer, daß mich Moncenigo, Capodistria und Mesulam ersuchten, ihnen doch manchmal einen Laib Offiziersbrot für drei Piaster zukommen zu lassen. Was ich an Brot ersparen konnte, gab ich ihnen umsonst. Bald aber bekamen auch wir fast nur noch

* Das österreichische Militär tituliert jeden Zivilisten oder Bürger als Bauer und nennt mithin dessen Kleider Bauernkleidung.

Zwieback aus den Magazinen, sowie abwechselnd gesalzenen Speck oder Käse. Eines Tages, es war schon gegen das Ende des Jahres 1813, wo wir aber noch nichts von der Schlacht bei Leipzig wußten, kam plötzlich die Nachricht nach Korfu, daß Ali Pascha an der Spitze von 30 000 Mann vor Parga stehe, dasselbe zur Übergabe auffordernd und mit gänzlicher Vertilgung drohend, denn diese nicht in kürzester Frist stattfände. Die Parganiotten aber seien fest entschlossen, sich eher unter den Trümmern der Stadt zu begraben, als sich diesem Wüterich zu ergeben. Sie ließen den Gouverneur bitten, ihnen zu erlauben, ihre Weiber, Kinder und Greise nach Korfu schicken zu dürfen, um sich dann desto besser verteidigen zu können. Dies wurde ihnen nicht nur gestattet, sondern der Gouverneur ließ in der ganzen Stadt Wohnungen in Privathäusern für die Flüchtlinge in Bereitschaft setzen, die er selbst in Begleitung des Chef de l'état major besichtigte und möglichst bequem einzurichten befahl. Ein paar Tage darauf kamen über 2000 dieser Unglücklichen auf vielen kleinen Schiffen im Hafen von Korfu an und wurden sogleich untergebracht. Unter ihnen waren auch die Frauen vieler Türken, die so wenig wie ihre Männer in Alis Hände fallen wollten; aber während die Parganiotten ihr Teuerstes in Korfu wußten, und einsehend, daß sich Parga in die Länge nicht gegen die Übermacht des Pascha würde halten können, unterhandelten sie heimlich mit den Engländern, die ihnen Anträge gemacht und versichert hatten, daß es ohnehin mit der französischen Herrschaft in Korfu wie allenthalben zu Ende ginge, und sie dieses nicht länger zu schützen imstande seien. Sie waren bald über die Bedingungen mit diesen einig geworden, und in einer Nacht ließen sie durch Verrat und Gewalt die Engländer in die Stadt und den Hafen, deren Kommandant samt drei- bis vierhundert Mann französischer Garnison, die aber fast nur aus Italienern bestand, nun englische Kriegsgefangene wurden. Als Ali am andern Morgen die englische Flagge auf den Wällen der Festung wehen sah, zog er, seinen Ingrimm verbeißend oder an den Seinigen auslassend, wutentbrannt und unverrichteter Sache ab, denn mit den Engländern wagte er nicht anzubinden, während er die Franzosen nach dem russischen Feldzug, und besonders nach der Schlacht bei Leipzig, zu fürchten aufgehört hatte. Es kamen nun englische Parlamentäre nach Korfu, um wegen der Zuruckgabe der sich hier befindenden Individuen aus Parga zu unterhandeln, die ihnen vermittels einer bedeutenden Zahl Ochsen, Ziegen, Schafe und anderer Lebensmittel bewilligt wurde. So erhielten wir wieder auf eine Zeitlang frisches Fleisch. Man hatte auch den Versuch gemacht, das in französischen Diensten stehende Regiment Albaner nach Italien einzuschiffen, um dann als Plänkler bei der französischen Armee verwendet zu werden. Diese erklärten aber, sie hätten sich nur für den Dienst auf der Insel verpflichtet, und als man Anstalten machte, sie zum Einschiffen zu zwingen, nahmen sie eine so drohende Stellung an, daß man eiligst alle Wachen verdoppeln mußte, ihre offenbare Empörung fürchtend, und für gut fand, sie in Korfu zu lassen. Man hätte sie zwar leicht überwältigen und am Ende mit Kartätschen niederschießen können, was man aber nicht tun mochte. Der Winter ging sehr still und trübselig herum, und erst geraume Zeit nach dem Neujahr 1814 erfuhren wir das Nähere über die Leipziger Schlacht. Auch der Karneval ging still genug vorüber, obgleich ein neuer Impresario, namens Concetta, keine üble Schauspielergesellschaft aus Italien mitgebracht hatte, bei der sich eine allerliebste Prima Amorosa befand, mit der ich mir die jetzt so traurige Zeit bestmöglichst zu verkürzen suchte. Um diese Zeit kam uns auch die unglaublich scheinende Nachricht von Murats Abfall zu, und die sich zu Korfu befindlichen neapolitanischen Truppen wurden nun entwaffnet und kriegsgefangen erklärt. Jetzt erfuhren wir fast gar nichts mehr vom festen Land, da auch Otranto feindlich geworden war. Noch in der letzten Zeit unseres Aufenthaltes in Korfu machte mir eine kleine Intrige manche Kurzweil. Ich war in dem Hause des Payeurs vom Ingenieurkorps, namens Coste, der eine hübsche Griechin geheiratet hatte, mit der ich auf dem besten Fuß stand, wohlgelitten. Diese hatte noch eine jüngere Schwester, in welche sich ein Artillerieleutnant, namens Conge, dessen Kompagnie in Vido stand, der aber ein früheres Verhältnis mit der Frau seines Kapitäns gehabt, verliebt hatte. Als diese Frau nun hinter seine neue Inklination kam, wußte sie es bei ihrem Mann dahin zu bringen, daß derselbe unter allerlei Vorwänden dem Leutnant die Erlaubnis öfter nach Korfu zu fahren, verweigerte. Es entspann sich ein Briefwechsel zwischen Conge und seiner Geliebten, die mich dabei zu ihrem Vertrauten, und da sie selbst nicht schreiben konnte, zu ihrem Sekretär machte. Es gelang meinen Bemühungen auch endlich, die Erlaubnis zur Trauung der beiden Leute beim Gouverneur zu erwirken, und Conge fuhr nun triumphierend nach Vido, während die Frau seines Hauptmanns sich vor Zorn und Ärger nicht mehr zu helfen wußte. Kaum war aber die Hochzeit vorüber, so setzte die verlassene Geliebte, ebenfalls eine Griechin, alles in Bewegung, das alte Verhältnis mit Conge wiederherzustellen, was ihr auch nach einigen Wochen vollkommen gelang. Jetzt triumphierte sie über die nun ihrerseits trostlos gewordene Nebenbuhlerin, und eines Nachmittags, als ich mich gerade bei Conges befand, gingen beide Frauen – die des Kapitäns besuchte öfter den Conge – mit Dolchen aufeinander zu, nachdem sie vorher einen heftigen Wortwechsel in griechischer Sprache geführt, von dem ich nichts verstanden hatte. Nur mit der größten Mühe gelang es mir, sie voneinander entfernt zu halten, und als ich endlich die Kapitänsfrau weggebracht hatte, riet ich der andern, sich die Sache nicht so sehr zu Herzen zu nehmen, sich zu trösten und sich an dem undankbaren Mann zu rächen. „Ja, das will ich auch, und zwar blutig“, fiel sie mir ein, „und

Sie, mein Trauzeuge, müssen mir dazu behilflich sein."
Ich war dazu erbötig, aber nicht auf eine Weise, wie sie es anfänglich beabsichtigte, denn sie führte mörderische Gedanken im Schild. Ich wußte sie ihr auszureden, und bald befand sie sich bei meinem Rat ganz wohl und vergnügt.

Eines Morgens, es war am Pfingstfest, wurden wir zu San Theodor plötzlich durch ein anhaltendes Knallen, gleich dem wenn Bomben platzen, geweckt und erblickten zugleich auf dem Fortneuf einen starken Pulverdampf. Das Knallen wollte gar kein Ende nehmen, ich eilte nach Castrades, wo mir die Einwohner Korfus in Scharen entgegenkamen; namentlich die Juden mit ihren Weibern und Kindern. Alle waren verstört, mit todesbleichen Gesichtern, zitternd und händeringend, und sagten aus, man erwarte mit jedem Augenblick, daß die ganze Fortezza Nuova und mit ihr die halbe Stadt in die Luft springe, denn das Pulvermagazin sei angegangen. Dies konnte natürlich nicht sein, weil sonst das Fort samt dem in seiner Nähe liegenden Judenquartier längst in die Luft gesprengt wäre, aber ich konnte mir nicht wohl erklären, was es eigentlich sei. Das Knallen und der Rauch ließen endlich nach, und ich erfuhr, noch ehe ich die Stadt erreicht hatte, durch einen Artillerieoffizier, daß ein Kanonier, der im Laboratorium, das dicht am Pulvermagazin war, nebst andern gearbeitet, bei dem Füllen von Bomben so unvorsichtig gewesen sei, mit einem Stein an eine derselben zu klopfen, wodurch die eben gefüllte Bombe Feuer gefangen habe und zerplatzt sei, und sich dadurch nach und nach über fünfhundert daliegende und bereits gefüllte Bomben entzündet hätten, ohne weiteren Schaden zu verursachen, als einige Arbeiter, die sich geflüchtet, zu verletzen. Glücklicherweise war das Laboratorium durch eine sehr dicke Mauer von dem Pulvermagazin geschieden; denn wäre dieses gesprungen, da es bis oben mit Pulverfässern gefüllt war, so wäre sicher die halbe Stadt mit in die Luft gegangen.

Die geängstigten Einwohner und Juden kehrten erst gegen Abend, als alles längst vorüber war, in ihre Quartiere zurück.
Allmählich fing man in Korfu an, obgleich man alle Augenblicke große Siegesnachrichten, die Vertilgung der Alliierten usw. verkündend, verbreitete, sich mit allerlei sonderbaren Gerüchten ganz geheim herumzutragen, man munkelte sogar von einer Einnahme von Paris und dergleichen, aber niemand von der Garnison wollte solchen Nachrichten Glauben schenken, als eines Mittags ein Schiff mit zwei weißen Flaggen, nämlich die eine als das Zeichen eines Parlamentärs, und die andere konnte man sich nicht erklären, einlief, und mehrere englische und französische hohe Offiziere landeten und sich zum Gouverneur begaben. Noch am selben Tag klärte ein Tagesbefehl zum ebenso großen Erstaunen als zur Bestürzung der Garnison, die Sache auf. Er verkündigte nicht nur Napoleons Abdankung und die Einnahme von Paris durch die Alliierten, sondern auch zu gleicher Zeit die Wiedereinsetzung der Bourbonen auf dem französischen Thron, und befahl für den folgenden Tag die Annahme der weißen Kokarde und die Abnahme der dreifarbigen. Ferner die nahe bevorstehende Übergabe Korfus an die Engländer usw. Wir waren fast alle wie aus den Wolken gefallen, denn so etwas hätte sich niemand auch nur im Traum einfallen lassen. Noch zwei Tage vorher hatte man einen großen Sieg Napoleons über die Heere der verbündeten Mächte, die alle in völliger Auflösung begriffen seien, bekannt gemacht, und nun eine solche Gewißheit! Man fragte sich, ob es auch wahr, ob es möglich sei, ob man nicht träume? Die Sache kam mir um so ungelegener, da ich erst vor ein paar Wochen von dem Gouverneur zum Bataillonschef bei dem Kriegsminister vorgeschlagen worden war. Die erwartete Ernennung ging nun in die Brüche, sowie alle Träume von künftigen Generalepauletts, Marschallsstab usw.
Zwei Tage nach der Ankunft des Parlamentärs legte sich

die englische Flotte, aus einigen dreißig Segeln bestehend, unter denen mehrere Linienschiffe, Fregatten, Korvetten, Briggs usw., in der Reede von Korfu vor Anker. Einige Tage später kam auch die französische Flotte, fünf Linienschiffe stark, unter denen zwei Dreidecker, mehrere Fregatten, Korvetten usw., von Toulon an. Endlich erschienen mehrere italienische und neapolitanische Kriegsschiffe, von Genua, Neapel und Venedig kommend, um die diesen Ländern angehörigen Truppen abzuholen. Die französische Flotte hatte links von der englischen und die Italiener rechts von derselben Anker geworfen. Alle diese Schiffe waren in zwei Linien der Stadt gegenüber aufgestellt und gewährten einen sehr imposanten Anblick. Jeden Morgen, nachdem die Reveilleschüsse gefallen waren, spielte die Musik der Linienschiffe der Reihe nach, und den ganzen Tag wimmelten Hafen und Reede von unzähligen kleinen Booten, die von einem Bord zum andern fuhren.

Weit über zehn Millionen hatten die neuen Festungswerke und die Wiederherstellung der alten die französische Regierung gekostet, und eine fast ebenso große Summe hatte sie zu andern nützlichen Zwecken für die Stadt und Insel verwendet, von der sie während ihres siebenjährigen Besitzes auch keine Obole zog. Nur in den letzten Monaten, als die Not am dringendsten geworden, verordnete der Gouverneur eine gezwungene Anleihe von ein paarmal hunderttausend Piastern. Mit der Übergabe der Stadt- und Festungswerke beeilte man sich nicht sehr, sie fand nur allmählich statt. Von der Aufsteckung der weißen Kokarden, welche der königlich französische Kommissar von Toulon in hinlänglicher Quantität mitgebracht hatte, wollten die französischen Truppen zuerst gar nichts wissen und traten sie mit Füßen. Auch ging es nicht ohne Reibereien zwischen den französischen und englischen Offizieren ab, wozu das sehr arrogante Benehmen der letzteren meistens Veranlassung gab, und die manchmal blutig endigten. Zwei französische und drei englische Offiziere fanden den Tod im Zweikampfe; das Betragen dieser Rotröcke war in der Tat oft von der Art, daß es die Franzosen nicht wohl ungerügt lassen konnten. Wir waren, da man uns über fünfzehn Monate Sold schuldete, natürlich sehr geldarm, während Albions Söhne goldgefüllte Taschen hatten und uns dies bei jeder Gelegenheit durch Prahlsucht und lächerliche Verschwendung fühlen lassen wollten, indem sie geringe Gegenstände, wenn Franzosen in der Nähe waren, weit über ihren Wert bezahlten, das Gekaufte dann verschenkten oder auch wegwarfen. Eines Tages trat ein englischer Marine-Offizier in das Militärkaffeehaus auf der Esplanade, ließ sich ein Glas Rosolio reichen und gab dem Aufwärter einen Markustaler, um zu bezahlen. Als ihm derselbe den ihm zukommenden Rest, meistens in venezianischen Gazettis und türkischen Paras bestehend, brachte, nahm er das Geld und warf es zu Boden, indem er sagte: „Mit solchem Quark darf ein englischer Offizier seine Taschen nicht beschmutzen." Einige Gazettis fielen unglücklicherweise auf die Füße eines französischen Kapitäns, von den Chausseurs de l'Orient, der den ägypischen Feldzug unter Bonaparte mitgemacht hatte. Dieser sprang sogleich auf und gab dem Engländer eine derbe Ohrfeige, der nun rasch seinen Dolch zog, um den Franzosen niederzustechen, welcher aber zurückweichend ebenso schnell seinen Degen gezogen. Die übrigen anwesenden Offiziere sprangen hinzu, verhinderten, daß es zu weiteren Tätlichkeiten kam. Es folgte eine unmittelbare Herausforderung, und das Duell fand noch in der nämlichen Stunde in dem Olivenwäldchen hinter Castrades statt. Der Engländer kam schlecht weg; der Franzose brachte ihm eine gefährliche Wunde in den Unterleib bei. Auch geschah es mehrmals, daß berauschte und sich unanständig aufführende Engländer an öffentlichen Orten zur Türe hinausgeworfen wurden.

Endlich mußte man jedoch, nachdem man lange genug

gezögert hatte, in den sauern Apfel beißen, und ein Posten nach dem andern wurde von den Engländern besetzt. Zuerst die Außenwerke, dann die Stadttore, das neue Fort und zuletzt die alte Festung samt der Zitadelle. Noch eine bittere Unannehmlichkeit entstand für die Franzosen, welche die besten Kanonen und Mörser von Erz bei Nachtzeit heimlich eingeschifft hatten. Da dies nun gegen den Vertrag und den Engländern verraten worden war, so mußten die bei Nacht eingeschifften Geschütze bei Tage wieder ausgeschifft werden, wobei sich die französischen Artilleristen absichtlich so ungeschickt benahmen, daß mehrere Stücke in die Tiefe des Meeres fielen. Der Gouverneur Donzelot und der Commissaire Imperial Lesseps, der sich jetzt Commissaire général nannte, erließen rührende Abschiedsproklamationen an die Einwohner, von denen die des letzteren durch ihren Lakonismus merkwürdig war. Sie bestand aus drei Zeilen und lautete:
Habitans de Corfou! Je vous quitte comblé des marques de votre estime et de votre attachement (Sic!) c'est la plus douce récompense de mes travaux. Soyez heureux. Corfou, 20. Juni 1814. Le Commissaire général, L. – Der englische Generalleutnant James Campbel, der nun Besitz von Korfu im Namen des Prinzregenten von England, als Protektor der Ionischen Inseln, nahm, erließ ebenfalls eine Proklamation, in der er den Korfioten gewaltig viel Gutes versprach, das nie erfüllt wurde.

Als nun endlich alles in Ordnung, der letzte Posten abgelöst und der letzte Mann der französischen Garnison eingeschifft war, sank die französische Fahne von der höchsten Spitze der alten Feste, wurde sogleich durch die sich rasch erhebende englische ersetzt, und letztere mit allen Kanonen der englischen Flotte salutiert. Endlich lichtete die französische Flotte die Anker und steuerte der albanischen Küste zu. Nicht ohne Wehmut sahen wir die sich unseren Augen immer mehr entziehende

Insel schwinden, auf der wir manche Freuden genossen hatten und die uns manche angenehme Erinnerungen ließ. Auch die Korfioten sahen uns nicht gleichgültig ziehen, sie hatten jedoch gewünscht, unter russische Protektion zu kommen.

V

Überfahrt von Korfu nach Marseille – Das Schiffsleben – Die Meerenge von Messina – Die Fata Morgana – Haifische – Napoleon auf der Insel Elba – Das Pestlazarett und die Quarantäne zu Marseille – Marseille – Stimmung der Einwohner – Abmarsch nach Avignon – Meuterei in Aix – Die Familie Giraud und ihr Beichtvater – Die rasenden Weiber in Avignon attackieren uns – Ankunft Ludwig Philipps zu Avignon – Lyon – Einzug des Grafen Artois (Karl X.) – Fontainebleau – Paris – Preußische Vergeltung – Die zurückgekehrten Emigranten – Ich lasse mich auf halben Sold setzen – Abreise über Reims nach Straßburg – Die heilige Ölflasche – Straßburg – Der Herzog von Berry – Abreise nach Frankfurt – Ankunft daselbst

Die Schiffe der französischen Flotte waren, um mehr Raum zu gewinnen, alle desarmiert, das heißt, man hatte die Geschütze, bis auf wenige Alarmkanonen, in Toulon zurückgelassen. Das Einschiffen war keine Kleinigkeit, denn es befanden sich sehr viele Beamtenfrauen und Kinder unter den Abfahrenden, die manche Habseligkeiten, die sie nicht hatten veräußern können oder notwendig bedurften, mitnahmen. Der Zudrang von nicht verheirateten, unterhaltenen Frauen und Mädchen war außerordentlich, viele derselben wurden unbarmherzig zurückgewiesen, und schrien dann, sich die Brust zerschlagend, jämmerlich am Ufer. Das Regiment der Albaner war zurückgeblieben und in englischen Sold getreten. Ihren rückständigen Gehalt hatte man ihnen in Lebensmitteln aus den Magazinen bezahlt; wir aber hatten für unser Guthaben Anweisungen auf die französische Regierung erhalten, die manche Offiziere noch in Korfu mit einigem Verlust versilberten. Die von den Truppen urbar gemachten Ländereien hatte man um einen Spottpreis an die Einwohner verkauft, die anfingen sich allmählich an den Erdgeschmack der Kartoffeln, den, wie sie sagten, dieselben hätten, zu gewöhnen. Die noch vorhandenen Lazarett-Ochsen waren samt den Pferden eingeschifft worden; erstere hatte man an den Hörnern mit Stricken hinaufgewunden, und es war komisch, diese

Tiere, keinen Boden mehr unter sich fühlend, so senkrecht zwischen Himmel und Erde zappeln zu sehen, während die Pferde horizontal aufgewunden wurden. Obgleich auch viele Transportschiffe mit von Toulon gekommen waren, so fehlte es dennoch sehr an Raum. Alle Kranken aus dem Lazarett hatten wir ebenfalls eingeschifft, so daß kein lebendiger französischer Soldat zurückblieb. Noch zwei Tage hatten wir in der Reede von Korfu, schon eingeschifft, verweilt, bevor wir abfuhren, während welcher ich einige Besuche auf englischen Linienschiffen machte, und die außerordentliche Reinlichkeit und Bequemlichkeit derselben zu bewundern Gelegenheit fand. Man hätte von den Fußböden der Verdecke essen können, so spiegelglatt und sauber waren sie gehalten, während auf den französischen Schmutz und Unreinlichkeit zu Hause war. Ich war zuerst auf dem Romulus, einem Zweidecker von vierundsiebzig Kanonen, eingeschifft, den ich aber wieder verlassen mußte, um mich an Bord der Danube (Donau), ebenfalls mit vierundsiebzig Kanonen, zu geben, auf dem Herr v. Brüge mit seiner Familie, der Payeur général, der die niedliche Sekonda Ballerina Chiaretta Gaspari, mit der er mehrere Kinder gezeugt, bei sich hatte, der Kapitän Stahl mit seiner jungen Frau usw. embarkiert waren. Trotzdem daß die Schiffe desarmiert, waren wir doch furchtbar zusammengedrängt, denn es befanden sich auf einem Zweidecker wenigstens 1800 Menschen. An Hängematten für die Soldaten war nicht zu denken; sie mußten auf dem platten Boden liegen. Die Offiziere, mit Ausnahme der Stabsoffiziere, waren nebst den Employés, Ärzten usw. alle in dem sich über der St. Barbe (der Pulverkammer) befindlichen Raume, der sonst gewöhnlich den Maitres Canotiers und andern niederen Schiffsgraden gehört. Wir waren an hundert Menschen, von denen ein Dritteil Frauen und Kinder, die hier untereinander hausten und zum Teil in Hängematten, zum Teil auf einer Art ganz niedrigen Bettstellen, mit grober

Leinwand überzogen, schliefen. Die Verheirateten hatten eine solche dreifache Schlafstätte für sich inne, um die sie ein Tuch spannten, und so wenigstens nicht gesehen werden konnten. Nun denke man sich die Ausdünstungen so vieler Menschen bei der Nacht, wo alle Sabords oder Stückpforten und Schiffsläden fast hermetisch geschlossen werden; das Geschrei der Kinder und Frauen, deren Bedürfnisse, wozu sich auch schnell die Seekrankheit und mit ihr unaufhörliches Erbrechen gesellte. Dies alles von dem immerwährenden Knarren des Balkens des großen Steuerruders begleitet, der sich auch in diesem engen Raum bewegte, und man wird mir eingestehen, daß dies einen Vorgeschmack von der Hölle geben konnte. Ich hielt es die erste Nacht kaum eine halbe Stunde in diesem Behälter aus und begab mich auf das Verdeck, wo ich mich in ein Boot legte und diese und alle folgenden Nächte, die wir eingeschifft waren, unter freiem Himmel – es war der Juni- und Julihimmel des Mittelländischen Meeres – zubrachte. Waren die Lagerstätten schlecht, so war der Tisch dagegen vortrefflich. Für jeden eingeschifften Offizier bewilligte die Regierung 65 Franken Tafelgelder, und wir wurden dafür sehr gut genährt. Es gab fast alle Tage frisches Fleisch, Braten, oft Geflügel. Man schlachtete die eingeschifften Ochsen, Hämmel usw. an Bord, buk jeden Tag Weißbrot; nur das frische Wasser ging uns ab; das noch einmal an der Küste von Albanien eingenommene wurde jeden Tag schlechter, zuletzt gar nicht mehr trinkbar, schwarz, übelriechend und voll Gewürm. Man filtrierte es zwar durch Löschpapier, aber dies nahm ihm doch den schlechten Geschmack nicht. Dabei hatte man immer großen Durst, da auch viel gesalzene Speisen genossen wurden, der Wein aber, der à discretion gegeben wurde, den Durst nicht löschte. Fünf- bis sechsmal setzte man an, schüttelte sich, besonders die Damen, und mußte doch endlich den bitteren Kelch mit zugedrückten Augen leeren. Wir speisten wohl an hundert Personen an der im Assembleesaal servierten Tafel, die in Form eines Hufeisens aufgestellt wurde. Die Sitze und Tische waren auf dem Boden amariert, d. h. mit Tauen befestigt. Komisch war es anzusehen, wenn das Schiff auf eine Seite zu liegen kam, während man bei Tische saß, die einen hoch über den andern, die tief unten saßen, schwebten; durch eine Wendung des Schiffes kamen dann die, welche oben saßen, plötzlich zu den Füßen der andern, die sich erhoben. Es war das Bild des gewöhnlichen Weltlaufes: der ist heute oben, der morgen unten liegt. Anfänglich machte uns die viel Spaß. Am 24. Juni hatten wir die Anker gelichtet, und die ersten Tage gingen bei der sehr langsamen Fahrt noch ziemlich fröhlich vorüber. Gegen Abend spielte die Musik auf dem Hinterteil des Verdeckes; man tanzte mit den sich an Bord befindlichen jungen Damen, der Capitaine du vaisseau war so galant, Erfrischungen in Orgeade, Limonade usw. reichen zu lassen. Dabei ging es recht munter zu, und ich walzte mit Josephinen, Madame Stahl und andern. Diese Unterhaltungen nahmen jedoch bald ein Ende, da die meisten Tänzer und Tänzerinnen schnell auf der Nase lagen, obgleich wir meistens große Windstille hatten und nur lavierend sehr langsam vorwärts kamen. Am 26. Juni hatten wir noch einmal vor den Küsten Albaniens Anker geworfen, am 30. erblickten wir die wilden, pittoresken Küsten Kalabriens, die mit alten Türmen, welche sie gegen die Überfälle der Barbaresken schützen sollten, in Zwischenräumen von je tausend Schritten versehen sind. Um nur ein wenig vorwärts zu kommen, mußte man die Landwinde benutzen, welche in der heißen Jahreszeit in der Regel hier morgens und abends an den Küsten wehen. Am 2. Juli sahen wir erst den Rauch des dampfenden Ätnas und erblickten bald darauf die reizenden Küsten Siziliens, in der Gegend des Kaps Grosso. Wir segelten nun durch die Meerenge von Messina, dessen Umgebung sehr schön ist. Amphitheatralisch liegen prächtige Villen, Klöster, Kirchen, Gärten, Ortschaften, zwischen Pomeranzen- und

Zitronenhainen, Weinbergen und Gebüschen an dem Ufer. Vor Messina machte die ganze Flotte halt, und wir warfen so nahe bei der Stadt Anker, daß wir deutlich die am Meer spazierengehenden Menschen, unter denen besonders viele Pfaffen und Mönche waren, erkennen und uns sogar mit ihnen unterhalten konnten. Fast einen ganzen Tag brachten wir vor Messina zu; wo wir Piloten nahmen, die uns sicher durch die Meerenge und zwischen der Charybdis und Scylla durchbringen sollten. Jedes Schiff erhielt seinen eigenen in einer Barke von vier bis sechs Ruderern, in der sich auch noch ein Sanitätsbeamter befand, um zu beobachten, daß niemand in Berührung mit der Schiffsmannschaft käme. Bei dieser Durchfahrt hatte ich Gelegenheit, über die große Unerfahrenheit mancher französischer Marine-Offiziere, selbst der höheren Grade, zu staunen. Es war nämlich bei Tische die Rede davon, was wohl ein solcher Pilot fordern oder erhalten würde. Da meinte der eine von der Marine 50, der andere 30, der dritte gar nur 20 Franken. Ich aber lachte darüber, denn ich hatte schon als Kind in einem geographischen Werk gelesen, daß die Piloten, welche durch die Meerenge von Messina geleiten, 25 Louisdor erhalten, und dies später durch Moritz in Neapel bestätigt gefunden. Ich sagte nun, die Herren würden sich wohl irren; die Piloten würden wahrscheinlich 600 Franken fordern, worüber man laut lachte. Wir kamen glücklich durch die Strudel, Wirbel und Strömungen der Meerenge, bis auf den Ulm, ein Linienschiff von achtzig Kanonen, das etwas zu nahe am Land, sich festfuhr und dessen Wiederflottmachen unsägliche Mühe kostete. Eine Fregatte, die Galatea, geriet in eine Strömung, die so stark war, daß sie trotz der aufgespannten Segel eine gute Strecke rückwärts trieb. Als wir eine ziemliche Weite über den Torro di Faro von Messina hinaus und folglich die Gefahren beseitigt waren, wurden die Piloten gefragt, was sie für ihre Mühe begehrten, und die Antwort war: „25 Louisdor für jedes Schiff." Dies fand man

allgemein exorbitant, fragte bei dem Admiralsschiff an, wie man sich zu verhalten habe, und kam endlich überein, jedem Piloten 50 Franken statt der geforderten 600 zu bezahlen. Keiner derselben wollte dies Geld annehmen und behauptete, die von ihnen gemachte Forderung sei die gewöhnliche Taxe, die selbst Kauffahrteischiffe, welche die Meerenge passierten, bezahlten. Dies half den Leuten nichts. Man erwiderte ihnen, daß das französische Gouvernement nicht mehr gut tue; in Frankreich werde man die Sache der Regierung berichten, und was diese mehr genehmige, solle ihnen später durch den französischen Konsul in Messina ausbezahlt werden. Hiermit mußten sich die Leute vorerst begnügen. Ob sie später noch etwas erhielten, habe ich nicht erfahren. Offenbar waren 50 Franken viel zu wenig, denn sie mußten ja schon dem Sanitätsbeamten ein Bedeutendes abgeben und auch noch ihre Leute bezahlen.
Am folgenden Tage waren wir noch im Angesicht von Sizilien auf der einen und Reggios auf der andern Seite und hatten das seltsame Schauspiel einer Fata Morgana vor Augen, einer eigenen, zauberartigen Erscheinung, die sich nicht nur im Wasser, sondern auch wie in der Luft schwebend zeigt, und die sonderbarsten, wunderlichsten und mannigfaltigsten Gebilde hervorbringt. Wir erblickten unabsehbar Kolonnaden, Bogenhallen, Alleen, seltsame Bäume und Gesträuche, weidende Herden usw., dies alles in der Luft schwebend, während unter dem Wasser nicht minder seltsame Gegenstände zu sehen waren. Als sich aber der Landwind mehr und mehr erhob, verloren sich diese Nebelgebilde. Wir segelten jetzt längs der mir wohlbekannten Küsten Kalabriens hinauf, noch lange den rauchenden Ätna im Auge. In der nächsten Nacht erreichten wir die liparischen Inseln. Stromboli warf fortwährend Feuer aus; am 7. Juni erblickten wir den Vesuv, Kapri, Ischia und Neapel, am 8. war fast gänzlich Windstille, am 9. waren wir Gaëta und am 10. Terracina gegenüber. Diese Seereise wurde täglich

langweiliger und wegen der großen Hitze unausstehlich. Alles was nicht zur Marine gehörte, war sehr abgespannt und durch die Seekrankheit ermattet, namentlich die Frauen, und die Qual des Durstes unausstehlich. Ich las oder schrieb fast den ganzen Tag; bisweilen unterbrachen die Matrosen das ewige Einerlei durch einen Schiffstanz. Der Fang eines Haifisches brachte auch einiges Leben an Bord, und die Mannschaft ließ sich das Seeungeheuer, das alle Tote, die man über Bord wirft, verzehrt, trefflich schmecken. Wir hatten schon vier bis fünf Leichen gehabt, weshalb eine ganze Herde dieser Fische jedem Schiff folgte. Fiel jemand lebendig in das Wasser, wie dies auf einem Schiff der Fall war, so war er verloren; ein solches Ungeheuer schnappte ihn sogleich auf und begrub ihn in seinen Bauch. Eines Tages fiel einem von unsern Soldaten ein großer Schiffsnagel von einem Mastkorb auf den Kopf und tötete ihn auf der Stelle. Auch er fand eine Stunde nachher ausgekleidet sein Grab in den Wellen oder dem Rachen eines Hais.
Den Schiffsdienst versahen wir mit der Marine zusammen, soweit dies die Landtruppen imstande sind, die Offiziere hielten die Quart, eine vierstündige Wache oder Aufsicht, die in einer gewissen Zeit immer wiederkehrt. Jeden Tag zog eine Wache auf, und es war Wachtparade, öfters Inspektion usw. Am 12. Juli befanden wir uns auf den Höhen von Civita Vecchia und Rom, am 13. kamen wir an den Inseln Giglia, Monte Argento, Rossa und Gianuta vorüber und begegneten einem französischen Linienschiff, La ville de Marseille, das den Herzog von Orleans, Louis Philipp, nach Palermo bringen sollte, der daselbst seine Gemahlin abholte. Durch dieses Schiff erhielten wir auch zuerst die Nachricht von dem zu Paris definitiv geschlossenen Frieden. Am 14. kamen wir an den Küsten von Toskana und der Insel Elba vorüber, von welcher bereits der abgedankte Kaiser Besitz genommen hatte. Wir segelten an Porto Ferrajo vorbei, und hätte Napoleon geahnt, welch günstige Stim-

mung für ihn auf der vorüberfahrenden Flotte herrschte, so hätte er vielleicht damals schon mit derselben nach Frankreich zurückkehren können; denn als wir nach Porto Ferrajo mit trefflichen Fernrohren hinübersahen, erblickte man ihn auf den Mauern; jetzt wurden auf den Schiffen Offiziere, Soldaten und Matrosen, alles unruhig, und plötzlich ertönte der Ruf: „Vive l'Empereur!" Man konnte nicht verhindern, daß die ganze Mannschaft auf das Verdeck strömte, Hüte und Tücher schwenkte, wie ausgelassen tobte und schrie und verlangte, daß die Musik spielen solle. Der Kapitän und die Kommandanten befanden sich in keiner geringen Verlegenheit und dankten dem Himmel, als wir endlich über die Insel Elba hinaus waren. Hätte Napoleon nur einige Winke gegeben, so würde sich ganz gewiß die ganze Mannschaft empört und zu seinen Gunsten revoltiert haben. Wir segelten nun bald am Kap Bianko, der Insel Korsika vorüber und hatten nach und nach die meisten Schiffe der Flotte aus dem Gesicht verloren. Am Golf von Genua vorüber, kamen wir am 17. Juli in der Reede von Toulon an, wo wir einen garde de santé an Bord nahmen, da von diesem Augenblick an unsere Quarantäne begann. Ein stürmischer Nordwind, der sich plötzlich erhoben, hatte uns gezwungen, in dieser Reede einzulaufen, die wir am 20. wieder verließen und am 22. zu Marseille, unserer vorläufigen Bestimmung, ausschifften, um vorerst die Quarantäne in dem Pestlazarett zu beziehen, das für sich eine Stadt mit verschiedenen Quartieren bildet.

Diese Anstalt ist sehr groß und bewundernswürdig. Man findet in derselben Wohnungen für hohe Herrschaften und Privatleute, Kasernen, Gasthäuser, in denen man alles, freilich sehr teuer, haben kann, Krankenhäuser usw. Das ganze Lazarett ist in sieben Abteilungen oder Quartiere eingeteilt, die sämtlich durch hohe Mauern voneinander getrennt sind, deren Tore bei Nacht wie in Festungen geschlossen werden. Drei dieser Abteilungen sind allein für Waren bestimmt und haben geräumige

Hallen zu diesem Zweck. Für wirkliche Pestkranke sind ganz besondere Räume und Gebäude vorhanden. Das ganze Lazarett ist mit 25 Fuß hohen zweifachen Ringmauern eingeschlossen, wovon aber eine von der andern 40 Fuß weit entfernt ist. Zwischen diesen beiden Mauern machten Sanitätswachen Tag und Nacht die Runde. Diese Anstalt hat ihre eigene Sanitätsverwaltung und Polizei. Ein Kommandant, der Lazarettkapitän genannt, steht an ihrer Spitze und hat seine Leutnants oder Adjutanten. Wir lagen damals an 8000 Mann zu gleicher Zeit in der Quarantäne, und zwar in verschiedenen Abteilungen, da die Garnison von Korfu nicht zu gleicher Zeit angekommen war, nämlich das 6. Linienregiment, das 14. leichte Infanterieregiment, zwei Bataillone von unserm Regiment, Artillerie, Pioniere, Sappeure, Mineure usw., nebst einem Heer von Beamten. Die Polizei im Lazarett wird mit großer Strenge gehandhabt, um jede Annäherung eines Quarantänärs mit dem aus einer andern Abteilung zu verhindern, und wer etwas in dem Wirtshaus der Quarantäne kaufen will, wird von einem garde de santé, der mit einem zehn Schuh langen Stab oder Spieß bewaffnet ist, begleitet, so daß, wenn man einem andern Quarantänär mit seinen Wächtern begegnet, man vermittels dieser Stäbe immer zwanzig Schuh weit auseinander gehalten wird. Alles Geld, was man bezahlt, wirft man in eine mit Weinessig gefüllte Schüssel, welche vor dem Gitter steht, das das ebenfalls abgeschlossene Wirtshaus, eine kleine Feste, umgibt. Mit Bekannten aus der Stadt kann man sich durch die in den doppelten Mauern angebrachten Staketengitter unterhalten, aber keine Geheimnisse verhandeln, da man wegen der zwanzig Schuh weiten Entfernung sehr laut sprechen muß. Der Kommandant, sowie alle Angestellten im Lazarett, selbst die Ärzte und Wundärzte, dürfen nicht verheiratet sein. Jeden Abend werden sämtliche Quarantänäre in ihren Wohnungen eingeschlossen und die Schlüssel an den Kommandanten abgeliefert. Alle diese

Einrichtungen bestehen erst seit dem Jahr 1720, wo durch Unvorsichtigkeit und Nachlässigkeit ein Schiff, das aus der Levante kam und auf dem unterwegs schon ein halbes Dutzend Menschen an der Pest gestorben waren, und das man dennoch nur eine Quarantäne von acht Tagen halten ließ, diese schreckliche Geißel nach Marseille und dem ganzen südlichen Frankreich brachte. Die große Stadt war in der Zeit von sechs Wochen wie ausgestorben, über 80000 Menschen hatte die Pest in derselben weggerafft, fast alle Häuser standen leer und in den Straßen begegnete man keiner Seele mehr. Im ganzen Lande aber wurden viele Hunderttausende das Opfer dieser Plage. Ein gräßlich-schönes Gemälde im Hotel de Ville von Marseille stellt furchtbare Schauerszenen aus jener Unglückszeit dar.

Wir hatten je zwei Offiziere ein Zimmer oder vielmehr Kämmerchen, nur die Verheirateten hatten ein besonderes. Mein nächster Nachbar war der Kapitän Stahl, der seine junge Frau mit einer fast wütenden Eifersucht hütete, weshalb es schon auf dem Schiff manche Neckereien und Unannehmlichkeiten abgesetzt hatte, so daß er oft gar nicht zu Tische mit ihr kam. Die Frau aber, die, gleich allen Griechinnen, ein feuriges heftiges Temperament hatte, verdroß dies so sehr, daß sie mehr als einmal mir gegenüber äußerte: „Gerade weil er es so macht, muß er Hörner tragen, die ich ihm bei der ersten Gelegenheit aufsetzen werde." Diese fand sich dann auch trotz allen Bewachens bald genug, und zwei Tage, nachdem wir die Quarantäne verlassen hatten, wußte die verschmitzte Frau schon ihr löbliches Vorhaben auszuführen, wozu ich ihr denn auch bestens an die Hand ging. Während sie Stahl mit Madame Roy in der Kirche glaubte, wohin er beide Frauen begleitet und sich dann nach dem Hafen in Dienstangelegenheiten begab, brachte sie eine süße Stunde in meinen Armen im Hotel des Ambassadeurs zu, wo ich mich einquartiert hatte.

Alle Griechen und griechischen Frauen, die mit von

Korfu gekommen waren, konnten sich nicht genug über die Größe, Pracht und die schönen Gebäude von Marseille wundern, und riefen einmal über das andere aus: „O che palazzi!“ Marseille ist aber auch eine der schönsten Städte Frankreichs und ihr Hafen der prächtigste und sicherste im Mittelländischen Meer. Seine Kais sind fast durchaus mit prachtvollen Häusern geziert; Linienschiffe können jedoch nicht in demselben einlaufen, weil er nicht tief genug ist. Wir hatten bei der Insel If Anker geworfen, von wo wir in Booten an das Lazarett gefahren wurden. Marseille hält man für die älteste Stadt Frankreichs, und sie mag es wohl auch sein. Die Phönizier gründeten hier 600 Jahre vor Christi Geburt eine griechische Kolonie. Ihre Kathedrale ist gleichfalls die älteste Kirche Galliens und auf den Ruinen eines Dianentempels erbaut, von dem noch schöne Granitsäulen in der Kirche selbst angebracht sind. Das Arsenal, das große Theater, die Börse, den Gouvernementspalast, den Cours, eine der schönsten Straßen, die ich gesehen, die Straße Beauveau, den Platz Canabière als Paradeplatz der schönen Welt, darf man nicht versäumen aufzusuchen. Es machte mir großes Vergnügen, den mitgekommenen Damen von Korfu alle Merkwürdigkeiten Marseilles zu zeigen und mich an ihrem Staunen zu ergötzen. Namentlich waren es Madame Conge und Coste, deren beständiger Begleiter ich war. Auch das Leben und Treiben in Frankreich, die Freiheit, welche alle französischen Frauen genießen, die Sitten und Gebräuche, dies alles war eine neue Welt für sie. Da ich das daselbst etablierte deutsche Haus Ellenberger und Imer kannte, an das ich schon früher, als wir in Toulon lagen, empfohlen war, und durch welches ich mir noch in der Quarantäne allerlei Lebensmittel und Weine hatte schicken lassen, die sie mir in bester Qualität und ganz vorzüglich besorgt hatten, so ließ ich mir von demselben ein paar hundert Franken gegen Anweisung auf Frankfurt geben, und hatte so einige Mittel in Händen. Auch wurden uns, ehe wir die

Quarantäne verließen, zwei Monate rückständiger Sold ausbezahlt, den die Kaufleute von Marseille vorgeschossen, um den von Korfu ankommenden Truppen Mut zu machen und sie für die Bourbonen günstig zu stimmen, denn Marseille sowie die ganze Provence und Languedoc waren auf das äußerste gegen Napoleon erbost, da hier aller Handel und die Gewerbe während seiner Herrschaft stockten und fast auf Null herabgesunken waren. Ihre Anhänglichkeit zur zurückgekehrten Dynastie sprach sie enthusiastisch aus. Das Volk zu Marseille hatte sogar kurz vor unserer Ankunft ein Artillerie-Bataillon unter dem Gewehr auf dem Paradeplatz umstellt und dasselbe gezwungen, seine Adler von den Tschakos abzunehmen, bevor es denselben verließ. Einige Offiziere waren mißhandelt worden. Einem Obersten, der noch kaiserliche Abzeichen an sich hatte und diese auf das Geheiß des Pöbels nicht sogleich abnehmen wollte, rissen sie die Epaulettes von den Schultern.
Marseille liegt in einer weiten, von Bergen umgebenen Ebene, an dem Golf, der seinen Namen führt, und hat über 100 000 Einwohner und 14 000 Häuser, viele große Vorstädte, weit mehr Kirchen als Paris und über dreißig, zum Teil sehr große Plätze. Die Stadt selbst wird in die Altstadt und das Quartier neuf eingeteilt, in welch letzterem die reiche und vornehme Welt wohnt. In der Umgebung der Stadt, die sehr öde ist, liegen wohl einige tausend Bastiden, weiß angestrichene Landhäuser, die in der Regel aus einem Salon, ein paar Nebenstuben, einer Küche usw. bestehen, und von einem kleinen Garten umgeben sind, in welchem sich die Besitzer in den Sommermonaten eine sehr bescheidene Erholung erlauben; ein jeder nur einigermaßen bemittelte Bürger hat eine solche Bastide. Wir blieben nur kurze Zeit in Marseille; schon in der dritten Woche nach unserer Ankunft daselbst erhielt unser Regiment Ordre, nach Avignon abzumarschieren. In *Aix* aber brach eine förmliche Meuterei unter unseren Leuten aus, die er-

klärten, nicht weiter marschieren zu wollen, bis man ihnen den sämtlichen, noch rückständigen Sold ausgezahlt habe. Die Sache drohte in eine förmliche Empörung auszuarten. Die Soldaten wollten sich an ihre Offiziere und Chefs halten, stießen unzweideutige Drohungen gegen dieselben aus, von ihnen den rückständigen Sold fordernd. Um sie im Zaum zu halten, ließ man die Nationalgarde von Aix unter die Waffen treten und in starken Abteilungen durch alle Straßen patrouillieren. Dies und die Auszahlung von noch einem Monat Sold, den die Stadt Aix vorschoß, beschwichtigte die Murrenden, und am vierten Tage marschierten wir nach Avignon ab, wo sich aber schon ein Befehl des Kriegsministers vorfand, welcher das Regiment nach Avesnes im Departement du Nord beorderte, wo die Leute ihr ganzes Guthaben und diejenigen, die nicht länger Frankreich dienen wollten, ihren Abschied und eine Marschroute bis an die Grenze erhalten sollten. Die meisten Leute nahmen dies an und wurden, nachdem sie ihren Abschied erhalten und ihre Waffen abgeliefert hatten, in Transporten von fünfzig bis hundert Mann bis zur deutschen Grenze geführt. Die dabei bleibenden Offiziere wurden auf halben Sold gesetzt. Man zählte damals an 30 000 Offiziere, die auf halben Sold gesetzt wurden, worunter alle jene, die aus russischer, preußischer, spanischer, englischer usw. Gefangenschaft zurückgekehrt waren. Ich hatte wegen eines Fiebers, das mich überfiel, in *Avignon* zurückbleiben müssen. Die lange Seereise, auf der ich nie die eigentliche Seekrankheit gehabt, dagegen aber immer eine Unbehaglichkeit und Übelkeit verspürte und sehr an hartnäckigen Obstruktionen litt, hatte mir wohl diese Krankheit zugezogen. Ich wollte nun meine Genesung, die auch bald erfolgte, in Avignon abwarten und mietete mir eine angenehme Wohnung auf dem großen Platz mitten in der Stadt bei einem ziemlich wohlhabenden Bürger, namens Giraud, der sich in den Ruhestand gesetzt und ein liebenswürdiges sechzehnjähriges Töchterchen, das einzige Kind, hatte. Ich suchte auch meine früheren Bekannten wieder auf, aber der Madame Croizet war bereits das Los aller Sterblichen geworden. Sie war schon seit Jahren tot und begraben. Die Gebrüder Blavet hatten schlechte Geschäfte gemacht und waren mit dem Haus Mumm in Frankfurt in einen schweren Prozeß verwickelt, der so bedeutend war, daß gewissermaßen das Fortbestehen ihres Hauses davon abhing, der aber zu ihrem Glück in Avignon anhängig war. Von hier aus schrieb ich an meine Eltern und erhielt neue Empfehlungen an das Haus Aymard, das einen Sohn als Volontär in Frankfurt hatte und sich daher sehr meiner annahm. In kurzer Zeit war ich, wie gesagt, wieder von meiner Krankheit genesen, brachte aber noch ein paar Wochen in Avignon zu, wo mich die hübsche Tochter meines Hauswirtes, Marguerite Giraud, fesselte. Die Einwohner von Avignon waren ebenso erbitterte Feinde Napoleons wie die zu Marseille und in den anderen Städten der Provence. Sie nannten den abgesetzten Kaiser nur le vieux Nicola, hatten ihn im Bild verbrannt und einen Napoleon darstellenden Strohmann lange in dem Straßenkot herumgeschleift. Hier würde ihm so wie in Orgon und anderen Orten übel mitgespielt worden sein, hätte man ihn bei seiner Durchreise erwischt. Er hatte sich aber schnell über Hals und Kopf weiter gemacht, als er die entstandene Gährung wahrnahm. Die Weiber der niederen Klassen tanzten noch täglich die Farrandole beim Schall einer Baskotrommel, sich an Taschentüchern aneinanderhaltend, wie besessen in allen Straßen und auf öffentlichen Plätzen; sangen dabei Spottlieder auf den père Nicola, wie sie ihn nannten, und waren berauscht. Eines Abends ritt ich mit dem Chirurgien-Major Colombe vom sechsten Linien-Regiment, das mit uns in Korfu gewesen und jetzt in Avignon garnisonierte, zum Rhonetor hinaus spazieren, in dessen Nähe am Kai ein Bataillon dieses Regiments exerzierte. Kaum waren wir vor dem Tor, als ein Troß solcher tollen, tanzenden Weiber uns umringte und im dortigen Patois zurief, wir sollten: „Vive Louis XVIII., vivent les Bourbons“ schreien. Ich erklärte ernst und kurz, daß ich auf kein Kommando schreie, aber Colombe wollte Bravaden zeigen, und schrie aus vollem Halse: „Vive Napoléon!“ Nun fielen ihm die wilden Weiber gleich in die Zügel, rissen ihn vom Pferd herab, während ich mich frei machte und den Degen zog, mein Pferd sich bäumen ließ und mich so in Verteidigungszustand setzte. Sicher würde es ihm ergangen sein wie dem armen Sänger Orpheus. Diese modernen Bacchantinnen würden auch ihn in Stücke gerissen haben, wenn nicht glücklicherweise das ganz in der Nähe exerzierende Bataillon sogleich eine Patrouille abgesandt hätte, den unglücklichen Chirurgien-Major zu befreien. Das Spazierenreiten war ihm nun vergangen, und er begab sich heim, sein Roß demütig am Zügel führend. Ich sah noch eine Zeitlang den Manövern des sechsten Regiments zu und ritt um die Stadt herum ebenfalls nach Hause. Schlimmere Folgen hätte beinahe meine Bekanntschaft mit Marguerite Giraud gehabt. Ich hatte jetzt auch den Tisch bei den guten Leuten, und eine alte Tante, die so ziemlich das Hausregiment führte, hatte es auf eine Heirat zwischen mir und der sechzehnjährigen Marguerite abgesehen. Häufig besuchte ein katholischer Pfaffe, der Beichtvater der Familie, dieses Haus und riet den Leuten, daß sie mich bereden sollten, meinen Abschied zu nehmen und mich häuslich in Avignon niederzulassen, weshalb mir die alte Tante jeden Tag zusetzte. Eines Morgens nahm ich mir vor, die guten Leute mit einem deutschen oder vielmehr Frankfurter Frühstück zu regalieren, das man in Frankfurt in der Regel nur in der Fastnacht genießt und das aus in Rahm und Milch zerlassener Butter und ganz heißem Weiß- oder Milchbrot besteht, warme Wecken genannt, und so heiß wie möglich genossen wird. Allein es gehört ein sehr guter Magen dazu, um es ohne Beschwerden verdauen zu können. Dem alten Herrn Giraud mundeten diese warmen Wecken außerordentlich. Er aß deren beinahe ein halbes Dutzend hintereinander; aber gleich darauf wurde es ihm so übel, daß er glaubte, er müsse den Geist aufgeben. Dem Geistlichen, der auch von der Partie gewesen und tüchtig mitgegessen hatte, wurde ebenfalls übel, dann kam die Reihe an die alte Tante, und selbst Marguerite befand sich nicht ganz wohl darnach. Die Tante fing nun auf einmal an wie besessen zu schreien: „Ach wir sind vergiftet, wir sind alle vergiftet!" Ich vermochte sie nicht zu beruhigen, obgleich ich ihr vorstellte, daß ich am meisten von dieser Speise genossen hätte. Sie schickte nach einem Arzt, der auch schnell ankam und die noch übrige Butter, die Milch und die Brote untersuchte, während sich die Patienten bald auf dem Wege der Besserung befanden. Als ich ihm die Sache auseinandersetzte, meinte er lächelnd: „Ja, zu deutscher Kost gehört auch ein deutscher Magen." Einige Gläser Likör brachten die verdorbenen Magen wieder so ziemlich in Ordnung, doch hatten Herr Giraud und die Tante ein paar Tage zu tun, bis sie völlig wiederhergestellt waren, aber niemand spürte mehr Lust, sich noch ferner à l'allemand von mir regalieren zu lassen, und man gestand, daß man nicht ganz von dem Verdacht einer absichtlichen Vergiftung frei gewesen sei. Für die alten, mehr als sechzigjährigen Magen war das Experiment allerdings ein wenig zu stark; auch Marguerite maulte vierundzwanzig Stunden mit mir. Als ich bei Aymards die Geschichte erzählte, wollte man sich halbtot lachen, doch hatte niemand Lust die Speise zu versuchen, wie ich es auch ihnen vorgeschlagen hatte. Aber ein ganz anderes Donnerwetter zog sich über meinem Haupte zusammen, als ich eines Tages bei Tische zufällig erwähnte, daß ich ein Protestant und zwar ein Lutheraner sei. Man lachte anfänglich dazu und meinte, ich scherze, denn auch diese Leute stellten sich unter einem Lutheraner noch eine Art Ungeheuer vor, bis ich sie ganz ernstlich versicherte, daß ich die Wahrheit gesagt, und sie auch durch Erkundigungen herausgebracht hatten, daß ich wahr gesprochen. Eines Morgens erhielt ich ein Billett vom alten Giraud, in welchem er mir erklärte: daß er von heute an nicht mehr an einem Tisch mit mir speisen könne, indem ihm sein und der Seinigen Seelenheil zu teuer sei, als es so auf das Spiel zu setzen. Ich möge mich daher je eher je lieber um eine andere Wohnung umtun, sofern ich mich nicht bekehren und in den Schoß der alleinseligmachenden Kirche zurückkehren wolle, um auch das Heil meiner armen Seele zu wahren. In diesem Falle könne ich auf seine innigste Freundschaft und Liebe so wie die seiner Angehörigen fest zählen, und man würde mir alles zu Gefallen tun, was ich nur wünschen könne und in ihren Kräften stehe. Ich möge mich nur an ihren braven Beichtvater wegen meiner Bekehrung wenden. Wie ich wohl merkte, war der Herr Pater die Haupttriebfeder bei dieser Sache und hatte auch dieses Schreiben veranlaßt. Da ich aber ebensowenig Lust verspürte, katholisch zu werden als Marguerite zu heiraten, auch wiederhergesellt, Avignon bald zu verlassen gedachte, antwortete ich Herrn Giraud, daß, da ich in kurzem abzureisen gesonnen sei, er mich noch die wenigen Tage dulden möge. – Marguerite, mit der ich auf einem sehr vertrauten Fuß gestanden hatte, doch so, daß kein Unglück daraus entstehen konnte, wie ich es mit allen Mädchen hielt, kam auf mein Zimmer und bat mich in Tränen gebadet, fußfällig: ich möge doch katholisch werden, weil ich sonst dem Teufel mit Haut und Haar verfallen sei und sie mit, da sie das Unglück gehabt, einen Lutheraner zu lieben. Ich konnte das arme Kind nicht zu einer vernünftigen Ansicht bringen, und trostlos verließ sie das Zimmer. Sie hatte mir gestanden, daß ihr der Beichtvater gesagt, daß ihr ihre Bekanntschaft mit mir, wenn ich mich nicht bekehre, die ewige Verdammnis zuziehen könne. Das ganze Haus war in größten Alarm geraten, und die Frauen weinten unaufhörlich. Ich ging zu den Leuten und suchte sie zu beruhigen; aber ich glaube, der Teufel selbst hätte ihnen jetzt keine größere Furcht einflößen können als mein Anblick. Alle bekreuzten sich und gaben mir zu verstehen, indem sie die Gesichter abwendeten, ich möge doch das Zimmer verlassen. Es kam mir vor, als sei ich unter Wahnsinnige geraten, und da ich sah, daß nicht daran zu denken war, auch nur ein vernünftiges Wort mit diesen Menschen zu reden, entfernte ich mich unwillig und ging zu Aymards, denen ich die Sache mitteilte. Diese rieten mir, lieber eine andere Wohnung zu mieten, da diese Leute, wie die große Mehrzahl in Avignon, im höchsten Grade bigottkatholisch seien, und das Zusammenwohnen mit ihnen mir große Unannehmlichkeiten zuziehen, ja sogar gefährlich werden könne, da deren Beichtvater ein sehr fanatischer und boshafter Priester sei. Ich nahm mir deshalb vor, auf die wenigen Tage noch ein anderes Logis zu mieten, und sah mich sogleich darnach um. Als ich aber nach Hause kam, trat mir ein Dienstmädchen mit einem offenen Papier entgegen, das sie mir übergab, und auf welchem geschrieben stand: daß die Familie, aus guten Christen bestehend, auch keine Stunde länger mit einem in alle Ewigkeit verdammten Ketzer unter einem Dach zubringen könne und sich daher so lange auf das Land begeben habe, bis ich ausgezogen sei. Die Miete möge ich nur an das Dienstmädchen entrichten, welches Befehl habe, den Betrag dem Beichtvater einzuhändigen, der ihn zum Frommen der Kirche verwenden werde, um die Sünde, mich so lange im Hause geduldet zu haben, einigermaßen wieder zu sühnen. – Ich bezog auf die wenigen Tage, die ich noch in Avignon verweilte, ein Zimmer in einem Gasthof und habe nie wieder jemand von Girauds gesehen. Hier mußte ich gleich am ersten Tage, als ich an der Table d'Hote speiste, einen heftigen Streit zwischen einem Offizier und einem Bürger von Tarascon mit anhören. Letzterer schimpfte so wütend über Napoleon, nannte ihn einmal über das andre einen hergelaufenen Vagabunden, einen Spitzbuben, Schurken, in-

famen Betrüger, dem sein eigener Oheim, als er noch Leutnant und krank gewesen, täglich eine Armensuppe geschickt und der später einen Wagen von einem seiner Bekannten entliehen, den er sowie gar manche andere Dinge zurückzugeben vergessen habe, wie er beweisen könne usw., so daß es allerdings kaum zum Anhören war. Aber der Offizier, der seinen ehemaligen Souverän verteidigen wollte, wurde überschrien und stand endlich vom Tisch auf, das Zimmer unwillig verlassend. Ich war in Zivilkleidern, hatte mich in die ganze Sache nicht gemischt und mußte noch eine geraume Zeit das Schimpfen und die schlechten Streiche, die sie dem Exkaiser vorwarfen, den sie einen Menschenschinder und ein nichtswürdiges Subjekt nannten, mit anhören. Am andern Tag ließ ich mir auf dem Zimmer servieren, um solchen Dingen nicht mehr ausgesetzt zu sein. Damals war es im ganzen südlichen Frankreich höchst gefährlich, sich günstig über Napoleon zu äußern. Was den Provenzalen aber mit einem so großen Haß eingeflößt, war besonders die Konskription. Allerdings wurden ihre Kinder sowie die aller Franzosen zu Hunderttausenden zur Schlachtbank geführt, um der Herrschsucht eines einzelnen Menschen, der noch obendrein ein Korse war, zu frönen.
Kurz vor meiner Abreise war noch der Herzog von Orleans, Ludwig Philipp, von Sizilien zurückkommend, mit seiner Gattin in Avignon, wohin beide eine Jacht gebracht, ans Ufer gestiegen, wo ich der erste Offizier war, der ihn bei seiner Ankunft begrüßte. Er wurde sehr freundlich von den Einwohnern empfangen, und ich hatte die Ehre, ihn bis an das Hotel zu begleiten. Damals fiel es wohl niemand ein, daß er dereinst Herrscher von Frankreich werden würde. Er hielt sich in Avignon nicht lange auf, sondern fuhr nach ein paar Stunden schon weiter.
Auch ich traf jetzt Anstalten zu meiner baldigen Abreise, und da ich keine Lust hatte zu dem ohnehin bis fast auf die Offiziere und einige Unteroffiziere zusammenge-

schmolzenen Regiment zu gehen, so ließ ich mir eine Marschroute nach Paris geben, um daselbst bei dem Kriegsminister zu versuchen, eine für mich passende Anstellung zu erhalten. Ich reiste mit noch einigen Offizieren, auch einem Spanier, namens Andeja, der seine Mätresse von Korfu mitgebracht, nachdem ich meine Pferde in Avignon verkauft hatte, in einer Patache (einer Art Landkutsche) nach *Lyon* ab, wo ich ungefähr acht bis zehn Tage verweilte und wo gerade der Graf Artois (später Karl X.) in diese Stadt einzog, weshalb hier große Feierlichkeiten veranstaltet wurden, denen ich beiwohnte. Viele Knaben, à la Henri IV. kostümiert, und weißgekleidete Mädchen mit Blumenkränzen und Girlanden, Nationalgarden zu Pferd und eine große Menge Volk ging Monsieur entgegen und begleitete ihn bei seinem Einzug in die Stadt mit Vivatgeschrei, das jedoch nicht sehr allgemein war. Es wurden Anreden gehalten, in denen von Glück gesprochen wurde, die Bourbons endlich wieder auf dem französischen Thron zu sehen. Der Graf Artois war sehr gnädig und herablassend und teilte eine Unzahl silberner Lilien mit einem weißen Bändchen, besonders an das Militär aus, von denen mir auch eine zuteil ward. Später wurden sie für die Offiziere in Lilienkreuze umgewandelt. Monsieur sah indessen aus wie eine Vogelscheuche mit einem Perückenstock, und machte auf das Militär, das ihn mit ziemlicher Geringschätzung behandelte, keinen guten Eindruck. Selbst die bourbonisch gesinnten Bürger wußten nicht viel zu seinem Lob zu sagen. Die Stadt gab ihm zu Ehren einen großen Ball, auf dem Artois, wie ein abgelebter Schneider aussehend, von seinem Fauteuille dem Tanz mit zusah. Auch ein großes Feuerwerk wurde abgebrannt. Doch hatte die ganze Festlichkeit etwas Düsteres und wahr ohne Leben. Damals sah ich im Großen Theater zu Lyon die Mystères d'Isis aufführen, eine ganz verballhornte und jämmerliche Verpfuschung von Mozarts Zauberflöte, in welche man viele Melodien aus dem Figaro, Don Juan, der

Entführung usw. eingelegt hatte. Ein erbärmlicheres und unsinnigeres Machwerk war mir noch nicht vorgekommen. Ein gewisser Morel zu Paris hatte das sinnlose Libretto fabriziert und ein gewisser Lachnith Mozarts Musik arrangiert (!) und noch Rezitative dazu, Gardel aber die eingelegten Tänze komponiert. Zu Paris war dies jämmerliche Opus längst durchgefallen, und in Lyon gefiel es auch nicht. Was mich ärgerte, war, daß die Franzosen glaubten, dieses unsinnige Potpourri sei auch im Deutschen so zusammengezimmert, was sie sich nicht ausreden lassen wollten.
Lyon soll bald nach Marseille, ebenfalls von einer griechischen Kolonie gegründet worden sein. – Im sechzehnten Jahrhundert litt die Stadt furchtbar durch die Bürger- und Religionskriege, und in unseren Tagen wurde sie in der Schreckenszeit (1793), nachdem sie von dem Heer des Konvents erobert worden war, ein Opfer der schrecklichsten Tyrannei. Die blutigste Mordgier schlug ihren Sitz in ihren Mauern auf, und viele tausende unschuldige Menschen fielen unter den Füsilladen der wilden Soldateska oder wurden in den Wellen der Rhone ersäuft; auch zertrümmerte man ihre schönsten Denkmäler. Die Saone fließt mitten durch Lyon, von dem ein Teil längs der Rhone liegt. Der größte und bevölkertste Teil der Stadt liegt zwischen diesen beiden Flüssen, über welche mehrere Brücken führen; im ganzen ist dieselbe ziemlich gut gebaut, hat aber viele enge und finstere Straßen. Schön sind ihre Kais und die Plätze Belcour und des Terraux, auf dem das imposante Stadthaus steht. Die Kathedrale hat ein schönes Schiff, ist aber sonst kein sehr ausgezeichnetes Gebäude, ebensowenig die beiden Theater. Das der Cölestiner war außerdem sehr schlecht besetzt. Die Umgebung von Lyon ist zum Teil malerisch und reizend; an schönen Promenaden, guten Hotels, eleganten Kaffeehäusern hat die Stadt Überfluß. Die Zahl ihrer Einwohner mochte etwa 160 000 sein. Sie waren damals außerordentlich auf die Öster-

reicher, die sie kurz vorher verlassen hatten, erbost und sagten ihnen alles mögliche Böse nach. Die Offiziere der Nationalgarden hatten mehrere österreichische Offiziere gefordert, die sich aber äußerten, sie wollten sich mit solcher Bürgerkanaille nicht schlagen. – Einige Tage nach dem Ball reiste ich mit noch ein paar Offizieren, von denen der eine, ein Bataillonschef, zu der Garnison von Korfu gehört hatte, mit Extrapost nach Paris ab. Wir fuhren, ohne uns irgendwo aufzuhalten, Tag und Nacht bis Fontainebleau, wo wir einen halben Tag verweilten, um das dortige Schloß und die Gärten zu besichtigen. Ersteres ist ein weitläufiges, irreguläres Gebäude, dessen Architektur die Arbeit verschiedener Jahrhunderte nachweist. Es liegt in einem Tal und formiert fünf Corps de Logis, die durch Höfe und Galerien getrennt sind. Es war uns doppelt merkwürdig, weil hier erst vor wenigen Monaten Napoleons Abdankung stattgefunden hatte. Die Gärten, in denen wir ein paar Stunden umherirrten, haben besonders schöne Alleen, Statuen, Teiche mit ausnehmend großen Fischen bevölkert, und bieten, besonders der Teichgarten, herrliche Promenaden. Die Bildsäulen sind meistens der griechischen Mythologie entnommen. Mitten in einem Bassin sieht man eine Diana einen ungeheuren Hirsch bei seinem Geweih festhalten.

Fontainebleau selbst ist ein altes Städtchen, das einige hübsche Straßen hat, und an 7000 Einwohner zählt. Das Schloß enthält viele Sehenswürdigkeiten, die wir kaum in Vorübergehen bewundern konnten. Hier bewirtete Franz I. seinen kaiserlichen Gast Karl V. mit ungeheurem Aufwand und unermeßlicher Verschwendung. In der sogenannten Hirschgalerie ließ die Königin Christina von Schweden ihren ungetreuen Geliebten, Monaldeschi, ermorden. Wir sahen auch die Gemächer, die Marie Luise bewohnt hatte, sowie jene, die Pius VII. während seines gezwungenen Aufenthalts zum Kerker gedient. Endlich das Gemach, in dem Napoleon seine Abdankung unterzeichnet hatte. Nach einem ziemlich splendiden Diner setzten wir unsere Reise fort und kamen gegen Morgen in Paris an, wo wir in einem Hotel Garni abstiegen und uns ermüdet niederlegten. Gegen Mittag erwachte ich, eilte zum Frühstück in das Palais Royal, ins Café des mille colonnes, wo ich sehr heftige politische Debatten über Napoleon, die Alliierten, die zurückgekehrten Bourbonen, Ludwig XVIII. usw. anhörte, und man stritt, als wollte man sich eben bei den Köpfen nehmen. Dann war von den Russen, den Kosaken, den Preußen, Engländern und Österreichern die Rede; man lobte den Kaiser Alexander als einen gar großmütigen Monarchen und äußerte: „Es gibt nur einen braven Russen, und das ist der Kaiser. Alle andern taugen nichts." Auf Wellington und die Engländer schimpfte man und war gewaltig erbost; sie hatten allerdings etwas wild in der Umgegend von Paris gehaust. Nicht minder aufgebracht war man auf den braven Blücher und seine Preußen, die indessen nicht den hundertsten Teil dessen getan, was sich die Franzosen in Preußen hatten zuschulden kommen lassen. Sie übten nur ein geringes Vergeltungsrecht und dies oft sehr großmütig, wie folgende Anekdote beweist. Ein Oberst der preußischen Garden war bei einer vornehmen reichen Dame im Faubourg St.-Honoré einquartiert. Nachdem er sein Billett abgegeben, fand er die ihm eingeräumten, obgleich sehr schön und gut möblierten Zimmer viel zu schlecht für ihn, befahl, daß man ihm bessere Gemächer einräumen solle, und zwar in einem höchst arroganten und barschen Tone. Man gehorchte und gab ihm die besten im Hotel, aber auch die waren nicht gut genug. Er warf sich mit Stiefeln und Sporen auf die kostbarsten Sofas, die Stühle in die Ecke, und als man ihm das Frühstück und Mittagessen brachte, fand er alles so abscheulich, daß es kaum für die Schweine gut genug, und warf mehrere Schüsseln den auftragenden Dienern vor die Füße. Seine Bedienten machten es nicht viel besser und hausten im Hotel, daß es zum Erbarmen war. Die arme Dame wußte sich gar nicht zu raten und zu helfen, faßte sich endlich ein Herz und begab sich selbst zu dem Obersten, um diesen zu bitten, er möge ihr doch nur sagen, was er wünsche und verlange, es solle ja alles geschehen, was in ihren Kräften stehe, um ihn so viel wie möglich zufriedenzustellen. Der Oberst hörte die Dame ganz ruhig an, bat sie auf das höflichste, doch Platz nehmen zu wollen, ihr einen Stuhl präsentierend, und sagte dann im besten Französisch auf das artigste: „Madame, ich habe Ihnen nur eine kleine Probe davon geben wollen, wie es Ihr Herr Sohn während drei Wochen, die er bei meinen Eltern in Berlin einquartiert war, gemacht hat. Doch seien Sie ruhig. Von jetzt an werden Sie sich nicht im mindesten mehr über mich oder meine Leute zu beklagen haben, und ich bitte, mir die zuerst zugedachten Zimmer wieder einräumen zu lassen, sie genügen mir vollkommen." – Von den Österreichern war wenig oder keine Sprache; sie hatten sich im ganzen sehr passiv verhalten. Es waren noch manche deutsche, russische und englische Offiziere in Paris zurück, die aber alle in Zivilkleidung einhergingen. Dennoch fielen noch öfters Duelle vor. Die Russen zogen, wenigstens im Zweikampf, mit der Klinge, meistens den Kürzeren und wurden niedergestochen, während die Preußen manchen französischen Offizier ins Gras beißen ließen. Die Engländer schossen sich fast nur auf Pistolen; es verging fast kein Tag ohne solche Händel. Ich fand diesmal den Aufenthalt zu Paris himmelweit verschieden von dem im Jahre 1810, auch hatte sich in diesen vier Jahren sehr viel verändert. Die Absicht zu erreichen, um derentwillen ich eigentlich hierher gereist, war unmöglich. Man wußte noch gar nicht recht, wer eigentlich Koch oder Kellner war; der Kriegsminister war nicht zu sprechen und sein Ministerium und dessen Vorzimmer den ganzen Tag von dem Troß der mit den Bourbons zurückgekehrten Adeligen belagert, die alle ihre Anhänglichkeit an den König und dessen Familie und ihre wurmstichigen gegerbten Eselsfelle, statt anderer Verdienste in Anschlag brachten und Anstellungen und Ehrenstellen verlangten. Wahr ist es, daß diese Herren nichts vergessen und nichts gelernt. Es schien, als hätten sie von 1789 bis 1814 geschlafen. Sie waren mit denselben Vorurteilen und Anmaßungen nach dem Frankreich von 1814 zurückgekehrt, und reihten dieses Jahr ohne weiters an die achtziger Jahre des vergangenen Jahrhunderts an; auch waren sie die lächerliche Zielscheibe des beißenden Spottes und Witzes, und trugen die meiste Schuld an der fatalen Stimmung des Volkes gegen die zurückgekehrten Bourbons und Ludwig XVIII. – Von meinen früheren Bekannten suchte ich nur wenige auf, und fand auch diese sehr verändert. Die einzige interessante neue Bekanntschaft, die ich machte, war Angelika Catalani, deren Donnerstimme damals in ihrer höchsten Kraft und Fülle war und mit der ich öfters Duette sang. Ich sollte sie später in Deutschland wieder treffen, wo ich Gelegenheit fand, ihr manchen Dienst zu erweisen. – Auch der schönen Madame Recamier, die so lange Paris hatte meiden müssen, weil es den kleinlichen Launen des korsischen Weltgebieters so gefiel, begegnete ich in einigen Salons, und bewunderte zwar ihre außerordentliche Schönheit, aber ohne daß sie einen besonderen Eindruck auf mich gemacht hätte, obgleich sie durch ihre Einfachheit und Liebenswürdigkeit jedermann bezauberte. Wahr ist, daß ich in gar keine nähere Berührung mit ihr kam und kaum einige Worte gewechselt habe.

Da ich nach einem kurzen Aufenthalt von wenig Wochen wohl einsah, daß unter den dermaligen Umständen, wo auch fast niemand an den Bestand des Bestehenden glauben wollte, nichts für mich in Paris zu machen war und ich keine Lust hatte, wieder zu dem Régiment étranger, dessen Reste noch in Avesnes lagen, zurückzukehren, ließ ich mich auf halben Sold setzen und wählte vorerst Straßburg zu meinem provisorischen Aufenthalt, um von da, nach beinahe neun Jahren meine Eltern wieder einmal besuchen und sehen zu können. Ich ging über Meaux, Chateau-Thierry und Epernay nach *Reims*, wo ich einen Tag verweilte, um die alte Krönungsstadt und ihre berühmte Kathedrale, eines der schönsten gotischen Denkmäler, zu sehen. Das Hauptportal dieser Kirche, mit seinen drei Toren und der kunstreichen Rose über demselben, hat gewiß wenig seinesgleichen. Sie wurde im zwölften Jahrhundert erbaut; ihr Gewölbe ist 110 Fuß hoch und das mittlere Schiff über 400 Fuß lang; das Dach ist ganz mit Blei gedeckt. In der alten düsteren Kirche des St. Remi wurde das berühmte Ölfläschchen, Ampulla rheimensis, das eine Taube vom Himmel brachte, als sich der Heidenkönig Clovis taufen ließ, aufbewahrt. In der Revolution wurde zwar diese Himmelsflasche zerschlagen, aber später fand sich das Öl, welches ein frommer Christ heimlich und mit Lebensgefahr aufgefangen und gesammelt hatte, wie durch eine Notariatsakte bewiesen wurde, wieder vor, und Karl X. war so glücklich, bei seiner Krönung damit gesalbt werden zu können. Das hinderte indessen nicht, daß ihn die Franzosen zum drittenmal fortjagten. – Reims, das ungefähr 30 000 Einwohner zählen mochte, ist zum Teil gut gebaut und hat mehrere schöne Straßen und Plätze; es ist Colberts und Linguets Vaterstadt. In der Nähe liegt der berühmte Sillery, der den besten weißen Champagner hervorbringt, den man aber nur selten echt bekommt. Von hier reiste ich über Chalons sur Marne, Bar le Duc, Toul und Nancy nach *Straßburg*, wo ich ein Quartierbillett auf drei Tage bei einem Kaufmann Hecht im Kupferhof erhielt und sehr gut aufgenommen wurde. Man gestattete mir noch länger in diesem Quartier zu verbleiben, so daß ich bis zu meiner Abreise nach Frankfurt in demselben wohnte. Madame Hecht war eine hübsche, junge Frau, auch musikalisch, und ihr zu Liebe verschob ich meine Abreise um einige Wochen. In ihrer Gesellschaft besuchte ich Straßburgs Sehenswürdigkeiten; an ihrer Hand bestieg ich den Riesenturm des Münsters, und besah mit ihr das schöne Monument des Marschalls von Sachsen in der protestantischen St.-Thomas-Kirche. Auch die Ruprechtsau und andere Promenaden sowie das Theater, wo damals deutsche und französische Komödien gegeben wurden, besuchten wir miteinander. In Straßburg traf ich einige alte Bekannte. Talma gab gerade Gastrollen samt seinem Schüler David, der jedoch dem Meister keine große Ehre machte. Sodann traf, ich einen alten Schulkameraden, der zu gleicher Zeit mit mir in Breitensteins Pension zu Homburg gewesen und sich dem Kaufmannsstand gewidmet hatte. Durch diesen lernte ich den nicht verdienstlosen Schauspieler Vogel und dessen Gattin, eine hübsche und gute Sängerin, kennen, mit denen ich manchen vergnügten Abend zubrachte. Während meiner Anwesenheit fand sich auch der Herzog von Berry auf seiner Rundreise durch Frankreich daselbst ein, wußte sich aber wenig beliebt zu machen, und man fand seine affektierten, martialischen Manieren etwas lächerlich und karikaturenartig, zudem waren die Straßburger sowie das ganze Elsaß wütende Napoleonisten und haßten die Bourbons, also gerade das Gegenteil von den Bewohnern des südlichen Frankreich. Zu seinem Unglück war der Herzog von Berry noch obendrein die unschuldige Ursache des Todes des sehr beliebten Präfekten von Straßburg. Dieser war ihm nämlich eine große Strecke entgegengefahren, wurde mit seinem Wagen umgeworfen, wobei das Gefäß seines Degens ihm tief in die linke Seite eindrang und ihn so schwer verletzte, daß er schon vierundzwanzig Stunden darauf seinen Geist aufgab. Diesen unglücklichen Zufall schob man dem unbeliebten Herzog in die Schuhe, den man um so kordialiter verwünschte. Nichtsdestoweniger fanden die vorbereiteten Empfangsfeierlichkeiten statt, aber kaum, daß man hier und da bei seinem Einzug zu Pferde ein halblautes, schüchternes vive le roi hörte; doch war der Ball, der ihm zu Ehren gegeben wurde, sowie das Feuerwerk recht brillant. Was mich aber von all den Feierlichkeiten am meisten ansprach, war die imposante Illumination des Münsters, bis in die höchste Spitze seines Riesenturms, der sich in den Sternen zu verlieren schien. Ein majestätisches Nachtgemälde.

Endlich fand ich doch, daß es Zeit sei, das Vaterhaus einmal wiederzusehen, und erbat mir von dem Kommandanten, General Baron Deburaux, Urlaub zu einer Reise nach Frankfurt, der mir auch ohne Umstände bewilligt wurde. Ich nahm Abschied von den Familien Hecht und Vogel, versprach ersterer, spätestens binnen drei Monaten wieder zurückzukommen, und fuhr am 12. Oktober 1814 über die Rheinbrücke nach Kehl und von da über Rastatt nach Karlsruhe, wo ich auf Veranlassung meines Vaters den alten Freund meines Oheims, Scholz, der sich in Karlsruhe häuslich niedergelassen hatte, besuchte und ein paar Tage verweilte. Wrede hatte, wie man zu sagen pflegt, sein Schäfchen ins Trockene gebracht, und zwar von Scholzischem Geld, das er besonders bei Güter-Ver- und Einkäufen, die er für den Freund besorgt hatte, auf die Seite zu bringen gewußt. Er hatte mich zuletzt als einen Knaben von zwölf Jahren gesehen und war ganz erstaunt, einen ziemlich sonnverbrannten, wildaussehenden Soldaten in mir zu finden. Er war an eine ziemlich häßliche Bremerin verheiratet, von der er zwei artige Kinder hatte. Von ihm erfuhr ich manche mir noch unbekannte Familienangelegenheiten. Scholz war noch nicht lange auf seinem Gute Silg, eine Sandwüste in der Nähe von Hamburg, die ihm Freund Wrede für ungeheures Geld hatte kaufen helfen, an dem seine Kinder über hunderttausend Taler einbüßten, gestorben. Die vier Töchter waren in Bremen und Hamburg verheiratet, aber keine besonders glücklich, obgleich alle ziemlich reiche Männer hatten. Henriette und Mina hatten viele Anbeter; Sofie, die einen Bremer Senator, namens Horn, zum Manne hatte, war seit ihrem ersten Wochenbett beständig krank und bettlägerig und Hannchen, die jüngste, in ihren ersten Wochen gestorben. Am 17. Oktober fuhr ich von Karlsruhe mit der Diligence nach Frankfurt ab. In dem Wagen befand sich ein allerliebstes junges Mädchen, die Tochter eines badischen Beamten aus Rastatt, das zu seinen Verwandten zum Besuch nach Frankfurt reiste und neben mir saß. Nachdem die Dämmerung eingetreten war, wurden wir bald so vertraut, daß wir die ganze Nacht Arm in Arm miteinander zubrachten. In Heidelberg kamen wir gegen Mitternacht an und ließen uns, während man umspannte und auspackte, ein Zimmer und etwas zu essen geben, worauf wir im Taumel des Vergnügens beinahe das Abfahren des Postwagens verpaßt hätten, wenn uns nicht der Hausknecht mit rauher Stimme und Klopfen daran erinnert hätte. Wir setzten nun die Reise in der Art, wie wir sie begonnen, weiter fort und trieben das süße Spiel, während die anderen Passagiere, unter denen noch zwei Damen, schliefen, con amore fort. Längs der Bergstraße sahen wir auf allen Höhen große Feuer emporlodern, und als ich fragte, was dies zu bedeuten habe, ward mir die Antwort, es sei zum Andenken an den am 18. Oktober von den Alliierten bei Leipzig errungenen großen Sieg über Napoleon (18. Oktober 1813). Als es zu grauen begann, schliefen wir etwas ermüdet ein und wachten erst bei der Ankunft in Darmstadt wieder auf. Nachdem wir endlich Neu-Isenburg passiert hatten, durch den Frankfurter Wald kamen und ich die Sachsenhäuser Warte und nun jeden Augenblick neue, mir wohlbekannte Gegenstände und Orte erblickte, die in meiner frühen Kindheit oft das Ziel unserer Spaziergänge und der Tummelplatz unserer Spiele und Freuden gewesen, da wurde es mir doch ganz wunderlich ums Herz, das allmählich stärker zu pochen begann. Ich sah nun Frankfurt mit dem mir so wohlbekannten Taunusgebirge im Hintergrunde, das sich von der Sachsenhäuser Warte ganz besonders malerisch ausnimmt, sich vor mir ausbreiten, staunte den ehrwürdigen, alten, bemoosten Pfarrturm an, der mich etwas mürrisch zu bewillkommnen schien, fuhr durch das

Affentor, über die Mainbrücke, am goldenen Gickel vorbei, in den Rahmhof, sprang, alles im Stiche lassend, aus dem Wagen, meiner hübschen Reisegefährtin kaum ein Lebewohl auf Wiedersehen zurufend, rannte nach dem väterlichen Haus und lag in den Armen meiner mich erwartenden Eltern und Geschwister, nach neun langen Jahren, in denen ich soviel erlebt und mitgemacht und sich so manches verändert hatte. Staunend ward ich von meinen Lieben und sogar dem Gesinde gleich einem halben Wundertier umringt.

VI

Feier des 18. Oktobers zu Frankfurt am Main – Verfassungswehen dieser Stadt – Franzosenhaß daselbst – Diversi – Ein Fest auf dem Sandhof – Napoleons Rückkehr von der Insel Elba – Ich entschließe mich, in preußische Dienste zu treten – Abreise nach Berlin

Es war der erste Jahrestag der Schlacht von Leipzig, als ich in den Nachmittagsstunden in meiner Vaterstadt eintraf, wo es fast schien, als wäre die ganze Stadt von der Tarantel gestochen. Auf den Straßen, Plätzen und aus vielen Häusern wurde fortwährend geschossen, sogar Frauen und Mädchen drückten Pistolen ab, man schimpfte und verwünschte auf gut frankfurtisch die Franzosen, denn die guten Frankfurter waren sämtlich gewaltige Franzosenfresser geworden, sobald jene weg waren. Auf dem Römerberg und dem Roßmarkt waren Altäre errichtet, an welchen die liebe Schuljugend, von ihren Monarchen angeführt, Dank- und Lobgesänge für die glückliche Befreiung von der Regierung des Fürsten Primas plärrte. Am Abend war die Stadt erleuchtet, und allenthalben waren Transparente angebracht, die zum Teil wunderliche Dinge darstellten und sehr komische Sprüche enthielten. So hatte unter andern ein reicher Bäcker, namens Binding, einen ungeheuren Kuchen auf dem Transparent dargestellt, den die Franzosen auf der einen Seite attackierten, während er und seine Gesellen dieselben mit Schaufeln auffingen und in den Backofen schoben. Unter diesem Transparent las man die Worte:

Ich bin ein lustiger Bäcker;
Für die französischen Lecker
Aber back ich keine Kuchen mehr,
Sie müssen all in meinen Backofen her.

Und doch hatte der Mann sein Geld hauptsächlich durch die Franzosen gewonnen. Auch die Bürgermiliz paradierte diesen Tag unterm Gewehr neu uniformiert, aber mit dem Marschieren wollte es noch nicht recht gehen, und von der Reiterei, einigen dreißig Mann, die meistens auf erbärmlichen Lehnkleppern ritten – mit dem Reiten sah es noch schlimmer als mit dem Marschieren aus –, fiel mehr als einer sogar von seiner Rosinante herab oder stürzte mit derselben. Dieses Militär hatte ein wahrhaft grimmig-gutmütiges Aussehen. Indessen las man in Frankfurter Blättern oder Korrespondenzartikeln doch viel von dem martialischen Aussehen und der militärischen Haltung und ditto Geist dieser Miliz. Die Frankfurter hatten aber auch ein Bataillon Freiwillige errichtet, um den Feldzug von 1814 in Frankreich mitzumachen. Sie bekamen zwar den Feind nicht zu sehen; jedoch war dies nicht ihre Schuld. Ein starker und anhaltender Regen, der sich am Abend des 18. Oktobers zeitig einstellte, machte der Illumination ein schnelles Ende. Lichter und Transparente erloschen, nachdem sie kaum angezündet waren.

Als in der verwandtschaftlichen Sippschaft meine Ankunft bekannt wurde, warteten die meisten Vettern und Muhmen nicht ab, bis ich ihnen meine gehorsamste Aufwartung machte, sondern sie fanden sich beizeiten selbst ein, um das zurückgekommene Wundertier, das als noch unbärtiges Kind ausgezogen und nun als bärtiger, sonnverbrannter Mann nach so manchen überstandenen Gefahren wiedergekehrt war, in Augenschein zu nehmen, zu bewillkommnen und anzustaunen. Nicht Teilnahme, sondern Neugierde war die Triebfeder dieser überartigen Zuvorkommenheit, und des lästigen Fragens und Geschwätzes war kein Ende, sowie ich mit Einladungen zu Mittag- und Abendessen wahrhaft überschüttet wurde. Viele der ältern Bekannten waren in die ewige Heimat gegangen. Unter ihnen auch meine Großeltern väterlicher Seite, der alte Oberst Schulter, Goethes Oheim, und meine Tante Feierlein, die ehemalige Scholz, samt ihrem zweiten Mann, dem Doktor Feierlein. Dieser hatte sich seinen Tod bei einer Audienz, die er als guter Redner an der Spitze einer Deputation von Frankfurter Bürgern bei Kaiser Franz II. hatte, um denselben für die Wiederherstellung der freireichsstädtischen Freiheit Frankfurts zu gewinnen, geholt. Die Herren mußten nämlich in einem eiskalten Vorzimmer des Thurn-und-Taxisschen Palais, in welchem der Kaiser wohnte, in dünnem Frack, kurzen Beinkleidern, seidenen Strümpfen und Schuhen ein paar Stunden antichambrieren, bevor man die Gnade hatte, sie vorzulassen, wodurch sich mein Oheim Feierlein eine so starke Erkältung zuzog, daß er kurze Zeit darauf starb und so das Opfer seines Patriotismus und Rednertalents wurde. – Mein Oheim Weller, derselbe, der vor einigen zwanzig Jahren, in der kitzlichen Angelegenheit der Frankfurter Deputierten zu Paris, nach dieser Stadt gereist war und die Herren aus ihrer fatalen Lage gezogen hatte, trat, nachdem der Großherzog von Frankfurt, Fürst Primas, entflohen und dessen Regierung sich aufgelöst hatte, einstweilen provisorisch an die Spitze der Administration der Stadt Frankfurt, da sich in der allgemeinen Verwirrung, als die Verbündeten die Stadt besetzten, niemand vorfand, der sich dieselbe in einer so kritischen Lage zu vertreten getraute, sowie den ungeheuren Anforderungen von allen Seiten zu begegnen. Namentlich war es das Einquartierungswesen, dessen Regulierung die meisten Schwierigkeiten und Unannehmlichkeiten verursachte; da eine Zeitlang die Hauptquartiere der Kaiser von Rußland und Österreich und des Königs von Preußen nebst ihrem zahlreichen Generalstab, viele andere Souveräne und fürstliche Personen, ein Heer von Generalen und Stabsoffizieren, über dreißigtausend Mann usw. in der Stadt selbst lagen, so daß man nicht selten Pferde im ersten Stock der Häuser durch die Fenster schauen sah. Zum Dank für seine Bemühungen wollte man Weller, als man wieder einen Senat fabrizierte, zum Mitglied desselben ernennen. Er aber dankte für die Ehre und begab sich, um ihr aus dem Weg zu gehen, nach Rom, wo er sich mit seiner Gattin, einer sehr liebenswürdigen, talentvollen und geistreichen Frau, über ein Jahr aufhielt und dort viele deutsche

Künstler unterstützte, auf deren Ersuchen eine ziemliche Anzahl Gemälde bestellte, größtenteils vorausbezahlte, und von den wenigsten dann die schon bezahlten Werke erhielt, wodurch er große Summen einbüßte, da er auf der andern Seite – er hatte eine große Kunsthandlung und Druckerei – für die wenigen Bilder, die ihm geliefert wurden und die er an Wiener Adelige verkaufte, kein Geld erhalten konnte.
Die Einwohner Frankfurts hatten sich trotz der mehr als siebenjährigen Regierung des Fürsten Primas wenig oder nicht verändert, desto mehr aber die Stadt selbst, deren Festungswerke, Wälle, Bastionen und Mauern während der Zeit demoliert, die Gräben ausgefüllt und in sehr anmutige und geschmackvolle Promenaden verwandelt worden waren.
Vierzehn Tage nach meiner Ankunft war ich endlich – gottlob! – von allen Basen und Neugierigen der Reihe nach abgefüttert. Das unangenehmste bei diesen der Familienverhältnisse wegen nicht gut abzuschlagenden Einladungen war, daß ich die ewigen Schimpfereien auf die Franzosen und den menschenfeindlichen Fürsten Primas wiederkäuen hören mußte. Auch war man einfältig genug, fast alles, was unter dessen Regierung Löbliches und Nützliches geschehen und verordnet worden, wieder abzuschaffen und statt dessen die alten Albernheiten, Spießbürgerlichkeiten und Erbärmlichkeiten wieder aus der reichsstädtischen Rumpelkammer hervorzuholen, um sie soviel wie möglich dem neuen freistädtischen Kram anzupassen. Die ganze Stadt lag in den Verfassungswehen, unter deren Geburtsschmerzen sie sich krümmte und gebärdete, daß es zum Erbarmen war. Es dauerte jahrelang, bis dieses Monstrum, diese Mißgeburt einer republikanischen Konstitution, endlich durch eine Art Kaiserschnitt zutage gefördert wurde. Gleich beim Beginn der großherzoglichen Regierung waren alle Privilegien einzelner Personen und Familien daselbst aufgehoben worden sowie, daß die sogenannten Patrizier

oder adeligen Familien kein ausschließliches Recht zu Ämtern noch zu Diensten und Würden mehr haben sollten, wogegen man mehrere unter ihnen mit dem Kammerherrnschlüssel, mit Hoffähigkeit und ähnlichen Dingen tröstete. Diese wollten aber nun, da sie Schlüssel und Fähigkeit eingebüßt, wieder in ihre alten Rechte oder vielmehr Vorrechte eingesetzt sein und auf eine gewisse Zahl Stellen im Rat oder Senat Anspruch machen, wozu sie jedoch eher ihre größere wissenschaftliche Bildung, ihre Kenntnisse und Fähigkeiten als ein angemaßtes Vorrecht berechtigt hätte. Namentlich war es das Haus Limpurg, das sich gewaltig und oft burlesk genug um dieses Vorrecht stritt, und es regnete Broschüren in diesen Angelegenheiten, die es hinsichtlich des Stils, der Anmaßung, der Unbeholfenheit, Plumpheit und lächerlichen Impertinenz noch mit den Behörden, Urteilen und Verfügungen der Frankfurter Gerichte aufnehmen konnten, bei denen man eine stupide Grobheit durchaus für unzertrennlich von der amtlichen Würde hält.
Man suchte damals auch in Frankfurt seinen Patriotismus und Franzosenhaß durch altdeutsche Tracht der Welt kundzutun. Dies hielt aber nicht lange an; auch wurde diese Tracht nie allgemein, da sie zu kostspielig und also nur für Reiche war, die damit in Gesellschaften und auf Bällen prangten, namentlich die Damen mit altdeutschen Häubchen, Ketten und dergleichen. Der Franzosenhaß ging so weit, daß man jetzt jedes französische Wort, oder was man dafür hielt – denn auch lateinische und italienische Ausdrücke wurden oft dafür genommen –, aus der Unterhaltung verbannt wissen wollte und dennoch deren in aller Unschuld unzählige einmischte, sie für echt deutsch haltend. Mit französischen reisenden Kaufmannsdienern wollte man sich nicht in geschäftliche Unterredungen mehr einlassen, wenn sie nicht deutsch sprechen konnten. Doch besann man sich eines Bessern, sobald man sich merkantilische Vorteile davon versprach. Einige Frauenzimmer machten sogar patriotische Gedichte, unter

denen die eines Fräuleins Jassoi, Tochter eines der berühmtesten Advokaten, wirklich ausgezeichnet, desto jämmerlicher aber die ihrer zahlreichen Nachahmerinnen waren, und all dies Zeug wurde in den Abendgesellschaften meist von den Verfasserinnen vorgelesen oder karikaturartig deklamiert. Diese deutsche Wut war in eine Epidemie ausgeartet und sprach aller gesunden Vernunft Hohn. Am besten standen sich die Wirte dabei, bei denen jetzt gar mancher Schoppen auf das Wohl des Vaterlandes und pereat den Franzosen mehr geleert wurden. Einen armen französischen Tanzmeister, namens Lepitre, der schon lange Jahre den Beinen und Füßen der Frankfurter Schönen Gelenkigkeit beigebracht hatte, wollte man schlechterdings aus der Stadt geschafft wissen. Glücklicherweise nahmen ihn einige angesehene Familien, worunter die Bethmannsche und ihr großer Anhang, die nicht von der allgemeinen Raserei befallen waren und bei denen er Tanzunterricht gab, in Schutz; aber viele Franzosen und Französinnen, unter denen auch Gouvernanten und Bonnen, die man hatte kommen lassen, wurden fortgeschickt. Die altdeutschen Kleider, Röcke, Barette, silbernen Hosenketten waren die Abzeichen des neuen Germanentums. Wie weit vernünftiger waren nicht die Preußen, welchen doch fast allein Deutschland seine Befreiung von fremdem Joch zu verdanken hatte, die gleich Helden und Löwen gestritten und unsägliche Opfer gebracht hatten und denen das französische Raubgesindel am ärgsten mitspielte. Selbst in Berlin, wohin ich mich bald begeben sollte, war keine Spur von solchen Albernheiten und Abgeschmacktheiten zu finden, und man sprach ganz vernünftig, ohne eine lächerliche Wut zu affektieren, über die Franzosen und ihr Wesen, obgleich man sich seiner großen Verdienste um Deutschlands Befreiung bewußt, aber wohl gerade deshalb um so bescheidener war. Glücklicherweise verflog der Frankfurter patriotische Rausch bald wieder, die Wehen der zu schaffenden Verfassung beschäftigten allmählich die Gemüter immer mehr, und als bald darauf Napoleon von der Insel Elba landete, ging es wie 1792 nach der Ermordung der französischen Soldaten: niemand wollte mehr so berauscht gewesen sein. Ich hatte mich indessen wenig an diesen Unsinn gekehrt. Doch wurde ich im Innern erbittert, als ich nach und nach die Unbilden erfuhr, welche sich die Franzosen in Deutschland und namentlich in Preußen, aller Rechtlichkeit und Menschenwürde Hohn sprechend, erlaubt hatten. Auch hatte Napoleon schon durch seine Abdankung in Fontainebleau unendlich in meinen Augen verloren. Er hätte sich gleich Friedrich dem Großen bis auf den letzten Mann seiner Haut wehren müssen, denn er hatte noch weit mehr Hilfsmittel als jener zu seinen Diensten, aber freilich nicht dessen Genie. Was mich am meisten empörte, war die feige Ermordung des Buchhändlers Palm und das niederträchtige Erschießen der Offiziere von dem Korps des braven Schill, sowie, daß er dessen Soldaten, die doch nur wie jeder Soldat ihrem Vorgesetzten gehorchen mußten, unter das Raub- und Mordgesindel auf die Galeeren von Toulon schickte.

In der Regel ging ich in Frankfurt in Zivilkleidern aus und steckte mich nur dann und wann, bei besonderen Gelegenheiten, in meine französische Uniform, was selbst die Meinigen sehr ungern sahen, weil sie fürchteten, es könne mir böse Händel zuziehen. Da ich aber die königlich französische weiße Kokarde trug, also in Diensten des von den Verbündeten selbst eingesetzten Königs stand, so glaubte ich keinen Unannehmlichkeiten ausgesetzt zu sein, auch widerfuhr mir, obgleich ich öfters preußischen Offizieren und Soldaten begegnete, wie zu erwarten war, nicht das mindeste. Eines Tages aber, als ich in Uniform an dem Haus vorüberging, in welchem ein österreichischer Major, namens Schröer, als Etappenkommandant sein Bureau hatte, kam mir ein österreichischer Korporal nachgesprungen und sagte mir: der Herr Major verlange mich zu sprechen. Ich hieß ihn einen

Augenblick warten, zog meine Schreibtafel heraus und schrieb mit Bleifeder die Adresse meiner Wohnung auf ein Stückchen Papier, das ich dem Korporal zustellte und ihm sagte: er möge dies nur seinem Herrn Major bringen und ihm sagen, daß ich in der Regel jeden Morgen bis 10 Uhr zu Haus zu treffen sei. Da der Korporal, das Blättchen in der Hand haltend, noch immer zauderte, so wiederholte ich ihm nochmals, daß er dies nur seinem Major zuzustellen habe und nun gehen könne. Somit glaubte ich die Sache abgemacht. Am andern Tage erhielt ich aber ein Schreiben von dem österreichischen Vizegouverneur, dem Grafen v. Hardegg, der sich noch in Frankfurt aufhielt und in einem uns befreundeten Haus einquartiert war, durch welches mich derselbe einlud, mich zu ihm zu verfügen. Ich war unschlüssig, was ich tun sollte. Indessen begab ich mich auf Zureden meiner Familie zu dem Herrn Vizegouverneur, dessen erste Frage nach den gebräuchlichen Bewillkommnungen war: ob ich den Dienst nicht kenne?

„Den französischen vollkommen, um den österreichischen habe ich mich niemals bekümmert, Herr General."

„Warum haben Sie sich nicht bei dem Major Schröer gemeldet?"

„Ich wußte nicht einmal, daß noch ein österreichisches Kommando hier sei, und würde es dann noch für überflüssig gehalten haben, ich bin ein geborener Frankfurter."

„Sie haben sehr gegen den Dienst gefehlt; bei uns würde so etwas streng bestraft werden."

„Unglücklicherweise oder glücklicherweise habe ich nicht die Ehre, in österreichischen Diensten zu stehen."

„Sie haben sich über Ihren Urlaub auszuweisen."

„Nichts leichter als dies."

Ich überreichte dem General meinen Urlaubsschein, den mir der Kommandant von Straßburg, Divisionsgeneral Deburaux, in französischer Sprache ausgestellt hatte. Hardegg tat, als lese er denselben, indem er ihn brummend mit den Augen durchlief und ihn mir dann mit einem: „das ist ganz gut!" zurückstellte. Ich hatte Mühe, dem guten General nicht ins Gesicht zu lachen, da ich wußte, daß er ebensowenig französisch wie chinesisch verstand und nur österreichisches Deutsch sprach. Er erlaubte sich indessen noch einige Äußerungen über das französische Militärwesen und sagte unter anderm, er begreife gar nicht, wie man noch einige Anhänglichkeit an einen solchen Sauschwanz und Spitzbuben, wie der Napoleon sei, haben könne, worauf ich erwiderte: „Was das französische Militärwesen anbetrifft, so glaube ich allerdings, daß es niemand besser aus Erfahrung zu schätzen wissen wird als die Österreicher, was aber den Napoleon anbelangt, so ist es mir unbegreiflich, wie Ihr Kaiser einem solchen Spitzbuben seine Tochter zur Frau geben konnte."

„Jo, 's hat halt ämol so sein müsse", versetzte der General, dem ich mich nun lächelnd empfahl, nachdem ich ihn noch gefragt, ob er hinsichtlich meiner Person genügend befriedigt sei, und als er sein: „'s is halt so gut" erwidert hatte.

„Der hat's halt hinter den Ohren sitzen", äußerte sich derselbe, von mir redend, gegen seinen Hauswirt. „Aber er soll nur nit soviel in seiner französischen Uniform herumlaufen, sonst könnt er bald Händel mit den preußischen Offizieren bekommen, die sich hier aufhalten", hatte er noch hinzugesetzt. Herr H ... hinterbrachte uns diese Äußerungen, worüber ich lachte und den letzten Punkt auf mich nahm. Einige Tage darauf traf ich im roten Haus auf einem Kasinoball mit dem Herrn General, der in roten Hosen steckte, und dem Major Schröer zusammen. Auch befanden sich mehrere preußische Offiziere daselbst. Ich war in meiner französischen Uniform, obgleich mich meine ebenfalls wütende deutsche Schwester versichert hatte, ich würde in derselben kein einziges Mädchen finden, das mit mir tanze, und Händel bekommen. Glücklicherweise ging keine dieser Prophezeiungen in Erfüllung. Der Major Schröer schien mich zu meiden, General Hardegg sprach sogar ein paar freundliche Worte mit mir, die preußischen Offiziere benahmen sich wie Ehrenmänner, und ich unterhielt mich lange mit ihnen. Auch Tänzerinnen fand ich, mehr als ich hätte befriedigen können, und unter ihnen manche Bekannte aus meiner Kindheit, wie Karoline Th... usw. Man wollte durchaus die französischen, graziösen Kontretänze von diesen Bällen verbannt wissen. Dennoch gelang es mir mit Hilfe einiger hübscher Frauen, trotz des Widerstrebens wütender Deutschtümler, sie zustande zu bringen. Besonders war es die schöne Frau des Bankiers von Bethmann, eine Holländerin, die mit ihrem Anhang und ihren Damen die französischen Tänze in Schutz nahm und, obgleich in einer sogenannten altdeutschen Tracht, deren Stoff weißer Samt mit Goldstickerei war, fast nur französische Quadrillen tanzte, was ihr um so leichter wurde, da sie viele Anbeter hatte. Kurz darauf gab Herr von Bethmann ein großes Fest auf einem seiner Güter in Frankfurts Nähe, das der Sandhof genannt wurde und früher eine öffentliche Wirtschaft war. Die Fete war äußerst glänzend und mit einem ungeheuren Aufwand, sowohl bei der Dekorierung der Gemächer als an Speisen und Getränken, veranstaltet. Mehr als tausend Personen waren eingeladen worden, und zwar aus allen Ständen. So auch sämtliche Handwerksleute, die für das Bethmannsche Haus arbeiteten, mit ihren Frauen, was dem Fest freilich einen eigenen Anstrich verlieh. Frau von Bethmann und ihre beiden Hofdamen, Fräulein v. Idstein und Frau v. St. George, empfingen alle Gäste in einem im Garten des Sandhofs aufgeschlagenen Zelt; sie waren alle drei in große schwarzsamtene Mäntel gehüllt, die Jahreszeit war schon ziemlich vorgerückt, und sahen so den drei Masken im Don Juan ähnlich. Herr von Bethmann, der kurz vorher einen kleinen Strauß mit dem wieder bestehenden Frankfurter Senat gehabt, hatte über das Haupttor des Einganges am Sandhof ein

Transparent mit den Worten: „Tue recht und scheue niemand“ setzen lassen, was zu allerlei Bemerkungen Anlaß gab. Nicht weniger als vier Bufetts waren in verschiedenen Gemächern errichtet, wo man sich Eis und alle möglichen Getränke und die köstlichsten Weine sowie Süßigkeiten nach Belieben konnte fortwährend reichen lassen, was sich manche der Geladenen so sehr zunutze machten, daß ihre Köpfe schwer wurden und sie das Gleichgewicht verloren. Um Mitternacht setzte man sich zu Tisch, nachdem vorher noch ein Feuerwerk abgebrannt worden war. Auch hier fand ich wieder alte Jugendfreundinnen, teils verheiratet, teils noch ledig, und mit einigen, wie Lilli O..., knüpfte ich die frühere Bekanntschaft wieder an und verlor mich ein halbes Stündchen mit ihnen in dem Garten et l'un contemplait la terre, l'autre le firmement etc. Das Fest dauerte bis zum hellen Tag, wo ich, mit einer von den letzten Gästen, in einem Nachen auf dem Main nach Frankfurt zurückfuhr.

Damals kamen zahlreiche Transporte von Franzosen, die aus der russischen oder preußischen Gefangenschaft heimkehrten, durch Frankfurt. Eines Tages hatte einer derselben auf ein Bild des Kaisers Franz, das an einem Bilderladen auf der Zeil ausgehängt war, gespien und dabei einige Schimpfworte ausgestoßen. Dies hatte ein österreichischer Korporal gesehen, der den Frevler gleich zu dem Major Schröer brachte, diesem das Vergehen rapportierte, worauf derselbe dem Franzosen fünfzig gutgemessene Stockprügel aufzuzählen befahl. Der arme Teufel machte gewaltige Anstrengungen und Faxen, um sich der Prügelsuppe zu entziehen, aber der Korporal, ein Ungar, sagte zu ihm: „Lek di nur hin, Kamerad, helf all nix, ein klan Viertelstund, und alles is vorbei“, und der Franzose bekam die fünfzig auf echt österreichisch aufgezählt.

Nachdem ich ungefähr sechs Wochen in Frankfurt verweilt hatte, machte ich einen Besuch in Homburg bei

meinem guten alten Oheim Oberpfarrer, bei dem ich vierzehn Tage recht angenehm zubrachte und dem es ein großes Vergnügen gewährte, wenn ich ihm von meinen Feldzügen und Abenteuern, wobei ich freilich die galanten sub silentium überging, erzählte. Hier suchte ich die mir teuern Tummelplätze meiner Kindheit und alte Bekannte wieder auf und wurde von allen freundlich aufgenommen. Mein alter Lehrer Breitenstein war mit einem halben Dutzend Kinder gesegnet und hatte eben ein dickes Buch, dessen Titel mir entfallen ist, gegen Frankreich und das französische Volk geschrieben, aus dem er mir aber zu meinem Leidwesen ganze Kapitel vorlas, die ich mit der größten Langeweile anhörte. Deutschland war damals mit einer Sündflut solcher Broschüren und Bücher überschwemmt, die alle einen glühenden Franzosenhaß, aber auch viel baren Unsinn atmeten. Das des Oberhofpredigers Breitenstein war nicht ohne Geist, aber viel zu gedehnt und voluminös.
Mein guter Oheim meinte, es sei denn doch besser, daß ich Offizier geworden sei als Komödiant. Ich erwiderte ihm: „Lieber Herr Onkel, am Ende sind wir doch alle nur die Schauspieler unseres Herrgotts, ob in schwarzer, bunter oder farbiger Jacke", und er lächelte mir Beifall zu, ohne etwas zu entgegnen.
Auch bei Hof stellte er mich dem Landgrafen und der Frau Landgräfin vor, von denen ich sehr freundlich aufgenommen und während meines Aufenthaltes in Homburg häufig zur Tafel geladen wurde. Eine meiner ehemaligen Geliebten, Eleonore von Brandenstein, war jetzt Hofdame bei der Landgräfin, aber schon ziemlich verblüht, ebenso Frau v. B., die viele Kinder gehabt. Was tun neun Jahre nicht!
Unterdessen kam die Weihnachtszeit, das liebe Fest aus meiner Kindheit, heran. Ich freute mich, dasselbe wieder einmal im Schoß meiner Familie feiern zu können, und brachte dasselbe mit seinen Bescherungen recht vergnügt zu. Die Meinigen drangen unterdessen in mich, meinen

Abschied aus französischen Diensten zu nehmen und in die einer deutschen Macht zu treten, wozu man schon Mittel finden würde, mir den Weg zu bahnen. Ich verspürte keine große Lust, einen solchen Schritt zu tun, bat aber, bevor mein Urlaub um war, um dreimonatige Verlängerung desselben, die ich auch ohne Umstände erlangte. Teils war es die Annehmlichkeit, nach so langer Zeit wieder ein trauliches Familienleben zu genießen, das es denn trotz aller kleinen Neckereien doch war, teils waren es einige Damenbekanntschaften, die mir diese Verlängerung meines Aufenthaltes in Frankfurt wünschenswert machten und unter denen eine war, die mich mehr als gewöhnlich fesselte. Da es eine junge, schöne, an einen sehr reichen Kaufmann verheiratete Frau war, dessen Familie alle ihre Schritte genau beobachtete, so hatten wir uns sehr in acht zu nehmen, und der alte ehrliche Pfarrturm, oder vielmehr dessen finstere Stiegen, waren der Ort unserer geheimen Zusammenkünfte. Während ich gerade in den Turm ging, machte sie den Gang durch die Domkirche dahin. Auch mit noch einigen anderen Damen hatte ich Rendezvous in diesem verschwiegenen Gemäuer, wovon sich die lieben Frau Basen Frankfurts nichts träumen ließen.

Auf diese Art ging mir der Winter in Frankfurt, Homburg und Offenbach auf eine ziemlich angenehme Weise herum. Ich besuchte fleißig die Bälle, machte manchmal eine Jagdpartie mit und führte sozusagen ein wahres Schlaraffenleben, während der Kongreß in Wien brütete und die Nachrichten von dorther keinerlei Erwartungen entsprachen, zu langweilen begannen und Frankfurt noch immer in seinen Verfassungswehen lag.

Eines Vormittags, als ich eben ein Pferd bestiegen hatte, um nach Homburg zu reiten, fand ich die Straßen Frankfurts äußerst bewegt und mit ungewöhnlich viel Menschen angefüllt, die alle einen rennenden Schritt führten; besonders nahm ich dies über die Zeil reitend wahr. Hier begegnete ich einem Bekannten, den ich fragte, was dieser Tumult bedeute? „Wie, Sie wissen nicht", erwiderte derselbe, „Napoleon ist wieder in Frankreich gelandet!" – „Ist's möglich!" – „Ganz gewiß, die offizielle Nachricht davon ist vor einer Stunde per Estafette eingetroffen." – „Sind Sie dessen gewiß?" – „Kein Zweifel mehr, ich habe es aus der ersten Hand." – Ich machte schnell rechtsum kehrt, und statt nach Homburg ritt ich wieder heim und brachte den Meinigen, die noch beim Frühstück saßen, brühheiß die große Neuigkeit, worüber sie nicht wenig staunten und die sie zu glauben Mühe hatten. Bald stellte sich jedoch die Wahrheit derselben über allen Zweifel heraus, und die noch am selben Tage ankommenden Pariser Journale meldeten die Landung des „tollen Abenteurers Bonaparte", der zur Stunde indessen wohl schon in einem Gefängnis der Provence sitzen werde. Am anderen Tage las man jedoch in denselben Blättern, daß der General Bonaparte, zu dem einige Haufen gewissenloses Militär und Gesindel übergegangen seien, gegen Lyon marschiere, wo er nicht ermangeln könne, das Ziel seines abenteuerlichen Unternehmens zu finden. Die nächsten Zeitungen berichteten die Ankunft des Exkaisers zu Lyon, und daß er gegen Grenoble ziehe, und wenige Tage später hieß es in obigen Journalen, Se. Majestät der Kaiser Napoleon sind unter dem Jubel des beglückten Volkes in Frankreichs Hauptstadt eingerückt. – Ich war unter diesen Umständen, da mein Urlaub ohnehin bald zu Ende war, entschlossen, nach Straßburg zurückzukehren. In Frankfurt herrschte jetzt große Bestürzung. Man glaubte die Franzosen schon wieder vor den Toren, und die ängstlichen Gemüter machten es wie vor einigen zwanzig Jahren: keiner wollte über Napoleon geschimpft, keiner einen Freudenschuß getan haben. Ich traf Anstalten, um baldigst nach Frankreich abzureisen, obgleich meine Verwandten alles Mögliche taten, mich davon abzuhalten. Als ich reisefertig war, mietete ich mir einen Wagen nach Karlsruhe, nahm Abschied von den Meinigen und fuhr gegen 8 Uhr morgens von Hause ab. Als ich aber in Sachsenhausen an das Affentor kam, das ich passieren mußte, hieß man den Kutscher still halten, und ein österreichischer Unteroffizier trat an den Schlag und fragte mich nach meinem, von dem Etappenkommandanten unterzeichneten Passierschein, und da ich ihm sagte, daß ich ein solches Ding nicht kenne, so erklärte er mir, daß ich nicht passieren könne. In diesem Augenblick trat auch der Platzadjutant aus der Wachtstube und kündigte mir an, daß ich Stadtarrest habe und, wenn ich nicht mein Ehrenwort gebe, die Stadt nicht ohne Erlaubnis der Militärbehörden verlassen zu wollen, dieser sich sofort in strengen Arrest verwandeln könne. Hierüber aufgebracht, sagte ich, dies seien Gewaltstreiche, die man sich gegen mich erlaube, gegen die ich protestiere, usw. Dies half aber alles nichts, und man machte Miene, mich zu verhaften. Ich ließ den Kutscher umwenden und wollte es versuchen, zu einem anderen Tor hinauszukommen, aber eine Ordonnanz setzte sich auf den Bock, und ich mußte auf die Kommandantur fahren. Hier stellte ich den Major Schröer wegen dieses Verfahrens zur Rede. Dieser zuckte aber die Achseln, sprechend: daß er auf höheren Befehl handle; „Sie sind in französischen Diensten“, setzte er hinzu, „und ich habe Befehl vom General Hardegg, kein französisches Militär unter den jetzigen Umständen mehr nach Frankreich zurückgehen zu lassen, eine Kolonne französischer Gefangener, die gestern hier ankam und heute weiter sollte, muß gleichfalls zurückbleiben.“ – „Aber mein Gott, ich bin ja kein Kriegsgefangener, sondern auf Urlaub.“ – „Das macht halt nix, Sie sind's ämal in französischen Diensten und müssen's dableiben. Wenn Sie mir aber Ihr Ehrenwort geben wollen, die Stadt nicht zu verlassen, so können's frei in derselben umhergehen, wohin Sie wollen.“ – Ich wollte ihm eben etwas derb antworten, als sich die Tür des Bureaus öffnete und General Hardegg hereintrat, der mir das nämliche wiederholte. Ich mußte mich fügen, wollte ich nicht Arrest auf der Hauptwache erhalten. Als ich nun wieder zu Hause ankam, empfingen mich meine Geschwister lachend, und es wurde mir bald klar, was mein jüngster Bruder, der mir beim Weggehen lächelnd zugerufen hatte: „Ich nehme keinen Abschied, wir sehen uns doch bald wieder“, damit hatte sagen wollen. Meine Familie war nicht ohne Mitschuld an dem, was mir soeben begegnet war. Zwei Tage darauf kam mein Oheim von Homburg und drang in mich, ich solle suchen in preußische Dienste zu kommen, er nehme es auf sich, mir eine Anstellung in denselben zu verschaffen. Das Hirngespinst des Erbadels oder wenigstens dessen Vorrechte seien aus den Reihen des preußischen Heeres verschwunden, ich würde von der Landgräfin und ihm die besten Empfehlungen an die Prinzessin Wilhelm erhalten, eine glänzende Karriere in Preußen könne mir nicht fehlen, und dies seien die Truppen, die sich im letzten Feldzug am tapfersten geschlagen, in der öffentlichen Meinung am höchsten stünden und allgemein geehrt würden. Ich erwiderte, daß ich vorerst unmöglich darauf eingehen könne und wenigstens einige Tage Bedenkzeit haben müsse. Er lud mich jetzt ein, mit ihm nach Homburg zurückzufahren und wieder ein paar Tage bei ihm zuzubringen, während denen ich mich hinlänglich besinnen könne. Als ich ihm bemerkte, daß ich die Stadt nicht verlassen könne ohne die Erlaubnis der Militärbehörde, zog er eine solche nebst einem gedruckten Passierschein für mich aus der Tasche. Ich nahm nun die Einladung an und fuhr mit dem guten Onkel nach Homburg, wo ich diesmal von der landgräflichen Familie mit der ausgezeichnetsten Freundlichkeit aufgenommen wurde und wo ich den Herrn von Balthazar, den Sohn dessen, der früher als Emigrant mit seiner Familie in Homburg gelebt, ebenfalls jetzt zum Besuch an dem gastfreundlichen Hof antraf. Er erzählte eines Tages an der Tafel, daß er es gewesen, der 1810 aux français die Orange auf die Bühne geworfen, in welcher ein Louisdor in Papier ein-

gewickelt war, auf dem die Worte: gardez le Louis et jettez l'ecorce (le corse) gestanden.
Als ich wieder eines Tages an der Tafel speiste und man beim Dessert echten Tokayer-Ausbruch, den der Erbprinz von Homburg seinen Eltern von Wien geschickt, der einzige, den ich wohl je echt getrunken, servierte, sagte die Prinzessin Auguste zu mir: „Nicht wahr, Herr Hauptmann, Sie werden dem Korsen nicht wieder dienen?“ – Diese Frage setzte mich in keine geringe Verlegenheit und war mit so unendlicher Liebenswürdigkeit ausgesprochen, daß es mir unmöglich war, sie anders als mit einem: „Nein, Durchlaucht!“ beantworten zu können. Jetzt war es ausgesprochen. Mein Oheim triumphierte; wir fuhren zusammen nach Frankfurt zurück, wo der gute Mann meine Eltern mit den Worten anredete: „Einen Franzosen habe ich mitgenommen, und einen Preußen bringe ich zurück.“ Nun war der Jubel in der ganzen Familie groß. Es regnete Gratulationen; man gab mir abermals Feten, und bald darauf befand ich mich, mit den besten Empfehlungsschreiben von dem Landgrafen, der Prinzessin Auguste und meinem Oheim an die Prinzessin Wilhelm und guten Wechseln versehen, auf dem Weg nach Berlin.
So war denn die erste Hauptabteilung des Lust- und Trauerspiels meines Lebens beendigt. Die zweite, wenn auch weniger tatenreich, doch toll und unterhaltend genug, sollte beginnen.

VII

Reise von Frankfurt nach Berlin – Gelnhausen – Die Schlachtfelder bei Lützen – Leipzig – Die Messe – Ein paar Harfenmädchen – Eine Partie nach Giebichenstein – Wittenberg – Treuenbriezen – Berlin – Prinzessin Wilhelm – Die Theater – Iffland und Devrient – Potsdam und seine Schlösser – Graf Lusi und Friedrich der Große – Sanssouci – Eine alberne Klatscherei – Ein bübischer Studentenstreich – Urania – Meine Anstellung – Die Familie Pokwisch – Anekdoten vom Kronprinzen – Ich soupiere mit sechs Damen – Eine Künstlerhaushaltung – Das Institut Bernhard – Die Tabagien – Eindruck der Schlacht bei Waterloo – Das Opernhaus – Das Zeughaus – Das Schloß – Frankfurt an der Oder – Dresden – Die Elbbrücke – Das Grüne Gewölbe – Das Brühlsche Palais – Das große Opernhaus – Rückkehr nach Berlin – Abreise nach Kolberg

Es war im April 1815, als ich zum zweitenmal meine Vaterstadt verließ, um dieselbe Laufbahn wieder anzutreten, und ich hoffte sie im Vertrauen auf meine hohe Protektion recht glänzend zu beginnen. Außerdem hatte ich während meines Aufenthaltes in Frankfurt allerdings eine große Vorliebe für das preußische Militär, für dieses Land und seinen wackern und so rechtlichen König gefaßt, die desto größer wurde, je mehr ich die Groß- und Heldentaten der preußischen Nation, die ich jetzt erst in Erfahrung gebracht und kennengelernt hatte, zu bewundern gezwungen war; sowie ich auf der andern Seite das Benehmen Napoleons und seiner Leutnante gegen dieses Volk und seinen Herrscher verachten und verabscheuen mußte. Seit des mazedonischen Philipps Zeiten hatte man nicht mehr erlebt, daß sich ein Staat, der seinem völligen Ruin so nahe war, in so kurzer Zeit wieder auf einen so hohen, Ehrfurcht erregenden Standpunkt der Macht und der Wohlhabenheit geschwungen hätte. Mazedonien und Preußen, welches man füglich das nordische Mazedonien nennen könnte, sind sich in manchen Dingen, und namentlich in kriegerischer Tapferkeit, ähnlich.

Ich trat die Reise nach Leipzig per Extrapost mit einem Kaufmann aus Elberfeld, namens Rittershausen, einem

Bekannten von unserm Haus, an. Wir kamen ohne Unfall bis vor *Gelnhausen*, wo uns die Vorderachse des Wagens brach, was einen Aufenthalt von mehreren Stunden verursachte, den ich benutzte, die Überreste von Barbarossas (Friedrich I.) altem Palast, das St.-Peters-Münster und das Dreifaltigkeitsstift zu besuchen. Die alte Burg des nur schlafenden Kaisers liegt in einem schönen Tal auf einer Insel der Kinzig, von der man ringsherum eine schöne Aussicht auf Wälder, Berge und Hügel hat. Die Ruinen der Kaiserburg sind großartig, ja kolossal. Im innern Hof ist Barbarossas Bild mit einem langen Bart von rotem Stein angebracht. Noch sind dicke Türme, Säle, Hallen und Kapellen, ziemlich gut erhalten, vorhanden. Gotische, maurische und toskanische Baukunst ist hier angebracht, und aus dem Ganzen spricht eine gewaltige Zeit. Die Burg wurde erst im Dreißigjährigen Kriege zerstört.
Nachdem unser Wagen repariert war, fuhren wir weiter, aßen in Fulda bei einer sehr niedlichen Wirtin, die sich Frau Knips nannte, zu Abend, versprachen ihr das baldige Wiederkommen, worauf ich einen Abschiedskuß à compte von ihr erhielt. – In *Eisenach* zeigte man uns die von dem Springen eines Pulverwagens der retirierenden Franzosen sehr beschädigten Häuser. Über fünfzig Personen hatten bei dieser Gelegenheit das Leben eingebüßt. Die zerrissene Brust eines schönen jungen Mädchens, das durch diese Explosion zerschmettert worden, war an einem Fenster hängengeblieben. Ich bewog hier meinen Reisegefährten, einen Abstecher auf die nahegelegene Wartburg zu machen, wo wir das von Luther bewohnte Zimmer samt dem Tintenklecks besahen, den der wackere Mönch machte, als er dem Teufel sein Tintenfaß an den Kopf warf. Wir besuchten auch die Kirche, auf deren Kanzel Luther 1521 während seines hiesigen gezwungenen Aufenthaltes gepredigt hatte, und man zeigte uns die Rüstung des Prinzenräubers Kunz von Kaufungen.

In *Gotha* besah ich während des Umspannens das dortige Schloß. In *Erfurt* bekam ich weder die berühmte große Glocke noch eine andere Merkwürdigkeit, den Dom ausgenommen, zu sehen. Auch Luthers Zelle im Augustinerkloster blieb mir verschlossen. Dagegen wohnte ich am Abend einer Vorstellung der Teufelsmühle im Theater bei, die so schlecht war, daß ich sie nicht zu Ende sehen mochte. *Weimar*, das ich schon kannte, reizte meine Neugierde so wenig, als ich Lust hatte, Goethe nochmals einen Besuch abzustatten. *Naumburg* interessierte mich wegen seiner Erlebnisse im Hussitenkrieg. Hier besuchte ich die dreitürmige Domkirche mit ihren Altertümern. Die unterirdischen Gewölbe zu sehen hatte ich ebensowenig Zeit als die nahen Ruinen des Bergschlosses bei Schönburg, wo einst Ludwig der Springer residierte, zu besteigen. Das schöne Schloß Neu-Augustusburg sahen wir nur im Vorüberfahren bei Weißenfels auf einem Berg liegen. Bei *Lützen* aber konnte ich unmöglich vorüber, ohne dessen berühmte Schlachtfelder zu besichtigen, so sehr auch mein mit türkischem Garn handelnder Merkursdiener dagegen protestieren mochte. Die Stelle, wo 1632 Gustav Adolph gefallen, war mit einem einfachen Stein bezeichnet und von einigen Pappeln umgeben, auch das Schlachtfeld, wo vor kaum anderthalb Jahren, 1813, Napoleon noch gegen die Russen und Preußen gekämpft hatte und wo Prinz Leopold von Homburg geblieben war, hielt mich fast eine Stunde auf. Ich hätte mich noch länger verweilt, hätte ich nicht gefürchtet, daß Rittershausen vor Ungeduld den Wagenkasten einstampfen möchte.

In *Leipzig* kamen wir gerade zur Meßzeit an. Da dies das Ziel meines bisherigen Reisegefährten war, so trennte ich mich jetzt von diesem und legte den Rest der Reise mit einem jungen Mann aus Darmstadt zurück, der in Berlin seine medizinischen Studien vollends beendigen wollte und mit unserer Familie befreundet war. Wir beschlossen jedoch, ein paar Tage in Leipzig zu verweilen.

Das Meßgewühl daselbst war außerordentlich, und weder Frankfurt noch Beaucaire oder Sinigaglia können in Vergleich damit kommen. Es war ein Gewirre, eine Geschäftigkeit, ein Wühlen und eine Masse von Menschen aus allen Gegenden Europas, die nicht zu beschreiben. Namentlich bemerkte ich auch viel Griechen, Türken und Armenier, sogar Asiaten hier. Die Frankfurter Messe ist in der Tat nur ein Jahrmarkt dagegen, besonders ist der Handel und Umtausch en gros von der größten Bedeutung. Daß das Schlachtfeld vom 18. Oktober, auf dem Deutschlands Befreiung von fremdem Joch erkämpft wurde, mich mehr als alles andere anzog, war natürlich; auch irrte ich einen ganzen Tag mit einem Führer auf demselben umher, konnte aber keine genügende Auskunft auf meine Fragen von diesem erhalten. Die durch einen armen Mineurkorporal nach den napoleonischen Bulletins so sehr zur Unzeit gesprengte Brücke über die Pleiße betrachtete ich längere Zeit, bedenkend, an welche Zufälle sich oft das Ungeheuerste, das Schicksal der Reiche und Nationen knüpft. Mit Wehmut erfüllte mich aber die Stelle, wo Poniatowsky seinen Tod in der Elster fand. Ich suchte das Denkmal des ehrlichen Gellert, dessen Fabeln mich als Kind so sehr ergötzt hatten, in der Johanniskirche sowie dessen Grab auf dem Johanniskirchhof auf, ebenso das des Jablonowsky in der katholischen Kirche. Auch Auerbachs Keller, aus dem der Teufelsbeschwörer Faust auf einem Faß geritten, konnte ich nicht unbesucht lassen. Im Theater sah ich nur eine Vorstellung, es war Klingemanns Moses, der sehr mittelmäßig gegeben wurde.

Wir besahen alle Meßraritäten und besuchten einige öffentliche Gärten, in denen es recht lustig zuging; in einem derselben waren ein paar blutjunge, recht hübsche böhmische Harfenmädchen, von denen die jüngere sang und eine silberhelle Glockenstimme hatte; auch trug sie mit viel Feuer und Ausdruck vor. Ich lud sie ein, den Abend in den Gasthof, wo ich logierte, zu kommen, wo sie reichlich beschenkt wurden, da ich für sie sammelte und selbst einige Achtgroschenstücke auf den Teller warf. Ich hatte mir vorgenommen, einen Abstecher nach *Halle* oder vielmehr nach dem mir historisch und theatralisch so merkwürdigen Giebichenstein zu machen, und lud die beiden Mädchen ein, mit von der Partie zu sein, um auf der alten Bergfeste den Klang ihrer Harfen und ihre Stimme ertönen zu lassen. Die Fahrt dahin war recht munter, aber die Ruinen der alten Burg sagten mir nicht zu, weil ich durch sie von der gänzlichen Unmöglichkeit, daß Ludwig von ihnen einen Sprung in die Saale hinab habe machen können, überzeugt wurde, da die Ufer des Flusses noch eine zu weite Strecke von dem Felsen, auf dem das Schloß liegt, entfernt sind. Unwahrscheinlich ist es auch, wie mehrere Geschichtschreiber annehmen wollen, daß seit jener Zeit die Saale ihren Lauf so sehr verändert habe. Man würde Spuren davon entdecken, und ein solches, nicht unwichtiges Ereignis würde sich in Chroniken aufgezeichnet finden. Das wahrscheinlichste an der Sache ist, daß seine bestochenen Wächter ihn entlaufenließen und dann zu ihrer Rechtfertigung die Mär von dem Sprung erfanden.

Die Aussicht von dem hohen Giebichenstein ist wunderschön. Auf den Ruinen der Feste sitzend, nahm ich ein kleines Mahl mit meinen hübschen Harfenistinnen ein, wobei wir ein paar Flaschen von Leipzig mitgenommenen Champagner leerten, unter dem freien Himmel sangen und überaus fröhlich waren. Bis zur Dämmerung brachten wir hier zu und kamen erst gegen Mitternacht wieder in Leipzig an, wo ich die Mädchen, denen ich eine Stube in meinem Gasthof geben ließ, bei mir behielt und wir noch ein leckeres Souper unter Schäkereien einnahmen und dann bis zum Grauen des Morgens jubelten und uns vergnügten usw. Ich entließ jetzt die Mädchen, die mir mitteilten, daß sie die Absicht hätten, nach der Messe nach Berlin zu gehen, um dort ihr Glück zu versuchen, und wo sie hofften, mich wiederzufinden. Ich reiste den sechsten Tag nach meiner Ankunft in Leipzig mit einer Retourgelegenheit dahin ab. Der Weg ging meistens durch Sand, so daß man fast immer Schritt fahren mußte, was mich zwar ungeduldig machte, aber mir dennoch keine Langeweile verursachte, da ich alle möglichen Bilder der Vergangenheit und einer wahrscheinlichen Zukunft an meiner Einbildungskraft vorübergehen ließ. Überhaupt habe ich in meinem Leben von meiner frühesten Kindheit an nie gewußt, was Langeweile ist, ausgenommen, wenn ich das Unglück hatte, mit einfältigen Leuten zusammen zu sein, die mich durch ihr Geschwätz langweilten, aber allein ist die Fülle meiner Gedanken immer so groß, daß sie vollkommen ausreicht, und au delà.

Auf der preußischen Grenze wurden Koffer und Paß sorgfältig geprüft, jedoch alles mit großer Artigkeit und Delikatesse von seiten der königlich preußischen Zollbeamten und ohne die mindesten Schikanen, obgleich ich noch als französischer Offizier auf meinem Paß angeführt war. In *Wittenberg*, das die Preußen vor kaum achtzehn Monaten im Sturm von den Franzosen erobert hatten, wobei der französische Kommandant, General Lapoipe, mit dem Degen in der Hand im Schloß gefangen worden war, besuchte ich die Schloßkirche, in welcher Luther und Melanchthon und Friedrich der Weise begraben liegen. Lukas Cranach war hier Apotheker und Bürgermeister; das Altarblatt der Marienkirche ist von ihm. Zu *Treuenbritzen*, das ehedem nur Britzen hieß und das Prädikat treu erhielt, weil seine Bürger ihrem Fürsten auch dann noch treu blieben, als der falsche Waldemar erschien, besah ich das Rathaus, in welchem jenes Ereignisses in einer lateinischen Inschrift erwähnt ist. Hier ist auch der Kapellmeister Himmel geboren, der Fanchon den deutschen Ohren durch seine liebliche Komposition so angenehm zu machen verstand. Von hier aus hielt ich mich nirgends mehr als ein paar Stunden in Potsdam auf und traf am zweiten Tage nach meiner Abfahrt von

Leipzig in *Berlin* ein, wo wir durch das schöne Brandenburger Tor fuhren, auf welchem jetzt die berühmte Quadriga wieder thronte, die Napoleon nach Paris hatte schleppen lassen, die aber die Preußen bei ihrem ersten Gegenbesuch daselbst wieder heimschickten und auf den ihr gebührenden Standpunkt stellten. Soviel schöne Städte und Gebäude ich auch schon gesehen hatte, so war ich dennoch bei dem Anblick des Brandenburger Tores, der Ansicht der Linden und des schönen Platzes zwischen diesen und dem Tor überrascht. Ich fuhr nach dem mir empfohlenen Gasthof, der Stadt Rom, der auf der linken Seite der Linden liegt.

Von Leipzig bis hierher hatte ich sehr unangenehmes, rauhwindiges Wetter gehabt, das mir einen starken Schnupfen und Katarrh verursachte. Dennoch ließ ich mich schon am andern Morgen bei Ihrer Königlichen Hoheit der Prinzessin Wilhelm von Preußen, geborenen Prinzessin Mariana von Hessen-Homburg, anmelden und wurde noch am nämlichen Tage auf das Schloß beschieden, wo ich mich en grande tenue in französischer Uniform einfand, der hohen Dame meine Empfehlungsschreiben, von ihren Verwandten ausgestellt, überreichte und sehr gnädig aufgenommen wurde. Ich habe wenig Frauen gesehen, die ein würdevolleres, edleres, ja majestätischeres Aussehen gehabt hätten als diese Prinzessin. Dabei hatte sie dennoch etwas überaus Wohlwollendes und Freundliches in ihren edlen Zügen und eine große, aber erhabene Einfachheit in ihrem Benehmen. Welch ein Unterschied zwischen dieser Dame sowie überhaupt der meisten deutschen Fürstinnen mit den neugebackenen Prinzessinnen der Familie Bonaparte, die auch nicht die mindeste Achtung einzuflößen imstande waren, während man bei dem Anblick der Prinzessin Wilhelm von Ehrfurcht und Hochachtung durchdrungen war, so daß trotz ihrer großen Schönheit kein unlauterer Gedanke aufkommen mochte. Sie erkundigte sich bis auf die kleinsten Details nach allem, was ihre Familie in Homburg betraf, sowie nach meinem guten Oheim daselbst. Auch hatte sie die Gnade, mir mitzuteilen, daß sie bereits in meiner Angelegenheit, auf Veranlassung meines Oheims, an den sich mit dem König bei dem Kongreß zu Wien befindenden Kriegsminister von Boyen geschrieben und befriedigende Antwort hinsichtlich meiner Anstellung erhalten habe, die wohl nicht lange ausbleiben werde, und sie hoffe, daß ich eine glänzende Karriere in der preußischen Armee machen werde; ich müsse aber jetzt auch echt deutsche und preußische Gesinnungen zeigen. Sie erinnerte sich der jugendlichen Spiele im Schloßgarten zu Homburg sowie, daß ich als Knabe manchen tollen Streich verübt, erzählte mir, daß sie fortwährend in vertrautem Briefwechsel mit meiner Kusine Henriette in Bremen stehe und daß diese sie öfters in Berlin besuche und dann bei ihr im Schloß wohne. Sie entließ mich endlich mit der Versicherung, daß sie für mich tun werde, was ihr möglich sei. Über diesen Empfang vergnügt, empfahl ich mich, mußte aber, da sich mein Katarrh sehr verschlimmerte, mehrere Tage das Zimmer hüten, während welcher ich Muße hatte, das Treiben und Wogen unter den Linden gehörig zu beobachten, meine Bemerkungen anzustellen und mich einstweilen theoretisch, das heißt durch Bücher, mit Berlin bekannt zu machen. Lange hielt ich aber diesen Zimmerarrest nicht aus, sondern folgte am nächsten Sonntag nachmittag der zahllosen Menge der schönen und nicht schönen Welt, die an meinem Fenster vorüber dem Brandenburger Tor zuströmte und sich in dem Tiergarten und unter den Zelten verlor. Die Berlinerinnen, bei denen Schönheit und zierlicher Wuchs keine Seltenheit, sind meistens sehr elegant und mit Geschmack gekleidet, und wenn sie auch gerade nicht die zierliche Grazie der Pariserinnen besitzen, so sind sie doch durch ihre weit größeren körperlichen Reize um so anmutiger, und ich fand seltene Schönheiten unter ihnen.

Als ich mich auf der Polizei meldete und der Inspektor

in meinem Paß das Wort „französischer Kapitän“ las, machte er große Augen, examinierte mich umständlich über meine Verhältnisse, wo mein letzter Aufenthalt gewesen usw. Namentlich kam es ihm unglaublich vor, daß ich zuletzt in Korfu gestanden und nun preußische Dienste suche. Er verließ mich, um, wie es mir schien, höhere Instruktionen einzuholen. Nach einer guten halben Stunde kam er zurück und erteilte mir eine Aufenthaltskarte auf vierzehn Tage mit der Weisung, dieselbe, wenn sie abgelaufen, erneuern zu lassen. Indessen merkte ich doch so viel, daß man mich unter geheime polizeiliche Aufsicht stellte und deshalb Verordnungen gab. Mit einem Wort hätte ich allerdings das polizeiliche Mißtrauen beseitigen können, allein ich konnte und durfte meine hohe Beschützerin unmöglich auf der Polizei namhaft machen.
Acht Tage nach meiner Ankunft kam auch mein Bedienter, den ich in Frankfurt zurückgelassen, mit zwei Reitpferden an, welche ich noch vor meiner Abreise daselbst gekauft, weil mir in Homburg insinuiert worden war, daß ich in Berlin mit einigem Glanz auftreten müsse, wenn ich einigermaßen reüssieren wolle. Ich machte nun Besuche und gab die mitgebrachten Empfehlungsschreiben ab, unter denen solche an Hufeland und von Uhden waren, welche mir aber, außer Einladungen zu Diners und Tees, wenig nützten. Eines Vormittags, als ich mit dem Wirt des Hotels eine Konversation anknüpfte, erzählte mir derselbe lächelnd, daß sich anfänglich die Polizei außerordentlich um mein Tun und Treiben bemüht habe, aber es jetzt gewiß unterlassen werde, da er den Herren mitgeteilt, daß ich schon einigemal in das Schloß zur Prinzessin Wilhelm, Königliche Hoheit, zitiert worden. Ich sagte ihm nun den Grund, warum wohllöbliche Polizei so sehr um mich besorgt sei, nämlich, daß man mich wahrscheinlich für einen französischen oder vielmehr napoleonischen Spion gehalten habe. Übrigens aber wurde ich so wenig wie jeder andere Fremde in

Berlin auch nicht im mindesten von der Polizei mit Lächerlichkeiten und Erbärmlichkeiten molestiert, wie dies im Österreichischen und besonders in Wien der Fall ist, wo jeder Fremde eine Art peinliches Verhör durchzumachen hat, um seine Privatverhältnisse bis in die kleinsten und kleinlichsten Details befragt wird, sich darüber auszuweisen hat, ob er auch hinlängliche Mittel besitzt, die Kosten der wenigen Tage seines Aufenthaltes in der Kaiserstadt zu bestreiten, und was dergleichen Absurditäten mehr sind. Über das furchtbare Unglück, wenn unter tausend Reisenden einmal einer Österreich auf ein paar Tage zur Last fiele! Wahrlich, nach dem Verfahren der österreichischen Polizei sollte man glauben, so ein Vorfall setze die Existenz der ganzen Monarchie aufs Spiel.

In Erwartung meiner Anstellung besichtigte ich Berlins Merkwürdigkeiten, worunter das Schloß, das Zeughaus, der Platz am Opernhaus, mit der katholischen Kirche im Hintergrund, links die Bibliothek, gegenüber die Universität die vorzüglichsten waren. Schauspiel und Oper waren damals vortrefflich besetzt. Zwar war Iffland schon tot, aber durch Devrient, den viele Personen jenem noch vorzogen, vollkommen ersetzt. Bei Iffland war alles hohe Kunst, vollendetes Studium; auch spielte er jede Rolle einmal wie das andere. Alle seine Bewegungen, seine Schritte und Mienen waren fast mit mathematischer Genauigkeit abgemessen; in dieser Szene dieser Rolle trat er sicher um keine Linie mehr vor- oder rückwärts als das erstemal, wo er sie spielte. Jede Gebärde war vor dem Spiegel eingeprägt, während Devrient, ganz Genie, so spielte, wie es ihm das Gefühl des Moments eingab, daher er auch durch sein Feuer weit mehr das Publikum hinriß, als es Iffland vermocht hatte. Ferner waren Mattausch, Blume, Beschort, Fischer, Wurm, die Damen Milderhauptmann, Schulze, Devrient und vor allen die liebenswürdige Demoiselle Düring, spätere Stich, in der vollen Blüte ihrer Kunst und ihrer Jugend. Ich machte nun einen Ausflug nach *Potsdam*, das mir wegen seiner Erinnerungen an Friedrich den Großen so sehr interessant war. Außerdem hatte ich das Empfehlungsschreiben an den ehemaligen Gesandten Friedrichs, den Grafen Lusi, abzugeben, welches mir der Graf Mocenigo in Korfu mitgegeben hatte und von dem ich nicht geglaubt, jemals Gebrauch zu machen. Lusi nahm mich mit außerordentlicher Freundlichkeit auf, ließ sogleich meine Effekten und Pferde in seine Behausung bringen und bestand darauf, daß ich während meines Aufenthaltes in Potsdam, der wenigstens vierzehn Tage dauern, bei ihm wohnen und mit seinem Tisch vorliebnehmen müsse. Ein sonderbarer Zufall wollte, daß, während ich bei ihm in Potsdam wohnte, sein Sohn, der damals als Premierleutnant bei der königlich preußischen Garde stand, als diese durch Frankfurt kam, bei meinen Eltern einquartiert war. Der alte Lusi war ein Grieche von Geburt und konnte sich nicht genug nach seinem Vaterland, das er in langer Zeit nicht mehr gesehen, bei mir erkundigen. Leider war ich außerstande, ihm die gewünschte Auskunft geben zu können, da ich, die Insel Korfu und die Küsten Albaniens ausgenommen, von Griechenland keine anderen Gegenden kannte. Dennoch sprach der alte Graf gerne und viel von seinem Vaterland, und ich konnte ihm nicht genug von Korfu erzählen. Die Weise, auf welche Graf Lusi des großen Friedrich Bekanntschaft machte und in dessen Dienste kam, ist seltsam genug und ein Beweis sowohl von Lusis Scharfsinn wie davon, wie sehr der große Monarch es verstand, die Leute zu wählen, die für seine Dienste und Absichten am passendsten waren. Eine schwere Aufgabe, die nur ausgezeichnete Männer zu lösen verstehen. Hier, was mir der alte Lusi selbst darüber mitteilte. Friedrich der Einzige hatte in einer Berliner Zeitung eine – ich entsinne mich nicht mehr welche – Verfügung einrücken lassen, zu gleicher Zeit aber noch einige andere diplomatische und politische Maßregeln ergriffen. Hieraus kombinierte und erriet der Graf äußerst scharfsinnig des Königs geheime Zwecke und Absichten und machte sie in der Zeitung von Venedig bekannt. Friedrich, dem dieser Artikel von seinem Gesandten zugeschickt wurde, gab diesem Befehl, alles anzuwenden, um dessen Verfasser herauszubekommen, was demselben auch à force d'or gelang. Er war erstaunt, daß ein ihm ganz unbekannter Graf derselbe gewesen, denn er hatte geglaubt, der Artikel sei durch Verrat von Personen aus seinem Kabinett in die Hände des Zeitungsredakteurs gekommen. Friedrich wandte sich jetzt mittelbar an den Grafen selbst und veranlaßte diesen zu einer Reise nach Berlin. Als er Lusi persönlich kennengelernt, fragte er ihn eines Tages, durch welche Mittel er seine Absichten erraten? – Lusi erwiderte ihm: Ew. Majestät haben dies und jenes in Ihren Zeitungen abdrucken und dabei diese und jene Demarchen machen lassen, wodurch es mir möglich wurde, was Sie damit beabsichtigten, zu erraten. – Friedrich war über Lusis Scharfsinn verwundert, bat ihn, in seine Dienste zu treten, was der Graf annahm, und in denselben eine glänzende Karriere machte.

Obgleich schon sehr bejahrt und auch kränkelnd, war Lusi doch so gütig, selbst den Cicerone zu machen und mir Potsdams Merkwürdigkeiten zu zeigen und zu erklären. Er führte mich in den Schlössern umher, und bei jeder Stelle, an welcher Friedrich der Große geweilt, irgend etwas verrichtet, mit ihm einige gewichtige Worte gesprochen, erinnerte er sich dessen und erzählte mir mit großer Selbstzufriedenheit, wie ihn der große Mann häufig um seine Meinung befragt. Im Schloß ließ er mich den Marmorsaal, die Marmorgalerie, den Speisesaal, die Marmortreppe bewundern; auch die Zimmer ließ er öffnen, die der liebenswürdigen, 1810 verstorbenen Königin Luise gehört hatten, sowie die des Königs. Das Schloß bildet ein längliches Viereck, das einen großen Hof einschließt. Der Haupteingang desselben ist am Markt. Dieses Schloß wurde erst 1701 vollendet und steht auf der Stelle einer alten Burg, von der man noch Kunde hat. Friedrich der Einzige hat aber erst die Gebäude in der Schönheit und Pracht, in der sie sich jetzt befinden, hergestellt. Auch in Sanssouci und dessen weitläufigen Gärten führte mich mein vornehmer Cicerone umher, und hier wiederholte er wohl hundertmal mit selbstgefälliger, aber verzeihlicher Eitelkeit: auch auf dieser Stelle hatte ich eine Unterredung mit Friedrich.

Potsdam mit seinen vielen Schlössern – es zählt deren nicht weniger als fünf – ist die zweite Residenz des Königreichs und liegt an der Havel auf dem Potsdamer Werder; es wird in die Alt- und Neustadt eingeteilt und hat fünf Vorstädte. Über den Kanal, der durch die Stadt fließt, führen sieben zum Teil sehr schöne Brücken. Die Zahl der Einwohner mochte mit der starken Garnison – es lagen mehrere Garderegimenter zu Fuß und zu Pferde hier, die aber in dem Augenblick schon nach Frankreich abmarschiert waren – 30 000 Seelen betragen. In uralten Schriften wird diese Stadt oder vielmehr das damalige Dorf Pozdupimi genannt, was in slawischer Sprache soviel wie: „Unter den Eichen" bedeutet. Der Ort war ursprünglich der Aufenthalt wendischer Fischer, die ihre Hütten an dem Ufer der Havel erbaut hatten. In Urkunden vom zehnten Jahrhundert wird es noch ein Dorf, in denen vom vierzehnten aber schon eine Stadt genannt. Der Große Kurfürst Friedrich Wilhelm und König Friedrich Wilhelm I. vergrößerten und verschönerten Potsdam und machten zuerst die Stadt bedeutend, aber erst durch Friedrich den Großen erhielt sie ihre jetzige Berühmtheit und ihre Prachtbauten. Dieser Monarch ließ über sechshundert Privathäuser daselbst erbauen, sowie das vor der Stadt liegende Schloß Sanssouci und das nahegelegene Neue Schloß. Das Marmorpalais am heiligen See sowie das Lustschloß auf der Pfaueninsel, das Schauspielhaus und noch viele andere Gebäude verdanken jedoch Friedrich Wilhelm II. ihr Dasein. Friedrich Wilhelm III. hat auch nicht wenig zur

Verschönerung Potsdams beigetragen und manche sehr nützliche und wohltätige Anstalten daselbst gegründet. Die Stadt hat im allgemeinen schöne und breite Straßen und sieben Plätze. Der sogenannte Lustgarten liegt zwischen dem Schloß, der breiten Straße und der Havel und ist mit Büsten preußischer Helden geziert. Sanssouci, wohin mich Graf Lusi fuhr, bewohnte Friedrich, nachdem es vollendet war, vorzugsweise und teilte die Zeit seines Aufenthaltes zwischen diesem Schloß und dem Neuen Palais. Nur selten kehrte er mehr in die Stadt zurück. Durch das Brandenburger Tor und über den Luisenplatz, der zu der Brandenburger Vorstadt führt, kamen wir durch eine Allee bis an das Gitter von Sanssouci. Rechts von dem Garten liegt der Hügel, auf welchem Friedrich II. das berühmte Schloß erbauen ließ. Sechs Terrassen und ebenso viele Treppen führen zu demselben; von der obersten Terrasse hat man eine entzückende Aussicht. Das Schloß hat drei getrennte Abteilungen, nämlich das eigentliche Schloß, die Bildergalerie und das Kavalierhaus. Die Terrassen, von denen jede über ein halbes tausend Schuh Länge hat, sind mit Weinstöcken und anderen Gewächsen, die unter mehr als achthundert Glasfenstern gepflegt werden, versehen. Hier stehen im Sommer auch die Orangen- und Zitronenbäume mit ihren goldenen Früchten, so daß man sich nach Welschland versetzt glaubt. Die Brustbilder der zwölf ersten römischen Kaiser, eine liegende Kleopatra und eine Flora nebst anderen Gruppen von Marmor sind hier angebracht. An der Hand meines kundigen Führers betrat ich ehrfurchtsvoll das Schloß, welches so lange der Aufenthalt des großen Königs war. Es hat nur ein Geschoß oder Stockwerk. Seine Fassade, deren Gesimse von sechsunddreißig Karyatiden getragen wird, geht nach dem Garten; die hintere Seite hat eine aus sechsundneunzig korinthischen Säulen bestehende Halle, zwischen denen Pomeranzenbäume aufgestellt sind. Von hier aus erblickt man auch den Ruinenberg. Auf der linken Seite des Schlosses, in dessen Mitte sich ein ovaler Marmorsaal befindet, sind die Gemächer, die Friedrich der Große bewohnte, die aber leider dessen unmittelbarer Nachfolger, nach Angabe eines gewissen Erdmannsdorf, gänzlich verändern ließ. Nur die Bibliothek und sein Schlafzimmer waren noch im alten Zustand. Nicht ohne Aufregung betrat ich das Gemach, in dem dieser Monarch am 17. August 1786 den Geist aufgab. Lusi zeigte mir die Stelle, auf welcher der Lehnstuhl stand, in dem er den letzten Atemzug aushauchte. Der Saal der Bildergalerie ist einer der schönsten und prächtigsten, die ich jemals sah; er ist dritthalbhundert Fuß lang und etwa vierzig Fuß breit. Das Gesimse tragen sechzehn korinthische Säulen, jede aus einem karairischen Marmorblock gehauen und mit vergoldeten Kapitälern verziert; der Fußboden ist von antikem Marmor. Im Kabinett hängen zum Teil vortreffliche Gemälde, und im Korridor stehen viele Statuen, von denen mehrere antik sind. Die großen Gärten sind von dem in die Havel fließenden Kanal umgeben, und die verschiedenen Partien sind mit viel Geschmack angelegt. Auf beiden Seiten des Schlosses sind Bogengänge und Laubkabinette, Rondelle, Alleen usw. mit Büsten und Vasen geschmückt. Das japanische Haus ist von zwölf, Palmbäume darstellenden Säulen umgeben, ganz vergoldet und mit chinesischen Statuen versehen. Es enthält mehrere Gemächer, unter denen ein vergoldeter Saal. In dem offenen Tempel der Freundschaft befindet sich die Bildsäule von Friedrichs Schwester, der Markgräfin von Bayreuth. An den Säulen dieses Tempels sind Medaillons angebracht, welche ausgezeichnete Handlungen der Freundschaft aus dem Altertum andeuten. Diesem Gebäude gegenüber ist der Antikentempel, mit schönen Bildsäulen und Vasen aus dem Altertum. Außerhalb der Gärten steht ein chinesischer Turm, den man das Drachenhaus nennt und in dem sich mehrere Wohnzimmer befinden. Indessen war es in diesen schönen Gärten ebenso öde und menschenleer wie in denen zu Ver-

sailles; während ich die von Aranjuez so belebt gefunden. Nahe bei Sanssouci liegt das große neue Schloß, mit einem mit Statuen geschmückten Halbrondell, das Friedrich II. von 1763–1769 erbauen ließ und das nahezu drei Millionen Taler kostete. Dieser Bau, der gleich nach Beendigung eines langen und kostspieligen, aber für Preußen und seinen Herrscher glorreich beendigten Krieges mit großem Nachdruck begann, setzte Europa in Erstaunen und gab eine große Idee von des Königs unerschöpflichen Hilfsmitteln. Niemand konnte begreifen, wo er dies Geld hernahm, und doch war die Sache sehr einfach. Friedrich fütterte kein Heer von Höflingen, Günstlingen, Schmarotzern oder Mätressen, welche die Staatsgelder verpraßten.
Einer der anmutigsten und malerischsten Orte um Potsdam ist jedoch die eine kleine Stunde davon entfernte Pfaueninsel. Unfern dem Marmorpalais und an dem Wege nach Berlin zu bildet die Havel eine Insel, die ungefähr fünftausend Schritte im Umfang hat und mit uralten Eichen bepflanzt ist. Man nennt sie Kaninchenwerder. Hier trieb der im siebzehnten Jahrhundert berüchtigte Alchimist Kunkel von Löwenstein sein Wesen. Friedrich Wilhelm II., um seine Lustorte bei Potsdam, wo er die meiste Zeit hinbrachte, zu vermehren, legte im Jahre 1794 hier einen schönen Park an, in den er eine große Menge Pfauen bringen ließ, wodurch die Insel den Namen Kaninchenwerder mit dem der Pfaueninsel vertauschte. Das Landhaus, welches dieser König erbauen ließ, ist von zwei runden Türmen flankiert, die durch eine Brücke miteinander verbunden sind und dem Ganzen das Aussehen eines gotischen Schlosses geben, dessen Fensterscheiben von gebogenem Glas sind; auch die auf dieser Insel befindliche Meierei ist im gotischen Geschmack erbaut. Wenn sich der König hier aufhielt, gab er glänzende Feste. Ich besuchte auch das auf einer Havelinsel liegende Städtchen Werder, welches wegen seines Weinbaues berühmt ist und das in Jahren, wo der Wein

gerät, was jedoch nicht oft der Fall, an tausend Fässer liefert; dessen Qualität ist aber immer mittelmäßig; es hat auch einen bedeutenden Obstbau und setzt jährlich für dreißigtausend Taler Obst ab. Zu der an der Krangenitz liegenden Räuber- oder Römerschanze führte mich Graf Lusi. Sie hat einen sehr hohen Wall mit einer Öffnung und ist auf zwei Seiten durch Wasser geschützt. Man glaubt sie römischen Ursprungs und hat daselbst schon viele Altertümer von Bronze, Urnen usw. gefunden. Von dem Wartturm auf dem an die Teltower Vorstadt grenzenden Brauhaus hat man eine treffliche Aussicht. Der König ließ dieses Gebäude 1805 nach einer von ihm selbst gemachten Zeichnung im wendisch-gotischen Geschmack aufführen. Es ist burgartig und über fünfzig Schuh hoch.

Von Potsdams Kirchen besuchte ich die Garnisonskirche und die Hofkirche. Als ich meinem gräflichen Wirt gegenüber den Wunsch geäußert, daß ich gerne das Grab Friedrichs des Großen sehen möchte, bat er, ihm zu erlauben, mich nicht dahin zu begleiten, veranlaßte aber, daß mir die Gruft, in welcher die Überreste des großen Mannes in einem zinnernen Sarge ruhen, geöffnet wurde. Der Eingang zu derselben ist gerade unter der Kanzel. Friedrich Wilhelm I. liegt neben ihm in einem Sarg von schwarzem Marmor. Hier stand ich nun, fast schauerlich ergriffen, und mir die Taten, Großtaten und Schwächen des großen Toten ins Gedächtnis rufend, denn ich hatte eben erst seine Biographie in Lusis Bibliothek, der mich außerdem fast nur von ihm unterhielt, wieder gelesen, und abermals wurde ich auf das lebhafteste an die Vergänglichkeit und Nichtigkeit aller irdischen Größe erinnert. Erst vor wenigen Jahren hatte der russische Kaiser Alexander, der König von Preußen und dessen Gemahlin Luise an dieser Stelle gestanden und sich ewige Freundschaft geschworen, aber letztere war bereits hinübergegangen. Auch Napoleon hatte diese Gruft besucht. Fast eine halbe Stunde verweilte ich hier und hatte dann

keinen Sinn mehr für die anderen Merkwürdigkeiten der Kirche, die ich bald verließ.
Damals erzählte man sich in Potsdam eine auffallend alberne Anekdote von dem jungen Grafen Lusi, der, wie ich schon erwähnte, Premierleutnant im ersten Garde-Regiment war und den ich erst elf Jahre später als Kgl. preußischen Geschäftsträger in Stuttgart persönlich kennenlernte. Der junge Graf war ein ausgezeichnet schöner Mann, mit einem wahrhaft antik-griechischen Kopf, mit Formen, wie sie nur aus den Händen eines Praxiteles hervorgehen können; dabei hatte er einen Wuchs, Anstand und Haltung, die ungewöhnliche Anmut verrieten, und war der einzige Sohn des für sehr reich geltenden alten Grafen. Es war demnach kein Wunder, daß diesen, die Schönheiten Apollos und Adonis in sich vereinenden jungen Mann, alle heiratsfähigen Schönheiten der haute volée von Potsdam und Berlin zu besitzen wünschten, ihre Angeln und Netze nach ihm auswarfen und Jagd auf ihn machten. In Damengesellschaften hörte man nur von dem jungen und reichen Grafen sprechen, überbot sich in Lobeserhebungen, und des Rühmens seiner Person war kein Ende. In Potsdam befand sich zu jener Zeit ein Fräulein v. P . . ., die Tochter aus einem sehr guten, aber nicht reichen Hause; sie war eine ausgezeichnete Schönheit. Von dieser glaubte man, daß sie dem jungen Lusi mehr als alle anderen gefallen habe, und behauptete sogar, daß er ihr vor seinem Abmarsch einen Verlobungsring an den Finger gesteckt und die Ehe versprochen. Doch hatte er auch noch andere Damen und Mädchen mit Andenken beschenkt. Etwa vierzehn Tage nach Lusis Abmarsch, so wurde in allen Salons erzählt, hatte man in dem Hause des Fräuleins von P . . . eine große Wäsche. Als sich eines Nachmittags das Fräulein zufällig ganz allein in der Bügelstube befand, streckte sich plötzlich aus einem mit Weißzeug gefüllten Waschkorb eine Hand mit einem Arm in der Uniform von Lusis Regiment empor und schleuderte den Haarring mit der goldenen

Chiffre, welchen das Mädchen dem Geliebten bei der Abreise mitgegeben, mitten in die Stube und verschwand. Die bald darauf eintretenden Büglerinnen fanden das Fräulein bewußtlos auf dem Boden liegen und hatten große Mühe, es wieder zu sich zu bringen. Das tollste war, daß alle Damen die Wahrheit dieses einfältigen Märchens zu beschwören bereit waren und böse wurden, wenn man einige bescheidene Zweifel hegte. Der alte Lusi, der diese seltsame Sage erst durch mich erfuhr, lachte herzlich darüber und sagte mir, er wisse wohl, daß sein Sohn Bekanntschaft mit jenem Fräulein gehabt, gebe auch zu, daß er ihr einen Ring verehrt habe, was jedoch bei ihm von keiner großen Bedeutung sei, denn er habe der Ringe schon gar viele verschenkt und sei in diesem Punkt eben nicht sehr skrupulös. Da ich neugierig war, die Dame, welche dieser Vorfall betraf, kennenzulernen, so erbot sich der alte Graf, dies zu veranlassen, und machte, daß ich ein paar Tage darauf mit ihr in einer Gesellschaft zusammentraf. Das Mädchen war schön; eine junge, frische, blühende Blondine mit großen blauen Augen und ätherischem Wuchs. Da sie musikalisch war, eine gute Stimme hatte und recht artig sang, so kam ich bald in nähere Berührung mit ihr, machte den Eltern, durch den Grafen Lusi empfohlen, meine Aufwartung – der Vater bekleidete eine angesehene Stellung –, und ich wurde sehr freundlich aufgenommen. Ich brachte eines Tages die Sprache auf jene lächerliche Erzählung; die Familie kannte sie, und das Fräulein sagte mir, daß eine Nebenbuhlerin dieselbe auf ihre Kosten in der Stadt in Umlauf gesetzt habe. An der ganzen Geschichte sei kein wahres Wort, als daß sie große Wäsche gehabt. Übrigens sei sie schon hinsichtlich des Grafen Lusi längst im reinen, da sie sehr wohl wisse, was sie von einer Auszeichnung und den schönen Reden dieses Flattergeistes zu halten habe. Ringe habe sie weder von ihm bekommen noch ihm gegeben. Als ich das hübsche Mädchen auf diese Weise von ihrem vermeintlichen Geliebten sprechen hörte, entzündete sich plötzlich ein Hoffnungsstrahl in meinem Herzen, und ich bemühte mich, bei der Dame in Gunst zu kommen, was mir aber nur bis zu einem gewissen Grad gelang, indem ich es nicht weiter als zu kleinen Tändeleien brachte. Dagegen aber machte ich in Potsdam die Bekanntschaft mancher jungen, schönen Offiziersdamen, deren Männer mit dem Heer ausmarschiert waren und die eben nicht zu den unerbittlichsten gehörten und sich nach kurzer Belagerung bald ergaben. Es war besonders eine sehr liebenswürdige Majorin von H..., die mich vor allem anzog. Indessen war es Zeit, meiner Rückkehr nach Berlin zu denken, um daselbst meine Anstellungsangelegenheit zu betreiben; aber die hübsche Majorin war an manchem Parforceritt schuld, den ich von Zeit zu Zeit noch von Berlin nach Potsdam machte, wo ich außerdem noch eine uralte Bekanntschaft erneuert hatte. Hier wohnte nämlich die Gattin des Plankammerinspektors Holzwarth, derselbe, der die Tochter des Advokaten Dietz zu Frankfurt – eine Freundin meiner Mutter – während der Anwesenheit der preußischen Garden daselbst entführt hatte, die deshalb so ganz mit ihrem Vater zerfallen war, jetzt wenigstens acht Kinder hatte und sich eben nicht in den glänzendsten Umständen befand. Diese Familie besuchte ich einigemal und fand an der ältesten Tochter Amalie ein allerliebstes siebzehnjähriges Kind. Meinem gastfreien, freundlichen Wirt, bei dem ich über drei Wochen zugebracht, sagte ich nun ein dankbares Lebewohl. Er wollte durchaus, daß ich bis zur Entscheidung meiner Angelegenheit bei ihm ausharren solle, indem er mir vorstellte, daß ich ja jeden Tag nach Berlin fahren könne, und mir sogar seine Equipage zu diesem Zweck zur Verfügung stellte. Ich lehnte das gütige Anerbieten ab, denn noch wenig hatte ich Preußens schöne und lebenslustige Hauptstadt kennengelernt. Von Potsdam aus hatte ich mich nur zweimal dahin begeben, um der Prinzessin Wilhelm meine Aufwartung zu machen, und trotz aller Annehmlichkeiten Potsdams zogen mich doch die Linden, die Theater, der Tiergarten und Berlins andere Schönheiten dahin zurück. Ich versprach dem Grafen Lusi, ihn öfters zu besuchen, und hielt wenigstens anfänglich Wort.

Noch immer war keine Antwort und kein Resultat auf meine Gesuche erfolgt und ich trotz der hohen Protektion in Ungewißheit, ob und wann ich angestellt werden würde. Prinzessin Wilhelm schrieb dies dem Drang der überhäuften Geschäfte und den kriegerischen Umständen zu. Der Aufenthalt in der Stadt Rom Unter den Linden fing an, mir zu kostspielig zu werden, und mein Geldbeutel wurde täglich dünner, weshalb ich den teuren Gasthof mit einem billigeren, nämlich dem Goldenen Engel, in der Heiligen-Geist-Straße vertauschte, wo ich jedoch auch nicht viel besser wegkam. Was mich am meisten kostete, war der Unterhalt meiner Pferde, weswegen ich auch schon nach zehn Tagen dies Hotel wieder verließ und eine Privatwohnung von zwei Zimmern in der Mittelstraße, gleich hinter den Linden, bezog, was ich gleich anfangs hätte tun sollen und dann wenigstens tausend Taler gespart haben würde. Den Tag oder vielmehr die Nacht, bevor ich den Heiligen-Geist quittierte, verübten ein paar Studenten, welche bis beinahe Mitternacht sich mit Trinken vergnügt hatten, noch einen tollen, eigentlich bübischen Streich. Sie zündeten nämlich die Fenstervorhänge ihres Zimmers an und schrien dann durch alle Gänge: Feuer! Feuer!, so daß alle Fremden, unter denen viele Frauenzimmer, im tiefsten oder vielmehr in gar keinem Negligée, sondern in den Hemden aus ihren Zimmern in die Gänge stürzten, wo sie von den Brüdern Studiosen mit schallendem Gelächter empfangen wurden, die sich ihrer Heldentat rühmten und sagten, sie hätten ihre Vorhänge nur deshalb angezündet, um die Gäste des Heiligen Geistes in ihren Blößen bewundern zu können. Daß die sauberen Burschen noch in derselben Nacht eingesteckt wurden, bedarf wohl kaum der Erwähnung, doch kamen sie noch mit ziemlich geringer Kerkerstrafe davon.

Ich lebte indessen, trotz der Ungewißheit meines Schicksals, wegen der Zukunft ganz unbesorgt und so ziemlich in den Tag hinein. Da ich fortwährend die trefflichen Theatervorstellungen fleißig besuchte, so erwachte allmählich meine frühere Leidenschaft zur Bühnenkunst wieder, und ich dachte schon: wenn alle Stricke reißen, so machst du Gebrauch von deinem Schauspielertalent, wozu hier die allerbeste Gelegenheit ist, da die ersten dramatischen Künstler Deutschlands in Berlin vereint sind. Schon fing ich heimlich zu wünschen an, daß aus meiner militärischen Anstellung in preußischen Diensten nichts werden möge, um so einen Grund zu haben, auf die Bühne zu gehen. Ich besuchte nun das Theater jeden Abend, wenn mich nicht eine besondere Veranlassung davon abhielt. Durch Uhdens Vermittlung erhielt ich jetzt auch Eintrittskarten in das Liebhabertheater, Urania genannt, wo in der Tat oft ganz vorzügliche Vorstellungen stattfanden und sich mitunter ungewöhnliche Talente zeigten und ausbildeten. Noch war ein anderes Liebhabertheater, die Konkordia, vorhanden, das jedoch bei weitem weniger gut als das erste war. Ich wurde mit mehreren Mitgliedern der Urania bekannt und erbot mich, einige Rollen daselbst zu spielen. Der Antrag wurde mit Vergnügen angenommen, und ich gab nacheinander den Ferdinand in Kabale und Liebe, den Fritz Hurlebusch im Wirrwarr, Karl Ruf in der Schachmaschine usw., und aus meinen Geliebten auf der Bühne wurden nicht selten auch meine Geliebten in der Wirklichkeit, wenigstens auf kurze Zeit. Ich spielte dann mit einem Feuer, das alle Zuschauer hinriß. Aber vor allem war es eine Künstlerin der Königlichen Schauspiele, Fräulein D., deren wahrhaft göttliches Spiel, verbunden mit ihren himmlischen körperlichen Reizen, mich entzückte, deren feurigster Anbeter ich wurde und die den Wunsch, keine militärische Anstellung zu erhalten, noch mehr in mir rege machte, um mich dann mit aller Liebe der Kunst und ihrer schönen Priesterin widmen zu können, – nicht bedenkend, welchen Aufruhr dies in meiner Familie machen könne und daß sich wahrscheinlich auch Prinzessin Wilhelm, der ich so sehr empfohlen war, wenigstens einer Anstellung bei der Königlichen Bühne zu Berlin widersetzt haben würde. – Endlich aber kam der König nebst dem Kriegsminister von Boyen von Wien zurück, und ich erhielt sogleich die Weisung von der Prinzessin, mich unverzüglich bei letzterem zu melden. Dieser schickte mich zu dem General Grafen von Tauentzien, auf dessen Bureau ich erfuhr, daß man mich schon seit länger als vier Wochen gesucht und meine Wohnung nicht habe ausfindig machen können, da schon längst die Anstellungsordre von dem Kriegsministerium für mich gekommen sei, die man mir übergab und durch welche ich zum Premierleutnant in der Armee ernannt wurde, ohne daß jedoch noch das Regiment bestimmt war, dem ich zugeteilt werden sollte. Dieses Zurücksetzen um einen Grad war mir sehr empfindlich; ich protestierte auch dagegen, aber der General Tauentzien verwies mich an den Kriegsminister, und dieser vertröstete mich auf baldiges Avancement. Ich war deshalb sehr mißmutig, und gerne würde ich die Uniform für immer an den Nagel gehängt haben. Auch äußerte ich mich unverhohlen darüber bei der Prinzessin Wilhelm, die mich, wie Herr von Boyen, mit baldigem Avancement tröstete. Jetzt erhielt ich auch eine Anweisung auf das Billettamt, um einstweilen einquartiert zu werden, und ein Quartier bei einem Bankier, der, wenn ich nicht irre, Lahr hieß, in der Breitenstraße, das ich jedoch, da es mir nicht sehr zusagte, nach wenigen Tagen mit einem anderen vertauschte, und ein Billett bekam, das mich zu einem Herrn von Pokwisch doch, mit seinem Tisch vorliebnehmen zu Hauptmann außer Diensten und jetzt bei der Seehandlung angestellt war. Sein Bruder war Flügeladjutant des Königs gewesen, aber, wenn ich nicht irre, bei Leipzig geblieben. Herr von Pokwisch hatte eine zwar nicht schöne, aber sehr gute und liebenswürdige Frau, und ich fand eine ausgezeichnet gute Aufnahme in der Familie. Obgleich man der Einquartierung durchaus nichts als die Wohnung zu geben schuldig war, so bat mich Herr von Pokwisch doch, mit seinem Tisch vorliebnehmen zu wollen. Ich nahm dies mit großem Dank unter der Bedingung an, daß, wenn ich nicht zur bestimmten Stunde da sei, man auch keinen Augenblick auf mich warten möge; denn ich wollte ebensowenig genieren als geniert sein. Herr von Pokwisch, dessen Frau sehr vermögend war, hatte seine Mutter bei sich, eine zwar alte, aber dennoch liebenswürdige und sehr geistreiche Dame, deren Unterhaltung nicht nur sehr angenehm, sondern auch pikant war. Eine geborene Fräulein von Pfündöl und ehemalige Hofdame, war sie noch jetzt mit den Verhältnissen des Hofes und der eleganten Berliner Welt genau bekannt und vertraut und hatte einen unerschöpflichen Schatz von interessanten, zum Teil sehr komischen Hof-Anekdoten, die sie gerne zum Besten gab. Sie lebte in der größten Einigkeit mit ihrer Schwiegertochter, und diese drei Personen – Pokwischs hatten keine Kinder – bildeten eine gemütliche Dreieinigkeit. Durch diese Familie erhielt ich nun Zutritt in vielen anderen angesehenen Familien und wurde wegen meines musikalischen Talents überall wohl aufgenommen, was Veranlassung zu manchen galanten Abenteuern gab. Die Unterhaltung in den Berliner Salons der eleganten Welt ist im allgemeinen sehr geistreich und witzig. Die Berliner haben in der Regel einen sehr aufgeweckten Verstand, viel Humor, sind zur Satire aufgelegt, sarkastisch und kaustisch. Dagegen lebt man mäßig, ohne sich zu überfüllen, aber auch ohne sich gerade etwas abgehen zu lassen, während in manchen Städten Süddeutschlands das Essen und Trinken die Hauptsache ist, man daselbst nur für dieses sowie überhaupt nur für die sinnlichen Vergnügungen zu leben scheint, wodurch dann allerdings der Geist, wenn auch einer vorhanden, niedergedrückt und verdummt wird. Die Berliner und Dresdner Salons füllt der Dampf geistiger Nahrung; die Münchener, Frankfurter und Wiener mehr der der materiellen. Damals kursierten in Berlin einige artige Anekdoten, den noch sehr jungen Kronprinzen betreffend. Eine derselben berührte den Staatskanzler, Fürsten Hardenberg, dem man vorwarf, die Juden in ganz besonderen Schutz zu nehmen. – Als Hardenbergs Geburtstag war, sandte der König den Kronprinzen zu demselben, ihm in seinem Namen Glück zu wünschen und zu sagen: er möge sich irgendeine Gnade ausbitten. Der Kronprinz fuhr zu dem Fürst-Kanzler und richtete den ihm von seinem Vater gewordenen Auftrag aus, worauf Hardenberg erwiderte: „Mein Gott, Ihro Majestät haben mich schon so mit Gnaden überhäuft, daß ich in der Tat nichts mehr zu erbitten wüßte." – „Doch, mein Fürst, es fehlt Ihnen noch eines." – „Das ich nicht wüßte, Hoheit." – „Ja, ja, ganz gewiß." – „Und was meinen Euere Hoheit?" – „Bitten Sie meinen Vater, daß er Sie zum König der Juden machen solle, da Sie doch eine so große Vorliebe für dieses Volk haben." – Hardenberg fand sich beleidigt und bat, sich zurückziehen zu dürfen. Er teilte den Vorfall dem König mit, und der Kronprinz erhielt vierundzwanzig Stunden Arrest. – Ob die Sache vero oder ben trovato ist, kann ich nicht verbürgen, aber so wurde sie allenthalben erzählt, und bekannt war es, daß der Kronprinz sowie die ganze Armee und das Volk die Juden haßten, die damals vortreffliche Geldgeschäfte in ihre Säckel zum Nachteil des Staates machten. Eine andere Anekdote betraf den Staatsrat von Kleewitz, den der Kronprinz ebenfalls nicht leiden mochte, weil er die Juden, wie man sagte, aus besonderen Gründen begünstigte. – Eines Abends sagte er zu demselben in einer Assemblee: „Herr Staatsrat, ich will Ihnen eine zweisilbige Scharade zu erraten geben: das Erste frißt das Vieh, das Zweite besaßen Sie nie, und das Ganze sind

Sie (Kleewitz)." – Es ist jedoch möglich, daß auch diese Anekdote auf den wenig beliebten Staatsrat ein müßiger Kopf erfand und dem Kronprinzen in den Mund legte.
Aus Italien hatte ich mehrere Hefte der ausgezeichnetsten und lieblichsten Melodien, Kanzonette, Kavatinen und Ensemblestücke mitgebracht, die ich in den Salons vortrug. Die Duette gaben Gelegenheit, sie mit verschiedenen liebenswürdigen Damen in den Morgenstunden Tete-a-tete einzustudieren, wobei ich dann nicht unterließ, mich möglichst in deren Gunst festzusetzen. In dem Hause des Herrn von Pokwisch wohnte im zweiten Stock ein Beamter, namens Pfeifer, mit seiner Familie, der eine sehr hübsche Tochter, Minchen genannt, hatte, die ganz artig Klavier spielte und eine sonore glockenreine Sopranstimme besaß. Diese Nachtigall war eine schlanke, neunzehnjährige Blondine, welche die beliebtesten Opernarien mit viel Geschmack und Ausdruck vortrug. Sehr bald hatte ich Zutritt bei der mit Pokwischs sehr befreundeten Familie und musizierte und – küßte nach Herzenslust. Noch ein anderes sehr niedliches Mädchen (Ott) und eine hübsche Luise hatte ich unter den Zelten und bei Hofjägers kennengelernt und fuhr nun bald die eine, bald die andere in einer Guige nach Charlottenburg, Potsdam usw. spazieren. Noch war ich im Besitz der Wohnung in der Mittelstraße, die ich auf mehrere Monate gemietet und die mir jetzt trefflich als Absteigquartier zustatten kam, und wohin ich manche meiner Schönen zu einer geheimen Zusammenkunft zu persuadieren wußte. Hier war ich so ganz ungestört und veranstaltete manches Souper fin, namentlich mit Demoiselle D ... Man konnte in dieser Hinsicht in Berlin ebenso ungestört und unbeachtet wie in Paris leben, da sich die Leute nicht um das Treiben der andern bekümmerten. Eines Abends aber lud ich in meinem Übermut ein halbes Dutzend meiner Freundinnen, von denen jedoch keine die andere kannte, zu einem Abendessen in diese Wohnung ein. Unter ihnen waren die beiden Minchen, eine

Berta, eine Karoline, eine Louise und Demoiselle D . . ., mit deren Genehmigung ich das Fest veranstaltete und die die Königin desselben sein sollte. – Sie fand sich zuerst ein und empfing die nacheinander erscheinenden und sehr erstaunten Schönen auf das artigste und zuvorkommendste, so daß sie deren Verlegenheit bald zu beseitigen wußte. Alle waren so klug, vorerst die beste Miene zum bösen Spiel zu machen. Keine hatte ja der andern etwas vorzuwerfen, und ein splendides, schwelgerisches Souper mit Champagner und einem Kaiserpunsch zum Dessert tat das seinige, so daß zuletzt alle überfröhlich wurden, über die Sache scherzten und meinten, so müsse es wohl in einem Serail zugehen, und des Tändelns und Küssens war kein Ende. Wir sangen fröhliche Lieder und stimmten: „Es kann ja nicht immer so bleiben" und „Wenn's immer, wenn's immer so wär'" an. Ich brachte endlich eine jede im Wagen nach Hause und blieb zuletzt mit Demoiselle D . . ., welche den Geniestreich allerliebst fand, bis gegen Morgen allein.

In der Weinwirtschaft von Luther und Wegner, wo ich bisweilen ein Frühstück mit gutem Rheinwein einnahm, hatte ich auch die Bekanntschaft des Schauspielers Devrient gemacht, der, da diese Wirtschaft ganz in der Nähe des Theaters war, oft während der Proben und sogar in den Zwischenakten der Vorstellung einen Sprung hierher machte, um sich durch ein paar Gläser alten Rheinweins zur Fortsetzung seiner Rolle zu stärken und noch mehr zu begeistern, denn der Wein war ihm ein unentbehrliches Requisit. – Die Darstellung seines Franz Moor, seines Rudolf in Körners Banditenbraut, seine Drillinge, sein Nachtwächter usw. werden mir ewig unvergeßlich sein. – Ich besuchte ihn jetzt öfters in seiner Wohnung und fand an Madame Devrient eine äußerst liebenswürdige Frau, wenn auch keine so große Künstlerin wie Demoiselle D . . . Da Devrient den Bacchus zu seinem Abgott gemacht, so vernachlässigte er über diesem Dienst gerne den Hymens und folglich seine liebe Frau, die sich aber zu entschädigen wußte, und mit der ich, wenn sie im Theater nichts zu tun hatte, manchen schönen Abend entzückt hinbrachte. Einige ihrer Darstellungen, wie die der Jeanne d'Arc in Schillers Jungfrau, die ihr der Gemahl noch in den Flitterwochen einstudiert hatte, waren dennoch ausgezeichnete Leistungen. Eine seltsame Wirtschaft war in dieser Haushaltung eingeführt. Wenn die Gagen für Herrn und Madame Devrient gebracht wurden, so warf Madame Devrient das Geld, nachdem sie die Rollen aufgebrochen hatte, in ein auf einem Konsoltisch stehendes Körbchen, es untereinander rüttelnd, und aus diesem Korb nahm nun jedermann, der zu ihrem Hause gehörte, nach Belieben und Bedarf heraus. Herr Devrient steckte Hände voll davon ungezählt in seine Taschen. Madame zahlte alle ihre Phatasien davon, das Kammermädchen, die Köchin, der Bediente, alle holten, ohne zu fragen, was sie bedurften, ad libitum. Die gewöhnliche Folge war, daß der Korb schon mehrere Tage leer war, bevor neue Gagengelder einliefen. Wurden nun Rechnungen zum Bezahlen präsentiert, so hieß es: „Es ist kein Geld mehr im Korb; Sie müssen wiederkommen, wenn er voll ist." – Ein wahres Künstlerleben.

Eines Tages fuhr ich mit Frau von Pokwisch und noch einigen Damen, das Denkmal der Königin Luise zu besuchen, nach Charlottenburg, wo wir einige zwanzig außerordentlich aufgeputzte und aufgedonnerte Mädchen auf der Terrasse an einer Gartenmauer sitzen sahen. Ich fragte Madame Pokwisch, ob sie nicht wisse, wer diese Damen seien. Sie schlug aber verlegen und errötend die Augen nieder, und die anderen Damen lachten; keine konnte oder wollte mir Auskunft geben. Dies reizte meine Neugierde um so mehr, und als ich kaum in Charlottenburg ausgestiegen war, fragte ich einen Mann, der mir gerade in den Wurf kam, danach. – „Ei, das sind ja die Fräuleins der Madame Bernhard", erwiderte er lachend. – „Der Madame Bernhard? Wer ist diese Madame Bernhard?" – „Wie, Sie kennen deren berühmtes

Hotel und Institut in der Friedrichstraße nicht?" – „Nein." – „Das schönste und größte Bordell in ganz Berlin." – „Ach, so." – „Nun, diese hat ein Landhaus hier in Charlottenburg, wo sie jeden Nachmittag mit einem Teil ihrer Nymphen zubringt." – Auch die verstorbene Königin hatte einst, an diesem Landhaus vorbeifahrend und die vielen geputzten Mädchen sehend, dieselbe Frage getan, auf welche ihr ein Hofherr geantwortet: „Ein Pensionat für vermögenslose Mädchen." – „Ach, die armen Kinder", versetzte die Königin; „ich werde ihnen ein Geschenk zukommen lassen. Sie sind aber doch alle schon sehr herangewachsen." – „Sie erhalten hier ihre letzte Ausbildung", sagte der Hofmann. – Das beabsichtigte Geschenk wußte man jedoch der Königin auszureden.

Auch die merkwürdigsten Tabagien Berlins, in denen jeden Abend getanzt wird, besuchte ich, versteht sich inkognito, und lernte in ihnen das ziemlich wilde Leben des Berliner Volkes kennen. Besonders war eine in der letzten Straße, die mit fast orientalischer Pracht ausgeschmückt und unterhalten war, berühmt. Der Saal bildete eine große Rotunde, aus welcher ringsherum Türen in Nebenzimmer führten; oben waren Logen auf einer Galerie angebracht. Der Haupttüre gegenüber war das Orchester auf einer erhöhten Tribüne. Türen, Fenster, Logen und Tribünen waren mit rotem Samt drapiert. Hier fanden sich, sobald die Dämmerung eingetreten, die Berliner Grisetten und Studenten sowie auch andere leichtgeschürzte Nymphen in Masse ein, und manches hübsche Bürgermädchen besuchte heimlich diesen Ort der Freude, nachdem sie mit einer Freundin oder Gespielin bis zur eintretenden Nacht die Linden auf- und abspaziert war. Venus, Bacchus und Ceres hatten hier zugleich ihren Thron aufgeschlagen, boten ihre Freuden zu ziemlich hohen Preisen feil und rupften die Federn der fremden Gimpel und Landjunker, welche so gemütlich in die oft plumpen Fallen gingen, die man ihnen stellte. Diese

Nymphen, wenigstens die vom Handwerk, waren fast alle im Futter des Eigentümers der Tabagie, und ihr Hauptzweck ging dahin, die Gäste zu möglichst großen Depensen zu verleiten, in einen exaltierten Zustand zu versetzen und trunken zu machen, wobei sich dann auch gute Freunde einfanden, die höchst erfreut ob der neuen Bekanntschaft kostenfrei an den Gelagen teilnahmen und Brüderschaft bis zum Umfallen tranken. Sie ließen den neuen Freund hochleben, dabei vom Orchester Tusch mit Pauken und Trompeten machen und Vivat Herr Bruder Fritz oder Paul usw. brüllen, was diesen ob der großen Ehre in Entzücken versetzte, und mit Vergnügen zahlte er den Taler Kurant, den das Orchester für einen jeden solchen Tusch erhielt, den es mit dem Veranlasser und dem Wirt brüderlich teilte. Man tuschierte, solange noch Taler in der Tasche des Gefeierten waren, bis sie endlich bewußtlos auf das Ruhebett eines Seitenkabinetts gebracht werden mußten, wo sie schwerlich der Knall einer Bombe wieder zu sich gebracht haben würde. Daß die Dirnen dabei nach Kräften mitwirkten, versteht sich von selbst. Eines Abends machte ich mir mit noch einigen Bekannten den Spaß, ein paar Dutzend solcher Tabagien hintereinander zu besuchen, um die verschiedenen Physiognomien derselben sowie das Volksleben in allen seinen Abstufungen, bis zur letzten und schmutzigsten kennenzulernen. Für den Philosophen wie für den Psychologen ist so eine Wanderung immer von großem Interesse, sowie für den, der die menschliche Misere in ihrer ganzen Sublimität kennenlernen will.

Während wir so sorglos in Berlin in den Tag hinein lebten – es waren damals noch sehr viele Offiziere aus dem Westfälischen und den Rheinprovinzen hier, welche Preußen übernommen hatte, und die ebenfalls ihre definitive Anstellung abwarteten –, ging der Waffentanz in den Niederlanden los, und die Nachricht von der Schlacht bei Ligny, am 16. Juni 1815, brachte in Berlin eine peinliche Niedergeschlagenheit hervor, so daß die

Kleinmütigsten schon wieder an die Rückkehr der Franzosen glaubten, die aber niemand als die öffentlichen Dirnen wünschte, welche ihre besten und freigebigsten Kunden mit deren Abmarsch verloren hatten. Glücklicherweise dauerte dieser Zustand kaum vierundzwanzig Stunden. Die Nachricht von dem glänzenden, am 18. Juni bei Waterloo erfochtenen Sieg erfüllte ganz Berlin mit unglaublichem Jubel, besonders da es die Preußen waren, die ihn erfochten und der Schlacht den Ausschlag gegeben hatten; denn Wellington mit seinen Engländern war bereits geschlagen und auf der Retirade, als ihn Blücher mit dreißigtausend Preußen aus der Patsche zog und Napoleon so aufs Haupt schlug, daß dieser, Hut, Degen und Wagen im Stiche lassend, im bloßen Kopf, ventre à terre davonjagte, um den Preußen nicht in die Hände zu geraten. In diesem Fall es ihm auch leicht hätte schlimm ergehen können, denn Blücher hatte vor seiner Abreise zu seinem König gesagt: „Majestät, wenn ich den Spitzbuben kriege, so lasse ich ihn ohne weiteres und ohne anzufragen erschießen"; und der alte Feldherr war der Mann, Wort zu halten. – Der Kurier, der die Nachricht von dem großen Sieg brachte, wurde mit vierundzwanzig blasenden Postillons eingeholt und durch alle Hauptstraßen Berlins unter Vivatgeschrei geführt. An demselben Tag war auch die hochverehrte Prinzessin Wilhelm mit einer Tochter niedergekommen, die zum Andenken an diesen Sieg unter vielen anderen Namen auch den: „Viktoria" erhielt. Nun war die Freude und Fröhlichkeit an allen Ecken und Enden, und die Liebe und Anhänglichkeit an das königliche Haus zeigte sich mitten im Taumel im schönsten Lichte. Besonders war es auch Blücher, den man hochleben ließ. In dem großen Opernhaus, das Friedrich der Große im Jahre 1740 hatte erbauen lassen und welches geräumiger als die damaligen Opernhäuser zu Paris und London war, wurde eine Vorstellung bei festlich erleuchtetem und geschmücktem Theater gegeben. – Das Haus ist mit Geschmack erbaut, die königliche Loge bildet einen ovalen Saal mit einer Kuppel, die acht vergoldete Säulen tragen. Er faßt an gewöhnlichen Tagen an dreitausend Zuschauer, wenn aber große Redouten in demselben sind, wo Parterre und Bühne gleichgeschraubt werden, haben an sechstausend Menschen in dem ungeheuren Saal Platz. Am 7. Dezember 1742 wurde das Haus mit der Oper „Kleopatra" von Graun eröffnet. – Das in der Nähe befindliche Zeughaus ist nach dem von Venedig wohl das erste und schönste der Welt; es wurde erst 1706 vollendet (1695 hatte man den Bau begonnen). Vorher stand ein altes Zeughaus an dieser Stelle, dessen wertvoller und merkwürdiger Inhalt in das neue verpflanzt und dann wohl um das vierfache vermehrt wurde. Das Haus bildet ein prächtiges, freistehendes Viereck, in dessen Mitte sich ein geräumiger Hof befindet, und von dem jede Seite drei Tore zählt. An hundert eiserne, mit Ketten verbundene, halb in die Erde eingegrabene Kanonen umgeben das Arsenal auf drei Seiten, und überall sind herrliche Trophäen und Armaturen auf das sinnreichste angebracht. Über dem Hauptportal ruht Pallas auf Siegeszeichen, von gefesselten Sklaven umgeben, über den Nebenportalen ebenso dargestellt Mars und Bellona. Im Innern befinden sich zwei ungeheure Säle, einer über dem andern, welche höchst merkwürdige Waffensammlungen aus allen Zeiten, Rüstungen, Trophäen, Säbel, Feuergewehre, Fahnen, Streitäxte, Armbrüste usw., in malerischen Gruppen aufgestellt und aufgehängt, enthalten. Auch sind sehr viele Modelle von Kriegsmaschinen aus allen Zeiten vorhanden, sowie historisch-merkwürdige Rüstungen, sowohl zu Pferd wie zu Fuß. Dem Zeughaus gegenüber liegt das königliche Palais. Verschiedenen, gerade nicht sehr geschmackvoll aufgeführten Gebäuden gaben die witzigen Berliner allerlei Spottnamen; so nannten sie z. B. das Universitätsgebäude des Königs Kommode, die Bibliothek dessen Kleiderschrank und das Schauspielhaus des Königs Reisekoffer. Diese

Benennungen waren wegen der Ähnlichkeit, welche diese Gebäude mit den diese Namen führenden Mobilien hatten, nicht unpassend. Der Gendarmenmarkt, auf dem das Schauspielhaus nebst zwei gleich gebauten Kirchen, die französische und die deutsche, mit ihren Domen stehen, gewährt einen großartigen Anblick und ist der größte Platz in Berlin. Die Häuser, welche denselben umgeben, ließ fast alle Friedrich der Große erbauen.
Das königliche Schloß ist ein kolossales, weitläufiges, zu verschiedenen Epochen aufgeführtes Gebäude. Es verdankt seine Entstehung dem Kurfürsten Friedrich II., der an der Spree eine Art Burg in dem Stadtteil, Kölln genannt, erbauen ließ, um die Bürger von Berlin besser im Zaume halten zu können, aber während des Baues kam es zu Händeln mit ihnen, wodurch derselbe öfters unterbrochen wurde. 1451 war er endlich fertig, nachdem man an zehn Jahre daran gearbeitet hatte. Diese Burg stand jedoch keine hundert Jahre, denn Joachim II. ließ sie schon 1538 wieder niederreißen und ein neues Schloß an ihrer Stelle erbauen, von dem noch jetzt ein Flügel an der Spree erhalten ist. Spätere Kurfürsten vergrößerten das Schloß allmählich. Es wurde auch ein Lustgarten an demselben angelegt, und der Große Kurfürst ließ es, nachdem es ziemlich zerfallen, wieder in besten Stand setzen. Friedrich III. ließ das ganze, aus sehr heterogenen Teilen zusammengesetzte Gebäude, soweit es tunlich war, durch die Architekten Schlüter und von Goethe in möglichste Harmonie bringen. Aber erst unter König Friedrich Wilhelm I. wurde das Schloß, so wie es jetzt steht, vollendet. Es bildet ein großes, längliches Viereck, das nahezu fünfzehnhundert Fuß im Umfang und wohl an sechshundert Zimmer oder Gemächer hat, unter denen der Thronsaal, der Schweizersaal, der Rittersaal, der Weiße Saal, der Gemäldesaal, die Schloßkapelle, die Prunkgemächer, die vielen Gemächer für fremde fürstliche Personen, die Kunstkammer, die Schatzkammer im Souterrain usw. gesehen zu werden verdienen. Viele

Zimmer haben auch vortreffliche Hautelisse-Tapeten, historische Facta darstellend.
Das königliche Palais ist äußerst geschmackvoll und prächtig eingerichtet. Es hat ebenfalls einen Thronsaal, einen Spiegelsaal, eine Bibliothek usw. Die Zimmer, welche die schöne Königin Luise bewohnte, waren noch ganz unverändert geblieben. Außerdem hat Berlin Überfluß an prächtigen Palästen und Hotels, die denen zu Paris nichts nachgeben, ja diese zum Teil noch übertreffen. Das Gebäude der Akademie hat beinahe denselben Umfang wie das Palais Royal. Der Wilhelmsplatz mit seinen Statuen, der Lustgarten, der Pariser Platz, der Leipziger Platz usw. sind alle von ansehnlicher Größe und mit schönen Bauten umgeben. Auch ziemlich viel Statuen hat Berlin aufzuweisen, und die Helden aus dem Siebenjährigen Krieg blicken noch immer ehrfurchterregend um sich. Eine der schönsten Zierden dieser Stadt ist jedoch das Brandenburger Tor mit seiner Quadriga und der Siegesgöttin. Es ist gewiß das prächtigste Tor der Welt und wurde nach dem Propyläum in Athen aufgeführt; es kostete beinahe eine halbe Million Taler und hat fünf Durchgänge oder Portale, von denen das mittelste ausschließlich für die königliche Familie ist. Berlin mit seinen schönen, breiten, regelmäßigen und reinlichen Straßen ist gewiß eine der schönsten Städte der Welt, so wie sie hinsichtlich des geistigen Verkehrs, der Geselligkeit und der Stufe der Bildung, auf der ihre Bewohner stehen, vielleicht die angenehmste ist; ebenso hinsichtlich der Liebenswürdigkeit des schönen Geschlechts. Dummköpfe, Ignoranten und Bauchgötzen werden sich freilich in Berlin nicht gefallen, wo sie die unfehlbare Zielscheibe des Witzes und der Satire sind. Während ein gewöhnliches Weib, wenn man sich ihrer Gunst zu erfreuen gehabt, besonders die Wienerinnen und andere Süddeutsche, selbst aus den höheren Klassen, in der Regel nur Überdruß und tödliche Langeweile erregen, wissen die Berlinerinnen sich durch geistreiche

Unterhaltung und jovialen Humor nur noch liebenswürdiger zu machen. Nirgends war in ganz Deutschland damals der Patriotismus mehr zu Hause als in ganz Preußen und Berlin; wenig oder nichts war zwar von altdeutschen Trachten, Röcken, Baretten usw. zu sehen, wie z. B. in Frankfurt. Dagegen war fast die ganze Jugend und alle Männer bis zum fünfzigsten Jahre und darüber in das Feld gezogen, um Deutschland von der furchtbarsten Schmach zu befreien, die je auf ihm gelastet, und alle hielten sich wacker und schlugen sich tapfer. Ohne Preußen würde wohl heute noch das drückendste Joch einer infamierenden Fremdherrschaft auf Deutschland lasten.

Schon länger hegte ich den Wunsch, die Namensverwandtin meiner Vaterstadt, *Frankfurt an der Oder*, zu sehen. Ich brachte eine Partie mit Fräulein D . . . und noch einer andern Dame dahin zustande. Wir fuhren eines Abends nach Beendigung des Theaters mit Extrapost nach Frankfurt ab und kamen mit dem anbrechenden Morgen daselbst an. Die zehn Meilen, welche die Entfernung beträgt, hatten wir, da ich gute Trinkgelder gab, in acht bis neun Stunden sehr vergnügt zurückgelegt und ein gutes Souper im Wagen beim Schein einer Laterne eingenommen. Erst lange nach Mitternacht fielen einem oder dem andern auf kurze Zeit die Augen zu. Nachdem man im Gasthof ausgeruht, machten die Damen Toilette, und gegen Mittag spazierten wir schon in den Straßen Frankfurts umher und über die dreihundert Schritte lange Brücke, welche über die Oder führt. Die Stadt hatte noch Gräben und Mauern, war aber nicht sehr fest. Als Meßplatz ist sie bedeutend; man traf gerade Vorbereitungen zu der Julimesse, und es wurden schon Geschäfte gemacht.

Markgraf Johann I. und Otto III. waren die Gründer dieser Stadt. Hier endete Kleist, nachdem er bei der Schlacht von Kunersdorf schwer verwundet worden war, sein ruhmvolles Leben. Man hat ihm ein Denkmal errichtet, welches aber einer Restauration sehr bedurfte.

Hier fand auch der Prinz Leopold von Braunschweig seinen Tod in den Fluten der Oder, als er am 27. April 1785 bei einer furchtbaren Überschwemmung eine arme Familie, die in Todesgefahr schwebte, retten wollte. Die Abbildung dieser menschenfreundlichen Handlung ist in der Hauptkirche aufgestellt. Kleist, Cocceji, Albinus und andere berühmte Männer wurden hier geboren. Wir besuchten noch die Promenaden, gingen auf dem Damm, im Park, an dem Anger und auf dem Thonberg spazieren, konnten aber entferntere Orte nicht aufsuchen, da wir noch an diesem Abend nach Berlin zurückkehren mußten, indem weder die Damen noch ich Urlaub hatten; erstere konnten zwar ziemlich sicher sein, da das Repertoir in Berlin fast nie abgeändert wurde. Gegen 8 Uhr abends fuhren wir wieder von Frankfurt ab, machten unterwegs einen halbstündigen Halt im Städtchen Müncheberg, um uns zu erfrischen, und fuhren nach 6 Uhr wieder zum Frankfurter Tor zu Berlin herein, wo mich ein kleines Donnerwetter erwartete. Ich hatte nämlich die Reise unternommen, ohne meinen freundlichen Wirten, Pokwischs, etwas davon zu sagen. Nun hatte Minchen Pfeifer, mit der ich jeden Morgen Duette durchging, erfahren, daß ich zwei Nächte nicht zu Hause geschlafen und man nicht wisse, was aus mir geworden. Nachdem ich von der Familie Pokwisch und Minchen Vorwürfe deshalb erhalten, fand letztere für gut, eine Zeitlang mit mir zu maulen, obgleich sie eine Bekanntschaft mit einem jungen Bataillons-Chirurgus, der noch bei dem Heer stand, hatte und mit demselben korrespondierte und der sie auch nach seiner Rückkehr zu ehelichen beabsichtigte.

Noch einen Abstecher machte ich von Berlin, und zwar nach dem schönen *Dresden*, doch ohne alle Damenbegleitung. Diesmal nahm ich jedoch Urlaub, sowohl von der Militärbehörde wie von meinen Hauswirten und Genossen. Vorher verkaufte ich noch meine Pferde für sechzig Friedrichsdor und fuhr dann, ohne mich aufzuhalten, über Mittenwalde, Baruth, Luckau, Sonnenwalde, wo sich ein schönes Schloß befindet, Elsterwerda, nach Sachsens Hauptstadt ab. Dresdens Lage ist unbeschreiblich schön, mitten im Herzen des Königreichs. Die Felsgebirge, in denen sich die sogenannte Sächsische Schweiz befindet, sind nicht weit davon entfernt. Zweige dieses Gebirges begrenzen im Osten das Tal, in welchem Dresden liegt, und sind meist mit Weinreben bepflanzt. Diese Gegend erinnerte mich teilweise an das paradiesische Arnotal bei Florenz. Eine Menge freundlicher Häuser mit roten Dächern ragen aus den buschigen Gärten dieser Höhen hervor, und vermißt man auch hier die idyllisch-schönen Strohflechterinnen, so begegnet man doch manchem hübschen Sachsenkind, das den toskanischen Schönheiten nichts nachgibt, und das Sprichwort: In Sachsen, wo die schönen Mädchen wachsen, und in Berlin, wo sie blüh'n, findet sich hier wie dort bewährt. Der an Naturschönheiten so reiche Plausche Grund, den die Weiseritz durchströmt, bietet die malerischsten und romantischsten Partien. Auf der nordwestlichen Seite Dresdens führen herrliche Alleen durch ein großes Gehege, welches die Elbe umströmt, an deren rechtem Ufer sich eine mit Reben bepflanzte Höhe befindet, die sich, mit dem Flusse gleichlaufend, auf eine weite Strecke ausdehnt, während die Höhen gegen Norden, ziemlich wild und mit Nadelholz bewachsen, den Horizont begrenzen, so daß man Süd- und Nordgegend zumal hat. Die Prachtbrücke über die Elbe, die hier nahe an fünfhundert Fuß breit ist und die Residenz in zwei Teile teilt, ist eine der schönsten der Welt. Die Altstadt, auf dem linken Elbufer gelegen, hat viele große und schöne Plätze, unter denen der Schloßplatz und der Alt- und Neumarkt sind. Die Stadt ist eigentlich in vier Hauptteile eingeteilt, nämlich in die Alt- und Neustadt, die Friedrichstadt und den neuen Anbau. Die Hofkirche steht auf dem Schloßplatz und ist dessen schönste Zierde, wirklich ein Prachtgebäude. Aus der Altstadt kommt man über die erwähnte, mit Recht allgemein bewunderte, unter August II. durch den

Baumeister Pöppelmann aufgeführte Brücke in die Neustadt. Zuerst war hier eine hölzerne, und erst im dreizehnten Jahrhundert wurde sie durch eine steinerne ersetzt. Die jetzt stehende hat sechzehn prächtige Bogen und bei sechsunddreißig Fuß Breite eine Länge von vierzehnhundert Fuß. Sie scheint für die Ewigkeit erbaut und allen Stürmen, Überschwemmungen, Eisgängen Trotz bieten zu können, denn jeder Bogen hat auf beiden Seiten zwei turmähnliche dicke runde Pfeiler, die oben eine Plattform haben, welche mit schönen Eisengittern umzäunt ist und auf denen Ruhebänke für Spaziergänger angebracht sind. Auf beiden Seiten der Brücke sind bequeme Trottoirs, und zur größeren Bequemlichkeit der Fußgänger ist es gesetzlich eingeführt, daß sich jedermann immer auf der ihm zur Rechten liegenden Seite halten muß. Jenseits der Brücke kommt man auf den schönen Neustädter Marktplatz, auf dem das Kommandantenhaus und die Reiterstatue Augusts II. in römischer Tracht mit einer – Perücke steht; ein Augsburger Kupferschmied war der Schöpfer dieser Bildsäule. – Die Neustadt wurde früher Alt-Dresden genannt, als sie aber nach der furchtbaren Feuersbrunst von 1685 beinahe ganz abbrannte, wurde sie 1724, nachdem sie gleich einem Phönix wieder verjüngt aus ihrer Asche hervorgegangen war, die Neustadt genannt; der Neubau, der seit 1730 entstanden ist, schließt sich an sie an. Das königliche Schloß hat einen hohen Turm, ist ziemlich groß, aber nicht schön zu nennen. Seine inneren Gemächer sind jedoch zum Teil sehr prachtvoll, namentlich der Riesensaal, in welchem ungeheure Prunkfeste und sogar Scheibenschießen gehalten wurden. Die Schloßkapelle ist besonders wegen ihrer Gemälde von Rubens und Mengs sowie wegen ihrer herrlichen Hautelisse-Tapeten mit historischen Gegenständen sehenswert. Der heilige Petrus hat hier vier Bildsäulen, von denen mindestens drei, wo nicht alle vier, zuviel sind. Die Silberkammer und das berühmte Grüne Gewölbe sind im Erdgeschoß des Schlos-

ses; letzteres enthält einen großen Wert an Edelsteinen aller Art, Perlen, Gold- und Silberarbeiten, zum Teil von hohem Kunstwert, ebenso von Elfenbein und Perlmutter, unter denen auch einiges von Michelangelo. Diese kostbare Sammlung stiftete der Kurfürst August. Sie wird in sieben Gemächern aufbewahrt, unter denen ein Pretiosenzimmer, ein Elfenbeinzimmer, ein Juwelenzimmer usw. In dem letzteren befindet sich ein weißer Diamant von 194 und ein grüner von 160 Gran, prächtige Smaragden, ein Tempel des Apis usw. Mehr als sechs Personen auf einmal werden hier nicht zugelassen, und auch diese haben sich genau über ihre Persönlichkeit auszuweisen. Dennoch ist schon manches abhanden gekommen, denn dergleichen ist gar zu verführerisch, selbst für hohe Damen, wie man aus Erfahrung weiß, darum, o Herr: führe uns nicht in Versuchung!
In der Rüstkammer, die an Waffen, Trachten, Harnischen sehr reich ist, findet man viele altdeutsche Stücke, unter andern auch die erste Donnerbüchse, die Rüstungen Heinrich des Frommen und des Kurfürsten Moritz, das schwarze Panzerkleid Johann Friedrichs, das er in der Schlacht bei Mühlberg trug, das Rüstzeug Ferdinand II. in türkischem Geschmack, den prächtigen Harnisch Christian II., den Krönungsanzug August II., den Hut und Degen Peter I., viele chinesische, persische und indische Trachten vornehmer und fürstlicher Personen, Schilde, Helme usw. Die Gemäldegalerie enthält treffliche Meisterwerke, und die sich im Stallgebäude befindende Gewehrsammlung hat mehr als zweitausend der seltensten Gewehre. Im Zwinger ist das sehr ansehnliche Naturalienkabinett sowie die Kunstkammer, in der man auch Luthers Schrank und Tillys Kommandostab aufbewahrt, nebst vielen tartarischen und japanischen Gerätschaften, sowie einen Kirschkern mit hundertzwanzig eingeschnittenen Gesichtern und dem in 910 Zeilen geschriebenen Neuen Testament. Die Modellkammer enthält alle möglichen Modelle zu Festungen, Maschinen, Bauten usw.,

und in einem besonderen Zimmer wird sogar ein Modell von Salomos Tempel und der Stiftshütte aufbewahrt, die ein Hamburger Ratsherr nach der Beschreibung in der Bibel fertigen ließ und August II. dann für die Summe von achtzehntausend Talern verkaufte, wobei er einen Gewinn von wenigstens zehntausend Talern und mehr machte. Wenn man die Flügel des Tempels wegnimmt, sieht man das Innere desselben. Man zählt an siebentausend zum Teil sehr künstlerisch gearbeitete Säulen und wohl sechstausend Drahtfenster. In der Stiftshütte findet sich alles, was man zu dem hebräischen Gottesdienst gebraucht. Im japanischen Palais befindet sich die Bibliothek, die Antikensammlung, das Münzkabinett und eine Porzellansammlung. Ich sah alle diese Dinge nur sehr oberflächlich, denn ich hatte nur auf wenige Tage Urlaub, und hätte Wochen, ja Monate gebraucht, alles mit gehöriger Muße zu untersuchen. Auch war man mir, als einem preußischen Offizier, die damals in Sachsen nicht beliebt waren, nicht übermäßig gefällig, und es hatte mich viele Mühe und Laufereien gekostet, bevor mir das Grüne Gewölbe und die Kunstkammer geöffnet wurden. Dem ehemaligen Brühlschen Palais machte ich auch einen Besuch, konnte aber nicht ohne Lachen die ungeheure Garderobe mustern, die deren längst modernder Eigentümer besaß. Eine Hosen-, Westen- und Röckesammlung allerdings einzig in ihrer Art, bei deren Ansicht aber ein früherer Besucher geäußert hatte: „Montrez moi des vertus et non pas des culottes." Mir schien sie die Garderobe eines Hanswursts. Brühl hatte, ich weiß nicht wie viel hundert Anzüge von allen Farben, Stoffen und Schattierungen, und zu einem jeden derselben waren besondere Hüte, Perücken, Tabaksdosen, Degen, Uhren, Schnallen usw. vorhanden. Die Exzellenz ließ sich jeden Morgen das Buch vorlegen, in welchem alle diese Kostüme abgemalt waren, und brachte Stunden mit der Wahl der Anzüge zu, die es ihr beliebte, an diesem Tag anzulegen. – Wie mag man nur einen solchen Pinsel zum Minister machen, und was für Narren hat die Sonne nicht schon beschienen! – An der hinteren Seite dieses Palais zieht sich die sogenannte Brühlsche Terrasse hin, ein sehr beliebter Spaziergang der Einwohner Dresdens, und mit Recht; denn man hat hier eine herrliche Aussicht längs den Ufern der Elbe, begegnet auch manchem schönen Sachsenkind. Leider hinderte mich mein zu kurzer Aufenthalt, deren nähere Bekanntschaft zu machen, ausgenommen die einer jungen Dresdnerin, und zwar einer Prinzessin, wenn auch nur vom Theater. Es war erst eine angehende Priesterin Thalias, die Tochter einer pensionierten Witwe, die ich auf einem Spaziergang kennengelernt hatte und bei der ich ein paar sehr fröhliche Abende, die sich bis nach Mitternacht verlängerten, zubrachte, indem ich das Souper aus dem Gasthof bringen ließ. Da die kleine Berta ein hübsches Stimmchen hatte und eben am Einstudieren der Zerline und Susanna war, so machte ich ihr zwei elegante Anzüge zu diesen Rollen zum Präsent, die ihr unendlich viel Vergnügen gewährten.

Das Theater war damals nicht besonders besetzt. Das große Opernhaus, welches an den Zwinger stößt oder vielmehr zu demselben gehört, stand leer und war verödet. August II. hatte dasselbe 1718 durch Bibiena erbauen und Vorstellungen in demselben mit einer Pracht und Verschwendung geben lassen, die alles, was man bis dahin in der Art gesehen, übertrafen. Oft waren ein halbes tausend Menschen, viele Pferde, lebendige Elefanten, Dromedare usw. zumal auf der Bühne und über sechstausend Zuschauer in dem Hause. Eine einzige dieser Vorstellungen kostete oft hunderttausend Taler; zu jener Zeit eine ungeheuere Summe. 1769 wurde die letzte Oper in diesem Hause gegeben; später wurde dasselbe noch einigemal bei feierlichen Gelegenheiten zu großen Redouten benützt, wie 1792 bei der Anwesenheit Leopold II., dann bei der Friedrich Wilhelms und Napoleons. 1812 war ein Riesenkonzert in diesem Hause, dem alle damals in Dresden zusammengekommenen Souveräne

beiwohnten. Das Schauspielhaus, welches in dem sogenannten italienischen Dörfchen liegt, wurde 1754 erbaut. Dieses Dörfchen besteht aus einer Reihe Häuser, welche für die italienischen Bildhauer, Maler und andere Künstler, die bei dem Bau der katholischen Kirche verwendet wurden, hinter der es sich befindet, eingerichtet waren. Jetzt haben noch Italiener Buden mit ihren Waren in denselben. Von Dresdens Kirchen sah ich nur die katholische Hofkirche und die Frauenkirche. Erstere hängt durch einen bedeckten Gang mit dem Schloß zusammen und hat unter anderen schönen Gemälden eine Himmelfahrt Raphaels, ihre beiden Hauptkapellen sind dem heiligen Benno und dem ebenso heiligen Nepomuk geweiht. Die musikalischen Messen, die hier gehalten werden, sind so trefflich, daß sie einen wahren Hochgenuß gewähren und allerdings Herz und Geist erheben. In der Frauenkirche am Neumarkt, die schon im elften Jahrhundert gegründet wurde, stieg ich in die unter derselben vorhandenen Katakomben hinab, die gerade soviel Raum unter der Erde, wie die Kirche über derselben einnehmen. Sie bilden einen Kreuzgang mit vier Gewölben, in denen zinnerne Tafeln die Stellen bezeichnen, an welchen Särge eingemauert sind. Übrigens haben diese Katakomben mit denen zu Rom, Neapel oder Paris nur den Namen gemein.
Dem Neustädter Kirchhof vor dem schwarzen Tor machte ich seines berühmten Totentanzes wegen einen Besuch; dieser ist an den Kirchhofsmauern, unfern der Wohnung des Totengräbers, angebracht. Seine unfehlbare Heiligkeit der Papst eröffnet den Reigen mit dem noch weit unfehlbareren Tod. Ihm folgen Kardinäle, Bischöfe, Kaiser, Könige usw., alle Stände bis zum Bettler herab. Diesen Tanz müssen wir alle ohne Ausnahme mitmachen. Es ist so ziemlich das einzige ganz Gewisse auf Erden, und so wenig einer auch Tanzlust verspüren mag, von diesem Kehraus dispensiert ihn nichts. Nur flüchtig sah ich noch einige Palais, die Militärakademie und von der

Umgebung Dresdens außer dem Plauischen Grund, wohin ich noch einmal mit meiner Prinzessin eine empfindsame Tour machte, nichts, nicht einmal Pillnitz, Pirna und die Moritzburg. Ich nahm nun zärtlichen Abschied von meiner Schönen und ihrer Mama, versprach das Wiederkommen und fuhr nach Berlin zurück, wo ich ohne Unfall ankam und bei meiner Ankunft die Ordre vorfand, mich sofort nach Kolberg zum siebzehnten Garnisons-Bataillon zu verfügen, bei dem ich vorerst angestellt sei, und zwar eine Kompagnie befehligend, ohne jedoch die Kompagnieführer-Zulage zu erhalten. Bei einem Garnisons-Bataillon angestellt zu sein, wollte mir wieder nicht in den Kopf, und ich verfügte mich deshalb zum Obersten, Inspekteur von Witzleben, um Einsprache zu tun. Dieser entgegnete mir jedoch, daß dies nur provisorisch sei und er nichts in der Sache ändern könne. Ich mußte also wohl Ordre parieren, dem freundlichen Berlin und meinen Wirten und Schönen Lebewohl sagen. Prinzessin Wilhelm konnte ich mich nicht persönlich empfehlen. Sie war noch Wöchnerin und empfing niemand. Ich schrieb ihr daher einen gehorsamsten Abschieds- und Danksagebrief. Noch ehe ich abreiste, war die Nachricht von Napoleons Einschiffung nach St. Helena angekommen. So war denn seine Rolle auf dieser Welt ausgespielt; Murat war schon früher in Pizzo erschossen und alle Brüder Napoleons von ihren Thronen herabgeworfen und fortgejagt worden. Das große Drama des ephemeren französischen Kaiserreichs war vorbei, und alle seine Akteure traten wie andere Schauspieler nach dem letzten Herabfallen des Vorhanges einer gewöhnlichen theatralischen Vorstellung wieder von der Bühne ab und in die Misere des bürgerlichen Alltagslebens zurück.

Ich erhielt einen freien Postpaß von Berlin nach Kolberg, nebst zwei Monate rückständigen Gehalts, und setzte mich, nachdem ich noch freundlichen Abschied von Demoiselle D . . ., meinen beiden hübschen Minchen usw. genommen, in den federlosen Rumpelkasten, Postwagen genannt, der nach Stargard fuhr.

VIII

Reise von Berlin nach Kolberg – Eine Amazone – Ankunft in Kolberg – Die neuen Dienstverhältnisse – Kolberg und seine Umgebung – Einfachheit und Wohlhabenheit der Einwohner – Die Marienkirche – Gesellschaftliche Verhältnisse – Nettelbeck – Die letzte Belagerung – Feier des Geburtstags des Königs – Madame G... und ihre Kusine – Das Versteckenspiel im Bullenwinkel – Eine Reise nach Köslin – Eine Lustfahrt auf einen pommerschen Edelhof – Die Kolberger Freuden – Ich gehe auf Urlaub nach Berlin – Ein polnischer Reiseschatz – Die verräterischen Austernschalen – Fürst Blücher – Die Berliner Weihnachtsfreuden – Die Redouten und Porzellanfuhren – Die schöne Luise – Spandau – Eine glänzende Schlittenfahrt – Rückreise nach Kolberg

Wer sich noch der damaligen Beschaffenheit der preußischen und sächsischen Postwagen erinnert, wird mir eingestehen, daß es keine geringe Marter war, mehrere Tage und Nächte fast ununterbrochen in einem solchen Behälter transportiert zu werden. Diese schlecht gebauten, auf der Achse gehenden Wagen rüttelten den Körper auf eine schmähliche Weise zusammen und machten die Knochen so mürbe, daß man sie zu brechen fürchtete, besonders wenn es in den Dörfern über die Knüppeldämme ging, denn Chausseen gab es ebenfalls nur sehr wenige, und die Wege waren abscheulich; zudem hatte ich einen Seitensitz. Indessen sollte mich eine liebenswürdige Reisegefährtin für all dies Ungemach entschädigen. In der einen Ecke des Wagens saß ein wunderschönes Mädchen, ein Mädchen, wie sie der Himmel nur selten und nur wenige erschafft. In ihrem ganzen Wesen war etwas Heroisch-Liebliches, auf ihren Feuerwangen, in ihren blitzenden Augen, in ihren Zügen lag etwas so Edles, etwas so Mark und Bein bis ins Innerste Durchbohrendes, daß man davon durch und durch erschüttert wurde. Ihr Wuchs, ihr Anstand, ihre ganze Figur war das schönste Ideal einer Amazone oder Bellonas selbst. Bald knüpfte ich ein Gespräch mit dieser Huldgöttin an, von der ich jedoch anfangs nur sehr kurze und einsilbige Antworten erhielt. Die übrige Reisegesellschaft hatte wenig Interesse für mich und schien es auch, bis auf eine ältliche Frau, deren Züge eine tiefe Schwermut ausdrückten, nicht zu verdienen. In Werneuchen, der ersten, drei Meilen von Berlin entfernten Station, wo der Postwagen nach der damaligen löblichen Gewohnheit, wie auf allen Stationen, mehrere Stunden, wohl auch wie in Stargard, Naugarten usw. halbe Tage liebenblieb, um alle Pakete, Passagiere, Koffer usw. gehörig zu sortieren und einzuschreiben, gelang es mir, meiner schönen Unbekannten ein paar Worte mehr zu entlocken. Gesprächiger aber wurde sie erst in Freienwalde, dem bekannten, sechs Meilen von Berlin entfernten Badeort, wo wir, während der Postwagen rastete, die artigen Anlagen und den Gesundbrunnen des Ortes besuchten, der in einem anmutigen, von einer waldigen Höhe umgebenen Tal liegt und besonders von gichtbrüchigen und am Gehör leidenden Kranken besucht wird. Hier erfuhr ich, daß sich die gleich der Kriegsgöttin einherschreitende Schöne Johanna mit ihrem Vornamen nenne, den Familiennamen verschwieg sie mir aber noch. Ihr ganzes Wesen hatte etwas Seltsames und Rätselhaftes. Beim Abfahren von Freienwalde war ich nicht weiter wie vorher; doch führte ich jetzt eine fortwährende, zusammenhängende Unterhaltung mit ihr. In Königsberg in der Neumark, wo wir des Nachts ankamen, gingen wir zusammen auf den Straßen spazieren, bis der Wagen wieder weiterfuhr, da es ihr unangenehm war, in der Gaststube unter den anderen Passagieren mehrere Stunden zu verweilen. Als ich ihr den Ort meiner Bestimmung, Kolberg, nannte, schien sie dies zu frappieren, und es entfuhren ihr die Worte: „Da will ich auch hin, meine Verwandten zu besuchen." Ich drang nun mehr und mehr in sie und brachte bald von ihr heraus, daß sie die Tochter eines in Danzig angestellten Kriegsrates sei, der sich L ... nenne. Das Mädchen war wissenschaftlich gebildet, in der Geschichte wohl bewandert, zeigte dabei einen so glühenden Franzosenhaß, und namentlich gegen Napoleon, daß, sooft die Rede auf diesen kam, ihre Wangen glutrot wurden und ihre Augen Feuer sprühten. Auch in der Ortsgeschichte der Städte, durch die wir kamen, war sie sehr kundig. So erzählte sie mir, daß, als Königsberg im Jahre 1732 durch Kasimir von Pommern belagert wurde, ein Schuhmacher diesen Fürsten von der Mauer herab getötet habe, und von der nächsten Station, Bahn, wußte sie mir zu sagen, daß Barmin I. den Ort erbaut und der Heermeister Wallmoden 1399 hier durch den kräftigen Keulenschlag, den der starke Arm eines hiesigen Bürgers geführt, erschlagen wurde. Vor allem waren es aber die neuesten politischen Zustände und französischen Kriege, von denen sie mit großer Teilnahme und mit einem bei einem Mädchen ganz ungewöhnlichen Enthusiasmus sprach, und als ich im Laufe des Gesprächs ihr von dem fanatischen Eifer der Kalabresen und Spanier erzählte, da war sie ganz Ohr und hörte mir mit der gespanntesten Aufmerksamkeit zu. Sie wurde nun immer zutraulicher, freundlicher und sagte endlich mit Wärme zu mir: „Aber gegen die Deutschen, gegen die Preußen haben Sie doch nie gefochten, nicht wahr?“ – Dies konnte ich mit dem besten Gewissen mit: „Nein“ beantworten. – „Wohlan, dann gebe ich Ihnen gerne die Hand.“ – Sie reichte sie mir hin, ich ergriff sie schnell, drückte und küßte sie. Ehe wir nach Pyritz, dem alten Periskum der Pommern, kamen, wo, wie man behauptet, Kotzebue hauptsächlich den Stoff zu seinen klassischen „Deutschen Kleinstädtern“ geschöpft habe, als er einst mehrere Tage hier verweilen mußte, erzählte mir meine interessante Reisegefährtin, daß hier ein alter Brunnen sei, in dem seinerzeit die ersten 7000 Pommern durch Bischof Otto von Bromberg getauft wurden. Wir besuchten diesen Brunnen. Auch wußte Johanna, daß Pyritz ehemals eine Festung war, von der jetzt noch vier bis fünf hohe Türme und drei altertümliche Tore übrig waren. Von hier fuhren wir nach Stargard und kamen an einen großen See, der wegen seiner köstlichen Moränen, sehr delikate Fische, die man sonst nirgends im Lande findet und mit denen die Pyritzer gute Geschäfte machen, berühmt ist. In Stargard, wo der Wagen wieder vier Stunden hielt, ließen wir uns ein Zimmer geben und ein Mittagessen in demselben servieren. Hier fing des Mädchens Neugierde hinsichtlich meiner an rege zu werden, und sie gab sich viel Mühe, meine früheren Verhältnisse zu erforschen. Ich teilte ihr manches, was ich für gut fand, mit, und sie schien ganz Auge und Ohr. Endlich aber ließ auch ich den Wunsch durchblicken, näher über ihre Verhältnisse unterrichtet zu werden. Des Mädchens Wangen überzog nun eine leichte Röte, die jedoch immer stärker und zuletzt fast hochrot wurde. Dabei funkelten ihre Augen wie Feuer. Sie nahm endlich meine Hand, faßte sie krampfhaft und sprach: „Sie flößen mir volles Vertrauen ein, und ich will mich Ihnen ohne Rückhalt entdecken. Ich war die Verlobte eines der Offiziere von Schills Korps, die Napoleon so feigerweise erschießen ließ. Wir liebten uns beide aufs innigste und wollten bessere Zeiten abwarten, unsere Vermählung zu feiern. Der grausame unverdiente Tod meines Geliebten machte mich beinahe rasend und fast zur Menschenfeindin, wenigstens zur eingefleischtesten Franzosenfeindin. Als nun unser edler König den Aufruf zur Befreiung und Rettung des Vaterlandes an sein treues Volk erließ, da schwoll auch mir die Brust, und das Herz bebte mir vor Ungestüm und Rachedurst im Busen. Ich legte Mannskleider an, verließ, ohne ein Wort von meinem Vorhaben zu sagen, das elterliche Haus, trat bei dem Bülowschen Korps als Freiwilliger ein und habe als solcher die Feldzüge von 1813 und 1814 mitgemacht." Als ich sie verwundert und etwas zweifelhaft anblickte, da streifte sie den rechten Ärmel ihres Kleides in die Höhe und zeigte mir eine erst kurz vernarbte breite Wunde, die sie von einem französischen Chasseur à cheval bei Brienne erhielt und sie längere Zeit im Lazarett zurückgehalten hatte, bei welcher Gelegenheit man auch zuerst ihr Geschlecht entdeckte. Erst jetzt hatte sie an ihre bekümmerten Eltern geschrieben, was aus ihr geworden. Sie kam nun ganz genesen von Berlin, wo sie sich in der letzten Zeit aufgehalten, wollte ihren Oheim in Kolberg, der daselbst verheiratet war und eine Zivilanstellung bekleidete, besuchen, bevor sie in das Vaterhaus zurückkehrte, wovor sie einige Scheu hatte und das Vergangene durch den Oheim erst zu vermitteln wünschte. Daß dies alles ganz der Wahrheit gemäß war, davon hatte ich später Gelegenheit, mich vollkommen zu überzeugen. Wir erzählten uns nun gegenseitig Begebenheiten aus unsern Feldzügen und wurden dadurch so vertraut, daß wir bald nur noch ein Herz und eine Seele waren. – Als wir wieder in den Wagen stiegen, kam ein neuer Passagier, ein ältlicher Mann, noch hinzu. Es war der Gatte der Frau mit dem schwermütigen Blick. Beide trockneten sich die verweinten Augen, und wir erfuhren nun, daß dieses Ehepaar auch einen Sohn, einen hoffnungsvollen Jüngling, verloren hatte, der bei dem Schillschen Korps als Unteroffizier gestanden und mit seinen Gefährten gefangen auf die Galeeren Frankreichs abgeführt worden war, wo er kurz vor dem Frieden von 1814 starb. Seine Mutter hatte eigens die Reise nach Frankreich unternommen, um sich Gewißheit über das Schicksal ihres Kindes zu verschaffen, die ihr auf eine traurige Weise ward. „Ha, der Wüterich, der Spitzbube Napoleon!“ rief Johanna knirschend aus. In Naugarten angekommen, wo die unglücklichen Eltern zu Hause waren, trennten sie sich von uns, und da von hier eine Seitenpost nach Kolberg besonders abging, so mußten wir abermals einen halben Tag auf die Weiterbeförderung warten. Wir brachten diese Zeit recht vergnügt zu, und ich bewog Johanna, nachdem wir uns ein Zimmer hatten geben lassen, ihre Jägeruniform einmal anzulegen, die sie in einem Mantelsack bei sich führte. Sie willigte lächelnd in meinen Wunsch, und ich war ihr im Anlegen derselben möglichst behilflich. Die Uniform kleidete sie allerliebst. Wir machten nun förmlich Kameradschaft miteinander, tranken Brüderschaft auf Du und Du und ruhten endlich Arm in Arm erschöpft und matt aus. Ich half zuletzt meinem liebenswürdigen Kameraden seine weiblichen Kleider wieder anlegen, da die Zeit der Abfahrt herannahte. Von hier bis Kolberg aber ging nicht einmal ein bedeckter Wagen mehr, sondern, wie auf allen Seitenstationen, nur ein offener Korbwagen, das heißt, ein gewöhnlicher Bauernwagen, in den man ein Korbgeflechte gelegt und einige Strohsitze angebracht hatte. Dies waren die Postwagen zu den Orten, die nicht an der großen Heerstraße lagen. Meine Kriegsgefährtin und ich waren die einzigen Passagiere von hier bis Kolberg. Wir ruhten recht traulich Arm in Arm und fuhren die ganze Nacht durch über Greifenberg und Treptow an der Rega. Auch in der Nähe dieser Stadt befindet sich ein Brunnen, an dem Otto von Bromberg über 1000 Heiden durch die Wassertaufe in Christen verwandelte. In dieser Gegend liegt auch das Stift Belbuk, bekannt, weil dessen Abt samt all seinen Mönchen 1523 plötzlich lutherisch wurde, ohne sich an den päpstlichen Bann noch an die verheißene ewige Verdammnis und ihre Höllenschlünde, die ihnen der Heilige Vater mit grellen Farben vormalte, zu kehren. Es war zwar eine Julinacht, die wir durchfuhren, und ich hatte deshalb auch nur sehr leichte Sommerbeinkleider auf dem offenen Wagen angelegt, nicht bedenkend, daß ich nicht mehr am Mittelländischen, sondern in der Nähe des Baltischen Meeres war. Wir schliefen beide, Johanna an meiner Brust, ein. Je näher wir aber der Küste kamen, desto fühlbarer wurde ein sehr rauher und unfreundlicher Wind, und gegen Morgen überfiel mich ein kalter Schauer und Frost. Ich fühlte mich unwohl und war froh, als wir endlich über die Zugbrücken und durch die Tore der Festung *Kolberg* einfuhren. Ich eilte mit meinem Kameraden, der mehr an dieses Klima gewöhnt und nicht so erfroren war, in das erste beste Gasthaus, die Stadt London auf dem Markt, wo ich uns jedoch anstandshalber zwei Zimmer geben ließ. Es war erst 4 Uhr morgens, als wir ankamen, und Johanna konnte ihren Oheim so frühe nicht aufsuchen; auch kannte sie dessen Wohnung nicht. Ich hatte mir eine furchtbare Erkältung zugezogen und warf mich unter den heftigsten Leibschmerzen auf das Bett. Fast drei Monate hatte ich mit dem Übel zu kämpfen, das kein Arzt zu heilen verstand, bis endlich der Zufall mich ein wirksames Heilmittel entdecken ließ, und dies waren – Heidelbeeren. Nachdem ich einen tüchtigen Teller voll, mit rotem Wein gekocht, davon gegessen, war ich plötzlich wie durch ein Wunder wiederhergestellt. Erst gegen Mittag, nachdem ich mich ein wenig erwärmt hatte, war ich imstande, das Bett zu verlassen. Ich steckte mich rasch in die Uniform und eilte nach der Kommandantur, um mich zu melden. Oberst Streit aber empfing mich mit einem Wischer, weil ich mich nicht früher gemeldet und doch mit der Morgenpost angekommen sei. Es war gerade Zeit zur Parade; er beschied mich nach derselben wieder zu sich. Ich meldete mich nun auch bei meinem Bataillons-Kommandanten, dem Major von Hackwitz, der aber das Bataillon nur interimistisch kommandierte. Dieser empfing mich sehr artig, und auf der Parade umringten mich meine neuen Kameraden, unter denen viele Westfalen und einige ältere Offiziere waren. Als ich mich nach der Parade der erhaltenen Ordre gemäß wieder auf die Kommandantur begab und anklopfte, da empfing mich der barsch „Eintreten“ rufende Oberst mit den Worten: „Bettelleute klopfen an, aber nicht die Herren Offiziere.“ Dieser abermalige unfreundliche Empfang machte einen äußerst unangenehmen Eindruck auf mich, und ich konnte mich nicht enthalten zu erwidern: „Aber Herr Oberst, ich trete eben erst in preußische Dienste und kann unmöglich schon alle Details derselben kennen.“ – „Wohl, Sie müssen sich aber bemühen, sie so schnell wie möglich kennenzulernen.“ – „Dies wird mein Bestreben sein.“ – Nun frug mich der Kommandant verschiedenes, was auf meine früheren Dienstverhältnisse Bezug hatte, und war dann weniger mürrisch, so daß wir zuletzt ziemlich gut voneinander schieden. Ich übernahm jetzt das interimistische Kommando der ersten Kompagnie des Bataillons, deren Hauptmann, ein Herr von Pfündöl, in Bälde von Gumbinnen hierher versetzt, eintreffen sollte. Der Feldwebel brachte mir nebst dem Kompagnierapport ein Quartierbillett, vermittelst dessen ich zu einem Kaufmann namens Hackstock, unweit dem Markt in der Börsenstraße, einquartiert wurde. Johanna hatte sich indessen zu ihrem Oheim begeben, der an ihre Eltern nach Danzig geschrieben, deren Antwort sie bei demselben abwarten wollte. Wir brachten einstweilen jeden Abend vergnügt und traulich miteinander zu. Ich trat meinen neuen Dienst an, bestrebte mich, die mir obliegenden Verrichtungen möglichst bald kennenzulernen, was auch schnell der Fall war. Doch zog sich gleich in den ersten acht Tagen ein artiges Donnerwetter aus folgender Veranlassung über meinem Haupt zusammen. In französischen Diensten hatten wir fast nie die Degenquasten (dragonnes), die man im Deutschen ganz fälschlich Portepee (Degenträger) nennt, angemacht. Namentlich trug sie fast kein Offizier im Feld, und sie galt für eine sehr unwesentliche Verzierung. Ich hatte mir zwar in Berlin eine solche von Silber und schwarz, wie sie im preußischen Heer sein muß, angeschafft und an meinen Säbel gemacht. Jetzt mußte ich jedoch einen preußischen Degen tragen, kaufte mir einen solchen, vergaß aber die Quaste an denselben anzulegen, und so kam ich ohne Portepee auf die Parade. Bald bemerkten dies mehrere ältere Offiziere, man zischte sich einander zu, auf mich sehend; der Major und der Kommandant wurden endlich auch aufmerksam, und Oberst Streit fuhr mich nun mit einem schweren Donnerwetter an, so daß es ein allgemeines Aufsehen erregte und sich alle älteren Offiziere nicht genug wundern konnten, wie ein Offizier ohne Portepee erscheinen könne, zum Teil auch etwas hämisch deshalb ausließen. Dies alles machte mir zuletzt den Kopf so warm, daß ich zuletzt ganz pikiert und laut, daß es jedermann verstehen konnte, sagte: „Der Offizier steckt doch wahrlich nicht in der Degenquaste. Wenn der Mann nichts taugt, so läuft gewiß kein Feind vor dem Portepee davon, und ich habe mich lange genug ohne ein solches tüchtig geschlagen." Diese Worte machten einen furchtbaren Rumor, der damit endigte, daß mir der Kommandant sofort einen vierundzwanzigstündigen Arrest ankündigte und noch obendrein einen Verweis gab. Diese Vorfälle machten mir gleich anfänglich den Dienst sehr zuwider und setzten böses Blut. Hierzu kam noch mein langes Unwohlsein infolge der Erkältung. Die sehr öde und traurige Lage Kolbergs an der Persante, unweit der Mündung dieses Flusses in die Ostsee, wo sich nur ein einziger, kaum leidlicher Spaziergang nach der sogenannten Maikuhle, ein kleines Gehölz, befand, war nicht geeignet, diese Mißstimmung zu mindern. Ich hatte anfangs auch nicht einen einzigen Bekannten, und den neunten Tag nach unserer Ankunft verließ auch Johanna die Stadt wieder, um sich zu ihren Eltern, die sie mit großer Sehnsucht erwarteten, zu begeben. Ich fühlte mich jetzt recht einsam und verlassen, um so mehr, da die Festung vorerst auch nicht die mindeste Zerstreuung bot. Die Offiziere standen sich noch alle sehr fremd einander gegenüber, der Garnisonsdienst war sehr streng und mußte recht pedantisch kleinlich versehen werden. Nachdem ich ungefähr vierzehn Tage hier verweilt, erhielt ich plötzlich eine Einladung zur Tafel bei dem Kommandanten, der nun zuvorkommend freundlich war, allerlei Scherze machte und eine sehr liebenswürdige, feingebildete Dame zur Frau hatte, die früher Hoffräulein am Dessauer Hof war und die er als Witwer heiratete. Von jetzt an wurde mir der Aufenthalt etwas erträglicher. Es kamen auch immer mehr Offiziere an, von denen mehrere verheiratet waren und eine liebenswürdige Familie mitbrachten, unter ihnen auch unser wirklicher Bataillonschef, der Oberstleutnant von Witke,

ein verdienstvoller Militär, der drei sehr liebenswürdige, eben aufblühende Töchter hatte.
Die Stadt Kolberg selbst liegt einsam und öde in einem Winkel an der Ostsee, hat nur wenige und eben nicht sonderlich anmutige Gärten, keine Baumstücke, keine Gemüsefelder, keine bunten Blumenwiesen umgeben die ernste Festung. Ein Spaziergang um das Glacis derselben oder nach Kuhphals Wirtsgarten war die ganze Rekreation in der Nähe der Stadt. Etwas weiter war die schon genannte Maikuhle, ein mit Bäumen bepflanzter und mit Blockhäusern und Schanzen versehener Sandhügel; eine gute Stunde vor der Stadt befand sich ein Wald, der Busch genannt, in dem ein Jägerhaus lag, nach dem im Sommer bisweilen Partien zu dem Förster Ott gemacht wurden. Der Weg dahin war aber kahl und zog sich zwischen lauter Kartoffelfeldern hin. Noch ein anderer ländlicher, weniger entfernter Ausflug ging nach dem Bullenwinkel, wo man sich bei Buttermilch und mitgebrachten Semmeln ergötzte. Dies waren alle Naturschönheiten, die Kolbergs Umgebung aufzuweisen hatte. Das Innere der Stadt war womöglich noch unfreundlicher; die Straßen hatten fast lauter uralte Giebelhäuser, andere sah man nur ausnahmsweise. In einem solchen Haus befand sich in der Regel nur eine lange schmale Stube mit einem sehr großen Fenster und einem Alkoven im Hintergrund, in welchem die Familie schlief. Diese Gebäude waren meist von Stein, aber schlecht und ohne alle Symmetrie gebaut, sehr hoch, mit einem ungeheuern Vorplatz und großen Türen. Der einzigen Stube gegenüber und durch einen Gang getrennt, befand sich in der Regel ein Laden, Magazin oder die Werkstätte. Der übrige Raum bis zum Giebel bestand in vier bis fünf ungeheuren Böden für Frucht, Gerste, Malz und dergleichen, nebst ein paar Kammern. Diese Einrichtung schreibt sich noch aus den Zeiten her, wo in Kolberg die Niederlage des großen Kornhandels an dem Baltischen Meer war, der sich aber schon länger als ein Jahrhundert weg

und meist nach Danzig hingezogen hatte. Obgleich die meisten Einwohner, etwa achttausend, wohlhabende und mehrere enorm reiche Leute waren, so dachten doch nur wenige daran, sich bequemere Wohnhäuser zu bauen. Sie waren einmal an diese größtenteils höhlenartigen Wohnungen von Eltern und Ureltern her gewöhnt, wußten es nicht besser und befanden sich ganz behaglich in denselben. Obgleich Mauern und Wände feucht, besonders in den Alkoven salpeterartig waren, sind ihre Bewohner dennoch gewöhnlich ein starker und gesunder Menschenschlag. Ihre Lebensart war eben so einfach wie ihre Wohnung. Das tägliche Mahl bestand in der Regel in Heringen, Kartoffeln und Buttermilch; Fleisch, grüne Gemüse, und an hohen Festen ein fetter Gänsebraten, wurden nur ausnahmsweise genossen. Mehr speiste man Seefische, die aber nicht immer sehr frisch waren und oft schon einige Tage im Lande herumgefahren wurden, bevor sie auf den Markt nach Kolberg kamen. Neunaugen, geräucherte Lachse und Spickgänse oder geräucherte Gänsebrüste waren Delikatessen, die meistens ausgeführt wurden. Die pommerischen Gänse sind wegen ihrer Größe und ihrem Fett berühmt und über die gewöhnlichen Gänse ebenso erhaben, wie die westfälischen Schweine über andere deutsche Schweine. Der wenige Luxus, der hier herrschte, und die geringe Gelegenheit Geld auszugeben, während doch immer noch ansehnlich verdient wurde, machte, daß es sehr viel reiche Leute gab, die von Urgroßeltern und noch länger her schon die alten Taler in Kisten und Kasten aufgespeichert hatten. Mädchen mit einer baren Aussteuer von fünfzig-, achtzig- und hunderttausend Talern waren gerade keine so große Seltenheit. Unter den Merkwürdigkeiten der in vieler Hinsicht sonderbaren Stadt steht die große Marienkirche obenan. Es ist ein hohes, weitläufiges Gebäude, dessen ungeheurer, fast ganz leerer Raum ihm ein schauerliches Ansehen verleiht, um so mehr, da die Kirche in einem so schlechten Zustand war, daß überall Wind und Luft Zugang fanden und Eulen und andere Nachtvögel ihre Residenz in derselben aufgeschlagen hatten. Ja die Sperlinge waren so unverschämt, während dem Gottesdienst die Nase des Predigers auf der Kanzel zu umschwirren. Die Kirche hat viele Seitengebäude und Anhängsel, ist uralt und von dem Ertrag der Pfennige erbaut worden, die zwei Mönche von den frommen Seelen in ganz Deutschland erbettelten; sie war ursprünglich dem katholischen Glauben gewidmet. Eigentlich war es nur noch eine gut erhaltene Ruine mit sehr dürftiger Ausschmückung; mehr als tausend Scheiben der großen Fenster waren zerbrochen. Sie machte die Wirkung eines unermeßlichen Grabgewölbes auf mich. An einem der dicken Pfeiler hing ein altes seltsames Gemälde, welches folgende ebenso sonderbare Begebenheit darstellte. Als die Stadt Kolberg – ich entsinne mich nicht mehr, in welchem Jahre – vor vielen Jahrhunderten einst von den Wenden belagert wurde, und schon in der höchsten Bedrängnis, und die Not am größten war und alles verloren schien, da taten sich o Wunder! die Gräber der Toten auf dem Kirchhof auf, und die Gerippe der Verstorbenen entstiegen trefflich bewaffnet denselben, kamen den lebenden Kämpfern noch gerade zur rechten Zeit zur Hilfe, schlugen die Wenden in die Flucht und jagten sie zum Teufel. Als dies geschehen und die Stadt von dem furchtbaren Feind befreit war, suchten die Toten wieder ihre Gräber auf und legten sich in denselben abermals zur Ruhe, als ob gar nichts vorgefallen sei. Auch ein sehr großer siebenarmiger Riesenleuchter, den man vor mehreren Jahrhunderten in dem Meer bei Kolberg gefunden, ist im Hintergrund dieser Kirche aufgestellt. Mehrere Kolberger behaupteten in allem Ernst, es sei einer der Leuchter aus dem Tempel Salomonis. Der ziemlich hohe Turm dieser Kirche ist in nicht viel besserem Zustand als diese selbst, und wenn bei gewissen Gelegenheiten, wie z. B. in der hier sehr eisigen, kalten Heiligen Nacht die Geburt Christi durch Posaunen von demselben verkündet wird, so tönt es in den Gewölben der Kirche, als kündige man das Jüngste Gericht an, besonders wenn die gewaltigen Nordstürme ein obligates Akkompagnement dazu sausen, wie dies in der Regel der Fall ist. Kolberg steht überhaupt in einem so entlegenen und von den großen Heerstraßen entfernten Winkel, daß sich nur selten Fremde oder Reisende hierher verirren; meistens wandernde Künstler oder Musterreiter; beide machen aber in der Regel schlechte Geschäfte. Das Klima ist unfreundlich; das Wetter meist stürmisch; der Winter immer sehr streng und kalt. Der Schnee liegt lange und hoch, und selbst im hohen Sommer entsteigen in der Mittagstunde dichte kalte Nebel der See, die sich schnell über die ganze Gegend ausbreiten und sie in einen dichten grauen Schleier hüllen. Wer sich so plötzlich aus einem Klima, wie das von Korfu, wo ich noch einen Teil des vorjährigen Sommers zubrachte, hierher versetzt findet, dem scheint dies Land ein wahres Sibirien. Dabei ist die Stadt das wahrhafte und wirkliche Krähwinkel, jedoch nicht in bezug auf ihre braven Bewohner, denn in dieser Beziehung sind es viel größere Städte, wie z. B. Frankfurt, weit mehr, sondern weil sich die geflügelten wirklichen Krähen zu Hunderttausenden die Giebeldächer der alten Stadt seit undenklichen Zeiten zu ihren Sitzen ausersehen haben, deren Geschrei und graues Aussehen das Düstere noch vermehrt. Übrigens sind die Einwohner sehr biedere, wackere und brave Leute, noch von altem Schrot und Korn, und stehen ihren Mann auch vor dem grimmigsten Feind, wie sie es schon öfters zur Genüge bewiesen haben. Sie sind dabei gesellig, zuvorkommend gegen Fremde und freundlich gegen die Garnison. Sie selbst scheinen sich ihrer Verdienste unbewußt und erwähnten nur mit der äußersten Bescheidenheit der letzten heldenmütigen Verteidigung Kolbergs, zu der sie doch das meiste beigetragen. Der gesellschaftliche Verein der hiesigen gebildeten Welt führte den Namen Harmonie, und zwar mit Recht, denn diese herrschte damals ungestört in demselben. In dem Lokal dieser Gesellschaft wurden Bälle, Konzerte, Festmahle usw. veranstaltet. Die Frauen und Töchter der Honoratioren kamen zweimal in der Woche hier zusammen, um miteinander zu plaudern und zu arbeiten. Im Sommer geschah dies in dem Harmoniegarten; im Winter wurden alle vierzehn Tage Bälle, im Karneval auch in Kostümen, gegeben. Die Familien der Angestellten, die Offiziere der Garnison und die Kaufleute bildeten einen ansehnlichen Zirkel, dem sich der in geringer Zahl hier befindliche pommerische Adel anschloß; auch kamen häufig die adeligen Gutsbesitzer aus der Umgegend mit ihren Familien zu den Festen in die Stadt.

Als Festung ist Kolberg um so bedeutender, da es nebst Stralsund der einzige feste Platz an der pommerischen Küste ist, auch sind ihre Außenwerke, Schanzen und Redouten, die östlich bis zum Wolfsberg und nördlich bis zum Hafen an der Münde laufen, wichtig, außerdem kann man den größten Teil der Umgegend unter Wasser setzen. – Kolbergs Entstehung ist ungewiß; wahrscheinlich verdankt es Fischerhütten seinen Ursprung. Im zehnten Jahrhundert wurde es schon befestigt; im Jahre 1462 verteidigte es Hans von Schliefen lange und ruhmvoll. Nicht minder brav wurde es von Heiden im Siebenjährigen Krieg gegen die Russen, und Gneisenau 1806, während fast alle anderen preußischen Festungen gleich Kartenhäusern fielen, gegen die Franzosen verteidigt. Bei dieser letzten Belagerung war der tapfere Schill und der brave Nettelbeck sowie die gesamte Bürgerschaft Kolbergs vorzüglich tätig und zeichneten sich auf das rühmlichste aus. Sogar die Frauen trugen das ihrige dazu bei, die Kämpfenden aufmunternd und den Verwundeten und Kranken Hilfe und Pflege bringend. Die ganze Einwohnerschaft machte damals fast nur eine Familie aus. Das schon halb zusammengeschossene, mitten in der Stadt liegende Rathaus wurde in ein großes Blockhaus umgewandelt, was es jetzt noch war und auch zur Hauptwache diente. Ein schon 1334 erbautes Seilerhaus war von einer seltsamen Bauart; auch einen ziemlich geräumigen Packhof und große Magazine hatte die Stadt. Die Salinen sind eine halbe Stunde von derselben entfernt, und eine gute, aber teuer zu unterhaltende Wasserleitung versorgt die Festung mit gesundem Trinkwasser. Ramler wurde hier geboren. Der alte Nettelbeck aber war gewiß ihr bester Bürger, er war damals schon 76 Jahre alt, aber immer noch ein sehr rüstiger Mann, von dem lebhaftesten Geist. In seiner Jugend war er ein Seemann, hatte mehrere Reisen nach Ost- und Westindien gemacht, und in seinem hohen Alter bildete er noch junge Leute zu Matrosen und Steuermännern aus. Bei seinen großen Verdiensten war er der einfachste und anspruchsloseste Mann, dessen große Rechtschaffenheit und Redlichkeit zum Sprichwort geworden war, und Friedrich der Große, den er noch gekannt, stand in hohem Ansehen bei ihm. Sein Mut war über alles Lob erhaben. Eines Tages hatte der Blitz in den hohen Turm der Marienkirche geschlagen und dessen Spitze schon angezündet, da eilte der alte Nettelbeck ganz allein mit einer Handspritze hinauf und löschte das Feuer. Als bald nach der Schlacht bei Eylau Napoleon ein beträchtliches Korps gegen Kolberg sandte, welches, nachdem es die Verschanzungen bei Naugard genommen, sich zur Belagerung der Festung anschickte, da stellte sich der edle Greis Nettelbeck an die Spitze der wackern Bürgerschaft und war überall bei der Hand, wo die Gefahr am größten war. Die Franzosen hatten sich bereits der Schanze auf dem hohen Berg bemächtigt, aber die Kolberger befestigten nun die Mündung der Persante und die Maikuhle und brannten die Lauenburger Vorstadt ab. Schill, der sich in die Festung geworfen hatte, machte fast jeden Tag Ausfälle und vertrieb die Belagerer wieder aus den Schanzen. Nun wurde auch noch die Geldern-Vorstadt abgebrannt, und Schill schlug mit seiner Reiterei, die eine große Tapferkeit bewies, einen Teil der Belagerer in die Flucht.

Aber der Kommandant Kolbergs, ein Oberst Loucadou, von französischer Abkunft, war eine Schlafhaube, sprach von Übergabe, bis ihm Nettelbeck mit einigen Bürgern auf die Stube rückte und ihm erklärte, daß sie den, der von Übergabe spräche, für einen Hochverräter ansehen und als solchen bestrafen würden. Er wurde auch bald abberufen und durch den braven Gneisenau ersetzt, der sogleich dem Feind die Schanzen am Bullenwinkel wieder abnahm. Die Franzosen beschossen jetzt die Stadt heftig und fast ununterbrochen, aber Nettelbeck und seine Bürger, die mit der Besatzung in der Verteidigung der Stadt wetteiferten, waren überall bei der Hand, wo es eine Gefahr gab. Sie hatten sich in mobile Kompagnien eingeteilt, bedienten einen Teil des Geschützes, und Gneisenau tat fast nichts ohne den Rat oder die Meinung Nettelbecks zu hören, der sein bester Adjutant und überall war. Zündete eine Haubitzgranate irgendwo, so stand gewiß Nettelbeck mit seinem Schlauch an der gefährlichsten Stelle, die er nicht verließ, bis das Feuer wieder gelöscht war, und gab es außerhalb der Stadt ein Gefecht mit dem Feind, so saß er hoch zu Pferde, die Truppen aufmunternd, versorgte sie mit Munition und brachte dem Kommandanten unter einem Kugelregen die Berichte. Er besorgte die Überschwemmungen mit einer Umsicht, welche Scharfsinn und den richtigsten Überblick verriet. Durch seinen Mut und Patriotismus versetzte er die Bürger in Enthusiasmus, und alle diese Dienste tat er, ohne die mindeste Vergütung oder Besoldung zu erhalten, obgleich er durchaus ohne Vermögen war und von seinen bürgerlichen Verdiensten lebte. Viermal hatten die Bomben und Granaten ein gefährliches Feuer angefacht, und viermal hatte es Nettelbeck gelöscht. Die Redoute auf dem Wolfsberg wurde mehrmals vom Feind genommen, aber die Belagerten erstürmten sie wieder, töteten dem Feind fünfhundert Mann, während sie nur hundert verloren, unter denen der Vizekommandant Wallenfels war, den eine Kugel zerschmetterte, und machten zweihundertfünfzig Gefangene. Den folgenden Tag nahmen die Franzosen durch ungeheure Übermacht die Redoute wieder, aber das Korps Schills erbeutete einen Transport Lebensmittel, die ein Dutzend Wagen für die Belagerer herbeiführten. Aus den Stubenhager Schanzen wurden die Franzosen wieder hinausgeworfen und bei einem Sturm auf die Lauenburger Vorstadt mit großem Verlust zurückgeschlagen. Drei Tage währte der wütende Kampf auf dieser Seite. Am 1. Juli wurde die Stadt mit einem Bomben- und Kugelregen überschüttet, und eine derselben zündete den Munitionsvorrat auf der Kirche, was eine furchtbare Explosion verursachte, durch welche viele Leute, namentlich Artilleristen, getötet wurden. Zu gleicher Zeit näherten sich drei starke feindliche Kolonnen der Festung. Das Rathaus stand in Flammen und brannte samt seinem Turm nieder. Die Franzosen nahmen den Wolfsberg weg, von dem sie nach der Münde vordringen wollten, aber die Schillschen Husaren hieben so derb drein, daß sie die Flucht ergriffen. Gerade als sich der Kampf am wütendsten entspann, machte ihm die Nachricht von dem abgeschlossenen Frieden ein Ende. Das Belagerungskorps, aus Franzosen, Polen, Holländern und Sachsen bestehend, war an zwanzigtausend Mann stark, während die Besatzung samt den kampffähigen Bürgern nicht den vierten Teil betrug. Das Belagerungskorps kommandierten hintereinander drei Generale, unter denen Mortier war. Diese tapfere Verteidigung Kolbergs ist ein Lichtpunkt in dem sonst so düster-unglücklichen preußisch-französischen Krieg von 1807. Hätte sich das mächtige Magdeburg und die andern Festungen so gehalten, niemals wäre Preußen von den Franzosen unterjocht worden. Der König erkannte Kolbergs und Nettelbecks Verdienste wohl an, sprach das erste von aller Kriegskontribution, nahe an zweihunderttausend Taler, frei, und dem braven Nettelbeck wurde die Ehre zuteil, an die königliche Tafel gezogen zu werden, wo er den Ehrenplatz zwischen dem König und der Königin einnehmen mußte. Seine Tochter, noch ein Kind, wurde auf königliche Kosten erzogen, erhielt eine bedeutende Aussteuer, und aus Kolbergs Besatzung wurde ein Regiment gebildet, das auf alle Zeiten den Namen Kolberg führen sollte.

Ich begann nun mich nach und nach heimischer zu finden, obgleich meine Dienstverhältnisse gerade nicht immer die angenehmsten waren, woran ich indessen zum Teil selbst große Schuld trug, daß ich mich über manche Dinge, die mir ungewohnt waren oder ungereimt schienen, ganz unverhohlen und oft sehr schonungslos ausließ, was mir dann sowohl bei meinen Vorgesetzten als ältern Kameraden Unannehmlichkeiten und Verdrießlichkeiten verursachte, die oft nur durch die Klinge beigelegt werden konnten und mich in den Ruf eines händelsüchtigen Menschen brachten. Ich konnte zu wenig den französischen Felddienst und das französische Leben vergessen und mokierte mich gern über manches, was wohl nach Pedantismus roch, doch war damals schon der preußische Dienst fast von allen kleinlichen Erbärmlichkeiten gereinigt und in hohem Grad human, besonders auch gegen den gemeinen Mann. Das große Rechtlichkeitsgefühl und Wohlwollen des Königs war von den höchsten bis zu den untersten Klassen der militärischen Hierarchie gedrungen.

Die ersten Bekanntschaften unter den Einwohnern machte ich bei der Feier des Geburtstags des Königs, die mit großem Jubel begangen wurde. Nach der großen Parade war ein Diner und abends Ball in der Harmonie, den der Kommandant mit einer Polonaise eröffnete. Unter den anwesenden Damen bemerkte ich sogleich eine sehr zierlich und fein gebaute junge Frau, die sich mit außerordentlicher Anmut im Tanz bewegte. Auf meine Erkundigung erfuhr ich, daß es die Gattin eines Kaufmanns, namens G . . . war, und engagierte sie zum ersten Walzer. Kaum hatten wir dreimal die Tour im Saal gemacht, so dankte sie, setzte sich wieder auf ihren Platz, und ein paar Sekunden darauf tanzte sie schon wieder mit einem andern. Da ich diese hier allgemein gebräuchliche Sitte nicht kannte, so fiel mir dies gewaltig auf, und ich wollte meine hübsche Tänzerin soeben deshalb zur Rede stellen, als ich sah, daß es die andern Damen mit ihren Kavalieren ebenso machten, und durch einen Kameraden erfuhr, daß dies in Pommern Mode sei, eben um Zurücksetzungen und Händel zu vermeiden, da auf diese Weise jeder Herr mit jeder Dame zum Tanz kommen könne. Ich fand dies sehr vernünftig und tanzte in demselben Walzer nochmals mit Madame G . . ., nachdem sie abermals abgedankt hatte. Auf diesem Ball waren so ziemlich alle Schönheiten der Honoratioren Kolbergs beisammen, und wunderschöne und liebliche Mädchen unter denselben, wie die Fräulein von Gundenreich, drei sehr reiche Erbinnen, ein Fräulein Justke und eine v. Bajinsky, eine Frau Doktor M. usw., eine wahre Flora von Schönheiten und Liebenswürdigkeiten, daß einem die Wahl hätte schwer werden können. Doch fand ich an Madame G . . . ein so anmutiges, aufgewecktes und zierliches Weibchen, daß ich, von soviel Liebenswürdigkeit hingerissen, mich von diesem Tage an ihrem Dienste vorzüglich zu widmen beschloß. Ein tragisch-komischer Vorfall machte, daß dieses Fest auf eine kurze Zeit unterbrochen wurde. Der Chef der Artillerie hatte nämlich mit dem Kommandanten von Kolberg, Oberst Streit, als die Herren schon ziemlich allegro bei einer Bowle Punsch saßen, um ein Dutzend Flaschen Ungarwein gewettet, daß letzterer auch nicht einen Kanonenschuß in die Festung tun lassen könne ohne sein Wissen und seine Genehmigung (die Ordre dazu mußte erst an den Artilleriechef gelangen und ihm gemeldet werden, da kein Artillerieoffizier ohne diese abfeuern lassen konnte). Oberst Streit aber gab dem Platzadjutanten insgeheim Befehl, ein paar Reservekanonen aus dem Zeughaus, wozu die Schlüssel bei der Kommandantur waren, holen, sie so geräuschlos wie möglich in der Börsenstraße gegen die Harmonie zu auffahren und richten sowie durch Artilleristen aus dem Invalidenbataillon bedienen zu lassen, und dann auf ein von ihm mit einem weißen Schnupftuch am Fenster gegebenes Zeichen abzufeuern. Als man dem Kommandanten berichtet hatte, daß alles nach seiner Ordre bereit wäre, sagte er zum Major von Gaeti, Chef der Artillerie: „Nun, Herr Major, lassen Sie uns die Gesundheit Sr. Majestät, unsers hochverehrten Königs, ausbringen und mit Kanonendonner akkompagnieren." Der Major erwiderte lächelnd: „Ich bin es zufrieden", und stieß mit dem Oberst an, der ausrief: „Hoch lebe unser edler König!", zugleich mit dem Schnupftuch an dem Fenster winkend, und in demselben Augenblick, es war gegen Mitternacht, donnerten die Kanonen zum Schrecken und Erstaunen der ganzen Harmoniegesellschaft, aber auch alle Fensterscheiben fielen klirrend in den Saal, so daß die Damen schreiend die Flucht ergreifen wollten. Jedermann sah sich betroffen gegenseitig an und wußte nicht, was er von dem Vorfall denken sollte, zumal da sich die Kanonenschüsse erneuerten und deren einige zwanzig fielen. Doch klärte sich die Sache bald auf, und das unterbrochene Fest nahm wieder seinen, nicht ferner gestörten Fortgang. Der Herr Oberst hatte zwar den Ungarwein gewonnen, mußte aber ein paar hundert Taler für die zerbrochenen Scheiben zahlen, denn nicht allein alle Fenster der Harmonie waren zerschmettert, sondern auch links und rechts die der Häuser in der Börsenstraße, von dem Platz, wo die Kanonen standen, bis zum Harmoniegebäude, welches Face machte. Es war demnach eine sehr teuer gewonnene Wette. – Erst um 3 Uhr endigte das Fest, auf dem ich mit Madame G... schon so weit gekommen war, daß sie mir mit vielsagendem Blick eine beste Nacht wünschte. Wenige Tage darauf sah ich sie nebst noch anderen Damen wieder in dem Harmoniegarten, wo die neue Bekanntschaft freundlichst fortgesetzt wurde. Kurz vorher war der Hauptmann von Pfündöl angekommen, dem ich nun die Kompagnie hatte übergeben müssen.

Er befand sich auch bei der Gesellschaft im Garten, und als die Sprache auf Berlin kam, erzählte ich, daß ich daselbst bei meinem Wirt, ein Herr von Pokwisch, eine so überaus freundliche Aufnahme gefunden, und überhaupt die Berliner nur zu rühmen hätte. Pfündöl fragte mich hierauf mehr und sehr genau nach den näheren Umständen der Familie v. P., so daß es mir auffallen mußte. Ich konnte ihm indessen nur Gutes und Lobenswertes von jedem Mitglied derselben mitteilen. Endlich fiel er mir lächelnd mit den Worten in die Rede: „Herr Kamerad, das war Ihnen geraten. Wissen Sie, daß die alte Frau von Pokwisch meine Schwester und deren Sohn folglich mein Neffe ist; die junge Frau habe ich aber noch nicht gesehen." Von diesem Augenblick an waren wir die besten Freunde und Kameraden.

Noch denselben Tag schritt ich in der Gunst der Madame G... so weit voran, daß sie mir das Haus einer ihrer Bekannten, eine gewisse Madame Sparschuh, empfahl und zu verstehen gab, daß ich sie in demselben oft antreffen könne. Ich fand auch schnell Mittel, mich bei dieser schon etwas älteren Dame, deren Gatte die meiste Zeit abwesend war, zu introduzieren, und bald brachte ich ganze Nachmittage in Gesellschaft der Madame G... daselbst zu, während Madame Sparschuh so gütig war, sich mit Haushaltungsangelegenheiten zu beschäftigen und uns manches Stündchen ganz allein zu lassen, wohl auch dafür zu sorgen, daß wir nicht unangenehm überrascht werden konnten; was wir dann bestens zu benutzen verstanden.

Damals waren gerade viele junge Soldaten zu dem Bataillon gekommen, die einexerziert und im Dienst geübt werden mußten, weshalb die wachhabenden Offiziere vom Kommandanten dahin instruiert worden waren, die Wachen öfters zur Übung unters Gewehr treten und präsentieren zu lassen. Dies benutzte ich nun, wenn ich die Hauptwache kommandierte, sooft eine von meinen Schönen vorüberging, was häufig, namentlich mit Madame G . . ., der Fall war, die, wenn sie wußte, daß ich auf Wache war, einige Male des Tages kam. Bald bemerkten es indessen die der Hauptwache gegenüberwohnenden Nachbarn, und besonders eine Apothekersfrau, namens Julius, welche, nicht sehr schön und liebenswürdig, auf die jüngeren Damen eifersüchtig war und es einzurichten wußte, daß die Sache dem Kommandanten zu Ohren kam, der darauf einmal bei der Parade die Herren Offiziere vornahm – es waren noch mehrere, welche dasselbe Manöver ausführen ließen – und mit einem bedeutenden Blick auf mich und meine Kameraden sagte: „Die Herren wachthabenden Offiziere möchten doch nicht gerade in dem Augenblick die Wache ins Gewehr treten lassen, wenn gewisse Damen sichtbar würden." – Wir ließen uns dies gesagt sein und mieden es fortan. – Außer Madame G . . . machte ich bald noch die Bekanntschaft ihrer hübschen Kusine, der Frau Doktor M . . ., bei einer Kaffeegesellschaft im Bullenwinkel. Die Kolberger Damen veranstalteten nämlich sehr häufig solche Kaffeeklatsche; im Winter in ihren Häusern, im Sommer aber auf einem nahegelegenen ländlichen Ort, wobei außer Kaffee und Kuchen noch reichlich süße Weine, Spickgans und andere Leckerbissen serviert wurden. Diejenigen Damen, welche intimere Bekanntschaften mit Offizieren hatten, ließen diese wissen, wenn eine solche Zusammenkunft auf dem Land, wozu man fast immer den Bullenwinkel wählte, stattfinden sollte, und sie stellten sich bei denselben wie auf einem zufälligen Spaziergang ein. Man lud sie dann höflichst ein, eine Tasse Kaffee anzunehmen, und brachte so den Nachmittag recht vergnügt mit ländlichen Spielen: Schaut euch nicht um, der Fuchs geht herum; Gut Bier feil; und besonders Versteckens usw., zu. Der romantische Bullenwinkel bestand aus einigen Wirtschafts- und Ökonomiegebäuden, die an den Ufern eines mit Erlen, Eschen und Weiden besetzten Baches lagen. Die Gesellschaften waren immer einige zwanzig bis dreißig Personen und mehr stark, und die Blüte der Kolberger Frauen und Mädchen kam da zusammen, um Kaffee oder auch Buttermilch zu schlürfen und neue Bekanntschaften zu machen, während die Männer und Väter dieser Damen ganz ruhig auf ihren düstern Schreibstuben bis zum Untergang der Sonne arbeiteten und in Kaffee, Zucker, Weinen usw. spekulierten. Mit einem andern jungen Offizier, dem Leutnant Willmann, hatte ich nähere Freundschaft geschlossen, so daß wir uns unsere Abenteuer und Verbindungen gegenseitig mitteilten und einander behilflich waren. Seine Auserkorene war eine junge Witwe, die Kriegsrätin W., eine ziemlich türkische, das heißt korpulente Schönheit, denen ich nie einen Geschmack abgewinnen konnte. Dagegen hatten Madame G . . . und ihre Kusine, beide Sylphidengestalten. Erstere war aber von einem so zarten Nervenbau, daß sie vor lauter Entzücken oder auch aus Ärger und Gemütsbewegung leicht in einen völlig bewußtlosen Zustand versank, und bis zur Beängstigung in demselben verblieb. Bald merkte sie, daß ich mit der Frau Doktor M. auf einem freundschaftlichern Fuß, als ihr lieb war, stand, was zu Neckereien und unangenehmen Szenen Veranlassung gab. Als eines Nachmittags im Bullenwinkel wieder Versteckens gespielt wurde, hatte mir ihre Kusine leise zugeflüstert: „Ich verstecke mich in das hohe Federbett der Wirtin, dort findet mich gewiß niemand." – „Außer mir", erwiderte ich. – „Das dürfen Sie nicht, weil ich es Ihnen gesagt habe." – „Nun, wir werden sehen." – Als alle versteckt waren, schlich auch ich mich in die Schlafkammer der Wirtin, wo ich richtig die Frau Doktor fand, die ihr allerliebstes Köpfchen aus den berghohen Federbetten der Wirtin steckte. – „Beste Frau Doktor", ließ ich mich vernehmen, „ich kann Ihnen nicht helfen, aber ich weiß keinen andern Platz zum Verstecken zu finden, als bei Ihnen im Bett." – „Ja, unterstehen Sie sich!" – „Und warum nicht?" Ich unterstand mich und war mit einem Hui! in den Federmassen, unter der

Decke und mit der liebenswürdigen Frau vereint. – „Aber mein Gott, wenn man uns hier zusammen findet!" – „Man wird uns nicht finden, ich habe es mit der Wirtin abgemacht; lassen Sie uns also den günstigen Augenblick benützen." – Sophie wollte protestieren, mich wieder hinaus haben, aber ich war nicht der Mann, der, einmal in einer Festung, dieselbe so leicht wieder aufgab. Da half kein Sträuben und Ach; aber plötzlich knarrte die Türe, und ich schlüpfte tief unter die schwere und breite Bettdecke, bis zum Ersticken zugedeckt. Es war Madame G..., die mich überall gesucht hatte und endlich auf den Einfall gekommen war, zu sehen, ob ich mich nicht in der Wirtin, ihr und mir schon wohlbekanntem Schlafzimmer befände. Sie trat an das Bett, und ihre Kusine mit sehr erhitztem Aussehen in demselben liegen findend, sagte sie: „So, du hast dich hier verborgen, das ist so übel nicht, ich will mich mit dir zusammen verstecken." – „Bewahre der Himmel, das geht nicht, wo denkst du hin." – „Ich sehe nicht ein, warum ..." – „Nein, das leide ich ein für allemal nicht, du gehst deiner Wege." – Aber Madame G... war nicht die Frau, die sich so leicht abschrecken ließ, und zog und zerrte schon an der Bettdecke, welche die Frau Doktor um so fester an sich hielt, wobei ich ihr unterbettischerweise so behilflich war, daß es der Madame G... nicht gelang, die Decke herabzureißen, und so entstand ein gewaltiges Hin- und Herzerren. Da beide Kusinen sehr laut wurden, so daß ich fürchtete, noch andere Personen möchten dazu kommen, entschloß ich mich, der Sache rasch ein Ende zu machen, warf die Decke von mir, sprang aus dem Bett heraus und stellte mich zwischen beide, fast gleich verblüffte Damen, suchte sie zu besänftigen, indem ich ihnen vorstellte, daß sie beide gleiches Interesse hätten, daß die Sache verschwiegen bliebe, und der türkische Sultan ja ein paar hundert Frauen zumal habe, ich also wohl auch zwei Geliebte auf einmal besitzen dürfe, besonders da ich beide gleich heftig liebe, wie sie versichert sein könnten. Um dieser Versicherung mehr Nachdruck zu geben, küßte ich beide abwechselnd, wennschon Madame G... sich gewaltig sträubte. Die Doktorin aber, die sich besser in das Geschehene zu finden wußte, rief ihr zu: „So ziere dich nicht so, Minchen, es ist jetzt einmal nicht anders, und dann bleibt's ja unter der Verwandtschaft." – Es wurde endlich, wenigstens scheinbar, der Frieden geschlossen und besiegelt; wir begaben uns alle drei wieder zur Gesellschaft, nahmen kühlende Buttermilch zu uns und spielten dann wieder: Schaut euch nicht um, der Fuchs geht herum, bis mit der Dämmerung ich beide Kusinen am Arm heimführte. Madame G... konnte aber diesen Vorfall nicht so leicht verschmerzen, sondern spielte die Eifersüchtige fort, ließ soviel wie möglich alle meine Schritte beobachten und durch eine ihrer Mägde sogar meinen Burschen bestechen, der mir jedoch alles wieder rapportierte und, von mir gehörig instruiert, nur sagte, was ich für gut fand, ihn sagen zu lassen. Indessen ließ sie dennoch ihre Kusine so genau bewachen, daß es dieser fast unmöglich wurde, einen Schritt zu tun, ohne daß es Madame G... nicht erfahren hätte, die es so einzurichten verstand, daß wir uns fast nie allein sprechen konnten. Um dies bewerkstelligen zu können, kam ich mit der Frau Doktor überein, daß sie eine kleine Reise zu einer nahen Verwandten nach dem fünf Meilen von Kolberg entfernten Köslin machen und ich für einige Tage Urlaub dahin nehmen solle, das Vorhaben aber so geheim zu halten, daß Madame G... vor unserer Abreise nichts erfahre. Dies glückte, und um sie irrezuführen, hatten wir hinterlassen, daß Sophie nach Treptow und ich nach Köslin gegangen sei, fanden uns aber schon eine halbe Meile hinter Kolberg zusammen und setzten nun den Weg nach Köslin in einem offenen Wagen fort.

Köslin ist eine hübsche freundliche Stadt, regelmäßig gebaut und noch mit einer von Türmen flankierten Mauer umgeben. In frühern Zeiten war es stark befestigt und soll über fünfzig dicke Türme gehabt haben. 1718 brannte fast die ganze Stadt ab, wurde aber nach dieser fürchterlichen Feuersbrunst, so wie sie jetzt noch steht, wieder aufgebaut. Friedrich I. war der Wiedererbauer. Seine Bildsäule steht mitten auf dem schönen Marktplatz zwischen zwei Wasserbehältern. Köslin hat vier Vorstädte und über sechstausend Einwohner, und da sich die Regierung, das Oberlandesgericht von Pommern und noch andere Behörden hier befinden, so ist der Ort sehr lebhaft und gesellig; auch ist noch ein altes Schloß vorhanden. In seiner Nähe befindet sich der Gollenberg, der höchste Berg in Pommern, und die Ufer des Baltischen Meeres sind nur eine Stunde davon entfernt. Der beste Geschichtschreiber Pommerns, Muränius, ist hier geboren. Durch Fehden, Kriege, Pest und Feuer hat die Stadt in früheren Zeiten außerordentlich gelitten, war aber jetzt wieder im Flor. – Als die verstorbene Königin Luise einst hier durchfuhr und sie viele pommerische Edelleute zu Pferde eine Strecke geleiteten, machte sie einem derselben, der ein sehr schönes Tier ritt und auch ein guter Reiter war, deshalb ein Kompliment. Der Landjunker erwiderte: „Ja, Ihro Majestät, es ist ein gutes Tier, nur hat das infamige Beest fortwährend alle Löcher aufgesperrt!" – Ein anders Abenteuer widerfuhr hier dem König Friedrich Wilhelm III., als er durchkam. Dieser Monarch sprach bekanntlich in sehr abgebrochenen Worten; als sein Wagen an der Post umgespannt war, sagte er zu den Postillonen: „Regulär fahren!" Diese aber verstanden: an die Regierung fahren, fuhren dahin und hielten dann still. Der König erkundigte sich, was dies bedeuten solle, und es wurde ihm die Antwort: „Majestät, hier ist die Regierung." – Nachdem derselbe erklärt, daß er da nichts zu tun habe, löste sich das Mißverständnis auf. Nun mußten die Postillone in der ziemlich engen Straße auf dem Topf umwenden, was sie so ungeschickt taten, daß der Wagen um- und auf einen ziemlich hohen Lehmhaufen fiel, so daß der Sturz nicht sehr hart und fast ohne alle Beschädigung ablief. Die Postillone hatten jetzt große Angst und fast Kopf und Führung verloren. Der König, der ausgestiegen war, sprach ihnen jedoch Trost und Mut ein, und sie erhielten für die ausgestandene Angst jeder einen Friedrichsdor Extratrinkgeld.

Nachdem ich mit Sophie den dreitägigen Aufenthalt in Köslin auf das beste benutzt hatte und bei ihren Verwandten sehr gut aufgenommen worden war, fuhr ich einen Tag früher ab, damit man in Kolberg, namentlich Madame G..., weniger argwöhnisch sein und uns nicht auf die Spur kommen möge. Aber die Dame hatte bereits Verdacht geschöpft, da ihre Kusine ihr kein Wörtchen von der Reise mitgeteilt. Bald kam sie auch durch ihre Spione hinter die Wahrheit, und es setzte Szenen in der Doktorin-Wohnung ab, wobei die nervöse Madame G... furchtbare Krämpfe bekam und in gänzliche Bewußtlosigkeit fiel. Um der Doktorin den Streich wettzumachen, veranstaltete sie nun gleichfalls eine kleine Lustreise, wobei ich ihr schwören mußte, das Vorhaben ihrer Kusine nicht zu verraten; ein Schwur, den ich aber nicht hielt, und da ich wußte, daß Sophie weit vernünftiger als Minchen war, teilte ich ihr die Sache mit, worauf wir beide herzlich darüber lachten. – Diesmal sollte die Fahrt auf das Gut eines pommerschen Landedelmannes gehen, mit dem der Mann der Madame G... einige nicht sehr bedeutende, merkantilische Geschäfte machte und der der Dame einst en passant hingeworfen hatte: sie möge ihn doch einmal auf seinem Gut besuchen. Madame G... arrangierte nun eine Partie dahin, wozu sie auch noch außer mir Herrn und Madame Sparschuh und ein Fräulein von Bajinsky einlud, um die Sache nicht zu auffallend zu machen. Wir fuhren einen Sonnabendnachmittag ab und langten erst gegen 9 Uhr abends in dem Dorf des Edelmannes an. Je näher wir kamen, desto ängstlicher wurde Madame G..., die anfing, einzusehen, daß sie auf eine so oberflächliche Einladung bis wenigstens nicht noch vier fremde Personen hätte mitbringen sollen, und erst nahe bei dem Dorf entdeckte sie mir und den andern ihre Bedenklichkeiten. Ich war sogleich dafür, daß wir andern in der Schenke des Dorfes übernachten müßten, während Madame G ... allein von der Einladung des Edelmannes Gebrauch machen solle. Dies wollte sie aber ebensowenig, namentlich nicht, daß ich mit dem Fräulein von Bajinsky, einem niedlichen, jungen Mädchen, der Tochter eines pensionierten Majors, ohne ihr unter einem Dache schlafen sollte. Auch war der Krug (das Wirtshaus) in dem Dorf so beschaffen, daß wir alle in einer Kammer auf der Streu hätten liegen müssen. Wir hielten indessen am Krug an, von wo sich Madame G ... allein nach dem Schloß des Edelmannes begab und diesem, indem sie ihm ihren Besuch ankündigte, zu gleicher Zeit auf eine Weise mitteilte, daß sie in Gesellschaft von noch vier Personen gekommen, die im Krug geblieben, daß der gute Mann wohl nicht anders konnte, als ihr den Vorschlag zu machen, sie zu ihm zu bringen; sie kam nun triumphierend zurück, uns einladend, ihr zu folgen. Wir wurden indessen ziemlich frostig empfangen, besonders von der gnädigen Frau, die Unwohlsein vorschützend sich bald, nachdem sie uns gemustert, wieder entfernte, uns dann durch einen Bedienten unsere Zimmer anweisen, zum großen Verdruß der Madame G ... eines für die Damen mit drei Betten und ein anderes für die Herren, und uns auch ein ziemlich frugales Abendessen auf denselben servieren ließ, nach welchem wir alle etwas verstimmt und kleinlaut uns zur Ruhe verfügten, da wir niemand von dem Haus mehr zu sehen bekamen. Am andern Morgen wurde uns um 8 Uhr der Kaffee gebracht, und der aufwartende Bediente teilte uns mit, daß sich seine Herrschaft bestens entschuldigen lasse und bedauere, uns nicht mehr sehen zu können. Sie habe aber mit Tagesanbruch auf ein benachbartes Gut fahren müssen, dessen Eigentümer sie diesen Besuch schon vor vierzehn Tagen versprochen. –

Dies war denn doch ein wenig zu arg. Ich dankte für das Frühstück, befahl sogleich anzuspannen, die übrigen waren vollkommen meiner Meinung, und den Domestiken fünf Taler in Gold als Trinkgeld hinwerfend, verließen wir den gastfreien Edelhof und waren zu Mittag wieder in Kolberg, samt und sonders von dieser Pläsierreise wenig erbaut, und Madame G... ein wenig beschämt. – „Der soll mir aber nach Kolberg und zu uns kommen", sagte sie wohl hundertmal unterwegs, „ich will ihm wieder mit Ungarwein aufwarten, dem Flegel..." Niemand war über dies Resultat erfreuter als Frau Doktor M., der ich alles nebst den kleinsten Nebenumständen mitteilte, und sich darüber kindisch freute und halbtot lachen wollte. Ich hatte indessen bei dieser Gelegenheit nähere Bekanntschaft mit dem liebenswürdigen Fräulein Bajinsky gemacht, die ich nun auch bald auf mein Register setzen zu können hoffte. Ich gefiel mir immer mehr in Kolberg und hatte eben einen Wechsel von vierhundert Talern von Hause erhalten, die mir der Bankier Mendelsohn in Berlin bei dem Hause Plüdemann in Kolberg, einer der reichsten Kaufleute, anwies; und da dies schnell in der Stadt herumkam, so galt ich für sehr reich, und alle Leute waren jetzt dreimal so artig wie früher gegen mich. Den hübschen Töchtern meines Bataillonschefs sowie der elfjährigen Tochter des Kommandanten gab ich Unterricht in der französischen Sprache und im Singen. So war ich sehr gern gesehen und erhielt mehr Einladungen, als mir lieb war. Eine junge Majorin von G... bat mich ebenfalls, ihr doch einige Stunden auf der Gitarre geben zu wollen, was ich unmöglich ausschlagen konnte, da sie nicht nur eine hübsche, sondern auch sehr geistreiche Frau war. Nach vielen Bemühungen brachte ich auch ein kleines Liebhabertheater zustande und wurde sogar in der Harmonie zum Maître des plaisirs et des cérémonies ernannt, war so überall Hahn im Korbe und wohlgelitten, trotzdem daß ich oft in Gegenwart der Männer und Eheherren den Damen Schelmenlieder vorsang, wie folgendes, worüber man herzlich lachte und mich oft bat, es zu wiederholen:

Ihr lieben Männer laßt euch raten,
Ich mein' es wahrlich mit euch gut:
Bekommt ihr ins Quartier Soldaten,
So seid nur fein auf eurer Hut;
Die Herrn sind tapfer in den Kriegen
Und fliehen nicht im ärgsten Streit,
Und Weiberherzen zu besiegen
Ist ihnen eine Kleinigkeit.

Will der Soldat die Frau bezwingen,
Betrachtet er als Festung sie;
Als Sieger sich emporzuschwingen,
Spart er nicht Kunst, nicht Kniff', nicht Müh';
Ihm ist vor seinem Feind nicht bange,
Bald läuft er Sturm, bald braucht er List,
Kurzum, er balget sich so lange,
Bis er der Festung Meister ist.

Hat nun die Festung sich ergeben,
Ruft der Soldat: Viktoria,
Dies alles muß der Mann erleben
Und steht noch wie ein Gimpel da.
Drum schärft die Augen, spitzt die Ohren,
Kommt ein Soldat zu euch ins Haus,
Gebt ihr nicht acht, seid ihr verloren,
Und obendrein lacht man euch aus. Ha, ha, ha.

Dies hinderte nicht, daß die guten Männer selbst darob lachten und einer zum andern mit einem bedeutungsvollen Blick foppend sagte: „Ja, so geht's, Herr Bruder", nicht ahnend, daß er selbst zum großen Heer der Betrogenen gehöre. Ich arrangierte nun Extra-Bälle, kleine Konzerte, gab alle Gesellschaftsspiele an und war in der Tat l'enfant cheri des dames, und auch hier mußte mir die zum Turm der Marienkirche führende Treppe bei den gefährlichsten und geheimsten Rendezvous zum verschwiegensten Gelegenheitsmacher dienen. Eine dieser Damen, die von ihrem Gatten, einer hohen Militärperson, sehr überwacht wurde und deren Gängen man nachspürte, machte den Abend, wenn wir ein Stelldichein verabredet hatten, drei bis vier Besuche in verschiedenen Häusern, bevor sie sich im Turm einfand, um im Notfall eine gute Ausrede zu haben und besser ein Alibi beweisen zu können. – Auch an Heiratsanträgen, die mir so unter der Hand angegeben wurden, fehlte es nicht. Es waren meist hübsche und reiche Mädchen, mit denen mich gefällige Basen und Tanten, trotzdem daß meine galanten Aventüren so ziemlich bekannt waren und Aufsehen erregten, beglücken wollten. Schöne und reiche Mädchen waren die Fräulein von Gundenreich, von denen man mir die älteste durchaus freien wollte. Aber kaum sechsundzwanzig Jahre zählend, hatte ich noch wenig Sinn für Hymens Freuden in der Ehe, und ebensowenig Wert hatte der Mammon für mich.

So kam allmählich der Winter heran. Hauptmann von Pfündöl und ich erhielten sehr freundliche Einladungen von Pokwischs in Berlin, einen sechswöchentlichen Urlaub zu nehmen und sie zu besuchen. Trotz aller Freuden, die mir jetzt in Kolberg blühten, ließ ich mich doch bereden, die gutgemeinte Einladung anzunehmen; auch hatte ich halb und halb die Absicht, eine Versetzung an den Rhein auszuwirken, erbat mir und erhielt Urlaub und machte mich vierzehn Tage vor Weihnachten mit Pfündöl auf den Weg nach Berlin. Bis Naugarten hatten wir Extrapost genommen und uns dann in den von Danzig kommenden Postwagen gesetzt, in dem wir eine liebenswürdige Polin, die Gattin eines polnischen Ulanenrittmeisters, der bei der Armee in Frankreich stand, trafen, die ebenfalls nach Berlin und von da weiter nach Frankreich zu ihrem Manne reiste und gut französisch sprach, das Pfündöl, der außerdem schon ein Sechziger war, so wenig verstand wie die andern Passagiere. Ich fand die junge Frau, die aus Königsberg kam, allerliebst und konnte mich um so ungestörter mit ihr unterhalten, da niemand verstand, was wir sprachen. In Stargard führte ich sie während des mehrstündigen Aufenthalts daselbst in der Stadt herum spazieren, in Königsberg in der Neumark ebenso, und in Freienwalde gingen wir trotz Wind und Wetter den Gesundbrunnen aufsuchen. Es war schon 9 Uhr abends, als wir in Berlin ankamen, was ich zum Vorwand nahm, um nicht sogleich zu Pokwischs zu gehen, sondern in den „Goldenen Engel", wo ich schon früher logierte, mit der Frau Rittmeister abzusteigen, worauf auch Pfündöl einging, da er seine Verwandten nicht so spät inkommodieren wollte. Mit meiner schönen Polin war ich im Postwagen schon so weit gekommen, daß ich sie für meinen Reiseschatz erklärt hatte und sie mir in dieser Eigenschaft nicht wohl mehr etwas abschlagen konnte. Ich schlich mich nach 11 Uhr auf Katinkas nicht verschlossenes Zimmer, in dem noch Licht brannte. Sie lag aber schon mit hochwallendem, zur Hälfte entblößtem Busen im Bett und schlief, oder wenigstens tat sie so. Ich weckte die Scheintote mit Küssen, die sich nun stellte, als erwache sie aus tiefem Schlaf und als ob es schon zu spät war, ihre Unschuld zu retten, aber immer noch früh genug, um im Hochgenuß mitfühlend zu schwelgen. Ihre bald weitgeöffneten schwarzen Feueraugen verrieten alle Glut hoher Lust. Die Frau war so üppig und reizend gebaut, daß ich selbst in Spanien nie einen schöneren Frauenkörper kennengelernt. Erst gegen Morgen verließ ich das Zimmer der schönen Polin wieder, kleidete mich an und begab mich dann in das Pfündöls, um mit diesem zu frühstücken und hierauf zu Pokwischs zu fahren, wo wir mit großem Jubel empfangen und freudig aufgenommen wurden. Die Frau Rittmeister verweilte mir zu Gefallen noch acht Tage in Berlin, das sie noch nicht kannte. Ich unterzog mich der Mühe, sie es kennenzulernen. Wir führten sie bei Pokwischs ein, wo sie während ihres kurzen Aufenthaltes täglich in dem gastfreien Hause zu Tische geladen wurde. – Minchen Pfeifer, bei der wir am andern Tage die Aufwartung machten, war unterdessen förmlich die Braut des bei dem Armeekorps in Frankreich stehenden Regimentschirurgius geworden. Dies hinderte nicht, daß wir das frühere Verhältnis wieder anknüpften, obgleich sie, als sie von Pokwischs erfuhr, daß ich wiederkommen würde, diesen gesagt hatte: „Wenn Herr Fröhlich kommt, so suchen Sie doch ja zu verhindern, daß er mich unter den jetzigen Umständen besucht.“ Als sie mir bei der ersten Visite, die ich mit Pfündöl machte, zuflüsterte: „Nun, werde ich Sie recht oft bei uns sehen?“, erwiderte ich ihr: „Sie haben es sich ja verbeten.“ – „Ach, das war nicht so gemeint“, versetzte sie, „aber man muß den Leuten ein wenig Sand in die Augen streuen, damit man nicht für so leichtsinnig gehalten wird. Wir können indessen immer zusammen musizieren, wenn ich auch Braut bin. Das tut nichts, aber versteht sich, alles in Ehren.“ – „Ja, mein Fräulein, in Ehren kann man alles tun, und so wollen auch wir es machen.“ – Wir sangen nun wieder öfters miteinander und trugen die Duette, wenn wir allein waren, mit so großem Ausdruck und so handgreiflicher Aktion vor, daß auch der strengste Kritiker und Rezensent hätte bezeugen müssen, daß die vollkommenste Natur dabei herrschte. – Auch auf dem Schloß machte ich meine untertänigste Aufwartung bei der Prinzessin Wilhelm, die mich wieder sehr freundlich empfing und mich unter anderm fragte: wie es mir in den preußischen Diensten gefalle? Worauf ich ein: „Vortrefflich, Hoheit!“ erwiderte und während meines Aufenthaltes in Berlin noch einige Male meine Aufwartung wiederholte. – Nachdem acht Tage verflossen, setzte die schöne Polin ihre Reise nach Frankreich fort, und ich wurde dadurch freier in meinem Tun und Treiben. Der diesmalige Aufenthalt in Berlin war noch unterhaltender für mich als der frühere, denn wir machten viele neue Bekanntschaften, da wir Empfehlungsbriefe von in Kolberg garnisonierenden Offizieren an deren Verwandte mitgebracht hatten, wodurch wir viele Einladungen erhielten, die uns manche angenehme Stunde hinbringen halfen. Unter andern lernte ich auch die liebenswürdige Gattin des Herrn von L . . ., eines Abgeordneten aus Stralsund, das eben erst preußisch geworden war und deshalb Deputierte nach Berlin gesandt hatte, kennen, sowie eine Justizrätin von M . . . und eine Oberstin von M . . . Jede dieser Damen war gleich anziehend für mich, und lange schwankte ich, welcher ich den Vorzug geben solle. Die Munterkeit und das heitere Wesen der Justizrätin machte bald, daß ich mich vorzugsweise für diese entschied. Sie war eine Schwägerin der Frau von L . . ., und ich hatte nun freien Zutritt in allen diesen Häusern, wo ich manche höchst vergnügte Stunde zubrachte. Dabei hatte ich auch einige der älteren Bekanntschaften wieder erneuert, namentlich die der reizenden Schauspielerin Demoiselle D . . ., die aber, wie sie mir selbst gestand, jetzt Besuche von einer hohen Person erhielt und mich deshalb nur verstohlen empfangen konnte. Mein Verhältnis mit der Justizrätin wurde indessen durch einen unangenehmen Zufall bald unterbrochen. Ich hatte eines Morgens einen Korb mit schönen Austern an dieselbe durch meinen Bedienten geschickt und ihr in einem Billettchen dazu geschrieben, daß ich mich um 11 Uhr – die Zeit, wo ich wußte, daß ihr Mann in Amtsgeschäften abwesend sei – bei ihr einfinden würde, um die delikaten Schaltiere mit ihr zu frühstücken. Das in unser Geheimnis eingeweihte Stubenmädchen empfing den Korb, etwas später mich, und wir aßen die Austern fröhlich zusammen und ließen sie in süßem Ungarwein schwimmen. Alles ging nach Wunsch und lief ungestört ab. Vor 1 Uhr entfernte ich mich, weil nach dieser Stunde der Herr Gemahl sich zum Mittagessen einzufinden pflegte. Nun hatte aber das unbesonnene Mädchen die Austernschalen auf einem Wasserstein in der Küche stehen lassen, und als Herr von M . . . gegen 2 Uhr kam und zufällig, gegen seine Gewohnheit, einen Blick in die Küche warf, um zu fragen, ob das Essen fertig sei, sah er die Austernschalen. – „Was ist denn das?" fragte er das erschrockene Mädchen, das nach einigem Zögern stotterte: „Madame hatte plötzlich einen so großen Gelust nach Austern, daß ich deren holen mußte." – „So, und wie es scheint, eine ziemliche Quantität, da sind ja mehr als hundert Schalen." – Der Justizrat eilte nun in das Wohnzimmer und sagte zu seiner Frau: „Du hast heute morgen Austern gegessen?", worauf sie erschrocken versetzte: „Ich glaube, es träumt dir, mein lieber Mann." – „Wie, die ganze Küche liegt voller Schalen, und das Mädchen sagte mir, du habest plötzlich eine so große Lust nach diesem Leckerbissen gehabt, daß sie deren habe holen müssen. Ich hätte nichts dagegen, wenn es ein Dutzend gewesen wäre, aber über ein Hundert, das kostet ja an zwei Friedrichsdor." – Die Frau sah wohl ein, daß sie die Sache auf Rechnung ihrer Genäschigkeit schieben müsse, und dankte Gott, auf diese Weise noch mit einem, wenn auch etwas derben Verweis davonzukommen, indem der Mann sagte: „Du bist ja doch nicht in der Hoffnung, soviel ich weiß, und wäre es, gleich ein Hundert zu verzehren, dergleichen Sprünge verbitte ich mir, sonst werde ich dir einen Riegel vorschieben, der dich verhindern soll, künftig so extravagante Ausgaben zu machen. Einhundert Austern, solche Depense macht der König nicht!" – So wäre die Sache abgemacht gewesen, wenn der Justizrat nicht zwei Tage darauf ein anonymes Billettchen erhalten hätte, in dem man ihm schrieb: „Sie sind sehr schwachköpfig, zu glauben, daß Ihre Frau die Austern – es waren ihrer anderthalb Hundert – allein verspeist habe; sie hat sie bei einem Tete-a-tete mit einem Offizier gegessen, und beide haben Ungarwein dazu getrunken." – Jetzt war der Teufel los; der Mann rannte heim, stellte seine Frau zur Rede, examinierte als geübter Jurist wie in einem peinlichen Verhör die Mägde, aber alle leugneten beharrlich, schrien über schändliche Verleumdung, und seine Frau sagte: „Mein Gott, siehst du denn gar nicht ein, lieber Mann, daß dich irgendein Spaßvogel zum besten hat und den Austernschmaus zum Vorwand nimmt, um dich zu hetzen, Zwietracht unter uns zu stiften, und sich dann ins Fäustchen zu lachen. Besinne dich nur, mit wem du von der Sache gesprochen, und es muß dir klar werden, wer den Wisch geschrieben.“ Die Zofen stimmten so kräftig mit den Worten ihrer Herrin überein, daß es dem armen Mann ganz schwül wurde, und er endlich den Gläubigen spielte. In der Tat hatte er mit einigen Freunden von der Nascherei seiner Frau gesprochen, aber dennoch traf er solche Anstalten, daß dergleichen Frühstücke oder Soupers wenigstens in seinem Hause künftig unmöglich wurden; dagegen fand sich Gelegenheit, uns außerhalb desselben zu entschädigen. Wer den anonymen Brief geschrieben, konnten wir nicht herausbringen, aber wahrscheinlich hatte eines der Mädchen, das einen Liebhaber gehabt, geplaudert, und so war die Sache weitergekommen und wurde dann in den Berliner Salons, mit allerlei Zusätzen ausgeschmückt, erzählt. Meine alte Liebhaberei, zu der Garde zu kommen, erwachte auch hier wieder, als ich der Musterung der königlich-preußischen Garden, die von Paris zurückgekommen waren, beiwohnte, die nicht nur eine vortreffliche militärische Haltung und ein martialisches Aussehen hatten, sondern auch fast ausgesucht schöne und noch junge Leute und sehr elegant und geschmackvoll uniformiert waren, namentlich die Kavallerie, besonders die Ulanen und Husaren. Da ich nun in den Soireen und bei Diners mehrere Generale, unter anderen auch den Geheimrat Schmalz, kennengelernt und außerdem an der Prinzessin Wilhelm eine einflußreiche Beschützerin hatte, so hoffte ich wohl, mein Vorhaben durchsetzen zu können, aber vergeblich. Man machte mir wenig Hoffnung. Es hieß, daß nicht nur alle Garderegimenter vollzählig seien, sondern auch überdies eine große Zahl aggregierte Offiziere hätte. Das Haupthindernis mochte indessen wohl sein, daß ich nicht zu der Klasse der Hirngespinste gehörte, die man von Adel nennt. Gewiß eines der albernsten und stupidesten Vorurteile, welche menschliche Dummheit je geschaffen, und das dennoch so viele Jahrhunderte lang bestehen konnte, was unbegreiflich wäre, wüßte man nicht, für welche Abgeschmacktheiten der menschliche Geist empfänglich ist. Seitdem jedoch der Glaube an Gespenster im allgemeinen verschwunden ist, hat auch der an den Erbadel einen gewaltigen Stoß erhalten und liegt jetzt in den letzten Zügen. Genug, ich konnte keine Versetzung zur Garde erlangen, bei welcher damals fast gar keine bürgerlichen Offiziere standen, während der übrige Teil des Heeres, wohl mehr als zur Hälfte, mit solchen besetzt war. Ich hatte indessen Gelegenheit gehabt, bei einem großen Diner, das im Börsensaal gegeben wurde und wozu Pfündöl und ich von einem Oberst Scholten von der Artillerie, von dessen Sohn wir an ihn empfohlen worden waren, eingeladen worden, den ebenso tapfern wie hochehrwürdigen Feldmarschall Fürst Blücher kennenzulernen, ohne den schwerlich Deutschland von dem napoleonischen Sklavenjoch jemals befreit worden wäre, ohne den die Verbündeten noch weniger Paris erblickt haben würden, und ohne den die Schlacht bei Waterloo, wo Wellington mit seinen Engländern schon vollkommen geschlagen war, und mit ihr die deutsche Sache wieder verloren gewesen wäre. Nie hat mich ein Mann in so hohem Grade angesprochen wie Blücher. Ich hatte Gelegenheit, nur wenige Worte mit ihm zu wechseln, aber was er sagte, war voll Kraft und Wahrheit. Biederkeit leuchtete aus seinen Augen und ging aus jedem seiner Worte hervor. Vor diesem greisen Helden fühlte ich mich von Ehrfurcht und Hochachtung durchdrungen, während ein Napoleon nur ein unheimliches und unangenehmes Gefühl in mir erregt hatte und ich keine Spur von Achtung empfand, ja ich befand mich vor diesem in einer fast peinlichen Lage und hätte ihm gerne sagen mögen: „Seien Sie vor allem ein ehrlicher Mann, und lassen Sie Ihre heimtückische und erbärmliche Politik fahren, die Sie und andere ins Verderben stürzen muß", – während aus jeder Miene des tapferen Blücher der Ehrenmann hervorsah. Er hatte nur eine Leidenschaft, die aber bei ihm keine war, nämlich das Spiel; aber das Geld hatte keinen Wert für ihn, und er gewann und verlor mit demselben Gleichmut die bedeutendsten Summen. Während sie im Hauptquartier im Befreiungskrieg immer zögerten, zauderten, überlegten, mit diplomatischen Spitzfindigkeiten alles abwogen und berieten, und dann ihre Befehle abgehen ließen, hatte Blücher immer schon gehandelt, und wenn ihm so eine Depesche in die Quere kam, als er im Begriff war, eben einen Coup auszuführen, warf er den „Wisch" wohl auch beiseite, aus Furcht, er möchte etwas enthalten, das ihn von seinem mit gesunder Vernunft gefaßten Vorhaben abhalten könnte, und erst wenn der Streich ausgeführt war, öffnete er das Schreiben und warf es dann mit den Worten: „Hab' ich's doch gesagt" unwillig hin. Auch pflegte er bisweilen hinzuzufügen: „Das ist gewiß wieder von dem listigen Esel, dem überschlauen Metternich, ausgeheckt; hätte ich dem Schafskopf gefolgt, so wäre das ganze Hauptquartier schon längst beim Teufel." – Oft drückte sich der wackere Degen auch noch derber und wohl mit einem: „Sie sollen mich" usw. aus, wenn ihm solche nach Kabinettsdiplomatie und dem Wiener Hofkriegsrat riechende Wische zukamen: „Was wir mit unserm guten Schwert erkämpfen, wollen diese Schwerenöter von Federfuchsern schlechterdings wieder verderben", sagte er. Welch ein Unterschied zwischen dem Feldmarschall Blücher Vorwärts und dem österreichischen Generalissimus Schwarzenberg: „Nur langsam voran, damit ich auch noch mit kann."

Dieser war durchaus gegen das Vordringen nach Paris, aber während er so zauderte, marschierte Blücher mit seinen tapfern Preußen siegreich in Frankreichs Hauptstadt ein. Blücher war ebenso beliebt wie der König von Preußen selbst. Nur eines tadelte man an dem König, nämlich, daß er zu wenig Vertrauen in sich selbst setzte; das frühere Mißgeschick hatte ihn gegen sich und seine

Fähigkeiten mißtrauisch gemacht, aber mit Unrecht. Auch der Kronprinz war damals sehr beliebt; besonders war es eine Anekdote, die man sich von ihm erzählte, die ihn sehr populär machte. Er hatte nämlich drei Pferde, von denen eines blind, das andere lahm und das dritte sehr abgemagert war, solange vor dem Palais seines Vaters, des Königs, auf- und abführen lassen, bis sie endlich der Monarch bemerkte und fragte, was dies zu bedeuten habe. Der Kronprinz, der sich in des Königs Zimmer befand, versetzte: „Das will ich Eurer Majestät erklären: das magere Roß ist das Volk, welches von Ihren schlechten Beamten ausgesogen wird; das lahme aber ist das Ministerium, das nicht zu handeln versteht; das blinde stellt Eure Majestät selbst dar, die nicht sieht, wie man blinde Kuh mit Allerhöchstderselben spielt.“ – Der Kronprinz erhielt Arrest, aber der König untersuchte strenger und bestrafte.

Die Weihnachten waren herangekommen. Mit ihnen wurde es auch in Berlin recht lebendig; der ganze Weihnachtsmarkt war mit grünen Pyramiden, Spielsachen und anderen Waren und den schönen und eleganten Kindern Berlins, zum Teil in kostbare Pelze gehüllt, von morgens bis abends angefüllt, dies gab mir Gelegenheit, diese lebendigen Christpuppen zur Musterung passieren zu lassen, manchen von ihnen auch in den nahe gelegenen Konditorladen Josty oder den entfernteren eleganten des Konditors Fuchs Unter den Linden zu folgen, wo sich die schöne Welt versammelte, unter grünen Laubdächern flüssige und kompakte Süßigkeiten einnahm und der Harmonie einer hinter Gebüsch und Teppichen verborgenen Musik zuhörte. Fast alle Konditorläden, welche von den Berlinern und besonders den schönen Berlinerinnen fleißig besucht werden, haben um diese Zeit sogenannte Ausstellungen, das heißt, es werden ganze Szenen aus Opern oder Schauspielen, ganze Volksfeste: wie der Stralauer Fischzug usw., aus Figuren und Dekorationen von Kraftmehl in einem solchen Laden aus-

gestellt, die manchmal so meisterhaft ausgeführt sind, daß sich selbst ein Canova ihrer nicht zu schämen hätte. So entsinne ich mich, unter anderen eine Szene aus Wallensteins Lager von Schiller, die ein vollendetes Meisterstück genannt werden konnte, in einem Konditorladen Unter den Linden gesehen zu haben; nicht allein, daß die Gruppierungen und der Ausdruck in den Gesichtern und den Stellungen ganz vortrefflich waren, sondern alle Figuren und Gesichter sahen den Schauspielern, welche die verschiedenen Rollen gaben, so sprechend ähnlich, daß man sie auf den ersten Blick erkannte; namentlich war dies mit dem Komiker Wurm und Devrient, der den Kapuziner machte, der Fall.
Bei meinen freundlichen Wirten veranstaltete ich eine kleine Bescherung, zu der auch Minchen Pfeifer und noch einige andere Damen eingeladen wurden. Ich bestellte einen ungeheuern Baumkuchen, ein in Berlin sehr beliebtes Gebäck, bei Josty und besteckte ihn mit allerlei kleinen Gaben, deren Bestimmung durch Zettelchen angedeutet war und die meist aus kleinen Bijouterien bestanden. Der Hauswirtin aber verehrte ich noch besonders ein Teeservice von Porzellan, von dem sie eine große Freundin war und das ich in der königlichen Porzellanfabrik erstanden hatte. Auch das Neujahr ging recht vergnügt herum. Herr von Pokwisch arrangierte einen kleinen Ball, auf dem wir bis gegen Morgen tanzten. Die Karnevalszeit brachten wir ebenfalls recht fröhlich zu. Ich besuchte die prächtigen Redouten im Opernhaus, die freilich mit denen in San Carlo in Neapel unter Murat nicht verglichen werden konnten, aber trotzdem sehr glänzend waren und Freuden die Fülle gewährten, namentlich durch die Porzellanfuhren, die ich mit meinen Bekanntinnen machte, und deren ich oft zwei bis drei in einer Nacht mit verschiedenen Damen veranstaltete. Für diejenigen, die Berlin nicht kennen, muß ich mit ein paar Worten erklären, was es mit diesen Fuhren für eine Bewandtnis hat. Während der Redouten halten be-

ständig eine ziemliche Anzahl großer und bequemer Wagen vor dem Opernhaus, bereit, diejenigen aufzunehmen, die sich paarweise von dem Ball schleichen, um sich in einer solchen Karosse recht bequem längs den Linden auf und ab fahren zu lassen. Diejenigen, die sonst keine Gelegenheit oder nur sehr schwer zu Zusammenkünften haben können, finden sie hier am besten, denn wie leicht kann man sich nicht in einem solchen Gewühl unbemerkt auf ein halbes Stündchen entfernen und von lästigen Bewachern trennen. Mit der Schauspielerin Demoiselle D..., der Justizrätin M... und noch einigen andern machte ich solche Spazierfahrten. Aus dem Opernhaus und nach Beendigung des Balls begaben sich viele männliche Masken und Personen von den höchsten Ständen noch zur Madame Bernhard in die Friedrichstraße, deren Nymphen, wohl ein halbes Hundert, in der brillantesten Toilette aufgedonnert, die Tapisserie eines prächtig möblierten Saales bildeten, in dem man ebenfalls maskiert und entlarvt auf und nieder wandelte, auch zu Nacht speiste, Ananaspunsch und andere köstliche Getränke zu sich nahm und sich dann nach Belieben wieder entfernte oder sich mit einer dieser Nymphen verlor. Dieser Appendix der Opernredouten war recht unterhaltend, doch habe ich ihn nur zweimal in Pokwischs und Pfündöls Gesellschaft besucht, jedoch wirklich in allen Ehren, da die ihre Reize so ausstellenden und feilbietenden Dirnen nichts Verführerisches für mich hatten, mich im Gegenteil degoutierten. Auch an einigen sehr prächtigen Schlittenfahrten nahmen wir mit der Familie von Pokwisch teil. Bei einer ward mir das Glück, ein Fräulein von Trialsky, damals eine der berühmtesten Schönheiten Berlins, zu fahren, die mir das Schlittenrecht nach Beendigung derselben mehrmals gewähren mußte, da die Partie mit einem Souper dansant bei Hofjägers endigte und wir dann gegen Mitternacht bei Fackelschein nach Berlin zurückkehrten, jeder seine Dame in ihre Wohnung fahrend. Ich spann die kleine Intrige mit dem schönen Fräulein fort, aber ohne ein sonderliches Resultat zu erlangen, was mit daher kam, daß ich viel zuviel andere Zerstreuungen hatte und in einer Abendgesellschaft bei der Geheimrätin von W... ein Fräulein von B..., deren Nichte, kennengelernt, die mich durch ihr witziges aufgewecktes Wesen eine Zeitlang fesselte und ich dadurch andere Intrigen vernachlässigte, bis eine Gräfin von Sch..., mit der ich öfters Porzellanfuhren machte, mich auch davon wieder abhielt. Ich veranstaltete auch einige Soupers fins bei Jagor mit mehreren Damen sowie Nachmittagspartien in die Wintergärten Bouchers, wo man Tee oder Kaffee in Lauben einnahm, in denen die schönsten Blumen und Blüten dufteten und die einladendsten Früchte, wie Ananas, Pfirsiche, Trauben usw., reiften.

Etwas, das mir großes Vergnügen machte, war, daß man während meiner diesmaligen Anwesenheit die Zauberflöte, die seit vielen Jahren in Berlin nicht mehr gegeben worden war, neu einstudiert, neu dekoriert – die herrlichen Dekorationen waren von Schinkel – und neu kostümiert, wieder in Szene setzte. Die Aufführung war vortrefflich, ja vollendet zu nennen. Besonders prächtig war die Erscheinung der Königin der Nacht, auf einem halben Mond aus einem Sternenmeer auftauchend. Ich wohnte fast jeder Vorstellung derselben bei, nur hatte man den unglücklichen Gedanken gehabt, diesem Meisterwerk Mozarts ein Ballett anzuflicken, so daß mehrmals und zuletzt im Sonnentempel eine ganze Herde Papagenos und Papagenas ihre tollen Sprünge sehr unpassend machten. Da dies mit Recht allgemeinen Tadel fand, so unterblieb es bald wieder. Bei einer dieser Vorstellungen, der ich mit Pfündöl im Parterre beiwohnte, da keine Plätze mehr in einer Loge zu haben waren, drängte sich während des Zwischenaktes ein Offizier von der Garde bis zu uns und sagte: „Die Herren Kameraden sind vermutlich fremd und wissen also nicht, daß es hier nicht Sitte ist, daß Offiziere in Uniform im Parterre Platz nehmen." Wir waren beide höchst erstaunt über eine solche Anrede, und als ich dem Herrn Kameraden darauf antworten wollte, war derselbe schon wieder unter der Menge verschwunden, ohne daß ich ihm hätte folgen können. Ich erfuhr aber nachher von Pokwisch, dem wir den Vorfall mitteilten, daß allerdings die Offiziere von der Garde unter sich ausgemacht hätten, sich auf keinen anderen Plätzen als im ersten Logenrang in Uniform sehen zu lassen. Bei einer andern Vorstellung dieser Oper, der ich nun in einer Loge des ersten Ranges beiwohnte, führte mich der Zufall in die Nähe von ein paar Damen, die in der Nebenloge saßen, von denen die eine kaum siebzehn Jahre alt, das schönste blondgelockte Engelsköpfchen hatte, das ich in meinem Leben sah; die andere redete sie immer mit Luise an. Sie war wirklich so auffallend schön, daß während der ganzen Darstellung die Operngläser nicht aufhörten sie zu lorgnettieren und sie der Gegenstand einer allgemeinen Bewunderung war, denn man sah fast mehr nach ihr als auf die Bühne.

Da die Damen ganz vorn saßen, ich aber in meiner Loge etwas zurück, so war es mir unmöglich, eine Unterredung mit ihnen anzuknüpfen. Mit Ungeduld erwartete ich das Ende der Oper, um womöglich ihre Wohnung ausfindig zu machen; auch folgte ich ihnen nach der Beendigung der Vorstellung an den Wagen, der aber so rasch davonfuhr, daß ich trotz allen Rennens denselben bald aus den Augen verlor. Gerne wäre ich hinten aufgesprungen, wenn mich nicht der sich da befindliche Bediente abgehalten hätte. Ein paar Tage trug ich mich mit dem Bild dieser Luise herum. Die Logenschließerin konnte mir keine Auskunft geben, obgleich ich alle Hunde losriß, so blieb doch jede Erkundigung fruchtlos. Schon hatte ich es aufgegeben, das Mädchen je wiederzusehen, und sie mir also aus dem Sinn geschlagen, als ich eines Sonntags, gerade bei Beendigung der deutschen Kirche auf dem Gendarmenmarkt, über diesen Platz ritt und plötzlich unter der herausströmenden Menge die so lange gesuchte Schöne wieder erblickte, als sie aus der Türe trat. Diesmal sollst du mir nicht mehr entwischen, sagte ich zu mir selbst, indem ich mir vornahm, ihr in einiger Entfernung zu folgen, und es dabei verwünschte, daß ich gerade zu Pferde sein mußte. Das Roß gehörte Herrn von Pokwisch und war ein sehr schönes, aber etwas wildes Tier. Um mich meiner Schönen bemerkbar zu machen, setzte ich die Schenkel an, ließ es kurbettieren, sich hoch bäumen, aber unglücklicherweise war etwas Glatteis auf dieser Stelle, die Eisen waren nicht geschärft, es glitt aus und stürzte mit mir, so daß ich unter das Tier zu liegen kam und lange brauchte, ehe ich mich hervorarbeiten konnte. Glücklicherweise war es auf die Seite gefallen, so daß ich mit einigen Quetschungen davonkam; denn hätte es sich überschlagen, so hätte ich sicher den Hals gebrochen. Ich war sogleich von einem Haufen Neugieriger umringt, von denen einige behilflich waren, mir aufzuhelfen; meine Uniform, Beinkleider, die silberne Schärpe waren ganz beschmutzt und mein Federhut zerdrückt. Der Vorfall machte weit mehr Aufsehen, als mir lieb war, und ich hinkte, mein Pferd an der Hand führend und mich verschämt durch die Kirchenleute drängend, möglichst schnell in eine Seitengasse. Was mir bei der Geschichte das unangenehmste war, daß ich die langgesuchte Schöne zum zweitenmal und wahrscheinlich für immer aus dem Gesicht verloren hatte und daß ich sie mir, wie ich glaubte, nun auch für immer aus den Gedanken schlagen mußte. Dennoch ritt ich täglich die Linden auf und nieder, oft hoch zu Pferde an dem Eingang einer dahin einmündenden Querstraße haltend, um die Pelotons der Schönen in ihrem Winterputz an mir vorüberziehen zu lassen, aber ich konnte keine Luise unter ihnen entdecken, doch waren soviel schöne Gesichter unter ihnen, daß ich gerne der einen oder der andern ein Schnupftuch zugeworfen haben würde, seufzte, nicht alle besitzen zu können, die mir gefielen, und unwillig über die Beschränktheit des menschlichen Könnens

wurde, das nicht einmal so bescheidene Wünsche zu realisieren imstande ist.
Der Kommandant von Spandau war ein alter Kriegskamerad von Pfündöl, den dieser zu besuchen sich vornahm und mich einlud, ihn zu ihm zu begleiten. Ich kannte das berüchtigte Spandau noch nicht und willigte daher mit Vergnügen in den Vorschlag. Auch Pokwisch war mit von der Partie, und wir ritten eines Morgens früh nach Spandau ab. Als wir in das alte Nest kamen, hatte ich beinahe einen Schauder, und es war mir ganz unheimlich zumute; besonders machte die feste Zitadelle einen schlimmen Eindruck, und ich konnte mich des Gedankens nicht erwehren: wie, wenn du hier einmal als Staatsgefangener dein Leben beschließen müßtest? Beim Kommandanten wurden wir aber so wohl aufgenommen und so gut bewirtet, daß ich schnell wieder andere Gedanken bekam. Nach Tische besahen wir die Nikolaikirche, deren Taufstein von Erz für das älteste Werk der Bildgießerei gilt und die einige merkwürdige Monumente, wie das des Grafen Rochow, besitzt. Das alte kurfürstliche Schloß war in ein Zuchthaus verwandelt, in dem ein halbes Tausend der gefährlichsten Sträflinge saß. Spandau war längere Zeit die Residenz des ersten Kurfürsten aus dem Haus Hohenzollern und schon im dreizehnten Jahrhundert wurde angefangen, es zu befestigen; die Zitadelle aber datiert erst aus dem sechzehnten Jahrhundert. Der Name Spandau soll von dem wendischen Spanja stammen, das soviel als Ort der Ruhe, auch Schlaf bedeutet. Hier wurde schon 1430 das erste Schießpulver fabriziert. Als wir alle Spandauer Herrlichkeiten und Traurigkeiten besehen hatten und uns zur Heimkehr nach Berlin anschicken wollten, da fiel es Pokwisch ein, noch einen alten Major, einen Freund seines verstorbenen Vaters, aufzusuchen, wir begleiteten ihn dahin. Als wir bei dem braven Mann eintraten, saßen zwei Damen auf dem Sofa, die uns bewillkommnend sich sogleich erhoben. Aber kaum traute ich meinen

Augen – in der einen derselben erkannte ich sogleich meine so lange gesuchte Luise! Vor freudigem Erstaunen war ich fast starr und sprachlos. Das holde Mädchen in einem sehr einfachen weißen Kleid sah lieblicher aus als ein Seraph und so frischblühend, als sei es die eben den Meereswogen entstiegene Aphrodite, die unmöglich reizender gewesen sein kann als dieses, sozusagen in Lieblichkeit und Anmut schwimmende Kind, ein Engel scheinend, wie sie vor Gottes Thron schweben müssen. Der invalide Major hieß uns freundlich willkommen und stellte uns den Damen vor, wovon die älteste seine Schwester, die Oberstleutnant von D . . ., und die jüngere deren Tochter, seine Nichte war. Nie in meinem Leben hatte ich das banale: „Es freuet mich außerordentlich, Ihre werte Bekanntschaft zu machen", mit mehr Wahrheit als diesmal ausgesprochen, und noch glücklicher fühlte ich mich, als ich erfuhr, daß die Damen sich nur zur Geburtstagsgratulation ihres Bruders und Oheims hier eingefunden und diesen Abend ebenfalls nach Berlin zurückzufahren gesonnen seien, wo sie in der Kronenstraße wohnten. Daß wir sie eskortieren würden, nahm ich nun als ausgemacht an. Wir verweilten noch anderthalb Stunden in ihrer Gesellschaft, während welcher ich Luisens Mutter um die Erlaubnis bat und sie erhielt, ihr in Berlin meine Aufwartung machen zu dürfen. Bei der Rückreise wich ich nicht vom Schlag der Kutsche und unterhielt mich auf das anziehendste mit dem ebenso geistreichen wie schönen Mädchen, während Mama bald in Morpheus Armen ruhte. Tief in der Nacht oder vielmehr nach Mitternacht kamen wir bei der Wohnung der Damen an, die in geringer Entfernung von der unsrigen war, und erst jetzt bemerkte ich, daß ich längst meine beiden Reisegefährten verloren hatte. Was so nahe war, hatte ich so lange und so weit gesucht, so geht es aber in der Regel. Noch eine ganze Stunde mußte ich zu Hause auf die Rückkunft meiner beiden Begleiter warten, die ganz gemächlich angeritten kamen und mit dem viel rascher fahrenden Wagen nicht gleichen Schritt hatten halten wollen. Als ich sie deshalb zur Rede stellte, erwiderten sie mir: „Uns spornt auch kein Gott Kupido!" Ich hatte jetzt fast für nichts mehr Sinn, als dem schönen Fräulein von D... emsig den Hof zu machen, wozu mir wieder die Musik den Weg bahnte und Gelegenheit gab, da Luise eine schöne Stimme hatte und gut sang. Eines Morgens, als ich eben aus unserm Hause trat, um mich in dasjenige zu verfügen, welches jetzt so große Attraktionskraft für mich hatte, trat ein Bedienter in königlicher Livree auf mich zu und brachte mir eine Zitation von der Prinzessin Wilhelm, die lautete, daß ich mich gegen Mittag bei derselben im Schloß einzufinden habe. So sehr mir auch zu jeder andern Zeit eine solche Ladung willkommen war, da mir die hohe Dame in der Regel nur angenehme Dinge mitteilte, so verwünschte ich sie doch diesmal, da sie mich vielleicht einer der schönsten Stunden meines Lebens beraubte. Indessen war hier nichts anderes zu tun, als zu gehorchen, und ich eilte, in der Hoffnung, daß es vielleicht bald abgemacht sein würde, statt in die Kronenstraße auf das Schloß, wo ich zu früh ankam und eine gute halbe Stunde harren mußte, bevor ich die Prinzessin zu sprechen bekam, die mir mitteilte, daß sie gehört, ein Sohn des Hofrats Jung – dieselbe Familie, die mit der unsrigen bekannt, bei der ich in Mainz so angenehme Stunden hingebracht und die früher in Homburg gewohnt hatte – sei in Berlin, ob ich ihn nicht kenne, und ich möchte ihn, wenn ich ihn ausfindig machen könne, doch zu ihr führen. Ich wußte zwar selbst nichts von dem Hiersein eines Sohnes vom Hofrat Jung, brachte aber bald heraus, daß ein solcher hier auf der Hochschule studiere, suchte ihn auf, erneuerte die alte Bekanntschaft mit dem Bruder der so früh gestorbenen liebenswürdigen Mimi und brachte ihn zu der Fürstin, die sich auf das teilnehmendste nach seiner Familie erkundigte und ihm sagte, daß, wenn sie ihm in irgend etwas nützlich sein könne, er ihr seinen Wunsch nur unverhohlen mitteilen möge. Die außerordentliche Herzensgüte und Teilnahme an allen Personen, welche das Glück hatten, von der hohen Dame gekannt zu sein oder sich ihr zu nähern, war wirklich rührend von ihr und mußte alle für sie einnehmen. Vom Schloß weg war ich dennoch, obgleich es schon ein wenig spät und bald Mittagessenszeit war, in die Kronenstraße zur Oberstleutnant von D . . . gerannt, wo ich Mutter und Tochter auf mich wartend antraf, und beiden, freilich mit sehr verschiedenen Gefühlen die Hand küssend, mitteilte, was mich abgehalten, früher zu kommen. Die Damen fanden meine Entschuldigung nicht nur sehr gültig, sondern waren von der gütigen Teilnahme der Prinzessin Wilhelm sehr gerührt; auch sie waren große Verehrerinnen der edlen Frau. Ich ging nun noch einige Stücke aus der damals neuen und sehr beliebten Oper „Johann von Paris" mit Luisen durch und empfahl mich bis zum Abend, wo ich die Damen zu einem Tee zu Pokwischs abholte. Die neue Bekanntschaft machte mich glut- und feuersprühend wie noch wenige, aber vergeblich, denn Mama ließ das schöne Töchterchen, das selbst noch ein gar schüchternes Täubchen war – ein verstohlenes Händedrücken machte sie schon am ganzen Leibe zittern –, auch keine Sekunde allein. Sollte mich die innere Glut nicht verzehren, so mußte ich sie wohl von Zeit zu Zeit bei andern Schönen löschen, was ich denn auch nicht unterließ. Gestehen muß ich, daß, wenn ich jetzt meine geheimen Tagebücher durchsehe, mir selbst schaudert, so ein wilder Wüstling gewesen zu sein, da ich bisweilen einem ganzen Dutzend Frauen und Mädchen zugleich den Hof gemacht, und wohl auch manche, dereinst vielleicht schwer auf mir lastende Träne und wohl gar Verwünschungen hervorgerufen. Indessen habe ich es nicht gemacht wie Don Juan, sondern bin noch beizeiten, das heißt, als Umstände, Alter usw. mich zwangen, zur Erkenntnis gekommen, weshalb ich auch hoffe, vom Geist und den Teufeln verschont zu werden, und betrachte die Sache wie längst entschwundene Träume. Die Götter werden mir verzeihen! Warum haben sie oder die Natur mich so geschaffen! Schlägt dereinst mein letztes Stündchen, so wird, hoffe ich, auch dieses trotz aller Sünden in puncto puncti ruhig vorübergehen. Daß ich alles mögliche versuchte, auch Luise zu verführen, gestehe ich ein, ebenso, daß ich es trotz der unsäglichsten Mühe nicht dahin bringen konnte, dank der Mama und den Grundsätzen, die sie dem Mädchen eingeprägt, die durchaus nicht einmal ein Briefchen von mir annahm. Freilich mag es Frau von D... wohl auf eine Heirat abgesehen und dabei Susannens Grundsatz im „Figaro": „Gar schnell wird die verachtet, die sich zu leicht ergibt", vor Augen gehabt haben, der allerdings eine große Wahrheit ist. Unter den vielen Manövern und Umtrieben, die ich veranstaltete, Luise zum Fall zu bringen, war auch eine glänzende Schlittenfahrt im Kostüm, die ich mit Hilfe Pokwischs veranstaltete. Der erste, für die Musik bestimmte Schlitten stellte ein altgriechisches Schiff dar, dessen Mast bunt bewimpelt war und an dessen Vorderseite eine goldene geflügelte Viktoria, die Siegesfahne in der Hand schwingend, schwebte. Vier prächtig geschmückte Rappen zogen dasselbe. Wir hatten über achtzig schöne Rennschlitten, fast alle vergoldete Tier- oder allegorische Figuren darstellend, zusammengebracht, jeder hatte zwei Vorreiter, mehrere auch noch Nachreiter. Nun ging es, nachdem man sich rangiert hatte, mit rauschender Musik, Peitschengeknall und Schellengerassel die Linden auf und nieder, dann über den Schloßplatz durch die Königstraße, die neue Friedrichstraße, die Heiligegeiststraße, wieder über den Schloßplatz, am Hausvogteiplatz vorbei, dann durch die Jerusalemer Straße, die Leipziger Straße hinab, durch die Wilhelmstraße und am Wilhelmsplatz vorbei, die Mohrenstraße wieder hinauf, durch die Markgrafenstraße über den Gendarmenmarkt, die Charlottenstraße entlang, dann durch die lange Friedrichstraße bis Unter die Lin-

den, diese hinab und über den Pariser Platz zum Brandenburger Tor hinaus nach Charlottenburg, wo ein splendides Mittagessen bestellt war und eingenommen wurde. Wir fuhren fast durch alle Straßen, in denen Teilnehmer an dieser Schlittenfahrt wohnten, und ich hatte es zu veranstalten gewußt, daß beinahe alle Berliner Damen, mit denen ich näher bekannt, von der Partie waren. Die Kostüme waren zum Teil sehr geschmackvoll, reich und prächtig, meistens der romantischen Theater- und Dichterwelt entnommen, so z. B. die Hauptpersonen aus Ariosts Orlando, Wielands Oberon und Tassos befreitem Jerusalem. Luise, die zu fahren mir gelungen war, saß in einem einen goldenen Schwan darstellenden Rennschlitten und war als Diana kostümiert. Nach der Mahlzeit, die bis zur sinkenden Nacht währte, wurde getanzt, und erst gegen 10 Uhr fuhren wir bei dem Schein von einigen hundert Fackeln wieder nach Berlin zurück und durch dessen Hauptstraßen jede Dame heim.
Ich war jetzt so enchantiert von Berlin, seinen Vergnügungen und der spröden Luise, die mir denn doch, wenn auch in Gegenwart der Mama, das Schlittenrecht hatte gewähren müssen, daß ich mir vornahm, alles aufzubieten, den nächsten Winter ganz in Preußens Hauptstadt zubringen zu können. Zu diesem Ende meldete ich mich bei dem Oberst von Witzleben mit der Bitte, mich doch für das nächste Jahr in der Kriegsschule verwenden zu wollen, wo ich Vorlesungen über Fortifikation und den Felddienst überhaupt sowie über Strategie zu halten beabsichtigte. Da ich von mehreren Generalen und von der Prinzessin Wilhelm, der ich dieses Vorhaben, das sie vortrefflich fand, mitgeteilt, gute Empfehlungen hatte, so wurde mir auch eine solche Anstellung für den nächsten Winter zugesagt, wenn ich das hierzu erforderliche Examen bestünde, wofür mir nicht bange war, da ich den Felddienst und was dazugehörte sehr praktisch kennengelernt und außerdem noch acht Monate hatte, mich auch theoretisch mehr vorzubereiten. Aber die Vor-

sehung hatte mir eine andere Schule als die Kriegsschule zu Berlin reserviert, auch eine Art Prüfungsschule; doch ich will den Ereignissen nicht vorgreifen. Noch wohnte ich dem Ordensfest, das diesmal äußerst glänzend gefeiert wurde, sowie einem dieserhalb zu Ehren gegebenen großen Diner bei, an dem fast die ganze, in Berlin anwesende Generalität und die meisten Stabsoffiziere teilnahmen. Bei dieser Gelegenheit sah ich den König, einen Monarchen, der vollkommen die seltene Liebe und Hochachtung, die man ihm zollte, verdiente, in der Domkirche über eine Stunde ganz in der Nähe und konnte bemerken, daß seine Andacht bei der religiösen Feier gewiß keine erheuchelte war, sondern ihm von Herzen ging.
Über zwei Monate waren wir nun schon in Berlin und hatten um vierzehn Tage Verlängerung unseres Urlaubs gebeten und erhalten. Meine Kasse, obgleich ich für den gewöhnlichen Unterhalt nicht zu sorgen hatte, und trotzdem, daß ich die des Bankiers Mendelsohn auf Rechnung meines Vaters einigemal angesprochen, war durch die vielen außerordentlichen Ausgaben, wozu auch noch die Geburtsfeste der beiden Frauen von Pokwisch gekommen waren, denen ich nicht umhin konnte, bei dieser Gelegenheit elegante Präsente zu machen, so ziemlich erschöpft, und es war daher hohe Zeit, wieder nach unserer Garnison Kolberg abzureisen, was wir auch nach gehörigem Abschied von dem schönen Berlin und seinen anmutigen Bewohnern und besonders Bewohnerinnen taten. Wir traten die Reise im Königsberger Postwagen an, gelangten Mitte Februar ohne alle Abenteuer wieder in die treffliche Festung und wurden freundlich und fröhlich empfangen.

IX

Frau von Schätzel – Madame Schröder, der Kolberger Krösus – Ihre Feste und Landpartien – Eine Schlittenfahrt mit Folgen – Ein Duell – Eine gefährliche Fensterpassage – Ich belausche wider Willen eine Kaffeegesellschaft – Ein Kaffeebad – Ich führe einen Transport zu dem Okkupationsheer nach Frankreich – Stettin – Ein Konzert rettet aus Not und Tod – Ich werde vom Dienste suspendiert – Rombergs Schauspielergesellschaft zu Kolberg – Sechsmonatlicher Festungsarrest in Weichselmünde – Neufahrwasser – Danzig und seine Vergnügungen – Abreise nach Marienburg

Auch in Kolberg waren bei unserer Ankunft die Winterfreuden, wenn auch im Vergleich mit Berlin in sehr verjüngtem Maßstab, in vollem Gang. Ich knüpfte die alten Bekanntschaften wieder an, machte neue dazu, unter denen die liebenswürdige Frau von Schätzel war, eine geborene Schick, die früher in der Oper zu Berlin als treffliche Sängerin glänzte und den Landrat von Schätzel, der sich sterblich in sie verliebte, geheiratet hatte. Aber kaum ein Jahr dauerte das Glück dieser Ehe ungetrübt fort, als der Landrat plötzlich verhaftet und in strengen Arrest gebracht wurde. Er hatte sich einen Unterschleif von mehr als 10000 Talern zuschulden kommen lassen, wurde kassiert und auf zehn Jahre auf die Festung Kolberg gesetzt. Seine Frau war ihm dahin gefolgt und gab in den ersten Häusern daselbst Unterricht in Klavier und Gesang, wodurch sie sich anständig ernährte. Ihrem Mann gestattete der Kommandant, in der Stadt wohnen zu dürfen, und mit Hilfe seiner Frau gelang es ihm, einen Journalzirkel zu errichten, der ihm ein paar Hundert Taler jährlich einbrachte, somit war die Familie wenigstens in leidlichen Umständen. Da Frau von Schätzel eine sehr liebenswürdige, geistreiche und talentvolle Dame war, so wurde sie zu allen Gesellschaften und Pläsierpartien eingeladen. Ich hatte zuerst ihre Bekanntschaft bei einem Fest gemacht, das der Kolberger Krösus, eine Madame Schröder, gab und das nicht weniger als drei Tage hintereinander währte. Den ersten Tag war großes Diner und Ball in ihrem neuerbauten Haus auf dem Markt in der Stadt, an den beiden folgenden wurden Landpartien auf die Rittergüter der Dame gemacht, die deren nicht weniger als ein halbes Dutzend der ergiebigsten in der Umgegend von Kolberg besaß, ein Einkommen von mehr als 40 000 Talern jährlich hatte, und dabei eine Witwe von etwa achtunddreißig Jahren sein mochte. Wie sie, oder vielmehr ihr seliger Mann, der bis zum Jahre 1807 nur ein ganz unbedeutender armer Krämer gewesen, der Tee, Kaffee, Zucker usw. lotweise verkaufte, zu diesem Reichtum kamen, verdient wohl angeführt zu werden. Als Napoleon die Kontinentalsperre gegen England in beinahe ganz Europa angeordnet hatte, ernannte er auch einen französischen Konsul in Kolberg, das, wie wir bereits wissen, keine Franzosen, Gefangene ausgenommen, unter denen sogar der Marschall Victor war, den man dahin gebracht, gesehen hatte. Das Haupt- oder alleinige Geschäft dieses Konsuls war hauptsächlich, streng darauf zu sehen, daß keine englischen Waren und von England kommende Kolonialwaren hier eingeschmuggelt würden. Der Kaffee kostete damals über einen Taler das Pfund, der Zucker ebensoviel in ganz Preußen und Deutschland; Schröder und noch ein anderes Haus namens Plüdemann verständigten sich mit dem Herrn Konsul und erhielten ungeheure Quantitäten Kolonialwaren von England, die als von Dänemark kommend eingeführt wurden. Der außerordentliche Gewinn, den dieses gewagte Unternehmen abwarf, wurde mit dem Konsul geteilt, und über vier Jahre, bis 1813 Preußen gegen Frankreich aufstand, währte dieser lukrative Schmuggelhandel, bei dem die Beteiligten so klug waren, ihre gewonnenen Reichtümer so geheim zu halten, daß niemand etwas davon ahnte. Erst als Schröder zu Anfang des Jahres 1814 starb und sein Testament eröffnet wurde, fand es sich, daß er bereits Besitzer von vier fetten pommerschen Rittergütern war, wenigstens ein halbes Dutzend Kauffahrteischiffe auf der See gehen hatte, die von den Engländern nichts zu riskieren gehabt, auch an barem Geld und pommerschen Pfandbriefen fanden sich mehrere Hunderttausend Taler vor. In seinem Testament hatte er unter anderm verordnet, daß seine Witwe – er hinterließ vier Kinder –, solange sie lebe und sich nicht wieder verheirate, über den Nießbrauch des Vermögens verfügen, ihr aber im letztern Fall nur ein Jahrgehalt von 1500 Talern verbleiben solle. Zu Testamentsvollstreckern und Vormündern der Kinder hatte er den Kaufmann Dresow und den Apotheker Julius ernannt, und Madame Julius war nun die Gesellschaftsdame der Madame Schröder, wobei sie und ihr Mann sich trefflich standen, da die Dame ebenso schlau und listig wie ihr Gatte stupid und Madame Schröder borniert war. Letztere, die sich nun plötzlich von einer armen Krämersfrau, denn sie selbst hatte den Reichtum ihres Mannes nicht geahnt, in eine reiche Guts- und Kapitalienbesitzerin verwandelt sah, wußte sich gar nicht in ihr großes Glück zu finden und beging eine Albernheit nach der andern, zu der sie durch ihre gute Freundin verleitet wurde, da diese ihren Vorteil bei den dummen Streichen fand. Das alte kleine Häuschen, in welchem der selige Mann so viel Geld erworben, war natürlich jetzt keine passende Wohnung mehr für die Frau Rittergutsbesitzerin. Sie mußte einen Palast auf dem Markt haben; da sich aber kein solcher auf demselben befand, so mußten einige alte Häuser erstanden und niedergerissen werden, damit er gebaut werden konnte. Madame Julius wollte ihre beste Freundin zur nächsten Nachbarin haben. Ein neben der Apotheke sich befindendes Haus war zu verkaufen, hatte aber nur eine sehr schmale Fassade auf dem Markt, jedoch einen langen Hof, dessen Mauer in ein enges Seitengäßchen ging. Madame Julius beredete nun ihre Freundin, dieses zu einem sehr hohen Preis – sie erhielt von dem Eigentümer das Dritteil als Makelgeld – zu kaufen, das Haus wurde niedergerissen und der Palast an dessen Stelle erbaut, der nur drei Fenster in der Front auf den Markt, aber eine lange Fassade in das

Gäßchen erhielt, und da doch ein Stück vom Hof bleiben sollte, so waren die Gänge, welche zu den Zimmern führten, so schmal, daß kaum zwei schmächtige Personen nebeneinander gehen konnten, Madame Schröder und ihre Freundin am wenigsten, da beide sehr korpulent waren. Nicht einmal die vier Pferde, prächtige Mecklenburger, die Madame Schröder gekauft, konnten einen Stall in diesem Palast erhalten und mußten auswärts einlogiert werden. Die Einrichtung dieses Hauses war so barock wie dessen Bauart. Die Decken der Gemächer waren alle mit wunderlichen Figuren bemalt; an allen Ecken waren Amors angebracht, die ihre Pfeile abdrückten, und ein vergoldeter Kupido schwebte über dem Betthimmel der Dame und schoß seinen Pfeil gerade auf die Mitte des Bettes ab. In dem größten Salon war der ganze Olymp abkonterfeit, und zwar bei einem Göttermahl, bei dem pommersche Gänsebrüste, Hamburger Pökelfleisch, Kolberger Neunaugen, Lachs, Pasteten dampfend vor dem Herrn Jupiter und der Frau Juno standen, und Apoll und Frau Diana tranken Gesundheiten aus Champagnergläsern. Minerva trank Schokolade, Mars Ale, und Venus hatte eine Tasse Kaffee vor sich. Dies alles hatte Madame Julius so angegeben. In den nicht sehr großen Zimmern waren so viel Mobilien, Sofas, Kommoden, Kanapees, Sessel und Quincaillerien aufgestellt, daß sie wie bei vielen Pariser Parvenüs eher Warenmagazinen als Wohnzimmern glichen. Madame Schröder und ihre Freundin fuhren nicht mehr anders als in einer Staatskarosse mit den vier Mecklenburgern lang bespannt aus, auch wenn sie sich nur zu einer Kaffeegesellschaft in das Nebenhaus begaben, so daß oft die Kutsche noch an der Haustüre der Madame Schröder hielt und die beiden Vorderpferde schon mit ihren Köpfen fast an das Haus, wo man sich hinbegab, reichten. Zu dem Einweihungsfest dieses Hauses waren alle Honoratioren und das ganze Offizierskorps der Garnison geladen; von Mittag bis zur Nacht währte die Mahlzeit. Ich hatte schon gar mancherlei Essen in so verschiedenen Ländern beigewohnt, aber noch nie war mir eine solche An- und Aufhäufung von allen möglichen Speisen durcheinander vorgekommen. Von Hamburger Pökelfleisch waren ganze Viertel aufgetragen, Pasteten von allen Formen und aus allen Weltgegenden standen in Reihe und Glied geordnet auf der Tafel. Neben einer demütigen, aber fetten gebratenen Gans prunkte ein hochmütiger Pfau; Gelees von jeder Fasson und Farbe standen zwischen Puddings, italienischen und polnischen Salaten, See- und Süßwasserfischen, Ragouts und Frikassees, Kuchen und Torten, Früchten und Eingemachtem, Entremets und Horsd'œuvres, Wildbret und Geflügel, Beilagen und Blumenvasen, Tafelaufsätzen und Zuckerbäckereien – alles wie Kraut und Rüben durcheinander und ebenso serviert. Zehnerlei Suppen und Gemüse auf einmal, und dabei nötigten die Aufwartenden, wohl instruiert, nicht wenig. Man hätte fünfzig Mägen, und zwar so groß wie ein Ochse haben müssen, um nur von allem zu kosten. Ganz Kolberg hätte mit den vorhandenen Speisen gesättigt werden können. Der Apotheker Julius war Zeremonienmeister bei dem Fest, und seine Frau hatte die Anordnungen getroffen. Der Keller war nicht minder reich wie die Küche bestellt: Rhein-, Ungar- und Franzweine jeglicher Gattung waren im Überfluß vorhanden. Indessen waren alle Schüsseln, die nicht kalt serviert wurden und deren Inhalt man nicht von Berlin oder Hamburg verschrieben hatte, sondern in der Küche der Madame Schröder zubereitet worden, eben nicht für Fein-, Hoch- und Gutschmecker und rochen nach der etwas derben pommerschen Küche. Ein halbes Dutzend pommerscher Köchinnen mochten die Suppen ge- und versalzen haben. Unmittelbar nach dem Essen, von dem manche der Gäste mit beschwerten Köpfen und zum Zerplatzen gefüllten Mägen den Tisch verließen, folgte der Tanz. Während der Pausen sang ich einigemal Duette mit Frau von Schätzel aus verschiedenen Opern und tanzte dann mit der hübschen Sängerin mehr, als ich sollte, wodurch ich Madame G . . ., die Frau Doktor M . . . und noch andere Damen in üble Laune versetzte. Unter den fremden Gästen befanden sich auch einige Damen aus Treptow und Köslin und die Familie des Edelmannes, auf dessen Gut wir eine Nacht so wunderlich zugebracht hatten. Ich erneuerte die Bekanntschaft bei dieser Gelegenheit und fand die Leute jetzt weit artiger als auf ihrem eigenen Hof. Die ganze Nacht durch wurde getanzt, gebechert und geschmaust, und mit Tagesanbruch wurden Anstalten gemacht, die Landpartie auf die Güter der Dame anzutreten Jedermann begab sich ein paar Stunden nach Haus, um seine Landtoilette zu machen, und gegen 10 Uhr morgens fuhr die ganze Gesellschaft, über hundert Personen, in einigen zwanzig Wagen, größtenteils Korbwagen mit Bauernpferden bespannt, welche alle die freigebige Wirtin besorgt hatte, nach dem nächsten Rittergut derselben ab, wo man wieder mit Schmausen und Zechen begann, musizierte, tanzte und spielte, und dann weiter nach einem andern Gut fuhr. Am Tage sang und beschäftigte ich mich viel mit der äußerst liebenswürdigen Frau von Schätzel, und wenn die Nacht herankam, machten wir tête-à-tête romantische Promenaden in die Gärten und Felder au clair de lune, von denen wir immer etwas ermüdet heimkehrten. Drei Tage währte dies seltsame Nomadenleben, von dem alle, die es mitgemacht, fatiguiert und abgespannt nach Kolberg zurückkamen und froh waren, wieder in das Gleis des Alltagslebens einzutreten.

Auch mehrere Schlittenfahrten hatte ich kurz nach meiner Rückkehr von Berlin arrangiert, die, wenn auch nicht so glänzend wie die in der Hauptstadt, deshalb nicht minder amüsant waren, auch immer von einem Musikschlitten begleitet wurden. Jeder wohlhabende Bürger Kolbergs besaß wenigstens einen Korbschlitten, und nachdem wir einigemal die Tour um das Rat- und Blockhaus auf dem Markt und in den Hauptstraßen der Stadt gemacht hatten, fuhren wir in den Busch zu Ottos, wo ein frugales

Mittagsmahl gehalten, dann getanzt und beim Fackelschein heimgefahren wurde. Nettelbeck war einigemal bei dieser Partie oder lieh mir seinen Schlitten samt Pferdegeschirr. Ich fuhr abwechselnd meine intimsten Bekanntinnen. Bei einer dieser Partien, bei der sich ein sehr schönes Mädchen aus Köslin, ein Fräulein Conrad, die Tochter eines dortigen Beamten, befand, suchte ich bei Tisch mich neben dieselbe zu plazieren. Dasselbe tat auch ein Ingenieur-Leutnant, namens Poselger, und es entspann sich zwischen diesem und mir ein kleiner Wortwechsel wegen der Plazierung der Damen. Poselger, der vielleicht ernstliche Absichten auf das Mädchen hatte, verwechselte die von mir auf die Kuverte gelegten Zettel. Ich hatte es bemerkt, stellte ihn deshalb zur Rede und bestand darauf, daß die Zettel wieder auf ihre alten Plätze gelegt würden, wogegen er sich weigerte und mir ein trotziges: „Es beliebt mir einmal so", entgegnete. Ich nahm aber die Zettel, verwechselte sie abermals und erwiderte: „Und mir beliebt es so, und dabei bleibt es, da ich Zeremonienmeister und Anordner des Festes bin." „Schon gut, Herr Kamerad", versetzte jetzt mein Gegner, „das wird sich morgen früh finden, ich erwarte Sie in der Wolfsschanze." – „Sie sollen nicht vergeblich warten, und so ist die Sache für jetzt abgemacht, da hier nicht der Ort zu weiteren Erörterungen ist." Ich saß nun neben dem Fräulein Conrad, mit der ich mich, meinem Nebenbuhler zum Trotz, der jetzt etwas schief uns gegenüber saß und wütende Blicke schoß, auf das angenehmste unterhielt und sogar von ihr erlangte, daß sie bei der Heimfahrt in meinem Schlitten neben der Frau Doktor M . . ., die ich gefahren, Platz nehmen würde. Ich ließ mich indessen durch nichts mehr in den Freuden der Tafel und des darauffolgenden Tanzes stören, sondern unterhielt mich vortrefflich, ja Fräulein Conrad war mir nun um so interessanter, und ich bat um die Erlaubnis, sie in Köslin besuchen zu dürfen. Bei Tisch brachte ich einen Toast auf das Wohl der Kolberger Damen aus, der von diesen eine

Erwiderung zur Folge hatte; so endete alles gut, und mein Schlittenrecht übte ich in vollem Maße. Kaum aber war ich in meiner Wohnung angekommen, so erschien auch schon ein Artillerieoffizier, Hauptmann Müller, der mich im Namen Poselgers aufforderte, mich um 6 Uhr den andern Morgen mit einem Sekundanten in der Wolfsschanze einzufinden, was ich zusagte, meinen Freund Willmann aufsuchte und diesen bat, mein Sekundant zu sein, wozu er gleich bereit war. Wir stellten uns zur bestimmten Stunde nebst einem Chirurgen an dem bezeichneten Ort ein, und es fand jetzt ein kurzes Pourparler wegen der Art des Fechtens statt. Poselger wollte sich schlechterdings nur auf den Hieb einlassen, was ich nicht gewohnt war und deshalb auf dem Stich bestand, oder daß jeder in seiner Weise fechten würde. Der auf den Stich Fechtende hat, besonders im Parieren, einen bedeutenden Vorteil. Man machte Schwierigkeiten, und ich sagte: „So bleibt uns nichts übrig, als zu den Pistolen zu greifen." Endlich kamen wir überein, daß ich zwar à la pointe parieren, aber nur hauend attackieren dürfe. Nach einigen Gängen hatte ich dennoch meinem Gegner eines ausgewischt, freilich mehr stechend als hauend, weshalb mich dessen Sekundant zur Rede stellte. Ich erwiderte aber: „Ich bin es einmal nicht anders gewohnt, deshalb greifen wir zu Pistolen, wenn Sie nicht zufrieden sind." Man fand jedoch für gut, da Poselger eine tüchtige, aber nicht gefährliche Fleischwunde hatte, es dabei bewenden zu lassen und die Sache als abgemacht zu betrachten. Nachdem Poselger verbunden war, ritten wir alle fünf (wir waren sämtlich zu Pferde gekommen) in die Stadt zurück. Am selben Abend, als ich kaum zu Hause angekommen war, es mochte 10 Uhr vorüber sein, klopfte es leise an meine Stubentüre; auf das laute „Herein" trat eine dichtverschleierte Frauengestalt ein und fiel mir mit den Worten: „Du häßliches Ungeheuer, was hast du gemacht!" in die Arme. An der Stimme und Gestalt erkannte ich Madame G..., deren Mann in Geschäften nach Kopenhagen gereist war und die mir nun eine lange, vorwurfsreiche Predigt hielt, die mit einem Friedensschluß und vollkommener Versöhnung endigte. Erst nach Mitternacht brachte ich sie nach Haus. Solange die Abwesenheit ihres Mannes dauerte, wiederholte sie diese Besuche jeden Abend in Begleitung eines vertrauten und artigen Stubenmädchens. Aber ein anonymer Brief verriet dem wieder heimgekehrten Gatten das täglich bis tief in die Nacht hinein währende Ausbleiben seiner Frau, solange er in Kopenhagen verweilte. Der Mann examinierte, Madame leugnete und meinte, man wolle sich einen Scherz mit Herrn G... machen. Er mochte dies nun glauben oder nicht, auf jeden Fall hatte er Verdacht geschöpft, denn als er bald darauf eine zweite Geschäftsreise unternehmen mußte, traf er solche Vorkehrungen, daß es seiner Frau ganz unmöglich wurde, abends unbemerkt das Haus zu verlassen. Wir korrespondierten mit Hilfe einer alten Tante, welche die Zwischenträgerin machte und bei der wir uns auch von Zeit zu Zeit am Tage sahen. Da Madame G... nun nicht mehr zu mir kommen konnte, so wollte sie, daß ich ihr nächtliche Besuche abstatten solle, was indessen nicht so leicht war, da auf Befehl ihres Mannes jeden Abend die Haustüre sowie die unteren Fensterläden von einem der Ladendiener mit Vorhängeschlössern und vorgelegten eisernen Stangen gut verwahrt wurden. Aber die Liebe macht erfinderisch, und Schwierigkeiten zu überwinden war von jeher eine Passion für mich. Vor dem Haus des Herrn G... standen, wie vor vielen Häusern Kolbergs, namentlich auf dem Markt, ein paar Lindenbäume, jedoch nur in einer ziemlichen Entfernung von den Fenstern. Ich kam nun auf den Einfall, mit Hilfe eines Brettes, das man des Nachts von einem oberen Fenster auf einen Baumast legen müsse, in das Haus einzusteigen. Die Sache ging auch ganz gut, indem das mit ins Vertrauen gezogene Stubenmädchen diese Art Zugbrücke nach 10 Uhr abends herabließ. Sie und ihre Herrin hielten das Brett an dem einen Ende fest, während ich, wenn alles „still und stumm war und nur noch die Verliebten und Gespenster umherwandeln", auf den Baum kletterte und dann die gefährliche Passage von ein paar Schritten über das Brett zum Fenster machte, wo ich mit offenen Armen empfangen wurde, und in die Burg stieg. Dieses Manöver war wohl schon ein halbes Dutzendmal geglückt, als sich eines Abends die Frauenzimmer so ungeschickt benahmen, daß das Brett, als ich eben den Fuß darauf setzte, mit großem Gepolter auf die Straße hinabfiel. Glücklicherweise hatte ich mich noch mit der rechten Hand an einem ziemlich dicken Ast festgehalten, sonst wäre ich hinabgestürzt, da ich schon mit einem Fuß auf dem Brett stand, und hätte wahrscheinlich den Hals gebrochen. „Das wäre eben kein großes Unglück gewesen", höre ich manche meiner Leser, Ehemänner und auch Leserinnen sagen; aber Sie wissen, Unkraut vergeht nicht, und so kam auch ich mit einem kleinen Schreck davon. Die Frauenzimmer schrien aber beide laut auf und glaubten mich verloren. Dies und das Gepolter des fallenden Brettes hatte die nicht sehr entfernte Schildwache von der Hauptwache gehört und Lärm gemacht, so daß der wachthabende Offizier mit einem Unteroffizier die Ronde um das Rat- und Blockhaus machten, da sie aber alles still und ruhig fanden und nichts Verdächtiges entdeckten, sich wieder in die Wachtstuben begaben. Nachdem ich nun die hinter dem Fenster ängstlich harrenden Frauengemüter hinsichtlich meiner gehörig beruhigt hatte, und wir nach längerem Überlegen kein Mittel fanden, wie ich den Übergang ins Haus jetzt bewerkstelligen könne, denn sie hatten kein zweites passendes Brett bei der Hand, und das unten liegende konnte ich zu ihrem großen Verdruß nicht auf den Baum bringen, da Hände und Füße vollauf zu tun hatten, allein hinaufzuklettern, so mußten wir uns damit begnügen, uns für diesen Abend gegenseitig eine angenehme Ruhe zu wünschen, und das Mädchen sollte mit Tagesanbruch die Diele möglichst unbemerkt ins Haus schaffen. Als ich aber den Baum hinabkletterte, führte das Unglück den Nachtwächter herbei, der mich bemerkte, da ich zur Hälfte herab war, mich für einen Dieb hielt, schon „Diebe" zu schreien begann und eben zu rasseln anfangen wollte. Ich war mit einem Sprung auf dem Boden, eilte auf ihn zu, in der einen Hand ein Terzerol, das ich bei solchen Abenteuern immer bei mir zu tragen pflegte, in der anderen zwei Taler Kurant haltend, ihm den Mund stopfend und mich als Offizier zu erkennen gebend; aber es war zu spät, denn schon eilte eine Patrouille von der nahen Wache herbei, wo man das Geschrei gehört hatte. Ich ging ihr jedoch entgegen und sagte ihr, daß auch ich den Ruf des Nachtwächters gehört habe und auf denselben hergekommen sei, daß aber die Diebe, als sie mich erblickten, davongelaufen wären. Dies bestätigte auch der bestochene Nachtwächter, und so lief alles glücklich ab. – Dies hinderte indessen nicht, daß, Gott weiß wie, die Kunde von diesem nächtlichen Ereignis, mit allen möglichen Zutaten ausgeschmückt, bald in allen Mäulern Kolbergs war, und ich fand für gut, diese gefährlichen Besuche einige Zeit auszusetzen.

Wenige Tage darauf hatte ich wieder ein, wenn auch nicht so gefährliches, doch bei weitem unbequemeres Abenteuer zu bestehen. Ich hatte jetzt eine Wohnung bei einem Schornsteinfeger, namens Neugebauer, gemietet, der zwei artige Töchter besaß, die nichts weniger als schwarz waren. Das Haus war neben dem des Doktor M . . ., dessen Frau ich auf seine eigene Einladung fast täglich besuchte und dessen Hausfreund ich war. Madame G . . ., die immer noch nichts weniger als wegen ihrer Kusine beruhigt war, besuchte dieselbe häufig und oft zu den unpassendsten Stunden, um zu entdecken, ob ich mich nicht bei ihr befinde. Eines Nachmittags war ich kaum ein paar Minuten bei der Doktorin, welche später eine Kaffeegesellschaft bei sich erwartete, als Madame G . . . wenigstens um anderthalb Stunden zu früh erschien. Da wir sie hatten kommen hören, so sprang ich rasch in das Nebenzimmer. Kaum war ich daselbst, als sie in das vordere Zimmer trat und sagte: „Du wirst dich wundern, daß ich so früh komme, aber ich wollte dir nur sagen, daß ich nicht lange bleiben kann, weil ich mit meinem Mann nach Treptow fahren muß; indessen will ich doch sehen, wie du alles arrangiert hast." – Da ich dies hörte und fürchtete, sie möchte auch in das Seitenzimmer kommen, in dem das Kaffeegeschirr schon aufgestellt war, so kroch ich schnell unter das sich daselbst befindliche Sofa. Madame G... machte nun wirklich Anstalt, auch in dieses Zimmer zu kommen, wogegen sich die Doktorin wehrte, sie schob aber dieselbe mit den Worten: „Mein Gott, sei doch kein Kind" beiseite, trat ins Zimmer, sich allenthalben umsehend, und sagte: „Nun, das ist ja scharmant." Die Doktorin M..., die etwas verlegen war, schien erstaunt, mich nirgends zu sehen, konnte sich indessen wohl denken, wo ich sein müsse, da das Zimmer keinen weitern Ausgang hatte. Madame G... warf sich nun auf das Sofa, das sie trotzdem, daß sie ihre Kusine persuadieren wollte, wieder in das andere Zimmer zurückzukehren, nicht eher verließ, als bis die ersten Damen, unter denen Frau von Schätzel und die Kriegsrätin Wißling waren, erschienen, dann empfahl sie sich. Nun war an kein Fortkommen für mich mehr zu denken, und ich war verurteilt, wenigstens noch drei gute Stunden bewegungslos in der fatalen Lage zu bleiben, in die ich mich selbst versetzt hatte, das Geschnatter all dieser Kaffeegänse, unter denen manche überbejahrte war, zu vernehmen und ein halbes Dutzend ihrer Füße, derjenigen, die den Ehrenplatz auf dem Sofa einnahmen, beständig vor mir zu sehen. Es waren die Fußgestelle der Damen Schröder, Julius und Wißling, die ich in diesen untersofaischen Räumen zu beobachten Gelegenheit hatte, die alle ziemlich groß waren und mich mit einer fast ägyptischen Finsternis umgaben. Mehr als einmal kam mir die fast nicht zu überwindende Lust an, eine oder die andere dieser Schönen in die Beine zu zwicken, und nur mit großer

Selbstüberwindung vermochte ich sie zu bekämpfen. Die Unterhaltung, die mir in meinem engen Versteck die Gespräche der einige dreißig Frauen starken Versammlung, die sich von keinen Männerohren belauscht glaubten, gewährten, verkürzte mir indessen meine unbequeme Lage sehr; denn es kamen Dinge zur Sprache, Dinge, über die ich fast noch hätte erröten können, und alle nicht Anwesenden wurden unter die Hechel dieser Weiberzungen genommen; auch das ganze Offizierskorps und meine Wenigkeit mußte die Musterung passieren, und uns wurden oft nicht die schönsten Epitheten. Oft war es nahe daran, daß ich vor Lachen hätte bersten mögen und konnte dies nur verhindern, indem ich mir die Lippen fast blutig biß, während die Doktorin M . . . immer wie auf Nadeln saß, fast alles verkehrt anordnete und beantwortete. Indessen nahm sie doch meine Partei, wenn die große Mehrzahl der ältern Frauen auf das unbarmherzigste über mich herfielen, ebenso über Madame G . . .; wir waren dank dieser schon längst das Stadtgespräch. Die Häßlichsten schimpften am meisten. Sogar die nicht anwesende Kommandantin mußte herhalten, und ihre Haushaltung wurde eine schlampige und liederliche genannt. Was mit am drolligsten, war die Erzählung von einem Kaffeebad, das die Frau eines Tuchhändlers, namens Darkow, genommen, von der man wußte, daß die volle Kaffeekanne den ganzen Tag nicht aus ihrer Stube kam und sie wohl mehr denn dreißig Tassen dieses edlen Getränkes täglich zu sich nehme. Ihr Mann, dem diese Liebhaberei sehr mißfiel, besonders da sie außerdem sehr wenig und bei Tische fast gar nichts aß, wurde erzählt, sei nun auf den Einfall gekommen, um seiner Frau den unmenschlichen Kaffeegelust zu vertreiben, dieselbe ein Kaffeebad nehmen zu lassen unter dem Vorwand, die hysterischen Anfälle, an denen sie von Zeit zu Zeit litt und die wahrscheinlich von diesem Kaffeetrinken herrührten, dadurch zu heilen. Ein Spaßvogel von seinen guten Freunden hatte ihm zu diesem Mittel geraten. Er hatte zu diesem Zweck zwölf Pfund Kaffee rösten, mahlen und in dem großen Waschkessel kochen, zwanzig Maß Milch dazu tun und mit diesem Gebräu die Badewanne seiner Frau füllen lassen, die er dann mit der Versicherung, der berühmteste Berliner Arzt habe es angeraten und schon Wunderkuren damit verrichtet, zu dem Bad persuadierte. Die Dame, die schon den Geruch des Kaffeedampfes wohltuend fand, fand das Bad selbst köstlich und hätte sich zugleich dabei satt getrunken, wenn ein halbes Dutzend Zuckerhüte darin verschmolzen gewesen wären. Aber der Mann, der gegenwärtig war, sagte seiner Gattin, daß, wenn das Bad die gehörige Wirkung haben solle, so müsse sie wenigstens ein Dutzendmal in demselben untertauchen, nahm sie dann beim Schopf und hielt ihr den Kopf mit Gewalt einige Sekunden unter den Kaffee. Trotz des Sträubens der Dame wiederholte er das Manöver einige Male schnell hintereinander, wobei ihr der Kaffee in die Nase, in die Ohren, in den Mund und in alle Öffnungen ihres Leibes drang, worüber die Frau in großen Zorn geriet und wie wütend in dem Kaffee umherplätscherte. Jetzt fand der Gemahl für geraten, sich aus dem Staub zu machen, die Zofe als den Wetterableiter für die Wut der Madame zurücklassend, die auch die ganze Fülle ihres Unwillens an dem unglücklichen, aber dennoch fortwährend lachenden Geschöpf ausließ. Diese Pferdekur soll in der Tat der Dame den Kaffee, wenigstens für eine Zeitlang, gänzlich verleidet haben. – Diese Erzählung machte mich unter meinem Sofa beinahe ersticken. – Nachdem auch diese Damen reichlich Kaffee, Kuchen und süße Weine geschluckt, bequemten sie sich zum Aufbruch, und ich wurde endlich aus meinem Versteck erlöst, nachdem sich auch die letzte unter mir endlos scheinenden Komplimenten empfohlen hatte. – Mit einem minutenlangen „Uff!" kroch ich unter dem Sofa hervor, nachdem die Doktorin das Zimmer inwendig abgeschlossen hatte. Sie war wegen der Gespräche, die ich mitangehört hatte, nicht wenig verlegen und überrot. Ich redete ihr die Sache lachend aus, indem ich zu ihr sagte: Sie möge sich deshalb keinen Kummer machen, es sei nicht das erstemal, daß ich dergleichen und noch weit tollere Frauenunterhaltungen mitangehört. – Wir amüsierten uns nun noch eine Stunde auf das angenehmste. Sie lachte mit mir über mein Versteck und was ich gehört, und wir trennten uns zuletzt beide seelenvergnügt.

Am andern Morgen wurde ich schon um 7 Uhr durch eine Ordonnanz zum Bataillonskommandeur, Oberstleutnant v. Witke, gerufen, der mir ankündigte, daß ich mich sogleich marschfertig zu machen habe, um einen Transport Rekruten, der in einer Stunde abgehen müsse, zum preußischen Okkupationsheer nach Frankreich zu führen. Ich wußte zwar, daß dieser Transport abgehen solle, wußte aber auch, daß Premierleutnant R . . . zu dessen Führung kommandiert gewesen, was ich dem Kommandeur bemerkte, worauf er mir erwiderte: „Allerdings, aber der wurde mir ja soeben krank gemeldet. Indessen weiß ich schon, was ich von dieser Krankheit zu halten habe; doch ich will niemand unglücklich machen." – Herr von R . . . hatte die unglückliche Leidenschaft, sich von Zeit zu Zeit dem Trunk zu ergeben, und diesen Morgen in aller Frühe, wahrscheinlich um sich zu dem bevorstehenden Marsch zu stärken, schon so tief ins Glas gesehen, daß er kaum auf den Beinen hatte stehen können, und also außerstande war, abzumarschieren, noch viel weniger zu kommandieren. Ich mußte daher in aller Eile meine Vorbereitungen treffen, und ehe eine Stunde verging, stand ich marschfertig an der Spitze meines über 100 Mann starken Detachements, zu dem noch eine Abteilung in Stettin stoßen sollte. Der Marsch war anfänglich ziemlich langweilig, über Naugard, Altdamm usw. Gleich am ersten Tage geriet ich über einen betrunkenen Soldaten, der schon beim Abmarsch nicht in Reih' und Glied hatte bleiben wollen und nach rechts und links taumelte, so in Zorn, daß ich ihm vor dem Tor ein paar Hiebe mit der flachen

Klinge versetzte, etwas, das jetzt die preußischen Militärgesetze schwer verpönten. Ich erwähne dessen hier nur, weil es lange Zeit nachher ganz zufällig schlimme Folgen für mich hatte, denn als dieser Soldat wegen eines anderen Vergehens in Untersuchung kam und gefragt wurde, ob er sonst noch keine Strafe erlitten, antwortete er ganz absichtslos: „Noch nie, außer bei dem Ausmarsch von Kolberg, wo mir der kommandierende Offizier einige Hiebe mit dem Degen versetzte, weil ich betrunken war und nicht regelmäßig marschierte.“ – Als dies Verhör an das General-Auditoriat eingesandt wurde und man diese Aussage des Burschen fand, wurde es nach Kolberg berichtet, ich deshalb ebenfalls in Untersuchung genommen und erhielt einen vierzehntägigen Arrest. In Stettin hatte ich drei Ruhetage, weil die Leute, die ich noch mitzunehmen hatte, erst am andern Tag eintreffen sollten.

Stettin, eine der wichtigsten Handelsstädte und Festungen Preußens, verdankt seine Entstehung einigen Fischerhütten und einer uralten Burg der Wenden, um die sich nach und nach mehrere Leute anbauten. Die Stadt hatte in früheren Zeiten durch Fehden, Krieg und Belagerungen großes Ungemach zu erleiden. Sie liegt, bis auf einen kleinen Teil, samt ihren Vorstädten und Forts an dem linken Ufer der Oder; unter ihren dreizehn Toren befindet sich eines, welches man das Frauentor nennt und das nicht weniger als fünf hintereinander liegende, sehr finstere Pforten hat. Unter den größeren Plätzen ist der Roßmarkt mit seinem Springbrunnen der schönste. Auf dem Königsplatz ist das Brustbild Friedrich II. aus Marmor von dem berühmten Schadow verfertigt; seit 1793 dem Landhaus gegenüber aufgestellt. Der Marienplatz hat seinen Namen von einer Marienkirche, die sehr prächtig und mit herrlichen Gemälden verziert war, die aber im vorigen Jahrhundert ein Raub der Flammen wurde. Die Straßen der Stadt sind meistens breit und hell, namentlich sind die Luisen- und die Oderstraße schön. Die Kirchen sind alle sehr alt, und die uralte Wallkirche,

Peter und Paul, ist der älteste Gottestempel in ganz Pommern. Auch die Hauptkirche und die Johanneskirche wurden schon im dreizehnten Jahrhundert erbaut, und die Jakobikirche im zwölften. In der letzteren ist ein sehr schönes Gemälde, die Abnahme vom Kreuze, von dem Stettiner Maler Lengerich. In der Schloßkirche sind die Begräbnisse der alten Herzoge von Pommern, deren ehemalige Residenz das noch auf einem Hügel stehende Schloß war. Das Rathaus ist ein sehr altes Gebäude, und aus einem alten Nonnenkloster ist ein wohlversehenes Zeughaus geworden. Damals residierte die von dem Kronprinzen, dem nachmaligen Friedrich Wilhelm II., der Dicke genannt, aus besondern Gründen hierher verwiesene verwitwete Gemahlin, eine geborne Prinzessin Elisabeth von Braunschweig, in Stettin, die einen kleinen Hof hielt. Friedrich der Große, dem gewisse Liebhabereien von ihr zu Ohren gekommen waren, verbot ihr zuerst Berlin und Potsdam und befahl die Scheidung. Der Zutritt zu ihr hielt nicht schwer, und sie war äußerst leutselig. Stettin gab auch zwei russischen Kaiserinnen das Dasein, nämlich der Mutter Pauls, der großen Katharina, und der Gemahlin Pauls, Maria Feodorowna. Dieserhalb erhielt die Stadt von den russischen Herrschern seitdem ein Exemplar von allen Goldmünzen, die in dem russischen Reich geprägt werden und die man auf dem Rathaus verwahrt. Um die Stadt herum befinden sich angenehme Spaziergänge. Der Handel ist sehr bedeutend, ebenso die Schiffahrt.

Nachdem ich mich in Stettin umgesehen und die nötigen Gelder zur weitern Verpflegung des Detachements in Empfang genommen hatte, kehrte ich in mein Quartier, den Englischen Hof, zurück. Gegen Abend fanden sich daselbst allerlei Leute ein, unter denen auch ein verabschiedeter Rittmeister, eine wahre Samielsphysiognomie, die durch zwei tüchtige Schmarren noch mehr entstellt war. In seinem verzerrten Gesicht lag etwas Hämisch-Diabolisches, welches sich besonders, wenn er sprach, und noch mehr, wenn er lachte, ausdrückte. Seine Züge schienen alsdann aus Schadenfreude und Hohn zusammengesetzt zu sein. Nachdem die meisten Gäste ihr Abendbrot eingenommen hatten, näherte sich mir der Rittmeister, indem er mich mit einem: „Herr Kamerad!" ansprach, erkundigte sich nach meiner Bestimmung, erzählte mir von seinen Feldzügen und endigte damit, mir mit einer affrösen, geheimnisvollen Miene zu vertrauen, daß jeden Abend in einem obern Zimmer des Gasthofs ein honettes Pharospielchen gemacht werde, wobei sich verschiedene Kaufleute, Offiziere, Beamte usw. einfänden und etwas zu gewinnen sei. Er endigte damit, auch mich einzuladen, mein Glück zu probieren.

Noch jetzt ist es mir ein Rätsel, wie ich mich von dem vor mir stehenden, ganz unverkennbaren Mephistopheles, dessen betrügerische Tendenz aus seinen Blicken leuchtete, zu einem heimlichen Spiel konnte überreden lassen. Genug, es ging mir wie dem Vogel bei der Klapperschlange, und ich nahm die Einladung an. Er bezeichnete mir das Zimmer, und ich folgte ihm bald. Ein Aufwärter leuchtete mir zwei Stiegen hinauf und führte mich in ein im hintern Teil des Hauses gelegenes Gemach. Noch an der Schwelle desselben schien mich mein guter Engel warnen zu wollen, denn ich machte eine unwillkürliche Bewegung zum Umkehren und zog die Hand von der schon ergriffenen Türklinke wieder ab, als sich dieselbe von innen öffnete und mich die daselbst versammelte Gesellschaft wahrnahm, so daß ich mich des Rücktritts schämte und in das verhängnisvolle, etwas spärlich erleuchtete Zimmer trat.

Der Rittmeister in Satansgestalt, oder besser, der Satan in Rittmeistersgestalt, hielt Bank, und es wurde schon frisch darauf los pointiert. Ich fing mit Viergroschenstükken, dem niedrigsten Satz, zu pointieren an. Anfänglich wollte mir das Glück wohl. Ich gewann bedeutend, was mich immer mehr anfeuerte. Doch nur zu bald wandte mir die launische Göttin den Rücken. Ich fing zu verlieren an, und in weniger als einer halben Stunde war der letzte mir gehörige Taler fort. Jetzt nahm ich, durch meinen Verlust und das Spiel in die Hitze getrieben, ein paar Taler von dem zur Bezahlung der Truppen bestimmten Gelde; auch sie waren bald fort. Ich nahm vier, sechs, zwölf, zwanzig, und in wenigen Minuten war das Geld, von dem meine Leute zehn Tage leben sollten, verspielt. In dieser schrecklichen Lage nahm ich den Wirt beiseite und versetzte ihm meine Uhr, dann meine silberne Schärpe und die silbernen Fangschnüre, für einige vierzig Taler, die, da ich das Spiel forcieren wollte, bald genug ebenfalls in des Satans Krallen waren, und stürzte, nachdem der letzte Taler verschwunden, in einem fast bewußtlosen Zustand aus dem Spielzimmer, mich verzweiflungsvoll auf einen Stuhl des meinigen werfend. – Jetzt erst traten mir die schrecklichen Folgen meines unbegreiflichen Leichtsinns klar und deutlich mit den grellsten Farben vor die Augen.

Hier war weder Ausweg noch Rettung; in einer mir weltfremden Stadt, wo ich auch nicht eine Seele kannte, war an keine Hilfe zu denken. Kassation, Entehrung, zehnjährige Festungsstrafe schwebten mir als unvermeidlich vor. Die gräßlichste Verzweiflung bemächtigte sich meiner. Nachdem ich meine Pistolen scharf geladen hatte, klingelte ich, ließ mir Briefpapier und eine Flasche Champagner kommen, schloß dann die Türe ab, setzte mich, die Mordgewehre zu meiner Rechten liegend, nieder, um noch einige Briefe an meine Verwandten und mir teure Personen zu schreiben, mit dem festen Vorsatz, mir nach deren Beendigung eine Kugel durch den Mund in das Gehirn zu jagen. Die Batterien rieb ich mit wollenem Tuch, schärfte die Steine, um ja das Versagen zu verhindern, stürzte dann ein paar Glas Champagner hinunter und machte mich zum Schreiben fertig. Zur Unterlage nahm ich ein deutsches Liederbuch, aus dem ich öfters in Kolberg gesungen hatte, das gerade mit Beckers Romanze: „Der Sänger“ betitelt, begann. Ich hatte sie schon so manchmal in fröhlichen Zirkeln in Berlin und Kolberg gesungen, und gerade der letzte Vers, der da heißt:

„Doch jetzt mach' ich eine Pause,
Nehmt die Lehre mit nach Hause
Und beherzigt sie.
Sing und Sang ist eine Gabe,
Wer sie hat – o der vergrabe
Sie im Leben nie."

fiel mir in die Augen. Wie ein Blitzstrahl fuhr es mir durch den Kopf und erleuchtete mich, so daß ich zu mir selbst sagte: „Wie, sollte dir denn dein Talent nicht aus dieser schrecklichen Lage helfen können? – Stargard, durch das du schon ein paarmal gekommen bist, ist nur drei Meilen von hier. Dort kennt dich keine lebende Seele. Man liebt die Musik, hat wenig Gelegenheit, etwas zu hören, wie wäre es, wenn du da hinüberführest und unter einem fremden Namen ein Konzert gäbest? – Stargard ist eine nicht unbedeutende Stadt, es gilt nur einen Versuch, schlägt der fehl, je nun, so läuft dir das Totschießen auf keinen Fall davon." Dieser Gedanke faßte immer mehr Wurzel bei mir; ich suchte, was ich an Musikalien bei mir hatte, hervor, fand auch ein italienisches Cahier darunter, rief meinem Burschen, ließ mir einen Wagen für den andern Morgen früh 4 Uhr bestellen, vorgebend, daß ich einen Bekannten in der Umgegend besuchen wolle, ließ meine Zivilkleider auspacken, versetzte einen Rubinring, den ich noch hatte, für zehn Taler bei dem Wirt und fuhr um die bestimmte Stunde ganz allein nach Stargard ab, nachdem ich dem ältesten Unteroffizier des Detachements anempfohlen, es sich recht angelegen sein zu lassen, den Dienst während meiner kurzen Abwesenheit bestens zu versehen. Um 7 Uhr morgens kam ich in Stargard an, um 8 Uhr machte ich dem Herrn Bürgermeister meine Aufwartung, gab mich bei ihm für einen Sänger der Italienischen Oper von Wien aus, der sich Matuccio nenne, von Berlin komme und über Königsberg nach St.-Petersburg reise, um daselbst zu gastieren. – Ich fand an dem Herrn Bürgermeister nicht nur einen sehr artigen und zuvorkommenden Mann, sondern auch einen großen Musikliebhaber, dem mein Antrag, noch diesen Abend ein Konzert in Stargard zu geben, sehr willkommen war und der mir versprach, alles dazu beitragen zu wollen, was in seinen Kräften stünde. Er übernahm es sogar selbst, sogleich ein Einladungszirkular herumgehen zu lassen, auf dem er sich mit seiner Familie zuerst mit fünf Billetten zu einem Taler Kurant unterzeichnet hatte. Er übernahm es auch, ein passables Orchester, meist aus Dilettanten bestehend, zusammenzubringen, schickte den Ratsdiener mit der Subskriptionsliste herum, der noch am selben Morgen über zweihundert Billette absetzte. Jetzt war ich gerettet; Kosten hatte ich außer der Beleuchtung fast gar keine, da mir der gefällige Bürgermeister einen ziemlich großen Saal gratis überließ. Auch führte er mich noch am selben Abend bei mehreren Dilettanten ein, unter denen die junge, liebenswürdige Frau von F... und das sehr schöne Fräulein von Z..., mit dem schalkhaftesten Cupido-Gesichtchen von der Welt, sich befanden. Beide Damen hatten die Gefälligkeit, in meinem Konzert mitzusingen; jede trug eine Arie und ein Duett mit mir vor, und zum Schluß sangen wir noch ein Terzett. Die meisten Stücke wurden da capo verlangt. An der Kasse waren auch noch über hundert Taler eingegangen, denn man hatte ausgesprengt, der erste Sänger der Italienischen Oper von Wien gebe auf seiner schleunigen Durchreise nach St.-Petersburg dies Konzert aus Gefälligkeit für den Herrn Bürgermeister. Wer war froher als ich. Nach dem Souper, zu dem mich der Herr Bürgermeister eingeladen und an dem mehrere Stargarder Familien teilnahmen, empfahl ich mich und fuhr noch in derselben Nacht mit meinem ersungenen Geld, das vollkommen ausreichte, mein Defizit zu decken, wieder nach Stettin ab. Auch meine Effekten konnte ich, wie ich dem Wirt versprochen hatte, wieder auslösen, nur mein eigenes Geld war beim Teufel. Doch daran war mir wenig gelegen. Ich kam anderthalb Stunden nach Mitternacht wieder in Stettin an, mit dem festen Vorsatz, mich nie mehr zum Spiel, wenigstens nicht mit fremdem Gelde, verlocken zu lassen. Ich zahlte nun vor dem Abmarsch den Leuten den Sold aus und machte mich mit fast ganz leeren Taschen auf den Weg. Erst in Magdeburg fand ich ein Haus, das mit dem unsrigen in Verbindung stand und von dem ich mir fünfzig Taler geben ließ. Dies Ereignis hatte indessen einen so schlimmen und tiefen Eindruck auf mich gemacht, daß mich ein höchst unangenehmes Gefühl auf dem ganzen Marsch nicht verließ und ich gegen meine Gewohnheit weder für Natur-, Kunst-, noch andere Schönheiten Sinn hatte. Ja, ich unterließ es sogar während dieser Zeit, mein Tagebuch zu führen, was ich sonst sehr regelmäßig jeden Abend tat. Ich war über Magdeburg, Kassel, Aachen usw., ohne mich um etwas anderes als meinen Dienst zu bekümmern, nach Frankreich marschiert, wo ich meine Leute an die pommerschen Regimenter abgab, denen sie zugeteilt waren, und dann sogleich die Rückreise per Post nach Kolberg antrat, ohne nur meine Verwandten in Frankfurt zu besuchen, wie ich es mir bei dem Abmarsch vorgenommen hatte. Als ich wieder durch Stargard kam, hielt ich mich möglichst verborgen, solange umgespannt wurde, da ich fürchtete, man möchte den italienischen Sänger wieder in mir erkennen. Auch in Kolberg währte diese Mißstimmung noch, erhielt mich fortwährend bei übler Laune und machte mich fast menschenscheu. Ich setzte den französischen und musikalischen Unterricht, den ich den Töchtern meines Kommandeurs und der Nichte des Kommandanten erteilt hatte, nicht mehr fort, zog mich meist von der Gesellschaft zurück, fand mich oft ohne irgendeinen erheblichen Grund beleidigt, nahm Scherze übel auf und bekam so alle Augenblicke mehr oder minder ernstlichere Händel. Ein Offizier, namens Rosenthal, ein äußerst gutmütiger Mensch, nannte mich scherzweise „Franzos“, ein Beiname, den man mir längst in Kolberg ziemlich allgemein gegeben hatte, weil ich noch viel französische Manieren an mir hatte, wohl auch das, was an den Franzosen zu rühmen war, rühmte und mir deshalb viele heimliche Feinde machte. Ich warf ihm dagegen einige beleidigende Worte hin, die eine Herausforderung nach sich ziehen mußten und ein Duell auf die Klinge zur Folge hatten, das in der Maikuhle abgemacht wurde, und wo ich fast wider Willen, denn ich focht mit der größten Gleichgültigkeit, mir alle Blößen gebend, meinem Gegner eine unbedeutende Armwunde beibrachte. Hätte Rosenthal besser gefochten, so hätte er mir leicht einen tüchtigen Denkzettel anhängen oder gar das Lebenslicht ausblasen können. Wenige Tage nachher hatte ich ein anderes, durch meine üble Laune herbeigeführtes Renkontre, das weit schlimmere Folgen hatte. Ich besuchte den wachthabenden Offizier auf der Hauptwache, Leutnant Campmann, und tadelte gesprächsweise manche Anordnungen im preußischen Dienst. Lange nahm der Offizier die Sache im Scherz auf. Als ich aber immer mokanter wurde, machte er in einem ernsten Ton die sehr richtige Bemerkung: „Wenn Ihnen die preußischen Dienste so mißfallen, warum bleiben Sie denn? Man wird Sie nicht mit Gewalt halten, wenn Sie gehen wollen." – Es gab nun ein Wort das andere, und ich nötigte zuletzt den wachthabenden Offizier, den Degen gegen mich zu ziehen, indem ich auf ihn eindrang. Unglücklicher- oder glücklicherweise, denn wer weiß, wie es abgelaufen wäre, trat in diesem Augenblick der Wachtschreiber und ein Unteroffizier, der eine Meldung zu machen hatte, in die Stube, als wir schon mit den Klingen handgemein waren, und diesen folgte noch der Platzadjutant auf dem Fuße. Jetzt hörte zwar das Gefecht augenblicklich auf, aber die Sache war eklat geworden und wurde dem Kommandanten gemeldet. Die Folge war eine Untersuchung, während welcher wir beide, und zwar bis zur Bestätigung des von einem Kriegsgericht zu fällenden Urteils, von unsern Funktionen suspendiert wurden. Da sich die Sache sehr in die Länge zog und ich

während dieser Suspension keine Gesellschaft, in der sich der Kommandant und die Stabsoffiziere befanden, besuchen konnte, so hatte ich tödliche Langeweile, die mich immer mehr verstimmte und nur hier und da durch die intimere Bekanntschaft, welche ich mit mehreren Damen hatte, unterbrochen wurde. Glücklicherweise kam während dieser Zeit eine wandernde Schauspielergesellschaft nach Kolberg, deren Direktor ein gewisser Romberg war und bei der sich ein paar hübsche Aktrizen befanden, von denen eine, Madame Vetterlein, nicht ohne Talent und sonst auch recht liebenswürdig war. Ich beschäftigte mich nun viel mit diesem Theater, ordnete das Repertoir an, verschaffte den Schauspielern manche notwendige Requisiten und lieh ihnen auch manches von meinen kleinen Uniformstücken, und namentlich einem derselben einmal meine Schärpe. Mehrere Offiziere hatten dies bemerkt. Am andern Tag kam es auf der Parade zur Sprache, daß eine preußische Offiziersschärpe auf dem Theater paradiert habe, worüber sich die älteren Offiziere sehr mißbilligend und als über etwas „Unerhörtes“ aussprachen. Der Kommandant ließ durch den Bürgermeister dem Direktor verbieten, künftig wieder eine Schärpe oder ein sonstiges Abzeichen der königlich preußischen Armee auf seinem Theater zu verwenden. Man forschte auch nach, woher der Schauspieler die Schärpe hatte, und bald wußte man, daß ich sie ihm geliehen. Neues Donnerwetter. Der Bataillonskommandeur mußte mir einen Verweis geben und mir verbieten, irgendein Uniformstück den „Komödianten“ zu leihen. Ich hatte mich gut entschuldigen, daß dies in der französischen Armee etwas ganz Gewöhnliches sei, ja, daß ich sogar in Berlin, in des Epimenides Erwachen von Goethe, eine ganze preußische Schwadron in Uniform und Schärpen auf der Bühne gesehen; dies half alles nichts. Ich mokierte mich wieder, so daß es zu den Ohren meiner Vorgesetzten kam, und meine ohnehin schon verdrießliche Lage wurde eben nicht verbessert.
Die Aufführungen dieser Gesellschaft boten indessen

manches dar, was komisch genug war und oft reichlichen Stoff zum Lachen gab. Da war keine Lessingsche, Schillersche oder Goethesche Tragödie, kein Maschinenstück, an das man sich nicht gewagt hätte; auch Opern wurden gegeben. Die Bühne selbst war gerade über einem Kuhstall und nur durch einen dünnen Boden von demselben geschieden, und oft wurden die tragischsten Räuberszenen, Monologe oder Gesänge von dem Brüllen der Kühe und Ochsen akkompagniert, und Hamlets „Sein oder Nichtsein" oder Johannas „Lebt wohl" usw. unterbrach häufig das crescendo und fortissimo des Rindviehs, so daß die Rede ganz unverständlich wurde.

Einstmals begleitete ich Madame Vetterlein und Demoiselle Zimmermann auf einem Spaziergang in die Maikuhle und zeigte ihnen die Schanzen, Kasematten und Blockhäuser. Aber auch dies wurde verraten und mir insinuiert, ich dürfe keine Fremden mit den Festungswerken bekannt machen; dies sei streng verpönt. Ich erwiderte dann, daß Künstlerinnen keinen andern Festungswerken als Herzen oder Beuteln gefährlich werden könnten.

Endlich kam das in meiner Sache mit dem Leutnant Campmann gefällte kriegsrechtliche Urteil bestätigt von Berlin, und lautete für mich auf sechsmonatlichen Festungsarrest, in Weichselmünde bei Danzig zu bestehen, und drei Monate für meinen Gegner in Kolberg. Ich mußte jetzt, von einem höheren Offizier begleitet, mit dem Postwagen nach Danzig abfahren, wohin wir über Köslin, Stolp, Neustadt usw. reisten und beinahe drei Tage gebrauchten. Ich konnte nun auch mit Kotzebues Herrn von Kreuzquer sagen: „Als ich von Stolp nach Danzig reiste" usw.

Mit einbrechender Nacht kamen wir in dieser Stadt an und stiegen in dem eben nicht sehr reinlichen Hotel d'Oliva ab, meldeten uns am andern Morgen beim Kommandanten, der uns artig empfing und eine Empfehlungsordre an den Kommandanten der Feste Weichselmünde gab, wohin wir uns sogleich verfügten. Dieses Fort liegt in einer geringen Entfernung von der Stadt an der Weichsel. Ich bekam ein ziemlich bequemes, aber sehr vielwinkeliges Zimmer angewiesen. Der Kommandant dieses Forts war der Oberstleutnant von Brockhusen, ein artiger Mann, der mich freundlich aufnahm, mir ankündigte, daß ich alle Freiheit habe, in Zivilkleidern hinzugehen, wohin ich immer wolle, nur müsse ich mich zum Schlafen wieder einfinden. Ich könne aber nach Danzig, nach dem gegenüberliegenden Neufahrwasser, nach Oliva usw. gehen und mich nach Belieben amüsieren. Gesellschaft hatte ich große und zum Teil scharmante in Neufahrwasser. Das ganze Offizierkorps eines Landwehrkavallerie-Regiments hatte, samt seinem Kommandeur und Obersten von Himmel, die Offiziere auf achtzehn Monate und der Oberst für drei Jahre, hier Festungsarrest mit derselben Freiheit wie ich. Die Verheirateten hatten sogar ihre Frauen und Kinder meist bei sich, und alle führten ein ziemlich lustiges Leben. Die Ursache ihres Arrestes war folgende: Das Regiment hatte einmal, als es der General Graf Henkel von Donnersmark zum Manövrieren ausrücken ließ, nicht zu dessen Zufriedenheit exerziert und ein paar Böcke gemacht. Der General, darüber erbost, hatte sich gegen das Offizierkorps, welches meist aus gedienten und wackeren Leuten bestand, sehr beleidigend ausgedrückt und geschrien: „Meine Herren, Sie manövrieren wie die S . . .“ Die Offiziere hatten sich darauf verabredet, am folgenden Tag, wo das Regiment wieder zum Exerzieren ausrücken sollte, samt und sonders wegzubleiben und dasselbe durch einen Rittmeister dem General vorzuführen, der es ihm mit den Worten: „Ich habe die Ehre, Eurer Exzellenz das Regiment vorzuführen“, übergab, dann seinen Säbel wieder einsteckte, davonritt, den ganz verblüfften General, der eben angeritten war, stehen lassend. Dem Grafen Henkel von Donnersmark blieb nun nichts anderes übrig, als die Truppen, vom ältesten Wachtmeister geführt, wieder ein-

rücken zu lassen und den Vorfall dem Kriegsminister anzuzeigen, was eine umständliche Untersuchung veranlaßte, die das oben erwähnte Resultat hatte, aber auch dem General einen sechswöchentlichen Arrest zuzog. Das ganze im Festungsarrest sich befindliche Offizierkorps hatte den Mittagstisch in dem Gasthaus zum Englischen Hof in dem auf dem jenseitigen Ufer der Weichsel liegenden Neufahrwasser, wo auch ich, von meinen Arrestkameraden eingeladen, mich engagierte und man sehr gut bedient war. Die Wirtin, namens Wex, hatte ein Paar junge Töchter, von denen die jüngere, Jettchen, recht hübsch war. Ein Piano stand im Gastzimmer, die Mädchen sangen leidlich, und so war die Unterhaltung in den Nachmittagsstunden oft recht animiert.
Schon am zweiten Tage begab ich mich in Begleitung von ein paar Offizieren nach Danzig, um mich in der berühmten alten Hansestadt umzusehen und sie kennenzulernen. Sowohl als Festung wie als Handelsstadt ist sie eine der bedeutendsten Plätze der preußischen Monarchie. Gegen das Ende des ersten Jahrtausends, als der heilige Adelbert (990) hier zuerst das Christentum predigte, muß Danzig schon eine ansehnliche Stadt gewesen sein. Die deutschen Ordensritter legten die Neustadt an und vergrößerten den Ort beträchtlich. Im Bund der Hanse wurde sie bald eine der mächtigsten, reichsten und blühendsten Städte desselben, aber auch sie blieb von blutigen Kämpfen und zerstörenden Belagerungen nicht frei. Furchtbare Seuchen suchten sie verschiedene Male heim, und die Pest mit ihrem schrecklichen Gefolge von Hunger, Elend und Schrecken verödete sie außerordentlich. Lange waren die Könige von Polen ihre Schutzherren, später aber bildete sie eine unabhängige, merkantilische Republik, ein Unding, die schlechteste Staatsform für eine solche Stadt, wo dann immer einige Familien, zum großen Nachteil der übrigen Einwohner, alle Macht, Gewalt und Ämter an sich reißen; auch war ihr früherer Wohlstand sehr gesunken und die Stadt außerordentlich herabgekommen, als

sie 1793 das Glück hatte, Preußen einverleibt zu werden. 1807 wurde sie von den Franzosen unter Lefebvre belagert, verteidigte sich eine Zeitlang wacker, ergab sich aber endlich. Der Tilsiter Frieden machte sie dem Namen nach zu einer freien Stadt, die aber von französischen Prokonsuln ganz nach Willkür beherrscht, mißhandelt und tyrannisiert wurde. 1813 hatte sie eine harte Belagerung von den Russen zu bestehen; der französische General Rapp, der die hier liegende französische Garnison kommandierte, hielt sich tapfer. Endlich kam sie anfangs Februar 1814 wieder in die Hände von Preußen, unter dessen wohltätiger und gerechter Regierung sich ihr Wohlstand und Handel sehr bald hob.
Die Stadt liegt noch eine gute Stunde vom Baltischen Meer entfernt und hat viele Vorstädte. Neufahrwasser und das Fort Weichselmünde bilden ihren Hafen. Die Straßen sind größtenteils eng und düster, die Häuser hoch und haben meist Giebeldächer und große Vortreppen. Der Langemarkt, auf dem sich die Börse (der Artushof) befindet, ist indessen von schönen Gebäuden umgeben. Langgarten ist auch eine schöne und breite Straße. Auf der sogenannten Speicherinsel, dem Haupthandelsort der Stadt, sind fast nur ungeheuer hohe Magazine, Speicher und große Warenlager. Die Stadt ist sehr fest und zählt über 70000 Einwohner. Ihre Likörfabriken sind hauptsächlich im Norden bekannt; berühmt ist namentlich das Danziger Goldwasser. Auch die Umgebung ist schön und mannigfaltig, Heiligenbrunn, Langfuhr, Zeschkental bieten angenehme Ausflüge. Die merkwürdige Abtei Oliva hat einen hübschen Garten, in welchem sich prächtige, sehr hohe Lindenalleen befinden. An diesen Garten stößt der Karlsberg mit seiner herrlichen Aussicht auf Schwabental, den Eisenhammer Neufahrwasser, und weit im Baltischen Meer erblickt man in neblichter Ferne die Halbinsel Hela. Dicht vor den Augen liegt das schöne Kloster Oliva.
Sobald ich in meiner neuen Residenz, die ich statt der

Kriegsschule in Berlin, wie ich das Projekt gehabt, diesen Winter besuchen mußte, installiert war und mit meinen zum Teil sehr lustigen Arrestkameraden genauer bekannt wurde, verlor sich auch mein bisheriger Mißmut. Im Englischen Haus gehörte ich bald zur Familie und machte beiden Schwestern zugleich den Hof, aber der älteren, Hannchen, mehr zum Schein, während ich es mit der jüngeren, Jettchen, ernstlicher meinte, und Mama äußerte, ich würde mit keiner übel fahren, welche ich auch wählen möchte. Ich aber vertröstete sie auf späteres Avancement, da eine Frau Leutnant doch eine gar zu traurige Rolle spiele. Es war noch ein anderer guter Gasthof in Neufahrwasser, Zur Stadt Berlin, dessen Besitzer zwar keine Kinder, dafür aber zwei allerliebste Nichten hatte, wo ich ebenfalls bald wie zu Haus war, so daß ich in der Regel die Vormittage im Englischen Hof und die Nachmittage in der Stadt Berlin plaudernd, scherzend, musizierend, küssend usw. zubrachte. Auch lernte ich bald noch einige andere Familien daselbst kennen, unter denen die sehr liebenswürdige eines Kriegsrats Schütz, der wieder artige Töchter hatte, und wo noch ein anderes fünfzehnjähriges, ausgezeichnet schönes Mädchen, die Tochter eines grimmigen Seebärs, eines Schiffskapitäns, der meist abwesend auf Seereisen war, sich einfand. In diesem Haus wurde auch viel Musik gemacht, und die Mädchen sangen recht schöne polnische Lieder, die ich leider nicht verstand. Selbst in dem Fort Weichselmünde fanden sich weibliche, durchaus nicht zu verachtende Reize. Außer der hübschen Tochter des Kommandanten war auch die junge Frau eines Rittmeisters, eine blonde Königsbergerin, die seelenvolle, himmelblaue Augen hatte und bei Kuhns, so hieß der Wirt in der Stadt Berlin, wo wir öfters zur Nacht speisten, meine Tischnachbarin war, der zu gefallen ich manchen Abend im Fort zubrachte, wo kleine Kommersspiele die Hauptunterhaltung ausmachten, bei denen sich die meisten Offiziersdamen einfanden.

Frau Wex, welche mit Kuhns rivalisierte, veranstaltete bald einen Bal paré, an dem alle Honoratioren des Ortes und mehrere Familien aus Danzig teilnahmen. Hier lernte ich unter andern die Frau eines reichen Kaufmanns, der mehrere Schiffe in See gehen hatte, kennen, und nach einigen Raschwalzern, die ich mit ihr getanzt, verständigten wir uns schnell in einer Polonäse, begegneten uns zufällig auf einem Korridor und lagen uns ebenso zufällig in den Armen. Dieser sonderbare Zufall wiederholte sich drei- bis viermal, während der Herr Gemahl in einem Seitenzimmer mit aller Ruhe eine Partie Whist machte. Die Dame vertraute mir, daß sie jeden Abend bis 10 Uhr ganz allein zu Haus zu treffen sei, indem ihr Mann nie verfehlte, seine Spielpartie um diese Zeit in Danzig oder in Neufahrwasser zu machen. Dies merkte ich mir wohl und fand mich schon am folgenden Abend in dem mir bezeichneten Haus ein, in das ich in der Dämmerung, in meinen Mantel gehüllt, schlich, wo ich freudig mit offenen Armen empfangen wurde. Diese Besuche wiederholte ich öfters, besonders wenn ich Herrn G.... ch, so hieß der Mann, in der Stadt Berlin wußte, wo eine kleine Pharobank gehalten wurde, und ich ihm gegenüber pointierte, mich auf eine halbe Stunde entfernte, dann zurückkam und ganz ruhig weiterspielte. Bei meinem Arrest in Weichselmünde hing mir der Himmel voll weiblicher Baßgeigen. Aber der Krug geht so lange zu Wasser, bis er bricht. G.... ch mußte von meinen verstohlenen Besuchen durch irgendeinen gefälligen Freund Wind bekommen haben, und als ich mich eines Abends wieder in seine Wohnung begab, begegnete ich in deren Nähe ein paar wildaussehenden Seegesichtern, vulgo Matrosen. Kaum hatte ich die Haustüre hinter mir zugemacht und wollte eben die Treppe hinaufspringen, als ein paar andere Exemplare dieser Bären aus einem Winkel hervorsprangen, während die, welchen ich begegnet war, in die Haustüre traten und einer derselben mich mit rauher Stimme fragte, was ich hier suche. „Dies geht euch Schubiaks nichts an“, erwiderte ich, indem ich ein Terzerol unter dem Mantel hervornahm und den Hahn spannte. Das Knacken desselben machte die Burschen doch stutzen, und ich sagte mit starker Stimme: „Dem ersten, der eine verdächtige Bewegung macht, jage ich eine Kugel durch den Kopf.“ Die Kerls, dadurch verblüfft, ließen mich nun ruhig wieder zum Haus hinausgehen. Klar war es, daß es hier auf einen Hinterhalt abgesehen war, und ich dankte Gott, als ich im Freien war; denn wäre es zu einem Eklat gekommen, so würde mir als Festungsarrestanten noch eine zehnmal härtere Strafe auferlegt worden sein. Ich begab mich nun in die Stadt Berlin, wo wie gewöhnlich gespielt wurde, setzte mich an den Spieltisch und pointierte ganz ruhig mit Viergroschenstücken, als sei nicht das Mindeste vorgefallen. Etwa zwanzig Minuten später trat auch G . . . . ch herein, dem ich einen sehr freundlichen guten Abend wünschte. Statt meine Begrüßung aber zu erwidern, warf er einen grimmigen Seitenblick auf mich, was ich nicht zu bemerken für gut fand, sondern ganz gleichgültig zu ihm sagte: „Warum heute so spät, Herr G . . . ch. Ich bin schon lange hier und spiele wieder einmal glücklich.“ „Das Glück scheint Ihnen gewogen“, gab er mir, seinen Zorn verbeißend, zur Antwort, „und das ist Ihr Glück.“ Am andern Morgen wurde ich durch ein Briefchen von Madame G . . . ch unterrichtet, daß sie eine arge Szene mit ihrem Mann gehabt, dem man unsere Zusammenkünfte verraten habe, und sie auf einige Zeit zu ihren Eltern nach Elbing verreise, wo ich sie, wenn ich es möglich machen könne, doch besuchen möge. Dieser Vorfall war mir sehr unangenehm, da es in Neufahrwasser bekannt wurde, daß ich die Ursache einer Trennung der G . . . . schen Eheleute sei, die sich später jedoch wieder vereinigten. Ich suchte von jetzt an, mich mehr in Danzig zu zerstreuen. Hier hatte ich anfänglich fast gar keine Bekanntschaften. Unter den Damen, die ich auf dem Ball im Englischen Hof hatte kennenlernen, war auch eine gewisse Madame Mathias, die Frau eines Kaufmanns aus Danzig, mit der ich einigemal getanzt, und die nicht nur recht hübsch war, sondern auch ungemein viel Geist hatte. Durch die Gattin eines hier verheirateten Majors, den ich früher in Kolberg hatte kennenlernen, wurde ich in mehreren Häusern eingeführt, und namentlich auch bei Herrn Mathias, wo mich die Dame zur öfteren Wiederholung meines Besuches aufforderte. Schnell war ich in dem Haus zuhaus, und vom Handkuß kam es bald zum Stirn-, Wangen- und Mundküssen usw. Da aber eine Schwiegermutter und Schwägerin die hübsche Frau gleich zwei Drachen hüteten und uns fast keinen Augenblick allein ließen, so mietete ich mir, was ich ohnehin schon im Sinn hatte, da ich nicht wußte, wo den ganzen Tag in Danzig zubringen, ein Absteigequartier, und zwar auch bei einer hübschen Frau, deren Mann Kapitän eines Kauffahrteischiffes und fast immer abwesend war. Hier und auch bisweilen auf den einsamen Wällen in den Schießscharten der Kanonen hatte ich nun oft sehr unterhaltende Zusammenkünfte mit Madame Mathias, während ich auf der anderen Seite mit meiner liebenswürdigen Seefrau bald auf dem vertrautesten Fuß stand und Mittags- und Abendmahl meist mit ihr einnahm. Letztere zählte erst neunzehn Jahre und war kaum sechs Monate verheiratet. Ich begab mich jetzt jeden Morgen mit dem Frühesten nach Danzig, von wo ich in der Regel erst gegen Mitternacht in meine wenigstens dreißigwinkelige Arreststube, die eine gar seltsame Bauart hatte, zurückkehrte. Auch im Danziger Kasino, wo jede Woche Tanz und Musik stattfand, wurde ich eingeführt und machte neue Bekanntschaften daselbst, unter denen eine sehr üppig gebaute schöne polnische Gräfin v. M . . . ka aus Posen war, deren schlanker Wuchs, ein fast verschlingendes Auge, rabenschwarzes Glanzhaar, eine äußerst feine und weiße Haut, eine entzückende Anmut mich wie fast alle Männer, die sie sahen, bezauberte. Auf den Maskenbällen, die nun gegeben wurden und oft glänzend und reich an prächtigen Kostümen waren, gelang es mir, die schöne Gräfin genauer kennenzulernen. Auf einem derselben hatte ich mich zuerst als Zigeuner, dann aber als Spanier verkleidet und setzte der Dame in der Maske des ersteren, durch meine Prophezeiungen ihr die gute Wahrheit sagend, so gewaltig zu, daß ich ihre Neugierde in hohem Grade rege machte, namentlich, indem ich ihr mitteilte, sie würde, ehe vierzehn Tage vergingen, einen Anbeter haben, dem sie nichts versagen könne. Als der Zigeuner verschwunden war, forderte der Spanier die als kassubisches Landmädchen verkleidete Gräfin zu einer Polonäse auf und erzählte ihr während der Promenade, daß ihm ein Zigeuner prophezeit habe, er würde in Danzig noch sehr glücklich werden und die Gunst der schönsten Dame dieser Stadt erhalten. „O dann ist es gewiß nicht die meinige", meinte die Gräfin. „Und wer sollte sich an Schönheit, Grazie und Liebenswürdigkeit mit Eurer Gnaden in Danzig messen können?" „Sie sind ein gefährlicher Schmeichler." „Es ist keine Schmeichelei, wenn man die Wahrheit spricht." Die Gräfin erzählte nun auch ihrerseits, was ihr der Zigeuner gesagt. „Sonderbar, dies hat was zu bedeuten", erwiderte ich, dem hübschen Landmädchen die Hand drückend. Die Polonäse löste sich endlich in einen Raschwalzer auf, wir flogen sinnenberauscht dahin und setzten uns endlich etwas ermüdet unter eine entlegene Fensterhalle. Die Gräfin M . . . ka nahm ihre Larve ab und sagte: „Die Hitze ist unausstehlich, länger halte ich's nicht aus, machen Sie es ebenso." Ich befolgte den Befehl, worauf sie mich erkennend sagte: „Dacht' ich's doch, Sie sind der Offizier, mit dem ich schon öfters im Kasino tanzte." Wir engagierten uns dann noch auf eine Tempête, eine Quadrille und ein paar Walzer, und ich erhielt von der Dame das Versprechen, daß ich bei der ersten Schlittenfahrt der sie fahrende Kavalier sein solle. Der bald darauf gefallene Schnee machte auch eine solche möglich, und ich hatte das Vergnügen, das Versprechen in Erfüllung gehen zu sehen, und übte das Schlittenrecht in seiner weitesten Ausdeh-

nung. Kurze Zeit darauf hatte ich das noch weit größere Vergnügen, auch diese Dame in meinem Zimmer zu Danzig zu empfangen und zu bewirten, ohne daß meine niedliche Wirtin, die mich öfters mit Morgenbesuchen beehrte, etwas davon merkte, sowenig wie von noch andern Damenbesuchen, die ich natürlich alle nur nach eingetretener Nacht empfing. Mein Zimmer war au rez de chaussée. So schwanden mir denn die sechs Monate Festungsarrest in Weichselmünde wie sechs Wochen hin. Bevor sie aber um waren, erbat ich mir unter dem Vorwand, meine etwas zerrüttete Gesundheit wiederherzustellen, denn sie war es wirklich, wenn auch nicht durch die Kerkerluft, doch durch Strapazen mancherlei Art, noch einen sechswöchentlichen Urlaub, der mir bewilligt wurde und den ich zu einer kleinen Reise nach Marienburg und Posen zu verwenden beschloß. Die Gräfin M... ka ging mit dem Frühjahr ebenfalls dahin zurück und gab mir die Erlaubnis, ihr daselbst meine Aufwartung machen zu dürfen, jedoch in allen Ehren, denn dort herrsche der Herr Gemahl, der nicht mit in Danzig gewesen, wo die Dame bei einer Freundin zum Besuch war, etwas streng.
Als ich meine Freiheit und meinen Degen zurückerhalten und die Urfehde geschworen hatte, nahm ich Abschied von Weichselmünde, Neufahrwasser und Danzig und trat die Reise nach Marienburg an.

X

Marienburg – Elbing – Königsberg – Pillau – Marienwerder – Graudenz – Kulm – Bromberg – Gnesen – Posen – Neustettin – Rückkehr nach Kolberg – Eine furchtbare Mordgeschichte – Ein Nikolausabend – Diverse Kampagnen unter Amors Fahnen – Der Esel von Osten – Noch ein Damensouper – Arge Skandalosa – Eine pommersche Hochzeit – Ich mache ein Gespenst – Abermaliger Festungsarrest – Meine Entlassung

Was mich hauptsächlich zu einer Reise nach *Marienburg* bestimmte, war das weltberühmte Schloß der alten Hochmeister des deutschen Ordens, von dessen Merkwürdigkeiten man mir so viel und erst wieder in Danzig erzählt hatte, daß ich den Wunsch, diese prächtigen Überreste des Schlosses der einst so mächtigen Ordensritter kennenzulernen, nicht unterdrücken konnte. Eine außerordentlich schöne Dekoration des Berliner Theaters, den Kapitelsaal dieses Schlosses darstellend, hatte mich längst lüstern gemacht, diesen in Natur zu bewundern. Die Reise oder vielmehr Fahrt nach Marienburg war sehr kurz und ging durch das uralte Städtchen Dirschau, Forsters Geburtsort. Ich verweilte nur drei Tage in Marienburg, wo ich, nachdem ich das Schloß von außen und innen sattsam gesehen, bald tödliche Langeweile verspürte. Dies Gebäude, gewissermaßen die Wiege des preußischen Staates, ist in vieler Hinsicht bewundernswürdig. Die Fenster der an 150 Fuß langen Kirche haben herrliche alte Glasmalereien. Das merkwürdigste ist aber das an 100 Fuß lange Refektorium, dessen Kreuzgewölbe in der Mitte auf drei achteckigen Säulen ruht, von denen eine von schwarzem und rotem, sehr fein poliertem Granit ist. Der Kapitelsaal ist hauptsächlich seiner künstlerischen Wölbungen halber sehenswürdig, sowie auch das Portal am ältesten Schloßteil in Augenschein genommen zu werden verdient. Dies Schloß wurde zu Anfang des dreizehnten Jahrhunderts erbaut. Der dasselbe zuerst bewohnende Hochmeister war Siegfried von Feuchtwangen, und der letzte Ludwig von Ehrlichshausen. Wäre

er ein von Schelmshausen gewesen, so würde er vielleicht nicht als der letzte figuriert haben. In diesem Schloß war es, wo 1656 der Große Kurfürst Wilhelm das Bündnis mit Schweden schloß und wo 1772 die Stände von Alt-Preußen Friedrich dem Großen huldigten. Nahe an der Stadt befindet sich der sogenannte Schloßhain, der gewöhnliche Spaziergang der Einwohner, deren Zahl etwa 5000 betragen mag und die sich zum Teil durch Fabriken und Handel ernähren. Marienburgs Geschichte knüpft sich an die des deutschen Ordens selbst an. Die Ordensritter, die von gutem Adel – ich gestehe zu meiner Schande, daß ich bis jetzt noch nicht habe ergründen können, was dies eigentlich sagen will – sein mußten, kämpften hauptsächlich gegen die armen preußischen Heiden, denen sie durch Schwert, Blut und Mord recht handgreiflich zu machen suchten, was das Christentum für eine Seligkeit sei. Diese Ritter waren besonders zur Bekämpfung und Vertilgung des Heidentums verpflichtet und wurden, ich entsinne mich nicht, von welcher päpstlichen Unfehlbarkeit, die Schwertträger, auch Ritter des Dienstes Christi genannt. Nicht selten führten sie aber ein gar unchristliches, gottloses und unrühmliches Leben und wurden bisweilen von den Heiden schlimm heimgeschickt.
Von Marienburg fuhr ich eines Tages nach der nur wenige Meilen entfernten Stadt *Elbing,* die samt einer Burg im Jahre 1237 von den Ordensrittern erbaut wurde. Sie liegt an der schiffbaren Elbing, ist ziemlich befestigt und zählt über 20 000 Einwohner, die ansehnlichen Handel treiben. Von der alten Burg ist nichts mehr übrig. Im fünfzehnten Jahrhundert wurde das dem deutschen Orden gehörige Schloß geschleift. Einige Arme der Elbing fließen durch die Straßen der Stadt; der Fluß selbst ist vermittelst des Kraffuh-Kanals mit der Nogath verbunden. Elbing hat eine Alt- und eine Neustadt und mehrere Vorstädte. Im ganzen ist sie nicht schlecht gebaut, sehr wohlhabend und Danzigs gefährliche Nebenbuhlerin. In ihrer Nähe liegt ein schönes Kloster, das vorzeiten

mit faulen Bernhardinermönchen bevölkert war und eine Wallfahrtskirche hat. Der Vogelgesang ist der beliebteste Spaziergang der Einwohner, besonders der Damen. Gerne hätte ich Madame G . . . . ch, die sich noch hier aufhielt, besucht, aber da sie bei Verwandten wohnte und ich nicht wußte, wie weit diese von dem Vorfall in Neufahrwasser unterrichtet waren, so unterließ ich es; auch blieb ich nur ein paar Tage hier und reiste dann über Braunsberg nach Königsberg. Die erstere Stadt soll ihren Namen von einem Brunnen haben, der braunes Wasser hat. Ich habe keines davon zu Gesicht bekommen. Hier wurde der bekannte Trenk geboren, den der große Friedrich etwas kleinlich verfolgte, weil er das Glück oder vielmehr das Unglück gehabt, einer preußischen Prinzessin, ich glaube, es war des Königs Schwester Amalie, zu sehr zu gefallen, und deswegen viele Jahre in einem abscheulichen Kerker zu Magdeburg schmachten mußte, wo er seine beste Zeit zubrachte, endlich entwischte und zuletzt, als die Französische Revolution ausgebrochen war, nach Paris ging und daselbst guillotiniert wurde. Das Bier, welches früher in Braunsberg gebraut wurde, soll so substantiös gewesen sein, daß es die deutschen Ordensritter, die es sehr gerne tranken, mit dem Namen Füllwurst beehrten. In einem Nonnenkloster wurde so starker Zwirn verfertigt, daß er beinahe nicht zu zerreißen und unter dem Namen Klosterzwirn bekannt war. Zu *Heiligenstein*, einem kleinen Städtchen, durch das ich kam, stand einst jene heilige Eiche, unter welcher die Heiden Preußens ihren Gott Kurcho verehrten. Bei dem Flecken Brandenburg kam ich an dem Schlachtfeld von 1712 vorüber. Es war beinahe Mitternacht, als ich in der alten Hauptstadt Preußens, in *Königsberg*, ankam. Eine starke Erkältung zwang mich, ein paar Tage das Bett zu hüten. Mein erster Ausgang, als ich wiederhergestellt, war nach der ehemaligen Zitadelle, der alten Friedrichsburg, in der man mir den Moskowitensaal und die Bernsteinkammer zeigte. Hierauf begab ich mich in den vom Großmeister Lothar von Braunschweig im vierzehnten Jahrhundert erbauten Dom. Unter den übrigen Kirchen ist die Haburger ausgezeichnet schön. In dem Schauspielhaus, das gerade nicht vorzüglich ist, sah ich einige nicht sehr gut exekutierte Opern und Schauspiele aufführen. Mehr erfreuten mich die zum Teil sehr schön angelegten Promenaden, besonders die am Schloßteich, dem Königsgarten und dem von Hippel angelegten Philosophendamm. Hier schrieb der blinde Baczko, und von hier aus brachte Kant die Philosophenwelt in Aufregung und Zwist und machte manchen philosophischen Hirnkasten vollends verrückt. Ich fuhr nach Friedrichsstein, wo ein schönes Schloß mit einem Park ist, auch nach dem Hafen von Pillau, dessen Festungswerke Gustav Adolph erbaut haben soll, machte ich einen Abstecher, doch sah ich auch Werke, die untrüglich aus einer älteren Zeit herrühren. In der Nähe dieser Stadt liegt das Paradies, das heißt, ein schöner Buchenwald, den die Einwohner so nennen. Der Störfang ist hier sehr beträchtlich, darunter sind solche, die bis zwölf Fuß Länge haben und über 500 Pfund wiegen. Von Königsberg eilte ich nach *Posen* und fuhr über Elbing, Marienwerder, Graudenz, Kulm, Bromberg, Gnesen usw. dahin ab, ohne mich an einem dieser Orte umzusehen. Nur in Marienwerder machte ich einen Gang zur uralten, wegen ihrer Mosaikarbeiten sehenswürdigen Kirche, in der mehrere Hochmeister des deutschen Ordens begraben liegen. Der erste König von Preußen, Friedrich I., hatte 1709 hier eine Zusammenkunft mit dem Zar Peter I. In Marienwerder lebte und starb im vierzehnten Jahrhundert die vom Papst Bonifazius IX. zur Heiligen fabrizierte Dorothea, deren Zelle man noch zeigt. Bei der Festung Graudenz, die wegen ihrer tapferen Verteidigung durch den General Courbière bekannt, gleich Kolberg nicht erobert, und deren Zitadelle nach einer Handzeichnung Friedrichs des Großen 1772 erbaut wurde, befindet sich eine Wasserleitung, die der ebenfalls große Kopernikus anlegte. Kulm mit seinen vielen hohen Türmen liegt sehr malerisch und hoch zwischen herrlichen Fruchtfeldern und üppigen Wiesen, durch welche die Weichsel strömt, von der ein Arm am Fuß des terrassenartigen Berges, an dem die Stadt liegt, vorbeifließt. Kulm ist in der Geschichte des Mittelalters berühmt, weil bei einer Belagerung im Jahre 1244 die tapfern Kulmer Frauen den pommerschen Herzog Swantopolk zum Abzug nötigten. Als Kulm noch ein Mitglied der Hanse, war sein Handel bedeutend; doch waren auch viele Faulnester vom Orden der Benediktiner, Dominikaner, Franziskaner usw. hier. *Bromberg*, durch welches ich die Nacht passierte, war der Sitz einer Regierung. In der Nähe dieser Stadt befindet sich der berühmte Netzkanal, der massive Schleußen hat und die Brahe mit der Netz und durch diese wieder die Oder und Spree, die Havel und die Elbe mit der Weichsel verbindet. In dem uralten *Gnesen* (Gniezno) machte ich Mittag. Hier erzählte mir der gelehrte Wirt in sehr schlechtem Deutsch, daß diese Stadt der ehemaligen Republik Polen das Wappen, einen Adler, verliehen habe, was daher gekommen, weil man in ihrer Nähe ein Riesen-Adlernest gefunden, welches so groß gewesen, daß sich ein polnischer Ochse ganz bequem in dasselbe habe betten können. Bei kaum 5000 Einwohnern hat Gnesen gerade ein Dutzend Kirchen. Dessen Erzbischöfe waren die ersten Personen nach den Königen im Lande.

Erst mit der einbrechenden Nacht kam ich in Posen an und schlief in einem herzlich schlechten und eben nicht sehr reinen Bett vortrefflich. So wie der Hunger der beste Koch ist, so ist Ermüdung der beste Schlafbereiter, und ich erwachte erst spät am Vormittag. Nachdem ich meine Toilette gehörig gemacht, schickte ich mich an, die Stadt zu besichtigen. Posen liegt zwischen kleinen Anhöhen, hat viele hohe Gebäude und hohe Türme, die ihm ein imposantes Ansehen geben. Die hier flutende Warthe nimmt die Sowna auf. Die hübsche Wilhelmsstraße ist mit Linden besetzt, der Marktplatz schön und groß, die

Hauptwache von einer ganz eigenen Bauart. In der Stadt befinden sich, die Klosterkirchen mit inbegriffen, wohl ein paar Dutzend Kirchen, unter denen die Hauptkirche und die sehr schöne Stanislauskirche hervorragen; auch die Griechen haben eine kleine Kirche oder vielmehr ein Bethaus hier. Das auf einer Anhöhe liegende Schloß war ehedem ein Kollegium der Jesuiten und ist jetzt die Residenz des Statthalters des Großherzogtums Posen. Die Stadt mit ihren vielen Vorstädten, wohl ein halbes Dutzend, nimmt sich besonders von St. Adalbert gut aus. Auch der Sapiehaplatz, von dem aus man das kastellartige Inquisitoriat und die hochliegenden Gerichtsgebäude im Angesicht hat, macht einen guten Eindruck. Bei der Parade sah ich mehrere Offiziere, die ich schon in Berlin kennengelernt hatte und die mich zur Offizierstafel einluden, was ich mit Dank annahm. Denselben Tag zog ich noch Erkundigungen nach der schönen Gräfin M . . . . ka ein und erfuhr, daß kein Offizier Zutritt in dem Haus des Grafen habe. Indessen ließ ich mich doch, wie ich es mit der Dame in Danzig verabredet, bei ihr melden, wurde auch angenommen, jedoch von dem Herrn Gemahl ziemlich frostig empfangen, der mich auch nicht ersuchte, meinen sehr kurzen Besuch zu wiederholen, mir indessen eine kurze Gegenvisite machte. Noch am nämlichen Abend kam ein sehr niedliches Mädchen in polnischem Kostüm, das kein Deutsch, aber so ziemlich Französisch sprach und mir ein Billettchen brachte, in dem man mich ersuchte, dem hübschen Kammerzöfchen zu folgen, das mir ein Haus zeigen würde, wohin ich mich am folgenden Abend zu begeben habe, um eine gewisse Dame sprechen zu können. Das Mädchen war so gesprächig und lud mich so zutraulich ein, mich ihrer Führung zu überlassen, daß ich nicht umhinkonnte, ihr auf die Wangen zu klopfen, etwas tief in ihre schwarzen Augen zu blicken und mit einem Kuß auf den runden Nacken und einen Taler in die Hand ihr zu danken. – O ihr galanten Damen, wenn ihr euch auch nur auf eine kurze

Zeit der Treue eurer Anbeter versichern wollt, so nehmt um Himmels willen kein hübsches Kammerkätzchen zu eurer Unterhändlerin und Liebesbotin. Der Teufel mag solchen verführerischen Dingern widerstehen, aber kein junger Mann von Fleisch und Blut; alte Weiber, Hexen mit triefenden Augen, die man kaum mit der Feuerzange berühren möchte, dies sind die zuverlässigsten Diplomaten bei solchen Unterhandlungen. – Auch ich widerstand nicht, wohl aber tat das Mädchen so und lispelte: „Mais Madame la comtesse! Mais Monsieur finissez donc, vous aimez ma maîtresse!" – „Sans doute, mais celà ne m'empêche point d'aimer aussi la confidente." Die weiteren Antworten des allerliebsten Rosenmundes erstickte ich mit Küssen und ließ mich nach einer halben Stunde von der Donetta nach dem erwähnten Haus führen, das in einer ziemlich engen Straße lag, klein und schmal war und nur zwei Fenster Front hatte. Ich trat mit meinem ange polonais ein, der mich der parterre wohnenden Frau vorstellte, welche früher in Diensten der Mutter der Gräfin gestanden hatte und, aus alter Anhänglichkeit für die Tochter, sich derselben möglichst gefällig zeigte. Von hier begab ich mich zu der Soiree eines verheirateten Majors, der mich bei der Parade eingeladen hatte, und wo ich mehrere hübsche polnische Damen traf, von denen aber die wenigsten Deutsch, einige aber ziemlich Französisch sprachen. Die Polinnen sind recht sinnlich, liebenswürdig, meist üppig gebaut, haben mit den Spanierinnen die größte Ähnlichkeit, nicht die mindeste mit den Französinnen. Hätte ich die polnische Sprache gekannt, so würde ich gewiß auch mehrere recht artige polnische Abenteuer erlebt haben. Es wurde viel Musik gemacht. Einige der polnischen Damen hatten herrliche Stimmen, sangen aber nur polnische Lieder, die, wie man mir sagte, meist politischen Inhalts waren und sich auf Polens Schicksale bezogen.

Als am nächsten Tage das Gestirn des Tages untergegangen war, fand ich mich zur bestimmten Zeit in dem bewußten Haus ein, wo mich die Frau willkommen hieß, aber nur wenig schlechtes Deutsch sprach, so daß wir uns mehr durch Pantomimen verständlich machen mußten. Ich hatte beinahe schon eine gute Stunde gewartet, als endlich die Gräfin im Kostüm eines polnischen Dienstmädchens und in Begleitung des ihrigen erschien. Beide sahen so reizend aus, daß mir fast die Wahl wehe tat; aber hier war keine Wahl mehr möglich. An drei Stunden brachte ich in einem Hinterstübchen mit der verkleideten Gräfin zu, während die beiden andern in der vordern Wache hielten. Beim Weggehen sagte sie mir, sie würde mich es jedesmal durch ihr Mädchen wissen lassen, wenn sie abkommen könne. Dies ließ ich mir gerne gefallen, und die hübsche Abgesandte war mir so lieb, daß, in ihren Armen ermüdet, ich mehr als einmal die Einladung zum Stelldichein unter dem Vorwand, schon bei einem General oder Stabsoffizier zugesagt zu haben, ausschlug, wobei ich auf die Mithilfe des mich entschuldigenden Mädchens sicher zählen konnte. So habe ich ungefähr drei Wochen in Posen zugebracht. Es war Zeit, an die endliche Rückreise nach Kolberg zu denken, die ich nach gehörigem Abschiednehmen bei sehr schlechtem Wetter und auf abscheulichen Wegen, und zwar in einem offenen Wagen, über Czarnikow, Schneidemühl und Neustettin, wo Weg und Wetter erst wieder etwas leidlicher zu werden begannen, antrat. In meinem Leben habe ich keine unangenehmere und langweiligere Reise gemacht. Übernachten in ekelhaften Wirtshäusern, elenden Krügen, schmutzige und so unreinliche Betten, daß ich das ganze Bettzeug hinauswarf und auf frischem Stroh, das ich mir bringen ließ, schlief; jämmerliche Kost, auch nicht ein interessanter Gegenstand auf dem ganzen Weg, keine historische Merkwürdigkeit, wenn ich allenfalls das von Barmin V. in Neustettin erbaute Schloß ausnehme, das jetzt statt einem Armenhaus diente, dies alles gehörte zu meinen Reise-Annehmlichkeiten. Das keine 3000 Einwohner zählende Städtchen ließ Herzog Wratislaw IV.

im vierzehnten Jahrhundert nach dem Vorbild Altstettins erbauen.
Als ich endlich zu Kolberg durch das Lauenburger Tor wieder einfuhr, da war mir gleich sonderbar zumute und so unheimlich, daß ich mich gerne wieder 100 Meilen weit weggewünscht hätte. Ich machte meine schuldigen militärischen Meldungen und hatte einige Flaschen Danziger Goldwasser und einen ziemlichen Vorrat Königsberger Marzipan mitgebracht, den ich an die Töchter meines Kommandeurs und andere verschenkte, um mir eine gute Aufnahme zu bereiten. Ich trat nun meine Dienste sowohl bei der Garnison wie bei den mir befreundeten Damen wieder an, und allenthalben hieß es: „Fröhlich ist wieder da; wir werden bald wieder Neues hören." Ich ließ es indessen vorerst beim alten, scherzte mit Madame G..., besuchte fleißig die Frau Doktor M..., sang mit Frau von Schätzel, brachte mit Hilfe der letzteren einige kleine theatralische Vorstellungen zustande, die im Haus der Madame Schröder und bei Kuhpfahls aufgeführt wurden, usw. In diese Zeit fiel auch die Untersuchung wegen dem Soldaten, dem ich ein paar Hiebe mit der Klinge aufgemessen, weshalb ich abermals Arrest zu bestehen hatte, der unsere theatralischen Darstellungen eine Zeitlang unterbrach. Ein anderer, höchst greulich-tragischer Vorfall, der sich um dieselbe Zeit in meiner Vaterstadt Frankfurt am Main zutrug, machte auch in Kolberg großes Aufsehen, da das Individuum, welches denselben veranlaßt hatte, aus dieser letzteren Stadt gebürtig war, in der sein Vater, ein ehrenwerter alter Zimmermann namens Moog, noch lebte und so unglücklicherweise die in Frankfurt von seinem Sohn begangene furchtbare Tat erfahren mußte. Der junge Moog, ein Tischler, hatte sich in Frankfurt mit einer Bürgerstochter verheiratet und war so Bürger und Meister daselbst geworden. Obgleich fleißig, arbeitsam und sehr mäßig lebend, konnte er daselbst doch nicht vorwärtskommen, woran hauptsächlich schuld war, daß er unbarmherzigen

Menschenschindern, vulgo Wucherern in die Hände gefallen war. Als schon einmal die Not am höchsten gewesen, hatte sein alter Vater in Kolberg 500 Taler zusammengepackt und dies Geld seinem Sohn, die Reise nach Frankfurt zu Fuß zurücklegend, selbst überbracht. Ein paar Jahre darauf war aber der Mann dank den Frankfurter Wucherern wieder soweit wie vorher, wurde trübsinnig, sah das Elend seiner Familie, er hatte bereits fünf Kinder, von denen das älteste noch nicht sieben und das jüngste anderthalb Jahre alt war, unabwendbar und wurde namentlich von einem gewissen Konrad R . . s, dem er einige Gulden schuldete, bis aufs Blut gemartert. Er faßte nun einen verzweifelten Entschluß, und nachdem er eines Morgens früh, er sollte an diesem Tage gepfändet werden, das Dienstmädchen in einen von seiner Wohnung im Löwengäßchen weit abgelegenen Stadtteil unter dem Vorwand, daß bei einem Bäcker daselbst ganz vorzüglich gute Milchbrote zu haben seien, weggeschickt, schnitt er seiner Frau, seinen fünf Kindern und zuletzt sich selbst den Hals ab, so daß das zurückkehrende Mädchen sieben in einem Blutbad liegende Leichen antraf und ohnmächtig niederfiel. Diese schreckliche Tat hatte die ganze Stadt in Alarm gebracht. Der unglückliche Moog, den besonders die Ambition, daß niemand von den Seinigen der Stadt zur Last fallen solle, zu der schrecklichen Tat vermocht hatte, wurde von der unsinnigen Frankfurter Kriminal-Justiz noch verurteilt, nachdem er auf einem Schinderkarren zum Rabenstein geschleift worden, daselbst tot enthauptet zu werden, worauf man seinen Kopf auf eine Stange steckte und den Körper auf das Rad flocht. Dies geschah noch im Jahre 1817 zu Frankfurt!
Auf diese Veranlassung hin erließ der Frankfurter Senat ein Schreiben an den Magistrat zu Kolberg, worin er demselben Bericht über den gräßlichen Vorfall erstattete und dabei bemerkte: Daß es ihm (dem Senat) zum Trost gereiche, daß der schreckliche Mörder kein geborner

Frankfurter, sondern ein Kolberger sei. – Der Kolberger Magistrat, zehnmal vernünftiger, zuckte die Achseln über diese unpassende Bemerkung und meinte, eine Regierung, deren Behörden solche absurde Mitteilungen zu machen imstande sei, müsse eben nicht zu den vernünftigsten gehören, und er hatte vollkommen recht. – Mehrere Jahre nachher wiederholte sich ganz dasselbe furchtbare Schauspiel, das diesmal ein geborner Frankfurter, namens Lichtwerk, aufführte, ebenfalls durch Wucherer dazu veranlaßt, wozu denn auch die den Armen so ungünstige als den Reichen günstige Frankfurter Ziviljustiz das ihrige beitrug. Der Reiche, besonders wenn er recht vollbesetzte Mittagessen zur rechten Zeit zu geben versteht und sich gewisser Rabulisten versichert, vermag bei der Frankfurter Themis alles.

Als der arme alte Moog in Kolberg, den ich persönlich gekannt, die Untat seines Sohnes erfuhr, sagte er, wie von stillem Wahnsinn überwältigt: „Dies war ja nicht mein Sohn", und wiederholte diese Worte, sooft die Sprache von dieser Tat war. Er starb ein halbes Jahr darauf.

Ich führte nun mein früheres Leben in Kolberg wieder fort, ging noch einige Male auf Urlaub nach Berlin, wo ich mich immer sehr vergnügte und mehrere kleine komische Vorgänge, die ich in Gesellschaften oder auch auf Promenaden beobachtet hatte, dem dortigen, damals sehr beliebten Volksblatt: „Der Beobachter an der Spree", mitteilte, dessen Redaktion sie auch seht willig und gerne aufnahm. Damals ahnte ich aber noch nicht, daß diese von meiner Feder dem Druck übergebenen Erstlinge der Anfang einer, einige Jahre später zu beginnenden literarischen Karriere sein würden. – Man fand sie, ohne daß man den Verfasser kannte, geißelnd und satirisch genug; namentlich gefielen sie der Frau von Pokwisch außerordentlich.

Herz und Zeit teilte ich jetzt zwischen literarischen Studien und der Unterhaltung mit einem halben Dutzend Damen. Unter den letztern war auch eine neue Amourette mit einem hübschen Klosterfräulein, die sich von B... nannte. Doch war sie in keinem Kloster, sondern in einer Stiftung, die aus einem früheren Kloster, das wie so viele nach der Reformation einging, dotiert war und von der junge Mädchen aus guten, aber zurückgekommenen Familien ein Jahresgehalt erhielten, das wegfiel, sobald sie sich verheirateten. Sie wohnte bei einem Kaufmann G...l, mit dem sie verwandt war, der mehrere Kinder hatte und die hübsche Klosterkusine ebenfalls gerne sah, was indessen seine Frau, Vertraute des Fräuleins, wußte und deshalb deren Bekanntschaft mit mir begünstigte, während mich der Mann ungern in seinem Hause sah. Um mich in demselben beliebt zu machen, schenkte ich den Kindern öfters allerlei Kleinigkeiten, und am Nikolaustag machte ich ihnen eine Bescherung, so wie es früher in Frankfurt und der Umgegend Gebrauch war und in einigen Städten vielleicht noch ist. Ich verkleidete nämlich meinen Burschen, einen tüchtigen Pommern, in einen furchtbaren Nikolaus, der in ein Bärenfell gehüllt war, ließ ihm eine gehörnte Kappe aufsetzen, einen Zwerchsack umhängen, der mit vergoldeten und versilberten Nüssen und Äpfeln gefüllt war und außerdem eine Menge Spielzeug, Pfefferkuchen usw. enthielt. Dabei gab ich ihm eine armsdicke, bebänderte Rute und eine Rassel in die Hand, hing ihm Schellen um den Hals und schickte ihn so zu G...s, wohin ich mich schon kurz vorher begeben hatte. Da in Kolberg dergleichen nicht üblich und also unbekannt war, so wurde der Nikolaus bald von einer Menge Leute verfolgt und kam im G...kelschen Hause mit einem großen Lärm und Geschrei an, so daß das ganze Haus in Schreck versetzt wurde. Er lief nun, der von mir erhaltenen Instruktion gemäß, in die Wohnstube, wo die ganze Familie, Herr G...l ausgenommen, der sich jeden Abend zu seinem Spiel in die Harmonie begab, samt den Mägden, die sich ängstlich schreiend flüchteten, versammelt war, teilte seine Gaben, diesem Puppen, jenem Rutenstreiche, Pfefferkuchen oder Mandelbrot, aus und warf Nüsse, Äpfel und Zuckermandeln haufenweise auf den Boden in die Rappse. Die bald wieder beruhigten Geängstigten wagten es endlich, danach zu greifen, und die Furcht löste sich zuletzt in Freude, Fröhlichkeit und Lachen auf, nachdem ich erklärt hatte, was der Scherz zu bedeuten habe. Madame G . . . l sowie das Fräulein von B . . . erhielten jede ein köstlich überzuckertes Herz, wobei erstere ausrief: „Ach, das ist gerade so wie dasjenige, welches mir der Leutnant A . . ., als er nach der Belagerung Kolberg verließ, verehrte und das ich zum ewigen Andenken in einer Schachtel aufbewahre. Es ist freilich schon ganz von der Zeit und den Würmern zerfressen, aber das tut nichts, selbst den Staub davon werde ich in einer Tüte bis zum letzten Hauch bewahren." – Der Offizier war, wie man leicht denken kann, ein erhörter Anbeter der sentimentalen Dame gewesen. Soweit war alles gut; als aber Herr G . . . l nach Hause kam und ihm die Kinder von der schönen Bescherung erzählten – ich hatte mich schon entfernt –, machte er eben nicht das freundlichste Gesicht, packte alles Spielzeug und den Tand zusammen, ausgenommen was schon verzehrt war, sowie die von den Damen beiseite gebrachten Herzen, tat die Sachen in einen Korb und schickte sie mir den andern Morgen mit einem Briefchen zurück, in welchem er mir unter andern sehr trockenen Phrasen sagte: „Es sei gegen seine Grundsätze, Geschenke für die Seinigen von Fremden anzunehmen." Dies war natürlich so gut als mir das Haus verbieten. Das älteste Töchterchen hatte aber ein paar Tage darauf bei Tische gesagt: „Mutter, der Vater hat aber doch dein Zuckerherz nicht zurückgeschickt." Dies gab nun noch eine Szene, da die Mama die Aussage de l'enfant terrible bestritt. Damit war aber die Sache noch nicht abgemacht; der Nikolaus hatte einen kleinen Straßentumult und dieser mir einen abermaligen Verweis vom Kommandanten verursacht; sogar die Polizei hatte Notiz davon genommen. Ich sah indessen Fräulein von

B... jetzt oft in einem dritten Hause, bei einer Frau Witt auf dem Markt, die so gefällig war, uns ganze Stunden in eine obere Kammer einzusperren und uns daselbst mit allerlei Erfrischungen zu versehen; auch sie ließ ihren Herrn Gemahl gerne Blindekuh spielen. Da indessen Herr G...l der Kusine immer mehr zusetzte, so entschloß sich dieselbe, aus diesen und noch andern Ursachen sein Haus und sogar Kolberg zu verlassen und in dem nahen Belgard zu wohnen, wo ich sie dann öfters heimsuchte. Eine andere Dame, mit der ich ein Verhältnis angeknüpft hatte, konnte ich nur, da sie zu sehr bewacht war, mit Hilfe der gefälligen Frau Witt auf der Dachrinne zwischen dem Giebel ihres Hauses und dem der Dame sprechen, indem wir jedes aus einem Gaubloch (Dachfenster) stiegen, die mir, so oft es ihr zu kommen möglich wurde, das Zeichen dazu durch ein Stückchen weißes Papier, welches sie an das Fenster klebte, gab, und zwar zu einer bestimmten Nachmittagstunde, die ich in einer nahen Weinwirtschaft, die man „Zur Mutter Blaurock", ein Spottname, den man der etwas korpulenten und gutmütigen Wirtin gegeben, abpaßte. Eines Abends, als wir nach eingebrochener Nacht uns wieder in der Rinne zwischen den zwei Giebeldächern recht angenehm unterhielten, hörten wir plötzlich Tritte auf dem Boden der Madame L..., die sich dem offenstehenden Gaubloch näherten. Wir flüchteten uns schnell durch das Dachfenster des Wittischen Hauses auf den Boden. Madame L... glaubte ihren Mann zu erkennen, eilte die Stiegen hinab, über die Straße in ihr Haus und in ein hinteres Gemach. Als der Herr Gemahl, denn er war es richtig gewesen, langsamen Schrittes vom Boden herabkam, fand er seine teure Ehehälfte ganz ruhig in demselben etwas aufräumen. Er schüttelte zwar bedenklich den Kopf, sagte aber nichts. Den andern Tag war jedoch das auf die Rinne führende Dachfenster mit einem Vorlegeschloß verwahrt, was aber nicht hinderte, daß wir andere Mittel und Wege fanden, uns zu sehen, und dies mit Hilfe kleiner Papierchen und gewisser Zeichen am Fenster. Ein paar alte Türkenjungfern halfen gerne aus. Der Mann begleitete die Frau zu ihnen und holte sie auch später wieder ab, nicht ahnend, daß ich schon vorher im Hause verborgen war. Die Dame erhielt bald darauf einen Besuch von einer jungen Verwandten, einem Fräulein von Campke aus Berlin, die sie nun zu ihrer Liebesbotin machte. Das Mädchen war sehr schön, hatte besonders einen ätherischen Wuchs und einen Sylphidengang; eine wahre Hebegestalt. War es ein Wunder, daß mich eine solche verführerische Abgesandte, deren Stimme noch obendrein den harmonischsten Klang hatte, zur Untreue und zum Verrat an der Schönen, die sie sandte, verleitete? Auch war es fast immer auf dem alten Marienkirchhof, zwischen Gräbern und Gespenstern, wo sie mir zu sagen hatte, ich möchte mich bei Türks einfinden, und ich sie dann persuadierte, sich vorher bei mir einzustellen, nachdem wir eine Promenade zwischen den Gräbern und längs den Mauern der alten Kirche gemacht und die Strophe der Romanze:

Alles still und stumm,
Die Verliebten und Gespenster
Wandeln schon herum

verwirklicht hatten. Leider blieb das hübsche Mädchen eine viel zu kurze Zeit in Kolberg. Sie gab mir aber die Adresse ihrer Wohnung in Berlin, in der Hamburger Straße, wo sie sich bei ihrer Tante, der Frau von Osten, aufhielt, die eine Verwandte eines Majors von Osten war, der in Berlin bekannt, weil ihn ein Feldprediger, den er gerne aufzog und zum besten hatte, einst auf eine arge Weise heimgeschickt, ohne daß er deshalb etwas erwidern können, so sehr er sich auch getroffen fühlen mußte. Die Sache war folgende: Bei dem Dessert eines splendiden Mittagmahles, das ein Oberst seinen Offizieren gab, neckte sich der Major wieder mit dem Feldprediger und zog ihn namentlich wegen der Wunder in der Bibel arg auf. Der Pastor, in die Enge getrieben, wußte sich nicht anders zu helfen, als indem er zu seinem Gegner sprach: „Oh, die Wunder, die Sie da erwähnen, sind noch gar nichts gegen die bei der Sündflut, wo unser Herrgott dem Vieh jeder Art befahl, sich in die Arche zu verfügen, und dann unter andern zu den verschiedenen Tieren sprach: Du Löwe von Süden, geh in den Kasten hinein; du Kamel aus Westen, geh in den Kasten hinein; du Bär von Norden, geh in den Kasten hinein, und du Esel von *Osten*, geh in den Kasten hinein, und sämtliches Vieh gehorchte ohne Murren." – „Bravo, Herr Pastor", erschallte es von allen Seiten des Tisches. Der Major biß sich in die Lippen, war stumm und ließ den Feldprediger fortan ungehudelt.

Aus Mangel an andern Feldzügen und aus Langeweile, die in Friedensgarnisonen das Militär immer plagt, denn man kann auch mit dem besten Willen nicht immer hinter den Büchern hocken, und der Dienst will nicht viel sagen, machte ich fortwährend Pläne, neue Kampagnen unter Amors Banner zu eröffnen. So kam ich auf die Idee, die Szene, die ich schon einmal in Berlin gespielt, auch in Kolberg zu wiederholen, nämlich alle meine Teuern, jedoch nur die Verheirateten, bei einem Abendmahl zu vereinigen. Ich wohnte damals bei einem Brauer, namens Paul, der ein paar charmante junge Töchter, Minchen und Karolinchen, besaß, mit denen ich mich schnell auf einen vertrauten Fuß gesetzt hatte. Meine Wohnung war parterre und hatte einen eigenen Eingang im Torweg. Nachdem ich nun sieben Frauen zu diesem Abendessen, versteht sich, ohne daß eine etwas von der andern wußte, eingeladen, bat ich die beiden Mädchen, mir doch ein Essen zu bereiten, indem ich einige Kameraden bewirten wollte. Es solle aber nur aus kalter Küche bestehen. Sie machten ihre Sache vortrefflich und bereiteten besonders einige gute Gelees und Blancmangers. Pasteten hatte ich in der „Stadt London" machen lassen. Als die festgesetzte Stunde gekommen und der Tisch vollständig serviert und keine Bedienung mehr nötig war, kamen nacheinander: Madame G . . ., Frau Doktor M . . ., Frau von Sch . . . l, Frau von St . . ., Madame Z . . . ke und Madame W . . ., die ich alle auf das freundlichste empfing und, sowie eine zweite leise anklopfte, jedesmal die vorher gekommene teils in meine Schlafkammer, teils in eine andere Nebenkammer eiligst verbarg, ihr tiefes Schweigen empfehlend. Als endlich alle da waren, die siebente blieb aus, trat ich mit einem Licht in die Kammern und bat die ebenso überraschten als verschämten Schönen, mir zu erlauben, sie an den Tisch führen zu dürfen. Hier war die Szene eine ganz andere wie zu Berlin, da sich die sämtlichen Damen sehr genau kannten. Alle blieben stumm und bewegungslos, bei einigen verriet sich aber Zorn und Scham im Angesicht; keine wollte meiner Einladung Folge leisten. Dies wäre eine Gruppe für einen Hogarth gewesen. In allen seinen Zeichnungen findet sich nichts Ähnliches; auch gaudierte ich mich nicht wenig an dem Anblick derselben. Die einen waren blutrot, die andern leichenblaß, und keine getraute sich umzusehen. Ich nahm endlich das Wort und sagte: „Wohlan, meine Damen, das Souper erwartet Sie; es ist zwar ein kaltes, wird Ihnen aber doch schmecken; verderben Sie sich den Appetit nicht, wir sind ja lauter Bekannte. Unter solchen Umständen bleibt nichts anderes übrig und ist es immer das beste, gute Miene zu bösem Spiel zu machen. Seien wir einig, Sie haben ja alle gleiches Interesse, daß dies Spiel nicht verraten werde, also keine etwas von der andern zu fürchten, ein wenig Scham ist schnell vorüber.“ Noch immer gab keine einen Laut von sich. Ich nahm nun Frau von Sch . . . l und die Doktor M . . . am Arm, führte sie halb mit Gewalt an den Tisch, plazierte sie und machte es dann mit der andern ebenso. Ich servierte, aber keine wollte zugreifen. Endlich machte Madame G . . . zuerst den Mund auf und löste ihre geläufige Zunge, indem sie sprach:

„Meine Damen, der Streich ist zwar unerhört, nein, so etwas lebt nicht mehr und ist gewiß noch nicht vorgekommen, solange die Welt steht (hier ließ ich ein leises: Doch, doch, hören). Fröhlich ist ein Ausbund von Verrat und Falschheit, aber was wollen wir armen verratenen Geschöpfe machen; kommt die Geschichte an den Tag, so sind wir alle verloren. Es bleibt nichts anders übrig, als reinen Mund zu halten oder unserm abscheulichen Wirt die Augen auszukratzen, ihn bis in den Tod zu hassen, oder noch besser, zu erwürgen." – Dies war eine schöne Aussicht für mich. Glücklicherweise machte keine der Damen Anstalt, einen so abscheulichen Rat zu befolgen, und ich, mich ermannend, versetzte: „Mein Tod, meine Damen, würde das Übel, wenn es eines ist, in dem Sie sich befinden, nur noch zehnmal ärger machen, denn Sie könnten in den Fall kommen, alle gehängt zu werden. Deshalb ist mein Rat, statt den der Madame G... zu befolgen, sich sofort an die auf Sie schon längst harrenden, gut zubereiteten Speisen zu machen und sich es wohl schmecken zu lassen." Dabei küßte ich trotz ihres Sträubens eine nach der andern und nötigte sie zum Essen. Sie fanden sich nach und nach in das Unvermeidliche, wurden gesprächiger, und nachdem erst einige Gläser Champagner geleert waren, fand sich das übrige. Ich spielte lustige Tänze am Klavier. Man wurde zuletzt heiter und fröhlich, und gegen zehn Uhr verließen sie sämtlich meine Wohnung, mir beim Umarmen eine angenehme Nacht wünschend. Der Spaß war nicht mit Geld zu bezahlen, wurde aber doch verraten, denn Pauls Töchter hatten uns belauscht und die Damen fortschleichen sehen, ohne sie jedoch alle und genau erkannt zu haben, sondern mehr vermuteten, wer sie zum Teil waren. Als sie noch denselben Abend zu mir kamen, den Tisch wieder abzuräumen, lächelten sie maliziös, und die jüngere, Karolinchen, eine frische, kaum sechzehnjährige Blondine, sagte: „Ihre bewirteten Kameraden waren ja alle ohne Bart." – Ich küßte sie und erwiderte: „So wie du, mein Kind", und da ich wohl merkte, daß sie gelauscht haben mußten, nahm ich ihnen das feierliche Versprechen

ab, gegen niemand etwas von diesem Souper zu erwähnen und behielt sie zum Dessert bei mir. Sie hatten noch eine dritte Schwester, eine junge, an einen Salinenbeamten verheiratete Frau, die öfters ihre Eltern besuchte und mit der ich etwas später auch noch ein kleines Abenteuer hatte. Dieser erzählten sie im tiefsten Vertrauen, was bei mir vorgegangen war, und so machte die Historie, mit vielen Varianten der Namen der Beteiligten, dennoch bald die Runde in der Stadt, wurde aber glücklicherweise von den meisten Personen für ein Märchen oder doch wenigstens für sehr ausgeschmückt und übertrieben gehalten, besonders da man sich hinsichtlich der Namen der beteiligten Personen durchaus nicht verständigen konnte. Auch wurde diese Geschichte schnell wieder durch eine andere verdrängt.
Mein Freund Willmann, der in der Liebe weit beständiger war als ich, hatte noch immer großes Wohlgefallen an seiner korpulenten Kriegsrätin. Eines Nachmittags wurde im Garten bei Kuhpfahls die Chronik Skandalosa der damaligen Zeit von Kolberg verhandelt, wo denn auch das Verhältnis Willmanns mit der Wißling zur Sprache kam; ein Kaufmann, namens Hackstock, bei dem Willmann wohnte, erzählte ganz ohne Hehl in dem Harmoniegarten, daß die Kriegsrätin gewisse Futterale von den feinsten Blasen für den Offizier per Dutzend nähe. Dies wurde dem Vater der Kriegsrätin, einem Beamten namens Juske, der noch andere hübsche unverheiratete Töchter hatte, hinterbracht, und der Mann war einfältig genug, die Sache anhängig zu machen und den Erzähler als Verleumder zu verklagen, der sich nun zu beweisen erbot, was er gesagt, indem er selbst ein ganzes Paket solcher Dinger, von der Wißling geschickt, einem Mädchen abgenommen hätte usw. Man kann sich denken, welch ein ungeheueres Aufsehen diese Skandalosa in ganz Kolberg machte, so daß die Kriegsrätin für gut fand, die Stadt zu verlassen und sich nach Bromberg zurückzuziehen. Doch auch hierher drang diese Historie, und sie

zog nochmals weiter gen Norden, und zwar bis Königsberg. Dies und noch ein anderer Vorfall, durch einen Grafen Schulenburg, einen verabschiedeten Gardeleutnant und Festungsarrestanten, bei der Mutter Blaurock veranlaßt, machte mein Souper und alle anderen Dinge auf vierzehn Tage vergessen.

Ich hielt mich nun mehr an meine Hausdamen, Pauls und deren verheiratete Schwester, zu denen außerdem noch eine ganze Menge artiger Bürgersmädchen kamen, unter denen eine Luise Zielken, ein Luischen Platzer, ein Hannchen Sinel, eine Sophie Reisinger, eine Madame Igel und eine wunderschöne Schornsteinfegersfrau, mit einer feinen schneeweißen Haut, waren, ganz allerliebste Kinder, denen zulieb ich allerlei Spiele, namentlich auch Versteckens und Waldpartien veranstaltete und mich bald mit der einen, bald mit der andern in der Malzdarre des Hauses oder einem undurchdringlichen Gebüsch des Hains verbarg. Indessen war ich jetzt in Kolberg, wo ich freilich schon über vier Jahre hauste – ein langer Aufenthalt, so wie jede kleine Stadt für einen Welt- und Lebemann –, so von den Ehemännern und Familienvätern gefürchtet, daß sie schon zitterten, wenn ich mit einer Frau oder einem Mädchen nur sprach, während mich die andern Leute mit einem: „Schlagkerl" benannten. Aber dennoch wußte ich es immer zu einzurichten, daß ich in den meisten Fällen zu meinem Zweck kam, wobei mir auch oft der Zufall sehr günstig war.

Eine recht unterhaltende Partie war eine Hochzeitsfeier, die ein wohlhabender Pächter der Madame Schröder im Bullenwinkel zu Ehren seiner Tochter, die einen Krämer in Kolberg heiratete, veranstaltete, zu der er alle Honoratioren Kolbergs durch reitende, mit Bändern und Blumen geschmückte Boten, wie es dortzuland Sitte ist, eingeladen hatte. Der buntgekleidete Reiter, dessen Hut besonders bebändert und befedert ist, reitet von Haus zu Haus, wo er beauftragt ist, Einladungen zu machen, und rezitiert dieselbe in Versen und einem ziemlich langen Gedicht, in welchem unter andern auch die bekannte Stelle: In Sachsen, wo die schönen Mädchen wachsen, in Berlin, wo die holden Jungfern blühn usw., vorkommt. Diese Feier währte nicht weniger als drei volle Tage und Nächte, während welchen unaufhörlich gegessen, getrunken, getanzt, gespielt und geküßt wurde. Nie habe ich eine solche Menge von Kuchen, Würsten, Schinken, Gänsen, Hammel-, Kalbs- und Schweinebraten beisammen gesehen wie hier. Jeden Morgen kamen ganze Wagen voll Viktualien angefahren, und die Bierfässer wurden in einem fort gezapft. Auch Wein und Liköre gab es, diese wurden jedoch nur den vornehmern Gästen kredenzt. Außer der legitimen Hochzeit mag noch gar manche Nebenhochzeit hier gefeiert worden sein. Die hübschen Brauerstöchter meines Wirtes waren auch von der Partie. Ein Apotheker, namens Benkendorf, ein halber Narr und toller Kerl, der sich um das Fräulein Beitzke, in die er verliebt war, bewarb, braute einen Trank, eine Art Philter, um diese sich günstig zu machen, konnte ihn aber dem Mädchen nicht beibringen. Dagegen tranken ein halbes Dutzend anderer Kinder mit Wohlbehagen davon und wurden bald ganz berauscht und liebestoll, so daß sie ihre Eltern wegführen und einsperren mußten. Die Tollheit hielt bei einigen vier Wochen und länger an. Die ersten vierundzwanzig Stunden hatte ich das etwas wilde Hochzeitsfest ununterbrochen mitgemacht, den zweiten und dritten Tag aber fand ich mich immer erst gegen Abend ein, um ein nächtliches Abenteuer zu bestehen. Ein recht hübsches Landmädchen, das ich zu einer kurzen Mondscheinpromenade beredete, sagte mir ganz naiv: „Aber Sie wollen mich doch nicht verführen?" – „Bewahre, nur liebhaben, mein schönes Kind." – Bei diesem Verführen fiel mir ein nicht gar lange vorher vorgefallenes Histörchen ein. Bei einer Paternitätsklage hatte der Richter der Klagenden gesagt: „Mein Kind, was Ihr mir da vorbringt, ist nicht hinlänglich; Ihr müßt mir gültigere Beweise bringen, daß euch der Mensch verführt hat." – Einige Tage darauf erschien das Mädchen wieder vor dem Richter und sprach: „Jetzt habe ich die besten Beweise, Herr Richter!" – „So laßt hören." – „Ja, er hat mich gestern abend schon wieder verführt!" – Am vierten Morgen kehrte ich, so wie alle Gäste, etwas stark ermüdet und mit einem kleinen Fieber heim. Als wir in die Stadt kamen, begegneten wir dem Apotheker Benkendorf, der zwei Burschen hinter sich hatte, von denen der eine einen ledernen Beutel voll kleiner Groschenstücke und Silbermünzen trug und davon auf Befehl seines Herrn an alle Kinder und Bedürftige, denen er begegnete, austeilen mußte, während der andere einen schönen Offiziershut, mit prächtigen Federn geschmückt, hoch in der Hand hielt, beides um die Aufmerksamkeit der Leute und besonders des Fräuleins Beitzke auf sich zu ziehen. Der Mensch war rein verrückt, kam auch später noch insolvent ins Narrenhospital.

Mein Fieber nahm indessen zu, sowie ein arger Husten, der mir die Brust stark angriff. Das etwas wilde Leben, das ich führte, mochte freilich viel schuld sein. Indessen trug das frühe Exerzieren am Strand der Ostsee, wo man sich oft bei kaltem nebligem Wetter bei dem beständigen Kommandieren heiser schrie und sehr erhitzte, wohl auch das seinige dazu bei, wozu noch kam, daß ich öfters, noch lange nicht abgekühlt genug, durch ein Bad in den Fluten des Baltischen Meeres mich von der Erhitzung und Ermüdung zu befreien suchte. Verdruß und mancher Ärger, die ich mir allerdings meist selbst zuzog, setzten mir auch zu. So hatte ich unter anderm mit einem Offizier gewettet, daß ich die Schildwache vor der Hauptwache um Mitternacht von ihrem Posten vertreiben wolle, ohne Gewalt zu gebrauchen, mit der Bedingung jedoch, daß er dieselbe davon nicht prävenieren dürfe. Ich ließ mir zu diesem Ende ein Paar Stelzen machen, deren Tritt über vier Fuß vom Boden waren, und sie bis zu denselben schwarz anstreichen. Als nun der Tag herangekommen war, an dem der Offizier die Hauptwache befehligte, hüllte ich mich nach elf Uhr des Nachts in ein weißes Gewand, nahm eine weiße Totenlarve vor das Gesicht, stieg auf meine unten mit Lappen umwundenen Stelzen und schritt so feierlichen Ganges über den Markt, wobei sich meine Gestalt, gleichsam wie in der Luft schwebend, ausnahm, und auf die Schildwache zu, die, ein kräftiger Pommer, ein donnerndes „Wer da" rief, als sie mich erblickte, worauf ich nichts erwiderte. Ebensowenig auf ein zweites und drittes „Wer da", und immer voranging, denn ich wußte ja, daß die Wache kein geladenes Gewehr hatte und also keine Gefahr, erschossen zu werden, vorhanden war. Aber der Bursche wich nicht, stand wie eine Mauer und fällte, als ich ihm näher auf den Leib rückte, das Bajonett und rief die Wache ins Gewehr. Diese stürzte samt dem Offizier heraus und stutzte, einen, wie sie glaubte, in der Luft schwebenden Geist zu sehen. – Ich sprang jetzt, um der Sache ein Ende zu machen, von meinen Stelzen herab, warf das weiße Tuch herunter und rief aus: „Ich habe die Wette verloren!"; es galt ein halbes Dutzend Flaschen Ungarwein. Die Sache blieb aber nicht verschwiegen, sondern kam zu den Ohren des Kommandanten, der mir durch den Bataillonskommandeur einen vierundzwanzigstündigen Arrest verkündigen ließ, mit dem Bemerken, ich könne froh sein, so durchzukommen. Ich verdiente eigentlich, vor ein Kriegsgericht gestellt zu werden. Hierauf konnte ich mich nicht enthalten zu antworten: „Oh, es ist noch lange nicht so arg, als wie die ganze Stadt durch Kanonenschüsse in den Straßen in Alarm, Furcht und Schrecken zu setzen und hundert Taler für zerbrochene Scheiben bezahlen zu müssen, wie es dem Herrn Kommandanten ergangen." Auch diese Worte wurden wieder rapportiert und machten mich eben nicht beliebter bei ihm. Bald suchte er auch eine Gelegenheit bei den Haaren herbeizuziehen, mich seinen ganzen Zorn fühlen zu lassen.

Eines Tages war Feuer in der Stadt ausgebrochen. Ich wurde an das Geldertor kommandiert, wo ein Leutnant

Göricke die Wache hatte. Die Instruktion lautete, daß bei einem Brand niemand aus der Stadt gelassen werden dürfe, solange er währte. Nun kam eine Menge Mädchen, welche in der Vorstadt Milch für ihre Herrschaften holen wollte; es war noch früh am Morgen, und da sie der wachehabende Leutnant nicht hinausließ, so wuchs ihre Zahl bald auf ein halbes Hundert an, mit denen sich dann die Soldaten neckten und schäkerten. Das Feuer währte etwa drei Stunden, bevor es gelöscht war. Die Mädchen, denen wohl auch dies Spiel gefiel, harrten, bis die Passage wieder frei sei, und ihre Damen, vergeblich auf Milch wartend, mußten diesen Morgen ohne den gewohnten, nicht zu entbehrenden Kaffee bleiben, oder ihn ohne Milch genießen, und wurden noch obendrein über das Ausbleiben ihrer dienstbaren Geister, wodurch der ganzen Morgen verlorenging und das Mittagessen nicht zur rechten Zeit bestellt werden konnte, erbost. Auch dies kam wieder zu Ohren des Kommandanten, der mich bei der Parade deshalb zur Rede stellte, und sagte dabei: „Der Befehl, niemand aus der Stadt zu lassen, erstreckte sich nicht bis auf die Milchmädchen, aber es unterhielt die Herren, diese Possen mit den Soldaten treiben zu sehen." Ich erwiderte dem Kommandanten, daß ich nicht der wachehabende Offizier gewesen, sondern nur das Kommando der auf diesen Alarmplatz beorderten Truppen gehabt habe, folglich mich diese Konsigne gar nichts angegangen sei. Hierauf versetzte er: „Das ist keine Entschuldigung. Sie waren der ältere Offizier im Grad und hätten also auf Ordnung sehen müssen." Dabei hatte es sein Bewenden, und er konnte mir wegen dieser Sache nicht wohl etwas anhaben. Dagegen gelang es ihm den Sonntag darauf, wenn auch noch mit weit wenigerem Grund, mich so zu reizen, daß ich nach den Kriegsgesetzen allerdings sehr straffällig wurde.

Es war große Parade auf dem Markt. Nach gehöriger Inspektion schwenkten die Bataillone rechts ab, um zuerst im Paradeschritt vor dem Kommandanten zu defilieren. Der Offizier, der den dem meinigen folgenden Zug kommandierte, hatte die gehörige Distanz beim Schwenken nicht behalten, sondern war meinem Zug viel zu nahe gerückt. Daß sich dies so verhielt, konnte niemand besser als der außerhalb der Kolonnen stehende Kommandant bemerken. Dennoch wandte er sich laut schreiend mit den Worten: „Herr Leutnant Fröhlich, Sie halten ja gar keine Distanz, Ihr Zug marschiert wie Rekruten!" an mich. Der ganze Markt und die Fenster waren voll Zuschauer, welche alle diese Apostrophe gehört haben mußten. Dies versetzte mich in einen solchen Zorn, daß ich nicht mehr Meister über mich selbst war und dem Kommandanten noch lauter erwiderte: „Herr Oberst, wenn Sie nicht sehen wollen, daß mein Hintermann und nicht ich die Distanz verloren hat, so lassen Sie auf der Stelle einschwenken, und Sie werden sich zur Genüge davon überzeugen." Statt aller Antwort wurde die Kolonne durch ein donnerndes „Halt!" zum Stehen gebracht, mir sogleich der Degen abgenommen, ich vom Platzmajor in Arrest geführt und dann meine abermalige Suspension vom Dienst bis nach abgemachter Untersuchung verordnet. Gleich den anderen Tag kam ich bei meinem Kommandeur mit einem Gesuch um meinen Abschied ein, worauf mir aber erwidert wurde, daß erst nach beendigter Untersuchung mein Gesuch berücksichtigt werden könne. Ich hatte schon längere Zeit im Sinn, meine Entlassung zu nehmen, da ich einsah, daß unter den bewandten Umständen eben kein großes Glück mehr für mich in preußischen Diensten zu hoffen sei und ich auf kein baldiges Avancement rechnen könne. Mehrere Gesuche um eine Versetzung zu einem Regiment in den Rheinprovinzen waren mir abgeschlagen worden, und ich hatte durch einen Zufall in Erfahrung gebracht, daß ich in den Konduitenlisten, welche die Chefs alljährlich von den Offizieren einreichen, ziemlich schwarz angeschrieben stand. Wenn ich gerecht sein will, muß ich gestehen, daß ich dies durch mein oft sehr unpolitisches Benehmen mit veranlaßt hatte. Nach vierundzwanzig Stunden wurde ich vom Arrest wieder befreit, blieb jedoch suspendiert, und die Untersuchung begann. Während dieser Zeit – es dauerte über fünf Monate, bevor das bestätigte Urteil von Berlin zurückkam – lebte ich ziemlich zurückgezogen in meiner Wohnung, wo ich mich mit den liebenswürdigen Töchtern meines Wirtes und deren zahlreichen Freundinnen recht angenehm unterhielt, viel las und studierte und den Nachmittag ein paar Stunden in dem Harmoniegarten mit Lesen der Zeitungen und belletristischen Blätter zubrachte. Eines Tages befanden sich die Töchter meines Obersten, die des pensionierten Generals v. Fiebig und noch andere, zum Teil ganz junge Mädchen in dem an das Lesezimmer stoßenden Gartensaal und machten nicht nur einen so gewaltigen Lärm, daß es unmöglich war, einen Gedanken zu fassen, sondern sie rannten wohl dreißigmal in einer Viertelstunde, Türen auf und zu schlagend, durch das Lesezimmer, so daß sich auch einige Bürger in demselben laut beschwerten. Ich schloß endlich die Türe des Gartensalons ab, so daß die Mädchen nicht mehr heraus konnten, da er keinen anderen Ausgang hatte, und ließ sie eine geraume Zeit an der Türe pochen und rufen, bevor ich ihnen aufmachte, was ich endlich lachend tat, worauf mir die jüngste, Fräulein von Witke, ein kaum elf Jahre altes naseweises Ding, sagte: „Ich werde es dem Papa sagen, der soll Sie wieder in Arrest schicken." Ich erwiderte ihr darauf: „Mein artiges Fräulein, bei mir zulande ist es Gebrauch, daß man die Gänschen jeden Abend einsperrt." Aber nun fielen alle auf einmal über mich her und schnatterten so gewaltig, daß ich auch kein Wort verstand, sondern mich lachend entfernte. Durch Frau von Sch . . . . l aber, die ich noch denselben Tag sprach, erfuhr ich, daß sich die ältere Fräulein Witke gegen die anderen Mädchen geäußert habe: „Laßt es nur gut sein. Der kommt schön an. Der Vater hat ohnehin schon in die Konduitenliste gesetzt, daß er unanständige Liebesintrigen habe, sich ungebührlich gegen seine Vorgesetzten benehme und Schulden mache." Ich mochte ungefähr ein paar hundert Taler Schulden haben, die jedoch meist auf laufende Rechnung waren und die ich am Ende wohl noch bezahlen konnte und auch bezahlte. Dies und die Intrigen hätte man mindestens von einem Drittel der Offiziere in die Konduitenliste setzen können. Aber die Hauptsache waren die Vorgesetzten. Mein Urteil kam endlich von Berlin und war abermals sechsmonatlicher Festungsarrest, den ich diesmal in Kolberg absitzen sollte. Der Kommandant wies mir eine Stube auf dem Geldertor an, mit dem Verbot, mein Arrestzimmer zu verlassen und noch weniger in die Stadt gehen zu dürfen. Ja, er trieb es so weit, daß die wachthabenden Offiziere dieses Postens Order erhielten, daß ich ohne seine Erlaubnis keine Besuche annehmen dürfe und alle an mich gerichteten Briefe durch die Hände der Kommandantur gehen sollten. Nur zwei Stunden vor- und zwei nachmittags war mir ein sehr kurzer Spaziergang auf dem Wall unter den Augen der Schildwache erlaubt. Was die Briefe anbelangte, so wußte ich es schon zu machen, daß ich sie auf anderem Wege erhielt. Ich ließ meinen Burschen eine Bürste mit einem verborgenen Schieber machen, in welche er jeden Morgen, wenn er kam, um meine Kleider zu reinigen und das Frühstück zu bringen, die an mich in meiner Wohnung eingegangenen Briefe und Billets aus der Stadt hineinlegte und so auch meine Antworten wieder mit fortnahm. Hatten Offiziere, mit denen ich auf einem vertrauten Fuß stand, wie Willmann, Bocksfeld, Melzer, Sanft usw., die Wache, so empfing ich auch abends Besuche und sogar weibliche. Indessen wurde die Sache mit der Briefbürste doch verraten. Ein Unteroffizier, der den Burschen fragte und visitierte, ob er keine Briefe für mich bei sich habe, nahm zufällig die Bürste in die Hand, entdeckte den Schieber, schob ihn zurück und fand zwei Zettelchen von Pauls Töchtern und einen Brief von einer gewissen Frau Geib, welche die Unterhändlerin für eine andere Dame machte, die sie glücklicherweise nicht in dem Schreiben genannt hatte. Diese drei Personen ließ der Kommandant nun durch die bürgerlichen Behörden, den Oberbürgermeister und den Polizeidirektor, vernehmen und verwarnen, sich künftig in keine Korrespondenz mehr mit Festungsarrestanten einzulassen. Dies gab abermals einen heillosen Stadtskandal. Die Mädchen konnten sich gar nicht mehr sehen lassen, und ich war außer mir. Übrigens wurde mir die Zeit eben nicht lang auf meinem Tor. Ich hatte Kameraden und Unterhaltung genug; ein alter, sehr lustiger Rittmeister, drei andere Offiziere, ein Bürgermeister, der einen Landrat geprügelt, ein Forstmeister, der aus Versehen einen Wilddieb erschossen hatte, saßen alle auf demselben Tor in verschiedenen Arreststuben. Wir kamen morgens und abends zusammen, und jeder wußte eine Schnurre oder unterhaltende Begebenheit aus seinem Leben zu erzählen, besonders der Leutnant von Stolzenbach, der außerdem die niedlichsten Papparbeiten, ganze Burgen, Festungen, Tempel, Kirchen und andere Gegenstände aus Pappe zu seiner und unserer Unterhaltung verfertigte. Die Offiziere saßen meistens wegen gehabten Duellen. Auch hatte ich mein Klavier heraufbringen lassen und vertrieb mir und den anderen manche Stunde mit Musik. Was mich aber quälte, waren mein Husten und meine Brustbeschwerden, die immer bedenklicher zu werden begannen, so daß sich schon schleichendes Fieber, starke Nachtschweiße und sogar einiges Blutspeien einstellte. Der Stabsarzt Clebsch ließ mich nun eine Kur von isländischem Moosgelee, Roggensuppen und Honigtee während vier Monaten ununterbrochen gebrauchen, durch welche ich so ziemlich wiederhergestellt wurde. Kurz vor Beendigung meines Festungsarrestes erhielt ich die Anzeige vom Tode meiner Großmutter mütterlicherseits, die mir ein besonderes Vermächtnis von zweitausend Talern zugedacht hatte, und zwar aus dem Grund: „Weil ich kein

Komödiant geworden sei." Diese Worte standen im Testament. Dieses Geld kam mir gerade trefflich zustatten, denn ich konnte nun die paar Hundert Taler Schulden, die ich hatte, gleich tilgen und behielt ein kleines Kapital in der Hand, wodurch ich vorerst gedeckt war und den kommenden Ereignissen mit Ruhe entgegensehen konnte. Meines Arrestes entlassen, bestand ich um so mehr auf meinem Abschied, der mir dann auch sechs Wochen später ward. Ich hielt mich jetzt nur noch wenige Tage in Kolberg auf, wo sich zufälligerweise ein Frankfurter Weinhändler namens G . . . ., ein guter Bekannter meiner Familie, eingefunden hatte, um Geschäfte zu machen. Während dieser Zeit wohnte ich bei dem Speisewirt Sack, der auch Kastellan der Freimaurerloge war, von der der Kommandant ein Mitglied war. Eines Abends schlich ich mich in die sogenannte Probekammer und malte daselbst einen gehörnten und langgeöhrten Kopf mit Kohle an die Wand und schrieb darunter: Der Kommandant. Als dieser es erfuhr und sich augenscheinlich davon überzeugt hatte, ich machte keinen Hehl daraus, daß ich es getan, ließ er mich deshalb wieder vernehmen. Ich gab aber auf alle an mich gerichteten Fragen keine andere Antwort als: „Ich habe damit den Kommandanten von Kalkuttta gemeint, findet sich der von Kolberg dadurch getroffen, desto schlimmer für ihn." Dabei blieb es, und nachdem ich gehörig Abschied von allen Bekannten und auch von dem braven Nettelbeck genommen hatte, der bei allen Gelegenheiten immer so sehr bescheiden war, daß man hätte glauben sollen, er schäme sich, so viele Verdienste zu haben, fuhr ich, von Kolberg abreisend, wo ich über vier Jahre zugebracht, dem Freund G . . . . zulieb über Köslin, wo ich mich noch ein paar Wochen aufhielt, nach Berlin.

XI

Ein Polterabend – Ich gebe ein paar Gastrollen – Reise von Köslin nach Berlin – Schicksal meiner Kusinen – Abreise nach Magdeburg – Brandenburg – Carnot – Er fordert mich auf, ein Geschichtswerk herauszugeben – Magdeburg; seine Geschichte und furchtbare Zerstörung – Der Dom und seine Reliquien – Eine Schauergeschichte – Aventuren – Ich gerate in große Feuersgefahr – Abreise nach Bremen – Angenehme Reisegesellschaft – Braunschweig – Vetter K... und Kusine Henriette – Der Ratskeller, die Rose und die zwölf Apostel – Der Bleikeller – Ein Hausfreund – Gesinchen – Die Giftmischerin Gottfried – Signora Catalani in Bremen – Abreise nach Frankfurt – Hannover – Hildesheim – Goslar – Eine Partie auf den Blocksberg – Kassel – Wilhelmshöhe – Zopfwut des Kurfürsten – Ankunft zu Frankfurt

In Köslin wohnte ich mit Freund G.... bei Homanns auf dem Markt, wo zufällig den anderen Tag die Hochzeit der Tochter aus dem Haus stattfinden und gefeiert werden sollte. Als ich mich den Abend nach meiner Ankunft, nach 10 Uhr, ziemlich ermüdet zu Bette gelegt hatte und eben eingeschlafen war, hörte ich plötzlich unter meinem Fenster einen gewaltigen Lärm, der durch das Zusammenschlagen von Töpfen, Flaschen, Krügen, Gläsern und anderem Geschirr entstand und kein Ende nehmen wollte. Wohl an zwei Stunden hatte der Skandal gewährt und mich am Einschlafen verhindert. Ich konnte gar nicht begreifen, was dies zu bedeuten habe. Als ich das Fenster öffnete, um zu erforschen, was es sei, sah ich mehrere Mädchen nacheinander ankommen, die einen Topf, eine große Schüssel oder sonst ein leicht zerbrechliches Gefäß mit aller Kraft auf die Steine vor der Haustüre warfen. Nachdem ich ihnen zugerufen, sie sollten mit dem Unfug aufhören, erwiderten sie mir lachend: „Es ist Polterabend!" Den anderen Morgen erkundigte ich mich, was es für eine Bewandtnis mit dem Polterabend habe, und erfuhr, daß es hier Sitte sei, wenn sich ein Mädchen verheirate, den Abend vor der Hochzeit alles mögliche Geschirr vor ihrem Haus zu zerschlagen. Die Bedeutung könne ich mir schon denken. Alle zerbrochenen Flaschen, Gläser, Schüsseln, Teller, Töpfe usw. bewahrt man hierzulande auf, um sie bei einer solchen Gelegenheit gehörig verwenden zu können. Als ich mich nebst anderen Reisenden am Morgen wegen der unruhigen Nacht beschwerte, wurden wir sämtlich zur Hochzeit geladen, die uns eine Entschädigung gewähren sollte. Die Braut war so übel nicht, unter den Brautjungfern waren einige recht hübsch, man konnte sich schon mit der Entschädigung begnügen und so eine zweite Nacht schlaflos hinbringen. In Köslin traf ich wieder Romberg mit seiner Gesellschaft an, bei der noch Madame Vetterlein war, mit der ich die alte Bekanntschaft, des Schlusses von Kotzebues bekanntem Lied:

Und kommen wir wieder zusammen
Auf weise verhülleter Bahn,
So knüpfen ans fröhliche Ende
Den fröhlichen Anfang wir an,

eingedenk, wieder erneuerte. Die Gesellschaft hatte gerade ihren ersten Liebhaber durch Durchgehen verloren. Madame Vetterlein meinte, ich könne ihr zu Gefallen wohl ein paar Liebhaberrollen übernehmen, und wenn ich mich nicht bei Romberg engagieren wolle, doch gastieren. Ich lachte über den Einfall der hübschen Aktrice, die sich noch hinter den Direktor steckte, den ich einigemal in meinen Gasthof zum Mittagessen eingeladen hatte, ließ mich der liebenswürdigen Frau zu Gefallen wirklich verleiten, ein paar Rollen, nämlich die des Karl Moor in Schillers Räubern und die des Ferdinand in Kabale und Liebe, zu geben, und fand bei dem Kösliner Publikum so große Gnade, daß alle Welt in Romberg drang, mich doch zu engagieren, was aber nicht in des guten Mannes Macht stand, da ich den Antrag ablehnte und ihm erklärte, daß mich meine Angelegenheiten zwängen, in wenig Tagen nach Berlin abzureisen. Er bat mich, wenigstens noch eine dritte Gastrolle, versteht sich, immer ohne Honorar, zu übernehmen. Allein sie kam nicht zustande, da er keines von den Stücken, in denen ich auftreten wollte, gehörig besetzen konnte und ich mich zu einer Gesangspartie nicht verstehen mochte, da die Oper unter aller Kritik schlecht besetzt war. In Kolberg aber hatte man sich schon als große Neuigkeit erzählt: „Wissen Sie auch, daß Fröhlich unter die Komödianten Rombergs gegangen ist? – Wir werden ihn gewiß bald wieder hier auftreten sehen.“ So gut war es indessen den braven Kolbergern nicht geworden, und ich reiste nach vierzehntägigem Aufenthalt zu Köslin, wo man sich mit allen möglichen Märchen über meine werte Person herumtrug und sich manche der Regierungsdamen mehr für mich interessierten, als es ihren Männern wohl lieb war, mit einer jungen Französin, welche 1815 zu Paris einen preußischen Armeebeamten geheiratet hatte und nun à tout prix dieses pays du diable, wie sie es nannte, verlassen wollte, um in ihr geliebtes Frankreich heimzukehren, nach Berlin ab. Sie hoffte, daß ich sie wenigstens bis an den Rhein begleiten würde, obgleich ich ihr gesagt, daß ich vorerst nach Bremen gehen müsse. Sie traute aber ihrer französischen Liebenswürdigkeit zu, mich noch anderen Sinnes zu machen. Daß sie sich zuviel zugetraut, wurde ihr schon den ersten Tag nach unserer Abreise aus Köslin klar, denn eine sehr niedliche Frau, die Gattin eines Regierungsrates zu Köslin, die zu ihren in Magdeburg wohnenden Eltern zum Besuch reiste, nahm meine Aufmerksamkeit weit mehr in Anspruch, als die unglückliche Französin, die, wenn auch nicht häßlich, doch etwas so Verzerrtes und Fratzenartiges an sich hatte, daß sie mir bald zuwider werden mußte. Frau Regierungsrätin von M . . . ., die sogleich den Künstler in mir wiedererkannte, der als Major Walther ihren vollsten Beifall zu erhalten das Glück gehabt, wunderte sich sehr, im Postwagen mit mir zusammenzutreffen, und war äußerst neugierig, von mir selbst etwas Näheres über meine Verhältnisse zu erfahren, da man in Köslin die allerextravagantesten Dinge über meine Person ausgesagt habe. Lachend teilte ich ihr davon mit, was ich für gut hielt. – „Aber wie mochten Sie sich nur unter solches Komödiantenpack mischen?“ rief zuletzt die schöne Frau aus. „Dies ist nun einmal meine Passion, gnädige Frau, und ich stehe nicht dafür, daß, nachdem sich die Umstände gestalten, ich nicht heute oder morgen noch einmal ein wirklicher Komödiant werde, wenn ich bei einer guten stehenden Bühne eine passende Anstellung finde.“ Die Dame schüttelte etwas unwillig das Köpfchen. Unterdessen wurde mir die Reise bis Berlin sehr kurzweilig, da ich mich mit den beiden Frauen, der Französin und der Magdeburgerin, recht angenehm unterhielt, obgleich erstere, die nur wenig Deutsch verstand und sprach, gar oft böser Laune wurde, wenn ich mit der andern zu lange und ihr unverständlich sprach. In Berlin begaben sich die beiden Damen auf meinen Rat in den Gasthof zum Engel in der Heiligengeist-Straße, wo sie noch ein paar Tage mit mir zusammen wohnten, hierauf die Frau Regierungsrätin zuerst nach Magdeburg abfuhr, wo ich sie in ein paar Wochen zu besuchen versprach, und ich dann die Französin nach Frankreich abzureisen veranlaßte, indem ich ihr sagte, daß mich meine Geschäfte wohl noch jahrelang in Berlin zurückhalten könnten. Ich machte nun meine Besuche bei Pokwischs, Pfeifers und andern alten Bekannten, hütete mich aber, der Prinzessin Wilhelm unter den jetzigen Umständen meine Aufwartung zu machen, und ließ mir bei dem Bankier Mendelssohn 500 Taler auf Rechnung meines großmütterlichen Legats gegen Anweisung geben, indem ich erst 500 Taler in Kolberg durch Freund G . . . empfangen hatte. Wen ich aber zuerst in Berlin aufsuchte, das war Frau von Osten in der Hamburger Straße, bei der ich das schöne Fräulein von Campke wußte, mit welcher ich das in Kolberg angeknüpfte Verhältnis fortspann. Ich blieb diesmal in meinem Gasthof wohnen, obgleich mich Pokwischs einluden, wieder bei ihnen zu logieren. Aber ich wollte ganz ungeniert sein, wußte ohnehin nicht, wielange ich in Berlin bleiben würde, und widmete mich ganz dem Dienst des Fräulein von Campke, mit der ich recht romantische Partien nach Potsdam, Charlottenburg usw. veranstaltete. Daneben lieferte ich dem Beobachter an der Spree wieder manche ziemlich pikante Beiträge von Geschichtchen, die mir zu Ohren kamen und von denen ich hier nur zwei erwähne: „Die Reise nach Paris" und „Der Schabernack" betitelt, die beide wenigstens komisch genug waren und sich auf Tatsachen gründeten. Diese Historchen machten ziemliches Aufsehen in Berlin, so daß für ein paar Tausend Groschen mehr als gewöhnlich vom Beobachter an der Spree verkauft wurden und mich die Redaktion um mehr solcher Beiträge ersuchte.

Außer dem Fräulein von Campke hatte ich auch noch einer hübschen Tänzerin, an die mir Graf Schulenburg eine Empfehlung gegeben hatte, den Hof nebenbei gemacht, alte Bekannte, wie Minchen Pfeifer, die noch immer eine unglückliche Braut, Demoiselle D . . . ., die seit einigen Jahren an einen der bedeutendsten Künstler des Berliner Theaters verheiratet war usw., suchte ich auch auf, und so schwanden mir die wenigen Wochen, die ich ziemlich planlos in Berlin verlebte, schnell dahin.

Schon längst hatte ich das Projekt im Sinn, Bremen und meine daselbst verheirateten Kusinen zu besuchen, unter denen eine meiner ersten Jugendfreundinnen, die liebe Henriette, war, an die mich von Frankfurt und Homburg so manche angenehme Erinnerung mahnte und die an einen der angesehensten Kaufleute Bremens verheiratet war. Die vier Töchter meines Oheims Scholze, schöne und reiche Mädchen, hatten sich in Bremen, nachdem sie daselbst ein paar Jahre gelebt, kurz nacheinander an angesehene Kaufleute verheiratet. Die zweite, Sophie, hatte den Senator H . . . ., die dritte, Mina, den für sehr reich geltenden Kaufmann G . . . und die vierte, Hannchen, einen in Hamburg etablierten Kaufmann namens P . . . . gefreit. Henriette hatte aber eine sehr zarte Gesundheit und kränkelte fast immer. Sophie kam nach ihrem ersten

Wochenbett zehn Jahre lang nicht mehr aus dem Bett und mußte in Betten jedes Jahr in die Bäder gefahren werden. Als Mädchen war sie ein wahrer Dragoner gewesen. Mina, die wie die Mama allerlei Liebesabenteuer gehabt, war närrisch geworden und wurde in ein Haus in Berlin zur Genesung gebracht, wo sich die Prinzessin Wilhelm ihrer auf das freundlichste annahm, sie in lichten Stunden öfters zu sich auf das Schloß holen ließ, bis sie endlich einmal in ihrer Gegenwart die tollsten Streiche machte, so daß das fernere Kommen unterbleiben mußte. Ihr Mann aber fallierte später und wurde ganz arm, so daß die Schwestern die Unglückliche unterhalten mußten. Hannchen war neun Monate nach ihrer Verheiratung im ersten Wochenbett gestorben. Mein Oheim Scholze war nicht lange, nachdem er noch die Hälfte seines Vermögens durch unvorsichtige Güterkäufe, wozu ihm Freund Wrede sehr behilflich gewesen, verloren hatte, ebenfalls gestorben. Dennoch sollten die Töchter noch sehr reich werden, da sie einen alten kinderlosen, noch lebenden Bruder ihres Vaters, den man in Bremen nur den reichen Scholze nannte, zu beerben hatten; aber auch diese Erbschaft ging später durch allerlei Spekulationen der Männer meist wieder verloren. Dies war das Ende der Früchte einer Ehe, die unter den glücklichsten Auspizien in Frankfurt vollzogen worden war und wegen der man unsere ganze Familie so sehr beneidet hatte.
Von Berlin reiste ich über Potsdam, wo ich noch einmal dessen Herrlichkeiten besuchte und zwei Tage verweilte, über Großkreuz usw. nach *Brandenburg.* Hier hielt ich mich wieder einen Tag auf. Die Stadt ist alt, ansehnlich und liegt an der Havel. Ihre Domkirche wurde schon im dreizehnten Jahrhundert erbaut und ist wegen ihrer Grüfte und Statuen berühmt. Sie hat auch einige sehenswerte Gemälde. Brandenburg, das auch eine Rolandssäule hat, ist die Vaterstadt des Julius von Voß. Sie hatte drei denkwürdige Belagerungen zu bestehen; die erste durch Heinrich den Vogelsteller, die zweite durch

Albrecht den Bären und die dritte durch Gustav Adolph. Von hier fuhr ich über Plauen, Genthin und Burg nach *Magdeburg*, wo ich wieder in einem Goldenen Engel auf dem Breiten Weg, dessen Eigentümer, Neuschäfer, früher Kellner in Frankfurt war, abstieg, mir aber, da ich einige Zeit in Magdeburg zu bleiben beabsichtigte, ein paar Tage darauf eine Privatwohnung mietete. Zuerst suchte ich meine liebenswürdige Reisegefährtin von Köslin nach Berlin, die Regierungsrätin von M..., auf, bei deren Eltern ich sehr gut aufgenommen wurde und die mich noch denselben Tag zu einer Promenade auf den Fürstenwall, vom Fürsten von Anhalt-Dessau angelegt, einlud, was ich mit Vergnügen annahm. Hier zeigte man mir den alten Republikaner Carnot, der einer der Direktoren der französischen Republik gewesen und jetzt von den Bourbons als Königsmörder verbannt war. Er hatte im Konvent für den Tod Ludwig XVI. gestimmt. Mit Genehmigung des Königs von Preußen lebte er in Magdeburg. Obgleich ich mir schon längst vorgenommen, keine Zelebritäten mehr aufzusuchen, da meine Besuche bei Goethe und dem Fiesco so schlimm ausgefallen waren, so glaubte ich hier doch als ehemaliger französischer Offizier eine Ausnahme machen zu müssen, und tat wohl daran, denn ich wurde sehr gut aufgenommen. Der alte Republikaner, ein zweiter Cato, der eigentlich die Pläne zu den glänzenden italienischen Feldzügen Napoleons entworfen hatte, war äußerst angenehm und sehr mitteilend im geselligen Umgang. Ich war öfters bei ihm zu Tisch und machte dann eine mehrstündige Promenade auf dem Fürstenwall mit ihm, wo er sich durch sein einfaches Kostüm, einen grauen Oberrock und einen sehr breitrandigen runden Hut, auszeichnete. Der Umgang und die Unterhaltung mit diesem berühmten Mann war in hohem Grad lehrreich für mich. Er erzählte mir vieles von den Begebenheiten der Französischen Revolution, der Republik, des Kaiserreichs, wodurch ich über manche Dinge, die mir bisher dunkel und rätselhaft waren, vollkommen Aufschluß erhielt. Obgleich strenger Republikaner, gestand er mir doch zu, daß die Welt zu sehr im Argen liege, daß es der Schurken, Betrüger, Selbstsüchtigen, Schwachen und Herrschsüchtigen viel zu viele gäbe, als daß man hoffen könne, eine die Völker beglückende Republik dauerhaft zu gründen. Eines Tages kam auch die Rede auf die Werke und Schriften, welche über die Französische Revolution schon erschienen seien, und daß er keine einzige Geschichte derselben kenne, welche vom Stande der Unparteilichkeit, mit Wahrheit, vollkommener Sachkenntnis und ohne Leidenschaft geschrieben sei. Ein solches Werk fehle gänzlich, denn alle herausgekommenen atmeten mehr oder weniger gehässigen Parteigeist, seien voller Vorurteile und bewiesen oft die krasseste Ignoranz bei den wichtigsten Begebenheiten. Endlich sagte er mir: „Sie sollten es versuchen, ein solches wahrhaft verdienstliches Werk zutage zu fördern, ich halte Sie fähig dazu und auch für unparteiisch und vorurteilsfrei genug, wie ich aus Ihren Reden entnommen habe." „Ich, mein General", versetzte ich lächelnd, „wo denken Sie hin, hierzu gehören ganz andere Fähigkeiten, Talente und Kenntnisse, als ich besitze." „Das glaube ich nicht, wenn Ihre Darstellungsgabe in deutscher Sprache, denn in dieser müßten Sie es schreiben, ebenso klar und faßlich ist, wie Sie sich in der französischen ausdrücken, dann haben Sie schon den Vorteil eines sehr anziehenden Vortrags. In der Geschichte sind Sie hinlänglich bewandert, Hilfsquellen will ich Ihnen die zuverlässigsten und besten geben. Haben Sie noch nie etwas geschrieben?" „Nichts als kleine, meist komische oder satyrische Aufsätze in ein Berliner Volksblatt, und dann bin ich kaum der deutschen Sprache mächtig, da ich schon mit vierzehn Jahren in französische Dienste trat und dann über acht Jahre lang fast nichts als Französisch und Italienisch sprach." „Das wird sich geben, ich werde Ihnen einige Notizen aufsetzen sowie Ihnen sagen, welche französischen Schriften und Werke

Sie hauptsächlich als Hilfsquellen benützen können." Ich schüttelte sehr unschlüssig und ungläubig den Kopf und lächelte. Carnot, der es bemerkte, versetzte: „Nur Mut und Selbstvertrauen, die Sache ist nicht so schwer, wie Sie glauben, und man kann leider von vielen Geschichtschreibern das sagen, was Oxenstierna von den Staatsmännern gesagt: wenn die Welt wüßte, mit wie wenig Sachkenntnis sie schreiben." Etwa acht Tage darauf händigte mir der General ein Cahier von zwanzig geschriebenen Blättern ein, welches Daten und Anmerkungen zu den hauptsächlichsten Begebenheiten der Französischen Revolution und des Kaiserreichs enthielt. Zugleich übergab er mir auch eine Liste, auf welcher die Titel von einigen hundert historischen Werken und politischen Broschüren, die seit 1789 in Frankreich erschienen, verzeichnet waren und die ich teilweise und mit Umsicht benützen müsse. Ich nahm alles dankbar an, aber an die Herausgabe eines solchen Riesenwerkes dachte ich im Ernste nicht, doch teilte ich in müßigen Stunden das Ganze oberflächlich in Abteilungen und Kapitel ein und entwarf so nach und nach einen Plan, dessen Ausführung mir sehr problematisch schien.

Unterdessen machte ich mich auch mit dem historisch so interessanten Magdeburg bekannt.

In unseren Zeiten hatte Magdeburg das traurige Los, im Französisch-preußischen Krieg 1806 von seinem damaligen Kommandanten, dem General Kleist, fast ohne Schwertstreich und ohne alle Not den Franzosen übergeben zu werden. Am 11. November defilierte die Garnison, 22 000 Mann stark! 20 Generale und über 800 Offiziere, und nicht ein Mann von Ehre, vor dem Feind. Wäre hier nur ein halber Nettelbeck, nur ein Mann gewesen, der einen Funken Mut gehabt hätte, so wäre eine so schimpfliche, ehrlose Übergabe unmöglich geworden, und hätte ich nur als Fähnrich bei der Armee gestanden, so würde ich so etwas nicht zugegeben, sondern mich eher totschießen haben lassen. 54 Fahnen und 5 Standarten mußten gestreckt werden. 800 Stück Geschütze, die zu bedienen 2000 Artilleristen vorhanden waren, nebst reichlicher Munition auf eine lange Belagerung berechnet, prächtige Brücken-Apparate fanden die hohnlachenden Franzosen vor. Wahrlich, es war beinahe ein Seitenstückchen zu der Österreichisch-Ulmer Tragikomödie. Aber damals war freilich das ganze preußische Heer nur mit hochadeligen Offizieren besetzt! Nur diese Übergabe von Magdeburg machte die gänzliche Vernichtung der preußischen Armee möglich, deren zersprengte Überreste sich hier hätten sammeln können. Das Beispiel Magdeburgs, der stärksten Festung des Reiches, wirkte auf das unheilvollste auf alle übrigen Festungen, Kolberg und Graudenz ausgenommen, dank Nettelbeck, Gneisenau und Courbière. Desto besser aber wurde Magdeburg im Jahre 1813 und 1814 von den Franzosen verteidigt. Es ist eine Festung ersten Ranges. Seine erst 1680 erbaute Zitadelle liegt mitten in der Elbe, vor dem Brückentor, und hat ein großes Arsenal, nebst einem Provianthaus. Hier saßen Trenk, Lafayette und Becker gefangen. Auch die anderen Werke der Festung sowie ihre Außenwerke sind von der höchsten Bedeutung, besonders die Sternschanze vor dem Sudenburger Tor, welche sehr viele Galerien und Minen hat und in der ihr Erbauer, der General Walrawe, gefangensaß.

Magdeburg teilt sich in die Alt- und Neustadt und hat außerdem zwei Vorstädte, die Sudenburg und die Friedrichsstadt. Auf dem Marktplatz steht die Statue Otto des Großen. Unter ihren Kirchen ist der im dreizehnten Jahrhundert erbaute Dom die merkwürdigste. Über anderthalb hundert Jahre verstrichen, bevor er vollendet war. Derselbe ist aus prächtigen Quadersteinen erbaut. Das Grab Ottos und seiner Gemahlin Edita, von schönem Marmor, ist in dieser Kirche im Hochaltar selbst, der, sowie der in der Mitte derselben stehende Taufstein, ganz von Jaspis ist. Ein hübsches Mädchen, die Tochter des Küsters, zeigte mir die innern Merkwürdigkeiten dieses Tempels, unter denen mehrere Reliquien waren, wie ein Stück von dem Stab Moses (ein schwarz gebeizter Dorn), eine Rippe von dem Walfisch, in dessen Bauch der Prophet Jonas war, Palmzweige, die bei dem Einzug Christus zu Jerusalem schon figurierten, Tetzels Ablaßkasten und ein Paar Stiefeln Tillys, die an dem Eingangsgewölbe als Denkzeichen seiner Gnade aufgehängt sind. Auch das ewig brausende Meer ließ mich die niedliche Küsterstochter hören und zeigte mir dabei, wie ich meinen Kopf halten müsse, um das Brausen recht deutlich zu vernehmen. (Notabene, wir waren ganz allein in der großen Kirche.) Unsere Köpfe kamen sich dabei so nahe, daß unsere Wangen sich berührten und ich nicht umhin konnte, dem Mädchen einen Kuß per Abschlag des Trinkgeldes, dann noch einen und dann – – usw. zu geben. Von dem brausenden Meer gingen wir auf die Orgel, wo mir das holde Kind, sich vertraulich an mich schmiegend, eine wahre Schauergeschichte erzählte, die sich vor mehr als neunhundert Jahren in dem damals noch nicht gebauten Dom soll zugetragen haben. Sie begann: Im Jahre 950 nach Christi Geburt lebten ein Bischof und eine Äbtissin in Magdeburg, die eine geheime Liebschaft miteinander hatten. Als in einer Nacht der hochwürdige Herr gerade im besten Zug war, der Frau Äbtissin die deutlichsten Beweise seiner Zuneigung zu geben, rief ihm eine unsichtbare Stimme zu: „Udo, laß ab von deinem Spiel, du hast's getrieben schon zuviel!" Aber Udo ließ nicht ab und trieb es nach wie vor. Einstmals hatte sich aber einer der Domherren, ein sehr frommer Mann, die ganze Nacht in der Kirche eingeschlossen, um zu beten und Gott wohlgefällige Handlungen zu verrichten. Da erschien ihm kurz vor Mitternacht plötzlich ein blutrot gekleideter Mann, der einer Gruft entstieg, ein furchtbar blitzendes Henkersbeil in der Hand hielt und mit überlauter Stimme rief: „Auf, auf, ihr Toten und Heiligen, jetzt ist's nicht Zeit zur Ruhe, steht auf und haltet Gericht über einen argen Sünder!" Und siehe da, alle Gräber taten sich auf, und ihnen entstiegen die längst Verblichenen. Zuletzt aber kam gar Herr Christus selbst mit seiner Mutter, der Jungfrau Maria, von allen Jüngern und Aposteln begleitet. Sie nahmen ringsherum auf Stühlen Platz, und der heilige Mauritius, Schutzpatron der Kirche, vertrat die Stelle eines Anklägers. Bischof Udo wurde nun vorgeladen, aus den Armen seines Liebchens gerissen, herbeigeschleppt und nach kurzem Verhör einstimmig als Verführer einer Christus zugedachten Braut verurteilt, den Tod durch Henkershand zu sterben. Das Urteil wurde auch sogleich durch den Mann im roten Kleide auf einem Stein vor dem Hochaltar vollzogen, worauf die ganze Erscheinung verschwand. Was aus der Äbtissin geworden, wußte man nicht. Der arme Domherr, der sich während dieses entsetzlichen Schauspiels unter eine Kirchenbank verkrochen hatte, kam erst nachdem der Tag zu grauen begann, aus seinem Versteck hervor und sah auf dem Stein, auf welchem Udo geköpft worden war, wirklich Blutspuren, die mir mein weiblicher Cicerone ebenfalls zeigte und die ich allerdings für rote Flecken anerkennen mußte.

Als ich, durch diese Erzählung wenig eingeschüchtert, meiner liebenswürdigen Führerin unzweideutige Beweise meines Wohlwollens gab, meinte sie, ich möge es nicht zu arg machen, damit es mir nicht wie dem Bischof Udo ergehe. Ich ließ mich auch durch diese Drohung nicht irre machen, und das Mädchen ließ lachend geschehen, was ich wollte. Nachdem wir das Innere der Kirche sattsam inspiziert hatten, zeigte mir Klementine an dem einen Turm von außen einen steinernen Schäfer mit drei Hunden von derselben Materie, von dem sie mir erzählte, daß, als einst der ehrliche Mann sein Stückchen Brot unter freiem Himmel auf einem harten Stein verzehrte, aus diesem plötzlich eine Maus hervorkroch, die ihn um einige Brotkrumen bat. Der Schäfer willfahrte dem Tierchen, und als es dieselben aufgezehrt, sprang es davon und des Hirten drei Hunde hinterdrein. Die Maus verschwand aber mit einemmal unter der Erde; die sie verfolgenden Hunde scharrten, kratzten und wühlten so lange, bis sie auf einen festen Gegenstand stießen. Der Schäfer, der ihnen zusah, entdeckte nun eine schwere eiserne Truhe, die ganz mit Goldstücken angefüllt war. Von diesem Schatz erbaute er den Turm, an dem er und seine Hunde in Stein ausgehauen sind, und war zeitlebens ein reicher Mann. – Über zwei gute Stunden hatte ich mit Klementinen in dem Dom verweilt und mich an ihren Erzählungen und sonstigen Unterhaltungen ergötzt.

Gleich nach meiner Ankunft in Magdeburg hatte ich, wie gesagt, die Regierungsrätin von M.... bei ihren Eltern aufgesucht und besuchte nun in ihrer Gesellschaft die zum Teil recht angenehmen Umgebungen Magdeburgs, den Vogelgesang, den Herrnkrug, das rote Horn usw. Nirgends sah ich in Deutschland und Frankreich niedlichere Landmädchen als in der Gegend um Magdeburg. Nur die Strohhutflechterinnen im Arnotal übertreffen sie noch; dabei das kokette Kostüm, die allerliebsten Häubchen, die ihnen so bezaubernd zum Gesicht stehen. Es war kein Wunder, wenn ich einer solchen Vilanella zu Gefallen mehr als einmal meine Frau Regierungsrätin im Stich ließ. Außerdem sind diese Mädchen äußerst graziös und selbst fein in ihrem Benehmen, die meisten sehr wohlhabend, ja mitunter reich. In einem solchen Bauernhaus findet man nicht selten einen großen Luxus, in manchen Stuben sogar ein Klavier. Die Wohnungen dieser Landleute sind durchgehends sehr reinlich, zierlich, mitunter elegant. Kommen sie an Markttagen in die Stadt, so haben sie oft Pferde vorgespannt, die einem Staatswagen keine Unehre machen würden. Magdeburg selbst ist eine sehr wohlhabende Stadt und ihr Handel von hoher Bedeutung, besonders Spedition und Transithandel durch die Elbschiffahrt. Die vielen Gold- und Silberschmiede haben reichlichen Verdienst, denn auch das geringste Landmädchen trägt sein goldenes Kreuzchen,

sein silbernes Kettchen und dergleichen; viele aber sind reich beschmuckt. Einer Bauernhochzeit wohnte ich, durch die Eltern der Regierungsrätin eingeladen, bei, die alles übertraf, was ich noch dieser Art gesehen, selbst die dreitägige im Bullenwinkel zu Kolberg. Mehrere reiche Bankiers, Weinhändler und über achtzig bedeutende Großhandlungen zählte man damals in Magdeburg. Mitunter gab es wohl auch tüchtige Fallimente. So fallierte während meiner Anwesenheit der für enorm reich gehaltene Bankier Wolf; aber noch ehe der Bankerott bekannt war, hatte er schon mit dem Leben falliert. Der Schlag hatte ihn bei einem zweiten Hundert Austern gerührt, das er zum Frühstück bei einer Flasche Bordeaux verzehrte, von dem er nicht mehr lebendig aufstand. Erst nach seinem Tode ergab sich das ungeheure Defizit, wodurch gar manche Leute arm wurden. Übrigens waren die Magdeburger Kaufleute meist ziemlich wissenschaftlich gebildete Leute, mit denen sich auch noch von anderen Dingen als Prozenten, Gewinn- und Verlust-Konti reden ließ.
Das nicht schlechte Theater stand damals unter der Direktion der Herren Fabricius und Hostovsky. Ich sah hier gerade den Sturm von Magdeburg durch Tilly, ein Schauspiel von F. L. Schmidt, aufführen, dessen mise en scene meisterhaft war und mit einem großen Aufwand von Dekorationen, Komparsen, Kostümen usw. gegeben wurde. Obgleich es keinen hohen dichterischen Wert hat, so ist es doch eine getreue historische Darstellung der furchtbaren Zerstörung Magdeburgs und hat ergreifende Szenen, namentlich am Schluß, wo die Stadt im Schutt liegt und nur noch der Dom und die in ihm Geretteten vorhanden sind.
Durch die Familie der Regierungsrätin wurde ich auch noch bald mit anderen Häusern bekannt, in denen ich unter anderen die hübsche und sehr lebenslustige Frau eines Postsekretärs kennenlernte, ein junges schalkhaftes Weibchen, das sich gern allerlei drollige Streiche erlaubte,

auch eine ebenso joviale Schwester hatte, die an einen nahen Gutsbesitzer verheiratet war und fast jede Woche ein paarmal selbstkutschierend in die Stadt kam. Beide Schwestern waren besonders gut gewachsen, hatten viel Verstand und waren beliebt in der Stadt. Die Gutsbesitzerin lud mich ein, sie mit ihrer Schwester zu besuchen, und ich machte mit der Frau Postsekretärin mehr als eine lustige Fahrt nach dem Gut des Schwagers. Zu dem Hochzeitsschmaus einer hübschen Kusine von ihnen, die einen etwas mürrischen Mann heiratete, wurde auch ich durch die Vermittlung der Postsekretärin geladen. Es gab aber schon bei dem Hochzeitsmahl eine höchst unangenehme Szene. In Magdeburg ist es gebräuchlich, daß die Freunde der Neuvermählten und die Geladenen während dem Fest allerlei zum Teil sehr reiche Geschenke übersenden. Die Gutsbesitzerin ließ der jungen Frau während dem Essen einen sehr großen, prächtig gestickten Pantoffel mit einem silbernen Absatz überreichen, ohne daß man wußte, von wem das Geschenk kam. Die aufgeweckte, heitere junge Frau nahm ihn in die Hand, hielt ihn dem eben gebackenen Ehemann drohend vor, indem sie sagte: „Sieh, liebes Männchen, wenn du nicht fein artig sein wirst oder maulst, dann regiere ich diesen." Der unfreundliche Mann nahm aber den Scherz übel, riß der Frau den Pantoffel aus der Hand, indem er sagte: „Das sind schlechte Späße; wenn ich nur den dummen Jungen wüßte, der dies Geschenk gesandt, ich wollte ihm schon den Kopf damit zurechtsetzen." Hierauf erwiderte die Gutsbesitzerin lachend: „Herr G . . . ., der dumme Junge bin ich. Setzen Sie mir den Kopf zurecht, wenn er noch nicht recht sitzt." G . . . . aber nahm den Pantoffel und warf ihn der Frau zu, indem er schrie: „Nun, so behalten Sie auch Ihr Geschenk." Der Pantoffel fiel aber so unglücklich, daß er nicht nur einen Tafelaufsatz umwarf, sondern auch eine Flasche Wein und ein paar volle Gläser, wodurch das Tischtuch und sogar die Kleider einiger Damen stark rotbefleckt wurden. Dies gab eine so unangenehme Störung, daß man das Hochzeitsfest das unterbrochene hätte nennen können. Alle frohe Laune war dahin und blieb entfernt, da der Hochzeiter bis zu Ende des Festes mürrisch und verstimmt blieb. Eben kein erfreulicher Anfang der Ehe für die junge Frau, die allgemein bedauert wurde. Auch hatte sie den Mann nicht aus Neigung genommen, sondern war von den Eltern dazu überredet worden, weil er ein gutes Auskommen hatte.

Mein Aufenthalt in Magdeburg hatte nun schon über die Gebühr gedauert, aber die Zeit war mir schnell und angenehm verflogen. Die Stunden, die ich nicht bei Carnot zubrachte, vertändelte ich mit Damen und machte Landpartien; auch lieferte ich dem hier erscheinenden „Beobachter an der Elbe" einige komische Anekdoten. Endlich mußte ich doch an die Abreise, denn mein Leben in Magdeburg hatte keinen Zweck, und an ein weiteres Fortkommen und eine anständige Zukunft denken, aber wie ich beides bewerkstelligen wollte, war mir noch ziemlich dunkel, denn ernstlich hatte ich auch noch nicht darüber nachgedacht. Auch zog es mich nach Bremen. Indessen sollte ein sehr unglücklicher Zufall meinen Aufenthalt hier noch verlängern.

Ich hatte in der Breiten Straße ein paar möblierte Zimmer in dem zweiten Stock eines Hinterhauses gemietet; die Fenster meines Schlafzimmers gingen in den Hof. Zwei Tage früher, als ich meine Abreise festgesetzt hatte, wurde ich gleich nach Mitternacht, ich war noch nicht lange eingeschlafen, durch das Geschrei: „Feuer, Feuer!" geweckt und sah, die Augen öffnend, eine außerordentliche Helle vor meinen Fenstern im Hof. Zugleich hörte ich das ganz nahe Knistern einer großen Flamme. Mit einem Satz war ich aus dem Bett, zog ein Paar Beinkleider an, öffnete meine Stubentür, durch welche sogleich ein gewaltiger Qualm drang, hinter dem die Flammen auf der Treppe schon hoch emporloderten. Gleichzeitig vernahm ich das Angst- und Hilfegeschrei einer Frau, die mit ein paar kleinen Kindern neben mir auf demselben Gang wohnte. Ich eilte zu ihr hinüber und fand sie in Verzweiflung, ihre Kinder in den Armen. Auch sie hatte schon gesehen, daß es eine Unmöglichkeit war, sich auf den schon in vollem Brand befindenden Treppen zu retten, und das Feuer näherte sich mit jedem Augenblick mehr unseren Zimmern. Ich faßte jetzt schnell einen Entschluß, warf alles, was sich von Betten, Kissen und Strohsäcken in den Zimmern vorfand, durch das Fenster hinab, band schnell sechs Bettücher zusammen und hieß die Frau sich zuerst hinablassen. Sie ließ aber, bevor sie noch ganz unten war, los, tat sich jedoch, auf die Betten fallend, keinen Schaden. Ich rief ihr nun zu, daß ich die Kinder wolle folgen lassen; sie möge nur unten das Bettzeug so ordnen, daß keines danebenfallen könne, worauf ich die beiden Kleinen, eines nach dem andern, hinabwarf, dann in mein Zimmer lief, das Kistchen mit meinen Tagebüchern und anderen Schriften sowie was ich von Kleidern, Wäsche usw. geschwind zusammenraffen konnte, hinabwarf, auch noch meinen Koffer und dann selbst, an den Bettüchern hinabgleitend, mich folgen ließ. Schon war ich vor dem Fenster, da fiel es mir ein, daß ich meine Brieftasche, in der noch für ungefähr 150 Taler Tresorscheine waren, vergessen hatte. Noch einmal schwang ich mich zum Fenster hinein, und es gelang mir, auch diese zu retten, doch war es die höchste Zeit, denn schon ergriffen die Flammen mein Schlafzimmer, und wenige Augenblicke darnach stürzte der Boden desselben brennend und krachend ein. Ich aber kam mit einem Sprung vom ersten Stock wohlbehalten unten an, wo ich auch die Frau mit ihren Kindern unbeschädigt antraf. Das Bettzeug lag vier Schuh hoch aufgetürmt. Der Hof fing nun an sich allmählich mit Menschen zu füllen. Da aber das Vorderhaus keinen Torweg, sondern nur einen schmalen Durchgang hatte, so kostete es große Mühe, bis man die Spritzen in die gehörige Tätigkeit setzen konnte, doch ward man noch vor Tag des Feuers Meister, aber das

Hinterhaus und die Seitengebäude waren gänzlich niedergebrannt. Die arme Frau, die man mehr tot wie lebendig samt ihren Kindern in ein benachbartes Haus gebracht hatte, wurde sehr krank und lag mehrere Tage in einem beständigen Delirium, Feuer und Hilfe schreiend. Auch auf mich hatte diese unglückliche Begebenheit einen so gewaltigen Eindruck gemacht, daß ich mehrere Tage brauchte, bevor ich mich wieder ganz erholen konnte.

Endlich saß ich in dem nach *Braunschweig* fahrenden Postwagen, wo ich eine gut unterhaltende Gesellschaft traf, nämlich einen sächsischen Rittmeister mit seiner jungen Frau, die er zu ihren Eltern nach Celle brachte. Da ich der hübschen Dame gerade gegenüber saß, so verursachte das Rütteln des Wagens beständig ein unwillkürliches Berühren der beiderseitigen Knie, das bald in ein willkürliches, aber doch zufälliges Drücken von meiner Seite überging und mein Visavis zu einem allerliebsten Lächeln brachte, dem bedeutungsvolle Occhiaten folgten. Unglücklicherweise konnte die Dame das Fahren nicht vertragen. Es wurde ihr auf einmal übel und schwach, woran die große Hitze mit schuld sein mochte. Man mußte ihr das Busentuch lüften, sie aufschnüren und ihr Kölnisches Wasser vorhalten und die Schläfe damit reiben, worauf es ihr bald besser wurde. Wir fuhren über Helmstedt, Königslutter usw. die ganze Nacht durch und kamen morgens gegen 8 Uhr in Braunschweig an, wo wir in demselben Gasthof abstiegen und ein paar Tage verweilten, obgleich der Rittmeister v. M.... schon am anderen Morgen wieder weiter wollte. Aber hier hieß es: „Der Mann denkt, und die Frau lenkt." Die Frau Gemahlin war nicht dieser Meinung, klagte über Unwohlsein, und so mußte man bleiben. Da sich der Offizier bei der unpäßlichen Frau langweilte, so machte er Spaziergänge in der Stadt. Ich hatte zwar das Haus mit ihm zusammen verlassen, trennte mich aber nach wenigen Minuten unter einem Vorwand von ihm und kehrte in den Gasthof zurück, wo ich mich sogleich bei der Dame auf das angelegentlichste nach ihrer teuren Gesundheit erkundigte und ihr Befinden ganz leidlich fand. Auf Reisen darf man sich eben nicht lange bei dem Kurmachen aufhalten, denn wie bald trennt einen nicht das Schicksal wieder nach Ost und West. Auch hatten ja unsere Knie schon die Präliminarien im Wagen gemacht, und nach einigen Weigerungen pro forma wurde mir schnell ein Schäferstündchen, halb erzwungen, bewilligt, worauf wir übereinkamen, daß das Unwohlsein der Frau Rittmeisterin noch ein paar Tage dauern müsse. Ich entfernte mich endlich wieder, um die Stadt Braunschweig näher kennenzulernen. Sie liegt an der Ocker, ist ziemlich groß und hat hübsche Promenaden. Die Burgkirche oder der Dom enthält einige sehenswerte Monumente, nebst der herzoglichen Gruft. Auf dem Burgplatz blickt Heinrichs eherner Löwe recht grimmig um sich, und auf dem Grauenhofplatz steht der graue Hof, das herzogliche Schloß, dessen Seitenflügel kulissenartig angebaut sind. Die Residenz der alten Herzoge, das Mosthaus genannt, ist zu einer Kaserne umgeschaffen. Das Zeughaus hat mehrere merkwürdige Kunstschätze. Mit Braunschweiger Würsten und Mumme regalierte ich meine Reisegefährten; die ersteren sind vortrefflich und werden nicht nur in ganz Deutschland als Leckerbissen, sondern sogar auch auf den Tafeln der Engländer in Ostindien verzehrt. Das Theater war nicht besonders, namentlich die Oper sehr mittelmäßig besetzt. Die meisten Straßen Braunschweigs sind eng und haben ein altertümliches Aussehen. Die große Mehrzahl ihrer Häuser stammen noch aus dem Mittelalter; namentlich ist dies bei dem Altstadtmarkt mit der Martinskirche und dem gotischen Rathaus der Fall.

Am zweiten Tag fand Frau von M . . . . für gut, sich etwas besser zu befinden, und zwar so, daß sie imstande war, mit ihrem Gemahl und mir ebenfalls die Schönheiten der Stadt zu besichtigen. Wir begaben uns indessen beizeiten nach Haus, weil ich von einem argen Schnupfen befallen war. Frau von M ...., die großen Anteil an meinem Unwohlsein nahm, lud mich zu einem köstlichen Tee ein, der mich nach ihrer Meinung über Nacht von meinem Katarrh befreien sollte, und wir blieben bis Mitternacht beisammen. Am andern Morgen hielt ich es für passend, das Zimmer zu hüten, aber während der Herr Rittmeister wieder eine Frühpromenade machte, stahl ich mich zur Dame, mit der ich eine recht goldene Morgenstunde zubrachte. Der zurückkehrende Herr Gemahl fand mich aber noch in meinem Bett liegend, als er die Güte hatte, sich nach meinem Befinden zu erkundigen, mir aber auch zugleich verkündete, daß er heute noch weiterreisen wolle, da sich seine Frau nun wieder in einem vollkommen reisefähigen Zustand befinde und die kleine Tour nach Celle bequem machen könne. Auch ich sehnte mich, weiter und nach Bremen zu kommen, und mußte geschehen lassen, was ich nicht verhindern konnte. Wir speisten noch miteinander zu Mittag, und mit Erlaubnis des Rittmeisters küßte ich seine Frau zum Abschied in seiner Gegenwart, half beiden in den Wagen und nahm mir vor, am andern Morgen mit dem frühesten ihrem Beispiel zu folgen. Leider ließ ich mich aber am Abend wieder zu einer Spielpartie in dem Gasthof verführen und verlor abermals all mein Geld, bis auf den letzten Groschen. Glücklicherweise war es diesmal mein eigenes, und machte mir also keinen großen Kummer; nur wußte ich nicht, wie ich weiterreisen sollte. Hier bleiben, bis ich wieder Mittel von Haus erhalten, hätte mir wenigstens acht Tage Zeit geraubt. Indessen ging ich mit dem Gedanken schlafen, über Nacht kommt guter Rat. Am andern Morgen überlegte ich, was zu machen sei, und erkundigte mich dann nach den ersten Bankierhäusern Braunschweigs bei meinem Wirt. Er nannte mir Herrn Johann Degener. Ich ging nun zu diesem, wies mich mit meinen Papieren aus, sagte ihm, welches Geschick mich in Braunschweig plötzlich ganz aufs Trockene gesetzt habe, und bat ihn, mir gegen eine Anweisung auf

Frankfurt so viel Geld geben zu wollen, als ich noch zur Reise bis Bremen bedürfe. Nach einigem Bedenken fragte er mich, wieviel ich zu gebrauchen gedenke? „25 bis 30 Taler." „Wohlan, ich will sie Ihnen geben, mit der Bedingung, daß Sie sie meinem, sich in einem Bremer Haus befindlichen Sohn daselbst gegen Ihren Schein wiedererstatten." Mit Vergnügen ging ich diese Bedingung ein, dankte für das gütige Zutrauen, empfing 30 Taler und reiste noch am selben Tage, mich nirgends mehr aufhaltend, über Hannover, Nienburg, Verden usw. nach *Bremen*, wo ich wohlbehalten und wohlgemut mit einbrechender Nacht ankam, aber nicht bei meinen Verwandten, sondern im Gasthof zum Deutschen Haus abstieg, auch mich diesen Abend nicht mehr meldete, sondern noch den letzten Akten von Grillparzers „Sappho" im Theater beiwohnte und mich in allen Logen umsah, ob ich vielleicht Kusine Henriette erkennen würde, aber vergeblich.

Je mehr ich mich Bremen genähert, desto mehr hatte sich meine Neugierde und Ungeduld gesteigert, und die Engelsgestalt des jungen lieblichen Mädchens, das ich vor etwa 15 Jahren zum letztenmal gesehen, schwebte mir gleich einer Lichtgestalt vor den Augen. Alle die traulichen Szenen der Kindheit, die ich mit diesem Mädchen in Frankfurt, dem Homburger Schloßgarten, auf der Insel im kleinen Tannenwald usw. gehabt, stellten sich meiner aufgeregten Phantasie mit den lebhaftesten Farben dar, bevor ich, spät genug, einzuschlafen vermochte. Am andern Morgen konnte ich kaum die schickliche Stunde erwarten, um meinem Vetter K. die Aufwartung zu machen. Es war gegen 11 Uhr, als ich mich dahin auf den Weg begab. Man war von meiner Anwesenheit prävenniert. Herr K. empfing mich auf das freundlichste, sagte mir, ich möge sein Haus während meines Aufenthaltes wie das meinige ansehen, entschuldigte aber seine Frau, daß sie mich noch nicht empfangen könne, da sie noch im Negligé sei, und bat mich, am Nachmittag um 2 Uhr wiederzukommen, wo sie mich erwarte. Dies lähmte meine gehoffte Freude des Wiedersehens ein wenig. Ich empfahl mich, nachdem ich eine halbe Stunde mit K. verplaudert, um auch meinen andern Herren Kusins und dem noch lebenden reichen Bruder meines Oheims Scholze die Visite zu machen. Senator H . . . ., ein schlichter Mann, nahm mich recht gutmütig auf. Auch Kaufmann G . . . ., sonst ziemlich hochmütig, bewies sich doch sehr freundlich gegen mich. Ihre Frauen bekam ich aus den schon erwähnten Ursachen nicht zu sehen. Hannchen war bereits längst tot. Beim reichen Scholze wurde ich mit Danziger Goldwasser regaliert, hörte dann nichts weiter von ihm, als bis ich Abschied nahm. Endlich war die ersehnte zweite Nachmittagsstunde herangekommen, in der ich Henrietten wiedersehen sollte, deren Anblick mich in der Tat überraschte, denn statt der lieblichen Engelsgestalt mit dem überaus feinen Amourettengesichtchen sah ich eine ziemlich lange, sehr hagere Frau, deren Gesicht zwar noch immer schön war, aber sehr markierte Züge hatte, welche die erfahrene Ehefrau nur zu sehr verrieten. Was tun fünfzehn Jahre nicht! Sie war jetzt einige dreißig alt. In ihrer Haltung lag indessen etwas Majestätisch-Imponierendes, und ihre Unterhaltung war nicht nur geistreich und pikant, sondern verriet auch eine nicht gewöhnliche wissenschaftliche Bildung. Ihre Musik hatte sie so ziemlich vernachlässigt; dagegen malte sie nicht schlecht in Öl, aber sie spielte und affektierte dabei etwas stark die sentimentale Mondscheinprinzessin, etwas, das mir in den Tod verhaßt war und mich meilenweit jagen konnte. Ihre Toilette war ausgesucht, nicht ohne Geschmack, aber mit großer Kunst fast zu jugendlich angelegt, und es war mir bald klar, warum sie mich nicht im Morgenanzug hatte empfangen mögen. Indessen war der Empfang bei diesem Wiedersehen ein sehr herzlicher, und sie bat mich, den Rest des Nachmittags mit ihr zubringen zu wollen, da wir uns nach so langer Trennung doch gewiß manches zu sagen hätten und manche

Rückerinnerungen aus den glücklichsten Zeiten der Kindheit wieder ins Gedächtnis rufen könnten. Ihr Mann, sich wegen seiner Geschäfte entschuldigend, hatte sich sogleich, nachdem er mich eingeführt, wieder entfernt. Ich brachte einen äußerst angenehmen Nachmittag mit der immer noch sehr liebenswürdigen Frau zu, indem wir uns gegenseitig im Umriß mitteilten, was wir seit unserer Trennung erlebt und uns widerfahren war. Daß von beiden Seiten die Aufrichtigkeit dieser Mitteilungen nicht vollkommen sein konnte, ist natürlich, doch erfuhr ich durch andere, was meine Kusine, welche, die Reisen zur Prinzeß Wilhelm nach Berlin, nach Homburg und einige andere abgerechnet, ununterbrochen in Bremen gelebt hatte, für mancherlei Abenteuer gehabt. Ich blieb nicht nur den ganzen Nachmittag, sondern auch zum Abendessen bei K's. Mit innigem Vergnügen hatten wir uns an die Kinderspiele, Partien und in Homburg genossenen Freuden erinnert, und erst spät in der Nacht trennten wir uns, nachdem ich das Versprechen, am andern Tag zum Mittagessen zu kommen, hatte geben müssen. Vetter K. hatte die Güte, mich mit allem, was die alte Hansestadt Merkwürdiges enthielt, selbst bekannt zu machen, wozu er als Sohn eines Bürgermeisters, und mit den Senatoren verwandt oder befreundet, allerdings sehr geeignet war. Er bestimmte den nächsten Sonntag dazu, wo er mich schon um 9 Uhr in der Frühe abholte und zuerst über den Markt, wo der große Roland steht, in den Keller des alten gotischen Rathauses führte, um daselbst ein wohlstärkendes Frühstück einzunehmen. Durch seine Vermittlung ward mir die hohe Gunst zuteil, die so berühmten Weine in der Rose und in den 12 Aposteln kosten zu dürfen, die der Stadt Bremen schon an 6000 Millionen Taler kosten sollen. Die Bremer, als echte Kaufleute, berechnen nämlich zum Kapital des Ankaufes die Zinsen vom Zins mit, wodurch in ein paar Hundert Jahren freilich eine schöne Summe herauskommt. Dieser kostbare Wein hat folgenden Ursprung. Zu Anfang des siebzehnten Jahrhunderts, man sagt 1620 oder 1624, kaufte die Stadt sechs Stück Fässer Johannisberger und ebensoviel Hochheimer Dompräsens, die in diesem Keller eingelegt und seither immer mit guten Rheinweinen aufgefüllt wurden. Der in der Rose soll der beste sein und wird immer mit Wein aus dem Apostel Judas wieder aufgefüllt, in welchem sich der zweitbeste befindet, und Judas wird dann wieder durch die andern Apostel von geringerm Gehalt ergänzt. Ich habe von fast all diesen Weinen gekostet, aber ihnen durchaus keinen besonderen Wohlgeschmack abgewinnen können. Ein Glas Eremitage- oder Ungarwein ist mir zehnmal lieber; er schmeckte mir etwas abgestanden. Gerne gestehe ich, daß ich, um Urteile über Weine, besonders Rheinweine, zu fällen, ganz inkompetent bin. Wenn die Bremer einem hohen Herrn eine große Ehre antun wollen, so schicken sie ihm einige Flaschen aus der Rose. Ein kranker Bürger bekommt aber auf ein ärztliches Zeugnis auch ein Gläschen gratis, wenn er arm, ist er reich, eine Flasche gegen Erlegung von fünf Reichstalern mit Bewilligung der Herren Bürgermeister. Diese regierenden Herren haben außerdem das Recht, sich ein paar Flaschen zuzueignen, ein Recht, um das ich sie eben nicht beneide. K. teilte mir auch im Vertrauen mit, daß die Franzosen während ihrer Anwesenheit in Bremen diese Weine gewaltig angezapft hätten, und so oft aufgefüllt, daß ihr hohes Alter nur noch sehr homöopathisch, also so ziemlich imaginär sein könne. Aus dem Weinkeller gingen wir frohen Mutes in den Bleikeller, der sich unter dem Dom befindet, und sahen die daselbst nicht faulenden Leichen, unter denen eine Lady Stanhope und ein paar schwedische Offiziere, auch einige Tierleichen sich befinden. Den Keller nennt man bleiern, weil früher Orgelpfeifen in demselben gegossen wurden. Wir machten noch einige Gänge in der Stadt, über die Weser und zurück, und besuchten dann die sehr geschmackvoll auf den Wällen angelegten Promenaden, welche sie umgeben. Sie sind viel großartiger und anmutiger als die Frankfurts, indem man hier nicht nur das Glacis der Werke, wie zu Frankfurt, sondern auch die Wälle, Kurtinen, Bastionen und Festungsgräben, die dort stückweise an Privatleute verkauft und verbaut wurden, dazu verwendet hat. Außer dem Dom hat Bremen keine sehr ansehnlichen Kirchen; in der Ansgarikirche machte mich K. auf Tischbeins schönes Altargemälde: „Lasset die Kindlein zu mir kommen", aufmerksam. Die Häuser mit ihren hohen Giebeldächern und langen Fenstern geben der Stadt zum Teil noch ein sehr altertümliches und etwas niederländisches Aussehen. Die Umgebung Bremens, wenn man die Anlagen verlassen hat, ist öde, kahl und traurig. Das in der Nähe des Ostertors stehende Theater war ein unansehnliches Gebäude. Den Namen Bremen wollen die Einwohner von den vielen Brombeersträuchen, die früher hier gestanden hätten, ableiten. Auf den Nachmittag lud mich K. in seinen Garten vor dem Tore ein, in welchem seine Frau jetzt gerade einen hübschen Pavillon bauen ließ. Als ich daselbst ankam, öffnete mir, nachdem ich geklingelt, meine Kusine. In ihrer Begleitung befand sich ein Mann von etwa 40 Jahren, den sie mir als den Kaufmann K . . . p und einen intimen Hausfreund ihres Gemahls vorstellte. Dieser maß mich mit großen Augen vom Kopf bis zu den Füßen und schien eben kein großes Behagen an meinem Kommen zu finden. Die Unterhaltung war auch recht reichsstädtisch steif und folglich hochlangweilig, Henriette schien verlegen, und ich fand mich unbehaglich. Glücklicherweise kam bald der Senator H . . . . hinzu, was die Unterhaltung weniger gezwungen machte, und als er den Hausfreund K . . . . p endlich in Geschäftsangelegenheiten mit sich fortnahm, bekam sie eine andere und traulichere Wendung. Henriette zeigte mir das nach ihren Angaben neuerbaute und noch nicht ganz vollendete Gartenhaus, welches von ihrem guten Geschmack zeugte, aber eine sehr kostbare Liebhaberei war, denn es war für ihre Verhältnisse fast zu prächtig.

Wir verweilten eine gute Stunde in demselben, frühere, sehr glückliche Momente durch sehr handgreifliche Erinnerungen wieder ins Gedächtnis rufend, wobei ich aber nicht das selige Entzücken wie früher, sondern bald eine Art Überdruß empfand, den jedoch die hierauf folgende geistreichere Unterhaltung wieder verscheuchte. Der Hauptinhalt unseres Gesprächs war die Prinzessin Wilhelm, von der sie mir mich sehr interessierende Dinge erzählte; ebenso vom Prinzen Gustav, dessen Namen sie nicht ohne einen unterdrückten Seufzer aussprach. Wir waren noch recht eifrig im Gespräch begriffen, als sich auf einmal eine rauhe Baßstimme mit den Worten: „Frau K., sind Sie hier, wo zum Henker stecken Sie denn?" vernehmen ließ. Es war die des Hausfreundes K . . . . p, der zurückgekommen war, die Dame vom Haus aufsuchte, und als er sie tête-à-tête mit mir fand, ihr einen vielbedeutenden, Zorn verratenden Blick zuwarf. Ich tat, als bemerkte ich es nicht, und sagte etwas maliziös: „Mein Herr, wir haben uns einstweilen trefflich unterhalten", worauf er ein trockenes: „So?!" von sich gab und jetzt die vorige Verlegenheit und das gezwungene steife Wesen wieder zurückkehren machte. Wir gingen höchst einsilbig in den Gängen des Gartens spazieren, bis auch Henriettens Mann dazukam, der durch einige Neuigkeiten, die er mitbrachte, der Sache wieder eine andere Wendung gab und uns bald darauf zu dem unser harrenden Vespermahl einlud, wodurch wieder mehr Leben in Henrietten und auch in den Hausfreund kam.
Noch am nämlichen Abend, als ich K.s verließ, begegnete ich auf dem Markt einem Kaufmann namens Kreibig, der die Reise von Hannover hierher im Postwagen mit mir gemacht und mich einlud, ein Glas Punsch mit ihm in einer nahen Weinstube zu nehmen, in der sich ein allerliebstes blutjunges Mädchen, das Töchterchen vom Haus, Gesina geheißen, befände. Mit Vergnügen nahm ich das Anerbieten an und fand, daß der Mann nicht zuviel gesagt. Mit einer unendlich freundlichen Grazie kredenzte

uns das hübsche Kind den verlangten Punsch, antwortete auf unsere Fragen mit der liebenswürdigsten Naivität, und wir verplauderten ein paar Stunden auf das angenehmste daselbst, so daß ich mir vornahm, der mir beim Weggehen gewordenen Einladung, recht bald wiederzukommen, Folge zu leisten. Am andern Morgen um 11 Uhr war ich schon wieder da, um ein kleines Frühstück einzunehmen, und wurde von dem allerliebsten Gesinchen recht herzlich empfangen. Bald war ich mit dem schönen Kind so vertraulich, daß, obgleich ich ihr gesagt, daß ich ein naher Verwandter von K... sei, sie mir dennoch alles, was die Verhältnisse Henriettens betraf, mitteilte und meine Vermutung, daß Hausfreund K... ihr erklärter Liebhaber sei, vollkommen bestätigte, was übrigens ein stadtkundiges Geheimnis war. Sie erzählte mir nun eine Menge Anekdoten, mit denen man sich in dem ziemlich kleinstädtischen Bremen auf Kosten der Madame K... unterhielt, unter denen auch die: daß, als einst Henriettens Knaben, sie hatte deren zwei, sich mit den Töchtern Minas baden wollten, deren Hofmeister ihnen gesagt: „Das schickt sich nicht, daß sich Jungen mit Mädchen baden", einer derselben erwidert habe: „Warum denn nicht, die Mutter badet sich ja auch mit Herrn K..." – In dem Hause Langenaus, wo ich nun täglich meine meisten müßigen Stunden zubrachte, ich arbeitete jeden Morgen an dem Plan des mir von Carnot angegebenen Werkes, ohne jedoch noch ernstlich an die mögliche Herausgabe desselben zu glauben, machte ich noch eine andere weibliche Bekanntschaft, die aber, ohne daß ich es mir zu erklären vermochte, ein unheimliches Gefühl und eine Art Scheu einflößte. Die, obgleich junge und nicht häßliche Frau hatte doch für mich etwas sehr Unangenehmes, ja fast Abstoßendes in ihren Gesichtszügen und war außerdem schon deshalb unausstehlich, weil sie sich immer zwischen Gesina und mich drängte, unser Verhältnis zu erforschen suchte und eine widerliche Freundlichkeit gegen uns beide affektierte. Gesina war ganz einverstanden mit mir hinsichtlich dieser sehr zudringlichen Person, die sie aber fürchtete, sich zur Feindin zu machen, und deshalb ihre viel zu häufigen Besuche duldete. Wie sehr meine Abneigung gegen dieselbe, wenn auch nur instinktartig, begründet war, erwies sich später auf eine schreckliche Weise; denn dieses weibliche Wesen war keine andere als die berüchtigte Giftmischerin Gottfried, welche, nachdem ihre schrecklichen Greueltaten – sie hatte damals schon ihre Mutter, ihren Vater, ihre drei Kinder, ihren ersten Gatten, ihren Bruder und ihren Liebhaber Gottfried, den sie aber noch auf dem Sterbebette zur Trauung mit ihr beredete, nacheinander vergiftet – endlich an den Tag gekommen, auf dem Schafott ihr abscheuliches Leben endete. Ich besuchte jetzt meine Verwandten weit seltener und suchte bei jeder sich darbietenden Gelegenheit den wütend eifersüchtigen Hausfreund K . . . wild zu machen, was mir auch zum großen Verdruß Henriettens so wohl gelang, daß er einmal den Garten, in dem er mich wieder mit ihr getroffen, höchst aufgebracht verließ und schwur, er würde nie mehr wiederkommen, wenn ich nicht wegbliebe. Meine arme Kusine, welche das Verhältnis mit Herrn K..., wie es schien aus mehreren Gründen, nicht wohl aufgeben konnte und mochte, kam dadurch in eine große Verlegenheit und wußte sich nicht zu raten. Da ich ihre mißliche Lage sah, so war ich ganz offen mit ihr und bat sie, sich wegen mir keiner Unannehmlichkeit mit ihrem Freund mehr auszusetzen – ich wollte durchaus kein Störenfried sein und habe ohnehin vor, dieser Tage nach Frankfurt abzureisen. Erst war die arme Frau verlegen, dann wußte sie mir es Dank, daß ich so handelte, meinte aber, ich brauche deshalb nicht abzureisen, und sie könnte es wohl veranstalten, daß wir uns von Zeit zu Zeit ohne Wissen des Herrn K... sehen könnten, wofür ich aber dankte. – Trotz der Liebenswürdigkeit der hübschen Gesina hatte ich dennoch beschlossen, Bremen zu verlassen, als ein zufälliges Ereignis mich noch drei Wochen länger daselbst zurückhielt. Signora Catalani hatte ihre Ankunft den Bremern ankündigen lassen und sollte in wenigen Tagen dieselben mit ihrem bezaubernden Gesang beglücken. Man kann sich keine Vorstellung machen, welches Aufsehen diese Neuigkeit in der guten Stadt erregte. Ich glaube, wenn Napoleon von St.-Helena entwischt und in Vegesack gelandet wäre, so hätte dies keine größere Sensation unter den Bremern hervorbringen können. In allen Häusern, im Museum, sogar in den Kirchen hörte man nur von der Catalani sprechen. Wem ich erzählte, daß ich die berühmte Sängerin nicht nur schon gehört, sondern persönlich kenne, der gaffte mich wie einen Wundermann mit offenen Augen an. Henriette und ihr Mann sowie Gräwe und Senator H . . . baten mich, sie doch bei ihnen einzuführen. – Wo, wann, was wird sie singen? fragte man sich auf allen Straßen, und der Schauspieldirektor Ringelhard, dessen Haus in der Regel ziemlich leer stand, wurde mit Logenbestellungen bestürmt, bevor man nur wußte, ob sie auch im Theater singen würde. Als es endlich hieß, die in ganz Europa gefeierte Sängerin sei angekommen, war der Gasthof, in dem sie abgestiegen, von einer unermeßlichen Menge Volks belagert und ganz Bremen auf den Straßen und wie von der Tarantel gestochen. – Sie ist da, hieß es, sie ist da, die berühmteste Frau des Jahrhunderts, die alles erwärmende Sonne des musikalischen Horizonts, die Gefeierte Europas! Um zu ihr zu gelangen, mußte man sich mit Rippenstößen Bahn bis an die Türe des Gasthofes, der vom frühen Morgen bis zur sinkenden Nacht von Tausenden umringt war, brechen. Die gefeierte Primadonna empfing mich wie einen alten Bekannten, mit großer Herzlichkeit, und sagte mir: „Ich bin sehr froh, Sie hier zu treffen; Sie werden sich bequemen, solange bis mein Mann kommt, mein Cavalier servant zu sein, denn ich bin ganz verlassen und habe auch keine Empfehlungen für hier mitgebracht.“ – „Die bedürfen Sie nicht“, versetzte ich. „Übrigens wird es mir eine große Ehre sein, Signora, den dienenden Ritter einer Dame zu machen, welche sich die größten Monarchen zur Ehre rechnen, am Arm zu führen." (Während des Aachener Kongresses hatte sie Kaiser Alexander, der König von Preußen und der Kaiser von Österreich auf den Bällen umhergeführt, von denen sie die kostbarsten Geschenke in Schmuck erhalten hatte.) Ihre Begleitung bestand aus ihrem Reisekapellmeister Burgmüller aus Düsseldorf und dessen Gattin, nebst dem dienenden Personal. Burgmüller, dessen Bauch einen nicht viel geringeren Umfang hatte als der des alten Königs von Württemberg, machte durch seine außerordentliche Eßlust fast ebensoviel Aufsehen als die Signora, deren Konzerte er dirigierte, durch ihre Kehle. Sein Vorfrühstück in Bremen bestand oft in einem Kapaun, ein Paar Hummern, einer Schüssel geräucherten Lachs, einer Gänsebrust, ein paar Dutzend Eiern und ein paar Flaschen Portwein, was er alles mit einer Gier verschlang, die mich in Erstaunen setzte. Ich schlug der Catalani nun vor, sie bei meinen Verwandten einzuführen, was sie mit Freude annahm. Ich schrieb ein paar Zeilen an meine Kusine und meldete ihr, daß ihr am andern Morgen um 11 Uhr die Ehre des Besuches der Signora Catalani bevorstehe, die ich ihr selbst präsentieren würde. Als wir zu diesem Zweck in den Wagen steigen wollten, war es kaum möglich, durch das Gedränge zu kommen, und die polizeiliche Hilfe mußte uns Platz machen. Signora rief aus: „Sollte man nicht glauben, ich sei irgendein wildes Wundertier! Una bestia curiosissima!" – Daß des Gesanges Königin einen Besuch bei K... gemacht hatte, erregte Staunen und Neid bei der steifen Bremer Handelswelt, besonders bei den Damen, die zum Singverein gehörten, wie eine Madame Sengstock, die selbst recht artig sang und die italienische Nachtigall gar zu gern bei sich gesehen hätte, woraus aber nichts wurde. Da meine Kusine ohnehin sehr wenig mit der Bremer Welt umging, sondern mehr in einem sehr kleinen Kreis für sich lebte, auch immer noch schön genug und reich war, so fehlte es ihr an Feinden und besonders Feindinnen nicht, welche alle möglichen Lügen auf ihre Kosten verbreiteten, wozu ihr Verhältnis mit K... freilich Stoff genug gab. Am andern Morgen machte sie schon ihren Gegenbesuch bei der Catalani, und zwar in einem von Kopf bis zu Fuß ziemlich phantastischen Rosaanzug. Sogar Strümpfe, Schuhe und Handschuhe waren rosa; manchmal kleidete sie sich auch ebenso in Himmelblau. Dies paßte wenigstens nicht mehr ganz zu ihren Jahren; sie war in der Mitte der Dreißiger und hatte, wie gesagt, schon sehr markierte Züge. Die Catalani konnte sich auch des Lächelns nicht erwehren, als sie diese Rosagestalt erblickte. Das Oberkleid war Rosa-Krepp, das Unterkleid Rosa-Atlas, und ein Rosa-Flor hing als Schal oder Schleier vom Kopf bis zu den Füßen herab; als sechzehnjähriges Mädchen würde ihr ein solcher Anzug auf einem Ball ganz vortrefflich gestanden haben. Sie lud die Catalani zu einem Frühstück ein, was diese auf mein Zureden annahm und wieder Veranlassung zu Neid und Mißgunst gab. Bei diesem Frühstück, wo die größten Leckerbissen, die aufzutreiben waren, und sogar Schiraswein serviert wurden, fand sich auch Burgmüller ein und tat sich gütlich; doch hatte er schon durch ein solides Vorfrühstück einen guten Grund gelegt, sonst würde er für sich allein alles, was aufgetragen, verzehrt haben.

Ich hatte es übernommen, die Arrangements der Konzerte, Madame Catalani wollte deren drei geben, zu besorgen, und mich zu dem Direktor Ringelhard verfügt, um das Theater zu diesem Zweck zu mieten. Dieser aber stellte die Bedingung sine qua non, eine Tantieme von der Einnahme für die Überlassung des Schauspielhauses zu erhalten, zu welcher sich die berühmte Sängerin durchaus nicht verstehen wollte, sondern als ich ihr sagte, daß in ganz Bremen kein anderes, für ihre Konzerte passendes Lokal zu finden sei, äußerst aufgebracht ausrief: „Wohlan, so bestelle man sogleich Postpferde, ich werde in Bremen nicht singen.“ Nur mit der größten Mühe gelang es mir, die Signora zu besänftigen, indem ich ihr sagte: „Warum wollen Sie die armen Bremer den Eigensinn ihres Theaterdirektors entgelten lassen? Diese haben ja nichts verschuldet. Es wird sich wohl ein Mittel ausfindig machen lassen, dennoch zum Ziel zu kommen. Lassen Sie mich handeln.“ Ich ging nochmals zu Ringelhard, fand diesen aber ebenso eigensinnig wie meine Signora und konnte ihm einesteils nicht ganz unrecht geben, denn er sagte: „Ich kenne meine Pappenheimer, d. h. meine Bremer. Haben diese erst einen oder gar ein paar Dukaten für die Konzerte der Signora Catalani ausgegeben, so kommen sie mir sechs Monate lang nicht wieder ins Theater. Ich muß mich entschädigen, sonst kann ich nicht bestehen.“ Von hier begab ich mich zu meinem Kusin K . . . und teilte ihm und noch einigen anderen Kaufleuten, die sich gerade bei ihm befanden, die fatale Sache mit, aber keiner wußte zu raten. Ringelhard, der das Theater auf mehrere Jahre gepachtet hatte, konnte man nicht zwingen, es für die Konzerte zu überlassen, und die Bemühungen einiger angesehenen Einwohner, ihn nachgiebiger zu stimmen, waren ebenfalls gescheitert. Endlich sagte ich zu den Bremer Herren: „Wäre es denn nicht möglich, die Konzerte in einer der Kirchen zu geben?“ „Oh, das wird große Schwierigkeiten haben“, meinte mein Kusin K . . .; mein Kusin G . . . aber meinte, diese wären vielleicht doch zu überwinden. „Wir müssen zum Senator H . . ., der muß alle Stricke anziehen. Um die Bigotten und Betschwestern zu beschwichtigen, könnte man ja der Sache ein Mäntelchen umhängen und die Konzerte ‚geistliche‘ nennen und auch religiöse Musik in denselben vortragen.“ Dieser Plan wurde, wenn auch nicht ohne tüchtige Kämpfe, besonders mit einigen geistlichen Herren und Behörden, durchgesetzt. Ich hatte alle Mühe, die Signora zu bereden, sich dazu zu verstehen, in einer protestantischen Kirche zu singen. Man hatte die Erlaubnis erwirkt, ein Concert spirituel in der Domkirche geben zu dürfen, wobei die Armen reichlich bedacht werden sollten, da keine Saalmiete bezahlt werden durfte. Indessen war das Bremer Publikum sehr über Ringelhards Eigensinn aufgebracht, da man nun fürchtete, keine Opernarien und andere weltliche Gesänge von der Catalani zu hören. Man verschwor sich, keinen Fuß mehr in sein Theater zu setzen. Wegen der Kirche aber waren die Stimmen sehr geteilt, und die Frömmler schimpften gewaltig über diese Entheiligung, wie sie es nannten. Man kehrte sich indessen nicht daran, und der große Dom war, trotz des Eintrittspreises von einem Dukaten, dennoch zum Ersticken voll. Das Orchester und die Chöre des Singvereins trugen nur geistliche Tonstücke vor, während Madame Catalani ihre Variationen von Rhode und ein paar ernstere Arien mit Rezitativen sang. Der Erfolg war, wie allenthalben, unermeßlich und der Beifall rasend. Ringelhard aber in Verzweiflung, denn jetzt stand ihm sein Theater gänzlich leer; selbst die Abonnenten wollten es nicht mehr besuchen. Seinen Ruin vor Augen sehend, suchte er mich auf, erbot sich, der Signora Catalani das Theater um jeden Preis, ja umsonst zu überlassen, und bat mich, doch die Sache vermitteln zu wollen. Da mich der Impressario in angustie wirklich dauerte, so versprach ich ihm, mein möglichstes zu tun, um die Sache zu arrangieren, was bei dem Eigensinn der Primadonna, so sehr ich auch auf sie influierte – der Bremer machte mich sogar zu ihrem erklärten Liebhaber –, doch nicht so leicht war, und nur durch die Vorstellung, daß das hiesige Publikum ihren himmlischen Gesang in einem andern Genre bewundern möchte und ich ihr einen Triumph auf der Bühne bereiten wolle, der in keiner Kirche möglich, gelang es mir, sie zu vermögen, Ringelhards Offerten anzunehmen. Ich eilte nun, diesem die gute Nachricht zu überbringen, machte aber zur Bedingung, daß ich der großen Sängerin einen Empfang auf der Bühne ganz nach meinen Anordnungen bereiten dürfe, wozu er sich nicht nur sogleich verstand, sondern mir auch sein ganzes Theaterpersonal zur Verfügung stellte und die Miete für das Haus ganz der Großmut der Dame überließ, worauf ich ihm erwiderte, daß ich dafür sorgen wolle, daß er sich in derselben nicht täusche. Er erhielt die Einnahme eines überfüllten Hauses bei gewöhnlichen Preisen. Ich ließ sie nun bei ihrem Erscheinen durch das als Genien gekleidete weibliche Chorpersonal auf der Bühne empfangen, und die junge Schauspielerin Demoiselle Hauff überreichte ihr auf einem Samtkissen ein italienisches Gedicht, das ich zu dieser Feier verfaßt hatte.

Von diesem Gedicht ließ ich mehrere tausend Exemplare durch die Ventilatoren auf das Publikum herabwerfen, sowie Blumenbukette und Kränze ohne Zahl auf die Bühne, während ein dreimaliger Tusch von Pauken und Trompeten und das donnernde Vivatgeschrei das Haus bis in seine Grundfesten erschütterte.

Nachdem sie eine Arie von Lafond gesungen, die mit dem ungestümsten Beifall applaudiert worden, fiel sie mir mit tränenden Augen hinter den Kulissen um den Hals, ohne sich vor dem umstehenden Theaterpersonal zu genieren, das erstaunt aufschaute. Das Konzert hatte nun seinen ungestörten Fortgang, Angelika sang noch die schöne Polonaise Portogallos: La placida Campagna, eine Arie von Pucitta und die Variationen von Pär über das Thema: La Biondina. Von Entzücken trunken und taumelnd, verließen die Bremer das Haus.

Die gefeierte Primadonna gab, um ihren Dank für soviel erwiesene Ehre zu bezeigen, auch noch ein geistliches Konzert zum Besten der Armen in der Ansgarikirche und machte außerdem der Demoiselle Hauff, welche ihr das Gedicht überreicht hatte, ein wertvolles Geschenk.

Der Herzog von Oldenburg hatte die berühmte Sängerin während ihres Aufenthaltes in Bremen einladen lassen, an seinem Hof zu singen, und ihr dafür fünfzig Friedrichsdor geboten. Dem Kammerherrn, der ihr diese Offerte gebracht, erwiderte sie äußerst artig, er möge seinem

Herrn sagen, er möchte die fünfzig Friedrichsdor den Armen schenken und könne sie weit billiger singen hören, wenn er sich nach Bremen bemühen wolle. Diesen Rat zu befolgen, erachtete der Herr Herzog auch für gut und fand sich mit seinem ganzen Hofgesinde bei einem Konzert der Madame Catalani ein. Man hat diese Sängerin sehr verkannt, sie besonders als äußerst habsüchtig und geizig verschrien. Sie war keines von beiden; eher freigebig und seelengut, aber aufbrausend, heftig und eigensinnig, wie es eine Italienerin nur sein kann; konnte keinen Widerspruch leiden, woher es dann kam, daß sie oft um nichts, um keinen Taler Wert in Zorn geriet, Zänkereien hatte und ihren Eigenwillen um jeden Preis durchsetzte, weshalb sie so verschrien war, während sie Tausende an Arme verschenkte und viele arme Familien in verschiedenen Städten Frankreichs fortwährend unterstützte. Daß sie oft Launen hatte, brachte ihr Verhältnis und die übermenschliche Vergötterung mit sich, die ihr allenthalben ward. Über die Albernheiten und oft dumm erfundenen Anekdoten der Zeitungsschreiber lachte sie jedoch von ganzem Herzen. Wahr ist es, daß einst ein Postillon das Trinkgeld von ihr anzunehmen sich weigerte und dafür begehrte, sie solle ihm nur ein Liedchen vorsingen. Sie tat ihm lachend den Gefallen und gab ihm vierfaches Trinkgeld obendrein.
Während des Aufenthaltes der Catalani ging mir die Zeit in Bremen auf das angenehmste hin, und zur Arbeit blieb mir wenig Muße übrig. Jeden Morgen fand ich mich um elf Uhr bei ihr ein und verließ sie in der Regel erst nach Mitternacht wieder. Den ganzen Tag über ging es bei ihr ab und zu wie in einem Bienenkorb, nicht nur die Bremer Herren, sondern auch die angesehensten Damen ließen sich der berühmtesten aller Sängerinnen vorstellen. Sie geizte dann auch nicht mit ihrem Talent und trug gern eine Kavatine oder ein Duett mit mir vor, wenn man nur entfernt einen solchen Wunsch blicken ließ; auch sang sie mit einigen Dilettantinnen, namentlich der

Madame Sengstock. Nach dem Mittagsfrühstück fuhren wir gewöhnlich aus. Ein paarmal machte sie auch eine Partie mit K . . . und seiner Frau, die sehr gut ritt und ich ebenfalls zu Pferde begleitete, während die Signora Catalani in einer offenen Kalesche mit dem dicken Kapellmeister und dessen Frau, ihrer Gesellschaftsdame, fuhr. So besuchten wir Vegesack und einige andere Orte. Am unterhaltendsten aber waren die Abende, wo man teils musizierte, teils Kommerzspiele machte, die aber so hoch gespielt wurden (Whist zu einem Dukaten der Point), daß sie wahre Hasardspiele genannt werden konnten, während welchen en attendant der dicke Burgmüller das aus kalter Küche bestehende Souper unter der Hand zur Hälfte zu sich nahm und dann, wenn man sich zu Tische setzte und fand, daß es nicht hinreichend sei, sagte: „Ja, mein Gott, ich habe doch kaum eine Brotrinde und ein Stückchen Wurst gekostet!" – Ihr zu Ehren hatten die Bremer Kaufleute auch ein großes Diner à fünf Reichstaler per Kuvert in einem nahen Wirtsgarten, dessen Name mir entfallen ist, veranstaltet. Sie ließ sich aber an dem Tag, wo es stattfinden sollte, unwohl melden, und die Bremer Herren durften ihre Leckerbissen allein, jedoch in Gesellschaft Burgmüllers verschlingen, während wir eine Tour in den schönen Anlagen machten, was die Herren Kaufleute sehr übel nahmen. Kurz vor ihrer Abreise kam auch ihr Mann, der ehemalige Rittmeister Vallabregue, der Adjutant des Generals Moreau gewesen war und jetzt einen großen Teil der Schätze seiner Frau durchs Spiel wieder unter die Leute, namentlich die Pariser, brachte, in Bremen an. Als sie abreiste, begleitete ich sie noch eine Station zu Pferde. Wir hatten uns beiderseitig das Versprechen gegeben, uns bald wieder in Frankfurt zu sehen. Ihre Einnahmen in Bremen hatten über sechstausend Taler betragen. Auch ich dachte nun ernstlich an meine baldige Abreise von Bremen, wo ich unter andern in der letzten Zeit noch den berühmten Astronomen Olbers und einen Doktor Olbrig, ein wahres

Kuriosum von einem Original, kennengelernt hatte, auch einen Arzt, der ein so wütender Franzosenhasser war, daß er diesem Volk, wie Nero, nur einen Hals wünschte, um ihm denselben mit einem Hieb abschneiden zu können. Faute de mieux bewies der Mann einstweilen seinen Patriotismus dadurch, daß er eine altdeutsche Kleidung nebst Federbarett trug und der einzige war, der in diesem sehr theatralischen Kostüm durch die Straßen von Bremen ging. Bevor ich die Stadt verließ, machte ich noch einen Abstecher in das nahe Hamburg, wo mich aber das durch und durch merkantilische Gewühl und Treiben nur ein paar Tage rasten ließ, und ohne viel mehr als den Jungfernstieg, das Alsterbassin, den Hafen, die Michaeliskirche mit ihrem hohen Turm, die Börse und das Theater gesehen zu haben, wieder nach Bremen zurückkehrte, mir durch K... noch das nötige Reisegeld geben ließ und dann nach gebräuchlichem Abschied die Reise nach meiner Vaterstadt antrat.

In *Hannover* verweilte ich mehrere Tage, um mich auch in der Umgegend umsehen zu können. In diese Zeit fiel gerade das dortige große Schützenfest. Die Stadt liegt an der Leine, hat herrliche Spaziergänge und ein stattliches Ansehen. Ich besah das alte Schloß, dessen Schatzkammer einst die Schätze Heinrichs des Löwen bewahrte. Das Schauspielhaus hat nichts Ausgezeichnetes; auch der herzogliche Palast, das Rathaus bieten nichts Außerordentliches. Auf der Esplanade ist das Brustbild des berühmten Philosophen Leibnitz aufgestellt, dessen Philosophie viele Narren schuf, wofür freilich das große Genie nichts kann, das übrigens gleich allen Erdensöhnen in der Hauptsache im Dunkeln blieb. Auch nach dem eine kleine Stunde entfernten berühmten Herrnhausen ritt ich, wohin eine dreifache Pracht-Allee führt, die schönste, die ich je zu Gesicht bekommen. Dagegen konnte ich der dortigen Wasserkunst und dem Springbrunnen, der einen hundertzwanzig Fuß hohen Strahl wirft, keinen großen Geschmack abgewinnen. Wer die Wasserkünste zu Versailles, St.-Cloud und Kassel gesehen, für den können die von Herrnhausen wenig Interesse haben. Auch den hochberühmten Marstall ließ ich mir zeigen, in welchem sich wirklich Prachtexemplare der edlen Pferdezucht befanden, namentlich acht weißgeborene Schimmel; auch eine alte, ganz vergoldete Krönungskutsche, an der aber sehr schöne Miniaturgemälde angebracht waren, wurde mir gezeigt. Das Schloß Montbrillant mit seinem Park sowie den durch seine seltenen Pflanzen und seine Baumschule berühmten Walmodischen Garten besuchte ich ebenfalls. Am meisten aber vergnügte ich mich bei dem Schützenfest, wo ich manch liebliches hannöverisches Kind sich lustig herumtummeln sah. Von dem als dummstolz verrufenen Adel nahm ich keine Notiz, kam auch gar nicht mit diesen oft gar hochgeöhrten Herren in Berührung, außer daß man mir auf ein paar Vogelscheuchen ähnliche Karikaturen dieser geborenen Hirngespinste lachend mit Fingern deutete.

Von Hannover reiste ich im Eilwagen weiter bis *Hildesheim* und hatte diesmal ein allerliebstes Kammerzöfchen einer vierspännigen reisenden Herrschaft zur Nachbarin, welche in dem Reisewagen des Herrn Barons und seiner Begleitung keinen Platz mehr fand und daher die Reise in dem Eilwagen mitmachen mußte. – „Sophiechen, hab' acht auf dich", hatte ihr die Frau Baronin noch beim Einsteigen zugerufen, und so hatte ich den Namen des holden Kindes erfahren. Es war eine holsteinische freiherrliche Familie, welche eine Rheinreise zu machen beabsichtigte und daher auch nach Frankfurt fuhr. In Hildesheim trafen wir wieder zusammen, und ich besuchte in Gesellschaft des Herrn Baron G . . ., seiner Frau und seiner neunzehnjährigen Tochter samt Sophiechen die uralte Domkirche daselbst, in der man die Fremden besonders auf die sich in derselben befindliche Irmensäule, aus einem siebzehn Fuß hohen grünen Stein bestehend, die Karl der Große 772 umgestürzt, aufmerksam macht. Ich hatte das Vergnügen, den Damen zu erklären, was es für eine

Bewandtnis damit habe: nämlich, daß einst statt der Jungfrau ein Götzenbild, eine Art Kriegsgott auf derselben gestanden, der in der Rechten eine Fahne mit einer Rose, in der Linken eine Waage hielt, auf dessen Brust aber ein Bär und in seinem Schild ein Löwe abgebildet war. Die Familie wollte von hier nach *Goßlar*, von da nach *Göttingen* usw. und auch den Brocken vulgo Blocksberg besteigen. Die Attraktionskraft dieser Damen, oder vielmehr der zierlichen Zofe, war so groß, daß auch ich sogleich von meinem ursprünglichen Reiseplan abwich, um auch nach Goßlar zu gehen. Ich nahm eine offene Postkalesche, in der ich Sophien einen Platz anbot, den anzunehmen ihr aber die Baronin untersagte und das Mädchen lieber in ihrem Wagen sitzen ließ. In Goßlar stieg ich in demselben Gasthof wie die Herrschaften, dem Schleßlerischen, ab. Wir waren die ganze Nacht durchgefahren und erst gegen Morgen angekommen. Um Mittag hatte ich Gelegenheit, das Kammermädchen zu sprechen, die mir mitteilte, daß sich ihre Damen sehr angelegentlich nach meinem Stand und Charakter erkundigt, und als sie ihnen gesagt, daß ich Offizier sei, sie diese Mitteilung wohlgefällig aufgenommen hätten. Das Mädchen war die Herzensvertraute des jungen Fräuleins, die sie mir als den Männern gar nicht abgeneigt schilderte. Für diese Nachrichten dankte ich Sophien mit ein paar Küssen. Sie entzog sich jedoch durch eilige Entfernung meinen weiteren Gunstbezeigungen, indem sie davonlaufend rief: „Ach, die Herrschaft hat mich gerufen."

Die hochadelige Familie geruhte an der bürgerlichen Table d'hote des Gasthofes zu speisen und mir mitzuteilen, daß sie nach derselben die Stadt zu besehen beabsichtige. Die Erlaubnis, sie begleiten zu dürfen, wurde mir freundlichst gewährt und die Partie nach dem Harzgebirge und dem Blocksberg für den kommenden Tag festgesetzt.

Das uralte Goßlar liegt am Fuße des Harzgebirges und

wird von der Goße, die ihm den Namen gab, durchströmt. Es hat hohe Mauern und sehr enge und finstere Straßen. Noch sieht man einige Überreste der alten Kaiserburg, in der mehrere Kaiser residierten. Auch stand noch der merkwürdige Dom, zu dessen Abbrechung aber schon Vorbereitungen gemacht wurden. Er wurde 1050 eingeweiht, aber schon zwölf Jahre später durch einen abscheulichen Skandal entweiht, und zwar in Gegenwart Kaiser Heinrich IV., und noch dazu am heiligen Pfingstfest. Die Leute des Bischofs Heziat von Hildesheim und die des Abtes Wideradus von Fulda lieferten sich eine förmliche und blutige Schlacht in dem Gottestempel, wobei es viele Tote und Verwundete setzte. Die Ursache gab der Rangstreit dieses Pfaffengesindels, von denen jede Partei behauptete, ihr stehe das Vorrecht zu, auf der rechten Seite des Kurfürsten von Mainz Posto zu fassen. Der Abt berief sich auf ältere Rechte, und der Bischof behauptete, daß, weil Goßlar zu seiner Diözese gehöre, auch ihm der Ehrenplatz gebühre und er und seine Leute vor niemand zu weichen brauchten. Bald waren die Pfaffenknechte handgemein, und der Bischof rief seinen Leuten zu, „tüchtig dreinzuschlagen", wobei das Blut in Strömen floß. Die Bischöflichen trugen den Sieg davon. Als den andern Tag die Kirche gereinigt werden sollte und der Pfaffe das: „Dominum, hunc diem fecisti gloriosum" anstimmte, da guckte plötzlich der Gottseibeiuns in seiner furchtbarsten Fratzengestalt mit Hörnern, Klauen und Schwanz durch ein Loch oben in die Kirche herab und brüllte: „Et ego hunc diem feci bellicosum." Es muß ein lateinischer Teufel gewesen sein. Viele Jahrhunderte konnte man dieses Loch nicht zumauern, alle darangesetzten Steine fielen in die Kirche hinab; dies war Satans Werk. Als man aber im achtzehnten Jahrhundert die Kirche restaurierte, da fand man in diesem Loch ein Skelett mit noch ziemlich wohlerhaltenen Kleidern, nach deren Schnitt zu urteilen, dasselbe schon siebenhundert Jahre zwischen einem Dachsparren und dem bleiernen

Kirchendach gesteckt haben mochte. Vermutlich war es einer der Kämpfer gewesen, der sich hierher geflüchtet hatte und erstickte. Auch habe man eine Bibel in das Loch vermauert. Dies alles erzählte uns der uns begleitende Kirchendiener mit gravitätischem Ernst.

Die alten Türme und Tore geben Goßlar ein so antikes Ansehen, daß man sich in die finstern Zeiten des Mittelalters versetzt glaubt. Den durch seine Bergwerke berühmten, ganz nahe an der Stadt liegenden Rammelsberg besuchten wir auch und erstaunten ob der ungeheueren Gewölbe, welche durch viele hundertjährige Ausgrabungen sich nach und nach gebildet haben.

Den Abend brachte ich mit der Familie traulich beim Tee zu; auch wollten wir die berühmte Gose, so wird das hier gebraute Bier genannt, kosten, aber niemand fand sie nach seinem Geschmack. Nachdem wir die Partie auf den Blocksberg für den andern Morgen noch ausführlich besprochen, trennten wir uns, alle ermüdet, ziemlich früh. Ich begab mich aber dennoch nicht zur Ruhe, sondern paßte Sophie ab, als sie zum letztenmal das Zimmer ihrer Herrschaft verlassen, und empfing sie auf der Stiege. Nicht ohne Mühe und Sträuben beredete ich sie, noch ein Stündchen auf meinem Zimmer verplaudern zu wollen, und wir trennten uns erst in der Geisterstunde. Um 4 Uhr des Morgens weckte mich aber der Hausknecht, wie ihm anbefohlen war, schon wieder, und ich schickte mich zur Besteigung des Blocksberges an. Gegen sechs Uhr waren wir alle reisefertig, ausgenommen die Frau Baronin, welche, Migräne vorgebend, bedauerte, nicht mit auf den Hexenberg zu können. Wir fuhren über Neustadt, stiegen aber sehr oft aus, da der Weg schlecht und oft gefährlich war, wobei ich dann der jungen Baronesse meinen Arm zur Stütze bot, was auch freundlich angenommen wurde. Die letzte Strecke legten wir auf Rossen reitend, die der mitgenommene Führer besorgte, zurück. Das Fräulein, an deren Rechten ich ritt, machte eine stattliche Figur zu Pferd, doch mußte ich ihr manchmal, wo die Stellen zu holprig waren, zu Hilfe kommen und sie in meinen Armen auffangen, wenn sie durch das Stolpern des Pferdes das Übergewicht zu verlieren schien. Der Baron ritt mit Sophie vor uns her und ein Bedienter hintendrein. So erreichten wir endlich den berüchtigten Riesen des Harzgebirges, der alle anderen Bergspitzen desselben weit überragt. Der Boden ist sehr steril und öde, große Granitblöcke liegen rings umher, und man glaubt sich wirklich mitten auf einem Hexenfeld, auf dem die Großsatanische Majestät samt dem Hexen- und Teufelspack sich mit Steinblöcken bekriegt und beworfen. Das im Jahre 1800 hier aus Stein erbaute Brockenhaus bietet Schutz, Bequemlichkeit und stärkende Erfrischungen dem müden Wanderer. In der Mitte desselben ist ein kleiner Turm. Man kann nötigenfalls hier übernachten, und zwar in besseren Betten als in manchem Gasthaus kleiner Städte. Das Fräulein hatte auch große Lust, ein nächtliches Abenteuer auf dem nicht geheuern Berg zu bestehen. Ich hatte nichts dawider, aber der alte Baron legte sein Veto ein, und so wurde nichts daraus. Die Aussicht von dem Brocken ist großartig und verliert sich in die Unendlichkeit, aber die ihn umgebenden Bergspitzen verhindern, daß man schöne Landschaften sehen kann. Man überblickt ungeheuere Gebirgsmassen und große Länderstrecken, welche ein einziges majestätisches Panorama bilden. Wir hatten das Glück, einen recht heitern Julitag zu unserer Reise gewählt zu haben. Es ist wohl keinem Zweifel unterworfen, daß die Sage von dem Teufels- und Hexenspuk, der hier in der ersten Mainacht stattfinden soll, von alten heidnischen Festen, die hier, Götzenbildern zu Ehren, gefeiert wurden, herrührt. Wahrscheinlich brachten unsere guten Voreltern, mit großen Feuerbränden um ihre Götter tanzend und ihnen opfernd, die verrufene Nacht hier zu. Nachdem das Christentum schon ziemlich verbreitet war, wurde dieses Fest von den Pfaffen als ein Werk des Teufels verschrien und so in den schlimmen Ruf gebracht. Noch

werden einige der größten Granitblöcke: die Teufelskanzel, der Hexentanzplatz usw. genannt.
Wir nahmen vor dem gastfreundlichen Brockenhaus ein frugales, aber doch sehr wohlschmeckendes Mahl ein, wobei dem Baron der Wein so mundete, daß er nach Beendigung desselben durchaus eine Siesta zu machen begehrte, wozu man ihm ein Stübchen mit einem Lager anwies, und mir die Aufgabe, das Fräulein unterdessen zu unterhalten, überließ, was ich denn auch nach besten Kräften zu tun versuchte, indem ich sie, von der Walpurgisnacht erzählend, zwischen dem wilden Gestein umherführte, und während ich ihr den Spuk recht fürchterlich ausmalte, sie, um ihr bei holprigen Stellen über die Steine zu helfen, fest in dem Arm hielt und die schlanke Gestalt innig an mich drückte, wobei sogar unsere Wangen in Berührung kamen, sich röteten, glühten und unversehens sich unsere Lippen zu minutenlangen Küssen zusammenfanden. Wir verirrten uns nun immer weiter von dem Gasthaus. Ich lud Wallfriede, so hieß das Fräulein, ein, sich niederzusetzen, und während ich fortfuhr, sie mit schauerlichen Hexengeschichten zu unterhalten, ruhte ihr Köpfchen an meiner klopfenden Brust, und bald fühlte meine Rechte das hochpochende Schlagen ihres Herzens unter ihrem wallenden elastischen Busen. Beinahe zwei Stunden hatten wir so vertändelt, als uns die sich immer mehr sinkende Sonne und auch Sophiens nach dem Fräulein rufende Stimme zur Rückkehr und zum Aufbruch mahnte. „Ist Papa wach?“ fragte sie die sich nun lächelnd zeigende Zofe. „Noch nicht, aber man wird den gnädigen Herrn wohl wecken müssen, sonst wird es zur Heimkehr zu spät.“ Wir eilten jetzt, nachdem Fräulein Wallfriede ihre Toilette mit Hilfe des maliziös lächelnden Mädchens ein wenig ajustiert hatte, in das Haus zurück, wo der Papa noch vortrefflich schlief. Die Tochter übernahm es, ihn aus dem erquickenden Schlummer zu wecken. Über Kopfschmerzen klagend, richtete er sich, die Augen reibend, auf, und schnell wurden die

Anstalten zur Heimkehr gemacht. Als wir Ilsenburg erreichten, fing es schon an, sehr dunkel zu werden. Nachdem wir in Neustadt soupiert, fuhren wir die halbe Nacht durch. Papa schlummerte auch in dem Wagen bald ein; das mir gegenüber sitzende Fräulein aber verhinderte ich am Einschlummern, indem ich auch eine Art Hexenspiel mit ihr trieb, bei dem sie sich recht wohl zu gefallen schien, während Sophie, die neben mir saß, ihr Köpfchen auf meine rechte Schulter legend, gleichfalls schlummerte oder doch wenigstens so tat. Wir witterten schon Morgenluft, als wir in Goßlar ankamen, wo wir trotz der Einsprache der alten Baronesse noch einen Tag verweilten, weil der Baron behauptete, durchaus einen Tag von den Strapazen der Blocksbergreise ausruhen zu müssen. Dies war uns allen recht, obgleich sich keine Gelegenheit mehr zeigte, mit dem Fräulein allein zu sein, wogegen mir aber wieder der nächtliche Besuch der Zofe ward.
Von Goßlar fuhren wir über Klaustal nach *Nordheim*, wo ich für meine Person einen Ruhetag von vierundzwanzig Stunden machte, weil ich mir vorgenommen, das nahe Dassel zu besuchen, wohin mich Cramers dramatisierter Adolph der Kühne, Raugraf von Dassel und Einbeck, mein Lieblingsheld von Kindheit an, unwiderstehlich zog. Ich fand ein ziemlich unbedeutendes Städtchen an der Spülig, das noch Mauern und Tore hatte, aber zu meinem Verdruß konnte ich keine Spur von einer Burg mehr entdecken, und niemand vermochte mir nur Auskunft über den Platz zu geben, wo sie einst gestanden. Ich ritt verdrießlich über Einbeck, wo ehedem die berühmte Wallfahrt zum heiligen Blut stattfand, nach Nordheim zurück. Von hier fuhr ich nach Göttingen, wo ich meine Reisegesellschaft, die daselbst einen Tag verweilt hatte, wieder traf und mit Sophie im Eilwagen bis *Kassel* reiste, wo die Herrschaft mehrere Tage ausruhte und ich dasselbe tat, wie es die Umstände eben gestatteten, dem Fräulein und der Kammerjungfer abwechselnd Beweise von meiner Zuneigung gebend, wobei aber die letztere

die Vertraute der ersten war, ohne daß Wallfriede ahnte, wie sehr mich auch diese begünstigte, und glaubte, die kleinen Geschenke, die ich ihr machte, seien die Belohnung für die Gefälligkeiten, die sie ihrer jungen Herrin erzeigte. Die freiherrliche Familie fuhr den zweiten Tag nach Wilhelmshöhe, wohin ich sie zu Pferde begleitete und dann in ihrer Gesellschaft den Park, die Löwenburg, die Danaidengruppe, das chinesische Dörfchen, die Teufelsbrücke usw., im Grunde nur kostbare Spielereien, besah. Da der Baron und ich ein paar Dukaten springen ließen, so sprangen auch die Wasser. Wir gingen längs der Kaskade hinauf bis zum Oktogon und zur Riesenbildsäule des Herkules, in dessen Keule ich mit den beiden Mädchen stieg. Die Alten blieben unten, auch hier Wallfrieden die untrüglichsten Beweise meines Wohlwollens gebend, während Sophie durch die Öffnung der Keule nach oben zu die mächtige Mannbarkeit des Kolosses bewunderte und dann lachend auch ihr errötendes Fräulein darauf aufmerksam machte. Dies ist der höchste Punkt des Habichtswaldes, auf dem das dreistöckige Felsenschloß steht, das an und für sich schon ein kolossales Gebäude ist und von seiner achteckigen Form das Oktogon genannt wird, aber in Kassel das Riesenschloß heißt. Auf dessen Plattform steht noch eine an hundert Fuß hohe Pyramide und auf derselben der dreißig Fuß hohe Herkules mit seiner ungeheuern Keule, in welcher acht Personen Platz haben. Durch die erwähnte, mit einer Klappe geschlossene Öffnung hat man eine herrliche Aussicht. Noch immer rauschten und sprudelten die Wasser, als wir hinabstiegen; der dicke Wasserstrahl erreicht hier eine Höhe von beinahe zweihundert Fuß. In einer Grotte durchnäßte uns unser maliziöser Führer, indem er durch den Druck einer in der Wand angebrachten Maschinerie einen feinen Staubregen auf uns ergoß, der uns schnell die Grotte verlassen machte. In der Löwenburg verweilten wir längere Zeit, die Gemächer, Kapellen, Säle, Rüstkammer usw. besehend und den

Burggarten durchwandernd. Das mehrere hundert Jahre alte Himmelbett, ich entsinne mich nicht mehr, welcher Landgräfin, sprach meine Damen am meisten als ein Kuriosum an. Das schöne Schloß zu Wilhelmshöhe konnten wir nicht betreten, da Seine Königliche Hoheit, der Zopfheld, Kurfürst Wilhelm III., eigentlich mit dem Klumpgewächs, gerade dasselbe bewohnte. Als wir um das prächtige Bowlingreen an demselben herumgingen, hatten wir das Glück, die widerliche Mißgeburt hinter einem Fenster neben der famosen Gräfin Schlotheim stehen zu sehen, worauf uns unser Cicerone aufmerksam machte. Ein paar Tage zuvor hatte ein Engländer sich erlaubt, dem Kurfürsten zum Trotz mitten über diesen prächtigen Rasen zu reiten, und zwar im Galopp. Der freche Insulaner hatte sich geäußert, er wolle dem fürstlichen Seelenverkäufer, der seine Untertanen für schnödes Geld an seine Regierung verkauft und von diesem Blutgeld solche Gelüste befriedigt habe, einen kleinen Ärger verursachen. Jedermann erwartete eine exemplarische Strafe des kühnen Briten. Der alte Kurfürst war aber so klug, als man bei ihm anfragte, was da zu tun sei, es bei einer polizeilichen Strafe von einem Taler bewenden zu lassen. Er fürchtete die Engländer und wußte, wie sehr sie durch ihre Regierung allenthalben in Schutz genommen werden. Hätte sich aber ein Deutscher so etwas einfallen lassen, wie möchte es diesem wohl ergangen sein? – Der Brite bezahlte zwar die Strafe, ließ es aber dabei noch nicht bewenden, sondern spazierte erst mit einem fast schenkeldicken Zopf, der bis an die Kniekehle hinabreichte, und dann sogar mit vier, fünf, bis beinahe zur Erde herabhängenden Zöpfen vor dem Schloß auf und nieder. Seine Hoheit waren aber so klug, auch hiervon keine weitere Notiz zu nehmen.

Die Zopfwut dieses Fürsten war eine krankhafte Manie. Gleich bei seiner Zurückkunft aus England, wohin er sich vor den Franzosen geflüchtet, mußten alle seine Soldaten und Offiziere, da ihre Haare längst abgeschnitten waren, sich falsche Zöpfe anbinden, gepuderte Locken tragen usw. Einige banden die Zöpfe an ihre Haare, andere, welche dieselben nicht lang genug hatten, befestigten sie an die Hüte. Als einst der Kurfürst aus dem Schloß kam und die Wache schnell ins Gewehr treten mußte, sah er, daß der Offizier derselben zwei Zöpfe hatte. „Was der Teufel soll das heißen!" kreischte Seine Hoheit. „Will man mich zum besten haben?" Der Offizier konnte sich nicht erklären, was der Kurfürst damit sagen wolle. „Warum hat man zwei Zöpfe?" donnerte die alte Hoheit. Der Offizier griff mit der linken Hand an seinen Schopf und fühlte mit Entsetzen, daß da zwei Zöpfe herabhingen. Die Sache klärte sich dadurch auf, daß er den Hut eines Kameraden, der ihn gerade besuchte und der seinen Zopf an demselben angebracht, während er den seinigen an seinen Haaren befestigt hatte, in der Eile genommen. Nichtsdestoweniger erhielt er Arrest, und es kam ein Befehl heraus, daß niemand die Zöpfe mehr an den Hüten befestigen dürfe, sondern alle an die Haare gebunden sein müßten, bis diese lang genug seien, um selbst ein so hochwichtiges Ding für die Kriegskunst formieren zu können. Diese Zopfwut des Kurfürsten wurde in ganz Europa bespöttelt. Das half aber nichts, sondern machte Seine Hoheit nur um so obstinater, und er setzte sogar eine Prämie auf eine den Haarwuchs schnell befördernde Salbe oder Pomade, um noch das Vergnügen zu haben, zu erleben, seine Soldaten keine falschen Zöpfe mehr, sondern echte tragen zu sehen. Dies Vergnügen sollte ihm indessen nicht mehr zuteil werden. Einige Offiziere jedoch, die das Glück hatten, daß ihre Haare schneller, als wie es gewöhnlich ist, wuchsen, und dem Fürsten daher mit echten Zöpfen aufwarten konnten, was sie wohlweislich anzubringen wußten, hatten sich dessen außerordentlicher Gnade, einer Zopfgratifikation und des Versprechens eines schnellen Avancements zu erfreuen.

Ich schlenderte mit meiner Reisegesellschaft auch in den

Straßen Kassels umher. Wir fanden die französische Neustadt und besonders den Friedrichsplatz mit der Statue des Landgrafen Friedrich II. und den Königsplatz schön und räumlich, die Altstadt dagegen abscheulich, und brachten einen Nachmittag in der zwischen der großen und kleinen Fulda liegenden Aue zu. Die letzte Nacht hatte Wallfriede die seltsame Idee, bei ihrem Kammermädchen zu schlafen. Es schien mir, als sei sie auf diesen Einfall gekommen, weil sie Sophien nicht recht traute. Man wußte uns in Kassel noch viel von der tollen Regierung und Hofhaltung des Exkönigs von Westfalen, des Jammermännchens Hieronymus, zu erzählen, der die armen Untertanen bis aufs Blut aussaugte und mit Abgaben erdrückte und dann die so erpreßten Gelder mit feilen und nichtswürdigen Weibern in Weinbädern durchbrachte, auch ungeheuere Summen nach Frankreich als Kriegskontributionen, an dotierte Günstlinge usw. schickte, wozu besonders der berüchtigte Finanzkünstler Malchus, früher Bäckergeselle, der später in Württemberg mit einem Rechnungsfehler von einer Million Gulden debütierte, das seinige beitrug. Hessen-Kassel hatte das Unglück, fast immer in schlimmen Händen zu sein. Den dritten Tag fuhren wir nach *Marburg* ab, wo wir die Elisabethenkirche besuchten und dann die Reise über Gießen und Friedberg nach *Frankfurt* fortsetzten, wo wir spät in der Nacht ankamen und auf meine Veranlassung sämtlich im Englischen Hof abstiegen, da auch ich die Meinigen so spät nicht mehr beunruhigen mochte.

XII

Frankfurter Zustände – Schwierigkeiten bei einer Verheiratung – Ich soll mich um eine Anstellung in Frankfurt bewerben, gebe es aber schnell wieder auf – Senatorenstreiche – Ich beabsichtige, eine Zeitschrift herauszugeben – Die Gräfin Sürvilier und ihre Tochter – Napoleons beabsichtigte Befreiung – Hausen – Frau von Busch – Homburg – Ich schwinge etwas derb die Geißel der Satire in meiner Zeitschrift; diverse Histörchen und Widerwärtigkeiten – Signora Catalani in Frankfurt – Napoleons Tod – Fürst Y . . . . s trauriges Ende – Müller-Broli – Ein Besuch von sieben Schauspielern – Ich verwende mich für die griechische Befreiungssache – Die Sängerin Canzi – Verbot meiner Zeitschrift – Eine lustig-romantische Rheinreise – Die Schlangenmädchen – Therese Peche – Ich bilde sie für das Theater

Den andern Morgen eilte ich um acht Uhr in das elterliche Haus, wo ich schon seit mehreren Tagen erwartet und wieder recht freudig aufgenommen wurde. Eine nicht unbedeutende Erbschaft hatte die Vermögensverhältnisse meiner Eltern, die nicht mehr die glänzendsten gewesen, wieder gehoben, und man hieß mich herzlich willkommen. – Ich machte abermals meine Rundbesuche bei der werten Verwandtschaft, bei der ich jetzt zum Teil süße, zum Teil sauere Gesichter zu sehen bekam, indem mehrere der guten Vettern und Basen sich eine große Sorge um mein künftiges Fortkommen, und was wohl noch aus mir werden solle, machten, während dies mein geringster Kummer, ob ich gleich darüber noch mit mir selbst nicht im reinen war. In den ersten Tagen nach meiner Ankunft machte ich noch den Führer der freiherrlichen Familie und zeigte ihr die Sehenswürdigkeiten meiner Vaterstadt, wobei ich auch nicht unterließ, mit Wallfrieden und Sophien den alten verschwiegenen Pfarrturm zu besteigen, um ihnen die herrliche Aussicht, die man von diesem genießt, und die Umgebung Frankfurts zu zeigen. Einige Tage nach ihrer Abreise unternahm auch ich eine Reise, und zwar nach Paris, denn es zogen mich die Erinnerungen meines ersten Dienstes wieder nach Frankreich, wo ich nach Umständen, und wenn es anginge, eine Anstellung nehmen wollte. Hier fand ich aber alles ganz verändert und sehr verschieden von den früheren Verhältnissen. Die mit Ludwig XVIII. zurückgekehrten Emigranten saßen am Ruder und regierten so, daß jedem Unbefangenen einleuchten mußte, dies könne nicht von Dauer sein, und ich bekam gar keine Lust, nur den mindesten Versuch zu machen, um eine Anstellung zu erhalten. Ich blieb deshalb kaum acht Tage in Paris, während denen ich mich fast ausschließlich damit beschäftigte, mir die Werke, Broschüren und sonstige Hilfsquellen anzuschaffen, die mir Carnot zu der Herausgabe meines historischen Werkes über die Französische Revolution als notwendig empfohlen hatte, und es gelang mir, wenn auch nicht ohne Schwierigkeiten und Mühe, die meisten aufzutreiben. Ich kaufte auch noch viele nicht bezeichnete Bücher, die mir bei dieser Gelegenheit in die Hände fielen und ich zu meinem Zweck dienlich glaubte. Ich kehrte nun, mit einer großen Kiste Bücher beladen, nach Frankfurt zurück und machte mich ernstlich ans Werk, obgleich die wenigen Personen von meinen Verwandten, denen ich das Vorhaben mitteilte, und unter ihnen auch mein Oheim Weller und Franz Fahrtrapp, ein Nachkomme des alten Franz, den wir am Anfang dieser Memoiren kennengelernt, welche eine Kunst- und Buchhandlung, große Druckereien usw. hatten, sehr ernstlich von einem so schwierigen Unternehmen abrieten, wozu ich schwerlich einen Verleger finden würde, da schon Hunderte von Büchern über diesen Gegenstand auch in deutscher Sprache, zum Teil von sehr tiefgelehrten Leuten erschienen seien und keines ein großes Glück gemacht habe. Der Hauptgrund ihres Abratens aber mochte wohl der sein, daß sie mir als einen, der nicht auf Universitäten gewesen, also nicht systematisch studiert und die Perückenweisheit gelehrter Pedanten am Katheder in Kollegia geschöpft habe, die Fähigkeit, ein Buch zu schreiben, nicht zutrauten. Gar viele Deutsche, und besonders grundlos tiefe Gelehrte und solche Buchhändler, von denen schon Voltaire sagt: „Sie glauben Verstand zu haben, weil sie den anderer Leute in ihren Buden verkaufen", sind in diesem Köhlerglauben befangen, bei ersteren ist es jedoch meistens nur schlecht versteckter Brotneid.

Ein erfreuliches Ereignis hielt mich indessen für den Augenblick ab, mich dieser historischen Arbeit, die anfing mir Vergnügen zu machen, anhaltend zu widmen. Meine Schwester wurde Braut mit einem angesehenen Beamten eines Nachbarstaates, und mir ward jetzt der Auftrag, alle die bei solchen Umständen in Frankfurt stattfindenden Schwierigkeiten, die mit viel Laufereien, allerlei Eingaben und Schreibereien, zum Teil unangenehmen Gängen und Mahnungen verknüpft sind, wobei man mehrere Monate hingehalten wird und es hauptsächlich auf Prellereien und Gelderpressungen abgesehen ist, zu beseitigen. Ich konnte mit den Herren vom Amte gar nicht fertig werden, da immer wieder neue Anfragen gemacht, allerlei Papiere und Attestate herbeigeschafft werden sollten und auf dem jüngeren Bürgermeisteramt, dem die Heiratsangelegenheiten obliegen, dennoch nichts gefördert wurde. „Ja, haben Sie sich denn schon mit dem Aktuar Bingel verständigt?" fragte mich einer der hochweisen Senatoren. „Wieso", erwiderte ich, „was habe ich denn mit diesem abzumachen?" „Mein Gott, das wissen Sie nicht? – Das ist ja der rechte Arm auf dem Bürgermeisteramt, der eigentliche Bürgermeister, denn der wird nicht gewechselt. Werfen Sie diesem ein paar Dukaten in die Rippen, dann wird Ihre Sache weit schneller gehen. Wenn man gut fahren will, so muß man auch gut schmieren." Und dies war einer der Senatoren, ein Zweiundvierzigstel der Frankfurter Souveränität, der mir diesen freundschaftlichen Rat erteilte. – Dieser Bingel wurde außerdem wegen seiner klassischen Grobheit, durch welche die große Mehrzahl der Frankfurter Beamten sich auszeichnete, in dem Wahn, dadurch am besten ihre amtliche Würde zu wahren, schlechtweg auch der Aktuar

Bengel genannt. Auf ein paar Dukaten kam es hier natürlich nicht an, und ich warf ihm sechs Brabanter in die Rippen. Als ich aber hörte, daß die Sache dennoch über sechs Wochen dauern könne, und dies meinem zukünftigen Schwager mitteilte, der ohnehin von dem Frankfurter Bürgerrecht, das jene Herren so hoch anschlagen, als könne es schon allein glücklich machen, und das man mit der Verheiratung einer Frankfurter Bürgerstochter in Anspruch nehmen kann, gar nichts wissen wollte, so beschlossen wir, den hochweisen Herrn ein Schnippchen zu schlagen. Der Bräutigam ließ sich von seinem Souverän die Erlaubnis zur Trauung geben und sodann in Offenbach vom Oberpfarrer Waldeck, demselben, bei dem ich konfirmiert worden war, trauen und führte dann seine junge Frau vergnügt heim. – Unterdessen kamen noch fortwährend Schriften und Anordnungen vom Bürgermeisteramt, die da besagten, jetzt müsse noch dieses und jenes herbeigeschafft werden usw., bis ich mir die Mühe gab, noch einmal selbst auf den Römer zu gehen und die Herren zu bitten, sie möchten sich doch keine vergebliche Mühe und Arbeit mehr machen, meine Schwester sei bereits schon seit länger als einer Woche verheiratet und mit ihrem Manne auf und davon. Ich glaube, wenn ich den Leuten den Untergang der Stadt Frankfurt prophezeit hätte, so hätten sie keine längeren, verdutzteren und einfältigeren Gesichter machen können. Sie stierten mich mit großen Kalbsaugen, sperrweit geöffneten Mäulern an, besonders aber schienen der Herr Bürgermeister ganz verblüfft, und als sie endlich etwas von ihrer Perplexität zurückgekommen waren, geruhten sie zu stottern:
„Wa–wa–was haben Sie gesagt? –"
„Daß meine Schwester schon über acht Tage verheiratet ist und mit ihrem Gatten die Stadt und deren Gebiet verlassen hat."
„Wie – wie – wie ist das möglich?"
„Der Herr Pfarrer hat sie getraut."
„Wer hat sich das unterstanden?"

„Der Herr Oberpfarrer in Offenbach, mit Ihrer gütigen Erlaubnis."
„Das muß sogleich an die Großherzogliche Regierung berichtet werden; diese Trauung darf nichts gelten."
„Geben sich der Herr Bürgermeister keine vergebliche Mühe, die Trauung ist mit der eigenhändigen schriftlichen Einwilligung Seiner Königlichen Hoheit geschehen, folglich vollkommen gültig."
„Wir sind ebenso souverän als der Großherzog, und der darf nicht in unsere Rechte greifen."
„Das machen Sie gefälligst mit ihm ab."
„Auf jeden Fall verliert Ihr Schwager das Frankfurter Bürgerrecht."
„Darauf hat er schon im voraus verzichtet."
„Der Unglückliche! Er weiß nicht, was er verliert."
„Wohl möglich."
Die Herren sahen sich gegenseitig wieder ebenso perplex an, denn wie man das Frankfurter Bürgerrecht so aufgeben konnte, ging über ihr Fassungsvermögen. „Nein, so etwas ist mir noch nicht vorgekommen; da steht einem der Verstand still", ließ sich einer und der andere vernehmen, und ich fand für gut, lächelnd mich gehorsamst zu empfehlen, damit der Verstand wieder in Gang kommen möge. Aber ...
Meine Eltern wünschten sehr, daß ich mich doch in Frankfurt fixieren möge, und meinten, es würde mir wohl nicht schwerfallen, eine passende Anstellung in dieser Republik zu erhalten. Ja, wenn mir das Glück wohlwolle, meinte ein Herr Vetter, könne ich wohl auch noch einmal Senator und Bürgermeister werden, da wir gute Konnexionen in der Stadt hätten, mit denen man in Frankfurt, wie männiglich bekannt, alles durchsetze.
„So hoch versteigen sich meine Wünsche nicht, Herr Vetter. Ich bin viel bescheidener."
Der Mann meinte nun, wenn ich bei dem Frankfurter Militär ankäme, dann könne ich auch noch einmal Stadtkommandant werden.

„Und nichts zu kommandieren haben", erwiderte ich. „Lassen Sie mich überlegen, was sich am besten für mich schickt. Möglichste Unabhängigkeit halte ich für die höchste Würde, die man auf Erden erlangen kann. Ich habe soviel irdische Größe sich in Nichts auflösen sehen, daß mich selbst ein Thron nicht mehr reizen könnte." Indessen drangen meine Eltern in mich, doch irgendeinen Entschluß zu fassen, und besonders meine Mutter wünschte, daß ich nach so vielen Jahren mich endlich in meiner Vaterstadt fixieren möchte, mich zugleich versichernd, es würde mir gewiß an einer für mich passenden Anstellung nicht fehlen, wenn ich mich nur im geringsten darum bemühen wolle. Ein mit unserer Familie befreundeter Schöffe, der schon zweimal einjähriger wohlregierender Bürgermeister gewesen, habe ihr im Vertrauen mitgeteilt, daß man eine Polizeidirektorstelle zu kreieren beabsichtige und dem zu ernennenden Direktor zu gleicher Zeit der Auftrag würde, in den Angelegenheiten der Stadt mit dem Bundestag zu verkehren, wozu sich keiner der dermaligen Senatoren wohl eigne. Es müsse ein Mann sein, der mehrere Sprachen, besonders auch das Französische geläufig spreche, mancherlei Kenntnisse und namentlich viel Welterfahrung habe usw., und damit geendigt, daß er glaube, eine solche Stelle sei ganz für mich gemacht, ich möge mich nur einstweilen bei den Senatsmitgliedern präsentieren und empfehlen. Ob mir gleich ein solches Amt, das mich wieder von hunderterlei Dingen und Leuten abhängig machen mußte, durchaus nicht konvenierte, so bequemte ich mich dennoch, meinen Eltern zuliebe, die es überaus wünschten und meinten, es würde ihnen ein wahrer Trost im Alter sein, mich durch eine solche Anstellung gesichert bei sich zu sehen, sogenannte Empfehlungsbesuche bei mehreren der hochweisen Herren und auch den beiden einjährig Wohlregierenden zu machen. Aber wie mir zumute ward, als ich von einem jeden derselben die besonderen Ansichten und Meinungen anhören mußte, die er über ein solches Amt und überhaupt über Regierungsangelegenheiten und Verwaltungssachen bei mir auskramen zu müssen glaubte, das kann ich niemand sagen. Ich wußte zwar längst, wie wenig Kenntnisse, Fähigkeit, Welterfahrung dazu gehörten, um in Frankfurt Senator zu werden, und hatte auch eine, wenn auch nur oberflächliche Kenntnis von der tollen Wirtschaft, welche die Frankfurter Behörden in allen Zweigen führten, aber eine so krasse Unwissenheit, eine so totale Unkenntnis selbst in den allergewöhnlichsten und untergeordnetsten Dingen einer auch nur mittelmäßigen Administration, wie ich sie bei den meisten dieser Herren fand und zu denen sich bei manchen noch die ungeheuerste Stupidität und furchtbarste Beschränktheit mit den klotzköpfigsten Vorurteilen gesellte, war mir noch nicht vorgekommen. Auch verstummten die meisten, sobald ich das Gespräch auf wissenschaftliche Dinge zu leiten suchte oder von den Schwierigkeiten einer gut administrierten Polizei, von Administration und überhaupt Staatsangelegenheiten sprechen wollte. Die Fragen, die man an mich richtete, bezweckten durchaus nicht zu erforschen, ob ich wohl auch die nötigen Fähigkeiten, Talente, Kenntnisse, die ein solches Amt erfordert, besäße. Von dem allen war gar nicht die Rede, wie denn überhaupt bei der Besetzung irgendeiner Stelle die Kapazität zu derselben in Frankfurt niemals in Anschlag gebracht oder auch nur danach gefragt wird, sondern Protektion und Konnexionen allein erwogen werden. Man erkundigte sich, ob ich auch schon diesem oder jenem meine Aufwartung gemacht habe, ob ich mich auch recht erkenntlich zeigen würde, wenn man mir die Stelle gebe. Einige Senatoren, an die ich besonders empfohlen war, gaben mir den guten Rat, mich bei dieser und jener Dame hauptsächlich beliebt zu machen, ja recht höflich gegen die Senatorsfrauen und Töchter und alle Anverwandte bis ins zehnte Glied zu sein, denn schon gar mancher habe eine gute Stelle erhalten, weil die Frau Schöffin so und so zu ihrem Mann gesagt: „Dem mußt du derzu helfe, dann es is doch gar ä höflicher Mensch. Er grüßt mich allemal, wann er mich sieht, schon fünfzig Schritt weit, und nimmt den Hut tief herunter.“ Auch einige Köchinnen, welche großen Einfluß auf gewisse Senatoren hätten, da sie vortrefflich kochten, wurde mir geraten, mit kleinen Geschenken zu bedenken. Eine Freundin meiner Mutter brachte dieser sogar eine Liste, auf welcher an zweihundert Personen figurierten, fast alle Verwandte, Vetter, Basen, Schwäger, Schwiegermütter, Tanten usw. von Senatoren, denen ich ja nicht vergessen dürfe sämtlich meine Aufwartung zu machen, denn man habe schon öfters das Beispiel gehabt, daß eine einzige Hintansetzung einer solchen wichtigen Person das Nichterhalten der Stelle des Aspiranten zur Folge gehabt, wie noch neulich mit dem Herrn S . . . ., der es vergessen, der Großtante des Senators B . . . . seine Aufwartung zu machen, und deshalb bei aller Tüchtigkeit das Amt, als ein Mensch, der nicht zu leben wisse, nicht erhalten habe. Dies war mir denn doch ein wenig zu toll, und ich glaube, daß ich unter solchen Umständen selbst die Bewerbung um ein Fürstentum aufgegeben haben würde, wieviel weniger die um eine Frankfurter noch erst zu kreierende Polizeidirektorstelle. In allen Staaten spielt bei der Ämterbesetzung Protektion immer eine wichtige Rolle, aber in den meisten, wenigstens den monarchischen, wird heutzutage doch vor allem und zuerst nach den Fähigkeiten der sich meldenden Individuen gefragt. Das ist aber in Frankfurt niemals der Fall. Sie machen dort den Blinden zum Richter über die Farben und den Lahmen zum Laufer, wenn er nur die gehörige Protektion, besonders die der Senatorsschürzen hat. Daher kommt es denn auch, daß alle Stellen daselbst in der Regel ganz so besetzt sind, wie Schiller den Fiesko sprechen läßt, nämlich daß Wölfe die Finanzen, Füchse die Kassen besorgen, Tauben oder Schafe im Kriminalgericht sitzen, Böcke die Heiratsprozesse schlichten, Hasen Soldaten, Tiger Friedensrichter, Esel Gesandte oder Polizeibeamte, Ochsen die Justiz handhaben und Maulwürfe die Oberaufseher über die Verwaltung der Ämter sind, während Löwen, das edle Roß, die Elefanten bei der Bagage bleiben müssen oder wie Klinger, Goethe, Börne usw. auswandern. Der geniale talentvolle Klinger konnte es, weil er von armen und niedern Eltern geboren war, zu seinem großen Glück nicht einmal zu einem Torschreiberämtchen in Frankfurt bringen, ward dagegen Generalleutnant und eine der angesehensten und tüchtigsten Personen des russischen Reiches. Goethe, der den Frankfurter Unrat zu gut kannte, schickte den Herren sogar das Bürgerrecht heim, und Börne, der noch unter dem Fürsten Prima eine Stelle bei der Polizei erhalten, gab diese auf, da es ihm unmöglich war, in der Umgebung einer solchen Kloake zu atmen, und verließ endlich eine Stadt, wo ihn schon die Luft anekeln mußte. – „Nein, lieber Vater, und wenn man mir Millionen anböte, so würde ich eine solche Stelle nicht annehmen, nachdem ich die hiesigen Verhältnisse näher kennengelernt und ziemlich durchschaut habe", sagte ich zu meinen Eltern, als wieder die Rede darauf kam. Auch würde ich sie keine drei Wochen behalten, denn wer in dem faulen und stinkenden Sumpfpfuhl der Frankfurter Behördenwelt leben kann, der muß eine Lunge und ein Gewissen haben, weiter und durchlöcherter als das Danaidenfaß, denn hier heißt es mit Recht:

Der Dummkopf ward ein Mann im Staate,
Denn sein Herr Vetter sitzt im Rate.

Ich werde aber dennoch in Frankfurt bleiben und mir eine unabhängige Existenz zu gründen suchen. Darauf gingen nun meine Gedanken und meine Bemühungen vorerst aus, während ich unter der Hand täglich an meinem historischen Werk arbeitete und viel las. Aber was beginnen? Darüber konnte ich eine Zeitlang nicht ins reine kommen. Eines Tages fielen mir unter meinen Papieren einige Nummern des „Beobachters an der Spree" in die Hand, die ich von Berlin mitgenommen, weil meine Aufsätze in denselben standen, und plötzlich sagte ich zu mir selbst: Wie wäre es, wenn ich hier ein ähnliches Volksblatt herausgebe? An Stoff dazu fehlt es wahrlich nicht. Ich habe durch das Projekt einer Anstellung den hiesigen Augiasstall zur Genüge kennengelernt, und es wäre wohl noch ein Verdienst, zu versuchen, etwas zu seiner Reinigung beizutragen, ob man gleich keine Mohren weiß wäscht. Diese Idee bildete sich immer mehr in meinem Kopf aus, und ich hatte damals wirklich noch den einfältigen Glauben, wenn ich auf die gräßlichen Übelstände der Verwaltung und Regierung Frankfurts aufmerksam mache und den Leuten über gewisse Dinge die Augen öffnete, dies wohl etwas bessern könnte.

Die Justiz liegt leider noch in fast allen Staaten Europas, und namentlich in Deutschland, schrecklich im Argen; aber so wie in meiner Vaterstadt Frankfurt habe ich sie selbst in dem Kirchenstaat und dem verrufenen Neapel nicht gefunden.

Daß ich in ein furchtbares Wespennest stechen würde, wenn ich es wagte, all diesen stinkenden Kot von Niederträchtigkeiten, Infamien und Dummheiten aufzuwühlen und mit der Geißel der Satyre durchzupeitschen, war mir zwar klar. Doch dachte ich auf der andern Seite: Was kann dir am Ende daran liegen, wenn du auch dies ganze Geschmeiß der Schlechtigkeit über den Hals kriegst; du hast keine Rücksichten zu nehmen, da hat Luther noch ganz anderen Gefahren getrotzt. Aber noch ein anderer Umstand machte mich zweifelhaft: Börne, der geistreichste, witzigste Kopf, der in ganz Deutschland lebte, gab damals „Die Zeitschwingen" heraus und schwang in denselben eine Geißel, die kein anderer so zu handhaben vermochte. Dieser, fürchtete ich, würde meinem Vorhaben im Wege stehen. Ich machte ihm deshalb einen Besuch, teilte ihm mein Projekt mit, zu dem er mich nicht nur ermunterte, sondern mir versprach, was zu dessen Förderung an ihm liege, würde er gerne tun, darauf könne ich mich verlassen. Er teilte mir auch manche

Dinge mit, die er, als er früher bei der Polizei angestellt war, in Erfahrung gebracht, und die zu benutzen er mir freistellte. Daß ich unter den erbärmlichen Frankfurter Zensurverhältnissen kein solches Blatt herausgeben konnte, war mir auch klar, ohne daß mich Börne darauf aufmerksam gemacht hätte. Ich kam deshalb bei der großherzoglich-hessischen Regierung um die Erlaubnis ein, eine Zeitschrift in Offenbach herausgeben zu dürfen, die mir auch bald gewährt wurde. Mehrere Umstände veranlaßten mich indessen, von der erhaltenen Bewilligung nicht sogleich Gebrauch zu machen und die Herausgabe der Zeitschrift vorerst noch zu verschieben. Mit mehreren Frankfurter Buchhändlern, namentlich mit Könitzer (dem Inhaber der Jägerschen Buchhandlung) und mit Brönner, hatte ich auch von der Herausgabe meines historischen Werkes gesprochen. Könitzer aber wies es von der Hand, indem er mir eine ganze Liste von Büchern herzählte, die alle schon über diesen Gegenstand, und zum Teil von berühmten Namen, erschienen seien, von denen kein einziges ein sonderliches Glück gemacht. Ja wenn es ein Kalender, Almanach, Taschenbuch und so etwas dergleichen wäre, meinte der gute Mann, damit haben wir schon manch gutes Geschäft gemacht, aber ein großes historisches Werk, wer kauft dieses heutzutage. Der alte Jäger, von dem Könitzer als Kommis die Tochter geheiratet, war durch Kalender-Verlag und dgl. reich geworden. Brönner schien eher auf meine Vorschläge deshalb einzugehen, aber er hatte einen Associé namens Jügel, der sich ebenfalls als Kommis in dessen Geschäft eingeheiratet hatte und ihm von diesem Unternehmen, bei dem durchaus nur Verlust zu erwarten sei, abriet. Noch einige Frankfurter Buchhandlungen, unter denen auch mein Vetter Fahrtrapp, wiesen die Sache von sich.

Damals lebte die ehemalige Königin von Spanien, früher Königin von Neapel, wo ich sie schon kennengelernt hatte, unter dem Namen einer Gräfin Sürvilier mit ihren beiden Töchtern zu Frankfurt in dem Garten-Pavillon des roten

Hauses, sehr eingezogen. Sie war, wie bekannt, die Gattin Joseph Bonapartes, der sich in Amerika aufhielt. Diese Dame war eine der trefflichsten weiblichen Charaktere, die ich jemals kennengelernt. Die Tochter eines Marseiller Kaufmanns, hatte sie der Besitz von Thron und Krone nicht im mindesten hochmütig, ja noch bescheidener gemacht. Ein unendliches Wohlwollen gegen alle Menschen, die sie so gerne glücklich gewußt und gemacht, wenn es in ihrer Macht gelegen hätte, war ein Hauptzug im Charakter dieser würdigen Frau. Sie war ein Engel an Sanftmut, Güte, Tugend und Seelenreinheit, ihre Wohltaten hatten keine Grenzen. Obgleich keine ausgezeichnete Schönheit, war sie doch selbst im vorgerückten Alter noch höchst liebenswürdig. Sie beschäftigte sich in Frankfurt, so wie schon früher, fast einzig mit der Erziehung und Ausbildung ihrer beiden Töchter, von denen die älteste, Zenaïde, damals 19 und die jüngere, Charlotte, etwa 17 Jahre alt sein mochte. Beide Mädchen waren durch ihren hohen Geist, ihre Talente, ihre treffliche Erziehung und ihre körperliche Bildung ausgezeichnet. Charlotte hatte besonders in der Malerei kein gewöhnliches Talent, und in der Musik waren beide ziemlich vorangeschritten. Piano, Harfe und Gesang dienten zu ihrer Erholung, während sie die meisten Stunden den höheren wissenschaftlichen Kenntnissen widmeten.

Ich ließ mich bei den Damen als ehemaligen französischen Offizier melden, wurde an- und freundlich aufgenommen und gebeten, meine Besuche recht oft zu wiederholen. Wie ungemein anziehend mir die Unterhaltung dieser Damen war, die sich meistens um Ereignisse und Begebenheiten Napoleons und seiner Angehörigen drehte, kann ich nicht sagen. Ich erhielt über manche Verhältnisse, namentlich über die Napoleons zu seinem Bruder Joseph und anderer, Aufschlüsse, die von hohem Wert für das Werk waren, das ich herauszugeben beabsichtigte. Indessen waren nicht immer die Politik und Staatsangelegenheiten das Thema der Konversation, sondern es wurde auch musiziert, vorgelesen usw. Die einzige Person in Frankfurt, die außer mir noch Zutritt bei der Familie hatte, war die Tochter aus einem der ersten Bankiershäuser daselbst, Fräulein M . . . ., deren Haus die Geldangelegenheiten der Gräfin Sürvilier besorgte. Dieses Mädchen hatte einen aufgeweckten, sehr munteren und heiteren Humor, liebte gern kleine Abenteuer und machte den Damen manche kleine Zerstreuung durch die Stadthistörchen, die sie ihnen auf die launigste Weise und mit oft sehr witzigen Bemerkungen erzählte. Es wurden von Zeit zu Zeit auch kleine Komödien aufgeführt, bei denen die Gräfin-Mutter und ein paar Kammerfrauen die einzigen Zuschauer abgaben und ich der einzige männliche Akteur war. Dennoch aber machten sie uns allen viel Spaß. Fräulein M . . . ., die bisweilen eine kleine Rolle übernahm, machte die erste Liebhaberin, obgleich mit einem etwas sehr germanischen Akzent, so natürlich, daß sie mich bezauberte und sich bald auch außer der Bühne ein kleines Liebesverständnis unter uns entspann, von dem die Familie Sürvilier aber nichts ahnte, da wir uns Rendezvous außer dem roten Haus, und meist im alten verschwiegenen Pfarrturm, gaben. Da wir fast nie Gelegenheit hatten, uns im roten Haus nur ein paar Worte allein zu sagen, und deutsch zu sprechen in Gegenwart der andern Damen unschicklich gewesen wäre, so tauschten wir gegenseitig unbemerkt kleine Briefchen aus, in denen das Weitere verabredet war. Eines Tages hatte Madame M . . . ., die Mutter, das Töchterchen bei dem Lesen eines solchen überrascht und wollte es ihr, da sie sich weigerte, dasselbe herauszugeben, mit Gewalt entreißen, aber das Mädchen lief ihr davon, die Mutter ihr nach und verfolgte sie alle Treppen hinauf bis auf den obersten Boden, wo erstere, da sie sich nicht mehr zu helfen wußte, das Billet zerriß und es verschluckte, ehe Mama noch bei ihr war, und beinahe daran erstickt wäre. Es gab nun ein arges Donnerwetter zwischen Mutter und

Tochter, und Madame M . . . . war einfältig genug, die Sache publik und also zum Stadtskandal zu machen, so daß vier Wochen lang in allen Teeklatschen die Begebenheit, reichlich verziert, Stoff zur Unterhaltung gab.

Zu jener Zeit kam auch der General Gourgaud von St. Helena zurück, wo er Napoleon, seinen Herrn, schon kränklich verlassen hatte, und hielt sich eine Zeitlang in Frankfurt auf, nachdem er in Hamburg vom dortigen Senat wegen einer Damen-Intrige, in deren Folge er sich eine Herausforderung hatte zuschulden kommen lassen, ausgewiesen worden war. Auch in Frankfurt gestattete man ihm nicht, eine Privatwohnung zu beziehen, sondern er mußte in einem Gasthaus, dem Pariser Hof, während der Dauer seines Aufenthaltes wohnen bleiben. Diesen lernte ich zuerst bei der Gräfin Sürvilier kennen, die er oft besuchte und wo er äußerst interessante Mitteilungen über das Leben des Exkaisers auf St. Helena machte. Da er hörte, daß ich an einem großen Werk der Geschichte unserer Zeit arbeitete, zu dem mir der General Carnot die erste Anleitung gegeben, so erbot auch er sich, mir wichtige Notizen mitzuteilen, die ich aber wenig benutzte, da sie offenbar der Wahrheit nicht getreue Entstellungen enthielten und höchst parteiisch waren.

Übrigens kam jetzt ein sehr ernstes Thema bei den Abendunterhaltungen der Gräfin Sürvilier zur Sprache, dessen Gegenstand kein geringerer als ein Projekt zur Befreiung Napoleons aus der englischen Gefangenschaft zu St. Helena war, welches aber die Krankheit und das bald darauf erfolgende Ableben des Gefangenen nicht zur Ausführung kommen ließ. Nachdem mancher abenteuerliche Vorschlag gemacht, mancher Luftpalast erbaut und wieder niedergerissen oder als unausführbar verworfen worden war, blieb man bei folgendem, gewiß sehr gut kombinierten Plan stehen: Ich sollte nach London reisen und dort den Chef eines Handelshauses, der als ein großer Verehrer Napoleons bekannt war, in das Geheimnis ziehen, um durch ihn und in seinem Namen ein Schiff nach Ostindien ausrüsten zu lassen, auf welchem ich mich als Privatspekulant und mit guten Empfehlungsschreiben an das dortige Gouvernement versehen, dahin begeben sollte. Nachdem ich mich daselbst einige Zeit aufgehalten, sollte ich den Verlust meines ganzen Vermögens angeben und möglichst veröffentlichen und mich dann auf einem andern, nach England zurückkehrenden Ostindienfahrer, der in St. Helena anhielt, einschiffen, bei dem dortigen Gouverneur Hudson Lowe melden und ihm vom Ostindischen Gouvernement mitgebrachte Empfehlungsschreiben vorzeigen, die ich durch die aus England mitgebrachten Empfehlungen leicht erhalten könnte und in denen von meinem angeblichen Verlust die Rede sei. All diese großen Weitläufigkeiten waren nötig, um auch den leisesten Verdacht zu entfernen. Auch noch andere Empfehlungen an einen in St. Jamestown etablierten Mann sollte ich durch das Londoner Haus erhalten, dem ich jedoch nicht eher etwas von der beabsichtigten Unternehmung mitteilen dürfe, bevor ich mich von seiner Zuverlässigkeit vollkommen überzeugt habe. In St. Helena sollte ich krank werden und allerlei Mittel anwenden, damit mein Aussehen die angebliche Krankheit bestätige, namentlich Brustbeschwerden und Husten fingieren. Unter diesem Vorwande sollte ich auf der Insel zurückbleiben, und nachdem ich allmählich etwas besser geworden, um die Erlaubnis einkommen, eine Taverne in St. Jamestown errichten zu dürfen, die mir vermittelst der von Ostindien mitgebrachten Schreiben und unter der Ägide eines Bürgers der Stadt wohl gewährt werden würde. Durch vorzüglich gute Qualität der Getränke und billige, jedoch nicht zu auffallende Preise sollte ich mir, namentlich unter dem Militär, bald eine große Kundschaft verschaffen, mit gehöriger Vorsicht viel Kredit geben, diejenigen Personen, von denen ich glaube, daß nichts mit ihnen anzufangen sei, hauptsächlich Soldaten, gehörig ans Bezahlen mahnen, ohne sie jedoch gerade zu brüskieren, bei denen aber, wo ich das Gegenteil merke, das

Anschreiben von Zeit zu Zeit vergessen. Durch dieses Mittel sollte ich meine Leute kennen, die Brauchbaren unterscheiden lernen und womöglich auch einige Offiziere, namentlich solche, die Mißvergnügen mit ihrer Lage bezeigten, zu gewinnen suchen. Nachdem ich auf diese Art nach und nach dem Ziele näher gerückt, sollte ich bei den bereits Erprobten es weder an großen Versprechungen, Geschenken noch Versicherungen auf reichliche Versorgung für die Lebenszeit fehlen lassen. Wenn ich mir auf diese Weise nun einen kleinen Anhang verschafft, so sollte ich suchen, jemand von Napoleons Umgebungen mit dem Plan bekannt zu machen und am Tag der Ausführung durch die gewonnenen Offiziere alle Posten um Longwood von den ebenfalls gewonnenen Soldaten besetzen lassen, auch eine Fischerbarke an dem steilsten Ufer von St. Helena in der zur Ausführung des Planes bestimmten Nacht bereithalten, welche den Gefangenen, nachdem man ihn mit Stricken hinabgelassen, entführen und auf ein zu diesem Behuf so nahe als möglich kreuzendes amerikanisches Kauffahrteischiff bringen müßte. Sollte ich indessen dies für untunlich oder zu gewagt halten, so bliebe es meiner Einsicht überlassen, durch eine förmliche Revolte der Verschworenen diese Befreiung zu bewerkstelligen, wobei man viel auf die wegen den mancherlei Beschränkungen höchst unzufriedenen Einwohner von St. Helena sowie auf einen großen Teil der Garnison und der Neger zählen zu können glaubte, da diese über mancherlei Vexationen und schlechte Behandlung, die ihnen zuteil geworden, seitdem man ihre Insel zu Napoleons Kerker gemacht, sehr aufgebracht waren. Auch dieses sollte in der Stille der Nacht vor sich gehen, damit die nicht bestochenen Signalposten verhindert würden, zu früh Lärm zu schlagen, und so die Kreuzer aufmerksam gemacht würden, bevor die Barke glücklich durchgekommen. In diesem Fall sollte auch versucht werden, sich der Person des Gouverneurs zu bemächtigen, aber womöglich alles Blutvergießen vermieden werden. Unterdessen sollte man auch dafür Sorge tragen, soviel wie möglich Leute, die man als große Verehrer Napoleons kenne, als Bediente, Handwerker, Köche usw., in St. Helena unterzubringen, um sich ihrer im Fall des Aufstandes bedienen zu können, ohne sie vorher in irgend etwas einzuweihen. Amerikanische Kauffahrteischiffe sollten sich beständig in gehöriger Distanz von der Insel aufhalten, aber keines länger als ein paar Tage, um keinen Verdacht zu erregen, und damit sie als nur vorübersegelnd betrachtet würden. Sie sollten nur in Zwischenräumen von acht bis vierzehn Tagen sichtbar werden, verschiedene Flaggen aushängen und nie so nahe herankommen, daß man sie anrufen oder ihnen nur signalisieren könne. Im übrigen sollte es mir überlassen bleiben, einmal auf der Insel, noch diejenigen Mittel anzuwenden und Vorkehrungen zu treffen, die ich für dienlich halten würde, den großen Zweck zu erreichen.

General Gourgaud hatte der Gräfin Sürvilier manche Details über die Bewachung Napoleons und das Innere der Insel von St. Helena mitgeteilt, welche die großen Schwierigkeiten eines solchen Unternehmens dartaten, die man jedoch nicht für unüberwindlich hielt. Es sollte nun vorerst die Sache mit dem Londoner Haus eingeleitet werden und wurde auch mit einem als Napoleons außerordentlich großen Verehrer bekannten englischen Lord C.... deshalb verhandelt. Dieser schenkte zwar dem entworfenen Plan seinen Beifall, aber das Fortschaffen Napoleons vermittelst einer Barke schien ihm zu gefährlich. Ich selbst hatte mehrere Konferenzen mit diesem Engländer zu Paris, wohin ich auf wenige Tage reiste, wobei er mir sagte, daß, wenn man auch die Befreiung des Exkaisers, es sei durch List und Bestechung oder durch offene Gewalt, errungen habe, dennoch die Kreuzer, selbst wenn die nächsten Signalposten gewonnen, zu wachsam und gefährlich seien, als daß man hoffen könne, unangefochten durchzukommen. Er riet mir übrigens von offener Gewalt ganz ab, nur durch List und Bestechung sei etwas zu hoffen. Jede Gewalttätigkeit würde sogleich auf den Schiffen bekannt, und ein Aufstand sogleich eine förmliche Belagerung der Insel herbeiführen. Am sichersten wäre es freilich, wenn man einen oder ein paar der die Kreuzer befehligenden Kommandanten gewinnen könne, doch daran sei nicht zu denken. Außerdem war seine Meinung, man dürfe hier durchaus nichts übereilen, es müsse alles auf das reiflichste überlegt und geprüft werden. Er hoffe noch ein Mittel zu finden, das unfehlbar zum Ziele führe. Mit diesen Vertröstungen kam ich nach Frankfurt zurück, und man kam überein, die ferneren Berichte des Lords abzuwarten, bevor man in der Sache weitere Schritte tue.

Einstweilen arbeitete ich an meinem Werk fort, machte öfters Exkursionen in das Taunusgebirg und die mir zum Teil noch sehr unbekannte Umgegend Frankfurts und hatte allerlei kleine, mehr oder minder unterhaltende Abenteuer, mitunter auch mit einigen Gespielinnen aus meiner Kindheit, wie die an einen reichen Kaufmann verheiratete Karoline Th..., Lili O. und Tinchen L., die sich alle noch gut konserviert hatten. Pikantere Bekanntschaften waren mir aber die einer jungen angehenden Schauspielerin, Betty U...., und eines allerliebsten und sehr geistreichen jungen Mädchens, Jeannette G...., beide sehr schön und letztere die Tochter einer Witwe, die eine Kaffeewirtschaft hatte, und die Braut eines Hanauer wohlhabenden Holzhändlers war. Die Braut gestand mir aber, bald nachdem ich sie kennengelernt, daß sie wenig Neigung zu dem ihr bestimmten Mann habe, obgleich dessen Äußeres durchaus nicht unangenehm war. Dagegen hatte er in seinem Benehmen etwas Tölpisches und Linkisches und so wenig Takt, daß er oft die albernsten Streiche machte und sogar die allergewöhnlichsten Rücksichten der Artigkeit und Konvenienz außer Augen ließ, was auch der sonst nicht sehr empfindlichen Mutter mißfiel und Ursache war, daß schon während des Brautstandes öfters unangenehme Auftritte stattfanden.

So war er bei einer Partie auf das Forsthaus, als man im Begriff war, in den Wagen zu steigen, zuerst und vor den Damen – das Mädchen hatte noch eine ältere, aber nichts weniger als liebenswürdige oder hübsche Schwester – in denselben gesprungen, worüber die ganze, an den Fenstern liegende Nachbarschaft, die das Brautpaar einsteigen sehen wollte, fast laut lachte. Dies versetzte die Mama so in Zorn, daß sie auf der Stelle ins Haus umkehrte und nichts mehr von der durch den Bräutigam veranstalteten Partie wissen, sondern zu Haus bleiben wollte. Die Mädchen mußten natürlich der Mutter folgen, der Bräutigam konnte wieder aussteigen, und statt der Spazierfahrt gab es einen gewitterähnlichen Hausspektakel. Einige Tage darauf kam es bei Tische durch das plumpe Benehmen des Geliebten, der den Inhalt einer ganzen Sauciere über das Tischtuch und das Kleid Jeannettens goß, zu einer noch weit heftigeren Szene, die damit endigte, daß von seiten der Braut und ihrer Mutter dem Herrn die Heirat gekündigt wurde und man ihn bat, das Haus ferner mit seinem Besuch zu verschonen. Er tobte und schrie zwar entsetzlich, aber es blieb dabei. Die Damen waren unerbittlich. Ich trat gerade in das Zimmer, als der Zank am heftigsten war. Herr H. sprach meine Vermittlung an, die Mama ließ ihn kaum zu Worte kommen und behauptete, auch sonst allerlei gehört zu haben, was ihr beweise, daß ihr Kind mit diesem Mann nicht glücklich werden könne. Er sah gerne tief ins Glas, und ich riet ihm, unter solchen Umständen gutwillig von aller Bewerbung abzustehen und sich zu empfehlen. Dies tat er endlich unter Fluchen und Schimpfen und sprengte dann in der Stadt aus, er habe seine Braut aufgegeben, weil er sie mit mir in zu traulichem Verhältnis ertappt. Dies war nicht nur nicht wahr, sondern nicht möglich, da ich erst nach seiner Entfernung in ein solches mit ihr trat.

Ein Vorfall anderer Art, bei dem ich beteiligt war, machte noch mehr Lärm und Aufsehen in Frankfurt. Es war nämlich Feuer in der kleinen Eschenheimer Gasse ausgekommen, und da man in der engen Straße dem brennenden Haus nicht wohl mit den Spritzen beikommen konnte, so wollten die Führer derselben in den Hof des Thurn-und-Taxisschen Palais, dem Sitz des Bundestages, in den man von der großen Eschenheimer Gasse einfährt, um von da aus, wo man die Schläuche durch einige Fenster leiten konnte, dem Feuer Einhalt zu tun. Dagegen stellte sich aber ein Mensch, der, obgleich es noch ziemlich früh in den Vormittagsstunden war, sich doch schon ein artiges Räuschchen angetrunken hatte und zu den Spritzenleuten in echt österreichischem Dialekt sagte: „Un Se dürfens halt nit rein, wir hobens hier alle Bundestags-Akten und Papier, und dürfen kane Spritzen rein, dos könnt' a saubere Geschicht werden." Ich kam gerade zu dieser Diskussion und stellte dem Mann vor, daß, wenn das Feuer mehr um sich griffe, die Papiere des durchlauchtigen Bundestages weit mehr gefährdet würden als durch die Spritzen. „Un 's geht halt ämol nit, un es kann halt nit sein", lallte der Trunkene und befahl dem Portier, das Tor zuzumachen. Als ich nochmals Vorstellungen dagegen machte, sagte er zu mir: „Und Sie, wem sein S'? Sie sinn jetzt hier im Arrest im Palais." Ich lachte dem Menschen ins Gesicht, der aber nun in höchsten Zorn geriet und laut schrie: „Korporal von der Wacht, doß er's weiß, der Mensch hier is im Arrest, und lassen S' en net raus." Dieser erwiderte: „Ganz wohl, Herr Kassier." Ich erfuhr nun, daß der Trunkenbold der österreichische Kassier beim Bundestag sei und sich Horrak nenne. Ich begab mich jetzt zum österreichischen Präsidialgesandten, Buol Schauenstein, selbst und teilte ihm den Vorfall mit. Dieser gab natürlich gleich Order zu meiner Freilassung, indem er sagte: „Es ist doch kein Auskommen mit dem Trunkenbold, er macht einen Eselsstreich nach dem andern." Als ich durch den Hof kam, in welchem ich den Horrak noch traf, sagte ich im Vorübergehen: „Sie sollen zu Ihrem

Herrn kommen, der sich Ihre Eselsstreiche verbittet." „Wos sagen S' da, i mach halt kane Eselsstreich, das will i mir verbeten haben." Mit einem: „Schlafen Sie Ihren Rausch aus, Sie werden das Weitere von mir hören", ließ ich den Kerl stehen und entfernte mich nun ungehindert, schrieb ihm aber noch am selben Tage ein paar Zeilen, durch welche ich Genugtuung von ihm wegen dem verübten Gewaltstreich und so unbefugten als lächerlich angebotenen Arrest begehrte. Horrak aber lief mit dem Brief auf das Frankfurter Polizeiamt, dem er mit der Ungnade des österreichischen Gesandten drohte, wenn es mich wegen dieser Herausforderung nicht vornehme. „Schauen S', meine Herren", sprach er, „was soll i mi dann mit dem Menschen schlagen? I bin ja gar nit ämol Soldat, und z'dem haben's unser gnädigster Kaser an- für allmol verboten, daß wir uns duellieren dürfen, das is ä Narretei." Ich wurde nun auf das Polizeiamt, das gleich allen Frankfurter Behörden gewaltig Respekt und Furcht vor den Bundestagsgesandten hatte und besonders, wenn der österreichische, russische oder preußische Gesandte nur ungnädig hustete, schon ein Angstfieber bekam und nicht schnell genug ein Loch finden konnte, sich zu verkriechen, befohlen, wo mir der damals demselben vorstehende Senator Wüstefeld ankündigte: daß ich mich nicht unterstehen dürfe, in Frankfurt an irgend jemand eine Herausforderung ergehen zu lassen, und am allerwenigsten an Personen von dem durchlauchtigsten Gesandtschaftspersonal, sonst könne es mir schlimm ergehen, und es sei nicht schön von mir, daß ich die Frankfurter Behörden mit dem Bundestag, der ihnen ohnehin so viel zu schaffen mache, in solche Konflikte bringe usw. Meine ganze Antwort war: „Herr Senator, wir werden uns doch am Ende nicht noch von den Schuhputzern des Bundestages auf der Nase herumtanzen oder von Trunkenbolden, wie dieser Horrak, insultieren lassen sollen?" „Das nicht, aber Duelle können hier nicht gestattet werden, das ist gegen unsere Gesetze, und Sie würden sich großen Unannehmlichkeiten aussetzen, wenn Sie wieder jemand herausforderten."

Außer den Besuchen bei der Gräfin Sürvilier war es das Theater und in dessen Folge das von dem Personale desselben sehr besuchte Dörfchen Hausen, was mir die angenehmste Unterhaltung und meiste Zerstreuung in Frankfurt gewährte. Der Umgang mit den zur Geldaristokratie gehörigen Familien, die meisten meiner Verwandten mit einbegriffen, sowie deren Gesellschaften sind für jeden Fremden, zu denen ich mich eigentlich wohl zählen konnte, da ich in meiner Vaterstadt fremd genug war, sowie für jeden Mann von Geist unausstehlich, ja zum Verzweifeln langweilig. Spricht man mit diesen Kaufleuten, die sich unter sich die „Großen Häuser" titulieren, von Literatur, Kunst, Musik, Poesie, Geschichte, ja sogar von Politik, so wird man mit stupiden Augen angestarrt und erhält höchstens zur Antwort, daß ihre wichtigen Geschäfte ihnen nicht erlauben, an solche Nebendinge zu denken. Klinger, Schlosser, Börne, ja selbst Goethe sind ihnen teils fremde Namen oder doch die „Handlanger brotloser Künste". Dagegen sind Kurszettel, Zinsenberechnungen, Kaffee, Zucker, Spezereien, englische Waren usw. nebst Stadtskandalen und Römerneuigkeiten Dinge, welche ihr Mundwerk gleich Mühlräder in Bewegung setzen. Dies kann indessen nicht anders sein, da diese Herren meist mit dem vierzehnten oder fünfzehnten Jahre schon auf den Kontoren sitzen, wo sie zum Zahlen- und Nullenmalen, zum Kopieren merkantilischer Briefe usw. verdammt sind und wo nie von etwas anderem als Gewinn und Verlust die Rede ist. Eine bessere Erziehung genießen in der Regel die Mädchen, die zum Teil in guten Instituten bis zum sechzehnten und achtzehnten Jahre ausgebildet werden, daher es denn kommt, daß sie als Frauen ihre Männer, die selbst den Ehestand als ein merkantilisches Geschäft betrachten und vollziehen, meist übersehen, da an eine wissenschaftliche oder den Geist nährende Unterhaltung nicht zu denken ist und diese Ehen sich fast in der tödlichsten Langeweile auflösen. Zu den Stunden der Essenszeit kommt der Herr Gemahl, abgestumpft und den Kopf voll Nullen, immer mißgelaunt an den Tisch. Das Ehepaar samt den Kindern und Tischgenossen machen die griesgrämlichsten Gesichter von der Welt und sind alle höchst einsilbig. An Tagen, welche in andern Häusern Gelegenheiten zu fröhlichen Familienfesten geben, wie ein Geburtstag der Hausfrau, kommt der Mann ganz trocken aus seinem Kontor mit einer Rolle Brabänter in der Hand, legt sie der Frau auf den Tisch und spricht: „Da, da kannst du dir auch etwas zu deinem Geburtstag kaufen", und damit abgemacht. Eine reiche Bankiersfrau sagte mir bei einer solchen Gelegenheit einst: „Wenn er sich (der Mann) doch nur die Mühe gäbe und mir etwas, das sechs Kreuzer wert wäre, selbst kaufte, so würde es mir einige Freude machen, aber so ein wie das andere Mal vierzig Brabänter und eine Brot- oder Mandeltorte vom Zuckerbäcker." Daß auch die Frauen unter solchen Verhältnissen zuletzt sehr abgestumpft werden und höchstens noch Sinn für ihre Spielpartien, Boston, Whist oder L'hombre, wenn's hoch kommt, und ihre etwas steife Toilette haben, ist sehr natürlich. Besser ist es wenigstens in einer Hinsicht unter der Mittelklasse als den Frankfurter Reichen bestellt, bei denen noch eine oft burleske Steifheit und lächerlich nachgeäffte Zeremonien das Unausstehliche vermehren, während bei den Reunionen jener doch immer eine gewisse Herzlichkeit und Gemütlichkeit, wenn auch bisweilen etwas derb, herrscht. Ich kenne übrigens keine Stadt in der Welt, wo sich die Menschen nach der Größe ihres Vermögens und ihres Einkommens so absondern wie zu Frankfurt. Jener paßt nicht in diesen Zirkel, denn er hat ein paar Tausend Gulden weniger im Vermögen als die andern hier rezipierten, und so geht es von Stufe zu Stufe ins Unendliche. Ich schlug indessen all diesen Absurditäten ein Schnippchen, machte mich selbst über meine Anverwandten lustig, indem ich ihnen diese Albernheiten unverhohlen ins Gesicht sagte, und nach Hausen, Bornheim, auf das Forsthaus Oberrad oder sonst wohin ritt, wo es munter herzugehen pflegte. In Hausen im Garten Braumanns fanden sich namentlich alle Freitage die Frankfurter Theaterprinzessinnen, einige Literaten, Familien von dem Gesandtschaftspersonal des Bundestags, Offiziere von der Militärkommission und andere joviale Leute ein, und diese Versammlung nannte man das Hauser Kasino. Das Theater war damals, wenigstens was das Schauspiel anbetrifft, gut besetzt, besonders hinsichtlich der Frauen. Demoiselle Lindner, Frau von Busch waren höchst ausgezeichnete Künstlerinnen, Weidner und Otto vollendete Schauspieler. Diese fehlten, nebst der Madame Urspruch mit ihrer hübschen Tochter Betty, eine vielversprechende Anfängerin, Demoiselle Bamberger, eine allerliebste junge, sehr talentvolle Sängerin, Hills usw. nie. Unter allen war es Frau von Busch, welche das meiste Aufsehen erregte und eine Unzahl erhörter und nicht erhörter Liebhaber hatte, unter denen sogar einige der reichsten, eben nicht mehr sehr jugendlichen Kaufleute waren, deren Frauen darob verzweifeln wollten. Eine Madame B . . ., deren Mann ganz in den Fesseln der hübschen Aktrice lag, verließ aus Verdruß Frankfurt und ging nach Paris, sich zu zerstreuen, von wo sie jedoch bald wieder zurückkehrte. Nicht lange darauf hatte auch ein öffentlicher Skandal Frau von Busch gezwungen, die Stadt zu verlassen. Diese ausgezeichnete Künstlerin spielte sowohl auf als außer dem Theater ganz vorzüglich Komödie und war dabei mit nicht gewöhnlichen körperlichen Reizen begabt, hatte ein äußerst angenehmes wohlklingendes Organ und eine große Anmut im Gang und allen ihren Bewegungen. Sie war außerdem eine abgefeimte und besonders für unerfahrene Merkursjünger höchst verführerische Kokette, die allgemein im Ruf stand, daß ihr kein Mann, den sie an ihren Siegeswagen fesseln wollte, widerstehen könne. Dies ging so weit, daß einmal eine hübsche Malersfrau, ebenfalls eine Habitué in Hausen, eine Wette mit mir einging: daß, wenn es Frau von Busch darauf anlege, ich mich sterblich in sie verlieben und in ihren Netzen fangen lassen würde. Diese, von der Malersfrau, welche sie gut kannte, davon unterrichtet, setzte nun eine Ehre darein, mich zu ihrem schmachtenden Seladon zu machen, ich aber, der das allerliebste Komödienspiel der Frau von Busch auf der Bühne wohl bewunderte, verlachte ihre mir viel zu bekannte, ja widerliche Koketterie außerhalb derselben, hatte sie ein wenig zum besten und gewann die Wette, die mir durch eine Schäferstünde mit der Malerin bezahlt wurde. Frau von Busch war eine geborene Großmann und hatte, nachdem sie schon einmal verheiratet gewesen, ihren jetzigen Gatten, einen hannoverschen, nicht unbemittelten Edelmann, die Spröde spielend, vermocht, sie zu ehelichen. Als sie in kurzer Zeit dessen Vermögen verschwendet hatte, ward ihr der Mann bald zur Last, und sie überließ sich wie früher wieder ihrem ausschweifenden Leben, sammelte ein Heer von Liebhabern um sich, mit denen sie Orgien in der eigenen Wohnung feierte. Herr von Busch, ein Schwachkopf, statt den Herrn im Hause zu spielen oder sich wenigstens von ihr zu trennen, zog sich die Sache so zu Herzen, daß er ganz tiefsinnig wurde, sich absonderte und, meist in einem düsteren Zimmer auf einem Lehnstuhl sitzend, Tag und Nacht vor sich hinstarrend zubrachte. Seine Frau, wenn sie überlustig bei den Abendgelagen geworden, machte sich manchmal das Vergnügen, zu ihrer Gesellschaft zu sagen: „Nun wollen wir auch meinem einfältigen Mann einen Besuch abstatten“, öffnete sodann die Türe des Gemachs, in welchem der Unglückliche brütete, und sprach: „Da seht den Simpel, wie er da sitzt!“ Ihr erklärter Liebhaber war damals ein Baron von A . . ., früher Offizier in holländischen Diensten und sehr reich. Dieser fuhr jeden Tag mit der heillosen Armide, zum großen Ärger der ehrbaren Frankfurter Frauen, in einer vierspännigen offenen Kalesche spazieren. Eines Morgens aber verbreitete sich plötzlich das Gerücht in der ganzen Stadt, Herr von Busch habe sich den Hals abgeschnitten. Dies war jedoch nicht der Fall, sondern der arme Mann hatte sich nur mit einem Rasiermesser die Adern an der Hand geöffnet, allerdings in der Absicht, sich um das Leben zu bringen. Sein Aufwärter hatte es aber gleich wahrgenommen, um Hilfe geschrien, und ein Chirurg kam noch zeitig genug, um ihn vom Verbluten zu retten. Die Sache machte außerordentliches Aufsehen in der Stadt, und als am folgenden Abend Frau von Busch im Theater, wenn ich nicht irre, als Lady Milford auftrat, wurde sie mit einem so furchtbaren Gezische, Pfeifen, Stampfen und Geschrei empfangen, daß sie durchaus nicht zu Wort kommen konnte. Sie ließ sich aber nicht schrecken, sondern stellte sich mit der schamlosesten Frechheit mit übereinander gekreuzten Armen vor das Parterre, ihre Blicke ringsumher werfend, als wollte sie sagen: Nun, und was wollt ihr von mir? Als der Lärm nachließ, wollte sie wieder zu sprechen anfangen, aber der Sturm erhob sich von neuem und weit ärger als vorher. Das Schreien artete in ein wahres Gebrüll aus, und man hörte deutlich die Worte: „Fort, hinaus mit der unverschämten H . . .“ Nachdem sie noch ein paarmal vergeblich zu sprechen versucht hatte, war man gezwungen, den Vorhang fallen zu lassen, und die Vorstellung war für diesen Abend beendigt. Am anderen Tage fuhr Frau von Busch vierspännig mit ihrem Primo Amoroso, dem Baron von A . . . ., in einem offenen Wagen und mit lächelnder Miene durch die Straßen der Stadt und um die Promenaden. Nun legte sich die Polizei darein und ließ es ihr verbieten, ferner eine „ehrsame Bürgerschaft durch solchen Skandal zu indignieren“. Ein paar Tage darauf fuhr sie mit ihrem Baron zum Stadttor hinaus nach Mannheim, wo sie ihre Residenz aufschlug, ein Engagement erhielt und das Publikum durch ihre Kunst entzückte.

Damals machte ich in der Befreiungsangelegenheit Napoleons wieder eine Reise nach Paris, von der ich jedoch

wenig befriedigt zurückkam, da ich die Personen, an welche ich von der Gräfin Sürvilier empfohlen war, eben nicht sehr empfänglich für unser Projekt fand. Dagegen hatte ich die Gelegenheit benutzt, um mit den bedeutendsten Pariser Zeitungen Verbindungen anzuknüpfen, denen ich Artikel in französischer Sprache über die damaligen Zustände Deutschlands lieferte, und welche mir so gut honoriert wurden, daß ich oft 100 Franken und mehr für die Seite erhielt. Da ich nun in Frankfurt fortwährend einen ziemlichen Aufwand machte, wenigstens keine Ausgaben scheute, und meine Eltern nicht mehr in den brillantesten Vermögensumständen waren – mein Vater hatte sich seit dem österreichischen Bankerott nie mehr recht erholen können –, so sagte die Frankfurter Welt: ich erhalte das Geld zu meinen Ausgaben von verschiedenen Damen. Da mir daran gelegen war, daß niemand erfuhr, daß ich für die französischen Journale arbeite, ließ ich die Einfaltspinsel bei ihrem Glauben und galoppierte, sie auslachend, durch die Straßen.
Zu jener Zeit machte ich auch häufige Exkursionen nach meinem lieben Homburg und dessen Umgegend, die mich immer mit einer gewissen Wehmut an die Zeiten der daselbst so fröhlich verlebten Kinderjahre erinnerten. Mein guter Oheim Oberpfarrer war schon seit ein paar Jahren gestorben, Breitenstein und seine Familie aber waren wohlauf. Von meinen früheren Amoretten daselbst waren die meisten verheiratet. Eleonore von Brandenstein aber war immer noch Hofdame, und zwar nicht nur verblüht, sondern sehr brustleidend; sie starb bald darauf im Bad Ems. Heimliche Sünden mochten dem Mädchen das frühe Grab bereitet haben. Ihre Mutter war ihr nur ein paar Jahre vorangegangen. Der alte brave Landgraf Friedrich war erst kürzlich gestorben und sein Sohn Friedrich Joseph ihm in der Regierung gefolgt. Dieser hatte sich noch als Erbprinz (1818) mit einer Tochter des Königs Georg III. von Großbritannien, der Prinzessin Elisabeth, vermählt. Diese Heirat hatte man in Homburg als ein

großes Glück für das kleine, sehr arme Land gehalten, da die Prinzessin eine bedeutende Mitgift und ansehnliche Apanage hatte. Aber wie ich schon so oft erlebte, war auch hier, was man für ein Glück hielt, eher ein Unglück für das Land. Der neue Herr wollte nun à tout prix ein kleines London aus seiner kleinen Residenz machen. Damit die Hauptstraße breiter scheinen sollte, mußten alle Wirte ihre Schilder, welche die Arme in die Gasse ausstreckten, einziehen und platt an den Häusern anmachen. Das alte Rathaus wurde abgerissen; es sollte später ein neues erbaut werden, was aber aus guten Gründen unterblieb. Allerlei kostspielige Anlagen wurden in den herrschaftlichen Gärten gemacht. Über einen Bach, der die nach dem großen Tannenwald führende Allee durchschnitt und den man zur Not mit einem Bein überschreiten konnte, wurde eine Brücke aus Quadersteinen erbaut, die über 30 000 Gulden kostete. Die Gärten und Lustwäldchen wurden gewaltig gelichtet, obgleich ihr Herr eben kein großer Freund vom Licht war. Bei jeder Gelegenheit wollte der neue Landgraf den großen, großmütigen und freigebigen Souverän spielen, allenthalben russische Trinkgelder spendend; ward er zu irgendeiner Taufe gebeten, so durfte das Patengeschenk nicht unter 500 Dukaten sein; die Hofküche, aus der eine Unzahl Homburger Angestellter aller Art und andere gespeist wurden, kostete eine Unsumme Geldes, und so ging es durch alle Branchen, wobei sich gewisse Leute ganz vortrefflich standen und bereicherten, hauptsächlich diejenigen, welche die Einkäufe für den Hof in Frankfurt zu machen hatten und sich mit den dortigen Juden zu verständigen wußten. So kam es, daß nicht nur die englischen Gelder nicht ausreichten, sondern, da diese Heirat Ursache war, daß der Landgraf großen Kredit erhielt, so stürzte er sich bald in ein Schuldenmeer, das in gar keinen Verhältnissen zu seinen Einkünften stand und dem Land bald eine schwere Last werden mußte. Mehr als Gold aber regnete es mit Titeln auf die Homburger, von Geheimräten bis ich weiß nicht auf was alles für Räte usw. herab. Ein alter Kammerdiener seines Vaters, namens Walther, der zugleich Barbier war und eine Barbierstube gehabt hatte, in welcher die Soldaten barbiert wurden, ward zum Medizinalrat gestempelt usw. Meine Anhänglichkeit an Homburg machte, daß ich alles mögliche tat, um mehr Leben in die kleine Stadt zu bringen. Wurden kleine Konzerte veranstaltet, so brachte ich Dilettanten und Künstler mit, dieselben zu verherrlichen, und sang öfters selbst mit einigen Homburger jungen Damen, die hübsche Stimmen hatten. War ein Ball, so engagierte ich wenigstens ein Dutzend Tänzer, an denen in Homburg gänzlicher Mangel war, und nahm sie auf meine Kosten mit. Ebenso ganze Kisten mit Orangen, Konfekt und Körbe mit Champagner, womit ich die guten Leute in Homburg reichlich regalierte. Dies alles, verbunden damit, daß ich einigen Schönen daselbst den Hof und artige Geschenke machte, konnte man sich nicht zusammenreimen und nicht glauben, daß ich es nur aus alter Liebe und Anhänglichkeit für Homburg selbst tue. Nein, dahinter steckt was anderes, zischelte man sich in die Ohren, der Mensch will gewiß eine gute Anstellung bei uns haben. Besonders suchten ein paar arme Advokaten sans causes, die nichts zu tun hatten und nach einem Stellchen seufzten, diese Meinung geltend zu machen, gegen mich intrigierend! Wie habe ich nicht gelacht, als mir dies durch einige gute Freundinnen wieder hinterbracht wurde. Ich eine Anstellung in Homburg! Wo der höchste Gehalt kaum 1500 Gulden war! Soviel und mehr brauchte ich oft in einem Monat; und wo sogar die Geheimräte noch in einer Art Taubenschlag oder schlimmer ihre Wohnung aufgeschlagen hatten! Es war wirklich zum Zerplatzen. Homburg konnte mir wohl und hauptsächlich wegen den Erinnerungen an die früher hier verlebten Zeiten eine angenehmer Aufenthalt auf ein paar Tage sein, aber in der Homburger Welt zu leben, in der selbst der früher so patriarchalisch gewesene Hof jetzt nur noch die Parodie eines größeren Hoflebens war und wo man einen wie den anderen Abend ohne Ausnahme Lotto spielte und Nummern ausrief, dies wäre denn doch eine zu arge Zumutung für mich gewesen. Daher war ich fast außer mir vor Lachen, als mir gesteckt wurde, welche Absichten man mir zutraute. Den Hof besuchte ich gar nicht. Zwar lebte die alte Frau Landgräfin noch, aber Prinzessin Auguste war an den Erbgroßherzog von Mecklenburg-Schwerin verheiratet. Dies hinderte mich aber nicht, vor wie nach die guten Homburger und ihre kleinen Feste zu besuchen und, soviel als an mir lag, zu verherrlichen. Außerdem war außer Breitenstein noch ein Haus da, welches mich anzog, und dieses war das des Homburger Generalissimus, Oberst F . . . ., der das 60 bis 80 Mann starke Heer, jedoch jetzt lauter junge Leute, kommandierte und ein paar liebenswürdige Töchter hatte, von denen die eine Berta und die andere Emma hieß. Eines Tages, bevor ich noch die Namen der beiden Fräuleins gekannt, sang ich in einem Konzert ein komisches Lied, in welchem eine Stelle vorkam, in der es heißt:

Verschmähet Berta meine Liebe,
Schenk' ich Emma gleich mein Herz usw.

Nun gab es ein Gezische und Geflüster in dem Saal. Man sah auf die beiden Mädchen, die überrot wurden, und behauptete, ich habe es auf diese abgesehen usw.

Da sich das Projekt der Befreiung Napoleons sehr in die Länge zog, auch immer beunruhigendere Nachrichten hinsichtlich seines Gesundheitszustandes von St. Helena eintrafen, so entschloß ich mich nun, einstweilen das Wochenblatt, für welches ich schon längst die Konzession in der Tasche hatte, in Offenbach erscheinen zu lassen. Ich hatte mir vorgenommen, besonders die erbärmlichen und jämmerlichen Zustände Frankfurts in demselben tüchtig mitzunehmen und zu geißeln, und hatte zu dem Ende öfters Rücksprache mit dem genialen Börne gepflogen. Ich ließ eine Vignette mit einem Januskopf und ein paar

Steckenpferde geißelnde Satyre in Holz stechen, um sie an die Spitze des Blattes zu setzen. Börne lieferte mir ein kleines einleitendes Gedicht dazu, und in der Probenummer, von der ich 20 000 abziehen und in Frankfurt und der Umgegend verteilen ließ, waren schon einige artige Histörchen, die in der guten Stadt kein geringes Aufsehen machten. Ich hatte nicht überlegt, daß Frankfurt nicht Berlin ist, daß in meiner guten Vaterstadt, wo Klatschsucht und Kleinstädterei eine so große Rolle spielen, daß sich jedermann um das bekümmert, was der andere zu Mittag speist, und wo, wenn man am Bockenheimer Tor niest, man am Allenheiligen Tor Prosit sagt, daß ein solches Blatt die ganze Stadt, in welcher alte eingerostete Vorurteile die Herrschaft hatten und die die meisten ihrer Einwohner, kaum aus ihren Mauern gekommen, für das Nonplusultra, das Paradies der Welt hielten, in Aufruhr bringen müsse, während die ohnehin witzigen und meist geistreichen Berliner, wie die Pariser, sich an solchen Dingen, wenn sie auch noch so arg, ergötzten, sobald es nur mit Geist und Witz geschah. Freilich verloren sich in der Größe jener Städte persiflierende Anspielungen in der Volksmenge, während in Frankfurt, wenn etwas dergleichen in dem Blatt auch noch so verblümt enthalten war, doch jedermann gleich mit Fingern auf die Personen deutete, denen es galt oder von denen man auch nur vermutete, daß es ihnen gelten könnte, denn auch für solche Dinge, welche die Stadt durchaus nicht anfochten, ruhte man nicht, bis man den Gegenstand, den sie betrafen, in Frankfurt aufgefunden haben wollte. Manches wurde mir freilich eingesandt, dessen eigentliche Bedeutung mir selbst erst klar wurde, nachdem es gedruckt erschienen, und ich hatte es nur aufgenommen, weil es mir für das Publikum unterhaltend schien. So war es mit Aufsätzen, wie: „Die unterbrochene Hochzeit“, „Nicht mehr als sieben Hausschlüssel“ und anderen, die mir oft unter fingierten Namen zugeschickt wurden. Auch machte die Wochenschrift, gleich nachdem ein paar Nummern derselben erschienen waren, fast die halbe Stadt rebellisch, und die Geld- und Familienaristokratie, die ich arg mitgenommen, verschwor sich, nicht zu abonnieren. Dagegen erhielt das Blatt um so mehr Abonnenten unter dem Mittelstand in Frankfurt und in der ganzen Umgegend, und die sogenannten Vornehmen Frankfurts brachten heimlich die Nummern einzeln an sich, welche ich durch die Buchhandlung, die die Expedition übernommen hatte, à 24 Kreuzer pro Nummer verkaufen ließ, während das Abonnement nur wenige Gulden für das ganze Jahr betrug. Fand sich irgendein Klatschgeschichtchen in einer Nummer, was fast jedesmal der Fall war, so wurden oft für ein paar Hundert Gulden von dieser an einem Tage geholt, und das Blatt trug mir bald 6–7000 Gulden jährlich reinen Gewinn ein. Doch ging es auch nicht ohne alle Unannehmlichkeiten ab, von denen mir die meisten die Theaterkritiken verursachten, da diese oft beißend waren, und besonders die hohe, aus Kaufleuten bestehende Oberdirektion in gewaltigen Harnisch brachten. Das Unverzeihlichste war dabei, daß ich immer recht hatte, die argen Blößen der Direktion dieses Kunsttempels schonungslos aufdeckte und dem Gelächter des Publikums preisgab. Zufälligerweise war damals ein naher Verwandter von mir, ein gewisser M . . ., durch Protektion als Gehilfe Ihlehs bei dem Theater angestellt worden. Dieser glaubte nun seine Sporen verdienen zu müssen, indem er die Verteidigung dieses Instituts übernahm und in einem Frankfurter Blatt über mich herfiel. Keine unglücklichere Idee konnte der werte Herr Vetter bekommen, der sozusagen das fünfte Rad am Wagen bei dieser Bühne war, nicht die mindesten Kenntnisse vom Bühnenwesen hatte und mich nun zwang, ihn zu geißeln und als jämmerlichen Kulissenschiebungsaufseher hinzustellen. Hierdurch wurde der arme Mensch vollends wütend gemacht, und als wir uns eines Tages ganz allein in dem Lesezimmer des Kasinos befanden, schlich er sich um mich herum, hinter meinen Rücken und wollte mir mit einem dicken Knotenstock von hinten eines versetzen. Ich hatte aber die Absicht des tapferen Patrons bemerkt, schielte auf die Seite, und als er eben den Arm aufhob, parierte ich den mir auf den Kopf zugedachten Hieb mit meiner in der Hand habenden Reitgerte und versetzte ihm ein paar derbe Kreuzhiebe damit ins Gesicht. Pfarrer Kirchner und der Sekretär der Gesellschaft traten gerade in diesem Augenblick ins Zimmer und verhinderten mich, den guten Vetter noch weiter wegen seines meuchlerischen Überfalls nach Verdienst zu belohnen. Doch berichtete ich die Sache an die Direktion der Gesellschaft, aus der M... nun ausgestoßen wurde. Der Mensch brütete jetzt Rache und glaubte bald eine passende Gelegenheit gefunden zu haben, diese mit großem Eklat an mir vollziehen zu können. Es hatte mir ein Frankfurter Bürger und Zahnarzt, namens R..., bei dem die erste Liebhaberin und sehr beliebte Schauspielerin Demoiselle L... zur Miete wohnte, mit der er sich überworfen hatte und vor dem Polizeigericht lag, einen Aufsatz mit der Überschrift: „Nicht mehr als sieben Hausschlüssel", zugesandt, der nicht ohne Witz die Geschichte einer keuschen Jungfrau erzählte, welche sieben Liebhaber gehabt und jedem derselben einen Hausschlüssel zu ihrer Wohnung und eine Nacht in der Woche zugestanden habe. Namen waren keine, oder doch nur ganz fremde genannt, und ich selbst ahnte den Zusammenhang der Sache nicht. Aber kaum war die Nummer, welche diesen Aufsatz enthielt, erschienen, so wußte die ganze Stadt auch schon, daß es der Demoiselle L... gelte. Der Einsender, der die ganze Geschichte, die nur Verleumdung war, um sich zu rächen, erfunden, hatte gehörig dafür gesorgt, es unter die Leute zu bringen, wer damit gemeint sei. Unglücklicherweise hatte sich Demoiselle L... so übel beraten lassen, daß sie die Sache auf sich bezog, und die Herren vom Theater veranstalteten eine Komödie in der Komödie, wozu mein Herr Vetter denn auch das Seinige redlich beitrug. Es wurden nämlich einige achtzig Freibillette auf die Galerien ausgeteilt, unter der Bedingung, daß die Inhaber derselben den Abend, für den sie gültig waren, Demoiselle L . . . herausrufen sollten. Diese sollte alsdann unter Tränen dem Publikum mitteilen, daß, so sehr sie auch dasselbe zu achten und zu schätzen wisse, und so äußerst lieb und teuer ihr der Aufenthalt in Frankfurt sei, sie doch unter solchen Umständen, da ihre Ehre so empfindlich in der Offenbacher Zeitung gekränkt sei, unmöglich länger bei dieser Bühne bleiben könne. Diese Worte sprach sie wirklich in einem weinerlichen Ton, schluchzend, und begleitete sie mit einem Strom von Tränen. Kaum hatte sie geendigt, als sich auf den Galerien ein furchtbarer Tumult erhob, die achtzig Freibillette taten, wie ihnen empfohlen worden, brüllten: „Hier bleiben, hinaus mit dem Rezensenten", und andere machten Chorus, ohne zu wissen, was dies zu bedeuten habe. Ich befand mich mit ein paar Bekannten mitten im Parterre, und da ich vorher schon durch einige Mitglieder vom Theater mündlich und durch Briefe unterrichtet worden war – mit einem paar der hübschesten damaligen Frankfurter Theaterprinzessinnen stand ich in einem ziemlich vertrauten Verhältnis und erfuhr durch diese alles, was sich bei demselben zutrug, und sogar was in den Komitees der Oberdirektion verhandelt wurde –, so hatte ich mich auf den Fall eines etwaigen Angriffs gut vorgesehen. Um mich herum blieb indessen alles sehr ruhig, ich ließ die gedungenen Lärmmacher sich ausschreien, verließ dann das Parterre, dessen Reihen sich vor uns öffneten, mit meinen Freunden, und man ließ uns unangetastet, ja sogar ehrfurchtsvoll durch. Damit war indessen die Sache noch nicht abgemacht, sondern zwei Tage darauf wurde ich vor das hochlöbliche Polizeigericht geladen, wo ich die untertänige Unterdirektion Ihleh und seinen Adjunktus M . . . vorfand, die mich im Namen der Oberdirektion als einen Ruhestörer des Theaters verklagt hatten und Genugtuung und sogar Entschädigung für den großen Nachteil, welchen die Rezensionen meines Blattes dem

Theater schon gebracht hätte, begehrten. Ein Herr Senator Wüstefeld, Vorstand der Polizei, teilte mir mit polizeilicher Wichtigkeit diese Klagen der Direktion mit und meinte, wenn ich dies Rezensieren nicht unterließ, so könne mich dies noch teuer zu stehen kommen, ja der hohe Senat der Stadt Frankfurt könne sich wohl veranlaßt finden, mein Blatt in der Stadt und deren Distrikt zu verbieten, und forderte mich auf, mich gegen die angebrachte Klage zu verteidigen. Ich erwiderte ihm mit wenig Worten: daß, da die Zeitschrift im Großherzogtum Hessen und mit Großherzoglicher Zensur erscheine, ich mich in Frankfurt auf solche Klagen gar nicht einlassen könne. Die Herren müßten sich an die Großherzoglich-Hessischen Behörden deshalb wenden. „Gut, dann wird man das Blatt verbieten", sagte der Polizeisenator. „Das kann ich nicht verhindern, aber dann könne es der Großherzoglichen Regierung leicht einfallen, die in Frankfurt erscheinenden Blätter ebenfalls zu verbieten, und dann", fügte ich lächelnd hinzu, „ich kenne meine Frankfurter. Verbieten Sie das Blatt, so mache ich bekannt, daß es im kurhessischen Städtchen Bockenheim zu haben ist, das, wie Sie, als in der Geographie gut bewandert, wissen, nur zehn Minuten von den Toren Frankfurts entfernt ist, und ich bin überzeugt, es wird noch zweimal soviel davon abgesetzt." Nun fing man an, mit mir zu unterhandeln, und die Theaterherren gaben den Wunsch zu erkennen, ich möchte doch wenigstens erklären, daß mit den sieben Hausschlüsseln die Demoiselle L . . . nicht gemeint sei, damit diese beruhigt und die Frankfurter Bühne nicht eines so eminenten Talentes beraubt würde. Zu was die Erfüllung dieses mehr als einfältigen Begehrens führen würde, sah ich im Augenblick ein und versprach lächelnd, diesem als bescheidene Bitte vorgetragenen Wunsch nachzukommen. In der nächsten Nummer des Blattes las man: „Mit dem größten Erstaunen haben wir vernommen, daß eine so tugendhafte Person und ausgezeichnete Künstlerin, wie Demoiselle L . . ., die Geschichte mit den sieben Hausschlüsseln auf sich bezogen hat. Wir erklären hiermit, daß es uns auch im Traum nicht einfallen konnte, Demoiselle L . . . damit zu meinen; übrigens wurde uns das Histörchen eingesendet." Über den Tumult im Theater hatte ich in der Rezension über das an jenem Abend aufgeführte Stück, es waren zufällig die deutschen Kleinstädter von Kotzebue, gesagt: „Das Publikum und Demoiselle L . . . fanden für gut, dieser Vorstellung noch einen fünften Akt hinzuzufügen, in welchem die Künstlerin L . . . abermals einen Beweis ihrer großen dramatischen Talente lieferte. Sie weinte dem Publikum eine gut einstudierte Rede so natürlich vor, daß dieses, durch die Macht ihrer Kunst hingerissen, sich veranlaßt fand, Komödie mitzuspielen. Doch hätte es bedenken sollen, daß einer so ausgezeichneten Schauspielerin, wie Demoiselle L . . ., jederzeit ein Strom von Tränen zu Gebote stehen muß. Dieses Nachspiel hätte man füglich auf dem Zettel, und zwar unter dem Titel: ‚Die Komödie in der Komödie', anzeigen sollen, dann hätte man gewiß ein volles Haus und ergo eine gute Einnahme gehabt." War vorher der Lärm unter dem Theaterpersonale groß, so machte jetzt die Geschichte in der Stadt und den benachbarten Orten, wo fast niemand wußte, was es mit den sieben Hausschlüsseln eigentlich für eine Bedeutung habe, ein ungeheures Aufsehen. Demoiselle L . . . hatte viele Feinde und besonders Neiderinnen, welche jetzt alle triumphierten, und zu spät sah die Ober- und Unterdirektion des Stadttheaters ein, welche Dummheit sie gemacht, diese Komödie aufführen zu lassen und mich noch obendrein zu einer solchen Erklärung aufzufordern. Vetter M . . . hielt sich indessen immer noch nicht für geschlagen. Da ich fortfuhr, die Bühnenböcke gehörig mitzunehmen, so stieß er einigemal, wenn er sich in Gesellschaft von Helden seiner Gattung befand, verblümte, aber laute Drohungen aus, wenn er mir wo begegnete. Ich konnte zwar die Sache nicht auf mich beziehen, ohne mir Blößen zu geben und mich zu der in Deutschland so häufigen Gattung von Schafsköpfen zu zählen, die, wenn das Wort Esel irgendwo ausgesprochen wird, sogleich schreien: „Damit war ich gemeint"; da sich indessen diese Gesellen, es waren ihrer drei, außer Vetter M... noch ein M... und ein kleiner Advokat N..., eines Morgens in der Stadtallee wieder mausig machten und es keine Menschen waren, mit denen auf eine ehrenvolle Weise eine Sache zu schlichten oder zu beendigen war, so ließ ich in einer Nummer meiner Zeitschrift folgendes abdrucken:

„Drei mehr als erwachsene Straßenjungen, die sich schon einigemal mausig machten, werden hiermit gewarnt, sich ferner die mindeste Unschicklichkeit zuschulden kommen zu lassen, wenn sie sich nicht einer empfindlichen Ahndung aussetzen wollen."

Die drei Herren hatten selbst dafür gesorgt, daß man schnell im Publikum wußte, wer mit den Straßenjungen gemeint war, und wurden nun allenthalben, wo sie sich sehen ließen, deshalb aufgezogen, so daß sie sich nicht anders helfen zu können glaubten, als durch eine gedruckte Erklärung in meiner Zeitschrift, daß sie nicht damit gemeint gewesen seien. Eines Morgens beehrten sie mich, drei Mann hoch, unangemeldet in meinem Arbeitszimmer und erklärten mir rund heraus: sie seien gekommen, um von mir zu verlangen, daß ich in meiner Zeitschrift abdrucke, sie seien nicht mit den „mehr als erwachsenen Straßenjungen" gemeint. Da ich dagegen erklärte, sie hätten sich vergeblich bemüht, wollten sie grob werden und drohten mir mit aufgehobenen Stöcken. Ich ergriff nun ganz ruhig eine an der Wand hängende ungeladene Pistole, auf die noch obendrein nur ein hölzerner Stein geschraubt war, spannte den Hahn und rief ihnen zu: „Der erste, der noch eine Miene verzieht, dem knalle ich vor den Kopf." Alle drei wurden nun leichenblaß. Mein Vetter M... verkroch sich hinter den Kaufmann M..., eine vierschrötige breite Person, mit einer Art Zyklopenkopf, den man wegen seinen unförmlichen

Zügen nur das Rasierspiegel-Gesicht nannte, und der kleine Advokat N... versteckte sich hinter meinen Vetter M... Kaum konnte ich das Lachen halten, als ich die drei Schmerzenssöhne mit ihren Jammergesichtern so nolens volens Gluckchens spielen, mich so wehmütig, wie keine Henne den Marder, anblicken und vor der ungeladenen Pistole zittern sah. Es machte mir Spaß, die Gesellen so einige Minuten zappeln zu sehen. Endlich sagte ich zu ihnen: „Übrigens soll euch euer Gesuch gewährt sein, in der nächsten Nummer werdet ihr die gewünschte Erklärung finden, aber nun packt euch." Ich machte ihnen die Türe auf, nach der sie zu kommen sich beeilten. Jeder wollte der erste sein, und ebenso stürzten sie die Treppe hinab und zur Haustüre hinaus. In der nächsten Nummer der Zeitschrift las man: „Die Herren M...., M... und N... haben mich mit einem Besuch beehrt, um sich zu erkundigen, ob sie mit den ‚mehr als erwachsenen Straßenjungen' gemeint seien, und als ich ihnen meine Verwunderung darüber zu erkennen gab, wie sie eine solche Frage an mich tun könnten, sagten sie mir: ‚Ja, man glaubt es in der ganzen Stadt', und baten mich, doch bekanntmachen zu wollen, daß sie nicht damit gemeint seien. Ich tue ihnen hiermit diesen Gefallen." Dies war dieselbe Geschichte wie mit Demoiselle L... Hatte man vorher nur vermutet, sie seien mit den Straßenjungen gemeint, so deutete jetzt jedermann mit Fingern auf sie. So ging es noch mit mehreren Aufsätzen, namentlich der „Unterbrochenen Hochzeit", wo am Trauungstag die Braut ausblieb, während der Bräutigam und alle Zeugen und Geladenen am Altar vergeblich harrten. Die Mutter der Braut, eine böse Sieben, hatte dieselbe mit Gewalt zurückgehalten, da der Bräutigam nicht eingewilligt hatte, die Mama mit zu heiraten, das heißt, sich ein Hauskreuz aufzuladen, indem er auch sie mit ins Haus nahm, obgleich der Mann, ein Simplex, noch lebte. Alle diese Geschichten machten großes Aufsehen, und ich stand mich, wie gesagt, in finanzieller Hinsicht vortrefflich dabei. Eine der komischsten war: Der Lord-Weißbinder. So nennt man in Frankfurt die Tüncher. Dieses Histörchen war mir jedoch von der betreffenden Familie, mit der ich gut bekannt war, selbst, und zwar mit der Bitte mitgeteilt worden, es in meiner Zeitschrift abdrucken zu wollen. Die Sache war folgende: Ein Tünchergeselle, der sich außer den Arbeitsstunden und besonders an Sonn- und Feiertagen gewaltig herausputzte, nach englischen Moden kleidete und so die Kirchen, Promenaden usw. besuchte, hatte sich in ein recht hübsches Mädchen, Emilie T . . ., die Tochter eines bankerotten und durchgegangenen Kaufmanns, dessen Gattin aber mit ihren Kindern in Frankfurt geblieben war, verliebt. Ich besuchte bisweilen Madame T . . ., die mir eines Morgens sagte: „Stellen Sie sich vor, lieber Herr Fröhlich, was ich da für eine Geschichte mit meiner Emilie habe." „Nun?" „Das Mädchen will mir einen Tünchergesellen zum Schwiegersohn bringen. So weit ist es doch noch nicht mit uns gekommen; sie hat ja noch ihr mütterliches Vermögen." „Aber wie geht das zu?" „Lassen Sie sich erzählen: Seit einiger Zeit läuft ein Mensch, gekleidet wie ein Engländer, fast jeden Abend wohl ein dutzendmal an unserer Wohnung vorüber, sieht immer nach unseren Fenstern und grüßt Emilie recht freundlich, die ihm, auch so wie ich, recht artig dankte. Wir hielten ihn in der Tat für einen reichen Engländer, und ich dachte, das könnte wohl eine gute Partie für meine Tochter abgeben, bis ich den verwichenen Sonntag gräßlich enttäuscht wurde. – Denken Sie sich, als wir in der reformierten Kirche Platz in unsern Stühlen genommen hatten, der Kirchendiener meiner Emilie ihr Gesangbuch gibt und sie dasselbe öffnet, fällt ein Briefchen heraus, welches die allerzärtlichste Liebeserklärung für meine Tochter, aber in einem sehr unorthographischen Deutsch geschrieben, enthielt. Ich meine, der Schlag sollte mich rühren, so etwas in einem Gesangbuch in der Kirche zu finden! – Aber Emilie lispelte mir zu: ‚Still, Mama, das ist von unserm Engländer, da drüben steht er und sieht auf uns.' Er stand richtig da, machte ein paar Augen, als wollte er uns verschlingen, und verwendete während der ganzen erbaulichen Predigt des Herrn Pfarrer Spieß kein Auge von uns. Als die Kirche aus war, stellte er sich an die Türe und grüßte uns im Hinausgehen wieder recht freundlich. Ich aber sagte zu meiner Tochter: der kann den Brief nicht geschrieben haben, er ist zu fehlervoll. ‚Mama, ein Engländer kann nie recht Deutsch.' Ich will gleich im klaren sein, ob das Schreiben von ihm ist. Ich warte nun, bis alle Leute aus der Kirche sind, gehe dann zum Kirchendiener, halte ihm das Briefchen vor und sage ihm: ‚Wer hat dies in das Gesangbuch meiner Tochter gelegt?' – Der Mensch wird leichenblaß und stottert zitternd: ‚Ach, liebe Madame, verraten Sie mich nicht, sonst komme ich um meinen Dienst. Ich habe doch nur einen lumpigen Sechsbätzner dafür erhalten, den Wisch in das Buch zu legen.' Wer hat ihm das Schreiben gegeben? ‚Der Sohn des Weißbinders Sch . . ., der Geselle bei dem Weißbinder L . . . ist.' Ich meine wieder, der Schlag rührt mich. Wie sieht der Mensch aus? ‚Ach, liebe Madame, dort steht er noch gerade der Kirche gegenüber, an dem Heiderischen Haus auf dem großen Kornmarkt, und sieht an einem weg hierher.' – Es war unser vermeintlicher Engländer, und jetzt war mir wirklich weh. Ich nehme meine Emilie beim Arm und eile mit ihr heim, indem ich ihr sage: ‚Daß du dich nicht umsiehst, sonst drehe ich dir den Hals um, du Hahlgans.' – Der Mensch aber verfolgt uns bis an die Haustüre, die ich hinter uns zuschlage, und spaziert dann noch eine Stunde vor dem Haus auf und nieder. Ich lasse aber meine Emilie um keinen Preis mehr an das Fenster und mache sie mit der Qualität des vermeintlichen Engländers bekannt. Was denken Sie, was mir das gottvergessene Mädchen antwortete? ‚Liebe Mutter', hat sie gesagt, ‚es ist immer noch besser einen Weißbinder, als gar keinen Mann.' Ich habe ihr aber tüchtig den Kopf gewaschen, und gestern habe ich sie mit vor ein Haus genommen,

welches ihr Liebhaber dermalen rot anstreicht, und habe ihr denselben, mit dem Schurzfell und dem Pinsel in der Hand auf dem Gerüst stehend, gezeigt, wie er selbst mit allen möglichen Farben bekleckst war. Ich hoffe, das soll geholfen haben, aber Sie tun mir wohl den Gefallen und setzen die ganze Geschichte in Ihr Blatt." „Wenn Ihnen ein Gefallen damit geschieht, recht gern, nur fürchte ich, daß es viel Aufsehen und Skandal machen wird." „Das tut nichts. Das will ich eben; dann wird meine Emilie gewiß geheilt. Sie ist so eine Romanheldin, die ihr Schäfchen im Niederräder Wald immer an einem Rosabändchen spazieren führt, ihm und sich ein Schäferhütchen aufsetzt, dann Idyllen liest usw." – Madame T . . . ließ mir keine Ruhe, bis ich ihr versprochen, die Sache in meiner Zeitschrift abdrucken zu lassen, was dann, wie ich vorhersah, abermals der guten Stadt Frankfurt auf vierzehn Tage Stoff zur Unterhaltung lieferte. – Die hübsche Emilie zu trösten und von ihrer Leidenschaft völlig zu heilen, übernahm ich mit Erlaubnis der Mama selbst, und die Kur gelang mir ganz nach Wunsch. Später heiratete sie einen Herrn von Z . . ., einen Ausbund aller Liederlichkeit und Schlechtigkeit, von dem sie sich schon nach ein paar Monaten wieder trennen mußte. Weit besser wäre sie mit dem ehrlichen Weißbinder gefahren.
Eine andere Sache, durch welche ich mir viele Feinde machte, unter denen auch die Mehrzahl meiner Anverwandten, die ich freilich nicht sehr schonend behandelte, war eine Kirchhofsgeschichte, welche die ganze Stadt in zwei Parteien teilte. Schon längst war die Rede davon gewesen, daß der einzige Kirchhof innerhalb der Stadt auf der Schäfergasse so sehr mit faulenden Leichen überfüllt wäre, daß es gefährlich für die Gesundheit der Lebenden sei. Viele Ärzte und alle vernünftige Menschen hatten sich deshalb ausgesprochen und bei der immer mehr zunehmenden Bevölkerung die Anlegung eines neuen Friedhofs außerhalb der Stadt begehrt, konnten indessen mit ihrer so vernünftigen als billigen Forderung

nicht durchdringen, da eine in Frankfurt sehr einflußreiche Familienaristokratie und die meisten Mitglieder des Senats, des gesetzgebenden Körpers und der Zweiundfünfziger schlechterdings dagegen waren. Da hieß es: „Ich will da faulen, wo meine Väter, Großväter und Urgroßväter, alle meine Vettern, Basen und meine Urgroßmütter, Großtanten usw. faulen.“ Nichts half es, daß man den Leuten begreiflich zu machen suchte, daß, wenn dies so fortgehe, in wenigen Jahren eine gefährliche Epidemie in Frankfurt ausbrechen könne. Sie beharrten steif und fest, auf dem alten Kirchhof begraben werden zu wollen. – Daß ich über diesen Gegenstand die Geißel der Satyre mit allen Kräften schwang, erboste die Altkirchhöfler nur noch mehr, die nun sämtlich meine erbittertsten Feinde wurden, während sich die Neukirchhöfler freuten und jauchzten. Und als ich gar eine Karikatur, diesen Kirchhofsstreit darstellend, als Beilage zu der Zeitschrift herausgab, da war der Teufel in allen Ecken los. – „Das ist ein gottloser, gottvergessener Höllenbraten“, hieß es, „dem nichts heilig ist, nicht einmal die Erde, in der seine gottseligen Vorfahren ruhen. Es ist eine Schande, daß der Unmensch ein Frankfurter Kind ist.“ Die am meisten gegen mich eiferten, waren meine eigenen Verwandten vom dritten bis ins zwanzigste Glied. – „Aber er ist so gut wie kein Frankfurter“, tröstete man sich wieder, „denn er ist von Kindheit an in der ganzen Welt herumgefahren. Darum mokiert er sich auch über alles, was bei uns vorgeht“, usw. Allerdings hatte ich genug Erfahrungen gemacht, um all die Vorurteile der guten Reichsstädter, die ich eigentlich nie gehabt, abzuschütteln und lächerlich zu finden. Möglich, daß wenn ich auch schon mit meinem vierzehnten Jahre, nachdem ich nur Frankfurter Schulen besucht, so ein Ziffern- und Nullenmaler auf einem finsteren Kontor geworden, dann ein oder zwei Jahre einen Ausflug in ein paar andere Handelsstädte gemacht hätte und ebenso spießbürgerlich zurückgekommen wäre, wie es den meisten Söhnen der Frankfurter

Handelsleute geboten wird, daß ich dann auch so ein Erzstubenhocker geworden wäre, für den Frankfurt die Welt ist. Aber dies hat nun einmal nicht sein sollen, und selbst dann würde ich mich schwerlich darein gefunden haben, mich glücklich zu schätzen, sonntags eine steife Forsthausfahrt, des Abends eine Partie in einem Kolleg oder dem Kasino zu machen, von Zeit zu Zeit einer Abfütterungsmahlzeit beizuwohnen oder eine solche zu geben und mich in den langweiligsten Teegesellschaften von der Welt herumzutreiben. Genug, ich war einmal zu einem echten Frankfurter Erzmenschen verdorben. – „Und das ist kein Wunder", hieß es allenthalben, „er hat schon als Kind nichts getaugt und wollte mit aller Gewalt ein Komödiant werden, war nach Weimar zum Goethe durchgegangen, der auch nicht viel besser ist und unserer Stadt keine große Ehre bringt mit seiner Komödien- und Romanschreiberei, und da haben ihn seine Eltern unter die Soldaten und gar unter die Franzosen stecken müssen. Dann ist er wieder bei den Preußen gewesen und ist so ä Franzos, ä Preuß, ä leichtsinniger Galgenstrick, aber kein ehrbarer Frankforter. Heiraten tut er auch nit, und keine Stell' will er auch nit, damit er das lustige Leben recht fortführen kann, und steckt immer mit den Komödiantinnen zusammen." – Dies war ungefähr die Reputation, deren ich mich in meiner guten Vaterstadt nach zweijährigem Aufenthalt zu erfreuen hatte. Auch die Kasinofähigkeiten hatte ich angegriffen und mich über diese lustig gemacht. Nach den Gesetzen des Frankfurter Kasino durften nämlich keine Kommis oder Buchhalter, keine Künstler, die Schauspieler oder Musiker waren, keine Juden usw. dasselbe betreten und noch weniger dessen Mitglieder werden. Kasinofähig waren nur Kaufleute ersten Ranges, Senatoren, höhere Angestellte in Frankfurt und dergleichen. Wollte man jemand als was Rechtes herausstreichen, so sagte man von ihm, statt es ist ein Ehrenmann: „er ist kasinofähig". Manche Personen, die sich anmeldeten, fielen durch, weil man sie für nicht reich oder vornehm genug hielt; dies war auch kürzlich einem Ehrenmann geschehen, den mehrere Kasinomitglieder vorgeschlagen hatten. Diese Gelegenheit hatte ich ergriffen, den kasinofähigen Herren ihre Albernheiten recht derb unter die Nase zu reiben, indem ich erzählte, wie jüngst ein Kaufmann seine Aufnahme durchgesetzt, weil er durch die Akten eines Prozesses dargetan, daß sein Großvater wirklich schon mit Schwefelhölzern gehandelt habe. – Als Iffland das letztemal in Frankfurt Gastrollen gab, war der Kasinoausschuß in großer Verlegenheit, was er zu tun habe, ob er dem großen Künstler eine Gastkarte schicken dürfe oder nicht, da die Kasinogesetze jedem Komödianten den Zutritt verweigerten. Endlich fiel einer der beratenden Herren auf folgenden Ausweg und schrie: „Wissen Sie was, meine teuern Kollegen. In Ifflands Person finden sich zwei verschiedene Naturen vereinigt, nämlich der Komödiant und dann der Generaldirektor der königlichen Schauspiele zu Berlin. Den ersten lassen wir daraus, dem Generaldirektor aber schicken wir eine Gastkarte." „Bravo!" rief man einstimmig, „das war ein kluger Gedanke, der uns aus aller Verlegenheit zieht." Man fertigte die Gastkarte aus und übersandte sie dem Herrn Generaldirektor, nachdem derselbe schon mehrere Tage in Frankfurt gewesen und schon einigemal aufgetreten war. Iffland, der die Frankfurter Kasinogesetze kannte und von der Sache unterrichtet war, schickte den Herren die Karte mit dem Bemerken zurück, er bedauere, keinen Gebrauch von derselben machen zu können, indem er keine Orte besuche, die seine Kameraden nicht betreten dürften; er sei auch Schauspieler. Zwar habe er schon die Ehre gehabt, von fürstlichen Personen und selbst von seinem König zum Frühstück eingeladen worden zu sein, aber er gebe gern zu, daß ihn dies alles nicht berechtige, sich in Frankfurt für kasinofähig zu halten. Was machten die kasinofähigen Herren für Augen, als sie dies mit der zurückgeschickten Karte zu Gesicht bekamen, und welche, als sie die Geschichte in meiner Zeitschrift abgedruckt fanden! – Mit dem hohen Senat und der nicht minder hohen Polizei hatte ich es ohnehin schon längst verdorben, die Albernheiten, Gewalttätigkeiten und dummen Streiche derselben geißelnd. – Eine Tages war ich mit ein paar Damen nach Wiesbaden gefahren und hörte, mit denselben hinter dem Kursaal auf und ab spazierend, wie ein daselbst sich zur Kur befindlicher Senator, namens Lucius, den andere Kurgäste gefragt hatten, wer wir seien, denselben antwortete: „Wer werd's sein? Es sin anige von unsern Untertane, der än schreibt ä Zeitung." – Natürlich gab dies wieder Stoff für mein Blatt und zum Lachen für meine Leser.

Unterdessen vermehrte sich die Zahl meiner Abnehmer so, daß mein Einkommen immer bedeutender wurde, denn die Zeitschrift wurde auch sehr viel in den umliegenden Städten, wie Darmstadt, Mainz, Hanau, Wiesbaden, Heidelberg, Mannheim, Koblenz, Wetzlar usw., gelesen, wohin ich von Zeit zu Zeit kleine Reisen machte, um Stoff von dortigen Lokalitäten zu sammeln. Nach Darmstadt ritt ich jedesmal, wenn daselbst in dem eben erst fertig gewordenen prächtigen Theater große Opern aufgeführt wurden, die mit außerordentlicher Pracht und großem Aufwand und auch in musikalischer Hinsicht vortrefflich gegeben wurden, da bedeutende Talente, wie der Tenorist Wild usw., ein vortreffliches Orchester und gut einstudierter Chor zusammenwirkten. Der Großherzog selbst dirigierte die Proben. Oft fuhren wohl über hundert Wagen voll Schau- und Hörlustiger sonntags von Frankfurt nach Darmstadt, um einer solchen Vorstellung beizuwohnen, über die ich dann berichtete. „Ferdinand Cortez", „Die Vestalin", „Don Juan", „Der Freischütz" usw. wurden in jeder Hinsicht mit einer Vollendung wie auf keiner anderen Bühne gegeben, und das Frankfurter Theater war im Vergleich mit dem Darmstädter eine Marionettenbude.

Damals ließ mir die Frankfurter Direktion durch eine

dritte Person freies Entree auf jeden mir beliebigen Platz anbieten, was ich lachend mit den Worten zurückwies: „Eben weil ich frei und nach meiner Überzeugung schreiben will, kann ich von keinem freien Entree Gebrauch machen." Die Herren messen einen jeden nach sich und wissen, daß man unter andern durch ein freies Diner in Frankfurt, selbst bei den Herren Senatoren, viel er- und bewirken kann und meinen, alle über einen Leisten schlagen zu können. Ich könnte mich über ein solches Anerbieten vielleicht ärgern, wenn ich nicht wüßte, was man solchen Leuten alles zugut halten muß.

Meine Zeitschrift hatte damals eine solche Furcht in Frankfurt und auch bei der vornehmen Frauenwelt erregt, daß manche derselben, wenn sie mich auf den Promenaden von ferne kommen oder reiten sahen, schnell einen Seitenweg einschlugen oder sich hinter ein Gebüsch versteckten, und wenn man fragte: „Woher diese übertriebene Furcht?", erwiderten sie: „Ja, wenn mer ebbes Dummes schwäzt oder ebbes Albernes mächt, dann setzt der's gleich in sein Blatt." Da mir dies mehrmals wieder zu Ohren gekommen war, so ließ ich in einer Nummer desselben abdrucken: „Diese Furcht sei durchaus unbegründet; denn wenn ich all das dumme Zeug, das in Frankfurt geschwatzt oder gemacht wird, in meiner Zeitschrift abdrucken lassen wollte, so könnten mir alle Papiermühlen in ganz Deutschland nicht Papier genug liefern."

Zu jener Zeit erhielt ich ein Schreiben von der Signora Catalani, worin diese mir meldete, daß sie zu der bevorstehenden Herbstmesse nach Frankfurt kommen und daselbst ein paar Konzerte geben wolle. Ich möchte einstweilen Zimmer in einem Hotel für sie bestellen. Dies tat ich im Englischen Hof, und bald darauf kam die Signora mit ihren Kindern, aber ohne ihren Mann, auch ohne den dicken Burgmüller; nur ein alter adliger französischer Ehrenkavalier, Monsieur le Baron de Weber, begleitete sie. Da sie schon früher in Frankfurt gewesen und daselbst gesungen hatte, so gab ich ihr den Rat, jetzt die Eintrittskarten zu ihrem Konzert von einem Dukaten auf vier Gulden herabzusetzen, den sie auch befolgte. Doch wollte sie nun auch nicht mehr als vier Gulden für jedes mitwirkende Glied des Frankfurter Orchesters bezahlen, die früher ebenfalls einen Dukaten erhalten hatten. Dies wollten sich aber die Herren durchaus nicht gefallen lassen. Sie bestanden auf ihrem Dukaten, und der Kapellmeister der Frankfurter Oper, Guhr, riet ihnen, fest darauf zu beharren. Signora Catalani, die ihrerseits, wie wir wissen, ihr Köpfchen hatte, bestand auf den vier Gulden und wollte lieber kein Konzert mehr in Frankfurt veranstalten als nachgeben und ungehört wieder abreisen, da in der ganzen Stadt, außer den bei dem Theater angestellten Virtuosen, sich keine anderen Musizi befanden, fähig, in einem Konzert zu spielen. Ich dachte einen Augenblick über die Sache nach und sagte dann zu der aufgebrachten Primadonna: „Beruhigen Sie sich, ich schaffe Ihnen ein treffliches Orchester.“ „Wie das?“ „Ich fahre nach Mainz und hole dort die für Ihr Konzert nötigen Virtuosen.“ „Glauben Sie, daß sie kommen werden?“ „Gewiß, nur muß man sich es etwas kosten lassen.“ „Gleichviel, es mag kosten, was es will, das Doppelte, das Dreifache, wenn wir nur den Frankfurter Musikern zeigen, daß wir auch ohne sie ein Konzert geben können und ihrer nicht bedürfen.“ Ich ritt nun sogleich in vollem Trabe nach Mainz, nachdem ich der Catalani noch eingeschärft, durchaus niemand etwas von unserm Vorhaben merken zu lassen. In Mainz begab ich mich zu dem Kapellmeister des dortigen Theaters, engagierte ihn nebst fünfzehn Orchestermitgliedern für das bestimmte Konzert und versprach, die Herren selbst am festgesetzten Tag früh genug abzuholen, um vorher noch die nötige Probe mit Madame Catalani halten zu können. Das Konzert war angekündigt, der Tag bestimmt, und die Frankfurter Orchesterherren glaubten ihre Dukaten schon in der Hand zu haben, denn ohne sie war nach ihrer Meinung das

Konzert schlechterdings unmöglich. Sie erwarteten jede Stunde die Einladung zur Probe, die – nicht kam. Als der Tag herangekommen, ritt ich in aller Frühe wieder nach Mainz, mietete daselbst vier Wagen und fuhr um 2 Uhr nachmittags mit meinen Virtuosen und ihrem Kapellmeister in den Englischen Hof ein, wo ihrer ein köstliches Mittagsmahl harrte, worauf probiert wurde. Ganz unbemerkt war ein Wagen nach dem andern durch das Bockenheimer Tor und ebenso unbemerkt in den Gasthof gefahren, was, da gerade Messe war, wo stündlich viele Fremde ankommen, um so weniger auffallen konnte. Niemand hatte also das Dasein der fremden Virtuosen vermutet. Guhr und sein Orchester konnte sich die Sache gar nicht erklären. Schon war es vier Uhr nachmittags, weder er noch Proben verlangt worden, und er behauptete, daß trotz den angeschlagenen Konzertzetteln und schon verkauften Billetts das Konzert dennoch nicht stattfinden könne. Zu demselben hatte ich den Dickischen Saal im Roten Haus gemietet, und ehe es 6 Uhr war – die bestimmte Stunde zum Anfang –, fuhr ich mit meinen Mainzern in den Hof des Roten Hauses und führte sie in ein Nebenzimmer des Saales, ohne daß sie jemand bemerkte. Den Kapellmeister Guhr hatte die Neugierde, um zu erfahren, wie sich dies Rätsel lösen werde, mit noch ein paar Virtuosen von seinem Orchester in den bereits überfüllten Saal getrieben, und statt die gehofften Dukaten zu erhalten, mußten auch sie den Eintrittspreis von vier Gulden bezahlen. Jetzt schlug es 6 Uhr. Auf taten sich die Flügeltüren, welche in das Nebenzimmer führten, und aus demselben traten zwanzig Mann hoch der Mainzer Kapellmeister mit seinen Musizi, ihre Instrumente in der Hand, und stellten sich an ihre Notenpulte. Wie rissen Guhr und seine Begleiter die Augen auf! „Den Streich hat uns wieder der verdammte Fröhlich gespielt", rief ersterer aus. „Ja, wäre es nur nicht gerade Messe, wir ließen die Herren sämtlich durch die hochlöbliche Polizei abführen", sagte ein anderer, „aber so ist Meßfreiheit. Da darf jeder Landstreicher mit seiner Fiedel frei in unserer freien Stadt einziehen und den Leuten die Ohren vollgeigen." Das Konzert nahm unter ungeheuerem, fortdonnerndem Applaus ungestörten Fortgang, und nach demselben gab ich den Mainzer Herren noch ein splendides Souper auf meine Kosten im Englischen Hof, worauf sie mit Sang und Klang noch dieselbe Nacht zurückfuhren. Auf den andern Morgen hatte ich in dem Forsthaus bei der Frau Oberförsterin ein Gabelfrühstück bestellt, zu dem ich Madame Catalani und die Ihrigen nebst mehreren meiner Bekannten und auch den Kapellmeister Guhr eingeladen, der jedoch, fürchtend gehänselt zu werden, nicht erschien. Die Signora sang nach demselben zur großen Freude der Gesellschaft ein paar Lieder. Ihren Ehrenkavalier aber, den Baron von Weber, dessen ganzes Verdienst darin bestand, daß er der Milchbruder der unglücklichen Maria Antoinette gewesen, was ihn auch baronisiert hatte, und der sich in allen Dingen so ungeschickt als tölpelhaft benahm, zu gar nichts zu gebrauchen war, auch nichts repräsentierte, schickte sie noch an demselben Tag, ihn verabschiedend, mit einem Tausendfranken-Billett nach Paris zurück. – Madame Catalani verweilte noch einige Tage in Frankfurt, und ich geleitete sie bei ihrer Abreise bis Mainz.

Unterdessen war das Projekt, Napoleons Befreiung zu bewirken, ziemlich vorgeschritten. Lord C... hatte zwei Mittel vorgeschlagen, den Exkaiser von St. Helena zu entführen. Das erste war vermittelst eines Luftballons, an den man ein Schiffchen befestigen müsse, das zu gleicher Zeit im Wasser zu gebrauchen sei und eine Last von zwei Menschen tragen könne. Doch gab er diese Idee bald selbst wieder als unausführbar auf, da, wenn man auch die Unmöglichkeit, den Ballon zu leiten, nicht berücksichtigen wollte, und das Steigen desselben auch nur bei Nacht tunlich war, wo man dann in der Höhe hätte Laternen anzünden müssen, so hätte der Ballon, vom Wind getrieben, ja leicht nach der entgegengesetzten Seite

des zu seinem Empfang bereiten amerikanischen Schiffes steuern können oder sich vielleicht gar wieder auf der Insel selbst niederlassen müssen. Das zweite Mittel bot keine dieser Schwierigkeiten. Es bestand darin, ein Boot konstruieren zu lassen, das mehrere Schuh tief unter dem Wasser gehe und Raum für acht bis zehn Menschen habe. Dieses war auch schon in Amerika bei einem geschickten Mechaniker, der zugleich Kenntnisse von der Schiffsbaukunst besaß, bestellt und in Arbeit, das Modell dazu aber schon in London angekommen, und man hatte damit vollkommen genügende Versuche gemacht. Vermittelst eines angebrachten Räderwerks konnte man die Maschine nach Belieben tiefer oder höher unter die Oberfläche des Wassers bringen und durch Einhaken das fernere Sinken oder Steigen des Bootes verhindern, so daß es in der sich befindlichen Tiefe vermittelst anderer ruderartiger Räder ohne große Anstrengung mit einer ziemlichen Schnelligkeit horizontal fortbewegt werden konnte. Die Sache war nun schon so weit gediehen, daß ich mich zur baldigen Abreise nach London anschicken konnte, wo ein Schiff mit solchen Waren beladen werden sollte, die England nach Ostindien exportiert, wie Eisen, Zinn, Woll- und Manufakturwaren usw. Lord C... hatte selbst eine Reise nach den Vereinigten Staaten gemacht, um daselbst einstweilen die nötigen Vorkehrungen zu treffen und Schiffe von verschiedener Größe auf längere Zeit zu mieten, die dann später in einer gewissen Entfernung von St. Helena kreuzen, sich einander ablösen und eine beständige Verbindung mit Amerika unterhalten sollten.
Ehemalige französische Marine-Offiziere, die sich in den Vereinigten Staaten oder in dem sogenannten Champ d'Asyle befanden, sollten sie befehligen. Schon war alles soweit bereit, daß meine Abreise nach England und von da nach Ostindien festgesetzt war, als einige Wochen früher die offizielle Nachricht von Napoleons erfolgtem Tod eintraf. Mit ihr waren alle unsere Projekte, Pläne

und Vorkehrungen zu Wasser geworden und schon sehr bedeutende Summen vergebens verschwendet.
So geht es nun einmal: Der Mensch denkt, Gott lenkt. Der Herr hatte es anders beschlossen und den Gefangenen nicht nur von St. Helena, sondern von allen Qualen dieses irdischen Jammertals befreit. Wer weiß, wenn die beabsichtigte Befreiung dieses Mannes gelungen wäre, welche Schicksale beiden Hemisphären geworden. Die damals noch sehr große Zahl seiner Anhänger und die noch weit größere aller Unzufriedenen und Mißvergnügten hätte wieder einen Vereinigungspunkt in dem Exkaiser gefunden und die Welt abermals in Flammen gesetzt. Daß der Plan mit viel Umsicht, Klugheit und Voraussicht angelegt war, wird niemand in Abrede stellen können. Das dazu erbaute Boot war noch lange ein Gegenstand der Neugierde und wurde von vielen Reisenden in Nordamerika besichtigt.
Mit dem Frühling dieses Jahres hatte ich mein Hauptquartier in Offenbach aufgeschlagen, wo noch immer ein heiteres und geselliges Leben herrschte, wenn auch mehrere Häuser, wie Bernhards und d'Orvilles, sehr zurückgegangen waren. Diese hatten gerade damals noch an dem Weinlandschen Prozeß zu laborieren, der endlich durch einen Vergleich, bei welchem diese Tabaksfabrikanten für ihre jetzigen Verhältnisse schwere Opfer bringen mußten, beseitigt wurde. Diese Leute konnten aber noch immer nicht ihre früheren glänzenden Umstände vergessen, lebten mehr in der Vergangenheit als in der Jetztzeit und redeten unaufhörlich, gleich alten Jungfern, die sich mit Wohlgefallen an die Kurmacher ihrer Jugend erinnern, von der Kapelle Bernhards, seinen Festen usw. Von dem allem war ihnen nichts mehr übriggeblieben als ein lächerlicher Hochmut und Dünkel, der sie zum Gespötte der übrigen Einwohner Offenbachs machte, von denen sie mehrere in jeder Hinsicht weit überflügelt hatten. Auch die Maskenbälle waren bei weitem nicht mehr das, was sie früher, sondern sehr ins Gemeine ausgear-

tet; dagegen wurden mehrere geschlossene auf Subskription veranstaltet, die schön und glänzend waren. Auf einem derselben wechselte ich siebenmal das Kostüm, um meine guten Frankfurter desto besser intriguieren zu können. Aus einem Zuckerhut schlüpfte ich als Figaro, aus einem Eremiten verwandelte ich mich in Ritter Roland usw. Auch einen Don-Juan-Zug, fast so prächtig wie einst der in St. Carlo zu Neapel, veranstaltete ich, der nicht wenig Aufsehen machte und Stoff zu Gerede in Frankfurt gab, wobei ein wunderschönes Mädchen, die Tochter eines blinden Weinhändlers, Fanny M . . ., mein Zerlinchen war, mit der ich jedoch bald wieder zerfiel, als sie erfuhr, daß ich Urspruchs öfters besuche und mit Betty Rollen durchgehe. Der Zahnausreißer Hofrat Meyer, wenn auch schon ziemlich kaduk, spielte indessen noch immer, so gut es gehen wollte, seine alte Rolle, die des Stadthanswursts, fort. Noch früher, als ich nach Offenbach gezogen war, hatte ich Sr. Durchlaucht dem Fürsten Y., der sich damals in Birstein aufhielt, einen Besuch daselbst gemacht, aber Höchstdieselbe in den allerpitoyabelsten Umständen gefunden, krank und schachmatt an Leib und Seele, und die Krankheit von so böser Art, daß es unmöglich war, länger als ein paar Minuten in der verpesteten Stubenluft auszuhalten. Der Fürst war durch den Wiener Friedenskongreß mediatisiert worden. Seine zahlreichen Gläubiger hatten sich jetzt alle gemeldet und hörten nicht auf, ihn zu bestürmen. Mit einem jämmerlichen Armensünder-Gesicht geruhten Seine Durchlaucht, mich von ihren schrecklich fatalen Umständen zu unterhalten, und endigten damit, daß ihm hoffentlich seine unbarmherzigen Gläubiger noch soviel lassen müßten, daß er wenigstens eine Suppe und ein Stückchen Rindfleisch essen könne. „Auch noch etwas mehr“, tröstete ich den armen Mann, der mir in der Tat Mitleid einflößte, war aber doch froh, als ich mich beurlaubend wieder entfernt hatte und frische Luft atmete. Wenige Monate darauf starb er, erst 55 Jahre alt.

In Offenbach hatte ich mich im Gasthaus zum Isenburger Hof eingemietet, dessen Wirt Z . . . . noch eine junge hübsche Frau und zwei artige Töchter, Stiefkinder der letzteren, hatte. Das Haus hatte früher der bekannten Schriftstellerin Sophie von La Roche gehört, und ich bewohnte die Zimmer, in welchen diese Dame ihre meisten Romane und Familiengeschichten in Briefen schrieb. Sie war, bald nachdem ich das Vaterhaus zum erstenmal verlassen, schon 1807 gestorben. Ich hoffte, daß mich ihr Geist oder vielmehr der ihres geliebten Wieland bei meinen literarischen Arbeiten umschwebe. Eine Nacht glaubte ich wirklich, Sophiens Gestalt, und zwar mit einem sehr zürnenden Gesicht, vor meinen Bett stehen zu sehen. Es mag aber wohl ein Gebilde meiner Phantasie gewesen sein, denn ich hatte den Abend vorher in einer Laube ihres ehemaligen Gartens einen Aufsatz für meine Zeitschrift, die ich jetzt dreimal wöchentlich erscheinen ließ, geschrieben, in dem von ihr die Rede gewesen.

In Offenbach wohnte damals ein Mensch, der sich Broli nannte und eine Art Cagliostro im kleinen war. Er besaß wie jener die Gabe und das Talent, alle Einfaltspinsel, Schwach- und Dummköpfe, besonders weibliche, so von sich einzunehmen, daß sie einen von Gott gesandten Propheten in ihm sahen, ihn als einen solchen verehrten und ihm den letzten Groschen, das letzte Hemd vom Leibe gaben, wenn er es verlangte. Dieser Mensch, dessen eigentlicher Name Bernhard Müller war, hatte sich in äußerst dürftigen Umständen und in Gesellschaft zweier feilen Dirnen in Offenbach niedergelassen, wo alle drei die Rollen frommer Schwärmer spielten. Müller hatte sich früher in Aschaffenburg, Regensburg und eine Zeitlang in England herumgetrieben, durch seine Heuchelei fromme Pietisten und Pietistinnen gehörig zu prellen verstanden und sich den Namen Broli beigelegt. Plötzlich aber hatte er das gastfreie England wegen seinen an den Tag gekommenen Betrügereien verlassen müssen, sich dann nach Stuttgart und Würzburg geflüchtet, von wo er wegen daselbst verübten Gaunereien wieder flüchtig werden mußte, sich nach Offenbach begab und arm wie Hiob daselbst ankam. Bald aber gelang es ihm, die Bekanntschaft einiger sehr reichen Pietisten-Familien in Frankfurt, namentlich Häusers und Zickwolfs, zu machen, welche den überfrommen Mann so reichlich mit Geld bedachten, daß derselbe bald instand gesetzt wurde, ein wahrhaft sardanapalisches Leben in Offenbach zu führen. Wie es derselbe verstand, sich bei dummen Frömmlingen einzuführen und als Propheten geltend zu machen, mag folgendes Pröbchen beweisen. Als er der Madame Häuser in deren Wohnung vorgestellt wurde und die Frau zum erstenmal erblickte, kreuzte er die Arme über die Brust, verdrehte die Augen, gen Himmel blickend, und rief aus: „Großer Gott, was sehe ich, dies ist das leibhaftige Gesicht, das du mir so oft als reine Jungfrau, als himmlischen Engel bei meinen mitternächtlichen Gebeten hast erscheinen lassen." Jetzt warf sich der Mann Gottes vor der Dame auf die Knie und sagte: „Reiner Engel Gottes, ich bete dich an, du bist eine der Gebenedeiten des Herrn, Heil und Segen ist mit dir." Jede vernünftige Frau würde den Menschen für einen Tollen gehalten und zur Türe hinauswerfen lassen; dies tat aber Madame Häuser nicht, deren schwache Seite Müller längst erforscht hatte, sondern sie hob den Mann liebreich auf, war entzückt von ihm, händigte ihm noch in derselben Stunde mehrere Tausend Gulden zu frommen Zwecken ein und bewog alle ihre Verwandten und Bekannten, die Pietisten waren, sowie die Familie Zickwolf, dem groben Betrüger ungeheure Summen, immer zu frommen Zwecken, zu geben, die derselbe in Offenbach auf einem prächtigen Landgut, das er daselbst erstanden, in den schamlosesten Orgien verpraßte, bei denen seine eingeweihten Helfershelfer und liederliche Dirnen nakkend allerlei Tänze usw. aufführten. Aber mit großer Ostentation spendete er viel Almosen an die Offenbacher Armen, um sich bei den Einwohnern beliebt zu machen

und von den Behörden geduldet zu werden. Nichts vermochte den Betrogenen die Augen zu öffnen, nichts half es, ihnen die klarsten Beweise der Betrügereien des Gauners zu liefern; sie waren und blieben so verblendet, daß sie alles nur für Verleumdung gegen den von Gott zur Rettung der Menschheit gesandten Mann hielten und ihm, nachdem er es zu bunt gemacht, von der Darmstädter Regierung gezwungen wurde, auch Offenbach wieder zu verlassen, mit den Resten ihres Vermögens nach Amerika folgten, wobei er ihnen verkündigt hatte, daß eines der mitreisenden Mädchen, die bereits in der Hoffnung war, unterwegs einen neuen Sohn Gottes gebären würde! Daß alle und er selbst in Amerika ins größte Elend und Unglück kamen und Broli auf dem Mississippi sein Leben endete, ist bekannt.
Da ich damals das Frankfurter Theater seltener besuchte und die Abende lieber im Freien, nach Bergen, Wilhelmsbad, Berkersheim, Seligenstadt usw. reitend, zubrachte, als mich in dem immer mit einer verpesteten Luft geschwängerten Haus drei Stunden aufzuhalten, so hatte ich mit dem das Orchester dirigierenden Kapellmeister abgemacht, daß er mir hauptsächlich die Opernkritiken für meine Zeitschrift liefern möge. Da diese nun mit außerordentlicher Sachkenntnis geschrieben waren und bis in die kleinsten Details der Exekution gingen, auch nicht ganz unparteiisch waren und man mich nicht oft im Theater sah, so hatte das Theaterpersonal bald Verdacht hinsichtlich des wahren Verfassers und fand es abscheulich, daß ein Mitglied des Instituts dasselbe so kritisiere. Eines Morgens, nachdem sich wieder ein ausführlicher Artikel über die letzten Operndarstellungen in der Zeitschrift befunden hatte, vereinigte sich ein Teil der Sänger und Schauspieler während der Probe, um nach Beendigung derselben sogleich zu mir nach Offenbach zu fahren, um über den Namen des Verfassers dieser Kritiken von mir Gewißheit zu erlangen, und versicherten, ehe sie abfuhren, ihren Kameraden auf ihr Wort, sie wür-

den nicht zurückkommen, ohne den Namen schwarz auf weiß mitzubringen. Es war kurz vor der Essenszeit, als es an meinem Zimmer im Isenburger Hof klopfte, und auf mein „Herein“ trat der Schauspieler Henkel ein. Kaum hatte ich diesen gerragt, was mir das Vergnügen seines Besuchs zuziehe, so trat auch der Sänger Dobler, nach diesem der Tenorist Kastner usw., in allem sieben Mann, in das Zimmer, deren Sprecher mir nun rund heraus erklärte: sie seien gekommen, um von mir den Namen des Verfassers der Opernrezensionen zu erfahren, und als ich ihnen darauf erwiderte, ich könne hierauf keine andere Antwort geben, als daß ich die ganze Verantwortlichkeit derselben auf mich nehme, sagte Herr Henkel: „Damit können wir uns nicht begnügen. Wir müssen durchaus wissen, wer sie schreibt, und werden nicht eher Offenbach verlassen, als bis wir dies schriftlich von Ihnen haben, denn wir gaben unsern Kameraden in Frankfurt das Wort, es schwarz auf weiß mitzubringen.“ „Das bedauere ich sehr, meine Herren, denn ich gebe Ihnen mein feierliches Ehrenwort, daß Sie ohne dieses Offenbach verlassen oder meinetwegen ewig hierbleiben werden.“ „Das wollen wir doch sehen“, meinten die Herren, „da gibt es noch Mittel usw.“ und nahmen nun eine drohende Haltung und Miene an. Ich aber griff nach meinem neben mir hängenden Jagdgewehr und sagte mit starker Stimme: „Dies ist also auf einen meuchlerischen Überfall abgesehen, wo Notwehr zur Pflicht wird. Wer von Ihnen noch einen Schritt weiter tut, dem jage ich die Posten ins Gehirn“ (notabene: das Gewehr war nicht geladen), und meine beiden Hunde schlugen an. Die Herren sahen sich jetzt bestürzt an. In demselben Augenblick ging meine Stubentür auf, und mein Reitknecht und der Wirt, Herr Ziegler, traten ein und fragten, was es da gebe. „Nichts“, erwiderte ich lachend; „die Herren sind Schauspieler und haben hier nur so eine Art Probe halten wollen.“ – Alle standen nun ganz beschämt wie ausgezischte Schauspieler da. Ich aber sagte zu Herrn

Ziegler: „Belegen Sie noch sieben Kuverte an der Tafel. Die Herren sind sämtlich meine Gäste; nicht wahr, meine Herren, Sie nehmen doch die Einladung an, damit Sie sich nicht ganz umsonst nach Offenbach bemüht haben, erzeigen Sie mir die Ehre?" – Sie murmelten nun ein allerlei unverständliches Durcheinander, von zuviel Ehre, nicht annehmen können usw., dem ich ein Ende machte, indem ich sagte: „Zu Tisch, meine Herren, man hat bereits serviert, nicht wahr, Herr Ziegler?" „Freilich, die Suppe steht schon auf dem Tisch." „Wohlan, so lassen Sie uns gehen." Ich öffnete nun die Türe und bat sie, mich in den Speisesaal zu begleiten, wo wir noch einige Fremde fanden. Anfänglich war die Unterhaltung, so sehr ich sie auch zu animieren suchte, ziemlich einsilbig, nachdem jedoch einige Flaschen geleert waren und auch Champagner geperlt hatte, wurden die Herren gesprächiger und endlich sehr munter. Nach Tisch bequemten sie sich bald zur Heimfahrt, baten mich aber dabei dringend und mit Armensündergesichtern, ich möchte doch ja nichts von diesem Vorfall in meiner Zeitschrift erwähnen, was ich ihnen auch versprach. Als sie nach Frankfurt zurückkamen und von allen Kameraden gefragt wurden: „Nun, habt ihr's, wer ist's? Heraus damit!", standen sie wieder wie ausgezischte Komödianten da und mußten noch oft bei den Proben hören: „Nun, wann fahren wir wieder nach Offenbach, den Namen des Opernrezensenten zu holen?" Dieser aber war zwei Stunden, nachdem mich die Herren verlassen hatten, in aller Eile am Isenburger Hof angefahren und hatte mich bebend gefragt: „Mein Gott, die usw. waren bei Ihnen, Sie haben mich doch nicht verraten, sonst bin ich ein verlorener Mann." „Sie müssen mich schlecht kennen", antwortete ich ihm, „sonst würden Sie so nicht fragen." Mein Wirt Z . . . aber bedauerte, daß ich es nicht habe so weit kommen lassen, daß man Ursache gehabt, die sieben Herren arretieren und so vierzehn Tage lang einstecken zu lassen, wodurch die Frankfurter Theaterdirektion in die größte Klemme gekommen wäre, und das Haus hätte einige Zeit schließen müssen.

Der eben ausgebrochene Aufstand der Griechen machte zu jener Zeit außerordentliches Aufsehen in ganz Europa und fand namentlich auch große Teilnahme in Deutschland. Ich interessierte mich sehr für diese Sache und die Befreiung der armen Griechen von dem türkischen Joch und hatte eine Zeitlang große Lust, nach Griechenland zu ziehen, woran mich aber bald darauf eingetretene Familienverhältnisse, die meine Gegenwart in der Nähe meiner Eltern heischten, verhinderten. Doch tat ich, was in meinen Kräften stand, die Sache sowohl durch Geldbeiträge als Aufforderungen zu fördern, und beriet mich zu diesem Ende öfters mit dem zu Aschaffenburg wohnenden Freiherrn von Dalberg, der sich ebenfalls der Sache mit vielem Eifer annahm und den ich mehrmals in dieser Angelegenheit besuchte. Der Erfolg unserer gedruckten Aufforderungen war, daß sowohl Dalberg als ich von einer Menge Landstreicher überlaufen wurde, welche Geldmittel verlangten, sich für gewesene Offiziere aus allen möglichen Diensten ausgaben, und von denen öfters einige so unverschämt wurden, als man sie mit einer Marschroute und Anweisung auf Etappengelder usw. abfertigen wollte – es waren nicht unbedeutende Geldbeträge eingegangen –, daß man sie nur durch die ernstesten Maßregeln zurechtzuweisen vermochte. Manche verlangten nur hundert Louisdors auf ihr ehrliches Gesicht usw.; wir aber gaben nur die nötigen Marschgelder von fünf zu fünf Tagen und dann, in Marseille oder einem andern Hafen eingeschifft, noch eine kleine Summe. Ein Darmstädter, in Offenbach garnisonierender Leutnant, namens K . . ., dessen sehr beschränkter Kopf ihn oft zum Stichblatt des Witzes der Damen machte, hatte sich einst im Schlosserschen Wirtsgarten, wo sich die beau monde von Offenbach damals versammelte, als von der Griechensache die Rede war, geäußert: „Ich gebe keinen Heller dazu her, die Griechen haben uns ja 1813

und 1814 auch nicht geholfen, als wir die Franzosen haben fortjagen müssen!" Als mir dies von einigen Damen, mit denen ich auf sehr gutem Fuß stand, wieder hinterbracht wurde, gab ich diesen zur Antwort: „Der Leutnant K... ist besser, als er sich stellt, ich weiß aus zuverlässiger Quelle, daß er jetzt an einem Werk über die gesunde Vernunft arbeitet, das er zum Besten der Griechen herausgeben will." Dies kam in ganz Offenbach herum, und der arme Mensch wurde nun jeden Augenblick von den kecken Mädchen gefragt: „Nun, Herr Leutnant, ist denn Ihr Werk von der gesunden Vernunft noch nicht bald fertig?" Er wurde über diese Neckereien so erbost, daß er mich deshalb zur Rede stellte und einst zu mir sagte: „Herr Fröhlich, unterstehen Sie sich nicht mehr, solche Späße zu treiben, sonst sprechen wir uns." „Mein Gott, das tun wir ja eben jetzt schon." „Ja, ich meine es aber anders." „Wieso, erklären Sie sich, ich stehe Ihnen gerne Rede." „Jetzt mag's gut sein, aber auf ein andermal verbitte ich mir den Spaß, ich werd' alsfort nach dem Buch gefragt." Lachend lud ich ihn zu einem Glas Wein ein und versprach ihm, wenn es ihm je einfallen sollte, eins zu schreiben, so wolle ich ihm helfen. Er meinte aber, es sei gescheiter, ein gut Glas Wein zu trinken, und leerte noch ein paar Flaschen auf mein Ersuchen, ohne sich lange bitten zu lassen.
Ungefähr um dieselbe Zeit gastierte die Sängerin Canzi in Frankfurt, die bei einer silberreinen, glockenhellen Sopranstimme eine außerordentliche Kehlenfertigkeit hatte und mit ihrem Ziehvater, einem pensionierten österreichischen Major und dessen Frau, Kunstreisen machte, wo sie überall außerordentlich gefiel. Der Major, welcher frühzeitig das Talent des jungen Mädchens wahrgenommen, hatte ihr ein paar Jahre Gesangunterricht erteilen lassen und sich dann mit ihr auf Reisen gemacht, um zu ernten, was er gesäet. Die Ernte fiel auch so reichlich aus, daß sich der gute Mann nach einem Jahrzehnt vollkommen mit dem Erworbenen in den Ruhestand setzen

konnte, und dann sein Pflegekind, das bei dem Stuttgarter Hoftheater eine gute Anstellung erhielt, seinem weiteren Schicksal überließ. Damals war gerade ein großer Teil des Hessen-Darmstädtischen Städtchens Bensheim abgebrannt. Ich veranstaltete eine musikalische Abendunterhaltung zum Vorteil der armen Abgebrannten im Offenbacher Theater, welches der Wirt Schlosser, der es in Pacht hatte, gratis dazu hergab, und bat Demoiselle Canzi, dabei mitwirken zu wollen, was sie mir auch sogleich mit der größten Bereitwilligkeit zusagte. Sodann hatte ich mehrere Dilettanten vermocht, ein zweiaktiges Vaudeville, „Der moderne Don Juan“ betitelt, das ich geschrieben, zu diesem Zweck einzustudieren. Das Ganze hatte den besten Erfolg und brachte eine sehr ergiebige Einnahme. Viele Frankfurter waren zu der Vorstellung gekommen, von denen mehrere in der Absicht, um sich zu rächen, dieselbe störend unterbrechen wollten. Als nun das Vaudeville begann, in dem ich die Titelrolle übernommen hatte, fingen sie im Parterre an zu stampfen, zu treten und Lärm zu machen. Mehrere Offenbacher aber verstanden den Spaß übel und warfen die ungeschliffenen Herren zur Türe hinaus, worauf die Vorstellung ihren ungestörten Fortgang nahm und mit großem Beifall endigte. Ein fröhliches Bankett im Isenburger Hof machte den Beschluß.

Schon seit längerer Zeit war mir Metternichs kurzsichtige Politik und sein ganzes widersinniges System, das nimmermehr ein gutes Ende nehmen konnte, in hohem Grad zuwider. Weit entfernt, ein unsinniger Demagog zu sein, mochte ich ebensowenig ein solches Stockregiment, wie das österreichische war, leiden, während man in Preußen längst in hohem Grad liberal und human war. Metternich war nur ein listiger Schafskopf, ein schlauer Einfaltspinsel, der keine zehn Schritte vor sich sah und glaubte, daß, wenn er die Augen schlösse, alle Welt blind sei, der immer nur ein Loch für den Augenblick stopfte, ohne zu ahnen, daß sich das ganze Terrain unter ihm aushöhlte, und der seit 1814 keinen Schritt vorwärts getan und auf demselben Fleck stehengeblieben war. Die Bedingung, unter welcher mir die Konzession zu meiner Zeitschrift gegeben worden, war, daß ich mich durchaus aller Politik enthalten müsse. Ich durfte also nichts, was einen politischen Anstrich haben konnte, in derselben aufnehmen. Dagegen gab ich öfters lithographierte Beilagen, meistens Karikaturen, die wohl an das Politische streiften. So hatte ich das unselige Papierwesen und die Anleihen, die Börsenspiele usw. scharf genug auf diese Weise gekennzeichnet. Jetzt aber fiel es mir ein, den staatsklugen Metternich samt seinen Helfershelfern mit unverkennbaren Attributen zu zeichnen und alle auf einem großen Krebs reiten zu lassen, der rückwärtsgehend sich an dem Rand eines tiefen Morasts befand. Dies war denn doch zu toll. Es kamen Reklamationen von Wien, der Bundestag mischte sich darein, und eines Morgens ward ich plötzlich auf das Amt in Offenbach beschieden, wo mir eröffnet wurde, daß meine Zeitschrift auf höheren Befehl verboten sei. Noch hatte ich von Glück zu sagen und es einer besonderen Fürsprache zu verdanken, daß ich nicht wenigstens auf sechs Wochen die hessische Festung Rotenburg besuchen durfte. Groß war der Jubel und die Freude, als dies Verbot in Frankfurt bekannt wurde. Meine zahlreichen Feinde wünschten sich gegenseitig Glück, man begrüßte sich auf den Straßen, sich die große Neuigkeit zurufend, und wenig fehlte, daß nicht ein hoher Senat ein Festessen wegen diesem Ereignis veranstaltet hätte. Aber die Freude sollte nicht von sehr langer Dauer sein, wie wir bald sehen werden. Ich machte gleich nach dem Verbot eine Rheinreise bis Köln mit einer sehr lustigen Gesellschaft von Offenbachern und mehreren Damen. Wir hatten zu diesem Zweck in Mainz eine eigene Jacht gemietet, einen Flügel und mehrere andere Instrumente, Feuerwerk und Fackeln, nebst allerlei Mundvorrat eingeschifft, so daß die Fahrt eine äußerst unterhaltende werden sollte. Ich hatte dafür gesorgt, daß sich unter den

Damen meine intimsten Bekannten in Offenbach, wie die Hofrätin M . . ., Annchen F . . ., Delphine A . . ., sowie Fanny M . . . aus Frankfurt usw., befanden. Am Fahrtor zu Frankfurt bestiegen wir die Jacht und brachten die erste Nacht in den Drei Reichskronen in Mainz zu. Am anderen Morgen fuhren wir weiter, landeten aber allenthalben, wo es etwas zu sehen gab, eine Ruine zu besteigen, ein Ort oder ein Schloß zu besuchen war, bei welcher Gelegenheit immer romantische Spaziergänge gemacht wurden und sich manches Pärchen, unter denen auch ich, über die Gebühr in den Felsen, Ruinen oder Gebüschen verirrte. So kamen wir den ersten Tag, wo wir im Garten zu Bibrich und auf Schloß Johannisberg lange verweilt hatten, nicht weiter als bis Bingen, den zweiten bis St. Goar, den dritten noch nach Boppart, den vierten nach Koblenz, wo wir drei Tage verweilten, einen Abstecher nach Ems machten, dann nach Neuwied, Andernach, Bonn usw., und erst am zwölften Tage in Köln an. Wir waren meistens vom schönsten Wetter begünstigt, bestiegen die Bergruinen abends beim Mondschein, ließen Sang und Hörnerklang bei Fackelschein in denselben erschallen, die Geister ihrer modernden Bewohner zu erfreuen, und Raketen steigen. Unterwegs, in Koblenz, Bonn und Köln, schrieb ich in den frühesten Morgenstunden mehrere pikante und satirische Artikel über Frankfurter Zustände, die ich „Aus dem Nachlaß der verblichenen Offenbacher Zeitung" überschrieb, welche vollkommen geeignet waren, die übermäßige Freude der guten Frankfurter über das Verbot derselben zu mäßigen, da ich sie in den am Rhein erscheinenden Blättern abdrucken ließ und zu vielen Hunderten zur Verteilung nach Frankfurt schickte. Nachdem wir uns auch in Köln und seinen Kirchen, besonders dem Dom, gehörig umgesehen, auch den 11 000 Jungfrauen in St. Ursula einen Besuch gemacht hatten, traten wir vergnügt die Rückreise über die Taunusbäder an und kamen nach einer Abwesenheit von ungefähr drei Wochen wieder glücklich nach

Frankfurt und Offenbach. Hier war während derselben zu meiner Verwunderung ein neues Blatt entstanden, das den Titel „Offenbacher Unterhaltungsblätter" führte, welches mein Buchdrucker, ein gewisser Hauch, auf seine eigene Faust herauszugeben sich unterfangen und dasselbe an alle Abonnenten meiner Zeitschrift gesandt hatte, diese zu vertreten. Dieser Hauch, der höchstens ein mittelmäßiger Setzer war und in seiner Jugend in Offenbach Gänse hütete, hatte den bekannten Doktor Pfeilschifter gebeten, ihm bei der Redaktion des Blattes zur Hand zu gehen. Aber das ganze Unternehmen ging um so schneller den Krebsgang; meine Abonnenten wollten nichts davon wissen, und als ich mich mit dem Eigentümer einer Frankfurter politischen Zeitung verband und diesen bewog, derselben eine belletristische Beilage beizugeben, da fiel das Hauchsche Unternehmen zusammen. Um diese Zeitung und ihr Beiblatt schnell zu heben, machte ich eine Reise auf 40–50 Stunden im Umkreis, bis Karlsruhe auf der einen und Köln auf der andern Seite, und als ich meine Tour geendet und nach Frankfurt zurückkam, fand ich zu meiner großen Satisfaktion, daß sich die Zahl der Abonnenten dieser Zeitung während meiner Reise schon um 1200 vermehrt hatte. Von allen Orten, wo ich hinkam, sandte ich sogleich möglichst pikante Artikel über die neuesten Vorfälle in denselben nach Frankfurt ein, die auf der Stelle abgedruckt werden mußten, und dann von der Nummer, in welcher sie standen, nach der Größe des Orts, aus welchem sie datiert waren, viele Hundert Exemplare per Post dahin geschickt wurden, die ich selbst allda verteilen ließ. Dies Manöver war über alle Erwartung geglückt, und die Zeitung nahm fortwährend außerordentlich an Abonnenten zu, deren sie bald an 5000 zählte, was mir sehr wohl zustatten kam, da ich verhältnismäßig dafür honoriert wurde; als nämlich das Verbot meiner Zeitschrift erschien, befanden sich meine Finanzen eben nicht im besten Zustand, ich hatte auch wenigstens ein paar Tausend Gulden laufende

Schulden. Dies war bei der Lebensart, die ich geführt, und den Geschenken, die ich an viele Damen gemacht, kein Wunder, obgleich ich noch bedeutende Honorare durch meine Arbeiten in französischen Journalen nebenher erhielt. Ein guter Rechenmeister war ich nie gewesen. Glücklicherweise wußte ich aber die Defizits durch gut berechnete Unternehmungen immer wieder zu decken. Ein ganz besonderes Ereignis machte, daß sich damals meine Ausgaben noch gewaltig mehrten.

Es war während der Frankfurter Herbstmesse, als ich die Buden auf dem Paradeplatz mit ihren Sehenswürdigkeiten besuchte, um Bericht über dieselben abstatten zu können. Unter diesen befand sich die Menagerie eines gewissen Tourniaire, ein Bruder des bekannten Kunstreiters dieses Namens, der auf seinem Anschlagezettel angekündigt hatte: Zwei ganz junge, sehr schöne Zirkassierinnen von siebzehn und achtzehn Jahren würden die Riesenschlangen seiner Menagerie dem Publikum vorzeigen. Nachdem ich eingetreten und alle die reißenden und gezähmten Tiere in Augenschein genommen hatte, traten drei, in fleischfarbige Trikots gekleidete und mit Pantherfellen behangene Menschen hinter einem grünen Vorhang hervor, von denen ein jeder eine furchtbare Boa um den Hals und kreuzweise über die Brust gewunden hatte, den Kopf des Untiers in der rechten, den Schweif in der linken Hand haltend. Die beiden jungen Mädchen, die auf beiden Seiten eines bärtigen, wildaussehenden Mannes standen, waren wirklich schön und in der ersten Jugendblüte, besonders aber war die eine, welche die ältere schien, eine vollendete Schönheit, mit einem unvergleichlichen seelenvollen Ausdruck im Auge und Angesicht. Dabei fiel ihr ein rabenschwarzes Seidenhaar auf die nackten Schultern bis zu den Knien herab. Ihr Körperbau war äußerst zart und zierlich; die andere hingegen hatte, was die Franzosen la beauté du diable nennen, Jugendfrische, hochrote Wangen und ziemlich derbe Glieder, war dunkelblond und manipulierte die Schlangen ganz ungeniert, während die ältere, solange diese Tiere gezeigt wurden, sichtbar zitterte und eine Art Fieberschauer hatte, bis sie abtrat. Wenn der Menagerieinhaber auch nur die mindeste Kenntnis der Völkerkunde gehabt hätte, so würde er die Mädchen, sie für Zirkassierinnen ausgebend, nicht als Wilde gekleidet und in Tierhäute gehüllt und so selbst seine Angabe auf das grellste Lügen gestraft haben. Als ich, die Menagerie verlassend, an der schon ziemlich bejahrten Frau, welche die Eintrittskarten in Empfang nahm, vorüberkam, fragte ich diese etwas ironisch, ob die Mädchen wirklich Zirkassierinnen seien, worauf sie mir in gebrochenem Französisch-Deutsch erwiderte: „Mein Err, sie sind mein Kind." „Et vous Madame" – „Je suis française." Als ich sie hierauf fragte, warum man denn die Mädchen für Zirkassierinnen ausgebe, antwortete sie mit einem tiefen Seufzer ein: „Helas", worauf ich sie verließ. Da mich die Mädchen, besonders das ältere, sehr angesprochen und interessiert, so erkundigte ich mich, wo die Leute wohnten, und nachdem ich erfahren hatte, daß sie bei Günther im Pariser Hof logierten, traf ich sie nach mehreren vergeblichen Gängen endlich eines Abends sehr spät in dem allgemeinen Gastsaal, wo die Mutter mit ihren beiden Töchtern ganz europäisch ein sehr bescheidenes Abendbrot einnahm. Ich ließ mich mit den Leuten in ein Gespräch ein. Sie schienen mir aber verlegen und ängstlich, die Kinder sprachen ganz geläufig österreichisches Deutsch, die Mutter Französisch mit dem normännischen Akzent. Während ich mich so mit ihnen unterhielt und sie schon anfingen, zutraulicher zu werden, trat plötzlich der Menageriebesitzer Tourniaire in den Saal, worüber sie gewaltig zu erschrecken schienen und zusammenfuhren. Er ging sogleich auf den Tisch zu, an dem wir saßen, und sagte zu der Frau: „Madame, il est temps d'aller se coucher." Sie machten auch sofort Anstalt, diesem Befehl zu gehorchen, und als sie aufbrachen, begleitete sie Tourniaire bis an die Türe. Im Vorübergehen flüsterte mir jedoch das älteste Mädchen halbleise und mit einem fast flehenden Blick zu: „Mein Herr, werden wir Sie nicht wiedersehen?“, worauf ich ihr, eine gute Nacht wünschend, ein bejahendes Zeichen zunickte. Am andern Morgen ging ich gegen Mittag wieder in die Menagerie, wo ich indessen nur das jüngste Mädchen mit dem bärtigen Mann die Schlangen zeigen sah und auf mein Befragen bei der Mutter, die wieder am Eingang saß, erfuhr, daß die ältere unwohl im Bette hätte bleiben müssen. Ich ließ mich mit der Frau tiefer in ein Gespräch ein, die mir jetzt mitteilte, daß sie die Witwe eines österreichischen Hauptmanns, namens Peche, sie selbst aber aus der Gegend von Rouen sei, wo ihr Vater Gutsbesitzer gewesen, aber in der Revolution alles verloren hätte. Ihr Mann habe kurz vor seinem Tode seine Stelle verkauft, worauf sie mit den Kindern nach Prag gezogen und während den Sommermonaten einen Laden mit Modewaren in Karlsbad gehabt, wo sie aber kein Fortune gemacht. Wie sie mit ihren Kindern an Tourniaire gekommen, wolle sie mir ein andermal erzählen, da dies zu umständlich sei, nur soviel könne sie mir noch mitteilen, daß sie und die Kinder sich sehr unglücklich fühlten und in einer peinlichen Lage befänden. Ich bezeigte Teilnahme an ihrem Schicksal und versprach der Madame Peche, mich ihrer anzunehmen, worauf die Frau freundlich dankend einging und was sie zu trösten schien.

Noch immer wohnte ich in Offenbach im Isenburger Hof, wo mich manches bisher gefesselt hatte, nun aber beschloß ich, da der Herbst gekommen, wieder nach Frankfurt zu ziehen.

Noch einigemal besuchte ich die Menagerie, in welcher die hübschen Schlangenmädchen figurierten, bekam aber die Ältere nicht mehr zu sehen, die, wie mir Madame Peche sagte, jetzt einen solchen Abscheu vor den Tieren habe, daß, als man ihr die ungeheure Boa das letztemal um den Hals hängen wollte, sie Konvulsionen bekommen hätte. „Morgen reisen wir nach Köln ab“, sagte Madame

Peche, „wollen Sie Therese (so hieß das schöne Mädchen) noch einmal sehen, so besuchen Sie sie auf ihrem Zimmer." Ich ließ mir das nicht zweimal sagen, eilte zu ihr und fand sie sehr niedergeschlagen und angegriffen. Ich unterhielt mich ziemlich lange mit ihr, und sie ergänzte die mir von der Mutter schon gemachten Mitteilungen, indem sie sagte, daß, nachdem das Karlsbader Geschäft verungluckte, sie und ihre Schwester ein paar Monate als Choristinnen bei der Bühne zu Prag gestanden, wo sie Tourniaire auf dem Theater gesehen, sich nach ihnen erkundigt, und als er erfahren, daß die Mutter eine Französin sei, derselben unter dem Vorwand der Landsmannschaft einen Besuch gemacht und, ihre dürftigen Umstände kennenlernend, ihr endlich den Vorschlag getan habe, daß sie samt den beiden Mädchen ihr reichliches Brot bei ihm finden sollten, wenn sie sich bequemen würden, mit ihm zu reisen. Sie habe dann nur die Kontrolle an der Kasse seiner Menagerie zu führen und die Billetts abzunehmen, für die Mädchen werde er auch sorgen und ihnen eine passende Beschäftigung geben. Madame Peche hatte diesen Vorschlag sogleich mit Vergnügen angenommen und verkaufte, was sie noch an Mobilien hatte. Tourniaire gab ihr einiges Geld, sie folgte ihm wenige Tage nach seiner Abreise von Prag mit ihren Töchtern und wurde anfänglich sehr gut aufgenommen. Als aber der schon ziemlich bejahrte grauköpfige Führer der wilden Bestien allzu zärtliche Absichten auf Therese durchblicken ließ, die einen wahren Abscheu gegen ihn empfand, und von ihr verächtlich zurückgewiesen worden war, da zog er andere Saiten auf. Die Familie, die jetzt ganz in seinen Händen, ohne Schutz und Hilfe war – Madame Peche hatte zwar noch einen älteren Sohn von ungefähr 28 Jahren, der jedoch ein völliger Taugenichts und gemeiner österreichischer Soldat war –, mußte tun, was er wollte. Madame Peche wurde Billetteinnehmerin, und ihre Töchter mußten als Pseudo-Zirkassierinnen die Schlangen zeigen. „O Gott, wenn uns nur jemand aus dieser schrecklichen Lage befreien wollte, auf den Knien würden wir es ihm danken", schloß Therese ihren traurigen Bericht.

„Leider hörte ich von Ihrer Mutter, daß Sie morgen schon abreisen werden", versetzte ich. „Die Zeit ist zu kurz, um bis dahin noch etwas Entscheidendes unternehmen zu können, aber seien Sie ruhig, liebes Kind, ich werde Ihnen in wenig Tagen nach Köln folgen und Sie dann aus dieser Lage befreien." Mit halb zweifelhaften, halb erkenntlichen Blicken sah mich das schöne Mädchen an, der ich nochmals versicherte, daß es keine leeren Worte seien, was ich sage, ich bat sie, sich vertrauensvoll auf mich zu verlassen, und versprach ihr, daß sie mich in möglichst kurzer Zeit wiedersehen werde. Hierdurch getröstet, nahm sie mit Tränen in den Augen Abschied von mir, und nach einem langen Kuß entfernte ich mich.

Da ich im Interesse der von mir redigierten Zeitschrift abermals eine Rundreise zu machen vorhatte, um Stoff für dieselbe zu sammeln und einige Korrespondenzen zu gewinnen, da die erbärmliche Frankfurter Zensur alles strich, was auch nur die entfernteste Beziehung auf Frankfurter Behörden, Verwaltung und die städtischen Zustände überhaupt haben konnte, so mußte ich wohl das Blatt ganz mit auswärtigen Berichten zu füllen suchen. Sogar an den Rezensionen über die Frankfurter Bühne vergriff sich der erbärmliche Rotstift, und erst nachdem ich dem Zensor gedroht, daß ich die von ihm gestrichenen Stellen in auswärtigen Blättern als von ihm gestrichen abdrucken lassen würde, unterließ es der Jammermann.

Die beabsichtigte Reise konnte ich nicht so schnell, als ich es gewünscht, unternehmen, da ich als Zeuge in eine polizeiliche Sache verwickelt war, die meine Gegenwart in Frankfurt erheischte. Bei dem Hepp-Hepp-Krawall gegen die Juden, der vor mehr als einem Jahr früher stattgefunden, waren ein paar dieser Kinder Israels, als sie, nach

Offenbach flüchtend, nahe an dem Frankfurter Wald vorüberkamen, durch einige Frankfurter Hauderersknechte derb abgeprügelt worden und wären vielleicht auf dem Platz liegengeblieben, wäre ich nicht zufällig dazugekommen und hätte die Unglücklichen durch Bitten, Drohungen und Versprechungen aus den Händen der Barbaren befreit. Die Sache wurde erst jetzt verhandelt und untersucht. Sobald ich aber abgehört war, machte ich mich auf die Reise und ging zuerst nach Mannheim und Speier. In der Nähe der letzteren Stadt wohnte ich in einer Anlage, „Zum Freischütz" genannt, einer in ihrer Art gewiß einzigen Theatervorstellung bei. Schillers „Räuber" wurden nämlich im Freien durch die Unteroffiziere eines bayerischen Kavallerieregiments aufgeführt. Etwas Ähnliches war mir noch nicht vorgekommen. Von dem ganzen Dialog verstand man fast keine Silbe, desto mehr aber hörte man schießen, trommeln und trompeten; auch hatten sich die Künstler manche Freiheiten und Abänderungen zum Nachteil des Verfassers erlaubt. Die Schlacht der Räuber mit den böhmischen Reitern wurde vor den Augen des Publikums aufgeführt. Franz Moor sprang zwei Stock hoch aus dem in Flammen stehenden papiernen Schloß usw.; die Pferde spielten eine große Rolle dabei. Ich hatte diese Vorstellung von Mannheim aus mit der Familie des Gastwirts zum Pfälzer Hof, Herrn Reinhardt, wo ich jedesmal logierte und der mehrere Töchter hatte, unter denen eine recht liebenswürdige, die sich Katinka nannte, besucht und fuhr am Abend wieder dahin zurück, wo ein Ball in dem Schlößchen der Mühlau gegeben wurde, dem ich ebenfalls beiwohnte.
Als ich ein paar Tage darauf in Bonn ankam, erblickte ich sogleich an den Straßenecken die Anschlagezettel von Tourniaires Menagerie. Ich eilte auf der Stelle dahin und fand Therese allein an der Kasse sitzend. Als sie mich erblickte, sprang sie, freudig in die Hände schlagend, auf und rief aus: „Ach, so haben Sie doch Wort gehalten, das ist schön von Ihnen." Sie erzählte mir nun, daß ihre

Mutter krank in Köln sei, wo sich auch ihre Schwester Toni und Tourniaire in diesem Augenblick befänden, indem sie alle drei mit dem Wagen umgeworfen worden seien, wobei ihre Mutter durch die auf sie fallende Geldkiste stark an dem Schienbein verletzt wurde, in Köln aber die kaum erbaute Menageriehütte zusammengebrochen wäre, weshalb Tourniaire, bis dort eine neue gezimmert, die Menagerie einstweilen nach Bonn geschickt. Er selbst sei den vorhergehenden Tag, ihr die Kasseneinnahme empfehlend, wieder nach Köln zurückgereist. Dabei klagte sie mir aufs neue bitter ihren Kummer. „Wohlan", sagte ich, „wir müssen der Sache schnell ein Ende machen. Lassen Sie die Kasse sein, und kommen Sie mit mir, eine Promenade machen. Wo wohnen Sie?" „Im Klotz." „Gut, so werde ich mich auch daselbst installieren. Warten Sie noch einen Augenblick, in einer Viertelstunde bin ich wieder bei Ihnen." Ich ging nun in den Goldenen Klotz, wo ich zwei Zimmer in Beschlag nahm, und kehrte dann zu Theresen zurück, mit der ich eine Promenade in den Schloßgarten von Bonn machte, wo ich das Mädchen überredete, noch heute Tourniaire und seine Menagerie zu verlassen. Ich habe bereits ein anderes Zimmer für sie im Klotz neben dem meinigen genommen. Sie war es zufrieden, und als wir gegen Abend heimkehrten, ließ ich ihre Sachen auf das für sie bestimmte Zimmer bringen. Wir soupierten recht vergnügt und brachten ebenso die halbe Nacht wachend miteinander zu. Am anderen Morgen machten wir in aller Frühe eine Partie nach den Ruinen des alten, eine gute Stunde von Bonn entfernten Godesberg. In den Trümmern dieser auf den Ruinen eines Römerkastells vom Erzbischof Theodorich vor mehr als 600 Jahren erbauten und im sechzehnten Jahrhundert wieder zerstörten Burg brachten wir beinahe den ganzen Morgen zu. Purpurgolden war die frühe Beleuchtung und die Aussicht unbeschreiblich schön. Die ganze Natur schien sich in Wonne zu wiegen. Auf einem Stein sitzend, schmiegte sich das schöne Mädchen an mich und ließ ihr Köpfchen an meiner Brust ruhen. In dieser Lage erzählte ich ihr rheinische Sagen und Burgmärchen, und daß dereinst ein gar mächtiger König mit gewaltig viel Kriegsvolk gekommen sei, der im Bund mit dem Bösen gewesen, dem zuliebe er hier Menschen geopfert habe. Mit des Teufels Hilfe habe er auch die ganze herrliche Gegend am Rhein beherrscht, bis endlich ein ehrwürdiger Eremit oder katholischer Priester den bösen Kaiser mit all seinem satanischen Blendwerk verjagt habe. Das später erbaute Schloß sei aber von den Kriegern des Bischofs Ernst zerstört worden. Mehrmals, wenn ich dem Mädchen solche Rittergeschichten erzählte, rief sie begeistert aus: „Oh, ich möchte wohl auch so ein Ritterfräulein gewesen sein." Nachdem wir genugsam die prächtige Aussicht, gewiß eine der schönsten und großartigsten am Rhein, bewundert hatten, nahmen wir in dem am Fuß des Berges liegenden Dorfe ein frugales Mittagessen ein und fuhren gegen Abend nach Bonn zurück. Als wir an unserm Gasthof ausstiegen, erfuhren wir, daß Tourniaire schon diesen Morgen von Köln gekommen sei, sogleich nach seiner Nichte – er gab sich überall für den Oheim der Mädchen aus – gefragt und in gewaltigen Zorn und große Wut geraten sei, als er gehört, daß sie schon in aller Frühe mit einem Fremden ausgefahren sei, und dann auch erfahren, daß sie am Abend vorher mit mir spazierengegangen und die Nacht in einem andern Zimmer als dem ihrigen zugebracht habe. Therese erschrak außerordentlich, als sie dies hörte, und rief aus: „Ach, was wird dies geben!" Ich redete ihr Mut ein, suchte sie zu beruhigen, nahm sie bei der Hand und führte sie auf mein Zimmer. Kaum waren wir daselbst und sie ein wenig ruhiger, als wir Tourniaire unten schreien hörten. Jetzt wurde das Mädchen wieder leichenblaß und zitterte. Ich brachte sie schnell in das zweite Zimmer, das ich abschloß. In diesem Augenblick klopfte es an die Türe, und auf mein: „Wer ist's?" erfolgte ein barsches und rauhes: „C'est moi." – „Mais qui êtes vous." – „Tourniaire." – „Ah Monsieur Tourniaire, un moment." – Ich steckte meine Terzerolen auf jeden Fall zu mir, öffnete die Türe, die ich auch verriegelt hatte, durch welche Tourniaire rasch mit zweien seiner Bestienwärter eintrat. Auf meine Frage: „Que desirez vous Monsieur?" erwiderte er: „Je veux ma nièce." „Ihre Nichte? Die kenne ich nicht, wer ist diese?" „Mademoiselle Therese Peche." „Pardon, diese ist nicht Ihre Nichte." „Comment." „Ich bin von allem auf das genaueste unterrichtet und weiß, wie Sie den Peches mitgespielt haben. Mademoiselle Therese hat sich jetzt unter meinen Schutz begeben, und ich werde sie zu schützen wissen. Wenn Sie sonst nichts bei mir suchen, so können Sie wieder gehen." „Nicht ohne das Mädchen!" „Doch, mein Herr." „Wo ist sie?" „Darüber habe ich Ihnen keine Rechenschaft zu geben." Tourniaire sah sich nun allenthalben um und wollte endlich auf die Seitentüre zugehen. „Zurück!" donnerte ich ihm entgegen, stellte mich vor die Türe und sagte: „Noch einen Schritt weiter, so knalle ich Ihnen eine Kugel vor den Kopf." Hier zeigte ich ihm ein Terzerol. Er prallte jetzt zurück samt seinen beiden Gehilfen, die sich übrigens sehr passiv verhalten hatten, rief aber im Weggehen: „Wohlan, ich werde die Polizei zu Hilfe nehmen." „Sehr wohl", schrie ich ihm nach, „Sie sind ihr ohnehin schon verfallen." Schimpfend und tobend ging er die Treppe hinab. Ich verriegelte wieder meine Türe, eilte zu Theresen, die ich halb ohnmächtig auf dem Bette liegend fand, und suchte sie möglichst zu beruhigen. Hierauf klingelte ich einem Aufwärter und fragte diesen, was mit Tourniaire geworden. Er berichtete mir, daß derselbe auf sein Zimmer gegangen sei und dort gewaltig mit seinen Leuten gewälscht und geflucht habe; jetzt sei er wieder ruhiger und wolle das weitere auf den kommenden Tag verschieben. Ich begehrte nun meine Rechnung, ließ Theresens und meine Effekten packen und bat den Kellner, dem ich zwei Taler Trinkgeld versprach, mir sogleich eine Extrapost zu bestellen, diese aber, um Aufsehen und Skandal zu vermeiden, ein paar Hundert Schritte vom Gasthof entfernt zu halten, und so auch die Effekten fortbringen zu lassen. Dies alles war um so leichter zu bewerkstelligen, da die Nacht bereits angebrochen war. Als ich Nachricht hatte, daß der Wagen vorgefahren, eilte ich, die zitternde Therese im Arm, die Treppe hinab, gab dem Kellner das versprochene Trinkgeld und mehr und fuhr nach Köln ab, wo wir noch vor Mitternacht eintrafen und ich mit meiner schönen Beute bei Merzenich im Wiener Hof, den ich schon von früher kannte, abstieg. Am andern Morgen brachte ich Therese zu ihrer Mutter, die mit ihrer Tochter bei Lamberts auf dem Domplatz wohnte. Wir teilten der Mama, die sehr erfreut war, mich wiederzusehen, bis auf einige Nebenumstände, die man besser verschweigt, alles mit, was vorgefallen, und sagte ihr, daß sie sich nun völlig als von Tourniaire befreit ansehen könne und ich für ihre fernere Existenz Sorge tragen wolle. Es wurde mir großer Dank, und die jüngere Schwester, Toni, sagte: „Nicht wahr, Mama, nun dürfen wir auch nicht mehr das Fleisch mit den wilden Tieren teilen, die oft die besten Stücke bekamen."

Tourniaire hatte ihnen nämlich immer ein Stück von dem für die Menagerie bestimmten Fleisch geben lassen, um sich selbst die Suppe zu kochen, während er an den Wirtstafeln sich gütlich tat. Ich erkundigte mich nun nach einem tüchtigen Sachwalter. Als ein solcher wurde mir der Advokat B. empfohlen, den ich von allem gehörig in Kenntnis setzte und der mir nicht nur versprach, sich dieser Angelegenheit mit aller Tätigkeit anzunehmen, sondern meinte, daß Tourniaire auch der Familie noch eine Entschädigung schuldig sei und nicht so ungerupft davonkommen dürfe. Dieser wurde erst in fünf bis sechs Tagen mit seiner Menagerie in Köln, wo die neue Bude erbaut sein würde, erwartet. Unter dieser Zeit reiste ich noch in Theresens Gesellschaft nach Aachen, dort die Angelegenheit der Frankfurter Zeitschrift auf das Beste und so schnell wie möglich besorgend, schickte ein paar Artikel nach Frankfurt ab, in welchen ich die Prellerei, welche sich die Aachener gern gegen Fremde erlauben, berührte, und eilte dann nach Köln zurück, wo Tourniaire mit all seinen wilden und zahmen Bestien schon einen Tag vor mir eingetroffen war. Mein erster Gang war zu dem Advokaten, der mir sagte, er wolle die Klage gegen Tourniaire damit beginnen, sogleich Arrest auf die Menagerie, Pferde, Wagen usw. desselben legen zu lassen, welches das beste Mittel sei, ihn zu einem wenigstens leidlichen Vergleich und zur Losgebung der Peches zu bringen. T. sperrte sich anfänglich zwar ganz gewaltig und meinte, er würde sich auf nichts einlassen, und sollte es ihm all seine Löwen, Panther, Tiger, Bären, Affen und Pferde kosten, ein paar Tage darauf spannte er jedoch gelindere Saiten auf, denn die Wache bei der Menagerie und den Pferden genierte ihn gewaltig. Es kam endlich zu einem Vergleich, er gab Mutter und Tochter frei und bezahlte die geringe Summe von 100 Talern als Entschädigung. Als er dieses Geld an mich auszahlte, sagte er: „Die ganze Rache, die ich an Ihnen nehme, ist, daß ich Ihnen die Mutter Peche überlasse, die wird hinlänglich dafür sorgen, daß Sie für das, was Sie an mir getan, bestraft werden." „Dies sei meine Sorge, Herr Tourniaire", erwiderte ich, strich das Geld ein und brachte es der Madame Peche, die die Summe sehr klein fand, sich aber damit beruhigte, daß ich ihr meine noch ziemlich gefüllte Kasse zur Disposition stellte. Nun hatte ich die ganze Familie auf dem Hals und mußte darauf denken, was mit ihr anzufangen sei. Therese besaß eine sehr angenehme und reine, aber etwas schwache Stimme, sang indessen mit Gefühl und hatte viel Ausdruck im Vortrag. Ich erkannte bald, daß das Mädchen eine nicht unbedeutende Anlage zur Schauspielkunst habe; ihre Schwester Toni hingegen hatte fast für nichts anderes Sinn als für Essen und Trinken. Sie schlug in diesem Stück ganz der Mutter nach.

Die Erziehung der beiden Mädchen war aber im höchsten Grade vernachlässigt; kaum daß sie ein paar Zeilen höchst unorthographisch und unzusammenhängend kritzeln konnten. Ich beschäftigte mich nun besonders mit Theresens wissenschaftlicher Ausbildung, und sie zeigte bei allem großen Eifer und den besten Willen. Mit ihr um Kölns öde Mauer und Stadtgraben spazierengehend, unterrichtete ich sie erzählend mit dem, was ihr zu wissen am nötigsten war, und daheim ging ich Musikstücke mit ihr durch, studierte Duette und endlich ganze Rollen mit ihr ein, wie die Susanna im „Figaro", Zerline im „Don Juan" usw. Da sie ein sehr gutes Gehör hatte, so faßte sie alles leicht auf und konnte bald ganze Partien auswendig singen. Auch in der Deklamation gab ich ihr Unterricht und las besonders die Schillerschen Trauerspiele sowie Ifflands Schauspiele und Kotzebues Lustspiele laut mit ihr, brachte ihr Engels Mimik und Lessings Dramaturgie, ging diese Werke mit ihr durch, und so hatte das Mädchen bei ihrem sonst sehr natürlichen Verstand bald einen richtigen Begriff von der Schauspielkunst. Damals hielt sich in Köln ein junger Breidenstein auf, ein Neffe meines ehemaligen Lehrers, den ich schon früher in Homburg kennengelernt, welcher die Musik zu seinem Brotstudium gemacht und schon mehrere gediegene Kompositionen geliefert hatte. Diesen bat ich öfters, mit mir zu Peches zu gehen, wo er uns am Klavier akkompagnierte und wir des Abends in dem sehr düster beleuchteten Saal Lamberts kleine Proben von einzelnen Opernszenen hielten, nach denen wir dann noch nach dem Klavier tanzten, auch die Polonäse aus Spohrs „Faust" mit Gesang und Aktino aufführten. Diese Abendunterhaltungen, zu denen noch ein paar Mädchen und Freunde Breidensteins kamen, hatten einen ganz besonderen Reiz, welchen das Chiaro scuro des düstern Saales noch vermehrte und auf Theresens Phantasie und ganzes Wesen eine eigene Wirkung hervorbrachte, so daß sie die Susanna, Zerline und Kunigunde mit einer mich entzückenden Vollendung und Hingebung spielte und sang. Daß das reizende Geschöpf ein eminentes Talent für die Bühne habe, davon war ich jetzt überzeugt, sowie Breidenstein und andere, welche sie bei diesen Abendunterhaltungen gesehen hatten. Ebenso waren wir darüber einig, daß ihre so liebliche Stimme wohl schwerlich je die nötige Kraft erlangen würde, um in der Oper großes Glück zu machen, daß sie hingegen im Schauspiel glänzen müsse. Breidenstein schlug mir vor, an Ringelhard, den er kenne und der damals mit seiner Gesellschaft im Sommer in Aachen und im Winter in Köln spielte, schreiben zu wollen. Ich lehnte es aber ab und zog vor, Peches mit nach Mainz zu nehmen, in der Hoffnung, die Mädchen bei der Frankfurter, Darmstädter oder Mainzer Bühne, also möglichst in meiner Nähe plazieren zu können. Auch stand ich, wegen der Geschichte mit der Catalani in Bremen, nicht zum besten mit Ringelhard. Da ich ohnedies Briefe über Briefe von Frankfurt erhielt, die meine schleunigste Zurückkunft wegen der Redaktion des belletristischen Blattes heischten – ich hatte mich schon über vier Wochen, Gott und die Welt über Therese und ihr Talent vergessend, in dem alten Köln, ihr dessen Merkwürdigkeiten zeigend, verweilt –, so traf ich sofort Anstalten zur Abreise und fuhr über Koblenz und von da über die Bäder Ems, Schwalbach, Wiesbaden, von wo wir noch einen Abstecher nach Schlangenbad machten und in diesem von der Welt so abgeschiedenen Ort mehrere Tage recht selig zubrachten, nach Mainz. Unterdessen hatte ich schon in Köln, noch mehr aber auf der Reise, Ursache genug gehabt, an Tourniaires Worte zu denken. Madame Peche benahm sich selbst an den Table d'hotes fast wie ein Dragoner oder doch wie eine Marketenderin und ließ die stärksten Weine, gleich einem Kramerschen Ritter, wie Wasser die Gurgel hinabgleiten. Dabei hatte sie einen so guten Appetit, daß sie ganze Schüsseln, besonders beim Dessert, auf ihren Teller leerte, und wenn ich mit Theresen, wie in Koblenz, Ems, Schwalbach usw., romantische Spaziergänge machte – sie zog es vor, daheim zu bleiben –, entschädigte sie sich mit Toni einstweilen bei einer guten Flasche Bordeaux und allerlei Zuspeisen. Dabei blieb es indessen nicht. Während unserer Abwesenheit ließ die Mama Schuhmacher, Modistinnen, Juden usw. durch die Kellner rufen, denen sie allerlei Gegenstände abkaufte. Hierauf ersuchte sie den Wirt, das Geld bis zu meiner Zurückkunft auszulegen, und ich fand schon in Koblenz auf meiner Rechnung nahe an 50 Taler als bar ausgelegt. Madame Peche benahm sich an der Table d'hote, wie gesagt, besonders wenn ihr Antlitz durch den im Übermaß genossenen Wein gerötet war, auf eine Weise, daß ich es vorzog, künftig auf dem Zimmer servieren zu lassen, ob dies gleich um die Hälfte teurer kam. In Ems, wo wir nur vierundzwanzig Stunden verweilten, waren die baren Auslagen, während ich mit Theresen romantische Eselsritte in die nächste Umgebung machte, über 70 Taler; dagegen spielte das Mädchen am Abend so glücklich unter meiner Anleitung am Roulette, daß sie über 100 Taler gewann. In Nassau übernachteten wir wieder, und ich bestieg mit Theresen – Toni war nie aus den Federn zu bringen – den Gipfel der Bergspitze, auf welcher die Ruinen der Stammburg des Hauses Nassau liegen. Hier hatten wir eine wilde, waldige Aussicht, besuchten dann noch die Ruinen der Burg Stein, das Stammschloß des berühmten Freiherrn von Stein, der im Städtchen Nassau ein schönes, von geschmackvollen Gartenanlagen umgebenes Landhaus hatte. Der Morgen war entzückend, und in einem auf einem Felsenvorsprung angebrachten kleinen Tempel ruhten wir Arm in Arm, das prächtige Naturschauspiel und die Aussicht bewundernd. Drei Tage brachten wir noch in Schwalbach und Wiesbaden zu und fuhren dann nach Mainz, wo wir in Kassel im Schwarzen Bären abstiegen.

XIII

Die Schlangenmädchen zuerst bei der Mainzer, dann bei der Kölner Bühne engagiert – Der Bruder von ungefähr – Aufenthalt in Aachen – Ich spiele den Don Juan in der Wirklichkeit statt auf der Bühne – Ringelhards Gesellschaft – Aufenthalt in Köln – Polizeidirektor Struensee – Trennung von Peches – Der Schauspieler Wolthers wird im Duell erschossen – Die Familie F.....ch – Entführung einer Schauspielerin – Agnes F.....ch – Ein Fehlsprung – Noch ein Rousseau – Der Kölner Karneval – Ich werde demagogischer Umtriebe verdächtig gemacht – Ich gehe nach Mainz – Aufenthalt daselbst – Ich redigiere eine Mannheimer Zeitschrift – Die schwarze Kommission – Ich werde aus Mainz verbannt und gehe nach Mannheim – Eine Reise nach Stuttgart – Die schöne Unbekannte auf der Insel – Eine Saison in Baden-Baden – Ich nehme meinen Aufenthalt in Stuttgart – Buchhändler Frankh – Das Theater – Eine sehr geheime Intrige – Ich gebe mein erstes historisches Werk heraus – Ich werde Spießbürger in Frankfurt am Main

Am Tage nach unserer Ankunft in Kassel fuhr ich allein nach Frankfurt und versuchte es, durch den Kapellmeister Guhr meinen Schützlingen bei dem dortigen Theater ein Engagement zu verschaffen. Dies war indessen unmöglich, da die hohe Oberdirektion samt der untertänigsten Unterdirektion viel zu feindselig gegen mich gesinnt waren. Einen ähnlichen Versuch machte ich in Darmstadt, wo sich Grüner zwar sehr willfährig zeigte, aber Bedingungen vorschlug, in die nicht wohl einzugehen war. Ich kehrte schon am dritten Tage nach Mainz zurück, wo mich Peches ängstlich erwarteten, und bald darauf waren beide Mädchen bei der hiesigen Bühne, welche Kramer und Diehl dirigierten, engagiert, sollten aber erst ihr Engagement antreten, sobald die Gesellschaft von Wiesbaden zurückkehrte, wo sie während der Sommermonate spielte. Ich drang auf sofortige Ausfertigung der Kontrakte, womit mich jedoch Diehl, ich weiß nicht aus welchem Grunde, hinhielt. Unterdessen studierte ich Theresen Rollen und Partien ein und besuchte fast jeden Abend ein anderes Theater mit ihr. Da ich mich verbindlich gemacht hatte, die Kritiken über die Frankfurter, Darmstädter, Mainzer oder Wiesbadener Bühne zu liefern, so lagen wir fast beständig auf der Landstraße, manchmal fuhr auch Toni mit, die Mama aber einzuladen, hütete ich mich wohl. In Mainz hatten wir den teuren Bären verlassen, und ich hatte zuerst eine Wohnung bei dem Richter Schaaf gemietet, dem aber gesteckt wurde, es seien die Schlangenmädchen, die bei ihm wohnen würden. Der Herr Richter weigerte sich nun, Peches aufzunehmen, indem er behauptete, nur mir allein die Wohnung vermietet zu haben, weshalb ich genötigt war, eine andere bei einem Friseur Neugebauer auf dem Flachsmarkt zu nehmen. Von Mainz aus machten wir manchmal recht anmutige Partien in den Rheingau, auf einige Rheininseln usw. und verlebten so eine recht sorgenlose Zeit in den Tag hinein. Ungefähr sechs Wochen mochten wir schon in Mainz sein, als eines Morgens der Direktor Ringelhard mit dem Schauspieler Freund, der mit mir bekannt und damals in Mainz engagiert war, in mein Zimmer trat. Ringelhard begrüßte mich freundlich, und nachdem wir von einigen gleichgültigen Dingen gesprochen, brachte er das Gespräch auf die Peches, indem er sagte, er habe gehört, daß dies ein Paar schöne und talentvolle Mädchen seien, die er wohl einmal sehen möchte. „Wenn Ihnen damit ein Gefallen geschieht, so kann ich Ihnen dienen", erwiderte ich, holte beide und stellte sie ihm vor. Er fand sie allerliebst, ich sang ein Duett mit Theresen, und er empfahl sich, ganz entzückt von meiner Schülerin. Eine halbe Stunde darauf kam er allein wieder und sagte eintretend: „Verzeihen Sie, wenn ich Sie abermals störe, aber sagen Sie mir, ob es nicht möglich ist, daß ich die Mädchen für meine Bühne engagiere." „Es ist zu spät, denn sie sind schon bei dem hiesigen Theater engagiert." „Ist der Kontrakt unterzeichnet?" „Das nicht. Herr Diehl zögerte mit der Ausfertigung bis jetzt, ich weiß nicht warum, aber mündlich ist alles abgemacht." „Oh, solange noch kein Kontrakt unterschrieben ist, hat das nichts zu sagen. Was hat Diehl

Gage versprochen?“ „Siebzig Gulden für Therese und dreißig für Toni monatlich.“ „Wohlan, ich gebe das Doppelte.“ „Das geht nicht, Herr Direktor, Therese wird mich nicht verlassen wollen, und ich habe auch keine Lust, mich von ihr zu trennen.“ „So kommen Sie mit, seien Sie Dramaturg meines Theaters.“ „Ich kann nicht. Ich bin Redakteur einer Zeitschrift in Frankfurt.“ „Sie können eine andere in Köln redigieren, die ‚Kolonia‘ sucht schon längst einen tüchtigen Mann. Ich werde die Sache vermitteln. Wissen Sie was, schenken Sie mir das Vergnügen, heute abend bei mir in den Drei Reichskronen, wo ich logiere, zu soupieren, und bringen Sie Peches mit; da wollen wir die Sache weiter besprechen.“ Ich schlug die Einladung aus, bat aber Ringelhard, wenn es ihm Vergnügen mache, am Abend bei uns zu soupieren, obgleich ich ihm keine Hoffnung machen könne, daß sein Wunsch erfüllt werde. Als er weg war, erzählte ich Peches, was er mir mitgeteilt, und als die Mama von der doppelten Gage hörte, war sie entzückt und gleich für die Sache, indem sie sagte: „Warum haben die Mainzer Herren die Kontrakte nicht gemacht.“

Der Abend kam heran, Ringelhard mit ihm, wir soupierten, waren sehr munter, es wurde Champagnerpunsch getrunken, Ringelhard war äußerst gesprächig und artig, konnte das Kölner Theater, seine Gesellschaft und sein Publikum nicht genug rühmen, und als wir alle in der heitersten Laune waren und auch wohl ein Gläschen über den Durst getrunken hatten, nahm er plötzlich zwei Kontrakte aus der Tasche, mit den Worten: „Soweit ist alles fertig, ich muß Sie alle bei meiner Bühne haben, unterschreiben Sie.“ Madame Peche und die Mädchen sahen mich staunend und fragend an. Ringelhard versprach Himmel und Hölle, tauchte eine Feder in Tinte, reichte sie der Mama hin, indem er zu ihr sagte: „Frisch unterschrieben, es soll Sie nicht gereuen. Auf Ihr Wohl!“ Nahm ein Glas Punsch, der Madame Peche ein zweites zum Anstoßen reichend. Diese trank, unterschrieb, und

Ringelhard warf hundert Taler in Gold auf den Tisch, indem er sagte: „Hier ist das Reisegeld“, das Madame Peche auch sogleich einsteckte. „Kommen Sie nun je eher je lieber. Ich erwarte Sie in Aachen, wo ich noch sechs Wochen bleibe, und dann gehen wir nach Köln.“ Er steckte nun seinen unterschriebenen Kontrakt ein, wünschte uns allen eine gute Nacht, die uns auch ward, und am andern Morgen meinten wir geträumt zu haben, aber der zurückgelassene Kontrakt und das Geld bezeugten die Wirklichkeit von dem, was geschehen war, und Madame Peche bestand auf dem Kölner Engagement, das wohl nicht mehr rückgängig zu machen war. Ringelhard war diesen Morgen schon in aller Frühe abgereist und hatte mir noch ein Briefchen zurückgelassen, in welchem er mir empfahl, ja recht bald mit den Mädchen nachzufolgen. Ich sah keinen anderen Ausweg, fuhr mit Theresen nach Frankfurt, wo ich meine Redaktion aufgab, die mir ohnehin wegen der erbärmlichen Frankfurter Zensur, deren Rotstift auch kein vernünftiges Wort stehenließ, schon längst zuwider war, und kehrte am anderen Tage nach Mainz zurück. Vor meiner Abreise hatte ich Madame Peche und Toni empfohlen, sich noch gegen niemand etwas von der Sache merken zu lassen, damit wir keine Unannehmlichkeiten mit der Mainzer Direktion bekämen. Demungeachtet hatte Toni die Neuigkeit gleich nach unserer Abfahrt der Tochter vom Haus mitgeteilt, und deren Mutter hinterbrachte sie eiligst dem Direktor Kramer, mit dem sie bekannt war. Diehl hatte sich sofort zur Madame Peche begeben, welche die Sache leugnete, und um ihn recht sicher zu machen, hatte ihm Toni noch auf der Treppe nachgerufen: „Herr Direktor, schikken Sie uns doch bald Partien zum Einstudieren.“ Ich war sehr ärgerlich, als mir dies Madame Peche mit triumphierender Miene erzählte, und sagte ihr, daß es jetzt unangenehme Auftritte geben werde. In der Tat war ich noch keine zwei Stunden angekommen, als der Theatersekretär die so lange vergeblich geforderten Kontrakte zum Unterschreiben brachte. Ich behielt sie zurück, indem ich sagte, daß ich sie selbst den Herren Direktoren bringen würde. Ich begab mich dann zu Kramer und Diehl, denen ich reinen Wein einschenkte, indem ich damit schloß: „Dies, meine Herren, haben Sie sich selbst zuzuschreiben." Beide wurden nun aufgebracht und meinten, die Mädchen seien dennoch bei ihnen engagiert, mündlich oder schriftlich, das sei gleichviel, und sie würden schon Mittel finden, sie an der Abreise zu hindern. (Man hatte den Herren, als man erfuhr, daß Peches, die schon angefangen hatten, einiges Aufsehen in Mainz zu erregen, für Köln engagiert seien, Vorwürfe gemacht, daß sie sich nicht besser vorgesehen, um so ein paar hübsche vielversprechende Mädchen der Mainzer Bühne zu erhalten.) „Wenn Sie glauben, dies imstande zu sein, woran ich aber sehr zweifle, so versuchen Sie es", sagte ich mich entfernend. Wirklich wurde der Madame Peche, als ich am andern Morgen in deren Namen auf die Polizei schickte, um ihren daselbst hinterlegten Paß zu verlangen, derselbe verweigert, und zwar auf Antrag der Theaterdirektion. Ich ging nun selbst auf die Polizei, wo ich, dem Polizeikommissar Mela die Sache gehörig auseinandersetzend, abermals den Paß verlangte. Da er mir denselben nicht geben wollte, so verließ ich ihn mit den Worten: „Wohlan, wenn wir den Paß gehörig visiert bis heute abend nicht erhalten, so reise ich mit Peches morgen früh ohne Paß ab und werde dann dafür Sorge tragen, daß diese Geschichte in öffentlichen Blättern zur Kenntnis des Publikums kommt." Mela, der mich kannte und wußte, daß ich der Mann sei, der so etwas nicht in den Wind hinaus spreche, meinte, er wolle noch einmal mit den Herren vom Theater konferieren. „Dies steht bei Ihnen, ich aber tue, was ich gesagt. Die Herren haben durchaus kein Recht an die Familie Peche." Damit empfahl ich mich, und um 4 Uhr nachmittags war der wohlvisierte Paß in unsern Händen. Am andern Morgen befanden wir uns in einer offenen Postkutsche unterwegs.

Auf der zweiten Station dahin kam plötzlich ein Mensch, der völlig das Ansehen eines zerlumpten Vagabunden, aufgerissene Stiefel, ein Bündelchen auf dem Rücken, eine schäbige Mütze und offene Ellenbogen hatte, an den Wagen gerannt und schrie: „Mama! Mama!" Ich glaubte, der Kerl sei ein Narr, aber Madame Peche rief aus: „Ah mon dieu, mon fils!" und Toni: „Der Bruder!" und Therese erschrocken: „Aber wie kommt der hierher?" Ich war wie aus den Wolken gefallen, diesen Herrn Sohn und Bruder zu erblicken, der ebenfalls wie aus den Wolken herabgeschneit schien. Aber was war da zu machen? Wir mußten stillhalten, und der 28jährige Knabe setzte sich neben den Postillon auf den Bock und erzählte, daß er schon über vier Wochen am ganzen Rhein die Kreuz und die Quere umherirre, seine teuren Verwandten aufzusuchen, aber bis jetzt, wo ihm der Zufall dieselben auf der Landstraße begegnen lasse, sei seine Mühe vergeblich gewesen. Wir fuhren nun mit dieser höchst unwillkommenen Zugabe, der ich von meiner Garderobe mehreres mitteilte, um sie wenigstens etwas reputierlicher aussehen zu machen, weiter, in Koblenz und Köln übernachtend, nach Aachen, wo wir wohlbehalten eintrafen und Ringelhard schon für Wohnungen für uns gesorgt hatte. Auch ihm schien die brüderliche Zugabe, die außerdem so hölzern war, daß sie kaum zu einem Statisten zu gebrauchen, höchst unerwünscht. Der Mensch war ein echter böhmischer Stocksoldat, steif wie ein ausgestopfter Strohmann und dem Kalbfell entlaufen, die Mama aufzusuchen. Indessen war er nun einmal da und wollte doch auch leben, das heißt essen und trinken.

In Aachen war es noch sehr lebhaft durch die zahlreichen Badegäste, und wir machten häufig Spaziergänge nach Burscheid und anderen Umgebungen. Ringelhard hatte Theresen mit mir das Duettino: „Reich' mir die Hand, mein Leben", singen hören und ihr die Partie der Zerline zum Einstudieren geschickt, da aber für den Augenblick kein Sänger bei seiner Gesellschaft war, der den „Don

Juan" geben konnte, so fragte er mich, ob ich nicht aus Gefälligkeit für ihn und Therese diese Partie übernehmen wolle, und da mich auch Therese auf das inständigste bat, so willigte ich ein, jedoch nur für Aachen, da, wenn ich in Köln eine Zeitschrift redigieren wolle, wozu ich schon die nötige Einleitung gemacht hatte, dies unmöglich sei. Wir hielten nun Proben, und alles ging vortrefflich. Schon war der Tag der Aufführung bestimmt, und es sollte eine der letzten Vorstellungen auf der Aachener Bühne sein, da trat eines Morgens der Schauspieler Wolthers in mein Zimmer und sagte nach den gewöhnlichen Begrüßungen: „Wenn Sie es nicht übelnehmen, so will ich Ihnen einen guten Rat erteilen." „Und der wäre?" „Treten Sie in Aachen nicht auf die Bühne." „Und warum?" „Weil Sie, wenn Sie auch wie ein Gott spielten, dennoch ausgezischt würden." „Wieso, weswegen?" „Es hat sich eine furchtbare Kabale unter den hiesigen Einwohnern gegen Sie gebildet, man weiß, daß Sie einen ominösen Artikel in eine Frankfurter Zeitung gegen die Aachener eingeschickt haben, und das will man Ihnen wettmachen." „Gut, wenn dem so ist, so werden die Aachener den ‚Don Juan' nicht auf der Bühne sehen, und die Sache ist abgemacht." Ich ging nun zu Ringelhard, teilte ihm mit, was mir Wolthers gesagt, und er war jetzt auch meiner Meinung, um so mehr, da auch er schon etwas von diesen Intrigen vernommen hatte. Dagegen machte ich, solange wir noch in Aachen verweilten, einigen hübschen Aachener Damen recht emsig und nicht ohne glücklichen Erfolg den Hof und bewies deren Männern, daß man besser daran getan hätte, mich den „Don Juan" auf der Bühne als außerhalb derselben spielen zu lassen. Bald darauf wurde das Theater zu Aachen geschlossen, und wir reisten samt und sonders nach Köln ab, eine recht lustige, wenn auch ein wenig zigeunerartige Fahrt, jedoch in sehr bequemen Kutschen. Ich hatte indessen einen besonderen Wagen für Peches und mich bestellt, und der Herr Bruder mußte wieder seinen Platz

auf dem Bock einnehmen. Unterwegs wurde mehrmals haltgemacht und im Freien ein Imbiß genommen, und da ich mich mit Viktualien und gutem Wein reichlich versehen hatte, so bekam ich vielen Zuspruch von der Gesellschaft. Diese war damals meist aus sehr tüchtigen und talentvollen Künstlern zusammengesetzt, unter denen hauptsächlich der bekannte Schauspieler Kunst, die Familie Lortzing, deren Sohn ein trefflicher Musiker und Komponist war, Senk und seine Gattin, Fabricius und seine Frau, Wolthers, der Bassist Meixner usw. Ringelhard selbst war ein sehr guter Schauspieler aus der Ifflandschen Schule und seine Frau nicht ohne Talent, hatte es aber mit dem Kölner Publikum verdorben.
In Köln bezog ich wieder eine Wohnung mit Peches, bei einer Madame F . . . . . ch, die Witwe eines verstorbenen Beamten, die zwei recht artige Töchter, Agnes und Mimi geheißen, besaß. Ich hatte indessen mein eigenes Schlaf- und Arbeitszimmer, auf welchem ich Theresen fortwährend Unterricht erteilte und Rollen einstudierte. Zum erstenmal trat sie in Köln in der Rolle des Benjamin auf, in Mehüls „Joseph in Ägypten", die ich ihr einstudiert hatte und in der sie durch ihr kindlich-gemütvolles Spiel wie durch ihre liebliche Stimme außerordentlich gefiel. Doch mußte sie sich von der Oper bald ganz zurückziehen und allein nur dem Schauspiel widmen, da es ihr an hinlänglicher Kraft im Gesang gebrach, besonders um in Ensemblestücken durchgreifen zu können. Ich hatte unterdessen wirklich die Redaktion einer Kölner Zeitschrift übernommen, welche den Titel: „Der Verkündiger" führte. Da ich mich aber mit dem Eigentümer derselben nicht gehörig verständigen konnte, so trat ich bald wieder von derselben ab, um eine andere und zwar bedeutendere, die „Kolonia", zu redigieren. Auch hier hatte ich manchen Strauß mit der Zensur zu bestehen, die unter dem Einfluß eines gewissen Struensee, der damals Polizeidirektor in Köln war, stand. Dieser Mensch war eine höchst auffallende polizeiliche Karikatur und von sehr beschränk-

tem Verstand. Die Kölner, die sich fortwährend über ihn lustig machten, hatten ihm den Spottnamen „Spornsee" gegeben, weil er stets fingerlange Kürassiersporen trug, ohne je ein Pferd zu besteigen. Dadurch daß ich auch hier der Zensur zu verstehen gab, wenn sie ihren Rotstift nicht in gehörigen Schranken halte, ich die gestrichenen Artikel in auswärtigen Blättern, und namentlich auch in Parisern, wiederbringen würde, ließ man mir vieles durchgehen, aber Struensee hatte mir deshalb heimlich Rache geschworen und suchte diese, wie wir bald sehen werden, auf eine sehr nichtswürdige Weise zu befriedigen.
Unterdessen war ich näher mit der Familie meiner Hauswirtin bekannt geworden und brachte manchen Nachmittag und Abend in ihrer Gesellschaft zu, was Peches nicht sehr angenehm war. Aber der Umgang mit diesen, namentlich der Mama und dem Bruder, wurde mir täglich mehr zuwider, so daß ich, ich hatte den Tisch bei ihnen genommen, fast immer auswärts speiste, um den unangenehmen Szenen, die meistens bei dem Essen stattfanden, zu entgehen. Die Anforderungen der Madame Peche an mich, besonders das Muttersöhnchen betreffend, nahmen kein Ende, und ich befand mich damals nicht in so glänzenden finanziellen Verhältnissen, diese nach dem Wunsch der alten Dame befriedigen zu können, da ich ohnehin für die Haushaltung und Garderobe der Mädchen fortwährend bedeutende Opfer brachte und den Bruder fast neu gekleidet hatte. Madame Peche war auch auf Ringelhard sehr ungehalten, da dieser dem zu nichts zu gebrauchenden Klotz keine Anstellung hatte geben wollen. Eines Tages kam Madame Peche mit ihrem Herrn Sohn, der stark nach Branntwein roch, auf mein Zimmer und verlangte wieder fünfzig Taler unter allerlei Vorwand von mir, die ich diesmal verweigerte und verweigern mußte, wollte ich mich nicht fast ganz entblößen. Jetzt wurden Mutter und Sohn impertinent und endlich so grob, daß ich gezwungen war, beide zur Türe hinauszuwerfen, wobei ich dem letzteren noch ein paar Fuchtel-

hiebe mit auf den Weg gab. Nun war der schon lange drohende Bruch eingetreten und eine Trennung unvermeidlich. Therese kam zwar auf mein Zimmer, weinte und bat, ich blieb jedoch standhaft und unerbittlich, obgleich es mir leid tat, mich von dem lieblichen und talentvollen Mädchen zu trennen, die schlechterdings bei mir bleiben wollte. Vielleicht würde ich dies auch eingegangen sein, wenn ich nicht gefürchtet hätte, dann dennoch immer die Mama und das Söhnchen auf dem Hals zu haben. Andrerseits muß ich gestehen, daß ich auch die nötige Kraft zu dieser Trennung in einem sich eben entspinnenden Verhältnis mit der sehr feingebildeten Tochter des Hauses, der hübschen Agnes F., fand. Genug, ich brachte es dahin, daß Madame F. die Wohnung aufkündigte. Einige Tage darauf zogen Peches aus und statt ihnen die sehr achtbare Künstler-Familie Lortzing in ihre Wohnung. Therese sah ich jetzt nur noch bei den Theaterproben, wo ich indessen nicht aufhörte, ihr mit Rat und Tat bei ihrer künstlerischen Ausbildung beizustehen. In der Familie F., bei der ich nun den mir angebotenen Tisch nahm, brachte ich jetzt sehr angenehme Tage zu, obgleich die Mama, die noch eine lebenslustige Frau in den besten Jahren war, auch ihre Eigenheiten hatte, die mir auf andere Art lästig wurden.

Etwa sechs Wochen nachdem ich mich von Peches getrennt hatte, wurde Therese die Veranlassung zu einer sehr tragischen Begebenheit. Der Schauspieler Kunst hatte eine Abendgesellschaft gegeben, zu welcher er das ganze Personal der Ringelhardschen Gesellschaft und mehrere andere Personen, auch vom Militär, eingeladen hatte. Nach der Beendigung derselben kam es zu einem Wortwechsel zwischen dem Schauspieler Wolthers und einem Portepeefähnrich des in Deutz liegenden Dragonerregiments. Beide machten Ansprüche, Therese nach Hause begleiten zu dürfen, behauptend, zuerst den Antrag gemacht zu haben. Der dieserhalb stattfindende Wortwechsel hatte eine förmliche Herausforderung zur Folge, und

am anderen Morgen fand ein Pistolenduell statt, in welchem der Fähnrich den Schauspieler Wolthers erschoß. Dieser, ein hübscher junger Mann, war in der Blüte seines Alters – kaum zählte er 26 Jahre – und gehörte einer sehr guten schlesischen adeligen Familie an. Sein wirklicher Name war Julius von Dobrowolsky. Auch der Fähnrich war aus einer der besten Familien Aachens und mußte nun flüchtig werden. Er schiffte sich nach Amerika ein. Diese unangenehme Geschichte machte Theresen, obgleich sie nur die sehr unschuldige Ursache derselben war, doch viele Feinde in Köln und namentlich unter dem weiblichen Theaterpersonal, wo der Neid sich schon zu regen begonnen hatte.
Ringelhard hatte damals die sehr talentvolle junge Schauspielerin Ahlerts, die bei der Elberfelder Bühne unter Derossis Direktion stand und zugleich Braut des jungen Lortzing war, als erste Liebhaberin für Köln engagiert. Derossi, der diese Künstlerin ungern entbehrte, tat alles Mögliche, deren Abgang von seiner Bühne zu verhindern, und ließ namentlich den jungen Lortzing bei ihr verleumden, indem er ihr durch Fremde allerlei rein erfundene Lügen und Abscheulichkeiten von ihrem ganz unschuldigen Bräutigam hinterbringen ließ, so daß sich Demoiselle Ahlerts weigerte, das bereits geschlossene Engagement anzutreten, und nicht zu Köln eintraf, wodurch Ringelhard in eine große Verlegenheit geriet und sein Repertoire höchst beschränkt wurde. Er kam zu mir und klagte mir deshalb seine Not. Nachdem wir die Sache hin und her überlegt hatten, kamen wir überein, zusammen nach Elberfeld zu fahren, um Demoiselle Ahlerts zu bewegen, ihre eingegangenen Verbindlichkeiten zu erfüllen, und ihr die gegen ihren Bräutigam ersonnenen Lügen auszureden. Wir fuhren eines Morgens dahin ab, und kaum angekommen, machte ich der Künstlerin zuerst allein einen Besuch, ihr vorstellend, daß sie sich in schlimme Händel verwickeln würde, wenn sie ihren unterzeichneten Kontrakt nicht erfülle, was auf jeden Fall

einen für sie sehr unangenehmen Prozeß herbeiführen würde. Ich eröffnete ihr auch, daß Ringelhard bereits in dieser Angelegenheit in Elberfeld angekommen sei, brachte dann das Gespräch auf den jungen Lortzing, auf dessen Talent als Künstler, dessen Achtbarkeit als Mensch, und es gelang mir, ihr alles, was man Böses von ihm hinterbracht, als schändliche Lügen darzustellen, und sie glaubte mir um so eher, als sie gar zu gerne ihren Geliebten unschuldig zu finden wünschte. „Aber wie den Derossi verlassen", meinte sie endlich, „dem ich habe feierlich versprechen müssen, bei ihm zu bleiben." „Ihr Kontrakt mit Ringelhard enthebt Sie aller Versprechungen." „Ich weiß nicht, wie ich von ihm los- und hier wegkommen soll, ich fürchte ..." „Fürchten Sie nichts, mein Fräulein, sind Sie erst entschlossen, dann lassen Sie uns für das übrige sorgen." Ich verließ die Schauspielerin, so ziemlich entschlossen, meinen Rat zu befolgen, und sagte ihr, daß ich in einer halben Stunde mit Ringelhard zurückkehren würde, um das weitere mit ihr zu verabreden. Diesem rapportierte ich, wie weit ich mit Demoiselle Ahlerts gekommen, und wir kamen überein, daß wir alles versuchen müßten, um sie zu bewegen, gleich mit uns zu gehen, weil sonst Derossi das Mädchen leicht wieder andern Sinnes machen könnte. Wir gingen jetzt zusammen zu ihr, und es gelang uns, ihre Einwilligung zu erhalten, noch diesen Abend während dem Theater, in dem sie nicht beschäftigt war, da eine Oper gegeben wurde, mit uns nach Köln abzufahren. Derossi wußte zwar, daß Ringelhard in Elberfeld sei, konnte sich auch wohl denken, in welcher Angelegenheit, um aber allen Verdacht einer heimlichen Flucht zu vermeiden, begab sich Ringelhard $1/2$ 6 Uhr in das Theater, wo er sich an der Kasse mit Derossi unterhielt und dann im Parterre Platz nahm. Während dieser Zeit hatte Demoiselle Ahlerts ihre Sachen gepackt, wobei ich ihr behilflich war. Als sie bereitstand und die Pferde angespannt waren, ging ich ins Theater und sagte leise zu Ringelhard: „Nun kommen Sie, es ist alles im reinen." Wir verließen unbemerkt das Schauspielhaus, eilten zu dem bepackten Wagen, der in einiger Entfernung von der Wohnung der Demoiselle Ahlerts hielt, die schon in demselben saß, warfen uns auch hinein, jagten über Stock und Stein den Berg hinab, auf dem Elberfeld liegt, und kamen nach Mitternacht glücklich in Köln an, wo wir die junge Braut ihren künftigen Schwiegereltern unversehrt überlieferten, die sie mit großer Freude bewillkommten und aufnahmen.

Mein Verhältnis mit der schönen Agnes wurde unterdessen immer inniger, aber auch bald getrübt. Die Mutter, gegen deren Reize, trotz manchen indirekten Anlokkungen, ich völlig gleichgültig geblieben war, ahnte bald etwas von unserm Einverständnis und bewachte das Mädchen gleich einem Zauberdrachen, so daß es mir ganz unmöglich war, sie auch nur einen Augenblick allein in dem Haus zu sprechen. Wir korrespondierten durch die Vermittlung einer von mir bestochenen Magd und gaben uns nun Rendezvous außer dem Haus, wenn Agnes unter dem Vorwand, Kommissionen zu besorgen oder zu einer Freundin zu gehen, dasselbe verließ. So sprachen wir uns meistens in dem nahen Dom, der Marienkirche, der Gereonskirche, der Cunibertskirche, der Apostelkirche, zu St. Ursula usw., bis ich ein Haus ausfindig gemacht hatte, das in einem sehr entlegenen Teil der Stadt, zwischen öden Mauern und Krautfeldern lag, wo wir uns ungestört sprechen konnten. Aber noch vorher hatten wir ein Rendezvous, das mir Agnes bei einer Freundin gab, zu dem ich aber nicht durch das Haus kommen, sondern, über eine Gartenmauer springend, sie in einer Laube treffen sollte. Sie hatte mir Garten und Mauer zwar genau bezeichnet, aber unglücklicherweise waren mehrere ganz ähnliche Mauern, andern Gärten angehörend, nebeneinander. Ich verfehlte den rechten, sprang über eine andere Mauer und befand mich plötzlich, wie aus den Wolken gefallen, unter einem ganzen Dutzend junger

Mädchen und Frauen, die bei einer Kaffeepartie und Kuchen um einen Tisch herum saßen und, über meine unerwartete Erscheinung laut aufschreiend, die Flucht ergriffen, wähnend, ein Raubmörder oder doch wenigstens ein Dieb habe sie überfallen. Auch ich war im ersten Moment ein wenig verblüfft, faßte mich aber schnell und fand es für das Geratenste, so eilig wie möglich, ehe andere Leute kamen, mich wieder auf dem Weg, den ich gekommen war, zu entfernen. Kaum war ich auf der andern Seite, als ich auch schon fluchende und donnernde Männerstimmen in einiger Entfernung hörte. Ich lief schnell um eine Ecke, um hinter derselben das, was ferner vorfallen würde, zu beobachten; da sich aber nach mehr als zehn Minuten niemand außerhalb des Gartens zeigte, so schlich ich mich wieder an die bezeichneten Mauern, erspähte jedoch, bevor ich eine überstieg, mit großer Vorsicht an denselben hinaufkletternd, wer innerhalb sein mochte, bis ich endlich die rechte mit Agnes und ihrer Freundin in der Laube entdeckt hatte, denen ich nun das gehabte Abenteuer erzählte, worüber sie sich halbtot lachen wollten.

Madame F., die indessen des ewigen Aufpassens müde war und einmal gesehen, wie ich ihre Tochter, ihr auf der Treppe begegnend, geküßt hatte, kündigte mir nicht nur den Tisch, sondern auch die Wohnung auf und drohte mir, als ich erklärte, nicht ausziehen zu wollen, mit dem Polizeikommissar. Da mir nun daran gelegen war, das Haus nicht zu verlassen, so stellte ich mich, mit Agnes einverstanden, als suche ich eine andere Wohnung, ließ aber die meinige, damit sie Madame F. nicht vermieten möge, durch den Theaterdiener Blum angeblich für einen Schauspieler, der in vier Wochen ankomme, mieten. So lange mußte mich nun Madame F. noch in ihrem Hause dulden, wo ich indessen sicher war, nicht durch einen andern verdrängt zu werden. Aber essen mußte ich anderwärts. Als der zum Ausziehen bestimmte Termin bis auf wenige Tage herangekommen war, kam Blum mit

einer verdrießlichen Miene zu Madame F. und kündigte derselben an, daß der erwartete Schauspieler krank geworden sei und schwerlich vor sechs Wochen eintreffen würde. Die Dame war sehr ärgerlich deshalb, und ich ging jetzt zu ihr und sagte: „Da ich vernommen, daß der neue Mieter vorerst noch nicht kommen werde, so bäte ich sie, mich noch so lange zu behalten, da ich ohnehin noch kein passendes Quartier für mich habe ausfindig machen können." Da Madame F. immer mit ihren Finanzen unsicher war und mit ihrer Pension nicht auskam, so verstand sie sich auch gerne dazu, und ich bezahlte sogleich sechs Wochen im voraus. Ja noch mehr, da ich ihr fast zu allen Vorstellungen Logenbilletts schickte, die mich nichts kosteten, so war sie wieder recht artig und bot mir von selbst wieder ihren Tisch an, den ich auch sogleich akzeptierte, und es dahin brachte, daß, solange ich noch in Köln war, ich keine andere Wohnung mehr bezog, obgleich ich noch mancherlei Abenteuer und Verhältnisse mit andern Frauen und Mädchen, worunter die liebenswürdige V . . . . war, anknüpfte, von denen ich die meisten in einem Singverein in der St. Johannisstraße hatte kennengelernt, und mit ihnen sonntags im Dom auf der Emporkirche religiöse Gesänge vortrug.
Damals gab ein gewisser Rousseau eine Zeitschrift unter dem Titel: „Colonia-Agrippina" heraus, und da er ein großer Verteidiger und Verehrer der Jesuiten-Partei war, durch welche er eine Karriere und sein Glück zu machen hoffte, so wurde er durch diese sehr unterstützt und in Schutz genommen. Da er auch Theaterkritiken über die Kölner Bühne schrieb und sich in denselben arge Blößen gab, so nahm ich ihn in meinen Antikritiken öfters stark mit. Seine Schützlinge machten sich dieserhalb an Struensee und muteten diesem zu, meine Antikritiken streichen zu lassen. Dieser aber gab ihnen in seiner Einfalt zur Antwort: „Das lasse ich wohl bleiben, dann wäre Fröhlich imstande, gegen mich selbst zu schreiben; lieber soll er den Rousseau heruntermachen." Dieser ergriff endlich

das Mittel, mir in Gesellschaft des Dichter Schier einen Besuch zu machen, um mich zu fragen: was er mir denn getan habe, daß ich ihn so vor dem Publikum hinstelle. „Mein Gott, ich habe gar nichts gegen Ihre Person, es sind nur allein Ihre mehr als lächerlichen Kritiken, die ich beleuchte. Sie können mir nicht eine Stelle aufweisen, in der ich persönlich geworden wäre." Er fuhr noch fort, sich in einem sehr weinerlichen Ton gegen mich auszulassen, worauf ich, um ihn loszuwerden, endlich zu ihm sagte: „Mein Gott, wenden Sie sich an die Zensur, die kann ja streichen, was ihr beliebt." „Das haben wir schon getan", platzte er heraus, indem er mir die oben angeführten Worte Struensees rapportierte. Kaum konnte ich es verhüten, nicht in ein lautes Lachen auszubrechen.

Unterdessen war der Karneval herangekommen, der dieses Jahr (1824) mit einer ungewöhnlichen Pracht gefeiert werden sollte, wozu man ganz außerordentliche Vorkehrungen traf und eine eigene Kasse errichtete, in welche sehr ansehnliche Beiträge flossen. Über sechs Wochen hatte man mit den Vorbereitungen zugebracht und eine ganze Kompagnie Funken (so wurden die alten kölnischen Stadtsoldaten, wahrscheinlich wegen ihrem martialischen Aussehen und ihren niederschmetternden Blikken, genannt) angeworben und aus der gemeinschaftlichen Kasse verköstigt, besoldet und uniformiert. Es waren lauter Leute aus der Klasse der Taglöhner, die sich diesen Extraverdienst wohl gefallen lassen konnten. Bei dem Wirt Hennes in der Komödienstraße hatten sie ihr Hauptquartier. Diese Helden schienen aus dem verwichenen Jahrhundert, samt Perücken, Zöpfen und Haarbeuteln, wieder auferstanden zu sein. Die Honoratioren hatten ihren Sitz in dem Weinhaus zur Hölle aufgeschlagen, wo die Beratungen und das Einstudieren der Gesänge stattfand. Man wußte aus den Karnevalszeitungen, daß die Prinzessin Venetia Italiens reizende Gefilde verlassen habe, um ihre Verlobung mit dem in der alten Colonia-Agrippina residierenden Helden Karneval zu feiern. Vierzehn Tage lang kamen täglich Kuriere und Stafetten an, welche die allmähliche Annäherung der Ersehnten verkündeten. Endlich kamen an einem Sonntag nicht weniger als 24 Kuriere Schlag auf Schlag, welche die nahe Erscheinung des prächtigen Gestirnes anzeigten. Einige Tage vorher war schon ein Teil ihrer Suite in zwei- und vierspännigen Wagen angekommen, bestehend aus Küchen-, Keller-, Stallmeister, Mundschenken usw. Zahllose Haufen des freudetrunkenen Volks hatten sich am kaiserlichen Hotel, wo die Erlauchte absteigen sollte und dessen Erleuchtung am hellen Tage den Glanz der Sonne verdunkelte, in solchen Massen eingefunden, daß nicht mehr durchzukommen war; hier hatten die Funken eine Ehrenwache, 24 Mann stark, bezogen. Der Donner der Kanonen verkündete endlich ihre Ankunft bei dem toten Juden (so wird ein Ort in geringer Entfernung von Köln genannt). Die Begeisterung der ihr entgegenmarschierenden Funken steigerte sich in so hohem Grad, daß sie wirklich Feuer zu sprühen schienen, ihre Zöpfe wackelten und ihre Bärenmützen freudig zitterten. Garde-Kürassiere mit goldstrahlenden Sonnen auf der Brust eröffneten den Zug. Hinter ihnen kamen mehrere vierspännige und endlich ein wohlverschlossener sechsspänniger Wagen, in welchem die Gefeierte, der Menge unsichtbar, verweilte. Ihr zahlreiches Gefolge war ebenso burlesk, als echt welsch und komisch prächtig. Vorzüglich aber waren es die Küchen- und Speisewagen, die durch ihren reichhaltigen Inhalt von Riesenbrezeln, kolossalen Kuchen, Gänsen, welschen Hähnen, Enten, Runkelrüben und Sauerkohl, Butter- und Mehltöpfen, Zwiebeln, Knoblauch und 10 Ellen langen Würsten alle Gaumen wässern, alle Zungen lüstern, alle Magen hungrig und alle Nasen schnüffelnd machten. Auch ihre silberne Klistierspritze von Pappe, von der Größe einer achtundvierzigpfündigen Kanone, erregte allgemeines Aufsehen, und häufig hörte man unter dem Volk: „Aber was muß die welsche Prinzessin für ein ungeheures ... loch haben!“ Den Zug schloß abermals eine Abteilung Sonnen-Kürassiere und Funken

und eine zahllose Menge zu Fuß, zu Pferd und in Wagen.
Am kommenden Morgen war mit Tagesanbruch schon die ganze Stadt in Alarm. Alle Straßen wimmelten voll Volk, besonders aber war es der Neumarkt, wohin alles strömte. Auf den höchsten Giebeln der Dächer, auf den Schornsteinen, auf der Kuppel der Apostelkirche, sogar auf dem eine Ohm haltenden Knopf derselben saßen die Zuschauer, gleich Sperlingen, und auf den Zweigen der Bäume, welche den großen Platz umgaben, saßen so viel affenartige Jungen und Alte, daß man sich in die Mitte Afrikas hätte versetzt glauben können. Der ganze Platz, dessen innern Raum die Funkenpolizei gehörig frei hielt, war von Karossen und Wagen aller Art, voll maskierter und unmaskierter Herren, umgeben. Die Zahl der Fremden, von denen viele selbst aus Frankreich und den Niederlanden herzugeströmt kamen, war ungeheuer. Gegen 11 Uhr deutete endlich eine allgemeine, dem durch Sturm aufgeregten Meere gleichende Bewegung die Annäherung des hochgefeierten Königs Karneval an, und im höchsten Glanz näherte sich dessen prächtiger Zug, den chinesische Mandarinen, musizierende Derwische zu Pferd, ein Reichsherold und der Funkengeneral mit seinem Adjutanten auf demselben Pferde und die heilige Schar der Funken eröffneten und wo vier Marketenderinnen auf einer Riesengans, einem dito Hahn, Storch und Truthahn ritten. Sodann kam der Reichsfähnrich zu Pferd, eine ungeheure Fahne schwenkend. Ihm folgte der Zigeunerhauptmann Bassamaderemsky mit seinem Gefolge, Pauker und Trompeter nebst der königlichen, einige fünfzig Mann starken Hofkapelle, samt und sonders in den heroischsten Kostümen. Das tollste Durcheinander von theatralischen und Romanenpersonagen folgte nun im buntesten Gewirre, Herr und Frau Papageno, Kaspar Larifari, Fallstaff, Kasperle, Jungfrau Salomeh, Polischinellis, Pierrots, Harlekine und Kolombinen, Skaramuzzis, Inkroyables, Eulenspiegel, ein Hermaphrodite, Hännes-

chen, Bestevater und Marie-Sybillchen (permanente Personagen des Kölner Puppentheaters), Ritter in Gold- und Silberharnischen, ungeheure Riesen, Zwerge, bald himmellange, bald sich auf wenige Schuh verkürzende Figuren, der ganze griechische Olymp, Ballengels usw. usw. Held Karneval selbst kam auf einem, einen goldnen Delphin vorstellenden, mit acht Pferden bespannten Wagen angefahren. Er strotzte von Gold und Edelsteinen, und die Pferde sowie seine Zeremonienmeister, Hofnarren, Läufer usw. waren alle auf das prächtigste geschmückt. In den vielen ihm folgenden sechs- und vierspännigen Wagen saßen seine Minister, Hofjunker, Pagen und anderes Hofgesindel. In gestrecktem Galopp fuhr er an den auf der Mitte des Platzes errichteten hohen und prachtvollen Thron und nahm Platz auf demselben. Kaum war dies geschehen, als ein neues Freudengeschrei, Kanonendonner, bis zu den Sternen wirbelnde Pauken und Zimbeln, schmetternde Trompeten das Kommen der holdseligen Prinzessin Venetia ankündigten, die in einem nicht minder prächtigen Zug und Gefolge, eine vom Kapellmeister Radicati angeführte Janitscharenmusik zu Pferde an der Spitze, an den Thron fuhr und Platz neben dem König Karneval nahm. Ihre nächsten Umgebungen bestanden fast aus lauter gekrönten Häuptern. Da sah man Mohrenkönige, peruanische Inkas, mexikanische und marokkanische Kaiser, Dogen, venetianische Nobili, Gesandtschaften ohne Zahl, aus allen Weltgegenden und Staaten, usw. Ich selbst, der bei dem Anordnungs-Komitee in der Hölle gewesen, befand mich als Fürst Ypsilanti an der Spitze der griechischen Gesandtschaft, welche Hilfe von König Karneval zur Befreiung der Griechen vom türkischen Joch verlangte. Prinzessin Venetia, die in einem achtspännigen Wagen, welcher eine Gondel in Form eines blendend weißen Schwanes vorstellte, angefahren kam, war mit Diamanten, Brillanten und Perlen übersäet, und der Ozean selbst ruhte auf dem Rücken des Schwans, den er zum Heil der Erlauchten leitete. Karneval war bei ihrer Ankunft auf- und die Stufen des hohen Thrones herabgestiegen und, ihr huldreich die Hände küssend, hieß er sie neben sich niederlassen. Jetzt wurden hohe Lieder angestimmt, alle Musikbanden vereinigten sich, die Kanonen donnerten wieder. Tausend platzende Raketen beleuchteten die am hellen Tag nicht scheinende Sonne, und das Schmettern von hundert Trompeten verkündete der erstaunten Welt die Vereinigung beider allerhöchsten Personagen. Der Bannerrat von Köln hatte die Ehre, ihnen den Ehrenwein zu präsentieren, die Hofnarren neckten weidlich und etwas derb die Hofdamen. Man stimmte das eigens zu dieser Feier komponierte Lied: „Herbei, ihr Kölner Leute usw." an, und endlich gab der König das Zeichen zum Aufbruch. Er bestieg nun mit der Braut den goldenen Delphin, dem der Ozean auf dem Schwan folgte. Beide Züge vereinigten sich und setzten sich in Bewegung, um durch alle in italienischer Weise mit Teppichen, Triumphbogen usw. geschmückten Hauptstraßen zu ziehen. Erst als das Gestirn des Tages untergegangen, war der Umzug beendigt. Man ruhte nun wenige Stunden aus, um sich zu den neuen Strapazen und Freuden, welche die kommende Nacht bringen sollte, zu stärken. Diese bestanden in einem Ball in dem ungeheuren Saal des Kölner Kaufhauses, der „Gürzenich" genannt, in dem schon Kaiser Maximilian große Feste gegeben, der an 4000 Personen faßt und auf das prachtvollste eingerichtet und ausgeschmückt worden war. Auf beiden Seiten waren erhöhte Sitze angebracht, von denen man das bunte Gewühl übersehen konnte. Ein prächtiger Thron für das königliche Paar war an einer andern errichtet. Nach 10 Uhr kam der ganze Zug zu Fuß, in derselben Ordnung, wie er am Tage durch die Stadt gezogen war. König Karneval eröffnete den Ball mit der Prinzessin Venetia, worauf er ohne Unterschied mit allen Ständen tanzte, um die Gleichheit des Tages zu ehren. Hymnen wurden angestimmt; alle überließen sich der heitersten

Laune und jubelten bis zum anbrechenden Tag. Keine der italienischen Karnevalsfeiern, denen ich beigewohnt, hatte ein so imponierendes Ensemble wie diese in Köln. Ein Kaufmann Zanoli war der Held Karneval, und ein junger Oppenheimer, Sohn eines reichen Bankiers, machte die Prinzessin Venetia und war mit allem Schmuck, den er von seinen Verwandten und Bekannten entliehen, beladen.

Struensee, der mich fürchtete und dem ich deshalb ein Dorn im Auge war, hatte mir Rache geschworen und suchte sie auf folgende Weise auszuüben. Damals war die Demagogenriecherei in Deutschland in vollem Gang. Er berichtete nun an das Preußische Ministerium, daß ich mich in Köln befände und er mich stark im Verdacht habe, mit den Häuptern der Umwälzungspartei in geheimen Verbindungen zu stehen. In der Tat waren mir schon öfters einigemal Anträge gemacht worden, mich an solche mysteriöse Gesellschaften anzuschließen, die ich aber jedesmal sehr bestimmt zurückgewiesen hatte, und zwar hauptsächlich aus dem Grund, weil ich mich nicht zum Instrument mir unbekannter Personen hergeben und zur Maschine herabwürdigen lassen wollte. Einem der zuletzt mit Anträgen an mich geschickten Abgesandten hatte ich gesagt: „Sehen Sie mich doch einmal recht an. Sehe ich denn wirklich so einfältig aus, daß man mir zumuten kann, ich lasse mich als Instrument und Hebel mir ganz unbekannter, vielleicht stupider Individuen gebrauchen? Klar muß ich vor allem sehen, sowohl was den eigentlichen Zweck betrifft, als wer die Leiter sind, und selbst dann müßte mir nicht nur eine mitentscheidende Stimme gegeben, sondern nach Umständen sogar die Leitung des Ganzen gegen gehörige Verantwortlichkeit überlassen werden, in welchem Fall ich den unbedingtesten Gehorsam, ja soldatische Subordination fordern würde.“ „Sie würden also zur Bedingung machen, diktatorische Gewalt zu haben?“ „Allerdings, es müßte denn sein, daß ich mich von der größeren Fähigkeit eines andern überzeugte.“ Der Abgeordnete, ein gewisser K..., entfernte sich, und seitdem blieb ich mit allen derartigen Anträgen verschont. Wirklich konnte ich mir in der Tat nichts Jämmerlicheres denken, als sich zum Werkzeug unbekannter, sich in Nacht und Nebel verhüllender Menschen, oft, wie die Folge gezeigt, einfältiger Schafsköpfe und feiger Schurken herzugeben, kaum daß man dies bartlosen unerfahrenen Studenten und Knaben verzeihen kann.

Indessen wurde ich von dem saubern Bericht, den der Polizeidirektor Struensee hinsichtlich meiner an das preußische Ministerium eingesandt hatte, beizeiten durch einen bei der Polizei zu Köln angestellten Beamten, der früher in französischen Militärdiensten gestanden hatte, gehörig unterrichtet. Dieser brave Mann hatte mich auch versichert, daß er mich sogleich, wenn die Antwort von Berlin käme, von deren Inhalt, und zwar ehe ihn noch Struensee erfahre, da er die Depeschen zuerst durchgehe, in Kenntnis setzen wolle. Ich könne also deshalb ganz ruhig sein. In der Tat berichtete er mir zehn bis zwölf Tage später, daß das Ministerium den Präsidenten beauftragt habe, sich einige schriftliche Beweise, die seinen Verdacht besser begründeten, zu verschaffen und, wenn er diese habe, meine Papiere in Beschlag zu nehmen, mich dann, wenn solche begründete Veranlassung dazu gäben, verhaften und nach Umständen wohl eskortiert nach Berlin bringen zu lassen. Als ich dies erfahren, packte ich alle meine Schriften, obgleich unter ihnen auch keine Zeile war, die einen solchen Verdacht im mindesten hätte rechtfertigen können, zusammen, da ich nicht wußte, wie weit Struensee gehen würde, und ich nicht gerne haben mochte, daß eine hohe Polizei die Nase in meine Briefe und Papiere stecken sollte, wodurch sehr viele Personen, namentlich Damen und unter ihnen auch manche schöne Kölnerin und Berlinerin, hätten kompromittiert werden können. Den ganzen großen Pack gab ich wohlverwahrt einstweilen Agnesen in sichere Ver-

wahrung, die ihn ihrerseits wieder an eine Freundin gab, weil wir uns nicht sicher vor einer Haussuchung hielten und mein Verhältnis mit dem Mädchen dank der Mutter ziemlich bekannt geworden war.
Unterdessen hatte Ringelhard beschlossen, während der Fastenzeit mit seiner Gesellschaft nach Bonn zu gehen, und da mir die Redaktion der Kolonia viel zuwenig abwarf, ich auch durch noch andere literarische Arbeiten in Köln (ich war Mitarbeiter des von Spitz herausgegebenen rheinischen Konversationslexikons) nicht hinreichenden Verdienst hatte und mich die Struenseeschen Intrigen doch auch beunruhigten, so beschloß ich, Köln zu verlassen und vorerst nach Mainz zu gehen. Diesen Entschluß führte ich aus, bevor noch eine ministerielle Antwort auf einen zweiten Bericht Struensees von Berlin gekommen war.
Die Unternehmer des rheinischen Konversationslexikons, unter denen ein sehr vermögender Kaufmann war, baten mich vor meiner Abreise, das Werk soviel als möglich in deutschen Zeitungen günstig zu rezensieren und zu empfehlen, und versprachen mir für meine Mühe ein gutes Honorar. Ich verließ nun das alte Köln, in dem ich manche angenehme Erinnerung zurückließ, nahm Abschied von der betrübten Agnes, von Theresen, einer Sch . . ., einer B . . . und einer V . . ., und fuhr ziemlich leichten Herzens nach Mainz, wo ich diesmal im Pariser Hof bei Arnold abstieg, der ein allerliebstes Töchterchen hatte. Bald darauf machte ich eine kleine Reise, um, wie ich es versprochen, in verschiedenen Zeitschriften für das rheinische Konversationslexikon günstige Artikel einrücken zu lassen, und hierdurch wurde ich in Mannheim mit dem Eigentümer der dortigen Zeitung, einem Herrn C . . ., der früher Kaufmann gewesen, aber als solcher verunglückt war, bekannt. Dieser bot mir die Redaktion eines belletristischen Blattes an, welches er, um seiner politischen Zeitung mehr Aufnahme zu verschaffen, herauszugeben willens war. Ich wurde bald einig mit ihm, blieb

aber vorerst noch in Mainz wohnen, wo mich einige, erst kürzlich gemachte interessante Bekanntschaften von Damen fesselten, darunter namentlich die Frau eines Hauptmanns, ein sehr lebhaftes, schönes, erst siebzehnjähriges Weibchen, das diesen Mann fast wider ihren Willen und nur auf Zureden ihrer Verwandten geheiratet hatte. Außerdem war mir Mainz von jeher ein gar lieber Aufenthalt gewesen, da seine freisinnigen und lebenslustigen Bewohner ein heiteres, munteres und gastfreies Völkchen sind. An der Table d'hote im Pariser Hof, an der ich speiste und wohin selten einige Fremde kamen, war eine tägliche Tischgesellschaft, die, so seltsam sie auch zusammengesetzt, doch äußerst unterhaltend war. Sie bestand aus dem Präsidenten der Untersuchungskommission der demagogischen Umtriebe (die sogenannte schwarze Kommission), Herrn von Keisenberg, ein sehr wissenschaftlich gebildeter, humaner und unterrichteter Mann, der in seiner äußerst schwierigen Stellung viel Gutes wirkte, manches Böse verhütete und durchaus unparteiisch war; einem preußischen Auditor, gleichfalls ein vorzüglicher Kopf und trefflicher Charakter; Eikmeier, ein Sohn des bekannten Generals dieses Namens, eigentlich des letzten Kurfürsten von Mainz, dem er auch frappant ähnlich sah, ein sehr jovialer Gesellschafter und heller, vorurteilsfreier Kopf; ein Hofrat Krieger, alter Hagestolz, sehr reich und ebenso filzig; ein gewisser Amtmann, mauvais sujet, zwei österreichische Offiziere, Oberst B .... und Oberstleutnant P .... von dem damals in Mainz garnisonierenden Regiment Langenau, ein paar höchst bornierte Köpfe und große Ignoranten, dabei aber so furchtbare Fresser, daß jeder Gastwirt erschrak, an dessen Table d'hote sie sich einfanden. Der Wirt in den Reichskronen hatte sie sich deshalb vermittelst einiger andern Gäste schon vom Halse zu schaffen gewußt, jetzt aßen sie den im Pariser Hofe arm. Wenn sie den letzten Bissen vom Dessert verschluckt hatten, so sagte gewöhnlich einer zu dem andern: „Nun, Herr Kam'rad, was werden wir dann halt heute abend z' Nacht speisen?" Beide waren gewöhnlich die Stichblätter der übrigen Tischgesellschaft, ohne es zu ahnen, und schmarotzten gerne ein Glas guten Wein, wenn einer oder der andere Gast, was öfters der Fall war, infolge einer verlorenen Wette, einige Flaschen zum besten geben mußte. P.... war erst kürzlich vom Major zum Oberstleutnant avanciert, und da dies nicht sogleich jedermann wußte und man ihn immer noch mit „Herr Major" anredete, so ließ er sich einen Zettel, auf dem „Oberstleutnant" mit Fraktur geschrieben stand, in seinen Hut kleben, und sooft ihn jemand mit einem „Herr Major" anredete, tat er den Hut ab, deutete mit dem Finger auf den Zettel und sagte: „Können S' lesen?" Einst ging er an der Wohnung der Gräfin Lauer vorüber, die gerade am offenen Fenster saß und ihn mit einem: „Guten Tag, Herr Major!" bewillkommte. Zufälligerweise befand sich ganz nahe eine österreichische Schildwache, zu dieser sagte er nun: „Schildwach, wer bin ich?" „Ihr Gnaden sind's halt der Herr Oberstleutnant P...." „Haben S' g'hört", rief er hierauf der lachenden Gräfin zu.

Ich redigierte den Mannheimer Phönix fortwährend von Mainz aus und ließ ihm so reichliches und gewürztes Futter zukommen, daß der seltene Vogel bald in Frankfurt, Mainz, Darmstadt, Köln und am ganzen Rhein heimisch wurde und, da er oft sehr satyrisch war, nicht wenig Aufsehen machte, manchmal aber auch ganz falsch verstanden wurde und ihm dann großes Unrecht geschah. Folgendes war eines der komischsten Mißverständnisse, das viel zu lachen gab. In Mannheim hatte der Stadtdirektor die Wegnahme der Laternenpfähle befohlen, da künftig die Laternen an quer über die Straße laufende Eisenketten gehängt werden sollten. Nun hatte ein Mannheimer Einwohner der Redaktion einen Aufsatz eingesandt, der überschrieben war: „Die verabschiedeten Laternenpfosten". Dieser Aufsatz, behaupteten viele österreichische Offiziere, sei eine maliziöse, auf sie gemünzte Satyre, und blieben dabei, was ihnen auch die Preußen und andere vernünftige Leute dagegen sagen mochten. Sie beruhigten sich nicht eher, als bis sie von Mannheim aus erfahren hatten, daß man daselbst wirklich die bisherigen Laternenpfosten weggenommen und durch Ketten ersetzt habe! Besonders hatte sich ein gewisser Major W . . . . ., ein zweiter Rummelpuff, bei dieser Gelegenheit höchst lächerlich gemacht.

An unserm Tisch unterhielt ich mich hauptsächlich viel mit dem Präsidenten von Keisenberg, dem es Vergnügen machte, mich über Italien, Frankreich, Spanien und die Ionischen Inseln auszufragen, dagegen erfuhr ich manches von ihm, das zu meinem Kram paßte und ich zu Artikeln in Pariser Journale benutzte, für die ich noch immer ununterbrochen arbeitete. Herr v. K. las diese und äußerte mehrmals bei Tische, er möchte wohl den Einsender derselben kennen, wobei er einen forschenden Seitenblick auf mich warf. Da sie indessen nichts weniger als revolutionär geschrieben waren, sondern nur eine leidenschaftslose Beurteilung der damaligen deutschen Zustände enthielten, sogar die Umtriebe der im Finstern schleichenden Hetzer und die Einfalt der guten Studenten, die sich zu deren Werkzeugen hergaben, öfters gegeißelt wurden, so las sie auch Herr v. K. mit Befriedigung, und daß er mich für den Verfasser hielt, ging aus mehreren seiner Äußerungen hervor. Dies kam mir sehr zustatten, denn nach einem Aufenthalt von mehreren Monaten in Mainz hatte Struensee in Köln herausgebracht, wo ich mich befand, und daher nichts Eiligeres zu tun, als einen Bericht hinsichtlich meiner, in welchem er mich abermals als der demagogischen Umtriebe verdächtig bezeichnete, an die Mainzer Untersuchungskommission nebst den Verfügungen des preußischen Ministeriums einzuschicken. Herr v. Keisenberg, der Struensee schon kannte, hatte dessen Albernheit hinsichtlich meiner gehörig zurechtgewiesen und dem Ministerium die völlig unbegründete Anklage Struensees dargetan. Ich erfuhr dies alles durch die Frau eines Mitglieds der Kommission, mit der ich auf einem ziemlich vertrauten Fuß stand. Indessen nahm ich mir vor, den unermüdlichen Eifer des Kölner Polizeidirektors doch in die gehörigen Schranken zu verweisen. In einem Korrespondenzartikel aus Köln, worin die wirklich vortreffliche Administration der preußischen Rheinprovinzen gehörig zergliedert wurde, schloß ich mit den Worten: Nur eines vermag man sich nicht zu enträtseln, nämlich, wie eine so umsichtige Regierung, wie die preußische, einen so ganz untauglichen Menschen, wie diesen Struensee, der noch obendrein das Gespött der Einwohner Kölns ist, daselbst als Polizeidirektor lassen mag. Bald darauf wurde dieser auch abberufen.

Das heitere Leben in Mainz sagte mir immer mehr zu, und die herrliche Lage dieser Stadt und ihre Umgebungen ließen mich begreifen, woher es kam, daß ihre Bewohner ein so munteres, mit leichtem Sinn durch das Leben gleitendes Völkchen waren. Fast keine Woche verging, wo nicht Ausflüge auf eine schöne Rheininsel, umliegende Ortschaften, auf die Kirchweihen, besonders auch nach Hochheim und in die nahen Bäder, Wiesbaden, Schwalbach usw., gemacht wurden, und als der Winter kam, fehlte es nicht an musikalischen Unterhaltungen, Konzerten, Schlittenfahrten usw. Auch das Theater, noch immer unter Kramer, war gar nicht schlecht. Zu meinem großen Leidwesen mußte ich indessen Mainz plötzlich verlassen, woran folgender Vorfall Ursache war. Im Theater besuchte ich gewöhnlich eine Loge, die dicht neben der war, welche die österreichischen Stabsoffiziere gemietet hatten und mit ihren Frauen einnahmen. Ein Major W . . . . . hatte eine noch sehr junge Frau geheiratet, die Tochter eines österreichischen Artilleriehauptmanns, mit der ich bisweilen ein paar Worte in der Loge wechselte, sonst aber nicht die mindeste Absicht auf die Dame hatte, da sie durchaus nichts besaß, was mich hätte anziehen können, und unsere Unterhaltung beschränkte sich auf ganz gleichgültige Dinge. Sie war auch, dank der geistigen Beschränktheit der Madame W . . . . ., sehr einsilbig. Dennoch sah es der Major ungern, wenn ich mit seiner Frau sprach, was meistens in seiner Abwesenheit geschah, da er öfter, durch den Dienst abgehalten, viel später als dieselbe kam. Eines Abends, als dies wieder der Fall war, trat er gerade in die Loge, als mich seine Frau um Erklärung einer Szene fragte, die sie nicht begriffen hatte. W.'s Gesicht schwoll hochrot an, und zornglühend sagte er so laut, daß es das ganze Publikum hörte, zu seiner Ehehälfte: „Du setzest dich gleich hier herüber" (auf die andere Seite der Loge); worauf mehrere Stimmen von den Galerien ein: „Bravo, Herr Major!" erschallen ließen, und das ganze Publikum lachte. Als ich nun im Zwischenakt die Loge verließ, begegnete mir W . . . . . auf dem Korridor und sagte: „Herr Fröhlich, wenn Sie noch einmal in Ihrer Loge ausspeien, so schicke ich Ihnen sechs Korporale auf das Zimmer!" „Sie haben wohl ein Glas über den Durst getrunken", antwortete ich ihm, „schlafen Sie Ihren Rausch aus; morgen sollen Sie mehr von mir hören." Hierauf drehte ich dem Major den Rücken und ließ ihn ganz verblüfft stehen. Am andern Morgen schickte ich ihm ein Schreiben, worin ich ihn um Erklärung der an mich gerichteten Worte bat. Da ich aber keine Antwort erhielt, ihm eine förmliche Herausforderung zusandte, und als auch diese ebenso erfolglos war, ließ ich in dem Phönix abdrucken, daß ich den gewaltigen Helden W . . . . . samt seinen sechs Korporalen in meiner Wohnung erwarte und sie nach Verdienst zu empfangen bereit sei. Die Sache hatte bereits viel Aufsehen gemacht und war in der Stadt herum. Die preußischen Offiziere äußerten sich öffentlich, daß ein solches Benehmen eines Stabsoffiziers unter ihnen nie geduldet würde usw. Dagegen hatte sich ein österreichischer Artillerieleutnant, namens Schneider, geäußert: „W . . . . . solle nicht soviel Umstände machen und mich bei der nächsten besten österreichischen Wache, an der ich vorüberginge, festnehmen, in die Wachtstube schleppen und gehörig durchhauen lassen." Eines Schneiders ganz würdige Gesinnung, doch nein, dieser edlen Zunft darf ich kein Unrecht tun, ich habe manchen Schneider kennengelernt, dem dieser Leutnant Schneider noch nicht würdig gewesen wäre, die Schuhe zu putzen. Alles dies gab nun zu Reibereien unter der Garnison Veranlassung, und eines Morgens wurde ich auf das Polizeiamt zitiert, wo man mir sehr artig und mit sichtbarer und schonender Teilnahme eröffnete, daß ich auf Befehl des hohen Festungs-Gouvernements die Stadt und Festung Mainz binnen 24 Stunden verlassen müsse. Ich wollte zwar dagegen Einwendungen machen, ging auch deshalb zu dem Herrn Regierungspräsidenten von Lichtenberg, der mich mit der äußersten Artigkeit aufnahm und mir sein Bedauern ausdrückte, in dieser Sache nichts für mich tun zu können, da das Festungs-Gouvernement das Recht habe, jeden Fremden aus der Stadt zu weisen, ohne irgendeine Rechenschaft deshalb geben zu müssen. Ebensowenig half es mir, daß ich mich an den Gouverneur, den preußischen General von Carlowitz, selbst wandte, der mir antwortete: er habe die Ausweisung mehr in meinem eigenen Interesse anordnen müssen, da bei meinem längeren Weilen dahier meine persönliche Sicherheit leicht gefährdet werden könne, denn die österreichischen Offiziere der Garnison seien zum Teil sehr rohe Subjekte usw. Genug, es blieb bei der Verbannung, und ich mußte mich darein fügen, bat mir jedoch dreimal vierundzwanzig Stunden aus, um meine Sachen zu ordnen, die mir auch bewilligt wurden, und fuhr dann, von allen meinen Bekannten, die mir das Geleit gaben, in sechs Wagen begleitet, nach Mannheim, wo man mich schon längst erwartete, der Eigentümer der dortigen Zeitung mich mit Briefen bombardierte und mir alle möglichen Offerten machte, worunter Wohnung und Tisch bei seiner Familie, wenn ich bei ihm logieren wolle.

Als ich mit meinen Freunden in Oppenheim ankam, wo man ein Mittagessen im „Wilden Mann" für uns bestellt hatte, fanden wir daselbst meinen jämmerlichen Gegner, den Major W . . . . ., der nebst seiner Frau seinen Schwiegervater, der in eine andere Garnison versetzt worden war, bis hierher begleitet hatte. Als uns diese guten Leute ankommen und aussteigen sahen, ließen sie sich schnell ein Zimmer im oberen Stock des Hauses geben, und niemand von ihnen verließ mehr die Stube oder ließ sich nur am Fenster blicken, bis wir weg waren. Ich aber hatte W . . . . . gesehen und erkannt, schrieb sogleich noch vor Tisch einen Aufsatz für den Phönix (Titel des Mannheimer Blattes): „Gedanken eines Verbannten auf der Reise von Mainz nach Mannheim", in welchem ich die Gegenwart eines sehr zahmen Mannes im „Wilden Mann" zu Oppenheim meldete und den Helden W . . . . .-Rummelpuff gehörig mitnahm. Das Liedchen:

Überall bin ich zu Hause,
Überall bin ich bekannt usw.

trillernd, fuhr ich in das freundliche Mannheim ein, wo ich von Herrn C . . . ., dem ich schon meine nahe Ankunft gemeldet hatte, auf das willkommenste empfangen wurde. Indessen hatte der Artikel im Phönix über meine Verbannung in Mainz großes Aufsehen erregt, und acht Tage darauf wurde C. zum Stadtdirektor in Mannheim gerufen und diesem eröffnet, daß er Befehl erhalten habe, mich unter polizeiliche Aufsicht zu stellen, damit, im Falle es für nötig erachtet würde, man meiner sogleich habhaft werden könne. Den Grund dieses Befehls, der ihm von Karlsruhe zugekommen, wußte er nicht. C., der von allem unterrichtet war, teilte ihm denselben mit, und der Stadtdirektor sagte zu ihm: „So raten Sie dem Herrn Fröhlich, in der Rheinschanze in einem Wirtshaus zu logieren; diese ist bayerisch, und dann geht mich die Sache nichts weiter an." Ich befolgte diesen Rat, da ich indessen daselbst kein ordentliches und reinliches Zimmer erhalten konnte, so mietete ich mir ein solches in dem nahen Frankenthal, von wo ich alle Morgen nach Mannheim ging und den Tag über daselbst zubrachte. Von Mainz erfuhr ich, daß der Polizeikommissar Mela dort beauftragt sei, alle möglichen deutschen und französischen (warum nicht auch die englischen, italienischen und spanischen?) Zeitungen durchzugehen und auf das genaueste nachsehen müsse, ob nicht irgendein Artikel gegen das Mainzer Gouvernement oder gegen die österreichischen Militärbehörden in einer derselben stünde. Eine herkulische Arbeit für den armen Mann, der mir deshalb nicht wenig fluchte. Ich fand die ganze Sache, obgleich es ein höchst ungerechter Gewaltstreich war, den man zugunsten eines feigen erbärmlichen Subjekts gegen mich verübt hatte, gar nicht erheblich genug, um noch viel Tinte darüber zu vergießen, und hatte in dem Mannheimer Leben das Mainzer bald vergessen. Nur in einem Pariser Journal erwähnte ich ihrer als eines echt österreichischen Verfahrens, ohne jedoch Namen zu nennen. Dies hatte aber Herr Mela übersehen. Über ein halbes Jahr lang mußte er alle diese Blätter durchgehen. Indessen sollte ich bald darauf über alle Erwartung glänzend, wenigstens an dem Urheber meiner Verbannung, gerächt werden, dessen Position nach all dem Vorgefallenen in Mainz durchaus nicht mehr haltbar war. Selbst die Gassenjungen spotteten seiner und riefen ihm ein: „Rummelpuff" nach. General Menzdorf trug nun in Wien auf seine Versetzung an und begründete diesen Antrag gehörig. W . . . . . wurde eines Morgens mit der Ordre, daß er in eine kleine polnische Stadt versetzt sei, sehr unangenehm überrascht und mußte bald nach mir Mainz verlassen, schwur aber, daß er sich wegen dieser himmelschreienden Ungerechtigkeit an den Kaiser selbst wenden würde. Indessen hatte er auf der Reise nach seiner neuen Garnison das Unglück, umgeworfen zu werden und sogar ein Bein zu brechen, und wenige Tage nach seiner Ankunft brach ein Feuer in dem von ihm bewohnten Häuschen aus, so daß er nur mit genauer Not dem Verbrennen entging und fast all sein bißchen Habe verlor. Es schien, als habe das Schicksal selbst es übernommen, mich recht eklatant zu rächen.

In Mannheim wurde indessen auf Verwendung des königlich preußischen Gesandten, Herrn von Otterstädt, der mit mehreren meiner Verwandten bekannt war, der Befehl der polizeilichen Aufsicht nach ein paar Wochen wieder aufgehoben, und ich wohnte nun ungestört bei C..... Hier setzte ich mein Leben fort, wie ich es in Mainz und allenthalben verlassen hatte. Bald hatte ich viele Bekannte und fast noch mehr gute Freundinnen unter den schönen Mannheimerinnen, denen zulieb ich die Mainzerinnen bald vergaß. Die Stadt war jedoch sehr öde und still, das Theater aber, wenigstens was das Schauspiel betraf, gut besetzt und unterhaltend. Die von Frankfurt sich hierher geflüchtete Frau von Busch war jetzt dessen größte Zierde. Für Musik hatten die Einwohner viel Sinn, und es wurden sehr gute Konzerte, in denen sich ausgezeichnete Dilettanten hören ließen, von Zeit zu Zeit im Konzertsaal des Theaters gegeben. Auch in manchen Privathäusern fanden unterhaltende musikalische Abende statt. Auf dem Mühlauer Schlößchen wurden hübsche Bälle gegeben, die Tochter des Hauses war eine liebliche Sängerin, die sich der Bühne widmete und während meiner Anwesenheit in Mannheim als Donna Anna mit Beifall debütierte. Auch der Schauspieler Freund war jetzt in Mannheim engagiert und sein Haus eines von denen, die ich am liebsten besuchte, sowie die Abendversammlungen im Pfälzer Hof, bei denen die hübsche Wirtstochter Katharina zugegen war.
Nachdem das Frühjahr herangekommen war, machte ich häufige Ausflüge nach *Heidelberg*, wo noch unser alter Familienfreund Wrede wohnte und wo ich ganze Tage in dem Schloßgarten und dessen Umgebungen zubrachte, auch den Wolfsbrunnen, den Königsstuhl, den Heiligenberg, Stift Neuburg, den Riesenstein usw. besuchte. Das burschikose Studentenwesen und der Pedantismus der Herren Gelehrten und Professoren machten den Aufenthalt in dieser Stadt den Fremden unangenehm, deren sich sonst weit mehr hier niederlassen würden. Den zweiten

Pfingstfeiertag besuchte ich den Schwetzinger Garten, der an diesem Tage von Fremden aus einem Umkreis von vielen Meilen wimmelt, sonst aber noch weit öder als die Gärten zu Versailles und Potsdam ist. An den vielen Spielereien, die er enthält, fand ich keinen Gefallen, da sie sämtlich nichts weniger als großartig sind und an das bekannte: „Es ist verboten, große Hunde mitzubringen, damit sie die Seen nicht aussaufen und die Berge nicht platt treten", erinnern. Nur die Moschee, wenn auch nicht sehr groß, gibt wenigstens einen Begriff von einem solchen Gebäude. Die Wasserkünste sind, im Vergleich mit denen zu Versailles und selbst Kassel, unbedeutend. Öfters ging ich auch auf ein paar Tage nach Worms, wo ich bei Freund Eikmeier, der daselbst eine Besitzung hatte, wohnte und von da nach Niedesheim spazierte, wo einst mein Oheim Scholze residierte. Von Worms machte ich ein paarmal einen Abstecher nach Mainz, wo ich mich heimlich in dem Quartier, das ich zuletzt bewohnte, bei der Witwe Kronebach am Eck der großen Bleiche aufhielt, was dennoch die Polizei ausspürte, aber so klug war zu ignorieren.

Da ich einsah, daß mein Aufenthalt in Mannheim nicht von langer Dauer sein konnte, indem C. sich nicht in sehr glänzenden Verhältnissen befand, und obgleich ich den Phönix, der dreimal wöchentlich erschien, fast ganz allein durch meine Arbeiten füllte, er doch nicht imstande war, mich dafür gehörig zu honorieren, auch der politische Teil der Mannheimer Zeitung zu unwichtig und zu bedeutungslos war, als daß sie jemals auf eine zum Bestehen hinreichende Abonnentenzahl hätte zählen dürfen, so wandte ich mein Augenmerk nach Stuttgart, um so mehr, da ich auch in Mannheim keinen Verleger für mein großes historisches Werk hatte finden können, wozu C. wohl den Willen, aber nicht die Mittel hatte, und an dessen Herausgabe ich jetzt ernstlich dachte. Ich machte deshalb im Juni eine Reise nach *Stuttgart* und daselbst die Bekanntschaft des Herrn von Cotta und des sich erst kürzlich daselbst etablierten Buchhändlers Frankh. Ersterem trug ich mein Werk, das schon ziemlich weit gediehen war, an, und er war geneigt, auf dessen Verlag einzugehen, verschob jedoch einen definitiven Abschluß deshalb auf später, da er in demselben Augenblick mit zu vielen andern Dingen beschäftigt war und auch mehrere Reisen vorhatte. Frankh war noch nicht in den Verhältnissen, auf ein solches Unternehmen eingehen zu können, ersuchte mich aber, die Memoiren der Miß Hinriette Wilson für ihn zu übersetzen, was ich auch übernahm. In Stuttgart und besonders in dessen Umgebung hatte es mir sehr gefallen, namentlich auch in Ludwigsburg. Auf der kleinen Insel zu Monrepos begegneten mir an der Kapelle daselbst zwei Damen, von denen die jüngere, die kaum 15 Jahre zählen mochte, einen hohen Anstand und unendliche Anmut verriet, einen herrlichen Wuchs hatte und einen Elfentritt zu haben schien; dabei das schönste lieblichste Gesichtchen, das man sich denken kann. Die ältere, eine Frau bei Jahren, die ich für die Mutter hielt, zeigte ebenfalls durch ihre Haltung und Manieren, daß sie einem Stand angehören müsse, der sich gewöhnlich durch die feinste Bildung, eine edle Unbefangenheit und ungezwungenes Wesen verrät. Ehrerbietig grüßend ging ich an den Damen, die mir artig dankten, vorüber, in die Einsiedelei; als ich von derselben zurückkam, saßen beide auf einer Ruhebank am Weg. Gar zu gerne hätte ich sie angesprochen, wagte es indessen nicht, da mich eine mir nicht zu erklärende Scheu zurückhielt. Ich bemerkte jedoch, daß mir die Jüngere lange mit unverwandten Augen nachgesehen, und als ich im Gebüsch verschwand, hörte ich sie einige mir unverständliche Worte zu ihrer Begleiterin sprechen. In meinen Kahn gestiegen, der mich wieder an das Schlößchen Monrepos bringen sollte, fragte ich den Schiffer, ob er nicht wisse, wer die beiden Damen seien, die sich jetzt auf der Insel befänden. Er wußte es aber nicht zu sagen, da er sie nicht gesehen, auch keine übergefahren haben wollte. Wer die romantischen Anlagen dieser Insel kennt, ihre Schlangenpfade zwischen dichten Gebüschen, ihre Höhle der Templer, denen man die Mäntel gestohlen, das gotische Kirchlein mit der Einsiedelei, deren Eremit den Fremdling begrüßt, sowie er die Schwelle betritt, und dann die ganz abgeschlossene Lage und Totenstille dieses heimlich einsamen Ortes, der wird mir nicht verargen, daß eine so feenhafte Schönheit hier zu treffen, einen ganz außerordentlichen, nicht zu beschreibenden Eindruck auf mich gemacht hatte. Auch wartete ich am jenseitigen Ufer wohl über anderthalb Stunden, um die Damen die Insel, auf der sie doch nicht ewig bleiben konnten, verlassen zu sehen. Endlich kamen ein paar wohlgekleidete Leute, banden einen eleganten Kahn los und fuhren nach der Insel ab. Eine Viertelstunde später kamen sie mit den beiden Damen, von denen die ältere ein kleines zierliches Portefeuille in der Hand hatte, zurück. Beide waren jetzt verschleiert. Ich richtete es so ein, daß ich ihnen noch einmal begegnete, grüßte wieder und erhielt von der jungen einen sehr freundlichen Dank. Die Schiffer hatten sich mit ihnen entfernt, und ich konnte wieder nicht erfahren, wer sie waren. Ich ging ihnen zwar in bedeutender Ferne nach, aber sie stiegen unfern Monrepos in einen Wagen, den ich bald aus dem Gesicht verlor, da ich von Ludwigsburg zu Fuß hierher gegangen war.

Den Rest des Tages brachte ich fast ganz in dem Park zu Ludwigsburg zu, auf einer Ruhebank unter der Emmrichsburg sitzend und fortwährend über die zu Monrepos gehabte Erscheinung nachsinnend. Ich fuhr endlich am Abend nach Stuttgart zurück, wo ich dem Grafen Lusi, der Sohn des Gesandten Lusi zu Potsdam, der damals königlich preußischer Geschäftsträger am württembergischen Hof war und dem ich einen Besuch gemacht hatte, davon erzählte, der mir aber ebensowenig Auskunft geben konnte, wer die Damen wohl gewesen sein mochten. Für den andern Tag hatte er mich zu Tisch gebeten und nahm mich am Nachmittag mit in den Frößnerischen Badgarten zu Kannstadt, wo ich unter den vielen Schönen, die sich daselbst befanden, vergeblich nach meiner Unbekannten forschte; ebenso erging es mir in dem Garten des Gaisburger Schlößchens, den wir bei der Rückkehr noch besuchten, der auch mit Gästen überfüllt war, und unter denen zwischen Tausenden von Rosen recht hübsche schwäbische Schelmengesichter hervorblickten. Zwei Tage darauf reiste ich über Pforzheim und Karlsruhe nach Mannheim zurück, immer noch das Bild der schönen Unbekannten von der Insel im Gedächtnis habend, und obgleich ich in Mannheim nicht weniger als einem halben Dutzend Schönen, unter denen die Tochter eines Frankfurter Advokaten, namens St...., der sich damals hier aufhielt, Fräulein Mathilde, eine wahre Schönheit, und eine Namensverwandte, Fräulein F......, nicht minder liebenswürdig, sowie die Schwester eines Rittmeisters und die Frau eines Hauptmanns usw., waren, sehr ernstlich den Hof machte, so hinderte mich dies doch nicht, von Zeit zu Zeit voll Sehnsucht an die Unbekannte auf der Insel zu denken. Im Juli reiste ich nach *Baden-Baden*, um daselbst einen Teil der Sommersaison zuzubringen. Bevor ich dahin abging, hatte ich mit C. einen Martingal für das Roulettspiel berechnet, durch welche man einen Taler oder Napoleon, gleichviel nachdem man setzte, bei jedem Coup gewinnen mußte, solange man nicht gesprengt wurde; das Verhältnis war 1, 3, 7, 15, 36, 80 und 200, wobei vom dritten Coup an die Zeros jedesmal verhältnismäßig gedeckt werden mußten. Wir hielten beide die Sache für unfehlbar und glaubten, daß man nicht öfter gesprengt werden könne, als bis man das Doppelte gewonnen. Ich reiste mit ungefähr 150 Napoleon ab, alles was ich noch hatte zusammenscharren können, in der Hoffnung, mit wenigstens 50 000 Gulden zurückzukommen. In Baden angelangt, stieg ich in der Goldenen Sonne ab und nahm mir kaum die Zeit, mich umzukleiden, um in den Spielsaal zu eilen und meine

Operation zu beginnen. Im Anfang ging die Sache auch vortrefflich. Ich begann mit kleinen Talern und zog für jeden Coup, oft nachdem vier bis sechs verloren waren, meinen kleinen Taler. Nun setzte ich Brabänter und endlich Dukaten; bereits hatte ich deren schon über vierzig gewonnen, als ich das erstemal mit 200 gesprengt wurde. Ich begann nun mit dem wenigen Geld, das mir noch übrigblieb, wieder mit kleinen Talern zu spielen, ward aber bald wieder gesprengt und verlor endlich, Vierziger setzend, noch den Rest meines Geldes bis auf ein paar Gulden. So war ich denn auf einmal von allen meinen Himmeln herabgefallen, verließ die Spielsäle mit gewaltig hängenden Flügeln, um in den Anlagen frische Luft zu schöpfen. Auf einer etwas abgelegenen Bank wurde mir erst das Schreckliche meiner ganzen Lage recht klar. Nicht mehr so viel Geld in der Tasche, daß ich an eine Rückreise hätte denken können, auch dem Wirt schon eine Zeche schuldig, wo ich mir zwei Zimmer auf einen Monat gemietet hatte, war es mir doch nicht so ganz einerlei, und ich wußte nicht, wie ich mich noch aus dieser Klemme ziehen würde. An meine Eltern konnte ich, deren pekuniäre Lage kennend, unmöglich mehr Ansprüche machen. Ich schrieb an C., von dem ich aber die trostlose Antwort erhielt, daß er sich selbst in der hochnotpeinlichsten Geldverlegenheit befinde. Einstweilen machte ich mich mit dem Grauen des Tages an die Übersetzungen für Frankh und arbeitete in einem fort bis zu Tisch, worauf ich eine kleine Promenade nach dem Kloster Lichtenthal oder auf das alte Schloß usw. machte, dann wieder bis zum Abendessen übersetzte, eine Stunde in dem Kursaal oder der Allee, die zu demselben führte, zubrachte, dann wieder bis nach Mitternacht arbeitete, und so binnen acht Tagen eine sehr bedeutende Partie Manuskript nach Stuttgart abzuschicken imstande war, mit der ich zugleich bat, eine Anweisung von ein paar hundert Gulden von mir honorieren zu wollen, was Frankh auch tat, und so war ich wenigstens aus der dringendsten Verlegenheit; aber während den acht bis zehn Tagen, wo ich fast gar keinen Heller Geld mehr in der Tasche hatte, war es mir denn doch manchmal nicht ganz wohl. Mein Wirt konnte mir jeden Augenblick eine Rechnung bringen und Zahlung verlangen, die ich nicht zu leisten imstande war. Ich hatte Bekanntschaft mit ein paar reichen jungen Holländern gemacht, die mich häufig zu einer Spazierfahrt einluden, dabei, wo wir einkehrten, freihielten. Um mich gegen diese generösen Herren zu revanchieren, ließ ich zum Dessert bei Tisch immer ein paar Flaschen Champagner kommen, denkend, das geht jetzt auf eine Rechnung hin, und je mehr du Depensen machst und befiehlst, desto weniger wird der Wirt mißtrauisch, und so war es auch. Als meine Anweisung honoriert und ich dadurch wieder etwas bei Kasse war, sagte ich ganz barsch zum Wirt: „Aber mein Gott, warum machen Sie mir denn meine Rechnung nicht, ich verlange sie wenigstens alle acht Tage, länger will ich es nicht anstehen lassen!“ Der Wirt entschuldigte sich höflichst, brachte sie mir, sie machte einige 60 Gulden, wovon die Hälfte beinahe für Champagner war. Ich warf ihm das Geld auf den Tisch und ging wieder in die Spielsäle, aber jetzt nur mit äußerster Vorsicht spielend, und gewann wirklich ein paar hundert Taler, mit denen ich mich freudig weg begab. Noch ein paarmal war mir das Glück so günstig, daß ich bald über 1000 Gulden hatte, und nun nie mehr als ein paar Dukaten wagte. Dabei arbeitete ich nach wie vor an meinen Übersetzungen, sandte auch mehrere Artikel über die diesjährige Badesaison an den Konstitutionel nach Paris. Ich schlief damals kaum drei bis vier Stunden alle Nacht. Nachdem ich so wieder über alle Berge war, sah ich mich auch nach der hiesigen eleganten Damenwelt und ein paar Badschätzen um, die ich nicht lange zu suchen brauchte. Ein paar Beamtentöchter aus Karlsruhe und die hübsche Frau eines holländischen Obersten, die in einem Hotel mit mir logierten, waren bald meine Auserkorenen. Etwas später machte ich einer schönen Engländerin den Hof, die außerdem noch ein allerliebstes englisches Kammerkätzchen hatte. Herr von Cotta, der sich auch in Baden eingefunden, wo er ein eigenes Hotel besaß, trug mir auf, einige Artikel ins Morgenblatt über die hiesige Saison zu schreiben. Da ich in denselben den Spielpächter Chabert, der damals die dortige Spielhölle in Pacht hatte, und noch einige andere Dinge ein wenig stark mitnahm, so gab dies in der Badewelt zu Baden gewaltigen Rumor. Man glaubte, Robert, der als Korrespondent des Morgenblattes bekannt war, habe die Artikel geschrieben, und wollte diesem deshalb zu Leibe; nur mit genauer Not entging er einer Prügelei. Was die Saison sehr glänzend machte, war der Aufenthalt des Königs Maximilian von Bayern und seines Hofes. Es gab Feste über Feste, Partien in das herrliche Murgtal, Beleuchtung des alten Schlosses, Bälle, bei denen die bayerischen Prinzessinnen die Hauptrolle spielten, usw. Ich machte manche romantische Privatausflüge nach den Ruinen des Ybergs, nach Ebersteinburg, dem Schlößchen, dem Amalienberg, dem Schloß Neueberstein, beide im Murgtal, usw. mit der einen oder andern meiner Badschönen und zeigte ihnen auch die unterirdischen Kerker mit ihren furchtbaren, sich auf dicken Eisenstöcken drehenden steinernen Türen in dem Schloß zu Baden. Daß diese Kerker noch ein Werk der Römer sein sollen, wie manche Gelehrte lächerlicherweise behaupten, ist sehr unwahrscheinlich; daß sie ein Sitz der Fehme oder sonst eines heimlichen Gerichts gewesen, weit glaubhafter. Ihren Ursprung und ihre Bestimmung mit Gewißheit anzugeben ist unmöglich. Dreieinhalb Monate hatte ich in Baden, die ersten vierzehn Tage abgerechnet, wo ich mich in Finanznöten befand, recht vergnügt zugebracht und reiste von hier nach Frankfurt, wo ich einige Tage bei den Meinigen verweilte, über Mainz und Worms nach Mannheim zurück, wo ich C . . . . mit seiner Familie in großer Traurigkeit fand und mir derselbe erklärte, daß seine Position in Mannheim nicht lange mehr haltbar sei.

Unter solchen Umständen fand ich es für passend, da er ohnehin eine sehr starke Familie – sechs Kinder – hatte, unter denen das älteste Mädchen, Mathilde, etwa neun Jahre alt, einen für sein Alter sehr scharfen Verstand besaß und ein äußerst angenehmes und liebes Kind war, das mir jeden Morgen mein Frühstück auf mein Zimmer brachte und mich durch seine munteren, oft witzigen Einfälle erheiterte, eine andere Wohnung zu beziehen. Ich mietete mich nun bei der Schauspielerin Rüppel ein, einer Schwester der berühmten Lindner, wo ich auch den Tisch und eine recht unterhaltende Tischgesellschaft hatte, unter der ein Dragoneroffizier, Herr von Schweizer, und ein junger Artaria waren. Einen Hauptgegenstand der Unterhaltung bildete das Theater und dessen Direktion, die damals ein Graf Luxemburg leitete, der eine Maitresse Napoleons geheiratet, die einen Sohn, Graf Leo genannt, der in Heidelberg studierte, von diesem hatte. Den Intendanten Luxemburg, ein arger Ignorant, wenigstens in allem, was die Kunst und das Bühnenwesen betraf, nannte man wegen seinen burlesken Aufschneidereien nur den Grafen Lügenburg. Einer der tollsten Mißgriffe bei den Hoftheatern ist, daß man an die Direktion eines solchen Instituts, zu welcher gerade die ausgebreitetsten Kenntnisse, die in fast alle Wissenschaften eingreifen, ungewöhnliche Fähigkeiten, Talente und große Charakterfestigkeit gehören, in der Regel den ersten besten hochadeligen Erbhohlschädel nimmt, einen Hofmarschall Kalb, während ein höchst ausgezeichneter Kopf, ja ein Genie dazu nötig ist. Die Leitung einer Bühne ist eines der schwierigsten Ämter, die es gibt. Das bekannte: „Da gerade keine Stelle mehr im königlichen Stalle frei war, so übertrug man ihm (dem Kammerherrn) die Direktion der Hofbühne", charakterisiert vollkommen die Begriffe, die man an den Höfen von der Direktion eines Theaters hat.

Indessen ließ es mich nicht lange mehr in Mannheim weilen. Hier hatte ich, wie gesagt, keine Hoffnung, endlich mein großes historisches Werk, an dem ich, sooft ich Muße hatte, arbeitete, an das Tageslicht treten zu sehen. Stuttgart, wohin mich die daselbst durch die Einsicht des sehr rechtlichen und vernünftigen Königs sehr freie Presse und noch ein gewisses Etwas, das ich mir selbst nicht zu erklären vermochte, zog, war der Ort, den ich am passendsten für meinen Zweck hielt. Ein zufälliger Umstand beschleunigte noch meine Abreise dahin. Eines Tages hatte ich mit meinem Pferde eine Lanzade über die Planken an der Allee gemacht, aber auf der Stelle den Sprung zurück getan. Indessen hatte es ein Polizeidiener gesehen und angezeigt; ich wurde vorgefordert, wo es zu einem verdrießlichen Wortwechsel kam, der damit endigte, daß ich der hohen Polizei die fünf Gulden Strafe, zu der sie mich verurteilt hatte, auf den Tisch warf, meinen Paß visieren ließ und schon den kommenden Tag auf dem Weg nach Stuttgart war, wo ich wohlbehalten eintraf und im Gasthof zum Waldhorn abstieg, aber schon ein paar Tage darauf eine Privatwohnung bei einem ehemaligen Hofgürtler, Herrn Sch . . . ., bezog. C. hatte mir beim Abschied gesagt, daß er mir bald nachfolgen würde, indem für ihn in Mannheim nichts mehr zu tun sei.

Es ist unglaublich, mit welchen unbedeutenden Dingen man so eine deutsche Residenzstadt, wenn nicht in Aufruhr, doch in Bewegung setzen kann. Ich trug damals einen, hier noch nicht gesehenen, sogenannten Karbonari-Mantel, schwarz, mit rotem Samt ausgeschlagen und goldenen Quasten, den ich mir kurz vorher in Paris hatte machen lassen. Dieses Kleidungsstück, unter dem ich gewöhnlich einen polnischen Rock trug, machte, daß sich die ganze Stadt von meiner werten Person unterhielt und die albernsten Märchen über dieselbe erfand. Bald sollte ich der natürliche Sohn, ich weiß nicht welches großen Herrn, bald gar ein englischer Reiter, wahrscheinlich weil ich viel ritt, und die Götter mögen wissen, was alles sein. Ritt oder ging ich an einem Haus vorüber, husch waren Ge-

sichter an allen Fenstern, das fremdartige Wundertier zu begaffen, und dies dauerte eine geraume Zeit, bis man endlich dahinterkam, wer ich denn eigentlich sei, nämlich ein literarischer Vagabund, gebürtig aus Frankfurt am Main, den man in Mainz wegen demagogischer Umtriebe, so hieß es, ausgewiesen usw. Ich hatte mir schon viel von den guten Schwaben erzählen lassen, aber so arg es mir denn doch nicht gedacht. Die Stuttgarter Kleinstädterei übertraf fast noch die meiner Vaterstadt, und wahrhaftig, das will viel sagen. Dies alles hinderte mich indessen nicht, ein ganz ungeniertes und ungebundenes Leben zu führen. Ich legte es im Gegenteil darauf an, den Leuten immer etwas zu reden zu geben, und machte schnell mehrere interessante Bekanntschaften mit schwäbischen Schönen, und da man mich zuerst für sehr reich verschrie, obgleich ich damals eher sehr arm war, so wurden mir Lockspeisen genug auf die Leimrute gelegt. Ich amüsierte mich, lachte und schlug den guten Leuten ein Schnippchen.
Herrn von Cotta hatte ich wieder aufgesucht und ihm von dem Verlag meines historischen Werks gesprochen. Er war noch immer ganz dafür, machte aber fortwährend Geschäftsreisen, bald nach Paris, London, Berlin, und schob die Sache hinaus. Die Metzlersche Buchhandlung lehnte den Verlag ab, nur Frankh zeigte sich sofort zur Unternehmung derselben bereit, schien mir aber nicht zuverlässig genug, nahm auch zu große Vorteile für sich in Anspruch, und wir verfeindeten uns bald darauf, woran zum Teil C....., der nun von Mannheim angekommen war und Frankh zu der Herausgabe einer französischen Zeitung beredet hatte, schuld war. C..... war zwar ein sehr fleißiger Arbeiter, aber durchaus einem solchen Unternehmen, wie überhaupt einer Zeitungsredaktion, nicht gewachsen. Es fehlte ihm gerade nicht an Kenntnissen, aber er war nur ein mittelmäßiger Kopf, dem alle Ideen abgingen und bei dem an Selbstschöpfungen nicht zu denken war. Ebensowenig waren seine poli-

tischen Ansichten klar, sondern höchst beschränkt und oft verwirrt; auch mußte nach drei Monaten das Unternehmen schon wieder aufgegeben werden. Die Zeitung enthielt nur aus französischen Blättern abgedruckte Artikel und selbst diese ohne alle Auswahl, so daß sie ein wahres Potpourri war. Ich hatte Frankh mehrmals meine Meinung deshalb geäußert, was dieser, als sie sich entzweiten, dem C..... wiedersagte, der ohnehin wegen einem Artikel, den ich über das Rheinische Konversationslexikon noch in Mannheim, in dem Frankfurter Journal hatte abdrucken lassen, statt im Phönix, was er erst später durch andere erfuhr, aufgebracht über mich, nun einfältig genug war, einen Entschädigungsprozeß deshalb gegen mich in Stuttgart anhängig zu machen, dem ich schon in erster Instanz dadurch ein Ende setzte, daß ich ihm eine unbedeutende Summe anbot, die er mit Freuden annahm. Er arbeitete nun eine Zeitlang für den Abbé Mozin und gab auch Sprachunterricht. Ich hatte nach Beendigung der Übersetzung der Memoiren der Miß Wilson die der Denkschriften Riccis für Frankh übernommen, die in französischer Sprache, mit sehr vielen langen Anmerkungen und Dokumenten in der italienischen, herausgekommen waren. Frankh, der jetzt schon, nachdem ihm einige Verlagsartikel geglückt waren, die Rolle eines Cotta spielen zu wollen anfing, der er bei seinen sehr beschränkten Geistesfähigkeiten so wenig gewachsen war, so daß ich ihn mit dem sich zum Ochsen aufblasen wollenden Frosch der Fabel verglich, und vornehm gelehrt tat, wünschte, daß ich die gedruckten Korrekturbogen der Übersetzung mit ihm durchgehen möchte. Er empfing mich in einem bunten großbeblümten Schlafrock, aus einer langen türkischen Pfeife rauchend, und wir lasen zusammen, oft in Gegenwart eines anderen Schriftstellers, unter andern auch Hauffs, den ich häufig bei ihm traf, da er ebenfalls die Korrekturen seiner Werke, die er bei ihm verlegte, mit ihm las. Frankh, um sich ein gelehrtes Ansehen zu geben, hatte sich angewöhnt, von Zeit zu Zeit mechanisch zu sagen: „Meinen Sie nicht, daß man dies doch anders hätte geben können?“ „Ich glaube nicht“, war meine Antwort. Das Komischste dabei war, daß er fast kein Wort Französisch verstand, aber doch behauptete, obgleich ihm das Sprechen nicht geläufig sei, französische Werke mit derselben Leichtigkeit wie deutsche zu lesen. Da ich nun von dem Gegenteil längst überzeugt war, so sagte ich eines Tages zu Hauff, als Frankh einen Augenblick das Zimmer verlassen hatte: „Geben Sie acht, jetzt will ich einmal unsern Herrn Verleger tüchtig auf das Eis führen.“ Als Frankh nun wieder seine stereotype Phrase: „Meinen Sie nicht, daß man dies anders hätte geben können“, anbrachte, reichte ich ihm das Original hin, auf eine ganz andere Stelle deutend als die, von der gerade die Rede war, und sagte ihm: „Da sehen Sie selbst, wie wäre dies anders zu geben gewesen.“ Frankh murmelte ein paar unverständliche Worte in den Bart, gab mir das Buch zurück und sagte: „Nein, Sie haben recht, man kann es wohl nicht anders geben.“ Jetzt konnte sich Hauff, der wußte, daß die fragliche Stelle auf einer ganz andern Seite stand, kaum mehr des Lachens enthalten, und ebenso erging es auch mir. Frankh fragte, was wir hätten, ohne jedoch den Streich noch zu ahnen, den ich ihm gespielt. Er erfuhr es aber bald darauf durch die dritte Hand, da Hauff den Vorfall seinen Bekannten mitgeteilt hatte. Wir waren nun entzweit, und ich sandte ihm Riccis Werk, von dem ich erst den ersten Band übersetzt hatte, zurück. Ich gab jetzt einstweilen ein belletristisches Blatt in Stuttgart heraus, welches manche der dortigen Zustände, namentlich auch die Vorurteile des Erbadels, etwas stark mitnahm sowie die Vorstellungen der dortigen Bühne kritisierte, die damals, Oper wie Schauspiel, ganz vorzüglich besetzt war und Künstler wie einen Seidelmann, einen Gnauth, einen Miedke, eine Stubenrauch, eine Canzi, einen Häser, einen Pezold usw. aufzuweisen hatte. Namentlich wurden die Ifflandschen Stücke mit einer Vollendung gegeben wie fast nirgends, selbst Berlin nicht ausgenommen, wobei ich auch noch in auswärtige Blätter, namentlich Frankfurter, Berichte über diesen Gegenstand sandte. Nicht sehr lange nach meiner Ankunft in Stuttgart glaubte ich eines Abends in einer Loge im ersten Rang zu meiner größten Verwunderung die junge schöne Dame zu erkennen, die ich auf der Insel zu Monrepos den vergangenen Sommer zuerst gesehen und die einen so großen Eindruck auf mich gemacht hatte. Um Gewißheit zu erlangen, daß es dieselbe sei, verfügte ich mich in eine Loge, die so nahe, als ich sie haben konnte, bei der war, in welcher sich meine Unbekannte befand, und es blieb mir bald kein Zweifel mehr übrig, daß es ein und dieselbe Person mit jener auf der Insel sei. Auch sie hatte mich gleich bei meinem Eintritt in die Loge wiedererkannt, wie ich deutlich aus der zusammenschaudernden Bewegung, die sie machte, als sie mich erblickte, wahrnehmen konnte. Ich begab mich aber bald darauf wieder ins Parterre, nachdem ich zu meinem Mißvergnügen den Rang erfahren, den die Dame einnahm und der mich an keine Annäherung derselben denken ließ, denn ich war ja nicht mehr in Italien oder Frankreich, sondern in Deutschland, und zwar in Schwaben. Doch hatte sich das schöne Bild von neuem mir eingeprägt und wich nicht von meinen Augen, trotzdem daß ich mich mit mehreren andern weiblichen Wesen recht sinnlich zu zerstreuen suchte. Am dritten Tage nach jenem Theaterabend kam eines Vormittags ein schon etwas ältliches wohlgekleidetes Frauenzimmer zu mir, welches, nachdem es fast verlegen allerlei Umschweife gemacht, damit herausrückte, daß sie mir geheimnisvoll mitteilte: sie komme im Auftrag einer Dame, die mir unendlich wohlwolle und mich zu sprechen wünsche. Sie rückte nun immer mehr mit der Sprache heraus, nannte mir endlich die Dame, nachdem ich ihr zuerst auf das feierlichste die tiefste Verschwiegenheit und Diskretion hatte versprechen müssen, und bestellte mich auf den nächsten Nachmittag gegen 4 Uhr in den Park zu Ludwigsburg, wo ich sie wieder sprechen und das Weitere von ihr hören würde. Lange glaubte ich zu träumen. Nachdem sie wieder weg war, war ich nicht imstande fortzuarbeiten und konnte die kommende Nacht fast kein Auge schließen, so sehr beschäftigte mich diese Sache. Am andern Tage ritt ich gleich nach Tisch nach Ludwigsburg, begab mich, mein Pferd im Waldhorn lassend, in den Park, den nicht mehr sehr jugendlichen Postillion d'amour erwartend. Er fand sich noch vor der bestimmten Zeit an dem bezeichneten Platz ein und flüsterte mir im Vorübergehen zu, ihm in einiger Entfernung zu folgen. Nachdem ich der Frau durch einige Baumgänge nachgegangen war, begegnete ich der schönen, jungen, holden Dame in Gesellschaft der alten, mit der ich sie zum erstenmal auf der Insel gesehen hatte. Ehrerbietig grüßend, ging ich an beiden vorüber, und die jüngere, mir errötend dankend, ließ unvermerkt ein Blümchen, das sie zuvor an den Mund gebracht, fallen, das ich, nachdem sie sich mehrere Schritte entfernt hatte, aufhob und in mein Portefeuille legte. Ich folgte nun meiner immer noch vorangehenden Führerin, die mich endlich an einen sehr entlegenen Ort des Parks führte und mir eröffnete, daß ich mich noch diesen Abend nach Mitternacht wieder daselbst einzufinden hätte, wo sie mich dann an einen Ort führen wolle, wo ich Glücklichster der Sterblichen, wie sie meinte, die seligsten Stunden meines Lebens zubringen würde. Versprechend, daß ich nicht verfehlen würde, mich einzustellen, entfernte ich mich, nahm dankend Abschied, und nachdem mir nochmals die größte Vorsicht und Achtsamkeit empfohlen wurde, damit ja niemand etwas von diesem Verhältnis auch nur ahnen könne, ritt ich nach Stuttgart zurück. Als 10 Uhr vorüber und in meinem Haus schon jedermann in den Federn war, schlich ich mich leise die kleine, zu meinem Zimmer führende Hintertreppe hinab in den Stall, sattelte selbst mein Pferd, führte es hinaus und trabte, ohne mich aufzuhalten, nach Ludwigsburg. Daselbst angekommen, band ich das Pferd an einen Baum und eilte an den Ort, wo ich die Führerin treffen sollte. Kaum hatte die Turmuhr Mitternacht verkündet, so erschien sie auch, und ihr folgend, führte sie mich an einen besonders abgeschlossenen Raum des Parks, dessen Türe nur angelehnt war, zu einem kleinen Häuschen, in welchem eine weißgekleidete, in einen großen Schal gehüllte Nymphengestalt auf einer Bank saß. Es war die junge Dame der Insel, die, als ich eintrat, aufsprang und die, in meinen Armen liegend, mich glühend umfing. Zwei Uhr nach Mitternacht war vorüber, als ich mich wieder auf dem Heimweg nach Stuttgart befand, wo ich mein Pferd ebenso unbemerkt wieder in den Stall führte, absattelte und mich dann ebenso in meine Wohnung schlich. Niemand hatte diese Abwesenheit wahrgenommen. Nach Übereinkommen wiederholte ich am folgenden Abend denselben Besuch ganz auf dieselbe Weise und ebenso unbemerkt und hatte so eine Reihe von seligen glücklichen Nächten, mich immer mit einem: „Auf morgen nacht mehr", verabschiedend. Um aber noch mehr den mindesten Verdacht von diesem Verhältnis, dessen Entdeckung die größte Gefahr für uns beide hätte bringen können, fernzuhalten, und damit auch niemand an so etwas nur denken konnte, machte ich der jungen Frau eines Kaufmanns F., Tochter eines Staatsdieners in Stuttgart, die zwar nicht gerade schön und nichts weniger als geistreich, dabei aber sehr kokett war, ganz im Einverständnis mit meiner geheimen Geliebten, auf das auffallendste den Hof, tanzte fast nur mit ihr auf den Museumsbällen, machte am Tage zu Pferd und zu Fuß Fensterparaden an ihrer Wohnung, kurz, trieb es so, daß in wenig Tagen die ganze Stadt mich rasend verliebt in Madame F.... glaubte, und da die Dame die Güte hatte, in die Falle zu gehen und ihr die gemachte Eroberung zu schmeicheln schien, so waren wir bald das Stadtgespräch und mein Zweck erreicht. Madame F.... aber mochte sich gar manches an meinem Benehmen nicht zu erklären wissen, da ich durchaus keine ernstlichen Absichten hatte, in ihren Reizen, die gerade nicht zu den verführerischsten gehörten, zu schwelgen. Da die nächtlichen Ritte mich nicht wenig ermüdeten, so daß ich am Tage gerne möglichst der Ruhe pflegte, ließ ich dieses Verhältnis nie weiter als bis zu einem sehr unschuldigen Handkuß kommen, schrieb aber dagegen die feurigsten Briefe. Genug, die Komödie gelang mir vollkommen. Von meinem geheimen Verständnis ahnte keine Seele etwas, und von dem öffentlichen, hinter dem gar nichts war, sprach jedermann. Doch auch jenes sollte mit der Zeit ein Ende nehmen. Man hatte mir zwar eine Entführung nach Frankreich und England öfters und sehr dringend vorgeschlagen, aber das höchst Gefährliche des Unternehmens und den Weltskandal, welchen ein solches Ereignis notwendig hätte machen müssen, abgerechnet, sah ich auch ein, daß eine Ehe unter solchen Verhältnissen später, wenn sich erst die Übersättigung eingestellt haben würde, nimmermehr eine glückliche hätte sein können. Ich wohnte später den glänzenden Hochzeitsfeierlichkeiten meiner Geliebten bei, der ich selbst zu der für sie sonst ganz passenden Vermählung recht sehr geraten hatte. Am Tage hatte ich manchmal das Vergnügen, meine schöne Dame, die auch eine vortreffliche Reiterin war, an meiner Wohnung vorübergaloppieren zu sehen. Es war dies eine gewiß sehr seltene umgekehrte Fensterparade.

Mein Hauswirt, Herr Sch . . . ., besuchte mich regelmäßig jeden Morgen und blieb oft eine bis zwei Stunden bei mir, mich mit allerlei Stadt- und politischen Neuigkeiten unterhaltend, was mir, besonders später, als ich von meinen nächtlichen Ritten sehr ermüdet war, lästig genug wurde. Eines Tages teilte ich ihm gesprächsweise mit, daß ich schon längst an einem historischen Werk arbeite, wozu ich bis jetzt noch keinen Verleger hätte finden können; Herr von Cotta sei zwar entschlossen, schiebe aber die Sache so lange hinaus; Frankh wolle es auch herausgeben, aber mit diesem könne ich mich nicht vereinigen, er sei mir zu unzuverlässig, und Herr Erhardt, der Inhaber der Metzlerschen Buchhandlung, habe es ganz abgelehnt, ich wolle daher einen Versuch in München machen. „Aber können Sie es denn nicht selbst herausgeben?“ fragte mich jetzt Sch. „Nicht wohl, denn erstens bin ich kein Buchhändler, und dann, wenn ich mir auch wohl den Selbstverlag und die Expedition zutraute, so habe ich die Mittel nicht dazu.“ „Bedarf es denn so viel Geld?“ „Immer einer Summe von 4–5000 Gulden, um es in Gang zu bringen.“ „Nun, das wäre ja die Welt noch nicht und das Geld wohl noch aufzutreiben; und Sie glauben, daß etwas damit zu verdienen wäre?“ „Ich müßte mich sehr täuschen, wenn nicht wenigstens einige Tausend Gulden dabei herauskämen.“ „Nun, wissen Sie was, wir wollen es zusammen anfangen, ich schieße das Geld vor.“ „Sie scherzen.“ „Nein, in allem Ernst.“ Sch. verließ mich nun und kam ein paar Minuten darauf mit einem Sack Geld wieder zurück, indem er sagte: „Hier sind einstweilen 500 Gulden, fangen Sie an.“ Ich lachte und erwiderte: „Wohlan, wenn es Ihnen Ernst ist, so sehen wir uns vor allem nach einem guten Drucker um.“ Ich schlug den alten Wolters vor, der meine Zeitschrift druckte, mit dem ich auch noch am selben Tage die Bedingungen abmachte. Ich ließ nun sogleich den Druck des Werks beginnen und beeilte ihn, damit sobald als möglich die erste Lieferung verschickt werden konnte, schrieb auch eine sehr einladende Anzeige dazu, die ich in einigen vierzig Zeitschriften abdrucken ließ. Nachdem zwei bis drei Lieferungen erschienen waren, zeigte sich schon der Erfolg, der über alle Erwartung war. Die Bestellungen kamen in solcher Menge, daß schon bei der vierten Lieferung eine zweite Auflage der drei ersten, die auch 2000 stark war, gemacht werden mußte, und ich ließ nun 4000 drucken, aber in weniger als sechs Wochen reichte auch diese nicht mehr hin. Es mußte eine dritte Auflage veranstaltet werden, und nun wurden 6000 aufgelegt, die in wenig Monaten auf das Doppelte erhöht werden mußten, so daß das Werk einen ganz ungewöhnlichen Ertrag versprach und auch wirklich abwarf. Als dasselbe einen so ungeheuren Erfolg hatte, gab sich Frankh alle mögliche, aber, wie man wohl denken kann, vergebliche Mühe, es an sich zu bringen. Auch C . . . . . suchte dabei beschäftigt zu werden, und durch des Abbé Mozins Verwendung wurden ihm die Korrekturen übertragen. Da er aber öfters ganz verkehrte Abänderungen machte, so war ich genötigt, ihm dieselben wieder abzunehmen, doch erhielt er, seine noch immer sehr mißliche Lage berücksichtigend, eine Abfindungssumme. Später zog ich mich mit einer Abfindungssumme von 40 000 Gulden, das Unternehmen hatte weit über 100 000 Gulden eingetragen, von dem Geschäft zurück.

Da ich eigentlich noch nirgends Bürger war, denn in Frankfurt ist man als Sohn eines Bürgers noch nicht Bürger, sondern wird es erst, nachdem man sich förmlich dazu gemeldet, unzählige, zum Teil sehr lächerliche, aber auch sehr kostspielige Formalitäten erfüllt hat, und doch eine Heimat als Bürger haben mußte, wie mir bei mehreren Vorfällen in Stuttgart und anderswo klargeworden, so kam ich nun in Frankfurt, wie es die dortigen Gesetze wollen, bei dem hohen Senat vermittelst eines Sachwalters um das Bürgerrecht daselbst ein. Aber sollte man es wohl glauben, die Dummheit dieser Väter des Vaterlandes ging so weit, daß es mir rund abgeschlagen wurde. Man hatte in der Senatssitzung, in welcher die Sache vorkam, geäußert: „Ich sei ein zu gefährlicher Mensch!" Als ich aber dennoch auf meiner Annahme beharrte, auch all die erbärmliche, lächerliche und kostspielige Umstandskrämerei, bei der es hauptsächlich auf Prellereien abgesehen ist, endlich geordnet und ich hierauf in Frankfurt erschienen war, begab ich mich an dem festgesetzten Tage zur bestimmten Zeit, 11 Uhr vormittags, zur Eidesleistung auf den Römer. Ich mußte über eine halbe Stunde auf die Ankunft des Bürgermeisters warten, endlich ungeduldig, fragte ich nach demselben, worauf man mir erwiderte, daß der Herr Bürgermeister im Begriff sei, ein paar fremden Herren den Kaisersaal und andere Merkwürdigkeiten des Römers zu zeigen. Da riß mir der Faden der Geduld, und ich sagte zu einer der Ordonnanzen: „Gehen Sie und sagen Sie dem Herrn Bürgermeister, daß ich schon über eine halbe Stunde auf ihn warte, um den Eid zu leisten, und wenn er nicht gleich komme, ich unbeeidigt wieder weggehe. Die Bürgermeister werden nicht dafür bezahlt, um den Lohnlakai zu machen, und die Bürger, die sie bezahlen, so ungebührlich warten zu lassen." Das letztere hatte zwar die Ordonnanz nicht ausrichten sollen, tat es aber dennoch ungeheißen. Wenige Minuten darauf trat der Bürgermeister, mit einem Gesicht so rot wie der Kamm eines Hahnes, in das Kanzleizimmer und redete mich zornentbrannt mit den Worten an: „Wissen Sie, daß ich Sie kann arretieren lassen?" „Wenn Sie das Recht dazu zu haben glauben, so probieren Sie es, Herr Bürgermeister." „Den Eid!" rief nun die bürgermeisterliche Herrlichkeit wutentbrannt, stotterte mir denselben vor, ich sprach ihn ruhig nach und empfahl mich dann. So war ich nun mit allem Fug und Recht ein *Frankforter Borjer,* also eine sehr respektable und, wie die Frankfurter glauben, auch höchst wichtige Person geworden. „Ja, wenn ich nur was davon hätt'!" sagt, glaub' ich, Staberl. Ich eilte jetzt nach Stuttgart zurück, wohin mich meine literarischen und andere Beschäftigungen riefen, und blieb bis zur Beendigung meines historischen Werkes (1830) daselbst.

8 *Le bonheur du monde ...* – Das Glück der Welt liegt in seinen Händen.

Il a fait notre gloire ... – Er hat unsern Ruhm begründet, er wird ihn unsterblich machen.

Il riait de notre discorde ... – Er lachte über unsere Zwietracht, er weint über unsere Einigkeit.

21 *Mais vous êtes encore bien jeune* – Aber Ihr seid noch sehr jung.

Mais pour un Allemand ... – Aber für einen Deutschen sieht er sehr gut aus, was meint Ihr? – Ich bemerke überdies Hoheit an ihm.

Nous verron! – Wir werden sehen!

83 *Eh bien j'espère ...* – Nun, ich hoffe, daß Ihr bei uns Euer Glück machen werdet.

93 *Oh quant' è bello ...* – Oh, wie schön ist unser König ... Oh, wie wunderschön ist unsere Karoline.

98 *Ah siete un briccone ...* – Ah, Ihr seid ein Schelm, Herr Hauptmann.

160 *Poveretto; ma cha gran cosa ha fatto?* – Der Arme, was hat er schon Schlimmes getan?

214 *Canaille, voilà pour toi ...* – Canaille, das ist für dich! ... Jetzt bin ich's zufrieden, wenn man auch mich erschießt!

239 *Ah, Dio sia benedetto ...* – Ah, Gott sei gelobt, daß ich Euch endlich finde!

241 *Non voglio la vostra morte ...* – Ich will nicht Euern Tod und vergebe Euch!

243 *Eh bien, ça sera vous qu'on renverra* – Nun, Ihr werdet es sein, den man zurückschickt.

250 *Je suis bien fachée ...* – Es tut mir sehr leid, daß Ihr es seid. – Aber warum denn?

261 *Habitans de Corfou! Je vous ...* – Bürger von Korfu! Ich verlasse Euch beglückt über die Zeichen Eurer Wertschätzung und Zuneigung (sic!), das ist der süßeste Lohn mancher Bemühungen. Seid glücklich.

303 *et l'un contemplait la terre ...* – und der eine betrachtet die Erde und der andere das Firmament etc.

309 *gardez le Louis ...* – Behaltet den Louis und werft die Schale weg (doppeldeutig zu hören auch als: Behaltet den Louis und werft den Korsen weg).

349 *Montrez moi des vertus ...* – Zeigt mir Tugenden und keine Hosen.

437 *au rez de chaussée* – im Parterre

444 *Mais Madame la comtesse! ...* – Aber die Madame Komtess!

Aber Monsieur gebt doch zu, Ihr liebt meine Herrin! – Ohne Zweifel, aber das hindert mich nicht, auch ihre Zofe zu lieben.

506 *Dominum, hunc diem ...* – Den berühmten Tag hast du, o Gott, gemacht.
Et ego hunc diem ... – Und ich habe ihn recht kriegerisch gemacht.

579 *Madame, il est temps d'aller se coucher* – Madame, es ist Zeit, schlafen zu gehen.

586 *C'est moi ...* – Ich bin's. – Aber wer seid Ihr? – Tournaire. – Ah, Monsieur Tournaire, einen Augenblick. – Was wünscht Ihr, Monsieur? – Ich will meine Nichte.

INHALT

Literatur und Reisen
im insel taschenbuch

Johann Friedrich Abegg: Reisetagebuch von 1798. Mit zahlreichen Abbildungen. Herausgegeben von Walter und Jolanda Abegg in Zusammenarbeit mit Zwi Batscha. it 1013

Alt-Prager Geschichten. Gesammelt von Peter Demetz. Mit Illustrationen von Hugo Steiner-Prag. it 613

Alt-Wiener Geschichten. Gesammelt von Joseph Peter Strelka. Mit sechs farbigen Abbildungen. it 784

Das andere Ferienbuch. Vom Urlaub mit Hindernissen. Herausgegeben von Vera Pagin und Hans-Joachim Simm. it 1174

Ernst Batta: Obelisken. Ägyptische Obelisken und ihre Geschichte in Rom. it 765

Berlin im Gedicht. Herausgegeben von Barbara und Walter Laufenberg. it 851

Capri. Ein Lesebuch. Herausgegeben von Hans Bender und Hans Georg Schwark. it 1077

Hans Carossa: Erinnerungen an Padua und Ravenna. Zwei Kapitel aus ›Italienische Aufzeichnungen‹ von 1947. it 581

Chicago. Die Stadt der Superlative. Herausgegeben von Esther Gallwitz. Mit zahlreichen Abbildungen. it 769

Dublin. Herausgegeben von Elsemarie Maletzke. it 807

Gustav Faber: Denk ich an Deutschland. Neun Reisen durch Geschichte und Gegenwart. Mit Abbildungen. it 628

Das Ferienbuch. Literarische Souvenirs, aufgelesen von Vera Pagin und Hans-Joachim Simm. it 1082

Dominique Fernandez: Süditalienische Reise. Aus dem Französischen von Julia Kirchner. Mit farbigen Fotografien von Martin Thomas. it 1076

Florenz. Lesarten einer Stadt. Herausgegeben von Andreas Beyer. Mit zahlreichen Illustrationen. it 633

Theodor Fontane: Jenseit des Tweed. Bilder und Briefe aus Schottland. Mit zahlreichen Abbildungen und einem Nachwort herausgegeben von Otto Drude. it 1066

Georg Forster: Ansichten vom Niederrhein, von Brabant, Flandern, Holland, England und Frankreich im April, Mai und Junius 1790. Herausgegeben von Gerhard Steiner. it 1136

– Reise um die Welt. Herausgegeben und mit einem Nachwort von Gerhard Steiner. it 757

Manuel Gasser: Spaziergang durch Italiens Küchen. Mit Bildern von Manfred Seelow. it 391

Johann Wolfgang von Goethe: Italienische Reise. Mit vierzig Zeichnungen des Autors. Herausgegeben und mit einem Nachwort versehen von Christoph Michel. it 175

158/1/6.89

Literatur und Reisen
im insel taschenbuch

Johann Wolfgang von Goethe: Tagebuch der Italienischen Reise 1786. Notizen und Briefe aus Italien. Mit Skizzen und Zeichnungen des Autors. Herausgegeben und erläutert von Christoph Michel. it 176

– Tagebuch der ersten Schweizer Reise 1775. Mit den Zeichnungen des Autors und einem vollständigen Faksimile der Handschrift, herausgegeben und erläutert von Hans-Georg Dewitz. it 300

Heidelberg-Lesebuch. Stadt-Bilder von 1800 bis heute. Herausgegeben von Michael Buselmeier. it 913

Heinrich Heine: Italien. Mit farbigen Illustrationen von Paul Scheurich. it 1072

Hermann Hesse: Mit Hermann Hesse durch Italien. Ein Reisebegleiter durch Oberitalien. Mit farbigen Fotografien. Herausgegeben von Volker Michels. it 1120

Alexander von Humboldt: Vom Orinoko zum Amazonas. 2 Bde. in Kassette. Reise in die Äquinoctial-Gegenden des neuen Kontinents. Herausgegeben von Ottmar Ette. Mit zahlreichen Abbildungen. it 990

Im fernen Osten. Forscher und Entdecker in Tibet, China, Japan und Korea 1689-1911. Herausgegeben von Georg Adolf Narciß. it 853

Istanbul. Herausgegeben von Esther Gallwitz. Mit Illustrationen von Thomas Allom. it 530

Samuel Johnson: Reisen nach den westlichen Inseln bei Schottland. Nach einer anonymen Übertragung aus dem Jahr 1775. Herausgegeben von Volker Wolf und Bernd Zabel. Mit zahlreichen Abbildungen. it 663

Erhart Kästner: Griechische Inseln. Aufzeichnungen aus dem Jahre 1944. Mit einem Nachwort von Heinrich Gremmels. it 118

– Kreta. Aufzeichnungen aus dem Jahre 1943. Mit einem Nachwort von Heinrich Gremmels. it 117

– Die Lerchenschule. Aufzeichnungen von der Insel Delos. it 57

– Ölberge, Weinberge. Ein Griechenland-Buch. Mit Zeichnungen von Helmut Kaulbach. it 55

– Die Stundentrommel vom heiligen Berg Athos. it 56

Kairo. Die Mutter aller Städte. Herausgegeben von Ursula Beyer. Mit zahlreichen Abbildungen. it 696

Kennst du das Land, wo die Zitronen blühn. Italien im deutschen Gedicht. Herausgegeben von Peter Hamm. it 927

Leipzig. Ein Städte-Lesebuch. Herausgegeben von Esther Gallwitz. it 1083

Carl von Linné: Lappländische Reise. Mit Zeichnungen des Autors. Aus dem Schwedischen übersetzt von H.C. Artmann unter Mitwirkung von Helli Clervall. it 102

158/2/6.89

